Recuperação de Empresas e Falência

Recuperação de Empresas e Falência

TEORIA E PRÁTICA NA LEI 11.101/2005

2018 · 3ª Edição revista, atualizada e ampliada

João Pedro Scalzilli
Luis Felipe Spinelli
Rodrigo Tellechea

RECUPERAÇÃO DE EMPRESAS E FALÊNCIA
TEORIA E PRÁTICA NA LEI 11.101/2005
© Almedina, 2018

AUTORES: João Pedro Scalzilli, Luis Felipe Spinelli, Rodrigo Tellechea
DIAGRAMAÇÃO: Almedina
DESIGN DE CAPA: FBA
ISBN: 978-85-8493-393-8

Dados Internacionais de Catalogação na Publicação (CIP)
(Câmara Brasileira do Livro, SP, Brasil)

Scalzilli, João Pedro
Recuperação de empresas e falência : teoria e
prática na Lei 11.101/2005 / João Pedro Scalzilli,
Luis Felipe Spinelli, Rodrigo Tellechea. -- 3. ed.
rev., atual. e ampl. -- São Paulo : Almedina, 2018.

Bibliografia.
ISBN 978-85-8493-393-8

1. Empresas - Falência 2. Falência - Brasil
3. Recuperação judicial (Direito) - Leis e
legislação - Brasil I. Spinelli, Luis Felipe.
II. Tellechea, Rodrigo. III. Título.

18-19248   CDU-347.736(81)(094)

Índices para catálogo sistemático:
1. Brasil : Leis : Falências : Direito comercial 347.736(81)(094)
2. Brasil : Leis : Recuperação de empresas : Direito comercial 347.736(81)(094)

Maria Paula C. Riyuzo - Bibliotecária - CRB-8/7639

Este livro segue as regras do novo Acordo Ortográfico da Língua Portuguesa (1990).

Todos os direitos reservados. Nenhuma parte deste livro, protegido por copyright, pode ser reproduzida, armazenada ou transmitida de alguma forma ou por algum meio, seja eletrônico ou mecânico, inclusive fotocópia, gravação ou qualquer sistema de armazenagem de informações, sem a permissão expressa e por escrito da editora.

Dezembro, 2018

EDITORA: Almedina Brasil
Rua José Maria Lisboa, 860, Conj.131 e 132, Jardim Paulista | 01423-001 São Paulo | Brasil
editora@almedina.com.br
www.almedina.com.br

Como já foi dito alhures, "deve-se perdoar o escritor, pois ele só pode dar o que tem...".

Este livro representa nossa singela oferta a quem, mais do que todos, merece a homenagem que está ao nosso alcance fazer: ao professor Erasmo Valladão A. e N. França, cuja vastidão tanto inspira, pela dedicação comovente aos seus orientandos e pelo carinho de um pai.

NOTA À 3ª EDIÇÃO

A 3ª edição da presente obra devidamente revista, atualizada e ampliada, assim como a edição anterior, foi elaborada na esteira da maior crise econômica da história do País. E isso fez com que a doutrina e a jurisprudência enfrentassem novos desafios. Nesse sentido, mais do que nunca, o aprofundamento constante da pesquisa mostra-se indispensável – especialmente diante do contexto de amplo debate sobre a reforma da Lei 11.101/05. Espera-se, ao fim e ao cabo, que a presente edição seja um registro do amadurecimento do direito concursal pátrio bem como na busca constante de sua evolução, algo tão importante para o desenvolvimento econômico do Brasil.

Para que se pudesse levar a cabo a empreitada, foi imprescindível a colaboração de diversas pessoas – que se somam aos que participaram das 1ª e 2ª edições –, as quais contribuíram com sugestões e com a revisão do material originalmente publicado.

Fica, assim, o agradecimento a Ariel Sagal, Aquiles Maciel, Bruno Carvalho, Camila Alencar, Camila Etchepare, Daniela Fabro, Felipe Guaspari, Felipe Querol, Felipe Todeschini, Fernanda Ganassini, Gabriel Garibotti, Gabriel Spiller, Gabriela Barcellos, Gabriela Franzoi, Gabriela Mânica, Júlio Ferro, Laura Frantz, Laura Scalzilli, Leila Fonini, Letícia Tomkoeski, Lucas Griebler, Miguel Kaghofer, Monalisa Artifon, Nathália Carlet, Patrício Alves, Pedro Paris, Pietro Cervelin, Pietro Webber, Vitória Campos. Pelo esforço final sem o qual não seria possível trazer a lume a 3ª edição dentro dos exíguos prazos acertados com a Editora, vale endereçar um especial agradecimento a Alessandro Hippler e à Lara Pizzatto – sendo que a esta última coube, ainda, o precioso e exaustivo trabalho de coordenação dos trabalhos de revisão.

Se é verdade que o maior presente que se pode dar a alguém é o nosso tempo, porque, quando uma pessoa dá o seu tempo, ela dá uma porção de sua vida que nunca terá de volta, temos débito impagável com todos vocês.

Porto Alegre/RS e São Paulo/SP, outubro de 2018.

NOTA À 2ª EDIÇÃO

A 2ª edição da presente obra, que ora vem a lume devidamente revista, atualizada e ampliada, guarda a particularidade de ter sido elaborada na esteira da maior crise econômica da história do País – a qual, por sua vez, ocasionou importante evolução do direito concursal brasileiro. Justamente por conta disso, buscou-se incorporar a ampla gama de discussões de direito recuperatório e falimentar atualmente existentes, bem como os posicionamentos que, aos poucos, vêm se consolidando, a partir do trabalho incansável da doutrina e dos tribunais no enfrentamento das complexas questões originariamente não imaginadas pelo legislador. Espera-se, portanto, que a presente edição seja um registro do amadurecimento do direito concursal pátrio.

Para que se pudesse levar a cabo a empreitada, foi imprescindível a colaboração de diversos colegas – que se somam aos que participaram da 1ª edição –, os quais contribuíram com sugestões e com a revisão do material originalmente publicado. Fica, assim, o agradecimento aos colegas Andressa Garcia, Camila Etchepare de Araújo, Erika Donin Dutra, Gabriel Lucca Garibotti, Gabriela Mânica Passos, Maria Eduarda Fleck da Rosa, Otávio Domit, Pietro Webber, Vinícius Fadanelli e Vitória Suman Campos.

Porto Alegre/RS e São Paulo/SP, 23 de março de 2017.

SUMÁRIO

NOTA À 3ª EDIÇÃO   7
NOTA À 2ª EDIÇÃO   9
SUMÁRIO   11

PARTE I
TEORIA GERAL

CAPÍTULO 1. NOÇÕES INTRODUTÓRIAS   37
1. Causas da crise e tentativa de superação   39
2. Formação histórica dos regimes concursais   41
   2.1. Índia, Mesopotâmia, Egito, Grécia e povo hebreu: fragmentos   47
   2.2. Roma: panorama geral   50
     2.2.1. Lei das XII Tábuas: a responsabilidade pessoal do devedor   56
     2.2.2. *Lex Poetelia Papiria*: a introdução da responsabilidade patrimonial   60
     2.2.3. *Lex Aebutia* e *Lex Iulia*: o surgimento dos institutos de expropriação patrimonial   63
   2.3. Idade Média e Idade Moderna   73
     2.3.1. Renascimento do comércio e formação do direito comercial   75
     2.3.2. Direito falimentar estatutário   80
   2.4. Idade Contemporânea   88
     2.4.1. Influência dos períodos anteriores nos principais sistemas falimentares   88
     2.4.2. Revolução francesa e os ideais humanistas e liberais   90
     2.4.3. Ascenção dos Estados Unidos, macroempresas e as business reorganizations   92
     2.4.4. Crises dos anos 1990 e iniciativas em prol da eficiência dos sistemas concursais   94

RECUPERAÇÃO DE EMPRESAS E FALÊNCIA

3. Desenvolvimento dos regimes concursais no Brasil	96
3.1. Período Colonial	96
3.2. Período Imperial	100
3.3. Período Republicano	104
3.4. Período atual	113

CAPÍTULO 2. APRESENTAÇÃO DA LEI 11.101/05 — 117

1. Regimes jurídicos	118
1.1. Recuperação judicial	119
1.2. Recuperação extrajudicial	119
1.3. Falência	120
2. Objetivos da Lei 11.101/05	120
3. Princípios da Lei 11.101/05	123
3.1. Preservação da empresa	124
3.2. Separação da sorte da "empresa" e do "empresário"	129
3.3. Retirada da empresa inviável do mercado	131
3.4. Tratamento paritário dos credores	132
3.5. Interesse e participação ativa dos credores	133
3.6. Redução do custo do crédito	134
3.7. Proteção ao trabalhador	135
3.8. Preservação e maximização dos ativos do falido	136
3.9. Celeridade, eficiência e economia processual	137
3.10. Favorecimento das empresas de menor porte	139

CAPÍTULO 3. DESTINATÁRIOS DA LEI 11.101/05 — 141

1. Destinatários	141
1.1. Empresário individual	142
1.2. Sociedades empresárias	142
1.3. EIRELI	145
2. Excluídos	147
2.1. Não empresários	147
2.2. Empresas estatais	153
2.3. Agentes econômicos que exploram "atividades especiais"	154
2.4. Pessoas jurídicas de direito público	161
3. Casos especiais	161
3.1. Produtor rural	161
3.2. Companhia aérea	164
3.3. Concessionárias (e permissionárias) de serviço público, em especial do serviço público de energia elétrica	166
3.4. Emissora de valores mobiliários	167
3.5. Sociedade em conta de participação	168

4. Credores não admitidos	170
4.1. Definindo "obrigações a título gratuito"	172
4.2. Definindo "despesas para tomar parte na recuperação judicial e na falência, salvo as custas judiciais decorrentes de litígio com o devedor"	174

CAPÍTULO 4. APLICAÇÃO DA LEI 11.101/05 — 177

1. Competência	177
1.1. Principal estabelecimento	179
1.2. Prevenção	183
1.3. Controle sobre as ações propostas contra o devedor	184
1.4. Conflito de competência	185
2. Ministério Público	188
3. Publicidade legal	192
4. LREF e o CPC	193
4.1. Aplicação subsidiária	193
4.2. Dupliciade de regras: materiais e processuais	195
4.3. A contagem dos prazos: efeitos práticos da distinção	200
4.4. O sistema recursal: a polêmica do art. 1.015 do CPC	204
4.5. Incidente de desconsideração da personalidade jurídica	207

PARTE II
DISPOSIÇÕES COMUNS À RECUPERAÇÃO JUDICIAL E À FALÊNCIA

CAPÍTULO 5. CURSO DA PRESCRIÇÃO E DAS AÇÕES EM FACE DO DEVEDOR — 211

1. Suspensão da prescrição	211
1.1. Efeito	212
1.2. Marco inicial da suspensão e reinicio da contagem	212
1.3. Situação dos sócios solidários	213
2. Suspensão das ações e execuções	213
2.1. Ações que demandam quantia ilíquida	214
2.2. Pedido de reserva	215
2.3. Execuções	215
3. Exercício de direitos	217

CAPÍTULO 6. VERIFICAÇÃO DE CRÉDITOS — 219

1. Procedimento para credores tempestivos	220
2. Lista de credores apresentada pelo devedor	220

RECUPERAÇÃO DE EMPRESAS E FALÊNCIA

3. Envio de cartas aos credores	220
4. Publicação da lista do devedor ("primeira lista")	220
5. Habilitações e divergências	221
6. Análise dos créditos e lista do administrador judicial ("segunda lista")	228
7. Impugnações	229
8. Publicação da lista judicialmente consolidada ("terceira lista")	235
9. Procedimento para credores retardatários e ação retificatória	236
10. Consequências da extemporaneidade	238
11. Pedido de reserva	239

CAPÍTULO 7. ADMINISTRADOR JUDICIAL	243
1. Natureza jurídica	244
2. Imparcialidade	244
3. Funções	245
4. Atribuições	246
4.1. Atribuições comuns à recuperação judicial e à falência	246
4.2. Atribuições específicas na recuperação judicial	251
4.3. Atribuições específicas na falência	254
5. Escolha	259
5.1. Critérios	260
5.2. Pessoa jurídica especializada	262
5.3. Nomeação plúrima	263
5.4. Distância entre a comarca e a sede do administrador	263
6. Impedimentos	265
7. Investidura	267
8. Remuneração	268
8.1. Responsabilidade pelo pagamento	268
8.2. Fixação e seus parâmetros	270
8.3. Base de cálculo e limites	271
8.4. Forma de pagamento	272
8.5. Nas hipóteses de substituição, renúncia, destituição e desaprovação das contas	273
8.6. Remuneração dos auxiliares	274
8.7. Remuneração no quadro de credores	274
9. Controle	274
10. Substituição e destituição	275
11. Responsabilidade	277

CAPÍTULO 8. COMITÊ DE CREDORES	279
1. Natureza e funções	279
1.1. Função fiscalizatória	280

1.2.	Função consultiva	281
1.3.	Função deliberativa	281
2.	Constituição e caráter facultativo	281
3.	Composição	282
4.	Instalação, condução dos trabalhos, deliberações e responsabilidade	284

CAPÍTULO 9. ASSEMBLEIA GERAL DE CREDORES — 285

1. Natureza jurídica — 286
2. Atribuições — 288
   2.1. Apreciação do plano de recuperação — 288
   2.2. Instalação do Comitê de Credores — 289
   2.3. Pedido de desistência da recuperação judicial — 289
   2.4. Apreciação do nome do gestor judicial — 289
   2.5. Adoção de modalidades alternativas de realização do ativo do falido — 290
   2.6. Competência residual — 290
3. Procedimento assemblear — 290
4. Convocação — 291
   4.1. Iniciativa — 291
   4.2. Edital — 292
   4.3. Prazos — 293
   4.4. Dispensa de convocação e dispensa da própria AGC — 294
5. Proteção contra a suspensão ou o adiamento da AGC — 294
6. Rito assemblear — 296
7. Despesas de convocação e de realização — 302
8. Participação — 302
   8.1. Requisitos para a participação — 303
   8.2. Formas de participação — 304
      8.2.1. Participação pessoal — 304
      8.2.2. Participação por representação simples — 304
      8.2.3. Participação por representação sindical — 305
      8.2.4. Agente fiduciário — 305
9. Exercício do direito de voto — 306
   9.1. Fazer parte de uma das quatro classes do art. 41 — 306
   9.2. Estar devidamente habilitado — 306
   9.3. Não estar proibido de votar — 308
      9.3.1. Credores que não possuem interesse no processo — 308
      9.3.2. Credores em situação de conflito de interesses — 308
   9.4. Finalidade do voto — 312
10. Contagem de votos — 313
   10.1. Apreciação do plano de recuperação — 313
   10.2. Limites de classificação — 314

RECUPERAÇÃO DE EMPRESAS E FALÊNCIA

10.3. Conversão do crédito em moeda estrangeira	314
10.4. Cessão de crédito	315
11. Quóruns de deliberação	318
11.1. Regra geral	318
11.2. Regras especiais	319
11.2.1. Escolha dos membros do Comitê de Credores	319
11.2.2. Apreciação do plano de recuperação	320
11.2.3. Aprovação de forma alternativa de realização do ativo na falência	322
11.3. Empate na deliberação	323
11.4. Voto em branco e voto nulo	324
12. Resistência das deliberações	324
12.1. Proteção contra a invalidação das deliberações	324
12.2. Proteção dos terceiros de boa-fé	325

PARTE III
REGIMES RECUPERATÓRIOS

CAPÍTULO 10 – RECUPERAÇÃO JUDICIAL. PARTE 1	331
1. Aspectos iniciais	332
2. Legitimação	333
2.1. Ser devedor	334
2.1.1. Legitimação extraordinária	334
2.1.2. Grupos de sociedades	335
2.1.3. Devedor com patrimônio de afetação	344
2.1.4. Deliberação especial de autorização para ajuizar a recuperação judicial	345
2.2. Ser empresário	346
2.3. Estar em situação de regularidade	347
2.4. Não ser falido	350
2.5. Não ter obtido o mesmo benefício há menos de cinco anos	351
2.6. Não ter sido condenado por crime previsto na LREF	352
2.7. Não ter controlador ou administrador condenado por crime previsto na LREF	352
3. Alcance	354
3.1. Regra geral	355
3.2. Exceções e regras especiais	361
3.2.1. Créditos contra coobrigados, fiadores e obrigados de regresso	363
3.2.2. Créditos não contemplados no plano de recuperação	369
3.2.3. Crédito do titular de posição de proprietário fiduciário de bens móveis ou imóveis	369

3.2.4.	Crédito do arrendador mercantil	376
3.2.5.	Outros "credores proprietários"	377
3.2.6.	Crédito por adiantamento sobre contrato de câmbio	378
3.2.7.	Crédito garantido por penhor sobre títulos de crédito, direitos creditórios, aplicaçõcs financeiras ou valores mobiliários	379
3.2.8.	Crédito tributário	381
3.2.9.	Créditos de sociedades que explorem serviços aéreos de qualquer natureza ou de infra-estrutura aeronáutica	383
3.2.10.	Créditos passíveis de compensação	384
3.2.11.	Crédito constituído antes de o produtor rural se equiparar a empresário	385
3.2.12.	Créditos de produtor rural em contratos de integração	385
3.2.13.	Negócios no âmbito de câmara ou prestador de serviços de compensação e liquidação financeira	386

CAPÍTULO 11. RECUPERAÇÃO JUDICIAL. PARTE 2 — 387

1.	Petição inicial	387
2.	Processamento da ação	396
2.1.	Despacho de processamento	399
2.2.	Publicação do edital que anuncia o processamento da ação e apresenta a primeira lista de credores	400
2.3.	Utilização da expressão "em Recuperação Judicial"	401
2.4.	Anotação da recuperação judicial no Registro de Empresas	401
2.5.	Manutenção do devedor na condução da empresa	401
2.5.1.	Possibilidade de afastamento do devedor ou de seus administradores	403
2.5.2.	Alcance da regra que admite o afastamento	404
2.5.3.	Escolha do gestor	405
2.5.4.	Gestão interina	405
2.5.5.	Remuneração do gestor judicial	406
2.5.6.	Deveres e responsabilidades do gestor judicial	406
2.6.	Suspensão das ações e execuções (*stay period*)	407
2.6.1.	Prazo e sua possível extensão	410
2.6.2.	Ações que demandam quantia ilíquida	413
2.6.3.	Ações executivas lato sensu e ações de direito material	414
2.6.4.	Ações de natureza trabalhista	417
2.6.5.	Execuções fiscais	419
2.6.6.	Credores proprietários e os bens essenciais	421
2.6.7.	Coobrigados, fiadores e obrigados de regresso	424

RECUPERAÇÃO DE EMPRESAS E FALÊNCIA

2.6.8.	Sócios de responsabilidade ilimitada	425
2.6.9.	Protesto de títulos e inscrição em cadastros de proteção ao crédito	425
2.7.	Convenção de arbitragem e mediação/conciliação	428
2.8.	Cláusula resolutiva expressa e vencimento antecipado	430
2.9.	Dispensa de certidões negativas	433
2.10.	Alienação e oneração de bens do ativo não circulante	436
2.11.	Estímulos à concessão de crédito	439
2.12.	Desistência	442
3.	Plano de recuperação	442
3.1.	Prazo de apresentação	443
3.2.	Conteúdo	444
3.3.	Meios de recuperação	444
3.4.	Tratamento dispensado aos credores	452
3.5.	Demonstração da viabilidade econômica	454
3.6.	Laudo econômico-financeiro e de avaliação dos bens e ativos	455
3.7.	Limites	456
3.7.1.	Alienação de bens objeto de garantia real	456
3.7.2.	Crédito em moeda estrangeira	457
3.7.3.	Garantias trabalhistas especiais	457
4.	Cientificação sobre a apresentação do plano	459
5.	Objeções ao plano	459
6.	Assembleia geral de credores	462
6.1.	Prazo para a realização da assembleia	462
6.2.	Negociações	462
6.3.	Alterações no plano	463
6.4.	Apreciação do plano	465
6.5.	Imposição do plano (*cram down*)	466
6.6.	Abuso do direito de voto	469
7.	Concessão da recuperação	472
7.1.	Limites do juiz na análise do plano	473
7.2.	Exigência da certidão de regularidade fiscal	478

CAPÍTULO 12. RECUPERAÇÃO JUDICIAL. PARTE 3		483
1.	Efeitos da concessão da recuperação	483
1.1.	Novação das obrigações	483
1.1.1.	Condição resolutiva	484
1.1.2.	Extinção das execuções	485
1.1.3.	Baixa dos protestos e dos registros de proteção ao crédito	486
1.1.4.	Coobrigados e garantidores das obrigações novadas	487

1.2. Formação de título executivo judicial	489
1.3. Alienação de estabelecimento e outros ativos livres de dívidas	490
1.3.1. Coerência da regra	494
1.3.2. Requisitos	495
1.3.3. Constitucionalidade	497
2. Execução judicial do plano	498
3. Sentença de encerramento	499
4. Execução extrajudicial do plano	500

CAPÍTULO 13. RECUPERAÇÃO JUDICIAL PARA ME E EPP — 503

1. Regime especial facultativo	505
2. Alcance	507
3. Plano especial	507
4. Necessidade de autorização para aumentar despesas e contratar empregados	508
5. Procedimento e ausência de assembleia para deliberar sobre o plano	509

CAPÍTULO 14. CONVOLAÇÃO DA RECUPERAÇÃO JUDICIAL EM FALÊNCIA — 515

1. Convolação por deliberação da assembleia	516
2. Convolação pela não apresentação do plano no prazo	516
3. Convolação pela rejeição do plano	517
4. Convolação pelo descumprimento do plano	518
5. Aplicação da regra	519
6. Efeitos da convolação sobre os atos praticados durante a recuperação judicial	521
7. Efeitos sobre as obrigações novadas	522

CAPÍTULO 15. RECUPERAÇÃO EXTRAJUDICIAL — 525

1. Conceito	528
2. Judicialidade	529
3. Análise comparativa	530
4. Legitimação	536
5. Plano	536
5.1. Créditos imunes	537
5.2. Forma e conteúdo	538
5.3. Limites e restrições de conteúdo	539
6. Modalidades	541
6.1. Recuperação extrajudicial facultativa	541
6.2. Recuperação extrajudicial impositiva (cram down)	541

RECUPERAÇÃO DE EMPRESAS E FALÊNCIA

7. Processamento da ação	543
7.1. Petição Inicial	544
7.2. Exame da inicial	545
7.3. Publicação dos editais	545
7.4. Envio de carta aos credores	546
7.5. Efeito sobre os direitos, ações e execuções	546
7.6. Impugnação	551
7.7. Manifestação do devedor	553
7.8. Intervenção do Ministério Público	553
7.9. Sentença	554
7.10. Recurso	556
8. Execução do plano	557

PARTE IV
FALÊNCIA

CAPÍTULO 16. NOÇÕES INTRODUTÓRIAS	561
1. Conceito e objetivos	562
2. Interesse público	563
3. Velho estigma	563
4. Panorama do procedimento	564
5. Princípios específicos	565
5.1. Unidade, indivisibilidade e universalidade do juízo falimentar	565
5.1.1. Nota sobre as ações fiscais	568
5.1.2. Nota sobre as ações que demandam quantia ilíquida	569
5.1.3. Nota sobre as ações tipicamente falimentares	570
5.1.4. Nota sobre a representação processual da massa	570
5.1.5. Nota sobre a gratuidade de custas	570
5.2. Par conditio creditorum	571
5.3. Preservação e maximização dos ativos do falido	573
5.4. Celeridade, eficiência e economia processual	573

CAPÍTULO 17. BASE JURÍDICA DA FALÊNCIA	575
1. Sistema de presunções	575
1.1. Lançamento judicial da presunção de insolvência	576
1.2. Resistência à pretensão: tentativa de derrubar a presunção	576
1.3. Manifestação judicial sobre a presunção de insolvência	576
1.4. Estado jurídico versus estado econômico de insolvência	577
2. Suporte fático: impontualidade	578
2.1. Inadimplemento	579

SUMÁRIO

2.2. Falta de justificativa — 579
2.3. Liquidez da dívida — 579
2.4. Atingimento do piso legal — 580
2.5. Existência de título executivo protestado — 580
3. Suporte fático: execução frustrada — 582
4. Suporte fático: atos de falência — 584
4.1. Liquidação precipitada de ativos e utilização de meio ruinoso ou fraudulento para realizar pagamentos — 584
4.2. Realização de negócio simulado ou alienação total ou parcial de ativos para retardar pagamentos ou fraudar credores — 585
4.3. Transferência de estabelecimento sem consentimento dos credores e sem ficar com bens para solver o passivo — 585
4.4. Simulação de transferência do principal estabelecimento — 586
4.5. Constituição ou reforço de garantia — 586
4.6. Ausência ou abandono de estabelecimento — 587
4.7. Inadimplemento de obrigação assumida no plano de recuperação judicial — 587
5. Suporte fático: confissão de falência (autofalência) — 587

CAPÍTULO 18. LEGITIMIDADE PARA REQUERER A FALÊNCIA — 591
1. Próprio devedor — 591
2. Cônjuge sobrevivente, qualquer herdeiro do devedor ou o inventariante — 594
3. Sócio do devedor — 595
4. Qualquer credor — 597
4.1. Credor com garantia real — 598
4.2. Credor por alimentos — 598
4.3. Credor com crédito ainda não vencido — 599
4.4. Agente fiduciário dos debenturistas — 599
4.5. Credor em condição de irregularidade — 600
4.6. Credor domiciliado no exterior — 600
4.7. Credor tributário — 601
4.8. Credores de créditos inexigíveis na falência — 601

CAPÍTULO 19. PROCEDIMENTO — 603
1. Fases do processo falimentar — 603
2. Procedimento em ações propostas por credor — 604
2.1. Petição Inicial — 604
2.2. Distribuição, exame da inicial e citação — 605
2.3. Resposta do réu — 606
2.3.1. Contestação — 607

RECUPERAÇÃO DE EMPRESAS E FALÊNCIA

2.3.1.1. Suporte fático: impontualidade		607
2.3.1.2. Suporte fático: execução frustrada		609
2.3.1.3. Suporte fático: atos de falência		609
2.3.2. Depósito elisivo		610
2.3.3. Pedido incidental de recuperação judicial		613
2.3.4. Transação judicial		616
2.3.5. Revelia		616
2.4. Réplica		617
2.5. Audiência de conciliação		617
2.6. Instrução probatória		617
2.7. Pedido de suspensão do feito		617
2.8. Manifestação do Ministério Público		618
2.9. Julgamento		618
3. Procedimento da autofalência		619
3.1. Caráter facultativo		619
3.2. Natureza jurídica		620
3.3. Legitimidade		620
3.4. Petição inicial		620
3.5. Oposição		621
3.6. Instrução probatória		622
3.7. Manifestação do Ministério Público		622
3.8. Julgamento		622

CAPÍTULO 20. SENTENÇA FALIMENTAR — 625

1. Natureza jurídica — 625
2. Requisitos gerais — 625
3. Requisitos especiais — 626
   3.1. Síntese do pedido e identificação do falido e de seus administradores — 626
   3.2. Fixação do termo legal — 626
   3.3. Ordem para a apresentação da relação de credores — 626
   3.4. Explicitação do prazo para as habilitações — 627
   3.5. Ordem de suspensão das ações e execuções — 628
   3.6. Ordem de proibição de prática de atos de disposição e oneração — 628
   3.7. Determinação das diligências de salvaguarda — 629
   3.8. Ordem para que o Registro Público de Empresas proceda às anotações cabíveis — 629
   3.9. Nomeação do administrador judicial — 629
   3.10. Ordem de expedição dos ofícios para a busca de bens do falido — 630
   3.11. Pronunciamento sobre a eventual continuação provisória das atividades ou lacração dos estabelecimentos — 630

SUMÁRIO

3.11.1.	Continuação provisória das atividades do falido	631
	3.11.1.1. Dissociação da sorte da empresa e a do empresário	632
	3.11.1.2. Hipóteses autorizadoras	632
	3.11.1.3. Pressupostos	634
	3.11.1.4. Legitimação	634
	3.11.1.5. Alcance	635
	3.11.1.6. Operacionalização	635
	3.11.1.7. Gestão e responsabilidade	636

3.12. Convocação da AGC para a constituição do Comitê de Credores 637
3.13. Intimação do Ministério Público e comunicação às Fazendas Públicas 637
3.14. Data e hora 638
4. Publicação 639

CAPÍTULO 21. EFEITOS DA QUEBRA SOBRE A PESSOA DO FALIDO E SEUS BENS 641

1. Empresário individual versus sociedade empresária 642
2. Inabilitação ao exercício da atividade empresária 645
   2.1. Nota sobre o direito anterior 645
   2.2. Momento do afastamento 646
   2.3. Momento da inabilitação 646
   2.4. Alcance da inabilitação 647
   2.5. Limites da inabilitação 647
   2.6. Inabilitação por condenação criminal falimentar 648
   2.7. Fundamento da inabilitação 649
   2.8. Inabilitação versus continuação provisória das atividades 650
   2.9. Inabilitação versus perda da capacidade 651
   2.10. Duração da inabilitação 652
3. Desapossamento dos bens 654
   3.1. Terminologia 655
   3.2. Fundamento e objetivo 655
   3.3. Natureza jurídica 657
   3.4. Momento 657
      3.4.1. Termo *a quo* 658
      3.4.2. Termo *ad quem* 659
   3.5. Alcance 659
   3.6. Limites 661
   3.7. Desapossamento *versus* arrecadação 663
   3.8. Desapossamento *versus* perda da propriedade 663
   3.9. Desapossamento *versus* incapacidade 665

RECUPERAÇÃO DE EMPRESAS E FALÊNCIA

3.10. Desapossamento *versus* legitimidade processual	665
3.10.1. Nota sobre a ação de responsabilidade do art. 82	667
3.11. Desapossamento e a prática de atos pelo falido	669
3.11.1. Natureza do vício	669
3.11.2. Proteção do terceiro de boa-fé	671
3.11.3. Enquadramento como crime falimentar	672
4. Direitos do falido	672
4.1. Direito de fiscalizar	673
4.2. Direito de requerer as providências para a conservação de seus direitos ou dos bens arrecadados	673
4.3. Direito de intervir nos processos	673
4.3.1. Natureza jurídica da participação do falido	674
4.3.2. Alcance	675
4.3.3. Pressuposto da intervenção	675
4.3.4. Revelia	676
4.4. Outros direitos	677
4.5. Direito de receber alimentos e remuneração?	677
5. Deveres do falido	679
5.1. Dever de comparecimento e declaração	680
5.1.1. Causas da falência	682
5.1.2. Identificação dos sócios e administradores	683
5.1.3. Identificação do contador	684
5.1.4. Indicação dos mandatos outorgados	684
5.1.5. Indicação de bens fora do estabelecimento	685
5.1.6. Indicação de participações societárias	685
5.1.7. Indicação de ativos financeiros e processos em tramitação	686
5.2. Dever de depositar os livros obrigatórios	687
5.3. Dever de não se ausentar	688
5.3.1. Definindo "lugar onde se processa a falência" e críticas	688
5.3.2. Alcance da regra	688
5.3.2.1. Desnecessidade de designação de médico para exame do falido em caso de moléstia	689
5.3.2.2. Desnecessidade de autorização judicial	689
5.3.3. Fundamento	690
5.3.4. Modulação do dever a partir da extensão da ausência?	690
5.4. Dever de comparecimento	692
5.5. Dever de entregar todos os bens, livros, papéis e documentos	693
5.6. Dever de prestar informações	693
5.7. Dever de auxiliar	694
5.8. Dever de examinar as habilitações de créditos	694

5.9. Dever de assistir ao levantamento, à verificação do balanço e ao exame dos livros	695
5.10. Dever de se manifestar quando determinado pelo juiz	695
5.11. Dever de apresentar a relação de seus credores	696
5.12. Dever de examinar e dar parecer sobre as contas do administrador judicial	696
6. Desobediência	696
7. Notas conclusivas	699

CAPÍTULO 22. EFEITOS DA QUEBRA SOBRE AS OBRIGAÇÕES DO FALIDO — 701

1. Concurso universal: escopo e limites	702
2. Suspensão de direitos	704
2.1. Direito de retenção	705
2.2. Direito de retirada	706
3. Contratos bilaterais	708
3.1. Distinção	708
3.2. Escopo da regra geral	709
3.3. Cotejo entre o regime anterior e atual	711
3.4. Papel do Comitê de Credores	713
3.5. Prazo para interpelação e resposta do administrador judicial	713
3.6. Cláusula resolutiva expressa em caso de falência	714
3.7. Indenização e multas contratuais	717
3.7.1. Classificação como crédito quirografário	719
4. Contratos unilaterais	720
4.1. Regime anterior	720
4.2. Nova sistemática: semelhança com os contratos bilaterais	721
4.3. Prazo para comunicação do administrador judicial e habilitação do crédito	722
4.4. Contratos bilaterais imperfeitos	723
5. Casos especiais	723
5.1. Sustação da compra e venda em trânsito	725
5.2. Compra e venda de coisas compostas	726
5.3. Venda de bem móvel ou contratação de serviços em prestações	728
5.4. Compra e venda de coisa móvel com reserva de domínio	729
5.5. Compra e venda a termo	731
5.6. Promessa de compra e venda de bens imóveis	734
5.7. Contrato de locação	735
5.7.1. Garantias locatícias	737
5.8. Compensação e liquidação no sistema financeiro nacional	738

RECUPERAÇÃO DE EMPRESAS E FALÊNCIA

5.9. Patrimônio de afetação	740
5.9.1. Casuística	742
5.10. Contrato de mandato e de comissão	743
5.11. Contrato de conta corrente	745
5.12. Compensação de créditos	747
5.12.1. Óbices legais	751
5.12.2. Casuística	752
5.13. Contrato de sociedade	755
5.13.1 Sociedade em conta de participação	758
5.14. Condomínio (art. 123, §2º)	759
5.15. Cobrança de juros e correção monetária	759
5.16. Espólio	763
5.17. Outras relações patrimoniais	765
5.18. Coobrigados solidários com falência decretada	765
5.19. Coobrigados solventes e garantes do devedor ou dos sócios ilimitadamente responsáveis	769
5.20. Outras disposições da LREF que produzem efeitos sobre as obrigações do falido	771
5.21. Outros efeitos da falência	772
5.21.1. Transformação societária	772
5.21.2. Incorporação, fusão e cisão	772
5.21.3. Consórcio de sociedades	772
5.21.4. Concessões de serviços públicos e de obras públicas e permissões de serviços públicos	773

CAPÍTULO 23. ARRECADAÇÃO, AVALIAÇÃO E GUARDA DOS BENS	775
1. Momento	777
2. Alcance ordinário	778
2.1. Bens economicamente apreciáveis	779
2.2. Documentos relevantes	780
2.3. Bens constritos noutros processos	781
2.4. Bens de terceiros na posse do falido	782
2.5. Bens do falido na posse de terceiros	783
2.6. Arrecadação e continuação provisória das atividades	783
2.7. Bens presentes e futuros	784
2.8. Situação dos bens não arrecadados	784
2.9. Situações Especiais	784
2.9.1. Arrecadação de quotas sociais	784
2.9.2. Arrecadação de bens imóveis	785
2.9.3. Arrecadação de bens móveis sujeitos a registro	785

2.9.4. Arrecadação e depositário	785
3. Alcance Extraordinário	785
4. Limites	789
4.1. Bens absolutamente impenhoráveis	789
4.2. Bens integrantes dos patrimônios de afetação	791
4.3. Meação do cônjuge do empresário individual ou do sócio de responsabilidade ilimitada	791
5. Medidas assecuratórias	792
6. Aspectos procedimentais	792
6.1. Legitimidade	793
6.2. Participação do falido e do Ministério Público	793
6.3. Força policial, oficial de justiça e auxiliares	794
6.4. Atuação em outras comarcas	794
6.5. Auto de arrecadação	795
6.6. Lacração	797
6.7. Avaliação	800
6.8. Guarda, depósito e remoção	802
6.9. Despesas da arrecadação e ausência ou insuficiência de bens	804
7. Providências especiais	806
7.1. Utilização econômica provisória dos bens	806
7.2. Liquidação sumária	808
7.2.1. Aquisição ou adjudicação imediata pelos próprios credores em razão dos custos	808
7.2.2. Venda antecipada em razão da natureza dos bens	812
7.3. Venda antecipada para obter recursos indispensáveis?	813
CAPÍTULO 24. PEDIDO DE RESTITUIÇÃO	815
1. Restituição Ordinária	819
2. Restituição Extraordinária	823
3. Restituição em Dinheiro	826
3.1. Perda, extravio ou venda da coisa pelo falido	827
3.2. Operação de ACC	829
3.3. Proteção do terceiro de boa-fé	831
4. Procedimento	832
5. Embargos de Terceiro	838
CAPÍTULO 25. INEFICÁCIA E REVOGAÇÃO DE ATOS	841
1. Panorama do tema	842
2. Nota histórica do direito pátrio	845
3. Ineficácia versus revogação	846

4. Prejuízo e sua prova	849
5. Declaração de ineficácia	852
5.1. Requisitos	852
5.2. Meio	852
5.3. Legitimação ativa	853
5.4. Legitimação passiva	853
5.5. Prazo	853
5.6. Competência, tramitação e rito processual	853
5.7. Efeitos	854
5.8. Termo legal da falência	854
5.8.1. Conceito	854
5.8.2. Função	855
5.8.3. Origem	856
5.8.4. Fixação	856
5.8.5. Termo legal	860
5.8.6. Atos lesivos fora do termo legal	860
5.8.7. Termo legal e os sócios de responsabilidade ilimitada	861
5.9. Hipóteses legais	861
5.9.1. Pagamento de dívida não vencida dentro do termo legal	862
5.9.1.1. Fundamento	862
5.9.1.2. Precisando "pagamento" e "dívida"	863
5.9.1.3. Marco temporal	866
5.9.1.4. Efeito	866
5.9.1.5. Pagamento de dívida não vencida em contexto recuperatório	866
5.9.1.6. Casuística	866
5.9.2. Pagamento de dívidas por forma não prevista pelo contrato	867
5.9.2.1. Adimplemento e pagamento	867
5.9.2.2. Fundamento	869
5.9.2.3. Marco temporal	869
5.9.2.4. Efeito	869
5.9.2.5. Pagamento de dívida vencida e exigível em contexto recuperatório	870
5.9.2.6. Divergência doutrinária	870
5.9.3. Constituição de direito real de garantia dentro do termo legal para garantir dívida contraída anteriormente	871
5.9.3.1. Fundamento	871
5.9.3.2. Falsa preferência	872
5.9.3.3. Hipotecas sequenciais	874
5.9.3.4. Marco temporal	875

5.9.3.5. Efeito		875
5.9.3.6. A constituição de direito real de garantia em contexto recuperatório		876
5.9.4. Prática de atos a título gratuito		876
5.9.4.1. Fundamento		876
5.9.4.2. Definindo "prática de atos a título gratuito"		876
5.9.4.3. Marco temporal		878
5.9.4.4. Alcance		878
5.9.4.5. Efeito		879
5.9.5. Renúncia à herança ou a legado		880
5.9.5.1. Fundamento, marco temporal e alcance		880
5.9.5.2. Tratamento dado pelo Código Civil		880
5.9.5.3. Efeito		881
5.9.6. Alienação de estabelecimento empresarial ficando os credores a descoberto		881
5.9.6.1. Sobre o estabelecimento e sua alienação		883
5.9.6.2. Polêmica envolvendo o "trespasse parcial"		884
5.9.6.3. Pagamento e/ou consentimento dos credores		887
5.9.6.4. Marco temporal		888
5.9.6.5. Efeito		889
5.9.6.6. Alienação de estabelecimento em contexto recuperatório		889
5.9.7. Registro de direitos reais e de transferência de propriedade depois da quebra		890
5.9.7.1. Fundamento e alcance		890
5.9.7.2. Marco temporal		893
5.9.7.3. Efeito		893
5.9.8. Reembolso do acionista em contexto falimentar		893
6. Ação revocatória		894
6.1. Fundamento		894
6.2. Marco temporal		895
6.3. Aspectos processuais		896
6.3.1. Legitimação ativa		896
6.3.2. Prazo		898
6.3.3. Legitimação passiva		899
6.3.3.1. Parte processual		900
6.3.4. Foro competente		903
6.3.5. Petição inicial e ônus da prova		904
6.3.6. Sequestro de bens na revocatória		904
6.3.7. Sentença		905

RECUPERAÇÃO DE EMPRESAS E FALÊNCIA

6.3.7.1. Restituição in natura	905
6.3.7.2. Restituição pelo valor de mercado	906
6.3.7.3. Restituição de acessórios e perdas e danos	907
6.3.8. Recurso	908
7. Efeitos da declaração de ineficácia e da ação revocatória	909
7.1. Retorno das partes ao estado anterior	909
7.2. Possibilidade de devolução do bem/valores ao terceiro	910
7.3. Contratante de boa-fé: restituição e perdas e danos	911
7.4. Securitização de créditos	913
7.5. Compensação, ineficácia e revocatória	915
7.6. Universo de credores	915
8. Combate à colusão e a recuperação judicial como "salvo-conduto"	916
CAPÍTULO 26. REALIZAÇÃO DO ATIVO	917
1. Momento	918
2. Formas de alienação	919
2.1. Alienação da empresa, com a venda de seus estabelecimentos em bloco	921
2.2. Alienação da empresa, com a venda de suas filiais ou unidades produtivas isoladamente	922
2.3. Alienação em bloco dos bens que integram cada um dos estabelecimentos do devedor	923
2.4. Alienação dos bens individualmente considerados	923
3. Efeitos	924
3.1. Sub-rogação dos credores	924
3.2. A regra da não sucessão na falência	925
3.2.1. Ausência de sucessão tributária	925
3.2.2. Relações trabalhistas	926
3.2.3. Relações civis e empresariais	927
3.2.4. Hipótese em que há sucessão	927
3.3. Nota sobre os efeitos registrais	927
4. Escolha da modalidade de alienação	928
5. Regras gerais aplicáveis a todas as modalidades	929
5.1. Participação do juiz, do administrador judicial e do Comitê de Credores	929
5.2. Publicação de anúncio	930
5.3. Regra do maior valor oferecido	931
5.4. Participação do Ministério Público	931
5.5. Falência superavitária e realização do ativo	932
6. Regras específicas para cada uma das modalidades	932

6.1.	Leilão	932
6.2.	Propostas fechadas	934
6.3.	Pregão	934
7. A apresentação de impugnações		936
8. Modalidades alternativas de alienação dos ativos do falido		936
8.1.	Requisitos	939
8.2.	A formação de sociedade por credores ou empregados	940
8.3.	A questão da sucessão na alienação por modalidade alternativa	942
9. Dispensa de apresentação de certidões negativas		943
10. Gerenciamento dos recursos		943
11. Relatório do administrador judicial		944

CAPÍTULO 27. CLASSIFICAÇÃO DOS CRÉDITOS 945

1. Classe I: Credores trabalhistas		947
1.1.	Créditos derivados da legislação do trabalho	948
1.2.	Créditos decorrentes de acidentes de trabalho	948
1.3.	Créditos trabalhistas por equiparação	949
1.4.	Rebaixamento por cessão	951
2. Classe II: Credores com garantia real		951
3. Classe III: Credores tributários		952
3.1.	Sub-hierarquia interna	954
4. Classe IV: Credores com privilégio especial		955
4.1.	Privilégio especial previsto no art. 964 do Código Civil	956
4.2.	Privilégio especial definido em outras leis civis e comerciais	957
4.3.	Privilégio especial decorrente de direito de retenção	958
4.4.	Privilégio especial de microempreendedores individuais, ME e EPP	959
5. Classe V: Credores com privilegio geral		959
5.1.	Privilégio geral previsto no art. 965 do Código Civil	960
5.2.	Privilégio geral por elevação na recuperação judicial	960
5.3.	Privilégio geral por definição em outras leis civis e comerciais	961
6. Classe VI: Credores quirografários		961
7. Classe VII: Multas contratuais e penas pecuniárias		962
8. Classe VIII: Credores subordinados		963
9. Juros após a decretação da falência		964

CAPÍTULO 28. PAGAMENTO DOS CREDORES 965

1. Ordem de pagamento		966
1.1.	Primeira etapa: restituição in natura	967
1.2.	Segunda etapa: despesas indispensáveis à administração da falência	967
1.3.	Terceira etapa: créditos trabalhistas do art. 151	969

RECUPERAÇÃO DE EMPRESAS E FALÊNCIA

1.4. Quarta etapa: restituição em dinheiro 971
1.5. Quinta etapa: créditos extraconcursais 971
1.6. Sexta etapa: créditos concursais 974
1.7. Sétima etapa: juros legais e contratuais pós-quebra ... 975
1.8. Oitava etapa: saldo 976
2. Reservas 977
3. Efetivação do pagamento 978

CAPÍTULO 29. SENTENÇA DE ENCERRAMENTO E EXTINÇÃO DAS OBRIGAÇÕES DO FALIDO ... 981
1. Prestação de contas pelo administrador judicial 981
2. Relatório final da falência 984
3. Encerramento da falência 987
4. Prescrição das obrigações do falido 989
5. Extinção das obrigações do falido 990
5.1. Exame das causas de extinção das obrigações do falido ... 992
5.2. O art. 158 e a reabilitação da sociedade empresária falida ... 994
5.3. Requerimento para extinção das obrigações do falido ... 996
5.4. Extinção das obrigações do sócio de responsabilidade ilimitada ... 998
6. Reabertura da falência após seu regular encerramento ... 998

PARTE V
DISPOSIÇÕES PENAIS

CAPÍTULO 30. PARTE GERAL ... 1001
1. Delimitação dos sujeitos ativos 1001
2. Condição objetiva de punibilidade 1002
3. Efeitos da condenação por crimes da Lei 11.101/05 1004
4. Prescrição dos crimes da Lei 11.101/05 1007

CAPÍTULO 31. CRIMES EM ESPÉCIE ... 1009
1. Fraude a credores 1010
2. Violação de sigilo empresarial 1014
3. Divulgação de informações falsas 1016
4. Indução a erro 1017
5. Favorecimento de credores 1019
6. Desvio, ocultação ou apropriação de bens 1020
7. Aquisição, recebimento ou uso ilegal de bens 1022
8. Habilitação ilegal de crédito 1023
9. Exercício ilegal de atividade 1025

SUMÁRIO

10. Violação de impedimento 1025
11. Omissão dos documentos contábeis obrigatórios 1027

CAPÍTULO 32. PROCEDIMENTO PENAL 1031
1. Competência 1031
2. Natureza e propositura da ação penal 1034
3. Rito 1036

REFERÊNCIAS 1039
SOBRE OS AUTORES 1085

PARTE I
TEORIA GERAL

A primeira parte do presente livro abordará temas relacionados ao que se poderia denominar "teoria geral do direito recuperatório e falimentar".

No Capítulo 1, serão examinadas as noções introdutórias à crise empresarial, os antecedentes históricos dos regimes concursais e a trajetória legislativa brasileira até o advento da Lei 11.101, de 09 de fevereiro de 2005 (Lei de Recuperação de Empresas e Falência – "LREF"). No Capítulo 2, será a vez de apresentar a LREF, traçando um esboço inicial de seus principais regimes jurídicos, objetivos e princípios informadores. No Capítulo 3, por sua vez, serão apresentados os destinatários da LREF e aqueles que a ela não se sujeitam. Finalmente, no Capítulo 4, será a vez de examinar as questões relacionadas à aplicação da LREF, quais sejam, a competência para processar e julgar as ações concursais e os consequentes conflitos de competência, os impactos dos regimes recuperatórios e falimentar em arbitragens envolvendo o devedor, a intervenção do Ministério Público e a publicidade legal, bem como a regência supletiva da legislação concursal pelo Código de Processo Civil.

Capítulo 1
Noções Introdutórias

O direito da empresa em crise regula os regimes jurídicos projetados para lidar com a disfunção da atividade econômica[1], materializada nas crises reversíveis (cujos remédios legais são a recuperação judicial ou extrajudicial) e irreversíveis (cujo remédio legal é a falência)[2], irradiando efeitos para os mais diversos campos jurídicos[3]. No Brasil, sua atual sede legislativa é a Lei 11.101, de 2005, diploma que cuida, portanto, da reorganização da empresa viável e da liquidação da empresa inviável.

---

[1] Como destaca WALDEMAR FERREIRA: "O errar, costuma-se dizer isto em latim para não pairar dúvida nenhuma, o errar é dos homens. E quando os homens, dedicados ao comércio se enganam nos cálculos das suas possibilidades, ou, independentemente de suas próprias erronias, falham factores postos à sua disposição, impedindo-os de, nos prazos convencionados, cumprirem as suas obrigações, o que, desde logo, se afasta é o seu crédito, a sua própria alma. Interrompe-se a cadeia dos seus negócios. Cessam as suas transações. Os seus lucros desaparecem e em prejuízos transmudam. Aumentam-se os seus males. Cresce a coluna dos juros, nos seus livros e nas suas contas. Esse estado anormal do seu crédito constitue o que se tem chamado de fallencia." (FERREIRA, Waldemar. *As directrizes do direito mercantil brasileira*. Lisboa: Anuário Comercial, 1933, p. 149).

[2] SILVA, Fernando César Nimer Moreira da. *Incentivos à decisão de recuperação da empresa em crise*: análise à luz da teoria dos jogos. Dissertação (Mestrado em Direito). Faculdade de Direito da Universidade de São Paulo, São Paulo, 2009, p. 28 ss, especialmente p. 63 ss. Ver, também: BAROSSI FILHO, Milton. As assembleias e plano de recuperação de empresas: uma visão da teoria dos jogos. *Revista de Direito Mercantil. Industrial, Econômico e Financeiro*, São Paulo, n. 137, p. 233-238, jan./mar. 2005.

[3] Como destaca ALMACHIO DINIZ: "Juridicamente considerada, a fallencia irradia relações objectivas pelos campos do Direito Privado, do Direito Processual e do Direito Penal. É um facto econômico, e, por isso mesmo, um facto social, de caráter pathologico em face da normalidade com que se faz o desenvolvimento da economia do credito. Sob o concerto das relações do Direito Privado, é o patrimônio dos credores que se procura resguardar deante da consumação do patrimônio do devedor comum." (DINIZ, Almachio. *Da fallencia*. São Paulo: Monteiro Lobato, 1924, p. 3).

A crise e o sucesso de um empreendimento representam corolários de um complexo temperamento entre utilização do crédito e assunção de riscos[4-5]. Se a utilização do primeiro constitui o oxigênio da economia[6], fator indispensável para o seu desenvolvimento, lidar profissionalmente com o segundo elemento é dever inerente à atividade empresarial[7].

De um lado, o empresário (empresário individual ou sociedade empresária), ao fazer uso do crédito, assume os principais riscos da atividade; de outro, partilha-os com os credores, que financiam a empresa sob o seu comando e sua coordenação – por meio de operações econômicas e financeiras diversas, tais como mútuo, penhor, alienação fiduciária, venda a crédito, adiantamentos, entre outros[8].

Ocorre que os efeitos da crise empresarial não alcançam apenas o empresário e seus credores, mas também os trabalhadores, os consumidores, a própria comunidade e o entorno no qual a empresa está inserida[9]. Em razão disso, o adequado funcionamento do mercado exige a tutela do crédito – sendo que, em uma situação de insolvência, o direito concursal provê mecanismos para a satisfação o mais rápido possível de, pelo menos, uma parte dele –, conjugada com a proteção dos interesses das demais agentes, indivíduos e classes afetadas pela crise empresarial.

Foi justamente a identificação dessa multiplicidade de efeitos e implicações que deflagrou o movimento de mudança no enfoque do direito concursal contemporâneo no sentido de eleger o princípio da preservação da empresa (economicamente viável) – aliado à satisfação dos credores – como objetivo cardeal da legislação falimentar[10]. Essa transmutação decorre de uma longa evolução histórica e precisa ser assimilada pelo leitor desde já para a adequada compreensão do sistema concursal atualmente vigente no Brasil.

---

[4] STANGHELLINI, Lorenzo. Le crisi di impresa fra diritto ed economia: le procedure di insolvenza. Bologna: Il Mulino, 2007, p. 15-33.

[5] Como assevera o VISCONDE DE CAIRU: "Fallimento he expressão contraria ao Credito, e abonação mercantil; e supoe falta de fundos, mudança de estado, isto he, alteração na fortuna, e reputação do Comerciante, constituindo-o no descredito, e impossibilidade de satisfazer suas obrigações. Distinguem-se no Commercio quatro sortes de fallimento, hum parcial, e outro total: e se dizem: Impontualidade, Ponto, Quebra, Bancarrota. Os comprehendidos em qualquer sorte desses fallimentos perdem immediatamente seu credito." (LISBOA, José da Silva. *Princípios de direito mercantil e leis da marinha*, t. II. Rio de Janeiro: Academica, 1874, p. 867).

[6] A expressão é utilizada por: MARTINS, Alexandre de Soveral. *Um curso de direito da insolvência*. 2 ed. rev. e atual. Coimbra: Almedina, 2016, p. 13.

[7] ANTUNES, José Engrácia. Estrutura e responsabilidade da empresa: o moderno paradoxo regulatório. *Revista Direito GV*, v. 1, n. 2, 2005, p. 29.

[8] DIAS, Leonardo Adriano Ribeiro. *Financiamento na recuperação judicial e na falência*. São Paulo: Quartier Latin, 2014, p. 22.

[9] REQUIÃO, Rubens. A crise do direito falimentar brasileiro – reforma da Lei de Falências. *Revista de Direito Mercantil, Industrial, Econômico, Financeiro*, a. XIII, n. 14, p. 23-33, 1974, p. 24-25.

[10] Vide: MARTINS. *Um curso de direito da insolvência...*, p. 13-14.

1. Causas da crise e tentativa de superação

As causas que podem levar uma empresa ao estado de crise são as mais variadas. A doutrina elenca uma série de motivos, alguns imputáveis à própria empresa (chamados "fatores internos"), outros decorrentes de eventos que, em grande medida, fogem ao controle de quem explora a atividade empresária (denominados "fatores externos"). Vale elencá-los, mesmo tendo em conta que a crise empresarial usualmente decorre de um conjunto dessas causas, não de um único fator isoladamente[11].

Os fatores internos são aqueles comumente ligados à ineficiência empresarial, sendo, portanto, imputáveis à própria empresa, tais como: (*i*) desentendimento entre sócios; (*ii*) problemas decorrentes da mudança de controle societário; (*iii*) falta de profissionalização da administração; (*iv*) falta de experiência empresarial; (*v*) desqualificação da mão de obra; (*vi*) baixa produtividade; (*vii*) inadequação ou a obsolescência dos equipamentos/maquinários; (*viii*) impossibilidade de realizar novos investimentos; (*ix*) desperdício de matéria prima; (*x*) excesso de imobilização; (*xi*) mal dimensionamento do estoque; (xii) insuficiência do capital ou estrutura de capital inadequada; (*xiii*) avaliação equivocada do mercado; (*xiv*) má escolha dos fornecedores; (*xv*) operação de alto risco; (*xvi*) alto investimento em operações com retorno aquém do esperado; (*xvii*) prática de ilícitos fiscais, trabalhistas ou ambientais que resultem na aplicação de pesadas multas.

Já os fatores externos são eventos não diretamente ligados à ineficiência empresarial, mas, na maioria das vezes, relacionados a alterações substanciais nos ambientes econômico e institucional nos quais está inserida a empresa, dentre os quais merecem destaque: (*i*) mudanças na política cambial, com a consequente valorização ou desvalorização demasiada da moeda e perda da competitividade nos mercados nacional e internacional; (*ii*) redução das tarifas alfandegárias ou liberação das importações outrora proibidas, fatores esses que acirram a concorrência com os produtos nacionais; (*iii*) fechamento de mercados; (*iv*) aumento da carga tributária; (*v*) peso das obrigações trabalhistas e sociais; (*vi*) restrições creditícias, como a diminuição dos financiamentos bancários para determinados setores da atividade empresarial; (*vii*) retração do mercado consumidor; (*viii*) elevada inadimplência da clientela; (*ix*) aumento dos juros, com o consequente aumento do custo do crédito; (*x*) variação brusca na cotação de insumos ou de produtos no mercado nacional ou internacional.

Há, ainda, os fatores externos extraordinários, que podem afetar substancialmente a economia da empresa. Por exemplo: (*i*) maxidesvalorização cambial;

---

[11] VALVERDE, Trajano de Miranda. *Comentários à Lei de Falências*, v. I. 2 ed. Rio de Janeiro: Forense, 1955, p. 6; BLANCO, Camilo Martínez. *Manual teórico-prático de derecho concursal*. Montevideo: Universidade de Montevideo, 2003, p. 14-21; LOBO, Jorge. *Direito concursal*. Rio de Janeiro: Forense, 1996, p. 187.

(*ii*) bloqueio de papel moeda; (*iii*) conflitos armados; (*iv*) catástrofes climáticas e ambientais. Os fatores externos também podem estar relacionados ao acirramento da concorrência empresarial ou às ondas contínuas do que se convencionou chamar, em Economia, de "destruição criativa"[12], resultantes, por exemplo, (*v*) da chegada de novos e revolucionários produtos ao mercado, e (*vi*) da introdução de novas tecnologias.

Quando o empresário enfrenta uma crise, normalmente busca extrajudicialmente uma solução para tal dificuldade, tentando, por exemplo, realizar a negociação com seus credores, buscar novos recursos e reestruturar o próprio negócio. Na prática, está se tornando relativamente comum a tentativa de negociação extrajudicial e, em certa medida, coletiva com os credores – realizando-se, por vezes, o chamado contrato de *standstill* (que, no Brasil, não possui um padrão, sendo negociado caso a caso), *i.e.*, determinados credores comprometem-se a, por um certo período de tempo, não tomar medidas contra o devedor enquanto renegociam o débito. Importante salientar que, atualmente, é expressamente permitida a renegociação extrajudicial com credores (LREF, art. 167)[13]-[14].

Assim, em um primeiro momento, busca-se uma solução de mercado. Caso, todavia, não se consiga reverter a situação de crise, parte-se, então, para a busca das soluções jurídicas previstas na LREF.

Nesse sentido, caso seja possível superar a crise por meio de um mecanismo mais suave, pode-se lançar mão da recuperação extrajudicial (prevista do art. 161 ao art. 166 da LREF); por sua vez, caso a crise seja de uma gravidade que demande

---

[12] SCHUMPETER, Joseph. *Capitalism, socialism, and democracy*. London: Routledge, 2006, p. 84.

[13] Salienta-se que a previsão do art. 167 é importante se comparada com o regime do Decreto-Lei 7.661/1945, que, seguindo orientação instituída pela Lei 2.024/1908, previa, no art. 2º, III, como ato falimentar (capaz, então, de justificar pedido de falência do devedor) a simples convocação, pelo devedor, de seus credores com a finalidade de propor dilação (moratória amigável), remissão de créditos (perdão) ou cessão de bens (dação em pagamento) com o objetivo de superar a situação de crise empresarial. Dessa forma, o regime anterior possuía dispositivo legal que, a rigor, impedia a tentativa do devedor de reunir seus credores a fim de propor-lhes uma solução de mercado que pudesse evitar a inadimplência ou fazê-la cessar – e somente a concordância unânime poderia elidir a falência. De qualquer sorte, tal dispositivo era objeto de muitas críticas, tendo, inclusive, sofrido diversas interpretações restritivas – sem contar que, mesmo com a proibição legal, esse tipo de negociação à margem do Poder Judiciário e da lei era, na prática, realizado pelos devedores, recebendo a alcunha de "concordata branca". Para aprofundamento a respeito do tema, remetemos o leitor à introdução do Capítulo 15.

[14] No direito norte-americano, por exemplo, os acordos privados entabulados entre o devedor e seus credores, sem a interferência do Poder Judiciário, baseados fortemente no princípio da autonomia privada, possuem grande relevância prática entre os empreendedores em estado de crise (ou pré-crise), sendo denominados *workout agreements*, referidos na doutrina como *out-of-court restructuring ou informal reorganization*. Vide: DUBERSTEIN, Conrad B. Out-of-court workouts. *American Bankruptcy Institute Law Review*, n. 347, p. 347-354, 1993; e SCHWARTZ, Alan. Bankruptcy workouts and debt contracts. *Journal of Law and Economics*, Chicago, v. 36, p. 595-632, apr. 1993.

NOÇÕES INTRODUTÓRIAS

solução mais amarga, utiliza-se, então, da recuperação judicial (LREF, arts. 47 e seguintes). Todavia, caso se trate de uma empresa que tenha atingido um nível que leva à irreversibilidade da situação, tem-se, então, pela sua liquidação por meio da falência (LREF, arts. 75 a 160) – sendo que a não adoção das medidas adequadas pode ensejar a responsabilização de quem conduz a atividade empresária (mormente dos administradores e controladores) tendo em vista o possível descumprimento de seus deveres[15].

No Brasil, independentemente da natureza das causas da crise ou da sua gravidade, a LREF é o diploma legislativo responsável por regular as tentativas judiciais de superação do declínio empresarial e a liquidação da empresa na hipótese de sua inviabilidade[16].

2. Formação histórica dos regimes concursais

A historicidade é um atributo essencial do Direito[17] e sua construção é fruto de um tortuoso e pendular caminho de evolução (e involução) da civilização, o qual não pode ser compreendido e interpretado senão à luz dos acontecimentos históricos que lhe deram origem e da unidade que tal contexto impõe[18].

O desenvolvimento do comércio é uma parte indispensável da história da civilização e o subsídio mais importante para a história do direito comercial[19]-[20].

O comércio[21] é para as nações o que a imprensa pode ser para as palavras[22], ao passo que o direito comercial – como ramo jurídico especial, de caráter

---

[15] Sobre o tema, no Brasil, ver: ARAGÃO, Leandro Santos de. Deveres dos administradores de sociedades empresárias em dificuldades financeiras: a teoria do *deepening insolvency* no Brasil. In: CASTRO, Rodrigo Monteiro de; ARAGÃO, Leandro Sandos de (coord.). *Direito societário*: desafios atuais. São Paulo: Quartier Latin, 2009, p. 178-185.

[16] Excepcionadas as empresas sujeitas a regimes parafalimentares, bem como aquelas que não se sujeitam à LREF, e excluídos os agentes que não são empresários, como será analisado no Capítulo 3, item 2.

[17] Para SANTARELLI, o elemento da historicidade atribui dignidade à História do Direito como ciência jurídica (SANTARELLI, Umberto. *L'esperienza giuridica basso-medievale*. Torino: Giappichelli, 1977, p. 3). Para aprofundamento, ver: GROSSI, Paolo. *A ordem jurídica medieval*. Trad. Denise Rossato Agostinetti. São Paulo: Martins Fontes, 2014, p. 27 ss.

[18] Como destaca ASCARELLI, o Direito se desenvolve a partir da interpretação, embora mantenha um elemento de continuidade com o texto do qual o intérprete extrai sua percepção (ASCARELLI, Tullio. Antigona e Porcia. In: _____ *Problemi giuridici*, t. II. Milano: Giuffrè, 1959, p. 9-10).

[19] GOLDSCHMIDT, Levin. *Storia universale del diritto commerciale*. Torino: Unione Tipografico-Editrice Torinese, 1913, p. 11.

[20] Para fins terminológicos, utilizaremos as expressões "direito comercial", "direito mercantil" e "direito empresarial" como sinônimas, embora haja uma explicação histórico-econômica para sua utilização em cada contexto evolutivo dessa seara jurídica. Sobre o tema: FORGIONI, Paula. *A evolução do direito comercial brasileiro*: da mercancia ao mercado. 3 ed. São Paulo: Revista dos Tribunais, 2016, p. 13.

[21] Constitui grave falha metodológica avançar no estudo da origem do direito comercial sem antes compreender o significado do termo "comércio". Segundo JOSÉ DA SILVA LISBOA, o VISCONDE DE CAIRU, considerado pela doutrina o primeiro grande estudioso desse ramo jurídico no Brasil: "Pela expressão

RECUPERAÇÃO DE EMPRESAS E FALÊNCIA

fragmentário, universal-cosmopolita, de origem informal e espontânea, de formação eminentemente histórica, atento à observação dos costumes locais e da realidade fática que lhe é subjacente – acaba operando como instrumental para o desenvolvimento da economia capitalista[23], como motor e freio do ímpeto do empreendedor[24].

A velocidade e a dinamicidade do universo dos negócios determinam o forjar das regras legais e costumeiras. Nesse observatório mercantil, direito e economia se imiscuem de tal forma que os limites fronteiriços de cada área se embaraçam, assumindo uma intensa e profícua relação de troca[25]. O direito comercial, nesse contexto, instrumentaliza – sob o formato da técnica – o bombeamento de

Commercio, diz Coquelin, entende-se o complexo das relações que os homens entre si estabelecem para tudo o que respeita à satisfação das suas necessidades. Em sentido mais restricto he o Commercio um dos ramos do trabalho humano, o que principalmente tem por objetivo o transporte e a distribuição dos productos. J.B. Say defini-o com acerto quando declarou que era a industria que punha um producto ao alcance dos que tinhão de consumi-lo; porquanto aqui se achão comprehendidas as duas funções do Commercio: o movimento e transporte das mercadorias, e a sua distribuição pelos consumidores. Mac Culloch, no seu *Diccionario de Commercio* faz sobre a origem di Commercio, suas Classes, e o Commercio nacional e estrangeiro considerações tão importantes que transcrevemos aqui suas elucubrações (...) 'O Commercio remonta aos primeiros tempos da civilisação. Logo que os homens deixarão de procurar para si, diferentes objectos para seu uso, estabelecerão entre elles relações comerciaes. Em verdade He trocando a parte dos productos que nos sobra do nosso consumo pelo excedente dos productos allheios, que a divisão do trabalho pode estabelecer-se, e que os diferentes indivíduos podem entregar-se de preferência e exclusivamente a outras occupações." Em outra passagem, CAIRU ressalta a moralidade dos agentes e a confiança como características essenciais à prática comercial: "O Commercio eh uma das industrias que no seu viver muito depende da moralidade dos agentes. Sem Ella os contractos sobre Seguros, Sociedades em comandita, industriaes ou anonymas, as Comissões, Letras de câmbio, operações bancarias, serião impossíveis porque se apoião na confiança dos que para elas concorrem." (LISBOA. *Princípios de direito mercantil e leis da marinha*, t. II..., p. XIX e XXIV). Já BASÍLIO DE MAGALHÃES refere que: "A voz latina *commercium*, formada pela preposição *cum* ('com') e o substantivo *merx* ('merce', 'mercancia', mercadoria'), patenteia que o escambo foi o processo primitivo da atividade do *homo oeconômicus*." (MAGALHÃES, Basílio de. *História do comércio*. Rio de Janeiro: Francisco Alves, 1943, p. 7).

[22] COSTA, Salustiano Orlando de. *Codigo Commercial do Brazil*. 6 ed. Rio de Janeiro: Laemmert e C, 1896, p. 5.

[23] Para uma visão crítica do direito comercial tradicional, ver: SALOMÃO FILHO, Calixto. *Teoria crítico-estruturalista do direito comercial*. São Paulo: Marcial Pons, 2015.

[24] ASCARELLI, Tullio. *Lezioni di diritto commerciale*. 2 ed. Milano: Giuffrè, 1955, p. 64-67; GALGANO, Francesco. *Lex mercatoria*. 5 ed. Bologna: Il Mulino: 2010, p. 1; GOLDSCHMIDT. *Storia universale del diritto commerciale*..., p. 13-14; MITCHELL, William. *An essay on the early history of law of merchant*. Cambridge: University Press, 1904, p. 1, 7, 21; SORANI, Ugo. *Il fallimento, note e ricordi dell'esercizio della professione e legislazione comparata*. Roma: Società Editrice Dante Alighieri, 1896, p. XIII; HUVELIN, Paul. *L'histoire du droit commercial*. Paris: Leopold Cerf, 1904, p. 2; ASCARELLI, Tullio. *Panorama do direito comercial*. São Paulo: Saraiva, 1947, p. 21 ss; LA LUMIA, Isidoro. *Corso di diritto commerciale*. Milano: Giuffrè, 1950, p. 15 ss.

[25] Nas palavras de BRASÍLIO MACHADO: "O D. Commercial, em primeiro lugar, tem relações próximas, immediatas e essenciaes com as sciencias econômicas." (MACHADO, Brasilio. *Direito commercial*. São Paulo: Mignon, 1909, p. 214). No mesmo sentido: SOUZA, Inglez de. *Prelecções de direito comercial*. Rio de Janeiro: Leuzinger, 1906, p. 51.

NOÇÕES INTRODUTÓRIAS

oxigênio para os batimentos do coração da economia de mercado[26], que tem no crédito seu alicerce de sustentação[27] e cuja disfuncionalidade conduz aos regimes concursais[28].

A matéria concursal, na condição de desdobramento natural da área de concentração do direito comercial, que tem como objeto primordial regrar os azares da fortuna, do crédito e dos negócios[29], apresenta uma formidável construção histórica e uma conexão umbilical com a economia[30]-[31].

Embora extremamente rica, essa flexibilidade metodológica demanda uma descrição precisa da realidade dos fatos, despida de falhas e eticamente segura, o que torna o cumprimento da tarefa extremamente complexo. Somente a reconstrução histórica confiável permite ao intérprete e ao estudioso capturar a essência dos institutos jurídicos, identificando sua longevidade funcional e sua utilidade para o Direito contemporâneo[32].

Nesse ponto, há, ainda, um agravante: narrar a história do direito comercial a partir de fontes secundárias é tarefa, no mínimo, arriscada. Afinal de contas, que

---

[26] MOSSA, Lorenzo. Scienza e metodi del diritto commerciale. *Rivista di Diritto Commerciale*, v. XXXIX, 1941, p. 126.

[27] Como narra WALDEMAR FERREIRA: "A moeda é matéria. O crédito é sentimento. Se aquela tem peso e medida, imponderável é este. A esquivança daquela está na sua realidade e no poder ser contada e aferida. Um, dois, três francos. Vinte dólares. Cinco mil escudos. Exprime-se por algarismos. Sem embargo das suas fracções, a sua soma é uma questão de aritmética. Tanto é tanto. Nem sempre corresponde ao valor das coisas desejadas, quando contada. A sua deficiência é suprida pelo crédito e o desejo é satisfeito, a necessidade atendida." (FERREIRA, Waldemar. *As directrizes do direito mercantil brasileiro*. Lisboa: Anuário Comercial, 1933, p. 148).

[28] Ao examinar o processo de falência dos bancos na República medieval de Veneza, LATTES destaca a relevância e os perigos do uso imprudente do crédito: "È risaputo ch'essi occorsero frequentissimi nella storia dei quei banchi, e tale fenomeno è specialmente notevole per la grande analogia tra le cagioni di esso e le cause dele moderne crisi bancarie, poichè a'di nostri, come tre o quattro secoli fa, l'imprudente impiego di capitali in malcaute imprese trae gli istitutti di credito prontamente a ruina." (LATTES, Alessandro. *Il fallimento nel diritto comune e nella legislazione bancaria della Republica di Venezia*. Venezia: M. Visentini, 1880 (reimprezione), p. 41).

[29] FERREIRA, Waldemar. *Tratado de direito comercial*, v. 14. São Paulo: Saraiva, 1965, p. 2-3.

[30] **Rocco, Alfredo. Studi sulla teoria generale del fallimento. *Rivista di Diritto Commerciale e degli Diritto Generale delle Obbligazioni*, v. IV, parte prima, 1910, p. 669-670.**

[31] É justamente o que ocorre com o direito comercial, como gênero do qual o direito falimentar é parte. Não resta dúvida que a compreensão da lógica que perpassa o funcionamento da atividade comercial é condição indispensável para o entendimento da sistemática da matéria. Aqui, as referências são: BONFANTE, Pietro. *Storia del commercio*, v. I. Torino: UTET, 1936; BONFANTE, Pietro. *Storia del commercio*, v. II. Torino: UTET, 1936; LUZZATTO, Gino. *Storia del commercio*, v. I. Firenze: G. Barbera Editore, 1914; SEGRE, Arturo. *Storia del commercio*. Torino: S. Lattes & C. Editori, 1923; SCHMIDT, Max Georg. *Historia del comercio mundial*. Trad. Manuel Sánchez Sarto. Barcelona: Labor, 1938; LEFRANC, Georges. *História breve do comércio*. Lisboa: Editorial Verbo, 1962.

[32] Sobre o tema, ver: WIEACKER, Franz. *História do direito privado moderno*. 3 ed. Trad. A. M. Botelho Haspanha. Lisboa: Calouste Gulbenkian, 1967, p. 5-6.

RECUPERAÇÃO DE EMPRESAS E FALÊNCIA

serventia teria um esforço de investigação sobre essas origens quando o único objeto de exame disponível são fontes históricas indiretas, isto é, os fragmentos da História colhidos dos relatos de outros autores?

Em uma perspectiva investigativa, esse é um questionamento honesto a se fazer.

Efetivamente, a diversidade das teorias propostas, as contradições quanto aos próprios fatos investigados e a impossibilidade de pesquisar diretamente as fontes primárias podem tornar de duvidoso proveito a discussão analítica das fontes secundárias.

Entretanto, essa preocupação é relativizada se levarmos em consideração a profundidade e o valor dos trabalhos de estudiosos e jus-historiadores como STRACCA[33], PERTILE[34], GOLDSCHMIDT[35], HUVELIN[36], REHME[37], WEBER[38], LATTES[39], BONFANTE[40], MOSSA[41] e GALGANO[42] ou mesmo, para o caso específico da história do direito concursal, autores como MONTLUC[43], VAINBERG[44], LATTES[45], KOHLER[46], SORANI[47], THALLER[48], CARVALHO DE MENDONÇA[49],

---

[33] STRACCA, Benvenuto. *Tractatus de mercatura seu mercatore.* Veneza: Lugduni, 1556.

[34] PERTILE, Antonio. *Storia del diritto italiano:* dalla caduta dell'Impero Romano alla codificazione, v. III. Torino: Unione Tipografico Editrice, 1893-1894; PERTILE, Antonio. *Storia del diritto italiano:* dalla caduta dell'Impero Romano alla codificazione, v. IV. Torino: Unione Tipografico Editrice, 1893-1894.

[35] GOLDSCHMIDT. *Storia universale del diritto commerciale...*

[36] HUVELIN. *L'histoire du droit commercial...*; HUVELIN, Paul. *Études d'histoire du droit commercial romain* (histoire externe – droit maritime). Paris: Librairie du Recueil Sirey, 1929.

[37] REHME, Paul. *Historia universal del derecho mercantil.* Trad. de E. Gómez Orbaneja. Madrid: Editorial Revista de Derecho Privado, 1941.

[38] WEBER, Max. *The history of commercial partnerships in the Middle Ages.* Trad. de Lutz Kaelber. Lanham, Boulder, New York, Oxford: Rowman & Littlefield Publishers, Inc., 2003.

[39] LATTES, Alessandro. *Il diritto commerciale nella legislazione statutaria delle città italiane.* Milano: Ulrico Hoepli, 1884; LATTES, Alessandro. *Studii di diritto statutario.* Milano: Ulrico Hoepli, 1886.

[40] BONFANTE. *Storia del commercio...*

[41] MOSSA, Lorenzo. *Historia del derecho mercantil en los siglos XIX y XX.* Trad. Francisco Hernandez Borondo. Madrid: Revista de Derecho Privado, 1948.

[42] GALGANO. *Lex mercatoria...*

[43] MONTLUC, L. A. de. *La faillite chez les romains.* Paris: Alcán-Levy, 1870.

[44] VAINBERG, Sigismond. *La faillite d'après le droit romain.* Paris: Nationale, 1874.

[45] LATTES. *Il fallimento nel diritto comune...*

[46] KOHLER, Josef. *Lehrbuch des konkursrechts.* Stuttgart: Ferdinand Enke, 1891.

[47] SORANI. *Il fallimento, note e ricordi...*

[48] THALLER, Edmond. *Des faillites en droit comparé,* t. I, Paris: Arthur Rousseau, 1887; THALLER, Edmond. *Des faillites en droit comparé,* t. II, Paris: Arthur Rousseau, 1887.

[49] CARVALHO DE MENDONÇA, José Xavier. *A lei federal dos Estados Unidos da América.* S. Paulo Judiciário, v. II, n. 5, mai. 1903, p. 299-324; CARVALHO DE MENDONÇA, José Xavier. *Das fallencias e dos meios preventivos de sua declaração,* v. I. São Paulo: Gerke & Cia, 1899; CARVALHO DE MENDONÇA, José Xavier. *Das fallencias e dos meios preventivos de sua declaração,* v. II. São Paulo: Gerke & Cia, 1899.

ARCANGELI[50], ROCCO[51], LEVINTHAL[52], NOEL[53], WARREN[54], CASSANDRO[55] e SANTARELLI[56].

Isso se deve ao fato de a maioria deles ter tido o interesse e a possibilidade de analisar as raízes históricas do direito comercial na sua própria fonte e essência, ou seja, nos remotos documentos e costumes comerciais oriundos e praticados em Roma e nas cidades medievais, sobretudo na Itália[57], não se limitando a reproduzir o que os outros historiadores haviam escrito sobre determinada matéria.

Como refere COLLINGWOOD – revelando o ofício do verdadeiro historiador –, a História atua por meio da interpretação das provas, dos documentos, não da simples reprodução daquilo que foi dito por outros[58]; mas não apenas isso, como ressalta VON MISES, ela tem como meta uma representação fiel; seu conceito de verdade é a correspondência com o que costumava ser realidade[59].

---

[50] ARCANGELI, Argeo. Gli istituti del diritto commerciale nel costituto senese del 1310. *Rivista di Diritto Commerciale, Industriale e Marittimo*, v. IV, parte prima, p. 243-255, 1906.

[51] ROCCO, Alfredo. *Il fallimento*. Napoli: Fratelli Bocca, 1917.

[52] LEVINTHAL, Louis E. The early history of bankruptcy law. *University of Pennsylvania Law Review*, 66 U. PA. L. REV. 223-250 (1918).

[53] NOEL, Francis Regis. *A history of the bankruptcy law*. Washington: Potter & Co., 1919.

[54] WARREN, Charles. *Bankruptcy in United States history*. Boston: Harvard University Press, 1935.

[55] **CASSANDRO, Giovanni.** *Le rappresaglie e il fallimento a Venezia nei secoli XIII-XVI*. Con documenti inediti. Torino: S. Lattes, 1938.

[56] SANTARELLI, Umberto. *Per la storia del fallimento nelle legislazioni italiane dell'età intermedia*. Padova: CEDAM, 1964.

[57] Sobre o tema, ver: MUTINELLI, Fabio. *Del commercio dei veneziani*. Venezia: Filippi Editore. 1835; PIRENNE, Jacques Henri. *Medieval cities*: their origins and the revival of trade. Princeton: Princeton Universities Press, 1980; PIRENNE, Jacques Henri. *História econômica e social da Idade Média*. São Paulo: Jou, 1978; LE GOFF, Jacques. *A bolsa e a vida*: a usura na Idade Média. Brasília: Editora Brasiliense, 1989; LE GOFF, Jacques. *Mercadores e banqueiros da Idade Média*. Trad. Antônio de Pádua Danesi. Martins Fontes: São Paulo, 1991; LE GOFF, Jacques. *A Idade Média e o dinheiro*. 2 ed. Trad. Marcos de Castro. Rio de Janeiro: Civilização Brasileira, 2014; CARAVALE, Mario. *Ordinamenti giuridice dell'Europa medievale*. Bologna: Il mulino, 1994; GROSSI, Paolo. *Introduzione al Novecento giuridico*. Bari: Laterza, 2012; GROSSI. *A ordem jurídica medieval...*

[58] COLLINGWOOD, R. G. *A idéia de História*. Trad. de Alberto Freire. Lisboa: Editorial Presença, 1972, p. 17; MISES, Ludwig von. *Teoria e história*. Trad. Rigoberto Juárez-Paz. Madrid: Unión Editorial, 1975, p. 251-253.

[59] MISES. *Teoria e história...*, p. 241. Correta, nesse particular, é a construção do economista austríaco LUDWIG VON MISES: "Ao tentar rastrear a origem de novas ideias, a história não pode fazer nada além de determinar que foram produzidas pelo pensamento de um homem. Os dados irredutíveis da história, além dos quais nenhuma investigação histórica pode chegar, são ideias e ações humanas. O historiador pode determinar a origem das ideias em outras ideias, desenvolvidas anteriormente. Pode descrever as condições ambientais que motivaram o planejamento de determinadas reações. Mas nunca poderá dizer, sobre uma nova ideia ou novo modo de ação, nada além do fato de que se originaram num determinado ponto do espaço e do tempo, na mente de um homem, e que foram aceitas por outros homens". Nesse sentido: "História é a apresentação do curso dos acontecimentos e condições do passado, uma afirmação de fatos e de seus eventos." (MISES. *Teoria e historia...*, p. 144, 188).

VIVANTE, no prefácio à quinta edição do *Trattato di Diritto Commerciale*, já alertava para a importância da investigação histórica e técnica do direito comercial[60], conselho absolutamente coerente para alguém que dedica o primeiro volume da sua grande obra à LEVIN GOLDSCHMIDT, professor da Universidade de Berlim, cuja *Universalgeschichte des Handelsrechts* ("História Universal do Direito Comercial") consiste em um dos marcos fundamentais do estudo das origens desse ramo do direito.

A rigor, em quase toda bem acabada obra de direito comercial há um relevante esforço de investigação histórica, revelando uma preocupação do estudioso sobre os aspectos mais profundos do instituto examinado. A preocupação é justificável: as ideias constituem os dados irredutíveis de um estudo histórico sério[61]; uma análise ajuizada depende da disposição do pesquisador em descer às entranhas mais profundas do instituto ou do seu regime jurídico[62], investigação que pode revelar elementos cruciais para a sua boa compreensão e contextualização no universo jurídico.

No entanto, como aponta SANTARELLI, o estudo da origem histórica da ciência exige mais do que a compreensão do progresso e da evolução das figuras e institutos identificados no espaço temporal da investigação. Demanda, especialmente, a apresentação de uma reconstrução fidedigna, sistemática, funcional e unitária sobre a matéria, na tentativa de validar conclusões definitivas sobre o surgimento da espinha dorsal do direito falimentar contemporâneo[63].

Nesse contexto, está correto PONTES DE MIRANDA, para quem "não se pode conhecer o presente, sem se conhecer o passado, não se pode conhecer o que é, sem se conhecer o que foi"[64]-[65]. Mas não apenas isso, como bem ressalta VON MISES: "A história olha para trás, para o passado, porém a lição que ela ensina diz

---

[60] VIVANTE, Cesare. *Trattato di diritto commerciale*, v. I. 5 ed. Milano: Francesco Vallardi, 1922, p. IX-X.

[61] MISES. *Teoria e história...*, p. 167.

[62] SORANI. *Il fallimento, note e ricordi...*, p. XIV

[63] SANTARELLI. *Per la storia del fallimento...*, p. 2-3.

[64] PONTES DE MIRANDA, Francisco Cavalcanti. *Tratado de direito privado*, v. I. 4 ed. São Paulo: Revista dos Tribunais, 1983, p. XV. Ou, como leciona OLIVER HOLMES, "a vida do direito não tem sido lógica, tem sido experiência": "The life of the law has not been logic: it has been experience. The felt necessities of the time, the prevalent moral and political theories, intuitions of public policy, avowed or unconscious, even the prejudices which judges share with their fellow-men, have had a good deal more to do than the syllogism in determining the rules by which men should be governed. The law embodies the story of a nation's development through many centuries, and it cannot be dealt with as if it contained only the axioms and corollaries of a book of mathematics. In order to know what it is, we must know what it has been, and what it tends to become." (HOLMES JR., Oliver Wendell. *The Common Law* (reprint; originally published: Boston: Little, Brown & Co., 1881). New York: Dover Publications, 1991, p. 1).

[65] É apropriado, nesse contexto, o apontamento de MARCH BLOCH sobre o passado e sua interpretação: "The past is, by definition, a datum which nothing in the future will change. But the knowledge of the past is something progressive which is constantly transforming and perfecting itself." (BLOCH, Marc. *The historian's craft*. Manchester: University Press, 1992, p. 48).

NOÇÕES INTRODUTÓRIAS

respeito ao que está por vir. Ela não ensina um quietismo indolente; ela instiga o homem a emular os feitos das gerações anteriores"[66]. E encerra ASCARELLI: "O jurista assim terá o seu ponto de partida na história e voltará a olhar para a história no seu ponto de chegada[67]".

Evidentemente que o objetivo aqui é muito menos ambicioso.

O presente estudo não tem pretensão de avocar para si a arriscada tarefa de confrontar as múltiplas teorias propostas acerca da origem exata de cada um dos institutos ou dos regimes de direito falimentar. O que se pretende – e esse, sim, é o real objetivo – é proceder a reconstrução da sua evolução histórica e de seus principais institutos para fins de situar o leitor sobre seu objeto de estudo, bem como fazê-lo descobrir a razão de ser de certos princípios, regras, regimes e institutos jurídico-falimentares que lhe serão apresentados[68].

2.1. Índia, Mesopotâmia, Egito, Grécia e povo hebreu: fragmentos

No direito contemporâneo, o patrimônio é a garantia geral dos credores[69]; as obrigações que pesam sobre uma pessoa recaem exclusivamente sobre seus bens e direitos, a projeção econômica da sua personalidade[70]. A responsabilidade é, portanto, patrimonial e não pessoal[71], razão pela qual o corpo do devedor não responde pelas obrigações assumidas no curso da sua existência. Mas nem sempre foi assim: o estudo da história das civilizações antigas mostra que o regime individual de responsabilidade pelas dívidas sofreu uma série de mutações no decorrer dos séculos, passando de uma sistemática essencialmente pessoal para uma eminentemente patrimonial.

O comércio era, evidentemente, praticado pelos antigos[72] e a coação física do devedor sempre pareceu ao homem desse período histórico o caminho natural para a cobrança das dívidas[73]. Nas civilizações da antiguidade[74], o credor quase

---

[66] MISES. *Teoria e história...*, p. 210.

[67] ASCARELLI. Antigona e Porcia..., p. 15.

[68] Em sentido semelhante: ESTEVES, André Fernandez. Das origens do direito falimentar à Lei n. 11.101/2005. *Revista Jurídica Empresarial*, n. 15, ago./jul. 2010, p. 12.

[69] Nesse sentido, vide art. 789 do Código de Processo Civil de 2015 ("O devedor responde com todos os seus bens presentes e futuros para o cumprimento de suas obrigações, salvo as restrições estabelecidas em lei").

[70] AUBRY, Charles; RAU, Charles. *Cours de droit civil français*. 5 ed. Paris, 1917, p. 366.

[71] CUNHA, Paulo. *Do patrimônio*. Lisboa: Minerva, 1934, p. 206-207.

[72] LEEMANS, W. F. *Old-babylonian merchant*. His business and social position. Leiden: Brill, 1950, p. 5.

[73] SORANI. *Il fallimento, note e ricordi...*, p. XIV; LEVINTHAL. The early history of bankruptcy law..., p. 230.

[74] "Os mais antigos documentos escritos de natureza jurídica aparecem nos finais do 4º ou começo do 5º milénio, isto é, cerca de 3.000 anos antes da nossa era, por um lado no Egito, por outro na Mesopotâmia. Pode seguir-se a evolução do direito nestas duas regiões durante toda a antiguidade." (GILISSEN, John. *Introdução histórica ao direito*. 2 ed. Trad. A. M. Hespanha e I. M. Macaísta Malheiros. Lisboa: Fundação Calouste Gulbekian, 1995, p. 51).

RECUPERAÇÃO DE EMPRESAS E FALÊNCIA

sempre podia, à margem da prestação jurisdicional do Estado, aprisionar o devedor, escravizá-lo e até executá-lo (e esquartejá-lo), em caso de inadimplemento[75], o que evidencia o caráter originariamente penal (e privado) das regras endereçadas aos indivíduos que não cumpriam com suas obrigações[76].

Fragmentos desse momento da história são apresentados pela doutrina: na Índia, o direito hindu desenvolveu o *Manusmrti* ou "Memória de Manu"[77]-[78] que possibilitava a submissão do devedor ao trabalho escravo, sem excessos brutais[79]; mas se o devedor fosse de casta superior, aceitava-se o pagamento em prestações, de acordo com as suas possibilidades[80]. Segundo relato de MARCO POLO, permitia-se, também, a execução por meios indiretos: o credor se apossava da casa do devedor e não permitia sua saída do local (podendo levá-lo à morte) até o pagamento da dívida[81]-[82].

Na Mesopotâmia, havia um sistema jurídico desenvolvido, especialmente no âmbito do direito privado[83]. A Babilônia (especialmente no intervalo entre 1957

[75] DE SEMO, Giorgio. *Diritto fallimentare*. Padova: CEDAM, 1968, p. 29-30; REQUIÃO, Rubens. *Curso de direito falimentar*, v. 1. 3 ed. São Paulo: Saraiva, 1978, p. 6.

[76] RIPERT, Georges. *Tratado elemental de derecho comercial*, v. IV. Trad. Felipe de Solá Canizares. Buenos Aires: Tea, 1954, p. 201.

[77] GILISSEN. *Introdução histórica ao direito...*, p. 102-103.

[78] Segundo BENTO DE FARIA: "Alguns séculos antes da era de Jesus Cristo surgiu na Índia uma Codificação atribuída a Manú, inculcado como filho de Brahma e pai do gênero humano, cuja existência, porém, alguns consideram duvidosa. Esse livro, escrito em sânscrito e em verso, intitulado Código de Manú (Manava – Dharma – Sastra), é um tratado de moral e de legislação. Atestam alguns de seus parágrafos que, em tão remotíssima época, já se cuidava da situação do credor não pago para assegurar-lhe a execução do respectivo crédito por meio do trabalho coativo a que ficava sujeito o devedor, com observância do regime das castas, mas sem os excessos brutais que, posteriormente, se verificavam." (BENTO DE FARIA, Antônio. *Direito comercial*, v. IV. Rio de Janeiro: A. Coelho Branco, 1947, p. 9).

[79] SORANI. *Il fallimento, note e ricordi...*, p. XIV. As punições eram, no entanto, bastante severas. ALMACHIO DINIZ leciona que: "Nas leis de Manu, no Livro IX, refere-se que, entre os Indianos, o devedor era encerrado num circulo do qual não se podia afastar, sob pena de morte, só readiquirindo a sua liberdade depois de ter sido o credor completamente reembolsado. O credor segurava o devedor e punha-o a ferros (*bala, bolat kara*), fazendo-o trabalhar, na maioria dos casos, como seu escravo (*Karma*), sob convencionadas condições de trabalho (*dasapatra*)." (DINIZ. *Da fallencia...*, p. 10).

[80] BUTERA, Antonio. *Della frode e della simulazione*. Torino: UTET, 1934, p. 1; LEVINTHAL. The early history of bankruptcy law..., p. 230.

[81] SORANI. *Il fallimento, note e ricordi...*, p. XV.

[82] Nesse particular, LEVINTHAL refere a prática do *sitting d'harna* como fato ilustrativo do caráter religioso das sanções na Índia e no Nepal similar à figura do *fasting on* que existiu na *ancient* Irlanda: "In both, the creditor placed himself before the debtor's doorway, there to remain until the debt was paid. The expected payment was seldom delayed, for public opinion would have punished instantly and severely the debtor who allowed his creditor to become exhausted or to die of starvation before his door." (LEVINTHAL. The early history of bankruptcy law..., p. 229).

[83] Refere J. GILISSEN que a Mesopotâmia "(...) foi o país que conheceu as primeiras formulações do direito. Os Sumérios, os Acadianos, os Hititas, os Assírios, redigiram textos jurídicos que se podem chamar de 'códigos', os quais chegaram a formular regras de direito mais ou menos abstractas. (...)

NOÇÕES INTRODUTÓRIAS

a.C. e 1534 a.C.), reconhecida como a grande civilização mercantil da antiguidade, formulou sofisticados arranjos mercantis e monetários entre seus comerciantes (*tamkarum*), especialmente os marítimos, o que pode ser explicado pela sua privilegiada posição geográfica situada entre os rios Tigre e Eufrates[84].

O Código de Hamurabi, por seu turno, continha previsão no sentido de que o devedor podia ser alienado a terceiros e reduzido à posição de escravo para pagamento do débito[85]. No entanto, após o decurso do período de seis anos, a dívida era remida e o devedor liberado[86].

No Egito[87], diante do falecimento do devedor, havia a possibilidade de o credor tomar para si o cadáver (uma espécie de promessa de entrega[88] para alguns, de penhor para outros[89]), a fim de privar o morto das honras fúnebres, coagindo os parentes e amigos a pagar a dívida para resgatar o defunto[90]. No caso de o enterro já ter ocorrido, o inadimplemento autorizava o credor a remover a múmia e fechar a tumba, sem qualquer participação da família do devedor[91].

Os egípcios (na era de *Bocchoris* – 772-729 a.C.) entendiam que a relação entre Estado e devedor era superior a do devedor e seus credores, de modo que o Faraó podia requisitar a prestação de serviços públicos pelo devedor na condição de oficial em tempos de paz e soldado em tempos de guerra[92].

Os Mesopotâmios praticavam a venda (mesmo a venda a crédito), o arrendamento (arrendamentos de instalações agrícolas, de casas, de arrendamento de serviços), o depósito, o empréstimo a juros, o título de crédito à ordem (com cláusula de reembolso ao portador), o contrato social. Eles faziam operações bancárias e financeiras em grande escala e tinham já comandita de comerciantes. Graças ao desenvolvimento da economia de troca e das relações comerciais, o direito da época de Hamurabi criou a técnica dos contratos, ainda que os juristas não tivessem chegado a construir uma teoria bastrata do direito das obrigações." (GILISSEN. *Introdução histórica ao direito...*, p. 52, 63).

[84] LEEMANS. *Old-babylonian merchant...*, p. 1, 22 ss.

[85] Segundo LEEMANS, o devedor podia autoalienar-se ao credor para saldar sua dívida. O autor entende, no entanto, que essa prática já tinha sido abolida quando da vigência do Código de Hamurabi (LEEMANS. *Old-babylonian merchant...*, p. 17).

[86] LEVINTHAL. The early history of bankruptcy law..., p. 230; BUTERA. *Della frode e della simulazione...*, p. 1.

[87] Para J. GILISSEN: "A civilização do Nilo tem uma longa história de cerca de quarenta séculos; a evolução do direito conheceu aí fases ascendentes e descendentes, correspondendo mais ou menos às grandes oscilações do poder dos faraós. O Egito não nos transmitiu até a data códigos nem livros jurídicos, mas foi a primeira civilização na história da humanidade que desenvolveu um sistema jurídico que pode chamar-se individualista. (...) O nosso conhecimento do direito egípcio é baseado quase exclusivamente nos actos da prática: contratos, testamentos, decisões judiciárias, actos administrativos, etc." (GILISSEN. *Introdução histórica ao direito...*, p. 50-52).

[88] RENOUARD, Augustin-Charles. *Traitè des falillites et banqueroutes*, t. I. Paris: Guillaumin, 1857, p. 14.

[89] DINIZ. *Da fallencia...*, p. 10

[90] THALLER. *Des faillites en droit comparé*, t. I..., p. 40-41; SORANI. *Il fallimento, note e ricordi...*, p. XVII; BUTERA. *Della frode e della simulazione...*, p. 2.

[91] LEVINTHAL. The early history of bankruptcy law..., p. 229.

[92] LEVINTHAL. The early history of bankruptcy law..., p. 231.

RECUPERAÇÃO DE EMPRESAS E FALÊNCIA

Por sua vez, na Grécia antiga, a regra era a servidão pessoal do devedor ao credor, enquanto aquele estivesse impossibilitado de solver a dívida. Houve momentos mais extremos, quando, então, podia-se alienar o devedor e até matá--lo, embora as reformas de Sólon[93] tenham atenuado a gravidade das penas[94] por influência das transformações humanitárias do direito egípcio, adotando uma espécie de confisco patrimonial como forma de satisfação do débito[95].

A doutrina aponta, ainda, a inexistência de regras falimentares no Alcorão[96] e a pequena relevância do instituto entre os hebreus[97].

Em síntese, é o que vale a pena ser referido de período tão longínquo da História[98]. O exame mais aprofundado e interessante inicia, inevitavelmente, em Roma.

2.2. Roma: panorama geral

Em uma perspectiva histórica, Roma (a "Cidade Eterna") representa a vitória da ideia de universalidade sobre o princípio das nacionalidades[99].

A história da civilização romana ocidental (anos 754 a.C a 476/565 d.C.)[100]-[101] pode ser dividida em três grandes períodos: (*i*) o monárquico (anos 754 a.C. a 510 a.C.); (*ii*) o republicano (anos 510 a.C. a 30 a.C.); e (*iii*) o imperial (anos 30 a.C. a 476/565 d.C.)[102]. Durante quase um milênio, Roma ditou as leis da civilização ocidental[103].

---

[93] Há relatos na doutrina de que SÓLON, em certo momento, determinou a soltura de todos os devedores de Atenas, o que deu novo rumo às regras falimentares helênicas (DINIZ. *Da fallencia...*, p. 10).

[94] MONTLUC. *La faillite chez les romains...*, p. 5.

[95] BUTERA. *Della frode e della simulazione...*, p. 1; SORANI. *Il fallimento, note e ricordi...*, p. XVIII-XIX; REQUIÃO. *Curso de direito falimentar*, v. 1..., p. 6; DINIZ. *Da fallencia...*, p. 10.

[96] THALLER. *Des faillites en droit comparé*, t. I..., p. 40-41.

[97] SORANI. *Il fallimento, note e ricordi...*, p. XVII.

[98] Para aprofundamento sobre o tema, ver: THALLER. *Des faillites en droit comparé*, t. I..., p. 37-47.

[99] JHERING, Rudolf Von. *O espírito do direito romano*, v. I. Trad. Rafael Benaion. Rio de Janeiro: Alba, 1943, p. 11.

[100] BRAGAGNOLO, Giovanni. *Storia Romana*. Dalla fondazione di Roma alla caduta dell'Imperio Romano d'Occidente. 2 ed. Torino: Tipografia Vicenzo Bona, 1896, p. I.

[101] O direito que vigorou no Império Romano do Oriente a partir de 476 d.C. (para uma parcela da doutrina o momento correto seria 565 d.C., ano da morte do Imperador Justiniano, cujo reinado iniciou em 527 d.C. – responsável pela edição do *Corpus Iuris Civilis* entre os anos 529 e 534) até sua queda em 1453, denomina-se "direito bizantino" ou "romano-helênico" (CHAMOUN, Ebert. *Instituições de direito romano*. 3 ed. rev. e aum. Rio de Janeiro: Forense, 1957, p. 17).

[102] A divisão da história de Roma em grandes períodos não é unânime na doutrina, embora a diferença entre as classificações não seja materialmente significativa. Por exemplo, PAUL HUVELIN classifica a história romana em 4 (quatro) grandes fases: (*i*) das origens de Roma (754 a.C. = 1 ano de Roma) até o término da 1ª Guerra Púnica (241 a.C.); (*ii*) do ano 241 a.C. até o estabelecimento do Império (29 a.C.); (*iii*) do Alto-Império, com o advento de Augusto (29 a.C.) ao advento de Constantino como Imperador (324 d.C.); (*iv*) o Baixo-Império, com o advento de Constantino (324 d.C.), à morte de Justiniano (565 d.C.) (HUVELIN. *Études d'histoire du droit commercial romain...*, p. 1).

[103] Segundo JHERING: "Três vezes Roma ditou as leis do mundo e por três vezes serviu de traço de união entre os povos: primeiro, pela unidade do Estado, quando o povo romano ainda se achava na plenitude

NOÇÕES INTRODUTÓRIAS

Durante esse extenso intervalo temporal, os romanos não se dedicaram exclusivamente à conquista, à agricultura[104], à política e ao ócio[105]. Embora a atividade agrícola tenha sido sua fortaleza econômica, além de sinal de dignidade e honradez[106], eles também desenvolveram o comércio[107] e a indústria[108], inclusive por intermédio de corporações de ofício[109] e engenhosos ajustes societários, que permitiram o tráfego nacional e internacional (incluindo comércio de escravos), a associação entre banqueiros, a exploração de minas, de obras públicas, a coleta privada de tributos (um dos grandes entraves dos mercadores) em favor de Roma, entre tantas outras atividades bastante sofisticadas[110].

É consenso que os romanos foram os grandes juristas da antiguidade[111]. A história desse direito é a mais orgânica, contínua e progressiva que se tem conhecimento no universo jurídico (direito que manteve intacto, durante grande parte

de seu poderio; depois, pela unidade da Igreja, desde o início da queda do Império; e, finalmente, pela unidade do Direito, ao ser ele adotado durante a Idade Média." (JHERING. *O espírito do direito romano*, v. I..., p. 11). J. GILISSEN explica que: "O direito romano não desaparece com a derrocada do Império Romano no Ocidente, no século V. Subsiste no Oriente, no Império romano do Oriente ou Império Bizantino, em que vai conhecer uma evolução própria durante dez séculos (Secs. V-XV). No Ocidente, o direito romano sobrevive durante algum tempo nas monarquias germânicas que se formaram aí, graças à aplicação do princípio da personalidade do direito. Depois de um eclipse de alguns séculos (Secs. IX-XI), o direito romano, tal como tinha sido codificao em Bizâncio no séc. VI, na época de Justiniano, reaparece no Ocidente, graças ao estudo que os juristas dele fazem no seio das universidades nascentes (Sécs. XII e XIII). Este renascimento do direito romano constitui um facto capital na formação do direito moderno na Europa Ocidental." (GILISSEN. *Introdução histórica ao direito...*, p. 18).

[104] A história agrária de Roma descortina, entre uma série de questões relevantes, a relação um tanto quanto confusa entre o direito público e o direito privado, especialmente no que se refere à noção de território, propriedade e sua exploração, inclusive em uma perspectiva jurídica. O tema é minuciosamente tratado em: WEBER, Max. *História agrária romana*. Trad. V. A. Gonzálvez. Madrid: Akal, 2004.

[105] BONFANTE. *Storia del comercio*, v. I...., p. 98; HUVELIN. *Études d'histoire du droit commercial romain...*, p. 1-75.

[106] VAINBERG. *La faillite d'après le droit romain...*, p. 1 ss.

[107] VAINBERG refere, no entanto, que até na época de CÍCERO havia um forte preconceito social e público em face da atividade comercial (VAINBERG. *La faillite d'après le droit romain...*, p. 2).

[108] SOUZA. *Prelecções de direito comercial....*, p. 26.

[109] DE PAULA, Eurípedes Simões. As origens das corporações de ofício. As corporações em Roma. *Revista de História*, São Paulo, v. XXXII, n. 65, p. 3-68, jan./mar. 1966.

[110] Sobre as sociedades e outras formas organizativas da empresa em Roma, ver: LEIST, B. W. *Zur Geschichte der römischen Societas*. Iena: Ed. Gustav Fischer, 1881; ARANGIO-RUIZ, Vicenzo. *La società in diritto romano*. Napoli: Casa Editrice Dott. Eugenio Jovene, 1950; DI PORTO, Andre. *Impresa collettiva e schiavo "manager" in Roma antiga*: II sec. a.C. – II sec. d.C. Milano: Giuffrè, 1984; GUARINO, Antonio. *La società in diritto romano*. Napoli: Jovene, 1988; SALOMÃO FILHO, Calixto. "Societas" com relevância externa e personalidade jurídica. *Revista de Direito Mercantil, Industrial, Econômico e Financeiro*, v. 81, p. 66-78, 1991; WARDE JÚNIOR, Walfrido Jorge. *Responsabilidade dos sócios*: a crise da limitação da responsabilidade e a teoria da desconsideração da personalidade jurídica. Belo Horizonte: Del Rey, 2007.

[111] GILISSEN. *Introdução histórica ao direito...*, p. 18; HESPANHA, António Manuel. *Cultura jurídica europeia*. Florianópolis: Boiteux, 2005, p. 123.

do seu desenvolvimento, seu espírito interpetativo e a essência de suas fontes, instituições, costumes, princípios e tradições – sendo justamente essa constância[112] seu maior traço diferenciador[113]).

Em razão disso, a importância de Roma transcende a ideia de fonte ou origem do direito[114]. Sua autoridade reside justamente no ar revolucionário da transformação que orientou todo o pensamento jurídico e no fato de ter se tornado um verdadeiro "elemento de civilização moderna"[115].

A despeito do progresso no desenvolvimento de noções jurídicas complexas como a de pessoa e a de coisa/bem corpóreo (fruto da sua tendência à abstração e à centralização)[116], os romanos não diferenciaram direito civil e direito comercial[117]. A rigor, também não chegaram a estabelecer uma separação nítida entre direito público e o direito privado[118]. E, nesse particular, sabe-se que a estruturação de uma disciplina jurídica especial de insolvência pressupõe a existência de condições institucionais mínimas, tais como o desenvolvimento do mercado de crédito, a definição de arquétipos legais bem formatados e o estabelecimento

---

[112] Ao abordar as causas para a queda do Império Romano, LE GOFF destaca que a tradição de Roma, historicamente contrária a inovações, inclusive na seara jurídica, contribuiu para seu declínio, especialmente na segunda metade do século II, quando começou a ser atacada pela erosão de forças de destruição e de renovação (LE GOFF, Jacques. *A civilização do ocidente medieval*. Trad. Monica Stahel. Petrópolis: Vozes, 2017, p. 17).

[113] BONFANTE, Pietro. *Storia del diritto romano*, v. I. 4 ed. Milano: Giuffrè, 1958, p. 3.

[114] Segundo PIETRO BONFANTE, o grande momento da história do direito romano teve início com a edição do *Corpus Iuris Civilis*, obra do Imperador Giustiniano no século VI d.C., formado pelos: (*i*) *Digesto* ou *le Pandette*; (*ii*) *le Instituzioni*; (*iii*) *il Codice*; e (*iv*) *le Novelle* (BONFANTE, Pietro. *Istituzioni di diritto romano*. 3 ed. Milano: Francesco Villardi, 1902, p. 1-2). BONFANTE refere, ainda, que o direito romano passou por três principais fases de evolução: (*i*) *Il Comune di Roma* e *Il diritto quiritario* (*ius quiritium*), 754-200 a.C.; (*ii*) *Lo Stato Romano e il diritto delle genti* (*ius gentium*), 141 a.C-235 d.C..; e (*iii*) *La monarchìa elleno-orientale e Il diritto elleno-orientale o romano-ellenico*, 305/306-565 d.C. (BONFANTE. *Storia del diritto romano*, v. I. 4 ed..., p. 9). Para uma visão da influência do direito romano sobre a tradição jurídica europeia, especialmente o direito português, ver: HESPANHA. *Cultura jurídica europeia...*, p. 123.

[115] JHERING destaca com maestria que: "No fundo, como na forma, todas as legislações modernas baseiam-se no Direito romano, que chegou a ser, para o mundo moderno, como o cristianismo, como a literatura e a arte grega e romana, um elemento de civilização, cuja influência não se limita unicamente às instituições que lhe pedimos. Nosso pensamento jurídico, nosso método e nossa forma de intuição, toda a nossa educação jurídica, são romanos, si é que se pode chamar romana uma cousa que encerra uma verdade universal, que só os romanos tiveram o mérito de haver desenvolvido até o seu mais alto grau de perfeição." (JHERING. *O espírito do direito romano*, v. I..., p. 20).

[116] GOLDSCHMIDT. *Storia universale del diritto commerciale...*, p. 60-61.

[117] VAINBERG. *La faillite d'après le droit romain...*, p. 6; CARVALHO DE MENDONÇA. *Das fallencias e dos meios preventivos de sua declaração*, v. I..., p. 1. Apesar disso, HUVELIN refere que uma série de instituições criadas pelo direito privado (*e.g.*, presunção de solidariedade e de onerosidade das obrigações comerciais, a simplificação dos procedimentos formais) encontrerem vasta aplicação na prática comercial romana: HUVELIN. *Études d'histoire du droit commercial romain...*, p. 77-86.

[118] BONFANTE. *Istituzioni di diritto romano...*, 1902, p. 13-14; MACHADO. *Direito commercial...*, p. 227.

NOÇÕES INTRODUTÓRIAS

de normas claras quanto ao cumprimento de obrigações[119], algumas das quais foram pouco desenvolvidas no contexto romano.

Embora seja arriscado buscar uma conexão direta entre os institutos atuais com aqueles utilizados em Roma[120] – pois não é dado confundir precedentes que apresentam afinidades estruturais e funcionais com as raízes históricas nas quais o instituto está diretamente conectado[121] –, alguns tratadistas enxergam no direito romano as origens do direito concursal contemporâneo. De fato, essa orientação parece correta. Apesar de o direito comercial propriamente dito ter se formado organicamente nas cidades italianas durante a Idade Média, não se pode deixar de reconhecer a influência de Roma sobre certas matérias mercantis medievais, inclusive a falência[122]-[123]-[124].

Feitas as advertências acima, pode-se dizer que o direito romano arcaico apresenta os primeiros traços de institutos do direito concursal, os quais encon-

---

[119] ROCCO. *Il fallimento...*, p. 132.

[120] CORDEIRO, António Menezes. *Manual de direito das sociedades*, v. 1. 2 ed. Coimbra: Almedina, 2007, p. 51.

[121] A advertência está em: SCIALOJA, Antonio. Sull' origine delle società commerciali. In: *Saggi di Vario Diritto*, v. I. Roma: Società Editrice del Foro Italiano, 1927, p. 240.

[122] VAINBERG. *La faillite d'après le droit romain...*, p. 6; THALLER. *Des faillites en droit comparé*, t. I..., p. 1 ss; RAMELLA, Agostino. *Trattato del fallimento*, v. I. Milano: Libraria, 1903, p. 18-19; LEVINTHAL. The early history of bankruptcy law..., p. 236; FERNANDEZ, Raymundo L. *Tratado teorico-practico de la quiebra*. Buenos Aires: Compañia Impresora Argentina, 1937, p. 221; BRUNETTI, Antonio. *Lezioni sul fallimento*. Padova: CEDAM, 1936, p. 10; MONTEIRO, Honório. *Preleções de direito comercial*. São Paulo: USP, 1937, p. 2; PROVINCIALI, Renzo. *Manuale di diritto fallimentare*. 2 ed. Milano: Giuffrè, 1951, p. 45; SANTARELLI. *Per la storia del fallimento...*, p. 24 ss; GARRIGUES, Joaquin. *Curso de derecho mercantil*, t. V. 7 ed. Bogotá: Temis, 1987, p. 10.

[123] A propósito do direito romano, várias são as obras específicas que podem ser indicadas para maior aprofundamento, entre elas aquelas que foram aqui utilizadas como fonte subsidiária de pesquisa: ARANGIO-RUIZ, Vicenzo. *Istituzioni di diritto romano*. 14 ed. Napoli: Dott. Eugenio Jovene, 2006; CHAMOUN. *Instituições de direito romano...*; IGLESIAS, Juan. *Derecho romano*. 15 ed. Barcelona: Ariel, 2007; JUSTO, A. Santos. *Direito privado romano II*: direito das obrigações. 2 ed. Coimbra: Coimbra, 2006; KASER, Max. *Direito privado romano*. Trad. de Samuel Rodrigues e Ferdinand Hämmerle. Lisboa: Fundação Calouste Gulbenkian, 1999; MARKY, Thomas. *Curso elementar de direito romano*. 8 ed. São Paulo: Saraiva, 1995; MARRONE, Matteo. *Istituzioni di diritto romano*. 3 ed. Palermo: Palumbo, 2006; MOREIRA ALVES, José Carlos. *Direito romano*. 14 ed. Rio de Janeiro: Forense, 2007; SCHULZ, Fritz. *Derecho romano clásico*. Trad. de José Santa Cruz Teigeiro. Barcelona: Bosch, 1960.

[124] Cumpre registrar, no entanto, que a expressão "falência" não era conhecida dos romanos. Surge apenas na Idade Média como uma adjetivação para o comerciante que "falha" no cumprimento de suas obrigações (SUPINO, David. *Istituzioni di diritto commerciale*. 14 ed. Barbera: Firenze, 1919, p. 464-465). Como explica ADROALDO MESQUITA DA COSTA: "A palavra falência provém do latim *fallere* – enganar – porque na sua derivação etimológica exprime o fato do devedor que engana, que falta ao cumprimento do próprio empenho, à satisfação dos seus próprios compromissos. Esta palavra aparece usada nos Estatutos da Idade Média, em que os falidos são denominados *falliti* ou *fallentes* (Roma); *ratti* ou *rompenti* (Genova); *fugitivi* (leis lombardas); *cessanti* (Firenzi); e em que o fato da falência, o fato de o indivíduo faltar ao pagamento de suas dívidas se denominava *fallita* ou *banca rotta*." (COSTA, Adroaldo Mesquita da. *A falência*. Porto Alegre: A Nação, 1941, p. 4).

traram amplo espaço para desenvolvimento na legislação estatutária medieval. A título ilustrativo, dentre tais inovações está o *pactum ut minus solvatur* que, em sua essência, representava uma espécie de concordata da maioria, cujos efeitos se estendiam ao direito sucessório até o advento da figura do inventário[125]-[126].

Nesse contexto, porém, as condições impostas aos devedores eram rigorosas e cruéis[127]. Respondiam pessoalmente perante os seus credores com sua liberdade, sua honra, sua vida e seu corpo[128]. Submetidos à execução privada[129] de caráter penal[130], os devedores sofriam de infâmia, não possuíam capacidade de se tornar sacerdote e tinham a obrigação de prestar caução em juízo. Podiam, ainda, ser escravizados[131], vendidos no exterior (*trans Tiberim*) e até sofrer, simbolicamente, esquartejamento para que a partilha do seu corpo pudesse ser feita entre seus credores[132].

---

[125] PROVINCIALI, Renzo. *Trattato di diritto fallimentare*, v. I. Milano: Giuffrè, 1974, p. 4-5; PROVINCIALI. *Manuale di diritto fallimentare...*, p. 45.

[126] Vale destacar que, no direito romano clássico, o herdeiro respondia ilimitadamente pelos débitos da herança. Havia, na verdade, a transferência das dívidas do *de cujus* para o herdeiro, que respondia frente aos credores como se o débito fosse seu. Para aprofundamento sobre o tema, ver: MARCHI, Eduardo C. Silveira. *Da concordata no concurso de credores*. São Paulo: Quartier Latin, 2010.

[127] LISBOA, José da Silva. *Princípios de direito mercantil e leis da marinha*, t. I. Rio de Janeiro: Academica, 1874, p. XXIX.

[128] JHERING, Rudolf Von. *O espírito do direito romano*, v. II. Trad. Rafael Benaion. Rio de Janeiro: Alba, 1943, p. 104-105.

[129] Explica JHERING que a natureza privada da justiça decorre da certeza do direito do credor: "Todo o direito, pois, tem sua origem na defesa privada e na vingança (...) Só há processo onde é debatida a pretensão; quando é evidente, a execução tem lugar em seguida e só o interessado é quem a acompanha, não tendo as autoridades motivo para intervir. (...) Quem tem um direito evidentíssimo, não tem necessidade da autoridade para fazê-lo reconhecer, nem para realizá-lo. Conseguí-lo concerne somente ao interessado e não conhecemos nenhuma disposição do direito antigo que lhe imponha a cooperação da autoridade, ou sequer a seu respeito tenha conjeturado. Não há dúvida, certamente, que, em caso de necessidade o magistrado não hesitasse em intervir; mas sua intervenção não era um elemento necessário do antigo processo de execução. Êste se apoia, evidentemente, no tácito pressuposto de que a resistência contra uma defesa privada justa não é de prever – basta somente a fôrça do interessado. As penas cominadas contra a desobediência nasceram mais tarde." (JHERING. *O espírito do direito romano*, v. II..., p. 97-98).

[130] Segundo A. RAMELLA, as penas de caráter penal eram aplicadas diretamente pelos credores do devedor, assumindo, portanto, uma natureza privada. Sabe-se, no entanto, que, ao longo da evolução do direito, tais punições assumiram o caráter público, dando origem ao direito penal, tal qual o conhecemos (RAMELLA, Agostino. *Trattato del fallimento*, v. II. Milano: Libraria, 1903, p. 521-522). No mesmo sentido: ROCCO. *Il fallimento...*, p. 132.

[131] Como destaca BENTO DE FARIA: "O cidadão romano não podia tornar-se escravo, em Roma, mas, podia, por várias causas, ficar em situação quase servil (*loco servi*), ou *in mancipio*, do que lhe resultava a incapacidade jurídica análoga a do escravo." (BENTO DE FARIA. *Direito comercial*, v. IV..., p. 14, nota de rodapé 1).

[132] BRUNETTI. *Lezioni sul fallimento...*, p. 11; FERREIRA. *Tratado de direito comercial*, v. 14..., p. 6.

NOÇÕES INTRODUTÓRIAS

Apesar de, efetivamente, responder com a sua liberdade, sua vida e sua honra, mesmo no direito romano arcaico não se tem notícia de esquartejamento e partilha propriamente ditos do corpo de um devedor. Pareceu a alguns estudiosos que a divisão do corpo do devedor em partes e a sua posterior partilha entre os credores teriam um caráter místico, simbólico, não material/real – algo próximo de uma maldição, típicos da magia e religião romanas. Por meio dessa ação mística, as partes do corpo do devedor seriam entregues às divindades maléficas como uma espécie de castigo pelo inadimplemento da obrigação para com vários credores[133]. E pela conhecida supersticiosidade do homem romano é de se acreditar que tal maldição pudesse, de fato, ter algum um efeito coativo importante sobre ele em direção ao adimplemento.

A pessoa do devedor era, portanto, a garantia – inclusive convencional – do credor quanto ao adimplemento da obrigação assumida[134].

Esse quadro geral somente se alterou com a substituição da *responsabilidade pessoal* (prevista na Tábua III da Lei das XII Tábuas) pela *responsabilidade exclusivamente patrimonial*[135]. Os primeiros institutos de direito falimentar contemporâneo decorreram justamente dessa transição, como resultado da necessidade de instrumentalizar a execução meramente patrimonial – pois até então as obrigações tinham caráter eminentemente pessoal e as ferramentas executivas tinham por objeto a coação física do devedor, não a expropriação do seu patrimônio para pagamento da dívida[136].

Isso tudo porque, ainda que o devedor tivesse avantajado patrimônio, não podiam os credores tocá-lo, pois o pensamento jurídico dos romanos simplesmente não concebia a execução por outro modo que não o da agressão pessoal[137]. Como a explicação é contra intuitiva (pois aos olhos do homem contemporâneo a execução patrimonial simplesmente faz mais sentido do que a execução pessoal)[138], vale desvelar a razão histórica disso.

---

[133] FERREIRA. *Tratado de direito comercial*, v. 14..., p. 6; MARCONDES, Sylvio. *Direito comercial*: falência (Direito Comercial: 4º ano). São Paulo: Faculdade de Direito da Universidade de São Paulo – Centro Acadêmico XI de Agosto, 1954, p. 4.

[134] RAMELLA. *Trattato del fallimento*, v. II..., p. 19.

[135] DE SEMO. *Diritto fallimentare...*, p. 30; FERREIRA. *Tratado de direito comercial*, v. 14..., p. 5.

[136] MARCONDES. *Direito comercial...*, p. 4.

[137] VALVERDE. *Comentários à Lei de Falências*, v. I..., p. 6.

[138] Segundo ROCCO, o conceito jurídico que sustenta a transição do sistema de responsabilidade pessoal do devedor para o da responsabilidade patrimonial gira em torno da ideia de adimplemento da obrigação por meio da equivalência da prestação. O foco da execução do credor passa a ser a satisfação da obrigação propriamente dita por meio do valor correspondente no patrimônio do obrigado e não da obtenção coativa do pagamento do débito pelo devedor ou por terceiro (ROCCO. *Il fallimento...*, p. 131-132). No mesmo sentido: RAMELLA. *Trattato del fallimento*, v. I..., p. 19-20; PERCEROU, Jean. *Des faillites & banqueroutes et des liquidations judiciaires*, t. I. Paris: Rousseau, 1909, p. 5.

Parte da doutrina aventa algumas hipóteses relevantes: (*i*) a existência de um instinto primitivo de vingança do credor contra a pessoa do devedor, que talvez se satisfizesse mais com a agressão do que com a recomposição patrimonial, sentimento típico de uma sociedade ainda rudimentar; (*ii*) o caráter privado, penal e processual da execução aliado à configuração de uma garantia da plebe contra eventual ganância dos patrícios, que tenderiam a se apoderar do seu patrimônio caso a execução patrimonial fosse admitida; e (*iii*) a existência de um enorme respeito dos romanos pela propriedade, de natureza coletiva (especialmente no que se refere a bens imóveis), decorrente de sua religião doméstica[139]-[140].

Como a seguir será examinado, é inequívoco que, em um primeiro estágio, a execução dava-se unicamente sobre o corpo do devedor ao mesmo tempo em que não tinha sido desenvolvido o conceito de cessação de pagamento, cujo aparecimento decorreu de uma necessidade eminentemente econômica durante o período medieval[141].

2.2.1. Lei das XII Tábuas: a responsabilidade pessoal do devedor

A investigação histórica conduz à severidade e à crueldade das penas romanas aplicadas à pessoa do devedor (*qui non habet in oere solvat in corpore*)[142], que era chamado *decoctus*[143] (*i.e.*, dissipador, pessoa arruinada, a quem se dispensava tratamento degradante)[144]. Essa é, sem sombra de dúvida, a nota característica do direito romano primitivo em matéria de execução[145] (o caráter pessoal da obri-

---

[139] Para aprofundamento sobre a religião doméstica dos romanos, ver o clássico: COLANGES, Fustel de. *A cidade antiga*. 5 ed. São Paulo: Martins Editora, 2004.

[140] ROCCO. *Il fallimento...*, p. 132-140, 181; CARVALHO DE MENDONÇA, José Xavier. *Tratado de direito comercial brasileiro*, v. VII. 6 ed. atual. por Roberto Carvalho de Mendonça. Rio de Janeiro: Freitas Bastos, 1964, p. 12, nota ao pé da página de n. 1; MENDES, Octavio. *Fallencias e concordatas*. São Paulo: Saraiva, 1930, p. 1-2.

[141] De acordo com LEVINTHAL: "(...) but for a very long time, indebtedness was regarded as an anomaly, as a special privilege, as a perversion of the traditional and customary method of dealing. A contract executed by only one of the contracting parties was regarded as an incomplete conveyance. The creditor who had performed his part of the transaction had little cause to fear default on his debtor's part. Public opinion provided two sanctions, each of them extremely powerful, by which the debtor was compelled to perform his part of the contract, which the ancients thought ought never to have been postponed. One sanction was religious in character; the other was the peculiarly severe form of the primitive procedure of execution." (LEVINTHAL. The early history of bankruptcy law..., p. 229).

[142] CARVALHO DE MENDONÇA. *Das fallencias e dos meios preventivos de sua declaração*, v. I..., p. 1.

[143] Segundo ADROALDO MESQUITA DA COSTA, com base nas lições de STRACCA, em época mais remota a falência se denominava *decoctio*. "*Decoctio* vem do verbo *decoquere*, cozinhar, porque, paulatinamente, há uma diminuição de valores patrimoniais, como acontece com os alimentos que se vão destruindo pela decocção. Empregada por escritores mais modernos, a palavra já se encontra, entretanto, no latim clássico: *decoctus.*" (COSTA. *A falência...*, p. 4).

[144] BENTO DE FARIA. *Direito comercial*, v. IV..., p. 7-8.

[145] CARVALHO DE MENDONÇA. *Das fallencias e dos meios preventivos de sua declaração*, v. I..., p. 1-2.

NOÇÕES INTRODUTÓRIAS

gação) aliada, em menor medida, à preocupação com a universalidade do concurso[146] e ao tratamento igualitário dos credores (*jus paris conditions creditorum*)[147], ainda que o objeto de interesse fosse o próprio devedor[148].

A Lei das XII Tábuas (*Lex Duodecim Tabularum* ou *Codice Decemvirale*, 451-450 a.C.)[149], o primeiro marco na evolução do direito primitivo romano[150], de cunho eminentemete privado, rústico e incompleto[151], dispensava um tratamento crudelíssimo ao devedor, mais especificamente aquela que se acredita ser a Tábua III, que tratava das normas contra os inadimplentes, – ou, como refere BENTO DE FARIA, "Direito das Dívidas"[152].

Nesse particular, salienta HONÓRIO MONTEIRO que o direito anterior acabou sendo codificado na Lei das XII Tábuas[153], restando o primitivo modo de lidar com o devedor insolvente (materializado na figura da *in partes secare* – divi-

---

[146] FERNANDEZ. *Tratado teorico-practico de la quiebra...*, p. 221-222.

[147] Segundo UMBERTO NAVARRINI, a responsabilização pessoal do devedor era reflexo da preocupação com o princípio da igualdade de trato entre os credores, especialmente no que refere às consequências econômicas daí decorrentes, mesmo que o foco do procedimento estivesse dominado por uma ideia de vingança pessoal. A igualdade, então, não se materializava no corpo do devedor materialmente considerado (*partes secanto, concurso membroum*) como estabelecia a Lei das XII Tábuas, mas sim na concreta ameaça de punição pessoal e no eventual pagamento total ou parcial da dívida pelo devedor e/ou por seus familiares (NAVARRINI, Umberto. *Trattato teorico-pratico di diritto commerciale*, v. VI. Torino: Fratelli Bocca, 1926, p. 19). No mesmo sentido: FERRARA JR., Francesco; BORGIOLI, Alessandro. *Il fallimento*. 5 ed. Milano: Giuffrè, 1995, p. 52-53; MOSSA, Lorenzo. *Diritto commerciale*, parte II. Milano: Società Editrice, 1937, p. 637-638.

[148] MONTLUC. *La faillite chez les romains...*, p. 4.

[149] MELCHIORRE ROBERTI refere que a lenda em torno do surgimento da Lei das XII Tábuas remonta a um momento de luta entre patrícios e plebeus, que determinou a organização de uma comissão extraordinária para visitar a Grécia com o objetivo de estudar as leis daquele país e retornar com um código capaz de regular a vida em Roma. Ao fim e ao cabo, o grupo de estudiosos retornou com dez tábuas, às quais foram acrescidas mais duas. Deixando-se a lenda de lado, trata-se de uma compilação de regras, usos e costumes de períodos históricos distintos e não um código escrito por uma comissão de especialistas (ROBERTI, Mechiorre. *Lineamenti di storia del diritto dalle origini di Roma ai nostri giorni*, v. I, Milano: Giuffrè, 1933, p. 36). Segundo MOREIRA ALVES, trata-se de uma compilação do direito romano levada a cabo por volta dos anos 450 a.C., literalmente inscrita em doze tábuas de bronze afixadas no Fórum romano – para que todos, especialmente os plebeus, pudessem ter conhecimento do direito vigente –, e consistia em um resumo dos costumes romanos amoldados desde os tempos da fundação daquela civilização (MOREIRA ALVES. *Direito romano...*, p. 25-29). Para BONFANTE, a Lei das XII Tábuas era uma legislação essencialmente de direito civil, representando o nível cultural relativamente avançado dos romanos, especialmente a propensão singular dessa civilização para a seara jurídica, embora o tom primitivo e cruel de algumas disposições mereça severas críticas (BONFANTE. *Storia del diritto romano*, v. I..., p. 122).

[150] BONFANTE. *Storia del diritto romano*, v. I..., p. 119.

[151] BONFANTE. *Storia del diritto romano*, v. I..., p. 123.

[152] BENTO DE FARIA. *Direito comercial*, v. IV..., p. 14.

[153] MONTEIRO. *Preleções de direito comercial...*, p. 2.

são dos membros do devedor fugitivo e, por conseguinte, do seu patrimônio)[154] literalmente entalhado na mais importante das leis de Roma, que deu início à distinção entre execução coletiva e individual[155] e esboçou a ideia da repartição dos ativos do devedor[156].

VAINBERG examina as minúcias das III primeiras tábuas, que continham normas de cunho processual, mencionando a discussão doutrinária sobre a existência de diferenciação legal e procedimental – que, segundo SAVIGNY, existiu e foi mantida na *Lex Gallije Cisalpinae* – entre dívidas contraídas em dinheiro e dívidas de outra natureza[157].

Seja como for, a execução romana era eminentemente privada. A condição de devedor, quer por sentença condenatória (*iudicatus*) ou por confissão/admissão judicial (*confessus*), imputava ao inadimplente o dever de cumprir a obrigação após sua citação para estar em juízo (*ius vocatio*)[158]. Caso ele não o fizesse dentro do prazo esperado – 30 dias (*triginta dies justi*) depois do julgamento ou da confissão –, sobre a sua pessoa recaiam os efeitos da *manus iniectio*[159] ("por a mão sobre a pessoa do devedor"[160]), o mais antigo procedimento executivo romano, que consistia na sua detenção pelo credor – e condução até um magistrado – até que o pagamento fosse efetivado ou que alguém assumisse a responsabilidade pela dívida (sendo esse terceiro chamado de *vindex*)[161]-[162].

Se nenhuma dessas hipóteses se materializasse, o credor podia levar consigo o devedor para sua casa (adjudicação – *addictus*), deixando-o amarrado com um nervo de boi ou com grilhões por 60 (sessenta) dias, período durante o qual vivia

---

[154] PAJARDI, Piero. *Manuale di diritto fallimentare*. Milano: Giuffrè, 1969, p. 54.

[155] REQUIÃO. *Curso de direito falimentar*, v. 1..., p. 6

[156] MONTLUC. *La faillite chez les romains...*, p. 5.

[157] VAINBERG. *La faillite d'après le droit romain...*, p. 7-13. Ver, também: BONFANTE. *Storia del diritto romano*, v. I..., p. 166-167.

[158] ARANGIO-RUIZ, Vicente. *Historia del derecho romano*. 4 ed. Trad. Francisco de Pelsmaeker e Ivanez. Madrid: Reus, 1980, p. 89.

[159] LEVINTHAL. The early history of bankruptcy law..., p. 231; ARANGIO-RUIZ. *Historia del derecho romano...*, p. 90. Para aprofundamento sobre o aspecto processual do instituto, ver: FERRARA JR.; BORGIOLI. *Il fallimento...*, p. 52.

[160] JHERING. *O espírito do direito romano*, v. I..., p. 115.

[161] ROCCO. *Il fallimento...*, p. 134; MONTEIRO. *Preleções de direito comercial...*, p. 2. Para detalhamento do procedimento da *legis actio per manus injectionem* e sua interpretação à luz do antigo processo judicial da *legis actiones* e das formas solenes de justiça privada, ver: JHERING. *O espírito do direito romano*, v. I..., p. 115 ss.

[162] Segundo SÁ VIANNA: "Entre o *vindex* e credor ficavam estabelecidas relações jurídicas, que eram desde logo resolvidas pelo magistrado, sendo que, no caso de falta aquelle ao cumprimento da obrigação, que contrahira, era coagido a pagar o dobro do valor devido, como pena pela demora causada ao credor." (VIANNA, Sá. *Das fallencias*. Rio de Janeiro: L. Figueiredo, 1907, p. 3). ARANGIO-RUIZ destaca que as partes podiam estabelecer um procedimento mais sinples e menos perigoso para os créditos derivados de uma estipulação privada (ARANGIO-RUIZ. *Historia del derecho romano...*, p. 90).

NOÇÕES INTRODUTÓRIAS

às suas próprias expensas, caso tivesse algum patrimônio, ou por conta do credor – que deveria alimentá-lo diariamente com uma libra de farinha ou mais, de acordo com a sua liberalidade[163].

O período de 60 dias servia para que credor e devedor pudessem chegar a um acordo acerca de como a dívida seria honrada – era possível fazê-lo, inclusive, com a sua força de trabalho –, sendo relevante referir que, durante esse interim, o devedor não perdia sua cidadania, tampouco o seu patrimônio, caso houvesse[164].

Esse último ponto é interessante, pois ressalta o caráter eminentemente pessoal da responsabilidade, na medida em que a execução recaia efetivamente sobre a pessoa do devedor, ainda que existisse patrimônio disponível, o qual, a princípio, restava intocado[165].

Vencido esse intervalo temporal sem que se chegasse a um acordo sobre as dívidas, o devedor passava à condição de escravo[166]. Nesse momento, já poderia o credor levá-lo à feira para ser vendido ou resgatado, caso alguém aparecesse para pagar ou se responsabilizar pela dívida[167]. Se depois de três feiras não ocorresse a venda nem o resgate, o devedor sofria a *capitis diminutio maxima*, que consistia na perda da sua capacidade civil e na sua condição de propriedade do credor, que poderia mantê-lo aprisionado, vendê-lo fora do território romano (*trans Tiberim*), matá-lo, ou até esquartejá-lo, caso houvesse mais de um credor (*Tertiis nundinis partes secanto*)[168] – pouco importando se cortassem para mais ou para menos)[169].

---

[163] ROCCO. *Il fallimento...*, p. 134; BUTERA. *Della frode e della simulazione...*, p. 2-3; SAMPAIO DE LACERDA, J. C. *Manual de direito falimentar*. 10 ed. Rio de Janeiro: Freitas Bastos, 1978, p. 28; MONTEIRO. *Preleções de direito comercial...*, p. 2; VIANNA. *Das fallencias...*, p. 3.

[164] SAMPAIO DE LACERDA. *Manual de direito falimentar...*, p. 28.

[165] SAMPAIO DE LACERDA. *Manual de direito falimentar...*, p. 28.

[166] Como destaca SÁ VIANNA: "O estado de escravidão, assim imposto ao devedor, como pena em que incorria, abria exceção ao princípio geral do direito civil da inalienação da liberdade, ainda mesmo por acto voluntário e convencional." (VIANNA. *Das fallencias...*, p. 5)

[167] BENTO DE FARIA. *Direito comercial*, v. IV..., p. 15.

[168] Segundo SORANI, o pacto da *partes secanto* evidencia a preocupação da legislação romana com o princípio da igualdade entre os credores (SORANI. *Il fallimento, note e ricordi...*, p. XXV-XXVI). Em sentido contrário: KOHLER. *Lehrbuch des konkursrechts...*, p. 31; THALLER. *Des faillites en droit comparé*, t. I..., p. 31.

[169] VIANNA. *Das fallencias...*, p. 4; BENTO DE FARIA. *Direito comercial*, v. IV..., p. 15; FERNANDEZ. *Tratado teorico-practico de la quiebra...*, p. 222. Como quer que seja, aqui já se referiu que o esquartejamento do corpo do devedor era meramente simbólico/figurado, não ocorrendo de fato (FERREIRA. *Tratado de direito comercial*, v. 14..., p. 7). "Para a honra da natureza humana (...) nenhum historiador registra caso algum dessa prática." (BENTO DE FARIA. *Direito comercial*, v. IV..., p. 15). O esquartejamento simbólico serviria de gozo aos credores, posto pensarem poder perseguir o devedor na outra vida (SAMPAIO DE LACERDA. *Manual de direito falimentar......*, p. 29). Reitere-se que o romano era muito supersticioso e que a religião e a magia – as quais, inclusive, se confundiam – exerciam forte influência em sua vida, daí a gravidade da pena, a qual era provavelmente encarada com grande seriedade, embora de pequena aplicação prática (THALLER. *Des faillites en droit comparé*, t. I..., p. 14 ss). No mesmo sentido: RAMELLA. *Trattato del fallimento*,

RECUPERAÇÃO DE EMPRESAS E FALÊNCIA

Existia um consenso social e pedagógico em Roma, que foi absorvido pela cultura medieval, no sentido de que a insolvência era uma irresponsabilidade e, assim sendo, deveria ser exemplarmente punida[170]. Nesse contexto, a crueldade das penas aliada à natureza privada do procedimento executivo da *manus iniectio* – que, em contrapartida, exigia a exposição pública da dívida, com longos prazos para pagamento – buscava intimidar e pressionar o devedor (ou terceiro), induzindo-o ao adimplemento da obrigação[171].

Nessa primeira fase, a responsabilidade era eminentemente pessoal (*i.e., un diritto verso il debitore e sul il debitore*)[172], restando intacto o patrimônio do devedor.

Não havia nenhum direito direto do credor contra os bens do devedor[173]; o patrimônio só era atingido por via indireta (efeito reflexo), pois a coação física fazia o devedor pagar caso ele tivesse meios para tanto[174].

Aplicava-se, em Roma, literalmente o provérbio antigo "*he who cannot pay with his purse pays with his skin*"[175]. Não era tolhida apenas a liberdade e a honra do falido; a própria vida do devedor era posta ao bel prazer do credor[176].

Esse aspecto pessoal da punição aliado às penalidades de caráter moral e religioso ajudam a compreender a inexistência – e até certo ponto a desnecessidade – de leis falimentares como procedimento especial de cobrança em Roma[177]. A rigor, é difícil imaginar que um devedor com patrimônio suficiente para adimplir a dívida iria se sujeitar ao procedimento executivo da *manus iniectio* ou do *nexus*[178].

Como veremos a seguir, a segunda fase se caracteriza justamente pela transição da responsabilidade pessoal para um sistema de responsabilidade patrimonial.

2.2.2. *Lex Poetelia Papiria*: a introdução da responsabilidade patrimonial

O rigor das regras contra a pessoa do devedor foi atenuado por influência do direito pretoriano[179]. Aproximadamente no ano de 428 a.C., a *Lex Poetelia*

---

v. I..., p. 12; VIVANTE, Cesare. *Il fallimento civile*. Torino: Fratello Boca, 1902, p. 5. Em sentido contrário, defendendo que a pena podia restar aplicada em face do devedor: DE SEMO. *Diritto fallimentare...*, p. 30.

[170] VIGIL NETO, Luiz Inácio. *Teoria falimentar e regimes recuperatórios*. Porto Alegre: Livraria do Advogado, 2008, p. 49, nota de rodapé 83.

[171] ROCCO. *Il fallimento...*, p. 136-137.

[172] ROCCO. *Il fallimento...*, p. 138.

[173] FERREIRA. *Tratado de direito comercial*, v. 14..., p. 6.

[174] FERRARA JR.; BORGIOLI. *Il fallimento...*, p. 52-53; NAVARRINI. *Trattato teorico-pratico di diritto commerciale*, v. VI..., p. 9; FERREIRA. *Tratado de direito comercial*, v. 14..., p. 6.

[175] LEVINTHAL. The early history of bankruptcy law..., p. 231.

[176] LEVINTHAL. The early history of bankruptcy law..., p. 231.

[177] LEVINTHAL. The early history of bankruptcy law..., p. 231;

[178] ROCCO. *Il fallimento...*, p. 138.

[179] RAMELLA. *Trattato del fallimento*, v. I..., p. 19; CARVALHO DE MENDONÇA. *Das fallencias e dos meios preventivos de sua declaração*, v. I..., p. 2.

NOÇÕES INTRODUTÓRIAS

Papiria[180] extinguiu a servidão como penalidade para o não pagamento das dívidas, assim como a possibilidade de vender ou matar o devedor, proscrevendo as cruéis disposições da Lei das XII Tábuas relativamente ao devedor inadimplente[181] (*non corpus debitoris sed bona obnoxia*)[182].

Essa legislação prestou um grande serviço ao progresso da liberdade civil em Roma[183], representado o marco fundamental da substituição do sistema de responsabilidade pessoal do devedor para o de responsabilidade/execução patrimonial[184], isto é, a evolução de um sistema legal baseado na retaliação para a equivalência/compensação[185]. Por isso, é interessante o exame do contexto em que veio a lume tal lei, justamente para compreender o porquê dessa transição.

Durante a vigência das disposições da Lei das XII Tábuas, a rigidez e a impiedade da execução determinaram a criação de um contrato de bastante aceitação social: o *nexus*[186-187-188]. Por meio dele, para fugir à coação corporal, o devedor sem

---

[180] Observa-se uma alguma imprecisão na doutrina com relação ao momento de extinção da antiga *manus injectio*. Por exemplo, LEVINTHAL refere que: "In *326 B. C.* the old *manus injectio* was modified and mitigated by a *lex Poetelia*, but execution against the person continued for about two centuries. Execution against the debtor's property was first employed only in the case of debts owed to the State. If a man were condemned upon a criminal charge to pay a pecuniary penalty, and refused or was unable to pay, the praetor would grant possession of his estate to the quaestors, who sold it to the highest bidder *(sector)*. It was not until about 105 B.C. that a praetor named Publius Rutilius introduced proprietary execution for the satisfaction of private debt." (LEVINTHAL. The early history of bankruptcy law..., p. 232). Embora ROCCO faça referência ao pretor Rutilio como suposto criador do sistema da execução patrimonial, entende ser improvável que um único indivíduo tenha sido responsável por conceber um sistema de tamanha complexidade (ROCCO. *Il fallimento...*, p. 142-143).

[181] MONTLUC. *La faillite chez les romains...*, p. 5; FERREIRA. *Tratado de direito comercial*, v. 14..., p. 7; FERRARA JR.; BORGIOLI. *Il fallimento...*, p. 53.

[182] GARRIGUES. *Curso de derecho mercantil*, t. V..., p. 10.

[183] RENOUARD. *Traitè des falillites et banqueroutes*, t. I..., p. 12.

[184] BRUNETTI. *Lezioni sul fallimento...*, p. 11.

[185] Segundo LEVINTHAL: "In the Roman law we can very clearly perceive the evolution of proprietary execution step by step, but we find that underlying this evolution there is an abstract and rather vague notion of execution as conceived by the Roman jurisconsults. They regarded the person of the debtor not merely as a pledge for the payment of the debt: 'it is the person, they said, who is *obligated*. and it is the person to whom the creditor *must* look to be paid; there is no execution except personal execution, and it is for the debtor to say whether he will save himself by sacrificing his property.' To them, the seizure of the debtor's body, which was primarily responsible for the debt, was the seizure of his total legal personality. The transition in Roman procedure was from execution against the person to execution against the debtor's estate in its entirety, to the sale of what was known as his universal succession, for the benefit of as many creditors as cared to avail themselves thereof." (LEVINTHAL. The early history of bankruptcy law..., p. 233).

[186] Segundo SÁ VIANNA: "(...) aquelles devedores, desprovidos de recursos para pagar os empréstimos de dinheiro que haviam obtido, antes de contra elles serem iniciados os meios executivos, de tornarem-se *addictos* e de realisar-se a *manus injectio* com todas as suas temerosas consequências, obrigavam-se voluntariamente a solver as suas responsabilidades mediante serviços que ao credor prestavam como escravos – *nexus ob ces alienum*. Operava-se assim o *nexus*, o *contractus per cest et libram*. Essa vexatória situação

61

RECUPERAÇÃO DE EMPRESAS E FALÊNCIA

recurso se obrigava a prestar serviços ao credor, como se um servo fosse, a fim de pagar a sua dívida[189]. Segundo a doutrina, esse sistema gerou inúmeros abusos, ocasionando uma reação bastante violenta contra a possibilidade de coação física do devedor, indignação que teve seu ápice em um episódio narrado por TITO LIVIO, envolvendo um jovem chamado *Caius Publius*[190].

Consta que esse jovem contraiu dívida para pagar as despesas fúnebres de seu pai junto a um homem inescrupuloso e de tendências degeneradas. Em razão disso, foi celebrado o *nexus* com este pernicioso sujeito que, simpatizando com o jovem *Caius*, "tentou conquistar-lhe afagos libidinosos". Porém, não tendo sucesso em sua investida, passou a maltratar e castigar o jovem rapaz, fato que teria gerado grande repúdio social[191].

Em reação ao sistema que permitia tal tipo de abuso, especialmente em decorrência de pressões populares, passou a vigorar, no ano de 428 a.C., a *Lex Poetelia Papiria*, que proibiu ao homem livre se obrigar como servo para o pagamento de dívidas[192] – assim como aboliu a faculdade do credor de encarcerar o devedor, de vendê-lo como escravo ou mesmo de matá-lo[193]. Deste modo, restando proscrita a execução sobre o corpo do devedor – base do sistema de responsabilidade

---

resultava de um empréstimo de dinheiro, a princípio em barras de metal bruto (*ces rude*) e depois em metal cunhado (*ces signatum*), feito com solemnidades. A entrega do dinheiro tinha lograr em presença de cinco testemunhas púberes, cidadãos romanos, pronunciando aquele que fazia o empréstimo (*tradens*) e aquelle que o recebia (*accipiens*) palavras que determinavam o fim para o qual era pesado o dinheiro e dado em mão própria deste. Solvia-se a obrigação com a restituição do dinheiro, observadas as mesmas formalidades. Por esse contracto – o *nexus* – o devedor obrigava com sua pessoa e bens os d'aquellas que estavam sob seu poder, tornando-as *in macipio*, de modo que para tornarem a *sui juris* era mister a *manumissio*. Se o credor o deixava permanecer livre (*nexus solutus*), podia, entretanto, rete-lo fazendo cessar esse estado." (VIANNA. *Das fallencias...*, p. 7-8).

[187] THALLER ressalta a diferença entre a figura do *addictus* e do *nexus*. Enquanto, na primeira, o devedor era aprisionado pelo credor, tornando-se posteriormente escravo, na segunda, o devedor prestava serviços ao credor na expectativa de que seu trabalho devolvesse sua liberdade (THALLER. *Des faillites en droit comparé*, t. I... p. 25-26). A caracterização da figura do *nexus* como um contrato, uma espécie de autoemancipação do devedor por meio da prestação de serviços ao credor para pagamento do seu débito também está em: ROCCO. *Il fallimento...*, p. 135.

[188] ROCCO refere que, se a ingerência das autoridades públicas (pretores e magistrados) no processo de execução privada da *manus iniectio* era pequena, no procedimento do *nexus*, era inexistente (ROCCO. *Il fallimento...*, p. 135).

[189] BUTERA. *Della frode e della simulazione...*, p. 3; SAMPAIO DE LACERDA. *Manual de direito falimentar...*, p. 30; VIANNA. *Das fallencias...*, p. 6-8. Ver, também: MONTEIRO. *Preleções de direito comercial...*, p. 3; MOREIRA ALVES. *Direito romano...*, p. 478-479.

[190] RENOUARD. *Traitè des faillites et banqueroutes*, t. I..., p. 12; BUTERA. *Della frode e della simulazione...*, p. 3; SAMPAIO DE LACERDA. *Manual de direito falimentar...*, p. 30.

[191] SAMPAIO DE LACERDA. *Manual de direito falimentar...*, p. 30.

[192] MONTEIRO. *Preleções de direito comercial...*, p. 3.

[193] FERREIRA. *Tratado de direito comercial*, v. 14..., p. 7.

NOÇÕES INTRODUTÓRIAS

pessoal –, o foco da execução passou para os bens do devedor, inaugurando o sistema de responsabilidade patrimonial[194].

2.2.3. *Lex Aebutia* e *Lex Iulia*: o surgimento dos institutos de expropriação patrimonial

O progresso da civilização romana e o desenvolvimento de novas técnicas e conceitos jurídicos permitiram o alargamento da visão de pessoa; antes considerada como ser dotado, única e exclusivamente, de personalidade física e psicológica, passa ser vista como um indivíduo, dotado de personalidade jurídica, capaz de ser proprietário de bens e direitos, que formam seu patrimônio, os quais respondem diretamente por suas dívidas[195].

Compreendido esse avanço e banido o regime da responsabilidade pessoal (ou atenuada a crueldade das penas)[196], foram criados novos instrumentos jurídicos capazes de efetivar a expropriação do patrimônio do devedor, devido, inclusive, ao despreparo técnico do processo civil romano para tanto[197].

O primeiro grande passo nessa direção se deu com a simplificação do sistema existente, com o advento da *Lex Aebutia*, e, posteriormente, da *Lex Iulia* que extin-

---

[194] FERREIRA. *Tratado de direito comercial*, v. 14..., p. 7; SAMPAIO DE LACERDA. *Manual de direito falimentar...*, p. 30.

[195] PERCEROU. *Des faillites & banqueroutes...*, p. 4. Para aprofundamento sobre o tema, ver: THALLER. *Des faillites en droit comparé*, t. II..., p. 33, 47 ss.

[196] O tema admite interpretação divergente por parte da doutrina. Autores de renome defendem que não houve a extinção imediata do regime da responsabilidade pessoal do devedor, e sim uma atenuação da crueldade das penas aplicadas. Por exemplo, RENOUARD refere que a figura do *nexum* foi abolida por alguns anos da prática romana (sendo retomada em período posterior), enquanto o instituto do *addictio* subsistiu (RENOUARD. *Traitè des falillites et banqueroutes*, t. I..., p. 13 ss). Em sentido semelhante, ROCCO entende que a *Lex Poetelia Papiria* não extinguiu completamente o sistema da responsabilidade pessoal. Teria havido, na verdade, uma atenuação do caráter penal das sanções impostas à pessoa do devedor, permanecendo o referido regime como um meio de coação da vontade do devedor em direção ao adimplemento da dívida (ROCCO. *Il fallimento...*, p. 141).

[197] INGLEZ DE SOUZA relata que a migração do regime da responsabilidade pessoal para a responsabilidade patrimonial decorre, inclusive, da superação de uma visão religiosa bastante comum em Roma: "Quando a propriedade collectiva cedeu o lugar à individual, ainda assim a liberdade, ou mais explicitamente, a capacidade jurídica, ficou limitada ao *pater-familias*. E a propriedade soffria também grandes restricções por ser vedada a alienação dos immoveis, que devem ser conservados para perpetuação do culto dos deuses dos lares. Do mesmo modo as obrigações foram, por muito tempo, inalienáveis, visto terem o caracter de vinculo essencialmente pessoal, contrahido perante os deuses e cuja violação importava uma offensa a elles e à pessoa do credor. Dahi a vingança privada, com todo o seu cortejo, até o in partes seccanto; si plus minusve seccuerint Nec fraude est". Mas o espirito pratico dos Romanos comprehendeu logo a inutilidade da vingança privada; operou-se então uma transformação – o vinculo pessoal foi substituído pelo vinculo patrimonial, os bens do devedor passaram a responder pelas suas dividas, – e isto significava um golpe terrível contra a inalienabilidade dos imóveis." (SOUZA. *Prelecções de direito comercial....*, p. 12-13).

RECUPERAÇÃO DE EMPRESAS E FALÊNCIA

guiram o sistema da *Legis Actiones*[198], inaugurando um novo regime processual (chamado de *sistema formulário*, simplificado e livre das antigas formalidades)[199] e conduzindo a uma transformação radical no processo de execução[200].

Nesse período surge, mais uma vez por criação pretoriana[201] (em decorrência do poder de *imperium* que lhes fora outorgado e da *Lex Iulia*), a possibilidade de os credores serem imitidos na posse dos bens do devedor[202] – a *pignoris capio*[203] e, na sequência, a *missio in bona*[204] –, medidas assecuratórias, de caráter cautelar

---

[198] CARVALHO DE MENDONÇA. *Das fallencias e dos meios preventivos de sua declaração*, v. I..., p. 2. A propósito, o direito processual romano pode ser dividido basicamente em três sistemas ou fases, sendo o primeiro deles o das *Legis Actiones* ("Ações da Lei"), assim chamadas porque relacionadas diretamente com a Lei das XII Tábuas. Esse período inicia com a fundação de Roma – 754 a.C. – e vai até o ano de 149 a.C. Excessivamente formalista, o procedimento – todo ele oral – era um reflexo da cultura de um povo primitivo e supersticioso, estando baseado em solenidades rigorosíssimas, em que determinadas fórmulas verbais e gestos deveriam ser reproduzidos nos mínimos detalhes, sob pena de nulidade do processo, o qual não poderia ser proposto novamente (SANTOS, Moacyr Amaral. *Primeiras linhas de direito processual civil*, v. 1. 5 ed. São Paulo: Saraiva, 1977, p. 36-37). Para aprofundamento: BRUNETTI. *Lezioni sul fallimento...*, p. 11 ss; ROCCO. *Il fallimento...*, p. 143 ss.

[199] O chamado *sistema formulário*, que se estendeu de 159 a.C. até aproximadamente 300 d.C. estava livre das antigas solenidades. Foi introduzido em função do momento histórico de Roma, período de grande expansão comercial e conquistas territoriais (o sistema abraça o período da República), fazendo necessário um regime processual em que estrangeiros pudessem pleitear seus direitos perante as autoridades romanas, em decorrência da necessidade de resolver os conflitos entre estrangeiros, e entre esses e os romanos, cada vez mais comuns em função da expansão de Roma (no sistema anterior, somente os romanos podiam se socorrer das autoridades judiciárias). Por tudo, ver: SANTOS. *Primeiras linhas de direito processual civil*, v. I..., p. 36-40.

[200] MONTEIRO. *Preleções de direito comercial...*, p. 3.

[201] O pretor não era um magistrado. Sua função era específica e bastante limitada, embora extremamente relevante para a evolução do direito romano: ditar o direito nas controvérsias privadas (*la iuris dictio*). Para aprofundamento sobre a função exercida pelos pretores, ver: BONFANTE. *Storia del diritto romano*, v. I..., p. 279 ss.

[202] RENOUARD. *Traitè des falillites et banqueroutes*, t. I..., p. 17 ss.

[203] ROCCO destaca que a figura da *pignoris capio* não objetivava a satisfação do credor por meio do bem apreendido em si; representava, na verdade, um meio de coação da vontade do devedor para fins de induzi-lo ao pagamento da dívida. A imissão do credor na posse era de natureza privada, sem auxílio da autoridade pública (ROCCO. *Il fallimento...*, p. 140 e 150). No mesmo sentido, segundo RODRIGO URIA, a grande diferença entre a *pignoris capio* e a *missio in bona* está na possibilidade dos credores venderem os bens a terceiros para pagamento da dívida, o que era permitido apenas na segunda figura (*missio in bona*). A primeira (*pignoris capio*) tinha como objetivo a apreensão dos bens do devedor para retenção ou destruição e objetivava coagi-lo ao pagamento da dívida (URIA, Rodrigo. *Derecho mercantil*. 12 ed. Madrid: Aguirre, 1982, p. 800). Para aproundamento sobre o procedimento da *pignoris capio*, ver: FERNANDEZ. *Tratado teorico-practico de la quiebra...*, p. 223-224.

[204] De acordo com CARVALHO DE MENDONÇA: "A *missio* não despia o devedor da propriedade nem da posse jurídica dos seus bens; privava-o apenas da administração, que passava ao *curator*, nomeado pelo magistrado *ex consensu majoris partis creditorum*. O patrimônio do devedor constituía um penhor em benefício dos credores." (CARVALHO DE MENDONÇA. *Tratado de direito comercial brasileiro*, v. VII..., p. 13). No mesmo sentido: RAMELLA. *Trattato del fallimento*, v. I..., p. 20.

NOÇÕES INTRODUTÓRIAS

(*custodia rerum et observatio*[205], sem, no entanto, transferir-lhes a propriedade dos bens, apenas a administração).

De acordo com a nova sistemática, o devedor (solvente ou insolvente, com débito singular ou coletivo)[206] era submetido ao mesmo procedimento: a pedido de credor e mediante a prática de determinados atos (*e.g.*, fuga ou desaparecimento, negativa ou desídia de participar de julgamentos, admissão de débito sem qualquer iniciativa de pagamento)[207], perdia a administração dos seus bens para evitar o desvio patrimonial[208]. Após examinar o arrazoado (*causa cognita*), o pretor expedia um decreto judiciário (*ex edicto*), que autorizava a medida solicitada, adquirindo os credores (não apenas o requerente)[209] um *pignus praetorianum*[210]. Essa situação era apregoada em editais (*proscriptiones*)[211] fixados durante 30 (trinta) dias caso vivo fosse o devedor e 15 (quinze) se estivesse morto, nos lugares mais públicos da cidade, para o conhecimento de todos, justamente para que alguém pudesse remir a execução, caso fosse do seu interesse[212].

Vencido o prazo assinalado no edital (parte preliminar do processo)[213], passava-se à segunda fase (execução), intitulada *venditio bonorum*[214-215], na qual os credores, reunidos em assembleia, escolhiam um dos seus, denominado *magister*

---

[205] FERRARA JR.; BORGIOLI. *Il fallimento...*, p. 52-53.

[206] ROCCO. *Il fallimento...*, p. 148.

[207] LEVINTHAL. The early history of bankruptcy law..., p. 235.

[208] ROCCO. *Il fallimento...*, p. 150.

[209] SORANI. *Il fallimento, note e ricordi...*, p. XX.

[210] VIANNA. *Das fallencias...*, p. 13; MONTEIRO. *Preleções de direito comercial...*, p. 4; CARVALHO DE MENDONÇA. *Tratado de direito comercial brasileiro*, v. VII..., p. 12-13; PROVINCIALI. *Manuale di diritto fallimentare...*, p. 46.

[211] A publicidade do procedimento tinha objetivo dúpice: (*i*) permitir a participação dos demais credores na *missio*; e (*ii*) autorizar que o devedor ausente e/ou fugitivo, seus amigos e parentes tivessem a oportunidade de adimplir a dívida, o que reforça o caráter da execução como meio de coação da vontade (ROCCO. *Il fallimento...*, p. 153).

[212] Segundo FERRARA JR. e BORGIOLI, a legislação romana buscava se livrar do devedor. Por exemplo, se o devedor não aparecesse vivo depois de decorrido determinado período da sua fuga, presumia-se sua morte, repassando-se a totalidade da dívida aos sucessores – que era denominado de *bonorum emptor* (FERRARA JR.; BORGIOLI. *Il fallimento...*, p. 53).

[213] Segundo CARVALHO DE MENDONÇA: "Esse processo obrigatório, preliminar da *venditio bonorum*, tomou a designação específica de *mission in possessionm rei servanda causa* para diferenciar-se das outras missiones, e representava não só a introdução ao *concursus creditorum*, como também alta medida conservatória de direitos, impediente de desvios e abusos: – custodia, oservatio et proscriptio bonorum (CARVALHO DE MENDONÇA. *Das fallencias e dos meios preventivos de sua declaração*, v. I..., p. 2).

[214] Vale destacar que a *venditio bonorum* utilizada pelos particulares foi inspirada na *bonorum sectio*, utilizada pelo Fisco, de forma privativa, para cobrança dos tributos. Em síntese, tratava-se de um processo executivo consistente na venda pública em massa dos bens que o Estado obtinha em razão de conquistas militares ou confiscos decorrentes de condenações criminais ou sucessões pelo tesouro (VIANNA. *Das fallencias...*, p. 13; MONTEIRO. *Preleções de direito comercial...*, p. 3). Em algumas hipóteses (*i.e.*, menor sem representante legal), concedia-se a *missio* sem a *vendita* (ROCCO. *Il fallimento...*, p. 149).

bonorum[216], figura eminentemente privada, responsável por arrolar, vender em bloco os bens da massa e, se necessário, ajuizar ações judiciais[217].

Esses procedimentos eram anunciados pelo prazo mínimo de 30 dias mediante decreto do magistrado e editais contendo a *lex bonorum vendedorum*, cujo intuito era evidenciar que os bens representavam a universalidade do patrimônio do devedor, abrangendo a totalidade daqueles direitos, representação ou sucessão universal, dívidas a pagar, inclusive as de natureza hipotecária e seus valores[218].

Os bens eram vendidos ao terceiro (*bonorum emptor*)[219] que oferecia o maior quinhão aos credores, que deviam renunciar a possibilidade de cobrar o mon-

---

[215] Segundo Raymondo Fernandez, a transição do instituto da *missio in possessionem* como meio de coação pessoal do devedor para a *bonorum venditio* como forma de satisfação patrimonial do credor ocorreu somente por volta do ano 636 da história de Roma (Fernandez. *Tratado teorico-practico de la quiebra...*, p. 224-225).

[216] O *magister* era uma espécie de agente de confiança dos credores que o elegeram (e não do Juiz ou da falência em si). Não era, portanto, um agente público. Se, por exemplo, após a sua escolha, mas antes da venda dos bens, outro credor (que não pertencia ao grupo que participou da eleição) obtivesse a *missio in bona*, seria classificado de forma independente dos demais e teria direitos idênticos ao do *magister* ("The effect of the Praetorian *missio in bona* was to confer on the creditors who obtained it a private right to sell the entire estate of the debtor, and the *magister* was one of the creditors whom his co-creditors elected as their 'master' to exercise this right on their behalf. If after the election of the *magister*, but before the sale had been actually carried out, another creditor also obtained a *missio in bona*, this other creditor, who of course had taken no part in electing the *magister*, ranked independently side by side with the *magister*, and had the same rights. The *magister* was merely the agent of the particular creditors who had elected him; he was in no sense a public officer entrusted by the Praetor with the conduct of the bankrupt's affairs.") (Levinthal. The early history of bankruptcy law..., p. 240). Rocco ventila a possibilidade de a função do *magister* incluir, além da preparação processual para a venda dos bens, a administração do patrimônio, na hipótese de prolongamento da operação premilinar de venda, assemelhando-se, nesse caso, à figura do curador (Rocco. *Il fallimento...*, p. 155).

[217] Ramella. *Trattato del fallimento*, v. I..., p. 21; Sorani. *Il fallimento, note e ricordi...*, p. XXI; Levinthal. The early history of bankruptcy law..., p. 236; Bonfante. *Storia del diritto romano*, v. I..., p. 496.

[218] Rocco destaca que a apreensão de todo o patrimônio do devedor (*i.e.*, sua "personalidade econômica") se justificava para os romanos na medida em que consistia em uma medida equivalente, em termos de eficácia, à apreensão da sua pessoa, como ocorria no regime anterior de responsabilidade. O mesmo raciocínio se aplica à sucessão universal do *bonorum emptor* e ao fato de a satisfação da obrigação do credor ocorrer por meio da substituição da pessoa do devedor, e não pela conexão direta entre prestação assumida e o patrimônio. Subsiste, portanto, a natureza pessoal da obrigação (e não real), já que a única forma de satisfação do débito permanece sendo o pagamento pelo devedor – originário ou terceiro. O autor dedica algumas páginas para explicar, com maior detalhamento, a figura do *bonorum emptor*, comparando-o a uma espécie de herdeiro, diante da morte ficcional do devedor (Rocco. *Il fallimento...*, p. 146-148, 154-156).

[219] Ramella explica com precisão a figura do *bonorum emptor* e os efeitos jurídicos decorrentes da adjudicação dos bens do devedor: "In *bonorum emptor*, cui s'aggiundicavano i beni, succedeva in tutti i reali e obligatori diritti del patrimônio del debitore, cioè in tutti i diritti e doveri di lui, il quale quindi veniva ad esser liberato; tanto che, più che una esecuzione reale nel verso senso, si compieva una sostituzione nella persona dell'obligato, ciò che conferiva carattere aleatorio all'acquisto del bonorum emptor.

NOÇÕES INTRODUTÓRIAS

tante remanescente do terceiro adquirente, mas não do devedor, que permanecia responsável por tal quantia[220], isto é, pela integralidade do dívida[221]. Ao final, o produto da venda era partilhado entre todos[222].

Cabia ao juiz examinar a legitimidade dos credores que participavam do rateio decorrente da alienação dos bens do devedor para fins de evitar que o concurso abrangesse créditos insubsistentes. Os credores retardatários, por seu turno, tinham o direito de mover uma ação *in factum* para concorrer no rateio dos valores com os demais participantes do processo[223].

Daí a grande semelhança da prática romana com o processo falimentar dos dias de hoje, como anotaram grandes falencistas[224]-[225].

O devedor já não mais se tornava escravo, tampouco poderia ser vendido ou morto, como ocorria no período anterior. A responsabilidade era eminentemente patrimonial (apesar de o executado sofrer, ainda, uma "nota de infâmia"[226]), vis-

Ond'è che il prezzo d'acquisto non consisteva in somma determinata di danaro, ma nell'olbbligazione di soddisfare i creditori in una quota parte dei loro crediti, nella misura cioè risultante dall'importo dell'aggiudicazione. Poichè l'acquisto del *bonorum emptor* rappresentava una sucessione universale, così egli godeva puramente della proprietà pretoria, non già *iuris civilis*; non acquistava quindi ipso iure i diritti dell'insolvente: aveva però le actiones utiles (*rutilianae, servilianae*), e così pure la vindicatio utilis, la bonitaria proprietà, e più tardi l'interdictum possessorium per impadronirsi delle cose corporali, acquistando poi, per mezzo dell'usucapione, al proprietà quiritaria." (RAMELLA. *Trattato del fallimento*, v. I..., p. 21-22). Sobre o tema, especialmente a questão da sucessão universal do *bonorum emptor* e seu escopo de atuação, ver, também: BRUNETTI, Antonio. *Diritto fallimentare italiano*. Roma: Foro Italiano, 1932, p. 50; BONFANTE. *Storia del diritto romano*, v. I..., p. 496-497.

[220] ROCCO. *Il fallimento*..., p. 147, 157.

[221] CARVALHO DE MENDONÇA. *Das fallencias e dos meios preventivos de sua declaração*, v. I..., p. 2.

[222] VIANNA. *Das fallencias*..., p. 14-15; LEVINTHAL. The early history of bankruptcy law..., p. 235.

[223] RAMELLA. *Trattato del fallimento*, v. I..., p. 21

[224] THALLER. *Des faillites en droit comparé*, t. I..., n. 8; LEVINTHAL. The early history of bankruptcy law..., p. 236; RAMELLA. *Trattato del fallimento*, v. I..., p. 20; BONFANTE. *Storia del diritto romano*, v. I..., p. 497; CARVALHO DE MENDONÇA. *Das fallencias e dos meios preventivos de sua declaração*, v. I..., p. 2; VIANNA. *Das fallencias*..., p. 18; MONTEIRO. *Preleções de direito comercial*..., p. 4; e PROVINCIALI. *Manuale di diritto fallimentare*..., p. 46.

[225] Em sentido contrário, BRUNETTI, para quem o direito falimentar romano consistia em um processo de execução forçada dos bens do devedor. Em sua visão, a falência tinha um caráter eminentemente privado, governado pela iniciativa individual e muito distante do direito concursal moderno. Além disso, os conceitos de cessação de pagamento e desequilíbrio patrimonial eram desconhecidos entre os romanos, que baseavam a decretação da quebra na condenação do devedor (*judicatus, confessus, indefensus*) ou na confissão mediante juramento (BRUNETTI. *Diritto fallimentare italiano*..., p. 49-51). No mesmo sentido, defendendo a origem medieval e não romana do instituto da falência: SOUZA. *Prelecções de direito comercial*...., p. 353.

[226] PROVINCIALI. *Manuale di diritto fallimentare*..., p. 46. Em dado momento da história de Roma, a nota de infâmia implicava, também, a exposição dos falidos nos espetáculos públicos, para serem objeto de riso e zombaria (CARVALHO DE MENDONÇA. *Tratado de direito comercial brasileiro*, v. VII..., p. 12-13). Não se pode deixar de lembrar que o caráter vexatório da falência se estende, em certa medida, até os dias de hoje. Se o preconceito romano passou para a Idade Média na ideia de que o mercador inadimplente

lumbrando-se na *missio in bona debitoris*, na *venditio bonorum*[227] e na *distractio bonorum* as origens do princípio da igualdade entre os credores[228] e da universalidade da execução coletiva[229].

Em linhas gerais, essa evolução (*i.e.*, de meio de coação da vontade do devedor para a execução direta do bem para fins de satisfação da prestação por equivalência – "satisfação por equivalência"[230]) foi a radical transformação que se sucedeu no processo executivo romano[231].

Era admitido, ainda, pela *Lex Iulia*, que o devedor de boa-fé (*debitor bona fidei*)[232] oferecesse aos credores em pagamento do seu débito todo o seu patrimônio – chamada *cessio bonorum, flebile adjutorium*[233] ou *beneficium cessionis*[234] –, sem que os credores pudessem recusar a oferta[235]. Nesse caso, nem a nota de infâmia o devedor

"falhava" ("falir" vem de "falhar") e não mais poderia praticar o comércio – problema que era resolvido com a quebra da banca na qual ele expunha seus produtos na feira (daí a alusão à "quebra da banca" e às expressões "quebra" e *bancarota* como sinônimos de falência com suspeita de fraude) –, ainda nos dias de hoje a falência encerra, especialmente nos países em que o catolicismo é predominante, um juízo moral sobre o seu responsável, além de conferir-lhe a pecha, quase sempre irreversível, de mau comerciante, desonesto e fraudador.

[227] Lembre-se que o instituto da *venditio bonorum* também era aplicado às execuções individuais – e não apenas às execuções coletivas (FERNANDEZ. *Tratado teorico-practico de la quiebra...*, p. 227).

[228] Segundo BONFANTE, a *venditio bonorum* teve como inspiração a *sectio bonorum*, procedimento por meio do qual o Estado buscava a satisfação do seu crédito em face dos devedores. A *venditio bonorum* – cujas regras ainda não evidenciavam a plena transição para o regime da responsabilidade patrimonial do devedor – tinha o caráter facultativo, sendo utilizada por um ou mais credores – com benefício para a totalidade deles, mesmo diante de pedido individual ou de apenas uma parcela – em casos de necessidade – *i.e.*, ausência ou fuga do devedor (BONFANTE. *Storia del diritto romano*, v. I..., p. 495).

[229] Refere A. RAMELLA que: "Cosi, nella mission in bona, il creditore veniva immesso nelle sostanze del debitore, non soltanto per sè, ma per tutti i creditori. Onde è che la sua immissione non è un proprio possesso, ma una detenzione, una custodia nell'interesse proprio e degli altri creditore, essendochè l'esecuzione giovava a tutti; sicchè si genera senz'altro il concetto dell'università della procedura, di una massa di creditori che prende possesso dei beni del debitore e la cui realizzazione pode a beneficio di tutti, rispettando cosi la *par conditio momnium creditori*." (RAMELLA. *Trattato del fallimento*, v. I..., p. 20). No mesmo sentido: GARRIGUES. *Curso de derecho mercantil*, t. V..., p. 10.

[230] ROCCO. *Il fallimento...*, p. 131-132; GARRIGUES. *Curso de derecho mercantil*, t. V..., p. 10.

[231] ROCCO. *Il fallimento...*, p. 152; MONTEIRO. *Preleções de direito comercial...*, p. 4.

[232] A criação de empecilhos pelo devedor para o comparecimento em juízo (tais como a fuga e o esconderijo) não determinavam, automaticamente, sua má-fé. Para aprofundamento sobre os efeitos dessa mudança principiológica entre a *venditio bonorum e a cessio bonorum* (*i.e.*, migração de um sistema de execução direta com satisfação da dívida pela vontade do devedor ou de terceiro para um sistema de execução direta com satisfação da dívida pelo equivalente patrimonial do devedor), ver: ROCCO. *Il fallimento...*, p. 144, 170-171.

[233] Refere a doutrina que esse foi o nome dado por JUSTINIANO ao instituto (CARVALHO DE MENDONÇA. *Das fallencias e dos meios preventivos de sua declaração*, v. II..., p. 201)

[234] BONFANTE. *Storia del diritto romano*, v. I..., p. 497.

[235] CARVALHO DE MENDONÇA. *Das fallencias e dos meios preventivos de sua declaração*, v. I..., p. 3.

NOÇÕES INTRODUTÓRIAS

sofria e sua honra permanecia intacta[236]. Declarava-se a insolvência do devedor, os credores eram imitidos na posse dos bens (*missio in possessionem*)[237], alienavam-nos (numa espécie de realização do ativo) e se ressarciam, reservando-se ao devedor um valor mínimo para subsistência (*beneficium competentiae*). Restando dívidas impagas, ficavam com o direito de seguir a execução (*in quantum facere potest*) caso o devedor viesse a adquirir novos bens, salvo liberalidade dos credores[238].

Com o passar dos anos – nos primórdios do Império, especialmente no período de Julio César e de Augusto –, o processo de execução coletiva dos bens do devedor adquiriu contornos de sofisticação com a consolidação do princípio da satisfação dos credores por equivalência e a introdução da penhora e da alienação de bens de forma individualizada pelos credores (*pignus in causa iudicati*)[239] e de venda separada dos bens por meio de um *curator bonorum*[240], além de regras mínimas de prescrição para cidadãos romanos e estrangeiros[241-242] e medidas contra a diminuição fradulenta do patrimônio do devedor[243-244-245].

---

[236] VAMPRÉ, Spencer. *Tratado elementar de direito comercial:* da fallencia, parte I. Rio de Janeiro: Briguiet e Cia, 1921, p. 19-20.

[237] Segundo ROCCO, o universo de aplicação da *missio in possessionem* acabou sendo estendido pelos pretores aos devedores de má-fé (*qui fraudationis causa latitat*) e aos *confessi o iudicati*, mantendo, no entanto, seu caráter de *mezzo di coazione della volontà* do devedor (ROCCO. *Il fallimento...*, p. 144 ss).

[238] PROVINCIALI. *Manuale di diritto fallimentare...*, p. 46; ROCCO. *Il fallimento...*, p. 172; VIANNA. *Das fallencias...*, p. 15-16; MONTEIRO. *Preleções de direito comercial...*, p. 5; FERNANDEZ. *Tratado teorico-practico de la quiebra...*, p. 226-227.

[239] Para aprofundamento sobre o tema, ver: ROCCO. *Il fallimento...*, p. 173-178.

[240] URIA. *Derecho mercantil...*, p. 801. A figura do *curator bonorum* recaía sobre um dos credores ou um estrangeiro (BONFANTE. *Storia del diritto romano*, v. I. 4 ed..., p. 496).

[241] PROVINCIALI. *Manuale di diritto fallimentare...*, p. 46-47

[242] Em 212 d.C., o édito de Caracalla concede o direito de cidadania a todos os habitantes do Império, o que marcou a aplicação do direito romano a toda sua vasta extensão territorial, evidenciou a ascensão provincial e a intensificação de forças centrífugas que contribuíram para a queda de Roma. A fundação de Constantinopla em 324-330 d.C. materializa a inclinação do mundo romano para Oriente e também contribui para a perda de importância de Roma (LE GOFF. *A civilização do ocidente medieval...*, p. 18).

[243] ROCCO. *Il fallimento...*, p. 157 ss.

[244] É oportuna a síntese de SÁ VIANNA sobre a evolução das regras falimentares no direito romano: "Em cada modificação, que a execução por dívidas ia sofrendo, accentuava-se gradativamente o caracter patrimonial que a civilisação romana lhe imprimia. Assim a *bonorum venditio*, feria com a nota de infâmia o devedor e acontecendo que este fosse muitas vezes *persona clara*, foi estabelecido que em tal caso o pretor nomeasse um *curator distrahendorum bonorum* para o fim de vender a retalho os bens d'aquelle, de modo a evitar os inconvenientes da sucessão universal e obter somma bastante para o completo pagamento dos credores, o que era difícil pelo processo da *bonorum venditio*, que, proporcionando uma liquidação aliás muito simples, era embaraçosa na pratica em relação a *bonorum emptor*. A *missio*, entretanto, operava-se do mesmo modo, sendo que a sucessão não mais se realisava *per universitatem*. Assim como a *bonorum sectio*, modificada nos fins para os quaes foi creada, alongando-se, produziu a *bonorum venditio*, esta, adaptada a casos especiaes, mediante alterações diversas, generalisou-se aos poucos e afinal transformou-se na *bonorum distractio*. Durante algum tempo era livre ao credor usar indistinctamente da *venditio* ou da *distractio*, mas na época de Justiniano o desapparecimento da primeira foi completo." (VIANNA. *Das*

RECUPERAÇÃO DE EMPRESAS E FALÊNCIA

O direito romano concebeu, também, especialmente nos tempos de Justiniano, o instituto chamado de "*concordato da maggioranza*" ou "*pactum de non petendo*"[246], cuja funcionalidade de permitir a negociação lícita com os credores para adimplemento da dívida e a dilação de prazos (moratória não superior a cinco anos) para pagamento se expandiu pelas legislações estatutárias e modernas[247-248-249]. E a alternativa era estendida aos herdeiros do falido com o objetivo de evitar sua responsabilidade solidária e ilimitada pelas dívidas, a pena da infâmia e/ou a renúncia da herança. Exigia-se, para tanto, a negociação com os credores para o pagamento de uma parcela da dívida em questão. Se a negociação fosse aprovada pela maioria dos créditos (por valor) e homologado pelo pretor, vinculava a minoria dissidente e ausente[250].

Das referidas leis romanistas derivam alguns princípios fundamentais, como o que faculta aos credores disporem dos bens do falido, a nomeação de um *curator bonorum* para administração dos bens da massa falida[251] e organização do

---

fallencias..., p. 17). Segundo FERNANDES: "La *bonorum distractio*, a diferencia de la *bonorum venditio*, no se acordaba indistintamente fueran o no suficientes los bienes del deudor para el pago de sus dudas, sino tan sólo en este último caso, es decir, cuando el procedimiento ejecutivo individual (*el pignus in causa iudicati captum*) podía crear desigualdades entre los acreedores (...). Este procedimiento presenta con la quiebra y el concurso modernos mayores analogías que la *bonorum venditio*. En efecto: a fin de asegurar la comparecencia de todos los acreedores, se estableció un término de dos años para los acreedores presentes (de la misma provincia) y de cuatro para los ausentes (de otras provincias) (L. 10, pr. h.t); la administración de los bienes por el *curador bonorum* era, pues, prolongada; la designación de este funcionario la efectuaba el juez a propuesta de la mayoría de los acreedores (...) la venta de los bienes se efectuaba por el curador en detalle, sin ingerencia de la autoridad y sin necesidad de pública subasta (...), con el control de los acreedores y con la obligación para el curador de declarar bajo juramente haber procedido honestamente (L. 10, par. 3, C. VII, 72); el producido de la venta se repartía a prorrata entre los acreedores (...), respetando los privilegios." (FERNANDEZ. *Tratado teorico-practico de la quiebra...*, p. 228). Para aprofundamento, ver: ROCCO. *Il fallimento...*, 175 ss.

[245] RAMELLA refere a possibilidade de separação do patrimônio do devedor em diversas massas falidas, que, além da sua distinta composição patrimonial, tinham credores próprios, que permaneciam com direito de liquidar bens que estivessem sob a administração da família ou o escravo do devedor (RAMELLA. *Trattato del fallimento*, v. I..., p. 22-23).

[246] VIVANTE. *Il fallimento civile...*, p. 6

[247] CARVALHO DE MENDONÇA. *Das fallencias e dos meios preventivos de sua declaração*, v. II..., p. 155.

[248] VAINBERG. *La faillite d'après le droit romain...*, p. 143 ss. MALAGARRIGA refere que as *quinquenales* surgiram na época de Justiniano e consistiam em moratórias por não mais do que cinco anos e de pactos de *non petendo*, espécie de condordata (MALAGARRIGA, Carlos C. *Tratado elemental de derecho comercial*, t. IV. 2 ed. Buenos Aires: Tipográfica Argentina, 1958, p. 5).

[249] Segundo CARVALHO DE MENDONÇA: "O vocáculo moratória procede do latim moratorium, que os comentadores tiraram da expressão que se encontra na L. 2, Cod. 1, 19 'moratoria praescriptio', significando excepção dilatória *in genere*." (CARVALHO DE MENDONÇA. *Das fallencias e dos meios preventivos de sua declaração*, v. II..., p. 156-157)

[250] DE SEMO. *Diritto fallimentare...*, p. 30-31; ROCCO. *Il fallimento...*, p. 165 ss.

[251] A função do *curator* era distinta do antigo *magister*. Como destaca LEVINTHAL: "Under the *distractio bonorum*, the case was different. Here, the Praetor committed the management of the debtor's estate to

NOÇÕES INTRODUTÓRIAS

procedimento, a divisão dos bens entre os credores em igualdade de condições (*par conditio creditorum*), bem como uma série de providências contra os desfalques eventualmente praticados pelo devedor em detrimento da comunidade de credores[252], entre elas a *actio pauliana in personam, interdictum fraudatorium, actio in factum* e *restitutio in integrum*[253-254].

Em síntese, esse é era o arcabouço do sistema do *concursus creditorum* em Roma[255-256].

---

a *curator*, whose duty it was to dispose of the estate in separate lots and pay the creditors *pro rata* out of the proceeds. Under this system, the bankrupt was not dispossessed of his whole property. The creditors were paid not by the *bonorum emptor*, but by the debtor himself, through the medium of the *curator*. The old *magister* was never anything more than a creditor acting exclusively in the selfish interests of himself and his electors, whereas the *curator*, appointed by the Praetor, represented to a limited extent the principle of the public interest which requires that bankruptcy proceedings shall be conducted on a uniform plan and that *all* the creditors shall obtain an equitable satisfaction of their claims. As Degenkolb points out, however, the *curator* never attained the position of a public officer charged with the conduct of a state-regulated procedure in bankruptcy." (LEVINTHAL. The early history of bankruptcy law..., p. 241).

[252] A doutrina identifica a presença inafastável de duas condições básicas para a interposição da medida: (*i*) a diminuição do patrimônio do devedor com dano aos credores e (*ii*) o *consilium fraudis* (ROCCO. *Il fallimento...*, p. 164).

[253] MONTLUC. *La faillite chez les romains...*, p. 5-6; BRUNETTI. *Diritto fallimentare italiano...*, p. 50; FERREIRA. *Tratado de direito comercial*, v. 14..., p. 8-9; ROCCO. *Il fallimento...*, p. 157 ss.

[254] Até mesmo a doutrina especializada destaca a dificuldade de diferenciar os contextos de aplicação de cada um desses institutos: "As one of the most lucid and authoritative writers on Roman law says: 'The relation between these remedies, and the precise purpose for which they were respectively employed, are so variously represented by the commentator that it is impossible to go further into the question.'" (LEVINTHAL. The early history of bankruptcy law..., p. 239). No mesmo sentido: ROCCO. *Il fallimento...*, p. 158 ss.

[255] Para análise detalhada sobre as normas de direito falimentar em Roma, ver: VAINBERG. *La faillite d'après le droit romain...*

[256] CARVALHO DE MENDONÇA, com sua precisão carcaterística, resume a sistemática falimentar romana da seguinte forma: "O *concursus creditorum* do insolvável abria-se em virtude de causas determinadas, taes como: a) Quando o devedor infeliz e de boa fé recorria à *bonorum cessio*, entregando a seus credores a totalidade dos bens presentes. Esta cessão que Justiniano chama *flebile adjutorium* (L. 7, Cod. VII, 7), conserva intacta a honra do devedor e evitava a detenção pessoal, independia de aceitação dos credores, e libertava o devedor, não de toda a obrigação, mas até a concorrência do valor dos bens abandonados. O devedor não podia ser executado para pagamento do saldo senão até a concorrencia dos bens futuramente adquiridos *in quantum facere potest*, e ainda assim lhe assistia o direito de conservar quanto fosse necessário para viver, favor denominado pelos romanistas modernos de *beneficium competentiae;* b) Quando o número de credores e a importancia dos créditos eram tão elevados que tornavam provavel a insufficiencia dos bens do devedor, este não queria consentir na cessão para pagamento; c) Quando o devedor fugia, ou quando à uma sucessão vaga concorriam muitos credores sendo manifesta a insufficiencia dos bens para pagamento de todos. A abertura do concurso, que era sempre pronunciada pelos credores, ordenada por decreto do magistrado, e iniciada pela *mission in bona*, trazia importantes efeitos já quanto à pessoa do devedor, já quanto aos credores; organizava o syndicato de todos estes e impunha-lhes como regra fundamental a mais completa igualdade, *post bona possessa, par conditio omnium creditorum;* formava dos bens arrecadados uma massa, cuja administração cabia ao *curator bonorum*, nomeado pelos credores por

RECUPERAÇÃO DE EMPRESAS E FALÊNCIA

É inegável que as leis e os institutos romanos serviram de alicerce para a construção das bases do atual direito falimentar[257], sendo irrelevante, para esse propósito, o fato de o processo de execução não diferenciar comerciantes e não comerciantes, adquirindo contornos amplos e irrestritos, sem distinção entre civil e comercial[258]-[259].

O foco era a cessão dos bens do devedor (quer diretamente, quer mediante equivalente em dinheiro) para pagamento dos credores[260]. Nesse contexto, enquanto para uma parcela da doutrina a *missio in bona* e *a cessio bonorum* devem ser consideradas as formas rudimentares do processo de falência contemporâneo[261],

maioria de votos e confirmados pelo juiz; estabelecia a classificação dos credores em diversas categorias; credores reivindicantes, credores separatistas, credores da massa e credores chirographarios; auctorisava a annullação dos actos fraudulentos do devedor por meio da *actio pauliana* e do *interdictum fraudatorium*. Existiam também diversos meios de evitar a abertura real do concurso e afastar suas consequências. Taes eram, segundo expõem Mackeldey e Vainberg: 1ª A intervenção de terceiro pagando ou dando fiança pelo devedor; 2º A espera ou o *moratorium* concedido pelo Imperador ao devedor de boa fé; 3º A espera concedida pelos próprios credores – *moratorium conventionale*, que era um p*actum de non petendo intra tempus*, isto é, limitado a certo tempo; a maioria dos créditos vencia e forçava a minoria a aceita-lo; 4º A concordata, isto é, *pactum remissorium*, ou o *pactum de parte debiti non petenda*, pelo qual os credores declaravam perder uma parte do seu credito, contentando-se com um dividendo." (CARVALHO DE MENDONÇA. *Das fallencias e dos meios preventivos de sua declaração*, v. I..., p. 3).

[257] MONTLUC. *La faillite chez les romains*..., p. 6; CARVALHO DE MENDONÇA. *Das fallencias e dos meios preventivos de sua declaração*, v. I..., p. 3.

[258] MONTEIRO. *Preleções de direito comercial*..., p. 6-7; CARVALHO DE MENDONÇA. *Tratado de direito comercial brasileiro*, v. VII..., p. 15.

[259] Segundo LEVINTHAL, havia um processo especial de insolvência em Roma chamado de *actio tributoria*, aplicado somente aos escravos que exerciam o comércio por meio de um *peculium* outorgado pelo seu mestre (*dominus*). No caso de falência, os respectivos credores podiam iniciar uma *actio tributoria* em face do *dominus*, que era tratado como um credor ordinário. Se o *peculium* tivesse sido utilizado em diversos empreendimentos pelo escravo, os créditos eram separados por negócio e tinham como limite de recebimento o valor aportado naquele empreendimento propriamente tido ("A bankruptcy process of more limited application in Roman law was what was known as the *actio tributoria*. Where the master gave his slave a *peculium* in order that he might carry on a mercantile business with it, and the venture was a failure, then the commercial creditors of the slave might institute the *action tributoria* against the slave's master. The creditors demanded to have the *merx peculiaris* (i. e., the property invested in the business) distributed among themselves in proportion to their respective claims. The division was made by the *dominus*, who was treated as an ordinary creditor, and therefore could not deduct debts owing to himself in full, though he had the privilege of paying all his own claims *pro rata*, whether arising out of the business or not. The *actio tributoria* lay against the *dominus* to compel the distribution or to bring it under judicial review, if any creditor was dissatisfied with it. If the slave had his *peculium* engaged in different business ventures, they were kept apart, the creditors in each being entitled to satisfaction only out of the capital embarked in that one upon which their debts arose. We have here perhaps the earliest instance of bankruptcy confined to tradesmen and trade debts.") (LEVINTHAL. The early history of bankruptcy law..., p. 237).

[260] MONTLUC. *La faillite chez les romains*..., p. 6-7.

[261] PROVINCIALI. *Manuale di diritto fallimentare*..., p. 46; CARVALHO DE MENDONÇA. *Tratado de direito comercial brasileiro*, v. VII..., p. 14-15; BENTO DE FARIA. *Direito comercial*, v. IV..., p. 17.

NOÇÕES INTRODUTÓRIAS

para outra, somente a *bonorum venditio* e a *bonorum distractio* (e não a *cessio bonorum*) cumprem essa função[262-263].

Seja como for, é digno de registro que uma conexão histórica mais direta com o direito concursal moderno somente é possível de ser feita com o direito medieval, a seguir examinado.

2.3. Idade Média e Idade Moderna

A Idade Média compreende o intervalo de anos entre os séculos V e XV, iniciando com a queda do Império Romano do Ocidente (476 d.C.)[264] e encerrando com a conquista de Constantinopla pelos Turcos em 1453, segundo a clássica divisão da História Ocidental[265].

O medievo nasceu sobre as ruínas da civilização romana, cujos destroços históricos e culturais serviram tanto como suporte, espécie de apoio para o assentamento da civilização bárbara, quanto como desvantagem na perpetuação de seus costumes, regras e tradições[266]. Nas palavras de LE GOFF, "Roma foi seu alimento e sua paralisia"[267].

Com a queda do Império Romano[268] – verdadeiro retrocesso civilizatório, para alguns[269] –, a conquista do Mediterrâneo pelos árabes (séculos VII a XII) e

---

[262] LEVINTHAL. The early history of bankruptcy law..., p. 236; BONFANTE. *Storia del diritto romano*, v. I..., p. 495-497; CARVALHO DE MENDONÇA. *Das fallencias e dos meios preventivos de sua declaração*, v. I..., p. 3.

[263] De qualquer sorte, a analogia deve ser utilizada com cuidado. Por exemplo, segundo SANTARELLI, a *cessio bonorum* se diferencia do procedimento falimentar em razão do seu caráter negocial, que tem na vontade do cedente sua única fonte, enquanto, na falência, a sistemática decorre dos poderes e das funções legais atribuídas aos órgãos a partir da lei, tendo como pano de fundo a tutela do interesse dos credores e do interesse público (SANTARELLI. *Per la storia del fallimento...*, p. 3-4).

[264] As invasões bárbaras não eram novidade para o mundo romano no século V e sua constância enfraqueceu enormemente a potência de Roma a ponto de, em 476 d.C., o esquire Odoacro, filho de um dos aliados favoridos de Átila, o Huno, depor o jovem imperador do Ocidente Rômulo Augústulo, e devolver as insígnias imperiais ao Imperador Zenão, em Constantinopla, "avisando-lhe que um só imperador é suficiente. 'Admiramos os títulos conferidos pelos imperadores mais do que os nossos', escreve um rei bárbaro ao imperador (...). É preciso esperar o ano 800 e Carlos Magno para que um chefe bárbaro ouse fazer-se imperador." (LE GOFF. *A civilização do ocidente medieval...*, p. 24-25).

[265] Para aprofundamento sobre os aspectos econômicos e sociais do período, ver: KULISCHER, J. M. *Storia economica del medio evo e dell'epoca moderna*, v. I. Trad. G. Bohm. Firenze: Sansoni, 1955; PIRENNE. *História econômica e social...*

[266] GILLI, Patrick. *Cidades e sociedades urbanas na Itália medieval.* Trad. Marcelo Cândido da Silva e Victor Sobreira. Campinas: Unicamp, 2011, p. 140.

[267] LE GOFF. *A civilização do ocidente medieval...*, p. 17.

[268] Os historiadores não têm uma opinião unânime sobre as causas que levaram à queda do Império Romano. Nesse sentido, GEORGE LEFRANC faz um apanhado das principais razões – redução da atividade comercial e industrial, excesso de burocracia e sede arrecadatória do Estado, desequilíbrio monetário e queda do poder de compra, declínio natural (LEFRANC. *História breve do comércio...*, p. 27-30). LE GOFF também trata do tema e sustenta que as causas da queda do império foram internas (culturais, burocrá-

RECUPERAÇÃO DE EMPRESAS E FALÊNCIA

a desordem social que se seguiu, a vida nos grandes centros urbanos (justamente onde o comércio florescia) regrediu e uma parcela considerável da população (especialmente as classes mais humildes) deslocou-se para o campo, passando a viver sob a proteção de senhores feudais. Foi um período marcado pela intensa fragmentação política e pelo forte declínio da atividade comercial[270].

A estrutura política, social e econômica dominante a partir daí estava toda fundada na propriedade da terra e na relação de suserania-vassalagem, segundo a qual os reis eram os senhores feudais e, abaixo deles, havia outros senhores, em uma estratificação que descia até o mais humilde servo[271]. Os laços eram de proteção e de servidão e a economia eminentemente agrária e de subsistência, com pouquíssima poupança para o escambo[272] – que decorre, direta ou indiretamente, do entesouramento eclesiástico, que contribuiu para esterilizar a vida econômica e drenar o comércio[273].

Em síntese, cada um dos feudos era autossuficiente na produção dos bens e produtos que as pessoas precisavam para sobreviver[274]. Nesse contexto, a decadência do Império Romano e a introdução do direito germânico[275] (de cunho eminentemente oral)[276] – em função das invasões bárbaras – recrudesceu o tratamento imposto ao devedor insolvente[277].

---

ticas, econômicas, sociais, políticas, religiosas); os bárbaros teriam sido favorecidos pela cumplicidade ativa ou passiva da massa da população romana (LE GOFF. *A civilização do ocidente medieval...*, p. 17 ss).

[269] SATANOWSKY, Marcos. *Tratado de derecho comercial*, t. I. Buenos Aires: Tipográfica Argentina, 1957, p. 267.

[270] PIRENNE, Jacques Henri. *Panorama da história universal*. São Paulo: EDUSP, 1973, p. 139-142. Segundo refere PIRENNE: "A partir do século VIII, o comércio europeu está condenado a desaparecer nesse extenso quadrilátero marítimo. O movimento econômico, desde então, orienta-se para Bagdá. Os cristãos, dirá pitorescamente Ibn Khaldun, 'não conseguem que flutue no Mediterrâneo nem uma tábua'. Nestas costas, que outrora se comunicavam, dividindo os mesmos costumes, necessidades e idéias, defrontam-se, agora, duas civilizações, ou melhor, dois mundos estranhos e hostis, o da Cruz e o do Crescente." (PIRENNE. *História econômica e social...*, p. 8-9).

[271] GALGANO. *Lex mercatoria...*, p. 31.

[272] Como narra LEFRANC: "A guerra destrói as riquezas acumuladas; a insegurança impede que as correntes se reatem, tanto na terra quanto no mar. O comércio supõe o respeito por um mínimo de direitos e a vioência reinará doravante." (LEFRANC. *História breve do comércio...*, p. 30).

[273] LE GOFF. *A civilização do ocidente medieval...*, p. 38.

[274] BARRETO FILHO, Oscar. A dignidade do direito mercantil. *Revista de Direito Mercantil Industrial, Financeiro e Econômico*, São Paulo, n. 11, 1973, p. 13.

[275] Os povos germânicos que invadiram Roma e dominaram boa parte da Europa nos séculos V e VI se encontravam em um estágio civilizatório primitivo, no qual o conceito de norma jurídica ainda não tinha sido desenvolvido; a rigor, sequer conheciam leis escritas (CALASSO, Francesco. *Lezioni di storia del diritto italiano*. Gli ordinamenti giuridici del Rinascimento. Milano: Giuffrè, 1948, p. 22-23). A propósito, o Rei lombardo Rotari foi responsável pela primeira consolidação da legislação bárbara no ano de 643 d.C., chamado de *L'Editto di Rotari*, que continha quase 400 artigos (CALASSO, Francesco. *Medio Evo del diritto*. Milano: Giuffrè, 1954, p. 106-107).

[276] Segundo MARC BLOCH: "(...) ao lado do direito escrito, existia já uma zona de tradição puramente oral. Uma das características mais importantes do período que se seguiu – da época, por outras palavras,

NOÇÕES INTRODUTÓRIAS

Grande parte das conquistas em prol de uma execução exclusivamente patrimonial, decorrentes do desenvolvimento dos institutos concursais romanos ao longo do tempo, cederam ante um direito fundado em abomináveis formas de execução pessoal, dirigidas contra o próprio insolvente e seu corpo[278].

2.3.1. Renascimento do comércio e formação do direito comercial

O cenário foi, aos poucos, transformando-se com o reflorescimento do comércio no decorrer da Idade Média, principalmente a partir do século IX, em um processo que culminou com o renascimento comercial ocorrido, sobretudo, entre os anos 1300 e 1450 na Itália[279]-[280]-[281], do qual a correspondente evolução do direito comercial foi um fruto esplendoroso[282], com destaque para técnicas jurídicas bem específicas como a concessão de crédito, mediante outorga de garantias imobiliárias[283].

em que verdadeiramente se constituiu o regime feudal – foi esta margem ter aumentado desmedidamente, ao ponto de, em certos países, invadir todo o domínio jurídico. Na Alemanha e em França, a evolução atingiu os seus limites extremos. Acabou-se a legislação: em França, a última 'capitular', aliás pouco original, é de 884; na Alemanha, a própria fonte parece ter secado após o desmembramento do Império, depois de Luís, o Pio. Só alguns príncipes territoriais – um duque da Normandia, um duque da Baviera – promulgam aqui e a além uma ou outra medida de alcance um pouco geral. (...) Durante o século X, as leis bárbaras, tal como as prescrições carolíngias, cessam pouco a pouco de ser transcritas ou mencionadas, a não ser por fugazes alusões. Se algum notário simular citar ainda as leis romanas, a referência, três quartas partes das vezes, não passa de banalidade ou de contra-senso. E como poderia ser de outro modo? Compreender latim – língua comum, no continente, a todos os antigos documentos jurídicos – era quase exclusivamente monopólio dos clérigos. Ora, a sociedade eclesiástica tinha-se arrogado o seu direito próprio, cada vez mais exclusivo." (BLOCH, Marc. *A sociedade feudal*. Trad. Liz Silva. Lisboa: Edições 70, 2009, p. 139-140).

[277] RENOUARD ressalta que, na civilização bárbara, o homem era considerado uma coisa (*une chose*), passível de ser vendido como escravo, ao ponto de os próprios pais venderem seus filhos (RENOUARD. *Traité des falillites et banqueroutes*, t. I..., p. 20).

[278] CEREZETTI, Sheila Christina Neder. *A recuperação judicial de sociedade por ações* – o princípio da preservação da empresa na Lei de Recuperação e Falência. São Paulo: Malheiros, 2012, p. 41-42.

[279] LOPEZ, Robert. *A revolução comercial da Idade Média* – 950-1350. Lisboa: Editorial Presença, 1976, p. 58.

[280] Entre o final do século XI e o início do século XII, houve uma mudança intensa e significativa nos hábitos e no modo de vida na Itália, inclusive no que se refere à valorização da mentalidade jurídica, razão pela qual é possível pensar esse período como o "renascimento" (CALASSO. *Lezioni di storia del diritto italiano*...., p. 38). No mesmo sentido: BLOCH. *A sociedade feudal*..., p. 150-151.

[281] Segundo PERTILE, o desenvolvimento do direito privado italiano, inclusive no que refere ao tratamento das matérias comercial e obrigacional, teve como base os costumes e regras liberais originados e cultivados nas comunas (PERTILE. *Storia del diritto italiano*..., p. 3-5).

[282] ASCARELLI, Tullio. *Istituzioni di diritto commerciale*. Milano: Giuffrè, 1938, p. 4. Sobre o direito comercial no período: REHME. *Historia universal del derecho mercantil*..., p. 66-86. Ver, também: GALGANO. *Lex mercatoria*; LATTES. *Il diritto commerciale nella legislazione statutaria delle città italiane*...; GOLDSCHMIDT. *Storia universale del diritto commerciale*...

[283] KULISCHER. *Storia economica del medio evo e dell'epoca moderna*..., p. 509 ss; KEEN, Maurice. *The penguin history of medieval Europe*. London: Penguin Books, 1991, p. 225-243.

75

O peso cultural da região, sua posição estratégica entre o Ocidente e o Oriente, as cruzadas (desde 1096 até 1270)[284], que promoveram o tráfico direto com o Oriente, o desenvolvimento da navegação, a formação de colônias no mar Mediterrâneo, o incremento da circulação de bens e pessoas, de capital[285] e títulos, sem falar no recebimento de dinheiro pela cúria papal proveniente de todos os soberanos da Europa, foram fatores que favoreceram o desenvolvimento das cidades[286] (especialmente as italianas)[287] – verdadeiras ilhas de liberdade em um mar de servidão[288] –, que estavam no centro desse ressurgimento do comércio[289] (mormente o interno)[290], do renascimento cultural[291] e do descobrimento individual (e espiritual) do homem[292] e do mercador medieval[293].

[284] Sobre o tema, ver: MAGALHÃES. *História do comércio...*, p. 116-118; GIORDANI, Mário Curtis. *História do mundo feudal*. Petrópolis: Vozes, 1974, p. 529-618.

[285] É preciso atentar para o fato de que dinheiro não tinha, na Idade Média, o mesmo sentido que tem hoje. Na verdade, como relata LE GOFF: "(...) o dinheiro não é personagem de primeiro plano na época medieval, nem do ponto de vista econômico, nem do ponto de vista político, nem do ponto de vista psicológico e ético. As palavras que no francês medieval se aproximam mais do dinheiro no sentido atual são: 'moeda', 'denário', 'pecúnia' (...). A Idade Média, quando se trata de dinheiro, representa na longa duração da história uma fase de regressão. O dinheiro, nela, é menos importante, está menos presente do que no Império Romano, e sobretudo muito menos importante do que viria a ser a partir do século XVI, e particularmente do século XVIII. Se o dinheiro é uma realidade com a qual a sociedade medieval deve contar mais e mais e que começa a ter aspectos que assumirá na época moderna, os homens da Idade Média, sem exclusão dos comerciantes, dos clérigos e dos teólogos, jamais tiveram uma concepção clara e unificada do sentido que damos hoje a esse termo. (...)". Essa visão, no entanto, não invalida a destreza que o homem medieval teve em lidar com a contabilidade e com a aritmética. Leonardo Fibonacci (*Tratado do ábaco*) e Luca Paciola (*Summa arithmetica*) são exemplos históricos disso (LE GOFF. *A Idade Média e o dinheiro...*, p. 9-10, 12).

[286] A partir do ano 1000 d.C., o termo "cidade" adquire novo significado e contornos próprios, diretamente relacionados à revolução comercial do período, referindo-se a um "grupo de por lo menos varios centenares de personas, tal vez varios millares, reunidos estrechamente, y manteniéndose en gran parte por las manufacturas y el comercio (...) después del ano 1000 se extendió tanto el comercio que las verdaderas ciudades se hicieron cada vez mayores y más numerosas. Su situción la determinaban dos condiciones importantes para su existencia: la proteccíon política y la posibilidad de comerciar con provecho" (DAY, Clive. *Historia del comercio*, t. I. Trad. Teodoro Ortiz. Ciudad de México: Cultura Economica, 1941, p. 39-40). No mesmo sentido, ver: CIPOLLA, Carlo. M. *História econômica da Europa pré-industrial*. Trad. Joaquim João Coelho da Rosa. Lisboa: Edições 70, 1974, p. 167.

[287] A importância das cidades para o renascimento comercial, econômico, político, social e jurídico do medievo italiano é tão grande a ponto de CALASSO afirmar que: "La nostra storia di quest'epoca è essenzialmente storia di città." (CALASSO. *Lezioni di storia del diritto italiano...*, p. 129).

[288] Por exemplo, estabeleceu-se o costume de que, se um servo abandonasse seu Senhor Feudal e fugisse para a cidade, permanecendo nessa localidade por mais de um ano e um dia, convertia-se em um homem livre (DAY. *Historia del comercio...*, p. 42). No mesmo sentido: CIPOLLA. *História econômica da Europa pré-industrial...*, p. 165-167.

[289] GOLDSCHMIDT. *Storia universale del diritto commerciale...*, p. 117-118.

[290] GOLDSCHMIDT. *Storia universale del diritto commerciale...*, p. 117-118; SCHMIDT. *Historia del comercio mundial...*, p. 49 ss; DAY. *Historia del comercio...*, p. 42 ss.

[291] CASSANDRO, Giovanni. *Lezioni di diritto comune*. Napoli: Edizioni Scientifiche Italiane, 1971, p. 16.

[292] JACQUES LE GOFF salienta que: "Se havia um tipo humano a excluir do panorama do homem medieval era precisamente o do homem que não crê, o tipo a que, mais tarde, se chamará libertino, livre pensador,

NOÇÕES INTRODUTÓRIAS

A organização jurídica construída ao longo da Idade Média representa a mediação histórica entre o mundo antigo e o moderno[294], com papel de destaque para a classe mercantil[295], inclusive no que se refere à formação de novas tendências éticas, o estabelecimento de padrões de comportamento no tráfico mercantil[296] e à redescoberta da vida econômica no interior e no entorno das cidades[297].

Nesse contexto, o moderno direito falimentar tem seu berço (e certidão de nascimento) na Itália, inspirado na civilização romana[298] e nos costumes, práticas e atividades desenvolvidas pelos *hommes d'affaires*[299].

É correto dizer, portanto, que a origem da *Lex Mercatoria* está intimamente conectada com o ressurgimento do comércio, feiras[300], mercados e portos medievais após os tumultuados séculos que seguiram à queda do Império Romano[301].

Não é à toa que os estudos históricos do direito comercial no Medievo[302], inclusive no que se refere à matéria falimentar, decorrem, em larga medida, dos

ateu. Pelo menos até o século XIII e mesmo até finais do período que analisamos, não se encontra nos textos senão um número insignificante de pessoas que negam a existência de Deus. E, na maior parte desses casos, pode perguntar-se se não se tratará de uma má leitura dos textos ou de extrapolações devidas a quem citou a palavra dos originais isolados, extrapolações nascidas de excessos verbais, fruto de um momento de raiva ou – para alguns intelectuais – de embriaguez conceitual." (Le Goff, Jacques. *O homem medieval.* Lisboa: Presença, 1989, p. 10).

[293] Burckhardt, Jacob. *The civilization of the Renaissance.* Oxford: Phaidon Press, 1944, p. 81; Le Goff. *Mercadores e banqueiros da Idade Média...*, p. 71 ss.

[294] Calasso. *Lezioni di storia del diritto italiano...*, p. 123.

[295] Lefranc. *História breve do comércio...*, p. 40

[296] Gurevic, Aron Ja. O mercador. In: Le Goff, Jacques. *O homem medieval.* Lisboa: Presença, 1989, p. 165; Le Goff. *Mercadores e banqueiros da Idade Média....*, p. 85-87. Segundo Cipolla: "Com o nascer da cidade medieval e o emergir da burguesia urbana nascia uma Europa nova. Todo o sector da vida econômica e social foi transformado. Escalas de valores, condições e relações pessoais, tipos de administração, educação, produção e troca, tudo sofreu uma transformação drástica. A revolução urbana dos séculos XI e XII foi o prelúdio e gerou as pré-condições da Revolução Industrial do século XIX" (Cipolla. *História econômica da Europa pré-industrial...*, p. 169).

[297] Roberti, Mechiorre. *Lineamenti di storia del diritto dalle origini di Roma ai nostri giorni*, v. II, Milano: Giuffrè, 1933, p. 19.

[298] Renouard. *Traitè des falillites et banqueroutes*, t. I..., p. 20.

[299] Renouard, Yves. *Les hommes d'affaires italiens du Moyen Âge.* Paris: Texto, 1968, p. 61-62. Lefranc refere que durante toda a Idade Média os mercadores recberam o título pitoresco de "pés empoeirados" (Lefranc. *História breve do comércio...*, p. 40).

[300] A dinâmica, o funcionamento e a razão de existir das feiras medievais foram bem desenvolvidas em: Day. *Historia del comercio...*, p. 63-70.

[301] Mitchell refere que, durante o Império Carolíngio (aproximadamente 800 a 924 d.C.), o comércio, as feiras e mercados medievais e os próprios mercadores passaram a receber maior destaque nas legislações locais e a despertar interesse dos Imperadores e chefes de província. Há, inclusive, citação de uma carta escrita pelo Imperador Carlos Magno ao Rei de Mércia, na qual garante proteção e salvo-conduto aos mercadores do referido reino que estivessem cruzando e/ou negociando em seus domínios territoriais, exigindo, em contrapartida, tratamento recíproco (Mitchell. *An essay on the early history of law of merchant...*, p. 23).

[302] Conforme P. Grossi: "O direito comercial é, também, ele ao menos no início, aquele conjunto de usos que a classe dos mercadores – cada vez mais forte no âmbito econômico, social e político, cada vez

RECUPERAÇÃO DE EMPRESAS E FALÊNCIA

preciosos registros legislativos, repositórios culturais e doutrinários das cidades italianas[303]-[304], especialmente a partir do século XI – mesmo que cada região tenha alcançado seu estágio de desenvolvimento em momentos distintos e cultivado peculiaridades locais, costumeiras e legais[305].

Entre as cidades[306] mais pujantes do período, Veneza, favorecida pela sua localização geográfica[307] (chamada de "a senhora do Mediterrâneo"[308] ou a "Sereníssima República"[309]), era o empório mundial, grande centro da indústria e do comércio (*e.g.*, grãos, vinhos, lã, armas, artigos de luxo, especiarias)[310]-[311]. Tratava--se da potência intermediária entre Roma e Bizâncio. Consistiu, na época, na

mais consciente de seu papel e tendente a construir defesas jurídicas para seus interesses – elabora, para disciplinar de modo autônomo as transações comerciais: usos nascidos localmente na práxis de uma praça mercantil, mas que posteriormente se tornaram gerais em virtude da valorização universal do *coetus mercatorum*. Pouco a pouco, durante o segundo período medieval, criam-se continuamente novos instrumentos (títulos de crédito, sociedades comerciais, falência, contratos de seguro), simplificam-se e agilizam-se instrumentos subtraídos às obstruções romanistas e ajustados às exigências do comércio (representação, cessão de crédito), superam-se antigas hesitações já injustificáveis (contrato em favor de terceiro): um conjunto orgânico de institutos toma cada vez mais forma e, ao mesmo tempo, uma complexa organização de classes e de profissões, acompanhada da instituição de foros especiais. O direito dos mercadores é sem dúvida um dos protagonistas do particularismo jurídico do final da Idade Média." (GROSSI. *A ordem jurídica medieval....*, p. 276).

[303] LATTES. *Il fallimento nel diritto comune...*, p. 3; SOUZA. *Prelecções de direito comercial....*, p. 43-44. Dentre os temas que formavam os estatutos das comunas medievais, merecem destaque a matéria criminal, inspirada no direito bárbaro, e a civil, inspirada no direito romano (GUASTI, Cesare. *Studi e bibliografici sopra gli statuti de'comuni italiani*. Toscana: Celini, 1855, p. 4).

[304] Segundo MITCHELL, as cidades italianas perceberam que a liberdade política, o comércio e a indústria eram fontes de poder e de riqueza, e direcionaram suas políticas públicas para tais escopos. Sua posição independente na região lhes concedeu uma vantagem competitiva na adoção de regras e regulamentos plenamente ajustados às necessidades do comércio. Tendo como base essas circunstâncias, o direito comercial se desenvolveu rapidamente, incorporando a tradição jurídica costumeira em leis escritas (*Lex Scripta*), sem, no entanto, buscar a completude legislativa, eliminar o reconhecimento de antigos costumes, ocorrendo a formação de novas práticas comerciais (MITCHELL. *An essay on the early history of law of merchant...*, p. 29-31, 55).

[305] MITCHELL. *An essay on the early history of law of merchant...*, p. 27-29; VAMPRÉ. *Tratado elementar de direito comercial...*, p. 21.

[306] Para aprofundamento sobre a origem das classes sociais (*milites* ou *popolo*) que comandavam cada uma das cidades italianas, ver: GILLI. *Cidades e sociedades urbanas na Itália medieval...*, p. 98 ss).

[307] Nesse quesito, a vantagem competiva das cidades portuárias era evidente.

[308] SCHMIDT. *Historia del comercio mundial...*, p. 49-50.

[309] LEFRANC. *História breve do comércio...*, p. 44.

[310] MUTINELLI. *Del commercio dei veneziani...*, p. 16-17.

[311] A origem da profissão de mercador/comerciante está em Veneza. Sobre o tema, ver: MUTINELLI. *Del commercio dei veneziani...*, p. 1-38; PIRENNE. *Medieval cities...*, p. 109-110; LANE, Fredric. *Venice*. A maritime republic. Maryland: John Hopkins University Press, 1973, p. 51-53; OKEY, Thomas. *The story of Venice*. London: Dent & Co., 1931; SHAKESPEARE, William. *O mercador de Veneza*. São Paulo: Martin Claret, 2006.

NOÇÕES INTRODUTÓRIAS

mais esplêndida cidade européia, aquela que ditava a moda e os costumes, sede do prazer e do luxo – somente suplantada por Paris[312] no final do século XVII[313].

O ducado de Milão[314] e Bolonha[315] eram notáveis praças industriais. Florença era o principal centro da manufatura italiana do algodão e da seda[316]; sede do poder dos Bardi, Peruzzi, Pazzi, Medici e outras proeminentes famílias de banqueiros florentinos[317], a cidade se tornou, em dado momento, a mais importante praça bancária e cambiária da Europa – além de consistir em relevantíssima participante do comércio marítimo medieval a partir de suas conquistas (especialmente de Pisa e Livorno), que permitiram que concorresse nesse campo com Veneza[318]. Siena obteve semelhante destaque como centro financeiro[319].

Também desempenharam papel de relevo nestas e em outras áreas econômicas ao longo dos anos Lucca, Nápoles, Amalfi, Gênova, Pisa, Bruges, Antuérpia, Colônia, Champagne, Lyon, Amsterdã[320] e Flandres, entre outras cidades[321].

---

[312] Para aprofudamento sobre as raízes da formação de Paris, ver: OKEY, Thomas. *The story of Paris*. London: Dent & Co., 1925.

[313] Até o século XV, Veneza mantinha sua liderança no contexto das repúblicas e ducados italianos. Conforme relata ROSSANA SICILIA: "(...) a República de Veneza, que, graças à sua oligarquia mercantil, criou um aparelho institucional que favorece a gestão dos domínios terrestres, sobre os quais a cidade exerce sua influência no reconhecimento da autonomia administrativa; do mesmo modo, o complexo controlo de portos e territórios costeiros situados no Mediterrâneo Central e Oriental constitui o seu império talassocrático, que em breve será aumentado pela posse da Ilha de Chipre." (SICILIA, Rossana. O equilíbrio entre os estados italianos. In: ECO, Umberto (dir.). *Idade Média*: explorações, comércio e utopias, v. IV. Trad. Carlos Aboim de Brito e Diogo Madre Deus. Lisboa: D. Quixote, 2011, p. 48)

[314] Para aprofudamento sobre as raízes da formação de Milão, ver: NOYES, Ella. *The story of Milan*. London: Dent & Co., 1908.

[315] Para aprofudamento sobre as raízes da formação de Bologna, ver: WIEL, Alethea. *The story of Bologna*. London: Dent & Co., 1923.

[316] A tradição mercantil estava impregnada na cultura das cidades medievais. Por exemplo, segundo C. HIBBERT: "A Florentine who is not a Merchant... Enjoys no esteem whatever" (HIBBERT, Christopher. *The rise and fall of the house of Medici*. New York: Penguin, 1979, p. 19).

[317] ARMANDO SAPORI examina, com detalhamento, a origem das atividades econômicas exploradas pelas principais famílias de mercadores florentinos, dentre as quais: *Frescobaldi, Bardi, Peruzzi, Gianfigliazzi, Alberti del Giudice* e *Medici* (SAPORI, Armando. *Compagnie e mercanti di Firenzi antica*. Firenze: Barbera, 1978, p. LXI-XCI).

[318] Para aprofudamento sobre as raízes da formação de Florença, ver: GARDNER, Edmund G. *The story of Florence*. London: Dent & Co., 1908.

[319] ARCANGELI. Gli istituti del diritto commerciale nel costituto senese del 1310..., p. 248.

[320] Para aprofudamento sobre o desenvolvimento do capitalismo em Amsterdã, ver: BARBOUR, Violet. *Capitalism in Amsterdam in the 17th century*. 2 ed. Michigan: Arbor, 1966.

[321] GOLDSCHMIDT. *Storia universale del diritto commerciale*..., p. 118-122. Sobre o tema, ver: SAPORI, Armando. *Le marchand italien au Moyen Âge*. Paris: A. Colin, 1952; PIRENNE. *Medieval cities*...; PIRENNE. *História econômica e social*...; LE GOFF. *A bolsa e a vida*...; LE GOFF. *Mercadores e banqueiros da Idade Média*...; LOPEZ. *A revolução comercial*...; COMPARATO, Fábio Konder. Na proto-história das empresas multinacionais – O Banco Médici de Florença. *Revista de Direito Mercantil, Industrial, Econômico e Financeiro*,

2.3.2. Direito falimentar estatutário

A civilização medieval revigorou os traços legislativos da matéria falimentar[322]. E isso ocorreu por razões essencialmente históricas[323].

Ao longo desse período[324], o direito comercial era cuidadosamente regulado na legislação estatutária, alicerçado em certas instituições delineadas no direito romano e inspirado nos usos e costumes dos próprios mercadores[325] (*lex mercatorum*), o que lhes garantiu um tratamento jurídico adequado às suas necessidades[326], reforçado pela existência de uma jurisdição especial para o julgamento de seus processos[327].

Foi, portanto, a partir dos princípios do concurso de credores em Roma, bem como de alguns institutos importados do direito bárbaro (germânico – *e.g.*, sequestro de bens), que se moldou, de acordo com os usos e costumes dos comerciantes, a falência na Idade Média[328]. Profundos conhecedores do direito romano[329], os jurisconsultos medievais, em decorrência das contingências de sua época, viram-se forçados a adaptar os institutos romanos[330] com o objetivo de reparar, na medida do possível, o dano social causado pela falência[331].

Assim como em Roma, em regra, não se distinguia no Medievo a insolvência do devedor comerciante daquela do não comerciante[332] – embora o devedor

---

v. 54, p. 105-111, 1984; GELDERBLOM, Oscar. *Cities of commerce*. New Jersey: Princeton, 2013, p. 19 ss; GIORDANI. *História do mundo feudal..*, p. 324-400.

[322] SORANI. *Il fallimento, note e ricordi...*, p. XXIX.

[323] CARVALHO DE MENDONÇA. *Das fallencias e dos meios preventivos de sua declaração*, v. I..., p. 4.

[324] Para aprofundamento sobre o contexto histórico do período, especialmente o estopim (*i.e.*, Paz de Constância de 1183) do movimento de criação dos estatutos medievais pelas cidades e a aplicação da justiça, e a extensão da aplicação dessas regras, ver: GILLI. *Cidades e sociedades urbanas na Itália medieval...*, p. 150 ss.

[325] Vale registrar que, durante os séculos XIV e XV, identificou-se um movimento, liderado pelas cidades lombardas, de cópia literal das regras estatutárias de regiões bem-sucedidas e guildas de maior destaque econômico, o que veio a determinar certa uniformização nas regras comerciais (incluindo a falência) das diversas regiões europeias (MITCHELL. *An essay on the early history of law of merchant...*, p. 33).

[326] PIRENNE. *Medieval cities...*, p. 128-129.

[327] MITCHELL. *An essay on the early history of law of merchant...*, p. 40 ss.

[328] SANTARELLI. *Per la storia del fallimento...*, p. 24-25; BRUNETTI. *Diritto fallimentare italiano...*, p. 51.

[329] Conforme refere GIOVANNI CASSANDRO, a reconstrução histórica do direito medieval comum (*diritto comune*) e dos ordenamentos particulares (*ordinamenti particolari*) não teria sido possível sem o pleno conhecimento e compreensão do direito romano da época de Justiniano. O *diritto comune* não teria nascido sem o nascimento e renascimento do direito romano (CASSANDRO. *Lezioni di diritto comune...*, p. 14, 264-265).

[330] A rigor, segundo SAVIGNY, citado por LEVINTHAL, a comunidade e as tradições romanas nunca foram completamente destruídas na Itália, de modo que o ressurgimento das repúblicas italianas representou um movimento de renovação de antigas instituições e leis – inclusive falimentares – que, na verdade, tiveram vigência ininterrupta (LEVINTHAL. The early history of bankruptcy law..., p. 241-242).

[331] GALGANO. *Lex mercatoria...*, p. 55.

[332] RAMELLA. *Trattato del fallimento*, v. I..., p. 26; FERREIRA. *Tratado de direito comercial*, v. 14..., p. 18. Defendendo que muitas legislações estatutárias medievais (Gênova, Veneza, Pádua) estendiam a falência

NOÇÕES INTRODUTÓRIAS

civil insolvente fosse geralmente tratado com maior indulgência[333] – nem se reconhecia a autonomia do patrimônio da sociedade para responder pelas dívidas sociais[334]. A despeito disso, uma série de outros elementos da falência atual já estavam presentes, entre eles o período suspeito (*stato sospetto*)[335], o vencimento antecipado dos créditos diante da decretação da quebra[336], a verificação e a classificação dos créditos[337], a assembleia e o comitê de credores[338], as deliberações por maioria[339], etc[340].

Já no século XIV, o instituto da falência estava delineado nos estatutos das cidades italianas, pelo menos em suas linhas essenciais (embora fragmentadas) como ocorreu em Siena com o famoso *Costituto Senese* de 1310[341]. Da mesma forma, a concordata majoritária, conhecida como instituto humanizador da falência[342] – e que não era conhecido do direito romano[343].

Assim, os estatutos das cidades italianas comercial e industrialmente mais relevantes previam a execução coletiva do devedor insolvente por meio de um procedimento análogo à falência de nossos tempos[344]. O processo de execução coletiva apresentou características definidas nas cidades do norte da Itália, entre elas Veneza, Florença, Milão e Gênova, na quais era possível encontrar normas muito semelhantes àquelas da legislação falimentar hodierna[345].

---

a não comerciantes: LATTES. *Il diritto commerciale nella legislazione statutaria...*, p. 310, nr 14 e 15; VIVANTE. *Il fallimento civile...*, p. 7; PROVINCIALI. *Trattato di diritto fallimentare*, v. I..., p. 16-17; SORANI. *Il fallimento, note e ricordi...*, p. XXXII.

[333] LATTES. *Il diritto commerciale nella legislazione statutaria...*, p. 310; GALGANO. *Lex mercatoria...* p. 54-55.

[334] GALGANO. *Lex mercatoria...*, p. 55. Em sentido contrário, defendendo posição minoritária, no sentido de que os estatutos medievais previam a preferência do patrimônio da sociedade (em nome coletivo) para responder por dívidas sociais: VIGHI, Alberto. *La personalità giuridica delle società commerciali*. Fratelli: Camerino, 1900, p. 59.

[335] ROCCO. *Il fallimento...*, p. 209-201. A regra decorre da aplicação do princípio latino "The *proximus decoctioni* is equivalent to the *decoctus*" (LEVINTHAL. The early history of bankruptcy law..., p. 242).

[336] RENOUARD. *Traitè des falillites et banqueroutes*, t. I..., p. 21.

[337] ROCCO. *Il fallimento...*, p. 207; RENOUARD. *Traitè des falillites et banqueroutes*, t. I..., p. 20.

[338] SORANI. *Il fallimento, note e ricordi...*, p. XXXIII.

[339] A propósito, sobre o princípio da maioria, ver: GIERKE, Otto von. *Über die Geschichte des Majoritätsprinzips* – separata do Schmollers Jahrbuch. Berlim: Duncler & Humblot, 1915 (tradução italiana sob o título *Sulla storia del principio di maggioranza*, na Rivista delle Società, p .1.103-1.120, 1961); e GALGANO, Francesco. *La forza del numero e la legge della ragione*: storia del principio di maggioranza. Bologna: Il Mulino, 2007.

[340] FERREIRA. *Tratado de direito comercial*, v. 14..., p. 17.

[341] ARCANGELI. Gli istituti del diritto commerciale nel costituto senese del 1310..., p. 251, 255.

[342] FERREIRA. *Tratado de direito comercial*, v. 14..., p. 15-18.

[343] Sobre o tema, ver: TOLEDO, Paulo Fernando Campos Salles de; PUGLIESI, Adriana Valéria. Capítulo II: A preservação da empresa e seu saneamento. In: CARVALHOSA, Modesto (coord.). *Tratado de direito empresarial*, v. V – recuperação empresarial e falência. São Paulo: Revista dos Tribunais, 2016, p. 50 ss.

[344] LATTES. *Il diritto commerciale nella legislazione statutaria...*, p. 308-309.

[345] CUZZERI, Emanuele. Del fallimento. In: BOLAFFIO, Leone, VIVANTE, Cesare (coords). *Il Codice di Commercio commentato*. 2 ed. Verona: Tedeschi e Figlio, 1901, p. 6; PROVINCIALI. *Trattato di diritto*

RECUPERAÇÃO DE EMPRESAS E FALÊNCIA

De qualquer sorte, não se pode negar que, em matéria falimentar, a legislação estatutária do período retomou práticas de execução pessoal[346] de natureza cruel, degradante e inquisitória aliada à grande severidade no tratamento dispensado ao falido. Sofria ele a "pena de infâmia" – uma espécie de lepra empresarial –, além de ampla reprovação social[347].

Por exemplo, em Florença, no ano de 1286, vieram a lume leis que equipararam a falência aos maiores delitos penais (*Falliti sunt fraudatores*)[348]. Em decorrência disso, não só o falido, mas também sua mulher e os filhos eram presos até que as dívidas fossem pagas. Seus herdeiros e parentes mais próximos também podiam ser multados e até banidos da sociedade[349].

Nesse sentido, as consequências infames do devedor eram estendidas à sua família[350], incluídos ascendentes, descendentes, irmãos, conviventes e até sócios e auxiliares do comércio[351]. Os estatutos continham regras de intensa severidade[352], chegando alguns a prever a pena de tortura e morte ao falido no caso de falência fraudulenta[353].

Os processos eram sumários e deviam ser finalizados com a maior brevidade possível. A tortura podia ser empregada na investigação das circunstâncias da falência[354].

Os devedores insolventes que não se apresentassem depois da primeira citação eram considerados culpados de um verdadeiro crime – e, se não pudessem ser postos em cárcere, eram tidos como fora da lei e tratados como bandidos[355]. Quando o devedor se apresentava espontaneamente, ele não era encarcerado imediatamente, gozando de alguns privilégios. No entanto, a lei lhe impunha uma série de obrigações, como a de entregar seus livros comerciais, o inventário de seus bens e o balanço de seu negócio. Caso não atendesse a essas obrigações, perdia o benefício de permancecer solto[356].

---

fallimentare, v. I..., p. 14-15; SAMPAIO DE LACERDA. *Manual de direito falimentar...*, p. 31; URIA. *Derecho mercantil...*, p. 801.

[346] LEVINTHAL. The early history of bankruptcy law..., p. 241.

[347] LATTES. *Il diritto commerciale nella legislazione statutaria...*, p. 318. Lembra a doutrina que "a prisão do devedor insolvente, com a aplicação de penas vexatórias e degradantes, era uma constante do direito da época".

[348] LEVINTHAL. The early history of bankruptcy law... p. 243.

[349] FERREIRA. *Tratado de direito comercial*, v. 14..., p. 15.

[350] SAMPAIO DE LACERDA. *Manual de direito falimentar...*, p. 32.

[351] LATTES. *Il diritto commerciale nella legislazione statutaria...*, p. 320.

[352] FERREIRA. *Tratado de direito comercial*, v. 14..., p. 17.

[353] LATTES. *Il diritto commerciale nella legislazione statutaria...*, p. 319; PROVINCIALI. *Trattato di diritto fallimentare*, v. I..., p. 27.

[354] LATTES. *Il diritto commerciale nella legislazione statutaria...*, p. 311.

[355] LATTES. *Il diritto commerciale nella legislazione statutaria...*, p. 318-319.

[356] LATTES. *Il diritto commerciale nella legislazione statutaria...*, p. 328.

NOÇÕES INTRODUTÓRIAS

O público em geral podia ofender os devedores impunemente e, caso alguém lhes desse abrigo, poderia ser multado e até responder pelo seu débito[357]. Há relatos de que, em algumas cidades francesas e italianas, o falido era obrigado a usar um boné – de tom verde na França e de cores diversas na Itália – que caracterizava sua situação de bancarroteiro, a fim de que essa condição não fosse esquecida[358].

Havia, também, a prática da "pintura infamante": instituto tipicamente florentino, que consistia em um retrato pintado do falido feito por ordem do magistrado e exposto em local público (geralmente nos muros do palácio comunal)[359], uma espécie de registro ilustrado sobre a situação deste (acompanhado de seu nome e atividade que explorava), para conhecimento de todos, inclusive dos analfabetos. Essa medida tinha por objetivo tolher o falido de todo o resíduo de estima pública que pudesse lhe restar[360].

Ora, não é preciso ir muito longe para demonstrar que sobre a incipiente teoria falimentar da época pesava o axioma por BALDO *decoctor ergo fraudator*[361] – à semelhança do que se via em Roma[362]. Contra o falido, então, recaía a presunção de fraude[363].

Caminhando nesse sentido, veja-se, por exemplo, a bula papal de Pio IV, datada do ano de 1570, que condenou à pena de morte os bancarroteiros fraudulentos e a penas graves aqueles que quebrassem por negligência, por luxo, por prodigalidade ou para satisfazer seus caprichos[364].

Em regra, o magistrado não iniciava o procedimento por ato próprio (*ex officio*). Salvo nos casos de autofalência, seguida do depósito judicial, pelo peticionário,

---

[357] LATTES. *Il diritto commerciale nella legislazione statutaria...*, p. 319.

[358] HILAIRE, Jean. *Le droit, les affaires et l'Histoire.* Paris: Economica, 1995, p. 280; SAMPAIO DE LACERDA. *Manual de direito falimentar...*, p. 32.

[359] PATRICK GILLI refere que: "(...) a partir do século XIV, a prática se expande em toda a Itália comunal com os mesmos tipos fixos, como a imagem do pendurado, de cabeça para baixo. Rituais também eram as destruições de casas ou de torres dos culpados de delitos políticos; em 1310, em Veneza, no lugar da casa dos Tiepolo, dos quais um membro nomeado Baiamonte havia tentado um golpe de Estado contra o doge, foi erigido um epitáfio infamante comemorando o episódio." (GILLI. *Cidades e sociedades urbanas na Itália medieval...*, p. 159-160).

[360] SANTARELLI. *Per la storia del fallimento...*, p. 134.

[361] FERRARA JR.; BORGIOLI. *Il fallimento...*, p. 55-59; FERREIRA. *Tratado de direito comercial*, v. 14..., p. 17.

[362] Uma parcela da doutrina critica a utilização da expressão cunhada por BALDO para devedores de boa-fé. Segundo os defensores dessa corrente, a generalização do termo latino não toma em consideração a distinção existente na legislação romana quanto à possibilidade de cessão de bens para pagamento da dívida (remédio restrito aos devedores de boa-fé). Essa discussão influenciou a diferenciação legal entre falência e bancarrota. Para aprofundamento, ver: RENOUARD. *Traitè des falillites et banqueroutes*, t. I..., p. 23 ss.

[363] LATTES. *Il diritto commerciale nella legislazione statutaria...*, p. 318, 320.

[364] SANTARELLI. *Per la storia del fallimento...*, p. 149.

de todos os seus livros, registros mercantis e inventário de bens[365], a declaração da quebra dependia da demonstração, por parte do credor, da existência e da legitimidade do seu crédito, bem como da cessação de pagamento por parte do devedor; aquele que habilitasse um valor acima do que tinha direito perdia a totalidade do crédito. O procedimento era conduzido por um magistrado, em caráter público, abrindo-se aos credores a oportunidade de apresentar e defender a procedência e a legitimidade do seu crédito, o que podia ocorrer, inclusive, por meio de juramento[366].

A liquidação dos bens era judicial e pública, respeitando a regra da maior oferta, a existência de gravame prévio, o direito de preferência (*diritto di prelazione*) e assim por diante[367].

A rigor, três eram os caminhos que levavam à falência: (*i*) em casos de fuga do devedor (situação que gerava uma presunção de insolvência), que tinha um especial significado no Medievo, pois era considerada o manifesto sinal da sua condição de insolvência[368]: devedor fugitivo era equiparado ao devedor falido[369-370]; (*ii*) a requerimento de um credor mediante demonstração da cessação de pagamento, uma das inovações dos estatutos medievais[371]; e (*iii*) a pedido do próprio devedor – não importava se comerciante ou não[372].

Alguns estatutos previam *ticket* mínimo para o processamento da quebra, isto é, não autorizavam o pedido de falência do devedor caso o crédito não atingisse um determinado valor. Uma vez admitido o pedido, o devedor era citado para, em um curto espaço de tempo, garantir com uma caução o pagamento da obrigação reclamada. Se o falido não aparecesse para se defender ou não garantisse a execução, militava contra ele a presunção legal de insolvência, devendo ser determinado o seu encarceramento[373].

---

[365] Lattes. *Il fallimento nel diritto comune...*, p. 21.

[366] Ramella. *Trattato del fallimento*, v. I..., p. 26-28, 35.

[367] Lattes. *Il fallimento nel diritto comune...*, p. 37-38.

[368] Lattes. *Il diritto commerciale nella legislazione statutaria...*, p. 309

[369] Provinciali. *Trattato di diritto fallimentare*, v. I..., p. 24.

[370] De uma maneira geral, a execução coletiva do devedor foragido ocorria por meio de dois decretos expedidos pelo cônsul. No primeiro, os credores assumiam o patrimônio do devedor para garantir sua conservação, podendo o devedor aparecer e solver as suas dívidas. Não ocorrendo o pagamento, os credores requeriam a emissão do segundo decreto, o qual abria nova fase no procedimento. A partir daí, eram verificados os créditos e os privilégios, se existentes, sendo, também, nomeado um curador, por consenso da maioria das partes, para administrar o patrimônio do devedor. Ao fim e ao cabo, o patrimônio era vendido e o produto da venda rateado proporcionalmente entre os credores, de acordo com as suas preferências (Lattes. *Il fallimento nel diritto comune...*, p. 38).

[371] Percerou. *Des faillites & banqueroutes...*, p. 10; Levinthal. The early history of bankruptcy law..., p. 242.

[372] Sampaio de Lacerda. *Manual de direito falimentar...*, p. 32.

[373] Lattes. *Il diritto commerciale nella legislazione statutaria...*, p. 328.

NOÇÕES INTRODUTÓRIAS

Não havia uniformidade nos estatutos com relação à forma de classificação dos créditos[374] ou à categorização dos credores (*grado dei creditori*). Em algumas cidades, os créditos constituídos na semana anterior à abertura do processo de falência não tinham qualquer tipo de prejuízo, prioridade ou privilégio; em outras, as preferências eram expressamente proibidas, salvo no caso de dote ou débito decorrente de gestão tutelada. Havia, inclusive, previsão de nomeação de um *iudex potioritatis* com a função de decidir a existência e a classificação dos créditos[375].

O concurso se estendia a todos os credores, mesmo aqueles cujos créditos eram condicionados ou não se encontravam vencidos (futuros) no momento da abertura da falência. Era vedada a celebração de qualquer acordo pelos credores entre si ou com o devedor – e, se descoberta, severamente punida –, sendo o devedor obrigado a prestar juramento de que não realizou qualquer prática ou ato com o objetivo de causar dano aos interessados[376].

Os atos de disposição praticados pelo falido próximos da falência eram tidos por simulados ou fraudulentos e declarados nulos ou ineficazes, de modo que os bens objeto da transação retornavam à massa em razão da retroatividade dos efeitos da decisão[377]. Esse período suspeito variava muito entre os estatutos[378].

Quase todos os estatutos faziam menção a uma figura que fazia as vezes de síndico da massa: uma figura eleita pelos próprios credores ou escolhida pelo magistrado. Suas atribuições compreendiam a arrecadação dos bens do falido, sua liquidação e partilha entre os credores[379].

A bancarrota tinha por efeito a incapacidade absoluta do falido. Não podia o falido praticar o comércio, fazer parte das corporações de ofício e até ocupar cargos públicos. Alguns estatutos previam que fosse dada publicidade ao nome do falido, como forma de perenizar essa condição perante o público em geral[380]. Era possível, inclusive, que a referida incapacidade produzisse efeitos de nuli-

---

[374] Segundo LE GOFF, alguns estatutos medievais previam a participação de Deus como um dos credores privilegiados do falido: "Na Itália, aliás, Deus recebia, quando da constituição de uma sociedade comercial, uma parte na empresa. Associado, Deus tinha uma conta aberta, recebia sua parte dos lucros, registrada nos livros sob o título de 'O Senhor Bom Deus', 'O Senhor Domeneddio'; e, em caso de falência, era pago prioritariamente quando da liquidação. Pode-se ver nos livros de Bardi que em 1310 Deus recebe 864 libras e 14 soldos. Deus, isto é, os pobres que o representavam na terra." (LE GOFF. *Mercadores e banqueiros da Idade Média...*, p. 90).

[375] RAMELLA. *Trattato del fallimento*, v. I..., p. 28.

[376] LATTES. *Il diritto commerciale nella legislazione statutaria...*, p. 339.

[377] PROVINCIALI. *Trattato di diritto fallimentare*, v. I..., p. 25; SANTARELLI. *Per la storia del fallimento...*, p. 199 ss.

[378] LATTES. *Il diritto commerciale nella legislazione statutaria...*, p. 320.

[379] LATTES. *Il diritto commerciale nella legislazione statutaria...*, p. 339.

[380] LATTES. *Il diritto commerciale nella legislazione statutaria...*, p. 319, 331.

dade relativamente aos atos praticados posteriormente à falência[381]. Os efeitos da falência estendiam-se, também, ao patrimônio dos parentes, ascendentes e descendentes do falido, que podiam ter seus bens apreendidos por alguma ordem falimentar, numa espécie de solidariedade passiva[382].

Durante muito tempo, a suspeição gravitou sobre a pessoa do falido; aos poucos, sobretudo a partir da segunda metade do século XV, foi sendo absorvida a ideia de que era possível distinguir as falências ocorridas por acidente e aquelas eivadas de culpa e fraude, reservando-se ao falido desta última situação tratamento mais severo[383]. Esse é mais um importante ponto de inflexão: se determinados estatutos presumiam fraudulenta a causa da falência (qualquer que fosse ela), em outros, com o passar do tempo, tal presunção surgia somente quando o devedor praticava ou deixava de praticar certos atos (no caso de fuga em vez de atendimento à citação ou falta de depósito dos seus livros no prazo assinalado), sendo admitido ao falido provar que a quebra derivou de caso fortuito[384].

Assim, aos poucos, a quebra começa a deixar de imputar ao falido uma presunção absoluta de cometimento de crime, passando a gerar uma presunção relativa – podendo, portanto, ser afastada[385]. A própria bula papal de 1570, anteriormente citada, começou a delinear, ainda que timidamente, essa distinção[386]. Contudo, são raras as disposições estatutárias claras acerca das causas da insolvência e da distinção clássica entre falência simples, culposa e dolosa[387].

Durante esse período vigorou em muitas legislações da Europa a regra – de origem germânica – de que o primeiro credor a realizar a penhora dos bens do devedor obteria a prioridade no pagamento. Tratava-se de uma regra que privilegiava o credor mais diligente (ou o mais aflito), tendo perdurado durante longo tempo no direito ibérico, chegando a ter aplicação no Brasil Colônia. Nada obstante, com o aumento de influência do direito francês a partir de 1673[388], essa

---

[381] LATTES. *Il diritto commerciale nella legislazione statutaria...*, p. 319.

[382] PROVINCIALI. *Trattato di diritto fallimentare*, v. I..., p. 25; SANTARELLI. *Per la storia del fallimento...*, p. 199 ss.

[383] SANTARELLI. *Per la storia del fallimento...*, p. 147 ss.

[384] LATTES. *Il diritto commerciale nella legislazione statutaria...*, p. 320.

[385] SANTARELLI. *Per la storia del fallimento...*, p. 148.

[386] SANTARELLI. *Per la storia del fallimento...*, p. 149.

[387] LATTES. *Il diritto commerciale nella legislazione statutaria...*, p. 320.

[388] A esse propósito, é importante salientar que os princípios falimentares do direito estatutário italiano penetraram na França, especialmente por Lyon e Champagne, cidades mercantis que mantinham intenso comércio com as cidades italianas. Absorvidos pela Ordenança de 1673, os institutos falimentares passaram livremente para o Código Comercial napoleônico de 1807, de onde se irradiaram para o mundo (SCARANO, Emilio. *Tratado teorico-practico de la quiebra*, t. I. Montevideo: Claudio Garcia & Cia. – Editores, 1939, p. 21) – inclusive para o Brasil, muito em decorrência da Lei da Boa Razão, que permitiu a aplicação da legislação das nações civilizadas em terras brasileiras (o que se fez, muitas vezes, inclusive, deixando-

NOÇÕES INTRODUTÓRIAS

regra perdeu força diante do princípio romano da *par condicio creditorum*, um dos pilares do direito falimentar contemporâneo[389].

Note-se, por outro lado, que os credores inescrupulosos e os golpistas também eram punidos. Do credor era exigida prova plena de seu crédito, sendo que alguns estatutos exigiam, inclusive, um juramento. Havia um procedimento de habilitação de créditos; aqueles que apresentassem documentos simulados ou tentassem habilitar valor a maior acabavam punidos com a perda do crédito e com uma multa[390].

Finalmente, registre-se que todos os estatutos admitiam a concordata (*concordato* – amigável ou judicial/por maioria) dos devedores de boa-fé[391]. Em regra, tratava-se de um procedimento público, simplificado e célere, embora seu alcance (*e.g.*, apenas ações e exceções líquidas) e suas características gerais variassem bastante[392].

Alguns previam a outorga de uma dilação no prazo de pagamento (dois anos, por exemplo, no caso de Veneza)[393]. Outros permitiam uma redução dos débitos na proporção do que restou de ativo no patrimônio do devedor. Em algumas cidades, não existia a obrigação de convocar os credores para deliberar acerca da concessão do benefício. Em outras, havia uma espécie de *stay period* (*e.g.*, oito meses) para estimular a negociação/composição entre credores e o devedor[394] e/ou a necessidade de realização de assembleia de credores, que deliberava por maioria especial[395] – absoluta ou simples[396] –, excluídos os votos da esposa, dos filhos e dos parentes próximos[397]. Já os estatutos de Florença e de Siena impunham ao devedor beneficiado por concordata, quando retornasse a melhor fortuna, a obrigação de pagar integralmente a todos os credores; a melhora na condição de vida do concordatário era passível de prova indiciária, geralmente associada a alguma demonstração pública de riqueza[398]. Por sua vez, em Veneza havia refe-

---

se de lado das Ordenações Filipinas então vigentes). Nesse sentido: SAMPAIO DE LACERDA. *Manual de direito falimentar...*, p. 32-35.

[389] REQUIÃO. *Curso de direito falimentar*, v. 1..., p. 10.

[390] LATTES. *Il diritto commerciale nella legislazione statutaria...*, p. 329, 338-339.

[391] ROCCO. *Il fallimento...*, p. 216-217; RENOUARD. *Traitè des falillites et banqueroutes*, t. I..., p. 22.

[392] Por exemplo, a maioria dos credores podia compelir a minoria a aceitar as condições negociadas e substituir o devedor na administração dos seus bens. Em Gênova, essa maioria deveria ser formada por 3/5 (três quintos) dos credores na falência voluntária e por 7/8 (sete oitavos) na involuntária (LEVINTHAL. The early history of bankruptcy law..., p. 243).

[393] LATTES. *Il fallimento nel diritto comune...*, p. 33-34.

[394] LEVINTHAL. The early history of bankruptcy law..., p. 243.

[395] ROCCO. *Il fallimento...*, p. 215-216.

[396] PROVINCIALI. *Trattato di diritto fallimentare*, v. I..., p. 28.

[397] RAMELLA. *Trattato del fallimento*, v. I..., p. 28.

[398] LATTES. *Il diritto commerciale nella legislazione statutaria...*, p. 347.

rência à possibilidade de anulação da concordata concedida em violação à letra da lei (1488) ou com base em créditos simulados ou fraudulentos (1611)[399].

Havia, ainda, estatutos prevendo que os acordos seriam feitos individualmente com cada um dos credores[400]; referência a procedimentos de oposição por parte de credores divergentes (*ordine in forma* ou *constituto di nil transeat*)[401]; e a exigência de crédito mínimo para fundamentar o pedido de falência[402].

Por derradeiro, muitos estatutos regulavam a figura do *salvacondotto* ou *fida*, espécie de autorização temporária (variava de 15 dias a dois anos) para que o falido (fugitivo ou preso) que se encontrava em processo de concordata pudesse se locomover territorialmente para negociar com seus credores sem ser ofendido ou receber represália de seus terceiros (e dos próprios credores)[403]-[404].

2.4. Idade Contemporânea

A Idade Contemporânea é o período histórico que se inicia em 1789, tendo como marco inicial a Revolução Francesa, até os dias atuais.

2.4.1. Influência dos períodos anteriores nos principais sistemas falimentares

A Idade Média foi um período extremamente rico e produtivo para o direito falimentar. As exigências relacionadas à tutela do crédito e à circulação da riqueza favoreceram a generalização e a expansão da legislação concursal[405].

---

[399] LATTES. *Il fallimento nel diritto...*, p. 37.

[400] LATTES. *Il diritto commerciale nella legislazione statutaria...*, p. 345-346.

[401] LATTES. *Il fallimento nel diritto comune...*, p. 36.

[402] LEVINTHAL. The early history of bankruptcy law..., p. 242

[403] SANTARELLI. *Per la storia del fallimento...*, p. 285 ss; PROVINCIALI. *Trattato di diritto fallimentare*, v. I..., p. 28; DE SEMO. *Diritto fallimentare...*, p. 32; FERRARA JR.; BORGIOLI. *Il fallimento...*, p. 60.

[404] Segundo LATTES, a figura do *salvocondotto* foi uma das inovações da legislação falimentar veneziana (1457), dando a ela tons menos rigorosos, se comparada às demais cidades italianas. O instituto tinha duas espécies distintas: (*i*) o *salvocondotto* ordinário, expedido em favor da pessoa e dos bens do falido, impedindo o arresto pessoal e as ações executivas patrimoniais; e (*ii*) o *salvocondotto* em favor da pessoa do falido, sem alcançar seus bens, que permaneciam alcançáveis pela ação executiva dos credores. Não podiam ser agraciados pelo *salvocondotto*: (*a*) o falido fraudulento, que não tivesse apresentado seus livros em juízo no prazo de cinco dias; (*b*) o devedor com créditos privilegiados (leia-se o Fisco, prestadores de serviço de funeral, dote, médicos, etc.); (*c*) indivíduos que não tivessem fixado domicílio em Veneza pelo período mínimo de três anos. Os estrangeiros estavam legitimados a requerer somente o *salvocondotto* pessoal (LATTES. *Il fallimento nel diritto comune...*, p. 32).

[405] Cumpre registrar que a usura foi duramente proibida pela Igreja durante boa parte da Idade Média sob o argumento de que o tempo a Deus pertence (LE GOFF. *Mercadores e banqueiros da Idade Média...*, p. 75), perdendo tal proibição força com o passar dos anos. Segundo CLIVE DAY: "La doctrina medieval de que era malo cobrar interés en los prestamos, perdió fuerza cuando se vió que los comerciantes los necesitaban y podían hacer un buen uso de ellos; y la sociedad llegó a la conclusión de que era prudente estimular los préstamos de dinero permitiendo al prestamista cobrar un interés." (DAY. *Historia del comercio...*, p. 153). Para aprofundamento sobre o tema, ver: LE GOFF, Jacques. *A bolsa e a vida...*

NOÇÕES INTRODUTÓRIAS

Verdade é que os princípios constantes nos estatutos das cidades italianas (de natureza essencialmente privada) foram determinantes para a origem e construção dos sistemas legislativos falimentares de diversos países, como, além da França, Espanha[406], Alemanha[407], Inglaterra[408] e Holanda[409], embora haja alguma

[406] Em matéria de falência, a Espanha historicamente se caracterizou por um forte controle estatal, sem espaço para processos privados de cobrança por parte dos credores. Por exemplo, a *Ley de Siete Partidas* importou o instituto da *cessio bonorum* do direito romano, atribuindo ao Tribunal de Justiça controle único e exclusivo sobre a administração dos bens do devedor. Esse procedimento foi sancionado pela lei de 18 de julho de 1590. Em 1663, SALGADO DE SAMOZA e seu *Labyrinthus Creditorum* – que, entre outras inovações, estabeleceu a nomeação, pelo Tribunal de Justiça, de um administrador para gerir o patrimônio do falido – influenciaram as legislações dos países vizinhos (LEVINTHAL. The early history of bankruptcy law..., p. 247).

[407] Na Alemanha, vigoram, durante muito tempo, os princípios e as regras do sistema executivo tradicional (individual), no qual vigorava o *del prior in tempore potior iure*, isto é, cada credor podia satisfazer seu crédito a qualquer momento, independentemente dos direitos e das preferências dos demais. Os primeiros sinais de enfraquecimento desse sistema remontam às cidades da Liga Hanseática (Hamburgo e Bremen) do século XVII, por influência da regra da igualdade entre os credores derivada do direito italiano (LEVINTHAL. The early history of bankruptcy law..., p. 244).

[408] Na Inglaterra, a *Law Merchant* oriunda dos estatutos das cidades italianas e baseada no direito romano teve pouca influência no desenvolvimento da matéria falimentar, embora as principais previsões legais e muitos dos costumes mercantis tenham sido incorporados na *Common Law* e adaptados pelos tribunais (FLETCHER, Ian F. *The laws of insolvency*. 5 ed. London: Sweet & Maxwell, 2017, p. 5-6). Por exemplo, a legislação promulgada em 1570 (*Statute of Bankruptcy, 13 Elizabeth*) teve como objetivo principal a punição de comerciantes individuais fraudulentos (JORDAN, Robert L.; WARREN, William, D. *Bankruptcy*. New York: Foudation Press, 1993, p. 20). No entanto: "Seu primeiro estatuto sobre falência (*bankruptcy*) data de 1542, sob o domínio de Henrique VIII, consagrando disposições severas para os devedores fraudulentos." (BENTO DE FARIA. *Direito comercial*, v. IV..., p. 32). Narra a doutrina que uma certa lei inglesa, datada de 1676 permitia aos comissários da falência, além de se apoderarem da pessoa do devedor e de dispor de seus bens, submetê-lo ao pelourinho e até extirpar-lhe uma das orelhas, caso tivesse fraudulentamente subtraído bens acima de determinado valor (REQUIÃO. *Curso de direito falimentar*, v. 1..., p. 9). Durante o seculo XIX, uma série de leis remodelaram o antigo sistema falimentar inglês; em 1861, o *Bankruptcy Act* estendeu o procedimento falimentar a todos os devedores – não apenas aos comerciantes; em 1862, uma reforma consolidou a falência de pessoas jurídicas – sociedades (ANDERSON, Hamish. *The framework of corporate insolvency law*. Oxford: Oxford Universtity Press, 2017, p. 43-44); e em 1883 uma lei ajustou as regras para a falência do comerciante individual (FLECTHER. *The laws of insolvency*..., p. 5-6). Segundo COMPARATO: "Ao lado dessa tradição de severidade para com o falido, no intuito de proteção dos credores, é preciso também assinalar a tradição oposta do direito anglo-saxão, que funda o instituto da falência no princípio do *favor debitoris*. A partir das leis de 1705 e 1711, editadas pela Rainha Ana da Inglaterra, o devedor honesto obtinha um *certificate of conformity*, libertando-se assim de qualquer execução futura por débitos anteriores. É a origem do instituto do *discharge*, do direito falimentar anglo-norte-americano, análogo a *cessio bonorum* do direito romano, através do qual se subtrai inteiramente a pessoa do devedor (e por conseguinte sua capacidade patrimonial, como atributo inerente à personalidade) às consequências da quebra." (COMPARATO, Fábio Konder. *Aspectos jurídicos da macroempresa*. São Paulo: Revista dos Tribunais, 1970, p. 96). Para aprofundamento, ver: LEVINTHAL. The early history of bankruptcy law...; RAMELLA. *Trattato del fallimento*, v. I..., p. 38-39.

[409] O século XVI foi carcaterizado pelo desenvolvimento econômico dos países baixos (*Dutch*), com reflexos na legislação comercial. Na Holanda, a primeira legislação que trata da matéria falimentar

RECUPERAÇÃO DE EMPRESAS E FALÊNCIA

divergência na doutrina quanto à uniformidade do tratamento da matéria concursal nas mais diversas jurisdições da tradição romano-germânica e da *commom law*[410].

Em linhas gerais, pode-se dizer que se a falência em Roma, na Idade Média e em boa parte da Idade Moderna foi marcada pelo estigma de que o falido era um fraudador e a ele se deveria reservar o mais cruel e degradante tratamento, a Idade Contemporânea e os novos ideais humanistas e liberais próprios do período influenciaram fortemente para amenizar o tratamento dispensado ao falido.

2.4.2. Revolução francesa e os ideais humanistas e liberais

O advento da Revolução Francesa em 1789 trouxe ares de liberdade à matéria e um esforço de combate à fraude nos negócios, os quais restaram atendidos no Código Napoleônico de Comércio de 1807[411] – cuja base foi a *L'Ordonnance de Commerce* de 1673.

O Código de Comércio francês manteve o procedimento restrito aos comerciantes, repeliu a concordata[412], aprimorou o regime da administração dos bens do falido e a classificação dos credores[413], outorgando-lhes amplos poderes na sua condução[414]. Trouxe progressos consideráveis em matéria falimentar, embora também tenha sido vítima – como sói ocorrer nessa seara jurídica – da comple-

---

é datada de 1531, pelo Rei Charles V, e remonta à época em que o país era liderado por Charles V, Rei da Espanha. A despeito da dominação espanhola, uma das motivações para a promulgação da lei foi justamente o vigor comercial das suas colônias (dentre as quais Amsterdã, Antuérpia, Flandres) e a necessidade de regrar os inadimplementos coletivos e/ou contumazes. O desenvolvimento comercial de Amsterdã foi uma conquista extraordinária. Segundo GELDERBLOM, ao invés de outorgar salvo-condutos, estabelecer jurisdições consulares ou outro tipo de direito/prerrogativa especial para segregar grupos de interesse/corporações, a cidade criou acordos institucionais inclusivos com a finalidade de proteger todos os mercadores e o exercício do comércio em si, independentemente da origem, fortuna, religião ou qualquer outra característica econômica ou de força (GELDERBLOM. *Cities of commerce*..., p. 1-2). Por exemplo, em 1659, foi editada uma nova ordenança comercial na Holanda, que teve como base a lei inglesa. Sobre o tema, ver: BRUNETTI. *Lezioni sul fallimento*..., p. 17; NAVARRINI. *Trattato teorico-pratico di diritto commerciale*, v. VI.., p. 11; RENOUARD. *Traitè des falillites et banqueroutes*, t. I..., p. 31; PAJARDI. *Manuale di diritto fallimentare*..., p. 55; LEVINTHAL. The early history of bankruptcy law..., p. 246.

[410] LEVINTHAL. The early history of bankruptcy law..., p. 225.

[411] O Código estava dividido em três grandes livros, num total de 485 artigos. A matéria falimentar constava no 3º Livro, em 77 artigos – 345 ao 421. O Projeto de Lei foi aprovado pelo Congresso Francês com votos favoráveis de 220 parlamentares (13 foram contrários), em sessão de 12 de setembro de 1807, com vigência a partir do dia 1º de Janeiro de 1808 (RENOUARD. *Traitè des falillites et banqueroutes*, t. I..., p. 122, 139). Segundo BRUNETTI, o próprio NAPOLEÃO intercedeu junto aos responsáveis pela redação do projeto de Código Comercial para garantir a severidade do tratamento jurídico dispensado ao falido (BRUNETTI. *Diritto fallimentare italiano*..., p. 51-54).

[412] CARVALHO DE MENDONÇA. *Das fallencias e dos meios preventivos de sua declaração*, v. II..., p. 156.

[413] RENOUARD. *Traitè des falillites et banqueroutes*, t. I..., p. 131 ss.

[414] FERRARA JR.; BORGIOLI. *Il fallimento*..., p. 60-61.

90

NOÇÕES INTRODUTÓRIAS

xidade do tema, da multiplicidade de interesses envolvidos e do envelhecimento precoce de suas soluções[415].

Esse monumento legislativo francês (reformado pela legislação 1838)[416] influenciou o movimento subsequente de codificação do continente europeu[417]. Trata-se de um período da história em que a atenção foi desviada do tratamento dado ao falido para o aperfeiçoamento dos institutos falimentares, dando-se maior destaque ao aspecto econômico da falência do que ao seu caráter subjetivo-punitivo. Tal se sucedeu com a reforma da legislação falimentar em vários países da Europa[418], como foi o caso do Código Italiano de 1865, que recebeu influência direta de legislações de outras províncias locais (*e.g.*, *Ducato di Modena*), do próprio Código Napoleônico de 1807[419], da referida lei francesa de 1838, da legislação Prussiana de 1855, da Austríaca de 1868 e da Bávara de 1869[420].

Merece especial destaque a legislação Belga de 1851 que, inspirada na legislação francesa, aperfeiçoou a figura da concordata e serviu de base para o Código Italiano de 1882[421], elaborado após a unificação do país e reconhecido por especialistas como seguramente superior aos ordenamentos das demais nações europeias[422].

O Código Alemão de 1900 também inovou no cenário europeu ao não distinguir a insolvência do comerciante e do não comerciante[423]. A partir de então, procura-se deixar as prescrições de ordem punitiva para o direito penal falimentar, acionado apenas no caso de cometimento de crime[424]. Delineia-se, mais claramente, a distinção entre falência honesta e desonesta, reservando-se apenas ao devedor desonesto as disposições mais duras.

---

[415] PERCEROU. *Des faillites & banqueroutes...*, p. 29.

[416] RENOUARD refere que tanto as Ordenanças de 1673 quanto o regime estabelecido pelo Código de 1807 (reformado pela legislação de 1838 e textos subsequentes) eram imperfeitos e tal imperfeição decorria da complexidade inerente à matéria falimentar. Por exemplo, o autor francês relata que muitas das disposições falimentares do Código de 1807 eram inaplicáveis na realidade da época, estimulando a criação de um universo paralelo, secreto e fradulento de quebras, as quais eram conduzidas ao arrepio da lei. Para aprofundamento sobre a Lei de 28 de Maio de 1838 e suas modificações posteriores, ver: RENOUARD. *Traitè des falillites et banqueroutes*, t. I..., p. 175-222.

[417] PROVINCIALI. *Trattato di diritto fallimentare*, v. I..., p. 32; BRUNETTI. *Lezioni sul fallimento...*, p. 15-16; NAVARRINI. *Trattato teorico-pratico di diritto commerciale*, v. VI..., p. 12.

[418] REQUIÃO. *Curso de direito falimentar*, v. 1..., p. 10.

[419] SCHIOPPA, Antonio Padoa. *Saggi di storia del diritto commerciale*. Milano: Led, 1992, p. 153-157.

[420] BRUNETTI. *Lezioni sul fallimento...*, p. 15-16.

[421] Vale referir que o Código introduziu o instituto da moratória, que veio a ser substituído pela concordata na reforma de 1903 (PROVINCIALI. *Trattato di diritto fallimentare*, v. I..., p. 32 ss).

[422] Segundo SCHIOPPA, a matéria falimentar – em razão dos mais diversos efeitos jurídicos decorrentes da decretação de insolvência e da forma de tratamento dos credores do falido – representava uma das grandes preocupações da comissão responsável pela elaboração do projeto do Código Comercial Italiano de 1882 (SCHIOPPA. *Saggi di storia del diritto commerciale...*, p. 157, 162).

[423] RAMELLA. *Trattato del fallimento*, v. I..., p. 38.

[424] DE SEMO. *Diritto fallimentare...*, p. 32-33.

2.4.3. Ascenção dos Estados Unidos, macroempresas e as business reorganizations

O direito norte-americano passa a exercer influência direta no desenvolvimento do direito falimentar contemporâneo a partir do tratamento constitucional dispensado à matéria em 1787 e do *Bankruptcy Act*, de 1800[425].

Aliado a isso, o processo de circulação de notas comerciais e de títulos de crédito redefiniu a conexão entre devedores e suas relações sociais, tornando possível a transformação da relação existente entre credor e devedor. O desenvolvimento da especulação como forma de investimento e as crises daí decorrentes – com amplo alcance no mais alto escalão da elite dos Estados Unidos – permitiram a migração qualitativa da insolvência de delito moral para crime econômico, para o qual a prisão constituía uma sanção criminal inapropriada[426].

Nesse contexto, começa-se a falar em crise do direito falimentar e percebe-se que a lei de falências de um país é aquela que mais se desgasta diante da evolução da realidade dos fatos[427]. Também em virtude disso, o Estado se mostra cada vez mais interessado em retirar da órbita do direito falimentar, ao menos da sua aplicação direta, algumas atividades de maior repercussão econômica e social, como a bancária e a securitária. Não foi a toa que as instituições financeiras passaram a se submeter a procedimentos mais céleres consubstanciados na intervenção extrajudicial forçada, criando-se, ao lado do direito falimentar, sistemas parafalimentares especiais[428].

Por outro lado, a crise da macroempresa passou a chamar cada vez mais a atenção. Surgida na passagem do século XIX para o século XX, especialmente nos Estados Unidos, a sociedade anônima de enormes proporções estava sujeita a crises de mesma ordem e natureza, para as quais a falência e a concordata não davam respostas satisfatórias. A crise que se abate sobre as companhias ferroviárias norte-americanas nesse período foi sintomática[429]. Em termos de repercussão, poder-se-ia compará-las, guardadas as devidas proporções, à crise das empresas do setor aéreo, ocorrida a partir dos anos 1990[430]. Tanto em uma quanto em outra, o destino das grandes companhias passa a ser uma questão de cunho social, com consequências e reflexos poderosos não só para o devedor e seus credores, mas também para empregados, fornecedores, clientes e comunidades inteiras. Nesse

---

[425] NOEL. *A history of the bankruptcy law...*, p. 5-7; WARREN. *Bankruptcy in United States history...*, p. 4-5, 12-13

[426] MANN, Bruce H. *Republic of debtors*. Bankruptcy in the age of American Independence. Cambridge: Harvard University Press, 2002, p. 4.

[427] REQUIÃO. *Curso de direito falimentar*, v. 1..., p. 11.

[428] REQUIÃO. *Curso de direito falimentar*, v. 1..., p. 11.

[429] Sobre o assunto, ver, essencialmente: SKEEL JR., David. A. *Debt's dominion*: a history of bankruptcy law in America. Princeton and Oxford: Princeton University Press, 2001, p. 48 ss.

[430] BAIRD, Douglas G. *The elements of bankruptcy*. New York: The Foundation Press Inc., 1992, p. 58.

NOÇÕES INTRODUTÓRIAS

contexto, o direito falimentar inicia novo momento de inflexão, desviando o foco da liquidação para se voltar à preservação da empresa[431].

A solução, encontrada no direito norte-americano, não foi a única[432], mas foi provavelmente a mais emblemática e, com certeza, a que mais influência teve sobre a legislação brasileira em vigor (Lei 11.101/05). Nos Estados Unidos, desenvolveu-se a *corporate reorganization*, fruto da engenhosidade dos advogados das companhias devedoras, de acionistas, de credores e da chancela jurisprudencial dada a essa solução. Até a edição do *Bankruptcy Act* de 1934, fruto da depressão pós-1929, as *business reorganizations* – mais propriamente, o regime de *equity receivership*[433] – eram uma técnica exclusivamente jurisprudencial.

A experiência norte-americana (especialmente com a reforma do *Bankruptcy Code* de 1978, mais especificamente do seu *Chapter 11*[434], que regula as *business reorganizations*)[435], ancorada no princípio cardeal da preservação da empresa, foi responsável, em âmbito global, pelo começo de uma ampla discussão acerca da reavaliação de medidas possivelmente previstas em uma lei de insolvências a fim de sanear negócios em crise[436]-[437].

---

[431] REQUIÃO. *Curso de direito falimentar*, v. 1..., p. 10-11.

[432] A legislação francesa trilhou seu próprio caminho (REQUIÃO. *Curso de direito falimentar*, v. 1..., p. 12).

[433] "A receiver's certificate was a promissory note issued the receiver 'by which the railroad borrowed from investors against the credit of the 'whole estate' of the railroad' on a short-term basis. The beauty of the certificates, at least from the receivers' perspective, was that they were given priority over all of the railroads' other obligations – even over existing mortgages. Mortgages payments were not made until the receiver's certificate obligations were paid up, and the holders of receivers' certificates were also entitled to first dibs on the proceeds of any sale of the property that secured the certificates. (The explanation for the superpriority of receiver's certificates was that they were an obligation of receivership, rather than of the debtor, and creditors of the debtor were entitled to payment only from the assets of the railroad, net of receivership expenses). Under the practice that developed, the receiver would identify the immediate cash needs of the railroad and ask the court to authorize him to issue receiver's certificates. Given the high probability of repayment, investors were happy to help finance the receivership by investing in receiver's certificate." (SKEEL JR., David. A. The story of Saybrook: defining the limits of debtor-in-possession financing. In: RASMUNSSEN, Robert K (editor). *Bankruptcy law stories*. New York: Foundation Press, 2007, p. 180-181).

[434] Ao comentar a crise empresarial americana do final da década de 1980, que foi originada a partir de operações malsucedidas de *Leverage Buyouts (LBO)*, DAVID SKEEL JR refere que: "The drafters of Chapter 11, the corporate reorganization chapter that had combined the two reorganization chapters of the former Bankruptcy Act, wanted to provide a flexible framework that let the parties themselves negotiate the terms of a restructuring that preserved the going concern value of viable companies. The framework was well-suited to the LBO bankruptcies, because a large number were perfectly viable businesses that simply had too much debt. Their distress was financial not economic, as economists like to say." (SKEEL JR. The story of Saybrook..., p. 178).

[435] JACKSON, Thomas H. *The logic and limits of bankruptcy law*. Washington: Beardbooks, 1986, p. 1; TABB, Charles J.; BRUBAKER, Ralph. *Bankruptcy law*: principles, policies, and practice. Cincinnati: Anderson Publishing Co., 2003, p. 595.

[436] Tanto lá como aqui, a premissa básica que perpassa a recuperação de uma empresa em dificuldades econômico-financeiras é a de que todos os envolvidos no negócio, incluindo os credores, o devedor, os seus

2.4.4. Crises dos anos 1990 e iniciativas em prol da eficiência dos sistemas concursais

No final do século passado, inicia-se um processo de elaboração de estudos de eficiência dos sistemas de insolvência. Os *Principles and Guidelines for Effective Insolvency and Creditor Rights Systems* (aprovados no ano de 2001 e revisados em 2005, 2011 e 2015) e o *Insolvency and Creditor Rights Standard* (*ICR Standard*, revisado em 2011), do Banco Mundial, inserem-se nesse contexto[438].

Em resumo, são princípios e diretrizes estabelecidos pelo Banco Mundial em resposta às crises dos mercados emergentes ocorridas nos anos 1990, representando um espécie de consenso internacional a respeito das melhores práticas a serem adotadas pelos sistemas mundiais de insolvência e um padrão necessário para medir seus graus de eficiência.

Os princípios compõem uma ampla iniciativa global em prol da reforma convergente das leis de insolvência com o objetivo de promover mais certeza e previsibilidade nos resultados dos processos concursais, permitir uma acurada identificação dos riscos por agentes financiadores, estimular o cuidado com o endividamento e promover o tratamento adequado de devedores e credores em situações de crise econômico-financeira.

Os *Principles and Guidelines* influenciaram diretamente na padronização dos sistemas mundiais quanto ao tratamento dos créditos garantidos, ao estímulo das soluções negociadas e ao binômio "disposição de meios de recuperação para empresas viáveis" *versus* "liquidação rápida e eficiente de empresas não viáveis"[439].

---

sócios, os empregados, os fornecedores e a comunidade em geral podem se beneficiar com a superação do estado de crise empresarial (CEREZETTI. *A recuperação judicial de sociedade por ações...*, p. 104).

[437] A rigor, a doutrina americana divide-se em duas grandes correntes no que se refere ao objetivo do *Chapter 11*. De um lado, há a corrente capitaneada por THOMAS JACKSON e DOUGLAS BAIRD, no sentido de que as regras recuperatórias estabelecem um aparato legal de execução coletiva do devedor, no qual se cria um ambiente de negociação entre credor e devedor (*Hypothetical Creditor's Bargain*) – tendo como premissa a existência de direitos de propriedade bem definidos – capaz de maximizar o retorno dos investidores e minimizar o custo de capital do devedor (JACKSON. *The logic and limits of bankruptcy law...*; BAIRD. *The elements of bankruptcy...*). De outro, existe a linha defendida por ELIZABETH WARREN, segundo a qual a lei recuperatória constitui uma espécie de política pública que suporta o devedor e distribui as consequências da sua crise entre os diversos participantes do processo de modo a equilibrar os ganhos, perdas e interesses desses agentes – numa espécie de estado de bem estar social (WARREN, Elizabeth. Bankruptcy policy. *University of Chicago Law Review*, v. 54. Iss. 3, article 1, 1987, p. 775-817).

[438] THE WORLD BANK. *Principles for effective insolvency and creditor/debtor regimes*. Disponível em: <http://www.worldbank.org/en/topic/financialsector/brief/the-world-bank-principles-for-effective-insolvency-and-creditor-rights>. Acesso em: 11 fev. 2018.

[439] Até o ano de 2004, os *Principles and Guidelines* foram utilizados para auxiliar a reforma de leis concursais em aproximadamente 24 países em todo o mundo. A partir dessa experiência, o Banco Mundial revisou tais princípios e diretrizes e aprovou, no ano de 2005, a versão revisada do documento (e que baseou a elaboração do *Creditors Rights and Insolvency Standards* pela UNCITRAL) – tendo ocorrido nova revisão no ano de 2011. Sobre o tema, ver: TOLEDO; PUGLIESI. Capítulo II: A preservação da empresa e seu saneamento..., p. 73-77.

NOÇÕES INTRODUTÓRIAS

O tema ganhou notoriedade nos últimos anos – especialmente em decorrências das graves crises econômicas que assolaram a economia mundial no final do século XX e nos primeiros anos do século XXI –, tendo sido objeto de significativas reformas legislativas nos principais ordenamentos jurídicos do mundo ocidental, dentre os quais merecem destaque França[440], Itália[441], Alemanha[442], Espanha[443], Inglaterra[444], EUA[445], Portugal[446], Argentina[447] e Uruguai[448].

---

[440] Sobre o direito concursal francês, ver: SAINT-ALARY-HOUIN, Corinne. *Droit des entreprises en difficulté.* 10 ed. Paris: LGDJ, 2016; VALLANSAN, Jocelyne; DIN-LANGER, Laurence; CAGNOLI, Pierre. *Difficultés des entreprises.* 6 ed. Paris: Lexis Nexis, 2012; LUCAS, François-Xavier. *Manuel de droit de la faillite.* Paris: PUF, 2016; SAAIED, Sémia. *L'échec du plan de sauvegarde de l'entreprise en difficuté.* Paris: LGDJ, 2015; PÉROCHON, Françoise. *Entreprises en difficulté.* 10 ed. Paris: LGDJ, 2014; PELLETIER, Nicolas. *La responsabilité au sein des groupes de sociétés en cas de procédure collective.* Paris, LGDJ, 2013; TOLEDO, Paulo Fernando Campos Salles de. *A empresa em crise no direito francês e americano.* Dissertação (Mestrado em Direito). Faculdade de Direito da Universidade de São Paulo, São Paulo, 1987; PUGLIESI, Adriana Valéria. *Direito falimentar e preservação da empresa.* São Paulo: Quartier Latin, 2013, p. 55-73; DEZEM, Renata Mota Maciel Madeira. *A universalidade do juízo da recuperação judicial.* São Paulo: Quartier Latin, 2017, p. 72 ss.

[441] Sobre o sistema concursal italiano, ver: STANGHELLINI. *Le crisi di impresa fra diritto ed economia...*; FERRI, Giuseppe. *Manuale di diritto commerciale.* 30 ed. A cura di Carlos Angelici e Giovanni B. Ferri. Milano: UTET, 2011, p. 817 ss; CAMPOBASSO, Gian Franco. *Diritto commerciale*, v. 3. 5 ed. A cura di Mario Campobasso. Padova: UTET, 2015; PUGLIESI. *Direito falimentar e preservação da empresa...*, p. 73-85; DEZEM. *A universalidade do juízo da recuperação judicial...*, p. 122-124.

[442] Sobre o sistema concursal alemão, ver: BRAUN, Eberhard. *Commentary on the German Insolvency Code.* 2 Aufl. München: Beck, 2018; KELLER, Ulrich. *Insolvenzrecht.* 2 Aufl. München: Vahlen, 2018; BERGER, Dora. *A insolvência no Brasil e na Alemanha.* Porto Alegre: Sérgio Fabris, 2001; PUGLIESI. *Direito falimentar e preservação da empresa...*, p. 85-95; DEZEM. *A universalidade do juízo da recuperação judicial...*, p. 83-109.

[443] Sobre o sistema concursal espanhol, ver: PONT, Manuel Broseta; SANZ, Fernando Martinez. *Manual de derecho mercantil*, t. II. 24 ed. Madrid: Tecnos, 2017, p. 541-676; EZQUERRA, Juana Pulgar (dir.); GILSANZ, Andrés Gutiérrez; VARONA, Fco. Javier Arias; LÓPEZ, Javier Megías (coord.). *Manual de derecho concursal.* Madrid: Wolters Kluwer, 2017; GARRIGUES. *Curso de derecho mercantil*, t. V..., p. 5-193; URIA. *Derecho mercantil...*, p. 799-859; PUGLIESI. *Direito falimentar e preservação da empresa...*, p. 110-123; DEZEM. *A universalidade do juízo da recuperação judicial...*, p. 115-122.

[444] Sobre o sistema inglês, ver: ANDERSON. *The framework of corporate insolvency law...*; FLECTHER. *The laws of insolvency...*; GOODE, Ray. *Principles of corporate insolvency law.* 4 ed. London: Sweet & Maxwell, 2011.

[445] Sobre o sistema concursal americano, ver: JACKSON. *The logic and limits of bankruptcy law...*; TABB; BRUBAKER. *Bankruptcy law...*; BAIRD. *The elements of bankruptcy...*; ROE, Mark J. *Corporate reorganization and bankruptcy legal and financial materials.* New York: Foundation Press, 2000; RASMUNSSEN. *Bankruptcy law stories...*; PUGLIESI. *Direito falimentar e preservação da empresa...*, p. 45-55; DEZEM. *A universalidade do juízo da recuperação judicial...*, p. 124-130.

[446] Sobre o sistema português, ver: MARTINS. *Um curso de direito da insolvência...*; EPIFÂNIO, Maria do Rosário. *Manual de direito da insolvência.* 6 ed. Coimbra: Almedina, 2014; LEITÃO, Luís Manuel Teles de Menezes. *Direito da insolvência.* 3 ed. Coimbra: Almedina, 2011; PUGLIESI. *Direito falimentar e preservação da empresa...*, p. 95-110; DEZEM. *A universalidade do juízo da recuperação judicial...*, p. 109 ss.

[447] Sobre o sistema argentino, ver: ESCUTI, Ignacio A.; BAS, Francisco J. *Derecho concursal.* Buenos Aires: Astrea, 2006; FASSI, Santiago C.; GEBHARDT, Marcelo. *Concursos y quiebras.* 6 ed. Buenos Aires: Astrea, 1999; AZERRAD, Rafael. *Extensión de la quebra.* Buenos Aires: Atrea, 1979; MAFFÍA, Osvaldo J. *Derecho concursal*, t. I. Buenos Aires: Del Palma, 1993; MAFFÍA, Osvaldo J. *Derecho concursal*, t. II. Buenos

3. Desenvolvimento dos regimes concursais no Brasil

A história do direito concursal brasileiro é marcada por uma fragmentação legislativa, cuja razão de ser decorre, direta ou indiretamente, da tentativa frustrada de o legislador resolver crises econômicas com mecanismos jurídicos[449] – confirmando, mais uma vez, a ideia de que a lei falimentar de um país é uma daquelas que mais depressa se desgasta com a crise e com a passagem do tempo[450].

Além das leis portuguesas, aplicadas em decorrência do pacto colonial, o Brasil teve pelo menos sete principais leis concursais desde a Independência, as quais podem ser divididas em quatro fases:

Disciplina jurídica da falência	Promulgação	Vigência
Período colonial (leis portuguesas)		
Ordenações Afonsinas	1446	1500-1514
Ordenações Manuelinas	1514	1514-1603
Ordenações Filipinas	1603	1603-1916
Período imperial		
Código Comercial de 1850	1850	1890
Período republicano		
Decreto 917/1890	1890	1902
Lei 859/1902	1902	1908
Lei 2.024/1908	1908	1929
Decreto 5.746/1929	1929	1945
Decreto-Lei 7.661/1945	1945	2005
Período atual		
Lei 11.101/05	2005	EM VIGOR

3.1. Período Colonial

Como colônia portuguesa, o Brasil valeu-se da legislação vigente em Portugal durante longo período da sua história[451]. O instituto da insolvência, originaria-

---

Aires: Del Palma, 1993; FERNANDEZ. *Tratado teorico-practico de la quiebra...*; PUGLIESI. *Direito falimentar e preservação da empresa...*, p. 123-134; DEZEM. *A universalidade do juízo da recuperação judicial...*, p. 131-134.

[448] Para uma visão do tema na doutrina uruguaia, ver: HOLZ, Eva; POZIOMEK, Rosa. *Curso de derecho comercial*. 3 ed. Montevideo: Amalio M. Fernandez, 2016, p. 447-524; RODRÍGUES, Carlos E. Lopez. *Ley de Declaración Judicial del Concurso y Reorganización Empresarial*, t. I. Montevideo: La Ley, 2012; RODRÍGUEZ OLIVEIRA, Nuri E. *Manual de derecho comercial uruguayo*: quiebras, v. 6, t. 1. Montevideo: FCU, 2004; BLANCO. *Manual teórico-prático de derecho concursal...*; ALVAREZ, Rodolfo Mezzera. *Curso de derecho comercia*: quiebras, t. V. Montevideo: FCU, 1997.

[449] VALVERDE. *Comentários à Lei de Falências*, v. I..., p. 18. O mesmo ocorreu no direito norte-americano. Sobre o tema, ver: WARREN. *Bankruptcy in United States history...*

[450] THALLER. *Des faillites en droit comparé*, t. I..., p. 1-2.

[451] MARCONDES. *Direito comercial...*, p. 11.

mente designado de quebra e posteriormente de falência, encontra-se previsto em Portugal desde tempos imemoriais, surgindo referências à quebra nas mais diversas Ordenações[452].

Assim, aqui vigoraram as Ordenações do Reino, a saber, as Ordenações Afonsinas (1500-1514), as Manuelinas (1514-1603) e as Filipinas (1603-1916). No que se refere ao concurso de credores, dada a influência do direito visigótico, prevaleceu durante algum tempo o princípio da prioridade do direito do primeiro exequente[453]. O devedor quebrado, por seu turno, podia ser preso até que o débito fosse saldado, sendo-lhe facultado, entretanto, ceder seus bens para evitar o encarceramento[454].

O instituto da insolvência, originariamente designado de quebra e posteriormente de falência, encontra-se previsto em Portugal desde tempos imemoriais, surgindo referências à quebra nas mais diversas Ordenações[455].

As Ordenações Afonsinas, por exemplo, na parte reservada à falência, reproduziam o direito estatutário italiano, apesar de serem poucas as disposições acerca da quebra – cujo regramento estava inserido na parte do direito criminal, daí a razão do severo tratamento a que era submetido o falido[456]. Não era permitida a prisão por dívidas em causas cíveis, salvo se o débito tivesse origem maliciosa, hipótese em que se convertia em crime. A falência, então, era verdadeiro regime liquidatório, existindo penas graves ao devedor: a sentença de quebra definitiva levava à prisão, o que somente seria evitado com a cessão dos bens que quitasse as obrigações do devedor[457] (*cessio bonorum* dos Romanos)[458]. Havia, ainda, a moratória como medida a prevenir a quebra e obstar a prisão – sendo concedida pela maioria dos credores pelo prazo máximo de cinco anos, sem que ao devedor fosse permitida a recusa quando direta e unanimemente conferido pelos credores[459].

Nas Ordenações Manuelinas foi mantido o tratamento rígido dado ao devedor[460], sem inovações, até porque a edição do referido ordenamento decorreu muito mais de uma avidez real e do desejo de D. Manuel, o venturoso, de ligar seu nome a um novo edifício legislativo do que de uma contribuição efetiva ao direito concursal. Como destaca JOSÉ JAPPUR, "tanto as Ordenações Afonsinas

---

[452] LEITÃO. *Direito da insolvência...*, p. 52 ss.

[453] FERREIRA. *Tratado de direito comercial*, v. 14..., p. 22.

[454] REQUIÃO. *Curso de direito falimentar*, v. 1..., p. 13-14.

[455] LEITÃO. *Direito da insolvência...*, p. 52 ss.

[456] SAMPAIO DE LACERDA. *Manual de direito falimentar...*, p. 35.

[457] COMPARATO. *Aspectos jurídicos da macro-empresa...*, p. 96.

[458] DINIZ. *Da fallencia...*, p. 15.

[459] VIANNA. *Das fallencias...*, p. 26; TOLEDO; PUGLIESI. Capítulo II: A preservação da empresa e seu saneamento..., p. 77-78, nota de rodapé 150.

[460] TOLEDO; PUGLIESI. Capítulo II: A preservação da empresa e seu saneamento..., p. 77-78.

como as Manuelinas tiveram a vida breve das girândolas de foguetes – iluminam por um momento e logo desaparecem"[461].

As Ordenações Filipinas, promulgadas em 1603, durante a União Ibérica, no reinado de Felipe II, vigeram em Portugal por mais de dois séculos[462], e equiparavam os falidos a criminosos – sendo que, de qualquer sorte, também previam a concessão do prazo de cinco anos para que o devedor realizasse o pagamento de seus credores, em instituto análogo à concordata[463]. De qualquer sorte, apesar do agravamento das punições ao falido, existia a distinção entre falência culposa e inocente e a previsão de regras processuais para investigação e averiguação (*e.g.*, arrecadação dos livros mercantis do devedor) das reais causas da quebra[464].

Noticia-se que, durante sua vigência, vários alvarás modificaram as Ordenações Filipinas parcialmente. A doutrina conta que um alvará editado pelo Marquês do Pombal, um ano depois do grande terremoto ocorrido em Lisboa (1755), deu especial destaque para a matéria falimentar[465], em atenção aos desajustes causados à economia da metrópole pelo cataclismo e os distúrbios causados pelos aproveitadores dos momentos sombrios[466].

Para uma parcela da doutrina, esse foi o marco fundamental para o estudo do direito falimentar no Brasil[467]. As modificações introduzidas na legislação recrudesceram severamente o tratamento dispensado ao falido fraudador, punindo-

---

[461] Segundo JAPPUR: "Também as compilações manuelinas não encerram qualquer tendência ressurrencional sobre as quebras, mantendo-se numa atonia despreocupada e paralisia mortificadora." (JAPPUR, José. *O falido no moderno direito falimentar brasileiro*. Porto Alegre: Sulina, 1954, p. 20).

[462] Segundo BENTO DE FARIA, D. João IV, Duque de Bragança, libertou Portugal do domínio espanhol na revolução de 1640, mas, por questões de prevenção e garantia da segurança, não realizou reformas legislativas imediatas – como exigiam as Cortes –, tendo optado por manter as Ordenações Filipinas "em tudo quanto não estivesse previsto nas Leis e Provisões, publicados posteriormente a 1640 (...). Assim, o direito português passsou a ser constituído pelas Ordenações revalidadas, pelos aludidos diplomas expressamente referidos pela mencionada lei de 1643 e pelas leis posteriores a 1640." (BENTO DE FARIA. *Direito comercial*, v. IV..., p. 34-35).

[463] Ver: TOLEDO; PUGLIESI. Capítulo II: A preservação da empresa e seu saneamento..., p. 55.

[464] VIANNA. *Das fallencias*..., p. 31; TOLEDO; PUGLIESI. Capítulo II: A preservação da empresa e seu saneamento..., p. 78.

[465] Nas palavras de SÁ VIANNA, o Alvará de 13 de novembro de 1756 "traçou minunciosamente o processo de fallencia de um modo tão cuidadoso, prevendo tantos casos e acompanhando este instituto em todas as suas phases, que é digno do maior reparo e justifica a longa duração que teve, quase secular" (VIANNA. *Das fallencias*..., p. 32). No mesmo sentido, manifesta-se RUBENS REQUIÃO: "O Alvará de 1756 planta a primeira semente legislativa mundial do instituto da reorganização da empresa insolvente." (REQUIÃO. *A crise do direito falimentar brasileiro*..., p. 25-26).

[466] VIANNA. *Das fallencias*..., p. 31-32; DINIZ. *Da fallencia*..., p. 23-24; FERREIRA. *Tratado de direito comercial*, v. 14..., p. 26; REQUIÃO. *Curso de direito falimentar*, v. 1..., p. 14-15.

[467] FERREIRA. *Tratado de direito comercial*, v. 14..., p. 26; REQUIÃO. *Curso de direito falimentar*, v. 1..., p. 15.

NOÇÕES INTRODUTÓRIAS

-o com pena de morte, banimento para o Brasil ou para outro lugar, de acordo com o valor do passivo[468].

Nesse contexto, ganhou força a distinção entre a falência culposa e a inocente, surgindo uma espécie de tratamento gradual: o falido criminoso sofria a pena de morte ou de degredo (exílio, banimento). O falido que perdeu os bens por sua culpa, seja pelo gasto excessivo, seja pelo jogo, mas que não houvesse incorrido em crime algum, podia ser degredado, mas não morto. O falido azarado, que caiu em pobreza sem culpa, seja em decorrência de perdas no mar, ou em terra, desde que em negócios ou tratos lícitos, ausente o dolo e a malícia, não sofria pena alguma, apenas se submetia ao concurso de credores[469].

De qualquer forma, a falência inocente, do comerciante honesto, porém infeliz, deveria, obrigatoriamente, principiar pela confissão de quebra. Explica a doutrina que o comerciante a que faltasse crédito deveria apresentar-se de pronto na Junta – no mesmo dia ou, no máximo, no dia seguinte –, confessando sua falência. Deveria jurar a verdadeira causa que motivara a quebra e o montante das perdas sofridas. Nesse ato, deveria também entregar as chaves de seu estabelecimento, seus livros e papéis, descrevendo todos os seus bens, móveis, de raiz ou créditos, sem ocultar nenhum deles. Caso assim não procedesse, a quebra seria reputada como fraudulenta[470].

É desse período, ainda, a interessante regra que previa a entrega caritativa de 10% do valor obtido com a liquidação do patrimônio ao próprio falido, para socorrer a indigência de sua casa e família, desde que já atendida a Fazenda Pública[471]. Outra norma curiosa era a que reputava civilmente morto o devedor como forma de extinguir as suas obrigações, evitando fosse ele perseguido pelos devedores mesmo depois de entregar seu patrimônio. Assim, despojado de seu patrimônio, podia o falido "ressuscitar civilmente"[472] para, livre e desembaraçadamente,

---

[468] REQUIÃO. *Curso de direito falimentar*, v. 1...p. 15.

[469] REQUIÃO. *Curso de direito falimentar*, v. 1..., p. 15.

[470] REQUIÃO. *Curso de direito falimentar*, v. 1..., p. 16.

[471] FERREIRA. *Tratado de direito comercial*, v. 14..., p. 28-29.

[472] Explica, com precisão, VISCONDE DO CAIRU que: "A concessão de tal graça dos Credores se diz ressurreição civil: pois reintegra ao Devedor nos direitos de Commerciante, e isto na parte mais vital de sua profissão, para poder comparecer em Praça e fazer as transações que entender, sem diminuição de seu crédito, em que principalmente consiste a vida de tal exercício, ou emprego da Sociedade nos países civilisados. Não alcançando, porém o Devedor tal graça de seus Credores, elle não deve ingerir em fazer negócio algum novo, e só tratar de liquidar os seus fundos, arrecadando, e cobrando o que lhe pertencer, e lhe for devido, segundo as condições acordadas no compromisso, de que não se deve apartar um hápice; e, do contrário, fica comprehendido em má fé, incorrendo em deshonra mercantil, e em responsabilidade, e perigo legal; sendo então licito a qualquer dos Credores prejudicados dissolver por isso mesmo compromisso, e proceder contra o devedor, que falta ao ajustado. Na verdade He de toda a justiça, que o fallido, ainda da mais pura boa fé, não involva a seus Credores em novos riscos, e

voltar a explorar atividade econômica, como uma nova pessoa, que antes da dita ressurreição civil não houvesse existido no mundo[473].

3.2. Período Imperial

Após a proclamação da Independência em 1822, a Lei de 20 de outubro de 1823 determinou que a legislação portuguesa permanecesse vigendo no Brasil até que fosse substituída, aos poucos, por leis brasileiras[474].

A Lei da Boa Razão, Alvará Português de 1769, que mandava aplicar, subsidiariamente, as leis das nações civilizadas, continuou sendo observada no Brasil. Criou-se, com isso, uma brecha legislativa para que especialmente as disposições do Código Comercial Napoleônico (1807) regulassem e decidissem todas as questões relacionadas ao tema falimentar no país[475].

Disso decorre a larga influência que o direito francês teve no direito brasileiro, inclusive no direito falimentar[476] – período no qual, sugere-se, tenha o direito concursal passado a ser aplicado somente aos comerciantes, apesar de a atividade empresária no Brasil ser ainda bastante incipiente[477].

---

infortúnios, continuando em commerciar não se lhe tendo isso permitido na Concordata." (LISBOA. *Princípios de direito mercantil e leis da marinha*, t. II..., p. 869).

[473] FERREIRA. *Tratado de direito comercial*, v. 14..., p. 28-29; COMPARATO. *Aspectos jurídicos da macroempresa...*, p. 107-108.

[474] BARRETO FILHO, Oscar. Síntese da evolução histórica do direito comercial brasileiro. *Revista de Direito Mercantil, Industrial, Econômico, Financeiro*, a. XV, n. 24, 1976, p. 23.

[475] CARVALHO DE MENDONÇA. *Tratado de direito comercial brasileiro*, v. VII..., p. 62.

[476] REQUIÃO. *Curso de direito falimentar*, v. 1..., p. 19.

[477] Aqui, interessantes são as observações de PAULO TOLEDO e ADRIANA PUGLIESI: "Com a edição do Alvará de 1756, a Lei da Boa Razão, a falência passou a ser instituto dirigido somente aos comerciantes, e por essa razão foi criado o 'conservador geral da Junta do Comércio', órgão ao qual se atribuía o cumprimento dos procedimentos falimentares e onde os comerciantes eram levados para: (*i*) declarar as causas da falência; (*ii*) entregar as chaves de seu estabelecimento e (*iii*) exibir pelo menos o Livro Diário de sua escrituração contábil. A junta do comércio era encarregada, à época, de dar sequência ao processo concursal, promovendo: (*i*) nomeação de depositário para os bens arrecadados, dentre comerciantes locais com idoneidade moral e financeira; (*ii*) publicação de editais para convocação dos interessados para conferência na qual votavam a respeito das causas da falência, se fraudulenta ou de boa-fé, sendo que na primeira hipótese o devedor era preso; (*iii*) alienação, em leilão, dos bens arrecadados e pagamento dos credores com o resultado." "Nesse período não havia, propriamente, uma atividade empresária nacional, seja pela ausência de mercado consumidor consistente (em parte, resultante da dispersão demográfica), seja pela política *fiscalista* de monopólio que o Estado português impunha às atividades da colônia. Com a chegada da Corte portuguesa ao Brasil, em 1808, em fuga da invasão napoleônica, a abertura dos portos às nações amigas proporcionou algum desenvolvimento, ainda que incipiente, para a formação da economia nacional." "No período imperial, com a proclamação da Independência, o país permaneceu, de início, pelas leis de Portugal, dentre as quais Lei da Boa Razão, que previa a aplicação subsidiária de leis das 'nações civilizadas'. O direito concursal brasileiro, assim, foi fortemente influenciado pelo francês (*Code de Napoléon*, de 1807), notadamente pelo tratamento rigoroso ao falido, marcado por medidas repressivas,

NOÇÕES INTRODUTÓRIAS

Ainda no período imperial, veio a lume, em 1850, o Código Comercial, cuja terceira parte era dedicada às quebras (arts. 797 a 911[478], sendo tal disciplina dirigida somente aos comerciantes[479] e de cunho essencialmente substancial[480]), cujo procedimento formal falimentar, orientado por princípios próprios, estava previsto no Decreto 738/1850 (art. 102 a 187)[481], posteriormente modificado pelo Dec. n. 1597, de 1855[482]. No que se refere ao aspecto penal, o Código Criminal de 1830, no art. 263, previa que "A bancarrota, que for qualificada de fraudulenta na conformidade das Leis do commercio, será punida com a prisão com trabalho por um a oito anos", incorrendo na mesma pena – já na época considerada exagerada – os cúmplices[483].

A influência do direito francês, bem como em certo sentido do espanhol, era sentida desde o primeiro dispositivo, cujo teor determinava que o comerciante que cessasse os seus pagamentos se entenderia quebrado ou falido[484]. Ademais, a referida lei impunha rigorosas penalidades ao falido, que, além de ser socialmente execrado, era julgado de acordo com seu grau de culpabilidade – o que ensejava a possibilidade de a falência poder ser casual, com culpa ou fraudulenta[485].

No Código Comercial não havia a concordata preventiva; apenas a concordata suspensiva estava prevista na letra da lei[486]. De qualquer forma, ficava patente no sistema falimentar de então uma preocupação com a participação dos credores no deslinde dos regimes de crise. Havia, por exemplo, previsão de realização de

---

visando à proteção ao crédito por punição aos 'maus pagadores'." (TOLEDO; PUGLIESI. Capítulo II: A preservação da empresa e seu saneamento..., p. 78-79).

[478] Os cento e quatorze artigos estavam distribuídos em oito títulos: "O primeiro, da natureza da quebra e seus efeitos; o segundo, da reunião dos credores e da concordata; o terceiro, do contrato de união, dos administradores, da liquidação e dividendos; o quarto, das diversas espécies de créditos e suas graduações; o quinto, das preferências e distribuições; o sexto, da reabilitação; o sétimo, das moratórias. Entraram no oitavo e último as disposições gerais." (FERREIRA. As directrizes do direito mercantil brasileiro..., p. 68).

[479] TOLEDO; PUGLIESI. Capítulo II: A preservação da empresa e seu saneamento..., p. 78-79.

[480] MARCONDES. Direito comercial..., p. 12.

[481] Sobre a relevância da parte processual do Código Comercial, regulada pelos Decretos nº 737 e nº 738/1850, ver: VALLADÃO, Haroldo. História do direito especialmente do direito brasileiro, parte II. Rio de Janeiro: Freitas Bastos, 1973, p. 39-40.

[482] BENTO DE FARIA. Direito comercial, v. IV..., p. 38.

[483] DINIZ. Da fallencia..., p. 26.

[484] FERREIRA. Tratado de direito comercial, v. 14..., p. 31.

[485] TOLEDO; PUGLIESI. Capítulo II: A preservação da empresa e seu saneamento..., p. 80.

[486] "Em nosso antigo direito a espera, respiro, prazo ou espaço que o devedor obtinha da maioria dos credores em número e quantidade de dívida, chamavam-se Inducias Creditorias para distingui-las daquellas que eram concedidas por imediata graça do Soberano, e que eram propriamente chamadas de moratória. Tendo cessado com a nossa organização política esse domínio eminente do Soberano, o Codigo Commercial adoptou de preferencia o vocábulo moratória, e nos arts. 898 a 906 regulou detalhadamente este instituto." (CARVALHO DE MENDONÇA. Das fallencias e dos meios preventivos de sua declaração, v. II..., p. 157).

RECUPERAÇÃO DE EMPRESAS E FALÊNCIA

assembleia de credores em duas ocasiões: na primeira, o juiz relatava o estado da falência e exibia a lista de credores conhecidos, propondo o magistrado uma comissão para verificá-los; na segunda, eram apresentados os pareceres da comissão verificadora, passando os credores a deliberar sobre uma possível concordata apresentada pelo devedor, a qual não era admitida se o falido houvesse quebrado com culpa ou fraude, ou quando já tivesse se valido, anteriormente, de igual benefício – sendo que, caso não apresentado o pedido de concordata, poderiam os credores passar a deliberar a forma de realização do ativo (contrato de união), entre outras medidas, como a nomeação de um ou mais administradores (entre os próprios credores) para administrarem a falência[487].

Nesse particular, vale dizer, ainda, que a concordata só podia ser concedida quando aprovada (*i*) pela maioria absoluta dos credores (isto é, a rigor, independentemente do comparecimento em assembleia) e (*ii*) desde que estes detivessem dois terços de todos os créditos submetidos à concordata (art. 847)[488]. Ou seja, nessa sistemática o destino do comerciante em crise estava nas mãos dos credores[489].

A título ilustrativo, cumpre sublinhar que exatamente por não ter podido atender a esses requisitos, especialmente em razão da enorme quantidade de credores estrangeiros que não puderam ser reunidos em assembleia, veio a ruir o império empresarial de VISCONDE DE MAUÁ, sem que lhe fosse possibilitada a utilização da concordata[490]-[491]. O próprio VISCONDE DE MAUÁ veio a sustentar perante o Parlamento a necessidade de alteração do referido preceito

---

[487] Ver: TOLEDO; PUGLIESI. Capítulo II: A preservação da empresa e seu saneamento..., p. 80-81.

[488] COSTA. *Codigo Commercial do Brazil....*, p. 458; REQUIÃO. *Curso de direito falimentar*, v. 1..., p. 19.

[489] A propósito, cabe trazer a lume decisão datada de 1873, exarada pela corte de apelação, segundo a qual a apresentação de declarações de credores do devedor contrários ao pedido de falência ajuizado em face dele não é suficiente para obstar a declaração da quebra, uma vez comprovada a cessação de pagamentos (COSTA. *Codigo Commercial do Brazil....*, p. 399).

[490] Como refere ALBERTO FARIA: "Quando Mauá foi obrigado a requerer moratória de tres anos (Maio de 1875) a situação comercial de sua casa era de absoluta solvabilidade (...). Para sua queda era preciso que se conjugassem todas as crises geraes e todas as causas pessoaes, as dificuldades commerciaes por motivo da guerra de cinco anos no Paraguay, affectando como era natural o credito do Brasil e dos brasileiros, o iniquo procedimento do Governo do Uruguay que fechou as portas do Banco Mauá y Cia em Montevideo, uma sentença tristíssima dos tribunaes brasileiros qual a que remeteu, pela reforma de accordãos constantes, depois de 10 anos, para os tribunaes ingleses um divida de mais de 600.000 que pela lei inglesa estava prescrita (...) e ainda uma causa ocasional, um verdadeiro crime do Banco do Brasil (...). Ao Banco do Brasil, hoje Republica, ofereceu para garantir o que precisava o duplo do seu valor, e lhe foi recusado. Nestas condições foi forçado a fallir (...). A chronica do tempo fez correr que a fallencia de Mauá tinha sido a victoria de uma conspiração da inveja, triumpho das galinhas sobre a águia, mas o que se pode afirmar sem receio é que a technica commerical reputou inepta a direção do Banco do Brasil (...). Nos três anos da moratória estavam pagos, entretanto, 51.160:000$000; 66% do passivo. Nenhum outro dos banqueiros arrastados nas crises de 1859, 1864, 1866 e 1875, tinha pago afinal este rateio. Na liquidação de Souto apenas se apuraram 25% e na de Bahia pouco mais; nas de outros, muito menos (...)." (FARIA, Alberto de. *Mauá*. Rio de Janeiro: Pongetti e Cia, 1926, p. 520, 526).

102

NOÇÕES INTRODUTÓRIAS

legal[492] – o que veio a ocorrer pela Lei 3.065 de 1882, cuja sistemática estabeleceu a regra da maioria simples, isto é, da maioria dos credores que comparecessem na assembleia[493] (legislação que também possibilitou a representação de credores por procuradores e por prepostos)[494]-[495].

Digno de nota, também, o instituto da moratória previsto no Código, particularmente a partir da reforma de 1882[496]. Para que um comerciante pudesse fazer uso desse favor legal, buscando evitar a falência, haveria (*i*) de demonstrar a impossibilidade de solver suas dívidas de pronto em razão de acidente extraordinário imprevisível ou de força maior, e, adicionalmente, (*ii*) que tinha fundos suficientes para fazê-lo caso se pudesse aguardar por algum tempo, prazo que não poderia ultrapassar três anos[497]. Cumpridos esses requisitos, o tribunal poderia conceder o favor legal (muito útil para empresas com problemas de caixa, mas com ativos imobilizados de elevado valor), sendo nomeados dois credores para fiscalizar a conduta do devedor[498].

Foi justamente nesse período histórico que sobreveio a quebradeira decorrente da falência da famosa Casa Bancária Vieira Souto (1864)[499], um dos com-

---

[491] Sobre a impressionante história de MAUÁ, ver: FARIA. *Mauá...*; MAUÁ, Visconde. *Exposição aos credores e ao público*. Rio de Janeiro: Expressão e Cultura, 1996; CALDEIRA, Jorge. *Mauá*: empresário do Império. São Paulo: Companhia das Letras, 1995.

[492] MAUÁ. *Exposição aos credores e ao público...*, p. 11 ss.

[493] REQUIÃO. *Curso de direito falimentar*, v. 1..., p. 19.

[494] SAMPAIO DE LACERDA. *Manual de direito falimentar...*, p. 36.

[495] Segundo narrativa de ROBERTO OZELAME OCHOA e AMADEU DE ALMEIDA WEINMANN: "Conta a história que o Barão de Mauá, endividado pelas despesas realizadas na construção da ferrovia Rio-São Paulo, e traído pelos ingleses, que se haviam comprometido a financiar a obra, ficando às portas da falência, não conseguiria cumprir o requisito da concordância dos credores do seu banco, espalhados pela América Latina, aos milhares, muitos deles formando grupos enfurecidos, pela perda de seus investimentos. Obteve junto à Coroa a mudança da legislação, abrandando a exigência da concordância dos credores e admitindo a representação em assembleia por procuração. Necessitava o apoio financeiro da Coroa. Até nisso, Mauá mostrou ser um pioneiro, pois ali estava o primeiro caso documentado de crise sistêmica do sistema financeiro, sendo, portanto, o idealizador do primeiro PROER. Suas intenções esbarraram em conselheiros palacianos que obstaculizaram seus projetos, disseminando boatos e intrigas. Entre estes, espalhavam que o povo dizia haver um Imperador e um Rei, este o próprio Mauá. Temendo ser desmoralizado, Dom Pedro II abandonou Mauá à própria sorte. Este tentou, na Justiça, uma ação de indenização por quebra de contrato, mas de modo aberrante foi decidido que a matéria deveria ser submetida às Cortes Inglesas. Falido, pagou todos os credores, tendo vendido até o último de seus bens particulares. Chegou a tornar-se, depois, mais uma vez, um dos homens mais abastados do país." (OCHOA, Roberto Ozelame; WEINMANN, Amadeu de Almeida. *Recuperação empresarial*. Porto Alegre: Livraria do Advogado, 2006, p. 130).

[496] BENTO DE FARIA. *Direito comercial*, v. IV..., p. 38.

[497] REQUIÃO. *Curso de direito falimentar*, v. 1..., p. 19-20.

[498] TOLEDO; PUGLIESI. Capítulo II: A preservação da empresa e seu saneamento..., p. 78, nota de rodapé 150.

[499] Conforme OSCAR BARRETO FILHO: "O primeiro rude embate com a realidade da vida econômica sofreu-o o Código Comercial quando da crise comercial e financeira manifestada em 1864, ensejando a

103

RECUPERAÇÃO DE EMPRESAS E FALÊNCIA

petidores de MAUÁ na atividade bancária[500], cujos efeitos – dentre os quais a moratória geral por 60 dias[501] – geraram uma severa crise financeira na cidade do Rio de Janeiro. Nesse contexto veio a lume a primeira legislação sobre intervenção e liquidação forçada de instituições financeiras[502].

Fato é que o sistema falimentar instituído pelo Código Comercial de 1850 – e as normas processuais do Regulamento 738/1850 – não atenderam às necessidades da época. Nesse sentido, a terceira parte do Código Comercial, destinada às quebras, foi reformada pelo já mencionado Decreto-Lei 3.065 de 1882, que introduziu no Brasil a concordata preventiva[503].

3.3. Período Republicano

Em 1890, toda a terceira parte do Código Comercial foi derrogada pela pena do jurista CARLOS DE CARVALHO, por meio do Decreto 917, que, segundo consta, foi elaborado, de afogadilho[504], em apenas 14 dias[505].

---

aparição de leis de emergências sobre falências. Em 1875 e, depois, em 1887, sobrevieram as primeiras leis dispondo sobre marcas de fábricas e de comércio. A Lei 3.150, de 1882, regulou o estabelecimento de companhias e sociedades anônimas." (BARRETO FILHO. Síntese da evolução histórica do direito comercial brasileiro..., p. 24).

[500] Segundo ALBERTO DE FARIA, primeiro biógrafo de MAUÁ: "Na temerosa crise de 1864, em que succumbiram perto de cem importantes casas commerciaes, só elle (Mauá) e os banqueiros Bahia, Irmãos e Cia, ficaram de pé, embora feridos também de estilhaços que não podiam deixar de attingil-os. O Banco do Brasil, esse, só resistiu à sombra do curso forçado e dos favores de sempre. A frente das fallencias ruidosas desse momento, o banqueiro Souto, competidor de Mauá e de Bahia na confiança publica, um portuguez amável e bom, muito sympathizado pela afabilidade de suas maneiras e prestigiado pela amizade pessoal do Imperador, 'de trato ameno e puro, gozando de illimitada confiança da alta sociedade' ... como diz Silva Ferraz, Presidente da Comissão de Inquerito, declarou um passivo de 33.477:544$000 dando afinal aos seus credores um prejuízo de 75% (Relatorio da Comissão Silva Ferraz, 1865). Bahia, Irmãos & Cia, haviam de viver mais dois anos que elle, para cahir e cahir também com honra. O brio comercial não permitia a esses homens escolher o melhor momento e o melhor modo de cahir; só cahiam mortos. Bahia e Mauá dão a esse respeito a mais edificante tradição. Na crise de 1864, o pânico que se apoderou dos homens de governo preparou, em leis especiaes, de emergência, o caminho para as liquidações commodas em que a separação do patrimônio individual e do patrimônio social e outras providencias seductoras, permitem aos falidos tombar sem deshonra guardando bens de fortuna que assegurassem o bem-estar material" – o que, no entanto, não ocorreu com Bahia e Mauá (FARIA. Mauá..., p. 519-521)

[501] DINIZ. Da fallencia..., p. 28.

[502] REQUIÃO. Curso de direito falimentar, v. 1..., p. 20.

[503] REQUIÃO. Curso de direito falimentar, v. 1..., p. 20.

[504] CARVALHO DE MENDONÇA reproduz correspondência remetida por CARLOS DE CARVALHO, que trata dos bastidores da elaboração do projeto de lei, na qual refere, dentre outras peculiaridades, que o prazo inicial determinado pelo Governo Provisório para a redação do texto foi de oito dias (CARVALHO DE MENDONÇA. Tratado de direito comercial brasileiro, v. VII..., p. 70). Ver, também: FERREIRA. As directrizes do direito mercantil brasileiro..., p. 156.

[505] FERREIRA. Tratado de direito comercial, v. 14..., p. 35; REQUIÃO. Curso de direito falimentar, v. 1..., p. 20.

NOÇÕES INTRODUTÓRIAS

Um dos principais vetores para a alteração da legislação foi a conhecida "Crise do Encilhamento"[506] e a necessidade de conter a fraude generalizada nas falências. A estrutura da legislação foi profundamente modificada, marcando a segunda fase da evolução do instituto da falência no Brasil[507]. Provavelmente, o ponto mais marcante da nova legislação foi a caracterização do estado de falência pela impontualidade do comerciante – matriculado ou não no Registro de Comércio[508] –, identificado pela falta de pagamento de obrigação comercial[509] líquida e certa no respectivo vencimento, em substituição à cessação de pagamentos como elemento central do sistema[510], suporte fático que se demonstrou de difícil definição[511] – assim como a decretação da quebra em decorrência da comprovação de fatos que indicassem a dissipação de patrimônio (prevendo-se, entre os atos falimentares, a execução frustrada)[512]. Isso porque, como explica WALDEMAR FERREIRA, a demora em se decretar a falência apenas ilude os credores de boa-fé, cavando mais fundo a ruína do devedor, animando-o, muitas vezes, a por em prática fraudes, planejadas com calma e em prejuízo aos credores[513].

Apesar das críticas sofridas, a impontualidade como critério central do sistema falimentar mereceu aplausos de grandes juristas, que atribuíram o insucesso da legislação em questão mais aos juízes que não souberam bem aplicá-la do que às suas características intrínsecas[514].

Ademais, o Decreto 917 permitiu, judicialmente, tanto a concordata para pagamento quanto a concordata por abandono[515]. A primeira previa a manutenção do devedor na posse da massa pelo tempo acordado para o pagamento dos credores, de acordo com o que foi proposto e aceito; já a última determi-

---

[506] Em síntese, foi uma bolha econômica – decorrente de uma equivocada política governamental de estímulo à industrialização por meio da concessão de crédito livre – que estourou durante o governo provisório de Deodoro da Fonseca (1889-1892), o que acabou gerando uma grave crise monetária, com elevadas taxas inflacionárias e especulação financeira.

[507] VIANNA. Das fallencias..., p. 44-45; VALVERDE. Comentários à Lei de Falências, v. I..., p. 18; VALVERDE, Trajano de Miranda. A fallencia no direito brasileiro, v. I, parte I. Rio de Janeiro: Freitas Bastos, 1931, p. 26.

[508] AUTRAN, Manoel Godofredo de Alencastro. Das fallencias e seu respectivo processo segundo o Decreto 917 de 24 de outubro de 1890. 2 ed. Rio de Janeiro: Laemmert, 1895, p. 1.

[509] Segundo a doutrina contemporânea sobre o Decreto 917: "A falta de pagamento de dívidas civis não importa para o comerciante estado de falência (art. 1ª, princ. e §2ª), obsta que este se declare falido, nos termos deste art. 5ª." (AUTRAN. Das falências..., p. 8).

[510] FERREIRA. Tratado de direito comercial, v. 14..., p. 36.

[511] VALVERDE. Comentários à Lei de Falências, v. I..., p. 18.

[512] TOLEDO; PUGLIESI. Capítulo II: A preservação da empresa e seu saneamento..., p. 82.

[513] FERREIRA. Tratado de direito comercial, v. 14..., p. 36-37.

[514] VIANNA. Das fallencias..., p. 44-45; REQUIÃO. Curso de direito falimentar, v. 1..., p. 38.

[515] Segundo MANOEL GODOFREDO DE ALENCASTRO AUTRAN, a concordata por abandono veio preencher uma lacuna em nossa legislação falimentar, tendo como inspiração a Lei Francesa de 17 de julho de 1856 (AUTRAN. Das fallencias..., p. 34).

nava que todos os bens da massa (ou parte deles, conforme o caso) deviam ser adjudicados em benefício dos credores para solução do passivo, importando na exoneração do devedor, que, assim, restaria liberado de todos os efeitos da falência[516].

A concordata dependia da aprovação de credores que representassem no mínimo três quartos da totalidade do passivo. De mais a mais, previa a possibilidade de realização da concordata preventivamente à decretação da quebra[517], de modo que a concordata poderia ser utilizada tanto para encerrar quanto para prevenir a falência. Nesse contexto foi instituído, também, o acordo extrajudicial (ou concordata amigável) sujeito à homologação judicial, que dependia do consentimento de credores que representassem no mínimo três quartos da totalidade do passivo –, além da existência da moratória e da cessão de bens, todas com o objetivo também de prevenir a falência[518].

Paralelamente, o Código Penal de 1890 previu, no art. 336, a pena de dois a seis anos para o responsável pela falência fraudulenta e de um a quatro anos em caso de falência culposa – sendo que a falência dos corretores e agentes de leilão tinha a presunção de ser fraudulenta.

Apesar das inegáveis evoluções trazidas[519], a lei foi mal-compreendida e nada bem aplicada, provocando um forte movimento opinativo contrário ao seu espírito e suas previsões, o que acabou sendo reforçado pelos efeitos deletérios da Crise do Encilhamento e pelas práticas criminosas e fraudes empresariais perpetradas no período por meio da cessão de bens e da celebração de acordos extrajudiciais espúrios[520]. Ademais, para uma parcela crítica da doutrina, de um lado o Decreto 917 concedeu excessiva autonomia aos credores, deslocando para o eixo creditício o poder de decisão que antes cabia ao juiz[521]; de outro, foi muito benevolente com os devedores, estabelecendo inúmeros meios preventivos para evitar a bancarrota ("Foram as portas por onde entrou, desabusada, a fraude maior que se

---

[516] FERREIRA. *Tratado de direito comercial*, v. 14..., p. 36.

[517] AUTRAN. *Das fallencias...*, p. 75.

[518] CARVALHO DE MENDONÇA. *Tratado de direito comercial brasileiro*, v. VII..., p. 71; TOLEDO; PUGLIESI. Capítulo II: A preservação da empresa e seu saneamento..., p. 56-57, 82-83.

[519] Para CARVALHO DE MENDONÇA, o Decreto 917 continha defeitos: "Não se lhe pode, porém, contestar o mérito de haver aberto novos horizontes ao direito comercial pátrio (...). Quantos institutos não foram aí reconhecidos, cessando as incertezas que tantas perturbações trouxeram às relações comerciais?" (CARVALHO DE MENDONÇA. *Tratado de direito comercial brasileiro*, v. VII..., p. 71).

[520] FERREIRA. *As directrizes do direito mercantil brasileiro...*, p. 159-160.

[521] CARVALHO DE MENDONÇA aponta, também, que: "(...) Infelizmente, os juízes em sua grande maioria, que o tiveram de aplicar, nunca se esforçaram pela realização das ideias da reforma. A jurisprudência nada fez em benefício do prestígio e eficácia da lei e consequentemente em garantia dos grandes interesses que esta visava acautelar e proteger." (CARVALHO DE MENDONÇA. *Tratado de direito comercial brasileiro*, v. VII..., p. 71).

NOÇÕES INTRODUTÓRIAS

tem visto"[522]). Tais fatores teriam contribuído para o descrédito da legislação[523], provocando a necessidade de nova alteração legislativa[524].

Diante desse cenário, adveio, de forma atabalhoada, nova reforma da legislação falimentar em 1902, agora pela Lei 859, regulamentada quase dez meses depois pelo Decreto 4.855 de 1903, de viés, para muitos, flagrantemente inconstitucional[525]. Embora a mudança fosse necessária, a motivação política para o trâmite legislativo do projeto de lei, apresentado pelo Instituto da Ordem dos Advogados Brasileiros, partiu muito mais da intensa pressão exercida pelas associações comerciais (principalmente de São Paulo e do Rio de Janeiro)[526] do que não da preocupação legítima de aperfeiçoar o sistema existente, o que acabou sabotando seu potencial evolutivo[527-528].

Na falência, introduziu a figura do síndico de massas falidas, escolhido fora do quadro de credores – como ocorria até então – para evitar conluios e frau-

---

[522] CARVALHO DE MENDONÇA. *Tratado de direito comercial brasileiro*, v. VII..., p. 71.

[523] Segundo M. VALVERDE: "A convergencia de numerosos factores, emergentes da situação difficil por que atravessavamos; a mudança brusca do systema falimentar; a facilidade que tinham os devedores de afastar a dectretação da fallencia, pelo emprego dos meios preventivos; a autonomia excessiva dos credores, e, sobretudo, o falseamento do systema na aplicação da lei, pelo cancelamento dos princípios que a inspiravam, concorreram para o descredito do decreto n. 917." (VALVERDE. *A fallencia no direito brasileiro*, v. I, parte I..., p. 26).

[524] VALVERDE. *Comentários à Lei de Falências*, v. I..., p. 19. Para maior detalhamento sobre os problemas e as imperfeições do Decreto 917, ver: DINIZ. *Da fallencia...*, p. 30-31.

[525] DINIZ. *Da fallencia...*, p. 33.

[526] DINIZ. *Da fallencia...*, p. 32.

[527] Segundo SÁ VIANNA: "Desde sua promulgação ficou logo reconhecida a necessidade de uma outra reforma mais ou menos radical e, durante doze annos, se aguardou que o governo promovesse os seus termos mediante estudo aprofundado e fora das preocupações de momento. Assim, entretanto, não succedeu e o Congresso Nacional, impressionado pelas queixas que recebia de associações commerciaes, apresentado a praça, pelos effeitos do Decr. N. 917, em estão verdadeiramente afflictivo, entendeu, com a maior infelicidade, proceder a uma reforma completa, que surgiu com a Lei nª 859 de 16 de Agosto de 1902, feita sem plano, sem systema, sem ordem, sem nexo, admitindo medidas condemnadas pelas legislações modernas e mais perfeitas, circunscrevendo as concordatas, quasi ao ponto de inutilizar os seus benéficos effeitos, quando para corrigir os abusos que a prática tinha admitido, bastavam medidas complementares da lei em vigor." (VIANNA. *Das fallencias...*, p. 46). No mesmo sentido, complementa JOSÉ JAPPUR: "Não seria demais lembrar 'o remendo pior do que o soneto' do anedotário popular, para a malograda e enfermiça reforma, que, sem atender aos reclamos urgentes do comércio e da indústria, agravou mais a situação de celeuma e intranquilidade." (JAPPUR. *O falido no moderno direito falimentar brasileiro...*, p. 14).

[528] Muitas vezes, a insegurança jurídica era gerada pelo próprio governo. Narra CARVALHO DE MENDONÇA que: "No Diário Oficial de 7 do mesmo mês reproduziu-se este decreto por ter sido publicado com incorreções, e, com surpresa geral, nesse mesmo Diário, publicou-se de nôvo a Lei n. 859, de 16 de agosto de 1902, com o texto divergente em muitos pontos da mesma lei, havia mais de nove meses devidamente publicada e em execução. Bradou-se contra esse fato original e inacreditável. Respondeu-se oficialmente que isso era assim mesmo." (CARVALHO DE MENDONÇA. *Tratado de direito comercial brasileiro*, v. VII..., p. 89). Sobre o tema, ver, também: FERREIRA. *As directrizes do direito mercantil brasileiro...*, p. 161-162.

des; a escolha, à época, dava-se entre os nomes que eram indicados pelas juntas comerciais de cada Estado (*i.e.*, os dez maiores contribuintes comerciantes)[529], a exemplo do Código italiano de 1882[530]; previu, também, a formação de uma comissão fiscal, formada por dois credores constantes de listas oferecidas pelos próprios falidos[531].

Em linhas gerais, a nova legislação fracassou em praticamente todos os desideratos que pretendia concretizar[532]. Segundo consta, o diploma se mostrou inferior e muito mais danoso do que a lei que veio a reformar[533]. Ademais, provocou tantos escândalos que o Congresso tomou a iniciativa de substituí-la[534].

Em decorrência disso, veio a lume nova lei falimentar, a Lei 2.024, de 1908, da lavra de J. X. CARVALHO DE MENDONÇA, tido por muitos como o grande comercialista brasileiro de todos os tempos[535]. Considerada nobilíssima, marcou época na legislação mercantil brasileira[536], na medida em que conseguiu sintetizar os princípios que inspiraram o Decreto 917, de 1890 ao mesmo tempo em que expurgou os defeitos deste e do Decreto 859, de 1902[537].

Admitiu a presunção de insolvência não só pela impontualidade (acompanhado do protesto por falta de pagamento de qualquer obrigação mercantil líquida e certa ali numerada, no vencimento e sem relevante razão de direito), mas também pela prática de certos atos e a celebração de determinados contratos que justificavam seu pedido e o decreto judicial – prevendo-se a execução frustrada entre os atos falimentares[538]. Assim, o descumprimento de certos deveres ou a falta de pagamento das obrigações ensejava a falência. Foram mantidas as duas espécies de concordata: (*i*) a suspensiva, proposta diretamente pelo falido aos credores e, homologada judicialmente, cessava o processo de falência; e (*ii*) a preventiva, cujo objetivo era evitar a decretação da quebra, sendo, então, apresentadas pelo devedor aos credores determinadas condições de pagamento, indicando

---

[529] FERREIRA. *As directrizes do direito mercantil brasileiro...*, p. 161; TOLEDO; PUGLIESI. Capítulo II: A preservação da empresa e seu saneamento..., p. 83.

[530] SUPINO. *Istituzioni di diritto commerciale...*, p. 484.

[531] FERREIRA. *As directrizes do direito mercantil brasileiro...*, p. 161.

[532] VIANNA. *Das fallencias...*, p. 46-47; REQUIÃO. *Curso de direito falimentar*, v. 1..., p. 20-21.

[533] FERREIRA. *Tratado de direito comercial*, v. 14..., p. 40.

[534] SAMPAIO DE LACERDA. *Manual de direito falimentar...*, p. 36.

[535] Nesse sentido: LEME, Ernesto. Os mestres do direito comercial da Faculdade de Direito de São Paulo. *Revista de Direito Mercantil, Industrial, Econômico e Financeiro*, São Paulo, n. 39, jul./set. 1980, p. 16-18 (assim destacando: "a história do Direito Comercial no Brasil se divide em três fases distintas: a de José da Silva Lisboa, Visconde de Cairu (1756-1835); a de José Xavier Carvalho de Mendonça (1861-1930); a de Waldemar Martins Ferreira (1885-1964)").

[536] FERREIRA. *Tratado de direito comercial*, v. 14..., p. 43.

[537] MARCONDES. *Direito comercial...*, p. 14; BENTO DE FARIA. *Direito comercial*, v. IV..., p. 40-41.

[538] CARVALHO DE MENDONÇA. *Tratado de direito comercial brasileiro*, v. VII..., p. 103; FERREIRA. *Tratado de direito comercial*, v. 14..., p. 43.

NOÇÕES INTRODUTÓRIAS

eventuais garantias, o que deveria ser aprovado em assembleia – oportunidade na qual também se realizava a análise dos créditos[539]. Por sua vez, extingiu-se a concordata extrajudicial e a possibilidade de o devedor convocar credores para propor a dilação de prazos, a remissão ou a cessão de bens (o que passou a ser caracterizado como ato falimentar), por conta dos abusos perpetrados no passado em decorrência do seu mau uso[540].

A despeito das críticas[541], a Lei 2.024, de 1908, resistiu por um intervalo temporal mais longo, sendo revista em 1929 pelo Decreto 5.746, sobretudo em razão da depressão causada pela Primeira Guerra Mundial (1914-1918) e pelo período negro que a sucedeu, culminando com o *crack* da bolsa de Nova Iorque (1929).

O texto do anteprojeto, encomendado pela Associação Comercial de São Paulo, ficou sob a responsabilidade de WALDEMAR FERREIRA[542], que seguiu firme o propósito de "melhorar conservando"[543], de modo que as inovações não desfiguraram o sistema CARVALHO DE MENDONÇA[544]. Muito antes pelo con-

---

[539] O Decreto previa que o exame e o julgamento dos créditos deveriam ser realizados na própria assembleia de credores pelo síndico e pelo juiz, respectivamente, o que acabava por tumultuar sobremaneira o procedimento. Nesse particular, a assembleia de credores passou a ser um nicho de atuação (e boa remuneração) para advogados especializados, como ocorria nos processos criminais: um advogado conduzia o processo até o momento da assembleia, quando um colega, especializado, era responsável pela participação e representação do credor no conclave. Segundo SYLVIO MARCONDES: "Isso tudo significa que os créditos eram mal julgados em virtude da confusão reinante em tais assembleias. E isso foi tomando um tal desenvolvimento que se chegou ao absurdo de, numa falência, ser organizado um quadro de credores e, posteriormente, em virtude de recursos opostos a esse julgamento, para o tribunal em segunda instância, serem admitidos credores que haviam sido excluídos da assembleia e serem excluídos credores admitidos na mesma assembleia, exatamente porque os credores admitidos pelo juiz era (sic), na sua maioria, credores fantásticos. Não há dúvida que na segunda instância os defeitos do julgamento eram corrigidos, mas como a sentença prevalecia enquanto não fossem reformada, todos os males dessem julgamento produziam seus efeitos, antes da reforma da sentença. Por exemplo, havia a eleição do liquidatário." (MARCONDES. *Direito comercial...*, p. 18-19).

[540] TOLEDO; PUGLIESI. Capítulo II: A preservação da empresa e seu saneamento..., p. 57, 83.

[541] A partir de relatos de causídicos da época, ALMACHIO DINIZ resumiu as críticas à Lei 2.024/08 em quatro principais aspectos: (*i*) falhas na execução e burocracia demasiada no processamento; (*ii*) baixo percentual de pagamento dos credores nas concordatas; (*iii*) necessidade de procuração com poderes especiais para declaração de crédito; (*iv*) insuficiência do processo de impugnação de créditos (DINIZ. *Da fallencia...*, p. 36).

[542] FERREIRA. *As directrizes do direito mercantil brasileiro...*, p. 170-172.

[543] BENTO DE FARIA. *Direito comercial*, v. IV..., p. 41; VALVERDE. *A fallencia no direito brasileiro*, v. I, parte I..., p. 27.

[544] Ao rebater as críticas endereçadas à lei de sua autoria, CARVALHO DE MENDONÇA refere: "A Lei 2.024 tivera talvez o defeito de confiar demais nos juízes, a cujo saber, inteligência e discrição entregou a sua parte mais delicada e fundamental, a verificação e classificação dos créditos. Tem sido esse o motivo da crítica de alguns magistrados contra a lei, que lhes aumentou o trabalho de lhes duplicou a responsabilidade." "Mas, a quem se devia entregar essa preciosa tarefa? Aos credores, partes no processo? Como saber quais os verdadeiros e os simulados? Que preparo jurídico tem os credores para decidirem em assembleia altas questões de direito reconhecendo e graduando créditos no concurso falencial? É

RECUPERAÇÃO DE EMPRESAS E FALÊNCIA

trário, reajustaram-no às necessidades da prática mercantil e forense, reduzindo a margem para fraude e chicanas e mantendo, até mesmo, a numeração dos dispositivos[545]. Aqui, entre as principais alterações encontra-se a redução do quórum de aprovação em assembleia para a concessão da concordata, além da instituição de tabela progressiva de proposta de pagamento dos credores na hipótese de a concordata ser a prazo[546].

Além disso, o Decreto-Lei 3.914/1941, no seu art. 2º, determinou que se a falência for fraudulenta, o falido seria condenado com a pena de reclusão de dois a seis anos, sendo que, em caso de falência culposa, a pena seria de reclusão de seis a meses a três anos.

A maior parte da doutrina aplaudiu a nova lei como uma das mais sofisticadas do mundo[547]. Porém, os resultados práticos decepcionaram em alguma medida. Mais uma vez a culpa do mau funcionamento da lei falimentar foi endereçada – ao menos por alguns – aos juízes, que não eram suficientemente enérgicos e diligentes ao aplicá-la[548]. Por outro lado, referiu WALDEMAR FERREIRA: "Não podia, evidentemente, operar o milagre de acabar com a fraude, mais dos homens, que das leis"[549].

Com o duplo objetivo de punir severamente o devedor desonesto, mas também auxiliar o devedor honesto a reerguer sua empresa, o Ministro da Justiça FRANCISCO CAMPOS nomeou TRAJANO DE MIRANDA VALVERDE para ela-

---

justo e útil que eles intervenham e cooperem na administração da massa e na sua liquidação; porém, só ao magistrado devem ser atribuídas, no primeiro período do processo, as funções de apurar os direitos dos interessados, de afastar a fraude dos credores do devedor e de terceiros com estes parceirados, e de investigar, auxiliado pelo Ministério Público, o procedimento do falido." "Diz-se, há séculos, que o Juiz faz boas as leis ou más. Se ele não sabe ou não quer, por comodismo, cumprir o seu dever, se não tem a compreensão do seu alto sacerdócio, não há leis possíveis, não há diques nas leis de falências, sempre com pontos vulneráveis, que bastem para impedir as trapaças. Dêem-se-lhes leis completas e claras, se já existirem leis assim, ele sempre as achará defeituosas e obscuras..." "Confronte-se a Lei n. 2.024 com as das nações mais cultas sobre o mesmo objeto e adquiriremos a certeza de que estas não são melhores." "É preciso somente que os juízes brasileiros se convençam de que o bom êxito da lei de falência deles depende. Lei perfeita sobre essa matéria não existe." (CARVALHO DE MENDONÇA. *Tratado de direito comercial brasileiro*, v. VII..., p. 116-117). A despeito disso, o renomado comercialista admitiu, em palestra na Associação Comercial de São Paulo, em 1930, a necessidade de reforma legislativa (FERREIRA. *As directrizes do direito mercantil brasileiro...*, p. 170).

[545] FERREIRA. *Tratado de direito comercial*, v. 14..., p. 47; MARCONDES. *Direito comercial...*, p. 22-23; LIMA, Adamastor. *Nova Lei de Fallencias*. Rio de Janeiro: Coelho Branco, 1930, p. 36-37.

[546] TOLEDO; PUGLIESI. Capítulo II: A preservação da empresa e seu saneamento..., p. 85.

[547] Em sentido contrário, tecendo severas críticas à nova legislação, posicionou-se ALMACHIO DINIZ: "(...) a experiência demonstrará que se deformou o nosso direito fallimentar reduzindo-se as garantias do crédito e anniquilando-se o conceito salutar da fallencia, em consideração de seu sujeito passivo." (DINIZ. *Da fallencia...*, p. 61).

[548] REQUIÃO. *Curso de direito falimentar*, v. 1..., p. 21.

[549] FERREIRA. *Tratado de direito comercial*, v. 14..., p. 48.

NOÇÕES INTRODUTÓRIAS

borar um novo anteprojeto de lei falimentar, cuja principal inovação foi tirar das mãos dos credores o poder de decidir sobre a concessão da concordata ao devedor[550]. Segundo as palavras do próprio autor do anteprojeto: "A autonomia excessiva de que continuavam a gozar os credores, no estado jurídico da falência ou da concordata, com muito direito e nenhuma obrigação, era, para nós, a causa primordial dos males de que se queixava o comércio"[551]. Com esse nobre propósito, o referido anteprojeto foi elaborado e publicado a fim de receber críticas por parte dos interessados e do público em geral, o que acabou não ocorrendo[552]. Em razão de não ter atingido o fim planejado, o trabalho foi substituído por outro, que, no entanto, manteve suas linhas mestras[553].

Em 1943, por iniciativa do Min. da Justiça ALEXANDRE MARCONDES FILHO, foi nomeada uma comissão de notáveis para elaborar um novo ante-projeto da lei de falências. Pela caneta dos juristas NOÉ AZEVEDO, JOAQUIM CANUTO MENDES DE ALMEIDA, SYLVIO MARCONDES MACHADO, PHILADELPHO AZEVEDO, HAHNEMANN GUIMARÃES e LUÍS LOPES COELHO – que aproveitaram algumas das inovações apresentadas pelo projeto de MIRANDA VALVERDE[554] – adveio o Decreto-Lei 7.661, de 1945, a reboque do Estado Novo e da sua filosofia política fundada no aumento dos poderes do Estado[555].

Nessa ocasião, restou enfraquecida a participação dos credores (a tradicional assembleia de credores teve seu papel restringido, circunscrevendo-se à deliberação referente aos meios de realização do ativo) e foram fortalecidos os poderes do magistrado (representante do Estado). Não por acaso, a figura da concordata, tanto na modalidade preventiva quanto na suspensiva, deixou de ser um acordo entre devedor e seus credores – um contrato – e passou a ser imposta pelo juiz em favor do devedor infeliz e honesto, desde que preenchidos os requisitos legais[556] – sendo considerada um verdadeiro "favor legal"[557].

Inaugurou-se um sistema com o propósito deliberado de favorecer os devedores em detrimento dos credores, disparou WALDEMAR FERREIRA[558]. ESSA

---

[550] SAMPAIO DE LACERDA. *Manual de direito falimentar...*, p. 37.

[551] VALVERDE. *Comentários à Lei de Falências*, v. I..., p. 21.

[552] MARCONDES. *Direito comercial...*, p. 25.

[553] VALVERDE. *Comentários à Lei de Falências*, v. I..., p. 22; SAMPAIO DE LACERDA. *Manual de direito falimentar...*, p. 37.

[554] SAMPAIO DE LACERDA. *Manual de direito falimentar...*, p. 39.

[555] Para análise da Exposição de Motivos do Decreto-Lei 7.661/1945, ver: BENTO DE FARIA. *Direito comercial*, v. IV..., p. 41 ss.

[556] REQUIÃO. *Curso de direito falimentar*, v. 1..., p. 21.

[557] Assim o STF consolidou o entendimento (*v.g.*: STF, 1ª Turma, RE 13.127, Rel. Min. Aníbal Freire, j. 03/06/1948). Sobre o tema, ver: TOLEDO; PUGLIESI. Capítulo II: A preservação da empresa e seu saneamento..., p. 57-58, 85.

[558] FERREIRA. *Tratado de direito comercial*, v. 14..., p. 49.

LEGISLAÇÃO PREVIU, COMO DESTACOU FÁBIO KONDER COMPARATO, pela primeira vez ao que parece na legislação universal, uma concordata que pode ser imposta pelo magistrado sem e até mesmo contra a vontade manifestada dos credores[559]. Não foi à toa que a concordata do Decreto-Lei 7.661/1945 foi chamada de "concordata fascista", que tinha de concordata só o nome, pois os credores não tinham de *concordar* com nada[560]. Aqui, a "indústria das falências" encontrou o seu instrumento magnífico e o ambiente mais que propício, disse WALDEMAR FERREIRA[561].

Como se isso não bastasse, o novo formato da concordata acarretou um grave efeito negativo ao sistema: a paralisia e/ou engessamento do instituto. Como o legislador optou por não dar poderes desmedidos ao devedor na apresentação de sua proposta de pagamento, acabou limitando excessivamente os contornos da concordata, como uma espécie de contrapeso à retirada do poder decisório das mãos dos credores. Nessa configuração, a concordada se tornou um remédio assaz limitado, incapaz de lidar com todos os tipos de crise empresarial – uma vez que era um instituto destinado a evitar (concordata preventiva) ou suspender (concordata suspensiva) a decretação da quebra de que se poderia valer o devedor de boa-fé e que se restringia a ser uma moratória, uma remissão de pagamento ou ambas, mas sempre limitada aos credores quirografários[562].

Quanto à falência, o processo previsto no Decreto-Lei 7.661/1945 demonstrou ser lento e ineficiente. Isso porque, a título de exemplo, a realização do ativo somente tinha início após a solução do inquérito judicial e a formação do quadro-geral de credores, o que sempre demorava muito (mesmo porque todo o procedimento de verificação de créditos ocorria judicialmente). Assim, até que fosse iniciada a venda dos ativos, normalmente os bens já estavam depreciados[563].

Adicionalmente, a nova lei passou a regrar, também, os crimes falimentares, instaurando o que SAMPAIO DE LACERDA chamou de "a marcha paralela do processo falimentar com o processo criminal, na hipótese de crime falimentar, constituindo essa providência medida salutar fornecendo desde logo índices para o tratamento severo ou tolerante do falido na esfera civil, como salientou Filadelfo Azevedo, para quem a repressão penal em falência só poderá ser proveitosa no momento em que o chicote está quente"[564].

---

[559] COMPARATO. *Aspectos jurídicos da macro-empresa...*, p. 99.
[560] FERREIRA. *Tratado de direito comercial*, v. 14..., p. 49. Vale lembrar que as concordatas, como o próprio nome sugere, eram marcadas pela aceitação de determinada maioria de credores, necessária à homologação do acordo pelo magistrado (CEREZETTI. *A recuperação judicial de sociedade por ações...*, p. 77).
[561] FERREIRA. *Tratado de direito comercial*, v. 14..., p. 50.
[562] TOLEDO; PUGLIESI. Capítulo II: A preservação da empresa e seu saneamento..., p. 86.
[563] TOLEDO; PUGLIESI. Capítulo II: A preservação da empresa e seu saneamento..., p. 86.
[564] SAMPAIO DE LACERDA. *Manual de direito falimentar...*, p. 38.

NOÇÕES INTRODUTÓRIAS

O Decreto-Lei 7.661/1945 vigorou por longos 60 anos, com regras jurídicas febris, obsoletas e absolutamente desconectadas da realidade econômica do país[565]-[566]-[567]. Após décadas de pressão de toda a coletividade jurídico-empresarial, concluiu-se pela necessidade de reforma da legislação concursal, com especial enfoque no regime da concordata e nas alternativas para o saneamento da crise empresarial[568], considerando, sobretudo, a principiologia falimentar moderna, no sentido de que os interesses vão além do binômio devedor-credor, levando-se em consideração aqueles que gravitam em torno da empresa em crise.

3.4. Período atual

Como foi visto, o sistema concursal passou, nos primórdios, por um período eminentemente punitivo (focado na pessoa e no corpo do devedor). Entrou, depois, em uma fase patrimonial cujos objetivos eram exclusivamente liquidatórios, em prol da satisfação dos credores. Alcançou propósitos conservativos, mediante a utilização de mecanismos preventivos e suspensivos (concordata), fundados em interesses essencialmente privados do devedor. Por fim, atinge um período de valorização da preservação da empresa, em decorrência do reconhecimento dos interesses que em torno dela gravitam (trabalhadores, comunidade, fornecedores, entre outros). Migrou, assim, de um sistema que visava, inicialmente, à proteção individual do credor ou do devedor, para uma proteção funcional da

---

[565] REQUIÃO. A crise do direito falimentar brasileiro..., p. 24.

[566] Conforme JORGE LOBO: "O Direito Concursal clássico tornou-se obsoleto, há muito se falando da bancarrotta della bancarrotta e da sua necessária reforma, do fallimento del fallimento e da inattualità del falimento. Dentre as inúmeras críticas ao sistema vigente, destacam-se: 1) deve-se eliminar o dualismo institucional entre a falência e a concordata; 2) deve-se eliminar a concordata, já que resultou inoperante para a salvaguarda da empresa; 3) a finalidade precípua da lei de quebras não deve ser a liquidação do patrimônio do devedor, mas a recuperação da empresa, econômica e financeiramente viável, por todos os meios possíveis." (LOBO. *Direito concursal...*, p. 7).

[567] REQUIÃO. A crise do direito falimentar brasileiro..., p. 24. No mesmo sentido, é importante registrar a crítica exposta por PAULO FERNANDO CAMPOS SALLES DE TOLEDO na sua dissertação de mestrado, já no ano de 1987: "A legislação brasileira em matéria concursal, e, particularmente, a Lei de Falências [Decreto-Lei 7.661/1945] é uma senhora que, na maturidade, mostra sinais inescondíveis de velhice, causados por uma profunda inadequação à realidade, mal que padece desde o nascimento. A metáfora pode não ser original, nem brilhante – o que, de resto, não importa muito – mas serve para evidenciar a premência de uma reforma legislativa. A inadequação e a premência vêm sendo ressaltadas pela Doutrina desde o início da década de 1970. Apesar disso, no entanto, o legislador (e aqui dão-se as mãos os Poderes Executivo e Legislativo) insiste em desatender à exigência histórica (...)." (TOLEDO. *A empresa em crise no direito francês e americano...*, p. 1-2).

[568] Segundo RUBENS REQUIÃO: "Mais do que a igualdade entre os credores na liquidação falimentar do patrimônio do devedor, muito mais do que a segurança do crédito – pontos de vista respeitáveis na doutrina antiga – é o saneamento da atividade empresarial que constitui a finalidade primeira do instituto da falência, nas concepções modernas de atuação judicial do Estado." (REQUIÃO. A crise do direito falimentar brasileiro..., p. 24).

RECUPERAÇÃO DE EMPRESAS E FALÊNCIA

economia e da coletividade devido ao reconhecimento de diversos interesses na manutenção da empresa[569].

E o estudo da evolução histórica do direito falimentar brasileiro demonstra que os modelos legislativos adotados – como de resto em praticamente todos os demais países – estabeleceram, ao longo dos anos, com raríssimas exceções, procedimentos judiciais voltados à liquidação da empresa em crise ao invés da sua recuperação (eram sistemas liquidatórios-solutórios, voltados ao pagamento dos credores e que buscavam repelir do mercado o devedor inadimplente)[570]. A despeito dessa constatação, predominou na história da legislação falimentar pátria uma verdadeira indefinição quanto ao seu escopo principal – consubstanciado ora na proteção do interesse pessoal do devedor, ora no interesse da comunidade de credores. Verdade é que a legislação concursal brasileira seguiu um ritmo nitidamente pendular (credor-devedor), ao sabor da conjuntura econômica e da filosofia política do momento[571-572].

Logo, é correto dizer que, até o advento da Lei 11.101/05, o legislador não foi capaz de oferecer soluções razoáveis para a recuperação da empresa em crise, independente de qual fosse a orientação legislativa[573]. A esse propósito, a constatação de COMPARATO (à época da vigência do Decreto-Lei 7.661/1945) é ilustrativa:

> (...) o dualismo no qual se encerrou o nosso direito falimentar – proteger o interesse pessoal do devedor ou o interesse dos credores – não é de molde a propiciar soluções harmoniosas no plano geral da economia. O legislador parece desconhecer completamente a realidade da empresa, como centro de múltiplos interesses – do empresário, dos empregados, do Fisco, da região, do mercado em geral – desvincu-

---

[569] CEREZETTI,. *A recuperação judicial de sociedade por ações...*, p. 83 (notas de rodapé 185 e 187), 426.

[570] CEREZETTI, *A recuperação judicial de sociedade por ações...*, p. 203.

[571] COMPARATO. *Aspectos jurídicos da macro-empresa...*, p. 95-98. E, como destaca SHEILA CEREZETTI: "Esse aspecto das legislações falimentares pátrias demonstra também a existência de movimento pendular não apenas entre a proteção direta a interesses do devedor ou dos credores, como também entre o papel que se atribui a estes últimos e ao magistrado durante o concurso." (*A recuperação judicial de sociedade por ações...*, p. 74).

[572] Nesse particular, é interessante a metáfora construída por ELIZABETH WARREN: "Discussing the debtor-creditor system is much like focusing a camera. Different elements of the system are always in view, but depending on where the focus is directed, different features of the system take on greater importance." (WARREN. Bankruptcy policy..., p. 778)

[573] Por exemplo, segundo RUBENS REQUIÃO, os tecnocratas e juristas burocráticos não compreenderam que "(...) a falência não constitui apenas um meio de cobrança de interesses fiscais e privados. Nestes últimos anos suas preocupações foram as de acrescer, com privilégios excepcionais e absolutos, os créditos da Fazenda Pública, com preceitos não mais admissíveis no Direito Moderno. (...) Em decorrência de toda essa legislação esparsa sobre esse aspecto do problema falencial, o sistema de superprivilégios dos créditos fiscais e parafiscais tornou quase uma quimera o princípio legado do Direito Romano de que o patrimônio do devedor é a garantia comum de todos os seus credores." (REQUIÃO. A crise do direito falimentar brasileiro..., p. 24).

NOÇÕES INTRODUTÓRIAS

lando-se da pessoa do empresário. De nossa parte, consideramos que uma legislação moderna de falência deveria dar lugar à necessidade econômica de permanência da empresa. (...). A vida econômica tem imperativos e dependências que o Direito não pode, nem deve, desconhecer. A continuidade e a permanência das empresas são um desses imperativos, por motivos de interesse tanto social quanto econômico[574].

Há tempos a doutrina nacional vinha salientando a necessidade de realizar uma profunda reforma na legislação concursal brasileira[575], tendo como enfoque a modernização da nossa frota jurídico-institucional em direção à recuperação das empresas economicamente viáveis e à rápida liquidação das empresas economicamente inviáveis[576].

A iniciativa do Banco Mundial anteriormente mencionada – os *Principles and Guidelines for Effective Insolvency and Creditor Rights Systems* – foi um dos principais agentes causadores da mudança no perfil dos regimes de insolvência ao redor do mundo (e não foi diferente no Brasil)[577].

As alterações introduzidas no sistema concursal brasileiro em 2005 (pela nossa atual LREF) inserem-se justamente nesse contexto. Influenciada por esse movimento internacional, mas também inspirada nas legislações norte-americana e francesa, a Lei 11.101/05 quebrou o persistente – e culturalmente arraigado – paradigma pendular "credor-devedor", atentando para a preservação da empresa, não em favor do devedor exclusivamente, mas em prol de todas as classes que gravitam em torno da empresa, inclusive dos credores[578].

[574] COMPARATO. *Aspectos jurídicos da macro-empresa...*, p. 95, 102.

[575] Exemplificativamente: REQUIÃO. A crise do direito falimentar brasileiro..., p. 23-33; FRONTINI, Paulo Salvador. O caso da falência da Sanderson e as tendências atuais do direito falimentar. *Revista de Direito Mercantil, Industrial, Econômico, Financeiro*, a. XIII, n. 15/16, p. 247-250, 1974; LOBO, Jorge. O moderno direito concursal. *Revista de Direito Mercantil, Industrial, Econômico, Financeiro*, a. XXXIV, n. 99, p. 87-97, 1995; LOBO. *Direito concursal...*; TOLEDO. *A empresa em crise no direito francês e americano...*; ABRÃO, Nelson. *Curso de direito falimentar*. São Paulo: Revista dos Tribunais, 1993. Com resumo das posições de RUBENS REQUIÃO, NELSON ABRÃO, JORGE LOBO e PAULO FERNANDO CAMPOS SALLES DE TOLEDO, ver: BEZERRA FILHO, Manoel Justino. *Lei de Recuperação de Empresas e Falência*. 11 ed. São Paulo: Revista dos Tribunais, 2016, p. 47-53.

[576] Em 1974, em conferência proferida no Instituto dos Advogados Brasileiros, no Rio de Janeiro, RUBENS REQUIÃO já destacava que: "Se a empresa insolvente tem condições de recuperação ou restauração, esse deve ser o desiderato do Estado, através do instituto falimentar. O tema da recuperação econômica da empresa insolvente, sob o controle judicial, contraposta à álgida e insensível liquidação falimentar *à outrance*, constitui, sem dúvida, o mais fascinante tema do Direito falimentar atual." (REQUIÃO. A crise do direito falimentar brasileiro..., p. 24).

[577] "A partir das últimas décadas do século passado diversos Países adaptaram suas leis concursais de forma a incluir a previsão de institutos que permitem a reestruturação e a recuperação de empresas em crise. Foi o caso, por exemplo, de Países como França, Alemanha, Itália, Portugal, Espanha e Argentina." (CEREZETTI. *A recuperação judicial de sociedade por ações...*, p. 85-86, 426-427).

[578] O que não significa que, passados mais de 10 anos da sua promulgação, a LREF não necessite, atualmente, de aprimoramentos. Nesse sentido, *v.g.*: TOLEDO, Paulo Fernando Campos Salles de.

RECUPERAÇÃO DE EMPRESAS E FALÊNCIA

Muito embora não se possa dizer que há uniformidade de objetivos entre os diferentes sistemas nacionais, a legislação brasileira se insere claramente no grupo de países cujas leis concursais são voltadas à preservação da empresa, sendo esse o objetivo cardeal do sistema[579].

A necessária reforma da Lei de Recuperação de Empresas. *Revista do Advogado – Direito das Empresas em Crise*, a. XXXVI, n. 131, p. 171-175, out. 2016; PAIVA, Luiz Fernando Valente de. A eliminação da assembleia de credores e a escolha de foro: duas propostas para alteração da Lei nº 11.101/2005. *Revista do Advogado – Direito das Empresas em Crise*, a. XXXVI, n. 131, p. 123-132, out. 2016; PAIVA, Luiz Fernando Valente de. Necessárias alterações no sistema falimentar brasileiro. In: CEREZETTI, Sheila C. Neder; MAFFIOLETTI, Emanuelle Urbano (coord.). *Dez anos da Lei nº 11.101/2005*: estudos sobre a Lei de Recuperação e Falência. São Paulo: Almedina, 2015, p. 136-159; PAIVA, Luiz Fernando Valente de. Recuperação extrajudicial: o instituto natimorto e uma proposta para sua reformulação. In: TOLEDO, Paulo Fernando Campos Salles de; SOUZA JUNIOR, Francisco Satiro de (coord.). *Direito das empresas em crise*: problemas e soluções. São Paulo: Quartier Latin, 2012, p. 229-263; DEZEM. *A universalidade do juízo da recuperação judicial...*, p. 375 ss.
[579] CEREZETTI. *A recuperação judicial de sociedade por* ações..., p. 85-86, 91, 153-154, 204, 427.

Capítulo 2
Apresentação da Lei 11.101/05

A Lei 11.101/05 (LREF) é dividida em parte geral e parte especial, à semelhança de vários códigos, mesmo sem utilizar essa nomenclatura de forma direta. Ao projetá-la e elaborá-la, o legislador adotou a divisão em capítulos, dedicando os dois primeiros às disposições preliminares (Capítulo I) e comuns à recuperação judicial e à falência (Capítulo II); e os capítulos seguintes aos regimes em espécie: recuperação judicial (Capítulo III e IV); falência (Capítulo V); e recuperação extrajudicial (Capítulo VI). São tratadas, ainda, em capítulos específicos, as disposições penais (Capítulo VII) e as disposições finais e transitórias (Capítulo VIII).

A divisão adotada pelo legislador é passível de críticas, mormente quanto à deficiência do índice sistemático, à ausência de concatenação apropriada entre os capítulos e as seções, às constantes referências a artigos inseridos em seções distintas, bem como à confusa divisão das matérias no corpo do texto.

Além disso, atente-se para o fato de o regime da recuperação extrajudicial estar regulado no Capítulo VI (arts. 161 a 167), localizado na parte final da LREF, imediatamente após a falência, ao passo que esta, regrada pelo Capítulo V (arts. 75 a 160), está situada na parte intermediária do texto, imediatamente após o Capítulo IV (arts. 73 e 74) que, por sua vez, trata do processo de convolação da recuperação judicial em falência.

A miscelânea e a ausência de um regime de sistematização mais criterioso confundem e pouco agregam à compreensão dos institutos. Melhor seria se o legislador tivesse optado pela divisão das matérias segundo o viés recuperatório ou liquidatório, dando tratamento homogêneo, preferencial e sistemático às recuperações judicial e extrajudicial nas partes inicial e intermediária da Lei para, na parte final, dispensar atenção unitária e integrada à falência e às disposições penais, evitando-se, por exemplo, que o intérprete tenha de se deslocar no texto para consultar matérias relativas aos regimes recuperatórios.

RECUPERAÇÃO DE EMPRESAS E FALÊNCIA

Em compensação, vale elogiar outro aspecto: em contraposição à orientação processualista adotada pelo Decreto-Lei 7.661/1945, bastante criticada pela doutrina pátria e na contramão de ordenamentos jurídicos mais desenvolvidos[580], a LREF privilegiou regras e institutos de direito material, outorgando ao sistema um caráter mais dinâmico, flexível e maleável às incontroláveis mudanças econômicas vindouras. Principalmente nos regimes recuperatórios, a LREF privilegia a autonomia privada das partes evitando comandos imperativos e fechados e relativizando a ingerência do juiz no mérito da solução escolhida pelos envolvidos. Enfim, não resta dúvida de que o abandono da excessiva processualização e a valorização da liberdade contratual do devedor e dos credores são duas grandes conquistas da LREF[581].

1. Regimes jurídicos

Em uma análise comparativa entre a sistematização dos regimes jurídicos previstos na LREF e o direito anterior, especialmente o regime do Decreto-Lei 7.661/1945 (antiga Lei de Falências), é possível afirmar que o sistema atual manteve a mesma linha estrutural. Permanece atual, portanto, a afirmação de que, em se tratando de crise irreversível, a tendência será a aplicação do regime liquidatório da falência. Por outro lado, se a crise for sanável, são oferecidos meios para que a empresa se reorganize.

Porém, os regimes recuperatórios da empresa em crise na LREF (recuperação judicial e da extrajudicial) em nada se aproximam da alternativa anteriormente existente. A concordata não passava de um privilégio (favor legal) garantido ao comerciante regular, através de combinações pré-concebidas de desconto (remissão parcial) e prorrogação de vencimento de dívidas em face dos credores quirografários. Tratava-se de remédio jurídico que não levava em conta as peculiaridades do devedor nem possibilitava uma proposta diferenciada de solução para a crise, o que acabava gerando um resultado duplamente nefasto: empresas viáveis não tinham espaço para propor soluções adequadas aos seus problemas e empresas inviáveis postergavam a liquidação e se mantinham no mercado aumentando o potencial prejuízo de seus credores[582].

A LREF adotou uma sistemática dúplice de solução para a crise empresarial: reorganização para as empresas viáveis (recuperação judicial e extrajudicial) e liquidação para as inviáveis (falência). A fim de propiciar uma visão panorâmica

---

[580] Para um crítica acerca da orientação processualista do regime anterior: COMPARATO. *Aspectos jurídicos da macro-empresa...*, p. 107-108. Ver, também: TOLEDO; PUGLIESI. Capítulo II: A preservação da empresa e seu saneamento..., p. 58-59.

[581] Ver, também: TOLEDO; PUGLIESI. Capítulo II: A preservação da empresa e seu saneamento..., p. 87-88.

[582] PUGLIESI. *Direito falimentar e preservação da empresa...*, p. 54.

APRESENTAÇÃO DA LEI 11.101/05

da Lei e facilitar a compreensão das análises detalhadas que virão nos capítulos próprios, abaixo será apresentada uma breve noção de cada um dos regimes legais do direito concursal brasileiro.

1.1. Recuperação judicial

A recuperação judicial está regulada nos Capítulos III e IV da LREF.

A recuperação judicial é uma ação judicial que possibilita ao devedor uma renegociação coletiva do seu passivo.

Foi concebida pelo legislador para combater crises econômico-financeiras complexas e de maior envergadura. Por isso, abrange praticamente todos os créditos existentes na data do pedido, salvo os créditos tributários e aqueles previstos nos arts. 49, §3º, e 86, II, da LREF.

Quanto ao procedimento, em linhas gerais, deferido o processamento da ação, as execuções em face do devedor são suspensas por 180 dias, para que este possa elaborar um plano apto a sanear a empresa. As medidas recuperatórias (parcelamentos, venda de ativos, entre outras) são apresentadas neste plano, o qual é apreciado pelos credores no curso do processo. Aprovado o plano, as obrigações por ele abrangidas são extintas, surgindo em seu lugar novas obrigações, as quais deverão ser cumpridas de conformidade com o estipulado, sob pena de decretação da falência.

O devedor permanece em recuperação até que se cumpram as obrigações que vencerem até dois anos depois da sua concessão. Restando obrigações ainda por vencer, estas são cumpridas extrajudicialmente.

Existe, ainda, previsão de recuperação judicial para micro e pequenas empresas. Trata-se de procedimento especial que abarca todos os credores (à exceção dos decorrentes de repasse de recursos oficiais, os fiscais e os previstos nos §§3º e 4º do art. 49), restringindo-se, a rigor, a um mero parcelamento nos moldes estabelecidos na LREF.

1.2. Recuperação extrajudicial

A recuperação extrajudicial está regulada no Capítulo VI da LREF. Consiste, em síntese, em um acordo entabulado entre o devedor e seus credores, levado ao Poder Judiciário para fins de homologação (por isso, em sua essência, releva-se um contrato entre devedor e credores, com eficácia suspensiva).

Uma vez homologado o plano, o processo é encerrado, e as obrigações devem ser cumpridas extrajudicialmente. Seu objetivo também é a superação da crise empresarial, porém de uma crise de menor envergadura e complexidade.

Uma das vantagens desse regime é a sua flexibilidade, uma vez que, em regra, só aderem ao plano os credores que desejam dele participar, em nada se alterando a situação dos demais. Em relação aos acordos privados, assegura uma maior estabilidade ao pacto firmado, bem como eventual imposição aos credores dissidentes.

Sua principal limitação está no fato de não contemplar os créditos tributários e os trabalhistas, nem aqueles previstos nos arts. 49, §3º, e 86, II, da LREF. Além disso, não possibilita a suspensão das execuções nem permite a alienação de ativos desonerados (isto é, livres do risco de sucessão do comprador nas dívidas tributárias e trabalhistas do vendedor), como pode ocorrer na recuperação judicial.

1.3. Falência

A falência está regulada no Capítulo V da LREF. É o processo judicial de liquidação do patrimônio do devedor para o pagamento dos credores, conforme as prioridades legalmente estabelecidas (bem como para a apuração de eventuais responsabilidades e crimes falimentares).

Trata-se de liquidação por concurso de credores (espécie de execução coletiva), de modo a garantir um tratamento igualitário entre eles. Pode-se dizer que a falência tem por objetivos a satisfação dos credores e, na medida do possível, a preservação da empresa, conforme nova orientação principiológica da LREF[583].

A falência pode ser requerida pelo próprio devedor (autofalência) ou por seus credores. Em linhas gerais, uma vez decretada a quebra, é nomeado um administrador judicial para liquidar o patrimônio do falido (isto é, para arrecadar os seus bens, avaliá-los, aliená-los e, com o produto da venda, pagar aos credores) – tudo em juízo, no bojo do processo falimentar.

2. Objetivos da Lei 11.101/05

A legislação falimentar é um importante marco regulatório para o ambiente de negócios de um país, na medida em que cria mecanismos de incentivo, que definem o comportamento dos agentes econômicos quando um deles se encontra em estado de crise. Entende-se que, diante de uma empresa em crise, uma lei falimentar é tão mais eficiente quanto possa oferecer soluções adequadas para a rápida liquidação da empresa inviável e a recuperação da empresa economicamente viável[584].

Em última análise, "o tratamento dispensado à empresa em crise influencia, em maior ou menor medida, o custo do financiamento empresarial, seja por

---

[583] Vide art. 75 da LREF. Sobre o assunto: TOLEDO, Paulo Fernando Campos Salles de. A preservação da empresa, mesmo na falência. In: DE LUCCA, Newton; DOMINGUES, Alessandra de Azevedo (coord.). *Direito recuperacional*: aspectos teóricos e práticos. São Paulo: Quartier Latin, 2009, p. 517-534.

[584] WARREN. Bankruptcy policy...; WARREN, Elizabeth. Bankruptcy policymaking in an imperfect world. *Michigan Law Review*, v. 92, p. 336-387, 1993; LISBOA, Marcos de Barros; DAMASO, Otávio Ribeiro; SANTOS, Bruno Carazza dos; COSTA, Ana Carla Abrão. A racionalidade econômica da Nova Lei de Falências e de Recuperação de Empresas. In: PAIVA, Luiz Fernando Valente de (coord.). *Direito falimentar e a nova Lei de Falência e Recuperação de Empresas*. São Paulo: Quartier Latin, 2005, p. 31-32.

APRESENTAÇÃO DA LEI 11.101/05

agentes financeiros (bancos), seja por investidores (acionistas). Repercute, ademais, na propensão à assunção de riscos por potenciais empresários e no nível de empreendedorismo"[585].

No plano internacional, não há um consenso acerca do tratamento a ser dispensado à insolvência[586]. Nos Estados Unidos – país em que não há um estigma associado à crise empresarial tão intenso quanto em outros lugares[587] –, existe um importante debate teórico acerca de quais devem ser os objetivos de uma lei concursal. De um lado, parte da doutrina (filiada à corrente da *Law and Economics*) defende a prevalência dos interesses dos credores, razão pela qual a legislação deva estar orientada para garantir a máxima satisfação dos créditos[588]. De outro, além da necessidade de tutelar o crédito, parte da doutrina entende que a preservação da empresa, com a consequente manutenção dos postos de trabalho e a minimização dos impactos sociais decorrentes da crise, deve ser o objetivo mais importante da legislação concursal[589].

Por uma questão de política legislativa, o debate teórico norte-americano acerca dos propósitos do sistema concursal se reproduz nos grandes sistemas atualmente existentes[590]. Em um grupo de países, a preservação da empresa é eleita como o objetivo principal do sistema (Estados Unidos e França). Em outro, a preservação é aceita, mas desde que maximize o retorno dos credores (Alemanha, Espanha e Portugal), motivo pelo qual está nas mãos destes a opção pela reorganização ou pela liquidação[591].

---

[585] BUSCHINELLI, Gabriel Saad Kik. *Abuso do direito de voto na assembleia geral de credores*. São Paulo: Quartier Latin, 2014, p. 70.

[586] CEREZETTI. *A recuperação judicial de sociedade por ações...*, p. 132, nota 152.

[587] E até louvam-se empresários que recorrem aos regimes concursais, na medida em que comprovam a disposição de assumir os riscos necessários à promoção do capitalismo (CEREZETTI. *A recuperação judicial de sociedade por ações...*, p. 93-94).

[588] Os principais teóricos dessa corrente são DOUGLAS BAIRD e THOMAS JACKSON (BAIRD, Douglas G.; JACKSON, Thomas H. Corporate reorganizations and the treatment of diverse ownership interest: a comment on adequate protection of secured creditors in bankruptcy. *University of Chicago Law Review*, v. 51, p. 97-130, 1984; BAIRD, Douglas G. Loss distribution, forum shopping, and bankruptcy: a reply to Warren. *University of Chicago Law Review*, v. 54, p. 815-834, 1987; JACKSON. *The logic and limits of bankruptcy law...*).

[589] Nesse sentido: WARREN. Bankruptcy policy...; WARREN. Bankruptcy policymaking in an imperfect world... No plano legislativo, porém, não há dúvidas de que o sistema norte-americano possui a preservação da empresa como o objetivo principal a ser alcançado.

[590] Ao ponto de um dos autores do anteprojeto da lei alemã de insolvências (*Insolvenzordnung*) ter declarado que o diploma seria uma codificação das ideias do professor THOMAS JACKSON. Na verdade, como bem destaca SHEILA CEREZETTI, os sistemas europeus dividem-se em dois grandes grupos e cada um deles reflete os posicionamentos doutrinários encontrados nos Estados Unidos (CEREZETTI. *A recuperação judicial de sociedade por ações...*, p. 132 (nota 141), 145-146).

[591] O direito alemão é o grande paradigma deste grupo, tanto que influenciou, decisivamente, os direitos espanhol e português (CEREZETTI. *A recuperação judicial de sociedade por ações...*, p. 135, 145).

RECUPERAÇÃO DE EMPRESAS E FALÊNCIA

A legislação concursal brasileira (Lei 11.101/05) filia-se à primeira concepção[592], na medida em que elege como princípio cardeal a preservação da empresa, em atenção aos interesses de todas as classes que em torno dela gravitam[593]. Entre nós (assim como nos Estados Unidos e na França), as medidas recuperatórias preferem às liquidatórias sempre que se trate de empresa economicamente viável – sendo que há estudos empíricos demonstrando a superioridade de um sistema capaz de equilibrar a proteção conferida às diferentes classes afetadas pela crise empresarial[594].

Não obstante, quando isso não for possível, a legislação de insolvência deve garantir uma rápida liquidação dos ativos do devedor, proporcionando a satisfação dos créditos ao maior número de credores possível[595]. Em suma, essa é a principal função que se espera de uma lei falimentar: possibilitar a recuperação do recuperável e liquidar rapidamente o negócio economicamente inviável[596], alcançando uma espécie de "equilíbrio transcendental" entre os interesses do devedor e dos credores.

Além disso, um sistema falimentar e de recuperação de empresas deve garantir a imparcialidade – ou o equilíbrio – na proteção dos interesses de cada parte envolvida no procedimento. Dito de outra forma, a lei não pode ser excessivamente favorável ao devedor, tampouco ao credor[597].

Considerando que o sistema econômico está alicerçado na disponibilidade de crédito, quando a lei garante excessiva proteção ao devedor, possibilitando que empresas inviáveis sigam operando no mercado – porque é leniente com o inadimplemento ou com o desrespeito aos contratos –, ela não garante a eficácia das garantias, nem protege eficientemente o direito de propriedade. Isso acarreta, ao fim e ao cabo, uma perda para a economia como um todo e desencadeia um significativo aumento no grau de incerteza do mercado, determinando uma provável redução do número global de negócios[598].

Por outro lado, uma lei excessivamente protetiva ao crédito – que garantisse a liquidação, a qualquer custo, de todo devedor em estado de crise – levaria à extinção de empresas economicamente viáveis, cuja reorganização possibilitaria

---

[592] Assim como o direito norte-americano e o francês (CEREZETTI. *A recuperação judicial de sociedade por ações...*, p. 91, 153-154).

[593] BUSCHINELLI. *Abuso do direito de voto na assembleia geral de credores...*, p. 69.

[594] CEREZETTI. *A recuperação judicial de sociedade por ações...*, p. 153-154.

[595] WESTBROOK, Jay et al. *A global view of business insolvency systems*. Washington: The World Bank, 2010, p. 51 ss.

[596] LISBOA; DAMASO; SANTOS; COSTA. A racionalidade econômica da nova Lei..., p. 34-35.

[597] Evitando aquilo que FÁBIO KONDER COMPARATO chamou de "movimento pendular da legislação falimentar brasileira", ora tendente para o lado de um, ora para o do outro (COMPARATO. *Aspectos jurídicos da macro-empresa...*, p. 95-98).

[598] LISBOA; DAMASO; SANTOS; COSTA. A racionalidade econômica da nova Lei..., p. 34-37.

APRESENTAÇÃO DA LEI 11.101/05

a manutenção de postos de trabalho, a arrecadação de tributos, a continuidade das interações econômicas com outros agentes e o desenvolvimento das comunidades nas quais estão inseridos seus centros de negócios[599].

Diante disso, entende-se que uma das principais funções da legislação de insolvência é propiciar um ambiente de cooperação entre os agentes envolvidos, sobretudo, nos processos recuperatórios, com a participação ativa dos credores, alocando, em sua esfera de ação, boa parcela do poder decisório sobre o esforço de soerguimento da empresa, uma vez que eles – os credores – são os mais afetados com as medidas de reorganização do devedor. A experiência econômica demonstra que os resultados globais das recuperações tendem a ser melhores quando as partes diretamente envolvidas no empreendimento cooperam entre si.

Ao fim e ao cabo, com a promulgação da LREF, buscou-se criar um sistema de insolvência capaz de preservar as empresas viáveis e retirar rapidamente do mercado as inviáveis. Evidentemente que para isso é importante a tramitação célere dos procedimentos, bem como que exista maior previsibilidade das decisões; e isso a legislação falimentar brasileira procurou garantir. Ademais, a LREF busca estar atenta às peculiaridades da economia nacional, em alguma medida fundada em negócios de pequeno porte, dispensando, portanto, tratamento favorecido a eles para a superação do estado de crise. Isso sem esquecer de reprimir os crimes praticados em ambientes concursais.

3. Princípios da Lei 11.101/05

Os princípios apontam o sentido e o fundamento de um sistema jurídico. Nessa medida, podem ser considerados o "espírito da lei", pois estabelecem o fim a ser perseguido (ou seja, ordenam que algo seja realizado na maior medida possível)[600]. Possuem, assim, viés de parcialidade[601], sendo importantes pautas de interpretação e de aplicação das regras jurídicas – bem como podem estabelecer direitos e deveres de diversas ordens[602]. Por tudo isso, é relevante que se conheçam os princípios informadores de uma disciplina jurídica para a sua adequada compreensão e aplicação. Abaixo estão listados alguns princípios que se relacionam e informam o direito concursal brasileiro contemporâneo[603].

---

[599] LISBOA; DAMASO; SANTOS; COSTA. A racionalidade econômica da nova Lei..., p. 34-37.

[600] ALEXY, Robert. *Teoria dos direitos fundamentais*. São Paulo: Malheiros, 2008, p. 90.

[601] ÁVILA, Humberto. *Teoria dos princípios:* da definição à aplicação dos princípios jurídicos. 16 ed. São Paulo: Malheiros, 2015, p. 102.

[602] MARTINS-COSTA, Judith. *A boa-fé no direito privado:* sistema e tópica no processo obrigacional. São Paulo: Revista dos Tribunais, 1999, p. 427 ss.

[603] A relação dos princípios informadores da LREF foi extraída, em boa medida, do PARECER 534, de 2004, da Comissão de Assuntos Econômicos sobre o PLC 71, de 2003, que regula a recuperação judicial, a extrajudicial e a falência de pessoas físicas e jurídicas que exerçam atividade econômica, de relatoria

3.1. Preservação da empresa

O princípio basilar da LREF é o da preservação da empresa[604], especialmente diante dos interesses que gravitam em torno dela[605]; e a busca pelo atingimento deste objetivo – preservação da empresa – deve perpassar toda a interpretação dos seus dispositivos legais[606]. Isso porque a empresa é a célula essencial da economia de mercado[607] e como tal cumpre relevante função social[608].

Curioso é que essa função social da empresa nada tem a ver com a prática de atos de caridade ou de cunho social, como em um primeiro momento pode parecer. Efetivamente, a empresa não cumpre função social ao doar itens aos desabrigados de uma enchente ou ao plantar árvores em áreas ambientalmente degradadas. Claro que essas são práticas louváveis, mas não se relacionam com a função das empresas – aliás, de acordo com a Lei das S.A., a prática de atos gratuitos só pode ocorrer com moderação, sob pena de responsabilização dos próprios administradores (Lei das S.A., art. 154, §2º, "a").

A função da empresa se revela com o exercício de uma atividade lucrativa. Isso porque, ao perseguir o lucro, ela produz ou coloca ao alcance das pessoas a

---

do Senador Ramez Tebet. A relação apresentada pelo referido Parecer também faz referência a outros princípios que perpassam a LREF e todo o ordenamento jurídico – como o princípio da segurança jurídica (consubstanciado nas regras da não sucessão, previstas nos arts. 60, parágrafo único, e 141, II, da novação das obrigações, de acordo com o art. 59, e da manutenção da deliberação da Assembleia Geral de Credores, conforme art. 39, §§2º e 3º) e do rigor na punição dos crimes falimentares (existindo as previsões do Capítulo VII da LREF, em que encontramos as disposições penais do art. 168 ao art. 188).

[604] CEREZETTI. *A recuperação judicial de sociedade por ações...*, p. 300; STJ, 2ª Seção, AgRg no CC 129.079/SP, Rel. Min. Antonio Carlos Ferreira, j. 11/03/2015; STJ, 2ª Turma, AgRg no REsp 1.462.032/PR, Rel. Min. Mauro Campbell Marques, j. 05/02/2015; STJ, 4ª Turma, REsp 1.173.735/RN, Rel. Min. Luis Felipe Salomão, j. 22/04/2014; STJ, 2ª Seção, CC 111.645/SP, Rel. Min. Paulo de Tarso Sanseverino, j. 22/09/2010; STJ, 2ª Seção, CC 108.457/SP, Rel. Min (Des. Conv.) Honildo Amaral de Mello Castro, j. 10/02/2010; STJ, 1ª Turma, REsp 844.279/SC, Rel. Min. Luiz Fux, j. 05/02/2009; STJ, 1ª Seção, CC 79.170/SP, Rel. Min. Castro Meira, j. 10/09/2008; STJ, CC 129.626/MT, Rel. Min. Nancy Andrighi (decisão monocrática), 15/08/2013; STJ, CC 115.081/SP, Rel. Min. Marco Buzzi (decisão monocrática), j. 06/02/2012; e TJSP, Câmara Especial de Falências e Recuperações Judiciais de Direito Privado, AI 461.740-4/-00, Rel. Des. Pereira Calças, j. 28/02/2007 (assim decidindo: "a preservação da empresa é o maior princípio da Lei n. 11.101/2005, não se olvidando que os princípios têm peso e densidade, devendo ser mensurados. Violar um princípio é mais grave do que violar uma regra, mercê do que, havendo conflito entre um princípio e uma regra, o juiz deve dar prevalência ao princípio").

[605] CEREZETTI. *A recuperação judicial de sociedade por ações...*, p. 300. Sobre o tema, ver, ainda: SILVA, Vinicius Spaggiari. *O princípio da preservação da empresa na LRE 11.101/2005: conceito e crítica*. Dissertação (Mestrado em Direito). Faculdade de Direito da Universidade de São Paulo, São Paulo, 2013.

[606] CEREZETTI. *A recuperação judicial de sociedade por ações...*, p. 206, 208, 236.

[607] COMPARATO, Fábio Konder. A reforma da empresa. *Revista de Direito Mercantil, Industrial, Econômico e Financeiro*, a. 22, n. 50, p. 57-74, abr./jun. 1983; ANTUNES. Estrutura e responsabilidade da empresa..., p. 29.

[608] COMPARATO, Fábio Konder. Estado, empresa e função social. *Revista dos Tribunais*, São Paulo, a. 85, v. 732, p. 38-46, out. 1996; e COMPARATO, Fábio Konder. Função social da propriedade dos bens de produção. *Revista de Direito Mercantil, Industrial, Econômico e Financeiro*, a. 25, n. 63, p. 71-79, jul./set. 1986.

APRESENTAÇÃO DA LEI 11.101/05

maior parte dos bens e serviços consumidos. Ao explorar a sua atividade, promove interações econômicas com outras empresas, movimentando a economia; compra, vende, paga salários e tributos, ajudando no desenvolvimento da comunidade em que está inserida; cria e, ao seu modo, distribui riqueza. É exatamente assim que a empresa cumpre função social.

Interessante é que a empresa cumpre a sua função social não querendo fazê--lo – ou, ao menos, não objetivando isso –, mas como um efeito colateral benéfico do exercício da sua atividade e da perseguição do lucro; um efeito que os economistas chamam de "externalidade positiva"[609].

A redação do art. 47 da Lei é exemplar:

A recuperação judicial tem por objetivo viabilizar a superação da situação de crise econômico-financeira do devedor, a fim de permitir a manutenção da fonte produtora, do emprego dos trabalhadores e dos interesses dos credores, promovendo, assim, a preservação da empresa, sua função social e o estímulo à atividade econômica[610]-[611].

---

[609] WONNACOTT, P.; WONNACOTT, R. *Ecomonia*. 2 ed. São Paulo: Makron, 1994, p. 25; COASE, Ronald. The problem of social cost. The firm, the market and the law. In: ____. *The problem of social cost*. Chicago: The University of Chicago Press, 1988, p. 95-156 (COASE, Ronald. O problema do custo social. In: SALAMA, Bruno M. (org.) *Direito e economia* – textos escolhidos. São Paulo: Saraiva, 2010, p. 59 ss). Sobre as externalidades – positivas e negativas – decorrentes do exercício da empresa, ver, exemplificativamente: KRUGMAN, Paul; WELLS, Robin. *Introdução à economia*. Trad. de Helga Hoffmann. Rio de Janeiro: Elsevier, 2007, p. 395-408; NUSDEO, Fábio. *Curso de economia* – introdução ao direito econômico. 5 ed. São Paulo: Revista dos Tribunais, 2008, p. 152-161; YAZBEK, Otávio. *Regulação do mercado financeiro e de capitais*. Rio de Janeiro: Elsevier, 2007, p. 47-49; e VERÇOSA, Haroldo Malheiros Duclerc. *Curso de direito comercial*, v. 1. São Paulo: Malheiros, 2006, p. 174-180. Existe, em razão disso, a conhecida equação: "quanto maior a iniciativa privada em determinada localidade, maior o progresso econômico." (STJ, 2ª Turma, REsp 363.206/MG, Rel. Min. Humberto Martins, j. 04/05/2010).

[610] Em regra, a empresa tem maior valor quando está em atividade (*going concern*) do que liquidada, porquanto a organização dos fatores de produção agrega utilidade aos bens que, somados, constituem seus ativos. É o caso, por exemplo, de uma empreiteira que possua excelentes clientes e fornecedores, *know-how*, mão de obra qualificada, mas que não possua bens materiais de valor relevante; as máquinas, os equipamentos e os imóveis que utiliza no desempenho de sua atividade são todos alugados ou arrendados de terceiros. Trata-se tipicamente de uma empresa que, se liquidada, resultará em perdas, se comparado ao potencial de geração de riquezas. Nesse sentido, a liquidação de uma empresa viável economicamente, por mais que se procure manter agregados os fatores de produção no momento da venda, provavelmente resultará em perda da mais valia que a atividade lhe conferia.

[611] Ainda que de forma indireta, a acomodação de interesses em torno da empresa em crise e a discussão conjunta acerca da melhor forma de recuperá-la retoma as premissas dos debates doutrinários acerca do interesse social, em especial das correntes ligadas ao contratualismo e o institucionalismo. CALIXTO SALOMÃO FILHO enxerga na essência do art. 47 o ideário institucionalista, consubstanciado no princípio da preservação da empresa, "verdadeiro ponto comum de encontro" dos interesses dos trabalhadores, dos credores, da comunidade, dos acionistas da sociedade devedora, entre outros. Sobre o tema, ver: SALOMÃO FILHO, Calixto. Recuperação de empresas e interesse social. In: SOUZA JUNIOR, Francisco Satiro de; PITOMBO, Antonio Sergio A. de Moraes (coord.). *Comentários à Lei de Recuperação de Empresas e Falências*. 2 ed. São Paulo: Revista dos Tribunais, 2007, p. 43-54. Ver, ainda: CEREZETTI. *A recuperação*

RECUPERAÇÃO DE EMPRESAS E FALÊNCIA

O princípio da preservação da empresa está concretizado nos regimes recuperatórios legalmente previstos: a recuperação judicial, a extrajudicial e, inclusive, na existência de um regime de recuperação judicial supostamente favorável para as microempresas (ME) e empresas de pequeno porte (EPP)[612].

De mais a mais, o princípio pode ser visto em vários dispositivos espalhados pela Lei, consubstanciado em mecanismos auxiliares que buscam viabilizar os regimes recuperatórios, tais como a existência do período de proteção do devedor (*stay period* – art. 6º, *caput*)[613]; a proibição de retirada dos bens objeto de arrendamento mercantil e alienação fiduciária essenciais à atividade durante o *stay period* (art. 49, §3º); a novação das obrigações pela aprovação do plano (arts. 59 e 165); as regras de estímulo ao financiamento da empresa em crise (art. 67)[614]; a

---

judicial da sociedade por ações... Sobre interesse social, institucionalismo, contratualismo e poder de controle, temas fundamentais para o estudo do direito societário, mas, também, e para aquilo que aqui nos interessa (direito recuperatório e falimentar), ver, entre outros: RATHENAU, Walther. Do sistema acionário – uma análise negocial. Trad. e introd. de Nilson Lautenschleger Jr. Reprodução do texto clássico. *Revista de Direito Mercantil, Industrial, Econômico e Financeiro*, a. 41, n. 128, p. 199-223, out./dez. 2002; JAEGER, Pier Giusto. *L'interesse sociale*. Milano: Giuffrè, 1972; JAEGER, Pier Giusto. Interesse sociale rivisitato (quarant' anni dopo). *Giurisprudenza Commerciale*, n. 1, p. 795-812, 2000; BERLE, Adolph A. Corporate powers as powers in trust. *Harvard Law Review*, v. 44, p. 1.049-1.079, 1931; DODD JR., Merrick E. For whom are corporate managers trustees? *Harvard Law Review*, v. 45, p. 1.145-1.163, 1932; HANSMANN, Henry; KRAAKMAN, Reinier. The end of history for corporate law. *Georgetown Law Journal*, Washington, n. 89, p. 439-468, jan. 2001; CLARK, Robert. *Corporate law*. Boston: Little Brown and Company, 1986, p. 20, 675-681, 702; EASTERBROOK, Frank H.; FISCHEL, Daniel R. *The economic structure of corporate law*. Cambridge: Harvard University Press, 1996; COMPARATO, Fábio Konder; SALOMÃO FILHO, Calixto. *O poder de controle na sociedade anônima*. 4 ed. Rio de Janeiro: Forense, 2005; LEÃES, Luiz Gastão Paes de Barros. *Comentários à Lei das Sociedades Anônimas*, v. 2. São Paulo: Saraiva, 1980, p. 248; GUERREIRO, José Alexandre Tavares. Sociedade anônima: poder e dominação. *Revista de Direito Mercantil, Industrial, Econômico e Financeiro*, a. 23, n. 53, p. 73-80, jan./mar. 1984; GUERREIRO, José Alexandre Tavares. Sociologia do poder na sociedade anônima. *Revista de Direito Mercantil, Industrial, Econômico e Financeiro*, a. 29, n. 77, p. 50-56, jan./mar. 1990; BULGARELLI, Waldirio. *Regime jurídico da proteção às minorias*. Rio de Janeiro: Renovar, 1988, p. 70-74; FRANÇA, Erasmo Valladão Azevedo e Novaes. *Conflito de interesses nas assembléias de S.A*. São Paulo: Malheiros, 1993, p. 21-63; MUNHOZ, Eduardo Secchi. *Empresa contemporânea e direito societário*: poder de controle e grupos de sociedade. São Paulo: Juarez de Oliveira, 2002, p. 36-60; SALOMÃO FILHO, Calixto. Interesse social: a nova concepção. In: ____. *O novo direito societário*. 4 ed. rev. e ampl. São Paulo: Malheiros, 2011, p. 27-51; SZTERLING, Fernando. *A função social da empresa no direito societário*. Dissertação (Mestrado em Direito). Faculdade de Direito da Universidade de São Paulo, São Paulo, 2003.

[612] Observe-se que a Jurisprudência em Teses do STJ, no Enunciado 1 da Edição 35, assim dispõe: "A recuperação judicial é norteada pelos princípios da preservação da empresa, da função social e do estímulo à atividade econômica, a teor do art. 47 da Lei n. 11.101/2005."

[613] Que suspende o curso das execuções e ações que possam agredir o patrimônio do devedor por até 180 dias depois de deferido o processamento da recuperação judicial – benefício que não está disponível no regime da recuperação extrajudicial (art. 161, §4º).

[614] Que faz extraconcursais os créditos gerados durante a recuperação judicial, em caso de falência da recuperanda, além de promover os créditos antigos na razão de um por um para a classe dos créditos

APRESENTAÇÃO DA LEI 11.101/05

possibilidade de alienação do estabelecimento sem a ocorrência de sucessão das obrigações do devedor, inclusive as de natureza tributária e trabalhista (art. 60, parágrafo único)[615]; a possibilidade de o juiz impor a recuperação "goela abaixo" (*cram down*[616]) aos credores dissidentes quando o plano for rejeitado pela assembleia[617]; a regra de manter o devedor no comando da empresa recuperanda (*debtor-in-possession*) (art. 64, *caput*)[618].

O exame da lista exemplificativa dos meios de recuperação judicial prevista no art. 50, também aplicável à recuperação extrajudicial, é mais um elemento que reforça o espírito recuperatório que perpassa a LREF, cujo objetivo primordial é estimular o devedor a estudar e propor alternativas jurídicas capazes de reorganizar a empresa em crise.

Mesmo na falência, percebe-se a preocupação do legislador com a preservação da empresa, especialmente nas regras previstas nos arts. 95 (que autoriza o

com privilégio geral – para cada real em crédito se promove um real do crédito antigo (espécie de *upgrade* na classificação). Na jurisprudência: STJ, 4ª Turma, REsp 1.399.853/SC, Rel. Min. Maria Isabel Gallotti, Rel. p/ acórdão Min. Antônio Carlos Ferreira, j. 10/02/2015 (assim decidindo: créditos relativos a negócios jurídicos formalizados após o momento em que deferido o processamento da recuperação judicial (art. 52) possuem natureza extraconcursal. Aplicação do princípio da preservação da empresa (art. 47). "A expressão 'durante a recuperação judicial', gravada nos arts. 67, caput, e 84, V, da Lei de Falências e de Recuperação de Empresas, abrange o período compreendido entre a data em que se defere o processamento da recuperação judicial e a decretação da falência, interpretação que melhor harmoniza a norma legal com as demais disposições da lei de regência e, em especial, o princípio da preservação da empresa"). Também nesse sentido: STJ, 3ª Turma, REsp 1.398.092/SC, Rel. Min. Nancy Andrighi, j. 06/05/2014; STJ, 4ª Turma, REsp 1.185.567, Rel. Min. Maria Isabel Gallotti, Rel. p/ acórdão Min. Antonio Carlos Ferreira, j. 05/06/2014. Nesse sentido caminha o Enunciado 10 da Edição 35 da Jurisprudência em Teses do STJ. Ver, também: TJRS, 6ª Câmara Cível, AI 70025116567, Rel. Des. Liége Puricelli Pires, j. 26/03/2009 (assim decidindo: "Os créditos de fornecedores que realizam operações comerciais com a empresa em recuperação – classificados como extraconcursais – preferem aos demais, inclusive aos de natureza trabalhista"); e TJRS, 6ª Câmara Cível, AI 70025116567, Rel. Des. Liége Puricelli Pires, j. 25/09/2008. Sobre o financiamento do devedor em recuperação – um dos aspectos mais sensíveis de qualquer processo recuperatório –, ver: DIAS. *Financiamento na recuperação judicial...*; KIRSCHBAUM, Deborah. *A recuperação judicial no Brasil*: governança, financiamento extraconcursal e votação do plano. Tese (Doutorado em Direito). Faculdade de Direito da Universidade de São Paulo, São Paulo, 2009, especialmente p. 127 ss; TROVO, Beatriz Villas Boas Pimentel. *Captação de recursos por empresas em recuperação judicial e Fundos de Investimentos em Direitos Creditórios (FIDC)*. Dissertação (Mestrado em Direito). Faculdade de Direito da Universidade de São Paulo, São Paulo, 2013.

[615] Benefício este que, infelizmente, não está disponível para o regime da recuperação extrajudicial.

[616] *Crammed down in the throats of the objectors*, na expressão em inglês.

[617] Desde que observadas as condicionantes legais (art. 58, §§1º e 2º), hipótese também presente na recuperação extrajudicial relativamente aos credores que a ela não aderiram (art. 163).

[618] Benefício que estimula a recuperação, na medida em que o titular da empresa não precisa ter o receio de perder o controle sobre ela para se valer do regime recuperatório – além de garantir a elaboração de um plano por quem está ciente das questões relevantes do negócio. Sabe-se que credores que temem seu afastamento retardam ao máximo a solução recuperatória (CEREZETTI. *A recuperação judicial de sociedade por ações...*, p. 101, 106, nota de rodapé 55).

RECUPERAÇÃO DE EMPRESAS E FALÊNCIA

devedor a pleitear sua recuperação judicial como meio de defesa, de forma incidental, dentro do prazo legal para contestação de pedido de falência apresentado por determinado credor) e 140 (que indica a preferência legal pela venda do conjunto de estabelecimentos do falido, pelos estabelecimentos singularmente considerados ou, pelo menos, de blocos de bens aptos à utilização produtiva – além de ser possível, inclusive, a transferência de contratos). Também favorecem a preservação da empresa na falência a regra que possibilita a venda de bens assim que realizada a arrecadação (LREF, art. 139), ainda que não formado o quadro-geral de credores, e a possibilidade de continuação da atividade mesmo após a decretação da sua quebra (LREF, art. 99, IX). Finalmente, o próprio art. 75 dispõe que a "falência, ao promover o afastamento do devedor de suas atividades, visa a preservar e otimizar a utilização produtiva dos bens, ativos e recursos produtivos, inclusive os intangíveis, da empresa"[619].

É importante destacar, ainda, o papel da jurisprudência na aplicação e na sedimentação do princípio da preservação da empresa, bem como na correta utilização de institutos próprios da LREF em prol do soerguimento de empresas recuperáveis. Nesse quesito, o Poder Judiciário é protagonista[620].

Por fim, lembre-se de que, por se tratar de matéria multidisciplinar e de ordem eminentemente prática, as soluções adequadas ao caso nem sempre se encontram de forma direta e objetiva na letra da Lei, requerendo do julgador um exercício dinâmico de interpretação da norma conforme os princípios da legislação e, dentro dos limites impostos pelo ordenamento, às necessidades práticas do devedor em estado de crise[621]. Assim sendo, entende-se que o art. 47 deve servir

---

[619] A propósito da preservação da empresa em contexto falimentar, ver: TOLEDO. A preservação da empresa, mesmo na falência...; PUGLIESI. *Direito falimentar e preservação da empresa...*; ABRÃO, Nelson. *A continuação do negócio na falência*. Tese (Livre-Docência em Direito). Faculdade de Direito da Universidade de São Paulo, 1975.

[620] CEREZETTI, Sheila C. Neder; MAFFIOLETTI, Emanuelle Urbano. Fotografias de uma década da Lei de Recuperação e Falência. In: _____; _____ (coord.). *Dez anos da Lei nº 11.101/2005*: estudos sobre a Lei de Recuperação e Falência. São Paulo: Almedina, 2015, p. 38.

[621] SICA, Ligia Paula Pires Pinto. *Recuperação extrajudicial de empresas*: desenvolvimento do direito de recuperação de empresas brasileiro. Tese (Doutorado em Direito). Faculdade de Direito da Universidade de São Paulo, São Paulo, 2009, p. 251-302, em especial nas p. 283-302. Nesse sentido, vale destacar interessante precedente da 6ª Câmara Cível do Tribunal de Justiça do Rio Grande do Sul (TJRS, 6ª Câmara Cível, AI 70040733479, Rel. Des. Ney Wiedemann Neto, j. 28/04/2011). A leitura da ementa do caso é suficiente para apreender o sentido da interpretação adotada pelo Tribunal: "Agravo de instrumento. Recuperação judicial. Pedido de convocação de nova assembléia de credores, formulado pela empresa recuperanda, com o intuito de apresentar proposta de modificação do plano anteriormente aprovado. Situação não prevista pela lei que, ao mesmo tempo, não está nela vedada. As particularidades do caso concreto, em face do princípio da preservação da empresa, pela sua função social, na forma do art. 47 da Lei n. 11.101, recomendam seja concedida a oportunidade. Recurso provido." A matéria objeto de recurso foi bem examinada e resumida no seguinte trecho do voto de autoria do Desembargador NEY

APRESENTAÇÃO DA LEI 11.101/05

como fundamento para que sejam propostas soluções interpretativas teleológicas tendentes a preservar a empresa viável e internalizar os interesses que gravitam em torno dela[622].

3.2. Separação da sorte da "empresa" e do "empresário"

Segundo a clássica lição de ALBERTO ASQUINI, "empresa" é um fenômeno poliédrico, com diversos significados. Pelo perfil funcional, empresa é a atividade empresária; pelo perfil subjetivo, é o sujeito que exerce a atividade empresária; pelo perfil objetivo, é o estabelecimento utilizado pelo empresário para o exercício da sua atividade[623]. E, de fato, no cotidiano, o termo "empresa" é empregado nos seus mais diferentes significados – o que também é feito, em diversas vezes, pelo próprio legislador.

Todavia, tecnicamente, "empresa" significa a atividade (econômica e organizada, exercida profissionalmente para a produção ou a circulação de bens ou de serviços), enquanto que "empresário" é quem exerce a atividade empresária (seja um empresário individual, seja uma sociedade empresária ou uma empresa individual de responsabilidade limitada), por meio do "estabelecimento" (entendido como complexo de bens organizados para o exercício da empresa por empresário individual ou por sociedade empresária)[624].

WIEDEMANN NETO: "Como bem captou a culta Procuradora de Justiça, em seu parecer, o agravante antecipou que nesta assembléia pretende apresentar a proposta de dação em pagamento, o que está expressamente previsto no art. 50, inciso IX, da Lei n. 11.101. E, assim, mal algum haveria em oportunizar aos credores que se manifestem a respeito do desiderato. Além do mais, é fato incontroverso que a agravante está em mora quanto ao cumprimento do plano, o que de certo modo teve a concordância tácita de todos os que estão afetos ao plano, porque até então não se insurgiram. Como já se passaram tantos meses, não há mal algum em conceder-se essa derradeira oportunidade de readequação do plano, com o objetivo maior da preservação da empresa, que exerce na comunidade local importante função social, antes já destacada."

[622] CEREZETTI. *A recuperação judicial de sociedade por ações...*, 203-238; BUSCHINELLI. *Abuso do direito de voto na assembleia geral de credores...*, p. 73. Nesse sentido, "(...) se houver duas situações possíveis não previstas na lei, deve-se escolher aquela que melhor atenda o princípio que privilegia a possibilidade de recuperação" (se for o caso) (BEZERRA FILHO, Manoel Justino. Capítulo IX: Procedimento da recuperação judicial – exame dos dispositivos dos arts. 55 a 69. In: CARVALHOSA, Modesto (coord.). *Tratado de direito empresarial*, v. V – recuperação empresarial e falência. São Paulo: Revista dos Tribunais, 2016, p. 231).

[623] Faz-se, também, referência ao perfil corporativo, vislumbrando a empresa como instituição. Sobre o tema, ver: ASQUINI, Alberto. Perfis da Empresa. Trad. de Fábio Konder Comparato. *Revista de Direito Mercantil, Industrial, Econômico e Financeiro*, São Paulo, n. 104, p. 108-126, out./dez. 1996.

[624] Vide regra dos arts. 966, 980-A, 982, 983 e 1.142 do Código Civil. Nesse sentido, ver: ASCARELLI, Tullio. *Corso di diritto commerciale*. Milano: Giuffrè, 1962, p. 145 ss; ASCARELLI, Tullio. A atividade do empresário. Trad. de Erasmo Valladão Azevedo e Novaes França. *Revista de Direito Mercantil Industrial, Financeiro e Econômico*, São Paulo, v. 42, n. 132, p. 203-215, out./dez. 2003; ASCARELLI, Tullio. O empresário. Trad. de Fábio Konder Comparato, *Revista de Direito Mercantil Industrial, Financeiro e Econômico*, São Paulo, n. 109, p. 183-189, jan./mar. 1998; MARCONDES, Sylvio. *Problemas de direito mercantil.*

O foco de regulação da LREF não é o sujeito, isto é, o empresário individual ou a sociedade empresária (ou o seu controlador), mas sim os fatores de produção devidamente organizados para o exercício da atividade empresária[625]. Tanto é assim, que são possíveis as seguintes soluções para sanear a crise, todas elas prevendo a substituição do titular da atividade empresarial: na recuperação, (*i*) o trespasse ou arrendamento de estabelecimento para outro titular, inclusive à sociedade constituída pelos próprios empregados (art. 50, VII); (*ii*) o usufruto do estabelecimento pelos credores (art. 50, XIII); (*iii*) a constituição de sociedade de propósito específico (SPE) para adjudicar, em pagamento dos créditos, os ativos do devedor (art. 50, XVI); na falência, (*iv*) a preferência pela alienação do conjunto de estabelecimentos do devedor, dos estabelecimentos singularmente considerados ou, ao menos, blocos de bens suficientes para a utilização produtiva em relação à venda de bens singularmente considerados (art. 140).

É evidente que a Lei busca proteger a atividade, não necessariamente o seu titular – e o faz prevendo várias hipóteses de transferência da titularidade ou de exploração dos estabelecimentos do devedor. Como o estabelecimento empresarial possui aptidão funcional, sua existência depende do fato de o complexo de bens organizado pelo empresário estar a serviço de uma atividade econômica[626].

São Paulo: Max Limonad, 1970, p. 1-38, 129-161; MARCONDES, Sylvio. *Questões de direito mercantil*. São Paulo: Max Limonad, 1977, p. 1-28; GONÇALVES NETO, Alfredo de Assis. *Direito de empresa*: comentários aos artigos 966 a 1.195 do Código Civil. 2 ed. rev., atual. e ampl. São Paulo: Revista dos Tribunais, 2008, p. 33 ss, 573 ss; FRANÇA, Erasmo Valladão Azevedo e Novaes França. Empresa, empresário e estabelecimento. A nova disciplina das sociedades. In: _____. *Temas de direito societário, falimentar e teoria da empresa*. São Paulo: Malheiros, 2009, p. 511-530.

[625] Vale destacar que o direito concursal desconheceu por muito tempo a distinção entre empresário ou sociedade empresária (como sujeito), empresa (como atividade) e estabelecimento (como objeto). Nesse particular, interessante é a construção de FÁBIO KONDER COMPARATO: "(...) A empresa segue a sorte do empresário como se fora simples objeto de sua propriedade." (COMPARATO. *Aspectos jurídicos da macro-empresa*..., p. 102). Em outra passagem, o Professor da Faculdade de Direito da USP defende que a diferenciação entre o titular da atividade econômica (o empresário) e a atividade econômica em si (a empresa) penetrou de forma muito menos audaciosa e rápida no direito comercial do que no direito trabalhista, por exemplo. Isso ocorreu porque, no direito laboral, a evolução no tratamento do problema da sucessão nas dívidas e obrigações trabalhistas, quando da transferência do controle societário, ressaltou o fato da empresa transcender o empresário (COMPARATO; SALOMÃO FILHO. *O poder de controle na sociedade anônima*..., p. 282-284). O Professor CALIXTO SALOMÃO FILHO ressalta a tentativa da Lei 11.101/05 de dissociar a ruína da empresa da ruína do empresário, de modo a possibilitar que a primeira sobreviva ao último (SALOMÃO FILHO. Recuperação de empresas e interesse social..., p. 54). Sobre a empresa na LREF, ver: CAVALLI, Cássio. Teoria da empresa na recuperação judicial. In: CEREZETTI, Sheila C. Neder; MAFFIOLETTI, Emanuelle Urbano (coord.). *Dez anos da Lei nº 11.101/2005*: estudos sobre a Lei de Recuperação e Falência. São Paulo: Almedina, 2015, p. 200-236.

[626] O estabelecimento, de acordo como art. 1.142 do Código Civil, é o complexo de bens organizado *para exercício da empresa* pelo empresário ou pela sociedade empresária. Nesse sentido, diz-se que o estabelecimento possui a função de viabilizar a exploração da atividade econômica; tem, portanto, caráter instrumental, uma vez que o conjunto de bens é organizado para o exercício da atividade empresária.

APRESENTAÇÃO DA LEI 11.101/05

E quando não é possível a transferência da titularidade ou da exploração dos estabelecimentos do devedor, em conjunto ou individualmente considerados, a LREF dá preferência, ao menos, à transferência de blocos de bens suficientes para a utilização produtiva. Eis o objetivo da LREF tanto na recuperação judicial (LREF, art. 47) e extrajudicial quanto na falência (LREF art. 75)[627].

3.3. Retirada da empresa inviável do mercado

Nem toda empresa merece ser preservada. Não existe, no direito brasileiro ou em qualquer outro dos que temos notícia, um princípio da "preservação da empresa a todo custo"[628]. Na verdade, a LREF consagra, no sentido exatamente oposto, um princípio complementar ao da preservação da empresa, que é o da retirada da empresa inviável do mercado.

Ora, não é possível – nem razoável – exigir que se mantenha uma empresa a qualquer custo; quando os agentes econômicos que exploram a atividade não estão aptos a criar riqueza e podem prejudicar a oferta de crédito, a segurança e a confiabilidade do mercado, é sistematicamente lógico que eles sejam retirados do mercado, o mais rápido possível, para o bem da economia como um todo, sempre com a finalidade de se evitar a criação de maiores problemas[629].

Do ponto de vista estritamente econômico, a falência não é necessariamente má, pois se os recursos (capital, trabalho, etc.) são escassos – como de fato o são –, esses devem ser realocados para aqueles agentes que tenham efetiva capacidade

---

Nesse sentido, entre outros, ver: BARRETO FILHO, Oscar. *Teoria do estabelecimento comercial*. São Paulo: Max Limonad, 1969, p. 132; GONÇALVES NETO. *Direito de empresa...*, p. 585; TOKARS, Fábio. *Estabelecimento empresarial*. São Paulo: LTr, 2006, p. 58-61.

[627] Nesse sentido, ver: TOLEDO. A preservação da empresa, mesmo na falência...; e PUGLIESE. *Direito falimentar e preservação da empresa...* Ver, também: ABRÃO. *A continuação do negócio na falência...*

[628] STJ, 2ª Seção, AgRg no CC 100.250/DF, Rel. Min. Nancy Andrighi, j. 08/09/2010 (assim decidindo: "A função social da empresa exige sua preservação, mas não a todo custo. A sociedade empresária deve demonstrar ter meios de cumprir eficazmente tal função, gerando empregos, honrando seus compromissos e colaborando com o desenvolvimento da economia, tudo nos termos do art. 47 da Lei nº 11.101/2005").

[629] Veja-se a lição de PAULA FORGIONI: "O direito mercantil não é concebido para socorrer o agente individualmente considerado, mas o funcionamento do mercado; o interesse da empresa é protegido na medida em que implica o bem do tráfico mercantil." "O patrimônio jurídico do direito comercial deve ser analisado sob essa ótica; o ordenamento considerará e admitirá a racionalidade econômica do agente apenas enquanto mostrar-se útil ao sistema, dentro da racionalidade jurídica." "Mesmo normas que tutelam empresas em situação de inferioridade, como a repressão ao abuso da dependência econômica, de fato visam a incrementar as garantias para a atuação no mercado, impedindo que tenham lugar explorações desestimuladoras do tráfico." "Poderíamos seguir analisando inúmeros institutos, desde a coibição do abuso do poder econômico até a disciplina dos contratos e das sociedades comerciais. Alcançaríamos sempre a mesma conclusão: o direito mercantil não busca a proteção dos agentes econômicos singularmente considerados, mas da torrente de suas relações." (FORGIONI, Paula. *A evolução do direito comercial brasileiro*: da mercancia ao mercado. São Paulo: Revista dos Tribunais, 2009, p. 17-18).

de gerar riqueza[630]. Além disso, a total inexistência de consequências – ainda que sejam consequências de caráter jurídico-econômico – poderia estimular a irresponsabilidade e a adoção de práticas ainda mais danosas por parte dos empresários. Como já foi dito alhures, "capitalismo sem quebra é como cristianismo sem inferno: falta um pedaço essencial"[631].

Tem-se, portanto, que somente deve ser passível de recuperação a empresa economicamente viável[632]. Nesse sentido, cabe essencialmente aos credores da empresa em dificuldades o poder de julgar a sua viabilidade, seja aceitando o plano de recuperação apresentado judicialmente pelo devedor, seja aderindo ao plano de recuperação extrajudicial.

3.4. Tratamento paritário dos credores

O princípio da *par conditio creditorum* (igualdade entre os credores) é clássico no direito falimentar. De uma maneira geral, objetiva garantir que créditos da mesma natureza sejam tratados uniformemente e quitados de maneira proporcional.

Busca tal princípio, na falência, a satisfação proporcional dos credores, excluindo a sistemática de que *prior in tempore potior in jure* ("o primeiro no tempo, preferente no direito")[633]. É um dos pilares de sustentação do regime falimentar, estando refletido, direta ou indiretamente, em uma série de dispositivos legais da LREF (arts. 7º, §§2º e 3º, 76, 83, 126, 129, 130, etc.).

Entretanto, também se busca assegurar o tratamento paritário a todos os credores (*par conditio creditorum*) na recuperação judicial (bem como, em certa medida, na recuperação extrajudicial), ainda que não exista disposição legal expressa nesse sentido[634], uma vez que o princípio da igualdade de tratamento em direito privado entende-se por aplicável às comunhões de interesses[635]. Diante disso, por exemplo, credores da mesma classe e nas mesmas circunstâncias devem receber o mesmo tratamento, apesar de se permitir o tratamento diferenciado

---

[630] KRUGMAN; WELLS. *Introdução à economia...*, p. 5 ss.

[631] SALAMA, Bruno Meyerhof. *Recuperação judicial e trava bancária.* Palestra realizada na sede do Instituto Brasileiro de Direito Empresarial (IBRADEMP) em 29/11/2012. São Paulo. Disponível em <http://works. bepress.com/bruno_meyerhof_salama/75>. Acesso em: 15 dez. 2012, p. 5.

[632] TABB; BRUBAKER. *Bankruptcy law...*, p. 595.

[633] FRANCO, Vera Helena de Mello; SZTAJN, Rachel. *Falência e recuperação da empresa em crise.* Rio de Janeiro: Elsevier, 2008, p. 8.

[634] "81. Aplica-se à recuperação judicial, no que couber, o princípio da *par condicio creditorum*" (Enunciado 81 da II Jornada de Direito Comercial promovida pelo Conselho da Justiça Federal). Nesse sentido, o STJ já se manifestou afirmando que se extrai o princípio do tratamento igualitário do art. 47 da LREF (STJ, 4ª Turma, REsp 1.302.735/SP, Rel. Min. Luis Felipe Salomão, j. 17/03/2016).

[635] BUSCHINELLI, Gabriel Saad Kik. Cessão de crédito na recuperação judicial. In: CEREZETTI, Sheila C. Neder; MAFFIOLETTI, Emanuelle Urbano (coord.). *Dez anos da Lei nº 11.101/2005*: estudos sobre a Lei de Recuperação e Falência. São Paulo: Almedina, 2015, p. 330.

APRESENTAÇÃO DA LEI 11.101/05

desde que respeitados determinados critérios (como, a rigor, permite-se interpretar mediante leitura do art. 58, §2º, da LREF, bem como do seu art. 161, §2º)[636].

3.5. Interesse e participação ativa dos credores

Os credores são os principais afetados com a crise da empresa, seja porque acabam por financiar compulsoriamente a atividade do devedor, ou mesmo porque, na maior parte das vezes, recebem o seu crédito de modo diverso do originalmente pactuado. Isso sem mencionar o custo que lhes é imposto para a tutela de seus direitos no bojo dos processos de recuperação e de falência. Em função de tudo isso, cabe reconhecer a relevância do interesse dos credores, bem como atribuir a eles um papel mais ativo dentro do sistema concursal[637].

Assim, diferentemente do que ocorria no regime anterior, em que a concordata era imposta aos credores após a avaliação judicial acerca do simples cumprimento de certos requisitos, a LREF reservou um papel de destaque aos credores nos regimes de crise, tanto na recuperação judicial quanto na recuperação extrajudicial, além de tê-lo feito, também, na falência. O credor passa, então, de coadjuvante a protagonista na cena dos regimes da LREF.

Na recuperação judicial, a aprovação do plano depende da chancela dos credores reunidos em assembleia (aprovação expressa) ou, no mínimo, da não apresentação de objeções ao plano (aprovação tácita), conforme se depreende do exame dos arts. 55 e 56. A desistência do devedor do pedido de recuperação já deferido depende de prévia aprovação pela AGC, nos termos do art. 35, I, "d", c/c art. 52, §4º, da LREF. Ademais, a rejeição do plano pela assembleia geral de credores implicará na convolação da recuperação judicial em falência (art. 73, III), ressalvada a hipótese do art. 58, §1º.

Na recuperação extrajudicial, a participação dos credores é, igualmente, essencial, pois a adesão ao regime é, por regra, facultativa (art. 162). Também nesse regime é possível a impugnação judicial do plano, sem que exista, no entanto, o risco de ser decretada a quebra do devedor em caso de procedência de tal impugnação (art. 164).

Mesmo nas hipóteses de *cram down* (seja na recuperação judicial, seja na recuperação extrajudicial), situação em que o plano é imposto à minoria dissidente, a adesão dos credores é relevante, pois, ainda assim, um número mínimo de cré-

---

[636] Nesse sentido, vale colacionar o texto do Enunciado 57 da 1ª Jornada de Direito Comercial, promovida pelo Conselho da Justiça Federal no ano de 2012: "O plano de recuperação judicial deve prever tratamento igualitário para os membros da mesma classe de credores que possuam interesses homogêneos, sejam estes delineados em função da natureza do crédito, da importância do crédito ou de outro critério de similitude justificado pelo proponente do plano e homologado pelo magistrado".

[637] O STJ já se manifestou afirmando que o princípio da relevância do interesse dos credores é encontrado no art. 47 da LREF (STJ, 4ª Turma, REsp 1.302.735/SP, Rel. Min. Luis Felipe Salomão, j. 17/03/2016).

ditos deve tê-lo aprovado para que seja imposto (arts. 58, §1º, e 163). A fórmula do *"cram down* à brasileira" nada mais é do que um rebaixamento do quórum de aprovação pelo juiz à luz da verificação, no caso concreto, da função social da empresa – não significa, em hipótese alguma, a desconsideração total da vontade dos credores.

As regras que preveem uma participação ativa dos credores consistem em uma importante mudança de perspectiva. Afinal de contas, como são os credores que sofrerão os efeitos da recuperação, nada mais justo que o poder decisório acerca disso recaia sobre eles. Ademais, parte-se da premissa de que os credores tenderão a cooperar para a solução da crise do credor, pois os resultados advindos da conduta cooperativa costumam ser economicamente mais eficientes.

No que se refere especificamente à falência, também é possível verificar a materialização do princípio em exame em uma série de regras, dentre as quais se destacam: a previsão genérica que estabelece a necessidade de deliberação da AGC sobre qualquer matéria que possa afetar o interesse dos credores (art. 35, II, "d"); as específicas que requerem sua manifestação nas hipóteses de constituição do comitê de credores, a escolha de seus membros e a sua substituição (art. 35, II, "b"), a adoção de outras modalidades de realização do ativo (art. 35, II, "c", c/c art. 145) e a autorização do comitê de credores, quando constituído, para celebrar contratos que produzam renda para a massa falida (art. 114).

3.6. Redução do custo do crédito

A redução do custo de crédito é mais um dos objetivos da LREF. Em vários dispositivos, é possível verificar regras que criam direitos especiais para as instituições financeiras, reduzindo os riscos que elas normalmente enfrentariam em suas operações de crédito. Em razão disso, poderiam cobrar juros proporcionalmente mais baixos, segundo a lógica: quanto menor o risco, menores os juros[638]. Exemplo disso é a imunização de certos créditos em relação aos efeitos da recuperação[639].

Outra vantagem encontra-se na composição da AGC: os titulares de garantias reais (geralmente instituições financeiras) formam uma classe própria (arts.

---

[638] No entanto, estudos realizados após 2005 não demonstram um impacto significativo da LREF sobre a taxa média de juros cobrada pelas instituições financeiras no Brasil. Nesse sentido, fazemos referência ao relatório da Fundação Getúlio Vargas citado em: DIAS. *Financiamento na recuperação judicial...*, p. 50, nota de rodapé 94.

[639] Exemplificativamente, vale mencionar a previsão dos arts. 49, §§3º e 4º; 86, II; 161, §1º, e 199, §§1º, 2º e 3º, que põem a salvo as relações negociais fundadas em contratos tipicamente bancários, como a alienação fiduciária em garantia, o arrendamento mercantil, o adiantamento sobre contrato de câmbio, o *leasing* de aeronave e suas partes, entre outros. Os créditos decorrentes dos referidos contratos são praticamente "imunes" em relação aos efeitos da recuperações judicial e extrajudicial (apesar de que, na prática, muitas vezes, a jurisprudência acaba relativizando o previsto nos referidos dispositivos).

APRESENTAÇÃO DA LEI 11.101/05

41, II, c/c 45), com direito de voto em separado para deliberar sobre o plano, o que lhes garante um virtual poder de bloquear a aprovação do plano caso com ele não concordem. Da mesma forma, a própria posição do crédito bancário na ordem de pagamentos da falência (art. 83, II) revela o objetivo de reduzir o custo do crédito: o crédito com garantia real – a modalidade típica de garantia exigida pelos bancos em suas operações de financiamento – ocupa o segundo grau na ordem de pagamento dos créditos concursais, logo abaixo dos créditos trabalhistas e acima do Fisco.

3.7. Proteção ao trabalhador
Quis o legislador proteger, também, aqueles que trabalham na empresa em crise. É o princípio da proteção do trabalhador, consubstanciado em vários dispositivos da LREF.

Na falência, destaca-se a própria classificação do crédito trabalhista no quadro dos credores: conforme dispõe o art. 83, I, o crédito trabalhista, como regra, está em primeiro lugar entre os créditos concursais – além do previsto no art. 151, que ordena o pagamento imediato de determinadas verbas salariais. São regras que existem em atenção à natureza eminentemente alimentar do crédito trabalhista e da conhecida hipossuficiência do trabalhador, agente que usualmente não consegue negociar garantias em seu contrato de trabalho, tampouco embutir em sua remuneração uma taxa de risco – tal como o fazem as instituições financeiras e os grandes fornecedores, por exemplo. Ainda, também protetiva é a regra que considera extraconcursal o crédito dos trabalhadores pelo serviço prestado depois da decretação da falência da empresa (art. 84, I).

No âmbito da recuperação judicial, o dispositivo preambular do regime já contém uma norma de natureza programática no sentido da necessária tutela do trabalhador (art. 47)[640]. Além disso, o art. 54 prevê um prazo máximo de um ano dentro do plano de recuperação para o pagamento dos créditos trabalhistas já vencidos (*caput*) e um prazo de 30 dias para o pagamento dos créditos de natureza estritamente salarial, vencidos até três meses antes do pedido de recuperação, no limite de até cinco salários-mínimos por trabalhador (parágrafo único). Assim sendo, a natureza alimentar do crédito trabalhista faz dele um crédito superprivilegiado no sentido de que o seu pagamento deva ser quase imediato[641].

---

[640] "A recuperação judicial tem por objetivo viabilizar a superação da situação de crise econômico-financeira do devedor, a fim de permitir a manutenção da fonte produtora, do emprego dos trabalhadores...".

[641] Tem-se visto a aprovação de planos de recuperação judicial em que ao devedor é concedido, muitas vezes, prazo de 25 ou 30 anos para o pagamento de suas obrigações. No entanto, por força dos dispositivos legais ora em comento, os créditos trabalhistas, todos eles, deverão ser pagos dentro do prazo máximo de um ano.

No entanto, reconhece-se que a proteção conferida aos trabalhadores e à sua participação no deslinde da recuperação judicial ou da falência se dá, basicamente, apenas quando estes detiverem também a posição de credores. Nas situações em que não são titulares de créditos, os trabalhadores não participam da AGC, não nomeiam membros do comitê de credores nem podem apresentar impugnações a créditos constantes da relação de credores apresentada pelo administrador judicial. Em outras palavras, não se verificando inadimplemento dos créditos trabalhistas, a classe não tem voz na recuperação judicial ou na falência. Veja-se, então, que não é conferida uma participação aos trabalhadores enquanto trabalhadores, mas tão somente na qualidade de trabalhadores-credores, o que é objeto de crítica por parte da doutrina[642].

Por outro lado, a LREF, aparentemente com a intenção de tutelar o trabalhador, exclui eles do regime da recuperação extrajudicial (art. 161, §1º), crendo que uma negociação extrajudicial poderia causar graves prejuízos à classe – possivelmente em razão da dificuldade de coordenação de tais credores, da extrema necessidade que pode gerar o inadimplemento do crédito destinado ao sustento do empregado e de sua família e de outras peculiaridades envolvendo esse tipo de crédito. Mais uma vez, aqui, o legislador parece considerar o tralhador apenas na sua faceta trabalhador-credor, desconsiderando que ele mesmo poderia participar do regime da recuperação extrajudicial sem que seu crédito fosse objeto de negociação.

3.8. Preservação e maximização dos ativos do falido

Para atender um maior número de credores na falência e para aumentar as chances de recuperação da empresa em crise, a LREF oferece mecanismos para assegurar a obtenção do máximo valor possível pelos ativos do falido, (*i*) evitando a deterioração provocada pela demora excessiva do processo, (*ii*) priorizando a venda da empresa em bloco para evitar a perda dos intangíveis, e (*iii*) possibilitando ao administrador judicial celebrar contratos que gerem renda a partir da exploração dos bens da massa falida, enquanto esses não forem alienados.

Nesse sentido, vislumbra-se o objetivo de preservar e maximizar os ativos do falido (*i*) na regra que permite ao administrador judicial fazer a avaliação dos bens do falido arrecadados, se tiver conhecimento técnico para tanto, possibilitando, ainda, (*ii*) a avaliação dos bens em bloco se isso for possível (art. 108); (*iii*) na permissão, em razão dos custos e no interesse da massa falida, de aquisição ou adjudicação, de imediato, pelos credores, dos bens arrecadados, pelo valor da avaliação, atendida a regra de classificação e preferência entre eles, desde que autorizado pelo juiz e ouvido o Comitê de Credores, se houver (art. 111); (*iv*) na

---

[642] CEREZETTI. *A recuperação judicial de sociedade por ações...*, p. 217-220, 329.

APRESENTAÇÃO DA LEI 11.101/05

hipótese de venda antecipada dos bens perecíveis, deterioráveis, sujeitos à considerável desvalorização ou que sejam de conservação arriscada ou dispendiosa (art. 113); (v) na permissão de celebrar contratos para gerar renda a partir dos bens da massa (art. 114).

Ademais, o princípio se materializa na preferência legal pela venda do mais abrangente conjunto de bens possível (art. 140), iniciando pela venda da empresa em bloco, com todos os seus estabelecimentos (art. 140, I); na alienação da empresa por estabelecimento (art. 140, II); na alienação de bens em bloco (art. 140, III); e, como última opção, na alienação individual de bens (art. 140, IV). Como é evidente, as hipóteses iniciais permitiriam obter um maior valor de venda e até a continuação da atividade nas mãos de outro empresário.

É importante, ainda, lembrar das técnicas de recuperação que importam o trespasse do estabelecimento (art. 50, VII) e o usufruto da empresa (art. 50, XIII), hipóteses essas que consideram que o conjunto de bens pode gerar valor para o devedor – estando, a rigor, a noção de maximização e de preservação dos ativos do devedor igualmente ínsita aos regimes recuperatórios (judicial e extrajudicial).

3.9. Celeridade, eficiência e economia processual

Os princípios da celeridade, da eficiência e da economia processual prescrevem que as normas procedimentais sejam aplicadas e interpretadas de modo a privilegiar a condução ágil, adequada e econômica dos regimes falimentar e recuperatórios[643].

Nesse sentido, o art. 75, parágrafo único, da LREF, textualmente afirma que o "processo de falência atenderá aos princípios da celeridade e da economia processual" – o que, logicamente, deve abranger todos os seus incidentes, apensos e recursos[644].

De qualquer sorte, também são aplicáveis os arts. 6º e 8º do Código de Processo Civil (Lei 13.105/2015), bem como a previsão contida na Constituição Federal, art. 5º, LXXVIII[645].

---

[643] É senso comum que a gestão do processo interfere diretamente no seu custo financeiro. Essa é uma realidade ainda mais presente nos processos concursais. Sobre o tema, ver: COSTA, Daniel Carnio. O novo método da gestão democrática de processos de insolvência. In: CEREZETTI, Sheila C. Neder; MAFFIOLETTI, Emanuelle Urbano (coord.). *Dez anos da Lei nº 11.101/2005*: estudos sobre a Lei de Recuperação e Falência. São Paulo: Almedina, 2015, p. 66-81.

[644] Nesse sentido determina o art. 9º do Código da Insolvência e da Recuperação de Empresas – CIRE português.

[645] Sobre os temas da efetividade, eficiência, celeridade e duração razoável do processo, ver: BEDAQUE, José Roberto dos Santos. *Efetividade do processo e técnica processual*. 3 ed. São Paulo: Malheiros, 2010; ALVARO DE OLIVEIRA, Carlos Alberto. *Do formalismo no processo civil*. 4 ed. São Paulo: Saraiva, 2010; ALVARO DE OLIVEIRA, Carlos Alberto. Efetividade e processo de conhecimento. *Revista da Faculdade*

A doutrina, abordando especificamente a questão no processo falimentar, esclarece que o magistrado, ao definir as questões incidentais ocorrentes no processo, deverá pautar-se pelas decisões que tenham uma produção jurídica de efeitos mais rápida, pois a demora no processo traz a deterioração do patrimônio e a perda de seu valor econômico, acarretando prejuízo irrecuperável tanto para o devedor quanto para os credores. O princípio da economia visa a garantir ao credor o menor gasto possível na busca da satisfação de seu crédito, bem como na definição por parte do magistrado, acompanhado pela manifestação do Ministério Público, de medidas menos burocratizantes que não só prolongarão a tramitação do processo como também o tornarão mais oneroso[646].

Um processo caro e longo torna-se desinteressante ao credor, que acabará buscando formas alternativas para a satisfação do seu crédito ou, mesmo, poderá, diante da ineficiência sistêmica, restringir sua participação na atividade econômica do País, buscando mercados mais seguros com regimes jurídicos mais eficientes[647]. Isso sem mencionar que um processo demorado está na contramão da necessidade de preservação dos bens do devedor, inclusive dos intangíveis envolvidos na exploração da atividade empresarial e da sua destinação para uma atividade produtiva capaz de preservar a empresa.

A LREF buscou, em diversas oportunidades, concretizar tais princípios. O art. 79, por exemplo, dispõe que os processos de falência e os seus incidentes

de Direito da Universidade Federal do Rio Grande do Sul, Porto Alegre, v. 16, p. 7-19, 1999; CONRADO, Paulo Cesar. "Efetividade" do processo, segurança jurídica e tutela jurisdicional diferençada. Revista do Tribunal Regional Federal 3ª Região, n. 76, p. 47-65, mar./abr. 2006; BARBOSA MOREIRA, José Carlos. Efetividade do processo: por um processo socialmente efetivo. Revista Síntese de Direito Civil e Processual Civil, Porto Alegre, Síntese, v. 2, n. 11, p. 5-14, 2001; DIDIER JR., Fredie. Curso de direito processual civil, v. 1. 17 ed. Salvador: Juspodivm, 2015, p. 93-96, 98-104, 113-114; MARINONI, Luiz Guilherme; ARENHART, Sérgio Cruz; MITIDIERO, Daniel. Novo curso de processo civil, v. 1. São Paulo: Revista dos Tribunais, 2015, p. 247 ss; MARINONI, Luiz Guilherme. Técnica processual e tutela dos direitos. São Paulo: Revista dos Tributais, 2004; MARINONI, Luiz Guilherme. Direito fundamental à duração razoável do processo. Interesse Público, Belo Horizonte, v. 10, n. 51, p. 42-60, set./out. 2008; THEODORO JÚNIOR, Humberto. Direito fundamental à duração razoável do processo. Revista Magister de Direito Civil e Processual Civil, Porto Alegre, v. 5, n. 29, p. 83-98, mar./abr. 2009; TORRES, Juliana. O direito fundamental à razoável duração do processo na Constituição Federal brasileira. Cadernos do Programa de Pós-Graduação em Direito: PPGDir./UFRGS, Porto Alegre, v. 6, n. 7/8, p. 293-339, set. 2007; ASSIS, Araken de. Duração razoável do processo e reformas da lei processual civil. Revista Jurídica, Porto Alegre, v. 56, n. 372, p. 11-27, out. 2008; TUCCI, José Rogério Cruz e. Garantias constitucionais da duração razoável e da economia processual no projeto do Código de Processo Civil. Revista de Processo, São Paulo, v. 36, n. 192, p. 193-209, fev. 2011; ROSITO, Francisco. O princípio da duração razoável do processo sob a perspectiva axiológica. Revista de Processo, São Paulo, v. 33, n. 161, p. 21-38, jul. 2008; YARSHELL, Flávio Luiz. A reforma do judiciário e a promessa de "duração razoável do processo". Revista do Advogado, v. 24, n. 75, p. 28-33, abr. 2004.

[646] PACHECO, José da Silva. Processo de recuperação judicial, extrajudicial e falência. 3 ed. Rio de Janeiro: Forense, 2009, p. 240.

[647] VIGIL NETO. Teoria falimentar e regimes recuperatórios..., p. 272-273.

APRESENTAÇÃO DA LEI 11.101/05

preferem a todos os outros na ordem dos feitos, em qualquer instância[648] – sendo possível se questionar se não se aplicaria a mesma regra à recuperação judicial e à recuperação extrajudicial, uma vez que havia disposição semelhante a essa da falência para a concordata preventiva (art. 203 do Decreto-Lei 7.661/1945). Igualmente, faz-se referência à previsão do art. 40, o qual impede o deferimento de qualquer medida judicial para a suspensão ou adiamento da AGC em razão de pendência de discussão acerca da existência, da quantificação ou da classificação de créditos. Vale mencionar, ainda, as regras que possibilitam a prática imediata de atos ao longo do procedimento falimentar, tais como a alienação dos ativos do falido logo após a arrecadação, independentemente da formação do quadro--geral de credores, de acordo com os arts. 139 e 140, §2º.

A título programático, cumpre a todos os envolvidos no processo (de falência, de recuperação judicial ou de recuperação extrajudicial), e especialmente ao magistrado, concretizar tais princípios, adotando-se uma perspectiva instrumentalista da jurisdição, afastando-se do formalismo exagerado em prol da efetividade[649].

3.10. Favorecimento das empresas de menor porte
Outra inovação trazida pela LREF foi a busca por um regime favorecido à microempresa (ME) e à empresa de pequeno porte (EPP), cuja matriz constitucional está nos arts. 170, IX, e 179 da Constituição Federal.

Nesse sentido, foi projetado o plano especial de recuperação judicial (arts. 70-72), que buscou realizar o princípio da simplificação da recuperação das empresas de menor porte ao prever, entre outras medidas, a desnecessidade de realização de assembleia geral de credores para apreciar o plano de recuperação e a predeterminação dos meios de recuperação[650].

---

[648] Para VERA HELENA DE MELLO FRANCO e RACHEL SZTAJN, o art. 79 da Lei traria positivado "o princípio da precedência" (FRANCO; SZTAJN. *Falência e recuperação da empresa em crise...*, p. 26). Quanto ao tema, vale lembrar as palavras de CARLOS KLEIN ZANINI: "Nem sempre, contudo, terá o dispositivo eficácia prática. No primeiro grau, a existência de vara especializada de falências – situação comum apenas nas capitais – torna-o de certo modo inócuo, devendo prevalecer a ordem natural do serviço. De outra parte, inexistindo vara especializada, impõe-se lhe seja dada interpretação razoável, não se podendo olvidar de outros processos cuja urgência é indiscutível, a exemplo dos *habeas corpus*, alimentos e cautelares em geral." "A mesma regra vale para o Tribunal, dela decorrendo a necessidade de atualização dos Regimentos, que não poderão olvidar a existência da preferência, a ser interpretada com a mesma razoabilidade." (ZANINI, Carlos Klein. Capítulo V: Da falência. In: SOUZA JUNIOR, Francisco Satiro de; PITOMBO, Antônio Sérgio A. de Moraes (coord.). *Comentários à Lei de Recuperação de Empresas e Falência.* 2 ed. rev., atual. e ampl. São Paulo: Revista dos Tribunais, 2007, p. 348).

[649] ZANINI. Capítulo V: Da falência..., p. 339. Sobre perspectiva instrumentalista, ver: DINAMARCO, Cândido Rangel. *A instrumentalidade do processo.* 14 ed. São Paulo: Malheiros, 2009; da mesma forma, ver: BEDAQUE, José Roberto dos Santos. *Direito e processo* – Influência do direito material sobre o processo. 6 ed. São Paulo: Malheiros, 2011. Ver, também: ALVARO DE OLIVEIRA. *Do formalismo no processo civil...*

[650] Parcelamento em até 36 parcelas mensais, iguais e sucessivas, corrigidas monetariamente e acrescidas de juros equivalentes à taxa SELIC, com o pagamento da primeira parcela em até 180 dias contados da

RECUPERAÇÃO DE EMPRESAS E FALÊNCIA

O objetivo é que tais empresas não sejam oneradas pelo trâmite da recuperação judicial tradicional, mais lento e custoso. A partir dessa lógica, tais empresas teriam ampliado seu acesso à recuperação. No entanto, curiosamente, as supostas vantagens – como se verá em maiores detalhes no Capítulo 13 – tendem a ser um importante fator a inviabilizar a recuperação pelo regime especial, em razão dos riscos embutidos na ausência de AGC e na reduzida maleabilidade dos meios de recuperação disponíveis[651].

Cumpre registrar que a LC 147/2014, responsável pela alteração da LC 123/2006 (Estatuto das Microempresas e das Empresas de Pequeno Porte), acrescentou regras que favorecem as empresas de menor porte no contexto recuperatório e falimentar, dentre as quais se destacam a criação de uma classe específica para os credores enquadrados como microempreendedor individual (MEI), ME ou EPP na assembleia geral de credores e a atribuição de privilégio especial aos créditos detidos por agentes econômicos que se enquadrem nessa categoria na falência[652].

---

distribuição do pedido de recuperação, podendo ainda conter proposta de abatimento do valor das dívidas (leia-se: "deságio"). Vide art. 71, II, da LREF.

[651] Sobre os problemas que afetam o regime especial em questão (embora não atualizado com as reformas perpetradas pela LC 147/2014), ver: SPINELLI, Luis Felipe; SCALZILLI, João Pedro; TELLECHEA, Rodrigo. Regime especial da Lei nº 11.101/2005 para as microempresas e empresas de pequeno porte. *Revista Síntese de Direito Empresarial*, a. 4, n. 23, p. 94-121, nov./dez. 2011.

[652] Para uma análise crítica das alterações promovidas pela Lei Complementar 147/2014, ver: CORRÊA JUNIOR, Gilberto Deon; SPINELLI, Luis Felipe; SILVA, Rodrigo Tellechea. Mudanças feitas pela LC 147 no instituto de falência são questionáveis. *Consultor Jurídico*. São Paulo, 22 set. 2014. Disponível em: <http://www.conjur.com.br/2014-set-22/mudancas-feitas-lc-147-instituto-falencia-sao-questionaveis>. Acesso em: 19 dez. 2015.

Capítulo 3
Destinatários da Lei 11.101/05

As disposições da LREF aplicam-se ao empresário individual e à sociedade empresária, de modo que somente esses podem falir ou valer-se dos regimes recuperatórios (LREF, art. 1º) – estando abrangida, logicamente, a empresa individual de responsabilidade limitada (EIRELI) (CC, arts. 44, VI, e 980-A).

Por política legislativa, porém, a LREF excluiu alguns empresários de seu âmbito de incidência. É o caso das empresas estatais, excluídas por razões de interesse público no exercício de determinada atividade econômica, e daqueles agentes cuja crise econômica tem o condão de gerar risco sistêmico ou grave repercussão na economia, como é o caso das instituições financeiras e das operadoras de plano de saúde, dentre outros.

Abaixo, apresentam-se, de forma sistematizada, os destinatários da LREF, para, depois, examinar-se a situação dos excluídos. Serão objeto de análise, também, outras questões relativas à aplicação da LREF, como a dos credores não admitidos nos processos de recuperação judicial ou falimentar.

1. Destinatários

A LREF foi projetada para lidar com a crise empresarial. Por isso, pode fazer uso dos regimes recuperatórios, e está sujeito à falência, quem exerce atividade empresária[653].

Vejamos, um a um, quais são esses casos.

---

[653] Lembrando que a legitimidade da parte, por constituir uma das condições da ação, é matéria de ordem pública que pode ser decidida em qualquer fase do processo. Assim: STJ, 4ª Turma, REsp 1.004.910/RJ, Rel. Min. Fernando Gonçalves, j. 18/03/2008. Na doutrina: AYOUB, Luiz Roberto; CAVALLI, Cássio. *A construção jurisprudencial da recuperação judicial de empresas*. Rio de Janeiro: Forense, 2013, p. 21.

1.1. Empresário individual

O empresário é o agente econômico singular (pessoa física) que atende aos pressupostos do art. 966, *caput*, do Código Civil[654]-[655]. Para falir (seja por meio de pedido de terceiros, seja por meio de pedido de autofalência), não importa se explorava a sua atividade de forma regular ou não[656]. Porém, o empresário individual que explora a atividade de forma irregular não pode requerer a falência de terceiros (LREF, art. 97, §1º)[657] e também não pode utilizar a recuperação judicial ou a extrajudicial (LREF, arts. 48 e 161).

1.2. Sociedades empresárias

As sociedades empresárias (CC, arts. 982 e 983, c/c o art. 966, *caput*) estão sujeitas à LREF.

São empresárias aquelas que a própria legislação assim determina (sociedades empresárias pela forma adotada: sociedade anônima e sociedade em comandita por ações – conforme art. 982, parágrafo único, do Código Civil e arts. 2º e 280 da Lei 6.404/1976) ou aquelas que exploram atividade empresária na forma do art. 966 do Código Civil (sociedades empresárias tendo em vista a atividade por elas explorada)[658]. Compõem essa categoria os tipos societários abaixo[659]:

---

[654] "Art. 966. Considera-se empresário quem exerce profissionalmente atividade econômica organizada para a produção ou a circulação de bens ou de serviços."

[655] O empresário individual exerce atividade empresária em nome próprio, não havendo distinção entre o patrimônio utilizado na exploração da empresa e o patrimônio da pessoa física destinado à vida privada. Há um só patrimônio e, por isso, a recuperação judicial ou extrajudicial pode abranger tanto as obrigações oriundas do exercício da empresa quanto as obrigações pessoais do empresário. Por outro lado, os sócios de uma sociedade empresária não podem se beneficiar da recuperação judicial ou extrajudicial, como se empresários individuais fossem, pois a atividade empresarial é levada a cabo pela sociedade, e não por eles em nome próprio (sócio não é empresário: empresária é a sociedade). Nesse sentido: TJSP, Câmara Reservada à Falência e Recuperação, AI 9065479-06.2008.8.26.0000, Rel. Des. Lino Machado, j. 17/12/2008.

[656] TJPR, 2ª Câmara Cível, APC 112270-5, Rel. Des. Accácio Cambi, j. 28/11/2001.

[657] TJSP, 1ª Câmara de Direito Privado, APC 9106065-61.2003.8.26.0000, Rel. Des. Alexandre Moreira Germano, j. 04/03/2004.

[658] Pouco importando se houve equívoco no registro da sociedade: TJMG, 17ª Câmara Cível, APC 1.0024.05.844559-4/002, Rel. Des. Luciano Pinto, j. 08/03/2012 (assim decidindo: "Os serviços de vigilância em geral configuram atividade empresária, pouco importando se a sociedade tem seu registro inscrito no Registro Civil de Pessoas Jurídicas, estando, por isso, sujeita ao processo falimentar e não à insolvência civil"). No mesmo sentido: TJMG, 8ª Câmara Cível, APC 1.0024.05.812057-7/001, Rel. Des. Fernando Bráulio, j. 14/09/2006.

[659] A sociedade em conta de participação receberá tratamento apartado, estando inserida no item 3. deste Capítulo.

DESTINATÁRIOS DA LEI 11.101/05

a) Sociedade em comum

A sociedade em comum (CC, arts. 986-990) corresponderia às antigas sociedades irregulares e de fato[660]: sociedades sem registro ou que, por qualquer motivo, caíram em situação de irregularidade.

Para fins falimentares, a posição da sociedade em comum é bifronte.

Caso exerça atividade empresarial (à luz do art. 966, *caput*, do Código Civil), pode falir (por meio de pedido formulado por terceiros ou mesmo por meio de pedido de autofalência, conforme art. 105, IV)[661]-[662]. Nesse caso, a quebra também ensejará a falência de seus sócios (LREF, art. 81)[663].

Por outro lado, não pode requerer a falência de terceiros (LREF, art. 97, IV e §1º)[664].

Quanto à recuperação, a sociedade em comum não pode fazer uso dos institutos recuperatórios, pois a comprovação do estado de regularidade é condição indispensável para tanto (LREF, arts. 48, 51, V, e 161)[665].

b) Sociedade em nome coletivo

A sociedade em nome coletivo (CC, arts. 1.039-1.044) pode fazer uso dos institutos recuperatórios, bem como ter a sua falência decretada, caso explore atividade empresária.

Nesse último caso, a quebra da sociedade ocasionará a falência dos sócios, nos termos do art. 81 da LREF, uma vez que, neste tipo societário, os sócios respondem ilimitada, subsidiária e solidariamente pelas dívidas da sociedade (CC, arts.

---

[660] Sobre os mais diversos aspectos da sociedade em comum, ver: FRANÇA, Erasmo Valladão Azevedo e Novaes. *Sociedade em comum*. São Paulo: Malheiros, 2013; e FÉRES, Marcelo Andrade. *Sociedade em comum*: disciplina jurídica e institutos afins. São Paulo: Saraiva, 2011.

[661] Nesse sentido: TJSP, 1ª Câmara de Direito Privado, APC 9106065-61.2003.8.26.0000, Rel. Des. Alexandre Moreira Germano, j. 04/03/2004; TJMG, 17ª Câmara Cível, APC 1.0024.05.844559-4/002, Rel. Des. Luciano Pinto, j. 08/03/2012; TJMG, 8ª Câmara Cível, APC 1.0024.05.812057-7/001, Rel. Des. Fernando Bráulio, j. 14/09/2006.

[662] Essa medida é mais equitativa para os credores, que se submeterão ao regramento da execução coletiva (BARBOSA MAGALHÃES, José Maria Vilhena. *Da natureza jurídica das sociedades comerciais irregulares*. Lisboa: Jornal do Foro, 1953, p. 42, 45), assim como desestimula a exploração irregular de atividade econômica, pois a falência se estende para todos os sócios (LREF, art. 81), situação na qual todos falirão e seus patrimônios individuais serão arrecadados para pagar as dívidas decorrentes do exercício da atividade (FERREIRA, Waldemar. *Sociedades commerciaes irregulares*. São Paulo: Editora Limitada, 1927, p. 134; AZEVEDO, Noé. *Das sociedades irregulares e sua prova*. São Paulo: Empreza Graphica da Revista dos Tribunaes, 1930, p. 27-28).

[663] TJRJ, 9ª Câmara Cível, APC 0106837-38.2004.8.19.0001, Rel. Des. Carlos Eduardo Moreira Silva, j. 20/05/2010.

[664] TJRJ, 17ª Câmara Cível, AI 11120/2008, Rel. Des. Luisa Botrel Souza, j. 19/11/2008; TJSP, 7ª Câmara de Direito Privado, APC 0077161-97.1997.8.26.0000, Rel. Des. Luiz Benini Cabral, j. 28/04/1998.

[665] FRANÇA. *Sociedade em comum..*, p. 144-146.

1.039 e 1.040 c/c art. 1.024). Segundo o art. 81 da LREF, a decisão que decreta a falência da sociedade que tenha sócios ilimitadamente responsáveis também acarreta a falência destes, mesmo que não sejam empresários. E é justamente essa condição gravosa em termos de responsabilidade dos sócios desse tipo societário que fez do seu uso algo extremamente raro.

c) Sociedade em comandita simples

As sociedades em comandita simples (CC, arts. 1.045-1.051), se explorarem atividade empresária, podem fazer uso da recuperação judicial e extrajudicial, assim como da falência.

Como possuem sócios com regimes de responsabilidade diversos, os efeitos da decretação da falência da sociedade também são de dois tipos: os sócios com responsabilidade limitada, designados como comanditários – meros investidores –, beneficiam-se de proteção patrimonial e, assim, a falência da sociedade não ocasiona a sua quebra; já os comanditados – aqueles que administram a sociedade – respondem ilimitada, solidária e subsidiariamente pelas dívidas não cobertas pelo patrimônio social (CC, arts. 1.045 e 1.046 c/c arts. 1.040 e 1.024) e, portanto, a quebra da sociedade enseja sua falência também (LREF, art. 81). Essa situação gravosa dos sócios comanditados contribuiu sobremaneira para o desuso desse tipo societário no Brasil, tal como acontece com a sociedade em nome coletivo.

d) Sociedade limitada

As sociedades limitadas (CC, arts. 1.052-1.087) empresárias (*i.e.*, caso explorem atividade empresária) podem se valer dos regimes recuperatórios, assim como estão sujeitas à falência.

A principal diferença em relação aos outros tipos societários é que a totalidade dos sócios goza do benefício da limitação da responsabilidade (CC, art.1.052), fazendo da bancarrota um evento que, a princípio, não deve atingir o patrimônio pessoal dos sócios.

A propósito, foi justamente essa característica (proteção patrimonial) que fez esse tipo figurar, ao lado da sociedade anônima, no topo da cadeia evolutiva do direito societário.

e) Sociedade anônima

As sociedades anônimas (CC, arts. 1088-1.089, e Lei 6.404/1976) são sempre empresárias, independentemente da atividade que exerçam (CC, art. 982, parágrafo único; e Lei das S.A., art. 2º). São empresárias pela forma. Assim, estão sujeitas aos regimes da LREF – e seus sócios, a princípio, não têm seu patrimônio pessoal atingido pela quebra da sociedade, uma vez que gozam da limitação da responsabilidade (Lei 6.404/76, art. 1º; CC, art. 1.088).

DESTINATÁRIOS DA LEI 11.101/05

f) Sociedade em comandita por ações

As sociedades em comandita por ações (CC, arts. 1090-1.092, e Lei 6.404/1976) são sempre empresárias, independentemente da atividade que exerçam (CC, art. 982, parágrafo único; Lei das S.A., art. 2º c/c art. 280). Também são empresárias pela forma. Nesse sentido, estão sujeitas à LREF.

Como possuem sócios com regimes de responsabilidade distintos, os efeitos da decretação da falência da sociedade também são diversos. Os sócios administradores respondem ilimitada, solidária e subsidiariamente pelas dívidas não cobertas pelo patrimônio da sociedade (Lei 6.404/76, art. 281; CC, art. 1.091, *caput* e §1º) e, portanto, a quebra da sociedade acarreta sua falência, nos termos do art. 81 da LREF. Já os acionistas que são meros investidores têm seu patrimônio resguardado pela limitação da responsabilidade, de modo que a falência da sociedade não acarreta sua quebra.

Esse regime de responsabilidade, gravoso para os acionistas-diretores, contribuiu sobremaneira para o desuso desse tipo societário, como ocorreu com a sociedade em nome coletivo e com a sociedade em comandita simples.

1.3. EIRELI

A empresa individual de responsabilidade limitada (EIRELI), prevista no art. 980-A do Código Civil, tem a natureza jurídica de sociedade limitada unipessoal[666].

---

[666] A EIRELI não é um patrimônio especial do empresário individual (ou do profissional liberal) ou de sociedade empresária (ou não empresária) afetado a uma determinada atividade; da mesma forma, não é um novo ente, distinto do empresário individual (ou do profissional liberal) e da sociedade empresária (ou sociedade simples), como constam do Enunciado 3 da 1ª Jornada de Direito Comercial e dos Enunciados 469 e 472 da V Jornada de Direito Civil, ambos promovidas pelo Conselho da Justiça Federal/CJF, e como defendem ABRÃO, Carlos Henrique. *Empresa individual.* São Paulo: Atlas, 2012, p. 1 ss; CARDOSO, Paulo Leonardo Vilela. *O empresário de responsabilidade limitada.* São Paulo: Saraiva, 2012, p. 21, 75 ss, 82 ss; GONÇALVES NETO, Alfredo de Assis. A empresa individual de responsabilidade limitada. *Revista dos Tribunais,* São Paulo, v. 915, jan. 2012, p. 154; LUPI, André Lipp Pinto Basto; SCHLÖSSER, Gustavo Miranda. A empresa individual de responsabilidade limitada: aspectos societários, tributários e econômicos. *Revista Magister de Direito Empresarial, Concorrencial e do Consumidor,* Porto Alegre, n. 43, fev./mar. 2012, p. 67; PINHEIRO, Frederico Garcia. Empresa individual de responsabilidade limitada. *Revista Magister de Direito Empresarial, Concorrencial e do Consumidor,* Porto Alegre, n. 41, out./nov. 2011, p. 65; SOUZA, Nadialice Franchischini de. Natureza jurídica da EIRELI. *Revista de Direito Empresarial,* Belo Horizonte, n. 1, jan./abr. 2012, p. 161. A EIRELI (com base nas lições de FRANÇA, Erasmo Valladão Azevedo e Novaes; ADAMEK, Marcelo Vieira von. O sócio incapaz (CC, art. 974, §3º). *Revista de Direito Mercantil, Industrial, Econômico e Financeiro,* São Paulo, ano L, n. 159/160, jul./dez. 2011, p. 116, em nota de rodapé; FRANÇA, Erasmo Valladão Azevedo e Novaes; ADAMEK, Marcelo Vieira von. Empresa individual de responsabilidade limitada (Lei nº 12.441/2011): anotações. In: AZEVEDO, Luís André N. de Moura; CASTRO, Rodrigo R. Monteiro de (coord.). *Sociedade limitada contemporânea.*São Paulo: Quartier Latin, 2013, p. 43 ss; ARAGÃO, Paulo Cezar; CRUZ, Gisela Sampaio da. Empresa individual de responsabilidade limitada: o "moderno prometheus" do direito societário. In: ANAN JÚNIOR, Pedro; PEIXOTO, Marcelo Magalhães (coord.). *Empresa individual de responsabilidade limitada – EIRELI: aspectos econômicos e legais.*

RECUPERAÇÃO DE EMPRESAS E FALÊNCIA

Na condição de verdadeira sociedade limitada unipessoal, recebe, no âmbito da LREF, o mesmo tratamento dado às sociedades limitadas. Dessa maneira, exercendo atividade empresária, estará sujeita à Lei 11.101/05 como qualquer outra sociedade limitada empresária[667].

São Paulo: MP Editora, 2012, p. 220-231; CAMPINHO, Sérgio. *O direito de empresa à luz do novo Código Civil*. 12 ed. rev. e atual. Rio de Janeiro: Renovar, 2011, p. 63-66, 283-285; e VIEIRA, José Rodrigo Dorneles. *A sociedade unipessoal como a reforma necessária para preencher a lacuna existente no regime jurídico da atividade econômica no Brasil*. Dissertação (Mestrado em Direito). Faculdade de Direito da Universidade Federal do Rio Grande do Sul, Porto Alegre, 2010, p. 139), é verdadeira sociedade limitada unipessoal, pois: (*a*) a EIRELI está arrolada no art. 44, VI, do Código Civil como pessoa jurídica – o que significa que não se está diante de uma hipótese de patrimônio separado (como seria o caso do empresário individual), e sim de patrimônio autônomo, pois o titular do patrimônio não é o titular da EIRELI ou de todas as suas quotas: é a própria EIRELI; (*b*) o art. 44 do Código Civil não cria um novo ente, diferentemente do que pode aparentar, até porque a redação do art. 44 também faz referência a outras pessoas jurídicas de direito privado – como as organizações religiosas (inciso IV) e os partidos políticos (inciso V) – que já estavam ali referidas sob a rubrica genérica das "associações" (inciso I), ou seja: ao arrolar a EIRELI como uma nova pessoa jurídica, não significa que o art. 44 está criando um novo ente que já não estava ali arrolado; (*c*) o art. 980-A, *caput*, refere que a EIRELI será composta por uma única pessoa titular da totalidade do *capital social*: somente sociedades possuem capital social, e tanto isso é verdade que o art. 968, III, do Código Civil dispõe que a inscrição do empresário far-se-á mediante requerimento que contenha o *capital*; (*d*) o art. 980-A, §1º, determina que a EIRELI tenha *firma ou denominação social*: somente sociedades possuem firma ou denominação, nos termos dos arts. 1.155 e seguintes do Código Civil, – inclusive, o art. 968, I, do Código Civil, ao dispor sobre a inscrição do empresário individual, dispõe que o empresário individual deve indicar o seu nome no requerimento, bem como outras qualificações pessoais; (*e*) o art. 980-A, §3º, bem como o art. 1.033, parágrafo único, prevê a possibilidade de que uma sociedade pluripessoal se transforme em EIRELI (e vice-versa) pela concentração das quotas em um único sujeito: *i.e.*, o capital social é dividido em quotas e a concentração destas em um único sujeito faz com que tenhamos uma EIRELI (fenômeno típico societário); e (*f*) o art. 980-A, §6º, dispõe que se aplicam à EIRELI, no que couber, as normas referentes às sociedades limitadas, ou seja: toda a estrutura organizativa desta espécie societária é aplicável à EIRELI, o que somente confirma que ela é sociedade. Mas como explicar o fato de o art. 980-A do Código Civil,não estar contido no Título II do Livro II da Parte Especial do CC, o qual trata das sociedades? Isso pouco importa porque: (*a*) também não está contido no Título I do Livro II da Parte Especial do CC, o qual trata do Empresário – pois a Lei que instituiu a EIRELI, ao introduzir o art. 980-A no CC, criou o Título I-A, ou seja, um título autônomo –; e (*b*) a posição de determinados dispositivos legais dentro de determinados títulos (capítulos, seções, etc.) pode ser um indício para a adequada interpretação, mas não é determinante, como exemplarmente leciona Carlos Maximiliano (MAXIMILIANO, Carlos. *Hermenêutica e aplicação do direito*. 19 ed. Rio de Janeiro: Forense, 2003, p. 217). Tanto assim é que a sociedade simples (que não é empresária por definição) está regulada no Livro II do Código Civil, cujo título é "Do direito de empresa" – o que, evidentemente, não a torna, por isso, sociedade empresária. A jurisprudência parece estar corroborando nossa tese: TJPR, Processo 870840-1, Rel. Des. Renato Naves (decisão monocrática), j. 31/05/2012; TJPR, 16ª Câmara Cível, Processo 875716-7, Rel. Des. Renato Naves, j. 30/05/2012; TJSP, 29ª Câmara Cível, APC 0223904-47.2009.8.26.0100, Rel. Des. Pereira Calças, j. 14/12/2011 – precedentes também citados no ensaio de PAULO ARAGÃO e GISELA SAMPAIO DA CRUZ (ARAGÃO; CRUZ. Empresa individual de responsabilidade limitada...).

[667] Nesse sentido, ver: CAMPINHO, Sérgio. A responsabilidade do sócio da EIRELI na falência. In: TOLEDO, Paulo Fernando Campos Salles de; SATIRO, Francisco (coord.). *Direito das empresas em crise: problemas e soluções*. São Paulo: Quartier Latin, 2012, p. 356 ss.

2. Excluídos

A conjugação dos arts. 1º e 2º da LREF aponta o rol de excluídos do âmbito da LREF. São eles:

a. os agentes econômicos não empresários;
b. as estatais;
c. os agentes que exploram "atividades especiais" ou "sensíveis", cuja crise pode acarretar graves repercussões socioeconômicas, tais como risco sistêmico e distúrbios sociais.

Também não se sujeitam à Lei 11.101/05 as pessoas jurídicas de direito público (interno ou externo) (CC, arts. 41 e 42).

Excluídos	
Não empresários	Profissionais liberais, sociedades simples, sociedades cooperativas, associações, etc.
Empresas estatais	Empresas públicas e sociedade de economia mista.
Empresas que atuam em ramos especiais ou sensíveis	Instituições financeiras, operadoras de planos de saúde, etc.
Pessoas jurídicas de direito público (interno e externo)	União, Estados, Distrito Federal e Territórios, Municípios, autarquias (inclusive as associações públicas), demais entidades de caráter público criadas por lei, Estados estrangeiros e todas as pessoas que forem regidas pelo direito internacional público.

2.1. Não empresários

De acordo com o art. 1º, não estão sujeitos aos regimes da LREF os agentes econômicos não empresários (nos termos do art. 966, parágrafo único, do Código Civil), entre eles:

a. os profissionais liberais (advogado, médico, engenheiro, etc.) e os agentes autônomos dos ofícios (eletricista, carpinteiro, mecânico, etc.);
b. as sociedades não empresárias (como a sociedade limitada que explora atividade não empresária ou a sociedade cooperativa); e
c. as outras pessoas jurídicas de direito privado que desenvolvem atividade não lucrativa (associações e fundações).

Trata-se de restrição subjetiva da LREF que, com razão, é objeto de críticas[668].

---

[668] O direito comercial brasileiro tem na definição da atividade empresarial e na de quem a exerce – empresário ou sociedade empresária – dois de seus pilares. Nesse particular, o Brasil acompanha o grupo de países que estende a distinção entre empresários e não empresários (nos termos do art. 966 do Código Civil – "Considera-se empresário quem exerce profissionalmente atividade econômica

RECUPERAÇÃO DE EMPRESAS E FALÊNCIA

Aplicam-se a tais sujeitos, ao invés da falência, as regras do processo de insolvência civil, nos termos dos arts. 748 a 786 do Código de Processo Civil de 1973[669] – e, ao invés da recuperação judicial ou extrajudicial, podem lançar mão da assim denominada (e raramente utilizada) concordata civil (CPC/1973, art. 783)[670].

a) Profissionais liberais

Essa categoria abrange os chamados "profissionais liberais" (médicos, engenheiros, advogados, arquitetos, contadores, etc., ou, melhor dizendo, os agentes

organizada para a produção ou a circulação de bens ou de serviços. Parágrafo único. Não se considera empresário quem exerce profissão intelectual, de natureza científica, literária ou artística, ainda com o concurso de auxiliares ou colaboradores, salvo se o exercício da profissão constituir elemento de empresa") para o regime das empresas em crise. Assim, a Lei 11.101/05 (art. 1º) não se aplica às pessoas físicas não empresárias e às sociedades simples; em situações de crise econômico-financeira, aplica-se a elas o regime da insolvência civil (arts. 748 a 786 do CPC/73, mantidos em vigor pelo CPC/15). Embora retrógrada aos olhos do direito contemporâneo, a distinção tem cunho histórico e, na visão de parte da doutrina comercial tradicional, possui caráter científico. Por exemplo, segundo VIVANTE: "Enquanto nas relações civis cada credor procede à execução dos bens do devedor por conta própria e alguns são pagos por inteiro, enquanto outros não apuram nada; nas relações commerciaes, o legislador garantiu com o procedimento collectivo da fallencia, a repartição, em egual medida, do patrimônio do commerciante, entre todos os seus credores. Com este fim principal concorrem outros igualmente importantes: o de tutelar os credores distantes, que dificilmente acudiriam em tempo de obter a sua parte no patrimônio do negociante falido; de tutelar a honestidade da liquidação com a intervenção do juiz, e de punir os atentados commettidos pelo falido contra o crédito geral, com subsidio do processo penal." (VIVANTE, Cesare. *Istituzioni di diritto commerciale*. 14 ed. Milano: 1915, p. 369). Há quem defenda uma mudança geral na LREF, para estender a aplicação dos regimes da recuperação judicial, extrajudicial e falência a todo e qualquer agente que explore atividade econômica, salvo para aquelas atividades reguladas por lei específica ou cujo interesse tutelado exija a manutenção da distinção. Para uma adequada análise sobre a exclusão dos referidos sujeitos da LREF e sobre a tendência de incluí-los, como ocorre nas mais modernas legislações sobre concurso de credores do mundo, ver: PROENÇA, José Marcelo Martins. Os novos horizontes do direito concursal – uma crítica ao continuísmo prescrito pela Lei 11.101/05. In: DE LUCCA, Newton; DOMINGUES, Alessandra de Azevedo; ANTONIO, Nilva M. Leonardi (coord.). *Direito recuperacional*, v. 2. São Paulo: Quartier Latin, 2012, p. 179-206. Para uma análise crítica da dicotomia, ver: CAVALLI, Cássio Machado. Reflexões sobre a recuperação judicial: uma análise da aferição da viabilidade econômica de empresa como pressuposto para o deferimento do processamento da recuperação judicial. In: MENDES, Bernardo Bicalho de Alvarenga (org.). *Aspectos polêmicos e atuais da Lei de Recuperação de Empresas*. Belo Horizonte: D'Plácido, 2016, p. 105 ss. Salientando que o ordenamento jurídico nacional encontra-se na contramão dos países mais desenvolvidos, ver: TOLEDO, Paulo Fernando Campos Salles de; PUGLIESI, Adriana Valéria. Capítulo III: Disposições preliminares e disposições gerais da Lei 11.101/05 (LRE). In: CARVALHOSA, Modesto (coord.). *Tratado de direito empresarial*, v. V – recuperação empresarial e falência. São Paulo: Revista dos Tribunais, 2016, p. 91 ss.

[669] Assim como não pode ser declarada a insolvência civil de quem seja empresário. Nesse sentido: TJMT, 5ª Câmara Cível, APC 74096/2007, Rel. Des. Carlos Alberto Alves da Rocha, j. 19/12/2007.

[670] De acordo com o art. 1.052 do CPC/2015, permanecem em vigor, até a edição de lei especial, as normas sobre insolvência civil do CPC/1973: "Art. 1.052. Até a edição de lei específica, as execuções contra devedor insolvente, em curso ou que venham a ser propostas, permanecem reguladas pelo Livro II, Título IV, da Lei no 5.869, de 11 de janeiro de 1973."

DESTINATÁRIOS DA LEI 11.101/05

das profissões regulamentadas e cuja formação usualmente depende de curso superior[671]), assim como eletricistas, carpinteiros, pedreiros, mecânicos, *i.e.*, os agentes das profissões eminentemente manuais que atuam autonomamente, designados "agentes autônomos dos ofícios"[672]. Escritores, músicos, atores, entre outros profissionais da literatura e das artes também estão excluídos dos regimes da LREF, pois não são empresários, como dispõe o art. 966, parágrafo único, do Código Civil. Em síntese, a Lei optou por excluir as pessoas físicas que exploram atividade não empresária – salvo se a atividade constituir elemento de atividade organizada em forma de empresa[673].

b) Sociedades não empresárias

Estão excluídas da LREF as sociedades não empresárias, também chamadas "sociedades simples" pelo Código Civil (arts. 982, 983 e 966, parágrafo único)[674].

Importante destacar que o termo "sociedade simples" é empregado em dois sentidos no Código Civil: designa tanto um tipo societário específico (regulado entre os arts. 997-1.038) quanto o gênero que abrange as sociedades não empresárias, dentro do qual diversos tipos societários podem ser enquadrados, inclusive a própria sociedade simples em sentido estrito, como veremos).

Entre os diversos tipos regulados no Código Civil, podem ser não empresárias (simples) (*i*) a sociedade em comum, (*ii*) a sociedade em nome coletivo, (*iii*) a sociedade em comandita simples, (*iv*) a sociedade limitada, assim como (*v*) a EIRELI, espécie de sociedade unipessoal, segundo a nossa concepção[675].

---

[671] Sobre os fundamentos pelos quais os profissionais liberais estão excluídos do regime jurídico empresarial, ver: AYOUB; CAVALLI. *A construção jurisprudencial...*, p. 22 ss.

[672] Sobre os agentes autônomos dos ofícios, ver: CRISTIANO, Romano. *Empresa é risco*. São Paulo: Malheiros, 2007, p. 160 ss.

[673] Sobre o que seria elemento de empresa (questão, infelizmente, tratada no Brasil com extrema subjetividade – o que conduz à arbitrariedade), ver o parecer de: FRANÇA, Erasmo Valladão Azevedo e Novaes. Parecer: sociedade que tem por objeto a prestação de serviços de natureza intelectual é de natureza simples, qualquer que seja a forma de sua organização. *Revista de Direito Mercantil, Industrial, Econômico e Financeiro*, São Paulo, ano L, n. 157, p. 241-258, jan./mar. 2011.

[674] Trata-se, inclusive, de matéria sumulada no âmbito do TJSP: "A Lei nº 11.101/2005 não se aplica à sociedade simples" (Súmula 49).

[675] Parece-nos óbvio que a EIRELI pode explorar tanto atividade empresária quanto atividade não empresária, uma vez que, como já visto, é verdadeira sociedade limitada (CC, arts. 982 e 983). Assim, pode ter natureza empresarial, com registro no Registro Público de Empresas Mercantis, ou de sociedade simples (não empresária), quando, então, terá de ser registrada no Registro Civil das Pessoas Jurídicas. Mesmo que se entenda que não é uma sociedade limitada, outra não seria a orientação, pois, o art. 980-A, §6º, do Código Civil, determina que se aplicam à EIRELI, no que couber, as regras previstas para as sociedades limitadas, ficando evidente que pode a EIRELI ser tanto empresária quanto simples. Isso sem contar que o art. 980-A, §5º, autoriza que a EIRELI seja constituída para o exercício de atividades de qualquer natureza. Mais: não se argumente que o fato de o legislador ter utilizado o termo *"empresa individual de responsabilidade limitada"* faria com que a EIRELI não pudesse ser constituída para o

RECUPERAÇÃO DE EMPRESAS E FALÊNCIA

De se salientar que as sociedades acima listadas são híbradas, portanto, podem ser utilizadas tanto para a exploração de atividade empresarial quanto de atividade não empresarial (vide Código Civil, arts. 982 e 983 c/c art. 966, parágrafo único)[676].

exercício de atividade que não seja empresária. Na verdade, trata-se de atecnia, o que, *v.g.*, também se observa na Lei Complementar 123/06, que, ao estatuir o regime jurídico da microempresa – ME e da empresa de pequeno porte – EPP, permite, no art. 3º, que assim se enquadrem as sociedades simples. Por fim, é importante lembrar que o art. 1.033, parágrafo único, do Código Civil deixa expresso que a EIRELI pode explorar atividade não empresária, pois regula a possibilidade de que uma sociedade simples que venha a ficar com um único sócio se transforme em EIRELI. Resta, portanto, evidente que a EIRELI continuará a explorar a atividade não empresária, não sendo razoável afirmar que a pessoa jurídica deixaria de ser simples para se tornar empresária pela forma adotada – e a interpretação não pode ser pautada pelo fato de que o art. 1.033, parágrafo único, do Código Civil, faz referência ao registro no Registro Público de Empresas Mercantis e não se refere ao registro no Registro Civil de Pessoas Jurídicas. Nesse diapasão, a Receita Federal (Nota Cosit nº 446, de 16 de dezembro de 2011) reconheceu a possibilidade de que a EIRELI seja constituída para o exercício de atividade não empresária (EIRELI/Simples). Por tudo (e apresentando outros argumentos), ver (em quem nos baseamos): FRANÇA; ADAMEK. Empresa individual de responsabilidade limitada..., p. 60-62; ARAGÃO; CRUZ. Empresa individual de responsabilidade limitada..., p. 227-229; PINHEIRO. Empresa individual de responsabilidade limitada..., p. 74. Em sentido contrário, ALFREDO DE ASSIS GONÇALVES NETO entende que a EIRELI sempre será empresária (GONÇALVES NETO. A empresa individual de responsabilidade limitada..., p. 155; da mesma forma: LUPI; SCHLÖSSER. A empresa individual de responsabilidade limitada..., p. 67; ABRÃO. *Empresa individual...*, p. 23-26; CARDOSO. *O empresário de responsabilidade limitada...*, p. 92-94); e assim, por exemplo, também caminha a Corregedoria Geral de Justiça do Estado do Rio Grande do Sul que, por meio do Of. nº 443/2012-CGJ/TJRS, de 12 de março de 2012, proibiu que os Registros Civis de Pessoas Jurídicas registrem atos constitutivos de EIRELI.

[676] É muito comum a constituição de sociedade limitada para a exploração de atividade não empresarial, como no caso de contadores e médicos, profissionais que exploram atividade intelectual. Nessas hipóteses, a sociedade não será empresária, não se sujeitando, portanto, à LREF (TJRJ, 15ª Câmara Cível, APC 0370750 – 34.2009.8.19.0001, Rel. Des. Jacqueline Lima Montenegro, j. 22/05/2012). De qualquer sorte, pode acontecer de sociedades destinadas à exploração de atividade não empresária terem seus atos constitutivos registrados no Registro Público de Empresas Mercantis, e não no Registro Civil das Pessoas Jurídicas. Não é a formalidade do registro que faz uma sociedade empresária ou não. Vale, aqui, o antigo brocardo: *matricula non facit mercatorem* – o registro não faz o comerciante –, adágio que, aplicado aos dias atuais, traduz a ideia de que o registro não transforma ninguém em empresário – no máximo faz presumir essa condição (PONTES DE MIRANDA, Francisco Cavalcanti. *Tratado de direito privado*, t. XXII. 4 ed. São Paulo: Revista dos Tribunais, 1984, p. 30). Nesse sentido, o fato de o registro ter ocorrido na Junta Comercial não faz com que aquela sociedade, que explora atividade não empresária, fique sujeita à LREF. O que ocorre é que, no direito brasileiro, adquire-se a personalidade jurídica pela inscrição da sociedade no registro próprio, a teor do que expressamente dispõem os arts. 45 e 985 do Código Civil. E qual o registro próprio? Como dito, para as sociedades empresárias, é o Registro Público de Empresas Mercantis, e, para as sociedades não empresárias, é o Registro Civil das Pessoas Jurídicas (CC, arts. 998 e 1.150). Assim, se uma sociedade empresária se inscrever no Registro Civil das Pessoas Jurídicas, ela não adquire personalidade jurídica, pois este não é o seu registro próprio. E o contrário também é verdadeiro, como leciona ERASMO VALLADÃO (FRANÇA. Parecer: sociedade que tem por objeto a prestação de serviços de natureza intelectual é de natureza simples, qualquer que seja a forma de sua organização..., p. 253-254). Dito isso, uma sociedade que se queira do tipo limitada para explorar atividade não empresária (sociedade de contadores, por exemplo), mas que venha a ter

DESTINATÁRIOS DA LEI 11.101/05

Sendo utilizadas para a exploração de atividade não empresarial, não se sujeitam à LREF[677].

A socidade simples em sentido escrito (o tipo sociedade simples, regulado entre os arts. 997-1.038) e a sociedade cooperativa são não empresárias pela forma, isto é, independentemente do objeto explorado de acordo com o previsto no art. 982, parágrafo único, do CC. Por conta disso, também não se sujeitam à LREF. Abaixo serão examinadas as sociedades em questão[678].

b.1) Sociedade simples

O tipo sociedade simples (CC, arts. 997-1.038)[679], nos termos do art. 983, *caput*, do Código Civil, é sociedade não empresária. Assim, não se sujeita aos regimes da LREF, não podendo falir nem se recuperar[680].

Por ser uma sociedade simples, a sociedade de advogados também não se submete à LREF (art. 15 do Estatuto da Advocacia e da OAB – Lei 8.906/1994)[681]. O mesmo se aplica à sociedade unipessoal de advocacia, que, a rigor, é uma sociedade simples unipessoal[682].

---

seus atos constitutivos arquivados na Junta Comercial, não se sujeita à LREF; na prática, tem-se uma sociedade em comum não empresária sujeita à insolvência civil por concurso de credores.

[677] O que define a empresarialidade é o objeto explorado. São atividades tipicamente empresariais a indústria, o coméricio e a prestação de serviços não intelectuais (como o transporte, o depósito, etc.). Por outro lado, são atividades tipicamente não empresariais os serviços intelectuais, de natureza artística, literária e, especialmente, científica (como a advocacia, a medicina, a arquitetura, entre outros). Organização complexa, grande faturamento ou mesmo elevado número de funcionários não alteram a natureza da atividade (assim: FRANÇA. Parecer: sociedade que tem por objeto a prestação de serviços de natureza intelectual é de natureza simples, qualquer que seja a forma de sua organização...). Em sentido contrário, concedendo a recuperação judicial para sociedade pelo simples fato de que estaria organizada de modo complexo: TJSP, 1ª Câmara Reservada de Direito Empresarial, AI 0170959-53.2013.8.26.0000, Rel. Des. Francisco Loureiro, j. 06/02/2014. O que altera a natureza da atividade é o fato de o empresário deixar de explorá-la de forma isolada, misturando-a com outras atividades empresariais. Na expressão do Código Civil, a atividade intelectual passa a ser empresária se o seu exercício constituir elemento de empresa, isto é, se for apenas mais uma dentre outras organizadas pelo empresário (CC, art. 966, parágrafo único).

[678] A sociedade em conta de participação receberá tratamento apartado, estando inserida no item 3. deste Capítulo.

[679] Também chamada "simples em sentido estrito". O termo "sociedade simples" é empregado em dois sentidos no Código Civil: designa tanto um tipo societário, regulado entre os arts. 997-1.038 do Código Civil (sociedade simples *stricto sensu*), quanto o gênero "sociedades não empresárias", conforme art. 982, *caput*, Código Civil (sociedade simples *lato sensu*). A propósito, as expressões sociedade simples *lato sensu* e sociedade simples *stricto sensu* são assim utilizadas em: BORBA, José Edwaldo Tavares. *Direito societário*. 11 ed. rev., aum. e atual. Rio de Janeiro: Renovar, 2008, p. 13.

[680] TJSP, Câmara Reservada à Falência e Recuperação, APC 990.10.092657-8, Rel. Des. Romeu Ricupero, j. 04/05/2010. Confirmando a regra pela exceção: TJSP, 1ª Câmara Reservada de Direito Empresarial, AI 087069-56.2012.8.26.0000, Rel. Des. Ênio Zuliani, j. 26/06/2012.

[681] No mesmo sentido, dispõe o art. 2º, X, do Provimento 112/2006 do Conselho Federal da OAB.

[682] Vide art. 2º, VI, do Provimento 170/2016 do Conselho Federal da OAB.

RECUPERAÇÃO DE EMPRESAS E FALÊNCIA

b.2) Sociedade cooperativa

As cooperativas (CC, arts. 1.093-1.096, e Lei 5.764/1971) são sociedades simples (não empresárias) pela forma (CC, art. 982, parágrafo único; Lei 5.764/1971, art. 4º)[683]. Portanto, não estão sujeitas à LREF[684]-[685].

O fato de que o art. 2º, II, da LREF exclui expressamente as cooperativas de crédito do âmbito de aplicação da Lei não deve dar margem à discussão quanto à submissão das demais cooperativas, pois se entende simplesmente que houve descuido do legislador. Efetivamente, já excluídas pela regra contida no art. 1º, o legislador reforçou a ideia quanto às cooperativas de crédito ao transcrever – ao que parece acriticamente – o art. 1º da Lei 6.024/1974[686].

c) Associações e fundações

Associações[687] e fundações também são excluídas da LREF por não serem consideradas empresárias.

---

[683] Independentemente da atividade econômica que explorem, são sempre consideradas sociedades não empresárias (apesar de serem registradas na Junta Comercial).

[684] STJ, 1ª Turma, AgRg no REsp 1.109.103/SP, Rel. Min. Sérgio Kukina, j. 25/11/2014; STJ, 1ª Turma, AgRg no AI 1.085.738/SP, Rel. Min. Teori Zavascki, j. 19/03/2009; STJ, 2ª Turma, REsp 798.980/SP, Rel. Min. Herman Benjamin, j. 20/11/2008; STJ, 1ª Turma, REsp 770.861/SP, Rel. Min. Luiz Fux, 11/09/2007; TJRS, 5ª Câmara Cível, APC 70066401696, Rel. Des. Jorge André Pereira Gailhard, j. 31/08/2016; TJRS, 6ª Câmara Cível, AI 70039202056, Rel. Des. Artur Arnildo Ludwig, j. 27/01/2011; TJRS, 5ª Câmara Cível, APC 70032587446, Rel. Des. Jorge Luiz Lopes do Canto, j. 16/12/2009; TJSP, Órgão Especial, Dúvida de Competência 152.627-0/6-00, Rel. Des. Aloísio de Toledo César, j. 19/12/2007; TJSP, Câmara Especial de Falências e Recuperações Judiciais, Apelação sem Revisão 445.466-4/6-00, Rel. Des. Pereira Calças, j. 07/08/2007.

[685] Tendo em vista que as cooperativas não se sujeitam à LREF (e, por isso, não podem lançar mão dos regimes recuperatórios), muitas em crise econômico-financeira têm optado por alternativa heterodoxa: pela dissolução (mediante deliberação dos associados) com o prosseguimento das atividades. Isso porque o art. 76 da Lei 5.764/1971 determina que a publicação no Diário Oficial da ata da assembleia geral que deliberar a liquidação da cooperativa ocasiona, como regra, a sustação das ações judiciais contra a sociedade pelo prazo de um ano – sendo que, decorrido este prazo sem que tenha sido encerrada a liquidação, poderá ser o mesmo prorrogado por mais um ano. Nesse sentido, a deliberação da dissolução e a consequente liquidação confere uma espécie de *stay period* para que a sociedade negocie, individualmente, com seus credores – e enquanto perdurar a sustação das ações judiciais, estará o patrimônio da cooperativa, como regra, imune às ações de seus credores. Posteriormente, tendo em vista que a deliberação social de dissolução voluntária não tem o objetivo de, efetivamente, extinguir a cooperativa, é deliberada a cessação do estado de liquidação, voltando a sociedade a operar normalmente.

[686] Para uma visão crítica acerca da não inclusão das cooperativas no regime da LREF, ver: MAFFIOLETTI, Emanuelle Urbano. *O direito concursal das sociedades cooperativas e a Lei de Recuperação de Empresas e Falência*. Tese (Doutorado em Direito). Faculdade de Direito da Universidade de São Paulo, São Paulo, 2010 (posteriormente objeto de publicação: MAFFIOLETTI, Emanuelle Urbano. *As sociedades cooperativas e o regime jurídico concursal* – a recuperação de empresas e falências, insolvência civil e liquidação extrajudicial e a empresa cooperativa. São Paulo: Almedina, 2015).

[687] Confirmando a regra pela exceção, ver: STJ, 4ª Turma, REsp 1.004.910/RJ, Rel. Min. Fernando Gonçalves, j. 18/03/2008. Todavia, há quem sustente que as associações de interesse econômico, como as

2.2. Empresas estatais

Além dos agentes econômicos não empresários, também não estão sujeitos à LREF as sociedades sob controle estatal, as chamadas "estatais", entre elas a empresa pública e a sociedade de economia mista – sociedades criadas ou que tinham sua criação autorizada por lei especial, tendo o Estado como detentor da totalidade do capital no primeiro caso[688] e como acionista controlador no segundo[689]. É o que está previsto expressamente no art. 2º, I, da LREF.

O que motiva a exclusão de tais sociedades do regime da LREF é, supostamente, o interesse público envolvido na exploração de certas atividades (CF, art. 173), que pode resultar, inclusive, no sacrifício da sua lucratividade[690].

Além disso, entende-se que a crise dessas empresas, pela sua natureza, caso submetida a uma solução normal de mercado, pode acarretar graves perturbações socioeconômicas[691]. Assim, em razão do controle exercido e do interesse público envolvido, o Estado obriga-se a lidar com a crise econômico-financeira desses agentes[692], ainda que recebam o mesmo tratamento jurídico dado às empresa privadas, inclusive quanto às obrigações civis, comerciais, trabalhistas e tributárias, como dispõe, por exemplo, o art. 173, §§1º, II, e 2º, da Constituição Federal[693].

De qualquer forma, é preciso registrar: não existe, em nosso entender, qualquer dúvida de que há compatibilidade na aplicação de um regime recuperatório ou mesmo liquidatório aos agentes econômicos sob controle estatal ou mesmo aos agentes econômicos de direito público[694].

---

redes de cooperação, devem ser consideradas empresárias para fins concursais. Assim: AYOUB; CAVALLI. *A construção jurisprudencial...*, p. 21.

[688] De que são exemplos a Caixa Econômica Federal e a Empresa Pública de Correios. A empresa pública é criada exclusivamente por lei (Constituição Federal, art. 37, XIX) e é dotada de personalidade jurídica de direito privado, podendo assumir qualquer forma admitida em direito e sendo seu capital exclusivo do Ente Público (Decreto-Lei 200/67, art. 5º, II).

[689] De que são exemplos a Petrobras e o Banco do Brasil. Criada exclusivamente por lei (Constituição Federal, art. 37, XIX) para o exercício de atividade econômica sob a forma de sociedade anônima, a sociedade de economia mista, pessoa jurídica de direito privado, terá como acionista controlador o Estado (Decreto-Lei 200/67, art. 5º, III).

[690] PINTO JUNIOR, Mário Engler. *Empresa estatal:* função econômica e dilemas societários. São Paulo: Atlas, 2010, p. 350.

[691] Lembre-se, a esse propósito, que as estatais exploram atividades relacionadas à energia, ao petróleo, ao sistema financeiro, entre outras de grande repercussão.

[692] PENTEADO, Mauro Rodrigues. Capítulo I: Disposições preliminares. In: SOUZA JUNIOR, Francisco Satiro de; PITOMBO, Antonio Sergio A. de Moraes (coord.). *Comentários à Lei de Recuperação de Empresas e Falências.* 2 ed. rev., atual. e ampl. São Paulo: Revista dos Tribunais, 2007, p. 106.

[693] Sobre o assunto, ver: DE LUCCA, Newton. *O regime jurídico da empresa estatal no Brasil.* Tese (Livre-Docência em Direito). Faculdade de Direito da Universidade de São Paulo, São Paulo, 1986.

[694] Nesse sentido: DE LUCCA, Newton; DEZEM, Renata mota Maciel. Dez anos de vigência da Lei 11.101/05. Há motivos para comemorar? In: CEREZETTI, Sheila C. Neder; MAFFIOLETTI, Emanuelle Urbano (coord.). *Dez anos da Lei nº 11.101/2005:* estudos sobre a Lei de Recuperação e Falência. São Paulo:

RECUPERAÇÃO DE EMPRESAS E FALÊNCIA

2.3. Agentes econômicos que exploram "atividades especiais"

Também não estão sujeitos à LREF, de acordo com o art. 2º, II, os agentes econômicos envolvidos em "atividades especiais" ou "sensíveis", porque a sua crise, caso submetida a uma solução ordinária de mercado, pode gerar repercussões socioeconômicas graves, especialmente risco sistêmico e distúrbios sociais.

Logo, não podem se valer da recuperação judicial ou extrajudicial; da mesma forma, credores não podem pedir a sua falência, bem como não se pode postular a autofalência. Tais entes estão sujeitos a regimes parafalimentares, de natureza extrajudicial e com ativa participação da autoridade reguladora do setor em que atuam[695].

Nesse cenário, estão excluídas do âmbito de aplicação da LREF, de acordo com o art. 2º, II: (*i*) a instituição financeira (pública ou privada); (*ii*) a cooperativa de crédito; (*iii*) o consórcio; (*iv*) a entidade de previdência complementar; (*v*) a sociedade operadora de plano de assistência à saúde; (*vi*) a sociedade seguradora; (*vii*) a sociedade de capitalização; (*viii*) outras entidades legalmente equiparadas às anteriores[696].

Almedina, 2015, p. 91). O Capítulo IX do *Bankruptcy Code* estadunidense é um exemplo disso. Mesmo no Brasil, durante um breve período, a partir de 2001, com as alterações trazidas pela Lei 10.303/01 à Lei 6.404/1976 (e ao revogar o art. 242 desta Lei 6.404/1976) até a entrada em vigor da Lei 11.101/05, era possível a decretação de falência de sociedade de economia mista. Frise-se, portanto, que, no Brasil, essa exclusão deu-se muito mais por razões históricas e políticas do que jurídicas. E, atualmente, há verdadeira lacuna no ordenamento jurídico brasileiro no caso do regime jurídico aplicável em caso de quebra de empresas estatais. De qualquer forma, vale mencionar que há quem sustente a inconstitucionalidade do art. 2º, I, da Lei 11.101/05 e a sujeição das empresas públicas e sociedades de economia mista que exploram atividade econômica em regime de concorrência. Nesse sentido: RIBEIRO, Renato Ventura. O regime de insolvência das empresas estatais. In: CASTRO, Rodrigo R. Monteiro de; ARAGÃO, Leandro Santos de (coord.). *Direito societário e a nova Lei de Falências e Recuperação de Empresas*. São Paulo: Quartier Latin, 2006, p. 109-127. Há que se observar, finalmente, a existência de sociedades controladas (direta ou indiretamente) pelo Poder Público que não podem ser enquadradas como empresa pública ou sociedade de economia mista, porquanto não foram criadas por lei, seja porque foram criadas pelo Estado sem prévia autorização legal – ainda que isso tenha ocorrido irregularmente –, seja porque tais sociedades foram criadas por particulares e tiveram o controle transferido ao Ente Público por qualquer motivo superveniente. Estas sociedades estariam, teoricamente, sujeitas ao regime falimentar e recuperatório (RIBEIRO. O regime de insolvência das empresas estatais..., p. 125-126). O mesmo se deve dizer de sociedades em que o Estado possui participação societária, mas não o controle.

[695] JORGE LOBO chama esses regimes de procedimentos "paraconcursais" ou "parafalimentares". Alternativos à Lei Falimentar e Recuperatória, esses regimes se caracterizam por serem (*i*) extrajudiciais e pela (*ii*) ativa participação da autoridade reguladora do setor em que atuam (Banco Central, SUSEP, ANS, etc.). Visam à superação do estado de crise e, caso seja necessário, à liquidação da empresa, não excluída a falência requerida pelo próprio liquidante (não por credores) quando presentes os requisitos autorizadores (LOBO, Jorge. Direito da crise econômica da empresa. *Revista de Direito Mercantil, Industrial, Econômico e Financeiro*, n. 100, p. 64-92, jan./mar. 1998).

[696] O art. 2º da LREF é bastante precário conforme opinião praticamente unânime da doutrina, inclusive porque algumas entidades ali elencadas podem, sim, falir, ainda que não diretamente (PENTEADO. Capítulo I: Disposições preliminares..., p. 104 ss).

DESTINATÁRIOS DA LEI 11.101/05

a) Instituição financeira

Instuições financeiras são agentes intermediários do mercado de crédito. Captam a poupança popular, disponibilizando-a aos agentes tomadores – aqueles que necessitam de recursos para investir, para consumir, entre outros propósitos. Desempenham um papel fundamental na economia e, por uma série de razões, sua crise pode acarretar graves perturbações, sobretudo em decorrência do chamado "risco sistêmico" – hipótese em que a crise de um agente financeiro se alastra pelo mercado, podendo ocasionar uma corrida de saques e de inadimplemento interbancário e, em casos extremos, o colapso do sistema financeiro[697].

Por essas razões – e também pela complexidade do mercado bancário – as instituições financeiras privadas e as públicas se submetem aos regimes parafalimentares de administração especial temporária (RAET)[698], de intervenção extrajudicial[699] e de liquidação extrajudicial[700][701][702], regulados pelo Decreto-Lei

---

[697] SALOMÃO NETO, Eduardo. *Direito bancário*. São Paulo: Atlas, 2011, p. 508. Ver, também: SCHWARCZ, Steven. Systemic risk. *Duke Law School Legal Studies Paper No. 1, 2008*; *Georgetown Law Journal*, v. 97, n. 1, 2008.

[698] O RAET é aplicável na tentativa de saneamento da instituição financeira. Sua instauração possibilita a utilização dos recursos da reserva monetária. Essa intervenção de cunho recuperatório não afeta o curso regular dos negócios da instituição financeira, não importa a suspensão da exigibilidade de suas obrigações, tampouco a inexigibilidade dos depósitos, mas, sim, a substituição de seus administradores e membros do conselho fiscal por um conselho diretor. Para maiores informações, ver: ABRÃO, Nelson. *Direito bancário*. 13 ed. São Paulo: Saraiva, 2010, p. 352-354; TOLEDO, Paulo Fernando Campos Salles de; PUGLIESI, Adriana Valéria. Capítulo XXV: As liquidações extrajudiciais das instituições financeiras. In: CARVALHOSA, Modesto (coord.). *Tratado de direito empresarial*, v. V – recuperação empresarial e falência. São Paulo: Revista dos Tribunais, 2016, p. 602-603.

[699] Em síntese, no RAET, a administração da instituição financeira é afastada pelo Banco Central, mas as atividades continuam normalmente. Na intervenção extrajudicial, também ocorre o afastamento da administração e do conselho fiscal (a rigor, suspensão do mandato), sendo, também, as atividades suspensas, passando a sociedade a ser gerida pelo interventor. Buscar-se-á a a superação da situação de crise, podendo, então, ser levantada a intervenção – ou, se for o caso, ser decretada a liquidação (extrajudicial ou falência). A definição sobre o regime a ser adotado, se o RAET ou a intervenção extrajudicial, cabe ao Banco Central do Brasil, sendo evidente que a intervenção extrajudicial é mais grave para a instituição financeira do que o RAET. Sobre o tema, ver: TOLEDO; PUGLIESI. Capítulo XXV: As liquidações extrajudiciais das instituições financeiras..., p. 590 ss.

[700] A liquidação extrajudicial é o procedimento administrativo por meio do qual é nomeado um liquidante (perdendo o mandato, então, os administradores e os conselheiros fiscais) que arrecadará o ativo e, apurando o passivo, buscará pagar os credores. Considerando a semelhança com a falência, o art. 34 da Lei 6.024/1974 determina a aplicação subsidiária da legislação falimentar, já tendo o Superior Tribunal de Justiça, por exemplo, se manifestado nesse sentido (STJ, 3ª Turma, REsp 459.352/RJ, Rel. Min. Ricardo Villas Boas Cueva, j. 23/10/2012) – sem contar que o liquidante pode, também, requerer a falência da instituição financeira. Sobre o tema, ver: TOLEDO; PUGLIESI. Capítulo XXV: As liquidações extrajudiciais das instituições financeiras..., p. 590 ss.

[701] Há quem sustente que os regimes em questão não se aplicam às instituições financeiras públicas federais, pois elas já se encontrariam sob a direção dos órgãos fiscalizadores da respectiva esfera. Não haveria, portanto, necessidade de intervenção, pois as medidas cabíveis seriam processadas *interna corporis* (ABRÃO. *Direito bancário*..., p. 351).

2.321/1987 (no caso do RAET) e pela Lei 6.024/1974 (intervenção e liquidação extrajudicial), os quais são decretados pelo Banco Central do Brasil[703].

Portanto, a situação das instituições financeiras e entidades equiparadas é a seguinte:

a. não podem requerer recuperação judicial ou extrajudicial nos termos previstos na LREF – o art. 53 da Lei 6.024/1974 determina que não podem pedir concordata, incidindo, então, o 198 da LREF;

b. não podem ter a sua falência decretada a pedido de credor ou por requerimento próprio (autofalência)[704];

c. estão sujeitas aos regimes de administração especial temporária (RAET), da intervenção e da liquidação extrajudicial previstos, respectivamente, no Decreto-Lei 2.321/1987 e na Lei 6.024/1974 (aplicando-se a LREF subsidiariamente, nos termos do art. 197 da LREF);

d. podem, no entanto, ter a sua falência decretada a pedido do conselho diretor (órgão interventor do RAET), do interventor ou do liquidante (na própria liquidação extrajudicial), desde que autorizados pelo Banco Central e caso se façam presentes os pressupostos previstos em lei[705].

b) Cooperativa de crédito

As cooperativas de crédito são equiparadas às instituições financeiras e, por isso, encontram-se na mesma situação destas: estão sob regulação do Banco Central do Brasil e submetem-se aos regimes parafalimentares previstos no Decreto-Lei 2.321/1987 (RAET) e na Lei 6.024/1974 (intervenção e liquidação

---

[702] Na verdade, várias estratégias governamentais foram desenvolvidas para prevenir e enfrentar as crises bancárias, dentre as quais (1) os sistemas de seguro de depósitos; (2) as operações de redesconto efetuadas pelo Banco Central (empréstimos de liquidez); (3) soluções de mercado, ainda que marcadas por certo nível de coercitividade governamental, como a imposição de cessão do controle ou a venda de ativos da instituição financeira em crise; e (4) procedimentos especiais de intervenção na instituição em crise. Sobre o tema, ver: SALOMÃO NETO. *Direito bancário...*, p. 509-510.

[703] VERÇOSA, Haroldo Malheiros Duclerc. *Responsabilidade civil especial nas instituições financeiras e nos consórcios em liquidação extrajudicial.* São Paulo: Revista dos Tribunais, 1993. Ver, também: ABRÃO. *Direito bancário...*, p. 351 ss; TOLEDO; PUGLIESI. Capítulo XXV: As liquidações extrajudiciais das instituições financeiras..., p. 587 ss.

[704] MARCELO ADAMEK lembra posição dissidente de NELSON ABRÃO, de RODRIGUES FREDERICO VIANA e de certo julgado do Tribunal de Justiça do Rio de Janeiro do ano 1986, pela possibilidade de autofalência de instituição financeira. Em sentido contrário, porém, salienta a posição do Superior Tribunal de Justiça: STJ, 4ª Turma, REsp 40.712/RS, Rel. Min. Sálvio de Figueiredo Teixeira, j. 26/06/1996 (ADAMEK, Marcelo Vieira von. Capítulo VIII: Disposições finais e transitórias. In: SOUZA JUNIOR, Francisco Satiro de; PITOMBO, Antonio Sergio A. de Moraes (coord.). *Comentários à Lei de Recuperação de Empresas e Falências.* 2 ed. São Paulo: Revista dos Tribunais, 2007, p. 635-637).

[705] ADAMEK. Capítulo VIII: Disposições finais e transitórias..., p. 635-637.

DESTINATÁRIOS DA LEI 11.101/05

extrajudicial)[706]. A LREF tem, assim, aplicação apenas para o caso de o conselho diretor, de o interventor ou de o liquidante requererem a falência da cooperativa de crédito, desde que autorizados pelo Banco Central do Brasil para tanto. De qualquer sorte, a LREF é aplicada subsidiariamente, nos termos do art. 197.

c) Consórcio

Não se trata aqui do consórcio de empresas regulado pelos arts. 278 e 279 da Lei das S.A.[707], mas, sim, das empresas administradoras de consórcio.

As sociedades que se dedicam às operações de "consórcio" para a compra de bens e serviços (imóveis, carros, motos, por exemplo) por meio de autofinanciamento (as chamadas "administradoras de consórcios") se submetem, de acordo com o Decreto-Lei 2.321/1987, aos regimes de administração especial temporária (RAET)[708] e de liquidação extrajudicial[709], decretados e efetuados pelo Banco Central do Brasil, assim como as instituições financeiras, justamente porque a elas se equiparam pelo fato de que igualmente captam poupança popular (aplicando-se, subsidiariamente, a LREF, nos termos do seu art. 197).

De se observar, no entanto, que as administradoras de consórcio podem falir, nas mesmas especiais condições das instituições financeiras, hipótese em que a elas se aplica a LREF.

d) Entidade de previdência complementar

Em função da necessidade de proteger a poupança popular, as entidades de previdência complementar submetem-se ao regime parafalimentar de intervenção e liquidação extrajudicial previsto nos arts. 44 a 62 da Lei Complementar

---

[706] Segundo dispõe o art. 78 da Lei 5.764/1971 e o art. 1º da Lei 6.024/1974.

[707] Os consórcios entre empresas, regulados pela Lei das S.A. (Lei 6.404/1976), por não terem personalidade jurídica, não podem falir nem requerer recuperação judicial ou extrajudicial (PENTEADO. Capítulo I: Disposições preliminares..., p. 108). Apesar disso, nada impede que uma empresa consorciada ingresse em um dos regimes da LREF. Na hipótese de uma das consorciadas vier a ter a sua falência decretada, o art. 278, §2º, da Lei das S.A. traz o regime aplicável, determinando que "A falência de uma consorciada não se estende às demais, subsistindo o consórcio com as outras contratantes; os créditos que porventura tiver a falida serão apurados e pagos na forma prevista no contrato de consórcio." (sobre o tema, sugerindo que as consorciadas regulem a matéria cuidadosamente, ver: EIZIRIK, Nelson. *A Lei das S/A comentada*, v. IV. 2 ed. rev. e ampl. São Paulo: Quartier Latin, 2015, p. 476-477). Por sua vez, sobre a situação da consorciada em recuperação judicial (ou extrajudicial), ver: SPINELLI, Luis Felipe; TELLECHEA, Rodrigo; SCALZILLI, João Pedro. Recuperação judicial e o regime jurídico do consórcio: os impactos da crise econômico-financeira de uma sociedade consorciada. In: CEREZETTI, Sheila C. Neder; MAFFIOLETTI, Emanuelle Urbano (coord.). *Dez anos da Lei nº 11.101/2005*: estudos sobre a Lei de Recuperação e Falência. São Paulo: Almedina, 2015, p. 261.

[708] Decreto-Lei 2.321/1987: remissão feita pelo art. 39 da Lei 11.795/2008 (dispõe sobre o "Sistema de Consórcio").

[709] Lei 6.024/1974: remissão feita pelo art. 39 da Lei 11.795/2008.

109/2001 – o art. 62 determina que se apliquem, no que couber, os dispositivos da legislação sobre a intervenção e a liquidação extrajudicial das instituições financeiras, cabendo ao órgão regulador e fiscalizador as funções atribuídas ao Banco Central do Brasil.

Esses regimes são decretados e conduzidos pela Superintendência de Seguros Privados (SUSEP) no caso das entidades abertas, e pela Secretaria de Previdência Complementar (SPC) no caso das entidades fechadas, de acordo com o disposto no art. 74 da LC 109/2001[710].

Nenhuma delas pode fazer uso dos institutos recuperatórios da LREF[711]. As abertas, constituídas sempre sob a forma de sociedade anônima (art. 36 da LC 109/2001), podem, ainda, se submeter ao RAET[712], efetuado e decretado pela SUSEP, e à falência[713-714]; as fechadas não podem falir, como dispõe expressamente o art. 47 da LC 109/2001 (além de fazer referência que não podem se valer da extinta concordata, incidindo, então, o art. 198 da LREF), mesmo porque só podem se apresentar sob as formas de fundação ou associação, segundo determina o art. 31, §1º, da LC 109/2001[715].

e) Sociedade operadora de plano de assistência à saúde

Dada a especialidade do mercado de planos de saúde e o potencial dano causado aos usuários, caso uma sociedade do ramo esteja financeiramente abalada, as sociedades operadoras de planos de assistência à saúde não podem se valer da recuperação judicial ou extrajudicial, nem estão sujeitas à falência ou à insolvência civil, nos termos do art. 23, *caput*, da Lei 9.656/1998 c/c o art. 198 da LREF.

Tais sociedades estão sujeitas, além da possibilidade de alienação compulsória da carteira, ao regime parafalimentar de direção e liquidação extrajudicial, previsto entre os arts. 23-24-D da Lei 9.656/1998, efetuada e determinada pela Agência Nacional de Saúde (ANS) – como, inclusive, determina o art. 4º, incs. XXXIII e XXXIV, da Lei 9.961/2000.

---

[710] As entidades abertas são aquelas que estão ao alcance de qualquer pessoa, enquanto as entidades fechadas ficam restritas a um grupo fechado, como aos funcionários de uma empresa (vide arts. 31, I e II, e 36 da LC 109/2001).

[711] Para as fechadas, vide regra do art. 47 da LC 109/2001. Para as abertas, aplica-se a sistemática da Lei 6.024/1974.

[712] Conforme previsão do Decreto-Lei 2.321/1987.

[713] Além do previsto no art. 62 da Lei Complementar 109/2001, que se aplica tanto para as entidades abertas quanto para as fechadas, o art. 3º da Lei 10.190/01 faz com que a Lei 6.024/1974 e o Decreto-Lei 2.321/1987 também se apliquem às entidades de previdência completar abertas (e também às seguradoras de capitalização).

[714] Assim, aplica-se a LREF subsidiariamente (art. 197).

[715] PENTEADO. Capítulo I: Disposições preliminares..., p. 109.

DESTINATÁRIOS DA LEI 11.101/05

É verdade, todavia, que pode haver a decretação da falência (ou da insolvência civil) dessas entidades, desde que requerida pelo liquidante e autorizada pela Agência Reguladora, de acordo com o art. 23, §1º, da referida lei. Os credores não podem fazê-lo diretamente.

f) Sociedade seguradora

A especialidade do mercado de seguros inspira cuidados. As seguradoras estão submetidas ao regime especial de fiscalização e ao regime de liquidação extrajudicial previsto do art. 89 ao art. 107 do Decreto-Lei 73/1966 (regulamentada pelo Decreto 60.459/1967, do art. 64 ao art. 89), efetuados e decretados pela Superintendência de Seguros Privados (SUSEP).

Não podem requerer recuperação judicial ou extrajudicial da LREF, nem estão sujeitas à falência – assim caminha o art. 26 do Decreto-Lei 73/1966 (que também refere que, além de não poderem falir, não podem pedir concordata, incidindo, então, o art. 198 da LREF).

Porém, a falência não foi afastada de modo absoluto: a bancarrota só poderá ser decretada a pedido do liquidante e desde que sejam observados os pressupostos da legislação especial[716]. Determina-se, ainda, a aplicação subsidiária da LREF (nos termos do seu art. 197, e como também determina o art. 107, *caput*, do Decreto-Lei 73/1966).

O risco sistêmico é uma preocupação justificada, embora seja possível vislumbrá-lo mais facilmente apenas no caso de transmissão de problemas de insolvência dentro do sistema por via dos contratos de cosseguro e de resseguro. Há risco também de abalo de confiança no mercado pela quebra de uma seguradora[717].

g) Sociedade de capitalização

De acordo com o art. 4º do Decreto-Lei 261/1967, em caso de crise, as sociedades de capitalização recebem o mesmo tratamento dispensado às sociedades seguradoras (art. 89 ao art. 107 do Decreto-Lei 73/1966), que fica a cargo da Superintendência de Seguros Privados (SUSEP).

De qualquer sorte, sem que o referido dispositivo legal tenha sido revogado expressamente, o art. 3º da Lei 10.190/2001 determinou que às sociedades seguradoras de capitalização aplica-se o previsto nos arts. 2º e 15 do Decreto-Lei 2.321/1987, bem como, no que couber, o previsto nos arts. 3º a 49 da Lei 6.024/1974.

---

[716] ADAMEK. Capítulo VIII: Disposições finais e transitórias..., p. 635. Contra, entendendo que a falência pode ser requerida pelos credores, ver: PENTEADO. Capítulo I: Disposições preliminares..., p. 109.

[717] VERÇOSA, Haraldo Malheiros Duclerc. Das pessoas sujeitas e não sujeitas aos regimes de recuperação de empresas e ao de falência. In: PAIVA, Luiz Fernando Valente de (coord.). *Direito falimentar e a nova Lei de Falências e Recuperação de Empresas*. São Paulo: Quartier Latin, 2005, p. 111.

Ocorre que, como destaca HAROLDO VERÇOSA, a quebra de sociedades de capitalização:

> tem ocorrido com alguma frequência sem que tenham sido notados traumas maiores no mercado. Na verdade, elas têm apresentado uma atuação marginal em relação ao objetivo de fornecer ao público a constituição de um capital mínimo para fins de poupança. Na grande maioria dos casos a contratação de operações de capitalização encontra ênfase na possibilidade de ganho antecipado por meio de sorteio, as quais são oferecidas pelos agentes do mercado (inclusive com a intermediação de bancos comerciais e de empresas de cartão de crédito) como um atrativo extra e de custo baixo em operações realizadas por seus clientes[718].

h) Entidades legalmente equiparadas às anteriores

Há outras entidades que, por equiparação, submetem-se aos regimes parafalimentares apontados acima, restando excluídas, total ou parcialmente, da aplicação da LREF. É o caso das sociedades pertencentes ao sistema de distribuição de títulos e valores mobiliários e das sociedades corretoras de câmbio.

Segue, a seguir, quadro resumo do que foi discutido no item 2.3.:

Entidade	Regimes parafalimentares	Autoridade responsável	Recuperação da LREF	Falência
Instituição financeira	▸ Lei 6.024/1974 [intervenção e liquidação extrajudicial] ▸ DL 2.321/1987 [administração especial temporária]	BC	Não	Sim, a depender do BC
Cooperativa de crédito	▸ Lei 6.024/1974 [intervenção e liquidação extrajudicial] ▸ DL 2.321/1987 [administração especial temporária]	BC	Não	Sim, a depender do BC
Administradora de consórcio	▸ Lei 6.024/1974 [liquidação extrajudicial] ▸ DL 2.321/1987 [administração especial temporária] ▸ Lei 11.795/2008	BC	Não	Sim, a depender do BC

---

[718] VERÇOSA. Das pessoas sujeitas e não sujeitas aos regimes de recuperação de empresas e ao de falência..., p. 111.

Entidades de previdência complementar	• LC 109/2001 [intervenção e liquidação extra-judicial] • Lei 10.190/2001 c/c DL 2.321/1987 [administração especial tempo-rária para entidades abertas]	SUSEP [abertas] SPC [fechadas]	Não	Só as abertas, a depender da SUSEP
Operadoras de plano de saúde	• Lei 9.656/1998 [direção e liquidação extraju-dicial]	ANS	Não	Sim, a depen-der da ANS
Seguradoras	• DL 73/1966 [regime especial de fiscalização e liquidação ex-trajudicial]	SUSEP	Não	Sim, a depen-der da SUSEP
Sociedades de capitalização	• DL 261/1967 c/c DL 73/1966 [regime especial de fiscalização e liquidação extrajudicial] • Lei 10.190/2001 c/c Lei 6.024/1974 [intervenção e liquidação extra-judicial] e c/c DL 2.321/1987 [administração especial tempo-rária]	SUSEP	Não	Sim, a depen-der da SUSEP

2.4. Pessoas jurídicas de direito público

No Brasil, também não se sujeitam à LREF, diante da restrição imposta pelo seu art. 1º, *caput*, as pessoas jurídicas de direito público (interno ou externo), de acordo com os arts. 41 e 42 do Código Civil.

3. Casos especiais

Há algumas situações particulares que merecem um olhar mais atento. É o que passamos a fazer a partir de agora.

3.1. Produtor rural

A situação de quem explora atividade rural é peculiar[719]. Explica-se: o produ-tor rural, tradicionalmente não abarcado pelo direito comercial[720], pode, com o regime instituído pelo Código Civil, requerer a sua inscrição no Registro Público

---

[719] Como exposto por ERASMO VALLADÃO AZEVEDO E NOVAES FRANÇA (em suas aulas de Teoria Geral do Direito Comercial, ministradas em 2011/1 na Faculdade de Direito da USP), a atividade rural abarca: (*i*) plantação para alimentos, fonte energética ou matéria-prima; (*ii*) criação de animais para abate, reprodução, competição ou lazer; e (*iii*) extrativismo vegetal, animal ou mineral.

[720] ASCARELLI. *Panorama do direito comercial...*, p. 21.

RECUPERAÇÃO DE EMPRESAS E FALÊNCIA

de Empresas Mercantis. Nessa hipótese, será equiparado ao empresário para todos os efeitos (CC, art. 971). O mesmo sucede com a sociedade que venha a explorar atividade rural (CC, art. 984), bem como com o produtor rural que constituir EIRELI[721-722].

Assim, a submissão ao regime jurídico empresarial é opcional, e a inscrição possui, neste caso, natureza constitutiva da condição de empresário ou de sociedade empresária[723].

Em decorrência do exposto, o produtor rural (ou a sociedade que tenha por objeto social a exploração de atividade rural) registrado na Junta Comercial fica sujeito à falência e pode se valer dos institutos recuperatórios da LREF (art. 1º) – desde que respeitados todos os outros requisitos exigidos, como a comprovação, no nosso entender, do exercício regular da atividade empresária por prazo superior a dois anos (LREF, art. 48, *caput*)[724-725].

---

[721] Nesse sentido, o Enunciado 62 da II Jornada de Direito Comercial promovida pelo Conselho da Justiça Federal: "62. O produtor rural, nas condições mencionadas do art. 971 do CCB, pode constituir EIRELI".

[722] Sobre os fundamentos pelos quais os produtores rurais podem optar pelo regime jurídico a que se submetem: AYOUB; CAVALLI. *A construção jurisprudencial...*, p. 31-33. Ver, também: FORGIONI. *A evolução do direito comercial brasileiro...*, p. 116-119.

[723] O Enunciado 202 da III Jornada de Direito Civil promovida pelo CJF assim dispõe: "202 – Arts. 971 e 984: O registro do empresário ou sociedade rural na Junta Comercial é facultativo e de natureza constitutiva, sujeitando-o ao regime jurídico empresarial. É inaplicável esse regime ao empresário ou sociedade rural que não exercer tal opção". Ver, também: "O empresário rural será tratado como empresário se assim o quiser, isto é, se se inscrever no Registro das Empresas, caso em que será considerado um empresário, igual aos outros." "A opção pelo registro na Junta Comercial poderá se justificar para que, desfrutando da posição jurídica de empresário, o empresário rural possa se valer das figuras da recuperação judicial e da recuperação extrajudicial, que se apresentam como eficientes meios de viabilizar a reestruturação e preservação da atividade empresarial, instrumentos bem mais abrangentes e eficazes do que aquele posto à disposição do devedor civil (concordata civil – Código de Processo Civil, artigo 783)." "Só a partir da opção pelo registro, estará o empresário rural sujeito integralmente ao regime aplicado ao empresário comum. Sentença mantida. Apelação não provida." (TJSP, Câmara Reservada à Falência e Recuperação, APC 9084484-77.2009.8.26.0000, Rel. Des. Romeu Ricupero, j. 06/04/2010).

[724] A III Jornada de Direito Civil do Conselho da Justiça Federal aprovou o seguinte Enunciado: "201 – Arts. 971 e 984: O empresário rural e a sociedade empresária rural, inscritos no registro público de empresas mercantis, estão sujeitos à falência e podem requerer concordata". Caso quem explore atividade rural não tenha feito a inscrição no Registro Público de Empresas Mercantis (ou esteja inscrito há dois anos ou menos, conforme art. 48, *caput*, da Lei 11.101/05), não poderá se valer da recuperação judicial (ou extrajudicial) nem se sujeitará à falência: STJ, 3ª Turma, REsp 1.193.115/MT, Rel. Min. Nancy Andrighi, Rel. p/ acórdão Min. Sidnei Beneti, j. 20/08/2013 (assim decidindo: "O deferimento da recuperação judicial pressupõe a comprovação documental da qualidade de empresário, mediante a juntada com a petição inicial, ou em prazo concedido nos termos do CPC [de 1973, art. 284], de certidão de inscrição na Junta Comercial, realizada antes do ingresso do pedido em Juízo, comprovando o exercício das atividades por mais de dois anos, inadmissível a inscrição posterior ao ajuizamento"). Ver, também: TJMT, 3ª Câmara de Direito Privado, AI 0100923-66.2014.8.11.0000, Rel. Des. Carlos Alberto Alves da Rocha, j. 17/12/2014 ("RECUPERAÇÃO JUDICIAL – PRODUTORES RURAIS –

DESTINATÁRIOS DA LEI 11.101/05

Por outro lado, não havendo registro na Junta Comercial, não será considerado empresário e, assim, não estará submetido à LREF, ficando sujeito à insolvência civil (CPC/1973, arts. 748 e seguintes) e tendo à sua disposição, no máximo, a chamada concordata civil (CPC/1973, art. 783)[726] – como, aliás, já consignou expressamente o STJ[727].

Sendo a atividade rural exercida por meio de uma pessoa jurídica, o §2º do art. 48 da Lei LREF (acrescido pela Lei 12.873/2013) admite a comprovação do prazo de exercício de dois anos da atividade empresária por meio da apresenta-

---

AUSÊNCIA DOS REQUISITOS DOS ARTS. 48 E 51 DA LEI N. 11.101/2005 – INSCRIÇÃO NA JUNTA COMERCIAL POR PERÍODO INFERIOR A DOIS ANOS – AGRAVO PROVIDO. Para que o pedido de recuperação judicial logre êxito, o autor deve comprovar, dentre outros requisitos, a sua condição jurídica de empresário antes da propositura da ação, por meio de inscrição na junta comercial há mais de dois anos, apresentando na oportunidade os demais documentos exigidos. Inteligência dos arts. 51, II, V, e 48, caput, da lei n. 11.101/2005."). Ver, também: TJSP, Câmara Reservada à Falência e Recuperação, AI 648.198-4/2-00, Rel. Des. Pereira Calças, j. 15/09/2009; TJSP, Câmara Reservada à Falência e Recuperação, AI 647.811-4/4-00, Rel. Des. Pereira Calças, j. 15/09/2009; TJSP, Câmara Reservada à Falência e Recuperação, APC 994.09.293031-7, Rel. Des. Romeu Ricupero, j. 06/04/2010; TJSP, Câmara Reservada à Falência e Recuperação, AI 994.09.283049-0, Rel. Des. Lino Machado, j. 06/07/2010; TJSP, Câmara Reservada à Falência e Recuperação, APC 0003426-27.2009.8.26.0415, Rel. Des. Elliot Akel, j. 26/07/2011; TJSP, 8ª Câmara de Direito Privado, AI 0257523-69.2012.8.26.0000, Rel. Des. Grava Brazil, j. 18/09/2013; TJMT, 1ª Câmara Cível, AI 70223/2009, Rel. Des. Marilsen Andrade Addario, j. 21/09/2009; TJMT, 1ª Câmara Cível, AI 68122/2009, Rel. Des. Marilsen Andrade Addario, j. 21/09/2009; TJMT, 1ª Câmara Cível, AI 69182/2009, Rel. Des. Marilsen Andrade Addario, j. 21/09/2009; TJMT, 5ª Câmara Cível, AI 82786/2014, Rel. Des. Cleuci Terezinha Chagas Pereira da Silva, j. 17/07/2014; TJRS, 5ª Câmara Cível, AI 70072016512, Rel. Des. Isabel Dias Almeida, j. 29/03/2017; TJGO, 1ª Câmara Cível, AI 5921-94.2012.8.09.0000, Rel. Des. Roberto Horacio de Rezende, j. 12/06/2012. É importante salientar a existência de precedentes entendendo ser desnecessária a inscrição no Registro Público de Empresas Mercantis de produtor rural há mais de dois anos para que possa se valer da recuperação judicial, podendo a inscrição ser realizada em período menor desde que provado o exercício da atividade rural há mais tempo: TJSP, 2ª Câmara Reservada de Direito Empresarial, AI 2037064-59.2013.8.26.0000, Rel. Des. José Reynaldo, j. 22/09/2014; TJSP, 2ª Câmara Reservada de Direito Empresarial, AI 2049452-91.2013.8.26.0000, Rel. Des. José Reynaldo, j. 05/05/2014; da mesma forma: TJGO, 5ª Câmara Cível, APC 349897-45.2015.8.09.0074, Rel. Des. Alan S. de Sena Conceição, j. 28/04/2016 ("Apresenta sim necessário para o ajuizamento da ação de recuperação judicial a inscrição prévia na Junta Comercial, contudo, em atenção à orientação jurisprudencial existente sobre a matéria, possível a comprovação do lapso temporal de exercício da atividade empresarial por dois anos mediante documentos que assim evidenciam, de forma que prescindível a sua contagem a partir do registro em referência."). No mesmo sentido, defendendo a legitimidade do produtor rural (pessoa física) que exerce a atividade rural há mais de dois anos, ainda que a inscrição perante a junta comercial tenha ocorrido em prazo inferior, ver: WAISBERG, Ivo. A viabilidade da recuperação judicial do produtor rural. *Revista do Advogado – Direito das Empresas em Crise*, a. XXXVI, n. 131, p. 83-90, out. 2016.

[725] Sobre o tema, na doutrina, por todos, ver: AYOUB; CAVALLI. *A construção jurisprudencial...*, p. 32-33.

[726] Como já referido, nos termos do art. 1.052 do CPC/2015, permanecem em vigor, até a edição de lei especial, as normas sobre insolvência civil do CPC/1973.

[727] STJ, 4ª Turma, REsp 474.107/MG, Rel. Min. Luis Felipe Salomão, j. 10/03/2009.

ção da Declaração de Informações Econômico-fiscais da Pessoa Jurídica (DIPJ), desde que a mesma tenha sido entregue tempestivamente[728].

Trata-se de inovação que, pela letra da Lei, não beneficia os outros agentes econômicos submetidos à LREF. No entanto, entende-se que a referida disposição legal deve ser interpretada em consonância com os demais dispositivos da LREF, pois não necessariamente todos os produtores rurais (ou sociedades que exploram atividade rural) que possuem a obrigatoriedade de entregar a DIPJ (ECF) são empresários[729].

Acredita-se que, na melhor das hipóteses, o meio de prova previsto no art. 48, §2º, da LREF constitui presunção relativa (*juris tantum*) da exploração da atividade empresária por sociedade que exerce atividade rural, podendo ser derrubada caso seja demonstrado que a pessoa jurídica não tem seus atos constitutivos arquivados no Registro Público de Empresas Mercantis há mais de dois anos.

3.2. Companhia aérea

Tal como as estradas de ferro no passado, o setor aéreo sempre foi considerado estratégico, recebendo atenção diferenciada; e as companhias aéreas, tradicionalmente, submetem-se a um regime regulatório especial, inclusive no que toca à sua crise[730].

Isso tudo em razão do risco existente para as pessoas transportadas, inerente à própria atividade, mesmo quando se tratam de empresas em condições econômicas e financeiras normais.

Por isso, quando as companhias áreas estão em dificuldades, agravam-se ainda mais os riscos, em decorrência do elevado custo despendido para a manutenção das aeronaves e para o treinamento dos pilotos e dos demais profissionais envolvidos na atividade fim[731].

Para piorar, quando a crise é grave, pode haver a perigosa "canibalização" das aeronaves – a prática de retirar peças de alguns aviões para serem utilizadas em outros –, bem como pode ocorrer certa negligência quanto às exigências de revisão e manutenção deles. Assim, justificada estaria a regulação diferenciada[732].

---

[728] A partir de 2014, a DIPJ foi substituída pela Escrituração Contábil Fiscal (ECF).

[729] O fato de o produtor rural estar inscrito no Cadastro Nacional de Pessoas Jurídicas (CNPJ), por si só, não o torna empresário. Nesse sentido: TJSP, Câmara Reservada à Falência e Recuperação, APC 0003426-27.2009.8.26.0415, Rel. Des. Elliot Akel, j. 26/07/2011; TJSP, Câmara Reservada à Falência e Recuperação, APC 994.09.293031-7, Rel. Des. Romeu Ricupero, j. 06/04/2010; TJSP, Câmara Reservada à Falência e Recuperação, AI 648.198-4/2-00, Rel. Des. Pereira Calças, j. 15/09/2009; TJSP, Câmara Reservada à Falência e Recuperação, AI 647.811-4/4-00, Rel. Des. Pereira Calças, j. 15/09/2009.

[730] BAIRD. *The elements of bankruptcy...*, p. 58.

[731] VERÇOSA. Das pessoas sujeitas e não sujeitas aos regimes de recuperação de empresas e ao de falência..., p. 94.

[732] VERÇOSA. Das pessoas sujeitas e não sujeitas aos regimes de recuperação de empresas e ao de falência..., p. 94.

Nesse sentido, como as companhias aéreas em dificuldades financeiras configuram grave risco para segurança dos voos, era vedado o seu acesso à concordata no regime anterior (art. 187 da Lei 7.565/1986, o Código Brasileiro da Aeronáutica).

Estavam elas sujeitas à intervenção e à liquidação extrajudicial, podendo haver, inclusive, a sua falência, de acordo com os arts. 188 e seguintes da Lei 7.565/1986.

Porém, a situação mudou com a entrada em vigor da LREF, uma vez que o legislador não estabeleceu restrição à utilização da recuperação de empresas (judicial ou extrajudicial) por parte das sociedades que atuam no setor aéreo.

Pelo contrário, existe menção expressa no art. 199 da LREF autorizando que tais sociedades possam se valer dos regimes recuperatórios, ficando, consequentemente, sujeitas à falência. Tanto é verdade que desde a entrada em vigor da LREF diversas empresas aéreas (tais como a Varig, a Vasp e a Transbrasil) submeteram-se aos seus regimes jurídicos.

No entanto, a LREF dispensou um tratamento especial aos credores cujos créditos derivam de contratos de locação e arrendamento mercantil de aeronaves ou de suas partes, na medida em que tais créditos não participam da recuperação judicial ou extrajudicial, não se suspendendo os direitos desses credores na falência nem na recuperação, prevalecendo sempre seus direitos de propriedade, inclusive durante o *stay period*, situação que dificulta a recuperação dessas empresas[733-734].

---

[733] Veja o que dispõem os parágrafos do art. 199: "§1º Na recuperação judicial e na falência das sociedades de que trata o caput deste artigo, em nenhuma hipótese ficará suspenso o exercício de direitos derivados de contratos de locação, arrendamento mercantil ou de qualquer outra modalidade de arrendamento de aeronaves ou de suas partes. §2º Os créditos decorrentes dos contratos mencionados no §1º deste artigo não se submeterão aos efeitos da recuperação judicial ou extrajudicial, prevalecendo os direitos de propriedade sobre a coisa e as condições contratuais, não se lhes aplicando a ressalva contida na parte final do §3º do art. 49 desta Lei. §3º Na hipótese de falência das sociedades de que trata o caput deste artigo, prevalecerão os direitos de propriedade sobre a coisa relativos a contratos de locação, de arrendamento mercantil ou de qualquer outra modalidade de arrendamento de aeronaves ou de suas partes". Tendo em vista, ainda, que os serviços aéreos públicos são prestados mediante concessão, é necessário levar em consideração as disposições da Lei 8.987/1995, especialmente arts. 35 e seguintes.

[734] Chama-se a atenção para o fato de que o Brasil é signatário da Convenção da Cidade do Cabo sobre Garantias Internacionais Incidentes sobre Equipamentos Móveis, tratado internacional elaborado sob os auspícios da UNIDROIT, cuja conferência diplomática de conclusão foi realizada em 2001 na África do Sul. A Convenção visa a estabelecer normas aptas a conferir maior segurança aos credores em operações internacionais de financiamentos de equipamentos móveis aeronáuticos, espaciais e ferroviários, tendo entrado em vigor em 2006. Na mesma oportunidade, foi adotado o Protocolo Aeronáutico, diploma complementar à Convenção e específico sobre o equipamento aeronáutico. No Brasil, tanto a Convenção quanto o Protocolo Aeronáutico foram submetidos ao Congresso Nacional, que os aprovou por meio do Decreto Legislativo nº 135 de maio de 2011, tendo sido promulgados pelo Decreto 8.008/2013. Assim, é preciso analisar os §§1º a 3º do art. 199 da LREF à luz da referida Convenção e do supramencionado tratado.

Exatamente por isso, a jurisprudência, com base no princípio da preservação da empresa, já temperou a rigidez da regra segundo a qual a retomada das aeronaves seria possível mesmo durante o período de proteção[735].

3.3. Concessionárias (e permissionárias) de serviço público, em especial do serviço público de energia elétrica

No caso de concessionárias de serviço público, a falência enseja a extinção da concessão, nos termos do art. 35, VI, da Lei 8.987/1995 e do art. 195 da LREF – aplicando-se o mesmo que ocorre no caso de permissão de serviços públicos (art. 40 da Lei 8.987/1995). Uma vez extinta a concessão, retornam ao poder concedente todos os bens reversíveis, direitos e privilégios transferidos ao concessionário conforme previsto no edital e estabelecido no contrato (art. 35, §1º, da Lei 8.987/1995), ocorrendo a imediata assunção do serviço pelo poder concedente, procedendo-se aos levantamentos, avaliações e liquidações necessários (§2º do art. 35 da Lei 8.987/1995) – bem como restando autorizada a ocupação das instalações e a utilização, pelo poder concedente, de todos os bens reversíveis (Lei 8.987/1995, art. 35, §3º).

Por sua vez, no caso de concessionárias de serviço público de energia elétrica, deve-se seguir o disposto na referida Lei 12.767/2012, a qual estabelece que o poder concedente prestará (por meio de órgão ou entidade da administração pública federal) temporariamente o serviço – até que novo concessionário seja contratado por licitação (nas modalidades leilão ou concorrência).

No que tange à recuperação judicial ou extrajudicial, inexistem, em regra, restrições, apesar de o estado de crise do devedor poder ensejar a tomada de certas medidas pelo poder público em decorrência da inexecução parcial ou total do contrato para garantir a adequada prestação do serviço, como a caducidade do contrato ou a própria intervenção.

Entretanto, no que tange às concessionárias de serviço público de energia elétrica, a Lei 12.767/2012 (conversão da Medida Provisória 577/2012), sem qualquer justificativa, estabelece regime específico à concessão (e permissão), sendo uma reação do Governo Federal ao conturbado caso do Grupo REDE (especificamente quanto à recuperação judicial da CELPA – Centrais Elétricas do Pará S.A.)[736]. A particularidade, aqui, reside no fato de que o art. 18 da Lei 12.767/2012 dispõe que não se aplicam às concessionárias de serviços públicos de energia elétrica os regimes de recuperação judicial e extrajudicial previstos na LREF, salvo posteriormente à extinção da concessão. A Lei prevê a intervenção da Agência

---

[735] TJRJ, 4ª Câmara Cível, AI 2005.002.23836, Rel. Des. Reinaldo Pinto Alberto Filho, j. 22/11/2005.
[736] O plano de recuperação judicial restou homologado um dia após a edição da MP 577/2012. A ação tramitou perante a 13ª Vara Cível da Comarca de Belém, Estado do Pará.

DESTINATÁRIOS DA LEI 11.101/05

Nacional de Energia Elétrica – ANEEL para adequação do serviço público de energia elétrica e a apresentação, à Agência, de um plano de recuperação e correção das falhas e transgressões que ensejaram a intervenção[737][738].

3.4. Emissora de valores mobiliários

Caso o devedor seja um emissor de valores mobiliários admitidos à negociação em mercados regulamentados de valores mobiliários, o devedor será considerado um emissor em situação especial, devendo ser respeitada a regulamentação em vigor, atualmente prevista na Instrução CVM 480/2009 (bem como na Instrução CVM 358/2002)[739].

[737] Sobre o tema, o Tribunal de Justiça do Rio de Janeiro já teve oportunidade de decidir, conforme 22ª Câmara Cível, AIs 0008919- 80.2017.8.19.0000 e 0008768-17.2017.8.19.0000, Rel. Des. Rogério de Oliveira Souza, j. 05/12/2017 ("AGRAVOS DE INSTRUMENTO. DIREITO EMPRESARIAL. RECUPERAÇÃO JUDICIAL. GRUPO DE EMPRESAS. CONCESSÃO DE ENERGIA ELÉTRICA. REDES DE TRANSMISSÃO. SOCIEDADES DE PROPÓSITOS ESPECÍFICOS. ESTAÇÕES DE TRANSMISSÃO DE ENERGIA. EMPRESAS NÃO SUJEITAS Á RECUPERAÇÃO JUDICIAL. REGIME PÚBLICO DA CONCESSÃO. AGENCIA REGULADORA. PODER REGULADOR. INSTAURAÇÃO DE PROCEDIMENTO ADMINISTRATIVO DE CADUCIDADE DA CONCESSÃO. LEGALIDADE. IMPOSSIBILIDADE DO JUÍZO DA RECUPERAÇÃO SUSPENDER A ATUAÇÃO TÍPICA DO ÓRGÃO CONTROLADOR. PLANO DE TRANSFERENCIA DO CONTROLE ACIONÁRIO. APRECIAÇÃO PELA AGENCIA REGULADORA. DECISÃO FINAL QUE CABE AO PODER CONCEDENTE. CASSAÇÃO DA DECISÃO. 1. A Lei 12.267/05 expressamente exclui da recuperação judicial as empresas concessionárias de energia elétrica, porquanto se trata de serviço essencialmente público, sujeito a regime próprio. 2. Fato inconteste de que as empresas de construção, de concessão e outras, integrantes do Grupo Abengoa, não cumpriram com as obrigações assumidas quando da adjudicação da concessão das linhas de transmissão de energia elétrica. 3. Dever legal da agencia reguladora de instaurar procedimento administrativo próprio de verificação da caducidade da concessão em razão da inadimplência contratual da empresa concessionária. 4. Suposto plano de transferência de controle acionário das empresas que deve ser apresentada à agencia reguladora para análise e decisão final pelo Poder Concedente, falecendo ao Juiz da Recuperação Judicial competência funcional para decidir quanto à tal matéria. 5. Suspensão do procedimento administrativo que se revela absolutamente indevido, porquanto impede a atuação legal do agente regulador do setor de energia elétrica, a quem cabe a análise do pedido. Prejuízo evidente para as empresas em recuperação ao retirarem de si, a própria oportunidade de ter apreciado o pedido de transferência do controle acionário das estações transmissoras. 6. Alegação de comportamento decisório ofensivo ao principio da isonomia que deve ser eventualmente coarctado através da intervenção posterior do Poder Judiciário, mas nunca de forma preventivo, obstando a própria decisão administrativa inquinada de violadora de direitos. 7. Inexistência de atentado, porquanto a decisão judicial inicial havia sido suspensa por atuação liminar da Presidência do Tribunal de Justiça, liberando o curso regular do procedimento administrativo. 8. Cassação da decisão que suspendeu o curso do procedimento administrativo. Conhecimento e provimento dos recursos, rejeitadas as preliminares.")

[738] Sobre o tema da crise e das concessionárias de serviço público, especialmente de serviço público de energia elétrica, ver: SADDY, André. Possibilidade de extinção de concessão de serviço público justificada na recuperação judicial de sociedade empresária: o caso do setor elétrico brasileiro. *Revista de Informação Legislativa*, v. 50, n. 198, p. 31-55, abr./jun. 2013.

[739] Para aprofundamento, abordando também a questão dos valores mobiliários passíveis de emissão em processos de recuperação ou falência, ver: NAJJARIAN, Ilene Patrícia de Noronha. Comentários às

Adicionalmente, por exemplo, os valores mobiliários do emissor poderão ter sua negociação suspensa pela bolsa de valores com o objetivo de assegurar (ao menos em tese) a ampla divulgação de informações (simetria de informações) ao mercado (quando, então, poderá ser restabelecida a negociação dos valores mobiliários), de acordo com os seus respectivos regulamentos.

3.5. Sociedade em conta de participação

A sociedade em conta de participação (CC, arts. 991-996), tendo em vista a sua estrutura, não pode falir ou se tornar insolvente nem se valer dos regimes recuperatórios.

Como não é a sociedade em si que exerce a atividade prevista em seu objeto social, mas sim o sócio ostensivo (em seu nome individual e sob sua própria e exclusiva responsabilidade), ela não se vincula perante terceiros, não possuindo direitos ou obrigações e, em decorrência disso, não está sujeita à falência ou à insolvência civil e, assim, também não pode se valer dos regimes recuperatórios (recuperação judicial ou extrajudicial).

A rigor, pode ocorrer a falência ou a insolvência de seus sócios (ostensivo ou participante) ou a utilização dos institutos recuperatórios por estes. Os §§2º e 3º do art. 994 do Código Civil dispõem nesse sentido, regrando as consequências da falência (ou insolvência civil) do sócio participante ou ostensivo – mesmo porque, a princípio, a recuperação (judicial ou extrajudicial) de um de seus sócios não traz consequências para a SCP (ressalvado se dispor em sentido diverso o contrato social), mas pode trazer consequências para os créditos que um sócio venha a ter contra o outro[740].

A peculiaridade da regra enseja situações interessantes, com tratamento jurídico diverso. A falência do sócio ostensivo, por exemplo, acarreta a dissolução da conta de participação, cabendo ao administrador da massa falida liquidar a respectiva conta, conforme dispõe o art. 994, §2º, 1ª parte, do Código Civil.

---

informações prestadas por companhias abertas falidas e em recuperação judicial enquanto emissoras de valores mobiliários – Instruções CVM nos 476 e 480 – Aspectos do regime de informação no mercado de capitais. In: DE LUCCA, Newton; DOMINGUES, Alessandra de Azevedo; ANTONIO, Nilva M. Leonardi (coord.). *Direito recuperacional*, v. 2. São Paulo: Quartier Latin, 2012, p. 147-177; e TOLEDO, Paulo Fernando Campos Salles de. A Instrução CVM 480/2009 e as empresas em crise. In: ADAMEK, Marcelo Vieira Von (coord.). *Temas de direito societário e empresarial contemporâneos – Liber Amicorum* Prof. Dr. Erasmo Valladão Azevedo e Novaes França. São Paulo: Malheiros, 2011, p. 691-705.

[740] Sobre o tema, ver: SCALZILLI, João Pedro; SPINELLI, Luis Felipe. *Sociedade em conta de participação*. São Paulo: Quartier Latin, 2014, p. 291-292. Ver, também: CARVALHO DE MENDONÇA, José Xavier. *Tratado de direito commercial brasileiro*. v. IV, parte 2. 2 ed. atual. por Achilles Beviláqua e Roberto Carvalho de Mendonça. Rio de Janeiro: Freitas Bastos, 1934, p. 232-233; ALMEIDA, José Gabriel Assis de. *A sociedade em conta de participação*. Rio de Janeiro: Forense, 1989, p. 176; LOPES, Mauro Brandão. *A sociedade em conta de participação*. São Paulo: Saraiva, 1990, p. 109-110; GALIZZI, Gustavo Oliva. *Sociedade em conta de participação*. Belo Horizonte: Mandamentos, 2008, p. 175-177.

A dissolução obrigatória se dará por falta de preenchimento de uma das categorias de sócio; no entanto, se permanecerem preenchidas as duas categorias de sócio da sociedade, o ostensivo e o participante, nada impede a sua continuação, apurando-se os haveres do sócio falido.

Por isso, é incompleta a regra do Código Civil (art. 994, §2º), que estabelece a dissolução da sociedade em conta de participação em caso de falência do ostensivo.

A mesma observação vale para a falência do sócio participante, uma vez que a sua quebra e a dissolução de seu vínculo (seja por determinação do administrador judicial, seja por disposição contratual) não acarretam, necessariamente, a dissolução total da sociedade, caso existam outros sócios participantes[741].

Ainda no caso da falência do ostensivo, se o resultado da liquidação da conta a que nos referimos acima for positivo ao sócio participante, este habilitará o seu crédito na falência na categoria dos quirografários, forte no art. 994, §2º, 2ª parte, do Código Civil. Se, entretanto, o resultado for pró-ostensivo, a massa falida terá o direito de cobrar do sócio participante o saldo[742].

A natureza da contribuição do sócio participante é de suma importância no caso da falência do sócio ostensivo. Se a contribuição foi feita a título de propriedade, isto é, transferindo-se o ativo para o patrimônio do ostensivo, seguirá a norma geral dos bens sujeitos aos efeitos da quebra – ficando, então, o sócio participante sujeito ao princípio da *par conditio creditorum*.

Não obstante, se o sócio participante conservou a propriedade do bem, conferindo-o apenas a título de uso ou gozo, ou sobre este estabeleceu uma comunhão, a situação é distinta, pois, em tais hipóteses, o sócio participante poderá reivindicar (pedido de restituição, previsto na LREF, arts. 85 e seguintes) o bem infungível, cuja propriedade se reservou totalmente ou, no caso da comunhão, a parte que lhe pertence[743].

Seja como for, sabe-se que a posição do sócio participante diante da falência do sócio ostensivo não se esgota na questão atinente aos aportes que realizou, uma vez que pode ser, por exemplo, credor de dividendos que foram apurados, mas que não lhe foram devidamente pagos. Possuirá, deste modo, se for o caso e se o acerto de contas assim indicar, um crédito a ser habilitado na falência do ostensivo na categoria dos quirografários.

---

[741] LOPES. *A sociedade em conta de participação...*, p. 110; SCALZILLI; SPINELLI. *Sociedade em conta de participação...*, p. 296-297.

[742] VERÇOSA, Haroldo Malheiros Duclerc. *Curso de direito comercial*, v. 2. São Paulo: Malheiros, 2006, p. 303; SCALZILLI; SPINELLI. *Sociedade em conta de participação...*, p. 292-293.

[743] ALMEIDA, Carlos Guimarães de. A virtuosidade da sociedade em conta de participação. *Revista de Direito Mercantil, Industrial, Econômico e Financeiro*, São Paulo, a. 11, n. 8, 1972, p. 57; SCALZILLI; SPINELLI. *Sociedade em conta de participação...*, p. 293-294.

RECUPERAÇÃO DE EMPRESAS E FALÊNCIA

Já no que diz respeito à falência do sócio participante, caberá ao administrador da massa falida resolver se a conta de participação terá ou não continuidade, aplicando-se ao caso a regra dos contratos bilaterais do falido, forte no art. 994, §3º, do Código Civil, combinado com o art. 117 da LREF.

Nesses termos, o administrador judicial, com a autorização do Comitê de Credores, decidirá se é producente manter a sociedade em conta de participação (se a atividade da sociedade for superavitária e, por exemplo, inexistirem aportes a serem feitos pelo devedor) ou não (se a continuidade acarretar maiores perdas, exigindo, exemplificativamente, o aporte de mais recursos, ou, ainda, se a atividade for deficitária e existir cláusula contratual prevendo maiores contribuições no caso de prejuízos).

O sócio ostensivo – diante da falência do sócio participante – pode interpelar o administrador judicial (no prazo de até noventa 90 dias, contado da assinatura do termo de sua nomeação) para que, em dez dias, declare se cumprirá ou não o contrato, conforme dispõe o art. 117, §1º, da LREF. Caso a declaração seja negativa ou silencie o administrador judicial, o sócio ostensivo passa a ter o direito à indenização, cujo valor, apurado em processo de rito ordinário, constitui crédito quirografário (LREF, art. 117, §2º).

Salienta-se, ainda, que o contrato social pode prever a dissolução da sociedade em conta de participação em caso de falência ou de insolvência do sócio participante (ou de um dos sócios participantes, caso existam dois ou mais (CC, arts. 996 e 1.035)).

Por fim, vale ressaltar que o sócio participante pode requerer a falência do sócio ostensivo na qualidade de credor (e não na de sócio), como também o sócio ostensivo assim pode proceder em relação ao sócio participante[744].

4. Credores não admitidos

Vencida a tarefa de identificar os destinatários da LREF, é necessário examinar os credores cujos créditos são considerados inexigíveis durante a recuperação judicial e a falência. São créditos reconhecidos pelo ordenamento jurídico, porém não poderão ser cobrados enquanto estiver em curso o regime recuperatório judicial ou concursal.

A regra está contida no art. 5º da LREF, que dispõe não serem exigíveis do devedor, na recuperação judicial ou na falência:

---

[744] SCALZILLI; SPINELLI. *Sociedade em conta de participação...*, p. 297-298; BORGES, João Eunápio. *Curso de direito comercial terrestre.* 5 ed. Rio de Janeiro: Forense, 1976, p. 330-331; CARVALHO DE MENDONÇA. *Tratado de direito comercial brasileiro*, v. IV, parte 2..., p. 235; ALMEIDA. *A sociedade em conta de participação...*, p. 143-146; VALVERDE, Trajano de Miranda. *Comentários à Lei de Falências*, v. I. Rio de Janeiro: Forense, 1948, p. 100-101; GALIZZI. *Sociedade em conta de participação...*, p. 177.

DESTINATÁRIOS DA LEI 11.101/05

a. as obrigações a título gratuito;
b. as despesas que os credores fizerem para tomar parte na recuperação judicial ou na falência, salvo as custas judiciais decorrentes de litígio com o devedor.

Depreende-se da análise do dispositivo legal que a LREF inovou ao possibilitar a inclusão de alguns créditos excluídos pelo regime anterior (art. 23, I e III, do Decreto-Lei 7.661/1945), a saber, as prestações alimentares[745] e os créditos decorrentes da aplicação de multas por infração das leis penais e administrativas.

É, portanto, da tradição legislativa brasileira a exclusão de certos créditos dos regimes concursais, embora tenha havido certa inovação quanto à enumeração desses créditos.

De volta às hipóteses legais, importante destacar que o dispositivo em questão trata de suspensão da exigibilidade, não de extinção do crédito. Encerrada a tramitação da recuperação judicial, poderão ser cobradas as dívidas elencadas no referido dispositivo.

Quanto à falência, por razões óbvias, as dívidas "congeladas" apenas poderão ser cobradas caso ainda exista saldo em favor do falido, ou após o encerramento da falência[746].

---

[745] Na visão do legislador de 1945, a falência do empresário individual e dos sócios de responsabilidade ilimitada deveria ser suportada por todos os seus dependentes. Atualmente, em uma mudança de perspectiva à luz do princípio constitucional da dignidade da pessoa humana, os créditos alimentares decorrentes de pensão alimentícia devida pelo empresário individual ou pelo sócio de sociedade que não lhe oferece limitação da responsabilidade, cujo patrimônio particular também é arrecadado na falência da sociedade, podem ser normalmente reclamados por seus dependentes (PENTEADO. Capítulo I: Disposições preliminares..., p. 132; COELHO, Fábio Ulhoa. *Comentários à Lei de Falências e de Recuperação de Empresas*. 7 ed. rev. São Paulo: Saraiva, 2010, p. 35). Quanto à possibilidade de estipulação excessiva de alimentos para fraudar a execução coletiva, levadas em conta as circunstâncias do caso concreto, pode ser requerida a redução dos alimentos por iniciativa do administrador judicial, do Ministério Público ou de qualquer credor, forte no art. 1.699 do Código Civil (PENTEADO. Capítulo I: Disposições preliminares..., p. 132). Outra questão importante diz respeito à abrangência do conceito de prestação alimentar, importante para compreender a verdadeira extensão da alteração legislativa. O termo é bastante abrangente e não contempla somente a ideia da prestação alimentar decorrente de relação de família, mas outros tipos de créditos alimentares também, como os decorrentes de *atos ilícitos* e de *relação de emprego*. Como salienta LUIZ INÁCIO VIGIL NETO: "As dívidas alimentares serão reclamadas ainda que o devedor se encontre sob o regime falimentar ou sob o regime recuperatório, judicial ou extrajudicial." "Entretanto a falta de uma maior preocupação com esse tema por parte do legislador poderá trazer alguns transtornos na aplicação da lei". Sobre os créditos alimentares decorrentes de atos ilícitos e a sua submissão ao plano de recuperação, bem como sobre outros aspectos polêmicos do crédito alimentar decorrente das relações familiares, inclusive no contexto falimentar, ver: VIGIL NETO. *Teoria falimentar e regimes recuperatórios...*, p. 94-96.

[746] Há quem sustente que, após o cumprimento integral do plano de recuperação judicial, tais obrigações, em regra, podem ser exigidas do devedor que estava em recuperação judicial (que ocorreria a suspensão

RECUPERAÇÃO DE EMPRESAS E FALÊNCIA

4.1. Definindo "obrigações a título gratuito"

Obrigações a título gratuito são aquelas constituídas sem que tenha havido uma contraprestação por parte do credor. Por exemplo, a realização de doações ou atos de benemerência, bem como fianças prestadas pelo devedor (sem contrapartida/ interesse econômico), não podem ser exigidas do devedor em recuperação judicial ou do falido, diferentemente do que ocorre com o aval[747] – lembrando que

dos prazos prescricionais – e decadenciais – até a data final do prazo estabelecido no plano), dando assim a entender também no que tange à falência do devedor (forte nos arts. 157 e 158 da LREF) (CAMPOS, Wilson Cunha. As obrigações a título gratuito e sua exigibilidade contra empresa em processo de recuperação judicial. In: DE LUCCA, Newton; DOMINGUES, Alessandra de Azevedo; ANTONIO, Nilva M. Leonardi (coord.). *Direito recuperacional*, v. 2. São Paulo: Quartier Latin, 2012, p. 76-77.

[747] Como o aval é gerador de dívida abstrata, não se poderia falar de aval oneroso ou gratuito entre os coobrigados do título: o negócio jurídico subjacente, simultâneo ou sobrejacente é que poderia ser oneroso ou gratuito. Assim, o negócio subjacente, por exemplo, poderia vir à tona, em eventual pretensão do portador do título, na hipótese de se tratar de relação entre as próprias partes ou o possuidor do título estiver de má-fé (PONTES DE MIRANDA, Francisco Cavalcanti. *Tratado de direito privado*, t. XXXIV. 3 ed. São Paulo: Revista dos Tribunais, 1984, p. 369, 371; PONTES DE MIRANDA, Francisco Cavalcanti. *Tratado de direito privado*, t. XXXV. 3 ed. São Paulo: Revista dos Tribunais, 1984, p. 378; PONTES DE MIRANDA, Francisco Cavalcanti. *Tratado de direito privado*, t. XXXVI. 3 ed. São Paulo: Revista dos Tribunais, 1984, p. 246-247; PONTES DE MIRANDA, Francisco Cavalcanti. *Tratado de direito privado*, t. XXXVII. 3 ed. São Paulo: Revista dos Tribunais, 1984, p. 192; CARVALHO DE MENDONÇA, José Xavier. *Tratado de direito comercial brasileiro*, v. V, parte 2. 7 ed. Rio de Janeiro: Freitas Bastos, 1963, p. 323-324). O mesmo entendimento se aplica na seguinte hipótese: não se pode considerar ineficaz em relação à massa falida o aval prestado pelo devedor por, supostamente, ser considerado ato gratuito firmado até dois anos antes da decretação da quebra, tenha ou não o beneficiário do aval conhecimento do estado de crise econômico-financeira do devedor, seja ou não intenção deste fraudar credores (Lei 11.101/05, art. 129, IV), podendo, todavia, ser tal ato revogado quando prestado com a intenção de prejudicar credores, desde que provado o conluio fraudulento e o efetivo prejuízo sofrido pela massa falida (LREF, art. 130) (BORGES, João Eunápio. *Do aval*. 4 ed. Rio de Janeiro: Forense, 1975, p. 61-62). Nesse sentido, o aval, em regra, seria exigível na recuperação judicial ou na falência do avalista – da mesma forma que o aval não seria, em princípio, considerado ineficaz em caso de falência, de acordo com o art. 129, IV, da Lei 11.101/05, embora fosse possível a sua revogação (art. 130). Dito isso, entendemos ser necessária a habilitação de crédito garantido por aval – na classe dos credores quirografários –, caso o avalista esteja em recuperação judicial ou tenha sido decretada a sua falência (TJRS, 6ª Câmara Cível, AI 70069301794, Rel. Des. Ney Wiedemann Neto, j. 14/07/2016; TJRS, 6ª Câmara Cível, AI 70069301794, Rel. Des. Ney Wiedemann Neto, j. 14/07/2016; TJRS, 6ª Câmara Cível, AI 70071494702, Rel. Des. Rinez da Trindade, j. 24/08/2017; TJRS, 6ª Câmara Cível, AI 70070812300, Rel. Des. Rinez da Trindade, j. 24/08/2017). Efetuado o pagamento ao credor (legítimo possuidor do título), o crédito no âmbito da recuperação judicial (e nas condições estabelecidas no plano de recuperação judicial) ou na falência a recuperanda ou a massa falida do avalista terá direito de regresso contra o avalizado ou, se existirem, outros obrigados cambiários anteriores – entendimento este que também se aplica no âmbito da recuperação extrajudicial. Se avalista e avalizado encontram-se em recuperação judicial (e sendo exigível a obrigação do avalista), a habilitação da totalidade do crédito deve ocorrer em ambos os processos recuperatórios (TJSP, Câmara Especial de Falências e Recuperações Judiciais de Direito Privado, AI 444.308-4/9-00, Rel. Des. Pereira Calças, j. 30/08/2006; TJSP, Câmara Especial de Falências e Recuperações Judiciais, AI 9036323-41.2006.8.26.0000, Rel. Des. Pereira Calças, j. 19/01/2007), da mesma forma como ocorre

DESTINATÁRIOS DA LEI 11.101/05

atos de liberalidade podem ensejar, além disso, a responsabilização do administrador e/ou do sócio da sociedade (Lei das S.A., arts. 117, *caput* e §1º, "a" e "e", e 154, §2º, "a"; CC, art. 1.015, *caput* – aplicando-se, no processo falimentar, em conjunto com o art. 82 da LREF).

Além disso, na falência, não se pode esquecer que os atos a título gratuito podem ser considerados ineficazes (art. 129, IV), bem como ensejarem a sua revogação (art. 130).

Entretanto, nem sempre a onerosidade restará caracterizada por uma contraprestação direta ao ato praticado pelo devedor: mesmo não havendo contraprestação direta, existem situações em que o ato é realizado com o objetivo de auferir algum ganho, mesmo que intangível, como ocorre na hipótese de garantia prestada em benefício de sociedades do mesmo grupo econômico[748] ou para viabilizar operações junto a parceiros comerciais[749]. Nessas hipóteses, o contexto fático e as condições da operação serão determinantes para delinear a natureza da obrigação, não se podendo considerá-la, *ex ante*, como sendo a título gratuito[750].

---

em caso de falência, respeitando-se, em ambos os procedimentos, o previsto no art. 127 da LREF. Ainda, preenchidos todos os requisitos do Direito Cambiário, tem-se que o legítimo possuidor do título poderá satisfazer o seu crédito perante os demais obrigados cambiários, ou seja, a recuperação judicial (ou extrajudicial) ou a falência do avalista não impedirá sua atuação nesse sentido. Em sentido contrário, há quem sustente que, caso o aval tenha sido prestado gratuitamente, *i.e.*, sem qualquer benefício, ele não poderia ser exigível na recuperação judicial ou na falência do avalista; por outro lado, caso tenha sido prestado onerosamente, poderia ser cobrado no âmbito da recuperação judicial ou da falência (BEZERRA FILHO. *Lei de Recuperação de Empresas e Falências*. 6 ed. São Paulo: Revista dos Tribunais, 2009, p. 55).

[748] TJSP, Câmara Especial de Falências e Recuperações Judiciais de Direito Privado, AI 548.040-4/3-00, Rel. Des. José Roberto Lino Machado, j. 07/08/2008; TJSP, Câmara Especial de Falências e Recuperações Judiciais de Direito Privado, AI 582.401.4/0-00, Rel. Des. José Roberto Lino Machado, j. 17/12/2008; TJSP, Câmara Especial de Falências e Recuperações Judiciais de Direito Privado, AI 582.402-4/5-00, Rel. Des. José Roberto Lino Machado, j. 17/12/2008; TJSP, Câmara Especial de Falências e Recuperações Judiciais de Direito Privado, AI 444.309-4/3-00, Rel. Des. Pereira Calças, j. 17/01/2007.

[749] TJSP, Câmara Especial de Falências e Recuperações Judiciais de Direito Privado, AI 555.225.4/4-00, Rel. Des. Romeu Ricupero, j. 30/07/2008; TJSP, Câmara Especial de Falências e Recuperações Judiciais de Direito Privado, AI 555.224-4/0-00, Rel. Des. Romeu Ricupero, j. 30/07/2008.

[750] Na doutrina, ver: CAMPOS. As obrigações a título gratuito e sua exigibilidade contra empresa em processo de recuperação judicial..., p. 359 ss; assim também dando a entender: BEZERRA FILHO. *Lei de Recuperação de Empresas e Falências...*, p. 55. Ver, também: COELHO. *Comentários à Lei de Falências e de Recuperação de Empresas...*, p. 36-38. Ver, com relevante análise jurisprudencial: SICA, Ligia Paula P. Pinto. A disciplina dos grupos empresariais e a Lei de Recuperação de Empresas em crise e Falências: um convite a jurisprudência. In: CEREZETTI, Sheila C. Neder; MAFFIOLETTI, Emanuelle Urbano (coord.). *Dez anos da Lei nº 11.101/2005*: estudos sobre a Lei de Recuperação e Falência. São Paulo: Almedina, 2015, p. 126-129. Com fundamento diverso, porém bastante razoável, LUIZ ROBERTO AYOUB e CÁSSIO CAVALLI entendem que: "Atualmente, entretanto, esse dispositivo [art. 5º, I, da Lei 11.101/05] deve ser interpretado em consonância com o princípio insculpido no art. 47 da LRF, que indica qual o fim buscado pelo instituto da recuperação judicial da empresa: preservar a empresa devedora, respeitando

A regra insculpida no art. 5º, I, da LREF tem por objetivo "economizar os poucos recursos disponíveis para o atendimento dos credores que titulam crédito derivado de negócio oneroso ou de natureza pública", pois "não seria justo comprometer parte dos recursos disponíveis na massa ou no patrimônio do devedor em recuperação no atendimento a obrigação gratuita, quando não há suficientes para pagamento de todos os credores"[751].

Não importa aqui indagar se o ato gratuito teve intuito fraudulento ou se foi mero ato de desprendimento do devedor. Nesse particular não é a motivação que vale, mas, sim, o efeito, consubstanciado no desfalque patrimonial experimentado pelos credores[752].

4.2. Definindo "despesas para tomar parte na recuperação judicial e na falência, salvo as custas judiciais decorrentes de litígio com o devedor"

O inciso II do art. 5º da LREF define como não sendo exigíveis do devedor "as despesas que os credores fizerem para tomar parte na recuperação judicial ou na falência, salvo as custas judiciais decorrentes de litígio com o devedor".

Há que se fazer uma leitura cuidadosa do dispositivo para bem compreendê-lo.

Quando a LREF fala em despesas "para tomar parte", deve-se entender aquilo que o credor despendeu para habilitar ou retificar (quantidade e/ou classificação, por exemplo) determinado crédito nos processos concursais[753].

O procedimento previsto a partir do art. 7º da LREF (verificação e habilitação de créditos) oportuniza a habilitação e a retificação de créditos pela via extrajudicial num primeiro momento, portanto, sem a necessidade de pagamento de custas e contratação de advogado.

O objetivo da regra em questão é estimular a habilitação e a retificação extrajudicial de créditos, a fim de agilizar o trâmite do feito e poupar os recursos dos

---

no maior grau possível a satisfação dos credores. Com efeito, a questão que se coloca não é se o credor por obrigação a título gratuito *exigirá* seu crédito em sede de recuperação judicial, mas se este crédito se sujeita à recuperação judicial. Tome-se o exemplo da situação de empresa em recuperação que preste garantias em favor de empresa do mesmo grupo. A jurisprudência já teve oportunidade de resolver a questão, afirmando que obrigação decorrente de aval ou fiança prestada pela empresa recuperanda não pode ser considerada obrigação a título gratuito e, portanto, sujeita-se à recuperação judicial. Preferimos, entretanto, interpretar a norma de maneira diversa, à luz do princípio da preservação da empresa (art. 47 da LRF). Para preservar-se a empresa, as obrigações a título gratuito devem sujeitar-se à recuperação. Com efeito, o deferimento do processamento da empresa devedora suspende o curso da execução, e poderá o plano de recuperação dispor acerca dessa obrigação a título gratuito." (AYOUB; CAVALLI. *A construção jurisprudencial...*, p. 85).

[751] COELHO. *Comentários à Lei de Falências e de Recuperação de Empresas...*, p. 36.

[752] DE LUCCA, Newton. Comentários aos arts. 1º ao 6º. In: ____; SIMÃO FILHO, Adalberto. *Comentários à nova Lei de Recuperação de Empresas e de Falências*. São Paulo: Quartier Latin, 2005, p. 111.

[753] BEZERRA FILHO. *Lei de Recuperação de Empresas e Falências...*, p. 56.

DESTINATÁRIOS DA LEI 11.101/05

participantes dos regimes concursais – embora não se possa negar que o credor terá necessariamente custos para realizar a sua habilitação ou divergência[754]. Ademais, não se pode esquecer da exceção prevista no art. 5º, II, da LREF: sujeitam-se à recuperação judicial e à falência as custas judiciais decorrentes de litígio com o devedor – ficando, em tese, excluída a possibilidade de serem cobrados os demais ônus previstos no art. 84 do CPC –, sendo que as custas judiciais nos processos em que a massa falida tenha sido vencida serão consideradas créditos extraconcursais na falência (LREF, art. 84, IV)[755].

---

[754] Diferente é o caso das impugnações de crédito (bem como das habilitações retardatárias), uma vez que são judicializadas e, então, nelas são exigidos o recolhimento de custas e a contratação de advogado. Não se pode esquecer que, em recuperação judicial, eventuais créditos decorrentes de impugnações de crédito (ou de habilitações retardatárias), não se sujeitam à recuperação judicial, uma vez que serão posteriores à distribuição do pedido (art. 49 da LREF). Em caso de falência, não se pode esquecer do disposto nos arts. 83 e 84, bem como do art. 149 em diante.

[755] TOLEDO; PUGLIESI. Capítulo III: Disposições preliminares..., p. 99.

Capítulo 4
Aplicação da Lei 11.101/05

No presente capítulo, serão examinados temas gerais acerca da aplicação da LREF.

1. Competência

A matéria é própria da Justiça Estadual (CF, art. 109), mesmo que a União, suas autarquias ou empresa pública federal possam ter interesse envolvido.

Quanto à competência, o art. 3º da LREF (seguindo a mesma orientação prevista no art. 7º do Decreto-Lei 7.661/1945)[756] determina:

É competente para homologar o plano de recuperação extrajudicial, deferir a recuperação judicial ou decretar a falência e o juízo do local do principal estabelecimento do devedor ou da filial de empresa que tenha sede fora do Brasil[757].

Trata-se de hipótese de competência absoluta, definida em razão da matéria (*ratione materiae*), espécie que não admite prorrogação[758-759-760] e que, por conta disso, pode ser apreciada de ofício pelo magistrado[761].

---

[756] Bem como do art. 7º do Decreto 5.746/1929, do art. 7º da Lei 2.024/1908 e do art. 4º do Decreto 917/1890.

[757] A regra de competência em questão diz respeito apenas às ações de recuperação extrajudicial, recuperação judicial, falência e às ações conexas a essas. As demandas, por exemplo, em que a empresa em recuperação judicial, como autora e credora, busca cobrar créditos seus contra terceiros não se encontram abrangidas pela indivisibilidade e universalidade do juízo concursal, devendo a parte observar as regras de competência legais e constitucionais existentes (STJ, 3ª Turma, REsp 1236664, Rel. Min. João Otávio de Noronha, j. 11/11/2014). Sobre as especificidades em matéria falimentar, vide Capítulo 17, *infra*.

[758] STJ, 2ª Seção, CC 116.743/MG, Rel. Min. Luis Felipe Salomão, j. 10/10/2012; STJ, 2ª Seção, CC 37.736, Rel. Min. Nancy Andrighi, j. 16/06/2003; TJSP, Câmara Especial, CC 0005501-47.2014.8.26.0000, Rel. Des. Pinheiro Franco, j. 12/05/2014; TJMG, 1ª Câmara Cível, AI 1.0015.11.004724-6/001, Rel. Des. Armando Freire, j. 26/06/2012. Na doutrina, ver: CARNEIRO, Athos Gusmão. *Jurisdição e competência*. 11 ed. São Paulo: Saraiva, 2001, p. 78 ss.

[759] Isso, evidentemente, pode gerar conflito quando se está diante de recuperação judicial (ou extrajudicial) de grupos de sociedades, na qual se postula a recuperação judicial de todas as sociedades de

RECUPERAÇÃO DE EMPRESAS E FALÊNCIA

Considerando o teor do art. 3º, é necessário identificar onde está localizada a sede da empresa, pois a partir daí duas possibilidades se abrem:

Localização da sede	Juízo competente (dentro da jurisdição estadual)
Brasil	O do local do principal estabelecimento.
Exterior	O do local da filial nacional. Se houver mais de uma filial, será competente o juízo da principal filial.

Diante disso, caso a sociedade tenha sede no Brasil, o juízo competente é o do principal estabelecimento. É o que dispõe a primeira parte do art. 3º da LREF.

A segunda hipótese do referido dispositivo legal cuida da sociedade que tenha sede no exterior que atua no Brasil mediante autorização do Poder Executivo, na forma dos arts. 1.134 e seguintes do Código Civil, em que o foro competente é o do local da filial nacional (sendo que, em existindo mais de uma filial, será competente o juízo da principal filial)[762]. E a parte final do art. 3º não deixa dúvidas sobre a competência da justiça brasileira em relação aos estabelecimentos localizados no Brasil da empresa transnacional que não tenha constituído uma subsidiária brasileira, mas, sim, opere aqui mediante autorização do Poder Executivo[763].

---

um grupo, sendo que várias dessas sociedades possuem estabelecimentos (ou principais estabelecimentos) em comarcas distintas. A mesma dificuldade, em tese, pode existir em casos de extensão dos efeitos da falência para sociedades do mesmo grupo.

[760] Nesse sentido, ainda que o pedido de falência seja baseado em relação em que exista convenção de arbitragem, a falência deve ser necessariamente postulada por meio da jurisdição estatal, uma vez que não se está diante de litígio envolvendo direito patrimonial disponível a ser dirimido (Lei 9.307/1996, art. 1º) (STJ, 3ª Turma, REsp 1.277.725/AM, Rel. Min. Nancy Andrighi, j. 12/03/2013).

[761] *V.g.*: TJSP, 1ª Câmara Reservada de Direito Empresarial, AI 2044152-46.2016.8.26.0000, Rel. Des. Hamid Bdine, j. 10/08/2016 ("Agravo de instrumento. Competência para o decreto de falência. Juízo do local do principal estabelecimento do devedor. Inteligência do art. 3º da Lei n. 11.101/2005. Empresa devedora que tem apenas dois estabelecimentos comerciais, ambos localizados na Comarca da Capital do Estado de São Paulo. Incompetência do Juízo da Comarca de Boituva para apreciar a ação de falência movida contra ela. Critério absoluto de competência. Questão passível de ser examinada de ofício. Recurso improvido.").

[762] A nacionalidade é o vínculo que faz com que uma pessoa seja considerada como pertencente a um determinado Estado (DOLINGER, Jacob. *Direito internacional privado* (parte geral). 8 ed. Rio de Janeiro: Renovar, 2005, p. 155). Pelas regras do direito pátrio, é brasileira a sociedade (*i*) organizada conforme as leis brasileiras e que (*ii*) tenha a sede de sua administração no País (CC, art. 1126). Diante disso, temos que a nacionalidade ou o domicílio dos sócios não influi na nacionalidade da sociedade, pois, se os requisitos (*i*) e (*ii*) estiverem presentes, a sociedade será considerada brasileira. Sobre o assunto, ver: COMPARATO, Fábio Konder. Nacionalidade de sociedades privadas e aquisição de imóveis rurais no país. In: ____. *Direito empresarial*. Estudos e Pareceres. São Paulo: Saraiva, 1990, p. 57-65.

[763] Se a multinacional tiver constituído uma empresa subsidiária no Brasil, com sede da sua administração aqui e de acordo com a legislação nacional, na forma do art. 1.126 do Código Civil, teremos uma empresa

APLICAÇÃO DA LEI 11.101/05

1.1. Principal estabelecimento

Caso o devedor tenha um único estabelecimento[764], inexistem dúvidas sobre qual é o foro competente para processar sua recuperação (judicial ou extrajudicial) ou sua falência[765]. Não raro, porém, o devedor possui dois ou mais estabelecimentos – unidades fabris, centros de distribuição, lojas, escritórios administrativos. Para esses casos, importa saber qual critério define a prevalência de um estabelecimento sobre os demais, para fins de fixação da competência relativamente às principais ações da LREF.

Embora seja tema de extrema relevância para a matéria recuperatória/falimentar, trata-se de debate ainda candente, especialmente porque o conceito em questão é considerado um "conceito jurídico indeterminado"[766]. De qualquer forma, doutrina e jurisprudência concordam que o critério definidor é econômico, o qual não se confunde com o local da sede constante do contrato ou do estatuto social[767-768].

brasileira controlada por estrangeiros, que será considerada empresa nacional. Portanto, a ela será aplicável a regra do art. 3º, primeira parte.

[764] Sobre estabelecimento, a leitura fundamental é: Barreto Filho, Oscar. *Teoria do estabelecimento comercial*. 2 ed. São Paulo: Max Limonad, 1988. Algumas monografias atualizadas merecem indicação, entre elas: Tokars. *Estabelecimento empresarial...*; e Féres, Marcelo Andrade. *Estabelecimento empresarial: trespasse e efeitos obrigacionais*. São Paulo: Saraiva, 2007. Ver, ainda, o artigo de Cássio Cavalli: Cavalli, Cássio Machado. Apontamentos sobre a teoria do estabelecimento empresarial no direito brasileiro. *Revista dos Tribunais*, São Paulo, v. 858, p. 30-47, 2007.

[765] Mesmo que, antes da quebra ou do pedido de recuperação, tenha possuído pluralidade de estabelecimentos. Nesse sentido: TJSP, 1ª Câmara Reservada de Direito Empresarial, AI 2184970-19.2014.8.26.0000, Rel. Des. Claudio Godoy, j. 09/12/2014 (assim decidindo: "Recuperação judicial. Foro competente. Principal estabelecimento, nos termos do artigo 3º da Lei 11.101/05. Inexistência, ademais, de mais de um estabelecimento ativo. Fechamento com caráter definitivo daquele localizado em São Paulo, antes do ajuizamento. Manutenção do feito no foro do estabelecimento remanescente e sede contratual").

[766] TJMG, 1ª Câmara Cível, AI 1.0015.11.004724-6/001, Rel. Des. Armando Freire, j. 26/06/2012.

[767] Na doutrina: Barreto Filho. *Teoria do estabelecimento comercial...*, p. 145-146. Sobre o tema e as diversas discussões, ver: Penteado. Capítulo I: Disposições preliminares..., p. 119-123; Toledo, Paulo Fernando Campos Salles de. Capítulo I: Disposições preliminares. In: _____; Abrão, Carlos Henrique (coord.). *Comentários à Lei de Recuperação de Empresas e Falência*. 4 ed. rev. e atual. São Paulo: Saraiva, 2010, p. 62-63; Coelho. *Comentários à Lei de Falências e de Recuperação de Empresas...*, p. 28-30. Posição isolada na doutrina nacional é a de Luiz Tzirulnik (Tzirulnik, Luiz. *Direito falimentar*. São Paulo: Revista dos Tribunais, 1999, p. 65), que sustenta ser o principal estabelecimento o do local da sede contratual ou estatutária.

[768] Na jurisprudência: STJ, 4ª Turma, REsp 1.006.093, Rel. Min. Antonio Carlos Ferreira, j. 20/05/2014; STJ, 2ª Seção, CC 32.988/RJ, Rel. Min. Sálvio de Figueiredo Teixeira, j. 14/11/2001; STJ, 2ª Seção, CC 27.835/DF, Rel. Min. Antônio de Pádua Ribeiro, j. 14/03/2001; STJ, 2ª Seção, CC 21/896/MG, Rel. Min. Sálvio de Figueiredo Teixeira, j. 10/06/1998; STJ, 2ª Seção, CC 366/PR, Rel. Min. Eduardo Ribeiro, j. 11/10/1989; TJRS, 5ª Câmara Cível, AI 70060247848, Rel. Des. Jorge Luiz Lopes do Canto, j. 26/06/2014; TJSP, 1ª Câmara Reservada de Direito Empresarial, AI 0124191-69.2013.8.26.0000, Rel. Des. Alexandre Marcondes, j. 05/12/2013; TJMG, 7ª Câmara Cível, AI 1.0707.11.009662-5/001, Rel. Des. Oliveira Firmo, j.

RECUPERAÇÃO DE EMPRESAS E FALÊNCIA

O entendimento predominante aponta como principal estabelecimento o local onde são exercidas as atividades mais importantes da empresa ("centro das atividades")[769] – e provavelmente onde se encontram os seus principais ativos, ou seja, onde ela é mais expressiva em termos patrimoniais[770-771].

Por outro lado, há julgados que definem como principal estabelecimento o local de onde emanam as decisões administrativas da empresa. Trata-se do critério conhecido como "sede administrativa" ou "centro de comando"[772-773].

19/06/2012; TJRS, 6ª Câmara Cível, AI 70031704620, Rel. Des. Antônio Corrêa Palmeiro da Fontoura, j. 08/10/2009; TJRS, 6ª Câmara Cível, AI 70020025318, Rel. Des. Osvaldo Stefanello, j. 28/06/2007. Nesse sentido, inclusive, caminha a Jurisprudência em Teses do STJ (Edição nº 35, Enunciado 2).

[769] STJ, 4ª Turma, REsp 1.006.093, Rel. Min. Antonio Carlos Ferreira, j. 20/05/2014 (assim decidindo: "O juízo (...) é o da comarca onde se encontra 'o centro vital das principais atividades do devedor' (...))"; STJ, Corte Especial, SEC 1.735/EX, Rel. Min. Arnaldo Esteves Lima, j. 12/05/2011; STJ, Corte Especial, SEC 1.734/PT, Rel. Min. Fernando Gonçalves, Rel. p/ acórdão Min. Felix Fisher, j. 15/09/2010; STJ, 4ª Turma, REsp 439.965/RS, Rel. Min. Raul Araújo, j. 20/06/2013; STJ, CC 134.475/MG, Rel. Min. Maria Isabel Gallotti (decisão monocrática), j. 03/10/2014; STJ, SLS 1.904/AM, Rel. Min. Gilson Dipp (decisão monocrática), j. 10/07/2014; STJ, 2ª Seção, CC 37.736/SP, Rel. Min. Nancy Andrighi, j. 11/06/2003; STJ, 2ª Seção, CC 32.988/RJ, Rel. Min. Sálvio de Figueiredo Teixeira, j. 14/11/2001; STJ, 2ª Seção, CC 27.835/DF, Rel. Min. Antônio de Pádua Ribeiro, j. 14/03/2001; STJ, 2ª Seção, CC 21.896/MG, Rel. Min. Sálvio de Figueiredo Teixeira, j. 10/06/1998. No mesmo sentido: TJRS, 5ª Câmara Cível, AI 70060247848, Rel. Des. Jorge Luiz Lopes do Canto, j. 26/06/2014 (assim decidindo: (...). A proximidade do juiz com o negócio, aqui compreendido onde ele mais intensamente se desenvolve, da empresa em recuperação é a causa determinante da competência estabelecida em Lei. (...). (...) o local do principal estabelecimento da empresa em recuperação é a cidade de Porto Alegre, pois lá se desenvolvem e se executam a maioria dos contratos de prestação de serviços, em que constam como tomadores deste serviço justamente órgãos públicos e empresas cujas sedes é na Capital do Estado. Ali se executam, portanto, estes contratos e ali está o principal estabelecimento da empresa em recuperação, irrelevante que somente a sede, para fins de domicílio civil, esteja prevista no contrato para ser em Erechim/RS. (...). É em Porto Alegre que se executam a maioria absoluta dos contratos que a empresa (...). Assim é, por exemplo, os inúmeros contratos de vigilância com o Poder Judiciário do RS (...)"); TJMG, 7ª Câmara Cível, AI 1.0707.11.009662-5/001, Rel. Des. Oliveira Firmo, j. 19/06/2012.

[770] TJSP, Câmara Reservada à Falência e Recuperação, AI 990.09.372608-4, Rel. Des. Elliot Akel, j. 01/06/2010; TJSP, Câmara Reservada à Falência e Recuperação, AI 642.781-4/0-00, Rel. Des. Elliot Akel, j. 30/06/2009. Essa posição baseia-se, fundamentalmente, na doutrina de OSCAR BARRETO FILHO (BARRETO FILHO. *Teoria do estabelecimento comercial...*, p. 145-146). Na doutrina contemporânea: PENTEADO. Capítulo I: Disposições preliminares..., p. 119-123; COELHO. *Comentários à Lei de Falências e de Recuperação de Empresas...*, p. 29; TOLEDO; PUGLIESI. Capítulo III: Disposições preliminares..., p. 96-97; BEZERRA FILHO, Manoel Justino. Capítulo XIV: O procedimento para a decretação da falência – exame dos arts. 94 a 101 da LREF. In: CARVALHOSA, Modesto (coord.). *Tratado de direito empresarial*, v. V – recuperação empresarial e falência. São Paulo: Revista dos Tribunais, 2016, p. 332-333.

[771] Sobre os embaraços que essa regra pode provocar quando cotejada com o dever processual de o falido não se ausentar do lugar da falência sem justa causa e autorização judicial, sobretudo porque ele pode residir em um município diverso daquele do local do principal estabelecimento, ver a crítica de: TOKARS. *Estabelecimento empresarial...*, p. 53. Ver, também: o dito no Capítulo 21, item 5.3.

[772] STJ, 2ª Seção, CC 21.775/DF, Rel. Min. Bueno de Souza, j. 24/06/1998 (assim decidindo: "Foro competente para a concordata preventiva é o local em que o comerciante tem seu principal

APLICAÇÃO DA LEI 11.101/05

Registre-se, ainda, a existência de julgados que se valem de ambos os critérios ("centro das atividades" e "centro decisório") como fundamento para fixar a competência, mas sobretudo porque existe coincidência entre eles[774].

estabelecimento, isto é, onde se encontra a verdadeira sede administrativa, o comando dos negócios"). Na mesma linha: STJ, 2ª Seção, CC 366/PR, Rel. Min. Eduardo Ribeiro, j. 11/10/1989; TJSP, 2ª Câmara Reservada de Direito Empresarial, ED 2062296-73.2013.8.26.0000, Rel. Des. Lígia Araújo Bisogni, j. 08/10/2014 (assim decidindo: "Principal estabelecimento da empresa é aquele de onde emanam as principais decisões estratégicas, financeiras e operacionais"); TJSP, 1ª Câmara Reservada de Direito Empresarial, AI 0080995-49.2013.8.26.0000, Rel. Des. Alexandre Marcondes, j. 21/05/2013 ("PEDIDO DE RECUPERAÇÃO JUDICIAL Pedido formulado em conjunto pelas empresas por H-BUSTER SÃO PAULO INDÚSTRIA E COMÉRCIO S/A, com sede em Cotia/SP e por H-BUSTER DA AMAZÔNIA INDÚSTRIA E COMÉRCIO S/A, com sede em Manaus/AM. Litisconsórcio ativo admitido. Competência para o processamento do pedido de recuperação judicial. Declinação da competência para o foro da Comarca de Manaus com base no critério de porte econômico, por ser naquela cidade em que o grupo de empresas concentra a maior parte de seus ativos, aufere a maior parte de sua receita operacional e onde possui o maior número de funcionários. Centro decisório do grupo, contudo, situado na Comarca de Cotia/SP. Exegese do art. 3º da Lei nº 11.105/05. Precedentes do STJ e do TJSP. Principal estabelecimento correspondente ao local de onde emanam as principais decisões estratégicas, financeiras e operacionais do grupo de empresas. Competência do foro da Comarca de Cotia/SP para o processamento do pedido de recuperação judicial").

[773] Essa posição baseia-se, fundamentalmente, na doutrina de CARVALHO DE MENDONÇA (CARVALHO DE MENDONÇA, José Xavier. *Tratado de direito comercial brasileiro*, v. VII. 7 ed. atual. por Roberto Carvalho de Mendonça. Rio de Janeiro: Freitas Bastos, 1964, p. 272-274), WALDEMAR FERREIRA (FERREIRA, Waldemar. *Instituições de direito comercial*, v. 5. 3 ed. Rio de Janeiro: Freiras Bastos, 1951, p. 108-109), TRAJANO DE MIRANDA VALVERDE (VALVERDE. *Comentários à Lei de Falências*, v. I..., p. 95 ss) e RUBENS REQUIÃO (REQUIÃO, Rubens. *Curso de direito falimentar*, v. 1. 9 ed. São Paulo: Saraiva, 1984, p. 80-81). Na doutrina contemporânea: LUCCA, Newton de. Arts. 1º a 4º. In: CORRÊA-LIMA, Osmar Brina; LIMA, Sérgio Mourão Corrêa (coord.). *Comentários à nova Lei de Falência e Recuperação de Empresas*. Rio de Janeiro: Forense, 2009, p. 68; e TOKARS. *Estabelecimento empresarial...*, p. 53.

[774] Nesse sentido, mas dando prevalência ao critério "centro das atividades": STJ, 2ª Seção, CC 37.736/ SP, Rel. Min. Nancy Andrighi, j. 11/06/2003 (assim decidindo: "a atividade produtiva das empresas em exame e a maior parte do correlato patrimônio encontravam-se em Manaus. Registre-se que a Lei Estadual n. 1.939/89, dentre outras, exige que a sociedade empresária mantenha a sua *administração, inclusive a contabilidade, no Estado de Amazonas*" (art. 19, VII), o que ocorre na espécie no tocante à Sharp do Brasil S/A Indústria de Equipamentos Eletrônicos. Outrossim, é em Manaus, por exemplo, onde se encontra o parque industrial das sociedades empresárias em exame, razão de existência dessas. Por conseguinte, Manaus abarca também a maioria dos trabalhadores das referidas sociedades. Portanto, evidencia-se a competência do Juízo de Direito da 4ª Vara Cível de Manaus – AM, ora suscitado"). De qualquer forma, importante referir que as decisões que combinam os dois critérios assim o fazem porque, no caso concreto, havia coincidência entre o "centro das atividades" e o "centro decisório": TJMG, 8ª Câmara Cível, AI 1.0525.13.017952-2/001, Rel. Des. Edgard Penna Amorim, j. 11/12/2014 (assim decidindo: "Considera-se principal estabelecimento aquele em que situada a planta fabril da devedora, no qual, além de se encontrar o maior número de empregados e demais credores, também é realizada toda a contabilidade do grupo empresarial"); TJSP, 1ª Câmara Reservada de Direito Empresarial, AI 0124191-69.2013.8.26.0000, Rel. Des. Alexandre Marcondes, j. 05/12/2013 (assim decidindo: "Principal estabelecimento correspondente ao local de onde emanam as principais decisões estratégicas, financeiras e operacionais da empresa e no qual está situada sua principal planta industrial. Irrelevância da sede estatutária estar

RECUPERAÇÃO DE EMPRESAS E FALÊNCIA

Em nosso sentir, a definição do que seja principal estabelecimento é questão a ser decidida à luz do caso concreto, o que sempre demanda o exame de fatos e provas[775], mesmo porque o foro competente define-se pelo lugar onde os objetivos da LREF podem ser cumpridos com maior probabilidade de êxito[776].

Como bem sintetiza a doutrina, enquanto na falência a determinação do principal estabelecimento é orientada pelo objetivo de liquidar o patrimônio do devedor, na recuperação judicial (e, em certa medida, também na extrajudicial) busca-se facilitar o encontro entre devedor e seus credores, de modo a facilitar o ambiente de negociação entre eles[777].

Havendo incerteza quanto ao local do principal estabelecimento – como na hipótese de nenhum se destacar sobre os demais –, impõe-se aceitar o juízo do local onde foi distribuída a recuperação judicial (ou extrajudicial) pelo devedor, sem prejuízo de eventual oposição de exceção de incompetência[778].

Na falência, já se decidiu que, até prova em contrário, pode-se presumir que o principal estabelecimento é onde a empresa tem a sua sede[779].

A competência deve ser fixada pelo principal estabelecimento à época da instauração do regime recuperatório ou falimentar, pouco importando se, no curso da demanda, houve alteração fática nesse sentido[780].

Na mesma linha, a alteração da sede no curso do processo não modifica a regra da competência definida[781] – situação que às vezes pode até demonstrar intenção de fraudar os credores[782].

---

situada em outra cidade"); TJMG, 7ª Câmara Cível, AI 1.0707.11.009662-5/001, Rel. Des. Oliveira Firmo, j. 19/06/2012 (assim decidindo: "Entende-se como principal estabelecimento da sociedade empresária em recuperação o lugar onde se situa o centro de suas atividades. (...). Se o objeto social da empresa recuperanda é a fabricação de mercadorias, seu estabelecimento principal está na cidade onde se instala a unidade fabril, empregam-se os trabalhadores na produção e se exercem as atividades empresariais de administração, gestão e produção").

[775] STJ, 3ª Turma, AgRg no REsp 1.310.075, Rel. Min. Paulo de Tarso Sanseverino, j. 02/10/2014 (assim decidindo: "No que diz com a competência do juízo, (...) a definição do principal estabelecimento (...) para fins da fixação da competência para o processo de recuperação exige (...) uma análise de fatos e provas (...), (...) deveriam ser objeto de verificação os contratos sociais da sociedade recuperanda, o local onde desempenhadas as atividades principais, a intensidade do fluxo negocial em uma e outra filial"). Ver, também: STJ, 4ª Turma, REsp 1.006.093, Rel. Min. Antonio Carlos Ferreira, j. 20/05/2014.

[776] TJMG, 7ª Câmara Cível, AI 1.0707.11.009662-5/001, Rel. Des. Oliveira Firmo, j. 19/06/2012.

[777] AYOUB; CAVALLI. A construção jurisprudencial..., p. 89.

[778] TJSP, Câmara Reservada à Falência e Recuperação, AI 990.10.307.124-7, Rel. Des. Elliot Akel, j. 14/12/2010; TJPR, 18ª Câmara Cível, AI 681970-7, Rel. Des. Mário Helton Jorge, j. 25/08/2010.

[779] TJRS, 1ª Câmara Cível, AI 583038153, Rel. Des. José Vellinho de Lacerda, j. 08/11/1983.

[780] STJ, 2ª Seção, CC 21.896/MG, Rel. Min. Sálvio de Figueiredo Teixeira, j. 10/06/1998; 2ª Seção, STJ, CC 21.899/MG, Rel. Min. Sálvio de Figueiredo Teixeira, j. 10/06/1998. Nesse sentido, ver, também: BEZERRA FILHO. Capítulo XIV: O procedimento para a decretação da falência..., p. 333.

[781] TJSP, 1ª Câmara Reservada de Direito Empresarial, AI 0009264-90.2013.8.26.0000, Rel. Des. Enio Zuliani, j. 26/03/2013 (assim decidindo: "Alteração de endereço da pessoa jurídica no curso do processo não modifica a regra da competência definida pelo art. 3º, da Lei 11.101/05"); TJSP, Câmara Especial, CC

Se a empresa está inativa, pouco importa se a sede contratual ou estatutária foi alterada, sendo competente o juízo do último local em que se situava o principal estabelecimento[783].

1.2. Prevenção

A prevenção consiste no fenômeno jurídico da "prefixação de competência, para todo o conjunto de diversas causas, do juiz que primeiro tomou conhecimento de uma das lides coligadas"[784].

Assim, dada a existência de vários juízes competentes, fixa-se a competência daquele que primeiro conhecer da causa, fenômeno que objetiva impedir decisões contraditórias, evitar desperdício de tempo da Justiça e das partes no exame de questões conexas.

Em matéria falimentar e recuperatória, segundo dispõe textualmente o §8º do art. 6º da LREF, "a distribuição do pedido de falência ou de recuperação judicial previne a jurisdição para qualquer outro pedido de recuperação judicial ou de falência relativa ao mesmo devedor"[785]-[786]-[787] (sendo que "os efeitos da pre-

---

0005501-47.2014.8.26.0000, Rel. Des. Pinheiro Franco, j. 12/05/2014 (assim decidindo: "Mudança de sede da requerida posterior à distribuição da demanda. (...). Competência absoluta, que se determina no momento da propositura da ação").

[782] STJ, 2ª Seção, CC 32.988/RJ, Rel. Min. Sálvio de Figueiredo Teixeira, j. 14/11/2001 (assim decidindo: "A transferência da sede da empresa do Rio de Janeiro, RJ, onde manteve seus negócios por muitos anos, para Caucaia, CE, depois de mais de trezentos títulos protestados e seis pedidos de falência distribuídos na Comarca fluminense, e o subseqüente pedido de autofalência no domicílio cearense, evidenciam a pretensão de fraudar credores e garantir o deferimento da continuidade dos negócios em antecipação a qualquer credor ou interessado").

[783] STJ, 4ª Turma, REsp 1.006.093, Rel. Min. Antonio Carlos Ferreira, j. 20/05/2014.

[784] THEODORO JÚNIOR, Humberto. Curso de direito processual civil, v. 1. 51 ed. Rio de Janeiro: Forense, 2010, p. 191.

[785] STJ, 2ª Seção, CC 26.021/RJ, Rel. Min. Carlos Alberto Menezes Direito, j. 22/09/1999. Aqui, ressalta-se, então, que uma vez distribuída uma ação de falência, o juízo ficará prevento, inclusive, para posterior ação de recuperação judicial (TJSP, Câmara Especial, CC 0046180-21.2016.8.26.0000, Rel. Des. Issa Ahmed, j. 24/10/2016).

[786] E isso se aplica também quando se trata de grupos de sociedade. Nesse sentido já se manifestou o STJ: "Conquanto o pedido de recuperação judicial tenha sido efetuado por cinco empresas que compõem um grupo econômico, certo é que contra uma dessas empresas já havia requerimento de falência em curso, o que, consoante o teor do art. 6º, §8º, da Lei n. 11.101/2005, torna prevento o Juízo no qual este se encontra para apreciar o pleito que busca o soerguimento das demandantes" (STJ, 2ª Seção, CC 116.743/MG, Rel. Min. Luis Felipe Salomão, j. 10/10/2012). Ver, também: TJSP, Câmara Especial, CC 0019921-57.2014.8.26.0000, Rel. Des. Ricardo Anafe, j. 26/05/2014. Criticando este entendimento, ver: CEREZETTI, Sheila Christina Neder. Grupos de sociedades e recuperação judicial: o indispensável encontro entre direitos societário, processual e concursal. In: YARSHELL, Flávio Luiz; PEREIRA, Guilherme Setoguti J (coord.). Processo societário, v. II. São Paulo: Quartier Latin, 2015, p. 762.

[787] Afirmando que a prevenção somente ocorre se o juízo ao qual foi distribuída a ação é competente, ver: BEZERRA FILHO. Capítulo XIV: O procedimento para a decretação da falência..., p. 352.

RECUPERAÇÃO DE EMPRESAS E FALÊNCIA

venção disciplinada no artigo 6º, §8º, da lei n. 11.101/2006 para novos pedidos de falência ou de recuperação judicial, contudo, se estendem apenas até o trânsito em julgado da sentença da demanda anterior"[788]). Essa é uma regra que complementa as disposições referentes à competência[789].

Aqui, ressalta-se, o art. 6º, §8º, não faz referência à recuperação extrajudicial. Assim, a distribuição do pedido de homologação de plano de recuperação extrajudicial não torna prevento o referido o juízo.

1.3. Controle sobre as ações propostas contra o devedor

O juízo universal deve exercer o controle sobre as ações individuais que venham a ser propostas contra o devedor em recuperação judicial ou falido[790].

As ações que venham a ser propostas contra o devedor deverão ser comunicadas ao juízo concursal:

  a. pelo juiz competente, quando do recebimento da petição inicial;
  b. pelo devedor, imediatamente após a citação.

Além das providências acima, recomenda-se que o próprio juiz concursal ordene a realização de verificação periódica perante os cartórios de distribuição, a fim de identificar ações propostas que não tenham sido comunicadas.

---

[788] TJSP, Câmara Especial, CC 0046180-21.2016.8.26.0000, Rel. Des. Issa Ahmed, j. 24/10/2016. Ver, também: TJSP, Câmara Especial, CC 0023487-82.2012.8.26.0000, Rel. Des. Encinas Manfré, j. 07/05/2012; TJSP, Câmara Especial, CC 0004728-31.2016.8.26.0000, Rel. Des. Ana Lucia Romanhole Martucci, j. 25/07/2016; TJSP, Câmara Especial, CC 0061093-42.2015.8.26.0000, Rel. Des. Issa Ahmed, j. 18/04/2016 ("CONFLITO NEGATIVO DE COMPETÊNCIA. Ação falimentar distribuída por dependência ao Juízo Suscitado que determinou a livre redistribuição dos autos. Pedido de falência anteriormente proposto por outro credor contra a mesma empresa requerida. Juízo suscitante que reconheceu existir prevenção entre as ações. Inadmissibilidade. Segunda demanda que somente foi promovida após a prolação de sentença da ação antecedente, homologando o acordo entre as partes e julgada extinta, com resolução de mérito, transitada em julgado. Ausência de decisões conflitantes. Inteligência da súmula 235 do Superior Tribunal de Justiça. Conflito julgado procedente para declarar competente o Juízo da 5ª Vara Cível de Piracicaba, ora suscitante."). Por sua vez: TJSP, Câmara Especial, CC 0065983-24.2015.8.26.0000, Rel. Des. Salles Abreu, j. 15/02/2016 ("CONFLITO NEGATIVO DE COMPETÊNCIA – RECUPERAÇÃO JUDICIAL E FALÊNCIA – EXTINÇÃO DE PEDIDO ANTERIOR DE FALÊNCIA PELO JUÍZO SUSCITANTE – AUSÊNCIA DE TRÂNSITO EM JULGADO DA SENTENÇA – PREVENÇÃO EXISTENTE – INTELIGÊNCIA DO ART. 6º, §8º, LEI 11.101/05 – PREVENÇÃO LEGAL ATÉ O TRÂNSITO EM JULGADO DA SENTENÇA DE EXTINÇÃO ANTERIOR – POSIÇÃO DA CÂMARA ESPECIAL – CONFLITO JULGADO IMPROCEDENTE.").

[789] No entanto, como bem observa MAURO PENTEADO, a regra sobre prevenção vem escondida em um dos parágrafos no art. 6º, quando, na verdade, segundo a melhor técnica, deveria figurar como o parágrafo único do art. 3º, dispositivo que regula a competência em matéria falimentar e recuperatória (PENTEADO, Mauro Rodrigues. Seção I: Disposições gerais. In: SOUZA JUNIOR, Francisco Satiro de; PITOMBO, Antonio Sergio A. de Moraes (coord.). *Comentários à Lei de Recuperação de Empresas e Falências*. 2 ed. rev., atual. e ampl. São Paulo: Revista dos Tribunais, 2007, p. 135).

[790] PENTEADO. Seção I: Disposições gerais..., p. 143.

APLICAÇÃO DA LEI 11.101/05

É isso o que dispõe o art. 6º, §6º, da LREF.

Trata-se de medida que busca estabelecer um sistema de controle sobre as ações que possam afetar o patrimônio do devedor e dos credores sujeitos a um dos regimes em questão[791], prevenindo decisões contraditórias, antecipando discussões sobre competência e propiciando, no caso de falência, a pronta substituição do falido pela massa falida como parte nos processos[792].

1.4. Conflito de competência

Como forma de garantir a eficiência dos regimes recuperatório e falimentar e assegurar o tratamento paritário a todos os credores (*par conditio creditorum*), entende-se que, uma vez deferido o processamento da recuperação judicial ou decretada a falência, a execução de todos os créditos, inclusive os de natureza trabalhista, deve ser processada no juízo recuperatório ou falimentar[793]. Tem-se, assim, reconhecido não somente o juízo universal na falência, mas também na recuperação judicial – o que embasa fundamentalmente as decisões de conflito de competência[794].

Assim, instala-se o juízo universal, que atrai todas as ações que possam afetar o patrimônio (o que abarca não somente bens e créditos, mas também relações

---

[791] PENTEADO. Seção I: Disposições gerais..., p. 143; TOLEDO, Paulo Fernando Campos Salles de. Capítulo I: Disposições comuns à recuperação judicial e à falência. In: ____; ABRÃO, Carlos Henrique (coord.). *Comentários à Lei de Recuperação de Empresas e Falência.* 4 ed. rev. e atual. São Paulo: Saraiva, 2010, p. 23.

[792] NORONHA, João Otávio de; CORRÊA LIMA, Sérgio Mourão. Seção I: Disposições comuns à recuperação judicial e à falência. In: CORRÊA-LIMA, Osmar Brina; CORRÊA LIMA, Sérgio Mourão (coord.). *Comentários à nova Lei de Falência e Recuperação de Empresas.* Rio de Janeiro: Forense, 2009, p. 100.

[793] STF, Tribunal Pleno, RE 583.955/RJ, Rel. Min. Ricardo Lewandowski, j. 28/05/2009. Também nesse sentido: STJ, 2ª Seção, AgRg no CC 11.5261/DF, Rel. Min. Paulo de Tarso Sanseverino, j. 11/04/2012. Ver, ainda, a Súmula 480 do STJ – caminhando, no mesmo sentido, o Enunciado 3 da Edição 35 da Jurisprudência em Teses do STJ. Exemplificativamente: TJRS, 5ª Câmara Cível, AI 70067374405, Rel. Des. Jorge Luiz Lopes do Canto, j. 17/03/2016 ("AGRAVO DE INSTRUMENTO. RECUPERAÇÃO JUDICIAL E FALÊNCIA. PREVENÇÃO DO RELATOR QUE DECIDIU RECURSO ANTECEDENTE. DECLINAÇÃO DA COMPETÊNCIA. 1. O Supremo Tribunal Federal definiu que o denominado juízo universal serve para atrair todas as ações aptas a afetar o patrimônio da empresa, tanto no processo de quebra como no de recuperação judicial. Portanto, aplica-se à recuperação judicial de empresas o Princípio da Universalidade do Juízo, não havendo possibilidade de prosseguirem as execuções individuais afetas aquele espécie de procedimento. 2. Nos termos do art. 146, inciso V, do Regimento Interno deste Tribunal, o Desembargador que julgar recurso cível ou criminal, mesmo na forma do art. 557 e parágrafo 1º do CPC e de conflito de competência, ficará prevento para todos os recursos posteriores referentes ao mesmo processo, tanto na ação quanto na execução. 3. Princípios do juiz natural e da perpetuação da competência quanto ao relator do acórdão, ora em execução. Declinada a competência."); igualmente: TJRS, 5ª Câmara Cível, AI 70069223196, Rel. Des. Léo Romi Pilau Júnior, j. 19/12/2016; TJRS, 6ª Câmara Cível, AI 70068970284, Rel. Des. Rinez da Trindade, j. 20/04/2016; TJRS, 5ª Câmara Cível, AI 70065568503, Rel. Des. Jorge Luiz Lopes do Canto, j. 13/07/2015.

[794] DEZEM. *A universalidade do juízo da recuperação judicial...*, p. 397.

RECUPERAÇÃO DE EMPRESAS E FALÊNCIA

jurídicas) da empresa falida ou em recuperação judicial[795]. Cuida-se, em suma, do juízo competente para conhecer e julgar todas as demandas que exijam uma decisão uniforme e vinculação *erga omnes*[796].

A justiça laboral conservou a jurisdição cognitiva sobre os créditos trabalhistas, ficando, todavia, a execução destes, quando líquidos, a cargo da justiça comum[797]. É reiterada a jurisprudência do STJ no sentido de que "após a aprovação do plano de recuperação judicial da empresa ou da decretação da quebra, as ações e execuções trabalhistas em curso, terão seu prosseguimento no juízo concursal, mesmo que já realizada a penhora de bens no Juízo Trabalhista"[798]. Nesse sentido, no caso da recuperação judicial, por exemplo, não é dado à Justiça do Trabalho a prática de qualquer ato de constrição, inclusive penhora *online*[799] – mesmo que, muitas vezes, os créditos tenham existência após a distribuição do pedido de recuperação judicial[800].

Por sua vez, é competente o juízo da recuperação para julgar ação anulatória de protesto extrajudicial de sentença trabalhista, cuja dívida se submete ao regime recuperatório[801].

Na mesma linha, o STJ já decidiu que é do juízo universal da recuperação judicial a competência para a prática de atos expropriatórios decorrentes de execuções fiscais, sendo vedada a prática de atos que comprometam o patrimônio da recuperanda ou inviabilizem o esforço recuperatório (embora as execuções fiscais não se suspendam)[802] – existindo precedentes que assim entendem mesmo

---

[795] Nesse sentido, ver: DEZEM. *A universalidade do juízo da recuperação judicial...*, p. 362-364.

[796] STF, Tribunal Pleno, RE 583.955/RJ, Rel. Min. Ricardo Lewandowski, j. 28/05/2009.

[797] STF, Tribunal Pleno, RE 583.955/RJ, Rel. Min. Ricardo Lewandowski, j. 28/05/2009. Nesse sentido o Enunciado 73 da II Jornada de Direito Comercial, promovida pelo Conselho da Justiça Federal: "73. Para que seja preservada a eficácia do disposto na parte final do §2º do artigo 6º da Lei n. 11.101/2005, é necessário que, no juízo do trabalho, o crédito trabalhista para fins de habilitação seja calculado até a data do pedido da recuperação judicial ou da decretação da falência, para não se ferir a *par condicio creditorum* e observarem-se os arts. 49, *caput*, e 124 da Lei n. 11.101/2005".

[798] STJ, 2ª Seção, CC 108.457/SP, Rel. Min. Honildo Amaral de Mello Castro, j. 10/02/2010. De qualquer sorte, observe-se, por exemplo, o que diz a OJ EX SE – 28 do TRT da 9ª Região: "IV – *Falência e Recuperação Judicial. Liberação de depósito recursal.* O depósito recursal pode ser liberado ao exequente, para a quitação de valores incontroversos, ainda que decretada a falência. Na hipótese de recuperação judicial, o depósito recursal pode ser liberado ao exequente, desde que esgotado o prazo de suspensão a que se refere a Lei 11.101/05, artigo 6º, §4º."

[799] STJ, 2ª Seção, Rcl 2.699/SP, Rel. Min. Luis Felipe Salomão, j. 26/11/2008.

[800] STJ, 2ª Seção, CC 129.720/SP, Rel. Min. Luis Felipe Salomão, Rel. p/ acórdão Min. Marco Buzzi, j. 14/10/2015. No mesmo sentido (referente a honorários advocatícios): STJ, 4ª Turma, REsp 1.298.670/MS, Rel. Min. Luis Felipe Salomão, j. 21/05/2015.

[801] STJ, 2ª Seção, CC 118.819/MG, Rel. Min. Ricardo Villas Bôas Cueva, j. 26/09/2012 (tanto que o pedido poderia ter sido feito por petição simples junto à ação de recuperação, em função de seu caráter cautelar incidental); STJ, 2ª Seção, CC 34.216/RS, Rel. Min. Castro Filho, j. 14/05/2003.

[802] Nesse sentido caminham os Enunciados 11 da Edição 35 e 8 da Edição 37 da Jurisprudência em Teses do STJ. Assim: STJ, 2ª Seção, AgRg no CC 129.079/SP, Rel. Min. Antonio Carlos Ferreira, j. 11/03/2015;

APLICAÇÃO DA LEI 11.101/05

que se trate de crédito tributário constituído após a distribuição do pedido de recuperação judicial[803].

A jurisprudência também consolidou entendimento no sentido de que a LREF não teria operacionalidade alguma se sua aplicação pudesse ser partilhada por diferentes juízes com ingerência sobre o patrimônio da recuperanda ou da empresa falida[804]. Por isso, o juízo concursal é o competente para decidir sobre os bens da empresa em recuperação[805], inclusive em casos envolvendo blo-

STJ, 2ª Seção, AgRg no CC 133.509/DF, Rel. Min. Moura Ribeiro, j. 25/03/2015; STJ, 2ª Seção, AgRg no CC 125.205/SP, Rel. Min. Marco Buzzi, j. 25/02/2015; STJ, 2ª Seção, AgRg no CC 136.978/GO, Rel. Min. Marco Aurélio Bellizze, j. 10/12/2014; STJ, 2ª Seção, AgRg no CC 124.052/SP, Rel. Min. João Otávio de Noronha, j. 22/10/2014; STJ, 2ª Seção, EDcl no AgRg no AgRg no CC 118.424/SP, Rel. Min. Paulo de Tarso Sanseverino, j. 10/04/2013; STJ, 2ª Seção, AgRg no CC 130.433/SP, Rel. Min. Sidnei Beneti, j. 26/02/2014; STJ, 2ª Seção, CC 118.819/MG, Rel. Min. Ricardo Villas Bôas Cueva, j. 26/09/2012; STJ, 2ª Seção, CC 116.696/DF, Rel. Min. Nancy Andrighi, j. 24/08/2011; STJ, 2ª Seção, AgRg no CC 105.215/ MT, Rel. Min. Luis Felipe Salomão, j. 28/04/2010; STJ, 2ª Seção, AgRg no CC 104.638/SP, Rel. Vasco Della Giustina, j. 10/03/2010; STJ, 2ª Seção, AgRg no CC 136.130/SP, Rel. Min. Raul Araújo, Rel. p/ acórdão Min. Antônio Carlos Ferreira, j. 13/05/2015; STJ, 2ª Seção, AgInt no CC 149.827/RN, Rel. Min. Nancy Andrighi, j. 27/09/2017 STJ, 2ª Seção, AgInt no CC 150.844/GO, Rel. Min. Marco Buzzi, j. 13/09/2017; STJ, 2ª Seção, AgRg no AgRg no CC 120.644/RS, Rel. Min. Massami Uyeda, j. 27/06/2012; STJ, 3ª Turma, REsp 1.166.600/SP, Rel. Min. Nancy Andrighi, j. 04/12/2012; STJ, 2ª Seção, AgRG no AgRG no AgRG no CC 117.184/RS, Rel. Min. Sidnei Beneti, j. 09/11/2011; STJ, 2ª Seção, AgRg no CC 81.922/RJ, Rel. Min. Ari Pargendler, j. 09/05/2007. Nesse sentido o Enunciado 74 da II Jornada de Direito Comercial promovida pelo Conselho da Justiça Federal: "74. Embora a execução fiscal não se suspenda em virtude do deferimento do processamento da recuperação judicial, os atos que importem em constrição do patrimônio do devedor devem ser analisados pelo Juízo recuperacional, a fim de garantir o princípio da preservação da empresa". No âmbito do STJ, a 2ª Seção é a competente para julgar conflitos de competência originados em recuperação judicial, envolvendo execuções fiscais movidas contra empresários e sociedades empresárias, a teor do art. 9º, §2º, IX, do RISTJ. Assim: Enunciado 16 da Edição 35 da Jurisprudência em Teses do STJ; STJ, 2ª Seção, AgRg no CC 120.643/RS, Rel. Min. João Otávio de Noronha, j. 22/10/2014; STJ, 2ª Seção, AgRg no CC 129.622/ES, Rel. Min. Raul Araújo, j. 24/09/2014; STJ, 2ª Seção, AgRg no CC 124.244/GO, Rel. Min. Massami Uyeda, j. 14/11/2012; STJ, 2ª Seção, AgRg no CC 123.474/DF, Rel. Min. Nancy Andrighi, j. 24/10/2012; STJ, 2ª Seção, AgRg no CC 118.714/MT, Rel. Min. Sidnei Beneti, j. 27/06/2012; STJ, 2ª Seção, AgRg no CC 120.407/SP, Rel. Min. Luis Felipe Salomão, j. 27/06/2012; STJ, CC 138.073/SP, Rel. Min. Paulo de Tarso Sanseverino (decisão monocrática), j. 26/03/2015; STJ, 2ª Seção, AgInt no CC 149.827/RN, Rel. Min. Nancy Andrighi, j. 27/09/2017; STJ, 2ª Seção, AgInt no CC 150.844/GO, Rel. Min. Marco Buzzi, j. 13/09/2017. De qualquer sorte, lembramos do disposto na Súmula 480 do STJ: "O juízo da recuperação judicial não é competente para decidir sobre a constrição de bens não abrangidos pelo plano de recuperação da empresa." – caminhando, no mesmo sentido, o Enunciado 3 da Edição 35 da Jurisprudência em Teses do STJ.

[803] TJRS, 1ª Câmara Cível, AI 70066731555, Rel. Des. Newton Luís Medeiros Fabrício, j. 15/06/2016.

[804] STF, Tribunal Pleno, RE 583.955/RJ, Rel. Min. Ricardo Lewandowski, j. 28/05/2009.

[805] A contrario sensu, é assim que se interpreta a Súmula 480 do STJ – caminhando, no mesmo sentido, o Enunciado 3 da Edição 35 da Jurisprudência em Teses do STJ. Assim caminha a jurisprudência: STJ, 2ª Seção, AgRg no CC 136.779/MT, Rel. Min. Marco Aurélio Bellizze, j. 26/11/2014; STJ, 2ª Seção, AgRg nos EDcl no CC 121.613/GO, Rel. Min. Luis Felipe Salomão, j. 26/02/2014; STJ, 2ª Seção, CC 128.468/ SP, Rel. Min. Ricardo Villas Bôas Cueva, j. 12/02/2014; STJ, 2ª Seção, AgRg nos EDcl no CC 130.436/

queios realizados pelo Tribunal de Contas[806] ou mesmo créditos decorrentes de relação de consumo[807].

Por sua vez, há entendimento de que a ação de busca e apreensão de produtos agropecuários depositados em armazém da devedora em recuperação judicial deve ser julgada pelo juízo competente e não pelo juízo da recuperação judicial, mesmo porque tais bens não estão sujeitos à recuperação judicial (conforme Súmula 480 do STJ)[808].

Relativamente aos bens particulares dos sócios ou dos administradores da empresa recuperanda, já decidiu o STJ que estes não estão sob a tutela do juízo da recuperação, a menos que haja decisão expressa nesse sentido por parte do juiz concursal[809].

2. Ministério Público

Remonta de longa data a participação do Ministério Público nos processos de falência, dado ser a quebra um fenômeno de reconhecida repercussão na ordem econômico-social[810].

Na vigência da LREF, continua relevante a intervenção do *Parquet*; tanto que deve ser intimado do deferimento do processamento da recuperação judicial

---

MT, Rel. Min. Raul Araújo, j. 27/11/2013; STJ, 2ª Seção, AgRg no CC 128.267/SP, Rel. Min. Ricardo Villas Bôas Cueva, j. 09/10/2013; STJ, 2ª Seção, AgRg no CC 123.860/SP, Rel. Min. Paulo de Tarso Sanseverino, j. 28/08/2013; STJ, 2ª Seção, AgRg no CC 120.385/SP, Rel. Min. Marco Buzzi, j. 28/11/2012; STJ, 2ª Seção, AgRg no CC 117.885/DF, Rel. Min. Antonio Carlos Ferreira, j. 08/08/2012; STJ, 2ª Seção, CC 115.272/SP, Rel. Min. Maria Isabel Gallotti, j. 11/05/2011; STJ, 2ª Seção, AgRg no CC 114.808/DF, Rel. Min. Nancy Andrighi, j. 13/04/2011. E o próprio STJ já desconstitui bloqueios de bens de empresas em recuperação judicial (STJ, CC 145.482, Rel. Min. João Otávio Noronha (decisão monocrática), j. 03/05 2016). Apesar disso, há quem entenda que o juízo recuperacional deve ser competente apenas para decidir sobre bens essenciais à empresa em recuperação (DEZEM. *A universalidade do juízo da recuperação judicial...*, p. 363, 404).

[806] STF, MS 34793/DF, Rel. Min. Edson Fachin (decisão monocrática), j. 29/06/2017.

[807] STJ, 3ª Turma, REsp 1598130/RJ, Rel. Min. Ricardo Villas Bôas Cueva, j. 07/03/2017.

[808] STJ, 2ª Seção, CC 147.927/SP, Rel. Min. Ricardo Villas Bôas Cuvea, Rel. p/ acórdão Min. Maria Isabel Gallotti, j. 22/03/2017.

[809] STJ, 2ª Seção, AgRg no RCD no CC 134.598/AM, Rel. Min. Moura Ribeiro, j. 25/03/2015; STJ, 2ª Seção, AgRg no CC 136.779/MT, Rel. Min. Marco Aurélio Bellizze, j. 26/11/2014; STJ, 2ª Seção, AgRg nos EDcl no CC 121.613/GO, Rel. Min. Luis Felipe Salomão, j. 26/02/2014; STJ, 2ª Seção, AgRg nos EDcl no CC 130.436/MT, Rel. Min. Raul Araújo, j. 27/11/2013; STJ, 2ª Seção, AgRg nos EDcl nos EDcl no CC 119.952/DF, Rel. Min. Nancy Andrighi, j. 13/11/2013; STJ, 2ª Seção, AgRg no CC 121.636/SP, Rel. Min. Marco Buzzi, j. 27/06/2012; e STJ, CC 130.135/SP, Rel. Min. Ricardo Villas Bôas Cueva (decisão monocrática), j. 08/11/2013. Ver, também: STJ: 2ª Seção, AgRg nos EDcl no CC 140.495/SP, Rel. Min. Raúl Araújo, j. 26/08/2015. Nesse sentido caminha o Enunciado 7 da Edição 35 da Jurisprudência em Teses do STJ.

[810] VALVERDE, Trajano de Miranda. *Comentários à Lei de Falências*, v. II. 2 ed. Rio de Janeiro: Forense, 1955, p. 82.

APLICAÇÃO DA LEI 11.101/05

(LREF, art. 52, V) e da decretação da falência (LREF, art. 99, XIII)[811]. Vários dispositivos esparsos da LREF fazem explícita menção ao Ministério Público para finalidades e atuação das mais diversas; são, ao todo, 19 referências expressas:

Intervenção	Momento da intervenção	Forma da intervenção	Base legal
Acompanhar a recuperação judicial e a falência	Na recuperação, a intimação é feita a partir da decisão que defere o processamento da ação; na falência, a intimação se dá a partir da sentença que decreta a quebra.	Intimar-se da decisão.	Art. 52, V; art. 99, XIII.
Participar da verificação de créditos	No prazo de 10 dias da publicação da lista de credores prevista no art. 7º, §2º (lista do administrador judicial).	Impugnar (ou não) a lista de credores elaborada pelo administrador judicial (prevista no art. 7º, §2ª), apontando a ausência de qualquer crédito ou manifestando-se contra a legitimidade, importância ou classificação de crédito relacionado.	Art. 8º
	Até o encerramento da recuperação judicial ou da falência.	Propor (ou não) ação retificatória do quadro-geral de credores (pelo procedimento ordinário) para pedir a exclusão, outra classificação ou a retificação de qualquer crédito, nos casos de descoberta de falsidade, dolo, simulação, fraude, erro essencial ou, ainda, documentos ignorados na época do julgamento do crédito ou da inclusão no quadro-geral de credores.	Art. 19
Pedir a substituição do administrador judicial	A qualquer momento após a nomeação do administrador judicial.	Requerer ao juiz, tanto na recuperação judicial quanto na falência, a substituição do administrador judicial nomeado em desobediência aos preceitos da LREF.	Art. 30, §2º

[811] A Recomendação n. 16 de 2010 do Conselho Nacional do Ministério Público consignou ser desnecessária a intervenção ministerial antes da decretação da falência ou do deferimento do pedido de recuperação judicial (art. 5º, XII). Sobre a atuação do Ministério Público na recuperação extrajudicial, ver o item 7. do Capítulo 15. Sobre o (já superado) debate envolvendo o veto ao art. 4º da LREF – dispositivo que descrevia genericamente a atuação do Ministério Público como fiscal da aplicação da lei (*custus legis*) –, remetemos o leitor às obras que comentam a LREF citadas no presente livro.

RECUPERAÇÃO DE EMPRESAS E FALÊNCIA

Pedir a substituição de membro do Comitê de Credores	A qualquer momento depois da constituição do Comitê de Credores.	Requerer ao juiz, tanto na recuperação judicial quanto na falência, a substituição dos membros do Comitê nomeados em desobediência aos preceitos da LREF.	Art. 30, §2º
Recorrer da decisão que concede a recuperação judicial	No prazo de 15 dias da decisão que homologa o plano e concede a recuperação judicial.	Interpor (ou não) o recurso de agravo contra a decisão que conceder a recuperação judicial. Trata-se da decisão que homologa o plano de decisão aprovado pelos credores ou que impõe a aprovação do plano na modalidade do art. 58, §1º, da LREF.	Art. 59, §2º
Pedir informações ao falido	A qualquer momento após a decretação da quebra.	Se necessário, solicitar informações do falido sobre circunstâncias e fatos que interessem à falência.	Art. 104, VI
Propor ação revocatória falimentar	Até três anos da decretação da quebra.	Promover (ou não) ação revocatória.	Art. 132
Impugnar a alienação de bens do falido	Em até 48 horas da arrematação.	Impugnar (ou não) a alienação de bens do falido. A saber: em qualquer modalidade de alienação, o *Parquet* será intimado pessoalmente desta, sob pena de nulidade.	Art. 143 c/c. art. 142, §7º
Verificar e impugnar as contas do administrador judicial na falência	No prazo de cinco dias após a intimação.	Manifestar-se sobre as contas do administrador judicial. A saber: concluída a realização de todo o ativo, e distribuído o produto entre os credores, o administrador judicial apresentará suas contas ao juiz. Qualquer interessado pode impugná-las, cabendo ao *Parquet* se manifestar sobre eventual impugnação.	Art. 154, §3º
	No prazo de dez dias da publicação do aviso de que as contas do administrador judicial foram entregues e se encontram à disposição dos interessados.	Impugnar (ou não) as contas.	Art. 154, §§2º e 3º

Promover a persecução criminal	Em qualquer fase processual.	Instaurar procedimento investigatório criminal[812] ou requisitar à polícia a instauração de inquérito policial para apurar a prática de crime praticado em contexto de recuperação judicial, recuperação extrajudicial ou falência.	Art. 187, *caput* e §2º; art. 22, §4º
	No prazo de cinco dias se o réu estiver preso ou 15 dias se estiver solto ou afiançado, contado da sentença que decreta a quebra ou da decisão que defere o processamento da recuperação judicial. Estando o réu solto ou afiançado, pode-se aguardar o relatório do administrador judicial de que trata o art. 22, III, "e" (art. 187, §1º).	Promover a ação penal.	Art. 46 do CPP c/c. art. 187, §1º, da LREF

Diante desse quadro, importante não perder de vista que o Superior Tribunal de Justiça já consolidou posição no sentido de que na vigência da atual lei concursal, a intervenção do Ministério Público ficou restrita às hipóteses expressamente previstas em lei – ou seja, às situações acima elencadas[813].

Por outro lado, sempre que houver interesse público e social envolvido existe a possibilidade de o *Parquet* intervir no processo, uma vez que a sua atuação como *custos legis* (fiscal da lei) prescinde de expressa previsão legal na LREF – porque inerente às suas funções institucionais (CF, art. 127; CPC/1973, art. 82, III; CPC/2015, art. 178, I).

---

[812] Vide Resolução n. 13 de 2016 do Conselho Nacional Ministério Público.

[813] STJ, 4ª Turma, AgRg no Ag 1.328.934/GO, Rel. Min. Marco Buzzi, j. 04/11/2014; STJ, 3ª Turma, REsp 1.230.431/SP, Rela. Mina. Nancy Andrighi, j. 18/10/2011; STJ, 3ª Turma, REsp 996.264/DF, Rel. Min. Sidnei Beneti, j. 19/08/2010; STJ, MC 022.473/MT, Rel. Min. Ricardo Villas Bôas Cueva (decisão monocrática), j. 25/03/2014; STJ, REsp 1.236.819/BA, Rel. Min. Paulo de Tarso Sanseverino (decisão monocrática), j. 16/08/2013; STJ, REsp 1.014.301/DF, Rel. Min. Vasco Della Giustina (Des. Conv.) (decisão monocrática), j. 02/02/2011. Nesse sentido, inclusive, caminha o Enunciado 12 da Edição 35 da Jurisprudência em Teses do STJ. Assim, por exemplo, o TJES já entendeu que a intervenção do Ministério Público não é obrigatória na fase postulatória da recuperação judicial, sobretudo quando ainda resta não deferido o pedido de processamento (TJES, 4ª Câmara Cível, APC 0002271-52.2016.8.08.0024, Rel. Des. Walace Pandolpho Kiffer, j. 13/03/2017). Há, todavia, entendimento doutrinário diverso, afirmando-se que, tendo em vista o MP atuar como fiscal da lei – bem como sendo inegável o interesse público nos processos concursais –, não se poderia interpretar que sua atuação se daria somente nas hipóteses expressamente previstas na LREF (inclusive diante da própria aplicação do art. 178, I, do CPC); nesse sentido: Toledo; Pugliesi. Capítulo III: Disposições preliminares..., p. 97-98.

Como, em certa medida, toda ação falimentar ou recuperatória envolve interesse público e social – consubstanciado na necessidade de observância do princípio do tratamento igualitário e na tutela dos interesses dos credores, na manutenção da fonte produtora de bens e serviços, do emprego dos trabalhadores e na apuração de crime praticado em contexto concursal –, não raro se verifica um tensionamento entre os princípios da duração razoável do processo (CF, art. 5º, LXXVIII) e da celeridade, da eficiência e da economia processual[814] e a diligente atuação do Ministério Público como fiscal da lei.

Sendo esse um problema histórico, ainda agravado pela postura de alguns magistrados de utilizarem o Ministério Público como simples fonte de consulta para o desembaraço das mais diversas questões que se põem diante deles nos processos de insolvência[815], outra solução não há senão o exame cuidadoso por parte do *Parquet* acerca da real necessidade de intervir nos processos em que lhe é dado vista, cabendo apontar ao juízo concursal, caso a caso, os limites da sua atuação.

Ao magistrado, por sua vez, cumpre requisitar a intervenção do Ministério Público apenas quando se faça realmente necessária, evitando o envio ao *Parquet* de toda e qualquer questão ou incidente processual que possa ser resolvida de pronto pelo próprio julgador, evitando atrasar ainda mais o andamento dos feitos sob sua jurisdição.

3. Publicidade legal

De acordo com o art. 191 da LREF, a publicação dos editais obrigatórios na recuperação judicial e na falência será feita apenas na Imprensa Oficial – no caso, o Diário da Justiça do Estado (em regra, no Diário da Justiça Eletrônico).

Haverá publicação em periódico de grande circulação[816] apenas se a recuperanda ou a massa falida comportar ou nos casos em que a LREF for expressa nesse sentido[817].

Como a LREF cuida de regimes de crise, a orientação geral tem de ser, evidentemente, no sentido de poupar os parcos recursos das empresas que a eles se submetem. Nesse particular, o TJSP já decidiu que a publicidade legal não pode deixar de ser observada, mas a forma da publicidade pode e deve atentar ao postulado da preservação da empresa[818].

---

[814] Sobre o princípio da celeridade, eficiência e economia processual, ver item 3, do Capítulo 2, *supra*.

[815] Para uma crítica ácida acerca da postura dos juízes ao utilizarem o Ministério Público nas ações falimentares, ver: VALVERDE. *Comentários à Lei de Falências*, v. II..., p. 84-85.

[816] No art. 191, a LREF fala em "jornal ou revista de circulação regional ou nacional, bem como em quaisquer outros periódicos que circulem em todo o país". Nos arts. 36, 159 e 164, a LREF utiliza a expressão "grande circulação". No art. 142, o texto legal utiliza a expressão "ampla circulação".

[817] É o caso apenas dos arts. 36, 142, 159 e 164 da LREF.

[818] TJSP, Câmara Especial de Falências e Recuperações Judiciais de Direito Privado, MS 0146117532006826000, Rel. Des. Pereira Calças, j. 27/06/2007 (assim decidindo: "[s]e a publicidade

APLICAÇÃO DA LEI 11.101/05

Ainda, e sempre com o objetivo de garantir a máxima transparência (o que é imprescindível para os processos recuperatório e falimentar), é relativamente comum que os mais diversos editais – bem como outros documentos e atos processuais – sejam disponibilizados na *internet* pelo administrador judicial ou pelo próprio devedor (o que não poderá, como regra, ser considerado como ato oficial, por exemplo, para início de qualquer contagem de prazo).

Ademais, de acordo com o art. 191, parágrafo único, da LREF, "as publicações ordenadas nesta Lei conterão a epígrafe 'recuperação judicial de', 'recuperação extrajudicial de' ou 'falência de'".

4. LREF e o CPC

Para a adequada compreensão dos regimes de crise da Lei 11.101/05, é absolutamente necessário que se conheçam os aspectos processuais desta legislação[819]. O presente subcapítulo tem por objetivo examinar algumas destas relevantes questões, como a seguir veremos.

4.1. Aplicação subsidiária

Assim como ocorre em outros países, o art. 189 da LREF prevê a aplicação subsidiária do Código de Processo Civil, no que couber, aos regimes da crise empresarial[820]. Com a promulgação do CPC/2015, restou revogada a legislação anterior (art. 1.046), de modo que a análise dos reflexos da aplicação subsidiária da regra

---

pela Imprensa Oficial onerar em demasia o processo de recuperação judicial ou a falência (...), a opção do juiz deverá atender ao postulado de maior peso, determinado que as publicações sejam feitas de forma simplificada na Impresa Oficial e complementando-as com outras modalidades de publicidade (...)". O referido acórdão, levando em consideração os altos custos da Imprensa Oficial, dispensou a publicação integral de relação de credores no Órgão Oficial, até porque que a relação de credores (e os demais atos oficiais) já haviam sido disponibilizados na *internet*. Como argumento, destacou os casos das recuperações judiciais das Fazendas Reunidas Boi Gordo S.A. e da VASP S.A., cujos quadros de credores apresentavam, respectivamente, 34 e 10 mil credores, situações em que a publicação onerava demasiadamente o devedor em crise.

[819] Não se discute a força do caráter processual de diversas disposições da Lei 11.101/05, especialmente no que toca à falência como processo de execução coletiva e à recuperação judicial (e, de modo distinto, a recuperação extrajudicial) como ambiente judicial de negociação ordenada entre o devedor e seus credores. Para aprofundamento sobre as características que distinguem o processo de execução coletiva (e universal) da falência do processo ordinário de execução, ver: D'AVACK, Carlo. *La natura giuridica del fallimento*. Padova: CEDAM, 1940, p. 117 ss.

[820] O Decreto-Lei 7.661/1945 não previa a aplicação subsidiária da legislação processual civil. Ancorado em uma visão de completude das suas disposições, o regime anterior estabelecia sistemáticas processuais próprias, com exceção da previsão constante no seu art. 207 – cuja redação foi alterada com a entrada em vigor do CPC de 1973 –, que fazia referência expressa ao diploma processual para disciplinar o processo e os prazos de interposição dos recursos de apelação e de agravo.

RECUPERAÇÃO DE EMPRESAS E FALÊNCIA

adjetiva foi redirecionada para o novo sistema processual pátrio (inclusive por conta do §4º do art. 1.046 do CPC/2015)[821].

É inegável, portanto, que a lei geral de processo constitui fonte subsidiária dos processos de recuperação judicial, recuperação extrajudicial e falência[822].

A matéria suscita, entretanto, uma série de dúvidas e questionamentos que merecem maior detalhamento. O primeiro destaque tem cunho hermenêutico e está relacionado à redação do art. 189 e ao uso da expressão "no que couber": o termo indica que a aplicação subsidiária das regras processuais tem como função o preenchimento de lacunas de forma harmônica[823] e prudencial, privilegiando o núcleo de regras e princípios do sistema especial (LREF) em detrimento do sistema geral (CPC).

Percebe-se, pois, que, além do seu caráter eminentemente excepcional[824], a aplicação subsidiária e supletiva do comando legal exige plena compatibilidade entre a regra importada do ordenamento processual e o microssistema falimentar/recuperatório[825], motivo pelo qual essa exportação legislativa deve ser sempre examinada com parcimônia (*cum grano salis*), sob pena de desvirtuar a engenharia sistêmica da LREF – e mesmo porque o CPC/2015 não foi pensado para a sua aplicação em procedimentos especiais como o são a falência e os regimes recuperatórios.

---

[821] A aplicação subsidiária do Código de Processo Civil ao direito falimentar/recuperatório não é inovação do direito pátrio. Embora a extensão da norma seja distinta, há diversos exemplos de códigos concursais que aplicam a mesma fórmula. Por exemplo, o art. 17 do Código da Insolvência e da Recuperação de Empresas (CIRE), de Portugal, determina que "O processo de insolvência rege-se pelo Código de Processo Civil, em tudo o que não contrarie as disposições do presente Código." De qualquer sorte, apesar de somente fazer referência aos processos de *insolvência*, entende-se aplicável o CPC também aos processos *especiais de revitalização*. Sobre o tema, ver: MARTINS. *Um curso de direito da insolvência...*, p. 42.

[822] CAMPINHO, Sérgio. O novo regime jurídico do recurso de agravo e os processos disciplinados na Lei nº 11.101/2005. In: CEREZETTI, Sheila C. Neder; MAFFIOLETTI, Emanuelle Urbano (coord.). *Dez anos da Lei nº 11.101/2005*: estudos sobre a Lei de Recuperação e Falência. São Paulo: Almedina, 2015, p. 160.

[823] ADAMEK. Capítulo VIII: Disposições finais e transitórias..., p. 585.

[824] YARSHELL, Flávio Luiz. Breves reflexões sobre a aplicação subsidiária do CPC/2015 ao processo de recuperação judicial. In: ELIAS, Luis Vasco. *10 anos da Lei de recuperação de empresa e falências*. Reflexões sobre a reestruturação empresarial no Brasil. São Paulo: Quartier Latin, 2015, p. 167; CAMPINHO. O novo regime jurídico do recurso de agravo e os processos disciplinados na Lei nº 11.101/2005..., p. 162.

[825] SATTA, Salvatore. *Instituciones del derecho de quiebra*. Trad. Rodolfo O. Fontanarrosa. Buenos Aires: EJEA, 1951, p. 49. Como sustentam FRANCESCO FERRARA JR. e ALESSANDRO BORGIOLI: "(...) che le lacune del regolamento devono colmarsi anzitutto con i principi direttivi della disciplina specifica della materia, e che il ricorso alla disciplina generale è consentito solo quando non sia possibile altrimenti colmare la lacuna, per cui ha carattere rigorosamente sussidiario." (FERRARA JR.; BORGIOLI. *Il fallimento...*, p. 67).

APLICAÇÃO DA LEI 11.101/05

4.2. Dupliciade de regras: materiais e processuais

O perfil teórico e acadêmico da distinção entre a natureza material (de fundo) e/ou processual (de forma) das regras da Lei 11.101/05 e dos seus efeitos no âmbito dos regimes jurídicos da crise empresarial ganhou contornos práticos de extrema relevância com a promulgação do CPC/2015[826]-[827].

A redação do art. 219 do sistema processual em vigor determina que os prazos processuais sejam computados em dias úteis[828] – e não em dias corridos como são contados os prazos de direito material[829], isto é, contados de forma ininterrupta, na linha do que dispunha art. 178 do CPC/1973[830].

---

[826] Embora em contexto distinto (no qual se discutia a competência federal ou estadual para legislar em matéria de falência), vale registrar os comentários de CARVALHO DE MENDONÇA sobre a impossibilidade prática da separação entre a parte material e a formal do instituto da falência: "Admitir na disciplina da falência dois compartimentos distintos (...) tentar uma separação entre o fundo e a forma, entre o que chamam de direito material ou substantivo e direito formal ou adjetivo, é criar fantasia, é negar os princípios dos quais se partiu, é complicar o que tão simples se apresenta." "Teoricamente poder-se-á distinguir numa Lei de Falências a parte material da parte formal. É fácil dizer que na primeira se compreende a determinação do estado de falência, os efeitos jurídicos da sua declaração judicial, os direitos dos credores concorrentes, as normas sobre a revogação dos atos praticados pelo devedor antes dessa declaração, os direitos do falido e sua condição jurídica depois de encerrado o processo, e que na segunda se contemplam as normas ou as regras processuais sobre as suas relações entre o falido e os credores." "Desarticular, porém, a parte material da formal para entregar àquela à União e esta aos Estados é demolir o instituto, pois tão entrelaçadas se acham as disposições de uma com as da outra que reciprocamente se completam, produzindo um todo sistemático e harmônico." (CARVALHO DE MENDONÇA. *Tratado de direito comercial brasileiro*, v. VII..., p. 29-30).

[827] A discussão entre a natureza material (de fundo) e/ou processual (de forma) das regras da Lei 11.101/05 lembra, em certa medida, a problemática distinção entre prescrição e decadência, que foi elegantemente examinada (e resolvida) por AGNELO AMORIM FILHO em clássico artigo sobre o tema. Segundo o Professor da Faculdade de Direito da Universidade da Paraíba: "A questão referente à distinção entre prescrição e decadência – tão velha quanto os dois velhos institutos de profundas raízes romanas – continua a desafiar a argúcia dos juristas. As dúvidas são tantas, e vêm se acumulando de tal forma através dos séculos, que, ao lado de autores que acentuam a complexidade da matéria, outros, mais pessimistas, chegam até a negar – é certo que com indiscutível exagero – a existência de qualquer diferença entre as duas primeiras espécies de prazos extintivos. (...) É incontestável, porém, que as investigações doutrinárias, confirmadas pela grande maioria da jurisprudência, já conseguiram, pelo menos, chegar a uma conclusão: a de que os dois institutos se distinguem. Dêste modo, falta apenas encontrar uma regra, um critério seguro, com base científica, para se fundamentar tal distinção, de modo a se tornar possível identificar, a priori, prazos prescricionais e prazos decadenciais, o que, sem dúvida, não constitui empreendimento fácil." (AMORIM FILHO, Agnelo. Critério científico para distinguir a prescrição da decadência e para identificar as ações imprescritíveis. *Revista dos Tribunais*, a. LXXXVI, n. 300, out. 1997, p. 725-726).

[828] "Art. 219. Na contagem de prazo em dias, estabelecido por lei ou pelo juiz, computar-se-ão somente os dias úteis. Parágrafo único. O disposto neste artigo aplica-se somente aos prazos processuais." Assim, estão excluídos da contagem férias e feriados (previstos em lei), sábados, domingos e aqueles dias em que não houver expediente forense, nos termos do art. 216 do CPC em vigor. Sobre o tema: AMARAL, Guilherme Rizzo. *Comentários às alterações do novo CPC*. 2 ed. São Paulo: Revista dos Tribunais, 2016, p. 310.

[829] Nos termos do *caput* do art. 132 do Código Civil: "Salvo disposição legal ou convencional em contrário, computam-se os prazos, excluído o dia do começo, e incluído o do vencimento."

RECUPERAÇÃO DE EMPRESAS E FALÊNCIA

Sem adentrar em qualquer juízo de valor sobre o propósito do legislador ao positivar a separação entre as duas espécies de normas jurídicas, o cerne da questão está em investigar o fundamento que embasa a distinção entre as regras processuais e materiais, analisar sua coerência e avaliar a conveniência de adotá-lo no sistema da Lei 11.101/05, especialmente a partir da extensão dos efeitos jurídicos desse tratamento diferenciado.

A tormentosa discussão sobre a natureza jurídica da falência e a natureza de suas normas tem fundo histórico[831] e movimento pendular tende a ser historicamente favoravel à corrente processualista[832]. Segundo BRUNETTI, a distinção entre regras processuais e materiais remonta ao movimento de codificação francês do século XIX[833], embora o fundamento da diferenciação e a classificação das regras, desde aquela época, não estivessem embasados em critérios bem definidos, ordenados e lógicos[834] (científicos, nas palavras do autor).

A despeito disso, o caráter híbrido dessas normas é amplamente reconhecido pela doutrina francesa, a ponto de THALLER declarar que a matéria falimentar constitui um regime indivisível, estando as regras de fundo intimamente conectadas ao emprego do processo legal[835].

Essa perspectiva conquistou adeptos de renome, tais como VIVANTE, citado por CARVALHO DE MENDONÇA, para quem "o instituto da falência não pertence às leis substanciais, porque não se propõe a determinar direitos; pertence antes às leis

---

[830] "Art. 178. O prazo, estabelecido pela lei ou pelo juiz, é contínuo, não se interrompendo nos feriados."

[831] De acordo com GIORGIO DE SEMO é da tradição dos países latinos (Itália, França) examinar a falência – e, nos dias de hoje, a recuperação judicial, bem como a recuperação extrajudicial – como matéria pertencente ao direito comercial, por influência do ordenamento jurídico local que regulava o tema no Código Comercial. Em decorrência disso, a matéria falimentar passou a ser da alçada da doutrina comercialista, com exceção de CESARE VIVANTE, que optou por não tratar do tema no seu clássico "Trattato di Diritto Commerciale" (3 volumes) por entender que o assunto pertence prevalentemente ao direito processual civil – embora o tenha examinado em "Istituzioni di Diritto Commerciale" (DE SEMO. *Diritto fallimentare...*, p. 10-11). No mesmo sentido: RIPERT. *Tratado elemental de derecho comercial*, v. IV..., p. 204.

[832] Para estudo monográfico sobre o tema, ver: D'AVACK. *La natura giuridica del fallimento...* Para aprofundamento sobre o desenvolvimento histórico dessa discussão, ver: FERRARA JR.; BORGIOLI. *Il fallimento...*, p. 67-88.

[833] De fato, a discussão foi importada do direito estrangeiro, como se observa em: SATTA. *Instituciones del derecho de quiebra...*, 1951, p. 52.

[834] Na visão do autor italiano: "(...) le norme dispositive e quelle strumentali siano amalgamate e disordinatamente distribuite si può in esse sceverare: a) un diritto formale del fallimento, che si riferisce all'ordinamento processuale dell'istituto, ovverosia all'atività giudiziale dei suoi organi; b) un diritto materiale che disciplina gli effetti e l'influenza dello stato di fallimento di fronte al dirito privato civile e commerciale in relazione all persona ed ai beni del fallito ed ai rapporti, rispetto a questi, dei suoi creditori." (BRUNETTI. *Lezioni sul fallimento...*, p. 4).

[835] Segundo THALLER: "retirar da lei reguladora da falência seu caráter processual significa construir um edifício no ar, sem seus alicerces" (THALLER. *Des faillites en droit comparé*, t. I..., p. 79).

APLICAÇÃO DA LEI 11.101/05

processuais, porque o seu escopo essencial é reconhecer direitos já existentes por ocasião abertura da falência, a fim de satisfazê-los em medida do dividendo (...)"[836].

A lógica da diferenciação parece ser a seguinte: as regras materiais estariam relacionadas aos pressupostos da falência (e da recuperação judicial ou extrajudicial) e aos efeitos que se refletem nas relações patrimoniais do devedor insolvente (ou em recuperação) e nos direitos dos seus credores, ao passo que as regras processuais teriam conexão com a organização administrativa dos procedimentos especiais decorrentes da quebra (e da recuperação judicial ou extrajudicial)[837].

Ocorre que, como destaca BONELLI, um dos responsáveis pela investigação científica mais profunda sobre o tema na Itália[838], as modificações nas relações materiais de direito, efeitos do estado de insolvência, se produzem somente depois de juridicamente declarado este estado e para o efeito de tornar possível o processo da liquidação e da distribuição. A parte de direito material é por isso, na falência, essencialmente subordinada à parte processual e conexa a ela[839].

O alerta de BONELLI quanto à subordinação das regras materiais aos gatilhos jurídicos acionados pelas regras processuais nos regimes da crise foi bem capturado por CARVALHO DE MENDONÇA, para quem "o direito material está tão prêso ao processual, como no corpo humano a carne aderente aos ossos"[840]. Assim, como corretamente sintetizam UMBERTO NAVARRINI e RENZO PROVINCIALI, o entorno do processo de falência se delinearia e se desenvolveria com uma série de institutos e normas de direito substancial (que definem, por exemplo, o estado de insolvência), mas, inegavelmente, sua armadura legislativa prevalente seria de direito processual[841]-[842].

---

[836] CARVALHO DE MENDONÇA. *Tratado de direito comercial brasileiro*, v. VII..., p. 29, 31.

[837] BONELLI, Gustavo. *Commentario al codice di commercio* (del fallimento), v. 8. Milano: Casa Editrice Dottor Francesco Vallardi, 1923, p. 3. Entre nós: CARVALHO DE MENDONÇA. *Tratado de direito comercial brasileiro*, v. VII..., p. 31 e 32.

[838] Em síntese, BONELLI conclui que a falência é um processo *sui generis*, cujo procedimento abarca tons de processo executivo, de jurisdição voluntária, cautelar e administrativo, sem que seja possível conceber uma teoria pura sobre a matéria (BONELLI. *Commentario al codice di commercio* (del fallimento), v. 8..., p. 124). O adjetivo é atribuído a BONELLI por: NAVARRINI, Umberto. *Trattato di diritto fallimentare*. Bologna: Nicola Zanichelli, 1939, p. 17. Entre nós, ver: REQUIÃO, Rubens. *Curso de direito falimentar*, v. 1. 17 ed. São Paulo: Saraiva, 1998, p. 27-29.

[839] BONELLI. *Commentario al codice di commercio* (del fallimento), v. 8..., p. 3. Entre nós: CARVALHO DE MENDONÇA. *Tratado de direito comercial brasileiro*, v. VII..., p. 31-32.

[840] Segundo CARVALHO DE MENDONÇA: "A lei substantiva define o estado de falência. Êste, entretanto, não surge, não aparece na cena jurídica sem a declaração judicial. Para isso é mister um rito: é indispensável o processo inicial ou preliminar da falência. Eis a parte material, desde o início, vinculada, senão dependente da parte formal." (CARVALHO DE MENDONÇA. *Tratado de direito comercial brasileiro*, v. VII..., p. 29-30).

[841] NAVARRINI. *Trattato di diritto fallimentare*..., p. 16-17; NAVARRINI, Umberto. *Manuale di diritto fallimentare*. 2 ed. Milano: Giuffrè, 1951, p. 136-137; PROVINCIALI, Renzo. *Trattato di diritto fallimentare*,

RECUPERAÇÃO DE EMPRESAS E FALÊNCIA

Embora relevante para a sistemática dos regimes da crise[843], a preocupação com a identificação de um critério científico definitivo para distinguir a natureza da norma jurídica falimentar/recuperatória, regrar e modelar os efeitos decorrentes da relação entre direito material e processual não se manteve presente na doutrina pátria[844].

Efetivamente, os autores mais contemporâneos reconhecem a diferenciação (sem aprofundar sua causa ou seus efeitos)[845] e sustentam a coexistência de

---

v. II. Milano: Giuffrè, 1974, p. 106-107; PROVINCIALI, Renzo. *Prolegomeni allo studio del diritto fallimentare.* Pompei: Morano, 1963, p. 15.

[842] A corrente eminentemente processualista da falência não passou indene às críticas – corretas, em nossa visão – de FÁBIO K. COMPARATO, a partir das lições de TULLIO ASCARELLI: "Acabamos de assinalar a crise do direito falimentar no Brasil. (...) No enfrentar essa crise, como também assinalou o mestre, a pior solução é persistir na orientação marcadamente processualista que tem prevalecido no direito italiano e também, diremos nós, por via servil de imitação, no direito brasileiro. O instituto foi criado pelos práticos da Idade Média tendo em vista justamente subtrair a insolvência do devedor comerciante à esfera das normas antieconômicas do processo comum. É imperdoável que o legislador do século XX se deixe deslumbrar pelos ouropéis da moderna processualística, olvidando os problemas especificamente econômicos que a insolvência não deixa de suscitar, mormente quando atinge as grandes empresas." (COMPARATO. *Aspectos jurídicos da macro-empresa...*, p. 107-108).

[843] Concordamos, nesse particular, com a ponderação de SAMPAIO DE LACERDA: "Distingue-se na legislação falimentar a parte material ou substantiva da parte formal ou adjetiva, embora estejam tão vinculadas que não seria de conveniência separá-las. E essa uma distinção científica (sic), afirma Brunetti, herdada, aliás, do Cod. Com. Francês. A parte substantiva ou material compreende tudo que disser respeito à determinação do estado de falência e aos efeitos jurídicos de sua decretação, bem como aos direitos e preferências dos credores e aos direitos e obrigações do devedor. A parte adjetiva ou formal abrange as normas que regulam as formalidades de iniciação e da marcha do processo, inclusive dos recursos admitidos." (SAMPAIO DE LACERDA, J. C. *Manual de direito falimentar.* 2 ed. Rio de Janeiro: Freitas Bastos, 1961, p. 17).

[844] Para MIRANDA VALVERDE, por exemplo: "São regras de fundo e de forma, destinadas a tutelar, não só o interesse privado, mas também o interesse público, ambos em íntima e estreita relação no estado de falência. As regras de fundo, que constituem, na esfera do interesse privado, o direito substantivo da falência, enunciam quase sempre princípios derrogatórios do direito comum, limitações, ou transformações de direitos e obrigações preexistentes ou presidem ao nascimento de direitos e obrigações, que o estado jurídico da falência provoca. Tais as regras que estatuem sobre os efeitos da falência em relação aos bens do devedor e aos direitos dos credores, particularmente sobre a condição jurídica do falido, a resolução dos contratos bilaterais, a retenção, a compensação, os atos ineficazes, os privilégios de certos créditos, os pedidos de restituição, os encargos e dívidas da massa falida, etc. As regras de forma organizam o processo de execução coletiva, estabelecendo os meios pelos quais se há de resolver essa situação jurídica, de natureza essencialmente transitória. Fazem parte do direito processual." (VALVERDE. *Comentários à Lei de Falências*, v. I..., p. 13). RUBENS REQUIÃO foi um dos últimos a dedicar atenção ao tema: REQUIÃO. *Curso de direito falimentar*, v. 1..., p. 27-29.

[845] Retoma-se, mais uma vez, a crítica de AGNELO AMORIM FILHO quanto ao critério que era apresentado pela doutrina para distinguir a prescrição da decadência: "O critério mais divulgado para se fazer a distinção entre os dois institutos é aquele segundo o qual a prescrição extingue a ação, e a decadência extingue o direito. Entretanto, tal critério, além de carecer de base científica, é absolutamente falho e inadequado, pois pretende fazer a distinção pelos efeitos ou consequências, sem bem que aqueles

APLICAÇÃO DA LEI 11.101/05

regras de direito material e de direito processual na Lei 11.101/05, considerando, inclusive, esta feição híbrida como um traço peculiar e marcante desse microssistema[846]-[847] – reconhecendo-se, todavia, que a LREF abandonou o caráter excessivamente processualista adotado pelo Decreto-Lei 7.661/1945.

Ocorre que o reconhecimento doutrinário quanto à coexistência de regras jurídicas distintas no corpo da LREF é absolutamente insuficiente para o enfrentamento dos problemas jurídicos daí decorrentes. De mais a mais, os principais critérios suscitados para embasar a diferenciação (*i.e.*, a alegada subordinação da parte de direito material à parte processual, a necessidade de cumprimento de ato de natureza processual para o cumprimento de prazo previsto na LREF ou, ainda, a relação jurídica obrigacional que subjaz as regras de direito material de criação e/ou extinção de direitos) também não nos parecem suficientes sequer para justificar a diferenciação legal entre as duas espécies de prazos, muito menos para encerrar a discussão.

A investigação sobre o tema merece urgente atenção monográfica; por ora – e para os fins desse manual –, nossa principal preocupação tem viés prático e está voltada para a avaliação dos riscos gerados pela distinção no desordenamento dos atos realizados no curso do processo de recuperação judicial (ou extrajudicial) e/ou falência e no desajuste do momento e do modo de exercício de direitos – tanto por parte do devedor quanto de seus credores – que, ao fim ao cabo, podem prejudicar a harmonia sistêmica da LREF.

Em síntese, fazendo uso da clássica expressão de CARVALHO DE MENDONÇA, parece, de fato, haver impossibilidade prática da separação entre a parte material

---

sejam, realmente, os principais efeitos dos dois institutos. O critério apontado apresenta-se, assim, como uma manifesta petição de princípio, pois o que se deseja saber, precisamente, é quando o prazo extintivo atinge a ação ou o direito. O que se procura é a causa e não o efeito." (AMORIM FILHO. Critério científico para distinguir a prescrição da decadência e para identificar as ações imprescritíveis..., p. 727).

[846] CAMPINHO. O novo regime jurídico do recurso de agravo e os processos disciplinados na Lei nº 11.101/2005..., p. 159. A preocupação também parece não despertar interesse na doutrina estrangeira. Por exemplo, no direito português, MARIA ROSÁRIO EPIFÂNIO assevera, sem maiores explicações, a existência de normas de natureza processual e substantiva na legislação concursal portuguesa (*i.e.*, Código da Insolvência e da Recuperação de Empresas – CIRE), chegando a afirmar que o Direito da Insolvência apresenta uma dimensão transversal, na medida em que abrange normas das mais diversas índoles, dentre as quais o Código Penal, o Código de Processo Penal, o Regime Geral das Instituições de Crédito e Sociedades Financeiras e o Código de Registro Comercial (EPIFÂNIO. *Manual de direito da insolvência...*, p. 13-14). Os mais relevantes tratadistas italianos contemporâneos (*v.g.*, CAMPOBASSO. *Diritto commerciale*, v. 3...) também não tratam do tema.

[847] Uma vez promulgado o Código de Processo Civil de 2015, o assunto voltou a ser objeto de análise pela doutrina especializada (*v.g.*, BRANCO, Gerson Luiz Carlos. Novo CPC tem efeito nos prazos materiais e processuais da recuperação judicial. Disponível em: <www.conjur.com.br/2016-jun-06/direito-civil-atual-cpc-efeito-prazos-recuperacao-judicial>. Acesso em: 04 set. 2016).

e a forma do instituto da falência[848] ou, ainda, retomando as lições de SAMPAIO DE LACERDA é, pelo menos, inconveniente separá-las[849] sem mensurar seus efeitos ou identificar um critério seguro e científico que embase a diferenciação.

4.3. A contagem dos prazos: efeitos práticos da distinção

O risco de desordenamento sistêmico dos atos processuais ou materiais e o desajuste do momento e do modo de exercício de direitos especialmente no âmbito da recuperação judicial existe e não pode ser ignorado[850]. Descolar injustificadamente a forma da substância gera consequências, muitas delas indesejadas. Vejamos algumas situações em que essa ponderação têm efeitos práticos.

A sistemática dos prazos estabelecidos pelo legislador particularmente no curso do processo de recuperação judicial tem um encadeamento próprio e particular, cujo desfecho é a realização da assembleia geral de credores para votação do plano de recuperação judicial apresentado pelo devedor e sua homologação judicial[851].

Por hipótese, se, de um lado, os prazos de 60 dias para apresentação do plano (art. 53), de 150 dias para realização da AGC (art. 56, §1º) e de 180 dias de suspensão de ações e execuções em face do devedor (art. 6, §4º) forem considerados de direito material (como de fato parecem ser)[852] e, de outro, o prazo de 45 dias – contados do término do período (de direito material) de habilitação e divergência – para o administrador judicial publicar edital contendo sua relação de credores for de direito processual (de acordo com o art. 7º, §2º, da LREF), existiria um descasamento entre o andamento do processo de recuperação e a proteção conferida pelo *stay period*, desvirtuando o programa estabelecido pela LREF[853].

---

[848] CARVALHO DE MENDONÇA. *Tratado de direito comercial brasileiro*, v. VII..., p. 27.

[849] SAMPAIO DE LACERDA. *Manual de direito falimentar*..., p. 17.

[850] Cabe, aqui, retomar o alerta de TULLIO ASCARELLI quanto ao risco de preocupações excessivamente processualistas em matéria concursal ocasionarem um desvirtuamento funcional entre regra jurídica e realidade econômica, com efeitos nefastos para a alocação de recursos produtivos e humanos nas empresas em crise. Sobre o tema, ver: ASCARELLI, Tullio. *Problemi giuridici*, t. II. Milano: Giuffrè, 1959, p. 820, nota de rodapé 10.

[851] Sobre o tema, ver: AYOUB; CAVALLI. *A construção jurisprudencial*..., p. 258.

[852] A jurisprudência já se manifestou nesse sentido: TJRS, 6ª Câmara Cível, AI 70069994465, Rel. Des. Luís Augusto Coelho Braga, j. 29/09/2016.

[853] Hipótese similar à construída no corpo do texto foi examinada (com foco na análise da natureza material ou processual do prazo de 180 dias de *stay period*), sob a ótica da "teoria da superação do dualismo pendular" pelo Dr. DANIEL CARNIO COSTA, juiz da 1ª Vara de Falências e Recuperações Judiciais de São Paulo, no processo de recuperação judicial de nº 1009944-44.2016.8.26.0100. A conclusão do magistrado foi no sentido de que "(...) a interpretação de que o prazo de *automatic stay* deva ser contado em dias corridos, quando os demais prazos processuais na recuperação judicial se contarão em dias úteis, poderá levar à inviabilidade de realização da AGC e da análise do plano pelos credores e pelo juízo dentro dos 180 dias. Em consequência, duas situações igualmente indesejáveis poderão ocorrer: o prazo

APLICAÇÃO DA LEI 11.101/05

A rigor, essa situação também pode alterar a sistemática de votação das classes de credores presentes na AGC, sem contar os possíveis recursos judiciais para alterar o montante do crédito habilitado a votar e o efeito adverso de estimular devedores oportunistas a construírem suas listas de credores direcionadas à aprovação de seus pleitos – inclusive do plano de recuperação judicial – no momento do certame assemblear[854].

Em nosso sentir, a marcha processual na LREF deve seguir uniformemente em direção à célere liquidação dos ativos do devedor (no caso da falência) ou ao seu soerguimento econômico (no caso da recuperação judicial ou extrajudicial). Não faz sentido algum que a velocidade do ponteiro do processo esteja desalinhada do movimento da ampulheta dos direitos materiais[855].

A despeito dessas considerações críticas e sem perder o viés prático, deve-se, na medida do possível, buscar identificar os prazos previstos na LREF de acordo com sua natureza material ou processual, considerando como prazos de direito material aqueles relacionados ao modo de exercício de direitos por parte dos credores ou referentes à liquidação dos bens do devedor, enquanto que são

de 180 dias será prorrogado pelo juízo como regra – quando a lei diz que esse prazo é improrrogável e a jurisprudência do STJ diz que a prorrogação é possível, mas deve ser excepcional; ou o juízo autorizará o curso das ações e execuções individuais contra a devedora, em prejuízo dos resultados úteis do processo de recuperação judicial. Nesse sentido, tendo em vista a teoria da superação do dualismo pendular, a circunstância de que o prazo do *automatic stay* é composto pela soma de prazos processuais e a necessidade de preservação da unidade lógica da recuperação judicial, conclui-se que também esse prazo de 180 dias deve ser contado em dias úteis". No mesmo caminho existem diversos precedentes, *v.g.*: TJRJ, 22ª Câmara Cível, AI 0004393-70.2017.8.19.0000, Rel. Des. Rogério de Oliveira Souza, j. 01/08/2017; TJSP, 1ª Câmara Reservada de Direito Empresarial, AI 2210315-16.2016.8.26.0000, Rel. Des. Hamid Bdine, j. 16/03/2017; TJSP, 1ª Câmara Reservada de Direito Empresarial, AI 2202567-93.2017.8.26.0000, Rel. Des. Alexandre Lazzarini, j. 08/11/2017; TJSP, 1ª Câmara Reservada de Direito Empresarial, AI 2159576-05.2017.8.26.0000, Rel. Des. Carlos Dias Motta, j. 15/01/2018. Em sentido contrário, entendendo que o *stay period* deve ser contado em dias corridos por ser prazo de direito material, ver: TJRJ, 20ª Câmara Cível, AI 0043744-84.2016.8.19.0000, Rel. Des. Marília de Castro Neves, j. 05/04/2017; TJSP, 2ª Câmara Reservada de Direito Empresarial, AI 2071851-75.2017.8.26.0000, Rel. Des. Carlos Alberto Garbi, j. 28/08/2017; TJSP, 2ª Câmara Reservada de Direito Empresarial, AI 2157617-96.2017.8.26.0000, Rel. Des. Maurício Pessoa, j. 27/11/2017; TJSP, 2ª Câmara Reservada de Direito Empresarial, AI 2140075-65.2017.8.26.0000, Rel. Des. Claudio Godoy, j. 20/12/2017.

[854] A incerteza quanto à natureza material ou processual dos prazos também pode gerar outras consequências práticas indesejadas. O receio de perda de prazo pode induzir o devedor e/ou o credor a realizar o controle/contagem em dias corridos (e não em dias úteis), acelerando sobremaneira a velocidade do processo de recuperação judicial que, na sua essência, exige um intervalo razoável de tempo para negociação entre o devedor e seus credores antes da realização da assembleia geral.

[855] Há uma série de situações esdrúxulas que advirão da velocidade exigida para a prática de alguns atos na recuperação judicial *vis à vis* a morosidade de outros. Por exemplo, o prazo de 60 dias para apresentação, pelo devedor, do plano de recuperação judicial transcorrerá em dias corridos, de forma ininterrupta, ao passo que o prazo de 30 dias para apresentação de objeção, por parte dos credores, ao mesmo plano poder-se-ia entender como computado em dias úteis.

considerados prazos de direito processual aqueles relacionados à prestação jurisdicional[856]-[857].

[856] Para a distinção dos prazos de direito material e processual, parece-nos adequada as considerações realizadas por GERSON LUIZ CARLOS BRANCO, para quem o fundamento da distinção está, de um lado, na relação jurídica obrigacional das regras de direito material e no seu comando legal de criação e/ou extinção de direitos e, de outro, no fato de as regras processuais trazerem consigo uma relação de liquidação e de exercício de direitos a partir de um novo contexto regulatório. Nas palavras do autor, em artigo sobre os efeitos do novo CPC nos prazos da LREF: "A Lei 11.101/2015 cumpre uma função similar a de todas as leis que tratam sobre crise em outros ordenamentos, incidindo naqueles casos em que as normas tradicionais sobre inadimplemento previstas pelo Direito obrigacional não consegue resolver os conflitos postos por um devedor que tem um único patrimônio e uma pluralidade de credores." "Neste sentido, a legislação falimentar é uma espécie de *ultima ratio do Direito das Obrigações*, pois cumpre a função de promover a liquidação do patrimônio do devedor, bem como estabelece um esquema alternativo de distribuição de bens e valores, afastando a incidência direta do regime regular do Direito das Obrigações." "Portanto, a Lei 11.101/05 trata sobre um processo que ocorre no plano do Direito Material, que diz respeito ao modo como os direitos são exercidos, ao modo como os credores concorrem para realizar os seus créditos perante o combalido patrimônio (ou atividade) do devedor e, concomitantemente, para implementar este processo é criada uma relação de Direito Público na qual a jurisdição é prestada." "A consequência direta dessa premissa é a existência de uma duplicidade normativa regendo o processo de Recuperação Judicial: normas de Direito Material e normas processuais." "Porém, como a relação de Direito Material existente é uma *relação de liquidação*, uma fase da relação obrigacional para equacionar os efeitos do inadimplemento, a participação nessa relação de liquidação tem um caráter procedimental e consequentemente fica submetida a prazos, para que no final o resultado seja a novação produzida pela concessão da Recuperação Judicial ou a falência no caso de sua reprovação." "Os prazos da relação de liquidação não podem ser regidos pelo CPC, pois não se tratam de prazos processuais propriamente ditos, porém de prazos de Direito Material cujo exercício se dá por meio de manifestações realizadas no curso de um processo: verdadeiros prazos para o exercício de direitos de crédito." "Assim pode-se indicar o prazo para a apresentação do plano de recuperação judicial previsto no artigo 53, o prazo de suspensão das ações e execuções (*stay period*) previsto no parágrafo 4º do artigo 6º, o prazo de 15 e 10 dias, respectivamente para habilitação e impugnação, previstos nos artigos 7º, parágrafo 2º e 8º etc." "Por outro lado, os prazos que dizem respeito propriamente à "prestação da jurisdição", tais como os prazos de contestação da impugnação de crédito (Art. 11), prazos de agravo, de apelação e de todos os incidentes processuais que não digam respeito às relações de Direito Material são regidos pelo CPC e, consequentemente, serão contados segundo o disposto no Art. 219 do novo diploma adjetivo." "Em síntese, a proposta principal deste artigo como modo de uniformização essencial para a confiabilidade das decisões judiciais, é que os prazos da LREF que digam respeito ao modo como se exercitam os direitos dos credores ou sobre a liquidação dos bens do devedor e que, portanto, digam respeito à relação de liquidação, têm uma *natureza material*, devendo-se computar os dias de acordo com as disposições do Código Civil." "O caso das impugnações é ilustrativo para diferenciar prazos materiais dos prazos processuais." "A impugnação ao quadro de credores é uma manifestação do credor que não se conforma com o ato do devedor que lhe incluiu no quadro de credores de modo inadequado. Trata-se de uma insurgência quanto ao valor, classificação ou a alguma das características de seu crédito." "Para demonstrar a inconformidade e para postular a alteração do Direito Material deverá manifestar-se no processo de Recuperação Judicial, único modo de obter a retificação e com isso obter os direitos econômicos e políticos que lhe são decorrentes, cujo modo de exercício se dá no prazo e forma do artigo 8º da Lei 11.101/05." "Porém, apresentada a impugnação, passa-se a tratar de uma relação tipicamente processual, pois para alcançar os fins visados será necessário obter um provimento jurisdicional, ficando tais atos subsequentes vinculados ao crivo do Juiz e do modo de contagem dos prazos processuais previstos no CPC." "Assim, o

APLICAÇÃO DA LEI 11.101/05

Para além da classificação dos prazos (que sempre traz consigo alguma margem de discricionariedade), o CPC/2015 traz duas soluções adequadas para a inexatidão da distinção entre regras materiais e processuais ou, melhor dizendo, para os potenciais efeitos sistêmicos deletérios da sua aplicação irrestrita no âmbito da LREF, qual seja: a figura da convenção processual (atípica) e a possibilidade de o juiz e as partes definirem o calendário de atos do processo[858].

O art. 190 do Código de Processo Civil refere que:

> Art. 190. Versando o processo sobre direitos que admitam autocomposição, é lícito às partes plenamente capazes estipular mudanças no procedimento para ajustá-lo às especificidades da causa e convencionar sobre os seus ônus, poderes, faculdades e deveres processuais, antes ou durante o processo. Parágrafo único. De ofício ou a requerimento, o juiz controlará a validade das convenções previstas neste artigo, recusando-lhes aplicação somente nos casos de nulidade ou de inserção abusiva em contrato de adesão ou em que alguma parte se encontre em manifesta situação de vulnerabilidade[859].

prazo de 5 dias para contestar deve ser computado segundo a lógica do artigo 219 do CPC." "Em outras palavras, não basta que o prazo esteja previsto na Lei 11.101/05 para que seja considerado material, pois como identificado no artigo 11, tal prazo é processual e segue a lógica do CPC." "Será necessário, pois, investigar a natureza do prazo: se diz respeito à relação obrigacional e ao modo de exercitar os direitos, será material e regido pelo Código Civil. Se disser respeito a incidentes processuais, a recursos ou à prestação jurisdicional, o prazo será processual e seguirá o modo de contagem do CPC." (BRANCO. Novo CPC tem efeito nos prazos materiais e processuais da recuperação judicial...). Na doutrina processualista, GUILHERME RIZZO AMARAL sustenta argumento semelhante ao afirmar que "(...) os prazos concedidos às partes para o cumprimento de sentença ou decisões interlocutórias que lhes imponham obrigações não contarão com o beneplácito do art. 219, contando-se de forma corrida igualmente em dias não úteis." (AMARAL. *Comentários às alterações do novo CPC...*, p. 310).

[857] De qualquer sorte, a discussão deve ainda ser longa, existindo grandes divergências a respeito da matéria. Nesse sentido, há quem entenda que o próprio prazo para realizar a habilitação de crédito junto ao administrador judicial, previsto no art. 7º, §1º, da LREF, deve ser contado em dias úteis (TOLEDO, Paulo Fernando Campos Salles de; PUGLIESI, Ariana Valéria. Capítulo IV: Disposições comuns à recuperação judicial e à falência: verificação e habilitação de crédito. In: CARVALHOSA, Modesto (coord.). *Tratado de direito empresarial*, v. V – recuperação empresarial e falência. São Paulo: Revista dos Tribunais, 2016, p. 113).

[858] Sobre os possíveis objetos e os limites dos acordos processuais, ver: MARINONI, Luiz Guilherme; ARENHART, Sérgio; MITIDIERO, Daniel. *Novo Código de Processo Civil comentado*. 2 ed. São Paulo: Revista dos Tribunais, 2016, p. 309-310; DIDIER JR. *Curso de direito processual civil*, v. 1..., p. 380-395; AMARAL. *Comentários às alterações do novo CPC...*, p. 292-294. Por tudo, ver, também: CABRAL, Antonio do Passo. *Convenções processuais*. Salvador: Juspodivm, 2016.

[859] Segundo FREDIE DIDIER JR.: "O caput do art. 190 do CPC é uma cláusula geral, da qual se extrai o subprincípio da atipicidade da negociação processual. Subprincípio, porque serve à concretização do princípio de respeito ao autorregramento da vontade no processo (...). O negócio processual atípico tem por objeto as situações jurídicas processuais – ônus, faculdades, deveres e poderes ('poderes', neste caso, significa qualquer situação jurídica ativa, o que inclui direitos subjetivos, direitos potestativos e poderes propriamente ditos). O negócio processual atípico também pode ter por objeto ato processual

À semelhança do que ocorre nos processos arbitrais, o art. 191 refere que:

> Art. 191. De comum acordo, o juiz e as partes podem fixar calendário para a prática dos atos processuais, quando for o caso. §1º O calendário vincula as partes e o juiz, e os prazos nele previstos somente serão modificados em casos excepcionais, devidamente justificados. §2º Dispensa-se a intimação das partes para a prática de ato processual ou a realização de audiência cujas datas tiverem sido designadas no calendário.

Apesar de difícil aplicação aos processos concursais[860], parece-nos, de antemão, que os envolvidos podem definir, entre outras questões, a forma de contagem dos prazos tão logo iniciado o processo de recuperação judicial (ou extrajudicial) ou de falência[861], evitando, assim, que pairem dúvidas sobre a natureza material ou processual na norma em questão ou, ainda, que a aplicação dessa distinção venha a atrapalhar a harmonia sistêmica da LREF.

4.4. O sistema recursal: a polêmica do art. 1.015 do CPC

A LREF contém, em diversas disposições, previsões próprias sobre o sistema de recursos aplicável às decisões exaradas no curso do processo falimentar/recuperatório, de modo que a aplicação das normas do CPC deve ocorrer somente para suprir/complementar lacunas ou omissões[862].

Sem embargo, há outro grupo de decisões judiciais proferidas no curso desses processos sobre o qual a LREF nada dispõe que merece ser examinado, sem

---

– redefinição da sua forma ou da ordem de encadeamento dos atos, por exemplo." (DIDIER JR. *Curso de direito processual civil*, v. 1..., p. 380).

[860] Nesse particular, lembre-se do teor Súmula 58 do TJSP: "Os prazos previstos na lei nº 11.101/2005 são sempre simples, não se aplicando o artigo 191, do Código de Processo Civil [de 1973]" (art. 229 do CPC de 2015). A despeito disso, o STJ entende possível a aplicação do prazo em dobro para empresas devedoras quando pleitearem recuperação judicial em litisconsórcio ativo e com procuradores diferentes, fundado na existência de grupo econômico. Os credores, no entanto, não gozam de prazo em dobro, pois não formam litisconsórcio passivo. Isso porque não há réus na ação de recuperação judicial (nem na recuperação extrajudicial ou na falência), e sim credores interessados (STJ, 3ª Turma, REsp 1.324.399/SP, Rel. Min. Paulo de Tarso Sanseverino, j. 03/03/2015). Assim, como não há réus no processo de recuperação judicial (nem na recuperação extrajudicial ou na falência), recomenda-se que a convenção processual prevista no art. 190 do CPC seja negociada e assinada pelo devedor, pelo administrador judicial e pelos maiores credores de cada uma das 4 (quatro) classes previstas na LREF, formando uma espécie de "Comitê de Credores *Ad Hoc*" – ou, no limite, formando um Comitê de Credores nos termos dos arts. 26 e seguintes – para negociar essa questão. Alternativamente, é possível convocar assembleia geral de credores para deliberar sobre o tema (art. 35, I, "f", e II, "d"), hipótese em que o quórum de deliberação seria o dos votos favoráveis de credores que representem mais da metade do valor total dos créditos presentes à assembleia geral, nos termos do art. 42 da Lei 11.101/05.

[861] No mesmo sentido: YARSHELL. Breves reflexões sobre a aplicação subsidiária do CPC/2015 ao processo de recuperação judicial..., p. 169.

[862] Dentre outros: art. 17, §2º do art. 59, art. 90, art. 100, e parágrafo único do art. 156, todos da LREF.

APLICAÇÃO DA LEI 11.101/05

que do silêncio da lei decorra a conclusão de que a ausência de previsão legal significa a irrecorribilidade de tais decisões[863].

O Código de Processo Civil em vigor reforçou o princípio da irrecorribilidade em separado das decisões interlocutórias[864]. O exemplo mais relevante dessa nova sistemática é o caso do agravo de instrumento, cujo regramento foi alterado pelo novo diploma processual, de modo que as hipóteses que autorizam sua interposição estão taxativamente previstas no caput do art. 1.015 e do seu parágrafo único[865] (a lógica introduzida pelo CPC/2015 é de que as decisões interlocutórias que não são objeto de recurso de agravo de instrumento serão recorríveis quando da interposição do recurso de apelação) – o que, em tese, seria aplicável aos procedimentos previstos na LREF[866].

A nova roupagem do sistema processual pátrio, entretanto, não é absoluta.

O parágrafo único do artigo 1.015 flexibiliza a lógica da irrecorribilidade das decisões interlocutórias para fins de admitir a interposição do recurso de agravo

---

[863] Como bem destaca SÉRGIO CAMPINHO: "Por isso é que temos sustentado, por exemplo, que apesar de a lei não se ocupar de um recurso específico para a sentença de encerramento do processo de recuperação judicial, não é ela irrecorrível. A relevância da decisão não pode ter a conotação de irrecorribilidade. Contra ela é possível o interessado interpor o recurso de apelação, seja por aplicação subsidiária do *caput* do artigo 1.009 do novo Código de Processo Civil, que tem por antecedente histórico o artigo 513 do Código de 1973, seja por aplicação analógica do disposto no parágrafo único do artigo 156 da Lei n. 11.101/2005, o qual prevê idêntico recurso contra a sentença de encerramento da falência. Ainda no campo dos exemplos, também temos defendido, para a hipótese de ineficácia do ato (artigo 129 da Lei de Recuperação e Falência), sendo ela declarada de ofício ou mediante provocação incidentalmente formulada, o cabimento do recurso de agravo de instrumento para contrariar a respectiva decisão, diante do seu evidente caráter interlocutório de seus efeitos práticos e de mérito de fazer retornar a massa falida os bens ou valores indevidamente alijados do patrimônio do devedor. O mesmo sentido deve ser observado em diversas outras situações, como em relação à decisão que determina o afastamento do devedor ou de seus administradores, nos moldes do artigo 64 da Lei n. 11.101/2005, ou que resolve incidente de desconsideração da personalidade jurídica." (CAMPINHO. O novo regime jurídico do recurso de agravo e os processos disciplinados na Lei nº 11.101/2005..., p. 162-164).

[864] AMARAL. *Comentários às alterações do novo CPC...*, p. 1.016.

[865] "Art. 1.015. Cabe agravo de instrumento contra as decisões interlocutórias que versarem sobre: I – tutelas provisórias; II – mérito do processo; III – rejeição da alegação de convenção de arbitragem; IV – incidente de desconsideração da personalidade jurídica; V – rejeição do pedido de gratuidade da justiça ou acolhimento do pedido de sua revogação; VI – exibição ou posse de documento ou coisa; VII – exclusão de litisconsorte; VIII – rejeição do pedido de limitação do litisconsórcio; IX – admissão ou inadmissão de intervenção de terceiros; X – concessão, modificação ou revogação do efeito suspensivo aos embargos à execução; XI – redistribuição do ônus da prova nos termos do art. 373, §1º; XII – (VETADO); XIII – outros casos expressamente referidos em lei. Parágrafo único. Também caberá agravo de instrumento contra decisões interlocutórias proferidas na fase de liquidação de sentença ou de cumprimento de sentença, no processo de execução e no processo de inventário."

[866] Nesse sentido, o Enunciado 69 da I Jornada de Direito Processual Civil assim dispõe: "69. A hipótese do art. 1.015, parágrafo único, do CPC abrange os processos concursais, de falência e recuperação". Ver, também: TJPR, 18ª Câmara Cível, AI 1.615.084-2, Rel. Des. Marcelo Gobbo Dalla Dea, j. 23/11/2016.

RECUPERAÇÃO DE EMPRESAS E FALÊNCIA

de instrumento em face das decisões proferidas nas fases de liquidação ou cumprimento de sentença, no processo de inventário e no processo de execução.

O legislador admitiu a flexibilização do rol taxativo das hipóteses de cabimento do recurso de agravo de instrumento para outros processos e/ou procedimentos especiais, desde que com ele compatíveis. Não impediu, também, o uso do raciocínio analógico para interpretação da norma jurídica em questão[867].

Em nosso sentir, embora o rol constante no *caput* do art. 1015 não contemple situações típicas dos processos de recuperação judicial (ou extrajudicial) e falência, a natureza também processual (de execução coletiva e negocial) da LREF justifica a interpretação do parágrafo único do art. 1.015 no CPC (ou dos próprios incisos do *caput* do art. 1.015) no sentido de estender a interposição do recurso de agravo de instrumento às decisões que envolvam matérias dos regimes falimentar[868] e recuperatório[869]-[870] (mesmo porque, diante dos procedimentos específicos dos processos falimentares e recuperatórios, não há lógica em esperar o recurso de apelação para que se recorra de determinadas decisões interlocutórias)[871].

Além disso, não aceitar tal interpretação extensiva poderá retomar antiga prática (e vedada atualmente pelo art. 5º, II, da Lei 12.016/2009 e pela Súmula 267 do STF, que determinam, em suma, não caber mandado de segurança contra decisões judiciais passíveis de recurso ou correição), que é a de impetração de mandados de segurança contra decisões interlocutórias proferidas pelo juízo fali-

---

[867] MARINONI; ARENHART; MITIDIERO. *Novo Código de Processo Civil comentado...*, p. 1074.

[868] Para SÉRGIO CAMPINHO: "No processo pré-falimentar, embora de natureza cognitiva, o regime geral do agravo de instrumento deve ser afastado, na medida em que a sentença que resolve a questão de fundo nele proposta pode ser a de decretação da falência e, desse modo, desafiar recurso de agravo de instrumento, frustrando a concentração das questões interlocutórias, cuja solução é remetida para julgamento preliminar na apelação." (CAMPINHO. O novo regime jurídico do recurso de agravo e os processos disciplinados na Lei nº 11.101/2005..., p. 174).

[869] Para aprofundamento sobre o tema, ver: CAMPINHO. O novo regime jurídico do recurso de agravo e os processos disciplinados na Lei nº 11.101/2005..., p. 164-174. Ver, também: CHWARTZMANN, Alexandre Elman; DUTRA, Erika Donin. Cabe recurso da maioria das decisões interlocutórias da Lei de Falências. *Revista Consultor Jurídico*. Disponível em: <http://www.conjur.com.br/2017-abr-17/cabe-recurso-decisoes--interlocutorias-lei-falencias>. Acesso em: 14 fev. 2018.

[870] A orientação da jurisprudência tem sido, em certa medida, nesse sentido: TJSP, 7ª Câmara de Direito Privado, AI 2177976-04.2016.8.26.0000, Rel. Des. Miguel Brandi, j. 05/04/2017; TJSP, 1ª Câmara Reservada de Direito Empresarial, AR 2238791-64.2016.8.26.0000, Rel. Des. Fortes Barbosa, j. 22/02/2017; TJRS, MS 70075000687, Rel. Des. Ney Wiedemann Neto (decisão monocrática), j. 11/09/2017; TJRS, 5ª Câmara Cível, MS 70072284532, Rel. Des. Jorge André Pereira Gailhard, j. 26/04/2017; TJRS, 5ª Câmara Cível, AI 70072016512, Rel. Des. Isabel Dias Almeida, j. 29/03/2017.

[871] Nesse sentido, criticável é a decisão do Tribunal de Justiça do Paraná que não admitiu o recurso de agravo de instrumento interposto contra decisão que prorrogou o prazo de suspensão do curso da prescrição das ações e execuções movidas em face do devedor (TJPR, 18ª Câmara Cível, AI 1.615.084-2, Rel. Des. Marcelo Gobbo Dalla Dea, j. 23/11/2016). Ao se negar a possibilidade de agravo de instrumento, restaria aos credores apenas a via do mandado de segurança.

APLICAÇÃO DA LEI 11.101/05

mentar (o que pode, inclusive, ensejar mais demora e confusão no trâmite do processo tendo em vista o próprio prazo existente para a impetração do *mandamus*)[872].

Em matéria processual, a LREF deve ser vista como um microssistema de adaptação do direito adjetivo comum às necessidades da falência e da recuperação judicial ou extrajudicial[873]. Não vislumbramos, portanto, incompatibilidade entre o novo regime jurídico do agravo de instrumento e a recorribilidade de decisões judiciais exaradas no curso dos processos de recuperação judicial (ou extrajudicial) e falência sobre as quais a LREF não regula expressamente. Todavia, a legislação processual civil deve ser interpretada adequadamente para viabilizar o andamento célere e o mais tranquilo possível de tais processos.

4.5. Incidente de desconsideração da personalidade jurídica

Finalmente, vale lembrar que o CPC/2015 instituiu o incidente de desconsideração da personalidade jurídica do art. 133 ao art. 137[874]. A previsão é relevante uma vez que, não raro, desconsidera-se a personalidade jurídica de sociedades no bojo de processos concursais com o objetivo de buscar a melhor satisfação dos credores sujeitos aos respectivos regimes recuperatórios e falimentar.

É evidente que a desconsideração da personalidade jurídica pode ocorrer no próprio processo de falência (Capítulo 23, item 3) bem como na recuperação judicial (ou extrajudicial) (Capítulo 10, item 3.2.1), o que, em nosso sentir, deve-se dar com a instauração do incidente de desconsideração da personalidade jurídica[875].

Entretanto, a aplicação do incidente de desconsideração da personalidade jurídica deve ocorrer naquilo em que compatível. Nesse particular, entendemos que a desconsideração da personalidade jurídica, por exemplo, não pode suspender o feito falimentar ou o processo recuperatório, como prevê o art. 134, §3º, do CPC: a suspensão do processo prevista no CPC não é, em nosso entender, compatível com os processos concursais – ainda que seja a falência considerada uma execução coletiva.

---

[872] Nesse sentido, observe-se que a prática de impetração de mandado de segurança por vezes é adotada (TJRS, 5ª Câmara Cível, MS 70072621287, Rel. Des. Isabel Dias Almeida, j. 07/02/2017). Por outro lado, negando a possibilidade de impetração de mandado de segurança ao afirmar que o recurso cabível seria o de agravo de instrumento, ver: TJRS, 6ª Câmara Cível, MS 70075000687, Rel. Des. Ney Wiedemann Neto, j. 11/09/2017; TJRS, 5ª Câmara Cível, MS 70072284532, Rel. Des. Jorge André Pereira Gailhard, j. 26/04/2017).

[873] MARCONDES. *Direito comercial...*, p. 140.

[874] Sobre o tema, entre outros, ver: BRUSCHI, Gilberto Gomes; NOLASCO, Rita Dias; AMADEO, Rodolfo da Costa Manso Real. *Fraudes patrimoniais e a desconsideração da personalidade jurídica no Código de Processo Civil de 2015*. São Paulo: Revista dos Tribunais, 2016.

[875] *V.g.*: TJSP, 2ª Câmara Reservada de Direito Empresarial, AI 2230266-30.2015.8.26.0000, Rel. Des. Carlos Alberto Garbi, j. 27/04/2016. No mesmo sentido, o Enunciado 247 do Fórum Permanente de Processualistas Civis assim prevê: "Aplica-se o incidente de desconsideração da personalidade jurídica no processo falimentar".

PARTE II
DISPOSIÇÕES COMUNS À RECUPERAÇÃO JUDICIAL E À FALÊNCIA

Nesta segunda parte, serão examinadas as disposições comuns à recuperação judicial e à falência, entre elas os principais órgãos de cada um desses regimes: o administrador judicial (Capítulo 7), o Comitê de Credores (Capítulo 8) e a assembleia geral de credores (Capítulo 9). Antes, porém, serão examinadas duas outras questões, também comuns aos dois regimes: o curso da prescrição e das ações em face do devedor (Capítulo 5) e a definição do quadro de credores (Capítulo 6).

Capítulo 5
Curso da prescrição e das ações
em face do devedor

A decretação da falência e o deferimento do processamento da recuperação judicial produzem efeitos importantes no direito de ação dos credores em face do devedor, assim como nas ações e execuções que já estão em curso contra este.

Como referido anteriormente, a LREF apresenta um capítulo com disposições comuns à recuperação judicial e à falência (arts. 5º ao 46). Neste, além da inexigibilidade de alguns créditos quando o devedor estiver enquadrado em um dos regimes de crise (art. 5º), tema já abordado anteriormente, o art. 6º, *caput*, prevê a suspensão do curso da prescrição e de todas as ações e execuções pela decretação da falência ou pelo deferimento do processamento da recuperação judicial.

A suspensão da prescrição opera-se em favor dos credores, que terão o seu direito de ação salvaguardado enquanto se processarem os regimes de crise. A suspensão das ações e execuções beneficia o devedor na recuperação judicial – em razão da proteção conferida pela paralisação dos procedimentos judiciais que tenham por efeito atingir o patrimônio da recuperanda. Vale notar que, na falência, a suspensão das ações e execuções singulares ocorre em razão da substituição destas por uma grande execução coletiva.

Por fim, tanto na recuperação judicial quanto na falência, as ações que demandam quantia ilíquida (ações de conhecimento) terão seguimento até o momento da execução (art. 6º, §1º).

1. Suspensão da prescrição
Assim como na lei anterior, no sistema em vigor a instauração dos regimes de crise (falência ou recuperação judicial) suspende o curso da prescrição, assim como de todas as ações e execuções já em tramitação contra o devedor, inclusive aquelas dos credores particulares dos sócios solidários (LREF, art. 6º, *caput*). Ape-

RECUPERAÇÃO DE EMPRESAS E FALÊNCIA

nas não se suspendem as ações de conhecimento ("ações que demandam quantia ilíquida", na dicção da LREF), como veremos a seguir[876].

1.1. Efeito

Por se tratar de suspensão, o prazo prescricional recomeça a contar exatamente de onde parou. A regra não se aplica à decadência, que não se interrompe, tampouco se suspende[877]. Assim, por exemplo, se determinado consumidor deseja reclamar acerca de vício do produto, a suspensão prevista no art. 6º não lhe beneficia porque o prazo em questão é decadencial e, portanto, não se suspende[878].

1.2. Marco inicial da suspensão e reinicio da contagem

O marco inicial da suspensão para a falência é a sua decretação (sentença falimentar) (art. 99, V), ao passo que para a recuperação é o deferimento de seu processamento (decisão do juiz que autoriza o seguimento da ação) (LREF, art. 52, III).

Quanto ao marco temporal, na falência a contagem do prazo prescricional recomeça a partir do dia em que transitar em julgado a sentença de encerramento, como dispõe o art. 157[879].

Embora juridicamente factível, trata-se de questão de reduzido interesse prático para o credor, pois se a dívida não foi paga depois da liquidação de todo o patrimônio do devedor, parece pouco provável que o seja depois de encerrada a falência.

Há, portanto, pouco ou nenhum interesse no controle de prescrição por parte dos credores desatendidos, exceto na hipótese em que, antes de extintas as obrigações do falido, ele vier a amealhar bens ou direitos, como nas situações excepcionais lembradas pela doutrina italiana do recebimento de uma herança ou de um prêmio de loteria pelo empresário individual falido pós-encerramento da

---

[876] Determina a Lei 11.101/05, também, a suspensão do curso da prescrição das ações e execuções contra o devedor (art. 6º, §4º). A regra faz sentido, mas deve ser interpretada em conjunto com a que determina a suspensão das ações, prevista no *caput* do mesmo dispositivo. É que somente haverá suspensão da prescrição em relação às ações cujo curso ficaria obstado diante da concessão da recuperação judicial ou do decreto de falência. "A lógica é de que se, em decorrência do processo concursal, certas ações e execuções ficarão suspensas, seria inútil ajuizar novas pretensões, exceto se fosse o caso de evitar perecimento do direito, pela prescrição. Assim, o legislador suspendeu também o curso da prescrição, e com isso o credor fica estimulado a exercer as medidas protetivas de seu direito no seio do processo concursal." "A *contrario sensu*, se a ação está no rol daquelas [que] terão prosseguimento, não há suspensão da fluência do prazo prescricional." (TOLEDO; PUGLIESI. Capítulo III: Disposições preliminares..., p. 105).

[877] Sobre a questão, ver: CÂMARA LEAL, Antônio Luis da. *Da prescrição e da decadência*. 4 ed. atual. por José de Aguiar Dias. Rio de Janeiro: Forense, 1982; AMORIM FILHO, Agnelo. Critério científico para distinguir a prescrição da decadência e para identificar as ações prescritíveis. *Revista dos Tribunais*, São Paulo, v. 300, p. 7-37, out. 1960.

[878] COELHO. *Comentários à Lei de Falências e de Recuperação de Empresas...*, p. 40.

[879] Sobre os demais eventos extintivos das obrigações do falido, vide art. 158.

CURSO DA PRESCRIÇÃO E DAS AÇÕES EM FACE DO DEVEDOR

falência, hipóteses em que os novos recursos teriam de ser utilizados para quitar as dívidas ainda não prescritas.

Na recuperação judicial, diferentemente, o controle da prescrição reveste-se de maior relevância para o devedor e seus credores. A um, porque a suspensão é bem menor: de 180 dias, nos termos do art. 6º, §4º, da LREF (apesar de que, na prática, ter se tornado comum a prorrogação do prazo do *stay period*, como será melhor analisado no Capítulo 11, item 2.6.1). A dois, porque, em princípio, as chances de que um devedor em recuperação judicial tenha patrimônio para fazer frente aos direitos do credor é bem maior do que na falência.

Em virtude disso, os credores de uma empresa em recuperação certamente acompanharão com bem mais interesse a retomada do curso da prescrição, que se dá após o encerramento do período de proteção de 180 dias (*stay period*).

1.3. Situação dos sócios solidários

Como a quebra da sociedade que possui sócios solidários também acarreta a falência destes (LREF, art. 81), o efeito da suspensão da prescrição beneficia seus respectivos credores particulares. Por determinação legal, o mesmo ocorre em caso de recuperação judicial[880].

2. Suspensão das ações e execuções

A decretação da falência ou o deferimento do processamento da recuperação judicial suspende o curso de todas as ações e execuções em face do devedor (LREF, art. 6º)[881] – com a ressalva, no caso de recuperação judicial ou falência de companhias aéreas, do "exercício de direitos derivados de contratos de locação, arrendamento mercantil ou de qualquer outra modalidade de arrendamento de aeronaves ou de suas partes", de acordo com o art. 199, §1º, da LREF.

A referida suspensão beneficia também os sócios de responsabilidade ilimitada das sociedades devedoras – "sócios solidários", na dicção da LREF[882].

Como vimos, o fundamento desta última regra está no fato de que a "decisão que decreta a falência da sociedade com sócios ilimitadamente responsáveis

---

[880] Aqui, lembre-se do disposto no art. 190 da LREF.

[881] Sendo que, como regra, não há suspensão do julgamento de recurso (no caso, recurso especial de companhia em recuperação judicial) – ressalvadas situações excepcionais, em que, por exemplo, há concessão de tutela provisória recursal, que pode ensejar a prática de atos expropriatórios –, devendo o requerimento de suspensão ser realizado no juízo de origem (STJ, 4ª Turma, AgInt no AREsp 790.736/RS, Rel. Min. Luis Felipe Salomão, j. 10/11/2016).

[882] "A parte final do art. 6º da Lei nº 11.101/2005 diz respeito apenas às sociedades cujos sócios respondam de forma ilimitada" (sociedade em comum e sociedade em nome coletivo, por exemplo), não sendo esse o caso, *v.g.*, dos sócios das sociedades limitadas e das sociedades anônimas. Nesse sentido, ver: STJ, 3ª Turma, AgRg na MC 19.138/SP, Rel. Min. Paulo de Tarso Sanseverino, j. 02/08/2012. Ver, também: STJ, 3ª Turma, AgRg no REsp 1.250.484/RS, Rel. Min. Sidnei Beneti, j. 15/05/2012.

também acarreta a falência destes, que ficam sujeitos aos mesmos efeitos jurídicos produzidos em relação à sociedade falida" (LREF, art. 81). Assim também se aplica no caso de recuperação judicial por determinação legal[883].

O marco inicial da suspensão para a falência é a sua decretação (sentença falimentar) (art. 99, V), enquanto que para a recuperação é o deferimento de seu processamento (LREF, art. 52, III).

2.1. Ações que demandam quantia ilíquida

Se, por um lado, vigora a regra da suspensão prevista no *caput* do art. 6º, por outro, a LREF determina que terá prosseguimento no juízo no qual estiver se processando a ação que demandar quantia ilíquida (art. 6º, §1º), respeitando-se, assim, as regras gerais de competência (sejam as ações distribuídas antes ou depois do deferimento do processamento da recuperação judicial ou da decretação da quebra)[884] – mesmo se também for parte algum ente público[885] ou ações que tramitam no exterior[886] –, inclusive as ações trabalhistas (o que decorre, inclusive, da previsão do art. 114 da Constituição Federal).

---

[883] Lembrando-se do disposto no art. 190 da LREF.

[884] Nesse sentido, assim dispõe o Enunciado 4 da Edição 37 da Jurisprudência em Teses do STJ: "Os institutos da recuperação judicial e da falência, a despeito de instaurarem o juízo universal, não acarretam a atração das ações que demandam quantia ilíquida – art. 6º, §1º, da Lei 11.101/05. Tal Enunciado faz referência aos seguintes precedentes: STJ, 3ª Turma, AgRg no REsp 135.5386/SP, Rel. Min. Paulo de Tarso Sanseverino, j. 23/09/2014; STJ, 4ª Turma, AgRg no REsp 1.471.615/SP, Rel. Min. Marco Buzzi, j. 16/09/2014; STJ, 2ª Seção, CC 119.949/SP, Rel. Min. Luis Felipe Salomão, j. 12/09/2012; STJ, Corte Especial, AgRg na CR 003.781/EX, Rel. Min. Ari Pargendler, j. 28/06/2012; STJ, Corte Especial, AgRg na SEC 006.948/EX, Rel. Min. Nancy Andrighi, j. 17/12/2012 (exceção que abarca a homologação de sentença estrangeira; nesse sentido: STJ, Corte Especial, SEC 14.408/EX, Rel. Min. Luis Felipe Salomão, j. 21/06/2017).

[885] STJ, 1ª Seção, REsp 1.643.856/SP, Rel. Min. Og Fernandes, j. 13/12/2017 (tendo firmado a seguinte tese jurídica: "A competência para processar e julgar demandas cíveis com pedidos ilíquidos contra massa falida, quando em litisconsórcio passivo com pessoa jurídica de direito público, é do juízo cível no qual for proposta a ação de conhecimento, competente para julgar ações contra a Fazenda Pública, de acordo as respectivas normas de organização judiciária.").

[886] STJ, Corte Especial, SEC 14.518/EX, Rel. Min. Og Fernandes, j. 29/03/2017 ("1. A superveniência da decretação de falência não implica a atração do juízo falimentar sobre o processo em que proferida a sentença homologanda, na medida em que o §1º do art. 6º da Lei 11.101/05 dispõe que 'as ações que demandem quantia ilíquida terão prosseguimento no juízo no qual estiverem tramitando' (AgRg na SEC 6.948/EX, Rel. Ministra Nancy Andrighi, Corte Especial, julgado em 17/12/2012, DJe 1º/2/2013). 2. No que diz respeito à cláusula de foro de eleição, que, supostamente, obstaria a homologação pretendida, consta dos autos (e-STJ, fl. 1.601): 'Este contrato, independentemente do local de sua assinatura, estará sujeito a e (sic) será interpretado de acordo com as Leis Aplicáveis, e a Arrendadora e a Arrendatária neste ato obrigam-se, irrevogavelmente, a submeter-se à jurisdição irrevogável dos Tribunais da Irlanda ou São Paulo no caso de quaisquer reclamações ou questões oriundas deste Contrato (...)'. Assim sendo, verifica-se que a Justiça da Irlanda, igualmente, detinha jurisdição sobre este feito, podendo ter proferido a sentença em relação à qual se pede a homologação. 3. A existência de ação ajuizada no Brasil com

CURSO DA PRESCRIÇÃO E DAS AÇÕES EM FACE DO DEVEDOR

Essas ações serão processadas perante a justiça especializada até a apuração do respectivo crédito, que será inscrito no quadro-geral de credores pelo valor determinado em sentença (art. 6º, §§2º e 4º)[887].

Importante destacar que a expressão "quantia ilíquida" demonstra claramente que o legislador quis dispensar um tratamento especial às ações de conhecimento, justamente àquelas que demandam valor ainda não totalmente determinado[888].

2.2. Pedido de reserva

O pedido de reserva objetiva salvaguardar o direito do credor cujo objeto é, ainda, ilíquido.

Efetivamente, o juiz competente para julgar a ação de conhecimento poderá determinar a reserva da importância que estimar devida na recuperação judicial ou na falência[889], e, uma vez reconhecido líquido o direito, será o crédito incluído na classe própria, forte no art. 6º, §3º.

Essa regra vale para as ações de conhecimento em geral, assim como para as ações trabalhistas.

A reserva permitirá que o credor exerça direitos (como o direito de voto na assembleia geral de credores, a teor do art. 39 da LREF) e, na falência, o direito de participar de pagamentos ou rateios (conforme art. 149, §1º, da LREF).

2.3. Execuções

A decretação da falência decorre da certeza (ao menos formal) de que o devedor está insolvente e de que não poderá honrar com todas as suas obrigações.

Na condição de procedimento ordenado de execução coletiva (liquidação do ativo para pagamento dos credores, com observância das preferências legais), descartam-se as execuções individuais, que podem levar a um resultado indese-

---

as mesmas partes, o mesmo pedido e a mesma causa de pedir não obsta a homologação de sentença estrangeira transitada em julgado. Hipótese de competência concorrente (arts. 88 a 90 do Código de Processo Civil), inexistindo ofensa à soberania nacional. Precedente: AgRg na SE 4.091/EX, Rel. Ministro Ari Pargendler, Corte Especial, julgado em 29/8/2012, DJe 6/9/2012. 4. Pedido de homologação de sentença estrangeira deferido.").

[887] Observe-se o que dispõe a OJ EX SE do TRT da 9ª Região: "I – *Falência e Recuperação Judicial. Competência.* A execução contra a massa falida ou empresa em processo de recuperação judicial é de competência da Justiça do Trabalho até a fixação dos valores como incontroversos e a expedição da certidão de habilitação do crédito (Lei 11.101/05, artigo 6º, §§1º e 2º)."

[888] Sobre as ações para a entrega de coisa certa e referentemente às obrigações de fazer e de não fazer, ver: TOLEDO, Paulo Fernando Campos Salles de. Capítulo II: Disposições comuns à recuperação judicial e à falência. In: _____; ABRÃO, Carlos Henrique (coord.). *Comentários à Lei de Recuperação de Empresas e Falência.* 4 ed. rev. e atual. São Paulo: Saraiva, 2010, p. 70.

[889] "A competência para determinar a reserva de valores na recuperação judicial é do juízo perante o qual tramita a reclamação trabalhista não suspensa, a teor do que dispõe o art. 6º, §3º, da Lei 11.101/05" (STJ, 2ª Seção, CC 95.627/SP, Rel. Min. Fernando Gonçalves, j. 26/11/2008).

jado: a satisfação de alguns credores em detrimento de outros pelo simples fato de que algumas execuções são ajuizadas antes de outras ou porque apresentam uma tramitação mais célere[890].

Em decorrência disso, na falência, todas as execuções individuais são suspensas, devendo os credores habilitarem seus créditos no concurso universal (art. 115). Se, porventura, já houver penhora de bens nas execuções individuais, deve o administrador judicial requerer-lhes a entrega em favor da massa[891]. Havendo credores não atendidos quando do encerramento da falência – como quase sempre acontece –, autoriza-se a retomada das suas execuções individuais, as quais, no entanto, têm reduzida probabilidade de sucesso.

Na recuperação judicial, porém, o fundamento para a suspensão das execuções é diverso. O objetivo é dar fôlego para que o devedor possa projetar e negociar o plano de recuperação.

Assim, a suspensão perdura somente durante o período de proteção (*stay period*): 180 dias (art. 6º, §§4º e 5º, com a ressalva das execuções fiscais, de acordo com o art. 6º, §7º, da LREF) – embora os Tribunais, em homenagem aos princípios da razoabilidade e da preservação da empresa, tenham constantemente mitigado a rigidez dessa regra, como será melhor analisado no Capítulo 11, item 2.6.1.

Após este prazo e não ocorrendo a sua prorrogação por determinação judicial, as ações e execuções terão, em tese, seu curso normal[892].

De qualquer forma, importa destacar que, na recuperação judicial, pode-se encontrar dificuldades para a realização de atos expropriatórios, uma vez que o juízo competente para decidir sobre o patrimônio do devedor em recuperação judicial é o juízo da recuperação judicial, um juízo geralmente atento ao princípio da preservação da empresa[893].

Aprovado o plano de recuperação judicial, o crédito seguirá os termos e condições de exigibilidade nele previstos. Não aprovado o plano, a recuperação judicial será convolada em falência, seguindo a suspensão as regras previstas para esta.

---

[890] TOLEDO; PUGLIESI. Capítulo III: Disposições preliminares..., p. 102.

[891] De qualquer sorte, observe-se, por exemplo, o que diz a OJ EX SE – 28 do TRT da 9ª Região: "IV – *Falência e Recuperação Judicial. Liberação de depósito recursal.* O depósito recursal pode ser liberado ao exequente, para a quitação de valores incontroversos, ainda que decretada a falência. Na hipótese de recuperação judicial, o depósito recursal pode ser liberado ao exequente, desde que esgotado o prazo de suspensão a que se refere a Lei 11.101/05, artigo 6º, §4º."

[892] Observe-se, aqui, que o §5º do art. 6º determina que, após o término do prazo de suspensão, as execuções trabalhistas poderão ser normalmente concluídas, ainda que o crédito já esteja inscrito no quadro-geral de credores do devedor em recuperação judicial.

[893] No entanto, observe-se, mais uma vez, a OJ EX SE – 28 do TRT da 9ª Região.

3. Exercício de direitos

Observe-se que o art. 6º da LREF somente se refere à suspensão da prescrição e das ações e execuções. Nesse sentido, respeitados os limites impostos pelos regimes falimentar e recuperatórios, o exercício de direitos materiais não se suspende.

Dessa forma, por exemplo, é lícito a um contratante denunciar contrato de prestação de serviços firmado com o devedor em recuperação judicial. No mesmo sentido, é lícita a extinção de um contrato de fornecimento em caso de inadimplemento, mesmo que o devedor esteja em recuperação judicial e mesmo que o inadimplemento seja anterior à distribuição do pedido de recuperação.

Evidente que nenhuma medida pode ser tomada como ato de retaliação. Ajuizar recuperação é direito do devedor e a sujeição dos credores ao regime de crise não é uma opção, decorre de imperativo legal. Efetivamente, não é raro que credores ameacem a recuperanda com rompimento de contratos caso seus créditos não sejam imediatamente adimplidos. Se, no caso concreto, ficar evidente que o credor se utiliza abusivamente de direito para obter vantagem indevida ou para receber tratamento favorecido, pode o magistrado considerar abusivo o exercício do direito (nos moldes do art. 187 do Código Civil). Da mesma forma, cortes de fornecimento de energia elétrica por dívida arrolada não devem ser admitidos, assim como é abusiva a inscrição do devedor em cadastro de proteção ao crédito por dívida sujeita à recuperação. O tema será analisado em maior profundidade no Capítulo 11, item 2.

Quanto à falência, é importante atentar ao regime específico previsto na LREF. De qualquer sorte, por exemplo, caso o administrador judicial decida manter determinado contrato nos termos do art. 117 da LREF, nada impede, em nosso sentir, que a contraparte, por exemplo, tome as medidas que entender pertinentes ou exerça seus direitos, os quais, por regra, não restam suspensos.

Igualmente, a massa falida também pode, por exemplo, requerer a resolução do contrato firmado com ela em caso de inadimplemento da contraparte. O tema voltará a ser abordado no Capítulo 22, item 2.

Capítulo 6
Verificação de créditos

Entre os arts. 7º e 20 da LREF estão previstas as regras para definição do quadro de credores. É o chamado sistema de "verificação e habilitação de créditos", conforme terminologia empregada pela LREF.

Trata-se de procedimento que permite ao credor tomar parte na recuperação judicial e na falência para a defesa de seus interesses e para o recebimento do que lhe é devido[894].

Em razão disso, o rito é relevante em ambos os regimes, mas por motivos diferentes: na quebra, fundamentalmente porque é preciso saber quem vai receber o produto da liquidação do patrimônio do falido, e em que momento isso vai acontecer (em função da necessidade de classificar os créditos). Na recuperação judicial, presta-se, essencialmente, para determinar quem participará da negociação a ser engendrada com o devedor (ou seja, quais credores deliberarão sobre o plano de recuperação e se submeterão aos seus efeitos caso este seja aprovado).

Por tudo isso, o sistema de verificação dos créditos consiste em capítulo fundamental dos regimes da LREF[895].

---

[894] As habilitações dos credores particulares do sócio ilimitadamente responsável se processam de acordo com as disposições estudadas neste capítulo (LREF, art. 20). E o entendimento é que os credores particulares dos sócios de responsabilidade ilimitada que têm a falência decretada em caso de falência da sociedade (LREF, art. 81) devem habilitar seus créditos na falência de cada um dos sócios, formando massas passivas particulares e com quadros gerais de credores específicos (à semelhança do previsto no art. 96, §1º, do antigo Decreto-Lei 7.661/1945) (CALÇAS, Manoel de Queiroz Pereira. Falência da sociedade: extensão aos sócios de responsabilidade ilimitada. In: ADAMEK, Marcelo Vieira Von (coord.). *Temas de direito societário e empresarial contemporâneos – Liber Amicorum* Prof. Dr. Erasmo Valladão Azevedo e Novaes França. São Paulo: Malheiros, 2011, p. 611-623).

[895] GUERREIRO, José Alexandre Tavares. Seção II: Da verificação e da habilitação de créditos. In: SOUZA JUNIOR, Francisco Satiro de; PITOMBO, Antonio Sergio A. de Moraes (coord.). *Comentários à Lei de Recuperação de Empresas e Falências.* 2 ed. rev., atual. e ampl. São Paulo: Revista dos Tribunais, 2007, p. 144.

1. Procedimento para credores tempestivos

O sistema de verificação de créditos pode ser dividido em duas fases:

a. procedimento para credores tempestivos; e
b. procedimento para credores retardatários.

O critério para a segmentação é simples: a LREF reserva dois tipos de tratamento para os credores conforme tenham se habilitado na falência ou na recuperação judicial tempestiva ou retardatariamente.

Ainda, de acordo com esse critério, utilizaremos as expressões "credores tempestivos" e "credores retardatários", iniciando a análise pelo primeiro grupo.

2. Lista de credores apresentada pelo devedor

Tanto na recuperação judicial quanto na autofalência, o devedor apresentará na petição inicial a relação nominal de seus credores (LREF, arts. 52, III, e 105, II), contendo:

a. nome;
b. endereço;
c. importância devida;
d. natureza; e
e. classificação do crédito.

Na falência requerida por terceiros (normalmente credores), a apresentação do rol de credores será ordenada pela sentença que decreta a quebra (art. 99, III).

Para fins de simplificação, chamaremos essa relação de credores de "primeira lista" ou "lista do devedor".

3. Envio de cartas aos credores

O administrador judicial (art. 22, I, "a"), utilizando a lista apresentada pelo devedor, deve enviar correspondência aos credores, comunicando, individualmente, o pedido de recuperação judicial ou a decretação da falência. A carta deve conter a natureza, o valor e a classificação dada ao crédito.

Com base nessas informações, os credores podem tomar as providências que julgarem adequadas à defesa de seus interesses ou, simplesmente, ficarem inertes caso entendam que o seu crédito está devidamente arrolado.

4. Publicação da lista do devedor ("primeira lista")

A relação de credores do devedor deve ser publicada no Diário de Justiça do Estado (e, se a massa comportar, em jornal de grande circulação, conforme arts. 52, §1º, e 99, parágrafo único, c/c art. 191, da LREF) com a finalidade de dar

VERIFICAÇÃO DE CRÉDITOS

conhecimento geral e irrestrito acerca do pedido de recuperação judicial ou da decretação da falência.

Essa publicação serve especialmente para dar ciência aos que não constaram da lista apresentada pelo devedor, mas também cumpre a função de informar aos credores arrolados dos termos em que foram listados.

Nesse sentido, importante destacar que pode haver eventuais credores não relacionados (por erro ou até mesmo dolo por parte do devedor) e que, portanto, não receberiam as cartas.

Da mesma forma, eventuais credores arrolados podem ter sido listados incorretamente (sendo que, da publicação do edital, podem, eventualmente, ainda não terem recebido a correspondência enviada pelo administrador judicial)[896].

Observe-se que, ao longo do procedimento reservado aos credores tempestivos, são publicados, em princípio, três editais, contendo três diferentes relações de credores. A primeira relação de credores, como salientado, é elaborada pelo devedor. A segunda lista é elaborada pelo administrador judicial com base nos pedidos de habilitação e retificação recebidos dos credores. A terceira lista decorre do julgamento das impugnações apresentadas aos créditos constantes na segunda lista.

Essas relações vão se alterando ao longo de todo o procedimento, conforme créditos sejam admitidos, reclassificados ou excluídos, até que, finalmente, passa-se ao quadro geral de credores[897].

5. Habilitações e divergências

Os credores, arrolados ou não pelo devedor (ainda que seja devedor solidário)[898], poderão apresentar, dentro do prazo de 15 dias, contado da publicação do refe-

---

[896] Na recuperação judicial, estando bem instruída a petição inicial com toda a documentação exigida no art. 51, o juiz deferirá o seu processamento (art. 52, *caput*), ordenando, no mesmo ato, a expedição de edital, para publicação no Órgão Oficial, que conterá, entre outros elementos, a relação nominal de credores acima referida, com a discriminação do valor atualizado e a classificação de cada crédito (art. 52, §1º, II) – essa é a mesma relação apresentada pelo devedor na petição inicial. Na falência, a sentença que a decreta determinará que o falido apresente a relação nominal de seus credores no prazo de cinco dias, indicando endereço, importância, natureza e classificação dos respectivos créditos (art. 99, III), ordenando, neste mesmo ato, a publicação de edital contendo a íntegra da decisão e a relação de credores (art. 99, parágrafo único). Finalmente, para a autofalência, a sentença que a decreta também ordenará a publicação do referido edital, com a única diferença que é o próprio devedor que tem a obrigação de apresentar a relação nominal dos credores já na petição inicial (art. 99, parágrafo único).

[897] Por razões óbvias, jamais se poderia considerar a primeira relação como sendo uma listagem definitiva, sobretudo porque ela é elaborada unilateralmente pelo devedor, uma das partes interessadas nos rumos do regime de crise instalado.

[898] Entendemos relevante salientar a possibilidade de habilitação de crédito em que o garantidor está em recuperação judicial ou falido (avalista, por exemplo, hipótese em que se está tratando de crédito quirografário) (TJRS, 6ª Câmara Cível, AI 70069301794, Rel. Des. Ney Wiedemann Neto, j. 14/07/2016;

RECUPERAÇÃO DE EMPRESAS E FALÊNCIA

rido edital, pedidos de habilitação ou divergência perante o administrador judicial (LREF, art. 7º, §1º)[899]-[900].

Importante destacar que, para fins de contagem do prazo, é indiferente quando e se os credores receberam a correspondência enviada pelo administrador judicial.

A habilitação objetiva a inclusão de crédito não relacionado[901]; a divergência (ou retificação), o ajuste de um de seus elementos (nome, endereço, importância, natureza ou classificação)[902].

TJRS, 6ª Câmara Cível, AI 70069301794, Rel. Des. Ney Wiedemann Neto, j. 14/07/2016; TJRS, 6ª Câmara Cível, AI 70071494702, Rel. Des. Rinez da Trindade, j. 24/08/2017; TJRS, 6ª Câmara Cível, AI 70070812300, Rel. Des. Rinez da Trindade, j. 24/08/2017), sendo que, não realizado, poderá ser feito posteriormente, hipótese em que poderá ser enquadrado como quirografário; efetuado o pagamento ao credor (no nosso exemplo, legítimo possuidor do título), o crédito no âmbito da recuperação judicial (e nas condições estabelecidas no plano de recuperação judicial) ou da falência terá a recuperanda ou a massa falida do avalista direito de regresso contra o avalizado ou, se existirem, outros obrigados cambiários anteriores – entendimento este que também se aplica no âmbito da recuperação extrajudicial. Se o garantidor (avalista, em nosso exemplo) e o devedor principal (avalizado) encontram-se em recuperação judicial (e sendo exigível a obrigação do avalista), a habilitação da totalidade do crédito deve ocorrer em ambos os processos recuperatórios (TJSP, Câmara Especial de Falências e Recuperações Judiciais de Direito Privado, AI 444.308-4/9-00, Rel. Des. Pereira Calças, j. 30/08/2006; TJSP, Câmara Especial de Falências e Recuperações Judiciais, AI 9036323-41.2006.8.26.0000, Rel. Des. Pereira Calças, j. 19/01/2007), da mesma forma como ocorre em caso de falência, respeitando-se, em ambos os procedimentos, o previsto no art. 127 da LREF. Ainda, evidentemente, tem-se que, preenchidos todos os requisitos do Direito Cambiário, o legítimo possuidor do título poderá satisfazer o seu crédito perante os demais obrigados cambiários, ou seja, a recuperação judicial (ou extrajudicial) ou a falência do avalista não impedirá sua atuação nesse sentido.

[899] O recebimento da correspondência não é o marco inicial do prazo para o pedido de habilitação ou de divergência (retificação). O prazo não inicia enquanto não for publicado o edital contendo o despacho de processamento e a relação de credores (assim: TJSP, Câmara Reservada à Falência e Recuperação, AI 547.281-4/5-00, Rel. Des. Elliot Akel, j. 27/02/2008). Mas, uma vez publicado o edital, o prazo tem seu curso normal mesmo que o credor não tenha tido acesso aos autos. Não é possível, assim, o pedido de devolução do prazo por estarem inacessíveis os autos (TJSP, Câmara Especial de Falências e Recuperações Judiciais, AI 551.379-4/7-00, j. 27/08/2008). Vale observar que "os prazos previstos na Lei 11.101/05, tanto na falência quanto na recuperação judicial, para habilitação, divergência, impugnação, objeção e recurso são sempre únicos, independentemente de os credores agirem individual ou coletivamente." (TJSP, Câmara Reservada à Falência e Recuperação, AgRg 0025804-87.2011.8.26.0000/50000, Rel. Des. Romeu Ricupero, j. 12/04/2011). Finalmente, o prazo em questão é preclusivo (TJMT, 1ª Câmara Cível, AI 22123/2011, Rel. Des. Orlando de Almeida Perri, j. 31/05/2011).

[900] Observe-se que os créditos dos auxiliares do juízo trabalhista em processos trabalhistas também devem ser habilitados no processo falimentar ou recuperatório, sendo que é justamente neste processo que se definirá a sua natureza. Nesse sentido, observe-se o que dispõe a OJ EX SE – 28 do TRT 9ª Região: "X – *Falência. Honorários dos Auxiliares do Juízo. Habilitação como crédito trabalhista*. Os honorários dos auxiliares do Juízo (contadores, peritos e leiloeiros) devem ser habilitados perante o Juízo Falimentar a quem compete definir a sua natureza."

[901] Na prática, são relacionados somente os créditos sujeitos ao respectivo processo, apesar de a LREF não impor tal restrição, ou seja: poder-se-ia sustentar que deveriam ser arrolados todos os credores,

VERIFICAÇÃO DE CRÉDITOS

Essa etapa funciona como uma espécie de "primeira instância" do sistema de verificação de créditos e se perfaz inteiramente fora do juízo (isto é, dá-se extrajudicialmente, sem necessidade de participação do juiz).

O administrador judicial apreciará esses pedidos com base nos livros contábeis e documentos comerciais e fiscais do devedor e naqueles apresentados pelos credores (LREF, art. 7º, §1º), como contratos que possam demonstrar a origem, o montante e a classificação do crédito[903].

Os pedidos serão formulados por escrito, contendo o nome e o endereço do credor, bem como o endereço em que será comunicado dos atos do procedimento (LREF, art. 9º, I)[904].

Tanto na habilitação quanto na divergência, o credor deverá apresentar o valor que entende ser-lhe devido (corrigido monetariamente e acrescido dos juros pactuados ou legalmente previstos até a data da decretação da falência ou do pedido de recuperação judicial)[905], sua origem e classificação (LREF, art. 9º, II)[906]. Tam-

ainda que não sujeitos aos respectivos procedimentos. Por sua vez, no seu art. 70, §2º, ao regrar o plano de recuperação judicial para micro e pequenas empresas, existe previsão expressa de que: "Os credores não atingidos pelo plano especial não terão seus créditos habilitados na recuperação judicial".

[902] O próprio art. 7º, §1º, utiliza os termos "habilitação" e "divergência", evidenciando a diferença material entre as medidas que podem ser utilizadas pelo credor na identificação do seu crédito.

[903] STJ, 3ª Turma, REsp 1.321.288/MT, Rel. Min. Sidnei Beneti, j. 28/11/2012.

[904] O art. 9º, I, da LREF fala, erroneamente, em endereço para comunicação de qualquer ato do processo, embora não reste nenhuma dúvida de que a habilitação e a retificação (divergência) tempestivas não são ajuizadas perante o juiz concursal, e sim distribuídas ao administrador judicial. De processo, portanto, não se trata; trata-se de simples procedimento extrajudicial.

[905] Nesse sentido, determinando que "No processo de falência, a incidência de juros e correção monetária sobre os créditos habilitados deve ocorrer até a decretação da quebra, entendida como a data da prolação da sentença e não sua publicação", ver: STJ, 3ª Turma, REsp 1.660.198/SP, Rel. Min. Nancy Andrighi, j. 03/08/2017. Igualmente: STJ, 3ª Turma, REsp 1.662.793/SP, Rel. Min. Nancy Andrighi, j. 08/08/2017.

[906] Quanto ao valor a ser habilitado, cumpre destacar que: (*i*) os juros pactuados e vencidos são cobrados e integram o valor final da habilitação do crédito na falência – salvo determinação revisional proveniente de sentença judicial com trânsito em julgado; (*ii*) os juros gerados a partir da decretação da falência serão calculados pela taxa legal e serão pagos se a massa falida dispuser de ativo suficiente para tanto (LREF, art. 124), desde que pagos todos os valores devidos como principal e correção monetária de todos os credores, respeitada a regra protetiva aos debenturistas (LREF, art. 124, parágrafo único); (*iii*) os juros gerados a partir do pedido de recuperação judicial serão livremente negociados no plano recuperatório, mas o valor a ser habilitado deve incluir apenas os juros verificados até a data do ajuizamento da recuperação [TJSP, Câmara Reservada à Falência e Recuperação, AI 599.870-4/9-00, Rel. Des. Pereira Calças, j. 28/01/2009 (decidindo que multas contratuais e juros moratórios também devem integrar o valor habilitado); TJSP, 2ª Câmara Reservada de Direito Empresarial, AI 0129956-21.2013.8.26.0000, Rel. Des. Araldo Telles, j. 17/02/2014 (assim decidindo: "Recuperação judicial. Crédito atualizado até data posterior à do ajuizamento da recuperação. Inadmissibilidade. Recálculo imprescindível que deve observar os critérios do art. 9º, II, da Lei 11.101/05 e não implica em violação à coisa julgada. Recuperação Judicial. Crédito trabalhista"); também nesse sentido: TJSP, 2ª Câmara Reservada de Direito Empresarial, AI 2044980-47.2013.8.26.0000, Rel. Des. Ricardo Negrão, j. 17/02/2014]; (*iv*) juros posteriores ao pedido de recuperação não devem ser habilitados (TJSP, Câmara Especial de Falências e Recuperações

RECUPERAÇÃO DE EMPRESAS E FALÊNCIA

bém serão apresentados os documentos comprobatórios do crédito (LREF, art. 9º, III)[907]; a indicação da garantia prestada pelo devedor, se houver, e o respectivo instrumento (LREF, art. 9º, IV); e a especificação do objeto da garantia que estiver na posse do credor (LREF, art. 9º, V). Em suma, tais elementos do crédito devem restar comprovados[908].

Judiciais, AI 484.925-4/7-00, Rel. Des. Boris Kauffmann, j. 30.05.2007); (*v*) despesas decorrentes de eventual protesto podem ser incluídas na habilitação (TJRS, 5ª Câmara Cível, AI 70043046408, Rel. Des. Jorge Luiz Lopes do Canto, j. 31/08/2011; TJSP, Câmara Reservada à Falência e Recuperação, AI 0494012-92.2010.8.26.0000, Rel. Des. Pereira Calças, j. 01/03/2011; TJSC, 1ª Câmara de Direito Comercial, AI 2007.007565-1, Rel. Des. Salim Schead dos Santos, j. 06/03/2008); (*vi*) créditos vincendos deverão ser trazidos a valor presente, realizando-se o abatimento proporcional dos juros (na falência, LREF, art. 77) (AYOUB; CAVALLI. *A construção jurisprudencial...*, p. 176); (*vii*) créditos ainda ilíquidos, mas cujos fatos geradores tenham ocorrido anteriormente ao pedido de recuperação judicial, submetem-se ao juízo concursal, sendo esse o caso dos créditos decorrentes de ações indenizatórias e reclamatórias trabalhistas liquidadas depois de ajuizada a recuperação judicial (a favor desse posicionamento: TJRS, 6ª Câmara Cível, AI 70051684645, Rel. Des. Ney Wiedemann Neto, j. em 21/03/2013; TJSP, Câmara Reservada à Falência e Recuperação, Rel. Lino Machado, AI 0060505-11.2010.8.26.0000, j. 29/03/2011; Enunciado 12 da Jornada Paulista de Direito Comercial: "Submete-se ao processo de recuperação judicial crédito reconhecido por sentença posterior à data da distribuição da recuperação, e que se funda em fatos anteriores a ela"; AYOUB; CAVALLI. *A construção jurisprudencial...*, p. 176. Contra: TJRS, 5ª Câmara Cível, AI 70056632391, Rel. Des. Jorge Luiz Lopes do Canto, j. 30/10/2013; TJRS, 5ª Câmara Cível, AI 70055293948, Rel. Des. Jorge Luiz Lopes do Canto, j. 11/09/2013; TJRJ, 17ª Câmara Cível, APC 0011034-52.2009.8.19.0001, Rel. Des. Henrique Carlos de Andrade Figueira, j. 16/07/2010) (para maiores detalhes, ver Capítulo 10, item 3.1); (*viii*) na recuperação judicial, o crédito em moeda estrangeira deve ser habilitado em moeda estrangeira (LREF, arts. 38, parágrafo único, e 50, §2º; TJSP, 2ª Câmara Reservada de Direito Empresarial, AI 2200566-43.2014.8.26.0000, Rel. Des. Ramon Mateo Júnior, j. 09/09/2015), enquanto que, na falência, em moeda corrente nacional (LREF, art. 77). Finalmente, a habilitação de crédito não precisa estar necessariamente fundada em título executivo (STJ, 4ª Turma, REsp 992.846/PR, Rel. Min. Antônio Carlos Ferreira, j. 27/09/2011).

[907] O inciso III do art. 9º menciona que "[a] habilitação de crédito realizada pelo credor nos termos do art. 7º, §1º, desta Lei deverá conter: III – os documentos comprobatórios do crédito e *a indicação das demais provas a serem produzidas*". No entanto, é errônea a alusão à indicação de "provas a serem produzidas", pois no procedimento extrajudicial de habilitação ou de retificação de créditos não há instrução probatória – apesar de, na prática, já termos nos defrontado com administradores judiciais que realizam pedido de esclarecimentos aos envolvidos, inclusive oportunizando a apresentação de novos documentos. Pode haver produção de provas apenas na verificação judicial. Nesse sentido: AYOUB; CAVALLI. *A construção jurisprudencial...*, p. 181.

[908] O crédito que se busca incluir deve ser líquido e certo. Assim: TJSP, Câmara Especial de Falências e Recuperações Judiciais de Direito Privado, AI 449.326-4/7-00, Rel. Des. Pereira Calças, j. 06/12/2006 ("Recuperação Judicial. Impugnação à relação de credores. Pretensão para inclusão de créditos que estão sendo cobrados em ações que tramitam na Justiça Federal, ainda não julgadas. Documentos apresentados que não se revestem de liquidez, certeza e executividade. Imprescindibilidade de se aguardar o julgamento definitivo das ações. Eventuais pedidos de reserva devem ser formulados perante a Justiça Federal. Agravo desprovido"). Deve restar comprovada a existência do crédito: TJRS, 5ª Câmara Cível, AI 70063005151, Rel. Des. Jorge Luiz Lopes do Canto, j. 16/12/2014 ("1. Os documentos trazidos aos autos não se constituem como elementos suficientes a comprovar a origem do crédito perseguido pela parte postulante, uma vez que inexiste demonstração acerca da não realização do conserto, bem como

VERIFICAÇÃO DE CRÉDITOS

De acordo com a LREF, os títulos e documentos que legitimam os créditos deverão ser exibidos no original ou por cópias autenticadas se estiverem juntados em outro processo (art. 9º, parágrafo único). Todavia, a jurisprudência tem flexibilizado essa exigência[909], sem contar que, na prática, muitas vezes, os admi-

comprovação do valor efetivamente pago pelo produto. 2. Ademais, o cálculo elaborado pela parte agravante também não serve como documento válido a instruir o presente pedido de habilitação, ou seja, o pleito em questão não está amparado em comprovantes de pagamento ou a nota fiscal de compra do referido produto, o que gera dúvida instransponível quanto à existência da alegada dívida passível de habilitação 3. Em se tratando de falência, os créditos devem restar escorreitamente comprovados, de sorte a não prejudicar aqueles credores admitidos no concurso universal, cujos créditos foram cabalmente demonstrados, o que de modo algum é o caso dos autos, no qual a origem da dívida é alegada, mas não comprovada. Negado seguimento ao agravo de instrumento."); caminhando no mesmo sentido: TJRS, 5ª Câmara Cível, AI 70068427665, Rel. Des. Jorge André Pereira Gailhard, j. 31/08/2016 ("II. As habilitações de crédito devem ser instruídas com os títulos e documentos originais que legitimam os créditos habilitandos, ou, caso estejam juntados a outro processo, com cópias autenticadas, ônus do qual o agravante não se desincumbiu, ainda que intimado para tanto. Além disso, no caso concreto, havendo duas ações monitórias em tramitação cujo objeto é a cobrança do crédito que o agravante pretende habilitar, inexiste também a prova inequívoca da certeza e liquidez dos títulos, o que constitui ônus do habilitante. Inteligência do art. 9º, da Lei nº 11.101/2005."). Igualmente: TJSP, 1ª Câmara Reservada de Direito Empresarial, AI 2085800-06.2016.8.26.0000, Rel. Des. Teixeira Leite, j. 10/08/2016 ("IMPUGNAÇÃO DE CRÉDITO. Recuperação judicial. Credora que pretende a habilitação de crédito com base em confissão de dívida, nota fiscal decorrente de contrato de prestação de serviços e multa decorrente de inadimplemento contratual. Confissão de dívida que é hábil a ser executada e é suficiente para comprovar a existência do crédito que a agravante pretende habilitar. No mais, a constituição dos demais créditos não foi devidamente comprovada. Recurso parcialmente provido."). Assim, por exemplo, para que seja habilitado o crédito decorrente de fornecimento de mercadorias, é necessária a apresentação dos comprovantes de entrega das mercadorias e dos demais documentos pertinentes. Nesse sentido, *v.g.*: "Apelação cível. Falência. Habilitação retardatária de crédito. Duplicata. Necessidade de comprovação da causa debendi. Impossibilidade de habilitação do crédito discutido em razão da falta de aceite e ausência de comprovante de entrega dos produtos farmacêuticos. Minoração do valor dos honorários advocatícios. À unanimidade, deram parcial provimento ao apelo." (TJRS, 6ª Câmara Cível, APC 70041078593, Rel. Des. Luís Augusto Coelho Braga, j. 29/08/2013). Caminhando no mesmo sentido, ver: TJRS, 6ª Câmara Cível, APC 70034025684, Rel. Des. Antônio Corrêa Palmeiro da Fontoura, j. 24/11/2011; TJRS, 6ª Câmara Cível, APC 70028383552, Rel. Des. Luís Augusto Coelho Braga, j. 14/04/2011; TJRS, 5ª Câmara Cível, APC 70017545195, Rel. Des. Pedro Luiz Rodrigues Bossle, j. 13/12/2006; TJRS, 5ª Câmara Cível, APC 70017095720, Rel. Des. Pedro Luiz Rodrigues Bossle, j. 08/11/2006; TJRS, 5ª Câmara Cível, APC 70015069701, Rel. Des. Pedro Luiz Rodrigues Bossle, j. 21/06/2006; TJRS, 5ª Câmara Cível, APC 70014284301, Rel. Des. Leo Lima, j. 26/04/2006; TJRS, 5ª Câmara Cível, APC 70013451422, Rel. Des. Pedro Luiz Rodrigues Bossle, j. 21/12/2005. Todavia, a habilitação de crédito não precisa estar necessariamente fundada em título executivo (STJ, 4ª Turma, REsp 992.846/PR, Rel. Min. Antônio Carlos Ferreira, j. 27/09/2011). Ainda sobre o tema, a jurisprudência dispensa a inscrição em dívida ativa para habilitação de créditos previdenciários reconhecidos em sentença trabalhista (STJ, 4ª Turma, REsp 1.170.750/SP, Rel. Min. Luis Felipe Salomão, j. 27/08/2013).

[909] "Agravo de Instrumento. Recuperação Judicial. Endossatário de título de crédito (nota promissória). O endosso transmite todos os direitos emergentes da cambial. Possibilidade de apresentação de cambial autenticada, mediante a exibição do título original ao Administrador Judicial na presença do Juiz ou de notário público, considerando-se o alto valor da cambial. Direito de participar da Assembléia Geral de

RECUPERAÇÃO DE EMPRESAS E FALÊNCIA

nistradores judiciais aceitam cópias autenticadas ou mesmo cópias simples, bem como, quando a habilitação é feita pela internet, que o documento seja apresentado em versão digitalizada (mesmo porque pode ser extremamente delicado entregar documento original, como um título de crédito, ao administrador judicial).

Nada impede que vários créditos de um mesmo titular, mesmo que provenientes de diversos títulos, sejam objeto de um único pedido de habilitação (ou divergência), desde que devidamente individualizados[910].

Como se trata de procedimento extrajudicial, a peça da habilitação ou da retificação não precisa ser firmada por advogado, razão pela qual se entende que eventuais despesas com a contratação deste profissional não devem ser ressarcidas pelo devedor (forte no art. 5º, II)[911].

Na mesma linha, as habilitações e divergências tempestivas estão isentas do pagamento de custas judiciárias[912], não se aplicando o princípio da sucumbência nessa fase do sistema de verificação de créditos[913].

As peças em questão são protocoladas diretamente no endereço profissional do administrador (indicado no despacho de processamento da recuperação judicial ou na sentença falimentar), por carta com aviso de recebimento ou mediante entrega em mãos contra o recebimento de protocolo assinado pelo administrador ou auxiliar seu[914].

Admite-se, também, o uso de fax, desde que os originais sejam entregues em até cinco dias do final do prazo (de acordo com a Lei 9.800/1999), e, também,

---

Credores com voz e vota, este na proporção do valor do crédito que lhe foi transferido, bastando para tanto, que tenha pedido sua habilitação, formulado divergência ou deduzido impugnação judicial, até que esta seja definitivamente julgada. Agravo provido." (TJSP, Câmara Especial de Falências e Recuperações Judiciais de Direito Privado, AI 431.568-4/4-00, Rel. Des. Pereira Calças, j. 15/03/2006). No mesmo sentido: TJSP, Câmara Especial de Falências e Recuperações Judiciais de Direito Privado, AI 429.473-4/0-00, Rel. Des. Pereira Calças, j. 15/03/2006; TJSP, Câmara Especial de Falências e Recuperações Judiciais de Direito Privado, AI 429.567-4/0-00, Rel. Des. Pereira Calças, j. 15/03/2006; TJSP, Câmara Especial de Falências e Recuperações Judiciais de Direito Privado, AI 431.566-4/5-00, Rel. Des. Pereira Calças, j. 15/03/2006; TJSP, Câmara Especial de Falências e Recuperações Judiciais de Direito Privado, AI 429.567-4/0-00, Rel. Des. Pereira Calças, j. 15/03/2006. Além disso, em impugnação de crédito, aceitou-se cópias simples de documentos diante da inexistência de impugnação quanto à falsidade do documento (TJSP, 1ª Câmara Reservada de Direito Empresarial, AI 2149683-92.2014.8.26.0000, Rel. Des. Francisco Loureiro, j. 03/02/2015).

[910] GUERREIRO. Seção II: Da verificação e da habilitação de créditos..., p. 151-152.

[911] VIGIL NETO. *Teoria falimentar e regimes recuperatórios...*, p. 109.

[912] VIGIL NETO. *Teoria falimentar e regimes recuperatórios...*, p. 109-110

[913] TJMG, 2ª Câmara Cível, AI 1.0148.09.070571-3/001, Rel. Des. Afrânio Vilela, j. 22/02/2011.

[914] Há jurisprudência – com a qual não concordamos – no sentido de que, para provar a apresentação tempestiva do pedido de habilitação ou de divergência, basta que o administrador judicial declare que recebeu o pedido tempestivamente (assim: TJSP, Câmara Reservada à Falência e Recuperação, AI 0335677-72.2010.8.26.0000, Rel. Des. Romeu Ricupero, j. 01/02/2011).

VERIFICAÇÃO DE CRÉDITOS

de e-mail, mediante resposta do administrador judicial comprovando o recebimento, sendo comum que se exija o envio em vias físicas.

A rigor, o administrador judicial é quem organiza o procedimento, de acordo, inclusive, com a sua própria estrutura para atendimento do caso.

Em alguns casos, as habilitações e divergências são recebidas no próprio cartório judicial em que se processa a recuperação ou a falência, sendo guardadas em uma pasta, por exemplo, a qual é recolhida pelo administrador judicial no final do prazo de quinze dias para a sua apresentação.

Em hipótese alguma devem as habilitações ou as divergências ser juntadas aos autos da recuperação ou da falência. Se o foram, o magistrado deve determinar seu desentranhamento o mais rápido possível, para entrega ao administrador judicial, sob pena de tumulto processual. Caso tenham sido autuadas em apenso como incidente processual, o processo deve ser extinto e a peça repassada ao administrador judicial[915].

Ainda assim, mesmo que protocolada erroneamente perante o juiz, existe jurisprudência que autoriza o exame extrajudicial da peça pelo administrador judicial se observado o prazo correto[916]. Caso o juiz tenha, inadvertidamente, decidido pedido de habilitação ou de divergência que lhe tenha sido erroneamente endereçado, a decisão é nula[917].

Na hipótese de cessão de crédito já arrolado, o cessionário deve solicitar a retificação da lista de credores para a inclusão de seu nome em substituição ao do cedente – o que pode ser feito mesmo depois do prazo de 15 dias, mas, neste caso, via impugnação judicial, se for o caso –, a fim de que possa exercer todos os direitos que possui na qualidade de credor[918]. O mesmo se aplica ao endossatário de título de crédito[919] e ao credor por sub-rogação[920].

No caso de credor solidário que não teve seu nome devidamente indicado como credor (tendo, então, o crédito sido arrolado somente em nome de outros credores solidários), cabível também é a apresentação de pedido de divergên-

---

[915] TJRJ, 17ª Câmara Cível, APC 0032341-62.2009.8.19.0001, Rel. Des. Luisa Cristina Bottrel Souza, j. 13/10/2010.

[916] TJPR, 17ª Câmara Cível, AI 627.325-8, Rel. Des. Lauri Caetano Silva, j. 17/03/2010.

[917] TJMG, 8ª Câmara Cível, AI 1.0024.06.134741-5/0, Rel. Des. Silas Vieira, j. 07/08/2008; TJMG, 8ª Câmara Cível, AI 1.0024.06.085403-1/001, Rel. Des. Silas Vieira, j. 03/04/2008.

[918] TJRS, 5ª Câmara Cível, AI 70043317171, Rel. Des. Gelson Rolim Stocker, j. 24/08/2011; TJSP, Câmara Reservada à Falência e Recuperação, AI 480.422-4/2-00, Rel. Des. Pereira Calças, j. 30/01/2008; TJSP, Câmara Especial de Falências e Recuperações Judiciais, AI 429.568-4/4-00, Rel. Des. Pereira Calças, j. 15/03/2006.

[919] TJSP, Câmara Especial de Falências e Recuperações Judiciais, AI 429.568-4/4-00, Rel. Des. Pereira Calças, j. 15/03/2006.

[920] TJSP, Câmara Especial de Falências e Recuperações Judiciais, AI 429.540-4/7-00, Rel. Des. Pereira Calças, j. 19/04/2006.

cia para que os nomes de ambos os credores solidários constem na relação de credores[921].

Por fim, vale observar que as habilitações e as retificações (divergências) podem ser apresentadas a qualquer momento antes da homologação do quadro-geral de credores, mesmo que o credor não respeite o prazo inicial de 15 dias (LREF, art. 7º, §1º) e o prazo de 10 dias para impugnação (LREF, art. 8º)[922].

Nesses casos, as habilitações e divergências serão tidas como retardatárias e recebidas como impugnação e processadas na forma dos arts. 13 a 15 da LREF (art. 10º, §5º).

Após a homologação do quadro-geral de credores – e até o encerramento da recuperação judicial ou da falência –, qualquer pedido de habilitação ou divergência seguirá o procedimento ordinário previsto no Código de Processo Civil (LREF, art. 10º, §6º).

6. Análise dos créditos e lista do administrador judicial ("segunda lista")

Encerrado o prazo de 15 dias para a manifestação dos credores, as habilitações e as divergências devem ser examinadas e decididas pelo administrador judicial.

O administrador judicial fará a verificação dos créditos com base nas informações e nos documentos colhidos (valendo-se, por exemplo, dos livros contábeis e dos documentos comerciais e fiscais do devedor, bem como da documentação apresentada pelos credores), podendo contar com o auxílio de profissionais ou empresas especializadas (LREF, art. 7º, *caput*).

Embora não previsto na LREF, é possível que o administrador judicial oportunize ao devedor momento para se manifestar sobre os pedidos dos credores, desde que todo o procedimento de análise não ultrapasse o prazo de 45 dias previsto no art. 7º, §2º. Isso porque, até o final do referido prazo, o administrador judicial fará publicar a segunda lista de credores, disponibilizando aos interessados os documentos que fundamentaram a elaboração dessa relação – apesar de que, na prática, muitas vezes tal prazo se estende diante da complexidade das matérias trazidas para análise do administrador judicial.

---

[921] Aqui, cumpre salientar que, na hipótese de credores solidários, é evidente que ambos os credores devem ser habilitados, inclusive diante do disposto nos arts. 267, 273 e 274 do Código Civil; nesse sentido, em caso de ter sido arrolado somente um dos credores solidários, os outros têm interesse em apresentar pedido de divergência para que seus nomes também constem da relação de credores – mesmo porque, em sendo credores solidários, qualquer um deles pode apresentar objeção ao plano de recuperação judicial, por exemplo. Todavia, é evidente que, por exemplo, o crédito não será pago duas vezes, também não podendo cada um dos credores solidários exercer o direito de voto com a totalidade do crédito na assembleia geral de credores. Sobre o tema, ver: TJRS, AI 70072150956, Des. Ney Wiedemann Neto (decisão monocrática), j. 15/12/2016; TJRS, 6ª Câmara Cível, AI 70072150956, Rel. Des. Ney Wiedemann Neto, j. 25/05/2017.

[922] TJSP, Câmara Reservada à Falência Recuperação Judicial, APC 994.09.283624-0, Rel. Des. Pereira Calças, j. 02/03/2010.

VERIFICAÇÃO DE CRÉDITOS

Do resultado do referido trabalho, o administrador judicial organizará e fará publicar em até 45 dias a segunda relação de credores (chamada também "lista do administrador judicial"), devendo o administrador judicial indicar o local, o horário e o prazo comum para que os interessados tenham acesso aos documentos que fundamentaram a elaboração da relação publicada neste edital, notadamente os documentos trazidos pelos credores por ocasião dos pedidos de divergência e habilitação.

Positiva ou negativa a resposta do administrador judicial em relação ao pedido de habilitação ou divergência, é essencial que esta venha devidamente justificada[923] até para que os credores (bem como o próprio devedor) possam compreender as razões pelas quais seu crédito recebeu determinado tratamento – e, eventualmente, possam mais adequadamente impugná-lo. A fundamentação se afigura indispensável, pois, mesmo que a apreciação do administrador judicial não possa ser enquadrada como ato judicial – e ainda que haja controvérsias quanto à sua classificação como ato administrativo –, por qualquer ângulo que se queira analisar, parece materialmente adequado que a parte interessada conheça as razões da manifestação do administrador judicial. Assim, analógica ou diretamente, parece o mais adequado em razão do disposto no art. 93, IX, da Constituição Federal, art. 11 do Código de Processo Civil e art. 50 da Lei do Processo Administrativo.

Observe-se que nessa fase, o administrador judicial julgará as habilitações e divergências de acordo com a sua convicção pessoal após a análise dos documentos e informações disponíveis.

Caso não haja impugnações, o juiz homologará, como quadro-geral de credores, a lista do administrador judicial (LREF, art. 14) – hipótese em que todo o procedimento de definição de verificação de créditos terá sido desjudicializado.

7. Impugnações

No prazo de até 10 dias contado da publicação da lista de credores elaborada pelo administrador judicial ("segunda lista de credores")[924], o Comitê de Credores, qual-

---

[923] Também nesse sentido: BERNIER, Joice Ruiz. *Administrador judicial*. São Paulo: Quartier Latin, 2016, p. 93.

[924] Há quem sustente que tal prazo seria preclusivo e, nesse sentido, a apresentação de impugnação intempestiva resultaria na sua extinção sem o exame do mérito (TJSP, Câmara Reservada à Falência e Recuperação, AI 994.09.277325-4, Rel. Des. Lino Machado, j. 14/09/2010; TOLEDO, Paulo Fernando Campos Salles de; PUGLIESI, Adriana Valéria. Capítulo IV: Disposições comuns à recuperação judicial e à falência: verificação e habilitação de crédito. In: CARVALHOSA, Modesto (coord.). *Tratado de direito empresarial*, v. V – recuperação empresarial e falência. São Paulo: Revista dos Tribunais, 2016, p. 114). O inconformismo com a lista de credores elaborada pelo administrador judicial deveria ser manifestado no prazo previsto no art. 8º, *caput*, da LREF, ou seja, no prazo de 10 dias contado da publicação do edital. Apesar disso, encontram-se precedentes, com os quais concordamos, aceitando a impugnação

quer credor[925], o devedor, os seus sócios[926] ou o Ministério Público podem impugnar este rol, apontando ausência de qualquer crédito ou manifestando-se contra a legitimidade, importância ou classificação de qualquer crédito (LREF, art. 8º)[927].

A impugnação pode servir tanto para (*i*) buscar a inclusão de crédito não arrolado[928], como para (*ii*) atacar crédito arrolado, seja para excluí-lo da lista de credores ou em razão de divergência quanto a qualquer um de seus elementos (importância e classificação, por exemplo)[929].

Ademais, no caso de cessão de crédito já arrolado, admite-se a impugnação para excluir-se o nome do cedente do crédito e incluir-se o do cessionário[930].

---

retardatária, ou seja, fora do prazo (observando, de qualquer sorte, o procedimento dos arts. 13 a 15 da LREF), sendo o marco final para a apresentação da impugnação retardatária a homologação do quadro-geral de credores, hipótese na qual, então, o credor poderá pedir a inclusão ou retificação de seu crédito apenas pelo procedimento ordinário (*v.g.*: TJSP, Câmara Reservada à Falência Recuperação Judicial, APC 994.09.283624-0, Rel. Des. Pereira Calças, j. 02/03/2010). De qualquer sorte, não é possível a impugnação antes da publicação do referido edital (TJSP, Câmara Especial de Falências e Recuperações Judiciais de Direito Privado, AI 639.158-4/0-00, Rel. Des. José Roberto Lino Machado, j. 05/05/2009).

[925] Desde que sujeito à recuperação judicial ou à falência (AYOUB; CAVALLI. *A construção jurisprudencial...*, p. 198).

[926] Reconhecendo a legitimidade do acionista controlador para impugnar a lista do administrador judicial: TJSP, Câmara Especial de Falências e Recuperações Judiciais, AI 455.744-4/3-00, Rel. Des. Pereira Calças, j. 20/09/2006.

[927] Sobre o tema, vale colacionar interessante precedente do TJSP: "Ação Cobrança – Extinção – Carência da Ação – Recuperação Judicial – Autor que ingressou com ação de cobrança após deferimento do processamento da recuperação judicial da ré – Crédito cobrado nesta ação já inserido no quadro geral de credores da recuperação judicial – Necessidade de observância da pars conditio creditorum – Ainda que a sujeição do credor aos efeitos da recuperação judicial, já iniciada quando do ajuizamento desta ação, não obste o prosseguimento da cobrança do crédito, o que não se pode admitir é que prossiga o credor concomitantemente com a cobrança nos autos da recuperação, incluído no plano, e na demanda individual – Crédito do autor, que está inserido no plano, que deve ser cobrado pelas regras do direito falimentar – Entendendo o autor que o valor declarado pela recuperanda nos autos da recuperação não está correto, deverá impugnar o crédito respectivo no juízo competente e universal da recuperação – Falta de interesse de agir caracterizada – Extinção sem resolução do mérito – Sentença mantida – Apelo improvido." (TJSP, 24ª Câmara de Direito Privado, APC 3005372-32.2013.8.26.0224, Rel. Des. Salles Vieira, j. 23/04/2015).

[928] "Qualquer credor tem legitimidade para impugnar a legitimidade, importância ou classificação de crédito arrolado na relação de credores elaborada pelo administrador judicial. No entanto, havendo omissão de crédito na aludida relação (relação de credores apresentada pelo administrador judicial), somente o credor prejudicado tem legitimidade para postular em nome próprio, via impugnação, a habilitação do crédito por ele titularizado." (TJSP, Câmara Especial de Falências e Recuperações Judiciais de Direito Privado, AI 685.039-4/9-00, Rel. Des. Pereira Calças, j. 27/10/2009).

[929] Há jurisprudência que admite a revisão de encargos contratuais em sede de pedido de habilitação retardatária de crédito em ação falimentar, com habilitação do crédito remanescente da revisão contratual (TJRS, 6ª Câmara Cível, APC 70026790964, Rel. Des. Liége Puricelli Pires, j. 02/07/2009; e TJRS, 6ª Câmara Cível, APC 70008857146, Rel. Des. Cacildo de Andrade Xavier, j, 15/09/2004).

[930] TJSP, Câmara Especial de Falências e Recuperações Judiciais, AI 480.422-4/2-00, Rel. Des. Pereira Calças, j. 30/01/2008.

VERIFICAÇÃO DE CRÉDITOS

Na hipótese de credor solidário que não teve seu nome devidamente indicado como credor (tendo, então, o crédito sido arrolado somente em nome de outros credores solidários), cabível também é a impugnação[931].

Qualquer interessado pode deduzir impugnação contra qualquer crédito, uma vez que a verificação de créditos opera em interesse comum, pois afeta o direito de todos pelo aumento ou pela diminuição do passivo do devedor[932].

Além disso, a Lei menciona especificamente "impugnação contra a relação de credores" (LREF, art. 8º), dando espaço para que não só os créditos nela constantes sejam impugnados, mas também a própria relação como um todo, que pode resultar de um procedimento irregular, por exemplo.

Entende-se, portanto, que o direito à impugnação deve ser amplo e abrangente de modo que interesses legítimos não fiquem sem tutela, admitindo-se seja deduzida para além da relação exemplificativa posta no art. 8º, a saber: (*i*) ausência de crédito, (*ii*) legitimidade (simulação, fraude, falsidade de documento), (*iii*) importância ou (*iv*) classificação de crédito relacionado[933].

Sobre a legitimidade para impugnar, vale ressaltar que o mesmo crédito pode ser impugnado por mais de um interessado. Prova disso está no parágrafo único do art. 13 que ordena uma só autuação para as diversas impugnações versando sobre o mesmo crédito. Neste caso, haverá litisconsórcio necessário.

A LREF, ao listar os legitimados para impugnar, menciona: "Comitê, qualquer credor, o devedor ou seus sócios ou o Ministério Público". Nesse contexto, o uso da conjunção "ou" é de todo equivocado, pois transmite a ideia de que o exercício da impugnação por um dos interessados exclui o mesmo direito relativamente aos demais, o que não ocorre (como se depreende do exame do art. 13, parágrafo único).

O credor pode agir individualmente, não estando sua faculdade condicionada a eventual inércia do Comitê, assim como os sócios não se vinculam à sociedade nesse particular, podendo impugnar a relação de credores de forma livre e autônoma, sem que isso prejudique o exercício do mesmo direito pela sociedade-devedora, sejam eles sócios de responsabilidade ilimitada ou não, tenham poderes de administração ou não, sejam eles atuantes ou meros investidores[934].

Existe a possibilidade de o juiz excluir da relação, *ex officio*, créditos eivados de nulidade (simulação, fraude), independentemente de impugnação por qualquer dos interessados legitimados pelo art. 8º, assim como pode declarar a ocor-

---

[931] Ver: TJRS, AI 70072150956, Des. Ney Wiedemann Neto (decisão monocrática), j. 15/12/2016; TJRS, 6ª Câmara Cível, AI 70072150956, Rel. Des. Ney Wiedemann Neto, j. 25/05/2017.

[932] GUERREIRO. Seção II: Da verificação e da habilitação de créditos..., p. 149.

[933] GUERREIRO. Seção II: Da verificação e da habilitação de créditos..., p. 147-148.

[934] GUERREIRO. Seção II: Da verificação e da habilitação de créditos..., p. 149-148.

rência de prescrição[935]. No entanto, advirta-se, aqui, que a atuação de ofício do juiz para a exclusão de créditos deve ocorrer em casos especialíssimos, somente diante de prova inequívoca do vício, não podendo decorrer de meras ilações ou suspeitas de fraude.

No que pertine ao procedimento, as impugnações serão dirigidas ao magistrado da recuperação judicial ou da falência por meio de petição (LREF, art. 13), possuindo, portanto, natureza judicial e serão processadas em apenso (sendo que, como já dito, será feita uma só autuação para as diversas impugnações versando sobre o mesmo crédito) (LREF, art. 13, parágrafo único).

A impugnação é processo contencioso, de natureza cognitiva e resulta em sentença declaratória[936]. Trata-se de ação de procedimento sumaríssimo, incidental ao processo concursal.

Além de indicar com precisão o crédito atacado (se não for o caso de atacar a relação como um todo), o impugnante deve explicitar as razões de sua reclamação, as provas que dispuser, fazendo constar, também, da petição, requerimento para a produção das que forem necessárias (LREF, art. 13).

A petição inicial, por lógico, deve respeitar as exigências da legislação processual civil – sendo recomendável que seja instruída de acordo com o art. 9º da LREF[937] (já analisado no item 5. deste Capítulo). A impugnação, de qualquer sorte, comporta qualquer tipo de prova, inclusive oral e pericial, desde que necessária e pertinente[938].

Tanto no caso das habilitações ou das divergências retardatárias (as quais tomam a forma de impugnação, se apresentadas antes da homologação do quadro-geral de credores – LREF, art. 10, §5º) quanto no das impugnações propriamente ditas só haverá a necessidade de recolhimento das custas processuais se a legislação estadual impuser o pagamento da taxa judiciária[939].

---

[935] GUERREIRO. Seção II: Da verificação e da habilitação de créditos..., p. 148.

[936] TJSP, Câmara Reservada à Falência e Recuperação, AI 994.09.276162-0, Rel. Des. Pereira Calças, j. 04/05/2010; TJSP, Câmara Especial de Falências e Recuperações Judiciais, AI 512.922-4/0-00, Rel. Des. Romeu Ricupero, j. 31/10/2007.

[937] Quanto à apresentação da documentação original (prevista no art. 9º, parágrafo único, da LREF), sabemos que a jurisprudência está flexibilizando tal exigência. De qualquer sorte, cremos que não pode ser utilizado como argumento para tal dispensa o fato de, atualmente, boa parte dos processos judiciais serem eletrônicos (sendo, então, suficiente a apresentação da via digitalizada com a declaração de que tal documento conferiria com o original) (como o fazem: TOLEDO; PUGLIESI. Capítulo IV: Disposições comuns à recuperação judicial e à falência..., p. 116), uma vez que, para isso, existe alternativa: o depósito da documentação original em cartório.

[938] TJSP, Câmara Reservada à Falência e Recuperação, AI 994.09.276162-0, Rel. Des. Pereira Calças, j. 04/05/2010; TJSP, Câmara Especial de Falências e Recuperações Judiciais, AI 512.658.-4/5-00, Rel. Des. Pereira Calças, j. 26/03/2008.

[939] TJSP, 2ª Câmara Reservada de Direito Empresarial, AI 0006260-45.2013.8.26.0000, Rel. Des. Ricardo Negrão, j. 02/09/2013 (assim decidindo: "Recuperação Judicial – Impugnação de crédito – Determi-

VERIFICAÇÃO DE CRÉDITOS

O procedimento completo está disposto entre os arts. 11 e 17 da LREF. Nele há previsão de contestação no prazo de cinco dias (LREF, art. 11)[940]-[941] e de manifestação do devedor e do Comitê de Credores, se houver, também no prazo de cinco dias (LREF, art. 12). Após, há determinação de parecer acerca dos créditos objeto de impugnação, podendo este contratar profissional ou empresa especializada para oferecer laudo sobre as questões em discussão – devendo, também, apresentar todas as informações existentes nos livros e demais documentos do devedor acerca do crédito objeto da impugnação (LREF, art. 12, parágrafo único). Ainda, apesar de inexistir previsão, há quem entenda que o Ministério Público deve também ser intimado a se manifestar[942] – o que, na prática, normalmente ocorre.

Contestada a impugnação e lançadas as manifestações previstas no art. 12 (devedor, Comitê de Credores e administrador judicial), os autos de impugnação serão conclusos ao juiz, que: (*i*) determinará a inclusão no quadro-geral de credores das habilitações de créditos não impugnadas, no valor constante da segunda lista de credores (lista do administrador judicial); (*ii*) julgará as impugnações que entender suficientemente esclarecidas pelas alegações e provas apresentadas pelas partes, mencionando, de cada crédito, o valor e a classificação[943]; (*iii*) fixará, em cada uma das restantes impugnações, os aspectos controvertidos e decidirá as questões processuais pendentes; (*iv*) determinará eventuais provas

nação de recolhimento de custas iniciais – Inadmissibilidade – Ausência de previsão de incidência de custas em legislação estadual, não se podendo, mediante interpretação analógica, exigir tributo não previsto – Posição unânime da Câmara – Agravo de instrumento provido"). No caso do Estado do Rio Grande do Sul, por exemplo, supostamente existiria essa previsão no Regimento de Custas estadual (Lei nº 8.121/85, com redação alterada pela Lei nº 8.951/89). Nesse sentido: TJRS, 5ª Câmara Cível, APC 70049128168, Rel. Des. Jorge Luiz Lopes do Canto, j. 25/07/2012. Na doutrina: AYOUB; CAVALLI. *A construção jurisprudencial...*, p. 184.

[940] "Uma vez impugnado o crédito, o credor será intimado para contestar a impugnação no prazo de 05 (cinco) dias (art. 11). Nesse particular, considerando que todo o procedimento até então fora desjudicializado, essa primeira intimação deverá ser pessoal, salvo se a impugnação for do próprio credor em relação ao seu crédito, fazendo com que nesse caso o administrador, o devedor e os demais credores sejam intimados por meios não pessoais de cientificação" (VIGIL NETO. *Teoria falimentar e regimes recuperatórios...*, p. 111).

[941] A redação do art. 11 aponta como legitimados para contestar a impugnação apenas os credores cujos créditos foram impugnados. No entanto, como salienta JOSÉ ALEXANDRE TAVARES GUERREIRO, deve prevalecer o entendimento ampliativo, segundo o qual qualquer interessado pode fazê-lo, bastando que prove seu interesse (GUERREIRO. Seção II: Da verificação e da habilitação de créditos..., p. 149).

[942] TOLEDO; PUGLIESI. Capítulo IV: Disposições comuns à recuperação judicial e à falência..., p. 115.

[943] O magistrado poderá julgar a impugnação no estado em que se encontra, nos casos em que as provas documentais trazidas aos autos bastem para a formação de sua convicção. Não configura cerceamento de defesa o indeferimento da prova pericial quando a documental é suficiente. Assim: TJSP, Câmara Especial de Falências e Recuperações, AI 562.816.-4/8-00, Rel. Des. Pereira Calças, j. 30/07/2008. Também nesse sentido: AYOUB; CAVALLI. *A construção jurisprudencial...*, p. 204.

a serem produzidas, designando audiência de instrução e julgamento, se necessário for (LREF, art. 15).

O juiz determinará, para fins de rateio, a reserva de valor para satisfação do crédito impugnado (LREF, art. 16). Sendo parcial, a impugnação não impedirá o pagamento da parte incontroversa (LREF, art. 16, parágrafo único).

Da decisão judicial sobre a impugnação caberá agravo (LREF, art. 17). O dispositivo é objeto de críticas por parte da doutrina, uma vez que a decisão em questão é terminativa e não interlocutória. De qualquer forma, é considerado "erro grosseiro" a interposição de apelação[944], impossibilitando o recebimento de um recurso pelo outro, sendo inaplicável aqui a fungibilidade recursal[945].

São legitimados para interpor agravo todos os interessados na impugnação, inclusive o Ministério Público[946].

Recebido o agravo, o relator poderá, processando liminarmente o recurso, (i) conceder efeito suspensivo à decisão que reconhece o crédito, ou (ii) determinar a inscrição ou modificação do seu valor ou classificação no quadro-geral de credores para fins de exercício de direito de voto em assembleia geral de credores (LREF, art. 17, parágrafo único)[947]-[948].

Caso o magistrado já tenha optado pela publicação do quadro-geral (o que não se recomenda enquanto não ocorra o trânsito em julgado das impugnações), em qualquer uma dessas duas hipóteses deverá, de acordo com as mudanças que decorrerem do julgamento de segundo grau, também determinar, posteriormente, as devidas publicações retificativas[949].

---

[944] STJ, 3ª Turma, AgRg no AREsp 219.866/SP, Rel. Min. João Otávio de Noronha, j. 15/03/2016; TJSP, Câmara Especial de Falências e Recuperações Judiciais, AI 598.418.-4/0-00, Rel. Des. Romeu Ricupero, j. 28/01/2009.

[945] TJRS, 6ª Câmara Cível, APC 70063692834, Rel. Des. Ney Wiedemann Neto, j. 23/04/2015; TJSP, 2ª Câmara Reservada de Direito Empresarial, APC 0060681-90.2011.8.26.0602, Rel. Des. Ramon Mateo Júnior, j. 10/04/2015; TJSP, 10ª Câmara de Direito Privado, APC 0279994-84.2009.8.26.0000, Rel. Des. Cesar Ciampolini, j. 16/09/2014; TJRS, 5ª Câmara Cível, AI 70056384795, Rel. Des. Isabel Dias Almeida, j. 30/10/2013; e TJRS, 5ª Câmara Cível, APC 70034741421, Rel. Des. Gelson Rolim Stocker, j. 17/11/2010. Todavia, pela aplicação do princípio da fungibilidade, inclusive desconsiderando-se a necessidade de observância do prazo correto (em função de algumas peculiaridades do caso concreto), ver: TJSP, Câmara Reservada à Falência Recuperação Judicial, APC 994.09.283624-0, Rel. Des. Pereira Calças, j. 02/03/2010.

[946] AYOUB; CAVALLI. *A construção jurisprudencial...*, p. 212.

[947] Ver: TJRS, AI 70072150956, Des. Ney Wiedemann Neto (decisão monocrática), j. 15/12/2016

[948] Nada impede, também, que, mesmo enquanto tramita a impugnação, o credor busque, em antecipação de tutela (desde que preenchidos os requisitos exigidos para tanto), o reconhecimento de seu crédito para fins de votação em AGC. Sobre o tema, ver Capítulo 9, item 5.

[949] VIGIL NETO. *Teoria falimentar e regimes recuperatórios...*, p. 116.

VERIFICAÇÃO DE CRÉDITOS

Se houver resistência à pretensão do impugnante, com a formação de lide (que denota litigiosidade), a parte vencida se sujeita aos ônus da sucumbência, devendo pagar honorários aos advogados da parte vencedora[950].

No que toca às habilitações e divergências retardatárias (as quais tomam o procedimento de impugnação ou o procedimento ordinário, conforme apresentadas antes ou depois da homologação do quadro-geral de credores), cabe ao credor o ônus da sucumbência por ter dado causa à ação. Mesmo em caso de procedência do pedido, é devido, como regra, o pagamento de honorários aos patronos da recuperanda ou da massa falida[951]; mas em hipótese alguma os honorários são devidos ao administrador judicial[952].

8. Publicação da lista judicialmente consolidada ("terceira lista")

De acordo com o art. 18, parágrafo único, da LREF, até cinco dias da sentença que houver julgado a última impugnação, deverá ser publicada a terceira relação de credores.

---

[950] STJ, 3ª Turma, REsp 1.197.177/RJ, Rel. Min. Nancy Andrighi, j. 03/09/2013; STJ, 4ª Turma, AgRg no AREsp 62.801/SP, Rel. Min. Marco Buzzi, j. 20/08/2013; STJ, 4ª Turma, EDcl no Ag 1.282.101/MG, Rel. Min. Maria Isabel Gallotti, j. 25/09/2012; STJ, 4ª Turma, AgRg no REsp 1.062.884/SC, Rel. Min. Luis Felipe Salomão, j. 14/08/2012; STJ, 3ª Turma, AgRg no REsp 958.620/SC, Rel. Min. Vasco Della Giustina (Des. Conv.), j. 15/03/2011; STJ, REsp 1.380.686/MG, Rel. Min. Paulo de Tarso Sanseverino (decisão monocrática), j. 27/03/2015; STJ, REsp 918.832/SC, Rel. Min. Sidnei Beneti (decisão monocrática), j. 16/04/2013; STJ, REsp 1.040.093/MG, Rel. Min. Antonio Carlos Ferreira (decisão monocrática), j. 25/03/2013; STJ, REsp 848.987/PR, Rel. Min. João Otávio de Noronha (decisão monocrática), j. 11/11/2009; TJRS, 5ª Câmara Cível, APC 70041290222, Rel. Des. Jorge Luiz Lopes do Canto, j. 22/06/2011; TJSP, Câmara Especial de Falências e Recuperações, AI 628.455-4/4-00, Rel. Des. Boris Kauffmann, j. 30/06/2009. Nesse sentido, inclusive, caminha o Enunciado 13 da Edição 35 da Jurisprudência em Teses do STJ.

[951] TJRS, 5ª Câmara Cível, AI 70055213797, Rel. Des. Sergio Luiz Grassi Beck, j. 11/09/2013 (assim decidindo: "A recuperanda não arcará com os ônus da sucumbência, cabendo ao habilitante o pagamento das custas processuais, quando o valor do crédito constar no QGC e o credor ajuizar habilitação de crédito para discutir o quantum debeatur. Interpretação do artigo 5º, inciso II, da Lei nº 11.101/2005"); TJRS, 6ª Câmara Cível, AI 70053380861, Rel. Des. Artur Arnildo Ludwig, j. 16/05/2013 (assim decidindo: "Optando a habilitante pela utilização de meios menos econômico e mais dificultoso, enquanto havia outros meios previstos para tanto, deve ser reconhecido que a habilitante deu causa ao ajuizamento da ação, cabendo a ela o pagamento das custas processuais"); TJRS, 6ª Câmara Cível, AI 70051181121, Rel. Des. Luís Augusto Coelho Braga, j. 14/03/2013 (assim decidindo: "Tendo o agravado optado por discutir seu crédito em recuperação judicial no âmbito jurisdicional, não havendo pretensão resistida deve arcar com as despesas processuais"); TJRS, 6ª Câmara Cível, APC 70036558419, Rel. Des. Luís Augusto Coelho Braga, j. 12/09/2013 (decidindo que cabe fixação de honorários em habilitação retardatária); TJRS, 5ª Câmara Cível, APC 70041290222, Rel. Des. Isabel Dias Almeida, j. 22/06/2011 (decidindo que cabe a fixação de verba honorária em prol do patrono da massa em habilitação retardatária).

[952] TJRJ, 1ª Câmara Cível, AI 0020418-66.2014.8.19.0000, Rel. Des. Camilo Ribeiro Ruliere, j. 02/12/2014; e TJSP, Câmara Reservada à Falência e Recuperação, AI 589.244-4/4-00, Rel. Des. Pereira Calças, j. 19/11/2008.

RECUPERAÇÃO DE EMPRESAS E FALÊNCIA

Trata-se do chamado "quadro-geral de credores", verdadeira "lista do juiz", que decorre do julgamento, pelo magistrado, das impugnações apresentadas. É uma lista de elaboração e publicação obrigatória tanto na falência quanto na recuperação judicial[953].

A definição do quadro-geral de credores ocorre tanto em decorrência da homologação das listas iniciais (com base na relação dos credores a que se refere o art. 7º, §2º), quanto em função do julgamento das impugnações à segunda relação (LREF, art. 18, *caput*). Conforme já elucidado pelo STJ, o "quadro geral de credores é o espelho do que foi decidido em cada uma das impugnações de crédito, acrescida da parte não impugnada da relação apresentada na forma do §2º do artigo 7º, definindo-se o passivo do devedor"[954].

Se, por um lado, o julgamento das impugnações cabe ao juiz, a tarefa de consolidar o quadro-geral de credores é dever do administrador judicial. De qualquer sorte, o quadro-geral de credores será homologado pelo juiz (art. 18, *caput*).

O quadro-geral, assinado pelo juiz e pelo administrador judicial, mencionará a importância e a classificação de cada crédito na data do requerimento da recuperação judicial ou da decretação da falência, e será juntado aos autos e publicado no órgão oficial (LREF, art. 18, parágrafo único).

9. Procedimento para credores retardatários e ação retificatória

Perdido o prazo para apresentação dos pedidos de habilitação ou divergência (15 dias contados da publicação da primeira lista de credores, lista apresentada pelo devedor, nos termos do art. 7º, §1º, da LREF), ainda assim, enquanto a recuperação judicial ou a falência não estiverem encerradas, é possível habilitar créditos ou retificá-los.

Isso porque tal prazo não é preclusivo – e, apesar de poder existir controvérsia a respeito, também se entende ser possível a impugnação retardatária (caso se perca o prazo para sua distribuição previsto no art. 8º)[955].

Essas habilitações ou divergências (ou impugnações) serão recebidas, no entanto, como "retardatárias"[956] (LREF, art. 10), o que importará em consequên-

---

[953] VIGIL NETO. *Teoria falimentar e regimes recuperatórios...*, p. 116.

[954] STJ, 3ª Turma, REsp 1.371.427/RJ, Rel. Min. Ricardo Villas Bôas Cueva, j. 06/08/2015.

[955] Como já visto, há quem sustente que tal prazo seria preclusivo e, nesse sentido, a apresentação de impugnação intempestiva resultaria na sua extinção sem o exame do mérito (TJSP, Câmara Reservada à Falência e Recuperação, AI 994.09.277325-4, Rel. Des. Lino Machado, j. 14/09/2010). Apesar disso, encontramos precedentes, com os quais concordamos, aceitando a impugnação retardatária, ou seja, fora do prazo (observando, de qualquer sorte, o procedimento dos arts. 13 a 15 da LREF), sendo o marco final para a apresentação da impugnação retardatária a homologação do quadro-geral de credores, hipótese na qual, então, o credor poderá pedir a inclusão ou retificação de seu crédito apenas pelo procedimento ordinário (*v.g.*: TJSP, Câmara Reservada à Falência Recuperação Judicial, APC 994.09.283624-0, Rel. Des. Pereira Calças, j. 02/03/2010).

[956] Embora a redação do art. 10 da LREF mencione apenas as "habilitações retardatárias", é evidente que a expressão deve ser interpretada de forma extensiva a fim de abranger as "divergências retardatárias",

VERIFICAÇÃO DE CRÉDITOS

cias gravosas ou restritivas. Ou seja, o tratamento legal dispensado aos retardatários é menos vantajoso quando comparado ao dos credores que habilitaram ou retificaram seus créditos no prazo inicialmente assinalado (e nem poderia ser diferente).

As habilitações e as divergências retardatárias podem receber tratamentos distintos, conforme tenham sido apresentadas antes ou depois da homologação do quadro-geral de credores (a terceira relação publicada) – e o mesmo se diga quanto às impugnações retardatárias.

Se apresentadas antes, serão recebidas como impugnação e o seu processamento se dará na forma dos arts. 13 a 15 (LREF, art. 10, §5º). Se submetidas depois de homologado o quadro-geral de credores, deverão ser feitas por meio de ação retificatória do quadro-geral, cujo objetivo é a retificação para inclusão de novo crédito ou exclusão de crédito viciado, observado, no que couber, o procedimento ordinário previsto no Código de Processo Civil (LREF, art. 10, §6º).

Definido e publicado o quadro-gral de credores, nada impede que, até o encerramento da recuperação judicial ou da falência, o próprio administrador judicial, o Comitê, qualquer credor ou o representante do Ministério Público peça, por meio de ação retificatória, a inclusão, a exclusão, outra classificação ou a retificação de qualquer crédito, caso se descubra falsidade, dolo, simulação, fraude, erro essencial ou, ainda, documentos ignorados à época do julgamento do crédito (LREF, art. 19).

A ação em questão tem finalidade rescisória e objetiva atacar créditos inscritos no quadro-geral de credores já homologado pelo juiz[957]. Será proposta exclusivamente perante o juízo da recuperação judicial ou da falência ou, nas hipóteses previstas no art. 6º, §§1º e 2º, da LREF, perante o juízo que tenha originariamente reconhecido o crédito (art. 19, §1º).

É essencial estabelecer a ligação entre o vício apontado e o crédito que se quer atacar[958]. Não são admitidas outras bases para a ação retificatória, tais como irregularidades ocorridas após a homologação do quadro-geral de credores ou documentos gerados após esse momento[959].

Proposta a ação retificatória, o pagamento ao titular do crédito por ela atingido, caso ainda não tenha sido realizado, somente poderá ser realizado mediante a prestação de caução no mesmo valor do crédito questionado (LREF, art. 19,

---

em consonância com a previsão do art. 7, §1º, até porque inexistem razões para discriminar o credor cujo crédito foi incorretamente arrolado. Aplica-se, analogicamente, o mesmo procedimento previsto para a habilitação retardatária (COELHO, Fábio Ulhoa. *Comentários à Lei de Falências e de Recuperação de Empresas*. 8 ed. São Paulo: Saraiva, 2011, p. 98-99; VIGIL NETO. *Teoria falimentar e regimes recuperatórios...*, p. 113).

[957] GUERREIRO. Seção II: Da verificação e da habilitação de créditos..., p. 160.

[958] GUERREIRO. Seção II: Da verificação e da habilitação de créditos..., p. 161.

[959] GUERREIRO. Seção II: Da verificação e da habilitação de créditos..., p. 161.

RECUPERAÇÃO DE EMPRESAS E FALÊNCIA

§2º). No entanto, nada impede o pagamento da parcela incontroversa (LREF, art. 16, parágrafo único).

Se eventuais pagamentos já foram feitos, dever-se-á tomar as medidas cabíveis objetivando a restituição dos valores pagos indevidamente e, se for o caso, a eventual apuração de prática de crime falimentar.

10. Consequências da extemporaneidade

A primeira consequência da extemporaneidade é a perda do benefício da habilitação ou da divergência desjudicializada. Importante lembrar que as habilitações e as divergências são encaminhadas diretamente ao administrador judicial, espécie de primeira instância do sistema de verificação de créditos, inteiramente extrajudicial.

Uma vez decorrido o prazo legal para essa etapa, as habilitações e as divergências – como já mencionado – poderão tomar duas formas, conforme apareçam antes ou depois da homologação do quadro-geral de credores:

a. impugnação; ou
b. ação retificatória[960].

A rigor, é correto afirmar que são seis as possíveis consequências decorrentes da extemporaneidade da medida:

a. procedimento judicializado;
b. pagamento de custas (10, §3º)[961]-[962];
c. sujeição ao princípio da sucumbência[963];

---

[960] TJSP, Câmara Reservada à Falência Recuperação Judicial, APC 994.09.283624-0, Rel. Des. Pereira Calças, j. 02/03/2010.

[961] Reitera-se que tanto no caso das habilitações ou das retificações (divergências) retardatárias (as quais tomam a forma de impugnação) quanto no das impugnações só haverá a necessidade de recolhimento das custas processuais se a legislação estadual impuser o pagamento da taxa judiciária. Na jurisprudência, ver: TJSP, 2ª Câmara Reservada de Direito Empresarial, AI 0006260-45.2013.8.26.0000, Rel. Des. Ricardo Negrão, j. 02/09/2013. Na doutrina: AYOUB; CAVALLI. *A construção jurisprudencial...*, p. 184.

[962] Isso se aplica tanto na falência quanto na recuperação judicial (apesar de o art. 10, §3º somente fazer referência à falência), conforme: TOLEDO; PUGLIESI. Capítulo IV: Disposições comuns à recuperação judicial e à falência..., p. 118.

[963] TJRS, 5ª Câmara Cível, AI 70055213797, Rel. Des. Sergio Luiz Grassi Beck, j. 11/09/2013 ("A recuperanda não arcará com os ônus da sucumbência, cabendo ao habilitante o pagamento das custas processuais, quando o valor do crédito constar no QGC e o credor ajuizar habilitação de crédito para discutir o *quantum debeatur*. Interpretação do artigo 5º, inciso II, da Lei nº 11.101/2005"); TJRS, 6ª Câmara Cível, AI 70053380861, Rel. Des. Artur Arnildo Ludwig, j. 16/05/2013 (assim decidindo: "Optando a habilitante pela utilização de meios menos econômico e mais dificultoso, enquanto havia outros meios previstos para tanto, deve ser reconhecido que a habilitante deu causa ao ajuizamento da ação, cabendo a ela o pagamento das custas processuais"); TJRS, 6ª Câmara Cível, AI 70051181121, Rel. Des. Luís Augusto

VERIFICAÇÃO DE CRÉDITOS

d. impossibilidade de computar os acessórios compreendidos entre o término do prazo da habilitação ou da divergência e a data do pedido de habilitação na falência (art. 10, §3º);
e. perda dos rateios anteriores na falência (art. 10, §3º); e
f. perda do direito de voto.

Sobre esta última consequência, vale referir que, na recuperação judicial, os titulares de créditos retardatários, excetuados os titulares de créditos derivados da relação de trabalho, não terão direito a voto nas deliberações da assembleia geral de credores (LREF, art. 10, §1º)[964].

Na falência (e considerando que o objetivo primordial da quebra é viabilizar o tratamento paritário dos credores especialmente no pagamento), o credor não poderá votar somente enquanto seu crédito não for devidamente incluído em uma das relações de credores (LREF, art. 10, §2º) – o que não significa que os credores retardatários não tenham direito de voz nas assembleias[965].

11. Pedido de reserva

A LREF espera uma atitude diligente e proativa por parte dos credores quando o assunto é a tempestiva inscrição e a correta quantificação de seus créditos nos regimes da recuperação judicial e da falência. Prova disso são as restrições sofridas pelos credores retardatários, as quais foram objeto de exame no item anterior.

Coelho Braga, j. 14/03/2013 (assim decidindo: "Tendo o agravado optado por discutir seu crédito em recuperação judicial no âmbito jurisdicional, não havendo pretensão resistida deve arcar com as despesas processuais"); TJRS, 6ª Câmara Cível, APC 70036558419, Rel. Des. Luís Augusto Coelho Braga, j. 12/09/2013 (decidindo que cabe fixação de honorários em habilitação retardatária); TJRS, 5ª Câmara Cível, APC 70041290222, Rel. Des. Isabel Dias Almeida, j. 22/06/2011 (decidindo que cabe a fixação de verba honorária em prol do patrono da massa em habilitação retardatária).

[964] TJSP, Câmara Reservada à Falência e Recuperação, AI 0328576-81.2010.8.26.0000, Rel. Des. Boris Kauffmann, j. 29/03/2011. Observe-se, entretanto, interpretação restritiva dada por PAULO TOLEDO e ADRIANA PUGLIESI em relação a tal dispositivo quanto ao direito de voto concedido aos credores trabalhistas: "A exceção feita aos créditos trabalhistas justifica-se, na verdade, somente para o conclave de apreciação do plano, na medida em que nessa deliberação, o voto dessa classe tem o seu cômputo realizado por cabeça, e não com base no valor do crédito, conforme regra geral (arts. 38 e 45, §2º, da Lei 11.101/05). Portanto, e desde que comprovada a *existência* do crédito – e somente diante de prova documental concreta disto – poderá o credor trabalhista votar quanto ao plano, independentemente de ser retardatária ou não a sua habilitação." "Todavia, se o conclave destinar-se a deliberar 'sobre qualquer outra matéria que possa afetar o interesse dos credores' (o rol do art. 35 da Lei 11.101/05 é meramente exemplificativo), não parece adequado que o credor trabalhista possa votar sem que exista um parâmetro de *quantificação* de seu crédito – por sentença judicial –, dado que para deliberações outras que não sejam de aprovação ao plano, o voto exerce-se com fundamento na regra geral do art. 38 da Lei 11.101/05, ou seja, é proporcional ao valor do crédito." (TOLEDO; PUGLIESI. Capítulo IV: Disposições comuns à recuperação judicial e à falência..., p. 118).

[965] TOLEDO; PUGLIESI. Capítulo IV: Disposições comuns à recuperação judicial e à falência..., p. 118.

A razão disso é que a tramitação dos processos regulados pela LREF não deve se alongar além do estritamente necessário para resolver as questões que são postas diante do Poder Judiciário, especialmente em função dos sacrifícios impostos aos participantes.

A despeito disso, o rigor da Lei não é absoluto. Não se pode perder de vista que alguns credores não inscrevem seus créditos por absoluta impossibilidade de fazê-lo no momento processualmente reservado para isso. É o caso, por exemplo, do credor por ilícito civil, cujo crédito ainda é ilíquido porque a ação indenizatória em que litiga com o devedor ainda não transitou em julgado. Na mesma situação está, também, o antigo empregado litigando em reclamatória trabalhista contra o devedor. São hipóteses em que, além de ilíquido o crédito, o autor sequer sabe se o Poder Judiciário irá confirmar sua pretensão.

Para esses casos, a LREF possui um mecanismo de salvaguarda chamado "pedido de reserva", que objetiva evitar danos a esse tipo de credor.

Tome-se o exemplo da reclamatória trabalhista, assaz comum na prática. Como os empregados apenas poderão habilitar-se na falência depois que o seu crédito estiver devidamente fixado, o interessado informa o fato por petição ao próprio juiz trabalhista e requer a reserva do valor, para pagamento no futuro, o que deverá ser deferido pelo juiz da falência ante o ofício encaminhado pela justiça especializada.

Sem embargo, o próprio interessado pode instruir petição com documentos suficientes e requerer, diretamente ao juiz da falência, que determine a reserva[966]-[967].

Assim, quando for o caso de ação que demandar quantia ilíquida, inclusive no caso das reclamatórias trabalhistas, o juiz competente para julgamento pode determinar a reserva da importância que estimar devida na recuperação judicial ou na falência, e, uma vez reconhecido líquido o direito, será o crédito incluído na classe própria, forte no art. 6º, §3º, da LREF. Dessa forma, até que seja possível a habilitação da quantia exata, o crédito resta temporariamente assegurado[968].

---

[966] BEZERRA FILHO, Manoel Justino. *Lei de Recuperação de Empresas e Falências comentada*. 5 ed. São Paulo: Revista dos Tribunais, 2008, p. 132.

[967] Observe-se, aqui, o que determina a OJ EX SE – 28 do TRT da 9ª Região: "III – *Falência e Recuperação Judicial. Reserva de crédito. Valor estimado*. A reserva de crédito na recuperação judicial ou na falência (artigo 6º, §3º, da Lei 11.101/05) exige a presença de requisitos que justifiquem o exercício do poder de cautela do juiz, sendo prescindível decisão com trânsito em julgado."

[968] Como salienta LUIZ INÁCIO VIGIL NETO: "Esta garantia alcança em parte o direito de receber os pagamentos realizados. O devedor na recuperação judicial ou o administrador judicial na falência deverá depositar o valor devido de acordo com o pedido de reserva. Porém, como o magistrado ainda não determinou a inclusão do crédito, pois ainda não foi julgado definitivamente, não poderá determinar a expedição de alvará liberatório da importância, que permanecerá depositada enquanto não for reconhecido o crédito habilitado." (VIGIL NETO. *Teoria falimentar e regimes recuperatórios...*, p. 113, nota de rodapé 257).

VERIFICAÇÃO DE CRÉDITOS

Além de possuir evidente caráter acautelatório, a providência é de extrema relevância para proteção do interesse dos credores. Nesse particular, vale lembrar que na falência, por exemplo, existe dispositivo no sentido de que os créditos retardatários perdem o direito a rateios eventualmente realizados e ficam sujeitos ao pagamento de custas, não se computando os acessórios compreendidos entre o término do prazo e a data do pedido de habilitação (LREF, art. 10, §3º) – prova da importância de se requerer a reserva de valor no processo falimentar (art. 10, §4º).

Capítulo 7
Administrador judicial

A boa condução de uma recuperação judicial ou de uma falência decorre em grande medida da atuação do administrador judicial, figura chave nos dois procedimentos[969]. Isso porque o administrador judicial tem papel preponderante no sucesso ou insucesso de uma da falência ou recuperação judicial[970].

Um juiz inexperiente na matéria concursal com o auxílio de um administrador judicial competente pode bem conduzir uma recuperação judicial ou uma falência. Mas o juiz mais experimentado nesta área tendo ao seu lado um administrador judicial despreparado, negligente ou mal-intencionado terá grandes dificuldades na condução do processo.

Trata-se de figura presente tanto na recuperação judicial quanto na falência – mas não na recuperação extrajudicial, regime em que não ocorre a sua nomeação –, tendo substituído as figuras do síndico (na falência) e do comissário (na concordata) previstas na legislação revogada (Decreto 7.661/1945). Com a entrada em vigor da Lei 11.101/05, operou-se, na verdade, uma espécie de unificação terminológica, embora as funções sejam distintas em relação aos dois regimes nos quais está prevista a sua atuação: na recuperação judicial, o administrador funciona como uma espécie de *fiscal*, enquanto na falência atua como *liquidante*, embora exerça, ainda, diversas outras atividades secundárias em ambos os regimes.

É *administrador* na medida em que auxilia o juiz na administração dos processos concursais. Daí a razão de ser do seu nome.

---

[969] BERNIER. *Administrador judicial...*, p. 56.
[970] TOLEDO, Paulo Fernando Campos Salles de. A disciplina jurídica das empresas em crise no Brasil: sua estrutura institucional. *Revista de Direito Mercantil, Industrial, Econômico e Financeiro*, v. 122, p. 168-172. São Paulo: Malheiros, 2001, p. 171.

RECUPERAÇÃO DE EMPRESAS E FALÊNCIA

1. Natureza jurídica

O administrador judicial possui a natureza jurídica de órgão auxiliar da justiça[971], nos exatos termos do art. 149 do CPC, integrando a organização judiciária da recuperação judicial e da falência[972].

Do ponto de vista processual, enquanto as partes são os sujeitos do processo, os órgãos consistem nos instrumentos pelos quais os processos se desenvolvem[973]. Como esclarece a doutrina, certos órgãos preexistem à instalação dos regimes de crise, porque fazem parte da organização judiciária, como o juiz e o representante do Ministério Público. Outros, porém, são instituídos por tais regimes, como o administrador judicial e a assembleia de credores[974].

Ao atuar como auxiliar da justiça, sem possuir cargo ou emprego público (sem vínculo de trabalho com a Administração Pública, portanto), o administrador corresponde à figura do "particular em colaboração com o Poder Público"[975], "atuando em nome do Estado, como uma espécie de agente estatal"[976] mediante remuneração própria. Cumpre verdadeiro *munus público* (encargo, dever, função pública)[977], em caráter voluntário e temporário[978], cujo ônus é exercido na condição de *auxiliar do juízo*[979].

Essa a *teoria da função judiciária*, amplamente aceita.

2. Imparcialidade

O administrador judicial é *homem de confiança* do juízo[980]. Não atua nem contra nem a favor do devedor; age no cumprimento de suas funções legalmente definidas[981].

---

[971] PROVINCIALI. *Trattato di diritto fallimentare*, v. I..., p. 659-660, 696; ABRÃO, Nelson. *O síndico na administração concursal*. São Paulo: Revista dos Tribunais, 1988, p. 31. Na jurisprudência: STJ, 3ª Turma, REsp 1032960/PR, Rel. Min. Massami Uyeda, j. 01/06/2010. Sobre as teorias acerca da natureza jurídica do administrador judicial, ver: SATTA, Salvatore. *Diritto fallimentare*. Padova: CEDAM, 1974, p. 95, nota de rodapé 177; ABRÃO. *O síndico na administração concursal...*, p. 29-32; ABRÃO, Nelson. *Administração concursal*. Tese (Titularidade). Faculdade de Direito da Universidade de São Paulo, São Paulo, 1987, p. 27 ss.; BERNIER. *Administrador judicial...*, p. 55 ss.

[972] VALVERDE. *Comentários à Lei de Falências*, v. II..., p. 101.

[973] PROVINCIALI. *Trattato di diritto fallimentare*, v. I..., p. 659-660.

[974] VALVERDE. *Comentários à Lei de Falências*, v. II..., p. 77.

[975] Sobre essa qualificação, ver: BERNIER. *Administrador judicial...*, p. 55.

[976] TJRS, 15ª Câmara Cível, APC 70072402993, Rel. Des. Ana Beatriz Iser, j. 24/05/2017.

[977] SATTA. *Diritto fallimentare...*, p. 95, nota de rodapé 177.

[978] PROVINCIALI. *Trattato di diritto fallimentare*, v. I..., p. 702.

[979] Na jurisprudência: TJRS, 5ª Câmara Cível, APC 70036535821, Rel. Des. Jorge Luiz Lopes do Canto, j. 26/01/2011. Na doutrina: PROVINCIALI. *Trattato di diritto fallimentare*, v. I..., p. 702.

[980] TJRS, 5ª Câmara Cível, AI 70045459880, Rel. Des. Jorge Luiz Lopes do Canto, j. 14/12/2011; TJRS, 5ª Câmara Cível, AI 70020484903, Rel. Des. Umberto Guaspari Sudbrack, j. 07/11/2007. Na doutrina: KUGELMAS, Alfredo Luiz; PINTO, Gustavo Henrique Sauer de Arruda. Administrador judicial na

ADMINISTRADOR JUDICIAL

Não é fiduciário de nenhuma das partes interessadas no processo, pois não administra os interesses de nenhuma delas. O administrador judicial não possui, assim, deveres fiduciários para com credores ou devedor[982]; sua responsabilidade é para com a administração da justiça[983]. Deve atuar, portanto, no interesse do concurso[984].

A isenção e a imparcialidade são condições *sine qua non* para sua atuação[985]. Por isso, a despeito de ser nomeado pelo juiz pelo critério da confiança, pode e deve recorrer de toda e qualquer decisão judicial que entenda incorreta e/ou conflitante com os deveres e responsabilidades que lhe são impostos[986].

3. Funções

Simplificando ao máximo, para depois descer aos pormenores, tem-se que, na falência, cabe ao administrador judicial liquidar o patrimônio do devedor para o pagamento dos credores. Na recuperação judicial, sua atuação tem natureza preponderantemente fiscalizatória.

Ambas as funções são exercidas sob a fiscalização do juiz, do Comitê de Credores (art. 22, *caput*) e do Ministério Público – bem como diretamente pelo próprio devedor e também pelos credores.

A despeito do nome, somente administra a empresa recuperanda e a falida em situações excepcionalíssimas[987]. Durante a recuperação judicial, o devedor permanece na gestão do seu negócio (e, no caso de sociedade, os órgãos sociais continuam funcionando normalmente)[988], sendo que o administrador judicial

---

recuperação judicial: aspectos práticos. In: DE LUCCA, Newton; DOMINGUES, Alessandra de Azevedo (coord.). *Direito recuperacional*: aspectos teóricos e práticos. São Paulo: Quartier Latin, 2009, p. 199.

[981] VALVERDE. *Comentários à Lei de Falências*, v. II..., p. 101 ss. Na jurisprudência: STJ, 3ª Turma, REsp 1.032.960/PR, Rel. Min. Massami Uyeda, j. 01/06/2010.

[982] ABRÃO. *O síndico na administração concursal...*, p. 31, 91-92.

[983] STJ, 3ª Turma, REsp 1.032.960/PR, Rel. Min. Massami Uyeda, j. 01/06/2010. Na doutrina: ABRÃO. *O síndico na administração concursal...*, p. 31, 91-92

[984] BERNIER. *Administrador judicial...*, p. 141.

[985] BERNIER. *Administrador judicial...*, p. 135.

[986] BERNIER. *Administrador judicial...*, p. 55.

[987] TJSP, Câmara Especial de Falências e Recuperações Judiciais de Direito Privado, AI 994.09.273351-1, Rel. Des. Pereira Calças, j. 26/01/2010.

[988] Nesse sentido, já tivemos a oportunidade de verificar a seguinte situação (Processo nº 001/1.16.0023593-3, Vara de Direito Empresarial, Recuperação de Empresas e Falências do Foro Central da Comarca de Porto Alegre/RS): a Receita Federal realizou a baixa do registro do administrador das sociedades em recuperação judicial como responsável por estas, substituindo-o pelo administrador judicial. Ora, como corretamente consignou a magistrada no caso ao determinar a retificação de tal registro, isso não ocorre na recuperação judicial, uma vez que o administrador da sociedade em recuperação judicial continua administrando a sociedade devedora – apesar de tal substituição ocorrer na falência, já que a gestão da massa falida compete ao administrador judicial.

RECUPERAÇÃO DE EMPRESAS E FALÊNCIA

assumirá função própria de administrador no interregno entre o afastamento do devedor e a nomeação do gestor judicial pela AGC na hipótese prevista no art. 65, §1º, da LREF. Por sua vez, na falência, a massa falida será gerida pelo administrador judicial (em função do desapossamento e da inabilitação do devedor, nos termos dos art. 75, 102 e 103 da LREF); neste último caso, o objetivo é realizar a liquidação e não o exercício da empresa, salvo na hipótese de continuação provisória das atividades do falido (LREF, art. 99, XI).

Diante desse quadro, melhor teria andado a LREF se tivesse designado o administrador judicial "liquidante judicial" na falência e "fiscal judicial" na recuperação judicial.

4. Atribuições

As atribuições do administrador judicial estão, basicamente, previstas no art. 22 da LREF. Todavia, diante da abertura com que muitas das competências são dispostas, as atribuições do administrador judicial elencadas no referido dispositivo compõem rol meramente exemplificativo, uma vez que a "sua atuação deverá conduzir o procedimento concursal a bom êxito"[989].

Em outras palavras, o administrador judicial deve fazer todo o necessário para que a recuperação judicial e a falência transcorram de acordo com os princípios e regras estabelecidas na Lei. Para tanto, possui o dever geral de diligência[990] e é "o maior responsável pelo cumprimento da transparência do processo por meio do seu dever de informação"[991].

Para facilitar o exame das atribuições do administrador judicial, procurou-se dividi-las, assim como faz a LREF, em: (4.1) atribuições que são comuns tanto à recuperação judicial quanto à falência; (4.2) atribuições específicas na recuperação judicial; e (4.3) atribuições específicas na falência.

4.1. Atribuições comuns à recuperação judicial e à falência

As atribuições comuns à recuperação judicial e à falência estão previstas no art. 22, I, da LREF.

a) Enviar correspondência aos credores

Nas situações abaixo elencadas, cabe ao devedor apresentar uma relação de seus credores:

---

[989] TOLEDO, Paulo Fernando Campos Salles de; PUGLIESI, Adriana Valéria. Capítulo V: Disposições comuns à recuperação judicial e à falência: o administrador judicial e o comitê de credores. In: CARVALHOSA, Modesto (coord.). *Tratado de direito empresarial*, v. V – recuperação empresarial e falência. São Paulo: Revista dos Tribunais, 2016, p. 134.

[990] PROVINCIALI. *Trattato di diritto fallimentare*, v. I..., p. 725.

[991] ORLEANS E BRAGANÇA, Gabriel José de. *Administrador judicial*: transparência no processo de recuperação judicial. São Paulo: Quartier Latin, 2017, p. 171.

ADMINISTRADOR JUDICIAL

i. na recuperação judicial, a relação é apresentada na petição inicial (art. 51, III);
ii. na falência, o juiz determina a apresentação quando da decretação da quebra (art. 99, III); e
iii. na autofalência, a relação é apresentada pelo devedor na petição inicial (art. 105, II).

As referidas relações devem trazer: (*i*) nome do credor; (*ii*) seu endereço; (*iii*) a importância devida (valor); (*iv*) a natureza; e (*v*) a classificação do crédito.

Uma vez recebida a lista do devedor, cabe ao administrador judicial enviar correspondência aos credores para cientificá-los do pedido de recuperação judicial cujo processamento foi deferido ou a falência decretada, sobretudo para que verifiquem o valor, a natureza e a classificação dados ao crédito e, com isso, possam tomar as providências necessárias à defesa dos seus interesses (se necessário for). É a atribuição prevista no art. 22, I, "a", da LREF. Para auxiliar o credor, as cartas devem informar o número do processo, a vara e o foro em que tramita a ação[992].

As despesas com o envio da correspondência devem ser reembolsadas pelo devedor ou suportadas pela massa. Uma vez enviadas as cartas, deve o administrador judicial peticionar nos autos da recuperação ou da falência informando acerca do cumprimento desta obrigação, bem como apontando os credores para quem não pôde enviar a carta por erro ou incompletude do endereço indicado pelo devedor; igualmente, deve indicar os credores cujas cartas voltaram por problemas no endereço.

O descumprimento injustificado da obrigação de enviar cartas aos credores poderá ensejar a destituição do administrador judicial do cargo[993]. Destaca-se, no entanto, que correspondência prevista no art. 22, I, "a", possui caráter meramente informativo, complementar em relação ao edital previsto no art. 7º, §1º, da LREF, razão pela qual a contagem do prazo para as habilitações e divergências flui do referido edital, não guardando qualquer relação com o recebimento da missiva do administrador judicial[994] (como já visto no Capítulo 6, item 5).

b) Fornecer e exigir informações

O administrador judicial deve fornecer, com presteza, todas as informações de interesse dos credores (LREF, art. 22, I, "b")[995]. O descumprimento injustificado dessa obrigação também poderá ensejar a destituição do administrador judicial do cargo[996].

---

[992] BERNIER. *Administrador judicial...*, p. 88.
[993] VIGIL NETO. *Teoria falimentar e regimes recuperatórios...*, p. 98.
[994] BERNIER. *Administrador judicial...*, p. 88-89.
[995] TJRS, 12ª Câmara Cível, AI 70053458105, Rel. Des. José Aquino Flôres de Camargo, j. 27/06/2013.
[996] VIGIL NETO. *Teoria falimentar e regimes recuperatórios...*, p. 98.

RECUPERAÇÃO DE EMPRESAS E FALÊNCIA

Importante destacar que as informações que o administrador judicial deve prestar são aquelas pertinentes aos interesses em jogo, podendo deixar de atender aos pedidos "despropositados e abusivos"[997] do devedor, de credores ou terceiros interessados.

Por pedido despropositado ou abusivo se entende toda e qualquer informação que pode ser obtida por simples consulta aos autos do processo. Evidente que o administrador judicial não é responsável por informar o mero andamento do processo ou providenciar cópia de peças processuais aos credores. Também não é responsável por fazer carga dos autos para disponibilizá-lo para quem quer que seja[998]. O administrador judicial não possui a atribuição de instruir credores e seus advogados acerca da matéria concursal; a lei, presume-se, é de conhecimento de todos, e quem não reúne condições de acompanhar uma recuperação judicial ou uma falência deve buscar assessoramento adequado.

De qualquer forma, é obrigação do administrador judicial manter-se cortês e acessível a todas as partes, razão pela qual pode, a seu exclusivo critério, disponibilizar documentos e peças processuais em seu endereço profissional na *internet* ou atendendo a pedidos por *e-mail* e até orientar credores se assim entender adequado e tiver disponibilidade para tanto – o que, aliás, pode contribuir para o bom andamento do processo e para que esse transcorra em clima de colaboração.

Vale destacar que o fiel desempenho de suas funções pode exigir a apresentação de informações detidas pelos credores, pelo devedor ou por seus administradores. Nesse caso, o administrador judicial tem a prerrogativa de exigi-las (LREF, art. 22, I, "d"), podendo requerer ao juiz que expeça judicialmente a ordem, se necessário for[999]. A recusa em prestar informações poderá ensejar a intimação para comparecimento em juízo, sob pena de desobediência. Nessa oportunidade, a parte em mora será interrogada na presença do administrador judicial, que tomará seu depoimento por escrito, como dispõe o art. 22, §2º[1000]. No caso do devedor, a negativa em prestar informações solicitadas pelo admi-

---

[997] VERÇOSA, Haroldo Malheiros Duclerc. Seção III: Do administrador judicial e do comitê de credores. In: SOUZA JUNIOR, Francisco Satiro de; PITOMBO, Antonio Sergio A. de Moraes (coord.). *Comentários à Lei de Recuperação de Empresas e Falências.* 2 ed. São Paulo: Revista dos Tribunais, 2007, p. 168.

[998] TJRS, 6ª Câmara Cível, AI 70036624872, Rel. Des. Artur Arnildo Ludwig, j. 21/10/2010.

[999] A prestação de informações tem, portanto, caráter de obrigação, não de colaboração (VERÇOSA. Seção III: Do administrador judicial e do comitê de credores..., p. 169).

[1000] "Deve-se observar que o administrador judicial é equiparado a funcionário público de modo não pleno. Logo, as suas determinações e exigências para o devedor e para os credores não têm caráter oficial. Assim sendo, o não cumprimento de qualquer determinação emanada do administrador judicial não caracteriza desobediência à ordem legal de funcionário público. Dessa forma, resta-lhe comunicar ao juiz para que tome as providências previstas no parágrafo segundo deste artigo. Somente a partir da oficialidade, decorrente da ordem judicial, poderá estar caracterizado o tipo penal previsto no artigo 330 do Código Penal." (VIGIL NETO. *Teoria falimentar e regimes recuperatórios...*, p. 98).

nistrador judicial pode ensejar o seu afastamento e de seus administradores da administração da empresa em recuperação, como dispõe o art. 64, V, da LREF.

c) Dar extrato dos livros do devedor

Todo empresário está obrigado a manter a contabilidade de suas operações (CC, art. 1.179), sendo a ausência de escrituração regular enquadrada, inclusive, como crime (LREF, art. 168, §§1º a 3º). Os livros do empresário fazem prova contra e a favor dele (CPC, arts. 417 e 418; CC, art. 226). Nesse sentido, decretada a quebra, o falido deve entregar ao administrador judicial seus livros, papéis e documentos (LREF, art. 104, V). Na recuperação judicial, os livros permanecem com o empresário, mas o administrador judicial terá acesso irrestrito a eles (sem contar a necessidade de disponibilização de uma série de documentos, como será oportunamente analisado).

Para a definição do universo de credores do devedor, tanto na falência quanto na recuperação judicial, os livros mercantis consistem em fonte importantíssima de informação. Portanto, os extratos dos livros, que são excertos resumidos do seu conteúdo, poderão servir de fundamento nas habilitações, divergências e impugnações de créditos. Assim, cabe ao administrador judicial dar extratos dos livros do devedor, os quais merecerão fé de ofício, a fim de servirem de embasamento às habilitações, divergências e impugnações de créditos, como dispõe o art. 22, I, "c", da LREF. O descumprimento injustificado dessa obrigação também poderá ensejar a destituição do administrador judicial do cargo[1001].

d) Definir o universo de credores

Entre as atribuições mais importantes do administrador judicial está a de verificação de créditos. O procedimento para tanto está previsto entre os arts. 7º e 20 da LREF. Cabe ao administrador judicial (*i*) elaborar a relação de credores de que trata o §2º do art. 7º (chamada "segunda relação de credores" – realizada depois das habilitações e divergências apresentadas) e (*ii*) consolidar o quadro--geral de credores nos termos do art. 18 (depois de julgadas as impugnações pelo magistrado), como dispõe o art. 22, I, "e" e "f", da LREF.

A não apresentação da relação de credores pelo administrador no prazo legal constitui falta grave, podendo motivar sua destituição pelo juiz, nos termos do art. 31 da Lei 11.101/05[1002].

[1001] VIGIL NETO. *Teoria falimentar e regimes recuperatórios...*, p. 98.

[1002] MUNHOZ, Eduardo Secchi. Seção IV: Do procedimento de recuperação judicial. In: SOUZA JUNIOR, Francisco Satiro de; PITOMBO, Antonio Sergio A. de Moraes (coord.). *Comentários à Lei de Recuperação de Empresas e Falências*. 2 ed. rev., atual. e ampl. São Paulo: Revista dos Tribunais, 2007, p. 271.

e) Requerer a convocação da AGC

Em caso de necessidade de realização de Assembleia Geral de Credores (AGC) para apreciar as matérias de sua competência, cabe ao juiz providenciar sua convocação de ofício ou por provocação de um dos legitimados, figurando entre eles o administrador judicial[1003] (LREF, art. 22, I, "g").

f) Contratar profissionais ou empresas especializadas

É dado ao administrador judicial contratar, mediante autorização do juiz, profissionais ou empresas especializadas para, quando necessário, auxiliá-lo no exercício de suas funções.

Efetivamente, o art. 22, I, "h", da LREF dá ao administrador judicial o poder de contratar não só um advogado para propor determinada ação ou uma empresa de vigilância para zelar pelos bens da massa falida[1004], como também autoriza a contratação de pessoal para auxiliá-lo na própria condução do regime falimentar ou recuperatório, como contadores, advogados, auditores, auxiliares administrativos, peritos avaliadores, entre outros. Nesse sentido, há precedente autorizando, inclusive, a contratação de empresa especializada na realização de assembleia geral de credores[1005].

Não há vedação legal expressa no sentido de proibir a contratação de profissionais que atuam no mesmo escritório do administrador judicial ou mesmo parentes seus, até porque a contratação e os valores da remuneração serão autorizados e arbitrados pelo juiz[1006]. Obviamente que o administrador judicial tem o dever de fiscalizar as atividades praticadas por seus auxiliares e a eficiência do serviço no contexto do processo, não podendo alegar desconhecimento para se eximir de responsabilidade[1007].

g) Manifestar-se nos casos previstos em lei

Em várias oportunidades o administrador judicial é instado a se manifestar sobre os mais diversos assuntos relacionados aos regimes de crise. Assim ocorre, por exemplo:

a. quando da sua interpelação sobre o interesse da massa no cumprimento de determinado contrato por ocasião da falência do devedor (LREF, 117, §1º);

[1003] Os outros legitimados são: o Comitê de Credores (art. 27, I, "e") ou credores que representem no mínimo vinte e cinco por cento (25%) do valor total dos créditos de uma determinada classe (art. 36, §2º).

[1004] VIGIL NETO. *Teoria falimentar e regimes recuperatórios...*, p. 99.

[1005] TJRS, 6ª Câmara Cível, ED 70073792640, Rel. Des. Elisa Carpim Corrêa, redator p/ acórdão Des. Luís Augusto Coelho Braga, j. 22/05/2017.

[1006] TJRS, 6ª Câmara Cível, AI 70055425441, Rel. Des. Ney Wiedemann Neto, j. 05/07/2013.

[1007] TJRS, 5ª Câmara Cível, APC 70067962977, Rel. Des. Isabel Dias Almeida, j. 27/04/2016.

ADMINISTRADOR JUDICIAL

b. para se manifestar sobre a forma de alienação do ativo do devedor quando a proposta inicial houver sido rejeitada pela AGC (art. 145, §3º);

c. ou para resolver impasse em decorrência da impossibilidade de obtenção da maioria necessária em deliberação do Comitê de Credores (LREF, art. 27, §2º)[1008].

Vale ressaltar que o art. 22, I, "i", contém menção genérica sobre a obrigação de o administrador judicial se manifestar nos casos previstos na LREF. Ademais, na prática, é muito comum que o magistrado determine a manifestação do administrador judicial em diversas oportunidades (quando, por exemplo, o devedor em recuperação judicial solicita a baixa de protestos ou a alienação antecipada de bens).

Nessa linha, dada a expertise do administrador judicial em matéria concursal, pode ser salutar que o juiz o intime para se manifestar sobre a legalidade das cláusulas do plano, o que poderá evitar a sua posterior anulação.

4.2. Atribuições específicas na recuperação judicial

Como mencionado anteriormente, na recuperação judicial, a atuação do administrador judicial está mais relacionada à fiscalização do devedor, da sua administração e da execução do plano de recuperação. Vejamos as atribuições específicas na recuperação judicial.

a) Fiscalizar o devedor e o cumprimento do plano

Prevista no art. 22, II, "a", da LREF, a atividade fiscalizatória levada a cabo pelo administrador judicial representa função fundamental no regime de recuperação judicial, justamente porque a gestão da empresa em recuperação permanece com o devedor (*debtor-in-possession*). Por isso, a LREF impõe ao administrador judicial atribuições de caráter fiscalizatório das atividades do devedor e do cumprimento do plano de recuperação judicial.

Nesse sentido, o administrador judicial tem o dever de informar todo e qualquer fato que seja relevante para o processo, em especial aqueles que possam causar prejuízo aos credores, de que são exemplo o desvio de bens, a confusão patrimonial ou qualquer tipo de crime ou fraude. Da mesma forma, qualquer situação de anormalidade no curso das atividades da recuperanda, nas suas demonstrações contábeis ou mesmo na execução do plano devem ser reportadas, sob pena de restar caracterizada negligência, nos termos do art. 32 da LREF.

De qualquer forma, importante destacar que a realização de auditoria na contabilidade do devedor ou em suas demonstrações financeiras não está entre as

---

[1008] VERÇOSA. Seção III: Do administrador judicial e do comitê de credores..., p. 170.

RECUPERAÇÃO DE EMPRESAS E FALÊNCIA

atribuições ordinárias do administrador judicial, podendo ser uma medida adequada a contratação de auditoria no caso de dúvida sobre a correção dos lançamentos contábeis e demonstrações financeiras do devedor.

Nesse ponto, por analogia com os deveres a que estão submetidos os administradores de sociedades, o administrador judicial possui *dever de investigar* – espécie de derivação potencializada dos deveres de informar-se e de fiscalizar (por sua vez, ambos decorrentes do dever de diligência, previsto no art. 153 da Lei das S.A. e no art. 1.011, *caput*, do Código Civil). Ou seja, tem ele o dever de manter uma postura proativa de inquirição dos fatos e das circunstâncias quando estas apontam para possíveis irregularidades ou para potenciais riscos para as partes envolvidas no processo concursal[1009]. Assim, detectada possível anormalidade, deve o administrador judicial solicitar ao magistrado autorização (na forma do art. 22, I, "h") para contratar auditor para auxiliá-lo na investigação dos fatos. Trata-se da "faceta investigativa do dever de diligência", que parece se aplicar ao administrador judicial nos exatos termos como acima expostos[1010]

Para o adequado desempenho de sua função fiscalizatória, deve ser franqueado ao administrador judicial livre acesso aos estabelecimentos da recuperanda, bem como às suas informações gerenciais e contábeis. Basta, para tanto, fazê-lo sem perturbar as atividades normais da empresa, agindo sempre com urbanidade e parcimônia.

Se precisar de informações, basta solicitá-las aos responsáveis, verbalmente ou por escrito. Se não for atendido em suas solicitações ou se, de qualquer forma, for negado acesso às dependências da empresa de forma injustificada, tal situação deve ser comunicada ao juiz para que as devidas providências sejam tomadas. O que não pode ocorrer é o administrador fazer uso da força policial ou mesmo ameaçar o devedor, seus administradores ou prepostos, sob pena de caracterizar crime de constrangimento ilegal (CP, 146).

Em nenhuma hipótese deve o administrador judicial interferir na administração da recuperanda, mesmo sob a forma de conselhos ou orientação sobre os rumos a serem tomados. Não deve se imiscuir nos negócios do devedor, intermediar operações, indicar esta ou aquela pessoa para cargos ou para prestar serviços. Também não pode o administrador pretender participar de reuniões internas da administração ou dos sócios.

[1009] Nessa linha, mas tratando especificamente do dever em questão no âmbito das sociedades anônimas, entre outros, ver: COSTA, Luiz Felipe Duarte Martins. *Contribuição ao estudo da responsabilidade civil dos administradores de companhias abertas*. Dissertação (Mestrado em Direito). Faculdade de Direito da Universidade de São Paulo, São Paulo, 2006, p. 75.
[1010] A definição está em: COSTA. *Contribuição ao estudo da responsabilidade civil...*, p. 76.

ADMINISTRADOR JUDICIAL

b) Requerer a falência do devedor por descumprimento do plano

A recuperação judicial será convolada em falência por descumprimento de qualquer obrigação assumida no plano de recuperação[1011] durante o prazo de dois anos contados da concessão do regime recuperatório (LREF, art. 73, IV)[1012] – período de acompanhamento judicial da execução do plano[1013].

Assim, o art. 22, II, "b", da LREF dispõe que caso o devedor venha a descumprir obrigação do plano[1014], cumprirá ao administrador judicial requerer ao juiz que decrete a sua falência – hipótese em que a recuperação judicial será convolada em quebra[1015].

c) Apresentar os relatórios mensais e o relatório final

Como o devedor segue, por regra, no comando da empresa (*debtor-in-possession*), é importante garantir ao juízo, assim como aos credores, um fluxo constante de informações acerca das atividades do devedor e da execução do plano de recuperação.

Esse canal de informações deverá ser abastecido mensalmente por relatório elaborado pelo administrador judicial acerca das atividades do devedor, assim como pelo relatório final sobre a execução do plano, previsto para depois do

---

[1011] Duas das causas mais comuns de convolação da recuperação judicial em falência com base no descumprimento do plano de recuperação judicial têm sido a demonstração da inviabilidade econômica da empresa devido à prática de reiteradas violações ao plano, bem como a constatação de ausência de atividade empresarial no estabelecimento da recuperanda. Nesse sentido: TJSP, 1ª Câmara Reservada de Direito Empresarial, AI 2112425-14.2015.8.26.0000, Rel. Des. Pereira Calças, j. 16/12/2015; TJSP, 2ª Câmara Reservada de Direito Empresarial, AI 2159511-78.2015.8.26.0000, Rel. Des. Fabio Tabosa, j. 16/11/2015; TJSP, 2ª Câmara Reservada de Direito Empresarial 2044328-59.2015.8.26.0000, Rel. Des. Ricardo Negrão, j. 16/11/2015.

[1012] Como também dispõe o §1º do art. 61.

[1013] Após esse período, no caso de descumprimento de qualquer obrigação prevista no plano de recuperação judicial, restará ao credor requerer a execução específica ou a falência com base no art. 94 – isto é, pelo procedimento falimentar ordinário (LREF, art. 62).

[1014] Apesar de a LREF ter utilizado expressão abrangente "requerer a falência no caso de descumprimento de obrigação assumida no plano de recuperação", defendemos, com base no principio da preservação da empresa e do próprio espírito da LREF, que o requerimento de falência por parte do administrador judicial deve estar fundado no descumprimento de obrigação essencial assumida pelo devedor no plano de recuperação judicial aprovado pela assembleia geral de credores (por exemplo, descumprimento do prazo e/ou da forma de pagamento dos créditos), não podendo servir de fundamento o descumprimento de obrigação de relevância menor no contexto recuperatório (por exemplo, não prestação de informação no prazo acordado ou atraso razoável na contratação de empresa especializada).

[1015] No que pertine à iniciativa para a convolação da recuperação judicial em falência, destaca-se que o magistrado não deve atuar de ofício, mas mediante provocação de credor, do administrador judicial ou do Ministério Público, sendo de todo recomendável a intimação do devedor para que se manifeste sobre o alegado descumprimento do plano (CANTO, Jorge Luis Lopes do. A convolação da recuperação em falência. In: ABRÃO, Carlos Henrique; ANDRIGHI, Fátima Nancy; BENETI, Sidnei. (coord.). *10 anos de vigência da Lei de Recuperação e Falência* (Lei 11.101/05). São Paulo: Saraiva, 2015, p. 234).

encerramento da recuperação judicial (LREF, art. 63, III). Tudo isso de acordo com o art. 22, II, "c" e "d", da LREF. Normalmente, tais relatórios são autuados em apartado.

Observe-se, ainda, que, caso o administrador judicial não apresente no prazo estabelecido suas contas e relatórios, ele será intimado pessoalmente para fazê-lo no prazo de cinco dias, sob pena de desobediência, podendo, ainda, ser destituído caso não cumpra a ordem no referido prazo (devendo o seu substituto cumprir as obrigações e explicitar as responsabildiades do antecessor) (LREF, art. 23).

4.3. Atribuições específicas na falência

Na falência, a própria dinâmica do processo falimentar impõe uma atuação mais interventiva ao administrador judicial, pois cabe a ele liquidar o patrimônio do falido ("monetizar o patrimônio", "transformar o acervo em pecúnia") para efetivar o pagamento dos credores conforme as preferências legalmente estabelecidas. Seguem, abaixo, de forma pormenorizada, as atribuições do administrador judicial na quebra.

a) Franquear acessos aos livros e documentos do falido

Conforme dispõe o art. 22, III, "a", da LREF, cabe ao administrador judicial, por meio de publicação no Diário Oficial (no caso, o Diário de Justiça do Estado), avisar o lugar e o horário em que, diariamente, os credores terão à sua disposição os livros e documentos do falido. Se necessário for, deve o administrador judicial estabelecer alguma ordem para o exame de tais informações para não restar tumultuada e prejudicada sua análise[1016]-[1017].

b) Examinar a escrituração do falido

O exame da escrituração, previsto no art. 22, III, "b", da LREF, é relevante para que o administrador judicial tome conhecimento da real situação do devedor, realize a verificação dos créditos e preste as informações que lhes são exigidas.

Em decorrência da atribuição prevista nesse dispositivo, "não poderá se eximir de prestar as informações solicitadas alegando não ter gerenciado a empresa, cabendo-lhe buscar todos os dados disponíveis na escrituração e relatar ao juiz quando detectar alguma irregularidade"[1018], sob pena de destituição e responsabilização.

[1016] Verçosa. Seção III: Do administrador judicial e do comitê de credores..., p. 171.

[1017] "Essa regra não se aplica ao perito e ao Ministério Público que requererão diretamente ao juiz a entrega dos livros e dos documentos para exame, período que assumem individualmente a responsabilidade pela manutenção e conservação dos mesmos." (Vigil Neto. *Teoria falimentar e regimes recuperatórios...*, p. 100).

[1018] Vigil Neto. *Teoria falimentar e regimes recuperatórios...*, p. 100.

c) Receber a correspondência do falido

Como o administrador judicial tem de tomar conhecimento da situação do falido, cabe a ele receber e abrir a correspondência destinada ao devedor, como dispõe o art. 22, III, "d", da LREF. No exercício dessa função, o administrador judicial deve entregar ao falido o que não for assunto de interesse da massa, conforme dispõe o próprio dispositivo citado acima[1019].

Embora não seja recomendado, é comum que o devedor empresário e/ou seus administradores indiquem a sede da empresa como endereço para o recebimento de sua correspondência pessoal, a qual, não tendo interesse para a massa, deverá ser entregue ao seu efetivo destinatário[1020].

d) Apresentar relatório sobre as causas e as circunstâncias da falência

O relatório sobre as causas e as circunstâncias da falência deverá ser entregue pelo administrador judicial em 40 dias contados da assinatura do termo de compromisso, prazo prorrogável por igual período, desde que deferido pelo juiz.

Consiste o referido relatório em uma descrição das causas e das circunstâncias que, segundo o administrador judicial, conduziram o devedor à bancarrota. Deve ser apontada, igualmente, a prática de crimes (ou indícios destes), se houver, e a responsabilidade civil dos agentes envolvidos.

A apresentação desse relatório está prevista no art. 22, III, "e", da LREF – sendo que, se houver o apontamento de responsabilidade penal de qualquer dos envolvidos, o Ministério Público será intimado para tomar conhecimento do teor do relatório (art. 22, §4º).

O art. 186 da LREF refere que o administrador judicial apresentará ao juiz da falência exposição circunstanciada, considerando as causas da falência, o procedimento do devedor, antes e depois da sentença, e outras informações detalhadas a respeito da conduta do devedor e de outros responsáveis (se houver) por atos que possam constituir crime relacionado com a recuperação judicial ou com a falência, ou outro delito conexo a estes[1021].

[1019] Nesse particular, vale ressaltar que a LREF não reproduziu a exigência da legislação revogada (art. 63, II, do Decreto-Lei 7.661/1945) no sentido de que a correspondência fosse aberta na presença do falido ou pessoa por ele apontada. Cabe ao administrador judicial abri-la e fazer a triagem para separar o que é de interesse da massa e o que não é.

[1020] VERÇOSA. Seção III: Do administrador judicial e do comitê de credores..., p. 172.

[1021] "Deve-se atentar que caso o relatório aponte somente responsabilidade criminal, deverão os autos ser encaminhados para intimação do Ministério Público [art. 22, §4º] após a juntada do relatório para dar começo às investigações criminais, caso ainda não tenham sido iniciadas. Se, além de responsabilidades criminais, o relatório apontar responsabilidades civis, o administrador judicial deverá encaminhar o relatório ao órgão ministerial para instauração da ação penal. Entretanto, será sua (do administrador judicial) a atribuição de promover a respectiva ação de responsabilização civil (artigo 82, *caput*)." (VIGIL NETO. *Teoria falimentar e regimes recuperatórios...*, p. 101).

RECUPERAÇÃO DE EMPRESAS E FALÊNCIA

A doutrina é unânime quanto à irrealidade do prazo legal de 40 dias, ainda que considerada a possibilidade de extensão, especialmente no caso das falências de maior vulto[1022]. Em tais situações, o juiz terá de assinalar prazo excepcional, acarretando a desnecessária desmoralização do referido termo, o que poderia ter sido evitado pelo legislador caso fosse dado ao magistrado a possibilidade de fixar, justificadamente, o prazo "segundo as necessidades de cada massa"[1023].

e) Relacionar os processos e assumir a representação judicial da massa

Uma das primeiras providências que deve tomar o administrador judicial é relacionar os processos judiciais em tramitação e assumir a representação legal da massa falida. O mesmo ocorre com as arbitragens[1024].

Isso porque todas as ações terão prosseguimento com o administrador judicial, que, de qualquer forma, deverá ser intimado para representar a massa falida, sob pena de nulidade do processo (LREF, art. 76, parágrafo único; CPC, art. 75, V). Se necessário for, contratará advogado, cujos honorários serão ajustados e aprovados pelo Comitê de Credores (se houver), tudo de acordo com o art. 22, III, "c" e "n", da LREF.

Sobre o tema, vale lembrar que uma parcela da doutrina não considera salutar a acumulação das funções de administrador judicial e advogado da massa na mesma pessoa, tendo em vista que as atividades a cargo do auxiliar do juízo já são complexas por si, não sendo conveniente embaralhá-las com a de patrono da massa, sobretudo nas falências de maior vulto[1025]. De qualquer forma, nada obsta que advogados do mesmo escritório do administrador judicial sejam contratados como auxiliares, desde que a contratação seja autorizada pelo juiz[1026].

Finalmente, como o administrador judicial representa processualmente a massa falida e não o falido, este pode estar representado por advogado na ação falimentar[1027]. Isso porque o art. 103, parágrafo único, dispõe que o falido poderá fiscalizar a administração da falência, requerer as providências necessárias para a conservação de seus direitos ou dos bens arrecadados e intervir nos processos em que a massa falida seja parte ou interessada, requerendo o que for de direito e interpondo os recursos cabíveis. O falido tem o direito de intervir nos proces-

---

[1022] Exemplificativamente: BEZERRA FILHO, Manoel Justino. *Lei de Recuperação de Empresas e Falências comentada*. 6 ed. São Paulo: Revista dos Tribunais, 2009, p. 88; VERÇOSA. Seção III: Do administrador judicial e do comitê de credores..., p. 173.

[1023] VERÇOSA. Seção III: Do administrador judicial e do comitê de credores..., p. 173.

[1024] TJSP, Câmara Especial de Falências e Recuperações Judiciais, AI 531.020-4/3-00, Rel. Des. Pereira Calças, j. 25/06/2008.

[1025] VERÇOSA. Seção III: Do administrador judicial e do comitê de credores..., p. 175.

[1026] Nessa linha: TJRS, 6ª Câmara Cível, AI 70055425441, Rel. Des. Ney Wiedemann Neto, j. 05/07/2013.

[1027] TJRS, 5ª Câmara Cível, AI 70071093074, Rel. Des. Jorge André Pereira Gailhard, j. 30/11/2016.

sos (judiciais ou arbitrais) em que a massa falida for parte ou interessada, requerendo o que for de direito e interpondo os recursos cabíveis.

f) Realizar atos conservatórios de direitos da massa

Sob a rubrica "prática de atos conservatórios de direitos da massa" agrupou-se, aqui, três alíneas do art. 22, III, da LREF que preveem, de forma mais ou menos genérica, os deveres do administrador em prol da defesa dos interesses da massa. São eles: (*i*) praticar todos os atos conservatórios de direitos e ações, diligenciar a cobrança de dívidas e dar a respectiva quitação; (*ii*) remir, em benefício da massa e mediante autorização judicial, bens apenhados, penhorados ou legalmente retidos; e (*iii*) requerer todas as medidas e diligências que forem necessárias para o cumprimento da LREF, a proteção da massa ou a eficiência da administração (LREF, art. 22, III, "l", "m" e "o")[1028].

Entretanto, "o administrador judicial não poderá, sem autorização judicial, após ouvidos o Comitê e o devedor no prazo comum de 2 (dois) dias, transigir sobre obrigações e direitos da massa falida e conceder abatimento de dívidas, ainda que sejam consideradas de difícil recebimento" (art. 22, §3º)[1029]. De qualquer sorte, a manifestação do Comitê de Credores, bem como do devedor, deve ser devidamente fundamentada, não dispondo, todavia, de poder de veto[1030].

g) Arrecadar, avaliar, vender os bens do falido e pagar os credores

É arrecadando, avaliando, vendendo e pagando que o administrador judicial desempenha a função que está mais intimamente relacionada com o pró-

---

[1028] Inclusive "propugnar pela declaração de ineficácia dos atos praticados pelo falido que resultem na alienação de bens em flagrante prejuízo à massa, bem como, pleitear responsabilização direta dos sócios por eventual ilícito praticado por estes, cuja reparação repercuta em proveito da massa subjetiva" (TJRS, 5ª Câmara Cível, APC 70061740817, Rel. Des. Jorge Luiz Lopes do Canto, j. 10/12/2014).

[1029] Nesse sentido, o TJSP assim já se manifestou: "Falência. Autorizada a Massa Falida, por normas genéricas, a firmar acordos com os devedores, não se dispensa, para cada um deles, homologação específica e oportunidade de manifestação, a respeito, pelo Comitê de Credores e falido. Falência. Omissão que nulifica a homologação. Recurso provido com recomendação." (TJSP, 2ª Câmara Reservada de Direito Empresarial, AI 0251843-06.2012.8.26.0000, Rel. Des. Araldo Telles, j. 20/05/2013).

[1030] TJSP, 2ª Câmara Reservada de Direito Empresarial, AI 0027300-83.2013.8.26.0000, Rel. Des. Araldo Telles, j. 30/09/2013 ("Falência. Autorizada a Massa Falida, por normas genéricas, a firmar acordos com os devedores, não se dispensa, para cada um deles, homologação específica e oportunidade de manifestação, a respeito, pelo Comitê de Credores e falido. Falência. Apresentadas propostas de acordos pelo administrador judicial, não cabe ao Comitê de Credores, credores em geral e falido, simplesmente vetá-los, esperando que, por isso, não sejam homologados. Se discordam, cabe-lhes, de forma objetiva e fundamentada, dizê-lo, o que será considerado ao ensejo do julgamento. Falência. Se, objetivamente, os acordos homologados observam as políticas gerais já aprovadas no correr do processo falimentar e as impugnações deduzidas não apontam defeitos específicos que os tornem desvantajosos, não há motivo para desconstituir as respectivas decisões. Recurso desprovido.").

prio objetivo do processo falimentar: a liquidação do patrimônio do falido para o pagamento dos credores. Todas essas atribuições estão previstas no art. 22, III, "g", "h", "i" e "j", da LREF.

Cabe ao administrador judicial, portanto, de acordo com as normas previstas na LREF:

a. arrecadar os bens e documentos do devedor e, neste ato, elaborar o auto de arrecadação;

b. avaliar os bens arrecadados, contratando avaliadores, de preferência oficiais, mediante autorização judicial, para a avaliação dos bens caso entenda não ter condições técnicas para a tarefa;

c. praticar os atos necessários à realização (alienação) do ativo, requerendo ao juiz a venda antecipada de bens perecíveis, deterioráveis ou sujeitos a considerável desvalorização ou de conservação arriscada ou dispendiosa; e

d. pagar os credores.

h) Apresentar o relatório mensal e prestar contas ao final do processo ou quando deixar a função

O administrador judicial deve prestar contas mensalmente, até o décimo dia de cada mês, acerca da administração da massa no mês anterior, especificando com clareza as receitas e despesas do período. Essa exigência tem por objetivo informar todos os interessados, sobretudo o juízo e os credores, acerca do desenvolvimento financeiro da falência.

O administrador judicial deve, também, prestar contas ao final do processo, assim como quando for substituído, destituído ou renunciar ao cargo, exigência normal em situações nas quais é confiada a alguém a administração de interesses de terceiros. Essas atribuições estão previstas no art. 22, III, "p" e "r", da LREF[1031][1032].

[1031] Criticando a periodicidade do relatório mensal, por ser excessivamente frequente, e a utilidade do relatório final, sobretudo por vir somente depois da sentença de encerramento da recuperação judicial (o que não estaria correto, tendo em vista o disposto nos arts. 154 a 156 da LREF), ver: VERÇOSA. Seção III: Do administrador judicial e do comitê de credores..., p. 171.

[1032] Questão relevante diz respeito ao tratamento dado pela lei à recalcitrância do administrador judicial em apresentar as suas contas ou relatórios no prazo estabelecido. Explica LUIZ INÁCIO VIGIL NETO que: "Nessa situação, o juiz determinará a sua intimação pessoal para o atendimento em cinco dias, sob pena de desobediência. Aqui se depara com um sério problema uma vez que a vontade dos legisladores era penalizar a recalcitrância mediante as sanções do crime de desobediência previsto no artigo 330 do Código Penal. Porém, a redação do texto final do artigo 23, *caput*, e parágrafo único, pode levar à interpretação de que este fato jurídico seria uma desobediência civil, cuja sanção imposta está no parágrafo único do artigo, que seria a sua destituição e imediata substituição, além do impedimento temporário de cinco anos para exercício de novo cargo. Essa interpretação é plenamente possível, pois, ao tratar da recalcitrância do falido no cumprimento dos deveres decorrentes da decretação da falência, estabeleceu

i) Entregar ao seu substituto todos os bens e documentos da massa

Previsto no art. 22, III, "q", da LREF, esse é um dever bastante óbvio e que decorre da necessidade do novo administrador judicial – que assume a posição do anterior, em razão de substituição ou destituição –, ter todas as condições e informações necessárias para o desempenho de suas funções. Assim, o administrador deve "entregar ao seu substituto todos os bens e documentos da massa em seu poder, sob pena de responsabilidade".

5. Escolha

Na quebra, um administrador judicial diligente saberá trazer para a massa bens e recursos que um negligente sequer pensará possam existir; saberá descobrir fatos que poderiam ficar ignorados[1033]. Auxiliará o juiz na condução célere do processo, evitando a eternização das ações falimentares, uma infeliz realidade

---

no artigo 104, parágrafo único, de forma clara, a responsabilização do falido pelo crime de desobediência (Artigo 104, parágrafo único: 'Faltando ao cumprimento de quaisquer dos deveres que esta Lei lhe impõe, após intimado pelo juiz a fazê-lo, responderá o falido por crime de desobediência'.). Um dos problemas da lei é ter disposições semelhantes redigidas de forma diferente. Note-se que o artigo 23 afirma que o não cumprimento da ordem judicial implica em desobediência. Já o artigo 104, parágrafo único, que trata dos deveres impostos ao falido, afirma que o não cumprimento destes, após intimação pessoal, fará com que responda por crime de desobediência. Nesta última hipótese a lei fala em crime, na primeira não. Seria o caso de uma desobediência apenas no âmbito civil? Não é absurdo assim raciocinar, uma vez que o parágrafo único do artigo 23 impõe uma sanção de natureza não penal ao administrador que desobedecer a ordem judicial, a sua destituição, que implica na perda de qualquer direito remuneratório, bem como no impedimento, durante cinco anos, de ser nomeado administrador judicial. Logo, é possível sustentar que a desobediência prevista no artigo 23, *caput*, não tem a mesma natureza jurídica da prevista no artigo 104, parágrafo único, seja por terem as disposições sido redigidas de forma diversa, seja pelo fato de a desobediência do administrador judicial ter um sancionamento específico, diferentemente do que ocorre com a disposição que regula a desobediência do falido. Em que pese tratar-se de uma tese factível, vislumbra-se um outro encaminhamento à questão. Nota-se que o tipo penal desobediência (art. 330 do Código Penal) tem como elementos de sua configuração a desobediência a ordem legal de funcionário público. Levando-se em conta a regra do artigo 327 do Código Penal, se o administrador judicial não cumpre a determinação do magistrado, após pessoalmente intimado, está configurado o delito, pois o processo de adequação típica apenas exigia a existência de ordem legal, emanada de agente oficial, no caso o representante do Poder Judiciário. O tipo penal é a desobediência, mas seus elementos mínimos de adequação são a ordem legal, a autoridade legítima e não obediência. Em sentido contrário, há uma posição defendida pelo Superior Tribunal de Justiça no RHC 4250/94, pelo voto do Ministro Francisco de Assis Toledo, em que se sustenta a necessidade de expressa ressalva em lei para a caracterização do crime de desobediência. Independentemente disso, poderá ser responsabilizado civil e criminalmente pelos atos lesivos que venha a praticar dentro das condições de responsabilização jurídica exigidas nestes regramentos legais. A responsabilidade civil poderá ser exigida pela massa falida, neste caso a ação deverá ser proposta, em seu nome, pelo administrador judicial substituto. Outrossim, o credor lesado também terá essa legitimação e, em todas as hipóteses, o Ministério Público, incluindo a iniciativa de proposição da ação penal por crime previsto nesta Lei (art. 183)." (VIGIL NETO. *Teoria falimentar e regimes recuperatórios...*, p. 106).

[1033] TOLEDO. A disciplina jurídica das empresas em crise no Brasil..., p. 171.

RECUPERAÇÃO DE EMPRESAS E FALÊNCIA

verificada em quase todas as comarcas do País. Por outro lado, na recuperação judicial, sua diligência na verificação de créditos e no acompanhamento do processo não deixará alongar demasiadamente a negociação e a própria recuperação judicial. Sua diligência na fiscalização da empresa em crise não permitirá que esta esvazie maliciosamente seu patrimônio no curso da recuperação, em prejuízo aos credores.

Assim, como já dito, o administrador judicial é figura indispensável para o bom andamento do processo de falência bem como da recuperação judicial. Daí porque a escolha do administrador judicial é fator crucial.

A escolha do administrador judicial é de competência exclusiva do juiz, sendo descababida eventual pretensão da devedora de indicar o nome do administrador judicial de sua preferência[1034].

Na recuperação judicial, a nomeação ocorre no despacho que examina a petição inicial do devedor e autoriza o processamento da recuperação judicial (art. 52, I). Na falência, o administrador judicial é nomeado na sentença que decreta a quebra do devedor (art. 99, IX). Isso, evidentemente, sem contar a hipótese de nomeação de substituto ao longo dos referidos processos.

5.1. Critérios

Três critérios devem orientar a escolha do magistrado: (*i*) confiança, (*ii*) idoneidade e (*iii*) qualificação técnica.

Atualmente, a legislação concursal não aponta como preferência a nomeação de um credor. Aliás, a tradição de selecionar o administrador concursal entre os credores perdurou enquanto vigente a concepção finalística liquidatória-solutória da legislação falimentar[1035] (presente no Brasil até a entrada em vigor da Lei 11.101/05).

Hoje, sendo o sistema brasileiro de cunho preservacionista, em que até na falência se faz presente a necessidade de proteger a empresa, natural que se abandonasse a antiga orientação e liberasse a escolha, devendo o juiz optar por pessoa de sua confiança, que apresentasse idoneidade e qualificação técnica suficiente para o exercício da função.

a) Confiança

A nomeação recairá sobre pessoa da confiança do magistrado[1036-1037]. Tanto que, observados os demais requisitos, entende-se que a escolha é livre. Em razão

---

[1034] TJRS, 6ª Câmara Cível, AI 70068777242, Rel. Des. Rinez da Trindade, j. 15/09/2016.

[1035] ABRÃO. *O síndico na administração concursal...*, p. 89.

[1036] TJRS, 5ª Câmara Cível, AI 70045459880, Rel. Des. Jorge Luiz Lopes do Canto, j. 14/12/2011.

[1037] Nada impede que, na falência, seja escolhido para cumprir a função aquele que requereu a quebra, seu sócio ou administrador. ALFREDO KUGELMAS e GUSTAVO SAUER DE ARRUDA PINTO lembram o anacronismo da regra do vetusto art. 60 do Decreto-Lei 7.661/1945, segundo a qual o administrador

disso, o administrador judicial poderá ser substituído a qualquer tempo desde que haja a perda da confiança do juiz[1038]

b) Idoneidade

O administrador judicial deverá ser profissional idôneo, como determina o art. 21, *caput*, da LREF. A idoneidade é moral e financeira, como expressamente constava do art. 60 do Decreto-Lei 7.661/1945.

Quanto à idoneidade moral, resta evidente que está relacionada à sua reputação, não devendo possuir qualquer mácula que possa colocar em dúvida a sua lisura com que exercerá a atividade de administrador judicial.

Por sua vez, lembre-se que o requisito da idoneidade financeira está ligado à necessidade de o administrador judicial (pessoa física ou jurídica) possuir patrimônio suficiente para responder pelos deveres e responsabilidade decorrentes da sua função. Como no sistema concursal brasileiro inexiste a obrigação de o administrador judicial prestar caução ou contratar seguro que garantam a sua atuação, como ocorre nos Estados Unidos, França, Espanha e Portugal, não só a nomeação de pessoas com bom nome e crédito na praça, mas, especialmente, com patrimônio suficiente e compatível com as responsabilidades assumidas (mesmo que a Lei 11.101/05 não tenha reproduzido o art. 60 do Decreto-Lei 7.661/1945) é requisito importante a ser levado em consideração[1039].

c) Qualificação técnica

Dispõe o art. 21, *caput*, da LREF que o administrador judicial será preferencialmente advogado, economista, administrador de empresas ou contador, ou pessoa jurídica especializada.

Embora exemplificativo, a razão de ser desse rol decorre do fato de se presumir que esses profissionais possuem conhecimentos técnicos úteis ao desempenho das funções de administrador judicial. Mas é perfeitamente possível que o juiz nomeie um engenheiro, por exemplo, ou até pessoa sem formação em curso

---

judicial, à época denominado "síndico" ou "comissário", deveria ser nomeado (*i*) dentre os maiores credores da falência ou da concordata, (*ii*) possuir domicílio na mesma comarca onde haveria de se processar o regime de crise e (*iii*) não ter sido nomeado em outro processo pelo mesmo juiz nos últimos anos. A jurisprudência, adotando a linha crítica da doutrina, fez com que tais regras caíssem em franco desuso, consolidando entendimento no sentido de que o síndico e o comissário eram cargos de confiança do juízo (KUGELMAS; PINTO. Administrador judicial na recuperação judicial..., p. 199).

[1038] *V.g.*: TJRS, 5ª Câmara Cível, APC 70067962977, Rel. Des. Isabel Dias Almeida, j. 27/04/2016; TJRS, 6ª Câmara Cível, AI 70065269292, Rel. Des. Ney Wiedemann Neto, j. 23/06/2015; TJRS, 6ª Câmara Civil, AI 70052606381, Rel. Sylvio José Costa da Silva Tavares, j. 09/04/2015; TJRS, 6ª Câmara Cível, AI 70052676400, Rel. Des. Artur Arnildo Ludwig, j. 20/06/2013; TJRS, 5ª Câmara Cível, AI 70040645533, Rel. Des. Romeu Marques Ribeiro Filho, j. 24/08/2011.

[1039] BERNIER. *Administrador judicial...*, p. 58.

RECUPERAÇÃO DE EMPRESAS E FALÊNCIA

superior, desde que possua condições suficientes para desempenhar as atribuições exigidas pelo cargo. Essa última hipótese, embora de difícil ocorrência na prática, seria perfeitamente viável, bastando lembrar que alguns dos maiores empresários brasileiros não possuem diploma universitário. O que importa é que o administrador judicial detenha conhecimentos técnicos e práticos para o bom desempenho da função[1040].

Na verdade, a figura do administrador judicial deverá possuir conhecimentos multidisciplinares, pois é impossível exercer bem o cargo dominando apenas o Direito ou os números. Indispensável que a figura escolhida transite com desenvoltura entre as matérias de domínio dos profissionais elencados no art. 21, não sendo admissível a nomeação de profissional com conhecimentos exclusivos em uma daquelas áreas e que, por isso, dependa cegamente de auxiliares contratados.

O administrador judicial precisa ter condições de acompanhar, fiscalizar e interpretar os dados e as informações necessários ao desempenho de sua função. Ainda, muito mais relevante do que a sua profissão, será a experiência do administrador judicial na área dos negócios, combinada como o domínio do direito empresarial em sentido amplo, não exclusivamente o direito concursal, mas, também, o direito societário, contratual, cambiário, entre outras áreas afins.

5.2. Pessoa jurídica especializada

Dependendo do vulto da recuperação judicial ou da falência, o juiz poderá optar por pessoa jurídica especializada[1041] (LREF, art. 21). Assim, é evidente que tenha qualificação técnica.

Não está expresso na LREF, mas decorre de simples interpretação sistemática que a pessoa jurídica deve ter a confinaça do juiz. Além disso, deve ser idônea, ou seja, deve ter boa reputação no mercado, não possuindo em sua trajetória qualquer mácula que possa colocar em dúvida a lisura com que exercerá a ativi-

---

[1040] BERNIER. *Administrador judicial...*, p. 59.

[1041] Como a LREF deixou de especificar o que se deve entender por "pessoa jurídica especializada", é possível questionar se a tal "especialização" consistiria no fato de a pessoa jurídica já ter exercido anteriormente a função de administrador judicial, ou, mais formalmente, se a simples indicação dessa atividade no objeto social já bastaria para o preenchimento do requisito. Indaga-se, ainda, se, em uma interpretação menos rígida, a simples experiência na área jurídica, de gestão, de auditoria ou da contabilidade já tornaria a pessoa jurídica apta à função. Para esses questionamentos não há uma resposta pronta, valendo dizer que caberá ao magistrado examinar caso a caso. De qualquer forma, é bastante conveniente que a pessoa jurídica especializada tenha profissionais capazes de exercer as diversas tarefas que se apresentam em um processo de falência ou de recuperação judicial. A propósito, vale destacar que, desde a promulgção da LREF, é crescente o investimento de grandes firmas de auditoria na qualificação de seus profissionais para a prestação de serviços de administração judicial em processos de falência e recuperação de empresas (e, normalmente, contratam escritórios de advocacia para assessorá-las).

dade de administrador judicial; ainda, a pessoa jurídica também deve ser financeiramente idônea[1042].

5.3. Nomeação plúrima

Mesmo sem fundamento legal expresso, vale registrar que em falências e recuperações judiciais complexas pode existir a necessidade de o juiz nomear mais de um administrador judicial (assim o foi no caso da recuperação judicial e posterior falência da Viação Aérea São Paulo – VASP, bem como originalmente na recuperação judicial da companhia telefônica Oi)[1043].

A propósito, cumpre destacar que o Código Comercial de 1850, o Decreto 917 de 1890 e a Lei 2.024 de 1908 permitiam a pluralidade de síndicos, conforme a importância da massa. Foi só o Decreto 5.746 de 1929 que reduziu à unidade o número de administradores concursais, o que foi mantido pelo Decreto 7.661 de 1945[1044]. Assim, pode-se afirmar que a nomeação plúrima por muitas décadas foi prática em nosso sistema. No direito estrangeiro, França, Espanha e Portugal admitem a nomeação múltipla nos dias de hoje[1045].

O vulto do processo concursal ou a complexidade da matéria podem justificar a nomeação de mais de um administrador judicial, embora a doutrina destaque o seu caráter excepcional[1046]. De qualquer forma, havendo nomeação múltipla, o magistrado deve delinear com clareza a esfera de atuação de cada administrador judicial. A esse propósito, vale lembrar que, no caso da recuperação judicial da companhia telefônica Oi, foram, originalmente, nomeados um administrador judicial que respondia pelas questões jurídicas e outro pelas questões financeiras[1047].

5.4. Distância entre a comarca e a sede do administrador

A distância entre a comarca do juízo concursal e o sede do escritório do administrador judicial não é critério para definir a escolha do profissional. Se o administrador judicial puder cumprir adequadamente o seu encargo, não há óbice para a nomeação de profissional com escritório em outra comarca que não a do juízo universal[1048]. Com efeito, importante notar que LREF não reproduziu a

---

[1042] BERNIER. *Administrador judicial...*, p. 58.

[1043] FERREIRA. *Tratado de direito comercial*, v. 14..., p. 36.

[1044] Sendo que, ainda assim, a jurisprudência aceitou a nomeação plúrima no regime anterior. Nesse sentido: STJ, 3ª Turma, REsp 1.420.509/SP, Rel. Min. Moura Ribeiro, j. 25/04/2017.

[1045] BERNIER. *Administrador judicial...*, p. 61-62.

[1046] BERNIER. *Administrador judicial...*, p. 61. Ver: STJ, 3ª Turma, REsp 1.420.509/SP, Rel. Min. Moura Ribeiro, j. 25/04/2017.

[1047] TJRJ, Processo 0203711-65.2016.8.19.0001, em decisão da 7ª Vara Empresarial da Comarca do Rio de Janeiro/RJ.

[1048] TJRS, 6ª Câmara Cível, AI 70068777242, Rel. Des. Rinez da Trindade, j. 15/09/2016.

exigência contida no art. 60 do revogado Decreto-Lei 7.661/1945 de que o síndico deveria ser escolhido entre os maiores credores do falido, *residentes ou domiciliados no foro da falência.*

E não o fez com acerto. Isso porque, à época da promulgação da antiga Lei de Falências, os meios de comunicação e a tecnologia disponíveis para o acompanhamento dos casos eram bastante precários, situação bem diferente da existente hoje.

De fato, a restrição contida no então art. 60 não mais se justifica, mormente diante das inovações atualmente disponíveis (escrituração digital, *internet banking, e-mail,* planilhas eletrônicas, programas de controle de estoque, sistemas de monitoramento)[1049], em especial para a supervisão das suas áreas financeira e comercial à distância. Nesse sentido, basta lembrar que a própria escrituração contábil é feita, atualmente, de forma digital, via SPED (Sistema Público de Escrituração Digital), com envio à Receita Federal do Brasil do Livro Diário, Demonstrativo e Resultados do Exercício e Balanço Patrimonial, cujos dados podem ser conciliados com relatórios gerenciais, declarações e dados bancários da empresa e dos sócios, se necessário for. Isso tudo sem contar a própria realidade do processo eletrônico.

A restrição também não se justifica se a atividade exercida for de gestão ou de liquidação. Com efeito, ao administrador judicial é facultado levar a cabo a tarefa para a qual foi designado com o concurso de auxiliares, como bem faculta o art. 22, I, "h", da LREF.

Ademais, o administrador judicial, especialmente se for pessoa jurídica, pode possuir estrutura adequada para o desempenho de suas atividades ainda que estabelecida em outra comarca, podendo contar com prepostos e outros colaboradores para tanto. Efetivamente, os modernos escritórios de administração judicial são compostos por equipes multidisciplinares, gerenciados por um ou mais responsáveis, a quem cumpre coordenar os serviços.

Adicionalmente, ainda que se diga que a execução das tarefas é serviço personalíssimo, isso, por si só, não resta afetado pelo estabelecimento do administrador judicial em outra comarca.

Assim, na sistemática da atual legislação de insolvência, é possível a nomeação de administrador judicial residente ou domiciliado em comarca distinta – e até distante – do juízo concursal, bastando que declare possuir condições de bem desempenhar o encargo[1050].

[1049] A propósito do tema, há precedentes que expressamente admitem que o administrador judicial acompanhe à distância, via *online,* todas as movimentações financeiras das empresas objeto de sua fiscalização: TJRS, 6ª Câmara Cível, AI 70073131286, Rel. Des. Luís Augusto Coelho Braga, j. 11/05/2017.
[1050] Equivocado, em nosso sentir, julgado relativamente recente que aplica o requisito da legislação revogada: TJRS, 6ª Câmara Cível, AI 70037392685, Rel. Des. Artur Arnildo Ludwig, j. 29/07/2010 (inclusive porque utiliza como fundamentação jurisprudência construída na vigência do Decreto-Lei 7.661/1945).

6. Impedimentos

O art. 30 da LREF apresenta as hipóteses em que o acesso à posição de administrador judicial está vedado.

Em suma, está impedida a pessoa que, nos últimos cinco anos, no exercício desta função ou de membro do Comitê de Credores foi destituída do cargo[1051], deixou de prestar contas dentro dos prazos legais ou teve a prestação de contas desaprovada. Por razões bastante justificáveis, busca-se, por meio dessas hipóteses de impedimento, evitar que assumam a posição de administrador judicial pessoas cuja idoneidade seja duvidosa[1052].

Além das hipóteses acima aventadas, ficará impedido de exercer o cargo aquele que tiver relação de *parentesco* ou *afinidade* até terceiro grau com o devedor, seus administradores, controladores ou representantes legais ou deles for *amigo, inimigo* ou *dependente* (LREF, art. 30, §1º). A ideia subjacente à regra em questão é bastante óbvia: evitar situações de conflito de interesses[1053]. Tem-se, aqui, hipótese de impedimento absoluto à nomeação ao cargo de administração judicial e que independente das peculiaridades do caso concreto. A vedação está expressamente posta na lei e não pode ser superada nos casos de (*i*) parentesco, (*ii*) afinidade, (*iii*) amizade, (*iv*) inimizade e (*v*) dependência, na forma do dispositivo legal.

Como o rol de impedidos é considerado pela doutrina como não taxativo[1054], admite-se possa haver conflito de interesses permanente em outras situações que impeçam a nomeação ao cargo, ou seja, uma situação de parcialidade não prevista inicialmente na lei, mas que se mostre evidente à luz do caso concreto[1055].

[1051] Havendo a destituição em um processo, impõem-se a substituição do administrador judicial nos demais processos em que ele funciona nessa função. Trata-se de consequência lógica da normal prevista no art. 30 da LREF. Assim: TJRS, 6ª Câmara Cível, AI 70070690334, Rel. Des. Ney Wiedemann Neto, j. 15/12/2016. Também nessa linha: TJRS, 5ª Câmara Cível, AI 70045459880, Rel. Des. Jorge Luiz Lopes do Canto, j. 14/12/2011.

[1052] "Note-se, qualquer que seja o profissional – pessoa natural ou jurídica – designado para o exercício da função, o administrador judicial deve ostentar, necessariamente, idoneidade. Embora a Lei vigente não seja explícita, como era o revogado Decreto-lei 7.661/1945, é certo que o requisito da idoneidade se desdobra em moral e financeira. Ou seja, deve o profissional possuir boa reputação ética e capacitação adequada ao desempenho da função; e ao mesmo tempo dispor de lastro econômico-financeiro para fazer frente a eventuais responsabilidades pelas quais possa ser demandado." (TOLEDO; PUGLIESI. Capítulo V: Disposições comuns à recuperação judicial e à falência..., p. 134).

[1053] Há quem entenda, com razão, que o administrador judicial também deveria também ficar sujeito às regras de impedimento e suspeição dos magistrados, sustentando ser possível aplicar tais restrições existentes na legislação processual civil para indicar a impossibilidade de o administrador judicial assumir o cargo (ou mesmo fundamentar a sua substituição) (TOLEDO; PUGLIESI. Capítulo V: Disposições comuns à recuperação judicial e à falência..., p. 141).

[1054] FRANCO; SZTAJN. *Falência e recuperação de empresa em crise...*, p. 61.

[1055] Mesmo que escritas em contexto de direito societário, sobre o conceito de conflito de interesses a referência obrigatória é sempre: FRANÇA. *Conflito de interesses nas assembléias de S.A...*; FRANÇA, Erasmo Valladão Azevedo e Novaes. Acionista controlador – impedimento ao direito de voto. *Revista de Direito*

RECUPERAÇÃO DE EMPRESAS E FALÊNCIA

É o caso, por exemplo, do administrador judicial que exerce atividade empresária ou é sócio ou administrador de sociedade concorrente com a recuperanda.

Ademais, por serem verdadeiros auxiliares da justiça, aplicam-se, com as devidas adaptações, aos administradores judiciais, por força do art. 148 do CPC, as hipóteses de impedimento e suspeição do juiz, na forma dos artigos 144 e 145 do mesmo diploma legal (conforme art. 148, II, do CPC)[1056].

Em resumo, estão impedidos de atuarem como administrador judicial as seguintes pessoas:

Administrador judicial *destituído* em outro processo.	LREF, art. 30, *caput*
Administrador judicial *que deixou de prestar contas dentro dos prazos legais* em outro processo.	LREF, art. 30, *caput*
Administrador judicial *que teve a prestação de contas desaprovada* em outro processo.	LREF, art. 30, *caput*
Parentes e *afins*, até terceiro grau, do devedor, seus administradores, controladores ou representantes legais.	LREF, art. 30, §1º
Amigo do devedor, seus administradores, controladores ou representantes legais.	LREF, art. 30, §1º
Inimigo do devedor, seus administradores, controladores ou representantes legais	LREF, art. 30, §1º
Dependente do devedor, seus administradores, controladores ou representantes legais	LREF, art. 30, §1º
Pessoas que estejam em situação de *conflito permanente de interesses*	Por construção doutrinária
Pessoas impedidas ou suspeitas previstas no art. 144 e 145 do CPC	CPC, art. 148, II

Terá legitimidade para requerer ao juiz a destituição do administrador judicial que incorra em um desses impedimentos (*i*) o devedor, (*ii*) qualquer credor e (*iii*) o Ministério Público (LREF, art. 30, §2º), devendo o magistrado decidir em 24 horas sobre esse requerimento (LREF, art. 30, §3º).

Quanto ao exíguo prazo estabelecido para o exame do pedido de destituição, este se funda na necessidade de se retirar do cargo, o mais rápido possível, o administrador judicial que possa prejudicar as partes envolvidas no regime de crise[1057].

Mercantil, Industrial, Econômico e Financeiro, São Paulo, n. 125, p. 139-172, jan./mar. 2002; FRANÇA, Erasmo Valladão Azevedo e Novaes. Conflito de interesses: formal ou substancial? Nova decisão da CVM sobre a questão. *Revista de Direito Mercantil, Industrial, Econômico e Financeiro*, São Paulo, n. 128, p. 225-262, out./dez. 2002; FRANÇA, Erasmo Valladão Azevedo e Novaes. Atos e operações societárias em fraude à lei, visando à tomada ilícita do controle de companhia aberta – abuso do poder de controle e conflito de interesses caracterizados – invalidade. *Revista de Direito Mercantil, Industrial, Econômico e Financeiro*, São Paulo, n. 143, p. 255-270, jul./set. 2006; SPINELLI, Luis Felipe. *Conflito de interesses na administração da sociedade anônima*. São Paulo: Malheiros: 2012.

[1056] BERNIER. *Administrador judicial...*, p. 83.

[1057] VERÇOSA. Seção III: Do administrador judicial e do comitê de credores..., p. 183-184.

ADMINISTRADOR JUDICIAL

A despeito da ausência de previsão legal e em homenagem ao princípio constitucional do direito ao contraditório e à ampla defesa (CF, art. 5º, LV), haverá de ser oportunizada ao administrador judicial a apresentação de defesa, em circunstâncias e prazos razoáveis[1058]. Da decisão final do juiz acerca da questão, caberá agravo (com a ressalva da atual restrição imposta a tal recurso pelo art. 1.015 do CPC)[1059].

Ainda quanto ao impedimento, importante discussão surge no caso de o administrador judicial ser pessoa jurídica: restará esta impedida somente se o profissional responsável indicado estiver em tal posição ou se sobre qualquer de seus membros que atuará no processo incidir alguma das restrições?[1060]

Diante do impedimento (e a necessária indicação de novo administrador), não haverá a possibilidade de recebimento parcial da remuneração proporcional ao trabalho realizado (como poderia ocorrer, de acordo com o art. 24, §3º, se o caso fosse de verdadeira substituição)[1061]. Todavia, caso o impedimento seja posterior, não se vislumbra motivos para que não se possibilite o recebimento da remuneração de modo proporcional ao trabalho realizado, sob pena de enriquecimento sem causa.

7. Investidura

O encargo é assumido mediante assinatura, na sede do juízo, do termo de compromisso previsto no art. 33 da LREF. Para tanto, o administrador judicial será intimado pessoalmente. Se o termo não tiver sido assinado dentro do prazo previsto de 48 horas, o juiz nomeará outro administrador judicial (LREF, art. 34).

Sendo escolhida uma pessoa jurídica, haverá de se indicar, quando da assinatura do termo de compromisso, o nome do profissional que ficará como responsável pela condução do processo, o qual não poderá ser substituído sem autorização do juiz (LREF, art. 21, parágrafo único).

O chamado "princípio da identidade física" da pessoa responsável pelo exercício das funções de administrador judicial visa a desestimular a prática de atos lesivos eventualmente incentivados pela indeterminação dessa figura. A questão está circunscrita a um ponto nuclear: deve haver uma pessoa natural específica para que sobre ela recaiam os deveres e responsabilidades inerentes à função[1062].

[1058] VERÇOSA. Seção III: Do administrador judicial e do comitê de credores..., p. 184.

[1059] Sobre eventual reversão da decisão e a possibilidade de recondução do administrador destituído ao cargo, assim como sobre a situação da remuneração daquele que foi injustamente destituído, ver: VERÇOSA. Seção III: Do administrador judicial e do comitê de credores..., p. 184.

[1060] TOLEDO; PUGLIESI. Capítulo V: Disposições comuns à recuperação judicial e à falência..., p. 141-142.

[1061] VERÇOSA. Seção III: Do administrador judicial e do comitê de credores..., p. 183.

[1062] VERÇOSA. Seção III: Do administrador judicial e do comitê de credores..., p. 166. Sobre as responsabilidades civil e penal do administrador judicial, ver: BERNIER. *Administrador judicial...*, p. 115 ss.

Vale observar, ainda, que a LREF não exige que o profissional responsável seja sócio ou representante legal da pessoa jurídica especializada. Disso decorre a simples conclusão de que este profissional pode ser um empregado, ou até mesmo um profissional liberal contratado pela pessoa jurídica administradora judicial especialmente para o cumprimento dessa função[1063].

8. Remuneração

O administrador judicial não atua de forma graciosa. Muito pelo contrário, ele presta serviço essencial para a administração da justiça[1064], devendo ser adequadamente remunerado por isso.

8.1. Responsabilidade pelo pagamento

Com efeito, no caso de uma recuperação judicial, é o devedor em recuperação que arcará com a remuneração do administrador judicial e, quando for o caso, das pessoas eventualmente contratadas para auxiliá-lo, enquanto será a massa falida que suportará a despesa na hipótese de falência (LREF, art. 25). Na verdade, em ambas as situações a remuneração será suportada, ao fim e ao cabo, pelo devedor, porque na falência ocorre o desapossamento dos bens pelo falido, mas não a desapropriação[1065].

a) Na falência frustrada

Em situações excepcionais, quando a arrecadação de bens é manifestamente insuficiente para cobrir as despesas mínimas decorrentes da administração da falência, tem-se admitido impor ao credor o ônus de providenciar a caução da remuneração do administrador judicial e demais despesas do processo[1066].

Trata-se de ônus do credor que requereu a quebra ou de qualquer outro que tenha interesse no prosseguimento da execução coletiva, como dispõe o art. 82 do CPC. Isso porque a parte litigante deve agir com responsabilidade, arcando com as despesas dos atos necessários, e por ela requeridos, para reaver seu crédito[1067].

Segundo a jurisprudência do STJ, o administrador judicial é auxiliar da justiça e não se concebe possa ele atuar sem remuneração[1068]. Caso não haja nenhum interessado em garantir a remuneração do administrador judicial, outra solução não há senão o encerramento sumário da falência, adotando-se rito análogo ao

---

[1063] VERÇOSA. Seção III: Do administrador judicial e do comitê de credores..., p. 166.

[1064] ABRÃO. O síndico na administração concursal..., p. 31.

[1065] TJRS, 5ª Câmara Cível, APC 70036535821, Rel. Des. Jorge Luiz Lopes do Canto, j. 26/01/2011.

[1066] STJ, 3ª Turma, REsp 1.594.260/SP, Rel. Min. Nancy Andrighi, j. 03/08/2017; STJ, 3ª Turma, REsp 1.526.790/SP, Rel. Min. Ricardo Villas Bôas Cueva, j. 10/03/2016.

[1067] STJ, 3ª Turma, REsp 1.526.790/SP, Rel. Min. Ricardo Villas Bôas Cueva, j. 10/03/2016.

[1068] STJ, 3ª Turma, REsp 1.526.790/SP, Rel. Min. Ricardo Villas Bôas Cueva, j. 10/03/2016.

previsto no revogado art. 75 do Decreto-Lei 7.661/1945 (rito da chamada "falência frustrada", como será melhor tratado no Capítulo 23, item 6.9).

A solução propalada de premiar aqueles que aceitam trabalhar em processos sem remuneração com a nomeação em outros em que se possa compensar com a fixação de honorários mais elevados não se afigura adequada segundo parte da doutrina, pois se trataria de fazer impor sobre alguns o ônus que eram de outros[1069].

b) Na recuperação sem recursos

No caso da recuperação judicial, a impossibilidade de a devedora arcar com os honorários do administrador judicial deve ser encarada como indício de inviabilidade[1070].

Como as hipóteses de convolação da recuperação judicial em falência previstas no art. 73 da LREF são taxativas (situações que fazem presumir a inviabilidade e ocasionam, por isso, a transformação da recuperação em liquidação), a solução mais adequada, *a priori* e não restando configuradas as hipóteses de convolação da recuperação judicial em falência, afigura-se na extinção da ação pela incapacidade de a recuperanda arcar com o ônus inerente à própria recuperação.

Como dispõe o já referido art. 82 do CPC, incumbe às partes prover as despesas do processo.

Efetivamente, a recuperação judicial consiste em ação cujo processamento é bastante oneroso para todos os envolvidos. Do ponto de vista da devedora, existe a necessidade de realização de atos custosos, como a assembleia de credores e a instauração de órgãos de fiscalização e acompanhamento, como é o caso do administrador judicial. Isso sem falar da taxa judiciária, normalmente alta porque o valor da causa – correspondente passivo sujeito à recuperação – usualmente chega ao teto das tabelas de custas dos Tribunais e das despesas para a publicação dos diversos editais. Finalmente, a recuperanda deverá providenciar, por ocasião da entrega do plano de recuperação, os laudos previstos no art. 53, II e III, elaborados por profissionais habilitados, normalmente bem remunerados.

Em razão disso, os assessores legais da recuperanda devem, previamente ao ajuizamento da ação, alertar seu cliente para tal situação. Mesmo nos casos das empresas que atuam sob o pálio da gratuidade de custas, as despesas não cobertas pelo benefício são altas.

Como a recuperação judicial impõe um pesado ônus aos credores – que têm de esperar, na melhor das hipóteses, meses para começar a receber parte de seu crédito –, a ação tem que apresentar um mínimo de chances de êxito, o que não

---

[1069] Nessa linha: BERNIER. *Administrador judicial...*, p. 166.
[1070] TJRS, 5ª Câmara Cível, AI 70072322506, Rel. Des. Jorge André Pereira Gailhard, j. 26/04/2017.

se afigura possível quando a recuperanda não reúne condições de sequer arcar com as despesas do processo. Adicionalmente, o administrador judicial, corresponsável pela boa condução do processo e por garantir aos credores a lisura do processo de negociação, não pode ficar sem remuneração adequada.

Em função de tudo isso, a solução mais adequada parece ser a extinção da ação quando a recuperanda não reúne condições de arcar com a remuneração do administrador judicial[1071].

8.2. Fixação e seus parâmetros

De acordo com o art. 24, *caput*, da LREF, a remuneração do administrador judicial será fixada pelo juiz, usualmente no despacho que defere o processamento da recuperação judicial ou na sentença falimentar, de acordo com o trinômio: (*i*) complexidade do trabalho; (*ii*) valores praticados pelo mercado para atividades semelhantes; e (*iii*) capacidade do devedor[1072].

O critério "complexidade do trabalho" sugere levar em consideração os seguintes fatores, entre outros: (*i*) a estrutura e a equipe necessárias à condução dos trabalhos; (*ii*) o número de empresas em recuperação ou de massas falidas; (*iii*) a existência de múltiplos estabelecimentos e de estabelecimentos em mais de uma comarca; (*iv*) o número de credores envolvidos; (*v*) o volume do passivo[1073]; (*vi*) a complexidade das matérias que serão objeto de análise; (*vii*) a colaboração do devedor e de seus administradores; (*viii*) o estado das informações contábeis e gerenciais necessárias à execução das atribuições. Ademais, deve-se atentar para as diferenças existentes na atuação do administrador judicial na falência em relação à recuperação judicial, bem como para a responsabilidade assumida pelo administrador judicial, proporcional à relevância do caso e dos interesses em jogo.

O critério "valores praticados pelo mercado para atividades semelhantes" sugere levar em conta a qualificação do administrador judicial e o valor praticado pelo mercado relativamente aos honorários de um profissional com conhecimento e experiência análogos. Por sua vez, a expressão "atividades semelhantes" remete à advocacia, contabilidade, economia e administração de empresas, atividades cujos profissionais detêm conhecimentos relevantes para o exercício da administração judicial. Assim, entende-se que os valores praticados por esses profissionais servirão de parâmetro para a fixação dos honorários do administrador judicial. E como há uma variação bastante grande entre os honorários cobrados

---

[1071] VERÇOSA. Seção III: Do administrador judicial e do comitê de credores..., p. 178.

[1072] Possui legitimidade para recorrer dessa decisão não só o devedor e os credores, mas também o Ministério Público. Assim: TJRS, 6ª Câmara Cível, MS 70070418512, Rel. Des. Rinez da Trindade, j. 27/10/2016.

[1073] Assim destacou o TJRS: "o montante dos créditos é, em tese, proporcional à complexidade das causas" (TJRS, 5ª Câmara Cível, ED 70072616212, Rel. Des. Isabel Dias Almeida, j. 29/03/2017).

por um renomado advogado e por um que esteja em início de carreira, por exemplo, importante levar em consideração (*i*) a experiência, (*ii*) a especialização e (*iii*) a qualificação técnica do profissional, especificamente na área da administração judicial. Além disso, a qualidade do serviço prestado também deve orientar o montante a ser fixado[1074]. Ainda dentro deste critério, interessante utilizar como parâmetro a remuneração fixada em outros casos pelos Tribunais.

O magistrado também deve estar atento para a "capacidade de pagamento do devedor"[1075], especialmente na fixação da forma de pagamento da remuneração.

É importante que a remuneração consista em uma contraprestação condigna para este profissional[1076], nada impedindo a revisão dos honorários já arbitrados, a depender das circunstâncias apresentadas no caso concreto[1077].

Finalmente, importa destacar que, embora seja mais comum a fixação de honorários já no início dos processos, em algumas oportunidades o magistrado opta por fixar o montante em momento posterior, inclusive após a manifestação do indicado para o cargo de administrador judicial – não sendo raras as vezes em que a remuneração é estabelecida mediante consenso entre o administrador judicial e a devedora em recuperação judicial[1078].

8.3. Base de cálculo e limites

A remuneração do administrador judicial não excederá a quantia equivalente a 5% do valor devido aos credores submetidos à recuperação judicial ou do valor obtido com a venda dos bens na falência (LREF, art. 24, §1º), tendo como base os parâmetros estabelecidos[1079]. Tendo havido a convolação da recuperação judi-

---

[1074] TJRS, 5ª Câmara Cível, AI 70055369144, Rel. Des. Jorge Luiz Lopes do Canto, j. 17/09/2013.

[1075] Nesse sentido, vide, a título exemplificativo: TJSP, 2ª Câmara Reservada de Direito Empresarial, AI 2070697-61.2013.8.26.0000, Rel. Des. Carlos Alberto Garbi, j. 05/10/2015; TJSP, 2ª Câmara Reservada de Direito Empresarial, AI 2137682-41.2015.8.26.0000, Rel. Des. Carlos Alberto Garbi, j. 11/11/2015; TJSP, Câmara Especial de Falências e Recuperações Judiciais, AI 420.655.4/6-00, Rel. Des. Pereira Calças, j. 02/05/2007; TJRJ, 4ª Câmara Cível, AI 0062382-05.2015.8.19.0000, Rel. Des. Marco Antonio Ibrahim, j. 18/12/2015; TJRJ, 4ª Câmara Cível, AI 2005.002.25685, Rel. Des. Jair Pontes de Almeida, j. 03/10/2006.

[1076] TJRS, 5ª Câmara Cível, AI 70055369144, Rel. Des. Jorge Luiz Lopes do Canto, j. 17/09/2013.

[1077] Assim ocorreu, por exemplo, na recuperação judicial da Bombril, que tramitou perante a 2ª Vara de Falências e Recuperações Judiciais da Comarca de São Paulo (Processo nº 0123223-20.2005.8.26.0000).

[1078] Mas ainda que se admita alguma margem de negociação entre o devedor e o administrador judicial, a remuneração deste deve passar pelo crivo do magistrado antes de qualquer pagamento (TJSP, 1ª Câmara Reservada de Direito Empresarial, AI 2139623-26.2015.8.26.0000, Rel. Des. Pereira Calças, j. 11/11/2015).

[1079] TJSP, 2ª Câmara Reservada de Direito Empresarial, AI 2173691-65.2016.8.26.0000, Rel. Des. Alexandre Marcondes, j. 17/02/2017 ("Fixação da remuneração do administrador judicial no equivalente a 3,715% dos créditos submetidos à recuperação. Irresignação. Arbitramento de honorários do administrador judicial que deve considerar (*i*) a complexidade do trabalho, (*ii*) os valores praticados pelo mercado e (*iii*) a capacidade do devedor. Recuperação judicial que envolve reduzido número de credores, todos da mesma classe. Homologação do plano e concessão da recuperação judicial em prazo inferior a dez

RECUPERAÇÃO DE EMPRESAS E FALÊNCIA

cial em falência, a remuneração do administrador deve ter por base o valor dos bens da massa falida[1080].

No caso de devedor microempresa (ME) ou empresa de pequeno porte (EPP), porém, o percentual máximo cai para 2%, conforme redação do art. 24, §5º, incluído pela Lei Complementar 147/2014. Esse novo teto, verdadeira esdruxularia de um legislador mais preocupado com a demagogia do que com a realidade dos processos de recuperação e falência, certamente impõe dificuldades para a fixação de remuneração adequada em muitas administrações judiciais.

A regra é que os limites devem ser respeitados[1081]. De qualquer forma, há precedentes que admitem o rompimento do limite quando o teto legal impossibilita a fixação de uma remuneração condizente com o trabalho desenvolvido e o tempo despendido pelo administrador judicial. Nesse sentido, o Tribunal de Justiça de São Paulo superou o antigo teto de 6% do Decreto-Lei 7.661/1945 para fixar em 20% a remuneração de um síndico que atuou por 22 anos em uma falência que resultou superavitária[1082].

8.4. Forma de pagamento

De acordo com o art. 24, §2º, da LREF, até 60% por cento do montante remuneratório pode ser antecipado, permanecendo o saldo de 40% (chamado de "reserva de montante") para ser pago após a apresentação do relatório final da falência e a aprovação das contas (atendendo ao previsto nos arts. 154 e 155 da LREF). A rejeição das contas impede o pagamento do saldo residual e obriga o administrador judicial a restituir aquilo que foi eventualmente antecipado.

Em tese, a reserva de 40% do montante remuneratório se aplica, obrigatoriamente, apenas no caso da falência (pois somente nesse regime há a apresentação de relatório final e a necessidade de sua aprovação, nos termos dos arts. 154 e 155, aos quais o art. 24, §2º, faz remissão expressa). Na recuperação judicial, cabe ao magistrado estabelecer a forma de pagamento da remuneração do administrador judicial, de acordo com um critério de conveniência, pautado pelas peculiaridades do caso concreto, sem necessidade de observar a regra da reserva de montante[1083].

---

meses, demonstrando a reduzida complexidade do feito. Redução do valor da remuneração para 3% do passivo sujeito à recuperação.").

[1080] TJRS, 5ª Câmara Cível, AI 70044952463, Rel. Des. Isabel Dias Almeida, j. 23/11/2011.

[1081] STJ, 3ª Turma, REsp 1.382.166/SP, Rel. Min. Nancy Andrighi, j. 01/08/2017.

[1082] TJSP, 9ª Câmara de Direito Privado, AI 0108768-69.2013.8.26.0000, Rel. Des. Lucila Toledo, j. 03/12/2013.

[1083] Entretanto, aplicando a reserva de 40% na recuperação judicial, *v.g.*: TJSP, 2ª Câmara Reservada de Direito Empresarial, AI 2173691-65.2016.8.26.0000, Rel. Des. Alexandre Marcondes, j. 17/02/2017; TJSP, 2ª Câmara Reservada de Direito Empresarial, AI 2070697-61.2013.8.26.0000, Rel. Des. Carlos Alberto Garbi, j. 05/10/2015; TJSP, 1ª Câmara Reservada de Direito Empresarial, AI 0154561-31.2013.8.26.0000, Rel. Des. Teixeira Leite, j.15/05/2014; TJSP, 1ª Câmara Reservada de Direito Empresarial, AI 2033959-

ADMINISTRADOR JUDICIAL

Ainda, para o caso da recuperação judicial, nada impede que o magistrado estipule uma parcela mensal fixa a título de remuneração para o administrador judicial – como, aliás, ordinariamente tem sido feito[1084]. Embora menos comum na falência, a jurisprudência também admite o pagamento de honorários mensalmente ao administrador judicial para fazer frente a suas despesas e para manutenção de suas atividades[1085].

8.5. Nas hipóteses de substituição, renúncia, destituição e desaprovação das contas

Segundo dispõe o art. 24, §3º, da LREF, o administrador judicial substituído será remunerado proporcionalmente ao trabalho realizado, salvo se renunciou sem relevante razão – hipótese em que nada receberá (nesse caso, ocorre a perda total da remuneração).

Destaca a doutrina que a medida acima descrita "surge como um desestímulo a uma aventura para a qual o administrador judicial não se sinta inteiramente afeito, bem como dotado da vontade férrea de levar seu trabalho até o final"[1086].

Além dessa hipótese, caso o administrador judicial seja destituído por desídia, culpa, dolo ou descumprimento de suas obrigações legais, também não fará jus a nenhuma remuneração (art. 24, §3º), ainda que seu trabalho tenha sido de alguma forma útil[1087]. A destituição importa, necessariamente, a perda da remuneração[1088].

74.2013.8.26.0000, Rel. Des. Enio Zuliani, j. 06/02/2014; TJSP, Câmara Especial de Falências e Recuperações Judiciais, AI 420.655.4/6-00, Rel. Des. Pereira Calças, j. 02/05/2007.

[1084] Nesse sentido: TJSP, 2ª Câmara Reservada de Direito Empresarial, AI 0164363-53.2013.8.26.0000, Rel. Des. Fabio Tabosa, j. 17/02/2014 ("Recuperação judicial. Remuneração do Administrador Judicial. Inteligência do art. 24 da Lei nº 11.101/2005. Passivo de aproximadamente quinze milhões de reais, envolvendo grupo empresarial composto de nove sociedades empresárias e dezenas de credores. Administrador Judicial que inclusive já providenciou subsídios para o processo de recuperação da devedora. Arbitramento em 4% do valor devido aos credores submetidos à recuperação judicial, com adiantamentos mensais de R$ 10.000,00. Montante proporcional e razoável, respeitando outrossim os parâmetros legais."). Ver, também: TJSP, 1ª Câmara Reservada de Direito Empresarial, AI 2142382-60.2015.8.26.0000, Rel. Des. Enio Zuliani, j. 28/10/2015; TJSP, 1ª Câmara Reservada de Direito Empresarial, AI 2143161-15.2015.8.26.0000, Rel. Des. Pereira Calças, j. 26/08/2015; TJSP, 2ª Câmara Reservada de Direito Empresarial, AI 0070488-63.2012.8.26.0000, Rel. Des. Roberto Mac Cracken, j. 6/11/2012; TJSP, Câmara Reservada à Falência e Recuperação, AI 0031707-40.2010.8.26.0000, Rel. Des. Pereira Calças, j. 19/10/2010; TJSP, Câmara Reservada à Falência e Recuperação, AI 9073393-24.2008.8.26.0000, Rel. Des. Pereira Calças, j. 28/07/2009. Na doutrina: VERÇOSA. Seção III: Do administrador judicial e do comitê de credores..., p. 177.

[1085] TOLEDO; PUGLIESI. Capítulo V: Disposições comuns à recuperação judicial e à falência..., p. 137. Ver, também: STJ, 3ª Turma, REsp 1.032.960/PR, Rel. Min. Massami Uyeda, j. 21/06/2010.

[1086] VERÇOSA. Seção III: Do administrador judicial e do comitê de credores..., p. 178.

[1087] STJ, 4ª Turma, AgRg no AgRg no REsp 699.281, Rel. Min. Maria Isabel Gallotti, j. 21/10/2010.

[1088] STJ, 4ª Turma, AgRg no AREsp 433.270/ES, Rel. Min. Luis Felipe Salomão, j. em 15/12/2015.

Finalmente, não terá direito à remuneração o administrador judicial que tiver suas contas desaprovadas (art. 24, §4º). Ambas as regras operam claramente com caráter punitivo.

8.6. Remuneração dos auxiliares

Caberá à recuperanda ou à massa falida arcar com as despesas relativas à remuneração do administrador judicial e das pessoas eventualmente contratadas para auxiliá-lo (LREF, art. 25).

Quem fixa a remuneração dos auxiliares é o juiz, que não precisará ouvir o Comitê de Credores para tanto. Nessa tarefa, o juiz considerará dois parâmetros: (*i*) a complexidade dos trabalhos que serão executados e (*ii*) os valores praticados no mercado para o desempenho de atividades semelhantes (LREF, art. 22, §1º).

A contratação de auxiliar sem a devida autorização judicial enseja que a sua remuneração seja custeada pelo próprio administrador judicial[1089].

Ademais, não se pode confundir a contratação de auxiliar autorizada judicialmente com a própria estrutura que o administrador judicial possui para a prestação dos serviços (empregados, etc.), a qual já é levada em consideração quando da fixação de seus honorários.

8.7. Remuneração no quadro de credores

Na falência, a remuneração do administrador é classificada como crédito extraconcursal pelo art. 84, I, da LREF. Assim, o administrador judicial receberá antes dos credores concursais previstos no art. 83, sem prejuízo de o administrador vir a receber alguma quantia antecipadamente – isto é, antes do início dos pagamentos (observado o disposto nos arts. 150, 151 e 86 da LREF).

Na recuperação judicial, o crédito do administrador é extraconcursal, não se sujeitando, portanto, aos termos e condições constantes no plano. Usualmente, como referido, o magistrado deixa espaço para que o administrador judicial e o devedor acordem a forma de pagamento dentro do montante de remuneração já estabelecido por ele.

9. Controle

Conforme o art. 22 da LREF, o administrador judicial atuará sob a fiscalização do juiz e do Comitê de Credores, além do controle exercido pelo Ministério Público, que agirá no exercício da sua função institucional de fiscal do cumprimento da lei. Ademais, evidentemente, não se pode descartar a fiscalização exercida individualmente pelas partes interessadas, mormente o devedor e os credores.

[1089] TJRS, 6ª Câmara Cível, AI 70041279704, Rel. Des. Artur Arnildo Ludwig, j. 30/06/2011.

ADMINISTRADOR JUDICIAL

Há duas formas de exercer o controle sobre a atuação do administrador judicial: (*i*) anteriormente à prática de um determinado ato (*controle a priori*), ou (*ii*) posteriormente a sua prática (*controle a posteriori*).

Este último é o mais comum. O controle realizado após a prática do ato por meio de prestação de contas ou de esclarecimentos, aparece na LREF, por exemplo, pelo dever de apresentar relatórios mensais acerca do desenvolvimento financeiro da massa (receitas e despesas) e da prestação final de contas ao final do processo, ou quando o administrador deixa a função (substituição, renúncia ou destituição), como dispõe o art. 22, III, "p" e "r".

Já o controle prévio consiste na necessidade de se obter autorização do juiz anteriormente à realização do referido ato (sendo necessária, muitas vezes, a oitiva do Comitê de Credores e a prévia manifestação do Ministério Público). Exemplo típico de controle prévio se dá quando da contratação de profissionais ou empresas especializadas para auxiliar o administrador no desempenho de suas funções. Nesse caso, a LREF é expressa ao determinar que o ato somente possa ser praticado "mediante autorização judicial" (art. 22, I, "h"). Idêntica situação ocorre na contratação de avaliadores (art. 22, III, "h") e para a remissão, em benefício da massa, de bens apenhados, penhorados ou legalmente retidos (art. 22, III, "m"). Vale lembrar, ainda, a necessária aprovação do Comitê de Credores referentemente aos honorários do advogado contratado pelo administrador judicial para representar a massa em juízo (22, III, "n"). A prática do ato sem a devida autorização pode acarretar a responsabilização do administrador, bem como ineficácia do ato perante a massa ou o devedor e terceiros.

10. Substituição e destituição

O administrador judicial não é titular de nenhum direito subjetivo que lhe garanta a permanência no cargo[1090]. Em razão disso, poderá ser substituído a qualquer tempo desde que haja a perda da confiança do juiz (como já visto)[1091] ou, eventualmente, caso se verifique uma das hipóteses do art. 30, ou destituído pelo cometimento de falta grave[1092], cujas hipóteses estão previstas no art. 31[1093].

A substituição não exige a prática de qualquer irregularidade, sendo que, justamente por isso, não traz as consequências que a LREF prevê para a destituição do cargo.

[1090] BERNIER. *Administrador judicial...*, p. 154.
[1091] TJRS, 5ª Câmara Cível, APC 70067962977, Rel. Des. Isabel Dias Almeida, j. 27/04/2016; TJRS, 6ª Câmara Cível, AI 70065269292, Rel. Des. Ney Wiedemann Neto, j. 23/06/2015; TJRS, 6ª Câmara Civil, AI 70052606381, Rel. Sylvio José Costa da Silva Tavares, j. 09/04/2015; TJRS, 6ª Câmara Cível, AI 70052676400, Rel. Des. Artur Arnildo Ludwig, j. 20/06/2013; TJRS, 5ª Câmara Cível, AI 70040645533, Rel. Des. Romeu Marques Ribeiro Filho, j. 24/08/2011.
[1092] TJRS, 5ª Câmara Cível, AI 70042215400, Rel. Des. Jorge Luiz Lopes do Canto, j. 31/08/2011.
[1093] BERNIER. *Administrador judicial...*, p. 155.

RECUPERAÇÃO DE EMPRESAS E FALÊNCIA

Quanto à destituição, o juiz, de ofício ou a requerimento fundamentado de qualquer interessado, poderá determiná-la quando verificar desobediência aos preceitos da LREF, descumprimento de deveres, omissão, negligência ou prática de ato lesivo às atividades do devedor ou a terceiros (LREF, art. 31)[1094], como pode ocorrer quando da não apresentação das contas ou relatórios da administração judicial (art. 23) ou se for verificada confusão patrimonial entre o patrimônio do administrador judicial e os bens da massa[1095].

Desnecessária a configuração do dolo, pois a conduta culposa é suficiente para justificar a pena de destituição do administrador, sobretudo na hipótese de condução dos trabalhos de forma desorganizada e desidiosa[1096].

A destituição, que é ato revestido de formalidades em função de sua gravidade[1097], poderá ser requerida por qualquer interessado (sendo que no mesmo sentido entendemos quanto à substituição). De qualquer forma, é preciso garantir ao administrador judicial direito de defesa e a possibilidade de recurso[1098]. Com efeito, antes da decisão, será ouvido o próprio administrador judicial (em atenção ao princípio constitucional do contraditório e da ampla defesa) e o Ministério Público caso o pedido não tenha partido deste último[1099].

E como especialmente a destituição possui caráter sancionatório[1100] e impõe graves repercussões na esfera jurídica do administrador judicial, só poderá ocorrer quando houver prova contundente da falta cometida[1101] e quando a infração for tão grave quanto à sanção prevista em lei[1102]. Inclusive, se possível, recomenda-se a instauração de incidente de destituição para que os fatos restem suficien-

---

[1094] TJRS, 5ª Câmara Cível, AI 70039410394, Rel. Des. Isabel Dias Almeida, j. 15/12/2010 (assim decidindo: "Tendo em vista o reiterado descumprimento dos prazos legais pelo síndico, acarretando injustificável retardamento do feito, correta a decisão judicial que o destituiu do encargo. Exegese do artigo 31 da Lei nº 11.101/2005"). O STJ já confirmou a destituição de administrador judicial em função da prática de desídia, de incúria, de desleixo, de administração ruinosa, do uso dos bens da massa em interesse particular, de adiantamentos pecuniários de remuneração a ele próprio e a terceiros e da prestação de contas imprecisas (STJ, 4ª Turma, AgRg no AgRg no REsp 699.281, Rel. Min. Maria Isabel Gallotti, j. 21/10/2010).

[1095] TJRS, 5ª Câmara Cível, APC 70067962977, Rel. Des. Isabel Dias Almeida, j. 27/04/2016.

[1096] TJRS, 5ª Câmara Cível, APC 70067962977, Rel. Des. Isabel Dias Almeida, j. 27/04/2016.

[1097] TJRS, 5ª Câmara Cível, AI 70042215400, Rel. Des. Jorge Luiz Lopes do Canto, j. 31/08/2011.

[1098] PROVINCIALI. *Trattato di diritto fallimentare*, v. I..., p. 725

[1099] TJRS, 5ª Câmara Cível, AI 70042215400, Rel. Des. Jorge Luiz Lopes do Canto, j. 31/08/2011; TJRS, 5ª Câmara Cível, AI 70023188303, Rel. Des. Leo Lima, j. 30/07/2008. Na doutrina: BERNIER. *Administrador judicial*..., p. 155.

[1100] TJSP, 1ª Câmara Reservada de Direito Empresarial, AI 2174414-84.2016.8.26.0000, Rel. Des. Francisco Loureiro, j. 01/12/2016.

[1101] BERNIER. *Administrador judicial*..., p. 156.

[1102] TJPR, 17ª Câmara Cível, AI 6781959, Rel. Des. Francisco Jorge, j. 30/03/2011.

ADMINISTRADOR JUDICIAL

temente esclarecidos, propiciando, assim, a adequada instrução probatória sem causar tumulto na ação principal[1103].

No ato de destituição (bem como quanto à substituição), o juiz nomeará novo administrador (LREF, art. 31, §1º), sendo que, no caso da falência, o administrador judicial substituído prestará contas no prazo de 10 dias, nos termos dos §§1º a 6º do art. 154 da LREF (art. 31, §2º).

A destituição ou a substituição não são condições indispensáveis para eventual responsabilização civil ou criminal do administrador judicial. Logo, se praticar ato lesivo, poderá ser responsabilizado na forma da Lei, mesmo que não tenha sido destituído[1104].

11. Responsabilidade

O administrador judicial responderá pelos prejuízos que causar ao devedor, à massa falida ou aos credores por dolo ou culpa no exercício de suas funções, nos termos do art. 32 da LREF.

Assim, para responsabilizar o administrador judicial, será preciso provar a culpa ou o dolo[1105]. Trata-se de responsabilidade subjetiva, razão pela qual devem estar presentes os seguintes requisitos: (*i*) conduta antijurídica comissiva ou omissiva do administrador judicial[1106]; (*ii*) dano ao lesado; (*iii*) nexo de causalidade entre a conduta do administrador e o dano sofrido; e (*iv*) culpa ou dolo do administrador judicial[1107].

Nessa linha, a falta de cumprimento de uma obrigação até pode resultar na destituição do administrador judicial, mas a obrigação de pagar indenização estará presente apenas se houver dano a alguém[1108].

Com relação aos seus prepostos e empregados, responde o administrador judicial objetivamente[1109], ou seja: ainda que não haja culpa de sua parte, responderá pelos danos praticados por aqueles, como estabelecem os arts. 932, II, e 933 do Código Civil. Já quanto aos profissionais contratados, mediante autorização judicial, para auxiliá-lo no exercício de suas funções (LREF, art. 22, I), responde o administrador judicial apenas se tiver agido com culpa ou dolo concorrente[1110].

Finalmente, não se pode esquecer de eventual responsabilidade criminal (nos termos do art. 168 e seguintes da LREF) ou administrativa (no caso de uma companhia aberta, por exemplo, perante a CVM).

[1103] TJSP, 1ª Câmara Reservada de Direito Empresarial, AI 226545-74.2016.8.26.0000, Rel. Des. Carlos Alberto Garbi, j. 22/02/2017.
[1104] VIGIL NETO. *Teoria falimentar e regimes recuperatórios...*, p. 105.
[1105] BERNIER. *Administrador judicial...*, p. 136-137.
[1106] TJRS, 5ª Câmara Cível, APC 70067962977, Rel. Des. Isabel Dias Almeida, j. 27/04/2016.
[1107] BERNIER. *Administrador judicial...*, p. 137.
[1108] STJ, 2ª Turma, REsp 44.500/MG, Rel. p/ acórdão Min. Franciulli Neto, j. 28/11/2000.
[1109] BERNIER. *Administrador judicial...*, p. 142.
[1110] BERNIER. *Administrador judicial...*, p. 142.

Capítulo 8
Comitê de Credores

O Comitê de Credores é uma das inovações trazidas pela LREF relativamente ao regime anterior[1111]. É um órgão colegiado que representa o universo de credores e permite a eles uma atuação mais efetiva na recuperação judicial e na falência[1112].

Sua razão de ser é simples: o vulto e a complexidade de algumas crises empresariais, aliados ao eventual desinteresse ou inexperiência dos credores em acompanhar o seu deslinde, motivou o legislador a institucionalizar um órgão auxiliar capaz de avocar para si a função de acompanhar mais de perto o desenvolvimento das ações concursais no interesse da coletividade de credores.

1. Natureza e funções

O Comitê de Credores é órgão da recuperação judicial e da falência. Exerce funções eminentemente fiscalizatórias[1113], mas também atua como órgão consultivo e deliberativo[1114]. Além disso, procede na definição do quadro de credores, com legitimidade para impugnar créditos e promover a competente ação retificatória do quadro de credores[1115].

Diante da abertura com que muitas das competências são dispostas na LREF, há quem entenda que as atribuições do Comitê de Credores estão previstas em rol "não taxativo, sendo intuitivo que o órgão atuará, principalmente, no inte-

---

[1111] No entanto, vale lembrar que o Decreto 917 de 1890, por exemplo, previa órgão análogo, chamado "Comissão Fiscal", composto por três membros eleitos pelos credores, cujas funções principais eram consultivas e deliberativas, assim como a Lei 2.024 de 1908 previa o "Conselho Fiscal", órgão consultivo dos credores (FERREIRA. *Tratado de direito comercial*, v. 14..., p. 38, 45).

[1112] A LREF não prevê a constituição de Comitê de Credores na recuperação extrajudicial.

[1113] LREF, art. 22, *caput* e III, "n"; art. 27, I, "a", "b", "c", "d", II, "a" e "b".

[1114] LREF, art. 12; art. 27, "f"; art. 66; art. 71, IV; art. 87, §1º; art. 99, VI; art. 111; art. 113; art. 114; art. 117; art. 118; art. 119 IV; art. 142; art. 145, §3º.

[1115] LREF, arts. 8º e 19.

resse da coletividade de credores, fiscalizando a atuação do administrador judicial e do devedor"[1116].

Vale registrar que, em outros países, o papel atribuído a órgãos análogos ao Comitê de Credores é bem mais relevante, sendo-lhes delegadas funções relacionadas ao exame e à negociação do plano. Nos Estados Unidos, por exemplo, o Comitê foi concebido como um órgão para fazer contraposição à atuação do devedor como condutor da empresa em recuperação, fiscalizando-o e buscando um equilíbrio de poderes durante a negociação do plano. De acordo com o *Bankruptcy Code*, o próprio Comitê pode apresentar plano de recuperação caso o devedor não o faça dentro de determinado prazo. Além disso, pode o Comitê exercer um papel de destaque na negociação dos seus termos e condiçoes, inclusive recomendando ou não sua aprovação quando apresentado à votação[1117]. Em face de suas atribuições, já foi apelidado de "*watchdog*" dos regimes de insolvência. Já na Alemanha, de acordo com o *Insolvenzordnung*, o Comitê atua como consultor na elaboração do plano[1118].

No Brasil, diferentemente, não se admite a possibilidade de o Comitê de Credores apresentar plano alternativo na recuperação judicial. Igualmente, não há previsão de que apresente parecer prévio manifestando-se acerca do plano apresentado pelo devedor.

Não bastasse, suas atribuições, em grande medida, já são executadas pelo administrador judicial ou pelos credores individualmente, havendo visível superposição de funções.

Finalmente, as responsabilidades decorrentes do exercício do cargo de membro do Comitê (LREF, arts. 31 e 32) não correspondem a nenhuma contrapartida pecuniária ou vantagem creditória. Em razão disso, o Comitê de Credores exerce um papel absolutamente marginal nos regimes de crise regulados pela LREF, sendo raros os casos em que chega a ser constituído.

1.1. Função fiscalizatória

A função preponderante é a fiscalizatória. Com efeito, tanto na falência quanto na recuperação judicial, o Comitê de Credores examina as contas e monitora as atividades do administrador judicial, zela pelo bom andamento do processo e pelo cumprimento da lei e, caso detecte violação dos direitos ou prejuízo aos interesses dos credores, tem o dever de comunicar o juiz (LREF, art. 27, I, "a", "b" e "c").

Na recuperação judicial, em especial, fiscaliza a administração das atividades do devedor (apresentando, a cada 30 dias, relatório sobre a sua situação) e a execução do plano (LREF, art. 27, II, "a" e "b").

[1116] TOLEDO; PUGLIESI. Capítulo V: Disposições comuns à recuperação judicial e à falência..., p. 138.
[1117] Nesse sentido, um plano endossado pelo Comitê tem ampla possibilidade de aceitação.
[1118] Por tudo: MUNHOZ. Seção IV: Do procedimento de recuperação judicial..., p. 277; CEREZETTI. *A recuperação judicial de sociedade por ações*..., p. 414-415.

COMITÊ DE CREDORES

Ademais, "surgindo alguma reclamação de credor, caberá ao Comitê apurar os fatos e dar um parecer a respeito, que servirá de subsídio para o administrador judicial e para o juiz na solução da questão" (LREF, art. 27, I, "d")[1119].

Aqui, é importante salientar que o entendimento que deve prevalecer é o de que qualquer dos membros do Comitê de Credores possui o direito de, individualmente, exercer a fiscalização[1120].

1.2. Função consultiva

Residualmente, o Comitê de Credores cumpre outras funções e, nesse sentido, vale destacar o exercício de função consultiva, consubstanciada na obrigação de se manifestar nas hipóteses previstas na LREF.

A título exemplificativo, é possível lembrar o §3º do art. 145, que prevê a manifestação do Comitê acerca da proposta alternativa de realização do ativo do falido quando esta for rejeitada pela assembleia geral (manifestação que, segundo a dicção do referido dispositivo, será levada em conta pelo magistrado quando for decidir qual será, então, a forma adotada para a alienação do ativo).

1.3. Função deliberativa

Além de fiscalizar e emitir manifestações, o Comitê possui a prerrogativa de decidir acerca de determinadas matérias. Assim, poderá deliberar pela convocação de AGC – na verdade, poderá requerer ao juiz que convoque a AGC, não podendo fazê-lo diretamente (LREF, art. 27, I, "e")[1121].

Pode, também, deliberar (submetendo à apreciação judicial) sobre propostas de viabilização da atividade negocial da empresa em recuperação quando o devedor tiver sido afastado (LREF, art. 27, II, "c").

Finalmente, não se pode esquecer das hipóteses dos arts. 117 e 118, nas quais se exige autorização do Comitê (se constituído estiver) para que o administrador judicial dê cumprimento aos contratos unilaterais e bilaterais do falido após a decretação da quebra.

2. Constituição e caráter facultativo

Duas são as formas pelas quais se dá a constituição do Comitê de Credores:

a. por deliberação de qualquer das classes na AGC (LREF, art. 26, *caput*); ou
b. independentemente da realização de assembleia, por requerimento direcionado ao juiz, subscrito por credores que representem a maioria dos créditos de uma das classes (LREF, art. 26, §2º).

[1119] VERÇOSA. Seção III: Do administrador judicial e do comitê de credores..., p. 180.
[1120] TOLEDO; PUGLIESI. Capítulo V: Disposições comuns à recuperação judicial e à falência..., p. 138.
[1121] FRANCO; SZTAJN. *Falência e recuperação da empresa em crise...*, p. 71.

RECUPERAÇÃO DE EMPRESAS E FALÊNCIA

A constituição do Comitê é facultativa, pois depende da iniciativa dos credores. Na prática, o órgão tenderia a se justificar apenas nos processos de maior complexidade[1122], mas mesmo em tais casos há desinteresse geral dos credores na sua constituição.

Não havendo Comitê, cabe ao administrador judicial ou, na incompatibilidade deste, ao juiz o exercício de suas atribuições (LREF, art. 28).

3. Composição

O Comitê é composto por quatro representantes, um de cada classe apontada no art. 26: (*i*) um representante indicado pela classe dos credores trabalhistas, com dois suplentes; (*ii*) um representante indicado pela classe de credores com direitos reais de garantia ou privilégios especiais, com dois suplentes; (*iii*) um representante indicado pela classe de credores quirografários e com privilégios gerais, com dois suplentes; e (*iv*) um representante indicado pela classe de credores enquadrados como microempresas e empresas de pequeno porte, com dois suplentes[1123].

[1122] TOLEDO. Capítulo I: Disposições preliminares..., p. 124.

[1123] Como bem salienta a doutrina, a LREF, em alguns aspectos, não recebeu do legislador o esmero e a atenção que merece. Essa afirmação se funda em duas constatações quando o assunto é a composição do Comitê de Credores. Vejamos: (*i*) *Inconsistência na conjunção alternativa no inciso II do art. 26*: ressalta LUIZ INÁCIO VIGIL NETO que o "texto do inciso II descreve uma conjunção alternativa: credores com direito real de garantia *ou* credores com privilégio geral; enquanto que no inciso III o texto descreve uma conjunção cumulativa: credores com privilégio geral *e* credores quirografários". Como salienta o referido professor: "Não existe nenhuma razão jurídica que justifique tratamento diferenciado entre as duas classes. Por outro lado, se a opção fosse a alternatividade, significaria afirmar que: ou os credores com direito real de garantia ou com privilégio especial poderiam estar descartados desta representação" (o que não nos parece crível). Como não há qualquer lógica que sustente o tratamento diferenciado, não resta alternativa senão encarar a questão como um deslize do legislador e ter como certo que a eleição na classe II será feita conjuntamente pelos credores com direito real de garantia e pelos credores com privilégio geral (VIGIL NETO. *Teoria falimentar e regimes recuperatórios...*, p. 118); (*ii*) *Incongruência das classes II e III na AGC e no Comitê*: a composição das classes II e III na AGC (art. 41) é diferente daquela verificada no Comitê de Credores (art. 26). Com efeito, na AGC, os credores com privilégio especial estão alocados na classe III, enquanto, no Comitê, os credores com privilégio especial foram deslocados para a Classe II. Como, de acordo com o art. 44, haverá votação interna dentro das três classes a fim de que cada uma delas eleja o seu representante e os respectivos suplentes para o Comitê, instalam-se os seguintes problemas: (*a*) os credores com privilégio especial elegerão um membro que não os representa no Comitê; (*b*) o membro indicado pela Classe II, que, em tese, deveria representar os credores com direito real de garantia e os credores com privilégio especial de acordo com o inciso II do art. 26, acabará sendo eleito tão somente pelos primeiros, havendo uma forte tendência que defenda o interesse somente de seus eleitores por razões óbvias. Parte da doutrina atribui esses problemas a um provável lapso na tramitação do processo legislativo, quando foi alterada a regra referente à composição das classes de credores na AGC, sem a correspondente modificação do texto relativo ao Comitê. Sugere-se, assim, que uma solução possível seria simplesmente desconsiderar a regra do art. 26, deixando a composição das classes do Comitê idêntica à das classes da AGC, prevista no art. 44, superando a incongruência legal, ainda que isso

COMITÊ DE CREDORES

Observe-se que, para cada um dos representantes titulares, há um primeiro e um segundo suplentes.

O Comitê não precisa ser constituído de forma plena, podendo apenas uma, duas ou três das classes do art. 26 indicar seus representantes. Nesse caso, o Comitê funcionará com menos de quatro membros, não sendo as vagas faltantes substituídas por indicações das outras classes (art. 26, §1º). Foi o que aconteceu, por exemplo, no caso do Banco Santos[1124], falência na qual o Comitê atuou com apenas um membro.

O órgão não precisa ser constituído pelos próprios credores (pessoalmente). Pode, por exemplo, o advogado do credor atuar na qualidade de membro do Comitê.

De qualquer forma, ainda que um dos credores seja eleito, não é possível que persiga interesse próprio que colida com o da classe que representa (o interesse é o da comunidade de credores). Nessa hipótese, é possível pedir a sua destituição[1125].

Tanto a nomeação do representante e dos suplentes da respectiva classe ainda não representada no Comitê quanto a substituição de membro do Comitê ou de seus suplentes será determinada pelo juiz mediante requerimento subscrito por credores que representem a maioria dos créditos de uma classe, independentemente da realização de assembleia (LREF, art. 26, §2º).

A posse se dará com a assinatura de termo de compromisso na sede do juízo, por meio do qual os indicados se comprometerão a bem e fielmente desempenhar seu cargo e assumir todas as responsabilidades a ele inerentes (LREF, art. 33).

As hipóteses de impedimento e destituição são as mesmas previstas nos arts. 30 e 31 para o administrador judicial.

---

signifique transpor o princípio segundo o qual os dispositivos legais não têm palavras inúteis, o que se faria em homenagem à interpretação sistêmica (TOLEDO. Capítulo I: Disposições preliminares..., p. 124-125; TOLEDO, Paulo Fernando Campos Salles de; PUGLIESI, Adriana Valéria. Capítulo VI: Disposições comuns à recuperação judicial e à falência: a assembleia geral de credores. In: CARVALHOSA, Modesto (coord.). *Tratado de direito empresarial*, v. V – recuperação empresarial e falência. São Paulo: Revista dos Tribunais, 2016, p. 162-163). Diversamente, ERASMO VALLADÃO apresenta uma solução mais singela, sugerindo que a AGC assuma a composição do Comitê para a eleição de seus membros, deliberando, assim, de acordo com a composição do art. 26. Isto é, segundo o autor, os credores reunidos em AGC votariam de acordo com as classes do Comitê de Credores, porque a disposição do art. 26 é especial em relação à regra geral prevista no art. 41. Para a eleição prevista no art. 26, portanto, prevaleceria a disposição especial deste dispositivo legal (FRANÇA, Erasmo Valladão Azevedo e Novaes. Seção IV: Da assembléia-geral de credores. In: SOUZA JUNIOR, Francisco Satiro de; PITOMBO, Antonio Sergio A. de Moraes (coord.). *Comentários à Lei de Recuperação de Empresas e Falências*. 2 ed. rev., atual. e ampl. São Paulo: Revista dos Tribunais, 2007, p. 213). Finalmente, um último problema merece destaque: é interessante notar que os credores subordinados, apesar de comporem a AGC na classe III (art. 41, III), não poderão votar na eleição dos representantes classistas do Comitê de Credores. Ao menos essa é a interpretação literal a partir do disposto no art. 26, que, em seu inciso III, simplesmente não menciona esse grupo de credores.

[1124] TJSP, Câmara Especial de Falências e Recuperações Judiciais, AI 609.126-4/0-00, Rel. Des. Romeu Ricupero, j. 05/05/2009.

[1125] VIGIL NETO. *Teoria falimentar e regimes recuperatórios...*, p. 119.

O membro do Comitê não será remunerado pelo devedor ou pela massa falida. Todavia, diante da atuação no interesse da coletividade, as despesas feitas para a realização de ato previsto na LREF, se devidamente comprovadas e com a autorização do juiz, serão ressarcidas atendendo à disponibilidade de caixa (LREF, art. 29). De qualquer forma, nada obsta, no entanto, que os credores remunerem o seu representante classista, avença a ser feita extrajudicialmente[1126].

4. Instalação, condução dos trabalhos, deliberações e responsabilidade

Instala-se o Comitê em reunião que será registrada no livro de atas. Cabe aos próprios membros do Comitê indicar, entre eles, quem irá presidi-lo (sendo sua a responsabilidade de conduzir os trabalhos, de acordo com o disposto no LREF, art. 26, §3º)[1127].

Diferentemente da AGC, que delibera sempre por crédito (ressalvada a hipótese de deliberação sobre o plano de recuperação, que, dependendo da classe, delibera por crédito e por cabeça, conforme previsto no art. 38 da LREF), o Comitê de Credores delibera apenas por cabeça (LREF, art. 27, §1º). Em outras palavras, conta-se um voto para cada representante que participar da reunião.

As decisões são tomadas por maioria dos presentes, sendo elas consignadas em livro de atas, rubricado pelo juízo, que ficará à disposição do administrador judicial, dos credores e do devedor (art. 27, §1º).

Havendo empate, o impasse será resolvido pelo administrador judicial ou, na incompatibilidade deste, pelo juiz (LREF, art. 27, §2º). Finalmente, se o Comitê contar com apenas um representante, a situação se resolve naturalmente pela prevalência da vontade do único membro.

De acordo com o art. 32 da LREF, os membros do Comitê de Credores responderão pelos prejuízos causados ao devedor, à massa falida ou aos credores por dolo ou culpa no exercício das suas funções. Todavia, por se tratar de um órgão colegiado, deve o dissidente em deliberação do Comitê de Credores consignar sua discordância em ata para eximir-se da responsabilidade (o que leva a crer que, em regra, trata-se de responsabilidade solidária).

[1126] Nesse sentido, por exemplo, ocorreu no caso da falência do Banco Santos: TJSP, Câmara Especial de Falências e Recuperações Judiciais, AI 609.126-4/0-00, Rel. Des. Romeu Ricupero, j. 05/05/2009. Ver, também: TOLEDO; PUGLIESI. Capítulo V: Disposições comuns à recuperação judicial e à falência..., p. 140.

[1127] "A lei, aliás, silencia a respeito de regras de convocação ou de votação (por exemplo, se seria admitido voto não presencial), o que recomenda que o próprio órgão fixe regramentos básicos para tais fins. A cautela impõe-se, não apenas em razão do registro obrigatório das deliberações em livro de ata (que será rubricado pelo juiz e ficará à disposição dos credores, do devedor e do administrador judicial), mas principalmente em decorrência das responsabilidades que envolvem o exercício da função (art. 32 da Lei 11.101/05) (...)." (TOLEDO; PUGLIESI. Capítulo V: Disposições comuns à recuperação judicial e à falência..., p. 139),

Capítulo 9
Assembleia geral de credores

Ao lado do administrador judicial e do Comitê de Credores (bem como do gestor judicial), a assembleia geral de credores (AGC) é órgão do sistema falimentar e recuperatório judicial. Sua função é deliberativa.

Consiste a assembleia geral de credores na reunião da coletividade de credores para a tomada de decisões estratégicas sobre a recuperação judicial ou a falência[1128]. Sua função é formar e expressar a vontade da coletividade (do grupo de credores), a partir das vontades individuais manifestadas[1129]-[1130].

A assembleia possui poder decisório soberano para deliberar sobre as questões de sua competência, tais como a aprovação, a modificação ou a rejeição do plano de recuperação judicial apresentado pelo devedor[1131] – ficando suas deliberações sujeitas apenas ao controle judicial da legalidade[1132].

É órgão hierarquicamente superior, pois constitui dois outros órgãos: o Comitê de Credores e o gestor judicial (este último somente em caso de afastamento do devedor durante o processamento da recuperação judicial)[1133].

[1128] VIGIL NETO. *Teoria falimentar e regimes recuperatórios...*, p. 121.

[1129] CARVALHOSA, Modesto. Seção IV: Da assembleia-geral de credores. In: CORRÊA-LIMA, Osmar Brina; CORRÊA LIMA, Sérgio Mourão (coord.). *Comentários à nova Lei de Falência e Recuperação de Empresas.* Rio de Janeiro: Forense, 2009, p. 253.

[1130] Enquanto, no indivíduo, a formação da vontade (decisão de praticar um ato) obedece a um processo de natureza psicológica, nos grupos, a formação da vontade (deliberação) e a sua manifestação, ambas mais complexas, obedecem a um processo de natureza jurídica (FRANÇA. Seção IV: Da assembléia-geral de credores..., p. 188).

[1131] FRANÇA. Seção IV: Da assembléia-geral de credores..., p. 186.

[1132] ARAGÃO, Paulo Cezar; BUMACHAR, Laura. A assembléia geral de credores na Lei de Recuperação e Falências. In: SANTOS, Paulo Penalva (coord.). *A nova Lei de Falências e de Recuperação de Empresas* – Lei nº 11.101/2005. Rio de Janeiro: Forense, 2007, p. 114-115.

[1133] FRANÇA. Seção IV: Da assembléia-geral de credores..., p. 189.

Embora essencial para o sistema da LREF, a assembleia de credores não representa novidade no quadro do direito concursal brasileiro. Nos regimes anteriores, sempre houve a possibilidade de consulta direta aos credores acerca dos rumos dos processos liquidatórios[1134] – aliás, a assembleia de credores e as deliberações majoritárias já ocorriam nas falências da Idade Média[1135].

A novidade não está, portanto, na sua introdução como um dos órgãos dos regimes de crise, mas sim na probabilidade de sua ocorrência (que é muito maior), tendo em vista as atribuições conferidas pelo legislador, passando a ter um papel fundamental nos processos recuperatório e falimentar[1136].

Na recuperação judicial, a realização da assembleia de credores é praticamente certa (salvo na hipótese do art. 56, *caput*, LREF), especialmente diante da atribuição de deliberar sobre o plano de recuperação. Na falência, a prática demonstra que a sua ocorrência é possível, mas rara, sobretudo em face das atribuições menos relevantes que a LREF lhe reserva[1137].

1. Natureza jurídica

A assembleia é órgão dos regimes de crise, podendo se fazer presente tanto na recuperação judicial quanto na falência. Possui a natureza de comunhão legal de interesses em abstrato[1138].

[1134] Vide, *v.g.*, os arts. 122 e 123 do Decreto-Lei 7.661/1945. Todavia, no período anterior ao Decreto-Lei 7.661/1945, papel mais relevante era atribuído aos credores, o qual foi muito restringido pela última legislação falimentar, a qual fortaleceu os poderes do juiz. Sobre o tema, ver: TOLEDO; PUGLIESI. Capítulo VI: Disposições comuns à recuperação judicial e à falência..., p. 147 ss. Ver, também: ARAGÃO; BUMACHAR. A assembléia geral de credores..., p. 109 ss; VIGIL NETO. *Teoria falimentar e regimes recuperatórios*..., p. 121.

[1135] FERREIRA. *Tratado de direito comercial*, v. 14..., p. 17.

[1136] ARAGÃO; BUMACHAR. A assembléia geral de credores..., p. 114.

[1137] Não há previsão de AGC na recuperação extrajudicial.

[1138] Na precisa observação de FRANCISCO SATIRO: "(...) o simples fato de os credores submetidos constituírem uma comunhão não significa que eles tenham, de fato, interesses alinhados. A comunhão é criada pela LRF em abstrato. Concretamente, cada credor deliberará na exata medida de seu interesse individual, desde que legítimo. É neste ponto que o exercício do direito de voto de cada credor na AGC se afasta do caso aparentemente similar dos sócios das S/As nas AGOs/Ex. (...) A relação entre os credores na Recuperação Judicial não constitui um contrato plurilateral (nem antes da aprovação do plano, nem depois). Aliás, diga-se, não há relação contratual entre os credores pelo menos até a aprovação do plano. Diferentemente do caso da sociedade – em que o indivíduo se investe do status de sócio por conta de uma manifestação de vontade pela qual, ainda que implicitamente, admite a sujeição do seu interesse, em certa medida, ao interesse da maioria, ninguém assume a posição de credor renunciando sabidamente parte de seus direitos subjetivos pelo bem maior que é a preservação do devedor como empresa. É a lei – e não sua vontade individualmente manifestada – que coloca os credores em situação de comunhão e lhes confere poder de decisão acerca do plano, como contraponto da prerrogativa do devedor de propor um plano nas condições previstas na LRF. Diferentemente do que ocorre nas sociedades quanto ao interesse social, a preservação da empresa não é o objetivo final comum dos credores submetidos à recuperação

ASSEMBLEIA GERAL DE CREDORES

Enquanto o devedor é solvente, a tendência é que seus credores não se conheçam; do ponto de vista jurídico, a relação entre eles é marcada pela indiferença: cada credor mantém relações independentes com o devedor e exerce suas pretensões de forma autônoma[1139].

A situação se transforma com a instauração de um dos regimes de crise: com eles, impõe-se o concurso de credores e o princípio da igualdade (*par conditio creditorum*)[1140]. Os credores passam a exercer seus direitos coletivamente e decisões majoritárias podem ser impostas à minoria.

Essa situação deriva da lei, não de um ato voluntário de sujeição dos credores. Trata-se de uma conjuntura imposta pela insuficiência patrimonial presumida do devedor[1141].

Explica-se: nos procedimentos concursais, a mencionada insuficiência patrimonial do devedor gera uma espécie de "coligação de interesses" ou "comunhão de interesses"[1142]. Trata-se de circunstância excepcional, na qual todos os credores possuem interesse no recebimento de seus créditos, mas se encontram inseridos em uma situação de dupla sujeição, que se caracteriza pelo fato de que a satisfação de seus créditos está (*i*) submetida aos ditames da LREF e (*ii*) subordinada ao princípio majoritário[1143].

---

judicial. Nem pode, portanto, servir de referência para seu voto. O voto de cada credor refletirá, pura e simplesmente seu interesse individual legítimo na aprovação ou não do plano conforme proposto pelo devedor." (SOUZA JUNIOR, Francisco Satiro de. Autonomia dos credores na aprovação do plano de recuperação judicial. In: CASTRO, Rodrigo R. Monteiro; WARDE JÚNIOR, Walfrido Jorge; TAVARES GUERREIRO, Carolina Dias (coords.). *Direito empresarial e outros estudos em homenagem ao Professor José Alexandre Tavares Guerreiro*. São Paulo: Quartier Latin, 2013, p. 109-110). Sobre o tema, ver, também: BUSCHINELLI. *Abuso do direito de voto na assembleia geral de credores...*, p. 29 ss.

[1139] BUSCHINELLI. *Abuso do direito de voto na assembleia geral de credores...*, p. 29.

[1140] "81. Aplica-se à recuperação judicial, no que couber, o princípio da *par condicio creditorum*" (Enunciado 81 da II Jornada de Direito Comercial promovida pelo Conselho da Justiça Federal).

[1141] BUSCHINELLI. *Abuso do direito de voto na assembleia geral de credores...*, p. 29.

[1142] Segundo a doutrina, essa característica imporia, inclusive, deveres recíprocos de lealdade e de consideração, uma vez que, nessas coletividades, é dado a um dos integrantes influir na esfera jurídica alheia (especialmente no processo de formação da vontade coletiva). "Apesar da falta de ato voluntário, a finalidade comum corresponde à finalidade a ser perseguida pelos credores, na qualidade de credores, e pode ser definida como o 'interesse que tem cada credor em, ao menos em médio prazo, minimizar seus prejuízos, mediante ampliação das disponibilidades da massa'." (BUSCHINELLI. *Abuso do direito de voto na assembleia geral de credores...*, p. 29 ss). Ver, também: FRANÇA. Seção IV: Da assembléia-geral de credores..., p. 192. De qualquer sorte, sobre a inexistência de interesse comum entre os credores na falência, ver: VILLELA, João Baptista. *Da compensabilidade no concurso falencial*. Belo Horizonte: J. B. Villela, 1963, p. 61-62.

[1143] Conforme destaca, mais uma vez, FRANCISCO SATIRO: "(...) as disposições dos regimes de organização em geral, pelo princípio da maioria, interesses tipicamente individuais são 'organizados' para que, da soma de manifestações se possa derivar um único resultado de natureza jurídica comum: a deliberação pela aprovação ou rejeição do plano. Esta, por sua vez, não representa 'a vontade dos credores',

Essa peculiar conjuntura será retomada no item 9. deste Capítulo e no item 6.6. do Capítulo 11, por ocasião do exame do exercício do direito de voto.

2. Atribuições

Caso uma das matérias de competência exclusiva da assembleia tenha de ser apreciada durante a recuperação judicial ou no curso da falência, será obrigatória a sua realização, sob pena de invalidação do ato praticado[1144].

Na recuperação judicial, a assembleia terá por atribuições deliberar sobre: (*i*) o plano de recuperação (aprovação, rejeição ou modificação); (*ii*) a instalação do Comitê de Credores e a eleição de seus membros (bem como a substituição); (*iii*) o pedido de desistência do regime de recuperação judicial; (*iv*) a escolha do nome do gestor judicial por ocasião do afastamento do devedor; e (*v*) qualquer outra matéria que possa afetar os interesses dos credores (art. 35, I).

O desafio está em conseguir coordenar os interesses presentes no conclave de modo a evitar que a tentativa de satisfação individual acarrete a impossibilidade de preservar as atividades de empresa economicamente viável[1145].

Na falência – cujo objetivo maior é justamente organizar a liquidação dos bens do devedor segundo a ordem estabelecida na LREF[1146] –, além das atribuições mencionadas nos itens "ii" e "v", *supra*, cabe à assembleia geral deliberar sobre formas alternativas de alienação do ativo do falido (art. 35, II).

Vejamos, abaixo, de modo detalhado, as atribuições da assembleia geral de credores – que, pela abrangência das competências (*qualquer outra matéria que possa afetar os interesses dos credores*), há quem entenda que são fixadas de modo meramente exemplificativo[1147].

2.1. Apreciação do plano de recuperação

Cabe aos credores, reunidos em assembleia, a mais importante decisão em um regime de recuperação judicial: a aprovação, a rejeição ou a modificação do plano apresentado pelo devedor (art. 35, I, "a").

Efetivamente, havendo objeção de qualquer credor ao plano de recuperação judicial na forma do art. 55, o juiz convocará assembleia geral de credores para deliberar sobre ele (LREF, art. 56). Se o plano de recuperação for rejeitado, o juiz decretará a falência do devedor (LREF, art. 56, §4º – com a ressalva da conces-

---

mas a consequência jurídica da manifestação de vontade dos credores através de voto." (SOUZA JUNIOR. Autonomia dos credores na aprovação do plano de recuperação judicial..., p. 110).

[1144] Há a possibilidade de a AGC não se realizar, caso as matérias constantes no art. 35 não tenham de ser decididas pelos credores durante o processamento de uma recuperação judicial ou de uma falência.

[1145] SOUZA JUNIOR. Autonomia dos credores na aprovação do plano de recuperação judicial..., p. 103.

[1146] SOUZA JUNIOR. Autonomia dos credores na aprovação do plano de recuperação judicial..., p. 103.

[1147] TOLEDO; PUGLIESI. Capítulo VI: Disposições comuns à recuperação judicial e à falência..., p. 153.

ASSEMBLEIA GERAL DE CREDORES

são a recuperação judicial de acordo com o art. 58, §1º); se for aprovado, o juiz o homologará, concedendo a recuperação judicial, desde que atendidos os demais requisitos legais (LREF, art. 58).

A assembleia possui, ainda, competência para propor modificações ao plano apresentado pelo devedor. No entanto, qualquer alteração do plano em assembleia depende de expressa concordância do devedor e não poderá implicar em diminuição dos direitos exclusivamente dos credores ausentes (LREF, art. 56, §3º).

2.2. Instalação do Comitê de Credores

Dada a pretensa importância estratégica do Comitê de Credores, a LREF fez com que a a sua constituição, a escolha de seus membros e a sua substituição fosse uma atribuição da assembleia de credores, órgão que reúne todos os credores (art. 35, I, "b", e II, "b").

2.3. Pedido de desistência da recuperação judicial

O devedor não poderá desistir do pedido de recuperação judicial após o deferimento de seu processamento, salvo se obtiver aprovação da desistência na assembleia geral de credores (LREF, arts. 35, I, "d", e 52, §4º).

2.4. Apreciação do nome do gestor judicial

Se, na falência, o falido perde a administração de seu patrimônio (LREF, arts. 75 e 103), na recuperação judicial, em regra, isso não acontece. Em outras palavras, durante o procedimento de recuperação judicial, o devedor, seus sócios e administradores serão mantidos na condução da atividade empresarial, sob fiscalização do Comitê, se houver, e do administrador judicial (art. 64, *caput*).

É o que a doutrina norte-americana chama de *debtor-in-possession*, um benefício que estimula a recuperação, na medida em que o titular da empresa não precisa ter o receio (*ex ante*) de perder o controle gerencial para se valer do regime recuperatório (além de garantir a elaboração de um plano por quem está ciente das questões relevantes do negócio).

A despeito disso, a perda do controle gerencial da sociedade em crise por parte do devedor não foi ignorada pelo legislador.

O art. 64 da LREF cuida de hipóteses em que é possível afastar o devedor e seus administradores da condução da atividade empresarial. Verificadas quaisquer das hipóteses previstas no art. 64, o juiz destituirá o administrador, que será substituído na forma prevista nos atos constitutivos do devedor ou do plano de recuperação judicial (LREF, art. 64, parágrafo único).

Todavia, na hipótese específica do afastamento do devedor empresário individual, o juiz convocará a assembleia para deliberar sobre o nome do gestor judicial que assumirá a administração da empresa, aplicando-se-lhe, no que couber, todas as normas sobre deveres, impedimentos e remuneração do administrador judicial (LREF, art. 65 – para aprofundamento ver Capítulo 11, item 2.5.1).

O administrador judicial exercerá as funções de gestor enquanto a assembleia não deliberar sobre a escolha deste (art. 65, §1º). Na hipótese de o gestor indicado se recusar ou estiver impedido de aceitar o encargo para gerir os negócios do devedor, o juiz convocará, no prazo de 72 horas, contado da recusa ou da declaração do impedimento nos autos, nova AGC, mantendo-se, até a escolha do novo gestor, o administrador no exercício de suas funções (LREF, art. 65, §2º).

2.5. Adoção de modalidades alternativas de realização do ativo do falido

As atribuições da assembleia geral de credores na falência são em menor número se comparadas às previstas na recuperação judicial. Na verdade, a única atribuição falimentar que não encontra paralelo na recuperação judicial é a deliberação sobre a adoção de modalidade alternativa de realização do ativo do falido (art. 35, II, "c"), quando, então, o procedimento não se dará por uma das formas previstas no art. 142 da LREF (a saber: I – leilão, por lances orais; II – propostas fechadas; III – pregão).

Nesse sentido, a venda dos bens do falido por modalidade diversa só poderá ser adotada com a aprovação da assembleia (além de ter de ser autorizada pelo juiz, mediante requerimento do administrador judicial ou do Comitê de Credores – LREF, art. 144).

A constituição de sociedade de credores e de sociedades de empregados do próprio devedor (com a participação, se necessária, dos atuais sócios ou de terceiros), referidas no art. 145, bem como a adjudicação de ativos, são exemplos de modalidades alternativas.

Não sendo aprovada pela assembleia a proposta alternativa para a realização do ativo, caberá ao juiz decidir a forma que será adotada, levando em conta a manifestação do administrador judicial e do Comitê (LREF, art. 145, §3º).

2.6. Competência residual

Finalmente, cabe à assembleia deliberar sobre qualquer outra matéria que possa afetar os interesses dos credores tanto na recuperação judicial quanto na falência (art. 35, I, "f", e II, "d").

Trata-se, portanto, de uma regra de competência residual que se materializa, por exemplo, na deliberação sobre a suspensão da própria assembleia e na autorização para que o devedor apresente um novo plano de recuperação judicial.

3. Procedimento assemblear

Para que a assembleia possa deliberar validamente, é necessário seguir um procedimento legalmente previsto, uma sequência pré-ordenada de atos (o conhe-

ASSEMBLEIA GERAL DE CREDORES

cido "método assemblear"). A formação da vontade do grupo só será válida se forem seguidos, escrupulosamente, todos os atos previstos, os quais serão abaixo desenvolvidos.

4. Convocação

Verificada a necessidade de realização de assembleia, é fundamental para a validade da deliberação o correto chamamento dos credores para participarem do evento, pois as decisões tomadas vinculam a todos aqueles que integram o grupo, inclusive os ausentes, os que se abstém de votar e os dissidentes[1148].

Do ponto de vista subjetivo, a convocação publicada no órgão oficial e em jornais de grande circulação deve ser entendida como um "convite", na medida em que o comparecimento do credor ao conclave não é um dever, mas sim um direito[1149]. Do ponto de vista objetivo, trata-se de uma notificação pública, a partir da qual ninguém pode alegar ignorância quanto à realização do conclave e aos seus efeitos jurídicos, já que há presunção de conhecimento[1150].

4.1. Iniciativa

Será sempre o juiz que ordenará a convocação da assembleia[1151], de ofício (art. 36, *caput*) ou a requerimento do administrador judicial (LREF, art. 22, I, "g"), do Comitê de Credores (LREF, art. 27, I, "e") ou de credores individualmente, desde que representem, no mínimo, 25% do valor total dos créditos de uma determinada classe (LREF, art. 36, §2º).

Em síntese, a convocação da assembleia se dará por iniciativa das seguintes pessoas ou órgãos:

a. juiz;
b. administrador judicial;
c. Comitê de Credores;
d. credores[1152].

[1148] FRANÇA. Seção IV: Da assembléia-geral de credores..., p. 200.

[1149] CARVALHOSA. Seção IV: Da assembleia-geral de credores..., p. 258.

[1150] CARVALHOSA. Seção IV: Da assembleia-geral de credores..., p. 259-260.

[1151] A propósito, "[a] discordância de um dos credores quanto à conveniência da realização da Assembleia Geral de Credores em determinada data não pode constituir empecilho à sua realização" (TJPE, 2ª Câmara Cível, AI 353506-0, Rel. Des. Cândido José da Fonte Saraiva de Moraes, j. 04/03/2015).

[1152] Desde que possuam determinado percentual do crédito de uma das classes da AGC (25%) – nesta última hipótese está permitida a união de credores para o atingimento do percentual necessário à legitimação para requerer a convocação da AGC. Aqui, faz-se referência a interessante interpretação doutrinária: "Assim, os credores que representem, ao menos, 25% (vinte e cinco por cento) dos créditos de uma classe ficam autorizados a requerer convocação de assembleia geral. É o caso de se indagar se mesmo uma classe de credores não sujeita ao plano, por não ter seus direitos modificados pela proposta do devedor, poderia requerer a convocação de assembleia. A resposta é inquestionavelmente afirmativa. No

Embora não haja previsão expressa na LREF, a jurisprudência já admitiu que a própria recuperanda postulasse ao juiz a convocação de AGC[1153].

4.2. Edital

De acordo com o *caput* do art. 36, a assembleia será convocada pelo juiz por edital a ser publicado no órgão oficial[1154] e em jornais de grande circulação[1155] nas localidades da sede da recuperanda e de suas filiais, com antecedência mínima de 15 dias antes da realização do evento[1156-1157]. Ademais, como reforço, uma cópia do aviso de convocação da assembleia deverá ser afixada, de forma ostensiva, na sede e nas filiais do devedor (LREF, art. 36, §1º). Não é necessária a intimação dos advogados dos credores[1158].

Quanto ao seu conteúdo, o edital deverá conter: (*i*) local, data e hora da assembleia em primeira e em segunda convocação, não podendo esta ser realizada menos de cinco dias depois da primeira; (*ii*) a ordem do dia; e (*iii*) local onde os credores poderão, se for o caso, obter cópia do plano de recuperação judicial a ser submetido à deliberação da assembleia (LREF, art. 36, *caput*, I, II e III).

O edital deve indicar de modo preciso a data, a hora e o local da realização da assembleia, tanto em primeira quanto em segunda convocação. No que tange ao

---

concurso, decide-se o destino do devedor ou questões fundamentais que podem afetar toda a coletividade de credores, esteja ou não sujeita ao plano de recuperação judicial. Os efeitos de certas deliberações se farão sentir por todos os credores, sujeitos ou não ao plano, e isso justifica que qualquer classe de credor possa requerer a realização da assembleia." (TOLEDO; PUGLIESI. Capítulo VI: Disposições comuns à recuperação judicial e à falência..., p. 156).

[1153] TJRS, 6ª Câmara Cível, AI 70044939700, Rel. Des. Ney Wiedemann, j. 15/12/2011 (no caso em questão, o devedor postulou a convocação da AGC para apresentar proposta de modificação do plano de recuperação aprovado).

[1154] Leia-se, o Diário da Justiça Eletrônico do Estado do local no qual se processa a recuperação judicial ou a falência.

[1155] "Jornal de grande circulação deve ser entendido como aquele que oferece serviço de assinaturas e é vendido nas bancas do município em que é editado ou distribuído. Para caracterizar a 'grande circulação', não prevalece o critério quantitativo, mas sim o distributivo." (CARVALHOSA. Seção IV: Da assembleia-geral de credores..., p. 262-263).

[1156] Trata-se de prazo de direito material, o qual não se suspende no recesso forense, por exemplo. Assim: TJRS, 5ª Câmara Cível, AI 70043342070, Rel. Des. Jorge Luiz Lopes do Canto, j. 31/08/2011; e TJRS, 5ª Câmara Cível, AI 70042159525, Rel. Des. Jorge Luiz Lopes do Canto, j. 02/06/2011.

[1157] Lembra a doutrina que "as empresas, por necessidade de tempo, e por necessidade de diminuição racional de custos, não publicam dois editais, um para cada convocação. Contando o prazo para o atendimento do requisito temporal de antecedência, poderão, em um só edital convocatório, chamar os credores para as duas convocações". Assim, "se o edital convocatório tiver chamado para as duas convocações, respeitadas as antecedências, não será necessária, entre a primeira e a segunda convocação, a publicação de um segundo edital" (VIGIL NETO. *Teoria falimentar e regimes recuperatórios...*, p. 127).

[1158] TJSP, Câmara Reservada à Falência e Recuperação, AI 994.09.340346-4, Rel. Des. Romeu Ricupero, j. 02/03/2010. Ver, também: STJ, 3ª Turma, REsp 1.513.260/SP, Rel. Min. João Otávio de Noronha, j. 05/05/2016.

ASSEMBLEIA GERAL DE CREDORES

local da realização do conclave, o mais conveniente é que a AGC seja realizada no próprio estabelecimento do devedor, caso comporte o número de pessoas que possam comparecer e não tenha sido lacrado por ocasião da falência[1159]. Tal medida evita despesas desnecessárias para o empresário que já se encontra em estado de crise[1160]. Na prática, verifica-se a realização de assembleias em salões locados em clubes, em associações, em edifícios corporativos, em hotéis e até mesmo em ginásios esportivos, dependendo do número de credores que se espera e da disponibilidade de locais adequados no município da sede do devedor[1161].

A indicação da ordem do dia serve para que os credores possam refletir sobre a matéria em pauta e como se posicionar a respeito dela, bem como para que não sejam surpreendidos pela votação de alguma matéria em especial[1162]. Dessa forma, as matérias constantes da ordem do dia devem ser indicadas de modo preciso (e, justamente por conta disso, nada se pode deliberar, salvo consentimento de todos os credores e do devedor, se existir na ordem do dia a tão comum indicação de "assuntos gerais").

Se for o caso, na recuperação judicial, o edital deverá apontar, ainda, o local onde os credores poderão obter cópia do plano de recuperação, para que possam saber, com antecedência, seu conteúdo, podendo, dessa forma, votar conscientemente. A propósito, mesmo que o plano esteja disponível no processo judicial, andou bem o legislador ao prever local alternativo para que os credores obtenham cópia dele, pois o trâmite cartorário aliado ao elevado número de credores pode dificultar a disponibilização dos autos. Na prática, o administrador judicial é quem disponibiliza cópia digitalizada do plano aos credores – por vezes, inclusive, em página na *internet* (na qual, frequentemente, para a comodidade de todos, costumam ser disponibilizadas as principais peças do processo).

4.3. Prazos

Os prazos legais para a convocação da AGC deverão ser escrupulosamente observados, sob pena de viciar a assembleia, tornando-a passível de anulação.

A primeira convocação deverá ocorrer com no mínimo 15 dias de antecedência da realização da assembleia, enquanto que a segunda convocação deve se dar no mínimo cinco dias depois da primeira – podendo ambas as convocações constar do mesmo edital (art. 36, *caput*, I).

[1159] Vide regra do art. 109 da LREF.

[1160] FRANÇA. Seção IV: Da assembléia-geral de credores..., p. 201.

[1161] Se o município em que estiver localizada a sede do devedor não possuir local apropriado para realização da AGC, o magistrado pode autorizar que o conclave seja realizado em lugar adequado, situado em localidade próxima. Nesse caso, a distância que separa as duas localidades não deve ser empecilho suficiente para impedir o comparecimento de credores de menor porte.

[1162] FRANÇA. Seção IV: Da assembléia-geral de credores..., p. 201.

A contagem dos prazos deve respeitar a regra do art. 132, *caput*, do Código Civil, excluído o dia do começo e incluído o do vencimento – que poderá, portanto, ser o da própria AGC[1163].

São prazos de direito material, não de direito processual[1164], razão pela qual o início do prazo pode recair nos sábados, domingos e feriados. A contagem dos prazos se dará em dias corridos, e não somente em dias úteis; da mesma forma, se a publicação foi feita na sexta-feira, o início da contagem será no sábado[1165]. Nada impede que a própria AGC ocorra aos sábados, domingos e feriados, hipótese que pode até favorecer o comparecimento dos credores[1166].

4.4. Dispensa de convocação e dispensa da própria AGC

Há entendimento doutrinário no sentido de ser aplicável à assembleia geral de credores o dispositivo do Código Civil que dispensa as formalidades de convocação quando todos os interessados comparecerem ou declararem, por escrito, que tiveram ciência sobre o local, a data, a hora e a ordem do dia (CC, art. 1.072, §2º)[1167].

Neste caso, a declaração de ciência somente será válida como forma alternativa de convocação se a deliberação assemblear corresponder exatamente à matéria indicada no instrumento. Por outro lado, caso todos compareçam ao conclave e assim concordem, é possível, inclusive, que se deliberem quaisquer matérias.

A regra do diploma civil que possibilita aos sócios dispensar a assembleia quando todos decidirem, por escrito, acerca da matéria que seria objeto do conclave (art. 1.072, §3º) também parece ser aplicável à assembleia geral de credores. Efetivamente, se é dado aos credores negociarem de forma semelhante na recuperação extrajudicial (embora nesta não haja convocação de assembleia geral de credores), não há porque não permitir que o mesmo se faça na recuperação judicial. Aliás, se for possível deliberar desta forma, tanto melhor, pois se economizam tempo e dinheiro.

5. Proteção contra a suspensão ou o adiamento da AGC

Para garantir a eficiência dos procedimentos regulados pela LREF, bem como assegurar que o processo correrá regularmente, independentemente das discus-

---

[1163] FRANÇA. Seção IV: Da assembléia-geral de credores..., p. 201.

[1164] FRANÇA. Seção IV: Da assembléia-geral de credores..., p. 200. Na jurisprudência: TJRS, 5ª Câmara Cível, AI 70043342070, Rel. Des. Jorge Luiz Lopes do Canto, j. 31/08/2011; e TJRS, 5ª Câmara Cível, AI 70042159525, Rel. Des. Jorge Luiz Lopes do Canto, j. 02/06/2011.

[1165] A regra de direito processual – diversa daquela existente para os prazos de direito material – tem razão de ser na inexistência de expediente forense nos dias não úteis (finais de semana e feriados).

[1166] FRANÇA. Seção IV: Da assembléia-geral de credores..., p. 201.

[1167] Assim: FRANÇA. Seção IV: Da assembléia-geral de credores..., p. 195. Contra: CARVALHOSA. Seção IV: Da assembleia-geral de credores..., p. 260.

ASSEMBLEIA GERAL DE CREDORES

sões promovidas sobre a existência, a quantificação ou a classificação de créditos (tendo em vista o disposto no art. 39), o art. 40 estabeleceu regra para assegurar a realização da assembleia contra medidas liminares de credores insatisfeitos, segundo a qual:

Não será deferido provimento liminar, de caráter cautelar ou antecipatório dos efeitos da tutela, para a suspensão ou adiamento da assembléia-geral de credores em razão de pendência de discussão acerca da existência, da quantificação ou da classificação de créditos.

Trata-se de uma opção legislativa pela garantia de realização da assembleia que suscitou debate sobre a sua constitucionalidade[1168] – sobretudo diante do art. 5º, XXXV, da Constituição Federal, segundo o qual "a lei não excluirá da apreciação do Poder Judiciário lesão ou ameaça de direito".

A despeito da relevência dos argumentos lançados, entende-se que o art. 40 é constitucional, porque a LREF assegura aos credores cujos créditos estejam pendentes de discussão (acerca da sua existência, quantificação ou classificação) a possibilidade de requererem provimento liminar de caráter antecipatório para, assim, poderem apresentar objeção e/ou participar da assembleia com o crédito pretendido[1169] (além do agravo com efeito suspensivo ao tribunal de justiça, nos termos, por exemplo, do art. 17, parágrafo único, da LREF, em caso de negativa do juízo de primeiro grau)[1170].

O pedido deve ser formulado nos autos da impugnação ou da habilitação retardatária, e não na ação principal de recuperação judicial ou falência[1171].

Nesse sentido, de fato, a suspensão ou o adiamento da AGE constituem-se em medidas excepcionais[1172].

[1168] VIGIL NETO. *Teoria falimentar e regimes recuperatórios...*, p. 154.

[1169] Possibilitando a participação em assembleia com direito de voto por via de antecipação de tutela, ver: TJSP, 2ª Câmara Reservada de Direito Empresarial, AI 0134071-22.2012.8.26.0000, Rel. Des. José Reynaldo, j. 25/02/2013; TJMG, 3ª Câmara Cível, AI 1.0702.07.381099-7/001, Rel. Des. Kildare Carvalho, j. 27/01/2011; TJSP, Câmara Especial de Falências e Recuperações Judiciais, AI 431.595-4/7-00, Rel. Des. Pereira Calças, 15/03/2006. Ver, também: TOLEDO; PUGLIESI. Capítulo IV: Disposições comuns à recuperação judicial e à falência..., p. 124.

[1170] Nesse sentido: FRANÇA. Seção IV: Da assembléia-geral de credores..., p. 211-213; AYOUB; CAVALLI. *A construção jurisprudencial...*, p. 259-260; TOLEDO; PUGLIESI. Capítulo VI: Disposições comuns à recuperação judicial e à falência..., p. 160-161.

[1171] STJ, 3ª Turma, AgRG na MC 17.840, Rel. Min. Massami Uyeda, j. 14/04/2011.

[1172] Nesse sentido: TJSP, Câmara Especial de Falências e Recuperações Judiciais, AI 613.853-4/1-00, Rel. Des. Lino Machado, j. 28/01/2009 ("Agravo de Instrumento – Recuperação Judicial – Assembleia-Geral de Credores. Apenas excepcionalmente se concederá 'provimento liminar, de caráter cautelar ou antecipatório dos efeitos da tutela, para a suspensão ou adiamento da assembleia- geral de credores', a qual não deve ser postergada, sem que sua realização implique ofensa ao direito dos credores. Agravo desprovido.").

RECUPERAÇÃO DE EMPRESAS E FALÊNCIA

Todavia, nada obsta que seja deferido provimento liminar para suspender ou adiar assembleia cuja convocação não observou as formalidades legalmente estipuladas.

6. Rito assemblear

A liturgia assemblear existe para garantir a higidez das deliberações tomadas no conclave, que vinculam a coletividade de credores, presentes ou ausentes. O regular funcionamento da reunião constitui pressuposto essencial para garantir a eficácia das decisões tomadas[1173]. Abaixo serão examinadas, passo a passo, as principais etapas de uma assembleia.

a) Preparativos

Na véspera da realização AGC, cabe ao administrador judicial preparar a lista dos credores aptos a comparecer no conclave e a votar, apontando, ao lado do nome de cada um e do espaço para as assinaturas, o valor dos créditos e a respectiva classificação (providência necessária para facilitar a verificação dos quóruns de instalação e de aprovação das diferentes matérias postas em pauta)[1174].

É de todo conveniente que a lista de presença já segregue os credores nas classes do art. 41 para evitar maiores confusões. Pelo mesmo motivo, devem ser segregados os credores cujos créditos não são considerados para fins do cálculo dos quóruns de instalação e deliberação, mas que podem exercer direito de voz na assembleia[1175].

Até a véspera da realização da AGC, o administrador judicial receberá documentos que comprovem os poderes de eventuais mandatários ou representantes legais dos credores (inclusive das pessoas jurídicas) ou indiquem as folhas dos autos do processo em que se encontre tal documento (art. 37, §§4º e 6º).

O §4º do art. 37 estabelece o prazo de 24 horas antes da data prevista no aviso de convocação como limite fatal para a providência acima referida.

A intenção da LREF é clara: "evitar que o administrador judicial, no dia do conclave, fique a conferir, antes da assinatura da lista de presença, contratos sociais, atas de assembléias, atas de conselhos de administração, estatutos de associações e fundações, etc., para verificar se o indivíduo que ali comparece tem poderes para 'presentar' a pessoa credora... (...)"[1176].

[1173] PINTO FURTADO, Jorge Henrique da Cruz. *Deliberações de sociedades comerciais*. Coimbra: Almedina, 2005, p. 415.
[1174] FRANÇA. Seção IV: Da assembléia-geral de credores..., p. 203.
[1175] FRANÇA. Seção IV: Da assembléia-geral de credores..., p. 203. Ver, também: TOLEDO; PUGLIESI. Capítulo VI: Disposições comuns à recuperação judicial e à falência..., p. 165.
[1176] FRANÇA. Seção IV: Da assembléia-geral de credores..., p. 206.

ASSEMBLEIA GERAL DE CREDORES

O mandatário deve ter poderes especiais para transigir ou renunciar, caso isso seja necessário (como no caso de deliberação sobre o plano que altera o crédito), não valendo apresentar instrumento que confira apenas poderes gerais, nem simplesmente a cláusula *ad judicia*[1177].

No caso dos credores trabalhistas representados por sindicatos, os prazos de antecedência para informação ao administrador judicial da representação, bem como todo o procedimento, está previsto no art. 37, §6º.

b) Presidência e secretariado

A assembleia geral de credores será presidida pelo administrador judicial, que designará um secretário dentre os credores presentes (LREF, art. 37, *caput*).

O secretário é escolhido livremente entre os credores, sem que a escolha tenha de recair sobre o de maior crédito. Presidente e secretário formarão a mesa diretiva dos trabalhos.

Ao presidente cabe a direção geral dos trabalhos da AGC. É atribuição do secretário o controle da lista de presença e a elaboração da ata[1178].

Em nenhuma hipótese, a assembleia será presidida pelo juiz ou a ele caberá qualquer papel no conclave, embora o magistrado possa se fazer presente, caso entenda necessário. O mesmo pode ser feito pelo representante do Ministério Público.

Existindo incompatibilidade do administrador judicial, a assembleia será presidida pelo credor presente que seja titular do maior crédito (LREF, art. 37, §1º).

Além disso, o art. 37 da LREF, em seu §1º, trata da hipótese de deliberação sobre o afastamento do administrador judicial e a consequente necessidade de substituí-lo na presidência dos trabalhos pelo credor presente que seja titular do maior crédito (em face do seu óbvio impedimento para presidir o conclave).

Apesar de prevista expressamente na letra da Lei, essa hipótese simplesmente inexiste em razão do veto presidencial aos dispositivos que conferiam à assembleia essa atribuição (art. 35, I, "c", e II, "a"). Efetivamente, cumpre ao juiz e tão somente a ele decidir sobre o afastamento do administrador judicial, não sendo de competência da AGC.

A hipótese do §1º permaneceu por um vacilo do Poder Executivo, que, ao vetar os dispositivos acima citados, esqueceu-se de ajustar o §1º do art. 37[1179].

[1177] FRANÇA. Seção IV: Da assembléia-geral de credores..., p. 206.
[1178] VIGIL NETO. *Teoria falimentar e regimes recuperatórios...*, p. 128; AYOUB; CAVALLI. *A construção jurisprudencial...*, p. 271.
[1179] FRANÇA. Seção IV: Da assembléia-geral de credores..., p. 205.

c) Controle da lista de presença

A lista de presença estará no recinto em que será realizada a AGC, devendo ser assinada pelos credores que efetivamente comparecerem ao conclave. Como foi mencionado, é tarefa do secretário o controle da lista de presença.

É dever dos credores se identificarem, demonstrando formalmente sua legitimidade para participar do conclave (apresentando, por exemplo, documento de identificação – sendo necessário apresentar eventual contrato ou estatuto social que demonstre os poderes de presentação, caso se trate de ente coletivo –, mesmo que já cumprida a formalidade do art. 37, §4º).

Para participar da assembleia, cada credor deverá assinar a lista de presença, que será encerrada no momento da instalação (LREF, art. 37, §3º). Somente assim o credor poderá participar do conclave e, eventualmente, contar para a formação do quórum de instalação e exercer seu direito de voz e voto.

Tendo em vista princípio da unicidade assemblear, em caso de suspensão, valerá a lista de presença da instalação da assembleia.

d) Instalação

Segundo o método assemblear, somente será possível iniciar os trabalhos deliberativos em primeira convocação na hipótese de o quórum de instalação ser atingido.

A assembleia poderá se instalar em primeira convocação com presença de credores titulares de mais da metade dos créditos de cada classe, computados pelo valor (LREF, art. 37, §2º). Do contrário, será preciso aguardar ao menos cinco dias para instalar a AGC em segunda convocação[1180], hipótese em que isso ocorrerá com qualquer número de credores presentes, mesmo que uma ou mais classes não tenham sequer representante (LREF, art. 37, §2º).

Para o quórum de instalação são computados mesmo aqueles credores que não tenham direito de voto mas que se sujeitam à recuperação judicial ou à falência (desde que, evidentemente, possam participar do conclave, nos termos do art. 39, *caput*, da LREF), como na hipótese daqueles credores que, na AGC que deliberar sobre o plano de recuperação judicial, não tenham seus créditos alterados.

Efetivamente, o art. 45, §3º somente exclui destes credores o direito de voto (e, por consequência, não serão considerados para o quórum de deliberação, mas serão considerados para o quórum de instalação).

[1180] Diferentemente do que ocorre na prática societária (com ressalva das sociedades anônimas, já que a Lei das S.A. exige a publicação de anúncios distintos, nos termos do art. 124, §1º, I), a nova oportunidade de instalação da assembleia geral não poderá ser realizada no mesmo dia, mas, no mínimo, cinco dias depois da data estabelecida para a primeira tentativa.

ASSEMBLEIA GERAL DE CREDORES

De qualquer sorte, a LREF dispõe de modo diverso no que tange aos impedimentos de voto dispostos no art. 43, hipótese na qual os credores ali arrolados também não serão considerados para o quórum de instalação.

Ademais, aqueles credores que não se sujeitam a nenhum dos referidos processos tendo em vista a natureza do seu crédito e, por conta disso, não se enquadrem em nenhuma das classes de credores arroladas no art. 41, não são considerados para fins de verificação do quórum de instalação. Nesse sentido, vide, por exemplo, o disposto no art. 39, §1º, da LREF.

Encerrada a assinatura da lista de presenças no horário aprazado para início da assembleia e verificado o quórum de instalação, o presidente declarará instalada a assembleia (dando por encerrada a assinatura da lista de presença e começando os trabalhos deliberativos, sendo lido o edital de convocação e iniciando-se os debates e consequentes deliberações).

A partir daí, o ingresso de mais nenhum credor será franqueado ao recinto, mesmo que a assembleia seja suspensa e continue em outra data, pois vige o princípio da unicidade assemblear[1181].

Os trabalhos poderão ocorrer em uma ou mais sessões, mas dos encontros subsequentes apenas participarão os credores que assinaram a lista que se encerrou na sessão em que se instalou o conclave[1182]. Não há necessidade de o administrador judicial verificar novamente o quórum de instalação[1183].

Advirta-se, no entanto, que é preciso distinguir a situação da suspensão da assembleia daquela em que a AGC é encerrada e nova assembleia é convocada para voltar a deliberar matérias de sua competência. Neste último caso, será necessário respeitar todos os trâmites para a sua realização.

e) Abertura e condução dos trabalhos

A abertura da assembleia se dará pela leitura do edital de convocação, atribuição do administrador judicial, seu presidente.

Cabe ao administrador judicial a firme condução dos trabalhos, impondo a ordem necessária ao bom andamento do conclave – contando, para tanto, com o auxílio do secretário. No exercício dessa função, o presidente pode excluir do recinto aquele que atentar contra o decoro ou praticar atos que caracterizem

---

[1181] AYOUB; CAVALLI. *A construção jurisprudencial...*, p. 270.

[1182] AYOUB; CAVALLI. *A construção jurisprudencial...*, p. 270. Verifica-se, aqui, o Enunciado 53 da 1ª Jornada de Direito Comercial, promovida pelo Conselho da Justiça Federal no ano de 2012: "A assembleia geral de credores para deliberar sobre o plano de recuperação judicial é una, podendo ser realizada em uma ou mais sessões, das quais participarão ou serão considerados presentes apenas os credores que firmaram a lista de presença encerrada na sessão em que instalada a assembleia geral."

[1183] TJSP, Câmara Reservada à Falência e Recuperação, AI 0137526-29.2011.8.26.0000, Rel. Des. Elliot Akel, j. 13/12/2011.

RECUPERAÇÃO DE EMPRESAS E FALÊNCIA

crimes ou contravenções – por exemplo, ameaçar e insultar. O mesmo pode ser feito com a pessoa que eventualmente apresente estado de embriaguez ou manifesta insanidade mental[1184].

Em regra, excessos verbais ou protestos veementes não podem ensejar a exclusão do participante da assembleia geral, pois são considerados eventos naturais quando há divergência entre opiniões, especialmente em situações dessa natureza[1185].

f) Debates e deliberações

Uma a uma, as matérias constantes da ordem do dia devem ser colocadas em discussão e votação. Quanto à organização da pauta, é de todo conveniente seguir a ordem das matérias como constou do edital de convocação. Nada impede, no entanto, que se altere a ordem da pauta, desde que isso não traga prejuízos aos participantes[1186].

Embora a LREF não tenha detalhado a forma por meio da qual os trabalhos devem ser conduzidos pela mesa, é amplamente aceita a seguinte sistemática: o devedor expõe o plano de recuperação judicial – quando essa for a matéria a ser deliberada –, outorgando-se a palavra aos credores para realizar questionamentos e sanar dúvidas[1187].

Pode o presidente limitar o tempo do uso do direito de voz de cada participante[1188]. Diferentemente do que pode parecer em uma análise preliminar, essa providência não deve ser considerada cerceamento do direito de liberdade de expressão do participante, pois se trata de medida razoável para a boa e ordenada condução dos trabalhos assembleares.

Compete ao administrador judicial organizar o formato da votação, a qual pode ocorrer com base na natureza do crédito, no seu valor ou, até mesmo, por ordem alfabética[1189]. Nada impede que sejam lançados apenas os votos contrários à proposição e anotadas as abstenções, alcançando-se, assim, o número de votos favoráveis por via indireta[1190].

Das decisões do presidente relativas à direção dos trabalhos não cabe recurso à assembleia, na medida em que este não exerce função delegada pelos credores[1191].

[1184] FRANÇA. Seção IV: Da assembléia-geral de credores..., p. 203.
[1185] FRANÇA. Seção IV: Da assembléia-geral de credores..., p. 203.
[1186] FRANÇA. Seção IV: Da assembléia-geral de credores..., p. 203.
[1187] AYOUB; CAVALLI. A construção jurisprudencial..., p. 270.
[1188] FRANÇA. Seção IV: Da assembléia-geral de credores..., p. 203.
[1189] TJMT, 5ª Câmara Cível, AI 69832/2009, Rel. Des. Sebastião Moraes Filho, j. 02/12/2009.
[1190] TJSP, Câmara Reservada à Falência e Recuperação, AI 0137526-29.2011.8.26.0000, Rel. Des. Elliot Akel, j. 13/12/2011.
[1191] FRANÇA. Seção IV: Da assembléia-geral de credores..., p. 204.

ASSEMBLEIA GERAL DE CREDORES

Somente os credores presentes ou seus representantes podem votar. Na sistemática da LREF, não são admitidos votos por correspondência, telegrama, fax ou *e-mail*[1192]. Também não se admite a manifestação de voto prévia ou posteriormente à realização da assembleia, mesmo que o requerimento seja realizado pelo credor interessado via petição diretamente no processo judicial.

g) Proclamação das deliberações

Apurados os votos pelo secretário, cabe ao presidente proclamar as deliberações tomadas para conhecimento da coletividade de credores reunidos em assembleia.

h) Lavratura da ata

Do ocorrido na assembleia, será lavrada ata que conterá o nome dos presentes e as assinaturas do presidente, do devedor e de dois membros de cada uma das classes votantes. A ata deverá ser entregue ao juiz, juntamente com a lista de presença, no prazo de 48 horas (LREF, art. 37, §7º).

A ata poderá ser lavrada na forma de sumário dos fatos ocorridos, com o registro de eventuais dissidências e protestos dos participantes. Se houver declarações de voto e protestos apresentados pelos credores, estes podem ser autenticados pela mesa diretiva dos trabalhos, entregando-se cópias aos interessados.

Com a lavratura da ata, encerra-se a assembleia. Não é necessária a sua publicação, pois a publicidade da ata se dá pela sua juntada aos autos do processo de recuperação judicial ou de falência[1193].

i) Suspensão e adiamento da assembleia

Admite-se a suspensão ou o adiamento da assembleia geral de credores. O Enunciado 53 da 1ª Jornada de Direito Comercial, promovida pelo Conselho da Justiça Federal no ano de 2012, assim consignou:

A assembleia geral de credores para deliberar sobre o plano de recuperação judicial é una, podendo ser realizada em uma ou mais sessões, das quais participarão ou serão considerados presentes apenas os credores que firmaram a lista de presença encerrada na sessão em que instalada a assembleia geral.

Assim, nem a suspensão da assembleia tampouco o seu adiamento constitui, por si só, irregularidade[1194]. Em outras palavras, tanto a suspensão quanto o adiamento podem ser plenamente justificáveis, como na hipótese em que o devedor precisa avaliar proposta, advinda dos credores, de alteração do plano (LREF, art.

[1192] FRANÇA. Seção IV: Da assembléia-geral de credores..., p. 206.
[1193] FRANÇA. Seção IV: Da assembléia-geral de credores..., p. 208.
[1194] TJRS, 5ª Câmara Cível, AI 70043514256, Rel. Des. Jorge Luiz Lopes do Canto, j. 31/08/2011.

56, §3º), ou simplesmente em razão do horário, em face de um possível alongamento demasiado dos trabalhos assembleares[1195].

A suspensão da assembleia deve ser proposta por qualquer interessado e aprovada pelos credores. Como não há quórum específico, aplica-se o geral do art. 42 – votos favoráveis de credores que representem mais da metade do valor total dos créditos presentes à assembleia-geral.

Observe-se, no entanto, que a assembleia não tem poderes para deliberar questões que possam afrontar a legislação, como a prorrogação do prazo de suspensão do art. 6º, §4º (*stay period*), devendo o juiz se manifestar expressamente sobre esse ponto.

A deliberação assemblear acerca da suspensão/adiamento dispensa nova convocação, até porque da continuidade da assembleia poderão participar apenas os credores que estiveram presentes no momento da sua instalação. A assembleia é única, ainda que suspensa e retomada em outro dia. Por isso, também não há exigência de prazo mínimo para sua retomada.

Como já dito, diferente é a hipótese em que é encerrada a assembleia. Assim, a realização de nova AGC, ainda que seja para deliberar sobre matéria para a qual já foi convocada a assembleia anterior, deverá respeitar os trâmites previstos em lei.

7. Despesas de convocação e de realização

As despesas com a convocação e com a realização da assembleia correm por conta da massa falida ou do devedor (conforme se trate de falência ou de recuperação judicial), salvo se convocada em virtude de requerimento do Comitê de Credores ou na hipótese da convocação ter ocorrido por iniciativa de credores (LREF, art. 36, §3º).

O número de filiais existentes e a quantidade de credores envolvidos pode influir no montante a ser despendido para a realização de uma assembleia, sobretudo pela necessidade de publicação de editais em jornais de grande circulação nas localidades da sede da devedora e de suas filiais, assim como na hipótese de ser preciso locar um grande salão de eventos para reunir centenas ou até milhares de credores.

8. Participação

Quanto à participação dos credores no conclave, duas questões merecem exame mais aprofundado: (*i*) os requisitos para a participação em assembleia e (*ii*) as formas de participação.

[1195] Sobre suspensão da AGC para análise de alterações do plano de recuperação judicial, ver: TJSP, 2ª Câmara Reservada de Direito Empresarial, AI 2040940-17.2016.8.26.0000, Rel. Des. Carlos Alberto Garbi, j. 31/01/2016.

ASSEMBLEIA GERAL DE CREDORES

8.1. Requisitos para a participação

Três são os requisitos para a participação em uma assembleia: (*i*) ser credor; (*ii*) integrar a relação de credores vigente à época da assembleia; e (*iii*) assinar a lista de presença tempestivamente.

Efetivamente, a condição básica para participar de uma assembleia é ser credor[1196]. Todavia, nem todos os credores possuem direito de voto ou contam para fins de verificação do quórum de instalação, sendo excluídos, por exemplo, no caso da recuperação judicial, (*i*) os chamados "credores proprietários" apontados nos §§3º e 4º do art. 49 (entre eles o proprietário fiduciário e o arrendador mercantil), como estabelecido no art. 39, §1º; (*ii*) o Fisco; (*iii*) no caso de AGC para deliberar sobre o plano de recuperação judicial, os credores cujos créditos não sofreram proposta de alteração direta ou indireta[1197] (art. 45, §3º); e (*iv*) os credores arrolados no art. 43 da LREF.

Sobre a participação dos credores não sujeitos à recuperação judicial na assembleia, registre-se a existência de três posições doutrinárias a respeito: (*i*) a primeira defende que eles não podem estar presentes no evento[1198]; (*ii*) a segunda sustenta que eles podem estar presentes, mas não podem fazer uso da voz[1199]; e (*iii*) a terceira assevera que eles podem estar presentes e estão autorizados a fazer uso da voz (direito de voz), o que lhes possibilita debater as matérias em pauta[1200]. Cremos que a hipótese "iii" é a mais consentânea com o espírito da LREF.

Há que se analisar, ainda, a possibilidade de o credor não sujeito optar por se submeter, voluntariamente, aos termos do plano. Em primeiro lugar, entendemos que a adesão voluntária ao plano é possível (especialmente no que atine aos credores das classes II e III)[1201], desde que prevista em cláusula do próprio plano.

[1196] É admitida a cessão de crédito durante a recuperação judicial, sendo que o credor cessionário ou endossatário pode participar da assembleia com direito de voz e voto, bastando que, para tanto, tenha diligenciado para que seu nome conste da lista de credores, como será visto no item 10.4. deste Capítulo 9.

[1197] Mesmo que o crédito não tenha sofrido proposta de alteração, o plano pode prever a transferência de ativos da recuperanda para terceiros, os quais constituem, em última análise, a garantia geral dos credores da sociedade. Nesse caso, os créditos sofrem efeitos indiretos do plano. Sobre essa questão, ver: AYOUB; CAVALLI. *A construção jurisprudencial...*, p. 278-279.

[1198] Nesse sentido: COELHO. *Comentários à Lei de Falências e de Recuperação de Empresas...*, p. 155-156; CARVALHOSA. Seção IV: Da assembleia-geral de credores..., p. 281; CHALHUB, Melhim Namem. Cessão fiduciária de créditos. Efeitos em relação ao plano de recuperação judicial da sociedade empresária cedente fiduciante. In: _____. *Alienação fiduciária, incorporação imobiliária e mercado de capitais*: estudos e pareceres. Rio de Janeiro: Renovar, 2012, p. 236 (este último especificamente com relação aos credores titulares de posição de proprietário fiduciário. Para o referido autor: "(...) nada justifica sejam seus titulares admitidos à assembleia").

[1199] Nesse sentido: VIGIL NETO. *Teoria falimentar e regimes recuperatórios...*, p. 129.

[1200] Nesse sentido: FRANÇA. Seção IV: Da assembléia-geral de credores..., p. 211; BEZERRA FILHO. *Lei de Recuperação de Empresas e Falências comentada...*, p. 132.

[1201] TJMG, 17ª Câmara Cível, AI 1.0042.09.029121-4/001, Rel. Des. Márcia de Paoli, j. 13/08/2009. Na doutrina: AYOUB; CAVALLI. *A construção jurisprudencial...*, p. 285.

No entanto, o credor aderente não poderá votar. Com efeito, a adesão é voluntária, fruto do exercício da sua autonomia privada; porém, as regras relacionados ao exercício do direito de voto são estabelecidas em normas cogentes, com caráter de interesse público, porque podem influenciar decisivamente os resultados da deliberação e os direitos de outros credores. Em virtude disso, não podem ser alteradas pela vontade das partes.

Para participar da assembleia, o credor deve estar arrolado no quadro-geral de credores (terceira lista) ou, na sua falta, na relação de credores apresentada pelo administrador judicial (segunda lista) ou, ainda, na falta desta, na relação apresentada pelo devedor (primeira lista) – acrescidos dos créditos já habilitados na data da realização da assembleia ou aqueles créditos admitidos ou alterados por decisão judicial, inclusive no que se refere àqueles credores que obtiveram reserva de importâncias, ressalvado o caso dos credores retardatários.

Em resumo, o credor deve estar arrolado na lista vigente à época da realização da assembleia; para além disso, a outra forma de o credor participar do conclave é por meio de decisão judicial que admita ou altere seu crédito, inclusive decorrente de pedido de reserva de importância. Tudo de acordo com o art. 39 da LREF.

Finalmente, como requisito formal para participar da assembleia, cada credor deverá assinar a lista de presença, que será encerrada no momento da instalação (LREF, art. 37, §3º).

8.2. Formas de participação

Quatro são as formas de participação em uma assembleia: (*i*) pessoalmente (LREF, art. 37, §3º); (*ii*) por representação simples (LREF, art. 37, §4º); (*iii*) por representação sindical (LREF, art. 37, §§5º e 6º); além da hipótese de representação de coletividade de credores (como debenturistas); e (*iv*) por agente fiduciário ou figura similar.

8.2.1. Participação pessoal

É a hipótese pela qual o credor comparece pessoalmente para participar da assembleia, identificando-se perante o secretário como tal e assinando a lista de presença, estando, assim, apto ao exercício dos direitos que lhe toca.

8.2.2. Participação por representação simples

Alternativamente, o credor poderá ser representado na assembleia por mandatário ou representante legal, desde que entregue ao administrador judicial, até 24 horas antes da data da realização da assembleia, documento hábil que comprove seus poderes ou que indique as folhas dos autos do processo em que se encontra

ASSEMBLEIA GERAL DE CREDORES

esse documento (LREF, art. 37, §4º). A inobservância do prazo estabelecido em lei impossibilita a presença do procurador na assembleia[1202].

Evidentemente que, mesmo quando respeitado o referido prazo, a verificação de irregularidade no instrumento de mandato impedirá a participação do procurador e determinará que seu voto seja desconsiderado caso tenha sido lançado[1203].

O procurador pode ser qualquer pessoa, desde que maior e capaz, devendo, entretanto, possuir poderes para transigir ou renunciar, caso se faça necessário no caso concreto (como para votar plano de recuperação judicial que preveja remissão total ou parcial do crédito), não bastando que tenham sido atribuídos poderes gerais no instrumento de procuração ou simplesmente a cláusula *ad judicia*[1204].

Por fim, cumpre destacar que a regra do art. 37, §4º, não se aplica aos órgãos de administração das pessoas jurídicas, até porque a hipótese é de presentação e não de representação[1205].

8.2.3. Participação por representação sindical

Os sindicatos de trabalhadores poderão representar seus associados titulares de créditos derivados da legislação do trabalho ou decorrentes de acidente de trabalho que não comparecerem, pessoalmente ou por procurador, à assembleia (LREF, art. 37, §5º). Para exercer essa prerrogativa, o sindicato deverá apresentar ao administrador judicial, até dez dias antes da AGC, a relação dos associados que pretende representar. O trabalhador que conste da relação de mais de um sindicato deverá esclarecer, até 24 horas antes da assembleia, qual sindicato o representa, sob pena de não ser representado em assembleia por nenhum deles (LREF, art. 37, §6º).

8.2.4. Agente fiduciário

Sobre a representação por agente fiduciário, a II Jornada de Direito Comercial, promovida pelo Conselho da Justiça Federal, lançou o seguinte Enunciado:

> Enunciado 76. Nos casos de emissão de títulos de dívida pela companhia recuperanda, na qual exista agente fiduciário ou figura similar representando uma coletividade de credores, caberá ao agente fiduciário o exercício do voto em assembleia-geral de credores, nos termos e mediante as autorizações previstas no documento de emissão, ressalvada a faculdade de qualquer investidor final pleitear ao juízo da recuperação o desmembramento do direito de voz e voto em assembleia para exercê-los individualmente, unicamente mediante autorização judicial.

[1202] TJMT, 2ª Câmara Cível, AI 112849/2009, Rel. Des. Maria Helena Garglione Póvoas, j. 24/02/2010.

[1203] TJSC, 3ª Câmara de Direito Comercial, AI 2010.031090-2, Rel. Des. Jânio Machado, j. 13/10/2010.

[1204] FRANÇA. Seção IV: Da assembléia-geral de credores..., p. 206.

[1205] TJSP, Câmara Reservada à Falência e à Recuperação, AI 429.581.4/3-00, Rel. Des. Pereira Calças, j. 15/03/2006; TJSP, Câmara Reservada à Falência e à Recuperação, AI 429.666.4/1-00, Rel. Des. Pereira Calças, j. 15/03/2006.

RECUPERAÇÃO DE EMPRESAS E FALÊNCIA

Importante lembrar que a Lei das S.A. dispõe que o agente fiduciário representa os debenturistas em processos de falência e concordata (atualmente, recuperação judicial) da companhia emissora, salvo deliberação em contrário da assembleia dos debenturistas (Lei das S.A., art. 68, §3º, "d").

9. Exercício do direito de voto

Alguns pressupostos e condições devem ser observados para o exercício do direito de voto. Como vimos, o requisito básico para votar em assembleia é possuir a qualidade de credor. Somam-se a isso algumas outras condições: (*i*) fazer parte de uma das quatro classes do art. 41; (*ii*) estar devidamente habilitado; (*iii*) não estar proibido de votar; e (*iv*) assinar a lista de presença da assembleia.

9.1. Fazer parte de uma das quatro classes do art. 41

As classes apontadas no art. 41 são aquelas que compõem a assembleia geral de credores[1206]. Daí a óbvia conclusão de que somente os credores enquadrados em uma daquelas classes terão direito de voto.

A saber, integram as classes previstas no art. 41:

Classe I	Titulares de créditos derivados da legislação do trabalho ou decorrentes de acidentes de trabalho.
Classe II	Titulares de créditos com garantia real.
Classe III	Titulares de créditos quirografários, com privilégio especial, com privilégio geral ou subordinados.
Classe IV	Titulares de créditos enquadrados como microempresa ou empresa de pequeno porte[1207]

9.2. Estar devidamente habilitado

Não poderão votar os credores não habilitados, ressalvada a hipótese de reserva de crédito (LREF, art. 39, *caput*).

[1206] Sobre a lógica envolvida na divisão dos credores em classes, ver: BORTOLINI, Pedro Rebello. *Anotações sobre a assembleia-geral de credores na Lei de Recuperação de Empresas e Falências* (Lei nº 11.101/2005). Dissertação (Mestrado em Direito). Faculdade de Direito da Universidade de São Paulo, São Paulo, 2013, p. 104 ss.

[1207] Aqui, faz-se referência ao Enunciado 80 da II Jornada de Direito Comercial promovida pelo Conselho da Justiça Federal: "80. Para classificar-se credor, em pedido de habilitação, como privilegiado especial, em razão do art. 83, IV, d da Lei de Falências, exige-se, cumulativamente, que: (*a*) esteja vigente a LC 147/2014 na data em que distribuído o pedido de recuperação judicial ou decretada a falência do devedor; (*b*) o credor faça prova de que, no momento da distribuição do pedido de recuperação judicial ou da decretação da falência, preenchia os requisitos legais para ser reconhecido como microempreendedor individual, microempresa ou empresa de pequeno porte".

ASSEMBLEIA GERAL DE CREDORES

Assim, para ter direito de voto, o credor deve estar arrolado no quadro-geral de credores (terceira lista, conforme o art. 18)[1208] ou, na sua falta, na relação de credores apresentada pelo administrador judicial (segunda lista, de acordo com o art. 7º, §2º)[1209] ou, ainda, na falta desta, na relação apresentada pelo devedor (primeira lista, nos termos dos arts. 51, incisos III e IV do *caput*, 99, inciso III do *caput*, ou 105, inciso II do *caput*), acrescidos dos créditos já habilitados na data da realização da assembleia ou aqueles créditos admitidos ou alterados por decisão judicial, inclusive aqueles credores que obtiveram reserva de importâncias[1210].

Na recuperação judicial também não poderão votar os credores retardatários, que perdem o direito de voto em razão do atraso[1211] – exceto os titulares de créditos derivados da relação de trabalho, que poderão votar tão logo estejam devidamente habilitados (LREF, art. 10º, §1º, c/c art. 39, *caput*). Vale o mesmo em relação à falência, salvo se, na data da realização da assembleia, já houver sido homologado o quadro-geral de credores contendo o crédito retardatário (LREF, art. 10, §2º, c/c art. 39, *caput*)[1212].

Em resumo, para poder participar da assembleia com direito de voto, o credor, além de integrar uma das classes do art. 41, deverá também integrar a lista vigente à época da assembleia, ou, ao menos, garantir judicialmente sua participação[1213].

Eventual discussão quanto à existência, à quantificação ou à classificação de créditos não pode ensejar a suspensão ou o adiamento da AGC (conforme art. 40, como já analisado no item 5. deste Capítulo), bem como decisão posterior

---

[1208] Decorrente do julgamento, pelo magistrado, das impugnações, cuja organização, todavia, fica a cargo do administrador judicial.

[1209] Preparada pelo administrador judicial em atenção aos pedidos de habilitação e de divergência relativos à primeira listagem.

[1210] No caso em questão, os credores que demandam quantia ilíquida e que tenham obtido reservas tem seu voto computado pelo valor estimado (sendo o juiz por isto responsável).

[1211] Confirmando a perda do direito de voto do retardatário nas assembleias: TJSP, Câmara Reservada à Falência e Recuperação, AI 0328576-81.2010.8.26.0000, Rel. Des. Boris Kauffmann, j. 29/03/2011; TJRS, 6ª Câmara Cível, AI 70052292802, Rel. Des. Artur Arnildo Ludwig, j. 25/04/2013.

[1212] Em caso de cessão de crédito, tem-se que, se o crédito não confere direito de voto, uma vez que ocorreu habilitação retardatária (art. 10), tal restrição também recairá sobre o cessionário (BUSCHINELLI. Cessão de crédito na recuperação judicial..., p. 331-332).

[1213] VIGIL NETO. *Teoria falimentar e regimes recuperatórios...*, p. 131. O simples fato de o credor ter manejado impugnação não lhe garante o direito de voto conforme pretendido na referida ação incidental. Nesse sentido: TJSP, Câmara Especial de Falências e Recuperações Judiciais de Direito Privado AI 519.136-4/4-00, Rel. Des. Pereira Calças, j. 26/03/2008 (acórdão assim ementado: "Agravo. Recuperação Judicial. Direito de voto de credor na Assembléia-Geral. O valor a ser considerado para fins do artigo 38 da LRF é aquele constante da relação de credores feita pelo Administrador Judicial, com base no artigo 7º, §2º e artigo 39, da Lei n° 11.101/2005. A circunstância de haver Impugnação Judicial objetivando a redução de 50% do valor do crédito do credor, não autoriza que o direito de voto seja exercido com base no valor que a empresa recuperanda considera como correto. Agravo desprovido, para manter o direito de voto do credor proporcional ao crédito reconhecido na relação feita pelo Administrador Judicial.").

acerca da existência, quantificação ou classificação de créditos não invalidarão a deliberação (nos termos do art. 39, §2º, como será melhor analisado no item 12. deste Capítulo 9).

9.3. Não estar proibido de votar
Estão proibidos de votar (*i*) aqueles credores que não possuem interesse no processo (forte nos arts. 39, §1º, e 45, §3º, da LREF) e (*ii*) aqueles que estiverem em posição de conflito de interesses (como dispõe o art. 43, *caput* e parágrafo único, da LREF).

9.3.1. Credores que não possuem interesse no processo
Na recuperação judicial, alguns credores não possuem direito de voto (e não podem sequer ser considerados para fins de verificação de quórum de instalação) simplesmente porque seus créditos não são alcançados pelos efeitos modificativos do plano (isto é, porque o plano não possui o condão de alterar as avenças contratuais originárias). Da mesma forma, não votam os credores que não se sujeitam ao processo de recuperação judicial ou à falência.

Dessa forma, não há porque os seguintes credores terem direito de voto:

a. Credor titular de créditos cujos valores e condições originais de pagamentos não foram alterados direta ou indiretamente pelo plano de recuperação (LREF, art. 45, §3º);

b. Credor titular de posição de proprietário fiduciário de bens móveis ou imóveis (LREF, art. 39, §1º);

c. Credor arrendador mercantil (LREF, art. 39, §1º);

d. Credor proprietário ou promitente vendedor de imóvel cujos respectivos contratos contenham cláusula de irrevogabilidade ou irretratabilidade (inclusive em incorporações imobiliárias) (LREF, art. 39, §1º);

e. Vendedor proprietário em contrato de venda com reserva de domínio (LREF, art. 39, §1º);

f. Instituição financeira credora por adiantamento sobre contrato de câmbio (LREF, art. 39, §1º); e

g. Fisco (LREF, art. 6º, §7º; CTN, art. 187; LREF, art. 29).

9.3.2. Credores em situação de conflito de interesses
O art. 43 da LREF proibiu alguns credores de votar na assembleia quando possuírem relação de parentesco ou negocial com o devedor, proibição que subsiste para a verificação do quórum de instalação.

De acordo com o art. 43, *caput*, estão proibidos de votar e não serão considerados para o quórum de instalação (apesar de poderem participar da AGC e,

ASSEMBLEIA GERAL DE CREDORES

então, terem direito de voz)[1214], uma vez que podem exercer influência indevida, direta ou indiretamente, os credores que se enquadrem em alguma das seguintes situações:

a. Sócios do devedor;
b. Sociedades controladoras;
c. Sociedades controladas;
d. Sociedades coligadas;
e. Sociedades que tenham como sócio uma pessoa com participação superior a 10% do capital social do devedor;
f. Sociedades em que o devedor ou algum de seus sócios detenha participação superior a 10% do capital social[1215].

A referida regra se aplica também ao cônjuge ou parente, ao consanguíneo ou afim, ao colateral até o segundo grau, ascendente ou descendente do devedor, de administrador, do sócio controlador, de membro dos conselhos consultivo, fiscal ou semelhantes da sociedade devedora e à sociedade em que quaisquer dessas pessoas exerçam essas funções (LREF, art. 43, parágrafo único)[1216].

[1214] TJSP, Câmara Reservada à Falência e à Recuperação, AI 429.666.4/1-00, Rel. Des. Pereira Calças, j. 15/03/2006 ("Agravo de instrumento. Recuperação Judicial. Assembléia de Credores. Sociedade presentada por seu administrador. Teoria organicista. O Administrador é órgão social e, por isso, não representa a sociedade. Inaplicabilidade da exigência do artigo 37, parágrafo 4º, da LRF, ao presentante legal. Sociedade credora que é controlada pela sociedade devedora. Incidência do artigo 43 da LRF, reconhecido o direito daquela de participar, com voz, da Assembléia, suprimido, no entanto, o direito de voto. Agravo provido, em parte.").

[1215] Sendo que, quando se faz referência a sociedades, deve-se também abarcar outros entes, como fundos de investimento, bem como considerar eventualmente como impedidos os credores que possuam participação indireta na sociedade devedora – v.g., por meio de subsidiária integral (Processo nº 1071904-64.2017.8.26.0100, que tramita perante a 2ª Vara de Falências e Recuperações Judiciais do Foro Central Cível de São Paulo).

[1216] Lembre-se que, se o crédito não possui direito de voto, porque incidente em uma das hipóteses de proibição de voto (LREF, art. 43), sua cessão depois de iniciada a recuperação judicial faz com que tal restrição acompanhe o crédito, não podendo o cessionário votar. Nesse sentido: TJSP, Câmara Reservada à Falência e Recuperação, AI 994.09.287683-7, Rel. Des. Lino Machado, j. 01/07/2010; BUSCHINELLI. *Abuso do direito de voto na assembleia geral de credores...*, p. 103; em sentido contrário, revendo seu posicionamento e defendendo que não ocorre a transmissão do impedimento, salvo em hipótese de abuso, ver: BUSCHINELLI. Cessão de crédito na recuperação judicial..., p. 330 ss. Por sua vez, se o cessionário é quem possui vínculo com o devedor, que o torna impedido de votar (nos termos do art. 43), resta evidente que estará impedido de votar, ainda que o cedente não estivesse impedido (TJSP, Câmara Reservada de Falência e Recuperação de Empresas, AI 0271930-51.2010, Rel. Des. Romeu Ricupero, j. 01/02/2011; TJSP, Câmara Reservada de Falência e Recuperação de Empresas, AI 0271933.06.2010, Rel. Des. Romeu Ricupero, j. 01/02/2011 – casos nos quais a cessionária era sociedade controlada por filhos de sócios da devedora, sendo, então, considerada impedida de votar); ver, também: BUSCHINELLI. Cessão de crédito na recuperação judicial..., p. 333.

RECUPERAÇÃO DE EMPRESAS E FALÊNCIA

O elo entre as diferentes hipóteses acima elencadas está na conexão ou na proximidade (relação de ordem sentimental, ou especial interesse na continuidade da empresa) de um dado credor com o devedor, o que resulta em uma presunção absoluta de que o primeiro não terá neutralidade para votar[1217]-[1218].

O fundamento para tais proibições (impedimento ao direito de voto) está no conflito de interesses enfrentado pelo credor, sendo que as regras em comento, por serem demasiadamente amplas, devem ser interpretadas restritivamente[1219].

Em decorrência dessa diretriz hermenêutica, parece-nos que o impedimento à participação de "sócios do devedor" com direito de voto na assembleia, sem a indicação legislativa de que a restrição seria aplicável somente aos sócios cuja participação seja relevante ou que detenham alguma influência, acarreta o completo desincentivo à alocação de recursos à sociedade devedora. A sistemática posta pela Lei afasta justamente o sócio minoritário – e potencial investidor do negócio – da efetiva participação nos regimes concursais na qualidade de credor[1220].

Ainda, ressalvadas as vedações expressas acima elencadas, que representam verdadeiro conflito formal de interesses (proibição de voto), aplica-se ao direito concursal o regime geral do conflito substancial de interesses (também chamado de "conflito material"), cuja verificação dependerá de uma análise *ex post*, caso a caso[1221].

Nessa lógica, entende-se possível a aplicação analógica do art. 115 da Lei das S.A., que regula, no âmbito das sociedades anônimas, o abuso do exercício do direito de voto e o voto em conflito de interesses[1222] (ou, caso se entenda que o

---

[1217] BUSCHINELLI. *Abuso do direito de voto na assembleia geral de credores...*, p. 96, 99-100.

[1218] E tal restrição perdurará enquanto perdurar o vínculo arrolado no art. 43. Assim, encerrado o vínculo entre o sócio e o devedor, deve-se entender que o ex-sócio que seja credor pode, como regra, lançar seu voto na AGC (BUSCHINELLI. *Cessão de crédito na recuperação judicial...*, p. 332-333).

[1219] BUSCHINELLI. *Abuso do direito de voto na assembleia geral de credores...*, p. 84 ss. Analogicamente, ver: TJSP, Câmara Reservada à Falência e Recuperação, AI 0076760-10.2011.8.26.0000, Rel. Des. Araldo Telles, j. 18/10/2011.

[1220] CEREZETTI. *A recuperação judicial de sociedade por ações...*, p. 309.

[1221] A jurisprudência já proibiu o voto de sujeito que considerou ser sócio oculto da recuperanda e não simples credor (TJSP, Câmara Reservada à Falência e Recuperação, AI 553.932-4/6-00, Rel. Des. Boris Kauffmann, j. 24/09/2008), bem como de irmão dos procuradores da recuperanda (TJSP, Câmara Reservada à Falência e Recuperação, AI 554.611-4/9-00, Rel. Des. José Araldo da Costa Telles, j. 25/06/2008).

[1222] FRANÇA. *Seção IV: Da assembléia-geral de credores...*, p. 190-195. No que tange ao conflito de interesses, especificamente na seara societária (Lei das S.A., arts. 115 e 156), ver: FRANÇA, Erasmo Valladão Azevedo e Novaes. *Conflito de interesses nas assembléias de S.A...*; FRANÇA. Acionista controlador...; FRANÇA. Conflito de interesses: formal ou substancial...; FRANÇA. Atos e operações societárias em fraude à lei...; GUERREIRO, José Alexandre Tavares. Conflitos de interesse entre sociedade controladora e controlada e entre coligadas, no exercício do voto em assembléias gerais e reuniões sociais. *Revista de Direito Mercantil, Industrial, Econômico e Financeiro*, São Paulo, n. 51, p. 29-32, jul./set. 1983; LAMY FILHO, Alfredo. Sociedades associadas – Exercício de voto em assembléias gerais – Conflito de interesses – A

ASSEMBLEIA GERAL DE CREDORES

Código Civil é a legislação aplicável por se tratar de norma geral, do art. 1.074, §2º), ou mesmo a aplicação direta do art. 187 do Código Civil[1223]. Isso, evidentemente, deve ser feito resguardando-se as diferenças existentes entre uma assembleia de acionistas e uma assembleia geral de credores, bem como a possibilidade de o credor buscar satisfazer o seu próprio interesse quando do lançamento do voto – o que, em tese, em uma sociedade, não ocorre, uma vez que se deve buscar sempre o interesse social.

O clássico exemplo doutrinário de conflito material aplicado ao contexto do direito da insolvência é o da indústria automobilística credora que vota contrariamente à aprovação do plano de recuperação por ser de seu interesse a falência do devedor, seu concessionário, com o intuito de repassar a concessão a outrem[1224]-[1225].

A rigor, a LREF não oferece tratamento específico para a totalidade das possíveis hipóteses de conflito de interesses na assembleia geral de credores, não tendo uma regra geral sobre a questão. Se, de um lado a escolha do legislador não chega a impedir que se lhes apliquem as regras estabelecidas para o direito societário de forma subsidiária[1226], de outro dificulta a resolução de questões que fogem à regra geral.

---

prevalência do interesse social. In: _____. *Temas de S.A.:* exposições e pareceres. Rio de Janeiro: Renovar, 2007, p. 309-312; LAMY FILHO, Alfredo. Abuso do direito de voto e conflito de interesses – Interpretação do art. 115 e seu §1º – O direito de voto do controlador. In: _____. *Temas de S.A.:* exposições e pareceres. Rio de Janeiro: Renovar, 2007, p. 349-358; LEÃES, Luiz Gastão Paes de Barros. Conflito de interesses. O interesse social e o interesse da empresa. Voto conflitante e vedação do exercício do direito de voto. Abuso do direito de voto e abuso do poder de controle. In: _____. *Estudos e pareceres sobre sociedades anônimas.* São Paulo: Revista dos Tribunais, 1989, p. 9-27; SALOMÃO FILHO, Calixto. Conflito de interesses: a oportunidade perdida. In: _____. *O novo direito societário.* 4 ed. rev. e ampl. São Paulo: Malheiros, 2011, p. 104-118; SALOMÃO FILHO, Calixto. Conflito de interesses: novas esperanças. In: _____. *O novo direito societário.* 4 ed. rev. e ampl. São Paulo: Malheiros, 2011, p. 119-125; SPINELLI. *Conflito de interesses na administração da sociedade anônima...*

[1223] BUSCHINELLI. *Abuso do direito de voto na assembleia geral de credores...*, p. 63.

[1224] FRANÇA. Seção IV: Da assembléia-geral de credores..., p. 192.

[1225] E não se diga que o exemplo é cerebrino. Nunca é demais lembrar o famoso caso do cartel formado nos anos 1930 por General Motors, Firestone, Standard Oil, Mack Truck, entre outras companhias, que tinha como objetivo a aquisição de empresas de bonde, para a sua posterior liquidação, o que faria com que as cidades necessitassem dos carros, pneus, gasolina e ônibus dessas empresas. Com esse intuito, foram adquiridas mais de cem empresas de bonde por todo os Estados Unidos, o que mudou radicalmente a relação dos americanos com os meios de transporte nas grandes cidades.

[1226] Aliás, como salienta ERASMO VALLADÃO, a AGC é "tema em relação ao qual é indispensável o recurso ao direito societário, por ser este o ramo do direito privado em que, reconhecidamente, o estudo das questões referentes à assembléia e suas deliberações teve maior aprofundamento". Por essa razão, é bastante útil ter em mente as disposições do Código Civil e da Lei das S.A., assim como as lições da doutrina especializada, acerca das questões que ora serão examinadas (FRANÇA. Seção IV: Da assembléia-geral de credores..., p. 186).

RECUPERAÇÃO DE EMPRESAS E FALÊNCIA

De qualquer sorte, como bem refere a doutrina, é problemático estabelecer hipóteses de proibições de voto, uma vez que é praticamente impossível depurar a motivação do credor ao lançar um voto desfavorável à aprovação de um plano recuperatório, por exemplo. Assim, para evitar polêmicas, é de todo conveniente que o credor sempre fundamente seu voto, fazendo constar sua motivação na ata da assembleia[1227].

Por fim, vale registrar que a materialização de conflito de interesses entre o credor e o devedor, ou mesmo a existência de ações judiciais ou arbitrais em curso (nas quais ambos são partes adversas) não gera impedimento de voto[1228]. Caso houvesse impedimento nessa hipótese, praticamente todos os credores estariam impedidos de votar, dados o acirramento das relações decorrentes da crise do devedor e o inadimplemento das obrigações.

9.4. Finalidade do voto

O voto é um mecanismo de defesa do interesse creditício, de modo que seu exercício por parte do credor deve estar pautado pela satisfação honesta e leal de seu crédito[1229]. Essa é a "finalidade econômica" do voto[1230]. Perseguindo esse objetivo, os credores cumprem seu papel no procedimento assemblear[1231].

Porém, um dos objetivos centrais do art. 47 é garantir uma deliberação assemblear justa e consentânea com os propósitos da LREF. Nesse particular, o voto representa instrumento essencial para a concretização do princípio da preservação da empresa, diretriz valorativa basilar do direito concursal brasileiro, especialmente em atenção aos interesses que gravitam em torno da organização empresarial[1232]. Essa "finalidade social" do voto, embora sujeita a determinados temperamentos individuais[1233], impede o exercício do voto abusivo (o que afrontaria o próprio art. 187 do Código Civil)[1234-1235].

[1227] Sobre essa e outras questões conexas, inclusive sobre os vícios que podem invalidar a AGC, prazo para a anulação, legitimidade ativa e passiva, consequências da invalidade, etc., ver: FRANÇA. Seção IV: Da assembléia-geral de credores..., p. 189 ss.

[1228] TJSP, Câmara Reservada à Falência e Recuperação, AI 555.891-4/2-00, Rel. Des. Pereira Calças, j. 09/06/2009; e TJSP, Câmara Reservada à Falência e Recuperação, AI 545.582-4/4-00, Rel. Des. Pereira Calças, j. 26/03/2008.

[1229] BUSCHINELLI. *Abuso do direito de voto na assembleia geral de credores...*, p. 74.

[1230] CEREZETTI. *A recuperação judicial de sociedade por ações...*, p. 300.

[1231] BUSCHINELLI. *Abuso do direito de voto na assembleia geral de credores...*, p. 74.

[1232] CEREZETTI. *A recuperação judicial de sociedade por ações...*, p. 300.

[1233] Sobre os referidos temperamentos, ver: SOUZA JUNIOR. Autonomia dos credores na aprovação do plano de recuperação judicial..., p. 110-114.

[1234] BUSCHINELLI. *Abuso do direito de voto na assembleia geral de credores...*, p. 74.

[1235] Sobre o tema do voto abusivo, ver, entre outros: BORGES FILHO, Daltro de Campos. A eficiência da Lei 11.101 e os Enunciados 44, 45 e 46 da 1ª Jornada de Direito Comercial. In: CEREZETTI, Sheila C. Neder; MAFFIOLETTI, Emanuelle Urbano (coord.). *Dez anos da Lei nº 11.101/2005*: estudos sobre a Lei de

ASSEMBLEIA GERAL DE CREDORES

Nesse sentido o Enunciado 45 da 1ª Jornada de Direito Comercial, promovida pelo Conselho da Justiça Federal/CJF no ano de 2012: "O magistrado pode desconsiderar o voto de credores ou a manifestação de vontade do devedor, em razão de abuso de direito".

10. Contagem de votos

Regra geral, (*i*) quem tem crédito sujeito à recuperação judicial ou à falência vota e (*ii*) o voto é proporcional ao valor do crédito (LREF, art. 38, *caput*).

Exemplificativamente, um determinado credor com R$ 10.000,00 (dez mil reais) em créditos terá dez mil votos na AGC. Na democracia assemblear concursal, é justa, portanto, a alusão à ideia dos "sacos de dinheiro que votam", tão conhecida da "democracia societária"[1236].

10.1. Apreciação do plano de recuperação

Excepcionalmente para a apreciação do plano de recuperação judicial, a regra de que os votos dos credores são considerados apenas de acordo com o valor de seus créditos deixa de valer (como a própria segunda parte do *caput* do art. 38 ressalva), passando os credores alocados na classe I e IV a ter seus votos contados apenas "por cabeça", enquanto os votos dos credores das classes II e III passam a ser contados "por cabeça" e "por crédito" – sendo que todas as classes de credores deverão aprovar a proposta posta para votação (LREF, art. 45, §§1º e 2º).

Assembleia para apreciação do plano	
Classe I	Por cabeça
Classe II	Por cabeça e por crédito
Classe III	Por cabeça e por crédito
Classe IV	Por cabeça

Recuperação e Falência. São Paulo: Almedina, 2015, p. 237-263; BUSCHINELLI. *Abuso do direito de voto na assembleia geral de credores...*, p. 29 ss; DE LUCCA, Newton. Abuso do direito de voto de credores na assembleia geral de credores prevista nos arts. 35 a 46 da Lei 11.101/05. In: ADAMEK, Marcelo Vieira Von (coord.). *Temas de direito societário e empresarial contemporâneos – Liber Amicorum* Prof. Dr. Erasmo Valladão Azevedo e Novaes França. São Paulo: Malheiros, 2011, p. 645-666; MARIANO, Álvaro A. C. *Abuso de voto na recuperação judicial*. Tese (Doutorado em Direito). Faculdade de Direito da Universidade de São Paulo, São Paulo, 2012; MOREIRA, Alberto Camiña. Abuso do credor e do devedor na recuperação judicial. In: CEREZETTI, Sheila C. Neder; MAFFIOLETTI, Emanuelle Urbano (coord.). *Dez anos da Lei nº 11.101/2005*: estudos sobre a Lei de Recuperação e Falência. São Paulo: Almedina, 2015, p. 177-199; SOUZA JUNIOR. Autonomia dos credores na aprovação do plano de recuperação judicial..., p. 107 ss.

[1236] LAMY FILHO, Alfredo; PEDREIRA, José Luiz Bulhões. *A Lei das S.A.*: pressupostos, elaboração e modificações, v. 1. 3 ed. Rio de Janeiro: Renovar, 1997, p. 153.

10.2. Limites de classificação

No âmbito falimentar, os créditos com garantia real (pignoratícia e hipotecária, por exemplo) são classificados na classe II até o limite do valor do bem dado em garantia (LREF, art. 83, II). O excedente é alocado na classe VI, dos credores quirografários (LREF, art. 83, VI, "b").

Em razão dessa regra, indaga-se se, para fins de deliberação assemblear, os votos desses credores serão divididos em duas classes na hipótese de a garantia real não cobrir o montante total do crédito. A resposta é afirmativa, forte na regra do art. 41, §2°, da LREF, tanto para as assembleias no regime falimentar quanto para aquelas realizadas no regime recuperatório judicial.

Também no âmbito falimentar, sabe-se que os créditos derivados da legislação do trabalho (*v.g.*, salários, férias, décimo terceiro salário) são alocados na classe I até o limite de 150 salários (LREF, art. 83, I). O excedente é habilitado na classe VI, dos credores quirografários (LREF, art. 83, VI, "c").

Nesse ponto, a questão é a seguinte: uma vez convocada assembleia geral de credores, os votos dos trabalhadores deverão observar esse limite? Isto é, se o crédito for superior a 150 salários mínimos, o trabalhador votará até esse limite na classe que lhe é própria e com o excedente na classe quirografária? A resposta é negativa, pois o limite previsto existe tão somente para fins de pagamento, não tendo o condão de alterar a alocação de votos na falência (nem na recuperação judicial). Em outras palavras, os trabalhadores votam apenas na classe I, independentemente do valor do seu crédito (LREF, art. 41, §1°).

10.3. Conversão do crédito em moeda estrangeira

A conversão do crédito em moeda estrangeira implica a determinação do efetivo poder de voto dos seus titulares. Como as taxas de câmbio flutuam ao sabor do mercado, importa estabelecer qual é o momento exato da conversão – isto é, o marco temporal que determinará, efetivamente, o poder político desses credores na assembleia geral.

Na falência, a regra é simples: de acordo com a regra do art. 77, a decretação da quebra converte todos os créditos em moeda estrangeira para a moeda do País pelo câmbio do dia da decisão judicial (sentença falimentar). A partir daí, é possível determinar a quantidade precisa de votos do credor pela regra do art. 38, *caput*.

Na recuperação judicial, a regra é diversa: a variação cambial será conservada como parâmetro de indexação da correspondente obrigação e somente poderá ser afastada se o credor titular do crédito aprovar expressamente disposição diversa no plano de recuperação (LREF, art. 50, §2°) – ou seja, o próprio crédito em moeda estrangeira é assim habilitado[1237].

[1237] TJSP, 2ª Câmara Reservada de Direito Empresarial, AI 2200566-43.2014.8.26.0000, Rel. Des. Ramon Mateo Júnior, j. 09/09/2015.

ASSEMBLEIA GERAL DE CREDORES

Enquanto o credor não concordar com a conversão definitiva de seus créditos para moeda nacional, mantém-se a cotação em moeda estrangeira. Por isso, na recuperação judicial, para fins exclusivos de votação em assembleia (portanto essa regra não se aplica para pagamento), o crédito em moeda estrangeira será convertido para moeda nacional pelo câmbio da véspera da data de realização da assembleia (art. 38, parágrafo único)[1238].

Porém, vale ressaltar: essa conversão será feita para fins de aferição do poder de voto do credor para uma assembleia específica; se houver outra(s), nova conversão será necessária – pois enquanto não houver concordância do credor, não haverá conversão definitiva.

10.4. Cessão de crédito

A cessão do crédito (ou o endosso de títulos de crédito) transfere ao cessionário (ou ao endossatário) o direito de voto na assembleia[1239] tanto nos regimes da recuperação judicial quanto no falimentar[1240]-[1241]. Para tanto, basta ao credor cessionário requerer a sua inclusão no processo em substituição ao cedente.

[1238] Vale observar que a moeda estrangeira tem um *valor de compra* e um *valor de venda*. Assim, é percuciente indagar qual seria a taxa de câmbio a ser utilizada. Para ERASMO VALLADÃO, a conversão deve ocorrer pelo valor de venda, salvo se o contrato estipular diversamente, pois se trata, afinal, de contas, o valor que seria utilizado para saldar a dívida (FRANÇA. Seção IV: Da assembléia-geral de credores..., p. 209).

[1239] Salvo se, evidentemente, votar de modo abusivo, ou seja, se o voto for motivado por interesses estranhos à sua condição de credor ou represente obstrução economicamente imotivada (BUSCHINELLI. Cessão de crédito na recuperação judicial..., p. 345-346).

[1240] É admitida a cessão de crédito ou o endosso de títulos de crédito durante a recuperação judicial, sendo que o credor cessionário ou endossatário pode participar da assembleia com direito de voz e voto, bastando que, para tanto, tenha diligenciado para que seu nome conste da lista de credores, conforme já decidiu o TJSP no caso Parmalat. Assim: TJSP, Câmara Especial de Falência e Recuperação Judicial, AI 429.557-4/4-00, Rel. Des. Pereira Calças, j. 15/03/2006. Também nesse sentido: TJSP, Câmara Especial de Falências e Recuperações Judiciais de Direito Privado, AI 431.568-4/4-00, Rel. Des. Pereira Calças, j. 15/03/2006 (acórdão assim ementado: "Agravo de Instrumento. Recuperação Judicial. Endossatário de título de crédito (nota promissória). O endosso transmite todos os direitos emergentes da cambial. Possibilidade de apresentação de cambial autenticada, mediante a exibição do título original ao Administrador Judicial na presença do Juiz ou de notário público, considerando-se o alto valor da cambial. Direito de participar da Assembléia Geral de Credores com voz e voto, este na proporção do valor do crédito que lhe foi transferido, bastando para tanto, que tenha pedido sua habilitação, formulado divergência ou deduzido impugnação judicial, até que esta seja definitivamente julgada. Agravo provido"); TJSP, Câmara Especial de Falências e Recuperações Judiciais, AI 429.540-4/7-00, Rel. Des. Pereira Calças, j. 19/04/2006; TJSP, Câmara Especial de Falências e Recuperações Judiciais de Direito Privado, AI 429.473-4/0-00, Rel. Des. Pereira Calças, j. 15/03/2006; TJSP, Câmara Especial de Falências e Recuperações Judiciais de Direito Privado, AI 429.567-4/0-00, Rel. Des. Pereira Calças, j. 15/03/2006; TJSP, Câmara Especial de Falências e Recuperações Judiciais de Direito Privado, AI 431.566-4/5-00, Rel. Des. Pereira Calças, j. 15/03/2006. Ver, também: TJSP, 2ª Câmara Reservada de Direito Empresarial, AI 0090297-05.2013.8.26.0000, Rel. Des. Ricardo Negrão, j. 09/12/2013; TJSP, Câ-

RECUPERAÇÃO DE EMPRESAS E FALÊNCIA

Deve-se, todavia, entender pela inviabilidade da aquisição de créditos pelo próprio devedor, tendo em vista a necessidade de preservar o tratamento igualitário dos credores. Além disso, a conduta pode caracterizar o crime falimentar tipificado no art. 172 da LREF[1242].

mara Especial de Falências e Recuperações Judiciais de Direito Privado, AI 9037840-18.2005.8.26.0000, Rel. Des. Pereira Calças, j. 10/04/2006; TJSP, Câmara Especial de Falências e Recuperações Judiciais de Direito Privado, AI 0122062-72.2005.8.26.0000, Rel. Des. Pereira Calças, j. 10/04/2006. No mesmo sentido: FRANÇA. Seção IV: Da assembléia-geral de credores..., p. 211; PAIVA, Luiz Fernando Valente de; COLOMBO, Giuliano. Recuperação judicial e cessão de créditos: a polêmica do direito de voto. *Revista do Advogado*, a. XXIX, n. 105, set. 2009, p. 114. Andando em sentido semelhante, detalhando as mais diversas questões, ver: BUSCHINELLI. Cessão de crédito na recuperação judicial..., p. 320 ss. Em sentido contrário: LAZZARINI, Alexandre Alves. Reflexões sobre a recuperação judicial de empresas. In: DE LUCCA, Newton; DOMINGUES, Alessandra de Azevedo (coord.). *Direito recuperacional*: aspectos teóricos e práticos. São Paulo: Quartier Latin, 2009, p. 131. No entanto, é impossível ceder somente o direito de voto, eis que o voto é a expressão do crédito e, portanto, dele inseparável. Assim, ou se transfere tudo – crédito e, por consequência, o voto –, ou nada. Além disso, eventuais fraudes haverão de ser decretadas casuisticamente, sendo inviável a proibição prévia da participação do cessionário sob a alegação de que a cessão foi realizada com intuito fraudulento (FRANÇA. Seção IV: Da assembléia--geral de credores..., p. 211-212). Ainda, se o crédito não possui direito de voto, porque incidente uma das hipóteses de proibição de voto (LREF, art. 43), a sua cessão, depois de iniciada a recuperação judicial, faz com que tal restrição acompanhe o crédito, não podendo o cessionário votar, conforme decidiu o TJSP no caso VarigLog (TJSP, Câmara Reservada à Falência e Recuperação, AI 994.09.287683-7, Rel. Des. Lino Machado, j. 01/07/2010; BUSCHINELLI. *Abuso do direito de voto na assembleia geral de credores...*, p. 103; em sentido contrário, revendo seu posicionamento e defendendo que não ocorre a transmissão do impedimento, salvo em hipótese de abuso, ver: BUSCHINELLI. Cessão de crédito na recuperação judicial..., p. 330 ss); da mesma forma, se o crédito não confere direito de voto uma vez que ocorreu habilitação retardatária (art. 10), tal restrição também recairá sobre o cessionário (BUSCHINELLI. Cessão de crédito na recuperação judicial..., p. 331-332). Por sua vez, se o cessionário é quem possui vínculo com o devedor que o torna impedido de votar (nos termos do art. 43), resta evidente que estará impedido de votar, ainda que o cedente não estivesse impedido (TJSP, Câmara Reservada de Falência e Recuperação de Empresas, AI 0271930-51.2010, Rel. Des. Romeu Ricupero, j. 01/02/2011; TJSP, Câmara Reservada de Falência e Recuperação de Empresas, AI 0271933.06.2010, Rel. Des. Romeu Ricupero, j. 01/02/2011 – casos nos quais a cessionária era sociedade controlada por filhos de sócios da devedora, sendo, então, considerada impedida de votar); ver, também: BUSCHINELLI. Cessão de crédito na recuperação judicial..., p. 333.

[1241] Na hipótese de um cessionário adquirir crédito de uma série de cedentes, para fins dos quóruns do art. 45, quando contados por cabeça, o cessionário será considerado um único credor dentro da respectiva classe (TJSP, Câmara Reservada de Falências e Recuperação de Empresas, AI 990.09.364235-2, Rel. Des. Elliot Akel, j. 04/05/2010; TJSP, Câmara Reservada de Falência e Recuperação de Empresas, AI 0493696-79.2010.8.26.0000, Rel. Des. Pereira Calças, j. 22/11/2011; BUSCHINELLI. Cessão de crédito na recuperação judicial..., p. 343). Por sua vez, caso diferentes cessionários adquiram crédito de um único credor, cada cessionário votará individualmente (*i.e*, será considerado como tendo proferido um voto *per capita*), salvo se restar demonstrado que não atuam de modo independente ou se agirem de modo abusivo (BUSCHINELLI. Cessão de crédito na recuperação judicial..., p. 344-345).

[1242] Sobre o tema, ver: BUSCHINELLI. Cessão de crédito na recuperação judicial..., p. 329-330.

Nas hipóteses de cessão de crédito com garantia real, acompanhando a garantia real, o cessionário votará nesta classe (*i.e.*, na classe II). Na mesma linha, a cessão do crédito quirografário importa que o cessionário vote na classe III[1243].

No entanto, tratando-se de crédito trabalhista (derivado da legislação do trabalho ou decorrente de acidente de trabalho), sua cessão para terceiros, por força do art. 83, §4º, da LREF, faz com que o credor seja considerado membro da classe dos quirografários, inclusive para o exercício do direito de voto.

Em outras palavras, o novo titular votará na classe quirografária e não naquela em que votaria o trabalhador cessionário, caso a assembleia tenha que se desdobrar em classes para deliberar sobre determinada matéria, como é o caso da deliberação sobre o plano de recuperação e da eleição dos membros do Comitê de Credores. Isso se aplica tanto na falência quanto na recuperação judicial[1244].

O mesmo se aplica no caso do responsável subsidiário condenado a pagar verbas trabalhistas em reclamatória laboral, que deve se habilitar no processo concursal na classe quirografária, a despeito do crédito em que se sub-rogou ter natureza trabalhista[1245].

A jurisprudência entende que o crédito trabalhista tem natureza alimentar e está atrelado à própria pessoa do credor. Dessarte, aquele que se sub-roga nos direitos do credor trabalhista original migra de classe, tendo de exercer seu direito de voto no mesmo grupo dos credores quirografários.

Ainda, apesar da omissão do legislador (especificamente da Lei Complementar 147/2014 ao instituir a classe IV), entendemos que a mesma lógica que se aplica à cessão de crédito trabalhista se aplica à cessão de crédito (ou endosso

---

[1243] BUSCHINELLI. Cessão de crédito na recuperação judicial..., p. 337, 341-343 (salientando, todavia, que, caso exista a criação de subclasses no plano de recuperação judicial, eventual cessão exigiria o reenquadramento do credor na respectiva subclasse, sendo, então, eventualmente necessário ajustar os termos do plano de recuperação proposto à nova configuração de credores).

[1244] Sobre o tema, mas entendendo que o art. 83, §4º, somente se aplica em processos falimentares e, assim, em caso de cessão de crédito trabalhista na recuperação judicial o crédito deve manter a característica de trabalhista, ver: BUSCHINELLI. Cessão de crédito na recuperação judicial..., p. 337-340.

[1245] STJ, 2ª Seção, CC 90.477/SP, Rel. Min. Fernando Gonçalves, j. 25/06/2008; TJRS, 6ª Câmara Cível, AI 70051047538, Rel. Des. Artur A. Ludwig, j. 13/12/2012; e TJSP, 1ª Câmara Reservada de Direito Empresarial, AI 2025787-12.2014.8.26.0000, Rel. Des. Fortes Barbosa, j. 03/07/2014. Contra: TJSP, 1ª Câmara Reservada de Direito Empresarial, AI 02390754820128260000, Rel. Des. Francisco Loureiro, j. 26/03/2013 (acórdão assim ementado: "RECUPERAÇÃO JUDICIAL.Créditos trabalhistas pagos por terceiros interessados, em razão de decisão da Justiça Laboral que reconheceu a situação de grupo econômico de fato. Sub-rogação que se dá com todas as qualidades do crédito, inclusive os privilégios e inclusão na classe de credores trabalhistas. Necessidade, porém, de os credores sub-rogados trazerem aos autos prova cabal dos valores que despenderam e da data da formação do crédito, a fim de saber se estão, ou não, sujeitos aos efeitos da recuperação judicial. Data relevante é a formação do crédito, não a da liquidação trabalhista e nem a do pagamento que gerou a sub-rogação").

de títulos de crédito) cujos titulares sejam enquadrados como microempresas ou empresas de pequeno porte.

Isso porque é a condição pessoal do credor que justifica a votação em classe em separado (e, assim, o cessionário ou endossatário votará de acordo com a própria natureza do crédito)[1246]. Mas e se ocorre o contrário, *i.e.*, uma ME ou EPP adquire um crédito? Aqui, entendemos que, então, tal credor vota na classe específica destinada às ME ou EPP[1247].

11. Quóruns de deliberação

Examinadas as regras de votação, cumpre, agora, serem estudados os quóruns de aprovação das diferentes matérias objeto de apreciação pela assembleia geral.

11.1. Regra geral

Para a aprovação das diferentes matérias submetidas à apreciação da assembleia geral, o sistema recuperatório e falimentar brasileiro apresenta uma regra geral, disposta no art. 42 da LREF, e três regras especiais, que a excepcionam em algum momento (arts. 44 a 46).

Regra geral	Regras especiais
Art. 42	Arts. 44, 45 e 46

Segundo o art. 42, será considerada aprovada a proposta que obtiver votos favoráveis de credores que representem mais da metade do valor total dos créditos presentes à assembleia.

Credores presentes que se abstiveram de votar não terão seus créditos considerados para o cômputo do quórum de aprovação (à semelhança do que ocorre no direito societário, como disposto, por exemplo, no art. 129, *caput*, da Lei 6.404/1976)[1248].

[1246] Nesse sentido, ver: BUSCHINELLI. Cessão de crédito na recuperação judicial..., p. 341.

[1247] Aqui, relevantes são as palavras de GABRIEL BUSCHINELLI: "Diferente do que ocorre nas classes I a III, em que é a natureza ou a origem do crédito que justifica a pertinência a uma categoria de credores, na classe IV é a condição pessoal do titular (ostentar o caráter de ME ou EPP) que justifica a votação em separado. Essa peculiaridade traz dificuldades para o próprio enquadramento adequado de um crédito (independente de ter ou não sido cedido), pois o microempresário ou empresário de pequeno porte pode ser titular de crédito subordinado ou com garantia real, por exemplo, e não se sabe qual dos parâmetros prevaleceria para sua classificação." "De toda forma, assumindo-se que a intenção do legislador foi a de criar uma classe especial para essa categoria de credores, não há razões para diferenciar a ME ou EPP credora originária daquela que se torna credora por meio da aquisição de créditos de terceiros. Em ambos os casos, a votação em separado é devida, respeitando-se a disposição legislativa, por mais duvidosa que seja a razoabilidade da distinção entre esse tipo de credor e os demais." (BUSCHINELLI. Cessão de crédito na recuperação judicial..., p. 340-341).

[1248] TJSP, Câmara Reservada à Falência e Recuperação, AI 0372448-49.2010.8.26.0000, Rel. Des. Pereira Calças, 01/02/2011; TJSP, Câmara Especial de Falência e Recuperação Judicial, AI 450.859-

ASSEMBLEIA GERAL DE CREDORES

Regra geral
Contagem "por crédito"
Votação "global"
Maioria simples

Dessa maneira, salvo as três matérias previstas do art. 44 ao art. 46 da LREF, todas as demais serão aprovadas pelo quórum de maioria simples, em uma contagem "por crédito" e "global", que leva em consideração todos os presentes à assembleia, independentemente de votação por classe.

11.2. Regras especiais

Excepcionam a regra geral as matérias constantes nos arts. 44 a 46:

Regras excepcionais		
1ª exceção	Escolha dos membros do Comitê de Credores	Art. 44
2ª exceção	Apreciação do plano de recuperação judicial	Art. 45
3ª exceção	Aprovação de forma alternativa de realização do ativo na falência	Art. 46

11.2.1. Escolha dos membros do Comitê de Credores

A regra prevista no art. 44 da LREF é válida tanto nos processos de recuperação judicial quanto nos de falência. A única diferença em relação à regra geral do art. 42 é que as votações são "internas" (isto é, "por classe" e não "global") e independentes entre si. A sistemática justifica-se na medida em que a deliberação visa justamente escolher um representante por classe para compor o Comitê de Credores.

Regra geral	Regra especial do art. 44
Contagem "por crédito"	Contagem "por crédito"
Votação "global"	**Votação "interna"**
Maioria simples	Maioria simples

Nesse ponto, é importante reiterar que a assembleia possui composição diversa do Comitê de Credores, equívoco causado, muito provavelmente, por um cochilo do legislador durante a tramitação do Projeto de Lei no Congresso Nacional:

4/1-00, Rel. Des. Pereira Calças, j. 17/01/2007; TJSP, Câmara Reservada à Falência e Recuperação, AI 0372448-49.2010.8.26.000, Rel. Des. Pereira Calças, j. 01/02/2007; TJSP, Câmara Reservada à Falência e Recuperação, ED 429.622-4/5-02, Rel. Des. Pereira Calças, j. 30/08/2006.

RECUPERAÇÃO DE EMPRESAS E FALÊNCIA

Classes	AGC	CC
Classe I	Trabalhistas	Trabalhistas
Classe II	Com direito real	Com direito real **Com privilégio especial**
Classe III	**Com privilégio especial** Com privilégio geral Quirografários Subordinados	Com privilégio geral Quirografários
Classe IV	ME e EPP	ME e EPP

A situação causa algum embaraço quando a assembleia tem que deliberar sobre a escolha dos membros do Comitê de Credores, pois se a LREF for seguida literalmente, haverá credor votando em alguém que não o representa, e representante trabalhando para quem não o elegeu. Sobre essa discussão, ver o item 3. do Capítulo 8, *supra*.

11.2.2. Apreciação do plano de recuperação

A segunda regra especial está disposta no art. 45 da LREF. Entre as exceções, é aquela que mais se afasta da regra geral, pois o faz em dois itens: (*i*) as votações serão "intraclasse" (salvo a regra da votação "global"), tal qual ocorre na escolha dos membros do Comitê de Credores; e (*ii*) a contagem dos votos será feita somente "por cabeça" nas classes I e IV, e "por crédito" e "por cabeça" nas classes II e III (exceção à regra de que a contagem é feita exclusivamente por crédito).

Com efeito, as deliberações assembleares acerca do plano de recuperação judicial representam a única hipótese em que há votação "por cabeça", no esquema *"one man, one vote"*[1249] – o que ocorrerá em todas as classes –, com o acréscimo de que nas classes II e III os votos também são contados "por crédito".

Não bastasse a complexidade dessa sistemática, nas deliberações sobre o plano de recuperação judicial, todas as classes de credores referidas no art. 41 deverão aprovar a proposta (LREF, art. 45).

Na classe II e na classe III, a proposta deverá ser aprovada por credores que representem mais da metade do valor total dos créditos presentes à assembleia e, cumulativamente, pela maioria simples dos credores presentes (LREF, art. 45, §1º).

Já nas classes I e IV, a proposta deverá ser aprovada pela maioria simples dos credores presentes, independentemente do valor de seu crédito (LREF, art. 45, §2º).

[1249] FRANÇA. Seção IV: Da assembléia-geral de credores..., p. 209.

Veja-se o quadro comparativo entre a regra geral e a regra especial do art. 45:

Regra geral	Regra especial do art. 45
Contagem "por crédito"	**Classe I: contagem "por cabeça"** **Classe II: contagem "por cabeça" e "por crédito"** **Classe III: contagem "por cabeça" e "por crédito"** **Classe IV: contagem "por cabeça"**
Votação "global"	**Votação "interna"**
Maioria simples	Maioria simples

Logo, a apreciação do plano de recuperação judicial depende de seis contagens/escrutínios[1250].

	Por cabeça	Por crédito
Classe I	X	–
Classe II	X	X
Classe III	X	X
Classe IV	X	–

A rejeição da proposta em qualquer das classes, seja na contagem "por cabeça" ou na contagem "por crédito", implica a sua não aprovação e a decretação da falência (LREF, art. 56, §4º), mesmo que o plano tenha logrado obter o voto favorável da maioria em uma contagem global, salvo na hipótese do art. 58, §1º (*cram down*), examinada na parte destinada à recuperação judicial (Capítulo 11, item 6.5).

A plena compreensão das regras acima verificadas depende do exame da sua racionalidade. Em primeiro lugar, constata-se que "a deliberação acerca do plano de recuperação foi considerada a mais relevante de todo o procedimento; e, por esse motivo, o legislador entendeu por bem dotá-la de maior complexidade"[1251].

Em segundo, nota-se que o objetivo do legislador ao estabelecer regras que preveem a necessidade de aprovação do plano de recuperação em votação "por cabeça" e "por crédito" dentro de determinada classe foi evitar o comportamento oportunista de certos credores. Efetivamente, a "combinação dos critérios de presença e valor dificulta comportamentos oportunistas por parte de determinados credores, que poderiam se recusar a aprovar o plano caso não recebessem um tratamento especial e diferenciado"[1252].

[1250] Considerando a hipótese das quatro classes contarem com credores na AGC.
[1251] CEREZETTI. *A recuperação judicial de sociedade por ações...*, p. 309.
[1252] LISBOA; DAMASO; SANTOS; COSTA. A racionalidade econômica da nova Lei..., p. 49.

RECUPERAÇÃO DE EMPRESAS E FALÊNCIA

A rigor, a LREF pretendeu estabelecer um sistema de votação equilibrado, buscando evitar que credores mais representativos – em razão da quantidade de créditos – dominem irrestritamente a assembleia em uma votação feita exclusivamente pelo valor dos créditos, e que credores pouco representativos do ponto de vista econômico, mas numericamente relevantes, dominem em uma votação realizada unicamente por cabeça[1253].

Ademais, ao prever votação tão somente por cabeça na classe dos trabalhadores, quis o legislador evitar a prevalência da vontade dos credores trabalhistas de maior porte, como diretores, cujos créditos podem, inclusive, ter sido inflados fraudulentamente pelo devedor com o objetivo de controlar os destinos da classe[1254].

Finalmente, a previsão, como regra, de decretação da falência no caso de não aprovação do plano consiste em mais um incentivo à negociação entre os agentes econômicos envolvidos no processo, já que, em geral, a falência representa, especialmente para o devedor, um resultado inferior ao esperado com a recuperação da empresa[1255]. Evita-se, assim, a elaboração de um plano de recuperação meramente formal, sem o adequado comprometimento com o equacionamento das dificuldades da empresa[1256]. Do ponto de vista dos credores, a falência de uma empresa com pesada dívida tributária –, situação da maior parte das empresas em crise no Brasil – provavelmente significará a perda definitiva de qualquer chance de recebimento de seus créditos, o que lhes estimula a negociar.

11.2.3. Aprovação de forma alternativa de realização do ativo na falência

As modalidades ordinárias de liquidação do ativo do falido são (*i*) leilão, (*ii*) propostas fechadas apresentadas em cartório e (*iii*) pregão (LREF, art. 142).

Havendo motivos justificados, o juiz poderá autorizar, mediante requerimento fundamentado do administrador judicial ou do Comitê de Credores, modalidades de alienação judicial diversas das acima referidas (LREF, art. 144). De qualquer forma, a modalidade alternativa deverá ser aprovada pela AGC (LREF, art. 145)[1257], sendo que a deliberação respeitará a regra especial logo abaixo examinada.

Trata-se da regra disposta no art. 46 da LREF. Aqui, a única alteração em relação à regra geral (art. 42) é a substituição do quórum de maioria simples pelo de maioria qualificada de 2/3 (dois terços) dos créditos presentes em assembleia.

[1253] CEREZETTI. *A recuperação judicial de sociedade por ações...*, p. 308.
[1254] LISBOA; DAMASO; SANTOS; COSTA. A racionalidade econômica da nova Lei..., p. 49, 56.
[1255] LISBOA; DAMASO; SANTOS; COSTA. A racionalidade econômica da nova Lei..., p. 50.
[1256] LISBOA; DAMASO; SANTOS; COSTA. A racionalidade econômica da nova Lei..., p. 50.
[1257] Não sendo aprovada pela AGC a modalidade alternativa para a realização do ativo, deverá o juiz decidir a forma que será adotada, considerando a manifestação do administrador judicial e do Comitê de Credores (art. 145, §3º).

ASSEMBLEIA GERAL DE CREDORES

Assim, para a aprovação de forma alternativa de realização do ativo na falência, a contagem dos votos será "global", "por crédito", observado o quórum qualificado acima referido.

Regra geral	Regra especial do art. 46
Contagem por crédito	Contagem "por crédito"
Votação global	Votação "global"
Maioria simples	Maioria qualificada de 2/3

Essa última regra especial é aplicável apenas nos processos falimentares, sendo possível sumariar a aplicação das regras especiais da seguinte forma:

Regra especial	Recuperação judicial	Falência
Art. 44	X	X
Art. 45	X	–
Art. 46	–	X

Abaixo consta um quadro-resumo das regras de deliberação anteriormente examinadas:

Regra geral	1ª regra especial	2ª regra especial	3ª regra especial
Art. 42	Art. 44	Art. 45	Art. 46
Contagem "por crédito"	Contagem "por crédito"	Classe I e IV: "por cabeça"	Contagem "por crédito"
		Classe II e III: "por cabeça" e "por crédito"	
Votação "global"	Votação "interna"	Votação "interna"	Votação "global"
Maioria simples	Maioria simples	Maioria simples	Maioria qualificada de 2/3

11.3. Empate na deliberação

Não se pode descartar a possibilidade de que ocorra empate das deliberações da AGC. Caso isso ocorra, e diante da omissão do legislador, tendemos a creditar que cabe ao juiz resolver o empate de acordo com a principiologia da Lei[1258] – como,

---

[1258] Nesse sentido: TJGO, 4ª Câmara Cível, AI 20300-06.2013.8.09.0000, Rel. Des. Kisleu Dias Maciel Filho, j. 04/07/2013 ("Mesmo resultando em empate a deliberação sobre o plano de recuperação judicial, por uma das classes credoras, é de se considerá-lo aprovado, ante o princípio da preservação da empresa, permitindo a manutenção da fonte produtora e do emprego dos trabalhadores, consoante prevê o art. 47 da LRF"). Ver, também: TJRJ, 20ª Câmara Cível, AI 0003007-10.2014.8.19.0000, Rel. Des. Marilia de Castro Neves Vieira, j. 31/07/2013

RECUPERAÇÃO DE EMPRESAS E FALÊNCIA

a rigor, o legislador determina sempre que assim se faça em outras deliberações colegiadas, seja na própria LREF (art. 27, §2º), seja no âmbito do Direito Societário (CC, art. 1.010, §2º; Lei das S.A., art. 129, §2º)[1259]-[1260].

11.4. Voto em branco e voto nulo

Para a formação dos quóruns de deliberação não devem ser considerados os votos em branco e os votos nulos (seguindo-se, assim, a orientação existente no âmbito do Direito Societário e como consta, expressamente, do art. 129, *caput*, da Lei das S.A.)[1261].

12. Resistência das deliberações

Em atenção à eficiência do sistema recuperatório e falimentar, o legislador, além de proteger a realização da assembleia geral de credores contra as decisões liminares que pudessem suspendê-la ou adiá-la em razão de discussão sobre a existência, a quantificação ou a classificação de créditos (LREF, art. 40), cuidou de proteger o conteúdo das deliberações tomadas no conclave, a fim de dar maior estabilidade aos regimes da LREF.

12.1. Proteção contra a invalidação das deliberações

O art. 39, §2º, da LREF estabelece que as deliberações assembleares não serão invalidadas por qualquer decisão judicial que altere, posteriormente, o quadro de credores aptos a votar no conclave – seja em razão da existência, da quantificação ou mesmo da classificação de créditos[1262].

[1259] Observe-se que o revogado Decreto-Lei 7.661/1945 continha a seguinte regra, no §3º do art. 122, ao disciplinar a deliberação pelos credores sobre o modo de realização do ativo: "3º As deliberações serão tomadas por maioria calculada sôbre a importância dos créditos dos credores presentes. No caso de empate, prevalecerá a decisão do grupo que reunir maior número de credores."

[1260] Há quem entenda que não há a possibilidade de empate, tendo em vista o princípio majoritário, ou seja, as deliberações somente seriam tomadas se atingida a maioria determinada em lei (TOLEDO; PUGLIESI. Capítulo VI: Disposições comuns à recuperação judicial e à falência..., p. 166).

[1261] Caminhando no mesmo sentido, ver: TOLEDO; PUGLIESI. Capítulo VI: Disposições comuns à recuperação judicial e à falência..., p. 166.

[1262] O fato de o crédito ser judicialmente alterado depois da assembleia (como na hipótese de julgamento de impugnação) em nada prejudica o que foi deliberado, mesmo que o crédito alterado tivesse força suficiente para modificar o que foi decidido. Assim: STJ, 3ª Turma, REsp 1.371.427/RJ, Rel. Min. Ricardo Villas Bôas Cueva, j. 06/08/2015. Ver, também: TJSP, Câmara Reservada à Falência e Recuperação, AI 0220771-35.2011.8.26.0000, Rel. Des. Pereira Calças, j. 13/12/2011; TJSP, Câmara Reservada à Falência e Recuperação, AI 0137526-29.2011.8.26.0000, Rel. Des. Elliot Akel, j. 13/12/2011; TJPR, 17ª Câmara Cível, AI 724.315-2, Rel. Des. Mário Helton Jorge, j. 15/06/2011; e TJSP, Câmara Reservada à Falência e Recuperação, AI 649.347-4/0-00, Rel. Des. Lino Machado, j. 15/12/2009. Na doutrina: AYOUB; CAVALLI. *A construção jurisprudencial...*, p. 259-260. Em sentido contrário, ver: TJMT, 1ª Câmara Cível, AI 30125/2010, Rel. Des. Orlando de Almeida Perri, j. 11/01/2011 ("A recuperação judicial se encadeia

ASSEMBLEIA GERAL DE CREDORES

Contudo, como observa ERASMO VALLADÃO, o dispositivo deve ser interpretado em "termos que conduzam a um sentido ético que se presume buscado pelo legislador". Por exemplo, se for verificada a situação extrema de um crédito forjado, cujo voto foi decisivo para a aprovação de certa matéria, podem, sim, os interessados requererem a anulação da deliberação[1263].

Ademais, uma assembleia cuja convocação não tenha observado as formalidades legalmente estipuladas também pode ser anulada, bem como os atos subsequentes do processo que dela dependam[1264].

12.2. Proteção dos terceiros de boa-fé

No caso de invalidação de deliberação assemblear, os direitos de terceiros de boa-fé ficam resguardados, respondendo os credores que aprovarem a deliberação pelos prejuízos causados por dolo ou culpa (LREF, art. 39, §3º)[1265].

---

logicamente para o ato de aprovação, em assembléia de credores, do plano de recuperação do devedor; assim, não faz sentido realizar o ato máximo sem que antes exista consolidado o valor de cada crédito e sua natureza, devendo ser anulada a assembléia geral que tenha apreciado o plano de recuperação antes que o juízo tenha julgado a impugnação de crédito apresentada por um dos interessados."); TJMT, 1ª Câmara Cível, AI 138751/2009, Rel. Des. Orlando Almeida Perri, j. 24/08/2010.

[1263] FRANÇA. Seção IV: Da assembléia-geral de credores..., p. 212; nesse mesmo sentido: BEZERRA FILHO. Lei de Recuperação de Empresas e Falência comentada..., p. 114.

[1264] TJPR, 18ª Câmara Cível, AI 327.929-0, Rel. Des. Renato Neves Barcellos, j. 31/01/2007.

[1265] Caso esteja "prevista no plano de recuperação a venda de maquinário de propriedade do devedor, por exemplo, a anulação da deliberação de aprovação do plano não acarretará a invalidação da compra daquele maquinário efetuada de boa-fé por terceiro" (FRANÇA. Seção IV: Da assembléia-geral de credores..., p. 212).

PARTE III
REGIMES RECUPERATÓRIOS

Os regimes recuperatórios são utilizados por empresas em crise que desejam continuar operando seus negócios e pretendem pagar suas dívidas, de acordo com um plano aprovado pelos seus credores[1266]. A ideia subjacente a tais regimes é que o devedor passe por um período de ajustes, de modo a chegar ao final do processo com um negócio reorganizado e com suas finanças saneadas[1267].

Ao fim e ao cabo, espera-se que os credores recuperem mais créditos do que o fariam em caso de quebra[1268], bem como empregos sejam salvos e a comunidade seja beneficiada como um todo[1269]. Esse tem sido o mote para o emprego de institutos recuperatórios em larga medida desenvolvidos nos Estados Unidos, país em que a sua utilização apresenta resultados altamente satisfatórios para as partes envolvidas[1270].

Inspirada essencialmente nos direitos estadunidense e francês, a LREF cuidou de regular tais regimes recuperatórios (no Brasil, a recuperação judicial e a recuperação extrajudicial) – além de regrar, como já referido, a falência.

A rigor, os veículos utilizados para sanear a crise empresarial são ações judiciais que propiciam uma renegociação coletiva das dívidas e objetivam evitar a falência. Na verdade, a recuperação judicial e a extrajudicial têm natureza mista, com contornos

---

[1266] WARREN, Elizabeth; WESTBROOK, Jay. Chapter 11: conventional wisdom and reality. *Public Law and Legal Theory Research Paper*, n. 125, set. 2007, p. 10.

[1267] WARREN; WESTBROOK. Chapter 11: conventional wisdom and reality..., p. 10.

[1268] Vale destacar que o Decreto-Lei 7.661/1945 – antiga Lei de Falências – continha regra semelhante no capítulo que regulava os possíveis fundamentos dos embargos à concordata: "Art. 143. São fundamentos de embargos à concordata: I – sacrifício dos credores maior do que a liquidação na falência ou impossibilidade evidente de ser cumprida a concordata, atendendo-se, em qualquer dos casos, entre outros elementos, à proporção entre o valor do ativo e a percentagem oferecida."

[1269] WARREN; WESTBROOK. Chapter 11: conventional wisdom and reality..., p. 10.

[1270] WARREN, Elizabeth; WESTBROOK, Jay. The success of Chapter 11: a challenge to the critics. *Law and Economics Research Paper*, n. 150, mar. 2009. *The Michigan Law Review*, feb. 2009.

marcadamente contratual e processual[1271]. Enquanto esta faceta se revela pelo fato de serem ações judiciais – tanto que se lhes aplicam, subsidiariamente, as disposições do Código de Processo Civil (LREF, art. 189)[1272] e do Código de Processo Penal (art. 188) –, aquela se destaca pelo seu objetivo final: o atingimento de um acordo coletivo entre o devedor e seus credores, capaz de soerguer a empresa em crise[1273].

Não é novidade que até o advento da LREF a sistemática da legislação concursal brasileira estava na contramão dos ordenamentos jurídicos dos países mais desenvolvidos, cujas respectivas legislações já assentavam princípios jurídicos como a função social da empresa, a relevância dos demais interesses que em torno dela gravitam, a preservação da atividade econômica viável, a justaposição dos interesses de credores e devedores, a economia processual, a celeridade e a flexibilidade procedimental, bem como o incentivo à busca de soluções de mercado para situações de crise econômico-financeira[1274].

A ruptura com o sistema anterior ocorreu por meio de uma mudança principiológica de matiz legislativa, passando pela previsão de novos institutos jurídicos – consubstanciados nos regimes da recuperação judicial e extrajudicial – que levaram o ordenamento jurídico brasileiro a abandonar o caráter quase que simplesmente liquidatório-solutório do Decreto-Lei 7.661/1945 – sobretudo diante da conhecida insuficiência da concordata – e a proporcionar alternativas capazes de sanear a empresa em crise[1275].

De certa maneira, a LREF, ao adotar o instituto da recuperação de empresas (judicial e extrajudicial), deu novos ares ao sistema de insolvência brasileiro por meio da introdução (ou da reintrodução com nova roupagem) de novas regras estruturantes, reveladoras de uma nova mentalidade concursal, dentre as quais merecem destaque os critérios de sujeição da minoria à vontade da maioria (princípio da maioria) e a ampla possibilidade de negociação entre o devedor e credores[1276].

[1271] CAMPINHO. O novo regime jurídico do recurso de agravo e os processos disciplinados na Lei nº 11.101/2005..., 2015, p. 159.

[1272] O CPC é aplicável em função do disposto no seu art. 1.046, §4º: "§4º. As remissões a disposições do Código de Processo Civil revogado, existentes em outras leis, passam a referir-se às que lhes são correspondentes neste Código".

[1273] TJPE, 2ª Câmara Cível, AI 353981-3, Rel. Des. Cândido José da Fonte Saraiva de Moraes, j. 04/03/2015; e TJSP, Câmara Reservada à Falência e Recuperação, AI 0168318-63.2011.8.26.0000, Rel. Des. Pereira Calças, j. 17/04/2012.

[1274] TOLEDO. *A empresa em crise no direito francês e americano...*, p. 1-2. Ver, também: PARECER 534, de 2004, da Comissão de Assuntos Econômicos sobre o PLC 71, de 2003, que regula a recuperação judicial, a extrajudicial e a falência de devedores pessoas físicas e jurídicas que exerçam a atividade econômica, de relatoria do Senador Ramez Tebet.

[1275] CEREZETTI. *A recuperação judicial de sociedade por ações...*, p. 335.

[1276] DOMINGUES, Alessandra de Azevedo. Da concordata à recuperação: investigando a recuperação extrajudicial. In: DE LUCCA, Newton; DOMINGUES, Alessandra de Azevedo (coord.). *Direito recuperacional*: aspectos teóricos e práticos. São Paulo: Quartier Latin, 2009, p. 97.

Nesse sentido, o legislador brasileiro seguiu o caminho trilhado em outros ordenamentos jurídicos. A regulação adotada, que deita suas raízes mais profundas nas *corporate reorganizations* do direito norte-americano, denota a influência positiva que o direito estrangeiro exerceu nos alicerces da nossa LREF[1277].

Nos Estados Unidos, como no Brasil, a premissa básica que perpassa a recuperação de uma empresa em crise econômico-financeira é a de que todos os envolvidos – incluindo os credores, o devedor, os sócios, os empregados, os fornecedores e a comunidade em geral – podem se beneficiar com a superação do estado de crise empresarial[1278].

A lógica em torno da vantagem de sanear ao invés de simplesmente liquidar foi bem resumida na expressão segundo a qual *empresas costumam valer mais vivas do que mortas*[1279] (desde que, evidentemente, sejam recuperáveis).

Explica-se: os ativos utilizados pelo empresário na exploração de uma atividade econômica possuem valor agregado, isto é, valem usual e substancialmente mais quando empregados na exploração de um negócio do que quando vendidos separadamente dele[1280]. Trata-se do chamado *on going concern value*. Isso sem falar dos eventuais ativos reputacionais, do *know how*, da história e do bom nome da empresa, que são perdidos em caso de liquidação.

Em um contexto histórico bastante peculiar, os processos de recuperação de empresas nos EUA foram considerados verdadeiros mecanismos de sobrevivência para a economia interna, que sofreu profundamente com o colapso que abateu o setor ferroviário do país no final do século XIX.

Isso porque, insolventes em sua grande maioria, as companhias ferroviárias americanas – as primeiras grandes companhias daquele país – tinham ativos cujo valor econômico estava umbilicalmente atrelado à sua direta utilização no negócio ferroviário e quase nada valiam fora desse contexto[1281] (basicamente, as companhias ferroviárias eram o que são hoje as companhias aéreas, em termos dos apuros financeiros enfrentados[1282]).

Como bem salienta David Skeel Jr., havia credores em uma situação bastante peculiar: seus créditos estavam garantidos por porções de estradas de ferro, cem milhas de trilhos que no meio do nada eram essencialmente inúteis, a menos que a estrada de ferro permanecesse intacta[1283].

[1277] Como já foi mencionado, não só do direito norte-americano, mas também do direito francês – este último proeminente em se tratando de sistemas centrados na preservação da empresa (Cerezetti. *A recuperação judicial de sociedade por ações...*, p. 115).

[1278] Tabb; Brubaker. *Bankruptcy law...*, p. 595.

[1279] Tabb; Brubaker. *Bankruptcy law...*, p. 595.

[1280] Jackson. *The logic and limits of bankruptcy law...*, p. 14; Tabb; Brubaker. *Bankruptcy law...*, p. 595.

[1281] Roe. *Corporate reorganization...*, p. 4 ss.

[1282] Baird. *The elements of bankruptcy...*, p. 58.

[1283] Skeel Jr. *Debt's dominion...*, p. 62.

É justamente esse o mote da recuperação: a empresa, célula essencial da economia de mercado, tem um valor imanente enquanto estiver viva (*on going concern*) e a sua morte faz dissipar uma riqueza irrecuperável – sendo que, como será visto, mesmo na falência a LREF busca, na medida do possível, preservar tal valor.

Essa breve narrativa descreve o espírito fundador do instituto da recuperação de empresas no direito norte-americano[1284]. Guardadas as devidas proporções, essa também é a lógica que anima as alternativas desenhadas pelo direito pátrio.

Dito isso, nessa terceira parte do presente livro serão examinados os regimes em questão, a saber, a recuperação judicial (Capítulos 10, 11 e 12) e a extrajudicial (Capítulo 15). Além disso, há um capítulo específico para a recuperação judicial especialmente projetada para as microempresas e as empresas de pequeno porte (Capítulo 13), bem como um para a convolação da recuperação judicial em falência (Capítulo 14).

[1284] Para uma crítica acerca das *corporate reorganizations* nos EUA, ver: BAIRD, Douglas G.; RASMUSSEN, Robert K. Antibankruptcy. *Yale Law Journal*, n. 119, p. 648-699, 2010. Ver, ainda: LOPUCKI, Lynn M.. The nature of the bankrupt firm: a reply to Baird and Rasmussen's 'The end of bankruptcy'. *Stanford Law Review*, v. 56, n. 3, nov. 2003. Finalmente: PARENTONI, Leonardo Netto Parentoni; GALIZZI, Gustavo Oliva. É o fim da falência? In: CASTRO, Moema A. S. de; CARVALHO, William Eustáquio de (coord.). *Direito falimentar contemporâneo*. Porto Alegre: Sergio Antonio Fabris Editor, 2008, p. 261-314.

Capítulo 10
Recuperação judicial. Parte 1

O princípio basilar da LREF é o da preservação da empresa, especialmente diante dos interesses que em torno dela gravitam[1285].

Efetivamente, as empresas produzem bens e serviços essenciais às pessoas; criam riqueza por meio da agregação de valor ao que produzem; interagem com outros agentes do mercado, movimentando a economia; pagam salários e tributos, desenvolvendo as comunidades em que estão inseridas. Goste-se delas ou não, fato é que o estilo de vida como hoje o conhecemos simplesmente não existiria sem as empresas.

Em razão de tudo isso, a LREF previu dois regimes jurídicos projetados para preservar a empresa em crise, a recuperação extrajudicial e a recuperação judicial, esta objeto de análise a partir de agora. Seu objetivo é viabilizar a superação da situação de crise econômico-financeira do devedor, a fim de permitir a manutenção da fonte produtora, do emprego dos trabalhadores e dos interesses dos credores, promovendo, assim, a preservação da empresa, sua função social e o estímulo à atividade econômica (LREF, art. 47).

[1285] CEREZETTI. *A recuperação judicial de sociedade por ações...*, p. 300. Na jurisprudência, ver, essencialmente: TJSP, Câmara Especial de Falências e Recuperações Judiciais de Direito Privado, AI 461.740-4/-00, Rel. Des. Pereira Calças, j. 28/02/2007. Ver, também: STJ, 2ª Seção, AgRg no CC 129.079/SP, Rel. Min. Antonio Carlos Ferreira, j. 11/03/2015; STJ, 2ª Turma, AgRg no REsp 1.462.032/PR, Rel. Min. Mauro Campbell Marques, j. 05/02/2015; STJ, 4ª Turma, REsp 1.173.735/RN, Rel. Min. Luis Felipe Salomão, j. 22/04/2014; STJ, 2ª Seção, CC 111.645/SP, Rel. Min. Paulo de Tarso Sanseverino, j. 22/09/2010; STJ, 2ª Seção, CC 108.457/SP, Rel. Min (Des. Conv.) Honildo Amaral de Mello Castro, j. 10/02/2010; STJ, 1ª Turma, REsp 844.279/SC, Rel. Min. Luiz Fux, j. 05/02/2009; STJ, 1ª Seção; CC 79.170/SP, Rel. Min. Castro Meira, j. 10/09/2008; STJ, CC 129.626/MT, Rel. Min. Nancy Andrighi (decisão monocrática), j. 15/08/2013; STJ, CC 115.081/SP, Rel. Min. Marco Buzzi (decisão monocrática), j. 06/02/2012. Observe-se, ainda, que a Jurisprudência em Teses do STJ, no Enunciado 1 da Edição 35, assim dispõe: "A recuperação judicial é norteada pelos princípios da preservação da empresa, da função social e do estímulo à atividade econômica, a teor do art. 47 da Lei n. 11.101/2005."

RECUPERAÇÃO DE EMPRESAS E FALÊNCIA

É importante não perder de vista que a função social somente poderá ser preenchida se a empresa puder voltar a gerar riqueza, sob pena de viciar o regime jurídico ao impregná-lo de um caráter assistencialista, certamente disfuncional em relação aos objetivos almejados pela LREF, centrados na recuperação de empresas viáveis[1286].

Vale frisar, todavia, que entendemos ser o exame da viabilidade da empresa uma prerrogativa exclusiva dos credores. Assim, a disciplina da recuperação judicial resgatou o sentido etimológico do termo "acordo"[1287], que restou esquecido pela consolidação da expressão "concordata". Sua natureza contratual (pois resulta em um acordo firmado entre devedor e seus credores) abandonou a natureza de favor legal que era apanágio do regime concordatário anterior[1288].

1. Aspectos iniciais

Para crises econômico-financeiras complexas e de maior gravidade, a LREF concebeu o instituto da recuperação judicial, caracterizado como um regime especial, por meio do qual a empresa economicamente viável, mas assolada por uma crise de graves repercussões, busca sua recuperação, mediante tutela do Poder Judiciário, a fim de evitar a liquidação forçada dos seus bens na falência.

A ação de recuperação judicial está regulada nos Capítulos III e IV da LREF. Espera-se que a superação desse estado de crise ocorra por meio de uma série de medidas propostas pelo devedor (e, eventualmente, pelos credores) e aceitas pelos credores. Todas elas previstas e organizadas em um plano de recuperação, cujo trâmite de aprovação está regulado na Lei.

Permanece o devedor em recuperação (*i.e.*, em juízo) até que se cumpram todas as obrigações previstas no plano que vencerem até dois anos depois da sua concessão (ainda que o plano de recuperação preveja prazo maior para o cumprimento das obrigações ali assumidas).

Em síntese, as empresas em crise buscam o regime jurídico da recuperação judicial porque ela: (*i*) garante proteção contra as ações e execuções dos credores

---

[1286] SZTAJN, Rachel. Seção I: Disposições gerais. In: SOUZA JUNIOR, Francisco Satiro de; PITOMBO, Antonio Sergio A. de Moraes (coord.). *Comentários à Lei de Recuperação de Empresas e Falências*. 2 ed. São Paulo: Revista dos Tribunais, 2007, p. 223.

[1287] AYOUB; CAVALLI. *A construção jurisprudencial...*, p. 249.

[1288] TJPE, 2ª Câmara Cível, AI 353981-3, Rel. Des. Cândido José da Fonte Saraiva de Moraes, j. 04/03/2015; TJSP, Câmara Reservada à Falência e Recuperação, AI 0168318-63.2011.8.26.0000, Rel. Des. Pereira Calças, j. 17/04/2012. Por sua vez, criticando quem entende que se trata de um negócio jurídico e entendendo que a recuperação judicial teria natureza de ação judicial – e que o plano de recuperação judicial teria a natureza de negócio jurídico processual –, ver: TOLEDO, Paulo Fernando Campos Salles de; PUGLIESI, Adriana Valéria. Capítulo VII: A recuperação judicial. In: CARVALHOSA, Modesto (coord.). *Tratado de direito empresarial*, v. V – recuperação empresarial e falência. São Paulo: Revista dos Tribunais, 2016, p. 174.

RECUPERAÇÃO JUDICIAL. PARTE 1

que tenham o condão de agredir o patrimônio do devedor (*stay period*) tão logo seja deferido seu processamento pelo magistrado; (*ii*) possibilita a negociação coletiva com os credores, tendo como base o princípio majoritário; e (*iii*) viabiliza a venda de ativos sem o risco de o adquirente ter de arcar com as dívidas da devedora alienante – além de (*iv*) teoricamente, incrementar as chances de financiamentos em função da extraconcursalidade do crédito constituído depois do deferimento do processamento. Essas são as principais vantagens da reestruturação da empresa em crise via recuperação judicial[1289].

Idealizada como um remédio de maior amplitude do que a recuperação extrajudicial (pois permite, entre outras questões, a inclusão dos créditos trabalhistas), sua principal limitação é não alcançar os créditos tributários nem aqueles previstos nos arts. 49, §3º, e 86, II, da LREF, imunes ao plano apresentado pelo devedor.

2. Legitimação

Segundo o art. 48 da LREF, poderá requerer recuperação judicial o devedor que, no momento do pedido, exerça regularmente suas atividades há mais de dois anos e que atenda aos seguintes requisitos, cumulativamente: (*i*) não ser falido e, se o foi, estejam declaradas extintas, por sentença transitada em julgado, as responsabilidades daí decorrentes; (*ii*) não ter, há menos de cinco anos, obtido concessão de recuperação judicial; (*iii*) não ter, há menos de cinco anos, obtido concessão de recuperação judicial com base no plano especial para microempresas e empresas de pequeno porte; (*iv*) não ter sido condenado ou não ter, como administrador ou sócio controlador, pessoa condenada por qualquer dos crimes previstos na LREF.

Em outras palavras, além de a recuperação judicial ter de ser requerida pelo próprio devedor empresário, em condição de regularidade há mais de dois anos, não pode ele incidir nas hipóteses de impedimento acima elencadas.

Além disso, de acordo com o §1º do art. 48, a recuperação judicial também poderá ser requerida pelo cônjuge sobrevivente, herdeiros do devedor, inventariante ou sócio remanescente. São hipóteses de legitimação extraordinária.

Os requisitos de legitimação serão objeto de exame mais detalhado a seguir.

[1289] Como ressalta FRANCISCO SATIRO: "A razão do arcabouço processual da recuperação judicial é a superação dos obstáculos representados pela livre negociação simultânea com vários credores, cada um deles buscando a satisfação egoística de seus interesses. Em outras palavras, o processo de recuperação judicial é, na verdade, simplesmente um meio, uma ferramenta de construção de uma solução negociada entre o devedor e seus credores e, obviamente, de preservação das premissas contratadas. Isso significa que o plano de recuperação judicial, não obstante construído no âmbito de um processo judicial, tem natureza de negócio jurídico celebrado entre o devedor e seus credores." (SOUZA JUNIOR. Autonomia dos credores na aprovação do plano de recuperação judicial..., p. 104).

2.1. Ser devedor

Somente o próprio devedor pode pedir a sua recuperação judicial. No sistema da LREF, não se admite que os demais interessados possam abrir um processo destinado ao saneamento da empresa em crise. Assim, credores, trabalhadores, minoritários, órgãos governamentais e Ministério Público não estão autorizados a solicitar a recuperação judicial da empresa em crise[1290]. Da mesma forma, o juiz não pode agir de ofício, mesmo diante de uma empresa claramente em dificuldades.

2.1.1. Legitimação extraordinária

Como referido, a recuperação judicial também pode ser requerida (*i*) pelo cônjuge sobrevivente (e, em nosso entender, igualmente pelo companheiro em caso de união estável, tendo em vista o art. 226, §3º, da Constituição Federal e o art. 1.723 do Código Civil)[1291], (*ii*) pelos herdeiros do devedor ou inventariante, ou, ainda, (*iii*) pelo sócio remanescente, desde que comprovado que o requerente possui poderes para gerir os negócios do devedor (LREF, art. 48) – hipóteses essas de legitimação extraordinária que devem ser interpretadas restritivamente[1292].

Nas três primeiras hipóteses (cônjuge sobrevivente, herdeiros e inventariante), verifica-se que o art. 48, §1º, direciona-se ao empresário individual falecido (ou seja, trata-se de recuperação judicial do espólio). Tais sujeitos possuem legitimi-

---

[1290] Os acionistas minoritários estão em difícil situação, pois se sujeitam à decisão do controlador e, em geral, não têm voz nas recuperações. Nos Estados Unidos, credores podem propor a recuperação judicial de um devedor. Trata-se da *involuntary petition*. No entanto, a recuperação solicitada por credor sujeita o requerente a perdas e danos caso o processo de *reorganization* tenha sido instaurado de má-fé. Muito em função disso, aproximadamente 95% das *reorganizations* norte-americanas são ajuizadas por devedores. Na Alemanha, credores também podem dar início ao procedimento de insolvência, o qual é bifronte e pode caminhar para a recuperação ou para a falência. Na França, a recuperação pode ser iniciada de ofício pelo juiz, ou mediante solicitação do Ministério Público ou de credores. Por sua vez, os *Principles and Guidelines* do Banco Mundial recomendam uma legitimação mais aberta, permitindo ao menos a abertura de processos de recuperação por devedores e por credores. Por tudo, ver: CEREZETTI. *A recuperação judicial de sociedade por ações...*, p. 224, 256-257, 260, 266.

[1291] Neste sentido, ver, também: SOUSA, Marcos Andrey de. Comentários aos artigos 48 e 49. In: DE LUCCA, Newton; SIMÃO FILHO, Adalberto (coords). *Comentários à nova Lei de Recuperação de Empresas e Falências*. São Paulo: Quartier Latin, 2005, p. 221.

[1292] RACHEL SZTAJN, ao comentar o art. 48 da LREF, assim se manifesta sobre o tema: "O parágrafo único [atual §1º] do art. 48 contempla situações especiais de pedidos de recuperação judicial. Inclui o falecimento do empresário individual e legitima o cônjuge sobrevivente, herdeiros do devedor e o inventariante para tomar as medidas que, no seu entender, preservarão o patrimônio e servirão para manter a atividade. Legitimado, igualmente, em se tratando de sociedades, o sócio remanescente, quando o outro, ou os demais, não possam fazê-lo." "A especialidade das hipóteses de legitimação extraordinária não admite interpretação ampliativa. Restringe-se aos casos expressamente previstos e, ao que se pode perceber, tem como foco o empresário individual e a preservação de uma dada organização econômica que poderia ser objetivada e, portanto, permitir-se-ia sua continuidade pelos herdeiros do falecido." (SZTAJN. Seção I: Disposições gerais..., p. 227).

RECUPERAÇÃO JUDICIAL. PARTE 1

dade, de modo individual, para postular a recuperação judicial do empresário individual morto[1293]-[1294].

Questão um tanto conturbada está relacionada à figura do sócio remanescente, prevista no art. 48, §1º. Parte da doutrina entende que se trata do sócio minoritário dissidente em reunião ou assembleia de sócios ou acionistas, que foi vencido quanto à proposta de requerer a recuperação de empresas. Nesse caso, existindo abuso do poder de controle, poderia o sócio dissidente postular a recuperação judicial[1295].

Por outro lado, há quem sustente que a situação regulada é outra: segundo essa linha, seria hipótese de falecimento do sócio majoritário, quando, então, os sócios minoritários remanescentes poderiam postular a recuperação judicial (mesmo porque, falecendo um sócio minoritário, ainda assim a sociedade poderia deliberar pela proposta de requerer a recuperação judicial). Corroborando com essa interpretação, o próprio Código Civil utiliza a expressão "sócio remanescente" para se referir ao caso de falecimento do outro sócio (CC, art. 1.028, II)[1296].

A nosso ver, esse último caso é o projetado pelo legislador, sobretudo pela terminologia empregada e pela dificuldade de operacionalização da hipótese aventada pela doutrina que defende a primeira interpretação.

Finalmente, não se pode esquecer a hipótese de incapacidade superveniente do empresário individual, na forma do art. 974 do Código Civil. Nesta, o empresário torna-se relativamente incapaz por algum dos motivos previstos no art. 4º, II a IV, do Código Civil, mas a empresa pode continuar por meio de representante, ou com a supervisão de um assistente, quando, então, o pedido de recuperação judicial será requerido por aquele ou avalizado por este.

2.1.2. Grupos de sociedades

O grupo de sociedades corresponde à terceira fase do processo evolutivo das formas organizativas da empresa[1297]. Decorre do fenômeno concentracionista nascido em fins do século XIX e sedimentado no século XX, com o advento da

---

[1293] TJSP, 1ª Câmara Reservada de Direito Empresarial, AI 0227627-78.2012.8.26.0000, Rel. Des. Maia da Cunha, j. 13/11/2012.

[1294] A LREF não indica qual vontade deve prevalecer na hipótese de divergência entre tais sujeitos. Diante da omissão do legislador, entendemos que a solução deve ser construída a partir da análise do caso concreto.

[1295] COELHO. *Comentários à Lei de Falências e de Recuperação de Empresas...*, p. 141-142.

[1296] SOUSA. Comentários aos artigos 48 e 49..., p. 221-223; igualmente, ver: MILANI, Mario Sergio. *Lei de recuperação judicial, recuperação extrajudicial e falência comentada*. São Paulo: Malheiros, 2011, p. 204-205. ARNOLDO WALD e IVO WAISBERG entendem que ambos os posicionamentos estão corretos (WALD, Arnoldo; WAISBERG, Ivo. Comentários aos arts. 47 a 49. In: CORRÊA-LIMA, Osmar Brina; CORRÊA LIMA, Sérgio Mourão (coord.). *Comentários à nova Lei de Falência e Recuperação de Empresas*. Rio de Janeiro: Forense, 2009, p. 334).

[1297] ANTUNES. Estrutura e responsabilidade da empresa..., p. 35.

RECUPERAÇÃO DE EMPRESAS E FALÊNCIA

chamada Terceira Revolução Industrial[1298]. Trata-se de uma evolução jurídica verificada no seio do próprio direito societário contemporâneo, que passou a admitir o controle intersocietário[1299].

Embora não seja objeto do presente livro o exame exaustivo dos caracteres do grupo de sociedades[1300], cumpre consignar que o conceito de grupo de subordinação consiste em um conjunto mais ou menos vasto de sociedades, que, conservando formalmente a sua própria autonomia jurídica, encontram-se subordinadas a uma direção econômica unitária exercida por outra sociedade[1301]. Essa estrutura empresarial (especialmente, no Brasil, os grupos de fato, mas também os grupos de direito de subordinação)[1302] prevalece na economia contemporânea[1303], daí a razão pela qual importa examiná-la à luz do direito concursal – mesmo porque, normalmente, as crises não afetam uma ou outra sociedade do grupo de forma isolada, mas sim todo o grupo[1304].

[1298] CHAMPAUD, Claude. *Le pouvoir de concentracion de société par action*. Paris: Sirey, 1962, p. 4 ss, e, especialmente, p. 195-205; ANTUNES. Estrutura e responsabilidade da empresa..., p. 35.

[1299] ANTUNES. Estrutura e responsabilidade da empresa..., p. 36.

[1300] Para aprofundamento, ver, essencialmente: CHAMPAUD. *Le pouvoir de concentracion...*, p. 195-304; PETITPIERRE-SAUVAIN, Anne. *Droit des sociétés et groupes de sociétés*: responsabilité de l'actionnaire dominant, retrait des actionnaires minoritaires. Genève: Georg, 1972; ANTUNES, José Engrácia. *Os grupos de sociedades*: estrutura e organização jurídica da empresa plurissocietária. Coimbra: Almedina, 1999. No direito brasileiro, entre outros, ver: COMPARATO, Fábio Konder. Os grupos societários na nova Lei de Sociedade por Ações. In: Ensaios *e pareceres de direito empresarial*. Rio de Janeiro: Forense, 1978, p. 193-219; BULGARELLI, Waldirio. *O direito dos grupos e a concentração das empresas*. São Paulo: Livraria e Editora Universitária de Direito, 1975; LOBO, Jorge. *Grupo de sociedades*. Rio de Janeiro: Forense, 1978; MUNHOZ. *Empresa contemporânea e direito societário...*; PEREIRA NETO, Edmur. Anotações sobre os grupos de sociedades. *Revista de Direito Mercantil, Industrial, Econômico e Financeiro*, São Paulo, v. 82, p. 30-38, 1991; PRADO, Viviane Muller. *Conflito de interesses nos grupos societários*. São Paulo: Quartier Latin, 2006; VIO, Daniel de Ávila. *Ensaio sobre os grupos de subordinação, de direito e de fato, no direito societário brasileiro*. Tese (Doutorado em Direito). Faculdade de Direito da Universidade de São Paulo, São Paulo, 2014; DINIZ, Gustavo Saad. *Grupos societários*: da formação à falência. Rio de Janeiro: Forense, 2016; MARGONI, Anna Beatriz Alves. *A desconsideração da personalidade jurídica nos grupos de sociedades*. Dissertação (Mestrado em Direito). Faculdade de Direito da Universidade de São Paulo, São Paulo, 2011; SATIRO, Francisco; SCALZILLI, João Pedro; SPINELLI, Luis Felipe; TELLECHEA, Rodrigo. Rise and fall of Eike Batista's X Group. A contribution to brazilian insolvency regulation. *INSOL WORLD*, London, p. 20-21.

[1301] ANTUNES. Estrutura e responsabilidade da empresa..., p. 35; PETITPIERRE-SAUVAIN. *Droit des sociétés et groupes de sociétés...*, p. 1.

[1302] Grupos de fato (ou não convencionais) existem quando há relação de controle (Lei das S.A., art. 243, §2º; CC, art. 1.098) ou coligação (Lei das S.A., art. 243, §1º; CC, art. 1.099) entre a companhia e outras sociedades. Já os grupos de direito podem ser grupos de subordinação (em que o elemento unificador é o controle) ou grupos de coordenação (em que o elemento unificador é a unidade de direção), sendo que ambos necessitam de convenção (grupos de subordinação: Lei das S.A., art. 265; grupos de coordenação: Lei das S.A., art. 278).

[1303] PETITPIERRE-SAUVAIN. *Droit des sociétés et groupes de sociétés...*, p. 3-4; COMPARATO; SALOMÃO FILHO. *O poder de controle na sociedade anônima...*, p. 436.

[1304] CEREZETTI, Sheila Christina Neder; SATIRO, Francisco. A silenciosa "consolidação" da consolidação substancial. *Revista do Advogado – Direito das Empresas em Crise*, a. XXXVI, n. 131, out. 2016, p. 216.

RECUPERAÇÃO JUDICIAL. PARTE 1

Apesar da existência da referida realidade, a LREF foi omissa no tratamento da recuperação judicial (bem como da extrajudicial e da falência) dos grupos de sociedade, cuidando apenas da crise do empresário (sociedade ou empresário individual) singularmente considerado. Em que pese tal omissão, tem-se admitido a recuperação judicial do grupo econômico como um todo, hipótese em que as sociedades grupadas se unem em litisconsórcio ativo facultativo para requerer o benefício legal[1305].

Efetivamente, segundo a jurisprudência, se sociedades se associam em torno de uma empresa coletiva e existe uma direção unitária, a recuperação judicial do todo é possível[1306]; e como a LREF não disciplina a questão do litisconsórcio, coube justamente à jurisprudência estabelecer em que hipóteses a recuperação grupal é admissível[1307].

Logo que se iniciou a discussão a respeito da recuperação judicial dos grupos de sociedade, os tribunais passaram a admitir a formação de litisconsórcio ativo quando as empresas constituíam grupo econômico e estavam sediadas na mesma comarca[1308].

Nessa linha, há precedentes que negavam a possibilidade de recuperação judicial pelos grupos econômicos quando a distância entre os estabelecimentos principais das empresas requerentes poderia causar dificuldades à participação dos credores (notadamente os trabalhadores) nos conclaves assembleares[1309].

[1305] TJRS, 5ª Câmara Cível, AI 70049024144, Rel. Des. Gelson Rolim Stocker, j. 25/07/2012; TJRS, 6ª Câmara Cível, AI 70043244821, Rel. Des. Ney Wiedemann Neto, j. 28/07/2011. Diante disso, é importante lembrar o disposto na Súmula 58 do TJSP: "Os prazos previstos na lei n° 11.101/2005 são sempre simples, não se aplicando o artigo 191, do Código de Processo Civil [de 1973]" (art. 229 do CPC de 2015). O STJ, no entanto, apresenta posição no sentido de que é possível a aplicação do prazo em dobro para as empresas devedoras quando estiverem requerendo a recuperação judicial em litisconsórcio ativo e com procuradores diferentes, fundado na existência de grupo econômico. Os credores, no entanto, não gozam de prazo em dobro, pois não formam litisconsórcio passivo. Isso porque não há réus na ação de recuperação judicial, mas, sim, credores interessados. Nesse sentido: STJ, 3ª Turma, REsp 1.324.399/ SP, Rel. Min. Paulo de Tarso Sanseverino, j. 03/03/2015.

[1306] TJSP, Câmara Reservada à Falência e Recuperação, AI 9041423-06.2008.8.26.0000, Rel. Des. Lino Machado, j. 01/04/2010.

[1307] TJSP, Câmara Reservada à Falência e Recuperação, AI 9041423-06.2008.8.26.0000, Rel. Des. Lino Machado, j. 01/04/2010.

[1308] TJSP, Câmara Reservada à Falência e Recuperação, AI 0346981-05.2009.8.26.0000, Rel. Des. Pereira Calças, j. 15/09/2009. Ver, também: TJRS, 5ª Câmara Cível, AI 70049024144, Rel. Des. Gelson Rolim Stocker, j. 25/07/2012; TJSP, Câmara Reservada à Falência e Recuperação, APC 9108499-13.2009.8.26.0000, Rel. Des. Lino Machado, j. 19/10/2010; TJSP, Câmara Reservada à Falência e Recuperação, AI 0188755-62.2010.8.26.0000, Rel. Des. Romeu Ricupero, j. 19/10/2010; TJSP, Câmara Reservada à Falência e Recuperação, AI 9031514-03.2009.8.26.0000, Rel. Des. Romeu Ricupero, j. 06/04/2010.

[1309] TJSP, Câmara Reservada à Falência e Recuperação, AI 0346981-05.2009.8.26.0000, Rel. Des. Pereira Calças, j. 15/09/2009; TJSP, Câmara Reservada à Falência e Recuperação, AI 9184284-78.2009.8.26.0000, Rel. Des. Pereira Calças, j. 09/06/2009.

RECUPERAÇÃO DE EMPRESAS E FALÊNCIA

Entretanto, em pouco tempo surgiram situações em que se admitiu a recuperação judicial mesmo quando sociedades integrantes do grupo possuem seus principais estabelecimentos em comarcas distintas (ainda que distantes)[1310], bem como também se encontram casos em que se admite a formação de litisconsórcio mesmo que parte das sociedades grupadas tivesse sede no exterior, porque, do contrário, a recuperação seria inviável[1311]-[1312].

[1310] TJSP, 1ª Câmara Reservada de Direito Empresarial, AI 0080995-49.2013.8.26.0000, Rel. Des. Alexandre Marcondes, j. 21/05/2013.

[1311] TJRJ, 8ª Câmara Cível, AI 0051668-49.2016.8.19.0000, Rel. Des. Cezar Augusto Rodrigues Costa, j. 31/10/2017; TJRJ, 22ª Câmara Cível, AI 0034120-11.2016.8.19.0000, Rel. Des. Carlos Eduardo Moreira da Silva, j. 07/02/2017; TJRJ, 14ª Câmara Cível, AI 0064658-77.2013.8.19.0000, Rel. Des. Gilberto Campista Guarino, j. 03/12/2013; TJSP, 2ª Câmara Reservada de Direito Empresarial, AgRg 2084295-14.2015.8.26.0000, Rel. Des. Carlos Alberto Garbi, j. 31/08/2015; TJSP, 2ª Câmara Reservada de Direito Empresarial, AI 2094959-07.2015.8.26.0000, Rel. Des. Carlos Alberto Garbi, j. 05/10/2015. Sobre o tema, na doutrina, ver: CEREZETTI. Grupos de sociedades e recuperação judicial..., p. 735-789; TOLEDO; PUGLIESI. Capítulo VII: A recuperação judicial..., p. 179 ss; TOLEDO, Paulo Fernando Campos Salles de. Recuperação judicial de grupos de empresas. In: FRANÇA, Erasmo Valladão Azevedo e Novaes; ADAMEK, Marcelo Vieira von (coords.). *Temas de direito empresarial e outros estudos em homenagem ao Professor Luiz Gastão Paes de Barros Leães*. São Paulo: Malheiros, 2014, p. 336-357; CAMPANHA FILHO, Paulo Fernando. *A recuperação judicial de grupos societários multinacionais*: contribuições para o desenvolvimento de um sistema jurídico brasileiro a partir do direito comparado. Tese (Doutorado em Direito). Faculdade de Direito da Universidade de São Paulo, São Paulo, 2013; SICA. A disciplina dos grupos empresariais..., p. 103-135; SATIRO, Francisco; CAMPANA; Paulo Fernando. A insolvência transnacional: para além da regulação estatal e na direção dos acordos de cooperação. In: TOLEDO, Paulo Fernando Campos Salles de; SATIRO, Francisco (coord.). *Direito das empresas em crise:* problemas e soluções. São Paulo: Quartier Latin, 2012; FELSBERG, Thomas Benes; CAMPANA FILHO, Paulo Fernando. A recuperação judicial de sociedades sediadas no exterior: as lições da experiência estrangeira e os desenvolvimentos no Brasil. In: CEREZETTI, Sheila C. Neder; MAFFIOLETTI, Emanuelle Urbano (coord.). *Dez anos da Lei nº 11.101/2005*: estudos sobre a Lei de Recuperação e Falência. São Paulo: Almedina, 2015, p. 489; RECHSTEINER, Beat Walter. A insolvência internacional sob a perspectiva do direito brasileiro. In: PAIVA, Luiz Fernando Valente de (coord.). *Direito falimentar e a nova Lei de Falências e Recuperação de Empresas*. São Paulo: Quartier Latin, 2005, p. 669-699; DEZEM. *A universalidade do juízo da recuperação judicial...*, p. 244 ss; CALDERON, Silvio Javier Battello. *Falência internacional no Mercosul*: proposta para uma solução regional. Curitiba: Juruá, 2011; CALDERON, Silvio Javier Battello. O processo falimentar internacional à luz da Lei 11.101/05: evolução ou retrocesso. In: _____ (org.). *Principais controvérsias na nova Lei de Falências*. Porto Alegre: Sergio Antonio Fabris, 2008.

[1312] Sobre a chamada "insolvência transnacional", é preciso tecer alguns comentários. Em primeiro lugar, vale destacar que a crise de uma empresa com estabelecimentos espalhados por diversas jurisdições acarreta problemas de variadas ordens, entre eles (*i*) a necessidade de organizar um quadro de credores universal, (*ii*) arrecadar bens e (*iii*) realizar pagamentos de forma equânime. Daí a necessidade de regulação da insolvência transnacional. Nada obstante, a maior parte dos países ainda não adotou regras nesse sentido – regras para solucionar questões envolvendo empresas submetidas a algum tipo de regime concursal e que tenham estabelecimentos em mais de uma jurisdição (SATIRO; CAMPANA FILHO. A insolvência transnacional..., p. 121). Da mesma forma, nenhum tratado multilateral acerca dessa temática entrou em vigor (SATIRO; CAMPANA FILHO. A insolvência transnacional..., p. 121). Em compensação, vários países desenvolvidos – entre eles Estados Unidos, Canadá, Reino Unido e Japão – incorporaram como legislação interna a lei-modelo da UNCITRAL sobre insolvências transfronteiriças de 1997, bem como a União Europeia adotou o Regulamento (CE) 1.346/2000 sobre a mesma temática, gerando algum grau de uniformização no tratamento das matérias (SATIRO; CAMPANA FILHO. A insolvência transnacional..., p. 122). Como pano de fundo, dois modelos teóricos contrapostos têm ocupado as discussões acadêmicas acerca da insolvência transnacional: o territorialismo e o universalismo. Para os defensores do territorialismo, o juízo de cada Estado teria jurisdição exclusiva sobre os bens do devedor nele localizados. Por consequência, o direito deste Estado regeria todos os aspectos relacionados à arrecadação dos ativos e à distribuição dos valores entre os credores (SATIRO; CAMPANA FILHO. A insolvência transnacional..., p. 123). Por sua vez, os adeptos do universalismo defendem o oposto: um único juízo – dito universal – teria jurisdição mundial para administrar a insolvência (FELSBERG; CAMPANA FILHO. A recuperação judicial de sociedades sediadas no exterior..., p. 470; SATIRO; CAMPANA FILHO. A insolvência transnacional..., p. 123). Do ponto de vista acadêmico – e, portanto, de uma perspectiva teórica –, o universalismo é tido como superior, pois teria maior aptidão para promover um sistema concursal mais justo e eficiente (SATIRO; CAMPANA FILHO. A insolvência transnacional..., p. 123-124). Do ponto de vista prático, porém, face à ausência de normas internacionais em muitas jurisdições, o territorialismo seria o modelo adotado (SATIRO; CAMPANA FILHO. A insolvência transnacional..., p. 124). De uma maneira geral, como o territorialismo não oferece soluções adequadas para o enfrentamento das questões inerentes ao concurso de credores de uma empresa com estabelecimentos em múltiplas jurisdições, os Tribunais descobriram que o universalismo poderia ser alcançado na prática com base na coordenação de diversos processos de insolvência locais (territoriais). O Brasil não adotou expressamente nenhuma das duas teorias, existindo, em nosso ordenamento jurídico, verdadeiro vácuo legislativo sobre como tratar as insolvências transnacionais. Efetivamente, o direito concursal brasileiro não está preparado para cuidar das diversas problemáticas que envolvem uma insolvência internacional. Dois são os principais problemas: (*i*) o reconhecimento de decisões emanadas de juízos concursais de outros Estados relativamente a bens situados no Brasil e/ou empresas aqui constituídas, mas controladas por empresas estrangeiras submetidas a regimes de crise; e (*ii*) a competência (ou não) do Judiciário brasileiro para processar e julgar as ações de recuperação judicial que envolvam sociedades nacionais em cujo grupo econômico figuram uma ou mais sociedades estrangeiras. Apesar disso, como bem lembram FELSBERG e CAMPANA FILHO, "alguns dos casos de maior expressão dos últimos anos – como OGX, Aralco, OAS, Lupatech e Schain, por exemplo – envolvem o ajuizamento de pedidos de recuperação judicial de sociedades estrangeiras em litisconsórcio ativo com sociedades brasileiras, todas ligadas por uma direção unitária, sob o argumento de pertencerem a um único grupo societário ou econômico cujas operações se desenvolvem no Brasil" (FELSBERG; CAMPANA FILHO. A recuperação judicial de sociedades sediadas no exterior..., p. 469). A tendência é, portanto, que o Poder Judiciário entenda que o juiz concursal brasileiro possui competência para processar e julgar processos de insolvência que envolvem sociedades estrangeiras quando entender que o principal estabelecimento do grupo (centro dos interesses do grupo) se encontra em território nacional (FELSBERG; CAMPANA FILHO. A recuperação judicial de sociedades sediadas no exterior..., p. 488). Em nosso sentir, trata-se de uma solução coerente e adequada, que nos aproxima da teoria universalista, mais aderente à realidade econômica e mais consentânea com o princípio da preservação da empresa. Nessa linha, a jurisprudência já se manifestou nos casos das recuperações judiciais da OGX (TJRJ, 14ª Câmara Cível, AI 0064658-77.2013.8.19.0000, Rel. Des. Gilberto Campista Guarino, j. 03/12/2013), da OAS (TJSP, 2ª Câmara Reservada de Direito Empresarial, AR 2084295-14.2015.8.26.0000, Rel. Des. Carlos Alberto Garbi, j. 31/08/2015), da Sete Brasil (TJRJ, 22ª Câmara Cível, AI 0034120-11.2016.8.19.0000, Rel. Des. Carlos Eduardo Moreira da Silva, j. 07/02/2017) e da Oi (Processo 0203711-65.2016.8.19.0001, em decisão da 7ª Vara Empresarial da Comarca do Rio de Janeiro/RJ; TJRJ, 8ª Câmara Cível, AI 0051668-49.2016.8.19.0000, Rel. Des. Cezar Augusto Rodrigues Costa, j. 31/10/2017).

RECUPERAÇÃO DE EMPRESAS E FALÊNCIA

Nesses casos, tende-se a adotar o principal estabelecimento do grupo como critério para fixação da competência[1313]-[1314] (apesar de que, não se pode esquecer, existe um problema de ordem processual: o art. 3º da LREF estabelece uma regra de competência absoluta, a qual pode acabar sendo relativizada em caso de recuperação de grupos de sociedades).

Em nosso sentir, a possibilidade de sociedades grupadas, com principais estabelecimentos em comarcas diversas, requererem recuperação judicial em litisconsórcio parece adequada e, em muitos casos, absolutamente necessária. A um, porque usualmente são empresas social e economicamente relevantes, de modo que lhes negar a oportunidade de tentar a recuperação causaria efeitos nocivos não só a elas, mas a todas as classes que gravitam em seu entorno (*i.e.*, empregados, fornecedores, comunidade, entre outros). A dois, porque não há razão para excluí-las da proteção conferida pelos institutos recuperatórios; efetivamente, o problema de os credores terem de se deslocar para participarem da assembleia e para acompanharem o processo judicial também existe nas recuperações das sociedades isoladas com múltiplos estabelecimentos e isso não é impeditivo para que elas se valham do benefício legal[1315]. A três, como o juízo da recuperação só possui competência para decidir sobre a constrição de bens de titularidade da recuperanda, não tendo essa prerrogativa quando se tratar de bens de outras empresas, mesmo que grupadas com a recuperada[1316] – e como usualmente essas

---

[1313] Nesse sentido, ver: TJSP, 1ª Câmara Reservada de Direito Empresarial, AI 0080995-49.2013.8.26.0000, Rel. Des. Alexandre Marcondes, j. 21/05/2013. Ver, também: STJ, 2ª Seção, CC 146.579/MG, Rel. Min. Paulo de Tarso Sanseverino, j. 09/11/2016 ("Considerando o variado cenário de informações que constam dos autos, notadamente a de que a ELETROSOM S/A é a maior sociedade do grupo, e que sua atividade é pulverizada pelo país, deve ser definido como competente o juízo onde está localizada a sede da empresa, ou seja, o juízo da Comarca de Monte Carmelo/MG."). Sobre a competência em casos de recuperação judicial de grupos de sociedade, ver: DEZEM. *A universalidade do juízo da recuperação judicial...*, p. 257 ss.

[1314] Aqui, é importante lembrar do entendimento do STJ de que o pedido de falência contra uma das sociedades do grupo torna prevento o juízo para o pedido de recuperação judicial do grupo: "Conquanto o pedido de recuperação judicial tenha sido efetuado por cinco empresas que compõem um grupo econômico, certo é que contra uma dessas empresas já havia requerimento de falência em curso, o que, consoante o teor do art. 6º, §8º, da Lei n. 11.101/2005, torna prevento o Juízo no qual este se encontra para apreciar o pleito que busca o soerguimento das demandantes." (STJ, 2ª Seção, CC 116.743/MG, Rel. Min. Luis Felipe Salomão, j. 10/10/2012). Ver, também: TJSP, Câmara Especial, CC 0019921-57.2014.8.26.0000, Rel. Des. Ricardo Anafe, j. 26/05/2014. Em tom crítico deste entendimento, ver: CEREZETTI. Grupos de sociedades e recuperação judicial..., p. 762.

[1315] Também nesse sentido: AYOUB; CAVALLI. *A construção jurisprudencial...*, p. 31.

[1316] Súmula 480 do STJ – caminhando, no mesmo sentido, o Enunciado 3 da Edição 35 da Jurisprudência em Teses do STJ. A *contrario sensu*, é assim que se interpreta a Súmula 480 do STJ: "O juízo da recuperação judicial não é competente para decidir sobre a constrição de bens não abrangidos pelo plano de recuperação da empresa". Assim a jurisprudência: STJ, 2ª Seção, AgRg no CC 136.779/MT, Rel. Min. Marco Aurélio Bellizze, j. 26/11/2014; STJ, 2ª Seção, AgRg nos EDcl no CC 121.613/GO, Rel. Min. Luis Felipe Salomão, j. 26/02/2014; STJ, 2ª Seção, CC 128.468/SP, Rel. Min. Ricardo Villas Bôas Cueva, j.

sociedades são garantidoras umas das outras em operações de crédito –, somente a recuperação do grupo empresarial permite a proteção da totalidade das empresas atingidas pelas crise[1317]. A quatro, um processo único atende ao princípio da economia processual, bem como a busca de soluções conjuntas tende a evitar a existência de decisões contraditórias.

Apesar da resistência inicial, hoje é admitida a tramitação conjunta do processo de recuperação do grupo de sociedades como um todo. Trata-se da chamada "consolidação processual"[1318]. Para tanto, além de se demonstrar a existência do grupo[1319] (de fato ou de direito), todas as sociedades devem cumprir requisitos exigidos pela LREF para que ingressem em recuperação judicial[1320].

Entretanto, a questão que suscita maior controvérsia é se seria possível a realização da "consolidação material", ou seja, a união de ativos e passivos das sociedades integrantes do mesmo grupo. A discussão gira em torno da possibilidade de apresentação de um plano unitário, unificando todos os ativos e passivos de todas as sociedades do grupo e com unificação dos credores também em assembleia geral, ou de um plano único (ou planos distintos para cada uma das empresas em recuperação) que individualize o patrimônio de cada uma das sociedades do grupo bem como os específicos meios de recuperação para cada sociedade, realizando-se votação em apartado pelos respectivos credores.

12/02/2014; STJ, 2ª Seção, AgRg nos EDcl no CC 130.436/MT, Rel. Min. Raul Araújo, j. 27/11/2013; STJ, 2ª Seção, AgRg no CC 123.860/SP, Rel. Min. Paulo de Tarso Sanseverino, j. 28/08/2013; STJ, 2ª Seção, AgRg no CC 120.385/SP, Rel. Min. Marco Buzzi, j. 28/11/2012; STJ, 2ª Seção, AgRg no CC 117.885/DF, Rel. Min. Antonio Carlos Ferreira, j. 08/08/2012; STJ, 2ª Seção, CC 115.272/SP, Rel. Min. Maria Isabel Gallotti, j. 11/05/2011; STJ, 2ª Seção, AgRg no CC 114.808/DF, Rel. Min. Nancy Andrighi, j. 13/04/2011.

[1317] STJ, 2ª Seção, CC 115.272/SP, Rel. Min. Isabel Gallotti, j. 11/05/2011; STJ, 2ª Seção, EDcl no AgRg no CC 103.511/RJ, j. 13/04/2011; STJ, 2ª Seção, AgRg no CC 114.808/DF, Rel. Min. Nancy Andrighi, j. 13/04/2011; e STJ, 2ª Seção, RCDESP no CC 112.725/DF, Rel. Min. Aldir Passarinho Júnior, j. 27/10/2010.

[1318] O que não significa que as recuperações judiciais de cada uma das sociedades terão o mesmo destino, o mesmo administrador judicial, etc. (salvo hipótese da chamada "consolidação material"). Sobre o tema, ver: CEREZETTI. Grupos de sociedades e recuperação judicial..., p. 754-755.

[1319] O TJSP já teve a oportunidade de indeferir o processamento conjunto de recuperação judicial de três sociedades por não restar demonstrada a existência de grupo de fato (TJSP, Câmara Especial de Falências e Recuperações Judiciais de Direito Privado, AI 571.985-4/9-00, Rel. Des. Romeu Ricupero, j. 29/10/2008).

[1320] V.g.: "Agravo de instrumento. Recuperação judicial excepcionalmente processada em litisconsórcio. Apresentação de certidões relativas a todas as empresas em relação a todas as Comarcas que houver estabelecimentos do grupo" (TJSP, 1ª Câmara Reservada de Direito Empresarial, AI 0175316-13.2012.8.26.0000, Rel. Des. Pereira Calças, j. 30/10/2012). Entretanto, no caso AGRENCO, o TJSP deferiu o processamento da recuperação judicial de sociedade empresária em condições de regularidade há menos de dois anos, uma vez que a requerente pertenceria a grupo econômico existente há 15 anos e teria sido constituída mediante a transferência de ativos das sociedades do grupo para prosseguir no exercício da atividade já exercida por tais empresas (TJSP, Câmara Especial de Falências e Recuperações Judiciais AI 604.160-4/8-00, Rel. Des. Pereira Calças, j. 04/03/2009).

RECUPERAÇÃO DE EMPRESAS E FALÊNCIA

A questão ainda é polêmica. A propensão é que se deva apresentar ou planos distintos para cada sociedade ou plano único com a respectiva individualização dos meios destinados para cada sociedade (apesar de os meios de recuperação judicial poderem guardar interdependência entre cada uma das sociedades), tendo em vista a autonomia patrimonial de cada ente.

Ainda, a tendência é que sejam elaboradas relações de credores distintas para cada sociedade e realizadas votações em separado dos credores de cada uma delas[1321] – mesmo porque cada sociedade deve cumprir individualmente todas as exigências legais, como, inclusive, a apresentação da lista de credores discriminando qual sociedade é devedora[1322].

Assim, a "consolidação substancial", mediante a apresentação de plano unitário, seria medida excepcional, justificável em duas hipóteses: (i) quando existe confusão patrimonial estrutural entre as sociedades do grupo (sendo a consolidação decidida judicialmente a pedido do devedor, a requerimento de credores ou do administrador judicial)[1323-1324]; ou (ii) quando os credores aceitam volunta-

---

[1321] Ver: CEREZETTI. Grupos de sociedades e recuperação judicial..., p. 762 ss; TOLEDO. Recuperação judicial de grupos de empresas..., p. 348 ss. Também apresentando interpretação restritiva, ver: TOLEDO; PUGLIESI. Capítulo VII: A recuperação judicial..., p. 183 ss. Na jurisprudência, determinando a apresentação de planos distintos (individualizados) para cada sociedade, ver: TJRS, 5ª Câmara Cível, AI 70065841918, Rel. Des. Isabel Dias Almeida, j. 25/08/2015; TJRS, 6ª Câmara Cível, AI 70062985171, Rel. Des. Luís Augusto Coelho Braga, j. 28/05/2015 (acórdão assim ementado: "Ação de recuperação judicial. Litisconsórcio ativo. Impossibilidade de confusão patrimonial. Obrigatoriedade de apresentação de planos distintos para cada empresa e votação somente pelos respectivos credores. Agravo de instrumento provido"); TJRS, 6ª Câmara Cível, AI 70062929922, Rel. Des. Ney Wiedemann Neto, j. 28/05/2015.

[1322] TJSP, 1ª Câmara Reservada de Direito Empresarial, AI 0175316-13.2012.8.26.0000, Rel. Des. Pereira Calças, j. 30/10/2012; TJRS, 6ª Câmara Cível, AI 70062985171, Rel. Des. Luís Augusto Coelho Braga, j. 28/05/2015.

[1323] O que não significa que abusos pontuais da personalidade jurídica levem à consolidação substancial, mas sim à desconsideração pontual para tutela de um específico credor (ou às medidas de responsabilização dos administradores e controladores), por exemplo. Para que ocorra a consolidação substancial obrigatória, aqui, deve-se verificar uma "disfunção societária estruturalmente relevante" (CEREZETTI. Grupos de sociedades e recuperação judicial..., p. 775). Sobre a confusão patrimonial, ver: SCALZILLI, João Pedro. Confusão patrimonial no direito societário. São Paulo: Quartier Latin, 2014.

[1324] Veja-se caso em que o próprio plano de recuperação judicial previa a fusão das duas sociedades integrantes do grupo, mas sem maiores detalhamentos sobre a "consolidação substancial": TJSP, Câmara Reservada à Falência e Recuperação, AI 990.10.188755-0, Rel. Des. Romeu Ricupero, j. 19/10/2010 ("Recuperação judicial. Litisconsórcio ativo. Duas empresas que constituem um grupo econômico de fato e familiar, instaladas no mesmo local, e com Plano de Recuperação Judicial já apresentado e que considerou as empresas como constituindo o Grupo Delta, com unificação de quadros e de todos os processos administrativos e industriais, prevendo-se, expressamente, na cláusula 10.3, que, nos termos do inciso II do art. 50 da Lei 11.101/05, no curso da recuperação judicial, sofrerão as empresas processo de fusão, com a possibilidade da cessão de cotas do capital social da empresa resultante do processo. Ademais, processamento em litisconsórcio ativo já deferido a mais de um ano. Agravo de instrumento provido.").

RECUPERAÇÃO JUDICIAL. PARTE 1

riamente a consolidação[1325] (previamente em AGC de cada uma das sociedades devedoras e com base no quórum do art. 45 da LREF, mesmo porque se trata de um meio de recuperação judicial, de acordo com o art. 50 da LREF).

Haveria, então, tanto a consolidação substancial obrigatória quanto a consolidação substancial voluntária. Em ambas, os credores das sociedades do grupo devem aprovar, conjuntamente, o plano unitário em AGC, de acordo com o quórum do art. 45 da LREF[1326].

De qualquer forma, importa registrar que há diversos precedentes judiciais que, na prática, realizam a chamada "consolidação substancial" sem a observância das recomendações feitas acima, sob o argumento de que seria essa a única forma de superação da crise[1327,1328,1329].

[1325] O TJSP já teve a oportunidade de entender que aos credores cabe a decisão sobre a recuperação judicial unitária (apesar de não ficar claro que a deliberação deva ocorrer previamente em AGC de cada sociedade): TJSP, Câmara Especial de Falências e Recuperações Judiciais de Direito Privado, AI 595.741-4/1-00, Rel. Lino Machado, j. 01/04/2009. Ver, também: TJRJ, 14ª Câmara Cível, AI 0043183-31.2014.8.19.0000, Rel. Des. Gilberto Guarino, j. 08/10/2014; e TJRJ, ED no AI 0043183- 31.2014.8.19.0000, 14ª Câmara Cível, Rel. Des. Gilberto Guarino, j. 05/11/2014. Sobre a consolidação substancial parcial com votação conjunta de todos os credores em uma única AGC, ver: TJSP, 2ª Câmara Reservada de Direito Empresarial, AI 2040940-17.2016.8.26.0000, Rel. Des. Carlos Alberto Garbi, j. 31/01/2016.

[1326] Na consolidação substancial, o destino de todas as sociedades é selado em conjunto (diferentemente do que ocorre com a mera consolidação processual) (CEREZETTI. Grupos de sociedades e recuperação judicial..., p. 783).

[1327] TJSP, 1ª Câmara Reservada de Direito Empresarial, AI 2215135-49.2014.8.26.0000, Rel. Des. Teixeira Leite, j. 25/03/2015 (acórdão assim ementado: "Litisconsórcio ativo. Plano único, lista única, assembleia única. Alegação, por alguns credores, de necessidade de individualização dos planos, com lista própria e realização de assembleia com os respectivos credores. Decisão mantida. Separação do processamento das recuperações que causaria tumulto processual. Descabimento na hipótese. Caracterização de grupo econômico de fato. Unicidade de direção e relação de interdependência entre as empresas do grupo. Precedentes. Recurso desprovido"); TJSP, 1ª Câmara Reservada de Direito Empresarial, AI 2178366-42.2014.8.26.0000, Rel. Des. Pereira Calças, j. 09/12/2014 (acórdão assim ementado: "Litisconsórcio ativo. Possibilidade. Precedentes. (...). Apresentação de plano único de recuperação judicial. Necessidade. Eventuais distorções dos créditos individuais que devem ser apreciadas e corrigidas caso a caso. Decisão mantida. Agravo a que se nega provimento"). Ver, também: TJSP, 2ª Câmara Empresarial, AI 2116130-54.2014.8.26.0000, Rel. Des. Tasso Duarte de Melo, j. 13/11/2014; TJRJ, 22ª Câmara Cível, AI 0003950-90.2015.8.19.0000, Rel. Des. Carlos Eduardo Moreira da Silva, j. 17/03/2015. Observe-se, ainda, que o TJRJ assim já se manifestou: "Assim, mantido o plano de recuperação unitário, em caso de objeção de qualquer credor, o referido plano deverá ser objeto de deliberações assembleares distintas para cada empresa, respeitando-se a posição de cada credor em relação a sua respectiva devedora, vedada a diluição do "peso" de seu respectivo voto." (TJRJ, 22ª Câmara Cível, AI 0014816-26.2016.8.19.0000, Rel. Des. Carlos Santos de Oliveira, j. 26/07/2016).

[1328] SHEILA CEREZETTI e FRANCISCO SATIRO conduziram pesquisa na qual constatam que a consolidação substancial ocorre, em geral, de modo quase que automático – o que normalmente se deve à inércia dos envolvidos no processo. Todavia, processos mais recentes demonstrariam que a distinção entre consolidação substancial e consolidação processual tem se mostrado mais frequente (CEREZETTI; SATIRO. A silenciosa "consolidação" da consolidação substancial...).

[1329] Por tudo, ver: CEREZETTI. Grupos de sociedades e recuperação judicial..., p. 764 ss. Sobre as chamadas consolidações processual e material, ver, ainda: TOLEDO. A recuperação judicial nos grupos

2.1.3. Devedor com patrimônio de afetação

Muita discussão existe em torno da recuperação judicial de devedores que possuem patrimônio de afetação, especialmente no caso das sociedades que atuam no setor imobiliário.

A Lei 10.931/2004 acrescentou a figura do patrimônio de afetação à Lei 4.591/1964 (arts. 31-A a 31-F), possibilitando que o incorporador destine o terreno e as acessões objeto da incorporação imobiliária, assim como os demais bens e direitos a ela vinculados, exclusivamente à consecução da incorporação correspondente e à entrega das unidades imobiliárias aos respectivos adquirentes.

Tal mecanismo foi criado especialmente para proteger os adquirentes de unidades imobiliárias em contexto falimentar das incorporadoras e, nesse sentido, o art. 119, IX, da LREF dispõe que "os patrimônios de afetação, constituídos para cumprimento de destinação específica, obedecerão ao disposto na legislação respectiva, permanecendo seus bens, direitos e obrigações separados dos do falido até o advento do respectivo termo ou até o cumprimento de sua finalidade, ocasião em que o administrador judicial arrecadará o saldo a favor da massa falida ou inscreverá na classe própria o crédito que contra ela remanescer". Assim, os efeitos da eventual decretação de falência do incorporador não atingem os patrimônios de afetação constituídos, não integrando a massa concursal o terreno, as acessões e demais bens, direitos creditórios, obrigações e encargos objeto da incorporação; ao final caberá ao administrador judicial arrecadar o saldo a favor da massa falida, sendo que, se remanescer crédito contra a massa falida, deverá ser inscrito na classe própria. Na prática, tais bens são desapossados do falido (seria ilógico pensar que o falido pudesse continuar administrando e dispondo de tais bens), mas incide sobre eles um regime próprio e especial de arrecadação, administração e liquidação, com o objetivo de satisfazer determinados credores.

Todavia, no contexto recuperatório a LREF é omissa. De qualquer sorte, apesar da omissão, entende-se que deve ser respeitado o patrimônio de afetação (não estando sujeita à recuperação judicial, o que acaba por inviabilizar, apesar de inexistir impedimento jurídico, o ajuizamento de recuperação judicial

---

de empresas..., p. 348 ss; TOLEDO; PUGLIESI. Capítulo VII: A recuperação judicial..., p. 179 ss; TOLEDO, Paulo Fernando Campos Salles de; PUGLIESI, Adriana Valéria. Capítulo VIII: O plano de recuperação judicial. In: CARVALHOSA, Modesto (coord.). *Tratado de direito empresarial*, v. V – recuperação empresarial e falência. São Paulo: Revista dos Tribunais, 2016, p. 204-206; SICA. A disciplina dos grupos empresariais..., p. 129 ss. Ver, também: CAVALLI, Cássio Machado. Plano de recuperação. In: COELHO, Fábio Ulhoa. *Tratado de direito comercial*, v. 7. São Paulo: Saraiva, 2015, p. 263 ss; e CORRÊA JUNIOR, Gilberto Deon. Anotações sobre a consolidação processual e a consolidação substancial no âmbito da recuperação judicial. In: WAISBERG, Ivo; RIBEIRO, José Horácio Halfeld Rezende (org.). *Temas de direito da insolvência* – Estudos em homenagem ao Professor Manoel Justino Bezerra Filho. São Paulo: IASP, 2017, p. 305-333.

RECUPERAÇÃO JUDICIAL. PARTE 1

de sociedades de propósito específico cujo patrimônio se confunde essencialmente com o patrimônio de afetação destinado à incorporação de empreendimentos imobiliários), uma vez que seria incompatível com a recuperação judicial. Assim, os adquirentes das unidades imobiliárias, na forma da legislação especial, devem decidir o rumo a ser dado ao empreendimento em cenário de insolvência[1330].

2.1.4. Deliberação especial de autorização para ajuizar a recuperação judicial

Em se tratando de sociedade, para que postule a recuperação judicial (e, também, no caso da recuperação extrajudicial) é necessária, como regra, uma deliberação social autorizando os administradores a agirem nesse sentido.

Nas sociedades por ações (sociedade anônima e sociedade em comandita por ações), o tema é regulado pelo art. 122, IX, (que, por ser anterior à LREF, faz referência à extinta concordata).

O quórum de deliberação é o da maioria do capital social votante presente à assembleia de acionistas (Lei 6.404/76, art. 129 – podendo o estatuto social das companhias fechadas aumentar tal quórum, de acordo com o §1º do referido dispositivo legal).

Por sua vez, o parágrafo único do art. 122 da Lei 6.404/1976 autoriza o pedido de recuperação formulado pelos administradores em caso de urgência, desde que com a concordância do acionista controlador, se existente, convocando-se, imediatamente, assembleia geral para se manifestar sobre a matéria.

No que tange às sociedades limitadas, o Código Civil (que, também por ser anterior à LREF, faz referência à extinta concordata) trata do tema no art. 1.071, VIII, exigindo a necessidade de deliberação dos sócios, por meio de votos correspondentes a mais da metade do capital social (CC, art. 1.076, II) – podendo o contrato social prever quórum mais elevado.

[1330] Nesse sentido, ver: TJSP, 2ª Câmara Reservada de Direito Empresarial, AI 2007654-14.2017.8.26.0000, Rel. Des. Fábio Tabosa, j. 12/06/2017; TJSP, 2ª Câmara Reservada de Direito Empresarial, AI 2236772-85.2016.8.26.0000, Rel. Des. Fábio Tabosa, j. 12/06/2017; TJSP, 2ª Câmara Reservada de Direito Empresarial, AI 2218060-47.2016.8.26.0000, Rel. Des. Fábio Tabosa, j. 12/06/2017 (tendo, a rigor, existido restrição à recuperação judicial de sociedades de propósito específico mesmo sem patrimônio de afetação). Sobre o tema, caminhando no mesmo sentido, bem como trabalhando a situação do compromissário comprador em caso de recuperação judicial do incorporador quando o empreendimento não possui patrimônio de afetação (hipótese na qual corretamente sustenta que se deve respeitar o disposto na legislação especial, competindo aos adquirentes deliberar a continuidade do empreendimento em caso de mora e somente se sujeitando ao procedimento recuperacional caso assim não optem), ver: SACRAMONE, Marcelo Barbosa. Os direitos do compromissário comprador diante da falência ou da recuperação judicial do incorporador de imóveis. *Revista de Direito Bancário e do Mercado de Capitais*, São Paulo, v. 20, n. 76, p. 173-193, abr./jun. 2017.

RECUPERAÇÃO DE EMPRESAS E FALÊNCIA

À semelhança da Lei 6.404/1976, o art. 1.072, §4º, do Código Civil dispõe que os administradores, se houver urgência e com autorização de titulares de mais da metade do capital social, podem requerer recuperação judicial[1331].

Esses são os quóruns necessários para se postular a recuperação judicial. A despeito disso, como se verá quando da análise do plano de recuperação judicial, é possível que o processo de reorganização preveja a realização de determinada operação societária ou de ato que dependa (por lei ou por contrato – como a venda de bem imóvel) da deliberação de sócios ou acionistas, o que, então, deve respeitar as regras societárias específicas e condizentes com tais matérias[1332].

Por fim, caso a sociedade já se encontre em estado de liquidação, é dever do liquidante realizar o pedido de recuperação, respeitadas as formalidades específicas de cada tipo societário (CC, art. 1.103, VII; Lei das S.A., art. 210, VII).

2.2. Ser empresário

Como examinado no Capítulo 3, para requerer a recuperação judicial (bem como a extrajudicial), o devedor deve ser empresário (empresário individual, empresa individual de responsabilidade limitada ou sociedade empresária – LREF, arts. 1º, 2º, 48, *caput*).

Dessa forma, entende-se que cooperativas[1333], associações civis[1334], fundações, produtores rurais não registrados na Junta Comercial, sociedades simples[1335] e

---

[1331] Como funciona nas demais sociedades empresárias que podem se valer da recuperação judicial ou da recuperação extrajudicial (sociedade em nome coletivo e sociedade em comandita simples)? Apesar de a legislação societária não trazer regra a respeito, o raciocínio parece ser o mesmo (ou seja, existe a necessidade de deliberação dos sócios). Porém, qual é o quórum de deliberação nesses tipos societários? Ora, à sociedade em nome coletivo (CC, art. 1.040) e à sociedade em comandita simples (CC, art. 1.046) aplicam-se, subsidiariamente, as regras da sociedade simples (CC, arts. 997 a 1.038). Não havendo regras sobre deliberações sociais – muito menos referente aos quóruns de deliberação –, incidiria, então, o quórum geral previsto em lei, que é o da maioria do capital social (CC, art. 1.010) (salvo estipulação contratual diversa), sendo esse, então, o quórum, nestes tipos societários, para se postular a recuperação judicial. Ainda: é possível a aplicação analógica do art. 122, parágrafo único, da Lei das S.A. e do art. 1.072, §4º, do Código Civil, que permite, em caso de urgência, que os administradores possam, com a concordância do sócio controlador ou com a autorização de sócios representativos de mais da metade do capital social, requerer a recuperação judicial.

[1332] Por exemplo, se uma sociedade anônima deseja ingressar com pedido de recuperação judicial, há necessidade de deliberação de mais da metade do capital social votante presente à assembleia (Lei 6.404/76, art. 129). Entretanto, se o plano de recuperação judicial propor a cisão parcial ou total da companhia, será necessária a aprovação de tal operação por mais da metade de todo o capital social votante (Lei 6.404/76, art. 136, IX).

[1333] TJRS, 6ª Câmara Cível, AI 70039202056, Rel. Des. Artur Arnildo Ludwig, j. 27/01/2011 (assim decidindo: "A Lei 11.101/05, ao regular o procedimento de Recuperação Judicial de empresas, exclui, expressamente, a sua aplicação às cooperativas de crédito e outras legalmente equiparadas. Pedido juridicamente impossível, ensejando a extinção do feito"). Também nesse sentido: TJRS, 5ª Câmara

RECUPERAÇÃO JUDICIAL. PARTE 1

profissionais liberais não podem se beneficiar do regime jurídico da recuperação judicial (ou extrajudicial).

2.3. Estar em situação de regularidade

O empresário deve exercer regularmente a atividade empresarial há mais de dois anos para se valer da recuperação judicial (LREF, art. 48, *caput*)[1336].

Considera-se regular o exercício da atividade quando o empresário está registrado no Registro Público de Empresas Mercantis, mantém escrituração contábil e levanta demonstrações financeiras[1337].

A prova da regularidade se faz com a apresentação de certidão expedida pela Junta Comercial (a chamada "Certidão Simplificada"), da qual se pode extrair a data da inscrição do empresário no Registro de Empresas[1338]-[1339].

Cível, APC 70066401696, Rel. Des. Jorge André Pereira Gailhard, j. 31/08/2016; TJSP, Câmara Especial de Falências e Recuperações Judiciais, APC 445.466-4/6-00, Rel. Des. Pereira Calças, 01/08/2007.

[1334] Utilizando a teoria do fato consumado, o STJ, em atenção ao princípio da razoabilidade, manteve uma associação civil octogenária em recuperação judicial, porque o plano de recuperação já estava sendo executado, e também em razão da função social cumprida pela entidade – que mantinha um hospital que oferecia mais de 100 leitos à comunidade, um asilo e um colégio, e empregava por volta de seiscentos profissionais, além de que pagava mais de R$ 7 milhões em impostos por ano (STJ, 4ª Turma, REsp 1004910/RJ, Rel. Min. Fernando Gonçalves, j. 18/03/2008).

[1335] As sociedades simples (CC, arts. 997-1.038) também estão excluídas. Por isso, muito curioso o caso julgado pelo TJSP em que se verificou o deferimento da recuperação judicial de uma sociedade simples (cujo objeto era prestação de serviços de enfermagem) – que, inclusive, estava registra no Registro Civil de Pessoas Jurídicas. Na hipótese, depois de aproximadamente quatro anos do deferimento da recuperação judicial, um credor bancário arguiu a ilegitimidade da recuperanda por não ser ela uma sociedade empresária, pedido que, se acatado, teria o condão de tornar ineficaz tudo o que foi executado no âmbito da recuperação judicial. Nesse caso específico, o TJSP manteve os atos realizados, pois entendeu ser essa a medida mais produtiva em termos de desenvolvimento social e em razão da incidência da teoria do fato consumado (TJSP, 1ª Câmara Reservada de Direito Empresarial, AI 087069-56.2012.8.26.0000, Rel. Des. Ênio Zuliani, j. 26/06/2012).

[1336] A propósito, a jurisprudência já entendeu como constitucional a exigência do prazo de dois anos de regularidade, o qual, então, deve ser cumprido (TJSP, Câmara Reservada à Falência e Recuperação, APC 0049663-60.2010.8.26.0100, Rel. Des. Boris Kauffmann, j. 12/04/2011).

[1337] Nesse sentido, não concordamos com decisão do Tribunal de Justiça do Rio de Janeiro deferiu o processamento de recuperação judicial de sociedade registrada no Registro Civil de Pessoas Jurídicas mas que, de acordo com a perícia, seria empresária tendo em vista a complexidade da sua organização (TJRJ, 22ª Câmara Cível, AI 0039244-09.2015.8.19.0000, Rel. Des. Carlos Santos de Oliveira, j. 08/09/2015).

[1338] Nesse sentido: STJ, 3ª Turma, REsp 1.193.115/MT, Rel. Min. Nancy Andrighi, Rel. p/ acórdão Min. Sidnei Beneti, j. 20/08/2013 ("O deferimento da recuperação judicial pressupõe a comprovação documental da qualidade de empresário, mediante a juntada com a petição inicial, ou em prazo concedido nos termos do CPC [de 1973, art. 284], de certidão de inscrição na Junta Comercial, realizada antes do ingresso do pedido em Juízo, comprovando o exercício das atividades por mais de dois anos, inadmissível a inscrição posterior ao ajuizamento. Não enfrentada, no julgamento, questão relativa às condições de admissibilidade ou não de pedido de recuperação judicial rural."). Observe-se, sobre o

RECUPERAÇÃO DE EMPRESAS E FALÊNCIA

Como a LREF também exige a apresentação das demonstrações financeiras do devedor com a inicial (art. 51, II) e que os livros de escrituração contábil fiquem à disposição do juízo da recuperação (art. 51, §§1º, 2º, 3º), atendendo a esses requisitos, o empresário faz prova plena da sua regularidade[1340].

Há argumentos de três ordens para justificar o requisito da regularidade há mais de dois anos. Em primeiro lugar, trata-se de um incentivo para que a atividade empresária seja exercida de modo regular[1341]. Em segundo lugar, opera aqui o princípio da retirada da empresa inviável do mercado, pois há uma presunção legal de que, se a empresa já passa por apuros menos de dois anos depois da sua

tema, interessante acórdão do STJ, que faz referência também à necessidade de exploração da mesma atividade ou de atividade correlata pelo prazo de dois anos: STJ, 4ª Turma, REsp 1.478.001/ES, Rel. Min. Raul Araújo, j. 10/11/2015 ("1. O exercício regular de atividade empresária reclama inscrição da pessoa física ou jurídica no Registro Público de Empresas Mercantis (Junta Comercial). Trata-se de critério de ordem formal. 2. Assim, para fins de identificar 'o devedor que, no momento do pedido, exerça regularmente suas atividades', a que alude o caput do art. 48 da Lei 11.101/05, basta a comprovação da inscrição no Registro de Empresas, mediante a apresentação de certidão atualizada. 3. Porém, para o processamento da recuperação judicial, a Lei, em seu art. 48, não exige somente a regularidade no exercício da atividade, mas também o exercício por mais de dois anos, devendo-se entender tratar-se da prática, no lapso temporal, da mesma atividade (ou de correlata) que se pretende recuperar. 4. Reconhecida a ilegitimidade ativa do devedor para o pedido de recuperação judicial, extingue-se o processo sem resolução de mérito, nos termos do art. 267, VI, do CPC. (...).").

[1339] Sendo a atividade rural exercida por meio de uma pessoa jurídica, o §2º do art. 48 da Lei LREF (acrescido pela Lei 12.873/2013) admite a comprovação do prazo de exercício de dois anos da atividade empresária por meio da apresentação da Declaração de Informações Econômico-fiscais da Pessoa Jurídica – DIPJ, desde que a mesma tenha sido entregue tempestivamente (a partir 2014, a DIPJ foi substituída pela Escrituração Contábil Fiscal – ECF). Trata-se de inovação que, pela letra da Lei, não beneficia os outros agentes econômicos submetidos à LREF. No entanto, entende-se que a referida disposição legal deve ser interpretada em consonância com os demais dispositivos da LREF, pois não necessariamente todos os produtores rurais (ou sociedades que exploram atividade rural) que possuem a obrigatoriedade de entregar a DIPJ (ECF) são empresários (o fato de o produtor rural estar inscrito no CNPJ, por si só, não o torna empresário: TJSP, Câmara Reservada à Falência e Recuperação, APC 0003426-27.2009.8.26.0415, Rel. Des. Elliot Akel, j. 26/07/2011; TJSP, Câmara Reservada à Falência e Recuperação, APC 994.09.293031-7, Rel. Des. Romeu Ricupero, j. 06/04/2010; TJSP, Câmara Reservada à Falência e Recuperação, AI 648.198-4/2-00, Rel. Des. Pereira Calças, j. 15/09/2009; TJSP, Câmara Reservada à Falência e Recuperação, AI 647.811-4/4-00, Rel. Des. Pereira Calças, j. 15/09/2009). Acredita-se que, na melhor das hipóteses, o meio de prova previsto no art. 48, §2º, da LREF constitui presunção relativa (*juris tantum*) da exploração da atividade empresária por sociedade que exerce atividade rural, podendo ser derrubada caso seja demonstrado que a pessoa jurídica não tem seus atos constitutivos arquivados no Registro Público de Empresas Mercantis há mais de dois anos, observado o debate existente em torno da questão (como referido no item 3.1. do Capítulo 3 deste livro).

[1340] De qualquer forma, "as exigências referentes à documentação e atividade regular da empresa devem ser sopesadas com prudência, considerando as peculiaridades de cada empresa" (TJRS, 6ª Câmara Cível, APC 70039111679, Rel. Des. Artur Arnildo Ludwig, j. 26/05/2011).

[1341] PARECER 534, de 2004, da Comissão de Assuntos Econômicos sobre o PLC 71, de 2003, que regula a recuperação judicial, a extrajudicial e a falência de devedores pessoas físicas e jurídicas que exerçam a atividade econômica, de relatoria do Senador Ramez Tebet.

RECUPERAÇÃO JUDICIAL. PARTE 1

regular constituição, trata-se, provavelmente, de um agente econômico inapto[1342]. Em terceiro lugar, a LREF presume que com menos de dois anos a importância da empresa para a economia local, regional ou nacional ainda não se consolidou a ponto de merecer o sacrifício que a recuperação judicial impõe a todos os participantes, especialmente aos credores.

Sobre o cômputo do prazo, cujo preenchimento se faz necessário[1343], sendo que a doutrina salienta que não há razoabilidade em negar a pretensão do devedor que, há exatos dois anos, exerça a atividade (lembre-se que a LREF requer prazo *superior* a dois anos)[1344].

Indo além, como já referido no item 2.1.2. deste Capítulo, o TJSP deferiu o processamento da recuperação judicial de sociedade empresária em condições de regularidade há menos de dois anos, sob o argumento de que a requerente pertencia a grupo econômico existente há 15 anos e foi constituída mediante a transferência de ativos das sociedades do grupo para prosseguir no exercício da atividade já exercida por tais empresas[1345]. No mesmo caminho, a jurisprudência também, por vezes, relativiza tal requisito para os produtores rurais[1346], como já visto no Capítulo 3, item 3.1.

Finalmente, a lógica é que o devedor efetivamente esteja explorando a atividade empresária para ter direito à recuperação judicial, sendo que a paralisação temporária das atividades em razão da crise não deve obstar o processamento da recuperação judicial caso seja possível recuperar a empresa[1347].

[1342] BEZERRA FILHO. *Lei de Recuperação e de Falências comentada...*, p. 143.

[1343] *V.g.*: TJRS, 6ª Câmara Cível, APC 70045433190, Rel. Des. Luís Augusto Coelho Braga, j. 30/10/2014.

[1344] SZTAJN. Seção I: Disposições gerais..., p. 224.

[1345] TJSP, Câmara Especial de Falências e Recuperações Judiciais AI 604.160-4/8-00, Rel. Des. Pereira Calças, j. 04/03/2009.

[1346] Existem precedentes que entendem ser desnecessária a inscrição no Registro Público de Empresas Mercantis de produtor rural há mais de dois anos para que possa se valer da recuperação judicial, podendo a inscrição ser realizada em período menor desde que provado o exercício da atividade rural há mais tempo: TJSP, 2ª Câmara Reservada de Direito Empresarial, AI 2037064-59.2013.8.26.0000, Rel. Des. José Reynaldo, j. 22/09/2014; TJSP, 2ª Câmara Reservada de Direito Empresarial, AI 2049452-91.2013.8.26.0000, Rel. Des. José Reynaldo, j. 05/05/2014; da mesma forma: TJGO, 5ª Câmara Cível, APC 349897-45.2015.8.09.0074, Rel. Des. Alan S. de Sena Conceição, j. 28/04/2016 ("Apresenta sim necessário para o ajuizamento da ação de recuperação judicial a inscrição prévia na Junta Comercial, contudo, em atenção a orientação jurisprudencial existente sobre a matéria, possível a comprovação do lapso temporal de exercício da atividade empresarial por dois anos mediante documentos que assim evidenciam, de forma que prescindível a sua contagem a partir do registro em referência."). Ver, também: WAISBERG. A viabilidade da recuperação judicial do produtor rural...

[1347] TJRS, 6ª Câmara Cível, APC 70039111679, Rel. Des. Artur Arnildo Ludwig, j. 26/05/2011. No entanto, não se tratando de paralisação temporária, mas de verdadeira inatividade, o processamento da recuperação judicial não deve ser deferido. Assim: TJRS, 6ª Câmara Cível, AI 70043244821, Rel. Des. Ney Wiedemann Neto, j. 26/01/2012; TJRS, 5ª Câmara Cível, APC 70042248872, Rel. Des. Isabel Dias Almeida, j. 22/06/2011; TJSP, Câmara Reservada à Falência e Recuperação, APC 659.056-4/0-00, Rel.

RECUPERAÇÃO DE EMPRESAS E FALÊNCIA

2.4. Não ser falido

O requerente não pode ser falido[1348]. Se o foi, é preciso que as responsabilidades daí decorrentes estejam declaradas extintas, por sentença transitada em julgado (LREF, art. 48, I).

Na vigência da do Decreto-Lei 7.661/1945, o falido podia requerer concordata suspensiva para suspender a falência já decretada, evitando, assim, a liquidação da empresa. Tratava-se de uma última oportunidade, consubstanciada em proposta apresentada em juízo para o pagamento dos credores quirografários. Uma vez aceita, tinha o condão de suspender a falência. De modo diverso, a LREF não possibilita ao devedor fazer uso da recuperação judicial depois de decretada a quebra (LREF, art. 48, I). Na sistemática da LREF, a falência é, portanto, um caminho sem volta[1349].

A rigor, é natural que a Lei contenha dispositivo proibindo o acesso do falido a instituto posto à disposição de empresários que exercem sua atividade regularmente. Nesse sentido, lembre-se que é vedado ao falido o exercício de qualquer atividade empresária a partir da decretação da quebra e até a sentença que extingue suas obrigações (LREF, arts. 102, 158, 159 e 181), sem mencionar a regra sobre o desapossamento de todo o seu patrimônio (LREF, art. 103)[1350].

Des. Romeu Ricupero, j. 15/12/2009; TJSP, Câmara Especial de Falências e Recuperações Judiciais, APC 576.793-4/9-00, Rel. Des. Romeu Ricupero, j. 27/08/2008. Ver, também: AYOUB; CAVALLI. *A construção jurisprudencial*..., p. 35-36; CEREZETTI. Grupos de sociedades e recuperação judicial..., p. 756-757. Em sentido contrário, sustentando que "embora o pedido de recuperação judicial deva ser necessariamente instruído na forma do disposto no art. 51 da Lei 11.101/05, na hipótese dos autos, apresentada a causa do seu estado de pré-insolvência, verifica-se que há, em razão da paralisação da empresa por quatorze anos, impossibilidade de apresentação de determinados documentos", ver: TJRJ, 10ª Câmara Cível, AI 0033025-19.2011.8.19.0000, Rel. Des. José Carlos Varanda dos Santos, j. 25/01/2012. Realizando análise crítica da exigência contida no *caput* do art. 48, inclusive quanto à obrigatoriedade de que o devedor esteja explorando atividade empresária há mais de dois anos (ou seja, que restrinja a possibilidade de postular recuperação judicial a quem esteja inativo ou explore atividade há menos tempo), ver: CAVALLI. Reflexões sobre a recuperação judicial..., p. 105 ss.

[1348] Assim confirma a jurisprudência: TJSP, Câmara Reservada à Falência e Recuperação, AI 511.834-4/1-00, Rel. Des. Pereira Calças, j. 26/03/2008; e TJRJ, 9ª Câmara Cível, AI 2008.002.03549, Rel. Des. Carlos Santos de Oliveira, j. 04/03/2008.

[1349] TJRS, 5ª Câmara Cível, AI 70045221975, Rel. Des. Romeu Marques Ribeiro Filho, j. 14/12/2011; TJSP, Câmara Reservada à Falência e Recuperação, APC 659.056-4/0-00, Rel. Des. Romeu Ricupero, j. 15/12/2009; e TJSP, Câmara Reservada à Falência e Recuperação, AI 620.766-4/0-00, Rel. Des. Romeu Ricupero, j. 19/05/2009.

[1350] Segundo RACHEL SZTAJN: "A unicidade patrimonial de cada pessoa e a relação biunívoca entre sujeito e patrimônio (conjunto de posições ativas e passivas avaliáveis economicamente e pertinentes a um sujeito) impossibilita que um mesmo empresário ou sociedade empresária, cujos ativos estejam sendo liquidados para pagar o seu passivo, ao mesmo tempo disponha de outro ativo dedicado ao exercício de outra e diferente atividade econômica. Portanto, a falência, até que sejam declaradas extintas as obrigações do falido, constitui impedimento legal para a organização de nova atividade e, consequentemente, para o pedido de recuperação judicial (e, no nosso caso, extrajudicial) da empresa."

RECUPERAÇÃO JUDICIAL. PARTE 1

Assim, para que um falido possa voltar a explorar atividade empresarial, faz-se necessária a apresentação de declaração judicial de extinção das responsabilidades decorrentes da falência e da ausência de condenação em crimes previstos na LREF (ou o decurso do prazo de cinco anos após a extinção da punibilidade ou a reabilitação penal, em caso de condenação por crimes falimentares e inabilitação declarada na respectiva sentença). É indispensável, portanto, sua reabilitação.

Por fim, vale ressaltar que o requisito legal é "não ser falido". Logo, nada impede que um empresário cuja falência tenha sido requerida (mas não decretada) postule sua recuperação judicial dentro do prazo da contestação, nos moldes do previsto nos arts. 95 e 96, VII, da LREF[1351].

Nesse caso, deve-se mencionar na contestação o ajuizamento da recuperação judicial[1352]. No entanto, em hipótese alguma, a referência ao pedido de recuperação judicial como tópico da contestação do pedido de falência substituiu o ajuizamento da recuperação judicial, devendo este ser efetuado em processo apartado, instruído com todos documentos exigidos no art. 51 da LREF[1353].

2.5. Não ter obtido o mesmo benefício há menos de cinco anos

Para que o devedor possa se valer da recuperação judicial, não poderá ter se beneficiado com a concessão de outra recuperação judicial há menos de cinco anos – seja pelo regime geral ou pelo especial para microempresas e empresas de pequeno porte (LREF, art. 48, II e III).

O marco temporal inicial para o cômputo do prazo é a data da concessão da recuperação judicial (correspondente ao dia da publicação da decisão que homologa o plano aprovado pelos credores e concede a recuperação judicial). Importante destacar: não se trata da data do deferimento do processamento da

---

(Sztajn. Seção I: Disposições gerais..., p. 226). Sobre o tema do patrimônio no direito brasileiro, além dos clássicos de direito civil, ver, entre outros: Marcondes. *Problemas de direito mercantil...*, p. 67-98; Leães, Luiz Gastão Paes de Barros. *Do direito do acionista ao dividendo*. São Paulo: Obelisco, 1969, p. 71 ss; Guerreiro, José Alexandre Tavares. *Regime jurídico do capital autorizado*. São Paulo: Saraiva, 1984, p. 6-7; Oliva, Milena Donato. *Patrimônio separado*: herança, massa falida, securitização de créditos imobiliários, incorporação imobiliária, fundos de investimento imobiliário, *trust*. Rio de Janeiro: Renovar, 2009; Hildebrand, Lucas Fajardo Nunes. Patrimônio, patrimônio separado ou especial, patrimônio autônomo. In: França, Erasmo Valladão Azevedo e Novaes (coord.). *Direito societário contemporâneo I*. São Paulo: Quartier Latin, 2009, p. 263-279.

[1351] TJSP, Câmara Reservada à Falência e Recuperação, AI 576.111-4/8-00, Rel. Des. Pereira Calças, j. 30/07/2008; e TJRJ, AI 2008.002.06763, Rel. Des. José Mota Filho (decisão monocrática), j. 19/03/2008.

[1352] TJSP, Câmara Reservada à Falência e Recuperação, AI 616.658-4/3-00, Rel. Des. Romeu Ricupero, j. 28/01/2009.

[1353] TJMG, 5ª Câmara Cível, AI 1.0103.03.010850-9/007, Rel. Des. Maria Elza, j. 27/01/2011. No mesmo sentido: TJSP, Câmara Reservada à Falência e Recuperação, AI 666.209-4/6-00, Rel. Des. Romeu Ricupero, j. 27/10/2009; e TJSP, Câmara Reservada à Falência e Recuperação, AI 601.807-4/0-00, Rel. Des. Romeu Ricupero, j. 04/03/2009.

recuperação judicial, tampouco da distribuição da ação, do encerramento da fase judicial de acompanhamento da execução do plano aprovado ou do completo cumprimento do plano.

Deve-se ter em conta, também, que essa restrição temporal independe de os planos anteriores terem sido cumpridos em sua integralidade ou não.

A ideia subjacente à fixação desses prazos de "quarentena" é a presunção de que empresas que precisariam se valer corriqueiramente dos remédios recuperatórios não seriam economicamente viáveis. Em razão disso, deveriam ser eliminadas do mercado, uma vez que impõem aos outros agentes custos injustificáveis (lembre-se que toda recuperação, em certa medida, importa em sacrifício para os credores e para a sociedade como um todo).

Entretanto, observe-se que não existe restrição a quem já tenha se valido da recuperação extrajudicial possa, logo após, lançar mão da recuperação judicial.

2.6. Não ter sido condenado por crime previsto na LREF

Para que possa fazer uso da recuperação judicial, o empresário individual não pode ter sido condenado por um dos crimes previstos na LREF (art. 48, IV, primeira parte).

Como os institutos recuperatórios impõem a todos os participantes certa dose de sacrifício, sobretudo para os credores, que abrem mão de parte de seus direitos (concedendo abatimentos, prazos, repactuando juros) em prol da reorganização da empresa em crise, parece justificável a exigência do legislador de que tal benefício legal esteja à disposição tão somente dos devedores de boa-fé, cuja conduta é ilibada e sobre os quais não recaia nenhuma dúvida quanto à sua integridade.

No entendimento do legislador, a condenação por crime previsto na LREF consiste em mácula suficiente para vedar o acesso do empresário individual condenado aos benefícios dos regimes recuperatórios. Esse impedimento permanece enquanto perdurarem os efeitos da condenação, ou até que ocorra a reabilitação criminal.

2.7. Não ter controlador ou administrador condenado por crime previsto na LREF

Para requerer a recuperação judicial, a sociedade empresária não pode ter, como administrador ou sócio controlador, pessoa condenada por qualquer dos crimes previstos na LREF[1354]. Se por um lado a regra é clara, por outro é bastante polêmica.

[1354] Da mesma forma, entende-se que a empresa individual de responsabilidade limitada (EIRELI) não pode ter como administrador pessoa nessa situação – assim como não pode tê-la como seu titular. Entendemos que a mesma lógica se aplica na situação do empresário individual (CC, art. 974).

RECUPERAÇÃO JUDICIAL. PARTE 1

A primeira crítica é de ordem técnica. O legislador parece ter confundido a pessoa jurídica, titular da atividade empresária, com a de seu sócio controlador ou administrador, ignorando, assim, os efeitos que decorrem da personificação. A sociedade empresária é titular da atividade econômica que se encontra em estado de crise e responsável pelos seus débitos e obrigações, não sendo justificável que o impedimento do seu sócio controlador ou administrador seja estendido a ela – em prejuízo dela própria e dos outros agentes a ela vinculados (salvo nas hipóteses de desconsideração da personalidade jurídica[1355], de imputação de responsabilidade direta dos sócios ou administradores[1356] e de responsabilização subsidiária no caso das sociedades que não oferecem limitação da responsabili-

[1355] Sobre o tema, a regra geral é a previsão do art. 50 do Código Civil: "Em caso de abuso da personalidade jurídica, caracterizado pelo desvio de finalidade, ou pela confusão patrimonial, pode o juiz decidir, a requerimento da parte, ou do Ministério Público quando lhe couber intervir no processo, que os efeitos de certas e determinadas relações de obrigações sejam estendidos aos bens particulares dos administradores ou sócios da pessoa jurídica". Lembra RUY ROSADO DE AGUIAR JÚNIOR que: "A falta de regra expressa no regime falencial não impede a aplicação da desconsideração da personalidade jurídica para estender, aos bens particulares dos administradores ou dos sócios, os efeitos de certas e determinadas relações obrigacionais assumidas pela falida. Essa extensão se dá com efeitos meramente patrimoniais, isto é, em princípio, os sócios e administradores não têm sua falência decretada com a desconsideração, o que acontece nos casos do art. 81 da Lei n. 11.101/2005." (AGUIAR JÚNIOR, Ruy Rosado de. A desconsideração da personalidade jurídica e a falência. In: ESTEVEZ, André Fernandes; JOBIM, Marcio Felix (org.). *Estudos de direito empresarial – Homenagem aos 50 anos de docência do Professor Peter Walter Ashton*. São Paulo: Saraiva, 2012, p. 568). Sobre as diferentes perspectivas (clássicas e atuais) da personalidade jurídica e sua desconsideração, ver: OLIVEIRA, José Lamartine Corrêa de. *Conceito da personalidade jurídica*. Tese (Livre-Docência). Faculdade de Direito da Universidade Federal do Paraná, Curitiba, 1962; OLIVEIRA, José Lamartine Corrêa de. *A dupla crise da pessoa jurídica*. São Paulo: Saraiva, 1979; REQUIÃO, Rubens. Abuso de direito e fraude através da personalidade jurídica (*disregard doctrine*). In: _____. *Aspectos modernos do direito comercial*, v. 1. São Paulo: Saraiva, 1977, p. 67-84; COMPARATO; SALOMÃO FILHO. *O poder de controle na sociedade anônima...*; SALOMÃO FILHO, Calixto. A teoria da desconsideração da personalidade jurídica. In: _____. *O novo direito societário*. 4 ed. rev. e ampl. São Paulo: Malheiros, 2011, p. 232-271; e WARDE JÚNIOR. *Responsabilidade dos sócios...*, p. 163-241. Na doutrina estrangeira, entre outros: WORMSER, Maurice. *Disregard of the corporate fiction and allied corporation problems*. New York: Baker, Voorhis and Company, 2000 (reimpressão da edição de 1927); VERRUCOLI, Piero. *Il superamento della personalità giuridica delle società di capitali nella Common Law e nella Civil Law*. Milano: Giuffrè, 1964; SERICK, Rolf. *Forma e realtà della persona giuridica*. Milano: Giuffrè, 1966; e DOBSON, Juan M. *El abuso de la personalidad jurídica* (en el derecho privado). Buenos Aires: Ediciones Depalma, 1985.

[1356] As principais causas de responsabilidade direta de sócios e administradores no direito brasileiro envolvem matéria fiscal (Código Tributário Nacional, em especial arts. 134 e 135), matéria trabalhista (Consolidação das Leis do Trabalho, particularmente arts. 2º, §2º), direitos do consumidor (Código de Defesa do Consumidor, art. 28), ordem econômica (Lei 12.529/2011, arts. 32 a 34), crimes ambientais (Lei 9.605/1998, art. 4º), matéria societária (Lei das S.A., arts. 117 e 158; CC, arts. 991, 1016, 1039, 1045 e 1070). E, em matéria falimentar, cumpre sublinhar o art. 82 da LREF: "A responsabilidade pessoal dos sócios de responsabilidade limitada, dos controladores e dos administradores da sociedade falida, estabelecida nas respectivas leis, será apurada no próprio juízo da falência, independentemente da realização do ativo e da prova da sua insuficiência para cobrir o passivo, observado o procedimento ordinário previsto no Código de Processo Civil".

dade). Em decorrência disso, entendemos que tal dispositivo deve ser interpretado *cum granum salis*[1357].

De qualquer forma, apesar de não se afigurar como amplamente justificável, a restrição é compreensível em certa medida. Isso porque busca evitar a interposição de pessoas jurídicas com o objetivo de fraudar a Lei – a regra com efeitos desconsiderantes limita a possibilidade de condenados interporem uma pessoa jurídica para explorar atividade empresarial valendo-se de benefícios legais, como é o caso da recuperação judicial. Ademais, é razoável o zelo do legislador em exigir a ausência de pessoas maculadas pela prática de crime previsto na LREF na condução do negócio da empresa em crise. Nesse sentido, ter como sócio controlador ou como administrador pessoa condenada por crime previsto na Lei seria mácula suficiente para negar acesso dessas sociedades ao benefício legal.

Por mais que se compreendam as razões para tal espécie de regra, seu grande problema está no fato de abarcar mais do que deveria, prejudicando a sociedade e todos os outros agentes com ela envolvidos (regra suprainclusiva) e, ao mesmo tempo, ser muito restritiva, deixando de fora quem não deveria estar, quando, por exemplo, alguém condenado por crimes falimentares se vale da interposição de "laranjas" para conduzir uma sociedade (regra infrainclusiva)[1358].

Como quer que seja, o impedimento em questão permanece enquanto perdurarem os efeitos da condenação ou até que ocorra a reabilitação criminal. Enquanto isso, a existência de administrador ou sócio controlador condenado por crimes previstos na LREF inviabiliza que a sociedade da qual participa/administra possa requerer recuperação judicial[1359].

3. Alcance

Saber se um crédito pode ou não ser submetido aos efeitos da recuperação judicial envolve uma abordagem dúplice: (*i*) um exame "temporal" (pelo qual será

[1357] Dispositivo semelhante existia no Decreto-Lei 7.661/1945 (art. 140, III – que, todavia, continha rol muito maior de crimes) e sempre foi muito criticado – como continua sendo –, tendo em vista que confunde a pessoa jurídica, titular da atividade, com o sócio controlador ou administrador, acabando por punir a sociedade e os demais sócios. Sobre o tema, ver, dentre outros: REQUIÃO, Rubens. *Curso de direito falimentar*, v. 2. 7 ed. São Paulo: Saraiva, 1985, p. 26; BEZERRA FILHO. *Lei de Recuperação e de Falências comentada...*, p. 145; LOBO, Jorge. Seção I: Disposições gerais. In: TOLEDO, Paulo Fernando Campos Salles de; ABRÃO, Carlos Henrique (coord.). *Comentários à Lei de Recuperação de Empresas e Falência*. 4 ed. rev. e atual. São Paulo: Saraiva, 2010, p. 184-185; MARZAGÃO, Lídia Valério. A recuperação judicial. In: MACHADO, Rubens Approbato (coord.). *Comentários à nova Lei de Falências e Recuperação de Empresas*. São Paulo: Quartier Latin, 2005, p. 85; TOLEDO; PUGLIESI. Capítulo VII: A recuperação judicial..., p. 178-179.

[1358] Sobre essas categorias de regras, ver: SCHAUER, Frederick. *Playing by the rules*: a philosophical examination of rule-based decision-making in law and in life. Oxford: Clarendon, 1991, p. 31-34.

[1359] Pode-se cogitar, por exemplo, a hipótese de não ser o caso de indeferir, de plano, a petição inicial, caso o devedor se comprometa, já na exordial, a alienar o controle (em sendo o acionista controlador condenado por crime previsto na LREF) ou substituir seus administradores (sendo o administrador condenado).

RECUPERAÇÃO JUDICIAL. PARTE 1

analisado o tempo de constituição do crédito); e (*ii*) uma análise "material" do crédito (pela qual será examinada se a sua natureza permite a sua inclusão no procedimento recuperatório). Essa abordagem será feita logo abaixo com o auxílio de um esquema do tipo "regra-exceção".

3.1. Regra geral

Segundo o art. 49, *caput*, da LREF, todos os créditos existentes (mesmo que ilíquidos)[1360] na data do pedido de recuperação[1361], ainda que não vencidos, estão sujeitos à recuperação judicial – podendo, então, ter suas condições alteradas pelo plano[1362]. Em outras palavras, não só as dívidas já vencidas e impagas, como também as obrigações por vencer, desde que derivadas de operações/fatos geradores anteriores ao pedido (ainda que se tratem de créditos condicionados), ficam sujeitas aos efeitos de eventual pedido de recuperação[1363]-[1364]-[1365]. Para tanto, pouco importa se o crédito já é objeto de execução e conta com penhora: necessariamente estará submetido à recuperação judicial[1366].

[1360] *V.g.*: TJSP, 2ª Câmara Reservada de Direito Empresarial, AI 2041409-63.2016.8.26.0000, Rel. Des. Carlos Alberto Garbi, j. 31/10/2016.

[1361] A leitura do *caput* desse artigo (art. 49) estabelece como marco fundamental para definir quais créditos estarão sujeitos aos efeitos da recuperação judicial, o dia do pedido (*rectius*, "dia da distribuição do pedido de recuperação judicial"). Assim: TJSP, 1ª Câmara Reservada de Direito Empresarial, AI 2074695-66.2015.8.26.0000, Rel. Des. Francisco Loureiro, j. 24/06/2015.

[1362] STJ, 2ª Seção, EDcl nos EDcl nos EDcl no AgRG no CC 105.345/DF, Rel. Min. Raul Araújo, j. 09/11/2011 (assim decidindo: "O art. 49 da Lei 11.101/05 delimita o universo de credores atingidos pela recuperação judicial, instituto que possui abrangência bem maior que a antiga concordata, a qual obrigava somente os credores quirografários (DL n. 7.661/45, art. 147). A recuperação judicial atinge 'todos os créditos existentes na data do pedido, ainda que não vencidos', ou seja, grosso modo, além dos quirografários, os credores trabalhistas, acidentários, com direitos reais de garantia, com privilégio especial, com privilégio geral, por multas contratuais e os dos sócios ou acionistas").

[1363] SZTAJN. Seção I: Disposições gerais..., p. 228.

[1364] Nesse sentido, se o fato gerador do crédito é anterior à distribuição do pedido de recuperação judicial, estará sujeito a tal procedimento, pouco importando que a nota fiscal tenha sido emitida após a distribuição do referido pedido: "Constituição de crédito anterior à distribuição do pedido de recuperação judicial, embora a data de emissão da nota fiscal dos serviços prestados seja posterior. Inteligência do artigo 49 da Lei n. 11.101/2005. Recurso provido." (TJSP, 1ª Câmara Reservada de Direito Empresarial, AI 148297-27.2014.8.26.0000, Rel. Des. Francisco Loureiro, j. 03/02/2015). Entretanto, é evidente, deve existir prova de que o fato gerador do crédito é anterior à distribuição do pedido de recuperação judicial; do contrário, tal crédito não estará sujeito à recuperação judicia. Impugnação ao valor do crédito relacionado pelo administrador judicial. Ausência de prova de que os créditos constantes das notas fiscais apresentadas pela impugnante tenham se constituído integralmente antes da distribuição do pedido de recuperação judicial. Inteligência do artigo 49 da Lei n. 11.101/2005. Recurso não provido." (TJSP, 1ª Câmara Reservada Direito Empresarial, AI 2145878-34.2014.8.26.0000, Rel. Des. Francisco Loureiro, j. 25/09/2014).

[1365] Razão pela qual, uma vez proposta a recuperação, não podem tais créditos ser pagos antes que se defina o destino do devedor: a recuperação ou a falência.

[1366] STJ, 3ª Turma, REsp 1.635.559/SP, Rel. Min. Nancy Andrighi, j. 10/11/2016; STJ, 3ª Turma, REsp 1.635.608/SP, Rel. Min. Nancy Andrighi, j. 10/11/2016.

RECUPERAÇÃO DE EMPRESAS E FALÊNCIA

O crédito sujeito pode ser de natureza contratual, extracontratual ou cambiária, bastando que tenha sido originado por fato anterior ao pedido de recuperação (inclusive créditos públicos que não possuam natureza tributária, como multas administrativas)[1367] – pouco importando que eventual decisão que tenha carga predominantemente declaratória ou condenatória seja posterior ao pedido[1368]_[1369]_[1370].

[1367] TJRJ, 8ª Câmara Cível, AI 0043065-84.2016.8.19.0000, Rel. Des. Mônica Maria Costa de Piero, j. 29/08/2017; TJSP, 1ª Câmara Reservada de Direito Empresarial, AI 2207236-63.2015.8.26.0000, Rel. Des. Francisco Loureiro, j. 10/12/2015; TJSP, 1ª Câmara Reservada de Direito Empresarial, AI 2073639-95.2015.8.26.0000, Rel. Des. Francisco Loureiro, j. 26/08/2015; TJSP, 1ª Câmara Reservada de Direito Empresarial, AI 2069629-08.2015.8.26.0000, Rel. Des. Francisco Loureiro, j. 26/08/2015. Pela possibilidade de sujeitar, inclusive, a indenização dos danos causados pela corrupção estipulada em acordo de leniência, ver: COELHO, Fábio Ulhoa. Acordo de leniência e a recuperação judicial da corruptora. In: CEREZETTI, Sheila C. Neder; MAFFIOLETTI, Emanuelle Urbano (coord.). *Dez anos da Lei nº 11.101/2005*: estudos sobre a Lei de Recuperação e Falência. São Paulo: Almedina, 2015, p. 291-310.
[1368] AYOUB; CAVALLI. *A construção jurisprudencial...*, p. 48 (à página 49, sustentam: "As pretensões que, ao tempo do pedido de recuperação, ainda estão a depender de decisão cuja eficácia preponderante é declaratória ou condenatória, já existem e, assim, sujeitam-se à recuperação).
[1369] Nesse sentido: Enunciado 12 da Jornada Paulista de Direito Comercial ("Submete-se ao processo de recuperação judicial crédito reconhecido por sentença posterior à data da distribuição da recuperação, e que se funda em fatos anteriores a ela"); STJ, 3ª Turma, REsp 1.686.168/RS, Rel. Min. Nancy Andrighi, j. 12/09/2017 ("Considera-se existente o crédito no momento da prestação do serviço do trabalhador, independente do trânsito em julgado da reclamação trabalhista, que apenas o declara em título executivo judicial. Precedente Terceira Turma."); STJ, 3ª Turma, REsp 1.641.191/RS, Rel. Min. Ricardo Villas Bôas Cueva, j. 13/06/2017 ("1. Cinge-se a controvérsia a saber o momento em que o crédito trabalhista é constituído para o fim de averiguar a sua sujeição, ou não, aos efeitos da recuperação judicial. No caso dos autos, a recorrida postulou, na origem, habilitação no processo de recuperação judicial da empresa recorrente, no valor de R$ 17.319,47 (dezessete mil, trezentos e dezenove reais e quarenta e sete centavos), referente a crédito trabalhista reconhecido por sentença em 27/6/2014. O pedido de recuperação foi ajuizado em 12/3/2014. 2. O art. 49 da Lei nº 11.101/2005 ao fazer referência a 'todos os créditos existentes na data do pedido', diz respeito àquelas situações essencialmente originadas antes do deferimento da recuperação judicial, quer dizer, débitos contraídos pela empresa antes da sua reconhecida condição de fragilidade. 3. As verbas trabalhistas relacionadas à prestação de serviço realizada em período anterior ao pedido de recuperação judicial, ainda que a sentença condenatória tenha sido proferida após o pedido de recuperação judicial, devem se sujeitar aos seus efeitos. 4. A exclusão dos créditos constituídos após o pedido de recuperação judicial tem a finalidade de proporcionar o regular funcionamento da empresa, assegurando ao devedor o acesso a contratos comerciais, bancários, trabalhistas e outros tantos relacionados com a atividade fim do empreendimento, com o objetivo de viabilizar a reabilitação da empresa. A inclusão de crédito originado em momento anterior ao pedido não atende a tal fim. 5. Recurso especial provido."); STJ, 3ª Turma, REsp 1634046/RS, Rel. Min. Nancy Andrighi, Rel. p/ acórdão Min. Marco Aurélio Bellizze, j. 25/04/2017; STJ, 4ª Turma, REsp 1.447.918/SP, Rel. Min. Luis Felipe Salomão, j. 07/04/2016; STJ, 4ª Turma, AgRg na RCDESP na MC 17.669, Rel. Min. Isabel Gallotti, j. 16/06/2011 (assim decidindo: "Execução de crédito oriundo de acórdão condenatório ao pagamento de indenização por dano moral, sendo o fato danoso anterior ao pedido de recuperação e o acórdão posterior (...). Cautelar deferida para determinar a suspensão dos atos de execução que atinjam o patrimônio das empresas em recuperação (...), devendo os valores bloqueados ser colocados à ordem do juízo da recuperação"); TJSP, 1ª Câmara Reservada de Direito Empresarial, AI 2074695-66.2015.8.26.0000, Rel. Des. Francisco

RECUPERAÇÃO JUDICIAL. PARTE 1

Loureiro, j. 24/06/2015 ("Conforme já decidi em dezenas de casos análogos, o artigo 49 da Lei 11.101, (...), diz que 'estão sujeitos à recuperação judicial todos os créditos existentes na data do pedido, ainda que não vencidos'. A leitura do caput desse artigo estabelece como marco fundamental para definir quais créditos estarão sujeitos aos efeitos da recuperação judicial, o dia do pedido (*rectius* 'dia da distribuição do pedido de recuperação judicial'). Observa-se que referida disposição legal, de natureza estritamente material, não faz qualquer menção à necessidade de trânsito em julgado de sentença de reconhecimento do crédito. Isso porque quando se postula perante o poder Judiciário o reconhecimento de sujeição de um crédito a determinados efeitos, aquele já existe, pois a pretensão material já se faz presente. A sentença que reconhece e define o crédito, ainda que condenatória, tem cunho declaratório do direito do autor, definindo o valor exato da dívida e condenando o réu a pagá-la, sob pena de execução forçada. Tanto é verdade que a existência do crédito é sempre anterior ao ajuizamento da demanda que pleiteia seu reconhecimento Lembre-se que a L. 11.101/2005 menciona a "existência" dos créditos, "ainda que não vencidos"). No mesmo sentido: TJRS, 6ª Câmara Cível, AI 70075685784, Rel. Des. Elisa Carpim Corrêa, j. 22/02/2018; TJRS, 6ª Câmara Cível, AI 70071131346, Rel. Des. Elisa Carpim Corrêa, j. 15/12/2016; TJRS, 6ª Câmara Cível, AI 70065432858, Rel. Des. Elisa Carpim Corrêa, j. 27/08/2015 ("Com efeito, pois ainda que o crédito tenha sido constituído após o início da recuperação judicial em razão do julgamento posterior de ação trabalhista, tal se refere à contrato de trabalho mantido entre a agravante e o reclamante antes do ajuizamento do plano de recuperação judicial, conforme ressai do fato de que o agravado foi arrolado como credor trabalhista. Em se tratando de serviço prestado anteriormente ao pedido de recuperação judicial, os salários e verbas trabalhistas correspondentes já eram devidos e poderiam ter sido incluídos no plano de recuperação, de forma extrajudicial, inclusive, consoante o disposto no artigo 7º, da Lei nº 11.101/2005. Assim, estando a própria recuperanda e o credor de acordo com a habilitação, pertinente a observação do princípio da celeridade e economia processual, devendo ser desconstituição a sentença terminativa com o retorno dos autos à origem para regular verificação do crédito."); TJSP, Câmara Reservada à Falência e Recuperação, AI 0060505-11.2010.8.26.0000, Rel. Des. Lino Machado, 29/03/2011; TJRJ, 4ª Câmara Cível, AI 0020737-73.2010.8.19.0000, Rel. Des. Mário dos Santos Paulo, j. 20/07/2010. Ademais, tal entendimento faz sentido, uma vez que a própria LREF prevê o procedimento de reserva de valores, de acordo com o art. 6º, §3º. De qualquer sorte, trata-se de questão que, na prática, já suscitou grande controvérsia; assim, em sentido contrário, a título exemplificativo, ver: TJRS, 5ª Câmara Cível, AI 70068840628, Rel. Des. Jorge André Pereira Gailhard, j. 29/06/2016; TJRS, 5ª Câmara Cível, AI 70069269272, Rel. Des. Jorge André Pereira Gailhard, j. 29/06/2016; TJRS, 5ª Câmara Cível, AI 70067889576, Rel. Des. Léo Romi Pilau Júnior, j. 25/05/2016; TJMS, 2ª Câmara Cível, AR 0808336-93.2013.8.12.0001, Rel. Des. Marcos José de Brito Rodrigues, j. 26/01/2016; TJSP, Câmara Reservada à Falência e Recuperação, AI 0229644-24.2011.8.26.0000, Rel. Des. Romeu Ricupero, j. 28/02/2012; TJSP, 14ª Câmara de Direito Privado, AI 2050596-32.2015.8.26.0000, Rel. Des. Thiago de Siqueira, j. 13/05/2015 ("Agravo de instrumento – Cumprimento de sentença – Ação monitória – Decisão que rejeitou o pedido da executada para que o débito fosse remetido ao Juízo da Recuperação Judicial – Art. 49 da Lei 11.101/05 – Constituição do crédito que se deu com o trânsito em julgado do acórdão que reconheceu a existência da dívida oriunda de nota fiscal fatura – Pedido de recuperação judicial que antecedeu a formação do título executivo – Obrigação que não se sujeita aos efeitos da recuperação judicial – Decisão mantida – Recurso improvido."). Também caminhando nesse sentido, ver: STJ, AREsp 269.350 (decisão monocrática), Rel. Min. Marco Buzzi, j. 25/04/2016. Ainda, o STJ já entendeu que, em caso de acordo firmado em reclamatória trabalhista logo após a distribuição o pedido de recuperação judicial, o crédito não se sujeitaria à recuperação judicial (podendo, então, ser promovida a execução no juízo trabalhista), ainda que o crédito decorresse de verbas trabalhistas anteriores à distribuição do pedido de recuperação judicial (STJ, 2ª Seção, RCDESP no CC 126.879/SP, Rel. Min. Raul Araújo, j. 13/03/2013). O STJ, por sua vez, já entendeu que os honorários advocatícios decorrentes de reclamatória trabalhista fundada em fatos anteriores à distribuição do pedido de RJ mas

RECUPERAÇÃO DE EMPRESAS E FALÊNCIA

Os créditos cuja natureza seja de obrigação de dar, fazer ou não fazer também se sujeitam à recuperação judicial (art. 51, III)[1371].

Fato é que inclusive a classificação do crédito é apurada quando da distribuição do pedido de recuperação judicial[1372].

Por inferência lógica, todos os créditos gerados após a distribuição da ação de recuperação judicial estão temporalmente excluídos do regime em questão[1373].

que tenha transitado em julgado após o ajuizamento da recuperação judicial sujeitam-se ao procedimento recuperatório; isso porque, apesar de os honorários serem verba autônoma e passarem a existir com a decisão transidada em julgado (ou seja, após a distribuição do pedido de recuperação judicial), seria incongruente que tais créditos não se sujeitassem à recuperação judicial, inclusive pela situação de desigualdade em relação ao crédito trabalhista sujeito ao processo recuperatório (o patrono estaria em melhores condições que o cliente) (STJ, 3ª Turma, REsp 1.443.750/RS, Rel. Min. Marco Aurélio Belizze, Rel. p/ acórdão Min. Ricardo Villas Bôas Cueva, j. 20/10/2016).

[1370] A discussão acerca do momento da constituição/surgimento do crédito se estende a outros ramos do direito privado, especialmente em matéria cível. Sobre o tema, vale colacionar os ensinamentos de YUSSEF SAID CAHALI, retomando as lições de BUTERA: "Para que um crédito seja anterior ao ato fraudulento, basta que o princípio exista antes da conclusão desse ato; para estabelecer-se a anterioridade do crédito deve-se ter em vista o momento em que o direito já existe *in germe*; pouco importa o momento em que tenha sido declarada a existência do direito do credor ou que este direito tenha sido liquidado por sentença ulterior; a sentença não faz nascer o crédito; esta não é senão o título que o constata; e a data efetiva da qualidade de credor não nasce do título que a constata; e a data efetiva da qualidade de credor não nasce do título que a constata, mas da relação que a produz, certo que a sentença não cria o direito." (CAHALI, Yussef Said. *Fraude contra credores*. 5 ed. São Paulo: Revista dos Tribunais, 2013, p. 109).

[1371] Segundo uma parcela da doutrina, os credores por obrigação de fazer e de não fazer participam da recuperação judicial pelo valor pecuniário de seu crédito, que deve ser declarado pela recuperanda na petição inicial, forte no art. 51, III, da LREF. Assim: AYOUB; CAVALLI. *A construção jurisprudencial...*, p. 53. A rigor, nada impede que esses credores mantenham no regime recuperatório a natureza da sua obrigação original, podendo o plano de recuperação judicial prever o cumprimento da obrigação (de entrega de coisa ou prestação de serviços) em favor de determinado credor. De mais a mais, há situações em que a celebração de contrato de compra e venda entre o devedor e o credor – com previsão de entrega futura e garantia hígida, no qual houve pagamento antecipado do preço – em momento anterior ao ajuizamento da recuperação judicial permite a adoção de medidas acautelatórias pela parte interessada (credor). Nesse sentido: TJSP, 1ª Câmara Reservada de Direito Empresarial AI 0132178-59.2013.8.26.0000, Rel. Des. Ênio Zuliani, j. 20/02/2014; TJSP, 1ª Câmara Reservada de Direito Empresarial, AI 0130529-59.2013.8.26.0000, Rel. Des. Enio Zuliani, j. 24/10/2013; TJSP, 27ª Câmara de Direito Privado, AI 2037110-48.2013.8.26.0000, Rel. Des. Morais Pucci, j. 17/12/2013.

[1372] Nesse sentido, ver: TJSP, 1ª Câmara de Direito Privado, AI 0246347-93.2012.8.26.0000, Rel. Des. Fortes Barbosa, j. 22/01/2013 ("Recuperação judicial – Habilitação de crédito – Impugnação julgada improcedente – Crédito classificado como quirografário – Penhor industrial – Registro posterior ao ajuizamento do pedido de recuperação judicial – Aplicação dos artigos 1.432 e 1.448 do Código Civil – Recurso desprovido."). Igualmente: TJSP, Câmara Reservada à Falência e Recuperação, AI 0196779-79.2010.8.26.0000, Rel. Des. Elliot Akel, j. 06/07/2010.

[1373] STJ, 4ª Turma, AgRg no AREsp 468.895/MG, Rel. Min. Marco Buzzi, j. 06/11/2014. A esse propósito, lembre-se, inclusive, a Súmula 55 do TJSP: "Crédito constituído após o pedido de recuperação judicial legitima requerimento de falência contra a recuperanda". No mesmo sentido caminha o Enunciado 6 (e o Enunciado 12) da Edição 37 da Jurisprudência em Teses do STJ. Nesse sentido, ver, também: TJRS, 12ª Câmara Cível, APC 70031123441, Rel. Des. Orlando Heemann Júnior, j. 10/06/2010; TJRS, 6ª Câmara

RECUPERAÇÃO JUDICIAL. PARTE 1

Isso porque a empresa "continua funcionando normalmente e, portanto, negociando com bancos, fornecedores e clientes. Nesse contexto, se, após o pedido de recuperação judicial, os débitos contraídos pela sociedade empresária (ou empresa individual) se submetessem a seu regime, não haveria quem com ela quisesse negociar"[1374].

E nestes casos, em tese, poderão os credores promover as medidas judiciais cabíveis[1375] e exercer os direitos inerentes à sua posição – não se sujeitando, por exemplo, ao *stay period*. Todavia, em atenção ao princípio da preservação da empresa, a jurisprudência costuma restringir medidas expropriatórias que possam abalar o esforço recuperatório mesmo quando se trata de créditos posteriores à distribuição do pedido de recuperação judicial[1376]. Deve-se ter em mente que a competência para promover atos de execução do patrimônio da empresa recuperanda é do juízo em que se processa a recuperação judicial, independente se o crédito se sujeita ou não ao regime recuperatório, evitando-se, assim, que medidas expropriatórias prejudiquem a recuperação[1377], inclusive em casos envolvendo

---

Cível, AI 70031382021, Rel. Des. Antônio Corrêa Palmeiro da Fontoura, j. 14/01/2010. Ver, ainda, também a título exemplificativo: TJSP, 17ª Câmara de Direito Privado, APC 0006730- 94.2013.8.26.0576, Rel. Des. Paulo Pastore Filho, j. 20/07/2016 ("Cheques emitidos posteriormente ao pedido de recuperação judicial da empresa da qual o coembargante é sócio – Impossibilidade de sujeição do crédito da embargada aos seus efeitos"). Igualmente: "O fato de, à época do vencimento das verbas rescisórias, já ter sido deferido o pedido de recuperação judicial, não pode ser invocado como impedimento ao pagamento das verbas rescisórias pela empresa." (TRT5, 9ª Câmara, Processo 0001546-43.2013.5.15.0018, Rel. Des. Thelma Helena Monteiro de Toledo Vieira, j. 17/05/2017).

[1374] STJ, 2ª Seção, EDcl nos EDcl nos EDcl no AgRG no CC 105.345/DF, Rel. Min. Raul Araújo, j. 09/11/2011.

[1375] TJSP, 11ª Câmara de Direito Privado, AI 990.10.458348-9, Rel. Des. Gilberto dos Santos, j. 25/11/2010 ("CUMPRIMENTO DE SENTENÇA. Empresa devedora em recuperação judicial. Pedido de suspensão da execução. Inadmissibilidade. Prazo improrrogável de 180 dias a que se refere o art. 6º da Lei n° 11.101/2005 (Lei de Recuperação e Falências) já decorrido. Habilitação do crédito nos autos da recuperação judicial. Inadmissibilidade. Prosseguimento da execução de forma autônoma e individual por se tratar de crédito superveniente ao pedido de recuperação e, portanto, não sujeito ao plano já homologado. Inteligência do art. 49, caput, da Lei n° 11.101/2005. Recurso não provido. 'Os credores cujos créditos se constituírem depois de o devedor ter ingressado em juízo com o pedido de recuperação judicial estão absolutamente excluídos dos efeitos deste.'").

[1376] STJ, 4ª Turma, REsp 1.298.670/MS, Rel. Min. Luis Felipe Salomão, j. 21/05/2015.

[1377] Nesse sentido: STJ, 2ª Seção, AgRg no CC 128.267/SP, Rel. Min. Ricardo Villas Bôas Cueva, j. 09/10/2013; STJ, 2ª Seção, EDcl no AgRg no AgRg no CC 118.424/SP, Rel. Min. Paulo de Tarso Sanseverino, j. 10/04/2013; STJ, 2ª Seção, CC 116.696/DF, Rel. Min. Nancy Andrighi, j. 24/08/2011; STJ, 2ª Seção, AgRg no CC 105.215/MT, Rel. Min. Luis Felipe Salomão, j. 28/04/2010; TJSP, 20ª Câmara de Direito Privado, AI 2141089-89.2015.8.26.0000, Rel. Des. Rebello Pinho, j. 27/04/2015 ("Devem ser submetidos ao crivo do juízo da recuperação judicial os atos constritivos que envolvam interesse e bens da empresa recuperanda, determinado pelo juízo diverso daquele competente para a recuperação."). E o próprio STJ já desconstitui bloqueios de bens de empresas em recuperação judicial (STJ, CC 145.482, Rel. Min. João Otávio Noronha (decisão monocrática), j. 03/05 2016). Ver, ainda, a Súmula 480 do STJ: "O

RECUPERAÇÃO DE EMPRESAS E FALÊNCIA

bloqueios realizados pelo Tribunal de Contas[1378] ou mesmo créditos decorrentes de relação de consumo[1379].

Para além da questão temporal, há importantes exceções materiais e regras especiais que limitam o alcance da recuperação judicial, as quais estão previstas, fundamentalmente, no art. 49, §§1º, 2º, 3º, 4º, 5º e no art. 6º, §7º, da LREF. A simples leitura desses dispositivos legais é suficiente para evidenciar que o sucesso de uma recuperação judicial depende, em larga medida, da "composição global da dívida" da recuperanda.

Por exemplo, uma empresa exportadora tenderá a ter um volume muito grande de sua dívida atrelada a operações de adiantamento sobre contrato de câmbio (ACC), o que poderá dificultar sobremaneira a recuperação, pois esses créditos não se sujeitam ao regime (LREF, art. 49, §4º). Da mesma forma, caso parte considerável da dívida sujeita à recuperação judicial esteja atrelada a operações de alienação fiduciária e/ou cessão fiduciária de crédito/recebíveis, haverá uma série de dificuldades e obstáculos a serem transpostos, haja vista que esses créditos não se sujeitam à recuperação judicial (LREF, art. 49, §3º).

Por fim, bem compreendidas as exceções materiais e as regras especiais (que a seguir serão examinadas uma a uma), percebe-se que a recuperação judicial constitui modalidade de renegociação dos débitos exclusivamente perante credores privados[1380], atingindo, além dos quirografários, os trabalhistas[1381]-1382,

---

juízo da recuperação judicial não é competente para decidir sobre a constrição de bens não abrangidos pelo plano de recuperação da empresa" – caminhando, no mesmo sentido, o Enunciado 3 da Edição 35 da Jurisprudência em Teses do STJ.

[1378] STF, MS 34.793 MC/DF, Rel. Min. Edson Fachin, j. 29/06/2017.

[1379] STJ, 3ª Turma, REsp 1.598.130/RJ, Rel. Min. Ricardo Villas Bôas Cueva, j. 07/03/2017.

[1380] STJ, 1ª Seção, AgRg no CC 112.646/DF, Rel. Min. Herman Benjamim, j. 11/05/2011.

[1381] Como também ocorre na falência (tendo o STJ pacificado a matéria pela sistemática dos recursos repetitivos: STJ, Corte Especial, REsp repetitivo 1.152.218/RS, Rel. Min. Luis Felipe Salomão, j. 07/05/2014), os honorários advocatícios, contratuais e sucumbenciais possuem natureza alimentar e equiparam-se aos créditos trabalhistas na recuperação judicial (nesse sentido, v.g.: STJ, 3ª Turma, REsp 1.377.764/MS, Rel. Min. Nancy Andrighi, j. 20/08/2013; TJSP, 2ª Câmara Reservada de Direito Empresarial, AI 2003502-25.2014.8.26.0000, Rel. Des. José Reynaldo, j. 10/04/2015; TJSP, 2ª Câmara Reservada de Direito Empresarial, AI 2211988-15.2014.8.26.0000, Rel. Des. Ramon Mateo Júnior, j. 07/04/2015; TJRJ, 20ª Câmara Cível, AI 0006649-54.2015.8.19.0000, Rel. Des. Marília de Castro Neves, j. 12/02/2015; TJRS, 6ª Câmara Cível, AI 70072853120, Rel. Des. Luís Augusto Coelho Braga, j. 24/08/2017). Apesar disso, mesmo após o STJ ter pacificado a matéria, ainda existem precedentes em sentido contrário (TJSP, 1ª Câmara Reservada de Direito Empresarial, AI 2192535-34.2014.8.26.0000, Rel. Des. Teixeira Leite, j. 11/03/2015; TJSP, 1ª Câmara Reservada de Direito Empresarial, AI 2212003-81.2014.8.26.0000, Rel. Des. Francisco Loureiro, j. 03/02/2015). Ver, aqui, o Enunciado 9 da Edição 37 da Jurisprudência em Teses do STJ. O mesmo entendimento se aplica aos honorários detidos por sociedade de advogados (em sentido contrário, mesmo após o STJ ter pacificado a matéria, afirmando possuir natureza alimentar e ser equiparado ao crédito trabalhista somente os honorários devidos a advogado autônomo, enquanto que os devidos a sociedade de advogados não poderiam ser assim classificados, ver:

RECUPERAÇÃO JUDICIAL. PARTE 1

os acidentários, os com direitos reais de garantia, os com privilégio especial, os com privilégio geral, os decorrentes de multas contratuais e os créditos dos sócios ou acionistas[1383].

3.2. Exceções e regras especiais

O quadro de credores do devedor completa-se plenamente com o exame dos créditos excluídos da recuperação judicial, ou seja, com a verificação da lista de créditos que não se submetem aos efeitos da reorganização empresarial, prevalecendo, quando for o caso, os direitos de propriedade sobre a coisa e as condições contratuais (além, é claro, de eventuais situações excepcionais)[1384] – o que não significa que os credores que não se sujeitam à recuperação judicial restem imunes a este processo[1385] nem que não dependam dele para satisfazer seu crédito[1386-1387].

TJSP, 2ª Câmara Reservada de Direito Empresarial, AI 2036287-06.2015.8.26.0000, Rel. Des. Ricardo Negrão, j. 18/05/2015). Este é o privilégio concedido pelo art. 24 do Estatuto da Advocacia e da OAB (Lei 8906/94). Inclusive, além de o STF ter pacificado a questão na Súmula Vinculante 47 ao reconhecer a natureza alimentar dos honorários advocatícios, o CPC/2015 assim positivou a matéria em seu art. 85, §§14 e 15, acabando com qualquer dúvida que poderia existir.

[1382] A respeito da sujeição à recuperação judicial de créditos devidos ao Fundo de Garantia por Tempo de Serviço (FGTS), embora ausente decisão específica dos Tribunais Superiores a esse respeito, o entendimento remansoso do STJ e do STF é no sentido de que o FGTS tem natureza trabalhista. Em importante precedente envolvendo discussão acerca do prazo prescricional aplicável à pretensão de cobrança de FGTS, o STF, sob a relatoria do Min. Gilmar Mendes, entendeu que a discussão se encerrou a partir da Constituição Federal de 1988, quando o seu art. 7º, III, expressamente arrolou o FGTS como um direito dos trabalhadores urbanos e rurais. Desde então, afirma o Ministro Relator, "tornaram-se desarrazoadas as teses anteriormente sustentadas, segundo as quais o FGTS teria natureza híbrida, tributária, previdenciária, de salário diferido, de indenização etc." Segundo ele, "[n]ão há dúvida de que os valores devidos ao FGTS são 'créditos resultantes das relações de trabalho'. (STF, Tribunal Pleno, ARE 709.212 – Repercussão Geral, Rel. Min. Gilmar Mendes, j. 13/11/2014). No mesmo sentido, e.g.: STJ, 1ª Seção, REsp 1.032.606/DF, Rel. Min. Luis Fux, j. 11/11/2009; STJ, 2ª Turma, AgRg no REsp 1.255.445/RJ, j. 25/10/2011; STJ, 1ª Turma, REsp 898.274/SP, Rel. Min. Teori Albino Zavascki, j. 28/08/2007. Divergindo, afirmando a natureza híbrida do crédito devido ao FGTS e sua não sujeição à recuperação judicial, ver: PEREIRA CALÇAS, Manoel de Queiroz. A controvérsia sobre a natureza jurídica das contribuições devidas ao Fundo de Garantia por Tempo de Serviço por empresa em recuperação judicial. In: CEREZETTI, Sheila C. Neder; MAFFIOLETTI, Emanuelle Urbano (coord.). *Dez anos da Lei nº 11.101/2005*: estudos sobre a Lei de Recuperação e Falência. São Paulo: Almedina, 2015, p. 407-414.

[1383] STJ, 2ª Seção, EDcl nos EDcl nos EDcl no AgRG no CC 105.345/DF, Rel. Min. Raul Araújo, j. 09/11/2011.

[1384] Nesse sentido, por exemplo, o TJRJ entendeu, de modo excepcional, que um consumidor pudesse receber imediatamente valores de empresa em recuperação judicial, tendo em vista que o crédito era decorrente de valores debitados automaticamente de modo indevido, o que foi confessado pela recuperanda (TJRJ, 26ª Câmara Cível do Consumidor, AI 0046584-33.2017.8.19.0000, Rel. Des. Luis Roberto Ayoub, j. 05/10/2017).

[1385] Nesse sentido, por exemplo, a alienação de bens no bojo da recuperação judicial e prevista no plano de recuperação judicial, tendo sido realizada de forma legal, sem indícios de má-fé e com autorização do juízo competente, não é hábil a caracterizar fraude à execução, ainda que o processo executivo seja

RECUPERAÇÃO DE EMPRESAS E FALÊNCIA

movido por credores não sujeitos à recuperação judicial (credor de adiantamentos sobre contratos de câmbio, no caso), ou seja: mesmo que o credor não esteja sujeito à recuperação judicial, ele não resta imune ao que se passa neste processo (STJ, 3ª Turma, 1.440.783/SP, Rel. Min. Moura Ribeiro, j. 14/06/2016). Ver, também: TRF3, 4ª Turma, AI 0026018-19.2012.4.03.0000, Rel. Des. Alda Basto, j. 26/07/2013; TJMT, 6ª Câmara Cível, AI 91095/2009, Rel. Des. Guiomar Teodoro Borges, j. 12/01/2009.

[1386] Nesse sentido: STJ, 2ª Seção, AgRg no CC 113.228/GO, Rel. Min. Luis Felipe Salomão, j. 14/12/2011 ("O art. 49, §4º, da Lei nº 11.101/2005 estabelece que o crédito advindo de adiantamento de contrato de câmbio não está sujeito aos efeitos da recuperação judicial, ou seja, tem preferência sobre os demais, não sendo novado, nem sofrendo rateio. Todavia, para obter sua devolução, cabe ao credor efetuar o pedido de restituição, conforme previsto no art. 86, II, da mesma norma, ao qual faz referência o mencionado art. 49. 2. Cabe ao Juízo da recuperação judicial apurar, mediante pedido de restituição formulado pela instituição financeira, se o crédito reclamado é extraconcursal e, portanto, excepcionado dos efeitos da recuperação, sendo certo que o conflito de competência não é a via própria para essa discussão. Precedente. 3. A fim de impedir que as execuções individualmente manejadas possam inviabilizar a recuperação judicial das empresas, tem-se por imprescindível a suspensão daquelas, cabendo aos credores procurar no juízo universal a satisfação de seus créditos. 4. O deferimento da recuperação judicial acarreta para o Juízo que a defere a competência para distribuir o patrimônio da massa aos credores conforme as regras da Lei nº 11.101/2005. 5. Agravo regimental não provido.").

[1387] Inclusive porque, como vimos, a competência para promover atos de execução do patrimônio da empresa recuperanda é do juízo em que se processa a recuperação judicial (independente se o crédito se sujeita ou não ao regime recuperatório, evitando-se, assim, que medidas expropriatórias prejudiquem o esforço recuperatório. Nesse sentido, inclusive, caminham o Enunciado 11 da Edição 35 e o Enunciado 8 da Edição 37 da Jurisprudência em Teses do STJ. Na jurisprudência, ver: STJ, 2ª Turma, AgRg no REsp 1.499.530/PR, Rel. Min. Humberto Martins, j. 17/03/2015; STJ, 2ª Seção, AgRg no CC 129.079/SP, Rel. Min. Antonio Carlos Ferreira, j. 11/03/2015; STJ, 2ª Seção, AgRg no CC 133509/DF, Rel. Min. Moura Ribeiro, j. 25/03/2015; STJ, 2ª Seção, AgRg no CC 125.205/SP, Rel. Min. Marco Buzzi, j. 25/02/2015; STJ, 2ª Seção, AgRg no CC 136.978/GO, Rel. Min. Marco Aurélio Bellizze, j. 10/12/2014; STJ, 2ª Seção, AgRg no CC 124.052/SP, Rel. Min. João Otávio de Noronha, j. 22/10/2014; STJ, 2ª Seção, AgRg no CC 130.433/SP, Rel. Min. Sidnei Beneti, j. 26/02/2014; STJ, 2ª Seção, AgRg no CC 128.267/SP, Rel. Min. Ricardo Villas Bôas Cueva, j. 09/10/2013; STJ, 2ª Seção, CC 116.213/DF, Rel. Min. Nancy Andrighi, j. 28/09/2011. Da mesma forma: STJ, 2ª Seção, AgRg no CC 140.146/SP, Rel. Min. Marco Buzzi, j. 24/02/2016 ("1. O Superior Tribunal de Justiça firmou o entendimento de que é do juízo em que se processa a recuperação judicial a competência para promover os atos de execução do patrimônio da empresa, evitando-se, assim, que medidas expropriatórias possam prejudicar o cumprimento do plano de soerguimento. 2. No que diz respeito à Lei nº 13.043/2014, que acrescentou o art. 10-A à Lei nº 10.522/2002, possibilitando o parcelamento de crédito de empresas em recuperação, a Segunda Seção decidiu que a edição da referida legislação não repercute na jurisprudência desta Corte Superior a respeito da competência do juízo da recuperação, sob pena de afrontar o princípio da preservação da empresa."); no mesmo sentido: TRF4, 1ª Turma, AI 5000538-82.2016.404.0000, Rel. Des. Eduardo Vandré Garcia, j. 27/04/2016 ("1. Esta Corte tem precedentes no sentido de que, embora tal fato não tenha o condão de determinar a suspensão do feito executivo, os atos constritivos de fato devem ser realizados na recuperação judicial. Nesse sentido: Embora a execução fiscal não se suspenda em razão do deferimento da recuperação judicial da empresa executada, são vedados os atos judiciais que importem a redução do patrimônio da empresa, ou exclua parte dele do processo de recuperação, sob pena de comprometer, de forma significativa, a sobrevivência desta. Precedentes: (TRF4 5022835-88.2013.404.0000, Primeira Turma, Relator p/ acórdão Jorge Antonio Maurique, juntado aos autos em 24/10/2013) 2. A interpretação literal do art. 6º, §7º, da Lei 11.101/05, inibiria o cumprimento de eventual plano de recuperação apresentado por empresa

O quadro resumo abaixo identifica quais são esses créditos excepcionados pela própria LREF:

Exceções e regras especiais	Previsão legal
Créditos contra coobrigados, fiadores e obrigados de regresso	Art. 49, §1º
Créditos não contemplados no plano de recuperação	Art. 49, §2º
Crédito do titular de posição de proprietário fiduciário de bens móveis ou imóveis	Art. 49, §3º
Crédito do arrendador mercantil	Art. 49, §3º
Crédito do proprietário ou do promitente vendedor de imóvel cujos respectivos contratos contenham cláusula de irrevogabilidade ou irretratabilidade (inclusive em incorporações imobiliárias)	Art. 49, §3º
Crédito do proprietário em contrato de venda com reserva de domínio	Art. 49, §3º
Crédito por adiantamento sobre contrato de câmbio	Art. 49, §4º
Crédito garantido por penhor sobre títulos de crédito, direitos creditórios, aplicações financeiras ou valores mobiliários	Art. 49, §5º
Crédito tributário	Art. 6º, §7º.
Créditos de sociedades que exploram serviços aéreos	Art. 199, §§1º e 2º

De qualquer sorte, apesar de não se sujeitarem à recuperação judicial, tais credores, à exceção do Fisco, podem aderir espontaneamente ao plano de recuperação[1388].

3.2.1. Créditos contra coobrigados, fiadores e obrigados de regresso
Segundo dispõe o art. 49, §1º, da LREF, a recuperação judicial não protege os coobrigados[1389], os fiadores e os obrigados de regresso, que poderão ter seu patri-

---

ainda produtiva, tendo em vista o prosseguimento dos atos de constrição em sede de execuções fiscais."); TRF4, 1ª Turma, AI 5004909-89.2016.404.0000, Rel. Des. Jorge Antonio Maurique, j. 27/04/2016. Nesse sentido o Enunciado 74 da II Jornada de Direito Comercial promovida pelo Conselho da Justiça Federal: "74. Embora a execução fiscal não se suspenda em virtude do deferimento do processamento da recuperação judicial, os atos que importem em constrição do patrimônio do devedor devem ser analisados pelo Juízo recuperacional, a fim de garantir o princípio da preservação da empresa". E o próprio STJ já desconstitui bloqueios de bens de empresas em recuperação judicial (STJ, CC 145.482, Rel. Min. João Otávio Noronha (decisão monocrática), j. 03/05 2016). Lembramos, ainda, da Súmula 480 do STJ: "O juízo da recuperação judicial não é competente para decidir sobre a constrição de bens não abrangidos pelo plano de recuperação da empresa" – caminhando, no mesmo sentido, o Enunciado 3 da Edição 35 da Jurisprudência em Teses do STJ.

[1388] TJMG, 17ª Câmara Cível, AI 1.0051.09.027014-4/001, Rel. Des. Lucas Pereira, j. 17/06/2010; e TJMG, 17ª Câmara Cível, AI 1.0042.09.029121-4/001, Rel. Des. Márcia de Paoli, j. 13/08/2009. Ver, também: STJ, 3ª Turma, REsp 1.513.260/SP, Rel. Min. João Otávio de Noronha, j. 05/05/2016. Na doutrina: AYOUB; CAVALLI. *A construção jurisprudencial...*, p. 79 (destacando que o credor aderente "participará do conclave com direito a voto, na classe em que houver aderido").

[1389] Avalistas, endossantes de títulos de crédito, etc.

RECUPERAÇÃO DE EMPRESAS E FALÊNCIA

mônio pessoal atingido mesmo com o deferimento do processamento da recuperação judicial, não se suspendendo a execução aforada contra eles nem durante o período de proteção previsto no art. 6º, §4º, da LREF[1390] (da mesma forma como também ocorre na recuperação extrajudicial e na falência). Em resumo, a recuperação judicial não muda a posição do credor relativamente a essas pessoas[1391].

Nessa linha, doutrina[1392] e jurisprudência[1393] consolidaram entendimento de que determinado crédito pode até estar sujeito à recuperação judicial, mas

---

[1390] Enunciado 43 da 1ª Jornada de Direito Comercial, promovida pelo Conselho da Justiça Federal no ano de 2012: "A suspensão das ações e execuções previstas no art. 6º da Lei n. 11.101/2005 não se estende aos coobrigados do devedor". Nesse sentido, a Súmula 581 do STJ dispõe que "a recuperação judicial do devedor principal não impede o prosseguimento das ações e execuções ajuizadas contra terceiros devedores solidários ou coobrigados em geral, por garantia cambial, real ou fidejussória". Ver, aqui, o Enunciado 10 da Edição 37 da Jurisprudência em Teses do STJ. Na jurisprudência, exemplificativamente: STJ, AgRg no REsp 1.250.484/RS, Rel. Min. Sidnei Beneti, j. 15/05/2012 (assim decidindo: "o deferimento de recuperação judicial à empresa co-executada não tem o condão de suspender a execução em relação a seus avalistas"). No mesmo sentido: STJ, 2ª Seção, CC 142.726/GO, Rel. Min. Marco Buzzi, j. 24/02/2016; STJ, 2ª Seção, REsp 1.333.349/SP (Recurso Repetitivo), Rel. Min. Luis Felipe Salomão, j. 26/11/2014; STJ, 2ª Seção, EAg 1.179.654/SP, Rel. Min. Sidnei Beneti, j. 28/03/2012; STJ, 2ª Seção, CC 112.620/DF, Rel. Min. Paulo de Tarso Sanseverino, j. 24/11/2010; TJRS, 16ª Câmara Cível, AI 70047909874, Rel. Des. Ergio Roque Menine, j. 29/03/2012; TJRS, 17ª Câmara Cível, AI 70044622595, Rel. Des. Elaine Harzheim Macedo, j. 01/12/2011; TJSP, 1ª Câmara Reservada de Direito Empresarial, AI 2135586-87.2014.8.26.0000, Rel. Des. Teixeira Leite, j. 29/04/2015; TJSP, 12ª Câmara de Direito Privado, AI 2177773420118260000, Rel. Des. Castro Figliolia, j. 01/08/2012 ("pacífico entendimento desta Câmara no sentido de que a suspensão das ações e execuções, por conta do deferimento da recuperação judicial de que trata o art. 6º da Lei nº 11.101/2005, não aproveita aos avalistas e fiadores"). Há quem sustente que, no caso específico da fiança, havendo benefício de ordem, o credor estaria obrigado a esperar o término do período de proteção (*stay period*), só podendo demandar o fiador depois de esgotadas as possibilidades contra o devedor principal; assim, o credor poderá agir imediatamente contra o fiador apenas se este renunciou ao benefício de ordem (WALD; WAISBERG. Comentários aos arts. 47 a 49..., p. 341), o que geralmente ocorre na prática contratual.

[1391] AYOUB; CAVALLI. *A construção jurisprudencial...*, p. 65.

[1392] Entre outros, ver: PACHECO. *Processo de recuperação judicial, extrajudicial e falência...*, p. 148-149; AYOUB; CAVALLI. *A construção jurisprudencial...*, p. 65 ss; BEZERRA FILHO, Manoel Justino, A responsabilidade do garantidor na recuperação judicial do garantido. *Revista do Advogado – Recuperação Judicial: temas polêmicos*, a. XXIX, n. 105, set./2009, p. 131-132.

[1393] A Súmula 581 do STJ dispõe que: "a recuperação judicial do devedor principal não impede o prosseguimento das ações e execuções ajuizadas contra terceiros devedores solidários ou coobrigados em geral, por garantia cambial, real ou fidejussória". Ver, aqui, o Enunciado 10 da Edição 37 da Jurisprudência em Teses do STJ. Ainda, exemplificativamente: STJ, 4ª Turma, REsp 1.326.888/RS, Rel. Min. Luis Felipe Salomão, j. 08/04/2014 ("A novação prevista na lei civil é bem diversa daquela disciplinada na Lei n. 11.101/2005. Se a novação civil faz, como regra, extinguir as garantias da dívida, inclusive as reais prestadas por terceiros estranhos ao pacto (art. 364 do Código Civil), a novação decorrente do plano de recuperação traz como regra, ao reverso, a manutenção das garantias (art. 59, caput, da Lei n. 11.101/2005), sobretudo as reais, as quais só serão suprimidas ou substituídas "mediante aprovação expressa do credor titular da respectiva garantia", por ocasião da alienação do bem gravado (art. 50, §1º). Assim, o plano de recuperação judicial opera uma novação *sui generis* e sempre sujeita a uma condição resolutiva, que

RECUPERAÇÃO JUDICIAL. PARTE 1

o credor garantido pode se voltar contra o garantidor, pois contra ele o credor tem seus direitos intactos – podendo, por conta disso, protestar avalistas e fiadores, por exemplo[1394].

Caso o garantidor venha a realizar o pagamento pelo devedor, sub-roga-se nos direitos do credor, podendo cobrar daquele. Por conta disso, receberá do devedor, se for o caso, nos termos do plano de recuperação judicial[1395].

De outra banda, o art. 59, *caput*, da LREF, dispõe que a novação decorrente da aprovação do plano de recuperação judicial (chamada "novação recuperacional") não afeta as garantias (vale lembrar que no regime da concordata não ocorria novação). O tema é relativamente polêmico, sobretudo se levarmos em consideração a natureza e os efeitos da novação, bem como a das garantias.

Nesse sentido, é de se indagar se, em função da referida novação, poderiam subsistir as garantias, resguardando um crédito que, a partir da concessão da

---

é o eventual descumprimento do que ficou acertado no plano (art. 61, §2º, da Lei n. 11.101/2005). (...). Portanto, muito embora o plano de recuperação judicial opere novação das dívidas a ele submetidas, as garantias reais ou fidejussórias, em regra, são preservadas, circunstância que possibilita ao credor exercer seus direitos contra terceiros garantidores e impõe a manutenção das ações e execuções aforadas em face de fiadores, avalistas ou coobrigados em geral."); STJ, 2ª Seção, REsp 1.333.349/SP (Recurso Repetitivo), Rel. Min. Luis Felipe Salomão, j. 26/11/2014; STJ, 3ª Turma, AgRg no REsp 1.459.589/MG, Rel. Min. Marco Aurélio Bellizze, j. 25/11/2014; STJ, 3ª Turma, AgRg no REsp 1.334.284/MT, Rel. Min. Paulo de Tarso Sanseverino, j. 02/09/2014; STJ, 2ª Seção, EAg 1.179.654/SP, Rel. Min. Sidnei Beneti, j. 28/03/2012; TJRJ, 15ª Câmara Cível, AI 0008897-66.2010.8.19.000, Rel. Des. Ricardo Rodrigues Cardozo, j. 08/06/2010; TJSP, 15ª Câmara de Direito Privado, AI 2178342-14.2014.8.26.0000, Rel. Des. Castro Figliolia, j. 13/01/2015.; TJMG, 15ª Câmara Cível, AI 1.0283.12.002382-7/001, Rel. Des. Paulo Mendes Álvares, j. 27/11/2014; TJMG, 16ª Câmara Cível, APC 1.0153.09.092145-0/002, Rel. Des. José Marcos Vieira, j. 21/08/2014; TJMG, 16ª Câmara Cível, APC 1.0153.09.092145-0/002, Rel. Des. José Marcos Vieira, j. 21/08/2014; TJRS, 6ª Câmara Cível, AI 70062827746, Rel. Des. Ney Wiedemann Neto, j. 11/12/2014.

[1394] Nesse sentido: TJRS, 5ª Câmara Cível, ED 70041620824, Rel. Des. Isabel Dias Almeida, j. 20/04/2011.

[1395] Caso o avalizado, por exemplo, esteja em recuperação judicial (ou extrajudicial), o avalista receberá, então, nos termos previstos no plano de recuperação. Caso o credor originário (legítimo possuidor do título) tenha se habilitado ou apresentado divergência na recuperação judicial, sub-roga-se o avalista em sua posição. Todavia, caso o credor originário não tenha realizado a habilitação ou apresentado divergência de seu crédito tempestivamente (e, caso não tenha o avalista, por exemplo, feito habilitação ou apresentado divergência de modo retardatário, em aplicação analógica do art. 128 da LREF), será necessário que o avalista assim proceda (mesmo que sua habilitação seja retardatária, nos termos do art. 10 da LREF). Nesse sentido já decidiu o Tribunal de Justiça de São Paulo (no caso, envolvendo fiador: TJSP, Câmara Especial de Falências e Recuperações Judiciais de Direito Privado, AI 429.540-4/7-00, Rel. Des. Pereira Calças, j. 19/04/2006). E a doutrina caminha na mesma direção: "O coobrigado que paga, de regra, sub-roga-se no crédito contra os demais coobrigados (art. 259, parágrafo único, CC), incluída, aí, a empresa devedora. Ao receber o pagamento feito por coobrigado, o credor deve informar nos autos da recuperação o recebimento, individuando a prestação realizada. Se a obrigação for pecuniária, deverá informar nos autos da recuperação judicial o montante pago. O coobrigado que pagou deve habilitar-se na recuperação judicial para receber o valor a que teria direito o credor originário, em conformidade com o plano de recuperação. Era o quanto também ocorria na concordata (...)." (AYOUB; CAVALLI. *A construção jurisprudencial...*, p. 71-72).

RECUPERAÇÃO DE EMPRESAS E FALÊNCIA

recuperação, já não existe mais (é efeito clássico da novação a extinção da obrigação original e o nascimento de uma nova em seu lugar, não podendo ocorrer a reversão).

Por outro lado, é importante enfrentar com rigor a questão dos efeitos da recuperação sobre os diferentes tipos de garantia. Efetivamente, as regras acima examinadas ocasionam alterações substanciais não só no regime da novação, como também no da fiança, por exemplo, razão pela qual devem ser aplicadas com muita cautela[1396].

[1396] Interessante é o entendimento de FRANCISCO SATIRO, que sustenta que o posicionamento majoritário prevaleceria somente em caso de aval, tendo em vista a sua autonomia. No caso de outras garantias, especialmente da fiança, a garantia subsistiria, mas tendo em vista a sua acessoriedade, o conteúdo e a exigibilidade seriam alterados de acordo com a recuperação judicial: "A Lei nº 11.101, em seus artigos 49, parágrafos 1º e 59, assegura aos credores antes e depois da homologação do plano de recuperação judicial aprovado em assembleia-geral de credores, a 'conservação de seus direitos e privilégios contra os coobrigados, fiadores e obrigados de regresso'." "Diante dos inúmeros casos de avais – principalmente entre empresas do mesmo grupo econômico e de sócios ou administradores –, a jurisprudência fixou entendimento de que o avalista poderia sim ser cobrado imediatamente pelo valor total do débito avalizado, ainda que a obrigação original tivesse sido suspensa ou alterada pelo plano." "Boa parte da doutrina passou então a defender a aplicação da solução pacificada no caso de aval a todas as situações de garantia pessoal. O problema é que a situação paradigma – do avalista – é excepcional. O regime do aval, garantia fidejussória (pessoal) aplica-se somente para títulos de crédito, que se submetem à lógica cambiária. No aval, negócio jurídico unilateral, a obrigação do avalista constante no título de crédito, é plenamente 'autônoma' em relação à obrigação garantida. Os vícios ou nulidades desta, em regra, não a contaminam. E o avalista é obrigado solidariamente com o avalizado, ou seja, o credor pode cobrar do avalista mesmo antes do avalizado – não há 'benefício de ordem'. Como a obrigação do avalista é autônoma, faz sentido reconhecer que o credor da devedora em recuperação judicial possa cobrá-la mesmo em caso de novação ou no período de suspensão de 180 dias. Afinal, em qualquer hipótese, a alteração da obrigação principal não afeta a garantia – autônoma – do avalista." "Mas esse não é o caso das demais garantias pessoais, especialmente a fiança. Fiança é negócio jurídico bilateral por meio do qual o fiador garante satisfazer ao credor uma obrigação assumida pelo devedor (afiançado), caso este não a cumpra. A obrigação do fiador é 'acessória' à obrigação principal do afiançado. Como aponta o corolário lógico da acessoriedade: o acessório segue a sorte do principal. Disso decorre que a existência da fiança depende da existência da obrigação garantida, a invalidade da obrigação garantida afeta a fiança (salvo caso de incapacidade), e a exigibilidade da fiança depende da exigibilidade da obrigação garantida. Além disso, o fiador pode exigir que o patrimônio do devedor seja esgotado antes de responder pelo débito, salvo em caso de renúncia ao benefício de ordem." "Aplicar automaticamente à fiança as mesmas soluções atribuídas ao aval é incoerente e, acima de tudo, incorreto. Garantir o direito do credor contra o fiador da devedora em recuperação judicial não significa aplicar-lhe o mesmo tratamento dado ao aval. Quando a Lei nº 11.101 prevê que as garantias 'permanecerão' mesmo em caso de suspensão ou novação nada indica que se manterão 'nos mesmos parâmetros e condições' originalmente contratados. Quanto ao aval, essa consequência advém não da Lei nº 11.101, mas da natureza cambiária (e autônoma) da obrigação do avalista. Mas fiança não é autônoma, é acessória. Nem se poderia interpretar os dispositivos da Lei nº 11.101 no sentido de, implicitamente, alterar a própria natureza do instituto. Seu caráter acessório permanece, e o que se excepciona é somente a regra segundo a qual a novação da obrigação significa a extinção da garantia." "A fiança, então, não se extingue com o processamento da recuperação judicial ou a homologação do plano (e a novação dela decorrente). Mas, como acessória que é, tem seu conte-

RECUPERAÇÃO JUDICIAL. PARTE 1

Em princípio, o credor mantém seus direitos e privilégios contra os coobrigados, fiadores e obrigados de regresso.

Ainda, outra hipótese importante de se analisar é a da responsabilização de sócios ou administradores via desconsideração da personalidade jurídica da sociedade recuperanda. Segundo o entendimento jurisprudencial, os efeitos protetivos da recuperação judicial não salvaguardam sócios, administradores e outras pessoas (inclusive sociedades grupadas que não estejam em recuperação), as quais podem ser eventualmente atingidas pela *disregard doctrine*.

Evidente que se houver abuso da personalidade jurídica, é possível aplicar a teoria da desconsideração em ambiente recuperatório (assim como também o é em ambiente falimentar, como amplamente reconhecido pela jurisprudência), redirecionando a execução contra pessoas que não estejam em recuperação (como ocorre frequentemente na Justiça do Trabalho – em nosso sentir, com grande excesso, inclusive)[1397]. Nesse sentido, nos processos recuperatórios, é possível lan-

---

údo e exigibilidade vinculados ao conteúdo e exigibilidade da obrigação principal: o fiador continua obrigado na exata medida dos novos termos da obrigação afiançada, retornando aos originais em caso de convolação da recuperação judicial em falência, nos termos do artigo 61, parágrafo 2º da Lei 11.101." (SOUZA JUNIOR, Francisco Satiro de. Credor *versus* fiador na recuperação judicial. *Valor Econômico*. São Paulo, 03 nov. 2014. Disponível em: <http://www.valor.com.br/legislacao/3762616/credor-versus-fiador--na-recuperacao-judicial>. Acesso em: 13 mar. 2015).

[1397] TST, 8ª Turma, AIRR 1101-79.2011.5.09.0594, Rel. Min. Márcio Eurico Vitral Amaro, j. 15/06/2016; TRT3, Agravo de Petição 00252-2012-044-03-00-9, Rel. Juiz Conv. Maria Cristina Diniz Caixeta, j. 17/08/2016, TRT4, SEEx, AP 0020379-11.2014.5.04.0009, Rel. Des. Rejane Souza Pedra, j. 26/04/2017; TRT4, SEEx, AP 0000021-81.2015.5.04.0561, Rel. Des. Rejane Souza Pedra, j. 31/01/2017. Nesse sentido, determina-se o prosseguimento da execução contra os demais responsáveis na Justiça do Trabalho, inclusive sócios, como, inclusive, determina a Orientação Jurisprudencial OJ EX SE – 28 do TRT da 9ª Região: "VII – *Falência. Recuperação Judicial. Sócios responsabilizáveis e responsáveis subsidiários. Execução imediata na Justiça do Trabalho.* Decretada a falência ou iniciado o processo de recuperação judicial, e havendo sócios responsabilizáveis ou responsáveis subsidiários, a execução pode ser imediatamente direcionada a estes, independente do desfecho do processo falimentar. Eventual direito de regresso ou ressarcimento destes responsabilizados deve ser discutido no Juízo Falimentar ou da Recuperação Judicial. (ex-OJ EX SE 187)" – a qual também determina ser de competência da Justiça do Trabalho tal execução: "II – *Falência e Recuperação Judicial. Competência. Responsável subsidiário.* É competente a Justiça do Trabalho para a execução do crédito trabalhista em face do responsável subsidiário, ainda que decretada a falência ou deferido o processamento da recuperação judicial do devedor principal." No mesmo caminho está, por exemplo, a Súmula 54 do TRT da 3ª Região e o Enunciado 20 da Jornada Nacional sobre Execução na Justiça do Trabalho. E nesse sentido já se manifestou o STJ, diante, inclusive, da sua Súmula 480: STJ, 2ª Seção, AgRg nos EDcl no CC 140.495/SP, Rel. Min. Raúl Araújo, j. 26/08/2015 ("Não configura conflito positivo de competência a determinação de apreensão, pela Justiça Especializada, por aplicação da teoria da desconsideração da personalidade jurídica (*disregard doctrine*), de bens de sócio da sociedade em recuperação ou de outra sociedade empresária tida como integrante do mesmo grupo econômico da recuperanda, porquanto tais medidas não implicam a constrição de bens vinculados ao cumprimento do plano de reorganização da sociedade empresária, tampouco interferem em atos de competência do juízo da recuperação."). Ver, também: STJ, 2ª Seção, AgRg no CC 136.779/MT, Rel. Min. Marco Aurélio Bellizze, j. 26/11/2014; STJ, 2ª Seção, CC 121.487/MT, Rel. Min. Raul Araújo, j. 27/06/2012.

RECUPERAÇÃO DE EMPRESAS E FALÊNCIA

çar mão da desconsideração da personalidade jurídica com o objetivo de buscar bens daqueles que abusaram da personalidade jurídica da devedora e que, provavelmente, ensejaram a crise em detrimento dos credores[1398].

De qualquer forma, é preciso respeitar os requisitos materiais e processuais da teoria. Portanto, além da comprovação do abuso da personalidade (em qualquer uma de suas vertentes: desvio de finalidade, confusão patrimonial, etc.) e do prejuízo do credor, é preciso instaurar incidente que garanta a ampla defesa e o contraditório[1399].

Importante destacar, ainda, que se determinado bem de pessoa atingida pela desconsideração já tiver sido direcionado para o cumprimento do plano (seja em função de aplicação da *disregard* pelo juízo recuperatório, seja porque o bem foi voluntariamente disponibilizado para tanto), posterior aplicação da teoria da desconsideração não pode afetá-lo, sob pena de solapar o esforço recuperatório[1400].

Existem, de qualquer sorte, mesmo na Justiça do Trabalho, precedentes que entendem que o fato de a sociedade devedora estar em recuperação judicial não permite a desconsideração da personalidade jurídica e o redirecionamento da execução aos sócios: TRT4, SEEx, AP 0000197-95.2010.5.04.0121, Rel. Des. Ana Rosa Pereira Zago Sagrilo, j. 25/08/2015; TRT4, SEEx, AP 0000566-93.2011.5.04.0561, Rel. Des. Vânia Mattos, j. 03/05/2016; TRT4, SEEx, AP 0000043-43.2013.5.04.0551, Rel. Des. Ana Rosa Pereira Zago Sagrilo, j. 21/03/2017.

[1398] "Recuperação judicial. Grupo de empresas. Pedido de desconsideração da personalidade jurídica das agravadas. Fatos graves imputados aos administradores das sociedades. Fatos que podem ter dado causa à crise econômico-financeira que culminou no pedido recuperacional, que prejudicou inúmeros credores. Imprescindível a apuração. Recurso parcialmente provido. Recuperação judicial de empresas que compõem o Grupo OAS. Pedido de desconsideração da personalidade jurídica das agravadas. Alegação, pela agravante, de graves fatos imputados aos administradores das sociedades. Fatos que podem ter dado causa ao pedido recuperacional, que prejudicou inúmeros credores. Imprescindível a apuração dos fatos para o pedido de desconsideração, com a instauração de incidente observando-se a ampla defesa e o contraditório. Prematura a decisão que indeferiu o pedido. Recurso parcialmente provido." (TJSP, 2ª Câmara Reservada de Direito Empresarial, AI 2230266-30.2015.8.26.0000, Rel. Des. Carlos Alberto Garbi, j. 27/04/2016). Ainda, o TJMG (6ª Câmara Cível, AIs 1.0024.17.054953-9/002 e 1.0024.17.054953-9/001, Rel. Des. Edilson Fernandes, j. 05/09/2017) admitiu a ampliação dos poderes do administrador judicial, tendo sido conferidos poderes inerentes ao gestor, com o objetivo de analisar as operações do grupo empresarial e realizar recuperação de ativos e/ou medidas para a reparação dos prejuízos sofridos. Assim, teria capacidade processual para propor pedido de desconsideração da personalidade jurídica de sociedade em recuperação judicial, bem como poderia litigar com o benefício da justiça gratuita tendo em vista ser auxiliar do juízo, uma vez que, no caso, entendeu-se que, "diante dos indícios de uso fraudulento da companhia para benefício próprio de seus controladores", em abuso do poder de controle, far-se-ia necessária a desconsideração da personalidade jurídica com o objetivo de resguardar os direitos dos credores, com a consequente constrição de bens dos supostos envolvidos.

[1399] TJSP, 2ª Câmara Reservada de Direito Empresarial, AI 2230266-30.2015.8.26.0000, Rel. Des. Carlos Alberto Garbi, j. 27/04/2016.

[1400] Nesse sentido, assim se manifestou o Min. Raul Araújo em voto (STJ, 2ª Seção, CC 121.487/MT, Rel. Min. Raul Araújo, j. 27/06/2012): "A situação é diversa quando o próprio juiz da recuperação judicial determina a desconsideração da personalidade jurídica da sociedade recuperanda, de modo a atingir os bens de sócios de responsabilidade limitada ou bens de sociedade do mesmo grupo econômico.

RECUPERAÇÃO JUDICIAL. PARTE 1

Finalmente, se, por um lado, a recuperação judicial não favorece os coobrigados, por outro lado, ela, por si só, não os prejudica. Assim, por exemplo, o credor somente poderá cobrar o avalista após o vencimento, respeitadas todas as outras exigências legais (de direito cambiário, no caso) e pelo valor original da obrigação – e não pelo valor decorrente de eventual aumento de sua obrigação[1401]. Para maiores detalhes sobre o tema, remete-se o leitor para o Capítulo 12, item 1.1.4, *infra*.

3.2.2. Créditos não contemplados no plano de recuperação

As obrigações assumidas anteriormente à recuperação judicial devem ser normalmente cumpridas, de acordo com o que foi pactuado, inclusive no tocante aos encargos, exceto se o plano aprovado dispuser de modo diferente[1402]. Todos aqueles créditos que o devedor voluntariamente não incluiu no plano, mesmo que legalmente pudesse fazê-lo, não se sujeitarão aos efeitos da recuperação (LREF, art. 49, §2º).

3.2.3. Crédito do titular de posição de proprietário fiduciário de bens móveis ou imóveis

Segundo o art. 49, §3º da LREF, o credor titular da posição de proprietário fiduciário de bens móveis e imóveis não se sujeita à recuperação judicial, prevalecendo o direito de propriedade sobre a coisa e as condições contratuais originalmente contratadas (inclusive com a manutenção dos juros estipulados)[1403-1404-1405]. Ainda,

---

Nessas hipóteses, o bem do sócio será utilizado no cumprimento do plano de recuperação judicial e sua apreensão por outros juízos passa a interferir na realização do programa de soerguimento da sociedade. Daí por que, nesses casos, fica configurado o conflito positivo de competência, o que aqui não acontece."

[1401] AYOUB; CAVALLI. *A construção jurisprudencial...*, p. 66-67.

[1402] LOBO. Seção I: Disposições gerais..., p. 188.

[1403] STJ, 3ª Turma, REsp 1.635.332/RJ, Rel. Min. Nancy Andrighi, j. 17/11/2016; STJ, 4ª Turma, AgRg no REsp 1.263.510/MT, Rel. Min. Antonio Carlos Ferreira, j. 05/04/2016; STJ, 4ª Turma, AgRg no REsp 1.514.911/GO, Rel. Min. Maria Isabel Gallotti, j. 06/10/2015; STJ, 3ª Turma, AgRg no REsp 1.482.441/PE, Rel. Min. Marco Aurelio Bellizze, j. 25/08/2015; STJ, 3ª Turma, AgRg no REsp 1.306.924/SP, Rel. Min. Paulo de Tarso Sanseverino, j. 12/08/2014; STJ, 4ª Turma, AgRg no REsp 1.181.533/MT, Rel. Min,. Luis Felipe Salomão, j. 05/12/2013; STJ, 3ª Turma, AgRg no REsp 1.326.851/MT, Rel. Min. Sidnei Beneti, j. 19/11/2013; STJ, 4ª Turma, EDcl no RMS 41.646/PA, Rel. Min. Antonio Carlos Ferreira, j. 24/09/2013; STJ, 3ª Turma, REsp 1.202.918/SP, Rel. Min. Ricardo Villas Bôas Cueva, j. 07/03/2013; STJ, 4ª Turma, REsp 1.263.500/ES, Rel. Min. Maria Isabel Gallotti, j. 05/02/2013; TJRS, 6ª Câmara Cível, AI 70046600417, Rel. Des. Ney Wiedemann Neto, j 22/03/2012; Enunciado 2 da Edição 37 da Jurisprudência em Teses do STJ. Para tanto, não é necessário que o contrato contenha cláusula de irrevogabilidade ou irretratabilidade (TJRS, 13ª Câmara Cível, APC 70034681015, Rel. Des. Vanderlei Teresinha Tremeia Kubiak, j. 10/06/2010).

[1404] Nesse sentido, ainda que conste sua sujeição de plano homologado, não estaria sujeito aos seus efeitos, não tendo o STJ aceito o argumento de que o credor teria aderido tacitamente aos seus termos (STJ, 4ª Turma, REsp 1.207.117/MG, Rel. Min. Luis Felipe Salomão, j. 10/11/2015).

RECUPERAÇÃO DE EMPRESAS E FALÊNCIA

segundo o STJ, a regra vale independentemente da titularidade do bem dado em garantia – ou seja, ainda que o crédito seja garantido por propriedade fiduciária prestada por terceiro[1406].

No sistema vigente, podem ser objeto de alienação fiduciária tanto bens móveis e imóveis corpóreos, como máquinas, equipamentos, veículos, terrenos e prédios, quanto bens móveis incorpóreos, entre eles títulos de crédito (*v.g.*, notas promissórias, cheques, duplicatas, CDB, VGBL) e direitos creditórios (*v.g.*, recebíveis de cartão de crédito)[1407]. Estes últimos são objeto da chamada "cessão fiduciária"[1408] (conhecida pelo mercado como "trava bancária")[1409].

[1405] A garantia fiduciária pode ser detida também por instituição financeira estrangeira, conforme: TJSP, 1ª Câmara Reservada de Direito Empresarial, AIs 2078905-92.2017.8.26.0000 e 2078905-92.2017.8.26.0000/50000, Rel. Des. Hamid Bdine, j. 04/10/2017 ("Agravo de instrumento. Crédito habilitado na recuperação judicial da agravada. Impugnação à habilitação. Crédito das agravantes que não se sujeitam aos efeitos da recuperação. Inteligência do art. 49, §3º da Lei 11.101/05. Irrelevância de não deterem autorização de funcionamento no mercado financeiro nacional, o que, em tese, afastaria a garantia concedida, nos termos do art. 66-B da Lei n. 4.728/1965. Garantia que preenche os requisitos da propriedade fiduciária estabelecida no CC/02. Inteligência do art. 1.361 do CC. Requisitos preenchidos. Alienação fiduciária, que era restrita às instituições financeiras, foi estendida, em parte, às relações privadas com o advento do CC/02, sem maiores exigências no tocante à qualificação do credor fiduciário. Decisão reformada. Ressalva do Des. Revisor que considerava prejudicada a questão referente à possibilidade de instituições financeiras estrangeiras emprestarem no Brasil e constituírem alienação fiduciária em garantia com base na LMC. Recurso de agravo de instrumento provido e recurso de agravo regimental prejudicado.").

[1406] STJ, 3ª Turma, REsp 1.549.529/SP, Rel. Min. Marco Aurélio Bellizze, j. 18/10/2016.

[1407] "A propriedade fiduciária pode ter como objeto bens corpóreos (imóveis ou móveis) e incorpóreos, entre estes direitos sobre bens móveis, títulos de crédito, ações de sociedade anônima, etc. (...)". "Por efeito da constituição da propriedade fiduciária o bem é retirado do patrimônio do fiduciante e transmitido ao fiduciário (...)". "O bem recebido em transmissão fiduciária ingressa no patrimônio do fiduciário, mas nele é alocado num compartimento separado, no qual fique imune aos efeitos de eventuais desequilíbrios patrimoniais do fiduciário, assim permanecendo até que cumpra a função para a qual foi transmitido". "A esse núcleo patrimonial a lei confere autonomia, de modo a viabilizar a realização da finalidade para a qual a propriedade fiduciária foi constituída, assegurando, assim, a satisfação dos direitos de determinado credor (...) sem os riscos oriundos de relações jurídicas distintas daquelas que compõem aquele núcleo patrimonial; dada essa caracterização, é assegurado ao titular de crédito integrante de um patrimônio de afetação 'satisfazer-se com exclusão dos outros (...)' (...)". "Distingue-se (a propriedade fiduciária) dos demais direitos reais limitados de garantia – penhora, anticrese e hipoteca – porque nesses o titular da garantia tem um direito real em *bem alheio*, enquanto a propriedade fiduciária incide sobre *bem próprio* do credor, disso resultando que a execução do contrato se faz mediante procedimentos substancialmente distintos, em conformidade com a espécie de garantia". "No âmbito do mercado financeiro e no de capitais (...), a cessão fiduciária de direitos sobre coisas móveis, bem como sobre títulos de crédito é regulada pelo art. 66B e seus parágrafos da Lei 4.728/1965, que a submete, também, aos requisitos contratuais estabelecidos pelos arts. 1.361 e seguintes do Código Civil e aos arts. 18 a 20 da Lei 9.514/1997". "Por esse contrato, o tomador de um financiamento transfere seus direitos de crédito ao financiador, que os adquire em caráter resolúvel, com escopo de garantia, sendo sua titularidade limitada ao conteúdo dos créditos até o limite do seu crédito, pois a cessão fiduciária de créditos em garantia destina-se exclusivamente à satisfação do crédito garantido e perdura somente enquanto durar esse crédito". Nesse ponto "importa

RECUPERAÇÃO JUDICIAL. PARTE 1

Como regra geral, a constituição da propriedade fiduciária necessita de registro no Registro de Títulos e Documentos do domicílio do devedor (CC, art. 1.361, §1º). E o entendimento que por muito tempo prevaleceu – e que, em nosso entender, está correto – é que a cessão fiduciária de crédito também dependeria do registro do respectivo contrato no Registro de Títulos e Documentos do domicílio do devedor para a sua constituição[1410]. O registro seria, portanto, requisito essencial para a constituição da propriedade fiduciária perante a comunhão de credores sujeitos à recuperação[1411]. *A contrario sensu*, a garantia fiduciária não registrada faria com que o crédito se submetesse à recuperação judicial[1412], sendo classificado como quirografário[1413].

discriminar as formas de execução do crédito fiduciário, conforme o objeto da garantia seja bem corpóreo ou bem incorpóreo". "Na alienação fiduciária de bem móvel corpóreo, por exemplo, em caso de mora o credor fiduciário promove ação de busca e apreensão do bem (que se encontra na posse do devedor fiduciante) e, caso não haja purgação da mora, obtém a consolidação da propriedade e da posse no seu patrimônio e efetiva a sua venda, podendo apropriar-se do produto da venda, no limite do seu crédito (Decreto-lei nº 911/1969)". "Já na alienação fiduciária de coisa fungível ou de títulos de crédito, a posse é atribuída ao credor fiduciário desde a data da constituição da garantia, ficando esse investido nos poderes para receber os créditos diretamente dos devedores do seu devedor, ou vender os bens fungíveis, e apropriar-se do resultado financeiro até o limite do seu crédito". Impende salientar que a "exclusão dos créditos objeto de cessão fiduciária do plano de recuperação decorre do fato de que esses créditos não integram o patrimônio da recuperanda, uma vez que, antes do pedido de recuperação, ela já os havia cedido, em caráter fiduciário, ao credor". "Na qualidade de titular da propriedade fiduciária dos créditos cedidos, o credor fiduciário é investido de poderes para recebê-los diretamente dos devedores do seu devedor, sendo certo que a insolvência do cedente fiduciante não altera o curso do contrato de cessão fiduciária, nem interfere no exercício, pelo proprietário fiduciário, do seu direito de propriedade, dispondo o parágrafo único do art. 20 da Lei nº 9.514/1997 que na hipótese de falência do devedor cedente 'prosseguirá o cessionário no exercício de seus direitos na forma do disposto nesta seção'" (CHALHUB. Cessão fiduciária de créditos..., p. 228 ss).

[1408] Súmula 59 do TJSP: "Classificados como bens móveis, para os efeitos legais, os direitos de créditos podem ser objeto de cessão fiduciária".

[1409] Em garantia a um financiamento, a empresa cede ao banco a propriedade fiduciária de seus recebíveis futuros (direitos de crédito). "Na prática, isto quer dizer que valores originalmente devidos pela empresa serão pagos diretamente para o banco, que os retém em conta vinculada para satisfação do seu financiamento". "Fala-se em trava justamente porque os créditos que a empresa em recuperação receberia são direcionados automaticamente para os bancos, sem entrar no seu caixa". "Os bancos, então, travam a operação, no sentido de que não correm mais o risco da empresa financiada, mas sim dos devedores desta" (SALAMA. *Recuperação judicial e trava bancária*... Para uma abordagem ainda mais ampla, ver: TEIXEIRA, Fernando dos Santos. *Cessão fiduciária de crédito e o seu tratamento nas hipóteses de recuperação judicial e falência do devedor-fiduciante*. Dissertação (Mestrado em Direito). Faculdade de Direito da Universidade de São Paulo, São Paulo, 2010.

[1410] Nesse sentido, a Súmula 60 do TJSP: "A propriedade fiduciária constitui-se com o registro do instrumento no registro de títulos e documentos do domicílio do devedor".

[1411] TJMG, 17ª Câmara Cível, AI 1.0145.10.059136-4/001, Rel. Des. Eduardo Mariné da Cunha, j. 24/03/2011; TJRS, 6ª Câmara Cível, AI 70065469538, Rel. Des. Luís Augusto Coelho Braga, j. 15/03/2016.

[1412] TJSP, Câmara Reservada à Falência e Recuperação, AI 0272002-04.2011.8.26.0000, Rel. Des. Roberto Mac Cracken, j. 03/07/2012; TJSP, Câmara Reservada à Falência e Recuperação, AI 0275617-

RECUPERAÇÃO DE EMPRESAS E FALÊNCIA

Ainda, sujeitar-se-ia ao regime recuperatório o crédito: (i) quando a garantia fosse registrada extemporaneamente (após o ajuizamento da recuperação judicial)[1414]; (ii) quando fosse registrada em cartório outro que não o de títulos e documentos[1415]; (iii) quando fosse registrada em cartório que não o de domicílio do devedor; ainda, (iv) quando a garantia fiduciária não cobrisse todo o crédito – o que faria com que o crédito não coberto pelo valor do bem dado em garantia fosse quirografário, sujeito à recuperação judicial[1416].

02.2011.8.26.0000, Rel. Des. Roberto Mac Cracken, j. 03/07/2012; TJSP, Câmara Reservada à Falência e Recuperação, AI 0294738-16.2011.8.26.0000, Rel. Des. Pereira Calças, j. 03/07/2012; TJSP, Câmara Reservada à Falência e Recuperação, AI 0065191-12.2011.8.26.0000, Rel. Des. Ricardo Negrão, j. 13/12/2011; TJSP, Câmara Reservada à Falência e Recuperação, AI 0033965-86.2011.8.26.0000, Rel. Des. Romeu Ricupero, j. 20/09/2011. Da mesma forma, há decisões expressas do TJMG no sentido de que a ausência de registro faz com que o crédito seja incluído no regime da recuperação judicial: TJMG, 6ª Câmara Cível, AI 1.0024.11.268197-8/002, Rel. Des. Maurício Barros, j. 12/06/2012; TJMG, 6ª Câmara Cível, AI 1.0024.10.293081-5/003, Rel. Des. Maurício Barros, j. 22/11/2011; TJMG, 6ª Câmara Cível, AI 1.0024.10.293081-5/001, Rel. Des. Maurício Barros, j. 04/10/2011; TJMG, 6ª Câmara Cível, AI 0024.10.293081-5/002, Rel. Des. Maurício Barros, j. 04/10/2011; TJMG, 6ª Câmara Cível, AI 1.0024.10.293081-5/001, Rel. Des. Maurício Barros, j. 04/10/2011. Ainda, o Tribunal de Justiça do Rio de Janeiro concorda quanto à necessidade de registro para caracterizar a propriedade fiduciária e, nesse julgado, pareceu que se o contrato tivesse sido registrado, o crédito estaria excluído do regime da recuperação judicial: TJRJ, 6ª Câmara Cível, AI 0047523-23.2011.8.19.0000, Rel. Des. Nagib Slaibi, j. 30/11/2011. Ver, também: TJRS, 6ª Câmara Cível, AI 70066677188, Rel. Des. Elisa Carpim Corrêa, j. 07/04/2016.

[1413] TJSP, Câmara Reservada à Falência e Recuperação, AI 0408832-11.2010.8.26.0000, Rel. Des. Pereira Calças, j. 12/04/2011; TJSP, Câmara Reservada à Falência e Recuperação, AI 994.09.291105-9, Rel. Des. Pereira Calças, j. 02/03/2010; TJSP, Câmara Reservada à Falência e Recuperação, AI 655.134-4/8-00, Rel. Des. Pereira Calças, j. 15/12/2009; TJSP, Câmara Reservada à Falência e Recuperação, AI 0037840-35.2009.8.26.0000, Des. Lino Machado, j: 30/06/2009; TJRS, 6ª Câmara Cível, AI 70066677188, Rel. Des. Elisa Carpim Corrêa, j. 07/04/2016. Inclusive, já decidiu o STJ que "[o] crédito não pode ser quirografário perante o juízo da recuperação judicial e privilegiado perante o juízo da busca e apreensão" (STJ, 3ª Turma, AgRg no REsp 1.315.768/MG, Rel. Min. Paulo de Tarso Sanseverino, j. 24/03/2015).

[1414] TJRS, 6ª Câmara Cível, AI 70047101399, Rel. Des. Luís Augusto Coelho Braga, j. 24/05/2012.

[1415] TJSP, 1ª Câmara Reservada de Direito Empresarial, AI 0043681-69.2013.8.26.0000, Rel. Des. Pereira Calças, j. 26/03/2013 (acórdão assim ementado: "Imprescindibilidade do registro da cártula no Cartório de Títulos e Documentos. Natureza constitutiva do registro. Registro na CETIP que não supre o requisito legal. Crédito sujeito aos efeitos da recuperação judicial, como quirografário"). No mesmo sentido: TJSP, 1ª Câmara Reservada de Direito Empresarial, AI 0043825-43.2013.8.26.0000, Rel. Des. Pereira Calças, j. 26/03/2013; TJSP, Câmara Reservada à Falência e Recuperação, AI 0294738-16.2011.8.26.0000, Rel. Des. Pereira Calças, 03/07/2012. Há discussão quanto ao local correto para o registro de instrumento de alienação fiduciária envolvendo bens imóveis (vide art. 51 e 52 da Lei 10.931/2004) e valores mobiliários (Instrução CVM 541 e Ofício Circular nº 7/2015).

[1416] "O saldo do crédito não coberto pelo valor do bem e/ou da garantia dos contratos previstos no §3º do art. 49 da Lei n. 11.101/2005 é crédito quirografário, sujeito à recuperação judicial", como restou consignado no Enunciado 51 da 1ª Jornada de Direito Comercial, promovida pelo Conselho da Justiça Federal no ano de 2012. Essa também é a posição da jurisprudência: STJ, ARESP 841.315, Rel. Min. Marco Aurélio Bellizze (decisão monocrática), j. 01/02/2016; TJSP, 2ª Câmara Reservada de Direito

RECUPERAÇÃO JUDICIAL. PARTE I

O STJ, contudo, decidiu que a cessão fiduciária de créditos não se sujeita aos efeitos da recuperação judicial mesmo que o contrato não tenha sido registrado em Cartório de Títulos e Documentos[1417]. Trata-se de posicionamento temerário em nosso entender, podendo, inclusive, dar margem à realização de fraudes[1418]. Efetivamente, a necessidade de registro seria, em nosso sentir, um imperativo para se evitar a constituição de "garantias fantasmas", criadas apenas para fraudar o concurso recuperacional de credores.

Por outro lado, o registro se afigura como essencial para dar conhecimento a todos acerca da situação econômica, financeira e patrimonial das empresas, sobretudo quando se trata da cessão fiduciária de recebíveis (receitas de cartões de crédito e de contratos em execução, por exemplo), especialmente porque a

---

Empresarial, AI 2063919-07.2015.8.26.0000, Rel. Des. Fabio Tabosa, j. 03/09/2015; TJSP, 2ª Câmara Reservada de Direito Empresarial, AI 2041416-60.2013.8.26.0000, Rel. Des. Lígia Araújo Bisogni, j. 03/02/2014; TJSP, 1ª Câmara Reservada de Direito Empresarial, AI 0272049-41.2012.8.26.0000, Rel. Des. Maia da Cunha, j. 26/02/2013; TJSP, Câmara Reservada à Falência e Recuperação, AI 498.230.4/2, Rel. Des. Boris Kauffmann, j. 30/05/2007.

[1417] No caso, instituição bancária interpôs Recurso Especial contra acórdão do TJSP que determinou a submissão do crédito à recuperação judicial, tendo em vista que a propriedade fiduciária apenas se constituiria mediante o devido registro (apesar de o contrato não ter sido registrado antes do ajuizamento da recuperação judicial, ele foi registrado antes do deferimento do seu processamento). O STJ acabou por excluir dos efeitos da recuperação judicial o crédito garantido por cessão fiduciária, sustentando, em suma, que o requisito de registro constitutivo presente no art. 1.361 do Código Civil é aplicável apenas à cessão fiduciária de bens móveis infungíveis – sendo que, nos termos do art. 1.368-A (introduzido pela Lei n. 10.931/2004), as outras espécies de propriedade fiduciária (ou de titularidade fiduciária) são regidas por suas respectivas leis especiais, sendo aplicáveis as normas do Código Civil naquilo em que não for incompatível com a legislação especial. A cessão fiduciária de direitos sobre coisas móveis, bem como de títulos de crédito (bens incorpóreos e fungíveis, por excelência), é tratada pelo art. 66-B da Lei 4.728/1965 (Lei do Mercado de Capitais), introduzido pela Lei 10.931/2004, o qual não apresenta como requisito constitutivo da propriedade resolúvel o registro em Cartório de Títulos de Documentos. Neste caso, o registro seria apenas necessário para eficácia perante terceiros. Assim, de acordo com o STJ, a constituição da propriedade fiduciária, oriunda de cessão fiduciária de direitos sobre coisas móveis e de títulos de crédito, dá-se a partir da própria contratação, sendo, então, plenamente válida e eficaz entre as partes. STJ, 3ª Turma, REsp 1.412.529/SP, Rel. Min. Paulo de Tarso Sanseverino, Rel. p/ acórdão Min. Marco Aurélio Bellizze, j. 17/12/2015. No mesmo sentido: STJ, 3ª Turma, REsp 1.559.457/ MT, Rel. Min. Marco Aurélio Bellizze, j. 17/12/2015; STJ, REsp 1.404.537/RS, Rel. Min. Paulo de Tarso Sanseverino (decisão monocrática), j. 02/06/2016; STJ, REsp 1.472.364/SP, Rel. Min. Luis Felipe Salomão (decisão monocrática), j. 05/05/2016; STJ, REsp 1.669.951/MS, Rel. Min. Ricardo Villas Bôas Cueva (decisão monocrática), j. 14/06/2017; TJSP, 11ª Câmara de Direito Privado, AI 2192678-52.2016.8.26.0000, Rel. Des. Walter Fonseca, j. 30/11/2016; TJRS, 5ª Câmara Cível, AI 70073151334, Rel. Des. Isabel Dias Almeida, j. 28/06/2017; TJRS, 5ª Câmara Cível, AI 70072477243, Rel. Des. Jorge André Pereira Gailhard, j. 31/05/2017.

[1418] Criticando este posicionamento do STJ e sustentando a necessidade de registro das garantias no respectivo cartório de títulos e documentos (as quais devem, também, ser regularmente descritas e individualizadas), ver: MANGE, Eduardo Foz. Cessão fiduciária de recebíveis na recuperação judicial. *Revista do Advogado – Direito das Empresas em Crise*, a. XXXVI, n. 131, out. 2016, p. 56-57.

RECUPERAÇÃO DE EMPRESAS E FALÊNCIA

melhor garantia para os credores é a própria capacidade de a empresa produzir resultados[1419].

De qualquer forma, o registro permanece como requisito para a constituição da propriedade fiduciária das outras espécies de bens.

Ainda, independentemente da posição adotada, o saldo do crédito não coberto pelo valor do bem dado em garantia é quirografário, estando sujeito à recuperação judicial, como acima referido.

Durante o período de proteção (*stay period*), eventual ação visando à retomada do bem alienado fiduciariamente fica suspensa sempre que o ativo em discussão puder ser enquadrado no conceito de bem de capital essencial à atividade empresarial (art. 6º, §4º c/c art. 49, §3º) – desde que assim se demonstre[1420]-[1421] –, tema que será retomado no Capítulo 11, item 2.6.6, *infra*.

Por fim, cumpre registrar que a alienação fiduciária, especialmente a cessão fiduciária de recebíveis, é um dos pontos mais sensíveis do regime jurídico da recu-

---

[1419] Ver: TANTINI, Giovanni. *Capitale e patrimonio nella società per azioni*. Padova: CEDAM, 1980, p. 112-113, 204, 278. Ajuda na compreensão dessa faceta dinâmico-produtiva do patrimônio social a questão sustentada por PAULO DE TARSO DOMINGUES de que podem nele ingressar, a título de contribuição do sócio, não somente bens passíveis de expropriação forçada (por penhora, alienação ou transformação em dinheiro), mas, também, bens que, levando-se em consideração o princípio do *going concern* ou princípio da continuidade da empresa, sejam suscetíveis de avaliação econômica e possam aproveitar aos credores sociais, na medida em que servirão à empresa para o desenvolvimento de sua atividade e para a produção de resultados (que consiste na maior garantia dos credores). Daí a importância de garantir que os bens sociais não sejam desviados sem o conhecimento de todos. Trata-se de medida que visa a impedir que um credor se beneficie em detrimento da coletividade de credores, burlando o princípio da *par conditio creditorum*, que possui aplicação no direito recuperatório (vide Enunciado 81 da 2ª Jornada de Direito Comercial do Conselho da Justiça Federal). Nesse sentido: DOMINGUES, Paulo de Tarso. *Variações sobre o capital social*. Coimbra: Almedina, 2009, p. 192, 232 ss.

[1420] STJ, 2ª Seção, AgRg no CC 119.337/MG, Rel. Min. Raul Araújo, j. 08/02/2012; TJRS, 5ª Câmara Cível, AI 70044398154, Rel. Des. Romeu Marques Ribeiro Filho, j.29/02/2012; TJRS, 13ª Câmara Cível, AI 70045092731, Rel. Des. Angela Terezinha de Oliveira Brito, j. 28/09/2011; TJRS, 5ª Câmara Cível, AI 70040220113, Rel. Des. Gelson Rolim Stocker, j. 23/03/2011; TJRS, 13ª Câmara Cível, AgRg 70039597315, Rel. Des. Lúcia de Castro Boller, j. 11/11/2010. Aqui, ver o Enunciado 7 da Edição 37 da Jurisprudência em Teses do STJ: "7. Os bens de capital essenciais à atividade da empresa em recuperação devem permanecer em sua posse, enquanto durar o período de suspensão das ações e execuções contra a devedora, aplicando-se a ressalva final do §3º, art. 49 da Lei n. 11.101/2005". Aqui, é importante que é de competência do juízo da recuperação judicial julgar a essencialidade do bem (STJ, 2ª Seção, CC 146.631/MG, Rel. Min. Nancy Andrighi, j. 14/12/2016; STJ, 3ª Turma, REsp 1.660.893/MG, Rel. Min. Nancy Andrighi, j. 08/08/2017).

[1421] A inclusão do art. 6º-A no Decreto-Lei 911/1969 (decreto que estabelece normas de processo sobre alienação fiduciária e dá outras providências), pela Lei 13.043/2014 (segundo o qual "O pedido de recuperação judicial ou extrajudicial pelo devedor nos termos da Lei nº 11.101, de 9 de fevereiro de 2005, não impede a distribuição e a busca e apreensão do bem"), não muda essa lógica. Se o bem for essencial ao exercício da atividade, a sua retomada não pode ser feita durante o período de proteção, em homenagem à preservação da empresa, princípio maior da LREF. Nesse sentido: TJRS, 13ª Câmara Cível, AI 70065876682, Rel. Des. Angela Terezinha de Oliveira Brito, j. 08/10/2015.

RECUPERAÇÃO JUDICIAL. PARTE 1

peração judicial. Explica-se: empresas com problemas de caixa usualmente antecipam recursos cedendo, fiduciariamente, em garantia, receitas futuras de cartão de crédito (usualmente empresas comerciais), duplicatas e direitos de crédito futuro (principalmente empresas industriais). Como esses créditos geralmente compreendem parte substancial dos recebíveis das empresas em crise, senão a totalidade de suas receitas, estas tentam incluí-los na recuperação judicial, questionando a legalidade da garantia prestada e requerendo a liberação dos valores.

Em uma perspectiva jurisprudencial, tais operações de crédito são consideradas válidas[1422], exceto quando supostamente haveria problema na constituição da garantia. Existe, contudo, corrente jurisprudencial que defende a possibilidade de liberação dos recebíveis do devedor cedidos em garantia a terceiro durante o período de proteção (*stay period*), desde que o magistrado consiga enquadrá-los na categoria "bem essencial ao exercício da atividade", conforme ressalva feita no art. 49, §3º, última parte[1423].

[1422] O TJSP consolidou entendimento no sentido de que os direitos creditórios cedidos fiduciariamente, em garantia de cédulas de crédito bancário e instrumentos de financiamento para capital de giro em geral ("trava bancária"), não são abrangidos pelos efeitos da recuperação judicial, conforme disposto no art. 49, §3º, da LREF. Assim: TJSP, Câmara Reservada à Falência e Recuperação, AI 0095340-88.2011.8.26.0000, Rel. Des. Romeu Ricupero, j. 22/11/2011. No mesmo sentido: TJSP, Câmara Reservada à Falência e Recuperação, AI 0120018-70.2011.8.26.0000, Rel. Des. Pereira Calças, j. 22/11/2011; TJSP, Câmara Reservada à Falência e Recuperação, AI 0022428-93.2011.8.26.0000, Rel. Des. Romeu Ricupero, j. 17/05/2011; TJSP, Câmara Reservada à Falência e Recuperação, AI 990.10.339558-1, Rel. Des. Romeu Ricupero, j. 23/11/2010; TJSP, Câmara Reservada à Falência e Recuperação, AI 990.10.035439-6, Rel. Des. Elliot Akel, j. 06/07/2010; TJSP, Câmara Reservada à Falência e Recuperação, AI 627.659-4/3-00, Rel. Des. Romeu Ricupero, j. 28/07/2009; TJSP, Câmara Reservada à Falência e Recuperação, AI n. 585.273-4/7-00, Rel. Des. Romeu Ricupero, j. 19/11/2008. Por outro lado, há decisões do TJSP nas quais os créditos garantidos por cessão fiduciária de direitos creditórios – recebíveis de cartão de crédito dados em garantia de cédula de crédito bancário – foram classificados como penhor e, mesmo não estando sujeitos à recuperação judicial, permaneceram depositados em conta vinculada no período de suspensão previsto no art. 6º, §4º, da mesma Lei, na linha do art. 49, §5º, da LREF: TJSP, Câmara Reservada à Falência e Recuperação, AI 600.656-4/2-00, Rel. Des. Elliot Akel, j. 09/06/2009; TJSP, Câmara Reservada à Falência e Recuperação, AI 540.384-4/4-00, Rel. Des. José Araldo da Costa Telles, j. 07/05/2008. O TJRS também considera imunes aos efeitos modificativos da recuperação judicial os créditos garantidos por cessão fiduciária recebíveis: TJRS, 6ª Câmara Cível, AI 70047063706, Rel. Des. Luís Augusto Coelho Braga, j. 24/05/2012; TJRS, 6ª Câmara Cível, AI 70046704201, Rel. Des. Luís Augusto Coelho Braga, j. 24/05/2012; TJRS, 5ª Câmara Cível, AI 70044180248, Rel. Des. Jorge Luiz Lopes do Canto, j. 25/04/2012; TJRS, 6ª Câmara Cível, AI 70046600417, Rel. Des. Ney Wiedemann Neto, j. 22/03/2012; TJRS, 6ª Câmara Cível, AI 70042793521, Rel. Des. Luís Augusto Coelho Braga, j. 27/10/2011; TJRS, 5ª Câmara Cível, AI 70041318551, Rel. Des. Romeu Marques Ribeiro Filho, j. 22/06/2011; TJRS, 6ª Câmara Cível, AI 70033469826, Rel. Des. Luís Augusto Coelho Braga, j. 19/08/2010. No mesmo sentido: TJMG, 6ª Câmara Cível, AI 1.0024.10.293081-5/004, Rel. Des. Maurício Barros, j. 03/07/2012; TJMG, AI 1.0109.09.014288-5/001, Rel. Des. Antônio Sérvulo, 6ª Câmara Cível, j. 11/05/2010.

[1423] Sob o argumento de que a liberação ao menos parcial das travas bancárias se trata de medida necessária para possibilitar o sucesso do regime e a preservação da empresa, ver: TJRJ, 22ª Câmara Cível, AI 0039244-09.2015.8.19.0000, Rel. Des. Carlos Santos de Oliveira, j. 08/09/2015; TJRJ, 8ª Câmara Cível, AI

RECUPERAÇÃO DE EMPRESAS E FALÊNCIA

3.2.4. Crédito do arrendador mercantil

O crédito do arrendador mercantil também não se sujeita à recuperação judicial, prevalecendo o direito de propriedade sobre a coisa e as condições contratuais originalmente contratadas (LREF, art. 49, §3º)[1424].

No entanto, durante o período de proteção (*stay period*), eventual ação de reintegração de posse do ativo arrendado fica suspensa caso o bem possa ser enquadrado no conceito de "bem de capital essencial à atividade empresarial" (LREF, art. 6º, §4º, c/c 49, §3º)[1425] – com a ressalva do previsto no art. 199, §§1º e 2º, da LREF.

0074750-46.2015.8.19.0000, Rel. Des. Cezar Augusto Rodrigues Costa, j. 19/04/2016; TJRJ, 7ª Câmara Cível, AI 0048732-27.2011.8.19.0000, Rel. Des. André Andrade, j. 15/05/2012; TJRJ, 9ª Câmara Cível, AI 0053629-35.2010.8.19.0000, Rel. Des. Carlos Santos de Oliveira, j. 01/03/2011; TJRJ, 19ª Câmara Cível, AI 0039852-80.2010.8.19.0000, Rel. Des. Ferdinaldo Nascimento, j. 31/05/2011; TJRJ, 4ª Câmara Cível, AI 0001779-05.2011.8.19.0000, Rel. Des. Maria Regina Nova, j. 16/04/2011; TJRJ, 17ª Câmara Cível, AI 2009.002.46014, Rel. Des. Elton Leme, j. 22/02/2010; TJRJ, 2ª Câmara Cível, AI 014987-27.2009.8.19.0000 (2009.002.01890), Rel. Des. Alexandre Câmara, j. 18/02/2009; TJRJ, 2ª Câmara Cível, AI 2009.002.02081, Rel. Des. Alexandre Freitas Câmara, j. 25/03/2009; TJRJ, 2ª Câmara Cível, AI 2009.002.01890, Rel. Des. Alexandre Freitas Câmara, j. 18/02/2009; TJSP, 2ª Câmara Reservada de Direito Empresarial, AI 2081702-75.2016.8.26.0000, Rel. Des. Carlos Alberto Garbi, j. 17/10/2016. Embora, por exemplo, existam diversos precedentes no sentido de que créditos garantidos por cessão fiduciária de direitos creditórios – as chamadas travas bancárias – não se enquadram no conceito de bens de capital, já foi proferida decisão considerando que tais recebíveis podem ser caracterizados como bens essenciais, cabendo ao juízo recuperacional "a apreciação, caso a caso, da concursalidade do crédito, bem como da essencialidade de bens passíveis de apropriação em decorrência de ações promovidas por credores extraconcursais." (TJRS, 6ª Câmara Cível, AI 70068186089, Rel. Des. Rinez da Trindade, j. 07/04/2016). Em sentido contrário (ou seja, pela imunidade da cessão fiduciária quanto aos efeitos da recuperação judicial): TJSP, 1ª Câmara Reservada de Direito Empresarial AI 2153642-03.2016.8.26.0000, Rel. Des. Cesar Ciampolini, j. 24/01/2017; TJRJ, 17ª Câmara Cível, AI 2009.002.34272, Rel. Des. Luisa Bottrel Souza, j. 21/01/2010; TJRJ, 20ª Câmara Cível, AI 2009.002.21927, Rel. Des. Jacqueline Montenegro, j. 14/10/2009; TJRJ, 17ª Câmara Cível, AI 2009.002.09750, Rel. Des. Luisa Cristina Bottrel Souza, j. 24/06/2009; TJRJ, 17ª Câmara Cível, AI 2009.002.09750, Rel. Des. Luisa Cristina Bottrel Souza, j. 24/06/2009. O STJ já teve a oportunidade de determinar a disponibilização ao credor dos valores que lhe foram cedidos na satisfação de seu crédito e que estavam depositados em juízo (STJ, 2ª Seção, Rcl 18.538/PA, Rel. Min. Antonio Carlos Ferreira, j. 24/09/2014). Em outra oportunidade, o STJ também já determinou a sustação dos efeitos da medida que determinou que a instituição financeira devolvesse, diretamente à empresa recuperanda, os créditos recebidos por cessão fiduciária (STJ, 4ª Turma, EDcl no RMS 41.646/PA, Rel. Min. Antonio Carlos Ferreira, j. 24/09/2013).

[1424] STJ, 4ª Turma, AgRg no REsp 1.181.533/MT, Rel. Min,. Luis Felipe Salomão, j. 05/12/2013; Enunciado 2 da Edição 37 da Jurisprudência em Teses do STJ.

[1425] TJMG, 9ª Câmara Cível, AI 1.0148.10.000471-9/001, Rel. Des. Pedro Bernardes, j. 29/06/2010 ("Nos termos do §3º, do artigo 49, da Lei 11.101/05, não está o arrendador mercantil obrigado a aderir ao plano de recuperação judicial formulado por seu devedor. 3- Comprovado que a empresa devedora está em recuperação judicial, devem ser suspensas todas as ações individuais em face dela ajuizadas, pelo prazo de 180 (cento e oitenta) dias, nos termos do §4º, do artigo 6º, da Lei 11.101/05. 4- A simples alegação de que o bem é essencial à atividade da empresa não é suficiente para admitir a referida caracterização,

RECUPERAÇÃO JUDICIAL. PARTE 1

3.2.5. Outros "credores proprietários"

De acordo com o art. 49, §3º, tratando-se de credor titular da posição de proprietário ou promitente vendedor de imóvel cujos respectivos contratos contenham cláusula de irrevogabilidade ou irretratabilidade, inclusive em incorporações imobiliárias, seu crédito não se submete aos efeitos da recuperação judicial.

A regra do art. 49, §3º, também se aplica ao credor titular da posição de proprietário em contrato de venda com reserva de domínio, motivo pelo qual seu crédito não se submete aos efeitos da recuperação judicial, prevalecendo os direitos de propriedade sobre a coisa e as condições contratuais.

Contudo, durante o período de proteção (*stay period*), qualquer medida que possa alijar o devedor da utilização do ativo fica suspensa caso o bem seja enquadrado no conceito de "bem de capital essencial à atividade empresarial" (LREF, art. 6º, §4º, c/c art. 49, §3º)[1426].

A jurisprudência entende, corretamente, que os bens em que o devedor é depositário não são considerados como do devedor e, por conta disso, não se submetem à recuperação judicial, podendo o credor promover a competente medida judicial sem qualquer impedimento[1427] no juízo competente[1428]. Observe-se, ainda, que a jurisprudência já se manifestou no sentido de que bem objeto de contrato de compra e venda com previsão de constituto possessório celebrado antes do pedido de recuperação judicial não está submetido a seus efeitos[1429].

---

sendo necessária a devida comprovação."). Ver, também: o Enunciado 7 da Edição 37 da Jurisprudência em Teses do STJ.

[1426] Ver Enunciado 7 da Edição 37 da Jurisprudência em Teses do STJ.

[1427] TJSP, 34ª Câmara de Direito Privado, AI 0153195-88.2012.8.26.0000, Rel. Des. Cristina Zucchi, j. 18/02/2013.

[1428] STJ, 2ª Seção, CC 147.927/SP, Rel. Min. Ricardo Villas Bôas Cuvea, Rel. p/ acórdão Min. Maria Isabel Gallotti, j. 22/03/2017.

[1429] TJRS, 6ª Câmara Cível, AI 70066545310, Rel. Des. Rinez da Trindade, j. 07/04/2016. Igualmente: TJRS, 6ª Câmara Cível, CC 70066389743, Rel. Des. Rinez da Trindade, j. 07/04/2016. O caso tratava de uma execução contra empresa em recuperação judicial em virtude do inadimplemento de um contrato de compra e venda de soja em grãos no qual, estando previsto constituto possessório, a recuperanda assumiu os deveres de guarda e conservação do bem, mantendo-se na condição de fiel depositária, e de entrega até determinada data, o que não ocorreu. Diante da situação, o juízo *a quo* expediu mandados de constrição patrimonial da recuperanda. A devedora, então, suscitou conflito positivo de competência em face do juízo recuperacional e do juízo da execução, alegando que somente aquele seria competente para conhecer de causas de interesse da empresa em recuperação em virtude do princípio da universalidade do juízo. No entanto, a Corte fundamentou sua decisão no fato de que, em razão do pagamento integral do preço estipulado por parte da compradora antes do ajuizamento da recuperação judicial, operou-se a tradição ficta do bem, transferindo-se a ela sua propriedade e posse. Nesse caso, o bem, portanto, já não mais constituía patrimônio da recuperanda, não atraindo a competência do juízo recuperacional.

RECUPERAÇÃO DE EMPRESAS E FALÊNCIA

3.2.6. Crédito por adiantamento sobre contrato de câmbio

As empresas exportadoras, a fim de se financiarem, costumam realizar operações de crédito denominadas adiantamento sobre contrato de câmbio (ACC). Grosso modo, o ACC consiste em um adiantamento, feito por uma instituição financeira, de recursos financeiros ao exportador relativamente ao pagamento que decorre da exportação realizada (pagamento feito, portanto, pelo importador), e que dependerá, quando do ingresso dos recursos no Brasil, da celebração de um contrato de câmbio para conversão da moeda estrangeira em moeda nacional[1430]. Assim, nesta operação, o banco adianta (total ou parcialmente) os valores que a empresa exportadora receberá no futuro antes mesmo do embarque do produto (ou da prestação do serviço) objeto da exportação, realizando a empresa exportadora a venda à instituição financeira da moeda estrangeira que receberá do terceiro (importador) e deverá ser convertida em moeda corrente nacional (Reais), cabendo ao banco, usualmente, uma taxa de comissão.

O crédito decorrente da importância entregue ao devedor (empresa exportadora), em moeda corrente nacional, decorrente de adiantamento sobre contrato de câmbio para exportação (ACC), também não se submete aos efeitos da recuperação judicial[1431]-[1432] – mantendo-se hígidos os direitos de propriedade sobre a coisa, tanto que, segundo a jurisprudência, possível o pedido de restituição das quantias adiantadas (art. 49, §4º, c/c art. 86, II)[1433] –, desde que o prazo total da

---

[1430] Vale lembrar que, como regra, é proibida a circulação de moeda estrangeira no Brasil, razão pela qual todo e qualquer recurso em moeda estrangeira que ingresse no País deve ser convertido em moeda nacional (Decreto-Lei 857/69, art. 1º).

[1431] STJ, 3ª Turma, AgRg no REsp 1.306.924/SP, Rel. Min. Paulo de Tarso Sanseverino, j. 12/08/2014; STJ, 2ª Seção, AgRg no CC 113.228/GO, Rel. Min. Luis Felipe Salomão, j. 14/12/2011; nesse sentido caminha o Enunciado 5 da Edição 37 da Jurisprudência em Teses do STJ. Importante ressaltar, entretanto, que está excluído da recuperação judicial apenas o valor principal. Assim: TJSP, Câmara Reservada à Falência e Recuperação, AI 0193221-65.2011.8.26.0000, Rel. Des. Roberto Mac Cracken, j. 28/02/2012 ("Apesar de o valor principal estar excluído dos efeitos da recuperação (art. 49, §4º, c.c. art. 86, II, da Lei 11.101/05), os juros e a taxa de deságio (os acessórios) são créditos extraconcursais, portanto, devem ser incluídos no processo de Recuperação Judicial – Hipótese em que deve ter-se como pressuposto a necessária interpretação da norma legal de modo mais favorável à recuperanda"). Em sentido contrário: TJSP, 20ª Câmara de Direito Privado, AI 0053276-63.2011.8.26.0000, Rel. Des. Rebello Pinho, j. 10/10/2011.

[1432] A jurisprudência também tem excluído da recuperação judicial os créditos decorrentes de contratos de adiantamento sobre cambiais entregues – ACE, que muito se assemelha ao ACC, mas que é concedido depois do embarque da mercadoria (ou da prestação do serviço) objeto da exportação (TJSP, Câmara Reservada à Falência e Recuperação de Empresas, AI 994.09.293294-7, Rel. Des. Elliot Akel, j. 06/04/2010; TJSP, Câmara Reservada à Falência e Recuperação de Empresas, AI 669.567.4/0-00, Rel. Des. Elliot Akel, j. 15/12/2009). E isso decorre, também, pelo fato de o art. 75, §§3º e 4º, da Lei 4.728/1965 não estababelecer qualquer restrição ao momento em que o adiantamento seja realizado para que se possa ter tratamento mais benéfico na falência e na extinta concordata.

[1433] STJ, 2ª Seção, AgRg no CC 113.228/GO, Rel. Min. Luis Felipe Salomão, j. 14/12/2011. Ver, também: o art. 75, §§3º e 4º, da Lei do Mercado de Capitais (Lei 4.728/1965) ("§3º No caso de falência ou concordata,

RECUPERAÇÃO JUDICIAL. PARTE 1

operação, inclusive eventuais prorrogações, não exceda o previsto nas normas específicas da autoridade competente[1434].

Finalmente, por analogia à regra que assegura a manutenção dos bens de capital indispensáveis à atividade empresarial durante o período de proteção (*stay period*), até seria possível sustentar a suspensão da restituição do crédito decorrente de ACC caso se possa aferir a indispensabilidade desses recursos para gerir a empresa durante esse ínterim. Registre-se, no entanto, a existência de doutrina e jurisprudência sustentando que a cobrança de crédito fundado em ACC não é suspensa durante o *stay period*[1435].

3.2.7. Crédito garantido por penhor sobre títulos de crédito, direitos creditórios, aplicações financeiras ou valores mobiliários

Consoante o art. 49, §5º, da LREF, tratando-se de crédito garantido por penhor sobre títulos de crédito, direitos creditórios, aplicações financeiras ou valores mobiliários, poderão ser substituídas ou renovadas as garantias liquidadas ou vencidas durante a recuperação judicial (desde que o credor assim concorde – art. 50, §1º, da LREF) e, enquanto não renovadas ou substituídas, o valor eventualmente recebido em pagamento das garantias permanecerá em conta vinculada durante o período de suspensão (*stay period*) de que trata o §4º do art. 6º da LREF.

O dispositivo em questão cuida da conhecida operação bancária chamada "penhor de recebíveis", outra modalidade de "trava bancária".

Como já referido, o substantivo "trava" decorre do fato de o credor "travar" o risco da operação de crédito. De que forma? Por meio do recebimento direto de

o credor poderá pedir a restituição das importâncias adiantadas, a que se refere o parágrafo anterior." "§4º As importâncias adiantadas na forma do §2º deste artigo serão destinadas na hipótese de falência, liquidação extrajudicial ou intervenção em instituição financeira, ao pagamento das linhas de crédito comercial que lhes deram origem, nos termos e condições estabelecidos pelo Banco Central do Brasil.") e a Súmula 307 do STJ ("A restituição de adiantamento de contrato de câmbio, na falência, deve ser atendida antes de qualquer crédito."). Manifestando-se no sentido de que a restituição somente caberia em caso de falência, e não em caso de recuperação judicial (que poderia dar ensejo à execução), ver: BEZERRA FILHO, Manoel Justino. Capítulo XIII: O pedido de restituição – exame dos arts. 85 a 93 da LREF. In: CARVALHOSA, Modesto (coord.). *Tratado de direito empresarial*, v. V – recuperação empresarial e falência. São Paulo: Revista dos Tribunais, 2016, p. 318-319.

[1434] TJRS, 6ª Câmara Cível, AI 70068595578, Rel. Des. Rinez da Trindade, j. 27/10/2016 (assim decidindo: "Impõe-se a inclusão do crédito da Impugnante na classe dos quirografários, como espécie de mútuo bancário, porque descaracterizada a natureza jurídica dos contratos de Adiantamentos a Contratos de Câmbio – ACC, em razão do excesso de prazo total das operações previstos na contratação, que excederam o período de 180 dias para liquidação, em desobediência do disposto nas Circulares n° 2.259/92 e n° 2.231/92 do Banco Central do Brasil.")

[1435] TJSP, 20ª Câmara de Direito Privado, AI 0053276-63.2011.8.26.0000, Rel. Des. Rebello Pinho, j. 10/10/2011; TJSP, Câmara Reservada à Falência e Recuperação, AI 9044872-35.2009.8.26.0000, Rel. Des. Elliot Akel, j. 26/01/2010; AI 70067215673, Rel. Des. Léo Romi Pilau Júnior, j. 25/05/2016. Ver, também: COELHO. *Comentários à Lei de Falências e Recuperação de Empresas...*, p. 196.

RECUPERAÇÃO DE EMPRESAS E FALÊNCIA

créditos que a recuperanda tem perante terceiros (recebidos em conta especial vinculada), cujos títulos representativos (usualmente duplicatas) foram entregues em penhor por esta em favor da instituição financeira.

Os créditos garantidos por penhor sobre títulos de créditos submetem-se à recuperação judicial[1436], até porque o bem empenhado permanece no patrimônio da recuperanda, diferentemente do que ocorre com a garantia fiduciária[1437].

Contudo, durante o período de proteção (*stay period*), o valor recebido em pagamento das garantias fica fora do alcance da recuperanda, sem que esta possa utilizá-lo, permanecendo em "conta vinculada"[1438], salvo se houver a improvável substituição ou renovação da garantia autorizada pelo credor.

A regra denota que os recursos advindos da liquidação dos títulos dados em garantia restam temporariamente paralisados (intocados) em uma conta especial. A rigor, trata-se de um crédito que se submete à recuperação judicial, mas está sujeito a um regime especial pelo prazo do *stay period*[1439].

[1436] TJRJ, 17ª Câmara Cível, AI 2009.002.11750, Rel. Des. Elton Leme, j. 03/06/2009 ("O crédito do agravante, decorrente de 'Contrato para Financiamento de Capital de Movimento ou Abertura de Crédito e Financiamento para Aquisição de Bens Móveis ou Crédito Pessoal ou Prestação de Serviços e outras avenças', garantido por 'penhor de direitos creditórios, nota promissória', insere-se na hipótese prevista no §5° do artigo 49 da Lei n° 11.101/2005, estando sujeito, portanto, diante de sua natureza pignoratícia, aos efeitos da recuperação judicial. 2. Na análise da norma em questão deve-se considerar a finalidade do regime da recuperação judicial, voltado à superação da crise econômico-financeira da empresa, sendo razoável admitir que os recursos depositados na conta vinculada a que se refere o dispositivo legal fiquem não à disposição do credor, mas sim do juízo da causa, até que se defina o plano de recuperação, a fim de preservar o capital da empresa recuperanda. 3. Em que pese a garantia dos créditos contratados e referidos no §5° do artigo 49, não estão estes excluídos do plano de recuperação, permanecendo suspensos pelo período determinado na legislação, não sendo lícito olvidar que assegurar a continuidade da atividade econômica da empresa é medida imprescindível à sua salvação.").

[1437] CHALHUB. Cessão fiduciária de créditos..., p. 236.

[1438] TJSP, Câmara Reservada à Falência e Recuperação, 541.816-4/4-00, Rel. Des. José Araldo da Costa Telles, j. 07/05/2008. Os tribunais já se manifestaram no sentido de que tal conta não precisa ser judicial, ou seja, o valor pode ficar mantido sob a responsabilidade do credor, desde que com atualização monetária e juros da caderneta de poupança (TJSP, Câmara Reservada à Falência e Recuperação, AI 540.384-4/4-00, Rel. Des. José Araldo da Costa Telles, J. 07/05/2008), podendo o juízo da recuperação determinar que sejam apresentados extratos da conta (TJMG, 2ª Câmara Cível, AI 1.0105.09.319580-5/001, Rel. Des. Brandão Teixeira, j. 17/08/2010).

[1439] MANOEL JUSTINO BEZERRA FILHO esclarece o alcance da regra: "Se o devedor tem um débito com um banco e entregou a este banco notas promissórias de terceiro (em garantia da dívida contraída), este terceiro, não sujeito a qualquer efeito da recuperação, deverá fazer normalmente o pagamento quando do vencimento. Em situação normal, o banco abateria o valor recebido da dívida e ficaria com o dinheiro". A regra em questão "prevê que aquela garantia pode ser substituída e, portanto, o dinheiro recebido viria diretamente para a empresa em recuperação". "No entanto, o benefício à empresa em recuperação é apenas aparente, porque esse tipo de substituição depende de aprovação expressa do credor titular da garantia (§1° do art. 50), aprovação altamente duvidosa". "Se renovada ou substituída a garantia, o valor recebido do terceiro devedor do título empenhado poderá ser levantado pela empresa em recuperação. Se houver concordância do credor titular da garantia e não tiver sido feita a substituição da garantia,

O TJSP possui entendimento sumulado sobre a questão (Súmula 62): "Na recuperação judicial, é inadmissível a liberação de travas bancárias com penhor de recebíveis e, em consequência, o valor recebido em pagamento das garantias deve permanecer em conta vinculada durante o período de suspensão previsto no §4º do art. 6º da referida lei".

3.2.8. Crédito tributário

A recuperação judicial constitui modalidade de renegociação de débitos exclusivamente perante credores privados[1440]. Por conseguinte, o crédito tributário não se sujeita aos efeitos modificativos do plano (CTN, art. 187, e LEF, art. 29)[1441], tampouco sua execução fica suspensa durante o período de proteção (*stay period*) (LREF, art. 6º, §7º)[1442]. Sobre as execuções fiscais durante o período de proteção, remete-se o leitor para o Capítulo 11, item 2.6.5, *infra*.

Para regularizar sua situação fiscal, o devedor precisa aderir a um dos parcelamentos eventualmente oferecidos pelas Fazendas Públicas Municipais e Estaduais (como, entre outros, o faz o Estado do Paraná por meio da Lei 18.132/2014 e do Decreto 12.498/2014 e o Estado de Minas Gerais por meio da Lei 21.794/2015 – devendo-se também fazer referência ao Convênio Confaz 59/2012).

No âmbito federal, a Lei 13.043/2014 (que acrescentou o art. 10-A à Lei 10.522/2002) estabeleceu uma modalidade especial de parcelamento para empresas em recuperação, possibilitando o pagamento em 84 parcelas mensais e consecutivas[1443].

---

o dinheiro recebido ficará em conta vinculada durante o prazo de 180 dias previsto no §4º do art. 6º". "Portanto, se as garantias forem renovadas ou substituídas, com a anuência do credor, o dinheiro poderá ser liberado em favor da empresa em recuperação. Se não houver essa substituição – é o mais provável, pois a anuência do credor é altamente improvável –, o dinheiro permanecerá depositado em conta vinculada durante 180 dias. Se concedida a recuperação, o credor garantido receberá na forma prevista no plano aprovado e o dinheiro em depósito será liberado em favor da empresa em recuperação; se não concedida a recuperação, o dinheiro será liberado em favor do credor garantido. Anote-se que, embora não haja específica previsão legal neste sentido, dentro do sistema da Lei parece ser este o caminho mais razoável a ser trilhado." (BEZERRA FILHO. *Lei de Recuperação de Empresas e Falências comentada...*, p. 150). Sobre o tema, ver, também: AYOUB; CAVALLI. *A construção jurisprudencial...*, p. 73 ss; e TOLEDO; PUGLIESI. Capítulo VII: A recuperação judicial..., p. 194-195.

[1440] STJ, 1ª Seção, AgRg no CC 112646/DF, Rel. Min. Herman Benjamim, j. 11/05/2011.

[1441] Código Tributário Nacional: "Art. 187. A cobrança judicial do crédito tributário não é sujeita a concurso de credores ou habilitação em falência, concordata, inventário ou arrolamento"; e Lei de Execução Fiscal (Lei 6.830/1980): "Art. 29. A cobrança judicial da Dívida Ativa da Fazenda Pública não é sujeita a concurso de credores ou habilitação em falência, concordata, liquidação, inventário ou arrolamento."

[1442] STJ, 1ª Seção, AgRg no CC 116.653/DF, Rel. Min. Humberto Martins, j. 28/03/2012; TJRS, 2ª Câmara Cível, AI 70046800207, Rel. Des. Arno Werlang, j. 28/03/2012; TJRS, 5ª Câmara Cível, CC 70046900668, Rel. Des. Isabel Dias Almeida, j. 29/02/2012.

[1443] Em 18/02/2015, foi publicado no Diário Oficial da União a Portaria Conjunta da Procuradoria-Geral da Fazenda Nacional/Receita Federal do Brasil nº 1, datada de 13/02/2015, que alterou a Portaria

O advento da Lei 13.043/2014 supriu formalmente a lacuna legal até então existente (uma vez que o próprio art. 68 da LREF e o art. 155-A, §3º, do Código Tributário Nacional determinaram que lei especial regraria o parcelamento dos créditos tributários dos devedores em recuperação judicial), mas não contribuiu positivamente para o equacionamento do problema das dívidas tributárias no regime da recuperação judicial. A bem da verdade, o legislador desperdiçou uma ótima oportunidade para criar termos e condições que efetivamente favorecessem um acerto fiscal para as empresas em profunda crise econômico-financeira.

Explica-se: o parcelamento em questão é visivelmente insuficiente (prazo de 84 meses), completamente dissociado da realidade empresarial (muito inferior aos parcelamentos usualmente aprovados pelos credores privados ou pelos Programas de Parcelamento de Débitos Federais – Refis) e de constitucionalidade duvidosa (pois impõe renúncia ao direito fundamental de discutir a legalidade dos tributos)[1444].

Conjunta PGFN/RFB nº 15/2009 e regulamentou o parcelamento de débitos fiscais das empresas em recuperação judicial.

[1444] O prazo de 84 meses é insuficiente, seja por se assemelhar ao parcelamento ordinário de 60 meses acessível a qualquer empresa (mesmo aquelas cuja crise não é tão séria quanto as que estão em recuperação judicial), seja por ser inferior aos melhores parcelamentos já oferecidos pelo Fisco: o "REFIS" de 180 meses e o "PROFUT" de 240 meses. Descolado da realidade, porque muito aquém das necessidades das empresas em recuperação e distante dos prazos de pagamento normalmente aprovados pelos credores privados – que muitas vezes concedem de 120 a 180 meses, podendo chegar a mais. Finalmente, de constitucionalidade duvidosa, pois obriga o devedor a desistir de forma irrevogável de impugnação ou do recurso interposto, ou de ação judicial, que contestem o tributo, bem como a renunciar a quaisquer alegações de direito sobre as quais se fundam a ação judicial e o recurso administrativo (Lei 10.522/2002, art. 10-A, §2º). Ou seja, obriga-se o devedor a renunciar direito fundamental, no caso o direito de acesso à jurisdição para fazer valer direito seu. Nessa linha: TJRJ, 7ª Câmara Cível, AI 0050788-91.2015.8.19.0000, Rel. Des. Luciano Saboia Rinaldi de Carvalho, j. 16/12/2015; TJSP, Câmara Reservada de Direito Empresarial, AI 2109677-09.2015.8.26.0000, Rel. Des. Ricardo Negrão, j. 09/09/2015. Ver, também: STJ, 2ª Seção, AgRg no CC 136.844/RS, Rel. Min. Antônio Carlos Ferreira, j. 26/08/2015. Na doutrina: SALOMÃO, Luis Felipe; SANTOS, Paulo Penalva. *Recuperação judicial, extrajudicial e falência*: teoria e prática. Rio de Janeiro: Forense, 2015, p. 32 ss. Sobre o tema, ver, também: BEZERRA FILHO, Manoel Justino. Lei de Recuperação de Empresas e Falência – modificações introduzidas pela Lei 13.043, de 13 de novembro de 2014. In: CEREZETTI, Sheila C. Neder; MAFFIOLETTI, Emanuelle Urbano (coord.). *Dez anos da Lei nº 11.101/2005*: estudos sobre a Lei de Recuperação e Falência. São Paulo: Almedina, 2015, p. 415-437; TOLEDO, Paulo Fernando Campos Salles de. A apresentação de CND e o parcelamento de débitos fiscais. In: CEREZETTI, Sheila C. Neder; MAFFIOLETTI, Emanuelle Urbano (coord.). *Dez anos da Lei nº 11.101/2005*: estudos sobre a Lei de Recuperação e Falência. São Paulo: Almedina, 2015, p. 438-450; COSTA, Mário Luiz Oliveira da. Recuperação judicial x regularidade fiscal. *Revista do Advogado – Direito das Empresas em Crise*, a. XXXVI, n. 131, p. 140-152, out. 2016. Na esfera estadual, o Conselho Nacional de Política Fazendária aprovou – por meio do Convênio CONFAZ 59/2012 (e alterações posteriores) – um parcelamento especial para dívidas fiscais de empresas em recuperação judicial, pelo qual todos os Estados concordaram em conceder um prazo de 84 meses para que os contribuintes nessa situação possam pagar seus tributos estaduais, especialmente o ICMS. Entretanto, além de não prever descontos especiais ou a remissão das multas (o que também não se verifica no âmbito federal), a recuperanda também deve

RECUPERAÇÃO JUDICIAL. PARTE 1

Em nosso sentir, como o legislador ainda não atendeu materialmente ao comando do CTN (art. 155-A, §3º) e da LREF (arts. 6º, §7º, e 68) no sentido de positivar um parcelamento especial favorecido dos débitos tributários, permanece inviável (*i*) a exigência de certidão negativa tributária para a concessão da recuperação judicial (feita pelo art. 57 da LREF) e (*ii*) a expropriação de bem essencial à atividade empresarial em execução fiscal durante o procedimento da recuperação.

Para maiores informações sobre o crédito tributário nos regimes de crise, remete-se o leitor para: Capítulo 11, itens 2.6.5 e 7.2; Capítulo 16, item 5.1.1; Capítulo 18, item 4.7; e Capítulo 27, item 3.

3.2.9. Créditos de sociedades que explorem serviços aéreos de qualquer natureza ou de infra-estrutura aeronáutica

Os §§1º e 2º do art. 199 da LREF excluem dos efeitos da recuperação judicial (e extrajudicial) os créditos decorrentes de contratos de locação, arrendamento mercantil ou de qualquer outra modalidade de arrendamento de aeronaves ou de suas partes – podendo, ainda, todos os direitos serem exercidos de imediato, *i.e.*, não são aplicáveis as restrições existentes no §3º do art. 49 da LREF, apesar de a jurisprudência, com base no princípio da preservação da empresa, já ter temperado a rigidez da regra segundo a qual a retomada das aeronaves seria possível mesmo durante o período de proteção dado pelo *stay period*[1445].

---

abrir mão de discutir judicialmente a dívida tributária e, ainda, poderá ser excluída do parcelamento caso deixe de adimplir duas parcelas (e com a exclusão o saldo remanescente será inscrito na dívida ativa ou encaminhado para execução fiscal). No mesmo sentido, por exemplo, o Estado do Paraná, por meio da Lei 18.132/2014 e do Decreto 12.498/2014, prevê o parcelamento de débitos tributários do Imposto sobre Operações Relativas à Circulação de Mercadorias e sobre Prestações de Serviços de Transporte Interestadual e Intermunicipal e de Comunicação – ICMS e do Imposto sobre a Propriedade de Veículos Automotores – IPVA, inscritos em dívida ativa ou não, de empresas em processo de recuperação judicial, possibilitando o parcelamento em até 84 meses e não prevendo descontos especiais ou remissão de multas, além de prever a renúncia a qualquer discussão. Já o Estado de Minas Gerais, com a Lei 21.794/2015, que dispõe sobre o parcelamento de créditos estaduais, tributários e não tributários, dos quais sejam devedoras empresas em processo de recuperação judicial, prevê parcelamento, basicamente, nos mesmos moldes, com uma única diferença substancial: parcelamento em até 100 meses, sendo que, para microempresas e empresas de pequeno porte, é em até 120 meses. Assim, as mesmas críticas feitas à Lei 13.043/2014 podem ser endereçadas, em boa medida, aos parcelamentos estaduais. Ao fim e ao cabo, essas modalidades "especiais" de parcelamento parecem ser um subterfúgio do Fisco para tentar enfraquecer as decisões judiciais que vinham batendo forte na falta de vontade política no tocante à concessão de benefícios tributários para as empresas em recuperação. São medidas que, na prática, não beneficiam de modo substancial as empresas em recuperação.

[1445] TJRJ, 4ª Câmara Cível, AI 2005.002.23836, Rel. Des. Reinaldo Pinto Alberto Filho, j. 22/11/2005.

RECUPERAÇÃO DE EMPRESAS E FALÊNCIA

3.2.10. Créditos passíveis de compensação

Questão interessante (e polêmica) diz respeito à possiblidade de compensação de créditos entre uma empresa que ingressa com pedido de recuperação judicial e um de seus credores. A situação é controvertida e a jurisprudência apresenta duas posições antagônicas[1446].

De um lado, há um primeiro grupo de decisões admitindo a compensação, em função dos seguintes argumentos: (*i*) opera-se automaticamente, de pleno direito, independentemente de decisão judicial (que teria apenas o condão de declará-la); (*ii*) o art. 122 da LREF é aplicável também aos casos de recuperação judicial[1447]; e (*iii*) seria uma incoerência inserir um crédito na lista de credores e, ao mesmo tempo, obrigar o credor a realizar pagamento em favor da recuperanda[1448].

De outro, o segundo grupo de decisões rejeita a compensação, com base nos seguintes argumentos: (*i*) o art. 122 da LREF está restrito às hipóteses de falência; (*ii*) compensar créditos na recuperação judicial implicaria violação ao art. 49 da LREF e ao princípio do *par conditio creditorum*, que prevê tratamento igualitário aos credores de uma mesma classe[1449].

[1446] Assim: CELIDONIO, Luciana. *Compensação de créditos envolvendo empresas em recuperação judicial*. Newsletter de novembro de 2015 do *Turnaround Managment Association* – Brasil. Disponível em: <http://tmabrasil.org/pt-br/materias/artigos-de-associados/compensacao-de-creditos-envolvendo-empresas-em-recuperacao-judicial>. Acesso em: 30 nov. 2015.

[1447] Dispõe o artigo 122 da LREF: "Compensam-se, com preferência sobre todos os demais credores, as dívidas do devedor vencidas até o dia da decretação da falência, provenha o vencimento da sentença de falência ou não, obedecidos os requisitos da legislação civil".

[1448] TJSP, 1ª Câmara Reservada de Direito Empresarial, AI 0251043-75.2012.8.26.0000. Rel. Des. Francisco Loureiro, 17/07/2014; TJSP, 1ª Câmara Reservada de Direito Empresarial, AI 0276414-41.2012.8.26.000, Rel. Des. Fortes Barbosa, j. 21/05/2013; TJSP, 37ª Câmara de Direito Privado, AI 0001420-26.2010.8.26.0152. Rel. Leonel Costa, j. 14/06/2012; TJSP, 1ª Câmara Reservada de Direito Empresarial, ED 0187775-47.2012.8.26.0000, Rel. Enio Zuliani, j. 13/06/2013; TJSP, 20ª Câmara de Direito Privado, APC 9142102-14.2008.8.26.0000, Rel. Correia Lima, j. 18/02/2013; TJSP, 37ª Câmara de Direito Privado, APC 0000952-02.2012.8.26.0505, Rel. Pedro Kodama, j. 18/06/2013; TJSP, 1ª Câmara Reservada de Direito Empresarial, AI 0187775-47.2012.8.26.000, Rel. Des. Ênio Zuliani, j. 26/02/2013.

[1449] TJSP, 1ª Câmara Reservada de Direito Empresarial, AI 2007325-07.2014.8.26.0000, Rel. Des. Fortes Barbosa, j. 03/02/2015; TJSP, 2ª Câmara Reservada de Direito Empresarial, AI 2078293-62.2014.8.26.0000, Rel. Des. Tasso Duarte de Melo, j. 18/12/2014; TJPR, 17ª Câmara Cível, AI 1185388-6, Rel. Des. Fernando Paulino da Silva Wolff Filho, j. 25/03/2015; TJRS, 5ª Câmara Cível, AI 70040898488, Rel. Des. Jorge Luiz Lopes do Canto, j. 25/05/2011. Nesse sentido, o TJSP já considerou nula cláusula de plano de recuperação judicial que permitia a compensação de créditos, uma vez que violaria o tratamento igualitário dos credores (TJSP, 2ª Câmara Reservada de Direito Empresarial, AI 2260720-90.2015.8.26.0000, Rel. Des. Fabio Tabosa, j. 11/05/2016).

RECUPERAÇÃO JUDICIAL. PARTE 1

Em nosso sentir, é possível a compensação no âmbito da recuperação judicial (bem como na extrajudicial, evidentemente), desde que estejam presentes os requisitos do Código Civil[1450]-[1451].

3.2.11. Crédito constituído antes de o produtor rural se equiparar a empresário

Há precedentes no sentido de que apenas os créditos constituídos após o produtor rural se equiparar a empresário (empresário individual, EIRELI ou sociedade empresária), mediante a inscrição no Registro de Empresas, sujeitam-se à recuperação. Nessa sistemática, por exemplo, financiamentos concedidos a ele ao tempo em que não era equiparado a empresário são imunes aos efeitos do regime recuperatório (uma vez que o crédito teria sido conferido sob uma outra realidade)[1452].

3.2.12. Créditos de produtor rural em contratos de integração

A Lei 13.288/2016, que dispõe sobre os contratos de integração vertical nas atividades agrossilvipastoris, determina, no seu art. 13, que, em caso de recuperação judicial (ou falência) da integradora, o produtor rural integrado poderá pleitear a restituição dos bens desenvolvidos até o valor de seu crédito – sendo que, no caso da falência, poderá requerer a habilitação de seus créditos com privilégio especial sobre os bens desenvolvidos.

[1450] As decisões abaixo examinam a possibilidade de compensação à luz da presença (ou não) dos requisitos legais: TJSP, 12ª Câmara Reservada de Direito Empresarial, AI 0141415-54-2012.8.26.0000, Rel. Des. Castro Figliolia, j. 29/08/2012; TJSP, 37ª Câmara de Direito Privado, AI 0001420-26.2010.8.26.0152, Rel. Des. Leonel Costa, j. 14/06/2012; TJSP, 2ª Câmara Reservada de Direito Empresarial, AI 0141415-54-2012.8.26.0000, Rel. Des. Castro Figliolia, j. 29/08/2012; TJSP, 2ª Câmara Reservada de Direito Empresarial, AI 2046450-45.2015.8.26.0000, Rel. Des. Fabio Tabosa, j. 15/06/2015; TJSP, 17ª Câmara de Direito Privado, APC 0019755-98.2010.8.26.0506, Rel. Des. Claudia Sarmento Monteleone, j. 06/07/2015. Nesse sentido, questão interessante julgou o TJSP em caso envolvendo pedido de compensação que a autora teria com uma sociedade com o débito que possuía junto a outra sociedade do mesmo grupo econômico, o que foi rejeitado por se tratarem de pessoas com patrimônios distintos (TJSP, 1ª Câmara Reservada de Direito Empresarial, AP com revisão 1091084-37.2015.8.26.0100, Rel. Des. Hamid Bdine, j. 17/05/2017: "Sociedade limitada. Ação declaratória de existência de grupo empresarial e de validade de compensação. Autora que pretende compensar crédito que detém em face da empresa Goiás Verde com o débito que tem junto à empresa Agro São Luis. Inadmissibilidade. Pessoas jurídicas integrantes do mesmo grupo econômico conservam personalidade jurídica e patrimônio próprios. Ausência da reciprocidade de créditos e débitos, requisito essencial da compensação (CC, arts. 368 e 371). Autora não comprovou a ocorrência de fraude ou confusão patrimonial entre as rés, ônus que lhe incumbia, nos termos do art. 373, I, CPC. Sentença mantida. Recurso improvido.").

[1451] É, inclusive, o que ocorre com a compensação de créditos posteriores ao pedido de recuperação judicial (TJSP, 1ª Câmara Reservada de Direito Empresarial, AI 0251043-75.2012.8.26.0000, Rel. Des. Francisco Loureiro, 17/11/2014; TJSP, 17ª Câmara Cível do Tribunal de Justiça, Rel. Des. Fernando Paulino da Silva Wolff Filho, j. 25/03/2015).

[1452] TJSP, Câmara Reservada à Falência e Recuperação, AI 994.09.283049-0, Rel. Des. Lino Machado, j. 06.07.2010. Na doutrina, ver: AYOUB; CAVALLI. *A construção jurisprudencial...*, p. 57.

3.2.13. Negócios no âmbito de câmara ou prestador de serviços de compensação e liquidação financeira

Lembre-se, ainda, que os negócios no âmbito de uma câmara ou de um prestador de serviços de compensação e liquidação financeira (chamada de "*clearing house*"[1453]) não se sujeitam à LREF, como previsto nos arts. 193 e 194 da LREF c/c o art. 7º da Lei 10.214/2001.

[1453] Sobre o tema, ver: DIAS, Gustavo Neto de Carvalho. *As caixas de liquidação no âmbito do sistema de pagamentos brasileiro*. Dissertação (Mestrado em Direito). Faculdade de Direito da Universidade de São Paulo, São Paulo, 2011.

Capítulo 11
Recuperação judicial. Parte 2

No presente Capítulo será analisado o processamento da recuperação judicial, que ocorrerá no juízo do principal estabelecimento do devedor, como prevê o art. 3º da LREF (vide Capítulo 4, item 1). E como já visto, o Código de Processo Civil se aplica subsidiariamente aos procedimentos previstos na Lei de Recuperação de Empresas e Falência (LREF, art. 189)[1454], razão pela qual o referido diploma processual será mencionado em vários pontos da análise a seguir.

1. Petição inicial
No caso da recuperação judicial, aos requisitos gerais de qualquer petição inicial (CPC, art. 319), somar-se-ão os requisitos especiais do art. 51 da LREF, que serão objeto de análise detalhada abaixo.

a) Qualificação da parte
Na ação de recuperação judicial qualifica-se apenas a parte autora na petição inicial (demonstrando-se, também, que preenche os requisitos dos arts. 1º e 48 da LREF). Não há réus, apenas credores interessados, que, embora participem do processo e atuem diretamente na aprovação do plano, não figuram como parte adversa. Não há nem mesmo litígio propriamente dito[1455].

Efetivamente, a recuperanda e os credores buscam, todos, um objetivo comum: a preservação da atividade econômica da empresa, a fim de que os interesses da totalidade dos envolvidos sejam satisfeitos. Por isso, é inaplicável o prazo em

---

[1454] O CPC aplica-se em função do disposto no seu art. 1.046, §4º: "§4º. As remissões a disposições do Código de Processo Civil revogado, existentes em outras leis, passam a referir-se às que lhes são correspondentes neste Código".

[1455] STJ, 3ª Turma, REsp 1.324.399/SP, Rel. Min. Paulo de Tarso Sanseverino, j. 03/03/2015.

dobro para recorrer aos credores da recuperanda, entendimento que se estende aos terceiros interessados[1456].

b) Exposição das causas da crise

A petição inicial deve conter a "exposição das causas concretas da situação patrimonial do devedor e das razões da crise econômico-financeira" (LREF, art. 51, I), item que equivale aos fatos (causa de pedir). Esse relato fático (e histórico) não deve ser apresentado na forma de documento anexo, mas sim no corpo da inicial, na medida em que explica a pretensão do devedor. A redação desse ponto usualmente fica a cargo de profissionais com formação em finanças ou de consultorias especializadas, que podem descrever, de forma mais precisa e técnica, as causas da desagregação econômico-financeira do devedor.

c) Demonstrações contábeis

Segundo o art. 51, II, da LREF, devem acompanhar a petição inicial "as demonstrações contábeis relativas aos 3 (três) últimos exercícios sociais e as levantadas especialmente para instruir o pedido, confeccionadas com estrita observância da legislação societária aplicável e compostas obrigatoriamente de: (*i*) balanço patrimonial; (*ii*) demonstração de resultados acumulados; (*iii*) demonstração do resultado desde o último exercício social; (*iv*) relatório gerencial de fluxo de caixa e de sua projeção".

A LREF não primou pela boa técnica ao tratar das demonstrações contábeis, seguindo uma infeliz tradição legislativa que remonta à edição do Código Civil de 2002. Por isso, é preciso tomar com cuidado o comando legal que manda que as demonstrações contábeis sejam "confeccionadas com estrita observância da legislação societária aplicável".

Em primeiro lugar, porque a Lei das S.A. (Capítulo XVI, arts. 176 a 188) segue sendo a única fonte legislativa segura sobre demonstrações contábeis ante o descrédito do Código Civil em matéria contábil (Parte Especial, Livro II, arts. 1.179 a 1.195). Em segundo, porque as disposições da Lei das S.A., de acordo com seu art. 177, devem ser interpretadas e complementadas de acordo com os "princípios de contabilidade geralmente aceitos" – os quais emanam, no Brasil, do Comitê de Pronunciamentos Contábeis (CPC)[1457].

[1456] Súmula 58 do TJSP: "Os prazos previstos na Lei n° 11.101/2005 são sempre simples, não se aplicando o art. 191, do Código de Processo Civil [de 1973]". Por outro lado, é possível a aplicação do prazo em dobro para as empresas devedoras quando estiverem requerendo a recuperação judicial em litisconsórcio ativo e com procuradores diferentes, fundado na existência de grupo econômico. Assim: STJ, 3ª Turma, REsp 1.324.399/SP, Rel. Min. Paulo de Tarso Sanseverino, j. 03/03/2015.

[1457] Explica JOSÉ CARLOS MARION que os "princípios contábeis geralmente aceitos" são um conjunto de regras de aceitação geral nos meios contábeis e que orientam a atividade do contador (MARION, José

Cotejando a Lei das S.A. com o Pronunciamento CPC 26, chega-se às seguintes conclusões sobre o art. 51, II, da LREF:

a. nada a comentar sobre o "balanço patrimonial": trata-se da mesma peça prevista no art. 176, I, da Lei das S.A., e no CPC 26, itens 54 ss;
b. quando a LREF fala em "demonstração dos resultados acumulados", entenda-se "demonstração dos lucros ou prejuízos acumulados" (Lei das S.A., art. 176, II) ou "demonstração das mutações do patrimônio líquido" (CPC 26, item 106 e ss), as quais vêm a ser a mesma peça contábil;
c. por "demonstração do resultado desde o último exercício social" entenda-se "demonstração do resultado do exercício" (Lei das S.A., art. 176, III) ou "demonstração do resultado" (CPC 26, itens 81 e ss);
d. por "relatório gerencial de fluxo de caixa e de sua projeção" entenda-se "demonstração dos fluxos de caixa" (Lei das S.A., art. 176, IV, e CPC 26, item 111).

A rigor, as exigências da LREF quanto à petição inicial demandam a apresentação de quatro "jogos" de demonstrações contábeis. Exemplificativamente, uma ação de recuperação judicial proposta em março de 2016 demandará a apresentação das demonstrações contábeis dos anos de 2013, 2014 e 2015, assim como as demonstrações especialmente levantadas para o ano de 2016 até o mês que antecede o pedido.

As demonstrações contábeis dos três últimos exercícios permitem acompanhar a evolução da crise, enquanto aquelas levantadas especialmente para instruir o pedido possibilitam a análise do estado econômico-financeiro atual do devedor.

Carlos. *Contabilidade empresarial*. 9 ed. São Paulo: Atlas, 2002, p. 37 ss). Atualmente, o órgão responsável pela institucionalização dos princípios é o Comitê de Pronunciamentos Contábeis (CPC), idealizado a partir da união de esforços de entidades privadas – Conselho Federal de Contabilidade (CFC), BM&FBOVESPA, Fundação Instituto de Pesquisas Contábeis, Atuariais e Financeiras (FIPECAFI), Associação Brasileira das Companhias Abertas (ABRASCA), Associação dos Analistas e Profissionais de Investimentos do Mercado de Capitais (APIMEC NACIONAL) e Instituto dos Auditores Independentes do Brasil (IBRACON) –, contando, também, com a participação de representantes de órgãos governamentais – Banco Central do Brasil (BC), Comissão de Valores Mobiliários (CVM), Secretaria da Receita Federal (SRF) e Superintendência de Seguros Privados (SUSEP). Criado pela Resolução CFC 1.055/05, o Comitê de Pronunciamentos Contábeis tem como objetivo "o estudo, o preparo e a emissão de Pronunciamentos Técnicos sobre procedimentos de Contabilidade e a divulgação de informações dessa natureza, para permitir a emissão de normas pela entidade reguladora brasileira, visando à centralização e uniformização do seu processo de produção, levando sempre em conta a convergência da Contabilidade Brasileira aos padrões internacionais". Em resumo, o Comitê emite pronunciamentos técnicos, orientações e interpretações. Vale destacar que esse tipo de iniciativa por parte de entidades profissionais, com a participação de órgãos governamentais e, ainda, em alguns países, de universidades, é usual, sendo praticamente universal suas manifestações de aceitação (MARION. *Contabilidade empresarial...*, p. 37 ss). A própria Lei das S.A. (Lei 6.404/1976) faz referência a eles no seu art. 177.

Os documentos de escrituração contábil e demais relatórios auxiliares, na forma e no suporte previstos em lei, permanecerão à disposição do juízo, do administrador judicial e, mediante autorização judicial, de qualquer interessado (LREF, art. 51, §1º). Ademais, se entender necessário, o juiz poderá determinar o depósito em cartório dessa documentação ou de cópia dela (LREF, art. 51, §3º).

As microempresas e empresas de pequeno porte poderão apresentar livros e escrituração contábil simplificados nos termos da legislação específica (LREF, art. 51, §2º). Já o microempreendedor individual está dispensado de apresentar demonstrações financeiras para instruir eventual pedido de recuperação judicial, pois a legislação civil o desobrigou de manter qualquer livro de escrituração contábil (CC, art. 1.179, §2º). Como os lançamentos contábeis são a matéria-prima da qual se extraem as demonstrações financeiras, não há como exigi-las nesse caso.

d) Relação dos credores

Deve ser apresentada a relação nominal completa dos credores, inclusive aqueles por obrigação de fazer ou de dar e daqueles em que o devedor que postula a recuperação judicial seja devedor solidário (mero garantidor, por exemplo), bem como daqueles não sujeitos ao regime recuperatório (Fisco, por exemplo). É preciso, também, indicar o endereço de cada um dos credores, a natureza, a classificação e o valor atualizado do crédito, discriminando sua origem, o regime dos respectivos vencimentos e a indicação dos registros contábeis de cada transação pendente (LREF, art. 51, III). Tudo isso para que se possa ter o melhor conhecimento possível da situação econômico-financeira do devedor[1458].

Quanto à natureza, os créditos podem ser (i) derivados da legislação do trabalho e os decorrentes de acidente do trabalho; (ii) com garantia real; (iii) tributários; (iv) com privilégio especial; (v) com privilégio geral; (vi) quirografários; (vii) multas contratuais e as penas pecuniárias por infração das leis penais ou administrativas, inclusive as multas tributárias; (viii) créditos subordinados. Tudo de acordo com o art. 83 da LREF.

No tocante à classificação, os credores podem estar na Classe I: titulares de créditos derivados da legislação do trabalho ou decorrentes de acidentes de trabalho; Classe II: titulares de créditos com garantia real; Classe III: titulares de créditos quirografários, com privilégio especial, com privilégio geral ou subor-

---

[1458] De acordo com o Enunciado 78 da II Jornada de Direito Comercial promovida pelo Conselho da Justiça Federal: "78. O pedido de recuperação judicial deve ser instruído com a relação completa de todos os credores do devedor, sujeitos ou não à recuperação judicial, inclusive fiscais, para um completo e adequado conhecimento da situação econômico-financeira do devedor".

RECUPERAÇÃO JUDICIAL. PARTE 2

dinados; ou na Classe IV: titulares de créditos enquadrados como microempresa ou empresa de pequeno porte[1459]. Tudo de acordo com o art. 41 da LREF.

Onde a LREF menciona "valor atualizado do crédito", deve-se entender o valor principal, corrigido monetariamente, acrescido dos juros contratados, outros encargos existentes, multas moratórias e até eventual variação cambial, incidentes/aplicáveis até a data do ajuizamento da ação (LREF, art. 9º, II)[1460].

Deve também ser discriminada a origem do crédito, o regime dos respectivos vencimentos e a indicação dos registros contábeis de cada transação pendente.

e) Relação dos empregados

Deve acompanhar a petição inicial a relação integral dos empregados, mencionando as respectivas funções, salários, indenizações e outras parcelas a que têm direito, com o correspondente mês de competência, e a discriminação dos valores pendentes de pagamento (LREF, art. 50, IV)[1461].

Nessa relação figuram apenas os empregados celetistas. Os prestadores de serviços, ainda que cooperados, não devem constar dessa lista, mas, sim, na relação dos credores quirografários, se for o caso[1462]. O mesmo se aplica aos diretores estatutários sem vínculo empregatício e aos representantes comerciais (mesmo que o crédito destes tenha a mesma natureza do crédito trabalhista, como dispõe o art. 44 da Lei 4.886/1965).

f) Comprovação de regularidade

O inciso V do art. 51 da LREF manda que sejam apresentados: (i) certidão de regularidade do devedor no Registro Público de Empresas; (ii) o ato constitutivo atualizado; (iii) e as atas de nomeação dos atuais administradores.

[1459] Conforme Enunciado 80 da II Jornada de Direito Comercial promovida pelo Conselho da Justiça Federal: "80. Para classificar-se credor, em pedido de habilitação, como privilegiado especial, em razão do art. 83, IV, 'd', da Lei de Falências, exige-se, cumulativamente, que: (a) esteja vigente a LC 147/2014 na data em que distribuído o pedido de recuperação judicial ou decretada a falência do devedor; (b) o credor faça prova de que, no momento da distribuição do pedido de recuperação judicial ou da decretação da falência, preenchia os requisitos legais para ser reconhecido como microempreendedor individual, microempresa ou empresa de pequeno porte".

[1460] Nesse sentido: "Em habilitação de créditos, aceitar a incidência de juros de mora e correção monetária em data posterior ao pedido da recuperação judicial implica negativa de vigência ao art. 9º, II, da LREF (...). (...) todos os créditos devem ser atualizados até a data do pedido de recuperação judicial, sem que isso represente violação da coisa julgada, pois a execução seguirá as condições pactuadas na novação e não na obrigação extinta, sempre respeitando-se o tratamento igualitário entre os credores. 5. Recurso especial não provido." (STJ, 3ª Turma, REsp 1.662.793/SP, Rel. Min. Nancy Andrighi, j. 08/08/2017).

[1461] O TJRJ já teve a oportunidade de determinar o sigilo destes documentos e o seu acautelamento em Cartório (TJRJ, 14ª Câmara Cível, AI 0021412602015.8.19.0000, Rel. Des. José Carlos Paes, j. 29/06/2016). Ver, também: exemplificativamente: Processo nº 0203711-65.2016.8.19.0001, em decisão da 7ª Vara Empresarial da Comarca do Rio de Janeiro/RJ.

[1462] SZTAJN. Seção II: Do pedido e do processamento da recuperação judicial..., p. 254.

A certidão em questão é a chamada "Certidão Simplificada", expedida pelas Juntas Comerciais dos Estados. Nesta são relatadas as informações básicas sobre o devedor, tais como nome empresarial, NIRE, CNPJ, data de início das atividades, objeto e capital social, nome dos sócios e suas respectivas participações (se possível, a depender do tipo societário), a existência de eventuais filiais, data do último arquivamento, entre outras.

A expressão "ato constitutivo" é gênero que abarca o contrato e o estatuto social, espécies contratuais que variam de acordo com o tipo societário adotado pelo titular da empresa. Deve ser sempre apresentada a versão mais atualizada do ato constitutivo.

Finalmente, no caso de administradores nomeados por ato separado, a respectiva ata de nomeação (logicamente com o respectivo termo de posse) deve ser apresentada juntamente com a petição inicial. Quando os administradores são nomeados no próprio contrato social, evidentemente, a ata de nomeação resta desnecessária (uma vez que inexistente).

g) Relação dos bens particulares dos controladores e administradores

De acordo com o art. 51, VI, da LREF, tratando-se o devedor de sociedade, a petição inicial deveria ser instruída com a relação dos bens particulares dos sócios controladores e dos administradores do devedor. Todavia, em nosso sentir, trata-se de exigência excessiva.

Com efeito, no caso de devedores que tenham adotada a forma de EIRELI, sociedade limitada ou anônima (ou mesmo dos sócios comanditários nas sociedades em comandita simples, ou sócios investidores, nas sociedades em comandita por ações), ante a separação patrimonial e a limitação da responsabilidade existente para esses tipos societários, a exigência de se revelar o patrimônio dos sócios e administradores faz pairar um ar de desconfiança sobre eles, quase como se houvesse uma presunção de fraude ou de confusão patrimonial, o que parece andar em sentido contrário ao princípio segundo o qual a fraude não se presume.

Ademais, como o acesso aos documentos da ação é franqueado ao público, pois ela não tramita em segredo de justiça, a exigência em questão acarreta alguns efeitos colaterais potencialmente danosos. Em primeiro lugar, expõe detalhes do patrimônio pessoal de controladores e administradores, informações revestidas, em regra, de sigilo legal. Em segundo lugar, por terem acesso a tais informações, os credores poderão pressionar os sócios controladores ou os administradores para obterem a satisfação de seus créditos, desconsiderando a autonomia existente entre o patrimônio dos sócios, dos administradores e da sociedade.

Diante da excessividade da regra disposta no art. 51, VI, da LREF, soluções de duas ordens são possíveis: (*i*) deixa-se de exigir a relação de bens particulares quando o devedor for uma EIRELI, sociedade limitada ou sociedade anônima (ou dos sócios comanditários nas sociedades em comandita simples, e dos sócios investidores, nas sociedades em comandita por ações)[1463]; ou (*ii*) o devedor pode requerer na petição inicial que a relação seja autuada em apartado, sendo revestida por segredo de justiça, ficando exclusivamente à disposição do juízo, para só virem ao processo de recuperação judicial se estiverem presentes indícios fortes de fraude[1464], ou fiquem acauteladas em cartório[1465].

h) Extratos das contas bancárias e aplicações financeiras
Dentro de um contexto de transparência e ampla divulgação de informações (*full and fair disclosure*), devem acompanhar a petição inicial os extratos atualizados das contas bancárias do devedor e de suas eventuais aplicações financeiras de qualquer modalidade, inclusive em fundos de investimento ou em bolsas de valores, emitidos pelas respectivas instituições financeiras (LREF, art. 51, VII). Com isso será possível avaliar, com mais precisão, a situação econômico-financeira do devedor[1466].

i) Certidões de protestos de títulos
Igualmente, dentro desse contexto devem ser apresentadas certidões dos cartórios de protestos situados na comarca do domicílio ou sede do devedor e naquelas onde possui filial (LREF, art. 51, VIII).
A previsão em questão contribui para a compreensão da extensão da crise do devedor, na medida em que os protestos representam uma das facetas mais visíveis da sua incapacidade de honrar compromissos financeiros. Além disso,

---

[1463] Assim ficou decidido em: TJGO, 2ª Câmara Cível, APC 99174-4/188, Rel. Des. Alan S. de Sena Conceição, j. 12/12/2006 ("Uma vez integralizadas as ações subscritas, desaparece qualquer responsabilidade dos sócios pelas dívidas da sociedade. Sendo assim desarrazoado exigir a apresentação das relações dos bens dos sócios controladores").

[1464] SZTAJN. Seção II: Do pedido e do processamento da recuperação judicial..., p. 255-256.

[1465] Assim decidiu o juízo da 4ª Vara Empresarial da Comarca do Rio de Janeiro na recuperação judicial do "Grupo OGX" (Processo nº 0377620-56.2013.8.19.0001, Juiz Dr. Gilberto Clovis Farias Matos, j. 21/11/2013). Ver, também: exemplificativamente: Processo 0203711-65.2016.8.19.0001, em decisão da 7ª Vara Empresarial da Comarca do Rio de Janeiro/RJ. Igualmente sobre o tema, ver decisão do TJRJ nesse sentido: TJRJ, 14ª Câmara Cível, AI 0021412602015.8.19.0000, Rel. Des. José Carlos Paes, j. 29/06/2016. A despeito da correção da medida, essa orientação não é pacífica. O TJRS, por exemplo, entendeu que os princípios do devido processo legal e da publicidade dos atos processuais devem preponderar sobre o princípio da inviolabilidade da vida privada (TJRS, 6ª Câmara Cível, AI 70066215047, Rel. Des. Rinez da Trindade, j. 19/11/2015).

[1466] O TJRJ já teve a oportunidade de determinar o sigilo destes documentos e o seu acautelamento em Cartório (TJRJ, 14ª Câmara Cível, AI 0021412602015.8.19.0000, Rel. Des. José Carlos Paes, j. 29/06/2016). Ver, também: exemplificativamente: Processo nº 0203711-65.2016.8.19.0001, em decisão da 7ª Vara Empresarial da Comarca do Rio de Janeiro/RJ.

esses documentos poderão auxiliar o juiz na determinação do termo legal, em caso de decretação de falência (LREF, art. 99, II)[1467].

A despeito da sua importância, a existência ou a inexistência de protestos em nome do devedor em nada prejudica ou beneficia o pedido de recuperação. Em outras palavras, não é requisito para a concessão do regime o fato de o devedor ter ou não títulos protestados.

j) Relação das ações judiciais

Finalmente, deve acompanhar a peça inicial uma relação, subscrita pelo devedor, contendo todas as ações judiciais (bem como procedimentos arbitrais) em que este figure como parte, inclusive as de natureza trabalhista, com a estimativa dos respectivos valores demandados (LREF, art. 51, IX).

A regra do art. 51, IX, tem por finalidade projetar o efeito das demandas judiciais sobre o patrimônio do devedor, divulgando informações amplas e completas acerca do seu estado patrimonial (atual e projetado).

De mais a mais, ao se entender que se submetem aos efeitos da recuperação judicial os créditos oriundos de fatos anteriores ao ajuizamento desta, mas liquidados judicialmente em momento posterior, a relação de ações judiciais em tramitação tem a função precípua de identificar, desde já, outros créditos sujeitos ao regime recuperatório além daqueles que já são líquidos[1468]-[1469]. Nessa linha, entende-se que as demandas arbitrais também devem constar da referida relação.

Deve-se observar, ainda, que a relação em questão deve conter não só as ações em que o devedor figura como réu, mas também aqueles em que for autor.

k) Valor da causa

O valor da causa corresponde ao valor do passivo que se submete à recuperação judicial. Em outras palavras, equivale ao somatório de todos os créditos arrolados na recuperação e que estão sujeitos aos seus efeitos.

Esse valor será utilizado para recolhimento das custas processuais quando do ajuizamento da ação. A esse propósito, existe certa resistência por parte do Poder

---

[1467] AYOUB; CAVALLI. *A construção jurisprudencial...*, p. 100.

[1468] AYOUB; CAVALLI. *A construção jurisprudencial...*, p. 100.

[1469] Na recuperação judicial da Oi, as devedoras, além da relação das ações judiciais, arrolaram na relação de credores (art. 51, III) determinados valores objeto de discussão judicial; aqui, então, o administrador judicial – apesar de tais credores poderem lançar mão do pedido de reserva de crédito, nos termos do art. 6º, §3º, bem como apesar do fato que tais créditos ainda seriam objeto de discussão judicial e, portanto, não deveriam estar presentes em lista de credores – entendeu que os valores arrolados pelas devedoras representariam verdadeira confissão de dívida e, por conta disso, foram reconhecidos na relação de credores prevista no art. 7º, §2º, da LREF – podendo, assim, tais credores participar e votar na AGC, etc., e continuando a discutir os valores que entendem devidos nos respectivos processos (Processo nº 0203711-65.2016.8.19.0001, em decisão da 7ª Vara Empresarial da Comarca do Rio de Janeiro/RJ).

RECUPERAÇÃO JUDICIAL. PARTE 2

Judiciário em conceder gratuidade de custas às pessoas jurídicas[1470], embora esse benefício seja muitas vezes indispensável para o prosseguimento de determinadas ações face às dificuldades financeiras do autor.

Em regra, exige-se, corretamente, que o pedido de gratuidade das custas seja instruído com a comprovação da necessidade do benefício. No entanto, no caso de pessoa jurídica em recuperação judicial, parece-nos que o simples fato de a empresa estar pleiteando sua inclusão no regime de crise consistiria em elemento suficiente para presumir seu estado de necessidade[1471]-[1472].

Há diversos precedentes pela possibilidade de a recuperanda obter a gratuidade de custas desde que comprovada a situação de precariedade financeira que impossibilite o pagamento dos encargos processuais[1473]-[1474], bem como diferir

---

[1470] Exemplificativamente: TJRS, 19ª Câmara Cível, AI 70066838327, Rel. Des. Voltaire de Lima Moraes, j. 17/12/2015; TJSP, 20ª Câmara de Direito Privado, AI 0220884-52.2012.8.26.0000, Rel. Des. Álvaro Torres Júnior, j. 25/03/2013.

[1471] STJ, 1ª Turma, AgRg no AREsp 514.801/RS, Rel. Min. Napoleão Nunes Maia Filho, j. 26/08/2014 (decidindo que a exigência de pagamento das custas judiciais por empresa em fase de recuperação judicial é contrária e mesmo incompatível com o instituto da recuperação judicial, porquanto o contribuinte que ostenta esta condição comprovou em juízo a sua dificuldade financeira, uma vez que é intuitivo que, se não tivesse nesta condição, a recuperação judicial não lhe teria sido deferida). Seguindo esta orientação está o Enunciado 9 da Edição 35 da Jurisprudência em Teses do STJ. Também nesse sentido: TJRS, 12ª Câmara Cível, AI 70044807105, Rel. Des. Ana Lúcia Carvalho Pinto Vieira Rebout, j. 22/09/2011; TJRS, 10ª Câmara Cível, AI 70044808806, Rel. Des. Jorge Alberto Schreiner Pestana, j. 02/09/2011; e TJRS, 22ª Câmara Cível, AI 70044561561, Rel. Des. Denise Oliveira Cezar, j. 22/08/2011.

[1472] Questão análoga diz respeito ao pagamento de custas judiciais em outros processos nos quais a recuperanda é parte. Entretanto, a jurisprudência não tem validado esse argumento. O TRT da 15ª Região (9ª Câmara, Processo 0133800-94.2009.5.15.0090, Rel. Des. Desembargador José Pitas, j. 21/05/2015), por exemplo, considera que a recuperanda não está dispensada de pagar custas nem do depósito recursal pelo simples fato de estar em recuperação judicial, negando a aplicação analógica da Súmula 86 do TST (segundo a qual "Não ocorre deserção de recurso da massa falida por falta de pagamento de custas ou de depósito do valor da condenação"). No mesmo sentido, o TRT da 15ª Região (1ª Turma, 1ª Câmara, AIRO 0000015-47.2013.5.15.0041, Rel. Des. Luiz Antônio Lazarim, j. 26-03-2013) já entendeu que a empresa em recuperação judicial deve realizar o depósito recursal, não se aplicando o entendimento pela dispensa existente para as massas falidas de acordo com a Instrução Normativa 3 do TST.

[1473] O STJ possui posição consolidada no sentido de que a assistência judiciária gratuita pode ser deferida à pessoa jurídica em regime de recuperação judicial ou de falência, se comprovada, de forma inequívoca, a situação de precariedade financeira que impossibilite o pagamento dos encargos processuais. Assim: STJ, 4ª Turma, AgRg no AREsp 576.348/RJ, Rel. Min. Raul Araújo, j. 24/03/2015; STJ, 4ª Turma, AgRg no REsp 1.509.032/SP, Rel. Min. Marco Buzzi, j. 19/03/2015; STJ, 2ª Turma, AgRg no REsp 1.495.260/SC, Rel. Min. Og Fernandes, j. 03/02/2015; STJ, 2ª Turma, AgRg no AREsp 580.930/SC, Rel. Min. Humberto Martins, j. 25/11/2014; STJ, 1ª Turma, EDcl no REsp 1.136.707/PR, Rel. Min. Sérgio Kukina, j. 02/10/2014; STJ, 2ª Turma, AgRg no AREsp 432.760/SP, Rel. Min. Herman Benjamin, j. 27/03/2014; STJ, 3ª Turma, AgRg no AREsp 290.902/SP, Rel. Min. Sidnei Beneti, j. 21/03/2013; STJ, 4ª Turma, AgRg nos EDcl no AREsp 167.623/SP, Rel. Min. Luis Felipe Salomão, j. 05/02/2013; e STJ, AREsp 273.687/SP, Rel. Min. Eliana Calmon (decisão monocrática), j. 08/10/2013; STJ, 4ª Turma, REsp 512.335/SP, Rel. Min. Aldir Passarinho Júnior, j. 21/10/2004 (assim decidindo: "A pessoa jurídica, independentemente

RECUPERAÇÃO DE EMPRESAS E FALÊNCIA

seu pagamento para depois da aprovação do plano de recuperação ou para o final do processo[1475]. Ainda, tendo em vista que atualmente o CPC, no art. 98, §6º, admite o parcelamento das custas, tem-se, não raro, optado por esta alternativa em substituição à prática até então adotada de diferimento do pagamento das custas para o final do processo ou à própria gratuidade judiciária[1476].

2. Processamento da ação

Desde que estejam cumpridos os requisitos de legitimação (LREF, art. 48) e os da petição inicial, que deverá estar acompanhada da documentação exigida (LREF, art. 51), o juiz deferirá o processamento da recuperação judicial. É o que dispõe expressamente o art. 52 da LREF.

O processamento da recuperação judicial é determinado tão só pelo cumprimento dos requisitos formais previstos em lei (LREF, arts. 48 e 51) – sem necessidade de manifestação do Ministério Público a respeito[1477]. Em outras palavras, nesse primeiro estágio, a análise do magistrado é meramente formal[1478]; não cabe ao juiz, por exemplo, investigar a realidade das informações constantes dos documentos que instruem a exordial[1479], muito menos a viabilidade da empresa

---

de ter fins lucrativos, pode ser beneficiária da gratuidade prevista na Lei n. 1.060/50, art. 2º, parágrafo único, desde que comprove, concretamente, achar-se em estado de necessidade impeditivo de arcar com as custas e despesas do processo"); STJ, 2ª Turma, REsp 500.008/MG, Rel. Min. Eliana Calmon, j. 27/09/2005 (assim decidindo: "Esta Corte tem entendido ser possível a concessão do benefício da assistência judiciária gratuita a pessoa jurídica, desde que comprovado que não tenha ela condições de suportar os encargos do processo, como no caso da empresa concordatária"). Nesse sentido caminha o Enunciado 8 da Edição 35 da Jurisprudência em Teses do STJ.

[1474] Entendendo que a empresa que não tem condições de pagar as custas do processo demonstra-se inviável e, por isso, não pode ter o pedido de recuperação judicial processado ou homologada a recuperação extrajudicial, ver: TJSP, 2ª Câmara Reservada de Direito Empresarial, AI 2084985-72.2017.8.26.0000, Rel. Des. Carlos Alberto Garbi, j. 23/08/2017.

[1475] TJSP, Câmara Reservada à Falência e Recuperação, AI 619.727-4/0-00, Rel. Des. Romeu Ricupero, j. 01/04/2009; e TJSP, Câmara Reservada à Falência e Recuperação, AI 598.567-4/9, Rel. Des. Elliot Akel, j. 29/10/2008. Ver, também: TJRJ, 10ª Câmara Cível, AI 0030577-63.2017.8.19.0000, Rel. Des. Celso Luiz de Matos Peres, j. 28/08/2017.

[1476] *V.g.*: TJSP, 1ª Câmara Reservada de Direito Empresarial, AI 2041674-31.2017.8.26.0000, Rel. Des. Cesar Ciampolini, j. 21/06/2017; TJRS, 5ª Câmara Cível, AI 70075271403, Rel. Des. Isabel Dias Almeida, j. 29/11/2017; TJRS, 5ª Câmara Cível, AI 70074293739, Rel. Lusmary Fatima Turelly da Silva, j. 30/08/2017; TJRS, 5ª Câmara Cível, AI 70073598443, Rel. Des. Jorge André Pereira Gailhard, j. 11/05/2017.

[1477] TJES, 4ª Câmara Cível, APC 0002271-52.2016.8.08.0024, Rel. Des. Walace Pandolpho Kiffer, j. 13/03/2017.

[1478] TJRS, 5ª Câmara Cível, AI 70045221975, Rel. Des. Romeu Marques Ribeiro Filho, j. 14/12/2011; TJRS, 6ª Câmara Cível, APC 70034652891, Rel. Des. Artur Arnildo Ludwig, j. 22/04/2010. Ver, também: CEREZETTI. Grupos de sociedades e recuperação judicial..., p. 756-757; AYOUB; CAVALLI. *A construção jurisprudencial...*, p. 112-113.

[1479] TJSP, Câmara Especial de Falência e Recuperação, AI 612.654-4/6-00, Rel. Des. Pereira Calças, j. 18/08/2009. Incabível, portanto, a decisão do TJSP que entendeu que é dado ao juiz determinar perícia

RECUPERAÇÃO JUDICIAL. PARTE 2

(prerrogativa exclusiva dos credores)[1480-1481]. Satisfeitos os pressupostos, o processamento da ação deve ser deferido[1482-1483-1484].

a fim de examinar a documentação contábil que instrui a inicial e aferir a real situação da empresa. Assim: TJSP, 1ª Câmara Reservada de Direito Empresarial, AI 0194436-42.2012.8.26.0000, Rel. Des. Teixeira Leite, j. 18/08/2009.

[1480] AYOUB; CAVALLI. *A construção jurisprudencial*..., p. 112-113; TJSP, Câmara Especial de Falências e Recuperações Judiciais, AI 520.208-4/6-00, Rel. Des. José Roberto Lino Machado, j. 07/05/2008. Por sua vez, entendendo que em casos excepcionais seria possível o indeferimento do processamento da recuperação judicial caso restasse provada a inviabilidade de recuperação da empresa, ver: TJES, 4ª Câmara Cível, APC 0002271-52.2016.8.08.0024, Rel. Des. Walace Pandolpho Kiffer, j. 13/03/2017 ("2. O art. 52 da Lei de Recuperação Judicial (Lei nº 11.101/2005) impõe ao Juiz deferir o pedido de processamento da recuperação judicial quando constatar estar em termos a documentação acostada à petição inicial, não lhe cabendo exercer, ainda na fase postulatória, juízo de valor a respeito da viabilidade da empresa. 3. Em casos peculiares até se admite o indeferimento do processamento da recuperação judicial, mesmo na hipótese da documentação acostada à petição inicial estar em termos, com base na constatação da inviabilidade de soerguimento da empresa. Entretanto, é imperioso, nesses casos, que haja prova clara e flagrante a demonstrar a inexistência de chance de recuperação judicial da empresa. Precedente. 4. É nula, por falta de adequada e necessária fundamentação, a decisão na qual o Juiz, constatando estar em termos a documentação acostada à petição inicial, indefere o pedido de recuperação judicial com base na inviabilidade da recuperação da empresa, sem, contudo, demonstrar os motivos e circunstâncias pelas quais seria inviável o soerguimento da atividade empresarial desenvolvida pela empresa. 5. Decisão anulada. 6. Recurso conhecido e provido. Maioria.").

[1481] Sobre o tema, recomendamos o seguinte artigo: "Uma empresa precisa ser economicamente viável para pedir recuperação judicial", de autoria do Prof. Cassio Cavali, disponível no seu blog: <http://www.cassiocavalli.com.br/?p=515> (acesso em: 30 jan. 2016).

[1482] TJRS, 5ª Câmara Cível, APC 70045014552, Rel. Des. Gelson Rolim Stocker, j. 28/09/2011.

[1483] Nesse sentido, é importante atentar que o indeferimento do processamento da recuperação judicial pelo fato de as demonstrações financeiras do devedor demonstrarem a sua inatividade não constitui análise do mérito, e sim análise formal, uma vez o art. 48, *caput*, da LREF exige que o devedor esteja explorando a atividade econômica há mais de dois anos de modo regular. Nesse sentido, ver: CEREZETTI. Grupos de sociedades e recuperação judicial..., p. 757. Dessa forma, há magistrados que, antes de deferir o processamento da recuperação judicial, determinam a realização de perícia prévia para, além de se analisar se a documentação apresentada juntamente com a petição inicial está completa, que se verifique se a devedora está exercendo alguma atividade ou se está fechada, por exemplo. O Tribunal de Justiça de São Paulo já chancelou tal posicionamento (TJSP, 1ª Câmara Reservada de Direito Empresarial, AI 2058626-90.2014.8.26.0000, Rel. Des. Teixeira Leite, j. 03/07/2014; TJSP, 1ª Câmara Reservada de Direito Empresarial, AI 0194436- 42.2012.8.26.0000, Rel. Des. Teixeira Leite, j. 02/10/2012; ver, também: TJRJ, 22ª Câmara Cível, AI 0038873-45.2015.8.19.0000, Rel. Des. Carlos Santos de Oliveira, j. 08/09/2015). Por sua vez, há também decisões no sentido contrário, não acatando a realização de perícias para que se verifique a viabilidade de processamento da recuperação judicial (TJSP, 1ª Câmara Reservada à Falência e Recuperação, AI 994.09.282242-5, Rel. Des. Pereira Calças, j. 06/04/2010; TJRJ, 22ª Câmara Cível, AI 0055037-85.2015.8.19.0000, Rel. Des. Marcelo Lima Buhatem, j. 17/11/2015). Sobre o tema, apresentando análise crítica das decisões que determinam a realização de perícia prévia, ver: CAVALLI. Reflexões sobre a recuperação judicial..., p. 103-129.

[1484] Entendeu o TJSP que o Ministério Público carece de legitimidade para questionar a regularidade do processamento da recuperação judicial. Assim: TJSP, Câmara Especial de Falência e Recuperação, AI 500.624.4/8-00, Rel. Des. Lino Machado, j. 26/03/2008.

Parece-nos que o exame dos requisitos em questão, especialmente da documentação exigida do devedor, não pode ser excessivamente rígido e formalista. Se, por um lado, o exato cumprimento dos requisitos para o processamento da recuperação judicial interessa a todos, por outro, há de se valorar eventual necessidade de mitigar um ou outro requisito no caso concreto, o que se faz no interesse dos próprios credores e de toda uma comunidade, tendo em vista a repercussão econômico-social da ação de recuperação[1485].

Dessa forma, "as exigências referentes à documentação e atividade regular da empresa devem ser sopesadas com prudência, considerando as peculiaridades de cada empresa"[1486]. Deve-se considerar o substrato material da documentação apresentada, a despeito da forma de organização adotada pelo devedor. Nessa lógica, mesmo que os documentos estejam mal ordenados, se ainda assim estiverem aptos a demonstrar, em sua essência, que a empresa cumpre os requisitos para o deferimento do pedido de recuperação, assim deve ser feito[1487].

Se for o caso de o magistrado determinar a emenda da inicial, devem ser apontados os documentos faltantes a fim de facilitar a sua complementação[1488]. Dito isso, tem-se a seguinte situação:

a. se todos os requisitos foram atendidos, o juiz deferirá o processamento da ação de recuperação judicial;

b. se a petição inicial apresentar as condições mínimas para o deferimento, a despeito do não atendimento de um ou mais requisitos, há que se observar uma das duas situações:

    i. se o problema pode ser sanado, como na hipótese da falta de um documento essencial ou da descrição das causas da crise, por exemplo, o magistrado mandará emendar a inicial em certo prazo[1489];

    ii. no entanto, se a petição inicial demonstrar que o devedor simplesmente está impossibilitado de cumprir um dos requisitos essenciais, tais como não atender o requisito da empresarialidade ou não apresentar condição de regularidade temporal, não será o caso de mandar emendar a inicial, mas sim de indeferimento, extinguindo o processo.

[1485] TJRS, 6ª Câmara Cível, AI 70043244821, Rel. Des. Ney Wiedemann Neto, j. 28/07/2011.

[1486] TJRS, 6ª Câmara Cível, APC 70039111679, Rel. Des. Artur Arnildo Ludwig, j. 26/05/2011.

[1487] TJSP, Câmara Especial de Falências e Recuperações Judiciais de Direito Privado, APC 581.807.4/6-00, Rel. Des. Boris Kauffman, j. 27/08/2008.

[1488] Súmula 56 do TJSP: "Na recuperação judicial, ao determinar a complementação da inicial, o juiz deve individualizar os elementos faltantes".

[1489] TJRS, 5ª Câmara Cível, AI 70049723935, Rel. Des. Gelson Rolim Stocker, j. 27/07/2012. Mas se o devedor não emendar a inicial, o juiz deverá extinguir a ação, sem prejuízo do ajuizamento de nova ação no futuro. Assim: TJSP, Câmara Especial de Falências e Recuperações Judiciais, APC 9197989-17.2007.8.26.0000, Rel. Des. Pereira Calças, j. 28/05/2008.

RECUPERAÇÃO JUDICIAL. PARTE 2

Em ambos os casos, porém, não se decretará a falência do devedor, mesmo que a petição inicial não seja emendada, pois não há base jurídica para tanto[1490] (a convolação da recuperação judicial em falência ocorrerá estritamente nas hipóteses previstas no art. 73 da LREF).

Cumpre registrar que o deferimento da petição inicial não significa a concessão da recuperação judicial. Efetivamente, não se pode confundir o despacho que "defere o processamento" da recuperação judicial com o despacho que "concede a recuperação judicial".

O deferimento da petição inicial significa, apenas, a autorização de tramitação do processo por parte do magistrado[1491] (e que, na prática, significa um caminho praticamente sem volta: não poderá o devedor desistir do pedido, salvo consentimento dos credores em AGC, de acordo com o art. 52, §4º, da LREF; assim, em não ocorrendo a aprovação do pedido de desistência pelos credores, ou a recuperação judicial será concedida ou ocorrerá a convolação da recuperação judicial em falência).

Questões de ordem pública podem ser suscitadas a qualquer momento nas instâncias ordinárias, tais como a falta do requisito da empresarialidade, pressuposto para a submissão ao regime da recuperação judicial. Entretanto, o STJ já se pronunciou no sentido de que vencida a primeira etapa, com o deferimento do processo sem que haja qualquer inconformismo das partes, não é mais possível voltar atrás para se extinguir a recuperação, salvo hipóteses excepcionalíssimas, como fraude[1492].

2.1. Despacho de processamento

O juiz, ao proferir o despacho deferindo o processamento da recuperação judicial[1493], no mesmo ato: (*i*) nomeará o administrador judicial; (*ii*) determinará a

---

[1490] VIGIL NETO. *Teoria falimentar e regimes recuperatórios...*, p. 163.

[1491] VIGIL NETO. *Teoria falimentar e regimes recuperatórios...*, p. 163.

[1492] STJ, 4ª Turma, REsp 1.004.910/RJ, Rel. Min. Fernando Gonçalves, j. 18/03/2008.

[1493] O ato judicial referido no art. 52 tem a natureza de decisão interlocutória, e não de "despacho de mero processamento" (apesar de a doutrina e a jurisprudência, tradicionalmente, utilizarem o termo "despacho"). Como a decisão que defere o processamento da ação de recuperação judicial decide questões que afetam os interesses da devedora e dos seus credores – como a nomeação do administrador judicial, a suspensão das ações e execuções e a própria submissão do devedor ao regime jurídico recuperatório –, em tese seria recorrível por agravo de instrumento. A esse propósito, imagine-se que o magistrado nomeie administrador judicial sem observar os requisitos do art. 21 da LREF ou defira o processamento da ação, mandando suspender as ações e execuções aforadas contra o devedor, não sendo este empresário, por exemplo. Evidente que estas circunstâncias possuem o condão de afetar os interesses das partes envolvidas, sendo, portanto, plenamente justificável que se desafie o ato decisório com agravo de instrumento. Nesse sentido: TJSP, Câmara Reservada à Falência e Recuperação, AI 9040553-24.2009.8.26.0000, Rel. Des. Pereira Calças, j. 18/08/2009. No entanto, careceria de legitimidade para recorrer dessa decisão o Ministério Público. Assim: TJSP, Câmara Reservada à Falência e Recuperação, AI 612.654-4/6-00

RECUPERAÇÃO DE EMPRESAS E FALÊNCIA

dispensa da apresentação de certidões negativas para que o devedor exerça suas atividades[1494]; (iii) ordenará a suspensão de todas as ações ou execuções contra o devedor[1495]; (iv) determinará ao devedor a apresentação de contas demonstrativas mensais enquanto perdurar a recuperação judicial[1496]; e (v) ordenará a intimação do Ministério Público e a comunicação por carta às Fazendas Públicas Federal e de todos os Estados e Municípios em que o devedor tiver estabelecimento.

2.2. Publicação do edital que anuncia o processamento da ação e apresenta a primeira lista de credores

A recuperação judicial é um regime jurídico que preza pela máxima transparência e pela publicidade dos atos praticados, atendendo, entre outros princípios, ao da participação ativa dos credores. Nessa linha, todos os interessados devem ter plena possibilidade de acompanhar o deslinde da tentativa de recuperação, até porque estarão em jogo seus direitos e interesses.

(9070568-10.2008.8.26.0000), Rel. Des. Pereira Calças, j. 18/08/2009. Observe-se, ainda, o que dispõe o Enunciado 52 da 1ª Jornada de Direito Comercial, promovida pelo Conselho da Justiça Federal no ano de 2012: "A decisão que defere o processamento da recuperação judicial desafia agravo de instrumento". Entretanto, tal entendimento, atualmente, enfrenta algum inconveniente, uma vez que a LREF não prevê tal recurso de modo expresso. Nesse sentido, tendo em vista o art. 1.015, a depender da interpretação a ser dada a tal dispositivo, é possível entender que não seria cabível agravo, o que não entendemos ser o caso. Alternativamente, seria possível a impetração de mandado de segurança. De qualquer sorte, há quem sustente (o que ocorreu especialmente logo após a entrada em vigor da LREF) que se trata de despacho irrecorrível (em boa medida baseando-se, ainda, em interpretação do antigo Decreto-Lei 7.661/1945, em que se entendia que o despacho que determinava o processamento da concordata seria irrecorrível). Nesse sentido, v.g.: TJSP, Câmara Especial de Falências e Recuperações Judiciais de Direito Privado, AI 428.507-4/0-00, Rel. Des. Romeu Ricupero, j. 03/05/2006; TJSP, Câmara Especial de Falências e Recuperações Judiciais de Direito Privado, AI 428.805-4/0-00, Rel. Des. Romeu Ricupero, j. 03/05/2006; TJSP, Câmara Especial de Falências e Recuperações Judiciais de Direito Privado, AI 520.208-4/6-00, Rel. Des. José Roberto Lino Machado, j. 07/05/2008. Para uma análise detalhada da questão, tendo orientação semelhante à nossa, ver: Ayoub; Cavalli. A construção jurisprudencial..., p. 109-112; Toledo; Pugliesi. Capítulo VII: A recuperação judicial..., p. 194-195.

[1494] Exceto para contratação com o Poder Público ou para recebimento de benefícios ou incentivos fiscais ou creditícios, observando o disposto no art. 69 da LREF. Esse requisito tem sido flexibilizado pelo Poder Judiciário. Para aprofundamento sobre o tema, ver item 2.9, infra.

[1495] Na forma do art. 6º, §4º, da LREF, permanecendo os respectivos autos no juízo onde se processam, ressalvadas as ações previstas nos §§1º, 2º e 7º deste dispositivo e as relativas a créditos exceptuados na forma dos §§3º e 4º do art. 49.

[1496] O descumprimento desse requisito pode acarretar a destituição dos administradores do devedor. A apresentação de contas mensais é medida que se impõe desde o deferimento da petição inicial, portanto, ainda antes da concessão da recuperação judicial, para evitar possível dilapidação do ativo e favorecimento de credores específicos. Decorre do dever de transparência imposto à empresa sob regime recuperatório. Como não existe uma forma expressamente prevista na LREF para o atendimento dessa providência, parece que a apresentação dos balancetes mensais seja a mais adequada (sendo que, na prática, não raro se trata de processo em apenso ao principal). Ver: Vigil Neto. Teoria falimentar e regimes recuperatórios..., p. 165.

RECUPERAÇÃO JUDICIAL. PARTE 2

Por conta disso, de acordo com o §1º do art. 52, o juiz ordenará a expedição de edital, para publicação no órgão oficial (Diário de Justiça), que conterá: (*i*) o resumo do pedido do devedor e da decisão que defere o processamento da recuperação judicial; (*ii*) a relação nominal de credores[1497]; (*iii*) a advertência acerca dos prazos para habilitação dos créditos[1498] e para que os credores apresentem objeção ao plano de recuperação judicial a ser apresentado pelo devedor[1499].

2.3. Utilização da expressão "em Recuperação Judicial"
A partir da decisão de processamento, em todos os atos, contratos e documentos firmados pelo devedor em recuperação judicial, deverá ser acrescida, após seu nome empresarial, a expressão "em Recuperação Judicial" (LREF, art. 69) – providência que tem a função de informar aos terceiros que travam relações com o devedor sua especial situação.

2.4. Anotação da recuperação judicial no Registro de Empresas
Também no intuito de informar ao público em geral, o juiz determinará ao Registro Público de Empresas a anotação da recuperação judicial no registro correspondente (LREF, art. 69, parágrafo único).

Segundo o art. 196 da LREF, as Juntas Comerciais "manterão banco de dados público e gratuito, disponível na rede mundial de computadores, contendo a relação de todos os devedores falidos ou em recuperação judicial" – dados que deverão ser integrados em âmbito nacional pelo Departamento de Registro Empresarial e Integração (DREI) (LREF, art. 196, parágrafo único)[1500]. Esse parece ser o "registro correspondente" referido pelo parágrafo único do art. 69 da LREF.

2.5. Manutenção do devedor na condução da empresa
Durante o procedimento de recuperação judicial, o devedor e seus administradores, regra geral, serão mantidos na condução da atividade empresarial (sendo que, em se tratando de sociedade, os órgãos sociais continuam funcionando normalmente de acordo com a legislação societária, não tendo os sócios seus direitos suspensos)[1501_1502_1503].

[1497] Trata-se da lista de credores apresentada pelo devedor junto à petição inicial. Na prática, a relação nominal de credores é encaminhada em formato digital ao cartório no qual tramita a recuperação judicial para que este efetive a publicação.

[1498] Na forma do art. 7º, §1º, da LREF.

[1499] Nos termos do art. 55 da LREF.

[1500] Até o presente momento, não consta que essas providências tenham sido levadas a cabo pelas Juntas Comerciais ou pelo Departamento de Registro Empresarial e Integração (DREI).

[1501] Ficarão, no entanto, sob fiscalização do Comitê de Credores, se houver, e do administrador judicial (LREF, art. 64, *caput*) – a vigilância por órgãos da recuperação funciona como uma espécie

É o que a doutrina norte-americana chama de *debtor-in-possession*, um benefício que estimula a recuperação, na medida em que o titular da empresa não precisa ter o receio (*ex ante*) de perder o controle gerencial para se valer do regime recuperatório (além de garantir a elaboração de um plano por quem está ciente das questões relevantes do negócio)[1504].

A regra em questão reflete ao menos três crenças relevantes. Em primeiro lugar, a de que o conhecimento, a expertise e a familiaridade do devedor com o negócio são fatores dotados de imenso valor e devem ser aproveitados quando da reestruturação das empresas[1505]. Em segundo, a de que a necessidade de recuperação por parte de devedores advém, na imensa maioria das vezes, de reveses inerentes à própria atividade empresarial, não de fraude, desonestidade ou negligência grave. Em terceiro, a de que a alocação do poder de controle nas empresas em crise não pode discrepar do compromisso constitucional com a propriedade privada, firmado no art. 170, II, da Constituição Federal. Ademais, credores que temem o afastamento do devedor da administração do negócio tendem a retardar ao máximo a solução recuperatória. Em síntese, a adoção desse mecanismo serve como incentivo para que a recuperação seja iniciada em momento apropriado, evitando-se que a crise se torne irreversível[1506].

---

de contrapartida à liberdade conferida ao devedor e a seus administradores –, bem como dos próprios credores e demais interessados.

[1502] Na recuperação judicial da Oi (Processo nº 0203711-65.2016.8.19.0001, 7ª Vara Empresarial da Comarca do Rio de Janeiro/RJ), entre outros eventos, em que acionista postulou a convocação de assembleia geral extraordinária (de acordo com a Lei 6.404/1976) com o objetivo de destituir e eleger novos membros para o Conselho de Administração, entendeu-se que o juízo da recuperação judicial poderia suspender o requerimento de convocação, mesmo porque tal medida poderia levar à modificação dos órgãos administrativos e à alteração do poder de controle, o que seria meio de recuperação judicial previsto no art. 50 da LREF. E assim, infelizmente, entendeu o STJ ao resolver em sede liminar o conflito de competência entre o juízo da recuperação judicial e o juiz arbitral competente (STJ, CC 148.728/RJ, Rel. Min. Marco Buzzi, j. 06/09/2016).

[1503] De qualquer sorte, o processo de recuperação judicial (da sociedade ou dos sócios) pode impactar a vida da sociedade e de seus sócios, como pode ocorrer no âmbito dos acordos de sócios. Sobre o tema, ver: BUENO, Isabelle Ferrarini. *Da extinção do acordo de acionistas por causa superveniente*. Dissertação (Mestrado em Direito). Faculdade de Direito da Universidade Federal do Rio Grande do Sul, Porto Alegre, 2017, p. 141 ss.

[1504] WARREN, Elizabeth; WESTBROOK, Jay Laurence; PORTER, Katherine; POTTOW, John A. E. *The law of debtors and creditors*. New York: Wolters Kluwer, 2014, p. 368 ss.

[1505] CEREZETTI. *A recuperação judicial de sociedade por ações...*, p. 387.

[1506] Isso tudo para que não ocorra o que aconteceu nos Estados Unidos na década de 1930, quando a inexistência de uma regra semelhante ao *debtor-in-possession* prejudicou ainda mais a combalida economia americana, pois os administradores de empresas recuperáveis temeram utilizar um remédio que poderia tê-los ajudado a contornar a crise. Nesse sentido: CEREZETTI. *A recuperação judicial de sociedade por ações...*, p. 101, 106 (nota de rodapé 55), 391.

2.5.1. Possibilidade de afastamento do devedor ou de seus administradores

A despeito da regra do *debtor-in-possession*, a perda do controle gerencial da sociedade em crise por parte do devedor não foi ignorada pelo legislador.

Efetivamente, o devedor e seus administradores, segundo o art. 64, podem ser afastados da condução da empresa (por requerimento de qualquer interessado – *v.g.*, administrador judicial, Comitê de Credores, qualquer credor ou mesmo sócio da sociedade devedora – ou, inclusive, de ofício pelo próprio magistrado) se qualquer deles: (*i*) houver sido condenado em sentença penal transitada em julgado por crime cometido em recuperação judicial ou falência anteriores ou por crime contra o patrimônio, a economia popular ou a ordem econômica previstos na legislação vigente; (*ii*) houver indícios veementes de ter cometido crime previsto na LREF; (*iii*) houver agido com dolo, simulação ou fraude contra os interesses de seus credores; (*iv*) houver praticado qualquer das condutas graves elencadas no art. 64, IV, da LREF[1507]; (*v*) negar-se a prestar informações solicitadas pelo administrador judicial ou pelos demais membros do Comitê; ou (*vi*) tiver seu afastamento previsto no plano de recuperação judicial.

De uma maneira geral, as hipóteses acima elencadas cuidam de suspeita ou do efetivo cometimento de crimes previstos na LREF ou, ainda, da prática de condutas fraudulentas ou prejudiciais aos credores. Nesse sentido, pode-se acrescer a essas hipóteses a destituição com base na recusa do devedor ou dos administradores em apresentar as contas demonstrativas mensais enquanto perdurar a recuperação judicial (LREF, art. 52, IV).

Verificada qualquer das hipóteses acima mencionadas, o juiz destituirá o administrador, que será substituído na forma prevista nos atos constitutivos do devedor ou do plano de recuperação judicial (LREF, art. 64, parágrafo único).

Ademais, quando as desavenças entre sócios que almejam a gerência da empresa em recuperação tendem a prejudicar o processo de recuperação judicial, é possível a nomeação de terceiro como administrador judicial, nos moldes do artigo 52, I, para assegurar a preservação da empresa[1508].

[1507] A saber: (*a*) efetuar gastos pessoais manifestamente excessivos em relação a sua situação patrimonial; (*b*) efetuar despesas injustificáveis por sua natureza ou vulto, em relação ao capital ou gênero do negócio, ao movimento das operações e a outras circunstâncias análogas; (*c*) descapitalizar injustificadamente a empresa ou realizar operações prejudiciais ao seu funcionamento regular; (d) simular ou omitir créditos ao apresentar a relação de que trata o inciso III do *caput* do art. 51 da LREF, sem relevante razão de direito ou amparo de decisão judicial.

[1508] TJMT, 4ª Câmara de Direito Privado, AI 80172/2011, Rel. Des. Juracy Persiani, j. 18/04/2012. No caso da recuperação judicial da Oi (Processo nº 0203711-65.2016.8.19.0001, 7ª Vara Empresarial da Comarca do Rio de Janeiro/RJ), tendo em vista diversos conflitos, ocorreu a suspensão de direitos de administradores e acionistas, sendo indicado o presidente da companhia como único responsável a encaminhar qualquer questão atinente ao plano de recuperação judicial.

2.5.2. Alcance da regra que admite o afastamento

Feitas essas considerações iniciais, é importante analisar a questão com o devido cuidado para que se possa compreender o alcance da regra.

Reza o art. 64 da LREF:

> Durante o procedimento de recuperação judicial, o *devedor* ou *seus administradores* serão mantidos na condução da atividade empresarial (...).

A redação do art. 64 utiliza as expressões "devedor" e "administradores" (quando refere que eles "serão mantidos na condução da atividade empresarial..."). Em razão disso, em uma interpretação literal do dispositivo, entende-se pela possibilidade de afastamento (*i*) do empresário individual, (*ii*) dos sócios de sociedade de responsabilidade ilimitada[1509] e (*iii*) dos administradores de sociedades empresárias personificadas.

Questão que deve ser analisada é se a própria sociedade personificada titular da atividade empresarial (uma sociedade limitada ou anônima, por exemplo) poderia ser afastada. As repercussões são importantes, na medida em que afastada a sociedade estariam afastados, automaticamente, o controlador e os minoritários (nesse caso, o gestor judicial, nomeado em substituição da sociedade devedora, passaria a gerir os negócios empresariais "de fora" da estrutura societária, em uma espécie de controle externo). Em caso afirmativo – isto é, sendo possível afastar a sociedade devedora da atividade empresarial –, os minoritários acabariam prejudicados, uma vez que o ato lesivo é praticado, geralmente, sem sua participação.

Por isso, uma alternativa viável seria interpretar a LREF no sentido da possibilidade do afastamento do controlador, hipótese em que os minoritários não seriam afetados, pois os negócios seriam conduzidos, nesse caso, "a partir", e não "de fora", da estrutura societária já existente[1510].

Porém, é preciso lembrar que o dispositivo em questão, quando da aprovação do projeto de lei na Câmara dos Deputados, previa, expressamente, a possibilidade de afastamento do controlador nas mesmas hipóteses previstas para o afastamento do administrador, o que se faria "por meio da suspensão do seu direito de voto". Consta que a regra foi suprimida na Comissão de Assuntos Eco-

---

[1509] "Art. 190. Todas as vezes que esta Lei se referir a devedor ou falido, compreender-se-á que a disposição também se aplica aos sócios ilimitadamente responsáveis."

[1510] Essa é a posição de EDUARDO SECCHI MUNHOZ e de SHEILA CEREZETTI (MUNHOZ. Seção IV: Do procedimento de recuperação judicial..., p. 308; CEREZETTI. *A recuperação judicial de sociedade por ações...*, p. 407). Esse foi o entendimento do magistrado da recuperação judicial da Varig S.A. – Viação Aérea Rio-Grandense (Processo nº 2005.001.072887-7, 1ª Vara de Direito Empresarial do Rio de Janeiro), que afastou o acionista controlador, impedindo-o de interferir na composição do conselho de administração e da diretoria – bem como o que ocorreu, em certa medida, na recuperação judicial da Oi (Processo nº 0203711-65.2016.8.19.0001, 7ª Vara Empresarial da Comarca do Rio de Janeiro).

RECUPERAÇÃO JUDICIAL. PARTE 2

nômicos do Senado, alteração que permaneceu até o final do trâmite legislativo, razão pela qual, para alguns, fica clara a intenção de excluir a hipótese de afastamento do controlador[1511].

A nosso ver, por ser uma medida drástica e de graves repercussões – além de não parecer ter sido esse o objetivo do legislador –, cremos que, como regra, só o devedor empresário individual pode ser afastado da condução da empresa, além dos administradores de sociedades (como expressamente previsto), ficando, em princípio, de lado as hipóteses de afastamento do controlador e da própria sociedade titular da atividade empresarial – medidas estas que poderiam ser tomadas, entretanto, em casos extremos, mediante a devida comprovação de abuso do poder de controle.

Assim, caso o juiz ordene a destituição de administrador da sociedade devedora por qualquer das hipóteses previstas no art. 64, ele será substituído na forma prevista nos atos constitutivos (contrato ou estatuto social) da sociedade devedora ou do plano de recuperação judicial (LREF, art. 64, parágrafo único).

Na hipótese específica do afastamento do devedor empresário individual, o juiz convocará a assembleia de credores para deliberar sobre o nome do gestor judicial que assumirá a administração da empresa, aplicando-se-lhe, no que couber, todas as normas sobre deveres, impedimentos e remuneração do administrador judicial (LREF, art. 65).

2.5.3. Escolha do gestor

A competência para a escolha do gestor judicial é da assembleia geral de credores, não do magistrado nem do administrador judicial, respeitado o quórum previsto no art. 42 da LREF. Ou seja, é dos credores reunidos em assembleia a competência exclusiva para deliberar sobre o nome da pessoa que conduzirá a empresa em substituição do empresário individual.

Recomenda-se que a figura do gestor goze de independência em relação à devedora e, também, em relação aos seus credores[1512].

2.5.4. Gestão interina

O administrador judicial exercerá as funções de gestor enquanto a assembleia não deliberar sobre a escolha deste (art. 65, §1º).

Na hipótese de o gestor indicado se recusar ou estiver impedido de aceitar o encargo para gerir os negócios do devedor, o juiz convocará, no prazo de 72

[1511] FONSECA, Humberto Lucena Pereira da. Comentários aos arts. 64 a 69. In: CORRÊA-LIMA, Osmar Brina; CORRÊA LIMA, Sérgio Mourão (coord.). *Comentários à nova Lei de Falência e Recuperação de Empresas.* Rio de Janeiro: Forense, 2009, p. 432.

[1512] CEREZETTI. *A recuperação judicial de sociedade por ações...*, p. 411.

horas, contado da recusa ou da declaração do impedimento nos autos, nova AGC, mantendo-se, até a escolha do novo gestor, o administrador judicial no exercício de suas funções (LREF, art. 65, §2º).

Destaca SHEILA CEREZETTI "que essa transferência de funções do gestor para o administrador judicial deve ser, para o bem da lisura do procedimento, por curto prazo". Isso porque "uma das mais relevantes competências do administrador judicial é fiscalizar as atividades do devedor (art. 22, II, 'a')"[1513]. "Isso significa que durante o período em que o próprio administrador judicial ficar responsável por substituir o devedor as atividades da companhia não estarão sendo supervisionadas pelo principal órgão criado para esse fim. A situação será ainda mais agravada se o comitê de credores, órgão facultativo, não estiver instalado"[1514].

De qualquer sorte, enquanto exercer dupla função – de administrador judicial e de gestor judicial interino –, o auxiliar do juízo fará jus a uma remuneração condizente com o acúmulo de funções[1515].

2.5.5. Remuneração do gestor judicial
Na falta de regulação jurídica própria para a fixação dos honorários do gestor judicial, deve-se tomar como parâmetro a remuneração paga para profissionais que exercem atividades análogas na iniciativa privada, entre outros elementos que devem ser levados em consideração, como a responsabilidade e o tempo dedicado às funções (Lei das S.A., art. 152). Além disso, os critérios utilizados no art. 24 da LREF podem, com a devida adaptação, ser utilizados para o mesmo propósito.

2.5.6. Deveres e responsabilidades do gestor judicial
Ao gestor judicial são aplicáveis, por analogia, os deveres fiduciários de administradores previstos no Código Civil e na Lei das S.A., em face da efetiva administração da empresa. Nesta hipótese o administrador judicial será equiparado a um verdadeiro gestor[1516].

De qualquer forma, importante destacar que o gestor judicial não responde pelos maus resultados, pois sua obrigação é de meio[1517], assim como é a obrigação de todo e qualquer administrador de sociedade[1518].

Ademais, também estará sujeito às mesmas normas de direito criminal – inclusive aos crimes falimentares – e administrativas que incidem sobre qualquer empresário.

[1513] CEREZETTI. *A recuperação judicial de sociedade por ações...*, p. 409-410, nota de rodapé 435.

[1514] CEREZETTI. *A recuperação judicial de sociedade por ações...*, p. 409-410, nota de rodapé 435.

[1515] BERNIER. *Administrador judicial...*, p. 109.

[1516] BERNIER. *Administrador judicial...*, p. 135.

[1517] ABRÃO, Nelson. *A continuação provisória do negócio na falência.* 2 ed. São Paulo: LEUD, 1998, p. 146.

[1518] PARENTE, Flávia. *O dever de diligência dos administradores de sociedades anônimas.* Rio de Janeiro: Renovar, 2005, p. 49; FERBER, Kenneth S. *Corporation law.* New Jersey: Prentice Hall, 2002, p. 67.

RECUPERAÇÃO JUDICIAL. PARTE 2

2.6. Suspensão das ações e execuções (*stay period*)

Entre os efeitos do despacho que defere o processamento da recuperação judicial está a suspensão, ordenada pelo juiz, de todas as ações ou execuções contra o devedor (e também contra os seus sócios solidários, *i.e.*, sócios de responsabilidade ilimitada), na forma do art. 6º da LREF (art. 52, III)[1519]-[1520].

É o que se convencionou chamar *stay period*[1521], expressão utilizada nos Estados Unidos, ordenamento no qual se buscou inspiração para a regra agora existente no sistema concursal brasileiro[1522]. Para dar efeito à medida, cabe ao devedor apenas comunicar, por simples petição, a suspensão aos juízos competentes (LREF, art. 52, §3º)[1523]. A partir daí, metaforicamente falando, é como se houvesse um "escudo" para proteger a empresa devedora em recuperação.

A suspensão pelo prazo de 180 dias objetiva dar algum fôlego ao devedor para negociar com seus credores e elaborar o plano de recuperação, sem que seu patrimônio seja agredido pelas ações e execuções que estavam em curso contra ele[1524] (ressalvadas as exceções legais as quais serão examinadas mais adiante)[1525].

[1519] Permanecendo os respectivos autos no juízo onde se processam.

[1520] Como regra, não há suspensão do julgamento de recurso (no caso, recurso especial de companhia em recuperação judicial) – ressalvadas situações excepcionais, em que, por exemplo, há concessão de tutela provisória recursal excepcional, que pode ensejar a prática de atos expropriatórios –, devendo o requerimento de suspensão ser realizado no juízo de origem (STJ, 4ª Turma, AgInt no AREsp 790.736/RS, Rel. Min. Luis Felipe Salomão, j. 10/11/2016).

[1521] É interessante notar que, no direito norte-americano, a suspensão das ações ocorre imediatamente após o protocolo da petição inicial da recuperação judicial pelo devedor (§362 do *US Bankruptcy Code*) – por isso o nome de *automatic stay period* –, ao passo que, no Brasil, o mesmo efeito depende do despacho judicial de deferimento de processamento (LREF, art. 52), o que, na prática, acaba por acarretar uma série de dificuldades para o devedor diante do apetite voraz de alguns de seus credores. Assim lecionando, ver: BUSCHINELLI. Cessão de crédito na recuperação judicial..., p. 312, em nota de rodapé. Por conta disso, o que se pode fazer é o devedor postular, em antecipação de tutela, que a suspensão de todas as ações, execuções e prazo prescricional ocorra de imediato, mesmo antes do deferimento do processamento da recuperação judicial. Foi isso o que ocorreu, por exemplo, no rumoroso caso de recuperação judicial da Oi (Processo nº 0203711-65.2016.8.19.0001, em decisão da 7ª Vara Empresarial da Comarca do Rio de Janeiro/RJ).

[1522] Nas palavras de DOUGLAS G. BAIRD: "In a perfect world, a corporate bankruptcy proceeding would be over in an instant (assuming that in a perfect world you would need sill have bankruptcy). The world we live in, however, is not so simple. Even a straight sale of the firm for casj takes time. There needs to be some mechanism to preserve the status quo while we sort out the affairs of the debtor. This is the business of §362 and the automatic stay. The core of §362 is clear. Its goal is to stop actions that could undermine the common good" (BAIRD. *The elements og bankruptcy...*, p. 187).

[1523] De qualquer forma: "O bloqueio judicial efetuado no período de suspensão deve ser desfeito, ainda que o devedor não tenha comunicado ao juízo sobre a instauração da recuperação judicial e ainda que o credor não tenha sido incluído no quadro geral de credores" (TJDFT, 2ª Turma Cível, AI 20140020178187 (834895), Rel. Des. J. J. Costa Carvalho, j. 19/11/2014).

[1524] STJ, 4ª Turma, REsp 1.374.259/MT, Rel. Min. Luis Felipe Salomão, j. 02/06/2015 (assim esclarecendo: "A razão de ser da norma que determina a pausa momentânea das ações e execuções – stay period – na

Trata-se de hipótese de suspensão da exigibilidade do crédito[1526] que "apanha não apenas atos de constrição e expropriação judicial de bens, como a penhora *online*, determinada em cumprimento de sentença ou em execução de título executivo extrajudicial, mas também qualquer ato judicial que envolva alguma forma de constrição ou retirada de ativos da empresa devedora, ordenada em sede de ação de conhecimento ou cautelar"[1527].

Em complemento, há jurisprudência consolidada no sentido de que a competência para promover os atos de execução do patrimônio da empresa recuperanda, ainda que eventual constrição tenha sido realizada antes do processo recuperatório, é do juízo em que se processa a recuperação judicial, independentemente de o crédito estar ou não sujeito ao regime recuperatório, evitando-se, assim, que medidas expropriatórias prejudiquem o andamento do processo e o cumprimento do plano de soerguimento[1528]-[1529].

---

recuperação judicial é a de permitir que o devedor em crise consiga negociar, de forma conjunta, com todos os credores (plano de recuperação) e, ao mesmo tempo, preservar o patrimônio do empreendimento, o qual se verá liberto, por um lapso de tempo, de eventuais constrições de bens imprescindíveis à continuidade da atividade empresarial, impedindo o seu fatiamento, além de afastar o risco da falência").

[1525] São exceções à suspensão as ações previstas nos §§1º, 2º e 7º do art. 6º e as relativas a créditos excetuados na forma dos §§3º e 4º do art. 49 da LREF.

[1526] STJ, 4ª Turma, REsp 1.374.259/MT, Rel. Min. Luis Felipe Salomão, j. 02/06/2015.

[1527] AYOUB; CAVALLI. *A construção jurisprudencial...*, p. 131.

[1528] Assim: STJ, 2ª Turma, AgRg no REsp 1.499.530/PR, Rel. Min. Humberto Martins, j. 17/03/2015; STJ, 2ª Seção, AgRg no CC 129.079/SP, Rel. Min. Antonio Carlos Ferreira, j. 11/03/2015; STJ, 2ª Seção, AgRg no CC 133.509/DF, Rel. Min. Moura Ribeiro, j. 25/03/2015; STJ, 2ª Seção, AgRg no CC 125.205/SP, Rel. Min. Marco Buzzi, j. 25/02/2015; STJ, 2ª Seção, AgRg no CC 136.978/GO, Rel. Min. Marco Aurélio Bellizze, j. 10/12/2014; STJ, 2ª Seção, AgRg no CC 124.052/SP, Rel. Min. João Otávio de Noronha, j. 22/10/2014; STJ, 2ª Seção, EDcl no AgRg no AgRg no CC 118.424/SP, Rel. Min. Paulo de Tarso Sanseverino, j. 10/04/2013; STJ, 2ª Seção, AgRg no CC 130.433/SP, Rel. Min. Sidnei Beneti, j. 26/02/2014; STJ, 2ª Seção, CC 118.819/MG, Rel. Min. Ricardo Villas Bôas Cueva, j. 26/09/2012; STJ, 2ª Seção, CC 116.696/DF, Rel. Min. Nancy Andrighi, j. 24/08/2011; STJ, 2ª Seção, CC 116.213/DF, Rel. Min. Nancy Andrighi, j. 28/09/2011; STJ, 2ª Seção, AgRg no CC 105.215/MT, Rel. Min. Luis Felipe Salomão, j. 28/04/2010; STJ, 2ª Seção, AgRg no CC 140.146/SP, Rel. Min. Marco Buzzi, j. 24/02/2016; TRF4, 1ª Turma, AI 5000538-82.2016.404.0000, Rel. Des. Eduardo Vandré Garcia, j. 27/04/2016; TRF4, 1ª Turma, AI 5004909-89.2016.404.0000, Rel. Des. Jorge Antonio Maurique, j. 27/04/2016; TJSP, 20ª Câmara de Direito Privado, AI 2141089-89.2015.8.26.0000, Rel. Des. Rebello Pinho, j. 27/04/2015. Ainda, tal entendimento prevalece ainda que se trate, por exemplo, de créditos decorrentes de relação de consumo (STJ, 3ª Turma, REsp 1.598.130/RJ, Rel. Min. Ricardo Villas Bôas Cueva, j. 07/03/2017), bem como caso envolva bloqueios realizados pelo Tribunal de Contas (STF, MS 34.793 MC/DF, Rel. Min. Edson Fachin, j. 29/06/2017). Nesse sentido, inclusive, caminham o Enunciado 11 da Edição 35 e o Enunciado 8 da Edição 37 da Jurisprudência em Teses do STJ. O importante, aqui, é observar que o STJ possui posição firme no sentido de que tanto o deferimento do pedido de recuperação judicial quanto o de decretação de falência possuem efeito *ex nunc*, ou seja, não retroagem para regular os atos que lhe sejam anteriores. Assim, os juízos das execuções individuais são competentes para ultimar os atos de constrição patrimonial dos bens adjudicados antes do deferimento do pedido de recuperação judicial (STJ, 2ª Seção, AgRg no CC 131.587/DF, Rel. Min. Moura Ribeiro, j. 25/02/2015; STJ, 2ª Seção AgRg no CC 128.301/PE, Rel. Min. Raul

RECUPERAÇÃO JUDICIAL. PARTE 2

Em síntese, o período de proteção preserva a unidade produtiva, o que beneficia o devedor e os credores como um todo[1530]. Por isso, o legislador concatenou o período de suspensão de 180 (cento e oitenta) dias com os demais prazos e procedimentos previstos no trâmite do próprio pedido de recuperação, de modo que, dentro de um "mundo ideal", o credor estaria protegido pelo *stay period* até, se for o caso, a realização da assembleia – evento em que se define o destino da empresa: aprovado o plano, as ações e execuções individuais cujos créditos estão abrangidos por este não são retomadas, vez que ocorre a novação relativamente a eles[1531]; rejeitado o plano, a recuperação é convolada em falência.

Na prática, o interregno entre o deferimento do processamento da recuperação judicial e a realização da assembleia geral de credores normalmente excede, em muito, o prazo do período de proteção, razão pela qual o Poder Judiciário costuma estendê-lo, desde que presentes certos requisitos, abaixo examinados.

Após o decurso do prazo sem qualquer extensão, os credores poderão retomar suas ações e execuções[1532].

Araújo, j. 12/11/2014; STJ, 2ª Seção, CC 122.712/GO, Rel. Min. Luis Felipe Salomão, j. 27/11/2013; STJ, 2ª Seção, CC 125.465/DF, Rel. Min. Nancy Andrighi, j. 12/06/2013; STJ, 2ª Seção, AgRg no CC 105.345/DF, Rel. Min. Fernando Gonçalves, j. 28/10/2009) – caminhando nesse sentido o Enunciado 4 da Edição 35 da Jurisprudência em Teses do STJ. Assim, promovida a adjudicação do bem penhorado em execução individual, em data posterior ao deferimento da recuperação judicial ou decretação da falência, o ato fica desfeito em razão da competência do juízo universal (STJ, 2ª Seção, CC 111.614/DF, Rel. Min. Nancy Andrighi, j. 12/06/2013; STJ, 2ª Seção, EDcl nos EDcl no AgRg no CC 109.541/PE, Rel. Min. Paulo de Tarso Sanseverino, Rel. p/ acórdão Min. Raul Araújo, j. 29/02/2012; STJ, 2ª Seção, AgRg no CC 109.541/PE, Rel. Min. Paulo de Tarso Sanseverino, j. 23/03/2011; STJ, 2ª Seção, CC 100.922/SP, Rel. Min. Sidnei Beneti, j. 10/06/2009; STJ, CC 136.872/SP, Rel. Min. João Otávio de Noronha (decisão monocrática), j. 13/04/2015; STJ, CC 135.475/SP, Rel. Min. Marco Buzzi (decisão monocrática), j. 19/08/2014; STJ, CC 102.613/SP, Rel. Min. Massami Uyeda (decisão monocrática), j. 08/08/2011) – sendo que, nesse sentido, há o Enunciado 5 da Edição 35 da Jurisprudência em Teses do STJ. Nessa linha, mesmo créditos que tenham sido penhorados antes do pedido de recuperação judicial (em execução ajuizada anteriormente à distribuição da recuperação judicial) acabam por também se sujeitar à RJ, não podendo ser adotados atos executivos sobre o patrimônio da devedora em recuperação (STJ, 3ª Turma, REsp 1.635.559/SP, Rel. Min. Nancy Andrighi, j. 10/11/2016; STJ, 3ª Turma, REsp 1.635.608/SP, Rel. Min. Nancy Andrighi, j. 10/11/2016; STJ, 3ª Turma, REsp 1.635.332/RJ, Rel. Min. Nancy Andrighi, j. 17/11/2016: "O fato de a penhora ter sido determinada em data anterior ao deferimento do pedido de recuperação judicial não obsta o exercício da força atrativa do juízo universal. Precedentes.").

[1529] O entendimento vale, inclusive, para as execuções movidas por consumidores contra a recuperanda (mesmo que originalmente propostas no Juizado Especial). Assim: STJ, 3ª Turma, REsp 1.630.702, Rel. Min. Nancy Andrighi, j. 02/02/2017.

[1530] BUSCHINELLI. *Abuso do direito de voto na assembleia geral de credores...*, p. 72.

[1531] STJ, 2ª Seção, AgRg no CC 100.250/DF, Rel. Min. Nancy Andrighi, j. 08/09/2010; TJRS, 6ª Câmara Cível, AI 70040417537, Rel. Des. Luís Augusto Coelho Braga, j. 16/02/2012; TJRS, 17ª Câmara Cível, AI 70024241028, Rel. Des. Bernadete Coutinho Friedrich, j. 16/12/2010.

[1532] TJSP, 1ª Câmara Reservada de Direito Empresarial, AI 2200245-37.2016.8.26.0000, Rel. Des. Cesar Ciampolini, j. 15/03/2017.

RECUPERAÇÃO DE EMPRESAS E FALÊNCIA

2.6.1. Prazo e sua possível extensão

Segundo o art. 6, §4º, da LREF, a suspensão "em hipótese nenhuma excederá o prazo improrrogável de 180 (cento e oitenta) dias contado do deferimento do processamento da recuperação, restabelecendo-se, após o decurso do prazo, o direito dos credores de iniciar ou continuar suas ações e execuções, independentemente de pronunciamento judicial"[1533]-[1534].

Apesar da taxatividade da regra, os tribunais tendem a mitigar seu conteúdo, em atenção aos princípios da razoabilidade e da preservação da empresa, quando o devedor não contribuiu para o retardamento do feito[1535]. A rigor, quando o juiz enfrenta a questão acerca da "prorrogação do prazo do período de suspensão" *versus* o "prosseguimento imediato das ações e execuções", há de ponderar entre dois valores; de um lado, "a manutenção ou tentativa de soerguimento da empresa em recuperação, com todas as consequências sociais e econômicas dai decorrentes – como a preservação de empregos, o giro comercial da recuperanda

---

[1533] Sobre a racionalidade envolvida na fixação de um prazo exíguo, ver: MUNHOZ. Seção IV: Do procedimento de recuperação judicial..., p. 275.

[1534] O *Bankruptcy Code* norte-americano não define um termo final para a suspensão, a qual se estende até a aprovação ou não do plano de recuperação, podendo o juiz, no entanto, observadas algumas condições, levantar a suspensão em favor de determinados credores cujos interesses demandem proteção especial. Tal situação denota que o devedor norte-americano possui poder de barganha substancialmente maior do que o seu par brasileiro (MUNHOZ. Seção IV: Do procedimento de recuperação judicial..., p. 273-274).

[1535] STJ, 2ª Seção, AgRg no CC 111.614/DF, Rel. Min. Nancy Andrighi, j. 10/11/2010; TJSP, 1ª Câmara Reservada de Direito Empresarial, AI 2159576-05.2017.8.26.0000, Rel. Des. Carlos Dias Motta, j. 15/01/2018; TJSP, 1ª Câmara Reservada de Direito Empresarial, AI 2000601-16.2016.8.26.0000, Rel. Des. Francisco Loureiro, j. 10.03.2016; TJSP, 1ª Câmara Reservada de Direito Empresarial, AI 2215674-15.2014.8.26.0000, Rel. Des. Francisco Loureiro, j. 08/04/2015; TJSP, 2ª Câmara Reservada de Direito Empresarial, AI 0262521-80.2012.8.26.0000, Rel. Des. José Reynaldo, j. 30/09/2013; TJSP, 34ª Câmara de Direito Privado, AI 320800320128260000, Rel. Des. Soares Levada, j. 18/06/2012 (assim decidindo: "Deferimento de prorrogação do prazo de 180 dias do artigo 6° da Lei 11.101/05 deferida, com fundamento no fato de a empresa em recuperação judicial não ter colaborado com o retardamento no andamento do feito. Possibilidade. Prevalência do juízo da recuperação para decidir sobre a suspensão das demandas durante o processamento do pedido"); TJRS, 1ª Câmara Especial Cível, AI 70041249335, Rel. Des. Ivan Balson Araújo, j. 24/05/2011 (assim decidindo: "Em que pese o art. 6º, §4º, da Lei de Falências estabeleça que o prazo de suspensão da demanda é improrrogável, admite-se em casos excepcionais a prorrogação, tendo em vista o prejuízo ao instituto da recuperação judicial"); TJRS, 5ª Câmara Cível, AI 70037888039, Rel. Des. Luiz Felipe Brasil Santos, j. 15/12/2010 ("Mostra-se razoável a prorrogação do prazo de suspensão de que trata o §4º do art. 6º da Lei 11.101/05, considerando, sobretudo, o fim social da empresa, bem como para viabilizar a máxima possibilidade de composição dos débitos da empresa em recuperação"). No mesmo sentido: TJSP, 25ª Câmara de Direito Privado, AI 320879220128260000, Rel. Des. Hugo Crepaldi, j. 23/05/2012; TJSP, 23ª Câmara de Direito Privado, APC 42283620098260185, Rel. Des. J. B. Franco de Godoi, j. 21/03/2012; TJSP, 35ª Câmara de Direito Privado, AI 320515020128260000, Rel. Des. Melo Bueno, j. 27/03/2012; TJRS, 5ª Câmara Cível, AI 70047923263, Rel. Des. Isabel Dias Almeida, j. 30/05/2012; TJRS, 6ª Câmara Cível, AI 70038626511, Rel. Des. Antônio Corrêa Palmeiro da Fontoura, j. 04/11/2010; TJRS, 15ª Câmara Cível, AI 70038123568, Rel. Des. Angelo Maraninchi Giannakos, j. 13/10/2010.

RECUPERAÇÃO JUDICIAL. PARTE 2

e o tratamento igual aos credores da mesma classe, na busca da 'melhor solução para todos'"; e, de outro, o "direito ao imediato adimplemento do crédito". Justamente nesses termos e com base nesse fundamento, o STJ tende a se pronunciar pela prevalência do princípio da preservação da empresa[1536].

Trata-se de um temperamento na aplicação da regra prevista no art. 6º, §4º, da LREF (impossibilidade de prorrogação do prazo), tendo em vista a finalidade do sistema de recuperação judicial da empresa[1537]. Em resumo, restou consolidado na jurisprudência que o simples decurso do prazo legal de 180 dias não enseja a retomada automática das execuções individuais[1538].

Mesmo na hipótese de o crédito não se sujeitar aos efeitos da recuperação ("crédito imune à recuperação judicial"), como é o caso do crédito do titular da posição de proprietário fiduciário, as ações e execuções permanecerão suspensas com a prorrogação do *stay period,* caso os bens em discussão sejam essenciais à manutenção da atividade produtiva da empresa[1539].

De qualquer forma, é recomendável que o devedor diligencie no sentido de requerer ao juízo da recuperação a prorrogação do período de suspensão antes do seu término[1540] (valendo salientar que essa competência é exclusiva do juízo da recuperação judicial)[1541].

[1536] STJ, 2ª Seção, CC 112.799/DF, Rel. Min. Luis Felipe Salomão, j. 14/03/2011. Também nesse sentido: STJ, 2ª Seção, AgRg no CC 92.664/RJ, Rel. Min. João Otávio de Noronha, j. 10/08/2011 (assim decidindo: "A Segunda Seção do STJ tem jurisprudência firmada no sentido de que, no normal estágio da recuperação judicial, não é razoável a retomada das execuções individuais após o simples decurso do prazo legal de 180 dias").

[1537] TJRS, 5ª Câmara Cível, AI 70038626461, Rel. Des. Luiz Felipe Brasil Santos, j. 15/12/2010.

[1538] STJ, 2ª Seção, AgRg no CC 127.629/MT, Rel. Min. João Otávio de Noronha, j. 23/04/2014; STJ, 2ª Seção, RCD no CC 131.894/SP, Rel. Min. Raul Araújo, j. 26/02/2014; STJ, 2ª Seção, AgRg no CC 1.258.930/DF, Rel. Min. Nancy Andrighi, j. 13/03/2013; STJ, 4ª Turma, AgRg nos EDcl no Ag 1.216.456/SP, Rel. Min. Maria Isabel Gallotti, j. 12/03/2013; STJ, 2ª Seção, AgRg no CC 119.624/GO, Rel. Min. Luis Felipe Salomão, j. 13/06/2012; STJ, 2ª Seção, AgRg no CC 104.500/SP, Rel. Min. Vasco Della Giustina (Des. Conv.), j. 27/04/2011; STJ, 2ª Seção, CC 112.390/PA, Rel. Min. Sidnei Beneti, j. 23/03/2011; STJ, 2ª Seção, AgRg no CC 113.001/DF, Rel. Min. Aldir Passarinho Júnior, j. 14/03/2011; STJ, CC 137.051/SP, Rel. Min. Marco Aurélio Bellizze (decisão monocrática), j. 27/04/2015; STJ, AREsp 638.727/SP, Rel. Min. Moura Ribeiro (decisão monocrática), j. 12/03/2015; e STJ, CC 132.807/SC, Rel. Min. Antonio Carlos Ferreira (decisão monocrática), j. 16/04/2015. Nesse sentido caminha o Enunciado 6 da Edição 35 da Jurisprudência em Teses do STJ.

[1539] STJ, 2ª Seção, AgRg no CC 119.337/MG, Rel. Min. Raul Araújo, j. 08/02/2012; TJRS, 6ª Câmara Cível, AI 70068186089, Rel. Des. Rinez da Trindade, j. 07/04/2016.

[1540] TJRS. 6ª Câmara Cível, APC 70022289755, Rel. Des. Liége Puricelli Pires, j. 24/07/2008. Recomenda-se, inclusive, que o pedido do devedor seja protocolado em juízo com algumas semanas de antecedência do final do término da suspensão.

[1541] TJSP, 34ª Câmara de Direito Privado, AI 320800320128260000, Rel. Des. Soares Levada, j. 18/06/2012; TJSP, 25ª Câmara de Direito Privado, AI 320879220128260000, Rel. Des. Hugo Crepaldi, j. 23/05/2012.

RECUPERAÇÃO DE EMPRESAS E FALÊNCIA

É requisito essencial para o deferimento da extensão do *stay period* que o próprio devedor, por desídia, não tenha causado o retardamento dos atos processuais (*i.e.*, publicação de editais, pagamento de custas, etc.) ou, até mesmo, da homologação do plano de recuperação judicial[1542]. O Enunciado 42 da 1ª Jornada de Direito Comercial, promovida pelo Conselho da Justiça Federal no ano de 2012, possui o mesmo teor: "O prazo de suspensão previsto no art. 6º, §4º, da Lei n. 11.101/2005 pode excepcionalmente ser prorrogado, se o retardamento do feito não puder ser imputado ao devedor".

O *quantum* da extensão será aquele verificado no caso concreto como sendo o adequado para fazer cumprir os objetivos da LREF. O Poder Judiciário já prorrogou o prazo de 180 dias: (*i*) por igual período[1543] ou por algum outro período adicional[1544]; (*ii*) até a convocação da assembleia geral[1545]; e (*iii*) até a votação do plano em Assembleia Geral de Credores[1546]. A despeito dessas variáveis, parece que o mais consentâneo com o espírito da LREF (desde que presentes os requisitos anteriormente examinados) é a prorrogação do prazo de suspensão até a homologação judicial do plano aprovado pela Assembleia Geral de Credores.

[1542] STJ, 2ª Seção, AgRg no CC 113.001/DF, Rel. Min. Aldir Passarinho Júnior, j. 14/03/2011 (assim decidindo: "A extrapolação do prazo de 180 dias previsto no art. 6º, §4º, da Lei n. 11.101/2005 não causa o automático prosseguimento das ações e das execuções contra a empresa recuperanda, senão quando comprovado que sua desídia causou o retardamento da homologação do plano de recuperação"). No mesmo sentido: STJ, 2ª Seção, AgRg no CC 112.812/DF, Rel. Min. Aldir Passarinho Júnior, j. 14/03/2011; TJSP, 1ª Câmara Reservada de Direito Empresarial, AI 2159576-05.2017.8.26.0000, Rel. Des. Carlos Dias Motta, j. 15/01/2018; TJSP, 34ª Câmara de Direito Privado, AI 320800320128260000, Rel. Des. Soares Levada, j. 18/06/2012 (assim decidindo: "Deferimento de prorrogação do prazo de 180 dias do artigo 6° da Lei 11.101/05 deferida, com fundamento no fato de a empresa em recuperação judicial não ter colaborado com o retardamento no andamento do feito"). No mesmo sentido: TJSP, 1ª Câmara Reservada de Direito Empresarial, AI 2000601-16.2016.8.26.0000, Rel. Des. Francisco Loureiro, j. 10.03.2016; TJSP, 1ª Câmara Reservada de Direito Empresarial, AI 2215674-15.2014.8.26.0000, Rel. Des. Francisco Loureiro, j. 08/04/2015; TJSP, 2ª Câmara Reservada de Direito Empresarial, AI 0262521-80.2012.8.26.0000, Rel. Des. José Reynaldo, j. 30/09/2013; TJSP, 35ª Câmara de Direito Privado, AI 320515020128260000, Rel. Des. Melo Bueno, j. 27/03/2012; TJSP, 23ª Câmara de Direito Privado, APC 42283620098260185, Rel. Des. J. B. Franco de Godoi, j. 21/03/2012.

[1543] TJRS, 6ª Câmara Cível, AI 70035551159, Rel. Des. Artur Arnildo Ludwig, j. 08/07/2010.

[1544] TJSP, 1ª Câmara Reservada de Direito Empresarial, AI 2000601-16.2016.8.26.0000, Rel. Des. Francisco Loureiro, j. 10.03.2016 ("Decisão que prorroga o prazo previsto no art. 6º, §4º, da Lei nº 11.101/2005 até a realização da Assembleia Geral de Credores. Possibilidade de prorrogação do prazo, diante das circunstâncias do caso concreto, e da falta de ato imputável às recuperandas em relação ao atraso. Impossibilidade, todavia, de prorrogação por prazo indeterminado. Decisão reformada para fixar que, por ora, o *stay period* deve ser prorrogado por mais 90 (noventa) dias a contar da data da publicação do presente Acórdão. Recurso provido em parte. "). Ver, também: TJSP, 1ª Câmara Reservada de Direito Empresarial, AI 2159576-05.2017.8.26.0000, Rel. Des. Carlos Dias Motta, j. 15/01/2018.

[1545] TJRS, 5ª Câmara Cível, AI 70037888039, Rel. Des. Luiz Felipe Brasil Santos, j. 15/12/2010.

[1546] STJ, 2ª Seção, AgRg no CC 119.337/MG, Rel. Min. Raul Araújo, j. 08/02/2012; TJSP, 2ª Câmara Reservada de Direito Empresarial, AI 0262521-80.2012.8.26.0000, Rel. Des. José Reynaldo, j. 30/09/2013.

RECUPERAÇÃO JUDICIAL. PARTE 2

De qualquer sorte, da mesma forma que se tem entendido possível a prorrogação do prazo do *stay period*, também é viável a sua reversão. Ou seja, uma vez prorrogado o referido prazo, mas se mostrando o devedor agir de modo desidioso, nada impede que o magistrado possa – a requerimento de qualquer credor, por exemplo –, rever sua decisão.

Ainda, deve-se buscar evitar sucessivas prorrogações em caso de demora infundada na tramitação do feito, sendo que há precedentes bastantes rigorosos com seguidas suspensões de assembleia geral de credores para votar o plano[1547]. Evidente que, neste último caso, deve o magistrado examinar se as suspensões fazem parte ou não do natural desenrolar das negociações do plano, as quais muitas vezes se alongam em função da dinâmica decisória interna dos próprios credores, especialmente das instituições financeiras.

2.6.2. Ações que demandam quantia ilíquida

Segundo o §1º do art. 6º, "terá prosseguimento no juízo no qual estiver se processando a ação que demandar quantia ilíquida"[1548]. Trata-se de regra que não impõe nenhum prejuízo ao devedor, pois a referida ação não tem o condão de agredir o seu patrimônio imediatamente, tampouco prejudicar a recuperação judicial.

O dispositivo em questão está endereçado especialmente para ações de conhecimento de cunho condenatório, justamente aquelas que ainda precisarão ser executadas em caso de procedência, como a ação de cobrança[1549] e a ação de indenização por dano moral[1550].

Também os embargos à execução, cuja natureza é cognitiva, não se suspendem. Efetivamente, o prosseguimento dos embargos para fins de encerramento da instrução não traz qualquer prejuízo à executada, pois, assim que forem julgados, é possível a suspensão da execução[1551].

As ações monitórias também não são suspensas pelo despacho de processamento da recuperação judicial. No entanto, se não forem embargadas pelo deve-

---

[1547] TJSP, 1ª Câmara Reservada de Direito Empresarial, AI 2171986-66.2015.8.26.0000, Rel. Des. Enio Zuliani, j. 22/01/2016 ("Recuperação judicial. Prorrogação do prazo de suspensão das ações e execuções. Pedido já analisado pelo Tribunal há mais de um ano, quando foi deferida a prorrogação até as datas agendadas para as assembleias. Não houve votação do plano ainda e foi indeferido pedido de nova prorrogação. Ausência de causa jurídica para deferir a benesse novamente. Manutenção da decisão. Nega-se provimento.").

[1548] Nesse exato sentido: STJ, 2ª Seção, CC 107.395/PB, Rel. Min. Fernando Gonçalves, j. 11/11/2009.

[1549] TJRS, 6ª Câmara Cível, AgRg 70018577072, Rel. Des. Artur Arnildo Ludwig, j. 19/04/2007.

[1550] TJRS, 9ª Câmara Cível, APC 70033869132, Rel. Des. Mário Crespo Brum, j. 25/08/2010; TJRS, 5ª Câmara Cível, AI 70030658579, Rel. Des. Gelson Rolim Stocker, j. 18/06/2009; TJRS, 5ª Câmara Cível, APC 70029046778, Rel. Des. Jorge Luiz Lopes do Canto, j. 29/04/2009.

[1551] TJPR, 15ª Câmara Cível, AI 896.671-6, Rel. Des. Hayton Lee Swain Filho, j. 16/05/2012; TJRS, 9ª Câmara Cível, AI 70025956392, Rel. Des. Iris Helena Medeiros Nogueira, j. 24/09/2008.

dor, sua suspensão se faz necessária já que, nesse caso, o prosseguimento se daria com a observância das normas atinentes às execuções. Ao fim e ao cabo, enquanto não constituído o título judicial não é cabível a suspensão do feito, uma vez que se está diante de ação que demanda quantia ilíquida e que tem a natureza de processo de conhecimento[1552].

Nessa linha de raciocínio, não se admite o deferimento de medidas acautelatórias ou antecipatórias nas ações de conhecimento em curso que possam comprometer, de qualquer forma, o ativo da recuperanda ou o esforço recuperatório em si[1553].

2.6.3. Ações executivas lato sensu e ações de direito material

Outras ações que eventualmente tenham o potencial de agredir o patrimônio do devedor ou de causar embaraço ao esforço recuperatório também devem ser suspensas. Nesse sentido, de acordo com a jurisprudência, há casos envolvendo reintegração de posse de equipamentos locados[1554], cautelar de arresto[1555], pedido de falência[1556] e dissolução parcial da própria sociedade devedora[1557], entre outros, existindo enorme discussão em torno das ações de despejo[1558].

[1552] TJRS, 6ª Câmara Cível, AI 70063635494, Rel. Des. Luís Augusto Coelho Braga, j. 01/09/2015; TJRS, 12ª Câmara Cível, APC 70062864632, Rel. Des. Mário Crespo Brum, j. 13/08/2015; TJRS, 16ª Câmara Cível, AI 70063942775, Rel. Des. Ergio Roque Menine, j. 30/07/2015; TJRS, 12ª Câmara Cível, AI 70063942932, Rel. Des. Pedro Luiz Pozza, j. 06/07/2015; TJRS, 6ª Câmara Cível, AI 70063942874, Rel. Des. Luiz Menegat, j. 17/03/2015; TJRS, 19ª Câmara Cível, APC 70057646572, Rel. Des. Marco Antonio Angelo, j. 22/05/2014. Na doutrina, entre outros, ver: AYOUB; CAVALLI. *A construção jurisprudencial...*, p. 141.

[1553] Também nesse sentido: AYOUB; CAVALLI. *A construção jurisprudencial...*, p. 141.

[1554] TJRS. 6ª Câmara Cível, AI 70038971164, Rel. Des. Artur Arnildo Ludwig, j. 09/06/2011.

[1555] TJRS, 9ª Câmara Cível, AI 70032167132, Rel. Des. Marilene Bonzanini Bernardi, j. 11/09/2009.

[1556] TJRS, 5ª Câmara Cível, AI 70025072729, Rel. Des. Umberto Guaspari Sudbrack, j. 08/10/2008.

[1557] TJRS, 6ª Câmara Cível, AI 70018024786, Rel. Des. Osvaldo Stefanello, j. 12/04/2007.

[1558] A cobrança de créditos anteriores à distribuição do pedido fica suspensa e fica sujeita à recuperação judicial, mas a retomada do imóvel é tema polêmico. Inclusive, segundo a jurisprudência do STJ, o despejo pode prosseguir. Assim, na visão da Corte, a ação de despejo (Lei 8.245/1991 – Lei do Inquilinato) movida contra o sujeito em recuperação judicial, que busca, unicamente, a retomada da posse direta do imóvel locado não se submete à competência do juízo universal da recuperação, uma vez que deve ser preservado o direito de propriedade e que se trata de demanda ilíquida. Assim: STJ, 2ª Seção, CC 148.803/RJ, Rel. Min. Nancy Andrighi, j. 26/04/2017; STJ, 2ª Seção, AgRg no CC 145.517/RS, Rel. Min. Moura Ribeiro, j. 22/06/2016; STJ, 2ª Seção, AgRg no CC 133.612/AL, Rel. Min. João Otávio de Noronha, j. 14/10/2015; STJ, 2ª Seção, CC 123.116/SP, Rel. Min. Raul Araújo, j. 14/08/2014; STJ, 2ª Seção, CC 122.440/SP, Rel. Min. Raul Araújo, j. 14/08/2014; STJ, 2ª Seção, AgRg no CC 103.012/GO, Rel. Min. Luis Felipe Salomão, j. 23/04/2014; STJ, REsp 1.490.672/SP, Rel. Min. Marco Aurélio Bellizze (decisão monocrática), j. 18/12/2014; STJ, REsp 1.281.292/SP, Rel. Min. João Otávio de Noronha (decisão monocrática), j. 17/11/2014; STJ, CC 136.315/SP, Rel. Min. Maria Isabel Gallotti (decisão monocrática), j. 11/11/2014. Nesse sentido, inclusive, caminha o Enunciado 13 da Edição 35 da Jurisprudência em Teses do STJ, ao determinar que "A ação de despejo (Lei 8.245/1991- Lei do Inquilinato) movida contra o

RECUPERAÇÃO JUDICIAL. PARTE 2

Assim e em resumo, as ações executivas *lato sensu* são apanhadas pela suspensão do *stay period* caso possam afetar a recuperação. Nessa linha, a Súmula 57 do TJSP dá tratamento similar a algumas medidas materiais (chamadas "ações de direito material") que possam desfalcar o patrimônio da recuperanda ou embaraçar o esforço recuperatório:

A falta de pagamento das contas de luz, água e gás anteriores ao pedido de recuperação judicial não autoriza a suspensão ou interrupção do fornecimento[1559].

---

sujeito em recuperação judicial, que busca, unicamente, a retomada da posse direta do imóvel locado, não se submete à competência do juízo universal da recuperação". Em assim sendo, é possível, inclusive, conceder liminar em ação de despejo contra devedora em recuperação judicial (TJSP, 36ª Câmara Cível, AI 2245522-76.2016.8.26.0000, Rel. Des. Jayme Queiroz Lopes, j. 23/02/2017). Ainda, entendendo que o despejo pode ter seguimento, suspendendo-se somente a execução dos locativos em caso de demanda cumulada, ver: TJSP, 32ª Câmara Cível, AI 0076828-86.2013.8.26.0000, Rel. Des. Ruy Coppola, j. 01/08/2013. E faz todo sentido entender, em ação de despejo em que a locadora buscou a rescisão do contrato de locação bem como a condenação da locatária (em recuperação judicial) ao pagamento de indenização por perdas e danos e a exibição de documentos, que os dois últimos pedidos poderiam prosseguir por serem pedidos ilíquidos (TJRS, 16ª Câmara Cível, AI 70055946040, Rel. Des. Catarina Rita Krieger Martins, j. 28/08/2013). Ainda, encontram-se precedentes no sentido de que a ação de despejo cumulada com cobrança não deve ser suspensa por se estar na fase de conhecimento, *i.e.*, trata-se de ação que demanda quantia ilíquida (TJRS, 16ª Câmara Cível, AI 70073674087, Rel. Des. Paulo Sérgio Scarparo, j. 27/07/2017; TJRS, 16ª Câmara Cível, APC 70071638852, Rel. Des. Paulo Sérgio Scarparo, j. 15/12/2016). De qualquer sorte, há casos em que se entende que a ação de despejo deve restar suspensa, especialmente se o bem locado for essencial à atividade da recuperanda (essa a posição do TJSP ao julgar uma série agravos na recuperação extrajudicial do Grupo Colombo ("Camisaria Colombo"). Exemplificativamente: TJSP, 1ª Câmara Reservada de Direito Empresarial, AI 2201705-59.2016.8.26.0000, Rel. Des. Cesar Ciampolini, j. 22/02/2017; TJSP, 1ª Câmara Reservada de Direito Empresarial, AI 2204224-07.2016.8.26.0000, Rel. Des. Cesar Ciampolini, j. 22/02/2017; TJSP, 1ª Câmara Reservada de Direito Empresarial, AI 2187066-36.2016.8.26.0000, Rel. Des. Cesar Ciampolini, j. 22/02/2017; TJSP, 1ª Câmara Reservada de Direito Empresarial, AI 2185323-88.2016.8.26.0000, Rel. Des. Cesar Ciampolini, j. 08/02/2017). Também entendendo pela suspensão da retomada do imóvel, ver: TJRS, 6ª Câmara Cível, AI 70039932231, Rel. Des. Ergio Roque Menine, j. 30/06/2011; TJSP, 33ª Câmara de Direito Privado, AI 0027201-50.2012.8.26.0000, Rel. Des. Mario A. Silveira, j. 05/03/2012. Ainda, quando cumulada a ação de despejo com cobrança de aluguéis e resolução contratual, há precedentes que entendem que a ação deve restar suspensa pois não estaria sendo demandada quantia ilíquida, nos termos do art. 6º da LREF (*v.g.*, STJ, 2ª Seção, CC 119949/SP, Rel. Min. Luis Felipe Salomão, j. 12/09/2012; TJSP, 36ª Câmara de Direito Privado, AI 0190584-44.2011.8.26.0000, Rel. Des. Dyrceu Cintra, j. 06/10/2011; TJRS, 15ª Câmara Cível, APC 70072078165, Rel. Des. Ana Beatriz Iser, j. 12/04/2017). Há, ainda, precedentes relacionados à suspensão de despejo mesmo na hipótese de já ter sido dada a ordem de desocupação do imóvel (*v.g.*, TJRS, 16ª Câmara Cível, AI 70033268962, Rel. Des. Ana Maria Nedel Scalzilli, j. 26/08/2010); contra: TJRS, 15ª Câmara Cível, AI 70018257790, Rel. Des. Angelo Maraninchi Giannakos, j. 14/03/2007. Especificamente sobre o tema, ver: RODRIGUES, Gabriela Wallau. A (não) sujeição da ação de despejo aos efeitos da recuperação judicial: comentários ao acórdão no Conflito de Competência n. 123.116/SP da 2ª Seção do STJ. *Revista Síntese Direito Empresarial*, v. 7, n. 42, p. 121-129, jan./fev. 2015.

[1559] Também nesse sentido: TJRS, 6ª Câmara Cível, AI 70034938175, Rel. Des. Luís Augusto Coelho Braga, j. 13/05/2010; TJRS, 6ª Câmara Cível, AI 70067439299, Rel. Des. Luís Augusto Coelho Braga, j. 19/05/2016 ("A suspensão dos créditos nos autos da recuperação judicial abrange as faturas geradas

RECUPERAÇÃO DE EMPRESAS E FALÊNCIA

Essa regra alcança também os serviços de telefonia e transmissão de dados[1560], sendo que a jurisprudência assim também já entendeu em relação a outros contratos considerados essenciais à recuperação da empresa[1561]. Da mesma forma, retenções e débitos nas contas da recuperanda em razão de créditos submetidos à recuperação não são admitidos[1562].

O deferimento da recuperação judicial suspende a exigibilidade de todas as dívidas e obrigações sujeitas aos seus efeitos[1563]. Em regra, a efetivação da medida protetiva depende do encaminhamento de ofícios diretamente às instituições financeiras para que se abstenham de efetuar medidas constritivas e/ou devolvam ao devedor o montante de eventuais retenções/descontos já realizados[1564].

Por outro lado, a jurisprudência já entendeu não haver prejuízo para a recuperação judicial o fato das duas sociedades controladoras da recuperanda terem quotas sociais penhoradas por dívidas particulares de seus sócios[1565].

Ainda, as obrigações contraídas após o pedido de recuperação, caso eventualmente sejam descumpridas, podem ser normalmente executadas – bem como, por exemplo, ensejar a suspensão do fornecimento de energia elétrica[1566]. Na mesma linha, as obrigações contraídas após a distribuição do pedido de recuperação judicial podem embasar eventual pedido de falência[1567]. O TJSP já sumulou o tema: "Crédito constituído após o pedido de recuperação judicial legitima requerimento de falência contra a recuperanda" (Súmula 55 do TJSP).

---

dentro do período de recuperação, ainda que não vencidas, a teor do disposto no artigo 49 da lei n° 11.101/2005. – É o caso dos autos, o débito exigido está dentro do período de suspensão, sujeitando-se, portanto, aos efeitos da recuperação judicial, hipótese que autoriza a proibição do corte no fornecimento de energia elétrica.").

[1560] AYOUB; CAVALLI. A construção jurisprudencial..., p. 51.

[1561] "AGRAVO DE INSTRUMENTO. RECUPERAÇÃO JUDICIAL. Serviços essenciais para a continuidade das atividades da recuperandas. Súmula n. 57 deste Tribunal. Princípios da preservação da empresa conjugado com a liberdade de contratos nos limites da função social do contrato. Prevalência dos valores coletivos sobre os individuais. Rupturas repentinas que sujeitam as agravantes a elevado risco de comprometimento de suas atividades. Contratantes que devem manter o fornecimento de seus serviços enquanto houver pagamentos das prestações vencidas após o pedido de recuperação judicial. Recurso provido" (TJSP, 1ª Câmara Reservada de Direito Empresarial, AI 2075329-28.2016.8.26.0000, Rel. Des. Hamid Bdine, j. 21/09/2016).

[1562] TJSP, 1ª Câmara de Direito Empresarial, AI 2226828-30.2014.8.26.0000, Rel. Des. Enio Zuliani, 29/04/2015; e TJGO, 1ª Câmara Cível, AI 67517-6/180, Rel. Juiz de Direito Sival Guerra Pires, j. 09/06/2009.

[1563] TJSP, Câmara Reservada à Falência e Recuperação, AI 642.534-4/3-00, Rel. Des. Elliot Akel, j. 18/08/2009.

[1564] TJDFT, 2ª Turma Cível, AI 20090020101558 (398450), Rel. Des. Carlos Pires Soares Neto, j. 28/10/2009.

[1565] TJSP, 22ª Câmara de Direito Privado, AI 00937395220088260000, Rel. Des. Andrade Marques, j. 20/01/2009.

[1566] TJRS, 6ª Câmara Cível, AI 70066496910, Rel. Des. Elisa Carpim Corrêa, j. 03/03/2016.

[1567] TJRS, 15ª Câmara Cível, AI 70065210783, Rel. Des. Ana Beatriz Iser, j. 25/11/2015.

RECUPERAÇÃO JUDICIAL. PARTE 2

Igualmente, respeitadas as normas incidentes, é lícito a um contratante denunciar contrato de prestação de serviços ou de fornecimento firmado com devedor em recuperação judicial se sobrevier inadimplemento após o ajuizamento da recuperação judicial. Por outro lado, é discutível se o fato de a empresa ajuizar recuperação pode, por si só, motivar a denúncia contratual (vide idem 2.8 deste capítulo), se bem que a jurisprudência já admitiu seja suscitada a exceção de inseguridade por contratante[1568].

Finalmente, pode o contratante se negar a renovar determinado contrato ainda que a contraparte esteja em recuperação judicial[1569].

2.6.4. Ações de natureza trabalhista

O processamento do pedido de recuperação judicial não paralisa as reclamatórias trabalhistas ainda não julgadas[1570], que serão processadas perante a justiça especializada até a apuração do respectivo crédito (LREF, art. 6º, §2º)[1571]. A competência da Justiça do Trabalho limita-se à apuração do crédito[1572]. A competência para a execução dos julgados da Justiça Laboral é do juízo onde se processa a recuperação[1573].

[1568] TJRS, 12ª Câmara Cível, AI 70068840297, Rel. Des. Pedro Luiz Pozza, j. 16/06/2016.

[1569] TJSP, 2ª Câmara Reservada de Direito Empresarial, AI 2028319-56.2014.8.26.0000, Rel. Des. Ricardo Negrão, j. 22/09/2014 ("Decisão singular que indefere pedido liminar de prorrogação de contratos, sob argumento de que são essenciais à recuperação judicial – Essencialidade não evidenciada – Situação, ademais, em que se constata que os contratos em debate foram constituídos antes do requerimento da recuperação judicial, porém, com prazo certo para encerramento – Houve aditamento e prorrogação pactuados em aditivo firmado quando já deferido o processamento da recuperação – Notificação extrajudicial na qual é cientificado às recuperandas que, findo o prazo estabelecido, não haveria interesse na continuidade – Inexistência de elementos para determinar-se a manutenção e prorrogação dos contratos – Dever de preservar-se aquilo que restou pactuado entre as partes e aguardar-se a triangularização processual – Decisão singular mantida – Agravo improvido."). No mesmo sentido, negando a possibilidade de determinação para que contraparte continue a celebrar novos contratos de prestação de serviços com a recuperanda, ver: TJRJ, 5ª Câmara Cível, AI 0002437-24.2014.8.19.0000, Rel. Des. Heleno Ribeiro P. Nunes, j. 25/02/2014.

[1570] STJ, 2ª Seção, CC 108.721/DF, Rel. Min. Nancy Andrighi, j. 25/08/2010.

[1571] STJ, 2ª Seção, AgRg no CC 104.500/SP, Rel. Vasco Della Giustina, j. 27/04/2011; STJ, 2ª Seção, AgRg no CC 110.287/SP, Rel. Min. João Otávio de Noronha, j. 24/03/2010; STJ, 2ª Seção, CC 103.205/SP, Rel. Min. Fernando Gonçalves, j. 14/10/2009. Observe-se, também, o que dispõe a OJ EX SE do TRT da 9ª Região: "I – *Falência e Recuperação Judicial. Competência*. A execução contra a massa falida ou empresa em processo de recuperação judicial é de competência da Justiça do Trabalho até a fixação dos valores como incontroversos e a expedição da certidão de habilitação do crédito (Lei 11.101/05, art. 6º, §§1º e 2º)."

[1572] STJ, 2ª Seção, CC 112.716/GO, Rel. Min. Paulo de Tarso Sanseverino, j. 09/02/2011.

[1573] STJ, 2ª Seção, AgRg no CC 112.673/DF, Rel. Min. Aldir Passarinho Júnior, j. 13/10/2010; e STJ, 2ª Seção, CC 103.025/SP, Rel. Min. Fernando Gonçalves, j. 14/10/2009 (assim decidindo: "1. Há de prevalecer, na recuperação judicial, a universalidade, sob pena de frustração do plano aprovado pela assembleia de credores, ainda que o crédito seja trabalhista. 2. Com a edição da Lei n. 11.101/2005, respeitadas as especificidades da falência e da recuperação judicial, é competente o respectivo Juízo

RECUPERAÇÃO DE EMPRESAS E FALÊNCIA

Em tese, a execução ficará suspensa até o término do período de proteção, momento em que poderá ser normalmente concluída, ainda que o crédito já esteja inscrito no quadro-geral de credores. O pagamento do crédito apurado será realizado de acordo com o plano aprovado pela assembleia geral (LREF, art. 6º, §5º).

Não é dado à Justiça do Trabalho a prática de qualquer ato de constrição, inclusive penhora *online*[1574] – mesmo que os créditos tenham existência após a distribuição do pedido de recuperação judicial[1575].

Caso se verifique a ultimação da arrematação de um bem objeto de execução perante a Justiça Especializada, esta não precisa ser declarada nula, apenas o produto da venda judicial deve reverter em favor da recuperação[1576], salvo se o bem for tido como essencial para o esforço recuperatório.

É do juízo concursal a competência para decidir, inclusive, sobre os depósitos recursais feitos no curso da ação trabalhista, ainda que anteriores à instauração do juízo universal[1577-1578-1579].

Finalmente, como já vimos no Capítulo 10, item 3.2.1, na Justiça do Trabalho – apesar de não concordarmos com a forma como é aplicada a desconsideração da personalidade jurídica na esfera trabalhista –, os sócios do devedor ou outras

---

para prosseguimento dos atos de execução, tais como alienação de ativos e pagamento de credores, que envolvam créditos apurados em outros órgãos judiciais, inclusive trabalhistas, ainda que tenha ocorrido a constrição de bens do devedor" (...). 3. As ações de conhecimento em trâmite na Justiça do Trabalho devem prosseguir até a apuração dos respectivos créditos. Em seguida, serão processadas no juízo universal da recuperação judicial as respectivas habilitações. 4. Conflito de competência conhecido para declarar – com as devidas ressalvas concernentes às ações de conhecimento trabalhistas – a competência do Juízo de Direito da 1ª Vara de Falências e Recuperações Judiciais de São Paulo – SP.").

[1574] STJ, 2ª Seção, Rcl 2.699/SP, Rel. Min. Luis Felipe Salomão, j. 26/11/2008.

[1575] "Tratando-se de crédito trabalhista constituído depois de ter o devedor ingressado com o pedido de recuperação judicial, está excluído do plano e de seus efeitos (art. 49, caput, da Lei nº 11.101/2005). 2. Ante a determinação de ato expropriatório genérico e sem ressalva determinado pelo magistrado trabalhista para a satisfação do crédito executado, compete ao juízo universal exercer o controle sobre atos de constrição patrimonial. Precedentes do STJ. 3. Conflito conhecido para declarar a competência do juízo da recuperação judicial." (STJ, 2ª Seção, CC 129.720/SP, Rel. Min. Luis Felipe Salomão, Rel. p/ acórdão Min. Marco Buzzi, j. 14/10/2015). No mesmo sentido (referente a honorários advocatícios): STJ, 4ª Turma, REsp 1.298.670/MS, Rel. Min. Luis Felipe Salomão, j. 21/05/2015.

[1576] STJ, 2ª Seção, AgRg no CC 112.673/DF, Rel. Min. Aldir Passarinho Júnior, j. 13/10/2010.

[1577] STJ, 2ª Seção, CC 87.194/SP, Rel. Min. Humberto Gomes de Barros, j. 26/09/2007.

[1578] De qualquer sorte, observe-se, por exemplo, o que diz a OJ EX SE – 28 do TRT da 9ª Região: "IV – *Falência e Recuperação Judicial. Liberação de depósito recursal.* O depósito recursal pode ser liberado ao exequente, para a quitação de valores incontroversos, ainda que decretada a falência. Na hipótese de recuperação judicial, o depósito recursal pode ser liberado ao exequente, desde que esgotado o prazo de suspensão a que se refere a Lei 11.101/05, artigo 6º, §4º."

[1579] De qualquer sorte, lembramos do disposto na Súmula 480 do STJ: "O juízo da recuperação judicial não é competente para decidir sobre a constrição de bens não abrangidos pelo plano de recuperação da empresa." – caminhando, no mesmo sentido, o Enunciado 3 da Edição 35 da Jurisprudência em Teses do STJ.

RECUPERAÇÃO JUDICIAL. PARTE 2

sociedades que eventualmente componham grupo econômico em conjunto com o devedor em recuperação judicial poderão ser responsabilizadas, salvo se a recuperação judicial também abarcar os seus sócios[1580].

2.6.5. Execuções fiscais

As execuções de natureza fiscal não são suspensas pelo deferimento da recuperação judicial, ressalvada a concessão de parcelamento nos termos do Código Tributário Nacional e da legislação ordinária específica (LREF, art. 6º, §7º). Em outras palavras, se não houver parcelamento da dívida tributária, o período de proteção é ineficaz em relação às obrigações fiscais[1581].

Todavia, submetem-se ao crivo do juízo universal os atos de penhora e alienação voltados contra o patrimônio da recuperanda, em homenagem ao princípio da preservação da empresa[1582] (e também porque o Poder Legislativo jamais regulamentou, adequadamente, a modalidade especial de parcelamento da dívida

---

[1580] TST, 8ª Turma, AIRR 1101-79.2011.5.09.0594, Rel. Min. Márcio Eurico Vitral Amaro, j. 15/06/2016; TRT3, Agravo de Petição 00252-2012-044-03-00-9, Rel. Juiz Conv. Maria Cristina Diniz Caixeta, j. 17/08/2016; TRT4, SEEx, AP 0020379-11.2014.5.04.0009, Rel. Des. Rejane Souza Pedra, j. 26/04/2017; TRT4, SEEx, AP 0000021-81.2015.5.04.0561, Rel. Des. Rejane Souza Pedra, j. 31/01/2017. Nesse sentido, determina-se o prosseguimento da execução contra os demais responsáveis na Justiça do Trabalho, inclusive sócios, como, inclusive, determina a Orientação Jurisprudencial OJ EX SE – 28 do TRT da 9ª Região. No mesmo caminho está, por exemplo, a Súmula 54 do TRT da 3ª Região e o Enunciado 20 da Jornada Nacional sobre Execução na Justiça do Trabalho. E nesse sentido já se manifestou o STJ, diante, inclusive, da sua Súmula 480: STJ, 2ª Seção, AgRg nos EDcl no CC 140.495/SP, Rel. Min. Raúl Araújo, j. 26/08/2015; STJ, 2ª Seção, AgRg no CC 136.779/MT, Rel. Min. Marco Aurélio Bellizze, j. 26/11/2014; STJ, 2ª Seção, CC 121.487/MT, Rel. Min. Raul Araújo, j. 27/06/2012. Existem, de qualquer sorte, mesmo na Justiça do Trabalho, precedentes que entendem que o fato de a sociedade devedora estar em recuperação judicial não permite a desconsideração da personalidade jurídica e o redirecionamento da execução aos sócios: TRT4, SEEx, AP 0000197-95.2010.5.04.0121, Rel. Des. Ana Rosa Pereira Zago Sagrilo, j. 25/08/2015; TRT4, SEEx, AP 0000566-93.2011.5.04.0561, Rel. Des. Vânia Mattos, j. 03/05/2016; TRT4, SEEx, AP 0000043-43.2013.5.04.0551, Rel. Des. Ana Rosa Pereira Zago Sagrilo, j. 21/03/2017.

[1581] TJRS, 5ª Câmara Cível, CC 70046900668, Rel. Des. Isabel Dias Almeida, j. 29/02/2012; TJRS, 2ª Câmara Cível, AI 70046800207, Rel. Des. Arno Werlang, j. 28/03/2012.

[1582] STJ, 2ª Seção, AgInt no CC 149.827/RN, Rel. Min. Nancy Andrighi, j. 27/09/2017; STJ, 2ª Seção, AgInt no CC 150.844/GO, Rel. Min. Marco Buzzi, j. 13/09/2017; STJ, 1ª Turma, AgRg no REsp 1.121.762/SC, Rel. Min. Arnaldo Esteves Lima, j. 05/06/2012; STJ, 2ª Seção, AgRg no AgRg no CC 118.714/MT, Rel. Min. Sidnei Beneti, j. 23/11/2011; STJ, 2ª Seção, CC 116.213/DF, Rel. Min. Nancy Andrighi, j. 28/09/2011; STJ, 2ª Seção, AgRg no CC 115.275/GO, Rel. Min. Luis Felipe Salomão, j. 14/09/2011; STJ, 2ª Seção, EDcl no AgRg no CC 110.764, Rel. Min. Luis Felipe Salomão, j. 11/05/2011; STJ, 2ª Seção, AgRg no CC 81.922/RJ, Rel. Min. Ari Pargendler, j. 09/05/2007. Da mesma forma: STJ, 2ª Seção, AgRg no CC 140.146/SP, Rel. Min. Marco Buzzi, j. 24/02/2016; STJ, 2ª Turma, AgRg no REsp 1.499.530/PR, Rel. Min. Humberto Martins, j. 17/03/2015; TRF4, 1ª Turma, AI 5000538-82.2016.404.0000, Rel. Des. Eduardo Vandré Garcia, j. 27/04/2016; TRF4, 1ª Turma, AI 5004909-89.2016.404.0000, Rel. Des. Jorge Antonio Maurique, j. 27/04/2016. Nesse sentido o Enunciado 74 da II Jornada de Direito Comercial promovida pelo Conselho da Justiça Federal: "74. Embora a execução fiscal não se suspenda em virtude do deferimento do processamento da recuperação judicial, os atos que importem em constrição do

RECUPERAÇÃO DE EMPRESAS E FALÊNCIA

tributária das empresas em recuperação judicial, como previsto no art. 68 da LREF[1583] – sobre a questão do parcelamento especial, remete-se o leitor para o Capítulos 10, item 3.2.8, e 11, item 7.2).

Tal entendimento tem sido aplicado mesmo que o crédito tributário tenha sido constituído após a distribuição do pedido de recuperação judicial[1584].

Em síntese, apesar de não se suspenderem as execuções fiscais com o deferimento da recuperação judicial, a competência para promover os atos de execução do patrimônio da recuperanda é do juízo em que se processa a recuperação judicial, evitando-se, com isso, medidas expropriatórias que prejudiquem o cumprimento do plano e os esforços recuperatórios[1585].

---

patrimônio do devedor devem ser analisados pelo Juízo recuperacional, a fim de garantir o princípio da preservação da empresa".

[1583] TJSP, 9ª Câmara de Direito Público, AI 0231492-46.2011.8.26.0000, Rel. Des. Décio Notarangeli, j. 14/12/2011.

[1584] TJRS, 1ª Câmara Cível, AI 70066731555, Rel. Des. Newton Luís Medeiros Fabrício, j. 15/06/2016.

[1585] Nesse sentido caminham os Enunciados 11 da Edição 35 e 8 da Edição 37 da Jurisprudência em Teses do STJ. Assim: STJ, 2ª Seção, AgRg no CC 129.079/SP, Rel. Min. Antonio Carlos Ferreira, j. 11/03/2015; STJ, 2ª Seção, AgRg no CC 133.509/DF, Rel. Min. Moura Ribeiro, j. 25/03/2015; STJ, 2ª Seção, AgRg no CC 125.205/SP, Rel. Min. Marco Buzzi, j. 25/02/2015; STJ, 2ª Seção, AgRg no CC 136.978/GO, Rel. Min. Marco Aurélio Bellizze, j. 10/12/2014; STJ, 2ª Seção, AgRg no CC 124.052/SP, Rel. Min. João Otávio de Noronha, j. 22/10/2014; STJ, 2ª Seção, EDcl no AgRg no AgRg no CC 118.424/SP, Rel. Min. Paulo de Tarso Sanseverino, j. 10/04/2013; STJ, 2ª Seção, AgRg no CC 130.433/SP, Rel. Min. Sidnei Beneti, j. 26/02/2014; STJ, 2ª Seção, CC 118.819/MG, Rel. Min. Ricardo Villas Bôas Cueva, j. 26/09/2012; STJ, 2ª Seção, CC 116.696/DF, Rel. Min. Nancy Andrighi, j. 24/08/2011; STJ, 2ª Seção, AgRg no CC 105.215/MT, Rel. Min. Luis Felipe Salomão, j. 28/04/2010; STJ, 2ª Seção, AgRg no CC 104.638/SP, Rel. Vasco Della Giustina, j. 10/03/2010; STJ, 2ª Seção, AgRg no CC 136.130/SP, Rel. Min. Raul Araújo, Rel. p/ acórdão Min. Antônio Carlos Ferreira, j. 13/05/2015; STJ, 2ª Seção, AgInt no CC 149.827/RN, Rel. Min. Nancy Andrighi, j. 27/09/2017 STJ, 2ª Seção, AgInt no CC 150.844/GO, Rel. Min. Marco Buzzi, j. 13/09/2017; STJ, 2ª Seção, AgRg no AgRg no CC 120.644/RS, Rel. Min. Massami Uyeda, j. 27/06/2012; STJ, 3ª Turma, REsp 1.166.600/SP, Rel. Min. Nancy Andrighi, j. 04/12/2012; STJ, 2ª Seção, AgRG no AgRG no AgRG no CC 117.184/RS, Rel. Min. Sidnei Beneti, j. 09/11/2011; STJ, 2ª Seção, AgRg no CC 81.922/RJ, Rel. Min. Ari Pargendler, j. 09/05/2007. No âmbito do STJ, a 2ª Seção é a competente para julgar conflitos de competência originados em recuperação judicial, envolvendo execuções fiscais movidas contra empresários e sociedades empresárias, a teor do art. 9º, §2º, IX, do RISTJ. Assim: Enunciado 16 da Edição 35 da Jurisprudência em Teses do STJ; STJ, 2ª Seção, AgRg no CC 120.643/RS, Rel. Min. João Otávio de Noronha, j. 22/10/2014; STJ, 2ª Seção, AgRg no CC 129.622/ES, Rel. Min. Raul Araújo, j. 24/09/2014; STJ, 2ª Seção, AgRg no CC 124.244/GO, Rel. Min. Massami Uyeda, j. 14/11/2012; STJ, 2ª Seção, AgRg no CC 123.474/DF, Rel. Min. Nancy Andrighi, j. 24/10/2012; STJ, 2ª Seção, AgRg no CC 118.714/MT, Rel. Min. Sidnei Beneti, j. 27/06/2012; STJ, 2ª Seção, AgRg no CC 120.407/SP, Rel. Min. Luis Felipe Salomão, j. 27/06/2012; STJ, CC 138.073/SP, Rel. Min. Paulo de Tarso Sanseverino (decisão monocrática), j. 26/03/2015; STJ, 2ª Seção, AgInt no CC 149.827/RN, Rel. Min. Nancy Andrighi, j. 27/09/2017; STJ, 2ª Seção, AgInt no CC 150.844/GO, Rel. Min. Marco Buzzi, j. 13/09/2017. De qualquer sorte, lembramos do disposto na Súmula 480 do STJ: "O juízo da recuperação judicial não é competente para decidir sobre a constrição de bens não abrangidos pelo plano de recuperação da empresa." – caminhando, no mesmo sentido, o Enunciado 3 da Edição 35 da Jurisprudência em Teses do STJ.

RECUPERAÇÃO JUDICIAL. PARTE 2

Nesse particular, a jurisprudência entendeu ser possível, inclusive, a flexibilização de atos constritivos realizados em execuções fiscais[1586]. Da mesma maneira, já foi considerado que o "regime de recuperação da empresa não obsta o andamento da execução fiscal, mas exclui a realização de penhora *online*, visto que esta é incompatível com o dito regime"[1587].

2.6.6. Credores proprietários e os bens essenciais

De acordo com o art. 52, III, da LREF, as ações e execuções dos credores proprietários – aqueles mencionados no art. 49, §3º, da LREF (proprietário fiduciário, arrendador mercantil, entre outros), bem como, se assim se entender, no §4º[1588] – não se suspendem durante o período de proteção (*stay period*)[1589].

Mesmo assim, durante o período de proteção, eventual ação visando à retomada do bem fica suspensa se este puder ser enquadrado no conceito de "bem de capital essencial à atividade empresarial" (art. 6º, §4º c/c 49, §3º)[1590-1591-1592] – com a ressalva do previsto no art. 199, §§1º e 2º, da LREF. Após o transcurso do referido prazo, o credor, então, poderá tomar as medidas que entender pertinentes[1593].

[1586] STJ, 2ª Turma, REsp 1.512.118/SP, Rel. Min. Herman Benjamin, j. 25/08/2015; STJ, 2ª Turma, AgRg no AREsp 543.830/PE, Rel. Min. Herman Benjamin, j. 05/03/2015.

[1587] TJRS, 1ª Câmara Cível, AI 70066731555, Rel. Des. Newton Luís Medeiros Fabrício, j. 28/09/2015.

[1588] Registre-se, no entanto, a existência de doutrina e jurisprudência sustentando que a cobrança de crédito fundado em ACC não é suspensa durante o *stay period*: TJSP, 20ª Câmara de Direito Privado, AI 0053276-63.2011.8.26.0000, Rel. Des. Rebello Pinho, j. 10/10/2011; TJSP, Câmara Reservada à Falência e Recuperação, AI 9044872-35.2009.8.26.0000, Rel. Des. Elliot Akel, j. 26/01/2010; TJRS, 5ª Câmara Cível, AI 70067215673, Rel. Des. Léo Romi Pilau Júnior, j. 25/05/2016. Ver, também: COELHO. *Comentários à Lei de Falências e de Recuperação de Empresas...*, p. 196.

[1589] Apesar disso, o Tribunal de Justiça do Rio Grande do Sul já suspendeu o procedimento iniciado pelo credor no sentido da alienação de imóvel (leilão público), em que pese já consolida a propriedade, que gerava renda relevante para a recuperanda (TJRS, 5ª Câmara Cível, AI 70069927945, Rel. Des. Jorge Luiz Lopes do Canto, j. 29/03/2017). Em sentido semelhante, referente à consolidação da propriedade, ver: TJRS, 5ª Câmara Cível, AI 70041483843, Rel. Des. Jorge Luiz Lopes do Canto, j. 30/05/2012. Ainda: TJRS, 5ª Câmara Cível, AI 70064322167, Rel. Des. Isabel Dias Almeida, j. 27/05/2015 ("Tratando-se de imóvel de propriedade de pessoa física, cujo patrimônio confunde-se com o da firma individual que teve deferido o pedido de recuperação judicial, correto o deferimento da suspensão dos procedimentos de consolidação de propriedade de imóveis.").

[1590] STJ, 2ª Seção, AgRg no CC 119.337/MG, Rel. Min. Raul Araújo, j. 08/02/2012; TJRS, 5ª Câmara Cível, AI 70044398154, Rel. Des. Romeu Marques Ribeiro Filho, j. 29/02/2012; TJRS, 13ª Câmara Cível, AI 70045092731, Rel. Des. Angela Terezinha de Oliveira Brito, j. 28/09/2011; TJRS, 13ª Câmara Cível, AgRg 70039597315, Rel. Des. Lúcia de Castro Boller, j. 11/11/2010. Aqui, ver o Enunciado 7 da Edição 37 da Jurisprudência em Teses do STJ: "7. Os bens de capital essenciais à atividade da empresa em recuperação devem permanecer em sua posse, enquanto durar o período de suspensão das ações e execuções contra a devedora, aplicando-se a ressalva final do §3º, art. 49 da Lei n. 11.101/2005."

[1591] A inclusão do art. 6º-A no Decreto-Lei 911/1969 (decreto que estabelece normas de processo sobre alienação fiduciária e dá outras providências), pela Lei 13.043/2014 (segundo a qual "O pedido de

RECUPERAÇÃO DE EMPRESAS E FALÊNCIA

Acredita-se que o legislador empregou a expressão "bem de capital" da forma mais ampla possível (LREF, art. 49, §3º). Logo, os bens de capital do devedor seriam aqueles tangíveis de produção, como prédios, máquinas, equipamentos, ferramentas e veículos, entre outros efetivamente empregados, direta ou indiretamente, na cadeia produtiva da recuperanda[1594].

Nesses termos, já foram considerados bens essenciais à atividade da empresa os imóveis da sede[1595] e da planta industrial recuperanda[1596], bem como veículo (caminhão) utilizado por empresa de transportes[1597] e maquinário afeito ao processo produtivo de determinada indústria[1598], entre tantos outros[1599]-[1600].

recuperação judicial ou extrajudicial pelo devedor nos termos da Lei nº 11.101, de 9 de fevereiro de 2005, não impede a distribuição e a busca e apreensão do bem"), não muda essa lógica. Se o bem for essencial ao exercício da atividade, sua retomada não pode ser feita durante o período de proteção, em homenagem à preservação da empresa, princípio maior da LREF. Nesse sentido: TJRS, 13ª Câmara Cível, AI 70065876682, Rel. Des. Angela Terezinha de Oliveira Brito, j. 08/10/2015.

[1592] E competente é o juízo da recuperação judicial para decidir sobre a essencialidade do bem (STJ, 2ª Seção, CC 146.631/MG, Rel. Min. Nancy Andrighi, j. 14/12/2016; STJ, 3ª Turma, REsp 1.660.893/MG, Rel. Min. Nancy Andrighi, j. 08/08/2017).

[1593] De qualquer forma, o STJ já flexibilizou a questão, conforme STJ, 3ª Turma, REsp 1.660.893/MG, Rel. Min. Nancy Andrighi, j. 08/08/2017 ("4. O mero decurso do prazo de 180 dias previsto no art. 6º, §4º, da LREF não é bastante para, isoladamente, autorizar a retomada das demandas movidas contra o devedor, uma vez que a suspensão também encontra fundamento nos arts. 47 e 49 daquele diploma legal, cujo objetivo é garantir a preservação da empresa e a manutenção dos bens de capital essenciais à atividade na posse da recuperanda. Precedentes.").

[1594] Segundo a Ciência Econômica, bens de capital são bens utilizados na produção de outros bens, especialmente bens de consumo, embora não sejam diretamente incorporados ao produto final. São bens que atendem a uma necessidade humana de forma indireta, pois são empregados para gerarem aqueles bens que a isso se destinam (estes chamados bens de consumo: alimentos, vestuário, canetas, veículos de passeio, etc.). Porém, é importante lembrar que essas classificações não são estanques, tampouco aceitas universalmente pelos economistas. Alguns consideram bem de capital como sinônimo de bem de produção. Outros consideram bem de produção um conceito mais amplo, que inclui, além dos bens de capital, tudo que é utilizado para a produção de um bem final, abarcando, assim, os bens intermediários e as matérias-primas. Além disso, como nenhuma classificação é absoluta, um mesmo bem pode, de acordo com a sua destinação, ser considerado ora como bem de produção, ora como bem de consumo. Lembre-se o feijão: bem de consumo quando for utilizado como alimento, e bem de produção enquanto semente. Da mesma forma o veículo: ora bem de consumo (usualmente classificado como bem de consumo durável ou bem de uso), ora bem de produção (NUSDEO. Curso de economia..., p. 37-38).

[1595] TJRS, 5ª Câmara Cível, AI 70040220113, Rel. Des. Gelson Rolim Stocker, j. 23/03/2011.

[1596] STJ, 2ª Seção, CC 110.392/SP, Rel. Min. Raul Araújo, j. 24/11/2011.

[1597] TJRS, 14ª Câmara Cível, AI 70049742026, Rel. Des. Sejalmo Sebastião de Paula Nery, j. 27/07/2012.

[1598] TJRS, 13ª Câmara Cível, AI 70065876682, Rel. Des. Angela Terezinha de Oliveira Brito, j. 08/10/2015.

[1599] TJRS, 5ª Câmara Cível, AI 70065306334, Rel. Des. Jorge Luiz Lopes do Canto, j. 29/07/2015; TJRS, 5ª Câmara Cível, AI 70064209950, Rel. Des. Jorge Luiz Lopes do Canto, j. 24/04/2015; TJRS, 5ª Câmara Cível, AI 70059174318, Rel. Des. Jorge Luiz Lopes do Canto, j. 30/04/2014; TJRS, 13ª Câmara Cível, AI 70048165179, Rel. Des. Angela Terezinha de Oliveira Brito, j. 03/04/2012; TJRS, 5ª Câmara Cível, AI 70044738854, Rel. Des. Isabel Dias Almeida, j. 19/10/2011; TJRS, 14ª Câmara Cível, AI 70012949426, Rel. Des. Sejalmo Sebastião de Paula Nery, j. 16/03/2006.

RECUPERAÇÃO JUDICIAL. PARTE 2

De qualquer forma, não basta a mera alegação de que o bem é essencial à recuperação judicial; é indispensável que o devedor comprove ao juiz as características/qualidades técnicas do bem, aquelas que o tornam imprescindível para o exercício da atividade empresária em questão[1601].

[1600] Existe a discussão quanto aos recebíveis (cessão fiduciária de direitos creditórios), tema polêmico tendo em vista que a trava bancária pode asfixiar o devedor em recuperação judicial. Embora, por exemplo, existam diversos precedentes no sentido de que créditos garantidos por cessão fiduciária de direitos creditórios – as chamadas travas bancárias – não se enquadram no conceito de bens de capital, já foi proferida decisão considerando que tais recebíveis podem ser caracterizados como bens essenciais, cabendo ao juízo recuperacional "a apreciação, caso a caso, da concursalidade do crédito, bem como da essencialidade de bens passíveis de apropriação em decorrência de ações promovidas por credores extraconcursais." (TJRS, 6ª Câmara Cível, AI 70068186089, Rel. Des. Rinez da Trindade, j. 07/04/2016). Sob o argumento de que a liberação ao menos parcial das travas bancárias se trata de medida necessária para possibilitar o sucesso do regime e a preservação da empresa, ver: TJRJ, 8ª Câmara Cível, AI 0074750-46.2015.8.19.0000, Rel. Des. Cezar Augusto Rodrigues Costa, j. 19/04/2016; TJRJ, 7ª Câmara Cível, AI 0048732-27.2011.8.19.0000, Rel. Des. André Andrade, j. 15/05/2012; TJRJ, 9ª Câmara Cível, AI 0053629-35.2010.8.19.0000, Rel. Des. Carlos Santos de Oliveira, j. 01/03/2011; TJRJ, 19ª Câmara Cível, AI 0039852-80.2010.8.19.0000 (201000229449), Rel. Des. Ferdinaldo Nascimento, j. 31/05/2011; TJRJ, 4ª Câmara Cível, AI 0001779-05.2011.8.19.0000, Rel. Des. Maria Regina Nova, j. 16/04/2011; TJRJ, 17ª Câmara Cível, AI 2009.002.46014, Rel. Des. Elton Leme, j. 22/02/2010; TJRJ, 2ª Câmara Cível, AI 014987-27.2009.8.19.0000 (2009.002.01890), Rel. Des. Alexandre Câmara, j. 18/02/2009; TJRJ, 2ª Câmara Cível, AI 2009.002.02081, Rel. Des. Alexandre Freitas Câmara, j. 25/03/2009; TJRJ, 2ª Câmara Cível, AI 2009.002.01890, Rel. Des. Alexandre Freitas Câmara, j. 18/02/2009; TJSP, 2ª Câmara Reservada de Direito Empresarial, AI 2081702-75.2016.8.26.0000, Rel. Des. Carlos Alberto Garbi, j. 17/10/2016. Em sentido contrário (ou seja, pela imunidade da cessão fiduciária quanto aos efeitos da recuperação judicial): TJSP, 1ª Câmara Reservada de Direito Empresarial AI 2153642-03.2016.8.26.0000, Rel. Des. Cesar Ciampolini, j. 24/01/2017; TJRJ, 17ª Câmara Cível, AI 2009.002.34272, Rel. Des. Luisa Bottrel Souza, j. 21/01/2010; TJRJ, 20ª Câmara Cível, AI 2009.002.21927, Rel. Des. Jacqueline Montenegro, j. 14/10/2009; TJRJ, AI 2009.002.09750, Rel. Des. Luisa Cristina Bottrel Souza, 17ª Câmara Cível, j. 24/06/2009; TJRJ, 17ª Câmara Cível, AI 2009.002.09750, Rel. Des. Luisa Cristina Bottrel Souza, j. 24/06/2009. O STJ já teve a oportunidade de determinar a disponibilização ao credor dos valores que lhe foram cedidos na satisfação de seu crédito e que estavam depositados em juízo (STJ, 2ª Seção, Rcl 18.538/PA, Rel. Min. Antonio Carlos Ferreira, j. 24/09/2014). Em outra oportunidade, o STJ também já determinou a sustação dos efeitos da medida que determinou que a instituição financeira devolvesse, diretamente à empresa recuperanda, os créditos recebidos por cessão fiduciária (STJ, 4ª Turma, EDcl no RMS 41.646/PA, Rel. Min. Antonio Carlos Ferreira, j. 24/09/2013). Sobre o tema, e propondo critério com o objetivo de limitar o percentual da trava bancária sobre os recebíveis, uma vez que tais garantias podem comprometer parcela significativa do devedor em recuperação judicial, ver: MANGE. Cessão fiduciária de recebíveis na recuperação judicial..., p. 58-60.

[1601] TJMG, 9ª Câmara Cível, AI 1.0148.10.000471-9/001, Rel. Des. Pedro Bernardes, j. 29/06/2010. Também nesse sentido: STJ, 2ª Seção, Rel. Min. Maria Isabel Gallotti, CC 131.656/PE, j. 08/10/2014 (assim decidindo: "Em face da regra do art. 49, §3º, da Lei 11.101/05, não se submetem aos efeitos da recuperação judicial os créditos garantidos por alienação fiduciária. (...). Hipótese em que os imóveis rurais sobre os quais recai a garantia não são utilizados como sede da unidade produtiva, não se tratando de bens de capital imprescindíveis à atividade empresarial das devedoras em recuperação judicial, tanto que destinados à venda no plano de recuperação aprovado"). Igualmente, ver: STJ, 2ª Seção, AgRg no CC 128.658/MG, Rel. Min. Raul Araújo, j. 27/08/2014.

RECUPERAÇÃO DE EMPRESAS E FALÊNCIA

2.6.7. Coobrigados, fiadores e obrigados de regresso

A suspensão da execução somente aproveita a empresa em recuperação[1602]. Os credores do devedor em recuperação judicial conservam seus direitos e privilégios contra os coobrigados, fiadores e obrigados de regresso (LREF, art. 49, §1º) – ainda que sócios[1603]. Exatamente por isso, não ocorre a suspensão das ações e execuções contra avalistas e fiadores, por exemplo, ainda que sejam sócios da devedora, pois a garantia possui natureza autônoma[1604].

[1602] TJRS, 19ª Câmara Cível, AI 70044867661, Rel. Des. Mylene Maria Michel, j. 27/09/2011.

[1603] Nesse sentido, não se pode compreender julgado do Tribunal de Justiça do Espírito Santo que enquadrou os sócios avalistas da sociedade limitada em recuperação judicial como sócios solidários, *i.e.*, sócios de responsabilidade ilimitada nos termos do art. 6º, *caput*, da LREF, determinando, então, o recebimento do crédito nos autos da recuperação judicial da sociedade devedora e impedindo a execução dos garantidores (TJES, 1ª Câmara Cível, APC 0025720-10.2014.8.08.0024, Rel. Des. Janete Vargas Simões, j. 04/10/2016).

[1604] Enunciado 43 da 1ª Jornada de Direito Comercial, promovida pelo Conselho da Justiça Federal no ano de 2012: "A suspensão das ações e execuções previstas no art. 6º da Lei n. 11.101/2005 não se estende aos coobrigados do devedor". Nesse sentido, a Súmula 581 do STJ dispõe que "a recuperação judicial do devedor principal não impede o prosseguimento das ações e execuções ajuizadas contra terceiros devedores solidários ou coobrigados em geral, por garantia cambial, real ou fidejussória". Ver, aqui, o Enunciado 10 da Edição 37 da Jurisprudência em Teses do STJ. E na jurisprudência, exemplificativamente: STJ, AgRg no REsp 1.250.484/RS, Rel. Min. Sidnei Beneti, j. 15/05/2012 (assim decidindo: "o deferimento de recuperação judicial à empresa co-executada não tem o condão de suspender a execução em relação a seus avalistas"). No mesmo sentido: STJ, 2ª Seção, CC 142.726/GO, Rel. Min. Marco Buzzi, j. 24/02/2016; STJ, 2ª Seção, REsp 1.333.349/SP (Recurso Repetitivo), Rel. Min. Luis Felipe Salomão, j. 26/11/2014; STJ, 2ª Seção, EAg 1179654/SP, Rel. Min. Sidnei Beneti, j. 28/03/2012; STJ, 2ª Seção, CC 112.620/DF, Rel. Min. Paulo de Tarso Sanseverino, j. 24/11/2010; TJSP, 13ª Câmara de Direito Privado, AgRg 102911762012826000050000, Rel. Des. Heraldo de Oliveira, j. 25/07/2012; TJRS, 16ª Câmara Cível, AI 70047909874, Rel. Des. Ergio Roque Menine, j. 29/03/2012; TJSRS, 17ª Câmara Cível, AI 70044622595, Rel. Des. Elaine Harzheim Macedo, j. 01/12/2011; TJSP, 1ª Câmara Reservada de Direito Empresarial, AI 2135586-87.2014.8.26.0000, Rel. Des. Teixeira Leite, j. 29/04/2015; TJSP, 12ª Câmara de Direito Privado, AI 2177773420118260000, Rel. Des. Castro Figliolia, j. 01/08/2012 (assim decidindo: "pacífico entendimento desta Câmara no sentido de que a suspensão das ações e execuções, por conta do deferimento da recuperação judicial de que trata o art. 6º da Lei nº 11.101/2005, não aproveita aos avalistas e fiadores"); TJRS, 1ª Câmara Especial Cível, AI 70042769695, Rel. Des. Breno Beutler Junior, j. 22/11/2011 (assim decidindo: "A regra do artigo 6º da Lei 11.101/05, aplica-se somente ao devedor sujeito à recuperação judicial, e não a seus fiadores"). Também nesse sentido: TJSP, 26ª Câmara de Direito Privado, APC 992080474364, Rel. Des. Mario A. Silveira, j. 01/06/2011; TJRS, 16ª Câmara Cível, APC 70046511499, Rel. Des. Paulo Sérgio Scarparo, j. 15/12/2011; TJRS, 2ª Câmara Especial Cível, AI 70042768929, Rel. Des. Fernando Flores Cabral Junior, j. 27/07/2011; TJRS, 9ª Câmara Cível, AI 70030304455, Rel. Des. Iris Helena Medeiros Nogueira, j. 08/07/2009. Há quem sustente que, no caso específico da fiança, havendo benefício de ordem, o credor estaria obrigado a esperar o término do período de proteção (*stay period*), só podendo demandar o fiador depois de esgotadas as possibilidades contra o devedor principal. Assim, o credor poderá agir imediatamente contra o fiador apenas se este renunciou ao benefício de ordem (WALD; WAISBERG. Comentários aos arts. 47 a 49..., p. 341), o que geralmente ocorre na prática contratual.

RECUPERAÇÃO JUDICIAL. PARTE 2

Nessa linha, o STJ decidiu pelo seguimento de ação de execução ajuizada por credora da VASP contra o ex-presidente da companhia aérea, pois este havia avalizado notas promissórias como garantia de contratos de *leasing* de aviões e seus motores[1605]-[1606].

2.6.8. Sócios de responsabilidade ilimitada

A decretação da falência ou o deferimento do processamento da recuperação judicial suspendem o curso da prescrição e de todas as ações e execuções em face do devedor, inclusive aquelas dos credores particulares do sócio solidário (LREF, art. 6º). Como dificilmente a devedora (que ingressa com pedido de recuperação judicial) não é uma sociedade limitada ou uma sociedade anônima[1607], a regra que beneficia os sócios de responsabilidade ilimitada (suspensão das ações e execuções em face destes) tem pouca repercussão em matéria recuperatória[1608].

2.6.9. Protesto de títulos e inscrição em cadastros de proteção ao crédito

A questão aqui posta se desdobra em três: (*i*) o levantamento dos protestos de títulos cujos créditos estão arrolados na recuperação judicial já no deferimento do processamento da recuperação judicial; (*ii*) a possibilidade de novos protestos durante o período de proteção (*stay period*); (*iii*) o levantamento dos protestos depois da aprovação do plano. Esta última questão (item "iii") será examinada no Capítulo 12, na parte relativa aos efeitos da concessão da recuperação judicial.

A possibilidade de novos protestos durante o período de proteção é polêmica. De um lado, seria possível sustentar que o protesto pode ocasionar grave restrição de crédito, minando seriamente o esforço recuperatório.

[1605] STJ, 3ª Turma, REsp 1.095.352/SP, Rel. Min. Massami Uyeda, j. 09/11/2010 (decidindo que a solidariedade pela dívida da companhia não decorria de participação societária, mas, sim, do aval dado nas promissórias. O aval tem natureza autônoma, permitindo que a execução contra o avalista continue, ainda que a empresa devedora esteja em recuperação judicial ou mesmo tenha sua falência decretada. O avalista é devedor solidário e pode ser cobrado simultânea ou isoladamente em relação ao devedor principal).

[1606] Pelos mesmos fundamentos, estão autorizados os protestos em nome dos coobrigados e garantidores da empresa em recuperação (TJRS, 5ª Câmara Cível, EDcl 70041620824, Rel. Des. Isabel Dias Almeida, j. 20/04/2011).

[1607] Historicamente, 99,4% das sociedades registradas nas Juntas Comerciais são do tipo sociedade limitada, enquanto 0,5% são sociedades anônimas, perfazendo um percentual de 99,9% das sociedades constituídas perante o Registro de Empresas (dados disponíveis na página do DREI – Departamento de Registro Empresarial e Integração). Assim, as sociedades que possuem sócios ilimitadamente responsáveis e que, portanto, poderiam se valer da recuperação judicial (sociedade em nome coletivo, sociedade em comandita simples e sociedade em comandita por ações), correspondem à parcela irrisória das sociedades empresárias regularmente constituídas no Brasil.

[1608] Contudo, a referida regra possui relevo na falência da sociedade em comum.

425

RECUPERAÇÃO DE EMPRESAS E FALÊNCIA

Segundo essa corrente, a empresa em recuperação depende da obtenção/abertura de linhas de crédito (especialmente bancário) para continuar exercendo suas atividades. Como a LREF determina que sejam tomadas providências capazes de viabilizar a franca recuperação da empresa, evitando sua bancarrota, impõe-se a adoção de todas as medidas necessárias para emprestar a maior efetividade possível à decisão que deferiu o processamento da recuperação judicial. Assim, em nome do princípio da preservação da empresa, deveriam ser obstados protestos de títulos representativos de dívidas sujeitas à recuperação judicial[1609]. E a decorrência lógica dessa orientação é o levantamento dos protestos realizados em momento anterior ao deferimento do processamento da recuperação judicial, justamente porque essa conduta dos credores pode restringir o crédito da recuperanda perante as instituições financeiras e outros potenciais financiadores (inclusive credores).

Por outro lado, por se tratar de direito material, o entendimento que prevalece é o de que o deferimento do processamento de pedido de recuperação judicial não impede que os credores da recuperanda protestem os títulos representativos de dívidas (inclusive CDA) por esta contraída antes do pedido, pois a norma legal de regência (LREF, art. 6º, §4º) apenas suspende o curso da prescrição e das ações e execuções, não fazendo qualquer menção ao protesto de títulos[1610].

Além disso, a Lei 9.492/1997 (Lei de Protestos) não restringiria o protesto de títulos nos casos de deferimento do processamento de concordata (art. 24), razão pela qual seria possível interpretação na direção de que o mesmo entendimento se aplica à recuperação judicial – até porque o protesto também objetiva garantir aos portadores o direito de regresso contra os endossantes e respectivos avalistas (como dispõe, por exemplo, o art. 13, §4º, da Lei 5.474/1968 – Lei das Duplicatas)[1611].

[1609] TJRS, 6ª Câmara Cível, AI 70046758827, Rel. Des. Artur Arnildo Ludwig, j. 24/05/2012 (assim decidindo: "sustação dos efeitos dos protestos e vedação de apontamentos futuros. Medida concedida. Interpretação do instituto. Princípio da função social da empresa"). No mesmo sentido: TJRS, 6ª Câmara Cível, AI 70044317618, Rel. Des. Artur Arnildo Ludwig, j. 05/10/2011.

[1610] TJRS, 5ª Câmara Cível, AI 70033939984, Rel. Des. Gelson Rolim Stocker, j. 18/12/2009; TJRS, 6ª Câmara Cível, AI 70065939761, Rel. Des. Rinez da Trindade, j. 19/11/2015; TJRS, 5ª Câmara Cível, AI 70067215673, Rel. Des. Léo Romi Pilau Júnior, j. 25/05/2016; TJSP, 2ª Câmara Reservada de Direito Empresarial, Rel. Des. Fabio Tabosa, AI 2037645-06.2015.8.26.0000, j. 21/10/2015; TJSP, 5ª Câmara de Direito Público, AI 2052562-93.2016.8.26.0000, Rel. Des. Heloísa Martins Mimessi, j. 09/05/2016.

[1611] TJRS, 5ª Câmara Cível, AI 70033939984, Rel. Des. Gelson Rolim Stocker, j. 18/12/2009; TJRS, 6ª Câmara Cível, AI 70049412828, Rel. Des. Luís Augusto Coelho Braga, j. 13/09/2012; TJSP, Câmara Especial de Falências e Recuperações Judiciais de Direito Privado, AI 547.904.4/0-00, Rel. Des. Boris Kauffmann, j, 19/11/2008 (assim decidindo: "Recuperação judicial. Deferimento do processamento do pedido. Pedido de cancelamento de protestos e de vedação de novos protestos por obrigações sujeitas à recuperação judicial. Indeferimento. Recurso. Processamento que não impede o protesto (Lei 9.492/97, art. 24). Recurso não provido. O deferimento do processamento do pedido de recuperação judicial não

RECUPERAÇÃO JUDICIAL. PARTE 2

Da mesma forma, também por se tratar de direito material dos credores, há forte jurisprudência no sentido de que o deferimento do processamento da recuperação judicial, igualmente como não pode suspender a publicidade dos protestos, não enseja o cancelamento dos protestos – o que somente seria possível após a aprovação do plano e a concessão da recuperação judicial (que ensejará a novação das obrigações, como será visto)[1612]. A propósito, o Enunciado 54 da

impede o protesto dos títulos a ela sujeitos"); TJPR, 18ª Câmara Cível, AI 417.576-8, Rel. Des. José Carlos Dalacqua, j. 31/08/2007 (assim decidindo: "Protestos de duplicatas realizados após o processamento da recuperação judicial. Inexistência de óbice legal. Lei 11.101/05 que apenas prevê a suspensão da prescrição e de todas as ações e execuções em face do devedor, por 180 dias").

[1612] TJSP, 1ª Câmara Reservada de Direito Empresarial, AI 2058768-31.2013.8.26.0000, Rel. Des. Teixeira Leite, j. 29/05/2014 ("O deferimento do processamento da recuperação judicial não enseja o cancelamento da negativação do nome do devedor nos órgãos de proteção ao crédito e nos tabelionatos de protestos"); TJSP, 2ª Câmara Reservada de Direito Empresarial, AI 0156395-06.2012.8.26.0000, Rel. José Reynaldo, j. 25/03/2013 ("Recuperação judicial. Processamento do pedido. Requerimento incidental, da empresa que postula a recuperação, de suspensão dos apontamentos que pendem sobre seu nome nos cadastros da Serasa e da publicidade dos protestos tirados em seu desfavor nos respectivos Cartórios. Impossibilidade. Elementos dos autos que revelam existir Plano de Recuperação Judicial PRJ apresentado, contudo, ainda não aprovado pelos credores ou homologado pelo Juízo. Requerimento cujo cabimento se dá somente com a aprovação e homologação do PRJ, quando então se dará a novação legal dos créditos sujeitos à recuperação. (...). Preservação da publicidade da situação de endividamento da requerente, que se insere em um sistema de proteção a terceiros, além de resguardar os direitos dos credores precedentes em relação à eventual desmedida elevação do passivo"); TJSP, 2ª Câmara de Direito Empresarial, AI 0156395-06.2012.8.26.0000, Rel. Des. Romeu Ricupero, j. 25/03/2013 (assim decidindo: "Alegação da agravante de sofrer transtornos para aquisição de mercadorias com alguns clientes, desconhecedores do procedimento de recuperação judicial. Descabimento. O protesto já lavrado é um fato jurídico e não pode ser ignorado, como não é ignorada a situação da agravante, de recuperação judicial, por seus fornecedores e bancos"); TJRJ, 15ª Câmara Cível, AI 0016065-12.2016.8.19.0000, Rel. Des. Gilberto Clóvis Faria Matos, j. 21/06/2016 ("O princípio da preservação da empresa, no entanto, não pode se sobrepujar ao interesse público que reside na publicidade dos protestos, na transparência perante o mercado e na boa-fé objetiva, eis que também nestas devem se pautar as relações empresariais. (...) 5. Importa notar que somente com a homologação do plano, se exitoso, ocorrerá a novação dos créditos. A partir de então é que deverão ser os órgãos competentes oficiados para a baixa dos protestos e a retirada das anotações. (...) 6. Inexiste previsão legal para que, uma vez deferido o processamento da recuperação judicial, cancelem-se ou se suspendam os apontamentos de dívida da impetrante, os quais não concernem somente à devedora principal, mas atingem também os coobrigados, ademais de constituírem a prova documental do direito material dos credores, o qual permanece íntegro."). No mesmo sentido, ver: STJ, 4ª Turma, REsp 1.374.259/MT, Rel. Min. Luis Felipe Salomão, j. 02/06/2015; TJSP, 2ª Câmara Reservada de Direito Empresarial; AI 2144054-69.2016.8.26.0000, Rel. Des. Caio Marcelo Mendes de Oliveira, j. 10/04/2017; TJSP, 1ª Câmara Reservada de Direito Empresarial, AI 0030847-34.2013.8.26.0000, Rel. Des. Enio Zuliani, j. 01/08/2013; TJSP, 1ª Câmara Reservada de Direito Empresarial, AI 2156219-85.2015.8.26.0000, Rel. Des. Maia da Cunha, j. 21/10/2015; TJSP, 14ª Câmara de Direito Privado, AI 2174120-03.2014.8.26.0000, Rel. Des. Thiago de Siqueira, j. 28/11/2014; TJSP, 1ª Câmara Reservada de Direito Empresarial, AI 2089083-08.2014.8.26.0000, Rel. Des. Enio Zuliani, j. 06/05/2015; TJSP, Câmara Reservada à Falência e Recuperação, AI 0006215-12.2011.8.26.0000, Rel. Des. Romeu Ricupero, j. 29/03/2011; TJRJ, 5ª Câmara Cível, AI 0075362-81.2015.8.19.0000, Rel. Des. Heleno Ribeiro P. Nunes, j. 15/02/2016; TJRS, 5ª Câmara Cível, AI 70064538937, Rel. Des. Isabel Dias Almeida,

Primeira Jornada de Direito Comercial refere que: "O deferimento do processamento da recuperação judicial não enseja o cancelamento da negativação do nome do devedor nos órgãos de proteção ao crédito e nos tabelionatos de protestos".

Existem, ainda, decisões no sentido de que os protestos em face do devedor devem ser mantidos. Seria dispensada, apenas, a apresentação das certidões negativas para exercício regular da atividade da empresa em crise[1613].

Quanto às dívidas posteriores à distribuição do pedido de recuperação judicial, inexistem maiores dúvidas sobre a possibilidade de realização de protesto.

Finalmente, as mesmas questões aqui expostas também se aplicam à inscrição do devedor nos cadastros de proteção ao crédito.

2.7. Convenção de arbitragem e mediação/conciliação

O devedor em recuperação judicial se sujeita normalmente à convenção de arbitragem. Assim, eventual litígio sujeito à arbitragem deverá ser julgado pelo Tribunal Arbitral competente.

Nesse sentido, o Tribunal de Justiça de São Paulo, por exemplo, já extinguiu processo por falta de interesse de agir, uma vez que a parte autora, em recuperação judicial, não respeitou a cláusula compromissória prevista no contrato que embasava a demanda[1614].

Efetivamente, o procedimento arbitral, por sua natureza essencialmente cognitiva, tem prosseguimento – ou pode ser iniciado – mesmo quando o devedor se encontra em recuperação judicial[1615]. Não se aplica, portanto, a regra da suspensão dos processos prevista no *caput* do art. 6º da LREF. Muito pelo contrário, impõe-se, no caso, a regra do art. 6º, §1º: "Terá prosseguimento no juízo no qual estiver se processando a ação que demandar quantia ilíquida"[1616]. Assim, uma vez resolvida a matéria de fundo com a prolação da sentença arbitral (qualificada como título executivo judicial), os atos executivos são de competência do juízo da recuperação judicial[1617].

---

j. 29/07/2015; TJRS, 5ª Câmara Cível, AI 70064712904, Rel. Des. Isabel Dias Almeida, j. 26/08/2015; TJRS, 5ª Câmara Cível, AI 70066986779, Rel. Des. Isabel Dias Almeida, j. 16/12/2015; TJRJ, 8ª Câmara Cível, AI 0043065-84.2016.8.19.0000, Rel. Des. Mônica Maria Costa de Piero, j. 29/08/2017.

[1613] TJRS, 6ª Câmara Cível, AgRg 70017147976, Rel. Antônio Corrêa Palmeiro da Fontoura, j. 13/10/2006.

[1614] TJSP, 16ª Câmara de Direito Privado, APC 0038562-13.2008.8.26.0224, Rel. Des. Jovino de Sylos, j. 17/09/2013.

[1615] Se o procedimento arbitral tiver sido instaurado antes da recuperação judicial, deve constar da lista prevista no art. 51, XI, da LREF. Se posterior, deverá ser comunicada ao juízo concursal, conforme dispõe o art. 6º, §6º, por iniciativa do tribunal arbitral ou do próprio devedor.

[1616] TJSP, Câmara Especial de Falência e Recuperações Judiciais, AI 531.020-4/3-00, Rel. Des. Pereira Calças, j. 25/06/2008; STJ, CC 152.348/GO, Rel. Min. Luis Felipe Salomão, j. 13/12/2017.

[1617] Por tudo, ver: TOLEDO, Paulo Fernando Campos Salles de. Arbitragem e insolvência. *Revista de Arbitragem e Mediação*, v. 20, p. 25-52, jan./mar. 2009. Ver, também: DEZEM. *A universalidade do juízo da recuperação judicial...*, p. 269 ss.

No sentido do até aqui exposto, inclusive, o Enunciado 06 da 1ª Jornada de Prevenção e Solução Extrajudicial de Litígios do Conselho da Justiça Federal:

> O processamento da recuperação judicial ou decretação da falência não autoriza o administrador judicial a recusar a eficácia da convenção de arbitragem, não impede a instauração do procedimento arbitral, nem o suspende.

Por outro lado, considerando que o devedor em recuperação judicial se encontra na administração de seus bens, é evidente que, mesmo durante a recuperação, pode firmar cláusula compromissória ou compromisso arbitral para submeter eventual litígio à arbitragem[1618].

A mediação e a conciliação também são instrumentos que podem ser utilizados sem qualquer reserva. Nesse sentido, o Enunciado 45 da 1ª Jornada Prevenção e Solução Extrajudicial de Litígios do Conselho da Justiça Federal (bem como o Enunciado 618 do Fórum Permanente de Processualistas Civis):

> A mediação e a conciliação são compatíveis com a recuperação judicial, a extrajudicial e a falência do empresário e da sociedade empresária, bem como em casos de superendividamento, observadas as restrições legais.

A mediação e a conciliação podem ser utilizadas, inclusive, para viabilizar a superação de questões do próprio procedimento recuperatório[1619].

De qualquer forma, em todas as hipóteses, a arbitragem sujeita-se às regras da Lei 11.101/05, inclusive às previsões de seus arts. 6º e 51. Nesse sentido, entende-se que o Tribunal Arbitral possui competência, inclusive, para postular a reserva do crédito, nos termos do art. 6º, §3º, da LREF – o que, atualmente, deve ser feito por meio da carta arbitral (art. 22-C da Lei 9.307/1996).

De outra banda, tendo em vista o previsto no art. 51, IX, da LREF (ou o disposto no seu art. 6º, §6º), a confidencialidade do procedimento arbitral (regra

---

[1618] Sustentando a necessidade de autorização judicial para a validade da convenção arbitral caso esteja relacionada a bens do ativo não circulante (LREF, art. 66), ver: DEZEM. *A universalidade do juízo da recuperação judicial...*, p. 266 ss.

[1619] Sobre o tema, ver: VASCONCELOS, Ronaldo. A mediação na recuperação judicial: compatibilidade entre as leis nn. 11.101/2005, 13.015/15 e 13.140/15. In: CEREZETTI, Sheila C. Neder; MAFFIOLETTI, Emanuelle Urbano (coord.). *Dez anos da Lei nº 11.101/2005*: estudos sobre a Lei de Recuperação e Falência. São Paulo: Almedina, 2015, p. 451-467. Aqui, por exemplo, salienta-se que, na recuperação judicial da Oi, a mediação foi utilizada para viabilizar negociação com credores de pequenos valores, que representavam um grande número de credores, com o objetivo de realizar o pagamento imediato (Processo 0203711-65.2016.8.19.0001, em decisão da 7ª Vara Empresarial da Comarca do Rio de Janeiro/RJ; TJRJ, 8ª Câmara Cível, AI 0017885-32.2017.8.19.0000, Rel. Des. Mônica Maria Costa, j. 29/08/2017). Da mesma forma, não existe óbice para que a mediação tente superar o ajuizamento de impugnações de crédito (como já se fez na recuperação judicial da Inepar, Processo nº 1010111-27.2014.8.26.0037, 1ª Vara de Recuperação Judicial e Falências de São Paulo).

RECUPERAÇÃO DE EMPRESAS E FALÊNCIA

normalmente acordada entre as partes ou existente no regulamento da câmara arbitral) pode restar afetada – ainda que o procedimento arbitral não se torne público, ao menos a sua existência virá a público[1620].

Finalmente, outros desafios existem na hipótese de arbitragem que envolva devedor em recuperação judicial, como a questão relacionada às custas arbitrais – já que muitas vezes o devedor pode não conseguir arcá-las. Neste caso, a solução pode passar pelo financiamento da arbitragem pela outra parte, pelos credores ou mesmo por terceiros, bem como, verificada a real impossibilidade de pagamento das custas, a remessa do litígio ao Poder Judiciário[1621]-[1622].

2.8. Cláusula resolutiva expressa e vencimento antecipado

Não há dúvidas de que a cláusula contratual prevendo a resolução automática do contrato caso uma das partes ajuíze a sua recuperação judicial – bastante comum na prática – pode prejudicar a recuperação da empresa em crise.

Por conta disso, há doutrina e jurisprudência no sentido de que tal cláusula deva ser declarada nula ou ineficaz, especialmente quando o contrato é essencial para o sucesso do esforço recuperatório, uma vez que atentaria contra o princípio da preservação da empresa[1623]

[1620] Ver: CASTRO, Eduardo Spinola e. A arbitragem e a nova Lei de Falências. In: CASTRO, Rodrigo R. Monteiro de; ARAGÃO, Leandro Santos de. *Direito societário e a nova Lei de Falências e Recuperação de Empresas*. São Paulo: Quartier Latin, 2006, p. 143-145. Ver, também: DEZEM. *A universalidade do juízo da recuperação judicial...*, p. 272.

[1621] Analisando a questão: ALVES, Rafael Francisco; VERONESE, Lígia Espolaor. Arbitragem e empresas em crise: o acesso à Justiça e o cumprimento da convenção de arbitragem em vista da incapacidade financeira de uma das partes. *Revista do Advogado – Direito das Empresas em Crise*, ano XXXVI, n. 131, p. 176-187, out. 2016.

[1622] Há, também, muitas outras discussões, como a possibilidade de o plano de recuperação judicial conter cláusula compromissória ou, por exemplo, caso o plano preveja a emissão de debêntures, a escritura de emissão prever que qualquer litígio será resolvido por arbitragem (DEZEM. *A universalidade do juízo da recuperação judicial...*, p. 270-273).

[1623] TJSP, Câmara Especial de Falências e Recuperações Judiciais, AI 9038657-43.2009.8.26.0000, Rel. Des. Elliot Akel, j. 18/08/2009 ("Eventual previsão contratual no sentido de que o contrato considera-se automaticamente rescindido apenas em face do requerimento ou deferimento do processamento da recuperação judicial não pode se sobrepor ao espírito da lei, a não ser que a própria norma legal excepcione hipótese em contrário."); TJSP, 5ª Câmara, Apelação com Revisão 0022394-75.1998.8.26.0000, Rel. Des. Laerte Sampaio, j. 04/11/1998 (em síntese, consignou o Tribunal que, ao se admitir a resolução do contrato em razão da existência de cláusula resolutiva expressa ativada automaticamente face ao pedido de concordata, pode-se estar inviabilizando o próprio favor legal); TJRS, 5ª Câmara Cível, AI 70064348923, Rel. Des. Jorge André Pereira Gailhard, j. 16/12/2015. Ver, também: TJRJ, 5ª Câmara Cível, AI 0002437-24.2014.8.19.0000, Rel. Des. Heleno Ribeiro P. Nunes, j. 25/02/2014 ("...a possibilidade de rescisão em razão unicamente do pedido de recuperação judicial, tal como previsto no contrato, coloca a recorrida em posição de extrema desvantagem."). Ainda de modo exemplificativo, a 4ª Vara Cível da Comarca de Olinda (Processo 0001598-70.2015.8.17.2990), determinou que certa produtora de bebidas mantivesse vigente o contrato de distribuição celebrado com sociedade em recuperação judicial,

RECUPERAÇÃO JUDICIAL. PARTE 2

Deve-se, todavia, aplicar tal solução com cuidado – que também se aplica aos contratos de sociedade. Não se pode deixar de atentar para o caso concreto, especialmente porque permitir que o contrato permaneça em vigor pode, em alguns casos, levar a novos inadimplementos e prejudicar a própria atividade da contraparte – além de afrontar os princípios da autonomia privada e da liberdade contratual[1624].

Por isso, será preciso ponderar, à luz do caso concreto, os princípios da autonomia privada e da liberdade contratual com o princípio da preservação da empresa (não sendo adequado apontar, *ex ante* e para todas as hipóteses, qual deles deve prevalecer).

Nessa linha, caso a manutenção do contrato seja relevante ou mesmo essencial para o esforço recuperatório e desde que não existam riscos à contraparte, tende a preponderar o princípio da preservação da empresa – com a devida advertência de que inadimplementos posteriores ao ajuizamento da recuperação não devem ser tolerados. Ainda, caso se trate de mercado monopolizado, não sendo possível ao devedor encontrar novo fornecedor – ou mesmo quando isso é por demais complicado (por exemplo, em função do tempo necessário para o desenvolvimento de novos parceiros comerciais), deve-se igualmente buscar, na medida do possível, prestigiar o princípio da preservação da empresa[1625]. Na mesma linha,

---

sendo que o fornecimento deveria ser retomado nos termos do contrato; entendeu-se que a recuperação judicial faria com que os contratos de revenda sejam ativos indispensáveis para o exercício da atividade econômica da recuperanda e para o cumprimento do plano de recuperação, especialmente porque, no caso, a produtora era a principal credora e também a única fornecedora da recuperanda – sendo que, então, a decisão proibiu que a produtora rescindisse de modo unilateral a relação contratual. Na doutrina: KIRSCHBAUM, Deborah. Cláusula resolutiva expressa por insolvência nos contratos empresariais: uma análise econômico-jurídica. *Revista Direito GV*, v. 2, p. 37-54, jan./jun. 2006.

[1624] Nesse sentido, validando a cláusula em relação aos clientes tendo em vista o princípio da livre concorrência e da liberdade contratual: TJSP, 1ª Câmara Reservada de Direito Empresarial, AI 0121739-23.2012.8.26.0000, Rel. Des. Teixeira Leite, j. 12/03/2013 ("Pedido de proibição de rescisão de contratos, em razão do ajuizamento do pedido de recuperação. Impossibilidade de impor a proibição aos clientes. Princípios da livre concorrência e da liberdade de contratar."). Ainda, entendendo pela validade da cláusula resolutiva expressa invocada pela própria sociedade em recuperação judicial, de acordo com o art. 474 do Código Civil, ver: TJSP, 22ª Câmara de Direito Privado, APC 4002604-92.2013.8.26.0038, Rel. Des. Hélio Nogueira, j. 19/05/2016.

[1625] TJSP, 1ª Câmara Reservada de Direito Empresarial, AI 0121739-23.2012.8.26.0000, Rel. Des. Teixeira Leite, j. 12/03/2013 ("Insistência da recuperanda para que a concessionária pública fornecedora de gás natural canalizado (GNC) não interrompa/suspenda o fornecimento de gás, rescinda o contrato ou exija garantia de pagamento, em razão dos débitos sujeitos à recuperação. (...). Pedido de proibição de rescisão de contratos, em razão do ajuizamento do pedido de recuperação. Impossibilidade de impor a proibição aos clientes. Princípios da livre concorrência e da liberdade de contratar. Proibição, contudo, que se deve impor às fornecedoras de GNC e GNV (gás natural veicular), sob pena de inviabilizar a tentativa de recuperação econômica da empresa. Regime de monopólio no fornecimento de gás, que impede a recuperanda de buscar outro fornecedor, que não aquele com o qual firmou contrato".).

RECUPERAÇÃO DE EMPRESAS E FALÊNCIA

quando o próprio negócio está umbilicalmente atrelado ao contrato (como são os casos dos contratos de franquia, de distribuição, de concessão comercial e, em algumas situações, de licenciamento, entre outros), a cláusula resolutiva expressa pode ser declarada nula ou ineficaz.

Outra situação que merece exame cuidadoso é a da cláusula que prevê o vencimento antecipado das obrigações contratuais em caso de ajuizamento da recuperação judicial (ou hipótese análoga envolvendo a recuperação extrajudicial)[1626]. Trata-se de previsão contratual bastante verificada na prática.

O artigo 49, *caput*, da LREF, determina que se sujeitam à recuperação judicial os créditos vencidos e vincendos existentes à época da distribuição do pedido. Ainda, o $\S2^{\circ}$ do referido dispositivo dispõe que as "obrigações anteriores à recuperação judicial" (vencidas ou vincendas) "observarão as condições originalmente contratadas ou definidas em lei, inclusive no que diz respeito aos encargos, salvo se de modo diverso ficar estabelecido no plano de recuperação judicial".

Assim, em princípio, é válida a cláusula de vencimento antecipado, mas a obrigação se sujeita à recuperação judicial (nos termos do art. 49, *caput*, da LREF) e o adimplemento dela se dará, se for o caso, de acordo com o proposto no plano[1627]. Todavia, em casos especiais, quando a cláusula importar em ônus excessivo à recuperanda, pode o juiz examinar a sua validade e eficácia à luz do princípio da preservação da empresa.

Na mesma linha, em se tratando de obrigação não sujeita à recuperação judicial, há que se examinar o caso em concreto, não se podendo, em regra, admitir que a cláusula de vencimento antecipado inviabilize o esforço recuperatório[1628] (especialmente quando há garantias envolvidas)[1629].

[1626] Na falência, há previsão expressa tratando do assunto: LREF, art. 77; CC, art. 333, I. No regime da concordata, também havia previsão: Decreto-Lei 7.661/1945, art. 163.

[1627] Nesse sentido; TJSP, 2ª Câmara Reservada de Direito Empresarial, AI 2075528-50.2016.8.26.0000, Rel. Des. Caio Marcelo Mendes de Oliveira, j. 13/02/2017.

[1628] Sobre o tema, salientando que a cláusula de vencimento antecipado contraria o interesse público em torno da recuperação judicial, bem como pode gerar iniquidades (tais como a votação do credor em condição superior): SACRAMONE, Marcelo Barbosa. Cláusula de vencimento antecipado na recuperação judicial. *Revista do Advogado – Direito das Empresas em Crise*, a. XXXVI, n. 131, p. 133-139, out. 2016. Ver, também: BEZERRA FILHO, Manoel Justino. Capítulo XVIII: Os efeitos da decretação da falência sobre as obrigações do devedor – exame dos arts. 119 a 128 da Lei 11.101/05. In: CARVALHOSA, Modesto (coord.). *Tratado de direito empresarial*, v. V – recuperação empresarial e falência. São Paulo: Revista dos Tribunais, 2016, p. 415 ss.

[1629] A questão ganha relevância, por exemplo, nos casos de cessão fiduciária de direitos creditórios (trava bancária) (já analisada no Capítulo 10, item 3.2.3). Isso porque o banco tenderá a utilizar o valor depositado na conta vinculada para amortizar a dívida, podendo deixar o devedor em recuperação judicial sem caixa suficiente para fazer frente às suas obrigações imediatas. Sobre o tema, tratando também da discussão sobre o saldo não amortizado da dívida e a obrigatoriedade (ou não) de recomposição da garantia, ver: MANGE. Cessão fiduciária de recebíveis na recuperação judicial..., p. 57-58.

2.9. Dispensa de certidões negativas

No despacho que defere o processamento da recuperação judicial, o juiz determinará a dispensa da apresentação de certidões negativas para que o devedor exerça suas atividades, exceto para contratação com o Poder Público ou para recebimento de benefícios ou incentivos fiscais ou creditícios (LREF, art. 52, II).

Há certidões negativas de várias espécies. Entre as mais comuns, estão: (*i*) a Certidão Negativa de Falência ou Concordata (expedida pelo distribuidor da sede da pessoa jurídica); (*ii*) a Certidão Negativa de Tributos Federais e Dívida Ativa da União (expedida conjuntamente pela Secretaria da Receita Federal do Brasil – RFB – e pela Procuradoria-Geral da Fazenda Nacional – PGFN); (*iii*) a Certidão Negativa de Débito Previdenciário; (*iv*) o Certificado de Regularidade do FGTS (expedido pela Caixa Econômica Federal); (*v*) a Certidão Negativa de Débitos Trabalhistas[1630].

Ocorre que as certidões de regularidade fiscal (das quais são espécie as anteriormente citadas nos itens "ii" a "iv") são necessárias para que a empresa participe de licitações e, por conseguinte, para que possa contratar com o Poder Público[1631]. Da mesma forma, a certidão comprobatória de que a empresa não é falida nem se encontra em concordata – esta última hoje substituída pelos institutos recuperatórios (Lei de Licitações, art. 31, II).

Além da participação em licitações, é usual a exigência de certidões negativas para a alienação de bem imóvel e para o arquivamento de ato societário perante Registro de Empresas e o Registro Civil de Pessoas Jurídicas (como a redução de capital, as operações societárias, a extinção e a baixa da pessoa jurídica e a alienação do controle de sociedade limitada)[1632].

[1630] CLT, Art. 642-A (acrescentado pela Lei 12.440/11): "É instituída a Certidão Negativa de Débitos Trabalhistas (CNDT), expedida gratuita e eletronicamente, para comprovar a inexistência de débitos inadimplidos perante a Justiça do Trabalho. §1º O interessado não obterá a certidão quando em seu nome constar: I – o inadimplemento de obrigações estabelecidas em sentença condenatória transitada em julgado proferida pela Justiça do Trabalho ou em acordos judiciais trabalhistas, inclusive no concernente aos recolhimentos previdenciários, a honorários, a custas, a emolumentos ou a recolhimentos determinados em lei; ou II – o inadimplemento de obrigações decorrentes de execução de acordos firmados perante o Ministério Público do Trabalho ou Comissão de Conciliação Prévia".

[1631] Lei 7.711/88, art. 1º, II; Lei 8.212/91 (Lei da Seguridade Social – INSS), art. 47; Lei 8.036/90 (Lei do FGTS), art. 27; Lei 8.886/93 (Lei de Licitações), arts. 27, IV, 29, III e IV.

[1632] Mesmo depois do julgamento, pelo STF, em 2008, da ADI 394-1, que declarou a inconstitucionalidade do art. 1º, I, III e IV da Lei 7.711/88, que exigia certidões de regularidade fiscais para o registo de distrato social, das operações societárias e da alienação de bem imóvel, ainda se verifica a referida exigência nessas situações e em outras análogas diante da existência de outras leis em vigor e cuja constitucionalidade ainda não foi desafiada *in abstrato* – como é o caso da Lei 8.212/91 (Lei da Seguridade Social), que sujeita a alienação ou oneração de imóveis, a alienação ou oneração de bem móvel acima do valor legal que esteja incorporado ao ativo permanente da empresa, a transferência de controle de sociedade limitada, a redução de capital, a realização de operações de transformação e cisão, a extinção

RECUPERAÇÃO DE EMPRESAS E FALÊNCIA

Finalmente, muitos contratos de longa duração entre empresas privadas (contratos de fornecimento, de distribuição, por exemplo) exigem a apresentação periódica de certidões negativas como forma de monitorar a saúde financeira das partes[1633].

O disposto no art. 52, II, da LREF dispensa a apresentação de certidões negativas em todas essas hipóteses, exceto aquelas necessárias para a participação em licitação e para contratar com o poder público[1634].

da sociedade – a apresentação de Certidão Negativa de Débito Previdenciário (débitos com o INSS) (art. 47). No mesmo sentido, a Lei 8.036/90, que exige o Certificado de Regularidade do FGTS para situações análogas (art. 27). Todavia, recentemente, a Lei Complementar 147/2014 acrescentou o art. 7º-A à Lei 11.598/07 (que estabelece diretrizes e procedimentos para a simplificação e integração do processo de registro e legalização de empresários e de pessoas jurídicas), dispensando a apresentação de certidões negativas de débitos tributários, previdenciários e trabalhistas, principais e acessórias, para a realização de qualquer registro dos atos constitutivos, suas alterações e extinções (baixas) referentes a empresários e sociedades empresárias – o que, então, permitirá a baixa imediata do CNPJ, por exemplo. Segundo o dispositivo legal: "Art. 7º-A. "O registro dos atos constitutivos, de suas alterações e extinções (baixas), referentes a empresários e pessoas jurídicas em qualquer órgão dos 3 (três) âmbitos de governo, ocorrerá independentemente da regularidade de obrigações tributárias, previdenciárias ou trabalhistas, principais ou acessórias, do empresário, da sociedade, dos sócios, dos administradores ou de empresas de que participem, sem prejuízo das responsabilidades do empresário, dos titulares, dos sócios ou dos administradores por tais obrigações, apuradas antes ou após o ato de extinção". Entretanto, o referido dispositivo legal, em seu §2º, determina que, em caso de extinção (baixa) do registro, o empresário e, em caso de sociedade, os seus sócios ou administradores, responderão pelos débitos tributários, previdenciários e/ou trabalhistas eventualmente existentes. De qualquer forma, o STJ já se posicionou contrariamente a dispositivo análogo que impõe esse tipo de ônus aos sócios e administradores: STJ, 2ª Turma, AgRg no REsp 1.122.807/PR, Rel. Min. Humberto Martins, j. 13/04/2010.

[1633] Aqui, também é possível encontrar tais exigências para a participação em pessoas jurídicas de direito privado – e que pode levar ao afastamento de um de seus membros. Neste caso, existe discussão quanto o contrato ou o estatuto social exige a apresentação de certidões. O TJSP já decidiu que ser necessária a apresentação de tal certidão, sendo inviável a sua dispensa, quanto existir certo risco envolvido, como é o caso para a participação na Câmara de Comercialização de Energia Elétrica – CCEE (TJSP, 1ª Câmara Reservada de Direito Empresarial, AI 0172797-65.2012.8.26.0000, Rel. Des. Pereira Calças, j. 28/08/2012: "Agravo de instrumento. Recuperação judicial. Admissão da recuperanda como membro de associação civil (CCEE). Impossibilidade. Contrariedade ao direito fundamental de liberdade de associação. Caso em que não pode prevalecer o princípio da preservação da fonte produtiva. Impossibilidade de transferência do risco da atividade da recuperanda, que resultou em sua atual situação de crise financeira, a terceiros. Exegese dos arts. 5º, XVII, XVIII, da CF; e art. 47 da Lei nº 11.101/2005. Pedido de expedição de certidão positiva de distribuição de recuperação judicial com efeitos de negativa. Impossibilidade em razão da ausência de prova quanto à capacidade da recuperanda de saldar os créditos ainda devidos. Decisão mantida. Agravo desprovido."). No mesmo sentido: TJSP, 1ª Câmara Reservada de Direito Empresarial, AI 0084329-28.2012.8.26.0000, Rel. Des. Pereira Calças, j. 05/06/2012; TJSP, 1ª Câmara Reservada de Direito Empresarial, AI 2195072-32.2016.8.26.0000, Rel. Des. Franisco Loureiro, j. 16/01/2017. Tem-se, contudo, notícias de decisões de primeira instância em sentido diverso (BACELO, Joice. Companhia em recuperação judicial pode aderir ao mercado livre de energia. *Valor Econômico*, 04 de outubro de 2016).

[1634] Mas mesmo que a empresa em recuperação não consiga apresentar as certidões negativas, o Poder Público não pode se negar a pagar por serviço já executado. Assim: TJRS, 22ª Câmara Cível, APC

RECUPERAÇÃO JUDICIAL. PARTE 2

Mesmo assim, a jurisprudência tem autorizado a dispensa da apresentação de certidões de regularidade fiscal e de falência e recuperação judicial para a contratação com o Poder Público diante da demonstração da relevância da receita decorrente desses contratos para a continuidade das atividades da recuperanda[1635]

70041775222, Rel. Des. Denise Oliveira Cezar, j. 16/06/2011 ("Decisão que determina o pagamento. Efeitos. Determinando o Juízo da Vara de Recuperação Judicial que o pagamento deve ser feito independente da prova do pagamento das obrigações tributárias e com a previdência social, em razão do plano de recuperação homologado judicialmente, é devida também a correção monetária, cujo único efeito é o de manter o valor da remuneração pelos serviços efetivamente prestados). Da mesma forma, a não apresentação de certidão negativa pela recuperanda não pode obstar o pagamento que lhe é contratualmente devido por empresa controlada pelo Poder Público. Assim: TJRN, 2ª Câmara Cível, APC 2009.004968-3, Rel. Des. Anderson Silvino, j. 08/09/2009 ("Empresa Autora em Plano de Recuperação Judicial. (...). Valores cobrados incontroversos. Exigência das CND para liberação do valor pela Petrobrás. Exigência desproporcional. Necessária a entrada de créditos para o pagamento dos passivos. Tutela concedida. Procedência dos pedidos. Abstenção da Petrobrás na cobrança das CND. Liberação dos valores referentes as medições do contrato"). Ver, também: STJ, 4ª Turma, REsp 1.173.735/RN, Rel. Min. Luis Felipe Salomão, j. 22/04/2014.

[1635] A Corte Especial, atenta às particularidades de mercados em que participam entes públicos, relativizou a incidência do art. 52, II, da Lei 11.101/05, tendo em vista a situação de crise econômico-financeira da recuperanda na fase inicial do processo recuperatório, em especial no período que antecede a aprovação do plano de recuperação judicial, especialmente em razão de sua atividade ser voltada majoritariamente para contratações com a Administração (STJ, 2ª Turma, AgRg na MC 23.499/RS, Rel. Min. Humberto Martins, Rel. p/ acórdão Min. Mauro Campbell Marques, j. 18/12/2014). Esse entendimento tem sido adotado pelos tribunais estaduais. O Tribunal de Justiça do Estado do Rio de Janeiro, por exemplo, manteve decisão de primeiro grau, dispensando a necessidade de empresa em recuperação judicial apresentar CND para participar de licitação com o poder público. Reconheceu o tribunal fluminense a aplicação do princípio da preservação da empresa, o qual, como sabemos, objetiva propiciar o pleno e regular exercício da atividade empresarial da empresa recuperanda, o que somente seria possível se pudesse participar, em igualdade de condições com terceiros, de concorrências públicas (TJRJ, 1ª Câmara Cível, AI nº 0044743-42.2013.8.19.0000, Rel. Des. Camilo Ribeiro Rulière, j. 20/05/2014). No mesmo sentido, diversas decisões de primeiro grau. A título de exemplo: decisão proferida pela 9ª Vara Cível da Comarca de Maceió/AL, Processo nº 07071387.2014.8.12.0001, que assim decidiu: "Por fim, declaro provisoriamente suspensa a exigibilidade de apresentação da CND, inclusive fiscais, para fins de contratação com a PETROBRAS, em face dos contratos decorrentes de Licitações já efetivadas: 100.5139.11.8 (Dutos do Canto do Amaro), 107.7068.12.8 (Estações UNBA), 110.0955.12.8 9 GASODUTO LULA – CABIUNAS), 101.7690.11.8 (Duto de Agua de Formação), 111.7031.12.8 (Furo Direcional- Comperj), 123.4280.12.8 (Base de Guincho de Ferrolho) e 112.15389.12.8 (Compressor/ soprador REMAN), ficando autorizada a consequente contratação, sendo certo que o cumprimento dos respectivos contratos haverá de ser monitorado pelo Administrador Judicial, assim como os respectivos pagamentos haverão de ser realizados através de depósito judicial vinculado ao presente procedimento, a fim de se ofertar maior segurada á Contratante. De logo arbitro multa diária de R$200.000,00 – duzentos mil reais -, para caso de não cumprimento das determinações aqui estabelecidas.". Isso também aconteceu na recuperação judicial da Oi – oportunidade na qual, ao se dispensar a apresentação de certidões negativas, inclusive entendeu que "a certidão exigida no inciso II do art. 32 da Lei 8666/93, que aponta para necessidade da apresentação de certidão negativa de falência ou concordata, está em parte derrogada, pois neste caso prevalecerá a também lei especial 11.101/2005, promulgada posteriormente, que expressamente reconheceu a possibilidade da empresa em recuperação contratar com o setor

RECUPERAÇÃO DE EMPRESAS E FALÊNCIA

– o que, por outro lado, pode prejudicar o interesse público, além de viabilizar concorrência sem que seja respeitada a igualdade de condições entre os licitantes, por exemplo, uma vez que aqueles que não estão em recuperação judicial são obrigados a apresentar certidão de regularidade fiscal.

2.10. Alienação e oneração de bens do ativo não circulante

Segundo o art. 66 da LREF: "Após a distribuição do pedido de recuperação judicial, o devedor não poderá alienar ou onerar bens ou direitos de seu ativo permanente, salvo evidente utilidade reconhecida pelo juiz, depois de ouvido o Comitê, com exceção daqueles previamente relacionados no plano de recuperação judicial"[1636].

O dispositivo em comento tem como finalidade proteger o acervo patrimonial da recuperanda, diante da necessidade de fazer frente às obrigações assumidas em face dos credores no âmbito da recuperação judicial. A regra busca garantir aos credores que a empresa não será dilapidada durante o curso da recuperação judicial[1637].

A preocupação do legislador é válida e, de acordo com o referido dispositivo legal, depois da distribuição do pedido de recuperação judicial, o devedor não poderá alienar ou onerar[1638] bens ou direitos classificados como (*i*) investimentos (como participações societárias)[1639], (*ii*) imobilizado (imóveis, equipamentos

público" (Processo nº 0203711-65.2016.8.19.0001, em decisão da 7ª Vara Empresarial da Comarca do Rio de Janeiro/RJ, o que foi confirmado pelo TJRJ: 8ª Câmara Cível, AI 0043065-84.2016.8.19.0000, Rel. Des. Mônica Maria Costa de Piero, j. 29/08/2017).

[1636] Existindo quem entenda que incidiria, nesta hipótese, a regra de não sucessão de passivos prevista no parágrafo único do art. 60 da LREF (TOLEDO; PUGLIESI. Capítulo V: Disposições comuns à recuperação judicial e à falência..., p. 139).

[1637] AYOUB; CAVALLI. *A construção jurisprudencial...*, p. 102.

[1638] Por outro lado, a LREF não restringe a realização de empréstimo, locação ou licenciamento durante a recuperação judicial, com o ingresso de receita para a recuperanda. Em tese, operações dessa natureza não necessitam de autorização judicial nem dos credores (desde que, evidentemente, não venham a existir restrições no próprio plano de recuperação judicial). Nesse sentido, ver: TJSP, 1ª Câmara Reservada de Direito Empresarial, AI 2191873-36.2015.8.26.0000, Rel. Des. Francisco Loureiro, j. 19/11/2015; TJSP, Câmara Reservada à Falência e Recuperação, AI 994.09.326746-5, Rel. Des. Romeu Ricupero, j. 02/03/2010; TJSP, Câmara Reservada à Falência e Recuperação, AI 994.09.329247-6, Rel. Des. Romeu Ricupero, j. 02/03/2010. Da mesma forma, ver: AYOUB; CAVALLI. *A construção jurisprudencial...*, p. 102-103.

[1639] O Tribunal de Justiça do Estado de São Paulo tratou do tema no julgamento de recurso ajuizado por credor do Grupo OAS na operação de financiamento (*DIP Financing*) com a constituição de gravame sobre ações de uma sociedade investida (Invepar): "Recuperação judicial. Financiamento autorizado pelo magistrado que preside a causa. Necessidade e razoabilidade do Negócio. Condições especiais que devem passar pela aprovação da assembleia Geral de credores. Autorização para o recebimento de R$ 200.000.000,00. Recurso Parcialmente provido. Recuperação judicial. Empresas integrantes de grupo Empresarial. Financiamento cuja autorização para a Celebração requereram as recuperandas. Deferimento. Suspensão antecedente pela ausência de clareza sobre o Negócio, pela repercussão do mútuo

RECUPERAÇÃO JUDICIAL. PARTE 2

industriais, entre outros), *(iii)* intangíveis (marcas, invenções, *know-how*, entre outros) e *(iv)* ativo realizável a longo prazo[1640] (do grande grupo "ativo não cir-

nos interesses dos credores e pela vinculação de importante ativo das Agravadas, qual seja as ações da empresa Invepar. Esclarecimentos prestados e documentos juntados pelas Recorridas. Explicação sobre a necessidade do mútuo ante a falta de caixa da empresa. Publicação de informações no sítio do grupo na rede mundial de computadores. Dificuldade em encontrar financiador ante a crise econômico-financeira das agravantes. Proposta mais vantajosa apresentada pela Brookfield. Cláusula de exclusividade vencida e não renovada. Ausência de previsão de direito de voto e veto da Brookfield que devem passar pela aprovação da AGC. Cláusulas de cobertura de oferta. Taxas de rescisão. Condições especiais que devem ser submetidas à Aprovação da assembleia de credores. Ações da empresa Invepar. Apesar de se constituir importante ativo das recuperandas, tudo indica ser o que Mais apresenta liquidez nessa fase de crise do grupo. Razoabilidade do mútuo. Liberação de parcela do mútuo para que a situação das Recuperandas não se agrave e haja tempo para que os credores se reúnam e decidam efetivamente sobre as questões aqui colocadas. Não há dúvida a respeito da necessidade, nos primeiros meses da recuperação, do financiamento em favor da empresa em crise. A possibilidade do financiamento nesta fase é prevista na maior dos países que disciplinaram a recuperação das empresas em crise, como valioso instrumento para alcançar o escopo maior de preservação da empresa. É natural, nesse negócio, conhecido como dip financing, a respectiva constituição de garantia, porque aquele que se dispõe a financiar a empresa em crise financeira, pelo risco maior que expõe o seu capital, não aceita fazê-lo sem importante garantia da restituição do quanto emprestado. É o que justifica as bases do negócio examinado nestes autos e autoriza a sua aprovação nos termos indicados. Autorização para a liberação de parcela do financiamento em favor das agravadas. Recurso Parcialmente provido." (TJSP, 2ª Câmara Reservada de Direito Empresarial, AI 2150922-97.2015.8.26.0000, Rel. Des. Carlos Alberto Garbi, j. 05/10/2015).

[1640] A necessidade de autorização judicial para a realização de operações financeiras envolvendo a cessão de recebíveis futuros do devedor deve ser examinada caso a caso, considerando, por exemplo: *(i)* a data de assinatura do contrato originário dos créditos – se anterior ou posterior à distribuição do pedido de recuperação judicial; *(ii)* o momento e as condições necessárias para materialização dos recebíveis; *(iii)* o percentual de tais valores que será oferecido em garantia para o terceiro financiador; *(iv)* a real utilidade da operação para a recuperação judicial e a destinação que será dada aos recursos financeiros que ingressarem no caixa da empresa em recuperação judicial; e *(v)* o fato de operações dessa natureza representarem verdadeira medida de subsistência da sociedade até a aprovação de seu plano de recuperação judicial, com especial relevância para geração de caixa e para o cumprimento das condições e termos constantes na proposta de pagamento a ser oportunamente examinada pelos seus credores na assembleia geral. Em sentido semelhante, defendendo que a regra não se aplica a bens "que se relacionam com o andamento ordinário dos negócios da empresa, sob pena de inviabilizar a continuidade da atividade empresarial", ver: COVAS, Silvânio. Comentários aos artigos 55 ao 69. DE LUCCA, Newton; SIMÃO FILHO, Adalberto (coord.). *Comentários à nova Lei de Recuperação de Empresas e Falências*. São Paulo: Quartier Latin, 2005, p. 319); FAZZIO JÚNIOR, Waldo. *Nova Lei de Falência e Recuperação de Empresas*. 5 ed. São Paulo: Atlas, 2010, p. 174. Analisando criticamente o dispositivo, EDUARDO MUNHOZ sustenta que: "(...) nada justifica a limitação do seu campo de aplicação aos bens ou direitos integrantes do ativo permanente. É que, na realidade econômica contemporânea, a depender da natureza e da situação econômica da empresa, a alienação ou oneração de bens ou direitos que não integram o ativo permanente pode ser tão ou mais lesiva ao interesse dos credores que a alienação ou oneração dos que o integram. A título ilustrativo, pode-se figurar a hipótese de uma empresa de serviços, cujo ativo permanente tem valor extremamente reduzido, oferecer em penhor seus recebíveis (direitos creditórios) dos próximos 12 meses em garantia de um empréstimo concedido após a distribuição do pedido de recuperação judicial. Obviamente, embora não tenha onerado bens do [*ativo*] permanente, um ato assim praticado pelo devedor deveria depender da autorização judicial, após ouvido o comitê de credores, por possuir um

RECUPERAÇÃO DE EMPRESAS E FALÊNCIA

culante", nos termos do art. 178, §1º, da Lei das S.A.)[1641], salvo evidente utilidade reconhecida pelo juiz, depois de ouvido o Comitê de Credores, com exceção daqueles previamente relacionados no plano de recuperação judicial (LREF, art. 66)[1642].

Na dicção da LREF, a recuperanda interessada em praticar o ato de disposição deverá peticionar ao magistrado, justificando os motivos pelos quais entende necessária a alienação ou a oneração de bens que formam o seu ativo não circulante[1643]. Uma vez obtida a autorização, a quantia auferida com a alienação/oneração do ativo não precisa ser depositada judicialmente, podendo ser entre-

---

elevado potencial de causar lesão aos credores anteriores; o risco de lesão aos credores decorrente dessa oneração de direito não integrante do ativo permanente seria muito superior, v.g. ao que decorreria de eventual oneração dos computadores da empresa." (MUNHOZ. Seção IV: Do procedimento de recuperação judicial..., p. 309-310).

[1641] No exame do art. 66 já foram levadas em consideração as alterações da Lei das S.A. decorrentes das Leis 11.638/07 e 11.941/09, que alteraram o Capítulo XV (Exercício Social e Demonstrações Financeiras) e que, portanto, tiveram reflexo indireto no referido dispositivo da LREF. A redação do art. 66 refere-se a "ativo permanente". Agora se utiliza a expressão "ativo não circulante". Esclareça-se: em regra, os itens que compõem o "ativo não circulante" não se destinam à venda. Seus valores não são alterados frequentemente. Enfim, não há "conotação de giro" – são bens e direitos de vida útil longa. A empresa os utiliza como meio para atingir seus objetivos sociais. Divide-se em quatro subgrupos: ativo realizável a longo prazo, investimentos, imobilizado e intangível, que, nos termos do art. 179 da Lei das S.A., são assim definidos: (*i*) ativo realizável a longo prazo: são "os direitos realizáveis após o término do exercício seguinte, assim como os derivados de vendas, adiantamentos ou empréstimos a sociedades coligadas ou controladas, diretores, acionistas ou participantes no lucro da companhia, que não constituírem negócios usuais na exploração do objeto da companhia"; (*ii*) investimentos: participações permanentes em outras sociedades. Além disso, incluem-se no subgrupo investimentos outros itens não relacionados à atividade operacional da empresa, mas com características de permanente, entre eles: prédios alugados para terceiros, terrenos adquiridos para futura expansão, obras de arte, etc.; (*iii*) imobilizado: são bens ou direitos destinados à manutenção da atividade principal ou exercidos com essa finalidade. Ex: prédio onde funciona a empresa, veículos utilizados na sua atividade, móveis de escritório, ferramentas, equipamentos, etc.; e (*iv*) intangível: são bens, de natureza permanente, com a característica da intangibilidade, por exemplo, marcas, desenhos industriais, invenções, modelos de utilidade, etc.

[1642] Sobre a discussão acerca da legalidade de cláusula de plano de recuperação judicial prevendo a possibilidade de alienação de bens do ativo permanente da recuperanda sem prévia autorização judicial e dos credores, ver: TJSP, 1ª Câmara Reservada de Direito Empresarial, AI 0076442-56.2013.8.26.0000, Rel. Des. Enio Zuliani, j. 29/08/2013. E o TJSP já teve outras oportunidades para se manifestar a respeito, entendendo pela ilicitude (TJSP, 2ª Câmara Reservada de Direito Empresarial, AI 2171802-76.2016.8.26.0000, Rel. Des. Cláudio Godoy, j. 14/08/2017).

[1643] A rigor, a avaliação dos bens que a recuperanda pretende alienar antecipadamente pode ser realizada de forma particular, sem necessidade de perícia judicial. Segundo o TJSP, "dispondo o credor de avaliações realizadas por profissionais de sua confiança, poderá confrontar os valores obtidos nas avaliações das recuperandas e valer-se dos meios judiciais para questionar os resultados obtidos." (TJSP, 2ª Câmara Reservada de Direito Empresarial, AI 2102349-28.2015.8.26.0000, Rel. Des. Ricardo Negrão, j. 29/02/2016; TJSP, 2ª Câmara Reservada de Direito Empresarial, AI 2102264-42.2015.8.26.0000., Rel. Des. Ricardo Negrão, j. 29/02/2016).

RECUPERAÇÃO JUDICIAL. PARTE 2

gue diretamente à devedora que mais rapidamente poderá dar a destinação adequado aos recursos.

A prática de atos dessa natureza pelo devedor sem autorização judicial pode vir a caracterizar ato ilícito. Nessa linha, o negócio jurídico pode vir a ser considerado nulo, com base no art. 166, VII, do Código Civil. Além disso, o empresário individual ou o administrador da sociedade que assim agir pode ser destituído do seu cargo pelo juízo da recuperação judicial, sem prejuízo de uma eventual responsabilização civil dos envolvidos, bem como, a depender do caso, de responsabilização criminal (crime falimentar)[1644].

2.11. Estímulos à concessão de crédito

Os créditos decorrentes de obrigações contraídas pelo devedor durante a recuperação judicial (após o deferimento do processamento da recuperação judicial e enquanto perdurar este regime)[1645], inclusive aqueles relativos às despesas com

---

[1644] O Tribunal de Justiça de São Paulo já manteve a venda de três máquinas pela empresa em recuperação judicial diante da premente necessidade de capital de giro. Indeferiu, assim, a pretensão de credor no sentido de convolar a recuperação judicial em falência e declarar a ineficácia da alienação. Nesse sentido: TJSP, 1ª Câmara Reservada de Direito Empresarial, AI 2115407-98.2015.8.26.0000, Rel. Des. Enio Zuliani, j. 28/10/2015 ("Recuperação judicial. Administrador que informa a possibilidade de venda de bens. Juízo que determina o esclarecimento e expede mandado de constatação. Recuperandas que justificam a venda de 3 máquinas pela necessidade de capital de giro. Agravante que, em decorrência do fato, pleiteia a convolação da falência ou declaração de ineficácia da alienação. Indeferimento. Inconformismo. Decisão que deve ser mantida. Impossibilidade de aplicação irrestrita do art. 66 da LRE ante o princípio da preservação da empresa. Ineficácia da venda que apenas pode ser averiguada em momento oportuno. Não provimento").

[1645] STJ, 4ª Turma, REsp 1.399.853/SC, Rel. Min. Maria Isabel Gallotti, Rel. p/ acórdão Min. Antônio Carlos Ferreira, j. 10/02/2015 ("A expressão 'durante a recuperação judicial', gravada nos arts. 67, caput, e 84, V, da Lei de Falências e de Recuperação de Empresas, abrange o período compreendido entre a data em que se defere o processamento da recuperação judicial e a decretação da falência, interpretação que melhor harmoniza a norma legal com as demais disposições da lei de regência e, em especial, o princípio da preservação da empresa"). Também nesse sentido: STJ, 3ª Turma, REsp 1.398.092/SC, Rel. Min. Nancy Andrighi, j. 06/05/2014; STJ, 4ª Turma, REsp 1.185.567, Rel. Min. Maria Isabel Gallotti, Rel. p/ acórdão Min. Antonio Carlos Ferreira, j. 05/06/2014. Nesse sentido caminha o Enunciado 10 da Edição 35 da Jurisprudência em Teses do STJ. Manifestando-se no sentido de que os créditos devem ser enquadrados como extraconcursais a partir do momento do ajuizamento da recuperação judicial, ver: BEZERRA FILHO, Manoel Justino. Capítulo XII: A classificação dos créditos na falência – exame dos arts. 83 e 84 da Lei 11.101/05. In: CARVALHOSA, Modesto (coord.). *Tratado de direito empresarial*, v. V – recuperação empresarial e falência. São Paulo: Revista dos Tribunais, 2016, p. 290-291. Observe-se, ainda: TJRS, 6ª Câmara Cível, AI 70025116567, Rel. Des. Liége Puricelli Pires, j. 26/03/2009 (assim decidindo: "Os créditos de fornecedores que realizam operações comerciais com a empresa em recuperação – classificados como extraconcursais – preferem aos demais, inclusive aos de natureza trabalhista"); e TJRS, 6ª Câmara Cível, AI 70025116567, Rel. Des. Liége Puricelli Pires, j. 25/09/2008. Apesar disso, o STJ entendeu que os honorários de advogado contratado para ajuizar e acompanhar a recuperação judicial de empresa que teve decretada a sua falência (convolação da recuperação judicial em falência) devem ser considerados extraconcursais, uma vez que, ainda que firmado (mediante contrato verbal) antes do

fornecedores de bens ou de serviços e contratos de mútuo, serão considerados extraconcursais (art. 84, V)[1646] em caso de decretação de falência (LREF, art. 67).

Já os créditos quirografários sujeitos à recuperação judicial pertencentes a fornecedores de bens ou de serviços que continuarem a provê-los normalmente após o pedido de recuperação judicial terão privilégio geral de recebimento em caso de decretação de falência, no limite do valor dos bens ou serviços fornecidos durante o período da recuperação (LREF, art. 67, parágrafo único).

Trata-se, aqui, de espécie de *"upgrade"* na classificação dos créditos, na proporção de "um para um". Isto é, para cada real de crédito concedido pós-recuperação, um real de crédito quirografário (Classe VI) constituído pré-recuperação do mesmo credor é elevado à classe dos credores com privilégio geral (Classe V) em caso de convolação da recuperação em falência.

As regras dispostas no art. 66, que estimulam a concessão de novos financiamentos/investimentos[1647] e a manutenção do fornecimento de bens e serviços

---

ajuizamento da recuperação judicial (tendo um instrumento contratual sido firmado posteriormente), trata-se de contrato de execução continuada ou periódica (contrato de duração) essencial ao bom êxito do processo recuperatório (STJ, 4ª Turma, REsp 1.368.550/SP, Rel. Min. Luis Felipe Salomão, j. 04/10/2016).

[1646] Como destaca FRANCISCO SATIRO: "(...) o art. 84, aplicável só em caso de falência, contempla com privilégio sobre todos os demais credores concursais aqueles cujo crédito tenha sido constituído durante a recuperação judicial. Trata-se de forma de incentivo à manutenção do fornecimento que garantirá a continuidade da atividade empresarial. Esses credores extraconcursais também não estarão submetidos à recuperação judicial e ao plano. Seu risco, em caso de insucesso do procedimento de reorganização, é menor que o dos credores submetidos, porque eles mantêm seu direito à execução do crédito e os bens do devedor continuarão passíveis de realização na liquidação, quando, então, receberão antes que os demais credores concursais do art. 83." (SOUZA JUNIOR, Francisco Satiro de. Sociedade em recuperação judicial – Assembleia geral de credores. *Revista de Direito Mercantil, Industrial, Econômico e Financeiro*, São Paulo, a. LII, n. 164/165, 2013, p. 214).

[1647] Segundo EDUARDO MUNHOZ, o termo "financiamento" na recuperação judicial significa "(...) o aporte de recursos à empresa em recuperação sob a forma de dívida (*v.g.*, celebração de contrato de mútuo, emissão de debêntures ou outros títulos de dívida)". Já a palavra "investimento" está relacionada "(...) [a]os aportes de recursos voltados à aquisição de controle da empresa em recuperação judicial, à aquisição de títulos de participação no seu capital (*v.g.*, ações) ou à aquisição de bens ou direitos de sua propriedade (*v.g.*, aquisição de controle, aquisição de bens, operações de reorganização societária)". O autor identifica corretamente que: "(...) o acesso a fontes de financiamento, ou o usualmente chamado financiamento DIP ou financiamento Exit, é um dos fatores determinantes para o sucesso da recuperação da empresa. O financiamento DIP, ou seja, financiamento concedido no curso de processo de recuperação judicial, cria a ponte necessária entre o momento em que a empresa ingressa com seu pedido de recuperação, quando seu acesso a crédito é altamente restringido, e aquele em que será capaz de negociar e aprovar com seus credores um plano de reorganização. Na lei brasileira, pode-se concluir indiretamente que esse prazo de negociação entre devedor e credores é, em princípio, de 180 dias, período em que ficam suspensas as ações e execuções contra o devedor (art. 6º, caput, e §4º da LRE). Já o financiamento *exit* atua no momento em que a empresa emerge de sua recuperação, ou seja, quando o plano de recuperação é aprovado, sendo importante para viabilizar sua implementação. O investimento é, igualmente, fator determinante do sucesso da recuperação da empresa." (MUNHOZ, Eduardo Secchi. Financiamento e investimento na recuperação judicial. In: CEREZETTI, Sheila C. Neder; MAFFIOLETTI, Emanuelle

RECUPERAÇÃO JUDICIAL. PARTE 2

durante a recuperação judicial, foram previstas para materializar o princípio da preservação da empresa, na medida em que o sucesso do esforço recuperatório está muitas vezes atrelado ao recebimento de recursos novos pelo devedor[1648].

Embora a intenção do legislador tenha sido estimular o mercado de crédito disponível ao devedor em recuperação judicial, os instrumentos legais concebidos para essa finalidade se mostraram, na prática, insuficientes – em especial em razão da existência de regulação restritiva oriunda do Banco Central do Brasil.

Com efeito, a Resolução BACEN 2.682 de 1999 estabelece que as instituições financeiras devem classificar as operações de crédito, em ordem crescente de risco, nos seguintes níveis: AA, A, B, C, D, E, F, G e H.

A despeito da classificação inicialmente atribuída à operação de crédito (que levará em consideração aspectos relativos ao tomador, às garantias eventualmente oferecidas, à natureza e finalidade da operação, ao seu valor, entre outros aspectos – art. 2º da Resolução), no caso de atraso do pagamento de uma parcela de crédito, a classificação deve ser revista, no mínimo, mensalmente, de acordo com os critérios abaixo apontados:

Art. 4º, I, da Resolução BACEN 2682	
Atraso entre 15 e 30 dias	Risco nível B, no mínimo
Atraso entre 31 e 60 dias	Risco nível C, no mínimo
Atraso entre 61 e 90 dias	Risco nível D, no mínimo
Atraso entre 91 e 120 dias	Risco nível E, no mínimo
Atraso entre 121 e 150 dias	Risco nível F, no mínimo
Atraso entre 151 e 180 dias	Risco nível G, no mínimo
Atraso superior a 180 dias	Risco nível H

Como a devedora em recuperação judicial permanecerá ao menos 180 dias sem pagar seus débitos (prazo do *stay period*), iniciando os pagamentos somente depois de homologado o plano de recuperação, suas operações de crédito acabarão classificadas no *rating* H, que pressupõe o provisionamento de 100% do valor negociado na conta "Créditos de Liquidação Duvidosa", redutora do "Ativo", conforme tabela abaixo (prevista no art. 6º da Resolução 2682):

Urbano (coord.). *Dez anos da Lei nº 11.101/2005*: estudos sobre a Lei de Recuperação e Falência. São Paulo: Almedina, 2015, p. 271-272).

[1648] Sobre o financiamento do devedor em recuperação, ver: MUNHOZ. Financiamento e investimento na recuperação judicial...; DIAS. *Financiamento na recuperação judicial*...; KIRSCHBAUM. *A recuperação judicial no Brasil*..., especialmente p. 127 ss; TROVO. *Captação de recursos...*

RECUPERAÇÃO DE EMPRESAS E FALÊNCIA

Nível de Risco	Porcentagem de provisão
A	0,5%
B	1%
C	3%
D	10%
E	30%
F	50%
G	70%
H	100%

O resultado é um efeito negativo no balanço patrimonial em função da redução do ativo, sendo a instituição financeira, portanto, duplamente penalizada (em função da sujeição do seu crédito à recuperação judicial e também pelo referido efeito contábil).

Para piorar, o artigo 3º da Resolução dispõe que a classificação das operações de crédito de um mesmo cliente ou grupo econômico deve ser definida considerando aquela que apresentar maior risco. Assim, na prática, um banco submetido à recuperação judicial tenderá a não conceder novos financiamentos à recuperanda, pois a operação de crédito será classificada já de início no nível H, impondo provisionamento de 100% do valor financiado.

Pelo exposto, verifica-se que parte do estímulo previsto no artigo 66 resta anulado em função dos limites regulatórios previstos na Resolução 2.682, sendo premente a necessidade de reformas para estimular o mercado de crédito para empresas em recuperação[1649].

2.12. Desistência

O devedor não poderá desistir do pedido de recuperação judicial após o deferimento de seu processamento, salvo se obtiver aprovação da desistência em assembleia geral de credores (LREF, art. 52, §4º). A regra em questão objetiva impedir que o devedor ajuíze sucessivos pedidos de recuperação dos quais logo a seguir desiste unicamente para se valer do escudo obtido durante o período de proteção de 180 dias (*stay period*).

3. Plano de recuperação

O plano de recuperação judicial, cujo conteúdo deve discriminar, de forma pormenorizada, o modo como se dará o saneamento da empresa em crise, é a peça--chave da recuperação judicial[1650].

[1649] Para aprofundamento, ver: MUNHOZ. Financiamento e investimento na recuperação judicial..., p. 281 ss; DIAS. *Financiamento na recuperação judicial...*, p. 301-311.
[1650] STJ, 3ª Turma, RMS 30.686/SP, Rel. Min. Massami Uyeda, j. 07/10/2010. Para exame detalhado do plano de recuperação judicial e dos limites de atuação da autonomia privada dos credores na determinação

3.1. Prazo de apresentação

O plano deve ser apresentado somente pelo devedor[1651] em juízo no prazo improrrogável de 60 dias contados da publicação da decisão que deferir o processamento da recuperação judicial, sob pena de convolação da recuperação judicial em falência (LREF, art. 53, *caput*). Em princípio, trata-se de prazo de direito material, peremptório, não sujeito à dilação[1652] – embora seja considerado bastante exíguo por grande parte da doutrina especializada[1653].

Como o desrespeito ao prazo legal enseja consequências gravíssimas, é de todo conveniente que o plano já esteja alinhavado quando do ajuizamento do pedido de recuperação judicial[1654] (apesar de que, na prática, raramente isso ocorre). Nessa linha, não é precaução demasiada a iniciativa do devedor de sondar previamente seus principais credores ou abrir tratativas negociais ainda antes da distribuição da petição inicial, para fins de testar a receptividade do plano que será apresentado.

Essa conduta pode evidenciar aos credores o real interesse e a confiança do devedor na recuperação do seu negócio, contribuindo, ainda que de forma indireta, para a formação de um contexto favorável entre os credores para a aprovação do plano.

---

de seu conteúdo e dos efeitos, a partir de uma perspectiva do direito italiano, ver: MUNARI, Alessandro. *Crisi di impresa e autonomia contrattuale nei piani attestati e negli accordi di ristrutturazione*. Milano: Giuffrè, 2012, p. 15-123.

[1651] "Agravo de Instrumento – Recuperação Judicial – Plano de Recuperação Rejeitado – Ônus exclusivo do devedor a apresentação de novo plano de recuperação. A apresentação do Plano de Recuperação Judicial é ônus exclusivo do devedor, ao qual incumbe buscar com presteza o acordo se um primeiro plano já tiver sido apresentado e rejeitado, tarefa que não incumbe ao juiz, por maior que seja sua boa-vontade. Agravo provido." (TJSP, Câmara Reservada à Falência e Recuperação, AI 661.598-4/3-00, Rel. Des. José Roberto Lino Machado, j. 17/11/2009). Nos Estados Unidos, o plano pode ser apresentado pelo devedor ou pelos credores. Há, no entanto, um prazo de exclusividade durante o qual apenas o devedor pode apresentar o plano. Sobre a legitimação para a apresentação do plano de recuperação no direito comparado (Estados Unidos, Argentina, Alemanha, Portugal, Espanha e França – de uma maneira geral, mais ampla do que no sistema brasileiro), ver: CEREZETTI. *A recuperação judicial de sociedade por ações...*, p. 267-272.

[1652] TJSP, Câmara Reservada à Falência e Recuperação, AI 994.09.324685-7, Rel. Des. Pereira Calças, j. 06/04/2010; TJSP, Câmara Reservada à Falência e Recuperação, AI 994.09.324686-5, Rel. Des. Pereira Calças, j. 02/03/2010. Não obstante, há quem vislumbre a possibilidade de o juiz, dependendo das circunstâncias do caso, dilatar tal prazo, mesmo porque à LREF (art. 189) aplica-se, subsidiariamente, o Código de Processo Civil, que possui regramento específico sobre o cabimento da prorrogação dos prazos processuais (ZANINI, Carlos Klein. Seção V: Do plano de recuperação judicial para microempresas e empresas de pequeno porte: In: SOUZA JUNIOR, Francisco Satiro de; PITOMBO, Antônio Sérgio A. de Moraes (coord.). *Comentários à Lei de Recuperação de Empresas e Falência*. 2 ed. rev., atual. e ampl. São Paulo: Revista dos Tribunais, 2007, p. 324). Sobre o tema, ver item 2 do Capítulo 14.

[1653] Entre outros: BEZERRA FILHO. *Lei de Recuperação de Empresas e Falências comentada...*, p 148. Ver, também: CAVALLI. Plano de recuperação..., p. 263.

[1654] BEZERRA FILHO. *Lei de Recuperação de Empresas e Falências comentada...*, p. 148.

3.2. Conteúdo

O plano consiste em um projeto em que estão previstas operações ou meios destinados a debelar a crise da empresa. É a proposta apresentada pelo devedor aos credores relativamente a como a empresa pretende se reorganizar para superar a crise[1655] – e, justamente por isso, vai muito além de uma peça elaborada por advogados.

O plano deverá conter ao menos os três elementos essenciais apontados entre os incisos I e III do art. 53 da LREF, a saber: (*i*) discriminação pormenorizada dos meios de recuperação a serem empregados, conforme o art. 50 da LREF, e seu resumo; (*ii*) demonstração de sua viabilidade econômica; e (*iii*) laudo econômico-financeiro e de avaliação dos bens e ativos do devedor, subscrito por profissional legalmente habilitado ou empresa especializada.

Os elementos acima referidos consistem, respectivamente, na estratégia para superar a crise (item "i"); na prova de que ela pode funcionar (item "ii"); e na demonstração de que os números apresentados se fundam em dados reais (item "iii")[1656].

3.3. Meios de recuperação

O art. 50 da LREF elenca uma série de técnicas recuperatórias, chamadas "meios de recuperação judicial", que poderão ser utilizadas pelo devedor em seu plano[1657]. Trata-se de um rol exemplificativo, de modo que o devedor pode se valer de outros expedientes para superar a situação de crise[1658] (devendo, como regra, o plano estar relacionado ao próprio patrimônio do devedor em recuperação)[1659].

[1655] Sztajn, Rachel. Seção III: Do plano de recuperação judicial. In: Souza Junior, Francisco Satiro de; Pitombo, Antonio Sergio A. de Moraes (coord.). *Comentários à Lei de Recuperação de Empresas e Falências.* São Paulo: Revista dos Tribunais, 2007, p. 265.

[1656] Este último laudo também permite ao credor comparar a proposta de satisfação do seu crédito na recuperação judicial com a sua situação na hipótese de falência.

[1657] Ricardo Tepedino faz uma crítica à denominação adotada na LREF. Para o referido autor, nem tudo o que se menciona neste rol constitui, de fato, um meio de recuperação judicial. Há, por exemplo, medidas que apenas coadjuvam o projeto de soerguimento da empresa em crise, como, por exemplo, a interferência dos credores na gestão social (art. 50, incisos IV, V e XIV). Além disso, menciona que não consta na relação o mais típico dos instrumentos de reestruturação de passivos: a redução do valor das dívidas (abatimento ou deságio). Nesse sentido: Tepedino, Ricardo. O trespasse para subsidiária (*drop down*). In: Castro, Rodrigo R. Monteiro de; Aragão, Leandro Santos de (coord.). *Direito societário e a nova Lei de Falências e Recuperação de Empresas.* São Paulo: Quartier Latin, 2006, p. 58.

[1658] A rigor, o sucesso ou insucesso de um plano de recuperação depende, em grande medida, de requisitos intrínsecos ao negócio do devedor – tais como o valor atribuído à atividade empresarial, a eficiência do seu processo produtivo, a competividade do seu mercado de atuação – e requisitos extrínsecos a ele – como o rol das garantias prestadas ao credores, sua ordem de prioridade, o nível de apetite ao risco dos credores e garantidores e a (in)existência de bens/ativos livres que podem ser objeto de alienação ao longo da recuperação judicial. Sobre o tema, ver: ROE. *Corporate reorganization...*, p. 95-143.

[1659] "Se os ativos da empresa pertencente ao mesmo grupo econômico não estão abrangidos pelo plano de recuperação judicial da controladora, não há como concluir pela competência do juízo da recuperação

RECUPERAÇÃO JUDICIAL. PARTE 2

Os meios de recuperação deverão ser descritos pormenorizadamente e, após, apresentados resumidamente para facilitar o exame global do plano. Ou seja: não basta uma descrição genérica dos meios de recuperação descritos no art. 50 da LREF[1660].

Até a entrada em vigor da LREF, os remédios legais existentes estavam legalmente pré-determinados e não podiam ser objeto de negociação entre o devedor e seus credores. Diferentemente, o sistema atual permite a livre negociação dos meios de recuperação a serem empregados, sendo definidos pelo devedor e seus assessores de acordo com a natureza e a extensão da crise[1661].

As técnicas recuperatórias podem ser as mais variadas, podendo ir desde uma simples reestruturação do perfil da dívida, de modo a adequar seus montantes e vencimentos à capacidade de pagamento da sociedade, até uma complexa reorganização societária ou remodelação administrativa[1662].

O art. 50 da LREF elenca mais de duas dezenas de formas por meio das quais a empresa em crise pode buscar sua recuperação judicial, autorizando, expressamente, que meios alternativos venham a ser empregados para reestruturar e sanear a empresa.

De acordo com o referido dispositivo, constituem meios de recuperação judicial, observada a legislação pertinente a cada caso, dentre outros:

I	Concessão de prazos e condições especiais para pagamento das obrigações vencidas ou vincendas.
II	Cisão, incorporação, fusão ou transformação de sociedade, constituição de subsidiária integral, ou cessão de cotas ou ações, respeitados os direitos dos sócios, nos termos da legislação vigente.
III	Alteração do controle societário.
IV	Substituição total ou parcial dos administradores do devedor ou modificação de seus órgãos administrativos.
V	Concessão aos credores de direito de eleição em separado de administradores e de poder de veto em relação às matérias que o plano especificar.
VI	Aumento de capital social.
VII	Trespasse ou arrendamento de estabelecimento, inclusive à sociedade constituída pelos próprios empregados.
VIII	Redução salarial, compensação de horários e redução da jornada, mediante acordo ou convenção coletiva.

para decidir acerca de sua destinação." (STJ, 2ª Seção, AgRg no CC 86.594/SP, Rel. Min. Fernando Gonçalves, j. 25/06/2008).

[1660] TJSP, 2ª Câmara Reservada de Direito Empresarial, AI 2260720-90.2015.8.26.0000, Rel. Des. Fabio Tabosa, j. 11/05/2016.

[1661] VIGIL NETO. *Teoria falimentar e regimes recuperatórios...*, p. 166.

[1662] TEPEDINO. O trespasse para subsidiária (*drop down*)..., p. 58.

IX	Dação em pagamento ou novação de dívidas do passivo, com ou sem constituição de garantia própria ou de terceiro.
X	Constituição de sociedade de credores.
XI	Venda parcial dos bens.
XII	Equalização de encargos financeiros relativos a débitos de qualquer natureza, tendo como termo inicial a data da distribuição do pedido de recuperação judicial, aplicando-se inclusive aos contratos de crédito rural, sem prejuízo do disposto em legislação específica.
XIII	Usufruto da empresa.
XIV	Administração compartilhada.
XV	Emissão de valores mobiliários.
XVI	Constituição de sociedade de propósito específico para adjudicar, em pagamento dos créditos, os ativos do devedor.

Como já referido, não há qualquer dúvida quanto à possibilidade de o devedor utilizar outras técnicas não previstas no art. 50 e/ou de combinar as modalidades acima elencadas.

Ainda, é preciso destacar a necessidade de se respeitar a legislação eventualmente aplicável a cada uma das técnicas acima descritas. Ou seja, não se pode prever, no plano de recuperação judicial, uma operação de cisão, por exemplo, que afronte os requisitos previstos na Lei das S.A., no estatuto social ou no acordo de acionistas[1663]. É importante atentar, ainda, que as diferentes medidas

---

[1663] Justamente por isso, entendemos que devem ser analisados com cuidado casos como o que o TJSP permitiu a alienação de bens prevista em plano de recuperação judicial em desrespeito ao acordo de acionistas, uma vez que acaba por afrontar o próprio *caput* do art. 50 da LREF: "Agravo. Recuperação judicial. Recurso interposto por acionistas minoritários de companhia que integra o "Grupo Daslu", inconformados com a concessão da recuperação judicial. Alegação de violação ao direito de veto à transferência da "Marca Daslu", direito previsto em acordo de acionistas, violando o art. 53, III, da LRF, artigos 104, 106 e 187 do CC. Os acionistas, minoritários ou majoritários, não podem impedir a concessão de recuperação judicial derivada da aprovação do plano pela assembleia-geral de credores. As querelas intrassocietárias deverão ser dirimidas no palco judicial adequado e não nos lindes do processo de recuperação judicial. Os interesses dos acionistas não se sobrepõem ao princípio da preservação da empresa e de sua função social, nem aos interesses da comunidade de credores. Ausência de interesse e legitimidade recursal. Recurso não conhecido." (TJSP, Câmara Reservada à Falência e Recuperação, AI 0154311-66.2011.8.26.0000, Rel. Des. Pereira Calças, j. 24/01/2012). Caminhando no mesmo sentido, usando-se do argumento do abuso do direito de voto do minoritário que, tendo direito de voto afirmativo estabelecido em acordo de acionistas, votou contrariamente à realização de operação prevista em plano de recuperação judicial aprovado, ver: Processo nº 1099671-48.2015.8.26.0100, 1ª Vara de Falências e Recuperações Judiciais, Juiz João de Oliveira Rodrigues Filho, j. 06/12/2016 – e embargos de declaração apreciados em 07/12/2016, em que o magistrado consignou que o plano de recuperação judicial não estaria sujeito ao previsto no acordo de acionistas: "O regime jurídico sobre o qual a recuperanda está inserida possui caráter especial, que se sobrepõe ao acordo de acionistas firmado". Ainda, na recuperação judicial da OI (Processo nº 0203711-65.2016.8.19.0001, em decisão da 7ª Vara Empresarial da Comarca do Rio de Janeiro/RJ), o plano de recuperação judicial aprovado e homologado prevê uma série de medidas que dependeriam da aprovação da assembleia geral de acionistas e do conselho de administração; apesar

RECUPERAÇÃO JUDICIAL. PARTE 2

a serem adotadas pelo devedor no plano de recuperação podem ter consequências em outras searas, como no âmbito concorrencial, devendo-se, então, respeitar o regime especial[1664].

disso, entendeu-se pela possibilidade de implementar as operações previstas no plano de recuperação judicial, sendo desnecessária a adoção das formalidades previstas no estatuto social da companhia e na Lei 6.404/1976, uma vez que já aprovado pela assembleia geral de credores e homologado pelo juízo competente. Sobre o tema, especificamente no que tange ao acordo de acionistas, ver: BUENO. *Da extinção do acordo de acionistas por causa superveniente...*, p. 157 ss. Para uma visão mais ampla, ver: CAVALLI. *Plano de recuperação...*, p. 269 ss. Ver, também: DEZEM. *A universalidade do juízo da recuperação judicial...*, p. 343-350.

[1664] Quando verificados determinados requisitos definidos pela Lei de Defesa da Concorrência (Lei 12.529/11) e pela regulamentação específica, haverá eventualmente a necessidade de submeter um ato de concentração decorrente de um processo de recuperação judicial ou falência à atividade estatal de controle de atos de concentração exercida pelo Conselho Administrativo de Defesa Econômica ("CADE"). Quando dessas operações decorrer concentração de mercado, *i.e.*, quando a empresa adquirente desenvolver atividades horizontalmente relacionadas às da empresa adquirida, poderá, eventualmente, o CADE verificar na operação uma restrição à concorrência e rejeitá-la. Considerando-se que as possibilidades de alienação são normalmente bastante restritas e que há chances de a operação resultar em concentração de mercado, o Direito da Concorrência viu necessário o desenvolvimento do estudo dessas interrelações, que resultou na teoria de origem norte-americana denominada *Failing Firm Defense*, segundo a qual os efeitos anticoncorrenciais de uma determinada concentração horizontal são mitigados em decorrência dos efeitos negativos que a saída de uma empresa do mercado possa gerar. A Teoria da *Failing Firm Defense* teve sua primeira aplicação em 1930, no caso *International Shoe Co. v. FTC*. Nesse caso, a Suprema Corte dos Estados Unidos decidiu que, estando a empresa em crise e sem possibilidade de recuperação, seria inaplicável o disposto na legislação concorrencial (*Clayton Act*). Posteriormente, em 1950, o Congresso norte-americano aprovou a emenda ao *Clayton Act*, denominada *Celler-Kefauver*, de forma a facilitar a aprovação de atos de concentração de empresas em dificuldades financeiras. Merece destaque a análise realizada pela Organização para Cooperação e Desenvolvimento Econômico (OCDE) em 2009, que concluiu que a aplicação da teoria da *Failing Firm Defense* no Direito da Concorrência ocorre com mais frequência durante crises econômicas, quando as empresas em pior situação econômica podem buscar em atos de concentração uma forma de melhorar suas condições financeiras. Nesse sentido, CLAUDE CHAMPAUD observa que, antes da Primeira Guerra, os atos de concentração já haviam se iniciado fortemente na França, continuando com o desenvolvimento econômico verificado no pós-guerra e, paradoxalmente, mesmo na crise de 1929. Constatou-se, assim, que tanto o desenvolvimento econômico quanto a depressão são dois fatores favoráveis para a eclosão e o aumento dos grupos, expressão final máxima dos atos de concentração (CHAMPAUD. *Le pouvoir de concentracion...*, p. 203). Nessas hipóteses, as autoridades de defesa da concorrência podem se ver confrontadas com um grande número de operações, cuja justificativa econômica fundamenta-se principalmente na referida teoria. A aplicação de tal teoria no Brasil já foi apreciada em mais de uma oportunidade pelo CADE, *e.g.*, nos Atos de Concentração 08012.004423/2009-18 (Operação entre Sadia e Perdigão) e 08700.003978/2012-90 (Operação entre Unimed Franca e Hospital Regional de Franca). Nos termos do voto do Conselheiro Relator, na operação entre Sadia e Perdigão: "A teoria da *failing firm*, capaz de justificar a aprovação de um ato de concentração, só deve se aplicar naqueles casos raros e restritos nos quais ficar indubitavelmente comprovado que, ao final, a não ocorrência daquela fusão específica trará consequências piores aos consumidores do que a sua ocorrência". E segue, estabelecendo alguns critérios objetivos a serem preenchidos para que a teoria seja aplicada, quais sejam: "(*i*) a firma insolvente deve ser incapaz de cumprir com suas obrigações financeiras; (*ii*) a firma deve ser incapaz de se reorganizar por meio de falência ou recuperação de empresa; (*iii*) a firma deve empreender esforços de

RECUPERAÇÃO DE EMPRESAS E FALÊNCIA

Na tentativa de sistematizar os meios de recuperação, buscou-se agrupar, abaixo, as técnicas de acordo com a sua natureza:

a) Medidas financeiras
As técnicas de reestruturação financeira são as mais comuns e potencialmente as mais eficazes, pois dão tratamento direto ao passivo da recuperanda. Entre elas estão:

i.   a remissão parcial de dívidas ("abatimento", "deságio") – que, de modo contraditório, gera ganho de capital e, portanto, a sua respectiva tributação;

ii. o alongamento das dívidas, vencidas e vincendas, com a concessão de prazos especiais de pagamento, parcelamentos e até pagamentos atrelados a um percentual do faturamento ou do lucro da empresa;

iii. a concessão de carência para o início dos pagamentos (que, na prática, muitas vezes gira em torno de dois anos a contar da concessão da recuperação judicial, justamente o prazo em que o descumprimento de qualquer obrigação do plano enseja a convolação em falência, conforme arts. 61, *caput* e §1º, e 73, IV, da LREF);

---

boa-fé para encontrar compradores que apresentem menos riscos antitruste; e (*iv*) deve-se comprovar que, no caso de não ocorrência da fusão notificada, os ativos da firma sairão do mercado prejudicando os consumidores." (página 347 do voto). Basicamente, os mesmos critérios definidos no *Merger Guidelines* norte-americano de 1992 e de 2010 (semelhantes critérios são adotados em respeitadas jurisdições em matéria concorrencial, como a do Reino Unido, da Alemanha e da França). Tais critérios foram recentemente reiterados em Parecer Técnico emitido pela Superintendência-Geral do CADE, já na vigência da nova Lei de Defesa da Concorrência, Lei 12.529/2011 (página 25 do voto do Parecer Técnico n. 216 da Superintendência-Geral do CADE, de 17 de outubro de 2012). Por fim, merece menção o debate acerca do eventual conflito de competências entre o CADE e o juízo falimentar para a apreciação de atos de concentração entre empresas envolvidas em processos de recuperação judicial ou falência. Se, por um lado, há defensores da jurisdição estatal una e da competência do juízo falimentar para apreciar atos de concentração, por outro, há aqueles que entendem que, muito embora possa o Poder Judiciário se manifestar sobre decisões do CADE e, eventualmente, revê-las, cabe à Autarquia a análise técnica das operações e, ao juízo falimentar, a homologação da decisão. Sobre o tema da *failing firm defense*, ver: HOVENKAMP, Herbert. *Federal antitrust policy*: the law of competition and its practice. 3 ed. St. Paul: West Publishing Co., 2005, p. 551-555; em língua portuguesa: CHINAGLIA, Olavo Zago; MOTTA, Lucas Griebeler da. O diálogo entre vetores que orientam a preservação da empresa e a ordem econômica como fundamento da teoria da *failing firm*. *Revista do Advogado – Direito das Empresas em Crise*, a. XXXVI, n. 131, p. 153-160, out. 2016; CRAVO, Daniela Copetti. Aplicação da teoria da *failing company defense* nos atos de concentração decorrentes da recuperação judicial: atribuição do CADE ou competência exclusiva do Juízo falimentar? *Revista Magister de Direito Empresarial, Concorrencial e do Consumidor*, Porto Alegre, v. 8, n. 43, p. 84-106, fev./mar. 2012; OLIVEIRA JÚNIOR, Fernando Antônio de Alencar Alves de. *A teoria do failing firm e sua aplicação no Brasil*. Salvador: Juspodivm, 2016; ROSA, Maria Eduarda Fleck da. *Faling firm no Brasil*: empresa em crise e concorrência. Tese (Doutorado em Direito). Faculdade de Direito da Universidade de São Paulo, São Paulo, 2016. Sobre a intersecção entre a recuperação judicial e o direito concorrencial, ver, ainda: DEZEM. *A universalidade do juízo da recuperação judicial...*, p. 353 ss.

RECUPERAÇÃO JUDICIAL. PARTE 2

iv. a substituição de taxas de juros vigentes e até a supressão dos juros e da correção monetária pela estipulação de parcelas fixas;

v. a conversão definitiva de dívidas em moeda estrangeira, com a supressão do risco cambial, desde que com a concordância expressa de tais credores;

vi. os aportes de capital;

vii. a dação em pagamento de bens da empresa ou dos sócios para amortizar ou liquidar dívidas (nesta última hipótese, o sócio se tornará credor da sociedade);

a captação de recursos com a emissão de valores mobiliários, como debêntures (conversíveis ou não em ações[1665]), entre outras.

b) Medidas de reestruturação societária e do controle
Entre as técnicas de reestruturação societária e do controle, destacam-se:

i. a alienação do controle societário para que o adquirente, com recursos próprios ou de terceiros, reorganize e recupere o negócio[1666];

ii. a conversão de dívida em participação societária, com a consequente diluição dos demais sócios, inclusive do controlador[1667];

iii. na hipótese de litígio societário, o plano pode prever a consolidação do controle, situação em que o controlador, envolvido em conflito com os minoritários, adquire as participações desses, de modo a trazer estabilidade para a sociedade devedora;

iv. o controlador pode aceitar partilhar o controle e a administração da empresa com os minoritários, aceitando que esses indiquem membros para o conselho de administração ou para a diretoria, por exemplo;

v. o plano pode prever que os credores indiquem membros para o conselho de administração ou para a diretoria, por exemplo, inclusive com o poder de veto sobre determinadas matérias;

vi. na recuperação judicial (e também na falência) a alienação das empresas ou de parte delas, bem como a realização de operações societárias, são formas de concretizar os objetivos da LREF[1668]. Assim, o plano de recuperação poderá prever que a recuperanda se envolva em operações societá-

---

[1665] Sobre a emissão pública de valores mobiliários por devedores em recuperação judicial, ver: NAJJARIAN. Comentários às informações prestadas por companhias abertas falidas e em recuperação judicial..., p. 152 ss.

[1666] LOBO. Seção I: Disposições gerais..., p. 195.

[1667] Confirmando a possibilidade de pagamento em ações da sociedade anônima: TJSP, Câmara Reservada à Falência e Recuperação, AI 657.733-4/6-00, Rel. Des. Lino Machado, j. 27/10/2009.

[1668] Sobre o tema, ver interessante parecer de autoria do professor PAULO FERNANDO CAMPOS SALLES DE TOLEDO no processo de concordata das Lojas Arapuã S.A.: TOLEDO, Paulo Fernando Campos Salles

RECUPERAÇÃO DE EMPRESAS E FALÊNCIA

rias de concentração ou de desconcentração, surgindo a incorporação, a fusão, a cisão (total ou parcial), a transformação de tipo e a constituição de subsidiária integral[1669] como opções válidas;

vii. a celebração de acordos e parcerias estratégicas, como consórcios e *joint ventures*.

c) Medidas de gestão

Muitas vezes, a crise empresarial está atrelada, entre outros fatores, à ineficiência da gestão do devedor. Nesses casos, mudanças nessa área podem ser necessárias. Assim, o plano poderá prever:

i. a substituição de administradores;
ii. a indicação de gestores por parte dos credores;
iii. o estabelecimento de uma administração compartilhada, da qual também participam representantes dos credores e dos empregados;
iv. a criação de cargos e órgãos de apoio, consultoria, fiscalização, entre outros;
v. a extinção de cargos e órgãos para desonerar financeiramente a empresa;
vi. a redução da remuneração e dos benefícios de administradores.

d) Medidas trabalhistas

O plano pode prever, ainda, medidas como:
i. a redução salarial;
ii. a compensação de horários;
iii. a redução da jornada de trabalho, mediante acordo ou convenção coletiva;

---

de. Lei de Falência – Alienação de estabelecimento da concordatária. *Revista de direito mercantil, industrial, econômico e financeiro*, São Paulo, v. 128, p. 275-286, out./dez. 2002.

[1669] Entende a doutrina que, ao se referir à constituição de subsidiária integral como um dos meios de recuperação judicial, o legislador aludiu a uma operação societária atípica, o chamado "drop down", situação em que uma subsidiária integral é constituída com a finalidade de receber o estabelecimento empresarial da sociedade que a cria, recebendo esta em troca ações ou quotas representativas do capital social da nova sociedade. Uma das grandes vantagens desta operação é a segregação da atividade empresarial, com a transferência de ativos tangíveis e intangíveis necessários ao desenvolvimento do negócio a uma nova pessoa jurídica, na qual o caixa gerado não esteja drenado por exigibilidades incompatíveis com seu fluxo, efeito mórbido que acaba por comprometer a continuidade da empresa. Além disso, a transferência do estabelecimento para uma subsidiária permite a melhor visualização do desempenho operacional do negócio e pode constituir um passo útil à posterior alienação da empresa ou da unidade que se desgarrou e foi isolada na subsidiária integral. Por esses motivos, essa operação tem presença muito frequente, quase indefectível, nos processos de reestruturação (TEPEDINO. O trespasse para subsidiária (*drop down*)..., p. 67). Sobre o tema, ver, também: VERÇOSA, Haroldo Malheiros Duclerc; BARROS, Zanon Paula de. A recepção do *drop down* no direito brasileiro. *Revista de Direito Mercantil, Industrial, Econômico e Financeiro*, São Paulo, v. 125, p. 43-47, jan./mar. 2002.

RECUPERAÇÃO JUDICIAL. PARTE 2

iv. a suspensão temporária de contratos de trabalho;
v. a concessão de férias coletivas;
vi. a demissão[1670].

Isso sem falar da já mencionada indicação de representantes dos trabalhadores para ocupar cargos de administração e até da constituição de sociedade de credores trabalhistas para adjudicar ativos e para transformar créditos em participação societária.

e) Medidas de desmobilização e de disposição de ativos
A fim de capitalizar a recuperanda, o plano pode prever: (*i*) a alienação, (*ii*) o arrendamento ou (*iii*) o usufruto de estabelecimentos (unidades fabris, centros de distribuição, lojas, filiais, entre outros), assim como de (*iv*) outros ativos da recuperanda (prédios, terrenos, máquinas, veículos e intangíveis), inclusive para sociedade constituída pelos próprios empregados – hipótese especialmente interessante quando os ativos não estiverem diretamente relacionados com a atividade-fim da empresa, nem influenciarem de maneira decisiva a geração de caixa dela[1671].
Havendo disposição de bens em conformidade com o plano de recuperação, nenhum credor da recuperanda poderá alegar eventual fraude à execução, desde que o plano tenha sido aprovado pelos credores e homologado judicialmente[1672].
De acordo com a doutrina, a alienação judicial de ativos será válida e eficaz em relação a todos os credores da recuperanda, inclusive em relação àqueles não sujeitos à recuperação judicial. A propósito, para LUIZ ROBERTO AYOUB e CÁSSIO CAVALLI:

> Todos os credores a que a Lei de Recuperação e Falências não sujeitou à recuperação judicial são credores que, de um lado, estão imunes a cláusulas do plano de recuperação que alterem sua posição creditícia e suas garantias específicas. No entanto, esses credores nada podem opor a alterações na composição patrimonial geral da

---

[1670] LOBO. Seção I: Disposições gerais..., p. 200.
[1671] Deve-se, todavia, atentar para que a forma como a alienação é realizada não afete, por exemplo, o direito de preferência que terceiro tenha sobre o imóvel. Nesse sentido, assim já decidiu o STJ: "A venda direta de imóvel decorrente do plano de recuperação judicial do locador, aprovado pelos credores e homologado pelo juiz, não caracteriza venda por decisão judicial, a que alude o art. 32 da Lei n. 8.245/1991. Assim, deve ser respeitado o direito de preferência do locatário, previsto no art. 27 do mesmo diploma legal." (STJ, 3ª Turma, REsp 1.374.643/RJ, Rel. Min. João Otávio de Noronha, j. 06/05/2014).
[1672] STJ, 3ª Turma, REsp 1.440.783/SP, Rel. Min. Moura Ribeiro, j. 14/06/2016; TRF3, 4ª Turma, AI 0026018-19.2012.4.03.0000, Rel. Des. Alda Basto, j. 26/07/2013; TJMT, 6ª Câmara Cível, AI 91095/2009, Rel. Des. Guiomar Teodoro Borges, j. 12/01/2009. Vale registrar que a legalidade de cláusulas dessa natureza ainda é objeto de discussão na jurisprudência. Sobre o tema, ver: TJSP, 1ª Câmara Reservada de Direito Empresarial, AI 0076442-56.2013.8.26.0000, Rel. Des. Enio Zuliani, j. 29/08/2013.

RECUPERAÇÃO DE EMPRESAS E FALÊNCIA

empresa devedora. Por isso, eventual alienação de ativos realizada em consonância com o plano aprovado a homologado será eficaz inclusive perante esses credores não sujeitos ao plano[1673].

Da mesma forma, uma vez que o produto da alienação é direcionado ao pagamento dos credores concursais, não cabe penhora no rosto dos autos dos valores obtidos com a alienação, mesmo em se tratando de credor que não se sujeita à recuperação[1674] (salvo com relação aos credores proprietários e respeitadas as garantias reais, hipótese na qual a alienação do ativo dependerá da sua anuência).

Sobre a possibilidade de alienação de ativos livres de ônus e do risco de sucessão do adquirente nas dívidas do alienante, ver o disposto no Capítulo 12, item 1.3.

3.4. Tratamento dispensado aos credores

Embora o tema gere controvérsia e existam alguns precedentes em sentido diverso[1675], tem-se admitido que o plano de recuperação judicial dispense tratamento diferenciado aos credores do devedor (como se pode extrair do próprio art. 58, §2º, da LREF), conforme o interesse de cada um no deslinde da recuperação judicial, mesmo entre os credores de uma mesma classe, desde que respeitados critérios de homogeneidade e existam fundadas razões para tanto[1676,1677,1678].

[1673] Por tudo: AYOUB; CAVALLI. *A construção jurisprudencial...*, p. 56.

[1674] TJSP, Câmara Reservada à Falência e Recuperação, AI 0479751-25.2010.8.26.0000, Rel. Des. Elliot Akel, j. 17/05/2011.

[1675] *V.g.*: TJSP, Câmara Reservada à Falência e Recuperação, AI 0136362-29.2011.8.26.0000, Rel. Des. Pereira Calças, j. 28/02/2012.

[1676] A esse propósito, vale colacionar o texto do Enunciado 57 da 1ª Jornada de Direito Comercial, promovida pelo Conselho da Justiça Federal no ano de 2012: "O plano de recuperação judicial deve prever tratamento igualitário para os membros da mesma classe de credores que possuam interesses homogêneos, sejam estes delineados em função da natureza do crédito, da importância do crédito ou de outro critério de similitude justificado pelo proponente do plano e homologado pelo magistrado". O referido Enunciado foi proposto pela professora SHEILA CEREZETTI, da Faculdade de Direito da USP. Sobre o tema, ver, da autora: CEREZETTI, Sheila Christina Neder. As classes de credores como técnica de organização de interesses: em defesa da alteração da disciplina das classes na recuperação judicial. In: TOLEDO, Paulo Fernando Campos Salles de; SATIRO, Francisco. *Direito das empresas em crise*: problemas e soluções. São Paulo: Quartier Latin, 2012, p. 365-385; CEREZETTI. *A recuperação judicial de sociedade por ações...*, p. 365 ss. Sobre o tema, inclusive com análise crítica, ver: TOLEDO, Paulo Fernando C. S. de Toledo. Recuperação judicial – sociedades anônimas – debêntures – assembleia geral de credores – liberdade de associação – boa-fé objetiva – abuso de direito – *cram down – par conditio creditorum*. *Revista de Direito Mercantil*, a. XLV, v. 142, abr./jun. 2006, p. 262-281; BUSCHINELLI. *Abuso do direito de voto na assembleia geral de credores...*, p. 87; CAVALLI. Plano de recuperação..., p. 276-278; COELHO, Fábio Ulhoa. O credor colaborativo na recuperação judicial. In: TOLEDO, Paulo Fernando Campos Salles de; SATIRO, Francisco (coord.). *Direito das empresas em crise*: problemas e soluções. São Paulo: Quartier Latin, 2012, p. 101-118.

[1677] Na jurisprudência: TJSP, 2ª Câmara Reservada de Direito Empresarial, AI 2171802-76.2016.8.26.0000, Rel. Des. Cláudio Godoy, j. 14/08/2017; TJSP, 1ª Câmara Reservada de Direito Empresarial, AI 2162381-62.2016.8.26.0000, Rel. Des. Cesar Ciampolini, j. 21/02/2017; TJSP, 2ª Câmara Reservada de Direito

RECUPERAÇÃO JUDICIAL. PARTE 2

Nesse sentido, tal tratamento deve ser devidamente justificado[1679], não se podendo atribuir tratamento diferenciado por razões arbitrárias (idade, localização do devedor, etc.)[1680].

A orientação tem respaldo na prática recuperatória. Efetivamente, pode haver fornecedores na posição de credores quirografários interessados na manutenção da empresa e, por outro lado, credores quirografários que não mantêm mais nenhum relacionamento comercial com a recuperanda. O mesmo pode ocorrer com empregados atuais, que buscam a manutenção de seus empregos, e empregados demitidos, cujo único objetivo é a maximização do crédito[1681]. Essa diversidade de interesses, bem como o próprio volume do crédito detido por cada credor, pode autorizar o devedor dispensar tratamento desigual aos credores de uma mesma classe.

Nessa linha, a jurisprudência entendeu ser possível conferir tratamento privilegiado no plano aos fornecedores que tenham mantido relações comerciais com o devedor durante a recuperação judicial[1682], inclusive àqueles que ofereceram

---

Empresarial, AI 2040940-17.2016.8.26.0000, Rel. Des. Carlos Alberto Garbi, j. 31/01/2016; TJSP, 2ª Câmara Reservada de Direito Empresarial, AI 2260720-90.2015.8.26.0000, Rel. Des. Fabio Tabosa, j. 11/05/2016; TJPE, 2ª Câmara Cível, AI 353981-3, Rel. Des. Cândido José da Fonte Saraiva de Moraes, j. 04/03/2015. Ver, também: TJRJ, 14ª Câmara Cível, AI 0039682-69.2014.8.19.0000, Rel. Des. Gilberto Campista Guarino, j. 03/12/2014; TJSP, 2ª Câmara de Direito Empresarial, AI 02.35130-87.2011.8.26.0000, Rel. Des. Ricardo Negrão, j. 04/12/2012.

[1678] De qualquer sorte, o TJSP já decidiu que não se pode conferir tratamento desigual a credores de modo arbitrário, como manobra a direcionar a AGC e penalizar determinados credores (TJSP, 1ª Câmara Reservada de Direito Empresarial, AI 0099369-50.2012.8.26.0000, Rel. Des. Francisco Loureiro, j. 26/03/2013: "(...). Legalidade da criação de subclasses, que, porém, não serve de manobra para direcionar a assembleia, atingir quóruns legais e penalizar severa e injustificadamente outros credores. No caso concreto, intolerável a profunda desigualdade entre as diversas subclasses de credores quirografários, com prazos e remissões que, na prática, aniquilam determinados créditos."). No mesmo sentido, não se admitiu tratamento diferenciado aos credores a depender do momento do reconhecimento do crédito na recuperação judicial (i.e., os valores apurados após o prazo de 90 dias a contar da data de decisão que concedeu a recuperação judicial seriam automaticamente objeto de deságio) (TJRS, 6ª Câmara Cível, AI 70062141973, Rel. Des. Luís Augusto Coelho Braga, j. 07/04/2016). Por outro lado, o TJSP já entendeu lícita a cláusula que prevê mecanismo diverso de pagamento para credores retardatários ou que venham a ajuizar impugnação (TJSP, 2ª Câmara Reservada de Direito Empresarial, AI 2040940-17.2016.8.26.0000, Rel. Des. Carlos Alberto Garbi, j. 31/01/2016).

[1679] CAVALLI. Plano de recuperação..., p. 278.

[1680] COELHO. O credor colaborativo na recuperação judicial..., p. 110-111.

[1681] BUSCHINELLI. Abuso do direito de voto na assembleia geral de credores..., p. 82. Ver, também: CAVALLI. Plano de recuperação..., p. 276 ss; COELHO. O credor colaborativo na recuperação judicial..., p. 107 ss.

[1682] TJSP, 2ª Câmara Reservada de Direito Empresarial, AI 2260720-90.2015.8.26.0000, Rel. Des. Fabio Tabosa, j. 11/05/2016; TJSP, 1ª Câmara de Direito Empresarial, AI 0198440-25.2012.8.26.0000, Rel. Des. Maia da Cunha, j. 11/12/2012; TJSP, Câmara Reservada à Falência e Recuperação, AI 0303530-56.2011.8.26.0000, Rel. Des. Ricardo Negrão, j. 27/11/2012; TJSP, 2ª Câmara Reservada à Falência e Recuperação, AI 0048861-03.2012.8.26.0000, Rel. Des. Tasso Duarte de Melo, j. 07/08/2012; TJSP,

RECUPERAÇÃO DE EMPRESAS E FALÊNCIA

novas linhas de crédito à recuperanda[1683], bem como admitiu a formação de sub-classes[1684], mesmo em função do volume do crédito detido pelos credores[1685]-[1686]. Os planos apresentados nas recuperações judiciais da Parmalat[1687] e da Eucatex[1688], por exemplo, previram tratamento diferenciado a certos grupos de credores, e acabaram sendo confirmados pelo juízo da recuperação.

3.5. Demonstração da viabilidade econômica

O item em questão nada mais é do que a demonstração da exequibilidade e da efetividade do plano. Consiste em uma espécie de defesa do plano, por meio da qual deve ser possível vislumbrar que sua execução gerará os efeitos necessários para fazer cessar o estado de crise.

E, justamente por conta disso, o laudo que demonstra a viabilidade econômica do plano deve estar assentado em premissas lícitas (ou seja, não pode estar baseado, evidentemente, em cláusulas do plano que afrontam o ordenamento jurídico).

Entende-se como viável aquilo que pode ser executado. Assim, "o que se quer é uma demonstração matemática, não jurídica, de que, aplicadas as medidas

---

Câmara Reservada à Falência e Recuperação, AI 0036029-69.2011.8.26.0000, Rel. Des. Romeu Ricupero, j. 26/07/2011; e TJSP, Câmara Reservada à Falência e Recuperação, AI 0372448-49.2010.8.26.0000, Rel. Des. Pereira Calças, j. 01/02/2011.

[1683] TJSP, 2ª Câmara Reservada de Direito Empresarial, AI 2260720-90.2015.8.26.0000, Rel. Des. Fabio Tabosa, j. 11/05/2016; TJRJ, 5ª Câmara Cível, AI no AI 0030788-12.2011.8.19.0000, Rel. Des. Nagib Slaibi Filho, j. 19/10/2011.

[1684] TJSP, Câmara Especial de Falência e Recuperação Judicial, AI 493.240.4/1-00, Rel. Des. Boris Kauffmann, j. 01/08/2007.

[1685] TJSP, Câmara Reservada à Falência e Recuperação, AI 0313634-44.2010.8.26.0000, Rel. Des. Lino Machado, j. 01/02/2011.

[1686] Aqui, apesar de ser passível de críticas, é relevante salientar que a tendência, na prática, é que, mesmo quando dispensado tratamento diferenciado aos credores de uma mesma classe, eles votam, como regra, dentro da mesma classe para aprovação do plano. De se salientar, entretanto, que o TJSP já decidiu que "A previsão de planos distintos dentro de uma única classe prevista no art. 41 da Lei n. 11.101/205 impõe, necessariamente, a colheita de votos em separado" (TJSP, Câmara Reservada de Direito Empresarial, AI 0010246-41.2012.8.26.0000, Rel. Des. Ricardo Negrão, j. 29/01/2013). Entendendo que a criação de subclasses exigiria votação em separado dentro de uma mesma classe, com o que tendemos a concordar, ver, entre outros: BUSCHINELLI. Cessão de crédito na recuperação judicial..., p. 342.

[1687] 1ª Vara de Falência e Recuperações Judiciais de São Paulo/SP, processo 000.05.068090-0. O plano da Parmalat, dentre outras disposições de interesse para o assunto em comento, previu tratamento diferenciado para os chamados "credores operacionais". Previu, em suma, o dispêndio de valores mensais fixos e iguais para todos (ou seja, não proporcionais às quantias devidas), fazendo com que os credores operacionais que detinham créditos menores fossem pagos mais rapidamente em relação aos credores operacionais com créditos de grande monta, solução que mereceu o aplauso de SHEILA CEREZETTI (CEREZETTI. *A recuperação judicial de sociedade por ações...*, p. 373-376).

[1688] 3ª Vara de Salto/SP, processo nº 526.01.2005.007220-1.

saneadoras desenhadas no plano, a crise será superada"[1689]. Trata-se, por isso, de um elemento importante para o convencimento dos credores, podendo servir, inclusive, para evitar que o plano sofra objeções – com o que terá fatalmente de ir para o escrutínio da assembleia geral de credores[1690].

Na prática, quem elabora a peça em questão são profissionais com formação em finanças e administração, e não os advogados da recuperanda.

3.6. Laudo econômico-financeiro e de avaliação dos bens e ativos

O legislador teve, aqui, o cuidado de exigir a elaboração do referido laudo por profissional habilitado ou empresa especializada. Esse item do plano tem por objetivo apresentar aos credores um panorama da situação econômica, financeira e patrimonial do devedor, justamente para que tenham condições mínimas de avaliar as possibilidades de recuperação da empresa.

Além disso, como foi anteriormente salientado, o laudo em questão permite que o credor compare a proposta de satisfação do seu crédito na recuperação judicial com a sua situação em caso de falência da recuperanda – elemento que pode evidenciar, inclusive, hipótese de abuso de voto pelo credor[1691].

[1689] SZTAJN. Seção III: Do plano de recuperação judicial..., p. 267.

[1690] BEZERRA FILHO. *Lei de Recuperação de Empresas e Falências comentada...*, p. 149.

[1691] Sobre o argumento de que os credores não podem suportar, na recuperação judicial, um sacrifício maior do que o decorrente da falência do devedor, leciona PAULO FERNANDO CAMPOS SALLES DE TOLEDO: "A Lei brasileira atual, embora discipline um *procedimento de sacrifício*, não utiliza essa expressão. A anterior Lei de Falências (Dec.-lei 7.661/1945), no entanto, referia-se explicitamente ao 'sacrifício dos credores', dispondo que ele não poderia ser 'maior do que a liquidação na falência'. Se isto ocorresse, o credor poderia opor embargos à concordata. Ensinava Waldemar Ferreira cumprir ao devedor, na concordata preventiva, comprovar que, 'dada sua situação patrimonial, a falência, que pretende evitar, importará, para os credores, sacrifício maior do que o pagamento, que consta de sua proposta'. A referência ao sacrifício dos credores era da tradição de nosso direito concursal, tanto que o Dec. 5.746, de 09.12.1929, e, antes dele, a Lei 2.024, de 19.12.1908, previam idêntico fundamento para os embargos à concordata. Carvalho de Mendonça, com a autoridade de autor intelectual da aludida Lei de 1908, assinala que 'não se compreende a concordata sem a equivalência dos sacrifícios, que se exigem dos credores, às vantagens de evitar a liquidação judicial na falência'. Como se vê, o diploma atual deixou de acrescentar a seus vários méritos mais este: o de conter o reconhecimento expresso de que não podem os credores suportar, na recuperação judicial, um sacrifício maior do que o decorrente da falência do devedor. Temos aí um parâmetro objetivo, a sinalização do grau máximo de sacrifício que pode ser imposto aos credores. Não será demais enfatizar: a Lei, na verdade, não precisa deixar explícito esse ponto para que o mesmo fundamento seja aplicado, uma vez que ele decorre da própria natureza do instituto. A Lei, evidentemente, não pode impor aos credores o mal maior – que seria o de sujeitá-los a uma recuperação que os prejudique mais do que a falência do devedor." (TOLEDO, Paulo Fernando Campos Salles de. O plano de recuperação judicial e o controle judicial da legalidade. *Revista de Direito Bancário e do Mercado de Capitais*, v. 60, abr. 2013, p. 318-319).

RECUPERAÇÃO DE EMPRESAS E FALÊNCIA

3.7. Limites

Como qualquer negócio jurídico[1692], o plano de recuperação está sujeito aos requisitos de validade dos atos jurídicos em geral, os quais serão submetidos ao controle judicial[1693]. Ademais, o plano não pode afrontar a Constituição Federal, a LREF, as normas de ordem pública que lhe sejam aplicáveis, bem como os princípios gerais de direito, sob pena de invalidade[1694]. A rigor, além dos limites ínsitos a todo e qualquer negócio jurídico privado, a LREF apresenta algumas limitações expressas que o devedor não poderá deixar de observar em qualquer hipótese.

3.7.1. Alienação de bens objeto de garantia real

Na alienação de bem objeto de garantia real, a supressão da garantia ou a sua substituição somente serão admitidas mediante aprovação expressa do credor titular da respectiva garantia (LREF, art. 50, §1º)[1695]. Qualquer cláusula em sentido contrário será simplesmente ineficaz em relação ao credor protegido[1696]-[1697].

[1692] O TJSP tem declarado, em seus julgamentos, o caráter estritamente contratual do plano de recuperação judicial que se constitui pela livre negociação entre os credores e a empresa devedora (*v.g.*: TJSP, 1ª Câmara Reservada de Direito Empresarial, AI 0038422-30.2012.8.26.0000, Rel. Des. Pereira Calças, 02/10/2012). No mesmo sentido, *v.g.*: STJ, 3ª Turma, REsp 1.660.313/MG, Rel. Min. Nancy Andrighi, j. 15/08/2017. Predomina o entendimento de que o plano de recuperação constitui negócio jurídico de caráter contratual, ainda que com determinadas especificidades. Nesse sentido: BUSCHINELLI. *Abuso do direito de voto na assembleia geral de credores...*, p. 75; TJSP, 1ª Câmara Reservada de Direito Empresarial, AI 0099369-50.2012.8.26.0000, Rel. Des. Francisco Loureiro, j. 26/03/2013.

[1693] STJ, 3ª Turma, REsp 1.314.209/SP, Rel. Min. Nancy Andrighi, j. 22/05/2012; TJSP, 1ª Câmara Reservada de Direito Empresarial, AI 0119660-37.2013.8.26.000, Rel. Des. Francisco Loureiro, j. 06/02/2014; TJSP, 1ª Câmara Reservada de Direito Empresarial, AI 0099369-50.2012.8.26.0000, Rel. Des. Francisco Loureiro, j. 26/03/2013; TJSP, Câmara Reservada à Falência e Recuperação, AI 0264287-08.2011.8.26.0000, Rel. Des. Pereira Calças, j. 31/07/2012.

[1694] TJSP, 1ª Câmara Reservada de Direito Empresarial, AI 2186542-73.2015.8.26.0000, Rel. Des. Francisco Loureiro, j. 16/02/2016; TJSP, 1ª Câmara Reservada de Direito Empresarial, AI 0099369-50.2012.8.26.0000, Rel. Des. Francisco Loureiro, j. 26/03/2013; TJSP, Câmara Reservada à Falência e Recuperação, AI 0248346-18.2011.8.26.0000, Rel. Des. Pereira Calças, j. 14/08/2012; TJSP, Câmara Reservada à Falência e Recuperação, AI 0264287-08.2011.8.26.0000, Rel. Des. Pereira Calças, j. 31/07/2012; TJSP, 1ª Câmara Reservada de Direito Empresarial, AI 0288896-55.2011.8.26.0000, Rel. Des. Pereira Calças, j. 31/07/2012; TJSP, Câmara Reservada à Falência e Recuperação, AI 0168318-63.2011.8.26.0000, Rel. Des. Pereira Calças, j. 17/04/2012.

[1695] Nesse exato sentido caminha a Súmula 61 do TJSP: "Na recuperação judicial, a supressão da garantia ou sua substituição somente será admitida mediante aprovação expressa do titular". Igualmente: TJSP, Câmara Reservada à Falência e Recuperação, AI 640.581.4/2-00, Rel. Des. Romeu Ricupero, j. 17/11/2009.

[1696] Examinando a invalidade da cláusula, ver: TJSP, 1ª Câmara Reservada de Direito Empresarial, AI 0288896-55.2011.8.26.0000, Rel. Des. Pereira Calças, j. 31/07/2012.

[1697] De qualquer sorte, em caso de recuperação judicial de incorporadoras imobiliárias, seria possível a liberação de unidades imobiliárias quitadas inclusive diante da Súmula 308 do STJ, mesmo porque a liberação não seria um meio de recuperação judicial: TJSP, 2ª Câmara Reservada de Direito Empresarial, AI 2066329-67.2017.8.26.0000, Rel. Des. Fabio Tabosa, j. 12/06/2017 ("Recuperação judicial. Decisão permitindo a liberação, nos próprios autos, de hipotecas que gravam os imóveis das incorporações

RECUPERAÇÃO JUDICIAL. PARTE 2

3.7.2. Crédito em moeda estrangeira

A variação cambial dos créditos em moeda estrangeira será conservada como parâmetro de indexação da correspondente obrigação e só poderá ser afastada se o credor titular do respectivo crédito aprovar expressamente previsão diversa no plano de recuperação judicial (LREF, art. 50, §2º). Previsão do plano que preveja a conversão à revelia do credor protegido será ineficaz em relação a ele.

3.7.3. Garantias trabalhistas especiais

A LREF determina que o plano de recuperação judicial (*i*) não poderá prever prazo superior a um ano para pagamento dos créditos derivados da legislação do trabalho ou decorrentes de acidentes de trabalho vencidos até a data do pedido de recuperação judicial (art. 54, *caput*), (*ii*) nem poderá prever prazo superior a 30 dias para o pagamento, até o limite de cinco salários-mínimos por trabalhador, dos créditos de natureza estritamente salarial[1698] vencidos nos três meses anteriores ao pedido de recuperação judicial (art. 54, parágrafo único)[1699].

Mesmo que os credores estejam dispostos a aceitar condições que afrontem as regras acima elencadas, o juiz não poderá admiti-las, pois a norma possui natureza cogente. Entende-se que cláusulas nesse sentido podem ser consideradas inválidas de ofício pelo magistrado; nesse caso, em assim sendo possível, declara-se a invalidade da cláusula, não do plano como um todo, que subsistirá

---

imobiliárias, mediante depósito dos valores arrecadados em conta vinculada junto ao banco. Possibilidade, com ressalva. Questionamento, pelo banco-agravante, do descumprimento do art. 50, §1º, da Lei nº 11.101/2005, bem como afronta ao teor da Súmula nº 61 do TJSP. Decisão, todavia, que não se confunde com as situações aí retratadas. Liberação não cogitada como meio de recuperação, deliberada em plano das devedoras, mas como forma de solucionar do ponto de vista funcional entraves relativos a unidades imobiliárias do ativo circulante comercializadas pelas incorporadoras no giro regular de sua atividade. Liberação que pode ser cogitada quanto a unidades quitadas, com recursos do adquirente ou mediante financiamento externo, inclusive por que nesses casos a hipoteca seria inoponível a tais adquirentes, à luz da Súmula nº 308 do STJ. Descabimento da liberação contudo quanto a unidades ainda não quitadas, ou não comercializadas e ainda em nome das incorporadoras. Alcance da decisão restrito, outrossim, às SPEs que forem mantidas em recuperação, observado o teor de decisões proferidas em outros agravos de instrumento excluindo as SPEs com patrimônio de afetação bem como determinando a análise da situação individual das demais. Decisão portanto confirmada com essas ressalvas. Agravo de instrumento desprovido, com observação.").

[1698] Não estão incluídas verbas indenizatórias a título de hora-extra, férias, décimo terceiro salário, etc. (Vigil Neto. *Teoria falimentar e regimes recuperatórios...*, p. 168).

[1699] "A Lei 11.101/05 não fixa o *dies a quo* para início da contagem do prazo, mas entendemos seja contado da concessão da recuperação, por se tratar de data consentânea com a interpretação sistemática da Lei: não parece lógico efetuar pagamentos antes da concessão, pois caso a falência venha a ser decretada, os credores trabalhistas precisam ter tratamento igualitário nos termos do art. 83, I, da Lei 11.101/05." (Toledo; Pugliesi. Capítulo VII: A recuperação judicial..., p. 188). Igualmente: Toledo; Pugliesi. Capítulo VIII: O plano de recuperação judicial..., p. 214.

457

RECUPERAÇÃO DE EMPRESAS E FALÊNCIA

caso sua essência não seja afetada[1700]. Nada obstante, a jurisprudência já aceitou cláusula de plano de recuperação judicial que previa o pagamento dos créditos trabalhistas no prazo de cinco anos – muito acima do limite máximo de um ano posto na LREF (art. 54, *caput*) –, levando em consideração que houve a aprovação unânime por parte dos credores trabalhistas[1701].

Finalmente, o referido dispositivo legal somente impõe limite temporal ao pagamento do crédito trabalhista, o que significa que não existiria óbice à realização, por exemplo, de desconto. Todavia, tal medida não é aceita por muitos, pois não faria sentido não proteger o credor trabalhista quanto ao montante de seu crédito[1702].

[1700] VIGIL NETO. *Teoria falimentar e regimes recuperatórios...*, p. 168. Ver: TJSP, 1ª Câmara Reservada de Direito Empresarial, AI 0119660-37.2013.8.26.000, Rel. Des. Francisco Loureiro, j. 06/02/2014 ("Credor trabalhista que requer a decretação da falência ou, subsidiariamente, a anulação do plano de recuperação judicial em razão de violação do art. 54 da Lei nº 11.101/2005. Natureza novativa do plano. Autonomia privada que não supera violação de norma cogente. Aprovação do plano de recuperação judicial pela assembleia de credores que não o torna imune à verificação, pelo Poder Judiciário, sobre aspectos de sua legalidade e de obediência a princípios cogentes do direito contratual. Clara afronta ao art. 54 da Lei nº 11.101/2005, já que o plano ultrapassou em muito o limite de um ano para pagamento dos créditos trabalhistas. Norma cogente."). Ver, também: TJSP, 1ª Câmara Reservada de Direito Empresarial, AI 2162636-20.2016.8.26.0000, Rel. Des. Cesar Ciampolini, j. 15/03/2017; TJSP, 1ª Câmara Reservada de Direito Empresarial, AI 2162381-62.2016.8.26.0000, Rel. Des. Cesar Ciampolini, j. 21/02/2017; TJRJ, 4ª Câmara Cível, AI 4.916/2008, Rel. Des. Jair Pontes de Almeida, j. 08/07/2008.

[1701] TJSP, 1ª Câmara Reservada de Direito Empresarial, AI 0038422-30.2012.8.26.0000, Rel. Des. Pereira Calças, 02/10/2012 (em síntese: os trabalhadores aprovaram, de forma unânime, a proposta em assembleias da categoria sindical previamente à realização da AGC e, segundo o Tribunal, em que pese o caráter de ordem pública do art. 54, este não se sobrepõe aos interesses expressamente protegidos pela LREF, cabendo, neste caso, a flexibilização da regra pelos seus próprios destinatários protegidos). No mesmo sentido: TJSP, 1ª Câmara Especial de Falências e Recuperações Judiciais de Direito Privado, AI 473.877-4/1, Rel. Des. Pereira Calças, j. 30/05/2007 ("Recuperação Judicial da VASP. Credor trabalhista irresignado com a proposta do plano de recuperação da empresa, que não prevê o pagamento de seu crédito, nos termos do artigo 54 e parágrafo único da LRF. Plano aprovado por unanimidade pela classe constituída por titulares de créditos derivados da legislação do trabalho ou decorrentes de acidentes de trabalho. Soberania da Assembléia-Geral de Credores. Direitos trabalhistas que são disponíveis e podem ser objeto de negociação ou transação, sendo a Assembléia-Geral o palco próprio para deliberações sobre tal matéria. Legitimidade da representação dos trabalhadores pelos respectivos sindicatos, desde que observados os requisitos do artigo 37, §§5º e 6º, da LRF. Agravo desprovido"); ver, também: TJSP, AI 471.362-4/7-00, 1ª Câmara Especial de Falência e Recuperação Judicial, Rel. Des. Pereira Calças, j. 30/05/2007.

[1702] CAVALLI. Plano de recuperação..., p. 280-281. Nesse sentido, por exemplo, o juízo da 1ª Vara Cível Especializada de Falências, Recuperação Judicial e Cartas Precatórias de Cuiabá/MT, ao homologar plano de recuperação judicial de sociedade devedora (Processo 23113-52.2015.811.0041), anulou a previsão de deságio de 30% aos credores trabalhistas: o deságio seria aplicado em relação a direito indisponível (Constituição Federal, art. 7º, VI), uma vez que há garantia de irredutibilidade salarial salvo acordo ou convenção coletiva (o que estaria também previsto no art. 50, VIII, da LREF). Nesse sentido: TJMT, 2ª Câmara de Direito Privado, AI 99638/2015, Rel. Des. Marilsen Andrade Addario, j. 04/11/2015.

RECUPERAÇÃO JUDICIAL. PARTE 2

4. Cientificação sobre a apresentação do plano

A fim de cientificar os credores, o juiz ordenará a publicação de edital contendo aviso sobre o recebimento do plano de recuperação e fixando o prazo para a manifestação de eventuais objeções (LREF, art. 53, parágrafo único).

5. Objeções ao plano

Ao tratar da apresentação de objeções, o *caput* do art. 55 da LREF refere que qualquer credor[1703] poderá manifestar ao juiz sua objeção ao plano de recuperação judicial no prazo de 30 dias contado da publicação da relação de credores de que trata o §2º do art. 7º da LREF[1704].

Em comando complementar, o parágrafo único do art. 55 menciona que, se na data da publicação da relação de que trata o *caput* não tiver sido publicado o aviso de recebimento previsto no art. 53, parágrafo único (edital específico que dá publicidade ao recebimento do plano no processo), contar-se-á da publicação deste (edital específico – e não da relação de credores de que trata o §2º do art. 7º), o prazo para apresentação de objeção[1705].

[1703] Pode-se discutir se somente credores arrolados na segunda relação de credores publicada (lista preparada pelo administrador judicial) teriam legitimidade para apresentar objeções. Em nosso sentir, sim, pois somente eles estariam sujeitos aos efeitos do plano. Para apresentar objeção, o credor ao menos teria que ter pleiteado a sua inclusão no quadro de credores. No entanto, o TJSP já decidiu que mesmo quem não está arrolado teria legitimidade para tanto (TJSP, Câmara Especial de Falências e Recuperações Judiciais, AI 420.550-4/7-00, Rel. Des. Pereira Calças, j. 15/03/2006). O TJSP também já deciciu que qualquer credor pode apresentar objeção, ainda que seu crédito não seja afetado pelo plano de recuperação judicial (TJSP, Câmara Reservada à Falência e Recuperação, AI 0142738-65.2010.8.26.0000, Rel. Des. Pereira Calças, j. 06/07/2010). Também caminhando no sentido de dar interpretação ampla a tal dispositivo (admitindo que mesmo credores não sujeitos ao plano de recuperação judicial – como os previstos no art. 49, §§3º e 4º da LREF –, tenha ou não sido alterado o sistema de pagamento de seus créditos, apresentem objeção), ver: BEZERRA FILHO. Capítulo IX: Procedimento da recuperação judicial..., p. 217.

[1704] O referido prazo, por ser de direito material, não é suspenso em razão de recesso judiciário. Assim: TJMT, 5ª Câmara Cível, AI 16967/2009, Rel. Juiz de Direito. José Mauro Bianchini Fernandes, j. 01/07/2009 ("são suspensos pelo advento do recesso forense os prazos para prática dos atos processuais (artigo 177 e 179 do CPC [de 1973]), não o prazo para o credor exercitar o seu direito de crédito no processo da recuperação judicial, com objeção do plano de recuperação apresentado").

[1705] A lógica subjacente à regra sobre o início da contagem do prazo de 30 dias para apresentação de objeção ao plano de recuperação é a efetiva publicação pelo administrador judicial da relação de credores de que trata o §2º do art. 7, a saber: "O administrador judicial, com base nas informações e documentos colhidos na forma do caput e do §1º deste artigo, fará publicar edital contendo a relação de credores no prazo de 45 (quarenta e cinco) dias, contado do fim do prazo do §1º deste artigo, devendo indicar o local, o horário e o prazo comum em que as pessoas indicadas no art. 8º desta Lei terão acesso aos documentos que fundamentaram a elaboração dessa relação." O parágrafo único do art. 53 excepciona exclusivamente a situação na qual, tendo sido apresentado o plano de recuperação judicial, ocorre a seguinte ordem de fatos: (*i*) houve a publicação da relação de credores do §2º do art. 7º; (*ii*) mas não houve a publicação do aviso de recebimento do plano contido no art. 53. Em tal hipótese o prazo de 30 dias

RECUPERAÇÃO DE EMPRESAS E FALÊNCIA

Se não houver objeção, o plano será aprovado sem a necessidade de realização de assembleia geral de credores, na linha dos artigos 56 a 58 da LREF. Trata-se da chamada "aprovação tácita"[1706] (art. 58, *caput*). Havendo contrariedade de qualquer credor, será necessária a realização de assembleia para apreciar o plano[1707] – que será convocada de ofício pelo magistrado dentro de um prazo de 150 dias (prazo que normalmente não é observado)[1708], contados da publicação da decisão que deferiu o processamento da recuperação judicial (art. 56, §1º)[1709].

A objeção tem caráter contestatório e pode dizer respeito a requisitos formais ou materiais do plano[1710]. Mesmo que a LREF não tenha expressamente disposto sobre a questão, a peça processual deve vir acompanhada de fundamentação, não podendo ser aceita objeção desmotivada ou por motivos irrelevantes. O princípio da razoabilidade impõe relevância mínima na objeção a ser apresentada pelo credor[1711].

---

para apresentação de objeção inicia sua contagem da publicação do aviso do art. 53 (e não da relação do §2º do art. 7º). Na lógica inversa, se não houve a publicação da relação de credores do §2º do art. 7º, mas houve a publicação do aviso de recebimento do plano contido no art. 53, não há que se falar no início do decurso do prazo para apresentação de objeções. Dar outra interpretação ao art. 55 significa (*i*) retirar da lei algo que ela não prevê, o que representa, ao fim e ao cabo, afrontar as boas regras de hermenêutica; (*ii*) alterar a sistemática de contagem de prazos prevista na Lei, a qual condiciona o início da contagem de prazo para apresentação de objeções à publicação da relação de credores pelo administrador judicial, após terem sido consolidadas as divergências e habilitações. Nesse sentido: TJSP, Câmara Reservada à Falência e Recuperação, AI 0542246-08.2010.8.26.0000, Rel. Des. Elliot Akel, j. 01/03/2011; TJSP, Câmara Reservada à Falência e Recuperação, AI 641.823.4/5-00, Rel. Des. Romeu Ricupero, j. 18/08/2009; e TJSP, Câmara Reservada à Falência e Recuperação, AI 565.681-4/2, Rel. Des. Elliot Akel, j. 25/06/2008.

[1706] TJSP, Câmara Especial de Falências e Recuperações Judiciais de Direito Privado, AI 990.10.005006-0, Rel. Des. Pereira Calças, j. 06/04/2010.

[1707] TJSP, Câmara Especial de Falências e Recuperações Judiciais de Direito Privado, AI 569.351-4/6-00, Rel. Des. José Roberto Lino Machado, j. 19/11/2008 ("Agravo de instrumento – Recuperação judicial – Litisconsórcio ativo – Plano de recuperação único. Tendo havido impugnação ao plano apresentado pelas devedoras, em litisconsórcio ativo, não cabe ao juiz outra coisa senão convocar a assembléia geral de credores para o exame da questão. Agravo conhecido e desprovido.").

[1708] Idealmente, esse prazo de 150 dias garantiria que a assembleia acontecesse dentro do período de proteção de 180 dias (*stay period*). Na prática, o prazo em questão – que se mostrou totalmente irreal – tem sido sistematicamente inobservado, sem que haja qualquer consequência para o devedor ou para as partes envolvidas na recuperação judicial, exceto a extensão do período de proteção, que pode chegar até a realização da assembleia quando o devedor não retarda culposamente o feito. Com a extensão do período de proteção, preserva-se o intento do legislador de manter a empresa protegida contra as ações e execuções dos credores até que o plano seja avaliado pela assembleia. Pela irrelevância do descumprimento do prazo de 150 dias, ver: TJSP, Câmara Reservada à Falência e Recuperação, AI 0036029-69.2011.8.26.0000, Rel. Des. Romeu Ricupero, j. 26/07/2011.

[1709] Pela possibilidade de instauração de um procedimento de mediação antes da realização da assembleia: Vasconcelos. A mediação na recuperação judicial.., p. 458.

[1710] Cerezetti. *A recuperação judicial de sociedade por ações*..., p. 305, nota de rodapé 179.

[1711] Vigil Neto. *Teoria falimentar e regimes recuperatórios*..., p. 170. Manifestando-se no sentido de que as objeções não precisam ser fundamentadas, ver: Toledo; Pugliesi. Capítulo VI: Disposições comuns à

RECUPERAÇÃO JUDICIAL. PARTE 2

Nessa linha, entende-se que a objeção deve estar fundada na ausência de um dos requisitos para a obtenção da recuperação judicial, tais como a viabilidade econômica do plano ou mesmo a imposição de sacrifício maior aos credores do que eles experimentariam em caso de falência[1712].

Como é preciso motivar a resistência que se impõe à aprovação do plano[1713], o magistrado pode até desconsiderar a objeção – tal como também pode eventualmente anular o voto de credores[1714]. Por outro lado, se as objeções forem intempestivas, não terão efeito[1715].

Além disso, é lícito ao credor desistir da objeção, pois se trata de direito disponível[1716], desde que o faça antes da realização da assembleia[1717]. Nesse caso, o plano será aprovado tacitamente na hipótese de o credor desistente ter sido o único a objetá-lo (ou, evidentemente, se todos os credores desistentes tiverem sido os únicos a objetarem-no). Os demais credores – que se mantiveram inertes durante o prazo de apresentação da objeção – não possuem legitimidade para contestar a desistência e forçar a realização de assembleia geral de credores[1718].

Por fim, ressalte-se que eventual impugnação de crédito não dispensa o credor em desacordo com o plano apresentado de manejar a competente objeção, na forma do art. 55, sob pena de preclusão desse direito[1719].

---

recuperação judicial e à falência.., p. 156-157; TOLEDO; PUGLIESI. Capítulo VIII: O plano de recuperação judicial..., p. 213; BEZERRA FILHO, Manoel Justino. Capítulo XXIII: A recuperação extrajudicial – exame dos arts. 161 a 167 da LREF. In: CARVALHOSA, Modesto (coord.). *Tratado de direito empresarial*, v. V – recuperação empresarial e falência. São Paulo: Revista dos Tribunais, 2016, p. 517; BEZERRA FILHO. Capítulo IX: Procedimento da recuperação judicial..., p. 218 (sendo que, à p. 219, assim se manifestou: "Curiosamente, como acima exposto, a objeção pode ser não fundamentada; no entanto, se for fundamentada em razões sem qualquer estofo jurídico, poderá ser afastada pelo juiz. (...) De qualquer maneira, sempre seria recomendável que, embora não obrigatória, apresentasse o credor o fundamento de sua objeção, até para evitar incidentes processuais que podem ser ladeados, em benefício do andamento célere do feito.").

[1712] TJRS, 5ª Câmara Cível, AI 70033679754, Rel. Des. Jorge Luiz Lopes do Canto, j. 30/06/2010.

[1713] TJRS, 5ª Câmara Cível, AI 70045411832, Rel. Des. Romeu Marques Ribeiro Filho, j. 29/02/2012.

[1714] Enunciado 45 da 1ª Jornada de Direito Comercial, promovida pelo Conselho da Justiça Federal no ano de 2012.

[1715] STJ, 3ª Turma, AREsp 63.506/GO, Rel. Min. Sidnei Beneti, j. 08/03/2012.

[1716] STJ, 3ª Turma, AREsp 63.506/GO, Rel. Min. Sidnei Beneti, j. 08/03/2012.

[1717] STJ, 4ª Turma, REsp 1.014.153/RN, Rel. Min. João Otávio de Noronha, j. 04/08/2011.

[1718] STJ, 4ª Turma, REsp 1.014.153/RN, Rel. Min. João Otávio de Noronha, j. 04/08/2011.

[1719] STJ, 3ª Turma, REsp 1.157.846/MT, Rel. Min. Nancy Andrighi, j. 02/12/2011 (assim decidindo: "os fins perseguidos com a objeção ao plano de recuperação, a específica regulação legal para o instituto e a sua natureza notoriamente privada desautorizam o recebimento de impugnação ao valor de crédito como se objeção fosse"). Também nesse sentido: TJRS, 5ª Câmara Cível, AI 70033679754, Rel. Des. Jorge Luiz Lopes do Canto, j. 30/06/2010; e TJSP, Câmara Especial de Falências e Recuperações Judiciais de Direito Privado, AI 990.10.005006-0, Rel. Des. Pereira Calças, j. 06/04/2010.

RECUPERAÇÃO DE EMPRESAS E FALÊNCIA

6. Assembleia geral de credores
Havendo objeção de qualquer credor ao plano de recuperação judicial, o juiz convocará a assembleia geral de credores para deliberar sobre seus termos e condições (LREF, art. 56).

6.1. Prazo para a realização da assembleia
Segundo dispõe o §1º do art. 56 da LREF, a data designada para a realização da assembleia geral não excederá o prazo de 150 dias contados do deferimento do processamento da recuperação judicial (*i.e.*, da publicação a decisão que defere o processamento da recuperação judicial).

Como já referido, essa regra tem sido inobservada, em razão da morosidade do Poder Judiciário, sem que daí decorram maiores consequências[1720] – não há nenhuma sanção para o caso de a assembleia não ser realizada dentro do prazo legalmente previsto, não podendo se cogitar da convolação da recuperação judicial em falência, já que as hipóteses de convolação são taxativas (LREF, art. 73).

É de se indagar, portanto, a racionalidade que acompanha este prazo. Supõe-se tenha tido o legislador um cuidado especial para com o devedor ao apontar para o juiz a necessidade de realizar a AGC ainda dentro do período de proteção (*stay period*), interregno durante o qual ainda está protegido pela paralisação das ações e execuções – vale lembrar, o *stay period* é um pouco maior: 180 dias[1721].

Pelo exposto, tem-se que a regra sobre o prazo de 150 dias tem sido encarada como sendo de caráter meramente programático, uma espécie de recomendação do legislador.

6.2. Negociações
Embora a LREF não trate expressamente do tema, as negociações entre os credores e o devedor podem ocorrer a qualquer momento (*i.e.*, antes do pedido de recuperação judicial, no curso do procedimento ou mesmo durante a assembleia). Não há ilegalidade na negociação individual entre o devedor e um de seus credores[1722]. Também não há, em regra, ilegalidade na celebração de acordo entre o

---

[1720] Pela irrelevância do descumprimento do prazo de 150 dias: TJSP, Câmara Reservada à Falência e Recuperação, AI 0036029-69.2011.8.26.0000, Rel. Des. Romeu Ricupero, j. 26/07/2011. Na verdade, não tendo dado causa ao atraso, o devedor tem, inclusive, obtido a extensão do período de proteção (*stay period*). Nesse sentido, ver item 2.6.1 deste Capítulo.

[1721] MUNHOZ. Seção IV: Do procedimento de recuperação judicial..., p. 273.

[1722] Assim entendeu a jurisprudência no caso da recuperação judicial da Bombril Holding S.A (TJSP, Câmara Especial de Falência e Recuperação Judicial, AI 460.339-4/7-00, Rel. Des. Lino Machado, j. 28/02/2007). No mesmo sentido: TJSP, Câmara Reservada à Falência e Recuperação, AI 0136462-81.2011.8.26.000, Rel. Des. Elliot Akel, j. 18/10/2011. Na doutrina: BUSCHINELLI. *Abuso do direito de voto na assembleia geral de credores...*, p. 117-118.

RECUPERAÇÃO JUDICIAL. PARTE 2

devedor e um de seus credores para que este vote de forma pré-determinada[1723], respeitados os limites e os possíveis desdobramentos do princípio da igualdade entre os credores[1724].

6.3. Alterações no plano

O plano poderá sofrer alterações na assembleia, desde que: (*i*) haja expressa concordância do devedor; e (*ii*) as modificações não impliquem diminuição dos direitos exclusivamente dos credores ausentes (LREF, art. 56, §3º).

As alterações podem ser tanto propostas pelo devedor quanto por credores[1725]. A jurisprudência admite, inclusive, que o devedor apresente, antes da assembleia ou no seu curso, aditivo ao plano de recuperação proposto[1726], bem como seja convocada assembleia geral de credores para alterar (revisar) o plano já aprovado e homologado, tendo em vista a alteração das premissas que fundamentaram o plano[1727]. Nesses casos, desnecessária a reabertura do prazo para apresentação de objeções[1728].

[1723] TJSP, Câmara Especial de Falência e Recuperação Judicial, AI 460.339-4/7-00, Rel. Des. Romeu Ricupero, j. 28.02.2007. Sobre o "acordo de credores" na doutrina, ver: GONTIJO, Vinícius. Acordo de credores na assembleia geral. *Revista de Direito Mercantil*, v. 159/160, p. 167-172, 2011.

[1724] Lembre-se, nesse particular, do Enunciado 57 da Iª Jornada de Direito Comercial, promovida pelo Conselho da Justiça Federal no ano de 2012: "O plano de recuperação judicial deve prever tratamento igualitário para os membros da mesma classe de credores que possuam interesses homogêneos, sejam estes delineados em função da natureza do crédito, da importância do crédito ou de outro critério de similitude justificado pelo proponente do plano e homologado pelo magistrado".

[1725] TJSP, Câmara Especial de Falência e Recuperação Judicial, AI 493.240.4/1-00, Rel. Des. Boris Kauffmann, j. 01/08/2007.

[1726] TJSP, Câmara Especial de Falência e Recuperação Judicial, AI 459.929.4/7-00, Rel. Des. Boris Kauffmann, j. 06/12/2006; TJRJ, 14ª Câmara Cível, AI 0039682-69.2014.8.19.0000, Rel. Des. Gilberto Campista Guarino, j. 03/12/2014. Aqui, é importante pontuar que o aditivo que altera substancialmente o plano de recuperação constitui "novo plano" e requer nova convocação de assembleia geral de credores; assim já foi decidido em 27 de abril de 2016 pela 2ª Vara Cível da Comarca de Piracicaba/SP no processo nº 1011760-12.2015.8.26.0451. No caso, a recuperanda apresentou um "segundo aditivo" alterando substancialmente os itens do plano que diziam respeito ao plano estratégico e a proposta aos credores. Dessa forma, atentando ao princípio da boa-fé objetiva, o juízo determinou o cancelamento e nova convocação de assembleia geral de credores, para que os credores pudessem avaliar o plano com rigor e cuidado. No mesmo caminho, ver: TJSP, Câmara Reservada à Falência e Recuperação, AI 0032073-45.2011.8.26.0000, Rel. Des. Pereira Calças, j. 18/10/2011 ("Agravo. Recuperação Judicial. Alteração substancial e profunda do plano de recuperação judicial proposta sem observância de publicidade com antecedência razoável para o comparecimento de todos os credores. Vulneração dos princípios da lealdade, confiança e boa-fé objetiva. Natureza contratual da recuperação judicial que exige, na fase pré-contratual, conduta proba, honesta e ética, sob pena de afronta à boa-fé objetiva do art. 421 do Código Civil. A liberdade de contratar deve ser exercida sob a luz da função social da recuperação judicial. Inteligência do art. 421 do Código Civil. Apelo provido para anular a Assembleia-Geral, ordenando-se convocação de outro conclave no qual, o plano, observe as regras do art. 53 da Lei nº 11.101/2005.").

[1727] O STJ reverteu decisão do TJSP na recuperação judicial da Parmalat Brasil S.A. – Indústria de Alimentos, autorizando a modificação do plano de recuperação originalmente proposto e aprovado

RECUPERAÇÃO DE EMPRESAS E FALÊNCIA

Tendo a LREF adotado o modelo da livre negociação, é natural que se confira aos interessados a prerrogativa de ajustar o plano de acordo com as necessidades do caso concreto. Os ajustes podem acarretar, inclusive, a diminuição dos direitos dos credores, desde que seus efeitos não atinjam apenas os ausentes (art. 56, §3º)[1729]. A Lei impede o emprego de estratégia que poderia ser utilizada pelos credores satisfeitos com o plano de simplesmente não comparecerem a assembleia, hipótese em que seus direitos restariam "irredutíveis", bloqueando eventuais negociações. Para evitar esse tipo de conduta, a LREF considera admissível a diminuição dos direitos dos ausentes desde que os presentes da mesma classe experimentem uma redução proporcional[1730].

Questão controvertida diz respeito à hipótese de alteração sugerida pelos credores, mas não aceita pelo devedor. Para FRANCISCO SATIRO, a natureza negocial – e restritiva quanto à participação de credores – do plano de recuperação judicial eleva a manifestação de vontade do devedor (e também da maioria qualificada dos credores) a requisito essencial de validade do negócio jurídico. Em razão disso, "em caso de desacordo entre credores e o devedor, a lei oferece como solução o caminho da falência, que prescinde da manifestação de vontade do devedor e contempla a totalidade dos credores"[1731].

pela assembleia geral de credores, mesmo após o biênio de supervisão judicial, sem que houvesse, no entanto, o encerramento do processo de recuperação judicial por sentença (LREF, art. 63). Segundo a Corte Superior: "Ainda que transcorrido o prazo de até 2 anos de supervisão judicial, não houve, como ato subsequente, o encerramento da recuperação, e, por isso, os efeitos da recuperação judicial ainda perduram, mantendo assim a vinculação de todos os credores à deliberação da Assembleia." (STJ, 4ª Turma, REsp 1.302.735/SP, Rel. Min. Luis Felipe Salomão, j. 17/03/2016). Ver, também: TJRS, 6ª Câmara Cível, AI 70044939700, Rel. Des. Ney Wiedemann, j. 15/12/2011; TJRS, 6ª Câmara Cível, AI 70040733479, Rel. Des. Ney Wiedemann Neto, j. 28/04/2011; e TJSP, Câmara Reservada à Falência e Recuperação, AI 641.937-4/5-00, Rel. Des. Lino Machado, j. 15/12/2009. Nesse sentido, o Enunciado 77 da II Jornada de Direito Comercial promovida pelo Conselho da Justiça Federal: "77. As alterações do plano de recuperação judicial devem ser submetidas à assembleia geral de credores, e a aprovação obedecerá ao quorum previsto no art. 45 da Lei n. 11.101/2005, tendo caráter vinculante a todos os credores submetidos à recuperação judicial, observada a ressalva do art. 50, §1º, da Lei n. 11.101/2005, ainda que propostas as alterações após dois anos da concessão da recuperação judicial e desde que ainda não encerrada por sentença".

[1728] TJSP, Câmara Reservada à Falência e Recuperação, AI 493.240-4/1-00, Rel. Des. Boris Kauffmann, j. 01/08/2007. Ainda, no mesmo julgado, o TJSP entendeu que aditivos ao plano prescindem de laudo avaliando a versão reformulada (estudo de viabilidade econômica); tal posicionamento, contudo,deve ser visto *cum grano salis*, uma vez que o plano pode apresentar altrações relevantes em relação ao plano originariamente proposto.

[1729] TJMG, 6ª Câmara Cível, AI 1.0024.06.033244-2/002, Rel. Des. José Domingues Ferreira Esteves, j. 24/07/2007.

[1730] MUNHOZ. Seção IV: Do procedimento de recuperação judicial..., p. 279-280.

[1731] SOUZA JUNIOR. Sociedade em recuperação judicial – Assembleia geral de credores..., p. 220. Em outro estudo, FRANCISCO SATIRO complementa o raciocínio: "A manifestação individual e inequívoca de vontade que vincula o devedor nos exatos termos do plano a ser homologado é pressuposto de sua

RECUPERAÇÃO JUDICIAL. PARTE 2

Em sentido contrário, "cabe fazer referência a entendimento segundo o qual a deliberação pela modificação do plano, seguida da discordância do devedor, poderia resultar na extinção do processo sem julgamento do mérito. Nessas circunstâncias não estariam verificadas nem a aprovação do plano nem a sua rejeição. Haveria somente a decisão por alterações. Os credores, nesse caso, não teriam interesse processual na recuperação solicitada, tampouco na decretação da falência do devedor. Inexistindo o interesse processual, que é uma condição da ação, restaria ao juiz apenas extinguir o processo sem julgamento do mérito"[1732].

6.4. Apreciação do plano

As regras de votação do plano de recuperação judicial são as mesmas examinadas no Capítulo 9, item 11, especialmente aquelas atinentes ao quórum especial do art. 45 da LREF, analisadas no item 11.2.2. do mesmo Capítulo: havendo voto favorável da maioria dos credores em cada uma das classes do art. 41, na forma do art. 45, o plano estará aprovado, não sendo facultado ao juiz apreciar o mérito da decisão tomada[1733], inclusive no que pertine à viabilidade econômico-financeira da empresa recuperanda[1734].

Por outro lado, de acordo com os arts. 56, §4º, e 73, IV, rejeitado o plano pela assembleia, o juiz deve decretar a falência do devedor (salvo a hipótese de *cram down* abaixo examinada). Vale destacar que essa regra já foi mitigada pela jurisprudência na recuperação judicial da Parmalat, caso em que o TJSP, em atenção ao princípio da preservação da empresa, autorizou o devedor a apresentar plano alternativo para ser novamente submetido à assembleia[1735]-[1736].

---

validade, e por consequência, de aplicação dos efeitos da recuperação ao caso concreto. E é, além de tudo, um norte do equilíbrio que a LRF estabeleceu entre as posições opostas credor x devedor. Não pode o devedor impor o plano aos credores (pois dependerá da aprovação da Assembleia), nem podem os credores impor condições ao devedor." (SOUZA JUNIOR. Autonomia dos credores na aprovação do plano de recuperação judicial..., p. 106-107).

[1732] FRONTINI, Paulo Salvador. Plano de aula (material não publicado) citado por: CEREZETTI. *A recuperação judicial de sociedade por ações...*, p. 325.

[1733] STF, AI 789.156/SP, Rel. Min. Cármen Lúcia, j. 14/04/2011; STJ, 3ª Turma, REsp 1.314.209/SP, Rel. Min. Nancy Andrighi, j. 22/05/2012; STJ, 3ª Turma, REsp 1.205.904/SP, Rel. Min. Massami Uyeda, j. 07/10/2010; TJSP, Câmara Reservada à Falência e Recuperação, AI 0168318-63.2011.8.26.0000, Rel. Des. Pereira Calças, j. 17/04/2012. Ver, também: MUNHOZ. Seção IV: Do procedimento de recuperação judicial..., p. 287.

[1734] TJRS, 6ª Câmara Cível, AI 70047223201, Rel. Des. Ney Wiedemann Neto, j. 12/04/2012.

[1735] TJSP, Câmara Especial de Falências e Recuperações Judiciais de Direito Privado, AI 461.740-4/-00, Rel. Des. Pereira Calças, j. 28/02/2007.

[1736] Além disso, há doutrina sustentando que o juiz não deve decretar a falência pela simples rejeição do plano, caso não tenha havido expressa deliberação pela quebra do devedor (MANDEL, Júlio Kahan. Da convolação da recuperação judicial em falência. *Revista de Direito Bancário e do Mercado de Capitais*, São Paulo, n. 36, abr./jun. 2007, p. 245). Também há doutrina no sentido de que, havendo a apresentação,

6.5. Imposição do plano (*cram down*)

O Capítulo 11 do *Bankruptcy Code* estadunidense está fundado em um sistema de negociação regulado pela lei, no qual se admite a imposição da aprovação do plano de recuperação judicial, desde que presentes alguns requisitos específicos[1737]. A LREF, sofrendo declarada influência do sistema norte-americano, prevê um mecanismo muito próximo no seu art. 58, §§1º e 2º, "com o objetivo de evitar a prevalência de posições individualistas sobre o interesse da sociedade na preservação da empresa"[1738]. Essa hipótese de superação do veto assemblear ao plano é chamada nos Estados Unidos de "*cram down*", algo como uma aprovação "goela abaixo" dos credores que a rejeitaram[1739].

Segundo os §§1º e 2º do art. 58, o juiz poderá conceder a recuperação judicial com base em plano que não obteve aprovação na forma do art. 45 da LREF, desde que, na mesma assembleia, tenha obtido, de forma cumulativa: (*i*) o voto favorável de credores que representem mais da metade do valor de todos os créditos presentes à assembleia, independentemente de classes (LREF, art. 58, §1º, I); (*ii*) a aprovação de duas das classes de credores (LREF, art. 45) ou, caso haja somente duas classes com credores votantes, a aprovação de pelo menos uma delas (LREF, art. 58, §1º, II)[1740]; (*iii*) na(s) classe(s) que o houver rejeitado, o voto favorável de mais de 1/3 (um terço) dos credores, computados na forma dos §§1º e 2º do art. 45 (LREF, art. 58, §1º, III)[1741]; e (*iv*) desde que o plano não impli-

---

por parte dos credores, de propostas distintas, cabe ao magistrado conduzir as partes a um acordo (CEREZETTI. *A recuperação judicial de sociedade por ações...*, p. 328). Finalmente, há quem sustente que a falência não deve ser decretada caso a decisão dos credores seja contra o interesse público (LOBO, Jorge. Seção IV: Da assembleia geral de credores. In: TOLEDO, Paulo Fernando Campos Salles de; ABRÃO, Carlos Henrique (coord.). *Comentários à Lei de Recuperação de Empresas e Falência*. 4 ed. rev. e atual. São Paulo: Saraiva, 2010, p. 173).

[1737] BEBECHUK, Lucian Arye. Chapter 11. *The New Palgrave Dictionary of Economics and the Law*, v. 3, 1998, p. 222.

[1738] MUNHOZ. Seção IV: Do procedimento de recuperação judicial..., p. 278.

[1739] MUNHOZ. Seção IV: Do procedimento de recuperação judicial..., p. 278.

[1740] A Lei Complementar 147/14, que alterou o art. 41, incluindo uma quarta classe de credores (titulares de créditos enquadrados como microempresa ou empresa de pequeno porte), não cuidou de ajustar o art. 58, §1º, II. Restando o referido dispositivo anacrônico, não há alternativa senão interpretá-lo da forma mais favorável possível aos devedores, interpretação norteada pelo vetor cardeal da LREF: o princípio da preservação da empresa. Dessa forma, entendemos que, caso existentes três ou quatro classes de credores, o plano deve ter sido aprovado de acordo com o art. 45 da LREF em pelo menos duas dessas classes. Mas, se somente existente duas classes, o plano deve ter sido aprovado em ao menos uma dessas classes. No mesmo sentido, ver: BEZERRA FILHO. Capítulo IX: Procedimento da recuperação judicial..., p. 231.

[1741] A Lei Complementar 147/14, que incluiu uma quarta classe de credores (titulares de créditos enquadrados como microempresa ou empresa de pequeno porte), não cuidou de ajustar o art. 58, §1º, III. Aqui, entendemos, todavia, que a exigência deve ser interpretada como sendo em todas as classes em que não ocorreu a aprovação do plano. Sobre a questão, veja-se o Enunciado 79 da II Jornada de Direito Comercial promovida pelo Conselho da Justiça Federal: "79. O requisito do inc. III do §1º do art. 58 da

que tratamento diferenciado entre os credores da classe que o houver rejeitado (LREF, art. 58, §2º)[1742].

De um lado, a jurisprudência tem demonstrado sensibilidade na verificação dos requisitos do *"cram down* brasileiro", preferindo um exame pautado pelo princípio da preservação da empresa, optando, muitas vezes, pela sua flexibilização[1743], especialmente quando somente um credor domina a deliberação de forma absoluta, sobrepondo-se àquilo que parece ser o interesse da comunhão de credores[1744].

De outro, inúmeras críticas têm sido endereçadas ao *"cram down* brasileiro". Em primeiro lugar, a constatação de que a imposição do plano contra a vontade de uma das classes que o rejeitou depende menos de critérios relacionados à efetiva possibilidade de recuperação da empresa, e mais da obtenção de um quórum alternativo – fazendo do mecanismo uma espécie de "rebaixamento" do quórum inicialmente previsto pelo legislador, que, se respeitado pela jurisprudência, poderia reduzir consideravelmente a discricionariedade do juiz em busca da melhor solução para o caso concreto[1745].

Lei n. 11.101 aplica-se a todas as classes nas quais o plano de recuperação judicial não obteve aprovação nos termos do art. 45 desta Lei". Nesse sentido, o quórum de 1/3 (um terço) de votos favoráveis dos credores deve-se dar por contagem única (por cabeça) nas classes I e IV e por dupla contagem (por crédito e por cabeça) nas classes II e III. Assim entendendo: CEREZETTI. *A recuperação judicial de sociedade por ações...*, p. 313; BEZERRA FILHO. Capítulo IX: Procedimento da recuperação judicial..., p. 231.

[1742] Como os requisitos serão examinados pelo magistrado em momento posterior à realização da assembleia, uma vez que ele não a preside, recomenda-se que o administrador judicial, no exercício da presidência do conclave, registre em ata a dupla contagem de votos (na forma do artigo 45 e na forma do artigo 58, §1º). Assim: VIGIL NETO. *Teoria falimentar e regimes recuperatórios...*, p. 173.

[1743] STJ, 3ª Turma, AgRg no REsp 1.310.075, Rel. Min. Paulo de Tarso Sanseverino, j. 02/10/2014 (assim decidindo: "Possibilidade de aprovação do plano de recuperação mesmo quando, por pouco, não se alcance o quórum qualificado exigido na lei. Princípio da preservação da empresa"); TJSP, Câmara Reservada à Falência e Recuperação, AI 657.733-4/6-00, Rel. Des. Lino Machado, j. 27/10/2009 (assim decidindo: "[a]o julgador há de ser dado certo campo de atuação além dos limites literais da lei para que prevaleça o princípio da manutenção da empresa que revele possibilidade de superar a crise econômico-financeira pelo qual esteja passando"). Também nesse sentido: TJRS, 5ª Câmara Cível, AI 70045411832, Rel. Des. Romeu Marques Ribeiro Filho, j. 29/02/2012; TJRJ, 5ª Câmara Cível, AI 0037321-84.2011.8.19.0000, Rel. Des. Milton Fernandes de Souza, j. 13/12/2011. TJRS, 6ª Câmara Cível, AI 70018219824, Rel. Des. Artur Arnildo Ludwig, j. 19/04/2007. Ver, ainda, a decisão de primeiro grau que homologou o plano de recuperação da Vasp – Viação Aérea São Paulo S.A. (1ª Vara de Falência e Recuperações Judiciais de São Paulo, Processo nº 583.00.2005.070715-0).

[1744] TJSP, Câmara Especial de Falências e Recuperações Judiciais de Direito Privado, AI 627.497-4/3-00, Rel. Des. Romeu Ricupero, j. 30/06/2009 (assim decidindo: "Plano aprovado pela unanimidade dos credores trabalhistas e pela maioria dos credores da classe III do art. 41 e rejeitado por credor único na classe com garantia real – Concessão da recuperação judicial pelo juiz"). Sobre essa questão, ver: BUSCHINELLI. *Abuso do direito de voto na assembleia geral de credores...*; e AYOUB; CAVALLI. *A construção jurisprudencial...*, p. 290-291.

[1745] MUNHOZ. Seção IV: Do procedimento de recuperação judicial..., p. 289; BUSCHINELLI. *Abuso do direito de voto na assembleia geral de credores...*, p. 160.

RECUPERAÇÃO DE EMPRESAS E FALÊNCIA

Em segundo lugar, a exigência de quóruns mínimos alternativos, previstos nos incisos I e III do art. 58, além do requisito da aprovação por determinado número de classes – esse sim comum aos sistemas que adotam a recuperação judicial –, parece ser uma excentricidade genuinamente brasileira, que torna o *cram down* mais complexo e cria embaraços ao seu funcionamento[1746].

Em terceiro lugar, relativamente ao exame dos requisitos, é possível apontar problemas no §2º do art. 58 da LREF (correspondente ao requisito "iv" *supra*), porque ele tem o condão de impor tratamento igual para créditos de natureza desigual, como é o caso daqueles agrupados na Classe III ("titulares de créditos quirografários, com privilégio especial, com privilégio geral ou subordinados"), o que pode gerar incongruência no sistema[1747]. Não bastasse, o referido parágrafo "garante" um tratamento "igualitário" do ponto de vista horizontal – dentro da mesma classe –, mas nada fala sobre a manutenção da hierarquia vertical dos créditos tal como faz na falência (LREF, art. 83). Tal situação também pode gerar distorções, com possíveis prejuízos aos credores das classes superiores, como a dos credores trabalhistas, porque o plano pode prever o pagamento favorecido de outras classes[1748].

Finalmente, em quarto lugar, o requisito "iii" (aprovação de pelo menos 1/3 dos credores presentes) pode agravar o problema do comportamento oportunista dos agentes ao diminuir as chances de o juiz impor o plano quando identificar esse tipo de conduta. Vale lembrar que credores bem classificados na falência – aqueles com garantia real, por exemplo – podem preferir a liquidação imediata da empresa ao invés da sua recuperação, mormente quando os ativos do devedor bastarem para pagar o seu crédito, ficando o juiz, em princípio, sem margem de manobra, caso tais credores sejam titulares de mais de 1/3 dos votos da classe[1749] (essa situação, em certa medida, tem sido contornada pela jurisprudência, como será visto no item 6.6., *infra*).

Em tema de *cram down*, a LREF, ao adotar critérios de quórum alternativo aliados a um pretenso tratamento uniforme nas relações horizontais da classe que rejeitou o plano, afastou-se das diretrizes geralmente reconhecidas como váli-

---

[1746] BATISTA, Carolina Soares João; CAMPANA FILHO, Paulo Fernando; MIYAZAKI, Renata Yumi; CEREZETTI, Sheila Christina Neder. A prevalência da vontade da assembléia-geral de credores em questão: o *cram down* e a apreciação judicial do plano aprovado por todas as classes. *Revista de Direito Mercantil, Industrial, Econômico e Financeiro*, n. 143, jul./set. 2006, p. 216-217.

[1747] Vide regra do art. 41. Ver, também: BATISTA; CAMPANA FILHO; MIYAZAKI; CEREZETTI. A prevalência da vontade da assembléia-geral de credores em questão..., p. 218.

[1748] Para uma incursão detalhada no problema, inclusive com a apresentação de proposições para a sua solução, ver: BATISTA; CAMPANA FILHO; MIYAZAKI; CEREZETTI. A prevalência da vontade da assembléia-geral de credores em questão..., p. 219.

[1749] MUNHOZ. Seção IV: Do procedimento de recuperação judicial..., p. 291.

das em outros sistemas jurídicos, sobretudo no norte-americano, o que, de certa forma, revela uma clara preocupação do legislador em limitar o poder do juiz[1750].

A despeito dessa orientação, ao utilizar o verbo "poder" no condicional ("o juiz *poderá* conceder a recuperação judicial..." – art. 58, §1º), a LREF parece indicar a existência de um requisito adicional para a concessão do *cram down*, qual seja: o poder discricionário do juiz, que poderá impor a recuperação judicial ou não, dependendo de um exame subjetivo quanto ao cumprimento de função social pela recuperanda.

Embora uma parcela da doutrina defenda que a imposição do plano de recuperação judicial aos credores (por meio do instituto do *cram down*) deve ocorrer apenas na hipótese de a empresa demonstrar sua relevância no contexto social em que está inserida[1751], essa interpretação não parece ser a mais adequada por razões de duas ordens. A um, porque se acredita que toda e qualquer empresa cumpre função social, por menor que seja. A dois, porque o exame do cumprimento de função social por parte da recuperanda deve ser realizado pela assembleia geral – e não pelo juiz –, na medida em que são os credores, em última análise, que sofrerão eventuais sacrifícios creditícios decorrentes da aprovação do plano. Nesse particular, a interpretação sistemática da LREF conduz à conclusão de que presentes os requisitos do *cram down*, o magistrado não terá alternativa senão a concessão da recuperação judicial[1752].

6.6. Abuso do direito de voto

Os casos de aplicação do instituto do *cram down* no Brasil estão marcados por uma combinação de fatores: (*i*) a flexibilização dos requisitos do art. 58, §2º; e (*ii*) a desconsideração do voto de credores dominantes em uma classe (geralmente na classe II – "titulares de créditos com garantia real"), forte na teoria do abuso do direito de voto.

Vejamos os principais contornos dessa fórmula.

O exercício do direito de voto é a principal ferramenta à disposição do credor para tutelar seu crédito. Apesar de a satisfação econômica ser a motivação do credor para comparecer à assembleia geral e exercer seu direito, o conteúdo do voto deve respeitar certas diretrizes mínimas.

[1750] MUNHOZ. Seção IV: Do procedimento de recuperação judicial..., p. 289.

[1751] Nesse sentido: VIGIL NETO. *Teoria falimentar e regimes recuperatórios...*, p. 173. Também salientando que o juiz teria poder discricionário, ver: ARAGÃO; BUMACHAR. A assembléia geral de credores..., p. 123.

[1752] Nesse sentido: MUNHOZ. Seção IV: Do procedimento de recuperação judicial..., p. 289; BEZERRA FILHO. Capítulo IX: Procedimento da recuperação judicial..., p. 230. Na prática, o que tem se observado é a concessão do *cram down* à empresa em recuperação judicial mesmo diante da inexistência da totalidade dos requisitos legais (STJ, 3ª Turma, AgRg no REsp n. 1.310.075, Rel. Min. Paulo de Tarso Sanseverino, j. 02/10/2014).

O direito comparado oferece boas coordenadas sobre o tema. No direito norte-americano, por exemplo, o credor não pode se valer de táticas obstrutivas para extrair vantagens indevidas para a sua cooperação – e, no direito alemão, há dispositivo expresso vedando o comportamento desleal pelo credor[1753].

Embora o princípio da boa-fé não imponha um dever ao credor de concordar com o plano de recuperação judicial apresentado em juízo pelo devedor, não há dúvidas de que o referido princípio pauta toda a atuação dos credores, gerando deveres laterais de informação e de consideração. Nessa lógica, pode haver abuso do direito de voto quando o credor descumprir seu dever de lealdade para com a comunhão de credores e para com os demais credores individualmente considerados, assim como quando simplesmente se recusa a entabular negociações com o devedor e/ou demais credores[1754].

Na tentativa de sistematizar a questão, entende-se que são possíveis critérios para averiguar o abuso do voto de credor na deliberação acerca do plano de recuperação judicial (*i*) a exequibilidade dos seus termos e condições e, a partir daí, a probabilidade de superação da crise; e (*ii*) a comparação entre a posição do credor na recuperação judicial e em uma eventual falência da recuperanda (*best-interest-of-creditors test*, na expressão utilizada nos Estados Unidos)[1755].

Assim, se o plano é exequível (capaz de preservar empresa) e propõe um pagamento superior ao que seria recebido na falência, não haveria interesse legítimo para a rejeição do plano pelos credores[1756] – sendo teoricamente possível considerar viciado o voto que revela comportamento excessivamente individualista por parte de credor, o que pode ocorrer (mas não necessariamente ocorre), por exemplo, quando se evidenciar a intenção de extrair benefícios exclusivos por parte de credor dominante (ou único) em uma das classes da assembleia[1757] ou por

---

[1753] BUSCHINELLI. *Abuso do direito de voto na assembleia geral de credores...*, p. 77-78, 108-109.

[1754] BUSCHINELLI. *Abuso do direito de voto na assembleia geral de credores...*, p. 77-78, 108-109.

[1755] Defendendo a aplicação desse último critério: BORGES FILHO. A eficiência da Lei 11.101..., p. 261.

[1756] BUSCHINELLI. *Abuso do direito de voto na assembleia geral de credores...*, p. 162 ss, 177. Também favorável à utilização do "Teste do Melhor Interesse dos Credores", ver: CEREZETTI. *A recuperação judicial de sociedade por ações...*, p. 377, especialmente 384-385. Cumpre aqui, mais uma vez, fazer referência ao ensinamento de: TOLEDO. O plano de recuperação judicial e o controle judicial da legalidade..., p. 318 ss).

[1757] MUNHOZ. Seção IV: Do procedimento de recuperação judicial..., p. 292. Ver, também: MOREIRA. Abuso do credor e do devedor na recuperação judicial..., p. 186-191. Na jurisprudência, já se invalidou voto de credor único em uma classe contrário ao plano de recuperação judicial (*v.g.*: TJSP, 2ª Câmara Reservada de Direito Empresarial, AI 2043349-63.2016.8.26.0000, Rel. Des. Ricardo Negrão, j. 27/06/2016), bem como encontramos o mesmo entendimento em casos envolvendo credor dominante em uma classe (*v.g.*, TJSP, 2ª Câmara Reservada de Direito Empresarial, AI 20890412220158260000, Rel. Des. Ricardo Negrão, j. 02/12/2015) e situações em que a maioria dos credores vota favoravelmente ao plano (*v.g.*: TJSP, 2ª Câmara Reservada de Direito Empresarial, AI, 2050098-67.2014.8.26.0000, Rel. Des. Ramon Mateo Júnio, j. 16/03/2015; TJSP, 1ª Câmara Reservada de Direito Empresarial, AI 0155523-54.2013.8.26.0000, Rel. Des. Teixeira Leite, j. 06/02/2014)).

RECUPERAÇÃO JUDICIAL. PARTE 2

ser o credor concorrente do devedor[1758], entre várias outras situações[1759] (dentre as quais a jurisprudência tem considerado muitas vezes abusivo o voto contrário à aprovação do plano lançado de modo injustificado[1760] ou quando o credor não aceita qualquer proposta realizada pelo devedor[1761], bem como na hipótese de o credor votar contrariamente manifestando seu objetivo de cobrar seu crédito diretamente dos devedores solidários[1762]).

Em termos comparativos, a hipótese se assemelha à previsão constante no art. 115 da Lei das S.A. (ou, caso se entenda que o Código Civil é a legislação aplicável por se tratar de norma geral, do art. 1.074, $\S 2^\circ$) – que regula o abuso do direito de voto e o conflito de interesses – fazendo com que o credor exerça

[1758] Sobre a situação do credor que é, ao mesmo tempo, concorrente do devedor, ver: MOREIRA. Abuso do credor e do devedor na recuperação judicial..., p. 195-199.

[1759] Para um amplo panorama das mais diversas formas de lançamento abusivo do voto, ver, por todos: BUSCHINELLI. *Abuso do direito de voto na assembleia geral de credores...*, p. 107 ss. Ver, também: MOREIRA. Abuso do credor e do devedor na recuperação judicial..., p. 186 ss. Finalmente, remetemos a: DE LUCCA. Abuso do direito de voto de credores.., p. 645-666.

[1760] TJRS, 5ª Câmara Cível, AI 70045411832, Rel Des. Romeu Marques Ribeiro Filho, j. 29/02/2012. Encontramos precedentes no sentido de que a justificação insatisfatória também ensejaria a invalidade do voto, conforme: TJSC, 3ª Câmara de Direito Comercial, AI 2015.045438-8, Rel. Des. Ronaldo Moritz Martins da Silva, j. 18/02/2016 ("Agravo de instrumento. Recuperação judicial. Plano aprovado pela maioria dos credores trabalhistas e quirografários (classes I e III do artigo 41 da Lei n. 11.101/2005) e rejeitado por credor majoritário com garantia real (classe II). Não cumprimento da regra inserta no artigo 45 da referida legislação, que exige o acolhimento da proposta por todas as classes. Decisão agravada que decretou a falência das empresas (art. 56, $\S 4^\circ$). Insurgência das recuperandas. Alegado abuso de direito de voto por parte do banco agravado, detentor de 71% dos créditos da classe II, que inviabilizou a aprovação do plano pelo quorum alternativo disposto no art. 58, $\S 1^\circ$, da LRF. Impossibilidade, em tese, de interferência judicial na deliberação da assembleia geral (autonomia de vontade). Ausência, no entanto, de motivação satisfatória e plausível apresentada pelo recorrido que demonstrasse prejuízo considerável à sua própria atividade bancária. Posição individualista que não justifica o repúdio às condições fixadas pelas recuperandas. Princípio da preservação da empresa, com manutenção da fonte produtora, do emprego dos trabalhadores e dos interesses dos demais credores, que deve prevalecer. Abuso de direito, de fato, evidenciado que, com a inspiração do instituto do craw down na sua vertente originária norte-americana, permite o controle de legalidade da decisão assemblear. Posicionamento amparado nos Enunciados ns. 44 e 45 da I Jornada de Direito Comercial CJF/STJ e na jurisprudência dos Tribunais. Preenchimento, ademais, do outro requisito descrito no $\S 2^\circ$ do art. 58 (*par conditio creditorum*) para concessão pelo juiz da recuperação. Viabilidade de subsistência das empresas agravantes no mercado demonstrada. Decisum impugnado reformado. Reclamo provido."). Ver, também: TJSP, a 1ª Câmara Reservada de Direito Empresarial, AI 2262478-07.2015.8.26.0000, Rel. Des. Hamid Bdine, j. 03/06/2016; TJSP, 2ª Câmara Reservada de Direito Empresarial, AI, 2050098-67.2014.8.26.0000, Rel. Des. Ramon Mateo Júnio, j. 16/03/2015.

[1761] Veja-se, por exemplo, excerto de acórdão do TJRS sobre o tema: "o banco não aceitou nenhuma outra proposta apresentada pela recuperanda, o que demonstra o firme propósito de obstar a concessão da recuperação" (TJRS, 5ª Câmara Cível, AI 70045411832, Rel. Des. Romeu Marques Ribeiro Filho, j. 29/02/2012).

[1762] TJRJ, 5ª Câmara Cível, AI 0037321-84.2011.8.19.0000, Rel. Des. Milton Fernandes de Souza, j. 13/12/2011.

RECUPERAÇÃO DE EMPRESAS E FALÊNCIA

seu direito de voto em consonância com os interesses de todas as outras classes afetadas pela crise da empresa[1763]. De qualquer sorte, a aplicação de disposições societárias deve ser feita com cuidado, uma vez que o credor pode buscar satisfazer o seu próprio interesse quando do lançamento do voto – o que, em tese, em uma sociedade, não ocorre, uma vez que se deve buscar sempre o interesse social.

Caso seja verificado o abuso no exercício do direito de voto por parte de credor em assembleia geral (ato ilícito, na forma do art. 187 do Código Civil)[1764], duas podem ser as consequências: (*i*) o voto pode ser invalidado (limite objetivo ao exercício da posição jurídica)[1765] e (*ii*) o credor pode ter de indenizar os danos causados (responsabilidade civil subjetiva). Se o voto dos demais credores for suficiente para aprovar a matéria (realizando-se o chamado *teste de resistência*), o magistrado deve, além de anular o voto abusivo, proceder ao acertamento da declaração assemblear, declarando o novo resultado (desconsiderado o voto abusivo, inclusive para o cômputo dos quóruns de aprovação)[1766].

7. Concessão da recuperação

Uma vez aprovado – tácita ou expressamente – o plano de recuperação judicial, cabe ao magistrado proferir decisão acerca da sua homologação (ainda que tramitem paralelamente, por exemplo, processos de impugnação contra a relação de credores), de acordo com o *caput* do art. 58 da LREF.

O ato decisório em questão possui a natureza de decisão interlocutória, sendo desafiado, portanto, por meio de agravo de instrumento, interposto por qualquer credor[1767] ou pelo Ministério Público[1768] (LREF, art. 59, §2º).

[1763] MUNHOZ. Seção IV: Do procedimento de recuperação judicial..., p. 292. Para os vários interesses que gravitam em torno da empresa em crise e suas peculiaridades, ver: SALOMÃO FILHO. Recuperação de empresas e interesse social..., p. 50 ss.

[1764] Pela aplicação do art. 187 do Código Civil nesse contexto: MOREIRA. Abuso do credor e do devedor na recuperação judicial..., p. 179. Sobre o assunto, ver, ainda: MARIANO. *Abuso de voto na recuperação judicial...*, p. 295-297.

[1765] Nesse sentido o Enunciado 45 da 1ª Jornada de Direito Comercial, promovida pelo Conselho da Justiça Federal/CJF no ano de 2012: "O magistrado pode desconsiderar o voto de credores ou a manifestação de vontade do devedor, em razão de abuso de direito".

[1766] Assim sustenta GABRIEL BUSCHINELLI (*Abuso do direito de voto na assembleia geral de credores...*, p. 169-170), aplicando, analogicamente, os seguintes julgados que trataram da questão que envolvia a presença de credores em assembleia que se abstiveram de votar: TJSP, Câmara Especial de Falência e Recuperação Judicial, AI 450.859-4/1-00, Rel. Des. Pereira Calças, j. 17/01/2007; TJSP, Câmara Reservada à Falência e Recuperação, AI 0372448-49.2010.8.26.000, Rel. Des. Pereira Calças, j. 01/02/2007.

[1767] No caso, qualquer credor concursal ou, excepcionalmente, aquele que comprove legítimo interesse recursal. Em nosso sentir, credores não sujeitos à recuperação judicial, em princípio, não possuem legitimidade para agravar da decisão que concede a recuperação judicial. Todavia, registre-se posição em contrário: "A lei, ao conceder legitimidade para 'qualquer credor', admite que o recurso seja interposto por credor que tenha ou não apresentado objeção, permitindo também recurso por parte de credor não

RECUPERAÇÃO JUDICIAL. PARTE 2

7.1. Limites do juiz na análise do plano

Cabe ao juiz examinar (*i*) o cumprimento das formalidades da AGC (eventuais vícios da assembleia)[1769], (*ii*) a legalidade das cláusulas do plano ou do conteúdo das deliberações (vícios das deliberações)[1770], (*iii*) bem como se houve o lançamento de voto abusivo ou lançados com algum outro vício (vícios do voto), como já visto, mas (*iv*) não o mérito do plano, isto é, a sua viabilidade econômico-financeira[1771] – cujo exame é de competência exclusiva da assembleia geral de credores, soberana nesse sentido[1772].

sujeito aos efeitos da recuperação, isto porque a concessão da recuperação cria uma nova situação, que atinge o interesse da universalidade dos credores." (BEZERRA FILHO. Capítulo IX: Procedimento da recuperação judicial..., p. 234).

[1768] Confirmando a legitimidade do Ministério Público para recorrer: STJ, 3ª Turma, REsp 1157846/ MT, Rel. Min. Nancy Andrighi, j. 02/12/2011. No entanto, não cabe ao Ministério Público o exame de viabilidade do plano, tampouco do sacrifício a que, voluntariamente, submetem-se os credores. Nesse sentido: TJSP, Câmara Reservada à Falência e Recuperação, AI 500.624-4/8-00, Rel. Des. Lino Machado, j. 26/03/2008; e TJSP, Câmara Reservada à Falência e Recuperação, AI 612.654-4/6-00, Rel. Des. Pereira Calças, j. 18/08/2009.

[1769] TJRS, 5ª Câmara Cível, AI 70045135167, Rel. Des. Jorge Luiz Lopes do Canto, j. 14/12/2011; TJRJ, 15ª Câmara Cível, AI0047459-81.2009.8.19.0000, Rel. Des. Sergio Lucio Cruz, j. 26/01/2010; TJSP, Câmara Especial de Falências e Recuperação, AI 5006244800, Rel. Des. Lino Machado, j. 26/03/2008.

[1770] STJ, 4ª Turma, REsp 1.587.559/PR, Rel. Min. Luis Felipe Salomão, j. 06/04/2017; STJ, 3ª Turma, REsp 1.513.260/SP, Rel. Min. João Otávio de Noronha, j. 05/05/2016; STJ, 3ª Turma, REsp 1314209/SP, Rel. Min. Nancy Andrighi, j. 22/05/2012. Ver, também: TJRS, 6ª Câmara Cível, AI 70068177492, Rel. Des. Rinez da Trindade, j. 15/09/2016; TJSP, 1ª Câmara Reservada de Direito Empresarial, AI 0119660-37.2013.8.26.000, Rel. Des. Francisco Loureiro, j. 06/02/2014; TJSP, 2ª Câmara Reservada de Direito Empresarial, AI 2040940-17.2016.8.26.0000, Rel. Des. Carlos Alberto Garbi, j. 31/01/2016.

[1771] STJ, 3ª Turma, REsp 1513260/SP, Rel. Min. João Otávio de Noronha, j. 05/05/2016; STJ, 4ª Turma, REsp 1359311/SP, Rel. Min. Luis Felipe Salomão, j. 09/09/2014; TJRS, 6ª Câmara Cível, AI 70068177492, Rel. Des. Rinez da Trindade, j. 15/09/2016; TJSP, 2ª Câmara Reservada de Direito Empresarial, AI 2260720-90.2015.8.26.0000, Rel. Des. Fabio Tabosa, j. 11/05/2016; TJSP, Câmara Especial de Falências e Recuperações Judiciais, AI 0319232-13.2009.8.26.0000, Rel. Des. Romeu Ricupero, j. 23/02/2010 (assim decidindo: "Recuperação judicial. Concessão. Inviabilidade do plano, que albergaria verdadeira liquidação do patrimônio. Entretanto, como tem decidido a Câmara Especial, essa é matéria a ser deslindada pelos credores, em assembléia, e jamais pelo juiz, que não tem o direito, na nova lei, de deixar de homologar o plano aprovado pelos credores, sobretudo e unicamente sob o argumento de que o mesmo é inviável"). Ver, também: TJSP, 1ª Câmara Reservada de Direito Empresarial, AI 0099369-50.2012.8.26.0000, Rel. Des. Francisco Loureiro, j. 26/03/2013. No mesmo sentido o Enunciado 46 da 1ª Jornada de Direito Comercial, promovida pelo Conselho da Justiça Federal/CJF no ano de 2012: "Não compete ao juiz deixar de conceder a recuperação judicial ou de homologar a extrajudicial com fundamento na análise econômico-financeira do plano de recuperação aprovado pelos credores".

[1772] STJ, 4ª Turma, REsp 1.587.559/PR, Rel. Min. Luis Felipe Salomão, j. 06/04/2017; STJ, 4ª Turma, REsp 1.359.311/SP, Rel. Min. Luis Felipe Salomão, j. 09/09/2014; STJ, 3ª Turma, REsp 1.314.209/SP, Rel. Min. Nancy Andrighi, j. 22/05/2012; STJ, 3ª Turma, REsp 1205904/SP, Rel. Min. Massami Uyeda, j. 07/10/2010; TJSP, 2ª Câmara Reservada de Direito Empresarial, AI 2040940-17.2016.8.26.0000, Rel. Des. Carlos Alberto Garbi, j. 31/01/2016. Na doutrina, entre outros: MUNHOZ. Seção IV: Do procedimento de recuperação judicial..., p. 287. Ver, também: TOLEDO. O plano de recuperação judicial e o controle judicial da legalidade...

RECUPERAÇÃO DE EMPRESAS E FALÊNCIA

Tomando emprestado a linguagem corrente do Direito Administrativo, cabe ao magistrado o juízo de legalidade do rito assemblear, do plano de recuperação judicial aprovado pela assembleia geral e dos votos lançados, mas não o de conveniência-oportunidade, que é prerrogativa exclusiva dos credores[1773].

Efetivamente, ao Estado-juiz foi atribuído o papel fundamental de supervisionar o procedimento e garantir a lisura da tomada de decisão pela assembleia. Cabe a ele assegurar que a deliberação esteja ao abrigo das garantias legais das partes e que não haja abusos. A decisão mais relevante, no entanto, foi transferida para os credores, sendo deles a prerrogativa de julgar a viabilidade do plano apresentado para recuperar a empresa em crise[1774].

Portanto, o plano aprovado pela assembleia geral de credores está sujeito ao controle judicial de legalidade. Esse é o papel do magistrado. Antes de homologar a aprovação do plano (que possui caráter negocial), o juiz deve aferir a regularidade do processo decisório (isto é, se foram cumpridas as regras de convocação da assembleia, de instalação do conclave, de deliberação, entre outras)[1775], se, relativamente ao plano, foram atendidos os requisitos de validade dos atos jurídicos em geral[1776], e se ele não fere os princípios gerais de direito, a Constituição Federal, a própria LREF e suas normas cogentes[1777]-[1778].

[1773] "A homologação de plano de recuperação judicial aprovado pelos credores está sujeita ao controle judicial de legalidade", como dispõe o Enunciado 44 da 1ª Jornada de Direito Comercial. Nesse sentido caminha o Enunciado 1 da Edição 37 da Jurisprudência em Teses do STJ: "1) Embora o juiz não possa analisar os aspectos da viabilidade econômica da empresa, tem ele o dever de velar pela legalidade do plano de recuperação judicial, de modo a evitar que os credores aprovem pontos que estejam em desacordo com as normas legais." Entre outros precedentes, ver: STJ, 4ª Turma, REsp 1359311/SP, Rel. Min. Luis Felipe Salomão, j. 09/09/2014. No mesmo sentido: TJSP, 2ª Câmara Reservada de Direito Empresarial, AI 2040940-17.2016.8.26.0000, Rel. Des. Carlos Alberto Garbi, j. 31/01/2016 (admitindo, todvia, que a análise da legalidade possa abarcar a avaliação da viabilidade do plano de recuperação judicial).

[1774] CEREZETTI. *A recuperação judicial de sociedade por ações...*, p. 358-360.

[1775] TJRS, 5ª Câmara Cível, AI 70045135167, Rel. Des. Jorge Luiz Lopes do Canto, j. 14/12/2011; TJRJ, 15ª Câmara Cível, AI 0047459-81.2009.8.19.0000, Rel. Des. Sergio Lucio Cruz, j. 26/01/2010; TJSP, Câmara Especial de Falências e Recuperação, AI 5006244800, Rel. Des. Lino Machado, j. 26/03/2008.

[1776] STJ, 3ª Turma, REsp 1314209/SP, Rel. Min. Nancy Andrighi, j. 22/05/2012; TJSP, 2ª Câmara Reservada de Direito Empresarial, AI 2260720-90.2015.8.26.0000, Rel. Des. Fabio Tabosa, j. 11/05/2016; TJSP, 1ª Câmara Reservada de Direito Empresarial, AI 0119660-37.2013.8.26.000, Rel. Des. Francisco Loureiro, j. 06/02/2014; TJSP, 1ª Câmara Reservada de Direito Empresarial, AI 0099369-50.2012.8.26.0000, Rel. Des. Francisco Loureiro, j. 26/03/2013; TJSP, Câmara Reservada à Falência e Recuperação, AI 0264287-08.2011.8.26.0000, Rel. Des. Pereira Calças, j. 31/07/2012.

[1777] TJSP, 2ª Câmara Reservada de Direito Empresarial, AI 2260720-90.2015.8.26.0000, Rel. Des. Fabio Tabosa, j. 11/05/2016; TJSP, 1ª Câmara Reservada de Direito Empresarial, AI 2186542-73.2015.8.26.0000, Rel. Des. Francisco Loureiro, j. 16/02/2016; TJSP, 1ª Câmara Reservada de Direito Empresarial, AI 0099369-50.2012.8.26.0000, Rel. Des. Francisco Loureiro, j. 26/03/2013; TJSP, Câmara Reservada à Falência e Recuperação, AI 0248346-18.2011.8.26.0000, Rel. Des. Pereira Calças, j. 14/08/2012; TJSP, Câmara Reservada à Falência e Recuperação, AI 0264287-08.2011.8.26.0000, Rel. Des. Pereira Calças, j. 31/07/2012; TJSP, 1ª Câmara Reservada de Direito Empresarial, AI 0288896-55.2011.8.26.0000, Rel.

RECUPERAÇÃO JUDICIAL. PARTE 2

Des. Pereira Calças, j. 31/07/2012; TJSP, Câmara Reservada à Falência e Recuperação, AI 0168318-63.2011.8.26.0000, Rel. Des. Pereira Calças, j. 17/04/2012.

[1778] A propósito do plano em si, algumas de suas cláusulas têm gerado certa polêmica nos tribunais, entre elas: (*i*) a cláusula que prevê a concessão de abatimentos ("deságio") elevados (50%, 60%, 70%, 80% e até 90% do valor de face dos créditos); (*ii*) a cláusula com a previsão de pagamentos muito dilatados no tempo (15, 20, 25 anos), a qual, por vezes, não prevê a incidência de juros e correção monetária; e (*iii*) a cláusula que estabelece a extensão dos efeitos da recuperação aos garantidores do devedor. Diante de tais cláusulas, poderia o magistrado examinar o conteúdo do plano? Relativamente às duas primeiras, esboçar resposta prévia, sem contato com o caso concreto, é muito difícil, pois, em princípio, a questão está no âmbito da autonomia privada das partes, podendo elas acordar o que melhor lhes aprouver. Lembre-se, nesse sentido, que pode haver fornecedores dispostos a perdoar dívidas de grande monta, caso o devedor continue adquirindo seus produtos, ou mesmo caso perceba que, na hipótese de falência, perderá muito mais do que se conceder um grande deságio. Como destaca SHEILA CEREZETTI: "Muitas vezes, a manutenção de determinado vínculo contratual com o devedor representa valor a ser considerado por credores quando do exercício dos seus respectivos direitos de voto" (CEREZETTI. *A recuperação judicial de sociedade por ações...*, p. 280). Sobre esse ponto, ver, também: BORGES FILHO. A eficiência da Lei 11.101..., p. 261-262. Ver, também: PUGLIESI, Adriana Valéria. Limites da autonomia privada nos planos de reorganização das empresas. *Revista do Advogado – Direito das Empresas em Crise*, a. XXXVI, n. 131, p. 7-20, out. 2016. A título de referência, vale mencionar que o TJSP considerou válido o plano de recuperação judicial que apresentou remissão substancial dos créditos quirografários e com garantia real (58%) para pagamento em 10 anos, com carência de 24 meses (TJSP, Câmara Especial de Falências e Recuperações Judiciais, AI 580.483-4/9-00, Rel. Des. Boris Kauffmann, j. 04/03/2009; ver, também: TJSP, Câmara Especial de Falências e Recuperações Judiciais, AI 580.607-4/6-00, Rel. Des. Boris Kauffman, j. 24/09/2008). Em sentido semelhante, tendo considerado lícito o deságio de 50% e pagamento em 13 anos (com parcelas crescentes), com carência de 12 meses (uma vez que inferior aos dois anos previstos no art. 61, *caput*, da LREF), e com a incidência de juros de 5% a.a. e corrigido pela TR, ver: TJSP, 2ª Câmara Reservada de Direito Empresarial, AI 2260720-90.2015.8.26.0000, Rel. Des. Fabio Tabosa, j. 11/05/2016. Ainda, manifestando-se pela licitude de plano em que o débito não sofre a incidência de juros nem correção monetária, ver: TJSP, 2ª Câmara Reservada de Direito Empresarial, AI 2087659-28.2014.8.26.0000, Rel. Des. Tasso Duarte de Melo, j. 03/02/2015. O TJSP também já considerou lícita a previsão de correção pela TR e juros de 1% ao ano acrescido de bônus de adimplência, bem como outras disposições (TJSP, 2ª Câmara Reservada de Direito Empresarial, AI 2040940-17.2016.8.26.0000, Rel. Des. Carlos Alberto Garbi, j. 31/01/2016). Em sentido contrário, sabe-se que o TJSP deixou de homologar plano de recuperação aprovado pela AGC sob o argumento de que o plano cometia excessos ao prever carência de pagamento por período superior àquele em que a recuperanda permaneceria sob a supervisão judicial, além de não estabelecer correção monetária durante o período (TJSP, Câmara Reservada à Falência e Recuperação, AI 0256616-31.2011.8.26.0000, Rel. Des. Pereira Calças, j. 28/02/2012; e entendendo pela invalidade tendo em vista a inexistência de juros e correção monetária no pagamento a prazo, ver: TJSP, 1ª Câmara Reservada de Direito Empresarial, AI 0288896-55.2011.8.26.0000, Rel. Des. Pereira Calças, j. 31/07/2012. Ver, também: TJSP, 1ª Câmara Reservada de Direito Empresarial, AI 2203730-79.2015.8.26.0000, Rel. Des. Fortes Barbosa, j. 01/12/2015). Ainda, o Tribunal de Justiça de São Paulo já se manifestou no sentido de que a licitude ou não de determinadas disposições depende do tamanho da empresa: TJSP, 1ª Câmara Reservada de Direito Empresarial, AI 2095152-85.2016.8.26.0000, Rel. Des. Enio Zuliani, j. 09/11/2016. Analisando criticamente algumas das referidas decisões, ver: TOLEDO; PUGLIESI. Capítulo VIII: O plano de recuperação judicial..., p. 209-211. Assim, em princípio, não havendo indícios de irregularidade, por mais benevolente que seja a proposta aprovada, o magistrado não deve julgar o seu conteúdo. Diferente é o caso das cláusulas do plano estipuladas à revelia das normas cogentes da LREF, como a que referimos no item "iii", *supra*. Especificamente no que tange às garantias contra os coobrigados, fiadores e obrigados de regresso, tem-se que elas se mantêm hígidas mesmo com a novação dos créditos anteriores do pedido de recuperação operada pelo plano de recuperação judicial (LREF, art. 59, *caput*). Apesar, disso, muitos planos de recuperação judicial contêm previsão estendendo os efeitos do plano (novação) às garantias ou mesmo suprimindo tais garantias, inviabilizando, então, a possibilidade de execução, por exemplo, dos avalistas. A jurisprudência, entretanto, já entendeu em diversas oportunidades que tais disposições são inválidas: TJSP, 2ª Câmara Reservada de Direito Empresarial, AI 2260720-90.2015.8.26.0000, Rel. Des. Fabio Tabosa, j. 11/05/2016; TJSP, 1ª Câmara Reservada de Direito Empresarial, AI 0099369-50.2012.8.26.0000, Rel. Des. Francisco Loureiro, j. 26/03/2013; TJSP, 1ª Câmara Reservada de Direito Empresarial, AI 0150480-39.2013.8.26.0000, Rel. Des. Maia da Cunha, j. 26/09/2013; TJSP, 2ª Câmara Reservada de Direito Empresarial, AI 0000707-17.2013.8.26.0000, Rel. Des. Roberto Mac Cracken, j. 20/05/2013. De qualquer sorte, se viável (especialmente porque tal espécie de disposição está relacionada a direito patrimonial disponível), deve ser afastada a incidência da cláusula que estenda os efeitos da recuperação judicial ou suprima a garantia fidejussória (*a*) ao credor ausente, (*b*) àquele que se absteve, (*c*) àquele que votou contrariamente ao plano e (*d*) àquele que votou favoravelmente mas apresentou qualquer objeção à referida disposição, estando sujeitos aos efeitos da cláusula somente os credores que expressamente aprovaram o plano e não manifestaram qualquer objeção a tal disposição. Assim já se manifestou a jurisprudência: TJSP, Câmara Especial de Falências e Recuperações Judiciais, AI 0196402-74.2011.8.26.0000, Rel. Des. Pereira Calças, j. 20/09/2011; TJSP, Câmara Especial de Falências e Recuperações Judiciais, AI 580.483-4/9-00, Rel. Des. Boris Kauffmann, j. 04/03/2009; TJSP, Câmara Especial de Falências e Recuperações Judiciais, AI 580.551-4/0-00, Rel. Des. Pereira Calças, j. 19/11/2008. Na doutrina, ver: CALÇAS, Manoel de Queiroz Pereira. Novação recuperacional. *Revista do Advogado – Recuperação Judicial*: temas polêmicos, a. XXIX, n. 105, set./2009, p. 126-128; AYOUB; CAVALLI. *A construção jurisprudencial...*, p. 69-70; em sentido contrário, afirmando que a aprovação do plano liberando os garantidores (com exceção da garantia real, nos termos do art. 50, §1º, da LREF) vincula todos os credores sujeitos à recuperação judicial (independentemente da concordância expressa ou mesmo do comparecimento do credor garantido na assembleia geral de credores), ver: BEZERRA FILHO. A responsabilidade do garantidor na recuperação judicial do garantido..., p. 133-134; BEZERRA FILHO. Capítulo IX: Procedimento da recuperação judicial..., p. 233-234. Adicionalmente, em acordão controvertido, o STJ entendeu que o plano de recuperação judicial, devidamente aprovado, pode afastar garantias reais (art. 50, §1º) e fidejussórias (art. 49, §1º) mesmo que com não concordância dos credores beneficiados por tal garantia (STJ, 3ª Turma, REsp 1.532.943/MT, Rel. Min. Marco Aurélio Bellizze, j. 13/09/2016). E o TJSP já entendeu pela validade da cláusula que prevê a extinção de garantias prestadas por sociedades do mesmo grupo econômico e que também se encontram no mesmo processo de recuperação judicial (TJSP, 2ª Câmara Reservada de Direito Empresarial, AI 2040940-17.2016.8.26.0000, Rel. Des. Carlos Alberto Garbi, j. 31/01/2016). Por sua vez, é lícita a previsão de que as garantias serão extintas quando quitados todos os valores devidos (TJRS, 6ª Câmara Cível, AI 70062141973, Rel. Des. Luís Augusto Coelho Braga, j. 07/04/2016). Finalmente, acreditamos que os mesmos entendimentos referidos aqui devem ser adotados na hipótese de o plano de recuperação extrajudicial conter previsões semelhantes. Existem, também, outras cláusulas que têm sido usualmente consideradas ilícitas. Nesse sentido, por exemplo, ao prever o parcelamento de débitos, o plano deve conter "a indicação da data para a qual foi prorrogada a obrigação, não se podendo prever, genericamente que a totalidade de créditos concursais devidos contra as recuperandas terão datas de vencimento prorrogadas indefinidamente, hipótese em que, como já manifestado por esta Câmara Especializada, fica prejudicada a aplicação do art. 61 da Lei de Quebras." (TJSP, 1ª Câmara Reservada de Direito Empresarial, AI 0124832-91.2012.8.26.0000, Rel. Des. Enio Zuliani, j. 30/10/2012); igualmente, não poderia prever o plano "a remissão dos saldos credores de qualquer valor não pagos até o 18º ano do parcelamento proposto", uma vez que isso, "na prática, priva os credores que não receberem a integralidade de seus créditos dos respectivos saldos, perpetrando autêntico confisco determinado por uma deliberação assemblear viciada" (TJSP, Câmara Reservada à Falência e Recuperação, AI 0136362-29.2011.8.26.0000, Rel. Des. Pereira Calças, j. 28/02/2012 – sendo que este precedente apontou outras supostas ilegalidades no plano, como a impossibilidade de o prazo de carência para início dos pagamentos dos credores ser superior ao prazo de fiscalização pelo Poder Judiciário da recuperação judicial). Da mesma forma, não é possível que o plano de recuperação judicial estabeleça que, em caso de descumprimento do plano durante a sua execução judicial, seja convocada assembleia geral de credores para deliberar sobre alteração do plano ou sua falência, ou seja, que o descumprimento do plano não enseja a convolação em falência nos termos dos arts. 61, §1º, e 73, IV, da LREF (TJSP, 1ª Câmara Reservada de Direito Empresarial, AI 2135586-87.2014.8.26.0000, Rel. Des. Teixeira Leite, j. 29/04/2015; TJSP, 2ª Câmara Reservada de Direito Empresarial, AI 2171802-76.2016.8.26.0000, Rel. Des. Cláudio Godoy, j. 14/08/2017), "bem como se mostra abusiva a carência de três parcelas anuais para caracterização do descumprimento do plano" (TJSP, 1ª Câmara Reservada de Direito Empresarial, AI 0125855-38.2013.8.26.0000, Rel. Des. Maia da Cunha, j. 10/10/2013). Igualmente, a previsão de alienação de bens sem necessidade de autorização judicial ou da AGC afrontaria o art. 66 da LREF (TJSP, 1ª Câmara Reservada de Direito Empresarial, AI 0125855-38.2013.8.26.0000, Rel. Des. Maia da Cunha, j. 10/10/2013); também não seria lícita a previsão genérica de alienação de ativos (caso não prevista expressamente no plano, deve-se, então, seguir o previsto no art. 66 da LREF) ou a tomada de outras medidas para viabilizar a recuperação (como a associação com investidor, cisão, etc.), tendo em vista a necessidade de especificação dos meios de recuperação de acordo com o art. 53, I, da LREF (TJSP, 2ª Câmara Reservada de Direito Empresarial, AI 2260720-90.2015.8.26.0000, Rel. Des. Fabio Tabosa, j. 11/05/2016). Igualmente, considera-se ilícita a previsão de pagamento dos credores condicionado ao pagamento de arrendamento (TJSP, 1ª Câmara Reservada de Direito Empresarial, AI 2162381-62.2016.8.26.0000, Rel. Des. Cesar Ciampolini, j. 21/02/2017). Também é lícita a conversão de dívida em participação social do devedor, ainda que imposta a quem assim não deseje (TJRJ, 14ª Câmara Cível, AI 0039682-69.2014.8.19.0000, Rel. Des. Gilberto Campista Guarino, j. 03/12/2014). Ainda, é importante pontuar que, de qualquer sorte, o Poder Judiciário pode simplesmente afastar as cláusulas que afrontem a legalidade, conservando o restante do plano se assim for possível: uma vez constatada a ilicitude, entende-se que a cláusula viciada deve ser extirpada diante de sua nulidade ou reconhecida a sua ineficácia ao menos a determinado grupo de credores (nesse sentido: TJSP, 2ª Câmara Reservada de Direito Empresarial, AI 2260720-90.2015.8.26.0000, Rel. Des. Fabio Tabosa, j. 11/05/2016; TJSP, 1ª Câmara Reservada de Direito Empresarial, AI 0125855-38.2013.8.26.0000, Rel. Des. Maia da Cunha, j. 10/10/2013; TJSP, Câmara Especial de Falências e Recuperações Judiciais, AI 580.551-4/0-00, Rel. Des. Pereira Calças, j. 19/11/2008; e TJSP, Câmara Especial de Falências e Recuperações Judiciais, AI 580.483-4/9-00, Rel. Des. Boris Kauffmann, j. 04/03/2009); por outro lado, não sendo possível essa separação (quando, por exemplo, verifica-se que toda a proposta está viciada ou que a extirpação da cláusula pode afetar todo o plano), é viável que seja determinada a reformulação do plano e a apresentação em determinado prazo para ser reapreciado em nova AGC, sob pena de convolação em falência (*v.g.*: TJSP, 1ª Câmara Reservada de Direito Empresarial, AI 2203730-79.2015.8.26.0000, Rel. Des. Fortes Barbosa, j. 01/12/2015; TJSP, 1ª Câmara Reservada de Direito Empresarial, AI 2135586-87.2014.8.26.0000, Rel. Des. Teixeira Leite, j. 29/04/2015; TJSP, Câmara Reservada à Falência e Recuperação, AI 0264287-08.2011.8.26.0000, Rel. Des. Pereira Calças, j. 31/07/2012). Finalmente, o TJSP manifestou-se já no sentido de que não pode o plano de recuperação judicial prever cláusula estabelecendo a resolução automática da proposta na hipótese de modificação, pelo Poder Judiciário, de qualquer cláusula ou condição, da mesma forma como não poderia retirar do Poder Judiciário a apreciação de convolação da recuperação judicial em falência em caso de descumprimento do plano – mas é válida tal disposição caso qualquer modificação seja aprovada pelos credores (TJSP, 2ª Câmara Reservada de Direito Empresarial, AI 2040940-17.2016.8.26.0000, Rel. Des. Carlos Alberto Garbi, j. 31/01/2016; TJSP, 2ª Câmara Reservada de Direito Empresarial, AI 2041409-63.2016.8.26.0000, Rel. Des. Carlos Alberto Garbi, j. 31/10/2016).

RECUPERAÇÃO DE EMPRESAS E FALÊNCIA

Em síntese, a exequibilidade do plano e a viabilidade econômico-financeira da recuperanda não devem ser objeto de escrutínio judicial – nem objeto de perícia técnica judicial[1779] –, pois a assembleia é soberana no encaminhamento dessas questões. Em outras palavras, o exame de conveniência e de oportunidade da aprovação do plano é dos credores e somente deles[1780].

Feitas essas observações, uma vez cumpridas as exigências da LREF, o juiz concederá a recuperação judicial do devedor cujo plano tenha sido aprovado tácita ou expressamente (LREF, art. 58). Por sua vez, se constatada alguma invalidade e não for possível saná-la, deve-se, se for o caso, convocar nova AGC – não sendo hipótese de convolação da recuperação judicial em falência[1781].

7.2. Exigência da certidão de regularidade fiscal

O ponto que agora será examinado constituiu uma das mais controvertidas questões surgidas a partir da entrada em vigor da LREF. Trata-se da canhestra obrigação de apresentar certidões de regularidade fiscal após a aprovação do plano de recuperação como condição indispensável para que o regime jurídico seja concedido pelo magistrado (arts. 57 e 58 da LREF, c/c art. 191-A do Código Tributário Nacional)[1782].

As certidões negativas de débitos tributários são documentos expedidos pelos órgãos fazendários para atestar que o contribuinte nada deve ao Fisco. Por simples regra de experiência, sabe-se que as empresas em crise quase sempre possuem

---

[1779] TJSP, 1ª Câmara Reservada de Direito Empresarial, AI 2178366-42.2014.8.26.0000, Rel. Des. Pereira Calças, j. 09/12/2014. Nesse sentido, o TJSP já entendeu que eventual laudo pericial sobre o plano de recuperação judicial pode constituir mera orientação para os credores, não podendo servir como premissa para a não concessão da recuperação judicial pelo magistrado (TJSP, 1ª Câmara Reservada de Direito Empresarial, AI 0104066-80.2013.8.26.0000, Rel. Des. Pereira Calças, j. 13/06/2013).

[1780] *V.g.*: TJPE, 4ª Câmara Cível, AI 0213439-0, Rel. Des. Jones Figueirêdo Alves, j. 22/02/2010. Do mesmo tribunal: TJPE, 6ª Câmara Cível, AI 372024-5, Rel. Des. Antônio Fernando de Araújo Martins, j. 14/05/2015 (assim decidindo: "O inconformismo isolado de um credor não tem o condão de invalidar a deliberação ratificada em Assembleia pela maioria dos credores, mormente por não possuírem as disposições ora atacadas qualquer vício de legalidade. A Assembleia Geral de Credores tem autonomia para analisar e aprovar o plano de recuperação e, mesmo que essa autonomia não seja absoluta, ao Poder Judiciário não cabe adentrar no mérito das questões econômicas tratadas no plano, mas tão somente fazer o controle de legalidade. Inexistindo qualquer indício de ilegalidade na elaboração do plano de recuperação, não compete ao magistrado avaliar pontos econômicos e mercadológicos do plano, mormente quando este foi aprovado pela Assembleia e nele não há violações à Lei ou qualquer indício de fraude").

[1781] STJ, 4ª Turma, REsp 1.587.559/PR, Rel. Min. Luis Felipe Salomão, j. 06/04/2017. Ver, também: STJ, Pedido de Tutela Provisória 781/SP, Rel. Min. Maria Isabel Gallotti, j. 08/08/2017.

[1782] Uma versão ainda mais dura da regra em questão chegou a tramitar no Congresso Nacional, prevendo um parágrafo único ao art. 57, o qual foi posteriormente excluído por força de uma emenda supressiva. Esse parágrafo único determinava ao juiz a decretação da falência caso não fossem apresentadas as referidas certidões negativas (VIGIL NETO. *Teoria falimentar e regimes recuperatórios...*, p. 174).

RECUPERAÇÃO JUDICIAL. PARTE 2

débitos tributários de elevada monta. A questão é bastante singela: diante da falta de recursos financeiros, privilegia-se o pagamento de fornecedores e empregados, retirando-se do fluxo de despesas ordinárias os tributos – pois sem matéria-prima, mercadorias e força de trabalho a empresa literalmente não consegue manter suas atividades; por outro lado, o inadimplemento de tributos não paralisa a empresa de imediato. Desse modo, a exigência em questão não é passível de cumprimento pela esmagadora maioria dos devedores em recuperação judicial – situação que criou um importante obstáculo para o atingimento dos objetivos da LREF.

Por conta disso, é de difícil aceitação a tese segundo a qual não pode ser concedida a recuperação em virtude da não apresentação das certidões de regularidade fiscal. Isso porque a execução do plano de reorganização não afeta direito essencial da Fazenda Pública[1783].

Registre-se, ainda, que a LREF previu a existência de um parcelamento especial para as dívidas tributárias (art. 68, *caput* e parágrafo único, da LREF c/c art. 155-A, §3º, do Código Tributário Nacional), o qual, até o presente momento, não foi suficiente e adequadamente regulamentado pelo Poder Legislativo.

Tendo em vista esses argumentos e essas circunstâncias, a jurisprudência, que já havia consagrado o entendimento de que seria inexigível certidão de regularidade fiscal a concessão da recuperação enquanto não fosse editada legislação específica que disciplinasse o parcelamento tributário no âmbito do referido regime, continuou aplicando o mesmo entendimento diante da inexistência de legislação que tenha regulamentado adequadamente tal parcelamento. Ou seja, mesmo após a promulgação das referidas leis, a jurisprudência vem dispensando a recuperanda da apresentação das certidões negativas fiscais para a homologação do plano de recuperação judicial[1784].

Os tribunais consideram a exigência do art. 57 da LREF (e do art. 191-A do CTN) "abusiva, inócua e inadmissível". Abusiva porque consiste em "meio coercitivo" de cobrança de dívidas tributárias[1785]. Inócua porque tem o condão de

---

[1783] VIGIL NETO. *Teoria falimentar e regimes recuperatórios...*, p. 158.

[1784] TJSP, 1ª Câmara Reservada de Direito Empresarial, AI 2002081-29.2016.8.26.0000, Rel. Des. Fortes Barbosa, j. 24/02/2016; TJSP, 2ª Câmara Reservada de Direito Empresarial, AI 2099625-51.2015.8.26.0000, Rel. Des. Caio Marcelo Mendes de Oliveira, j. 11/11/2015; TJRS, 6ª Câmara Cível, AI 70068804335, Rel. Des. Ney Wiedemann Neto, j. 09/06/2016; TJRJ, 7ª Câmara Cível, AI 0050788-91.2015.8.19.0000, Rel. Des. Luciano Saboia Rinaldi de Carvalho, j. 17/12/2015. Ver, também: especificamente quanto ao entendimento anterior à edição de leis especiais: STJ, 2ª Turma, AgRg na MC 23.499/RS, Rel. Min. Humberto Martins, Rel. p/ acórdão Min. Mauro Campbell Marques, j. 18/12/2014; STJ, 2ª Turma AgRg no CC 129.622/ES, Rel. Min. Raul Araújo, j. 24/09/2014; STJ, Corte Especial, REsp 1187404/MT, Rel. Min. Luis Felipe Salomão, j. 19/06/2013; STJ, CC 138.073/SP, Rel. Min. Paulo de Tarso Sanseverino (decisão monocrática), j. 26/03/2015; Enunciado 15 da Edição 35 da Jurisprudência em Teses do STJ.

[1785] TJSP, Câmara Especial de Falências e Recuperações Judiciais, AI 507.990-4/8-00, Rel. Des. Romeu Ricupero, j. 01/08/2007. No mesmo sentido: TJSP, Câmara Especial de Falências e Recuperações Judiciais,

colocar o Fisco em posição ainda pior caso a falência venha a ser decretada, pois, no concurso de credores, a Fazenda Pública está apenas em terceiro lugar, correndo sérios riscos de nada receber (por outro lado, se a recuperanda seguir no mercado, certamente continuará gerando tributos em favor do Ente Público)[1786]. Finalmente, inadmissível a exigência porque contrária ao princípio da preservação da empresa. Esse entendimento veio a prevalecer já nas primeiras recuperações judiciais de grande porte depois da entrada em vigor da LREF, tais como a Vasp[1787], a Varig[1788] e a Parmalat[1789]-[1790]-[1791].

Nesse ponto, importante esclarecer que os parcelamentos atualmente existentes, como o previsto no art. 43 da Lei 13.043/2014 (referente ao parcelamento dos débitos com a Fazenda Nacional e supostamente criado para atender a exigência do art. 57 c/c o art. 68 da LREF)[1792] e o previsto em alguns Estados (como, entre

AI 472.540-4/7-00, Rel. Des. Pereira Calças, j. 25/04/2007 (decidindo com o seguinte fundamento: "enquanto o Congresso Nacional não editar a Lei específica sobre o parcelamento dos créditos tributários da empresa em recuperação judicial, a exigência da apresentação da certidão negativa dos débitos tributários ou certidão positiva com efeitos de negativa– afronta ao princípio da preservação da empresa").

[1786] MUNHOZ. Seção IV: Do procedimento de recuperação judicial..., p. 286.

[1787] Processo nº 583.00.2005.070715-0, 1ª Vara de Falência e Recuperações Judiciais de São Paulo.

[1788] Processo nº 2005.001.072887-7, 1ª Vara de Direito Empresarial do Rio de Janeiro.

[1789] Processo nº 000.05.068090-0, 1ª Vara de Falência e Recuperações Judiciais de São Paulo.

[1790] Também nesse sentido: TJSP, Câmara Especial de Falências e Recuperações Judiciais, AI 507.990-4/8-00, Rel. Des. Romeu Ricupero, j. 01/08/2007; TJSP, Câmara Especial de Falências e Recuperações Judiciais, AI 472.540-4/7-00, Rel. Des. Pereira Calças, j. 25/04/2007; TJSP, Câmara Especial de Falências e Recuperações Judiciais, AI 5169824200, Rel. Des. Pereira Calças, j. 30/01/2008; TJRJ, 20ª Câmara Cível, AI 0019759-96.2010.8.19.0000, Rel. Des. Teresa de Andrade Castro Neves, j. 11/08/2010; TJMG, 7ª Câmara Cível, AI 1.0079.07.371306-1/001, Rel. Des. Heloisa Combat, j. 29/09/2009; TJMG, 5ª Câmara Cível, AI 1.0079.06.288873-4/001, Rel. Des. Dorival Guimarães Pereira, j. 29/05/2008; TJMG, 5ª Câmara Cível, AI 1.0079.07.348871-4/007, Rel. Des. Maria Elza, 08/10/2009.

[1791] Interessante observar que, antes da existência de leis prevendo o parcelamento de débitos tributários para devedores em recuperação judicial, somava-se aos argumentos relacionados o fato de o legislador se omitir a respeito, inexistindo parcelamento específico, como exigia a legislação. Nesse sentido, o Enunciado 55 da 1ª Jornada de Direito Comercial, promovida pelo Conselho da Justiça Federal/CJF no ano de 2012, consignou a seguinte posição: "O parcelamento do crédito tributário na recuperação judicial é um direito do contribuinte, e não uma faculdade da Fazenda Pública, e, enquanto não for editada lei específica, não é cabível a aplicação do disposto no art. 57 da Lei n. 11.101/2005 e no art.191-A do CTN." Apesar disso, não se esqueça o art. 155-A, §4º, do CTN assim dispõe: "§4º A inexistência da lei específica a que se refere o §3º deste artigo importa na aplicação das leis gerais de parcelamento do ente da Federação ao devedor em recuperação judicial, não podendo, neste caso, ser o prazo de parcelamento inferior ao concedido pela lei federal específica."

[1792] A Lei 10.522, de 19 de julho de 2002, passa a vigorar acrescida do seguinte art. 10-A: "Art. 10-A. O empresário ou a sociedade empresária que pleitear ou tiver deferido o processamento da recuperação judicial, nos termos dos arts. 51, 52 e 70 da Lei nº 11.101, de 9 de fevereiro de 2005, poderão parcelar seus débitos com a Fazenda Nacional, em 84 (oitenta e quatro) parcelas mensais e consecutivas, calculadas observando-se os seguintes percentuais mínimos, aplicados sobre o valor da dívida consolidada: I – da 1ª à 12ª prestação: 0,666% (seiscentos e sessenta e seis milésimos por cento); II – da 13ª à 24ª prestação:

RECUPERAÇÃO JUDICIAL. PARTE 2

outros, ocorre no Estado do Paraná, por meio da Lei 18.132/2014 e do Decreto 12.498/2014, e em Minas Gerais, com base na Lei 21.794/2015), simplesmente não atendem à finalidade da LREF, orientada pelo princípio da preservação da empresa, seja porque as condições de pagamento não são benéficas – o prazo do parcelamento é insuficiente (84 meses), inclusive se comparado com outros programas já existentes (como o "REFIS" de 180 meses ou o "PROFUT" de 240 meses) – ou mesmo porque impõe ao devedor a desistência de qualquer discussão administrativa ou judicial acerca do débito, exigência claramente inconstitucional[1793].

Nesse sentido, a própria jurisprudência também começa a encontrar alternativas para tentar fazer cumprir a exigência de regularidade fiscal e a previsão de parcelamento ao devedor em recuperação judicial, como a autorização para que o devedor escolha o parcelamento mais adequado existente[1794]-[1795]-[1796].

1% (um por cento); III – da 25ª à 83ª prestação: 1,333% (um inteiro e trezentos e trinta e três milésimos por cento); e IV – 84ª prestação: saldo devedor remanescente. §1º O disposto neste artigo aplica-se à totalidade dos débitos do empresário ou da sociedade empresária constituídos ou não, inscritos ou não em Dívida Ativa da União, mesmo que discutidos judicialmente em ação proposta pelo sujeito passivo ou em fase de execução fiscal já ajuizada, ressalvados exclusivamente os débitos incluídos em parcelamentos regidos por outras leis. §2º No caso dos débitos que se encontrarem sob discussão administrativa ou judicial, submetidos ou não à causa legal de suspensão de exigibilidade, o sujeito passivo deverá comprovar que desistiu expressamente e de forma irrevogável da impugnação ou do recurso interposto, ou da ação judicial, e, cumulativamente, renunciou a quaisquer alegações de direito sobre as quais se fundem a ação judicial e o recurso administrativo. §3º O empresário ou a sociedade empresária poderá, a seu critério, desistir dos parcelamentos em curso, independentemente da modalidade, e solicitar que eles sejam parcelados nos termos deste artigo. §4º Além das hipóteses previstas no art. 14-B, é causa de rescisão do parcelamento a não concessão da recuperação judicial de que trata o art. 58 da Lei nº 11.101, de 9 de fevereiro de 2005, bem como a decretação da falência da pessoa jurídica. §5º O empresário ou a sociedade empresária poderá ter apenas um parcelamento de que trata o caput, cujos débitos constituídos, inscritos ou não em Dívida Ativa da União, poderão ser incluídos até a data do pedido de parcelamento. §6º A concessão do parcelamento não implica a liberação dos bens e direitos do devedor ou de seus responsáveis que tenham sido constituídos em garantia dos respectivos créditos. §7º O parcelamento referido no caput observará as demais condições previstas nesta Lei, ressalvado o disposto no §1º do art. 11, no inciso II do §1º do art. 12, nos incisos I, II e VIII do art. 14 e no §2º do art. 14-A."

[1793] TJRJ, 7ª Câmara Cível, AI 0050788-91.2015.8.19.0000, Rel. Des. Luciano Saboia Rinaldi de Carvalho, j. 16/12/2015; TJSP, Câmara Reservada de Direito Empresarial, AI 2109677-09.2015.8.26.0000, Rel. Des. Ricardo Negrão, j. 09/09/2015. Ver, também: STJ, 2ª Seção, AgRg no CC 136.844/RS, Rel. Min. Antônio Carlos Ferreira, j. 26/08/2015. Na doutrina: SALOMÃO, Luis Felipe; SANTOS. *Recuperação judicial, extrajudicial e falência...*, p. 32 ss.

[1794] "Nos termos do art. 155-A, do Código Tributário Nacional, diante da ausência de lei específica, aplicam-se à recuperanda as normas gerais de parcelamentos do ente da Federação. Considerando o tratamento privilegiado às empresas em crise, que devem ter tratamento mais benéfico do que outras de qualquer ramo de atuação, às recuperandas deverá ser permitido a adoção do melhor parcelamento existente." "Em face do exposto, homologo o plano de recuperação e concedo a recuperação judicial de BLUE BIRD PARTICIPAÇÕES S.A. e outros." "Condiciono a manutenção da decisão, entretanto, à demonstração do parcelamento dos créditos tributários em 120 dias, conforme o melhor parcelamento dos débitos tributários sob a escolha da recuperanda, o que fica previamente deferido nos termos da

RECUPERAÇÃO DE EMPRESAS E FALÊNCIA

Lei 11.101/05." (2ª Vara de Falências e Recuperações Judiciais do Foro Central Cível da Comarca de São Paulo, Processo nº 1007989-75.2016.8.26.0100, Juiz Marcelo Barbosa Sacramone, j. 27/04/2017).

[1795] Sobre o tema, ver, também: BEZERRA FILHO. Lei de Recuperação de Empresas e Falência.., p. 415-437; BEZERRA FILHO. Capítulo IX: Procedimento da recuperação judicial..., p. 222 ss; TOLEDO. A apresentação de CND e o parcelamento de débitos fiscais..., p. 438-450; COSTA. Recuperação judicial x regularidade fiscal...

[1796] Aqui, MANOEL JUSTINO BEZERRA FILHO oferece solução criativa para o caso de se exigir a certidão prevista no art. 57 da LREF: "(...) se por extremo formalismo, entender-se que não se pode dispensar a aplicação do art. 57, não apresentada a certidão negativa caberá ao juiz simplesmente julgar improcedente o pedido de recuperação, incabível o decreto de falência por falta de previsão legal." (BEZERRA FILHO. Capítulo IX: Procedimento da recuperação judicial..., p. 223).

Capítulo 12
Recuperação judicial. Parte 3

O presente capítulo examina os efeitos da decisão que concede a recuperação judicial, bem como questões atinentes à execução do plano e ao encerramento da ação.

1. Efeitos da concessão da recuperação

A decisão que concede a recuperação judicial tem o condão de (*i*) novar as obrigações existentes até a data do pedido de recuperação judicial e que tenham sido objeto do plano, (*ii*) constituir título executivo judicial e (*iii*) possibilitar a alienação de ativos livres de dívidas tributárias e trabalhistas.

1.1. Novação das obrigações

São atingidos pelo plano de recuperação judicial (*i*) todos os créditos existentes até a data do pedido (em outros termos, a decisão não produz efeitos relativamente aos créditos gerados após o ajuizamento da ação recuperatória) e (*ii*) que tenham sido incluídos no plano de recuperação (lendo-se, *a contrario sensu*, o art. 49, §2º, da LREF), (iii) desde que não estejam salvaguardados por nenhuma regra de imunidade ao regime (como estão, por exemplo, os créditos do proprietário fiduciário, do arrendador mercantil e da Fazenda Pública).

Nesses termos, as obrigações alcançadas pelo plano de recuperação judicial são novadas (LREF, 59)[1797] – mas, de acordo com o art. 50, §1º, "na alienação de

---

[1797] Existe discussão sobre se a novação ocorre com a aprovação do plano de recuperação judicial em AGC ou com a sua homologação em juízo. O STJ já deu a entender que a novação se dá com a aprovação do plano (STJ, 2ª Seção, AgRg no CC 112.637, Rel. Min. Nancy Andrighi, j. 09/02/2011); no mesmo sentido, *v.g.*: TJSP, Câmara Reservada à Falência e Recuperação, AI 498.450-4/6-00, Rel. Des. Pereira Calças, j. 30/01/2008. Sobre o tema, manifestando-se no sentido de que a aprovação do plano, por si só, enseja a novação, ver: AYOUB; CAVALLI. *A construção jurisprudencial...*, p. 295.

RECUPERAÇÃO DE EMPRESAS E FALÊNCIA

bem objeto de garantia real, a supressão da garantia ou sua substituição somente serão admitidas mediante aprovação expressa do credor titular da respectiva garantia"[1798].

Dito de outra forma, as obrigações do devedor existentes até a data do pedido de recuperação judicial e afetadas pelo plano de recuperação judicial são extintas e surgem novas obrigações em seu lugar. Assim, os créditos serão pagos conforme previsto no plano – e não de acordo com o originalmente pactuado[1799] –, porque "não mais subsiste o valor originalmente contratado e encargos inicialmente previstos, mas sim o valor constante no título judicial"[1800].

1.1.1. Condição resolutiva

Na LREF, "a novação operada pelo plano de recuperação fica sujeita a uma condição resolutiva, na medida em que o art. 61 da Lei nº 11.101/2005 dispõe que o descumprimento de qualquer obrigação prevista no plano acarretará a convolação da recuperação em falência, com o que os credores terão reconstituídos seus direitos e garantias nas condições originalmente contratadas, deduzidos os valores eventualmente pagos e ressalvados os atos validamente praticados no âmbito da recuperação judicial"[1801].

Em outras palavras, trata-se de uma "condição resolutiva do preciso cumprimento do plano de recuperação, sob pena de retorno das dívidas ao *status quo ante*"[1802].

A regra do art. 61 da LREF inova a disciplina tradicional da novação, pois a extinção da dívida na recuperação judicial não tem o caráter definitivo, como ocorre com o instituto regulado no Código Civil, entre os arts. 360 e 367. Trata-se, como a doutrina e a jurisprudência já designaram, de espécie de "novação sob condição resolutiva" ou "novação recuperacional"[1803].

É importante observar que a condição resolutiva da novação recuperacional se dá nos seguintes termos: (*i*) caso ocorra o descumprimento de qualquer obrigação prevista no plano de recuperação judicial durante o prazo de dois anos em

---

[1798] Nesse sentido: TJRS, 6ª Câmara Cível, AI 70038497103, Rel. Des. Ney Wiedemann Neto, j. 21/10/2010; TJRS, 6ª Câmara Cível, AI 70035145374, Rel. Des. Artur Arnildo Ludwig, j. 08/07/2010. No entanto, o STJ entendeu que o plano de recuperação judicial, devidamente aprovado, pode afastar garantias reais (art. 50, §1º) e fidejussórias (art. 49, §1º) mesmo que com não concordância dos credores beneficiados por tal garantia (STJ, 3ª Turma, REsp 1.532.943/MT, Rel. Min. Marco Aurélio Bellizze, j. 13/09/2016).
[1799] TJRS, 6ª Câmara Cível, AI 70040417537, Rel. Des. Luís Augusto Coelho Braga, j. 16/02/2012.
[1800] TJRS, 5ª Câmara Cível, AI 70042696880, Rel. Des. Isabel Dias Almeida, j. 31/08/2011.
[1801] STJ, 3ª Turma, REsp 1.260.301/DF, Rel. Min. Nancy Andrighi, j. 14/08/2012. Ver, também: Enunciado 11 da Edição 37 da Jurisprudência em Teses do STJ; TJRS, 17ª Câmara Cível, AI 70048357602, Rel. Des. Liége Puricelli Pires, j. 24/05/2012.
[1802] TJRS, 6ª Câmara Cível, AI 70024857302, Rel. Des. Liége Puricelli Pires, j. 23/10/2008.
[1803] Ver: CALÇAS. Novação recuperacional...

RECUPERAÇÃO JUDICIAL. PARTE 3

que o processo continua tramitando em juízo, é decretada a falência do devedor e ocorre a reconstituição dos direitos e garantias dos credores nas condições originalmente contratadas (deduzidos os valores eventualmente já pagos, bem como ressalvados os atos validamente praticados no bojo da recuperação judicial); (*ii*) após o transcurso do referido prazo de dois anos, encerra-se a recuperação judicial e não mais ocorrerá a reconstituição dos direitos e garantias dos credores, nem ocorre a convolação da recuperação judicial em falência em caso de descumprimento de qualquer obrigação prevista no plano de recuperação judicial por parte do devedor[1804].

1.1.2. Extinção das execuções

Como a novação acarreta a extinção das relações jurídicas anteriores, as quais são substituídas por novas[1805], as execuções em curso contra a recuperanda que tenham por objeto dívidas novadas devem ser extintas[1806] – bem como outras demandas, como ações de cobrança[1807] –, com a desconstituição de eventual penhora nelas realizada[1808], em função da perda de seu objeto[1809]-[1810].

[1804] "Recuperação judicial. Concessão. Pedido de cancelamento dos protestos dos títulos sujeitos à recuperação judicial em face da novação operada. Indeferimento. Recurso. Novação que somente se tornará definitiva após o prazo de 2 (dois) anos, desde que cumpridas as obrigações do plano. Recurso não provido." (TJSP, Câmara Reservada à Falência e Recuperação, AI 480.487-4/8-00, Rel. Des. Boris Kauffmann, j. 30/05/2007).

[1805] STJ, 3ª Turma, REsp 1.260.301/DF, Rel. Min. Nancy Andrighi, j. 14/08/2012.

[1806] STJ, 4ª Turma, REsp 1.272.697/DF, Rel. Min. Luis Felipe Salomão, j. 02/06/2015; TJRS, 5ª Câmara Cível, AI 70033956897, Rel. Des. Jorge Luiz Lopes do Canto, j. 07/01/2010; TJRS, 6ª Câmara Cível, AI 70030169528, Rel. Des. Antônio Corrêa Palmeiro da Fonseca, j. 24/09/2009; TJSP, 38ª Câmara de Direito Privado, APC 0017294-51.2013.8.26.0506, Rel. Des. Marcos Gozzo, j. 31/05/2017; TJSP, 21ª Câmara de Direito Privado, APC 1016676-41.2015.8.26.0564, Rel. Des. Silveira Paulilo, j. 18/08/2017; TJMG, 16ª Câmara Cível, APC 1.0479.12.002620-4/001, Rel. Des. Wagner Wilson, j. 24/04/2014.

[1807] TJMG, 12ª Câmara Cível, APC 1.0334.09.016312-5/0001, Rel. Des. José Flávio de Almeida, j. 06/07/2011.

[1808] TJRS, 17ª Câmara Cível, AI 70024241028, Rel. Des. Bernadete Coutinho Friedrich, j. 16/12/2010.

[1809] Sendo que há precedentes que extinguem o feito, sem julgamento de mérito, por perda do interesse de agir (TJSP, 38ª Câmara de Direito Privado, APC 0017294-51.2013.8.26.0506, Rel. Des. Marcos Gozzo, j. 31/05/2017) ou pela perda de pressuposto para o desenvolvimento válido e regular da execução individual (TJMG, 16ª Câmara Cível, APC 1.0479.12.002620-4/001, Rel. Des. Wagner Wilson, j. 24/04/2014).

[1810] E, evidentemente, entendemos que se deve aplicar, aqui, as regras processuais sobre a distribuição das custas processuais e dos respectivos honorários sucumbenciais. Nesse contexto, o TJRJ, sob a égide do CPC de 1973, já decidiu que as custas processuais são calculadas pro rata e os honorários deveriam ser compensados: TJRJ, 8ª Câmara Cível, APC 0213024-94.2009.8.19.0001, Rel. Des. Norma Suely Fonseca Quintes, j. 08/08/2011. Por sua vez, há precedentes determinando que, diante da causa superveniente com a consequente novação da dívida não há vencedor ou vencido, pelo que descabida a fixação da verba honorária, sendo que as custas devem ficar a cargo do exequente (TJSP, 21ª Câmara de Direito Privado, APC 1016676-41.2015.8.26.0564, Rel. Des. Silveira Paulilo, j. 18/08/2017).

RECUPERAÇÃO DE EMPRESAS E FALÊNCIA

De qualquer sorte, existem precedentes judiciais que entendem pela suspensão da execução (ou outras demandas) até o encerramento da recuperação judicial[1811] (sendo que, em alguns casos, também se autoriza o desfazimento da penhora)[1812-1813].

A devedora pode postular a extinção (ou suspensão) do processo executivo (ou outra demanda) movida contra ela. Para tanto, precisa demonstrar que a dívida objeto da respectiva demanda foi abarcada pelo plano de recuperação judicial aprovado e homologado (e, se for o caso, do cumprimento do plano)[1814].

1.1.3. Baixa dos protestos e dos registros de proteção ao crédito

A jurisprudência já definiu que "uma vez homologado o plano de recuperação judicial, os órgãos competentes devem ser oficiados a providenciar a baixa dos protestos e a retirada, dos cadastros de inadimplentes, do nome da recuperanda e dos seus sócios, por débitos sujeitos ao referido plano, com a ressalva expressa de que essa providência será adotada sob a condição resolutiva de a devedora cumprir todas as obrigações previstas no acordo de recuperação"[1815].

[1811] Sustentando que a novação prevista na LREF não dá ensejo à extinção imediata da execução em face da empresa em recuperação, ver: "Agravo de instrumento. Preliminar de descumprimento do artigo 525, inciso I, do Código de Processo Civil [de 1973] rejeitada. Execução. Empresa em recuperação judicial. Exclusão da lide. Novação prevista na Lei de Falências que não dá ensejo à extinção imediata da execução. Decisão reformada. Recurso provido." (TJSP, 37ª Câmara de Direito Privado, AI, 2234922-30.2015.8.26.0000, Rel. Des. Pedro Kodama, j. 26/01/2016). No mesmo sentido, *v.g.*: TJSP, 11ª Câmara de Direito Privado, AI 0265631-24.2011.8.26.0000, Rel. Des. Walter Fonseca, j. 16/02/2012.

[1812] TJMT, 6ª Câmara Cível, AI 48134/2010, Rel. Des. Guiomar Teodoro Borges, j. 21/07/2010 ("A novação prevista no art. 59 da Lei nº 11.101/2005 não implica em extinção das ações. Deferimento da recuperação judicial que implica somente a suspensão das ações, conforme o disposto no art. 6º, c/c o art. 49, caput e art. 52, inciso III, todos da Lei nº 11.101/2005. Se o crédito está sujeito ao plano de recuperação judicial homologado, não há situação que justifique a manutenção da constrição sobre o caminhão, cujo bem mostra-se útil ao cumprimento do fim que se busca com o procedimento: o soerguimento da empresa recuperanda e a quitação dos débitos junto aos credores em igualdade de condições para a classe.").

[1813] Fazemos, aqui, nossas as palavras de LUIZ ROBERTO AYOUB e CÁSSIO CAVALLI: "Preferimos a corrente jurisprudencial que entende pela extinção das ações de execução cujos créditos foram extintos, por conta do fato de que os créditos novados (*a*) serão pagos na recuperação judicial, em conformidade com o plano; ou, (*b*) em caso de descumprimento do plano durante o período de cumprimento, haverá convolação da recuperação em falência, quando haverão de ser pagos os créditos; ou, (*c*) após o encerramento da recuperação judicial, os créditos novados e impagos poderão ser executados perante o juízo recuperacional, já que a decisão homologatória do plano constitui título executivo judicial (art. 59, §1º, da LRF), apto a aparelhar pedido de execução singular ou falimentar (art. 94, III, *g*, da LRF). Em nenhuma circunstância, portanto, vislumbra-se a possibilidade de o credor retomar a execução embasada no crédito extinto por novação." (AYOUB; CAVALLI. *A construção jurisprudencial...*, p. 299).

[1814] TJSP, 20ª Câmara de Direito Privado, APC 9226246-52.2007.8.26.0000, Rel. Des. Álvaro Torres Júnior, j. 19/03/2012; AYOUB; CAVALLI. *A construção jurisprudencial...*, p. 299.

[1815] STJ, 3ª Turma, REsp 1.260.301/DF, Rel. Min. Nancy Andrighi, j. 14/08/2012; TJRS, 6ª Câmara Cível, AI 70024857302, Rel. Des. Liége Puricelli Pires, j. 23/10/2008. Nesse sentido, ver, também: o Enunciado 3 da Edição 37 da Jurisprudência em Teses do STJ.

RECUPERAÇÃO JUDICIAL. PARTE 3

1.1.4. Coobrigados e garantidores das obrigações novadas

Muito embora o plano de recuperação judicial opere a novação das dívidas a ele submetidas, as garantias reais ou fidejussórias prestadas por terceiros em favor do devedor são preservadas: o credor mantém seus direitos e privilégios contra os coobrigados, fiadores e obrigados de regresso (LREF, art. 49, §1º).

Tal circunstância possibilita ao credor exercer (ou continuar exercendo) seus direitos contra os garantidores e impõe a manutenção das ações e execuções aforadas em face de fiadores, avalistas ou coobrigados em geral[1816]-[1817].

[1816] Na legislação falimentar vigente (Lei 11.101/05), no que diz respeito à recuperação judicial, o art. 59, *caput*, dispõe que o plano de recuperação judicial ocasiona novação dos créditos anteriores ao pedido. Apesar disso, o próprio art. 59, *caput*, determina que a novação não prejudica as garantias, enquanto que o art. 49, §1º, deixa expresso que, caso o avalizado esteja em recuperação judicial, é possível executar o avalista – sendo que o art. 6º (nos termos como especificado em seu §4º) determina a suspensão da prescrição e de todas as ações e execuções em face do devedor, inclusive aquelas dos credores particulares do sócio solidário (*i.e.*, sócio de responsabilidade ilimitada), e não do devedor solidário (ainda que sócio). Assim, a suspensão das execuções contra o devedor em recuperação judicial (art. 6º, §4º) e a novação do crédito (art. 59, *caput*) não suspendem e nem alteram a obrigação do coobrigado: a execução, ajuizada anterior ou posteriormente à distribuição, ao deferimento do processamento ou à concessão da recuperação judicial do avalizado terá trâmite normal e se dará nas mesmas condições originalmente pactuadas: correção monetária, juros, etc. "Vale dizer, a recuperação judicial não afetará a posição do credor da empresa devedora relativamente aos seus coobrigados." (AYOUB; CAVALLI. *A construção jurisprudencial...*, p. 65). A doutrina assim entende de modo quase que unânime (PACHECO. *Processo de recuperação judicial, extrajudicial e falência...*, p. 148-149; VIGIL NETO. *Teoria falimentar e regimes recuperatórios...*, p. 154; AYOUB; CAVALLI. *A construção jurisprudencial...*, p. 65 ss; CALÇAS. Novação recuperacional..., p. 120 ss; BEZERRA FILHO. A responsabilidade do garantidor na recuperação judicial do garantido..., p. 131-132; BEZERRA FILHO. *Lei de Recuperação de Empresas e Falências...*, p. 126, 158; FRANCO; SZTAJN. *Falência e recuperação de empresa em crise...*, p. 236, 247; sobre a distinção entre os regimes jurídicos do aval e da fiança na recuperação judicial, com reflexos sobre o direito de regresso do garantidor em face do devedor, ver: SATIRO. Credor *versus* fiador na recuperação judicial...), bem como a jurisprudência se consolidou nesse sentido (AYOUB; CAVALLI. *A construção jurisprudencial...*, p. 67; CALÇAS, Novação recuperacional..., p. 122-123; BEZERRA FILHO. A responsabilidade do garantidor na recuperação judicial do garantido..., p. 132-133; Súmula 581 do STJ; Enunciado 10 da Edição 37 da Jurisprudência em Teses do STJ; STJ, 2ª Seção, REsp 1.333.349/SP (Recurso Repetitivo), Rel. Min. Luis Felipe Salomão, j. 26/11/2014; STJ, 3ª Turma, AgRg no REsp 1.459.589/MG, Rel. Min. Marco Aurélio Bellizze, j. 25/11/2014; STJ, 3ª Turma, AgRg no REsp 1.334.284/MT, Rel. Min. Paulo de Tarso Sanseverino, j. 02/09/2014; STJ, 4ª Turma, REsp 1.326.888/RS, Rel. Min. Luis Felipe Salomão, j. 08/04/2014; STJ, 3ª Turma, AgRg nos EDcl no REsp 1.280.036/SP, j. 20/08/2013; STJ, 4ª Turma, REsp 1.269.703/MG, Rel. Min. Luis Felipe Salomão, j. 13/11/2012; STJ, 2ª Seção, EAg 1.179.654/SP, Rel. Min. Sidnei Beneti, j. 28/03/2012; TJRJ, 15ª Câmara Cível, AI 0008897-66.2010.8.19.000, Rel. Des. Ricardo Rodrigues Cardozo, j. 08/06/2010; TJSP, 15ª Câmara de Direito Privado, AI 2178342-14.2014.8.26.0000, Rel. Des. Castro Figliolia, j. 13/01/2015; TJSP, 19ª Câmara de Direito Privado, APC 0003174-45.2012.8.26.0568, Rel. Des. Mario de Oliveira, j. 15/12/2014; TJSP, 13ª Câmara de Direito Privado, AI 2173406-43.2014.8.26.0000, Rel. Des. Francisco Giaquinto, j. 10/12/2014; TJSP, 21ª Câmara de Direito Privado, AI 20206100420138260000, Rel. Des. Itamar Gaino, j. 25/11/2013; TJMG, 15ª Câmara Cível, AI 1.0283.12.002382-7/001, Rel. Des. Paulo Mendes Álvares, j. 27/11/2014; TJMG, 16ª Câmara Cível, APC 1.0153.09.092145-0/002, Rel. Des. José Marcos Vieira, j. 21/08/2014; TJMG, 16ª Câmara Cível, APC 1.0153.09.092145-0/002, Rel. Des. José Marcos Vieira, j.

Mas se, por um lado, a recuperação judicial não aproveita aos coobrigados, fiadores e obrigados de regresso, por outro lado, a recuperação não prejudica a posição dos coobrigados com a empresa devedora. Assim, o credor somente poderá cobrar o avalista, por exemplo, após o vencimento, respeitadas todas as exigências legais (no caso, de Direito Cambiário) e pelo valor original da obrigação – e não pelo valor decorrente de eventual aumento de sua obrigação nos termos como previsto no plano de recuperação[1818].

É importante ressaltar que quando da recuperação judicial do devedor, e apesar da existência de coobrigados, fiadores e obrigados de regresso, também o credor restará sujeito aos respectivos processos, devendo, então, habilitar seu crédito na respectiva recuperação judicial.

Ainda, os coobrigados, fiadores e obrigados de regresso somente podem ser cobrados/executados se, logicamente, preenchidos todos os requisitos impostos pela legislação – e, como regra, não ocorre o vencimento antecipado do débito

---

21/08/2014; TJMG, 11ª Câmara Cível, AI 10035110118789001, Rel. Des. Mariza Porto, j. 19/03/2014; TJRS, 6ª Câmara Cível, AI 70062827746, Rel. Des. Ney Wiedemann Neto, j. 11/12/2014; TJRS, 18ª Câmara Cível, APC 70060755592, Rel. Des. Heleno Tregnago Saraiva, j. 18/09/2014; TJRS, 24ª Câmara Cível, AI 70060197233, Rel. Des. Fernando Flores Cabral Junior, j. 27/08/2014).

[1817] Apesar de o STJ já ter, inclusive, se posicionado nessa direção por meio do mecanismo do recurso repetitivo, não se pode desconsiderar a relevância dos argumentos sustentados pela tese oposta, segundo a qual diante da novação da obrigação existente contra a recuperanda, eventuais execuções ajuizadas contra coobrigados e garantidores deveriam ser suspensas ou mesmo extintas, para apenas prosseguir em caso de descumprimento do plano de recuperação e convolação em falência (TJSP, 14ª Câmara de Direito Privado, AI 0094388-41.2013.8.26.0000, Rel. Des. Lígia Araújo Bisogni, j. 11/09/2013; e TJRS, 7ª Câmara Cível, AI 70048357602, Rel. Des. Liége Puricelli Pires, j. 24/05/2012; TJRS, 17ª Câmara Cível, APC 70052412350, Rel. Des. Liége Puricelli Pires, j. 21/03/2013). Explica-se: se por um lado é possível argumentar que as garantias cumprem justamente a função de garantir o credor em face do inadimplemento do devedor, por outro não se pode falar em inadimplemento, pois a obrigação original foi extinta (STJ, 3ª Turma, REsp 1.260.301/DF, Rel. Min. Nancy Andrighi, j. 14/08/2012). E como adveio nova obrigação em função da "novação recuperacional", não seria possível admitir que o garantidor tenha se obrigado além do montante que se obrigou o devedor principal (TJSP, 14ª Câmara de Direito Privado, AI 0094388-41.2013.8.26.0000, Rel. Des. Lígia Araújo Bisogni, j. 11/09/2013; TJRS, 17ª Câmara Cível, APC 70052412350, Rel. Des. Liége Puricelli Pires, j. 21/03/2013). Adicionalmente, poder-se-ia argumentar que o posicionamento que hoje prevalece poderia arruinar o próprio instituto da recuperação judicial, pois uma vez pago crédito garantido pelo coobrigado ou pelo garantidor, exsurgiria para esse direito de regresso contra a recuperanda, anulando todo o benefício alcançado com a aprovação do plano (abatimentos, entre outros). Haveria simples postergação do pagamento (TJSP, 14ª Câmara de Direito Privado, AI 0094388-41.2013.8.26.0000, Rel. Des. Lígia Araújo Bisogni, j. 11/09/2013). O efeito final seria o enfraquecimento da própria recuperação judicial como opção efetiva para saneamento da crise empresarial, soçobrando todo o sistema. Portanto, por uma questão de interpretação lógico-sistêmica da LREF, a única opção que contempla o princípio da preservação da empresa seria aquela que estende os efeitos da novação aos coobrigados e garantidores (TJRS, 7ª Câmara Cível, AI 70048357602, Rel. Des. Liége Puricelli Pires, j. 24/05/2012).

[1818] AYOUB; CAVALLI. *A construção jurisprudencial...*, p. 66-67.

RECUPERAÇÃO JUDICIAL. PARTE 3

(sobre o tema, ver item 5.19 do Capítulo 22). Uma vez pagando o débito, a regra é que tendem a se sub-rogar, respeitados os respectivos regimes de responsabilidade, recebendo, então, nos termos do plano de recuperação judicial, do devedor[1819].

Caso o credor receba do devedor percentagem do pagamento nos termos como previsto do plano e ainda não tenha sido pago, por exemplo, pelo avalista, é evidente que, respeitadas as normas de Direito Cambiário, somente poderá cobrar deste a diferença até que se atinja o pagamento integral[1820]. Por sua vez, caso o devedor em recuperação judicial pague a integralidade do débito, nada o credor poderá cobrar do avalista – sendo que, se estiver, por exemplo, executando o avalista, a ação de execução deverá ser extinta.

1.2. Formação de título executivo judicial

De acordo com o art. 59, §1º, a decisão judicial que conceder a recuperação judicial constituirá título executivo judicial em favor daqueles credores cujos créditos foram novados.

Ensina a doutrina processual que os títulos judiciais, porque produzidos em juízo (e, portanto, precedidos das providências inerentes ao devido processo legal), ostentam maior probabilidade de certeza acerca do direito afirmado (*v.g.*,

---

[1819] Nesse sentido, por exemplo, se o avalista pagar o título, adquire os direitos emergentes da cártula, bastando, "para exercer contra os obrigados anteriores os direitos cambiais que adquire pelo pagamento do título, a posse deste, e do protesto, se a ação se dirige contra obrigados de regresso" (BORGES. *Do aval...*, p. 176). Nesse sentido, caso o credor receba do avalista qualquer quantia, não pode ele postular receber o mesmo valor no bojo da recuperação judicial (ou extrajudicial) ou da falência, o que configuraria ilícito; por isso, entende-se que tem o dever de informar qualquer pagamento realizado pelo avalista (TJRS, 5ª Câmara Cível, APC 70002636900, Rel. Des. Sérgio Pilla da Silva, j. 09/08/2001). E a aquisição de tais direitos se dá por sub-rogação, como expressamente prevê o art. 32, alínea 3ª, da Lei Uniforme de Genebra.. Possui, então, o avalista que paga o título ação cambial contra o avalizado e, se existirem, outros obrigados anteriores. Caso o avalizado (ou outros obrigados anteriores) esteja em recuperação judicial (ou extrajudicial), o avalista receberá, então, nos termos previstos no plano de recuperação. Caso o credor originário (legítimo possuidor do título) tenha se habilitado ou apresentado divergência na recuperação judicial, sub-roga-se o avalista em sua posição. Todavia, caso o credor originário não tenha realizado a habilitação ou apresentado divergência de seu crédito tempestivamente (e caso não tenha o avalista, por exemplo, feito habilitação ou apresentado divergência de modo retardatário, em aplicação analógica do art. 128 da LREF), será necessário que o avalista assim proceda (mesmo que sua habilitação seja retardatária, nos termos do art. 10 da Lei 11.101/05) (ver: AYOUB; CAVALLI. *a construção jurisprudencial...*, p. 71-72; VALVERDE, Trajano de Miranda. *Comentários à Lei de Falências*, v. II. Rio de Janeiro: Forense, 1948, p. 247; ver, tratando de caso de fiança: TJSP, Câmara Especial de Falências e Recuperações Judiciais de Direito Privado, AI 429.540-4/7-00, Rel. Des. Pereira Calças, j. 19/04/2006). Em sentido contrário, afirmando que o direito de regresso do garantidor é relativo à integralidade do débito pago, ver: BEZERRA FILHO. A responsabilidade do garantidor na recuperação judicial do garantido..., p. 131; PACHECO. *Processo de recuperação judicial, extrajudicial e falência...*, p. 149-150.

[1820] Nesse sentido: STJ, 3ª Turma, REsp 110.859/MG, Rel. Min. Waldemar Zveiter, j. 19/02/1998. Ver, também: STF, 2ª Turma, RE 95.155/RJ, Rel. Min. Djaci Falcão, j. 25/06/1982.

sentença civil condenatória) do que os títulos extrajudiciais em geral (*v.g.*, contrato assinado por duas testemunhas) – os quais residem em negócios realizados entre as partes e, por isso, estão sempre expostos a vícios (nulidades, vícios de consentimento, entre outros)[1821].

Em virtude disso, somente os primeiros podem estar protegidos pela autoridade da coisa julgada, sendo menor a amplitude das defesas possíveis fundadas em títulos judiciais quando comparadas às fundadas em títulos extrajudiciais[1822].

1.3. Alienação de estabelecimento e outros ativos livres de dívidas

Estabelecimento é o complexo unitário de bens que servem à atividade empresarial[1823]. No ordenamento jurídico brasileiro, em uma operação de alienação de estabelecimento (trespasse), o risco de o adquirente ser considerado sucessor do alienante relativamente aos débitos gerados antes da venda deste é considerável, em especial pelas dívidas trabalhistas (CLT, arts. 10 e 448)[1824] e tributárias (CTN, art. 133)[1825]

[1821] DINAMARCO, Cândido Rangel. *Instituições de direito processual civil*, v. IV. 3 ed. São Paulo: Malheiros, 2009, p. 242.

[1822] DINAMARCO. *Instituições de direito processual civil*, v. IV..., p. 238.

[1823] BARRETO FILHO. *Teoria do estabelecimento comercial*..., p. 208. Sobre estabelecimento, ver, ainda: TOKARS. *Estabelecimento empresarial*...; e FÉRES. *Estabelecimento empresarial*... Ver, ainda, o artigo: CAVALLI. Apontamentos sobre a teoria do estabelecimento empresarial no direito brasileiro...

[1824] Pelas dívidas trabalhistas, o adquirente é considerado sucessor do alienante (CLT, art. 448), e, por isso, responde solidariamente com ele. Pactos privados dispondo em contrário não possuem eficácia relativamente ao trabalhador. A propósito, a prática evidencia ser muito comum que os envolvidos em negócios dessa natureza firmem um pacto privado prevendo, entre outras questões, que apenas o alienante responderá pelas dívidas anteriores à venda. Em tais situações, entende-se que, apesar de juridicamente válido entre as partes, o contrato não será oponível, ou melhor, não terá eficácia perante terceiros, mantendo a responsabilidade solidária dos participantes do negócio.

[1825] No caso das dívidas tributárias, o adquirente também é considerado sucessor (CTN, art. 133), mas há que se observar o seguinte regime: (*i*) *se o alienante continua na exploração da atividade* (ou dentro de seis meses inicia outra, prazo esse contado da data da alienação), o adquirente responde subsidiariamente em relação a este (CTN, art. 133, II); (*ii*) *se o alienante cessa a exploração da atividade*, o adquirente responde integralmente – leia-se solidariamente – pela dívida (CTN, art. 133, I). Também nesse caso não terão eficácia perante terceiros os pactos privados em sentido diverso, na linha do art. 123 do CTN ("Art. 123. Salvo disposições de lei em contrário, as convenções particulares, relativas à responsabilidade pelo pagamento de tributos, não podem ser opostas à Fazenda Pública, para modificar a definição legal do sujeito passivo das obrigações tributárias correspondentes"). Sobre a responsabilidade tributária do adquirente de fundo de comércio ou estabelecimento empresarial, industrial ou fabril com relação às dívidas do alienante, ver, por exemplo: STJ, 2ª Turma, AgRg no AREsp 135.361/RJ, Rel. Min. Mauro Campbell Marques, j. 17/05/2012; STJ, 2ª Turma, AgRg no AREsp 98.823/MG, Rel. Min. Herman Benjamin, j. 19/04/2012; STJ, 1ª Seção, REsp 923.012/MG, Rel. Min. Luis Fux, j. 09/06/10; STJ, 1ª Turma, REsp 1.085.071/SP, Rel. Min. Benedito Gonçalves, j. 21/05/2009; STJ, 2ª Turma, REsp 959.389/RS, Rel. Min. Castro Meira, j. 07/05/2009; STJ, 2ª Turma, AgRg no REsp 1.056.302/SC, Rel. Min. Mauro Campbell Marques, j. 23/04/2009; STJ, 2ª Turma, REsp 330.683, Rel. Min. Paulo Medida, j. 19/02/2002; STJ, 1ª Turma, REsp 3.6540-6/MG, Rel. Min. Garcia Vieira, j. 08/09/1993; STJ, 1ª Turma, REsp 3.097/RS, Rel. Min. Garcia Vieira, j. 24/10/1990.

RECUPERAÇÃO JUDICIAL. PARTE 3

– e também pelas de natureza civil (CC, arts. 1.145 e 1.146)[1826]. Isso porque estas obrigações praticamente aderem ao estabelecimento[1827].

No contexto da recuperação judicial, o ambiente normativo é distinto[1828]: o legislador teve um cuidado todo especial em isolar os estabelecimentos empresariais das dívidas que normalmente os gravam, para que possam ser objeto de transações vantajosas para todas as partes envolvidas[1829].

A razão para o tratamento diferenciado é evidente: se o legislador não tivesse se preocupado em proteger esse tipo de operação, os negócios na seara concursal

---

[1826] Quanto às dívidas civis, o art. 1.145 do Código Civil estabelece que, se ao alienante não restarem bens suficientes para solver o seu passivo, a eficácia da alienação do estabelecimento depende do pagamento de todos os credores, ou do consentimento destes, de modo expresso ou tácito, em trinta dias a partir de sua notificação. Já o art. 1.146 do CC dispõe que: "O adquirente do estabelecimento responde pelo pagamento dos débitos anteriores à transferência, desde que regularmente contabilizados, continuando o devedor primitivo solidariamente obrigado pelo prazo de um ano, a partir, quanto aos créditos vencidos, da publicação, e, quanto aos outros, da data do vencimento."

[1827] "(...) diante do disposto nos arts. 10 e 448 da Consolidação das Leis do Trabalho, e do art. 133 do Código tributário Nacional, tendo-se em conta a amplitude com que tais dispositivos são interpretados no Judiciário, as dívidas fiscais e tributárias aderem ao estabelecimento, e fazem isso com tamanha intensidade que é possível identificar-se, nesses casos, um acessoriedade legal. Aonde quer que o estabelecimento vá, essas dívidas, em regra, o acompanham. Entendeu-se assim, que essa sucessão *ex vi legis* serviria para proteger os credores de dívidas que 'tinham sua razão de ser na exploração dos bens componentes do estabelecimento." (TOLEDO, Paulo Fernando Campos Salles de; POPPA, Bruno. UPI e estabelecimento: uma visão crítica. In: TOLEDO, Paulo Fernando Campos Salles de; SATIRO, Francisco (coord.). *Direito das empresas em crise:* problemas e soluções. São Paulo: Quartier Latin, 2012, p. 272).

[1828] Embora semelhantes em diversos aspectos, as regras de ausência de sucessão na falência e na recuperação judicial têm fundamentos jurídicos distintos. O principal deles diz respeito à abrangência e à extensão dos efeitos de cada regime com relação aos credores participantes. Como destaca FRANCISCO SATIRO: "Na recuperação judicial existirão credores não submetidos cujos interesses estão preservados pela estrutura dos institutos e pela regular continuação dos negócios da recuperanda. Este é o caso das Fazendas Nacional, Estadual e Municipal e dos credores de créditos posteriores ao pedido. Apesar de terem seus créditos privilegiados na falência (arts. 83, III e 84, V, respectivamente) não participam da recuperação judicial. Isso não representa um prejuízo porque o objetivo principal da recuperação judicial não é a liquidação dos ativos, mas, sim, a reorganização societária. A venda de ativo na recuperação judicial deve servir à consecução dos objetivos de garantia da continuidade empresarial, mas sempre sem prejuízo dos credores não submetidos. Aos credores não submetidos, nesse caso, resta a perspectiva de que a geração de receitas e a manutenção de bens de produção pela recuperanda após a venda das filiais ou UPIs serão suficientes para oferecer-lhes uma contrapartida à diminuição do patrimônio do devedor em benefício de credores que muitas vezes sequer possuem privilégio concursal. (...). Não se pode esquecer que na liquidação (falência), o princípio que vige é o da *par conditio creditorum* (...). Todos os credores concorrem ao resultado da liquidação do ativo em igualdade de condições, resguardada a ordem de privilégios do art. 83 (como mencionado no art. 141, I), que, como regra cogente, só é excepcionada em dispositivos legais como os arts. 84, 86, 151 e 152. (...)." (SOUZA JUNIOR. Sociedade em recuperação judicial – Assembleia geral de credores..., p. 213-214).

[1829] Sobre o tema, ver: BECUE, Sabrina Maria Fadel. *A alienação de estabelecimento, como meio de recuperação judicial, e a inexistência de sucessão empresarial do adquirente* (Art. 60, PRF). Dissertação (Mestrado em Direito). Faculdade de Direito da Universidade de São Paulo, São Paulo, 2013.

RECUPERAÇÃO DE EMPRESAS E FALÊNCIA

simplesmente não ocorreriam, face ao risco inerente à aquisição de ativos "contaminados" por dívidas pregressas do alienante[1830].

O risco da operação seria desproporcional, inviabilizando-a – e haveria um imbróglio de difícil solução, já que alguns dos principais meios de recuperação judicial (previstos, inclusive, no rol exemplificativo do art. 50 da LREF) simplesmente não seriam alternativas viáveis para o saneamento do devedor e a satisfação dos seus credores[1831].

Ao fim e ao cabo, se não houvesse a referida proteção (que representa, na verdade, verdadeiro incentivo), o próprio regime recuperatório estaria fadado ao fracasso, haja vista que o sucesso de grande parte das recuperações judiciais está diretamente atrelado à possibilidade de obtenção de novos recursos através da alienação de ativos do devedor, inclusive de estabelecimentos inteiros[1832].

Ciente dessa realidade, o legislador buscou garantir a eficiência do sistema recuperatório, projetando a regra prevista no parágrafo único do art. 60[1833]-[1834],

---

[1830] TOLEDO, Paulo Fernando Campos Salles de. Recuperação judicial. Alienação de unidade produtiva isolada. *Revista de Direito Mercantil, Industrial, Econômico e Financeiro*, São Paulo, a. LII, n. 164/165, p. 199-211, 2013, p. 205.

[1831] No mesmo sentido: MUNHOZ. Financiamento e investimento na recuperação judicial..., p. 279.

[1832] "(...) o estabelecimento é o meio, e a empresa, o fim. Se a quebra de confiança com o empresário que esteve à testa dos negócios quando da instauração da crise econômico-financeira for ao ponto de inviabilizar a continuidade da empresa, a cessão dessa base instrumental a um terceiro, um novo empresário, pode ser uma solução adequada para manutenção da atividade empresarial, pois ele poderá desenvolvê-la sem o estigma que acompanhava o antigo titular do estabelecimento – e às vezes, isso pode bastar para dar um sopro de vida ao negócio. Além disso, um novo empresário pode promover uma gestão mais eficiente que a antiga, ter interesses econômicos (como, por exemplo, sinergia com outros negócios, ganhos de escala ou outras questões estratégicas) que gerem um retorno superior ao que seria atingido nas mãos do empresário original, ou, simplesmente, ter a capacidade de injetar recursos necessários a reestruturação da operação – coisa que o antigo, geralmente, já perdeu." (TOLEDO; POPPA. UPI e estabelecimento: uma visão crítica..., p. 273).

[1833] Sabe-se que a Lei Complementar 118/2005, que alterou a redação do art. 133 do Código Tributário Nacional, expressamente exclui a sucessão tributária na hipótese de alienação judicial de filial ou unidade produtiva isolada em processo de recuperação judicial ou falência (art. 133, §1º, II). Vale, nesse sentido, um esclarecimento relevante: não se pode perder de vista que a estrutura da recuperação judicial desenhada pelo legislador ancorou-se no art. 57 da LREF, cujo teor exige a regularidade fiscal do devedor como pressuposto para a concessão do regime. Em outras palavras, quando da aprovação do plano, o devedor já deveria estar em situação de absoluta regularidade perante o fisco. Ocorre que, tanto a previsão do art. 57 da LREF quanto a do art. 185 do CTN ("Presume-se fraudulenta a alienação ou oneração de bens ou rendas, ou seu começo, por sujeito passivo em débito para com a Fazenda Pública, por crédito tributário regularmente inscrito como dívida ativa") têm sido relativizadas pela jurisprudência, em especial em razão inércia do Poder Legislativo em editar lei adequada sobre o parcelamento das dívidas tributárias para empresas em recuperação. Lembre-se, nesse sentido, do disposto no Capítulo 11, item 7.2. Para aprofundamento sobre o tema, ver percucientes comentários de: MUNHOZ. Seção IV: Do procedimento de recuperação judicial..., p. 300-302; e TOLEDO; POPPA. UPI e estabelecimento: uma visão crítica..., p. 285-287.

[1834] Cumpre registrar que o §3º do art. 133 do CTN, com as alterações postas pela Lei Complementar n. 118/2005 estabeleceu que, nos processos falimentares, o produto da alienação judicial de empresa, filial

RECUPERAÇÃO JUDICIAL. PARTE 3

criando um ambiente mais previsível para o processo de alienação de ativos e trespasse de estabelecimento (ou de Unidade Produtiva Isolada, nos termos da LREF)[1835] no âmbito da recuperação judicial (e também da falência), já que, em geral, as regras de sucessão acima referidas não se aplicam[1836].

Assim, aquele que adquire estabelecimento na execução de um plano de recuperação judicial, desde que observadas as condicionantes legais, não respon-

---

ou unidade produtiva isolada permanecerá em conta de depósito à disposição do juízo de falência pelo prazo de 1 (um) ano, contado da data de alienação, somente podendo ser utilizado para o pagamento de créditos extraconcursais ou de créditos que preferem ao tributário. Inexiste regra expressa no mesmo sentido para a recuperação judicial, de modo que o produto resultante das alienações realizadas no âmbito do processo recuperatório poderá ser levantado e livremente utilizado para o pagamento dos credores, segundo a ordem estabelecida no plano de recuperação judicial. Ver: MUNHOZ. Seção IV: Do procedimento de recuperação judicial..., p. 300.

[1835] O art. 60 não faz menção à expressão "estabelecimento". Ao invés disso, utiliza os termos "filial" e "unidades produtivas isoladas". Nesse caso, parece que "o legislador não adotou a melhor técnica, na medida em que as referidas expressões não possuem um significado jurídico próprio; melhor seria o emprego da expressão *estabelecimento*, cujo conceito foi amplamente desenvolvido pela doutrina, encontrando-se positivado no art. 1142 do CC/02." (MUNHOZ. Seção IV: Do procedimento de recuperação judicial..., p. 297; no mesmo sentido: TOLEDO; POPPA. UPI e estabelecimento: uma visão crítica..., p. 277). "Filial" é a forma como se costuma designar um estabelecimento secundário do empresário, portanto não há maiores problemas para aproximá-la do conceito de estabelecimento. No caso da UPI, parece que esse processo de concretização requer o uso da analogia, como técnica de complementação (GOMES, Orlando. *Introdução do direito civil*. 20 ed. atual. por Humberto Theodoro Júnior. Rio de Janeiro: Forense, 2010, p. 38). Deve-se, nesse sentido, também aproximar a expressão "UPI" do conceito de "estabelecimento empresarial", construído pelos doutrinadores pátrios, incorporado ao ordenamento pelo art. 1.142 do Código Civil (nesse mesmo sentido: MUNHOZ. Seção IV: Do procedimento de recuperação judicial..., p. 298-299; TOLEDO; POPPA. UPI e estabelecimento: uma visão crítica..., p. 277; LOBO, Jorge. Seção IV: Do procedimento de recuperação judicial. In: TOLEDO, Paulo Fernando Campos Salles de; ABRÃO, Carlos Henrique (coord.). *Comentários à Lei de Recuperação de Empresas e Falência*. 4 ed. rev. e atual. São Paulo: Saraiva, 2010, p. 236-237). Além disso, pode-se interpretar que, no caso da UPI, o processo de afetação dos bens utilizados à atividade econômica explorada adquire ares mais flexíveis e variáveis conforme o caso, ajustando-se à necessidade da recuperanda. Acredita-se que o devedor possui liberdade para agregar e desagregar bens sociais com o intuito de formar novas células isoladas que poderão ser, segundo previsão do plano de recuperação judicial, alienadas a terceiros com o objetivo de arrecadar recursos para a recuperação da sociedade, sem risco de sucessão. Assim, a formação e posterior alienação de UPIs, como medidas recuperatórias previstas em plano de recuperação judicial, devidamente aprovado pelos credores, serão isentas de responsabilidade sucessória, mesmo que o complexo de bens tenha sido reunido, organizado e afetado pelo devedor de forma patrimonial e economicamente distinta daquela anteriormente utilizada. Defende-se, portanto, que a segregação do estabelecimento empresarial originário em complexos de bens diversos é possível e estes se enquadram perfeitamente no conceito indeterminado de UPI.

[1836] "Trata-se do tardio reconhecimento pela lei brasileira da distinção entre empresa e empresário; os ônus e obrigações assumidos por este ao longo do exercício da atividade empresarial devem permanecer sob a sua responsabilidade, não sendo de se admitir que sucessão destes comprometa a continuidade da empresa sob o comando de terceiro." (MUNHOZ. Seção IV: Do procedimento de recuperação judicial..., p. 298).

derá pelos débitos anteriores (regra que vale tanto para os débitos cíveis, quanto para os trabalhistas e tributários, entre outros – inclusive os decorrentes da Lei Anticorrupção[1837]), com o objetivo de tornar possível a continuação da empresa em outras mãos, e também estimular que novos recursos sejam aportados para viabilizar o pagamento das obrigações do devedor[1838]. O mesmo vale, em nosso entender, para outros ativos da empresa em recuperação[1839-1840].

Finalmente, é relevante pontuar que o STJ já se manifestou no sentido de que o arrendamento também se enquadra na regra do art. 60 da LREF (apesar de este dispositivo legal somente fazer referência à alienação), sob pena de, caso assim não se entenda, restar esvaziada a regra[1841].

1.3.1. Coerência da regra

No âmbito da recuperação judicial, especialmente no que se refere à proteção dos credores, entende-se que a estrutura da LREF é coerente, já que o meio de recuperação a ser utilizado pelo devedor terá sido aprovado pela assembleia, cumprindo, ainda que por via reflexa, com a exigência do art. 1.145 do Código Civil.

Da mesma maneira, não se poderá arguir que o negócio constitui ato de falência (LREF, art. 94, III, "c") ou que deve ser declarado ineficaz perante a massa (LREF, art. 129, IV), na medida em que o art. 131 da LREF estabelece proteção aos atos praticados na seara recuperatória[1842].

[1837] BORGES FILHO, Daltro de Campos; LEVY, Daniel de Andrade. A sucessão das dívidas resultantes da Lei Anticorrupção (Lei nº 12.846/2013) na recuperação judicial. *Revista do Advogado – Direito das Empresas em Crise*, a. XXXVI, n. 131, p. 42-54, out. 2016.

[1838] Veja-se o Enunciado 47 da 1ª Jornada de Direito Comercial, promovida pelo Conselho da Justiça Federal no ano de 2012: "Nas alienações realizadas nos termos do art. 60 da Lei n. 11.101/2005, não há sucessão do adquirente nas dívidas do devedor, inclusive nas de natureza tributária, trabalhista e decorrentes de acidentes de trabalho".

[1839] TRT9, 1ª Turma, RO 29570-2010-084-09-00-6, Rel. Des. Ubirajara Carlos Mendes, j. 08/11/2011 (assim decidindo: "A empresa que compra os ativos de outra em recuperação judicial fica livre de qualquer ônus, sem que se caracterize como sucessora das obrigações do devedor").

[1840] Isso sem contar que a alienação de bens no bojo da recuperação judicial e prevista no plano de recuperação judicial, tendo sido realizada de forma legal (ainda que de acordo com as formas alternativas de alienação, nos termos do art. 144 da LREF, e não de acordo com as modalidades de alienação previstas no art. 142), sem indícios de má-fé e com autorização do juízo competente, não é hábil a caracterizar fraude à execução, ainda que o processo executivo seja movido por credores não sujeitos à recuperação judicial (credor de adiantamentos sobre contratos de câmbio, no caso), ou seja: mesmo que o credor não esteja sujeito à recuperação judicial, ele não resta imune ao que se passa neste processo (STJ, 3ª Turma, 1.440.783/SP, Rel. Min. Moura Ribeiro, j. 14/06/2016). Ver, também: TRF3, 4ª Turma, AI 0026018-19.2012.4.03.0000, Rel. Des. Alda Basto, j. 26/07/2013; TJMT, 6ª Câmara Cível, AI 91095/2009, Rel. Des. Guiomar Teodoro Borges, j. 12/01/2009.

[1841] STJ, 2ª Seção, CC 118.183/MG, Rel. Min. Nancy Andrigui, j. 09/11/2011.

[1842] TOLEDO; POPPA. UPI e estabelecimento: uma visão crítica..., p. 288.

RECUPERAÇÃO JUDICIAL. PARTE 3

Finalmente, a sistemática da alienação de estabelecimentos em contexto de recuperação judicial permite a transferência de filiais ou unidades produtivas do devedor para um novo empresário, preservando a atividade, e, ainda, obtendo-se, dessa forma, recursos que podem ser utilizados para pagamento das obrigações do devedor, inclusive as trabalhistas e tributárias[1843]-[1844].

1.3.2. Requisitos

Conforme dispõe o art. 60, três são os requisitos fundamentais para que, na alienação de estabelecimentos empresariais do devedor, estes estejam livres de ônus: (*i*) a alienação deve constar do plano de recuperação aprovado pelos credores (e devidamente homologado em juízo); (*ii*) a alienação deve se dar por uma das modalidades previstas no art. 142 (I – leilão, por lances orais; II – propostas fechadas; III – pregão[1845]; (*iii*) o arrematante não pode ser uma das pessoas indicadas no §1º do art. 141[1846].

[1843] MUNHOZ. Seção IV: Do procedimento de recuperação judicial..., p. 298.

[1844] Embora não possa ser interpretada de forma absoluta (especialmente sem considerar as circunstâncias e peculiaridades do caso concreto), é relevante a observação de FRANCISCO SATIRO, em parecer sobre o tema: "Se a recuperação tiver como objetivo a venda dos ativos relevantes da empresa para pagamento dos credores submetidos, será sob esse ponto similar a uma liquidação. Ora, nenhuma regra válida de hermenêutica possibilitaria a interpretação de dispositivos aplicáveis à recuperação judicial que permitissem uma liquidação completa sem o respeito à ordem cogente de privilégios da falência. Mais grave ainda: ao se entender livre a possibilidade de realização dos ativos relevantes do devedor na recuperação judicial se estará alijando os credores extraconcursais (justamente os privilegiados) do processo decisório acerca do bem que, em última análise, seria a garantia da sua prioridade. Em outras palavras: a AGC, formada somente por alguns credores concursais, teria autonomia para alijar os credores privilegiados (como, por exemplo, os relacionados no art. 84) do processo de decisão sobre o destino dos bens que lhes asseguram o privilégio. Há, nesse caso, disposição sobre direitos de terceiros em interesse próprio. Não é a toa que a Lei 11.101/05, ao tratar de recuperação judicial, não se refere à 'alienação da empresa', como o faz na disposição do art. 140 quanto à falência, mas a venda de filiais e UPIs (art. 60)." (SOUZA JUNIOR. Sociedade em recuperação judicial – Assembleia geral de credores..., p. 214). A rigor, a preocupação em manter a atividade empresarial da sociedade em recuperação após a venda de ativos, filiais ou UPIs (isto é, por meio da utilização dos bens remanescentes no seu patrimônio) constitui um dos cernes do regime recuperatório, como bem destaca PAULO FERNANDO CAMPOS SALLES DE TOLEDO, em parecer sobre o tema: "Cumpre, ainda, notar que a alienação do estabelecimento, no caso *sub judice*, não deixou de levar em conta uma recomendação fundamental: a de que a recuperanda deveria permanecer com ativos suficientes para manter-se em atuação. Não fora esse cuidado, e a recuperação não atingiria o objetivo visado pelo legislador e claramente exposto no dispositivo nuclear da Lei 11.101/05, o art. 47. Além disso, a situação se aproximaria da falência, com a ressalva de que não teria as mesmas características desta, com a sujeição de todos os credores." (TOLEDO. Recuperação judicial. Alienação de unidade produtiva isolada..., p. 205); Em sentido semelhante: TOLEDO; POPPA. UPI e estabelecimento: uma visão crítica..., p. 290.

[1845] A restrição do legislador a uma dessas três modalidades de alienação é motivo de críticas pela doutrina. A rigor, aceita-se a alienação por outras modalidades, restringindo-se o debate sobre se, feita a alienação por outra forma que não as arroladas no art. 142 c/c o art. 60 da LREF, ocorreria a sucessão. A melhor doutrina caminha no sentido de que não é caso de sucessão, em alienação sendo feita de acordo com o

RECUPERAÇÃO DE EMPRESAS E FALÊNCIA

plano de recuperação aprovado e devidamente homologado, bem como não sendo o adquirente alguém impedido pela LREF (art. 141, §1º), não deveria ocorrer a sucessão do passivo pelo adquirente. Por todos, ver: BECUE. *A alienação de estabelecimento...*, p. 79 ss. E o TJSP já teve a oportunidade de entender que, em caso de aquisição com base em contrato de compra e venda celebrado como medida integrante de plano de recuperação judicial (ou seja, aquisição não abarcada nas hipóteses de alienação previstas no art. 142 c/c o art. 60 da LREF), não ocorreria a sucessão tributária diante do previsto no art. 133, §§1º e 2º, do Código Tributário Nacional (TJSP, 6ª Câmara de Direito Público, AI 0066743-41.2013.8.26.0000, Rel. Des. Maria Olívia Alves, j. 27/05/2013; TJSP, 9ª Câmara de Direito Público, AI 0151093-93.2012.8.26.0000, Rel. Des. Oswaldo Luiz Palu, j. 06/02/2013; TJSP, 8ª Câmara de Direito Público, AI 0066532-73.2011.8.26.0000, Rel. Des. Osni de Souza, j. 31/08/2011). O Pleno do Tribunal Superior do Trabalho reconheceu (TST, Pleno, IRR 69700-28.2008.5.04.0008 e ARR 263700-50.2008.5.02.0051, Rel. Min. Caputo Bastos, j. 22/05/2017) que a adquirente de ativos (uma sociedade) não responde pelos débitos trabalhistas da alienante em recuperação judicial, ainda que alienação não ocorra em uma das modalidades previstas na Lei 11.101/05 (leilão, propostas fechadas ou pregão), bastando que, para tanto, a operação tenha sido aprovada pela Assembleia Geral de Credores e autorizada pelo juízo da recuperação judicial, nos termos do art. 66 da LREF (sendo que, no caso concreto, a venda de ativos até constava do plano de recuperação judicial originalmente apresentado que ainda não havia sido aprovado, mas a venda da empresa foi antecipada tendo em vista necessidades das recuperandas); assim, o TST fixou a seguinte tese: "Nos termos dos artigos 60, parágrafo único, e 141, II, da Lei nº 11.101/2005, a TAP Manutenção e Engenharia Brasil S.A. não poderá ser responsabilizada por obrigações de natureza trabalhista da Varig S.A. pelo fato de haver adquirido a VEM S.A., empresa que compunha grupo econômico com a segunda." O TJSP, por sua vez, já teve a oportunidade de se manifestar em sentido contrário: "Recuperação Judicial. Se há aquisição de bem do ativo da devedora autorizado em plano devidamente aprovado pela assembleia de credores, mas isto se faz em transação extrajudicial, não há blindagem à sucessão de obrigações, pelo que não é do juízo da recuperação a competência para determinar levantamento de penhoras determinadas por outros juízos. Inteligência do art. 60 da Lei 11.101/05." (TJSP, 2ª Câmara Reservada de Direito Empresarial, AI 0057674-82.2013.8.26.0000, Rel. Des. José Arnaldo da Costa Telles, j. 30/09/2013). Ainda, o mesmo TJSP já entendeu que o descumprimento de uma das modalidades de alienação, mesmo que prevista no plano aprovado em AGC, acarreta a ineficácia do negócio perante terceiros, mantendo, assim as regras comuns de sucessão: "Recuperação judicial. Alienação de unidade produtiva isolada. Alienação que, embora autorizada pela Assembleia Geral, foi realizada sem observância de licitação e pregão. Forma e procedimentos previstos nos artigos 60 e 142 da Lei nº 11.101/2005 (LFR), de ordem pública, sem possibilidade de modificação por convenção das partes. Desrespeito a norma cogente que não acarreta a invalidade da alienação, diante do fato consumado, a invalidade do ato, mas sim a ineficácia frente aos credores prejudicados. Sucessão mantida. Recurso provido em parte." (TJSP, 1ª Câmara Reservada de Direito Empresarial, AI 0151283-56.2012.8.26.0000, Rel. Des. Francisco Loureiro, j. 23/04/2013). Finalmente, a Justiça do Trabalho já se manifestou no sentido de que no caso de arrendamento realizado fora dos autos da recuperação judicial (a rigor, celebrado antes da recuperação judicial condicionado ao deferimento do seu processamento), não constando sequer o arrendamento no plano de recuperação judicial, faz com que o arrendatário suceda no passivo da arrendadora em recuperação judicial: TST, 7ª Turma, AIRR 461-66.2011.5.09.0662, Rel. Min. Luiz Philippe Vieira de Mello Filho, j. 19/10/2016.

[1846] A saber: I – sócio da sociedade falida, ou sociedade controlada pelo falido; II – parente, em linha reta ou colateral até o 4º (quarto) grau, consanguíneo ou afim, do falido ou de sócio da sociedade falida; ou III – identificado como agente do falido com o objetivo de fraudar a sucessão. Cumpre, ainda, registrar que o CTN, no art. 133, §2º, apresenta relação semelhante, assim excepcionando a regra de inexistência de sucessão: "§2º Não se aplica o disposto no §1º deste artigo quando o adquirente for: I – sócio da sociedade falida ou em recuperação judicial, ou sociedade controlada pelo devedor falido ou em recuperação judicial; II – parente, em linha reta ou colateral até o 4º (quarto) grau, consangüíneo ou afim, do devedor

RECUPERAÇÃO JUDICIAL. PARTE 3

Observados esses requisitos, será possível alienar, nos termos utilizados pela LREF, filiais ou unidades produtivas isoladas sem risco de sucessão do adquirente relativamente às dívidas do alienante[1847].

1.3.3. Constitucionalidade

O Supremo Tribunal Federal declarou a constitucionalidade da regra que possibilita a alienação de estabelecimentos e outros ativos[1848] livres de ônus (LREF, art. 60, parágrafo único), afastando a controvérsia que inicialmente pairou sobre a real possibilidade desse tipo de operação[1849]. Como restou consignado pelo STF, caso não se garantisse a efetividade da regra, ninguém adquiriria ativos nessas circunstâncias, como ocorria no passado[1850].

Por consequência, os demais tribunais vêm observando a regra. O STJ posiciona-se pela inviabilidade de redirecionamento das execuções fiscais contra os adquirentes de ativos da recuperanda[1851], bem como de débitos de outras naturezas, definindo o juízo da recuperação judicial como o competente para analisar eventual redirecionamento[1852].

---

falido ou em recuperação judicial ou de qualquer de seus sócios; ou III – identificado como agente do falido ou do devedor em recuperação judicial com o objetivo de fraudar a sucessão tributária."

[1847] O TJSP teve a oportunidade de examinar a possibilidade de venda de unidade produtiva isolada no âmbito da recuperação judicial por lance inferior ao preço mínimo determinado no edital de convocação da assembleia geral de credores, Na hipótese, a AGC optou por examinar a proposta e, posteriormente, aprová-la, a despeito a discordância do devedor quanto ao valor e aprovação da venda. Ementa do acórdão: "Recuperação Judicial. Alienação de UPI. Oferta de valor inferior ao da avaliação. Irrelevância diante da previsão expressa constante do plano aditado e da lei (art. 142, §2º). Recuperação Judicial. Alienação de UPI. Oferta de pagamento parcelado. Admissibilidade. Correção monetária das parcelas determinada em primeiro grau. Recuperação Judicial. Alienação de UPI. Vilania do preço não configurada. Recuperação Judicial. Alienação de UPI. Prejuízo a credores não concursais. Impossibilidade de arguição por terceiros (CPC [de 1973], art. 6º). Recuperação Judicial. Alienação de UPI. Devedor representado por gestor judicial. Assentimento à proposta admissível. Recurso desprovido na parte conhecida." (TJSP, 2ª Câmara Reservada de Direito Empresarial, AI 2011812-20.2014.8.26.0000, Rel. Des. Araldo Telles, j. 25/07/2014)". Sobre o tema, ver pareceres de lavra de: SOUZA JUNIOR. Sociedade em recuperação judicial – Assembleia geral de credores...; e TOLEDO. Recuperação judicial. Alienação de unidade produtiva isolada...

[1848] Não só estabelecimentos empresariais podem ser alienados livres de ônus, mas qualquer bem da recuperanda. Nesse caso, "quem pode o mais pode o menos".

[1849] STF, Tribunal Pleno, ADI 3934-2/DF, Rel. Min. Ricardo Lewandowski, j. 27/05/2009.

[1850] STF, Tribunal Pleno, ADI 3934-2/DF, Rel. Min. Ricardo Lewandowski, j. 27/05/2009 (voto do Min. César Peluso).

[1851] STJ, 2ª Seção, AgRg no CC 87.214/RJ, Rel. Min. Ari Pargendler, j. 25/06/2008 (assim decidindo: "Não está na alçada do juiz da execução fiscal redirecioná-la contra empresa que, tutelada por decisão judicial, adquiriu ativos de empresa em regime de recuperação judicial com a garantia de que não responderia por obrigações desta"); STJ, 2ª Seção, AgRg nos EDcl no CC 87.263/RJ, Rel. Min. Ari Pargendler, j. 27/02/2008; STJ, 2ª Seção, AgRg no CC 116.036/SP, Rel. Min. Nancy Andrighi, j. 12/06/2013; STJ, 2ª Seção, AgRg no CC 112.638/RJ, Rel. Min. João Otávio de Noronha, j. 10/08/2011.

[1852] STJ, 2ª Seção, CC 110.941/SP, Rel. Min. Nancy Andrighi, j. 22/09/2010.

RECUPERAÇÃO DE EMPRESAS E FALÊNCIA

O TST, no mesmo sentido, em várias decisões referentes ao caso da recuperação judicial da Varig, por exemplo, afirmou que aqueles que adquirem ativos de empresa em recuperação judicial não respondem, na condição de sucessores, pelas obrigações trabalhistas da antiga empregadora, pois entendimento diverso feriria o espírito da própria LREF, tornando inócuo seu caráter recuperatório[1853]. E outros tribunais seguem no mesmo caminho[1854].

2. Execução judicial do plano

Homologado o plano, o devedor permanecerá em recuperação judicial até que se cumpram todas as obrigações que se vencerem até dois anos depois da sua concessão (LREF, art. 61)[1855]. Em outras palavras, a execução da recuperação judicial terá acompanhamento do Poder Judiciário por até o prazo de dois anos após a decisão prevista no art. 58 (mais especificamente, contados da publicação dessa decisão)[1856] – sendo que, entendemos, nada impede que o processo

---

[1853] TST, 5ª Turma, RR 20900-67.2007.5.04.0019, Rel. Min. João Batista Brito Pereira, j. 04/05/2011. Importante observar o seguinte: mesmo que o art. 60, parágrafo único, não refira, expressamente, a proteção do adquirente quanto às dívidas trabalhistas quando o trespasse se der no âmbito da recuperação judicial – ao contrário do que ocorre no art. 141, II, no caso da falência –, o TST já afirmou que "essa ausência de precisão legislativa não é suficiente para afastar a inexistência de sucessão nos débitos decorrentes dos contratos de trabalho" (TST, 5ª Turma, RR 20900-67.2007.5.04.0019, Rel. Min. João Batista Brito Pereira, j. 04/05/2011). Também nesse sentido: TRT15, 6ª Turma, RO 0081300-12.2007.5.15.0061, Rel. Des. Olga Ainda Joaquim Gomieri, j. 12/06/2012. O TRT da 2ª Região inclusive sumulou a matéria (Súmula 38 de 2015). A doutrina também caminha na mesmo sentido: "A interpretação literal do dispositivo leva à conclusão de que a regra geral é a da não sucessão em relação às 'obrigações do devedor', ou seja, a não sucessão não está restrita às obrigações tributárias, tendo sido estas mencionadas apenas como um exemplo. A interpretação sistemática corrobora esse entendimento, na medida em que, na recuperação judicial, os titulares de créditos derivados da legislação do trabalho participam ativamente do processo, votando pela aprovação ou rejeição do plano. Acrescente-se que, em relação a esses credores, incide uma garantia adicional: o plano de recuperação está limitado a uma única alternativa – pagamento no prazo máximo de 1 ano (art. 54). Ora, se o plano deverá assegurar o pagamento dos créditos derivados da legislação do trabalho no prazo máximo de 1 ano, não há por que imaginar que as obrigações correspondentes seriam sucedidas pelo arrematante" (MUNHOZ. Seção IV: Do procedimento de recuperação judicial..., p. 299).

[1854] TJSP, 9ª Câmara de Direito Privado, AI 2212015-61.2015.8.26.0000, Rel. Des. Costa Netto j. 30/08/2016.

[1855] Nada obsta que o quadro-geral de credores seja modificado em função do julgamento de impugnações após a homologação do plano. Nesse caso, se houver a inclusão de algum crédito, por exemplo, este deverá ser pago de acordo com o previsto no plano. Nesse sentido: STJ, 3ª Turma, REsp 1.371.427/RJ, Rel. Min. Ricardo Villas Bôas Cueva, j. 06/08/2015.

[1856] O Tribunal de Justiça de São Paulo já entendeu que o início da contagem do prazo de dois anos seria o término da carência estabelecida no plano de recuperação judicial para início do pagamento dos credores no plano de recuperação judicial, conforme: TJSP, 2ª Câmara Reservada de Direito Empresarial, AI 2081908-89.2016.8.26.0000, Rel. Des. Carlos Alberto Garbi, j. 17/10/2016 ("Carência 18 meses. Supervisão judicial. A interpretação que melhor se ajusta ao quanto determinado na Lei é admitir que o prazo de dois anos de observação judicial do cumprimento das obrigações contraídas seja encerrado antes em caso de cumprimento do plano[1857] ou mesmo caso se ajuste com os credores (mediante aprovação realizada pela Assembleia Geral de Credores) que o prazo de fiscalização judicial será menor (tendo em vista, inclusive, a possibilidade de realização de acordos processuais, conforme art. 190, do CPC)[1858].

Durante o período referido, o descumprimento de qualquer obrigação prevista no plano acarretará a convolação da recuperação em falência, nos termos do art. 73 (LREF, art. 61, §1º). Decretada a falência, os credores terão reconstituídos seus direitos e garantias nas condições originalmente contratadas, deduzidos os valores eventualmente pagos e ressalvados os atos validamente praticados no âmbito da recuperação judicial (LREF, art. 61, §2º).

3. Sentença de encerramento

Vencido o prazo de dois anos acima referido, o juiz decretará por sentença o encerramento da recuperação judicial e determinará: (*i*) o pagamento do saldo de honorários ao administrador judicial, somente podendo efetuar a quitação dessas obrigações mediante procedimento de prestação de contas, no prazo de 30 dias, e aprovação do relatório circunstanciado; (*ii*) a apuração do saldo das custas judiciais a serem recolhidas[1859]; (*iii*) a apresentação de relatório circunstanciado do administrador judicial, no prazo máximo de 15 dias, versando sobre a execução do plano de recuperação pelo devedor; (*iv*) a dissolução do Comitê de Credores – se existente – e a exoneração do administrador judicial; e (*v*) a comunicação ao Registro Público de Empresas para as providências cabíveis (LREF, art. 63).

---

com o Plano de Recuperação seja contado a partir do final da carência estabelecida. Essa interpretação permite que se faça o acompanhamento judicial do plano nos primeiros dois anos de cumprimento e afasta a possibilidade de uso da carência como forma de excluir a fiscalização judicial do cumprimento das obrigações do devedor, o que, evidentemente, não é o desiderato da Lei. Recurso não provido, com observação a respeito do termo inicial da supervisão judicial."). Igualmente: TJSP, 2ª Câmara Reservada de Direito Empresarial, AI 2140328-87.2016.8.26.0000, Rel. Des. Fábio Tabosa, j. 28/11/2016; TJSP, 2ª Câmara Reservada de Direito Empresarial, AI 2102479-81.2016.8.26.0000, Rel. Des. Carlos Alberto Garbi, j. 13/03/2017; TJSP, em 2ª Câmara Reservada de Direito Empresarial, AI 2097820-92.2017.8.26.0000, Rel. Des. Fábio Tabosa, j. 25/09/2017.

[1857] No processo de recuperação judicial da Eneva, o processo foi encerrado antes do biênio legal tendo em vista o cumprimento das obrigações previstas no prazo de dois anos (4ª Vara de Direito Empresarial da Comarca da Capital/RJ, Processo nº 047496148.2014.8.19.0001).

[1858] Nesse sentido, por exemplo, inclusive já se decidiu (2ª Vara de Falências e Recuperações Judiciais do Foro Central Cível da Comarca de São Paulo, Processo nº 1088747-75.2015.8.26.0100, Juiz Paulo Furtado de Oliveira Filho, j. 06/04/2017).

[1859] Aqui, é importante apontar que o STJ já entendeu que o valor da causa deve guardar relação com a soma de todos os créditos sujeitos a seus efeitos, sendo permitida a atualização do montante devido (ainda mais que prevista autorização no diploma legal estadual pertinente) (STJ, 3ª Turma, REsp 1.637.877/RS, Rel. Min. Nancy Andrighi, j. 19/10/2017).

RECUPERAÇÃO DE EMPRESAS E FALÊNCIA

Para o encerramento da recuperação judicial, a devedora deve ter cumprido todas as obrigações que venceram no prazo de dois anos, contados da concessão da recuperação judicial[1860]. Nesse particular, vale registrar que o julgamento da totalidade das impugnações de crédito e a homologação do quadro geral de credores não são requisitos para o encerramento da recuperação judicial[1861].

Uma vez encerrada a recuperação judicial, o devedor não fica mais protegido contra atos constritivos de seu patrimônio, mesmo no que tange aos créditos não sujeitos à recuperação judicial[1862].

4. Execução extrajudicial do plano

Como o plano de recuperação judicial pode prever o cumprimento de obrigações por um prazo superior a dois anos, período durante o qual a sua execução se dará diante do Poder Judiciário ("fase de execução judicial do plano"), pode haver uma "fase extrajudicial de execução".

Por exemplo, se o plano tiver previsto o cumprimento de obrigações por dez anos, os dois primeiros ocorrerão perante o Poder Judiciário (sob a fiscalização do magistrado, do Ministério Público, do administrador judicial e do Comitê de Credores, se houver). Após esse período (nos oito anos restantes), o plano homologado deverá ser cumprido fielmente pelo devedor, na forma proposta e aprovada (tal qual qualquer obrigação decorrente de negócio jurídico), porém fora do Poder Judiciário[1863] (podendo o plano de recuperação judicial prever mecanismos de fiscalização e acompanhamento do devedor pelos credores após o encerramento da recuperação judicial). Enfim, as obrigações vincendas serão cumpridas na medida da sua exigibilidade.

No caso de descumprimento de qualquer obrigação prevista no plano de recuperação judicial após o período de dois anos previsto no art. 61, qualquer credor poderá requerer a execução específica ou a falência do devedor com base no art. 94 (em qualquer de seus incisos, sendo que existe previsão específica no

---

[1860] TJRS, 6ª Câmara Cível, AI 70045891090, Rel. Des. Ney Wiedemann, j. 15/12/2011.

[1861] STJ, 3ª Turma, REsp 1.371.427/RJ, Rel. Min. Ricardo Villas Bôas Cueva, j. 06/08/2015; TJES, 1ª Câmara Cível, AI 030119001714, Rel. Des. Fábio Clem de Oliveira, j. 20/03/2012. Caminhando na mesma direção, o TJRJ (22ª Câmara Cível, AI 0474961-48.2014.8.19.0001, Rel. Des. Carlos Eduardo Moreira da Silva, j. 26/09/2017) autorizou o encerramento do processo de recuperação judicial, após decorrido o biênio legal contado da homologação do plano, apesar de pender de julgamento um recurso interposto por credor contra a decisão homologatória.

[1862] Nesse sentido, ver: TJSP, 9ª Câmara de Direito Privado, AI 2212015-61.2015.8.26.0000, Rel. Des. Costa Netto j. 30/08/2016

[1863] Embora haja um esforço do Poder Judiciário no sentido de encerrar os processos após o decurso do prazo de dois anos da concessão da recuperação judicial, observa-se, na prática, que os processos permanecem em tramitação nas suas varas de origem mesmo após esse prazo.

seu inciso III, alínea "g") da LREF (art. 62)[1864], mas não será possível a convolação da recuperação em falência, pois o devedor não mais estará em regime de recuperação judicial. Outra diferença importante é que não mais ocorrerá a reversão prevista no §2º do art. 61 da LREF.

O quadro resumo abaixo evidencia a diferença do descumprimento de obrigações assumidas pelo devedor no plano de recuperação judicial em cada um das fases (judicial e extrajudicial).

Descumprimento do plano	Consequência
Fase judicial	Convolação em falência
Fase extrajudicial	(a) Execução específica (b) Pedido ordinário de falência

---

[1864] "O requerimento de falência será distribuído livremente, pois não há mais prevenção do juiz que encerrou a recuperação por sentença; o fundamento do pedido poderá ser a letra *g* do inc. III do art. 94. Poderá também o credor, portador de título executivo judicial nos termos do §1º do art. 59, optar por requerer a falência com fundamento no inc. I do art. 94, caso, porém, em que terá que protestar o título (ou títulos), submetendo-se ainda ao limite mínimo de 40 salários mínimos." (BEZERRA FILHO. Capítulo IX: Procedimento da recuperação judicial..., p. 235-236).

Capítulo 13
Recuperação judicial para ME e EPP

O tratamento legal que o ordenamento jurídico pátrio dispensa a quem exerce a atividade empresária em geral é bastante gravoso. As obrigações relacionadas ao registro, à escrituração, ao levantamento de demonstrações contábeis, à tributação, à inscrição em órgãos de fiscalização e ao controle acabam por onerar demasiadamente a atividade do empreendedor, tornando-a, muitas vezes, proibitiva do ponto de vista econômico[1865]-[1866].

Paradoxalmente, a grande maioria dos negócios no País é explorada por empresas de micro e pequeno porte[1867], para as quais o cumprimento de todas as obrigações normalmente exigidas consiste em fardo excessivamente pesado.

[1865] Ver: SPINELLI; SCALZILLI; TELLECHEA. Regime especial da Lei nº 11.101/2005 para as microempresas e empresas de pequeno porte... (vale lembrar, a título ilustrativo, que o empresário e a sociedade empresária regular devem promover a sua inscrição no Registro de Empresas previamente ao início de suas atividades. Devem, também, obter as licenças e autorizações de funcionamento – vigilância sanitária, corpo de bombeiros, etc. – e se sujeitarem a um sistema tributário caótico, com quase uma centena de tributos, cujas datas de recolhimento são as mais diversas, além de se submeterem a um emaranhado de obrigações trabalhistas de padrões subsaarianos).

[1866] De acordo com o relatório anual sobre a prática de negócios no mundo, organizado pelo Banco Mundial e denominado *Doing Business – 2016* –, o Brasil ocupa a 116ª posição – num total de 189 países. Para fins informativos, referimos abaixo alguns dos critérios avaliados pela pesquisa – entre parênteses está a posição que o Brasil ocupa: (*i*) abertura de empresas (174º); (*ii*) regime de insolvência (62º); (*iii*) registro de propriedades (130º); (*iv*) execução de contratos (45º); (*v*) pagamento de impostos (145º); (*vi*) obtenção de alvarás de construção (169º); (*vii*) obtenção de crédito (97º); (*viii*) proteção dos investidores minoritários (29º). Segundo o relatório, no Brasil, são necessários, em média, 101,5 dias para iniciar regularmente um negócio e 4 anos para encerrar essas atividades. A taxa média de recuperação de empresas no país é de 22,4 (THE WORLD BANK. *Doing Business – 2016*. Disponível em: <http://portugues. doingbusiness.org/data/exploreeconomies/brazil>. Acesso em: 02 fev. 2016.

[1867] Segundo dados do SEBRAE (Serviço Brasileiro de Apoio às Micro e Pequenas Empresas), o microempreendedor individual, os empreendimentos de micro e pequeno porte consistem na esmagadora maioria no Brasil. Sobre o tema, ver: SEBRAE. *Relatório GEM – Empreendedorismo no Brasil – Relatório executivo*:

RECUPERAÇÃO DE EMPRESAS E FALÊNCIA

Diante da sua importância no cenário econômico nacional, a Constituição Federal de 1988 trouxe, entre os princípios gerais da atividade econômica, a previsão de um tratamento favorecido para as empresas de menor porte (CF, art. 170, IX)[1868]. O tratamento favorecido tem, portanto, matriz constitucional[1869], o que evidencia a importância da questão. A rigor, criar um ambiente institucional onde é possível que os negócios incipientes se desenvolvam consiste, em última análise, em fomentar o surgimento de empresas e o empreendedorismo, em estimular a criação de postos de trabalho, a produção e a circulação de riquezas, o recolhimento de tributos, enfim, o desenvolvimento econômico do Estado e dos indivíduos.

Toda essa proteção mira, portanto, um benefício experimentado pelo mercado, que ganha como um todo com o incremento ao tráfico negocial.

Justamente nesse sentido operam os dispositivos constitucionais, inclusive a previsão do art. 146, III, "d", como uma espécie de ordem para que o legislador infraconstitucional crie normas prevendo um tratamento jurídico diferenciado para as microempresas e empresas de pequeno porte, buscando incentivá-las, especialmente pela simplificação de suas obrigações.

Essa previsão programática foi atendida pelo legislador quando da promulgação do Código Civil de 2002. O referido diploma legal, em seu art. 970, também previu que a legislação deve garantir tratamento favorecido, diferenciado e simplificado ao empresário de menor porte quanto à inscrição e aos efeitos daí decorrentes.

A partir do ano de 2006, o microssistema legislativo que cuida da questão é a Lei Complementar 123/2006, conhecida como Estatuto Nacional da Microempresa e da Empresa de Pequeno Porte. Esse diploma outorga vantagens de diversas ordens, dentre as quais se destacam benefícios fiscais, administrativos e societários, entre outros[1870]. Na mesma linha, a LREF conferiu tratamento favorecido às microempresas e empresas de pequeno porte, especificamente no

---

Disponível em: <http://www.sebrae.com.br/Sebrae/Portal%20Sebrae/Estudos%20e%20Pesquisas/gem%202014_relat%C3%B3rio%20executivo.pdf>. Acesso em: 04 fev. 2016. O critério de classificação dos empreendimentos como microempreendedor individual, empresas de micro e pequeno porte utilizado pelo SEBRAE dialoga com aquele utilizado pela LC 123/06. Para maiores detalhes acerca da pesquisa realizada pelo SEBRAE, ver: SEBRAE. *Boletim estatístico de micro e pequenas empresas*. Disponível em: <http://www.sebrae.com.br>. Acesso em: 02 fev. 2016.

[1868] Ademais, estatui a Constituição Federal que: "a União, os Estados, o Distrito Federal e os Municípios dispensarão às microempresas e às empresas de pequeno porte, assim definidas em lei, tratamento jurídico diferenciado, visando a incentivá-las pela simplificação de suas obrigações administrativas, tributárias, previdenciárias e creditícias, ou pela eliminação ou redução destas por meio de lei" (CF, art. 179).

[1869] Sendo que a localização dos dispositivos no texto constitucional ("Da Ordem Econômica e Financeira – Dos Princípios Gerais da Atividade Econômica") nos permite ver, com clareza, que o fundamento para a previsão do tratamento favorecido é de ordem estritamente econômica.

[1870] Sobre os benefícios, ver: SPINELLI; SCALZILLI; TELLECHEA. Regime especial da Lei nº 11.101/2005 para as microempresas e empresas de pequeno porte..., p. 100-104.

RECUPERAÇÃO JUDICIAL PARA ME E EPP

que tange ao regime da recuperação judicial. Assim, regrou, nos arts. 70 a 72, o plano de recuperação judicial especial e simplificado.

1. Regime especial facultativo

Durante anos no Brasil, fenômenos econômicos tão díspares como a insolvabilidade de um pequeno armazém e a de uma macroempresa estiveram submetidos aos mesmos remédios processuais, previstos na antiga lei de falências (Decreto-Lei 7.661/1945)[1871].

A LREF, seguindo o exemplo de outros países[1872] – mas inovando em relação à antiga Lei de Quebras (o Decreto-Lei 7.661/1945)[1873] –, previu um regime diferenciado e facultativo de recuperação judicial para as ME/EPP[1874].

O acerto do legislador merece aplausos, visto que os microempreendedores, microempresas e empresas de pequeno porte tendem a sofrer tanto quanto os demais empresários com as crises, sendo imprescindível oferecer-lhes um tratamento jurídico diferenciado no enfrentamento de tais situações[1875] – apesar de se poder questionar a real efetividade do referido regime diferenciado trazido pela LREF tendo em vista as suas limitações.

O regime especial de recuperação judicial das ME/EPP enquadra-se dentro do Capítulo III da LREF – que traz o regramento da recuperação judicial. São regras bastante específicas, previstas em três artigos, justamente os que conferem tratamento diferenciado (exclusivo para o microempreendedor individual, as microempresas e as empresas de pequeno porte, assim enquadrados de acordo com a Lei Complementar 123/2006) em relação ao procedimento geral da recuperação judicial. Por isso, entende-se que se aplicam supletivamente ao procedimento simplificado as regras próprias da recuperação judicial naquilo em que forem compatíveis (LREF, art. 70, *caput*)[1876].

[1871] COMPARATO. *Aspectos jurídicos da macro-empresa...*, p. 2.

[1872] Nesse sentido, por exemplo, nos Estados Unidos (*U.S. Code, Chapter 11*, 1.102-3), na França (arts. 644-1 a 644-6 do *Code de Commerce*, de acordo com as alterações trazidas pela Lei 2005-845, de 26 de julho, e em vigor desde 1º de janeiro de 2006), na Espanha (art. 190 da Lei 22/2003), em Portugal (Decreto-Lei 53/2004, de 18 de março, arts. 249 a 263) e na Argentina (Lei 24.552, art. 288).

[1873] O regime anterior dispensava para todos aqueles a ele sujeitos igual tratamento – com a ressalva da tramitação sumária do processo falimentar e da concordata que tinha por objeto passivo inferior a 100 salários mínimos (Decreto-Lei 7.661/1945, arts. 141 e 200).

[1874] O microempreendedor individual (MEI) é enquadrado como ME, estando, portanto, abarcado pelo regime especial da recuperação judicial.

[1875] Para um estudo empírico sobre as ME e EPP diante da LREF, ver: ANTONIO, Nilva Maria Leonardo. *As micro e pequenas empresas na nova Lei de Recuperação de Empresas e Falências*. Principais problemas enfrentados e soluções passíveis de adoção. Breve estudo sobre a indústria calçadista. Dissertação (Mestrado em Direito). Faculdade de Direito da Universidade de São Paulo, São Paulo, 2011.

[1876] A regra é que os dispositivos do Capítulo III (e isso sem contar as regras dos Capítulos I e II, é claro) da LREF se aplicam ao regime especial naquilo em que forem compatíveis. Portanto, e tendo em vista

505

RECUPERAÇÃO DE EMPRESAS E FALÊNCIA

Nesse particular, o procedimento especial representa um verdadeiro microssistema situado dentro do sistema da recuperação judicial[1877].

Trata-se de regime facultativo, podendo o devedor empresário (que se enquadrar como MEI, ME ou EPP) escolher seguir o regime ordinário da recuperação judicial (LREF, arts. 70, §1º, e 72, *caput*). A opção deve ser indicada na petição inicial e, em princípio, não poderá haver modificação[1878]. Importa destacar que eventual alteração da qualificação jurídica do devedor no curso da ação (na hipótese em que ele deixa de se enquadrar na categoria de ME/EPP, ou o contrário) não determina qualquer modificação no regime especial escolhido[1879].

Tem-se, portanto, que o legislador assegurou um regime simplificado e menos oneroso às microempresas e empresas de pequeno porte. Todavia, a escolha por um ou outro regime (ou pela própria recuperação extrajudicial) depende das circunstâncias do caso concreto (estando relacionada, por exemplo, ao perfil de endividamento da empresa em crise). Assim, as microempresas e empresas de pequeno porte podem optar se desejam adotar o modelo tradicional da recu-

---

as regras específicas que estudaremos a partir de agora, se aplicam ao plano especial das microempresas e empresas de pequeno porte as seguintes regras: arts. 47, 48, 51, 52, 53, 54, 55, 59, 61, 62, 63, 64, 65, 67, 68 e 69; aplicam-se, com ressalvas (ou seja, fazendo as devidas adaptações), os arts. 49, 57 e 66; e, por fim, temos que não se aplicam os arts. 50, 56, 58 e 60. Sobre o tema, ver: ZANINI. Seção V: Do plano de recuperação judicial para microempresas e empresas de pequeno porte..., p. 320-329; e RAMOS, Tony Luiz. *Plano especial de recuperação das micro e pequenas empresas*: de acordo com a nova Lei de Falências. São Paulo: Iglu, 2006, p. 44.

[1877] ZANINI. Seção V: Do plano de recuperação judicial para microempresas e empresas de pequeno porte..., p. 321.

[1878] TJSP, Câmara Reservada à Falência e Recuperação, EDcl em AI 994.08.040943-7/50001, Rel. Des. Elliot Akel, j. 28/01/2009 (decisão que indeferiu pedido do devedor que pretendia apresentar plano de recuperação judicial geral em substituição ao especial que havia apresentado anteriormente).

[1879] Explica CARLOS KLEIN ZANINI: "Questão interessante de que se pode cogitar é a da modificação do *status* da empresa no curso do procedimento de recuperação judicial, a qual pode ocorrer, exemplificativamente, caso venha a ser excedido o limite máximo de faturamento estipulado na legislação vigente para as empresas de pequeno porte. Seria o caso, então, de expurgá-las do regime diferenciado, determinando a aplicação das regras gerais do procedimento ordinário, a iniciar pela convocação da Assembléia de Credores? Ou, ainda assim, deveria o Plano Especial de Recuperação seguir o seu curso?" "A solução razoável – não esquecendo ser essa a lógica prevalecente na ciência jurídica (Siches) – recomenda evitar-se a migração de um regime para outro, até mesmo porque viria a retardar o procedimento de recuperação [solução esta também dada na França]. Ademais, a própria Lei que conceitua as micro e pequenas empresas aponta na direção dessa sugestão, ao dispor em seu art. 2º, §2º: 'O enquadramento de firma mercantil individual ou de pessoa jurídica em microempresa ou empresa de pequeno porte, bem como o seu desenquadramento, não implicarão alteração, denúncia ou qualquer restrição em relação a contratos por ela anteriormente firmados'. Por igual razão, também não parece ser o caso de admitir-se a migração a posteriori para o regime simplificado de empresa que mais tarde venha a adquirir o status de microempresa ou de empresa de pequeno porte." (ZANINI. Seção V: Do plano de recuperação judicial para microempresas e empresas de pequeno porte..., p. 323).

peração judicial ou o regime especial, bem como podem escolher o regime da recuperação extrajudicial.

Já os devedores que não se enquadram como ME ou EPP, logicamente, não podem se valer deste regime especial de recuperação judicial.

2. Alcance

De acordo com o art. 71, o plano abrangerá todos os créditos existentes na data do pedido, ainda que não vencidos, excetuados os decorrentes de repasse de recursos oficiais (como, por exemplo, aqueles originários de bancos de desenvolvimento e agências de fomento, tais como o BNDES e o BRDE)[1880], os fiscais e os previstos nos §§3º e 4º do art. 49 da LREF.

São basicamente os mesmos credores que se subordinam à recuperação judicial pelo procedimento ordinário. Com efeito, uma das grandes inovações da LC 147/2014, que alterou a LREF em vários dispositivos, foi ampliar o alcance deste regime especial. Antes, apenas os credores quirografários estavam sujeitos ao regime especial. A mudança foi substancial e elogiável. Agora, créditos com garantia real, privilégio especial e geral, subordinados e trabalhistas também se submetem, embora aqueles decorrentes de repasse de recursos oficiais permaneçam de fora.

3. Plano especial

Parece ser perfeitamente razoável exigir do plano especial de recuperação a observância do conteúdo mínimo prescrito nos incisos I a III do art. 53[1881].

Quanto aos meios de recuperação, o plano especial comporta parcelamento e abatimento das dívidas. O parcelamento poderá ocorrer em até 36 parcelas mensais, iguais e sucessivas, acrescidas de juros equivalentes à taxa SELIC (LREF, art. 71, II). O pagamento da primeira parcela se dará no prazo máximo de 180 dias, contado da distribuição do pedido de recuperação judicial (LREF, art. 71, III)[1882]. Segundo a jurisprudência, não é possível a ampliação do número de parcelas[1883], tampouco a postergação do prazo de início dos pagamentos[1884] (mas

---

[1880] Sustenta-se que a interpretação no que diz respeito aos recursos oficiais deve ser restrita em atenção ao princípio da preservação da empresa (CAVALLI. Plano de recuperação..., p. 289).

[1881] ZANINI. Seção V: Do plano de recuperação judicial para microempresas e empresas de pequeno porte..., p. 329).

[1882] Há quem sustente, de modo adequado, que os créditos trabalhistas continuam sujeitos aos prazos de pagamento previstos no art. 54 da LREF (CAVALLI. Plano de recuperação..., p. 290).

[1883] TJSP, Câmara Reservada à Falência e Recuperação, AI 990102345130, Rel. Des. Boris Kauffmann, j. 14/12/2010.

[1884] TJSP, Câmara Reservada à Falência e Recuperação, AI 990.10.215727-0, Rel. Des. Boris Kauffmann, j. 19/10/2010.

RECUPERAÇÃO DE EMPRESAS E FALÊNCIA

nada impede a antecipação de pagamentos desde que respeitado o tratamento igualitário dos credores)[1885].

Nesse ponto, duas novidades importantes decorreram da LC 147/2014: (*i*) a possibilidade de se propor abatimento das dívidas (antes inexistente); e (*ii*) a fixação da taxa de juros pela SELIC, quando, anteriormente, as parcelas eram corrigidas monetariamente e acrescidas de juros de 12% ao ano.

Ainda, entendemos que nada impede o tratamento diferenciado a credores caso existam fundadas razões a tanto (como já visto no Capítulo 11, item 3.4)[1886].

4. Necessidade de autorização para aumentar despesas e contratar empregados

O devedor, como se sabe, continua na administração dos negócios (*debtor-in-possession*) – salvo eventual afastamento nos termos dos arts. 64 e 65 da LREF. Entretanto, além da restrição imposta pelo art. 66 da Lei (que trata das limitações para alienação ou oneração de bens ou direitos do ativo permanente do devedor, após o ajuizamento da ação judicial), qualquer aumento de despesas e contratação de novos empregados dependerá de autorização do juiz, antecedida de manifestação do administrador judicial e do Comitê de Credores (art. 71, IV).

A redação do dispositivo é vaga, imprecisa e pouco técnica, podendo causar sérias dificuldades à administração da empresa em crise. Isso porque tal restrição, de acordo com o dispositivo legal, deve ser prevista no plano de recuperação especial, ou seja, não é consequência da distribuição do pedido[1887].

Ademais, como é possível realizar uma análise pontual do aumento de despesas da empresa em crise? Efetivamente, só se pode falar em aumento ou diminuição de despesas relativamente a um determinado período (que não é especificado pela LREF).

No que diz respeito à restrição à contratação de empregados, importa questionar se o dispositivo refere à contratação de qualquer empregado, inclusive os contratados para preencher vaga deixada por empregado previamente demitido ou temporariamente afastado. Adicionalmente, a contratação de empregados não vem, normalmente, ao encontro da expansão das atividades, sendo, portanto, em favor da recuperação, e não o contrário?

Entendemos que esse dispositivo (LREF, art. 71, IV) pode ser, sim, um empecilho à recuperação judicial especial, acarretando um engessamento da adminis-

---

[1885] CAVALLI. Plano de recuperação..., p. 291; ZANINI. Seção V: Do plano de recuperação judicial para microempresas e empresas de pequeno porte..., p. 325.

[1886] Igualmente: CAVALLI. Plano de recuperação..., p. 291. Em sentido contrário: TJSP, Câmara Reservada à Falência e Recuperação, AI 0303530-56.2011.8.26.0000, Rel. Des. Ricardo Negrão, j. 27/11/2012.

[1887] CAVALLI. Plano de recuperação..., p. 292.

RECUPERAÇÃO JUDICIAL PARA ME E EPP

tração do negócio[1888]. Lamentável, portanto, a regra nele contida, sendo necessário estimular sua flexibilização por intermédio do Poder Judiciário ou realização de mudança legislativa pelo Congresso Nacional.

5. Procedimento e ausência de assembleia para deliberar sobre o plano

O procedimento judicial é simplificado. Como regra geral, a tramitação do plano especial segue o procedimento ordinário de recuperação judicial. Todavia, a LREF trouxe algumas adaptações que repercutem de maneira substancial no processo, a seguir examinadas.

Cabe ao devedor elaborar uma petição inicial, nos moldes do art. 51 da LREF e da legislação processual[1889]. Entretanto, o devedor precisa, já na petição inicial, informar ao juízo sua opção pelo procedimento especial (LREF, art. 70, §1º)[1890].

Com relação à documentação que deve ficar à disposição do juízo da recuperação, de acordo com o §2º do art. 51, as microempresas e empresas de pequeno porte poderão apresentar livros e escrituração contábil simplificados nos termos da legislação específica[1891]. A petição inicial também deve trazer a comprovação da condição que possibilita o devedor pleitear o regime especial, a saber: a decla-

---

[1888] ZANINI. Seção V: Do plano de recuperação judicial para microempresas e empresas de pequeno porte..., p. 326-327. Igualmente: CAVALLI. Plano de recuperação..., p. 292-293.

[1889] Todos os requisitos devem ser atendidos. O TJSP já se posicionou no sentido de manter o indeferimento de petição inicial de recuperação judicial de microempresa com fundamento na ausência do requisito previsto no art. 48, *caput*, da Lei 11.101/05 – no caso, exercício regular das atividades há mais de dois anos (TJSP, Câmara Reservada à Falência e Recuperação, APC 0049663-60.2010.8.26.0100, Rel. Des. Boris Kauffmann, j. 12.04.2011).

[1890] Mas essa regra pode ser mitigada em alguma medida. "Pode-se cogitar, no entanto, acerca de quão rigorosa deve ser a observância do momento certo para a formulação do requerimento de aplicação do procedimento simplificado. Vale dizer, poderia o magistrado, diante da ausência de requerimento expresso de aplicação do procedimento simplificado, nos casos em que este poderia ter sido invocado dada a natureza do devedor, proceder *ex officio* à intimação do devedor, a fim de que este viesse a se manifestar expressamente acerca de seu interesse na migração para o procedimento simplificado? A resposta, ao que nos parece, deve ser afirmativa, até mesmo porque tal iniciativa mostra-se compatível com os princípios norteadores da Lei." "Pelo mesmo fundamento, é de se admitir o aditamento da inicial (art. 294 do CPC [de 1973]), por iniciativa do próprio devedor, para invocar a aplicação do regime diferenciado, desde que apresentada em tempo hábil." "Não pode o juiz, todavia, contra a vontade do devedor, enquadrá-lo no procedimento simplificado, o que tornaria por esvaziar a natureza facultativa da adesão do devedor." (ZANINI. Seção V: Do plano de recuperação judicial para microempresas e empresas de pequeno porte..., p. 322).

[1891] A propósito, veja-se o seguinte acórdão: "Recuperação judicial. Pequena empresa. Hipótese em que se autoriza simplificação da escrituração, mas que, de qualquer forma, não é dispensada. Ausência de apresentação de livro-caixa e registro de inventário. Pretensão indeferida". O excerto do voto do Rel. Des. ARALDO TELLES é elucidativo: "O que a lei estabeleceu (...) é a simplificação dos livros e dos lançamentos. O que se dispensa, com efeito, é a forma tradicional de contabilidade empresarial, como a escrituração do livro diário, v.g. -. Esse regime mais benéfico não os desonera, entretanto, de manter os livros caixa e de registro de inventário. O que se autoriza são livros e escrituração simplificados, (Lei

509

RECUPERAÇÃO DE EMPRESAS E FALÊNCIA

ração de microempresa ou empresa de pequeno porte, regularmente arquivada na Junta Comercial[1892].

Deferido o processamento, inicia-se o período de proteção (*stay period*) – que não acarreta a suspensão do curso da prescrição nem das ações e execuções por créditos não abrangidos pelo plano (art. 71, parágrafo único)[1893] – e nomeia-se o administrador judicial (cuja remuneração, lembre-se, tem tratamento especial dado pelo §5º do art. 24), abrindo-se, paralelamente, então, o procedimento de habilitação e verificação dos créditos que se submetem à recuperação (nos termos dos arts. 7º e seguintes da Lei)[1894]. A partir daqui, não pode mais o devedor desistir da recuperação judicial (ou seja: trata-se, em princípio, de *um caminho sem volta*)[1895].

O devedor deve apresentar o plano de recuperação judicial no prazo de 60 dias contados do despacho de processamento (LREF, 53)[1896], sob pena de convolação da recuperação judicial em falência (art. 73, II). Os credores terão 30 dias para apresentar objeções ao plano (LREF, art. 55), contados da publicação dos respectivos editais; as objeções eventualmente apresentadas ao plano devem possuir fundados motivos de ordem econômico-financeira ou jurídica, ou seja: não podem materializar abuso de direito por parte do credor[1897-1898].

11.101/05, art. 51, II, §2º), não a abolição completa." (TJSP, Câmara Reservada à Falência e Recuperação, APC 994.08.031853-0. Rel. Des. Araldo Telles, j. 17/12/2008).

[1892] TJSP, Câmara Especial de Falências e Recuperações Judiciais, APC 9197989-17.2007.8.26.0000, Rel. Des. Pereira Calças, j. 28/05/2008.

[1893] Sustentando a impossibilidade de se retirar do estabelecimento bens de capital essenciais ao exercício da atividade empresária, nos termos do art. 49, §3º, da LREF, ver: CAVALLI. Plano de recuperação..., p. 289-290.

[1894] Nesse sentido, vale destacar que todos os credores não atingidos pelo plano especial não terão seus créditos habilitados na recuperação judicial (art. 70, §2º).

[1895] Evidentemente, salvo concordância dos credores com a desistência, nos termos do art. 52, §4º.

[1896] O plano de recuperação pode já acompanhar a petição inicial, o que deve preferencialmente ocorrer, segundo LUIZ INÁCIO VIGIL NETO (VIGIL NETO. *Teoria falimentar e regimes recuperatórios...*, p. 182).

[1897] Nesse sentido: ZANINI. Seção V: Do plano de recuperação judicial para microempresas e empresas de pequeno porte..., p. 329. No mesmo sentido, ver: ABRÃO, Carlos Henrique. Seção V: Do plano de recuperação judicial para microempresas e empresas de pequeno porte. In: TOLEDO, Paulo Fernando Campos Salles de; ABRÃO, Carlos Henrique (coord.). *Comentários à Lei de Recuperação de Empresas e Falência.* 4 ed. rev. e atual. 2010, p. 276; PINHEIRO, Hélia Márcia Gomes. A recuperação da microempresa e da empresa de pequeno porte. In: SANTOS, Paulo Penalva (coord.). *A nova Lei de Falências e de Recuperação de Empresas* – Lei nº 11.101/2005. Rio de Janeiro: Forense, 2007, p. 180-181; e RAMOS. *Plano especial de recuperação das micro e pequenas empresas...*, p. 54-59. Em sentido contrário, afirmando que as objeções não precisam ser fundamentadas, ver: BEZERRA FILHO, Manoel Justino. Capítulo X: O procedimento simplificado para a pequena empresa – exame dos arts. 70 a 72 da LREF, com as alterações da LC 147, de 07.08.2014. In: CARVALHOSA, Modesto (coord.). *Tratado de direito empresarial*, v. V – recuperação empresarial e falência. São Paulo: Revista dos Tribunais, 2016, p. 258; CAVALLI. Plano de recuperação..., p. 293.

[1898] Pela redação do art. 72, parágrafo único, da LREF, somente os credores sujeitos ao plano especial de recuperação judicial poderiam apresentar objeções, ou seja: credores que não tiveram seus créditos alterados (art. 45, §3º), por exemplo, não poderiam apresentar objeções (CAVALLI. Plano de recuperação..., p. 294).

Havendo objeções, não é convocada a assembleia geral de credores como ocorre no procedimento ordinário (LREF, art. 72)[1899]. No regime especial, há uma espécie de exame quantitativo a partir do número de objeções apresentadas: o juiz julgará improcedente o pedido de recuperação judicial e decretará a falência do devedor se houver objeções de credores titulares de mais da metade de qualquer uma das classes de créditos previstas no art. 83 da LREF[1900], computados na forma do art. 45 da LREF[1901] (LREF, art. 72, parágrafo único). A rigor, então, não podem existir objeções, computados na forma do art. 45, de mais da metade de qualquer uma das classes de créditos previstas no art. 83 e, evidentemente, abarcadas pelo procedimento especial de recuperação judicial (ou seja, dos créditos previstos no art. 71, I, da LREF)[1902]-[1903].

[1899] Todavia, é importante salientar que, se, por um lado, o art. 72, *caput*, determina que a AGC não será convocada para deliberar sobre o plano, *a contrario sensu*, é razoável concluir que ela poderá sê-lo para decidir sobre outras questões, como, por exemplo, a eventual formação do Comitê de Credores, que possui, por exemplo, competência para autorizar o aumento de despesas, nos termos do art. 71, IV, e a desistência do plano, nos termos do art. 52, §§2º e 4º, bem como a nomeação de gestor judicial, de acordo com os arts. 64 e 65 da LREF. Enfim, a AGC possui, aqui, competência para deliberar qualquer matéria de interesse dos credores (CAVALLI. Plano de recuperação..., p. 288-289).

[1900] "Art. 83. A classificação dos créditos na falência obedece à seguinte ordem: I – os créditos derivados da legislação do trabalho, limitados a 150 (cento e cinqüenta) salários-mínimos por credor, e os decorrentes de acidentes de trabalho; II – créditos com garantia real até o limite do valor do bem gravado; IV – créditos com privilégio especial; V – créditos com privilégio geral; VII – as multas contratuais e as penas pecuniárias por infração das leis penais ou administrativas; e VIII – créditos subordinados."

[1901] "Art. 45. Nas deliberações sobre o plano de recuperação judicial, todas as classes de credores referidas no art. 41 desta Lei deverão aprovar a proposta. §1º Em cada uma das classes referidas nos incisos II e III do art. 41 desta Lei, a proposta deverá ser aprovada por credores que representem mais da metade do valor total dos créditos presentes à assembléia e, cumulativamente, pela maioria simples dos credores presentes. §2º Nas classes previstas nos incisos I e IV do art. 41 desta Lei, a proposta deverá ser aprovada pela maioria simples dos credores presentes, independentemente do valor de seu crédito."

[1902] BEZERRA FILHO. Capítulo X: O procedimento simplificado para a pequena empresa..., p. 256-257.

[1903] Tal regra do art. 72, parágrafo único, da LREF é objeto de críticas: "Na recuperação judicial pelo plano especial, a divisão de classes para fins de objeção é realizada em consonância com o disposto no art. 83 da LRF, e não no art. 41 da LRF. O art. 83 da LRF estabelece a ordem de pagamento de credores concursais na falência e, por evidente, divide os credores em um número muito maior de classes do que o art. 41 da LRF, que divide os credores em apenas três [atualmente quatro] classes. A opção legislativa pela divisão em classes do art. 83 da LRF facilita a que um menor número de credores apresente objeção apta a ensejar a convolação em falência, razão pela qual em nada contribui para a preservação de empresas de menor porte. Demais disto, haverá casos de credor que poderá apresentar objeção em mais de uma classe, a exemplo de credores trabalhistas, que apresentam objeção na classe I e, pelo valor que exceder 150 salários mínimos, na classe VI; e dos credores com garantia real, que se legitimam a apresentar objeção na classe II e, no que exceder o valor do bem gravado, na classe VI. Por evidente, a deficiente técnica legislativa empregada haverá de demover empresas de menor porte de postular recuperação judicial pelo plano especial." (CAVALLI. Plano de recuperação..., p. 293).

RECUPERAÇÃO DE EMPRESAS E FALÊNCIA

Por outro lado, há quem sustente que, em existindo objeções, "o devedor poderá ser ouvido para alterar o plano, bem como poderá ser designada audiência para superar o conflito"[1904].

Cumpridos os requisitos previstos na Lei (inclusive a apresentação de certidões negativas de débito, de acordo com o art. 57 da LREF, exigência esta que, como visto, tem sido flexibilizada), é concedida a recuperação, sendo as obrigações a ele sujeitas novadas, seguindo o processo até o cumprimento das obrigações que vencerem no prazo de até dois anos[1905]. Durante este período, o descumprimento de qualquer obrigação poderá acarretar a convolação da recuperação em falência, quando, então, os credores terão reconstituídos seus direitos e garantias nas condições originalmente contratadas, deduzidos os valores eventualmente pagos e ressalvados os atos validamente praticados no âmbito da recuperação judicial (LREF, art. 61 c/c 73, IV)[1906]. Após o decurso desse prazo, em caso de descumprimento do plano, os credores a ele sujeitos poderão requerer a execução específica do plano ou pedido de falência deve ser formulado com base no art. 94, III, "g" (nos termos do art. 62 da LREF).

[1904] CAVALLI. Plano de recuperação..., p. 294.

[1905] CARLOS KLEIN ZANINI, apesar de considerar plausível nossa opinião, entende de modo diverso: afirma que, tendo em vista o prazo estipulado em lei para o plano especial de recuperação judicial de microempresas e empresas de pequeno porte (de pagamento dos débitos em até 36 meses, existindo, ainda, 180 dias de carência), a recuperação judicial destas corre, em juízo, durante todo o período, e não somente pelo prazo de dois anos previsto no art. 61 da LREF (ZANINI. Seção V: Do plano de recuperação judicial para microempresas e empresas de pequeno porte..., p. 328). Todavia, tendemos a não concordar com essa posição, pois, apesar de, no regime especial, somados o período de carência com a possibilidade máxima de parcelamento definida pela Lei, poder-se chegar a um plano a ser cumprido em até três anos e meio, tal prazo que é, justamente, o do plano de recuperação judicial, e não o período em que tal recuperação deve tramitar em juízo, sendo este o mesmo raciocínio aplicado ao regime ordinário de recuperação judicial. Ademais, a Lei, ao regrar o regime especial, não diz que a recuperação judicial para microempresas e empresas de pequeno porte deve permanecer em juízo durante todo o período de execução do plano – e, como o art. 70, *caput*, dispõe que se aplicam as normas do Capítulo da recuperação judicial ao regime especial destinado às microempresas e empresas de pequeno porte, naquilo em que compatível, entendemos aplicável o art. 61. Por outro lado, seguindo nosso posicionamento, ver: CASTRO, Moema Augusta Soares de. Seção V: Do plano especial de recuperação judicial para microempresas e empresas de pequeno porte. In: CORRÊA-LIMA, Osmar Brina; CORRÊA LIMA, Sérgio Mourão (coord.). *Comentários à nova Lei de Falências e Recuperação de Empresas*. Rio de Janeiro: Forense, 2009, p. 475.

[1906] MANOEL JUSTINO BEZERRA FILHO entende que a Lei não prevê hipótese de convolação da recuperação judicial da microempresa ou empresa de pequeno porte por descumprimento das obrigações do plano especial (sendo esta mais uma medida de proteção a tais sujeitos). Em caso de inadimplemento do plano especial, o autor defende que o pedido de falência deve ser fundamentado com base no art. 94, III, "g" (BEZERRA FILHO. *Lei de Recuperação de Empresas e Falências comentada*..., p. 172; BEZERRA FILHO. Capítulo X: O procedimento simplificado para a pequena empresa..., p. 259; BEZERRA FILHO. Capítulo XIV: O procedimento para a decretação da falência..., p. 351-352).

Por fim, lembre-se que, no regime especial, os credores não abarcados pelo plano têm legitimidade para requerer a falência do devedor a qualquer momento, forte nos arts. 94 c/c art. 73, parágrafo único.

Em síntese, a sistemática simplificada do regime especial foi projetada pelo legislador para tornar o procedimento mais célere e menos oneroso do que o ordinário. De qualquer sorte, por uma série de motivos, a fórmula legal parece não funcionar: de um lado, as limitações relativas aos meios de recuperação fizeram-no ser menos efetivo e atraente para o devedor; de outro, seus contornos jurídicos mostram-se mais arriscados, sobretudo face (*i*) à possibilidade de convolação automática em falência – em virtude da apresentação de um determinado número de objeções, e (*ii*) à inexistência de assembleia geral de credores, justamente o órgão do regime recuperatório que tende a funcionar como ambiente de negociação entre o devedor e seus credores[1907].

[1907] Também analisando criticamente tal regime especial, entre outros, ver: CAVALLI. Plano de recuperação..., p. 281 ss. Para um panorama a respeito do regime, ver: SPINELLI; SCALZILLI; TELLECHEA. Regime especial da Lei nº 11.101/2005 para as microempresas e empresas de pequeno porte...

Capítulo 14
Convolação da Recuperação Judicial em Falência

Como bem se sabe, nem toda empresa merece ser preservada – apenas as economicamente viáveis[1908]. Não existe, no direito brasileiro, ou em qualquer outro, o princípio da "preservação da empresa a todo custo"[1909]. Na verdade, a LREF consagra, no sentido exatamente oposto, um princípio complementar ao da preservação da empresa, que é o princípio da "retirada do mercado da empresa inviável".

Em razão disso, o sistema recuperatório possui uma série de "filtros de viabilidade", materializados nos requisitos subjetivos e objetivos previstos nos arts. 48 e 51 da LREF, assim como nas hipóteses de convolação[1910] da recuperação judicial em falência.

A convolação da recuperação judicial em falência está inserida no Capítulo IV da LREF, em particular nos arts. 73 e 74[1911]. Dentre essas hipóteses, destacam-se as previstas nos incisos I a IV do art. 73, verdadeiros "gatilhos" incidentais que disparam a transmutação de uma situação jurídica de natureza recuperatória para outra falimentar.

Na dicção da LREF (art. 73), o juiz decretará a falência durante o processo de recuperação judicial: (*i*) por deliberação da assembleia geral de credores, na forma do art. 42; (*ii*) pela não apresentação, pelo devedor, do plano de recuperação no prazo do art. 53; (*iii*) quando houver sido rejeitado o plano de recuperação, nos termos do §4º do art. 56; (*iv*) por descumprimento de qualquer obrigação assumida no plano de recuperação, na forma do §1º do art. 61.

[1908] TABB; BRUBAKER. *Bankruptcy law...*, p. 595.

[1909] STJ, 2ª Seção, AgRg no CC 100.250/DF, Rel. Min. Nancy Andrighi, j. 08/09/2010.

[1910] O termo "convolação" significa "a passagem de uma situação jurídica para outra" (LIMONGI FRANÇA, Rubens (coord.). *Enciclopédia Saraiva de Direito*, v. 20. São Paulo: Saraiva, 1977, p. 386). Ver, também: CANTO. A convolação da recuperação em falência..., p. 232.

[1911] No diploma anterior (Decreto 7.661/1945), regra semelhante estava prevista nos arts. 162 e seguintes.

Trata-se de rol taxativo (*numerus clausus*) que não é passível de extensão pelo juiz[1912]. Abaixo serão examinadas, uma a uma, as hipóteses.

1. Convolação por deliberação da assembleia

A recuperação judicial pode ser convolada em falência por deliberação da assembleia geral de credores, na forma do art. 42 (LREF, art. 73, I) – o que, pela letra da lei, poderia ocorrer em qualquer fase do processo. No entanto, estranhamente, o dispositivo legal em comento nada disse sobre quais seriam os fundamentos dessa deliberação.

A principiologia que norteia a LREF não deixa alternativa senão considerar que apenas uma decisão da assembleia de credores fundada em alguma falta grave cometida pelo devedor seria capaz de ensejar a decretação da sua falência[1913]. Admite-se, de qualquer sorte, que o juiz faça o exame da legalidade da decisão assemblear (o que abarca, evidentemente, o lançamento de votos abusivos), sob pena de se instalar perigoso mecanismo de pressão nas mãos de credores mais afoitos ou, no limite, mal intencionados.

Efetivamente, o desequilíbrio verificado entre a facilidade com que se pode convolar o regime recuperatório em falência (por simples maioria dos credores presentes) e a dificuldade para aprovar um plano de recuperação judicial (basta comparar os quóruns dos arts. 42 e 45) é alvo de críticas por parte da doutrina[1914]. A reduzida participação dos credores na assembleia geral de credores eleva as chances de prevalecerem decisões oportunistas.

2. Convolação pela não apresentação do plano no prazo

A não apresentação, pelo devedor, do plano de recuperação no prazo do art. 53 da LREF resulta na convolação da recuperação judicial em falência (LREF, art. 73, II).

Até o deferimento do processamento da recuperação judicial pelo juiz, o devedor tem a prerrogativa de desistir, unilateralmente, do pedido. Todavia, uma vez deferido o processamento, o art. 73, II, da LREF determina um caminho sem volta: devedor tem o dever de apresentar o plano no prazo estipulado de 60 dias, sob pena de ser decretada sua quebra[1915].

[1912] Nessa linha: STJ, 4ª Turma, REsp 1.366.845/MG, Rel. Min. Maria Isabel Gallotti, j. 18/06/2015. Ver, também: STJ, 4ª Turma, REsp 1.587.559/PR, Rel. Min. Luis Felipe Salomão, j. 06/04/2017.

[1913] Nesse sentido: ZANINI, Carlos Klein. Capítulo IV: Da convolação da recuperação judicial em falência. In: SOUZA JUNIOR, Francisco Satiro de; PITOMBO, Antônio Sérgio A. de Moraes (coord.). *Comentários à Lei de Recuperação de Empresas e Falência*. 2 ed. rev., atual. e ampl. São Paulo: Revista dos Tribunais, 2007, p. 332-333. Andando no mesmo sentido, ver: ABRÃO, Carlos Henrique. Capítulo IV: Da convolação da recuperação judicial em falência. In: TOLEDO, Paulo Fernando Campos Salles de; ABRÃO, Carlos Henrique (coord.). *Comentários à Lei de Recuperação de Empresas e Falência*. 4 ed. rev. e atual. 2010, p. 278-279.

[1914] VIGIL NETO. *Teoria falimentar e regimes recuperatórios...*, p. 184.

[1915] Ressalvada a hipótese de se obter aprovação da desistência em assembleia especialmente convocada para este fim, como previsto no art. 52, §4°, c/c art. 35, I, "d".

CONVOLAÇÃO DA RECUPERAÇÃO JUDICIAL EM FALÊNCIA

Há quem sustente cautela na aplicação dessa hipótese, sugerindo, inclusive, que o juiz tenha a possibilidade de prorrogar o prazo de entrega do plano de recuperação, desde que as circunstâncias do caso assim o autorizem[1916]. Embora esse posicionamento se coadune com o princípio da preservação da empresa, é preciso sopesá-lo com a necessidade de cumprimento de prazos para a segurança jurídica do sistema e para a celeridade do procedimento, somente podendo ser prorrogado em circunstâncias excepcionalíssimas[1917].

O devedor que postula o remédio da recuperação judicial deve estar preparado para apresentar o plano de recuperação tempestivamente – representando o atraso, nesse contexto, um indício relevante de que a empresa não mais possui organização interna nem condições técnicas suficientes para continuar operando no mercado[1918].

O descumprimento do prazo para apresentação do plano pode ser apreciado de ofício pelo magistrado, sem a necessidade de provação para tanto, uma vez que se trata de questão de ordem pública[1919].

3. Convolação pela rejeição do plano

A recuperação judicial será convolada em falência em caso de rejeição do plano (LREF, art. 73, III)[1920]. No procedimento ordinário de recuperação judicial, havendo objeção ao plano, a assembleia é convocada para apreciá-lo. Uma vez

---

[1916] ZANINI. Capítulo IV: Da convolação da recuperação judicial em falência..., p. 333. Há quem sustente, também, a possibilidade de o juiz conceder prazo adicional para que o devedor apresente em juízo a documentação técnica completa e os demais subsídios necessários à correta instrução do plano, desde que tenha entregue uma versão mínima do plano dentro do prazo de 60 dias (ABRÃO. Capítulo IV: Da convolação da recuperação judicial em falência..., p. 279-280). Existem precedentes não convolando a recuperação judicial em falência em caso de apresentação do plano intempestivamente, tendo em vista o princípio da preservação da empresa (*v.g.:* TJRS, 5ª Câmara Cível, AI 70053584611, Rel. Des. Isabel Dias Almeida, j. 24/04/2013). Todavia, há precedentes em sentido contrário: TJSP, Câmara Reservada à Falência e Recuperação, AI 9039563-33.2009.8.26.0000, Rel. Des. Pereira Calças, j. 06/04/2010; TJSP, Câmara Reservada a Falência e Recuperação, AI 994093246865, Rel. Des. Pereira Calças, j. 02/03/2010. Na doutrina: CANTO. A convolação da recuperação em falência..., p. 233 (para quem o prazo em questão é preclusivo, ou seja, inadmite prorrogação ou alteração por consenso das partes).

[1917] Nesse sentido: TJSP, 2ª Câmara Reservada de Direito Empresarial, AI 2070668-74.2014.8.26.0000, Rel. Des. Fábio Tabosa, 08/10/2014 ("Recuperação judicial. Convolação em falência em virtude da apresentação intempestiva do respectivo plano... (...). Prazo de 60 dias, à luz do art. 53, caput, da Lei nº 11.101/2005, contado do deferimento do processamento da recuperação, e somente superável em circunstâncias excepcionalíssimas, devidamente justificadas, ausentes no caso concreto. Decisão de Primeiro Grau, que determinou a quebra, mantida. Agravo de instrumento da recuperanda a que se nega provimento.").

[1918] COELHO. *Comentários à Lei de Falências e Recuperação de Empresas...*, p. 224; ABRÃO. Capítulo IV: Da convolação da recuperação judicial em falência..., p. 279-280.

[1919] CANTO. A convolação da recuperação em falência..., p. 233

[1920] Como também dispõe o §4º do art. 56 da LREF.

rejeitado (de acordo com os quóruns do art. 45), a falência deve ser decretada, exceto na hipótese da concessão por *cram down* (LREF, art. 58, §§1º e 2º).

Na recuperação judicial para ME e EPP, apresentado o plano de recuperação, não será convocada AGC. O juiz julgará improcedente o pedido de recuperação judicial e decretará a falência do devedor se houver objeções de credores titulares de mais da metade de qualquer uma das classes de créditos previstas no art. 83 da LREF, computados na forma do art. 45 da LREF (conforne art. 72, parágrafo único).

4. Convolação pelo descumprimento do plano

A recuperação judicial será convolada em falência por descumprimento de qualquer obrigação assumida no plano de recuperação[1921] durante o prazo de dois anos contados da concessão do regime recuperatório (LREF, art. 73, IV)[1922] – período de acompanhamento judicial da execução do plano.

Após esse período, no caso de descumprimento de qualquer obrigação prevista no plano de recuperação judicial, restará ao credor requerer a execução específica ou a falência com base no art. 94 – isto é, pelo procedimento falimentar ordinário (LREF, art. 62).

Quanto às obrigações e aos credores não abarcados pelo plano, nada impede a decretação da falência do devedor por inadimplemento de obrigação devida a estes credores, mesmo dentro do prazo de dois anos estabelecido no art. 61, nos termos do art. 94, I e II, da LREF[1923].

Igualmente, a recuperanda pode ter sua falência decretada se praticar algum dos atos previstos no art. 94, III. É o que dispõe o parágrafo único do art. 73, que deixa claro que o devedor em recuperação judicial pode quebrar não somente nas hipóteses de convolação[1924].

[1921] Duas das causas mais comuns de convolação da recuperação judicial em falência com base no descumprimento do plano de recuperação judicial tem sido a demonstração da inviabilidade econômica da empresa devido à prática de reiteradas violações ao plano, bem como a constatação de ausência de atividade empresarial no estabelecimento da recuperanda. Nesse sentido: TJSP, 1ª Câmara Reservada de Direito Empresarial, AI 2112425-14.2015.8.26.0000, Rel. Des. Pereira Calças, j. 16/12/2015; TJSP, 2ª Câmara Reservada de Direito Empresarial, AI 2159511-78.2015.8.26.0000, Rel. Des. Fabio Tabosa, j. 16/11/2015; TJSP, 2ª Câmara Reservada de Direito Empresarial 2044328-59.2015.8.26.0000, Rel. Des. Ricardo Negrão, j. 16/11/2015.

[1922] Como também dispõe o §1º do art. 61.

[1923] Nesse sentido: TJSP, Câmara Reservada a Falência e Recuperação, AI 04147803120108260000, Rel. Des. Romeu Ricupero, j. 29/03/2011.

[1924] O credor ajuizará ação postulando a decretação da falência do devedor, distribuindo-a normalmente e sendo os autos remetidos para o juízo no qual tramita a recuperação judicial, já prevento nos termos do art. 6º, §8º. Salienta MANOEL JUSTINO BEZERRA FILHO "(...) que, enquanto os autos do requerimento de falência (...) estiverem em andamento, os autos da recuperação judicial também estarão em andamento normal. Quando – e se – vier a ser decretada a falência nestes autos em apartado, a sentença deverá ser

CONVOLAÇÃO DA RECUPERAÇÃO JUDICIAL EM FALÊNCIA

No que pertine à iniciativa para a convolação da recuperação judicial em falência, destaca-se que o magistrado não deve atuar de ofício, mas mediante provocação de credor, do administrador judicial ou do Ministério Público, sendo de todo recomendável a intimação do devedor para que se manifeste sobre o alegado descumprimento do plano[1925].

5. Aplicação da regra

O art. 73 estabelece as hipóteses de convolação da recuperação judicial em falência, em previsão muito semelhante à existente no regime do Decreto-Lei 7.661/1945.

O referido dispositivo dispõe que o juiz decretará a falência do devedor. Sua interpretação literal denota altíssimo grau de obrigatoriedade na aplicação da medida por parte do juiz, em verdadeiro silogismo, no qual, presente a premissa fática (*i.e.*, alguma das hipóteses previstas no dispositivo legal), a consequência jurídica deve ser a decretação da falência do devedor.

Embora a dedução lógica esteja correta, parece que o rigor da regra deve ser amenizado à luz dos princípios norteadores da LREF, dentre os quais merece maior destaque o da preservação da empresa. É preciso realizar uma interpretação cuidadosa do dispositivo, sempre precedida de uma leitura sistemática e teleológica da legislação, de modo a atenuar a severidade legal.

Já na vigência do Decreto-Lei 7.661/1945, a jurisprudência interpretava de modo restritivo a possibilidade de convolação da concordata em falência, sempre com o intuito de preservar a empresa (e a despeito da inexistência de previsão expressa na letra da lei). Nesse sentido, por exemplo, os tribunais não decretavam a falência pelo mero atraso no pagamento de uma parcela da concordata, determinando, previamente, a intimação do concordatário para, somente após, quando comprovado o efetivo inadimplemento, fosse, então, convolada a concordata em falência (Decreto-Lei 7.661/1945, art. 175, §1º, I, e §8º)[1926].

---

juntada por cópia aos autos da recuperação judicial e por lá se prosseguirá no andamento da falência. Os autos originais nos quais foi decretada a falência poderão ser remetidos ao arquivo, pois nada mais haverá a ser feito neles." (BEZERRA FILHO. *Lei de Recuperação de Empresas e Falências comentada...*, p. 175).

[1925] CANTO. A convolação da recuperação em falência..., p. 234.

[1926] TJMG, 3ª Câmara Cível, AI 000.291.814-2/00, Rel. Des. Lucas Sávio V. Gomes, j. 15/05/2003; TJSC, 1ª Câmara de Direito Comercial, AI 2004.004200-00, Rel. Des. Sérgio Izidoro Heil, DJ 21/01/2005; TJSC, 2ª Câmara de Direito Comercial, AI 2002.025974-3, Rel. Des. Nelson Schaefer Martins, j. 20/11/2003. A tendência da jurisprudencial tende ser a mesma sob a égide da Lei 11.101/05. Nesse sentido, já se decidiu que, em caso de dúvida acerca da data de início do pagamento, deve-se interpretar a situação à luz do princípio da preservação da empresa (TJMT, 6ª Câmara Cível, AI 48205/2009, Rel. Des. Guiomar Teodoro Borges, j. 09/09/2209). Também há jurisprudência no sentido de privilegiar a recuperação em detrimento da falência, a qual só deve ser decretada em último caso e depois de exauridas todas as tentativas de alcançar o objetivo final da Lei 11.101/05, qual seja, a recuperação da empresa (TJMG, 1ª Câmara Cível, AI 1.0024.08.166343-7/001, Rel. Des. Geraldo Augusto, 13/07/2010).

RECUPERAÇÃO DE EMPRESAS E FALÊNCIA

Da mesma forma, lembre-se o emblemático e conturbado caso das Lojas Arapuã S.A., no qual, mesmo não cumprindo a concordata, o TJSP decidiu por não decretar a falência da devedora com base em sua função social e na concordância da grande maioria dos credores em torno da elaboração de um plano de reestruturação[1927]. Vale lembrar, ainda, que a jurisprudência contornava a decretação da falência em caso de não apresentação das certidões negativas (Decreto-Lei 7.661/1945, arts. 174, I, e 162)[1928].

Assim, diante de uma possível convolação, exemplificativamente no caso de descumprimento de obrigação contida no plano de recuperação judicial (LREF, art. 73, inciso IV), acredita-se que o magistrado deve considerar (*i*) a gravidade do inadimplemento e (*ii*) se ele é substancial para a continuidade da atividade, atentando, inclusive, para (*iii*) o estágio em que se encontra a recuperação judicial e (*iv*) para a conduta do devedor.

Seria incoerente e completamente inadequado se, por exemplo, depois de boa parte das metas cumpridas, houvesse uma convolação por simples inadimplemento sem influência significativa no contexto geral do esforço recuperatório[1929]. O melhor talvez seja, efetivamente, interpretar *cum granus salis* o dispositivo.

Como destaca a doutrina, "a melhor interpretação do disposto neste art. 73 sugere, portanto, a mitigação da dureza e da inflexibilidade do comando nele contido". Assim, "ao invés de aplicar-se, *in litteram legis*, o que reza a Lei ('*o juiz decretará a falência*'), conviria dar-lhe algum polimento, para ali ler-se '*o juiz poderá decretar a falência*', o que melhor se coadunaria com o espírito que deve presidir a aplicação da Lei"[1930].

A doutrina delineia algumas alternativas para superar a aparente inflexibilidade da regra. Em primeiro lugar, como a própria LREF admite a hipótese de o plano sofrer modificações por deliberação da assembleia (art. 35, I, "a"), nada

---

[1927] TJSP, 8ª Câmara de Direito Privado, AI 257.217/5, Rel. Des. Silvio Marques Neto, j. 11/06/2003. O STJ, mais de 10 anos após o início do processo de concordata, decretou a falência das Lojas Arapuã S.A. em 2009 (STJ, 4ª Turma, REsp 707.158/SP, Rel. Min. Luis Felipe Salomão, j. 03/03/2009), restando vencido o Min. Rel. Luis Felipe Salomão, decisão que foi mantida, a despeito do parcial acolhimento dos embargos de declaração julgados em 2011, sem efeito modificativo (STJ, 4ª Turma, EDcl. no REsp 707.158/SP, Rel. Min. Maria Isabel Gallotti, j. 18/10/2011).

[1928] TJMG, 1ª Câmara Cível, AI 1.0435.03.900008-6/001, Rel. Des. Eduardo Andrade, j. 13/08/2004. Ainda, remetemos à seguinte decisão do STJ que demonstra, de modo emblemático, o espírito do Poder Judiciário em buscar a preservação da empresa ainda no regime anterior: STJ, 4ª Turma, REsp 175.158/SP, Rel. Min. Asfor Rocha, j. 29/06/2000. Sobre o tema, demonstrando a evolução do direito brasileiro no que tange ao reconhecimento do princípio da preservação da empresa (e da proteção de outros interesses que não apenas os dos credores), bem como a tendência jurisprudencial neste sentido (mesmo sob a égide do Decreto-Lei 7.661/1945), ver: FORGIONI. *A evolução do direito comercial brasileiro*..., p. 97.

[1929] ABRÃO. Capítulo IV: Da convolação da recuperação judicial em falência..., p. 281-282.

[1930] ZANINI. Capítulo IV: Da convolação da recuperação judicial em falência..., p. 334.

CONVOLAÇÃO DA RECUPERAÇÃO JUDICIAL EM FALÊNCIA

impede que, na hipótese de eventual inadimplemento, o magistrado convoque o conclave para submeter o ocorrido à sua apreciação. Nesse caso, pode a assembleia preferir a modificação do plano à quebra[1931].

Em segundo, é possível que o juiz não decrete a falência de ofício, aguardando a manifestação de algum interessado[1932].

Finalmente, pode-se conceder ao devedor prazo razoável para o adimplemento da obrigação em atraso, decretando-se a falência somente se persistir a mora ou caso o credor não justifique adequadamente o inadimplemento[1933] (esta última solução é admitida desde a vigência do Decreto-Lei 7.661/1945)[1934].

Todas as alternativas acima parecem viáveis, desde que, por óbvio, o magistrado atente para a conduta do devedor, não identifique de pronto a total impossibilidade de recuperação ou o descumprimento da totalidade ou das mais substanciais obrigações assumidas pelo devedor[1935].

6. Efeitos da convolação sobre os atos praticados durante a recuperação judicial

Na convolação da recuperação em falência, os atos de administração, de endividamento, de oneração ou de alienação praticados durante a recuperação judicial presumem-se válidos, desde que realizados na forma da LREF (art. 74).

A regra em questão não poderia estar revestida de maior obviedade. A um, porque todos os atos realizados na forma da lei devem ser presumidos válidos. A dois, porque se foi concedida a recuperação judicial, acreditava-se, efetivamente, na viabilidade da empresa e se buscou fazer o necessário para que ela saísse da crise. Em razão disso, caso a recuperação não tenha sido bem sucedida e o devedor acabe por falir, não poderiam ser prejudicados aqueles que contri-

---

[1931] ZANINI. Capítulo IV: Da convolação da recuperação judicial em falência..., p. 334.

[1932] BEZERRA FILHO. *Lei de Recuperação de Empresas e Falências comentada...*, p. 174.

[1933] ABRÃO. Capítulo IV: Da convolação da recuperação judicial em falência..., p. 281. No mesmo sentido: RAMOS. *Plano especial de recuperação das micro e pequenas empresas...*, p. 40-41.

[1934] TJMG, 3ª Câmara Cível, A 000.291.814-2/00, Rel. Des. Lucas Sávio V. Gomes, j. 15/05/2003; TJSC, 1ª Câmara de Direito Comercial, AI 2004.004200-00, Rel. Des. Sérgio Izidoro Heil, j. 21/01/2005; TJSC, 2ª Câmara de Direito Comercial, AI 2002.025974-3, Rel. Des. Nelson Schaefer Martins, j. 20/11/2003.

[1935] Por exemplo, a jurisprudência confirmou decisão de primeira instância que convolou a recuperação judicial em falência do devedor que, tendo decorrido o biênio da supervisão judicial, não concretizou nenhum pagamento previsto no plano de recuperação (TJSP, Câmara Reservada à Falência e Recuperação, AI 990.10.250329-1, Rel. Des. Pereira Calças, j. 23/11/2010). Igualmente, há decisão do mesmo pretório que decretou a falência da microempresa que realizou o primeiro pagamento aos credores somente 14 meses após o deferimento do processamento da recuperação judicial (regime especial), se adotado o termo previsto no plano, ou 15 meses após a distribuição do pedido de recuperação (especial) judicial, se adotado o termo inicial previsto na LREF – o que evidenciou, segundo a percepção do TJSP, que a empresa era inviável (TJSP, Câmara Reservada à Falência e Recuperação, AI 990.10.234513-0, Rel. Des. Boris Kauffman, j. 14/12/2010).

buíram na tentativa de recuperar a empresa, especialmente os terceiros de boa--fé que se dispuseram a participar dela. Assim, nada mais lógico do que manter todos os atos realizados sob o manto da recuperação judicial, em atenção à preservação da segurança do mercado e da previsibilidade (encontrando tal dispositivo suporte no art. 131 da LREF).

Todavia, deve-se salientar que a presunção do art. 74 é do tipo relativa (*iuris tantum*), isto é, não se sustenta caso fique comprovado que os atos realizados durante a recuperação judicial não se operaram na forma da LREF, na linha estabelecida pelo art. 138.

Finalmente, lembre-se que os créditos decorrentes de obrigações contraídas pelo devedor durante a recuperação judicial, inclusive aqueles relativos a despesas com fornecedores de bens ou de serviços e contratos de mútuo, serão considerados extraconcursais em caso de decretação de falência (LREF, art. 67, *caput*), respeitada, no que couber, a ordem estabelecida no art. 83 da LREF. No mesmo sentido, os créditos quirografários sujeitos à recuperação pertencentes a fornecedores de bens ou de serviços que continuarem a provê-los normalmente após o pedido de recuperação judicial terão privilégio geral de recebimento em caso de decretação de falência, no limite do valor dos bens ou dos serviços fornecidos durante o período da recuperação (LREF, art. 67, parágrafo único).

7. Efeitos sobre as obrigações novadas

Relembramos que em caso de convolação da recuperação em falência no prazo de dois anos de acompanhamento judicial da recuperação judicial, ocorrerá a reconstituição dos direitos e garantias dos credores nas condições contratadas originalmente, descontados os valores eventualmente pagos e ressalvados os atos validamente praticados no âmbito da recuperação judicial (art. 61, §2º).

A novação ocorrida em contexto recuperatório é feita sob a condição resolutiva de a devedora cumprir todas as obrigações previstas no plano de recuperação[1936]. Desse modo, "o descumprimento de qualquer obrigação prevista no plano acarretará a convolação da recuperação em falência, com o que os credores terão reconstituídos seus direitos e garantias nas condições originalmente contratadas, deduzidos os valores eventualmente pagos e ressalvados os atos validamente praticados no âmbito da recuperação judicial"[1937].

Como já definiu a jurisprudência, trata-se de uma "condição resolutiva do preciso cumprimento do plano de recuperação, sob pena de retorno das dívidas ao *status quo ante*"[1938]. Logo, se "o plano estabeleceu, com a concordância do credor,

---

[1936] STJ, 3ª Turma, REsp 1.260.301/DF, Rel. Min. Nancy Andrighi, j. 14/08/2012.
[1937] STJ, 3ª Turma, REsp 1.260.301/DF, Rel. Min. Nancy Andrighi, j. 14/08/2012.
[1938] TJRS, 6ª Câmara Cível, AI 70024857302, Rel. Des. Liége Puricelli Pires, j. 23/10/2008.

CONVOLAÇÃO DA RECUPERAÇÃO JUDICIAL EM FALÊNCIA

a supressão de uma garantia real, essa renegociação do direito está condicionada ao sucesso da reorganização da empresa. Frustrado esse objetivo, desconstitui-se a supressão anteriormente acordada. Em decorrência, esse credor será tratado, na falência, como titular de garantia real"[1939].

Da mesma forma, se foi concedido, por exemplo, um deságio de 30% pelos credores ao devedor, no caso da convolação da recuperação judicial em falência, os créditos voltam ao patamar anterior à concessão do regime. Segundo a doutrina, "toda alteração, novação ou renegociação feita no bojo do Plano de Recuperação Judicial possui como cláusula resolutiva tácita o insucesso das medidas de reorganização da empresa. O direito do credor, em outros termos, é parcialmente sacrificado (com ou sem o seu consentimento) para que, em benefício de toda a coletividade, possa a empresa explorada pelo devedor se recuperar. Não atingido esse objetivo, não há por que manter-se o sacrifício"[1940].

Sobre o tema, remetemos o leitor ao que já foi trabalhado no Capítulo 12, item 1.1.

[1939] COELHO. *Comentários à Lei de Falências e Recuperação de Empresas...*, p. 225.
[1940] COELHO. *Comentários à Lei de Falências e Recuperação de Empresas...*, p. 225. Ver, também: TARREGA, Maria Cristina Vidotte Blanco. Comentários aos artigos 70 ao 82. DE LUCCA, Newton; SIMÃO FILHO, Adalberto (coord.). *Comentários à nova Lei de Recuperação de Empresas e Falências*. São Paulo: Quartier Latin, 2005, p. 336.

Capítulo 15
Recuperação Extrajudicial

No sistema criado pela LREF, as empresas que passam por dificuldades econômico-financeiras possuem basicamente três opções para evitar a bancarrota: (*i*) a recuperação judicial, procedimento reorganizatório judicializado, como o próprio nome sugere, examinado nos capítulos anteriores; (*ii*) os acordos privados, firmados pelo devedor com seus credores fora do alcance da LREF e do âmbito do Poder Judiciário, como aventado pelo seu art. 167; e (*iii*) a recuperação extrajudicial, alternativa híbrida de reestruturação, que combina características das hipóteses anteriores, cujos termos são negociados fora do âmbito do Poder Judiciário, mas o plano acordado deve ser levado para homologação judicial. É justamente essa última alternativa que será objeto do presente capítulo.

O regime da recuperação extrajudicial (LREF, arts. 161 ao 166) constitui uma das grandes novidades trazidas pela LREF, embora historicamente o instituto e a permissão de negociação privada entre o devedor e seus credores não representem soluções inéditas enquanto mecanismos formais de reorganização extrajudicial[1941]. Mesmo assim, parece que se está diante de um regime jurídico materialmente inovador, que estimula soluções de mercado para a superação da crise empresarial[1942].

[1941] Sobre o assunto, ver: LISBOA, José da Silva. *Princípios de direito mercantil e leis de marinha*. Rio de Janeiro: Serviço de Documentação do MJNI, 1963, p. 582; SICA. *Recuperação extrajudicial de empresas...*, p. 45-51; PUGLIESI, Adriana Valéria. *A evolução do tratamento jurídico da empresa em crise no direito brasileiro*. Dissertação (Mestrado em Direito). Faculdade de Direito da Universidade de São Paulo, São Paulo, 2006, p. 13-33; MARTINS, Glauco Alves. *A recuperação extrajudicial na Lei nº 11.101/2005 e a experiência do direito comparado em acordos preventivos extrajudiciais*. Dissertação (Mestrado em Direito). Faculdade de Direito da Universidade de São Paulo, São Paulo, 2009, p. 19-30; OCHOA; WEINMANN. *Recuperação empresarial...*, p. 129.

[1942] COELHO. *Comentários à Lei de Falências e de Recuperação de Empresas...*, p. 445.

RECUPERAÇÃO DE EMPRESAS E FALÊNCIA

Essa constatação ganha importância comparativa porque o regime do Decreto-Lei 7.661/1945 (antiga Lei de Quebras), seguindo orientação instituída pela Lei 2.024/1908, sancionava como ato falimentar, capaz de justificar pedido de falência do devedor, a simples convocação, por ele, de seus credores com a finalidade de propor dilação, remissão de créditos ou cessão de bens (leia-se: moratória amigável, perdão e dação em pagamento) com o objetivo de superar a situação de crise empresarial.

Em outras palavras, o regime anterior possuía dispositivo legal que sabotava qualquer tentativa do devedor de reunir seus credores a fim de propor-lhes uma solução de mercado que pudesse evitar a inadimplência ou fazê-la cessar (art. 2º, III, do Decreto-Lei 7.661/1945). A rigor, somente a concordância unânime poderia elidir a falência[1943].

Denota-se dessa proibição que o legislador brasileiro, na vigência dos regimes anteriores, fez uma opção pelo controle prévio das fraudes e pelo tratamento coletivo e judicializado dos credores, em detrimento da autonomia privada dos devedores em negociar individualmente e à margem do Poder Judiciário com seus credores.

Em resumo, tudo indica que o legislador da época, por circunstâncias do momento relacionadas ao grande número de fraudes ocorridas na vigência de outros diplomas legislativos, optou pela solução da quebra do devedor (com a posterior liquidação do patrimônio e o rateio do ativo entre os credores) em detrimento da manutenção da atividade econômica por meio de negociações privadas[1944].

De qualquer forma, o referido dispositivo do Decreto-Lei 7.661/1945 foi duramente criticado pelos comercialistas de então[1945], existindo, igualmente, vários

---

[1943] J. X. CARVALHO DE MENDONÇA, o grande comercialista brasileiro do final do século XIX e da primeira metade do século XX, foi quem categorizou no ordenamento jurídico brasileiro, por meio da Lei 2.024/1908 (de sua autoria), como ato de falência, a convocação dos credores para proposta de dilação de prazo, remissão ou cessão de bens. Para os seus fundamentos, ver: CARVALHO DE MENDONÇA. *Tratado de direito comercial brasileiro*, v. VII..., p. 248-249. Ver, também: CARVALHO DE MENDONÇA, José Xavier. *Tratado de direito comercial brasileiro*, v. VIII. 7 ed. atual. por Roberto Carvalho de Mendonça. Rio de Janeiro: Freitas Bastos, 1962, p. 487 ss; VALVERDE. *Comentários à Lei de Falências*, v. I..., p. 41; PACHECO, José da Silva. *Processo de falência e concordata*. 5 ed. Rio de Janeiro: Forense, 1988, p. 157; e SICA. *Recuperação extrajudicial de empresas*..., p. 33-61.

[1944] MARTINS. *A recuperação extrajudicial na Lei nº 11.101/2005*..., p. 28-29.

[1945] REQUIÃO. *Curso de direito falimentar*, v. 1..., p. 74. E autores como WILSON DE SOUZA CAMPOS BATALHA e SILVIA MARINA LABATE BATALHA adotavam interpretação restritiva: entendiam que somente deveria ser decretada a quebra com base no art. 2º, III, do Decreto-Lei 7.661/1945, caso restasse comprovada a má-fé do devedor – ou seja, a simples procura dos credores, por parte do devedor, para renegociar os débitos não daria ensejo à falência: estar-se-ia tratando de uma mera presunção *iuris tantum*, que deveria ceder diante da comprovação da boa-fé, da ausência de prejuízos (BATALHA, Wilson de Souza Campos; BATALHA, Silvia Marina Labate. *Falências e concordatas*. 2 ed. atual. São Paulo: LTr, 1996, p. 124).

RECUPERAÇÃO EXTRAJUDICIAL

precedentes judiciais que, à época, concediam ao devedor o regime da concordata preventiva com base na renegociação dos débitos entre devedor e credores, com efeitos semelhantes aos da recuperação extrajudicial[1946].

Ademais, a despeito da proibição legal de outrora, esse tipo de negociação à margem do Poder Judiciário e da lei, era, na prática, realizado pelos devedores, recebendo a alcunha de "concordata branca".

Por tudo isso, e diante do cenário de grande insegurança reinante até então, o ordenamento jurídico necessitava, com urgência, de um mecanismo que permitisse, aberta e honestamente, a livre negociação entre devedor e seus credores, a fim de que pudessem chegar a uma solução de mercado para a crise empresarial.

Em uma perspectiva comparatista, a doutrina vislumbra afinidades entre o *prepackaged bankruptcy Chapter 11* norte-americano e o procedimento de recuperação extrajudicial brasileiro, apesar de também apontarem-se semelhanças entre o regime brasileiro e o *Acordo Preventivo Extrajudicial* (APE) da *Ley de Concursos y Quiebras* da Argentina (Título II, Capítulo VII, arts. 69 a 76), dentre outras supostas influências[1947].

Tais semelhanças decorrem do fato de que, nesses regimes, o processo de negociação com os credores ocorre fora do Judiciário, devendo o acordo resultante das tratativas entre o devedor e os credores ser submetido à homologação judicial e, eventualmente, imposto à minoria divergente[1948].

A expressão *"prepackaged plan"*, atribuída a essa modalidade de recuperação empresarial no direito norte-americano, revela muito do seu conteúdo e também do seu equivalente brasileiro: um plano que já vai para o Judiciário "emba-

---

[1946] Exemplificativamente: TJSP, 2ª Câmara de Direito Privado, AI 9047784-15.2003.8.26.0000, Rel. Des. Milton Theodoro Guimarães, j. 25/05/2004; TJSP, 2ª Câmara de Direito Privado, AI 9047981-67.2003.8.26.0000, Rel. Des. Milton Theodoro Guimarães, j. 11/05/2004; TJSP, 2ª Câmara de Direito Privado, AI 9047978-15.2003.8.26.0000, Rel. Des. Milton Theodoro Guimarães, j. 11/05/2004. Da mesma forma, faz-se referência ao conturbado caso das Lojas Arapuã S.A., no qual, mesmo não cumprindo a concordata, o TJSP decidiu por não decretar a falência da devedora com base em sua função social e na concordância, da grande maioria dos credores, em um plano de reestruturação (TJSP, 8ª Câmara de Direito Privado, AI 257.217/5, Rel. Des. Silvio Marques Neto, j. 11/06/2003); essa decisão foi revertida pela 4ª Turma do Superior Tribunal de Justiça nos anos de 2009 (STJ, 4ª Turma, REsp 707.158/SP, Rel. Min. Luis Felipe Salomão, j. 03/03/2009) e 2011 (EDcl. no REsp 707.158/SP, Rel. Min. Maria Isabel Gallotti, j. 18/10/2011).

[1947] Ver: EPSTEIN, David G.; NICKLES, Steve; WHITE, James J. *Bankruptcy*. St. Paul: West Publishing Co., 1993, p. 834 ss; ROE. *Corporate reorganization...*, p. 9-13; ESCUTI; BAS. *Derecho concursal...*, p. 439-465; SOUZA JUNIOR, Francisco Satiro de. Capítulo VI: Da recuperação extrajudicial. In: _____; PITOMBO, Antonio Sergio A. de Moraes (coord.). *Comentários à Lei de Recuperação de Empresas e Falências*. 2 ed. São Paulo: Revista dos Tribunais, 2007, p. 525; MARTINS. *A recuperação extrajudicial na Lei nº 11.101/2005...*, p. 189-222; SICA. *Recuperação extrajudicial de empresas...*, p. 189-140; FRANCO; SZTAJN. *Falência e recuperação da empresa em crise...*, p. 258-262; TOLEDO. *A empresa em crise no direito francês e americano...*, p. 6-50.

[1948] SOUZA JUNIOR. Capítulo VI: Da recuperação extrajudicial..., p. 525.

lado" ("pré-pronto"), objetivando apenas a chancela deste Poder, caso todas as exigências legais tenham sido atendidas. Em virtude disso, revelar-se-ia muito atraente em razão da celeridade de sua tramitação e das reduzidas formalidades com que se revestiria.

Ocorre que, a despeito da relevância que algumas alternativas recuperatórias extrajudiciais possuem na superação de crises empresariais em outros ordenamentos jurídicos (como ocorre nos Estados Unidos, cujo instituto equivalente tem sido maciçamente empregado, especialmente a partir dos anos 1990)[1949], verifica-se uma série de fragilidades no regime jurídico desenhado pelo legislador brasileiro, razão pela qual a recuperação extrajudicial é letra quase morta[1950], tendo sido utilizada menos de uma centena de vezes em todo o país desde a promulgação da LREF[1951].

1. Conceito

A recuperação extrajudicial está prevista no Capítulo VI da LREF, arts. 161 a 167 (sendo que, a rigor, está prevista do art. 161 ao art. 166, já que o art. 167 prevê a possibilidade de acordos privados entre o devedor e seus credores, ou seja, que não guardam relação necessária com o regime da recuperação extrajudicial). Com ela, o legislador teve como objetivo propiciar à empresa em crise o direito de negociar diretamente com seus credores um plano para a sua recuperação, despido de maiores formalidades.

O foco do regime extrajudicial é o enfrentamento de crises econômico-financeiras de menor gravidade, ao passo que a recuperação judicial seria o regime jurídico indicado para salvaguardar crises de maior proporção econômica[1952]. A despeito da diferença de enfoque, tem-se que a recuperação extrajudicial e a

---

[1949] EPSTEIN; NICKLES; WHITE. *Bankruptcy...*, p. 834.

[1950] Um dos casos mais conhecidos de aplicação (com sucesso) do regime jurídico da recuperação extrajudicial no Brasil foi o da Lupatech S.A., no ano de 2014. No entanto, devido a uma série de fatores econômcios e conjunturais, a compania ingressou com pedido de recuperação judicial em 2015.

[1951] CEREZETTI, Sheila C. Neder; MAFFIOLETTI, Emanuelle Urbano. Fotografias de uma década da Lei de Recuperação e Falência. In: _____; _____ (coord.). *Dez anos da Lei nº 11.101/2005*: estudos sobre a Lei de Recuperação e Falência. São Paulo: Almedina, 2015, p. 20. Para um exame dos pontos que mereceriam atenção do Poder Legislativo, a fim de melhorar o regime em questão, tornando-o uma alternativa real para o saneamento da crise empresarial, ver: SPINELLI, Luis Felipe; TELLECHEA, Rodrigo; SCALZILLI, João Pedro. *Recuperação extrajudicial de empresas*. São Paulo: Quartier Latin, 2013, p. 213 ss. Também analisando criticamente o regime, ver: TELLECHEA, Rodrigo; SPINELLI, Luis Felipe; SCALZILLI, João Pedro. Notas críticas ao regime jurídico da recuperação extrajudicial. *Revista de Direito Mercantil Industrial, Econômico e Financeiro*, v. 161/162, p. 47-71, 2012.

[1952] SOUZA JUNIOR. Capítulo VI: Da recuperação extrajudicial..., p. 524); PARECER 534, de 2004, da Comissão de Assuntos Econômicos sobre o PLC 71, de 2003; LISBOA; DAMASO; SANTOS; COSTA. A racionalidade econômica da nova Lei..., p. 45.

RECUPERAÇÃO EXTRAJUDICIAL

judicial são regimes recuperatórios paralelos, cuja escolha por um ou por outro dependerá de uma análise do caso concreto[1953].

A recuperação extrajudicial consiste, basicamente, em um acordo entabulado à margem do Poder Judiciário entre o devedor e seus credores – parte deles ou a sua totalidade –, que, uma vez levado à homologação judicial, produzirá efeitos em relação aos credores que voluntariamente aderiram ao plano proposto, na forma do art. 162, ou, eventualmente, poderá ser imposto a todos os credores de uma mesma classe ou grupo de créditos, desde que aprovado pelo *quorum* previsto no art. 163 da Lei (são, respectivamente, as modalidades de recuperação extrajudicial *facultativa* e *impositiva*).

2. Judicialidade

Diferentemente do que o nome faz supor, o regime jurídico da recuperação extrajudicial pressupõe a existência de uma etapa judicial, consubstanciada na necessidade de o plano ser apresentado judicialmente para homologação.

Em razão disso, partindo-se de uma lógica comparativa com o procedimento de recuperação judicial, pode-se afirmar que em ambos há efetiva participação do Poder Judiciário, mas na recuperação extrajudicial essa participação tem menor intensidade, pois está circunscrita basicamente à homologação do plano. Assim, apesar do adjetivo "extrajudicial" compor a expressão que designa o instituto, tem-se, na verdade, uma recuperação do tipo "menos judicial", por meio da qual o Poder Judiciário é chamado para chancelar um acordo extrajudicialmente negociado entre as partes (devedor e credores), em contraposição à recuperação do tipo "mais judicial" (recuperação judicial, nos termos da LREF).

O caráter diferenciador da última em relação à primeira consiste no fato de que a negociação entre o devedor e os credores, bem como parte de sua execução, é internalizada no processo, sendo, portanto, plenamente judicializada. Portanto, em uma primeira tentativa de distinguir os regimes da recuperação judicial da extrajudicial, pode-se dizer que a pedra de toque para diferenciá-los é o local (*locus*) onde ocorrem as negociações, bem como a execução do acordo.

A partir dessa constatação, uma indagação merece destaque: para que um procedimento de negociação entre o devedor e seus credores seja considerado uma recuperação extrajudicial é imprescindível a homologação judicial do plano?[1954] Parece que a resposta há de ser positiva. Isso porque o regime jurídico da recuperação extrajudicial pressupõe a existência de um plano de recuperação extrajudicialmente negociado (e cumprido fora do juízo), mas judicialmente homologado.

[1953] Sica. *Recuperação extrajudicial de empresas...*, p. 137.

[1954] Vale lembrar que o mero fato de um acordo ser realizado entre devedor e credores já vincula as partes, assim como se é vinculado em qualquer contrato que exista, cumpra os requisitos de validade e atenda aos fatores de eficácia.

Nada impede, porém, que o devedor e seus credores repactuem extrajudicialmente suas obrigações sem levar o ajuste ao Poder Judiciário. Nesse caso, há uma renegociação extrajudicial, também chamada "acordo privado" (nos termos do art. 167 – que pode, eventualmente, também ser levado à homologação pelo Poder Judiciário de acordo com as normas processuais civis), mas não o regime de recuperação extrajudicial previsto na LREF, cuja utilização só se justifica por alguns fatores: (*i*) dar maior solenidade ao ato, outorgando aos credores maior segurança jurídica, pelo simples fato de o acordo ser levado a um agente do Estado (magistrado); (*ii*) dar maior efetividade ao pactuado, porque a homologação transforma o acordo em título executivo judicial (dotado de maior "grau de executividade" se comparado ao título executivo extrajudicial); (*iii*) viabilizar a alienação por hasta judicial de estabelecimentos empresariais inteiros, quando prevista no plano[1955]; (*iv*) forçar a participação de determinado credor que ao plano não tenha aderido voluntariamente[1956]; e (*v*) sujeitar todos os participantes ao regime dos crimes recuperatórios e falimentares da LREF[1957].

3. Análise comparativa

É possível apontar ao menos sete pontos positivos da recuperação extrajudicial, vários deles considerados vantagens em relação à própria recuperação judicial[1958]. Em relação às vantagens propriamente ditas, são elas: (*i*) a flexibilidade; (*ii*) a simplificação dos quóruns; (*iii*) a celeridade; (*iv*) o menor custo; (*v*) o menor desgaste de imagem; (*vi*) a menor intervenção; e (*vii*) o baixo risco.

Efetivamente, uma das principais vantagens do novo regime é a sua flexibilidade, evidenciada a partir da desnecessidade de englobar todos os credores no processo de negociação[1959]. As partes possuem, ainda, ampla liberdade na nego-

---

[1955] Com as consequências que daí advêm – mesmo que essa operação não salvaguarde o adquirente da sucessão em relação às obrigações do alienante, mormente as de natureza tributária e trabalhista, bem como possa ser revogada ou ter sua eficácia declarada em eventual falência do devedor.

[1956] Sendo essa, talvez, a razão mais importante de eventual homologação judicial do plano.

[1957] As razões acima referidas podem, simplesmente, não ser suficientes para que a empresa em crise opte pelo regime jurídico em questão. Mesmo assim, servem para elucidar a existência de uma solução de mercado alternativa, extrajudicial e plenamente lícita, em face dos princípios da autonomia da vontade e da liberdade contratual, uma terceira via entre os acordos privados e a recuperação judicial.

[1958] O objetivo de elencar vantagens não é o de qualificar o regime como "melhor" ou "pior", mas sim ressaltar a possibilidade de um deles, no caso o da recuperação extrajudicial, ser mais adequado ao equacionamento de determinadas situações de crise econômico-financeira, as quais deverão ser examinadas caso a caso.

[1959] Aderem ao plano somente os credores que realmente desejam dele participar. Assim, pode o devedor concentrar esforços na negociação com aqueles credores que estejam dispostos a negociar – seja porque isso aumenta a sua chance de recebimento de seus créditos, seja pelo fato da manutenção do parceiro comercial lhes ser conveniente –, ficando de lado aqueles que se mostrarem irredutíveis.

RECUPERAÇÃO EXTRAJUDICIAL

ciação do conteúdo do plano[1960]. Ademais, o *quorum* necessário para a aprovação do pedido de homologação do plano na modalidade impositiva é mais simples em relação ao de aprovação do plano de recuperação judicial[1961].

No mesmo caminho, há maior celeridade no processamento do regime da recuperação extrajudicial[1962]. Por conseguinte, sendo reduzidos os atos processuais e não havendo a necessidade de nomear administrador judicial – como de fato não há[1963] – o custo da recuperação extrajudicial tende a ser reduzido – lembrando que não há assembleia geral de credores nesse regime nem procedimento de verificação de créditos[1964].

Há também um menor custo reputacional. Na recuperação extrajudicial, há uma exposição um tanto menor do que na recuperação judicial. Isso porque, por exemplo, não há necessidade de o devedor incluir em seu nome empresarial a expressão "em Recuperação Extrajudicial" quando for firmar contratos e documentos em geral[1965]-[1966].

[1960] Prevalece a autonomia das partes em acordar o que acreditam ser a melhor forma de viabilizar a recuperação da empresa.

[1961] Segundo o art. 163 da LREF, o plano apresentado se torna homologável e oponível a todos os credores que componham a espécie ou o grupo organizado pelo devedor, desde que conte com a assinatura de credores que representem 3/5 (três quintos) de todos os créditos de cada espécie por ele abrangidos. No caso da recuperação judicial, o *quorum* previsto é o do art. 45, muito mais complexo (sem contar a possibilidade de *cram down*). A hipótese ora aventada trata-se da recuperação extrajudicial na modalidade impositiva (art. 163) – uma vez que na modalidade facultativa é desnecessária qualquer "deliberação". Trata-se de vantagem do regime da recuperação extrajudicial quando comparado à judicial, cujos requisitos para concessão do *cram down* são bastante criticados pela doutrina, estando previstos nos arts. 45, 55 e 58 da LREF. Sobre o tema, ver: SICA. *Recuperação extrajudicial de empresas...*, p. 136 ss.

[1962] Apesar de o plano seguir o rito de homologação judicial, o procedimento, cujo caráter é preponderantemente chancelatório, possui trâmite simplificado.

[1963] Apesar disso, na prática, tem-se encontrado casos em que é feita a nomeação de administrador judicial com o objetivo de verificar as impugnações referentes aos valores de créditos e, então, o preenchimento do quórum de aprovação do plano (*v.g.*, Processo nº 1058981-20.2016, da 2ª Vara de Falências e Recuperações Judiciais de São Paulo; Processo nº 1096653-48.2017.8.26.0100, da 2ª Vara de Falências e Recuperações Judiciais de São Paulo).

[1964] *V.g.*: "Recuperação extrajudicial – Impugnação ao valor do crédito – Ausência de previsão legal – Ajuste pré-concursal – Recurso desprovido." (TJSP, 1ª Câmara Reservada de Direito Empresarial, AI 2187432-75.2016.8.26.0000, Rel. Des. Fortes Barbosa, j. 07/12/2016).

[1965] SICA. *Recuperação extrajudicial de empresas...*, p. 138. No entanto, as publicações ordenadas pela Lei conterão a epígrafe "recuperação extrajudicial de" (art. 191, parágrafo único).

[1966] Ainda, o nome da empresa recuperanda não precisará constar do banco de dados nacional sobre empresas em recuperação a cargo do Departamento de Registro Empresarial e Integração (DREI), disponível na rede mundial de computadores, que contém a relação de todos os falidos ou empresas em recuperação judicial (LREF, art. 196) – o que, por óbvio, também representa menores custos (principalmente custos reputacionais). De qualquer forma, é preciso observar que, até o presente momento, não consta que o DREI tenha disponibilizado tal relação, o que anula esta pequena vantagem referida.

RECUPERAÇÃO DE EMPRESAS E FALÊNCIA

Outro ponto positivo é a menor intervenção na empresa em crise. Inexiste a possibilidade de perda da administração da recuperanda pela nomeação de gestor judicial (LREF, arts. 64 e 65), assim como não há a fiscalização de administrador judicial nem o acompanhamento do cumprimento do plano pelo Poder Judiciário (LREF, art. 61) – salvo se, evidentemente, alguma medida nesse sentido for prevista no próprio plano de recuperação extrajudicial.

Finalmente, a recuperação extrajudicial não apresenta o risco de convolação em falência nem de reversão da novação.

A par dessas vantagens, o insignificante número de recuperações extrajudiciais homologadas desde o início da vigência da LREF[1967] parece denunciar que as bases do regime não estão adequadas às necessidades das empresas em crise. Entre os diversos fatores que podem ser apontados como desvantagens do regime estão: (*i*) o seu alcance restrito; (*ii*) a inexistência do *stay period* (continuando todas as ações e execuções contra o devedor – ainda que ações arbitrais, além da mediação e da conciliação[1968] –, bem como não se suspendendo o curso das prescrições); (*iii*) a impossibilidade de alienar ativos desembaraçados sem maiores riscos; (*iv*) o risco de revogação de atos; (*v*) a ausência de estímulos aos fornecedores; (*vi*) o risco de intromissão judicial; e (*vii*) o risco de incorrer nos crimes da LREF.

A recuperação extrajudicial possui um alcance mais restrito se comparada à recuperação judicial, pois uma importante classe de credores fica imune aos seus efeitos: a classe trabalhista[1969]. Outra relevante desvantagem do regime em

---

[1967] Ao que se tem notícia, menos de uma centena em todo o território nacional.

[1968] Como bem observa o Enunciado 45 da I Jornada Prevenção e Solução Extrajudicial de Litígios do CJF: "A mediação e a conciliação são compatíveis com a recuperação judicial, a extrajudicial e a falência do empresário e da sociedade empresária, bem como em casos de superendividamento, observadas as restrições legais".

[1969] A recuperação extrajudicial não pode contemplar nas negociações entabuladas os créditos de natureza tributária (impostos, taxas e contribuições), trabalhista (salários, férias e outras verbas), acidentária laboral (indenizações), além daqueles previstos nos arts. 49, §3º, e 86, II, justamente algumas das maiores fontes de preocupação do empresário em estado de crise. É o que dispõe o art. 161, §1º. Considerando a interpretação de que os honorários advocatícios (contratuais ou sucumbenciais, ainda que de titularidade de sociedade de advogados) possuem natureza alimentar e equiparam-se aos créditos trabalhistas (vide Capítulo 10, item 3.1), nos termos da Súmula Vinculante 47 do STF e da previsão contida no art. 85, §§14 e 15, do CPC, parece evidente que os honorários advocatícios estão abarcados pela exceção prevista pelo art. 161, §1º, da LREF. Todavia, lembre-se de que desse mal ("alcance restrito") também padece, ainda que parcialmente, a recuperação judicial, pois os créditos tributários também não são abarcados pela recuperação judicial, bem como não se sujeitam a tal espécie recuperacional os credores previstos nos arts. 49, §3º, e 86, II (art. 49, §4º) – os chamados "credores proprietários". Entretanto, é importante atentar para restrição adicional: como regra, os parcelamentos tributários existentes para empresas em crise restringem-se àquelas que optam pelo regime da recuperação judicial (vide, nesse sentido, a Lei 13.043/2014).

RECUPERAÇÃO EXTRAJUDICIAL

análise em relação à recuperação judicial é a inexistência do *stay period*[1970]. Além disso, é de se destacar que, na recuperação extrajudicial, há o risco de sucessão do adquirente nas dívidas do devedor alienante quando da venda dos bens do seu ativo, especialmente as de natureza trabalhista e tributária[1971].

[1970] A suspensão automática das ações e execuções de todos os credores em face do devedor pelo período de 180 (cento e oitenta) dias (prevista no art. 6º, §4º, além da regra do art. 49, §3º). Com efeito, na recuperação extrajudicial, diferentemente, somente restam suspensos os direitos, ações ou execuções dos credores que aderiram ao plano, assim como tais credores ficam impossibilitados de postular a falência do devedor, podendo fazê-lo aqueles não sujeitos ao plano (como se deduz por meio da interpretação do art. 161, §4º, *a contrario sensu*, sendo tal assunto melhor exposto mais adiante). No mesmo sentido, os credores proprietários poderão tomar medidas imediatas, já que não há o *stay period* (como, por exemplo, prevê o art. 6º-A do Decreto-Lei 911/1969). Mas, apesar das críticas quanto ao sistema adotado pela LREF, é compreensível que assim esteja estabelecido, pois o *stay period* é concedido na recuperação judicial em face das características próprias desse regime, pois é preciso dar certa tranquilidade ao devedor para negociar com seus credores, o que ocorre, presumivelmente, dentro do próprio juízo competente. Diferentemente, no regime da recuperação extrajudicial, o plano já vem negociado, razão pela qual o *stay period* seria desnecessário, exceto na hipótese de imposição do plano à minoria dissidente. Todavia, prudente é que o *stay period* existisse na modalidade impositiva da recuperação extrajudicial, algo que a jurisprudência vem concedendo.

[1971] Diferentemente do que pode ocorrer na recuperação judicial (art. 60, parágrafo único) e na falência (art. 141, II). Ocorre, portanto, a sucessão de débitos quando da alienação patrimonial, ainda que feita judicialmente – e ainda que se queira considerar a posição diversa (no sentido da não sucessão), há, no mínimo, grave risco envolvido no negócio. Em termos jurídicos, essa talvez seja a maior desvantagem do regime da recuperação extrajudicial, a que gera mais insegurança aos credores e restringe as alternativas de reestruturação da empresa em crise. Vale destacar a problemática: o art. 166 da LREF determina que, se o plano de recuperação extrajudicial homologado envolver alienação judicial de filiais ou de unidades produtivas isoladas do devedor (ou seja, grosso modo, estabelecimento empresarial do devedor), o juiz deverá ordenar a sua realização, observado, no que couber, o disposto no art. 142 da Lei. O art. 142, por seu turno, localizado na Seção X (Realização do Ativo) do Capítulo V (Falência) da LREF, disciplina as modalidades de realização do ativo do devedor no processo de falência. Logo, na dicção da Lei, prevendo o plano de recuperação extrajudicial a alienação judicial de filiais ou de unidades produtivas isoladas do devedor, o procedimento deve seguir uma das modalidades previstas no art. 142, a saber: leilão, por lances orais; propostas fechadas; pregão. A LREF tratou de forma específica sobre o tema da sucessão das obrigações do adquirente dos bens do devedor e o capítulo que trata da recuperação extrajudicial de empresas não faz qualquer ressalva quanto à inexistência de sucessão do adquirente nas dívidas do bem adquirido. Logo, com base numa interpretação literal da Lei, é razoável concluir que, se o plano de recuperação extrajudicial envolver alienação, ainda que por via judicial, de estabelecimento, de filiais ou de unidades produtivas isoladas do devedor, o adquirente poderá ser considerado sucessor do devedor nas suas dívidas tributárias, trabalhistas e civis (LOBO, Jorge. Responsabilidade por obrigações e dívidas da sociedade empresária na recuperação extrajudicial, na recuperação judicial e na falência. *Revista de Direito Mercantil, Industrial, Econômico e Financeiro*, São Paulo, a. XLV, n. 144, out./dez. 2006, p. 142, 145; SOUSA, Marcos Andrey de. Da recuperação extrajudicial. In: DE LUCCA, Newton; SIMÃO FILHO, Adalberto (coords). *Comentários à nova Lei de Recuperação de Empresas e Falências*. São Paulo: Quartier Latin, 2005, p. 606; e LEAL, Hugo Barreto Sodré. *Responsabilidade tributária na aquisição de estabelecimento empresarial*. São Paulo: Quartier Latin, 2007, p. 229). Não obstante, é importante consignar posição diversa de FRANCISCO SATIRO, para quem, ocorrendo a venda judicial de estabelecimento ou unidade produtiva – ou seja, de acordo com o disposto nos arts. 166 e 142 –, tal transferência ocorre livre de ônus e sucessão (como

RECUPERAÇÃO DE EMPRESAS E FALÊNCIA

Ainda, em caso de quebra do devedor recuperando, os atos praticados no contexto da recuperação extrajudicial podem ser revogados ou declarados ineficazes (LREF, arts. 129 e 130), mesmo porque somente existe regra protetiva específica quanto à recuperação judicial, nos termos do art. 131[1972]. Adicional-

previsto no art. 141, II), porque o art. 141 regula as consequências das modalidades típicas de alienação previstas no art. 142 (salientando, inclusive, o equívoco do legislador na redação do *caput* do art. 141, que deveria fazer referência expressa ao art. 142 ou à Seção X como um todo). Exceção seria feita às dívidas tributárias, em decorrência do art. 133, §1°, do CTN, que faz menção apenas à falência e à recuperação judicial como regimes em que a alienação dos bens pode ser feita sem sucessão (SOUZA JUNIOR. Capítulo VI: Da recuperação extrajudicial..., p. 541-542). Posição semelhante é defendida por MARTINS. *A recuperação extrajudicial na Lei n° 11.101/2005...*, p. 173. Já LUIZ INÁCIO VIGIL NETO tem uma posição ainda mais benéfica para o devedor e eventuais interessados na aquisição dos ativos postos a venda: para o referido autor, não há sucessão tanto com relação às dívidas trabalhistas quanto às tributárias, pois o art. 166 da LREF deveria ter remetido ao art. 141 (que fala da alienação livre de dívidas trabalhistas e tributárias na falência), não ao art. 142. Assim, tratar-se-ia de falta de atenção inescusável do legislador (VIGIL NETO. *Teoria falimentar e regimes recuperatórios...*, p. 299). Não bastasse a questão acima descrita, há, ainda, de se salientar a possibilidade de se querer fazer incidir o art. 185 do CTN (alienação e fraude em matéria fiscal) mesmo em hipótese de alienação de bens para cumprimento de plano de recuperação extrajudicial, cuja redação determina que se presumirá fraudulenta a alienação ou a oneração de bens ou rendas se o alienante tiver débito tributário regularmente inscrito como dívida ativa (SOUZA JUNIOR. Capítulo VI: Da recuperação extrajudicial..., p. 527).

[1972] O direito concursal brasileiro possui uma preocupação histórica com o problema da eficácia dos atos praticados em contexto pré-falimentar. Esse receio foi mantido com o advento da LREF, sendo objeto de regulação nos arts. 129 e 130 (e seguintes). Na tentativa de reduzir a insegurança dos credores e dos possíveis interessados na aquisição de bens de devedores em estado de crise, a LREF salvaguardou determinados atos praticados no âmbito da recuperação judicial, "blindando-os" contra possível declaração de ineficácia. Nesse sentido, de acordo com o art. 131 da LREF, nenhum dos atos referidos nos incisos I a III e VI do art. 129 que tenham sido previstos e realizados na forma definida no plano de recuperação judicial será declarado ineficaz ou revogado. O dispositivo legal menciona expressamente o procedimento de recuperação judicial, silenciando quanto a sua possível extensão ao regime jurídico da recuperação extrajudicial. Dessa forma, entende-se que essa omissão do legislador indica que os atos previstos no plano de recuperação extrajudicial não estão protegidos contra ações revocatórias e declarações de ineficácia previstas nos arts. 130 e 129 – ou, numa interpretação diversa (também possível como abaixo será visto), ao menos cria uma insegurança que faz tais operações serem bastante desconfortáveis para os participantes. Assim, além de não estar afastada a hipótese de quebra do devedor recuperando, outro sério risco do regime consiste no fato de que os atos praticados no contexto recuperatório extrajudicial, como, por exemplo, as alienações de ativos, estão sujeitos à revogação ou à declaração de ineficácia. Portanto, eventuais alienações de filiais ou unidades produtivas isoladas do devedor, ainda que realizadas em juízo, nos termos do art. 166, não estão imunizadas em caso de falência do devedor. Em sentido contrário, LIGIA PAULA PIRES PINTO SICA entende, com base numa interpretação ampliativa e principiológica da LREF, que seria mais acertado estender a aplicação do disposto no art. 131 ao plano de recuperação extrajudicial homologado judicialmente, na medida em que isto aumentaria o grau de segurança do regime e incentivaria os credores a aderir aos seus termos e condições (SICA. *Recuperação extrajudicial de empresas...*, p. 107, 163-164). Outros autores suportam essa posição, mesmo que com base em fundamentos diversos (MARTINS. *A recuperação extrajudicial na Lei n° 11.101/2005...*, p. 178-180; FERNANDES, Jean Carlos. Reflexões sobre a nova lei falimentar: os efeitos da homologação do plano de recuperação extrajudicial. *Revista de Direito Mercantil, Industrial, Financeiro e Econômico*, São Paulo, n. 141, jan./jul. 2006,

RECUPERAÇÃO EXTRAJUDICIAL

mente, não há estímulos de ordem econômica para que a recuperanda obtenha crédito no mercado[1973].

Todos esses pontos negativos se agravam na medida em que se percebe que os efeitos gerados por um acordo privado são basicamente os mesmos da recuperação extrajudicial. Isso sem falar de todos os requisitos (subjetivos e objetivos) que devem ser atendidos para que se possa postular a recuperação extrajudicial, bem como os incômodos que qualquer processo judicial traz, tais como a possibilidade de uma indesejável intromissão judicial em aspectos que não caberia ao Poder Judiciário intervir, ou mesmo de credores sem legitimidade. Não bastasse, a homologação de um plano de recuperação extrajudicial traz a possibilidade de que os envolvidos incorram nos crimes previstos na LREF[1974].

Dito isso, a despeito de a recuperação extrajudicial representar uma importante alternativa legal para reestruturação da empresa, o insucesso prático do instituto decorre, em menor ou maior escala, de alguma das desvantagens acima mencionadas.

Pelo exposto, e considerando as desvantagens referidas, cuja relevância para a baixa aderência prática do instituto é evidente, a observação da realidade demonstra, em certa medida, que a maior concorrente da recuperação extrajudicial pode não ser a recuperação judicial, mas, sim, as modalidades alternativas de acordos privados celebrados entre o devedor e seus credores, mencionadas no art. 167 da LREF[1975] – mesmo porque, inclusive, independem de qualquer requisito de legitimação.

---

p. 180-183; COELHO. *Comentários à Lei de Falências e de Recuperação de Empresas...*, p. 406). De qualquer forma, mesmo que se queira concordar com a tese defendida, a incerteza gerada pela LREF (risco de desfazimento do negócio) já é fator decisivo para o desprestígio do regime da recuperação extrajudicial. Por outro lado, ao menos tendo sido novadas as obrigações do devedor recuperando com a homologação do plano de recuperação extrajudicial, mesmo no caso de falência estas não retornam ao *status quo ante* (aqui, portanto, não ocorre a reversão prevista no art. 61, §2º).

[1973] Os créditos decorrentes de obrigações contraídas pelo devedor durante a recuperação extrajudicial, inclusive aqueles relativos a despesas com fornecedores de bens ou de serviços e contratos de mútuo, não são considerados extraconcursais em caso de falência (diferentemente do que ocorre na recuperação judicial, *ex vi* art. 67), tampouco ocorre a *elevação* prevista no parágrafo único do art. 67 (espécie de *upgrade* na classificação), o que denota um descuido do legislador ao criar um sistema de incentivos para que terceiros negociem com devedor.

[1974] Vale lembrar que a sentença que homologa a recuperação extrajudicial é condição objetiva de punibilidade das infrações penais descritas na LREF (art. 180).

[1975] No direito norte-americano, por exemplo, possuem grande relevância prática entre os empreendedores em estado de crise (ou pré-crise) os acordos privados entabulados entre o devedor e seus credores, sem a interferência do Poder Judiciário, baseados fortemente no princípio da autonomia privada. São denominados *workout agreements*, referidos na doutrina como *out-of-court restructuring ou informal reorganization*. Nesse sentido: DUBERSTEIN. Out-of-court workouts...; e SCHWARTZ. Bankruptcy workouts and debt contracts...

RECUPERAÇÃO DE EMPRESAS E FALÊNCIA

4. Legitimação

A LREF exige do devedor interessado em ingressar com pedido de recuperação extrajudicial os mesmos requisitos estabelecidos para a promoção da recuperação judicial, previstos nos arts. 1º e 48 (c/c art. 161, *caput*). Por isso, para maiores esclarecimentos, remete-se o leitor para o Capítulo 10, item 2.

Somam-se a eles os requisitos específicos contidos no art. 161, §3º, da LREF.

Em primeiro lugar, não pode o devedor ter pendente pedido de recuperação judicial. O objetivo do dispositivo é vedar o pedido de recuperação extrajudicial no interregno entre o pedido de recuperação judicial e a decisão de sua concessão[1976].

Em segundo lugar, o devedor não pode ter se valido da recuperação judicial ou extrajudicial nos últimos dois anos[1977]. O marco temporal para o cômputo do prazo de dois anos é a concessão da recuperação judicial[1978]. A mesma observação cabe ser feita quanto à exigência de não ter obtido homologação de outro plano de recuperação extrajudicial há menos de dois anos: o marco temporal é a homologação do plano de recuperação extrajudicial[1979]. Aqui, a restrição temporal prevista no art. 161, §3º – obtenção de recuperação judicial ou homologação de outro plano de recuperação extrajudicial há menos de dois anos – afasta da recuperação extrajudicial a exigência dos requisitos do art. 48, II e III, previstos para a recuperação judicial, a saber: os prazos de cinco anos dentro dos quais o devedor não pode ter obtido a concessão de recuperação judicial ordinária e com base no plano especial[1980].

5. Plano

O plano de recuperação extrajudicial é o instrumento por meio do qual se materializam as negociações levadas a cabo entre o devedor e os seus credores (LREF, art. 161). Possui natureza contratual[1981].

[1976] Não em relação ao despacho que defere o processamento.

[1977] Sobre a discussão envolvendo tais requisitos, ver: SPINELLI; TELLECHEA; SCALZILLI. *Recuperação extrajudicial...*, p. 109-112.

[1978] Não o deferimento do seu processamento, tampouco a data da distribuição da ação ou o lapso temporal durante o qual o plano será executado.

[1979] Em sentido contrário, isto é, pela contagem do prazo a partir da distribuição de recuperação extrajudicial anterior, ver: PAIVA, Luiz Fernando Valente de. Da recuperação extrajudicial. In: _____ (coord.). *Direito falimentar e a nova Lei de Falências e Recuperação de Empresas*. São Paulo: Quartier Latin, 2005, p. 578; e SICA. *Recuperação extrajudicial de empresas...*, p. 150-151.

[1980] Nesse sentido: PAIVA. Da recuperação extrajudicial..., p. 577; SOUSA. Da recuperação extrajudicial..., p. 578, 581; SOUZA JUNIOR. Capítulo VI: Da recuperação extrajudicial..., p. 527; PACHECO. *Processo de recuperação judicial, extrajudicial e falência...*, p. 428; SANTOS, Paulo Penalva. Capítulo VI: Da recuperação extrajudicial. In: CORRÊA-LIMA, Osmar Brina; CORRÊA LIMA, Sérgio Mourão (coord.). *Comentários à nova Lei de Falência e Recuperação de Empresas*. Rio de Janeiro: Forense, 2009, p. 1.101-1.102, 1.104; SICA. *Recuperação extrajudicial de empresas...*, p. 148-149.

[1981] Sobre a natureza do plano, ver: SPINELLI; TELLECHEA; SCALZILLI. *Recuperação extrajudicial...*, p. 59 ss; SICA. *Recuperação extrajudicial de empresas...*, p. 84 ss. Ver, também: SOUZA JUNIOR. Capítulo VI:

RECUPERAÇÃO EXTRAJUDICIAL

A participação dos credores é voluntária, exceto no caso de recuperação imposta[1982]. Efetivamente, o plano não precisa abarcar todos os créditos possíveis de cobertura: fica a critério do devedor, à luz do caso concreto e de suas necessidades, escolher os créditos que deseja englobar em sua proposta.

Porém, os efeitos do plano são restritos aos créditos constituídos até a data do seu pedido de homologação (LREF, art. 163, §1°) – o que até pode ser alterado negocialmente na modalidade facultativa, mas não na recuperação extrajudicial impositiva. Logo, os créditos posteriores ao mencionado marco temporal em nada são afetados pela recuperação extrajudicial. Além disso, os credores não incluídos no plano não poderão ter o valor de seu crédito ou condições originais de pagamento alterados (LREF, art. 163, §2º, e art. 161, §2º).

5.1. Créditos imunes

Com exceção dos créditos trabalhistas e por acidente do trabalho (créditos trabalhistas em geral), tem-se a mesma relação de credores que não se sujeitam à recuperação judicial.

Destarte, de acordo com o §1° do art. 161 da LREF, o plano de recuperação extrajudicial não pode abarcar: (*i*) créditos de natureza tributária; (*ii*) derivados da legislação do trabalho ou decorrentes de acidente de trabalho; e (*iii*) as relações contratuais previstas nos §§3º e 4º do art. 49[1983] e no inciso II do art. 86[1984].

Da recuperação extrajudicial..., p. 526-527; e SZTAJN, Rachel. Capítulo VI: Da recuperação extrajudicial. In: TOLEDO, Paulo Fernando Campos Salles de; ABRÃO, Carlos Henrique (coord.). *Comentários à Lei de Recuperação de Empresas e Falência*. 4 ed. rev. e atual. São Paulo: Saraiva, 2010, p. 536-540.

[1982] Todavia, apesar de a adesão ser livre, uma vez manifestada a concordância, o credor não poderá se retratar unilateralmente após a distribuição do pedido de homologação, salvo quando seja obtida a anuência de todos os demais signatários do plano (LREF, art. 161, §5º). E, mesmo antes da distribuição do pedido, a doutrina entende que o credor se encontra obrigado contratualmente perante o devedor, não podendo livremente desistir do plano (assim: COELHO. *Comentários à Lei de Falências e de Recuperação de Empresas...*, p. 447-448; SOUZA JUNIOR. Capítulo VI: Da recuperação extrajudicial..., p. 530; SOUSA. Da recuperação extrajudicial..., p. 588). Por uma questão lógica, os argumentos esposados referentes à desistência de qualquer credor também se aplicam à hipótese que envolva a eventual desistência do devedor (assim: SANTOS. Capítulo VI: Da recuperação extrajudicial..., p. 1105). Por tudo, ver, ainda: SPINELLI; TELLECHEA; SCALZILLI. *Recuperação extrajudicial...*, p. 116-117.

[1983] O TJSP decidiu que o crédito consignado, decorrente de convênios firmados entre empresas e instituições financeiras sob a égide da Lei 10.820/03 (*i.e.*, operação na qual são concedidos empréstimos aos empregados da empresa conveniada, no caso em questão, a recuperanda, sob a forma de desconto em folha de pagamento) estão sujeitos à recuperação extrajudicial e não fazem parte do rol previsto no art. 49, §3º, não se aplicando a ele a previsão do art. 161, §1º, da Lei 11.101/05 (TJSP, Câmara Reservada à Falência e Recuperação, AI 0473553-69.2010.8.26.0000, Rel. Des. Romeu Ricupero, j. 01/03/2011).

[1984] Para RACHEL SZTAJN, a exclusão de tais contratos da possibilidade de submissão à recuperação judicial e extrajudicial é compatível com o papel que o direito de propriedade exerce nessas relações jurídicas (nas quais os credores são denominados por parte da doutrina como "credores proprietários") (SZTAJN. Seção I: Disposições gerais..., p. 230; corroborando este posicionamento, ver: MARTINS.

RECUPERAÇÃO DE EMPRESAS E FALÊNCIA

Os credores que não são alcançados pela recuperação extrajudicial podem executar os seus créditos ou tomar toda e qualquer medida com o objetivo de protegê-los, nos exatos termos do §4° do art. 161 da LREF[1985]. Mas, se, por um lado, esses credores podem, em última instância, até requerer a falência do devedor – o que, sem dúvida, pode prejudicar ou, até mesmo, inviabilizar a execução do plano de recuperação extrajudicial –, por outro, nada impede que firmem acordos paralelos com o devedor, como inclusive prevê o art. 167 da LREF[1986].

5.2. Forma e conteúdo

A LREF não traz maiores exigências quanto à forma e ao conteúdo do plano de recuperação extrajudicial, simplesmente dispondo, no art. 162, que ele deve conter seus termos e condições com a assinatura dos credores que aderiram.

De qualquer maneira, recomenda-se a observância do art. 53 da mesma lei, que dispõe que o plano de recuperação (judicial) deve conter: (*i*) a discriminação pormenorizada dos meios de recuperação a ser empregados; (*ii*) a demonstração de sua viabilidade econômica; e (*iii*) o laudo econômico-financeiro e de avaliação dos bens e ativos do devedor, subscrito por profissional legalmente habilitado ou empresa especializada. Trata-se, no entanto, de mera recomendação.

Quanto ao conteúdo, o devedor e seus credores possuem ampla margem na sua determinação. A escolha das técnicas de recuperação (*i.e.*, abatimentos, parcelamentos, carência, enfim, todas as modalidades previstas no art. 50 da LREF e outras mais) é livre (devendo-se atentar para eventuais consequências em outras searas, como no âmbito concorrencial, como já referido, no bojo da recuperação judicial, no Capítulo 12, item 3.3, *supra*).

A experiência prática, ainda que rarefeita, tem demonstrado que os planos de recuperação extrajudicial contêm estruturas mais simples, tais como o parcelamento de dívidas, perdões (remissões) parciais e repactuações de juros e demais encargos, embora as alternativas possam abranger uma gama muito mais extensa

---

A recuperação extrajudicial na Lei nº 11.101/2005..., p. 105). Vale referir, ainda, que, no caso das companhias áreas, por força do art. 199, §§1º, 2º e 3º, o rol de contratos que escapam aos efeitos da recuperação extrajudicial (e judicial) é um pouco mais abrangente.

[1985] Na jurisprudência: TJRJ, 6ª Câmara Cível, AI 0025092-63.2009.8.19.0000 (2009.002.14701), Rel. Des. Nagib Slaibi, j. 16/08/2009 (assim decidindo: "Execução de título extrajudicial. Contrato de câmbio de compra ou adiantamento de contrato de câmbio – ACC. Pedido cautelar de arresto. Sociedade empresária em recuperação extrajudicial. Decisão de origem indeferitória. Princípio da preservação da empresa. Reforma. Possibilidade. Inaplicabilidade dos efeitos da recuperação extrajudicial ao contrato entabulado pelas partes. Artigos 49, §4º e 86, II da Lei de Recuperação das empresas. Reforma da decisão. Deferimento da medida. Provimento do recurso.").

[1986] Desde que sejam respeitados os limites estabelecidos pela legislação que regula cada espécie de relação (por exemplo, no caso dos créditos tributários, a transação somente é admitida nos termos de lei específica).

RECUPERAÇÃO EXTRAJUDICIAL

e sofisticada de medidas, como as reorganizações societárias, a emissão de títulos ou debêntures[1987], a transformação de crédito em participação societária e até a alienação da empresa e de seus ativos[1988].

Quanto à formalização do plano, usualmente, elabora-se um documento que contenha a descrição das medidas de recuperação extrajudicial propostas e os credores aderem a ele, assinando o chamado "termo de adesão". Inexiste, assim, a necessidade prática de reunir todos os credores, em um mesmo local, dia e hora, para que assinem o mesmo documento, bastando que as condições negociadas tenham sido devidamente formalizadas em tal instrumento. Trata-se de uma simplificação importante, plenamente adequada a um processo de negociação flexível e informal.

5.3. Limites e restrições de conteúdo

Apesar da liberdade outorgada ao devedor, são impostas algumas restrições pela legislação com a finalidade de evitar que o plano seja utilizado de modo indevido, avesso às suas precípuas finalidades.

São elas as seguintes: (*i*) o plano não poderá prever pagamento antecipado de nenhuma dívida (LREF, art. 161, §2º, 1ª parte)[1989]; (*ii*) o plano não poderá prever tratamento desfavorável aos credores não sujeitos à recuperação extrajudicial (LREF, art. 161, §2º, 2ª parte)[1990]; (*iii*) na alienação de bem objeto de garantia real,

---

[1987] Sobre a emissão pública de valores mobiliários por devedores em recuperação extrajudicial, ver: NAJJARIAN. Comentários às informações prestadas por companhias abertas falidas e em recuperação judicial..., p. 152 ss

[1988] Talvez o alcance restrito que se pode verificar, na prática, quanto ao conteúdo do plano de recuperação extrajudicial esteja relacionado aos riscos existentes em procedimentos estruturalmente mais complexos, dentre os quais se destacam a ineficácia dos atos praticados em caso de falência do devedor e a conturbada questão da sucessão de obrigações na hipótese de alienação de bens, bem como a restrição imposta pelo art. 164, §3º, II, da LREF.

[1989] O que é motivo de críticas da doutrina: "Não faz sentido proibir a antecipação de pagamentos, pois em muitos casos o credor dá descontos que podem ser interessantes para o devedor, desde que ele antecipe o pagamento da dívida. Acordos que dispõem sobre o pagamento antecipado são lícitos; (...). Aqui, cumpre alertar aos credores que a antecipação de pagamentos no termo legal, apesar de lícita, poderá ter a sua ineficácia declarada (art. 129, I) até mesmo de ofício (art. 129, parágrafo único)" (SANTOS. Capítulo VI: Da recuperação extrajudicial..., p. 1104).

[1990] O que é óbvio e nos leva a concluir que pode existir tratamento desfavorável e diferenciado aos credores sujeitos ao plano. Nesse sentido, ver: SANTOS. Capítulo VI: Da recuperação extrajudicial..., p. 1.104, 1.106. Quanto a esse ponto, interessante é a argumentação de GLAUCO ALVES MARTINS: "A adequada realização da *par conditio creditorum* (isto é, tratamento isonômico de credores da mesma classe) era considerada um dos escopos do sistema concursal pátrio na vigência do Decreto-Lei 7.661/1945, tanto no que diz respeito à falência, quanto na concordata. Contudo, o advento da Lei 11.101/05 parece ter relativizado consideravelmente a rigidez dessa fórmula no direito concursal brasileiro. Conquanto seja adequado afirmar que ela permanece presente na configuração atual da falência, o regramento reservado à recuperação extrajudicial revela que a *par conditio creditorum* não é uma das características do instituto.

RECUPERAÇÃO DE EMPRESAS E FALÊNCIA

a supressão da garantia ou a sua substituição somente será admitida mediante a aprovação expressa do credor titular da respectiva garantia (LREF, art. 163, §4º)[1991]; (*iv*) quanto aos créditos em moeda estrangeira, a variação cambial só poderá ser afastada se o credor titular do respectivo crédito aprovar expressamente essa hipótese (LREF, art. 163, §5º)[1992]; (*v*) o plano não poderá prever a prática de atos que caracterizem o estado falimentar (LREF, art. 94, III)[1993]; (*vi*) não poderá prever a prática de ato doloso prejudicial aos credores (LREF, art. 130, c/c art. 164, §3º, II); (*vii*) não poderá prever a prática de ato ilegal (LREF, art. 164, §3º, II e III).

Há três elementos na disciplina da recuperação extrajudicial que conduzem a essa conclusão: (*i*) a regra que proíbe o tratamento desfavorável a credores não sujeitos ao plano de recuperação extrajudicial (artigo 161, §2º, in fine) evidencia que será possível tratamento diferenciado entre sujeitos ao plano de recuperação extrajudicial, ou mesmo tratamento mais favorável a credores não sujeitos ao plano de recuperação extrajudicial; (*ii*) a autorização na modalidade de recuperação extrajudicial prevista no artigo 163 (...), para que o plano preveja a divisão de credores em grupos de credores de mesma natureza e sujeitos a semelhantes condições de pagamento, o que possibilita a proposta de tratamento distinto a credores da mesma classe; (*iii*) e a inexistência na modalidade de recuperação extrajudicial do artigo 162 (...), de qualquer restrição a que se dê tratamento diferenciado aos credores que aderiram ao plano." (MARTINS. *A recuperação extrajudicial na Lei nº 11.101/2005...*, p. 96-97). De qualquer sorte, especificamente na modalidade impositiva, entendemos que se deva seguir os ditames do Enunciado 57 da 1ª Jornada de Direito Comercial, promovida pelo Conselho da Justiça Federal no ano de 2012: "O plano de recuperação judicial deve prever tratamento igualitário para os membros da mesma classe de credores que possuam interesses homogêneos, sejam estes delineados em função da natureza do crédito, da importância do crédito ou de outro critério de similitude justificado pelo proponente do plano e homologado pelo magistrado".

[1991] O que é particularmente importante na modalidade impositiva.

[1992] Também relevante na modalidade impositiva.

[1993] A regra em questão está inserida no art. 164, §3º, II. Neste ponto, impõe observar que a restrição imposta pela LREF pode acarretar na inviabilidade do plano de recuperação extrajudicial, simplesmente porque atos que podem caracterizar estado falimentar à luz do art. 94, III, são comumente praticados em âmbito recuperatório. Nesse sentido, concorda-se com GLAUCO ALVES MARTINS, que salienta ser "relativamente comum no processo de renegociação coletiva do passivo de um devedor empresário, que os credores exijam novas garantias reais do devedor ou que o devedor seja obrigado a desfazer-se de parte de seus bens ou até mesmo de alguns de seus estabelecimentos como parte da estratégia de superação da crise." "Todos esses meios de recuperação encontrariam óbices em situações descritas nas alíneas do inciso III do art. 94, especialmente na primeira parte da aliena "a" ('procede à liquidação precipitada de ativos'), aliena 'c' ('transfere estabelecimento a terceiro, credor ou não, sem o consentimento de todos os credores e sim ficar com bens suficientes para solver seu passivo') e aliena 'e' ('dá ou reforça garantia a credor por dívida contraída anteriormente sem ficar com bens livres e desembaraçados para saldar seu passivo')". Em razão disso, como salienta o referido autor, o plano de recuperação acaba restrito a soluções de crise pouco criativas e muito restritas (MARTINS. *A recuperação extrajudicial na Lei nº 11.101/2005...*, p. 94-95). Pelo exposto, resta aqui uma restrição relevante ao conteúdo do plano de recuperação extrajudicial – devendo-se lembrar, como será visto oportunamente, que os credores poderão, no prazo de 30 dias previsto no art. 164, §2º, da LREF, impugnar o plano de recuperação extrajudicial em processo de homologação, alegando, entre outras questões, a prática de qualquer dos atos previstos no inciso III do art. 94 ou do art. 130.

RECUPERAÇÃO EXTRAJUDICIAL

Respeitados tais limites, pode-se moldar o plano de recuperação extrajudicial da forma que melhor aprouver ao interesse e às necessidades do devedor.

6. Modalidades

A LREF prevê duas modalidades de recuperação extrajudicial: (*i*) a facultativa (art. 162); e (*ii*) a impositiva (art. 163). Abaixo elas serão examinadas separadamente.

6.1. Recuperação extrajudicial facultativa

É a modalidade prevista no art. 162, na qual existe a adesão da totalidade dos credores atingidos pelo plano, independentemente de quem seja e a qual classe de credores pertença. Essa é a dita recuperação extrajudicial facultativa, justamente porque a adesão dos credores é voluntária.

Como o devedor tem o direito de escolher os credores com quem irá negociar, presume-se que ele elaborará um plano apenas com aqueles que se dispuserem a participar, fazendo da homologação da recuperação extrajudicial um evento praticamente certo.

Nessa modalidade, o sistema é bastante simples, sem maiores formalidades. Nada obsta que o plano dispense tratamento desigual àqueles que dele participam, na medida em que é lícito acordar condições diferentes para cada um dos aderentes. Isto é, nada impede que tenham os credores signatários tratamento díspar, sem que isso implique qualquer irregularidade[1994].

6.2. Recuperação extrajudicial impositiva (*cram down*)

Em sentido oposto à modalidade acima examinada, tem-se aquela prevista no art. 163, que possibilita ao devedor impor suas condições aos credores minoritários dissidentes do plano por ele proposto, caso este tenha sido assinado por credores que representem mais de 3/5 (60%) de todos os créditos[1995] de cada espécie[1996] ou

---

[1994] SANTOS, Paulo Penalva. Aspectos polêmicos da recuperação extrajudicial. *Revista do Advogado*, a. XXIX, n. 105, set. 2009, p. 160; SANTOS. Capítulo VI: Da recuperação extrajudicial..., p. 1106; PAIVA. Da recuperação extrajudicial..., p. 582; e SOUZA JUNIOR. Capítulo VI: Da recuperação extrajudicial..., p. 529.

[1995] A fração de 3/5 (três quintos) é contada pelo valor do crédito (e não pelo número de credores – isto é, o critério de contagem é por crédito, não por cabeça). Assim, é necessária a adesão de credores que representem mais de 60% do volume de créditos de uma determinada espécie ou grupo de credores de uma mesma espécie incluídos no plano para que ele possa ser imposto aos dissidentes de tal espécie ou grupo. Os percentuais serão verificados dentro de cada classe ou grupo de credores de uma mesma classe, contados somente os créditos incluídos no plano (LREF, art. 163, §2º).

[1996] Entenda-se aqui como "espécie" as classes apontadas no art. 83. E isso por conta da própria redação do art. 163, §1º: "§1º O plano poderá abranger a totalidade de uma ou mais espécies de créditos previstos no art. 83, incisos II, IV, V, VI e VIII do *caput*, desta Lei, ou grupo de credores de mesma natureza e sujeito a semelhantes condições de pagamento e, uma vez homologado, obriga a todos os credores das espécies por ele abrangidas, exclusivamente em relação aos créditos constituídos até a data do pedido

RECUPERAÇÃO DE EMPRESAS E FALÊNCIA

grupo de credores da mesma espécie[1997] por ele abrangida – não sendo considerados para fins de apuração do referido percentual os créditos não incluídos no plano de recuperação extrajudicial, os quais não poderão ter seu valor ou condições originais de pagamento alteradas (art. 163, §2º)[1998].

O devedor, ao invés de negociar individualmente com os credores, elabora uma proposição comum a todos que deseja abarcar no plano. O tratamento deve ser isonômico para os credores que compõem uma mesma classe (ou para um grupo mais restrito de credores dentro desta classe caso haja subdivisão)[1999]. Se verificada a adesão de credores que representem mais de 3/5 (três quintos) dos créditos dentro de cada classe ou subclasse, obtém-se a aprovação e, uma vez homologado o plano, ele é imposto aos credores dissidentes – sendo que a imposição do plano poderá ocorrer em relação a mais de uma classe ou subclasse de credores[2000]. De qualquer sorte, tal plano, uma vez homologado, obrigará os credores das espécies por ele abrangidas exclusivamente em relação aos créditos constituídos até a data do pedido de homologação (art. 163, §1º).

O crédito em moeda estrangeira deve ser convertido para moeda nacional pelo câmbio da véspera da data de assinatura do plano, com a finalidade de uniformização e estabilização dos valores a partir dos quais se obtém o percentual necessário para a aprovação do plano (LREF, art. 163, §3º, I)[2001].

---

de homologação." Sobre o ponto, ver: SPINELLI; TELLECHEA; SCALZILLI. *Recuperação extrajudicial...*, p. 149. De qualquer sorte, apesar de o art. 163, §1º, da LREF, não fazer referência expressa ao inciso VII do art. 83, entendemos que a ele também se aplica tal regra, uma vez que, a princípio, tal crédito está sujeito à recuperação extrajudicial, de acordo com o art. 161, §1º, da LREF.

[1997] Entenda-se a partir da expressão "grupo de credores da mesma espécie" a possibilidade de subdividir os credores de uma mesma espécie (leia-se "classe") em subclasses, de acordo com características comuns existente entre eles (assim, é possível, por exemplo, dividir os credores quirografários em "Quirografários Financeiros" e "Quirografários Não Financeiros", conforme se tratem de instituições financeiras ou de outros fornecedores). Sobre o tema, ver: SPINELLI; TELLECHEA; SCALZILLI. *Recuperação extrajudicial...*, p. 148 ss.

[1998] Ainda, o TJSP já se manifestou no sentido de que não seria possível a inclusão de créditos ilíquidos tendo em vista a necessidade de apuração do quórum previsto no art. 163 (TJSP, 1ª Câmara Reservada de Direito Empresarial, AI 2131875-06.2016.8.26.0000, Rel. Des. Teixeira Leite, j. 07/12/2016).

[1999] Busca-se evitar o planejamento de eventuais fraudes ou a elaboração de um procedimento de recuperação extrajudicial com base em critérios pessoais ou subjetivos, chamada pela doutrina de recuperação "entre amigos" (SOUZA JUNIOR. Capítulo VI: Da recuperação extrajudicial..., p. 529, 533; SICA. *Recuperação extrajudicial de empresas...*, p. 104). Afirmando, corretamente, que há impossibilidade somente de tratamento desfavorável aos credores submetidos ao plano contra a sua vontade (ou seja, pode haver tratamento favorável, mas não tratamento desfavorável), ver: BEZERRA FILHO. Capítulo XXIII: A recuperação extrajudicial..., p. 510, 515.

[2000] Ou seja, pode ocorrer a imposição para determinadas espécies e, para outras, não, conforme: BEZERRA FILHO. Capítulo XXIII: A recuperação extrajudicial..., p. 516.

[2001] É aconselhável buscar a adesão de todos ao plano no mesmo dia ou em datas próximas. Caso isso não seja feito, é possível que surjam dificuldades práticas, tendo em vista a volatilidade cambial. Por

RECUPERAÇÃO EXTRAJUDICIAL

Já o art. 163, §3º, II, da LREF estabelece que, apesar de poderem se sujeitar ao plano de recuperação extrajudicial, não serão computados, para fins exclusivos de apuração do percentual, os créditos detidos pelas pessoas relacionadas no art. 43 da LREF[2002], em função do potencial conflito de interesses. Trata-se de hipótese de conflito formal de interesses (proibição de voto)[2003].

7. Processamento da ação

O pedido de recuperação extrajudicial será distribuído para a devida homologação em juízo, respeitada a regra de competência estabelecida no art. 3° da LREF.

A distribuição do pedido não previne a jurisdição, nos termos do art. 6°, §8°. Assim, "em comarcas que possuam mais de um juízo, o eventual pedido de falência contra o empresário será livremente distribuído, ainda que em curso ou concluído pedido de homologação de plano de recuperação extrajudicial, e vice-versa"[2004] – da mesma forma como não se aplica o disposto no art. 6º, §6º, da LREF.

---

outro lado, se o credor não for aderente ao plano, mas ficar a ele sujeito tendo em vista a imposição (*cram down*), sugere-se, na linha defendida por FRANCISCO SATIRO, que seu crédito, para fins de garantir a correta apuração, seja calculado com base no câmbio da véspera da distribuição do pedido de homologação do plano de recuperação extrajudicial (tudo de acordo com: SOUZA JUNIOR. Capítulo VI: Da recuperação extrajudicial..., p. 535). Além disso, é importante perceber que os pontos ora anotados têm por finalidade a apuração do quórum de deliberação (adesão) de mais de 3/5 (três quintos), não estando relacionados com o pagamento dos credores, pois, como dispõe o §5º do art. 163, nos créditos em moeda estrangeira, a variação cambial só poderá ser afastada se o credor titular do respectivo crédito aprovar expressamente previsão diversa no plano de recuperação extrajudicial. Logo, tem-se que o acordo com credores em moeda estrangeira pode, sim, ter correção cambial, respeitadas essas condições (sobre o tema, ver: SANTOS. Aspectos polêmicos da recuperação extrajudicial..., p. 161; SANTOS. Capítulo VI: Da recuperação extrajudicial..., p. 1113; SOUZA JUNIOR. Capítulo VI: Da recuperação extrajudicial..., p. 535-536).

[2002] "Art. 43. Os sócios do devedor, bem como as sociedades coligadas, controladoras, controladas ou as que tenham sócio ou acionista com participação superior a 10% (dez por cento) do capital social do devedor ou em que o devedor ou algum de seus sócios detenham participação superior a 10% (dez por cento) do capital social, poderão participar da assembleia-geral de credores, sem ter direito a voto e não serão considerados para fins de verificação do quórum de instalação e de deliberação. Parágrafo único. O disposto neste artigo também se aplica ao cônjuge ou parente, consanguíneo ou afim, colateral até o 2º (segundo) grau, ascendente ou descendente do devedor, de administrador, do sócio controlador, de membro dos conselhos consultivo, fiscal ou semelhantes da sociedade devedora e à sociedade em que quaisquer dessas pessoas exerçam essas funções."

[2003] Na recuperação extrajudicial, assim como na recuperação judicial, aplica-se, também, o regime geral do conflito substancial de interesses, também chamado de conflito material, cuja verificação dependerá de uma análise caso a caso.

[2004] SOUZA JUNIOR. Capítulo VI: Da recuperação extrajudicial..., p. 530.

RECUPERAÇÃO DE EMPRESAS E FALÊNCIA

7.1. Petição Inicial

A petição inicial deve obedecer aos requisitos gerais do art. 319 do CPC/2015 (art. 282 do CPC/1973) e os específicos do art. 162 da LREF, quais sejam: (*i*) a justificativa do pedido; e (*ii*) o plano de recuperação[2005].

Além disso, a petição inicial (tanto para a modalidade do art. 162 como para a do art. 163) deverá ser instruída com os documentos hábeis a comprovar o atendimento dos requisitos previstos nos arts. 1º, 48 e 161, §3º, da LREF – além da autorização social, caso se trate de sociedade empresária[2006].

[2005] Contendo a assinatura dos credores que a ele aderirem. MANOEL JUSTINO BEZERRA FILHO sustenta que, no caso da recuperação extrajudicial na modalidade impositiva, seria necessário que fosse apresentada comprovação da apresentação do plano aos demais credores que, eventualmente, poderão ser incluídos mas que não aderiram ao plano (BEZERRA FILHO. Capítulo XXIII: A recuperação extrajudicial..., p. 513. Não vislumbramos razões para exigir, todavia, tal documentação.

[2006] Como já visto, os requisitos são: (*i*) ser empresário individual, sociedade empresária ou empresa individual de responsabilidade limitada empresária (art. 1º); (*ii*) estar exercendo regularmente a atividade empresarial há mais de dois anos (art. 48, *caput*); (*iii*) não ser falido (art. 48, I); (*iv*) se já foi falido, que estejam declaradas extintas, por sentença transitada em julgado, as responsabilidades daí decorrentes (art. 48, I); (*v*) não ter sido condenado por qualquer dos crimes previstos na LREF (art. 48, IV); (*vi*) não ter como administrador pessoa condenada por qualquer dos crimes previstos na LREF (art. 48, IV); (*vii*) não ter como controlador pessoa condenada por qualquer dos crimes previstos na LREF (art. 48, IV); (*viii*) não ter pendente pedido de recuperação judicial (art. 161, §3º); (*ix*) não ter obtido recuperação judicial há menos de dois anos (art. 161, §3º); (*x*) não ter obtido homologação de outro plano de recuperação extrajudicial há menos de dois anos (art. 161, §3º) – além de, logicamente, caso se tratar de sociedade empresária, a respectiva autorização social. Assim, temos o seguinte rol de documentos que deverão instruir a petição inicial do pedido de recuperação extrajudicial: (*i*) certidão do órgão de registro que comprove que o devedor é empresário ou sociedade empresária em condição de regularidade no exercício da atividade nos últimos dois anos ("Certidão Simplificada"); (*ii*) cópia do ato constitutivo atualizado (isto é, a declaração de empresário individual, do ato constitutivo da EIRELI ou do contrato/estatuto social); (*iii*) ato de nomeação dos administradores, no caso de sociedade empresária (que, dependendo do caso, se dá no próprio contrato social); (*iv*) ata da deliberação dos sócios (e, se for o caso, também da reunião da diretoria e/ou do conselho de administração) que autorize a distribuição do pedido, no caso de sociedade empresária; (*v*) certidões que demonstrem a inexistência de qualquer hipótese impeditiva do pedido (geralmente certidões negativas do distribuidor do foro do local do principal estabelecimento do devedor). Quanto ao requisito (*v*) acima, seguem citadas as certidões que podem demonstrar a inexistência de qualquer hipótese impeditiva do pedido de recuperação extrajudicial: (*a*) certidão que demonstre que o devedor não é falido ou, se já foi, que estejam declaradas extintas, por sentença transitada em julgado, as responsabilidades daí decorrentes; (*b*) certidão que demonstre não ter sido condenado por qualquer dos crimes previstos na LREF, no caso de empresário individual; (*c*) certidão que demonstre que o(s) administrador(es) não é (são) condenado(s) por qualquer dos crimes previstos na LREF, no caso de sociedade empresária; (*d*) certidão que demonstre que o controlador não é condenado por qualquer dos crimes previstos na LREF, no caso de sociedade empresária; (*e*) certidão que demonstre não ter pendente pedido de recuperação judicial; (*f*) certidão que demonstre não ter obtido recuperação judicial há menos de dois anos; (*g*) certidão que demonstre não ter obtido homologação de outro plano de recuperação extrajudicial há menos de dois anos. Alternativamente, por ser uma medida bastante razoável, entendemos possível que o devedor, simplesmente, declare, na petição inicial, que não incorre em nenhuma dessas hipóteses de impedimento.

RECUPERAÇÃO EXTRAJUDICIAL

No caso específico da recuperação extrajudicial imposta (LREF, art. 163), a petição inicial deve ser elaborada obedecendo alguns requisitos adicionais, especificamente aqueles previstos no §6º, quais sejam: (*i*) exposição da situação patrimonial do devedor; (*ii*) demonstrações contábeis relativas ao último exercício social e as levantadas especialmente para instruir o pedido, na forma no art. 51, *caput*, II; (*iii*) documentos que comprovem os poderes dos subscritores para novar ou transigir; e (*iv*) relação nominal completa dos credores (de todos eles, e não somente dos que se sujeitam à recuperação extrajudicial)[2007,2008,2009].

7.2. Exame da inicial

Distribuído o pedido de homologação do plano de recuperação extrajudicial – que já impedirá a desistência por parte dos credores da adesão ao plano, salvo anuência expressa dos demais signatários, forte no art. 161, §5º, da LREF –, recebida a petição inicial e deferido o processamento, tendo sido respeitadas as normas processuais civis, duas providências deverão ser cumpridas: (*i*) a publicação de edital convocando os credores para apresentação de suas impugnações ao plano, e (*ii*) o envio de correspondência a todos os credores sujeitos ao plano, informando a distribuição do pedido, as condições do plano e o prazo para impugnação.

7.3. Publicação dos editais

O juiz, nos termos do *caput* do art. 164, determinará a publicação de edital – uma única vez e às expensas do devedor – no Diário Oficial do Estado e em jornal de grande circulação nacional ou em jornal das localidades da sede e das filiais da recuperanda, convocando todos os credores para apresentarem impugnação ao plano de recuperação extrajudicial no prazo de 30 dias, contado da data da publicação (LREF, art. 164, §2º)[2010,2011].

[2007] Entendendo de modo diverso, ver: SANTOS. Capítulo VI: Da recuperação extrajudicial..., p. 1114.

[2008] Com a indicação do endereço de cada um, a natureza, a classificação e o valor atualizado do crédito, discriminando sua origem, o regime dos respectivos vencimentos e a indicação dos registros contábeis de cada transação pendente.

[2009] Trata-se de vício sanável a apresentação de lista incompleta, não devendo ensejar, por si só, o indeferimento do pedido de recuperação extrajudicial, conforme já decidiu a 2ª Vara de Falências e Recuperações Judiciais do Foro Central Cível da Comarca de São Paulo (Processo nº 1071904-64.2017.8.26.0100, Juiz Marcelo Barbosa Sacramone, j. 01/11/2017).

[2010] De acordo com MANOEL JUSTINO BEZERRA FILHO: "Este edital pode ser bem resumido, sem necessidade de listar todos os credores, o que poderia tornar proibitivo o custo; tem sido comum o devedor indicar endereço eletrônico no qual conste a lista de credores, de tal forma que o edital encaminha para a leitura da lista neste endereço." (BEZERRA FILHO. Capítulo XXIII: A recuperação extrajudicial..., p. 517).

[2011] Caso a publicação do edital no Diário Oficial ocorra em dia diverso da veiculada em jornal de grande circulação (ou de jornais das localidades da sede e das filiais, se houver), entende-se que o prazo de 30 dias para que os credores apresentem impugnações deve contar a partir da última publicação. Esse é

RECUPERAÇÃO DE EMPRESAS E FALÊNCIA

Os editais não são dispensados mesmo que se comprove a ciência de todos os credores diretamente atingidos pelo plano, porque qualquer credor será legitimado a impugná-lo (LREF, art. 164, §3°) – e é sempre possível que certo credor não tenha seu crédito reconhecido pelo devedor, o que será apreciado pelo juízo[2012].

7.4. Envio de carta aos credores

No prazo do edital, deve o devedor comprovar o envio – não sendo necessário comprovar o recebimento – de carta a todos os credores sujeitos ao plano, domiciliados ou sediados no país, informando a distribuição do pedido, as condições do plano e o prazo para impugnação, como determina o §1° do art. 164, da LREF[2013].

Mesmo que o prazo de 30 dias para impugnação tenha seu início determinado pelo dia da publicação dos editais (art. 164, §2º), "não se admite que o devedor, sem relevante razão, postergue o envio das cartas até os derradeiros dias do prazo, de modo a prejudicar a livre manifestação dos interessados"[2014].

A LREF não exige publicação de edital no exterior nem o envio de correspondência para credores estabelecidos fora do País, mesmo que o devedor possua credores estrangeiros, ainda que seja dado a qualquer dos credores, inclusive a estes, o direito de impugnar o pedido de homologação postulado pelo devedor.

7.5. Efeito sobre os direitos, ações e execuções

É dual o regime dos direitos, ações, execuções e pedidos de falência que tramitam em face do devedor cuja recuperação extrajudicial está sendo processada. Os efeitos diferem dependendo do fato de o credor ter sido incluído ou não no plano de recuperação.

Efetivamente, os direitos, as ações, as execuções e o pedido de decretação de falência dos credores não sujeitos ao plano não são suspensos pela distribuição da recuperação extrajudicial (LREF, art. 161, §4º). Não se aplica, portanto, a previ-

---

o sentido da LREF ao exigir ambas as publicações (e o envio de cartas): o de dar a maior informação possível aos credores.

[2012] SOUZA JUNIOR. Capítulo VI: Da recuperação extrajudicial..., p. 538.

[2013] Há quem entenda que, se o credor já se manifestar nos autos da recuperação extrajudicial, estará demonstrada a sua ciência do ajuizamento da ação e, por conta disso, desnecessário seria o envio da correspondência (BEZERRA FILHO. Capítulo XXIII: A recuperação extrajudicial..., p. 517).

[2014] SOUZA JUNIOR. Capítulo VI: Da recuperação extrajudicial..., p. 538. Vale apontar, ainda, a posição de MANOEL JUSTINO BEZERRA FILHO, para quem o prazo de 30 dias para apresentação da impugnação começa a contar da publicação do edital no Diário Oficial para os credores não sujeitos ao plano, e, para os credores sujeitos ao plano, o prazo começa a contar a partir da data da postagem da correspondência (de tal forma que, se não for comprovado o envio, o prazo nem se iniciaria) (BEZERRA FILHO. Lei de Recuperação e de Falências comentada..., p. 327).

RECUPERAÇÃO EXTRAJUDICIAL

são do §4º do art. 6º da LREF[2015]. Diversamente, pelo simples exame *a contrario sensu* do referido dispositivo, se o credor estiver incluído no plano, seus direitos e ações em face do devedor são suspensos[2016].

Por outro lado, os credores podem exercer seus direitos contra os coobrigados e garantidores, ainda que estejam suspensos em face do devedor, salvo se assim estiver previsto no plano de recuperação e os credores assim tenham concordado (ou seja, aplica-se à recuperação extrajudicial a mesma lógica existente na recuperação judicial, como já visto, especialmente, nos Capítulos 10, item 3.2.1, 11, item 2.6.7, e 12, item 1.1.4). Nesse sentido, julgado do TJSP decidiu que os credores abrangidos pelo plano apresentado para homologação conservam os privilégios contra os coobrigados, fiadores e obrigados de regresso do devedor. No entanto, é válida e eficaz cláusula contratual na qual estes credores (que expressamente aprovaram o plano) renunciaram ao benefício de executar fiadores e avalistas do devedor, uma vez que se trata de direito disponível, cuja renúncia foi manifestada de forma expressa pelos credores[2017].

Ainda, é importante indagar por quanto tempo seriam suspensos os direitos e as ações dos credores signatários a partir da distribuição do pedido de homologação do plano. Nesse sentido, ao menos três hipóteses se apresentam como razoáveis: (*i*) seria pelo prazo de 180 dias previsto no art. 6º, §4º, aplicável por analogia; (*ii*) seria pelo prazo da tramitação da ação de recuperação extrajudicial até a homologação do plano, já que as partes estão participando voluntariamente da tentativa de saneamento da empresa; ou, ainda, (*iii*) podem os signatários do plano (devedor e seus credores) estabelecer expressamente tal situação.

Parece que a terceira hipótese é a mais adequada. Assim, é possível que as partes, por aderirem voluntariamente ao plano, estipulem livremente o período de suspensão dos direitos, das ações e execuções e a impossibilidade de pedir a

---

[2015] Nesse sentido: TJSP, 14ª Câmara de Direito Privado, AI 0103499-20.2011.8.26.0000, Rel. Des. Thiago de Siqueira, j. 27/07/2011; TJSP, 18ª Câmara de Direito Privado, AI 7350809-1, Rel. Des. Jurandir de Sousa Oliveira, j. 01/09/2009; TJSP, 18ª Câmara de Direito Privado, AI 7303155-5, Rel. Des. Jurandir de Sousa Oliveira, j. 15/12/2008; TJRJ, 6ª Câmara Cível, AI 0025092-63.2009.8.19.0000, Rel. Des. Nagib Slaibi Filho, j. 19/08/2009.

[2016] Caso o plano não estipule de modo diverso, cabe ao devedor informar aos juízos competentes sobre a suspensão dos direitos, ações e execuções no caso de processamento da recuperação extrajudicial, por interpretação analógica do art. 52, §3º, da LREF. Nesse sentido: SOUSA. Da recuperação extrajudicial..., p. 587.

[2017] TJSP, Câmara Reservada à Falência e Recuperação, APC 0346208-48.2009.8.26.0100, Rel. Des. Romeu Ricupero, j. 23/08/2011. Lembre-se que sobre essa matéria – disponibilidade do privilégio de executar coobrigados – o *leading case* é o seguinte julgado: TJSP, Câmara Reservada à Falência e Recuperação, AI 580.551-4/0-00, Rel. Des. Pereira Calças, j. 19/11/2008. Ver, ainda: TJRJ, 9ª Câmara Cível, AI 0026807-77.2008.8.19.0000 (2008.002.21784), Rel. Des. Sérgio Jerônimo A. Silveira, j. 26/08/2008.

RECUPERAÇÃO DE EMPRESAS E FALÊNCIA

falência do devedor[2018]. Mas, assim não ocorrendo, acredita-se que, justamente diante da característica de adesão voluntária, tal suspensão deve perdurar durante a tramitação do feito. Isso porque as partes estão assumindo o risco de demora no trâmite do processo – sendo que a experiência prática já demonstrou que o prazo de 180 (cento e oitenta) dias previsto no art. 6º, §4º, da LREF é bastante exíguo[2019].

De qualquer forma, como consequência direta da questão anterior, surge o debate do termo inicial da suspensão prevista no art. 161, §4º. A despeito de o referido dispositivo fazer referência expressa ao "pedido de homologação do plano de recuperação extrajudicial", parece possível entender que a simples adesão voluntária ao plano de recuperação extrajudicial, independentemente de sua distribuição, já pode inviabilizar o exercício de qualquer direito e o pedido de falência ou a promoção de qualquer ação ou execução.

Assim, é possível interpretar que a mera adesão voluntária de determinado credor ao plano de recuperação extrajudicial, ainda que não tenha sido ele distribuído judicialmente, inviabiliza o exercício de qualquer direito e seu pedido de falência, bem como a promoção de qualquer ação ou execução, ao menos no que tange aos créditos abarcados pelo plano[2020].

[2018] Segundo pesquisa realizada por LIGIA PAULA PIRES PINTO SICA junto às varas especializadas da Comarca de São Paulo/SP, particularmente no processo de recuperação extrajudicial da sociedade empresária denominada Moura Schwark Construções S.A. que tramitou na 1ª Vara de Falência e Recuperações Judiciais da capital (Processo nº 583.00.2008.143905-0 – número de ordem 152/2008), o plano de recuperação extrajudicial proposto previu uma espécie de carência de um ano para pagamento dos débitos já exigíveis, como alternativa para permitir que a empresa requerente participasse de licitações, celebrasse novos negócios e aumentasse seu faturamento para fins de conseguir realizar o pagamento de seus débitos repactuados, acrescidos de juros de mora. Em razão da concordância dos credores, o plano previu prazo de 360 (trezentos e sessenta) dias de suspensão, o que foi homologado pelo juiz (SICA. *Recuperação extrajudicial de empresas...*, p. 160).

[2019] Por outro lado, entendendo que se aplica, analogicamente, o prazo de suspensão de 180 dias previsto no art. 6º, §4º, tendo em vista que não poderia o credor ficar na dependência do célere trâmite do processo (apesar de, por entender que tal posicionamento é polêmico, sugerir que o plano de recuperação, ao qual os credores aderiram, estipule prazo de suspensão), ver: SOUSA. Da recuperação extrajudicial..., p. 586-587; e BEZERRA FILHO. *Lei de Recuperação e de Falências...*, p. 320.

[2020] Nesse sentido, faz-se a ressalva de que, caso o pedido de falência tenha por fundamento a impontualidade (art. 94, I) ou a execução frustrada (art. 94, II) e o titular do crédito que embasa o pedido tenha assinado o acordo sujeito à homologação (LREF, art. 161, §4º), pode ficar caracterizada a repactuação da dívida, ou seja, a novação do débito, afastando a possibilidade de decretação da quebra com base nesse fundamento. Nesse sentido, o TJSP já decidiu em diversas oportunidades: TJSP, Câmara Especial de Falências e Recuperações Judiciais, APC 378.259-4/9-00, Rel. Des. Pereira Calças, j. 10/04/2006; TJSP, 4ª Câmara de Direito Privado, APC 95.795-4/1, Rel. Des. Cunha Cintra, j. 14/12/1998; TJSP, 4ª Câmara de Direito Privado AI 90.943-4/1, Rel. Des. Cunha Cintra, j. 06/10/1998. Sobre o tema, ver, também: PAIVA. Da recuperação extrajudicial..., p. 579; SOUZA JUNIOR. Capítulo VI: Da recuperação extrajudicial..., p. 528, em nota de rodapé; SOUSA. Da recuperação extrajudicial..., p. 587.

RECUPERAÇÃO EXTRAJUDICIAL

Em suma, a questão que decorre de tais observações é a seguinte: se o credor adere voluntariamente ao plano de recuperação extrajudicial, mas o plano não chega a ser distribuído (ou demora longo período para sê-lo) e inexiste prazo estabelecido no pacto para que assim ocorra, pode tal credor exercer seus direitos, mover ações e execuções judiciais ou pedir a falência do devedor? Ou, melhor dizendo: a mera adesão voluntária do credor acarreta, de imediato, a novação de seu crédito?

De fato, a questão é complexa: de um lado, não pode o credor, ao ter repactuado o crédito, querer, no dia seguinte, mover ações, executar, exercer direitos ou pedir a falência do devedor, sob pena de usar de modo disfuncional seus direitos, hipótese veementemente proibida pelo ordenamento jurídico pátrio (CC, art. 187).

Por outro lado, adotar tal entendimento ao pé da letra (e, eventualmente, compactuar tacitamente com a demora do devedor na homologação do plano) pode inviabilizar a tutela dos direitos do credor, mesmo porque: (*i*) o termo *a quo*, estabelecido pelo art. 161, §4º, para a suspensão dos direitos ali discriminados é justamente a distribuição do pedido de homologação; e (*ii*) como regra geral, os efeitos decorrentes do plano passam a ser gerados a partir da sua homologação, salvo estipulação diversa (art. 165; ou seja, em tese, o plano é firmado sob condição suspensiva, não ocorrendo a novação, necessariamente, com a mera assinatura do plano de recuperação extrajudicial).

De qualquer forma, a ferramenta mais importante para desatar o nó acima mencionado é o exercício da autonomia privada das partes, manifestada na antecipação do tratamento da matéria no plano de recuperação negociado com os credores.

Finalmente, surge dúvida sobre se a suspensão atinge a minoria dissidente (que não é signatária, mas cuja participação no plano o devedor tentará obrigar via *cram down* – modalidade de recuperação impositiva).

Não restam dúvidas no sentido de que, com a homologação do plano de recuperação extrajudicial imposto ao credor (art. 163), o plano passa a gerar todos os seus efeitos jurídicos (art. 165), novando-se os créditos, de maneira que eventuais ações e execuções poderão ser extintas por perda do objeto, como ocorre com o processo falimentar em curso.

Mas e antes da homologação? Para responder, há de se levar em consideração que o art. 161, §4º, dispõe que o pedido de homologação do plano de recuperação extrajudicial não acarretará suspensão de direitos, ações ou execuções, nem a impossibilidade do pedido de decretação de falência pelos credores não sujeitos ao plano de recuperação extrajudicial. Ainda, deve-se lembrar que o art. 165 determina que o plano de recuperação extrajudicial produz efeitos após sua homologação judicial. Em decorrência da leitura destes dois dispositivos, a maioria da

RECUPERAÇÃO DE EMPRESAS E FALÊNCIA

doutrina entende que somente com a homologação do pedido do plano é que os direitos, ações e execuções da minoria dissidente devem ser atingidos (LREF, arts. 161, §4º, c/c 165, *caput*); assim, para tais credores, a recuperação extrajudicial passa a produzir efeitos somente após a sua homologação[2021], embora, fundamentadamente, haja entendimento em sentido contrário (aplicando-se o previsto no art. 6º, §4º, mesmo porque suspender as ações com a homologação do plano não tem nenhum efeito prático uma vez que, com a homologação do plano, opera-se a novação, que também terá efeitos sobre a ação ajuizada pelo credor)[2022].

[2021] Nesse sentido: TJRJ, 7ª Câmara Cível, AI 2008.002.37818, Rel. Des. André Andrade, j. 13/05/2009. Na fundamentação do seu voto, o relator asseverou: "Com efeito, em relação aos credores que não firmaram o ajuste, ainda que sujeitos ao plano de recuperação, não haverá suspensão das suas execuções, enquanto o acórdão não for homologado pela justiça (art. 161, §4º e art. 165, da Lei 11.101/05)". Na doutrina: BEZERRA FILHO. *Lei de Recuperação e de Falências comentada...*, p. 320; BEZERRA FILHO. Capítulo XXIII: A recuperação extrajudicial..., p. 511; SOUZA JUNIOR. Capítulo VI: Da recuperação extrajudicial..., p. 528, em nota de rodapé; PAIVA. Da recuperação extrajudicial..., p. 579-580, 587-588; SOUSA. Da recuperação extrajudicial..., p. 587. A suspensão antes da homologação do plano representa verdadeira temeridade, pois não se sabe, ao certo, nem se o plano será efetivamente homologado, o que pode acarretar enormes riscos para os credores não abarcados pela recuperação extrajudicial, que teriam, sem qualquer fundamento, cerceada a prerrogativa de exercer seus direitos, mover ações e/ou execuções ou postular a falência do devedor, podendo abrir caminho para atitudes de má-fé por parte do devedor.

[2022] PAULO PENALVA SANTOS sustenta posição no sentido de que os credores que não aderiram à recuperação extrajudicial, mas que estarão obrigados a ela em razão da previsão do art. 163, §1º, também terão suas ações individuais ajuizadas suspensas, sem que seja necessária a homologação do plano, na forma do art. 165, para isso. Segundo o referido autor, isso ocorre "porque (...) o que depende da homologação são os efeitos do plano, o que não se confunde com a suspensão das ações que inclusive é um requisito essencial para que o plano possa ser analisado e homologado" (SANTOS. Capítulo VI: Da recuperação extrajudicial..., p. 1.105). Nesta linha, manifestou-se o TJSP ao rejeitar pedido de falência de credor que impugnou plano de recuperação extrajudicial pendente de homologação (TJSP, Câmara Reservada à Falência e Recuperação, AI 990.10.104784-5, Rel. Des. Romeu Ricupero, j. 01/06/2010). Assim, na decisão exarada, o TJSP decidiu que a simples distribuição do pedido de recuperação extrajudicial inviabiliza o pedido de falência, quando o credor que requereu a quebra estiver contemplado no plano, ao menos até que se decida a questão da homologação, ainda que o credor tenha apresentado impugnação. E na fundamentação do seu voto, o relator manifestou expressamente que "(...) o credor sujeito ao plano de recuperação está impossibilitado de pedir a decretação da falência, a partir do pedido de homologação do plano de recuperação extrajudicial pelo devedor". Da mesma forma, o TJSP já determinou, em diversas oportunidades, a aplicação do *stay period* em recuperação extrajudicial dos credores sujeitos ao plano ainda não homologado (suspensão de ações de despejo enquanto se aguardava a homologação do plano de recuperação extrajudicial, mesmo porque os aluguéis em atraso seriam pagos nos termos do plano, sem contar a necessidade de preservação da atividade empresarial) (*v.g.*: TJSP, 1ª Câmara Reservada de Direito Empresarial, AI 2201705-59.2016.8.26.0000, Rel. Des. Cesar Ciampolini, j. 22/02/2017; TJSP, 1ª Câmara Reservada de Direito Empresarial, AI 2204224-07.2016.8.26.0000, Rel. Des. Cesar Ciampolini, j. 22/02/2017; TJSP, 1ª Câmara Reservada de Direito Empresarial, AI 2187066-36.2016.8.26.0000, Rel. Des. Cesar Ciampolini, j. 22/02/2017; TJSP, 1ª Câmara Reservada de Direito Empresarial, AI 2185323-88.2016.8.26.0000, Rel. Des. Cesar Ciampolini, j. 08/02/2017).

7.6. Impugnação

Os credores terão prazo de 30 dias, contado da publicação do edital, para impugnarem o plano, juntando a prova de seu crédito.

Todos os credores estão legitimados para apresentar impugnação ao plano, mesmo aqueles titulares de créditos a ele não sujeitos, pois a recuperação extrajudicial pode afetar a estrutura ou a continuidade da empresa. Para não pairar dúvidas, é de se salientar que o *caput* do art. 164 fala em convocação de "todos os credores do devedor para a apresentação de suas impugnações"[2023].

Relativamente ao conteúdo, a impugnação deve ser fundamentada. A LREF, neste ponto, define que as impugnações devem ser oferecidas nos termos do art. 164, §3º, I, II e III, e §6º.

Assim, as razões legais para a impugnação a ser apresentada pelos credores, em matéria de mérito, são: (*i*) o não preenchimento do percentual de mais 3/5 (três quintos) dos créditos de cada espécie ou grupo dentro da mesma espécie abrangida pelo plano (LREF, art. 164, §3º, I)[2024]; (*ii*) a prática de atos falimentares previstos no art. 94, III (LREF, art. 164, §3º, II); (*iii*) a prática de atos fraudulentos tendentes a prejudicar credores previstos no art. 130 (LREF, art. 164, §3º, II); (*iv*) o descumprimento de qualquer requisito previsto na Lei (LREF, art. 164, §3º, II)[2025]; (*v*) o descumprimento de qualquer outra exigência legal (LREF, art. 164, §3º, IIII)[2026]; (*vi*) a simulação de créditos (LREF, art. 164, §6º)[2027]; (vii) o

---

[2023] "(...) o impugnante deve juntar a prova da existência de seu crédito. Eventualmente, o juiz poderá dispensar tal prova se já houver nos autos a informação da existência do crédito, o que deverá ter sido feito na forma do que exige o inc. III do §6º do art. 163." (BEZERRA FILHO. Capítulo XXIII: A recuperação extrajudicial..., p. 517).

[2024] FRANCISCO SATIRO entende, corretamente, que, dentro desta hipótese, pode o credor impugnar também a incorreta (imprecisa) divisão dos credores em grupos (SOUZA JUNIOR. Capítulo VI: Da recuperação extrajudicial..., p. 534-535). Igualmente, ver: SOUSA. Da recuperação extrajudicial..., p. 594. Sobre tal ponto, MANOEL JUSTINO BEZERRA FILHO faz interessante construção: "No entanto, a lei foi de certa forma imprecisa, pois a inexistência deste valor superior não impediria a homologação, pois apenas impediria a aplicação do sistema do *cram down*. Em tese, sempre será possível que o devedor peça a homologação judicial aguardando a aplicação do art. 163 e, existente algum óbice, não venha a ser aplicado o *cram down*, o que porém não impedirá a homologação. Ou seja, o plano será homologado, porém não haverá *cram down*." (BEZERRA FILHO. Capítulo XXIII: A recuperação extrajudicial..., p. 518).

[2025] Entende-se que os credores podem impugnar o descumprimento de quaisquer requisitos previstos na LREF para a homologação da recuperação extrajudicial, o que, então, também poderia abarcar a inviabilidade do plano.

[2026] Quanto a este item, algumas considerações são relevantes. Inicialmente, o art. 164, §3º, III, ao referir que a impugnação pode versar sobre qualquer descumprimento de exigência legal, diz respeito a qualquer exigência feita pelo ordenamento jurídico e, por isso, pode ser enquadrada junto à hipótese do art. 164, §3º, II, da LREF. Em segundo lugar, tem-se, todavia, que o art. 164, §3º, III, é mais amplo que o seu inciso II, pois, como dito, trata da necessidade de que seja respeitado o ordenamento jurídico pátrio (esteja a norma eventualmente violada prevista na LREF ou não). Nesse sentido, vislumbra-se possível, por exemplo, que as impugnações versem sobre o exercício disfuncional do direito do

vício de representação dos credores que subscreveram o plano (LREF, art. 164, §6º)[2028].

Em princípio, não podem os credores impugnar o plano com outros fundamentos nem postular alterações. Assim, o rol de impugnações seria de natureza taxativa[2029]. Todavia, a interpretação dos dispositivos confere grande amplitude de matérias que podem ser objeto de impugnação, sobretudo em face do disposto no art. 164, §3º, III. Nesse sentido, a jurisprudência já acatou impugnações referentes a outras matérias, especialmente quando o valor do crédito declarado pelo devedor é incorreto[2030].

Quanto ao processamento da impugnação, parte da doutrina entende que a impugnação na recuperação extrajudicial, diferentemente do que ocorre na recuperação judicial, deve ser autuada nos autos principais da recuperação (e não em separado, como prevê o parágrafo único do art. 8º). Em primeiro lugar, porque a natureza desta impugnação difere da impugnação prevista no art. 8º (esta parte do procedimento de verificação de créditos, que inexiste na recupe-

---

devedor quando o plano de recuperação extrajudicial estabelece condições ilícitas (como a extensão dos seus efeitos aos coobrigados do devedor, como já tivemos a oportunidade de analisar). Em terceiro lugar, evidentemente que a necessidade de respeito ao ordenamento jurídico pátrio está vinculada a questões relacionadas ao plano de recuperação extrajudicial (e não àquelas completamente estranhas à questão). Nesse sentido, interessantes são as palavras de GLAUCO ALVES MARTINS sobre o tema: "Irregularidades de natureza tributária, trabalhista ou ambiental, ou mesmo a existência de débitos tributários ou trabalhistas representam situações em que não devem ser reputadas irregularidades capazes de justificar a negativa de homologação de um plano de recuperação extrajudicial. O titular da atividade empresária poderá ser adequadamente punido por tais irregularidades nos termos da legislação específica, não havendo motivo razoável para que, em razão desses fatos, também se negue a homologação de um plano que possa promover o soerguimento da atividade empresarial." (MARTINS. *A recuperação extrajudicial na Lei nº 11.101/2005...*, p. 146).

[2027] Entendem ROBERTO OZELAME OCHOA e AMADEU DE ALMEIDA WEINMANN que, além de indeferir o pedido de homologação do plano de recuperação extrajudicial com base na simulação de créditos, deveria o juiz abrir vista dos autos ao Ministério Público, em razão da previsão do art. 187, §2º, da LREF, apesar de o legislador não ter incluído o indeferimento do plano como uma das condições objetivas de punibilidade do crime tipificado como falimentar (art. 180 da Lei) (OCHOA; WEINMANN. *Recuperação empresarial...*, p. 137).

[2028] A hipótese não trata "(...) de representação processual das partes, mas da representação do titular do crédito no documento que consubstancia a transação coletiva. A matéria deve ser examinada sob o plano de validade do negócio jurídico. Assim sendo, o vício do negócio jurídico poderá ou não invalidá-lo. O legislador teve em vista a possibilidade de o devedor fraudar a representação dos credores no respectivo instrumento de transação, para assim obter fraudulentamente a recuperação" (OCHOA; WEINMANN. *Recuperação empresarial...*, p. 136).

[2029] SOUSA. Da recuperação extrajudicial..., p. 602; e COELHO. *Comentários à Lei de Falências e de Recuperação de Empresas...*, p. 456.

[2030] TJSP, Câmara Reservada à Falência e Recuperação, AI 601.479-4/1-00, Rel. Des. Pereira Calças, j. 05/05/2009; TJSP, Câmara Reservada à Falência e Recuperação, APC 622.947-4/1-00, Rel. Des. Pereira Calças, j. 04/03/2009.

ração extrajudicial). Em segundo lugar, porque a existência de diversos incidentes contraria o princípio da celeridade processual – a ser observado de maneira ainda mais intensa na recuperação extrajudicial –, uma vez que propicia o surgimento de dezenas de recursos contra cada decisão nas impugnações autuadas em apartado[2031].

Por outro lado, há doutrina no sentido de que há a necessidade de autuação em apartado para evitar tumulto processual[2032]. Nesse sentido, já decidiu a jurisprudência, aplicando analogicamente os arts. 8° e 13 da LREF, com o objetivo de respeitar a harmonia processual[2033].

7.7. Manifestação do devedor

Apresentada a impugnação pelo credor, será aberto prazo de cinco dias para que o devedor sobre ela se manifeste, nos termos do §4º do art. 164 da LREF.

A LREF não prevê instrução probatória no procedimento de homologação do plano de recuperação extrajudicial, em respeito, entre outros fundamentos, ao princípio da celeridade. Mesmo assim, caso o magistrado entenda necessário, parece que nada impede a produção de provas, ainda que da forma mais sucinta possível[2034].

7.8. Intervenção do Ministério Público

A LREF não prevê a intervenção do Ministério Público no procedimento de homologação do plano de recuperação extrajudicial[2035].

No plano doutrinário, há divergência. Parte da doutrina entende necessária a intervenção ministerial, como *custos legis*, em função da existência de interesse público (especialmente, mas não exclusivamente, na modalidade impositiva da recuperação extrajudicial). Assim, o *Parquet* teria que se manifestar sobre o pedido de homologação do plano de recuperação extrajudicial e acerca de eventuais impugnações apresentadas, bem como na hipótese de alienação prevista no art. 166 (aqui, com previsão expressa do art. 142, §7º)[2036].

[2031] SANTOS. Aspectos polêmicos da recuperação extrajudicial..., p. 166.

[2032] BEZERRA FILHO. *Lei de Recuperação e de Falências comentada...*, p. 327-328.

[2033] TJRJ, 9ª Câmara Cível, AI 2009.002.14834, Rel. Des. Marco Aurélio dos Santos Fróes, j. 20/10/2009.

[2034] No mesmo sentido: SOUZA JUNIOR. Capítulo VI: Da recuperação extrajudicial..., p. 539. Ver, também: BEZERRA FILHO. Capítulo XXIII: A recuperação extrajudicial..., p. 518. Sobre a importância da prova do processo civil: BEDAQUE, José Roberto dos Santos. *Poderes instrutórios do juiz*. 3 ed. São Paulo: Revista dos Tribunais, 2001.

[2035] Há apenas referência indireta no art. 187, §2º, quando a LREF trata da prática de crimes previstos na Lei e da competência do Ministério Publico para promover ação penal.

[2036] Também nesse sentido: OLIVEIRA, Celso Marcelo de. *Comentários à nova Lei de Falências*. São Paulo: IOB Thomson, 2005, p. 566; VIGIL NETO. *Teoria falimentar e regimes recuperatórios...*, p. 298; e MARTINS. *A recuperação extrajudicial na Lei nº 11.101/2005...*, p. 156. Para aprofundamento sobre a função exercida

RECUPERAÇÃO DE EMPRESAS E FALÊNCIA

Por outro lado, alguns autores sustentam a desnecessidade de que se ouça o Ministério Público, salvo se existirem indícios de violação a algum dispositivo legal, pois o *Parquet* não teria legitimidade para defender ou se manifestar sobre direitos patrimoniais disponíveis nem sobre as condições de pagamento ofertadas, exceto, talvez, se essas contemplarem tratamento desfavorável aos credores não incluídos no plano[2037].

7.9. Sentença

Após as manifestações do devedor (caso existam impugnações) e do Ministério Público (caso se entenda pela necessidade desta última) – podendo, antes, se entender que for o caso, determinar o saneamento de eventual falta ou vício[2038] –, os autos serão conclusos imediatamente ao juiz para apreciação de eventuais impugnações (LREF, art. 164, §4º).

O magistrado decidirá, no prazo de cinco dias[2039], por sentença[2040], acerca do plano de recuperação extrajudicial, homologando-o se entender que não implica a prática de atos previstos no art. 130 da LREF e que não há outras irregularidades que recomendem sua rejeição (LREF, art. 164, §5º) – frisando-se que não cabe ao magistrado avaliar a viabilidade econômico-financeira de tal plano[2041]. E, nesse sentido, o §6º do art. 164 também determina que, em existindo prova de simulação de créditos ou vício de representação dos credores que subscreverem o plano, a sua homologação será indeferida.

Na visão de LUIZ INÁCIO VIGIL NETO, como a homologação decorre de um juízo de valor por parte do magistrado, ainda que os credores não formulem impugnações, o juiz poderá negar o pedido com base em uma das hipóteses dos §§5º e 6º do art. 164 (*i.e.*, prática de ato fraudulento tendente a prejudicar credores, existência de quaisquer irregularidades, simulação de créditos ou vício de

---

pelo Ministério Público no Direito Brasileiro, ver: MACHADO, Antônio Cláudio Costa. *A intervenção do Ministério Público no processo civil brasileiro.* 2 ed. São Paulo: Saraiva, 1998.

[2037] PAIVA. Da recuperação extrajudicial..., p. 591; Em sentido semelhante: SOUZA JUNIOR. Capítulo VI: Da recuperação extrajudicial..., p. 539; e SANTOS. Capítulo VI: Da recuperação extrajudicial..., p. 1117.

[2038] SOUSA. Da recuperação extrajudicial..., p. 602-603.

[2039] ROBERTO OZELAME OCHOA e AMADEU DE ALMEIDA WEINMANN criticam a reedição cansativa e ineficaz de normas de prazos que não poderão ser cumpridos. Se os credores tiveram prazo de 30 dias para impugnar, porque outorgar somente cinco dias para o juiz decidir? (OCHOA; WEINWANN. *Recuperação empresarial...*, p. 136).

[2040] Sobre a natureza jurídica da sentença homologatória do plano de recuperação extrajudicial e seus efeitos, ver: SICA. *Recuperação extrajudicial de empresas...*, p. 120-130; e MARTINS. *A recuperação extrajudicial na Lei nº 11.101/2005...*, p. 116-118.

[2041] Nesse sentido, vide Enunciado 46 da 1ª Jornada de Direito Comercial, promovida pelo Conselho da Justiça Federal/CJF no ano de 2012: "Não compete ao juiz deixar de conceder a recuperação judicial ou de homologar a extrajudicial com fundamento na análise econômico-financeira do plano de recuperação aprovado pelos credores".

RECUPERAÇÃO EXTRAJUDICIAL

representação dos credores que subscreveram o plano)[2042]. Concordamos com o referido autor, já que se tratam de matérias de ordem pública.

De qualquer sorte, não compete ao magistrado examinar a viabilidade do plano. São os credores que decidem sobre esse assunto ao aderirem ou não a ele. Com efeito, acredita-se na impossibilidade de o magistrado examinar a viabilidade do plano ou a extensão do sacrifício a que se submetem os credores, cingindo a sua análise aos aspectos atinentes à sua legalidade, como a impossibilidade de inclusão de credores não sujeitos ao regime em questão (credores trabalhistas, por exemplo)[2043].

Na hipótese de o plano ser homologado pelo juiz, ainda que a sentença não tenha transitado em julgado, seus efeitos já começam a ser produzidos (LREF, art. 165), pois eventual apelação será recebida sem efeito suspensivo (LREF, art. 164, §7º). Assim, estará instituída a recuperação extrajudicial e sua execução terá início de imediato, não dependendo do trânsito em julgado da ação, ainda que pendente recurso.

A homologação do plano, celebrado sob essa condição suspensiva, acarreta a novação dos créditos a ele submetidos[2044]. Assim, mesmo que o credor tenha aderido voluntariamente ao plano, caso não seja homologado pelo Poder Judiciário, *a priori*, o seu crédito não resta novado[2045].

[2042] VIGIL NETO. *Teoria falimentar e regimes recuperatórios...*, p. 298.

[2043] Assim, fica revisto o posicionamento sustentado em: SPINELLI; TELLECHEA; SCALZILLI. *Recuperação extrajudicial...*, p. 188.

[2044] TJSP, 31ª Câmara de Direito Privado, APC 1094934008, Rel. Des. Paulo Ayrosa, j. 12/02/2008.

[2045] Esse é o princípio geral (e tanto isso é verdade que, se assim não fosse, o art. 161, §4º, não precisaria dispor que os direitos, ações e execuções, bem como o direito de postular a falência do devedor, restariam suspensos, a partir da distribuição do pedido de homologação da recuperação extrajudicial). Mas, como dispõe o art. 165, §1º, é lícito que o plano de recuperação estabeleça a produção de efeitos anteriores à homologação, desde que exclusivamente em relação à modificação do valor ou da forma de pagamento dos credores signatários, reconhecendo-se, assim, a força vinculante das declarações feitas pelos que assinaram o plano. Para os credores signatários, em tal hipótese, a novação ocorre desde a assinatura do plano, ficando, no entanto, condicionada – condição de natureza resolutiva, ainda que implícita – à homologação do plano. Importante destacar que, caso o plano preveja a produção de efeitos imediatos para os signatários, mas venha a não ser homologado, devolve-se aos credores signatários o direito de exigir seus créditos nas condições originais, em razão de que a expectativa gerada não foi concretizada, fulminando em cheio o *animus novandi*, deduzidos os valores efetivamente pagos, mas não se exigindo, portanto, a devolução de eventuais valores já recebidos pelos credores (SOUZA JUNIOR. Capítulo VI: Da recuperação extrajudicial..., p. 540). Ocorre, portanto, na medida do possível, a devolução ao *status quo ante*. É isso o que determina o art. 165, §2º, da Lei. De qualquer forma, é possível – e até mesmo recomendável – que o plano preveja, em suas alternativas, a situação dele vir a não ser homologado judicialmente, sendo viável, nesse sentido, que o acordo prevaleça em caso de não homologação para os signatários. E, ainda que assim não disponha o plano, parece que os signatários podem ratificá-lo em caso de não homologação (em sentido semelhante, ver: PAIVA. Da recuperação extrajudicial..., p. 586; ver, também: BEZERRA FILHO. Capítulo XXIII: A recuperação extrajudicial..., p. 519). Dessa forma, apesar de pouco provável na prática, o plano de recuperação extrajudicial transformar-se-ia em um acordo privado extrajudicial (nos termos do art. 167 da LREF).

RECUPERAÇÃO DE EMPRESAS E FALÊNCIA

Finalmente, se o magistrado deixar de homologar o plano de recuperação extrajudicial, não será possível decretar a falência do devedor, podendo este, se for o caso, apresentar nova proposta (art. 164, §8º)[2046] ou até mesmo requerer a recuperação judicial.

7.10. Recurso

O recurso cabível contra a sentença é a apelação, sem efeito suspensivo (LREF, art. 164, §7º)[2047-2048].

Todavia, mesmo diante da clareza da Lei, questões controversas podem surgir. É possível, por exemplo, que algum credor não realize impugnação, mas se insurja em relação a algum elemento constante no plano, como o valor do crédito declarado pelo devedor.

Nesse caso, é possível a manifestação em juízo postulando a correção do valor. No entanto, sendo homologado o plano com o valor incorreto, e em não existindo recurso previsto em lei para atacar tal espécie de decisão, considerando que o objetivo não é atacar a homologação do plano de recuperação extrajudicial em si, mas sim o valor reconhecido como devido, sem ter havido apreciação do juízo *a quo* sobre a objeção, a jurisprudência já se manifestou no sentido de que, nessa situação em especial, cabe o recurso de agravo de instrumento, aplicando, analogicamente, o previsto nos arts. 13 e seguintes da LREF[2049] (devendo-se, todavia, atentar, atualmente, para o debate que pode existir em torno do art. 1.015 do CPC/2015). Por outro lado, em caso análogo, julgado no mesmo ano (com alguns meses de antecedência), o mesmo tribunal deu provimento a um recurso de apelação – e não de agravo de instrumento, como ocorreu acima[2050].

[2046] VERA HELENA DE MELLO FRANCO e RACHEL SZTAJN afirmam que, em não sendo homologado o plano, é possível apresentar novo pedido somente após o julgamento do eventual recurso de apelação (sem efeito suspensivo) interposto (FRANCO; SZTAJN. *Falência e recuperação da empresa em crise...*, p. 267).

[2047] "Agravo Regimental – Negativa de seguimento a agravo de instrumento – Confirmação – Decisão que homologou plano de recuperação extrajudicial – Cabível recurso de apelação – Erro grosseiro – Inaplicabilidade da fungibilidade recursal – Impossibilidade de cisão do "decisum" para efeitos de interposição de recurso – Agravo desprovido." (TJSP, 1ª Câmara Reservada de Direito Empresarial, Agravo Regimental 2247822-11.2016.8.26.0000, Rel. Des. Fortes Barbosa, j. 29/03/2017).

[2048] Na correta visão de ROBERTO OZELAME OCHOA e AMADEU DE ALMEIDA WEINMANN: "(...) se o devedor vem efetuando pagamentos com base no plano não homologado, a interposição de apelação pelo devedor não impedirá os credores de passarem a exigir imediatamente seus créditos nas condições originárias, deduzidos os valores efetivamente pagos. Se o plano indeferido prevê que seus efeitos se processem somente após a homologação judicial, então a privação da apelação de seu natural efeito suspensivo em nada altera a situação do devedor perante seus credores" (OCHOA; WEINWANN. *Recuperação empresarial...*, p. 138).

[2049] TJSP, Câmara Reservada à Falência e Recuperação, AI 601.479-4/1-00, Rel. Des. Pereira Calças, j. 05/05/2009.

[2050] TJSP, Câmara Reservada à Falência e Recuperação, APC 622.947-4/1-00, Rel. Des. Pereira Calças, j. 04/03/2009.

RECUPERAÇÃO EXTRAJUDICIAL

8. Execução do plano

A sentença que homologa o plano de recuperação extrajudicial constitui título executivo judicial (LREF, art. 161, §6º). Por isso, o não cumprimento do plano dá aos credores a possibilidade de executarem o devedor, por meio do procedimento de cumprimento de sentença previsto no Código de Processo Civil[2051], ou pedirem a sua falência com base no inciso I do art. 94 da LREF[2052][2053][2054].

[2051] Entendendo pela competência do juízo que homologou o plano de recuperação extrajudicial para promover o cumprimento de sentença, ver: TJSP, 1ª Câmara Reservada de Direito Empresarial, AI 2103240-78.2017.8.26.0000, Rel. Des. Fortes Barbosa, j. 09/08/2017; TJSP, 1ª Câmara Reservada de Direito Empresarial, AI 2075744-74.2017.8.26.0000, Rel. Des. Alexandre Lazzarini, j. 21/06/2017; TJSP, 1ª Câmara Reservada de Direito Empresarial, AI 2184077-91.2015.8.26.0000, Rel. Des. Francisco Loureiro, j. 08/10/2015. Ver, ainda: "PROCESSO CIVIL. Cumprimento de sentença. Plano de recuperação extrajudicial. Descumprimento do plano de recuperação extrajudicial autoriza o credor a promover as medidas cabíveis para a cobrança de seu crédito original. Perante qualquer juízo têm os devedores recorrentes uma prestação a pagar. Sensato que o juízo que produziu o título executivo processe o cumprimento de sentença, evitando a pulverização de execuções por juízos diversos, o que em rigorosamente nada contribui para a célere satisfação do crédito. Questão de legitimidade do avalista não comporta conhecimento, porque não integrou o conteúdo da decisão impugnada e há óbice legal para que a recorrente defenda direito alheio como próprio, nos termos do artigo 6º do CPC. Recurso não provido." (TJSP, 1ª Câmara Reservada de Direito Empresarial, AI 2234426-98.2015.8.26.0000, Rel. Des. Francisco Loureiro, j. 21/01/2016).

[2052] Seria, em tese, possível a modificação do plano de recuperação extrajudicial: "RECUPERAÇÃO EXTRAJUDICIAL. Decisão que indeferiu prorrogação de prazo para cumprimento do Plano de Recuperação Extrajudicial. Dilação de prazo para pagamento das parcelas do plano de recuperação judicial não é automática, e nem depende somente de mera alegação de insuficiência do atingimento de metas de faturamento. Alegações que devem ser comprovadas, justificadas e sobretudo submetidas à prévia aprovação da maioria qualificada dos credores. Singela previsão de "ajustes" aprovada no plano original não significa possa a devedora estender a seu talante* os pagamentos, sem prévia aquiescência dos credores. Admitir a tese da devedora significaria dizer que o pagamento das parcelas pactuadas na moratória estariam sujeitas a condição puramente potestativa (si voluero), pois a administração, o volume de vendas e o controle de custos da recuperanda são determinados pelos sócios administradores. Inteligência da cláusula 8.2 do 2o Aditamento ao Plano de Recuperação Extrajudicial. Recurso não provido." (TJSP, 1ª Câmara Reservada de Direito Empresarial, AI 2021403-06.2014.8.26.0000, Rel. Des. Francisco Loureiro, j. 20/05/2015). Ver, também: "AGRAVO REGIMENTAL. Análise prejudicada em razão do julgamento do mérito do agravo de instrumento. RECUPERAÇÃO EXTRAJUDICIAL. Pedido de declaração de nulidade do segundo aditamento ao plano de recuperação. Agravante que anuiu expressamente aos seus termos, sem qualquer insurgência. Conduta da agravante, que passados três anos postula a nulidade dos seus termos viola o princípio da boa-fé objetiva, configurando-se, nitidamente, o venire contra factum proprio. Decisão que simplesmente faculta à recuperanda, no prazo de 30 dias, obter a anuência da maioria qualificada dos credores a novo aditamento do plano de recuperação extrajudicial que não se mostra ilícita. Prazo de trinta dias, de resto, já escoado e processo de recuperação extinto, uma vez que a devedora não obteve a aquiescência dos credores. Recurso não conhecido." (TJSP, 1ª Câmara Reservada de Direito Empresarial, AI 2005770-52.2014.8.26.0000, Rel. Des. Francisco Loureiro, j. 20/05/2015). No mesmo sentido: TJSP, 1ª Câmara Reservada de Direito Empresarial, APC 0016855-65.2011.8.26.0100, Rel. Des. Francisco Loureiro, j. 10/06/2015.

[2053] Lembre-se que, caso venha a ocorrer a falência do devedor, diferentemente do que ocorre na recuperação judicial (art. 61, §2°, quando ocorre a convolação da recuperação judicial em falência), os

Ressalte-se, no entanto, que o descumprimento de obrigação prevista no plano não constitui, automaticamente, causa de decretação de falência (nos termos do art. 94, III, "g") ou de convolação da recuperação em falência (art. 73, IV)[2055].

Ainda, frise-se que, caso o devedor descumpra alguma das condições previstas no plano, é possível que ele se valha do procedimento da recuperação judicial, pois o descumprimento do plano de recuperação extrajudicial não é impeditivo para o pedido de recuperação judicial.

Quanto à fiscalização do cumprimento do plano, cabe ela aos próprios credores. No entanto, qualquer organização dos credores nesse sentido tem caráter meramente facultativo. Essa observação é relevante porque na recuperação extrajudicial não há nomeação de administrador judicial, nem a formação do comitê de credores e da assembleia geral de credores, da mesma forma que, após a homologação do plano, não será a sua execução acompanhada em juízo. Assim, como se verificou, o processamento da recuperação extrajudicial é simples, restringindo-se, basicamente, à homologação do plano[2056].

---

créditos a serem habilitados serão os decorrentes do plano de recuperação extrajudicial homologado, que, por seu turno, advém de um processo de negociação entabulado entre o devedor e seus credores.

[2054] Sobre o tema envolvendo a formação de título executivo judicial e as medidas que podem ser adotadas em caso de seu inadimplemento, ver: SPINELLI; TELLECHEA; SCALZILLI. *Recuperação extrajudicial...*, p. 195 ss.

[2055] SOUZA JUNIOR. Capítulo VI: Da recuperação extrajudicial..., p. 524

[2056] SOUZA JUNIOR. Capítulo VI: Da recuperação extrajudicial..., p. 524.

PARTE IV
FALÊNCIA

A LREF é um diploma de direito material e processual[2057], que regula três grandes regimes da crise empresarial, dois recuperatórios (recuperação judicial e a extrajudicial – examinados na Parte III do livro), e um liquidatório: a falência.

A Parte IV da presente obra cuida desse último regime em 14 capítulos. Do Capítulo 16 ao 20 são tratados temas introdutórios e a fase pré-falimentar da falência, enquanto que do Capítulo 21 ao 29 cuida-se da fase falimentar propriamente dita, que culmina com a sentença de encerramento da falência.

[2057] Aplicam-se, subsidiariamente, as disposições do CPC (LREF, art. 189) e do CPP (LREF, art. 188).

Capítulo 16
Noções Introdutórias

No presente capítulo serão examinados os principais aspectos introdutórios do regime falimentar da LREF, tais como o seu conceito, seus objetivos, o interesse público envolvido e o estigma que persegue o falido. Finalmente, será traçado um panorama do procedimento e analisados os princípios que informam o regime falimentar.

Como ressalta THALLER, os negócios não podem prescindir do crédito, assim como o homem não pode prescindir do ar que respira[2058]. Nesse contexto, a falência é um instituto jurídico com relevante substrato econômico, pois reflete a crise derradeira que se instala nas relações creditícias de um sujeito com os outros agentes do mercado com quem ele mantém relação.

De caráter marcadamente processual[2059] – apesar de a LREF ter revisado o caráter excessivamente processualístico que historicamente marcou o instituto no Brasil –, a falência inaugura um novo estado que recai sobre o devedor[2060] que utiliza o crédito como base para seu financiamento, fundando-se em dois principais elementos: o tempo e a confiança. O crédito consiste na prestação presente de uma parte, fundada na confiança de uma contraprestação futura de outra. Se uma das partes deixa de cumprir com a sua obrigação, o mecanismo perde sua funcionalidade e provoca uma alteração no equilíbrio econômico da equação. Justamente por isso que a quebra – que deve ser tratada como um evento natural daquele que empreende, uma vez que sujeito ao risco – é um fator patológico no desenvolvimento da economia creditícia[2061].

[2058] THALLER. *Des faillites en droit comparé*, t. I..., p. 128.

[2059] PROVINCIALI. *Prolegomeni allo studio...*, p. 15.

[2060] A *falência* (ou *insolvência*) é um *estado*, designando também a palavra um *processo* "enquanto encadeamento de atos dirigidos a um fim: a composição de pretensões" (MARTINS. *Um curso de direito da insolvência...*, p. 42).

[2061] ALVAREZ. *Curso de derecho comercial*, t. V..., p. 8-9.

1. Conceito e objetivos

A falência, também conhecida como quebra ou bancarrota[2062], é o regime jurídico liquidatório reservado aos empresários individuais e sociedades empresárias, no qual se busca a liquidação do patrimônio do devedor presumidamente insolvente para o pagamento de seus credores[2063], de acordo com garantias e preferências legalmente estipuladas[2064] (e, também, para apuração de responsabilidades e eventuais crimes falimentares).

Na ótica jurídica, trata-se de um processo de execução coletiva do devedor em face da pluralidade de credores com interesse sobre o seu patrimônio – ou, como também se diz, trata-se de um concurso universal de credores, uma vez que abrange praticamente a integralidade do patrimônio do devedor na busca da satisfação dos credores. A razão subjacente à existência do regime falimentar é bastante singela: a impossibilidade sistêmica de cada credor buscar individualmente a satisfação do seu crédito. Evita-se, assim, que a multiplicidade de execuções individuais, diante de um patrimônio insuficiente, favoreça alguns credores em detrimento de outros – daí porque ocorre a substituição das execuções individuais por uma execução coletiva[2065].

Há, também, uma perspectiva econômica relevante: o procedimento de falência busca eliminar do mercado o agente econômico inviável, fornecer proteção aos credores – por meio da melhor repartição possível do patrimônio do falido,

---

[2062] O termo "fallir" tem origem no latim *fallere* e exprime o sentido de enganar, faltar ao prometido, à palavra dada. Daí seus derivados "falimento" e "falência", significando a omissão na observância de um dever, a falta do cumprimento exato de uma obrigação. O latim *fallere* procede da raiz sânscrita *sphall*, vacilar, mover, desviar, donde também o grego *sphallen*, faltar; o alemão, *fallen, fehlen*, cair, decair, faltar, cair em falta; o inglês *fall, fail*, cair, faltar; o francês, *faillir, faillite*, enganar, pecar, faltar; o italiano, *fallire, fallimento* com o mesmo significado. Já "quebra" e "bancarrota" são expressões sinônimas que remontam ao costume medieval de quebrar a banca (banca quebrada, bancarrota) do comerciante devedor que não conseguia honrar com as suas obrigações. Sobre o tema, ver: CARVALHO DE MENDONÇA. *Tratado de direito comercial brasileiro*, v. VII..., p. 7. Ver, também: LEITÃO. *Direito da insolvência...*, p. 15.

[2063] FRANCO, Vera Helena de Mello. Seção IV: Do procedimento para a decretação da falência. In: SOUZA JUNIOR, Francisco Satiro de; PITOMBO, Antônio Sérgio A. de Moraes (coord.). *Comentários à Lei de Recuperação de Empresas e Falência*. 2 ed. rev., atual. e ampl. São Paulo: Revista dos Tribunais, 2007, p. 399.

[2064] CUNHA. *Do patrimônio...*; p. 197; VIVANTE, Cesare. *Trattato di diritto commerciale*, v. II. 5 ed. Milano: Casa Editrice Francesco Vallardi, 1935, p. 192; FERRI, Giuseppe. *Le società*. Torino: UTET, 1971, p. 325-326.

[2065] Segundo MIRANDA VALVERDE: "Sob o ponto de vista formal, é a falência uma variante do processo das execuções." (VALVERDE. *Comentários à Lei de Falências*, v. I..., p. 17). Para aprofundamento da analogia entre a execução singular e a execução coletiva, gênero do qual a falência é espécie, ver: CUNHA. *Do patrimônio...*; p. 197; VIVANTE. *Trattato di diritto commerciale*, v. II..., 1935, p. 192; FERRI. *Le società...*, 1971, p. 325-326. Para estudo aprofundado sobre a natureza jurídica da falência, ver: D'AVACK. *La natura giuridica del fallimento...*

NOÇÕES INTRODUTÓRIAS

que, na grande maioria das vezes, não é suficiente para atender a todos – e tutelar o crédito, indispensável para uma economia de mercado[2066].

A falência divide-se em duas fases: uma cognitiva e outra executiva. Na primeira, conhece-se o estado patrimonial do devedor; se a insolvência for constatada (trabalha-se com um sistema de presunções relativas e de verdade formal), decreta-se a falência do devedor. A partir daí, instaura-se a segunda fase do procedimento, de caráter executivo, cujo objetivo é arrecadar e avaliar os bens do falido para vendê-los e pagar os credores de acordo com a ordem legalmente estabelecida.

Seus objetivos são:

a. eliminar o agente insolvente do mercado;
b. preservar a empresa, mesmo que nas mãos de outro empresário;
c. tratar igualmente todos os credores (e daí decorre a antiga regra romana da *par conditio creditorum*);
d. tutelar o crédito, reduzindo o seu custo.

2. Interesse público

O processo de falência é inspirado em relevante interesse público, consistente no saneamento do mercado, no tratamento igualitário dos credores e na tutela do crédito. Como ressalta RUBENS REQUIÃO, o instituto é marcadamente de ordem pública, muito embora vise resolver coletivamente questões de interesses essencialmente privados[2067].

3. Velho estigma

Não se pode presumir o falido como fraudador. Desde a segunda metade do século XV, o direito concursal vem evoluindo no sentido de diferenciar a falência inocente da fraudulenta, reservando o tratamento mais severo apenas ao bancarroteiro doloso[2068]. Porém, o preconceito histórico em torno da figura do falido

---

[2066] Esse aspecto econômico-liquidatório do processo falimentar tem sua origem no direito norte-americano, embora, neste sistema jurídico, a ideia subjacente à falência seja muito mais evidenciar aos credores a inexistência de ativos para cobrir o total da dívida do falido do que nutrir expectativas de receber uma parcela do seu crédito. Segundo ensina DOUGLAS G. BAIRD: "The purpose of allowing corporations to file Chapter 7 petitions is not so much to give creditors assets, as it is to assure creditors that the corporation has no assets. Chapter 7 gives the managers of a corporation a way of surrending. It tells the creditors to stop their pursuit. A Chapter 7 petition is the easiest way for managers who are being constantly harassed to convince the creditors of the firm that the firm has no assets and that their lawsuits are pointless. The bankruptcy process can offer scrutiny of the debtor's overall health than no individual creditor can match." (BAIRD. *The elements of bankruptcy*..., p. 14).

[2067] REQUIÃO. *Curso de direito falimentar*, v. 1..., p. 22, 27-29. Igualmente, ver: VALVERDE. *Comentários à Lei de Falências*, v. I..., p. 13.

[2068] SANTARELLI. *Per la storia del fallimento*..., p. 147 ss.

ainda é assaz comum entre nós. Mesmo hoje, a decretação da quebra continua acarretando grave abalo moral e social sobre o devedor (e, muitas vezes, aos sócios e administradores da sociedade falida), a quem é atribuída a pecha de inepto, inábil ou incompetente[2069].

Cair em estado de insolvência faz parte do risco normal para os agentes econômicos, razão pela qual não se deve emitir qualquer juízo de valor negativo com relação ao falido pelo simples fato de ter falhado economicamente, nem atribuir à falência o caráter vexatório que outrora já teve[2070]. A falência, por si só, não é nenhuma punição; qualquer penalidade deverá ser aplicada pelas disposições de direito penal, em decorrência dos crimes falimentares eventualmente praticados.

O devedor que honestamente falhou sofrerá a perda de seu patrimônio – respeitadas as regras de impenhorabilidade e o princípio da limitação da responsabilidade, quando aplicável. Essa consequência já é suficiente para aquele que frustrou as expectativas dos seus credores de modo honesto, seja por despreparo, incompetência ou pelos azares da fortuna, devendo ser estendida a ele a possibilidade de recomeçar, sem qualquer espécie de pecha ou preconceito[2071].

4. Panorama do procedimento

Teoricamente, a insolvência é um fato econômico, enquanto que a falência é um estado de direito, que se constitui mediante a manifestação afirmativa do Poder Judiciário. São três os pressupostos que constituem o estado de falência no direito brasileiro:

[2069] REQUIÃO. *Curso de direito falimentar*, v. 1..., p. 142-143. Esse modo de ver o falido não só se afigura ultrapassado em face do sistema da economia de mercado – onde impera a livre iniciativa por comando constitucional, em que é dado ao empreendedor disposto a arriscar seus recursos e esforços tanto apropriar-se dos frutos do exercício da atividade econômica quanto falhar (falir) e, respeitados os condicionantes legais, recomeçar sem que sobre ele recaia punição maior do que a perda dos bens empresariais –, mas também consiste em enorme atraso e em desestímulo à exploração da empresa e à criação de riqueza. Como destaca ELLEN GRACIE NORTHFLEET, a falência encerra, equivocadamente, uma "espécie de morte em vida com grandes dissabores", e "um juízo moral sobre o seu responsável, além de conferir-lhe a pecha, quase sempre irreversível, de mau comerciante" (NORTHFLEET, Ellen Gracie. Prefácio. In: CORRÊA-LIMA, Osmar Brina; CORRÊA LIMA, Sérgio Mourão (coord.). *Comentários à nova Lei de Falência e Recuperação de Empresas*. Rio de Janeiro: Forense, 2009).

[2070] Está correto, portanto, MANOEL JUSTINO BEZERRA FILHO, para quem "o falido em princípio não cometeu qualquer deslize ou qualquer crime; ante o princípio da presunção de inocência, o falido deve ser visto como pessoa que, pelos azares da atividade empresarial, que é atividade que busca o lucro e por isso é eminentemente de risco, chegou a uma situação de falência" (BEZERRA FILHO. *Lei de Recuperação de Empresas e Falências comentada*..., p. 287-288).

[2071] Entretanto, na prática, muito mais do que os efeitos jurídicos que recaem sobre o falido a partir da incidência do regime falimentar, o abalo em sua reputação, de natureza não jurídica, talvez seja uma das grandes (ou mesmo a maior das) implicações incidentes sobre a figura do devedor, cujos desdobramentos tendem a não desaparecer em curto-médio prazo, podendo prejudicá-lo fortemente no seguimento da sua vida profissional.

NOÇÕES INTRODUTÓRIAS

a. a qualidade de empresário ou sociedade empresária;
b. a presunção de insolvência; e
c. a declaração judicial da falência[2072].

Nessa sistemática, o juiz prolata duas sentenças, segundo denotam os arts. 99 e 156 da LREF. Com a primeira delas, denominada de "sentença falimentar", dá-se início ao regime jurídico, ao passo que, na segunda, chamada de "sentença de encerramento", finaliza-se o processo, sem que haja solução de continuidade entre tais fases processuais[2073].

A falência se caracteriza, portanto, como um procedimento judicial cujo objetivo é, primeiramente, obter a certeza – pelo menos *formal* – de que o devedor está insolvente para, num segundo momento, diante da confirmação dessa informação, liquidar o seu patrimônio para atender ao maior número de credores possível.

5. Princípios específicos

Os princípios aplicáveis à falência, além daqueles outros já analisados no Capítulo 2, são os seguintes:

a. Preservação e maximização do patrimônio da massa (art. 75, *caput*);
b. Economia e celeridade processual (art. 75, parágrafo único, e 79);
c. Unidade, indivisibilidade e universalidade do juízo da falência (art. 76);
d. *Par conditio creditorum*.

Os princípios da (*i*) unidade, indivisibilidade e universalidade do juízo e (*ii*) da *par conditio creditorum* são clássicos e basilares do direito falimentar[2074]. A esses se somam, sobretudo após o advento da LREF, os princípios (*iii*) da preservação e maximização do patrimônio da empresa e (*iv*) da economia e celeridade processual.

5.1. Unidade, indivisibilidade e universalidade do juízo falimentar

O princípio da unidade e da indivisibilidade faz com que todas as ações sobre bens, interesses e negócios do falido[2075] (massa falida) tramitem no juízo fali-

---

[2072] REQUIÃO. *Curso de direito falimentar*, v. 1..., p. 35.

[2073] VIGIL NETO. *Teoria falimentar e regimes recuperatórios...*, p. 189.

[2074] VALVERDE. *Comentários à Lei de Falências*, v. I..., p. 14; VIGIL NETO. *Teoria falimentar e regimes recuperatórios...*, p. 273.

[2075] O legislador incorreu em imprecisão ao utilizar o termo "falido" em vez de "massa falida" na redação do *caput* do art. 76 da LREF. A leitura do seu parágrafo único ("Todas as ações, inclusive as excetuadas no *caput*, terão prosseguimento com o administrador judicial, que deverá ser intimado para representar a massa falida, sob pena de nulidade do processo"), confirma o equívoco e a necessidade de o intérprete ler o termo "falido" no *caput* como se fosse "massa falida". Nossa posição se sustenta em pelo menos três

RECUPERAÇÃO DE EMPRESAS E FALÊNCIA

mentar, ressalvadas as causas trabalhistas, fiscais e aquelas não reguladas na Lei 11.101/05, em que o falido (massa falida) figurar como autor ou litisconsorte ativo[2076] (art. 76 da LREF, bem como art. 126).

O juízo falimentar exerce verdadeira força de atração (*vis attractiva*[2077]) sobre os processos de interesse da massa falida, sendo competente para conhecer todas as ações em que estiver no pólo passivo[2078], inclusive matérias cuja regra de competência se qualifica como absoluta (*e.g.*, direitos reais[2079]), bem como aquelas ações que figurar como autor ou litisconsorte ativo, desde que reguladas pela LREF[2080] – como é o caso das ações tipicamente falimentares (*e.g.*, ação declaratória de ineficácia e revocatória).

argumentos: (*i*) ao tratar do tema, os §§2º e 3º do art. 7º do Decreto-Lei 7.661/1945 usaram corretamente o termo "massa falida" ("2º. O juízo da falência é indivisível e competente para tôdas as ações e reclamações sôbre bens, interêsses e negócios da massa falida, as quais serão processadas na forma determinada nesta lei. 3º. Não prevalecerá o disposto no parágrafo anterior para as ações, não reguladas nesta lei, em que a massa falida seja autora ou litisconsorte"); (*ii*) um dos efeitos da falência sobre a pessoa do falido é sua substituição – pelo administrador judicial – na representação dos processos sobre os quais a massa falida tenha interesse patrimonial (parágrafo único do art. 76); (*iii*) o falido e a massa falida nem sempre comungam dos mesmos interesses, podendo o primeiro participar de processo em que a segunda é representada pelo administrador judicial. Para aprofundamento sobre o tema, remetemos o leitor para o Capítulo 21.

[2076] A LREF corrigiu o problema de redação do §3º do art. 7º do Decreto-Lei 7.661/1945 no que concerne ao litisconsórcio ao referir que a indivisibilidade do juízo não prevalecerá nas ações "não reguladas nesta Lei em que o falido figurar como autor ou litisconsorte ativo". No regime anterior, não havia especificação acerca do tipo de litisconsórcio (ativo ou passivo), o que gerou intenso debate doutrinário. Sobre o tema, ver: VALVERDE. *Comentários à Lei de Falências*, v. I..., p. 99-101; SAMPAIO DE LACERDA. *Manual de direito falimentar...*

[2077] Nas claras palavras de ADROALDO MESQUITA DA COSTA: "Os credores serão, portanto, arrastados para esse juízo, mesmo a contragosto seu." (COSTA. *A falência...*, p. 41).

[2078] Exemplifica FÁBIO ULHOA COELHO: "Se, por exemplo, ocorrer acidente de trânsito envolvendo veículo pertencente a uma companhia, por culpa do motorista empregado desta, e, em seguida, for declarada a sua falência, a ação de indenização a ser promovida pelo proprietário do outro veículo correrá perante o juízo universal da falência, não se aplicando a regra do art. 100, parágrafo único, do CPC [de 1973] ('nas ações de reparação do dano sofrido em razão de delito ou acidente de veículos, será competente o foro do domicílio do autor ou do local do fato')." (COELHO. *Comentários à Lei de Falências e Recuperação de Empresas...*, p. 236). Nesse sentido, por exemplo: TJSP, 5ª Câmara de Direito Público, AI, 2197097-52.2015.8.26.0000, Rel. Des. Maria Laura Tavares, j. 30/05/2016 ("Ação de Indenização por Danos Morais e Materiais – Massa Falida que integra o polo passivo – Ação Indenizatória ajuizada após a quebra – Competência do Juízo da Falência."); TJSP, 11ª Câmara de Direito Público, AI 2063864-22.2016.8.26.0000, Rel. Des. Aroldo Viotti, j. 12/04/2016 ("Competência. Ação de indenização por danos materiais e morais movida contra a Fazenda do Estado, o Município de São José dos Campos e contra Massa Falida. Força atrativa da competência do Juízo universal da falência (art. 76 da Lei 11.101, de 2005). Agravo improvido, mantida a decisão que declinou da competência em prol do Juízo por onde se processa a falência.").

[2079] STJ, 2ª Seção, CC 84.752/RN, Rel. Min. Nancy Andrighi, j. 27/06/2007. Nesse sentido, relatando as discussões (e as exceções quando da vigência do Decreto-Lei 7.661/1945), ver: ZANINI. Capítulo V: Da falência..., p. 343-344.

[2080] VALVERDE. *Comentários à Lei de Falências*, v. I..., p. 101.

NOÇÕES INTRODUTÓRIAS

A sistemática da LREF funda-se na premissa de que o juízo falimentar está melhor capacitado para julgar as questões envolvendo interesses patrimoniais da massa falida[2081], haja vista que possui, concomitantemente, amplo conhecimento da sua situação econômico-financeira e visão global e plena da falência, razão pela qual é chamado de universal[2082].

No entanto, há, pelo menos, seis exceções ao princípio: (*i*) ações trabalhistas (CF, art. 114; LREF, arts. 6º, §2º, e 76); (*ii*) ações fiscais (LREF, art. 76; CTN, art. 187; Lei de Execuções Fiscais, arts. 5º e 29); (*iii*) ações de competência da Justiça Federal (CF, art. 109, I)[2083]; (*iv*) ações que demandarem quantia ilíquida (LREF, art. 6º, §1º); (*v*) ações não reguladas na LREF em que o falido (massa falida) figurar como autor ou litisconsorte ativo (art. 76 da LREF[2084]); e (*vi*) ações ajuizadas antes da decretação da quebra, as quais permanecerão em trâmite no juízo de origem[2085].

A petição inicial postulando a falência deve ser distribuída de acordo com a regra de competência estabelecida no art. 3º da LREF ("juízo do local do principal estabelecimento do devedor ou da filial de empresa que tenha sede fora do Brasil"). Nos termos do art. 6º, §8º, da LREF, a distribuição do pedido de falên-

---

[2081] A leitura integrada do *caput* e do parágrafo único do art. 76 permite a seguinte conclusão: o juízo da falência é indivisível e competente para conhecer todas as ações sobre bens, interesses e negócios do falido (massa falida), ressalvadas as causas trabalhistas, fiscais e aquelas não reguladas na LREF em que o falido (massa falida) figurar como autor ou litisconsorte ativo, cabendo ao administrador judicial representar os interesses da massa, inclusive nas exceções anteriormente referidas. No entanto, essa sucessão processual ocorrerá somente nas ações que envolvam bens, interesses e negócios massa falida, não se estendendo a processos de cunho particular do falido, que se refiram, por exemplo, a direitos personalíssimos do autor e de sua família. Nesse sentido: STJ, 2ª Seção, AgRg no CC 116.417/RJ, Rel. Min. Nancy Andrighi, j. 24/10/2012. Para aprofundamento, remetemos o leitor para o Capítulo 21.

[2082] STJ, 2ª Seção, CC 847.52/RN, Rel. Min. Nancy Andrighi, j. 27/06/2007.

[2083] O art. 109, I, da Constituição Federal assim dispõe: "Art. 109. Aos juízes federais compete processar e julgar: I – as causas em que a União, entidade autárquica ou empresa pública federal forem interessadas na condição de autoras, rés, assistentes ou oponentes, *exceto as de falência*, as de acidentes de trabalho e as sujeitas à Justiça Eleitoral e à Justiça do Trabalho (...)." A interpretação que o Superior Tribunal de Justiça confere ao dispositivo é restrita, estabelecendo que a competência da Justiça Federal somente é excepcionada nas causas em que a União, entidade autárquica ou empresa pública federal pede a falência de um devedor (e não nas causas em que esteja envolvida massa falida – como no caso de ação de usucapião ou de locação). Nesse sentido: STJ, 1ª Turma, RMS 24.202/SP, Rel. Min. Benedito Gonçalves, j. 12/05/2009; STJ, 2ª Seção, CC 57.640/SP, Rel. Min. Fernando Gonçalves, j. 26/09/2007; STJ, 2ª Seção, CC 16.115/RS, Rel. Min. Sálvio de Figueiredo Teixeira, j. 23/10/2002; STJ, 2ª Seção, CC 22.383/RS, Rel. Min. Paulo Costa Leite, j. 23/09/1998.

[2084] ABRÃO, Carlos Henrique. Comentários aos arts. 70 a 104. In: TOLEDO, Paulo Fernando Campos Salles de; ABRÃO, Carlos Henrique (coord.). *Comentários à Lei de Recuperação de Empresas e Falência*. 4 ed. rev. e atual. São Paulo: Saraiva, 2010, p. 288-289. Nesse sentido: STJ, 3ª Turma, REsp 1236664/SP, Rel. Min. João Otávio de Noronha, j, 11/11/2014.

[2085] STJ, 3ª Turma, REsp 467.516/MT, Rel. Min. Nancy Andrighi, j. 21/02/2006; STJ, 3ª Turma, REsp 263.874/SP, Rel. Min. Carlos Alberto Menezes Direito, j. 12/06/2001.

cia (ou de recuperação judicial) previne a jurisdição para qualquer outro pedido dessa natureza relativo ao mesmo devedor[2086].

Os pedidos de falência estão sujeitos à distribuição obrigatória, respeitada a ordem de apresentação (LREF, art. 78, e CPC, art. 284). A petição deve ser distribuída imediatamente, sem qualquer providência adicional da parte ou do seu advogado[2087] (se, por alguma razão, isso não ocorrer, a distribuição deve sempre respeitar a ordem de entrada). Já o parágrafo único do art. 78 estabelece que as ações que devam ser propostas no juízo da falência estão sujeitas a distribuição por dependência. Daí a referida *vis attractiva*.

5.1.1. Nota sobre as ações fiscais

As ações judiciais tramitam nos juízos de origem até que exista um valor líquido contra a massa (isto é, até apuração final do crédito), quando, então, esse montante será habilitado junto ao juízo falimentar. O fisco é a única exceção a essa sistemática, pois o crédito fazendário não se submete a concurso, podendo as execuções fiscais serem propostas, mesmo após a decretação da quebra, fora do juízo falimentar (CTN, art. 187; art. 29 da Lei 6.830/1980).

A Fazenda Pública está dispensada do procedimento habilitatório, podendo escolher entre (*i*) ajuizar a execução fiscal ou (*ii*) realizar a sua habilitação no processo falimentar, em regra, por simples manifestação instruída com a certidão de dívida ativa[2088] (mas entendemos que a habilitação deve-se dar de acordo, por exemplo, com o previsto no art. 7º da LREF, o que permitirá a realização da impugnação por todos os interessados, nos termos do art. 8º). Porém, definindo uma das vias, materializa-se renúncia com relação à outra, inclusive no que se

---

[2086] Segundo o STJ: "O fato de existir uma execução frustrada, advinda de um título judicial nascido de uma ação falimentar extinta pelo depósito elisivo parcial, não tem o condão de determinar a distribuição, por prevenção, de um segundo pedido de falência, pelo fato de que não mais existe a possibilidade de ocorrerem falências em juízos diferentes." (STJ, 4ª Turma, REsp 702.417/SP, Rel. Min. Raul Araújo, j. 11/03/2014).

[2087] Segundo observa JOSÉ PACHECO DA SILVA: "Os pedidos ou requerimentos de falência, uma vez distribuídos ao juízo e ao escrivão, ser-lhe-ão entregues, independentemente de preparo. Não se há de aguardar qualquer providência da parte ou do seu advogado. A remessa do pedido de falência ao juízo a que foi distribuído deve ser imediata, sem perda de tempo, ato contínuo à distribuição, não só no mesmo dia, mas na mesma hora." "O escrivão, tão logo receba o pedido de falência, que lhe foi distribuído, deverá, no mesmo dia, fazer conclusão ao juiz." (PACHECO. *Processo de recuperação judicial, extrajudicial e falência...*, p. 247).

[2088] Há exceções. Por exemplo, o STJ já dispensou a apresentação de Certidão de Dívida Ativa para habilitação de crédito previdenciário reconhecido em sentença trabalhista: STJ, 4ª Turma, REsp 1.170.750/SP, Rel. Min. Luis Felipe Salomão, j. 19/11/2013; STJ, 2ª Turma, REsp 967.626/RS, Rel. Min. Castro Meira, j. 09/10/2007.

NOÇÕES INTRODUTÓRIAS

refere a eventual pedido de reserva de numerário no âmbito da falência, pois não se admite garantia dúplice para o fisco[2089].

Na prática, o que normalmente ocorre é o seguinte: promove-se ou continua--se a promover a execução fiscal, com a penhora do crédito fazendário no rosto dos autos do processo falimentar. O administrador judicial, devidamente citado, deverá levá-lo em consideração quando da ordenação do quadro geral de credores e do efetivo pagamento, respeitando a ordem estabelecida no art. 83 da LREF.

Embora a execução fiscal prossiga normalmente, será inválido qualquer ato de constrição judicial (penhora) ocorrido posteriormente à decretação da quebra. Porém, se a penhora ocorreu em momento anterior, é possível a alienação judicial de tais bens no juízo executivo, sendo o produto de tal venda revertido para o juízo falimentar para o pagamento preferencial dos credores que estão à frente do fisco na classificação dos créditos[2090].

É assaz comum que o fisco não encontre bens do executado passíveis de penhora, hipótese na qual, seguindo a diretriz da Súmula 314 do STJ[2091], a execução fiscal é suspensa pelo prazo de um ano, findo o qual começa a correr o prazo de prescrição quinquenal intercorrente. Como o processo falimentar é, geralmente, moroso, não raras vezes ocorre a prescrição da pretensão de cobrar da Fazenda Pública, nos termos dos arts. 174 do CTN e 40 da Lei 6.830/1980[2092].

5.1.2. Nota sobre as ações que demandam quantia ilíquida

Para as ações que demandarem quantia ilíquida não prevalece o princípio da universalidade (LREF, art. 6º, §1º), sendo que pouco importa se ajuizadas antes ou depois da decretação da quebra; respeitam-se, assim, as regras gerais de competência, inclusive se também for parte algum ente público ou caso as ações tramitem no exterior, como já visto no Capítulo 5, item 2.1. Entretanto, tão logo seja apurado o montante líquido, o credor deve habilitá-lo junto ao juízo falimentar,

---

[2089] STJ, 3ª Turma, AgRg no Ag 713.217/RS, Rel. Vasco Della Giustina, j. 19/11/2009; STJ, 2ª Turma, REsp 1.103.405/MG, Rel. Min. Castro Meira, j. 02/04/2009; STJ, 2ª Turma, REsp 967.626/RS, Rel. Min. Castro Meira, j. 09/10/2007; STJ, 2ª Turma, REsp 185.838/SP, Rel. Min. Franciulli Netto, j. 11/09/2001.

[2090] Neste sentido dispunha a Súmula 44 do extinto Tribunal Federal de Recursos. Sobre o tema: STJ, 1ª Turma, AgRg no REsp 914.712/PR, Rel. Min. Luiz Fux, j. 09/11/2010; STJ, 1ª Seção, AgRg no CC 108.465/RJ, Rel. Min. Benedito Gonçalves, j. 26/05/2010; STJ, 1ª Turma, REsp 1.013.252/RS, Rel. Min. Luiz Fux, 19/11/2009; STJ, 2ª Turma, AgRg no REsp 783.318/SP, Rel. Min. Humberto Martins, j. 19/03/2009; STJ, 2ª Turma, REsp 695.167/MS, Rel. Min. Mauro Campbell Marques, j. 07/10/2008. Por sua vez, entendendo por não se permitir a alienação dos bens no executivo fiscal, uma vez que, mesmo decretada a quebra, existiria continuidade das atividades (unidades arrendadas tiveram seus contratos mantidos), ver: STJ, 1ª Turma, AgRg no REsp 1.121.762/SC, Rel. Min. Arnaldo Esteves Lima, j. 05/06/2012.

[2091] Súmula 314 do STJ: "Em execução fiscal, não localizados bens penhoráveis, suspende-se o processo por um ano, findo o qual se inicia o prazo da prescrição qüinqüenal intercorrente."

[2092] STJ, 2ª Turma, REsp 1.220.002/RS, Rel. Min. Mauro Campbell Marques, j. 16/12/2010.

sem prejuízo de formular previamente, no juízo de origem, pedido de reserva da importância que estimar devida, nos termos do §3º do art. 6º da LREF.

5.1.3. Nota sobre as ações tipicamente falimentares

Tramitam no juízo universal as ações tipicamente falimentares reguladas pela LREF, a saber: (*i*) a ação de responsabilidade de sócio ou administrador da sociedade falida (art. 82); (*ii*) a ação declaratória de ineficácia (art. 129); (*iii*) a ação revocatória falimentar (art. 130).

5.1.4. Nota sobre a representação processual da massa

Não apenas os bens, mas também os direitos do falido integram a massa falida, no que estão incluídas as ações judiciais (seja no pólo ativo, seja no pólo passivo), de modo que qualquer resultado econômico que advier de tais ações será revertido para a massa (positivo ou negativo).

Em todas as ações existentes e relacionadas a interesses patrimoniais da massa falida – na condição de sucessora do falido – inclusive nas que não tramitarem no juízo falimentar (abarcando, também, processos administrativos), esta será representada pelo administrador judicial, o qual deverá ser devidamente intimado para participar do respectivo processo, sob pena de ser decretada a sua nulidade (LREF, art. 76, parágrafo único)[2093]. Para tanto, deve contratar, se for necessário, advogados, cujos honorários devem primeiramente ser ajustados e aprovados pelo Comitê de Credores (art. 22, III, "n").

Sobre o tema, ver, ainda, o item 3.10. do Capítulo 21, *infra*.

5.1.5. Nota sobre a gratuidade de custas

Segundo orientação consolidada do STJ[2094], a assistência judiciária gratuita pode ser deferida à pessoa jurídica em regime de recuperação judicial ou de falência, se comprovada, de forma inequívoca, a situação de precariedade financeira que impossibilite o pagamento dos encargos processuais. Não se presume que a massa falida faz jus ao benefício da gratuidade de custas, devendo comprovar tal necessidade no caso concreto[2095].

[2093] *V.g.*: TRF4, 3ª Turma, AP 5041848-93.2011.404.700, Rel. Des. Marga Inge Barth Tessler, j. 23/10/2013.

[2094] Enunciado 8 da Edição 35 da Jurisprudência em Teses do STJ.

[2095] STJ, 4ª Turma, AgRg no AREsp 576.348/RJ, Rel. Min. Raul Araújo, j. 24/03/2015; STJ, 4ª Turma, AgRg no REsp 1.509.032/SP, Rel. Min. Marco Buzzi, j. 19/03/2015; STJ, 2ª Turma, AgRg no REsp 1.495.260/SC, Rel. Min. Og Fernandes, j. 03/02/2015; STJ, 2ª Turma, AgRg no AREsp 580.930/SC, Rel. Min, Humberto Martins, j. 25/11/2014; STJ, Rel. Min. Sérgio Kukina, EDcl no REsp 1.136.707/PR, 1ª Turma, j. 02/10/2014; STJ, 2ª Turma, AgRg no AREsp 432.760/SP, Rel. Min. Herman Benjamin, j. 27/03/2014; STJ, 3ª Turma, AgRg no AREsp 290.902/SP, Rel. Min. Sidnei Beneti j. 21/03/2013; STJ, 4ª Turma, AgRg nos EDcl no AREsp 167.623/SP, Rel. Min. Luis Felipe Salomão, j. 05/02/2013; STj, 2ª

NOÇÕES INTRODUTÓRIAS

A massa se sujeita normalmente ao princípio da sucumbência enquanto demandante e demandada. Embora haja margem para argumentar que o evento da falência pode ser considerado condição suficiente para comprovação da precária condição financeira da massa falida e da impossibilidade de suportar os ônus sucumbenciais, a conclusão acima, além de sedimentada pelos tribunais, decorreria da própria redação do inciso IV do art. 84 da LREF, que classifica as custas judiciais relativas às ações e execuções em que a massa falida tenha sido vencida como créditos extraconcursais – o que, ademais, indicaria que a massa falida não deve fazer frente ao pagamento de custas judiciais de imediato, uma vez que elas serão consideradas créditos extraconcursais e, em decorrência, serão pagas respeitando a ordem de pagamento prevista da LREF[2096].

Não se pode esquecer, ainda, que, atualmente, o §6º do art. 98 do CPC permite o parcelamento das custas.

De qualquer sorte, é importante atentar que a Súmula 86 do Tribunal Superior do Trabalho dispõe não ocorrer a deserção de recurso da massa falida por falta de pagamento de custas ou de depósito do valor da condenação[2097].

5.2. *Par conditio creditorum*

O princípio da *par conditio creditorum* (igualdade entre os credores) é um dos clássicos temas do direito concursal e denota a preocupação histórica (cujas raízes remontam ao Direito Romano) do legislador e da doutrina em garantir que créditos da mesma natureza sejam tratados uniformemente e quitados de maneira proporcional[2098].

Seção, AgRg nos EAg 928.962/SP, Rel. Min. Luis Felipe Salomão, j. 04/02/2013; STJ, AREsp 273.687/SP, Rel. Min. Eliana Calmon (decisão monocrática), j. 08/10/2013; STJ, 1ª Turma, AgRg no Ag 1.292.537/MG, Rel. Min. Luiz Fux, j. 05/08/2010; STJ, 1ª Seção, EREsp 855.020, Rel. Min. Benedito Gonçalves, j. 28/10/2009; STJ, 2ª Turma, REsp 1.075.767/MG, Rel. Min. Castro Meira, j. 25/11/2008.

[2096] Ver: BEZERRA FILHO. Capítulo XII: A classificação dos créditos na falência..., p. 289.

[2097] Observe-se o que dispõe a Súmula 86 do Tribunal Superior do Trabalho: "Não ocorre deserção de recurso da massa falida por falta de pagamento de custas ou de depósito do valor da condenação. Esse privilégio, todavia, não se aplica à empresa em liquidação extrajudicial." Ainda, a Instrução Normativa 3 do TST dispensa que a massa falida realize o depósito recursal.

[2098] SHEILA CHRISTINA NEDER CEREZETTI traz lúcida explicação de ALDO FIALE sobre a compreensão da regra: "La *par condicio*, in particolare, si traduce nella formula secundo cui *tutti i creditori* hanno uguale diritto su *tutti* i beni del comune debitore. Conseguenza di questa regola generale è che, in caso di insufficienza dei beni esistenti nel patrimônio escusso, ogni creditori será soddisfatto solo parzialmente, proporzionalmente all'ammontare del suo credito." (FIALE, Aldo. *Il fallimento e le altre procedure concorsuali, manuale teorico-pratico.* Napoli: Simoe, 2006, p. 9 *apud* CEREZETTI. *A recuperação judicial de sociedade por ações...*, p. 365). FÁBIO ULHOA COELHO prefere usar a expressão "tratamento paritário" ao invés de "tratamento igualitário": "Tratamento paritário não significa dispensar a todos os credores iguais chances de recebimento de seu crédito na falência da sociedade devedora. Significa distingui-los segundo a natureza do crédito. O tratamento paritário não é igualitário, em suma. Por essa

O princípio da *par conditio creditorum* tem por finalidade a satisfação proporcional dos credores no processo falimentar, excluindo a sistemática de que *prior in tempore potior in jure* ("o primeiro no tempo, preferente no direito")[2099]. Por ser um dos pilares de sustentação do regime falimentar, está refletido, direta ou indiretamente, em uma série de dispositivos legais da LREF, dentre os quais:

a. o art. 76, que trata da unidade, indivisibilidade e universalidade do juízo falimentar;

b. os §§2º e 3º do art. 7º, que cuidam da reserva de valores para pagamento de credores cujos créditos ainda não tenham sido habilitados;

c. o art. 83, que elenca a classificação de créditos, impondo tratamento equânime aos credores que compõem a mesma classe;

d. o art. 126, que exige o respeito à igualdade de credores sempre que o juiz decidir sobre relações patrimoniais não reguladas expressamente pela lei;

e. a ineficácia e a revogação de pagamentos que violem o tratamento igualitário (nos termos dos arts. 129 e 130);

f. além das regras penais que objetivam punir o falido que, durante o processo falimentar, favorecer um credor em detrimento de outro[2100].

Examinando-se as quatro principais fases do processo falimentar (*i.e.*, arrecadação, avaliação, alienação e pagamento), o princípio da igualdade entre os credores reina absoluto nas três primeiras, sendo relativizado apenas na fase de pagamento, na qual há uma relação vertical dos credores entre si, cujos créditos serão classificados e pagos de acordo com o critério legalmente estabelecido no art. 83 da LREF – além, é claro, da existência de determinadas regras sobre o pagamento, como será visto no Capítulo 28 desta obra[2101]. Fala-se, também, em

---

razão, os credores são hierarquizados; uns receberão seus créditos antes de outros, em atenção à ordem de classificação e preferências disposta na lei." (COELHO, Fábio Ulhoa. *Curso de direito comercial*, v. 3. 12 ed. São Paulo: Saraiva, 2011, p. 347).

[2099] FRANCO; SZTAJN. *Falência e recuperação da empresa em crise...*, p. 8.

[2100] CEREZETTI. *A recuperação judicial de sociedade por ações...*, p. 366; SOUZA JUNIOR, Francisco Satiro de. Seção XI: Do pagamento aos credores. In: ____; PITOMBO, Antônio Sérgio A. de Moraes (coord.). *Comentários à Lei de Recuperação de Empresas e Falência*. 2 ed. rev., atual. e ampl. São Paulo: Revista dos Tribunais, 2007, p. 506; ZANINI. Capítulo V: Da falência..., p. 341; FRANCO; SZTAJN. *Falência e recuperação da empresa em crise...*, p. 8.

[2101] "Disso tudo podemos concluir que o conteúdo do princípio [da igualdade] não é ditado pela necessidade de igualar todos os credores, cujos créditos podem ser tratados diversamente pelas normas de direito material, mas sim fazê-los concorrer no mesmo processo, perante o juízo universal, de modo que fica equiparada a sorte de todos, recebendo cada um o pagamento conforme a preferência ou privilégio que legalmente lhe seja atribuído." "Nestas circunstâncias, vemos o princípio da igualdade falimentar subordinado a relações de ordem patrimonial e obrigacional. E, como veremos, tais relações conduzem a Lei de Falências à perseguição de outros valores, especialmente de ordem econômica, além dos valores

NOÇÕES INTRODUTÓRIAS

igualdade interna ou intraclasse (entre os credores de uma mesma classe), pois os pagamentos são rateados proporcionalmente entre os credores, à exceção dos créditos com garantia real, nos quais o produto da alienação da garantia vai diretamente para o credor garantido, de forma semelhante como ocorre com os créditos com privilégio especial[2102]-[2103].

FASE	SISTEMÁTICA
Fase de arrecadação	Igualdade plena
Fase de avaliação	Igualdade plena
Fase de alienação	Igualdade plena
Fase de pagamento	Relação vertical (preferências legais), mas com respeito à igualdade entre os credores da mesma classe

Sobre o tema, também remetemos o leitor ao item 3.4. do Capítulo 2, *supra*.

5.3. Preservação e maximização dos ativos do falido

A LREF busca, mesmo na falência, a preservação da empresa, como aparece no art. 75. Para tanto, oferece mecanismos para assegurar a obtenção do máximo valor possível pelos ativos do falido com o objetivo de que seja atendido o maior número de credores possível, (*i*) evitando a deterioração provocada pela demora excessiva do processo, (*ii*) priorizando a venda da empresa em bloco para evitar a perda dos intangíveis, e (*iii*) possibilitando ao administrador judicial celebrar contratos que gerem renda a partir da exploração dos bens da massa falida, enquanto esses não forem alienados.

E existem diversas regras que buscam concretizar tal princípio (LREF, arts. 108, 111, 113, 114, 139 e 140).

Sobre o tema, remeteos o leitor ao item 3.8. do Capítulo 2, *supra*.

5.4. Celeridade, eficiência e economia processual

O art. 75, parágrafo único, da LREF, textualmente afirma que o "processo de falência atenderá aos princípios da celeridade e da economia processual" – o que, logicamente, deve abranger todos os seus incidentes e recursos. No mesmo

---

políticos e sociais. Toda essa situação vai refletir-se na formação do conceito de igualdade." (USTRA, José Augusto Brilhante. *A classificação dos créditos na falência*: o conceito de igualdade na Lei de Falências. Rio de Janeiro: Eldorado Tijuca, 1976, p. 35-36).

[2102] VIGIL NETO. *Teoria falimentar e regimes recuperatórios...*, p. 274.

[2103] "Somos de opinião que o conceito de igualdade perante a Lei de Falências deve ser focalizado em dois planos distintos. Num sentido lato, o Direito Falimentar pretende atingir a igualdade através do tratamento desigual para aqueles que não são iguais, com relação aos seus créditos. Num sentido estrito, a igualdade é aplicada aos credores da mesma classe." (USTRA. *A classificação dos créditos na falência...*, p. 39).

sentido, são também aplicáveis os arts. 6º e 8º do CPC/2015, bem como a previsão contida na Constituição Federal, art. 5º, LXXVIII.

Busca-se, então, privilegiar a condução ágil, adequada e econômica dos regimes falimentar e recuperatórios, com o intuito de satisfazer o credor da melhor forma possível. E a LREF tentou concretizar tais princípios em diversos dispositivos (arts. 40, 79, 139 e 140, §2º).

Sobre o tema, remetemos o leitor ao item 3.9. do Capítulo 2, *supra*.

Capítulo 17
Base Jurídica da Falência

O ordenamento jurídico estabelece uma série de regras sobre quando resta caracterizada a falência do empresário individual ou da sociedade empresária, bem como acerca de quem pode postular a falência de tais sujeitos. Neste capítulo serão analisadas as hipóteses que podem levar à decretação da falência (suporte fático), as pessoas legitimadas a postular em juízo a falência do empresário individual ou da sociedade empresária, bem como a estrutura jurídica de decretação da quebra (sistema de presunções) e da aplicação do regime liquidatório. Por fim, analisaremos o procedimento subjacente a essa etapa processual.

1. Sistema de presunções

Seguindo a tradição do Direito brasileiro, a LREF trabalha com conjunto de presunções que permite ao juiz decretar a falência do empresário individual ou da sociedade empresária com base em uma certeza formal de insolvência (dispensando, portanto, a certeza material), ressalvado o caso da autofalência, ou seja, quando o próprio devedor confessa estar falido e postula a decretação de sua quebra[2104] (arts. 105 a 107).

A LREF erigiu um verdadeiro sistema de presunções jurídicas de insolvência, geradas pela ocorrência de fatos previamente descritos pelo legislador, os quais são considerados a base jurídica (suporte fático) para a decretação da falência de um devedor (preceito). A saber:

a. Impontualidade (art. 94, I);
b. Execução frustrada (art. 94, II);
c. Atos de falência (art. 94, III).

[2104] VIGIL NETO. *Teoria falimentar e regimes recuperatórios...*, p. 192-193.

A incidência de um dos suportes fáticos (subsunção do fato à regra) faz presumir a insolvência do devedor e, se tal presunção relativa não for derrubada ao longo do processo falimentar, transforma-se em certeza, ainda que meramente formal (certeza aparente), garantindo-se ao magistrado poder suficiente para exarar o decreto falimentar e as consequências jurídicas daí decorrentes (preceito da regra).

A concretização dos elementos abstratos de um dos suportes fáticos falimentares – a impontualidade (art. 94, I), a execução frustrada (art. 94, II) ou os atos de falência (art. 94, III) – faz surgir um fato jurídico que dá ao credor (ou aos demais legitimados do art. 97) o direito subjetivo de presumir o estado de insolvência do devedor[2105] (ressalvando-se a hipótese da autofalência).

1.1. Lançamento judicial da presunção de insolvência

Verificado algum dos suportes fáticos mencionados acima, o credor fica autorizado a manifestar judicialmente sua pretensão jurídica por meio da competente ação falimentar. O deferimento da petição inicial, por seu turno, significa que o magistrado tomou ciência do fato jurídico vetor da presunção de insolvência[2106].

1.2. Resistência à pretensão: tentativa de derrubar a presunção

Instaurado o processo falimentar, o devedor terá a oportunidade de rebater a presunção de insolvência recaída sobre ele, por meio do exercício dos seus direitos constitucionais do contraditório e da ampla defesa (arts. 5º, LIV e LV, da CF). Não se trata de uma presunção absoluta (*iuris et de iure*), mas sim de uma presunção relativa (*iuris tantum*), que permite, portanto, prova em contrário.

A LREF, no art. 98, assegura ao devedor a possibilidade de, no prazo legal, contestar a ação judicial que objetiva sua quebra (ou mesmo elidir a falência – art. 98, parágrafo único –, ou pedir incidentalmente a sua recuperação judicial – art. 95).

1.3. Manifestação judicial sobre a presunção de insolvência

Se o devedor exercer seu direito de defesa de modo exitoso, especialmente no que se refere à instrução probatória, estará afastada a presunção relativa que recaiu sobre ele. Nesse caso, caberá ao magistrado prolatar sentença denegatória da falência. Ao revés, se a tentativa de fulminar a presunção fracassar, o ordenamento jurídico entenderá que a presunção transformou-se em certeza de insolvência, que se torna razão suficiente para prolação de sentença decretatória da quebra do devedor[2107].

[2105] VIGIL NETO. *Teoria falimentar e regimes recuperatórios...*, p. 193-202.
[2106] VIGIL NETO. *Teoria falimentar e regimes recuperatórios...*, p. 200.
[2107] VIGIL NETO. *Teoria falimentar e regimes recuperatórios...*, p. 195.

BASE JURÍDICA DA FALÊNCIA

1.4. Estado jurídico versus estado econômico de insolvência

Os suportes fáticos da falência (*i.e.*, impontualidade, execução frustrada e atos de falência) são meramente indiciários de que existe uma situação de insolvência econômica, embora bastem para a decretação da falência jurídica, a depender da capacidade do devedor de rebatê-los ao longo fase pré-falimentar.

O sistema falimentar opera com um sistema sincronizado e fundado em presunções que busca coincidir a quebra econômica com a quebra jurídica, mas isso excepcionalmente pode não ocorrer[2108]. A quebra econômica pode estar materializada sem que seja decretada a quebra jurídica, ao passo que pode haver decretação de insolvência jurídica sem que o estado de insolvência econômica reste caracterizado[2109].

Na LREF, a decretação da falência de um devedor prescinde de uma investigação da sua real condição econômica, financeira ou patrimonial[2110-2111]. De

---

[2108] COELHO. *Comentários à Lei de Falências e Recuperação de Empresas...*, p. 298. Por exemplo, ao estabelecer, no art. 153, que, se todos os credores forem pagos, o saldo remanescente, se existente, será entregue ao falido, a LREF admite, implícita e lateralmente, que a insolvência real não é um requisito para a falência. Nesse sentido, a Súmula 43 do TJSP: "No pedido de falência fundado no inadimplemento de obrigação líquida materializada em título, basta a prova da impontualidade, feita mediante o protesto, não sendo exigível a demonstração da insolvência do devedor". Na mesma direção (*i.e.*, que não é preciso fazer prova de que o passivo supera o ativo (prova da insolvabilidade): TJMG, 5ª Câmara Cível, AI 1.0672.03.114323-9/003, Rel. Des. Nepomuceno Silva, j. 14/05/2009 – o acórdão chega a destacar, expressamente, que é possível a falência de empresa com ativo superior ao passivo.

[2109] Nesse particular, ganha relevância a distinção entre os estados econômico e jurídico de insolvência. O pressuposto da insolvência, como fundamento jurídico para a decretação da falência, não se caracteriza por um determinado estado patrimonial, mas sim pela ocorrência concreta de um dos fatos estabelecidos pela lei como ensejadores da quebra (COELHO. *Comentários à Lei de Falências e Recuperação de Empresas...*, p. 298). A doutrina consolidou o uso das expressões "insolvência jurídica" e "insolvência econômica". É digno de registro, entretanto, que FÁBIO KONDER COMPARATO se vale das expressões "insolvência" e "insolvabilidade" para descrever o fenômeno. A primeira seria um fato: a falta de disponibilidade (numerário) para a satisfação de credores (mesmo que o ativo – bens e direitos – seja maior que o passivo – obrigações), enquanto a segunda seria o estado econômico em que a pessoa não pode satisfazer as dívidas, porque a situação econômica do seu patrimônio torna impossível a prestação devida – seu ativo é menor do que o passivo (COMPARATO, Fábio Konder. *Seguro de crédito*. Estudo jurídico. São Paulo: Revista dos Tribunais, 1968, p. 46-48). No mesmo sentido, retomando as lições de UMBERTO AZZOLINA: FERRO, Marcelo Roberto. *O prejuízo na fraude contra credores*. Rio de Janeiro: Renovar, 1998, p. 18-19. Para uma visão crítica sobre essa conceituação, ver: REQUIÃO. *Curso de direito falimentar*, v. 1..., p. 4. Sobre o tema, ver, ainda: TOLEDO, Paulo Fernando Campos Salles de; PUGLIESI, Adriana Valéria. Capítulo I: Insolvência e crise das empresas. In: CARVALHOSA, Modesto (coord.). *Tratado de Direito empresarial*, v. V – recuperação empresarial e falência. São Paulo: Revista dos Tribunais, 2016, p. 29-42. Na linha defendida por COMPARATO, parece-nos que a utilização das expressões "insolvência" e "insolvabilidade" de forma discriminada possui, no mínimo, relevância descritiva, pois se referem a fenômenos distintos, nada obstante se deva deixar claro que, ao nosso direito falimentar, basta a verificação da primeira (insolvência) para a decretação da quebra do devedor.

[2110] Dentro do sistema da LREF, somente haverá uma investigação mais aprofundada acerca do estado econômico, financeiro e patrimonial do devedor quando do exame da viabilidade do plano de

RECUPERAÇÃO DE EMPRESAS E FALÊNCIA

um lado, haverá insolvência jurídica sempre que o empresário ou sociedade empresária incorrer na prática de algum dos fatos descritos nos incisos I, II e III do art. 94, a despeito da sua condição econômica favorável ou do seu patrimônio líquido ser positivo, com o ativo maior que o passivo. De outro, se as hipóteses fáticas previstas na lei não restarem evidenciadas, o concurso de credores não será instaurado, mesmo que o passivo do devedor seja inferior ao seu ativo[2112].

Embora não exista plena coincidência entre os estados econômico e jurídico de insolvência, há uma correlação mínima de causa e efeito entre eles. Por exemplo, os comportamentos descritos pelo legislador no art. 94 são indicativos de que os empresários ou sociedades empresárias se encontram em situação de insolvência econômica, os quais, na lógica da lei, passam a estar, também, em situação de insolvência jurídica, o que, no entanto, não é absoluto[2113].

Passamos, agora, a estudar as hipóteses ensejadoras da falência do devedor previstas no art. 94, bem como a autofalência, situação peculiar em que o próprio devedor confessa a sua insolvência em juízo.

2. Suporte fático: impontualidade

O art. 94, I, da LREF prevê que deve ser decretada a falência do devedor que, sem relevante razão de direito, não paga, no vencimento, obrigação líquida materializada em título ou títulos executivos protestados, cuja soma ultrapasse o equivalente a 40 salários mínimos na data do pedido de falência[2114] – pouco importando

---

recuperação judicial e extrajudicial apresentado pelos devedores – lembre-se que a demonstração da viabilidade econômica é requisito indispensável do plano de recuperação judicial (art. 53, II), assim como a apresentação de laudo econômico-financeiro e de avaliação dos bens e ativos do devedor assinado por profissional legalmente habilitado ou empresa especializada (art. 53, III).

[2111] Diferentemente do que ocorre com a insolvência civil, sistema no qual o art. 748 do Código de Processo Civil de 1973 (ainda aplicável em decorrência do art. 1.052 do Código de Processo Civil de 2015) assim dispõe: "Art. 748. Dá-se a insolvência toda vez que as dívidas excederem à importância dos bens do devedor."

[2112] RODRÍGUEZ OLIVEIRA. *Manual de derecho comercial uruguayo*, v. 6, t. 1...., p. 9 ss; VIGIL NETO. *Teoria falimentar e regimes recuperatórios...*, p. 195-196; COELHO. *Comentários à Lei de Falências e Recuperação de Empresas...*, p. 298.

[2113] Como bem destaca FÁBIO ULHOA COELHO: "Se o empresário é solvente – no sentido de que os bens do ativo, se vendidos, alcançariam preço suficiente para pagamento das obrigações passivas –, mas está passando por problemas de liquidez, não tem caixa para pagar os títulos que se vencem, então ele não se encontra em insolvência econômica, mas jurídica. Se ele não conseguir resolver o problema (por meio de financiamento bancário, securitização ou capitalização), sua quebra poderá ser decretada." (COELHO. *Comentários à Lei de Falências e Recuperação de Empresas...*, p. 298).

[2114] Não pode o credor estar promovendo a execução individual do devedor e, com base no mesmo título, pedir a sua falência. Aqui, aplica-se o mesmo entendimento que o STJ já exposou em caso de insolvência civil: STJ, 4ª Turma, REsp 1.104.470/DF, Rel. Min. Luis Felipe Salomão, j. 19/03/2013 ("O autor da

BASE JURÍDICA DA FALÊNCIA

se é devedor solidário e se, por isso, o credor também pode satisfazer o crédito junto a outros devedores[2115].

Temos aqui o suporte fático da impontualidade, que é composto pelos seguintes elementos, os quais serão detalhados a seguir: (*i*) inadimplemento; (*ii*) falta de justificativa; (*iii*) liquidez da dívida; (*iv*) atingimento do piso legal; (*v*) existência de título executivo protestado.

2.1. Inadimplemento
A impontualidade que enseja o pedido de falência com base no inciso I do art. 94 depende de simples inadimplemento da obrigação (não pagamento) no seu vencimento.

2.2. Falta de justificativa
O inadimplemento deverá ser injustificado. Como será examinado adiante, o art. 96 da LREF arrola justificativas capazes de obstar a decretação da falência com base no art. 94, I, dentre as quais estão (*i*) a falsidade do título, (*ii*) a prescrição e (*iii*) o pagamento da dívida. A ocorrência de alguma dessas hipóteses é considerada relevante razão de direito para o devedor não pagar o débito no vencimento.

2.3. Liquidez da dívida
O débito deve ser líquido (sem discussão quanto ao seu valor). Créditos ilíquidos não são juridicamente suficientes para embasar pedido de falência[2116]. E mais: como há de ser título executivo (como será visto no item 2.5., *infra*), o montante, além de líquido, deve ser certo e exigível (CPC, art. 783)[2117].

---

execução individual frustrada só pode ingressar com ação visando à declaração de insolvência do devedor – para instaurar o concurso universal -, se antes desistir da execução singular, pois há impossibilidade de utilização simultânea de duas vias judiciais para obtenção de um único bem da vida, sendo certo que a desistência, como causa de extinção da relação processual anterior, necessita ser homologada pelo Juízo. Precedente do STF. 2. No caso concreto, o recorrente não desistiu da execução anteriormente ajuizada – malgrado esta encontrar-se suspensa por falta de bens penhoráveis -, tendo, inclusive, solicitado a distribuição deste feito por dependência àqueloutro, o que inviabiliza a propositura da presente ação declaratória de insolvência. 3. Recurso especial não provido.").

[2115] TJSP, 1ª Câmara Reservada de Direito Empresarial, AI 2162105-02.2014.8.26.0000, Rel. Des. Cláudio Godoy, j. 08/04/2015.

[2116] Nesse sentido, por exemplo, ver a Súmula 258 do STJ: "A nota promissória vinculada a contrato de abertura de crédito não goza de autonomia em razão da iliquidez do título que a originou".

[2117] E o fato de ser possível ajuizar execução singular com base em título executivo não inviabiliza que seja postulada a falência do devedor. Nesse sentido, a Súmula 42 do TJSP assim determina: "A possibilidade de execução singular do título executivo não impede a opção do credor pelo pedido de falência".

2.4. Atingimento do piso legal

A dívida deve ser superior a 40 salários-mínimos na data do pedido de falência[2118]. Trata-se de inovação em relação ao sistema anterior[2119], cujo objetivo é evitar que a falência seja utilizada pelos credores como instrumento indireto de cobrança de créditos de pequeno valor. Porém, preenchidos os requisitos previstos na LREF, não pode o magistrado deixar de decretar a falência sob o argumento de que tal procedimento estaria sendo utilizado de modo abusivo como substitutivo do procedimento de cobrança[2120]. Uma vez atendido o piso legal, não pode o magistrado investigar a motivação do credor para ingressar judicialmente com o pedido[2121].

O art. 94, §1º, reconhece a possibilidade de os credores reunirem-se em litisconsórcio ativo para perfazer o limite mínimo do pedido de falência, sem que isso, no entanto, tenha reflexos nos prazos processuais, os quais, na LREF, não admitem contagem em dobro[2122].

2.5. Existência de título executivo protestado

A dívida (certa, líquida e exigível) deve estar contida em um título executivo, judicial ou extrajudicial, de acordo com o previsto nos arts. 515 e 784 do CPC/2015 (e arts. 475-N e 585 do CPC/1973) que, por sua vez, deverá ter sido devidamente protestado (de modo a comprovar a falta de pagamento)[2123]-[2124]-[2125] – sendo que, se

---

[2118] A título exemplificativo, no ano de 2015, o salário mínimo nacional em vigor era de R$ 788,00 (setecentos e oitenta e oito reais). Logo, a dívida deveria ser de, no mínimo, R$ 31.520,00 (trinta e um mil, quinhentos e vinte reais).

[2119] Em uma perspectiva histórica, a novidade não tem contornos absolutos. Por exemplo, ALESSANDRO LATTES destaca o fato de alguns estatutos medievais exigirem que o pedido de falência de um devedor deveria estar embasado em dívidas que atingissem um determinado valor (criando, indiretamente, a noção de piso) (LATTES. *Il diritto commerciale...*, p. 328).

[2120] STJ, 3ª Turma, REsp 515.285/SC, Rel. Min. Castro Filho, j. 20/04/2004.

[2121] STJ, 3ª Turma, REsp 166.858/MG, Rel. Min. Carlos Alberto Menezes Direito, j. 07/10/1999; TJSP, Câmara Especial de Falências e Recuperações Judiciais de Direito Privado, APC 453.401-4/4-00, Rel. Des. Elliot Akel, j. 09/08/2006; TJSP, Câmara Especial de Falências e Recuperações Judiciais de Direito Privado, AI 415-195-4/4-00, Rel. Des. Elliot Akel, j. 15/03/2006.

[2122] Súmula 58 do TJSP: "Os prazos previstos na Lei nº 11.101/2005 são sempre simples, não se aplicando o artigo 191, do Código de Processo Civil [de 1973] (Quando os litisconsortes tiverem diferentes procuradores, ser-lhes-ão contados em dobro os prazos para contestar, para recorrer e, de modo geral, para falar nos autos)". No CPC/2015, a questão relativa aos prazos em dobro está regrada no art. 229.

[2123] O art. 1º da Lei 9.492/1997 determina que o protesto é um ato formal e solene pelo qual se prova a inadimplência e o descumprimento de obrigação originada em títulos e outros documentos de dívida. Segundo o art. 23 do referido diploma legal, todos os protestos são lavrados em livro único e conterão as anotações do tipo e motivo do protesto, bem como dos demais requisitos previstos em lei. Ou seja, fica a cargo do cartório a análise da especificidade do protesto, o que nem sempre é fácil, pois as situações podem ser nebulosas e, também, porque normalmente são apresentados somente dados genéricos de identificação do devedor.

[2124] No caso dos títulos de crédito, por exemplo, o protesto cambial por falta de pagamento, ainda que extemporâneo (ou seja, realizado depois de decorrido o prazo estabelecido pela legislação cambial para

BASE JURÍDICA DA FALÊNCIA

forem vários títulos a fundarem o pedido de falência, todos devem estar protestados. Mesmo os títulos não sujeitos a protesto (uma sentença judicial ou arbitral, por exemplo)[2126] devem ser protestados para que se postule a falência. Nenhum outro meio de prova da impontualidade é permitido.

Segundo o art. 94, §3º, o instrumento do protesto e a respectiva intimação do devedor deverão mencionar a finalidade falimentar (é o chamado protesto falimentar). Entretanto, é dominante na doutrina[2127] e na jurisprudência[2128] o entendimento de que é desnecessário o protesto específico para fim falimentar.

Quanto à identificação do destinatário do protesto, a Súmula 361 do STJ pacificou a questão ao estabecer que a notificação do protesto, para requerimento de falência da empresa devedora, deve identificar a pessoa que a recebeu[2129]. No caso de sociedades, a jurisprudência tem entendido ser desnecessária a intimação do representante legal (administrador) da pessoa jurídica, bastando que a notificação de protesto tenha sido encaminhada para o endereço correto e recepcionada por pessoa devidamente identificada[2130]-[2131].

---

a preservação do direito de regresso contra os coobrigados – como os endossantes), é suficiente para caracterizar a impontualidade injustificada do devedor principal – como o aceitante da letra de câmbio, o emitente do cheque, o sacado da duplicata e o subscritor da nota promissória. FÁBIO ULHOA COELHO lembra que: "Para a decretação da falência de codevedor (avalista, endossante, etc.), hipótese mais rara embora igualmente possível, o protesto cambial deve ter sido providenciado pelo credor no prazo da lei cambiária, visto ser esta uma condição de exigibilidade da obrigação, no caso." (COELHO. *Comentários à Lei de Falências e Recuperação de Empresas...*, p. 300).

[2125] Súmula 248 do STJ (2001): "Comprovada a prestação dos serviços, a duplicata não aceita, mas protestada, é título hábil para instruir pedido de falência".

[2126] Nesse sentido, o TJSP já admitiu a quebra de devedor que não pagou sentença arbitral devidamente protestada (TJSP, 1ª Câmara Reservada de Direito Empresarial, AI 2162105-02.2014.8.26.0000, Rel. Des. Cláudio Godoy, j. 08/04/2015).

[2127] Por todos: COELHO. *Comentários à Lei de Falências e Recuperação de Empresas...*, p. 306, 307, 396.

[2128] A Súmula 41 do TJSP confirma essa orientação: "O protesto comum dispensa o especial para o requerimento de falência. No sentido de que desnecessário é o protesto específico para fim falimentar (mantendo o posicionamento consolidado na vigência do Decreto-Lei 7.661/1945) ver, exemplificativamente: TJRS, 5ª Câmara Cível, EDcl 70036501674, Rel. Des. Romeu Marques Ribeiro Filho, j. 23/02/2011; TJSP, Câmara Reservada à Falência e Recuperação, EDcl 0238376-28.2010.8.26.0000, Rel. Des. Romeu Ricupero, j. 01/02/2011; TJSP, Câmara Reservada à Falência e Recuperação, APC 0007212-31.2006.8.26.0659, Rel. Des. Pereira Calças, j. 14/12/2010; TJSP, Câmara Especial de Falências e Recuperação Judiciais de Direito Privado, APC 609.271-4/0-00, Rel. Des. Romeu Ricupero, j. 17/12/2008.

[2129] Súmula 361 do STJ: "A notificação do protesto, para requerimento de falência da empresa devedora, exige a identificação da pessoa que a recebeu". Nessa linha, a Súmula 52 do TJSP registrou: "Para a validade do protesto basta a entrega da notificação no estabelecimento do devedor e sua recepção por pessoa identificada".

[2130] TJSP, Câmara Reservada à Falência e Recuperação, APC 0003511-65.2010.8.26.0451, Rel. Des. Romeu Ricupero, j. 23/11/2010; TJSP, Câmara Reservada à Falência e Recuperação, AI 0238376-28.2010.8.26.0000, Rel. Des. Romeu Ricupero, j. 19/10/2010; TJRS, 6ª Câmara Cível, APC 70027464601, Rel. Des. Antônio Corrêa Palmeiro da Fontoura, j. 26/08/2010. Apesar de concordar com tal posicionamento, FÁBIO ULHOA

RECUPERAÇÃO DE EMPRESAS E FALÊNCIA

A soma desses elementos formadores da impontualidade autorizam o credor a presumir a insolvência do devedor, legitimando-o a ingressar com a ação falimentar. A ausência de qualquer um deles (como a inexistência de protesto ou verificação de justa causa para o não pagamento) afeta frontalmente a pretensão jurídica do credor e impõe o julgamento de improcedência da ação judicial[2132].

Quando baseado nessa hipótese (art. 94, I), o pedido de falência deve ser instruído com os títulos executivos, na forma do parágrafo único do art. 9º da LREF. O credor deve apresentar os títulos originais ou cópias autenticadas se estes estiverem juntados em outro processo, acompanhados, em qualquer caso, dos respectivos instrumentos de protesto (art. 94, §3º).

3. Suporte fático: execução frustrada

Deve ser decretada a falência do devedor que, executado por qualquer quantia líquida[2133], não paga, não deposita e não nomeia à penhora bens suficientes dentro do prazo legal. Esse é o suporte fático da execução frustrada (art. 94, II) que torna legítima a presunção jurídica do credor, exercida por meio da respectiva ação falimentar, podendo ser decomposto nos seguintes elementos:

a. existência de uma execução judicial por quantia certa, líquida e exigível ou de cumprimento de sentença por quantia líquida, nos termos da legislação processual civil[2134];

COELHO defende que se a notificação do protesto não foi entregue ao próprio representante legal da sociedade empresária devedora, ao menos deve ser entregue a algum subordinado em condições de fazê-la chegar às mãos do referido representante (COELHO. *Comentários à Lei de Falências e Recuperação de Empresas...*, p. 307-308).

[2131] O Tribunal de Justiça do Rio Grande do Sul (6ª Câmara Cível, APC 70068959006, Rel. Des. Rinez da Trindade, j. 27/10/2016) decidiu por manter a sentença de primeiro grau que julgou extinto pedido de falência ajuizado por um banco contra uma revendedora de automóveis por ausência dos pressupostos de validade. O pedido de falência foi fundamentado na impontualidade injustificada do pagamento de uma cédula de crédito bancário. O devedor não foi encontrado pelo Cartório de Protesto de Títulos no endereço indicado, de forma que a notificação do protesto foi realizada por edital. Ao julgar o recurso, asseverou-se que, para que o processamento do pedido de falência seja deferido, deve ser demonstrada a ciência inequívoca do devedor acerca do protesto do título que poderá levá-lo à falência, nos termos da Súmula nº 361 do STJ. Além disso, foi salientado que a intimação de protesto por edital somente pode ser feita se a localização do devedor for desconhecida, seja por incerta ou ignorada. Contudo, nesse caso a intimação pessoal do devedor havia sido frustrada por desídia do próprio credor, que não atentou para a alteração do endereço averbada na Junta Comercial mais de um ano antes da lavratura do protesto.

[2132] VIGIL NETO. *Teoria falimentar e regimes recuperatórios...*, p. 195.

[2133] Assim, em princípio, não abarcaria a execução para entrega de coisa certa ou incerta, bem como obrigação de fazer ou de não fazer (BEZERRA FILHO. Capítulo XIV: O procedimento para a decretação da falência..., p. 345-346).

[2134] Ambos os processos têm por finalidade a expropriação de bens do devedor para a satisfação do direito do credor (CPC, art. 789). O não pagamento, a falta de nomeação de bens à penhora e a ausência de

BASE JURÍDICA DA FALÊNCIA

b. verificação da tríplice omissão por parte do devedor que: (*i*) não paga; (*ii*) não deposita para garantir a execução; (*iii*) não nomeia bens à penhora bens dentro do prazo legal[2135].

Tecnicamente, a execução não se frustra (*i*) quando o oficial de justiça encontra bens suficientes (CPC, art. 829, §1º) para garantir a dívida; (*ii*) quando o exequente os indica à penhora (CPC, art. 829, §2º); ou, ainda, (*iii*) quando o crédito se extingue por qualquer meio, ocorra a prescrição ou exista a renúncia do crédito (CPC, art. 924, III, IV e V), mesmo que evidente a tripla omissão do executado.

Em tais circunstâncias, embora o suporte fático previsto no inciso II do art. 94 da LREF tenha sido suficientemente preenchido, inexiste pretensão jurídica suficiente para requerer a falência do devedor. O credor não terá interesse de agir processualmente contra o executado, bem como lhe faltará legitimidade processual para tanto, uma vez que, com a extinção da dívida ou da pretensão existente, não será mais considerado credor ou não terá mais qualquer pretensão[2136].

A ação falimentar deve ser instruída com certidão expedida pelo juízo em que se processa a execução, nos termos do art. 94, §4º, da LREF (certidão narratória – ou, como também é conhecida, certidão de objeto e pé). O pedido de falência não é feito nos autos da execução individual[2137], a qual deve ser suspensa ou mesmo extinta, sendo comum os magistrados condicionarem o processamento do pedido de falência à prova da suspensão da execução[2138-2139].

Para a decretação da falência com base em execução frustrada (art. 94, II) não se aplica o limite de 40 salários-mínimos previsto para o suporte fático impontualidade (art. 94, I)[2140]. Dispensa-se, também, a realização de qualquer protesto[2141].

---

depósito do valor da dívida durante o processo executório são evidentes sinais da inviabilidade econômica do devedor, gerando contra si uma presunção de insolvência.

[2135] O STJ já aceitou que a nomeação de bens à penhora, ainda que feita de modo intempestivo e sem respeitar a ordem legal, em execução singular, descaracterizaria a execução frustrada – ainda mais quando também realizado o depósito elisivo –, impedindo, então, a decretação da falência (STJ, 3ª Turma, REsp 1.633.271/PR, Rel. Min. Nancy Andrighi, j. 26/09/2017). Ver, também: STJ, 4ª Turma, REsp 741.053/SP, Rel. Min. Luis Felipe Salomão, j. 20/10/2009.

[2136] Em sentido semelhante: VIGIL NETO. *Teoria falimentar e regimes recuperatórios...*, p. 198, 212.

[2137] Sendo inviável a conversão da execução singular em falência, conforme: STJ, 3ª Turma, AgRg no Ag 718895/SP, Rel. Min. Sidnei Beneti, j. 25/11/2008.

[2138] Súmula 48 do TJSP: "Para ajuizamento com fundamento no art. 94, II, da lei nº 11.101/2005, a execução singular anteriormente aforada deverá ser suspensa".

[2139] Também afirmando que o requerente deve, na execução singular, ser diligente na busca de bens do devedor: BEZERRA FILHO. Capítulo XIV: O procedimento para a decretação da falência..., p. 343-344.

[2140] Súmula 39 do TJSP: "No pedido de falência fundado em execução frustrada é irrelevante o valor da obrigação não satisfeita".

[2141] Súmula 50 do TJSP: "No pedido de falência com fundamento na execução frustrada ou nos atos de falência não é necessário o protesto do título executivo".

4. Suporte fático: atos de falência

Diferentemente do que foi visto nas hipóteses dos incisos I e II do art. 94, a decretação da quebra decorrente da prática de atos falimentares (art. 94, III) não depende de um inadimplemento do devedor. A hipótese se consubstancia na prática de determinados atos pelo devedor, os quais sinalizam a desagregação do seu negócio, apontando sua potencial ou real insolvência. São atos não condizentes com uma situação econômico-financeira normal[2142].

A petição inicial do pedido de falência deverá descrever os fatos caracterizadores, juntando as provas que houver e especificando as que serão produzidas (LREF, art. 94, §5º). Se comparada às demais hipóteses ensejadoras de falência descritas acima, existe, nesse caso, necessidade de maior instrução probatória, o que acaba por impor maiores dificuldades à caracterização desse suporte fático.

O rol de atos falimentares previsto no art. 94, III, alíneas "a" a "g", é de natureza fechada (*numerus clausus*), ou seja, não permite extensão. Por mais que possam existir diversos outros atos que o senso comum considere como incompatíveis com uma situação econômico-financeira normal, sua ocorrência não é suficiente para decretar a quebra, em razão de não estarem previstos no elenco fechado da LREF.

Veremos individualmente quais são esses atos falimentares, com a advertência de que a sua prática em contexto de recuperação judicial não enseja o pedido de quebra, desde que prevista no respectivo plano de recuperação (art. 94, III, última parte) – o que não ocorre em caso de recuperação extrajudicial, nos termos do art. 164, §3º, II.

4.1. Liquidação precipitada de ativos e utilização de meio ruinoso ou fraudulento para realizar pagamentos

É considerado ato de falência proceder, independentemente da intenção, à liquidação precipitada dos ativos ou lançar mão (valer-se) de meio ruinoso ou fraudulento para realizar pagamentos (art. 94, III, "a").

Ocorre liquidação precipitada de ativos quando o devedor, objetivando extinguir seu negócio ou estabelecimento, apressa a venda de ativos sem se preocupar com os credores. Exemplo típico dessa prática é a alienação de produtos por preços injustificados, abaixo do mercado (podendo, inclusive, expressar valores inferiores ao preço de custo). Essa análise deve ser sempre feita caso a caso, não podendo abarcar, por exemplo, promoções ("queimas de estoque") normalmente realizadas por lojistas envolvendo produtos da última coleção ou com pequenos defeitos (*outlets*).

[2142] Vale lembrar que, em boa parte, tais atos são considerados ineficazes ou revogáveis, de acordo com os arts. 129 e 130 da LREF.

BASE JURÍDICA DA FALÊNCIA

Ao fazer uso do termo "meios ruinosos[2143] ou fraudulentos[2144]", a LREF fez um contraponto com o dever geral de qualquer pessoa de pagar suas dívidas de forma lícita e idônea. A prática de atos que extrapolem esse dever geral podem, em tese, ser caracterizados como ruinosos ou fraudulentos[2145].

4.2. Realização de negócio simulado ou alienação total ou parcial de ativos para retardar pagamentos ou fraudar credores

Constitui ato de falência realizar ou, por atos inequívocos, tentar realizar, com o objetivo de retardar pagamentos ou fraudar credores, negócio simulado ou alienação (a título gratuito ou oneroso) parcial ou total do ativo a terceiro, credor ou não (LREF, art. 94, III, "b").

O dispositivo exige que seja demonstrado o ânimo elisivo. Os atos praticados pelo devedor devem ter o objetivo específico de retardar pagamentos ou fraudar credores por meio de negócio simulado ou alienação parcial ou total do ativo.

4.3. Transferência de estabelecimento sem consentimento dos credores e sem ficar com bens para solver o passivo

É considerado ato de falência transferir, independentemente da finalidade fraudulenta, e seja a que título for, oneroso ou gratuito, estabelecimento[2146] a terceiro, credor ou não, sem o consentimento de todos os credores e sem ficar com bens (ou, melhor, patrimônio) suficientes para solver seu passivo (LREF, art. 94, III, "c").

Na falência requerida com base nessa hipótese, o devedor terá a oportunidade de comprovar que a venda do estabelecimento se deu por preço mais que suficiente para o pagamento do passivo, destruindo, assim, a presunção de falência[2147]. Há, ainda, quem entenda que o fato de constar no contrato de trespasse – compra e venda de estabelecimento – que o adquirente responde pelo passivo

---

[2143] Como a prática de negócios arriscados, a venda de equipamentos e maquinário indispensável para o exercício da atividade econômica, a tomada de empréstimos com juros excessivamente acima da média do mercado.

[2144] Aqueles praticados com a utilização de artifícios ou expedientes para a obtenção de recursos, bem como a apropriação indébita de valores.

[2145] Por tudo, ver: VALVERDE. *Comentários à Lei de Falências*, v. I..., p. 40; e FRANCO. Seção IV: Do procedimento para a decretação da falência..., p. 401.

[2146] Como veremos no Capítulo 25, aplica-se, nesse caso, o conceito de *estabelecimento* previsto no art. 1.142 do Código Civil ("Considera-se estabelecimento todo complexo de bens organizado, para exercício da empresa, por empresário, ou por sociedade empresária"). Para MARCELO FÉRES, a hipótese acima referida somente se verifica com a alienação do estabelecimento enquanto tal. Não há que se falar em falência quando o empresário aliena apenas parte dos elementos que compõe o estabelecimento ou mesmo quando todos eles são alienados sem ser uma unidade funcional, ou seja, no caso de ser desarticulado o estabelecimento e serem alienados individualmente os bens que o integram (FÉRES. *Estabelecimento empresarial...*, p. 132)

[2147] VALVERDE. *Comentários à Lei de Falências*, v. I..., p. 46.

RECUPERAÇÃO DE EMPRESAS E FALÊNCIA

do alienante somente é capaz de elidir a falência se houver a aquiescência dos credores[2148]-[2149].

4.4. Simulação de transferência do principal estabelecimento

É considerado ato de falência simular a transferência do principal estabelecimento com o objetivo de burlar a legislação ou a fiscalização ou para prejudicar credores (LREF, art. 94, III, "d")[2150].

Há necessidade de demonstrar o elemento subjetivo da fraude, pois não pode haver dúvida sobre a finalidade do devedor de iludir a legislação ou a fiscalização, ou mesmo de prejudicar credores[2151].

4.5. Constituição ou reforço de garantia

Constitui ato de falência dar ou reforçar, independentemente da intenção, garantia a credor por dívida contraída anteriormente sem ficar com bens (ou, melhor, patrimônio) livres e desembaraçados suficientes para saldar o seu passivo (LREF, art. 94, III, "e").

A mera reposição de garantia anteriormente outorgada, bem como a sua substituição por outra do mesmo valor/natureza não caracterizam o presente ato de falência. Da mesma forma, não é considerado ato falimentar se a garantia real outorgada pelo devedor é concomitante ao momento em que é constituída a obrigação[2152].

[2148] PACHECO. *Processo de recuperação judicial, extrajudicial e falência...*, p. 286-287.

[2149] Em boa medida, o regime do estabelecimento empresarial previsto no Código Civil se sobrepõe ao regime disposto na LREF, não só diante do previsto no art. 94, III, "c" (ora analisado), mas também do art. 129, VI. Isso porque o art. 1.145 do Código Civil dispõe que: "Se ao alienante não restarem bens suficientes para solver o seu passivo, a eficácia da alienação do estabelecimento depende do pagamento de todos os credores, ou do consentimento destes, de modo expresso ou tácito, em trinta dias a partir de sua notificação". Além disso, o art. 1.146 determina que: "O adquirente do estabelecimento responde pelo pagamento dos débitos anteriores à transferência, desde que regularmente contabilizados, continuando o devedor primitivo solidariamente obrigado pelo prazo de um ano, a partir, quanto aos créditos vencidos, da publicação, e, quanto aos outros, da data do vencimento."

[2150] É importante atentar ao fato de que o dispositivo legal faz referência somente ao principal estabelecimento, e não a qualquer estabelecimento do devedor (o que é objeto de críticas, por exemplo, por parte de: BEZERRA FILHO. Capítulo XIV: O procedimento para a decretação da falência..., p.. 349).

[2151] FRANCO. Seção IV: Do procedimento para a decretação da falência..., p. 402.

[2152] Lembra FÁBIO ULHOA COELHO que a "(...) incoincidência entre os atos é que revela o intuito de fraudar a *par conditio creditorum*, na medida em que importa atribuir a quem já é credor uma condição mais favorável, na eventualidade da quebra (na ordem de pagamentos, o titular de garantia real tem preferência sobre os credores não garantidos). Normalmente, ninguém concede garantia real para o credor que já havia concordado conceder crédito sem ela. Também o reforço de garantia, quando não houver justificativa para sua realização, configura ato de falência. Só costuma agir dessas formas o empresário que antevê a possibilidade de falência, por encontrar-se em estado de insolvabilidade" (COELHO. *Comentários à Lei de Falências e Recuperação de Empresas...*, p. 303).

BASE JURÍDICA DA FALÊNCIA

4.6. Ausência ou abandono de estabelecimento

É considerado ato de falência a hipótese de o empresário (ou os administradores da sociedade empresária) ausentar-se sem deixar representante habilitado e com recursos suficientes para pagar os credores, abandonar o estabelecimento ou tentar ocultar-se de seu domicílio, do local da sede ou de seu principal estabelecimento (LREF, art. 94, III, "f").

A hipótese independe de o negócio continuar funcionando, sendo que o fechamento do estabelecimento leva à presunção de abandono[2153]. No entanto, a simples mudança do domicílio comercial, mesmo que sem comunicação aos credores, não é suficiente para caracterizar a fuga/abandono. Para caracterizá-la, entendemos não ser necessária a prova de que a mudança tenha sido furtiva, isto é, feita com a intenção de fraudar credores[2154].

4.7. Inadimplemento de obrigação assumida no plano de recuperação judicial

Constitui ato de falência deixar de cumprir, no prazo estabelecido, obrigação assumida no plano de recuperação judicial (art. 94, III, "g"), não sendo necessária a prova de qualquer intenção fraudulenta.

Se o descumprimento dessa obrigação se der no período de dois anos após a concessão do regime recuperatório, ocorrerá a convolação da recuperação em falência (LREF, arts. 61, §1º, e 73, IV). Já se o descumprimento da obrigação ocorrer após esse período, qualquer credor (abarcado pelo plano, é claro, pois somente para estes o plano de recuperação constitui título executivo judicial) poderá requerer a execução específica ou a falência com base no art. 94, III, "g", na linha do disposto no art. 62 – além, evidentemente, da possibilidade de requerer a falência com base nos outros incisos do art. 94 da LREF.

5. Suporte fático: confissão de falência (autofalência)

A confissão de falência pelo devedor, conhecida como autofalência, é tecnicamente um dos suportes fáticos da quebra, embora não esteja previsto no rol do art. 94.

Trata-se de falência requerida pelo próprio devedor (ou, eventualmente, por um dos legitimados extraordinários listados no art. 97, II), nas hipóteses em que entender inviável a superação do estado de crise econômico-financeira em que se encontra (irreversibilidade da crise), descartando, inclusive, eventual procedimento recuperatório.

A LREF, no seu art. 105, indica que se trataria de um dever imposto ao devedor em crise econômico-financeira que julgue não atender aos requisitos para

---

[2153] PACHECO. *Processo de recuperação judicial, extrajudicial e falência...*, p. 288.
[2154] No mesmo sentido: BEZERRA FILHO. Capítulo XIV: O procedimento para a decretação da falência..., p. 346. Em sentido diverso, ver: VALVERDE. *Comentários à Lei de Falências*, v. I..., p. 48.

RECUPERAÇÃO DE EMPRESAS E FALÊNCIA

pleitear sua recuperação judicial[2155]. Todavia, não foi dada forma jurídica à crise nem foi estabelecida, *prima facie*, qualquer sanção para o caso de o devedor não requerer a sua própria falência, embora as condições adversas do seu negócio recomendassem fazê-lo[2156]-[2157]. Assim, entendemos que o legislador deixou exclusivamente ao critério do devedor essa avaliação *vis à vis* da dinâmica do mercado e da sua atividade econômica, sendo, é claro, sempre necessário analisar o caso concreto[2158].

[2155] Manifestando-se no sentido de que seria um dever, entre outros, ver: DINIZ. *Grupos societários...*, p. 126-131; e BEZERRA FILHO, Manoel Justino. Capítulo XVI: A autofalência – exame dos arts. 105 a 107 da LREF. In: CARVALHOSA, Modesto (coord.). *Tratado de direito empresarial*, v. V – recuperação empresarial e falência. São Paulo: Revista dos Tribunais, 2016, p. 384-385.

[2156] O Decreto-Lei 7.661/1945 descrevia objetivamente a situação fático-jurídica que legitimava a proposição da ação autofalimentar em seu art. 8º ("O comerciante que, sem relevante razão de direito, não pagar no vencimento obrigação líquida, deve, dentro de 30 (trinta) dias, requerer ao juiz a declaração de falência, expondo as causas desta e o estado dos seus negócios."), impondo uma sanção ao seu não-atendimento, que era o impedimento de impetração da concordata (como determinava o art. 140: "Não pode impetrar concordata: II – o devedor que deixou de requerer a falência no prazo do artigo 8º"). Apesar disso, esse dispositivo restou prejudicado diante do Enunciado da Súmula 190 STF: "O não pagamento de título vencido há mais de trinta dias, sem protesto, não impede a concordata preventiva".

[2157] A doutrina não é unânime com relação à inexistência de sanção legal, por exemplo, para o administrador de sociedade empresária em crise que não requer a autofalência. Para MARCELO ADAMEK: "O descumprimento da regra que impõe ao devedor requerer a própria falência (LRF, art. 105) poderá ocasionar danos a terceiros e, com isso, pôr em evidência a responsabilidade civil do administrador." (ADAMEK, Marcelo Vieira Von. *Responsabilidade civil dos administradores de S/A e as ações correlatas*. São Paulo: Saraiva, 2009, p. 206). "O art. 105 da LRF dispõe que 'o devedor em crise econômico-financeira que julgue não atender aos requisitos para pleitear sua recuperação judicial deverá requerer ao juízo sua falência, expondo as razões da impossibilidade de prosseguimento da atividade empresarial (...)'. Apesar de haver entre nós quem sustente que 'nenhuma é a consequência da falta do pedido de autofalência' (Fábio Ulhoa Coelho, *Comentários à nova Lei de Falências e de Recuperação de Empresas*, São Paulo: Saraiva, 2005, n. 233, p. 295) ou de que seria 'uma faculdade do devedor' (Ricardo Tepedino, *Comentários à Lei de Recuperação de Empresas e Falência* – Paulo Fernando C. Salles de Toledo e Carlos Henrique Abrão (Coords.), São Paulo: Saraiva, 2005, p. 286), julgamos mais acertada a opinião daqueles que vêm, na regra em questão, a existência de verdadeira 'obrigação legal' (Manoel Justino Bezerra Filho, *Nova Lei de Recuperação de Empresas comentada*, 3 ed. São Paulo: Revista dos Tribunais, 2005, p. 266). Com efeito, embora não tenha sanção específica na própria LRF, a autofalência constitui efetivo dever legal, cujo descumprimento, conforme o caso, poderá decorrer a responsabilidade civil do administrador da sociedade ou do acionista controlador, inclusive perante terceiros. Apenas o seu sancionamento é que não se dá diretamente na LRF." (ADAMEK. *Responsabilidade civil dos administradores de S/A e as ações correlatas...*, p. 206, em nota de rodapé). Sobre o tema, ver, também: DINIZ. *Grupos societários...*, p. 126 ss.

[2158] Como lembra FÁBIO ULHOA COELHO: "Qual o interesse, então, do pedido de autofalência? Se o devedor conclui que a empresa por ele explorada não tem mais recuperação, ou não tem ele o mínimo interesse em tentá-la, a autofalência – caso não tenha cometido nenhuma irregularidade à testa do negócio – pode-se apresentar como alternativa mais rápida de pôr fim a ela e, em certo sentido, desincumbir-se das tarefas de liquidação. O empresário honesto, em outros termos, tem o direito de transferir ao Estado a liquidação de sua empresa frustrada, por meio do pedido de autofalência." (COELHO. *Comentários à Lei de Falências e Recuperação de Empresas...*, p. 345).

BASE JURÍDICA DA FALÊNCIA

De qualquer sorte, a falência é meio regular de dissolução da sociedade empresária (CC, art. 1.044 e Lei 6.404/1976, art. 206, II, "c"). Nesse particular, representa importante alternativa para dissolver sociedades empresárias que estejam em situação de crise econômico-financeira e que não possuem certidões negativas de débitos tributários. Isso porque, diante da possibilidade de baixa do registro do empresário ou da sociedade empresária sem a necessidade de apresentação de certidões negativas de débitos tributários[2159], o art. 7º-A, *caput* e §2º, da Lei 11.598/2011 e o art. 9º, *caput* e §5º, da Lei Complementar 123/2006 (ambos com redação dada pela Lei Complementar 147/2014) determinam que essa espécie de encerramento importa na responsabilidade solidária dos titulares, dos sócios e dos administradores pelas obrigações tributárias no período da ocorrência dos respectivos fatos geradores[2160]. Além disso, se a sociedade com sócios de responsabilidade limitada simplesmente encerrar de fato as atividades sem baixa regular de seu registro junto ao órgão competente, há quem entenda que haverá dissolução irregular, hipótese em que os sócios e/ou administradores poderão ser responsabilizados pelas dívidas (especialmente de natureza fiscal) da sociedade[2161].

[2159] Tal questão foi, inclusive, regulamentada pela Instrução Normativa 26/2014 do Departamento de Registro Empresarial e Integração (DREI). No mesmo sentido, a Instrução Normativa 25/2014 previu tal dispensa para as hipóteses de solicitação de cancelamento de autorização para instalação e funcionamento de filial, sucursal, agência ou estabelecimento por sociedade empresária estrangeira.

[2160] Em se tratando de microempresa ou de empresa de pequeno porte, o STJ já entendeu, com base no art. 9º da Lei Complementar 123/2006, que, em caso de baixa regular da sociedade, isso não significa que os sócios responderão pessoalmente por tais passivos: eles responderão somente no limite do patrimônio social a eles destinados (*i.e.*, patrimônio social que subsistir após a liquidação) (STJ, 1ª Turma, REsp 1.591.419/DF, Rel. Min. Gurgel de Faria, j. 20/09/2016).

[2161] Em sede de execução fiscal (por dívida tributária ou não-tributária), os Tribunais têm desconsiderado a personalidade jurídica e responsabilizado sócios e/ou administradores. Nesse sentido ver: STJ, 1ª Turma, AgRg no AREsp 10.939/RS, Rel. Min. Arnaldo Esteves Lima, j. 02/05/2015; STJ, 2ª Turma, REsp 1.281.724/RS, Rel. Min. Mauro Campbell Marques, j. 18/12/2014; STJ, 2ª Turma, AgRg no REsp 1.484.148/SP, Rel. Min. Humberto Martins, j. 09/12/2014; STJ, 2ª Turma, AgRg no AREsp 605.387/RS, Rel. Min. Humberto Martins, j. 02/12/2014; STJ, 1ª Seção, REsp 1.371.128/RS (Recurso Repetitivo), Rel. Min. Mauro Campbell Marques, j. 10/09/2014; STJ, 2ª Turma, EDcl nos EDcl no AgRg no REsp 1.095.672/SP, Rel. Min. Humberto Martins, j. 20/05/2010; STJ, 2ª Turma, REsp 1.144.607/MG, Rel. Min. Castro Meira, j. 20/04/2010. As decisões foram tão reiteradas nesse sentido que o referido entendimento restou sumulado pelo STJ: Súmula 435 ("Presume-se dissolvida irregularmente a empresa que deixar de funcionar no seu domicílio fiscal, sem comunicação aos órgãos competentes, legitimando o redirecionamento da execução fiscal para o sócio-gerente"). Já no que tange aos débitos de natureza civil, ainda que exista entendimento de que a mera dissolução irregular também pode ensejar a desconsideração da personalidade jurídica, o Superior Tribunal de Justiça já se posicionou no sentido de que não cabe a aplicação de tal instituto na referida hipótese. Nesse sentido: STJ, 3ª Turma, AgRg no REsp 1.386.576/SC, Rel. Min. Paulo de Tarso Sanseverino, j. 19/05/2015; STJ, 4ª Turma, AgRg no AREsp 550.419/RS, Rel. Min. Raul Araújo, j. 28/04/2015; STJ, 4ª Turma, AgRg no REsp 1.225.840/MG, Rel. Min. Raul Araújo, j. 10/02/2015; STJ, 2ª Seção, EREsp 1.306.553/SC, Rel. Min. Maria Isabel Gallotti, j. 10/12/2014; STJ, 4ª Turma, AgRg no AREsp 202.937/MG, Rel. Min. Raul Araújo, j. 23/09/2014; STJ, 3ª Turma, REsp 1.241.873/RS, Rel. Min. João Otávio de Noronha, j. 10/06/2014).

A falência (ou a insolvência civil, para o caso de quem exerce atividade não empresária) constitui forma regular de dissolver a sociedade e, em regra, não enseja a responsabilização dos sócios e/ou administradores[2162]. Caso o empresário ou a sociedade empresária em crise julgue não atender aos requisitos para pleitear sua recuperação judicial na sistemática do ordenamento jurídico pátrio, poderá requerer ao juízo sua falência (autofalência), como dispõe o *caput* do art. 105 da LREF.

[2162] STJ, 2ª Turma, AgRg no Ag 767.383/RS, Rel. Min. Castro Meira, j. 15/08/2006; STJ, 2ª Turma, AgRg no Ag 700.638/PR, Rel. Min. Castro Meira, j. 06/10/2005; STJ, 2ª Turma, REsp 644.093/RS, Rel. Min. Francisco Peçanha Martins, j. 13/09/2005; STJ, 2ª Turma, REsp 571.740/RS, Rel. Min. Francisco Peçanha Martins, j. 02/06/2005; STJ, 3ª Turma, REsp 45.366/SP, Rel. Min. Ari Pargendler, j. 25/05/1999. Ver, também: "Esta Corte fixou o entendimento que o simples inadimplemento da obrigação tributária não caracteriza infração legal capaz de ensejar a responsabilidade prevista no art. 135, III, do Código Tributário Nacional. Ficou positivado ainda que os sócios (diretores, gerentes ou representantes da pessoa jurídica) são responsáveis, por substituição, pelos créditos correspondentes às obrigações tributárias quando há dissolução irregular da sociedade – Art. 134, VII, do CTN. 2. A quebra da sociedade de quotas de responsabilidade limitada, ao contrário do que ocorre em outros tipos de sociedade, não importa em responsabilização automática dos sócios. 3. Ademais a autofalência não configura modo irregular de dissolução da sociedade, pois além de estar prevista legalmente, consiste numa faculdade estabelecida em favor do comerciante impossibilitado de honrar os compromissos assumidos. 4. Com a quebra da sociedade limitada, a massa falida responde pelas obrigações a cargo da pessoa jurídica até o encerramento da falência, só estando autorizado o redirecionamento da execução fiscal caso fique demonstrada a prática pelo sócio de ato ou fato eivado de excesso de poderes ou de infração de lei, contrato social ou estatutos. 5. Recurso especial provido." (STJ, 2ª Turma, REsp 212.033/SC, Rel. Min. Castro Meira, j. 28/09/2004). No mesmo sentido, entre outros: STJ, 2ª Turma, AgRg no REsp 1.308.982/RS, Rel. Min. Humberto Martins, j. 15/05/2012; STJ, 2ª Turma, AgRg no REsp 1.062.182/SP, Rel. Min. Humberto Martins, j. 23/09/2008. Todavia, o pedido de autofalência, se for o caso, deve ser tempestivo, *i.e.*, não pode ocorrer após a dissolução irregular, sob pena de se entender que cabível é o redirecionamento de execuções fiscais; nesse sentido: TJRS, 1ª Câmara, AI 70053878492, Rel. Des. Luiz Felipe Silveira Difini, j. 26/06/2013; TJRS, 1ª Câmara Cível, AI 70053440087, Rel. Des. Luiz Felipe Silveira Difini, j. 05/03/2013.

Capítulo 18
Legitimidade Para Requerer a Falência

A falência é atribuição exclusiva do Poder Judiciário (ou seja, não é possível juridicamente a constituição desse regime mediante um instrumento público ou particular de contrato) e sua decretação somente é admitida mediante a prolação de uma sentença judicial. Ressalvadas as hipóteses excepcionais de decretação *ex officio* da falência (por exemplo, arts. 53 c/c 73, II, 56, §4º, c/c 73, III, e 73, IV, da LREF), o magistrado não pode decretar a falência sem que uma parte legítima o provoque para a prestação da atividade jurisdicional.

Segundo o art. 97, estão legitimados a postular a falência do devedor os seguintes sujeitos:

a. O próprio devedor (art. 97, I);
b. O cônjuge sobrevivente, qualquer herdeiro do devedor ou o inventariante (art. 97, II);
c. O cotista ou o acionista do devedor na forma da lei ou do ato constitutivo da sociedade (art. 97, III);
d. Qualquer credor (art. 97, IV).

É ampla a legitimação para a postulação da falência do devedor, diferentemente do que ocorre com a recuperação judicial e a recuperação extrajudicial, que somente podem ser propostas pelo devedor ou pelos legitimados extraordinários (ver Capítulo 10, item 2.1, e Capítulo 15, item 4). Vejamos, agora, um a um, quais são os legitimados para requerer a falência.

1. Próprio devedor

O próprio devedor, empresário individual ou sociedade empresária[2163], na forma do disposto nos arts. 105 a 107 da LREF, pode postular sua autofalência[2164].

[2163] Tendo em vista o interesse público envolvido no processo falimentar, o empresário individual e a sociedade empresária que exercem irregularmente a atividade (sociedade em comum, regulada nos

No caso das pessoas físicas (empresário individual), o próprio sujeito deve fazê-lo. A regra não exige comentários adicionais.

Já o pedido de autofalência realizado por uma sociedade empresária demanda maiores cuidados. Quando uma sociedade empresária postula sua autofalência, o pedido constitui uma decisão chave para a sua existência (como foi dito, a falência é hipótese de dissolução da sociedade empresária), razão pela qual o ordenamento jurídico vigente exige que a decisão parta dos sócios, e não dos administradores, muito embora o pedido seja assinado pelo representante legal da sociedade. Examinaremos, então, a sistemática para o pedido de autofalência nos principais tipos societários[2165].

Nas sociedades anônimas e comandita por ações, o requerimento deve ser assinado pelos administradores competentes previamente autorizados pela assembleia geral de acionistas, de acordo com o previsto no inciso IX do art. 122 da Lei das S.A. O parágrafo único do referido dispositivo permite que os administradores confessem extraordinariamente a falência, em caso de urgência, desde que com a concordância do acionista controlador, se existente, convocando-se imediatamente a assembleia geral para se manifestar sobre a matéria[2166]-[2167]. Quanto ao quórum de deliberação no caso das sociedades anônimas e comandita por

arts. 986-990 do Código Civil) podem falir e requerer a autofalência, como dispõe, expressamente, o art. 105, IV, da LREF. Nesse sentido, ver: TJMG, 17ª Câmara Cível, APC 1.0024.05.844559-4/002, Rel. Des. Luciano Pinto, j. 08/03/2012; TJMG, 8ª Câmara Cível, APC 1.0024.05.812057-7/001, Rel. Des. Fernando Bráulio, j. 14/09/2006.

[2164] Uma parcela da doutrina critica a utilização da expressão "autofalência", já que toda falência decorre de uma decisão judicial e não de uma decisão exclusiva do devedor. Apesar disso, inexistem maiores prejuízos na sua utilização, pois seu emprego no meio forense é bastante difundido (COELHO. *Comentários à Lei de Falências e Recuperação de Empresas...*, p. 344).

[2165] Reitera-se a particularidade que envolve a sociedade em conta de participação (CC, arts. 991 a 996). Conforme referido (Capítulo 3, item 3.5), tendo em vista a estrutura desse tipo societário (que o torna ineficaz perante terceiros), não pode nem o sócio ostensivo, nem o sócio participante (oculto) postular a falência da sociedade. Como não é a sociedade em conta de participação que exerce a atividade, mas sim o sócio ostensivo, em nome próprio, ela não se vincula perante terceiros, não possuindo direitos ou obrigações e, em decorrência disso, não está sujeita à falência (ou à insolvência civil). Como já estudado, a sociedade em conta de participação propriamente dita não pode falir; na verdade, o que pode ocorrer é a falência de seus sócios (CC, art. 994, §§3º e 4º). Nada obsta, todavia, que o sócio participante decida requerer a falência do sócio ostensivo na qualidade de credor (e não na de sócio), como também o sócio ostensivo assim pode proceder em relação ao sócio participante (oculto).

[2166] Art. 122, IX, da Lei 6.404/1976: "Compete privativamente à assembléia geral: (...) IX – autorizar os administradores a confessar a falência e pedir concordata (hoje, recuperação judicial ou extrajudicial)". Todavia, não podemos esquecer o que dispõe o parágrafo único de tal dispositivo: "Parágrafo único. Em caso de urgência, a confissão de falência ou o pedido de concordata poderá ser formulado pelos administradores, com a concordância do acionista controlador, se houver, convocando-se imediatamente a assembléia-geral, para manifestar-se sobre a matéria".

[2167] Por exemplo, a inexistência de autorização pela assembleia geral dos acionistas acarretou o indeferimento do pedido de autofalência ajuizado pelos administradores da Imbra S.A., por ausência

LEGITIMIDADE PARA REQUERER A FALÊNCIA

ações, levando-se em consideração que a falência é hipótese de dissolução da sociedade (Lei das S.A., art. 206, II, "c"), a deliberação deve ser qualificada pela maioria absoluta do capital social (Lei das S.A., art. 136, X).

Na sociedade limitada, o art. 1.071, VIII, do Código Civil dispõe que o pedido de concordata (atualmente recuperação judicial ou extrajudicial) depende de deliberação dos sócios[2168]. Apesar de o legislador do Código Civil não ter feito referência ao tema da autofalência, o requerimento também depende de deliberação dos sócios, pelos seguintes motivos: (*i*) a decisão é relevante e afeta a própria continuidade da sociedade; (*ii*) a dissolução da sociedade é matéria de competência dos sócios (CC, art. 1.071, VI); e (*iii*) devem ser utilizadas, analogicamente, as regras referentes à concordata (atualmente recuperação judicial e extrajudicial) e a Lei das S.A. – inclusive quanto à possibilidade de confissão de falência pelos administradores em caso de urgência, desde que com a concordância do controlador, convocando-se, posteriormente, os demais sócios para manifestar-se sobre a matéria[2169]. De qualquer sorte, a doutrina não é unânime quanto ao quórum de deliberação nas sociedades limitadas. Nós entendemos que, como a falência é uma espécie de dissolução da sociedade (CC, arts. 1.044 e 1.087), o quórum de deliberação deve ser de, no mínimo, três quartos do capital social (CC, art. 1.076, I, c/c art. 1.071, VI)[2170], apesar de existir quem se manifeste de outra forma[2171].

Apesar de a legislação não trazer regra específica sobre os demais tipos societários sujeitos à falência (*i.e.*, a sociedade em comum, a sociedade em nome coletivo e a sociedade em comandita simples), utiliza-se o mesmo raciocínio anteriormente exposto, respeitadas as particularidades de cada um. Como se aplica a elas, subsidiariamente, o regramento da sociedade simples (CC, arts. 997 a 1.038), poder-se-ia sustentar que incidem os quóruns previstos para a dissolução da sociedade (CC, art. 1.033, II e III) ou, por outro lado, que incidiria o quórum geral previsto em lei, que é o da maioria do capital social (CC, art. 1.010)[2172].

---

de interesse processual (Foro Central de São Paulo, 2ª Vara de Falências e Recuperações Judiciais, Juiz Caio Marcelo Mendes de Oliveira Juiz de Direito, j. 08/11/2010).

[2168] "Art. 1.071. Dependem da deliberação dos sócios, além de outras matérias indicadas na lei ou no contrato: [...] VIII – o pedido de concordata [recuperação judicial ou extrajudicial]." Ainda, lembramos do disposto no art. 1.072, §4º: "§4º No caso do inciso VIII do artigo antecedente, os administradores, se houver urgência e com autorização de titulares de mais da metade do capital social, podem requerer concordata preventiva [recuperação judicial ou extrajudicial]".

[2169] Nesse sentido, ver: VERÇOSA. *Curso de direito comercial*, v. 2..., p. 493-494.

[2170] No mesmo sentido: FRANCO. Seção IV: Do procedimento para a decretação da falência..., p. 409.

[2171] FÁBIO TOKARS, por exemplo, entende que o quórum é o da maioria entre os presentes – art. 1.076, III, do Código Civil (TOKARS, Fábio. *Sociedades limitadas*. São Paulo: LTr, 2007, p. 315).

[2172] RICARDO TEPEDINO entende que, como tais espécies possuem sócios com responsabilidade solidária e ilimitada, o pedido de autofalência demandaria, salvo previsão contratual em contrário, a audiência prévia de todos esses sócios, pois a falência da sociedade acarretará a falência de tais sócios,

RECUPERAÇÃO DE EMPRESAS E FALÊNCIA

E para esses tipos societários também é possível aplicar analogicamente o parágrafo único do art. 122 da Lei das S.A., que permite, em caso de urgência, que os administradores possam, com a concordância do sócio controlador, confessar a falência com posterior deliberação social, respondendo estes em caso de abuso na utilização dessa prerrogativa.

Por fim, caso a sociedade já se encontre em estado de liquidação, é dever do liquidante confessar sua falência, respeitadas as formalidades específicas de cada tipo societário (CC, art. 1.103, VII; Lei das S.A., art. 210, VII).

2. Cônjuge sobrevivente, qualquer herdeiro do devedor ou o inventariante

De acordo com o inciso II do art. 97 da LREF, o cônjuge sobrevivente, qualquer herdeiro do devedor ou o inventariante possuem legitimidade para postular a falência *post mortem* do empresário individual[2173]. Trata-se da falência póstuma, que constitui uma forma de confissão de falência, cujos casos são bastante raros[2174].

Se o devedor for um empresário individual, o cônjuge sobrevivente, qualquer herdeiro do devedor ou o inventariante podem postular judicialmente a quebra do espólio[2175]. Quaisquer dessas pessoas têm legitimidade, individualmente, para postular a falência póstuma – sendo caso de legitimidade cumulativa, e não sucessiva[2176].

---

de acordo com o art. 81 da LREF (TEPEDINO, Ricardo. Seção VI: Da falência requerida pelo próprio devedor. In: TOLEDO, Paulo Fernando Campos Salles de; ABRÃO, Carlos Henrique (coord.). *Comentários à Lei de Recuperação de Empresas e Falência*. 4 ed. rev. e atual. 2010, p. 398). Embora o posicionamento seja consistente, não está isento de críticas. Veja-se, por exemplo, que (*1*) na sociedade em comandita por ações, os sócios-diretores também possuem responsabilidade solidária e ilimitada, mas, por expressa disposição legal, não se exige o consenso dessa categoria de sócios para que seja deliberada a confissão de falência. Com relação (*2*) à sociedade em comum (CC, art. 986), à sociedade em nome coletivo (CC, art. 1.040) e à sociedade em comandita simples (CC, art. 1.046), aplica-se, subsidiariamente, o regramento da sociedade simples (CC, arts. 997-1.038) e, assim, pode-se sustentar a aplicação do art. 1.010 ou do art. 1.033, II e III, do Código Civil.

[2173] Sobre o assunto, ver: SALANITRO, Niccolò. *Il fallimento dell'imprenditore defunto*. Milano: Giuffrè, 1974.

[2174] TRAJANO DE MIRANDA VALVERDE vislumbra a hipótese de falência decretada com base nos atos de falência praticados pelo inventariante, posteriormente à morte do devedor (VALVERDE. *Comentários à Lei de Falências*, v. I..., p. 100).

[2175] Explica RICARDO NEGRÃO que a "existência da pessoa natural termina com a morte (CC, art. 6º) e a herança – patrimônio do morto denominado espólio – passa a responder pelo pagamento de dívidas do falecido, levando os herdeiros a se responsabilizarem por elas, após a partilha, cada qual em proporção da parte, que na herança lhes coube (CC, art. 1.997). Assume, pois, o espólio a posição de falido, não se podendo tecnicamente, falar em falência de pessoa falecida, mas sim de seu espólio, fato que não deixa de ser igualmente curioso porque o espólio não é uma pessoa, mas ente despersonalizado, constituído de um conjunto de bens e obrigações do falecido" (NEGRÃO, Ricardo. *Aspectos objetivos da Lei de Recuperação de Empresas e de Falências*. São Paulo: Saraiva, 2005, p. 13-14).

[2176] VALVERDE. *Comentários à Lei de Falências*, v. I..., p. 99; FRANCO. Seção IV: Do procedimento para a decretação da falência..., p. 410;

LEGITIMIDADE PARA REQUERER A FALÊNCIA

Institui-se o concurso universal de credores sobre o espólio do empresário individual falecido que terá por efeito, inclusive, a suspensão do processo do inventário a partir do decreto falimentar, cabendo ao administrador judicial a realização de atos pendentes em relação aos direitos e obrigações da massa falida (LREF, art. 125).

O cônjuge sobrevivente somente possui legitimidade para postular a falência do espólio caso tenha, em consequência do regime de bens do casamento, interesse econômico[2177]. E quando o pedido de falência não tiver sido postulado por todos os herdeiros, há necessidade de mandar ouvir os demais[2178].

O rito a ser seguido é o da *autofalência* (art. 105). Entretanto, quando já houve abertura judicial da sucessão e o herdeiro ou o cônjuge não representam o espólio, a falência deve seguir o rito do art. 95 (o mesmo da falência requerida por credor) e o espólio será citado para contestar o pedido[2179].

Em se tratando de falência requerida pelo único herdeiro, pelo cônjuge supérstite ou pelo inventariante não se aplica a regra que impede a decretação da falência do espólio após um ano, contado da morte do devedor (art. 96, §1º)[2180].

3. Sócio do devedor

Nos termos do art. 97, III, da LREF, o cotista ou o acionista do devedor (ou seja, o sócio da sociedade empresária) na forma da lei ou do ato constitutivo da sociedade pode postular a falência da sociedade empresária, o que não é comum[2181].

O sócio legitimado pode ser pessoa física ou jurídica. Quanto às pessoas físicas, não há maiores comentários a tecer. No caso de pessoa jurídica (sociedade, associação, fundação, etc.), trata-se de uma decisão gerencial, cabendo exclusivamente a seus administradores, salvo disposição em contrário expressa no contrato ou estatuto social (diferentemente da hipótese de autofalência).

A falência requerida pelos sócios tende a ter por objetivo a preservação de interesses pessoais, especialmente dos sócios que não ocupam cargos de gestão, e não os interesses da sociedade, razão pela qual o pedido não pode estar

---

[2177] VALVERDE. *Comentários à Lei de Falências*, v. I..., p. 99; NEGRÃO. *Aspectos objetivos da Lei de Recuperação de Empresas e de Falências...*, p. 14; FRANCO. Seção IV: Do procedimento para a decretação da falência..., p. 410.

[2178] VALVERDE. *Comentários à Lei de Falências*, v. I..., p. 99.

[2179] NEGRÃO. *Aspectos objetivos da Lei de Recuperação de Empresas e de Falências...*, p. 14.

[2180] Explica MIRANDA VALVERDE: "Tanto na hipótese de confissão de falência do espólio pelo inventariante (...), como na de requerimento dela pelo cônjuge sobrevivente ou herdeiro do devedor falecido, não vige a regra do §2º, do art. 3º, pela qual a falência não pode ser declarada depois de um ano da morte do devedor. Trata-se de restrição ao direito dos credores, em benefício do cônjuge sobrevivente e dos herdeiros do devedor." (VALVERDE. *Comentários à Lei de Falências*, v. I..., p. 99-100). Ver, também: FRANCO. Seção IV: Do procedimento para a decretação da falência..., p. 410.

[2181] COELHO. *Comentários à Lei de Falências e Recuperação de Empresas...*, p. 312.

RECUPERAÇÃO DE EMPRESAS E FALÊNCIA

embasado na regra do art. 105 (autofalência), mas sim em uma das hipóteses do art. 94[2182][2183][2184][2185].

[2182] NEGRÃO. *Aspectos objetivos da Lei de Recuperação de Empresas e de Falências...*, p. 16.

[2183] A doutrina questiona a legitimidade de os sócios poderem requerer a falência da sociedade com base nas hipóteses do art. 94, I e II (impontualidade e execução frustrada). A condição de sócio não lhe seria suficiente para o reconhecimento de uma ação legítima, mesmo que juridicamente possa ser considerado credor da sociedade (pelas somas que aportou para a exploração do negócio social). Para requerer a falência da sociedade, o sócio deveria estar legitimado não pela relação fundada no contrato ou estatuto social, mas por uma relação obrigacional contida em um título executivo, protestado e superior a 40 salários mínimos (art. 94, I), ou por qualquer valor, mesmo não protestado, porém previamente submetido à execução judicial (art. 94, II) (VIGIL NETO. *Teoria falimentar e regimes recuperatórios...*, p. 191-192). Nessa lógica, a legitimidade não estaria embasada no art. 97, III, mas sim no art. 97, IV. O sócio estaria exercendo um direito de credor contra a sociedade. Embora a crítica seja consistente, trata-se de seara bastante sensível, especialmente diante da conhecida prática de se aumentar o capital por meio de empréstimos do sócio para a sociedade. Em razão disso, alguns países apresentam regulamentação mais rígida quanto à disciplina dos empréstimos dos sócios para a sociedade, buscando estabelecer que estes não se tornem credores como qualquer outro, não concorrendo, por exemplo, na falência em igualdade de condições. Em síntese, o objetivo é tutelar os terceiros de boa-fé. Assim ocorreu, por exemplo, na Alemanha, por meio de uma série de precedentes jurisprudenciais, especialmente um do *Bundesgerichtshof*, o qual determinava que os sócios não têm o dever de aportar recursos em sociedades em crise, mas, se o fazem, o devem fazer mediante aumento do capital social, o que confirmava os então vigentes §§32a e 32b da *Gesellschaft mit beschränkter Haftung Gesetz*; em Portugal (Código das Sociedades Comerciais, arts. 243 a 245); e na Itália, mediante construção doutrinária e jurisprudencial com referência a uma série de institutos (como a *exceptio doli generalis*, a fraude à lei, o abuso de direito, o abuso da forma do contrato de empréstimo, etc.). Assim, entende-se que os sócios respondem, também, pelos valores emprestados à sociedade (em uma verdadeira extensão da limitação da responsabilidade), chegando-se a equiparar o empréstimo realizado a um aumento do capital social (hipótese em que se enquadra a operação como fraude à lei). Sobre o tema, ver: DOMINGUES, Paulo de Tarso. *Do capital social:* noção, princípios e funções. 2 ed. Coimbra: Coimbra Editora, 2004, p. 223-229; PORTALE. Giuseppe B. Capitale sociale e società per azioni sottocapitalizzata. *Rivista delle Società*, Milano, 1991, p. 30 ss, 108-123. Ver, também: DINIZ, Gustavo Saad. *Subcapitalização societária* – financiamento e responsabilidade. Belo Horizonte: Fórum, 2012, p. 161 ss; WARDE JÚNIOR, Walfrido Jorge. Algumas considerações acerca da capitalização das sociedades anônimas. In: WALD, Arnoldo; GONÇALVES, Fernando; CASTRO, Moema Augusta de (coord.); FREITAS, Bernardo Vianna; CARVALHO, Mário Tavernard Martins de (org.). *Sociedades anônimas e mercado de capitais:* homenagem ao prof. Osmar Brina Corrêa-Lima. São Paulo: Quartier Latin, 2011, p. 689. O Direito Societário brasileiro não possui regra atinente a tal matéria. Na seara falimentar, o art. 83 da LREF classifica os créditos dos sócios e administradores como subordinados, sendo, assim, os últimos a receber em caso de falência – como também ocorre em outros países. Nada impede, todavia, que, quando não ocorrer a falência da sociedade, sejam os empréstimos realizados pelos sócios enquadrados, quando for o caso, dentro de outros institutos, como pode ocorrer sendo caso de fraude à lei, fraude a credores, etc., além, é claro, de poderem ensejar a responsabilidade patrimonial dos sócios por meio da desconsideração da personalidade jurídica, especialmente em razão da confusão patrimonial.

[2184] Para FÁBIO ULHOA COELHO, a LREF atribuiu "legitimidade ativa concorrente para o pedido de falência ao sócio ou acionista da sociedade empresária devedora. A hipótese é rara. Em primeiro lugar, porque só tem cabimento quando a maioria dos sócios não considera oportuna a instauração do concurso de credores, e um ou alguns minoritários entendem diferentemente. Se todos os sócios, ou pelo menos os majoritários, quisessem a falência, poderiam deliberar a apresentação do pedido pela própria sociedade (autofalência). Além disso, embora o sócio em minoria possa vir a ter interesse na instauração do

LEGITIMIDADE PARA REQUERER A FALÊNCIA

Para postular a falência da sociedade, o sócio deve demonstrar essa condição apresentando o contrato social, por exemplo. De qualquer modo, mesmo em uma sociedade em comum (LREF, art. 105, IV), é possível que o sócio postule a falência da sociedade, desde que comprove por escrito sua condição de sócio (CC, art. 987).

4. Qualquer credor

De acordo com o inciso IV do art. 97, qualquer credor pode postular a falência do devedor, não importa se empresário ou não[2186]. Porém, sendo empresário, deverá apresentar certidão do Registro Público de Empresas que comprove a regularidade de suas atividades (art. 97, §1º)[2187].

concurso de credores, movido pelo intuito de encerrar a sociedade, que considera inviável, o fato é que, nessa hipótese, tem-se preferido a dissolução parcial como forma de preservação dos interesses desse minoritário" (COELHO. *Comentários à Lei de Falências e Recuperação de Empresas...*, p. 312). Assim, o referido comercialista entende que o sócio dissidente teria legitimidade para requerer a falência da sociedade.

[2185] A falência requerida por sócio também suscita controvérsias quando examinada sob o enfoque dos deveres fiduciários do sócio para com a sociedade e seus pares. Como salientam CLÓVIS DO COUTO e SILVA e FÁBIO KONDER COMPARATO, é nas relações societárias que a boa-fé objetiva manifesta-se em grau máximo, potencializando os deveres de lealdade e de cuidado (COUTO E SILVA, Clóvis Veríssimo do. *A obrigação como processo*. São Paulo: José Bushatsky, 1976, p. 30-31; COMPARATO, Fábio Konder. Restrições à circulação de ações em companhia fechada: *nova et vetera*. *Revista de Direito Mercantil, Industrial, Econômico e Financeiro*, São Paulo, a. 28, n. 36, out./dez. 1979, p. 69. E, no mesmo sentido, dentre outros, ver: ADAMEK, Marcelo Vieira von. *Abuso de minoria em direito societário* (abuso das posições subjetivas minoritárias). Tese (Doutorado em Direito). Faculdade de Direito da Universidade de São Paulo, São Paulo, 2010, p. 25, 137; MARTINS-COSTA, Judith. *A boa-fé no direito privado*: sistema e tópica no processo obrigacional. São Paulo: Marcial Pons, 2015, p. 290 ss, 35 ss; WINDBICHLER, Christine. *Gesellschaftsrecht*. 22 Aufl. München: C. H. Beck München, 2009, p. 64). Assim, deve-se inferir se o pedido de falência requerido por um deles não violaria justamente tais deveres. Não deveria o sócio se esforçar para fazer com que a sociedade se recupere? Em certa medida, responde-se a esse questionamento com a inexistência, no ordenamento jurídico brasileiro, de um dever por parte do sócio de aportar mais recursos do que os inicialmente investidos (ADAMEK. *Abuso de minoria em direito societário...*, p. 320-321, 336-338; WINDBICHLER. *Gesellschaftsrecht...*, p. 63-64; PORTALE, Giuseppe. *Capitale sociale e società per azioni sottocapitalizzata*. Milano: Giuffrè, 1991, p. 31). Para evitar discussão, exige-se que o sócio demonstre a situação que o levou a requerer a falência de modo muito claro, para que a sua posição não se caracterize como abusiva.

[2186] Súmula 47 do TJSP: "O credor não comerciante pode requerer a quebra do devedor". No mesmo sentido: TJPR, 5ª Câmara Cível, APC 177474-1, Rel. Des. Domingos Ramina, j. 11/10/2005.

[2187] TJSE, 2ª Câmara Cível, APC 1147/2008, Rel. Des. Marilza Maynard Salgado de Carvalho, j. 01/07/2008; TJSP, 1ª Câmara de Direito Privado, APC 9106065-61.2003.8.26.0000, Rel. Des. Alexandre Moreira Germano, j. 04/03/2004. Ver, também: TJSP, 7ª Câmara de Direito Privado, APC0077161-97.1997.8.26.0000, Rel. Des. Luiz Benini Cabral, j. 28/04/1998; TJRJ, 17ª Câmara Cível, AI 11120/2008, Rel. Des. Luisa Botrel Souza, j. 19/11/2008 ("Falência. Requerimento de falência. Alegação de irregularidade de representação processual e de ilegitimidade ativa *ad causam*. Preliminares rejeitadas pela decisão agravada. O credor empresário para requerer a falência do devedor deve satisfazer requisitos especiais, não exigidos para o credor comum. De acordo com o art. 97 da lei nº 11.101/2005 deve o credor empresário

A falência pode ser requerida por credor individual do devedor, não sendo pressuposto a pluralidade de credores[2188]-[2189]. Vejamos abaixo algumas espécies de credores.

4.1. Credor com garantia real

O Decreto-Lei 7.661/1945, no seu art. 9º, "b", determinava que o credor com garantia real não podia pedir a falência do devedor inadimplente, salvo se renunciasse a sua garantia ou demonstrasse a sua insuficiência diante do total do débito, pois não teria legítimo interesse para agir, uma vez que o seu crédito já estaria totalmente garantido – bastaria executá-lo.

A LREF não traz tal previsão, razão pela qual se acredita na possibilidade de o credor com garantia real pedir a falência do seu devedor[2190].

4.2. Credor por alimentos

O credor de pensão alimentícia, também impossibilitado de requerer a falência do seu devedor alimentante no regime anterior (Decreto-Lei 7.661/1945, art. 23, parágrafo único) agora pode fazê-lo ante a omissão da LREF. Seus créditos serão classificados como quirografários, nos termos da alínea "a" do inciso VI do art. 83[2191].

---

comprovar a regularidade do exercício do comércio, exibindo a inscrição individual ou o registro dos atos constitutivos da sociedade comercial. A prova trazida pelo agravado, a quem incumbia o ônus da prova, de que possui escritório nesta cidade, não é suficiente para comprovar o exercício regular da atividade empresarial. Recurso provido").

[2188] Súmula 44 do TJSP: "A pluralidade de credores não constitui pressuposto da falência".

[2189] Muito já se debateu se a pluralidade de credores constituiria pressuposto da falência, ou se esta poderia ser decretada com base em requerimento de apenas um credor. Nesse ponto, concorda-se com Rubens Requião, para quem a pluralidade de credores não é pressuposto para a falência, pois: (*i*) na fase pré-falimentar, não é permitido ao juiz analisar a quantidade de credores; (*ii*) é admitida a habilitação retardatária (ou seja, o número de credores pode mudar); (*iii*) somente com a falência é possível que o credor defenda de modo mais amplo o seu crédito, inclusive se valendo das ações revogatórias e com as declarações de ineficácia; (*iv*) o devedor pode ser condenado pela prática de crimes falimentares. Todavia, é fato que não é o mais comum ter-se falência com somente um credor (Requião. *Curso de direito falimentar*, v. 1..., p. 35-37).

[2190] Nesse sentido: Pacheco. *Processo de recuperação judicial, extrajudicial e falência...*, p. 297; Coelho. *Comentários à Lei de Falências e Recuperação de Empresas...*, p. 312. No entanto, há quem entenda que a limitação remanesce, posição fundada no direito comparado e na legislação processual, já que, como aventado, um credor nessa situação não teria interesse processual no pedido falimentar do devedor (Franco; Sztajn. *Falência e recuperação da empresa em crise...*, p. 20-22; Franco. Seção IV: Do procedimento para a decretação da falência..., p. 410).

[2191] Sobre o tema, ver: Franco; Sztajn. *Falência e recuperação da empresa em crise...*, p. 22-24; Franco. Seção IV: Do procedimento para a decretação da falência..., p. 403.

4.3. Credor com crédito ainda não vencido

MIRANDA VALVERDE refere que a falência, como execução coletiva, possui caráter de medida conservatória de direitos, haja vista que o devedor perde a administração de seu patrimônio, não podendo mais praticar atos prejudiciais a seus credores, independentemente do vencimento ou não do título[2192]. Aí residiria um dos fundamentos da falência requerida por aquele cujo título ainda não venceu.

Assim, o credor pode requerer a falência do devedor, mesmo que seu título ainda não esteja vencido. Discute-se, entretanto, com base em qual suporte fático o requerimento deve estar embasado (*i.e.*, impontualidade, execução frustrada ou atos de falência). Não resta dúvida de que o pedido pode ser embasado em uma das hipóteses de atos de falência previstas no art. 94, III, da LREF.

No entanto, há discussão sobre a possibilidade de o requerimento de falência ser baseado na impontualidade e na execução frustrada.

FÁBIO ULHOA COELHO defende que o credor não precisa aguardar a deterioração da situação econômica e patrimonial da sociedade empresária devedora, por exemplo, para estar legitimado a ingressar com pedido de falência, sob pena de a medida judicial ser ineficaz para tutelar seus direitos. Sustenta que a prova da impontualidade pode ser feita com base em título executivo vencido de um terceiro credor (por meio de certidão de protesto ou do cartório judicial em que correu a execução frustrada)[2193].

A posição do referido autor nos parece demasiadamente extensiva, devendo ser tomada com cautela pelo intérprete, já que a LREF não é expressa nem permite interpretação conclusiva nesse sentido. Se não estão presentes os pressupostos da impontualidade nem da execução frustrada, não há margem para defender a possibilidade de o pedido de falência estar embasado em tais suportes fáticos.

4.4. Agente fiduciário dos debenturistas

Por expressa disposição legal, o agente fiduciário dos debenturistas está legitimado a requerer a falência da companhia emissora devedora. Na verdade, segundo a previsão do art. 68, §3º, "c", da Lei das S.A., constitui dever do agente fiduciário fazê-lo, se não existirem garantias reais. Também constitui dever do agente fiduciário representar os debenturistas em processos de falência, recuperação judicial ou extrajudicial, intervenção ou liquidação extrajudicial da companhia emissora, salvo deliberação em contrário da assembleia dos debenturistas (Lei das S.A., art. 68, §3º, "d").

[2192] VALVERDE. *Comentários à Lei de Falências*, v. I..., p. 105.
[2193] COELHO. *Comentários à Lei de Falências e Recuperação de Empresas...*, p. 314.

4.5. Credor em condição de irregularidade

O credor pode ser pessoa física ou jurídica. Quanto às pessoas físicas, o titular do crédito, assim decidindo, pode postular a falência de seu devedor. No caso de pessoa jurídica, trata-se de uma decisão gerencial, cabendo exclusivamente a seus administradores, salvo disposição em contrário expressa no contrato ou estatuto social.

O credor empresário (empresário individual ou sociedade empresária) em situação de irregularidade não pode requerer a falência de um credor seu (art. 97, §1º). No entanto, isso não significa que tais credores não possam habilitar seu crédito na falência de um devedor.

4.6. Credor domiciliado no exterior

Se o credor não possuir domicílio no Brasil, deve apresentar caução relativa às custas judiciais e ao valor indenizatório referente a eventual uso abusivo do direito de ação (art. 97, §2º), regra análoga à existente no Código de Processo Civil de 1973 (CPC/1973, art. 835 – CPC/2015, art. 83)[2194]-[2195]. O valor fixado pode ser depositado em dinheiro ou mediante o oferecimento de bens, bem como por meio da prestação de carta fiança, a ser formalizada nos próprios autos.

A caução funciona como garantia de que o autor arcará com as custas judiciais caso venha a perder a ação e que pagará eventual indenização no caso do

---

[2194] Esta exigência "não se aplica aos demais países integrantes do Mercosul pois, como denuncia a doutrina, em virtude do Protocolo de Cooperação e Assistência Jurisdicional de 1992, promulgado em território nacional, mediante o Decreto nº 2.067, de 12 de novembro de 1996, art. 3º, não se poderá impor nenhuma exigência de caução aos residentes dos demais Estados contratantes" (FRANCO; SZTAJN. *Falência e recuperação da empresa em crise...*, p. 24-25). No mesmo sentido: PACHECO. *Processo de recuperação judicial, extrajudicial e falência...*, p. 300-301.

[2195] Quanto ao valor da caução, o legislador foi omisso, deixando de estipular qualquer parâmetro. Na prática, cabe ao juiz fixar os valores, normalmente entre 10% e 20% sobre o valor do crédito (de modo análogo ao art. 85, §2º, do CPC, o qual regula os critérios de sucumbência), como medida de respeito ao direito de acesso à justiça e à necessidade de garantia da instância (BEZERRA FILHO. *Lei de Recuperação de Empresas e Falências comentada...*, p. 228-229). No mesmo sentido a lição de MANOEL JUSTINO BEZERRA FILHO: "Claro que se a falência vier a ser decretada, o valor da caução será devolvido com juros e correção monetária ao depositante, caso a caução tenha sido prestada por depósito em dinheiro. A propósito, esta caução pode ser feita em bens situados no Brasil ou por fiança bancária, em qualquer caso sempre recidamente formalizada nos autos judiciais. Como já anotado acima, a lei não estipulou o valor da caução, que deverá situar-se entre 10 e 20% do valor do requerimento, com isto garantindo-se a instância de forma suficiente ao mesmo tempo em que se respeita o acesso à justiça, objetivando, como diz Watanabe (p. 161), encontrar a 'ordem jurídica justa'. A LREF, no §2º de seu art. 97, não fixa o valor e fala apenas em 'caução relativa às custas e ao pagamento da indenização de que trata o art. 101 desta Lei. Mesmo o novo Código de Processo Civil também não fixa qualquer porcentagem, mencionando apenas, em seu art. 83, que a caução será de valor 'suficiente ao pagamento das custas e dos honorários de advogado da parte contrária'. Ou seja, o valor será fixado ao prudente arbítrio do magistrado, como anotado acima." (BEZERRA FILHO. Capítulo XIV: O procedimento para a decretação da falência..., p. 335).

LEGITIMIDADE PARA REQUERER A FALÊNCIA

art. 101 da LREF (falência requerida com dolo). Porém, o legislador olvidou-se de incluir os honorários sucumbenciais no rol de obrigações que exigem a caução.

4.7. Credor tributário

A falência é um regime liquidatório de execução coletiva, cuja satisfação dos créditos habilitados se dá na modalidade concursal. Se o crédito fazendário não é passível de concurso, não poderia promover a ação que visa a constituí-lo, pois não teria interesse de agir[2196]. A atual orientação do STJ caminha no sentido de que a Fazenda Pública simplesmente não tem legitimidade para requerer a falência[2197]. E na mesma direção, veja-se o Enunciado 56 da 1ª Jornada de Direito Comercial: "A Fazenda Pública não possui legitimidade ou interesse de agir para requerer a falência do devedor empresário"[2198].

Apesar de não se submeter a concurso, o crédito fazendário, de acordo com o art. 187 do CTN (e art. 29 da Lei de Execuções Fiscais), em caso de quebra, deve, sim, respeitar a ordem de preferência estabelecida no art. 83 da LREF, independentemente se o fisco promove (ou continua promovendo) execução fiscal ou se optou por habilitar seu crédito.

Sobre o tratamento do crédito tributário na falência, remete-se o leitor para o que foi dito nos seguintes capítulos: Capítulo 16, item 5.1.1, e Capítulo 27, item 3.

4.8. Credores de créditos inexigíveis na falência

De acordo com o art. 5º da LREF, não podem postular a falência do devedor aqueles titulares de crédito decorrente de obrigações a título gratuito (como já ocorria à época do Decreto-Lei 7.661/1945, nos termos do parágrafo único do

---

[2196] VIGIL NETO. *Teoria falimentar e regimes recuperatórios...*, p. 191.

[2197] Os argumentos são variados. Por exemplo: "Afigura-se impróprio o requerimento de falência do contribuinte comerciante pela Fazenda Pública, na medida em que esta dispõe de instrumento específico para cobrança do crédito tributário. Ademais, revela-se ilógico o pedido de quebra, seguido de sua decretação, para logo após informar-se ao Juízo que o crédito tributário não se submete ao concurso falimentar, consoante dicção do art. 187 do CTN (STJ, 1ª Turma, REsp 287.824/MG, Rel. Min. Francisco Falcão, j. 20/10/1995). Ou ainda: "[...] o princípio da conservação da empresa pressupõe que a quebra não é um fenômeno econômico que interessa apenas aos credores, mas sim, uma manifestação jurídico-econômica na qual o Estado tem interesse preponderante". Entretanto: "Nesse caso o interesse público não se confunde com o interesse da Fazenda, pois o Estado passa a valorizar a importância da iniciativa empresarial para a saúde econômica de um país" (STJ, 2ª Turma, REsp 363.206/MG, Rel. Min. Humberto Martins, j. 04/05/2010). Nesse sentido: STJ, 4ª Turma, REsp 138.868/MG, Rel. Min. Ruy Rosado de Aguiar, j. 17.2.1998; STJ, 2ª Seção, REsp 164.389/MG, Rel. Min. Castro Filho, Rel. p/ acórdão Min. Sálvio de Figueiredo Teixeira, j. 13.8.2003. Mas registre-se que o próprio STJ já decidiu em sentido contrário no passado, apesar dessa ser uma posição aparentemente superada: STJ, 3ª Turma, REsp 10.660/MG, Rel. Min. Costa Leite, j. 12/12/1995.

[2198] Promovida pelo Conselho da Justiça Federal/CJF no ano de 2012.

art. 23) e resultantes de despesas que os credores fizeram para tomar parte na recuperação judicial ou na falência, nos termos do §2º do art. 94[2199].

Sobre este tipo de crédito, remete-se o leitor ao que foi dito no item 4. do Capítulo 3, *supra*.

[2199] Ver: VIGIL NETO. *Teoria falimentar e regimes recuperatórios...*, p. 192.

Capítulo 19
Procedimento

Analisaremos nesse Capítulo os dois diferentes procedimentos para as ações falimentares, especificamente aqueles relativos à fase pré-falimentar – que antecede a decretação da quebra: (*i*) o procedimento quando a ação é proposta por credor e (*ii*) o procedimento na autofalência.

1. Fases do processo falimentar

A ação falimentar se desdobra em duas fases distintas:

a. fase pré-falimentar: momento de cognição, em que se quer conhecer ou ter por reconhecido o estado patrimonial do devedor (o que se faz, como foi dito, mediante um sistema de presunções); e

b. fase falimentar: momento executivo da falência, em que são tomadas as medidas de liquidação do patrimônio do falido e satisfação dos credores em concurso, medidas essas consubstanciadas nos atos de (*i*) arrecadação, (*ii*) avaliação, (*iii*) alienação e (*iv*) pagamento.

A fase falimentar é procedimentalmente invariável, isto é, funciona da mesma forma, independentemente de se tratar de uma falência requerida por um credor ou de uma autofalência. O mesmo não pode ser dito quanto à fase pré-falimentar, pois existem dois procedimentos básicos distintos, a depender do sujeito ativo da relação processual (credor ou devedor). Em resumo:

a. a ação é proposta por credor (ou, quando for o caso, pelos sujeitos legitimados no nos incisos II e III do art. 97 da LREF), hipótese na qual se tem uma relação litigiosa (jurisdição contenciosa); e

b. a ação é promovida pelo próprio devedor (ou, se for o caso, pelos sujeitos legitimados no art. 97, II, como já analisado), na qual inexiste relação litigiosa (jurisdição voluntária)[2200].

[2200] VIGIL NETO. *Teoria falimentar e regimes recuperatórios...*, p. 204.

RECUPERAÇÃO DE EMPRESAS E FALÊNCIA

Ambos os procedimentos serão examinados no presente item – aplicando-se a eles, subsidiariamente, naquilo que couber, o Código de Processo Civil em vigor, como dispõe o art. 189 da LREF[2201].

2. Procedimento em ações propostas por credor

Trataremos inicialmente do procedimento decorrente da ação falimentar proposta por credor (ou, quando for o caso, pelos sujeitos legitimados no art. 97, II e III), cujos fundamentos encontram-se nas hipóteses de falência descritas no art. 94, anteriormente examinadas (*i.e.*, impontualidade, execução frustrada ou atos de falência).

2.1. Petição Inicial

O credor que deseja postular a quebra do seu devedor deve, por meio de seu representante legal, isto é, advogado constituído com poderes específicos para requerer falência, elaborar petição inicial atendendo aos requisitos da Lei Processual Civil (CPC, arts. 319 e seguintes). Nesse sentido, é evidente que, na hipótese de a petição inicial não ser adequadamente instruída, há de se determinar a emenda à inicial (art. 321)[2202]. Ainda, se for empresário, deve comprovar a sua condição (art. 97, §1º). Ademais, se não for domiciliado no Brasil, deverá prestar caução (art. 97, §2º).

No caso do pedido de falência baseado na impontualidade do devedor (art. 94, I), o autor deve demonstrar o preenchimento desse suporte fático, isto é, o não pagamento injustificado de dívida certa, líquida e exigível, superior a 40 salários-mínimos, contida em título executivo devidamente protestado.

O autor deve apresentar o título executivo (ou os títulos executivos), sendo que a LREF não exige o documento original, se este estiver juntado em outro processo, podendo ser admitida cópia autenticada, desde que a causa da não apresentação esteja fundamentada pelo autor. Juntamente com os títulos executivos devem ser apresentados os respectivos instrumentos de protesto (arts. 94, §3º, e 9º, parágrafo único), dispensado o protesto especial para fins falimentares.

Como já referimos, o valor de 40 salários-mínimos é uma espécie de piso legal para que seja requerida a falência de um devedor, podendo ser alcançado com a soma de diversos créditos inadimplidos, dos quais um único sujeito seja titular ou mesmo créditos com vários titulares – permitida, então, a formação de um litisconsórcio ativo necessário unitário, como dispõe o §1º do art. 94.

[2201] Vide, ainda, a Súmula 46 do TJSP: "A lei falimentar, por especial, possui todo o regramento do pedido e processo de falência (...)".

[2202] TJSP, Câmara Reservada à Falência e Recuperação, APC 618.041-4/2-00, Rel. Des. Elliot Akel, j. 04/03/2009; TJSP, Câmara Reservada à Falência e Recuperação, APC 514.581-4/8-00, Rel. Des. Boris Kauffmann, j. 19/12/2007.

PROCEDIMENTO

Caso a falência seja postulada com base na execução frustrada (art. 94, II), o autor, de acordo com o §4º do art. 94, deve instruir o pedido de falência com certidão (narratória ou, para quem preferir, de objeto e pé) expedida pelo juízo em que se processa a execução – sendo de bom tom, em casos excepcionais, acostar cópia integral dos autos do processo executivo. No mais, no pedido de falência fundado em execução frustrada, "é irrelevante o valor da obrigação não satisfeita", não havendo que se observar o piso de 40 salários-mínimos (Súmula 39 do TJSP).

No pedido de quebra fundamentado em atos de falência, o credor deve descrever em sua petição inicial ao menos uma das hipóteses arroladas no inciso III do art. 94, e comprová-la com as provas que dispuser, além de especificar as demais provas que pretende produzir. É o que dispõe o §5º do art. 94.

Como esse suporte fático (art. 94, III) não trata de hipótese de inadimplemento, é desnecessária a apresentação de um título executivo vencido e cobrado. De qualquer forma, a prova da existência de uma obrigação contra o devedor será indispensável para demonstrar a legitimidade e o interesse de agir (art. 97, IV) – caso o autor da ação não seja algum outro legitimado nos termos do art. 97 da LREF.

2.2. Distribuição, exame da inicial e citação

A petição inicial será distribuída, de acordo com a regra de competência estabelecida no art. 3º da LREF, lembrando que, como dispõe o §8º do art. 6º, a distribuição do pedido de falência ou de recuperação judicial previne a jurisdição para qualquer outro pedido de recuperação judicial ou falência relativo ao mesmo devedor[2203]-[2204].

Uma vez deferida a petição inicial, o magistrado determinará a citação do devedor para o exercício de seu direito de defesa no prazo de 10 dias (art. 98, *caput*). A citação respeitará o previsto na legislação processual civil, podendo ser realizada por correio (carta com aviso de recebimento – "AR"), apesar de o mais recomendável é que seja feita por mandado entregue pelo Oficial de Justiça.

Embora a citação pessoal do devedor seja a regra, o Oficial de Justiça está obrigado a procurar o devedor somente em seu próprio estabelecimento (e não fora dele)[2205]. Assim, admite-se, uma vez esgotados todos os meios para a loca-

---

[2203] Sobre as regras de competência, remete-se o leitor para o Capítulo 4, item 1.

[2204] Ainda que o pedido de falência seja baseado, por exemplo, em crédito decorrente de contrato que contenha, para a solução de litígios, convenção arbitral, necessariamente a falência deverá ser ajuizada junto ao Poder Judiciário. Nesse sentido: STJ, 3ª Turma, REsp 1.277.725/AM, Rel. Min. Nancy Andrighi, j. 12/03/2013.

[2205] TJSP, Câmara Reservada à Falência e Recuperação, AI 0402372-08.2010.8.26.0000, Rel. Des. Romeu Ricupero, j. 01/02/2011; TJSP, Câmara Reservada à Falência e Recuperação, Ação Rescisória 9041326-06.2008.8.26.0000, Rel. Des. Romeu Ricupero, j. 10/08/2010.

lização do réu, a citação por edital – hipótese em que, ocorrendo a revelia, será nomeado curador especial (CPC, art. 72, II)[2206]. E o entendimento sumulado do TJSP é ainda mais contundente, admitindo a citação editalícia, independentemente de quaisquer outras diligências, se o devedor não for encontrado em seu estabelecimento[2207]. Ademais, na hipótese de o devedor não ser encontrado, nem alguém que o represente, pode-se ter por caracterizado o ato falimentar previsto na alínea "f" do inciso III do art. 94 (a saber: ausentar-se sem deixar representante habilitado e com recursos suficientes para pagar os credores, abandonar estabelecimento ou tentar ocultar-se de seu domicílio, do local de sua sede ou de seu principal estabelecimento)[2208].

Por fim, segundo a jurisprudência dominante do TJSP, "[o] registro do ajuizamento de falência ou de recuperação de empresa no cartório do distribuidor ou nos cadastros de proteção ao crédito não constitui ato ilegal ou abusivo"[2209].

2.3. Resposta do réu

Uma vez deferida a petição inicial, o magistrado determinará a citação do devedor para o exercício de seu direito de defesa no prazo de 10 dias (art. 98, *caput*).

Além das alternativas previstas na LREF, (*i*) contestação (art. 98, *caput*), (*ii*) realização de depósito elisivo (art. 98, parágrafo único) e (*iii*) pedido incidental de recuperação judicial (art. 95, bem como art. 96, VII), a resposta do réu/devedor pode também consistir no (*iv*) reconhecimento da procedência do pedido, bem como no (*v*) oferecimento de exceções (de incompetência, impedimento ou suspeição), dentre outros incidentes processuais[2210]. Não cabe, todavia, reconvenção,

---

[2206] STJ, 6ª Turma, HC 39.492/RJ, Rel. Min. Hamilton Carvalhido, j. 30/05/2006. Súmula 38 do TJSP: "No pedido de falência, feita a citação por editais e ocorrendo a revelia é necessária a nomeação de curador especial ao devedor".

[2207] Súmula 51 do TJSP: "No pedido de falência, se o devedor não for encontrado em seu estabelecimento será promovida a citação editalícia independentemente de quaisquer outras diligências".

[2208] TJSP, Câmara Especial de Falências e Recuperação Judiciais de Direito Privado, APC 609.271-4/0-00, Rel. Des. Romeu Ricupero, j. 17/12/2008.

[2209] Súmula 54 do TJSP.

[2210] É possível, ainda, o ajuizamento de ação objetivando reconhecer a invalidade do título ou do protesto que fundamenta o pedido de falência. Aqui, todavia, prevalece o entendimento de que não é possível a suspensão do feito falimentar caso a referida demanda que busca o reconhecimento da invalidade do título ou do protesto tenha sido ajuizada posteriormente à distribuição do pedido de falência (STJ, 3ª Turma, REsp 680.965/RS, Rel. Min. Carlos Alberto Menezes Direito, Rel. p/ acórdão Min. Nancy Andrighi, j. 21/09/2006; TJSP, 1ª Câmara Reservada de Direito Empresarial, AI 2162105-02.2014.8.26.0000, Rel. Des. Claudio Godoy, j. 08/04/2015; TJSP, 2ª Câmara Reservada de Direito Empresarial, AI 0087252-90.2013.8.26.0000, Rel. Des. Tasso Duarte de Melo, j. 03/02/2014; TJSP, 1ª Câmara Reservada de Direito Empresarial, AI 2046085-59.2013.8.26.0000, Rel. Des. Alexandre Marcondes, j. 05/12/2013; TJSP, 1ª Câmara Reservada de Direito Empresarial, AI 0058564-21.2013.8.26.0000, Rel. Des. Fortes Barbosa, j. 21/05/2013; TJSP, 1ª Câmara Reservada de Direito Empresarial, AI 0244268-44.2012.8.26.0000, Rel.

PROCEDIMENTO

na medida em que não há possibilidade jurídica ou material de conexão entre dois pedidos de instauração de concurso falimentar contra empresários diferentes[2211].

2.3.1. Contestação

A defesa do réu objetiva a destruição da presunção relativa (*iuris tantum*) de insolvência que sobre ele recai, buscando a desconstituição da pretensão do autor e o julgamento de improcedência da ação, hipótese em que será proferida uma sentença denegatória de falência. O conteúdo da contestação sofrerá variações conforme o suporte fático que fundamenta o pedido de falência. Por isso, optou-se, aqui, por uma análise apartada de cada um deles.

2.3.1.1. Suporte fático: impontualidade

Em caso de falência postulada com base na impontualidade (art. 94, I), o art. 96 da LREF arrola os fundamentos passíveis de alegação, quais sejam:

a. falsidade do título (art. 96, I);
b. prescrição (art. 96, II) – apesar de, juntamente com a decadência, poder ser decretada de ofício, nos termos do Código de Processo Civil de 1973 (arts. 219, §5º, e 295, IV), do Código de Processo Civil de 2015 (arts. 332, §1º, e 487, II e parágrafo único) e do Código Civil (art. 210);
c. nulidade da obrigação ou do título (art. 96, III) – que também pode ser reconhecida de ofício, nos termos do Código Civil, art. 168);
d. pagamento da dívida – ainda que após o ajuizamento da ação, quando, então, ela perde seu objeto (art. 96, IV);
e. qualquer outro fato que extinga ou suspenda obrigação ou não legitime a cobrança de título (art. 96, V); ou
f. vício em protesto ou em seu instrumento (art. 96, VI).

O rol de defesas apresentado no art. 96 é exemplificativo, o que se depreende do art. 96, V, cujo teor permite que seja alegado qualquer outro fato que extinga ou suspenda obrigação ou não legitime a cobrança de título.

Havendo litisconsórcio de credores, ou no caso de um único credor postular a falência com base em vários títulos, as defesas previstas no art. 96 serão utilizadas individualmente contra cada débito, contra cada título. Entretanto, se a defesa apresentada for a prescrição e atingir apenas a uma das dívidas, por exem-

---

Des. Maia da Cunha, j. 22/01/2013; TJSP, Câmara Especial de Falências e Recuperações Judiciais, AI 637.245-4/2-00, Rel. Des. Elliot Akel, j. 28/07/2009). Entretanto, se, por exemplo, o protesto tiver tido seus efeitos suspensos, bem como a própria executibilidade dos títulos também estiver suspensa, pode restar prejudicada a ação falimentar.

[2211] COELHO. *Comentários à Lei de Falências e Recuperação de Empresas...*, p. 317.

RECUPERAÇÃO DE EMPRESAS E FALÊNCIA

plo, ainda que reconhecida pelo magistrado, a falência poderá ser decretada se restarem incólumes as alegações de dívidas que somadas mantenham hígido o suporte fático do art. 94, I (inclusive o valor mínimo de 40 salários-mínimos).

Por outro lado, a ação deve ser julgada improcedente se a prescrição for reconhecida em relação a um dos débitos e o valor remanescente não atingir o mínimo estipulado na LREF, nos termos do art. 96, §2º[2212]. Tem-se, assim, que quando um fundamento atacar exitosamente os requisitos previstos no art. 94, I (impontualidade), o suporte fático da falência não restará concretizado e a ação deve ser julgada improcedente.

De mais a mais, não pode ser decretada a falência quando seu requerimento estiver diante das seguintes situações fáticas:

a. cessação das atividades empresariais (pelo empresário individual ou pela sociedade empresária) mais de dois anos antes do pedido de falência, comprovada por documento hábil do Registro Público de Empresas (o que, tratando-se de sociedade, significa a sua dissolução regular, apesar de ser possível a decretação da falência da sociedade em fase de liquidação) – o que tem sido flexibilizado pela jurisprudência[2213] –, o qual, no entanto, não prevalecerá em face de prova de exercício posterior ao ato registrado (exercício irregular da atividade empresária) – art. 96, VIII[2214];

b. dissolução total da sociedade anônima, após a liquidação e a partilha do seu ativo (art. 96, §1º)[2215] – sendo plenamente possível que seja decretada a falência da companhia em fase de liquidação; ou

c. decurso do período de um ano da morte do devedor (art. 96, §1º)[2216]-[2217].

[2212] VIGIL NETO. *Teoria falimentar e regimes recuperatórios...*, p. 207-208.

[2213] TJSP, Câmara Especial de Falências e Recuperações Judiciais, APC 934.882-4/9-00, Rel. Des. Romeu Ricupero, j. 28/09/2005 ("Falência – Pedido – Improcedência – Execução frustrada – Iniciai apta – Valor do débito irrelevante – Conteúdo de documento não autenticado não impugnado – Prescrição inocorrenie, assim como novação – Encerramento do exercício do comércio desde, pelo menos, dezembro de 2000 – A prova legal da cessação do exercido do comércio é a certidão do registro de comércio, comprobatória deste fato – Mas, isto não impede que se prove esse fato, por outros meios de prova admitidos em direito – O devedor, mesmo que não tenha tomado a precaução de dar baixa em sua firma, após o abandono do comércio, não pode ser declarado falido, se ficar provado que, não obstante a omissão, deixou de exercer o comércio há mais de dois anos – Apelação não provida."). Ver, também: STJ, 3ª Turma, REsp 2008/0278535-8, Rel. Min. Nancy Andrighi, j. 28/09/2010.

[2214] Ainda, a impossibilidade de decretação da quebra não significa que o crédito não possa ser cobrado, seja da pessoa física que explorava a atividade como empresário individual, seja dos ex-sócios da sociedade (CC, art. 1.110), sem contar eventual responsabilização do liquidante, por exemplo.

[2215] O que também não impossibilita a cobrança do crédito junto aos ex-acionistas (Lei das S.A., art. 218) e a eventual responsabilização do liquidante.

[2216] Lembrando que não se aplica tal regra à hipótese do art. 97, II, da LREF – quando o pedido de falência advém do cônjuge sobrevivente, de qualquer herdeiro do devedor ou do inventariante.

PROCEDIMENTO

Essas matérias também podem ser alegadas em sede de defesa por parte do demandado quando sua falência é requerida com base no art. 94, II. Além da contestação propriamente dita, o réu pode realizar o depósito elisivo como medida acautelatória, haja vista que, na hipótese de não acolhimento das suas alegações, sua falência será evitada (sobre o depósito elisivo remetemos o leitor para o item 2.3.2. deste mesmo capítulo), sem contar na possibilidade de requerer incidentalmente recuperação judicial (como será visto no item 2.3.3., *infra*).

2.3.1.2. Suporte fático: execução frustrada

Quando a falência é postulada com base em execução frustrada (art. 94, II), o devedor pode, em sede contestacional, apresentar qualquer matéria pertinente ao caso para se defender – salvo se já existente coisa julgada a respeito –, inclusive as arroladas no art. 96 (falsidade do título, prescrição, pagamento da dívida, etc.), as quais não se restringem ao caso da falência fundada em impontualidade (art. 94, I), a despeito da redação restritiva do *caput* do art. 96[2218].

Quanto ao suporte fático execução frustrada, vale a mesma ressalva sobre a possibilidade de realização do depósito elisivo como medida acautelatória, bem como ao pedido incidental de recuperação judicial.

2.3.1.3. Suporte fático: atos de falência

Quando a falência é postulada com fundamento nos atos de falência (art. 94, III), a contestação deve buscar contraditar o fato alegado pelo autor, sendo, a princípio, incompatível a apresentação dos fundamentos descritos no art. 96; todavia, não se podem descartar que eventuais defesas previstas no referido art. 96 sejam aplicadas, especialmente aquelas relacionadas a situações pessoais do requerido[2219].

[2217] A matéria foi amplamente discutida à época da vigência do Decreto-Lei 7.661/1945. Nesse sentido: STF, 1ª Turma RE 69307/SP, Rel. Min. Barros Monteiro, j. 05/05/1970; STF, 1ª Turma, RE 23.645, Rel. Min. Nelson Hungria, j. 06/05/1954. Há interessante caso do TJRS, no qual o empresário individual faleceu no ano de 1994, todavia, seus herdeiros continuaram a explorar a atividade em nome do falecido, sem realizar qualquer espécie sucessão. No ano de 2001, realizaram operação com determinada sociedade empresária, a qual não foi adimplida. Assim, o referido credor postulou a falência do falecido – mesmo porque a operação mercantil foi feita, indevidamente, em seu nome e o credor não tinha, sequer, conhecimento de que tal empresário já estava morto. Apesar desse contexto e do credor ter agido de boa-fé, o TJRS entendeu que ele não poderia postular a falência do falecido, uma vez que já havia transcorrido um ano de seu falecimento. Deveria, então, ter postulado a quebra da sociedade de fato havida entre os herdeiros do *de cujus* e que continuaram a explorar a atividade empresária de modo irregular – não se levando em consideração se houve má-fé ou não destes (TJRS, 5ª Câmara Cível, APC 70006370159, Rel. Des. Clarindo Favretto, j. 28/08/2003).

[2218] VIGIL NETO. *Teoria falimentar e regimes recuperatórios...*, p. 213. Contra: COELHO. *Comentários à Lei de Falências e Recuperação de Empresas...*, p. 310.

[2219] Eventualmente são aplicáveis a cessação das atividades há mais de dois anos, a dissolução total da sociedade anônima, após a liquidação e a partilha do seu ativo ou o decurso do período de um ano da

RECUPERAÇÃO DE EMPRESAS E FALÊNCIA

Por exemplo, se foi alegado que o devedor vendeu mercadorias muito abaixo do preço de custo, o que poderia caracterizar o ato falimentar previsto no art. 94, III, "a" (liquidação precipitada de ativos), um dos contra-argumentos possíveis é explicar que se tratava, na verdade, de uma promoção, de queima de estoque planejada e plenamente justificável em decorrência de troca de estação. Já se a alegação do credor sustentar que o devedor deu ou reforçou garantia sem ficar com bens livres e desembaraçados suficientes para saldar o seu passivo (ato falimentar descrito no art. 94, III, "e"), uma possível defesa é sustentar a ocorrência de mera reposição ou substituição de garantia, o que, a princípio, não caracteriza ato de falência.

Diferentemente das hipóteses anteriormente examinadas, é inviável a realização de depósito elisivo quando o suporte fático do pedido de falência forem atos falimentares (art. 94, III). A limitação está expressa no parágrafo único do art. 98 e seu fundamento é lógico: inexiste qualquer obrigação vencida a ser paga, não se perquirindo no pedido da falência a exigibilidade da dívida, mas sim a prática de determinados atos previstos na LREF[2220].

Por sua vez, nada impede que se faça o pedido incidental de recuperação judicial[2221].

2.3.2. Depósito elisivo

Uma vez citado para responder uma ação falimentar, o devedor pode adotar uma das quatro estratégias abaixo apontadas:

a. apenas elidir;
b. contestar e elidir;
c. apenas contestar; ou
d. requerer a recuperação judicial.

Se o pedido de falência for feito com base no art. 94, I ou II, o devedor poderá realizar o depósito elisivo (art. 98, parágrafo único) no prazo de 10 dias[2222], o que

morte do devedor (BEZERRA FILHO. Capítulo XIV: O procedimento para a decretação da falência..., p. 357).

[2220] VIGIL NETO. *Teoria falimentar e regimes recuperatórios...*, p. 214; BEZERRA FILHO. Capítulo XIV: O procedimento para a decretação da falência..., p. 346-347, 354. Em sentido contrário, entendendo ser cabível o depósito elisivo, pois, estando o crédito do credor assegurado, perderia ele interesse legítimo na instauração do concurso falimentar, ver: COELHO. *Comentários à Lei de Falências e Recuperação de Empresas...*, p. 319.

[2221] Em sentido contrário, entendendo que o pedido incidental de recuperação judicial somente seria possível nos pedidos de falência baseados nos incisos I ou II do art. 94, ver: BEZERRA FILHO. Capítulo XIV: O procedimento para a decretação da falência..., p. 347, 354.

[2222] Defendemos a flexibilização da letra da lei no sentido de permitir que, apresentada defesa sem a efetivação do depósito elisivo no prazo de 10 dias, esse poderia ser realizado judicialmente *a posteriori*, inclusive depois de proferida sentença de decretação da quebra. Assim, ter-se-ia, embora tardio, o

PROCEDIMENTO

significa o depósito judicial da quantia cobrada – valor original da dívida, acrescido de seus consectários (*i.e.*, correção monetária, os juros e honorários advocatícios[2223] – art. 98, parágrafo único, da LREF[2224]); se o depósito não é feito na quantia suficiente, a falência do devedor poderá ser decretada[2225-2226].

O art. 98, parágrafo único, não prevê o depósito das custas processuais, mas a jurisprudência entende que esse montante também deve constar do valor depositado[2227]. É de bom tom que o magistrado, ao despachar a inicial e determinar a citação do devedor, já estabeleça o valor das custas a ser depositado; se o mon-

---

adimplemento do débito, o que também inviabilizaria a falência. Aqui, é importante salientar que, em certa medida, a jurisprudência tem admitido inclusive o depósito elisivo (completo) efetuado após a decretação da quebra (especialmente com a concordância dos credores e do Ministério Público) com o objetivo de preservar a empresa. Nesse sentido: TJRJ, 2ª Câmara Cível, AI 0042775-40.2014.8.19.0000, Rel. Des. Jesse Torres, j. 29/10/2014; TJSP, 1ª Câmara Reservada de Direito Empresarial, Embargos Infringentes 0094822-30.2013.8.26.0000/50000, Rel. Des. Francisco Loureiro, j. 08/10/2014; TJSP, 1ª Câmara Reservada de Direito Empresarial, AI 0094822-30.2013.8.26.0000, Rel. Des. Alexandre Marcondes, j. 26/09/2013; TJSP, Câmara Especial de Falências e Recuperações Judiciais, AI 569.224-4/7-00, Rel. Des. Pereira Calças, j. 28/05/2008; TJSP, Câmara Especial de Falências e Recuperações Judiciais, APC 407.224-4/4-00, Rel. Des. Elliot Akel, j. 15/02/2006. Também se manifestando no sentido de que a jurisprudência tem flexibilizado a questão, ver: BEZERRA FILHO. Capítulo XIV: O procedimento para a decretação da falência..., p. 356-357.

[2223] O magistrado, no despacho que defere o processamento da ação e determina a citação do devedor, deve estabelecer esse montante (*v.g.*, 10% do valor do débito corrigido e atualizado), sob pena de inviabilizar o cumprimento, em sua integralidade, do previsto no art. 98, parágrafo único, pois o devedor não pode, ao seu livre arbítrio, depositar a quantia que entender necessária para tal fim. Caso o magistrado não proceda dessa maneira, não deve ser decretada a falência do devedor que depositar somente o valor do principal acrescido de atualização monetária e juros, devendo provocar o juiz para que fixe o valor dos honorários.

[2224] O dispositivo citado (parágrafo único do art. 98) reproduz o entendimento sumulado do STJ ainda anterior à vigência da LREF (Súmula 29, datada de 1991: "No pagamento em juízo para elidir falência, são devidos correção monetária, juros e honorários de advogado").

[2225] O TJSP já teve a oportunidade de decretar a quebra tendo em vista que o devedor realizou o depósito elisivo em montante insuficiente (TJSP, 1ª Câmara Reservada de Direito Empresarial, AI 2162105-02.2014.8.26.0000, Rel. Des. Claudio Godoy, j. 08/04/2015). O STJ, por sua vez, já entendeu que o simples depósito da quantia principal não elide a falência, sendo, todavia, admitida a sua complementação (STJ, 3ª Turma, REsp 35.896/SP, Rel. Min. Costa Leite, j. 27/06/1994). Em outra oportunidade, o Superior Tribunal de Justiça decidiu que o depósito do principal elidiria a falência, prosseguindo, todavia, a ação para a cobrança da correção monetária, dos juros e dos honorários (STJ, 3ª Turma, REsp 41.901/SP, Rel. Min. Nilson Naves, j. 17/04/1995).

[2226] O STJ já teve a oportunidade de se manifestar no sentido de que o depósito elisivo deve ser feito em dinheiro, não sendo possível o uso de caução (STJ, 3ª Turma, REsp 302.954/SP, Rel. Min. Carlos Alberto Menezes Direito, j. 08/04/2002).

[2227] Nesse sentido, TJSP, Câmara Especial de Falências e Recuperação Judiciais de Direito Privado, APC 609.271-4/0-00, Rel. Des. Romeu Ricupero, j. 17/12/2008. Em sentido contrário, entendendo que as custas judiciais não podem ser obrigatoriamente incluídas no depósito elisivo, ver: BEZERRA FILHO. *Lei de Recuperação de Empresas e Falências comentada...*, p. 231; BEZERRA FILHO. Capítulo XIV: O procedimento para a decretação da falência..., p. 355.

RECUPERAÇÃO DE EMPRESAS E FALÊNCIA

tante não for fixado desde o início, as custas incorridas pelo autor deverão ser pagas pelo devedor posteriormente. O quadro abaixo resume a discussão:

Principal (total do crédito)	Art. 98, parágrafo único
Correção monetária	Art. 98, parágrafo único
Juros de mora	Art. 98, parágrafo único
Honorários advocatícios	Art. 98, parágrafo único
Custos processuais	Sem previsão

No pedido de falência fundado no art. 94, I ou II (impontualidade ou execução frustrada), o legislador não obriga o devedor a escolher entre contestar ou elidir a falência, podendo optar pela cumulação de ambas as vias. Entretanto, uma vez realizado o depósito elisivo na quantia suficiente, a falência do devedor não pode ser decretada[2228], mesmo na hipótese do não acolhimento da tese da defesa, pois o devedor terá adimplido o seu débito. A rigor, a ação falimentar converte-se em verdadeira medida judicial de cobrança[2229].

Caso o devedor somente realize o depósito elisivo, tem-se, a rigor, o reconhecimento do pedido. Estará admitindo sua condição de devedor, cabendo ao juiz não decretar a falência e determinar o levantamento da quantia depositada pelo credor, ficando o réu/devedor responsável também pelo recolhimento das custas da ação a que deu causa – se não tiver feito o depósito desse valor anteriormente[2230]. De qualquer sorte, a realização do depósito, por si só, não inviabiliza que o magistrado analise o pedido realizado pelo autor, especialmente se existem normas de ordem pública, hipótese na qual, em sendo proferida sentença favorável ao devedor, poderá levantar o depósito por ele realizado (acresido de juros e correção monetária), entre outras consequências[2231].

Se o devedor optar por elidir a falência e também apresentar contestação, vislumbra-se uma atitude de cautela, pois o juiz estará impossibilitado de decretar

---

[2228] STJ, 3ª Turma, REsp 1.633.271/PR, Rel. Min. Nancy Andrighi, j. 26/09/2017.

[2229] Nesse particular, segundo o STJ são devidos honorários advocatícios mesmo após a realização do depósito elisivo nos termos da Súmula 29 do STJ (em conformidade com o parágrafo único do art. 98 da LREF), o qual também deve abarcar os juros, a correção monetária e as custas. O juiz não pode declarar elidida a falência e extinguir o processo sem que o credor seja previamente ouvido sobre o depósito realizado. Transformada a ação falimentar em ação de cobrança a partir do depósito elisivo, esta torna-se sujeita aos princípios legais da sucumbência (STJ, 4ª Turma, REsp 1.223.332/SP, Rel. Min. Luis Felipe Salomão, j. 22/05/2014; STJ, 3ª Turma, REsp 88.684/SP, Rel. Min. Waldemar Zveiter, j. 22/10/1996; STJ, 2ª Seção, REsp 6.402/SP, Rel. Min. Athos Carneiro, Rel. p/ Acórdão Min. Waldemar Zveiter, j. 24/04/1991; STJ, 3ª Turma, REsp 2.441/RS, Rel. Min. Waldemar Zveiter, j. 21/08/1990).

[2230] VIGIL NETO. *Teoria falimentar e regimes recuperatórios...*, p. 208.

[2231] A rigor, assim determina a Súmula 40 do TJSP: "O depósito elisivo não afasta a obrigação do exame do pedido de falência para definir quem o levanta".

PROCEDIMENTO

sua quebra e obrigado a analisar o mérito da contenda, julgando procedente ou improcedente as razões apresentadas pelo devedor[2232].

Se o magistrado acolher a contestação, estará rejeitando a pretensão do autor, julgando improcedente a ação; consequentemente, condenará o autor ao pagamento das custas judiciais e honorários sucumbenciais e ao eventual ressarcimento ao devedor por exercício abusivo do direito de ação, nos termos do art. 101 da LREF, além de determinar o levantamento do depósito elisivo (acresido de juros e correção monetária). Se o juiz rejeitar as razões do devedor, deveria, em tese, decretar sua falência, medida que se mostra juridicamente impossível em razão do depósito elisivo anterior: embora o juiz tenha de prolatar sentença de procedência da ação, não acolherá a pretensão jurídica constitutiva do regime liquidatório, tendo em vista o depósito elisivo; determinará, por conseguinte, o levantamento da importância pelo credor, ficando o réu/devedor responsável também pelo recolhimento das custas judiciais, se não tiver feito o depósito desse valor anteriormente[2233].

Ainda existe a possibilidade de o devedor apresentar somente contestação (defesa), optando por não realizar o depósito elisivo, hipótese em que não resta completamente afastada o risco de decretação da falência. O magistrado deve se ater às circunstâncias fáticas do caso e, reconhecida a pertinência dos argumentos trazidos pelo devedor, a pretensão jurídica do demandante deve ser rejeitada e a ação julgada improcedente (sentença denegatória de falência), condenando-se o autor ao pagamento das custas judiciais e dos honorários de sucumbência, bem como ao eventual ressarcimento ao devedor por perdas e danos em decorrência de exercício abusivo do direito de ação, forte no art. 101 da LREF.

Por outro lado, se insubsistentes os argumentos de defesa, deverá ser acolhida a pretensão jurídica do autor, julgando-se procedente a ação e decretando-se a quebra do devedor (sentença decretatória da falência); nessa hipótese, a condenação ao pagamento das custas judiciais já serão devidos pela massa e serão classificados como crédito extraconcursal, nos termos do art. 84, IV, da LREF[2234].

2.3.3. Pedido incidental de recuperação judicial

O devedor/réu pode, no mesmo prazo legal de 10 dias para a apresentação de sua defesa, independentemente do fundamento do pedido de sua falência[2235],

---

[2232] Nos termos da Súmula 40 do TJSP.

[2233] VIGIL NETO. *Teoria falimentar e regimes recuperatórios...*, p. 208-209.

[2234] VIGIL NETO. *Teoria falimentar e regimes recuperatórios...*, p. 209.

[2235] MANOEL JUSTINO BEZERRA FILHO restringe a aplicabilidade dessa hipótese. Para o autor, quando a falência é postulada com fundamento em atos de falência (art. 94, III), o devedor não pode requerer a recuperação judicial incidental, pois não seria razoável permitir esse pedido para quem está praticando atos de falência, normalmente fraudulentos. Na sua visão, se a LREF não permite o depósito elisivo, não

apresentar pedido de recuperação judicial, observados os requisitos do art. 51 da LREF (podendo-se tratar tanto do procedimento comum quanto do regime especial de recuperação judicial para ME e EPP). Nesses termos, nada impede que um empresário cuja falência tenha sido requerida (mas não decretada) postule sua recuperação judicial dentro do prazo da contestação, nos moldes do previsto nos arts. 95 e 96, VII, da LREF[2236].

No que se refere à exequibilidade dessa manobra defensiva, o prazo de 10 dias é extremamente exíguo, ainda mais considerando que o pedido de recuperação judicial é instruído com um número elevado de documentos, além de ser recomendável um contato prévio com alguns credores estratégicos para sondar acerca da aprovação do plano a ser proposto. A alternativa de defesa consistente na apresentação incidental de pedido de recuperação pode ser bastante arriscada, tendo em vista a chance de convolação em falência, exceto se a opção já vinha sendo preparada pelo devedor e o pedido de falência coincidiu com a sua fase final de formulação.

Uma vez realizada a escolha pela recuperação judicial incidental, poder-se--ia, em tese, entender que o devedor não pode apresentar defesa de mérito concomitante, pois os pedidos são excludentes entre si. Na hipótese de o devedor apresentar ambos, caberia ao magistrado afastar o pedido de recuperação por incompatibilidade com a contestação, determinando o processamento da ação falimentar de acordo com a defesa apresentada[2237].

Ainda, é possível a realização do depósito elisivo (nas hipóteses dos arts. 94, I e II) conjuntamente com o pedido de recuperação judicial. Trata-se de medida de segurança do devedor, pois, apesar de indeferido o processamento da recuperação judicial, não será decretada a sua quebra.

Há dúvidas quanto à forma por meio da qual deve ser formulado o pedido de recuperação judicial incidental:

---

haveria motivo para permitir a recuperação judicial (BEZERRA FILHO. *Lei de Recuperação de Empresas e Falências comentada...*, p. 224).

[2236] TJSP, Câmara Reservada à Falência e Recuperação, AI 576.111-4/8-00, Rel. Des. Pereira Calças, j. 30/07/2008; e TJRJ, AI 2008.002.06763, Rel. Des. José Mota Filho (decisão monocrática), j. 19/03/2008.

[2237] BEZERRA FILHO. *Lei de Recuperação de Empresas e Falências comentada...*, p. 224. MANOEL JUSTINO BEZERRA FILHO também antevê a possibilidade de o devedor contestar uma parte dos títulos que fundamentam o pedido de falência e formular pedido de recuperação judicial no que tange aos demais, o que, segundo o autor, é possível. Nesse último caso, sustenta que caberá ao juiz dar andamento a ambos os feitos, mas, se, posteriormente, for julgado procedente o pedido de falência (tendo sido afastados, portanto, os argumentos da contestação), haverá a convolação da recuperação em falência (BEZERRA FILHO. *Lei de Recuperação de Empresas e Falências comentada...*, p. 224). Ver, também: BEZERRA FILHO. Capítulo XIV: O procedimento para a decretação da falência..., p. 355. Aqui, tendemos a não concordar com o referido autor, uma vez que, na pior das hipóteses, o processo falimentar resta suspenso quando do deferimento do processamento da recuperação judicial, como veremos logo mais.

PROCEDIMENTO

a. A primeira delas é saber se o demandado deve realizar o pedido em petição de defesa ou se deve promover ação própria de recuperação judicial. Em nosso sentir, o devedor deve propor uma ação judicial própria em autos apartados, a ser distribuída por dependência ao processo falimentar (de acordo com os arts. 78, parágrafo único, e 6º, §8º), devendo, ainda, informar sobre o pedido realizado nos autos do processo falimentar (mencionar na contestação o ajuizamento da recuperação judicial)[2238]. Em hipótese alguma, a referência ao pedido de recuperação judicial como tópico da contestação do pedido de falência substituiu o ajuizamento da recuperação judicial, devendo este ser efetuado em processo apartado, instruído com todos documentos exigidos no art. 51 da LREF[2239].

Se o pedido de recuperação judicial tiver sido requerido nos autos da falência, o juiz deve determinar o desentranhamento da petição para abertura de autos próprios, devendo o escrivão certificar o acontecido[2240].

b. Uma indagação que se faz é se a mera apresentação do pedido de recuperação judicial suspende o processo falimentar e, consequentemente, obsta a decretação da quebra do devedor. Se o pedido estiver adequadamente instruído (art. 51) e seu processamento tiver sido deferido pelo juízo (art. 6º), não há razão para impedir a suspensão[2241]. Porém, se o pedido não estiver adequadamente instruído e não tiver sido deferido o seu processamento, poderá ser decretada a quebra nos autos do processo falimentar, caso não tenha sido realizado o depósito elisivo.

Caso a recuperação judicial seja requerida após o prazo de contestação – mas antes, é claro, da decretação da quebra do devedor –, o despacho que deferir o processamento da recuperação judicial igualmente acarretará a suspensão da ação falimentar (tendo em vista o período de proteção do

---

[2238] TJSP, Câmara Reservada à Falência e Recuperação, AI 616.658-4/3-00, Rel. Des. Romeu Ricupero, j. 28/01/2009.

[2239] TJMG, 5ª Câmara Cível, AI 1.0103.03.010850-9/007, Rel. Des. Maria Elza, j. 27/01/2011. No mesmo sentido: TJSP, Câmara Reservada à Falência e Recuperação, AI 666.209-4/6-00, Rel. Des. Romeu Ricupero, j. 27/10/2009; e TJSP, Câmara Reservada à Falência e Recuperação, AI 601.807-4/0-00, Rel. Des. Romeu Ricupero, j. 04/03/2009.

[2240] No mesmo sentido: VIGIL NETO. *Teoria falimentar e regimes recuperatórios...*, p. 210.

[2241] Em sentido semelhante, manifesta-se FÁBIO ULHOA COELHO, para quem, tendo em vista o previsto no art. 96, VIII, somente se suspende a tramitação do pedido de falência quando este é fundado com base na impontualidade (art. 94, I). Assim, quando baseado em execução frustrada ou ato de falência (art. 94, II e III), já que inexiste previsão legal de suspensão, o pedido de falência deve prosseguir, até o despacho favorável pelo processamento da recuperação judicial, quando, então, a tramitação da ação falimentar restaria suspensa em decorrência dos efeitos do *stay period* (COELHO. *Comentários à Lei de Falências e Recuperação de Empresas...*, p. 308-309).

art. 6º, §4º, da LREF – *stay period*), uma vez que não se estaria diante de uma ação que demandaria quantia ilíquida[2242].

Se a recuperação judicial for concedida, o plano prevalecerá sobre o processo de falência, acarretando a novação dos débitos por ele abrangidos (art. 59, *caput*), o que enseja a extinção inclusive da ação falimentar.

Nas hipóteses de convolação da recuperação judicial em falência (LREF, art. 73), tem-se a falência decretada no curso do processo recuperatório, o que extingue a ação falimentar originária pela perda de seu objeto[2243].

2.3.4. Transação judicial

Apesar de a LREF não prever essa situação, a jurisprudência vem decidindo que a realização de acordo (transação judicial), no bojo da ação falimentar postulada com base na impontualidade injustificada (art. 94, I), acaba por descaracterizar o fundamento da quebra.

Se o credor, nos autos da ação falimentar, concordar em receber o valor devido em outro prazo (mesmo que parcelado) ou em outro montante (deságio), não há mais que se falar em impontualidade, o que inviabiliza a falência com tal fundamento. Nesse caso, homologa-se o acordo, que dará ensejo ao cumprimento da sentença homologatória nos próprios autos, afastando-se a decretação da falência[2244], ainda que em sede recursal[2245].

Em nosso sentir, é possível estender esse posicionamento para a hipótese de falência postulada com base em execução frustrada (art. 94, II), sem prejuízo da transação vir a ser questionada em futura ação revocatória (art. 130) ou declaratória de eficácia (art. 129).

2.3.5. Revelia

Existe a possibilidade de que não seja apresentada qualquer defesa e que também não seja realizado o depósito elisivo. Aqui, por óbvio, tem-se a revelia, o que

---

[2242] TJRS, 5ª Câmara Cível, AI 70025072729, Rel. Des. Umberto Guaspari Sudbrack, j. 08/10/2008; TJSP, Câmara Reservada à Falência e Recuperação, AI 578.381-4/3-00, Rel. Des. Pereira Calças, j. 27/08/2008; COELHO. *Comentários à Lei de Falências e Recuperação de Empresas...*, p. 309.

[2243] VIGIL NETO. *Teoria falimentar e regimes recuperatórios...*, p. 211.

[2244] TJSP, Câmara Reservada à Falência e Recuperação, APC 609.667-4/8-00, Rel. Des. Lino Machado, j. 28/01/2009. Sobre o tema, ver COELHO. *Comentários à Lei de Falências e Recuperação de Empresas...*, p. 318.

[2245] TJSP, Câmara Especial de Falências e Recuperações Judiciais de Direito Privado, ED 624.907-4/6-01, Rel. Des. Elliot Akel, j. 30/06/2009. A jurisprudência tem aceito, inclusive, a revogação da falência em caso de transação superveniente, especialmente quando não há habilitações de crédito (sendo que o passivo fiscal pode ser adequado por meio dos respectivos parcelamentos fiscais), conforme: TJSP, 2ª Câmara Reservada de Direito Empresarial, AI 2012840-86.2015.8.26.0000, Rel. Des. Carlos Alberto Garbi, j. 18/05/2015.

PROCEDIMENTO

não significa que deva ser necessariamente decretada a quebra do devedor. Isso porque a revelia não inibe o magistrado de analisar os fatos e o direito, julgando a ação de acordo com o seu convencimento.

2.4. Réplica

Apesar de não prevista expressamente na LREF, a prática demonstra que muitas vezes o magistrado acaba intimando o autor para a apresentação de réplica, o que nos parece uma medida razoável que pode contribuir para o esclarecimento de fatos trazidos pelo devedor.

2.5. Audiência de conciliação

Embora não haja previsão expressa na LREF, se o juiz entender conveniente e possível, pode designar audiência de conciliação[2246]. Caso não o faça, isso não acarreta nenhuma invalidade processual[2247].

2.6. Instrução probatória

Se necessário, será realizada instrução no processo para a produção de provas, a qual tende a ser especialmente importante quando o pedido de falência está fundado na prática de ato falimentar (art. 94, III). Ocorrendo audiência de instrução, podem ser feitos debates orais, ou a sua substituição por razões finais escritas, quando for o caso.

2.7. Pedido de suspensão do feito

Pode ocorrer de o credor, de comum acordo com o devedor ou por sua exclusiva iniciativa, pedir a suspensão da ação falimentar. A rigor, o período da suspensão depende da comprovação da prejudicialidade externa e não pode ultrapassar o prazo máximo de um ano[2248].

[2246] Assim previa o art. 331 do CPC/1973. O CPC/2015 alterou o procedimento comum, o qual, agora, incialmente, em regra, possui uma audiência de conciliação (CPC/2015, art. 334). Todavia, entendemos que o procedimento do processo falimentar, por ser regrado pela Lei 11.101/05, continua seguindo o trâmite previsto na LREF, não devendo, então, o juiz designar, inicialmente, audiência de conciliação ou de mediação, apesar de ser possível a sua designação a qualquer tempo, mesmo porque a conciliação é princípio informador do novo diploma processual civil, sem contar que, em qualquer audiência, o juiz tentará conciliar as partes (vide arts. 3º, §3º, 139, V, e 359).

[2247] TJSP, Câmara Reservada à Falência e Recuperação, AI 594.398-4/8-00, Rel. Des. José Araldo da Costa Telles, j. 04/03/2009. No mesmo sentido, a Súmula 46 do TJSP: "A lei falimentar, por especial, possui todo o regramento do pedido e processo de falência, e nela não se prevê a designação de audiência de conciliação."

[2248] A Súmula 53 do TJSP estabelece que: "Configurada a prejudicialidade externa, o pedido de falência deverá ser suspenso pelo prazo máximo e improrrogável de um ano". No entanto, é crescente na doutrina o entendimento de que a suspensão acarreta a extinção do feito, uma vez que o pedido de

2.8. Manifestação do Ministério Público

É possível que antes da prolação da sentença falimentar o magistrado oportunize a manifestação do Ministério Público, embora seja dispensável sua intervenção em tal momento[2249]. Sobre esse ponto, remete-se o leitor para o Capítulo 4, item 2.

2.9. Julgamento

O julgamento encerra a fase pré-falimentar. Se a ação for julgada procedente, o juiz deve prolatar sentença decretatória da falência, de acordo com os arts. 489 do CPC e 99 da LREF (sobre a sentença falimentar, remete-se o leitor para o Capítulo 20). Por outro lado, se julgá-la improcedente, o juiz prolatará a sentença denegatória da falência, na forma da lei processual civil, condenando o autor ao pagamento das custas judiciais, honorários sucumbenciais e ao eventual ressarcimento ao devedor por exercício abusivo do direito de ação (LREF, art. 101)[2250].

Da sentença que julgar procedente a ação e decretar a falência do devedor, cabe agravo de instrumento, uma vez que o processo falimentar continua avançando para uma nova fase: a fase falimentar[2251-2252-2253]. Caso contrário, sendo

---

sustação do andamento do processo produz efeitos de moratória, descaracterizando, portanto, a impontualidade e desfazendo o fundamento do próprio pedido de falência, especialmente nas hipóteses descritas nos incisos I e II do art. 94. Nesse sentido: Bezerra Filho. *Lei de Recuperação de Empresas e Falências comentada...*, p. 226, 230; Coelho. *Comentários à Lei de Falências e Recuperação de Empresas...*, p. 319.

[2249] Nesse sentido, Vigil Neto. *Teoria falimentar e regimes recuperatórios...*, p. 211, 213, 215; Coelho. *Comentários à Lei de Falências e Recuperação de Empresas...*, p. 319-320.

[2250] De acordo com o art. 101, *caput*, da LREF, é possível, na própria contestação, postular a condenação daquele que, por dolo manifesto (TJSP, 2ª Câmara Reservada de Direito Empresarial, APC 0168371-06.2009.8.26.0100, Rel. Des. Roberto Mac Cracken, j. 20/05/2013), requerer a falência; assim, a própria sentença que julga improcedente o pedido pode condenar o autor a indenizar o devedor, apurando-se as perdas e danos (materiais e morais) em liquidação de sentença. Nesse sentido, veja-se: TJSP, 1ª Câmara Reservada de Direito Empresarial, APC 0000238-13.2010.8.26.0408, Rel. Des. Enio Zuliani, j. 05/06/2012 ("Falência – Honorários fixados diante da desistência – Considerando o trabalho desenvolvido na defesa, justificável o arbitramento tendo como base de cálculo o valor da causa – Não provimento do recurso da autora. Falência requerida com requintes de dolo, tendo em vista o silêncio sobre o questionamento judicial dos títulos que fundamentam o pedido de quebra, ocultando, inclusive, o fato de ter ajuizado execução de cheques emitidos com animus novandi – Incidência do art. 101, da Lei 11.101/05, para deferir dano moral Provimento, em parte, do recurso da recorrida."). Caso exista mais de um autor do pedido de falência, o §1º do referido dispositivo determina a responsabilidade solidária. Finalmente, o §2º do art. 101 ainda admite o ajuizamento de ação própria pelo terceiro prejudicado contra os resposáveis com o objetivo de reclamar indenização.

[2251] E, logicamente, o prazo para a interposição do recurso começa a correr a partir da publicação da sentença, conforme: STJ, 3ª Turma, REsp 1.655.717/RJ, Rel. Min. Ricardo Villas Bôas Cueva, j. 21/09/2017 ("Cinge-se a controvérsia a definir o termo inicial para a contagem do prazo de interposição do agravo de instrumento contra a sentença que decreta a falência. (...). A publicação da sentença dá início ao prazo para interposição de recurso em conformidade com a regra geral do Código de Processo Civil. No caso de a sentença ser acompanhada da relação de credores, inicia-se, também, o prazo para apresentação

julgada improcedente ação, o processo se encerra, sendo cabível o recurso de apelação. Assim dispõe o art. 100 da LREF.

Sentença decretatória	Abertura da 2ª fase	Agravo de instrumento
Sentença denegatória	Encerramento do processo	Apelação

3. Procedimento da autofalência

Passa-se, agora, a analisar o procedimento da ação de autofalência, que nada mais é do que a falência requerida pelo próprio devedor (ou por algum dos sujeitos legitimados no art. 97, II). É, como já foi visto, a confissão da falência, nos termos do art. 105 da LREF.

3.1. Caráter facultativo

Segundo o *caput* do art. 105 da LREF, o devedor em crise econômico-financeira que julgar não atender aos requisitos para pleitear sua recuperação judicial deverá requerer ao juízo sua falência, expondo as razões da impossibilidade de prosseguimento da atividade empresarial. Embora o dispositivo tenha empregado o verbo deverá, a autofalência é, em nosso entender, um direito, uma faculdade do devedor, e não um dever, cabendo a ele analisar se a crise que enfrenta é reversível ou não[2254].

---

das habilitações e divergências, nos termos do artigo 7º da Lei nº 11.101/2005. 5. Recurso conhecido em parte e, nessa parte, não provido.").

[2252] Ademais, se for o caso, também é possível converter o decreto de quebra por meio de ação rescisória. Nesse sentido, o STJ já reconheceu que o próprio devedor pode questionar a sua quebra em ação rescisória (STJ, 3ª Turma, REsp 1.126.521/MT, Rel. Min. Ricardo Villas Bôas Cueva, Rel. p/ acórdão Min. João Otávio de Noronha, j. 17/03/2015).

[2253] Eventual decisão em grau recursal revertendo a quebra faz com que, teoricamente, deva existir reversão ao estado anterior na maior extensão possível. Todavia, isso pode ser difícil, especialmente se existir um lapso temporal razoável, uma vez que a sentença falimentar produz efeitos imediatos (e, por conta disso, relevante é a obtenção do efeito suspensivo quando da interposição do recurso). A lei atual não contém previsão equivalente ao art. 21, *caput*, do Decreto-Lei 7.661/1945, que assim dispunha: "Reformada a sentença declaratória, será tudo restituído ao antigo estado, ressalvados, porém, os direitos dos credores legitimamente pagos e dos terceiros de boa fé". Ainda que a LREF não reproduza o texto anterior, parece intuitivo que os pagamentos realizados não serão revistos. E os demais negócios que afetem terceiros podem seguir a mesma linha. O princípio da proteção da boa-fé e da preservação dos negócios realizados nesse contexto faz parte do nosso direito independentemente de regra específica na lei falimentar.

[2254] De qualquer forma, há quem entenda de modo contrário. Para aqueles que defendem essa posição, a omissão dos administradores em requerer a autofalência poderá gerar a sua responsabilidade. Sobre o tema, ver Capítulo 18, item 1.

RECUPERAÇÃO DE EMPRESAS E FALÊNCIA

3.2. Natureza jurídica

Por constituir um pedido formulado pelo próprio devedor, cujos efeitos jurídicos recairão sobre ele, a autofalência é tida como um procedimento de natureza voluntária (típica administração pública de interesses privados)[2255], mas que pode se tornar de natureza contenciosa caso exista oposição (como veremos mais adiante).

3.3. Legitimidade

Reitera-se que a autofalência pode ser requerida pelo próprio devedor (ou pelos sujeitos legitimados no art. 97, II, a saber: o cônjuge sobrevivente, qualquer herdeiro do devedor ou o inventariante). O pedido pode ser formulado tanto pelo empresário irregular quanto pela sociedade em comum (art. 105, IV), hipótese que abarca as conhecidas sociedades de fato e irregular da legislação anterior[2256].

3.4. Petição inicial

A petição inicial distribuída, de acordo com as regras de competência dos arts. 3º e 6º, §8º, LREF, e contendo os requisitos da legislação processual civil (CPC, art. 319), deve descrever a crise econômico-financeira e expor as razões da impossibilidade de prosseguimento da atividade empresarial.

Ademais, deverá conter os requisitos descritos nos incisos I a VI do art. 105, quais sejam:

a. apresentação das demonstrações contábeis referentes aos três últimos exercícios sociais e as levantadas especialmente para instruir o pedido, confeccionadas com estrita observância da legislação societária aplicável e compostas obrigatoriamente de: (*i*) balanço patrimonial; (*ii*) demonstração de resultados acumulados; (*iii*) demonstração do resultado desde o último exercício social; (*iv*) relatório do fluxo de caixa[2257];

b. relação nominal dos credores, indicando endereço, importância (valor), natureza e classificação dos respectivos créditos;

c. relação dos bens e direitos que compõem o ativo, com a respectiva estimativa de valor e documentos comprobatórios de propriedade;

[2255] Sobre o assunto, ver: CINTRA, Antonio Carlos de Araújo; GRINOVER, Ada Pellegrini; DINAMARCO, Cândido Rangel. *Teoria geral do processo.* 21 ed. São Paulo: Malheiros, 2005, p. 161 ss.

[2256] TEPEDINO. Seção VI: Da falência requerida pelo próprio devedor..., p. 398; FRANÇA, Erasmo Valladão Azevedo e Novaes. Sociedade em comum e regimes de insolvência. In: CEREZETTI, Sheila C. Neder; MAFFIOLETTI, Emanuelle Urbano (coord.). *Dez anos da Lei nº 11.101/2005*: estudos sobre a Lei de Recuperação e Falência. São Paulo: Almedina, 2015, p. 526; FRANÇA. *Sociedade em comum...*, p. 145-146.

[2257] A exigência dessa documentação deve ser interpretada de modo a causar o menor custo possível para o devedor, em razão da sua postura ativa de confessar estar em situação de insolvência. Nesse sentido já decidiu o TJSP: Câmara Reservada à Falência e Recuperação, APC 651.415-4/1-00, Rel. Des. Boris Kauffmann, j. 18/08/2009.

PROCEDIMENTO

d. prova da condição de empresário individual, contrato social ou estatuto social em vigor ou, se não houver, a indicação de todos os sócios, seus endereços e a relação de seus bens pessoais;

e. livros obrigatórios e documentos contábeis exigidos por lei; e

f. relação dos administradores nos últimos cinco anos, com os respectivos endereços, funções e participação societária.

Se a petição inicial não atender todos os requisitos exigidos pelo art. 105 e pela legislação processual civil, o juiz deve dar prazo para que o autor a emende, nos termos do art. 106 da LREF[2258]. Aqui, nada diferente da regra disposta no art. 321 do CPC, a qual se aplica a todo e qualquer procedimento, inclusive naqueles previstos na LREF (vide art. 189 da LREF).

3.5. Oposição

A LREF não repetiu o antigo §1º do art. 8º do Decreto-Lei 7.661/1945 que permitia ao sócios dissidentes da autofalência impugnarem o pedido formulado pela sociedade. Uma parcela da doutrina sustenta que, apesar da omissão legislativa, seria possível, por exemplo, a apresentação de oposição por parte dos sócios dissidentes, já que possuem evidente interesse jurídico em intervir no processo[2259].

[2258] Para uma parcela da doutrina, se o prazo para a emenda da petição inicial decorreu sem adequada manifestação do requerente, cabe ao juiz sentenciar, mesmo que a exordial não tenha sido instruída corretamente (COELHO. *Comentários à Lei de Falências e Recuperação de Empresas...*, p. 344; TEPEDINO. Seção VI: Da falência requerida pelo próprio devedor..., p. 402). Para outra parcela, se a petição inicial foi instruída de modo incorreto, não havendo ou não sendo possível a adequada emenda, o pedido deve ser indeferido (BEZERRA FILHO. *Lei de Recuperação de Empresas e Falências comentada...*, p. 246). O TJSP tem seguido a última corrente (TJSP, Câmara Especial de Falências e Recuperações Judiciais, APC 392.863-4/8-00, Rel. Des. Romeu Ricupero, j. 20/12/2005; TJSP, Câmara Reservada à Falência e Recuperação, APC 625.224-4/4-000, Rel. Romeu Ricupero, j. 17/04/2009), sem, no entanto, deixar de consignar que a situação é daquelas que exige um julgamento *cum grano salis* (TJSP, Câmara Reservada à Falência e Recuperação, APC 625.224-4/4-000, Rel. Des. Romeu Ricupero, j. 17/04/2009; TJSP, Câmara Reservada à Falência e Recuperação, APC 651.415-4/1-00, Rel. Des. Boris Kauffmann, j. 18/08/2009). De fato, deve-se fazer uma análise cuidadosa da questão, simplesmente porque determinados documentos podem nem existir. Neste caso, seria impossível o atendimento de todos os requisitos do art. 105 da LREF, inviabilizando o próprio pedido de autofalência. Tal situação seria absurda, mesmo porque faria da quebra postulada por terceiros a única via para a falência – que é, como já foi mencionado, meio regular de dissolução da sociedade empresária.

[2259] RICARDO TEPEDINO ressalta que: "Essa impugnação há de fundar-se na negativa do estado de falência ou na demonstração de que ele pode ser superado mediante a recuperação que a lei oferece ao devedor, ou mesmo por outros meios, como a oferta do sócio discordante de aportar novos recursos pelo aumento de capital (...)". E mais, a participação dos sócios dissidentes "(...) não significa de modo algum que o juiz, ao receber a petição inicial, deva mandar citar sócios que não autorizaram expressamente o pedido – salvo eventuais sócios solidária e ilimitadamente responsáveis, se por previsão estatutária, a confissão se fez sem o concurso deles – ou convocar credores do requerente, já que a integração deles ao

RECUPERAÇÃO DE EMPRESAS E FALÊNCIA

Também não se pode descartar a possibilidade de apresentação de oposição por credores[2260].

3.6. Instrução probatória

Existindo oposição manifestada por sócios dissidentes ou credores, fica a critério do magistrado abrir espaço para a realização da respectiva instrução probatória.

3.7. Manifestação do Ministério Público

Repetimos o que foi dito no item 2.8. deste Capítulo: o magistrado pode oportunizar a manifestação do Ministério Público antes da prolação da sentença falimentar, embora sua intervenção nesse momento seja dispensável.

3.8. Julgamento

Se todos os requisitos exigidos pela LREF estiverem atendidos, o juiz decretará a falência. Pondera-se se o magistrado tem poderes para indeferir o pedido, caso fique patente que a crise descrita na inicial não se verifica na prática (o que pode eventualmente ficar demonstrado pela documentação acostada pelo próprio autor). A hipótese nos parece sustentável somente quando existir oposição de sócios e/ou credores, caso se considere que isso seja possível. Não cabe ao magistrado substituir o autor da ação na análise da sua própria situação econômico-financeira, na avaliação da sua capacidade de reagir à crise[2261] ou na investigação da real necessidade de ajuizamento da autofalência, inclusive em casos de suspeita de fraude, a qual deve ser apurada no curso do processo falimentar (e não em período anterior a ele)[2262].

---

processo é desnecessária ao seu regular desenvolvimento." (TEPEDINO. Seção VI: Da falência requerida pelo próprio devedor..., p. 401). No mesmo sentido: BEZERRA FILHO. Capítulo XVI: A autofalência..., p. 388-389 (sustentando, ainda, que seria o caso de o magistrado intimar os sócios a fim de que restem cientificados do pedido de autofalência e, então, possam apresentar oposição – ressalvado o caso em que o pedido de autofalência tenha sido precedido de reunião de sócios/assembleia geral devidamente convocada para deliberar sobre a questão).

[2260] Ver: BEZERRA FILHO. Capítulo XVI: A autofalência..., p. 388-389

[2261] Registre-se a posição de FÁBIO ULHOA COELHO, para quem, quando o devedor requer a autofalência, o juiz deve decretá-la, salvo em caso de desistência tempestiva, isto é, antes da sentença (COELHO. *Comentários à Lei de Falências e Recuperação de Empresas...*, p. 344-345).

[2262] A hipótese tem relevância prática. Por exemplo, em caso recente, a Juíza da 3ª Vara Cível de Taboão da Serra nomeou perito e ordenou a investigação do pedido de autofalência ajuizado pelo Grupo Giroflex antes de proferir decisão acerca da decretação ou não da quebra. Segundo a magistrada, a documentação acostada aos autos pela sociedade apresentava indícios de fraude, com o intuito de prejudicar credores. A decisão foi objeto de recurso (agravo de instrumento) por parte dos sócios controladores da sociedade sustentando que os referidos indícios deveriam ser investigados depois da decretação da quebra, com participação do Ministério Público e do administrador judicial, e não em período anterior. O julgamento do recurso pelo Tribunal de Justiça de São Paulo acabou prejudicado, em razão do relatório do perito

PROCEDIMENTO

Se o pedido for julgado procedente, o juiz deve prolatar a sentença falimentar (CPC, art. 489), a qual deve atender aos requisitos do art. 99 da LREF, como determina o art. 107, *caput*, da LREF (sobre a sentença falimentar, remete-se o leitor para o Capítulo 20, *infra*). Cabe agravo de instrumento contra a decisão que julgar procedente a ação e decretar a falência do devedor (sentença decretatória), a ser eventualmente interposto por quem tiver interesse, independentemente se haviam se manifestado no processo; por sua vez, se a ação for julgada improcedente (sentença denegatória), o processo se encerra, sendo a decisão recorrível por meio de recurso de apelação (LREF, art. 100).

Nada impede que o autor/devedor desista da ação de autofalência. O pedido de desistência deve ser realizado antes da prolação da sentença falimentar, sendo adequado que sejam apresentados indícios de que o devedor encontrou meios para sair da situação de crise, não se descartando que o julgador observe a presença dos pressupostos jurídicos para a constituição do regime liquidatório. Se o pedido ocorrer após a decretação da quebra, a desistência do feito é ineficaz[2263].

Apesar de o procedimento pré-falimentar da autofalência ser diferente da sistemática da falência requerida por credor, a sentença falimentar é a mesma, devendo observar a forma do art. 99 da LREF (LREF, art. 107, *caput*). A fase falimentar também será idêntica, independentemente de a falência ter sido requerida por um credor ou pelo devedor, como, aliás, expressamente dispõe o art. 107, parágrafo único.

---

ter sido entregue e da falência ter sido decretada anteriormente ao exame pela Corte Paulista (TJSP, 1ª Câmara Reservada de Direito Empresarial, Rel. Des. Claudio Godoy, j. 10/11/2014).

[2263] Neste sentido, ver, entre outros: COELHO. *Comentários à Lei de Falências e Recuperação de Empresas...*, p. 344-345; TEPEDINO. Seção VI: Da falência requerida pelo próprio devedor..., p. 400. MANOEL JUSTINO BEZERRA FILHO compartilha de tal entendimento; todavia, sustenta que a desistência do pedido somente possa ser feita caso o devedor prove fatos novos que o permitiram sair do estado de falência que havia confessado (BEZERRA FILHO. Capítulo XVI: A autofalência..., p. 385-386).

Capítulo 20
Sentença Falimentar

A sentença falimentar é o ato judicial por meio do qual o juiz acolhe o pedido formulado pelo credor ou pelo devedor, bem como dos legitimados pelo art. 97, II e III, da LREF. Em uma perspectiva procedimental, sua prolação marca o término da fase pré-falimentar e o início da fase falimentar propriamente dita[2264], ensejando: (*i*) a instituição do juízo universal, (*ii*) a constituição da massa falida e (*iii*) a quebra também dos sócios de responsabilidade ilimitada (se houver).

1. Natureza jurídica

A natureza jurídica da sentença falimentar é um tema polêmico na doutrina especializada desde a vigência do Decreto-Lei 7.661/1945[2265]. Não reproduziremos esse debate doutrinário. Em nosso sentir, a sentença falimentar tem natureza preponderantemente constitutiva, tendo em vista a criação de um novo estado jurídico – falimentar – que, por sua vez, produz uma série de efeitos perante terceiros, os quais podem alterar relações jurídicas preexistentes ou originar novas (*v.g.*, LREF, arts. 77, 102, 108, 115-117, 210, 121, 122, 125 e 129)[2266].

2. Requisitos gerais

Ao final da fase pré-falimentar, o juiz deve prolatar a sentença, de acordo com a legislação processual civil (CPC, art. 489) e com o art. 99 da LREF.

[2264] VIGIL NETO. *Teoria falimentar e regimes recuperatórios...*, p. 218.

[2265] A posição tradicional no sentido de ser declaratória a sentença falimentar (por declarar o estado de insolvência do devedor, nos termos do art. 14 do Decreto-Lei 7.661/1945) é rebatida por aqueles que enxergam sua carga preponderantemente constitutiva (constituição do regime falimentar), sem que se possa deixar de mencionar os que defendem sua natureza executiva (já que proferida em processo de execução coletiva universal). Para aprofundamento, entre outros, ver: VIGIL NETO. *Teoria falimentar e regimes recuperatórios...*, p. 217.

[2266] FRANCO; SZTAJN. *Falência e recuperação da empresa em crise...*, p. 117-118.

A legislação processual civil impõe os seguintes requisitos gerais e essenciais para qualquer sentença:

a. o relatório, que conterá os nomes das partes, a identificação do caso com a suma do pedido e da contestação, bem como o registro das principais ocorrências havidas no andamento do processo;
b. os fundamentos, em que o juiz analisará as questões de fato e de direito; e
c. o dispositivo, em que o juiz resolverá as questões principais que as partes lhe submeterem.

Passemos, agora, à análise dos requisitos da sentença falimentar exigidos pela LREF.

3. Requisitos especiais

Os requisitos especiais da sentença falimentar estão mencionados no art. 99 da LREF e serão tratados abaixo, um a um.

3.1. Síntese do pedido e identificação do falido e de seus administradores

Segundo dispõe o art. 99, I, da LREF, a sentença que decretar a falência do devedor conterá: (*i*) a síntese do pedido, (*ii*) a identificação do falido e (*iii*) os nomes dos que forem a esse tempo seus administradores.

O item (*i*) do inciso I do art. 99 ("síntese do pedido") simplesmente reforça um requisito já previsto no art. 458 do CPC/1973 (art. 489 do CPC/2015), que é geral para todo tipo de sentença. No mais, a exata identificação do falido é de extrema importância, pois sobre a sua pessoa e seu patrimônio é que recairão todos os efeitos da quebra, os quais serão adiante examinados, sobretudo nos Capítulos 21, 22 e 23, *infra*.

3.2. Fixação do termo legal

O inciso II do art. 99 da LREF determina que a sentença falimentar fixe o termo legal da falência, sem poder retrotraí-lo por mais de 90 dias contados do pedido de falência, do pedido de recuperação judicial ou do primeiro protesto por falta de pagamento, excluindo-se, para essa finalidade, os protestos que tenham sido cancelados.

Sobre o termo legal, remete-se o leitor para o Capítulo 25, item 5.8.

3.3. Ordem para a apresentação da relação de credores

De acordo com o art. 99, III, a sentença falimentar ordenará ao falido que apresente, no prazo máximo de cinco dias, relação nominal dos credores, indicando endereço, importância, natureza e classificação dos respectivos créditos, se esta já não se encontrar nos autos, sob pena de desobediência.

A relação de credores já se encontra nos autos nas hipóteses de convolação judicial em falência e autofalência (art. 52, §1º, III, c/c art. 73, e art. 105, II), apesar de que, normalmente, também se determina a sua apresentação novamente (mesmo porque pode ocorrer o acréscimo de credores após o deferimento da recuperação judicial). De qualquer sorte, as habilitações já realizadas ou em curso serão aproveitadas, caso existam ainda créditos remanescentes[2267]. É somente no caso de falência requerida por credor que, em regra, será necessária a intimação do falido para a apresentação da lista das pessoas para quem deve. De todo modo, mesmo nas referidas hipóteses, se for necessária eventual complementação, é possível que se determine a apresentação de relação atualizada.

Essa lista é chamada de relação nominal dos credores e representa o pontapé inicial do procedimento de verificação de créditos, tendo suas minúcias sido examinadas no Capítulo 6, para onde se remete o leitor para maiores informações.

O início da contagem do prazo deve respeitar a necessidade de intimação pessoal do falido para que apresente a relação de credores. No caso de falência de pessoa jurídica, essa obrigação não pode recair sobre o sócio que não tinha poderes de administração e, portanto, não tem condições de saber quem são os credores da sociedade[2268].

3.4. Explicitação do prazo para as habilitações

Cabe à sentença falimentar, nos termos do art. 99, IV, explicitar o prazo para as habilitações de crédito, observado o disposto no §1º do art. 7º da LREF.

O procedimento prevê que o juiz ordene a publicação de edital contendo a íntegra da decisão que decretou a falência e a relação de credores (art. 99, parágrafo único). A partir daí inicia-se a contagem do prazo de 15 dias para que os credores apresentem ao administrador judicial suas habilitações ou suas divergências quanto aos créditos relacionados. Como o prazo é exíguo, a LREF determina que a própria sentença falimentar já advirta os credores a esse respeito.

Na verdade, mais importante que advertir os credores sobre o prazo de 15 dias para a apresentação das habilitações é esclarecer que o seu termo inicial terá por marco a publicação do edital – a saber, o edital referente à primeira relação de credores (art. 7º, §1º)[2269].

[2267] TOLEDO, Paulo Fernando Campos Salles de; PUGLIESI, Adriana Valéria. Capítulo XI: A falência: noções gerais. In: CARVALHOSA, Modesto (coord.). *Tratado de direito empresarial*, v. V – recuperação empresarial e falência. São Paulo: Revista dos Tribunais, 2016, p. 275.

[2268] MANDEL, Júlio Kahan. *Nova Lei de Falências e Recuperação de Empresas anotada*: Lei 11.101, de 9.2.2005. São Paulo: Saraiva, 2005, p. 188.

[2269] VIGIL NETO. *Teoria falimentar e regimes recuperatórios...*, p. 225.

RECUPERAÇÃO DE EMPRESAS E FALÊNCIA

No mais, para maiores informações sobre o procedimento de habilitação e retificação de créditos, vide o que foi dito no Capítulo 6.

3.5. Ordem de suspensão das ações e execuções

O art. 99, V, dispõe que a sentença falimentar ordenará a suspensão de todas as ações ou execuções contra o falido, ressalvadas as hipóteses previstas nos §§1º e 2º do art. 6º da LREF (*i.e.*, ações que demandam quantia ilíquida e ações trabalhistas). Tal determinação, no processo de falência, tem como objetivo agregar todos os credores do devedor ao processo falimentar, permitindo a igualdade de tratamento[2270].

Para maiores informações sobre essa questão, remete-se o leitor para o Capítulo 5.

3.6. Ordem de proibição de prática de atos de disposição e oneração

A sentença falimentar, com base no art. 99, VI, proibirá a prática de qualquer ato de disposição ou oneração de bens do falido, submetendo-os preliminarmente à autorização judicial e do Comitê, se houver, ressalvados os bens cuja venda faça parte das atividades normais do devedor, no caso de autorizada a sua continuação provisória, nos termos do inciso XI do *caput* do próprio art. 99.

Como a decretação da falência não acarreta a perda da propriedade dos ativos que integram o patrimônio do falido[2271] – mesmo porque a massa falida sequer possui personalidade jurídica para ter patrimônio próprio[2272] –, o efeito jurídico incidente é a indisponibilidade dos bens, cabendo à própria sentença falimentar advertir o falido quanto a isso.

Para maiores informações, remete-se o leitor para os Capítulos 21 e 23. Especificamente quanto à hipótese de continuação provisória das atividades do devedor, ver, ainda neste Capítulo, o item 3.11., *infra*.

[2270] TOLEDO; PUGLIESI. Capítulo III: Disposições preliminares..., p. 102.

[2271] O falido permanece titular de todos os bens e direitos e responsável pelas obrigações compreendidos em seu patrimônio, mas a disponibilidade, o gozo, a administração e a custódia deles, a partir da decretação da quebra, recaem sobre os órgãos falimentares (ESCUTI; BAS. *Derecho concursal...*, p. 246). O que ocorre, em outras palavras, é o desapossamento do falido sobre os bens que compõem o seu patrimônio, espécie de penhoramento geral do patrimônio do devedor, na expressão de RENZO PROVINCIALI (PROVINCIALI. *Trattato di diritto fallimentare*, v. II..., p. 783), ou, como prefere PONTES DE MIRANDA, um penhoramento abstrato (PONTES DE MIRANDA, Francisco Cavalcanti. *Tratado de direito privado*, t. XXVIII. 3 ed. Rio de Janeiro: Revista dos Tribunais, 1971, p. 247-248). Daí a relevância da advertência feita por meio da sentença falimentar.

[2272] PROVINCIALI. *Trattato di diritto fallimentare*, v. II..., 846-847; FERRARA, Francesco. *Il fallimento*. 3 ed. Milano: Giuffrè, 1974, p. 282.

3.7. Determinação das diligências de salvaguarda

Em atenção ao disposto no art. 99, VII, a sentença falimentar determinará as diligências necessárias para salvaguardar os interesses das partes envolvidas, podendo ordenar a prisão preventiva do falido ou de seus administradores, desde que requerida com fundamento em provas da prática de crime definido na LREF, o que raramente ocorre[2273].

Entre as principais diligências a serem cumpridas imediatamente à decretação da quebra está (*i*) a arrecadação dos bens do falido e, havendo, (*ii*) a venda antecipada dos itens perecíveis.

3.8. Ordem para que o Registro Público de Empresas proceda às anotações cabíveis

Segundo o inciso VIII do art. 99, cabe à sentença falimentar ordenar ao Registro Público de Empresas que proceda à anotação da falência nos assentamentos do devedor, para que conste a expressão "Falido", a data da decretação da falência e a inabilitação de que trata o art. 102 da LREF. Essa ordem será efetivada por meio de ofício direcionado ao Presidente da Junta Comercial do local onde o falido tiver sede e também nos locais de suas filiais[2274].

3.9. Nomeação do administrador judicial

É na sentença falimentar que será nomeado o administrador judicial (art. 99, IX), o qual deverá aceitar o encargo mediante assinatura, na sede do juízo, do respectivo termo de compromisso, devendo ser intimado pessoalmente para tanto (art. 33). Se o referido termo não for assinado dentro do prazo previsto de 48 horas, o juiz nomeará outro administrador judicial (art. 34).

Uma vez investido no cargo, cabe ao administrador judicial cumprir todas as atribuições previstas na LREF (art. 22), em especial aquela que é considerada a sua função mestra no procedimento falimentar: liquidar o patrimônio do falido para o pagamento dos credores, de acordo com as preferências legais. Para maiores informações sobre o administrador judicial, remete-se o leitor para o Capítulo 7.

[2273] Dificilmente o processo falimentar contém informações suficientes para permitir a decretação da prisão preventiva do falido ou de seus administradores no momento da prolação da sentença falimentar, salvo no caso de convolação da recuperação judicial em falência, hipótese em que eles já se encontram sob fiscalização do administrador judicial, do Comitê de Credores, se houver, e do Ministério Público (VIGIL NETO. *Teoria falimentar e regimes recuperatórios...*, p. 226).

[2274] Lembre-se que, segundo o art. 196 da LREF, os Registros Públicos de Empresas manterão banco de dados público e gratuito, disponível na rede mundial de computadores, contendo a relação de todos os devedores falidos ou em recuperação judicial.

3.10. Ordem de expedição dos ofícios para a busca de bens do falido

Segundo o art. 99, X, a sentença falimentar determinará a expedição de ofícios aos órgãos e repartições públicas e as outras entidades para que informem a existência de bens e direitos do falido. Assim, podem ser oficiados, por exemplo, os Registros de Imóveis existentes na sede do falido, bem como onde tenha filiais, o Departamento Nacional de Trânsito e o Instituto Nacional da Propriedade Industrial, esse último na expectativa de que sejam encontradas invenções, modelos de utilidade, desenhos industriais, marcas e programas de computador de titularidade do falido e que possam ser arrecadados, avaliados e realizados para pagamento dos créditos.

Trata-se de medida acautelatória para garantir a efetividade da arrecadação de bens do falido.

3.11. Pronunciamento sobre a eventual continuação provisória das atividades ou lacração dos estabelecimentos

Segundo dispõe o art. 99, XI, a sentença falimentar pronunciar-se-á acerca da continuação provisória das atividades do falido[2275] com o administrador judicial ou da lacração dos estabelecimentos, observado o disposto no art. 109 da LREF[2276].

Em ambos os casos deve ser realizada a arrecadação dos bens do falido para fins de listá-los organizadamente e avaliá-los, independentemente da sua destinação futura – que pode ser, inclusive, a reabertura do estabelecimento[2277]. Essa medida permite que se tenha a exata noção dos ativos que compõem a massa falida objetiva, evitando que se percam ou que sejam subtraídos maliciosamente.

A conjunção alternativa "ou" utilizada pelo legislador aponta para duas possibilidades distintas: (*i*) a continuação provisória das atividades ou (*ii*) a lacração do estabelecimento, como se uma situação excluísse a outra. Não se deve entender dessa forma.

Em primeiro lugar, o art. 109 da LREF dispõe que, se não houver risco para a arrecadação e preservação dos bens da massa falida ou dos interesses dos credores, não será necessária a lacração do estabelecimento. Por sua vez, é plenamente possível combinar a lacração do estabelecimento com a manutenção das atividades empresariais do falido pelo administrador judicial, sendo a primeira

---

[2275] Sobre a preservação da empresa na falência, ver: ABRÃO. *A continuação provisória do negócio na falência...*; TOLEDO. A preservação da empresa, mesmo na falência..., p. 517-534; PUGLIESI. *Direito falimentar e preservação da empresa...*, p. 184 ss.

[2276] Art. 109 da LREF: "O estabelecimento será lacrado sempre que houver risco para a execução da etapa de arrecadação ou para a preservação dos bens da massa falida ou dos interesses dos credores".

[2277] BERTOLDI, Marcelo. Seção VII: Da arrecadação e da custódia dos bens: arts. 108-110. In: CORRÊA-LIMA, Osmar Brina; CORRÊA LIMA, Sérgio Mourão (coord.). *Comentários à nova Lei de Falência e Recuperação de Empresas*. Rio de Janeiro: Forense, 2009, p. 816.

SENTENÇA FALIMENTAR

passível de revogação mediante simples despacho do magistrado[2278]. O objetivo da combinação das alternativas é evitar que os bens se percam até que o administrador judicial possa assumir o cargo e conduzir o seguimento das atividades provisoriamente, na forma do art. 99, XI. O relatório de lacração do estabelecimento, contendo a lista de bens que foram encontrados, facilitará o trabalho do administrador judicial, assim como permitirá a adoção de medidas relevantes para garantir a integridade do patrimônio do devedor, como a contratação de segurança até que seja reaberto o estabelecimento, se for o caso[2279]-[2280].

3.11.1. Continuação provisória das atividades do falido

Segundo dispõe o art. 99, XI, da LREF, a sentença falimentar pronunciar-se-á acerca da continuação provisória das atividades do falido com o administrador judicial ou da lacração dos estabelecimentos, observado o disposto no art. 109. Embora excepcional, é possível a continuação da empresa mesmo depois da falência, hipótese em que a sua condução será de responsabilidade do administrador judicial[2281].

Trata-se de instituto de âmbito universal, cuja introdução em nosso ordenamento jurídico se deu pelo Decreto 917 de 1890, muito embora a doutrina nacional tenha dispensado pouquíssima atenção a ele[2282].

Há legislações em que a continuação dos negócios após a falência é regra, muito embora isso ocorra sob intervenção judicial, e existem outras em que a regra é a cessação das atividades em decorrência do decreto falimentar, podendo se verificar a continuação provisória das atividades se ela for requerida e desde que atendidos certos pressupostos legais[2283].

Como se verá mais adiante, o Brasil enquadra-se no segundo grupo, a despeito de a LREF não apontar quem possui legitimação para requerer a continuação das atividades do falido nem quais seriam os pressupostos para que ela fosse concedida.

[2278] MANDEL. *Nova Lei de Falências e Recuperação de Empresas anotada...*, p. 192.

[2279] A arrecadação, em regra, não importa na remoção dos bens do local em que se encontram, somente a realização de inventário, completado pelo laudo de avaliação.

[2280] Nesse sentido, também, MARCELO BERTOLDI, para quem a lacração seria necessária (BERTOLDI. Seção VII: Da arrecadação e da custódia dos bens..., p. 819).

[2281] STJ, 2ª Turma, RMS 26.826/SP, Rel. Min. Herman Benjamin, j. 23/06/2009.

[2282] A honrosa exceção é a tese de livre-docência apresentada por NELSON ABRÃO (ABRÃO. *A continuação do negócio na falência...*) e posteriormente publicada em 1975 com o mesmo título pela editora Livraria e Editora Universitária de Direito (LEUD).

[2283] ABRÃO. *A continuação provisória do negócio na falência...*, p. 72.

3.11.1.1. Dissociação da sorte da empresa e a do empresário

A empresa é a atividade (industrial, comercial ou de prestação de serviços não intelectuais, exercida com escopo lucrativo, com organização e profissionalmente). Empresário é quem exerce a empresa, é o seu titular (são espécies de empresário o empresário individual, a sociedade empresária e a empresa individual de responsabilidade limitada). E o empresário explora a empresa por meio do estabelecimento (o objeto).

A LREF, corretamente, reconhece a dissociação entre empresa e empresário, ou a transcendência da empresa em relação ao empresário[2284]. O instituto da continuação provisória da empresa, previsto no inciso XI do art. 99, de certa forma, identifica-se com esse fenômeno, traduzido no princípio da separação da sorte da empresa e do empresário, concretizando o princípio da preservação da empresa, mesmo na falência[2285].

Pode-se afirmar que um dos principais objetivos de qualquer sistema concursal é *preservar valor*[2286]. Em regra, a empresa tem maior valor quando está em atividade (*going concern*) do que liquidada, uma vez que a organização dos fatores de produção agrega utilidade aos bens que, somados, constituem seus ativos. Nesse sentido, destaca a doutrina norte-americana: "business are often worth more alive than dead"[2287]. Em razão disso, um dos principais motivos para que se autorize a continuação provisória das atividades do falido é a possibilidade de *preservar de valor*, consubstanciada na venda conjunta dos ativos, preservando-se a empresa, na forma do art. 140 da LREF.

No entanto, como se verá logo adiante, a preservação da empresa não é o único fundamento para a continuação provisória das atividades do falido, embora seja o seu mais importante em face da orientação preservacionista da LREF.

3.11.1.2. Hipóteses autorizadoras

A falência contemporânea possui três principais objetivos: (*i*) *liquidar o patrimônio* do falido para o pagamento dos credores; (*ii*) *preservar a empresa*, na medida do possível – em função da necessidade de proteger as diversas classes afetadas pela crise; e (*iii*) *preservar valor*, em especial dos ativos do falido, o que permite não só uma melhor satisfação dos credores, mas também maiores chances de desoneração do devedor[2288].

Sempre que a continuação provisória das atividades puder atender a um desses vetores mais adequadamente do que a imediata lacração do estabelecimento,

---

[2284] ABRÃO. *A continuação provisória do negócio na falência...*, p. 11-12.

[2285] PUGLIESI. *Direito falimentar e preservação da empresa...*, p. 184 ss.

[2286] WARREN; WESTBROOK; PORTER; POTTOW. *The law of debtors and creditors...*, p. 7.

[2287] WARREN; WESTBROOK; PORTER; POTTOW. *The law of debtors and creditors...*, p. 7.

[2288] WARREN; WESTBROOK; PORTER; POTTOW. *The law of debtors and creditors...*, p. 7.

SENTENÇA FALIMENTAR

será o caso de o magistrado determinar que a empresa prossiga sob a responsabilidade do administrador judicial. Para tanto, o magistrado fará um juízo acerca dos benefícios e dos riscos decorrentes do seguimento provisório da empresa do falido, à luz do binômio *oportunidade* e *conveniência*[2289]. Neste ponto, nunca é demais lembrar que não apenas os créditos decorrentes da continuação das atividades entram para o patrimônio do falido, mas também os débitos gerados[2290], inclusive os de natureza tributária[2291]. Necessário, também, portanto, o exame do custo-benefício do prosseguimento da empresa.

De uma maneira geral, deve-se ter em mente que a continuação provisória das atividades do falido pode atender a finalidades *(i) satisfativas, (ii) conservativas, (iii) protetivas* ou *(iv) desonerativas*[2292], a depender do caso concreto. Por finalidade *satisfativa*, entenda-se a melhor satisfação dos credores; por *conservativa*, tome-se a necessidade de conservar os ativos e elementos que compõem o estabelecimento do falido; por *protetivas* tenha-se a necessidade de proteção de certas classes afetadas pela paralisação das atividades (questões de ordem social); por *desonerativas*, o interesse do devedor em se desobrigar o mais amplamente possível das dívidas que gravam o seu patrimônio.

Diante do exposto, a continuação provisória das atividades do falido pode ser justificada por razões de várias ordens, dentre as quais:

a. finalizar algum empreendimento (*v.g.*, obra em construção) ou operação em curso (*v.g.*, industrialização em vista de matéria prima já adquirida), cujo término seja capaz de aliviar as perdas do falido ou de atender a suas contrapartes;

b. conservar os bens da massa, especialmente na hipótese de maquinário que se mantém pelo uso contínuo ou de intangíveis, como marcas, cuja retirada do mercado destrói valor muito rapidamente;

c. conservar a clientela, especialmente no caso de estabelecimentos cuja freguesia é o elemento mais valioso do negócio (*v.g.*, casas comerciais, restaurantes, hotéis – este último, cuja manutenção das atividades durante a alta temporada pode ser essencial para a manutenção do aviamento e para evitar o surgimento de demandas contra a massa);

d. exercer atividade socialmente relevante, como as relacionadas à área da saúde ou à educação (neste último caso, a continuação das atividades até o término do período letivo pode evitar danos aos alunos); ou, ainda,

---

[2289] ABRÃO. *A continuação provisória do negócio na falência...*, p. 117.

[2290] ABRÃO. *A continuação provisória do negócio na falência...*, p. 124.

[2291] Nesse sentido, veja-se que os créditos posteriores à decretação da quebra são extraconcursais, nos termos do art. 84, V, da LREF.

[2292] ABRÃO. *A continuação provisória do negócio na falência...*, p. 75-95.

RECUPERAÇÃO DE EMPRESAS E FALÊNCIA

e. facilitar a venda do estabelecimento empresarial em funcionamento, evitando a perda completa do chamado *going concern value*, que rapidamente se esvai com a paralisação das atividades, preservando o que sobrou do valor de mercado da marca ou do nome empresarial do falido[2293].

3.11.1.3. Pressupostos

Ante a ausência de pressupostos legais para a determinação da continuação provisória das atividades do falido – a única menção ao instituto está no art. 99, XI, da LREF ("Art. 99. A sentença que decretar a falência do devedor, dentre outras determinações: XI – pronunciar-se-á a respeito da continuação provisória das atividades do falido com o administrador judicial ou da lacração dos estabelecimentos, observado o disposto no art. 109 desta Lei") –, entende-se que o magistrado, ao decretar a quebra de um devedor, deverá fazer um juízo preliminar acerca da necessidade/oportunidade de autorizar a continuidade das atividades do falido.

Para tanto, deverá atentar, entre outros, para os seguintes critérios e particularidades do caso concreto: (*i*) natureza do negócio; (*ii*) estado da empresa e de seus estabelecimentos; (*iii*) essencialidade dos serviços prestados ou dos bens produzidos ou comercializados; (*iv*) classes afetadas com a paralisação das atividades; (*v*) características especiais dos ativos que compõe o patrimônio do falido.

Levando esses fatores em consideração, o magistrado fará um juízo de conveniência e oportunidade, examinando o custo-benefício da continuação provisória das atividades, tendo em mente que todos os frutos decorrentes da continuação do negócio entram para a massa, assim como os débitos gerados.

De qualquer sorte, sendo o caso de autorizar o prosseguimento da empresa, importante que isso se dê no menor lapso temporal possível, a fim de evitar os males da interrupção das atividades[2294].

3.11.1.4. Legitimação

A LREF não aponta quem seriam os legitimados para requerer a continuação provisória dos negócios do falido. A redação do art. 99, XI, da LREF diz apenas que, na sentença falimentar, o juiz "pronunciar-se-á a respeito da continuação provisória das atividades do falido com o administrador judicial ou da lacração dos estabelecimentos".

Assim, em primeiro lugar, tem-se que o magistrado que decretar a falência pode, de ofício, dependendo das circunstâncias do caso concreto, determinar que o administrador judicial dê seguimento a empresa do falido.

[2293] ABRÃO. *A continuação provisória do negócio na falência...*, p. 75-95, 104 ss.
[2294] ABRÃO. *A continuação provisória do negócio na falência...*, p. 136.

SENTENÇA FALIMENTAR

Além do magistrado, possuem legitimidade para requerer a continuação provisória das atividades o *administrador judicial* (LREF, art., 22, III, "o"), o *Comitê de Credores* (LREF, art. 27, I, "b") e o *próprio falido* (LREF, art. 103, parágrafo único), em função da existência de disposições legais autorizando-os a requerer as providências necessárias para o bom andamento do processo e para a conservação dos ativos da massa – ou deles exigindo essa postura.

O Ministério Público, no cumprimento de suas funções institucionais, também poderá requerer a continuação provisória das atividades do falido quando isso for necessário para atenuar os efeitos da crise em relação a certas classes que gravitam em torno da empresa, por exemplo. Nesse sentido, imagine-se a falência de uma sociedade empresária administradora de um hospital ou de uma instituição de ensino, hipóteses em que pode ser necessária a continuação das atividades até a transferência dos pacientes ou dos alunos ou até que outro titular assuma as atividades da falida.

Entendemos, finalmente, que a legitimação para requer a continuação provisória das atividades do falido é bastante aberta, podendo qualquer interessado requerer a medida, bastando que prove a sua pertinência, os benefícios para a massa e o seu interesse nela. Assim, pode ser legítimo, a depender das circunstâncias do caso concreto, o pedido endereçado pelos sócios da falida, seus administradores, empregados, credores, fornecedores, entre outros[2295].

3.11.1.5. Alcance

Parece evidente que ao juiz é dado autorizar a continuação de todo o negócio do falido ou de partes ou unidades deste. Assim, ao determinar a continuação provisória das atividades, não é preciso que seja determinada a continuidade das atividades em todos os estabelecimentos do devedor ou em sua integralidade.

3.11.1.6. Operacionalização

Como será visto no Capítulo 21, efeito relevante decorrente da decretação da falência é a imediata perda, por parte do falido, do direito de administrar e dispor de seus bens, os quais passarão à massa falida, como se houvesse um penhoramento geral de seu patrimônio. É o que se chama desapossamento. Em razão disso, o falido perde a posse direta de seus bens, transferindo-a ao administrador judicial, cuja tomada é levada a cabo pela arrecadação. Forma-se, então, a massa falida objetiva, que compreende o patrimônio do falido sob a administração do administrador, com o objetivo de satisfazer a massa falida subjetiva, consubstanciada na comunhão de interesses dos credores, a qual, todavia, não se torna proprietária dos bens integrantes do patrimônio do falido. A massa falida subje-

---

[2295] Nessa linha: ABRÃO. *A continuação provisória do negócio na falência...*, p. 99-104.

RECUPERAÇÃO DE EMPRESAS E FALÊNCIA

tiva apenas congrega os interesses dos credores sobre a administração dos bens do falido. Não se trata de um ente jurídico personificado, não tendo, portanto, capacidade para ser titular de patrimônio próprio.

Mesmo assim, a massa falida possui capacidade negocial (possibilidade de contratar) e capacidade processual (possibilidade de estar em juízo), estando, portanto, devidamente capacitada para atuar no mundo jurídico à testa do negócio do falido[2296].

Nesse sentido, na prática, por exemplo, a jurisprudência tem autorizado nova inscrição da massa falida no Fisco Estadual (vulgarmente conhecida como inscrição estadual), sob a responsabilidade do administrador judicial. Aplica-se, por analogia, o art. 52, II, da LREF, embora o dispositivo se refira diretamente à recuperação judicial. A inscrição estadual é restabelecida em nome da massa falida e em caráter provisório, até a finalização do procedimento falimentar[2297].

Durante a continuação provisória das atividades, deve haver a escrituração contábil em apartado das operações realizadas após a quebra, inclusive para eventual incidência de tributação[2298], como, aliás, deixa claro o art. 84, V, da LREF, ao classificar como extraconcursais as obrigações resultantes de atos jurídicos válidos após a decretação da falência, bem como os tributos relativos a fatos geradores ocorridos após a decretação da falência.

3.11.1.7. Gestão e responsabilidade

O art. 74, §2º, do Decreto-Lei 7.661/1945 previa que a continuação provisória das atividades do falido seria realizada por um gerente contratado pelo síndico e sob a sua imediata fiscalização, que parece ser a melhor solução, pois as qualificações exigidas às funções ordinárias do administrador judicial diferem daquelas necessárias à gestão ordinária de uma empresa[2299].

Embora essa previsão tenha sido revogada pela LREF, a contratação de um gerente para a condução da empresa fica viabilizada pelo art. 22, I, "h", que autoriza o administrador judicial a "contratar, mediante autorização judicial,

---

[2296] MELLO, Marcos Bernardes de. *Teoria do fato jurídico*: plano da eficácia, parte 1. 8 ed. São Paulo: Saraiva: 2013, p. 92; PONTES DE MIRANDA. *Tratado de direito privado*, t. I..., p. 288; TOMASETTI JR., Alcides. A parte contratual. In: ADAMEK, Marcelo Vieira von. *Temas de direito societário e empresarial contemporâneos. Liber Amicorum* Prof. Dr. Erasmo Valladão Azevedo e Novaes França. São Paulo: Malheiros, 2011, p. 755-764; OLIVEIRA. *A dupla crise da pessoa jurídica*..., p. 103 ss, especialmente às p. 201 ss.; SCALZILLI. *Confusão patrimonial no direito societário*..., p. 58, nota de rodapé 151.

[2297] STJ, 2ª Turma, RMS 26826/SP, Rel. Min. Herman Benjamin, j. 23/06/2009.

[2298] ABRÃO. *A continuação provisória do negócio na falência*..., p. 146-147. Em sentido contrário, dispensando a massa falida de manter escrituração durante a continuação provisória das atividades e isentando-a do Imposto de Renda, ver: TJRS, 6ª Câmara Cível, AI 70027313972, Rel. Des. Antônio Corrêa Palmeiro da Fontoura, j. 07/05/2009.

[2299] Também nesse sentido: BERNIER. *Administrador judicial*..., p. 123.

SENTENÇA FALIMENTAR

profissionais ou empresas especializadas para, quando necessário, auxiliá-lo no exercício de suas funções". Nesse caso, o administrador judicial será correspon-sável pela atuação do gerente, estando sujeito à responsabilidade civil por culpa *in eligendo* e *in vigilando*[2300].

De qualquer forma, àquele que gerir a empresa durante o período da continu-ação provisória das suas atividades são aplicáveis, por analogia, os deveres fidu-ciários de administradores previstos no Código Civil e na Lei das S.A., em face da efetiva administração da empresa[2301]. Se necessário, portanto, o administra-dor judicial será equiparado a um verdadeiro gestor[2302]. Vale, aqui, reiterar que o administrador judicial, ao gerir a empresa após a quebra, não responde pelo insucesso do negócio, pois sua obrigação é de meio e não de resultado[2303], assim como é a obrigação de todo e qualquer administrador de sociedade[2304].

Finalmente, também estará sujeito às mesmas normas de direito criminal – inclusive aos crimes falimentares – e administrativas que incidem sobre qual-quer administrador.

3.12. Convocação da AGC para a constituição do Comitê de Credores

O art. 99, XII, menciona que a sentença falimentar determinará, quando entender conveniente, a convocação de assembleia-geral de credores para a constituição de Comitê de Credores, podendo ainda autorizar a manutenção do Comitê eventual-mente em funcionamento na recuperação judicial quando da decretação da falência.

Em regra, a convocação da AGC para a constituição do Comitê de Credo-res justifica-se nas falências de grande porte, isto é, quando há necessidade de melhor coordenação dos credores para o acompanhamento do processo e para a defesa de seus interesses. Entretanto, essa medida não tem sido observada na prática falimentar.

3.13. Intimação do Ministério Público e comunicação às Fazendas Públicas

Segundo dispõe o art. 99, XIII, a sentença falimentar ordenará a intimação do Ministério Público e a comunicação por carta às Fazendas Públicas Federal e de todos os Estados e Municípios em que o devedor tiver estabelecimento para que tomem conhecimento da falência.

Essa comunicação é importante para que o credor tributário tome as provi-dências necessárias para a proteção de seu crédito. Trata-se de medida em prol da maior publicidade possível do regime liquidatório.

[2300] ABRÃO. *A continuação provisória do negócio na falência...*, p. 146.

[2301] BERNIER. *Administrador judicial...*, p. 132.

[2302] BERNIER. *Administrador judicial...*, p. 135.

[2303] ABRÃO. *A continuação provisória do negócio na falência...*, p. 146.

[2304] PARENTE. *O dever de diligência dos administradores de sociedades anônimas...*, p. 49; FERBER. *Corporation law...*, p. 67.

A intimação do Ministério Público também é relevante para que ele exerça o seu papel no processo falimentar. Para maiores informações sobre a participação do Ministério Público, ver o exame feito no Capítulo 4, item 2.

3.14. Data e hora

A sentença começa a gerar efeitos imediatos a partir do momento da sua prolação[2305]. Nesse sentido, por exemplo, o art. 102 da LREF determina que a inabilitação se dá a partir da decretação da quebra; igualmente, o art. 9º, II, determina que o valor do crédito na habilitação ou na divergência deve ser corrigido monetariamente e acrescido dos juros pactuados ou legalmente previstos até a data da decretação da falência[2306].

Isso ficava muito mais evidente no regime anterior, em que o juiz deveria indicar a hora da declaração da falência, entendendo-se, em caso de omissão, que se deu ao meio dia (art. 14, parágrafo único, II, do Decreto-Lei 7.661/1945). Apesar de a LREF não mais exigir a indicação precisa da hora da decretação da quebra, entendemos que se trata de cautela que o juiz ainda deve tomar[2307].

[2305] PONTES DE MIRANDA. *Tratado de direito privado*, t. XXVIII..., p. 247. Tanto isso é verdade que, por exemplo, a decretação da falência determina o vencimento antecipado das dívidas do devedor e dos sócios ilimitada e solidariamente responsáveis, com o abatimento proporcional dos juros, e converte todos os créditos em moeda estrangeira para a moeda nacional pelo câmbio do dia da decisão judicial (LREF, art. 77). Caso assim não fosse, o falido poderia ficar praticando uma série de atos mesmo após a decretação de sua quebra, ou seja, o regime falimentar não atenderia a sua finalidade. Em sentido contrário, MARCELO FÉRES: "Admitir a assinatura da sentença como termo *a quo* seria totalmente desproposido na ordem nacional, sobremodo pelas consequências penais de seu eventual desrespeito. Parece, assim, mais razoável que só com a publicação do provimento jurisdicional, aí compreendido o exaurimento de todas as formalidades, inclusive a publicação do edital de que trata o parágrafo único do art. 99 da Lei de Falências." (FÉRES, Marcelo Andrade. Seção V: Da inabilitação empresarial, dos direitos e deveres do falido. In: CORRÊA-LIMA, Osmar Brina; CORRÊA LIMA, Sérgio Mourão (coord.). *Comentários à nova Lei de Falências e Recuperação de Empresas*. Rio de Janeiro: Forense, 2009, p. 770-771). Embora devidamente embasado e fundamentado, parece-nos que o posicionamento do autor é, em certa medida, contraditório com a sistemática da LREF. Ainda, ao tratar do termo *a quo* do desapossamento (LREF, art. 103), FÉRES defende o momento da decretação da quebra (FÉRES. Seção V: Da inabilitação empresarial..., p. 775). Nesse sentido, o art. 102 também dispõe, como o art. 103, que a inabilitação inicia-se com a decretação da quebra. Como destacou PONTES DE MIRANDA, a solução que o Brasil adotou é unitária, não havendo razão para estabelecer distinção entre os termos iniciais de inabilitação e desapossamento – ambos iniciam com a decretação da quebra.

[2306] Nesse sentido: "No processo de falência, a incidência de juros e correção monetária sobre os créditos habilitados deve ocorrer até a decretação da quebra, entendida como a data da prolação da sentença e não sua publicação." (STJ, 3ª Turma, REsp 1.660.198/SP, Rel. Min. Nancy Andrighi, j. 03/08/2017). Ver, também: STJ, 3ª Turma, REsp 1.680.357/RJ, Rel. Min. Nancy Andrighi, j. 10/10/2017.

[2307] Ponderado é o argumento de MANOEL JUSTINO BEZERRA FILHO: "A Lei deixou de repetir a salutar determinação contida no inciso II do parágrafo único do art. 14 da lei anterior, que impunha ao juiz a obrigação de fazer constar da sentença a hora em que estava sendo prolatada; tão cuidadosa era a lei anterior neste sentido, que ainda estabelecia que, se o juiz não declarasse a hora, presumia-se que a sentença havia sido prolatada ao meio-dia. Tal disposição deveria ter sido mantida, exatamente para

SENTENÇA FALIMENTAR

A hora é elemento da data, que deve constar da sentença falimentar[2308]. A eficácia da sentença é imediata e consubstancia o momento em que uma situação econômica se transforma em jurídica, prescindindo que os autos cheguem ao cartório (se a sentença, por exemplo, é proferida em audiência). O regime falimentar é especial em relação às próprias regras de direito processual civil sobre a publicidade da sentença, na medida que a sua publicação, bem como a realização de determinadas formalidades (averbações) são apenas uma forma de divulgação[2309].

4. Publicação

Por derradeiro, como dispõe o art. 99, parágrafo único, cabe ao juiz ordenar a publicação de edital contendo a íntegra da decisão que decreta a falência e a relação de credores.

No caso de convolação da recuperação judicial em falência (e também na autofalência) é possível a publicação da sentença juntamente com a relação de credores, pois esta é peça obrigatória que instrui a petição inicial. De qualquer forma, não raro se tem determinado a apresentação de nova relação de credores pelo devedor. Na falência requerida por credor, diante da necessidade de entrega por parte do falido da relação de seus credores, bem como da importância de dar imediata publicidade à decretação da quebra, não se justificaria o atraso na publicação enquanto se aguarda o cumprimento dessa obrigação pelo falido (também não se podendo descartar a necessidade de atualização da relação)[2310].

A sentença deveria ser publicada imediatamente, procedendo-se nova publicação para a relação de credores, se for o caso[2311]. Todavia, não é isso o que normalmente ocorre na prática.

---

que se pudesse fixar se determinado ato, praticado no dia em que a falência foi decretada, teria sido praticado antes ou depois da sentença, para fins de aplicação do art. 103. Embora sem expressa previsão legal, é de muito boa cautela que o juiz faça constar o horário da quebra, horário a partir do qual os atos de administração praticados pelo devedor são nulos." (BEZERRA FILHO. *Lei de Recuperação de Empresas e Falência comentada...*, p. 241).

[2308] PROVINCIALI. *Trattato di diritto fallimentare*, v. II..., p. 764; PONTES DE MIRANDA. *Tratado de direito privado*, t. XXVIII..., p. 251.

[2309] PROVINCIALI. *Trattato di diritto fallimentare*, v. II..., p. 764 ss; BONELLI, Gustavo. *Del fallimento*, v. I. 3 ed. atual. por Virgilio Andrioli. Milano: Casa Editrice Dottor Francesco Vallardi, 1938, p. 425, 519.

[2310] "Se não houver apresentação da lista (de credores pelo falido, no caso de falência requerida por credor), ainda assim este edital será publicado, pois em tese conhece-se pelo menos um credor, que é o próprio requerente da falência. A publicação deste edital é obrigatória, pois é a partir daí que se inicia o prazo para as habilitações, na forma do que estabelece o §1º do art. 7º [da LREF]." (BEZERRA FILHO. Capítulo XIV: O procedimento para a decretação da falência..., p. 362).

[2311] MANDEL. *Nova Lei de Falências e Recuperação de Empresas anotada...*, p. 195.

Capítulo 21
Efeitos da Quebra Sobre a Pessoa do Falido e Seus Bens

A sentença falimentar produz uma série de consequências jurídicas que atingem diversos interesses envolvidos na falência. Dentre esses efeitos há aqueles que recaem sobre a pessoa do falido (efeitos de caráter pessoal) e aqueles que atingem os seus bens (efeitos de caráter patrimonial).

Entre os arts. 102 a 104 (Capítulo V – Da falência, Seção V – Da inabilitação empresarial, dos direitos e deveres do falido)[2312], a LREF prevê uma série de repercussões a partir da decretação da falência do devedor. Como veremos a seguir, com a decretação da falência, o falido (*i*) é afastado do controle das suas atividades, (*ii*) restando inabilitado para o exercício da atividade empresária e (*iii*) desapossado da propriedade de seus bens.

A explicação para a imposição dessas limitações é coerente com a sistemática proposta pela LREF: a prolação da sentença falimentar acarreta a criação de um novo estado jurídico para o devedor, o estado de falido[2313], estabelecendo-lhe

---

[2312] O tema era regulado nos arts. 34 ao 42 do Decreto-Lei 7.661/1945 (Título II – Dos efeitos jurídicos da sentença declaratória da falência, Seção Segunda – Dos efeitos quanto à pessoa do falido, e Seção Terceira – Dos efeitos quanto aos bens do falido).

[2313] Para NATALINO IRTI, *status* deve ser entendido como cada posição tomada pelo indivíduo no âmbito de uma coletividade organizada (IRTI, Natalino. *Introduzione allo studio del diritto privato*. Padova: CEDAM, 1990, p. 30). Nessa linha, PAULO SALVADOR FRONTINI ressalta que: "Na verdade, o *estado de falido* é uma nova situação jurídica que somente se constitui após a sentença de falência. Ou seja, o empresário, até então posicionado em meio a um complexo de relações jurídicas próprias de sua qualificação, torna-se, pela sentença de falência, um *empresário falido*. Ser falido constitui uma nova situação jurídica, anterior à precedente. Daí ser correto falar-se em *estado de falido*. 'Estado', aí, no sentido de *status*, um complexo de relações jurídicas, de deveres, direitos, obrigações, sujeições, que se ajusta ao que, na moderna teoria do negócio jurídico, se chama justamente *situação jurídica*." (FRONTINI, Paulo Salvador. Do estado de falido: sua configuração – inovações da Lei de Recuperação e Falência. *Revista de Direito Mercantil, Industrial, Econômico e Financeiro*, v. 44, n. 138, abr./jun. 2005, p. 8, grifo do autor). Ver, também: PROVINCIALI. *Trattato di diritto fallimentare*, v. II..., p. 772-775; FERRI. *Manuale di diritto commerciale*..., p. 65

uma série de restrições e submetendo-o a vários deveres, embora também lhe garanta direitos ao longo do curso do processo falimentar.

Como veremos a seguir, a verificação do correto alcance da decretação da falência e de seus efeitos sobre o sujeito falido (aquele que exerce a atividade empresária) é indispensável para a adequada aplicação do regime liquidatório.

1. Empresário individual *versus* sociedade empresária

O ponto inicial da análise que será empreendida é o delineamento de algumas diferenças fundamentais entre a quebra de um empresário individual e a falência de uma sociedade empresária[2314].

Na primeira hipótese, recairão sobre a pessoa do empresário todos os efeitos jurídicos da aplicação do regime liquidatório. Se estivermos tratando de falência do empresário falecido, ocorrerá a falência do espólio e o regime que incidirá sobre o inventariante restará mitigado – ou seja, não ocorrerá a inabilitação do inventariante nem o desapossamento de seus bens; a representação do espólio falido passará ao inventariante perante o Juízo Falimentar[2315] – independentemente se a falência do devedor foi decretada antes ou depois do falecimento[2316].

[2314] Quanto à metodologia do estudo dos efeitos da falência sobre o falido, deve-se realizar uma interpretação cuidadosa e atenta da LREF. Ao regular os efeitos da falência sobre o falido, o legislador prendeu-se demasiadamente à figura do empresário individual, não tratando de modo suficientemente claro acerca de tais efeitos sobre as sociedades empresárias – que, como se sabe, são responsáveis por parcela significativa da atividade econômica (especialmente as sociedades limitadas e anônimas). A doutrina ressalta que a LREF, seguindo orientação histórica, foi elaborada tendo como destinatário final – figura central do sistema – o empresário individual (ou seja, suas normas estão direcionadas, de modo primordial, à pessoa física), e não as sociedades empresárias, como, aliás, já o fora o Decreto-Lei 7.661/1945, da lavra de Miranda Valverde. As dificuldades daí decorrentes se traduzem na aplicação muitas vezes equivocada da Lei, mormente no que toca ao alcance dos efeitos da falência em direção aos sócios da sociedade falida, acarretando, não raro, o comprometimento de bens que não deveriam ser atingidos pela quebra e a responsabilização de pessoas cuja participação era meramente societária (Coelho. *Comentários à Lei de Falências e de Recuperação de Empresas...*, p. 339; ver, também: FÉRES. Seção V: Da inabilitação empresarial..., p. 763).

[2315] Como dispunha o art. 37, parágrafo único, do Decreto-Lei 7.661/1945. O processo de inventário fica suspenso, como determina o art. 125 da LREF e como também determinava o art. 39, parágrafo único, do Decreto-Lei 7.661/1945, já que, no inventário, não se pode realizar trâmite algum sobre os bens objeto do desapossamento.

[2316] Sendo que, até o compromisso do inventariante, entende-se que os direitos e deveres incidem sobre quem competir a administração da herança, nos termos do art. 1.797 do Código Civil. Como Pontes de Miranda – em posicionamento extremamente lógico, tendo em vista a inexistência, no Código Civil de 1916, de regra semelhante ao art. 1.797 do Código Civil de 2002 – já afirmava: "Se não há inventário, os herdeiros com a posse imediata da herança, ou a posse que de fato têm, ficam na posição do falido, quanto aos *deveres* e *direitos do falido*" (Pontes de Miranda. *Tratado de direito privado*, t. XXVIII..., p. 245).

EFEITOS DA QUEBRA SOBRE A PESSOA DO FALIDO E SEUS BENS

Já as sociedades empresárias, na condição de entes coletivos, continuam atuando por meio de seus órgãos[2317], mesmo na falência. São representadas (*rectius*: presentadas) por seus administradores ou liquidantes. Na sua falência, em princípio, a inabilitação e o desapossamento, nos termos do art. 81, §2º, da LREF, atingem somente a própria sociedade empresária, não se estendendo aos administradores[2318] e ao liquidante[2319], caso a sociedade esteja em liquidação[2320]. A sociedade falida será representada perante o Juízo falimentar pelos seus administradores ou, eventualmente, pelos liquidantes, na hipótese de estar em liquidação[2321] (como dispõe o art. 81, §2º, da LREF e como dispunha o art. 37, *caput*, do Decreto-Lei 7.661/1945).

Os administradores ou liquidantes da sociedade falida terão os mesmos direitos e, sob as mesmas penas, ficarão sujeitos aos deveres que cabem ao falido[2322], equiparando-se a ele para todos os efeitos penais decorrentes da LREF, na medida de sua culpabilidade. Assim, dispõem o art. 81, §2º (como dispunha o art. 37,

---

[2317] Nesse particular, PONTES DE MIRANDA destaca que: "Mais uma vez temos de frisar a distinção entre a atividade do *órgão* da pessoa jurídica e a atividade do *representante*. Órgão não representa. Órgão é a própria pessoa jurídica, por seu órgão (por sua *parte*), que pratica o ato jurídico. Nos próprios casos em que se proíbe representação, o órgão pode funcionar; é a pessoa jurídica, por si mesma, que pratica o ato jurídico. O órgão só *funciona*. Aí, funciona *presentando*, fazendo presente a pessoa jurídica." (PONTES DE MIRANDA, Francisco Cavalcanti. *Tratado de direito privado*, t. XXXIV. Rio de Janeiro: Borsoi, 1961, p. 138).

[2318] Resta abarcado, também, o administrador de fato, como, inclusive, faz referência expressa o art. 179 da LREF, além de o art. 81, §2º, ao dispor sobre a matéria, não fazer distinção entre administrador *de fato* e *de direito*: fala, somente, em *administrador*. E assim os tribunais pátrios têm decidido: TJSP, Câmara Reservada à Falência e Recuperação, AI 994.09.291083-9, Rel. Des. Pereira Calças, j. 02/03/2010; STJ, 5ª Turma, Recurso em HC 4.570-1/SP, Rel. Min. Edson Vidigal, j. 07/06/1995; TJSP, 2º Câmara Cível, AI 270.404-1/3, Rel. Des. Lino Machado, j. 05/12/1995. Mas, como não poderia ser diferente, mero procurador ou empregado não responde pela sociedade falida (PACHECO. *Processo de falência e concordata...*, p. 376; TJRJ, 1ª Câmara Criminal, HC 5.636, Rel. Des. Osny Duarte Pereira, j. 17/07/1980). Afirmando que a inabilitação também atingiria os administradores, ver: CALÇAS, Manoel de Queiroz Pereira. Capítulo XXIV: Dos crimes falimentares. In: CARVALHOSA, Modesto (coord.). *Tratado de direito empresarial*, v. V – recuperação empresarial e falência. São Paulo: Revista dos Tribunais, 2016, p. 561.

[2319] O art. 81, §2º, da LREF evidencia que os administradores ou liquidantes da sociedade não se sujeitam aos efeitos da falência. Em princípio, os administradores ou liquidantes não sofrem nem a inabilitação (art. 102) nem perdem o direito de administrar seus bens (pessoais) ou deles dispor (art. 103). Sobre o tema, dentre outros, ver: FÉRES. Seção V: Da inabilitação empresarial..., p. 765.

[2320] Nada impede que a sociedade que se encontre em dissolução, judicial ou extrajudicial tenha sua falência decretada, encerrando-se a liquidação no ponto em que se encontra.

[2321] "Se a sociedade estava, antes, em liquidação, ao liquidante é que compete representá-la (p. ex: *Rev. dos Tribs.*, 191/809), não só ao ser requerida a falência, como também no curso do processo falimentar (art. 37 [do Decreto-Lei nº 7.661/1945])" (PACHECO. *Processo de falência e concordata...*, p. 370).

[2322] FÉRES. Seção V: Da inabilitação empresarial..., p. 765.

RECUPERAÇÃO DE EMPRESAS E FALÊNCIA

caput, do Decreto-Lei 7.661/1945[2323]), e o art. art. 179 da LREF[2324] – não se tratando aqui, evidentemente, de representação da massa falida perante terceiros (a qual, como se sabe, cabe ao administrador judicial, conforme art. 22, III, "n", da LREF), mas sim, especialmente, do cumprimento dos deveres (art. 104, por exemplo) e do exercício dos direitos (previstos, *v.g.*, no art. 103) da sociedade falida[2325].

O *caput* do art. 81 e os arts. 115 e 190 da LREF estipulam que a decisão que decreta a falência de uma sociedade com sócios ilimitadamente responsáveis também acarreta a falência destes[2326]-[2327]. Essa categoria de sócio também acaba inabilitada e desapossada de seus bens, o que, *a contrario sensu*, evidencia que os sócios de responsabilidade limitada não se sujeitam aos efeitos da falência.

O art. 179 da LREF (na linha do art. 191 do Decreto-Lei 7.661/1945) dispõe que, no caso de quebra da sociedade, os seus sócios, diretores, gerentes, administradores e conselheiros, de fato ou de direito, bem como o administrador judicial, equiparam-se ao falido para todos os efeitos penais decorrentes da LREF, na medida de sua culpabilidade. Como será visto a seguir, na hipótese de tais sujeitos serem condenados por crime falimentar, também poderão restar inabilitados[2328].

[2323] Sobre o tema, ver: CALÇAS. Falência da sociedade..., p. 611-623; VALVERDE. *Comentários à Lei de Falências*, v. I..., p. 225; PONTES DE MIRANDA. *Tratado de direito privado*, t. XXVIII..., p. 243-244; PACHECO. *Processo de falência e concordata...*, p. 369-370, 375-376; BATALHA; BATALHA. *Falências e concordatas...*, p. 361-362; BONELLI. *Del fallimento*, v. I...., p. 524-525. Nesse sentido, há Enunciado 49 da 1ª Jornada de Direito Comercial, promovida pelo Conselho da Justiça Federal/CJF no ano de 2012: "Os deveres impostos pela Lei n. 11.101/2005 ao falido, sociedade limitada, recaem apenas sobre os administradores, não sendo cabível nenhuma restrição à pessoa dos sócios não administradores." O mesmo ocorre em outros países, como na Itália – art. 146 do *Regio Decreto 16 marzo 1942, nº 267*, modificado pelo *Decreto legislativo del 9 gennaio 2006, nº 5*.

[2324] Essa equiparação é de extrema importância em razão do crime de desobediência resultante do descumprimento dos deveres impostos pelo art. 104 da LREF, como será visto mais adiante, sendo passível de questionamento a inclusão do liquidante e do inventariante entre os sujeitos que podem ser condenados por crimes falimentares, em especial o de desobediência, já que o art. 179 da Lei não faz remissão expressa a eles.

[2325] Ver: TOLEDO; PUGLIESI. Capítulo XI: A falência..., p. 277.

[2326] Nesse sentido (apesar de não concordarmos com a qualificação, no caso, da sociedade como empresária): "Apelação Cível. Pedido de falência. Prestação de serviço médico. Atividade empresarial. Reconhecimento. Sociedade irregular. Falta de registro na Junta Comercial do Estado do Rio de Janeiro. Reforma da decisão. Decretação da falência com reconhecimento da responsabilidade solidária e ilimitada dos sócios. Recurso provido." (TJRJ, 9ª Câmara Cível, APC 0106837-38.2004.8.19.0001, Rel. Des. Carlos Eduardo Moreira Silva, j. 05/20/2010)

[2327] Como também ocorre, por exemplo, na Itália – art. 147 do *Regio Decreto* 16 marzo 1942, nº 267, modificado pelo *Decreto legislativo del 9 gennaio 2006, nº 5*. Sobre o assunto: NIGRO, Alessandro. *Il fallimento del socio illimitadamente responsabile*. Milano: Giuffrè, 1974.

[2328] O art. 179 não menciona o inventariante do espólio falido, nem o liquidante de sociedade. Questiona-se, em razão disso, se tais sujeitos podem ser condenados pela prática de crime falimentar e, consequentemente, também restarem inabilitados.

EFEITOS DA QUEBRA SOBRE A PESSOA DO FALIDO E SEUS BENS

Feitas essas colocações introdutórias, passa-se à análise dos efeitos da falência quanto à pessoa do falido e, posteriormente, para o estudo do desapossamento dos seus bens.

2. Inabilitação ao exercício da atividade empresária

De acordo com o art. 75, *caput*, da LREF, a decretação da falência acarreta "o afastamento do devedor de suas atividades", com o objetivo de "preservar e otimizar a utilização produtiva dos bens, ativos e recursos produtivos, inclusive os intangíveis, da empresa". Já o art. 102 refere que "o falido fica inabilitado para exercer qualquer atividade empresarial a partir da decretação da falência e até a sentença que extingue suas obrigações, respeitado o disposto no §1º do art. 181" da LREF (inabilitação pela prática de crime falimentar, cuja extensão pode ser ainda maior).

Assim, a quebra do devedor acarreta (*i*) seu afastamento da condução da atividade que acarretou a sua falência e (*ii*) a impossibilidade de titularizar qualquer outra atividade empresária (inabilitação).

2.1. Nota sobre o direito anterior

O Decreto-Lei 7.661/1945 não previa de forma tão enfática a inabilitação do falido para o exercício da atividade comercial. O art. 138 dispunha que, com a sentença declaratória da extinção das suas obrigações, o devedor ficava autorizado a exercer o comércio, salvo se tivesse sido condenado ou estivesse respondendo a processo por crime falimentar (quando, então, dependia da reabilitação, nos termos do art. 197). O regime anterior regrava expressamente apenas a inabilitação como efeito da condenação por crime falimentar no art. 195[2329].

De qualquer forma, durante a vigência do Decreto-Lei 7.661/1945, enquanto ainda vigorava a primeira parte do Código Comercial de 1850, a inabilitação para o exercício da mercancia advinha do disposto no art. 2º, n. 4, deste, independentemente da prática de crime falimentar[2330].

O Código Civil de 2002 revogou a referida parte (dentre outras) do Código Comercial de 1850, não reproduzindo a vedação mencionada. Dessa maneira, a única hipótese de inabilitação entre a entrada em vigor do novo diploma civil (janeiro de 2003) e a entrada em vigor da nova Lei de Falências (maio de 2005) era aquela decorrente de condenação por crime falimentar, em razão do disposto no art. 195 do Decreto-Lei 7.661/1945.

[2329] "Art. 195. Constitui efeito da condenação por crime falimentar a interdição do exercício do comércio."
[2330] Esse dispositivo proibia o falido de exercer o comércio enquanto não declaradas extintas as suas obrigações: "Art. 2 – São proibidos de comerciar: (...) 4 – os falidos, enquanto não forem legalmente reabilitados".

RECUPERAÇÃO DE EMPRESAS E FALÊNCIA

Em razão da revogação do Código Comercial na parte acima examinada, andou bem a LREF ao interditar o falido para a prática de atividade empresarial independentemente da prática de crime falimentar (art. 102, *caput*), nos moldes previstos no vetusto Código do Comércio, sepultando qualquer dúvida que pudesse existir a respeito[2331].

2.2. Momento do afastamento

A partir da decretação da quebra, independentemente do cumprimento de qualquer formalidade ou do próprio trânsito em julgado da decisão, o empresário individual, bem como o inventariante no caso de falência do espólio, é alijado do comando da sua atividade empresária. No contexto das sociedades empresárias, a regra é semelhante: os sócios perdem o poder de ditar as diretrizes para o exercício da atividade, e os administradores o poder de gestão e representação (*rectius*: presentação). O mesmo ocorre também com os mandatários, nos termos do art. 120 da LREF.

A atuação de tais agentes fica restrita àquilo que é autorizado pela LREF.

2.3. Momento da inabilitação

A restrição, no entanto, não se limita a essas medidas. Além do afastamento imediato, o falido (empresário individual, sociedade empresária e sócios de responsabilidade ilimitada) resta inabilitado para o exercício da atividade empresária também a partir da decretação da falência (não dependendo do cumprimento de qualquer formalidade ou do trânsito em julgado da decisão).

A inabilitação é imediata e consequência natural da prolação da sentença falimentar. O art. 102 da LREF determina que a inabilitação se dá a partir da decretação da quebra, independentemente da prática e da condenação por crime falimentar, como determina o art. 102 da Lei[2332]. Em razão disso, o juiz ordenará ao Registro Público de Empresas Mercantis, a cargo das Juntas Comerciais, que anote e inscreva a data da sentença e a sua inabilitação, para tornar público o nome do falido (LREF, art. 99, VIII, o que não era previsto de modo expresso, no Decreto-Lei 7.661/1945).

[2331] Sobre o tema, ver: FÉRES. Seção V: Da inabilitação empresarial..., p. 766; e FRANCO, Vera Helena de Mello. Comentários aos arts. 94 a 114. In: SOUZA JUNIOR, Francisco Satiro de; PITOMBO, Antônio Sérgio A. de Moraes (coord.). *Comentários à Lei de Recuperação de Empresas e Falência*. 2 ed. rev., atual. e ampl. São Paulo: Revista dos Tribunais, 2007, p. 419.

[2332] Como a inabilitação é consequência natural e automática da sentença falimentar, MARCELO FÉRES entende que foi adotada pelo sistema falimentar brasileiro a *teoria da pena* da falência (FÉRES. Seção V: Da inabilitação empresarial..., p. 767-768, 772).

EFEITOS DA QUEBRA SOBRE A PESSOA DO FALIDO E SEUS BENS

2.4. Alcance da inabilitação

A inabilitação decorrente da decretação da quebra acarreta o impedimento do falido, por si ou por interposta pessoa, de titularizar atividade empresarial, isto é, de exercer a atividade empresária em nome próprio. Além disso, fica impedido de exercer a profissão de: (*i*) corretor de seguros[2333]; (*ii*) corretor de navios[2334]; (*iii*) leiloeiro[2335].

Justamente por esse motivo, deve constar de sua inscrição no Registro Público de Empresas Mercantis seu nome acrescido da locução "falido", com a consequente inabilitação para o exercício de qualquer atividade empresarial, tudo de acordo com o art. 972 do Código Civil.

2.5. Limites da inabilitação

A restrição somente vale para o exercício da atividade empresária, não obstando a prática de outras atividades[2336]. Com efeito, o falido pode: (*i*) exercer atividade não empresária; (*ii*) ser empregado; (*iii*) ser administrador de sociedades (empresárias ou não)[2337].

O quadro abaixo resume a situação:

Inabilitação em decorrência da falência do empresário individual (art. 102)				
Titularizar atividade empresarial em nome próprio	Titularizar atividade não empresária em nome próprio	Ser empregado	Ser administrador de sociedade	
			Sociedade Empresária	Sociedade não empresária
Vedado	Permitido	Permitido	Permitido	

[2333] Lei 4.594/1964, art. 3º, "d".

[2334] Decreto 20.881/1931, art. 20.

[2335] Decreto 21.981/31, art. 3º, "a" e "c".

[2336] FRANCO. Comentários aos arts. 94 a 114..., p. 419; TARREGA, Maria Cristina Vidotte Blanco. Comentários aos artigos 102 a 104. In: LUCCA, Newton de; SIMÃO FILHO, Adalberto (coord.). *Comentários à nova Lei de Recuperação de Empresas e de Falências*. São Paulo: Quartier Latin, 2005, p. 457.

[2337] A inabilitação decorrente da decretação da quebra não impossibilita o falido de atuar como administrador (gerente ou diretor) ou como membro do conselho de administração de sociedades. Essa restrição decorre apenas de condenação por crime falimentar (LREF, art. 181, II; CC, art. 1.011, §1º; Lei 6.404/76, art. 147, §1º; Lei 5.764/71, art. 51; Lei 8.934/94, art. 35, II). Assim, não se pode concordar com a posição de MANOEL JUSTINO BEZERRA FILHO, para quem, independentemente da prática de crime falimentar, o falido fica impedido de ser administrador ou responsável por sociedade empresária (BEZERRA FILHO. *Lei de Recuperação de Empresas e Falência comentada...*, p. 240). Por quê? Pela inexistência de previsão legal para a imposição de tal restrição. O fato de ser falido não impede a sua eleição como administrador, mesmo porque, nessa hipótese, não é ele quem exerce a atividade, mas sim a sociedade. O impedimento se encontra no caso de ser ele condenado por crime falimentar, pois aqui não existe mais confiança para administrar patrimônio alheio, que é justamente a função de um administrador (e, por isso, se diz que ocupa posição fiduciária). Sem razão, portanto, o mencionado autor.

RECUPERAÇÃO DE EMPRESAS E FALÊNCIA

A falência não impõe ao sujeito uma obrigação de inércia: não proíbe, por si só, seu direito de trabalhar, o que seria verdadeiro absurdo[2338]. A pessoa falida pode exercer atividade não empresária, ser empregado e administrar sociedades empresárias ou não. Como veremos abaixo, somente no caso de condenação por crime falimentar é que essa última ocupação lhe será vedada (até cinco anos após a extinção da punibilidade, podendo, contudo, cessar antes pela reabilitação penal prevista entre os arts. 93-95 do CP[2339] – sobre a duração da inabilitação, ver, neste Capítulo, o item 2.10.).

Questão interessante que se põe é examinar se os frutos decorrentes do trabalho exercido pelo falido pós-quebra não seriam, também, objeto desapossamento e arrecadação, devendo-se levar em consideração eventual questão de impenhorabilidade. Voltaremos a esse assunto mais adiante (item 3.5 deste Capítulo, bem como Capítulo 23, item 2.7). De qualquer sorte, o falido pode exercer atividade remunerada.

2.6. Inabilitação por condenação criminal falimentar

A inabilitação para o exercício de atividade empresarial também pode decorrer de condenação por crime falimentar, como determina o art. 181, I, caso em que a inabilitação é efeito da sentença condenatória. E o art. 181, II e III, dispõe que também são efeitos da condenação por crime falimentar (*i*) o impedimento para o exercício de cargo ou função em conselho de administração, diretoria ou gerência das sociedades empresárias e (*ii*) a impossibilidade de gerir empresa por mandato ou por gestão de negócio.

Assim, em caso de condenação por crime falimentar, além da inabilitação ao exercício da atividade empresária (LREF, art. 181, I – que também decorre da decretação da falência, nos termo do art. 102), o condenado pode restar impedido, enquanto perdurarem os efeitos da condenação, de (LREF, art. 181): (*i*) ser empresário ou administrador, bem como empresário, administrador ou fiel de armazéns-gerais[2340]; (*ii*) exercer mandato, gestão de negócios ou funções de gerente ou de administração de quaisquer sociedades (empresárias ou não) – como, inclusive, dispõe o art. 35, II, da Lei 8.934/1994, c/c os arts. 147, §1º, da Lei 6.404/1976, 1.011, §1º, do Código Civil, e 51 da Lei 5.764/1971[2341].

[2338] SAMPAIO DE LACERDA, J. C. *Comentários à Lei das Sociedades Anônimas*, v. 3. São Paulo: Saraiva, 1978, p. 174.

[2339] LREF, art. 181, §1º. A saber, a "reabilitação serve (...) para suspender, parcialmente, certos efeitos da condenação", entre eles "os efeitos extrapenais específicos da condenação" (DELMANTO, Celso; DELMANTO, Roberto; DELMANTO Junior, Roberto; DELMANTO, Fábio M. de Almeida. *Código Penal comentado*. 5 ed. Rio de Janeiro: Renovar, 2000, p. 165). É o caso, por exemplo, da inabilitação para o exercício de atividade empresária por condenação criminal falimentar.

[2340] Decreto 1.102/1903, art. 1º, §5º.

[2341] Sem razão FÁBIO ULHOA COELHO ao afirmar que não há óbice de o condenado por crime falimentar ser administrador de sociedades não empresárias, também chamada sociedades simples (COELHO.

EFEITOS DA QUEBRA SOBRE A PESSOA DO FALIDO E SEUS BENS

Inexistem regras no sentido de que pessoas condenadas por crimes falimentares não possam administrar associações e fundações, nem dispositivo referente à aplicação subsidiária de normas de direito societário (há exatamente o contrário: as normas das associações são aplicadas, subsidiariamente, às sociedades, nos termos do art. 44, §2º, do Código Civil). Diante da inexistência de regra restringindo tal direito, bem como da impossibilidade de aplicar analogicamente os dispositivos existentes no direito societário para restringir direito (não se restringe direito por analogia), o indivíduo condenado por crime falimentar pode administrar associações ou fundações, salvo se o estatuto social dispuser diferentemente.

O quadro abaixo sintetiza essas conclusões:

Administração por pessoa condenada por crime falimentar		
Sociedade empresária	Sociedade não empresária	Associações e fundações
Vedado	Vedado	Em regra, permitido, salvo se vedado pelo estatuto social

Em resumo, o falido e as pessoas descritas no art. 179 da LREF que forem condenadas por crime falimentar sofrerão os efeitos previstos no art. 181 da LREF e, eventualmente, em leis especiais. Entretanto, no que tange à LREF, tais efeitos não são automáticos, devendo ser motivadamente declarados na sentença, na forma do §1º do referido dispositivo. Uma vez transitada em julgado a sentença penal condenatória, o Registro Público de Empresas Mercantis será notificado para tomar as medidas necessárias no sentido de impedir novo registro em nome dos inabilitados (LREF, art. 181, §2º).

2.7. Fundamento da inabilitação

A inabilitação falimentar ordinária (do art. 102) é medida imperiosa por uma série de razões. Por exemplo, se o falido está habilitado para exercer atividade empresária, os credores não pagos poderiam recrutar os bens eventualmente adquiridos[2342] (e, por isso mesmo, como será visto mais adiante, a inabilitação perdura até a sentença que extingue as obrigações do falido, salvo se decorrente de condenação por crime falimentar, hipótese em que o impedimento perdura por prazo diverso). O próprio exercício da atividade restaria dificultado, tendo em vista o desapossamento dos bens, que será examinado no item 3., *infra*.

Comentários à Lei de Falências e de Recuperação de Empresas..., p. 342). Para aprofundamento sobre o tema, ver Capítulo 30.

[2342] Interessante é a ponderação de GIUSEPPE FERRI, fazendo referência à lei italiana: "(...) per quanto teoricamente non sia impedito al fallito di assumere nuove obligazioni, praticamente ciò è reso impossibile, salvo per quanto riguarda la prestazione della propria attività personale, dalla mancanza di garantia." (FERRI. *Manuale di diritto commerciale...*, p. 651).

Não é de se descartar, também, a possibilidade dessa atividade econômica não restar bem-sucedida, acarretando, eventualmente, em nova quebra do falido[2343]. Nesse particular, não se pode esquecer que o ordenamento jurídico brasileiro não permite o curso de dois processos falimentares simultâneos em face do mesmo devedor[2344].

2.8. Inabilitação versus continuação provisória das atividades

A inabilitação não acarreta, necessariamente, a paralisação das atividades. Segundo o art. 99, XI, da LREF, a sentença que decretar a falência se pronunciará a respeito da continuação provisória das atividades do falido com o administrador judicial, ou da lacração dos estabelecimentos (quando houver risco para a execução da etapa de arrecadação ou para a preservação dos bens da massa falida ou dos interesses dos credores, nos termos do art. 109).

Sobre a continuação provisória das atividades, remete-se o leitor para o Capítulo 20, item 3.11, e o Capítulo 23, item 2.6.

[2343] É válido o seguinte questionamento: a prática de atividade empresarial pelo falido não seria benéfica (e não prejudicial) aos próprios credores, uma vez que, adquirindo novos bens, conseguiria melhor satisfazê-los? Esse era o entendimento de CARVALHO DE MENDONÇA, que originariamente assim se manifestou quando da vigência da Lei 2.024/1908 (em seu art. 40, permitia que o falido exercesse qualquer indústria ou profissão depois da primeira assembleia de credores – tendo supostamente revogado o art. 2º, n. 4, do Código Comercial de 1850, dispositivo que previa a inabilitação). Além disso, para o tratadista, a inabilitação seria inconstitucional por impossibilitar a liberdade de exercício de indústria ou profissão (CARVALHO DE MENDONÇA. *Tratado de direito comercial brasileiro*, v. VII..., p. 438-440). Já OCTAVIO MENDES, em tom crítico, defendia a não revogação do art. 2º, n. 4, do Código Comercial e a constitucionalidade da medida de inabilitação: "A nossa lei 2024 como o Dec. 5746, têm um artigo, o art. 40, que parece inspirar-se na theoria allemã, a que vimos de nos referir, pois permitte ao fallido, depois da primeira assembléa de credores exercer novamente o commercio". "Para ser possivel este novo commercio, não estando ainda encerrada a fallencia, era indispensavel que os bens adquiridos pelo fallido nesse novo commercio não pudessem ser arrecadados pelos syndicos da fallencia já declarada." "Se é possível essa arrecadação, não se comprehende como possa o fallido voltar ao exercício do commercio, enquanto a sua fallencia não estiver encerrada, pois não vemos quaes as garantias com que possam contar os novos credores para seu pagamento, e não vejam os bens por elles vendidos arrecadados para pagamento dos credores da fallencia já decretada." "E' certamente por este motivo que o art. 40 da lei 2024 até hoje bem como o art. 40 do Dec. 5746, não teve occasião de ser applicado, estando, entretanto, a lei em vigor desde 1908." (MENDES. *Fallencias e concordatas*..., p. 122-123). Em nosso sentir, a inabilitação do falido é medida constitucional. A CF, no art. 5º, XIII, dispõe que "é livre o exercício de qualquer trabalho, ofício ou profissão, atendidas as qualificações profissionais que a lei estabelecer". Logo, o exercício de qualquer atividade econômica está adstrito aos balizamentos e restrições da lei, sendo um deles o art. 102 da LREF. Nesse sentido: ABRÃO. Comentários aos arts. 70 a 104..., p. 379-380). Também nessa direção: VALVERDE. *Comentários à Lei de Falências*, v. I..., p. 222-223; REQUIÃO. *Curso de direito falimentar*, v. I..., p. 146; e FÉRES. Seção V: Da inabilitação empresarial..., p. 767)

[2344] Como refere PONTES DE MIRANDA, se o falido exerce irregularmente atividade empresarial e incorre em nova falência, é no juízo da falência aberta (e única) que os credores devem se apresentar (PONTES DE MIRANDA. *Tratado de direito privado*, t. XXVIII..., p. 241).

2.9. Inabilitação versus perda da capacidade

A inabilitação não ocasiona a perda da capacidade do falido, nem a sua interdição, permanecendo o devedor com todos os direitos políticos (com exceção da condenação por crimes falimentares, cuja pena *in concreto* poderá conter restrições nessa esfera).

A própria LREF confere ao falido uma série de direitos e deveres relacionados à falência, permanecendo plenamente capaz de realizar quaisquer atos compatíveis com o processo falimentar, tais como exercer atividade econômica não empresária, celebrar contrato de trabalho como empregado e casar. Além disso, o falido permanece com legitimidade processual, perdendo-a somente com relação aos processos relacionados aos interesses da massa[2345] – e, mesmo neles, pode intervir[2346].

O art. 176 da LREF prevê pena de reclusão de 1 a 4 anos, além de multa, para quem exercer a atividade para a qual foi inabilitado ou incapacitado por decisão judicial. Além dessa consequência penal, o art. 973 do Código Civil estabelece que a pessoa que, mesmo legalmente impedida, continue a exercer a atividade própria de empresário, responde pelas obrigações contraídas.

Nessas hipóteses, o exercício da atividade empresária se opera de modo irregular (frise-se, a atividade não é inválida, mas irregular), o que não acarreta, necessariamente, a invalidade dos atos realizados[2347]. Na verdade, os bens adquiridos

---

[2345] Nesse sentido, ver, dentre outros: FRANCO. Comentários aos arts. 94 a 114..., p. 420; PACHECO. *Processo de recuperação judicial, extrajudicial e falência...*, p. 317-318; NEGRÃO. *Aspectos objetivos da Lei de Recuperação de Empresas e de Falências...*, p. 62; COELHO. *Comentários à Lei de Falências e de Recuperação de Empresas...*, p. 334-335; FÉRES. Seção V: Da inabilitação empresarial..., p. 771; PACHECO. *Processo de falência e concordata...*, p. 367; VALVERDE. *Comentários à Lei de Falências*, v. I..., p. 216; REQUIÃO. *Curso de direito falimentar*, v. 1..., p. 143, 149; FERREIRA. *Tratado de direito comercial*, v. 14..., p. 471-472; BATALHA; BATALHA. *Falências e concordatas...*, p. 351; CARVALHO DE MENDONÇA. *Tratado de direito comercial brasileiro*, v. VII..., p. 431 ss; MENDES. *Fallencias e concordatas...*, p. 117 ss; MAGGIORE, G. Ragusa. *Istituzioni di diritto fallimentare*. 2 ed. Milano: CEDAM, 1994, p. 156. MARIA CRISTINA TARREGA fala em perda da capacidade para os atos civis referentes à atividade empresarial; assim, tratar-se-ia de incapacidade específica, sobretudo para atos de conteúdo patrimonial (TARREGA. Comentários aos artigos 102 a 104..., p. 456-457). Na jurisprudência, ver: STJ, 1ª Turma, REsp 40.991/SP, Rel. Min. Gomes de Barros, j. 02/02/1994.

[2346] Sobre o tema, ver item 3.11 deste Capítulo.

[2347] A atividade, nas palavras de GIUSEPPE FERRI: "É una serie di atti giuridici o materiali coordinati in funzione del fine unitario, distinto da quello proprio di ciascun atto, alla cui realizzazione tutti sono diretti." (FERRI. *Le societá...*, p. 31). Ou seja: "Attività non significa atto, ma una serie di atti tra loro coordinabili in relazione ad una comune finalità." (ASCARELLI. *Corso di diritto commerciale...*, p. 147). A "atividade é uma série de atos tendentes ao mesmo escopo" (COMPARATO, Fábio Konder. *O poder de controle na sociedade anônima*. Rio de Janeiro: Forense, 1983, p. 93). A atividade, como ensina TULLIO ASCARELLI, é um *fatto di durata* considerado independente dos atos singulares (ASCARELLI, Tullio. Sviluppo storico del diritto commerciale. In: _____. *Saggi di diritto commerciale*. Milano: Griuffrè, 1955, p. 29). Ou seja: a atividade empresarial é uma série de atos que se sucedem no tempo, ligados entre si

RECUPERAÇÃO DE EMPRESAS E FALÊNCIA

nessa situação entram para o patrimônio da massa falida[2348]. Por outro lado, serão ineficazes os atos de administração e disposição do patrimônio do falido – por ele realizados – enquanto perdurar o desapossamento[2349], como veremos a seguir.

2.10. Duração da inabilitação

Como dispõe o art. 102, *caput*, a inabilitação perdura até a sentença que extingue as obrigações do falido (nos termos do art. 158 da LREF). Se a condenação decorrente da prática de crime falimentar atingir período que ultrapasse a referida sentença, prevalecerá a estipulação penal (perdurando até cinco anos após a extinção da punibilidade, podendo, contudo, cessar antes pela reabilitação penal, nos termos do art. 181, §1º, da LREF c/c arts. 93 a 95 do Código Penal[2350]).

A inabilitação não dura somente ao longo do curso do processo falimentar, mas se estende até a extinção das obrigações do falido ou, em caso de condenação por crime falimentar, até a extinção da punibilidade (podendo cessar antes pela reabilitação penal). O quadro resumo abaixo sintetiza a duração da inabilitação do falido para o exercício da atividade empresarial:

---

por um fim comum (ASQUINI, Alberto. Perfis da empresa. Trad. de Fábio Konder Comparato. *Revista de Direito Mercantil, Industrial, Econômico e Financeiro*, n. 104, out./dez. 1996, p. 117). Em razão disso, o regime jurídico da atividade é diverso do regime jurídico dos atos isolados. Portanto, a atividade pode, como fato, existir ou não; não pode ser nula ou anulável, mas regular ou irregular, lícita ou ilícita (são os atos singulares que são nulos ou anuláveis), podendo ser disciplinada de modo distinto de como se disciplinam os atos singulares. A irregularidade ou a ilicitude da atividade não importa necessariamente em vícios dos atos singulares; da mesma maneira, eventual vício desses atos singulares pode não importar na inexistência, irregularidade ou ilicitude da atividade (ASCARELLI. *Corso di diritto commerciale...*, p. 147 ss).

[2348] Na vigência do art. 124, §2º, III Decreto-Lei 7.661/1945 ("Art. 124. Os encargos e dívidas da massa são pagos com preferência sobre os créditos admitidos a falência, ressalvado o disposto nos artigos 102 e 125. (...) §2º São dívidas da massa: (...) III – as obrigações provenientes de enriquecimento indevido da massa"), os credores decorrentes do exercício irregular da atividade econômica eram considerados extraconcursais (PONTES DE MIRANDA. *Tratado de direito privado*, t. XXVIII..., p. 241). Embora a LREF não tenha repetido esse dispositivo, a mesma solução deve ser adotada, sob pena de premiar o enriquecimento sem causa da massa.

[2349] VALVERDE. *Comentários à Lei de Falências*, v. I..., p. 223-224; e PONTES DE MIRANDA. *Tratado de direito privado*, t. XXVIII..., p. 241.

[2350] O Decreto-Lei 7.661/1945, em seu art. 138, dispunha que, com a sentença declaratória da extinção das suas obrigações, o falido ficava autorizado a exercer o comércio, salvo se tivesse sido condenado ou estivesse respondendo a processo por crime falimentar (quando, então, dependia da reabilitação que somente poderia ser concedida após o decurso de três ou de cinco anos, contados do dia em que terminasse a execução, respectivamente, das penas de detenção ou de reclusão, desde que o condenado provasse estarem extintas por sentença as suas obrigações, nos termos do então art. 197).

EFEITOS DA QUEBRA SOBRE A PESSOA DO FALIDO E SEUS BENS

Duração da inabilitação (para o exercício da atividade empresarial)					
Inabilitação ordinária (art. 102)				Inabilitação penal (art. 181, II)	
Até a sentença que extingue as obrigações do falido, forte no art. 158 (art. 102)				Até cinco anos após a extinção da punibilidade	Podendo, contudo, cessar antes pela reabilitação penal, (art. 181, §1º, da LREF c/c arts. 93 a 95 do Código Penal)
Causas que extinguem as obrigações do falido (art. 158):					
(I)	(II)	(III)	(IV)		
O pagamento de todos os créditos	O pagamento, depois de realizado todo o ativo, de mais de 50% dos créditos quirografários, sendo facultado ao falido o depósito da quantia necessária para atingir essa porcentagem se para tanto não bastou a integral liquidação do ativo	O decurso do prazo de 05 anos, contado do encerramento da falência, se o falido não tiver sido condenado por prática de crime previsto na LREF	O decurso do prazo de 10 anos, contado do encerramento da falência, se o falido tiver sido condenado por prática de crime previsto na LREF		

Findo o período de inabilitação, nos termos do art. 102, parágrafo único (e como dispunham os arts. 138 e 198 do Decreto-Lei 7.661/1945), o falido poderá requerer ao juiz da falência que proceda à respectiva anotação em seu registro (ou seja, anotação do levantamento da falência no Registro Público de Empresas Mercantis).

A sentença de quebra será comunicada e ficará averbada no Registro Público de Empresas Mercantis, tornando automaticamente inabilitado o falido. Findo o prazo da inabilitação, o falido deve requerer ao juízo que seja proferida sentença levantando a restrição e permitindo o livre exercício da atividade empresarial, não podendo, em nosso entender, o magistrado agir *ex officio*[2351].

Encerrada a inabilitação, o falido gozará dos mesmos direitos de que dispunha anteriormente. Poderá, então, explorar qualquer atividade econômica, vol-

---

[2351] ABRÃO. Comentários aos arts. 70 a 104..., p. 380.

RECUPERAÇÃO DE EMPRESAS E FALÊNCIA

tar a administrar seus negócios, evidenciando, assim, que se trata de um estado jurídico transitório.

3. Desapossamento dos bens

Outro efeito relevante que emana da decretação da falência é a imediata perda, por parte do falido, do direito de administrar e dispor de seus bens[2352], os quais passarão à massa falida[2353], como se houvesse um penhoramento geral de seu patrimônio[2354].

Ocorre a perda da administração e da disponibilidade, não da propriedade dos bens. O direito do falido sobre o seu patrimônio é paralisado, não extinto[2355], de maneira que da falência não decorre uma separação patrimonial, mas tão-somente uma destinação do patrimônio à liquidação[2356] – o que pode gerar efeitos como a interrupção do prazo de usucapião de imóvel da massa falida por terceiros[2357].

Esse efeito jurídico denomina-se desapossamento[2358]. Em razão dele, o falido perde a posse direta de seus bens, transferindo-a ao administrador judicial, cuja tomada é levada a cabo pela arrecadação. Na verdade, a sentença falimentar proclama o desapossamento de direito; porém, ao desapossamento de direito, deve seguir-se o desapossamento de fato, que se dá somente com a efetiva arrecadação dos bens[2359].

[2352] FERRARA. Il fallimento..., p. 282.

[2353] VALVERDE. Comentários à Lei de Falências, v. I..., p. 229-230.

[2354] PROVINCIALI. Trattato di diritto fallimentare, v. II..., p. 783.

[2355] PROVINCIALI. Trattato di diritto fallimentare, v. II..., p. 783-785.

[2356] MAGGIORE. Istituzioni di diritto fallimentare..., p. 153.

[2357] STJ, 3ª Turma, REsp 1.680.357/RJ, Rel. Min. Nancy Andrighi, j. 10/10/2017 ("4. A sentença declaratória da falência produz efeitos imediatos, tão logo prolatada pelo juízo concursal. 5. O bem imóvel, ocupado por quem tem expectativa de adquiri-lo por meio da usucapião, passa a compor um só patrimônio afetado na decretação da falência, correspondente à massa falida objetiva. Assim, o curso da prescrição aquisitiva da propriedade de bem que compõe a massa falida é interrompido com a decretação da falência, pois o possuidor (seja ele o falido ou terceiros) perde a posse pela incursão do Estado na sua esfera jurídica. 6. A suspensão do curso da prescrição a que alude o art. 47, do DL 7.661/45 cinge-se às obrigações de responsabilidade do falido para com seus credores, e não interfere na prescrição aquisitiva da propriedade por usucapião, a qual é interrompida na hora em que decretada a falência devido à formação da massa falida objetiva. 7. Recurso especial parcialmente conhecido e, nessa parte, não provido.").

[2358] Como explica FRANCESCO FERRARA, a perda da propriedade seria uma medida excessiva, pois, para que o objetivo da ação falimentar seja atingido, basta que o falido perca o direito de administrar e dispor do seu patrimônio e que este seja administrado e liquidado coativamente no interesse dos credores (FERRARA. Il fallimento..., p. 276). Na doutrina italiana, se dá muita atenção para a natureza do desapossamento. Ver, nesse sentido: PROVINCIALI. Trattato di diritto fallimentare, v. II..., p. 786 ss.

[2359] BONELLI. Del fallimento, v. I..., p. 111. TRAJANO DE MIRANDA VALVERDE assim lecionava à época do Decreto-Lei 7.661/1945: "Tirando-se ao falido o direito de administrar seus bens e dêles dispor, perde êle a posse direta de tais bens, que passa para o síndico, e cuja tomada se faz pela arrecadação, que equivale, assim, à penhora das execuções singulares." (VALVERDE. Comentários à Lei de Falências, v. I..., p. 230).

3.1. Terminologia

O verbo desapossar indica a ação de tirar a posse de alguém, assim entendido quando se age legalmente ou clandestinamente, por meio de fraude ou violência, a fim de que a pessoa seja destituída ou privada da posse que tinha sobre uma coisa ou sobre um bem[2360]. O substantivo desapossamento se refere ao fato ou efeito do verbo desapossar, que, por sua vez, também está relacionado à perda ou privação da posse.

3.2. Fundamento e objetivo

O desapossamento surge como um efeito natural da sentença de quebra, acarretando a indisponibilidade dos bens que compõem o patrimônio do falido, o qual restará inexoravelmente polarizado para atingimento do objetivo último da ação falimentar, qual seja, a satisfação dos credores[2361].

O caráter executivo do processo falimentar justifica o desapossamento que sofre o devedor. Os efeitos de ordem patrimonial constituem manifestação do caráter executivo do processo falimentar, para o fim de organizar-se, então, o concurso de credores[2362].

A construção em torno do instituto se funda na ideia de que é preciso paralizar os direitos de administração e de disposição do falido sobre o seu patrimônio, já que este passará a compor a massa falida objetiva – que nada mais é do que o próprio patrimônio do falido submetido a outro regime legal[2363] –, para que o administrador judicial possa liquidá-lo em prol da comunidade de credores (massa falida subjetiva).

O escopo é evitar a venda dos ativos fora do processo falimentar, garantindo aos credores que os bens não serão liquidados de forma precipitada e a preço aviltante, ou que o falido assuma novas obrigações, possibilidade, em certa medida, também tolhida por meio da inabilitação anteriormente estudada. Busca-se, então, a preservação e a otimização produtiva dos bens, ativos e recursos produtivos, nos termos do art. 75, *caput*, da LREF[2364]; tanto isso é verdade que o desa-

---

[2360] PLÁCIDO E SILVA, O. J. *Vocabulário jurídico*. 25 ed. posta em dia por Nagib Slaibi Filho e Gláucia Carvalho. Rio de Janeiro: Forense, 2004, p. 440.

[2361] Como referem IGNACIO ESCUTI e FRANCISCO BAS: "El desapoderamiento (...) constituye el efecto típico de la quiebra, sobre el cual se estructuran las consecuencias jurídicas y se organiza el proceso concursal." (ESCUTI; BAS. *Derecho concursal...*, p. 245). Ver, também: PROVINCIALI. *Trattato di diritto fallimentare*, v. II..., p. 792.

[2362] VALVERDE. *Comentários à Lei de Falências*, v. I..., p. 232; PACHECO. *Processo de falência e concordata...*, p. 366; PROVINCIALI. *Trattato di diritto fallimentare*, v. II..., p. 785.

[2363] VALVERDE. *Comentários à Lei de Falências*, v. I..., p. 257; OLIVEIRA. *A dupla crise da pessoa jurídica...*, p. 205-206.

[2364] ZANINI, Carlos Klein. Comentários aos arts. 70 a 82. In: SOUZA JUNIOR, Francisco Satiro de; PITOMBO, Antônio Sérgio A. de Moraes (coord.). *Comentários à Lei de Recuperação de Empresas e Falência*.

RECUPERAÇÃO DE EMPRESAS E FALÊNCIA

possamento não acarreta, necessariamente, a paralisação das atividades (LREF, arts. 99, XI, e 109)[2365].

Em razão disso, uma vez decretada a quebra, o falido não pode, por exemplo, firmar contratos[2366], adquirir bens, contratar sociedade, subscrever ou adquirir quotas ou ações de sociedades novas ou já existentes. Embora possa ser administrador de sociedades – caso não reste condenado por crime falimentar –, não pode realizar qualquer acordo com credores[2367], ou entregar bens, ainda que para cumprimento de ordem judicial em ação promovida por credor[2368-2369].

As modificações que ocorrem em consequência da decretação de falência do devedor são essencialmente objetivas, com a finalidade de resguardar a situação dos bens destinados à exploração da atividade econômica que foi à bancarrota, não se estendendo à pessoa do falido[2370], salvo quanto aos efeitos jurídicos decorrentes da sua inabilitação (em razão seja do art. 102, seja do art. 181 da LREF) e eventuais deveres a ele impostos.

---

2 ed. rev., atual. e ampl. São Paulo: Revista dos Tribunais, 2007, p. 338; FRANCO; SZTAJN. *Falência e recuperação da empresa em crise...*, p. 126. Em sentido semelhante, ver: TARREGA. Comentários aos artigos 102 a 104..., p. 458; FÉRES. Seção V: Da inabilitação empresarial..., p. 773; CARVALHO DE MENDONÇA. *Tratado de direito comercial brasileiro*, v. VII..., p. 431 ss.

[2365] Nesse sentido, não se pode concordar com a afirmação de que o desapossamento dos bens do falido ocorre porque o devedor "revelou sua inaptidão para com a atividade empresarial, tendo de responder pelas consequências", como sustenta CARLOS HENRIQUE ABRÃO (ABRÃO. Comentários aos arts. 70 a 104..., p. 381). Isso porque, como se sabe, muitas vezes a quebra é ocasionada por fatores externos e imprevisíveis, que fogem ao controle do empresário ou da sociedade (como no caso de maxidesvalorização cambial). Assim, deve-se evitar atribuir qualquer conotação vexatória ao falido (vide Capítulo 16, item 3). Na verdade, o desapossamento objetiva evitar que os bens sejam liquidados de forma precipitada e a preço aviltante (o que poderia ocorrer tanto de boa quanto de má-fé).

[2366] TJSC, 1ª Câmara de Direito Civil, APC 1988.043265-8, Rel. Des. Napoleão Amarante, j. 12/02/1991; TJSC, 2ª Câmara de Direito Comercial, APC 1988.044902-2, Rel. Des. João José Schaefer, j. 15/10/1992.

[2367] TJSP, Câmara Reservada à Falência e Recuperação, AI 576.078-4/6-00, Rel. Des. Romeu Ricupero, j. 24/09/2008; TJRS, 5ª Câmara Cível, AI 70025634759, Rel. Des. Jorge Luiz Lopes do Canto, j. 12/11/2008; TJRS, 5ª Câmara Cível, AI 70025273244, Rel. Des. Romeu Marques Ribeiro Filho, j. 20/08/2008.

[2368] STF, 2ª Turma, RE 105.565/PR, Rel. Min. Francisco Rezek, j. 09/08/1985; STF, 2ª Turma, HC 63.823/PR, Rel. Min. Aldir Passarinho, j. 09/05/1986; TJSP, 8ª Câmara de Direito Público, AI 117.412-5/7, Rel. Des. Torres de Carvalho, j. 08/09/1999.

[2369] Interessante é a decisão do TJSP na qual, diante de acordo firmado posteriormente à quebra entre o falido e o credor, determinou a suspensão da decisão que mandara este depositar, em juízo, a quantia recebida daquele, até que restasse apreciada a questão sobre a existência de outros credores – uma vez que, em inexistindo mais credores, nada obstaria o encerramento do processo falimentar por falta de interesse processual em seu prosseguimento (TJSP, Câmara Especial de Falências e Recuperações Judiciais, AI 579.701-4/2-00, Rel. Des. José Roberto Lino Machado, j. 04/03/2009).

[2370] FERRI. *Manuale di diritto commerciale...*, p. 651.

3.3. Natureza jurídica

Muito se discute sobre a natureza jurídica do desapossamento[2371]: se seria (*i*) um direito real de garantia, (*ii*) um sequestro ou uma apreensão cautelar conservativa, (*iii*) uma verdadeira transferência da propriedade, (*iv*) o equivalente a uma penhora ou, ainda, (*v*) se acarretaria a formação de um patrimônio separado que responde pelos débitos do falido, do qual determinados bens singulares são excluídos, tais como os bens impenhoráveis[2372].

Entre as alternativas lançadas, aquela que se afigura mais adequada com os efeitos do desapossamento parece ser a da penhora que recai sobre o patrimônio do devedor. Neste específico ponto, diferente do que ocorre em uma execução singular, quando a penhora recai somente sobre determinados bens[2373].

3.4. Momento

O falido perde o direito de administrar os seus bens ou deles dispor desde a decretação da falência ou do sequestro[2374], como determina o *caput* do art. 103 da

---

[2371] A pesquisa acerca da natureza jurídica do desapossamento tem valor mais descritivo que prático. Muitas vezes, não vemos utilidade nas estéreis discussões acerca da natureza dos institutos, as quais, nas palavras de GENARO CARRIÓ, representam verdadeira enfermidade profissional dos pesquisadores do direito (CARRIÓ, Genaro. *Notas sobre derecho y lenguaje*. 4 ed. Buenos Aires: Abeledo-Perrot, 1990, p. 100-103). O desapossamento é um bom exemplo dessa prática. A legislação falimentar é clara ao dispor sobre os seus efeitos. Em nosso sentir, não se depreende desse debate um guia adequado para a solução de casos práticos, nem uma base segura de sistematização, objetivos que devem permear esse tipo de investigação acadêmica.

[2372] Sobre o tema, ver, dentre outros: PACHECO. *Processo de recuperação judicial, extrajudicial e falência...*, p. 318; PACHECO. *Processo de falência e concordata...*, p. 389; CARVALHO DE MENDONÇA. *Tratado de direito comercial brasileiro*, v. VII..., p. 449; VALVERDE. *Comentários à Lei de Falências*, v. I..., p. 230-231; PONTES DE MIRANDA. *Tratado de direito privado*, t. XXVIII..., p. 281-284; REQUIÃO. *Curso de direito falimentar*, v. 1..., p. 151-153; MAGGIORE. *Istituzioni di diritto fallimentare...*, p. 151-154; FERRARA. *Il fallimento...*, p. 281 ss; PROVINCIALI. *Trattato di diritto fallimentare*, v. II..., p. 786 ss; BONELLI. *Del fallimento*, v. I..., p. 459-527.

[2373] No entanto, é preciso registrar que a figura do "penhoramento" não escapa às críticas de parte da doutrina, especialmente na Itália, onde muito se estudou o assunto. Mesmo assim, optou-se por utilizá-la, já que, em nosso sentir, se trata da melhor forma de descrever o efeito jurídico do desapossamento, ao menos pelo seu efeito como *figura de linguagem*, muito útil para a compreensão do fenômeno. Para críticas à "teoria do penhoramento", ver: MAGGIORE. *Istituzioni di diritto fallimentare...*, p. 150 ss. Ver, também: REQUIÃO. *Curso de direito falimentar*, v. 1..., p. 150.

[2374] O art. 103, *caput*, utiliza a expressão "sequestro" como um dos termos iniciais para o desapossamento. Na verdade, a figura em questão não é o *sequestro*, mas sim o *arresto cautelar*, que a LREF erroneamente chamou de sequestro, tal como o fez o legislador do regime anterior. Segundo a doutrina processual, o sequestro consiste na apreensão de bem determinado, objeto de litígio, com a finalidade de assegurar futura execução para entrega de coisa, preservando tal bem de danos, de depreciação ou deterioração. O correto teria sido empregar o termo "arresto", que é a medida consistente na apreensão judicial de bens indeterminados do patrimônio do devedor para garantia de futura execução por quantia certa, assegurando a viabilidade da futura penhora ou arrecadação (em caso de insolvência), na qual virá a converter-se ao tempo da efetiva execução (THEODORO JÚNIOR, Humberto. *Processo cautelar*. 21 ed.

LREF (e tal como dispunha o art. 40, *caput* e §1º, do Decreto-Lei 7.661/1945)[2375], independentemente de qualquer formalidade ou do trânsito em julgado.

O desapossamento ocorre imediatamente com a decretação da falência, no dia (e no horário, se previsto) do proferimento da sentença, e perdura até o encerramento do processo, quando o devedor recupera o direito de administrar e de dispor de seu patrimônio.

O legislador previu, também, a possibilidade extraordinária de desapossamento antecipado, antes da decretação da quebra, como medida assecuratória, se existir fundado receio de dano irreparável ou de difícil reparação no curso do processo pré-falimentar, especialmente quando restar configurada a prática de atos de dilapidação do ativo, do estabelecimento empresarial ou de bens de seu patrimônio (art. 103). Na hipótese de desapossamento antecipado, o magistrado nomeará, enquanto inexistir administrador judicial, fiel depositário, que, eventualmente, pode ser o próprio devedor, como dispunha o art. 12, §4º, do revogado Decreto-Lei 7.661/1945, e como, em certa medida, prevê o art. 108, §1º, da LREF[2376].

3.4.1. Termo *a quo*

Como o desapossamento é consequência natural e emana imediatamente da decretação da falência, esse é termo *a quo* (*i.e.*, o dia e o horário da decretação da quebra[2377]) – ou, evidentemente, do sequestro, como já referido. A eficácia da

---

rev. e atual. São Paulo: Livraria e Editora Universitária de Direito, 2004, p. 213, 271). A despeito dessa imprecisão do legislador, como a expressão consta na letra da lei e tem sido amplamente utilizada em contexto falimentar, ela será empregada ao longo deste trabalho.

[2375] O art. 103 da LREF corresponde ao art. 40 do Decreto-Lei 7.661/1945. Todavia, na lei revogada, estava inserido dentro da Seção III ('Dos efeitos quanto aos bens do falido') do Título II ('Dos efeitos jurídicos da sentença declaratória da falência'). Assim, optava-se por tratar a matéria sob a perspectiva dos bens, e não da pessoa do falido, o que é elogiado por parte da doutrina (FÉRES. Seção V: Da inabilitação empresarial..., p. 773). Salienta-se, ainda, que inexiste mais a exceção (que confirmava a regra) do art. 40, §2º, do revogado Decreto-Lei 7.661/1945, que assim dispunha: "§2º. Se, entretanto, antes da publicação da sentença declaratória da falência ou do despacho de seqüestro, o devedor tiver pago no vencimento título à ordem por êle aceito ou contra êle sacado, será válido o pagamento, se o portador não conhecia a falência ou o seqüestro, e se, conforme a lei cambial, não puder mais exercer ùtilmente os seus direitos contra os coobrigados".

[2376] Por todos, ver: NEGRÃO. *Aspectos objetivos da Lei de Recuperação de Empresas e de Falências...*, p. 62-63; FRANCO; SZTAJN. *Falência e recuperação da empresa em crise...*, p. 134; FRANCO. Comentários aos arts. 94 a 114..., p. 420; AQUINO, Diva Carvalho. Dos efeitos da decretação da falência em relação aos bens e pessoas do devedor e administradores. In: PAIVA, Luiz Fernando Valente de (coord.). *Direito falimentar e a nova Lei de Falências e Recuperação de Empresas*. São Paulo: Quartier Latin, 2005, p. 384; FÉRES. Seção V: Da inabilitação empresarial..., p. 775.

[2377] REQUIÃO. *Curso de direito falimentar*, v. 1..., p. 150. Na mesma direção, dentre outros, ver: PONTES DE MIRANDA. *Tratado de direito privado*, t. XXVIII..., p. 281; e BONELLI. *Del fallimento*, v. I..., p. 422 ss.

EFEITOS DA QUEBRA SOBRE A PESSOA DO FALIDO E SEUS BENS

sentença é imediata e consubstancia o momento em que uma situação econômica se transforma em jurídica[2378].

3.4.2. Termo *ad quem*

Diferentemente do que ocorre com a inabilitação ao exercício da atividade empresária (LREF, art. 102), que perdura até a extinção das obrigações do devedor, a perda do direito de administrar e dispor tem como termo *ad quem* o final do processo falimentar. Trata-se, então, de indisponibilidade temporária, e não definitiva, que perdura enquanto tramitar o processo falimentar[2379].

3.5. Alcance

A falência e, por consequência, o desapossamento, abarcam todo o patrimônio do falido[2380], compreendendo bens de qualquer natureza: móveis e imóveis, corpóreos e incorpóreos, bem como direitos, créditos, ações, etc[2381]. Todos os itens

---

[2378] Exemplo de que os efeitos da decretação da falência são imediatos quanto ao patrimônio do falido é o art. 129, VII, da LREF, que determina serem ineficazes os registros de direitos reais e de transferência de propriedade entre vivos, por título oneroso ou gratuito, ou a averbação relativa a imóveis realizados após a decretação da falência, salvo se tiver havido prenotação anterior (como também o faz o art. 45 da *Legge Fallimentare* italiana). A orientação em outros países também é a de que a sentença acarreta, imediatamente, o desapossamento dos bens do falido, como dispõe o art. 106 da *Ley de Concursos y Quiebras* argentina, os arts. 42 e 44 da *Legge Fallimentare* italiana, o art. 81 do Código da Insolvência e da Recuperação de Empresas português (Decreto-Lei 53/2004) e o §80 do *Insolvenzordnung* alemão, por exemplo.

[2379] CARVALHO DE MENDONÇA. *Tratado de direito comercial brasileiro*, v. VII..., p. 450; MENDES. *Fallencias e concordatas...*, p. 118; FÉRES. Seção V: Da inabilitação empresarial..., p. 775.

[2380] Como emanação da personalidade, de acordo com a clássica concepção de AUBRY e RAU, nada mais natural que as obrigações que pesam sobre uma pessoa recaiam sobre o seu patrimônio, sua projeção econômica (AUBRY; RAU. *Cours de droit civil français...*, p. 366), em um bem definido esquema de responsabilidade patrimonial, não pessoal, como bem destaca PAULO CUNHA (CUNHA. *Do patrimônio...*, p. 206-207). O patrimônio é a garantia geral dos credores, que podem excutir os bens que dele fazem parte em caso de inadimplemento por parte do devedor (VIVANTE. *Trattato di diritto commerciale*, v. II..., p. 192; ASCARELLI, Tullio. *Problemas das sociedades anônimas e direito comparado*. São Paulo: Saraiva, 1945, p. 346, 348, nota de rodapé 37). Consiste na garantia direta dos credores (FERRI. *Le società...*, p. 325-326; GUERREIRO. *Regime jurídico do capital autorizado...*, p. 28-30), pois sobre o patrimônio recai o direito geral de execução destes (MARCONDES, Sylvio. *Limitação da responsabilidade de comerciante individual*. São Paulo: USP, 1956, p. 225). A despeito das discussões doutrinárias acerca da sua natureza, parece-nos que se trata, de fato, de direito universal, porque seu objeto imediato não é especificamente nenhum dos elementos componentes do patrimônio, e sim a universalidade como um todo (GALVÃO TELES, Inocêncio. *Do patrimônio*. Lisboa: Minerva, 1940, p. 108).

[2381] A conclusão independe do fato de a LREF não registrar textualmente que a "falência compreende todos os bens do devedor inclusive direitos e ações, tanto os existentes na época de sua declaração como os que forem adquiridos no curso do processo", como expressamente dispunha o art. 39 do Decreto-Lei 7.661/1945 (CARVALHO DE MENDONÇA. *Tratado de direito comercial brasileiro*, v. VII..., p. 448). Ver, também: FERRI. *Manuale di diritto commerciale...*, p. 652. Na verdade, essa é a regra geral em matéria

que compõem o patrimônio do falido são submetidos a concurso de credores, para que sirvam de suporte material da responsabilidade decorrente da crise que se estabelece pelo não cumprimento espontâneo da obrigação e pela consequente necessidade do recurso à tutela coativa do Estado, sendo permitido que se avance sobre o patrimônio do devedor na busca pela satisfação do crédito[2382].

O falido perde a administração e o poder de dispor de todo o patrimônio que esteja na sua posse ou na posse de terceiros, presentes ou futuros. Incluem-se, nessa sistemática, os bens adquiridos no curso do procedimento falimentar (mas não aqueles adquiridos após o encerramento do processo falimentar). Assim, no caso de o falido ganhar na loteria[2383], descobrir tesouro[2384], perceber os resultados decorrentes do exercício de atividade econômica ou bens provenientes de uma herança[2385] (não sendo lícito renunciar a herança[2386]), esses bens, ao menos enquanto estiver aberto o processo falimentar, entrarão para a falência[2387].

---

falimentar, e assim também funciona em outros países, como a *Ley de Concursos y Quiebras* argentina, no art. 107, e a *Legge Fallimentare* italiana, em seu art. 42.

[2382] ZAVASCKI, Teori. *Processo de execução*: parte geral. 3 ed. São Paulo: Revista dos Tribunais, 2004, p. 9-10; GALVÃO TELES, Inocêncio. *Das universalidades*: estudo de direito privado. Lisboa: Minerva, 1940, p. 111 ss.

[2383] MAGGIORE. *Istituzioni di diritto fallimentare...*, p. 154; PROVINCIALI. *Trattato di diritto fallimentare*, v. II..., p. 806; PONTES DE MIRANDA. *Tratado de direito privado*, t. XXVIII..., p. 252.

[2384] FERRARA. *Il fallimento...*, p. 297.

[2385] PROVINCIALI. *Trattato di diritto fallimentare*, v. II..., p. 806; VALVERDE. *Comentários à Lei de Falências*, v. I..., p. 233; PONTES DE MIRANDA. *Tratado de direito privado*, t. XXVIII..., p. 252.

[2386] PONTES DE MIRANDA entende que, se o falido renuncia à herança ou ao legado, o síndico poderia aceitá-la com a permissão do juiz (nos termos do art. 1.586 do Código Civil de 1916 – atual art. 1.813 do Código Civil de 2002) (PONTES DE MIRANDA. *Tratado de direito privado*, t. XXVIII..., p. 523). Na Argentina, por exemplo, o falido pode rejeitar a herança; ocorre que, de acordo com a disposição do art. 111 da *Ley de Concursos y Quiebras* argentina (*Ley 24.522/1995*), a rejeição somente produz efeitos naquilo que exceder o interesse dos credores do falido e os custos do processo falimentar; ainda, o síndico (administrador judicial) deve atuar nos trâmites sucessórios. Nesses termos, a renúncia à herança não chegaria a ser completamente incompatível com o processo falimentar. Caminhando no mesmo sentido, o art. 112 da lei argentina dispõe que é ineficaz, perante os credores, o legado ou a doação que tenha como condição não restar compreendido no desapossamento. Ainda, o art. 113 da *Ley de Concursos y Quiebras* argentina determina que os bens doados ao falido posteriores à declaração na quebra e até à sua reabilitação ingressam no concurso e restam submetidos ao desapossamento (salvo se a doação for feita com encargo, quando, então, o síndico – administrador judicial – pode, com autorização judicial, recusá-la, permitindo-se que, nessa hipótese, o falido aceite a doação e assuma o encargo pessoalmente – não possuindo o doador, aqui, nenhum direito contra a massa).

[2387] MIRANDA VALVERDE coloca uma pá de cal na questão: "Se, com efeito, ainda depois de encerrada a falência continua o devedor responsável pelo saldo das obrigações não integralmente satisfeitas com o produto da venda do ativo arrecadado, pelo que cada credor fica com o direito de executar os bens que êle vier a possuir depois dêsse encerramento, por que não havia, e com razão maior, de acrescer ao patrimônio falido os bens que o devedor adquirisse em pleno período da execução coletiva?" "Os credores, é a regra, devem ser integralmente pagos pelos bens do devedor falido, existam êles no momento da declaração da falência, venham a existir no curso do processo da execução coletiva, ou, findo êste, depois do encerramento" (VALVERDE. *Comentários à Lei de Falências*, v. I..., p. 233). Igualmente, dentre outros,

EFEITOS DA QUEBRA SOBRE A PESSOA DO FALIDO E SEUS BENS

A execução é de todos os bens do patrimônio do falido, e não somente dos bens suficientes para satisfazer a execução[2388], os quais são arrecadados, como preleciona o art. 108 da LREF, para formar a massa falida objetiva[2389]. De forma semelhante ocorre na execução singular, na qual qualquer bem componente do patrimônio, não importa a época de seu ingresso, responde por todos os débitos, independentemente do seu tempo de constituição[2390].

Tudo isso sem prejuízo de se incorporarem à massa os bens que vierem a integrá-la por efeito da declaração de ineficácia e da ação revocatória, nos termos dos arts. 129 e 130 da LREF. Sobre essa temática, remete-se o leitor para o Capítulo 25, *infra*.

3.6. Limites

Embora a falência e, portanto, o desapossamento, abarque todo o patrimônio do falido, em virtude de valorações humanitárias[2391], não está nela compreendida uma série de bens que seguem sistemáticas particulares. Entre as exceções estão os bens absolutamente impenhoráveis do falido, como dispõe o art. 108, §4º, da LREF, e como também previa o art. 41 do revogado Decreto-Lei 7.661/1945[2392], os

---

ver: PACHECO. *Processo de falência e concordata...*, p. 384-385; CARVALHO DE MENDONÇA. *Tratado de direito comercial brasileiro*, v. VII..., p. 449-450; e FERRI. *Manuale di diritto commerciale...*, p. 652. Importantes e esclarecedoras são as palavras de PONTES DE MIRANDA: "A entrada do bem no ativo da massa falida é *ex tunc*, mas dependente da manifestação de assentimento do juízo, com o requerimento pelo síndico, por algum credor, pelo órgão do Ministério Público, ou pelo próprio falido. Para se evitarem dificuldades em tôrno da aquisição *ipso iure*, conceito dentro do qual se debatem juristas estrangeiros (...), temos de pensar em transmissão automática, com a condição resolutiva de não ter havido assentimento do juízo." (PONTES DE MIRANDA. *Tratado de direito privado*, t. XXVIII..., p. 254).

[2388] FRANCO. Comentários aos arts. 94 a 114..., p. 420.

[2389] De acordo com TRAJANO DE MIRANDA VALVERDE, a massa falida objetiva é patrimônio autônomo (separado, de afetação), entendido como um complexo de bens, direitos e obrigações destinados pela lei a atender uma determinada finalidade; é o patrimônio do falido submetido a um novo regime legal (VALVERDE. *Comentários à Lei de Falências*, v. I..., p. 231, 238). No mesmo sentido, ver: REQUIÃO. *Curso de direito falimentar*, v. 1..., p. 152-153; BATALHA; BATALHA. *Falências e concordatas...*, p. 366-367. Para VERA HELENA DE MELLO FRANCO e RACHEL SZTAJN, tal orientação se coaduna com o direito atual que, como fazem ver as normas dos arts. 994 do Código Civil e 10, II, da Lei 9.414/97, além da Lei 10.931/2004, superou a orientação que excluía a possibilidade de mais de um patrimônio pertencente ao mesmo titular, adequando o ordenamento jurídico pátrio à modernidade (FRANCO; SZTAJN. *Falência e recuperação da empresa em crise...*, p. 420). Ver, também: MAGGIORE. *Istituzioni di diritto fallimentare...*, p. 151-153. Finalmente, vale colacionar a orientação de LAMARTINE CORRÊA DE OLIVEIRA, para quem a massa não é pessoa, é coisa; não é sujeito, mas objeto de direitos (OLIVEIRA. *A dupla crise da pessoa jurídica...*, p. 206).

[2390] GALVÃO TELES. *Das universalidades...*, p. 108.

[2391] VALVERDE. *Comentários à Lei de Falências*, v. I..., p. 229. Ver, também: REQUIÃO. *Curso de direito falimentar*, v. 1..., p. 153.

[2392] Portanto, aplicam-se o disposto na legislação processual civil (CPC, art. 833) e nos arts. 1.715, 1.848 e 1.911 do Código Civil, bem como a tutela estabelecida aos bens de família pela Lei 8.009/1990. Todavia,

RECUPERAÇÃO DE EMPRESAS E FALÊNCIA

bens de terceiros, como o de seus filhos (nos termos do art. 1.689 do Código Civil), e os rendimentos destes[2393] que, por não serem do falido, não são arrecadados[2394].

Na linha definida pela legislação processual civil (CPC, art. 832), o mesmo ocorre com os bens inalienáveis, como o nome empresarial, nos termos do art. 1.164 do Código Civil, apesar de o título de estabelecimento e a marca poderem ser alienados. A limitação também se aplica aos bens, direitos, poderes, faculdades e ações estritamente ligados à pessoa (*intuitu personae*, os quais, muitas vezes, não são suscetíveis de medida de valor, ou seja, não possuem caráter patrimonial), como os direitos civis, os direitos conferidos por terceiros ao falido (ainda que suscetíveis de valoração pecuniária), mas que o foram em atenção ao falido e sua família (como o direito real de habitação), e o direito autoral de natureza moral (ingressando para a massa falida somente os rendimentos que daí possam provir), etc.[2395-2396]

e especialmente no que tange ao art. 833 do CPC, algumas considerações são importantes acerca da incidência de tal dispositivo no contexto falimentar: (*a*) é questionável a aplicação do inciso VIII do art. 833 do CPC, que determina ser impenhorável a pequena propriedade rural, desde que trabalhada por família, já que, de acordo com o art. 971 do Código Civil, hoje, quem exerce atividade rural pode ser equiparado a empresário (basta estar registrado na Junta Comercial) e, assim, a pequena propriedade rural seria, a rigor, o "estabelecimento" de tal empresário; (*b*) não se aplica o inciso XI do art. 833 do CPC, que determina que os recursos públicos do fundo partidário recebidos por partido político são impenhoráveis, já que partidos políticos são associações (e não sociedades empresárias) e, portanto, não podem falir (LREF, art. 1º); (*c*) e, por fim, questiona-se a aplicação do art. 833 do CPC em caso de falência de sociedade empresária – o que, teoricamente, é possível, com base, por exemplo, nos incisos VII e X, que determinam, respectivamente, ser impenhoráveis os materiais necessários para obras em andamento e a quantia depositada em caderneta de poupança até o limite de 40 salários mínimos – uma vez que o objetivo da impenhorabilidade é a tutela da dignidade da pessoa humana (o que não é encontrado em sociedades empresárias).

[2393] PONTES DE MIRANDA. *Tratado de direito privado*, t. XXVIII..., p. 278. Na Itália (*Regio Decreto 16 marzo 1942, n. 267*, modificado pelo *Decreto legislativo del 9 gennaio 2006, n. 5*), o art. 46 dispõe que os frutos derivados do usufruto legal dos bens do filho são excluídos da falência. Por outro lado, na Argentina (*Ley 24.522/1995*), o art. 108 determina que, uma vez atendidos os custos, os frutos decorrentes do usufruto dos bens dos filhos menores do falido entram na falência.

[2394] A esse propósito, lembre-se que, na vigência do Decreto-Lei 7.661/1945, o art. 42 assim dispunha: "A falência não atinge a administração dos bens dotais e dos particulares da mulher e dos filhos do devedor". Sobre o tema, ver: CARVALHO DE MENDONÇA. *Tratado de direito comercial brasileiro*, v. VII..., p. 437; FERREIRA. *Tratado de direito comercial*, v. 14..., p. 471; e MENDES. *Fallencias e concordatas*..., p. 117.

[2395] Sobre todo o aqui exposto, ver: VALVERDE. *Comentários à Lei de Falências*, v. I..., p. 241, 246-247; PONTES DE MIRANDA. *Tratado de direito privado*, t. XXVIII..., p. 255 ss; CARVALHO DE MENDONÇA. *Tratado de direito comercial brasileiro*, v. VII..., p. 456-458; FERREIRA. *Tratado de direito comercial*, v. 14..., p. 494 ss.; MAGGIORE. *Istituzioni di diritto fallimentare*..., p. 169-171; PROVINCIALI. *Trattato di diritto fallimentare*, v. II..., p. 822 ss; BONELLI. *Del fallimento*, v. I..., p. 431 ss; FERRI. *Manuale di diritto commerciale*..., p. 652.

[2396] Em sentido semelhante a todo o aqui exposto, preveem de modo expresso as legislações de outros países: na Itália, *Regio Decreto 16 marzo 1942, n. 267*, modificado pelo *Decreto legislativo del 9 gennaio 2006, n. 5*, art. 46; na Argentina, *Ley 24.522/1995*, art. 108.

As restrições incluem, ainda, o chamado patrimônio de afetação, reconhecido pela própria LREF em seu art. 119, IX. Dentre vários exemplos, o mais relevante é, provavelmente, o caso das incorporadoras.

Respeitados os fundamentos especiais ou legais de cada uma das hipóteses acima, pode-se dizer que o falido mantém, de certa forma, a administração e a disposição sobre alguns bens que não entram para o regime falimentar, estando, portanto, afastados da ação dos credores[2397].

3.7. Desapossamento *versus* arrecadação

O desapossamento e a arrecadação são momentos distintos do processo falimentar, muito embora esta seja uma forma de materialização daquele[2398]. Justamente por isso, entende-se que a sentença que decreta a quebra proclama o desapossamento de direito do falido, o qual é sucedido pelo desapossamento de fato, com a efetiva imissão do administrador judicial na posse dos bens, qual seja, a arrecadação[2399].

3.8. Desapossamento *versus* perda da propriedade

O desapossamento não ocasiona a automática perda da propriedade dos bens do falido, pois não se trata de expropriação. O que se dá, na verdade, é a perda da posse direta dos bens para o administrador judicial e dos poderes de administrar e dispor de seu patrimônio, continuando o devedor com a posse indireta[2400].

A massa falida subjetiva, consubstanciada na comunhão de interesses dos credores[2401], não se torna proprietária dos bens integrantes do patrimônio do falido[2402], porque não é outra coisa senão o próprio patrimônio do falido submetido a outro regime legal[2403]. A massa falida subjetiva apenas congrega os interesses dos credores sobre a administração dos bens do falido. Não se trata de um

---

[2397] CARVALHO DE MENDONÇA. *Tratado de direito comercial brasileiro*, v. VII..., p. 456.

[2398] ESCUTI; BAS. *Derecho concursal*..., p. 245.

[2399] BONELLI, Gustavo. *Del fallimento*, v. II. 3 ed. atual. por Virgilio Andrioli. Milano: Casa Editrice Dottor Francesco Vallardi, 1938, p. 111. Igualmente, ver: TEPEDINO, Ricardo. Seção VII: Da arrecadação e da custódia dos bens. In: TOLEDO, Paulo Fernando Campos Salles de; ABRÃO, Carlos Henrique (coord.). *Comentários à Lei de Recuperação de Empresas e Falência*. 4 ed. rev. e atual. São Paulo: Saraiva, 2010, p. 404. Em sentido semelhante, ver: PACHECO. *Processo de falência e concordata*..., p. 387. PONTES DE MIRANDA explica que: "O patrimônio do falido é patrimônio inconfundível, *universitas iuris*: dono dêle, titular de direitos, pretensões, ações e exceções que nele se compreendem, é o falido. Houve, apenas, constrição, que, antes da arrecadação, é apenas no plano jurídico. A arrecadação torna-a material, como elemento, a mais, de juridicidade." (PONTES DE MIRANDA. *Tratado de direito privado*, t. XXVIII..., p. 279).

[2400] VALVERDE. *Comentários à Lei de Falências*, v. I..., p. 252.

[2401] Sobre o tema da massa falida subjetiva, ver: REQUIÃO. *Curso de direito falimentar*, v. 1..., p. 136, 151.

[2402] OLIVEIRA. *A dupla crise da pessoa jurídica*..., p. 206.

[2403] VALVERDE. *Comentários à Lei de Falências*, v. I..., p. 257; OLIVEIRA. *A dupla crise da pessoa jurídica*..., p. 206.

RECUPERAÇÃO DE EMPRESAS E FALÊNCIA

ente jurídico personificado, não tendo, portanto, capacidade para ser titular de patrimônio próprio[2404].

Com o desapossamento, há um penhoramento geral do patrimônio do devedor[2405] ou, como preferem alguns, um penhoramento abstrato[2406]. A perda da propriedade dos bens se dá apenas posteriormente, com a liquidação que ocorre na fase de realização do ativo para, com o produto da alienação, realizar-se o pagamento dos credores.

Após o pagamento de todos os credores, caso reste saldo, este é entregue ao falido (art. 153) ou, cessado o estado de falência e ainda existindo bens não liquidados, estes retornam à posse direta do devedor. Destarte, apesar de o art. 103, *caput*, falar em perda do direito de administrar e dispor dos bens, o que ocorre é a suspensão de tais direitos, já que é possível vislumbrar, ao menos teoricamente, falência superavitária, hipótese em que sobram ativos, depois de pagos todos os créditos, passando o falido a ter plenos poderes de administrar e dispor dos bens e direitos remanescentes[2407].

Essa compreensão é importante para a fixação da atuação do administrador judicial. Considerando-se que durante o processo falimentar os bens continuam sendo de propriedade do falido, tem-se que o administrador judicial, ao gerenciar a massa falida, não atua livremente, devendo agir de modo a dar cumprimento estrito às etapas do regime falimentar. Exatamente por isso, é submetido à fiscalização e à prestação de contas[2408], nos termos da LREF, arts. 22, *caput* e III, "p" e "r", 23, 27, I, "a", 103, parágrafo único, 104, XII, e 154.

[2404] Por tudo, ver: FRANCO. Comentários aos arts. 94 a 114..., p. 420; FRANCO; SZTAJN. *Falência e recuperação da empresa em crise...*, p. 135; PACHECO. *Processo de recuperação judicial, extrajudicial e falência...*, p. 317-318; NEGRÃO. *Aspectos objetivos da Lei de Recuperação de Empresas e de Falências...*, p. 61-62; VIGIL NETO. *Teoria falimentar e regimes recuperatórios...*, p. 247; COELHO. *Comentários à Lei de Falências e de Recuperação de Empresas...*, p. 335; TARREGA. Comentários aos artigos 102 a 104..., p. 458; PACHECO. *Processo de falência e concordata...*, p. 367, 388-389; VALVERDE. *Comentários à Lei de Falências*, v. I..., p. 220-221, 230-234; PONTES DE MIRANDA. *Tratado de direito privado*, t. XXVIII..., p. 241, 247 ss; REQUIÃO. *Curso de direito falimentar*, v. 1..., p. 143, 149, 151-152; CARVALHO DE MENDONÇA. *Tratado de direito comercial brasileiro*, v. VII..., p. 450 ss; FERREIRA. *Tratado de direito comercial*, v. 14..., p. 472-473; MENDES. *Fallencias e concordatas...*, p. 116-117; PROVINCIALI. *Trattato di diritto fallimentare*, v. II..., p. 786, 846-847; FERRARA. *Il fallimento...*, p. 282. Lembram ESCUTI e BAS que: "El deudor subsiste como titular de todos los derechos y relaciones comprendidos en su património, pero la disponibilidad, el goce, la administración y la custodia recaen sobre los órganos falimentares, en virtud de un proceso de sustitución procesal." (ESCUTI; BAS. *Derecho concursal...*, p. 246).

[2405] PROVINCIALI. *Trattato di diritto fallimentare*, v. II..., p. 783.

[2406] PONTES DE MIRANDA. *Tratado de direito privado*, t. XXVIII..., p. 247-248.

[2407] FÉRES. Seção V: Da inabilitação empresarial..., p. 775. Sobre o tema, ver, também: REQUIÃO. *Curso de direito falimentar*, v. 1..., p. 151.

[2408] VIGIL NETO. *Teoria falimentar e regimes recuperatórios...*, p. 248.

3.9. Desapossamento *versus* incapacidade

O desapossamento é um desdobramento natural da formação da massa falida, que não ocasiona a incapacidade do falido[2409], nem a sua interdição ou perda de direitos políticos. Seu efeito processual atinge o patrimônio e não a pessoa do falido[2410]. No entanto, o desapossamento traz algumas consequências na esfera pessoal, como a impossibilidade de o falido ser tutor ou curador, ou, ainda, a exoneração da tutela ou curatela, como expressamente dispõe o Código Civil (arts. 1.735, I, e 1.774).

3.10. Desapossamento *versus* legitimidade processual

Além da perda da administração e da disponibilidade do seu patrimônio, perde o falido, também, a legitimação processual, isto é, a capacidade de estar em juízo na defesa de seu patrimônio[2411]. Eis outra consequência do desapossamento.

Em razão disso, a massa falida, representada pelo administrador judicial, sucede o falido nas ações pendentes ou futuras referentes a relações de direito patrimonial relacionadas à falência, inclusive, quando for o caso, em processos arbitrais[2412], pois o falido perde sua capacidade de agir (LREF, arts. 22, III, "c" e

---

[2409] Segundo CARVALHO DE MENDONÇA: "A incapacidade é estabelecida para *proteger* certas pessoas e sòmente estas ou os seus herdeiros podem-na invocar ou alegar. Ora, privando-se o falido da faculdade da administração e disposição dos bens durante o *processo da falência*, não se visa protegê-lo; ao contrário, procura-se amparar, resguardar os direitos dos credores." (CARVALHO DE MENDONÇA. *Tratado de direito comercial brasileiro*, v. VII..., p. 432, grifo do autor).

[2410] FÉRES. Seção V: Da inabilitação empresarial..., p. 775. Ver, também: PACHECO. *Processo de recuperação judicial, extrajudicial e falência*..., p. 317; BATALHA; BATALHA. *Falências e concordatas*..., p. 351; FERREIRA. *Tratado de direito comercial*, v. 14..., p. 471-472; MENDES. *Fallencias e concordatas*..., p. 117 ss; PACHECO. *Processo de falência e concordata*..., p. 389; PONTES DE MIRANDA. *Tratado de direito privado*, t. XXVIII..., p. 283; REQUIÃO. *Curso de direito falimentar*, v. 1..., p. 143, 149; VALVERDE. *Comentários à Lei de Falências*, v. I..., p. 215-216; FERRARA. *Il fallimento*..., p. 297; MAGGIORE. *Istituzioni di diritto fallimentare*..., p. 151 ss; PROVINCIALI. *Trattato di diritto fallimentare*, v. II..., p. 832, 874. Igualmente, a jurisprudência já se manifestou dessa forma em diversas oportunidades; remetemos, exemplificativamente, aos seguintes julgados: TJSP, 1ª Câmara Civil, APC 50.027, Rel. Des. Octavio Lacorte, j. 04/09/1950; STJ, 1ª Turma, REsp 40.991-8, Rel. Min. Gomes de Barros, j. 02/02/1994.

[2411] SATTA, Salvatore. *Istituzioni di diritto fallimentare*. 5 ed. Roma: Società Editrice del Foro Italiano, 1957, p. 143 ss.

[2412] Embora a LREF não trate do tema, a intervenção pode se dar tanto em processos judiciais quanto em arbitrais. Quanto aos últimos, se o procedimento arbitral começar antes da decretação da quebra, o administrador judicial deve assumi-lo no estado em que se encontra, representando os interesses da massa falida a partir daí. Não se vê argumento jurídico razoável para obstar a aplicação das regras de intervenção do falido no processo estatal à arbitragem, mormente porque o devedor, ainda no pleno exercício de sua atividade empresarial, optou por firmar cláusula compromissória ou compromisso arbitral. Ademais, não ocorre a indisponibilidade do direito: o que há é o desapossamento dos bens do devedor, os quais passam a ser geridos pelo administrador judicial. Assim, as arbitragens em curso têm seguimento normal, passando, todavia, o falido a ser representado pelo administrador judicial (e não necessitando a intervenção do Ministério Público), como já decidiram o STJ e o TJSP: STJ, Medida Cautelar 14.295, Rel.

RECUPERAÇÃO DE EMPRESAS E FALÊNCIA

"n", e 76, parágrafo único; e CPC/2015, art. 75, V), uma vez que poderia influir, por meio de processos, em seu patrimônio[2413].

Min. Nancy Andrighi (decisão monocrática), j. 09/06/2008; TJSP, 35ª Câmara de Direito Privado, APC 0176616-06.2009.8.26.0100, Rel. Des. Melo Bueno, j. 26/03/2012; TJSP, Câmara Reservada à Falência e Recuperação, AI 531.020-4/3-00, Rel. Des. Pereira Calças, j. 25/06/2008; TJSP, 4ª Câmara de Direito Privado, ED 644.204-4/4-01, Rel. Des. Maia da Cunha, j. 10/12/2009. A doutrina caminha na mesma direção. Nesse sentido: ARMELIN, Donaldo. A Arbitragem, a falência e a liquidação extrajudicial. *Revista de Arbitragem e Mediação*, a. 4, v. 13, p. 16-29, abr./jun. 2007; sobre o tema, ver, ainda: TOLEDO. Arbitragem e insolvência... Sobre a questão, a legislação portuguesa possui, inclusive, dispositivo legal expresso neste sentido (Código da Insolvência e da Recuperação de Empresas português – Decreto-Lei 53/2004, art. 87). Ademais, entendemos que a convenção de arbitragem firmada anteriormente pelo falido continua a produzir efeitos tendo em vista os argumentos já expostos, bem como não se aplica o art. 117 da LREF (uma vez que a convenção de arbitragem é autônoma em relação ao contrato em que estaria inserida, bem como não se trata de obrigação pendente de cumprimento), ou seja, eventual litígio posterior à decretação da quebra deverá respeitar o procedimento arbitral (diferentemente do que, aqui, determina o art. 87 do Código da Insolvência e da Recuperação de Empresas português, que determina que "fica suspensa a eficácia das convenções arbitrais em que o insolvente seja parte, respeitantes a litígios cujo resultado possa influenciar o valor da massa, sem prejuízo do disposto em tratados internacionais aplicáveis"; em direção contrária, também já decidiu o TJSP: 6ª Câmara de Direito Privado, AI 658.014-4/2-00, Rel. Des. Roberto Solimene, j. 12/12/2009). Caminhando no sentido por nós sustentado, veja-se o teor do Enunciado 75 da 2ª Jornada de Direito Comercial: "Havendo convenção de arbitragem, caso uma das partes tenha a falência decretada: (*i*) eventual procedimento arbitral já em curso não se suspende e novo procedimento arbitral pode ser iniciado, aplicando-se, em ambos os casos, a regra do art. 6º, §1º, da Lei n. 11.101/2005; e (*ii*) o administrador judicial não pode recusar a eficácia da cláusula compromissória, dada a autonomia desta em relação ao contrato". Também no sentido do até aqui exposto, assim determina o Enunciado 16 da I Jornada Prevenção e Solução Extrajudicial de Litígios do CJF: "16 – O processamento da recuperação judicial ou decretação da falência não autoriza o administrador judicial a recusar a eficácia da convenção de arbitragem, não impede a instauração do procedimento arbitral, nem o suspende." Assim, acreditamos, ainda que a massa falida seja demandada, não se aplicar o disposto no art. 76 da LREF. Finalmente, tendo em vista o poder do administrador judicial de transigir (LREF, art. 22, §3º), entendemos que nada impede que, mesmo após a decretação da quebra, a massa falida, representada pelo administrador judicial, firme convenção de arbitragem para que determinado litígio seja julgado pela via arbitral. Ademais, como bem observa o Enunciado 45 da I Jornada Prevenção e Solução Extrajudicial de Litígios do CJF: "A mediação e a conciliação são compatíveis com a recuperação judicial, a extrajudicial e a falência do empresário e da sociedade empresária, bem como em casos de superendividamento, observadas as restrições legais". De qualquer sorte, em todas as hipóteses, a arbitragem sujeitar-se-á às regras da Lei 11.101/05, especialmente às previsões de seu art. 6º (e, na falência, do art. 104, I, "g") – sendo que, então, a confidencialidade do procedimento arbitral, regra normalmente acordada entre as partes ou existente no regulamento da câmara arbitral, pode restar afetada, o que não significa que o próprio procedimento arbitral tornar-se-á público, mas sim que, ao menos, virará pública a sua existência (CASTRO. A arbitragem e a nova Lei de Falências..., p. 143-145). Além disso, outros desafios existem na hipótese de arbitragem que envolva falido, como a questão referente às custas arbitrais, já que muitas vezes o devedor não terá condições de arcar com elas – podendo a solução, eventualmente, passar pelo financiamento da arbitragem pela outra parte, pelos credores ou mesmo por terceiros, bem como, verificada a real impossibilidade de pagamento das custas, a remessa do litígio ao Poder Judiciário –, fazendo todo sentido aplicar o disposto no art. 84, IV, da LREF (sobre o tema, ver: ALVES; VERONESE. Arbitragem e empresas em crise...).

[2413] Em uma rápida perspectiva de direito comparado, é interessante notar que a *Ley de Concursos y Quiebras* argentina, *Ley 24.522/1995*, no seu art. 110, é clara ao dispor que o falido perde a legitimação processual

EFEITOS DA QUEBRA SOBRE A PESSOA DO FALIDO E SEUS BENS

O falido mantém a legitimidade processual em processos que não sejam do interesse da massa, basicamente aqueles de caráter personalíssimo, tais como ações de reconhecimento de paternidade, divórcio e reparação de dano pessoal ou moral, embora possam, eventualmente, trazer consequências patrimoniais futuras. O mesmo ocorre com relação às ações em que se discuta relações de caráter patrimonial não abarcadas pelo desapossamento[2414]-[2415].

3.10.1. Nota sobre a ação de responsabilidade do art. 82

A massa falida, representada pelo administrador judicial, pode propor ação contra os sócios, controladores e administradores da sociedade falida, nos termos do art. 82 da LREF. Eis a que ponto chega o desapossamento: o administrador judicial, na busca pela recomposição do patrimônio social lesado (patrimônio da sociedade falida) em decorrência de atos ilícitos praticados, pode buscar a responsabilização dos próprios sócios (o que, evidentemente, também abarca os grupos de sociedade), controladores e administradores (de direito e de fato) da sociedade em ação que, julgada procedente, terá por efeito o incremento da massa falida objetiva com a indenização alcançada[2416]-[2417]-[2418].

nos litígios referentes aos bens desapossados, devendo neles atuar o síndico, podendo o devedor requerer medidas conservatórias judiciais e atuar nas omissões dele. Da mesma forma, a *Legge Fallimentare* italiana, *Regio Decreto 16 marzo 1942, n. 267*, modificado pelo *Decreto legislativo del 9 gennaio 2006, n. 5*, no seu art. 43, dispõe que o curador (administrador judicial) estará em juízo nas demandas relativas às relações de direito patrimonial do falido compreendidas na falência. Igualmente, nessa direção caminha a legislação portuguesa: Código da Insolvência e da Recuperação de Empresas português, Decreto-Lei 53/2004, art. 85.

[2414] Nesse sentido, assim já se pronunciou a jurisprudência pátria: STJ, 4ª Turma, REsp 764815/RJ, Rel. Min. João Otávio de Noronha, j. 23/11/2009; TJRJ, 1ª Câmara Cível, APC 2005.001.48250, Rel. Des. Maria Augusta Vaz, j. 04/04/2006. Ver, também: REQUIÃO. *Curso de direito falimentar*, v. 1..., p. 143-144; MENDES. *Fallencias e concordatas...*, p. 118; CARVALHO DE MENDONÇA. *Tratado de direito comercial brasileiro*, v. VII..., p. 434; FERREIRA. *Tratado de direito comercial*, v. 14..., p. 471-472; BATALHA; BATALHA. *Falências e concordatas...*, p. 352; MAGGIORE. *Istituzioni di diritto fallimentare...*, p. 165; FERRARA. *Il fallimento...*, p. 302-303; e PROVINCIALI. *Trattato di diritto fallimentare*, v. II..., p. 823-826, 858 ss (esse autor não entende, por exemplo, os motivos pelos quais, nas ações de indenização, o administrador judicial não deva atuar quando se objetiva a reparação financeira por algum dano sofrido pelo falido, salvo quando o benefício não atenda aos interesses da massa, como no caso de o devedor estar postulando o pagamento de prótese em decorrência de problema físico decorrente de acidente).

[2415] Quem não é falido, como os sócios e administradores de sociedade com responsabilidade limitada, permanecem com legitimidade processual, sendo, então, incorreta a decisão do Tribunal de Justiça do Rio Grande do Sul (TJRS, 5ª Câmara Cível, APC 70022127617, Rel. Des. Leo Lima, j. 27/02/2008) que afirmou não ser legitimado o sócio-administrador de sociedade limitada para discutir contrato no qual interveio para garantir empréstimo à sociedade falida, vencido o Des. Revisor, Umberto Guaspari Sudbrack, que corretamente defendeu a legitimidade dos autores, já que a ação discutia contrato envolvendo bens particulares, e não da massa. Incorreta, também, outra decisão do mesmo tribunal: TJRS, 17ª Câmara Cível, APC 70006190953, Rel. Des. Jorge Luis Dall'Agnol, j. 03/06/2003.

[2416] "Em regime de falência, é a massa falida parte legítima para, com apoio no art. 121, §1º, do Decreto-Lei 2.627, de 1940, demandar a responsabilidade dos diretores e membros do Conselho Fiscal pelos prejuízos que a sua atuação causou à sociedade." (TJSP, 2ª Câmara Cível, APC 80.734, Rel. Des. Dimas de Almeida, j. 30/04/1957). Observe-se, no entanto, que, segundo MARCELO ADAMEK: "O administrador judicial é representante da massa falida, mas não é substituto processual dos credores ou de terceiros. As ações individuais de responsabilidade civil contra os administradores da sociedade falida deverão ser propostas pelos próprios indivíduos que foram diretamente prejudicados." (ADAMEK. *Responsabilidade civil dos administradores de S/A e as ações correlatas...*, p. 386). Em sentido contrário, defendendo que, na omissão do administrador judicial (antigo síndico), a ação para tornar efetiva a responsabilidade das pessoas indicadas no art. 82 da LREF (antigo art. 6º do Decreto-Lei 7.661/1945) pode ter como legitimado ativo *ad causam* qualquer credor habilitado no passivo falimentar, ou mesmo sócio, ver: CAMPINHO, Sérgio. *Falência e recuperação de empresa*. 2 ed. Rio de Janeiro: Renovar, 2006, p. 212-213; PACHECO. *Processo de falência e concordata...*, p. 184; VALVERDE, Trajano de Miranda. *Comentários à Lei de Falências*, v. III. Rio de Janeiro: Forense, 1949, p. 63-64).

[2417] Veja-se, a esse respeito, o comentário de MARCELO ADAMEK, mais específico para o caso de responsabilização do administrador (tendo em vista o disposto no art. 159 da Lei das S.A.): "Decretada a falência da companhia, a responsabilidade dos administradores será apurada no próprio juízo da falência, independentemente da realização do ativo e da prova da sua insuficiência para cobrar o passivo, conforme prevê o art. 82 da Lei de Recuperação de Empresas e Falências (LRF). No regime da antiga Lei de Falências (DL n. 7.661/45), que possuía regra semelhante à atual, os estudiosos entendiam válida idêntica iniciativa da massa falida, representada pelo síndico. No regime vigente, o administrador judicial nomeado poderá, uma vez evidenciada a prática de ato ilícito pelos administradores da falida, propor a ação de responsabilidade civil em nome da massa falida (LRF, art. 22, II, *i*, *l*, *n* e *o*). A ação qualifica-se como *social*, pois o seu objeto imediato é a recomposição do patrimônio social lesado (do falido) e, por consequência, a integração da massa objetiva. A ação social de responsabilidade civil proposta pela massa falida (...) não fica a depender de prévia deliberação assemblear, não só porque a LRF não a exigiu, mas porque, uma vez decretada a falência, a companhia perde a administração de seus bens e os acionistas ficam impedidos de decidir a seu respeito: não podem, por isso, propor eles próprios, ou a falida, ação social contra os seus administradores. Os credores também não contam com regra de legitimação extraordinária, de sorte que, em caso de inércia do administrador, a omissão deverá ser submetida ao órgão falencial próprio, e será solucionada com a eventual destituição do administrador relapso. Havendo demanda social em curso antes da falência, com o decreto de quebra o processo fica automaticamente suspenso (CPC [de 1973], art. 265, I) e o administrador judicial deverá ser pessoalmente intimado para assumir a representação processual da massa (LRF, art. 76, par. ún.) e dar prosseguimento à ação, que continuará no juízo por onde estiver a tramitar, sem deslocamento para o juízo da falência. Cabe indagar: *quid juris*, se a ação em curso estiver sendo patrocinada por substituto processual? A nosso ver, ciente da quebra, o juiz da causa deverá também ordenar a intimação do administrador judicial, para que a massa possa, assim, se entender conveniente, integrar o polo ativo, já que o interesse da coletividade concursal é manifesto e não se torna menos digno de proteção apenas porque a iniciativa processual estava a cargo de substituto processual; mas, nesse caso, o substituto não é afastado do pólo ativo da ação, que prossegue depois de instaurado litisconsórcio ativo ulterior." (ADAMEK. *Responsabilidade civil dos administradores de S/A e as ações correlatas...*, p. 315, 383-386).

[2418] Nesse sentido, por exemplo: "A responsabilidade pessoal dos sócios pode ser perquirida em ação própria, quando configurada a prática de atos prejudiciais aos interesses dos credores da empresa falida. A dissolução irregular da empresa, com a venda de todo o seu patrimônio, sem o ajuizamento de ação própria, sobretudo autofalência, em virtude do seu estado de insolvência, acarreta a aplicação do artigo 82 da Lei 11.101/05, com a responsabilização pessoal dos sócios administradores." (TJRS, 5ª Câmara Cível, APC 70036291532, Rel. Des. Romeu Marques Ribeiro Filho, j. 15/09/2010). Sobre os ilícitos praticados que podem ensejar a responsabilização com base no art. 82, ver: DINIZ. *Grupos societários...*, p. 121 ss.

EFEITOS DA QUEBRA SOBRE A PESSOA DO FALIDO E SEUS BENS

Ainda: de acordo com o art. 82, §2º, o juiz poderá, de ofício ou mediante requerimento das partes interessadas, ordenar a indisponibilidade de bens particulares dos réus, em quantidade compatível com o dano provocado, até o julgamento da ação de responsabilização.

A ação de responsabilização prevista no art. 82 prescreverá em 2 (dois) anos, contados do trânsito em julgado da sentença de encerramento da falência (LREF, art. 82, §1º), desde que, é claro, a prescrição já não esteja consumada quando da decretação da falência. Assim, os prazos prescricionais previstos, por exemplo, na Lei das S.A. e no Código Civil são excepcionados em contexto falimentar[2419].

3.11. Desapossamento e a prática de atos pelo falido

Examinaremos a seguir o que ocorre se o falido realiza qualquer ato de administração ou disposição do seu patrimônio após a decretação da quebra ou do sequestro.

3.11.1. Natureza do vício

O art. 103 da LREF é omisso a esse respeito. Uma parcela significativa da doutrina entende que o ato é nulo. Nulidade essa que poderia ser reconhecida de ofício pelo juiz, independentemente de prova de prejuízo ou de qualquer objetivo fraudulento ou se realizada com dolo ou culpa.

A base para essa conclusão está nos arts. 166, VII, e 168, parágrafo único, do Código Civil, e, também, na previsão do art. 40, §1º do Decreto-Lei 7.661/1945 no sentido de que: "não pode o devedor, desde aquele momento, praticar qualquer ato que se refira direta ou indiretamente, aos bens, interesses, direitos e obrigações compreendidos na falência, sob pena de nulidade, que o juiz pronunciará de ofício, independentemente de prova de prejuízo"[2420]-[2421]. E há precedentes jurisprudenciais que aplicam a tese da nulidade[2422].

[2419] Sobre o tema, ver: ADAMEK. *Responsabilidade civil dos administradores de S/A e as ações correlatas...*, p. 298.

[2420] BEZERRA FILHO. *Lei de Recuperação de Empresas e Falência comentada...*, p. 241; FRANCO. Comentários aos arts. 94 a 114..., p. 421; FRANCO; SZTAJN. *Falência e recuperação da empresa em crise...*, p. 136; TARREGA. Comentários aos artigos 102 a 104..., p. 458; ANDRIGHI, Fátima Nancy. Arts. 75 a 80. In: CORRÊA-LIMA, Osmar Brina; CORRÊA LIMA, Sérgio Mourão (coord.). *Comentários à nova Lei de Falências e Recuperação de Empresas*. Rio de Janeiro: Forense, 2009, p. 494; FÉRES. Seção V: Da inabilitação empresarial..., p. 778-779; TOLEDO, Paulo Fernando Campos Salles de; PUGLIESI, Adriana Valéria. Capítulo XIX: A falência: ineficácia e a revogação dos atos praticados antes da falência. In: CARVALHOSA, Modesto (coord.). *Tratado de direito empresarial*, v. V – recuperação empresarial e falência. São Paulo: Revista dos Tribunais, 2016, p. 446; VALVERDE. *Comentários à Lei de Falências*, v. I..., p. 240-241; PACHECO. *Processo de falência e concordata...*, p. 388; CARVALHO DE MENDONÇA. *Tratado de direito comercial brasileiro*, v. VII..., p. 451 ss; FERREIRA. *Tratado de direito comercial*, v. 14..., p. 472.

[2421] O Decreto-Lei 7.661/1945 apresentava exceção à regra no §2º do seu art. 40, em atenção à boa-fé do portador de título (o que não foi reproduzido pela LREF): "Se, entretanto, antes da publicação da

RECUPERAÇÃO DE EMPRESAS E FALÊNCIA

A despeito disso, entendemos que a natureza do vício que inquina os atos praticados pelo falido depois da quebra (ou do sequestro) – relativamente ao patrimônio desapossado – não é a nulidade e sim a ineficácia. Em razão disso, os atos de administração ou disposição realizados pelo falido após a decretação da quebra (ou do sequestro) são ineficazes (e não nulos), uma vez que são praticados por quem não tem poderes para tanto[2423].

Apesar da previsão legal expressa do Decreto-Lei 7.661/1945, parcela da doutrina já defendia que não se tratava de hipótese de nulidade, mas sim de inoponibilidade. Isto é, os atos praticados em violação aos preceitos do art. 40 do Decreto-Lei 7.661/1945 prevaleceriam entre as partes contratantes, mas seriam inoponíveis, isto é, ineficazes frente à massa falida[2424].

A jurisprudência também trilhou o mesmo caminho. Por exemplo, o TJSP entendeu, acertadamente, pela ineficácia de ato praticado posteriormente à decretação da quebra (na hipótese tratava-se de registros imobiliários de disposição ou oneração efetuados após a sentença de abertura da falência)[2425].

---

sentença declaratória da falência ou do despacho de seqüestro, o devedor tiver pago no vencimento título à ordem por êle aceito ou contra êle sacado, será válido o pagamento, se o portador não conhecia a falência ou o seqüestro, e se, conforme a lei cambial, não puder mais exercer ùtilmente os seus direitos contra os coobrigados."

[2422] O TJSP assim decidiu em caso relacionado a acordo extrajudicial para pagamento de verbas trabalhistas mediante a entrega de automóvel por parte do falido (TJSP, Câmara Reservada à Falência e Recuperação, AI 576.078-4/6-00, Rel. Des. Romeu Ricupero, j. 24/09/2008). No mesmo sentido, um julgado do TJSC em caso envolvendo a celebração de contrato de locação pelo falido no curso da falência, sendo que o recebimento posterior do aluguel pelo síndico não significa a ratificação do pacto locativo, na medida em que os atos nulos não seriam passíveis de ratificação (TJSC, 1ª Câmara de Direito Civil, APC 1998.043265-8, Rel. Des. Napoleão Amarante, j. 12/02/1991). Na mesma linha, exemplificativamente: STJ, 3ª Turma, REsp 154.789/SP, Rel. Min. Waldemar Zveiter, j. 07/12/1999; TJSC, 2ª Câmara de Direito Comercial, AC1988.044902-2, Rel. Des. João José Schaefer, j. 15/10/1992.

[2423] Essa é a orientação adotada em outros países. Por exemplo, na Itália, o art. 44 do *Regio Decreto 16 marzo 1942, n. 267*, modificado pelo *Decreto legislativo del 9 gennaio 2006, n. 5*, dispõe que os atos firmados pelo falido são ineficazes perante os credores. Da mesma forma, a *Ley de Concursos y Quiebras* argentina (*Ley 24.522/1995*) dispõe, no art. 109, que os atos realizados pelo falido sobre os bens desapossados são ineficazes. Ainda, também prevendo a ineficácia de tais atos após o desapossamento do falido, estão, por exemplo, a legislação portuguesa (art. 81 do Código da Insolvência e da Recuperação de Empresas – Decreto-Lei 53/2004) e a legislação alemã (§81 do *Insolvenzordnung*).

[2424] PONTES DE MIRANDA. *Tratado de direito privado*, t. XXVIII..., p. 252, 279-284; BATALHA; BATALHA. *Falências e concordatas...*, p. 369. No Dirieto comparado, ver: MAGGIORE. *Istituzioni di diritto fallimentare...*, p. 155 ss; e PROVINCIALI. *Trattato di diritto fallimentare*, v. II..., p. 806 ss.

[2425] TJSP, AI 96.664-1, Rel. Des. Cézar Peluso, j. 29/03/1988. Na mesma linha, o TJRS decidiu pela ineficácia absoluta de ato realizado após a decretação da quebra, em caso envolvendo uma transação extrajudicial com o credor que postulou a falência do falido com a finalidade de dar fim ao litígio. O ato ocorreu após a decretação da quebra, embora antes da publicação da sentença. Mesmo assim, o pretório gaúcho ordenou que o credor devolvesse a quantia recebida indevidamente do falido (TJRS, 5ª Câmara Cível, AI 70025634759, Rel. Des. Jorge Luiz Lopes do Canto, j. 12/11/2008).

A divergência doutrinária quanto à natureza do vício tem relevantes efeitos práticos para o curso do processo falimentar. Por exemplo, se aplicada a sanção de ineficácia, a massa falida pode aproveitar eventuais atos benéficos (ou seja, lucrativos) realizados pelo devedor, o que, evidentemente, é ótimo para os credores[2426]. Por outro lado, se o entendimento for no sentido de que os atos de administração ou disposição realizados pelo falido são nulos, ainda que positivos para a massa, o resultado não poderia ser aproveitado, devendo, como regra, cada contratante retornar à condição em que se achava antes de realizar o ato e restituir o que recebeu[2427].

3.11.2. Proteção do terceiro de boa-fé

Questiona-se se seria possível, em caso de atos praticados pelo falido após a decretação da quebra, tutelar o terceiro de boa-fé, especialmente nas relações entabuladas enquanto não se tenha tornado pública a situação do falido por meio, por exemplo, da publicação da sentença, da sua anotação no Registro Público de Empresas Mercantis, ou mediante a respectiva anotação no registro de imóveis.

Em nosso sentir, é muito difícil defender a tutela do terceiro de boa-fé, uma vez que os efeitos da sentença da quebra são imediatos e objetivam a tutela do interesse público, produzindo efeitos *erga omnes* e presunção absoluta (*iure et de iure*) de que terceiros tenham conhecimento da falência[2428].

Essa é a lógica subjacente ao regime falimentar, razão pela qual é tido como especial em relação às próprias normas de direito processual civil sobre a publicidade da sentença e à regra geral de tutela dos terceiros de boa-fé, derrogando

---

[2426] PONTES DE MIRANDA, defendendo que tais atos seriam ineficazes, afirma que em sendo favoráveis à massa (resultado positivo), o saldo seria atraído por esta (ou seja, sempre após a dedução das despesas) (PONTES DE MIRANDA. *Tratado de direito privado*, t. XXVIII..., p. 252).

[2427] De qualquer sorte, observe-se a lição de CARVALHO DE MENDONÇA, que advogava pela nulidade dos atos de administração ou disposição realizados pelo falido: "Aí está implìcitamente compreendida a proibição de o falido modificar os direitos e créditos da massa, quer em sua causa e extensão quer quanto à sua classe e prova, por exemplo, reconhecer uma dívida sob qualquer forma, fazer qualquer pagamento com valores, mercadorias ou imóveis, antedatar um escrito, quitar dívidas, constituir penhor, renunciar direitos ou ações, etc. Todos estes atos são eivados de nulidade absoluta." "Outrossim, são nulos os pagamentos feitos ao próprio falido desde o dia da abertura da falência ou da decretação do seqüestro. Êsses pagamentos devem ser feitos aos síndicos ou liquidatários (atualmente, administrador judicial) e no caso de seqüestro ao depositário dos bens." "Segue-se daí: cada contratante deve voltar à condição em que se achava antes de realizar o ato, operação ou pagamento, e restituir o que recebeu em virtude do ato nulo: *restitutio ita facienda est unusquisque integrum jus sum recipiat*. Se o terceiro pagou o débito ao falido, tem de pagar de novo à massa: quem paga mal paga duas vêzes." "Aquêle que recebeu do falido algum valor em pagamento deve restituí-lo à massa." (CARVALHO DE MENDONÇA. *Tratado de direito comercial brasileiro*, v. VII..., p. 452, 455).

[2428] PONTES DE MIRANDA. *Tratado de direito privado*, t. XXVIII..., p. 232.

RECUPERAÇÃO DE EMPRESAS E FALÊNCIA

a proteção geralmente dada a estes[2429]. A publicação da sentença e a realização de determinadas formalidades (anotações) não é nada mais do que uma forma de divulgação. Do contrário, dificilmente seriam atendidos e respeitados os efeitos do regime falimentar[2430].

3.11.3. Enquadramento como crime falimentar

Eventualmente será possível enquadrar a realização de atos de administração ou disposição dos bens, após a decretação da quebra (ou do sequestro), nos crimes falimentares previstos nos arts. 168 e 172 da LREF, além da possível responsabilização do devedor na esfera civil.

4. Direitos do falido

O falido, durante o curso do processo falimentar, possui uma série de direitos arrolados ao longo da LREF, especialmente, mas não exclusivamente, no art. 103, parágrafo único (no mesmo sentido do art. 36 do Decreto-Lei 7.661/1945).

Segundo o referido dispositivo, o falido pode (*i*) fiscalizar a administração da falência, (*ii*) requerer as providências necessárias para a conservação de seus direitos ou dos bens arrecadados e (*iii*) intervir nos processos em que a massa falida seja parte ou interessada, requerendo o que for de direito e interpondo os recursos cabíveis.

Esse rol de direitos existe em decorrência do interesse do falido em acompanhar o andamento do processo falimentar, mesmo porque a discussão gira em torno de patrimônio de sua titularidade. Como veremos a seguir, os interesses do falido nem sempre convergem com os interesses da massa falida, ou seja, ele pode possuir interesse próprio e autônomo[2431].

[2429] Em sentido contrário, registre-se que a legislação portuguesa, por exemplo, prevê que são preservados os atos celebrados a título oneroso com terceiros de boa-fé anteriormente ao registro da sentença da declaração de insolvência. Da mesma forma, dispõe que os pagamentos de dívidas à massa efetuados ao falido após a declaração de insolvência só serão liberatórios se forem feitos de boa-fé em data anterior à do registro da sentença, ou se se demonstrar que o respectivo montante deu efetiva entrada na massa insolvente (art. 81 do Código da Insolvência e da Recuperação de Empresas – Decreto-Lei 53/2004). O §82 do *Insolvenzordnung* alemão caminha no mesmo sentido.

[2430] Sobre o tema, ver: PROVINCIALI. *Trattato di diritto fallimentare*, v. II..., p. 764 ss; e BONELLI. *Del fallimento*, v. I..., p. 425, 519.

[2431] A matéria dá boa margem para discussão. Por exemplo, o Superior Tribunal de Justiça já referiu que "A massa falida não se confunde com a pessoa do falido, ou seja, o devedor contra quem foi proferida sentença de quebra empresarial. Nesse passo, a nomeação do síndico visa a preservar, sobretudo, a comunhão de interesses dos credores (massa falida subjetiva), mas não os interesses do falido, os quais, no mais das vezes, são conflitantes com os interesses da massa. Assim, depois da decretação da falência, o devedor falido não se convola em mero expectador no processo falimentar, podendo praticar atos processuais em defesa dos seus interesses próprios." (STJ, 4ª Turma, REsp 702.835/PR, Rel. Min. Luís Felipe Salomão, j. 16/09/2010). Ver, também: os seguintes julgados: STJ, 4ª Turma, REsp 1.003.359/RS, Rel. Min. Luis Felipe Salomão, j: 06/09/2012; STJ, 3ª Turma, AgRg no REsp 216.589/SP, Rel. Des.

4.1. Direito de fiscalizar

O falido tem o direito de fiscalizar a administração da falência, o que inclui a possibilidade de perscrutar as operações realizadas no âmbito do processo falimentar[2432]. Em razão disso, o art. 104 da LREF estabelece, dentre outros deveres, o de examinar e dar parecer sobre as contas do administrador judicial[2433].

4.2. Direito de requerer as providências para a conservação de seus direitos ou dos bens arrecadados

O falido tem o direito de requerer as providências necessárias para conservar seus direitos ou os bens arrecadados. O devedor pode, por exemplo, requerer a venda antecipada de bens, nos termos do art. 113 da LREF, já que perde apenas a posse direta – a administração e o direito de dispor de seus bens –, mas não a sua propriedade (o que só ocorre com a alienação judicial). Por continuar titular dos bens arrecadados, possui legítimo interesse em vê-los preservados.

4.3. Direito de intervir nos processos

A massa falida, processualmente, será representada pelo administrador judicial, sendo que a massa falida sucede o falido nas ações pendentes (CPC/2015, art. 75, V; LREF, arts. 22, III, "c" e "n", e 76, parágrafo único). De qualquer sorte, o falido tem o direito de intervir nos processos (judiciais ou arbitrais) em que a massa falida for parte ou interessada, requerendo o que for de direito e interpondo os recursos cabíveis[2434]-[2435]-[2436] (podendo o falido, portanto, ser representado por advogado na ação falimentar e em outros processos)[2437].

Convocado Vasco Della Giustina, j. 14/09/2010; STJ, 2ª Turma, REsp 660.263/RS, Rel. Min. Eliana Calmon, j. 21/03/2006. E, manifestando-se nesse sentido de modo expresso, ver: BATALHA; BATALHA. *Falências e concordatas...*, p. 352, 355).

[2432] Aparentemente existe uma antinomia entre as normas do art. 103, parágrafo único (*i.e.*, o direito do falido de fiscalizar a administração da falência) e o art. 22, inc. III, "o" (*i.e.*, o dever do administrador judicial de requerer todas as medidas e diligências que forem necessárias para o cumprimento da lei, a proteção da massa ou a eficiência da administração). Essa suposta antinomia deve ser resolvida pelo juízo universal na condução dos assuntos relacionados à falência, oportunizando, por exemplo, o direito de defesa e o contraditório ao falido em eventuais incidentes processuais propostos pelo administrador judicial no cumprimento dos seus deveres legais. Nesse sentido ver: STJ, 3ª Turma, RSM 46.628/SP, Rel. Min. Paulo de Tarso Sanseverino, j. 07/04/2015.

[2433] A esse propósito, MIRANDA VALVERDE salienta: "O síndico não pode recusar ao falido as informações que ele solicitar, nem tampouco o exame dos livros e papéis arrecadados e os que se relacionarem com a administração da massa." (VALVERDE. *Comentários à Lei de Falências*, v. I..., p. 221). Na mesma linha a posição de PONTES DE MIRANDA, apenas ressalvando que, existindo razões para tanto, pode o juiz tomar as precauções necessárias para evitar que o falido destrua algum bem ou documento (PONTES DE MIRANDA. *Tratado de direito privado*, t. XXVIII..., p. 241-242).

[2434] JOSÉ PACHECO DA SILVA salienta nesse particular: "O falido perde a administração e o direito de dispor de seus bens, mas não perde o direito de ação na defesa dos direitos que tenha sobre os bens.

RECUPERAÇÃO DE EMPRESAS E FALÊNCIA

4.3.1. Natureza jurídica da participação do falido

O falido não pode propor qualquer ação que seja do interesse da massa. Isto é, não pode o falido ajuizar, em nome próprio, ação pleiteando direito da massa falida. Indaga-se, assim, qual é figura processual que melhor representa a participação do falido em processo judicial envolvendo a massa. Seria caso de assistência processual simples (CPC, art. 119) ou de assistência litisconsorcial (CPC, art. 124)?

O art. 103 da LREF não esclarece a dúvida ao passo que o art. 36 do Decreto--Lei 7.661/1945 falava apenas em assistência, de forma genérica. A doutrina e a jurisprudência (tanto do STJ quanto dos Tribunais Estaduais) têm firmado posicionamento no sentido de que a intervenção do falido nas ações judiciais se dá por meio da assistência litisconsorcial à massa falida e os recursos eventualmente manejados devem seguir a sistemática dos recursos de terceiros[2438].

O assistente sujeitar-se-á aos mesmos ônus processuais que o assistido (CPC, art. 121). Caso o assistido reste vencido, será o assistente (o falido) condenado nas custas em proporção à atividade que houver exercido no processo (CPC, art. 94). Por ricochete, ao mesmo tempo em que assume os ônus processuais iguais aos do assistido, o assistente também aufere seus benefícios, de modo que se restar

---

Pode intervir até o final do processo em que for parte a massa falida (BJA/81.378-82), seja qual for a ação, inclusive de despejo (Rev. dos Tribs., 554/158)." (PACHECO. *Processo de falência e concordata...*, p. 369). No mesmo sentido: FÉRES. Seção V: Da inabilitação empresarial..., p. 781; VALVERDE. *Comentários à Lei de Falências*, v. I..., p. 221.

[2435] Em caso de falência do espólio, tanto os herdeiros do falido quanto o inventariante podem intervir e tomar as medidas conservatórias indispensáveis (PACHECO. *Processo de falência e concordata...*, p. 369; PONTES DE MIRANDA. *Tratado de direito privado*, t. XXVIII..., p. 242, à época da vigência do Decreto-Lei 7.661/1945).

[2436] Justamente por isso, as custas processuais do falido (ou sócios e administradores da sociedade falida) não se sujeitam ao art. 84, IV, da LREF (BEZERRA FILHO, Manoel Justino. Capítulo XV: A inabilitação empresarial, os deveres e direitos dos falido – exame dos arts. 102 a 104 da Lei 11.101/05. In: CARVALHOSA, Modesto (coord.). *Tratado de direito empresarial*, v. V – recuperação empresarial e falência. São Paulo: Revista dos Tribunais, 2016, p. 371).

[2437] TJRS, 5ª Câmara Cível, AI 70071093074, Rel. Des. Jorge André Pereira Gailhard, j. 30/11/2016.

[2438] Sobre o tema da atuação do falido como assistente litisconsorcial, ver: REQUIÃO. *Curso de direito falimentar*, v. 1..., p. 143-144; PONTES DE MIRANDA. *Tratado de direito privado*, t. XXVIII..., p. 242; BATALHA; BATALHA. *Falências e concordatas...*, p. 355; FÉRES. Seção V: Da inabilitação empresarial..., p. 781-782. Nesse sentido, ver, também: STJ, 2ª Turma, EDcl no AgRg no REsp 902.632/RS, Rel. Min. Humberto Martins, j. 19/02/2009; STJ, 2ª Turma, REsp 101.088/RS, Rel. Min. Francisco Peçanha Martins, j. 21/10/1999; STJ, 1ª Turma, REsp 94.796/RS, Rel. Min. Milton Luiz Pereira, j. 21/08/1997; STJ, 2ª Turma, REsp 44.024/SP, Rel. Min. Ari Pargendler, j. 14/11/1996; STJ, 1ª Turma, REsp 94.796/RS, Rel. Min. Milton Luiz Pereira, j. 21/08/1997; TJSP, 13ª Câmara de Direito Privado, AI 991.09.001111-3, Rel. Des. Cauduro Padin, j. 03/02/2010; TJSP, 13ª Câmara de Direito Privado, AgRg 7177783-2/01, Rel. Des. Cauduro Padin, j. 23/09/2009; TJSP, 25ª Câmara do D. Terceiro Grupo, AI 894372-0/2, Rel. Des. Marcondes D'Angelo, j. 31/10/2005; TJSP, 2ª Câmara Cível, APC 65.019, Rel. Des. A. de Oliveira Lima, j. 17/11/1953; TJRS, 15ª Câmara Cível, APC 70026886275, Rel. Des. Otávio Augusto de Freitas Barcellos, j. 30/06/2010; TJRS, 5ª Câmara Cível, AI 70019438241, Rel. Des. Paulo Sérgio Scarparo, j. 26/04/2007.

EFEITOS DA QUEBRA SOBRE A PESSOA DO FALIDO E SEUS BENS

vencedor (por exemplo, em eventual discussão dos créditos falimentares), deve a parte vencida arcar, inclusive, com os honorários sucumbenciais do advogado do falido[2439].

Ocorre que o falido pode possuir interesse próprio, nem sempre convergente com o da massa falida, e muito menos com o dos credores. Em tais casos, não há uma legítima relação de auxílio entre o falido e massa falida, nem entre o falido e os credores. Ou seja: o falido defende interesse próprio, não necessariamente assumindo posição de auxílio a alguma das partes, podendo, na realidade, conflitar com ambas. Justamente por isso, acredita-se que, se o falido ocupa posição de assistente litisconsorcial, tal posição é de uma assistência litisconsorcial *sui generis*[2440] – isso sem considerar a hipótese de o falido ser uma verdadeira parte (direta) do processo, como ocorre, por exemplo, nas ações revocatórias[2441-2442].

4.3.2. Alcance

Se, de um lado, o parágrafo único do art. 103 da LREF não constitui um permissivo genérico sobre a intervenção do falido no processo falimentar, de outro, traz rol generoso de direitos processuais do devedor, o que evidencia seu caráter exemplificativo – portanto, não exaustivo – e a necessidade de o intérprete alargar sua interpretação e aplicação[2443].

4.3.3. Pressuposto da intervenção

O interesse capaz de autorizar a intervenção do falido no processo deve ter conteúdo jurídico, na medida em que interesses de ordens diversas, como econômicos,

---

[2439] STJ, 4ª Turma, REsp 1.003.359/RS, Rel. Min. Luis Felipe Salomão, j. 06/09/2012; STJ, 4ª Turma, REsp 443.867/RS, Rel. Min. Ruy Rosado de Aguiar, j. 05/12/2002.

[2440] Segundo o STJ: "(...) defendendo o Falido interesse próprio em face de controvérsia instalada em habilitação de crédito incidental à falência, sua posição mais se assemelha à de assistente litisconsorcial, com as devidas conformações às peculiaridades próprias do feito falimentar." "Afigura-se-me tratar de uma espécie de assistência litisconsorcial *sui generis* (...)." (STJ, 4ª Turma, REsp 1.003.359/RS, Rel. Min. Luis Felipe Salomão, j. 06/09/2012).

[2441] TJRS, 6ª Câmara Cível, APC 70004096764, Rel. Des. Carlos Alberto Alvaro de Oliveira, j. 18/12/2002. Igualmente: PONTES DE MIRANDA, Francisco Cavalcanti. *Tratado de direito privado*, t. IV. 3 ed. Rio de Janeiro: Borsoi, 1970, p. 471; ABRÃO, Nelson. *Da ação revocatória*. 2 ed. rev. e atual. por Carlos Henrique Abrão. São Paulo: LEUD, 1997, p. 112; MARINONI, Luiz Guilherme. Ação revocatória falimentar, litisconsórcio necessário e *querela nullitatis insanabilis*. In: _____. *Soluções práticas de direito – pareceres –*, v. I. São Paulo: Revista dos Tribunais, 2011, p. 323-335 (em parecer proferido em conjunto com Daniel Mitidiero).

[2442] Ademais, o próprio devedor pode questionar a sua quebra em ação rescisória (STJ, 3ª Turma, REsp 1.126.521/MT, Rel. Min. Ricardo Villas Bôas Cueva, Rel. p/ acórdão Min. João Otávio de Noronha, j. 17/03/2015).

[2443] FÉRES. Seção V: Da inabilitação empresarial..., p. 781. Ver, também: PACHECO. *Processo de falência e concordata...*, p. 373.

RECUPERAÇÃO DE EMPRESAS E FALÊNCIA

sociais, religiosos ou humanitários não autorizam a intervenção, especialmente no papel de assistente (ainda que litisconsorcial *sui generis*) ou parte[2444]. De qualquer forma, o exame da jurisprudência evidencia a existência de divergência sobre o tema[2445].

4.3.4. Revelia

A LREF vigente não possui regra semelhante à do parágrafo único do art. 36 do Decreto-Lei 2.627/1945, que assim dispunha: "Se, intimado ou avisado pela imprensa, não comparecer ou deixar de intervir em qualquer ato da falência, os atos ou diligências correrão à revelia, não podendo em tempo algum sobre eles reclamar". De qualquer sorte, a lógica permanece no atual sistema falimentar.

Desde que validamente intimado (ou seja, o devedor já deve ter sido citado no processo falimentar, pois não se decreta a quebra do devedor sem a sua citação inicial, tendo o processo falimentar o seu curso normal, sem necessidade de nova citação após a sentença[2446]), "todos os atos e diligências, sejam eles quais forem, no processo falimentar e seus incidentes, podem se realizar independente da ausência do falido, se este não se manifestar ou não intervir"[2447] (independentemente, é claro, de a omissão do falido representar a infração de algum de seus deveres – e, portanto, sujeita a qualquer sanção, como veremos a seguir).

[2444] Para LUIZ GUILHERME MARINONI e DANIEL MITIDIERO, com amparo na jurisprudência do STJ: "Há interesse jurídico quando o terceiro encontra-se sujeito à eficácia reflexa do procedimento prolatado no processo pendente. Vale dizer: há interesse jurídico quando a decisão pode alcançar de maneira negativa a esfera jurídica do terceiro que entretém uma relação jurídica conexa àquela afirmada em juízo. A relação jurídica do terceiro não está em juízo para ser decidida: o que se encontra em juízo é uma relação ligada com a relação do terceiro, cuja decisão indiretamente pode prejudicá-lo." (MARINONI, Luiz Guilherme; MITIDIERO, Daniel. *Código de Processo Civil comentado artigo por artigo*. 3 ed. São Paulo: Revista dos Tribunais, 2011, p. 136).

[2445] Questão conturbada é se o sócio (com responsabilidade limitada) de sociedade empresária falida pode intervir em processos de interesse da massa (uma vez que, a rigor, não é falido). Parece-nos que não, haja vista se tratarem de pessoas diferentes, os sócios e a sociedade – e tais participantes do negócio societário, em razão do seu regime de responsabilidade, não chegam a falir. No entanto, a jurisprudência diverge: a favor, TJSP, 21ª Câmara de Direito Privado, APC 0167335-31.2006.8.26.0100, Rel. Des. Virgílio de Oliveira Júnior, j. 23/03/2011 (por entender que o acionista da falida pode ingressar na lide como assistente por ter interesse jurídico na defesa do patrimônio da massa falida, com base no art. 103 da Lei 11.101/05 c/c o parágrafo único do art. 50 do CPC/1973 – art. 119 do CPC/2015); e TJSP, Câmara Reservada à Falência e Recuperação, AI 560.0668-4/7-00, Rel. Des. Lino Machado, j. 17/12/2008. Contra: TJSP, 7ª Câmara de Direito Privado, ED 994.09.339474-5/50000, Rel. Des. Dimas Carneiro, j. 11/08/2010 (por concluir que não há relação entre o sócio da sociedade falida e a outra parte); e TJSP, 5ª Câmara de Direito Privado, AI 498.073-4/5-00, Rel. Des. Oscarlino Moeller, j. 25/07/2007.

[2446] PACHECO. *Processo de recuperação judicial, extrajudicial e falência...*, p. 319; PACHECO. *Processo de falência e concordata...*, p. 364, 369.

[2447] PACHECO. *Processo de falência e concordata...*, p. 369. E, à p. 375, assim se manifesta: "O fato do falido não comparecer não impede que se realize o ato e que tenha ele plena eficácia" "O falido, por isso, não pode, em tempo algum, reclamar com base na sua ausência".

É evidente – e ficará mais claro quando do exame dos deveres impostos ao falido – que este deve agir de modo a colaborar com o processo falimentar. Ora, o falido está sujeito à litigância de má-fé e suas penalidades[2448], nos termos do art. 189 da LREF, apesar da provável inutilidade da cominação de qualquer multa a uma pessoa quebrada.

4.4. Outros direitos

A LREF prevê, de forma esparsa, uma série de direitos do falido, quais sejam:

a. Apresentar impugnação contra a relação de credores (LREF, art. 8º);
b. Participar da assembleia de credores, mesmo que sem direito a voto (LREF, art. 43);
c. Manifestar-se nos autos de restituição (LREF, art. 87, §1º);
d. Requerer o levantamento de sua inabilitação para o exercício da atividade empresária (LREF, art. 102, parágrafo único);
e. Acompanhar a arrecadação e a avaliação dos bens (LREF, art. 108, §2º);
f. Receber o saldo, se houver, depois de pagos todos os credores (LREF, art. 153);
g. Requerer a extinção de suas obrigações (LREF, art. 159).
h. Propor ação rescisória (*e.g.*, de acórdão que decidiu a ação revocatória)[2449].

4.5. Direito de receber alimentos e remuneração?

Uma das problemáticas acerca dos direitos do falido (especificamente do empresário individual – e, logicamente, dos sócios de responsabilidade ilimitada) é a existência (ou, melhor dizendo, a ausência) de recursos para sua própria manutenção, o que repercute, inclusive, na questão de como pode o falido exercer seus direitos (e cumprir com seus deveres), uma vez que não administra mais seus bens, nem pode deles dispor.

A LREF é omissa, diferentemente do que ocorria quando da vigência do Decreto-Lei 7.661/1945, que assim dispunha em seu art. 38: "O falido que for diligente no cumprimento dos seus deveres pode requerer ao juiz, se a massa comportar, que lhe arbitre módica remuneração, ouvidos o síndico e o represen-

---

[2448] Igualmente, ver: FÉRES. Seção V: Da inabilitação empresarial..., p. 782.

[2449] Segundo o STJ: "Tendo em vista que o art. 37 da Lei de Falências de 1945 (DL. 7.661/45) estende aos administradores, diretores, gerentes ou liquidantes da sociedade falida as mesmas obrigações desta, os sócios gerentes têm interesse jurídico para propor ação rescisória do acórdão que decidiu a ação revocatória. Isso porque viabilizar a arrecadação do maior número de bens possível pela sociedade falida, com o conseqüente aumento da probabilidade de pagamento de seus débitos, liberaria os sócios de diversas obrigações que lhes são impostas, como as relacionadas no art. 34 e 138 da Lei de Falências de 1945. Recurso especial não conhecido" (STJ, 3ª Turma, REsp 308.891/SP, Rel. Min. Nancy Andrighi, j. 29/11/2005).

tante do Ministério Público". E o parágrafo único completava a regra: "A requerimento do síndico ou de qualquer credor que alegue causa justa, ou de ofício, o juiz pode suprimir a remuneração arbitrada, que, de qualquer modo, cessa com o início da liquidação"[2450].

Para alguns, a previsão era uma questão de humanidade[2451]. Para outros, se "tratava de pagamento por serviços prestados a quem, por dever, tem de prestá-los"[2452]. A interpretação majoritária, à época da vigência do Decreto-Lei 7.661/1945, era de que o art. 38 não autorizava a prestação de alimentos ao falido ou a concessão de pensão fixa ou percentual: tratava-se, então, de remuneração, pagamento por serviços prestados pelo falido[2453].

A omissão da LREF, aliada à inabilitação empresarial, é motivo de críticas por parte da doutrina, tendo em vista o desrespeito à Constituição Federal[2454]. Caso se entenda pela possibilidade de socorrer o falido nessa situação, o eventual arbitramento de alimentos pode ser feito somente ao empresário individual falido (e, eventualmente, à família do falido falecido, dependendo do caso concreto – quando, por exemplo, existam filhos menores) ou aos sócios com responsabilidade ilimitada, e não aos sócios com responsabilidade limitada, nem aos administradores da sociedade empresária falida (já que não estão inabilitados, nem foram desapossados de seus bens; ou seja, em princípio, podem exercer amplamente

---

[2450] É interessante observar que, no direito vigente no Brasil, houve regra que assegurava ao falido recursos para a subsistência de sua família. Tratava-se do alvará de Marquês do Pombal, que alterou parcialmente as Ordenações Filipinas em vigor no Brasil, então uma colônia de Portugal. Previa o alvará a entrega caritativa de 10% do valor obtido com a liquidação do patrimônio ao próprio falido, para socorrer a indigência de sua casa e família, desde que já atendida a Fazenda Pública (FERREIRA. *Tratado de direito comercial*, v. 14..., p. 28-29; REQUIÃO. *Curso de direito falimentar*, v. 1..., p. 18).

[2451] VALVERDE. *Comentários à Lei de Falências*, v. I..., p. 226.

[2452] PACHECO. *Processo de falência e concordata...*, p. 376-377.

[2453] VALVERDE. *Comentários à Lei de Falências*, v. I..., p. 226; PONTES DE MIRANDA. *Tratado de direito privado*, t. XXVIII..., p. 232, 245-246; FERREIRA. *Tratado de direito comercial*, v. 14..., p. 477; PACHECO. *Processo de falência e concordata...*, p. 376-377.

[2454] Isso porque um dos fundamentos da República é a dignidade da pessoa humana (CF, art. 1º, III), e a ordem econômica objetiva assegurar a existência digna, conforme os ditames da justiça social (CF, art. 170, *caput*). Mais: o CPC/1973 autorizava o juiz a arbitrar pensão ao devedor insolvente (CPC/1973, art. 785 – e, aqui, lembramos que, de acordo com o art. 1.052 do CPC/2015, permanecem em vigor, até a edição de lei especial, as normas sobre insolvência civil do CPC/1973), e o direito comparado está repleto de exemplos garantindo, em diferentes medidas, alimentos ao falido, como ocorre na Itália (art. 47 da *Legge Fallimentare*), em Portugal (art. 84 do Código da Insolvência e da Recuperação de Empresas – Decreto-Lei 53/2004) e na Alemanha (§100 do *Insolvenzordnung*). Por exemplo, VERA HELENA DE MELLO FRANCO e RACHEL SZTAJN defendem a aplicação subsidiária do art. 785 do CPC/1973 ao processo falimentar, podendo, então, o juiz, *pietatis causa*, fixar alimentos ao falido, proporcionais às suas necessidades e às forças da massa (FRANCO; SZTAJN. *Falência e recuperação da empresa em crise...*, p. 143-144). No mesmo sentido: PENTEADO. Seção I: Disposições gerais..., p. 132. Sobre o tema, ver, também: FÉRES. Seção V: Da inabilitação empresarial..., p. 769-770.

EFEITOS DA QUEBRA SOBRE A PESSOA DO FALIDO E SEUS BENS

qualquer atividade econômica e possuem meios de subsistência), e muito menos às próprias sociedades (o que seria totalmente irracional).

O devedor pode constituir advogado para o exercício de seus direitos, inclusive para representá-lo no processo falimentar ou para assessorá-lo nas questões a favor da massa ou contra ela. Como provavelmente não irá dispor de recursos para tanto (e como, logicamente, a massa não arcará com os honorários do advogado do falido, como expressamente dispunha o art. 208, §2º, do revogado Decreto--Lei 7.661/1945), o devedor pode, ao menos teoricamente, valer-se da assistência judiciária assegurada constitucionalmente.

Analisados os direitos do falido, passa-se a examinar os deveres a ele impostos pela LREF.

5. Deveres do falido

A sentença que decreta a falência do devedor impõe a ele uma série de deveres que decorrem da força executiva da sentença e perduram enquanto transcorrer o processo falimentar[2455]. O art. 104 da LREF, repetindo com poucas variações a redação do art. 34 do Decreto-Lei 7.661/1945, lista os deveres abaixo:

a. Dever de comparecimento e declaração (art. 104, I);
b. Dever de depositar os livros obrigatórios (art. 104, II);
c. Dever de não se ausentar (art. 104, III);
d. Dever de comparecimento (art. 104, IV);
e. Dever de entregar todos os bens, livros, papéis e documentos (art. 104, V);
f. Dever de prestar informações (art. 104, VI);
g. Dever de auxiliar (art. 104, VII);
h. Dever de examinar as habilitações de créditos (art. 104, VIII);
i. Dever de assistir ao levantamento, à verificação do balanço e ao exame dos livros (art. 104, IX);
j. Dever de manifestar-se quando determinado pelo juiz (art. 104, X);
k. Dever de apresentar a relação de seus credores (art. 104, XI); e
l. Dever de examinar e dar parecer sobre as contas do administrador judicial (art. 104, XII).

Da análise do rol de deveres do falido, depreende-se que existe, a rigor, um dever geral de colaboração[2456]-[2457]. A colaboração do falido, juntamente com a

---

[2455] PACHECO. *Processo de recuperação judicial, extrajudicial e falência...*, p. 319; PACHECO. *Processo de falência e concordata...*, p. 364.

[2456] FÉRES. Seção V: Da inabilitação empresarial..., p. 785. No direito estrangeiro, este dever de colaboração é expresso, por exemplo, no art. 102 da *Ley de Concursos y Quiebras* argentina (*Ley 24.522/1995*), no art. 83 do Código da Insolvência e da Recuperação de Empresas português (Decreto-Lei 53/2004) e no §97 do *Insolvenzordnug* alemão.

RECUPERAÇÃO DE EMPRESAS E FALÊNCIA

atitude colaborativa das demais partes envolvidas (*i.e.*, administrador judicial, credores e juiz), é indispensável para o bom andamento do processo falimentar[2458], mas também para a tutela de seus próprios interesses[2459].

Subentende-se da redação do art. 104 que os atos devem ser realizados pessoalmente pelo falido, salvo quando a lei expressamente autorizar que se possa fazê-lo mediante representação. Tais deveres têm, portanto, um caráter estritamente pessoal[2460]. Posto isso, passa-se, então, a estudar o rol de deveres impostos pela LREF.

5.1. Dever de comparecimento e declaração

O dever de comparecimento e declaração está previsto no art. 104, I, da LREF. O falido[2461], uma vez intimado da decisão que decretou a quebra, deve comparecer pessoalmente em cartório e firmar termo de comparecimento, com a indicação do nome, nacionalidade, estado civil e endereço completo do domicílio (sendo que, apesar de a LREF ser omissa, entendemos útil que conste o telefone de contato do falido, inclusive celular, bem como o correio eletrônico/e-mail)[2462-2463].

Essas informações são essenciais para o bom andamento do processo falimentar.

[2457] Lembramos, aqui, que o CPC, em seu art. 6º, assim dispõe: "Art. 6º Todos os sujeitos do processo devem cooperar entre si para que se obtenha, em tempo razoável, decisão de mérito justa e efetiva". E, como é cediço, a legislação processual civil é aplicável à LREF ,nos termos de seu art. 189.

[2458] Quanto à existência de um rol bastante minucioso de deveres, PONTES DE MIRANDA lembra que: "Sem a criação de deveres precisos seria difícil ter-se o falido a auxiliar a liquidação da massa. Os deveres são meios para se alcançar a execução forçada coletiva como promessa do Estado." (PONTES DE MIRANDA. *Tratado de direito privado*, t. XXVIII..., p. 233).

[2459] ABRÃO. Comentários aos arts. 70 a 104..., p. 382; VALVERDE. *Comentários à Lei de Falências*, v. I..., p. 217.

[2460] FRANCO. Comentários aos arts. 94 a 114..., p. 422; FRANCO; SZTAJN. *Falência e recuperação da empresa em crise*..., p. 137; VALVERDE. *Comentários à Lei de Falências*, v. I..., p. 216.

[2461] Empresário individual, sócio de responsabilidade ilimitada e/ou administrador/liquidante da sociedade empresária – sendo que, existindo mais de um administrador/liquidante, todos os investidos com tais poderes devem se apresentar.

[2462] CARVALHO DE MENDONÇA lembra que: "Este termo deve ser assinado pelo próprio falido. Não é admissível procurador. No caso de moléstia grave ou impossibilidade do falido sair de casa, êste pode requerer que o escrivão vá à sua residência para ser assinado o termo." (CARVALHO DE MENDONÇA. *Tratado de direito comercial brasileiro*, v. VII..., p. 425). No entanto, como ressaltam VERA HELENA DE MELLO FRANCO e RACHEL SZTAJN: "(...) de regra, o termo de comparecimento é lavrado em cartório pelo escrivão, nos autos, sem necessidade de presença do administrador judicial. E o fato de o falido ter recorrido da sentença que decretou sua quebra não o exime do comparecimento." (FRANCO. Comentários aos arts. 94 a 114..., p. 422; FRANCO; SZTAJN, Rachel. *Falência e recuperação da empresa em crise*..., p. 138). No mesmo sentido: PACHECO. *Processo de falência e concordata*..., p. 364; PACHECO. *Processo de recuperação judicial, extrajudicial e falência*..., p. 320.

[2463] Lembra JOSÉ PACHECO DA SILVA que: "Até o princípio do século passado, o termo era assinado de próprio punho pelo falido. Atualmente, porém, ele declara e o escrivão faz constar o que ele declarou" (PACHECO. *Processo de recuperação judicial, extrajudicial e falência*..., p. 320).

EFEITOS DA QUEBRA SOBRE A PESSOA DO FALIDO E SEUS BENS

É indispensável o comparecimento pessoal do devedor (ou dos administradores da sociedade falida), pois a lógica que impera é a de que ninguém melhor que ele para prestar as informações exigidas (sublinhe-se a importância de a intimação – que se dá pela imprensa oficial – de comparecimento fixar dia e hora para a assinatura do termo)[2464]. Afora a necessidade de comparecimento dos administradores da sociedade falida, se o juiz entender necessário, pode determinar o comparecimento de sócios não administradores, como, aliás, era comumente feito no período de vigência do Decreto-Lei 7.661/1945[2465].

O termo de comparecimento deve ser firmado e as declarações devem ser prestadas independentemente se a falência foi requerida por credores ou pelo próprio devedor[2466]. No caso de autofalência, boa parte das declarações e da documentação exigidas pelo art. 104 já constam da petição inicial (LREF, art. 105). Logo, muito embora o art. 104, I, ressalve somente a desnecessidade de declarar as causas da quebra (alínea "a"), prescinde-se da repetição das demais informações que também constam da exordial.

São elas: (*i*) a relação dos bens e direitos que compõem o ativo[2467]; (*ii*) a prova da condição de empresário, contrato social ou estatuto em vigor ou, se não houver, a indicação de todos os sócios, seus endereços e a relação de seus bens pessoais[2468]; e (*iii*) a relação de seus administradores[2469].

O art. 104, I trata das informações que devem ser prestadas pelo falido quando da assinatura do termo de comparecimento[2470]. O dispositivo não exige que a

---

[2464] PACHECO. *Processo de recuperação judicial, extrajudicial e falência...*, p. 320; NEGRÃO. *Aspectos objetivos da Lei de Recuperação de Empresas e de Falências...*, p. 58.

[2465] Por qual razão? Simplesmente porque, embora se espere que o representante da sociedade possua todas as informações requisitadas pelo dispositivo, sobretudo as causas determinantes da falência, muitas vezes os sócios têm maior conhecimento de certos aspectos da empresa, podendo, assim, complementar as informações já prestadas, sem falar da possibilidade de contraditarem declarações feitas por aquele. A presença dos sócios também pode auxiliar na investigação acerca do seu patrimônio pessoal, em razão de possível responsabilização, na forma da lei. Em razão disso, pode ser conveniente o comparecimento dos sócios ou controladores nesse momento. Sobre o tema, ver: BEZERRA FILHO. *Lei de Recuperação de Empresas e Falência comentada...*, p. 242. Entretanto, a imposição de deveres aos sócios não administradores não vai muito além disso. Nesse sentido, afigura-se correto o Enunciado 49 da 1ª Jornada de Direito Comercial: "Os deveres impostos pela Lei n. 11.101/2005 ao falido, sociedade limitada, recaem apenas sobre os administradores, não sendo cabível nenhuma restrição à pessoa dos sócios não administradores."

[2466] PACHECO. *Processo de recuperação judicial, extrajudicial e falência...*, p. 320; PACHECO. *Processo de falência e concordata...*, p. 365; FÉRES. Seção V: Da inabilitação empresarial..., p. 786.

[2467] LREF, art. 105, III, c/c art. 104, I, "e", "f" e "g".

[2468] LREF, art. 105, IV, c/c art. 104, I, "b".

[2469] LREF, art. 105, VI, c/c art. 104, I, "b".

[2470] Nada impede que a petição inicial de autofalência traga todas as declarações necessárias e previstas no art. 104, I, apesar de o art. 105 assim não exigir. De toda sorte, isso não significa a dispensa de assinatura do termo de comparecimento. Em caso de convolação da recuperação judicial em falência, grande parte das declarações e da documentação exigida pelo art. 104, I (e demais incisos), da LREF

declaração pessoal do falido ou de seu representante seja praticada em audiência, podendo a formalidade ser realizada em cartório, na presença do escrivão (*i.e.*, consistindo na prestação de declarações sobre matérias que o legislador considera importantes para a compreensão do estado de insolvência e das razões que o determinaram).

É ato não necessariamente presidido pelo juiz, mas unilateralmente praticado pelo falido. Em virtude disso, afasta-se a exigência de participação de credores ou terceiros interessados, evitando a formulação de perguntas ao declarante (geralmente inadmissíveis ou desnecessárias)[2471].

Em síntese, do termo de comparecimento devem constar as seguintes declarações:

a. Causas da falência;
b. Identificação dos sócios e administradores e apresentação de documentação pertinente;
c. Identificação do contador;
d. Indicação dos mandatos outorgados;
e. Indicação dos bens fora do estabelecimento;
f. Indicação de participações societárias; e
g. Indicação de ativos financeiros e dos processos em tramitação.

5.1.1. Causas da falência

De acordo com o art. 104, I, "a", o falido deve declarar as "causas determinantes da sua falência, quando requerida pelo credor", relatando os fatos que deram origem à situação em que se encontra.

A LREF corretamente presumiu que o falido é quem mais conhece as razões que determinaram a precariedade da sua situação econômico-financeira, sendo razoável exigir que ele explique o histórico que deu origem à quebra.

A descrição fática deve ser precisa e detalhada, evitando-se narrativas vagas e lacunosas, sob pena de punição do devedor com a penalidade prevista no art. 104,

---

já terá sido entregue quando da petição inicial de recuperação judicial, nos termos do art. 51. Todavia, como do intervalo correspondente à época em que foi protocolada a petição inicial à convolação em falência pode transcorrer grande lapso temporal (inclusive com a alteração das condições patrimonial-econômico-financeira do devedor, o surgimento de novas obrigações, novos credores, novos direitos, etc.), entendemos que, além da assinatura do termo de comparecimento, deve o falido realizar as declarações necessárias e apresentar a documentação exigida, nos exatos termos do art. 104. Inexistindo alteração nas circunstâncias, o falido poderá somente ratificar a documentação apresentada na recuperação judicial, respondendo civil e penalmente pelo conteúdo da sua declaração.

[2471] TJSP, Câmara Reservada à Falência e Recuperação, AI 566.803-4/8-00, Rel. Des. José Roberto Lino Machado, j. 19/11/2008.

EFEITOS DA QUEBRA SOBRE A PESSOA DO FALIDO E SEUS BENS

parágrafo único – crime de desobediência[2472]. Na medida do possível – seguindo o critério da razoabilidade –, o falido deve, também, apresentar a documentação que comprove as suas declarações.

A narrativa completa dos fatos é importante para entender a falência e constatar quais passos devem ser seguidos a partir de então[2473]. As razões e circunstâncias narradas pelo falido conferirão subsídios para o juiz, o administrador judicial, o perito técnico e o próprio Ministério Público sopesarem ao longo do processo falimentar e basearem suas decisões[2474].

As causas determinantes da falência declinadas pelo falido serão examinadas pelo administrador judicial em relatório apresentado no prazo de 40 dias, contados da assinatura do termo de compromisso (prorrogável por igual período), no qual apontará eventual responsabilidade civil e penal dos envolvidos (LREF, art. 23, III, "e").

5.1.2. Identificação dos sócios e administradores

Conforme o art. 104, I, "b", "tratando-se de sociedade"[2475], o falido deve declinar "os nomes e endereços de todos os sócios, acionistas (ou quotistas) controladores, diretores ou administradores, apresentando, ainda, o contrato ou estatuto social e a prova do respectivo registro, bem como suas alterações"[2476].

A apresentação desses documentos em juízo dá transparência ao processo falimentar, além de prestar informações sobre a vida societária pregressa do falido, bem como dos indivíduos que colaboraram com o exercício da sua atividade empresarial, "podendo, inclusive, auxiliar no trabalho do administrador, do comitê e do Ministério Público no eventual estabelecimento de nexo de responsabilidade"[2477].

Apesar da omissão da LREF, o empresário individual falido, tendo exercido regularmente a atividade, deve apresentar prova de sua inscrição, como, aliás, exigia expressamente o Decreto-Lei 7.661/1945 (art. 34, I, "b"). A LREF faz tal exigência de modo expresso ao regular a autofalência (art. 105, IV).

[2472] FÉRES. Seção V: Da inabilitação empresarial..., p. 787.

[2473] PONTES DE MIRANDA. *Tratado de direito privado*, t. XXVIII..., p. 233. Ver, também: FERREIRA. *Tratado de direito comercial*, v. 14..., p. 462.

[2474] ABRÃO. Comentários aos arts. 70 a 104..., p. 382.

[2475] O art. 34, I, "c", do Decreto-Lei 7.661/1945 previa a possibilidade de não existir contrato escrito, ou de o ato constitutivo não ter sido registrado, o que caracteriza, atualmente, a existência da sociedade em comum (CC, arts. 986 a 990). Considerando a possibilidade de falência da sociedade em comum, a exigência de apresentação do contrato deve observar essa peculiaridade – já que, caso inexistente contrato escrito, não se pode exigir o cumprimento de obrigação impossível.

[2476] Embora a LREF não refira, é oportuna a apresentação de outros documentos comprobatórios, tais como atas de eleição dos administradores, atas de reuniões de sócios e/ou assembleias extraordinárias que deliberaram matérias societárias relevantes (*e.g.*, operações societárias, alteração do estatuto), etc.

[2477] ABRÃO. Comentários aos arts. 70 a 104..., p. 383.

RECUPERAÇÃO DE EMPRESAS E FALÊNCIA

5.1.3. Identificação do contador

O art. 104, I, "c", da LREF exige que seja declinado "o nome do contador encarregado da escrituração dos livros obrigatórios".

A escrituração mercantil deve ficar sob a responsabilidade de contabilista habilitado, salvo se não houver nenhum na localidade (CC, art. 1.182; Decreto-Lei 9.295/1946, art. 25), o que, nos dias de hoje, é raríssimo. Portanto, é profissional indispensável para quem exerce atividade empresária.

É de bom tom que o falido também forneça outras informações relacionadas à sua contabilidade, tais como o período de tempo pelo qual o contador presta o serviço, seu endereço e elementos complementares que possam auxiliar o juízo falimentar[2478]. E, se possível, é adequado que reste efetivamente comprovado que tal profissional é o encarregado pela contabilidade do falido.

A identificação do profissional responsável pela contabilidade do falido é extremamente relevante para o bom curso do processo falimentar. Por exemplo, é provável que surja uma série de questionamentos técnicos ao longo do trâmite processual, hipóteses em que o contador será o sujeito mais indicado para prestar infomações e auxiliar na compreensão dos lançamentos e do procedimento contábil da atividade em questão.

A LREF prevê a elevação das penas de determinados crimes falimentares a partir do exame da contabilidade do devedor (LREF, art. 168, §1º). Nesse particular, o próprio contador pode ser condenado juntamente com o falido em caso de fraude dos lançamentos contábeis (LREF, art. 168, §3º).

5.1.4. Indicação dos mandatos outorgados

De acordo com o art. 104, I, "d", o falido deve informar os "mandatos que porventura tenha outorgado, indicando seu objeto, limite de poderes, nome e endereço do mandatário"[2479].

É recomendável que o falido informe, também, a data, o prazo e a finalidade dos instrumentos, bem como, se possível, que comprove fisicamente em juízo sua existência (por meio da juntada dos documentos originais). Essas informações podem ser relevantes na investigação acerca dos atos realizados pelos seus mandatários, os quais, quase sempre, têm efeito sobre o seu patrimônio[2480].

[2478] ABRÃO. Comentários aos arts. 70 a 104..., p. 383.

[2479] Apesar de a LREF exigir que o falido declare somente os mandatos que tiver outorgado, o bom curso do procedimento falimentar recomenda que sejam informados aqueles que tiver recebido, bem como sua finalidade e o prazo de vigência, ainda que essas informações possam ser obtidas por outros meios, como a manifestação dos mandantes ou mediante o cumprimento do dever imposto no art. 104, V.

[2480] Segundo o art. 120 da LREF, o mandato conferido pelo devedor, antes da falência, para a realização de negócios, cessará seus efeitos com a decretação da quebra, cabendo ao mandatário prestar contas de sua gestão. A cessão dos efeitos não atinge os mandatos de natureza estranha à atividade empresarial

EFEITOS DA QUEBRA SOBRE A PESSOA DO FALIDO E SEUS BENS

5.1.5. Indicação de bens fora do estabelecimento

Segundo dispõe o art. 104, I, "e", o falido deve indicar "bens imóveis e os móveis que não se encontram no estabelecimento", apresentando, se possível, a documentação comprobatória pertinente.

Trata-se de informação essencial para o sucesso da fase de arrecadação, a qual deverá compreender não só os bens que estão em sua posse, mas também aqueles na posse de terceiros para fins de garantir o recolhimento de todos eles e consolidar a formação da massa falida objetiva[2481] (sobre o tema, remete-se o leitor para o Capítulo 23, *infra*).

As informações prestadas pelo falido e a imediata arrecadação por parte do administrador judicial (logo após a assinatura do termo de compromisso, como disposto no art. 108 da LREF) reduzem a possibilidade de ocultamento ou de sonegação do patrimônio em prejuízo dos credores[2482].

5.1.6. Indicação de participações societárias

Segundo o art. 104, I, "f", cumpre ao falido indicar "se faz parte de outras sociedades, exibindo o respectivo contrato".

A obrigação abrange a participação em sociedades regulares ou irregulares, com ou sem personalidade jurídica. O falido deve apresentar o respectivo con-

---

(ex.: família), sendo que o mandato com a finalidade de representação judicial continua em vigor até que seja expressamente revogado pelo administrador judicial (§1º do art. 120). Já o §2º do art. 120 determina que cessa para o falido o mandato ou comissão que houver recebido antes da falência, salvo os que versem sobre matéria estranha à atividade empresarial.

[2481] MANOEL JUSTINO BEZERRA FILHO entende que a prestação de informações sobre bens da sociedade empresária falida deve se estender aos sócios e administradores: "Não é de boa técnica limitar-se à colheita de informações sobre os bens da sociedade empresária, devendo ser declarados os bens de ambos (sociedade e pessoa física: administradores e sócios). Mais ainda é recomendável este tipo de esclarecimento, para que se possa eventualmente verificar o crescimento desmesurado do patrimônio pessoal em comparação à queda do patrimônio social, principalmente ante a aplicação cada vez mais comum da doutrina da desconsideração da personalidade jurídica no sentido de se evitarem fraudes contra os credores da falência" (BEZERRA FILHO. *Lei de Recuperação de Empresas e Falência comentada...*, p. 243). A posição do autor deve ser examinada com muito cuidado e cautela para não tornar prática comum algumas medidas excepcionais dentro do sistema jurídico. A medida deve ser aplicada *cum grano salis* e somente quando existirem fortes indícios de abuso da personalidade jurídica que justifiquem aplicação da teoria da desconsideração ou, ainda, para se apurarem eventuais responsabilidades (na seara civil ou criminal). Não se pode presumir que o falido, seus sócios e administradores são fraudadores, sob pena de contaminação do sistema falimentar com odioso preconceito que em nada auxilia para a tutela do conjunto dos interesses envolvidos (sobre o tema, remete-se o leitor para o Capítulo 16, item 3). Em regra, as informações prestadas devem dizer respeito única e exclusivamente à pessoa do falido, seja ele empresário ou sociedade empresária (e não aos seus sócios).

[2482] FRANCO. Comentários aos arts. 94 a 114..., p. 423; FRANCO; SZTAJN. *Falência e recuperação da empresa em crise...*, p. 139; PACHECO. *Processo de recuperação judicial, extrajudicial e falência...*, p. 322; ABRÃO. Comentários aos arts. 70 a 104..., p. 384; VALVERDE. *Comentários à Lei de Falências*, v. I..., p. 218.

trato ou outro documento comprobatório (especialmente para o caso das sociedades em comum e em conta de participação). O objetivo do legislador foi, mais uma vez, viabilizar a arrecadação de todos os bens do falido, bem como reduzir a possibilidade de ocultamento ou de sonegação do patrimônio em prejuízo dos credores.

5.1.7. Indicação de ativos financeiros e processos em tramitação

O falido está obrigado a informar "suas contas bancárias, aplicações, títulos em cobrança e processos em andamento em que for autor ou réu", sendo recomendada a exibição da documentação comprobatória. A rigor, essa exigência é a única novidade em relação às declarações exigidas na vigência do antigo Decreto-Lei 7.661/1945 (art. 34, I). Dela depreende-se, também, o escopo de facilitar a arrecadação dos seus bens e dificultar o desvio patrimonial em detrimento dos credores.

Quanto à indicação dos processos em que for autor ou réu, a providência é relevante porque a massa falida, representada pelo administrador judicial, sucede o falido nos processos em andamento (LREF, arts. 22, III, "c" e "n", e 76, parágrafo único; CPC, art. 75, V).

A obrigação diz respeito somente aos processos referentes ou relacionados a interesses patrimoniais da massa falida, "(...) não se estendendo aos particulares que se refiram a direitos personalíssimos do autor e de sua família". Por exemplo, tratando-se da falência de empresário individual, o inventário em que este é beneficiado como herdeiro interessa à massa falida e, por isso, deve ser informado, pois a falência acarreta também a arrecadação de bens futuros[2483].

Não apenas os processos judiciais devem ser informados, mas também a participação do falido em procedimentos arbitrais, seja como autor, seja como réu[2484], bem como em processos administrativos em geral, como processos administrativos sancionadores que podem acarretar a aplicação de multas, processos administrativos que visam à recuperação de tributos, entre outros tantos, principalmente porque possuem repercussão patrimonial.

[2483] FRANCO. Comentários aos arts. 94 a 114..., p. 423. Igualmente, ver: FRANCO; SZTAJN. *Falência e recuperação da empresa em crise...*, p. 140. Em sentido distinto manifesta-se MARIO SERGIO MILANI: "Quanto aos processos em andamento, se o devedor falido for sociedade empresária, devem ser informados aqueles que tenham por objeto interesses patrimoniais relacionados à massa falida". "Por outro lado, se se tratar de falência de empresário (pessoa física), aí, sim, todas as ações, ainda que de natureza pessoal, têm de ser informadas, vez que inexiste separação entre o patrimônio do empresário e o patrimônio pessoal; vale dizer, o patrimônio é um só" (MILANI. *Lei de recuperação judicial...*, p. 430).

[2484] Igualmente, ver: FÉRES. Seção V: Da inabilitação empresarial..., p. 788. Isso, logicamente, compromete a confidencialidade do procedimento arbitral, regra normalmente acordada entre as partes ou existente no regulamento da câmara arbitral, pode restar afetada (CASTRO. A arbitragem e a nova Lei de Falências..., p. 143-145).

5.2. Dever de depositar os livros obrigatórios

O art. 104, II, prevê o dever de o falido "depositar em cartório, no ato de assinatura do termo de comparecimento, os seus livros obrigatórios, a fim de serem entregues ao administrador judicial, depois de encerrados por termos assinados pelo juiz".

Alguns pontos do dispositivo legal merecem destaque.

Em primeiro lugar, não é função do administrador judicial arrecadá-los; cabe ao empresário individual falido ou ao representante legal da sociedade falida entregá-los em juízo. Obviamente que se não forem entregues e estiverem no estabelecimento do devedor quando do ato de arrecadação, o administrador judicial deverá arrecadá-los.

Em segundo lugar, quando forem entregues ao administrador judicial (caso não tenham sido arrecadados), o ato deverá ser formalizado mediante recibo ou termo de recebimento dos livros, lavrado nos autos do processo de falência[2485].

Em terceiro lugar, em caso de autofalência, esse dever já terá sido cumprido pelo falido quando da apresentação do pedido, uma vez que a referida ação deve ser instruída com os livros do devedor (LREF, art. 105, I e V).

A entrega da escrituração do falido é essencial para o bom andamento do processo falimentar, pois viabiliza o acompanhamento da evolução dos negócios do devedor e a constatação da sua situação patrimonial-econômico-financeira, além de permitir a identificação da eventual ocorrência de crime falimentar decorrente de sua adulteração ou eventuais omissões[2486][2487][2488].

[2485] Na prática, especialmente em comarcas em que existem varas especializadas de falência, não raro o material acaba não sendo entregue ao administrador judicial: os livros podem ficar arquivados na secretaria do juízo e à disposição dos interessados, sendo que qualquer saída (inclusive ao administrador judicial ou perito contador) é realizada em carga no livro próprio do cartório.

[2486] Lembre-se que os livros empresariais têm eficácia probatória (CC, arts. 226; CPC, arts. 417 e 418), especialmente se foram devidamente autenticados e preenchidos (CC, art. 1.181 e seguintes; Lei 8.934/1994, art. 39) pelo titular da atividade.

[2487] Observe-se que os livros devem ser entregues quando da assinatura do termo de comparecimento, já tendo o TJSP considerado incabível a concessão de prazo para a entrega de tais documentos (TJSP, 1ª Câmara Reservada de Direito Empresarial, AI 2189014-81.2014.8.26.0000, Rel. Des. Teixeira Leite, j. 11/03/2015).

[2488] Questão interessante diz respeito à guarda de todos os livros e demais documentos entregues pelo falido (também nos termos do inciso V deste art. 104) após o encerramento do processo de falência, uma vez que tais documentos podem eventualmente ocupar relevante espaço físico, já tendo o TJSP assim decidido: "FALÊNCIA – Feito arquivado – Intimação da falida para retirada de diversos livros e documentos das dependências do Cartório, mediante compromisso – Hipótese em que, o não comparecimento ou a não localização importará na destruição dos documentos, exceto os pertinentes a registros de empregados, que merecerão ser digitalizados e arquivados – Eventual interesse de terceiros resguardado com a intimação por edital e aguardo de considerável lapso temporal para manifestação – Decisão mantida." (TJSP, 1ª Câmara de Direito Privado, AI 0194042-69.2011.8.26.0000, Rel. Des.

RECUPERAÇÃO DE EMPRESAS E FALÊNCIA

Na hipótese de tais livros não terem sido elaborados, escriturados ou autenticados, o falido não terá descumprido o dever disposto no art. 104, II, já que, simplesmente, não pode cumpri-lo. Entretanto, materializa-se, no caso em questão, o crime falimentar previsto no art. 178 da LREF[2489].

5.3. Dever de não se ausentar

Segundo o art. 104, III, cumpre ao falido "não se ausentar do lugar onde se processa a falência sem motivo justo e comunicação expressa ao juiz, e sem deixar procurador bastante, sob as penas cominadas na lei".

A contrario sensu, a LREF permite ao falido se ausentar da comarca, sem a necessidade de autorização judicial, nos casos de justo motivo mediante comunicação ao juiz e constituição de procurador.

5.3.1. Definindo "lugar onde se processa a falência" e críticas

O dispositivo refere-se à comarca na qual foi decretada a quebra[2490]. Se ela abranger vários municípios, nada impede que o falido desloque-se livremente de uma cidade para a outra, desde que dentro da mesma circunscrição judiciária e possa prestar assistência para o bom desenvolvimento do processo falimentar[2491-2492].

5.3.2. Alcance da regra

A LREF estabelece restrições à liberdade de locomoção, isto é, ao direito de ir e vir, das seguintes pessoas: (*i*) empresário individual falido; (*ii*) sócio de responsabilidade ilimitada da sociedade falida[2493]; e (*iii*) administradores ou liquidantes da sociedade falida[2494].

Luiz Antonio de Godoy, j. 28/02/2012). Sobre o tema, ver, também: Bezerra Filho. Capítulo XV: A inabilitação empresarial, os deveres e direitos dos falido..., p. 378.

[2489] Ver: TJSP, 1ª Câmara Reservada de Direito Empresarial, AI 2189014-81.2014.8.26.0000, Rel. Des. Teixeira Leite, j. 11/03/2015.

[2490] Pacheco. *Processo de recuperação judicial, extrajudicial e falência...*, p. 323.

[2491] Pacheco. *Processo de recuperação judicial, extrajudicial e falência...*, p. 323. Igualmente, ver Pacheco. *Processo de falência e concordata...*, p. 366, 368; e Requião. *Curso de direito falimentar*, v. 1..., p. 145.

[2492] O dever em questão não passa incólume às críticas da doutrina. Por exemplo, o falido pode ser domiciliado em comarca distinta daquela onde se processa a quebra, sem que isso enseje a necessidade de realizar mudança para a comarca da falência (TJSP, 7ª Câmara de Direito Privado, AI 176.476-4/6, Rel. Des. Paulo Toledo Campos Salles de Toledo, j. 04/04/2001). O legislador deveria ter condicionado a ausência do falido de seu domicílio, e não do lugar onde se processa a quebra, ou, ainda, de ambos. Além disso, na linha da legislação italiana (com as modificações do Decreto Legislativo nº 05/2006), deveria ter estabelecido a necessidade de o falido comunicar ao juízo cada troca de sua residência ou domicílio (Féres. Seção V: Da inabilitação empresarial..., p. 790).

[2493] Lembre-se que a falência da sociedade que não oferece limitação da responsabilidade se estende para todos os sócios (LREF, art. 81).

[2494] Porque estes representam (*rectius*: presentam) a sociedade.

O Decreto-Lei 7.661/1945, no art. 34, III, referia o dever de "não se ausentar do lugar da falência, sem motivo justo e autorização expressa do juiz, e sem deixar procurador bastante, sob as penas cominadas na lei; quando a permissão para ausentar-se for pedida sob alegação de moléstia, o juiz designará o médico para o respectivo exame".

Se compararmos o regime anterior com o atual, a orientação da LREF é, teoricamente, mais branda, podendo-se constatar, basicamente, duas grandes alterações, as quais serão examinadas abaixo.

5.3.2.1. Desnecessidade de designação de médico para exame do falido em caso de moléstia

Em primeiro lugar, não existe mais remissão expressa de o magistrado designar médico para proceder ao exame do falido, quando o respectivo pedido de deslocamento fundar-se em doença.

5.3.2.2. Desnecessidade de autorização judicial

Em segundo lugar, uma interpretação literal do dispositivo permite concluir que não há necessidade de expressa autorização judicial para o falido se ausentar da comarca, bastando que comunique o juízo falimentar a respeito[2495], sempre com justo motivo, além de deixar procurador[2496]. Esse tem sido o entendimento no STJ[2497] e em boa parcela da doutrina[2498].

[2495] Ressalte-se que "comunicação" é bastante diferente de "autorização", pois, naquela, o exame ocorre posteriormente à realização da viagem, enquanto que, na segunda, o exame é prévio.

[2496] Quem realizará o juízo de valor sobre o justo motivo apresentado pelo falido para se ausentar da comarca em que tramita sua falência? Em situação extrema, quem examinará a justa causa apresentada pelo devedor que informa, por exemplo, que deixará o país, com possibilidade de jamais retornar? O próprio falido? Entendemos que não, por uma razão bem simples: para o viajante, o motivo da ausência pode parecer crível e razoável, mas, aos olhos da Lei, as circunstâncias da bancarrota exigem um maior grau de zelo e conservadorismo. Em decorrência disso, o problema exige solução *ex post* e estritamente conectada à realidade. Considerando que o juiz não é mero espectador, caberá a ele examinar, *a posteriori*, se a circunstância apresentada pelo falido para se ausentar da comarca representou ou não justo motivo, podendo o devedor vir a ser responsabilizado na hipótese de o magistrado entender que não. Ciente desse risco, é prudente que o devedor obtenha, de modo prévio, a autorização judicial.

[2497] STJ, 4ª Turma, HC 92.327/RJ, Rel. Min. Massami Uyeda, j. 25/03/2008.

[2498] FÉRES. Seção V: Da inabilitação empresarial..., p. 789-790. Somente reproduzindo a letra da lei e, portanto, não fazendo referência à necessidade de autorização expressa, ver: FRANCO; SZTAJN. *Falência e recuperação da empresa em crise...*, p. 137-138; PACHECO. *Processo de recuperação judicial, extrajudicial e falência...*, p. 323. Em sentido contrário, exigindo a necessidade de expressa autorização prévia do juiz: BEZERRA FILHO. *Lei de Recuperação de Empresas e Falência comentada...*, p. 243; NEGRÃO. *Aspectos objetivos da Lei de Recuperação de Empresas e de Falências...*, p. 61; FRANCO. Comentários aos arts. 94 a 114..., p. 424 (com a ressalva das viagens de curto regresso, como veremos mais adiante); ABRÃO. Comentários aos arts. 70 a 104..., p. 387.

5.3.3. Fundamento

Diversas são as razões para a restrição ao direito de locomoção estabelecida pela LREF. Por exemplo, CARVALHO DE MENDONÇA e RUBENS REQUIÃO ressaltam que os deveres impostos ao devedor exigem a sua efetiva participação, tanto com o comparecimento do falido em juízo quanto com o seu auxílio aos agentes envolvidos[2499]. Não constitui, portanto, espécie de penalidade pela falência ou mesmo para evitar que o devedor se evada para local não sabido[2500] (aliás, se o devedor quiser, de fato, se evadir, não é esse tipo de restrição que fará alguma diferença).

A ausência proibida é aquela que ocasiona a impossibilidade de prestar a assistência necessária[2501] – dever imposto pelo art. 104. Até por isso, espera-se que o processo falimentar tramite de modo célere (como, inclusive, dispõe o art. 75, parágrafo único, da LREF), de maneira que o falido possa atender com presteza os atos em que sua presença ou a prestação de informações sejam essenciais[2502] (há que se lembrar, ainda, a importância da celeridade para se evitar a prescrição de crimes falimentares[2503]).

Nesse particular, o desenvolvimento de novas tecnologias, a evolução da telefonia móvel e a criação de *softwares* e aplicativos que permitem a comunicação imediata e instantânea entre particulares (*e.g.,* Skype e WhatsApp), pode, eficazmente, permitir a colaboração do falido à distância, relativamente às questões ordinárias do desenrolar da falência, sem prejuízo do seu comparecimento pessoal quando necessário for[2504].

5.3.4. Modulação do dever a partir da extensão da ausência?

Embora a LREF não cuide expressamente dessa questão, uma alternativa para a problemática pode estar no exame do dever em questão à luz da extensão da ausência. Por exemplo, não se pode encarar da mesma forma viagens de curto

---

[2499] CARVALHO DE MENDONÇA. *Tratado de direito comercial brasileiro*, v. VII..., p. 427; REQUIÃO. *Curso de direito falimentar*, v. 1..., p. 145. No mesmo sentido, ver: TARREGA. Comentários aos artigos 102 a 104..., p. 462-463. ESCUTI; BAS. *Derecho concursal*..., p. 244. O próprio STJ já decidiu que tal dever não constitui prisão domiciliar nem possui caráter de pena, mas objetiva facilitar o curso da ação falimentar pela garantia de que o falido estará disponível para esclarecimentos e para participar dos atos que dele dependam (STJ, 3ª Turma, REsp 763.983/RJ, Rel. Min. Nancy Andrighi, j. 10/11/2005).

[2500] STJ, 3ª Turma, REsp 763.983/RJ, Rel. Min. Nancy Andrighi, j. 10/11/2005.

[2501] PACHECO. *Processo de recuperação judicial, extrajudicial e falência*..., p. 323; PACHECO. *Processo de falência e concordata*..., p. 368.

[2502] FRANCO. Comentários aos arts. 94 a 114..., p. 424; FRANCO; SZTAJN. *Falência e recuperação da empresa em crise*..., p. 138.

[2503] BEZERRA FILHO. *Lei de Recuperação de Empresas e Falência comentada*..., p. 243.

[2504] De um lado, as novas ferramentas tecnológicas não podem passar ao largo da Lei ou serem simplesmente ignoradas pelo operador do direito. De outro, seu advento não é fator suficiente para violar o espírito (finalidade) da regra, a ponto de esvaziar a previsão do art. 104, III.

EFEITOS DA QUEBRA SOBRE A PESSOA DO FALIDO E SEUS BENS

prazo (*e.g.*, final de semana no litoral ou no campo), viagens de média duração (*e.g.*, de aproximadamente uma semana para tratamento de saúde, casamento, óbito) e viagens de longa duração (*e.g.*, duas semanas ou mais[2505]).

Com base na prática do regime anterior, uma parcela da doutrina entende que a exigência do art. 104, III, não atinge ausências de curto prazo, tais como viagens de final de semana para o litoral ou para o campo[2506]. Em tais hipóteses, não há sequer a necessidade de comunicação ao Juízo da falência[2507]. Já nas ausências de maior extensão (*e.g.*, viagens de média e longa duração), há necessidade de comunicar o Juízo, devendo o falido demonstrar motivo justo para a ausência[2508], além de deixar procurador para representá-lo.

A análise do caso concreto será determinante para atestar se existe ou não problema no movimento territorial do devedor[2509].

Em regra, o exame do justo motivo deve ser realizado *a posteriori*, muito provavelmente quando o falido já tiver regressado da viagem, pois não se trata de autorização, mas de mera comunicação. Entretanto, diante do risco de a motivação da viagem não ser considerada justa pelo Juízo da falência, é prudente que o devedor obtenha, de modo prévio, a autorização judicial, especialmente nas viagens mais longas, mesmo que isso não seja uma obrigação legal expressa.

[2505] Obviamente, os motivos e os períodos apontados são meramente exemplificativos.

[2506] Nesse sentido, ver: FRANCO. Comentários aos arts. 94 a 114..., p. 424. Igualmente, ver: TARREGA. Comentários aos artigos 102 a 104..., p. 462. Dando a entender em sentido contrário, ver: PACHECO. *Processo de recuperação judicial, extrajudicial e falência*..., p. 323; ABRÃO. Comentários aos arts. 70 a 104..., p. 387.

[2507] Há posições doutrinárias bastante restritivas com relação à motivação da viagem, como a de JOSÉ DA SILVA PACHECO, que chega ao ponto de afirmar que o art. 104, III, somente autorizaria a ausência passageira por motivo de saúde ou compromisso de família (casamento, óbito, cirurgia etc.), não sendo permitida mudança, transferência de domicílio, viagem demorada (PACHECO. *Processo de recuperação judicial, extrajudicial e falência*..., p. 323). As preocupações do autor são compreensíveis, mas parece exagerado concordar com afirmações tão absolutas e restritivas, até porque o dispositivo não traz tais vedações de cunho extremista.

[2508] Nesse sentido, por exemplo, em processo que tramitou na vigência do Decreto-Lei 7.661/1945, o TJSP negou autorização de viagem ao controlador/administrador de sociedade falida que objetivava visitar um amigo em Madrid (Espanha), sem nem indicar o nome ou o endereço deste (TJSP, 5ª Câmara de Direito Privado, AI 590.545-4/0-00, Rel. Des. Oscarlino Moeller, j. 03/12/2008).

[2509] A título exemplificativo, qual seria o sério prejuízo para o processamento da falência se o falido se transferisse para uma comarca vizinha, geograficamente mais próxima do foro em que tramita o processo? Parecendo antever essas situações, a lei italiana (*Regio Decreto 16 marzo 1942, n. 267*, modificado pelo *Decreto legislativo del 9 gennaio 2006, n. 5*) trata, no seu art. 46, da possibilidade de mudança da residência ou domicílio do falido, exigindo, todavia, a comunicação ao juízo. Em sentido semelhante, a *Ley de Concursos y Quiebras* argentina (*Ley 24.522/1995*, no art. 103), mais consentânea com a moderna realidade, estabelece restrições somente para viagens ao exterior, as quais devem ser autorizadas quando a presença do falido seja desnecessária ao cumprimento do seu dever de colaboração ou em casos de necessidade e urgência evidentes.

O quadro abaixo resume as hipóteses discutidas acima:

Ausência	Providência da LREF	Recomendação
Viagens de curto prazo	Comunicação	Em viagens de final de semana, desnecessária a comunicação
Viagens de média duração	Comunicação	Comunicação ou, dependendo da extensão da ausência, autorização
Viagens de longa duração	Comunicação	Autorização

5.4. Dever de comparecimento

O art. 104, IV, prevê que o falido tem o dever de comparecer a todos os atos da falência (para os quais será sempre intimado, é claro), podendo ser representado por procurador quando não for indispensável sua presença.

A LREF inovou em relação ao regime anterior (Decreto-Lei 7.661/1945, art. 34, IV), que somente autorizava o comparecimento mediante procurador quando ocorressem motivos justos e se obtivesse licença do juiz[2510]. O novo regime permite a representação do falido por procurador (ou seja, não exige mais motivo justo nem autorização judicial para tanto), salvo quando for indispensável a sua presença[2511].

Quando a presença do falido for indispensável, não pode ser admitida a sua representação (por exemplo, em caso de apuração de responsabilidade, extensão dos efeitos da quebra, necessidade de venda antecipada de bens), pois o procurador não tem amplo conhecimento sobre determinados fatos[2512].

[2510] Discute-se a possibilidade de utilização da força policial para a condução do falido ao juízo quando necessária a sua presença. A lei italiana (*Regio Decreto 16 marzo 1942, n. 267*) originariamente continha tal previsão em seu art. 49; todavia, a reforma de 2006 (*Decreto legislativo del 9 gennaio 2006, n. 5*) revogou tal dispositivo. Em Portugal, o Decreto-Lei 53/2004, no art. 83, dispõe que o magistrado pode ordenar "que o devedor que sem justificação tenha faltado compareça sob custódia, sem prejuízo da multa aplicável". Da mesma forma, a *Ley de Concursos y Quiebras* argentina prevê, no art. 102, que devem comparecer o falido e os administradores da sociedade falida sempre que intimados pelo juiz, sendo que, em caso de ausência, pode-se solicitar uso da força pública. E no Brasil? Haveria essa possibilidade? Embora a LREF seja silente, parece-nos que sim. De qualquer forma, lembre-se que o desrespeito ao dever legal constitui crime de desobediência, como dispõe o art. 104, parágrafo único, da LREF. Sobre o tema, ver, também: FÉRES. Seção V: Da inabilitação empresarial..., p. 791.

[2511] FRANCO. Comentários aos arts. 94 a 114..., p. 424.

[2512] ABRÃO. Comentários aos arts. 70 a 104..., p. 388. A questão pode ser resumida da seguinte forma: o falido deve comparecer quando for essencial para o processo falimentar. Nesse sentido, o Tribunal de Justiça de São Paulo entendeu que a legislação não contempla o dever de que o empresário individual falido (ou representantes da sociedade falida) compareça quinzenalmente ao fórum (ainda que resida em outra cidade), uma vez prestadas as declarações exigidas pela lei (TJSP, 7ª Câmara de Direito Privado, AI 176.476-4/6, Rel. Des. Paulo Toledo Campos Salles de Toledo, j. 04/04/2001).

EFEITOS DA QUEBRA SOBRE A PESSOA DO FALIDO E SEUS BENS

5.5. Dever de entregar todos os bens, livros, papéis e documentos

Estabelece o art. 104, V, da LREF, o dever de o falido "entregar, sem demora, todos os bens, livros, papéis e documentos ao administrador judicial, indicando-lhe, para serem arrecadados, os bens que porventura tenha em poder de terceiros" (como também exigia, de modo idêntico, o art. 34, V, do Decreto-Lei 7.661/1945).

É preciso analisar esse dever em conjunto com a previsão do inciso II do art. 104, com a ressalva que o inciso V faz referência a outros livros que não os obrigatórios e que versem sobre a atividade empresária do falido, ou seja, exige a entrega dos livros auxiliares e facultativos de interesse da massa (incluindo documentos eletrônicos, como planilhas, etc.).

Esses documentos viabilizam uma radiografia completa da vida do devedor até o momento da decretação da quebra[2513], razão pela qual essa obrigação deve ser observada com o máximo rigor. Nunca é demais lembrar que o exame dos livros, papéis e documentos permite reconstituir a situação de crise que acometeu o devedor, elevando as chances de atestar se houve ou não desvio de bens.

Faz todo o sentido o dever do falido de indicar os bens que porventura estejam em poder de terceiros para que sejam arrecadados pelo administrador judicial (de certo modo, a LREF repete o previsto no art. 104, I, "e") e formem massa falida objetiva (sobre a arrecadação dos bens do falido na posse de terceiros, remetemos ao Capítulo 23, item 2.5). Aqui também se reduz a possibilidade de ocultamento ou de sonegação do patrimônio em prejuízo dos credores.

Espera-se que o cumprimento desse dever ocorra sem demora, ou seja, que o devedor atenda pronta e imediatamente o estabelecido no art. 104, V. Embora o legislador não tenha estabelecido prazo específico para tanto, recomenda-se que o magistrado o faça, sendo que, se a intimação for omissa, aplica-se o prazo comum de cinco dias, nos termos da legislação processual civil (CPC, art. 218) c/c o art. 189 da LREF.

5.6. Dever de prestar informações

De acordo com o disposto no art. 104, VI, cumpre ao falido "prestar as informações reclamadas pelo juiz, administrador judicial, credor ou Ministério Público sobre circunstâncias e fatos que interessem à falência", à semelhança do art. 34, VI, do Decreto-Lei 7.661/1945.

A LREF presume, acertadamente, que o falido, mais que qualquer outra pessoa, tenha conhecimento do estado de seus negócios, mas não definiu a forma dessa manifestação. O Decreto-Lei 7.661/1945 dizia, de modo expresso, no art. 34, VI, que se daria verbalmente ou por escrito.

[2513] BEZERRA FILHO. *Lei de Recuperação de Empresas e Falência comentada...*, p. 244.

RECUPERAÇÃO DE EMPRESAS E FALÊNCIA

Não há motivo para alterar a sistemática anterior. A forma da manifestação dependerá das circunstâncias, do momento e da oportunidade em que for exigida. Pode ocorrer, por exemplo, em audiência, quando, então, o falido se manifesta verbalmente, reduzindo sua manifestação a termo; ou, ainda, por meio de intimação para manifestação sobre determinados documentos, quando ocorrerá por intermédio do advogado do falido, etc[2514].

Diante da potencial relevância da manifestação do falido para o bom curso do processo falimentar, recomenda-se que o magistrado estabeleça um prazo razoável para tanto, sendo que, se a intimação for omissa, aplica-se o prazo comum de cinco dias, de acordo com a legislação processual civil (CPC, art. 218) c/c o art. 189 da LREF.

5.7. Dever de auxiliar

O falido tem o dever de "auxiliar o administrador judicial com zelo e presteza", de acordo com o art. 104, VII.

O art. 34, VII, do Decreto-Lei 7.661/1945 determinava que o falido deveria auxiliar o síndico com zelo e lealdade, o que não significa que, com base na LREF vigente, não deva o falido se portar de modo leal. A propósito, lembre-se que ele está adstrito ao dever de lealdade, imposto tanto pelo Código Civil (art. 187) quanto pela legislação processual civil (CPC, art. 5º) c/c art. 189 da LREF[2515].

No mais, vale mencionar que o objetivo do dever de auxiliar é viabilizar que o processo falimentar transcorra de modo célere e escorreito.

5.8. Dever de examinar as habilitações de créditos

O art. 104, VIII, refere que o falido tem o dever de "examinar as habilitações de crédito apresentadas", tal como dispunha o art. 34, VIII, do Decreto-Lei 7.661/1945.

O dever de examinar as habilitações de crédito busca facilitar a tarefa do administrador judicial, bem como proteger a massa, os credores legítimos e o próprio falido contra eventuais habilitações infundadas. Esse dever é consequência direta do direito de fiscalização do falido, sendo, em certa medida, curioso que se fale em dever (o mais adequado seria designar direito de examinar as habilitações de crédito).

Nesse sentido, não raro, o administrador judicial, após receber as habilitações e divergências (de acordo com o art. 7º, §1º, da LREF), abre a possibilidade a que o devedor analise e se manifeste a respeito para que, então, possa elaborar a rela-

---

[2514] FÉRES. Seção V: Da inabilitação empresarial..., p. 792; TARREGA. Comentários aos artigos 102 a 104..., p. 463.
[2515] FÉRES. Seção V: Da inabilitação empresarial..., p. 792.

ção de credores (prevista no art. 7º, §2º, da LREF). Ainda, lembramos que qualquer informação contrária à legitimidade, à importância ou à classificação dos créditos pode transmudar-se em impugnação, nos termos do art. 8º da LREF[2516].

5.9. Dever de assistir ao levantamento, à verificação do balanço e ao exame dos livros

Estabelece o art. 104, IX, que o falido deve "assistir ao levantamento, à verificação do balanço e ao exame dos livros". Esses documentos são de enorme importância para o processo falimentar, daí a relevância da participação do falido (ou de profissional habilitado), com a finalidade de prestar dados seguros em benefício próprio, da massa e dos demais credores[2517].

Esse dever também corresponde, de certa forma, ao direito de fiscalização do falido – sendo mais condizente com a sistemática da LREF falar-se em direito e não em dever.

5.10. Dever de se manifestar quando determinado pelo juiz

Segundo o art. 104, X, o falido deve "manifestar-se sempre que for determinado pelo juiz". Não havia regra equivalente no Decreto-Lei 7.661/1945. No regime da LREF, o falido, sempre que intimado, deve cumprir tal obrigação no prazo determinado[2518]. Se não houver fixação de prazo, deverá ser observado aquele de cinco dias, de acordo com a legislação processual civil (CPC, art. 218) c/c o art. 189 da LREF. Tratando-se de hipótese de maior complexidade (análise de laudo, balanço, etc.), o falido deve requerer dilação do prazo, a fim de melhor se inteirar sobre o tema e se manifestar de modo adequado[2519].

A manifestação nos autos do processo falimentar também representa um direito do falido, o qual pode ser exercido a qualquer momento (sempre que necessário para defender seus interesses), nos termos do art. 103, parágrafo único, da LREF, mesmo sem intimação específica.

[2516] FRANCO. Comentários aos arts. 94 a 114..., p. 424; VALVERDE. *Comentários à Lei de Falências*, v. I..., p. 218; PONTES DE MIRANDA. *Tratado de direito privado*, t. XXVIII..., p. 237-238.

[2517] ABRÃO. Comentários aos arts. 70 a 104..., p. 388; FRANCO. Comentários aos arts. 94 a 114..., p. 424. Igualmente, ver: VALVERDE. *Comentários à Lei de Falências*, v. I..., p. 218.

[2518] Nem sempre a manifestação deve ser encarada como um dever processual (e sim como ônus). Como ressalta MARCELO FÉRES: "A grande maioria delas tem *status* de ônus processual, e não de obrigação. Por isso, inclusive, sustentou-se, anteriormente, a aplicação da revelia e seus efeitos ao processo falimentar. Na realidade, apenas quando determinado pelo juiz que o devedor se manifeste no feito, sob as penas cominadas ao crime de desobediência, é que se estará diante da hipótese em liça." (FÉRES. Seção V: Da inabilitação empresarial..., p. 793).

[2519] ABRÃO. Comentários aos arts. 70 a 104..., p. 390.

5.11. Dever de apresentar a relação de seus credores

Como dispõe o art. 104, XI, o falido deve "apresentar, no prazo fixado pelo juiz, a relação de seus credores". O prazo é aquele fixado no art. 99, III, isto é, cinco dias a contar da publicação da sentença que decreta a sua quebra[2520], o qual pode ser estendido diante da demonstração da manifesta complexidade da matéria e do porte econômico do devedor[2521].

No caso de autofalência, tal relação já constará da petição inicial (art. 105, II).

5.12. Dever de examinar e dar parecer sobre as contas do administrador judicial

Por derradeiro, estabelece o art. 104, XII, da LREF, que o falido deve "examinar e dar parecer sobre as contas do administrador judicial", no que a legislação em vigor repete o regime do Decreto-Lei 7.661/1945 (art. 34, X).

O falido tem interesse direto no processo falimentar – pois é seu o patrimônio que está em jogo – e direito de fiscalizar a administração da falência, sendo lógico que possa verificar o desempenho do administrador judicial no exercício da sua função, podendo examinar e opinar sobre as contas apresentadas por ele (previstas nos arts. 22, III, "r", e 154). Em razão disso, soa até estranho que a LREF tenha listado essa prática como um dever (e não um direito), podendo-se cogitar, inclusive, a aplicação de sanção caso o falido não examine e/ou deixe de exarar parecer a respeito – o que, entretanto, não nos parece razoável.

A inexatidão ou imprecisão das contas apresentadas judicialmente pode acarretar a destituição do administrador faltoso e a perda de sua remuneração, além da determinação da indisponibilidade ou do sequestro de seus bens para atender eventuais danos causados à massa falida (arts. 24, §4º, e 154, §5º)[2522].

O falido tem o direito de indicar assistente técnico para acompanhar o trabalho do administrador judicial e de seus auxiliares, bem como para conferir suas contas. No entanto, compete ao juiz julgar as contas do administrador judicial: o falido, simplesmente, expõe a sua opinião com o objetivo de subsidiar o juízo.

6. Desobediência

Até aqui, vimos quais são os deveres impostos ao falido pela LREF. Agora, analisaremos as consequências resultantes da infração a tais deveres.

[2520] FRANCO. Comentários aos arts. 94 a 114..., p. 424; FRANCO; SZTAJN. *Falência e recuperação da empresa em crise...*, p. 140; PACHECO. *Processo de recuperação judicial, extrajudicial e falência...*, p. 324; NEGRÃO. *Aspectos objetivos da Lei de Recuperação de Empresas e de Falências...*, p. 59.

[2521] ABRÃO. Comentários aos arts. 70 a 104..., p. 390.

[2522] FRANCO. Comentários aos arts. 94 a 114..., p. 424; VALVERDE. *Comentários à Lei de Falências*, v. I..., p. 218.

EFEITOS DA QUEBRA SOBRE A PESSOA DO FALIDO E SEUS BENS

O Decreto-Lei 7.661/1945 previa, em seu art. 35, a prisão administrativa em caso de descumprimento de quaisquer deveres por parte do falido, medida de caráter coercitivo e não punitivo. Tratava-se de penalidade administrativa e não penal, como por diversas vezes se manifestaram a doutrina[2523] e a jurisprudência[2524]. Esse dispositivo foi revogado pela Constituição Federal de 1988, art. 5º, LXI e LXVII, o que culminou com a edição da Súmula 280, de 2003, do STJ[2525]. Atualmente, doutrina majoritária é firme ao afirmar que a LREF não prevê hipótese de prisão administrativa[2526], posicionamento também adotado, por exemplo, pelo TJSP[2527]. Então, se não cabe mais a prisão administrativa do falido, qual seria a medida cabível?

O questionamento é relevante, sobretudo, quando se tem em mente que o falido, em regra, somente comparece aos autos para duas coisas: (i) fazer as declarações necessárias (art. 104, I) e (ii) entregar os livros obrigatórios (art. 104, II e V). Com frequência, contrata advogado para acompanhar o andamento processual e prestar os esclarecimentos necessários[2528]. No mais, nem sempre cumpre os demais deveres impostos pela Lei e essa omissão, muitas vezes, não lhe acarreta alguma consequência real.

[2523] VALVERDE. *Comentários à Lei de Falências*, v. I..., p. 218-219; PONTES DE MIRANDA. *Tratado de direito privado*, t. XXVIII..., p. 238-240; REQUIÃO, Rubens. *Curso de direito falimentar*, v. 1..., p. 148; FERREIRA. *Tratado de direito comercial*, v. 14..., p. 469-470; PACHECO. *Processo de falência e concordata*..., p. 368, 371-372; BATALHA; BATALHA. *Falências e concordatas*..., p. 353 ss.

[2524] STF, 1ª Turma, HC 81.880/SC, Rel. Min. Moreira Alves, j. 25/06/2002; STF, 1ª Turma, RHC 76.741/MG, Rel. Min. Moreira Alves, j. 24/04/1998; STF, 2ª Turma, RHC 54.411/MG, Rel. Min. Cordeiro Guerra, j. 21/05/1976.

[2525] Súmula 280 do STJ: "O art. 35 do Decreto-Lei n. 7.661, de 1945, que estabelece a prisão administrativa, foi revogado pelos incisos LXI e LXVII do art. 5º da Constituição Federal de 1988." Ver: STJ, 4ª Turma, HC 27.046/SP, Rel. Min. Aldir Passarinho, j. 11/11/2003; STJ, 4ª Turma, HC 26.184/RJ, Rel. Min. Aldir Passarinho, j. 11/02/2003; STJ, 3ª Turma, HC 19.308, Rel. Min. Antônio de Pádua Ribeiro, j. 19/03/2002; STJ, 4ª Turma, HC 19.645, Rel. Min. Aldir Passarinho, j. 05/03/2002.

[2526] BEZERRA FILHO. *Lei de Recuperação de Empresas e Falência comentada*..., p. 244; COELHO. *Comentários à Lei de Falências e de Recuperação de Empresas*..., p. 333; VIGIL NETO. *Teoria falimentar e regimes recuperatórios*..., p. 247-248; TARREGA. *Comentários aos artigos 102 a 104*..., p. 458; FÉRES. Seção V: Da inabilitação empresarial..., p. 795-799 (este autor entende que o ideal seria que a LREF previsse penalidade administrativa – isto é, prisão administrativa –, tendo em vista que medidas coercitivas seriam mais efetivas, apesar de reconhecer que tal espécie seria inviável diante do disposto na CF); ABRÃO. *Comentários aos arts. 70 a 104*..., p. 391-392 (expressando este último autor imensas dúvidas e receios quanto à cominação do crime de desobediência para o falido que descumpre seus deveres, entendendo que se deveria tipificar crime com penalidade mais severa). Em sentido contrário, defendendo que a LREF continua prevendo espécie de prisão administrativa, ver: FRANCO. *Comentários aos arts. 94 a 114*..., p. 424-425; igualmente, ver: FRANCO; SZTAJN. *Falência e recuperação da empresa em crise*..., p. 140-141). E também defendendo que o art. 104 da LREF prevê hipótese de prisão administrativa, ver: MILANI. *Lei de recuperação judicial*..., p. 433.

[2527] TJSP, 10ª Câmara de Direito Privado, HC 537.094-4/3-00, Rel. Des. Octavio Helene, j. 26/02/2008.

[2528] BEZERRA FILHO. *Lei de Recuperação de Empresas e Falência comentada*..., p. 244.

RECUPERAÇÃO DE EMPRESAS E FALÊNCIA

O art. 104, parágrafo único, dispõe que se o falido[2529] faltar ao cumprimento de quaisquer dos deveres que a LREF lhe impõe[2530] (ou seja, não se está restringindo aos deveres impostos pelo art. 104 da LREF), após ter sido intimado pelo juiz a fazê-lo, responderá por crime de desobediência – inclusive em sua modalidade continuada[2531] –, nos termos do art. 330 do Código Penal, o qual será apurada mediante o devido processo legal no juízo criminal (art. 183 da LREF[2532]).

Não constitui qualquer dano ao *status libertatis* do falido o fato de o magistrado intimá-lo para que cumpra com seus deveres, nos termos do art. 104 da LREF, advertindo-o de que o desatendimento da ordem configurará crime de desobe-

---

[2529] Bem como às pessoas a ele equiparadas, nos termos do art. 179 da LREF: seus sócios, diretores, gerentes, administradores e conselheiros, de fato ou de direito, bem como o administrador judicial – ficando, aqui, o questionamento relacionado ao liquidante e ao inventariante, como já foi salientando anteriormente. É evidente que não é possível submetê-los à obrigação impossível: se não sabem, por exemplo, as causas da quebra, não há como prestarem tais informações. Dessa maneira, tais sujeitos prestarão as informações de que têm conhecimento, sem que maiores consequências lhes possam recair.

[2530] Desviando, por exemplo, mercadorias e livros ou ocultando bens da massa (TJSP, Seção Criminal, HC 3.207, Rel. Des. Ferreira França, j. 28/03/1944), ou, ainda, omitindo-se no dever de entregar bens da massa (TJRS, 4º Câmara Cível, AI 37372, Rel. Des. Oscar Gomes Nunes, j. 04/03/1981).

[2531] Sustenta MARCELO FÉRES que: "Em princípio, o devedor que opta por se prostrar diante do juízo concursal (...) deve responder segundo as regras do crime continuado, pois 'Quando o agente, mediante mais de uma ação ou omissão, pratica dois ou mais crimes da mesma espécie e, pelas condições de tempo, lugar, maneira de execução e outras semelhantes, devem os subseqüentes ser havidos como continuação do primeiro' (art. 71 do Código Penal)." (FÉRES. Seção V: Da inabilitação empresarial..., p. 798-799).

[2532] Aqui cumpre levantar interessante questão. De um lado, não é dado a ninguém produzir prova contra si mesmo, de maneira que, a rigor, não precisaria o falido prestar informações (declarar, por exemplo, as causas da falência) caso isso possa acarretar a sua responsabilização criminal (princípio da não autoincriminação, de não produzir prova contra si mesmo, previsto no art. 5º, LV, LVII e LXIII, da Constituição Federal). De outro, se o falido não presta tais informações, está a descumprir os deveres impostos pelo art. 104 da LREF e, portanto, pode ser condenado pelo crime de desobediência (art. 104, parágrafo único). Diante desse dilema, poderia o falido negar-se a dar determinada informação, invocando o direito de defesa em juízo? Na Argentina, IGNACIO ESCUTI e FRANCISCO BAS entendem que o falido pode fazer uso do princípio protetivo e negar-se a prestar informações que produzam prova contra si mesmo (ESCUTI; BAS. *Derecho concursal*..., p. 243). Na Alemanha, o *Insolvenzordnug* (§97) é claro ao expor que o falido tem o dever de revelar todas as informações relacionadas à insolvência para todas as partes envolvidas no processo falimentar (Poder Judiciário, administrador judicial, comitê de credores e assembleia de credores), compondo esse dever a informação qualquer fato capaz de caracterizar ilícito penal. Todavia, tais informações não poderão ser usadas contra o devedor sem o seu consentimento em processos criminais. No Brasil, pelo que sabemos, a questão ainda não foi examinada, nem pelos tribunais, nem a fundo pela doutrina. Caso se adote a mesma linha desenvolvida na esfera penal, a tendência é que se defenda a possibilidade de o falido se negar a prestar determinada informação ao juízo, com base no princípio constitucional de não se autoincriminar ou não produzir provas contra si mesmo (na mesma direção da doutrina argentina). Nessa lógica, seria inconstitucional o art. 104, parágrafo único, quando causar tal tipo de constrangimento ao falido ou às pessoas equiparadas para fins penais. Nesse sentido: PODVAL, Roberto; HAKIM, Paula Kahan Mandel. Aspectos processuais penais da Lei de Falências. In: PAIVA, Luiz Fernando Valente de (coord.). *Direito falimentar e a nova Lei de Falências e Recuperação de Empresas*. São Paulo: Quartier Latin, 2005, p. 629-631. A despeito disso, acreditamos que a solução mais prudente (e em nosso sentir, mais correta) é aquela adotada na Alemanha.

EFEITOS DA QUEBRA SOBRE A PESSOA DO FALIDO E SEUS BENS

diência[2533]. Muito pelo contrário, essa postura do magistrado pode se mostrar salutar, como no caso do dever legal de se manifestar quando determinado pelo juiz (art. 104, X), como visto anteriormente.

A condenação pela prática de crime dessa natureza acarreta as consequências previstas no art. 181 da LREF (como a alteração do prazo para a extinção das obrigações e a inabilitação do falido, nos termos dos arts. 102, 158 e 181 da LREF).

Adicionalmente às medidas penais, o juiz, de ofício ou a requerimento das partes interessadas (*i.e.*, credores, administrador judicial ou Ministério Público), pode adotar outras providências para que sejam cumpridas as exigências do art. 104 e que tenha bom andamento o processo falimentar, tais como (*i*) a apreensão dos livros obrigatórios (nos termos do art. 1.192 do Código Civil), (*ii*) a solicitação de cópia dos atos constitutivos e alterações da sociedade falida junto ao Registro Público de Empresas Mercantis, bem como (*iii*) a arrecadação, pelo administrador judicial, dos bens e documentos não entregues pelo falido (LREF, art. 108).

7. Notas conclusivas

A decretação da quebra promove o afastamento do falido de suas atividades (art. 75, *caput*), a sua inabilitação (art. 102) e o desapossamento de seus bens (art. 103) – o que não significa a cessação da atividade empresária, já que o juiz pode, após analisar a conveniência do pedido, e independentemente de existir pedido expresso do devedor, determinar a continuidade da atividade, nos termos do art. 99, XI, da LREF (sempre com o objetivo de preservar a empresa e maximizar o valor dos ativos, nos termos do art. 75, *caput*).

O tratamento dado à empresa deve ser dissociado daquele despendido ao sujeito que a exerce (empresário individual ou sociedade empresária), como é de praxe ocorrer, atualmente, nos diferentes ordenamentos jurídicos[2534]. A decretação da quebra não necessariamente acarreta na passagem da empresa como situação dinâmica para um estado estático e improdutivo e, tendo em vista todas as consequências que a falência causa ao falido, tanto no que tange à sua pessoa quanto aos seus bens, o estado de falido, transitório que é, tem como único objetivo o de tutelar o interesse público, consubstanciado, basicamente, na proteção dos credores – e do crédito.

Assim, o falido, apesar de manter a sua capacidade, tem alguns de seus direitos restringidos por um determinado período, para o propósito de facilitar o trabalho do Juízo falimentar, permanecendo em verdadeiro estado de sujeição, o que é necessário diante do regime liquidatório concursal que sobre ele recai[2535].

[2533] Nesse sentido, já decidiu o TJRS: TJRS, 5ª Câmara Cível, HC 70033359761, Rel. Des. Jorge Luiz Lopes do Canto, j. 28/05/2010.

[2534] TARREGA. Comentários aos artigos 70 a 82..., p. 341; ANDRIGHI. Arts. 75 a 80..., p. 494-495.

[2535] MAGGIORE. *Istituzioni di diritto fallimentare*..., p. 148; PROVINCIALI. *Trattato di diritto fallimentare*, v. II..., p. 775.

Capítulo 22
Efeitos da Quebra Sobre as Obrigações do Falido

O presente Capítulo examinará a disciplina das relações obrigacionais do falido, sobre as quais a decretação da quebra terá relevantes desdobramentos[2536].

O efeito constitutivo da sentença decretatória da falência do empresário ou da sociedade empresária altera o quadro pregresso das relações jurídicas do devedor. Nessa conjuntura, as obrigações do falido devem ser consideradas sob a seguinte perspectiva: (*i*) ativas; (*ii*) passivas; (*iii*) mistas (tanto ativas quanto passivas)[2537], bem como (*iv*) as que envolvam garantidores solidários.

A Seção VIII do Capítulo V da LREF é composta por 14 artigos, cujos preceitos iniciam no art. 115 e terminam no art. 128. O número reduzido de dispositivos legais contrasta com a relevância do seu conteúdo para o bom curso do procedimento falimentar e do tratamento dos interesses dos credores e demais participantes do processo de execução coletiva.

O objetivo do legislador foi traçar regras jurídicas diferenciadas para o falido, coobrigados e seus contratantes, afastando, nesse contexto específico, a incidência das normas de direito comum atinentes ao regime obrigacional, ao mesmo tempo em que concebe um leque de obrigações especiais de caráter bastante peculiar. Porém, o tratamento dispensado não foi exaustivo. A intenção da LREF foi restrita e consistiu, basicamente, no estabelecimento de previsões gerais que

---

[2536] A epígrafe da Seção VIII da LREF, inserida dentro do Capítulo V, que trata da falência, traz a expressão "obrigações do devedor" de maneira ampla e genérica, sem especificar a natureza. A omissão do legislador deve ser interpretada no sentido da amplitude dos efeitos jurídicos que o regime irradia sobre as obrigações do devedor.

[2537] Sobre a divisão das obrigações do falido em ativas e passivas, ver boa exposição de: FRONTINI, Paulo Salvador. Seção VIII: Dos efeitos da decretação da falência sobre as obrigações do devedor. In: SOUZA JUNIOR, Francisco Satiro de; PITOMBO, Antonio Sergio A. de Moraes (coord.). *Comentários à Lei de Recuperação de Empresas e Falências*. 2 ed. rev., atual. e ampl. São Paulo: Revista dos Tribunais, 2007, p. 436.

RECUPERAÇÃO DE EMPRESAS E FALÊNCIA

delineassem a melhor forma para o cumprimento das obrigações assumidas anteriormente à decretação da falência, o adimplemento de alguns tipos contratuais específicos, além de prever a impossibilidade de credores buscarem seus direitos na forma direta e objetiva preconizada pela legislação civil.

As mudanças realizadas não significam, contudo, a derrogação do regramento da matéria posto no Código Civil ou na legislação apartada, mas sim o ajuste do calibre de certas previsões legais em razão do novo estado jurídico do falido, decorrente de sua crise, identificada e decretada pela sentença falimentar.

1. Concurso universal: escopo e limites

O teor do art. 115 é lúcido ao delinear o escopo de abrangência e as diretrizes do regime obrigacional na falência, ao assim dispor: "A decretação da falência sujeita todos os credores do falido, que somente poderão exercer os seus direitos sobre os bens do devedor[2538] e do sócio ilimitadamente responsável na forma prescrita pela Lei"[2539].

[2538] Como já visto no Capítulo anterior, quando a lei menciona a expressão "bens do devedor", refere-se de forma bastante ampla aos bens materiais e imateriais que compõem o ativo patrimonial, integrando tal cabedal tanto os bens atuais, existentes quando da decretação da quebra (arrecadados pelo administrador judicial), quanto os bens futuros, que forem objeto de aquisição pelo falido, após a decretação da falência, e enquanto estiver em curso o processo falimentar (ver: FRONTINI. Seção VIII: Dos efeitos da decretação da falência sobre as obrigações do devedor..., p. 439; NETTO, Felipe Peixoto Braga. Arts. 115 a 118. In: CORRÊA-LIMA, Osmar Brina; CORRÊA LIMA, Sérgio Mourão (coord.). *Comentários à nova Lei de Falência e Recuperação de Empresas*. Rio de Janeiro: Forense, 2009, p. 843-849). Além disso, a própria Lei estabelece restrições quanto à abrangência dos efeitos irradiados pelo referido art. 115. Por exemplo, segundo o art. 108, §4º, não serão objeto de arrecadação pelo administrador judicial os bens absolutamente impenhoráveis, ao passo que, segundo a previsão do art. 113, os bens perecíveis, deterioráveis, sujeitos à considerável desvalorização ou que sejam de conservação arriscada ou dispendiosa, poderão ser vendidos antecipadamente, após a arrecadação e a avaliação, mediante autorização judicial, ouvidos o Comitê e o falido no prazo de 48 horas. Ainda nessa seara, não se pode olvidar que, no âmbito de determinadas atividades empresariais, certos bens, a despeito de comporem o ativo patrimonial do falido, juntamente com todos os demais, têm tratamento jurídico diferenciado, segregando-se do todo e formando o que se convencionou chamar de "patrimônios separados", cuja disciplina é estabelecida por regras próprias, mesmo na falência, como é o caso do patrimônio de afetação (*e.g.*, Lei 4.591/1964), examinado ao longo do presente Capítulo.

[2539] Essa previsão deve ser ser lida e interpretada em conjunto com a previsão do *caput* do art. 81, a saber: "A decisão que decreta a falência da sociedade com sócios ilimitadamente responsáveis também acarreta a falência destes, que ficam sujeitos aos mesmos efeitos jurídicos produzidos em relação à sociedade falida e, por isso, deverão ser citados para apresentar contestação, se assim o desejarem". Registre-se que, nas sociedades em que os sócios respondem de forma ilimitada, seu patrimônio responde conjuntamente com o da sociedade para o pagamento das dívidas sociais. No Direito Societário brasileiro, essa regra incide sobre os seguintes participantes, com reflexos nos tipos societários que seguem: (*i*) sócios de uma sociedade em comum (CC, art. 990); (*ii*) sócio ostensivo, na sociedade em conta de participação (CC, art. 991), cuja falência, no entanto, está sujeita a regras próprias (CC, art. 994, §2º); (*iii*) sócio de sociedade em nome coletivo (CC, art. 1.039); (*iv*) sócio comanditado de sociedade em comandita simples (CC, art.

EFEITOS DA QUEBRA SOBRE AS OBRIGAÇÕES DO FALIDO

No regime do Decreto-Lei 7.661/1945, o tema era tratado pelo art. 23, cuja redação asseverava: "Ao juízo da falência devem concorrer todos os credores do devedor comum, comerciais ou civis, alegando e provando os seus direitos. Parágrafo único. Não podem ser reclamados na falência: I – as obrigações a título gratuito e as prestações alimentícias; II – as despesas que os credores individualmente fizerem para tomar parte na falência, salvo custas judiciais em litígio com a massa; III – as penas pecuniárias por infração das leis penais e administrativas".

A LREF não reproduziu neste dispositivo as ressalvas postas pelo regime anterior (mas sim no art. 5º)[2540], mostrando-se clara e objetiva quanto ao propósito do procedimento falimentar: servir a todos os credores do falido, tenham ou não garantia, sejam ou não privilegiados, já que é no seu curso que se efetivará o direito real de garantia e se atenderão aos privilégios. A mesma lógica se aplica a credores historicamente favorecidos pela legislação, como os trabalhistas e tributários[2541].

O art. 115 disciplina as obrigações do devedor, contendo duplo alcance: (*i*) reforça a característica central do processo falimentar como um concurso universal ou de execução coletiva dos credores sobre o patrimônio do devedor[2542], bem como (*ii*) a universalidade da falência (LREF, art. 76), mencionando, expressamente, que a decretação da quebra sujeita todos os credores do falido, proscrevendo que qualquer um deles pratique atos na falência de forma diversa da estabelecida na LREF[2543].

1.045); (*v*) sócio comanditado de sociedade em comandita por ações (LSA, art. 282) – além, é claro, dos sócios das sociedades simples (CC, arts. 1.023 e 1.024) e da possibilidade de assim ocorrer nas sociedades cooperativas (CC, art. 1.095; Lei 5.764/1971, arts. 11 e 12), sendo que, todavia, essas sociedades nunca serão empresárias (CC, arts. 982 e 983; Lei 5.764/1971, art. 4º). Nos demais tipos societários, em especial nas sociedades anônimas e nas sociedades limitadas, em que a responsabilidade dos sócios é limitada depois da integralização do capital, em regra, somente o patrimônio da sociedade estará sujeito aos efeitos da falência. Para aprofundamento sobre o tema, ver: BARBOSA LESSA, Carlos. *A posição dos sócios solidária e ilimitadamente responsáveis na falência da sociedade*. Tese de Concurso. Porto Alegre: Santo Antônio, 1951.

[2540] A LREF prevê os créditos não exigíveis na falência no art. 5º: "I – as obrigações a título gratuito; II – as despesas que os credores fizerem para tomar parte na recuperação judicial ou na falência, salvo as custas judiciais decorrentes de litígio com o devedor". Além disso, de acordo com o regime em vigor, alterando o disposto do Decreto-Lei 7.661/1945, são exigíveis as multas contratuais e as penas pecuniárias por infração das leis penais ou administrativas, inclusive as multas tributárias (LREF, art. 83, VII).

[2541] TEPEDINO, Ricardo. Seção VIII: Dos efeitos da decretação da falência sobre as obrigações do devedor. In: TOLEDO, Paulo Fernando Campos Salles de; ABRÃO, Carlos Henrique (coord.). *Comentários à Lei de Recuperação de Empresas e Falência*. 4 ed. rev. e atual. São Paulo: Saraiva, 2010, p. 417.

[2542] Sobre o tema, ver: PROVINCIALI. *Manuale di diritto fallimentare...*, p. 16-17; BRUNETTI, Antonio. *Tratado de quiebras*. Trad. de J. Rodríguez. Ciudad de México: Porrúa, 1945, p. 49. Entre nós, em uma perspectiva processual, ver: BUZAID, Alfredo. *Do concurso de credores no processo de execução*. São Paulo: Saraiva, 1952.

[2543] Para aprofundamento do tema, com boas referências jurisprudenciais acerca da indivisibilidade do juízo falimentar, ver: NETTO. Arts. 115 a 118..., p. 843-847.

RECUPERAÇÃO DE EMPRESAS E FALÊNCIA

Os credores de obrigações não vencidas, cujo vencimento restou antecipado em virtude da decretação judicial da quebra[2544], na linha do que preveem o art. 77 da LREF e o art. 333, I, do Código Civil[2545], estão abrangidos pela sistemática do art. 115. Ainda, também de acordo com o art. 77 da Lei 11.101/05, sujeitam-se à falência, como não poderia deixar de ser, os titulares de crédito em moeda estrangeira. De acordo com o art. 77 da LREF: "A decretação da falência determina o vencimento antecipado das dívidas do devedor e dos sócios ilimitada e solidariamente responsáveis, com o abatimento proporcional dos juros, e converte todos os créditos em moeda estrangeira para a moeda do País, pelo câmbio do dia da decisão judicial, para todos os efeitos desta Lei."

2. Suspensão de direitos

O art. 116 da LREF trata da suspensão de direitos, mais especificamente de duas hipóteses distintas: (*i*) do direito de retenção (art. 116, §1º); e (*ii*) do direito de retirada (art. 116, §2º), examinadas abaixo, separadamente.

Nesse sentido, respeitados os limites impostos pelo regime falimentar, o exercício de outros direitos materiais não se suspendem. Dessa forma, por exemplo, caso o administrador judicial decida por manter determinado contrato nos termos do art. 117 da LREF, nada impede, em nosso sentir, que a contraparte tome as medidas que entender pertinentes ou exerça seus direitos, podendo denunciar o respectivo contrato se assim for possível ou buscar a sua extinção em decorrência do inadimplemento (sejam tais contratos firmados antes ou depois da decretação da quebra)[2546]. Igualmente, a própria massa falida, representada pelo admi-

---

[2544] O dispositivo determina o vencimento antecipado dos débitos, e não dos créditos eventualmente detidos pelo falido. Nesse particular, persiste o problema da falência de sociedade empresária que possui sócios de responsabilidade limitada que ainda não integralizaram, total ou parcialmente, sua parcela do capital social, cujo prazo estabelecido para tal integralização não venceu. Na Itália (art. 150 da *Legge Fallimentare*) e em Portugal (Código da Insolvência e da Recuperação de Empresas português – Decreto-Lei 53/2004, art. 82), por exemplo, as legislações autorizam a cobrança antecipada pela massa falida, como também autorizava o art. 50 do revogado Decreto-Lei 7.661/1945. Apesar de a LREF não ter tratado do tema, parece-nos que a sistemática de cobrança antecipada permanece.

[2545] FRONTINI. Seção VIII: Dos efeitos da decretação da falência sobre as obrigações do devedor..., p. 437.

[2546] "1. O laudo técnico apontou que o valor mensal da locação deveria ser estabelecido em R$ 25.090,00, contudo, não se mostra razoável que se proceda reajuste nesse patamar desproporcional diante da atual conjuntura econômica do país, o que corresponderia a um aumento de cerca de 250%. 2. Ao auferir o valor que entendia correto a título de locação, o perito contratado indicou o montante tão somente levando em conta critérios utilizados no ramo do mercado imobiliário atentando ao valor do imóvel, deixando de considerar as especificidades de um processo de falência, o que deve ser destacado para o deslinde da presente controvérsia. 3. A majoração pretendida pode ocasionar a resolução contratual pela locatária, pois a mesma poderia não ter condições financeiras de arcar com os referidos valores ou optar por locar outro imóvel, o que seria mais nocivo à falida. 4. A possibilidade de resolução do contrato de locação, no caso em análise, seria demasiadamente onerosa à falida, uma vez que teria de arcar com as despesas

EFEITOS DA QUEBRA SOBRE AS OBRIGAÇÕES DO FALIDO

nistrador judicial, pode buscar a resolução de contrato firmado com ela, diante de cláusula resolutiva expressa, em caso de inadimplemento da contraparte[2547].

2.1. Direito de retenção

O art. 116 determina, no inciso I, que a decretação da falência suspende "o exercício do direito de retenção sobre os bens sujeitos à arrecadação, os quais deverão ser entregues ao administrador judicial"[2548].

O direito de retenção (*jus retentionis*)[2549] consiste em uma faculdade assegurada ao credor de deter o objeto da prestação, ou de coisa a ser entregue ou devolvida a seu proprietário, até o momento que sua obrigação seja satisfeita[2550], sendo uma figura tradicional nos contratos de natureza bilateral[2551].

A matéria estava regulada de maneira distinta no Decreto-Lei 7.661/1945, cuja previsão do art. 120 estabelecia que os bens objeto de direito de retenção deveriam ser vendidos em leilão, sendo intimados os possuidores para entregá--los ao síndico. Inexistia previsão expressa acerca da suspensão do direito a partir da decretação da quebra, mas sim de intimação dos possuidores para entrega dos bens ao síndico para posterior venda em leilão[2552].

---

essenciais para conservação do bem, que hoje é repassada à locatária, razão pela qual esse conjunto de fatores deve ser ponderado no reajuste da mensalidade da locação, impondo-se esta cautela. Ainda mais em um processo que perdura há mais dez anos, sem que o ativo tenha sido liquidado ou sequer apurado o passivo com o julgamento das habilitações de crédito e apresentação do quadro geral de credores. Negado seguimento ao agravo de instrumento." (TJRS, 5ª Câmara Cível, AI 70066494089, Rel. Des. Jorge Luiz Lopes do Canto, j. 26/01/2016).

[2547] TJRS, 5ª Câmara Cível, AI 70048607758, Rel. Des. Romeu Marques Ribeiro Filho, j. 08/08/2012.

[2548] O dispositivo trata do direito de retenção, próprio do Direito Civil, sem qualquer relação com o instituto falimentar da restituição exercida contra a massa, que será examinado no Capítulo 24.

[2549] Para aprofundamento, ver: FONSECA, Arnoldo Medeiros da. *Direito de retenção*. Rio de Janeiro: Forense, 1944. Ver, também: GOMES, Orlando. *Direitos reais*. 13 ed. Rio de Janeiro: Forense, 1998, p. 255-256; GOMES, Orlando. *Obrigações*. 13 ed. Rio de Janeiro: Forense, 2003, p. 233.

[2550] FRONTINI. Seção VIII: Dos efeitos da decretação da falência sobre as obrigações do devedor..., p. 441. PLÁCIDO E SILVA. *Vocabulário jurídico...*, p. 469.

[2551] O ordenamento jurídico pátrio consagra diversos exemplos de utilização do direito de retenção, como é caso dos arts. 319, 491, 495, 633, 644, 681, 708, 742, 1.219, 1.423, 1.433, II, e 1.507, §2º, todos esparsamente inseridos no texto do Código Civil. Nesse sentido, ver: MARTINS, Glauco Alves. Efeitos da decretação da falência sobre as obrigações do devedor. In: PAIVA, Luiz Fernando Valente de (coord.). *Direito falimentar e a nova Lei de Falências e Recuperação de Empresas*. São Paulo: Quartier Latin, 2005, p. 473.

[2552] No mesmo sentido, o §2º do art. 120 do Decreto-Lei 7.661/1945 determinava que os credores pignoratícios conservavam o direito de mandar vender a coisa empenhada, se tal faculdade lhes tinha sido conferida, expressamente, no contrato, prestando contas ao síndico. Se, todavia, não tivessem tal faculdade, poderiam notificar o síndico para, dentro de oito dias, remir a coisa dada em penhor e, se o síndico não achasse conveniente para a massa a remissão da coisa, deveria notificar o credor para que dela lhe fizesse a entrega. E, no §3º, dispunha que, se o síndico, dentro de dez dias, a contar da data do recebimento da coisa, não notificasse o credor do dia e hora do leilão, poderia este propor contra a massa a ação competente, e teria o direito de cobrar as multas que, no contrato, tivessem sido estipuladas

No regime atual, a decretação da falência do devedor suspende automaticamente o exercício do direito de retenção sobre os bens pertencentes ao falido e, portanto, sujeitos à arrecadação, os quais deverão ser entregues ao administrador judicial (para arrecadação) e serão incorporados à massa[2553].

Em contrapartida, o art. 83, IV, "c", da LREF, localizado na Seção relativa à classificação dos créditos, inclui entre aqueles com privilégio especial os créditos a cujos titulares a Lei confira o direito de retenção sobre a coisa dada em garantia, os quais devem se habilitar no concurso falimentar (sobre o tema, remete-se o leitor para o Capítulo 27, item 4.3).

2.2. Direito de retirada

O art. 116, II, determina que a decretação da falência suspende o exercício do direito de retirada ou de recebimento do valor de quotas ou ações por parte dos sócios da sociedade falida[2554].

Trata-se de inovação da LREF com relação ao Decreto-Lei 7.661/1945, cuja principal consequência é fazer com que os sócios/acionistas da sociedade permaneçam vinculados a ela até o encerramento do seu processo de falência[2555]. Na dicção da Lei, mesmo que o sócio/acionista tenha exercido seu direito de retirada antes da decretação da quebra, somente receberá o valor correspondente à sua participação societária caso todos os demais credores já tenham sido atendidos.

Nesse sentido, lembre-se que o crédito societário não será classificado na classe dos credores subordinados (art. 83, VIII, "b") – mesmo porque não são

para o caso de cobrança judicial. Na vigência do regime anterior, a questão era juridicamente relevante e apresentava profundas implicações práticas para o exercício da atividade empresária. Veja-se, por exemplo, decisão do STF que responsabilizou o possuidor de mercadorias (no caso, sacas de café) por perdas e danos impostos à massa falida, em situação na qual o titular do direito de retenção, devidamente intimado para realizar a venda em leilão, descumpriu a ordem e procedeu à alienação de forma diversa daquela posta pelo art. 120 (STF, 1ª Turma, RE 24.072/SP, Rel. Min. Luiz Gallotti, j. 24/06/1954).

[2553] Parte da doutrina entende que a LREF deveria ter extinguido o direito de retenção, já que não voltará a ser exercido pelo seu titular, salvo na hipótese de a falência vir a ser revogada, caso em que a extinção deixaria de existir, em razão do novo provimento judicial (TEPEDINO. Seção VIII: Dos efeitos da decretação da falência sobre as obrigações do devedor..., p. 418).

[2554] A previsão do art. 116, II, da LREF deve ser interpretada de forma extensiva, tendo em vista os próprios efeitos da falência sobre o devedor. Nesse sentido, deve abranger toda e qualquer hipótese de dissolução parcial da sociedade, motivada ou imotivada, não estando seus efeitos limitados aos dispositivos que tratam da retirada, tanto no Código Civil quanto na Lei das S.A. Sobre o tema, ver: SPINELLI, Luis Felipe. *Exclusão de sócio por falta grave na sociedade limitada*. São Paulo: Quartier Latin, 2015, p. 273. Além disso, é possível que o ato societário em questão, se relacionado, por exemplo, à exclusão fraudulenta de sócio, seja passível de revogação, em sede de ação revocatória, nos termos do art. 130 da LREF (TEPEDINO. Seção VIII: Dos efeitos da decretação da falência sobre as obrigações do devedor..., p. 419).

[2555] MARTINS. Efeitos da decretação da falência sobre as obrigações do devedor..., p. 473. Em sentido oposto, destacando a ociosidade e obviedade do dispositivo: FRONTINI. Seção VIII: Dos efeitos da decretação da falência sobre as obrigações do devedor..., p. 442.

EFEITOS DA QUEBRA SOBRE AS OBRIGAÇÕES DO FALIDO

oponíveis à massa (art. 83, §2º), mas sim na categoria de "saldo da falência" (art. 153), eventualmente pago ao sócio/acionista retirante apenas se houver sobra depois de atendidos a todos os credores (sobre o assunto, remete-se o leitor para o Capítulo 27, item 8)[2556]-[2557].

O art. 116, II, regula a suspensão do direito de retirada como um dos efeitos jurídicos da decretação da falência, complementando o tratamento jurídico dispensado pelo art. 45, §§7º e 8º, da Lei 6.404/1976, que trata de matérias análogas, mas sob uma perspectiva societária.

O art. 45, §7º, da Lei 6.404/1976 estabelece que se sobrevier a falência da sociedade, os acionistas dissidentes e que exerceram o direito de recesso, credores pelo reembolso de suas ações, serão classificados como quirografários em quadro separado, e os rateios que lhes couberem serão imputados no pagamento dos créditos constituídos anteriormente à data da publicação da ata da assembleia. As quantias assim atribuídas aos créditos mais antigos não se deduzirão dos créditos dos ex-acionistas, que subsistirão integralmente para serem satisfeitos pelos bens da massa, depois de pagos os primeiros.

A previsão do art. 45, no §7º, com a redação que lhe deu a reforma perpetrada pela Lei 9.457/1997, assevera que os credores pelo reembolso de suas ações "serão classificados como quirografários em quadro separado e os rateios que lhes couberem serão imputados no pagamento dos créditos constituídos anteriormente à data da publicação da ata da assembleia", afrontando, em princípio, a sistemática da LREF. A antinomia entre a LREF e a Lei das S.A. não dá margem para grandes discussões, na medida em que deve prevalecer uma solução que harmonize o direito dos sócios de receber seus créditos com o sistema posto pela LREF[2558]. Nesse sentido, não há como deixar de considerar que a LREF revogou tacitamente o disposto na Lei 6.404/1976[2559] (inclusive diante do disposto também no art. 83, §2º, da LREF).

Já o art. 45, §8º, da Lei das S.A. determina que se, quando ocorrer a falência, já se houver efetuado, à conta do capital social, o reembolso dos ex-acionistas, estes não tiverem sido substituídos, e a massa não bastar para o pagamento dos

---

[2556] A propósito, lembre-se que, na dicção do art. 83, §2º, não são oponíveis à massa os valores decorrentes de direito de sócio ao recebimento de sua parcela do capital social na liquidação da sociedade.

[2557] Sobre o tema, ver: SPINELLI. *Exclusão de sócio por falta grave na sociedade limitada...*, p. 545-546.

[2558] Na hipótese de herdeiro de sócio falecido, RICARDO TEPEDINO entende que o crédito dos herdeiros de sócio falecido, se exigíveis antes da decretação da quebra, deverão ser classificados como quirografários (se depois, serão subordinados), caso tais credores não tenham, de fato, os recebido (TEPEDINO. Seção VIII: Dos efeitos da decretação da falência sobre as obrigações do devedor..., p. 419).

[2559] Sobre o tema: TEPEDINO. Seção VIII: Dos efeitos da decretação da falência sobre as obrigações do devedor..., p. 419. Em direção semelhante, mas sem examinar a antinomia: COELHO. *Comentários à Lei de Falências e de Recuperação de Empresas...*, p. 411.

créditos mais antigos, caberá ação revocatória para restituição do reembolso pago com redução do capital social, até a concorrência do que remanescer dessa parte do passivo; a restituição, nesse caso, será havida, na mesma proporção, de todos os acionistas cujas ações tenham sido reembolsadas[2560].

3. Contratos bilaterais
3.1. Distinção
Os contratos podem ser classificados em unilaterais[2561] ou bilaterais[2562], de acordo com as obrigações das partes contratantes, ou seja, a extensão de suas obrigações com relação a apenas uma ou a todas as partes contratantes[2563]-[2564].

[2560] No regime do Decreto-Lei 7.661/1945 (arts. 5º, 6º, 51 e 128, parágrafo único), se a sociedade viesse a falir quando passados menos de dois anos do arquivamento, na Junta Comercial, da alteração contratual do afastamento do sócio, este ficava responsável pelos valores dos fundos que conferira para o capital e que retirara quando de sua saída pelas obrigações contraídas e perdas havidas até o momento do desligamento. Aqui, dois pontos importantes: em primeiro lugar, a responsabilidade cessava antes de decorrido o prazo de dois anos se os credores tivessem consentido de modo expresso com o afastamento, feito novação, ou continuado a negociar com a sociedade (sob a mesma ou nova firma). Em segundo lugar, existia a seguinte discussão: se a responsabilidade do sócio desligado era restrita ao que ele recebeu a título de sua contribuição para o capital social ou se abarcava todos os haveres recebidos pelo ex-sócio. No regime da atual Lei 11.101/05 inexiste qualquer previsão legal nesse sentido, sendo o Código Civil também omisso (diferentemente do que ocorre na Lei das S.A., no caso de reembolso, como previsto no art. 45, §8º). Assim, caso o sócio de uma sociedade regrada no Código Civil venha a sair por qualquer motivo (exclusão, retirada, etc.) receba seus haveres sociais e venha, posteriormente, a sociedade a falir, poder-se-ia sustentar que aquele não deve restituir nada à massa falida, ressalvando-se, todavia, a possibilidade de ineficácia ou revogação do pagamento dos haveres (Lei 11.101/05, arts. 129 e 130), além, é claro, da responsabilidade prevista nos termos do art. 1.032 do CC. De qualquer forma, não se pode negar que, se o sócio tem *obrigação* de integralizar o capital social, tem-se que, se ele, ao se afastar, foi pago com haveres que resultaram em *redução do capital*, teria então de devolver tal quantia no caso de falência da sociedade, exatamente porque tinha obrigação de integralizar o capital. O pagamento de haveres, nessa hipótese, constitui uma exceção ao princípio de que só na liquidação da sociedade, após pagos todos os credores, os sócios podem receber as contribuições que efetuaram ao capital social (isso para não lembrar da responsabilidade prevista no art. 1.110 do Código Civil). Além disso, há quem sustente que o ex-sócio é obrigado a realizar a reposição dos haveres recebidos pelo prazo de dois anos a contar da averbação da resolução do contrato (FRANCO; SZTAJN. *Falência e recuperação da empresa em crise...*, p. 137). Sobre o tema, ver: SPINELLI. *Exclusão de sócio por falta grave na sociedade limitada...*, p. 469-471.

[2561] O contrato de mútuo, o de depósito, a doação, o comodato e a fiança são elencados pela doutrina como exemplos clássicos de contratos unilaterais.

[2562] Os contratos de compra e venda e de permuta são os clássicos representantes dessa categoria.

[2563] CARVALHO DE MENDONÇA. *Tratado de direito comercial brasileiro*, v. VII. 6 ed..., p. 462. A doutrina refere, também, a existência de uma categoria híbrida, a dos contratos bilaterais imperfeitos, que, na sua formação, atribuem direitos e obrigações a somente uma das partes, mas que, ao longo do seu cumprimento, fatos supervenientes fazem com que surjam obrigações extraordinárias de responsabilidade da parte que era, inicialmente, apenas credora. No entanto, o contrato bilateral imperfeito não deixa de ser unilateral, já que, no momento da sua conclusão, gera obrigações somente para um dos contratantes, regendo-se, portanto, pelas regras que disciplinam os contratos unilaterais. O exemplo típico de contrato dessa natureza é o de depósito. Sobre o tema, ver: GOMES, Orlando.

EFEITOS DA QUEBRA SOBRE AS OBRIGAÇÕES DO FALIDO

Até a decretação da falência, a disciplina dos contratos seguirá a lógica posta pela legislação civil, seja quanto à parte geral, seja quanto aos contratos em espécie. A partir da decretação da quebra, há uma solução de continuidade e a LREF passa a estabelecer tratamento jurídico diferenciado à execução de contratos firmados e em fase de execução pelo falido[2565], de acordo com sua natureza bilateral ou unilateral, nos termos dos arts. 117 e 118, examinados abaixo.

3.2. Escopo da regra geral

O regramento dos efeitos dos contratos bilaterais do falido está previsto no art. 117 da LREF, com aplicação plena a todos os pactos dessa natureza. As exceções são reduzidas e constam expressamente no texto da LREF, no Código Civil ou na legislação esparsa que trata especificamente da matéria. Quando não existe regulação expressa, aplicam-se as regras da LREF.

Segundo a previsão do art. 117 da LREF, os contratos bilaterais não se resolvem (ou, melhor dizendo, não se extinguem)[2566] pela falência e podem ser cumpridos pelo administrador judicial se o cumprimento de seus termos reduzir ou evitar o aumento do passivo da massa falida ou, ainda, se for necessário à manutenção e preservação de seus ativos, caso em que será necessária a autorização do comitê de credores, nos termos do art. 27, I, "f".

O dispositivo traz regra essencial para a construção do regime jurídico do cumprimento das obrigações do devedor com relação a terceiros após a decretação da sua falência, servindo de norte para a definição das consequências do novo estado do devedor em relação à grande maioria dos seus contratos em vigor, especialmente aqueles mantidos com fornecedores e que não contam com expresso tratamento da LREF[2567].

Contratos. 26 ed. Rio de Janeiro: Forense, 2007, p. 84-85; PEREIRA, Caio Mário da Silva. *Instituições de direito civil*, v. 3. 12 ed. Rio de Janeiro: Forense, 2005, p. 78-79.

[2564] A relevância dessa distinção assume importância prática, especialmente quando se examina a estrutura e a dinâmica de funcionamento de cada um deles. Por exemplo, regras contratuais atinentes aos contratos bilaterais não se aplicam aos unilaterais, da mesma maneira que alguns institutos do direito obrigacional são peculiares apenas aos primeiros, como é o caso da (*i*) *exceptio non adimpleti contractus* (CC, art. 476); (*ii*) condição resolutiva (CC, arts. 474 e 475) e (*iii*) assunção de riscos (CC, art. 441) (GOMES. *Contratos...*, p. 86).

[2565] VALVERDE, Trajano de Miranda. *Comentários à Lei de Falências*, v. I. 3 ed. Rio de Janeiro: Forense, 1962, p. 286.

[2566] A LREF não respeitou a terminologia estabelecida pelo Código Civil. A rigor, trata-se de caso de resilição do contrato (e não resolução) mediante denúncia (art. 473), isto é, o desfazimento do vínculo contratual por simples manifestação de vontade da massa falida, representada pelo administrador judicial.

[2567] O tratamento dispensado ao tema pela LREF corrobora com a tendência do processo falimentar contemporâneo de dar aos credores maior margem de participação e barganha nas decisões que envolvem questões jurídicas fundamentais do procedimento. O poder de decisão, no entanto, permanece com o

RECUPERAÇÃO DE EMPRESAS E FALÊNCIA

A LREF buscou regular negócios e tipos contratuais celebrados pelo falido antes da quebra, cujos efeitos ainda não se exauriram ou que encontram pendentes obrigações de ambos os lados, credor e devedor[2568]. Exemplo típico da última situação é o caso de uma rede de frigoríficos que contrata sociedade para renovar seu sistema de refrigeração, não tendo havido, quando do advento da falência da prestadora de serviços, nem a entrega dos aparelhos, nem o pagamento do preço avençado[2569].

Porém, haverá hipóteses de contratos bilaterais nos quais uma das partes já cumpriu integralmente suas obrigações. Por exemplo, se o falido já tiver cumprido sua respectiva prestação, caberá ao contratante adimplir sua parte, ao passo que se for este quem satisfez integralmente sua obrigação, caberá ao administrador judicial decidir se irá ou não dar cumprimento à prestação, segundo as diretrizes do art. 117 da LREF[2570]-[2571].

A regra geral do art. 117 aplica-se, também, aos contratos preliminares, com exceção da promessa de compra e venda de bens imóveis, que tem disciplina legal própria no art. 119, VI. Assim, havendo contrato preliminar, pode o administrador judicial exigir da outra parte a assinatura do contrato definitivo, desde que a convenção não preveja direito de uma das partes de se arrepender, hipó-

---

administrador judicial, que poderá dar seguimento ao cumprimento de contratos somente quando suas obrigações forem úteis à massa. Não sendo, tem o dever de optar pelo não cumprimento das obrigações do devedor.

[2568] TEPEDINO. Seção VIII: Dos efeitos da decretação da falência sobre as obrigações do devedor..., p. 419-420. A discussão pode se estender para casos mais complexos como a necessidade de o administrador judicial se manifestar sobre o cumprimento de cláusula compromissória arbitral inserida em contrato bilateral. *A priori*, parece não ser necessária essa manifestação, já que a estipulação inicial denota a escolha prévia das partes pela jurisdição arbitral para resolver conflitos decorrentes daquele contrato. No mesmo sentido: TEPEDINO. Seção VIII: Dos efeitos da decretação da falência sobre as obrigações do devedor..., p. 425-426. Em sentido contrário, defendendo a necessidade de manifestação do administrador judicial: VASCONCELOS, Ronaldo. *Direito processual falimentar*. São Paulo: Quartier Latin, 2008, p. 137-140.

[2569] NETTO. Arts. 115 a 118..., p. 854.

[2570] Embora essa peculiaridade não altere a classificação jurídica do contrato, como bilateral para os fins falimentares, parte da doutrina entende que o fato de a obrigação do contratante não falido ter sido integralmente cumprida, estando pendente de adimplemento apenas a do falido, retiraria a contratação do escopo de abrangência do art. 117, remetendo-a às regras do art. 118 que trata das obrigações unilaterais. Nesse sentido: VALVERDE. *Comentários à Lei de Falências*, v. I..., p. 272; MARTINS. Efeitos da decretação da falência sobre as obrigações do devedor..., p. 450.

[2571] RICARDO TEPEDINO assevera que dificilmente será do interesse da massa adimplir obrigação pendente. Mesmo assim, supõe situação em que o falido tenha comprado a prazo e recebido, na quinzena anterior à quebra, um bem (ou seja, o vendedor cumpriu sua parte e poderá pedir a restituição do bem) que agregará substancial valor a um ativo preexistente, superior ao seu preço individual (por exemplo, um equipamento necessário a que outros tenham utilidade prática e maior valor econômico). Nesse caso, será conveniente à massa pagar o preço (TEPEDINO. Seção VIII: Dos efeitos da decretação da falência sobre as obrigações do devedor..., p. 420).

tese em que o desfazimento do vínculo não decorrerá da falência, mas sim de previsão contratual lícita[2572]. O entendimento não se estende às ofertas de contrato unilaterais feitas por estranho à massa falida, as quais ela deve aceitar ou não[2573].

O administrador judicial não pode exigir o cumprimento de contrato que já tiver sido extinto anteriormente à falência, mesmo que a satisfação dos seus termos seja de grande valia para os interesses da massa falida, pois não mais se trata de contrato vigente[2574].

3.3. Cotejo entre o regime anterior e atual

O Decreto-Lei 7.661/1945 regrava a hipótese no seu art. 43 de maneira um pouco diversa. Previa que os contratos bilaterais não se resolviam pela falência e podiam ser executados pelo síndico, se conveniente para a massa. Na lógica da lei anterior, o síndico tinha maior discricionariedade para avaliar caso a caso quais relações contratuais bilaterais deveriam ser mantidas pela massa[2575].

Evidente que essa previsão aberta não outorgava poder absoluto ao síndico, sem o estabelecimento de qualquer critério objetivo para amparar sua decisão. A atuação do síndico deveria estar sempre pautada pelo atendimento dos interesses dos credores. Se, por hipótese, o síndico optasse pela resolução de um contrato cujo cumprimento seria benéfico para a massa falida, ou, por outro lado, se decidisse manter um contrato extremamente oneroso e prejudicial aos interesses da massa, correria o risco de responder pelos prejuízos causados, conforme previsão do art. 68 do antigo diploma[2576].

Embora a LREF vigente tenha mantido a mesma sistemática do regime anterior, trata da matéria de forma distinta, mas que, se interpretada teleologicamante, conduz a resultados práticos semelhantes[2577]. O legislador manteve no campo de ação do administrador judicial a decisão de cumprir ou não o contrato bilateral, mas condicionou a decisão ao atendimento de alguns requisitos, a saber: (*i*) reduzir ou evitar o aumento do passivo da massa falida ou (*ii*) necessidade de manutenção e preservação de seus ativos. Assim, verifica-se que a decisão de dar

---

[2572] TEPEDINO. Seção VIII: Dos efeitos da decretação da falência sobre as obrigações do devedor..., p. 420; PONTES DE MIRANDA. *Tratado de direito privado*, t. XXVIII..., p. 289-290.

[2573] PONTES DE MIRANDA. *Tratado de direito privado*, t. XXVIII..., p. 290.

[2574] TEPEDINO. Seção VIII: Dos efeitos da decretação da falência sobre as obrigações do devedor..., p. 420.

[2575] Segundo PONTES DE MIRANDA: "O princípio – Enunciado em termos de negação (*verbis* 'não se resolvem na falência') – em verdade é positivo: 'os contratos bilaterais continuam, salvo (...)'. É preciso que haja manifestação de vontade do síndico, mesmo pelo silêncio, para que a resolução se dê." (PONTES DE MIRANDA. *Tratado de direito privado*, t. XXVIII..., p. 289).

[2576] MARTINS. Efeitos da decretação da falência sobre as obrigações do devedor..., p. 447.

[2577] NETTO. Arts. 115 a 118..., p. 854.

cumprimento aos contratos bilaterais firmados pelo falido não é livre e exercível de acordo com o juízo pessoal de conveniência do administrador[2578].

A rigor, trata-se de decisão que deve ser fundada em justo motivo, ou seja, a continuidade desses contratos somente será possível se o cumprimento dos seus termos for capaz de reduzir ou evitar o aumento do passivo da massa falida ou necessário à manutenção e preservação de seus ativos, desde que autorizado pelo comitê de credores. *A contrario sensu*, se a hipótese fática não respeitar essas condições, o administrador judicial não poderá fazer com que a massa falida cumpra o contrato[2579].

O dispositivo legal, contudo, não está isento de críticas. Parte da doutrina entende que a opção do regime anterior ao estabelecer critério mais genérico ("conveniência da massa") foi mais acertada, pois se traduzia na obtenção de maior dividendo para os credores, sem se desgarrar da finalidade hoje posta pelo art. 75 da LREF[2580]. De mais a mais, os critérios estabelecidos pela LREF podem se mostrar insuficientes, já que a continuidade de determinado contrato pode ser conveniente por razões diversas das imaginadas pelo art. 117. A crítica tem fundamento e evidencia a tendência de flexibilizar a interpretação literal dos critérios estabelecidos pelo legislador e atentar, efetivamente, para a correta identificação dos interesses da massa falida como um todo e não apenas se a continuidade daquele contrato em específico acarretará a redução ou evitará o aumento do passivo da massa falida ou, ainda, se será necessário para manter e preservar seus ativos[2581].

A LREF nada dispôs acerca da necessidade de o administrador judicial obter qualquer espécie de autorização judicial para dar cumprimento a contrato bilateral, bastando, para tanto, o cumprimento dos requisitos constantes no art. 117 e a autorização do comitê dos credores. Logo, não é necessária manifestação prévia do juiz sobre a matéria, sem prejuízo de que se houver, no entendimento do juiz, óbice ou impedimento ao cumprimento do contrato, esse fato seja especificado em determinação de natureza jurisdicional[2582].

[2578] MARTINS. Efeitos da decretação da falência sobre as obrigações do devedor..., p. 446.

[2579] Importante observar que as declarações de vontade emitidas pelo administrador judicial estarão sujeitas ao regime da invalidade posto pelo Código Civil. Nesse sentido: VALVERDE. *Comentários à Lei de Falências*, v. I..., p. 278; NETTO. Arts. 115 a 118..., p. 855.

[2580] Segundo o art. 75: "A falência, ao promover o afastamento do devedor de suas atividades, visa a preservar e otimizar a utilização produtiva dos bens, ativos e recursos produtivos, inclusive os intangíveis, da empresa. Parágrafo único. O processo de falência atenderá aos princípios da celeridade e da economia processual".

[2581] TEPEDINO. Seção VIII: Dos efeitos da decretação da falência sobre as obrigações do devedor..., p. 421; MANDEL. *Nova Lei de Falências e Recuperação de Empresas anotada...*, p. 220.

[2582] BEZERRA FILHO. *Lei de Recuperação e de Falências comentada...*, p. 255.

EFEITOS DA QUEBRA SOBRE AS OBRIGAÇÕES DO FALIDO

A LREF também não prevê a possibilidade de o contratante não falido objetar ou questionar as razões que levaram o administrador judicial a decidir pela não continuidade do contrato. Entretanto, na hipótese de abuso por parte do administrador judicial, a contraparte prejudicada pode buscar pelas vias judiciais ordinárias medida para resguardar seus direitos[2583].

3.4. Papel do Comitê de Credores

Recomenda-se que logo após o administrador judicial assumir o gerenciamento da massa falida, ele encaminhe ao comitê de credores comunicação informando quais os contratos a que pretende dar cumprimento, de maneira que esse órgão manifeste sua opinião favorável ou contrária[2584].

A LREF não impõe ao administrador o dever de consultar o comitê de credores no caso de não dar cumprimento ao contrato. O art. 117 fala expressamente em "cumprimento do contrato por parte do administrador judicial (...)". Assim, não é obrigatória a consulta ao órgão dos credores no caso em que o administrador judicial opte por não dar cumprimento ao contrato, respondendo o administrador, com base no art. 32, pelos atos que acarretarem prejuízos à massa falida ou diretamente aos credores[2585]. No entanto, nada impede que a consulta ao comitê de credores ocorra quando o administrador judicial entender oportuno e conveniente para garantir a preservação do interesse da massa.

Todavia, como dito, a continuidade do contrato depende de autorização do comitê de credores.

3.5. Prazo para interpelação e resposta do administrador judicial

De acordo com o §1º do art. 117, o contratante pode interpelar o administrador judicial, no prazo de até 90 dias, contado da assinatura do termo de sua nomeação, para que, dentro de 10 dias, declare se irá cumprir ou não o contrato[2586].

A utilização do verbo "poder" e não "dever" evidencia que se trata de uma faculdade e não uma obrigação do contratante (não falido). Logo, a interpelação não é imprescindível para a continuidade do contrato. Dito de outra forma, o administrador judicial pode dar continuidade aos termos e condições pactuados

---

[2583] PENALVA SANTOS, J. A. *Obrigações e contratos na falência*. Rio de Janeiro: Renovar, 1997, p. 25-26; BOITEUX, Fernando Netto. Contratos bilaterais na recuperação judicial e na falência. In: SANTOS, Paulo Penalva (coord.). *A nova Lei de Falências e de Recuperação de Empresas – Lei nº 11.101/2005*. Rio de Janeiro: Forense, 2007, p. 306.

[2584] MARTINS. Efeitos da decretação da falência sobre as obrigações do devedor..., p. 448.

[2585] MARTINS. Efeitos da decretação da falência sobre as obrigações do devedor..., p. 448-449; TEPEDINO. Seção VIII: Dos efeitos da decretação da falência sobre as obrigações do devedor..., p. 421.

[2586] No regime anterior, a primeira parte do art. 23 estabelecia que o contraente podia interpelar o síndico, para que, dentro de cinco dias, declarasse se cumpriria ou não o contrato.

sem necessidade de aguardar a provocação da contraparte, desde que obtenha, previamente, autorização do comitê de credores[2587].

O transcurso do prazo de 90 dias sem manifestação da contraparte não influencia o direito do administrador de cumprir ou não o pacto – mesmo porque a LREF não fixou prazo para essa manifestação na hipótese de ausência de interpelação. A consequência direta do não atendimento desse prazo repercutirá na indenização que o contratante terá na hipótese de não continuidade. Por exemplo, não faz sentido que ele busque ressarcimento pelos prejuízos causados pela sua demora em interpelar o administrador judicial, podendo fazê-lo, contudo, com relação a outros danos decorrentes do não cumprimento, mas sem conexão com o seu retardo em questionar o administrador sobre o cumprimento dos termos outrora avençados[2588].

Em contrapartida, o contratante (não falido) não pode considerar descumprido o contrato antes de interpelar o administrador judicial para que este declare se irá ou não cumprir com seus termos. A rigor, se houver mora no cumprimento das obrigações, a interpelação se mostrará indispensável, podendo o administrador purgar a mora caso decida dar curso à relação contratual. O descumprimento do contrato não é presumível antes da interpelação do administrador judicial, podendo sê-la diante da declaração negativa (equivalente ao silêncio do administrador)[2589].

O prazo de 10 dias outorgado ao administrador para declarar se irá cumprir ou não o contrato é de decadência (pois corresponde a direito potestativo da parte contratante). Dentro desse período, o administrador judicial deve se manifestar; transcorrendo o prazo sem a expressa manifestação, denota-se a intenção de não cumprir o contrato, pouco importando as razões, salvo se a contraparte demonstrar interesse em aguardar por período superior[2590].

3.6. Cláusula resolutiva expressa em caso de falência

A primeira parte do art. 117 da LREF é clara ao referir que os contratos bilaterais não se resolvem no caso de falência superveniente de um dos contratantes,

---

[2587] TEPEDINO. Seção VIII: Dos efeitos da decretação da falência sobre as obrigações do devedor..., p. 420.

[2588] TEPEDINO. Seção VIII: Dos efeitos da decretação da falência sobre as obrigações do devedor..., p. 420-421; NETTO. Arts. 115 a 118..., p. 856.

[2589] TEPEDINO. Seção VIII: Dos efeitos da decretação da falência sobre as obrigações do devedor..., p. 424-425. Sobre o tema, já se manifestou o STJ: "Comercial. Falência. Contrato garantido por alienação fiduciária. Se, até a data da quebra, as respectivas obrigações estavam sendo rigorosamente cumpridas, a massa falida pode optar pelo cumprimento do contrato (DL 7.661/45, art. 43); antes da interpelação do síndico para que declare se cumpre ou não o contrato, o pedido de restituição do bem alienado fiduciariamente é prematuro. Recurso especial não conhecido." (STJ, 3ª Turma, REsp 172.367/PR, Rel. Min. Ari Pargendler, j: 30/04/2002).

[2590] TEPEDINO. Seção VIII: Dos efeitos da decretação da falência sobre as obrigações do devedor..., p. 421.

EFEITOS DA QUEBRA SOBRE AS OBRIGAÇÕES DO FALIDO

razão pela qual tal evento não pode ser considerado causa automática de extinção contratual, nem hipótese de caso fortuito ou de força maior[2591].

Entretanto, as partes, no exercício da sua autonomia privada e sem ferir qualquer disposição ou princípio de ordem pública, podem optar por inserir previsão no sentido de que o contrato se extinguirá automaticamente na hipótese de decretação da falência de uma das partes ou, ainda, pela simples distribuição de pedido de falência ou o protesto de um determinado número de títulos.

Na prática, a inserção de cláusula dessa natureza em contratos de execução continuada é comum[2592] e sua licitude tem sido reconhecida por parte da doutrina falimentar[2593] e por parcela da jurisprudência dos tribunais[2594], devendo, nessa sistemática, ser observada pelo administrador judicial e pelo comitê de credores.

[2591] RUBENS REQUIÃO refere que, na esfera trabalhista, se discutiu acerca do fato da falência do empregador configurar ou não hipótese de caso fortuito ou força maior para resolução do vínculo empregatício. Atualmente, esse debate encontra-se superado, existindo várias decisões do Tribunal Superior do Trabalho e do Supremo Tribunal Federal no sentido de que a falência não constitui força maior para permitir deduções de indenizações em assuntos trabalhistas ou, ainda, razão para excluir a responsabilidade do empregador pela rescisão do contrato de trabalho. Veja-se, por exemplo: "(...) a dissolução do contrato de trabalho em decorrência da decretação de falência da Reclamada não isenta o empregador do pagamento da multa de 40% do FGTS, por força do disposto no artigo 449." (TST, 5ª Turma, RR 4.209/2003-201-02-00, Rel. Min. Emmanoel Pereira, j. 21/09/2007). Esse tem sido o entendimento de parte do Tribunal Superior do Trabalho: TST, 1ª Turma, RR 537700-55.2005.5.09.0016, Rel. Min. Lelio Bentes Corrêa, j. 05/12/2012; TST, 3ª Turma, RR 4.206/2003-201-02-00, Rel. Min. Maria Cristina Irigoyen Peduzzi, j. 06/09/2007; TST, 3ª Turma, RR 2755/2002-433-02-00.1, Rel. Min. Alberto Bresciani, j. 16/03/2007; TST, 1ª Turma, RR 1.529/2002-018-12-00.3, Rel. Min. Lelio Bentes Corrêa, j. 1/12/2006; TST, 1ª Turma, RR 447/2002-020-12-00.8, Rel. Min. João Oreste Dalazen, j. 06/10/2006; TST, 2ª Turma, RR 251/2000-314-02-00, Rel. Min. José Simpliciano Fontes de F. Fernandes, j. 05/08/2005; TST, 4ª Turma, RR 814.293/2001, Rel. Min. Barros Levenhagen, j. 27/09/2002. De qualquer sorte, observe-se a Súmula 388 do TST: "MASSA FALIDA. ARTS. 467 E 477 DA CLT. INAPLICABILIDADE – A Massa Falida não se sujeita à penalidade do art. 467 e nem à multa do §8º do art. 477, ambos da CLT".

[2592] Para RICARDO TEPEDINO: "(...) é raro que tal condição não seja estipulada." (TEPEDINO. Seção VIII: Dos efeitos da decretação da falência sobre as obrigações do devedor..., p. 422). FABIO ULHOA COELHO destaca que, em contratos bancários, tem sido bastante comum previsão de extinção automática do contrato no caso de mera distribuição de pedido de falência contra qualquer dos contratantes (e não somente no caso de decretação da quebra), sendo tal previsão válida e eficaz, devendo ser obedecida pelos órgãos da falência, comitê de credores e administrador judicial (COELHO. *Curso de direito comercial*, v. 3..., p. 323).

[2593] VALVERDE. *Comentários à Lei de Falências*, v. I..., p. 273; REQUIÃO. *Curso de direito falimentar*, v. 1..., p. 163; CARVALHO DE MENDONÇA. *Tratado de direito comercial brasileiro*, v. VII..., p. 460; MARTINS. Efeitos da decretação da falência sobre as obrigações do devedor..., p. 451; COELHO. *Curso de direito comercial*, v. 3..., p. 323; NETTO. Arts. 115 a 118..., p. 855.

[2594] STJ, 3ª Turma, REsp. 846.462/SP, Rel. Min. Humberto Gomes, j. 15/05/2007; TJSP, 6ª Câmara de Direito Privado, AI 0072858-40.1997.8.26.0000, Rel. Des. Testa Marchi, j. 30/10/1997. Nesse sentido, o Tribunal de Justiça de São Paulo entendeu pela licitude da cláusula resolutiva expressa, inclusive porque se tratava de alienação de participação acionária (assim, que não seria essencial nem mesmo para a continuidade provisória das atividades da falida) – realizando-se a devolução das ações mediante pedido

De qualquer forma, há quem entenda que tal cláusula seria inválida, em razão de supostamente contrariar o disposto no art. 117 da LREF[2595-2596].

A despeito de posições contrárias, entendemos, como regra e ressalvadas situações excepcionais a serem analisadas *in concreto*, ser válida a previsão contratual dessa natureza inserida no pacto anteriormente à decretação da quebra, em virtude da qual o evento da falência do devedor opera como verdadeira cláusula resolutiva expressa do contrato (o que é permitido, nos termos do art. 474 do Código Civil), fazendo cessar as relações jurídicas criadas[2597]. Não seria lícito, entretanto, que o co-contratante reclamasse preferências ou privilégios fundados em tal pacto, salvo seu direito de concorrer na ordem creditícia da falência[2598].

Por sua vez, deve ser tida como nula a cláusula que, na linguagem da LREF, obrigue o administrador judicial a manter a vigência de determinado contrato após a quebra, sem dar margem para que avalie se o cumprimento vai reduzir ou evitar o aumento do passivo da massa falida ou, ainda, manter e preservar seus ativos[2599].

---

de restituição –, ver: TJSP, 1ª Câmara Reservada de Direito Empresarial, APC 0003654-06.2011.8.26.0100, Rel. Des. Pereira Calças, j. 06/05/2015.

[2595] BEZERRA FILHO. *Lei de Recuperação e de Falências comentada...*, p. 256-257; BEZERRA FILHO. Capítulo XVIII: Os efeitos da decretação da falência sobre as obrigações do devedor..., p. 414 ss; MANDEL. *Nova Lei de Falências e Recuperação de Empresas anotada...*, p. 220. Ver, também: KIRSCHBAUM. Cláusula resolutiva expressa por insolvência nos contratos empresariais... Na jurisprudência: TJSP, Câmara Reservada à Falência e Recuperação, APC 9253619-24.2008.8.26.0000, Rel. Des, Lino Machado, j. 09/06/2009; 1ª Tribunal de Alçada Civil de São Paulo, 1ª Câmara Especial, MS 380.876, Rel. Juiz Costa de Oliveira, j. 24/02/1988.

[2596] RICARDO TEPEDINO firmou posição intermediária. Afirma, por um lado, a nulidade da cláusula, diante da natureza cogente da LREF, embora entenda que a mesma cláusula será válida quando "a contratação do falido se tiver dado *intuitu personae* – se realmente for esse o caso, e a massa tiver perdido as características personalíssimas visadas pelo contratante (o que necessariamente não ocorrerá na continuação do negócios), haverá impossibilidade do cumprimento. A prova disso caberá a quem sustenta a resolução do ajuste. De igual modo, penso que será válida e eficaz a condição resolutiva para a hipótese de falência se inserida no plano de recuperação extrajudicial, porque aí evitar a falência terá sido a razão determinante da sua aprovação" (TEPEDINO. Seção VIII: Dos efeitos da decretação da falência sobre as obrigações do devedor..., p. 422).

[2597] A validade de cláusulas dessa estirpe ganha força em contratos empresariais – geralmente inseridos em redes contratuais mais amplas – em que as qualidades pessoais de um dos contratantes (cuja falência superveniente é decretada) foi essencial para a celebração do vínculo e o é para sua manutenção, como é o caso do contrato de franquia (Lei 8.955/94, art. 3, V) e, em algumas hipóteses, do contrato de locação comercial (Lei 8.245/1991, art. 13).

[2598] CARVALHO DE MENDONÇA. *Tratado de direito comercial brasileiro*, v. VII..., p. 460.

[2599] VALVERDE. *Comentários à Lei de Falências*, v. I..., p. 273; MARTINS. Efeitos da decretação da falência sobre as obrigações do devedor..., p. 443-482, p. 451.

EFEITOS DA QUEBRA SOBRE AS OBRIGAÇÕES DO FALIDO

3.7. Indenização e multas contratuais

O §2º do art. 117 estatui que a declaração negativa ou, uma vez notificado, o silêncio do administrador judicial quanto ao cumprimento de contrato bilateral firmado pelo falido, outorga direito de indenização à contraparte, cujo valor será apurado em processo judicial ordinário e constituirá crédito quirografário.

Embora tenha previsto a indenização legal, a LREF não definiu seus contornos, nem seus limites[2600]. Por exemplo, qual é a abrangência desse ressarcimento? As multas contratuais e penas convencionais são, de fato, exigíveis na falência? Seriam válidas e eficazes perante a massa falida cláusulas penais que preestabelecem a indenização por perdas e danos[2601], como verdadeira medida de segurança contra violações, inadimplementos e mora decorrentes da inexecução dos termos contratados[2602]?

Ainda que seja lícito ao administrador judicial decidir pelo não cumprimento de contratos bilaterais firmados pelo falido, o regime falimentar não imuniza o ato de descumprimento de suas consequências jurídicas[2603], já que dele decorre o direito à indenização da parte não falida, a ser apurada em processo ordinário[2604], que, na linha do art. 76, tramitará perante o juízo universal da falência.

Na tentativa de aplainar a omissão da Lei, afirma-se que a manifestação do administrador judicial não chega a configurar ato ilícito, pois está acobertada

---

[2600] Durante anos o tema não obteve consenso na doutrina nem nos tribunais, alcançando grau mínimo de coesão somente nas últimas décadas de vigência do regime anterior. Nesse sentido: REQUIÃO. *Curso de direito falimentar*, v. 1..., p. 165. Confusas, nesse particular, são as geralmente claras e bem sistematizadas lições de MIRANDA VALVERDE (VALVERDE. *Comentários à Lei de Falências*, v. I..., p. 280-281). Em nosso sentir, o legislador perdeu uma boa oportunidade para resolver o problema; o texto da LREF é sucinto e lacônico, o que manteve acesa a discussão.

[2601] TEPEDINO. Seção VIII: Dos efeitos da decretação da falência sobre as obrigações do devedor..., p. 423; REQUIÃO. *Curso de direito falimentar*, v. 1..., p. 165.

[2602] CONTINENTINO, Mucio. *Da cláusula penal no direito brasileiro*. São Paulo: Saraiva, 1926, p. 10-11. Sobre o tema, em uma perspectiva civilista, ver: TAVARES, Fernanda Girardi. *Redução da cláusula penal*: uma releitura baseada no perfil funcional. Dissertação (Mestrado em Direito). Faculdade de Direito da Universidade Federal do Rio Grande do Sul, Porto Alegre, 2007; FACIO, Jorge Peyrano. *La cláusula penal*. 2 ed. Bogotá: Themis, 1982; PINTO MONTEIRO, Antonio. *Cláusula penal e indenização*. Coimbra: Almedina, 1990.

[2603] Essa sistemática foi alvo de críticas da doutrina. Por exemplo, na visão de RUBENS REQUIÃO: "Se o síndico tem a faculdade de optar pelo cumprimento ou não do contrato bilateral, conforme lhe pareça melhor convir aos interesses da massa, ao denunciar o contrato, está agindo legalmente, e então não deveria caber indenização por perdas e danos. Mas a lei dá solução diferente, concebendo perdas e danos devidos ao rompimento do contrato." (REQUIÃO. *Curso de direito falimentar*, v. 1..., p. 165).

[2604] A propósito, a parte final do parágrafo único art. 43 do Decreto-Lei 7.661/1945 estabelecia que a declaração negativa ou o silêncio do síndico, findo o prazo de cinco dias para se manifestar, daria ao contraente o direito à indenização, cujo valor seria apurado em processo ordinário (e constituiria crédito quirografário). Nesse sentido, PONTES DE MIRANDA. *Tratado de direito privado*, t. XXVIII..., p. 291.

pela lei, mesmo que dê margem à referida indenização[2605]. O dispositivo utiliza o termo "indenização" de maneira genérica, e dessa amplitude se depreende que a intenção do legislador foi contemplar as noções de lucros cessantes e danos emergentes[2606], na mesma linha argumentativa defendida por PONTES DE MIRANDA, para quem a indenização abrangia danos em concreto e danos em abstrato, lucros cessantes e danos emergentes[2607].

Além disso, discussão em torno da cláusula penal – como medida de pre-fixação dos danos – no contexto falimentar permanece latente. Ao longo dos anos, tanto a doutrina[2608] quanto a jurisprudência[2609] autorizaram a contraparte a cobrar da massa falida o montante fixado em cláusula penal prevista para o caso de inadimplemento do contrato, considerando, principalmente, a funcionalidade da multa convencional – que pode ser, justamente, a de assegurar a quantifica-ção das perdas e danos sofridos pelo contratante prejudicado, cujo valor, na linha outrora defendida pela doutrina e hoje estabelecida pelo art. 413 do Código Civil, poderá ser reduzido pelo juiz, caso se mostre demasiada[2610].

No entanto, a jurisprudência fixou algumas diretrizes como a de que a cláu-sula penal somente integrará o débito a ser habilitado na falência se for exigível anteriormente à decretação da quebra e não em razão dela. Isto é, a decretação

[2605] TEPEDINO. Seção VIII: Dos efeitos da decretação da falência sobre as obrigações do devedor..., p. 423; NETTO. Arts. 115 a 118..., p. 856.

[2606] TEPEDINO. Seção VIII: Dos efeitos da decretação da falência sobre as obrigações do devedor..., p. 423-424.

[2607] PONTES DE MIRANDA. *Tratado de direito privado*, t. XXVIII..., p. 291. Porém, essa posição não era unânime. MIRANDA VALVERDE, por exemplo, sustentava que a indenização deveria ressarcir apenas o prejuízo realmente sofrido e regularmente provado, e não aquilo que o terceiro tenha deixado de lucrar com a continuidade do contrato, já que não teria havido dolo, culpa ou mora da parte inadimplente capaz de sustentar os danos emergentes (VALVERDE. *Comentários à Lei de Falências*, v. I..., p. 279-282). De mais a mais, há quem defenda o cumprimento de determinado contrato bilateral pela massa falida tão somente para fins de evitar o pagamento de indenizações por danos apurados em futuro processo ordinário promovido pela parte prejudicada (MANDEL. *Nova Lei de Falências e Recuperação de Empresas anotada*..., p. 220). Discordamos dessa posição. A lógica negocial que embasa a simples manutenção do contrato pela massa em razão da elevada indenização a ser paga à contraparte está invertida, já que o benefício econômico advindo do seu cumprimento deve ser superior (e não inferior) ao ônus do seu inadimplemento. Ora, se a indenização pelo descumprimento será elevada, especialmente quando comparada ao retorno financeiro à massa falida pela contraprestação, parece constituir dever ínsito à função desempenhada pelo administrador judicial o ajuizamento de ação judicial na tentativa de reduzir o montante indenizatório. O simples cumprimento do contrato pelo administrador judicial, a partir do receio da indenização, não parece ser o caminho a seguir, pois não representa medida capaz de proteger o legítimo interesse da massa falida em não cumprir um contrato que não lhe oferece vantagem econômica.

[2608] VALVERDE. *Comentários à Lei de Falências*, v. I..., p. 281.

[2609] STF, 1ª Turma, RE 54.141/GB, Rel. Min. Luiz Gallotti, j. 25/04/1964. No mesmo sentido: STF, 2ª Turma, RE 8.196, Rel. Min. Hahnemann Guimaraes, Arquivo Judiciário, v. 26, p. 217.

[2610] VALVERDE. *Comentários à Lei de Falências*, v. I..., p. 280; TEPEDINO. Seção VIII: Dos efeitos da decretação da falência sobre as obrigações do devedor..., p. 424.

EFEITOS DA QUEBRA SOBRE AS OBRIGAÇÕES DO FALIDO

da falência não serve como gatilho de exigibilidade da cláusula penal, ainda que haja previsão contratual nesse sentido[2611].

3.7.1. Classificação como crédito quirografário

O §2º do art. 117 classifica a indenização em caso de não cumprimento do contrato bilateral por parte do administrador judicial, apurada em processo ordinário, como crédito quirografário.

A dúvida aqui é se o termo "indenização" abrange o crédito resultante de cláusula penal, caso se entenda aplicável. De um lado, o inciso VII do art. 83 situa as multas contratuais e as penas pecuniárias por infração das leis penais ou administrativas, inclusive as multas tributárias, abaixo dos créditos quirografários; de outro, o inciso VI que trata de tais créditos não menciona, expressamente, a indenização decorrente do não cumprimento de contrato bilateral pelo administrador judicial.

A solução para a questão está na própria LREF. A letra "a" do inciso VI do art. 83 classifica como créditos quirografários "aqueles não previstos nos demais incisos deste artigo", o que, por eliminação, inclui o crédito decorrente da aplicação de cláusula penal – ao menos daquelas cláusulas penais que não possuem caráter punitivo[2612-2613].

[2611] Nessa direção, há precedentes do STJ: "(...) A cláusula penal exigível antes da falência é oponível à massa. Recurso especial conhecido e provido" (STJ, 3ª Turma, REsp 95356/SP, Rel. Min. Ari Pargendler, j. 06/04/2000); "(...) a multa contratual somente não integra o valor de crédito habilitado em falência quando se refere a obrigação cujo vencimento tenha ocorrido por força da decretação da falência, ou quando, vinculada sua cobrança à necessidade de ingresso em Juízo, esta não tenha se verificado até o momento da decretação" (STJ, 4ª Turma, REsp 86.586/MS, Rel. Min. Sálvio de Figueiredo Teixeira, j. 25/03/1997). No mesmo sentido: STJ, 3ª Turma, REsp 94.629, Rel. Min. Nilson Naves, j. 02/02/1999; STJ, 4ª Turma, REsp 64.290/SP, Rel. Min. Sálvio de Figueiredo Teixeira, j. 10/06/1996; STJ, 3ª Turma, REsp 9.823/SP, Rel. Min. Waldemar Zveiter, j. 02/09/1997; STJ, 4ª Turma, REsp 21.255/PR, Rel. Min. Sálvio de Figueiredo Teixeira, j. 11/10/1994. Na mesma direção tem-se se manifestado o Tribunal de Justiça de São Paulo: TJSP, 3ª Câmara de Direito Privado, APC 0034749-44.2003.8.26.0000, Rel. Des. Egidio Giacoia j. 13/07/2010.

[2612] RICARDO TEPEDINO defende que deve ser classificado como quirografário somente o crédito decorrente de cláusula penal de caráter não punitivo: "Excluída, por insustentável, a conclusão de que a indenização devida à contraparte do falido, se fixada em processo cognitivo, constitui crédito quirografário, mas se preestabelecida convencionalmente é subordinada, só se encontra um meio de aproveitar utilmente os dois dispositivos: a multa contratual a que se refere o inciso VII do art. 83 é aquela estabelecida para o caso de mora ou inexecução de uma cláusula especial. Para a resolução do contrato, pode o outro contratante habilitar na falência, como crédito quirografário, o montante previamente fixado na cláusula penal, sem prejuízo da sua redução, nos termos do aludido art. 413 do CC, que o juiz poderá conceder nos autos da própria habilitação." (TEPEDINO. Seção VIII: Dos efeitos da decretação da falência sobre as obrigações do devedor..., p. 424).

[2613] Lembramos aqui, desde já, o que dispõe o art. 83, §3º, da LREF: "As cláusulas penais dos contratos unilaterais não serão atendidas se as obrigações neles estipuladas se vencerem em virtude da falência."

4. Contratos unilaterais

O art. 118 da LREF estabelece que o administrador judicial, mediante autorização do comitê de credores, poderá dar cumprimento a contrato unilateral se esse fato reduzir ou evitar o aumento do passivo da massa falida ou for necessário à manutenção e preservação de seus ativos, realizando o pagamento da prestação pela qual está obrigada.

4.1. Regime anterior

O Decreto-Lei 7.661/1945 não regrava expressamente os efeitos da falência quanto aos contratos unilaterais do falido, os quais permaneciam inalteráveis na sua existência jurídica[2614]. A despeito dessa lacuna, o art. 25 do referido diploma legal previa que a falência produzia o vencimento antecipado de todas as dívidas do falido e do sócio solidário da sociedade falida, com o abatimento dos juros legais, se outra taxa não tivesse sido estipulada.

Logo, se a obrigação de adimplir fosse da parte não falida, cabia a ela cumpri-la nos termos acordados. Já se o falido fosse o devedor da relação obrigacional, restava ao credor a opção de habilitar seu crédito na classe apropriada, com ou sem garantia, com os abatimentos previstos no referido artigo[2615].

A mesma lógica aplicada aos contratos bilaterais quanto à indenização e multas contratuais estendia-se (e ainda se estende) aos unilaterais: o cálculo do crédito a ser habilitado não podia conter o montante relativo ao pagamento de cláusula penal eventualmente existente no contrato, caso o vencimento da obrigação decorresse da própria decretação da quebra[2616]. No entanto, se o inadimplemento e, portanto, o fato gerador da multa, tivesse ocorrido em momento anterior à quebra, o pagamento da cláusula penal e de outros encargos contratuais livremente pactuados pelas partes era devido ao credor e poderia compor o crédito habilitado[2617].

Se o falido fosse o credor da relação, o crédito seria repassado para a massa, que o substituía no exercício dos direito creditórios, podendo exigir a execução integral dos termos pactuados. Não ocorria o vencimento antecipado do contrato, visto que o evento da falência do credor, por si só, não tem força suficiente

---

[2614] CARVALHO DE MENDONÇA. *Tratado de direito comercial brasileiro*, v. VII..., p. 461.

[2615] TEPEDINO. Seção VIII: Dos efeitos da decretação da falência sobre as obrigações do devedor..., p. 427.

[2616] PENALVA SANTOS. *Obrigações e contratos na falência*..., p. 24; MARTINS. Efeitos da decretação da falência sobre as obrigações do devedor..., p. 452. Nesse sentido dispunha o §3º do art. 25 da lei anterior: "As cláusulas penais dos contratos unilaterais não serão atendidas, se as obrigações neles estipuladas se venceram em virtude da falência."

[2617] TJSP, 4ª Câmara de Direito Privado, AI 0115706-85.2010.8.26.0000, Rel. Des. Teixeira Leite, j. 22/07/2010; STJ, 3ª Turma, REsp 94.629/MS, Rel. Min. Nilson Naves, j. 02/02/1999.

para modificar as obrigações firmadas com o devedor, vencendo-se os créditos na data anteriormente aprazada[2618].

4.2. Nova sistemática: semelhança com os contratos bilaterais

A LREF alterou o tratamento da matéria, regrando, de forma expressa, a conduta do administrador judicial quanto aos contratos unilaterais. Segundo a regra do art. 118, o administrador judicial, mediante autorização do comitê de credores, poderá dar cumprimento ao contrato caso a obrigação constante nesse instrumento reduza ou evite o aumento do passivo da massa falida ou, ainda, se for necessária à manutenção e preservação de ativos do devedor, realizando o pagamento da prestação pela qual está obrigada.

O tratamento assemelha-se ao dado aos contratos bilaterais, embora os comandos legislativos tendam a evidenciar preocupações distintas[2619]. A essência da regra está em permitir que o administrador judicial dê cumprimento às obrigações contidas em contrato unilateral somente quando seus efeitos reduzam ou evitem o aumento do passivo da massa falida ou preservem ou mantenham ativos do devedor. O administrador judicial não tem discricionariedade para dar cumprimento aos contratos unilaterais: deverá estar sempre adstrito às hipóteses autorizadoras previstas no texto da lei.

A aplicação desse dispositivo deve estar revestida de cautela, já que o cumprimento de contratos unilaterais – nos quais o devedor figura no polo passivo, sendo responsável pelo adimplemento das obrigações, sem contrapartida – pode implicar em eventual tratamento privilegiado dentro da falência, com consequências gravosas para os demais credores.

Diante desse quadro, acertou o legislador quando condicionou o pagamento de quantias relacionadas a contratos unilaterais à autorização do comitê de credores, órgão diretamente interessado na conservação dos ativos da massa e que, se existente, saberá ponderar acerca da real necessidade/utilidade em dar cumprimento às obrigações de um contrato unilateral, haja vista que os credores suportarão diretamente as consequências desse adimplemento[2620].

[2618] CARVALHO DE MENDONÇA. *Tratado de direito comercial brasileiro*, v. VII..., p. 461; PENALVA SANTOS. *Obrigações e contratos na falência...*, p. 24.

[2619] Enquanto a redação do art. 117 demonstra preocupação inicial em estabelecer que os contratos bilaterais não se resolvem com a falência para, em um segundo momento, referir que o administrador judicial pode dar cumprimento a eles, mediante a observância de determinados requisitos, o texto do art. 118 trata diretamente da possibilidade de o administrador judicial dar cumprimento a eles, também mediante a observância de determinados requisitos, sem, no entanto, determinar expressamente que os contratos unilaterais não se resolvem com a falência. Provavelmente a distinção de tratamento entre as espécies de contratos – e a preocupação do legislador em regular expressamente a manutenção da vigência dos contratos bilaterais na falência – esteja relacionada à maior relevância destes na vida econômica de quem exerce a atividade empresária.

[2620] MARTINS. Efeitos da decretação da falência sobre as obrigações do devedor..., p. 453.

A LREF nada dispôs acerca da necessidade de o administrador judicial obter qualquer espécie de autorização judicial para que possa dar cumprimento a um contrato unilateral, bastando, para tanto, o cumprimento dos requisitos constantes no art. 118 (que inclui a autorização do comitê dos credores).

A despeito da preocupação do legislador em regrar a matéria, a disciplina tem pouca aplicação prática[2621], com exceção dos casos em que o falido for mutuário e a dívida contar com alienação fiduciária em garantia, já que o descumprimento da obrigação fará com que o credor fiduciário tenha direito a requerer a restituição do bem (Decreto-Lei 911/1969, art. 7º). Nessa situação, dependendo do montante do saldo devedor, até pode ser mais interessante para a massa quitar a dívida e integrar definitivamente o bem no seu patrimônio[2622].

Reitere-se que, como ocorria na vigência do diploma anterior, no caso de o falido figurar como credor da relação, o crédito será transferido para a massa falida, sem que isso determine o vencimento antecipado da obrigação. Caberá ao administrador judicial, como representante dos interesses da massa falida, aguardar o vencimento natural da obrigação e, se necessário, realizar sua cobrança pelos meios jurídicos adequados[2623].

4.3. Prazo para comunicação do administrador judicial e habilitação do crédito

O art. 118 silenciou quanto ao estabelecimento de prazo para que o administrador declare se pretende ou não dar cumprimento às obrigações unilaterais. Em razão disso, sua manifestação pode ocorrer a qualquer momento, mesmo após o início do pagamento do passivo. Na prática, a relevância do contrato e a urgência do assunto no âmbito do processo falimentar condicionarão a conduta do administrador e o momento de sua atuação. Caso a eventual demora do administrador em consultar o comitê de credores e dar cumprimento ao contrato venha a causar alguma espécie de prejuízo à massa, poderá ele ser responsabilizado nos termos da LREF.

O legislador também não regulou expressamente a possibilidade de o credor notificar o administrador judicial para que este se manifeste quanto à sua intenção de cumprir ou não o contrato unilateral em referência, o que, igualmente, pode ocorrer a qualquer momento. O credor pode, por exemplo, tomar a iniciativa e

---

[2621] A aplicação restrita do dispositivo se justifica na medida em que é baixíssima a probabilidade de contratos unilaterais, tais como a doação, o comodato e o depósito gratuito (a espécie "onerosa" é considerada bilateral pela doutrina civil) criarem alguma espécie de benefício à massa a ponto de o administrador judicial cogitar da manutenção da sua execução (TEPEDINO. Seção VIII: Dos efeitos da decretação da falência sobre as obrigações do devedor..., p. 427).

[2622] TEPEDINO. Seção VIII: Dos efeitos da decretação da falência sobre as obrigações do devedor..., p. 427.

[2623] MARTINS. Efeitos da decretação da falência sobre as obrigações do devedor..., p. 454.

EFEITOS DA QUEBRA SOBRE AS OBRIGAÇÕES DO FALIDO

encaminhar notificação ao administrador judicial para que ele preste informações sobre o interesse ou não da massa em dar cumprimento aos termos contratados, como ocorre na previsão do art. 117[2624]. E como a hipótese não decorre da letra da lei, sugere-se que o procedimento ocorra de forma concomitante à verificação e habilitação de crédito do credor no prazo previsto na LREF, como estabelecido pelo art. 7º e seguintes[2625], já que esta seria a conduta a ser adotada pelo contratante, caso o administrador decida não seguir adiante com o contrato.

4.4. Contratos bilaterais imperfeitos
A esfera de aplicação do art. 118 não se restringe aos contratos unilaterais propriamente ditos, mas também àqueles que a doutrina convencionou chamar de contratos bilaterais imperfeitos, anteriormente referidos, como pode ser o caso do comodato[2626] e do depósito[2627].

5. Casos especiais
Além de estabelecer a regra geral que incide sobre os regimes dos contratos bilaterais e unilaterais, é da tradição do direito falimentar pátrio regrar algumas operações econômicas e contratos empresariais que se apresentam (pelo menos se apresentavam quando da elaboração do projeto de lei) com razoável frequência no dia a dia da exploração da atividade empresária de modo especial[2628].

Seguindo essa sistemática, o art. 119 da LREF determina que, nas relações abaixo referidas, prevalecerão as seguintes regras:

    a. o vendedor não pode obstar a entrega das coisas expedidas ao devedor e ainda em trânsito, se o comprador, antes do requerimento da falência, as

---

[2624] MARTINS. Efeitos da decretação da falência sobre as obrigações do devedor..., p. 453. Para RICARDO TEPEDINO, essa prática seria uma forma de superar o entendimento praticamente consolidado no regime anterior de que o proprietário fiduciário não precisava constituir a massa em mora para retomar o bem fiduciariamente alienado (TEPEDINO. Seção VIII: Dos efeitos da decretação da falência sobre as obrigações do devedor..., p. 427).

[2625] MARTINS. Efeitos da decretação da falência sobre as obrigações do devedor..., p. 453.

[2626] Cogitou-se de colisão entre a regra do art. 118 – quanto à possibilidade de o administrador judicial dar seguimento à vigência de contratos unilaterais – e a previsão do art. 5º, I, da LREF – que veda a exigência do devedor de obrigações a título gratuito. A objeção não se confirma, já que a obrigação pecuniária de que fala o art. 118 seria da massa e não da contraparte. Sobre o tema, ver: NETTO. Arts. 115 a 118..., p. 859.

[2627] MARTINS. Efeitos da decretação da falência sobre as obrigações do devedor..., p. 453.

[2628] Para MIRANDA VALVERDE, por exemplo: "As regras especiais constantes do artigo ou resultam da própria natureza do contrato, ou se fundam na necessidade de assegurar às partes, na execução do contrato, a mesma situação jurídica que teriam, se falência não houvesse. O objetivo foi, sem dúvida, afastar interpretações extravagantes que o Enunciado do art. 43, como norma geral, podia determinar, com sacrifício, portanto, do direito das partes, principalmente, do contraente *in bonis*." (VALVERDE. *Comentários à Lei de Falências*, v. I..., p. 285).

tiver revendido, sem fraude, à vista das faturas e conhecimentos de transporte, entregues ou remetidos pelo vendedor;

b. se o devedor vendeu coisas compostas e o administrador judicial resolver não continuar a execução do contrato, poderá o comprador pôr à disposição da massa falida as coisas já recebidas, pedindo perdas e danos;

c. não tendo o devedor entregue coisa móvel ou prestado serviço que vendera ou contratara a prestações, e resolvendo o administrador judicial não executar o contrato, o crédito relativo ao valor pago será habilitado na classe própria;

d. o administrador judicial, ouvido o Comitê de Credores, restituirá a coisa móvel comprada pelo devedor com reserva de domínio do vendedor se resolver não continuar a execução do contrato, exigindo a devolução, nos termos do contrato, dos valores pagos;

e. tratando-se de coisas vendidas a termo, que tenham cotação em bolsa ou mercado, e não se executando o contrato pela efetiva entrega daquelas e pagamento do preço, prestar-se-á a diferença entre a cotação do dia do contrato e a da época da liquidação em bolsa ou mercado;

f. na promessa de compra e venda de imóveis, aplicar-se-á a legislação respectiva;

g. a falência do locador não resolve o contrato de locação e, na falência do locatário, o administrador judicial pode, a qualquer tempo, denunciar o contrato;

h. caso haja acordo para compensação e liquidação de obrigações no âmbito do sistema financeiro nacional, nos termos da legislação vigente, a parte não falida poderá considerar o contrato vencido antecipadamente, hipótese em que será liquidado na forma estabelecida em regulamento, admitindo-se a compensação de eventual crédito que venha a ser apurado em favor do falido com créditos detidos pelo contratante; e

i. os patrimônios de afetação, constituídos para cumprimento de destinação específica, obedecerão ao disposto na legislação respectiva, permanecendo seus bens, direitos e obrigações separados dos do falido até o advento do respectivo termo ou até o cumprimento de sua finalidade, ocasião em que o administrador judicial arrecadará o saldo a favor da massa falida ou inscreverá na classe própria o crédito que contra ela remanescer.

O dispositivo legal reproduz, em boa medida, as hipóteses do art. 44 do Decreto-Lei 7.661/1945, sendo possível aproveitar grande parte do material doutrinário e jurisprudencial produzido ao longo da vigência do regime anterior. Mesmo assim, parece-nos que o legislador perdeu uma boa oportunidade para introduzir alterações na sistemática legal, mormente no que concerne à renova-

EFEITOS DA QUEBRA SOBRE AS OBRIGAÇÕES DO FALIDO

ção do elenco de operações econômicas disciplinadas, de forma a dar tratamento diferenciado a modalidades contratuais incipientes (inexistentes em 1945), mas que, nos dias de hoje, têm grande relevância econômica e financeira para o exercício de qualquer atividade empresária[2629].

5.1. Sustação da compra e venda em trânsito
Nos termos do art. 119, I, da LREF:

> o vendedor não pode obstar a entrega das coisas expedidas ao devedor e ainda em trânsito, se o comprador, antes do requerimento da falência, as tiver revendido, sem fraude, à vista das faturas e conhecimentos de transporte, entregues ou remetidos pelo vendedor.

Trata-se de hipótese de operação de compra e venda à distância, em que a mercadoria expedida pelo vendedor ainda não chegou às mãos do comprador, ou melhor, qual ele ainda não tem a posse material, direta. Mesmo em trânsito, percorrendo a distância entre o estabelecimento do vendedor e o do comprador, a mercadoria foi, antes do requerimento da falência, objeto de revenda a terceiro, sem fraude, utilizando-se o segundo vendedor (falido), para tanto, das faturas e dos conhecimentos de transporte, entregues ou remetidos pelo vendedor original[2630].

A contrario sensu, o artigo busca garantir que o vendedor terá a prerrogativa de impedir a entrega de bens e produtos vendidos ao comprador falido, mas ainda por ele não pagos, desde que tais mercadorias estejam em trânsito entre os dois estabelecimentos, do comprador e do vendedor, e o devedor, em período anterior à falência, não tenha perfectibilizado a sua revenda, tomando como base as faturas ou os conhecimentos de transporte encaminhados pelo vendedor[2631].

A LREF praticamente reproduziu a previsão do art. 44, I, do Decreto-Lei 7.661/1945, que, por seu turno, pouco alterou a previsão do Decreto 2.024 de 1908. Trata-se, então, de hipótese jurídica conhecida e consolidada na tradição falimentar pátria, embora não se tenha chegado a um consenso doutrinário sobre

---

[2629] TEPEDINO. Seção VIII: Dos efeitos da decretação da falência sobre as obrigações do devedor..., p. 429.

[2630] VALVERDE. *Comentários à Lei de Falências*, v. I..., p. 286; TEPEDINO. Seção VIII: Dos efeitos da decretação da falência sobre as obrigações do devedor..., p. 429.

[2631] Para RICARDO TEPEDINO: "(...) nesse tipo de venda considera-se que a tradição se dá no lugar em que se achava o bem (CC, Art. 493), no momento da expedição, quando os riscos já correm por conta do comprador (CC, art. 494). Não obstante tenha, desse modo, saído a mercadoria da esfera dominial do vendedor, pode ele obstar a sua entrega, dando uma contraordem ao transportador e recuperando-lhe a posse." (TEPEDINO. Seção VIII: Dos efeitos da decretação da falência sobre as obrigações do devedor..., p. 429).

o instituto jurídico que lhe deu origem[2632], cujos efeitos repercutem no fato de ter havido ou não tradição simbólica[2633].

A LREF condicionou a materialização da hipótese à coexistência de alguns elementos, a saber: (*i*) a venda ser realizada à distância; (*ii*) o vendedor expedir mercadoria, sem que ela tenha chegado à posse do comprador; (*iii*) este revende a mercadoria a terceiro, antes do requerimento de falência, (*iv*) em condições de emitir contraordem de entrega da mercadoria ao transportador responsável pela entrega; (*v*) a revenda ter ocorrido sem qualquer espécie de fraude.

Caso algum dos elementos acima não esteja presente, a LREF outorga ao vendedor a possibilidade de obstar a entrega do bem vendido ao comprador.

5.2. Compra e venda de coisas compostas
Na dicção do art. 119, II:

> se o devedor vendeu coisas compostas e o administrador judicial resolver não continuar a execução do contrato, poderá o comprador pôr à disposição da massa falida as coisas já recebidas, pedindo perdas e danos.

O suporte fático do dispositivo envolve situação em que falido firmou, com terceiro, contrato de compra e venda de coisas compostas, mas o administrador judicial, no exercício de sua função, optou por não dar prosseguimento aos termos pactuados[2634]. Diante de tais circunstâncias, a Lei autoriza o comprador a

---

[2632] MIRANDA VALVERDE entende que o dispositivo consagra, de maneira amoldada ao nosso direito, o instituto do *right of stoppage in transitu* (VALVERDE. *Comentários à Lei de Falências*, v. I..., p. 286-287). Nessa mesma linha, examinando a posição de CUNHA GONÇALVES e CARVALHO DE MENDONÇA, ver: REQUIÃO. *Curso de direito falimentar*, v. I..., p. 169-170. RICARDO TEPEDINO segue o mesmo caminho, mas ancorado nas lições dos italianos SALVATORE SATTA e RENZO PROVINCIALI: TEPEDINO. Seção VIII: Dos efeitos da decretação da falência sobre as obrigações do devedor..., p. 429. Em sentido contrário, COELHO. *Curso de direito comercial*, v. 3..., p. 325.

[2633] Para análise aprofundada do tema, ver: VALVERDE. *Comentários à Lei de Falências*, v. I..., 1962, p. 286-293; PONTES DE MIRANDA. *Tratado de direito privado*, t. XXVIII..., p. 291-298; REQUIÃO. *Curso de direito falimentar*, v. I..., p. 168-171. Ver, também: BEZERRA FILHO. Capítulo XVIII: Os efeitos da decretação da falência sobre as obrigações do devedor..., p. 417-419.

[2634] Os contratos de execução diferida podem apresentar, por vontade das partes ou pela natureza do objeto da prestação, unidade econômica e jurídica, de tal forma que não interessa, ou não convém, a ambas as partes ou a uma delas, o cumprimento parcial da obrigação. Nesse particular, a compra e venda pode não ter por objeto coisa de natureza unitária, cujo cumprimento e tradição se aperfeiçoam em um ato somente. Pelo contrário, há casos em que o objeto da contratação envolve um todo complexo, conjugado, cuja composição depende da reunião de diversas peças ou partes em momentos sucessivos. São exemplos desse tipo de contratação o contrato de compra e venda de máquinas que devem, ou melhor, só podem trabalhar de maneira conjugada, ou, ainda, o contrato de fornecimento de instalações industriais, no qual, em regra, o vendedor ou fornecedor obriga-se a fazer a montagem dos aparelhos e maquinário, devendo entregar a instalação completa e pronta para funcionamento (VALVERDE. *Comentários à Lei de*

EFEITOS DA QUEBRA SOBRE AS OBRIGAÇÕES DO FALIDO

por as coisas já recebidas à disposição da massa e ingressar com ação própria em juízo pleiteando indenização por perdas e danos.

A preocupação do legislador se justifica. De fato, o comprador que transacionou com o falido se encontra em situação de dificuldade, merecedora de tutela legal específica, na medida em que a coisa por ele contratada somente terá utilidade econômica se for entregue de forma conjunta, completa e funcional. Por exemplo: em escala industrial, haveria utilidade para o comprador receber um veículo sem motor, um avião sem turbinas ou um telefone móvel sem bateria[2635]? Parece-nos que não.

Ciente dessa circunstância, a LREF garantiu ao comprador o direito de devolver ao administrador judicial as partes singulares recebidas, além da possibilidade de requerer ressarcimento por perdas e danos resultantes da execução parcial do contrato, a ser mensurada em processo apartado. O comprador que tiver realizado pagamento parcial ou total do preço da coisa composta ao falido deverá requerer a habilitação do seu crédito no processo de falência, de acordo com a sua natureza, na tentativa de recuperar esses valores, sem prejuízo da apuração dos danos a serem indenizados[2636].

A hipótese é idêntica à previsão do art. 44, II, do Decreto-Lei 7.661/1945. Na vigência do regime anterior, travou-se discussão acerca da existência ou não do direito de retenção do comprador sobre as coisas que lhe foram entregues pelo falido, bem como sobre a classificação do seu crédito e da existência ou não de enriquecimento ilícito da massa[2637].

Essas discussões foram eliminadas pela LREF. Na nova sistemática legal, tanto o preço pago ao falido quanto eventual indenização apurada em processo autô-

---

Falências, v. I..., p. 293). Sobre o tema, ver: MARTINS. Efeitos da decretação da falência sobre as obrigações do devedor..., p. 455; TEPEDINO. Seção VIII: Dos efeitos da decretação da falência sobre as obrigações do devedor..., p. 430.

[2635] JULIO KAHAN MANDEL traz o seguinte exemplo para ilustrar a hipótese: "Se a empresa fabricava armários, e entregou ao comprador somente o corpo do bem, faltando ainda entregar as portas e os puxadores e instalá-los quando sobreveio a falência, mas o administrador judicial verifica que a massa não tem mais condições de continuar produzindo as portas, o comprador pode devolver o bem ainda incompleto que estava em seu poder à massa e buscar ressarcimento por perdas e danos." (MANDEL. *Nova Lei de Falências e Recuperação de Empresas anotada...*, p. 221-222).

[2636] TEPEDINO. Seção VIII: Dos efeitos da decretação da falência sobre as obrigações do devedor..., p. 430.

[2637] MIRANDA VALVERDE defendia a possibilidade de retenção das coisas que foram entregues pelo falido, de modo que eventual indenização, apurada em processo apartado, constituiria crédito com privilégio especial (VALVERDE. *Comentários à Lei de Falências*, v. I..., p. 293). Em sentido oposto, PONTES DE MIRANDA defendia que o preço eventualmente pago representava enriquecimento ilícito da massa, constituindo dívida da massa falida (art. 124, §2º, III, do Decreto-Lei 7.661/1945), e a indenização por perdas e danos, crédito quirografário (PONTES DE MIRANDA. *Tratado de direito privado*, t. XXVIII..., p. 298). A discussão é bem referida por: MARTINS. Efeitos da decretação da falência sobre as obrigações do devedor..., p. 456-457.

nomo, deverão ser habilitados como crédito quirografário na falência, e não mais compor as chamadas "dívidas da massa falida"[2638].

5.3. Venda de bem móvel ou contratação de serviços em prestações

Prevê o art. 119, III, da LREF, que:

> não tendo o devedor entregue coisa móvel ou prestado serviço que vendera ou contratara a prestações, e resolvendo o administrador judicial não executar o contrato, o crédito relativo ao valor pago será habilitado na classe própria.

A hipótese prevista no dispositivo está relacionada à venda de bem móvel ou à execução de serviços pelo falido, em ambos os casos no regime de prestações. Em tais circunstâncias, poderá o administrador judicial decidir executar o contrato e, assim, entregar o objeto da compra e venda ao comprador, ou prestar o serviço ao tomador, desde que, em ambos os casos, sejam respeitadas as previsões do art. 117. Pode, também, optar por não executar ou resolver os termos contratados, devendo, nesse caso, o credor, adquirente ou tomador, habilitar seu crédito na classe apropriada.

Ao contrário dos incisos I e II, acima examinados, o cotejo do inciso III do art. 119 da LREF com a previsão do art. 44, III, do Decreto-Lei 7.661/1945 demonstra mudança significativa quanto à abrangência e à linguagem empregada pelo legislador: na sistemática anterior, a lei mencionava tão somente coisas móveis vendidas à prestação, não incluindo, expressamente, os serviços também prestados nessa modalidade.

Porém, a diferença substancial entre o regime atual e o anterior está no tratamento dado à consequência da não continuidade do contrato. O art. 44, III, do Decreto-Lei 7.661/1945 previa que: "não havendo o falido entregue coisa móvel que vendera a prestações, e resolvendo o síndico não executar o contrato, a massa restituirá ao comprador as prestações recebidas pelo falido". Não havia menção à "necessidade do credor prejudicado habilitar seu crédito na falência", posta pelo art. 119, III, da LREF.

[2638] Essa categoria, que encontrava guarida no art. 124, §2º, do Decreto-Lei 7.661/1945, não foi reproduzida pela LREF, tendo sido substituída, em certa medida – e guardadas as devidas proporções – pelos chamados "créditos extraconcursais" do art. 84. Porém, no regime anterior, dentro da categoria "dívidas da massa falida", existia previsão expressa sobre "as obrigações provenientes de enriquecimento indevido da massa" (art. 124, §2º, III), a qual não foi reproduzida no rol de incisos que formam os créditos extraconcursais na legislação vigente. Assim, a sistemática do regime anterior foi alterada, sendo indispensável revisitar as interpretações construídas no regime passado, que, atualmente, merecem nova reflexão. Em nosso sentir, o preço pago pela coisa e a indenização a ser apurada em processo próprio são créditos de natureza quirografária, não dando azo à retenção pelo comprador. Embora a nova regra pareça prejudicar o comprador de boa-fé, não vislumbramos como dar ao dispositivo legal interpretação distinta. Na mesma direção, ver: MARTINS. Efeitos da decretação da falência sobre as obrigações do devedor..., p. 457.

EFEITOS DA QUEBRA SOBRE AS OBRIGAÇÕES DO FALIDO

A redação anterior, que autorizava a massa a restituir ao comprador as prestações recebidas pelo falido, era dúbia e possibilitava interpretação no sentido de que se tratava de caso extraordinário de pedido de restituição em dinheiro. Se assim fosse entendido, o crédito era elevado ao cume da ordem de pagamento na falência, tamanha era a gravidade da hipótese[2639]. De qualquer sorte, consolidou-se na doutrina a visão de que a não entrega do bem vendido e, por conseguinte, o crédito do contratante, se enquadrava na categoria de enriquecimento ilícito da massa, prevista no art. 124, §2º, III[2640]. Assim, embora a sistemática do regime anterior fosse confusa, o direito do comprador estava, de certa forma, resguardado mediante a inclusão do seu pagamento na categoria de enriquecimento ilícito da massa.

Ao exigir a habilitação do crédito na classe própria, a LREF alterou significativamente essa sistemática, em benefício da massa falida e em prejuízo do comprador do bem móvel ou tomador do serviço[2641].

Embora o art. 119, III, da LREF não preveja expressamente a possibilidade de ressarcimento, nada impede que o credor pleiteie indenização por perdas e danos em razão da não entrega do bem ou da não prestação do serviço contratado, a ser apurada em ação própria ajuizada em face da massa, sem prejuízo da respectiva habilitação do crédito relativo às parcelas já adimplidas ao falido[2642].

5.4. Compra e venda de coisa móvel com reserva de domínio
Segundo o art. 119, IV:

> o administrador judicial, ouvido o Comitê de Credores, restituirá a coisa móvel comprada pelo devedor com reserva de domínio do vendedor se resolver não continuar a execução do contrato, exigindo a devolução, nos termos do contrato, dos valores pagos.

[2639] TEPEDINO. Seção VIII: Dos efeitos da decretação da falência sobre as obrigações do devedor..., p. 430.

[2640] PONTES DE MIRANDA. *Tratado de direito privado*, t. XXVIII..., p. 299; MARTINS. Efeitos da decretação da falência sobre as obrigações do devedor..., p. 458.

[2641] A nova sistemática tem sido objeto de crítica por parte da doutrina. Por exemplo, para GLAUCO ALVES MARTINS, a LREF deveria ter reservado ao contratante prejudicado uma solução mais favorável, especialmente em razão da conduta do falido representar, também, suporte fático de crime contra a economia popular previsto no art. 2º, X, da Lei 1.512/51. O legislador teria agido com maior acerto se tivesse incluído o crédito na categoria dos chamados "créditos extraconcursais", previstos no art. 84 da LREF, que abarca alguns dos créditos que eram considerados dívidas e encargos da massa no Decreto-Lei 7.661/1945 (MARTINS. Efeitos da decretação da falência sobre as obrigações do devedor..., p. 457). Em sentido semelhante: TEPEDINO. Seção VIII: Dos efeitos da decretação da falência sobre as obrigações do devedor..., p. 431; MANDEL. *Nova Lei de Falências e Recuperação de Empresas anotada*..., p. 222.

[2642] MARTINS. Efeitos da decretação da falência sobre as obrigações do devedor..., p. 457-458. No regime anterior, em sentido oposto, defendendo a impossibilidade do arbitramento de perdas e danos, tendo em vista que, em razão da natureza do contrato, estaria autorizada apenas a restituição dos valores pagos pelo comprador, ver: VALVERDE. *Comentários à Lei de Falências*, v. I..., p. 293.

RECUPERAÇÃO DE EMPRESAS E FALÊNCIA

A letra da LREF é clara e objetiva ao tutelar os efeitos da quebra do devedor sobre contratos de compra e venda que contenham cláusula especial de reserva de domínio em favor do vendedor e no qual o devedor figure como comprador[2643]. Em tais situações, se o administrador judicial, depois de ouvido o comitê de credores, decidir por não dar cumprimento ao negócio jurídico, deverá restituir a coisa transacionada ao vendedor e, também, requerer a devolução dos valores pagos pelo falido, nos termos postos pelo contrato.

O preceito da LREF assemelha-se à previsão do art. 44, IV, do Decreto-Lei 7.661/1945, com a ressalva de que, na legislação anterior, a devolução dos valores pagos pelo falido respeitava a lógica processual do art. 344 do Código de Processo Civil de 1939 que, posteriormente, foi revogado pelo CPC/1973[2644].

O regime falimentar atual simplificou a questão, eliminando a menção ao referido dispositivo processual, ao mesmo tempo em que determinou a devolução direta das parcelas pagas, nos termos estabelecidos no contrato[2645]. Na prática, a Lei permite que o administrador judicial, após ouvido o comitê de credores, cumpra o combinado, seja por meio do pagamento do preço remanescente e aquisição plena da propriedade, seja pela restituição do bem ao proprietário, exigindo a devolução do montante pago, segundo a previsão contratual[2646].

[2643] A cláusula especial de reserva de domínio na compra e venda está disciplinada nos arts. 521 a 528 do Código Civil. Sua validade e eficácia dependem do cumprimento de uma série de requisitos postos pela lei. Em síntese, trata-se de pacto adjeto ao contato de compra e venda, segundo o qual o comprador somente adquire a propriedade da coisa ao integralizar o pagamento do preço, não obstante seja investido em sua posse desde o momento da celebração do contrato. A transmissão plena da propriedade do bem, objeto da compra e venda, fica subordinada a uma condição suspensiva, cuja implementação ocorre somente com a satisfação total do preço avençado entre as partes. Para aprofundamento, ver: GOMES. Contratos..., p. 316. Para aprofundamento da lógica da cláusula especial da reserva de domínio no contexto da falência, ver: VALVERDE. Comentários à Lei de Falências, v. I..., p. 294-298; PONTES DE MIRANDA. Tratado de direito privado, t. XXVIII..., p. 299-302. TEPEDINO. Seção VIII: Dos efeitos da decretação da falência sobre as obrigações do devedor..., p. 431.

[2644] O CPC/1973 regulava, nos arts. 1.070 e 1.071, os mecanismos processuais em caso de compra e venda com reserva de domínio, existindo a possibilidade do vendedor requerer, liminarmente, a apreensão e o depósito da coisa vendida. O CPC/2015 não regula especificamente a matéria; estando representadas por título executivo, tem-se que às prestações nas vendas a crédito com reserva de domínio serão aplicadas as regras previstas nos arts. 824 e seguintes do novo diploma processual civil.

[2645] GLAUCO ALVES MARTINS defende que a devolução dos valores pagos à massa falida deverá respeitar a previsão do art. 527 do Código Civil, segundo o qual é facultado ao vendedor reter as prestações pagas até o necessário para cobrir a depreciação da coisa, as despesas feitas e o mais que de direito lhe for devido. Assim, o excedente desse valor será devolvido ao comprador; e o que faltar lhe será cobrado, tudo na forma da lei processual (MARTINS. Efeitos da decretação da falência sobre as obrigações do devedor..., p. 460).

[2646] Entende RICARDO TEPEDINO que: "Se draconianas as estipulações, como são v.g. aquelas que prevêem a perda de todas as prestações pagas, não importa quais sejam, cabe ao administrador discuti-las, se necessário em juízo". Além disso, para TEPEDINO, se houver interpelação do administrador judicial, sem resposta ou com recusa em cumprir o contrato, sem a consequente devolução do bem transacio-

EFEITOS DA QUEBRA SOBRE AS OBRIGAÇÕES DO FALIDO

5.5. Compra e venda a termo

Segundo o art. 119, V:

> tratando-se de coisas vendidas a termo, que tenham cotação em bolsa ou mercado, e não se executando o contrato pela efetiva entrega daquelas e pagamento do preço, prestar-se-á a diferença entre a cotação do dia do contrato e a da época da liquidação em bolsa ou mercado.

A previsão trata de operação de compra e venda a termo[2647] de bens que tenham cotação em bolsa ou mercado, determinando que, se o administrador judicial optar por não executar o contrato com a efetiva entrega das mercadorias e pagamento do preço, deverá prestar a diferença monetária calculada com base na cotação do dia do contrato e à época da liquidação do contrato em bolsa ou mercado[2648].

O art. 119, V, da LREF praticamente reproduz, com pequenos ajustes de linguagem, a redação do art. 44, V, do Decreto-Lei 7.661/1945. Em ambos os regimes, o objetivo do legislador foi o mesmo: fixar o valor a ser pago para uma das partes, calculado com base na variação da sua cotação durante o intervalo de tempo previsto na Lei – dia do contrato e momento da liquidação em bolsa ou mercado.

Trata-se de uma espécie de liquidação especial para o caso de não execução de contrato de compra e venda a termo, com a particularidade que o eventual pagamento dependerá, a rigor, do cotejo entre o valor da cotação do bem na data em que foi celebrado o contrato e a cotação do mesmo bem na data em que deveria ocorrer a entrega (liquidação). O cálculo do montante a ser pago se dá com base na diferença entre o valor da cotação do bem na data da celebração do contrato e o seu valor na data em que deveria ocorrer a entrega[2649]. Nada impede, por exemplo, que a massa falida tenha créditos a receber da contraparte, se o valor do bem

---

nado ao vendedor, há margem para o credor utilizar a ação de restituição prevista no art. 85 da LREF (TEPEDINO. Seção VIII: Dos efeitos da decretação da falência sobre as obrigações do devedor..., p. 431).

[2647] A venda a termo consiste em modalidade de contrato de compra e venda por meio da qual as partes estipulam um momento futuro, chamado de data de liquidação, para a entrega da coisa e o pagamento do preço anteriormente avençado. A álea é inerente a este tipo contratual haja vista que o preço do bem vendido para ser entregue em data futura costuma variar, flutuar, gerando um ganho para o comprador, caso a cotação tenha subido em relação ao preço ajustado, ou para o vendedor, se, por acaso, o contrário ocorreu. Sobre o tema, ver: TEPEDINO. Seção VIII: Dos efeitos da decretação da falência sobre as obrigações do devedor..., p. 432. Para estudo pormenorizado sobre o tema, ver: SZTAJN, Rachel. *Futuros e swaps* – Uma visão jurídica. São Paulo: Cultural Paulista, 1998.

[2648] Essa disciplina está prevista na Instrução CVM 283, de 1998, que trata dos mercados de liquidação futura, recentemente alterada pela ICVM 467/08, por sua vez alterada pela ICVM 486/10.

[2649] VALVERDE. *Comentários à Lei de Falências*, v. I..., p. 298-299; PONTES DE MIRANDA. *Tratado de direito privado*, t. XXVIII..., p. 302; MARTINS. Efeitos da decretação da falência sobre as obrigações do devedor..., p. 460.

na data da entrega for inferior ao valor do momento da celebração do contrato; do contrário, o terceiro comprador deverá habilitar eventual crédito na falência[2650].

O tema dá margem ao surgimento de situações curiosas. A primeira é a seguinte: na falência do comprador ou vendedor de um bem para entrega futura, a contraparte pode vir a ter em mãos para habilitação um crédito de natureza ilíquida, especialmente nos casos em que a data para efetivar a entrega for posterior ao prazo legal para habilitação[2651]. Isso porque, segundo o art. 9º, II, da LREF, uma das condicionantes para a habilitação do crédito na falência é a de que o valor seja atualizado até a data da decretação da quebra ou do pedido de recuperação judicial. Se seguíssemos a letra fria da LREF, concluiríamos que o contratante a termo que não faliu não estaria apto a se habilitar na falência.

Porém, esse posicionamento não nos parece adequado. A habilitação do crédito ilíquido é possível e deve ser realizada dentro do prazo estabelecido pela LREF, cabendo ao interessado esclarecer, no momento da apresentação do pedido em juízo, a razão que impede a liquidação do valor do contrato naquele momento, informando a data em que tal ato será possível. Nessa oportunidade, o habilitante deve explicar, também, que a natureza do valor em questão ainda resta indefinida, já que a posição de credor ou devedor do comprador e do vendedor dependerá do valor da cotação do bem no dia designado para ocorrer a entrega[2652].

Outra situação peculiar está relacionada às circunstâncias que demandarão a aplicação da fórmula especial de liquidação fixada pelo art. 119, V. A dúvida está em saber se é possível que o administrador judicial, mediante autorização do comitê de credores, dê continuidade ao contrato de compra e venda a termo, deixando, assim, de liquidar a obrigação da maneira prevista pelo art. 119.

De um lado, pode-se sustentar, com base no art. 117, que por se tratar de contrato bilateral, poderia o administrador optar pela execução do contrato a termo

---

[2650] Como bem destaca GLAUCO MARTINS ALVES: "Caso a segunda cotação seja superior à primeira, a massa falida deverá pagar a diferença à parte contrária, a qual deverá habilitar-se perante a falência. Contudo, se a cotação da data da celebração for superior a vigente na data prevista para a entrega, então a massa falida terá um crédito a cobrar perante a outra parte." (MARTINS. Efeitos da decretação da falência sobre as obrigações do devedor..., p. 460-461). O exemplo de RICARDO TEPEDINO auxilia na compreensão da lógica posta pela LREF: "Caio compromete-se a vender para Tício 1.000 sacas de soja pelo preço de R$ 30,00 cada uma (sendo esta a cotação do dia), fixando-se a liquidação para 6 meses após a celebração. Sobrevindo a quebra de Caio, na data da liquidação a saca de soja se acha cotada a R$ 25,00 – a massa portanto, é credora de R$ 5.000,00. Se, no entanto, a cotação for de R$ 32,00, Tício será credor de R$ 2.000,00. Isso se o administrador, na forma do artigo 117, não preferir entregar a soja que porventura tenha em estoque – o que ele, muito provavelmente, só fará na primeira hipótese, pois, na segunda, interessará à massa vender o produto a terceiro pelo preço mais elevado." (TEPEDINO. Seção VIII: Dos efeitos da decretação da falência sobre as obrigações do devedor..., p. 432-433).

[2651] VALVERDE. *Comentários à Lei de Falências*, v. I..., p. 299-300; PONTES DE MIRANDA. *Tratado de direito privado*, t. XXVIII..., p. 302-303.

[2652] MARTINS. Efeitos da decretação da falência sobre as obrigações do devedor..., p. 461.

EFEITOS DA QUEBRA SOBRE AS OBRIGAÇÕES DO FALIDO

se o cumprimento reduzir ou evitar o aumento do passivo da massa falida ou for necessário à manutenção e preservação de seus ativos, mediante autorização do comitê de credores. Nesse caso, concluiríamos que a previsão do art. 119, V, disciplina apenas uma forma especial, porém facultativa, de liquidação e apuração de valores devidos em contratos de compra e venda a termo com cotação em bolsa ou no mercado, devendo ser interpretada em conjunto com a previsão do art. 117[2653].

De outro, é crível argumentar que a redação do art. 119, V, não dá margem de abertura ou escolha ao administrador judicial, pois se trata de regra de cunho especial, que impõe ao administrador judicial um dever (e não uma escolha) no sentido de executar os termos anteriormente pactuados, podendo deixar de fazê--lo somente quando a execução se tornou, na prática, impossível, como ocorre nas hipóteses de perecimento dos bens ou mercadorias que a massa falida deveria entregar ao comprador[2654].

Concordamos com a visão de MIRANDA VALVERDE, manifestada ainda na vigência do regime anterior, para quem a execução dos contratos de compra e venda a termo, com cotação em bolsa ou no mercado, segue a lógica do art. 117 da LREF, de modo que somente se o administrar judicial decidir não cumprir as obrigações, em razão, por exemplo, da sua impossibilidade, é que se prestará a diferença[2655]. Isso, a rigor, é o que dá a entender a própria redação do art. 119, V, da LREF.

Lembre-se, no entanto, que se o negócio ocorreu no âmbito de uma câmara ou prestador de serviços de compensação e liquidação financeira (chamada de *"clearing house"*[2656]), valerá o regulamento interno da instituição e não a previsão do art. 119, V, em razão da previsão dos arts. 193 e 194 da LREF (c/c Lei 10.214/2001, especialmente art. 7º)[2657].

[2653] MARTINS. Efeitos da decretação da falência sobre as obrigações do devedor..., p. 461.

[2654] MARTINS. Efeitos da decretação da falência sobre as obrigações do devedor..., p. 461.

[2655] VALVERDE. *Comentários à Lei de Falências*, v. I..., p. 299-300. Nesse sentido também: PONTES DE MIRANDA. *Tratado de direito privado*, t. XXVIII..., p. 302; MARTINS. Efeitos da decretação da falência sobre as obrigações do devedor..., p. 461; FRONTINI. Seção VIII: Dos efeitos da decretação da falência sobre as obrigações do devedor..., p. 448. Ressalte-se, no entanto, a procedente crítica de RICARDO TEPEDINO: "(...) a solução legal é sumamente iníqua, por deixar o contratante não falido na colossal desvantagem de perder sempre: se a cotação do dia da liquidação lhe for desfavorável, terá de pagar à massa a diferença; se a balança, no entanto, pender a seu favor, receberá seu saldo na moeda da falência. Na verdade, como bem explicitou o professor argentino Pablo Barbieri, não faz nenhum sentido em se permitir a continuidade desse contrato, tendo em conta as suas peculiares características." (TEPEDINO. Seção VIII: Dos efeitos da decretação da falência sobre as obrigações do devedor..., p. 433).

[2656] Sobre o tema, ver: DIAS. *As caixas de liquidação no âmbito do sistema de pagamentos brasileiro...*

[2657] TEPEDINO. Seção VIII: Dos efeitos da decretação da falência sobre as obrigações do devedor..., p. 433.

RECUPERAÇÃO DE EMPRESAS E FALÊNCIA

5.6. Promessa de compra e venda de bens imóveis

O art. 119, VI, da LREF assim dispõe:

> na promessa de compra e venda de imóveis, aplicar-se-á a legislação respectiva.

O preceito reproduz a previsão do art. 44, IV, do Decreto-Lei 7.661/1945 e direciona a disciplina dos efeitos da falência sobre as promessas de compra e venda de bens imóveis para a lei específica, que, no entanto, não se concentra em apenas um diploma legislativo.

De uma maneira geral, em grande parte em razão do desenvolvimento urbano do País, a tônica das leis que tratam da matéria tem uma diretriz social em prol dos compromissários compradores de qualquer imóvel vendido a prazo, possibilitando, por exemplo, formas contratuais híbridas e, de certa forma, contraditórias[2658], como a promessa de compra e venda irrevogável e irretratável[2659].

A rigor, tais diplomas legislativos respeitam os direitos de compromissários compradores protegidos com cláusula de irrevogabilidade (salvo se houver cláusula de arrependimento, hipótese em que, como regra, qualquer das partes poderá dela se utilizar), não permitindo a extinção de obrigações dessa natureza, quer por meio dos efeitos da sentença de falência, quer por meio de decisão do administrador judicial[2660].

A lógica é a seguinte: se o processo de falência envolver o promitente vendedor, o promitente comprador poderá honrar suas obrigações e celebrar o contrato definitivo de compra e venda do bem imóvel, podendo, inclusive, postular a adjudicação do bem, na hipótese de inércia da massa falida (CC, art. 1.418)[2661]; nada impede, por exemplo, que a massa avalie a cessão da sua posição contratual onerosa a terceiro[2662]. Agora, se a quebra acometeu o promitente comprador, o administrador judicial poderá cumprir normalmente o contrato firmado, exigindo a outorga da escritura definitiva de compra e venda do bem imóvel tão logo efetuado o pagamento do preço acordado[2663]; na hipótese de a massa não

---

[2658] A despeito desse apelo dogmático, a prática tem utilizado essas formas, podendo-se mencionar como exemplos a legislação sobre o sistema financeiro de habitação (Lei 4.380/64), a disciplina das incorporações imobiliárias (Lei 4.591/1964), a lei de loteamentos e parcelamento do solo (Lei 6.766/79), a lei dos fundos de investimento imobiliário (Lei 8.668/93), a regulação do sistema financeiro imobiliário (Lei 9.514/1997) e a Lei 10.931/2004, que trata do patrimônio de afetação (o que será examinado oportunamente).

[2659] Sobre o tema, ver: RIZZARDO, Arnaldo. *Promessa de compra e venda e parcelamento do solo urbano*. 7 ed. São Paulo: Revista dos Tribunais, 2008.

[2660] FRONTINI. Seção VIII: Dos efeitos da decretação da falência sobre as obrigações do devedor..., p. 449.

[2661] Nesse sentido: STJ, 3ª Turma, AgRg no Ag 12.850/RS, Rel. Min. Cláudio Santos, j 27/04/1992.

[2662] TEPEDINO. Seção VIII: Dos efeitos da decretação da falência sobre as obrigações do devedor..., p. 433.

[2663] Lembra RICARDO TEPEDINO que, se "(...) o compromisso se referir a um imóvel integrante de projeto de loteamento rural ou urbano, o administrador deverá arrecadar o contrato e praceá-lo (Dec.-

EFEITOS DA QUEBRA SOBRE AS OBRIGAÇÕES DO FALIDO

cumprir com os termos acordados, responderá pelas consequências jurídicas do inadimplemento[2664]-[2665].

5.7. Contrato de locação

Segundo o art. 119, VIII:

> a falência do locador não resolve o contrato de locação e, na falência do locatário, o administrador judicial pode, a qualquer tempo, denunciar o contrato.

A LREF regulou o tema de forma distinta do Decreto-Lei 7.661/1945, que previa, no inciso VI do art. 44, a seguinte regra: se a locação do imóvel ocupado pelo estabelecimento do falido estivesse sob o amparo do Decreto 24.150, de 20 de abril de 1934 (substituído pela atual Lei 8.245/1991), o despejo somente poderia ser decretado se o atraso no pagamento dos alugueis excedesse dois meses e o síndico, intimado, não purgasse a mora dentro de dez dias[2666].

O regramento posto pela LREF, diferentemente daquele estabelecido no Decreto-Lei 7.661/1945, que se limitava à locação empresarial de imóveis, abrange todo e qualquer contrato de locação celebrado pelo falido, seja de bem móvel ou imóvel, no caso deste último, urbano ou rural (salvo a locação de serviços, que o Código Civil passou a denominar de "prestação de serviços")[2667].

Ciente da relevância econômica do tema, o legislador foi sucinto e objetivo ao regulá-lo, subtraindo-o, em parte, da regra geral que autoriza o administrador judicial a cumprir ou não os contratos, desde que respeitados os termos e condições definidos no art. 117.

Na lógica posta, a falência do locador não causa a resolução do contrato de locação, havendo, portanto, continuidade na execução dos seus termos e nos termos da legislação especial e do negócio jurídico. Já na falência do locatário, poderá o administrador judicial denunciar o contrato a qualquer tempo, sem que o locador tenha direito de interpelá-lo, exigindo resposta em 10 dias, como ocorre na previsão do §1º do art. 117[2668]; caso o contrato seja mantido, respeitará

Lei n. 58/37, art. 21; Lei 6.766/79, art. 30)." (TEPEDINO. Seção VIII: Dos efeitos da decretação da falência sobre as obrigações do devedor..., p. 433).

[2664] TEPEDINO. Seção VIII: Dos efeitos da decretação da falência sobre as obrigações do devedor..., p. 433.

[2665] Sobre o tema, ver: SACRAMONE. Os direitos do compromissório comprador....

[2666] PACHECO, José da Silva. Tratado das locações, ações de despejo e outras. 11 ed. São Paulo: Revista dos Tribunais, 2000, p. 453; VALVERDE. Comentários à Lei de Falências, v. I..., p. 304-305.

[2667] TEPEDINO. Seção VIII: Dos efeitos da decretação da falência sobre as obrigações do devedor..., p. 434. Em sentido contrário, afirmando que o art. 119, VII, abarca somente a locação de imóveis, ver: BEZERRA FILHO. Capítulo XVIII: Os efeitos da decretação da falência sobre as obrigações do devedor..., p. 422-423.

[2668] TEPEDINO. Seção VIII: Dos efeitos da decretação da falência sobre as obrigações do devedor..., p. 434. Entretanto, a imediata comunicação desse fato ao locador se materializa como um dos

o disposto no contrato e na legislação (inclusive à ação de despejo, que não é atraída pelo juízo universal)[2669].

Se o falido ocupar a posição de locador, o advento da sua falência não acarreta, em tese, qualquer mudança no regime jurídico da locação. Haverá, apenas, alteração na parte que percebe o valor do aluguel – a posição que antes era ocupada pelo falido passará a sê-lo pela massa falida, representada pelo administrador judicial[2670] –, integrando o montante de valores arrecadados, nos termos dos arts. 108 e seguintes da LREF[2671]. A sistemática da LREF privilegia os interesses da massa falida, sem prejudicar o locatário, permitindo que aufira renda mesmo depois da decretação da quebra, caso em que o valor do aluguel deve ser depositado em conta corrente vinculada ao juízo universal da falência[2672]. Já na hipótese de arrematação judicial do bem, se mantido o contrato de locação, o pagamento deve ser direcionado ao arrematante, após sua imissão na posse[2673].

Por sua vez, se o falido figurar na posição de locatário, o administrador judicial estará em situação confortável, na medida em que terá discricionariedade para escolher entre (*i*) a manutenção do contrato pelo período que entender conveniente aos interesses da massa[2674] ou (*ii*) a resolução a qualquer momento,

---

deveres postos pelo art. 23, IV, da Lei 8.245/1991 ("levar imediatamente ao conhecimento do locador o surgimento de qualquer dano ou defeito cuja reparação a este incumba, bem como as eventuais turbações de terceiros"), haja vista que o referido imóvel será, provavelmente, objeto de arrecadação por parte do administrador judicial. Nesse sentido: TJSP, 27ª Câmara de Direito Privado, APC 9224797-59.2007.8.26.0000, Rel. Des. Morais Pucci, j. 14/08/2012.

[2669] STJ, 6ª Turma, REsp 64.804/MG, Rel. Min. Luiz Vicente Cernicchiaro, j. 28/08/1995. Ou seja, a ação de despejo não se submete ao juízo universal (TJSP, 11ª Câmara, APC Sem Revisão 9101881-38.1998.8.26.0000, Rel. Des. Clóvis Castelo, j. 26/07/1999; TJSP, 30ª Câmara de Direito Privado, AI 0254596-33.2012.8.26.0000, Rel. Des. Lino Machado, j. 05/02/2014).

[2670] A partir da arrecadação do bem pela massa falida, a legitimidade ativa para cobrança de eventuais alugueis é do administrador judicial, como representante da massa, e não do falido, agindo individualmente. Nesse sentido: TJSP, 30ª Câmara de Direito Privado, APC 0001728-57.2009.8.26.0456, Rel. Des. Andrade Neto, j. 01/08/2012.

[2671] TJSP, 9ª Câmara de Direito Privado, AI 0297287-96.2011.8.26.0000, Rel. Des. Jayme Martins de Oliveira Neto, j. 21/08/2012.

[2672] TJSP, 34ª Câmara de Direito Privado, APC 0012836-79.2011.8.26.0079, Rel. Des. Gomes Varjão, j. 17/09/2012.

[2673] TJSP, 6ª Câmara de Direito Privado, APC 0264668-46.2007.8.26.0100, Rel. Des. Paulo Alcides, j. 26/07/2012.

[2674] Agora, se a massa falida, na condição de locatária, incidir em mora no cumprimento de determinada obrigação contratual, o locador poderá pleitear o despejo (que deverá tramitar no juízo falimentar, a teor do art. 76 da LREF). Diante da especialidade do regime falimentar, recomenda-se, nessa hipótese, que o locador interpele a massa falida representada pelo administrador judicial, no prazo de até 90 (noventa) dias, contado do inadimplemento, para que, dentro de 10 (dez) dias, este declare se irá ou não purgar a mora, em aplicação analógica do §1º do art. 117 da LREF (TEPEDINO. Seção VIII: Dos efeitos da decretação da falência sobre as obrigações do devedor..., p. 434).

EFEITOS DA QUEBRA SOBRE AS OBRIGAÇÕES DO FALIDO

sem multa ou penalidade contratual[2675]. O mesmo não se pode dizer da parte que estiver na posição de proprietária ou locadora do imóvel, pois ficará em posição absolutamente desprotegida, já que o administrador judicial terá a prerrogativa de denunciar o contrato a qualquer tempo[2676].

5.7.1. Garantias locatícias

A Lei de Locações (Lei 8.245/1991) trata dos efeitos da falência sobre as garantias prestadas em contrato de locação, em especial a caução e a fiança[2677].

No caso da caução, o art. 38 do referido diploma legal determina que, se a garantia tiver sido prestada em títulos e ações, deverá ser substituída, no prazo de 30 dias, em caso de concordata (leia-se recuperação judicial ou extrajudicial), falência ou liquidação das sociedades emissoras. Quanto à fiança, o art. 40 prevê que o locador poderá exigir novo fiador ou a substituição da modalidade de garantia, no caso de ausência, interdição, concordata (leia-se recuperação judicial ou extrajudicial), falência ou insolvência do fiador, desde que declaradas judicialmente; além disso, de acordo com o parágrafo único do mesmo artigo, o locador pode notificar o locatário para apresentar nova garantia locatícia no prazo de 30 dias, sob pena de desfazimento da locação[2678].

[2675] Concordamos com RICARDO TEPEDINO: no caso de resilição unilateral de contrato de locação em que a parte falida figure como locatária, o locador não terá direito a pleitear qualquer tipo de indenização, ainda que haja previsão expressa de multa no contrato relacionado ao término antecipado da relação, haja vista que não haverá inexecução culposa por parte da massa (a faculdade de denunciar é posta pela lei). E mais: a regra do art. 119 não estabeleceu, como fez o §2º do art. 117, direito a qualquer reparação pela extinção do contrato de locação (TEPEDINO. Seção VIII: Dos efeitos da decretação da falência sobre as obrigações do devedor..., p. 434).

[2676] A rigor, a partir da decretação de falência de uma das partes contratantes, seja o locador ou o locatário, caberá à outra tomar as medidas legais que entender cabíveis e pertinentes para exercer ou preservar seu direito. Por exemplo, no caso da falência do locatário, poderá o locador ingressar com medida judicial para liberar o bem imóvel arrecadado pelo administrador judicial ou, na hipótese de falência do locador, poderá o locatário pleitear medida judicial na tentativa de garantir seu direito de preferência na arrematação do bem (TJSP, 1ª Câmara Reservada de Direito Empresarial, MS 0102315-92.2012.8.26.0000, Rel. Des. Enio Zuliani, Morais Pucci, j. 31/07/2012). Nada impede que as partes tenham estipulado previsão contratual no sentido de que a decretação da falência de uma das partes, locador ou locatário, acarreta a extinção automática do vínculo contratual estabelecido entre os contratantes. Em tais casos, a causa determinante para a resolução do contrato não é o evento da falência propriamente dito, mas sim o respeito ao exercício da autonomia privada das partes que inseriram disposição nesse sentido no contrato de locação. Como destacado anteriormente (item 3.5, *supra*), firmamos posição no sentido de que previsões dessa natureza são válidas e devem ser observadas pelo administrador judicial. No mesmo sentido: MARTINS. Efeitos da decretação da falência sobre as obrigações do devedor..., p. 463.

[2677] O art. 37 da Lei 8.245/1991 prevê que o locador pode exigir do locatário (*i*) caução, (*ii*) fiança, (*iii*) seguro de fiança locatícia, ou (*iv*) cessão fiduciária de quotas de fundo de investimento como modalidades de garantia em contratos de locação.

[2678] Sobre o tema, ver: VENOSA, Sílvio de Salvo. *Lei do Inquilinato comentada*. São Paulo: Atlas, 2010, p. 173-176; SANTOS, Gildo dos. *Locação e despejo. Comentários à Lei 8.245/1991*. 6 ed. São Paulo, Revista dos Tribunais, 2010, p. 232-244.

RECUPERAÇÃO DE EMPRESAS E FALÊNCIA

5.8. Compensação e liquidação no sistema financeiro nacional

Nos termos do art. 119, VIII:

> caso haja acordo para compensação e liquidação de obrigações no âmbito do sistema financeiro nacional, nos termos da legislação vigente, a parte não falida poderá considerar o contrato vencido antecipadamente, hipótese em que será liquidado na forma estabelecida em regulamento, admitindo-se a compensação de eventual crédito que venha a ser apurado em favor do falido com créditos detidos pelo contratante.

Embora esteja sistematicamente mal localizado – deveria acompanhar o art. 122 que trata da compensação –, o dispositivo legal é uma inovação da LREF. O objetivo do legislador foi disciplinar casos bastante específicos relaconados a acordos celebrados no âmbito do sistema financeiro nacional[2679], que contenham condições especiais para a compensação e liquidação de obrigações[2680].

O dispositivo determina que, se houver acordo para compensação e liquidação de obrigações no âmbito do sistema financeiro nacional, a parte não falida poderá considerar o contrato vencido de forma antecipada, devendo liquidá-lo na forma estabelecida no respectivo regulamento, admitindo-se, entretanto, a compensação de eventual crédito que venha a ser apurado em favor do falido com créditos detidos pelo contratante.

A lógica subjacente à regra em comento pode ser sistematizada da seguinte forma: no âmbito das relações jurídicas estabelecidas entre o devedor e instituições financeiras, o advento da falência faz com que não incidam as regras gerais e comuns sobre débitos e créditos do falido, radicados na massa, a partir da decretação da quebra[2681], prevalecendo o previsto no art. 119, VIII[2682].

[2679] Os acordos referidos pelo dispositivo legal estão previstos no art. 30 da Medida Provisória 2.192-70, de 2001, ainda em vigor, que os exime da incidência das regras falimentares (art. 30, §1º). São regulados pelo Conselho Monetário Nacional, por meio da Resolução 3.263/05, exigindo-se que sejam celebrados mediante escritura pública ou particular e que pelo menos uma das partes deve ser instituição financeira. Caso sejam firmados por instrumento particular, requer-se registro no Cartório de Títulos e Documentos ou em entidades do mercado específicas para essa finalidade, como é o caso da CETIP (TEPEDINO. Seção VIII: Dos efeitos da decretação da falência sobre as obrigações do devedor..., p. 435).

[2680] TEPEDINO. Seção VIII: Dos efeitos da decretação da falência sobre as obrigações do devedor..., p. 434.

[2681] Lembre-se que, pelas regras gerais que regem as dívidas do falido, o credor deve se habilitar no concurso falimentar, e seu crédito, depois de reconhecido, deve ser classificado dentro dos critérios legais. Já com relação aos créditos de que era titular o empresário ou a sociedade empresária, antes da falência, deverá o respectivo devedor quitar sua dívida, transferindo para o patrimônio da massa o montante devido.

[2682] Nas palavras de PAULO SALVADOR FRONTINI: "A inovação afirma, em resumo, que, no âmbito de contratos bilaterais em curso, tendo como partes o empresário (o devedor) e uma instituição financeira, se estiver estipulado, contratualmente, cláusula para compensação e liquidação de obrigações (...) nos termo da legislação vigente, a parte não falida (*rectius*, a instituição financeira) poderá considerar o contrato vencido antecipadamente. O comando não para por aí, mas fica claro que, ao contrário dos

EFEITOS DA QUEBRA SOBRE AS OBRIGAÇÕES DO FALIDO

Tem-se, assim, que se a parte não falida (*i.e.*, instituição financeira) optar, de forma unilateral, por considerar a obrigação vencida antecipadamente, será o contrato liquidado na forma estabelecida no regulamento, sendo admitida a compensação de eventual crédito que venha a ser apurado em favor do falido com créditos detidos pelo contratante[2683].

Muito embora a inovação posta pela LREF deva ser festejada, não se pode ignorar a omissão do legislador quanto ao estabelecimento de diretrizes para definir qual é o regulamento que será utilizado como base para realização da liquidação, quem procederá aos cálculos, quais serão os critérios, como se determinará a taxa de juros cabível, bem como outras cominações que poderão ser incluídas no encontro de contas a ser realizado, e assim por diante[2684].

O dispositivo legal deixa transparecer que eventual débito da instituição financeira com a massa falida (ou saldo da massa, como se preferir), antes de ser pago, passará por procedimento de compensação, nos termos da legislação civil. Uma vez realizada compensação parcial, é provável que dela será extraído saldo credor em favor da parte não falida, que deverá ser habilitado em classe própria, segundo as regras próprias da LREF[2685]. A experiência demonstra que raros são os casos em que, após a compensação, a massa falida permanece como parte credora[2686], o que, de qualquer forma, se ocorrer, deverá ser pago à massa falida[2687].

Eventuais questões e dúvidas que emergirem desse preceito deverão ser resolvidas diretamente pelo juiz da falência, tendo como suporte os poderes explicitados pelo art. 126 da LREF[2688].

---

demais contratos bilaterais do devedor, que não se resolvem pela falência, e cuja continuidade depende da vontade do administrador judicial, aqui dá-se o contrário: ao invés do administrador judicial deliberar sobre a continuidade, ou não, do contrato, o legislador atribuiu à instituição financeira a faculdade de decidir a respeito. É o que claramente resulta da locução 'poderá considerar o contrato vencido antecipadamente'." (FRONTINI. Seção VIII: Dos efeitos da decretação da falência sobre as obrigações do devedor..., p. 451). No mesmo sentido: TEPEDINO. Seção VIII: Dos efeitos da decretação da falência sobre as obrigações do devedor..., p. 434.

[2683] FRONTINI. Seção VIII: Dos efeitos da decretação da falência sobre as obrigações do devedor..., p. 451.

[2684] FRONTINI. Seção VIII: Dos efeitos da decretação da falência sobre as obrigações do devedor..., p. 451.

[2685] Assim dispõe, inclusive, o art. 30, §2º, da Medida Provisória 2.192-70, de 2001.

[2686] FRONTINI. Seção VIII: Dos efeitos da decretação da falência sobre as obrigações do devedor..., p. 451; TEPEDINO. Seção VIII: Dos efeitos da decretação da falência sobre as obrigações do devedor..., p. 434.

[2687] Art. 30, §2º, da Medida Provisória 2.192-70, de 2001.

[2688] "Art. 126. Nas relações patrimoniais não reguladas expressamente nesta Lei, o juiz decidirá o caso atendendo à unidade, à universalidade do concurso e à igualdade de tratamento dos credores, observado o disposto no art. 75 desta Lei". Nesse sentido: FRONTINI. Seção VIII: Dos efeitos da decretação da falência sobre as obrigações do devedor..., p. 451

RECUPERAÇÃO DE EMPRESAS E FALÊNCIA

5.9. Patrimônio de afetação

De acordo com o art. 119, IX:

> os patrimônios de afetação, constituídos para cumprimento de destinação específica, obedecerão ao disposto na legislação respectiva, permanecendo seus bens, direitos e obrigações separados dos do falido até o advento do respectivo termo ou até o cumprimento de sua finalidade, ocasião em que o administrador judicial arrecadará o saldo a favor da massa falida ou inscreverá na classe própria o crédito que contra ela remanescer.

O inc. IX do art. 119 traz uma inovação importante para o ordenamento falimentar brasileiro, tratando de questão atinente ao patrimônio de afetação[2689], ajustando o Direito Falimentar às soluções legislativas lançadas em áreas economicamente relevantes, como é o caso dos investimentos imobiliários, em especial as incorporações para fins residenciais, principal enfoque do instituto, embora ele também seja aplicado em outras hipóteses[2690].

No contexto imobiliário, o patrimônio de afetação foi introduzido por meio da Medida Provisória 2.221/2001, cujos termos e condições foram posteriormente convertidos na Lei 10.991/2004 que alterou, definitivamente, as previsões da Lei 4.591/1964, diploma legislativo que regula o condomínio em edificações e as incorporações imobiliárias no Brasil.

Nos termos do art. 31-A da referida Lei 4.591/1964, a incorporação poderá, a critério do incorporador, ser submetida ao regime da afetação, por meio do qual o terreno e as acessões, objeto de incorporação imobiliária, bem como os demais bens e direitos a ela vinculados, manter-se-ão apartados do patrimônio do incorporador e constituirão patrimônio de afetação, destinado à consecução da incorporação correspondente e à entrega das unidades imobiliárias aos respectivos adquirentes.

[2689] A premissa subjacente à concepção jurídica do patrimônio de afetação aparta-se da noção tradicional de que cada pessoa somente pode ter um patrimônio, que constituiria uma universalidade indivisível, servindo como única garantia da totalidade das dívidas do seu titular. A regra é mais um exemplo da flexibilização da visão jurídica estática em torno de patrimônio como garantia dos credores e consiste numa espécie de restrição por meio da qual determinados bens e direitos se dispõem a servir a um fim pré-determinado pelo seu titular, restando, ao fim e ao cabo, limitada a ação dos seus credores, inclusive na falência (GOMES. *Introdução do direito civil*..., p. 158). No mesmo sentido: TEPEDINO. Seção VIII: Dos efeitos da decretação da falência sobre as obrigações do devedor..., p. 434.

[2690] Os patrimônios de afetação abrangidos pela norma do inciso IX são os seguintes: (*a*) créditos que lastreiam a emissão de Certificados de Recebíveis Imobiliários (Lei 9.514/1997, arts. 9º e seguintes); (*b*) aqueles obrigatoriamente constituídos pelas câmaras e prestadoras de serviços de compensação e de liquidação (Lei 10.214/2001, art. 5º); (*c*) o terreno e as acessões objeto de incorporação imobiliária (Lei 4.591/1964, art. 31-A, com a redação que lhe deu o art. 53 da Lei 10.931/2004); (*d*) o capital separado para fins de prestação alimentar (TEPEDINO. Seção VIII: Dos efeitos da decretação da falência sobre as obrigações do devedor..., p. 436).

EFEITOS DA QUEBRA SOBRE AS OBRIGAÇÕES DO FALIDO

Trata-se de instrumento de proteção da economia popular que busca regular a captação de recursos provenientes da venda antecipada de unidades em construção. Esse fato, por si só, já justificaria que fosse dada à afetação a mais ampla abrangência, com aplicação automática a todas as incorporações, de maneira que a segregação protegesse o patrimônio de todos os adquirentes de imóveis em construção, sem exceção. No entanto, não foi esse o regime estipulado pelo art. 31-A, já que a adoção do regime depende da iniciativa do incorporador, mesmo que a jurisprudência tenha atenuado a força dessa exigência, buscando ampliar a proteção dos adquirentes de empreendimentos imobiliários[2691].

Os efeitos da falência sobre o mencionado patrimônio de afetação restaram disciplinados no art. 31-F da Lei 4.591/1964:

> Os efeitos da decretação da falência ou da insolvência civil do incorporador não atingem os patrimônios de afetação constituídos, não integrando a massa concursal, o terreno, as acessões e demais bens, direitos creditórios, obrigações e encargos objeto da incorporação[2692].

O inciso IX do art. 119 complementa as regras postas pela legislação esparsa, de maneira que, se o empreendimento de titularidade do empresário ou sociedade empresária, cuja falência foi decretada, estiver sob o regime jurídico do patrimônio de afetação, constituído para cumprimento de destinação específica, seus

---

[2691] CHALHUB, Melhim Namem. *Da incorporação imobiliária*. Rio de Janeiro: Renovar, 2003, p. 95-96; SCHMIDT, Francisco Arnaldo. *Incorporação imobiliária*. 2 ed. Porto Alegre: Norton Editor, 2006, p. 88-99; GHEZZI, Leandro Leal. *A incorporação imobiliária*. À luz do Código de Defesa do Consumidor e do Código Civil. São Paulo: Revista dos Tribunais, 2007, p. 61-81.

[2692] Os parágrafos seguintes do art. 31-F traçam a lógica de funcionamento do instituto em caso de falência do incorporador, com destaque para o §1º, cuja redação assim estabelece: "Nos sessenta dias que se seguirem à decretação da falência ou da insolvência civil do incorporador, o condomínio dos adquirentes, por convocação da sua Comissão de Representantes ou, na sua falta, de um sexto dos titulares de frações ideais, ou, ainda, por determinação do juiz prolator da decisão, realizará assembleia geral, na qual, por maioria simples, ratificará o mandato da Comissão de Representantes ou elegerá novos membros, e, em primeira convocação, por dois terços dos votos dos adquirentes ou, em segunda convocação, pela maioria absoluta desses votos, instituirá o condomínio da construção, por instrumento público ou particular, e deliberará sobre os termos da continuação da obra ou da liquidação do patrimônio de afetação (art. 43, inciso III); havendo financiamento para construção, a convocação poderá ser feita pela instituição financiadora". Pertinentes, nesse particular, são os comentários de PAULO SALVADOR FRONTINI: "Como em empreendimentos dessa natureza, sua execução e conclusão se subordinam aos aportes feitos pelos compromissários compradores, existindo o patrimônio de afetação, o terreno onde fixado o empreendimento não será arrecadado. A salvo também ficarão as acessões, a obra civil, os créditos, débitos e obrigações inerentes ao empreendimento. Anote-se: as quotas mensais, cobradas dos compromissários para realização das obras, serão destinadas ao empreendimento. Não irão para a massa falida. E uma Comissão de Representantes ficará investida de poderes gerais e especiais para administrar o patrimônio de afetação e o empreendimento nele em execução." (FRONTINI. Seção VIII: Dos efeitos da decretação da falência sobre as obrigações do devedor..., p. 453).

RECUPERAÇÃO DE EMPRESAS E FALÊNCIA

bens, direitos e obrigações permanecerão separados dos do falido até o advento do respectivo termo ou até o cumprimento de sua finalidade.

A Lei excepciona os patrimônios de afetação dos efeitos da falência, desde que remanesçam a serviço da finalidade que justificou sua criação, até que esta seja cumprida. No momento do término do empreendimento caberá ao administrador judicial arrecadar o saldo a favor da massa falida; se remanescer crédito contra a massa falida, deverá ser inscrito na classe própria[2693]_[2694].

5.9.1. Casuística

A jurisprudência tem dado tratamento diferenciado ao tema, respeitando o patrimônio de afetação instituído pelo falido nos termos no art. 31-A da Lei 4.591/1964 e estendendo a proteção legal em algumas hipóteses específicas[2695]_[2696]_[2697].

Em razão da orientação jurisprudencial favorável ao instituto, observa-se que, no mercado imobiliário, um grande número de empreendimentos foi retomado pelos condôminos, antes ou depois da falência da incorporadora responsável,

---

[2693] Nada impede que o direito de receber o eventual saldo futuro, se dotado de valor econômico, seja alienado pelo seu titular, estando, no entanto, tal transação sujeita aos efeitos da declaração de ineficácia ou ação revocatória dos arts. 129 e 130, respectivamente (TEPEDINO. Seção VIII: Dos efeitos da decretação da falência sobre as obrigações do devedor..., p. 436-437).

[2694] Para uma visão geral sobre o tema, ver: SACRAMONE. Os direitos do compromissório comprador...

[2695] Por exemplo, o STJ autorizou que a comissão formada pelos adquirentes de unidades do empreendimento, interessados em dar continuidade às obras, interviesse nos próprios autos da falência para obter provimento jurisdicional permitindo que as "unidades estoque" (aquelas não comercializadas pela incorporadora) e as "unidades dos não aderentes" (daqueles que não quiseram aderir à comissão) fossem excluídas de qualquer vinculação com a massa falida, propiciando a retomada e conclusão da edificação, independentemente de qualquer compensação financeira. No caso, o juízo falimentar também autorizou, após a realização de assembleia geral, a substituição da incorporadora no registro imobiliário, permitindo que a comissão celebrasse com nova incorporadora um contrato de promessa de permuta, para que esta concluísse o empreendimento, recebendo, em contrapartida, as unidades estoque e as unidades dos não aderentes (STJ, 3ª Turma, REsp 1.115.605/RJ, Rel. Min. Nancy Andrighi, j. 07/04/2011).

[2696] Em casos envolvendo a falência da incorporadora, a jurisprudência já discutiu a possibilidade (negando-a) de atribuir responsabilidade ao proprietário do terreno pela finalização da obra ou mesmo pagamento de indenização aos adquirentes, em operações que se convencionou chamar, no mercado imobiliário, de permuta no local. Para aprofundamento sobre o tema ver excerto do voto da Ministra NANCY ANDRIGHI no seguinte julgamento: STJ, 3ª Turma, REsp 686.198/RJ, Rel. Min. Nancy Andrighi, j. 23/10/2007.

[2697] Em outro precedente, o STJ, ao examinar caso de rescisão de contrato firmado com o proprietário original do terreno, seguida de falência da incorporadora, assim decidiu, pouco importando a inexistência de patrimônio de afetação: "No caso em exame, os recorrentes ajuizaram ação de rescisão de contrato com a requerida. (...) Consta dos autos que a Encol se comprometeu a construir um prédio e entregar algumas unidades para os recorrentes em troca da transferência do domínio do terreno onde seria edificado o empreendimento. (...) No entanto, a recorrida iniciou a obra, mas não a concluiu. (...) Ante o exposto, dá-se provimento ao Recurso Especial para que seja declarado rescindido o contrato entre as partes e, por conseguinte, realizadas as informações notariais de praxe, restabelecendo-se os recorrentes na posse do imóvel." (STJ, 3ª Turma, REsp 879.548/SP, Rel. Min. Sidnei Beneti, j. 17/08/2010).

EFEITOS DA QUEBRA SOBRE AS OBRIGAÇÕES DO FALIDO

sem que tenha sido questionada, até onde se tem notícia, a validade ou eficácia de tais operações.

5.10. Contrato de mandato e de comissão

O art. 120 regula a situação dos contratos de mandato[2698] e comissão[2699] na falência, assim dispondo:

> O mandato conferido pelo devedor, antes da falência, para a realização de negócios, cessará seus efeitos com a decretação da falência, cabendo ao mandatário prestar contas de sua gestão.
>
> §1º – O mandato conferido para representação judicial do devedor continua em vigor até que seja expressamente revogado pelo administrador judicial.
>
> §2º – Para o falido, cessa o mandato ou comissão que houver recebido antes da falência, salvo os que versem sobre matéria estranha à atividade empresarial.

No regime anterior, os efeitos da falência sobre o contrato de mandato estavam previstos no art. 49 do Decreto-Lei 7.661/1945[2700]. O legislador alterou o tratamento da matéria, de forma acertada e conforme a prática do Direito Comparado[2701].

No novo regime, se o falido, na condição de mandante, conferiu poderes a um mandatário, antes da decretação de falência, com a finalidade de que este realizasse negócios em seu nome, seus efeitos cessarão com o evento da quebra, cabendo ao mandatário prestar contas de sua gestão. Não faria sentido algum conservar o mandatário escolhido pelo devedor investido com poderes para realizar negócio em seu nome quando o próprio falido, individualmente, não pode fazê-lo, já que um dos efeitos da decretação da quebra sobre o falido é justamente

---

[2698] O contrato de mandato está disciplinado no Código Civil nos arts. 653 a 692. Opera-se quando alguém recebe de outrem poderes para, em seu nome, praticar atos ou administrar interesses, sendo a procuração seu instrumento. Sobre o contrato de mandato, ver: ASSIS, Araken de. *Contratos nominados*. São Paulo: Revista dos Tribunais, 2005, p. 27-156; FRANCO, Vera Helena de Mello. *Contratos*. 3 ed. São Paulo: Revista dos Tribunais, 2012, p. 219-229.

[2699] O contrato de comissão está disciplinado no Código Civil nos arts. 693-709. Consiste na outorga de poderes para alguém praticar atos em nome próprio, no interesse de outrem, figurando o comissário como parte no sentido formal e o comitente parte no sentido material. Sobre o contrato de comissão, ver: ASSIS. *Contratos nominados...*, p. 157-196; BOITEUX. Contratos bilaterais na recuperação judicial e na falência..., p. 326.

[2700] "Art. 49. O mandato conferido pelo devedor, antes da falência, acerca dos negócios que interessam à massa falida, continua em vigor até que seja revogado expressamente pelo síndico, a quem o mandatário deve prestar contas. Parágrafo único. Para o falido cessa o mandato ou comissão que houver recebido antes da falência, salvo os que versem sobre a matéria estranha a comércio." Sobre o tema, ver: VALVERDE. *Comentários à Lei de Falências*, v. I..., p. 336-340.

[2701] A lei italiana contém disposição idêntica. Nesse sentido, ver: TEPEDINO. Seção VIII: Dos efeitos da decretação da falência sobre as obrigações do devedor..., p. 437.

a perda do direito de dispor e administrar o seu patrimônio (LREF, art. 103). Os atos eventualmente praticados pelo mandante nessas circunstâncias serão ineficazes perante a massa falida (como já visto no Capítulo 21, item 3.11)[2702].

A manutenção do procedimento de prestação de contas reproduzido pela Lei é de grande valia, considerando que os poderes outorgados pelo falido ao mandatário, antes da decretação da falência, podem ter gerado consequências patrimoniais relevantes na esfera do devedor.

A propósito, entendemos que a habilitação de eventual crédito do mandante relacionado ao mandato estará condicionada ao término do procedimento de prestação de contas previsto pela LREF[2703]. Se, contudo, o mandato não tiver relação com os interesses da massa, essa prestação deverá ocorrer diretamente ao falido (mesmo porque, de acordo com o art. 120, *caput*, não ocorre a cessação do mandato de natureza estranha à atividade empresarial, como, *v.g.*, mandatos relacionados a questões de Direito de Família)[2704].

Os mandatos que foram outorgados pelo falido, antes da sua quebra, mas que estão relacionados à sua representação judicial, permanecerão em vigor até que seja expressamente revogado pelo administrador judicial (art. 120, §1º). A regra se justifica diante do caráter peremptório dos prazos processuais, cujo risco de perda pode acarretar, dependendo da natureza e do tipo de processo em questão, graves e irrecuperáveis repercussões no patrimônio do falido[2705].

Na hipótese de mandato ou comissão no qual o falido figure na posição contratual ativa, recebendo poderes para prática de atos relacionados à sua atividade empresarial, a Lei (art. 120, §2º) determina que seus efeitos cessem a partir da decretação da quebra. A regra também excepciona as situações em que os poderes outorgados versarem sobre matéria estranha à atividade empresarial, permanecendo hígido o pacto em tais casos.

[2702] Ao comentar especificamente a questão, RICARDO TEPEDINO, que entende tratar-se de caso de nulidade (com o que não concordamos), sustenta, corretamente em nosso entender, o que segue: "(...) o terceiro de boa-fé que contratar com o procurador do falido só contra este terá ação, pois aqui não se trata de simples revogação ou extinção do mandato, visto que representará um ato de disposição sobre patrimônio que a falência tornou indisponível, e do qual se pode dispor segundo as regras do concurso falimentar." (TEPEDINO. Seção VIII: Dos efeitos da decretação da falência sobre as obrigações do devedor..., p. 437).

[2703] RICARDO TEPEDINO sustenta que, "se o mandatário tiver créditos decorrentes do exercício do mandato, ainda que vincendos ou mesmo condicionais (*v.g.*, subordinados ao êxito na demanda), deve interpelar o administrador indagando se o seu contrato será cumprido, a fim de assegurar a natureza extraconcursal para os honorários" (TEPEDINO. Seção VIII: Dos efeitos da decretação da falência sobre as obrigações do devedor..., p. 439).

[2704] PONTES DE MIRANDA. *Tratado de direito privado*, t. XXVIII..., p. 313; PACHECO. *Processo de recuperação judicial, extrajudicial e falência*..., p. 322; MARTINS. Efeitos da decretação da falência sobre as obrigações do devedor..., p. 464

[2705] PONTES DE MIRANDA. *Tratado de direito privado*, t. XXVIII..., p. 313.

EFEITOS DA QUEBRA SOBRE AS OBRIGAÇÕES DO FALIDO

Discute-se sobre a oponibilidade ou não à massa falida de cláusula de irrevogabilidade constante em contrato de mandato. A questão é complexa e ainda necessita melhor reflexão. *A priori*, parece que a sentença de decretação da falência privará de efeitos jurídicos o contrato e, juntamente com ele, a cláusula de irrevogabilidade, sem possibilidade de ressarcimento de prejuízos do mandatário, em face da extinção, a despeito da previsão do art. 683 do Código Civil[2706]. Não obstante esse entendimento, o contexto fático poderá ser determinante para saber se a revogação ou não do mandato estará ou não dentro do campo de ação do administrador judicial[2707]-[2708].

5.11. Contrato de conta corrente

Prevê o art. 121 que "as contas correntes com o devedor consideram-se encerradas no momento de decretação da falência, verificando-se o respectivo saldo". O

[2706] "Art. 683. Quando o mandato contiver a cláusula de irrevogabilidade e o mandante o revogar, pagará perdas e danos."

[2707] MIRANDA VALVERDE entendia que, em sendo a irrevogabilidade uma condição estipulada em contrato bilateral, seria manifesto que, em caso de falência, a revogação do mandato ou da procuração dependia de uma opção do síndico em executar ou não o contrato. Nesse sentido, afirmava que, em encontrando o síndico o contrato bilateral já cumprido, o mandato irrevogável ou a procuração em causa própria seria somente o veículo por meio do qual o mandatário ou o procurador cumpriria obrigação de prestação contratual que seria do mandante ou do representado, sendo que, então, o síndico não poderia exercer o direito de cumprir ou não o contrato bilateral. Contudo, ressalvados esses casos, lícita seria a extinção do mandato (VALVERDE. *Comentários à Lei de Falências*, v. I..., p. 339-340). RICARDO TEPEDINO refere a possibilidade de o contrato de mandato "(...) ter sido conferido no bojo de um contexto contratual, seja como condição de um outro negócio, seja como integrante de uma coligação de contratos onde exista entre eles uma dependência recíproca. Se, nessa unidade negocial, ainda houver prestações pendentes (porque, se já satisfeitas as obrigações, nenhum outro efeito decorrerá da falência), a sobrevivência ou não do mandato dependerá da real natureza dos tipos contratuais envolvidos. Ou seja, decidir-se-á diante do caso concreto" (TEPEDINO. Seção VIII: Dos efeitos da decretação da falência sobre as obrigações do devedor..., p. 438). PONTES DE MIRANDA, por exemplo, entendia que o síndico não podia revogar (tirar a *vox* de) procuração se nela tinha sido inserida cláusula de irrevogabilidade, também salientando que, em situações análogas às descritas (vinculação do mandato a contratos), a revogação deveria ser afastada (PONTES DE MIRANDA. *Tratado de direito privado*, t. XXVIII..., p. 314).

[2708] Muito discutível é o caso envolvendo mandato outorgado pelo falido a terceiro para ser exercido em causa própria, por meio da chamada "cláusula *in rem suam*", no qual prevalece o exclusivo interesse do mandatário, que age por conta própria, sem necessidade de prestar contas ao mandante. Essa modalidade desnatura o tipo contratual. Nesse sentido, na visão de ORLANDO GOMES: "A cláusula *in rem suam* desnatura a procuração, porque o ato deixa de ser autorização representativa. Transmitido o direito ao procurador em causa própria, passa este a agir em seu próprio nome, no seu próprio interesse e por sua própria conta." (GOMES. *Contratos*..., p. 437). Ainda assim, se o ajuste constituir um negócio jurídico perfeito e acabado (envolvendo, por exemplo, a alienação de bens, cessão de crédito ou celebração de um contrato), já cumprido à data da decretação da quebra, não será afetado pela falência (PONTES DE MIRANDA. *Tratado de direito privado*, t. XXVIII..., p. 314; TEPEDINO. Seção VIII: Dos efeitos da decretação da falência sobre as obrigações do devedor..., p. 438). Como referido, MIRANDA VALVERDE entendia que, nessas situações, tudo passava, à época, pela opção do síndico em executar ou não o contrato (VALVERDE. *Comentários à Lei de Falências*, v. I..., p. 339-340).

RECUPERAÇÃO DE EMPRESAS E FALÊNCIA

tema era regulado pelo art. 45 do Decreto-Lei 7.661/1945, em dispositivo idêntico ao constante no regime vigente[2709].

Trata-se do tradicional contrato de conta corrente, cuja origem remonta os negócios marítimos do século XII[2710], sendo, atualmente, figura muito comum no âmbito bancário. Trata-se de negócio mediante o qual os empresários, ao invés de procederem a um acerto de contas ao término de cada operação, fazem lançamentos à conta de crédito e de débito em forma de escrituração contábil, aquilatando-se o saldo no encerramento, que pode ocorrer no prazo convencionado ou fixado na lei, momento a partir do qual a obrigação se torna exigível[2711].

Embora seja considerado pela doutrina um contrato bilateral, o ordenamento jurídico pátrio não o tipificou[2712], mesmo que tenha recebido regramento específico na falência, diferenciando-se, assim, da regra geral prevista no art. 117 da LREF[2713].

Sob a denominação de "conta corrente", é possível distinguir três modalidades contratuais, que guardam grande semelhança entre si, a saber: (*i*) a conta corrente contábil; (*ii*) a conta corrente propriamente dita; e (*iii*) a conta corrente bancária. O art. 121 da LREF contempla as três espécies[2714].

Assim, no contexto falimentar, as contas correntes de titularidade do devedor (e, no caso mais comum, a conta corrente bancária) serão automaticamente encerradas no momento de decretação da quebra, verificando-se, por meio de compensação, o respectivo saldo e o seu titular[2715]. Dessa forma, não cabe ao administrador judicial a prerrogativa de manter o contrato em vigor, mesmo

---

[2709] Para aprofundamento sobre o tema, ver: VALVERDE. *Comentários à Lei de Falências*, v. I..., p. 309-320; e REQUIÃO. *Curso de direito falimentar*, v. 1..., p. 177-180.

[2710] LACERDA, Paulo de. *Do contrato de conta corrente*. 2 ed. Rio de Janeiro: Jacinto Ribeiro dos Santos Editor, 1928, p. 27 ss; ABRÃO, Nelson. *Direito bancário*. 8 ed. atual. por Carlos Henrique Abrão. São Paulo: Saraiva, 2002, p. 190.

[2711] ABRÃO. *Direito bancário*..., p. 191. No mesmo sentido: COVELLO, Sérgio Carlos. *Contratos bancários*. 4 ed. São Paulo: LEUD, 2001, p. 97.

[2712] ABRÃO. *Direito bancário*..., p. 200. No mesmo sentido, COVELLO. *Contratos bancários*..., p. 106

[2713] MARTINS. Efeitos da decretação da falência sobre as obrigações do devedor..., p. 465.

[2714] Sobre o tema, ver: TEPEDINO. Seção VIII: Dos efeitos da decretação da falência sobre as obrigações do devedor..., p. 439-442; BOITEUX. Contratos bilaterais na recuperação judicial e na falência..., p. 327-329.

[2715] RUBENS REQUIÃO, na vigência do regime anterior, mas cujas lições se aplicam à Lei vigente, traz à baila situação interessante em que a conta corrente constitui um meio, espécie de pacto acessório vinculado a outros contratos bilaterais, tais como fornecimento, agência e distribuição ou representação comercial: "O síndico, após a verificação do saldo, sendo do interesse da massa falida, pode restabelecer o contrato, mas a partir do saldo verificado. Estabelece-se, na verdade, outra conta corrente, em que figuram como contratantes a massa falida e o outro correntista." (REQUIÃO. *Curso de direito falimentar*, v. 1..., p. 180. A referência também consta em: MARTINS. Efeitos da decretação da falência sobre as obrigações do devedor..., p. 465; e TEPEDINO. Seção VIII: Dos efeitos da decretação da falência sobre as obrigações do devedor..., p. 440).

EFEITOS DA QUEBRA SOBRE AS OBRIGAÇÕES DO FALIDO

com o advento da falência, encerrando-se imediatamente sua vigência com o decreto da quebra[2716].

5.12. Compensação de créditos

A compensação é uma forma de extinção das obrigações que está regulada pelos arts. 368 a 380 do Código Civil, e cujo principal efeito jurídico é a liberação do devedor do respectivo cumprimento. Assim, se dois indivíduos forem, ao mesmo tempo, credor e devedor, um do outro (créditos recíprocos), as duas obrigações serão extintas, até o limite em que se compensarem[2717].

A LREF tratou do tema da compensação de créditos na falência no art. 122, que assim dispõe:

> Compensam-se, com preferência sobre todos os demais credores, as dívidas do devedor vencidas até o dia da decretação da falência, provenha o vencimento da sentença de falência ou não, obedecidos os requisitos da legislação civil.

[2716] Pertinentes, nesse particular, são os comentários de RICARDO TEPEDINO, especificamente quanto à conta corrente bancária: "(...) encerrada no momento da falência, nenhum movimento deverá ser feito na conta, a crédito ou a débito: o saldo deve ser apurado, como manda a lei, na data da quebra, e os cheques de emissão do falido apresentados a pagamento após isso, devolvidos. Desse entendimento, que deflui genuinamente da letra da norma, seria de se concluir que, se o banco, onde o falido mantinha conta, paga, após a sentença declaratória, um cheque por ele sacado, ficaria responsável por efetuar o estorno do respectivo valor. Tal conclusão, como frequentemente ocorre com aqueles que se encasulam na literalidade da norma, não faz nenhum sentido. Se o banco não tiver sido informado da falência, estará cumprindo um dever legal se honra cheque à vista de fundos existentes na conta do seu cliente – pelo que é muito recomendável que o juiz, ao decretar a falência, mande expedir ofício ao Banco Central para que essa autarquia informe a rede bancária da sentença. Na hipótese cogitada, restará ao administrador reclamar do beneficiário do cheque a repetição do valor recebido, pela óbvia razão de que o pagamento, efetuado quando já aberta a falência, será absolutamente nulo. Se, todavia, a instituição bancária, já ciente da quebra, paga o cheque, responderá, pelo seu ato culposo, solidariamente com o favorecido, de quem poderá demandar ressarcimento do que restituir à massa. Se houver, na data da quebra, cheques creditados ainda pendentes de compensação, manda o bom senso que, sem prejuízo, de não se permitirem quaisquer outros lançamentos, a apuração do saldo aguarde o pagamento ou a devolução do título. Pelas mesmas razões expostas no item precedente, se o cheque não for honrado, poderá o banco estornar o respectivo lançamento de crédito que porventura houver feito." (TEPEDINO. Seção VIII: Dos efeitos da decretação da falência sobre as obrigações do devedor..., p. 441-442). Sobre o tema, ver, também: BEZERRA FILHO. Capítulo XVIII: Os efeitos da decretação da falência sobre as obrigações do devedor..., p. 430.

[2717] RODRIGUES, Silvio. *Direito civil*, v. II. 30 ed. São Paulo: Saraiva, 2007, p. 209-210. De acordo com os ensinamentos de ORLANDO GOMES, existem três modalidades de compensação: (*i*) a legal, (*ii*) a judicial, ou (*iii*) a voluntária. Os pressupostos para que haja a compensação legal são: (*i*) que as dívidas recíprocas se originem de títulos diversos; e (*ii*) que sejam homogêneas, líquidas e exigíveis. Sempre que esses requisitos estiverem reunidos, a lei admitirá a compensação. Para a compensação judicial, não são exigidos os mesmos pressupostos e requisitos; por óbvio que as dívidas devem ser recíprocas, homogêneas e vencidas, sem necessidade de estarem vencidas, pois a compensação judicial busca justamente suprir esse requisito. De outra banda, na compensação voluntária, os pressupostos da homogeneidade e liquidez podem ser dispensados de comum acordo entre as partes, desde que esteja presente a reciprocidade das duas dívidas. Por tudo, ver: GOMES. *Obrigações*..., p. 162.

Parágrafo único. Não se compensam:

I – os créditos transferidos após a decretação da falência, salvo em caso de sucessão por fusão, incorporação, cisão ou morte; ou

II – os créditos, ainda que vencidos anteriormente, transferidos quando já conhecido o estado de crise econômico-financeira do devedor ou cuja transferência se operou com fraude ou dolo.

Depreende-se do *caput* do dispositivo legal que, uma vez presentes os requisitos e pressupostos da legislação civil, autoriza-se a compensação das dívidas do devedor, vencidas até a data da decretação da quebra, com preferência sobre todos os demais credores, independentemente do vencimento ter decorrido ou não da sentença que decretar a falência. É permitida, portanto, a compensação tanto de dívidas vencidas antes da decretação da falência quanto de débitos cujo vencimento estiver vinculado à própria sentença falimentar, na lógica do art. 77 da LREF[2718][2719][2720].

Ao conceber o instituto da compensação como inequívoca modalidade de garantia (ao invés de um duplo pagamento ficto), entende-se que, em regra, as dívidas do devedor, existentes no momento da decretação da falência, compensam-se com os créditos havidos contra ele, desde que obedecidos os ditames da legislação civil, a saber: liquidez[2721], exigibilidade[2722] e fungibilidade recíproca[2723].

[2718] MARTINS. Efeitos da decretação da falência sobre as obrigações do devedor..., p. 467.

[2719] Em síntese, pode-se dizer que o fundamento jurídico da compensação da falência está na proteção da garantia dada aos credores. Além disso, segundo JOÃO BAPTISTA VILLELA: "(...) o que torna justa a compensabilidade é a circunstância de o crédito ter a sua origem no débito, óbvio que não há reconhecê-la onde quando não se verificar a anterioridade do segundo em relação ao primeiro, pela razão elementar de que a causa deve preceder o efeito." (VILLELA. *Da compensabilidade no concurso falencial...*, p. 63). Para estudo no tema no direito comparado, particularmente na Itália, ver: VANZETTI, Michelle. *Compensazione e processo fallimentare*. Milano: Giuffrè, 2012.

[2720] "Art. 77. A decretação da falência determina o vencimento antecipado das dívidas do devedor e dos sócios ilimitada e solidariamente responsáveis, com o abatimento proporcional dos juros, e converte todos os créditos em moeda estrangeira para a moeda do País, pelo câmbio do dia da decisão judicial, para todos os efeitos desta Lei."

[2721] Não é incomum que, no momento da decretação da falência, não esteja reunida a totalidade dos pressupostos elencados pela legislação civil, como no caso da dívida reconhecida por sentença, cuja liquidação ocorrerá em momento posterior. Em tal situação, embora o requisito da liquidez não se faça presente no momento em que a falência é decretada, seu advento se dá em momento posterior, quando da liquidação da sentença, ocasião na qual se configurará a compensação, mesmo que em momento posterior à falência, já que a LREF não impôs restrição de natureza temporal (MARTINS. Efeitos da decretação da falência sobre as obrigações do devedor..., p. 469; PONTES DE MIRANDA. *Tratado de direito privado*, t. XXVIII..., 1984, p. 310).

[2722] Se o crédito contra o falido é condicional ou, ainda, se o crédito da massa, objeto da compensação, não é exigível no momento da decretação da falência, em ambos os casos, parece que a extinção da obrigação poderá ocorrer somente com o advento da condição ou com a exigibilidade do crédito (quando, então, o crédito da massa será compensado com o crédito já habilitado. Caso tais eventos se perfectibilizem durante a falência, pode ocorrer a compensação. Já o crédito sujeito à condição resolutiva, para autorizar

O cotejo entre o art. 122 da LREF com o revogado art. 46 do Decreto-Lei 7.661/1945 permite evidenciar que a redação da Lei vigente apresenta distinção relevante com relação ao regime anterior[2724]. Tal distinção decorre, em grande medida, de intensos debates na vigência do Decreto-Lei 7.661/1945, uma vez que existia quem sustentasse que a compensação de créditos significava afronta à ordem legal de classificação e pagamento de créditos da falência[2725]-[2726].

a compensação, ou já estava vencido ou venceu com a própria decretação da falência (PONTES DE MIRANDA. *Tratado de direito privado*, t. XXVIII..., p. 308; VALVERDE. *Comentários à Lei de Falências*, v. I..., p. 325-326; TEPEDINO. Seção VIII: Dos efeitos da decretação da falência sobre as obrigações do devedor..., p. 444).

[2723] MARTINS. Efeitos da decretação da falência sobre as obrigações do devedor..., p. 468; FRONTINI. Seção VIII: Dos efeitos da decretação da falência sobre as obrigações do devedor..., p. 455. Para aprofundamento, ver: VILLELA. *Da compensabilidade no concurso falencial*..., p. 67-83.

[2724] "Art. 46. Compensam-se as dívidas do falido vencidas até o dia da declaração da falência, provenha o vencimento da própria sentença declaratória ou da expiração do prazo estipulado.

Parágrafo único. Não se compensam:

I – os créditos constantes de título ao portador;

II – os créditos transferidos depois de decretada a falência, salvo o caso de sucessão por morte;

III – os créditos, ainda que vencidos antes da falência, transferidos ao devedor do falido, em prejuízo da massa, quando já era conhecido o estado de falência, embora não judicialmente declarado."

[2725] O questionamento que se punha – baseado na escola francesa – foi bem resumido por JOÃO BAPTISTA VILLELA, em sua tese de doutorado junto à Faculdade de Direito na Universidade de Minas Gerais: "De fato, se os credores que não são também devedores hão de se sujeitar à lei do concurso, recebendo na moeda da falência, por que forrar os outros àquela consequência, atribuindo-lhes, por via da compensação, um pagamento, se não integral, certamente mais vantajoso?" (VILLELA. *Da compensabilidade no concurso falencial*..., p. 7). Embora a preferência pela compensação de crédito estivesse implícita na letra do art. 46, sustentava-se que o objetivo do legislador tinha sido equiparar essa modalidade de extinção das obrigações a um pagamento privilegiado, feito em separado, em momento anterior (e, portanto, preferencialmente) aos demais, desde que satisfeitos os pressupostos previstos na lei civil (PONTES DE MIRANDA. *Tratado de direito privado*, t. XXVIII..., p. 310). Para MIRANDA VALVERDE: "A compensação, na falência equivale a um pagamento privilegiado ou separado (...) Quem pode opor ao falido a compensação tem o pagamento do seu crédito, até a concorrência do crédito contrário, 'em si mesmo' e, por isso, não precisa habilitar-se na falência (...) Frequentemente, na vida dos negócios, não se resolve o comerciante a abrir um crédito a outro senão porque já é deste devedor. Na sua própria dívida, vê ele uma garantia ao pagamento do crédito concedido. Não é justo, portanto, que o vencimento antecipado do seu crédito anule essa garantia, criada sem fraude, e que já está no seu patrimônio como um direito eventual, que a falência, já vimos, não prejudica, antes o respeita (...) A nossa Lei de Falências, sem sair do sistema do direito brasileiro, procurou facilitar o advento da compensação, mas fê-lo, notamos, sem a devida segurança. A interpretação literal do artigo (...) deixaria de lado os casos mais comuns, pois teria a sua aplicação circunscrita às hipóteses de já estar vencida, no dia da decretação da falência, a dívida do credor, ou de nesse dia se vencer." (VALVERDE. *Comentários à Lei de Falências*, v. I..., p. 324-325). Para aprofundamento sobre as críticas de MIRANDA VALVERDE, ver: TEPEDINO. Seção VIII: Dos efeitos da decretação da falência sobre as obrigações do devedor..., p. 353-354. Na jurisprudência, ver: TJRS, 6ª Câmara Cível, APC 70006068936, Rel. Des. Cacildo de Andrade Xavier, j. 28/04/2004.

[2726] De qualquer sorte, é sempre importante atentar para a época da compensação. Nesse sentido já decidiu o Supremo Tribunal Federal, na vigência do Decreto-Lei 7.661/1945: "Compensação operada por força da lei, antes de decretada a falência. Admitir compensação operada *ope legis* antes de decretada

No regime vigente, a compensação, no âmbito da falência, constitui, expressamente, uma importante exceção ao princípio da *par conditio creditorum*[2727-2728], haja vista que permite ao credor-devedor do falido satisfazer, total ou parcialmente, conforme o caso, sua obrigação com o falido sem respeitar o procedimento legal da habilitação de crédito.

Próxima da orientação germânica (em oposição à francesa), a compensação no direito falimentar pátrio decorre da letra da lei[2729], não havendo necessidade de o credor se habilitar no processo de falência, salvo se, do confronto de crédito e débito, existir saldo que lhe seja favorável[2730]. Opera-se nos próprios autos da falência, sem formalismo: o credor deve invocá-la perante o juiz da causa, requerendo o reconhecimento da extinção das obrigações compensadas; se, por acaso, sobrar saldo devedor, o antigo credor da falência deve efetuar, de imediato, o pagamento desse montante, sendo que, se ainda permanecer credor, deve habilitá-lo, se for o caso, como quirografário[2731].

Pode ocorrer a compensação de um crédito já habilitado pelo credor na falência, sendo incorreto concluir que a habilitação regular e/ou retardatária é ato incompatível, ou, ainda, condição prévia ao posterior pedido judicial de compensação[2732]. Em nosso sentir, trata-se de exercício regular de direito, que não colide ou condiciona a validade de pedido posterior de compensação, muito embora a jurisprudência já tenha se posicionado na direção de que a habilitação prévia seria pressuposto para a compensação[2733].

---

a falência não induz quebra do princípio da *par conditio creditorum*. Descabimento do recurso." (STF, 2ª Turma, RE 22.802/SP, Rel. Min. Orozimbo Nonato, j. 04/05/1945).

[2727] A redação do art. 122 menciona expressamente a compensação "com preferência sobre todos os demais credores (...)", evidenciando que a extinção da dívida ocorre em regime de prioridade com relação a todos os demais credores. Tudo indica que a compensação prevista neste artigo da LREF tem efeito análogo ao de um pagamento com privilégio máximo, embora os institutos da compensação e do pagamento não se confundam como meios de extinção da obrigação. Sobre o tema, ver: MARTINS-COSTA, Judith. *Comentários ao novo Código Civil*, v. V, t. I. Rio de Janeiro: Forense, 2003; BEVILAQUA, Clovis. *Código Civil dos Estados Unidos do Brasil*, v. IV. Rio de Janeiro: Francisco Alves, 1958; SILVA, Jorge Cesa Ferreira da. *Adimplemento e extinção das obrigações*. São Paulo: Revista dos Tribunais, 2007; CASTRO FILHO, *et al. Comentários ao Código Civil brasileiro*, v. IV. Rio de Janeiro: Forense, 2006.

[2728] TEPEDINO. Seção VIII: Dos efeitos da decretação da falência sobre as obrigações do devedor..., p. 443; REQUIÃO. *Curso de direito falimentar*, v. 1..., p. 182.

[2729] VILLELA. *Da compensabilidade no concurso falencial...*, p. 45.

[2730] VALVERDE. *Comentários à Lei de Falências*, v. I..., p. 328; VILLELA. *Da compensabilidade no concurso falencial...*, p. 67-83.

[2731] REQUIÃO. *Curso de direito falimentar*, v. 1..., p. 182.

[2732] MARTINS. Efeitos da decretação da falência sobre as obrigações do devedor..., p. 470.

[2733] Nesse sentido, TJRS, 4ª Câmara Cível, APC 597009042, Rel. Des. Maria Berenice Dias, j. 05/03/1997. RICARDO TEPEDINO assim leciona: "A circunstância de que a compensação se realiza por força da lei não tem o condão de isentar o crédito da parte não falida da verificação de passivos do concurso universal da falência: a sua legitimidade e o seu valor hão de ser submetidos ao crivo de todos os interessados,

Na sistemática da LREF, o administrador judicial ou o juiz não podem se negar a reconhecer a compensação de créditos, alegando, por exemplo, que o pedido representa afronta à classificação de créditos posta pela Lei. Todavia, isso não significa que o administrador judicial, bem como os demais envolvidos no processo falimentar, não possam verificar a existência, validade e eficácia do crédito que se deseja compensar[2734].

5.12.1. Óbices legais

A LREF estabelece algumas limitações à compensação prevista no art. 122 com o objetivo de coibir a fraude e o conluio entre o devedor e seus credores, especialmente em razão da preferência que a compensação ostenta como forma prioritária de extinção das obrigações[2735].

especialmente nesse caso, onde o credor tenciona valer-se de um privilégio que a lei lhe concedeu. Desse modo, não pode escapar da verificação de créditos regulada nos arts. 7º e s. da LRE. (...) "Se, todavia, antes que a parte falida tenha seu crédito incluído no quadro geral de credores, a massa demandar judicialmente o pagamento do seu débito, deverá opor a compensação, suspendendo-se o processo até que, no juízo da falência, seja o seu crédito julgado." (TEPEDINO. Seção VIII: Dos efeitos da decretação da falência sobre as obrigações do devedor..., p. 447). Em sentido semelhante: TJRJ, 3ª Câmara Cível, APC 2002.001.25303, Rel. Des. Luiz Fernando de Carvalho, j. 01/06/2004.

[2734] Diferente é a questão envolvendo acordo entre a massa falida (nos termos do art. 22, §3º, da LREF) com devedores da massa objetivando a realização de compensação do respectivo débito com créditos para com outras sociedades do mesmo grupo econômico. Sobre o tema, apresentando análise jurisprudencial, ver: SICA. A disciplina dos grupos empresariais..., p. 122-126.

[2735] De qualquer sorte, o entendimento é de que as restrições à compensação previstas no parágrafo único do art. 122 não são exaustivas. Nesse sentido, o STJ entendeu que não seria possível realizar a compensação dos valores a serem restituídos à massa falida decorrentes da procedência de ação revocatória com eventual crédito habilitado no processo de falência pelo réu condenado: "A compensação de créditos, embora prevista no direito comum e também no direito concursal, há de ser aplicada com redobradas cautelas quando se trata de processo falimentar, uma vez que significa a quebra da par conditio creditorum, que deve sempre reger a satisfação das dívidas contraídas pela falida. Operada a compensação, a massa deixa de receber determinado valor (o que em si já é prejudicial), ao passo que o credor é liberado de observar a respectiva classificação de seu crédito (o que, por derradeiro, atinge também os interesses dos demais credores). Em suma, a compensação de créditos no processo falimentar coloca sob a mesma dogmática jurídica o pagamento de débitos da falida e o recebimento de créditos pela massa falida, situações que ordinariamente obedecem a sistemas bem distintos. 3. A doutrina, desde muito tempo, vem apregoando que as hipóteses legais que impedem a compensação do crédito perante a massa não estão listadas exaustivamente no mencionado art. 46 do Decreto-Lei n. 7.661/1945 (correspondente, em parte, ao art. 122 da Lei n. 11.101/2005). Aplicam-se também ao direito falimentar as hipóteses que vedam a compensação previstas no direito comum, como aquelas previstas nos arts. 1.015-1.024 do Código Civil de 1916, entre as quais se destaca a compensação realizada em prejuízo de direitos de terceiros (art. 1.024). 4. Não é cabível, de um modo geral e em linha de princípio, compensar débitos da falida com créditos da massa falida resultantes de ação revocatória julgada procedente, porque a essa última subjaz, invariavelmente, uma situação de ilegalidade preestabelecida em prejuízo da coletividade de credores, ilegalidade essa que não pode beneficiar quem a praticou, viabilizando satisfação expedita de seus créditos. Nessa ordem de ideias, a ação revocatória, de eficaz instrumento vocacionado à restituição

RECUPERAÇÃO DE EMPRESAS E FALÊNCIA

O parágrafo único, inciso I, do art. 122 prevê que não estão sujeitos à compensação os créditos transferidos após a decretação da falência[2736], salvo em caso de sucessão por fusão, incorporação, cisão[2737] ou morte. Por sua vez, o insico II do referido parágrafo único determina que não estão sujeitos à compensação os créditos, ainda que vencidos anteriormente à falência, que foram transferidos quando já era conhecido o estado de crise econômico-financeira do devedor ou cuja transferência tenha se operado com fraude ou dolo (provando-se a má-fé, em prejuízo da massa falida)[2738].

5.12.2. Casuística

Os tribunais pátrios, salvo algumas exceções[2739], têm reconhecido a compensação nos termos do art. 122 da LREF quando preenchidos os requisitos exigidos por lei[2740].

de bens que escoaram fraudulentamente do patrimônio da falida, tornar-se-ia engenhosa ferramenta de lavagem de capitais recebidos em desconformidade com a par conditio creditorum. 5. Ademais, no caso concreto, o crédito que o recorrente pretende cruzar não está plenamente demonstrado conforme determina a legislação regente. Tendo as instâncias ordinárias simplesmente afastado, em abstrato, a compensação, sem que se verificasse a concreta higidez do crédito, descabe tal providência agora, em sede de recurso especial. 6. Recurso especial não provido." (STJ, 4ª Turma, REsp 1.121.199/SP, Rel. Min. Luis Felipe Salomão, j. 10/09/2013).

[2736] Quanto aos créditos cedidos após a falência, RICARDO TEPEDINO traz o seguinte exemplo: "Tício deve R$ 1 milhão a XZ, que vem a falir. Não fosse a vedação legal, ele correria ao mercado de créditos contra a falida (porque ele, com certeza, existiria), adquirindo um título de R$ 1 milhão com substancial deságio (suponha-se 80%) para efetuar o confronto com o seu débito, o qual seria, assim, solvido na bacia das almas (R$ 200 mil no exemplo imaginado)." (TEPEDINO. Seção VIII: Dos efeitos da decretação da falência sobre as obrigações do devedor..., p. 445).

[2737] Nas operações societárias, deve-se ficar alerta para a porta que se abre à fraude, ilustrada no seguinte exemplo, inspirado em hipótese imaginada por SATTA: "XZ é credora de um falido por R$ 100, e sabe que não receberá mais do que R$ 20, e isso ao cabo de muitos anos; já YW deve R$ 100 ao falido. Em conluio com YW, a XZ promove uma cisão parcial e, do seu patrimônio, verte na primeira apenas o aludido crédito, embolsando, de um modo ou de outro, R$ 50 que lhe dá esta última. Dessa trama resulta que XZ recebeu 250% do que faria jus e YW pagou apenas a metade do que devia." (TEPEDINO. Seção VIII: Dos efeitos da decretação da falência sobre as obrigações do devedor..., p. 445).

[2738] Nesse inciso, os dois requisitos que a LREF exige, de forma alternativa, para excluir a compensação ("quando já conhecido o estado de crise econômico-financeira do devedor" ou "cuja transferência se operou com fraude ou dolo", provando-se a má-fé, em prejuízo da massa falida) caminham juntos e não nos parecem exigir maiores explicações. Para aprofundamento: REQUIÃO. Curso de direito falimentar, v. 1..., p. 183; BOITEUX. Contratos bilaterais na recuperação judicial e na falência..., p. 300-302; TEPEDINO. Seção VIII: Dos efeitos da decretação da falência sobre as obrigações do devedor..., p. 445.

[2739] Encontram-se precedentes negando a compensação, em decisões verdadeiramente contra legem, por se entender que afrontariam a igualdade de tratamento entre os credores e a classificação prevista no art. 83 da LREF (v.g.: TJRS, 6ª Câmara Cível, AI 70042133264, Rel. Des. Ney Wiedemann Neto, j. 11/08/2011).

[2740] TJSP, 13ª Câmara de Direito Privado, AC 0067442-15.2012.8.26.0114, Rel. Des. Ana de Lourdes Coutinho Silva da Fonseca, j. 14/11/2017, DJe 14/11/2017; TJSP, 2ª Câmara Reservada de Direito Empresarial, AI 0140527-51.2013.8.26.0000, Rel. Des. Tasso Duarte de Melo, j. 19/05/2014, DJe

EFEITOS DA QUEBRA SOBRE AS OBRIGAÇÕES DO FALIDO

Nesse sentido, o STJ já decidiu favoravelmente à compensação de créditos de terceiro com relação à massa falida, decorrentes de investimentos realizados na conservação de pavilhão de propriedade da falida, em razão da sua utilização pelo credor, por longos anos, de forma gratuita[2741]. Tem reconhecido, também, a possibilidade de compensação judicial entre débitos e créditos decorrentes de operações financeiras[2742], tais como operações de adiantamento de contratos de câmbio, certificados de depósito bancário e operações de *swaps*, mesmo que a instituição financeira esteja em processo de liquidação extrajudicial[2743], entre outras operações[2744], desde que presentes os requisitos da compensação civil[2745].

Na mesma linha, já restou autorizada, em casos julgados sob a égide do Decreto-Lei 7.661/1945, a compensação de débitos e créditos tributários, sob o argumento de que tal procedimento não ofende o concurso de credores e as respectivas preferências (na verdade, os antecede), devendo o crédito ser submetido às preferências do concurso somente pelo eventual saldo[2746].

Por outro lado, já foi indeferida pretensão de compensação entre eventuais débitos da massa para com o banco e o saldo de depósito bancário mantido pelo

20/05/2014; TJSP, Câmara de Direito Privado, AI nº 0090850-62.2007.8.26.0000, 4ª Rel. Des. Maia da Cunha, j. 25/10/2007.

[2741] STJ, 3ª Turma, REsp 999.425/RS, Rel. Min. Humberto Gomes de Barros, j. 27/11/2007.

[2742] RICARDO TEPEDINO dedica um item específico ao tema, com análise de jurisprudência e referência à doutrina italiana: TEPEDINO. Seção VIII: Dos efeitos da decretação da falência sobre as obrigações do devedor..., p. 446.

[2743] *V.g.*: STJ, 3ª Turma, REsp 579.849/PR, Rel. Min. Carlos Alberto Menezes Direito, j. 29/03/2005; STJ, 3ª Turma, REsp 1.142.824/PR, Rel. Min. Massami Uyeda, j. 11/05/2012.

[2744] "A estrutura das operações FINIMPs desenhada nos autos mostra a existência de duas relações jurídicas autônomas. A primeira decorre do crédito concedido pelo banco estrangeiro ao banco nacional; a segunda, do banco nacional às importadoras. 2. Nessas circunstâncias, estando incontroverso nos autos que as importadoras são também credoras do banco nacional em razão de aplicação financeira realizada antes da quebra, é válido o acordo de compensação entabulado entre eles e homologado judicialmente." (STJ, 3ª Turma, REsp 1.252.979/SP, Rel. Min. João Otávio de Noronha, j. 19/03/2015, DJe 27/03/2015).

[2745] Devido ao teor da Súmula de nº 7, as decisões do Superior Tribunal de Justiça não adentram no mérito da decisão dos Tribunais Estaduais quanto ao reconhecimento de tais requisitos. Por exemplo, em Agravo Regimental interposto contra decisão proferida no REsp 1.142.824/PR, de relatoria do Min. MASSAMI UYEDA, foi sustentado, pela instituição financeira recorrente, a impossibilidade de compensação do crédito, já que, nas operações de adiantamento de contratos de câmbio, o crédito não pertence à Massa Falida, sendo obrigação da instituição financeira transferir os recursos recebidos do exportador ao banqueiro que forneceu o *funding*, com vistas à satisfação das obrigações decorrentes da utilização de créditos obtidos no exterior para financiamento das exportações. Na fundamentação da decisão que negou provimento ao agravo, sustentou-se que "(...) o Tribunal estadual reconheceu a reciprocidade e homogeneidade da dívida, por serem prestações em dinheiro, bem como o vencimento antecipado dos créditos por meio de liquidação extrajudicial, declarando ser possível a compensação (...)" (STJ, 3ª Turma, ARREsp 1142.824/PR, Rel. Min. Massami Uyeda, j. 12/06/2012).

[2746] STJ, 2ª Turma, REsp 731.779/RS, Rel. Min. Mauro Campbell Marques, j. 17/03/2009; STJ, 2ª Turma, REsp 786.660/PR, Rel. Min. Castro Meira, j. 06/10/2009.

falido junto à mesma instituição financeira. Isso porque, de acordo com o julgado, a compensação das dívidas do falido, no modo como autorizada pelo art. 46, *caput*, do Decreto-Lei 7.661/1945, supõe créditos oponíveis à massa, e o saldo de depósito bancário não constitui crédito da instituição financeira em face do falido, mas sim numerário da massa, verdadeiro prolongamento do caixa da empresa, disponível para utilização pelo síndico (atualmente, administrador judicial)[2747].

Ainda, em caso julgado ainda sob a regência do Decreto-Lei 7.661/1945, o STJ discutiu a possibilidade de compensação de valores devidos à massa falida com verbas acessórias a que a massa fora condenada a pagar à mesma parte, tendo concluído pela impossibilidade de aplicar o instituto no caso em questão[2748].

Finalmente, também já se negou a possibilidade de realizar a compensação de débito que se tem contra sociedade falida com crédito que possui junto a outra sociedade falida integrante do mesmo grupo econômico, ou seja, entende-se que deve existir identidade entre credor e devedor[2749].

[2747] STJ, 3ª Turma, REsp 89.381/SP, Rel. Min. Ari Pargendler, j. 14/12/1999. O acórdão foi criticado pela doutrina sob o argumento de que o saldo credor em conta corrente torna o falido credor do banco pelo seu valor, quer represente o depósito bancário um contrato, quer seja um ato de execução do contrato de conta corrente, pois o banco tem a obrigação de pagá-lo ao devedor. A propósito, um dos argumentos que poderia embasar o entendimento contrário à compensação, mas que não foi ventilado pelo acórdão, seria a diversidade das operações de conta corrente e mútuo. Ver: BOITEUX. Contratos bilaterais na recuperação judicial e na falência..., p. 300.

[2748] STJ, 3ª Turma, REsp 1.070.149/SP, Rel. Min. Nancy Andrighi, j. 15/12/2011. A relatora concluiu que não poderia haver compensação entre as verbas acessórias e o valor residual a ser restituído pela vendedora à massa, tendo em vista que com a decretação de sua falência abre-se regular concurso de credores, que prevê a habilitação dos créditos e o pagamento conforme as respectivas preferências. Esse trecho da decisão não nos parece acertado (ao menos no que diz respeito aos juros, à correção monetária e à multa contratual de 20%), já que presentes estavam os requisitos legais que autorizam a compensação, a despeito da existência de concurso de credores e de ordem de classificação de créditos (tanto na lei anterior como na vigente). Aliás, embora haja críticas consistentes da doutrina quanto à utilização do instituto da compensação na falência, não se pode perder de vista que a redação do art. 122 da LREF não deixa margem para dúvidas, mencionando, expressamente, que a compensação se dá "com preferência sobre todos os demais credores". Em razão disso, a tendência é que a jurisprudência se oriente favoravelmente à compensação, atentando, sempre, para as vedações legais referidas pelo parágrafo único do mesmo artigo e no Código Civil. A propósito, nesse sentido caminhava a interpretação do STF, anteriormente à promulgação da Constituição Federal de 1988, nas oportunidades em que se manifestou sobre o tema, dentre as quais merecem referência: STF, 2ª Turma, RE 62.849/SP, Rel. Min. Xavier de Albuquerque, j. 21/11/1972; STF, 1ª Turma, RE 62.586/SP, Rel. Min. Oswaldo Trigueiro, j. 12/02/1968; STF, 2ª Turma, RE 79.333/GB, Rel. Min. Leitão de Abreu, j. 11/03/1975.

[2749] TJSP, Câmara Reservada à Falência e Recuperação, AI 994.09.281998-5, Rel. Des. Pereira Calças, j. 02/03/2010 ("Agravo de Instrumento. Falência. Empresa, em recuperação judicial, locatária de imóveis de propriedade de empresa falida. Decisão judicial determinando à recuperanda para depositar os aluguéis devidos nos autos da falência da locadora. Empresa locadora integrante do "Grupo Interclínicas". Pretensão da recuperanda à compensação de crédito oriundo de sentença arbitral titularizado contra outra empresa, também falida, integrante do mesmo grupo. Sociedades integrantes de "grupo de direito" ou de "grupo de fato" conservam personalidade e patrimônios distintos. Inexistência de reciprocidade de

5.13. Contrato de sociedade

O regramento distinto do contrato de sociedade na falência se justifica em razão da sua natureza plurilateral[2750]-[2751]. Segundo o art. 123, *caput*, da LREF, se o falido (pouco importando se pessoa física ou jurídica) fizer parte de alguma sociedade como sócio comanditário ou cotista, entrarão para a massa falida somente os haveres que tiver direito, apurados na forma estabelecida no contrato ou estatuto social[2752].

A sistemática em vigor está em conformidade com a previsão do parágrafo único do art. 1.030 do Código Civil, ao determinar, de modo cogente, que será de pleno direito excluído da sociedade o sócio declarado falido, não sendo admitidas exceções[2753].

---

dívidas e créditos. Inteligência do art. 368 do Código Civil e do art. 122 da Lei nº 11.101/2005. Inviabilidade da compensação. Agravo improvido. Revogação da liminar suspensiva.").

[2750] REQUIÃO. *Curso de direito falimentar*, v. 1..., p. 160-161. Para aprofundamento, ver: ASCARELLI, Tullio. O contrato plurilateral. In: ____. *Problemas das sociedades anônimas e direito comparado*. São Paulo: Saraiva & Cia., 1945, p. 271-331; MARCONDES. *Problemas de direito mercantil...*; SZTAJN, Rachel. *Contrato de sociedade e formas societárias*. São Paulo: Saraiva, 1989.

[2751] E, aqui, também lembramos que os acordos de sócios podem ser impactados com a decretação da quebra – seja da sociedade, seja de um dos sócios. Sobre o tema, ver: BUENO. *Da extinção do acordo de acionistas por causa superveniente...*, p. 141 ss.

[2752] Mas nem sempre foi assim: o Decreto-Lei 7.661/1945 foi responsável pela adoção desse novo procedimento, a partir da previsão do art. 48, o qual revogou o art. 335, II, do Código Comercial de 1850 e o art. 1.399, IV, do Código Civil de 1916, que determinavam a dissolução total da sociedade em caso de falência de algum de seus sócios. Sobre o tema, ver: BARBOSA LESSA. *A posição dos sócios solidária e ilimitadamente responsáveis na falência da sociedade...*, p. 61-77; MARTINS. Efeitos da decretação da falência sobre as obrigações do devedor..., p. 472.

[2753] A decretação da falência acarreta a exclusão automática do sócio falido, antes mesmo que se possa dar início à apuração de haveres e independentemente de os haveres excederem o montante do passivo falimentar, o que faz com que não se possa entender a exclusão de pleno direito do falido como consequência natural ou mero desdobramento lógico da necessidade de arrecadar as quotas/os haveres para a futura satisfação dos credores. Assim, a falência acarreta automaticamente (*ipso iure*) a exclusão do sócio falido (seja ou não a exclusão expressamente determinada pela sentença falimentar), tendo em vista a necessidade de tutela dos credores do falido. Sobre o tema e todas as suas peculiaridades (e as mais diversas justificativas para a exclusão do falido), dentre outros, ver: BARBI FILHO, Celso. *Dissolução parcial de sociedades limitadas*. Belo Horizonte: Mandamentos, 2004, p. 289-294; REQUIÃO, Rubens. *A preservação da sociedade comercial pela exclusão do sócio*. Tese (Livre-Docência). Faculdade de Direito da Universidade Federal do Paraná, Curitiba, 1959, p. 206-213; RIBEIRO, Renato Ventura. *Exclusão de sócios nas sociedades anônimas*. São Paulo: Quartier Latin, 2005, p. 248-254; SPINELLI. *Exclusão de sócio por falta grave na sociedade limitada...*, p. 31-33; VIO, Daniel de Ávila. *A exclusão de sócios na sociedade limitada de acordo com o Código Civil de 2002*. Dissertação (Mestrado em Direito). Faculdade de Direito da Universidade de São Paulo, São Paulo, 2008, p. 62-68, 151-155. Ver, também: SIMONETTO, Ernesto. Fallimento del socio ed esclusione. *Rivista delle Società*, a. IV, v. 4, p. 198-218, 1959; ACQUAS, Brunello. *L'esclusione del socio nelle società*. Milano: Giuffrè, 2008, p. 205 ss; PERRINO, Michele. *Le tecniche di esclusione del socio dalla società*. Milano: Giuffrè, 1997, p. 212 ss. Muito embora o art. 1.030, parágrafo único, do Código Civil, refira-se somente ao caso de falência do sócio, tem-se que também deve ser aplicado em caso de insolvência, nos

RECUPERAÇÃO DE EMPRESAS E FALÊNCIA

Assim, a decretação da quebra acarreta a automática exclusão do sócio (e qualquer manifestação judicial somente declarará que a exclusão ocorreu com a decretação da falência)[2754]-[2755]. É com a decretação da quebra que ocorre a exclusão do sócio cotista ou comanditário, rompendo-se, nessa data, os vínculos sociais existentes, pese embora permaneça a responsabilidade residual prevista no art. 1.032 do Código Civil[2756].

A LREF faz referência expressa à pessoa do "sócio comanditário ou cotista", donde se depreendem duas conclusões relevantes: (*i*) a regra deixa de fora os acionistas de sociedades por ações, ou seja, acionistas de sociedades anônimas e de sociedades em comandita por ações, cujas ações serão arrecadadas e alienadas na forma da LREF[2757]; (*ii*) não está autorizada a extensão automática dos

---

termos do Enunciado 481 da V Jornada de Direito Civil do Conselho da Justiça Federal; GONÇALVES NETO, Alfredo de Assis. *Direito de empresa:* comentários aos artigos 966 a 1.195 do Código Civil. 3 ed. São Paulo: Revista dos Tribunais: 2010, p. 247; CAMPINHO. *O direito de empresa à luz do novo Código Civil...*, p. 128-129; SPINELLI. *Exclusão de sócio por falta grave na sociedade limitada...*, p. 33, em nota de rodapé).

[2754] Como refere DANIEL VIO: "(...) em situações (...) de simples falência do sócio, não parece efetivamente haver razão para negar à sociedade a possibilidade de constatar formalmente, por meio de simples deliberação dos consócios remanescentes, a ocorrência da exclusão de pleno direito do falido. Se um dos motivos por trás de determinação da exclusão de pleno direito do sócio foi justamente isolar a sociedade da falência pessoal do quotista, é natural que a sociedade possa tomar as medidas necessárias para registrar tal afastamento, inclusive para que possa dar início à apuração de seus haveres. Não se tratará, frise-se, de decidir se o falido é ou não sócio, mas simplesmente reconhecer o fato de que não é mais quotista." "Em relação à declaração judicial da exclusão de pleno direito, esta pode ser requerida por qualquer parte que, em situação concreta, tenha interesse legítimo na questão, tais como a própria sociedade, o síndico [administrador judicial] da massa falida ou o credor pessoal do sócio." (VIO. *A exclusão de sócios na sociedade limitada de acordo com o Código Civil de 2002...*, p. 153)

[2755] Interessante é o caso de decretação de falência de sócio pronunciada no exterior. O TJSP (APC 450.267-4/0, j. 11/10/2007) considerou, com base no art. 150, I, "i", da Constituição Federal e no art. 483 do CPC de 1973, que o Superior Tribunal de Justiça deveria homologar previamente a sentença estrangeira. Caminhando também nesse sentido, apesar de não se referir expressamente à hipótese envolvendo a exclusão de sócio, ver: DINIZ. *Grupos societários...*, p. 244-246. Todavia, no referido precedente, há voto vencido do Des. MAIA DA CUNHA, com cujo posicionamento concorda DANIEL VIO, no sentido da desnecessidade de homologação da sentença estrangeira, uma vez que não se busca o cumprimento de sentença estrangeira (mesmo porque, muito provavelmente, ela não determina a exclusão do sócio falido da sociedade brasileira), e sim o mero reconhecimento de um fato ao qual a legislação brasileira atribuiu certas consequências. A exclusão do sócio é decorrência da aplicação da legislação vigente no Brasil, pouco importando o que determina a sentença estrangeira (VIO. *A exclusão de sócios na sociedade limitada de acordo com o Código Civil de 2002...*, p. 153-155).

[2756] Sobre o tema, ver: SPINELLI. *Exclusão de sócio por falta grave na sociedade limitada...*, p. 447 ss.

[2757] Nesse sentido, a jurisprudência já se manifestou no sentido de serem arrecadadas as ações que o falido detinha em companhias (TJSP, 7ª Câmara de Direito Privado, AI 184.053-4/0, Rel. Des. Sousa Lima, j. 04/04/2001). Há também caso envolvendo ações de companhia aberta (no caso, BM&F S.A.) que eram do falido, em que anos após a decretação da quebra, foi apurada a existência de tais ações, tendo sido solicitada a arrecadação; ocorre que tais ações haviam sido canceladas por não ter o falido cumprido com sua obrigação de pagamento de contribuições, emolumentos e taxas referentes aos títulos

EFEITOS DA QUEBRA SOBRE AS OBRIGAÇÕES DO FALIDO

efeitos da falência às sociedades das quais o falido participa, mesmo que em posição majoritária ou controladora, isto é, a decretação da falência de um sócio da sociedade, independentemente do seu regime de responsabilidade, não acarreta a falência da própria sociedade[2758].

A iniciativa de pedir, extrajudicialmente, a liquidação da quota é da massa falida, representada pelo administrador judicial. Se houver recusa ou inércia por parte da sociedade, a legitimidade ativa para requerer a liquidação judicial da quota do sócio falido permanece sendo da massa falida, representada pelo administrador judicial[2759]. De qualquer sorte, entendemos que isso se dá sem prejuízo de os credores interessados, ou do próprio falido, também buscarem a tutela de seus direitos; da mesma forma, acreditamos que a própria sociedade pode antecipar-se e promover a liquidação da quota[2760].

O contrato ou estatuto social pode regrar a forma de apuração de haveres, sendo os haveres calculados à data da exclusão, *i.e.*, à data da decretação da quebra[2761]. Mas é dever do administrador judicial, anteriormente ao recebimento dos valores e da outorga de quitação, submeter o cálculo da avaliação ao juiz, que, após ouvir o comitê de credores e o próprio falido, homologará o montante apurado (LREF, art. 22, §3º). O administrador judicial não tem poderes para decidir, de forma discricionária, sobre a liquidação e quitação de crédito ilíquido da massa, como é o caso[2762].

---

patrimoniais junto à BM&F S.A., tendo o TJSP decidido que eventual crédito deveria ter sido habilitado e que as ações deveriam ter sido arrecadadas (TJSP, 10ª Câmara de Direito Privado, APC 0172946-23.2010.8.26.0100, Rel. Des. João Carlos Saletti, j. 25/10/2016). Finalmente, em caso de companhia aberta, as ações arrecadadas podem ser vendidas em bolsa de valores, sendo o pregão acompanhado por corretor oficial. Sobre o tema, por tudo e por todos (com referência bibliográfia e de onde extraímos os precedentes referidos), ver: BUENO. *Da extinção do acordo de acionistas por causa superveniente...*, p. 151. Não havendo êxito na alienação das ações, nada impede que a participação social do acionista falido seja liquidada e os haveres entregues à massa falida (mesmo porque seria possível sustentar, *in extremis*, a aplicação do art. 1.030 do Código Civil às sociedades por ações, com base nos arts. 1.089 e 1.090 do Código Civil). E isso, atualmente, fica ainda mais evidente diante do previsto no art. 861 do CPC em vigor.

[2758] Como ainda ocorre na Argentina e na França diante da comprovação de fraude. Para aprofundamento sobre o tema, ver: TEPEDINO. Seção VIII: Dos efeitos da decretação da falência sobre as obrigações do devedor..., p. 448-450.

[2759] BARBI FILHO. *Dissolução parcial de sociedades limitadas...*, p. 336; ESTRELLA, Hernani. *Apuração dos haveres de sócio.* 5 ed. atual. por Roberto Papini. Rio de Janeiro: Forense, 2010, p. 170.

[2760] Como a falência do sócio constitui hipótese de exclusão de pleno direito, a sociedade não precisa aguardar solicitação do administrador judicial ou ordem do juízo da falência para dar início a tal procedimento: pode desde já iniciá-lo, seja extrajudicialmente, seja colocando-se à disposição do juízo falimentar (VIO. *A exclusão de sócios na sociedade limitada de acordo com o Código Civil de 2002...*, p. 67).

[2761] Embora o contrato ou o estatuto social regule a forma e o critério para apuração dos haveres do sócio falido, os critérios estabelecidos não podem ser abusivos nem importar em enriquecimento sem causa da sociedade em detrimento da massa. Sobre o tema da apuração dos haveres, por todos, ver: SPINELLI. *Exclusão de sócio por falta grave na sociedade limitada...*, p. 479 ss.

[2762] TEPEDINO. Seção VIII: Dos efeitos da decretação da falência sobre as obrigações do devedor..., p. 449.

RECUPERAÇÃO DE EMPRESAS E FALÊNCIA

Se o contrato ou o estatuto social silenciar a respeito do tema ou a sociedade negar-se a fazê-lo, a apuração se dará por meio judicial[2763], salvo se, por lei, pelo contrato ou estatuto, a sociedade tiver de se liquidar, hipótese em que os haveres do falido entrarão para a massa falida, somente após o pagamento de todo o passivo da sociedade (§1º do art. 123). A apuração judicial dos haveres respeitará a lógica do art. 1.031 do Código Civil, segundo a qual, nos casos em que a sociedade se resolver em relação a um sócio, o valor da sua quota, considerada pelo montante efetivamente realizado, liquidar-se-á, salvo estipulação em contrário, com base na situação patrimonial da sociedade, à data da resolução, verificada em balanço especialmente levantado[2764].

A quota liquidada será paga em dinheiro, no prazo de 90 dias, a partir da liquidação, salvo acordo[2765], ou estipulação contratual em contrário (CC, art. 1.031, §2º)[2766]_[2767]. Quanto à sociedade, o seu capital social sofrerá a correspondente redução, a não ser que os demais sócios suprem o valor da quota (CC, art. 1.031, §2º), entre outras consequências, como a eventual alteração do nome social (CC, art. 1.165)[2768].

Finalmente, entendemos que nada impede que a participação societária do falido seja alienada a terceiro, caso essa alternativa seja viável e atenda ao interesse da massa e dos sócios do falido – especialmente diante do disposto no art. 861 do Código de Processo Civil.

Quanto ao tema, é, aqui, importante lembrar que se aplica, no que couber, o procedimento de dissolução parcial de sociedade previsto no CPC (regrado do art. 599 ao art. 609).

5.13.1. Sociedade em conta de participação

Para as peculiaridades da sociedade em conta de participação, tendo em vista o previsto no art. 994, §§2º e 3º, do Código Civil, remete-se o leitor para o Capítulo 3, item 3.5.

[2763] Lembrando que o CPC regula a ação de apuração de haveres (apesar de confundi-la com a ação de dissolução parcial), do art. 599 em diante.

[2764] Sobre o controverso tema referente ao direito e ao cálculo dos haveres, ver: SPINELLI. *Exclusão de sócio por falta grave na sociedade limitada...*, p. 479 ss.

[2765] O que, na falência, é possível com base no art. 22, §3º, da LREF.

[2766] SPINELLI. *Exclusão de sócio por falta grave na sociedade limitada...*, p. 522 ss.

[2767] É possível, todavia, que o contrato social preveja que a falência de um dos sócios enseje a dissolução total da sociedade, hipótese na qual a massa falida receberia a sua participação no acervo social (MILANI. *Lei de recuperação judicial...*, p. 487).

[2768] Sobre o tema, ver: SPINELLI. *Exclusão de sócio por falta grave na sociedade limitada...*, p. 554 ss.

EFEITOS DA QUEBRA SOBRE AS OBRIGAÇÕES DO FALIDO

5.14. Condomínio (art. 123, §2º)

O art. 123, §2º, da LREF assim dispõe:

> Nos casos de condomínio indivisível de que participe o falido, o bem será vendido e deduzir-se-á do valor arrecadado o que for devido aos demais condôminos, facultada a estes a compra da quota-parte do falido nos termos da melhor proposta obtida[2769].

O legislador preocupou-se com o regramento do condomínio geral, disciplinado no Código Civil pelos arts. 1.314 a 1.330, distinto, portanto, do condomínio edilício, cujas regras estão postas nos arts. 1.331 a 1.358 do mesmo diploma legal e não possuem disciplina especial na falência[2770].

O §2º determina a extinção do condomínio indivisível, por meio da alienação do bem, deduzindo-se do valor arrecadado o montante que for devido aos demais condôminos, considerando que, na sistemática do condomínio, todos os coproprietários concorrem, cada um na proporção do seu capital, para as despesas de conservação ou divisão da coisa, devendo suportar, também, os ônus a que estiver sujeita, seguindo a dicção do art. 1.315 do Código Civil.

Acompanhando a lógica do art. 1.322 do Código Civil, a LREF estabeleceu uma espécie de direito de preferência aos demais coproprietários do bem, facultando a estes a compra da quota-parte do falido nos termos da melhor proposta obtida. Há, portanto, uma espécie de concorrência para adquirir a fração ideal de propriedade do falido, a qual converge com os melhores interesses da massa falida.

5.15. Cobrança de juros e correção monetária

Segundo o art. 124 da LREF, contra a massa falida não são exigíveis juros vencidos após a decretação da falência, previstos em lei ou em contrato, se o ativo apurado não bastar para o pagamento dos credores subordinados[2771-2772]. O parágrafo único excepciona dessa regra os juros das debêntures e dos créditos com

---

[2769] O art. 48 do Decreto-Lei 7.661/1945 assim dispunha: "Nos casos de condomínio de que participe o falido, deduzir-se-á do quinhão a este pertencente o que for devido aos outros condôminos em virtude daquele estado".

[2770] MARTINS. Efeitos da decretação da falência sobre as obrigações do devedor..., p. 474. Entendendo em sentido diverso, pela aplicação da regra aos condomínios divisíveis, incluindo o condomínio de prédio de apartamentos, ver: BEZERRA FILHO. Capítulo XVIII: Os efeitos da decretação da falência sobre as obrigações do devedor..., p. 432-435.

[2771] Conforme o art. 83, VIII, são créditos subordinados: a) os assim previstos em lei ou em contrato; b) os créditos dos sócios e dos administradores sem vínculo empregatício.

[2772] Observe-se, aqui, por exemplo, o que dispõe a OJ EX SE – 28 do TRT 9ª Região: "V – *Falência. Juros.* A decretação da falência não suspende o pagamento de juros de mora apurados posteriormente à data da quebra, exceto se, após avaliação pelo juízo da falência, o ativo não bastar para o pagamento do principal, nos termos do artigo 124 da Lei 11.101/05."; "VI – *Falência. Juros de mora. Responsabilidade subsidiária.* Se a execução for dirigida diretamente contra o responsável subsidiário (empresa não falida), incidem juros de

RECUPERAÇÃO DE EMPRESAS E FALÊNCIA

garantia real, mas por eles responde, exclusivamente, o produto dos bens que constituem a garantia.

A LREF evoluiu no tratamento do tema. Na vigência do Decreto-Lei 7.661/1945, o art. 26 estabelecia que contra a massa não corriam juros, ainda que tivessem sido estipulados, se o ativo apurado não bastasse para o pagamento do principal, estando excetuados os juros das debêntures e dos créditos com garantia real, mas por estes respondiam, exclusivamente, o produto dos bens que constituem a garantia.

A regra do diploma legal revogado não era clara acerca do período da inexigibilidade dos juros, questão que ficou bem definida com a previsão do art. 124 da LREF, a qual não permite a cobrança dos juros (que, na visão da doutrina, incluem os compensatórios ou moratórios, contratuais ou legais, provenientes de ato lícito ou da composição de ato ilícito)[2773], desde que vencidos e exigíveis após a decretação da falência. Assim, os juros incidentes até a decretação da quebra são exigíveis.

Porém, a inexigibilidade da cobrança dos juros do falido incidentes após a decretação da quebra depende do preenchimento de uma condição prévia: que o ativo apurado pelo administrador judicial não seja suficiente para efetuar o pagamento dos credores subordinados, situados no último inciso da ordem classificatória prevista pelo art. 83 da LREF. *A contrario sensu*, pode-se dizer que na hipótese de o cabedal de bens do devedor suportar o pagamento dos credores subordinados, a cobrança de juros, mesmo após a decretação da quebra, estará autorizada[2774].

A rigor, os juros vencidos anteriormente à decretação da quebra podem ser exigidos até este momento, e devem ser pagos juntamente com o montante total da dívida, já que fluíram contra a pessoa do falido e não em face da massa falida, que sequer existia nessa época. O pagamento desse encargo não está sujeito à condição de suficiência dos ativos da massa, devendo sê-lo independentemente disso[2775].

A posição dos tribunais tem trilhado o mesmo caminho: (*i*) antes da decretação da falência, são devidos os juros, independentemente da existência de ativo suficiente para pagamento do principal; (*ii*) após a decretação da falência, a incidência dos juros fica condicionada à suficiência de bens para pagamento do principal[2776].

---

mora nos termos do artigo 883 da CLT e 39 da Lei 8.177/91. Os juros são exigíveis do devedor subsidiário ainda que a massa falida satisfaça o principal, parte deste ou parte dos juros."

[2773] TEPEDINO. Seção VIII: Dos efeitos da decretação da falência sobre as obrigações do devedor..., p. 450.

[2774] Porém, como, na grande maioria das situações, o ativo arrecadado no curso do processo de falência não é suficiente para o pagamento da classe de credores subordinados, a regra deve ser que o administrador judicial, ao adimplir os débitos apurados, cubra apenas o valor principal de cada classe, sem a incidência dos juros incidentes a partir da decretação da quebra.

[2775] MARTINS. Efeitos da decretação da falência sobre as obrigações do devedor..., p. 476-477. A jurisprudência também já se manifestou nesse sentido: TJSP, 1ª Câmara Cível, APC 62.179-1, j. 10/06/1986.

[2776] Nesse sentido: STJ, 1ª Seção, EREsp 631658/RS, Rel. Min. Mauro Campbell Marques, j. 27/08/2008; STJ, 3ª Turma, REsp 1070149/ SP, Rel. Min. Nancy Andrighi, j. 15/12/2011. Antes do julgamento de tais embargos de divergência, esse já vinha sendo o entendimento da 1ª e da 2ª Turma, a saber: STJ, 2ª Turma,

EFEITOS DA QUEBRA SOBRE AS OBRIGAÇÕES DO FALIDO

A restrição à aplicação de juros sobre o montante principal abrange todas as classes de credores e não apenas aquelas enumeradas no art. 83, incluindo, portanto, os pedidos de restituição em dinheiro (art. 86) e os créditos extraconcursais (art. 84). Nesse particular, o parágrafo único do art. 124 estipula quais são as exceções à regra, isto é, as situações nas quais se autoriza a cobrança de juros, a saber: (*i*) nos valores representados por debêntures[2777], e (*ii*) nos créditos com garantia real, mas por eles responde, exclusivamente, o produto decorrente da alienação dos bens que formam a garantia[2778].

Outra questão relevante está relacionada à possibilidade de cobrar juros moratórios nas obrigações em que as partes não pactuaram expressamente a esse respeito, mas que o ativo se mostre suficiente para pagar o valor principal de cada classe. No regime anterior, essa hipótese evidenciava uma omissão dupla, tanto das partes quanto do legislador. O caso não é cerebrino: a jurisprudência chegou a determinar a aplicação analógica à falência da previsão do art. 163 do Decreto-Lei 7.661/1945[2779], que previa a incidência de juros de 12% ao ano para os créditos habilitados na concordata[2780].

AgRg no Ag 621.867/PR, Rel. Min. Humberto Martins, j. 02/10/2008; STJ, 1ª Turma, REsp 1.048.710/PR, Rel. Min. Teori Albino Zavascki, j. 12/08/2008; STJ, 1ª Turma, AgRg no REsp 761.755/SC, Rel. Min. Luiz Fux, j. 21/06/2007; STJ, 1ª Turma, REsp 868.739/PR, Min. Rel. Teori Zavascki, j. 23/04/2007; STJ, 1ª Turma, REsp 704.232/SP, Rel. Min. Denise Arruda, j. 17/04/2007; STJ, 2ª Turma, REsp 910.244/SP, Rel. Min. Castro Meira, j. 10/04/2007; STJ, 2ª Turma, REsp 607.673/SC, Rel. Min. João Otávio de Noronha, j. 06/02/2007; STJ, 2ª Turma, REsp 760.402/PR, Rel. Min. Herman Benjamin, j. 06/02/2007; STJ, 1ª Turma, REsp 841.018/PR, Rel. Min. José Delgado, j. 14/11/2006; STJ, 2ª Turma, REsp 824.982/PR, Rel. Min. Castro Meira, j. 16/05/2006; STJ, 1ª Turma, REsp 798.136/RS, Rel. Min. Teori Albino Zavascki, j. 19/12/2005; STJ, 3ª Turma, REsp 702.940/SP, Rel. Min. Nancy Andrighi, j. 10/11/2005; STJ, 4ª Turma, REsp 448.633/MG, Rel. Min. Aldir Passarinho Junior, j. 06/02/2003; STJ, 4ª Turma, REsp 287.573/SP, Rel. Min. Aldir Passarinho Junior, j. 04/09/2001; STJ, 3ª Turma, REsp 281.953/RJ, Rel. Min. Carlos Alberto Menezes Direito, j. 25/09/2001.

[2777] Considerando que a lei não faz distinção entre as espécies de debêntures, entende-se que a previsão aplica-se a todas as admitidas pelo art. 58 da Lei 6.404/1976. No mesmo sentido, ver: MARTINS. Efeitos da decretação da falência sobre as obrigações do devedor..., p. 476.

[2778] Neste caso, a Lei autoriza a cobrança de juros dos créditos que contam com garantia real, os quais deverão ser pagos até o limite do resultado obtido com a venda dos bens dados em garantia, mesmo que não restem recursos para pagar o principal devido aos demais credores (TEPEDINO. Seção VIII: Dos efeitos da decretação da falência sobre as obrigações do devedor..., p. 450).

[2779] "Art. 163. O despacho que manda processar a concordata preventiva determina o vencimento antecipado de todos os créditos sujeitos aos seus efeitos. 1º Os créditos sujeitos a concordata serão monetariamente atualizados de acordo com a variação do Bônus do Tesouro Nacional – BTN, e os juros serão calculados a uma taxa de até doze por cento ao ano, a critério do juiz, tudo a partir da data do ajuizamento do pedido de concordata com relação às obrigações até então vencidas, e, em relação às obrigações vincendas, poderá o devedor optar pelos termos e condições que anteriormente houverem sido acordadas, sendo essa opção eficaz para o pedido anterior aos vencimentos constantes das obrigações respectivas, aplicando-se após os vencimentos a regra deste parágrafo."

[2780] STJ, 3ª Turma, REsp 281.953, Rel. Min. Carlos Alberto Menezes Direito, j. 12/11/2001; STJ, 4ª Turma, REsp 19.459, Rel. Min. Sálvio de Figueiredo Teixeira, j. 19/09/1994. Ver, também: MARTINS. Efeitos da decretação da falência sobre as obrigações do devedor..., p. 477.

RECUPERAÇÃO DE EMPRESAS E FALÊNCIA

Embora a omissão tenha remanescido na LREF, essa construção jurisprudencial não dialoga com o espírito nem com a sistemática da LREF, seja em virtude da inexistência de previsão semelhante ao antigo art. 163, seja em razão de que a principiologia dos novos regimes recuperatórios privilegiaram a negociação dos termos e condições do plano de recuperação (entre elas os juros e a forma de atualização monetária) entre o devedor e seus credores[2781].

No caso de dívidas fiscais, o STJ tem aplicado a taxa Selic como sucedâneo dos juros de mora, de modo que na execução fiscal contra a massa falida a incidência dessa taxa deve ocorrer a partir de 01 de janeiro de 1996, data de edição da Lei edição da Lei 9.250/1995, até a decretação da quebra. Após a decretação da quebra, somente se houver ativo suficiente para o pagamento do principal[2782].

Outra problemática que se põe é a seguinte: o montante principal do débito poderá ser acrescido de correção monetária até a data do efetivo pagamento, impondo-se à massa falida mais esse encargo? Parece que sim, haja vista que (*i*) a restrição mencionada no art. 124 da LREF não abrange a atualização monetária do crédito habilitado pelo credor[2783]; e (*ii*) a correção monetária representa simples recomposição do poder aquisitivo da moeda, reduzido, em maior ou menor grau, em razão do fenômeno inflacionário e independe de ajuste entre os contratantes[2784]. E, mais, na hipótese de as partes terem escolhido no contrato índice lícito de atualização monetária, o administrador judicial e o Poder Judiciário devem respeitá-lo quando do procedimento de verificação e habilitação dos créditos, já que a LREF não impôs a adoção de um índice pré-determinado[2785-2786].

[2781] Não ignoramos que existem outras possíveis soluções legais para a problemática, tais como a aplicação do art. 71, II, da LREF, inserido no contexto do regime especial de recuperação de microempresas e empresas de pequeno porte, cujo teor estabelece que as parcelas mensais serão acrescidas de juros equivalentes à taxa Sistema Especial de Liquidação e de Custódia – SELIC. Ou, ainda, a aplicação da taxa legal de juros moratórios estabelecida pelo art. 406 do Código Civil, consubstanciada no índice que estiver em vigor para o pagamento de impostos devidos à Fazenda Nacional. Para aprofundamento sobre o tema, ver: MARTINS. Efeitos da decretação da falência sobre as obrigações do devedor..., p. 477-478.

[2782] STJ, 1ª Turma, AgRg no REsp 761.755/SC, Rel. Min. Luiz Fux, j. 21/06/2007; STJ, 2ª Turma, EDcl no REsp 627.814/PR, Rel. Min. Herman Benjamin, j. 22/05/2007; STJ, 1ª Turma, REsp 760.752/SC, Rel. Min. Luiz Fux, j. 13/03/2007, STJ, 2 Turma, REsp 607.673/SC, Rel. Min. João Otávio de Noronha, j. 06/02/2007.

[2783] Nesse sentido: STF, 1ª Turma, AgR no AI 99.386/RJ, Rel. Min. Oscar Correa, j. 14/09/1984; STJ, 3ª Turma, REsp 1.344.112/SP, Rel. Min. Moura Ribeiro, j. 05/04/2016; STJ, 4ª Turma, AgRg no AREsp 52.390/GO, Rel. Min. Maria Isabel Gallotti, j. 06/08/2013. Em sentido contrário: STF, 2ª Turma, AgR no AI 91.551/RS, Rel. Min. Moreira Alves, j. 18/03/1983.

[2784] STJ, 3ª Turma, REsp 1.344.112/SP, Rel. Min. Moura Ribeiro, j. 05/04/2016; STJ, 4ª Turma, AgRg no AREsp 52.390/GO, Rel. Min. Maria Isabel Gallotti, j. 06/08/2013; STJ, 4ª Turma, AgRg no REsp 919.017/SC, Rel. Min. Maria Isabel Gallotti, j. 14/08/2012; STJ, 4ª Turma, REsp 72.706, Rel. Min. Barros Monteiro, j. 05/10/2000; STJ, 3ª Turma, REsp 57.483, Min. Costa Leite, j. 14/08/95; STJ, 4ª Turma, REsp 21.255, Rel. Min. Sálvio de Figueiredo Teixeira, j. 11/10/1994. Nesse sentido, ver, também: MARTINS. Efeitos da decretação da falência sobre as obrigações do devedor..., p. 475.

[2785] MARTINS. Efeitos da decretação da falência sobre as obrigações do devedor..., p. 476.

5.16. Espólio

Na forma do art. 125, falido o espólio[2787], ficará suspenso o processo de inventário, cabendo ao administrador judicial a realização de atos pendentes em relação aos direitos e obrigações da massa falida.

A questão que se põe é a seguinte: haveria como combinar, em uma mesma situação fática, a falência da empresa e o falecimento do empresário? Sim, essa correlação é possível no universo jurídico, apesar de rara. O estudo do tema é interessante[2788] e evidencia a preocupação do legislador com os efeitos jurídicos da morte sobre o empresário individual, considerado nos termos do art. 966 do Código Civil como aquele que exerce profissionalmente atividade econômica organizada para a produção ou a circulação de bens ou de serviços, e a continuação da sua atividade econômica após a bancarrota.

Segundo o art. 1.784 do Código Civil, uma vez aberta a sucessão, a herança transmite-se aos herdeiros legítimos e testamentários. O direito sucessório não faz diferenciação entre o *de cujus* empresário e não empresário, de tal forma que, com o advento da morte, a integralidade do patrimônio do falecido, respeitada a legislação civil, transfere-se aos seus herdeiros, depois de finalizado o processo de inventário regulado pela lei. Enquanto essa transmissão não for finalizada, o conjunto de relações jurídicas de conteúdo econômico do *de cujus* formarão uma universalidade jurídica, que se convencionou chamar de espólio, cujo administrador é o inventariante[2789].

A despeito do falecimento do empresário, o exercício de sua atividade econômica permanece por meio da administração do inventariante, que estará sujeito aos percalços comuns ao empreendedorismo. Daí decorre a possibilidade do espólio exercer atividade empresária e, diante do mau enfrentamento dos riscos empresariais que assolam os negócios em geral, acometer sua falência.

[2786] Em sentido contrário, manifestando-se no sentido de que o art. 124 abarca tanto os juros quanto a correção monetária, ver: Bezerra Filho. *Lei de Recuperação de Empresas e Falência comentada...*, p. 353-353; Bezerra Filho. Capítulo XII: A classificação dos créditos na falência..., p. 286; Bezerra Filho. Capítulo XVIII: Os efeitos da decretação da falência sobre as obrigações do devedor..., p. 435; Bezerra Filho, Manoel Justino. Capítulo XXI: O pagamento dos credores – exame dos arts. 149 a 153 da LREF. In: Carvalhosa, Modesto (coord.). *Tratado de direito empresarial*, v. V – recuperação empresarial e falência. São Paulo: Revista dos Tribunais, 2016, p. 490.

[2787] Os verbos "falir" e "falecer" têm etimologias distintas, embora expressem, em seu respectivo campo de abrangência, significados análogos. Enquanto o primeiro, no contexto falimentar, reproduz a ideia de extenuação econômica de uma atividade, o segundo, na esfera biológica, passa a ideia do cessar definitivo das atividades necessárias à manutenção da vida de um organismo.

[2788] Na doutrina italiana, existe estudo específico sobre o tema: Salanitro. *Il fallimento dell'imprenditore defunto...*

[2789] Frontini. Seção VIII: Dos efeitos da decretação da falência sobre as obrigações do devedor..., p. 459.

RECUPERAÇÃO DE EMPRESAS E FALÊNCIA

Segundo a parte final do art. 96, §1º, da LREF, não será decretada falência do espólio após 1 (um) ano da morte do devedor. Durante esse prazo decadencial anual pode ocorrer a decretação da falência do inventário, com base no inadimplemento de débitos assumidos antes ou depois do falecimento do empresário até a ultimação da partilha definitiva dos bens[2790].

A previsão do art. 96, §1º, trata de causa elisiva da falência que já constava no art. 4º, §2º, do Decreto-Lei 7.661/1945[2791]. A LREF visou evitar que pedidos intempestivos de falência prejudicassem a celeridade do processamento do inventário. O prazo de um ano mantido pelo legislador é razoável, especialmente considerando que a legislação processual civil (CPC, art. 642 e seguintes) prevê mecanismos diversos para sedimentar a habilitação e satisfação de seus créditos[2792]. Nesse caso, abre-se verdadeiro concurso de credores civis, se o patrimônio se mantiver separado[2793].

Os desdobramentos não param por aí. Se a partilha se deu no prazo de um ano, tendo a sentença definitiva transitado em julgado, não será mais possível decretar a falência do espólio com base em débitos anteriores ao falecimento do empresário. Após o decurso desse prazo de um ano, somente poderá ser decretada a falência do espólio por débitos posteriores – decorrentes da continuidade no exercício da atividade empresária[2794] –, e dos herdeiros que continuarem na exploração da atividade econômica do *de cujus*, respondendo, a partir desse momento, cada herdeiro pelas dívidas na proporção da parte que na herança lhes coube[2795].

Porém, se ocorrer a decretação de falência do espólio, o processo de inventário, judicial ou extrajudicial, ou o arrolamento para sucessão de bens do empresário, através da partilha, deverá ser suspenso, haja vista que os bens que integram o ativo do espólio deverão ser arrecadados pela massa falida.

Se tais bens e direitos forem insuficientes para efetuar o pagamento dos credores, o espólio perde seu objeto, sua razão de ser, em virtude da inexistência de bens a partilhar. Nesse caso, será encerrada, em primeiro lugar, a execução concursal

---

[2790] VALVERDE. *Comentários à Lei de Falências*, v. I..., p. 72-73; FRONTINI. Seção VIII: Dos efeitos da decretação da falência sobre as obrigações do devedor..., p. 459.

[2791] "Art. 4º A falência não será declarada, se a pessoa contra quem fôr requerida, provar: 2º Não será declarada a falência da sociedade anônima depois de liquidado e partilhado o seu ativo, e do espólio depois de um ano da morte do devedor."

[2792] PARENTONI, Leonardo Netto; GUIMARÃES, Rafael Couto. Arts. 94 a 97. In: CORRÊA-LIMA, Osmar Brina; CORRÊA LIMA, Sérgio Mourão (coord.). *Comentários à nova Lei de Falência e Recuperação de Empresas*. Rio de Janeiro: Forense, 2009, p. 701-702.

[2793] PONTES DE MIRANDA. *Tratado de direito privado*, t. XXVIII..., p. 17.

[2794] Nesse caso, o inventariante que pode vir a ser futuramente responsabilizado pelos atos praticados durante o período em que esteve à testa dos negócios do espólio.

[2795] VALVERDE. *Comentários à Lei de Falências*, v. I..., p. 72-73; PONTES DE MIRANDA. *Tratado de direito privado*, t. XXVIII..., p. 19; FRANCO. Seção IV: Do procedimento para a decretação da falência..., p. 408; PARENTONI; GUIMARÃES. Arts. 94 a 97..., p. 702.

(nos termos da legislação falimentar) e, por ricochete, o processo de inventário ou arrolamento de bens, lavrando-se o que se denomina de arrolamento negativo, que regulariza e define a sucessão do empresário e de seu espólio falido[2796].

Por outro lado, se os bens levantados pelo inventariante durante o processo de inventário forem suficientes para efetivar o pagamento de todos os credores da massa falida, o remanescente retornará ao ativo do espólio, funcionando como espécie de condição suspensiva ao processo de inventário, que voltará a tramitar até a partilha definitiva dos bens entre os herdeiros do empresário falecido[2797].

5.17. Outras relações patrimoniais

Segundo o art. 126, nas relações patrimoniais não reguladas expressamente pela LREF, caberá ao juiz decidir o caso atendendo à unidade, à universalidade do concurso e à igualdade de tratamento dos credores, observado o disposto no art. 75 da Lei[2798].

Qualquer ato praticado no curso da falência ou relação patrimonial sobre o qual a LREF não estabeleça disciplina específica, ficará sob o crivo da autoridade judiciária do principal estabelecimento do devedor, tendo como princípios balizadores a unidade da massa falida, a universalidade do concurso e do juízo falimentar e a igualdade entre os credores, expressa pela máxima da *par conditio creditorum*[2799].

Tudo indica que o legislador quis enunciar que as hipóteses fáticas que não encontrarem resguardo na regra geral do art. 117, nem nos demais dispositivos especiais da seção, respeitarão os princípios da LREF, os quais deverão se sobrepor aos princípios gerais que regem cada tipo contratual, havendo, portanto, disciplina específica que derroga a regra geral[2800].

5.18. Coobrigados solidários com falência decretada

Destaca o art. 127, *caput*, da LREF que o credor de coobrigados solidários cujas falências tenham sido decretadas tem o direito de concorrer, em cada uma delas, pela totalidade do seu crédito, até recebê-lo por inteiro, quando então comunicará ao juízo[2801].

[2796] FRONTINI. Seção VIII: Dos efeitos da decretação da falência sobre as obrigações do devedor..., p. 459.

[2797] FRONTINI. Seção VIII: Dos efeitos da decretação da falência sobre as obrigações do devedor..., p. 459.

[2798] O preceito tem correspondência no art. 7º, §2º, do Decreto-Lei 7.661/1945 ("2º O juízo da falência é indivisível e competente para tôdas as ações e reclamações sôbre bens, interêsses e negócios da massa falida, as quais serão processadas na forma determinada nesta Lei").

[2799] FRONTINI. Seção VIII: Dos efeitos da decretação da falência sobre as obrigações do devedor..., p. 460-461.

[2800] TEPEDINO. Seção VIII: Dos efeitos da decretação da falência sobre as obrigações do devedor..., p. 451.

[2801] "A regra não se aplica ao falido cujas obrigações tenham sido extintas por sentença, na forma do art. 159 desta Lei". Assim dispõe o art. 127, §1º.

RECUPERAÇÃO DE EMPRESAS E FALÊNCIA

Da mesma forma, se o credor ficar integralmente pago por uma ou por diversas massas coobrigadas, aquelas que efetuaram o pagamento terão direito regressivo contra as demais, em proporção à parte que pagaram e àquela que cada uma tinha a seu cargo (art. 127, §2º). Porém, se a soma dos valores pagos ao credor em todas as massas coobrigadas exceder o total do crédito, o valor será devolvido às massas na proporção estabelecida no §2º do art. 127, acima indicado (art. 127, §3º). E caso os coobrigados sejam garantes uns dos outros, o excesso referido no §3º pertencerá, conforme a ordem das obrigações, às massas dos coobrigados que tiverem o direito de ser garantidas (§4º do art. 127).

A disciplina vigente repete a previsão do art. 27 do Decreto-Lei 7.661/1945. O objetivo é regular credores que, no polo passivo da sua relação obrigacional, têm um ou mais devedores solidários falidos[2802]. E seu tratamento está diretamente relacionado ao tratamento legislativo da responsabilidade solidária definido pelo Código Civil[2803].

O cotejo entre o regime da LREF e do Código Civil não apresenta novidades substanciais: aplica-se a clássica regra da solidariedade passiva, com a diferença de que o pagamento parcial que um dos devedores tenha realizado ao credor comum não o obriga a se habilitar na falência dos demais devedores falidos tão somente pelo saldo, como prevê a parte final do art. 275. Na lógica falimentar, ainda que o credor tenha recebido parte de seu crédito, ele continua podendo habilitar a totalidade no seu crédito nas demais falências (LREF, art. 127, *caput*)[2804]. A regra se justifica por uma razão de ordem prática: na falência o pagamento do crédito respeita a ordem legal do art. 83, de forma que se o credor por obrigação solidária tivesse de descontar do montante a ser habilitado nos processos falimentares o valor que recebeu de um dos coobrigados, sua chance de recuperar os valores seria muito reduzida[2805].

[2802] Sobre o tema, ver: VALVERDE. *Comentários à Lei de Falências*, v. I..., p. 206-222.

[2803] O art. 275 do Código Civil determina que o credor tem direito a exigir e receber de um ou de alguns dos devedores, parcial ou totalmente, a dívida comum. Contudo, se o pagamento tiver sido parcial, todos os demais devedores continuam obrigados solidariamente pelo restante. A propositura de ação pelo credor contra um ou alguns dos devedores não importará renúncia da solidariedade entre eles.

[2804] TEPEDINO. Seção VIII: Dos efeitos da decretação da falência sobre as obrigações do devedor..., p. 452.

[2805] RICARDO TEPEDINO ilustra o argumento com um bom exemplo: "Caio forneceu bens a XY e seu crédito de R$ 1.000 contou com a garantia de uma empresa do grupo desta, a ZZ, que se fez devedora solidária. Falida a primeira, habilita seu crédito e logo recebe um dividendo de 40% (ou seja, R$ 400). Sucede-se a quebra da coligada, onde ela também concorre com R$ 1.000, porque a lei assim lhe permite, e o rateio resulta em 20%. Caio, então, embolsou 60% do débito original. Não fosse essa regra, só teria recebido 520 (52%), pois só teria podido declarar crédito de R$ 600 na falência de ZZ (fazendo jus a R$ 120)." (TEPEDINO. Seção VIII: Dos efeitos da decretação da falência sobre as obrigações do devedor..., p. 452-453). Em sentido contrário, ver: BEZERRA FILHO. Capítulo XVIII: Os efeitos da decretação da falência sobre as obrigações do devedor..., p. 440.

EFEITOS DA QUEBRA SOBRE AS OBRIGAÇÕES DO FALIDO

A LREF trata do tema em três principais situações, cada uma contando com seus respectivos desdobramentos, a saber: (*i*) o credor de obrigação da qual sobreveio falência de um dos devedores solidários; (*ii*) o credor de obrigação da qual sobreveio a falência de alguns, mas não de todos os devedores solidários; (*iii*) o credor de obrigação da qual sobreveio a falência da totalidade dos devedores solidários[2806].

Na primeira hipótese, caberá ao credor cobrar a totalidade do seu crédito de um dos devedores solidários não falidos, devendo este buscar, em direito de regresso, o reembolso da respectiva quota dos demais devedores solidários não falidos, desde que observada a lógica do art. 283 do Código Civil[2807]. Os devedores solidários que efetuaram o pagamento da sua respectiva quota-parte deverão se habilitar no processo de falência do devedor falido, buscando o reembolso da sua respectiva parte[2808]. De qualquer sorte, nada impede que o credor também habilite seu crédito na falência do devedor quebrado (recomendando-se, inclusive, que assim proceda), hipótese na qual, caso os credores solventes venham a pagar, sub-rogar-se-ão na respectiva habilitação, respeitada a regra específica de solidariedade tendo em vista a relação existente entre os devedores.

O raciocínio se repete na segunda hipótese. A Lei reconhece a existência de um credor que, no polo passivo do seu vínculo obrigacional, encontra devedores solváveis e devedores falidos. É lógica e instintiva a decisão do *accipiens* de cobrar de algum dos *solvens* com patrimônio a totalidade do seu crédito. Aquele que pagar a totalidade da dívida, na condição jurídica de devedor solidário, deverá voltar-se regressivamente contra os demais devedores cuja falência não foi decretada, dividindo-se entre todos eles a fração correspondente aos devedores solidários falidos. Ato contínuo, todos aqueles que efetuaram o pagamento devido deverão se habilitar no processo de falência de cada um dos devedores falidos, com o objetivo de obter o reembolso da sua respectiva fração[2809]. De qualquer sorte, nada impede que o credor realize a habilitação de seu crédito na falência dos devedores falidos.

A terceira situação é mais extrema: o credor visualiza no polo passivo da sua relação obrigacional tão somente devedores solidários falidos. Diante dessa situação, o art. 127 da LREF permite que o credor se habilite em todas as mas-

---

[2806] FRONTINI. Seção VIII: Dos efeitos da decretação da falência sobre as obrigações do devedor..., p. 462.

[2807] O teor dessa regra autoriza que o devedor que satisfez a dívida por inteiro tenha direito a exigir de cada um dos devedores solidários a sua quota, dividindo-se igualmente por todos a do insolvente, se o houver, presumindo-se iguais, no débito, as partes de todos eles.

[2808] A conclusão decorre do art. 128 da LREF, mas, independentemente disso, entende a doutrina que a sistemática da habilitação decorre da própria lógica ínsita à matéria (FRONTINI. Seção VIII: Dos efeitos da decretação da falência sobre as obrigações do devedor..., p. 462).

[2809] FRONTINI. Seção VIII: Dos efeitos da decretação da falência sobre as obrigações do devedor..., p. 462.

sas falidas pela totalidade do seu crédito, remanescendo seu direito de reaver seu crédito até que esse montante seja pago na sua integralidade. Uma vez realizado esse pagamento, deverá o credor informar os demais juízos falimentares acerca do recebimento dos valores devidos e, por conseguinte, da extinção da obrigação[2810].

Ainda nessa última hipótese, o §2º do art. 127 determina que no caso de o credor ser integralmente pago por uma ou por diversas massas coobrigadas, aquelas que efetuaram o pagamento terão direito regressivo contra as demais, em proporção à parte que pagaram e àquela que cada uma tinha a seu cargo. O direito de regresso de uma massa contra a outra pelo que tiverem dispendido somente ocorrerá se a dívida for inteiramente solvida[2811].

A previsão do §3º do art. 127 trata de situação bastante inusitada relacionada à hipótese de o credor de obrigação solidária, da qual todos os devedores solidários faliram, devidamente habilitado nos respectivos processos falimentares, receber de uma ou mais massas falidas valor a maior que a totalidade de seu crédito. Nesse caso, a LREF determina que o credor devolverá os valores excedidos às respectivas massas na proporção estabelecida no §2º do art. 127, acima mencionado[2812].

Já o §4º do art. 127 prevê que se os devedores coobrigados forem garantes uns dos outros, o excesso referido no §3º pertencerá, de acordo com a ordem das obrigações, às massas dos coobrigados que tiverem o direito de ser garantidas. A LREF optou pela aplicação aos devedores solidários da lógica de cobrança e reembolso estabelecida pelos princípios cambiais, comuns aos títulos de crédito e definidos pelas Leis Uniformes de Genebra[2813].

[2810] FRONTINI. Seção VIII: Dos efeitos da decretação da falência sobre as obrigações do devedor..., p. 463.

[2811] RICARDO TEPEDINO apresenta um exemplo, retomando a sistemática preconizada por MIRANDA VALVERDE, a partir da doutrina francesa: "A e B, os dois em falência, são conjuntamente devedores da importância de R$ 100, cada um tendo igual parte na dívida (o que aliás se presume – CC, art. 283). A dá um dividendo de 60% e B um de 55%. O credor, que já recebeu 60% na falência de A, não pode senão recolher 40% na de B, que restituirá 10% dessa sobra para a massa de A, de sorte que cada um terá pago a metade." (TEPEDINO. Seção VIII V: Dos efeitos da decretação da falência sobre as obrigações do devedor..., p. 453).

[2812] A massa pode invocar a regra do art. 152 da LREF, segundo a qual os credores restituirão em dobro as quantias recebidas, acrescidas dos juros legais, se restar evidenciado dolo ou má-fé na constituição do crédito ou da garantia, desde que este tenha sido habilitado na falência após seu pagamento integral (TEPEDINO. Seção VIII: Dos efeitos da decretação da falência sobre as obrigações do devedor..., p. 453). No mesmo sentido, ver: BEZERRA FILHO. Capítulo XVIII: Os efeitos da decretação da falência sobre as obrigações do devedor..., p. 440.

[2813] Sobre o tema, ver: FRONTINI. Seção VIII: Dos efeitos da decretação da falência sobre as obrigações do devedor..., p. 463-464.

5.19. Coobrigados solventes e garantes do devedor ou dos sócios ilimitadamente responsáveis

O credor, em caso de falência do devedor, tem o direito de cobrar, respeitadas as respectivas leis de regência, dos coobrigados, fiadores e obrigados de regresso.

Nesse sentido, o art. 128 estabelece que os coobrigados solventes e os garantes do devedor ou dos sócios ilimitadamente responsáveis poderão habilitar seu crédito correspondente às quantias pagas ou devidas, se o credor não se habilitar no prazo legal[2814].

O artigo reproduz a previsão do art. 29 do Decreto-Lei 7.661/1945 e disciplina situação na qual o credor de uma obrigação tem, no polo passivo, além do devedor falido, garantes que reforçam o patrimônio sujeito à expropriação no caso de inadimplemento, como é o caso do fiador sem benefício de ordem e do avalista.

A LREF regulou situações distintas: (*i*) a primeira delas trata da hipótese de o coobrigado ou garante habilitar eventual crédito na falência. Caso o credor busque a satisfação do seu crédito contra o coobrigado ou garante da dívida que, premido pela sua condição, efetua o pagamento do débito, tem-se que o coobrigado ou garante, para exercer o direito de regresso garantido pela Lei em face do devedor falido do qual era garantidor, deverá habilitar seu crédito perante a respectiva massa falida caso o credor assim não tenha feito. De qualquer sorte, o dispositivo legal permite que o coobrigado ou garante habilite o crédito mesmo que ainda não tenha realizado o pagamento, desde que o credor não tenha feito a respectiva habilitação[2815]; (*ii*) a segunda aborda o caso de o credor realizar a

---

[2814] É importante salientar que a sub-rogação, por exemplo, do avalista se dá no crédito apurado de acordo com a lei falimentar. Assim, em caso de pagamento de débito em moeda estrangeira pelo avalista nos termos como previsto no contrato, somente poderá exigir do falido o débito convertido em moeda nacional pela taxa de câmbio da data da sentença que decretar a quebra (Lei 11.101/05, art. 77), como, por exemplo, já decidiu o Superior Tribunal de Justiça: STJ, 3ª Turma, REsp 60.996/RJ, Rel. Min. Ari Pargendler, j. 29/06/1999. Por sua vez, NEWTON DE LUCCA, em seu ensaio sobre o instituto do aval, refere precedente do Tribunal de Alçada Cível de São Paulo, que decidiu que o avalista deveria pagar o crédito em moeda estrangeira mediante conversão à moeda nacional à taxa cambial do dia da declaração da falência do avalizado, devedor principal, uma vez que o avalista responderia da mesma maneira que o avalizado (LUG, art. 32) e de modo solidário (LUG, art. 47) e porque o avalista, caso pagasse o débito em moeda estrangeira convertida à data do vencimento ou do pagamento, somente poderia receber do avalizado essa mesma dívida convertida à data de declaração da falência do avalizado (LUG, art. 49). O nobre comercialista rebate, de modo exímio, tal entendimento (DE LUCCA, Newton. O aval. *Revista de Direito Mercantil, Industrial, Econômico e Financeiro*, v. 23, n. 53, p. 41-71, jan./mar. 1984, p. 64-71). A referida decisão do Tribunal de Alçada Cível de São Paulo foi revertida pelo STF (STF, 2ª Turma, RE 105.362/SP, Rel. Min. Carlos Madeira, j. 15/04/1986). Sobre a questão, ver: DE LUCCA, Newton. *Comentários ao novo Código Civil*, v. XII. Rio de Janeiro: Forense, 2003, p. 210-215.

[2815] RICARDO TEPEDINO, sobre o momento no qual o codevedor deve se habilitar na falência do devedor principal, assim assevera: "(...) deflui do texto legal que o codevedor do falido não poderá habilitar-se nem impugnar a lista de credores nos prazos assinados pelos arts. 7º, §1º, e 8º da LRE, pois deverá aguardar a intervenção do credor. Disso se conclui também que a habilitação do coobrigado não será retardatária

RECUPERAÇÃO DE EMPRESAS E FALÊNCIA

habilitação de crédito: nessa hipótese, será descabida qualquer ação dos garantes no sentido de habilitar seu crédito no processo de falência do devedor. Caso o coobrigado ou garante não realize o pagamento ao credor, nenhuma medida precisará ser tomada, já que o crédito foi satisfeito pelo devedor falido; de qualquer sorte, na hipótese de o coobrigado ou garante pagar o credor, sub-rogar-se-á na posição do credor no processo falimentar[2816].

A falência do devedor pode não acarretar o vencimento antecipado da dívida com relação para os coobrigados solventes[2817], sendo nessa direção a previsão do

para os fins das cominações que a lei faz incidir, pela evidente razão de que não terá havido, no caso, manifestação intempestiva. Se o codevedor solve o débito e o credor não se apresentou tempestivamente ao concurso, a questão não traz nenhuma dificuldade: sub-rogado no crédito, habilita-se. Também poderá habilitar-se, na inércia do credor, pela importância que, embora ainda não desembolsada, poderá dele ser exigida. Cuida-se, então, de um crédito condicional, que poderá justificar pedido de reserva, mas que só dará lugar ao recebimento de dividendo se o habilitante comprovar que satisfez total ou parcialmente a dívida." (TEPEDINO. Seção VIII: Dos efeitos da decretação da falência sobre as obrigações do devedor..., p. 454). No mesmo sentido, autorizando a habilitação de devedores comuns, mesmo que não tenham efetuado o pagamento da dívida em que figurava o falido como obrigado: MARINONI, Luiz Guilherme; MITIDIERO, Daniel. Arts. 127 e 128. In: CORRÊA-LIMA, Osmar Brina; CORRÊA LIMA, Sérgio Mourão (coord.). *Comentários à nova Lei de Falências e Recuperação de Empresas*. Rio de Janeiro: Forense, 2009, p. 899. MANOEL JUSTINO BEZERRA FILHO, nesse sentido, assim destaca: "Claro que o credor garantido poderia habilitar-se na falência, mas prefere não ter este trabalho, pois está seguro de que receberá, no vencimento ordinário, do garantidor. Assim, para que o garantidor não fique desguarnecido, poderá habilitar-se na falência, tanto por eventual quantia já paga, quanto por quantia devida ainda que não paga. Desta forma, o garantidor participará de eventual rateio na falência, recebendo o que lhe couber pela quantia que então já tiver efetivamente pago ao terceiro credor garantido ou, se houver valor devido e ainda não pago, poderá pedir a correspondente reserva, que garantirá seu pagamento, quando vier a pagar como coobrigado o valor que ainda faltava." (BEZERRA FILHO. Capítulo XVIII: Os efeitos da decretação da falência sobre as obrigações do devedor..., p. 440-441).

[2816] Ver: FRONTINI. Seção VIII: Dos efeitos da decretação da falência sobre as obrigações do devedor..., p. 464. Como destaca RICARDO TEPEDINO: "Se o credor comparecer tempestivamente ao concurso universal, fica excluída a hipótese da habilitação do codevedor do falido que nada houver pago àquele. Por último, habilitado o crédito pelo credor que acaba sendo satisfeito pelo coobrigado, poderá este se substituir àquele no procedimento de verificação de crédito. Se, nessa altura, o crédito já estiver incluído no quadro geral, bastará ao codevedor exibir o instrumento que comprova a sub-rogação para fazer jus aos dividendos." (TEPEDINO. Seção VIII: Dos efeitos da decretação da falência sobre as obrigações do devedor..., p. 455).

[2817] O alcance dos efeitos da decretação da falência do devedor (por exemplo, se acarretam ou não o vencimento antecipado com relação aos garantidores) dependerá do regramento contratual havido entre as partes ou, ainda, das disposições legais aplicáveis. Nesse sentido, por exemplo, os arts. 43 e 44 da LUG, ao tratar da letra de câmbio, autorizam a cobrança do título – apesar de estarmos cientes da discussão sobre se, no País, estão em vigor os arts. 43, números 2 e 3, e 44, alíneas 5ª e 6ª, da LUG, tendo em vista à adesão da Reserva do art. 10 do Anexo II (nos termos do art. 1º do Decreto 57.663/1966), apesar de que, ainda que se entenda que não estão em vigor tais dispositivos, incidiria, ao menos, o art. 19, II, do Decreto 2.044/1908, que dispõe que: "A letra é considerada vencida, quando protestada: (...) II. pela falência do aceitante." (ROSA JR., Luiz Emygdio F. da. *Títulos de crédito*. 4 ed. Rio de Janeiro: Renovar, 2006, p. 346-349) –, mesmo antes do vencimento, dos coobrigados em caso de falência do sacado, aceitante ou

EFEITOS DA QUEBRA SOBRE AS OBRIGAÇÕES DO FALIDO

parágrafo único do art. 333 do Código Civil[2818]. Por ricochete, o credor poderá se habilitar na falência, esperar pelo decurso natural do prazo de vencimento do débito e exigi-lo do devedor ou realizar ambas as alternativas.

O prazo prescricional relacionado a pretensões exercíveis em face do falido suspende-se com a decretação da quebra. Porém, o mesmo não ocorre com relação aos coobrigados solventes, cujo curso continua normalmente, já que são pretensões distintas, com prazos prescricionais também diferentes[2819].

5.20. Outras disposições da LREF que produzem efeitos sobre as obrigações do falido

Além da Seção VIII, do capítulo V da LREF, existem outras previsões que irradiam efeitos sobre as obrigações do falido, dentre as quais estão:

a. os arts. 193 e 194 (c/c Lei 10.214/2001, especialmente o art. 7º), que abordam o problema das operações em curso dentro das câmaras prestadoras de serviços de compensação ou de compensação e liquidação financeira e das garantias prestadas; e

b. o art. 199, que fala das sociedades que têm por objeto a exploração de serviços aéreos de qualquer natureza ou de infraestrutura aeronáutica, dispondo seu §3º que, no caso de falência, "prevalecerão os direitos de propriedade sobre a coisa relativos a contratos de locação, de arrendamento mercantil ou de qualquer outra modalidade de arrendamento de aerona-

---

não da letra de câmbio, bem como em falência do sacador de uma letra não aceita, sendo que o art. 77 da LUG determina ser aplicável os referidos dispositivos às notas promissórias. Assim, nestas hipóteses, é possível cobrar imediatamente do avalista (e dos outros obrigados cambiários) a quantia mencionada no título (em sentido contrário, fazendo referência somente ao art. 77 da LREF, ver: BEZERRA FILHO. *Lei de Recuperação de Empresas e Falência comentada...*, p. 268) – excepcionando-se, assim, a regra prevista no art. 333, parágrafo único, do Código Civil. Por sua vez, caso se trate de falência de algum outro obrigado cambiário, a sua falência somente acarreta o vencimento antecipado da sua específica obrigação – sendo possível, no máximo, cobrar imediatamente do(s) seus(s) respectivo(s) avalista(s) e respeitadas as normas de Direito Cambiário, uma vez que o avalista "é responsável da mesma maneira que a pessoa por ele" avalizada (LUG, art. 32, 1ª alínea; Lei do Cheque, art. 31) –, não ocasionando o vencimento antecipado do título, nada podendo, então, ser exigido dos outros obrigados cambiários antes do vencimento do próprio título e respeitadas as normas cambiárias; assim, caso o legítimo possuidor do título habilite seu crédito na falência do devedor, a massa falida somente poderá realizar qualquer pagamento na hipótese de ocorrer o respectivo protesto legitimador da cobrança (BORGES. *Do aval...*, p. 240-241). Trata-se, a rigor, da aplicação do art. 333, parágrafo único, do Código Civil.

[2818] "Art. 333. Ao credor assistirá o direito de cobrar a dívida antes de vencido o prazo estipulado no contrato ou marcado neste Código: I – no caso de falência do devedor, ou de concurso de credores; II – se os bens, hipotecados ou empenhados, forem penhorados em execução por outro credor; III – se cessarem, ou se se tornarem insuficientes, as garantias do débito, fidejussórias, ou reais, e o devedor, intimado, se negar a reforçá-las. Parágrafo único. Nos casos deste artigo, se houver, no débito, solidariedade passiva, não se reputará vencido quanto aos outros devedores solventes."

[2819] MARINONI; MITIDIERO. Arts. 127 e 128..., p. 899.

ves ou de suas partes" – ademais, o §1º do referido dispositivo determina que "em nenhuma hipótese ficará suspenso o exercício de direitos derivados de contratos de locação, arrendamento mercantil ou de qualquer outra modalidade de arrendamento de aeronaves ou de suas partes".

5.21. Outros efeitos da falência

Há vários dispositivos ao longo da legislação especial que tratam dos efeitos da falência sobre institutos, operações e indivíduos que ocupam determinada posição jurídica em contratos. Elencaremos, abaixo, alguns dos que consideramos mais importantes (e que ainda não foram tratados ao longo deste trabalho), sem qualquer pretensão de esgotar o tema.

5.21.1. Transformação societária

Na hipótese de transformação de tipo societário, a operação não prejudicará, em caso algum, os direitos dos credores, que continuarão, até o pagamento integral dos seus créditos, com as mesmas garantias que o tipo anterior de sociedade lhes oferecia (Lei 6.404/76, art. 222, *caput*; CC, art. 1.115, *caput*).

A falência da sociedade transformada somente produzirá efeitos em relação aos sócios que, no tipo anterior, a eles estariam sujeitos, se o pedirem os titulares de créditos anteriores à transformação, e somente a estes beneficiará (Lei das S.A., art. 222, parágrafo único; CC, art. 1.115, parágrafo único).

5.21.2. Incorporação, fusão e cisão

Em caso de incorporação ou fusão de sociedades, o art. 232, *caput*, da Lei 6.404/1976 dispõe que até 60 dias depois de publicados os atos relativos à incorporação ou à fusão, o credor anterior por ela prejudicado poderá pleitear judicialmente a anulação da operação; findo o prazo, decairá do direito o credor que não o tiver exercido. No mesmo sentido caminha o art. 1.122, *caput*, do Código Civil, o qual acrescenta a cisão na referida hipótese e estabelece o prazo de 90 dias.

Ocorrendo, no referido prazo, a falência da sociedade incorporadora ou da nova sociedade, no caso da fusão, qualquer credor anterior terá o direito de pedir a separação dos patrimônios, para o fim de serem os créditos pagos pelos bens das respectivas massas (Lei das S.A., art. 232, §3º). O Código Civil (art. 1.122, §3º) caminha no mesmo sentido, acrescentando a tal hipótese a operação de cisão.

5.21.3. Consórcio de sociedades

Em caso de consórcio de sociedades, a falência de uma consorciada não se estende às demais, subsistindo o consórcio com as outras contratantes. E os créditos que porventura tiver a falida serão apurados e pagos na forma prevista no contrato de consórcio. Assim dispõe o §2º do art. 278 da Lei das S.A.

5.21.4. Concessões de serviços públicos e de obras públicas e permissões de serviços públicos

De acordo com o art. 35, VI, da Lei 8.987/1995 e o art. 195 da LREF, a falência (ou extinção) da sociedade concessionária (e falecimento ou incapacidade do titular, no caso de empresário individual) é hipótese de extinção da concessão de serviços públicos e de obras públicas. O mesmo ocorre no caso de permissão de serviços públicos (art. 40 da Lei 8.987/1995).

Uma vez extinta a concessão, retornam ao poder concedente todos os bens reversíveis, direitos e privilégios transferidos ao concessionário conforme previsto no edital e estabelecido no contrato (art. 35, §1º, da Lei 8.987/1995). Ainda, ocorre a imediata assunção do serviço pelo poder concedente, procedendo-se aos levantamentos, avaliações e liquidações necessários (§2º do art. 35 da Lei 8.987/1995). A assunção do serviço autoriza a ocupação das instalações e a utilização, pelo poder concedente, de todos os bens reversíveis (Lei 8.987/1995, art. 35, §3º).

No caso das concessionárias de serviço público de energia elétrica, lembramos, também, do regime estabelecido pela Lei 12.767/2012.

Capítulo 23
Arrecadação, Avaliação e Guarda dos Bens

O objetivo precípuo da falência é a liquidação do patrimônio do devedor para o pagamento dos credores, conforme as preferências legalmente estabelecidas. A fase de arrecadação, avaliação e guarda dos bens do falido consiste na primeira etapa material rumo ao atingimento dessa finalidade[2820].

A arrecadação é ato judicial[2821], de natureza administrativa, que o administrador judicial pratica por determinação legal no sentido de apreender os bens do devedor[2822]. Em termos comparativos, é possível vislumbrar certa analogia entre a penhora das execuções individuais e a apreensão judicial dos bens do falido no processo falimentar, haja vista que em ambos os casos chega-se ao mesmo resultado, como aponta SYLVIO MARCONDES[2823].

[2820] Quanto mais eficiente for o administrador judicial no cumprimento das suas funções, maior será o número de credores atendidos e mais elevada será a chance de preservação nas mãos de outro empresário. O sucesso da falência depende umbilical e visceralmente da celeridade dessa fase do processo falimentar. A propósito da preservação da empresa em contexto falimentar, ver: TOLEDO. A preservação da empresa, mesmo na falência..., 2009, p. 517-534; PUGLIESI. *Direito falimentar e preservação da empresa...* Ver, também: ABRÃO. *A continuação do negócio na falência...*

[2821] A sentença falimentar marca o termo final da fase cognitiva da ação falimentar, decretando a quebra do devedor, e dá início à fase executiva, que se desenvolverá, ordenadamente, com a prática de atos voltados à liquidação do patrimônio do falido (VALVERDE. *Comentários à Lei de Falências*, v. I..., p. 249-250). A partir desse momento, perde o falido o poder de vincular os bens componentes de seu patrimônio com novas obrigações posteriores à quebra, sejam elas de ordem contratual, por declaração unilateral de vontade e até em decorrência de responsabilidade civil (*ex delicto*): ocorre uma cristalização da posição patrimonial do falido (FERRARA. *Il fallimento...*, p. 280; SATTA. *Istituzioni di diritto fallimentare...*, p. 143 ss)

[2822] REQUIÃO. *Curso de direito falimentar*, v. I..., p. 226.

[2823] Na execução singular, destaca-se da posse do executado um bem em específico para ser liquidado, de modo que o seu produto venha a saldar a dívida executada. Na falência, por sua vez, são apreendidos judicialmente (leia-se "arrecadados") todos os bens do falido. Enquanto, na execução singular – procedimento de um credor contra um devedor –, são excluídos tão somente os bens que se façam

RECUPERAÇÃO DE EMPRESAS E FALÊNCIA

É a primeira ação do administrador judicial imediatamente após a assinatura do termo de compromisso[2824], diretamente relacionada à perda, por parte do falido, dos direitos de administrar e de dispor de seus bens[2825] que, a partir da decretação da falência, passarão à massa falida[2826], como se houvesse um penhoramento geral de seu patrimônio (desapossamento)[2827].

A arrecadação é a efetivação material do desapossamento do falido. Consiste na coleta dos bens que deverão ser avaliados e, posteriormente, vendidos para o pagamento dos credores de acordo com as prioridades legalmente estabelecidas. Isto é, a posse direta por parte do administrador judicial será exercida de modo a cumprir o fim último da execução coletiva: a liquidação para o pagamento dos credores[2828].

Trata-se de etapa imprescindível no bojo do processo falimentar[2829], e o administrador judicial deve cumprir com tal dever de modo eficiente. Nesse sentido,

necessários para garantir o cumprimento da sentença, na falência – execução coletiva de todos os credores contra o devedor comum –, devem ser apreendidos judicialmente todos os bens deste em virtude do estado de insolvência presumido, situação em que o ativo se presume menor que o passivo, e, portanto, insuficiente para satisfazer a todos os credores. Esse é o sentido da arrecadação (MARCONDES. *Direito comercial...*, p. 201, 205). Ver, também: SATTA. *Istituzioni di diritto fallimentare...*, p. 131; PROVINCIALI. *Trattato di diritto fallimentare*, v. II..., p. 785, 789-790.

[2824] FRANCO. Vera Helena de Mello. Seção VII: Da arrecadação e da custódia dos bens. In: SOUZA JUNIOR, Francisco Satiro de; PITOMBO, Antônio Sérgio A. de Moraes (coord.). *Comentários à Lei de Recuperação de Empresas e Falência*. 2 ed. rev., atual. e ampl. São Paulo: Revista dos Tribunais, 2007, p. 429.

[2825] Materializa a perda da administração e da disponibilidade, não da propriedade. Como explica FERRARA, a perda da propriedade seria uma medida excessiva, pois, para que o objetivo da ação falimentar seja atingido, basta que o falido perca o direito de administrar e dispor do seu patrimônio, e que este seja administrado e liquidado coativamente no interesse dos credores. O direito do falido sobre o seu patrimônio é paralisado, não extinto (FERRARA. *Il fallimento...*, p. 282). No mesmo sentido, precisa MAGGIORE que da falência não decorre uma separação patrimonial, mas tão somente uma destinação do patrimônio à liquidação (MAGGIORE. *Istituzioni di diritto fallimentare...*, p. 153). Entre nós, no mesmo sentido: VALVERDE. *Comentários à Lei de Falências*, v. I..., p. 252.

[2826] VALVERDE. *Comentários à Lei de Falências*, v. I..., p. 250-251.

[2827] PROVINCIALI. *Trattato di diritto fallimentare*, v. II..., p. 783-785. O uso da expressão "penhoramento" não escapa das críticas de parte da doutrina italiana. Mesmo assim, optamos por utilizá-la pelo seu efeito figurativo (como figura de linguagem), ainda que se possa sustentar que a natureza jurídica da arrecadação não seja essa. Criticando a "teoria do penhoramento": MAGGIORE. *Istituzioni di diritto fallimentare...*, p. 150 ss. Ver, também: REQUIÃO. *Curso de direito falimentar*, v. I..., p. 150. No mínimo, como bem observa RICARDO TEPEDINO, tem a arrecadação "o sabor de uma penhora" (TEPEDINO. Seção VII: Da arrecadação e da custódia dos bens..., p. 404).

[2828] VALVERDE. *Comentários à Lei de Falências*, v. I..., p. 251.

[2829] "Tão importante é esta fase de arrecadação, que a lei cerca este momento de cuidados especiais. Assim é que o inc. X do art. 99 estabelece que o juiz determinará a expedição de ofícios quando do decreto, para os 'órgãos e repartições públicas e outras entidades para que informem a existência de bens e direitos do falido'. Especialmente registros de imóveis e órgãos de trânsito são pesquisados, pois a localização de imóveis e veículos é de fundamental importância para a arrecadação, além é claro dos bens existentes no estabelecimento do falido. Também é obrigação do falido, nos termos do inc. I do art. 104, informar quais são seus bens imóveis e os móveis que não estão no estabelecimento (letra *e*),

ARRECADAÇÃO, AVALIAÇÃO E GUARDA DOS BENS

já se aceitou a contratação, pela massa, de empresa para investigar de desvio de bens (o que se deu em incidente processual que correu em segredo de justiça diante das particularidades do caso)[2830].

1. Momento

O administrador judicial, ato contínuo à assinatura do termo de compromisso, efetuará a arrecadação dos bens e documentos do falido no local em que se encontrarem, requerendo ao juiz, para esses fins, as medidas necessárias (LREF, art. 108)[2831].

O ato de arrecadação não depende da concordância ou da autorização do falido, que não tem sequer o poder de sugerir o dia e o horário para sua realização. O momento decorre da Lei – e não da vontade do administrador judicial ou do falido – e deve ser levado a cabo logo após a assinatura do termo de compromisso[2832], mas pode se estender por largo período de tempo[2833]. Se necessário for, a arrecadação pode ocorrer em domingos e feriados[2834].

A arrecadação deve ser cumprida imediatamente, pois a "realidade demonstra que, com a declaração da quebra, se não forem tomadas medidas para resguardar o patrimônio do falido, rapidamente esse patrimônio se deterioraria em decorrência, muitas vezes, de seu abandono ou até mesmo por atividade ilícita praticada por credores, falido ou terceiros"[2835].

---

bem como suas contas bancárias, aplicações e títulos em cobrança (letra *g*), sob pena de, se assim não proceder corretamente, vir a ser processado por crime de desobediência, conforme previsto no parágrafo único deste mesmo artigo. Além da expedição de ofícios e das demais providências previstas em lei, cada vez mais o Judiciário está sendo aparelhado para agilizar a tentativa de localização de bens por meios cibernéticos, muitas vezes dispensando-se ofícios e atuando-se a partir destes novos sistemas." (BEZERRA FILHO, Manoel Justino. Capítulo XVII: A arrecadação e a custódia dos bens – exame dos arts. 108 a 114 da LREF. In: CARVALHOSA, Modesto (coord.). *Tratado de direito empresarial*, v. V – recuperação empresarial e falência. São Paulo: Revista dos Tribunais, 2016, p. 395-396).

[2830] STJ, 3ª Turma, RMS 46728/SP, Rel. Min. Paulo de Tarso Sanseverino, j. 07/04/2015.

[2831] MANOEL JUSTINO BEZERRA FILHO sustenta que, entre o decreto de falência e a assinatura do termo de compromisso do administrador judicial, pode decorrer tempo significativo para o bom andamento do processo falimentar. Diante disso, afirma que não se deve aguardar necessariamente a assinatura do referido termo para a expedição do mandado de arrecadação – afirmando que, no regime anterior, mesmo sem previsão legal, era comum que o magistrado expedisse o mandado de lacração, o qual era cumprido por dois oficiais de justiça, que, na mesma oportunidade, também faziam um levantamento genérico dos bens (auto de constatação), e, uma vez feito isso, seria então realizada a arrecadação formal (com a expedição do mandado de arrecadação) já com base nas referidas informações (BEZERRA FILHO. Capítulo XVII: A arrecadação e a custódia dos bens..., p. 397-398).

[2832] VIGIL NETO. *Teoria falimentar e regimes recuperatórios*..., p. 275.

[2833] BEZERRA FILHO. Capítulo XVII: A arrecadação e a custódia dos bens..., p. 397.

[2834] SAMPAIO DE LACERDA. *Manual de direito falimentar*..., p. 123.

[2835] BERTOLDI. Seção VII: Da arrecadação e da custódia dos bens..., p. 814. No mesmo sentido: BEZERRA FILHO. *Lei de Recuperação de Empresas e Falências comentada*..., p. 286.

2. Alcance ordinário

Por alcance ordinário, quer-se dizer a extensão que a arrecadação normalmente tem em uma ação falimentar.

Deverão ser coletados todos os bens que tenham algum valor econômico, sejam eles presentes ou futuros, assim como os documentos que possam ter alguma serventia para a execução coletiva.

A forma jurídica por meio da qual o devedor exerce a atividade econômica será determinante para o alcance da arrecadação. Se o falido for um empresário individual, o caráter unitário do seu patrimônio fará com que sejam arrecadados todos os seus bens economicamente apreciáveis, exceto os absolutamente impenhoráveis, forte no §4º do art. 108, limitação que mais adiante será objeto de exame (item 4.1 deste Capítulo). Já se o falido estiver organizado na forma de uma sociedade empresária, serão arrecadados tão-somente os bens sociais, desde que o tipo societário em questão ofereça limitação da responsabilidade para todos os sócios (*i.e.*, sociedade limitada e sociedade anônima). No entanto, se a falida for uma sociedade que não oferece limitação da responsabilidade para todos os sócios (*e.g.*, sociedade em comum[2836] e em nome coletivo) ou o é somente em relação a uma categoria deles (*e.g.*, sociedades em comandita simples e por ações), serão arrecadados os bens sociais e os pessoais dos sócios ilimitadamente responsáveis em razão da decretação da sua falência juntamente com a da sociedade, como dispõe o art. 81, *caput* e §1º, da LREF[2837].

[2836] Por exemplo, falindo uma sociedade em comum, dá-se a falência de todos os sócios. Formar-se-á uma massa falida com a totalidade dos bens dos sócios, e a ela concorrem tanto os credores da sociedade quantos os credores particulares dos sócios, todos com os mesmos direitos, segundo lição de WALDEMAR FERREIRA (FERREIRA. *Sociedades commerciaes irregulares...*, p. 134).

[2837] "Art. 81. A decisão que decreta a falência da sociedade com sócios ilimitadamente responsáveis também acarreta a falência destes, que ficam sujeitos aos mesmos efeitos jurídicos produzidos em relação à sociedade falida e, por isso, deverão ser citados para apresentar contestação, se assim o desejarem. §1º O disposto no caput deste artigo aplica-se ao sócio que tenha se retirado voluntariamente ou que tenha sido excluído da sociedade, há menos de 2 (dois) anos, quanto às dívidas existentes na data do arquivamento da alteração do contrato, no caso de não terem sido solvidas até a data da decretação da falência". Aqui, fazemos referência ao disposto no art. 190 da LREF: "Art. 190. Todas as vezes que esta Lei se referir a devedor ou falido, compreender-se-á que a disposição também se aplica aos sócios ilimitadamente responsáveis". Quanto ao limite temporal previsto no §1º do art. 81, todavia, pode-se discutir a sua aplicação às sociedades em comum, já que não existiria arquivamento da alteração contratual. Nesse sentido, ERASMO VALLADÃO assim leciona: "Se não houve registro do contrato – e, *a fortiori*, se não existe contrato escrito – não se afigura possível o registro de sua alteração para efeitos de contagem do prazo de dois anos previsto nos aludidos dispositivos legais. Em exegese teleológica, nos parece que a propositura de notificação judicial aos demais sócios formalizando a retirada, com a publicação de editais para conhecimento de terceiros (art. 867 c/c 870, I, do CPC [de 1973; arts. 726 a 729 do CPC de 2015]), ou de demanda visando a apuração de haveres, supriria tal lacuna. Se houver contrato escrito, o sócio retirante (ou excluído) poderá, ainda, registrá-lo e fazer averbar a notificação judicial ou a inicial de apuração de haveres na Junta Comercial (art. 33, II, 'e', da Lei 8.934/96)." (FRANÇA. Sociedade em

Na verdade, os bens dos sócios solidários "constarão de listas separadas, posto que, da liquidação destes bens, participarão, igualmente, seus credores particulares. O fato de serem igualmente declarados falidos, não afasta a necessidade da formação de massas separadas, em que pese a falta da menção expressa legal"[2838]. De qualquer forma, não resta afastada a regra do art. 1.024 do Código Civil, segundo a qual serão primeiro excutidos os bens da sociedade, para, somente depois, sê-los os bens dos sócios[2839].

Abaixo serão apontados os tipos de bens, direitos e documentos que são objeto da apreensão judicial e trabalhadas algumas situações especiais existentes no regime.

2.1. Bens economicamente apreciáveis

Todos os bens com algum valor econômico devem ser arrecadados pelo administrador judicial. Isso inclui os bens móveis, tais como máquinas, computadores, ferramentas, utensílios, estoques, automóveis (*e.g.*, carros, motos caminhões, ônibus, tratores); os intangíveis componentes da propriedade intelectual (*e.g.*, marcas, patentes de invenção e modelo de utilidade, desenhos industriais, programas de computador); os imóveis e até os semoventes, bem como os direitos em geral (tais como créditos). Enfim, tudo aquilo que pode ser objeto da execução singular também o pode na execução coletiva[2840_2841].

A arrecadação dos tangíveis se faz com a simples coleta, exceto a dos imóveis, que ocorre por meio de mandado expedido pelo juiz competente, no qual deve

---

comum e regimes de insolvência..., p. 527; FRANÇA. *Sociedade em comum...*, p. 148). Sobre o disposto no art. 81, §1º, a tendência é que se realize uma interpretação restritiva, não abarcando, por exemplo, o sócio que cede a sua participação, bem como o sócio falecido – o que não inviabilizaria a aplicação do art. 1.032 do Código Civil (CALÇAS. Falência da sociedade..., p. 619-621).

[2838] FRANCO. Seção VII: Da arrecadação e da custódia dos bens..., p. 429. Entendendo que devem ser lavrados os autos de arrecadação especiais para o patrimônio social e para o patrimônio individual de cada sócio, formando-se massas falidas autônomas, ver: CALÇAS. Falência da sociedade..., p. 621. Também nesse sentido: REQUIÃO. *Curso de direito falimentar*, v. 1..., p. 227. Também entendendo, com base no art. 71 do Decreto-Lei 7.661/1945, que são massas distintas a da sociedade e a dos sócios ilimitadamente responsáveis, ver: VALVERDE, Trajano de Miranda. *Comentários à Lei de Falências*, v. III. 2 ed. Rio de Janeiro: Forense, 1955, p. 71.

[2839] FRANCO. Seção VII: Da arrecadação e da custódia dos bens..., p. 429. Também asseverando que, quando da realização do ativo arrecadado, deve-se respeitar a regra geral da subsidiariedade da responsabilidade dos sócios pelas dívidas da sociedade (ou seja, realizando-se primeiro o ativo da sociedade e somente se não for suficiente para o pagamento do passivo social é que, então, realizar-se-ia a venda dos bens dos sócios), ver: CALÇAS. Falência da sociedade..., p. 621.

[2840] PROVINCIALI. *Trattato di diritto fallimentare*, v. II..., p. 793-794.

[2841] Como vimos, além da perda da administração e da disponibilidade do seu patrimônio, perde o falido, também, a legitimação processual, isto é, a capacidade de estar em juízo na defesa de seu patrimônio (SATTA. *Istituzioni di diritto fallimentare...*, p. 148 ss).

constar ordem quanto à sua indisponibilidade (e deve ser levado a registro junto ao Registro de Imóveis[2842]). Quanto aos automóveis, o registro deve ser feito junto ao DETRAN. Os intangíveis que compõem a propriedade intelectual respeitam a mesma lógica, mas o registro deve ser feito junto ao Instituto Nacional da Propriedade Industrial (INPI) no caso dos bens de sua competência. A arrecadação de créditos em dinheiro depositados em contas correntes se dá por meio de ofício do juiz competente.

Para localizar os bens, o administrador judicial deve consultar os documentos do devedor, que podem revelar, por exemplo, a existência de um contrato por meio do qual determinado ativo se encontra locado para um terceiro. Também é possível inquirir o falido, seus sócios e/ou administradores, a fim de que indiquem o paradeiro dos bens e entreguem os que estão em sua posse, com base no art. 104, V e VI, além dos empregados, cuja colaboração é obrigatória, nos termos da legislação processual civil (CPC, art. 378). Credores, os maiores interessados no sucesso da arrecadação, também poderão repassar informações úteis acerca da localização dos bens[2843].

2.2. Documentos relevantes

A falência acarreta a quebra do sigilo dos livros do falido e da sua correspondência (LREF, arts. 22, III, "d", e 104, II e V), sempre com o objetivo de melhor instruir o processo falimentar e esclarecer a situação do devedor. Como explica FRANCESCO FERRARA, a correspondência e os documentos relativos ao patrimônio constrito são considerados como um acessório deste[2844].

Todo e qualquer documento que possa ter algum interesse para o processo falimentar será arrecadado pelo administrador judicial, tais como livros fiscais e contábeis, notas fiscais, listas de preços, de clientes e de fornecedores, relatórios, títulos de crédito, contratos, extratos de contas bancárias e de aplicações financeiras, anotações relativamente aos negócios, manuais de instrução de equipamentos, documentos técnicos relativamente a fórmulas, processos e modos de fabricação, etc., inclusive aqueles em meio magnético e/ou digital (o que se fará mediante a arrecadação de computadores, pen-drives, HD externos, senhas para acesso de sistemas de armazenamento online de documentos). Enfim, todo o tipo de informação que diga respeito ao negócio do falido, não só as referentes à sua situação econômico-financeira[2845].

[2842] A pedido do administrador judicial, o juiz determinará a expedição de ofícios aos registros de imóveis para que anotem a circunstância da falência nas matrículas dos imóveis pertencentes ao falido.

[2843] REQUIÃO. *Curso de direito falimentar*, v. 1..., p. 228.

[2844] FERRARA. *Il fallimento...*, p. 277.

[2845] BERTOLDI. Seção VII: Da arrecadação e da custódia dos bens..., p. 818.

ARRECADAÇÃO, AVALIAÇÃO E GUARDA DOS BENS

A medida, entretanto, não significa que o administrador judicial possa divulgar toda e qualquer informação que diga respeito à pessoa do falido ou que não se relacione aos interesses da massa falida, sob pena de responsabilização[2846]. Isto é, devem ser protegidos os direitos personalíssimos do devedor[2847].

Após a arrecadação, os livros e documentos, se for o caso, "serão levados ao juízo para o respectivo encerramento, após o que requerer-se-á seja nomeado perito (...), para verificar a regularidade e autenticidade dos lançamentos ali existentes e se os livros obrigatórios estão revestidos das formalidades legais. Tem-se em vista aqui a possibilidade da existência de crime falimentar, tal como assinalado na norma do art. 168, §1º desta lei"[2848].

2.3. Bens constritos noutros processos

Os bens constritos noutros processos entram na regra geral dos bens economicamente apreciáveis: deverão ser arrecadados pelo juízo falimentar para formar a massa falida objetiva, incluindo-se os bens que estiverem nessa situação em execuções trabalhistas – inclusive por conta do objetivo de venda em bloco dos bens do falido[2849]. Se porventura já tiverem sido alienados, terá a massa direito aos valores a serem depositados judicialmente pelo arrematante, cumprindo ao juiz deprecar, a requerimento do administrador judicial, às autoridades competentes, determinando sua entrega (LREF, art. 108, §3º)[2850].

[2846] Lembre-se que, por razões óbvias, não são arrecadáveis os documentos que são de interesse particular do falido, dos seus sócios, dos administradores ou dos empregados, em razão do direito à intimidade da vida privada, protegido pelo art. 5º, X, da Constituição Federal (VIGIL NETO. *Teoria falimentar e regimes recuperatórios...*, p. 274; BERTOLDI. Seção VII: Da arrecadação e da custódia dos bens..., p. 818).

[2847] Justamente nesse sentido caminha o art. 22, III, "d", da LREF, bem como o art. 114 da *Ley de Concursos y Quiebras* argentina. Assim, não ocorre violação à garantia constitucional prevista no art. 5º, XII, da CF. Sobre o tema, ver: REQUIÃO. *Curso de direito falimentar*, v. 1..., p. 146-148; PACHECO, José da Silva. *Processo de falência e concordata*. 9 ed. Rio de Janeiro: Forense, 1999, p. 366; ESCUTI; BAS. *Derecho concursal...*, p. 243-244.

[2848] FRANCO. Seção VII: Da arrecadação e da custódia dos bens..., p. 432.

[2849] BEZERRA FILHO. Capítulo XVII: A arrecadação e a custódia dos bens..., p. 403.

[2850] Nesse sentido, exemplificativamente, ver: STJ, 1ª Seção, EREsp 268643/SP, Rel. Min. Humberto Martins, j. 25/04/2007. Ainda, o STJ já decidiu estar consolidado o entendimento de que "decretada a falência, as execuções contra a falida não podem prosseguir, mesmo havendo penhora anterior", sendo que, caso exista "adjudicação após a quebra, o ato fica desfeito, em razão da competência universal do juízo falimentar" (STJ, 2ª Seção, EDcl nos EDcl no AgRg no CC 109.541/PE, Rel. Min. Paulo de Tarso Sanseverino, Rel. p/ acórdão Min. Raul Araújo, j. 29/02/2012). Aqui, de qualquer sorte, vale referir o disposto na OJ EX SE – 28 do TRT da 9ª Região: "IV – *Falência e Recuperação Judicial. Liberação de depósito recursal*. O depósito recursal pode ser liberado ao exequente, para a quitação de valores incontroversos, ainda que decretada a falência. Na hipótese de recuperação judicial, o depósito recursal pode ser liberado ao exequente, desde que esgotado o prazo de suspensão a que se refere a Lei 11.101/05, artigo 6º, §4º."

RECUPERAÇÃO DE EMPRESAS E FALÊNCIA

Trata-se de mais uma regra por meio da qual se faz valer o direito da coletividade dos credores em detrimento de um credor individualmente considerado[2851]. Se, no entanto, os valores foram depositados anteriormente à quebra, já pertencem ao credor que promoveu a execução singular (e não à massa), cabendo a arrecadação tão somente do saldo, se houver[2852].

2.4. Bens de terceiros na posse do falido

Pode suceder que, no momento da decretação da quebra, estejam na posse do falido, inseridos em sua estrutura orgânica, por exemplo, bens de propriedade de terceiros, em decorrência das mais diversas relações jurídicas estabelecidas ao longo do exercício da sua atividade – entre as mais frequentes estão o comodato, a locação, o depósito e a consignação, por exemplo[2853].

A despeito disso, é dever do administrador judicial arrecadar todos os bens que estiverem na posse do falido, sem perquirir se tais bens são de propriedade do devedor ou de terceiros. Isso se dá com fundamento na imediata imissão na posse dos bens em favor da massa falida, efeito este decorrente da sentença falimentar[2854].

A propriedade dos bens arrecadados deverá ser discutida em juízo, não tendo o administrador judicial poderes para entregar os bens arrecadados para quem quer que seja, ainda que alguém se apresente no ato da arrecadação ou posteriormente como proprietário, inclusive munido de documento comprobatório da titularidade do bem. Se houver evidências de que a propriedade é de terceiros, o administrador judicial deve fazer constar essa circunstância no auto de arrecadação, como dispõe o art. 110, §2º, IV[2855].

[2851] MANDEL. *Nova Lei de Falências e Recuperação de Empresas anotada...*, p. 212; VIGIL NETO. *Teoria falimentar e regimes recuperatórios...*, p. 275;

[2852] Nesse sentido: TEPEDINO. Seção VII: Da arrecadação e da custódia dos bens..., p. 408.

[2853] PROVINCIALI. *Trattato di diritto fallimentare*, v. II..., p. 801-802; SATTA. *Istituzioni di diritto fallimentare...*, p. 131.

[2854] FERRARA. *Il fallimento...*, p. 292; PROVINCIALI. *Trattato di diritto fallimentare*, v. II..., p. 802; ABRÃO, Carlos Henrique. *Pedido de restituição na concordata e na falência*. Tese (Doutorado em Direito). Faculdade de Direito da Universidade de São Paulo, São Paulo, p. 157-158, 206; ABRÃO. *Curso de direito falimentar...*, p. 206; COELHO. *Comentários à Lei de Falências e de Recuperação de Empresas...*, p. 283; PONTES DE MIRANDA, Francisco Cavalcanti. *Tratado de direito privado*, t. XXIX. 3 ed. São Paulo: Revista dos Tribunais, 1984, p. 77; FERREIRA, Waldemar. *Tratado de direito comercial*, v. 15. São Paulo: Saraiva, 1966, p. 87-88; REQUIÃO. *Curso de direito falimentar*, v. 1..., p. 238-239; ALMEIDA, Marcus Elidius Michelli de. O pedido de restituição e os embargos de terceiro em face da nova Lei de Falências. In: PAIVA, Luiz Fernando Valente de (coord.). *Direito falimentar e a nova Lei de Falências e Recuperação de Empresas*. São Paulo: Quartier Latin, 2005, p. 308; BEZERRA FILHO. *Lei de Recuperação e de Falências comentada...*, p. 229.

[2855] VALVERDE. *Comentários à Lei de Falências*, v. II..., p. 157; BEZERRA FILHO. *Lei de Recuperação de Empresas e Falências comentada...*, p. 290; ABRÃO. *Pedido de restituição na concordata e na falência...*, p. 157-158, 206; COELHO. *Comentários à Lei de Falências e de Recuperação de Empresas...*, p. 283.

ARRECADAÇÃO, AVALIAÇÃO E GUARDA DOS BENS

A viabilidade jurídica da devolução será verificada em juízo e tão somente nele[2856]. O administrador judicial não tem poderes para tanto; toda e qualquer devolução de bens ou o seu equivalente em pecúnia far-se-á pelo procedimento da restituição, nos exatos termos previstos nos arts. 85-93 da LREF[2857]. Sobre o pedido de restituição, remete-se o leitor para o Capítulo 24.

2.5. Bens do falido na posse de terceiros

Para buscar bens do falido que estejam na posse de terceiros, o administrador judicial deverá valer-se das ações processuais disponíveis para tal fim[2858].

Não se admite que o administrador judicial, "ao seu arbítrio (*i.e.*, sem respaldo de decisão judicial), decrete que bens em poder de terceiros sejam de titularidade da massa e os arrecade à viva força. Se houver evidências de que bens foram subtraídos por terceiros, ainda assim deverá recorrer às medidas judiciais, inclusive as de natureza cautelar; se entender que a alienação de outros é ineficaz ou revogável, adotará as providências previstas (...)"[2859]. Em caso de abusos, o administrador judicial responderá pessoalmente[2860].

2.6. Arrecadação e continuação provisória das atividades

Ainda que seja o caso de continuação provisória das atividades, nos termos do art. 99, XI, da LREF[2861], o administrador deverá arrecadar a totalidade dos bens do falido para fins de listá-los e avaliá-los, podendo, inclusive, lacrar o estabelecimento para reabri-lo posteriormente[2862]. No momento em que o estabelecimento for reativado, já se terá a exata noção dos ativos que compõem a massa falida objetiva, evitando que se percam ou sejam subtraídos maliciosamente pela ação do falido ou de terceiros – credores, ladrões ou vândalos.

[2856] Acertado é o apontamento de NELSON ABRÃO, no sentido de que, na dúvida, é melhor arrecadar tudo o que estiver pela frente no estabelecimento do falido do que deixar escapar bens, não sendo o caso de o administrador judicial, na fase de arrecadação, perder tempo com maiores indagações sobre a efetiva propriedade sobre estes (ABRÃO. *Curso de direito falimentar...*, p. 206).

[2857] Afora a hipótese de pedido de restituição, RICARDO TEPEDINO crê na possibilidade de o administrador judicial efetuar a devolução amigável do bem, desde que autorizado pelo juiz para tanto, com o que tendemos a concordar (TEPEDINO. Seção VII: Da arrecadação e da custódia dos bens..., p. 407).

[2858] PROVINCIALI. *Trattato di diritto fallimentare*, v. II..., p. 802.

[2859] TEPEDINO. Seção VII: Da arrecadação e da custódia dos bens..., p. 405.

[2860] REQUIÃO. *Curso de direito falimentar*, v. 1..., p. 227.

[2861] Sobre o assunto: ABRÃO. *A continuação do negócio na falência...*; PUGLIESI. *Direito falimentar e preservação da empresa...*, p. 184.

[2862] BERTOLDI. Seção VII: Da arrecadação e da custódia dos bens..., p. 816.

2.7. Bens presentes e futuros

Não apenas os bens presentes, mas também os futuros deverão ser arrecadados pelo administrador judicial[2863]. Os bens eventualmente adquiridos no curso da falência, enquanto o processo não tiver sido encerrado, estarão comprometidos para a satisfação dos credores[2864]. É exemplo típico dessa situação o recebimento de herança, legado ou doação por parte do empresário individual ou do sócio de responsabilidade ilimitada falido no curso da falência[2865]. Aplica-se a mesma regra a eventual prêmio que o falido venha a ganhar na loteria antes do encerramento da falência[2866]. Sobre o tema, veja-se o Capítulo 21, item 3.5.

2.8. Situação dos bens não arrecadados

Pode acontecer de um bem que pertença ao falido, e que, portanto, deva integrar a massa, ter escapado, por qualquer motivo, à arrecadação realizada pelo administrador judicial. É o caso, por exemplo, de bens que se encontram na casa do sócio da sociedade, na posse de terceiros ou que tenham sido maliciosamente desviados na véspera da decretação da falência.

Tais bens poderão ser arrecadados pelo administrador judicial a qualquer momento tão logo se tenha notícia deles, como pode ocorrer depois de eventual prestação de informações por parte do falido (ou terceiro) ordenada pelo juízo falimentar. Embora tenham escapado da arrecadação inicial, o falido não poderá praticar qualquer ato de disposição, sob a pena de nulidade do negócio[2867] – rectius: ineficácia da operação –, além da possibilidade de que tal conduta seja enquadrada como crime falimentar.

2.9. Situações Especiais

Algumas espécies de bens têm peculiaridades quanto à forma de arrecadação, razão pela qual merecem um olhar especial quanto aos potenciais efeitos sobre a pessoa responsável pela sua guarda.

2.9.1. Arrecadação de quotas sociais

Um dos casos refere-se às quotas sociais. *Ao invés de arrecadadas, o Código Civil (art. 1.030, parágrafo único) e a LREF (art. 123) determinam que se apurem os haveres do falido, pagando-os diretamente à massa falida, e excluindo-se o falido do quadro social.* Para maiores detalhes, ver o que foi exposto no Capítulo 22, item 5.13.

[2863] FERRARA. *Il fallimento...*, p. 296-297; PROVINCIALI. *Trattato di diritto fallimentare*, v. II..., p. 793 e 805 ss.

[2864] REQUIÃO. *Curso de direito falimentar*, v. 1..., p. 149.

[2865] PROVINCIALI. *Trattato di diritto fallimentare*, v. II..., p. 805-806.

[2866] PROVINCIALI. *Trattato di diritto fallimentare*, v. II..., p. 806; CARVALHO DE MENDONÇA. *Tratado de direito comercial brasileiro*, v. VII..., p. 449; MARCONDES. *Direito comercial...*, p. 201.

[2867] MARCONDES. *Direito comercial...*, p. 206.

ARRECADAÇÃO, AVALIAÇÃO E GUARDA DOS BENS

2.9.2. Arrecadação de bens imóveis

A arrecadação dos bens imóveis se concretiza com a expedição de ofícios por parte do juízo falimentar determinando a sua indisponibilidade e a efetiva anotação na matrícula. Depois da arrecadação, o administrador judicial tem o prazo de 15 dias para juntar nos autos da falência as certidões de registro, com as devidas anotações (art. 110, §4º).

2.9.3. Arrecadação de bens móveis sujeitos a registro

Quanto aos bens móveis registráveis, aplica-se o mesmo procedimento dos imóveis, apesar da omissão legal[2868]. São exemplos de bens móveis sujeitos ou passíveis de registro, estando, portanto, nessa situação: aeronaves, embarcações, veículos, marcas, invenções, modelos de utilidade, desenhos industriais, programas de computador, entre outros.

2.9.4. Arrecadação e depositário

Sem adentrar na discussão sobre a possibilidade de prisão civil do depositário infiel, registre-se o conteúdo da Súmula 305 do STJ (2004): "É descabida a prisão civil do depositário quando, decretada a falência da empresa, sobrevém a arrecadação do bem pelo síndico".

3. Alcance Extraordinário

Vimos que o alcance ordinário da arrecadação consiste na apreensão judicial dos bens do falido e, em alguns casos, dos sócios de responsabilidade ilimitada – ou seja, como regra, os sócios de responsabilidade limitada, administradores e liquidantes não têm seus bens arrecadados.

Em contraposição a esse regime, a expressão "alcance extraordinário" designará uma situação excepcional – embora relativamente comum na prática – que se materializa com a apreensão judicial de bens que não pertencem formalmente nem ao falido, tampouco aos sócios de responsabilidade ilimitada[2869].

São os casos de aplicação da teoria da desconsideração da personalidade jurídica decorrentes, na grande maioria dos casos, da aplicação do art. 50 do Código Civil e da extensão dos efeitos da falência aos sócios (geralmente sociedade pertencente ao mesmo grupo empresarial do falido)[2870] – lançando-se mão deste

---

[2868] Nesse sentido: CAMPINHO, Sérgio. *Falência e recuperação de empresas:* o novo regime da insolvência empresarial. Rio de Janeiro: Renovar, 2006, p. 231.

[2869] São hipóteses em que a arrecadação atinge bens que não são de titularidade do falido, mas, diferentemente dos bens objeto de pedido de restituição, tendem a compor a massa falida objetiva para satisfação dos credores.

[2870] BERTOLDI. Seção VII: Da arrecadação e da custódia dos bens..., p. 817. Diga-se de passagem que a desconsideração da personalidade jurídica nada tem a ver com a responsabilização por via do art. 82

RECUPERAÇÃO DE EMPRESAS E FALÊNCIA

mecanismo especialmente diante da inexistência de um regime jurídico adequado a tratar da questão envolvendo grupos de sociedade.

Sem enfrentar a análise da pertinência e da adequação do remédio no contexto em questão – já que o tema é bastante polêmico e foge do alcance do estudo[2871] –, o exame da jurisprudência de nossos tribunais revela duas situações típicas nas quais se utiliza a teoria da desconsideração para determinar a arrecadação de bens que formalmente não são de titularidade do falido:

a. Desconsideração pontual;
b. Desconsideração extensiva.

A primeira hipótese consiste na ineficácia episódica da personalidade jurídica para que um determinado bem (ou conjunto de bens e direitos), geralmente subtraído do patrimônio da sociedade falida fraudulentamente, seja reintegrado ao patrimônio desta, ou melhor, ao conjunto de bens que compõem a massa falida objetiva[2872].

A segunda hipótese está consubstanciada no caso de extensão dos efeitos da falência aos sócios, geralmente outras sociedades integrantes de um grupo de

---

da LREF. Nesse sentido, veja-se o Enunciado 48 da 1ª Jornada de Direito Comercial, promovida pelo Conselho da Justiça Federal/CJF no ano de 2012: "A apuração da responsabilidade pessoal dos sócios, controladores e administradores feita independentemente da realização do ativo e da prova da sua insuficiência para cobrir o passivo, prevista no art. 82 da Lei n. 11.101/2005, não se refere aos casos de desconsideração da personalidade jurídica".

[2871] A propósito, há críticas contundentes da doutrina quanto ao uso descontrolado da teoria da desconsideração para estender os efeitos da falência e a consequente arrecadação extensiva sobre os bens de outras sociedades, como, por exemplo, a de: LEÃES, Luiz Gastão Paes de Barros. Desconsideração da personalidade jurídica. In: _____. *Pareceres*, v. I. São Paulo: Singular, 2004, p. 371-383. Sobre as diferentes perspectivas (clássicas e atuais) acerca do tema da personalidade jurídica e sua desconsideração, ver: COMPARATO; SALOMÃO FILHO. *O poder de controle na sociedade anônima...*; OLIVEIRA. *Conceito da personalidade jurídica...*; OLIVEIRA. *A dupla crise da pessoa jurídica...*; PARENTONI, Leonardo Netto. *Desconsideração contemporânea da personalidade jurídica*. São Paulo: Quartier Latin, 2014; REQUIÃO. Abuso de direito e fraude..., p. 67-84; SALOMÃO FILHO. A teoria da desconsideração da personalidade jurídica..., p. 232-271; SCALZILLI. *Confusão patrimonial no direito societário...*; e WARDE JÚNIOR. *Responsabilidade dos sócios...*, p. 163-241. Na doutrina estrangeira, entre outros: WORMSER. *Disregard of the corporate fiction and allied corporation problems...*; VERRUCOLI. *Il superamento della personalità giuridica...*; SERICK. *Forma e realtà della persona giuridica....*; e DOBSON. *El abuso de la personalidad jurídica...*

[2872] Exemplificativamente: STJ, 4ª Turma, REsp 418.385/SP, Rel. Min. Aldir Passarinho Júnior, j. 03/09/2007. O STJ, no julgado de relatoria do Min. ALDIR PASSARINHO JÚNIOR, considerou adequada a desconsideração da personalidade jurídica decretada incidentalmente na ação falimentar, permitindo a arrecadação dos bens e dispensando a revocatória falencial para tal fim. Em sentido semelhante: TJSP, Câmara Especial de Falências e Recuperações Judiciais de Direito Privado, APC 575.202-4/6-00, Rel. Des. Elliot Akel, j. 19/11/2008. Ainda, o STJ já entendeu cabível a determinação de indisponibilidade de bens, na própria sentença falimentar e de ofício, uma vez existente o *fumus boni iuris* e o *periculum in mora*, em situação de uso abusivo da personalidade jurídica por sócios controladores, diretores e ex-diretores para fraudar credores (STJ, 3ª Turma, REsp 370.068/GO, Rel. Min. Nancy Andrighi, j. 16/12/2003).

ARRECADAÇÃO, AVALIAÇÃO E GUARDA DOS BENS

fato, que estejam em condições de confusão patrimonial, resultando na quebra de todas (extensão dos efeitos da falência) e, por via de consequência, na arrecadação do patrimônio delas – o que, em nosso entender, é medida extrema que deve ser tomada com cuidado[2873-2874], mesmo porque enseja a consolidação

[2873] Exemplificativamente: STJ, 3ª Turma, RMS 16.105/GO, Rel. Min. Nancy Andrighi, j. 19/08/2003. Segundo consta da ementa do referido acórdão, "Caracterizada a confusão patrimonial entre sociedades formalmente distintas, é legítima a desconsideração da personalidade jurídica da falida para que os efeitos do decreto falencial alcancem as demais sociedades envolvidas". Ver, também: STJ, 4ª Turma, REsp 63.652/SP, Rel. Min. Barros Monteiro, j. 13/06/2000; STJ, 3ª Turma, REsp 211.619/SP, Rel. Min. Waldemar Zveiter, j. 16/02/2001; STJ, 3ª Turma, REsp 228.357/SP, Rel. Min. Castro Filho, j. 09/12/2003; STJ, 3ª Turma, REsp 1.259.020/SP, Rel. Min. Nancy Andrighi, j. 09/08/2011; STJ, 3ª Turma, REsp 1266666/SP, Rel. Min. Nancy Andrighi, j. 08/09/2011; STJ, 3ª Turma, REsp 1.259.018, Rel. Min. Nancy Andrighi, j. 09/08/2011; STJ, 3ª Turma, REsp 1.125.767/SP, Rel. Min. Nancy Andrighi, j. 09/08/2011 ("1. Em situação na qual dois grupos econômicos, unidos em torno de um propósito comum, promovem uma cadeia de negócios formalmente lícitos mas com intuito substancial de desviar patrimônio de empresa em situação pré-falimentar, é necessário que o Poder Judiciário também inove sua atuação, no intuito de encontrar meios eficazes de reverter as manobras lesivas, punindo e responsabilizando os envolvidos. 2. É possível ao juízo antecipar a decisão de estender os efeitos de sociedade falida a empresas coligadas na hipótese em que, verificando claro conluio para prejudicar credores, há transferência de bens para desvio patrimonial. Não há nulidade no exercício diferido do direito de defesa nessas hipóteses. 3. A extensão da quebra a pessoas físicas que participem desses grupos demanda que se demonstre a efetiva participação de cada um a quem os efeitos da falência serão estendidos. 4. Na hipótese em que as pessoas físicas se limitaram à constituição de uma empresa, com sua posterior transferência a sociedades integrantes do grupo econômico falido, sem qualquer ingerência posterior demonstrada, a extensão da quebra demanda prévia citação, possibilitando-se o exercício, pelos destinatários da ordem, de seu direito de defesa. 5. Recurso especial conhecido e provido."). Finalmente: TJSP, 2ª Câmara Reservada de Direito Empresarial, AI 2070668-74.2014.8.26.0000, Rel. Des. Fábio Tabosa, 08/10/2014 ("Recuperação judicial. Convolação em falência em virtude da apresentação intempestiva do respectivo plano, bem como da constatação de irregularidades outras que culminaram no esvaziamento das atividades desenvolvidas pela recuperanda. Extensão dos efeitos da quebra a terceira empresa, Aliança, integrante do mesmo grupo econômico da devedora. Sugestão de decisão extra petita em razão da ampliação do alcance da falência. Descabimento. Argumento que envolve a defesa de interesses de terceira, a quem cabe a tutela da própria esfera jurídica. Art. 6º do CPC. Extensão dos efeitos que de todo modo foi expressamente requerida pela Administradora Judicial. Sociedade recuperanda que tinha plena ciência das irregularidades apontadas nos autos, a ela imputadas. Alegação de surpresa e de falta de oportunidade para manifestação a respeito da denúncia de coligação empresarial irregular que soa quando menos duvidosa. Ofensa aos princípios do contraditório e da ampla defesa não configurada. Transferência por outro lado da totalidade do maquinário da autora à mencionada terceira, a título de pretenso arrendamento, que não foi noticiada no âmbito da recuperação judicial e tampouco apontada no respectivo plano de recuperação. Compartilhamento por parte das empresas de matéria prima e da mesma estrutura física que evidencia a confusão patrimonial existente. Identidade de atuação de ambas as sociedades constatada. Atividade produtiva da empresa devedora que se encontra outrossim confessadamente paralisada. Impossibilidade de atendimento aos objetivos do instituto da recuperação judicial e às metas traçadas no plano correspondente caracterizada. Intempestividade do plano de recuperação, por seu turno, corretamente reconhecida. Prazo de 60 dias, à luz do art. 53, caput, da Lei nº 11.101/2005, contado do deferimento do processamento da recuperação, e somente superável em circunstâncias excepcionalíssimas, devidamente justificadas, ausentes no caso concreto. Decisão de Primeiro Grau, que determinou a quebra, mantida. Agravo de instrumento da recuperanda a que se nega provimento.").

RECUPERAÇÃO DE EMPRESAS E FALÊNCIA

substancial, concorrendo todos os credores no patrimônio de todos os devedores envolvidos[2875].

O efeito imediato decorrente da aplicação da teoria da desconsideração da personalidade jurídica – em ambas as hipóteses acima elencadas – consiste numa arrecadação extensiva, além dos bens que compõem o patrimônio do falido (mas, na hipótese de extensão dos efeitos da quebra a outros sujeitos, todos os efeitos da quebra passam a recair sobre estes)[2876-2877].

[2874] Há críticas contundentes quanto a esse efeito exótico jurisprudencialmente construído – embora inexistente no sistema falimentar, que, aliás, possui ações específicas para debelar os problemas que essa desconsideração extensiva quer atacar. Além disso, essa modalidade de desconsideração teria por efeito, ainda, conferir legitimidade para a massa falida figurar nos polos ativo e passivo das ações nas quais figuram aqueles atingidos pela falência (outras pessoas jurídicas e físicas). Ao menos foi esse o entendimento consubstanciado no Enunciado 50 da 1ª Jornada de Direito Comercial, promovida pelo Conselho da Justiça Federal/CJF no ano de 2012.

[2875] Ver: DINIZ. *Grupos societários...*, p. 208-211, 224-225 (sugerindo, inclusive, a aplicação do art. 127 da LREF).

[2876] Sobre o tema, trabalhando a questão nos grupos de sociedade – e, por conta disso, estudando a extensão da falência a sociedades controladoras bem como a sociedades controladas, além de analisar a questão envolvendo grupos multinacionais –, por todos, ver: DINIZ. *Grupos societários...*, p. 113 ss (especialmente p. 168 ss). Ver, também: AGUIAR JÚNIOR. A desconsideração da personalidade jurídica e a falência..., p. 561-574; CORREA JUNIOR, Gilberto Deon. A extensão da quebra. *Revista Ajuris*, v. 62, Porto Alegre, p. 11-73, 1994; DINIZ, Gustavo Saad. Falência de grupos societários: critérios de extensão de efeitos de falência. In: CEREZETTI, Sheila C. Neder; MAFFIOLETTI, Emanuelle Urbano (coord.). *Dez anos da Lei nº 11.101/2005*: estudos sobre a Lei de Recuperação e Falência. São Paulo: Almedina, 2015, p. 528-547; LOBO, Jorge. Extensão da falência e o grupo de sociedades. *Revista da EMERJ*, v. 12, n. 45, p. 74-86, 2009; PUGLIESI, Adriana Valéria. A responsabilidade patrimonial do falido, a extensão dos efeitos da falência e a desconsideração da personalidade jurídica da sociedade falida. In: CEREZETTI, Sheila C. Neder; MAFFIOLETTI, Emanuelle Urbano (coord.). *Dez anos da Lei nº 11.101/2005*: estudos sobre a Lei de Recuperação e Falência. São Paulo: Almedina, 2015, p. 493-517; SICA. A disciplina dos grupos empresariais..., p. 118-120; TOLEDO, Paulo Fernando Campos Salles de. Extensão da falência a sócios ou controladores de sociedades falidas. *Revista do Advogado*, a. XXIX, n. 105, p. 153-158. São Paulo: AASP, set. 2009. Sobre a possibilidade de o Ministério Público requerer a tomada de tais medidas, ver: MIGLIARI JÚNIOR, Arthur. O poder de investigação do Ministério Público nos crimes falenciais e recuperacionais. In: CEREZETTI, Sheila C. Neder; MAFFIOLETTI, Emanuelle Urbano (coord.). *Dez anos da Lei nº 11.101/2005*: estudos sobre a Lei de Recuperação e Falência. São Paulo: Almedina, 2015, p. 52. Ainda, sobre a questão envolvendo a desconsideração da personalidade jurídica e eventual extensão dos efeitos da falência quando a sociedade controladora não se sujeita à LREF (como é o caso das sociedades cooperativas e fundações), ver: DINIZ. *Grupos societários...*, p. 201-203.

[2877] É importante referir que o Código de Processo Civil possui procedimento específico (arts. 133-137) para a desconsideração da personalidade jurídica, o qual entendemos aplicável à LREF (no sentido do disposto no Enunciado 247 do Fórum Permanente de Processualistas Civis: "Aplica-se o incidente de desconsideração da personalidade jurídica no processo falimentar"), desde que feitas as devidas adaptações. Nesse sentido, entendemos que a desconsideração da personalidade jurídica, por exemplo, não pode suspender o feito falimentar, como determina o art. 134, §3º, do CPC.

ARRECADAÇÃO, AVALIAÇÃO E GUARDA DOS BENS

4. Limites

São limites à arrecadação (*i*) os bens absolutamente impenhoráveis apontados, basicamente, na legislação processual civil (CPC, art. 833) e na Lei 8.009/1990, (*ii*) os que integrem a meação do cônjuge do falido e (*iii*) os que façam parte de patrimônio de afetação (art. 119, IX)[2878]. Como destaca SYLVIO MARCONDES, há bens que, em virtude de motivos de humanidade, em função da falta de interesse econômico e por várias outras razões, são excluídos da execução individual ou coletiva[2879].

A falência acaba por cindir o patrimônio do falido em duas massas – uma passível de execução, afetada ao pagamento dos credores, objeto, portanto, da arrecadação, e outra cujos bens escapam à execução coletiva, entre eles os impenhoráveis[2880].

4.1. Bens absolutamente impenhoráveis

O art. 108, §4º, da LREF dispõe que não serão arrecadados os bens absolutamente impenhoráveis. Segundo a legislação processual civil (CPC, art. 833), são absolutamente impenhoráveis[2881]: (*i*) os bens inalienáveis e os declarados, por ato voluntário, não sujeitos à execução, apesar de poderem ser penhorados, à falta de outros bens, os frutos e rendimentos dos bens inalienáveis, salvo se destinados à satisfação de prestação alimentícia (CPC, art. 834); (*ii*) os móveis, pertences e utilidades domésticas que guarnecem a residência do executado, salvo os de elevado valor ou que ultrapassem as necessidades comuns correspondentes a um médio padrão de vida; (*iii*) os vestuários, bem como os pertences de uso pessoal do executado, salvo se de elevado valor; (*iv*) os vencimentos, subsídios, soldos, salários, remunerações, proventos de aposentadoria, pensões, pecúlios e montepios, bem como as quantias recebidas por liberalidade de terceiro e destinadas ao sustento do devedor e sua família, os ganhos de trabalhador autônomo e os honorários de profissional liberal[2882]; (*v*) os livros, as máquinas, as ferramentas, os utensílios, os instrumentos ou outros bens móveis necessários ou úteis ao exercí-

---

[2878] Não se pode esquecer, também, que os bens gravados com cláusula de inalienabilidade, decorrentes de doações e disposições testamentárias, por exemplo, também escapam da arrecadação (BEZERRA FILHO. *Lei de Recuperação de Empresas e Falências comentada...*, p. 288).

[2879] MARCONDES. *Direito comercial...*, p. 210.

[2880] REQUIÃO. *Curso de direito falimentar*, v. 1..., p. 150-151.

[2881] Em qualquer hipótese, a impenhorabilidade não é oponível à cobrança do crédito concedido para a aquisição do próprio bem (CPC, art. 833, §1º).

[2882] Não se aplicando à hipótese de penhora para pagamento de pensão alimentícia (CPC, art. 833, §1º – sendo que o novo diploma processual civil estabelece que isso se dá independentemente de sua origem). Além disso, o CPC, no referido art. 833, §1º, também determina que a impenhorabilidade não se aplica às importâncias excedentes a 50 salários-mínimos mensais.

cio de qualquer profissão[2883-2884]; (*vi*) o seguro de vida; (*vii*) os materiais necessários para obras em andamento, salvo se essas forem penhoradas; (*viii*) a pequena propriedade rural, assim definida em lei, desde que trabalhada pela família[2885]; (*ix*) os recursos públicos recebidos por instituições privadas para aplicação compulsória em educação, saúde ou assistência social; (*x*) até o limite de 40 salários mínimos, a quantia depositada em caderneta de poupança[2886]; e (*xi*) os recursos públicos do fundo partidário recebidos por partido polícito (sem aplicação em contexto falimentar). Ainda, o art. 833, XII, do CPC determina serem impenhoráveis os (*xii*) créditos oriundos de alienação de unidades imobiliárias, sob regime de incorporação imobiliária, vinculados à execução da obra.

É, ainda, impenhorável, como previsto na Lei 8.009/1990, o imóvel residencial do empresário individual ou do sócio de responsabilidade ilimitada. Para os efeitos de impenhorabilidade, considera-se residência o único imóvel utilizado pelo casal ou pela entidade familiar para moradia permanente, nos termos do art. 5º. Na hipótese de o casal, ou a entidade familiar, ser possuidor de vários imóveis utilizados como residência, dispõe o parágrafo único que a impenhorabilidade recairá sobre o de menor valor, salvo se outro tiver sido registrado, para esse fim, no Registro de Imóveis e na forma do art. 70 do Código Civil.

A impenhorabilidade compreende, também, o imóvel sobre o qual se assentam a construção, as plantações, as benfeitorias de qualquer natureza e todos os equipamentos, inclusive os de uso profissional, ou móveis que guarnecem a casa, desde que quitados (Lei 8.009/1990, art. 1º, parágrafo único). Mas estão excluídos da impenhorabilidade os veículos de transporte, obras de arte e adornos suntuosos (Lei 8.009/1990, art. 2º). No caso de imóvel locado, a impenhorabilidade aplica-se aos bens móveis quitados que guarneçam a residência e que sejam de propriedade do locatário, observado o disposto neste artigo (parágrafo único).

[2883] O art. 833, §3º, do CPC, assim dispõe: "§3º Incluem-se na impenhorabilidade prevista no inciso V do caput os equipamentos, os implementos e as máquinas agrícolas pertencentes à pessoa física ou à empresa individual produtora rural, exceto quando tais bens tenham sido objeto de financiamento e estejam vinculados em garantia a negócio jurídico ou quando respondam por dívida de natureza alimentar, trabalhista ou previdenciária."

[2884] O STJ já se manifestou no sentido de que tal proteção alcança os empresários individuais, as pequenas e as microempresas nas quais a profissão seja exercida pessoalmente pelos sócios, restringindo-se aos bens necessários para o desenvolvimento da atividade (STJ, 4ª Turma, REsp 1224774/MF, Rel. Min. Maria Isabel Gallotti, j. 10/11/2016).

[2885] Logo, se o produtor rural tiver optado pelo regime empresarial por meio do registro na Junta Comercial (como já analisado no item 3.1. do Capítulo 3 deste livro), sua falência não importará a arrecadação do seu estabelecimento.

[2886] De acordo com o art. 833, §2º, do CPC, tal hipótese não se aplica no caso de penhora para pagamento de pensão alimentícia, independentemente de sua origem.

ARRECADAÇÃO, AVALIAÇÃO E GUARDA DOS BENS

Finalmente, não se beneficiará da impenhorabilidade aquele que, sabendo-se insolvente, adquire de má-fé imóvel mais valioso para transferir a residência familiar, desfazendo-se ou não da moradia antiga (Lei 8.009/1990, art. 4º). Neste caso, poderá o juiz, na respectiva ação do credor, transferir a impenhorabilidade para a moradia familiar anterior, ou anular-lhe a venda, liberando a mais valiosa para execução ou concurso, conforme a hipótese (§1º).

Não se pode, finalmente, esquecer das limitações impostas pelos arts. 1.715, 1.848 e 1.911 do Código Civil.

4.2. Bens integrantes dos patrimônios de afetação

Além dos bens impenhoráveis, também são excluídos da arrecadação os que integrem o chamado patrimônio de afetação, enquanto estiverem em cumprimento de sua destinação específica ou até o advento do respectivo termo, na forma prevista no art. 119, IX, da LREF[2887].

4.3. Meação do cônjuge do empresário individual ou do sócio de responsabilidade ilimitada

Mesmo sendo o falido empresário individual ou sócio de responsabilidade ilimitada, hipóteses em que todo o seu patrimônio pessoal poderá ser atingido pela arrecadação, ressalvados os impenhoráveis, também ficarão resguardados aqueles bens que compõem a meação do cônjuge, na forma do art. 3º do Estatuto da Mulher Casada (Lei 4.121/1962), bem como do art. 1.686 do Código Civil[2888].

Os bens componentes da meação que tiverem sido arrecadados pelo administrador judicial poderão ser objeto de embargos de terceiro, de acordo com o art. 93 da LREF. Deve-se atentar para o fato de que os tribunais têm presumido que as dívidas contraídas pelo falido o são em benefício da família, cabendo ao cônjuge prejudicado elidir essa presunção[2889], o que é possível fazer pela comprovação de que o bem que se quer resguardar foi adquirido anteriormente à constituição da empresa[2890] ou que o cônjuge possui economia própria capaz de contribuir para a aquisição do mesmo[2891].

[2887] São exemplos de patrimônio de afetação: (*a*) o terreno e as acessões objeto de incorporação imobiliária, bem como os demais bens e direitos a ela vinculados, nos termos dos art. 31-A e seguintes da Lei 4.591/45; (*b*) o patrimônio dos fundos de investimento, nos termos do art. 80 da Instrução CVM 409/2004; e (*c*) os recursos dos grupos de consórcios para a aquisição de bens geridos, na forma do art. 3º, §§3º e 4º, da Lei 11.795/2008.

[2888] BERTOLDI. Seção VII: Da arrecadação e da custódia dos bens..., p. 816.

[2889] STJ, 3ª Turma, REsp 58.854/SP, Rel. Min. Nilson Naves, j. 30/05/1995; TJRS, 6ª Câmara, APC 70035544626, Rel. Luís Augusto Coelho Braga, j. 24/02/2011.

[2890] TJRS, 6ª Câmara Cível, AI 70021459854, Rel. Des. Artur Arnildo Ludwig, j. 13/12/2007.

[2891] TJRS, 6ª Câmara Cível, APC 70017920901, Rel. Des. Artur Arnildo Ludwig, j. 18/10/2007.

5. Medidas assecuratórias

É possível que sejam tomadas algumas providências assecuratórias em prol da efetividade da arrecadação. Trata-se (*i*) do arresto de bens, que a LREF chama, equivocadamente, de sequestro (LREF, art. 103)[2892], e (*ii*) da medida de indisponibilidade (LREF, art. 82, §2º).

Quanto à primeira medida, o juiz pode, mesmo antes da decretação da quebra, acautelar o interesse dos credores, tirando da posse do devedor – perda da administração e da disponibilidade – os seus bens, quando se verificar, no caso concreto, risco para a fase de arrecadação[2893].

Diversa é a hipótese da medida de indisponibilidade prevista no art. 82, §2º. A responsabilidade pessoal dos sócios de responsabilidade limitada, dos controladores e dos administradores da sociedade falida será apurada no próprio juízo da falência (art. 82, *caput*), podendo o juiz, de ofício ou mediante requerimento das partes interessadas (o que inclui o Ministério Público), ordenar a indisponibilidade de bens particulares dos réus, em quantidade compatível com o dano provocado, até o julgamento da ação de responsabilização (art. 82, §2º). A medida de indisponibilidade é geralmente determinada na sentença falimentar, com base no poder geral de cautela do juiz (LREF, art. 99, VII), ou, ainda, fundada em pedido liminar da massa falida para garantir execução resultante de ação indenizatória ajuizada contra sócios e administradores[2894].

Enfim, o administrador judicial poderá utilizar de vários meios para efetivar a arrecadação[2895], sendo que, na hipótese de ocultação ou desvio de bens por parte do falido, é possível que medidas sejam tomadas para investigar e arrecadar os bens, as quais podem, eventualmente, ser realizadas em segredo de justiça[2896].

6. Aspectos procedimentais

A arrecadação de bens é ato de intervenção estatal na esfera privada para fazer valer o direito dos credores contra o devedor insolvente. Em virtude da grave repercussão dos seus efeitos, o procedimento deve ser meticulosamente observado, seguindo-se todas as formalidades legais.

[2892] Sobre esse tropeço do legislador, ver o que foi dito no Capítulo 21, item 3.4.

[2893] CARVALHO DE MENDONÇA. *Tratado de direito comercial brasileiro...*, p. 357-358.

[2894] Exemplificativamente: TJRS, 6ª Câmara Cível, AI 70027062900, Rel. Des. Liége Puricelli Pires, j. 19/03/2009.

[2895] BERTOLDI. Seção VII: Da arrecadação e da custódia dos bens..., p. 816.

[2896] Sobre o tema, ver: SACRAMONE, Marcelo Barbosa; SANTOS, Eronides Aparecido Rodrigues dos. Segredo de justiça no incidente de investigação e arrecadação de bens nos processos falimentares. In: CEREZETTI, Sheila C. Neder; MAFFIOLETTI, Emanuelle Urbano (coord.). *Dez anos da Lei nº 11.101/2005*: estudos sobre a Lei de Recuperação e Falência. São Paulo: Almedina, 2015, p. 548-561.

6.1. Legitimidade

Os atos de arrecadação, avaliação e guarda são atribuições do administrador judicial (art. 22, III, "f", "g" e "h", e art. 108, §1º)[2897]. Cabe a ele oportunizar a participação do falido (art. 108, §2º), sendo aconselhável estender o convite ao Ministério Público, embora não haja previsão legal expressa nesse sentido[2898].

6.2. Participação do falido e do Ministério Público

Apesar de o ato de arrecadação não depender da presença do falido, o acompanhamento ou a prestação de assistência não é apenas possível (diante do disposto no art. 108, §2º), mas verdadeiramente desejável por uma série de razões. Por exemplo, permite o esclarecimento de eventuais peculiaridades sobre os bens arrecadados, pode facilitar a avaliação, informar a localização de outros, identificar o acesso às diversas dependências do estabelecimento, etc[2899].

Por tudo isso, é fortemente recomendável a convocação do falido para participar do ato. E, uma vez requisitada, sua presença é obrigatória, de acordo com o art. 104, VII.

A LREF não exige a participação do Ministério Público no ato de arrecadação, como fazia o regime anterior. A mudança refletiu as críticas doutrinárias quanto à incompatibilidade da participação obrigatória do *parquet* na arrecadação (que depende do cumprimento de uma série de formalidades processuais) com a celeridade que o momento exige[2900].

[2897] Esclarece SYLVIO MARCONDES que: "Na prática, o que efetivamente sucederá? Tudo dependerá do síndico [administrador judicial], que muitas vezes para bem desempenhar as suas funções terá de custear estas providencias pessoalmente – pois a expressiva maioria dos processos são, por assim dizer, miseráveis (...). O ato de arrecadação em si equipara-se à penhora da execução singular, pois trata-se apreensão judicial de bens a fim de satisfazer credores. Assemelham-se na medida que o *resultado material* é o mesmo." (MARCONDES. *Direito comercial...*, p. 205).

[2898] VIGIL NETO. *Teoria falimentar e regimes recuperatórios...*, p. 274.

[2899] E vale esclarecer: "Ao contrário do que as vezes se possa imaginar, o falido em princípio não cometeu qualquer deslize ou qualquer crime; ante o princípio da presunção de inocência, o falido deve ser visto com pessoa que, pelos azares da atividade empresarial, que é atividade que busca o lucro e por isso é eminentemente de risco, chegou a uma situação de falência. Por isso mesmo, o próprio falido tem interesse em que o andamento da falência se dê da forma mais produtiva possível, sendo a ele deferidas diversas prerrogativas, entre elas a possibilidade de poder acompanhar – e evidentemente fiscalizar – tanto a arrecadação quanto a avaliação." (BEZERRA FILHO. *Lei de Recuperação de Empresas e Falências comentada...*, p. 287-288).

[2900] Como explica MARCELO BERTOLDI: "A crítica que se fazia em relação àquela obrigatoriedade dizia respeito à incompatibilidade dela com a celeridade necessária para a arrecadação de bens. Durante o tempo necessário para a nomeação do síndico e o convite deste ao representante do Ministério Público para proceder à arrecadação, corria-se o risco de se ter a dilapidação do patrimônio do falido." "(...) embora não exista mais essa obrigação de acompanhamento por parte do Ministério Público, com intuito de dar maior transparência possível à arrecadação e avaliação é conveniente que o administrador cientifique referido órgão para que, querendo, acompanhe as providências." (BERTOLDI. Seção VII: Da

RECUPERAÇÃO DE EMPRESAS E FALÊNCIA

6.3. Força policial, oficial de justiça e auxiliares

Se necessário for, o administrador judicial poderá solicitar reforço policial[2901]. Hipótese crível seria a de eventual oferecimento de resistência por parte do empresário individual, de sócios ou representantes da sociedade empresária para a arrecadação dos bens, sendo possível a decretação da prisão destes por "resistência a ordem legal"[2902].

Caso o administrador judicial encontre o estabelecimento fechado, sem que o falido esteja presente para abri-lo, pode ser necessária a obtenção de ordem judicial (mandado judicial)[2903]. Esta pode prever, inclusive, o arrombamento do local, hipótese em que será necessário o auxílio de Oficiais de Justiça[2904].

Dependendo da extensão e da complexidade dos trabalhos de arrecadação e de avaliação, o administrador judicial poderá se valer de auxiliares (profissionais ou empresas especializadas), necessitando, para tanto, de autorização judicial para a sua contratação, nos termos do art. 22, I, "h".

Por fim, o administrador judicial poderá utilizar de todos os meios necessários para efetivar a arrecadação, entre eles remédios processuais tais como o arresto, o sequestro e a busca e apreensão[2905].

6.4. Atuação em outras comarcas

O administrador judicial pode arrecadar bens do falido em estabelecimentos que se situem em outras comarcas que não aquela em que tramita a falência, sem necessidade de obter prévia autorização judicial. Em razão da competência universal do juízo falimentar, não é preciso sequer requerer a expedição de carta precatória[2906].

A expedição de carta precatória para o juízo do local onde estão os bens será necessária quando o administrador judicial estiver fora da comarca em que tramita a falência e precisar contar com o auxílio de oficial de justiça, como na hipótese de o estabelecimento estar trancado, ou de força policial, se houver resistência por parte do falido.

---

arrecadação e da custódia dos bens..., p. 814-815). No mesmo sentido: VIGIL NETO. *Teoria falimentar e regimes recuperatórios...*, p. 274.

[2901] REQUIÃO. *Curso de direito falimentar*, v. 1..., p. 228; BERTOLDI. Seção VII: Da arrecadação e da custódia dos bens..., p. 816.

[2902] TEPEDINO. Seção VII: Da arrecadação e da custódia dos bens..., p. 405; FRANCO. Seção VII: Da arrecadação e da custódia dos bens..., p. 430.

[2903] FRANCO. Seção VII: Da arrecadação e da custódia dos bens..., p. 430.

[2904] SAMPAIO DE LACERDA. *Manual de direito falimentar...*, p. 122; TEPEDINO. Seção VII: Da arrecadação e da custódia dos bens..., p. 405; BERTOLDI. Seção VII: Da arrecadação e da custódia dos bens..., p. 816.

[2905] BERTOLDI. Seção VII: Da arrecadação e da custódia dos bens..., p. 816.

[2906] BERTOLDI. Seção VII: Da arrecadação e da custódia dos bens..., p. 816; Ver, também: REQUIÃO. *Curso de direito falimentar*, v. 1..., p. 227.

ARRECADAÇÃO, AVALIAÇÃO E GUARDA DOS BENS

A nomeação de um administrador pessoa jurídica (LREF, art. 21) pode se mostrar eficiente quando for preciso realizar a arrecadação e a avaliação de bens do falido simultaneamente em estabelecimentos situados em comarcas variadas, talvez até em Estados distintos, como forma de evitar eventual perda ou deterioração dos ativos em decorrência da demora demasiada de deslocar o administrador, pessoa física, para tais localidades[2907].

6.5. Auto de arrecadação

No direito processual civil, a expressão "auto" designa o ato que registra e documenta atividades que se realizam fora dos cartórios judiciários, mas que são levados a cabo por serventuários da justiça ou auxiliários do juízo (*e.g.*, oficiais de justiça, peritos, administradores judiciais). O auto de arrecadação é um exemplo dessa prática[2908].

Composto pelo inventário e pelo laudo de avaliação, o auto de arrecadação comumente desdobra-se em diversos registros, que podem ser juntados ao processo em momentos diferentes[2909]. Em qualquer hipótese, deve ser assinado pelo administrador judicial, pelo falido[2910] ou seus representantes e por outras pessoas que auxiliarem ou presenciarem o ato, como assistentes do administrador judicial, oficiais de justiças, etc. (LREF, art. 110); mas a única assinatura indispensável é a do primeiro[2911]-[2912].

O auto de arrecadação assemelha-se ao de penhora e deve conter, além da (*i*) descrição dos bens arrecadados, que pode reunir em rubrica única as coisas do mesmo gênero[2913], (*ii*) sua avaliação, (*iii*) a data em que se deu a arrecadação, (*iv*) a indicação do juízo que a ordenou[2914], bem como outros fatos e elementos que o administrador judicial julgar adequado apontar[2915] (*v.g.*, a recusa do falido ou do

---

[2907] BERTOLDI. Seção VII: Da arrecadação e da custódia dos bens..., p. 816.

[2908] PACHECO, José da Silva. *Processo de recuperação judicial, extrajudicial e falência*. Rio de Janeiro: Forense, 2006, p. 273.

[2909] TEPEDINO. Seção VII: Da arrecadação e da custódia dos bens..., p. 411.

[2910] Se o falido estiver presente e se negar a assinar o auto, far-se-á constar nele a sua recusa (SAMPAIO DE LACERDA. *Manual de direito falimentar*..., p. 124).

[2911] TEPEDINO. Seção VII: Da arrecadação e da custódia dos bens..., p. 411.

[2912] Aponta SAMPAIO DE LACERDA a conveniência de outras assinaturas para evitar eventual conluio entre o falido e o administrador judicial (SAMPAIO DE LACERDA. *Manual de direito falimentar*..., p. 124).

[2913] TEPEDINO. Seção VII: Da arrecadação e da custódia dos bens..., p. 409.

[2914] REQUIÃO. *Curso de direito falimentar*, v. 1..., p. 229; FRANCO. Seção VII: Da arrecadação e da custódia dos bens..., p. 431.

[2915] Salienta MARCELO BERTOLDI, que, havendo "divergências entre administrador, falido e outros participantes (...) caberá ao dissidente apresentar em separado suas observações que poderão ser levadas em conta pelo juiz no transcorrer do processo falimentar" (BERTOLDI. Seção VII: Da arrecadação e da custódia dos bens..., p. 821). No mesmo sentido: COELHO. *Comentários à Lei de Falências e de Recuperação de Empresas*..., p. 402.

seu representante legal em assinar o auto de arrecadação, declinando as razões da recusa, a presença de credor alegando ser seu determinado bem arrecadado, etc.).

Os itens que compõem o auto de arrecadação (*i.e.*, inventário dos bens, avaliações e demais informações) serão preferencialmente autuados em apartado, seguindo em apenso aos autos da falência para não tumultuar o processo principal[2916] (apesar de, na prática, muitas vezes, assim não ocorrer). Como a tramitação processual é geralmente morosa, o auto de arrecadação serve como constante fonte de consulta (juiz, credores, administrador judicial, terceiros interessados e até mesmo o devedor) para que se possa verificar se houve a ocultação de algum bem no curso do processo[2917].

Não sendo possível a avaliação dos bens no ato da arrecadação, o administrador judicial requererá ao juiz a concessão de prazo para elaboração do laudo de avaliação, que não poderá exceder 30 dias, contados da apresentação do auto de arrecadação (art. 110, §1º).

Serão referidos no inventário os seguintes documentos e bens, preferencialmente individualizados (art. 110, §§2º e 3º):

a. Os livros obrigatórios e os auxiliares ou facultativos do devedor, designando-se o estado em que se encontram, o número e a denominação de cada um, as páginas escrituradas, a data do início da escrituração e do último lançamento, e se os livros obrigatórios estão revestidos de todas as formalidades legais[2918];

b. Dinheiro, papéis, títulos de crédito, documentos e outros bens da massa falida[2919];

c. Os bens em poder de terceiro, a título de guarda, depósito, penhor ou retenção;

d. Os bens de propriedade de terceiros ou reclamados por estes, mencionando-se essa circunstância.

[2916] BERTOLDI. Seção VII: Da arrecadação e da custódia dos bens..., p. 821.

[2917] BERTOLDI. Seção VII: Da arrecadação e da custódia dos bens..., p. 821.

[2918] "Deve o administrador relatar o estado em que encontrou os livros do falido, com dados que evitem que se possam fazer novos lançamentos, antes do encerramento deles pelo juiz (isso se não foi o próprio falido quem os entregou em cartório, caso em que o juiz encerrará antes de entregá-los ao administrador – art. 104, II)." (TEPEDINO. Seção VII: Da arrecadação e da custódia dos bens..., p. 412). JÚLIO KAHAN MANDEL critica o dispositivo em questão, pois crê que o exame das formalidades dos livros do falido deve ser feito por um perito contador e não pelo administrador judicial (MANDEL. *Nova Lei de Falências e Recuperação de Empresas anotada...*, p. 215).

[2919] A documentação "pode ser referida em conjunto, ou por gavetas de arquivo, caixas, etc." (TEPEDINO. Seção VII: Da arrecadação e da custódia dos bens..., p. 411).

ARRECADAÇÃO, AVALIAÇÃO E GUARDA DOS BENS

A preocupação com a exata indicação do estado dos livros justifica-se pelo risco de sua adulteração, que pode servir como meio de prova para evidenciar a prática do crime falimentar previsto no art. 178, qual seja: falir sem a regular escrituração dos livros contábeis obrigatórios. Quanto aos papéis e outros documentos, o objetivo do detalhamento é assegurar que a realidade documental e fática não seja distorcida[2920].

Em relação aos bens imóveis, o administrador judicial, no prazo de quinze dias após a sua arrecadação, exibirá as certidões de registro, extraídas posteriormente à decretação da falência, com todas as indicações que nele constarem (art. 110, §4º).

6.6. Lacração

O objetivo da lacração do estabelecimento do falido é fazer da etapa de arrecadação a mais produtiva possível, salvaguardando-se os bens até que o administrador judicial cumpra a função que lhe foi atribuída pela LREF[2921]. O estabelecimento será lacrado sempre que houver risco para a execução da etapa de arrecadação ou para a preservação dos bens da massa falida ou dos interesses dos credores (art. 109).

Embora o regime anterior não tenha tratado diretamente do tema, era corriqueiro que o juiz, ao decretar a falência, determinasse a lacração do estabelecimento do falido. As razões eram óbvias: sem que o falido tivesse condições financeiras para proteger o seu estabelecimento (ou por simples desinteresse em fazê-lo), os bens que o compunham tornavam-se alvo, por exemplo, da ação de bandidos, de funcionários oportunistas, credores buscando a satisfação de seus interesses com as "próprias mãos" ou do próprio falido por vingança – pois ressentido com a sua situação econômica e com a atuação de seus credores –, hipóteses em que a dilapidação dos bens que comporiam a massa falida objetiva era praticamente inevitável.

A praxe forense foi positivada pela nova Lei, no que andou bem o legislador. Por conta disso, o art. 99, XI, determina que o juiz, na sentença falimentar, se pronunciará acerca da continuação provisória das atividades do falido ou da lacração dos estabelecimentos, observado o disposto no art. 109.

A leitura do art. 99, XI, parece indicar que na hipótese de não continuação provisória das atividades do falido o estabelecimento será, obrigatoriamente, lacrado. Todavia, a redação do art. 109 diz que o estabelecimento somente será lacrado se houver risco para a arrecadação e preservação dos bens da massa falida ou dos interesses dos credores. Haveria uma contradição entre os dispositivos?

[2920] BERTOLDI. Seção VII: Da arrecadação e da custódia dos bens..., p. 823.
[2921] BERTOLDI. Seção VII: Da arrecadação e da custódia dos bens..., p. 819.

Parece-nos que não. Os dispositivos devem ser interpretados sistematicamente, haja vista que o próprio art. 99, XI, manda observar o disposto no art. 109. Essa leitura conjunta leva à conclusão de que se não houver risco para a arrecadação e preservação dos bens da massa falida ou dos interesses dos credores, não será necessária a lacração do estabelecimento.

Mas em quais situações o risco não é iminente ou não irá se materializar? Parece, por exemplo, que não há risco nos casos em que o estabelecimento empresarial consiste em uma sala localizada em um prédio comercial, com portaria vinte e quatro horas, segurança e sistema de câmeras. No entanto, como na esmagadora maioria das vezes o juiz não terá elementos suficientes para ponderar acerca da real necessidade de lacrar o estabelecimento, parece que o mais adequado seja, por medida de precaução, sempre determinar a lacração.

O ato de lacração afigura-se importante, inclusive, para afastar o próprio falido do estabelecimento, cuja entrada certamente seria facilitada pela posse das chaves do local e por eventual proximidade (ou até mesmo relação de amizade) com as pessoas que fazem a segurança do local, por exemplo.

Outra questão interessante diz respeito à necessidade ou não de lacração do estabelecimento do falido quando da continuação provisória das atividades, nos termos do art. 99, XI. Embora o legislador tenha feito uso da conjunção alternativa "ou" – como se a lacração do estabelecimento excluísse a continuação provisória das atividades do falido com o administrador judicial – é possível a coexistência das duas situações, isto é, a continuidade das atividades e a lacração do estabelecimento[2922]. Assim o é para evitar que os bens se percam até que o administrador judicial possa assumir o cargo e conduzir o seguimento das atividades, na forma do art. 99, XI. O relatório da lacração, com a lista de bens que foram encontrados, e a contratação de segurança até que seja reaberto o estabelecimento para o funcionamento provisório, por exemplo, garantem a integridade do patrimônio do devedor e facilitam o trabalho do administrador judicial[2923].

A Lei não diz objetivamente a quem incumbe lacrar o estabelecimento. Caberia ao administrador judicial ou ao oficial de justiça? Essa atribuição não está descrita, expressamente, no art. 22, III, da LREF, que elenca os deveres do administrador. Estaria ela contida implicitamente na alínea "o" ("requerer todas as medidas e diligências que forem necessárias para o cumprimento desta Lei, a proteção da massa ou a eficiência da administração")? Ou o fato do arrombamento do estabelecimento ser normalmente realizado com o auxílio do Oficial de Justiça seria um indicativo de que cabe a ele essa tarefa?

[2922] Lembre-se que a a lacração é passível de revogação mediante simples despacho do magistrado (MANDEL. *Nova Lei de Falências e Recuperação de Empresas anotada...*, p. 192).

[2923] Nesse sentido, também, MARCELO BERTOLDI, para quem a lacração seria necessária (BERTOLDI. Seção VII: Da arrecadação e da custódia dos bens..., p. 819).

ARRECADAÇÃO, AVALIAÇÃO E GUARDA DOS BENS

A resposta ao questionamento advém da prática forense. Como a assinatura do termo de compromisso pelo administrador judicial (com a efetiva assunção das obrigações inerentes à função, dentre as quais a realização da arrecadação dos bens) demanda alguns dias[2924], o juiz deve determinar que o Oficial de Justiça se dirija ao estabelecimento do falido com a maior brevidade possível para efetivar a lacração[2925].

Na maioria dos casos, a lacração se dá por meio do trancamento de suas portas e janelas e afixação de aviso na entrada acerca da decretação da falência e da proibição de que pessoas desautorizadas ingressem no local ou abram a tranca[2926],[2927],[2928].

Inexistindo razões para a determinação de qualquer uma dessas medidas, o magistrado pode simplesmente não permitir a continuação provisória das atividades nem ordenar a lacração do estabelecimento[2929]. Porém, havendo omissão por parte do magistrado, é plenamente possível a interposição de embargos de declaração para fins de saná-la.

A responsabilidade pela guarda dos bens e proteção do estabelecimento no intervalo temporal entre o ato de lacração (realizada pelo Oficial de Justiça) e a efetiva arrecadação é do falido. A partir deste momento, no qual o administrador judicial é imitido na posse dos bens, a responsabilidade passa a ser sua[2930].

[2924] Isso sem contar com a hipótese de a pessoa apontada para exercer a função de administrador judicial recusar a indicação, tornando ainda mais moroso o ato de apreensão judicial dos bens do falido, que, na imensa maioria das vezes, está em situação de risco.

[2925] Salienta MARCELO BERTOLDI que a relação de bens que guarnecem o estabelecimento deverá apontar a quantidade, a qualidade e as características, relatório esse que servirá de apoio para o posterior ato de arrecadação a ser realização pelo administrador judicial (BERTOLDI. Seção VII: Da arrecadação e da custódia dos bens..., p. 819). Trata-se do conhecido auto de constatação, que se recomenda seja feito, conforme: BEZERRA FILHO. Capítulo XVII: A arrecadação e a custódia dos bens..., p. 398.

[2926] O ato de lacrar consiste na aposição de um selo ou folha papel fortemente colados na porta do estabelecimento – autenticada pelo administrador judicial contendo os dizeres no sentido de que o seu rompimento é crime, já que se trata de documento público e judicial –, de modo que a abertura desautorizada restará denunciada por eventual rasgo na folha. Ver: BERTOLDI. Seção VII: Da arrecadação e da custódia dos bens..., p. 819. Também nesse sentido: REQUIÃO. Curso de direito falimentar, v. 1..., p. 228.

[2927] Havendo disponibilidade financeira da massa falida, é imperiosa a contratação de serviço de segurança para evitar saques, roubos e furtos, eventos frequentes na Comarca de São Paulo quando da falência de grandes lojas (BEZERRA FILHO. Lei de Recuperação de Empresas e Falências comentada..., p. 282).

[2928] Relata MANOEL JUSTINO BEZERRA FILHO que o perigo de desvio dos bens do falido é tão acentuado que "consagrou-se o hábito de, no mesmo momento em que os autos baixavam a cartório com a sentença declaratória da falência, expedir-se mandado de lacração, cumprido imediatamente por dois oficiais de justiça". Neste ato, era feito um relatório geral acerca dos bens encontrados no local, documentado que servia, inclusive, para orientar o administrador judicial na arrecadação (BEZERRA FILHO. Lei de Recuperação de Empresas e Falências comentada..., p. 282).

[2929] COELHO. Comentários à Lei de Falências e de Recuperação de Empresas..., p. 373.

[2930] Para MARCELO BERTOLDI, o falido "tem a incumbência de resguardar o mesmo contra arrombamentos e atos de vandalismo, contratando, para tanto, segurança física ou eletrônica e, se for o caso, seguro contra furtos". O autor salienta que estas "despesas serão consideradas extraconcursais, nos

6.7. Avaliação

O administrador judicial, ao efetuar a arrecadação dos bens, fará a sua avaliação, separadamente ou em bloco, no ato da arrecadação e no local em que se encontrarem (art. 108, *caput*). A LREF estabeleceu duas modalidades de avaliação dos bens do falido: (*i*) em *bloco* e (*ii*) *separadamente*.

Embora haja preferência pela primeira modalidade de avaliação (em bloco), devido à predileção do legislador pela venda dos ativos como um todo, conforme o comando do art. 140 (venda de todos os estabelecimentos conjuntamente, venda dos estabelecimentos isoladamente, etc.), o bem objeto de garantia real será também avaliado separadamente, mormente para os fins de se determinar o montante a ser alocado na sua classe própria (art. 108, §5º).

Não sendo possível a avaliação dos bens no ato da arrecadação, em razão, por exemplo, da inexistência de condição ou de expertise técnica para tanto, o administrador judicial requererá ao juiz a concessão de prazo para apresentação do laudo de avaliação, que não poderá exceder 30 dias, contados da apresentação do auto de arrecadação (art. 110, §1º).

Tem-se, assim, que a avaliação pode ocorrer em dois momentos distintos: (*i*) imediatamente no ato da arrecadação (avaliação imediata); (*ii*) após 30 dias da apresentação do auto de arrecadação (avaliação posterior)[2931]. Na prática, o administrador judicial não tem a expertise necessária para proceder à avaliação imediata dos bens e necessita fazer uso do prazo estabelecido pela Lei[2932].

Ao contrário do que se dá no direito processual civil, "a avaliação dos bens arrecadados não segue nenhuma formalidade especial, sendo desnecessário mandado de avaliação, laudo e outros instrumentos, bastando que o administrador, por si só ou mediante colaboração de técnicos, atribua valor aos bens pertencentes ao falido"[2933].

---

termos do art. 84 da LRE e deverão ser aprovadas previamente pelo juízo falimentar de forma a evitar a ocorrência de fraude por parte do falido mediante a simulação de gastos não realizados supervalorizados" (BERTOLDI. Seção VII: Da arrecadação e da custódia dos bens..., p. 819). Na visão de RICARDO TEPEDINO, a responsabilidade do falido se justifica na medida em que "(...) a aposição de um lacre, por si só, é tão-somente uma solenidade de pouco conteúdo prático, salvo para facilitar a constatação de que houve uma invasão: ela pouco ou nada acautelará se não houver algum tipo de segurança, eletrônica ou de pessoas (o que, reconheça-se, pode ficar inviabilizado pela falta de recursos da massa), pois um simples aviso ameaçador colocado à porta amedrontará tanto os eventuais saqueadores quanto as maldições postas na entrada dos túmulos dos faraós impediram a sua rapinagem" (TEPEDINO. Seção VII: Da arrecadação e da custódia dos bens..., p. 410). No mesmo sentido: COELHO. *Comentários à Lei de Falências e de Recuperação de Empresas...*, p. 400; FERRAZ, Luiz Augusto de Souza Queiroz. Da arrecadação, avaliação e realização do ativo. *Revista do Advogado*, v. 25, n. 83, p. 66-72, set. 2005.

[2931] TEPEDINO. Seção VII: Da arrecadação e da custódia dos bens..., p. 405; FRANCO. Seção IV: Do procedimento para a decretação da falência..., p. 430.

[2932] TEPEDINO. Seção VII: Da arrecadação e da custódia dos bens..., p. 405; FRANCO. Seção IV: Do procedimento para a decretação da falência..., p. 430.

[2933] BERTOLDI. Seção VII: Da arrecadação e da custódia dos bens..., p. 822.

ARRECADAÇÃO, AVALIAÇÃO E GUARDA DOS BENS

Muitas vezes o administrador consegue fazê-lo mediante simples pesquisa de preço, avaliação das condições e do estado em que se encontram os bens, o que pode ocorrer, em casos menos sofisticados, por meio de pesquisa na internet. Outras tantas – no caso de bens que apresentam maior dificuldade para a sua estimação (*e.g.*, propriedade intelectual, fundo de comércio, participação societária, imóvel) –, é preciso contratar avaliadores, preferencialmente oficiais (art. 22, III, "h"), ou empresa especializada, em razão da necessidade de utilização de formas sofisticadas de avaliação, como o de fluxo de caixa descontado, métodos estruturados e comparativos de avaliação de marcas, entre outros[2934].

Os valores dos bens apontados nos livros e documentos contábeis, bem como as informações prestadas pelo falido, podem ser considerados como indicativos para fins de avaliação. Entretanto, a estimação deve ser feita a valor de mercado, levando-se em conta o estado atual do bem, eventual depreciação ou, até mesmo, valorização, como ocorre, com frequência, com bens imóveis e os bens da propriedade intelectual[2935].

Ações, debêntures, opções e outros títulos ou valores mobiliários com cotação em mercado serão avaliados pela cotação do dia da arrecadação. Participações societárias terão o seu valor apurado de acordo com o método usualmente aceito para o cálculo dos haveres do sócio que se desliga, isto é, aquele que leva em conta o valor dos intangíveis, do fundo de comércio, do aviamento, etc.

Questão interessante diz respeito ao prazo de 30 dias para entrega do laudo de avaliação, na hipótese de ela não ter sido realizada imediatamente no ato da arrecadação. Há que se considerar, por exemplo, a possibilidade de o administrador simplesmente não entregar a avaliação dentro do prazo assinalado em decorrência da dificuldade de avaliar determinado bem (*e.g.*, uma marca, uma invenção ou mesmo todo um fundo de comércio).

Em tal situação, o juiz deve aplicar alguma sanção ao administrador judicial? Mas e se o administrador simplesmente não observa o prazo por negligência? Seria o caso de distinguir uma situação da outra? Lembre-se que o descumprimento das atribuições do administrador judicial pode acarretar a sua destituição (art. 23), inclusive com a perda da remuneração (art. 24, §3º).

Fato é que o prazo legal pode não ser suficiente para a realização da totalidade da avaliação dos bens arrecadados pelo administrador judicial. Nesse caso,

---

[2934] BERTOLDI. Seção VII: Da arrecadação e da custódia dos bens..., p. 822; TEPEDINO. Seção IV: Do procedimento para a decretação da falência..., p. 408.

[2935] TEPEDINO. Seção IV: Do procedimento para a decretação da falência..., p. 408; REQUIÃO. *Curso de direito falimentar*, v. 1..., p. 228. Como destaca MARCELO BERTOLDI: "A avaliação deverá levar em conta o estado de desgaste dos bens, seu valor de reposição e todas as demais características que devem influenciar na exata estimação dos mesmos." (BERTOLDI. Seção VII: Da arrecadação e da custódia dos bens..., p. 821).

outra solução não há senão a prorrogação do prazo pelo juiz, sempre ponderando as peculiaridades da situação em questão e buscando avaliar se não se trata de mera desídia ou negligência do administrador judicial – hipótese em que a aplicação de sanção deve ser cogitada[2936].

A dilação do prazo legal para entrega do laudo de avaliação é solução adequada, desde que o pedido seja fundamentado e tenha sido interposto pelo administrador judicial dentro do trintídio legal. Do contrário, uma avaliação feita de afogadilho poderia prejudicar todos os interessados[2937], motivo pelo qual tão somente o atraso injustificado pode dar ensejo à destituição do administrador[2938].

Além de conteúdo programático[2939], a regra em questão serve como medida para avaliar o grau de zelo e diligência do administrador judicial, que deverá informar adequadamente o Juízo acerca da necessidade de prazo adicional, quando o período legal estiver se esgotando e a tarefa de avaliação demonstrar a necessidade de dilação do prazo.

O laudo de avaliação apresentado pelo administrador judicial pode ser objeto de impugnação por qualquer interessado[2940], entre eles os credores singularmente considerados, o Comitê de Credores, o falido e o Ministério Público. Da decisão que julgar a impugnação, caberá agravo de instrumento – relembrando-se do debate que, atualmente, pode existir diante do disposto no art. 1.015 do Código de Processo Civil.

6.8. Guarda, depósito e remoção

Os bens arrecadados ficarão sob a guarda do administrador judicial, seu natural depositário[2941], ou de pessoa por ele escolhida, sob a sua responsabilidade – a praxe é a nomeação de leiloeiro como tal[2942] –, podendo o falido ou qualquer de seus representantes ser nomeado fiel depositário dos bens (art. 108, §1º).

Mesmo diante do permissivo legal, não é aconselhável fazer do falido o depositário dos bens por óbvias razões, sobretudo pela possibilidade de desvio ou

---

[2936] Como o simples descumprimento do prazo não importa na sua automática dilação – já que há casos nos quais essa medida se mostra injustificável –, o administrador judicial deve comunicar previamente o Juízo acerca das dificuldades que está enfrentando na avaliação e requerer, antes do término do prazo, sua extensão.

[2937] Nesse sentido: BERTOLDI. Seção VII: Da arrecadação e da custódia dos bens..., p. 822.

[2938] Também nesse sentido: TEPEDINO. Seção IV: Do procedimento para a decretação da falência..., p. 411.

[2939] TEPEDINO. Seção IV: Do procedimento para a decretação da falência..., p. 411.

[2940] TEPEDINO. Seção IV: Do procedimento para a decretação da falência..., p. 408.

[2941] O administrador judicial tem o dever de manter e conservar os bens arrecadados, sob pena de responsabilização por eventuais prejuízos causados, forte nos arts. 32, 108, §1º, e 112 da LREF (VIGIL NETO. *Teoria falimentar e regimes recuperatórios...*, p. 275).

[2942] RIBEIRO, Márcia Carla Pereira. Seção VII: Da arrecadação e da custódia dos bens: arts. 111-114. In: CORRÊA-LIMA, Osmar Brina; CORRÊA LIMA, Sérgio Mourão (coord.). *Comentários à nova Lei de Falências e Recuperação de Empresas.* Rio de Janeiro: Forense, 2009, p. 831.

ARRECADAÇÃO, AVALIAÇÃO E GUARDA DOS BENS

malversação[2943]. A despeito disso, em razão de a massa não poder comportar a contratação de um depositário, é possível que essa seja a única alternativa[2944]. De qualquer forma, essa incumbência não pode ser imposta[2945] e, no caso do falido, não será remunerada[2946].

Mesmo depois de entregues os bens para o depositário, a responsabilidade segue sendo do administrador judicial[2947]. Por isso, se houver dano aos bens, o administrador judicial e o depositário respondem, em regra, solidariamente[2948], exceto se for possível provar culpa ou dolo deste[2949].

Se a massa comportar, é recomendável – em qualquer hipótese – a contratação de seguro, cujo prêmio é considerado crédito extraconcursal[2950]. Em caso de prejuízo, cogita-se da possibilidade de os prejudicados acionarem o Estado, já que o administrador judicial é órgão auxiliar da justiça, integrante da "organização judiciária da falência"[2951], ressalvado o direito do Ente Público de exercer o direito de regresso contra o administrador judicial em caso de culpa de seu agente.

A regra geral é a de manutenção dos bens no lugar onde foram arrecadados, salvo a necessidade de remoção em razão de melhor guarda ou conservação (art. 112). Há clara preferência da LREF no sentido de que eles fiquem onde se encontram, certamente para evitar despesas para a massa[2952].

[2943] VIGIL NETO. *Teoria falimentar e regimes recuperatórios...*, p. 275.

[2944] TEPEDINO. Seção IV: Do procedimento para a decretação da falência..., p. 409. Em sentido contrário, defendendo a nomeação do falido como depositário, em decorrência de eventual interesse por parte deste em colaborar com a proteção do seu ativo: MANDEL. *Nova Lei de Falências e Recuperação de Empresas anotada...*, p. 211.

[2945] MANDEL. *Nova Lei de Falências e Recuperação de Empresas anotada...*, p. 211; TEPEDINO. Seção IV: Do procedimento para a decretação da falência..., p. 409.

[2946] TEPEDINO. Seção IV: Do procedimento para a decretação da falência..., p. 409. Dessa forma, "não tendo o falido condições para manter a segurança do local ou a manutenção dos bens, não é a pessoa indicada para o encargo" (MANDEL. *Nova Lei de Falências e Recuperação de Empresas anotada...*, p. 212).

[2947] A nomeação de depositário não exime a responsabilidade do administrador judicial. Ver: BEZERRA FILHO. *Lei de Recuperação de Empresas e Falências comentada...*, p. 287. Como a função de administrador judicial e seus poderes são indelegáveis, se forem nomeados depositários para guardar os bens, a relação jurídica que se constitui com esses depositários é de preposição (REQUIÃO. *Curso de direito falimentar*, v. 1..., p. 229).

[2948] MANDEL. *Nova Lei de Falências e Recuperação de Empresas anotada...*, p. 211.

[2949] RICARDO TEPEDINO não vislumbra a possibilidade de imputar as responsabilidades do depositário infiel para o responsável pela guarda dos bens do falido, porque "à vista das peculiaridades do processo falimentar e das dificuldades que lhe são inerentes, inclusive a escassez de recursos para a conservação dos bens, que se trata de um depósito atípico, onde não há lugar para a prisão do depositário relapso, mas apenas direito a ressarcimento, salvo se o bem foi dolosamente desviado, quando o fato tipifica o crime previsto no art. 173 da LRE" (TEPEDINO. Seção IV: Do procedimento para a decretação da falência..., p. 409).

[2950] REQUIÃO. *Curso de direito falimentar*, v. 1..., p. 230; SAMPAIO DE LACERDA. *Manual de direito falimentar...*, p. 125.

[2951] VALVERDE. *Comentários à Lei de Falências*, v. II..., p. 101.

[2952] FRANCO. Seção VII: Da arrecadação e da custódia dos bens..., p. 432.

RECUPERAÇÃO DE EMPRESAS E FALÊNCIA

Ocorre que o intuito de economizar os recursos da massa pode conspirar em sentido exatamente oposto, determinando sua remoção. É o caso dos bens que estão em imóvel locado pela falida, hipótese em que, muitas vezes, o preço do aluguel e as despesas com eventual contratação de serviços de segurança justificarão a transferência para um depósito, por exemplo[2953]. Cabe ao administrador avaliar a situação, sendo as despesas relativas à remoção classificadas como crédito extraconcursal (art. 84)[2954]. É de se destacar, ainda, a possível responsabilização do administrador judicial por eventuais prejuízos causados pelo transporte irregular dos bens[2955].

6.9. Despesas da arrecadação e ausência ou insuficiência de bens

A massa falida deve suportar todas as despesas relacionadas à arrecadação, avaliação, guarda e conservação dos bens do falido (na verdade, não somente essas, mas todas as despesas incorridas para a liquidação do seu patrimônio). As dívidas geradas a partir de tais atos – tidos como essenciais ao processo falimentar – são consideradas extraconcursais, de acordo com o art. 84, III, da LREF.

Um problema bastante comum na prática falimentar diz respeito à verificação, durante a fase de arrecadação, de que o falido não possui bens suficientes sequer para fazer frente às despesas ordinárias do processo. Em outras palavras: não vale a pena seguir o curso normal da ação falimentar, pois é irrisório – ou talvez mesmo inexistente – o patrimônio passível de liquidação.

A LREF não regulou expressamente o tema. No regime anterior, havia regra específica dispondo sobre a ausência ou a insuficiência de bens para fazer frente às despesas do processo[2956]. Havia, basicamente, duas hipóteses: (*i*) ou os credores suportavam as despesas necessárias para o prosseguimento da falência, hipótese na qual os valores adiantados eram considerados encargo da massa (Decreto-Lei

---

[2953] MANDEL. *Nova Lei de Falências e Recuperação de Empresas anotada...*, p. 211.

[2954] "(...) nada impede que o proprietário do imóvel, interessado na liberação do bem, adiante os valores até que a massa tenha condições de arcar com os custos e reembolsá-los, se assim for possível, analisados os custos e ouvindo-se os interessados" (MANDEL. *Nova Lei de Falências e Recuperação de Empresas anotada...*, p. 217).

[2955] MANDEL. *Nova Lei de Falências e Recuperação de Empresas anotada...*, p. 211.

[2956] "Art. 75. Se não forem encontrados bens para serem arrecadados, ou se os arrecadados forem insuficientes para as despesas do processo, o síndico levará, imediatamente, o fato ao conhecimento do juiz, que, ouvido o representante do Ministério Público, marcará por editais o prazo de dez dias para os interessados requerem o que fôr a bem dos seus direitos. §1º Um ou mais credores podem requerer o prosseguimento da falência, obrigando-se a entrar com a quantia necessária às despesas, a qual será considerada encargo da massa. §2º Se os credores nada requererem, o síndico, dentro do prazo de oito dias, promoverá a venda dos bens porventura arrecadados e apresentará o seu relatório, nos termos, e para os efeitos dos parágrafos 3º, 4º e 5º do art. 500. §3º Proferida a decisão (art. 200, §5º), será a falência encerrada pelo juiz nos respectivos autos". Para aprofundamento, entre outros, ver: REQUIÃO. *Curso de direito falimentar*, v. 1..., p. 236.

ARRECADAÇÃO, AVALIAÇÃO E GUARDA DOS BENS

7.661/1945, art. 75, §1º); (*ii*) ou, na inércia dos credores, o síndico promovia a venda dos bens existentes e encaminhava o encerramento da falência (Decreto--Lei 7.661/1945, art. 75, §§2º e 3º). A segunda alternativa quase sempre se impunha diante do desinteresse dos credores em adiantar recursos para o seguimento da falência[2957].

Mesmo diante da não reprodução do referido dispositivo na LREF, são plenamente aplicáveis as alternativas construídas no regime anterior, pois representam solução razoável para o caso de ausência ou insuficiência de bens na falência.

Se, por um lado, a razoabilidade sugere que a solução seja reproduzida, de outro, não é necessário seguir a mesma liturgia formal prevista no art. 75 do Decreto-Lei 7.661/1945[2958]. Por exemplo, prescinde-se da publicação de edital para convocar os credores para que se manifestem sobre a situação de penúria da massa – já que os credores interessados certamente terão conhecimento dessa circunstância.

Nessa sistemática, caso o administrador judicial não encontre bens suficientes para dar seguimento à ação falimentar, ele deverá levar essa situação ao conhecimento do juiz. Este intimará, primeiramente, o credor que requereu a falência para prestar caução equivalente à quantia necessária para cobrir as despesas inerentes ao seguimento do processo, inclusive remuneração digna ao administrador judicial. Na falta de interesse do requerente, os demais credores serão intimados a arcar com as despesas. Eventuais valores adiantados pelos credores serão considerados créditos extraconcursais (art. 84, II) e poderão ser recuperados caso sejam encontrados bens – até aquele momento desconhecidos pelo juízo falimentar.

Trata-se de procedimento adequado que tem sido admitido na vigência da LREF tanto pelos tribunais[2959] quanto pela doutrina[2960]. Na falta de interesse dos credores, alternativa não há senão o encerramento da falência nos moldes previstos pela regra do art. 75 do Decreto-Lei 7.661/1945[2961].

[2957] TJSP, Câmara Especial de Falências e Recuperações Judicial, APC 356.097-4/8-00, Rel. Des. Romeu Ricupero, j. 07/06/2006.

[2958] TJSP, Câmara Especial de Falências e Recuperações Judicial, APC 470.441-4/0-00, Rel. Des. Elliot Akel, j. 30/05/2007.

[2959] TJSP, Câmara Reservada à Falência e Recuperação de Empresas, AI 542.393-4/0-00, Rel. Des. Romeu Ricupero, j. 29/10/2008; TJSP, Câmara Reservada à Falência e Recuperação de Empresas, AI 560.692.4/6-00, Rel. Des. Elliot Akel, j. 07/05/2008.

[2960] COELHO. *Comentários à Lei de Falências e Recuperação de Empresas...*, p. 305.

[2961] Fazemos, aqui, referência a caso de insolvência civil, em que não foram encontrados bens suficientes do devedor. Na situação em comento, o administrador judicial não encontrou bens e, então, intimado a se manifestar (após longa demora e omissão), requereu o arquivamento do processo, tendo o tribunal de origem interpretado o pedido como abandono da causa e, então, extinguindo o feito. O Superior Tribunal de Justiça, contudo, entendeu que a inércia do administrador, tendo em vista a universalidade e

7. Providências especiais

Neste item, serão examinadas as providências especiais projetadas para dar aos bens do falido rápida utilização ou liquidação sumária. São medidas que podem ser utilizadas logo após a arrecadação, daí a pertinência de a Lei tê-las regulado na mesma Seção VII do Capítulo V, que cuida da arrecadação e da custódia dos bens do falido.

7.1. Utilização econômica provisória dos bens

O administrador judicial poderá alugar ou celebrar outro contrato relacionado aos bens do falido, com o objetivo de gerar renda para a massa, mediante autorização do Comitê de Credores (art. 114, *caput*)[2962]. A utilização econômica provisória dos bens da massa tem o efeito reflexo positivo de mantê-los em funcionamento, ajudando na sua manutenção e conservação, sem que a massa incorra em despesas nesse sentido[2963].

Exemplos comuns dessa prática, além da locação de imóveis, máquinas e equipamentos, são a cessão provisória de bens da propriedade intelectual e o arrendamento de todo o estabelecimento empresarial do falido[2964]. Esse tipo de contratação não gera direito de preferência na compra e não pode importar disposição total ou parcial dos bens do falido (art. 114, §1º). O bem objeto da contratação poderá ser alienado a qualquer tempo, independentemente do prazo contratado, rescindindo-se, sem direito a multa, o contrato realizado, salvo se houver anuência do adquirente (art. 114, §2º)[2965].

---

a predominância do interesse público do processo de insolvência civil, não se subordinaria à vontade das partes; assim, existiriam três opções: (*i*) a suspensão do feito, tendo em vista não terem sido encontrados bens suficientes; (*ii*) o encerramento do processo diante da liquidação total do ativo do devedor; ou (*iii*) a destituição do administrador por inércia. Assim, o STJ determinou, no caso, a continuidade do processo de insolvência com a nomeação de novo administrador (STJ, 4ª Turma, REsp 1.257.730/RS, Rel. Min. Luis Felipe Salomão, j. 03/05/2016).

[2962] A providência prevista no art. 114 está de pleno acordo com os princípios da preservação da empresa e da maximização dos ativos do falido, tão caros para o bom funcionamento das ações falimentares, no que andou muito bem a Lei ao prever tal hipótese de aproveitamento dos bens envolvidos na falência.

[2963] Na visão de JULIO MANDEL, em "outros casos, a locação dos bens pode gerar um desgaste maior em seu valor do que a venda antecipada, motivo pelo qual as partes devem ser ouvidas antes de se concretizar a operação" (MANDEL. *Nova Lei de Falências e Recuperação de Empresas anotada...*, p. 218).

[2964] Em São Paulo, todo um complexo hospitalar – estabelecimento empresarial –, cuja sociedade que o titularizava faliu em 2009, foi arrendado para a Beneficência Portuguesa por R$ 12 milhões, por um período de 10 anos, providência que, além de gerar renda para a massa, tem o condão de preservar os bens da falida (Valor Econômico, edição de 10/10/2011, Caderno Legislação & Tributos, p. E1).

[2965] MANOEL JUSTINO BEZERRA FILHO critica com veemência tais limitações, pois criariam óbice extremamente acentuado à celebração dos contratos (BEZERRA FILHO. *Lei de Recuperação de Empresas e Falências comentada...*, p. 293). Na prática, no entanto, verificamos que o contrato, quando é benéfico para a massa, tende a ser mantido pelo tempo necessário para que possa gerar os devidos benefícios a todos os envolvidos, não se concretizando o vaticínio do referido autor nestes casos.

ARRECADAÇÃO, AVALIAÇÃO E GUARDA DOS BENS

O art. 114 não trata da necessidade de autorização judicial para a celebração do contrato. Poderia o administrador judicial celebrar tais contratos sem autorização do juiz? A LREF dá a entender que sim, considerando os seguintes aspectos: (*i*) o baixo risco para a massa falida; (*ii*) os bens não serem objeto de alienação; (*iii*) eventuais cláusulas em desacordo com os requisitos legais serão ineficazes – como é o caso daquela que busca bloquear a venda do bem enquanto o contrato estiver em vigor[2966].

Embora os argumentos sejam aceitáveis, é improvável, na prática, que o administrador judicial celebre contratos comprometendo bens da massa sem manifestação judicial favorável quanto ao negócio. A concordância prévia do juiz afigura-se como um porto seguro contra eventuais contestações futuras de quem quer que seja, não sendo crível imaginar que o administrador judicial a dispensaria nessas circunstâncias[2967].

O art. 114 exige, no entanto, autorização do Comitê de Credores. Como a constituição do órgão é facultativa, sua autorização será obrigatória e indispensável tão somente nos casos em que ele já se encontra constituído. Não se deve cogitar da obrigatoriedade de constituição do Comitê para o único e exclusivo fim de autorizar a contratação pelo administrador judicial. Neste caso, diante da inexistência do Comitê de Credores, a própria autorização acaba competindo ao juiz tendo em vista o disposto no art. 28 da LREF.

A LREF silenciou-se quanto à forma de seleção do cocontratante. Porém, a omissão do legislador não é motivo suficiente para que a escolha do parceiro observe, necessariamente, as formalidades do leilão, por lances orais, propostas fechadas ou pregão, à semelhança do apregoado no art. 142. A realização de procedimento de cunho licitatório resta dispensada porque não se trata de hipótese de alienação, situação bem mais drástica do que a mera contratação temporária prevista no art. 114[2968].

Recomenda-se, contudo, que o administrador judicial – respeitando a disponibilidade financeira da massa e os termos da Lei – dê ampla publicidade ao mercado acerca do interesse em transferir temporariamente o uso de determinados bens, buscando receber o maior número possível de propostas de potenciais interessados. Essa sistemática tende a aumentar a probabilidade de a massa falida receber propostas mais consistentes e, consequentemente, elevar o montante da receita que será transferida para massa[2969].

[2966] MÁRCIA CARLA PEREIRA RIBEIRO segue essa linha, desde que o administrador judicial obtenha manifestação favorável do Comitê de Credores (RIBEIRO. Seção VII: Da arrecadação e da custódia dos bens..., p. 838).

[2967] Pela necessidade de autorização do juiz, porém noutros termos: BEZERRA FILHO. *Lei de Recuperação de Empresas e Falências comentada*..., p. 293.

[2968] Também nesse sentido: RIBEIRO. Seção VII: Da arrecadação e da custódia dos bens..., p. 839.

[2969] Também nesse sentido: RIBEIRO. Seção VII: Da arrecadação e da custódia dos bens..., p. 839.

De qualquer forma, os credores individualmente, o falido e até o Ministério Público poderão peticionar nos autos da ação falimentar questionamento de eventual celebração de contrato cujos termos e condições sejam contrários aos interesses da massa.

7.2. Liquidação sumária

Variadas são as hipóteses que podem suscitar a liquidação sumária dos bens do falido. Esses casos excepcionais estão previstos em dois dispositivos da LREF, os arts. 111 e 113, dentro da Seção VII do Capítulo V (que cuida da arrecadação e custódia dos bens do falido), antes da Seção X (da realização do ativo), onde seria o local apropriado para tratar da venda dos bens do falido.

Essa localização diferenciada, um tanto quanto apressada se examinada a disposição tópica dos demais assuntos na LREF, denota o senso de urgência que o legislador quis imprimir em relação a tais medidas, as quais devem ser adotadas tão logo seja realizada a arrecadação.

7.2.1. Aquisição ou adjudicação imediata pelos próprios credores em razão dos custos

O juiz poderá autorizar os credores, de forma individual ou coletiva, em razão dos custos e no interesse da massa falida, a adquirir ou adjudicar, de imediato, os bens arrecadados, pelo valor da avaliação, atendida a regra de classificação e preferência entre eles, ouvido o Comitê de Credores, se houver (art. 111).

Dois são os fundamentos para que haja a aquisição ou adjudicação imediata pelos próprios credores: (*i*) verificação de que os bens arrecadados têm valor irrisório, inviabilizando a alienação por uma das formas do art. 142 (*i.e.*, leilão, propostas fechadas ou pregão); ou (*ii*) o custo demasiadamente elevado da sua guarda e conservação em relação ao todo arrecadado[2970].

Trata-se, no entanto, de exceção à regra geral de que os bens serão alienados preferencialmente em determinada fase do processo falimentar, de maneira a preservar a sua unidade (art. 140)[2971]. A expressa autorização para a venda ou adjudicação imediata de bens do falido é uma novidade estabelecida pela LREF, embora em alguma medida essa sistemática já fosse utilizada no regime anterior[2972].

[2970] RICARDO TEPEDINO entende, por exemplo, que a aquisição/adjudicação deve ser global, isto é, de todos os bens arrecadados, o que faz bastante sentido se for levado em conta que o objetivo do art. 111 é que algum credor fique com todos os bens arrecadados, justamente para abreviar a ação falimentar. Assim, não faria sentido que alguns bens fossem adquiridos/adjudicados e ainda restassem outros para alienar (TEPEDINO. Seção VII: Da arrecadação e da custódia dos bens..., p. 413).

[2971] RIBEIRO. Seção VII: Da arrecadação e da custódia dos bens..., p. 825.

[2972] O art. 75 do Decreto-Lei 7.661/1945 previa a possibilidade de venda antecipada dos bens arrecadados quando estes fossem insuficientes para as despesas do processo, encerrando-se a falência nos termos dos §§2º e 3º daquele dispositivo.

ARRECADAÇÃO, AVALIAÇÃO E GUARDA DOS BENS

Apesar do silêncio da Lei, a iniciativa da medida tende a ser do administrador judicial, sem prejuízo de eventual requerimento manejado pelos credores, de despacho do juiz ou, ainda, de pedido do falido, com base no art. 103, parágrafo único. A manifestação do Comitê de Credores sobre a venda ou adjudicação imediata de bens do falido não é vinculante, mas meramente opinativa[2973].

Poder-se-ia interpretar que a liquidação sumária (na forma do art. 111) depende de autorização da Assembleia Geral de Credores, haja vista a redação do art. 145, a qual exige deliberação positiva do órgão acerca de toda e qualquer modalidade alternativa de alienação do ativo que não se faça por uma daquelas do art. 142. De qualquer forma, trata-se de questão discutível, mesmo porque, se assim fosse necessário, não existiriam motivos para o art. 111 determinar a manifestação do Comitê de Credores.

Finalmente, a liquidação sumária prevista no art. 111 depende de prévia autorização judicial. Entendemos pertinente que o Ministério Público seja intimado pessoalmente (tendo em vista que o art. 142, §7º, da LREF assim determina em qualquer modalidade de alienação, sob pena de nulidade, embora o art. 111 não contenha expressa previsão nesse sentido).

A LREF manda respeitar a classificação e a preferência entre os credores. As expressões não são sinônimas. A classificação diz respeito à prioridade no recebimento do crédito, de acordo com a hierarquização vertical dos credores nas classes do art. 83. Já a preferência consiste na destinação prioritária para um credor do valor obtido na alienação de determinado bem, como é o caso do credor com garantia real ou do credor com privilégio especial. Desse modo, se houver credor com garantia real ou privilégio especial, caberá a ele a preferência para adquirir ou adjudicar.

Ainda no que se refere à classificação e às preferências, é preciso destacar as diferenças entre as modalidades de alienação e adjudicação. Por exemplo, quando um credor adquire os bens arrecadados, o produto da venda será utilizado para o pagamento dos credores de acordo com a classificação do art. 83[2974]. No entanto, na adjudicação inexiste pagamento – ingresso de recursos – para a massa, razão pela qual a ocorrência dessa modalidade depende da satisfação integral das classes superiores[2975].

[2973] Tendo em vista que a constituição do Comitê de Credores sequer é obrigatória, podendo não estar presente em muitas falências, como de fato não está em quase todas, não há porque considerar sua manifestação vinculante. Vem a corroborar com isso o fato de que as atribuições mais significativas deste órgão possuem características *fiscalizatórias* e *opinativas* (art. 27, I), não decisórias. Por isso, quando a LREF quis atribuir algum poder decisório do Comitê, fê-lo expressamente, como é o caso do art. 114, que prevê a necessidade de *autorização* do Comitê à celebração de contrato que gere renda a partir dos bens da massa. Se o Comitê não se manifestar, estará precluso esse direito.

[2974] Também nesse sentido: TEPEDINO. Seção VII: Da arrecadação e da custódia dos bens..., p. 413.

[2975] Nessa linha, RICARDO TEPEDINO salienta que: "A adjudicação, por não envolver pagamento, geralmente só terá lugar se for requerida pela totalidade dos credores, ou por todos de uma ou mais classes, desde que a avaliação mostre que os das subsequentes não farão jus a nenhum dividendo. Isso

Outro problema relacionado ao art. 111 diz respeito à necessidade ou não de consolidação do quadro geral de credores. Isto é, para que haja a aquisição ou a adjudicação imediata dos bens arrecadados pelos credores, faz-se necessária a homologação prévia do quadro geral de credores?

Para a aquisição, não há necessidade, pois o produto da venda dos bens será direcionado à massa falida para ser posteriormente distribuído entre os credores, de acordo com a classificação dos créditos[2976]. No caso da adjudicação, entendemos que sim, pois um credor só poderá adjudicar um bem quando as classes superiores tiverem sido integralmente satisfeitas. Com efeito, somente com a homologação do quadro de credores haverá segurança acerca de quem tem, efetivamente, prioridade para adjudicação dos bens[2977].

O art. 111 não trata especificamente da forma por meio da qual deve ser efetivada a venda antecipada dos bens do falido. Embora tenda-se a aplicar o ritual de formalidades e o procedimento de cunho licitatório estabelecido pelo art. 142, o administrador tem liberdade para adotar formas alternativas e mais flexíveis para a alienação dos ativos[2978], desde que garanta a lisura e a publicidade do processo.

---

não possibilita que ocorra a adjudicação a um credor, desde que ele pague em dinheiro parte do preço que represente o percentual dos demais credores no passo da falência." (TEPEDINO. Seção VII: Da arrecadação e da custódia dos bens..., p. 413). MANOEL JUSTINO BEZERRA FILHO, por sua vez, vê com pessimismo a adjudicação como uma real possibilidade de liquidação dos bens do falido, pois esta beneficia apenas o adjudicatário, sendo, portanto, altamente improvável que se verifique, no caso concreto, a adjudicação de bens do falido por um dos credores (BEZERRA FILHO. *Lei de Recuperação de Empresas e Falências comentada...*, p. 291).

[2976] Contra: RIBEIRO. Seção VII: Da arrecadação e da custódia dos bens..., p. 827.

[2977] Não há dúvida de que a garantia da segurança jurídica advinda da consolidação do quadro geral de credores colide frontalmente com a celeridade que se espera da venda antecipada de bens. Todavia, nessa fase do processo falimentar, o respeito às regras do jogo (dentre as quais está a ordem de classificação dos créditos) assume maior relevância do que a liquidação sumária dos ativos do falido. Poder-se-ia argumentar que essa lógica distribui a perda entre todos os credores – já que a deterioração do bem prejudica a massa falida objetiva, formada pela totalidade dos credores – ao invés de permitir o aproveitamento do bem e a satisfação de determinado crédito. O argumento é válido, mas não nos parece de acordo com a sistemática posta pela LREF. Também nesse sentido: RIBEIRO. Seção VII: Da arrecadação e da custódia dos bens..., p. 827.

[2978] A doutrina não é unânime quanto ao tema. Por exemplo, para MÁRCIA CARLA PEREIRA RIBEIRO, o procedimento deve ser o seguinte: "Após a avaliação dos bens, o juiz deverá intimar os credores habilitados e estabelecer um prazo para a manifestação de interessados. De posse das manifestações, deverá o administrador judicial selecionar as propostas dos credores de maior preferência. Sendo única, deverá ser encaminhada para manifestação do Comitê. Se forem várias, seria interessante que o administrador judicial requeresse ao juiz o estabelecimento de um prazo para a apresentação de novas propostas pelos credores selecionados, dando-se oportunidade à majoração do valor oferecido para além daquele da avaliação. Nessa hipótese, prevaleceria a maior proposta que seria encaminhado ao Comitê para deliberação." (RIBEIRO. Seção VII: Da arrecadação e da custódia dos bens..., p. 825). Já para FÁBIO ULHOA COELHO: "O administrador judicial procura os credores pelo meio mais barato (ligação telefônica, por exemplo) e obedecendo à ordem de classificação. Oferece-lhes, no contato, os bens pelo valor da

ARRECADAÇÃO, AVALIAÇÃO E GUARDA DOS BENS

A partir desses apontamentos, outras questões se impõem. Por exemplo, e se a melhor proposta vier de um credor com menor privilégio? Não haverá problema se a melhor proposta for de aquisição, pois o produto da venda do bem entrará para o total a ser rateado de acordo com os privilégios legais. Porém, se a proposta for de adjudicação, deve-se observar a ordem de classificação do art. 83[2979].

Quando houver várias propostas, deve prevalecer a que mais se aproxima do ideário do art. 140: preferência pela venda em bloco[2980].

Outra questão relevante diz respeito à necessidade de se observar o valor da avaliação; de acordo com o art. 111, a aquisição ou adjudicação imediata pelos próprios credores deve se operar pelo valor da avaliação realizada, apesar de tendermos a acreditar que essa não seja a melhor escolha por inexistirem motivos para que aqui se estabeleça um piso que não existe nas outras demais formas legais de alienação (nos termos do art. 142, §2º, da LREF)[2981]. Explica-se: de um lado, deve-se tomar as precauções necessárias na tentativa de garantir o ingresso do maior montante de recursos possíveis para a massa; de outro, dada a circunstância em que tem lugar a liquidação sumária, parece ser o caso de liquidar o patrimônio do falido pelo maior valor entre as propostas apresentadas, ainda que por valor abaixo da avaliação, desde que este não seja vil.

---

arrecadação. Quando encontrar alguém interessado, faz a venda e apresenta um relatório específico ao juiz. Para instruir esse relatório, deve solicitar que os credores lhe enviem por escrito (fax ou correio) as recusas que tiverem manifestado; não as recebendo de um ou mais, porém, o administrador judicial deve simplesmente mencionar a circunstância no relatório, presumindo-se verdadeira a informação. Quaisquer outras providências (intimação judicial dos credores, por exemplo) não são compatíveis com a celeridade e economia que devem nortear o processo falimentar, especialmente na hipótese de venda sumária." (COELHO. *Comentários à Lei de Falências e de Recuperação de Empresas...*, p. 305).

[2979] Embora teoricamente sustentável, essa diferenciação poderá causar perplexidade diante de uma proposta de adjudicação favorável, como aquela em que o credor com um crédito de R$ 100 mil se oferece para dar quitação mediante a adjudicação de uma máquina avaliada em R$ 25 mil. A LREF não resolve esse impasse. Nesse particular, não há margem para flexibilização; por melhor que seja a proposta para a massa falida, se as classes hierarquicamente superiores não puderem ser atendidas, outra solução não há senão o respeito absoluto à regra da classificação. Corroborando com o que dissemos sobre a adjudicação: RIBEIRO. Seção VII: Da arrecadação e da custódia dos bens..., p. 825.

[2980] Em caso de empate, há quem entenda pela impossibilidade da alienação imediata (RIBEIRO. Seção VII: Da arrecadação e da custódia dos bens..., p. 826). Não nos parece uma hipótese factível diante da possibilidade de um dos interessados sempre oferecer diferença matemática mínima (por exemplo, um real a mais).

[2981] MÁRCIA CARLA PEREIRA RIBEIRO entende que a aquisição/adjudicação, na forma do art. 111, "deverá resguardar o valor de avaliação, contrariamente ao que ocorrerá se os bens forem conduzidos a uma das hipóteses de alienação judicial estabelecidas na Lei, já que o art. 142, §2º, autoriza a alienação pelo maior valor oferecido, ainda que inferior ao valor da avaliação nesse caso" (RIBEIRO. Seção VII: Da arrecadação e da custódia dos bens..., p. 826).

7.2.2. Venda antecipada em razão da natureza dos bens

Os bens perecíveis, deterioráveis, sujeitos a considerável desvalorização ou que sejam de conservação arriscada ou dispendiosa poderão ser vendidos antecipadamente, após a arrecadação e a avaliação, mediante autorização judicial, ouvidos o Comitê de Credores e o falido no prazo de 48 horas (LREF, art. 113).

Nos termos do art. 22, III, "j", o administrador judicial deve identificar a presença de bens em tais condições e tomar todas as providências necessárias para realizar sua liquidação sumária[2982-2983]. O próprio falido pode se manifestar nos autos para apontá-los, caso o administrador judicial tarde a fazê-lo. Afinal, é do seu interesse a obtenção do maior volume de recursos possível para o pagamento dos credores (art. 103, parágrafo único). Apesar do silêncio da LREF, os credores também têm legitimidade para peticionar em juízo indicando a necessidade da venda antecipada.

Em qualquer hipótese, a medida depende de autorização judicial (art. 113). A LREF aponta que devem ser ouvidos o Comitê de Credores, se houver, e o falido, que terão prazo de 48 horas para se manifestar; se o prazo legal transcorrer *in albis*, o direito de manifestação estará precluso, bastando, para a venda antecipada, a autorização judicial[2984]. O Ministério Público também deverá ser intimado, com base na previsão do art. 142, §7º.

Dada a urgência da medida – e do imininente risco de perda ou perecimento da totalidade dos bens –, não se deve aguardar a homologação do quadro geral de credores. Em primeiro lugar, porque a alienação não prejudica as prioridades estabelecidas no art. 83; em segundo, porque a redação do art. 113 menciona a possibilidade de venda antecipada "após a arrecadação e avaliação", não sujeitando o ato a condicionante adicional[2985].

Pelo mesmo fundamento, entendemos que a liquidação antecipada prevista no art. 113 não deve observar as modalidades do art. 142 – leilão, propostas ou pregão – desde que a forma escolhida garanta a lisura e a publicidade do processo[2986]. Tal entendimento, todavia, poderia levar à interpretação de que a alienação demandaria deliberação da Assembleia Geral de Credores, de acordo com o art. 145 da LREF, o que não acreditamos ser o caso.

[2982] VIGIL NETO. *Teoria falimentar e regimes recuperatórios...*, p. 276.

[2983] Tais bens são comuns nas falências de frigoríficos, supermercados, mercados, lojas de conveniências e farmácias, por exemplo. Computadores, pela rápida desvalorização, produtos químicos, cuja conservação é arriscada, e pontos comerciais alugados, de conservação dispendiosa, são outros exemplos de bens que demandam uma rápida alienação (TEPEDINO. Seção VII: Da arrecadação e da custódia dos bens..., p. 404).

[2984] FRANCO; SZTAJN. *Falência e recuperação da empresa em crise...*, p. 65.

[2985] Também nesse sentido: RIBEIRO. Seção VII: Da arrecadação e da custódia dos bens..., p. 827.

[2986] Contra: RIBEIRO. Seção VII: Da arrecadação e da custódia dos bens..., p. 827.

ARRECADAÇÃO, AVALIAÇÃO E GUARDA DOS BENS

Raciocínio semelhante se aplica à necessidade de respeitar o valor de avaliação dos bens: a rigor, o piso deve ser seguido, mas, dada a urgência, se o valor oferecido não for vil, os bens podem ser vendidos por montante inferior ao da avaliação. De qualquer forma, o art. 113 não exige que seja respeitado o valor da avaliação.

Como a venda antecipada depende de prévia autorização judicial e o administrador judicial já está inserido em um complexo de deveres e responsabilidades, parece que a LREF oferece um controle estrutural adequado, capaz de responsabilizar o administrador caso aja em prejuízo dos interesses das partes envolvidas na falência. A lógica é simples: a venda dos bens se dá em regime de urgência, privilegiando a celeridade e o princípio da maximização dos ativos do falido, presumindo-se que o administrador judicial irá conduzi-la de maneira correta e escorreita.

Se for necessário proceder à venda antecipada de bem enquadrado nas hipóteses do art. 113, mas que, concomitantemente, é objeto de pedido de restituição – estando, em regra, indisponível, nos termos do art. 91 –, a venda deve prosseguir como forma de evitar o perecimento do bem, mantendo-se indisponível o valor arrecadado. Caso o pedido seja julgado procedente, ocorrerá a restituição em dinheiro (art. 86, I) (vide Capítulo 24, itens 3 e 4).

7.3. Venda antecipada para obter recursos indispensáveis?

Hipótese adicional de venda antecipada (na forma do art. 111 ou do art. 113), diz respeito à necessidade de gerar recursos financeiros para atender aos créditos salariais "emergenciais" previstos no art. 151, ou, ainda, para possibilitar que a massa obtenha recursos mínimos para dar seguimento à ação falimentar, propiciando a manutenção de outros bens e, no limite, até custear as despesas da falência[2987].

[2987] TEPEDINO. Seção VII: Da arrecadação e da custódia dos bens..., p. 415.

Capítulo 24
Pedido de Restituição

É dever do administrador judicial arrecadar todos os bens que estiverem na posse do falido no momento da quebra, sem perquirir se tais ativos são do falido ou de terceiros. Na fase de arrecadação não se indaga sobre a efetiva propriedade dos bens que o administrador judicial tem diante de si, dando-se a imediata imissão na posse em favor da massa falida com base na sentença falimentar[2988].

Em decorrência disso, é comum que no momento da quebra estejam na posse do falido, inseridos em sua estrutura orgânica, bens de propriedade de terceiros[2989]. A discussão acerca da propriedade desses bens ocorrerá em juízo, não tendo o administrador judicial poder para entregá-los para quem quer que seja, ainda que alguém se apresente no ato da arrecadação ou posteriormente como proprietário, inclusive munido de documento comprobatório da titularidade do bem[2990-2991].

[2988] FERRARA. *Il fallimento...*, p. 292; PROVINCIALI. *Trattato di diritto fallimentare*, v. II..., p. 802. Para aprofundamento sobre o tema, remetemos o leitor para o item 2.4. do Capítulo 23.

[2989] Isso ocorre em razão das mais diversas relações jurídicas, como a alienação fiduciária em garantia, o arrendamento mercantil (*leasing*), o comodato, a locação, o depósito (próprio) e a consignação, entre outros (PROVINCIALI. *Trattato di diritto fallimentare*, v. II..., p. 801-802; SATTA. *Istituzioni di diritto fallimentare...*, p. 131; ABRÃO. *Pedido de restituição na concordata e na falência...*, p. 162-163; CORRÊA LIMA, Sérgio Mourão. Seção III: Do pedido de restituição: arts. 85-86. In: CORRÊA-LIMA, Osmar Brina; CORRÊA LIMA, Sérgio Mourão (coord.). *Comentários à nova Lei de Falência e Recuperação de Empresas*. Rio de Janeiro: Forense, 2009, p. 594 ss). Cogite-se, por exemplo, a falência de uma joalheria, que tenha recebido joias de clientes para ajustes ou consertos, ou de uma concessionária de veículos, que esteja na posse de carros para revisão (CORRÊA LIMA. Seção III: Do pedido de restituição..., p. 583).

[2990] Havendo indícios/provas de que a propriedade é de terceiros, o administrador judicial deve fazer constar essa circunstância no auto de arrecadação, nos termos do art. 110, §2º, IV, da LREF (VALVERDE. *Comentários à Lei de Falências*, v. 2..., p. 157; REQUIÃO. *Curso de direito falimentar*, v. 1..., p. 238; BEZERRA FILHO. *Lei de Recuperação e de Falências comentada...*, p. 229-230; ABRÃO. *Pedido de restituição na concordata e na falência...*, p. 157-158, 206; COELHO. *Comentários à Lei de Falências e de Recuperação de Empresas...*, p. 283).

[2991] Afora a hipótese de pedido de restituição, RICARDO TEPEDINO crê na possibilidade de o administrador judicial efetuar a devolução amigável do bem, desde que autorizado pelo juiz para tanto, com o que tendemos a concordar (TEPEDINO. Seção VII: Da arrecadação e da custódia dos bens..., p. 407).

RECUPERAÇÃO DE EMPRESAS E FALÊNCIA

Para fazer valer o direito de propriedade, a LREF prevê o instituto da restituição[2992], verdadeira válvula de escape do sistema falimentar[2993] diante da necessidade premente de arrecadação dos bens do falido[2994] logo após o decreto de quebra – que pode extrapolar o necessário e atingir o patrimônio de terceiro[2995].

O bem de terceiro em poder do falido na data da decretação da quebra deve ser arrecadado[2996]-[2997] e, tão logo isso ocorra, o proprietário possui direito à

[2992] Do latim *restituere*, significa repor, devolver ao estado anterior; o pedido de restituição calcado em relação de direito real ou contratual se dirige a expungir da massa falida determinado bem irregularmente arrecadado, causando embaraços ao terceiro reivindicante (ABRÃO. *Pedido de restituição na concordata e na falência...*, p. 15-18).

[2993] No sistema da LREF, o pedido de restituição somente é possível na falência – no art. 166 do Decreto-Lei 7.661/1945, ele era autorizado no caso da concordata (preventiva) do comprador. Ou seja, no regime vigente, não existe a possibilidade de realizar pedido de restituição no caso de recuperação (judicial ou extrajudicial) de empresas. Nesse sentido: COELHO. *Comentários à Lei de Falências e de Recuperação de Empresas...*, p. 282. O Tribunal de Justiça de São Paulo decidiu nesse sentido: TJSP, Câmara Especial de Falências e Recuperações Judiciais, AI 427.346.4/5, Rel. Des. Romeu Ricupero, j. 19/04/2006. Contrariamente, o STJ (STJ, 2ª Seção, AgRg no CC 113.228/GO, Rel. Min. Luis Felipe Salomão, j. 14/12/2011) já entendeu que cabe pedido de restituição na recuperação judicial no caso de adiantamento sobre contrato de câmbio, e chegou a tal conclusão com base na remissão que o art. 49, §4º, faz ao art. 86, II, da LREF. Segundo esse precedente, na recuperação judicial dever-se-ia, no caso de adiantamento sobre contrato de câmbio, adotar-se o procedimento do pedido de restituição, com o que não podemos concordar: o art. 49, §4º, faz referência não ao procedimento previsto no art. 86, II, da LREF, mas sim à espécie de crédito, no caso, o adiantamento sobre contrato de câmbio.

[2994] Sejam eles móveis ou imóveis, corpóreos ou incorpóreos, ou ainda o seu equivalente em pecúnia, quando for o caso. Nesse sentido: REQUIÃO. *Curso de direito falimentar*, v. 1..., p. 242; PONTES DE MIRANDA. *Tratado de direito privado*, t. XXIX..., p. 84; VALVERDE. *Comentários à Lei de Falências*, v. 2..., p. 161-162. Há quem vislumbre a possibilidade de restituição de estabelecimento, bem como do patrimônio de afetação (LREF, art. 119, IX): SALLES, Marcos Paulo de Almeida. Seção III: Do pedido de restituição. In: SOUZA JUNIOR, Francisco Satiro de; PITOMBO, Antonio Sérgio A. de Moraes (coord.). *Comentários à Lei de Recuperação de Empresas e Falência*. 2 ed. São Paulo: Revista dos Tribunais, 2007, p. 384-386.

[2995] Ver: ABRÃO. *Pedido de restituição na concordata e na falência...*, p. 7, 163.

[2996] O Decreto-Lei 7.661/1945, no art. 76, falava expressamente que poderia ser feita restituição de coisa arrecadada em poder do falido quando fosse devida em virtude de direito real ou de contrato. No regime anterior, o pedido de restituição abarcava uma ação em virtude de direito real e uma ação em virtude do contrato. A LREF vigente fala somente "o proprietário de bem arrecadado no processo de falência ou que se encontre em poder do devedor na data da decretação da falência poderá pedir sua restituição". Há quem defenda que, com a modificação da redação introduzida pela LREF, a pretensão de restituição teria ficado restrita ao proprietário de bem (direito real de propriedade) arrecadado no processo de falência, afastada a possibilidade da dedução de tal pedido com base em contrato (ALMEIDA. *O pedido de restituição e os embargos de terceiro em face da nova Lei de Falências...*, p. 309; BEZERRA FILHO. *Lei de Recuperação de Empresas e Falências comentada...*, p. 230-231). Por outro lado, há quem sustente que o art. 85 da LREF continua a tutelar, além do proprietário do bem, aquele que, mesmo não sendo proprietário, por força de direito real ou contrato, transmitiu a posse ou detenção ao devedor, e acabou por vê-lo constrito em razão do decreto da quebra (CALÇAS, Manoel de Queiroz Pereira. Do pedido de restituição e dos embargos de terceiro. *Revista de Direito Bancário e do Mercado de Capitais*, v. 36, abr./jun. 2007, p. 264; BEZERRA FILHO. Capítulo XIII: O pedido de restituição..., p. 309).

[2997] O art. 85 da LREF prevê a restituição não somente no caso de o bem de propriedade de terceiro ser arrecadado no processo de falência, mas também caso tal bem se encontre em poder do devedor

PEDIDO DE RESTITUIÇÃO

restituição[2998] (art. 85), com a ressalva de que em casos de turbação da posse ou para a garantia do direito de retenção não cabe pedido de restituição, mas sim embargos de terceiro, nos termos do art. 92 da LREF.

O objetivo do pedido de restituição é a salvaguarda do direito dos proprietários dos bens que não pertencem ao falido. A medida não busca diminuir o patrimônio da massa, mas sim devolver os bens que não pertencem a ela a seus legítimos proprietários, assegurando, assim, o direito do titular de reaver o bem arrecadado que se encontrava na posse do devedor. Trata-se de mecanismo de tutela do direito de propriedade constitucionalmente garantido (CF, art. 5º, XXII)[2999].

É com a arrecadação e, posteriormente, com a restituição, que resta depurado o patrimônio da massa falida, até porque somente o patrimônio do devedor, e não o de terceiros, deve garantir as obrigações do falido[3000]. Quem realiza o pedido de restituição é, portanto, o proprietário do bem arrecadado, e não o credor do falido.

Em razão da sua natureza devolutiva, o pedido de restituição deve ser atendido antes de todo e qualquer credor, inclusive dos credores extraconcursais (LREF,

na data da decretação da falência; ainda que a hipótese seja curiosa, pois, se o bem foi encontrado no momento da arrecadação, deveria ter sido arrecadado, sendo difícil cogitar a hipótese de posse de bem pelo devedor sem a respectiva arrecadação, a não ser por falha no ato arrecadatório. De qualquer sorte, tal hipótese pode se dar caso demore a arrecadação a ocorrer: assim, é possível que seja realizado o pedido de restituição, ainda que não tenha o bem sido arrecadado. Para aprofundamento, ver: BEZERRA FILHO. *Lei de Recuperação de Empresas e Falências comentada...*, p. 229-231; BEZERRA FILHO. Capítulo XIII: O pedido de restituição..., p. 309-310. No mesmo sentido, ver: TJRS, 5ª Câmara Cível, APC 70032315699, Rel. Des. Romeu Marques Ribeiro Filho, j. 24/08/2011.

[2998] Em regra, é pressuposto do pedido de restituição a arrecadação do bem pela massa (ou seja, a existência do bem quando da sua arrecadação). Nesse sentido: MARCONDES. *Problemas de direito mercantil...*, p. 345-346, 353-354, 364-365; PONTES DE MIRANDA. *Tratado de direito privado*, t. XXIX..., p. 104. A jurisprudência assim se posiciona: STJ, 4ª Turma, REsp 259.752/MG, Rel. Min. Sálvio de Figueiredo Teixeira, j. 21/06/2001; TJRS, 6ª Câmara Cível, APC 70029182078, Rel. Des. Artur Arnildo Ludwig, j. 15/04/2010; TJRS, 6ª Câmara Cível, APC 70032315731, j. 24/11/2011; TJSP, 10ª Câmara de Direito Privado, APC 9079648-32.2007.8.26.0000, Rel. Des. Carlos Alberto Garbi, j. 27/11/2012; TJMG, 1ª Câmara Cível, APC 1.0024.10.062761-1/001, Rel. Des. Geraldo Augusto, j. 20/11/2012; TJMG, 2ª Câmara Cível, APC 1.0411.00.001788-8/001, Rel. Des. Francisco Figueiredo, j. 24/05/2005.

[2999] Em sede de execução fiscal, o STJ já examinou situação em que determinado imóvel foi alienado judicialmente no âmbito da Justiça Federal e a sociedade executada recusou-se a entregá-lo (*i.e.*, continuou em sua posse), tendo sido, posteriormente, decretada sua falência. Neste caso, entendeu-se que o bem foi regularmente transferido no âmbito da Justiça Federal, razão pela qual não caberia a instauração do pedido de restituição no juízo da falência (STJ, 2ª Turma, REsp 1.242.656/SC, Rel. Min. Herman Benjamin, j. 07/06/2011). O STJ considerou como competente o Juízo Federal da execução fiscal para os procedimentos necessários à imissão na posse do imóvel (STJ, 1ª Seção, CC 110.391/SC, Rel. Min. Herman Benjamin, j. 23/03/2011).

[3000] ABRÃO. *Pedido de restituição na concordata e na falência...*, p. 36-37; MARCONDES. *Problemas de direito mercantil...*, p. 344; SALLES. Seção III: Do pedido de restituição..., p. 379-380.

arts. 84 e 149)[3001], uma vez que o sujeito (proprietário) legitimado a postular a restituição não é credor (apesar de nada impedir que também seja credor)[3002].

A singularidade do instituto faz com que seu regramento seja interpretado de modo estrito. Isso porque a sua deturpação – por meio do deferimento de restituições indevidas – pode acarretar o esvaziamento patrimonial do devedor, o favorecimento de credor (ao eximi-lo da norma de rateio) e a majoração do prejuízo dos demais credores pela quebra do princípio da igualdade[3003].

Como a relação do terceiro com o falido está, normalmente, pautada por um contrato, vincula-se o direito à restituição aos efeitos da falência sobre o contrato celebrado entre as partes. Logo, deve-se observar qual o efeito da falência sobre o contrato (*i.e.*, se será ele extinto – seja automaticamente, seja por decisão do administrador judicial, tudo de acordo com os arts. 115 e seguintes da LREF); dependendo do caso, somente extinto o contrato é que se torna cabível o pedido de restituição[3004].

A LREF prevê três espécies de restituição (além de hipóteses de restituição previstas em legislação especial, como ocorre na Lei 13.288/2016[3005]):

    a. Restituição ordinária;
    b. Restituição extraordinária;
    c. Restituição em dinheiro.

Iniciaremos nosso estudo pela análise de tais espécies para, posteriormente, passarmos ao exame do procedimento da restituição.

[3001] A única exceção, e por uma opção política do legislador, encontra-se no art. 86, parágrafo único, c/c art. 151 da LREF, que determina que, antes das restituições em dinheiro previstas no *caput* do art. 86, deve-se realizar o pagamento dos créditos trabalhistas de natureza estritamente salarial vencidos nos três meses anteriores à decretação da falência, até o limite de cinco salários-mínimos por trabalhador – além, é claro, do pagamento das despesas previstas no art. 150, se for o caso.

[3002] "Ressalte-se que este terceiro não é credor da massa falida; pode, aliás, tratar-se de pessoa que nunca teve qualquer negócio com o falido e que, apenas por coincidência, teria algum bem nas dependências do falido. Imagine-se, por exemplo, alguém que tenha deixado um veículo de sua propriedade, em consignação para venda, em uma empresa que comercia veículos. Embora arrecadado seu veículo, nem por isso é ele credor (ou devedor) do falido e, portanto, não irá disputar com os demais credores. Apenas irá providenciar a restituição do bem de sua propriedade, tirando assim da massa falida aquele bem que não deveria ter sido arrecadado." (BEZERRA FILHO. *Lei de Recuperação de Empresas e Falências comentada...*, p. 230).

[3003] MARCONDES. *Problemas de direito mercantil...*, p. 344.

[3004] REQUIÃO. *Curso de direito falimentar*, v. 1..., p. 242, 247, 249-250; ABRÃO. *Pedido de restituição na concordata e na falência...*, p. 54; SALLES. Seção III: Do pedido de restituição..., p. 386-387; CALÇAS. Do pedido de restituição e dos embargos de terceiro..., p. 268 ss.

[3005] A Lei 13.288/2016, que dispõe sobre os contratos de integração vertical nas atividades agrossilvipastoris, determina, no seu art. 13, que, em caso de falência (ou recuperação judicial) da integradora, o produtor rural integrado poderá pleitear a restituição dos bens desenvolvidos até o valor de seu crédito (sendo que, no caso da falência, poderá requerer a habilitação de seus créditos com privilégio especial sobre os bens desenvolvidos).

PEDIDO DE RESTITUIÇÃO

1. Restituição Ordinária

É a hipótese prevista no *caput* do art. 85: "O proprietário de bem arrecadado no processo de falência ou que se encontre em poder do devedor na data da decretação da falência poderá pedir sua restituição."

Trata-se da forma convencional do instituto, salvaguardando o direito de propriedade dos bens que não pertencem ao falido. Aqui, o terceiro proprietário postula e obtém a restituição do próprio bem.

Existem diversos casos em que isso pode ocorrer (desde que, por exemplo, não seja o contrato que confere a posse do bem ao falido cumprido, conforme art. 117 da LREF)[3006], *v.g.*:

a. Bem dado em penhor ao credor que vem a falir. Extinta a dívida, o proprietário possui direito à restituição do bem empenhado;

b. Bem dado em comodato, depósito próprio (*i.e.*, a coisa depositada foi individualizada e descrita de modo a torná-la inconfundível, infungível e suscetível de restituição nos casos previstos na lei[3007]) ou locado ao falido;

c. Bens de prestador de serviço de transporte terceirizado que se encontravam na sede da falida[3008];

d. Alienação fiduciária em garantia de bem móvel ou imóvel: especificando a regra prevista no art. 85, *caput*, da LREF, o Decreto-Lei 911/1969, no art. 7º, dispõe expressamente que cabe pedido de restituição do bem alienado fiduciariamente[3009], por parte da instituição financeira fiduciária, no caso de falência do devedor fiduciante – e, uma vez realizada a restituição, o proprietário fiduciário atuará na forma do Decreto-Lei 911/1969. Já no caso de alienação fiduciária em garantia de bem imóvel, o art. 32 da Lei 9.514/1997 prevê que a restituição do imóvel, em caso de insolvência (e também falência) do devedor fiduciante, opera-se na forma da legislação pertinente[3010];

[3006] BEZERRA FILHO. Capítulo XIII: O pedido de restituição..., p. 312.

[3007] FERREIRA. *Tratado de direito comercial*, v. 15..., p. 105-106; PONTES DE MIRANDA. *Tratado de direito privado*, t. XXIX..., p. 97-99. No contrato de depósito bancário, o depositante não tem a cobertura do pedido de restituição (STJ, 2ª Seção, REsp 501.401/MG, Rel. Min. Carlos Alberto Menezes Direito, j. 14/04/2004).

[3008] TJSP, Câmara Reservada à Falência e Recuperação, APC 0047427-02.2009.8.26.0576, Rel. Des. Elliot Akel, j. 22/11/2011.

[3009] Nesse particular, segundo a Súmula 28 do STJ: "O contrato de alienação fiduciária em garantia pode ter por objeto bem que já integrava o patrimônio do devedor".

[3010] STJ, 4ª Turma, REsp 1.302.734/RS, Rel. Min. Luis Felipe Salomão, j. 03/03/2015; STJ, 3ª Turma, REsp 116.4667/SC, Rel. Min. Nancy Andrighi, j. 07/05/2013; TJSP, 6ª Turma, Apelação 5.609-1, Rel. Des. Gonçalves Santana, j. 19/02/1981 ("Rescindido o contrato de alienação fiduciária, em virtude de falência do devedor, a credora, instituição financeira, tem direito à restituição."). No mesmo sentido, com referência à ação de busca e apreensão ajuizada antes da decretação da falência, à possibilidade de

RECUPERAÇÃO DE EMPRESAS E FALÊNCIA

e. Arrendamento mercantil (*leasing*): no caso de falência do arrendatário e extinto o contrato de arrendamento mercantil, os bens objeto do *leasing* que foram arrecadados pelo administrador judicial podem ser reivindicados pela arrendadora (que é a proprietária do bem) por meio do pedido de restituição[3011]-[3012];

f. Mandato e comissão: nos termos do art. 120, §2º, da LREF, cessa para o falido o mandato ou comissão que houver recebido antes da falência, salvo os que versem sobre matéria estranha à atividade empresarial. Assim, cessando o mandato ou comissão e sendo arrecadados bens do mandante ou comitente, podem estes postular a restituição[3013]; da mesma forma, pode o mandante ou comitente postular a restituição do bem objeto de contrato estranho à atividade empresária mas indevidamente arrecadado pelo administrador judicial[3014];

g. Contrato estimatório, no qual "o consignante entrega bens móveis ao consignatário, que fica autorizado a vendê-los, pagando àquele o preço

---

conversão em pedido de restituição, bem como à impossibilidade de continuar a execução em face dos avalistas, os quais ficam responsáveis somente em relação a eventual saldo devedor após a venda dos bens devolvidos: STF, 2ª Turma, RHC 58.184, Rel. Min. Décio Miranda, j. 26/08/1980; TJSP, 31ª Câmara de Direito Privado, APC 9091312-94.2006.8.26.0000, Rel. Des. Paulo Aurosa, j. 09/08/2011; Tribunal de Alçada Cível de São Paulo, 10ª Câmara, AI 595.333/1, Rel. Juiz Ferraz Nogueira, j. 16/08/1994; Tribunal de Alçada Cível de São Paulo, 2ª Câmara, Apelação 372.985-2, Rel. Juiz Maurício Vidigal, j. 30/09/1987.

[3011] TJMG, 15ª Câmara Cível, APC 1.0324.04.022995-1/001, Rel. Des. José Affonso da Costa Côrtes, j. 03/07/2008; TJMG, 2ª Câmara Cível, APC 1.0079.02.005073-2/001, Rel. Des. Nilson Reis, j. 23/08/2005 (sendo que, nesses dois precedentes referidos, os contratos de arrendamento mercantil continham cláusula resolutiva expressa no caso de falência e inadimplência confessa do devedor); TJSP, 27ª Câmara de Direito Privado, APC 0013310-03.2006.8.26.0604, Rel. Des. Dimas Rubens Fonseca, j. 25/09/2012 (sendo que, nesse precedente, foi ajuizada ação de reintegração de posse e declarado que a superveniente quebra da arrendatária não inibe o prosseguimento da ação, até para se definir o local onde está o bem objeto do pacto).

[3012] Ocorrendo a resolução do contrato e feita a restituição do bem, a massa falida faz jus à devolução do Valor Residual Garantido (VRG) pago antecipadamente (TJSP, 1ª Câmara Reservada de Direito Empresarial, APC 0148316-05.2007.8.26.0100, Rel. Des. Francisco Loureiro, j. 02/10/2012).

[3013] WALDEMAR FERREIRA salientava, na vigência do regime anterior, que o síndico (atual administrador judicial) teria o direito de reter o bem objeto da operação de quanto bastar para o pagamento de tudo quanto fosse devido em consequência do mandato ou da comissão (FERREIRA. *Tratado de direito comercial*, v. 15..., p. 102).

[3014] MANOEL DE QUEIROZ PEREIRA CALÇAS, como já se teve a oportunidade de anotar, defende que o art. 85 da LREF continua a tutelar, além do proprietário do bem, aquele que, mesmo não sendo proprietário, por força de direito real ou contrato, viu a posse do bem constrita em razão do decreto da quebra. Nesse particular, sustenta que, no caso de o falido continuar a praticar atos derivados do mandato ou comissão que não se constituírem atividade empresarial, nos termos do art. 120, §2º, da LREF, poderia o próprio falido postular a restituição dos bens que estavam em seu poder em decorrência do mandato ou comissão e que foram arrecadados (CALÇAS. Do pedido de restituição e dos embargos de terceiro..., p. 270).

PEDIDO DE RESTITUIÇÃO

ajustado, salvo se preferir, no prazo estabelecido, restituir-lhe a coisa consignada" (CC, art. 534). Assim, caso o contrato tenha sido extinto com a falência, se não tiver sido vendido o bem objeto do contrato, tem o consignante direito de postular a sua restituição;

h. Títulos à ordem transferidos por endosso impróprio: nos casos de endosso--mandato (art. 18 da Lei Uniforme de Genebra) e endosso-caução (art. 19 da Lei Uniforme de Genebra), a propriedade do título não é transferida ao endossatário: este tem somente a posse da cártula. Falindo o endossatário-mandante ou o endossatário-pignoratício, o endossante pode realizar o pedido de restituição do título de crédito que tenha sido arrecadado pelo administrador judicial;

i. Cessão fiduciária de direitos creditórios: de acordo com o art. 17, II, da Lei 9.514/1997, as operações de financiamento imobiliário podem ser garantidas pela cessão fiduciária de direitos creditórios decorrentes de contratos de alienação de imóveis. O contrato de cessão fiduciária em garantia opera a transferência ao credor da titularidade dos créditos cedidos, até a liquidação da dívida garantida (Lei 9.514/1997, art. 18). O art. 20, *caput*, da referida lei dispõe que: "Na hipótese de falência do devedor cedente e se não tiver havido a tradição dos títulos representativos dos créditos cedidos fiduciariamente, ficará assegurada ao cessionário fiduciário a restituição na forma da legislação pertinente";

j. Cessão fiduciária de direitos sobre coisas móveis ou sobre títulos de crédito: o art. 66-B, §§3º e 4º, da Lei 4.728/1965 (com a redação dada pela Lei 10.931/2004), dispõe que no tocante à cessão fiduciária de direitos sobre coisas móveis ou sobre títulos de crédito aplica-se, também, o disposto nos arts. 18 a 20 da Lei 9.514/1997;

k. No caso de valores mobiliários serem instituídos como bem de família, tem-se que o instituidor pode determinar que a sua administração seja confiada à instituição financeira (bem como disciplinar a forma de pagamento da respectiva renda aos beneficiários, caso em que a responsabilidade dos administradores obedecerá às regras do contrato de depósito – Código Civil, art. 1.713, §3º). Qualquer forma de liquidação da entidade administradora não atingirá os valores a ela confiados, ordenando o juiz a sua transferência para outra instituição semelhante, obedecendo-se, no caso de falência, ao disposto sobre pedido de restituição (CC, art. 1.718).

O tema, no entanto, pode gerar um número infindável de discussões. Por exemplo, se o bem de propriedade de terceiro e em posse do falido for dinheiro, é possível a restituição? Segundo entendimento do STF, é possível, como ficou consignado na Súmula 417 do STF: "Pode ser objeto de restituição, na falência,

RECUPERAÇÃO DE EMPRESAS E FALÊNCIA

dinheiro em poder do falido, recebido em nome de outrem, ou do qual, por lei ou contrato, não tivesse ele a disponibilidade".

Hipótese mais corriqueira (em que o bem de posse do falido, mas de proprie-dade de outrem, é dinheiro) é o caso da contribuição do empregado não repassada ao Instituto Nacional do Seguro Social – INSS. É a chamada restituição previ-denciária, exemplo clássico, hipótese na qual os valores relativos à contribuição previdenciária feita pelo empregado são retidos na fonte pelo empregador, mas não são repassados ao INSS[3015]-[3016]-[3017].

[3015] No campo da seguridade social, a legislação brasileira impõe o dever de contribuição a ambas as figuras da relação trabalhista: empregado e empregador. Ambos devem contribuir para o INSS. Quanto à parte do empregado, o empregador fica responsável por descontar da sua remuneração a referida parcela e repassá-la ao INSS; já a parcela que cabe ao empregador contribuir, deve pagar diretamente ao INSS. No caso de falência do empregador, as referidas parcelas terão tratamento distinto. A parte devida pelo empregador será objeto de habilitação na classe III, pois se trata de crédito fiscal de natureza previdenciária (o valor será inscrito pelo INSS em dívida ativa) (LREF, art. 83, III). Já a parcela devida pelo empregado, objeto de retenção pelo empregador, mas não recolhida por este, será objeto de pedido de restituição; isso porque, segundo a jurisprudência e a doutrina, a partir da retenção, por ficção jurídica, o montante retido passa a ser de propriedade do INSS, passível, portanto, de pedido de restituição em dinheiro. O INSS pode reivindicar os valores descontados pela empresa de seus empregados e ainda não recolhidos (Lei 8.212/91, art. 51); e, em caso de quebra, pode realizar o pedido de restituição. Nesse sentido, exemplificativamente: STF, 2ª Turma, RE 99120-4, Rel. Min. Cordeiro Guerra, j. 10/12/1982; STF, 1ª Turma, RE 101333-8, Rel. Min. Rafael Mayer, j. 05/10/1984; STJ, 1ª Turma, REsp 666.351/SP, Rel. Min. Luis Fux, j. 15/09/2005; STJ, 1ª Turma, REsp 439.240/RS, Rel. Min. José Delgado, j. 07/11/2002; TJRS, 5ª Câmara Cível, APC 70050825330, Rel. Des. Isabel Dias Almeida, j. 31/10/2012; TJSP, 7ª Câmara de Direito Privado, Apelação 0501285-07.1996.8.26.0100, Rel. Des. Ramon Mateo Júnior, j. 17/10/2012; TJSP, 1ª Câmara Reservada de Direito Empresarial, Apelação 0071625-37.2013.8.26.0100, Rel. Des. Cesar Ciampolini, j. 15/03/2017. Sobre o tema, dentre outros, ver: COELHO. *Comentários à Lei de Falências e de Recuperação de Empresas...*, p. 284; CORRÊA LIMA. Seção III: Do pedido de restituição..., p. 599; VIGIL NETO. *Teoria falimentar e regimes recuperatórios...*, p. 284. Em tom crítico, com precedentes contrários ao pedido de restituição no caso ora examinado, ver: ABRÃO. *Pedido de restituição na concordata e na falência...*, p. 174-181.

[3016] A jurisprudência tem aplicado a mesma lógica da restituição previdenciária para o caso em que a falida realize a retenção do Imposto de Renda Retido na Fonte, mas não os repasse aos cofres públicos. A favor: TJSP, 1ª Câmara Reservada de Direito Empresarial, APC 0071625-37.2013.8.26.0100, Rel. Des. Cesar Ciampolini, j. 15/03/2017; TJSP, 1ª Câmara Reservada de Direito Empresarial, APC 0048075-18.2010.8.26.0100, Rel. Des. Pereira Calças, j. 28/08/2012; em sentido contrário: TJRJ, 9ª Câmara Cível, APC 0121849-29.2003.8.19.0001 (2005.001.13071), Rel. Des. Roberto de Abreu e Silva, j. 27/03/2012. Há também caso envolvendo contrato de crédito rural alongado – valores recebidos dos devedores e ausên-cia de repasse à União –, em que há, então, a possibilidade de pedido de restituição (TJMG, 1ª Câmara Cível, APC/Reexame Necessário 1.0024.06.025727-6/001, Rel. Des. Eduardo Andrade, j. 10/02/2009).

[3017] Casos análogos envolvem pedido de restituição e sociedades empresárias falidas que operavam no ramo da distribuição de títulos e valores mobiliários, captando recursos financeiros no mercado: TJRJ, 6ª Câmara Cível, APC 0000958-42.2004.8.19.0001 (2005.001.26051), Rel. Des. Nagib Salibi, j. 21/02/2006. PONTES DE MIRANDA também lembra o caso do contrato de comissão em que o comis-sário recebeu dinheiro do comitente para aquisição de bem (PONTES DE MIRANDA. *Tratado de direito privado*, t. XXIX..., p. 96). Ver, também: TJSP, 5ª Câmara de Direito Privado, APC 1141.008.4/0-00, Rel.

PEDIDO DE RESTITUIÇÃO

Os juros de mora pelo inadimplemento da obrigação previdenciária e os honorários advocatícios – oriundos da sucumbência da massa na ação de restituição – não se submetem ao regime da restituição, devendo ser incluídos no quadro de credores de acordo com a sua classificação[3018]. Da mesma forma, também não dá azo ao pedido de restituição qualquer espécie de multa, a qual também será alocada na classe própria dentro do quadro-geral de credores[3019].

2. Restituição Extraordinária

Ao contrário da modalidade ordinária, a restituição extraordinária protege algo diverso do direito de propriedade, haja vista que no momento da falência a coisa já não mais pertence ao terceiro[3020]. Seu fundamento está na proteção da boa-fé e na vedação do enriquecimento sem causa.

Segundo a LREF, pode ser requerida a restituição de coisa vendida a crédito e entregue ao devedor nos 15 dias anteriores ao requerimento de sua falência, se ainda não alienada (LREF, art. 85, parágrafo único). O dispositivo objetiva evitar que, pouco antes de falir, o devedor – muito provavelmente ciente da sua situação e da iminência de sua quebra – adquira mercadorias para pagar a prazo, as quais são entregues em seu estabelecimento empresarial.

A proteção legal se justifica porque, em razão da tradição, as coisas passam para a propriedade do falido, restando ao terceiro apenas o direito obrigacional de crédito. No entanto, antes de pagar o débito, o devedor quebra, e, então, o pagamento fica suspenso até a fase que lhe seja própria no procedimento falimentar. Como o crédito provavelmente é quirografário, há enorme chance de o credor jamais vir a receber pelas mercadorias que vendeu. Por outro lado, o devedor experimenta um incremento patrimonial[3021].

Como no momento do requerimento da quebra o bem já integra o patrimônio do devedor por contrato perfeito e acabado, a restituição extraordinária consiste

---

Des. Marcus Andrade, j. 17/08/2000 ("FALÊNCIA – Restituição de dinheiro – Viabilidade – Montante entregue à sociedade falida, prestadora de serviços como despachante, visando o desembaraço aduaneiro de bens importados – Dinheiro, que, no caso, assume significado de mercadoria – Destinação própria e autônoma, sem ingressar no patrimônio da despachante – Restituição deferida – Incidência de correção monetária e juros, estes últimos nos termos do artigo 26 da Lei de Quebras – Honorários advocatícios deferidos – Apelação provida, julgado procedente o pedido."); TJSP, 5ª Câmara de Direito Privado, APC 188.505.4/2, Rel. Des. Ernani de Paiva, j. 21/06/2001 ("Falência – Pedido de restituição – Valores entregues a título de depósito – Viabilidade da restituição – Cabível é o pedido de restituição, na falência, de valores entregues à falida a título de depósito").

[3018] STJ, 1ª Turma, REsp 666.351/SP, Rel. Min. Luis Fux, j. 15/09/2005.

[3019] VIGIL NETO. *Teoria falimentar e regimes recuperatórios...*, p. 284.

[3020] VIGIL NETO. *Teoria falimentar e regimes recuperatórios...*, p. 280.

[3021] VIGIL NETO. *Teoria falimentar e regimes recuperatórios...*, p. 280; COELHO. *Comentários à Lei de Falências e de Recuperação de Empresas...*, p. 285.

em hipótese especial de extinção do contrato. O bem deve ser restituído ao vendedor, inexistindo possibilidade de cumprir o contrato, nos termos do art. 117 da LREF, prevalecendo o direito do credor de recebê-lo de volta[3022].

Três são os requisitos objetivos para justificar a restituição extraordinária, a saber:

a. venda a crédito[3023] (independente da forma ou do número de parcelas)[3024] de coisa[3025]. Se a venda não foi a crédito (e, mesmo que tenha sido à vista, não tenha o devedor pago a quantia ao vendedor), não cabe o pedido de restituição[3026];

b. entrega[3027] 15 dias antes ao requerimento da quebra. O requerente deve provar que o bem foi entregue em um dos 15 dias anteriores ao requeri-

---

[3022] MARCONDES. *Problemas de direito mercantil...*, p. 344; PONTES DE MIRANDA. *Tratado de direito privado*, t. XXIX..., p. 88; SALLES. Seção III: Do pedido de restituição..., p. 379-381; DECOMAIN, Pedro Roberto. Arrecadação e pedido de restituição de bens na falência. *Revista Dialética de Direito Processual*, n. 111, jun. 2012, p. 125.

[3023] Questão interessante surge quando o pagamento for feito por título de crédito (nota promissória, duplicata ou cheque, por exemplo). Em regra, os títulos de crédito são emitidos *pro solvendo*, e não *pro soluto*, de modo que a dívida da relação causal somente será considerada paga quando o título for honrado (*i.e.*, pago). Logo, se a venda do bem foi paga mediante a emissão de título de crédito, sem previsão expressa de cláusula *pro soluto*, pode-se sustentar que a venda ocorreu a crédito e, então, que o bem não foi efetivamente pago pelo comprador, podendo o vendedor postular a restituição do bem no caso de quebra do comprador. Por outro lado, se o título emitido for *pro soluto*, estará inviabilizado o pedido de restituição. Nesse sentido: REQUIÃO. *Curso de direito falimentar*, v. 1..., p. 243; CALÇAS. Do pedido de restituição e dos embargos de terceiro..., p. 265; VIGIL NETO. *Teoria falimentar e regimes recuperatórios...*, p. 281. Ver, também: BEZERRA FILHO. Capítulo XIII: O pedido de restituição..., p. 310-311. Ver, ainda, julgado envolvendo cheque pós-datado devolvido em decorrência da falta de fundos, em que se considerou que tal venda foi realizada a crédito: STJ, 3ª Turma, AgRg no Ag 1.022/MG, Rel. Min. Nilson Naves, j. 20/03/1990.

[3024] DECOMAIN. Arrecadação e pedido de restituição de bens na falência..., p. 124-125. Caso alguma parcela do valor do bem já tenha sido paga, o autor sustenta que, com o pedido de restituição, o seu requerente deve colocar de imediato à disposição da massa o valor que já tenha recebido, acrescido de correção monetária. Se o montante não for depositado imediatamente, a sentença que eventualmente julgue procedente o pedido de restituição deve condicionar a entrega do bem ao depósito prévio da parte do preço que já tenha sido recebida, acrescida de correção monetária. A sentença pode estabelecer, inclusive, que o dever da massa de restituir o bem ficaria resolvido se a parte do preço que já tenha sido paga não for depositada dentro do prazo estabelecido.

[3025] O parágrafo único do art. 85 não faz distinção entre coisas que integram o ativo fixo do falido ou que foram adquiridas para revenda. No silêncio da LREF, o pedido tem cabimento em quaisquer dessas hipóteses (DECOMAIN. Arrecadação e pedido de restituição de bens na falência..., p. 124).

[3026] PONTES DE MIRANDA. *Tratado de direito privado*, t. XXIX..., p. 90; MARCONDES. *Problemas de direito mercantil...*, p. 348. De modo diverso, há quem entenda que cabe o pedido de restituição se o bem foi vendido à vista mas ainda não foi pago (BATALHA; BATALHA. *Falências e concordatas...*, p. 473).

[3027] Para aprofundamento sobre a discussão doutrinária e jurisprudencial acerca da tradição simbólica (Código Comercial, art. 200) ou tradição real, isto é, a entrega física da coisa, defendendo que se

PEDIDO DE RESTITUIÇÃO

mento (*i.e.*, do protocolo do pedido) de falência do devedor[3028] (excluindo-se o dia em que protocolado o pedido)[3029], pouco importando a data do contrato, do vencimento ou do despacho; o que realmente interessa é a data da efetiva entrega do bem ao falido[3030]. Se a coisa foi vendida a crédito mas ainda não foi entregue, a defesa do vendedor estará fora do pedido de restituição, sujeitando-se ao tratamento dado aos contratos bilaterais[3031]; ou

c. que a coisa ainda não tenha sido alienada quando da decretação da quebra ou que o pedido de restituição seja realizado junto ao juízo falimentar antes da venda judicial do bem[3032]. Caso o bem já tenha sido revendido antes da falência ou tenha sido alienado judicialmente na falência, cabe ao credor habilitar o seu crédito, concorrendo com os demais credores (não se aplica o art. 86, I, da LREF à hipótese prevista no art. 85, parágrafo único)[3033]-[3034].

interprete no sentido de que qualquer tradição é entrega, ver: REQUIÃO. *Curso de direito falimentar*, v. 1..., p. 244; no mesmo sentido: PONTES DE MIRANDA. *Tratado de direito privado*, t. XXIX..., p. 86.

[3028] RUBENS REQUIÃO, comentando regra semelhante no regime do Decreto-Lei 7.661/1945 (art. 76, §2º), tinha posicionamento mais flexível, admitindo a aplicação da regra se o vendedor não teve conhecimento do pedido de falência do comprador, ou não pôde obstar a entrega real. O autor faz referência à precedente do Tribunal de Justiça de São Paulo em caso de restituição em concordata preventiva, no qual foi admitida a restituição da mercadoria comprada pelo concordatário no mesmo dia em que impetrou concordata e recebida no dia seguinte, pois isso demonstrou má-fé por parte do concordatário (REQUIÃO. *Curso de direito falimentar*, v. 1..., p. 244).

[3029] ABRÃO. *Pedido de restituição na concordata e na falência...*, p. 121; BEZERRA FILHO. Capítulo XIII: O pedido de restituição..., p. 311. Afirmando que os 15 dias devem ser contados do despacho do juiz, ver: PONTES DE MIRANDA. *Tratado de direito privado*, t. XXIX..., p. 87.

[3030] Nesse sentido caminha a Súmula 193 do Supremo Tribunal Federal (expedida à época da vigência do Decreto-Lei 7.661/1945): "Para a restituição prevista no art. 76, §2º, da Lei de Falências, conta-se o prazo de quinze dias da entrega da coisa e não da sua remessa."

[3031] Se o bem está em trânsito (*i.e.*, remetido mas ainda não foi entregue ao falido) e ainda não foi pago, o vendedor tem direito de sustar a entrega efetiva da coisa até lhe ser pago o preço ou lhe seja dada caução idônea (*right of stoppage in transitu*), nos termos do Código Civil (art. 477), ressalvado o disposto no art. 119, I, da LREF (MARCONDES. *Problemas de direito mercantil...*, p. 348, 365; BATALHA;BATALHA. *Falências e concordatas...*, p. 473-474). Já se a coisa foi vendida e paga, a falência do devedor não inviabiliza a sua entrega.

[3032] Se a coisa foi vendida a crédito, entregue 15 dias antes de distribuído o pedido de falência do devedor, tiver sido consumida ou transformada pelo falido, mas não tiver sido alienada a terceiro, é cabível pedido de restituição em dinheiro (Súmula 495 do STF: "A restituição em dinheiro da coisa vendida a crédito, entregue nos quinze dias anteriores ao pedido de falência ou concordata, cabe, quando, ainda que consumida ou transformada, não faça o devedor prova de haver sido alienada a terceiro"). Segundo CARLOS HENRIQUE ABRÃO: "Exsurge, portanto, a inversão do *onus probandi*, cabendo ao falido ou ao concordatário a comprovação de que a coisa não se encontra mais no seu patrimônio, tendo sido alienada a terceiro." (ABRÃO. *Pedido de restituição na concordata e na falência...*, p. 53).

[3033] VALVERDE. *Comentários à Lei de Falências*, v. 2..., p. 161; PONTES DE MIRANDA. *Tratado de direito privado*, t. XXIX..., p. 85-86; MARCONDES. *Problemas de direito mercantil...*, p. 354, 365; REQUIÃO. *Curso de direito falimentar*, v. 1..., p. 244; BEZERRA FILHO. *Lei de Recuperação de Empresas e Falências comentada...*,

A restituição extraordinária não exige prova da má-fé do devedor, que já está implícita na lei[3035], bastando a comprovação dos pressupostos legalmente estabelecidos. Porém, a falta de qualquer dos pressupostos inviabiliza o pedido de restituição.

Embora represente uma medida relevante para a proteção do interesse de terceiros, a restituição extraordinária é de difícil visualização na prática, haja vista a especificidade de seus requisitos formadores. Ademais, como o pedido restituitório se materializa somente após o decreto da quebra e o intervalo temporal entre o requerimento de falência e a sua decretação tende a ser considerável, é grande a probabilidade de o próprio devedor, por exemplo, já ter vendido o bem antes disso ocorrer[3036].

3. Restituição em Dinheiro

O art. 86 da LREF prevê hipóteses de restituição em dinheiro diante da impossibilidade da restituição do bem em si (*in natura*), razão pela qual a devolução se faz pelo seu equivalente monetário (*in pecuniae*), com a devida correção monetária a partir da entrega do bem ao falido[3037].

Como a restituição consiste na devolução de bem ou valor a terceiro, que não é credor e, portanto, não participa do concurso de credores, a restituição em dinheiro deve ser paga antes de qualquer credor (inclusive antes dos créditos extraconcursais e da formação do quadro-geral de credores).

A LREF, no entanto, criou uma exceção: a restituição em dinheiro prevista no art. 86, *caput*, somente será efetuada após o pagamento previsto no art. 151 da LREF (art. 86, parágrafo único) – além, é claro, do pagamento das despesas previstas no art. 150, se for o caso. Ou seja, por uma opção legislativa, a restituição em dinheiro ocorrerá após o pagamento dos créditos trabalhistas de natureza

---

p. 232; Bezerra Filho. Capítulo XIII: O pedido de restituição..., p. 311-312; Coelho. *Comentários à Lei de Falências e de Recuperação de Empresas...*, p. 285; Calças. Do pedido de restituição e dos embargos de terceiro..., p. 266, 272; Decomain. Arrecadação e pedido de restituição de bens na falência..., p. 124. Nesse sentido: STJ, 4ª Turma, REsp 57.036/RS, Rel. Min. Sálvio de Figueiredo Teixeira, j. 14/05/1996.

[3034] Há quem defenda que, caso seja possível demonstrar que o bem foi alienado em conluio do falido com terceiro, com a finalidade de prejudicar o vendedor ou os credores, é possível a revogação da venda, nos termos do art. 130 da LREF, com a consequente restituição da coisa (Decomain. Arrecadação e pedido de restituição de bens na falência..., p. 124).

[3035] Ferreira. *Tratado de direito comercial*, v. 15..., p. 110; Pontes de Miranda. *Tratado de direito privado*, t. XXIX..., p. 88.

[3036] Bezerra Filho. *Lei de Recuperação de Empresas e Falências comentada...*, p. 232-233.

[3037] Este é o clássico entendimento, aplicando-se, inclusive, no caso de adiantamento sobre contrato de câmbio (Súmula 36 do STJ). A despeito disso, uma parcela da doutrina entende que a correção monetária deve contar a partir do ajuizamento do pedido de restituição. Sobre o tema, ver: Abrão. *Pedido de restituição na concordata e na falência...*, p. 140-146.

PEDIDO DE RESTITUIÇÃO

estritamente salarial vencidos nos três meses anteriores à decretação da falência, até o limite de cinco salários-mínimos por trabalhador[3038].

Passaremos, agora, a analisar as hipóteses legais de restituição em dinheiro.

3.1. Perda, extravio ou venda da coisa pelo falido

Segundo o art. 86, I, proceder-se-á à restituição em dinheiro se a coisa não mais existir ao tempo do pedido de restituição, hipótese em que o requerente receberá o valor da avaliação do bem, ou, no caso de ter ocorrido sua venda, o respectivo preço, em ambos os casos no valor atualizado (o restante, como juros, poderá ser pleiteado como crédito quirografário)[3039].

Em interpretação literal, a previsão legal dá a entender que, mesmo antes de decretada a falência, se o devedor vender, por exemplo, o bem de terceiro (dado em comodato, por exemplo), poderia o proprietário postular a restituição em dinheiro[3040]. Todavia, a interpretação majoritária é de que o dispositivo legal seja interpretado restritivamente: o bem deve, primeiro, ser arrecadado para, depois, realizar-se o pedido de restituição e, então, constatar-se que ele não mais existe (ou tenha deixado de existir quando da restituição, como bem dispunha o art. 78, §2º, do Decreto-Lei 7.661/1945)[3041]; a rigor, se o bem tivesse sido alienado pelo devedor antes de decretada a quebra, *v.g.*, o terceiro deveria habilitar seu crédito na falência[3042].

[3038] Até pode ocorrer que algum credor tenha valores a receber em restituição, mas o pagamento venha a ser obstado enquanto se discute se determinado empregado (ou grupo de empregados) tem ou não direito ao recebimento do valor previsto no art. 151. Nesse particular, entretanto, MANOEL JUSTINO BEZERRA FILHO entende que o juiz poderia autorizar a restituição desde que fosse determinada a retenção de quantia suficiente para o pagamento dos valores devidos aos empregados em tal situação (BEZERRA FILHO. *Lei de Recuperação de Empresas e Falências comentada...*, p. 238). O Tribunal de Justiça do Rio Grande do Sul já autorizou, em antecipação de tutela (CPC/1973, art. 273; CPC/2015, art. 294 e seguintes) em pedido de restituição de ACC (LREF, art. 86, II), a reserva de quantia, garantindo a indisponibilidade da coisa, ressalvado o pagamento dos credores previstos no art. 151 da LREF (TJRS, 6ª Câmara Cível, AI 70027611474, Rel. Des. Luís Augusto Coelho Braga, j. 27/05/2010).

[3039] VIGIL NETO. *Teoria falimentar e regimes recuperatórios...*, p. 282.

[3040] Há precedentes em que o bem de terceiro foi vendido pelo devedor antes mesmo de decretada a quebra, sendo autorizada a restituição em dinheiro com base na Súmula 417 do STF ("Pode ser objeto de restituição, na falência, dinheiro em poder do falido, recebido em nome de outrem, ou do qual, por lei ou contrato, não tivesse ele a disponibilidade"), por se tratar de hipótese de venda em consignação (ou contrato estimatório), na qual o consignatário tem a obrigação de restituir o bem ou pagar o preço dela ao consignante: STJ, 3ª Turma, REsp 710.658, Rel. Min. Nancy Andrighi, j. 06/09/2005.

[3041] SALLES. Seção III: Do pedido de restituição..., p. 392.

[3042] Essa já era a interpretação dada no regime do Decreto-Lei 7.661/1945 (MARCONDES. *Problemas de direito mercantil...*, p. 362-365), a qual restou mantida pela doutrina na vigência da LREF (BEZERRA FILHO. *Lei de Recuperação de Empresas e Falências comentada...*, p. 234-235). A jurisprudência caminha no mesmo sentido, respeitando-se hipóteses particulares, como é o caso da alienação fiduciária: TJSP, 1ª Câmara Cível, APC 84.531-1, Rel. Des. Roque Komotsu, j. 28/04/1987; TJSP, 6ª Câmara, APC 30.062-1,

RECUPERAÇÃO DE EMPRESAS E FALÊNCIA

Uma das hipóteses de incidência do art. 86, I, é a da perda ou do extravio (furto ou roubo) de bem dado em comodato ou locado ao falido. O mesmo pode suceder caso o bem seja materialmente consumido ou se transforme em outro (sub-rogação real)[3043]. Da mesma forma, pode-se pensar no bem que restou deteriorado ao longo do trâmite do processo[3044]. Nessas situações, *i.e.*, quando o bem não mais existir, deve o requerente receber o valor de avaliação do bem.

Outra situação comum é o da alienação do bem pela massa falida (arts. 139 e 113, *v.g.*), quando, então, o terceiro proprietário deve receber o valor da venda, ou seja, o preço[3045-3046].

A regra do art. 86, I, especificamente no caso de venda do bem, tutela os adquirentes de boa-fé, de tal forma que, se o bem tiver sido vendido para um terceiro de boa-fé, o requerente tem o direito de ser restituído em dinheiro (mas não de tomar a coisa do adquirente de boa-fé), cabendo ao postulante, além de descrever a coisa qualitativa e quantitativamente, fazer prova do valor a ser restituído[3047].

Rel. Des. Gonçalves Santana, j. 14/04/1983; TJRS, 6ª Câmara Cível, APC 70029185196, Rel. Des. Artur Arnildo Ludwig, j. 17/12/2009; TJRJ, 8ª Câmara Cível, APC 0125357-17.2002.8.19.0001 (2005.001.36138), Rel. Des. Helena Bekhor, j. 24/01/2006.

[3043] A LREF não prevê a hipótese de restituição do bem sub-rogado (como o fazia o art. 78, §1º, do Decreto-Lei 7.661/1945) e, justamente por isso, tendemos a acreditar que, nesse caso, a restituição ocorre em dinheiro (SALLES. Seção III: Do pedido de restituição..., p. 388). Em sentido contrário, admitindo a restituição do bem sub-rogado, ver: BEZERRA FILHO. *Lei de Recuperação de Empresas e Falências comentada...*, p. 244 (dando o exemplo do caso em que um quilo de ouro foi transformado em anéis e brincos: tais joias podem ser restituídas, desde que o requerente pague à massa a diferença entre o valor das joias e o valor do ouro bruto).

[3044] TJSP, 7ª Câmara de Direito Privado, APC 0005291-45.2003.8.26.0270, Rel. Des. Luiz Antonio Costa, j. 03/10/2012.

[3045] VALVERDE. *Comentários à Lei de Falências*, v. 2..., p. 161; BEZERRA FILHO. *Lei de Recuperação de Empresas e Falências comentada...*, p. 231, 235; CALÇAS. Do pedido de restituição e dos embargos de terceiro..., p. 273. Nesse sentido, caminha a jurisprudência: STJ, 4ª Turma, REsp 9.329/RS, Rel. Min. Barros Monteiro, j. 10/03/1992; TJRS, 5ª Câmara Cível, APC 70050334481, Rel. Des. Isabel Dias Almeida, j. 31/10/2012.

[3046] MANOEL JUSTINO BEZERRA FILHO entende que o art. 86, I, somente abarca a alienação judicial do bem objeto de restituição e, assim, apresenta interpretação restritiva de tal dispositivo. Para ele, a regra abrange duas hipóteses: (*i*) a primeira referir-se-ia à inexistência do bem quando do ajuizamento do pedido de restituição (o que poderia ocorrer nas hipóteses dos arts. 113 e 139 da LREF); e (*ii*) a segunda hipótese diria respeito ao bem existente no momento do pedido de restituição, porém vendido posteriormente, ou seja, vendido entre o momento do pedido de restituição e o momento posterior ao da efetiva restituição. Assim, afirma que, na primeira situação, o requerente receberia o valor da avaliação do bem; já na segunda, o requerente receberia, então, o valor da venda do bem (BEZERRA FILHO. *Lei de Recuperação de Empresas e Falências comentada...*, p. 235).

[3047] CORRÊA LIMA. Seção III: Do pedido de restituição..., p. 585.

PEDIDO DE RESTITUIÇÃO

3.2. Operação de ACC

Conforme o art. 86, II, da LREF (como já previa o art. 75, §3º, da Lei 4.728/1965)[3048], deve-se proceder à restituição em dinheiro da importância entregue ao devedor, em moeda corrente nacional, decorrente de adiantamento sobre contrato de câmbio para exportação (ACC), na forma do art. 75, §§3º e 4º, da Lei 4.728/1965 (Lei do Mercado de Capitais), desde que o prazo total da operação, inclusive eventuais prorrogações, não exceda o previsto nas normas específicas da autoridade competente.

Trata-se de mecanismo legal criado para incentivar as exportações e reduzir o risco do crédito. Quando um exportador brasileiro realiza uma operação de venda para o exterior, ele se compromete a entregar as mercadorias, recebendo, para tanto, o respectivo pagamento. Este é normalmente efetuado em moeda estrangeira (geralmente de curso internacional, como o Dólar norte-americano ou o Euro). Porém, segundo a legislação brasileira, o exportador deve vender a moeda que recebe em pagamento de suas mercadorias a uma instituição financeira, transformando-a em Reais, operação que é formalizada por meio de um contrato de câmbio[3049].

Como existe um lapso temporal entre o fechamento do contrato de exportação e a sua concretização (*i.e.*, entrega das mercadorias e recebimento do pagamento – sendo a liberação do pagamento normalmente feito por crédito documentário mediado por instituições financeiras), é comum que o exportador precise de recursos financeiros enquanto espera pelo adimplemento do contrato.

Essa necessidade é suprida por meio de uma operação de adiantamento sobre contrato de câmbio (ACC), no qual a instituição financeira, mediante a cobrança de determinada taxa/comissão, antecipa, em moeda corrente nacional, os recursos que o exportador receberá do comprador das mercadorias, tornando-se, com isso, credora da moeda estrangeira a ser paga por quem adquiriu as mercadorias (ou pela instituição financeira contratada pelo estrangeiro comprador das mercadorias para emitir a carta de crédito). Em outras palavras, a empresa exporta-

---

[3048] O art. 75, §3º, da Lei 4.728/1965, à época do Decreto-Lei 7.661/1945, em que inexistia qualquer previsão na legislação concursal sobre o pedido de restituição de ACC, foi por muitos acusado de ser inconstitucional por quebrar a isonomia entre os credores e ocasionar o empobrecimento da massa falida (ABRÃO. *Pedido de restituição na concordata e na falência...*, p. 182 ss; VERÇOSA, Haroldo Malheiros Duclerc. A restituição falimentar do adiantamento sobre contrato de câmbio. *Revista de Direito Mercantil, Industrial, Econômico e Financeiro*, v. 18, n. 36, p. 27-34, out./dez. 1979). De qualquer forma, teve sua constitucionalidade reconhecida pelo STF no Recurso Extraordinário 88.827 (*RTJ* 87/673); ver, também: STF, 2ª Turma, RE 94.240, Rel. Min. Cordeiro Guerra, j. 19/03/1982.

[3049] Vale lembrar que, como regra, é proibida a circulação de moeda estrangeira no Brasil, razão pela qual todo e qualquer recurso em moeda estrangeira que entra em nosso País deve ser convertido em moeda nacional, nos termos do art. 1º do Decreto-Lei 857/69.

RECUPERAÇÃO DE EMPRESAS E FALÊNCIA

dora vende à instituição financeira (antes do embarque dos produtos) a moeda estrangeira que receberá – e deverá ser convertida em Reais –, cabendo ao banco, usualmente, uma taxa/comissão sobre tal montante.

Se antes da entrega das mercadorias e do vencimento do crédito (normalmente documentário) ocorre a falência do exportador, este pode não conseguir dar cumprimento ao contrato, ao passo que o comprador estrangeiro ou a instituição financeira por ele contratada também não pagará qualquer quantia e o banco situado no Brasil que realizou o ACC nada receberá[3050].

Nos termos do art. 86, II, da LREF (e do art. 75, §3º, da Lei 4.728/1965), a instituição financeira que firmou o ACC possui direito a pleitear a restituição do valor antecipado, independentemente de ter sido a antecipação efetuada nos 15 dias anteriores ao requerimento da concordata (ou seja, não incide o art. 85, parágrafo único, da LREF)[3051_3052_3053].

Integra o valor a ser restituído a correção monetária a partir da data do adiantamento até a data da efetiva restituição à instituição financeira, de acordo com a Súmula 36 do STJ[3054]. Todavia, os acessórios e despesas (como diferença de taxa, deságio, IOF, tarifa sobre baixa de contrato e encargo financeiro, além dos

---

[3050] Bem descrevendo toda a operação, ver: BEZERRA FILHO. *Lei de Recuperação de Empresas e Falências comentada...*, p. 236-237; COELHO. *Comentários à Lei de Falências e de Recuperação de Empresas...*, p. 288-289; CORRÊA LIMA. Seção III: Do pedido de restituição..., p. 590; e VIGIL NETO. *Teoria falimentar e regimes recuperatórios...*, p. 282-283.

[3051] É o que determina a Súmula 133 do STJ, anterior à LREF, mas a ela aplicável: "A restituição da importância adiantada, à conta de contrato de câmbio, independe de ter sido a antecipação efetuada nos quinze dias anteriores ao requerimento da concordata".

[3052] Segundo uma parcela da doutrina, esse direito foi criado em razão da proteção dada ao capital financeiro, em prejuízo de todos os demais créditos e em prejuízo da própria possibilidade de recuperação da empresa, a qual fica extremamente dificultada (BEZERRA FILHO. *Lei de Recuperação de Empresas e Falências comentada...*, p. 237).

[3053] O ACC (adiantamento sobre contrato de câmbio) é uma antecipação (parcial ou total), em moeda corrente nacional, do preço recebido em moeda estrangeira, vendida ao banco pelo exportador para entrega futura, sendo que esta operação é realizada antes do embarque da mercadoria (ou da prestação do serviço) objeto da exportação. Por sua vez, o adiantamento sobre cambiais entregues (ACE) muito se assemelha ao ACC, mas é concedido depois do embarque da mercadoria (ou da prestação do serviço) objeto da exportação. Como o próprio art. 75, §§3º e 4º, da Lei 4.728/1965 não estabelece qualquer restrição ao momento em que o adiantamento seja realizado para que se possa ter tratamento mais benéfico na falência e na extinta concordata, pode-se entender que o crédito decorrente de ACE também pode ser objeto de pedido de restituição – sendo que há precedentes no sentido de que tal crédito não se sujeita à recuperação judicial, de acordo com o art. 49, §4º, c/c o art. 86, II, da LREF (TJSP, Câmara Reservada à Falência e Recuperação de Empresas, AI 994.09.293294-7, Rel. Des. Elliot Akel, j. 06/04/2010; TJSP, Câmara Reservada à Falência e Recuperação de Empresas, AI 669.567.4/0-00, Rel. Des. Elliot Akel, j. 15/12/2009).

[3054] Súmula 36 do STJ: "A correção monetária integra o valor da restituição, em caso de adiantamento de câmbio, requerida em concordata ou falência".

PEDIDO DE RESTITUIÇÃO

juros) devem ser enquadrados na classe própria no quadro de credores, não sendo estendida a eles a restituição[3055].

Trata-se, pois, de hipótese adicional de restituição em dinheiro, cujo requerimento não impede a continuação de processo de execução em face de terceiro garantidor[3056].

De mais a mais, segundo a Súmula 307 do STJ, a restituição de adiantamento sobre contrato de câmbio, na falência, deve ser atendida antes de qualquer crédito[3057]. Essa é a regra geral do instituto que, entretanto, foi construída antes da vigência da LREF; como vimos, o art. 86, parágrafo único, determina que as restituições serão efetuadas somente após o pagamento previsto no art. 151 da Lei, além, é claro, das despesas previstas no art. 150, se for o caso. Ou seja: tal Súmula não pode ser aplicada sem que se atente para o teor de tais dispositivos[3058].

3.3. Proteção do terceiro de boa-fé

Como dispõe o art. 86, III, serão objeto de restituição em dinheiro os valores[3059] entregues ao devedor pelo contratante de boa-fé no caso de revogação ou ineficácia do contrato, conforme disposto no art. 136 da LREF.

Segundo o art. 136, uma vez reconhecida a ineficácia do ato praticado pelo devedor ou julgada procedente a ação revocatória, as partes retornarão ao estado anterior (com o retorno do bem à massa), e o contratante de boa-fé terá direito à restituição dos bens ou valores entregues ao devedor.

[3055] Nessa linha: TJSP, Câmara Reservada à Falência e Recuperação, AI 0193221-65.2011.8.26.0000, Rel. Des. Roberto Mac Cracken, j. 28/02/2012; TJSP, Câmara Especial de Falências e Recuperações Judiciais, Apelação com Revisão 334.572-4/5-00, Rel. Des. Romeu Ricupero, j. 14/09/2005.

[3056] Se, por exemplo, juntamente com o contrato de adiantamento de câmbio, a parte credora obteve da vendedora de câmbio notas promissórias no valor das quantias adiantadas, com o aval de seu sócio majoritário: STF, 2ª Turma, RE 11.0379, Rel. Min. Carlos Madeira, j. 06/12/1985.

[3057] STJ, 4ª Turma, REsp 324.482/RS, Rel. Min. Ruy Rosado, j. 06/12/2001; STJ, 4ª Turma, REsp 486.240/RS, Rel. Min. Aldir Passarinho Junior, j. 04/03/2008 ("Constitui entendimento pacificado na 2a Seção do Superior Tribunal de Justiça, que o adiantamento de contrato de câmbio, por representar patrimônio do credor em poder da falida e não bem da Massa, não pode ser preterido em favor de créditos trabalhistas, cabendo ser restituído ao banco titular, antes do pagamento daqueles."). Tal entendimento, todavia, nem sempre foi respeitado, especialmente no que se refere ao pagamento de créditos acidentários e trabalhistas (TJRS, 6ª Câmara Cível, APC 70047296686, Rel. Des. Luís Augusto Coelho Braga, j. 12/04/2012; TJRS, 6ª Câmara Cível, APC 70027112994, Rel. Des. Liége Puricelli Pires, j. 17/09/2009); o TJRS, inclusive, sumulou este seu posicionamento (Súmula 20 do TJRS).

[3058] TJRS, 6ª Câmara Cível, AI 70043910512, Rel. Des. Artur Arnildo Ludwig, j. 22/09/2011; TJRS, 6ª Câmara Cível, AI 70027611474, Rel. Des. Luís Augusto Coelho Braga, j. 27/05/2010; TJSP, 1ª Câmara Reservada de Direito Empresarial, APC 0000834-32.2012.8.26.0309, Rel. Des. Enio Zuliani, j. 02/10/2012. Ver, também: BEZERRA FILHO. Capítulo XIII: O pedido de restituição..., p. 321.

[3059] Interpretando corretamente e de modo extensivo a palavra "valores", o que abarcaria não só dinheiro, mas também bens, ver: BEZERRA FILHO. Capítulo XIII: O pedido de restituição..., p. 320-321.

A despeito dos arts. 86, III e 136 mencionarem, expressamente, as hipóteses de revogação do contrato e procedência da ação revocatória como hipóteses em que ocorre restituição, é difícil vislumbrar possível a restituição de valores/ bens ao terceiro na hipótese de ação revocatória falencial. Explica-se: a boa-fé do contratante é condição indispensável para a restituição, ao passo que o art. 130 da LREF pressupõe a má-fé de ambos os contratantes (sendo condição da revocatória a prova do conluio fraudulento). Assim, a hipótese de restituição ora em comento seria aplicável apenas nos casos de declaração de ineficácia pelo art. 129 e, ainda assim, com a prova de boa-fé do terceiro contratante (lembre-se que as hipóteses do art. 129 são objetivas, isto é, independem do elemento subjetivo envolvido no negócio declarado ineficaz)[3060].

4. Procedimento

O pedido de restituição deduzido contra a massa falida no juizo da falência deve ser realizado por meio de petição, respeitando os requisitos da legislação processual civil (CPC, art. 319), e subscrito por advogado, já que se trata de um procedimento judicial, essencialmente contencioso[3061].

O pedido deve ser fundamentado, inclusive documentalmente, sendo preciso delinear a relação jurídica existente entre o terceiro e o falido, bem como descrever a coisa reclamada (LREF, art. 87).

Por exemplo, cabe ao requerente demonstrar que o bem estava na posse do falido em decorrência de um contrato de comodato, locação, ou mesmo para conserto ou revisão (entre tantas outras hipóteses), ou que simplesmente não estava na posse do falido e foi arrecadado por engano[3062]. É essencial desvelar a razão, isto é, a relação jurídica por meio da qual o bem de propriedade de terceiro estava na posse do falido quando da arrecadação.

Além disso, o requerimento deve descrever a coisa reclamada, objeto da restituição, de modo a identificá-la adequadamente – qualitativa e quantitativamente[3063], não tendo cabimento pedido de restituição de coisa indeterminada[3064].

[3060] Dentre outros, ver: CORRÊA LIMA. Seção III: Do pedido de restituição..., p. 581-622, p. 594; VIGIL NETO. *Teoria falimentar e regimes recuperatórios...*, p. 283; CALÇAS. Do pedido de restituição e dos embargos de terceiro..., p. 274-275. Em sentido contrário, há quem sustente que tanto na hipótese do art. 129 quanto na do art. 130 é possível o envolvimento de terceiros de boa-fé, que tenham entregue valores ao falido, e depois tenham sido desapossados dos bens dele recebidos (embora isso seja menos comum no caso do art. 130) (DECOMAIN. Arrecadação e pedido de restituição de bens na falência..., p. 126).

[3061] "O pedido de restituição constitui uma verdadeira ação de natureza incidente em relação ao procedimento falimentar." (REQUIÃO. *Curso de direito falimentar*, v. 1..., p. 238).

[3062] VALVERDE. *Comentários à Lei de Falências*, v. 2..., p. 162-163.

[3063] "No art. 77 do Decreto-Lei n. 7.661 diz-se que o pedido de restituição deve ser cumpridamente fundamentado (entenda-se com fundamentos minuciosamente – ou, melhor, suficientemente – expostos) e 'individuará a coisa reclamada'. Não se leve à risca essa individualização do bem reclamado.

PEDIDO DE RESTITUIÇÃO

É plenamente viável que o requerente formule pleito de antecipação dos efeitos da tutela pretendida, desde que satisfeitos os pressupostos previstos na legislação (CPC, art. 294 e seguintes).

O requerimento suspende, imediatamente, a disponibilidade do bem (independentemente da sua natureza) até o trânsito em julgado da decisão, cabendo ao administrador judicial obstar a realização de qualquer medida que já tenha sido tomada para a sua alienação[3065]. Esse é o efeito imediato do pedido de restituição (art. 91)[3066-3067].

Com base no art. 113 da LREF, quando houver risco de perecimento ou deterioração do bem objeto do pedido de restituição, parcela da doutrina entende que o juiz pode autorizar a venda, ouvido, em caráter de urgência, o Ministério Público e intimadas as partes. No caso de depreciação, como não há risco imediato, o magistrado deve aguardar eventual requerimento da parte interessada, e quando e se isto acontecer, oportunizar a manifestação do Ministério Público e da parte contrária. Em tais hipóteses, o requerente receberá o valor correspondente em dinheiro (art. 86, I)[3068].

A petição inicial do pedido de restituição é distribuída por dependência ao juízo falimentar (LREF, art. 76). Recebida a petição, o juiz mandará autuar em separado o requerimento com os documentos que o instruírem, passando-se, então, a se processar de forma incidental (art. 87, §1º). Ato contínuo, o juiz determinará a intimação (não a citação) do falido, do Comitê de Credores, se houver, dos credores e do administrador judicial para que, no prazo sucessivo de cinco

---

A individuação pode ser do tipo extremo, *e.g.*, anel com dois diamantes de tantos quilates, a lapidação tal, ou anel de dois diamantes de que se junta a fotografia; e pode ser apenas a que se tem no Enunciado: 'contribuição que o empregador descontou dos salários do empregado tal no dia tal em que os pagou'." (PONTES DE MIRANDA. *Tratado de direito privado*, t. XXIX..., p. 106).

[3064] REQUIÃO. *Curso de direito falimentar*, v. 1..., p. 250. Igualmente: VALVERDE. *Comentários à Lei de Falências*, v. 2..., p. 207.

[3065] TJRS, 5ª Câmara Cível, AI 70034083782, Rel. Des. Romeu Marques Ribeiro Filho, j. 05/05/2010; TJRS, 5ª Câmara Cível, AI 70032021172, Rel. Des. Jorge Luiz Lopes do Canto, j. 28/10/2009; TJMG, 6ª Câmara Cível, APC 1.0079.08.417561-5/001, Rel. Des. Ernane Fidélis, j. 14/10/2008.

[3066] Assim, ainda que o pedido tenha sido julgado improcedente e tenha o requerente interposto recurso de apelação, o qual não possui efeito suspensivo (LREF, art. 90, *caput*), tem-se que a coisa não poderá ser alienada pela massa até que ocorra o trânsito em julgado da decisão.

[3067] Da mesma forma ocorria no regime do Decreto-Lei 7.661/1945 (art. 78). Mesmo assim, WALDEMAR FERREIRA lecionava no seguinte sentido: "A despeito da indisponibilidade da coisa reclamada, mal não é que o reclamante, *ad cautelam*, notifique ao síndico para que dela não disponha. Em processo de falência, tudo é possível; e os absurdos não espantam." (FERREIRA. *Tratado de direito comercial*, v. 15..., p. 119).

[3068] VIGIL NETO. *Teoria falimentar e regimes recuperatórios*..., p. 279; BEZERRA FILHO. *Lei de Recuperação de Empresas e Falências comentada*..., p. 243; BEZERRA FILHO. Capítulo XIII: O pedido de restituição..., p. 324. Igualmente: ALMEIDA. O pedido de restituição e os embargos de terceiro em face da nova Lei de Falências..., p. 319. No mesmo sentido: TJRS, 5ª Câmara Cível, AI 70032021172, Rel. Des. Jorge Luiz Lopes do Canto, j. 28/10/2009.

dias[3069], se manifestem, valendo a manifestação contrária à restituição como contestação (art. 87, §1º)[3070-3071].

O dispositivo legal não determina a intimação do Ministério Público. Todavia, tendo em vista a natureza da atuação do MP no processo falimentar, entendemos recomendável a intimação de seu representante (inclusive para manifestar-se sobre a produção de provas, sobre as provas produzidas e sobre o próprio pedido de restituição antes de o magistrado proferir a sentença)[3072].

Contestado o pedido, oportunizada a réplica (nos termos da legislação processual civil), e deferidas as provas porventura requeridas, o juiz poderá designar audiência de instrução e julgamento, (LREF, art. 87, §2º). Ainda que não tenha sido apresentada contestação, o juiz pode determinar a produção das provas que entender necessárias, nos termos da legislação processual civil. Não havendo provas a produzir, os autos serão conclusos para sentença (LREF, art. 87, §3º); apesar de inexistir previsão na LREF, o juiz, baseado no Direito Processual Civil, pode oportunizar a apresentação de alegações finais após a produção das provas, com a devida manifestação do Ministério Público posteriormente[3073-3074].

A sentença (que deve ter todos os requisitos estabelecidos no art. 489 do CPC) que reconhecer o direito do requerente determinará a entrega da coisa no prazo de 48 horas (LREF, art. 88)[3075], não submetendo o proprietário ao concurso de

---

[3069] Para aprofundamento acerca do risco de o prazo sucessivo para manifestação dos diversos interessados atrasar a relação jurídica processual, ver: BEZERRA FILHO. *Lei de Recuperação de Empresas e Falências comentada...*, p. 239; SALLES. Seção III: Do pedido de restituição..., p. 391.

[3070] Há quem entenda que a manifestação do administrador judicial, na condição de responsável pela arrecadação do bem e, principalmente, pela conservação e gestão dos bens da massa, é obrigatória: DECOMAIN. Arrecadação e pedido de restituição de bens na falência..., p. 127.

[3071] "Aqui cabe observar que a intimação pode ser realizada pela imprensa, não havendo necessidade de intimação pessoal; deve o juiz já na intimação pela imprensa esclarecer que os prazos são sucessivos, na ordem em que a lei estabelece e que, para os credores, o prazo de cinco dias estende-se à universalidade dos credores, sob pena de criar-se óbice intransponível ao bom andamento do processo. Com efeito, há falência nos quais os credores são às centenas ou aos milhares e não haveria qualquer possibilidade de abrir-se prazo sucessivo para cada um deles. Esta intimação é para que se manifestem, prevendo a lei que qualquer manifestação contrária à restituição vale como contestação." (BEZERRA FILHO. Capítulo XIII: O pedido de restituição..., p. 322).

[3072] Nesse sentido: DECOMAIN. Arrecadação e pedido de restituição de bens na falência..., p. 128.

[3073] DECOMAIN. Arrecadação e pedido de restituição de bens na falência..., p. 128.

[3074] Há quem entenda que, em hipóteses excepcionais, pode-se viabilizar a tentativa de conciliação, nos termos da legislação processual civil (BEZERRA FILHO. *Lei de Recuperação de Empresas e Falências comentada...*, p. 240).

[3075] "A sentença que acolhe o pedido do autor tem nítido caráter condenatório, eis que obriga o vencido a devolver a coisa ou lhe entregar o correspondente valor em pecúnia. Mostra-se, portanto, aspecto declaratório e outro de cunho sancionador, valendo como título executivo no caso do devedor não cumprir a sua obrigação." (ABRÃO. *Pedido de restituição na concordata e na falência...*, p. 219).

credores[3076]. No caso de restituição em dinheiro, o administrador judicial deve providenciar o pagamento ao beneficiário; inexistindo a quantia em dinheiro, deve-se esperar pela realização do ativo para o pagamento, de acordo com a ordem estabelecida pela LREF[3077].

Além disso, quando diversos requerentes tiverem de ser satisfeitos em dinheiro e não existir saldo suficiente para o pagamento integral, far-se-á rateio proporcional entre eles (art. 91, parágrafo único)[3078]. Após o rateio, os autores dos pedidos de restituição continuarão na mesma posição processual, de modo que, existindo novos aportes de valores, serão eles novamente pagos, mediante rateio, até que o valor total da restituição seja quitado[3079].

A sentença que negar o pedido de restituição será de improcedência[3080]. Quando for o caso (a sentença pode simplesmente não reconhecer a existência de qualquer crédito)[3081], o juiz incluirá o requerente no quadro-geral de credores, na classificação que lhe couber, na forma da LREF (art. 89)[3082].

[3076] E, por isso, muitos dizem que tal crédito é extraconcursal (*v.g.*: ABRÃO. *Pedido de restituição na concordata e na falência...*, p. 219).

[3077] "Tratando-se, todavia, de restituição de quantia em dinheiro, em alguma das situações do art. 86, pode surgir dificuldade no cumprimento do prazo fixado pelo art. 88. A situação poderá ser de inexistência de recursos para que a entrega da quantia reclamada se faça dentro do exíguo prazo de 48 horas ali fixado. Se a hipótese for esta, deverá o magistrado ordenar que quando da liquidação do ativo, a quantia cuja devolução haja sido ordenada seja entregue ao requerente com preferência ao pagamento de qualquer credor [à exceção do previsto no art. 151 da LREF]. De fato, as importâncias cuja restituição em dinheiro haja sido ordenada devem ser entregues antes mesmo do pagamento dos credores extraconcursais, referidos no art. 84 da LF, os quais, inclusive, recebem antes dos demais credores, relacionados no art. 83." (DECOMAIN. Arrecadação e pedido de restituição de bens na falência..., p. 128).

[3078] "(...) antes de determinar o pagamento, deve o juiz também atentar para a eventualidade de existência de outros pedidos de restituição já julgados ou em andamento. Se houver pedidos em andamento, o juiz mandará aguardar o julgamento de todos e só após determinará o pagamento das restituições. Então, se acaso o valor não for suficiente para o pagamento de todos, será feito o rateio proporcional." (BEZERRA FILHO. *Lei de Recuperação de Empresas e Falências comentada...*, p. 243). Ver, também: BEZERRA FILHO. Capítulo XIII: O pedido de restituição..., p. 323.

[3079] BEZERRA FILHO. *Lei de Recuperação de Empresas e Falências comentada...*, p. 243; BEZERRA FILHO. Capítulo XIII: O pedido de restituição..., p. 323.

[3080] O julgamento de improcedência independe da existência de contestação (VALVERDE. *Comentários à Lei de Falências*, v. 2..., p. 208; PONTES DE MIRANDA. *Tratado de direito privado*, t. XXIX..., p. 108; DECOMAIN. Arrecadação e pedido de restituição de bens na falência..., p. 127; ALMEIDA. O pedido de restituição e os embargos de terceiro em face da nova Lei de Falências..., p. 315; ABRÃO. *Pedido de restituição na concordata e na falência...*, p. 207.

[3081] "No caso do requerente ter seu pedido negado e não ter demonstrado seu direito sobre nenhum crédito, o pedido de restituição deverá ser julgado simplesmente improcedente. Poderá o requerente, posteriormente, ingressar com pedido de habilitação de crédito que se submeterá à verificação nos termos do artigo 7º combinado com o artigo 52 parágrafo único e artigo 9º da presente lei." (ALMEIDA. O pedido de restituição e os embargos de terceiro em face da nova Lei de Falências..., p. 316).

[3082] ABRÃO. *Pedido de restituição na concordata e na falência...*, p. 218-219. Diante do disposto no art. 89 da LREF, MANOEL DE QUEIROZ PEREIRA CALÇAS salienta que não é necessário que aquele que

RECUPERAÇÃO DE EMPRESAS E FALÊNCIA

Quanto aos honorários sucumbenciais, caso não haja contestação por parte da massa, ela não será condenada ao pagamento (art. 88, parágrafo único); o mesmo raciocínio deve ser aplicado caso exista manifestação a favor da restituição, pois: (*i*) o bem deve, obrigatoriamente, ser arrecadado e somente será devolvido ao seu proprietário por meio de pedido de restituição – *i.e.*, não teria o administrador judicial a possibilidade de devolver amigavelmente o bem –; (*ii*) do contrário, seria melhor não se manifestar no pedido de restituição (diante do disposto no art. 88, parágrafo único) do que reconhecê-lo (evitando-se a incidência do art. 90 do Código de Processo Civil de 2015)[3083].

Uma vez contestado o pedido de restituição (ou, ainda que não contestado, tenha sido interposto recurso), os honorários advocatícios serão suportados pelo vencido (pelo requerente, quando vencido; pela massa, quando vencida; por todos os credores, quando quem tiver apresentado a contestação e restar vencido for o Comitê de Credores, etc.)[3084]. Quanto às custas processuais, a LREF é omissa[3085], devendo-se seguir a regra geral de que as custas (embora inexistente contestação) devem ser pagas pelo vencido e, sendo vencida a massa, as custas judiciais são crédito extraconcursal, nos termos do art. 84 da LREF[3086].

---

postula a restituição realize pedido subsidiário de sua inclusão no quadro geral de credores para o caso de improcedência da pretensão (apesar de nada impedir que o requerente formule tal pedido em ordem sucessiva, como autoriza o art. 326 do CPC) (CALÇAS. Do pedido de restituição e dos embargos de terceiro..., p. 276-277). Já MANOEL JUSTINO BEZERRA FILHO elogia a desnecessidade de se realizar o procedimento de habilitação do crédito e recomenda a realização de pedido em ordem sucessiva de inclusão no quadro, em caso de improcedência do pedido de restituição (BEZERRA FILHO. *Lei de Recuperação de Empresas e Falências comentada...*, p. 242).

[3083] Andando no mesmo sentido: SALLES. Seção III: Do pedido de restituição..., p. 392; TJMG, 3ª Câmara Cível, APC 1.0024.09.597285-7/001, Rel. Des. Albergaria Costa, j. 08/09/2011. Em sentido contrário: ABRÃO. *Pedido de restituição na concordata e na falência...*, p. 210-211.

[3084] VALVERDE. *Comentários à Lei de Falências*, v. 2..., p. 209; ABRÃO. *Pedido de restituição na concordata e na falência...*, p. 207-208, 217-218; BEZERRA FILHO. *Lei de Recuperação de Empresas e Falências comentada...*, p. 241; CALÇAS. Do pedido de restituição e dos embargos de terceiro..., p. 276; TJRS, 6ª Câmara Cível, APC 70029185196, Rel. Des. Artur Arnildo Ludwig, j. 17/12/2009. Entendendo que, se houver existido contestação, seja do falido, do administrador judicial ou ainda do Comitê de Credores, a massa será responsável pelo pagamento dos honorários e despesas, ver: ALMEIDA. O pedido de restituição e os embargos de terceiro em face da nova Lei de Falências..., p. 315. Para aprofundamento do tema, ver, particularmente no que se refere aos honorários de sucumbência: DECOMAIN. Arrecadação e pedido de restituição de bens na falência..., p. 129

[3085] No Decreto-Lei 7.661/1945, o art. 77, §7º, previa que "as despesas da reclamação, quando não contestada, são pagas pelo reclamante e, se contestada, pelo vencido". Assim, havia previsão sobre o pagamento das despesas (e, em não existindo contestação, as custas eram pagas pelo reclamante), e não dos honorários. Com isso, chegou-se a entender, inclusive com precedentes judiciais, que o vencido não seria condenado ao pagamento da verba advocatícia, tão somente para assumir os ônus das custas. Mas a posição não estava consolidada. Sobre o tema, ver: REQUIÃO. *Curso de direito falimentar*, v. 1..., p. 250-251.

[3086] DECOMAIN. Arrecadação e pedido de restituição de bens na falência..., p. 129.

PEDIDO DE RESTITUIÇÃO

Da sentença que julgar o pedido de restituição caberá apelação sem efeito suspensivo (art. 90)[3087].

A LREF permite uma espécie de execução provisória (nos exatos termos dos arts. 475-I, §1º, e 475-O do CPC/1973, bem como dos arts. 520 a 522 do CPC/2015). Assim, se o autor do pedido de restituição pretender receber o bem (ou a quantia) reclamada antes do trânsito em julgado da sentença, prestará caução, que deve ser tomada por termo nos próprios autos (LREF, art. 91, parágrafo único)[3088].

O requerente que tiver obtido êxito no seu pedido ressarcirá a massa falida ou a quem tiver suportado as despesas de conservação da coisa reclamada (LREF, art. 92), sendo de bom tom que o juiz condicione a entrega do bem ou o pagamento em dinheiro ao ressarcimento de tais despesas[3089].

Uma parcela da doutrina defende a possibilidade de o administrador reter o bem (ou o magistrado poder condicionar a entrega do bem) em caso de ser devida quantia pelo requerente à massa falida em virtude da relação existente entre as partes (requerente e falido), como no caso de o pedido de restituição ser fundado em mandato e o falido ainda não ter sido reembolsado de todas as despesas para o seu exercício[3090].

Quanto ao tempo em que deve ser feito o pedido de restituição, entende-se que o instituto não se sujeita a prazos prescricionais ou decadenciais. O terceiro pode ingressar com requerimento a qualquer tempo, enquanto tramitar o processo de falência, desde que cumpridos os requisitos postos pela LREF[3091].

No mais, todo o procedimento do pedido de restituição é regrado, naquilo em que compatível, pela legislação processual civil, de acordo com o art. 189 da LREF.

[3087] O Tribunal de Justiça de São Paulo já interpretou o art. 90, supostamente, em sentido diverso. Em caso de rejeição do pedido de restituição e condenação do postulante ao pagamento de honorários sucumbenciais, entendeu que a apelação que combate tal condenação deve ser recebida no duplo efeito, não ensejando, portanto, execução provisória dos honorários (TJSP, 1ª Câmara Reservada de Direito Empresarial, AI 0089729-23.2012.8.26.0000, Rel. Des. Enio Zuliani, j. 31/07/2012).

[3088] Sobre o tema: CALÇAS. Do pedido de restituição e dos embargos de terceiro..., p. 277; BEZERRA FILHO. Lei de Recuperação de Empresas e Falências comentada..., p. 242; BEZERRA FILHO. Capítulo XIII: O pedido de restituição..., p. 322-323. Há quem entenda que, além de prestar caução, deve o requerente comprometer-se a não se desfazer do bem até o trânsito em julgado da sentença (mantendo, então, a coisa objeto da decisão disponível até que sua titularidade seja definida com o trânsito em julgado da sentença) (DECOMAIN. Arrecadação e pedido de restituição de bens na falência..., p. 130).

[3089] COELHO. Comentários à Lei de Falências e de Recuperação de Empresas..., p. 293; CALÇAS. Do pedido de restituição e dos embargos de terceiro..., p. 276.

[3090] SALLES. Seção III: Do pedido de restituição..., p. 395

[3091] VIGIL NETO. Teoria falimentar e regimes recuperatórios..., p. 278. Tal situação já ocorria no regime anterior (Decreto-Lei 7.661/1945).

5. Embargos de Terceiro

Nos casos em que não couber pedido de restituição fica resguardado o direito dos credores[3092] de propor embargos de terceiro contra a massa falida[3093], de acordo com a legislação processual civil[3094] (LREF, art. 93), pondo fim ao debate existente no regime anterior[3095]. Tais embargos de terceiro devem ser distribuídos por dependência ao juízo falimentar (nos termos do art. 76 da LREF, bem como do art. 676, *caput*, do CPC)[3096] e processados em autos apartados.

O exemplo mais corriqueiro de utilização de embargos de terceiro na falência (por quem, não sendo parte no processo, sofre turbação ou esbulho na posse de seus bens pela arrecadação realizada pelo administrador judicial) é o caso de cônjuge de empresário individual para a defesa de sua meação. Outro caso comum é o de sujeito que adquiriu veículo de uma sociedade empresária que vem a falir e, então, verifica que foi expedido mandado para arrecadação do referido automóvel[3097].

Os embargos de terceiro regem-se pelo Código de Processo Civil em vigor e, portanto, não contêm as peculiaridades do pedido de restituição, como a automática indisponibilidade do bem objeto dos embargos (embora exista quem sustente a aplicação do art. 91 da LREF aos embargos de terceiro)[3098] o que, todavia,

---

[3092] "Na lei anterior (art. 79), os embargos de terceiro podiam ser manejados por 'aquele que sofrer turbação ou esbulho'; a nova Lei estabelece legitimidade ativa apenas para os 'credores'. Essa limitação parece não se justificar, pois há casos nos quais aquele que está sofrendo turbação poderá não ser, necessariamente, credor. (...) Em tal caso, caberá ao juiz, interpretando a lei, estender a legitimidade para terceiros não credores, aos quais, porém, só resta o caminho dos embargos." (BEZERRA FILHO. *Lei de Recuperação de Empresas e Falências comentada...*, p. 245-246). Ver, também: BEZERRA FILHO. Capítulo XIII: O pedido de restituição..., p. 325-326.

[3093] Há quem defenda, com base em interpretação sistemática do regramento do pedido de restituição, que possuirá legitimidade para contestar os embargos de terceiro o administrador judicial, o falido, o Comitê de Credores e os credores (ALMEIDA. O pedido de restituição e os embargos de terceiro em face da nova Lei de Falências..., p. 320-321).

[3094] CPC, art. 674 e seguintes.

[3095] A LREF é clara ao estabelecer que os embargos de terceiro somente podem ser propostos quando não for cabível o pedido de restituição. Na época do Decreto-Lei 7.661/1945, existia forte debate sobre a questão em razão da previsão do art. 79, que facultava à parte a escolha da medida que mais lhe interessasse. Para aprofundamento sobre o tema, ver: VALVERDE. *Comentários à Lei de Falências*, v. 2..., p. 214-215; ABRÃO. *Pedido de restituição na concordata e na falência...*, p. 47, 224 ss; e REQUIÃO. *Curso de direito falimentar*, v. 1..., p. 253.

[3096] Diante do juízo universal da falência, acreditamos não ser aplicável a regra estabelecida no art. 676, parágrafo único, do CPC, caso envolva processo falimentar.

[3097] BEZERRA FILHO. *Lei de Recuperação de Empresas e Falências comentada...*, p. 245; BEZERRA FILHO. Capítulo XIII: O pedido de restituição..., p. 325-326. PONTES DE MIRANDA lembra, também, hipótese interessante: "Se ocorre que o patrimônio ofendido é do falido, no que escapa à falência, pode êle embargar de terceiro." (PONTES DE MIRANDA. *Tratado de direito privado*, t. XXIX..., p. 113).

[3098] BEZERRA FILHO. *Lei de Recuperação de Empresas e Falências comentada...*, p. 246.

PEDIDO DE RESTITUIÇÃO

pode ser obtido por meio de pedido liminar (CPC, art. 678) de manutenção ou restituição, por exemplo[3099].

Há, por fim, quatro apontamentos relevantes.

Em primeiro lugar, não se aplica o art. 1.052 do CPC/1973 (*i.e.*, suspensão do processo enquanto não decididos os embargos), haja vista que o processo de falência não pode parar[3100]. Acreditamos que o mesmo se diga ao previsto no art. 678 do CPC/2015.

Em segundo, em caso de improcedência, eventual credor não será automaticamente incluído no quadro-geral de credores, embora há quem defenda a aplicação do art. 89 da LREF, em homenagem ao princípio da economia processual e da instrumentalidade da forma[3101].

Em terceiro, na hipótese de inexistência do bem, nos embargos não pode ocorrer o pagamento automático em dinheiro (ou a sub-rogação em outro bem, para quem assim admita), como ocorre no pedido de restituição (LREF, art. 86, I)[3102].

Por último, cabe recurso de apelação no duplo efeito (CPC/2015, art. 1.012) da sentença que julgar os embargos de terceiro[3103], embora exista entendimento no sentido de que, como no pedido de restituição a apelação possui somente efeito suspensivo (LREF, art. 90), assim também deveria ocorrer no caso dos embargos de terceiro[3104].

[3099] No regime do Decreto-Lei 7.661/1945, RUBENS REQUIÃO salientava que a grande vantagem dos embargos de terceiro em relação ao pedido de restituição seria a possibilidade do recebimento *in limine* do bem, o que não seria possível no pedido de restituição (REQUIÃO. *Curso de direito falimentar*, v. 1..., p. 254). No atual regime, entendemos possível que o pedido de restituição seja ajuizado com pedido de antecipação de tutela (nos termos do art. 273 do CPC/1973 e do art. 294 e seguintes do CPC/2015), como também salienta: BEZERRA FILHO. *Lei de Recuperação de Empresas e Falências comentada*..., p. 245.

[3100] BEZERRA FILHO. *Lei de Recuperação de Empresas e Falências comentada*..., p. 246.

[3101] BEZERRA FILHO. *Lei de Recuperação de Empresas e Falências comentada*..., p. 247; BATALHA;BATALHA. *Falências e concordatas*..., p. 496.

[3102] BEZERRA FILHO. *Lei de Recuperação de Empresas e Falências comentada*..., p. 247.

[3103] SALLES. Seção III: Do pedido de restituição..., p. 396.

[3104] BEZERRA FILHO. *Lei de Recuperação de Empresas e Falências comentada*..., p. 246.

Capítulo 25
Ineficácia e Revogação de Atos

A decretação da falência presume o estado de insolvência econômica do devedor, de tal forma que a constrição executiva falencial, representada pela arrecadação dos bens, costuma ser insuficiente para a satisfação de todos os credores[3105].

Em razão dessa escassez patrimonial anterior à decretação da quebra, é de se supor que o falido possa ter praticado atos e negócios em detrimento da coletividade de credores e do princípio do seu tratamento igualitário. Por isso, o sistema falimentar prevê instrumentos legais para corrigir eventual desvirtuamento no gerenciamento do patrimônio do devedor em período anterior à falência, consubstanciados nos mecanismos dos arts. 129 (declaração de ineficácia) e 130 (ação revocatória falimentar) da LREF[3106].

De origem romana, tais mecanismos constituem um dos temas mais significativos e proeminentes do Direito Falimentar[3107], a despeito de terem sido

---

[3105] PONTES DE MIRANDA. *Tratado de direito privado*, t. XXVIII..., p. 323.

[3106] Como destacava CARVALHO DE MENDONÇA: "Diversos atos, praticados em diferentes épocas pelo devedor, quando ainda no pleno gozo da disponibilidade dos bens, assumem, com a superveniência da falência, um colorido específico, levantando-se contra eles a presunção senão de fraude, ao menos de infração à lei de igualdade entre os credores e a de desvio ou enfraquecimento do penhor comum. A falência ensombra estes atos, atacando-os em seu vigor e energia, e retirando-lhes a eficácia jurídica relativamente à massa." (CARVALHO DE MENDONÇA. *Tratado de direito comercial brasileiro*, v. VII..., p. 512). Para descrição do estado de colapso patrimonial do devedor e dos truques e táticas utilizados por ele, com base nas lições do italiano RENZO PROVINCIALI, ver: TEPEDINO, Ricardo. Comentários aos arts. 105-138. In: TOLEDO, Paulo Fernando Campos Salles de; ABRÃO, Carlos Henrique (coord.). *Comentário à Lei de Recuperação de Empresas e Falência*. 4 ed. rev. e atual. São Paulo: Saraiva, 2010, p. 456.

[3107] A discussão em torno da revocatória remonta ao surgimento e à função desempenhada pela ação pauliana no Direito Romano, com quem a revocatória continua guardando diversas semelhanças até hoje, mesmo que tenha alargado, consideravelmente, seu campo de ação. Sobre o tema, ver: TEPEDINO. Comentários aos arts. 105-138..., p. 456; ABRÃO. *Da ação revocatória*..., p. 26-27

RECUPERAÇÃO DE EMPRESAS E FALÊNCIA

melhor estudados no Direito estrangeiro, principalmente na Itália[3108], do que entre nós[3109]. Em rápida perspectiva histórica, a ação revocatória apareceu como forma de recompor o patrimônio dissipado indevidamente pelo devedor quando assolado por uma crise, tendo sido concebida pelos compiladores dos estatutos das cidades italianas medievais mais afeitas ao comércio[3110], cujo escopo econômico evidenciava a natureza de remédio complementar na execução coletiva do patrimônio do devedor[3111].

Desde então, o tema assumiu grande relevância jurídica, tendo se tornando uma previsão constante e indispensável no tratamento legislativo dado à falência[3112] (sendo meio de conservação da garantia patrimonial geral dos credores – que é o patrimônio do devedor – e tendo por objetivo satisfazer os credores em respeito à *par conditio creditorum*)[3113].

1. Panorama do tema

A LREF, na sessão intitulada "da ineficácia e da revogação dos atos praticados antes da falência", tratou, de forma omissa em algumas oportunidades e assistemática em outras, de duas situações jurídicas distintas e inconfundíveis, cada qual subordinada a preceitos próprios e com efeitos jurídicos diversos, a saber:

[3108] Entre os italianos, destacam-se: BUTERA, Antonio. *La rivendicazione*. Milano: Società Editrice Libraria, 1911; COSATTINI, Luigi. *La revoca degli atti fraudolenti*. Padova: CEDAM, 1950; MAGGIORE, G. Ragusa. *Contributo alla teoria unitaria della revocatoria fallimentare*. Milano: Giuffrè, 1975. Entre os manuais: BRUNETTI. *Tratado de quiebras...*; FERRARA, Francesco. *Il fallimento*. Milano, 1966; PROVINCIALI. *Manuale di diritto fallimentare...*; ROCCO. *Il fallimento...*; SATTA. *Diritto fallimentare...* Para uma visão mais atualizada sobre o tema: MAGGIORE. *Istituzioni di diritto fallimentare...*; PAJARDI, Piero; BOCCHIOLA, Manuela. *La revocatoria fallimentare*. 2 ed. Milano: Giuffrè, 1998; BREGOLI, Alberto. *Effetti e natura della revocatoria*. Milano: Giuffrè, 2001; FERRI. *Manuale di diritto commerciale...*

[3109] Na doutrina brasileira, as principais monografias que tratam do tema são: LEONEL, Jayme. *Ação revocatória no direito da falência*. 2 ed. São Paulo: Saraiva, 1951; ABRÃO. *Da ação revocatória...*, p. 26; VALLE, Christino Almeida do. *Teoria e prática da ação revocatória*. Rio de Janeiro: Aide, 1987; CAHALI, Yussef Said. *Fraude contra credores*. 2 ed. São Paulo: Revista dos Tribunais, 1999.

[3110] Sabe-se, por exemplo, que a extensão do período suspeito (o qual estudaremos mais adiante) variava muito entre os estatutos das cidades italianas que regulavam a matéria (LATTES. *Il diritto commerciale...*, p. 320).

[3111] SANTARELLI. *Per la storia del fallimento...*, p. 192.

[3112] RICARDO TEPEDINO ilustra com inteligente metáfora a complexidade que circunscreve o tema: "Tomando emprestada uma feliz frase do falencista argentino Maffía, o estudo da matéria em foco nos obriga a atravessar o Cabo das Tormentas da doutrina civilística, que é o da ineficácia dos negócios jurídicos. A confusão e a polêmica aqui são realmente grandes, apesar da ancianidade do tema, a começar pela terminologia, da qual dá exemplo a palavra eficaz (...)." (TEPEDINO. Comentários aos arts. 105-138..., p. 456-457).

[3113] PAJARDI; BOCCHIOLA. *La revocatoria fallimentare...*, p. 7-13.

INEFICÁCIA E REVOGAÇÃO DE ATOS

a. o art. 129 trata dos atos ineficazes em relação à massa falida, tenha ou não o contratante conhecimento do estado de crise econômico-financeira do devedor, tenha tido ou não a intenção de fraudar credores; e

b. o art. 130 qualifica como revogáveis os atos praticados com a intenção de prejudicar credores, provando-se o conluio fraudulento entre o devedor e o terceiro que com ele contrata e o efetivo prejuízo sofrido pela massa falida[3114].

A distinção entre os dois regimes – ineficácia e revogação – é essencial, tendo o legislador agido corretamente ao se afastar da imprecisão dos Códigos Civis de 1916 e de 2002 e do Decreto-Lei 7.661/1945, os quais embaralharam os planos da validade com os da eficácia[3115].

A expressão "eficácia jurídica" significa a irradiação de efeitos do fato jurídico depois da incidência da regra legal no seu suporte fático que, assim, passa a pertencer ao mundo do direito. Fala-se, então, na projeção de efeitos do negócio jurídico, de tal forma que a falta de eficácia não pode ser tida como um déficit ou uma insuficiência, mas sim um "não-ser" das suas consequências[3116]. A ineficácia pode ser absoluta ou relativa, conforme o é para todos ou somente para alguns ou, ainda, para alguém, embora o seja eficaz para os demais[3117]-[3118].

Nesse sentido, a etimologia do termo "revocatória" não resulta, como poderia se intuir, do verbo "revogar"[3119] (*i.e.*, tornar inválido; desfazer), mas sim do verbo "revocar" (*i.e.*, chamar para trás; chamar novamente; mandar voltar). Essa singela

---

[3114] A separação das hipóteses foi inspirada em voto do Min. AMARAL SANTOS, fazendo referência a parecer de WALDEMAR FERREIRA, apresentado por ocasião do julgamento de recurso extraordinário: STF, 1ª Turma, RE 68.970, Rel. Min. Amaral Santos, j. 16/03/1971.

[3115] Para aprofundamento sobre o tema no âmbito dos arts. 129 e 130 da LREF, ver: THEODORO JÚNIOR, Humberto; FARIA, Juliana Cordeiro de. Arts. 129 a 138. In: CORRÊA-LIMA, Osmar Brina; CORRÊA LIMA, Sérgio Mourão (coord.). *Comentários à nova Lei de Falência e Recuperação de Empresas*. Rio de Janeiro: Forense, 2009, p. 903-905. Na doutrina civil, ver: AZEVEDO, Antônio Junqueira. *Negócio jurídico*: existência, validade e eficácia. 4 ed. São Paulo: Saraiva, 2010.

[3116] PONTES DE MIRANDA, Francisco Cavalcanti. *Tratado de direito privado*, t. V. 4 ed. Rio de Janeiro: Revista dos Tribunais, 1983, p. 3. Na mesma linha: STOLFI, Giuseppe. *Teoría del negócio jurídico*. Madrid: Revista de Derecho Privado, 1959, p. 123; BETTI, Emilio. *Teoria generale del negozio giuridico*. Torni: UTET, 1950, p. 457.

[3117] PONTES DE MIRANDA. *Tratado de direito privado*, t. V..., p. 68-73.

[3118] Em termos comparativos, enquanto a ineficácia significa a falta de projeção de efeitos de um negócio, em regra, existente e válido, a invalidade diz respeito à ausência de algum dos requisitos regulares à boa formação do negócio jurídico.

[3119] PONTES DE MIRANDA critica a utilização da nomenclatura de "ação revocatória" pelo Código italiano de 1942 para toda e qualquer hipótese, salientando que: "(...) o novo Código Civil Italiano, arts. 2.901-2.904, continuou a chamar ação revocatória a ação declarativa de ineficácia, sem atender à impropriedade da expressão: quem revoga retira voz; portanto, desconstitui." (PONTES DE MIRANDA. *Tratado de direito privado*, t. XXVIII..., p. 324).

distinção é determinante para delinear o enfoque e o objeto da ação revocatória no âmbito falimentar[3120].

Essa medida, portanto, não tem o efeito de invalidar ou desfazer absolutamente os atos praticados pelo devedor em determinada época e em dadas circunstâncias. Seu objetivo é outro: busca retirar os efeitos de determinados atos praticados pelo devedor (fazendo-os "voltar para trás"), destituindo-os de eficácia jurídica, mas tão somente com relação à massa falida, sem invalidá-los ou desconstituí-los por inteiro[3121].

Em outras palavras, permite-se que se tenha como ocorrido tudo o que aconteceu, porém não contra a massa. Logo, o bem está no patrimônio do terceiro, mas a massa pode ir lá e tirá-lo, porque, para ela, ele lá não está. Essa é a peculiaridade da ação revocatória na falência, cujos pressupostos se assemelham[3122], mas não coincidem ou se confundem com a ação pauliana ou ação de nulidade, típicas do direito civil[3123].

Tanto o art. 129 quanto o art. 130 da LREF, então, operam-se no plano da eficácia. E os efeitos da ação revocatória (art. 130) ou da declaração de ineficácia (art. 129), conforme o caso, aproveitarão à massa falida e não ao falido pessoalmente (nem seus sócios), ficando este (ou estes) sujeito a cumprir as obrigações que livremente assumiu, podendo, inclusive, responder por perdas e danos para com terceiros de boa fé, mediante ajuizamento de demanda própria.

No contexto da ação revocatória e da declaração de ineficácia, a massa (não se estendendo a prerrogativa aos coobrigados ou fiadores do falido) assume o papel de terceiro[3124] no uso de uma prerrogativa, pois goza exclusivamente da faculdade de exigir que tais atos não lhe sejam opostos (espécie de isenção quanto aos efeitos)[3125].

[3120] REQUIÃO, Rubens. *Curso de direito falimentar*, v. 1. 14 ed. São Paulo: Saraiva, 1991, p. 192; BEZERRA FILHO. *Lei de Recuperação e de Falências comentada...*, p. 270.

[3121] REQUIÃO, Rubens. Ação revocatória – fraude contra credores. In: _____. *Aspectos modernos de direito comercial*, v. 3. Saraiva: São Paulo, 1977, p. 368-369.

[3122] Por exemplo, o STF já autorizou a transformação de ação pauliana em ação revocatória, quando, no curso da primeira advém a falência do devedor, sem que isso alterasse o objetivo da ação, causasse prejuízo às partes, aos seus pedidos, ou repúdio às regras processuais – julgamento *ultra* ou *extra petita* (STF, 1ª Turma, RE 66.101/SP, Rel. Min. Djaci Falcão, j. 13/04/1971).

[3123] PONTES DE MIRANDA. *Tratado de direito privado*, t. XXVIII..., p. 327.

[3124] No exercício da sua atividade, a massa falida atua em dupla qualidade: (*i*) sub-rogando-se nos direitos do falido; e (*ii*) como terceiro, exercendo direitos que lhe são próprios (como no caso dos arts. 129 e 130). No primeiro caso, a massa substitui o devedor não por vontade dele, mas por força de disposição da LREF, de modo que o direito da massa se mede pelo direito do falido. Nas palavras de CARVALHO DE MENDONÇA, trata-se de um "representante *in omnibus et per omnia*" (CARVALHO DE MENDONÇA. *Tratado de direito comercial brasileiro*, v. VII..., p. 376). Em tradução livre para o vernáculo "em todos e por todas as coisas".

[3125] CARVALHO DE MENDONÇA. *Tratado de direito comercial brasileiro*, v. VII..., p. 513.

INEFICÁCIA E REVOGAÇÃO DE ATOS

2. Nota histórica do direito pátrio

O tema já constava na ordem de preocupações do legislador pátrio desde o século XIX, mais especificamente a partir do Decreto 917, de 1890. O tratamento legislativo foi reproduzido, com pequenas modificações, no Decreto 2.024 de 1908 e no Decreto-Lei 7.661/1945[3126].

Uma rápida análise comparativa entre os textos legais indica que o rol de atos passíveis de revogação e/ou declaração de ineficácia, embora insuficiente qualitativa e quantitativamente, segue uma sistemática linear, com hipóteses fáticas bastante semelhantes desde o Decreto 917/1890[3127].

Dessa análise histórica, dois apontamentos merecem destaque: (*i*) a evolução dos regimes de nulidade e de anulabilidade dos atos jurídicos para o da ineficácia, que mantém válido o ato em si, retirando-lhe, apenas, seus efeitos[3128]; e (*ii*) o rol de atos legais seguiu a mesma sistemática, com poucas atualizações em mais de um século de prática[3129].

A despeito dessa evolução linear na matéria[3130], a LREF, como diploma legislativo, é mais precisa e aperfeiçoada que as leis anteriores, conclusão que decorre da simples análise da epígrafe da Seção IX, do Capítulo V, na qual o legislador evidencia preocupação tanto com a ineficácia *stricto sensu* (art. 129) quanto com a revogação dos atos praticados antes da falência (art. 130)[3131].

[3126] Sobre o tema, ver: VALVERDE. *Comentários à Lei de Falências*, v. I..., p. 347-386; VALVERDE. *A fallencia no direito* brasileiro, v. I, parte I..., p. 337-411; CARVALHO DE MENDONÇA. *Tratado de direito comercial brasileiro*, v. VII..., p. 501-575.

[3127] O Decreto 917 regulou a matéria, de forma bastante abrangente, na Seção III ("Dos actos nullos e annullaveis") do Título II ("Dos effeitos da declaração da fallencia"), nos arts. 28-32. Na mesma direção, seguiram o Decreto 2.024 de 1908, que o fez na Seção V ("Da revogação de actos praticados pelo devedor antes da fallencia") do Título II ("Dos effeitos juridicos da sentença declaratoria da fallencia"), nos arts. 55-56, e o Decreto-Lei 7.661/1945, em seus arts. 52-53, na Seção V ("Da revogação dos atos praticados pelo devedor antes da falência") do Título II ("Dos efeitos jurídicos da sentença declaratória de falência"). No regime vigente, o tema está inserido na Seção IX ("Da ineficácia e da revogação dos atos praticados antes da falência"), no Capítulo V ("Da Falência").

[3128] VALVERDE. *Comentários à Lei de Falências*, v. I..., p. 353.

[3129] Nesse particular, a semelhança entre os diplomas legais permite ao intérprete e ao operador do direito utilizar, com as devidas adaptações, boa parte do repertório jurisprudencial e doutrinário pretéritos, especialmente dos quase sessenta anos de vigência do Decreto-Lei 7.661/1945.

[3130] Muito embora pendular quanto aos interesses protegidos (COMPARATO. *Aspectos jurídicos da macroempresa*..., p. 95-98).

[3131] Também nesse sentido: LISBOA, Roberto Senise. Comentários aos arts. 129-138. In: DE LUCCA, Newton; FILHO, Adalberto Simão (coords.). *Comentários à nova Lei de Recuperação de Empresas e de Falências*. São Paulo: Quartier Latin, 2005, p. 513.

3. Ineficácia versus revogação

O tratamento legal da revogação e/ou da declaração de ineficácia (não da nulidade absoluta ou relativa)[3132] dos atos praticados pelo devedor em período anterior ou posterior à decretação da sua falência têm caráter dúplice, estando relacionado:

a. a casos taxativamente enumerados pela lei, em regime fechado (*numerus clausus*), nos quais se presume a ineficácia[3133]; e

b. a atos fraudulentos perpetrados pelos contratantes (devedor e terceiro) em detrimento dos credores da massa falida, nos quais a ilicitude e/ou o enriquecimento injustificado de uma das partes (devidamente comprovados) ensejam sua revogação.

A *ratio legis* de tais prescrições é a defesa dos credores contra atos prejudiciais aos seus interesses, praticados pelo devedor, ora exigindo-se prova da fraude (art. 130), ora presumindo-a, ou afastando-a para ter no potencial dano aos credores razão suficiente para declarar a ineficácia (art. 129)[3134].

Em ambas as situações, o negócio jurídico não nasce com falha/defeito; sofrerá embaraços no plano de sua eficácia se e quando sobrevier a falência, que se caracteriza como evento extrínseco e posterior ao próprio ato. O objetivo da lei é claro: coibir comportamentos ou desvios de conduta do falido em situações que envolvam a alienação de patrimônio ou a omissão em aumentá-lo, em detrimento de seus credores e da massa[3135].

[3132] Como destaca SYLVIO MARCONDES, essa sistemática não significa que os atos nulos e anuláveis praticados pelo devedor deixarão de ser examinados e, se inquinados de vícios, assim declarados, conforme o caso, mas sim que tal regime não é suficiente para resolver todos os problemas em matéria de falência. Explica: há certos atos que o falido pratica (com ou sem a intenção de prejudicar seus credores) para os quais a lei não pode outorgar eficácia, por se tratar de atos que causam danos aos credores e ferem o princípio da igualdade de tratamento reservado a eles na falência (MARCONDES. *Direito comercial...* No mesmo sentido: TEPEDINO. Comentários aos arts. 105-138..., p. 459.

[3133] A sanção da ineficácia estrita do art. 129 consiste em trazer ao patrimônio da massa o que foi dele indevidamente retirado. Tecnicamente, não há que se falar em revogação, pois se estaria diante da hipótese do art. 130, nem em decretação de invalidade do negócio, já que o ato praticado é válido, sendo apenas declarado ineficaz relativamente à massa (PONTES DE MIRANDA. *Tratado de direito privado*, t. XXVIII..., p. 329). Em sentido oposto, o ato nulo é aquele juridicamente inválido (e na maioria das vezes ineficaz), não sendo capaz de produzir efeitos, seja perante terceiros, seja perante as partes signatárias (PONTES DE MIRANDA. *Tratado de direito privado*, t. XXVIII..., p. 328; BEZERRA FILHO. *Lei de Recuperação e de Falências comentada...*, p. 270).

[3134] Ao comentar os dispositivos (arts. 52 e 53) do Decreto-Lei 7.661/1945, MIRANDA VALVERDE faz interessante comparação: "A ineficácia dos atos especificados no art. 52 está para a ineficácia de que cogita o art. 53, como a nulidade em relação à anulabilidade. O fato da falência, por si só, determina a ineficácia de atos discriminados no art. 52. A fraude, entretanto, é necessária para conseguir-se a decretação da ineficácia dos atos a que alude o art. 53." (VALVERDE. *Comentários à Lei de Falências*, v. I..., p. 354 e 357).

[3135] A LREF busca evitar que o devedor favoreça terceiros com quem contratou elidindo sua participação no processo coletivo de falência, em flagrante violação ao princípio do tratamento equitativo aos credores.

INEFICÁCIA E REVOGAÇÃO DE ATOS

Os casos do art. 129 da LREF envolvem atos objetivamente ineficazes, assim considerados independentemente dos contratantes terem agido em fraude ou terem conhecimento da situação de crise econômico-financeira do devedor; não se cogita nem a vontade das partes, nem a causa dos negócios jurídicos descritos na lei[3136]. Já na hipótese do art. 130, cabe ao proponente comprovar o conluio entre o devedor e o terceiro e o efetivo prejuízo sofrido pela massa falida[3137]-[3138].

Na ação declaratória de ineficácia, a massa não perdeu o bem; sua permanência no patrimônio do terceiro – para a massa, para os credores concursais – é momentânea, fática, e não jurídica[3139]. A ação revocatória, por sua vez, tem caráter constitutivo negativo, na medida em que traz à origem o ato fraudulento praticado entre o devedor e o terceiro, se houve intenção de prejudicar credores.

Ao invés de declarar a ineficácia do ato, como ocorre na hipótese do art. 129, a ação revocatória (art. 130) busca eliminar os efeitos prejudiciais que o ato causou aos credores. A sentença judicial corta os efeitos do ato, mas somente daqueles

---

São tidas como ineficazes para o legislador algumas situações em que a averiguação em torno da fraude é despicienda, pois a lei a presume de forma absoluta (*iuris et de jure*), ao passo que, em outras situações, tidas como revogáveis, a comprovação da fraude é elemento essencial. Nesse sentido: TEPEDINO. Comentários aos arts. 105-138..., p. 459; MARTIN, Antônio. Da ineficácia e da revogação de atos praticados antes da falência. In: SOUZA JUNIOR, Francisco Satiro de; PITOMBO, Antonio Sergio A. de Moraes (coord.). *Comentários à Lei de Recuperação de Empresas e Falências*. 2 ed. rev., atual. e ampl. São Paulo: Revista dos Tribunais, 2007, p. 471. Ver, também: TOLEDO; PUGLIESI. Capítulo XIX: A falência..., p. 447.

[3136] VALVERDE. *Comentários à Lei de Falências*, v. I..., p. 354; MARTIN. Da ineficácia e da revogação de atos praticados antes da falência..., p. 469-470. Nesse sentido, ver: STJ, 4ª Turma, AgInt no AREsp 901.010/SC, Rel. Min. Luis Felipe Salomão, j. 23/08/2016; TJRS, 5ª Câmara Cível, APC 70073472227, Rel. Des. Jorge André Pereira Gailhard, j. 30/08/2017.

[3137] TJRS, 5ª Câmara Cível, APC 70073472227, Rel. Des. Jorge André Pereira Gailhard, j. 30/08/2017.

[3138] Na visão de PONTES DE MIRANDA, a ação do art. 129 era denominada de "ação de ineficácia relativa" e a ação do art. 130 "ação revocatória falencial" (PONTES DE MIRANDA. *Tratado de direito privado*, t. XXVIII...).

[3139] Para PONTES DE MIRANDA, na declaratória de ineficácia: "O bem está no patrimônio do terceiro; apenas ficou aberto o caminho para o síndico ou o credor ir até lá e havê-lo como era, ou o seu valor. A massa não o perdeu; a permanência do patrimônio do terceiro – para a massa, para os credores concursais – é fática, e não jurídica. O fato não atribui, sequer, ao terceiro, contra a massa, contra os credores, posse (...). A ineficácia relativa é integral. Para a massa, o bem que está no patrimônio de terceiro aí não está." E mais: "(...) os bens não voltam ao patrimônio concursal; os bens são dele, desde que se abriu o concurso. Porque os atos enumerados no art. 52, I-VIII, foram sem efeitos, relativamente à massa concursal. Não há integração ao patrimônio dos bens que corresponderiam à responsabilidade ordinária. Eles nunca deixaram de ser parte dele. Daí a maior diferença entre o que se passa com os bens que alude o art. 52 do Decreto-Lei n. 7.661 e os bens que, em virtude da ação revocatória do artigo 53 volvem ao patrimônio concursal. Por isso mesmo, a carga de eficácia das duas sentenças, a do art. 52 e a do art. 53, é expressiva. Ineficácia relativa declara-se; revogação desfaz, desconstitui, pelo meio específico da retirada da *vox*, mas, de qualquer maneira, mais próprio do que aqueles meios que se empregam nas decretações de nulidade, de anulação, de resolução e de rescisão." (PONTES DE MIRANDA. *Tratado de direito privado*, t. XXVIII..., p. 327-330).

RECUPERAÇÃO DE EMPRESAS E FALÊNCIA

que se dirigiram contra a massa ou que a tenham atingido[3140] não desde o início (da prática do ato), como na declaratória de ineficácia, mas a partir do trânsito em julgado da decisão que revogou seus efeitos[3141].

Ao longo da vigência do Decreto-Lei 7.661/1945, a jurisprudência mostrou-se sôfrega e errática ao delinear a distinção entre as duas espécies, falando ora em ineficácia em situações que envolviam a revocatória, ora em revocatória em casos de ineficácia. Apesar de imperfeita, a sistemática legal tem auxiliado no esclarecimento e na compreensão do tema pelos tribunais, mesmo que grande parte das decisões tenda a diferenciar as hipóteses pela necessidade ou não de comprovar a fraude ou o prejuízo[3142], ao invés de também adentrar na análise e na distinção de seus efeitos jurídicos (declaratórios ou constitutivos)[3143].

Apesar de distintas em uma série de aspectos, a função jurídica que exercem a ação revocatória do art. 130 e a declaração de ineficácia do art. 129 são semelhantes: ambas buscam a proteção coletiva dos credores na tentativa de manter

---

[3140] A revogação do art. 130 refere-se, também, à eficácia. Porém, os atos a que se refere o artigo, à diferença daqueles de que trata o art. 129, são eficazes. Segundo PONTES DE MIRANDA, a retirada da *vox* é para que tais atos não tenham eficácia quanto à massa falida, supondo-se a má-fé de ambos os participantes, devedor e terceiro. Lembra PONTES que: "O bem a cuja restituição se procede ainda pertencia ao falido se a sentença foi proferida em ação de ineficácia negativa. Se proferida na ação revocatória falencial, não: pertenceu ao terceiro e, por eficácia, *ex tunc* da sentença, deixou de pertencer, em toda a eficácia, como se a ele nunca tivesse pertencido (...) Como se ele nunca tivesse pertencido, dissemos. Nunca tivesse pertencido em toda a eficácia. O bem não deixa totalmente de pertencer ao terceiro. Mas o círculo de eficácia perde setor que corresponde à massa, aos credores concursais." (PONTES DE MIRANDA. *Tratado de direito privado*, t. XXVIII..., p. 360-363).

[3141] E continua o tratadista: "Tem-se procurado assimilar a ação revocatória à ação de ineficácia relativa, a ponto de se querer que não haja constitutividade negativa na decisão que acolhe. Tratar-se-ia de pretensão à restituição, com a questão prévia da afirmação de ineficácia. Primeiramente, o nome seria de impropriedade irritante. Não se revoga declarando-se. Declara-se, por vezes, para se revogar. Quem revoga retira *vox*; portanto, desconstitui. Em verdade, porém o nome não foi impróprio. A alusão, que nele há, à *vox* do devedor, tem o mérito de revelar o pensamento que esteve à base da concepção da revocatória falencial: o devedor deveria ter procedido de jeito que não lesasse os credores, inclusive de jeito que não ferisse a incidência futura do princípio da *par conditio creditorum*." (PONTES DE MIRANDA. *Tratado de direito privado*, t. XXVIII..., p. 359-363).

[3142] Seguindo, nesse sentido, a linha defendida, entre outros, por: MARTIN. Da ineficácia e da revogação de atos praticados antes da falência..., p. 469-470; MILANI. *Lei de recuperação judicial...*, p. 497.

[3143] Ao fim e ao cabo, a principal contribuição de PONTES DE MIRANDA está ancorada na sua teoria processual quanto às cargas de eficácia da ação declaratória e revocatória e da respectiva sentença judicial, mesmo que ele considere, também, a desnecessidade de comprovar fraude/prejuízo na ação do art. 129. Dito isso, não se vislumbra problema no fato de a jurisprudência seguir pela trilha de diferenciar as duas medidas a partir do critério da necessidade ou não de comprovar a fraude, ou, em outras palavras, na linha da "ineficácia subjetiva" ou "ineficácia objetiva", desde que se atente para a distinção dos efeitos da decisão, quando esta consideração for, de fato, relevante para a resolução do caso. Cabe, contudo, à doutrina manter viva a diferenciação.

o regime da absoluta igualdade entre eles, mesmo em contextos econômicos adversos para o devedor[3144].

4. Prejuízo e sua prova

O cerne deste item está em saber se a existência e/ou a comprovação do prejuízo para a massa falida é pressuposto para a procedência da ação revocatória ou da declaratória de ineficácia. Em outras palavras, o ato praticado pelo devedor deve ter causado prejuízo real aos credores ou basta apenas o prejuízo em potencial?

Nesse quesito os regimes distinguem-se mais uma vez: enquanto (*i*) na ação do art. 130 a comprovação do dano causado pela fraude praticada pelo devedor é condição *sine qua non* para a procedência da medida, (*ii*) nas hipóteses taxativas do art. 129, nas quais inexiste ato ilícito, há discussão (na doutrina e na jurisprudência) se a existência de prejuízo concreto é, de fato, imprescindível, ou se a lesividade em potencial do ato seria condição suficiente.

		Exige-se existência e prova do dano?	
Ineficácia do ato	Via art. 129	Declaratória de ineficácia	Questão controvertida. Há uma tendência pela desnecessidade de existência e prova do dano.
	Via art. 130	Ação revocatória	Exige-se a existência e comprovação do dano

A questão é intrigante. A leitura apartada das expressões que formam o art. 129 é elucidativa e ajuda a responder à questão. "São ineficazes em relação à massa falida"; "tenha ou não o contratante conhecimento do estado de crise econômico-financeira do devedor"; "seja ou não intenção deste fraudar credores". O mesmo ocorre com o art. 130. "São revogáveis os atos praticados"; "com a intenção de prejudicar credores"; "provando-se o conluio fraudulento entre o devedor e o terceiro que com ele contratar"; "e o efetivo prejuízo sofrido pela massa falida".

Ao contrário da previsão do art. 130, nas hipóteses do art. 129 não há que se investigar a existência efetiva de fraude, porque a lei a presume de forma absoluta, bastando o prejuízo em potencial – descartando-se, por conseguinte, a necessidade de sua comprovação na situação em concreto[3145].

[3144] LEONEL. *Ação revocatória no direito da falência...*, p. 53-54. Ora, a ação revocatória falencial e a ação de ineficácia relativa têm fim idêntico. A distinção entre elas ou consiste em pressupostos que não coincidem em toda a extensão, ou na própria força da sentença favorável: no caso da ação de ineficácia relativa, declaratória; e na ação revocatória falencial, constitutiva (PONTES DE MIRANDA. *Tratado de direito privado*, t. XXVIII..., p. 384)

[3145] LEONEL. *Ação revocatória no direito da falência...*, p. 51.

RECUPERAÇÃO DE EMPRESAS E FALÊNCIA

A *ratio legis* da declaratória de ineficácia é justamente proteger os credores do falido no tocante à prática de atos bastante específicos, eleitos criteriosamente pelo legislador, potencialmente prejudiciais à igualdade existente entre os credores, sem possibilidade de extensão. Logo, não faria sentido requerer para a declaração da ineficácia a comprovação do prejuízo, sendo o dano, em tais situações, presumido pela lei, bastando para a declaração da ineficácia a mera realização do ato, nas circunstâncias postas pela legislação[3146].

Mas essa construção dá margem à discussão na doutrina. NAVARRINI[3147] e BONELLI[3148], acompanhados, no Brasil, por Jayme Leonel[3149], entre outros[3150], consideram desnecessária a comprovação do prejuízo, defendendo a existência de presunção *iuris et de jure* também em relação ao dano, tendo essa posição servido de referência para o posicionamento de parte da jurisprudência.

Seguindo outro entendimento, RICARDO TEPEDINO sustenta, com base nas lições de SATTA[3151] e MAGGIORE[3152], que a necessidade de comprovar o prejuízo está presente na hipótese do art. 129, devendo, entretanto, ser encarada em uma outra perspectiva: "a de saber se da ineficácia do ato visado resultará proveito para a massa credora – afinal, seria mesmo um disparate privar-se de um ato válido de seus efeitos se isso não elevará os dividendos dos credores. Por isso, o negócio pode ter sido vantajoso para o devedor, mas desfavorável aos credores de sua falência, e é isso o que importa"[3153].

[3146] RICARDO TEPEDINO, retomando ilustrativa construção de PROVINCIALI, destaca que a presunção legal se justifica na medida em que "o próprio ato testemunha a consciência do ato de insolvência". No entanto, o autor defende a necessidade de comprovação do prejuízo causado pelo ato à massa falida (TEPEDINO. Comentários aos arts. 105-138..., p. 460).

[3147] NAVARRINI. *Trattato di diritto fallimentare...*, p. 330.

[3148] BONELLI. *Del fallimento*, v. II..., p. 800.

[3149] LEONEL. *Ação revocatória no direito da falência...*, p. 52 e 55.

[3150] *V.g.*, TOLEDO; PUGLIESI. Capítulo XIX: A falência: ineficácia e a revogação dos atos praticados antes da falência..., p. 448.

[3151] SATTA. *Diritto fallimentare...*, p. 209.

[3152] MAGGIORE. *Istituzioni di diritto fallimentare...*, p. 204-207.

[3153] RICARDO TEPEDINO ilustra seu raciocínio com um exemplo: "Caio tem ativo de R$ 1.000 e três credores, cada um pela soma de R$ 1.000. Se, às vésperas da quebra, um deles lhe quita o débito com desconto de 50%, o patrimônio de Caio aumentou (antes tinha um passivo a descoberto de R$ 2.000; agora, de R$ 1.500), mas os credores remanescentes perderam (antes o dividendo seria de 33%, agora será de 25%), porque a moeda da falência se revelou mais severa do que o abatimento concedido pelo credor que escapou ao concurso." O autor contribui para o debate com outro exemplo que evidencia situação em que o ato, a despeito de estar listado nas clássicas hipóteses de ineficácia constantes no art. 129 e, também, na grande maioria das legislações, pode não acarretar prejuízo aos credores: "Caio é credor da XYZ por R$ 1 milhão e seu crédito conta com hipoteca de um imóvel que vale R$ 600 mil. Diante da crise da XYZ, Caio se atemoriza e aceita em dação em pagamento o imóvel gravado, sobrevindo a quebra da devedora logo em seguida, sem que tenha dívidas trabalhistas ou créditos sujeitos à restituição. O ato se encaixa no inciso II deste art. 129, mas sua ineficácia só trará prejuízos aos credores: alienado o

INEFICÁCIA E REVOGAÇÃO DE ATOS

O posicionamento não é isolado. A doutrina aponta outras situações nas quais atos e negócios praticados pelo devedor poderão encontrar contrapartida no rol legal do art. 129 e, a despeito disso, não seria razoável cogitar da sua ineficácia, na medida em que sua prática não acarretou à massa qualquer espécie de prejuízo, podendo, ao contrário, ter gerado lucro ou vantagem[3154].

O argumento é interessante. Do ponto de vista econômico, pode não fazer sentido declarar a ineficácia de um ato que gerou lucro ou benefício ao devedor, aumentando, portanto, o patrimônio que será arrecadado pelo administrador judicial no curso da falência[3155]. Entretanto, deve-se lembrar que a decretação da falência se dá em razão de outros interesses, especialmente da coletividade dos credores, cujos créditos são classificados de acordo com as preferências legalmente estipuladas, as quais não podem ser subvertidas pelo devedor em benefício deste ou daquele credor em especial.

Exatamente por isso, o regime jurídico da ineficácia protege o princípio da igualdade entre os credores de forma antecipada ao evento da quebra. Nas situações postas pela lei, o prejuízo dos credores se presume, mesmo que a situação concreta tenda a demonstrar o contrário. Protege-se a posterior habilitação de todo e qualquer credor no processo falimentar e o recebimento do seu crédito de acordo com a classificação e o rateio determinado pela lei.

Trata-se, portanto, de critério jurídico soberano que não aceita relativizações a partir de situações econômicas que se supõem benéficas para o devedor e para o universo de credores, sob pena de desvirtuamento do sistema falimentar como

bem por R$ 600 mil, esses recursos irão para Caio, que ainda poderá habilitar-se pelos R$ 400 mil de saldo. Disso resultará, portanto, apenas um dividendo menor para todos os credores, já que esse crédito remanescente também entrará no rateio do que couber aos quirografários, e o único a sair ganhando será Caio." (TEPEDINO. Comentários aos arts. 105-138..., p. 461). Em sentido semelhante: VALVERDE. *Comentários à Lei de Falências*, v. I..., p. 357.

[3154] ANTÔNIO MARTIN dá como exemplo a hipótese do art. 129, I (pagamento de dívidas não vencidas): "É necessário, contudo, examinar se a hipótese legal trouxe ou não benefício para a massa. Não se pode esquecer que o art. 117 da Lei 11.101/05 regulou o alcance da sentença falimentar sobre os contratos bilaterais. É claro que se um pagamento parcial, na compra de um valioso bem, vier a privar a massa desse bem, com a devolução do valor que for pago, e a situação for favorável à massa falida, com a manutenção do bem no acervo, não se deve pleitear a declaração da ineficácia do ato, porque esta declaração, em vez de lucro, trará prejuízos à massa falida." (MARTIN. Da ineficácia e da revogação de atos praticados antes da falência..., p. 474-475).

[3155] O Tribunal de Justiça do Estado do Rio de Janeiro já decidiu pela manutenção da improcedência de declaração de ineficácia, com fulcro no art. 129, II, da Lei 11.101/05 (apesar de ter utilizado, inadvertidamente, revocatória para declaração de ineficácia), asseverando que: "(...) não há credores habilitados na falência, o que esvazia o propósito da revocatória que é a preservação dos direitos de credores da massa falida. O prejuízo é essencial à revocatória, e não foi comprovado no presente caso." (TJRJ, 17ª Câmara Cível, EI 038107-96.2009.8.19.0001. Rel. Des. Elton M. C. Leme, j. 11/07/2012). No mesmo sentido, TJMG, 1ª Câmara de Direito Privado, APC 1.0000.00.301213-5/000. Rel. Des. Geraldo Augusto, j. 16/09/2003.

um todo, exceto se demonstrado, em concreto, o benefício para a massa, bem como a não subversão da classificação dos credores (o que é difícil de demonstrar senão em fase já muito adiantada da ação falimentar). Nesse último caso, admitir--se-ia a exceção em homenagem ao princípio da razoabilidade.

5. Declaração de ineficácia

Em razão da presunção absoluta (*iure et de iure*) que recai sobre a fraude de atos e negócios elencados no art. 129 da LREF, firma-se opinião no sentido de que se trata de elenco fechado, taxativo, do tipo *numerus clausus*, passível de extensão somente por alteração legislativa e não pela vontade das partes[3156].

5.1. Requisitos

Vigora a teoria objetiva. A declaração de ineficácia não demanda prova de prejuízo, nem da má-fé dos participantes do negócio jurídico. Se o ato incidir em uma das hipóteses do art. 129 da LREF, deve-se declarar sua ineficácia sem maiores indagações.

A única ressalva que se pode fazer diz respeito à possibilidade de os atingidos provarem que o ato não causou prejuízo à massa (*e.g.*, pode ter gerado benefício) nem ofensa ao princípio da igualdade entre os credores, hipótese em que, eventualmente, se poderá manter os efeitos do ato praticado, em atenção ao princípio da razoabilidade, como anteriormente foi visto.

5.2. Meio

Diversos são os meios pelos quais se pode declarar a ineficácia de um ato praticado pelo falido na forma do parágrafo único do art. 129 da LREF: (*i*) de ofício pelo juiz; (*ii*) em alegação de defesa; (*iii*) incidentalmente no curso de processo; ou (*iv*) mediante ação própria. Como a seguir será visto, o regime difere daquele previsto para a ação revocatória do art. 130, pois este pressupõe o ajuizamento de ação própria, nos termos do art. 132.

A doutrina divide-se quanto à pertinência desse regime, que alterou o vigente à época do Decreto-Lei 7.661/1945[3157]. Para alguns se trata de uma inovação positiva e salutar[3158]; para outros nem tanto, já que certos permissivos legais podem soar

---

[3156] A posição é consolidada na doutrina. Nesse sentido, ver: MARTIN. Da ineficácia e da revogação de atos praticados antes da falência..., p. 472; TEPEDINO. Comentários aos arts. 105 -138..., p. 462. Em sentido contrário, defendendo um sistema aberto de hipóteses (*numerus apertus*), em razão da hipótese adicional do §8º dos arts. 45 e 137 da Lei 6.404/1976: MILANI. *Lei de recuperação judicial...*, p. 498.

[3157] Ao contrário da LREF, no regime do Decreto-Lei 7.661/1945, o meio pelo qual se obtinha tanto o pronunciamento da ineficácia dos atos jurídicos previstos pelo art. 52 quanto a revogação a que alude o art. 53 era o ajuizamento de ação própria, a revocatória do art. 56. Nesse sentido, VALVERDE. *Comentários à Lei de Falências*, v. I..., p. 353-354; STJ, 3ª Turma, REsp 1662359/SP, Rel. Min. Moura Ribeiro, j. 23/05/2017.

[3158] CLARO, Carlos Roberto. *Revocatória falimentar*. 3 ed. Curitiba: Juruá, 2005, p. 80; LISBOA. Comentários aos arts. 129–138..., p. 520.

INEFICÁCIA E REVOGAÇÃO DE ATOS

inconstitucionais, como aquele que permite a declaração *ex officio* pelo juiz, o qual pode, em tese, ferir o princípio constitucional do contraditório e da ampla defesa[3159].

5.3. Legitimação ativa

A declaração de ineficácia pode ocorrer (*i*) *ex officio* pelo magistrado ou ser requerida (*ii*) pelo Ministério Público, (*iii*) pelo administrador judicial ou (*iv*) por qualquer credor.

5.4. Legitimação passiva

Podem sofrer os efeitos da declaração de ineficácia as mesmas pessoas previstas no art. 133 para figurar no polo passivo da ação revocatória, com exceção daquelas previstas no inciso II, infra:

> Art. 133. A ação revocatória pode ser promovida: I – *contra todos os que figuraram no ato ou que por efeito dele foram pagos, garantidos ou beneficiados;* (II – contra os terceiros adquirentes, se tiveram conhecimento, ao se criar o direito, da intenção do devedor de prejudicar os credores); III – *contra os herdeiros ou legatários das pessoas indicadas nos incisos I e II do caput deste artigo.*

5.5. Prazo

Diferentemente do que ocorre com a ação revocatória do art. 130, em que o prazo de propositura é de três anos contados da decretação da quebra (art. 132), a declaração de ineficácia pode ocorrer até o momento do trânsito em julgado da sentença de extinção das obrigações do falido, prevista no art. 159 da LREF[3160]. A partir desse momento, desaparece qualquer interesse processual para fundamentar o referido pedido[3161].

5.6. Competência, tramitação e rito processual

A competência para processar e julgar a declaração de ineficácia é do juízo falimentar. O rito processual, caso se trate de ação própria, é o procedimento comum previsto na legislação processual civil e a tramitação se dará em autos apartados.

[3159] MARTIN. Da ineficácia e da revogação de atos praticados antes da falência..., p. 472-473. Sobre o tema, vejam-se os incisivos comentários de RICARDO TEPEDINO: "Ganham os afoitos, perdeu a jurisprudência, assim como perderam os jurisdicionados, sujeitos às inconveniências da imposição de sanção grave através de uma penada." (TEPEDINO. Comentários aos arts. 105-138..., p. 472). PAULO TOLEDO e ADRIANA PUGLIESI salientam que, apesar de poder ser decretada de ofício, deve-se conceder ao interessado a possibilidade de provar que os elementos do tipo não estão presentes (TOLEDO; PUGLIESI. Capítulo XIX: A falência: ineficácia e a revogação dos atos praticados antes da falência..., p. 448).

[3160] TJSP, 1ª Câmara Reservada de Direito Empresarial, AI 2070960-59.2014.8.26.0000, Rel. Des. Fortes Barbosa, j. 03/02/2015.

[3161] BEZERRA FILHO. *Lei de Recuperação e de Falências comentada...*, p. 281.

5.7. Efeitos

A relação jurídica estabelecida entre os contratantes perde eficácia no que se refere aos credores do falido, sejam eles anteriores ou posteriores ao ato tido como ineficaz[3162].

A conduta ativa de qualquer credor no sentido de obter a declaração de ineficácia de determinado negócio jurídico praticado pelo devedor, ou a ele relacionado, não lhe trará benefício individual e imediato[3163]. O ato declarado como ineficaz acrescerá ao conjunto de bens da massa falida como uma universalidade, beneficiando, assim, a totalidade dos credores e não um ou outro em especial[3164].

Veremos os efeitos da declaração de ineficácia de forma pormenorizada juntamente com a ação revocatória (art. 136).

5.8. Termo legal da falência

O período estabelecido pela lei para questionar a prática de determinados atos pelo devedor é chamado de "termo legal da falência" e sua previsão legal está no art. 99, II, da LREF.

5.8.1. Conceito

O termo legal da falência corresponde a um período anterior à decretação da quebra, no qual os atos do devedor são considerados suspeitos de fraude[3165] e, por isso, suscetíveis de investigação pormenorizada[3166].

[3162] MARTIN. Da ineficácia e da revogação de atos praticados antes da falência..., p. 472.

[3163] Lembre-se que, para a configuração da ineficácia dos atos e negócios elencados no art. 129 da LREF, é irrelevante que o contratante tenha, ou não, conhecimento do estado de crise econômico-financeira do devedor, da mesma forma que não se cogita a existência, ou não, do elemento subjetivo da fraude (*consilium fraudis*), isto é, a intenção de prejudicar credores (*e.g.*, o conluio fraudulento entre o devedor e o terceiro que com ele contratar) (MILANI. *Lei de recuperação judicial...*, p. 498).

[3164] No entanto, se declarada a ineficácia de determinada alienação de bem integrante do patrimônio do falido e tal bem não for aproveitado pela massa para a satisfação dos credores, ele retornará ao patrimônio do adquirente, e não ao patrimônio do falido, eis que a ineficácia elimina os efeitos do ato apenas com relação à massa (MARTIN. Da ineficácia e da revogação de atos praticados antes da falência..., p. 472).

[3165] A doutrina já tentou estabelecer diferença entre "termo legal da falência" e "período suspeito". A esse respeito, salienta RUBENS REQUIÃO: "Alguns autores, ademais, pretendem distinguir doutrinariamente *o período suspeito* do *termo legal da falência*. Entre os mesmos figura o Prof. Castro Rebello que escreveu um artigo de doutrina a respeito, o porta-estandarte dos que sustentam a mesma tese: 'Suspeito – afirma aquele comercialista – diz-se o período, que, pela simples relação de tempo em que se acha com a revelação do estado de falência, gera desconfiança a respeito de atos praticados pelo falido durante ela. Seu conceito é essencialmente cronológico. Termo legal da falência, no sentido em que a Lei emprega esta expressão, é o que vai da sentença declaratória até o momento em que, primeiro, se tenha objetivado qualquer dos fatos característicos do estado de falência. Os atos do devedor são especialmente apreciados em relação a ele, não pela distância que os separa da sentença declaratória, mas pela influência que – é de supor-se – deve exercer em sua conclusão um estado patrimonial, de que se consideram índice fatos diversos, que a lei específica' (*Rev. Dir, Comercial*, 4/3 01) (...). A Lei, entretanto, não autoriza tal distinção."

INEFICÁCIA E REVOGAÇÃO DE ATOS

5.8.2. Função

A função do termo legal é permitir a investigação qualificada dos atos praticados pelo falido em determinado intervalo de tempo, os quais podem ser considerados como presumivelmente prejudiciais aos interesses de seus credores[3167].
O termo legal tem relevância fundamental na sistemática da declaração de
ineficácia, já que autoriza que certos atos praticados pelo devedor em determinado período antes da decretação da quebra sejam tidos como ineficazes, desde
que previstos na lei, e sem que seja necessário comprovar a intenção do devedor
de fraudar credores ou mesmo o conhecimento, da contraparte, da crise econômico-financeira do devedor[3168].

(REQUIÃO. *Curso de direito falimentar*, v. 1..., p. 111-112). Insuperáveis, nesse particular, são os comentários
de MIRANDA VALVERDE: "A expressão 'período suspeito' nunca foi, nem na França, nem na Itália, nem
em Portugal, nem no Brasil, usada pela lei. Chegou provavelmente, até nós, através da literatura jurídica
francesa, porque invariavelmente usada pelos escritores para designar o período que vai, retrogradando,
da sentença declaratória da falência à data fixada como de cessão de pagamentos (...). É uma fórmula
sintética, de uso doutrinário, que condensa o conceito de retrotração, para certos efeitos da falência,
durante determinado período fixado por decisão judicial ou por lei." (VALVERDE. *Comentários à Lei de
Falências*, v. I..., p. 143). Para os fins do presente estudo, as expressões "termo legal da falência" e "período
suspeito" serão tidas como sinônimas, tendo sido a primeira a utilizada pela lei (inclusive pela LREF).
[3166] Nas palavras de CARVALHO DE MENDONÇA, o termo legal é "um período suspeito, isto é, um período
intermediário entre o regime da plena capacidade do devedor e o que resulta da declaração da falência,
período em que, como observa THALLER, os direitos do devedor vão minguando até desaparecerem
afinal, e sua liberdade de contratar sofre uma primeira série de limitações" (CARVALHO DE MENDONÇA,
J. X. *Das falências e dos meios preventivos de sua declaração:* decr. n. 917, de 24 de outubro de 1890: estudo
theórico-prático, v. I. São Paulo: Typographia Brazil de Carlos Gerke & Cia, 1899, p. 285).
[3167] Nas palavras de RUBENS REQUIÃO: "(...) funciona como uma antecipação da falência, presumindo
a lei que o estado de insolvência já, por antecipação, estava caracterizado." (REQUIÃO. *Curso de direito
falimentar*, v. 1..., p. 110-111).
[3168] Explica CARVALHO DE MENDONÇA, com base na doutrina de RENOUARD, a importância da fixação
do termo legal na falência: "A fixação deste termo é tão importante como a própria declaração de falência.
Trata-se de reconhecer a ocasião exata em que as dificuldades, ou o procedimento incorreto do devedor,
começaram a perturbar os seus negócios e a depositar neles o gérmen da falência, influindo diretamente
nas relações dos credores entre si e também entre terceiros." (CARVALHO DE MENDONÇA. *Tratado
de direito comercial brasileiro*, v. VII..., p. 337). Veja-se, ainda, a lição de RUBENS REQUIÃO: "Explica-
se a instituição do termo legal da falência, em período anterior à sua declaração, porque o fato da
insolvência que lhe dá suporte não constitui um evento inopinado que se manifesta da noite para o dia.
As dificuldades da vida econômica da empresa vão surgindo, de altos e baixos, a princípio esparsas, depois
mais intensas, se acumulam até surgir a asfixia financeira, e o débâcle econômico, impossibilitando ao
empresário pagar os seus credores. O termo legal, cabe repetir, visa exatamente, a tornar esse período
pré-falimentar suspeito, na presunção de que o devedor não tinha equilíbrio emocional para arrostar a
sequela de acontecimentos de sua ruína. Assim permite a lei que certos atos praticados nesse período,
embora sem o intuito de fraudar credores, sejam considerados ineficazes em relação à massa. Com efeito,
premido pelos acontecimentos funestos que o afligem, o devedor se torna presa fácil de sua fraqueza e da
audácia e falta de escrúpulos de credores mais afoitos." (REQUIÃO. *Curso de direito falimentar*, v. 1..., p. 111).

855

5.8.3. Origem

Relata a doutrina que a instituição do termo legal da falência foi uma criação do direito estatutário medieval italiano que percorreu os demais países europeus para retornar à legislação peninsular com os lineamentos assumidos, por exemplo, na legislação francesa[3169].

5.8.4. Fixação

Na delimitação do período suspeito, durante o qual os atos praticados pelo devedor são passíveis de ineficácia, é possível identificar dois principais sistemas:

a. *da determinação judicial*, no qual o magistrado, de ofício ou mediante requerimento dos interessados, determina, até mesmo em decisão sucessiva, o período em que o devedor deve ser considerado como em estado de cessação de pagamentos, cabendo a ele, magistrado, estabelecer o limite prefixado para o início do estado de insolvência (sistema italiano) ou, ainda, não fixar limite algum (sistema francês);

b. *da determinação legal*, segundo o qual o próprio legislador toma a iniciativa de fixar a duração do período suspeito em que a revocabilidade pode ocorrer, determinando para cada categoria de ato elencado o limite de tempo, anterior à sentença que decreta a falência, variável de acordo com a natureza do ato em si[3170].

A lei brasileira teve como fonte inspiradora o sistema da determinação legal, cuja principal vantagem é a possibilidade de fixação unitária do período suspeito, sem variações que podem abalar sua segurança jurídica. No entanto, a escolha carrega consigo certo grau de impureza dogmática, pois manteve vinculação com o sistema da determinação judicial, justamente no ponto em que outorga ao magistrado o poder de estabelecer a extensão da cobertura do período suspeito, embora essa decisão seja delimitada pelas circunstâncias do caso concreto e pelos parâmetros definidos pela lei[3171].

[3169] Na boa síntese de YUSSEF SAID CAHALI, com base em ALBERTO ALBERTI: "(...) na legislação estatutária, embora variáveis e diversas as soluções adotadas, pode-se considerar prevalente aquela orientada no sentido de cobrir os atos de disposição praticados pelo falido antes da decretação da quebra já não através de uma rigorosa aplicação da ação pauliana, mas antes de tudo através da fixação de um período de tempo próximo à falência, o chamado 'período suspeito', durante o qual os atos de disposição (ou certos atos de disposição) seriam atingidos independentemente da real existência de fraude, inocorrente assim um dos pressupostos da pauliana." (CAHALI. *Fraude contra credores...*, p. 720-721).

[3170] CAHALI. *Fraude contra credores...*, p. 720-721; .

[3171] PONTES DE MIRANDA. *Tratado de direito privado*, t. XXVIII..., p. 189.

INEFICÁCIA E REVOGAÇÃO DE ATOS

De acordo com o art. 99, II, da LREF[3172], o termo legal será fixado pela sentença que decretar a falência do devedor e não poderá retroagir por mais de 90 dias[3173] contados (i) do pedido de falência, (ii) do pedido de recuperação judicial[3174] ou (iii) do primeiro protesto por falta de pagamento[3175,3176,3177], excluindo-se, para esta finalidade, os protestos que tenham sido cancelados[3178,3179].

[3172] Bastante similar à redação do art. 14, III, do Decreto-Lei 7.6661/45: "Art. 14. Praticadas as diligências ordenadas pela presente lei, o juiz, no prazo de vinte e quatro horas, proferirá a sentença, declarando ou não a falência. Parágrafo único. A sentença que declarar a falência: (...) III – fixará, se possível, o têrmo legal da falência, designando a data em que se tenha caracterizado êsse estado, sem poder retrotraí-lo por mais de sessenta dias, contados do primeiro protesto por falta de pagamento, ou do despacho ao requerimento inicial da falência (arts. 8° e 12), ou da distribuição do pedido de concordata preventiva."

[3173] "Embora a retroação não seja necessariamente de 90 dias, pois este é o prazo máximo e não o prazo obrigatório, ainda assim é costume generalizado a fixação exatamente em 90 dias." (BEZERRA FILHO. Capítulo XIV: O procedimento para a decretação da falência..., p. 361).

[3174] Em caso envolvendo a convolação de recuperação judicial em falência, o TJSP decidiu no seguinte sentido: "Agravo de instrumento – Recuperação judicial convolada em falência – Termo legal fixado no nonagésimo dia anterior ao primeiro protesto, ou pedido de recuperação judicial, prevalecendo o mais antigo – Minuta recursal que defende a fixação do termo legal no nonagésimo dia contado do requerimento de convolação – Descabimento – Decisão acertada, em consonância com dispositivo legal – Minuta recursal infundada, pautada em premissas equivocadas – Decisão mantida – Agravo improvido. Dispositivo: Negam provimento." (TJSP, 2ª Câmara Reservada de Direito Empresarial, AI 2095091-64.2015.8.26.0000, Rel. Des. Ricardo Negrão, j. 02/12/2015).

[3175] Segundo o art. 1º da Lei 9.492/1997, protesto é o ato formal e solene pelo qual se prova a inadimplência e o descumprimento de obrigação originada em títulos e outros documentos de dívida.

[3176] Questão controversa diz respeito à extensão do termo legal fixado com base no primeiro protesto por falta de pagamento. Não são incomuns as situações em que o termo ad quo para a contagem do prazo é muito distante da data da decretação da quebra do devedor (por exemplo, 20 ou 30 anos), sem que seja possível estabelecer qualquer vínculo jurídico ou relação material entre sua causa e a quebra do devedor. Embora a LREF não disponha a respeito disso, em situações nas quais o devedor conseguir comprovar a inexistência de continuidade entre o protesto tirado contra si e sua situação de crise econômica financeira, isto é, a ausência de causalidade entre esses fatos, o magistrado deverá agir com cautela e razoabilidade no estabelecimento do termo legal, devendo buscar conexão mínima entre o protesto realizado em passado distante e as causas que levaram à decretação da falência do devedor. Para que protesto distante sirva como base para o termo legal, deve ser comprovada essa mínima conexão, não podendo estar apartado das reais causas da falência ou ter sido realizado de forma isolada no passado do devedor. Embora esse zelo seja infrequente no tratamento jurisprudencial do tema, há decisões que caminham nesse sentido: TJRJ, 2ª Câmara Cível, APC 0083354-52.1999.8.19.0001, Rel. Des. Maria Raiumunda T. Azevedo, DJ. 11/12/2001; TJRJ, 4ª Câmara de Direito Privado, APC 330.708.4/8-00, Rel. Des. Francisco Loureiro, j. 10/11/2005; TJRJ, 7ª Câmara Cível, APC 0268008-28.2009.8.19.0001, Rel. Des. Luciano Rinaldi, j. 31/08/2011. Em sentido semelhante (examinando a previsão do Decreto-Lei 7.661/1945), porém requerendo prova de que o protesto do título, utilizado como base para definição do termo legal da falência, foi isolado, o Tribunal de Justiça do Estado de São Paulo já decidiu: TJSP, 10ª Câmara de Direito Privado, AI 220.377-4/9-00, Rel. Des. Ruy Camilo, j. 11/06/2002; TJSP, 4ª Câmara de Direito Privado, AI 9030989-94.2004.8.26.0000, Rel. Des. J. G. Jacobina Rabello, j. 28/04/2005.

[3177] De qualquer forma, ao fixar o termo legal com base em protesto tirado contra o devedor deve o magistrado atentar para o ciclo do título dentro do tabelionato de protesto de títulos – que está regulado pelos art. 12 a 14 da Lei 9492/97. Isso porque o termo ad quo do período suspeito deve retroagir após o

RECUPERAÇÃO DE EMPRESAS E FALÊNCIA

A despeito da objetividade da lei, a fixação do termo legal tende a ser uma tarefa árdua para o magistrado, haja vista que o processo de crise que assola e perturba o devedor, conduzindo-o a uma condição de quebra, é resultado de um processo longo, duradouro e multifacetário que comumente leva alguns anos, não sendo, em regra, decorrência de uma situação circunstancial de iliquidez ou insuficiência econômica.

Em razão disso, a falência não costuma surpreender o empresário individual, os sócios controladores ou o administrador responsável pelo gerenciamento da sociedade. Na grande maioria dos casos, a degradação da situação econômico-financeira é paulatina, permitindo que tais agentes percebam o desfecho desastroso do negócio e tentem evitá-lo, a qualquer custo, e em prejuízo de seus credores[3180].

Caso o juiz, no momento de decretar a falência do devedor, não tenha informações suficientes para precisar o termo legal, poderá fazê-lo de forma interina, provisória, utilizando-se, para tanto, das informações existentes no processo (*e.g.*, a data de um dos protestos válidos ou a data do pedido de falência), proferindo nova decisão quando munido dos elementos necessários para estabelecer – estender ou reduzir[3181] – o período definitivo[3182].

---

decurso do prazo de 3 dias úteis (ou de 5 dias úteis nos casos de publicação de edital de protesto) a contar da intimação do devedor para pagamento do título (Lei 9492/97, art. 20) e não da data do protocolo do pedido junto ao registro público (TJSP, 5ª Câmara de Direito Privado, AI 9061417-20.2008.8.26.0000, Rel. Des. Silvério Ribeiro, j. 22/04/2009).

[3178] Essa tem sido a tônica da jurisprudência, mesmo antes da previsão expressa da LREF. A título de exemplo: TJSP, 8ª Câmara de Direito Privado, AI 0074362-08.2002.8.26.0000, Rel. Des. Joaquim Garcia, j. 10/03/2003; TJSP, 5ª Câmara de Direito Privado, AI 9027363-8.2002.8.26.0000, Rel. Des. Rodrigues Carvalho j. 25/11/2002; TJSP, 2ª Câmara de Direito Privado, AI 9020806-74.1998.8.26.0000, Rel. Des. Milton Theodoro Guimarães, j. 09/03/1999.

[3179] Há quem entenda, como LUIZ INÁCIO VIGIL NETO, que a determinação do termo legal, nos termos do art. 99, II, está estritamente vinculada aos suportes fáticos da falência definidos pelo art. 94 da LREF. Assim: (*i*) na hipótese de a falência do devedor estar fundada na impontualidade injustificada (art. 94, I), a lei seria clara, e o juiz deveria fixar o termo legal em até 90 dias contados do primeiro protesto válido por falta de pagamento; (*ii*) se a falência decorrer de (*1*) execução frustrada (art. 94, II), (*2*) de um dos atos de falência (art. 94, III) ou (*3*) de autofalência (art. 105), situações em que o protesto não é elemento essencial, o juiz utilizaria a data do pedido de falência como parâmetro inicial para a contagem do termo legal (que poderá retrotrair por até 90 dias a partir desse marco); e (*iii*) no caso de convolação da recuperação judicial em falência, situação em que o protesto também não é elemento essencial, o marco legal seria o pedido de recuperação de recuperação judicial, situação em que o termo legal não poderia retrotrair mais de 90 dias do respectivo requerimento. De qualquer forma, seu entendimento não é absoluto, pois assim conclui: "Importante sempre lembrar que o marco final de retrotração deverá garantir o maior espaço protetivo aos interesses da massa falida. Assim sendo, em existindo mais de um marco final possível, o juiz deverá optar por aquele que mais ampliar o período." (VIGIL NETO. *Teoria falimentar e regimes recuperatórios...*, p. 222-224).

[3180] COELHO. *Curso de direito comercial*, v. 3..., p. 287-288.

[3181] Para uma parcela da doutrina, a retificação do termo legal pode estabelecer data mais próxima à decretação da quebra, reduzindo, assim, o chamado "período suspeito" (CAHALI. *Fraude contra credores...*,

INEFICÁCIA E REVOGAÇÃO DE ATOS

Dúvida que se põe é se existe prazo limite para a fixação definitiva do termo legal pelo magistrado. O art. 22 do Decreto-Lei 7.661/1945 permitia que o juiz fixasse ou retificasse o termo legal até a data de oferecimento da exposição do síndico (art. 103); assim, até esse momento, seria facultada a retificação do termo legal estabelecido na sentença[3183]. Embora a LREF não tenha reproduzido o dispositivo, é sistematicamente adequado e juridicamente mais seguro (e previsível) manter o prazo limite para a fixação ou retificação do termo legal à data em que o administrador judicial apresentar o relatório sobre as causas e circunstâncias que conduziram o devedor à situação de falência, nos termos do art. 22, III, "e", da LREF.

A prática dos tribunais tem sido determinante para sedimentar as premissas que embasam o estabelecimento do termo legal da falência. Nesse contexto merecem destaque:

a. a segura correlação entre o fundamento do pedido de falência e o critério para fixação do termo legal[3184];

b. a possibilidade de o juiz estabelecer período suspeito provisório, quando o processo não apresentar informações e dados suficientes, podendo retificá-lo posteriormente;

---

p. 722). Para outra, o "marco final de retrotração deverá garantir o maior espaço protetivo aos interesses da massa falida" (VIGIL NETO. *Teoria falimentar e regimes recuperatórios...*, p. 222-224). Há precedentes nesse sentido: TJSP, 4ª Câmara de Direito Privado, AI 0043490-10.2002.8.26.0000, Rel. Des. Munhoz Soares, j. 25/06/2003. Em nosso sentir, a análise deve dar-se caso a caso, mantendo-se a conexão lógica entre o fundamento do pedido de falência e respectivo marco para fixação do termo legal. Respeitada essa premissa, tanto a extensão quanto a redução serão válidas. Para aprofundamento sobre o debate doutrinário em torno possibilidade de reduzir ou estender o período tido como suspeito na vigência do Decreto-Lei 7.661/1945, ver: VALVERDE. *Comentários à Lei de Falências*, v. I..., p. 353-354); PONTES DE MIRANDA. *Tratado de direito privado*, t. XXVIII..., p. 189.

[3182] CAHALI. *Fraude contra credores...*, p. 722.

[3183] Na vigência do regime anterior, a jurisprudência era certeira na aplicação do dispositivo: TJRS, 6ª Câmara Cível, AR 599086063, Rel. Des. Osvaldo Stefanello, j. 08/11/2000; TJRS, 6ª Câmara Cível, AI 598011856, Rel. Des. Antônio Janyr Dall'Agnol Júnior, j. 06/05/1998; TJSP, 10ª Câmara de Direito Privado, AI 9019981-62.2000.8.26.0000, Rel. Des. Waldir de Souza José, j. 03/07/2000; TJSP, 3ª Câmara de Direito Privado, AI 0111217-49.2003.8.26.0000, Rel. Des. Waldemar Nogueira Filho, j. 28/04/2005; TJSP, 10ª Câmara de Direito Privado, APC 0037140-59.2009.8.26.0000, Rel. Des. Elcio Trujillo, j. 31/01/2012. No regime anterior, as decisões sustentavam que os credores do falido não podiam ser prejudicados pela desídia do síndico na apresentação tardia do relatório, isto é, pelo descumprimento do prazo estabelecido pelo art. 22, III. Nesse sentido, TJSP, 7ª Câmara de Direito Privado, AI 9015949-82.1998.8.26.0000, Rel. Des. Sousa Lima, j. 06/10/1998.

[3184] STJ, 3ª Turma, REsp 299.111/GO, Rel. Min. Ari Pargendler, j. 24/06/2004 (processo em que se discutiu a data do termo legal da falência da Encol S.A. e, apesar da relevância social do caso, manteve-se interpretação conservadora do art. 14, III, e art. 22 do Decreto-Lei 7.6661/45, quanto à discricionariedade limitada do juiz no estabelecimento do termo legal da falência).

RECUPERAÇÃO DE EMPRESAS E FALÊNCIA

c. a impossibilidade das partes discutirem a retificação do termo em sede de ação revocatória, sendo o processo de falência o local competente para tal discussão[3185].

5.8.5. Termo legal

O termo legal da falência desempenha importante papel na declaração de inefi-cácia prevista no art. 129 – existindo discussão quanto à sua incidência na ação revocatória (art. 130).

A partir de um exame objetivo do art. 129, depreende-se que:

a. Os incisos I, II e III tratam de atos praticados dentro do termo legal da falência fixado na sentença;
b. Os incisos IV e V regulam atos praticados antes da decretação da falên-cia, em prazo determinado pela lei, numa espécie de termo legal próprio (autônomo), dada a natureza do evento[3186];
c. O inciso VI não estabelece qualquer prazo, o que gera discussões (o assunto será examinado mais adiante); e
d. O inciso VII fala em ato praticado após a decretação da quebra[3187].

Por sua vez, caso se entenda aplicável na ação revocatória (art. 130), o termo legal estabelecido pelo juiz seria uniforme para todas as hipóteses que fogem à enumeração taxativa prevista no art. 129.

5.8.6. Atos lesivos fora do termo legal

Os atos praticados pelo devedor em momento anterior ao marco temporal esta-belecido pelo termo legal da falência – e que não estejam arrolados em algum dos incisos do art. 129 –, caso se entenda que o termo legal incide no instituto previsto no art. 130, não estariam, então, sujeitos aos efeitos do regime jurídico da ação revocatória. Disso resulta a conclusão de que nem a massa falida nem os credores posteriores ao ato impugnado (e contemporâneos à sentença falimen-tar) possuiriam legitimidade para propor a referida ação. Se, eventualmente, tais práticas configurarem fraude contra credores, o defeito do negócio jurídico deverá ser suscitado e dirimido no âmbito da ação pauliana, nos termos do art. 161 do Código Civil[3188].

[3185] STJ, 4ª Turma, REsp 604.315/SP, Rel. Min. Luis Felipe Salomão, j. 25/05/2010.
[3186] MARCONDES. *Direito comercial...*, p. 261.
[3187] TEPEDINO. Comentários aos arts. 105-138..., p. 476.
[3188] THEODORO JÚNIOR; FARIA. Arts. 129 a 138..., p. 913-914.

INEFICÁCIA E REVOGAÇÃO DE ATOS

5.8.7. Termo legal e os sócios de responsabilidade ilimitada

Dúvida que se põe diz respeito à fixação desse espaço temporal no caso da falência da sociedade com sócios ilimitadamente responsáveis. Seu correto equacionamento decorre da dicção do art. 81 da LREF, cuja redação prevê que a bancarrota da primeira determina, também, a falência dos últimos, cabendo ao juiz fixar os respectivos termos legais, os quais podem ser iguais "(...) para a sociedade e para os sócios nesta condição ou ser diverso para cada um deles. Isto porque os patrimônios são distintos, o da sociedade e o dos sócios"[3189].

5.9. Hipóteses legais

Examinaremos, agora, as hipóteses de ineficácia previstas no art. 129 da LREF, isto é, aquelas que dão ensejo à declaração de ineficácia pela teoria objetiva (sem necessidade de comprovar prejuízo, nem a má-fé dos participantes do negócio jurídico em questão ou o conhecimento da contraparte da crise econômico-financeira do devedor).

A LREF, em seu art. 129, contempla as seguintes hipóteses fáticas como ensejadoras de ineficácia:

I – o pagamento de dívidas não vencidas realizado pelo devedor dentro do termo legal, por qualquer meio extintivo do direito de crédito, ainda que pelo desconto do próprio título;

II – o pagamento de dívidas vencidas e exigíveis realizado dentro do termo legal, por qualquer forma que não seja a prevista pelo contrato;

III – a constituição de direito real de garantia, inclusive a retenção, dentro do termo legal, tratando-se de dívida contraída anteriormente; se os bens dados em hipoteca forem objeto de outras posteriores, a massa falida receberá a parte que devia caber ao credor da hipoteca revogada;

IV – a prática de atos a título gratuito, desde 2 (dois) anos antes da decretação da falência;

V – a renúncia à herança ou a legado, até 2 (dois) anos antes da decretação da falência;

VI – a venda ou transferência de estabelecimento feita sem o consentimento expresso ou o pagamento de todos os credores, a esse tempo existentes, não tendo restado ao devedor bens suficientes para solver o seu passivo, salvo se, no prazo de 30 (trinta) dias, não houver oposição dos credores, após serem devidamente notificados, judicialmente ou pelo oficial do registro de títulos e documentos;

[3189] CAMPINHO. *Falência e recuperação de empresa...*, p. 289. MIRANDA VALVERDE comungava da mesma opinião, mas destacava: "(...) se os sócios ilimitadamente responsáveis exerciam individualmente o comércio, o termo legal, conforme as circunstâncias, poderia ir além, mas nunca ficar aquém da data fixada para o termo legal da falência da sociedade." (VALVERDE. *Comentários à Lei de Falências*, v. I..., p. 145).

RECUPERAÇÃO DE EMPRESAS E FALÊNCIA

VII – os registros de direitos reais e de transferência de propriedade entre vivos, por título oneroso ou gratuito, ou a averbação relativa a imóveis realizados após a decretação da falência, salvo se tiver havido prenotação anterior.

5.9.1. Pagamento de dívida não vencida dentro do termo legal

O art. 129, I, assim dispõe:

> São ineficazes em relação à massa falida, tenha ou não o contratante conhecimento do estado de crise econômico-financeira do devedor, seja ou não intenção deste fraudar credores: I – *o pagamento de dívidas não vencidas realizado pelo devedor dentro do termo legal, por qualquer meio extintivo do direito de crédito, ainda que pelo desconto do próprio título.*

O dispositivo reproduz a redação do art. 52, I, do Decreto-Lei 7.661/1945[3190], delimitando o período/momento em que o ato ou o negócio foi praticado pelo devedor. A fixação dessa lacuna temporal serve como ponto de partida para examinar a forma de cumprimento do contrato firmado entre o devedor e o terceiro.

5.9.1.1. Fundamento

O pagamento antecipado favorece um credor em detrimento dos demais, violando, assim, o princípio da *par conditio creditorum* e a ordem de classes estabelecida pelo art. 83 da LREF. Além disso, a antecipação de pagamentos não faz parte das práticas/usos comerciais de empresários/sociedades empresárias[3191] e evidencia a situação de crise na qual se encontra o devedor[3192]. Na conhecida expressão de CARVALHO DE MENDONÇA, o devedor, antes de ser generoso, tem o dever de ser justo[3193]-[3194].

[3190] Art. 52 do Decreto-Lei 7.661/1945: "Não produzem efeitos relativamente à massa, tenha ou não o contratante conhecimento do estado econômico do devedor, seja ou não intenção dêste fraudar credores: I – o pagamento de dívidas não vencidas realizado pelo devedor dentro do têrmo legal da falência, por qualquer meio extintivo do direito de crédito, ainda que pelo desconto do próprio título."

[3191] O pagamento antecipado de dívidas (ou, na letra da lei, o pagamento de dívidas não vencidas) pelo devedor não representa (e nem poderia representar) uma prática ordinária no meio empresarial, embora não consista, por si só, uma ilegalidade ou ilicitude, desde que realizada em um contexto de solvabilidade. Na lógica falimentar, o pagamento antecipado, se realizado dentro do termo legal da falência, representará uma situação excepcional, na qual o devedor efetuará desembolso de montante devido antes de estar juridicamente obrigado a tanto, estando sujeita a referida transação à declaração de ineficácia. Para aprofundamento, ver: MANDEL. *Nova Lei de Falências e Recuperação de Empresas anotada...*, p. 230; COELHO. *Curso de direito comercial*, v. 3..., p. 315.

[3192] CAHALI. *Fraude contra credores...*, p. 708.

[3193] CARVALHO DE MENDONÇA. *Tratado de direito comercial brasileiro*, v. VII..., p. 515.

[3194] SYLVIO MARCONDES, ao dialogar com seus alunos, explica com clareza a hipótese: "O ato é ineficaz. Por que? Porque causa danos. Uma vez que tenha sido praticado nas proximidades da falência. E por que causa danos? A hipótese é esta: o falido, nas vésperas da falência, pagou antecipadamente uma dívida, e até pagou com o objetivo de obter uma vantagem através do desconto. Qual o dano? O ativo

INEFICÁCIA E REVOGAÇÃO DE ATOS

Aqui, não se aquilata a intenção dos contratantes em fraudar a presumida igualdade entre os credores, muito menos se os beneficiários da operação tinham ou não conhecimento das condições econômicas do devedor. A discussão põe-se em uma esfera estritamente temporal, isto é, se o ato se deu dentro ou fora do termo legal da falência, considerando a conduta do devedor como uma forma de liberalidade que importa verdadeiro favor ao credor, subtraindo-o à sorte do processo falimentar[3195].

5.9.1.2. Precisando "pagamento" e "dívida"

Os termos "pagamento" e "dívida" devem ser compreendidos em seu significado geral, referindo-se o primeiro a qualquer modo de extinção da obrigação, nos termos do art. 304 do Código Civil, e o segundo não apenas ao pagamento de uma determinada quantia em dinheiro, mas a toda a obrigação de dar coisas fungíveis e mesmo indeterminadas[3196].

Para CARVALHO DE MENDONÇA, a expressão "dívidas não vencidas" referia-se àquelas cujo termo, convencional ou legal, para o pagamento ainda não tenha chegado, ou melhor, àquelas nas quais o credor não se acha em posição de exigir judicialmente o pagamento atual e imediato[3197]. MIRANDA VALVERDE caminhou no mesmo sentido, mas deu maior enfoque à questão da inexigibilidade: "quer referir-se a dívidas não exigíveis, ou seja, desprovidas no momento da ação, qualquer que seja a causa da inexigibilidade"[3198].

Tratando-se de obrigações de natureza empresarial, presume-se a existência de prazos certos e bem definidos para a realização do pagamento, organizando o empresário, a partir dessa definição, suas disponibilidades de caixa para extinguir a obrigação no dia exato do seu vencimento[3199]. Nesse contexto, não se admite que o devedor argumente, para se subtrair à aplicação da regra, que teria

---

foi diminuído. O pagamento antecipado, mesmo feito para obter abatimento, não é uma demonstração de boa fé do devedor. Esse pagamento causou danos a terceiros. Por que? Porque se o pagamento não tivesse sido feito, a falência ocorreria antes do vencimento da dívida, o credor dessa dívida estaria sujeito à habilitação na falência. Então, no ativo do devedor, seria encontrado aquele valor, ou aquela quantia com que se pagou antecipadamente a dívida. E o credor, então, estaria sujeito não apenas ao abatimento que concedeu, mas ao rateio." (MARCONDES. *Direito comercial...*, p. 255).

[3195] CARVALHO DE MENDONÇA. *Tratado de direito comercial brasileiro*, v. VII..., p. 514; CAHALI. *Fraude contra credores...*, p. 709.

[3196] LEONEL. *Ação revocatória no direito da falência...*, p. 55-56; CARVALHO DE MENDONÇA. *Tratado de direito comercial brasileiro*, v. VII..., p. 515; TOLEDO; PUGLIESI. Capítulo XIX: A falência: ineficácia e a revogação dos atos praticados antes da falência..., p. 449.

[3197] CARVALHO DE MENDONÇA. *Tratado de direito comercial brasileiro*, v. VII..., p. 515.

[3198] VALVERDE. *Comentários à Lei de Falências*, v. I..., p. 359. Ver, também: TEPEDINO. Comentários aos arts. 105-138..., p. 462.

[3199] ABRÃO. *Da ação revocatória...*, p. 65.

RECUPERAÇÃO DE EMPRESAS E FALÊNCIA

interesse econômico (*e.g.*, benefício) e/ou um direito de se liberar antes do vencimento (para fins de justificar que o credor não poderia recusar o pagamento)[3200].

Tem-se, assim, que a hipótese em análise pode envolver a extinção da dívida
por qualquer meio admitido pela lei, tais como o pagamento em espécie, a dação
em pagamento, a cessão, a novação e a compensação[3201]. Da mesma forma, submete-se ao regime da ineficácia o pagamento de toda sorte de dívida[3202], seja ela
quirografária ou detentora de alguma espécie de privilégio ou garantia[3203], mesmo

---

[3200] BONELLI. *Del fallimento*, v. II..., p. 823.

[3201] Para aprofundamento sobre as formas de cumprimento das obrigações, com análise das exceções
admitidas pelas doutrinas nacional e estrangeira, ver: CAHALI. *Fraude contra credores...*, p. 713-716.

[3202] Discutem-se na doutrina situações em que o pagamento antecipado realizado pelo devedor decorre
de convenção firmada entre as partes. Em se tratando de obrigação bilateral a prazo, na qual ficou
expressamente acordada a faculdade de as partes executarem-na dentro do período contratual, o
pagamento realizado, ainda que temporalmente localizado no termo legal da falência, produzirá efeito
perante a massa. O cumprimento da obrigação parece não ter acarretado desfalque ao patrimônio
da massa, pois que, se o devedor pagou antecipadamente, tudo indica que recebeu também de forma
antecipada o equivalente ao que pagou, salvo na hipótese de fraude, que deverá ser demonstrada pela
massa, nos termos do art. 130. Além disso, o credor não pode exigir a dívida, mas também não parece
que tem o direito de recusar o pagamento, já que, se isso ocorrer, poderá ser constituído em mora, nos
termos do art. 394 do Código Civil. Para aprofundamento, ver: CARVALHO DE MENDONÇA. *Tratado
de direito comercial brasileiro*, v. VII..., p. 516. O autor, à p. 616, nota de rodapé 2, faz referência a apelações
cíveis (nº 7.128, 7.151, 1.717 e 1727) julgadas pelo Tribunal de Justiça de São Paulo, nos anos de 1914 e 1915,
que tratavam de contratos de compra e venda a termo. Nesse sentido, também: BONELLI. *Del fallimento*,
v. II..., p. 823; VALVERDE. *Comentários à Lei de Falências*, v. I..., p. 358. Por outro lado, a previsão do art. 162
do Código Civil determina que o credor quirografário que receber do devedor insolvente o pagamento da
dívida ainda não vencida ficará obrigado a repor, em proveito do acervo sobre o qual se tenha de efetuar o
concurso de credores, aquilo que recebeu. Para uma parcela da doutrina, o preceito não comporta exceção,
mesmo que o contrato admita expressamente o pagamento antes do prazo (TEPEDINO. Comentários
aos arts. 105-138..., p. 461; contra, admitindo essa faculdade do credor, VALVERDE. *Comentários à Lei de
Falências*, v. I..., p. 379). Da mesma forma, não parecem estar abrangidas pela hipótese situações em que
o pagamento antecipado realizado pelo devedor decorre da letra da lei. A título de exemplo, veja-se a
previsão do art. 7º do Decreto-Lei 22.626/33: "O devedor poderá sempre liquidar ou amortizar a dívida
quando hipotecaria ou pignoratícia antes do vencimento, sem sofrer imposição de multa, gravame ou
encargo de qualquer natureza por motivo dessa antecipação."

[3203] A doutrina debateu com afinco a legalidade do pagamento antecipado de crédito com garantia
real. Destaca YUSSEF SAID CAHALI: "A orientação doutrinária dominante define-se no sentido de
que a revocatória falencial dirige-se também contra o pagamento antecipado, ainda que o crédito tenha
garantia real (hipoteca, penhor, caução real, compreendendo também os créditos privilegiados), não se
restringindo às dívidas quirografárias, com o argumento repetitivo de que a lei não faz qualquer distinção
entre as várias espécies de crédito; sendo que qualquer controvérsia a respeito estaria obviada em face
do disposto no art. 52, §2º, da LF, segundo o qual, no caso de restituição da quantia que lhe foi paga
pelo devedor, dentro do termo legal da falência, o credor reassumirá o seu anterior estado de direito,
ressurgindo o seu crédito com o mesmo caráter primitivo, só participando dos rateios se quirografário.
Descarta-se, assim, a opinião, conquanto respeitável, de Ferrara, que pretende seja diversa a situação
quando o crédito apresenta-se munido de garantia real sobre os bens do mesmo devedor: a ineficácia
do pagamento somente seria reconhecível nos limites em que a soma paga excede o valor da garantia

INEFICÁCIA E REVOGAÇÃO DE ATOS

que o credor seja um ente público – característica que não o exclui do universo de abrangência da declaração de ineficácia.

Os pagamentos realizados com descontos ou abatimentos também incidem na censura da lei, na medida em que a prática pode constituir uma vantagem para o patrimônio do falido, mas nem sempre traz a correspondente compensação para a massa dos credores quebrando, outrossim, a igualdade que deve predominar entre eles[3204].

Será ineficaz, também, o pagamento de crédito subordinado à condição suspensiva, com base em uma explicação bastante simples: a lei proíbe o pagamento antecipado a quem é realmente credor, de modo que não se pode admitir que seja lícito pagar a quem não se sabe se será ou não credor[3205]. Lembre-se que nem mesmo a decretação da falência do devedor acarreta o vencimento antecipado de obrigação sujeita à condição suspensiva, devendo o pagamento ficar diferido no tempo até que se verifique a condição[3206].

(invocando Satta); e afirmando que a tese contrária, sustentando que a lei não faz qualquer distinção (Bonelli, De Semo, Azzolina), a par de sacrificar injustamente o credor que no caso não poderia recusar o pagamento, revela-se hoje em contraste com a disciplina do instituto, a qual é subordinada à existência objetiva do prejuízo (subtração do concurso) e desse modo não poderia encontrar aplicação nos limites em que o mesmo não existe. Entre nós, também Carvalho de Mendonça ensaiou essa distinção, que porém não fez carreira; assim, sustenta o comercialista a eficácia do pagamento antecipado que disser respeito a um crédito garantido com penhor ou hipoteca, pois em virtude dele, libertam-se as cauções para voltarem ao patrimônio do devedor, não se dá diminuição do ativo, nem conseguintemente prejuízo à massa. E acrescenta: Se, porém, com este pagamento é beneficiado o credor garantido, excedendo-se aos limites naturais de sua garantia, como no caso de um penhor insuficiente, de um imóvel cujo produto não baste para amortizar a dívida e seus juros, o ato não produz efeito relativamente à massa. A ressalva final, aliás, nada acrescenta à tese, pois a teor do art. 767 do CC, quando, excutido o penhor ou executada a hipoteca, o produto não bastar para o pagamento da dívida e despesas judiciais, continuará o devedor obrigado pessoalmente pelo restante, o crédito excedente aos limites naturais da garantia, portanto, é de natureza quirografária." (CAHALI. *Fraude contra credores...*, p. 712-713). Sobre o tema, ver, também: VALVERDE. *Comentários à Lei de Falências*, v. I..., p. 357-358. Por outro lado, há posicionamentos no sentido de que nem todo o pagamento antecipado de dívida pode ser considerado como prejudicial à massa falida Assim, algumas situações excepcionariam a regra do art. 129, I, como o pagamento antecipado de dívida para liberação de garantia real (penhor, hipoteca ou anticrese), na medida em que a liquidação antecipada teria o condão de liberar o gravame existente sobre bem do patrimônio do devedor, aumentando, assim, seu ativo disponível. Nesse sentido, ver: MARTIN. Da ineficácia e da revogação de atos praticados antes da falência..., p. 474-475; CARVALHO DE MENDONÇA. *Tratado de direito comercial brasileiro*, v. VII..., p. 517; NOGUEIRA, Ricardo José Negrão. Ineficácia e revogação de atos praticados antes da falência. In: PAIVA, Luiz Fernando Valente de (coord.). *Direito falimentar e a nova Lei de Falências e Recuperação de Empresas*. São Paulo: Quartier Latin, 2005, p. 496.

[3204] LEONEL. *Ação revocatória no direito da falência...*, p. 56-57.

[3205] CARVALHO DE MENDONÇA. *Tratado de direito comercial brasileiro*, v. VII..., p. 515-516.

[3206] CAHALI. *Fraude contra credores...*, p. 711. O Decreto-Lei 7.661/1945, no art. 25, §2º, continha regra expressa sobre o assunto, o que não foi mantido pela LREF. A despeito disso, parece-nos que a previsão do art. 117 do novo diploma, no sentido de que os contratos bilaterais não se resolvem com a falência, cumpre a mesma função.

Por outro lado, não se deve considerar antecipado o pagamento de créditos sujeitos à condição resolutiva, na medida em que até o advento do acontecimento futuro e incerto o negócio jurídico celebrado pelo devedor produz todos os efeitos, não alterando nem modificando as obrigações, nem as responsabilidades do devedor já em curso[3207].

5.9.1.3. Marco temporal

A declaração de ineficácia não abrange o pagamento de dívidas não vencidas realizado antes (fora) do termo legal. Nesse caso, o mecanismo não é o remédio do art. 129 da LREF, mas sim, por exemplo, a ação pauliana civil, na qual é indispensável a comprovação do dano; da mesma forma, e respeitados todos os seus pressupostos, poder-se-ia lançar mão da ação revocatória caso se entenda não estar sujeita ao termo legal[3208].

5.9.1.4. Efeito

Uma vez declarada a ineficácia da operação com fundamento no art. 129, I, o credor deverá restituir à massa as quantias indevidamente recebidas ou os valores que lhe foram entregues a título de pagamento, renascendo, em virtude disso, o débito originário que deverá ser regularmente habilitado no processo de falência, sujeitando-se ao rateio previsto no art. 83 da LREF.

5.9.1.5. Pagamento de dívida não vencida em contexto recuperatório

Se o pagamento antecipado tiver sido previsto e realizado na forma definida no plano de recuperação judicial, não se enquadra no contexto da declaração de ineficácia do art. 129 (LREF, art. 131).

5.9.1.6. Casuística

A hipótese envolvendo o "pagamento de dívida não vencida dentro do termo legal" não é de todo recorrente na jurisprudência. Os casos encontrados demonstram que o pagamento antecipado de dívidas pode ocorrer das formas mais variadas, dentre as quais:

a. A celebração de termo de quitação de dívida, contendo pagamentos antecipados e indevidos, com créditos que carecem de certeza e liquidez[3209];

b. A transferência de bem imóvel para satisfação de dívida não vencida, cuja operação envolveu o resgate antecipado de duplicatas e pagamento de forma diversa da prevista no contrato[3210];

[3207] LEONEL. *Ação revocatória no direito da falência*..., p. 56-57; CAHALI. *Fraude contra credores*..., p. 711.

[3208] Entendendo que a questão poderia ser resolvida pela aplicação do art. 130, ver: MILANI. *Lei de recuperação judicial*..., p. 500.

[3209] TJRS, 5ª Câmara Cível, APC 70026773184, Rel. Des. Jorge Luiz Lopes do Canto, j. 11/03/2009.

[3210] TJSP, 9ª Câmara de Direito Privado, APC 119.007-4/0, Rel. Des. Silva Rico, j. 19/10/1999.

INEFICÁCIA E REVOGAÇÃO DE ATOS

c. O pagamento antecipado, após a decretação da quebra, de prestações referentes a contrato de consórcio para aquisição de veículo automotor[3211].

5.9.2. Pagamento de dívidas por forma não prevista pelo contrato

O art. 129, II, da LREF assim dispõe:

> São ineficazes em relação à massa falida, tenha ou não o contratante conhecimento do estado de crise econômico-financeira do devedor, seja ou não intenção deste fraudar credores: II – o pagamento de dívidas vencidas e exigíveis realizado dentro do termo legal, por qualquer forma que não seja a prevista pelo contrato.

O dispositivo reproduz a previsão do art. 52, II, do Decreto-Lei 7.661/1945[3212]. Assim como na hipótese anterior, a lei delimita o período/momento em que o ato ou negócio foi praticado pelo devedor e a fixação dessa lacuna temporal serve como ponto de partida para examinar a forma de cumprimento do contrato firmado entre o devedor e o terceiro[3213].

5.9.2.1. Adimplemento e pagamento

O pagamento constitui uma das principais espécies de adimplemento de uma obrigação, cujo efeito jurídico é, em regra, sua extinção. No gênero "extinção das obrigações", os termos "pagamento", "adimplemento" e "cumprimento" constituem a satisfação qualificada, satisfatória e concreta da prestação devida pelo devedor ao credor. Pelo adimplemento, a relação jurídica, atingido o fim para o qual nascera e desenvolvera, desata-se, liberando-se as partes e dissolvendo o que anteriormente havia entre elas[3214].

Na técnica utilizada pelo Código Civil vigente, o vocábulo "pagamento" significa a satisfação voluntária daquilo que se deve, sendo, pois, a modalidade por excelência de extinção espontânea da obrigação, compreendendo a execução completa dos seus termos, qualquer que seja o seu objeto[3215].

[3211] TJMG, 2ª Câmara Cível, APC 1.0079.01.015615-0/001, Rel. Des. Brandão Teixeira, j. 01/02/2011.

[3212] Art. 52 do Decreto-Lei 7.661/1945: "Não produzem efeitos relativamente à massa, tenha ou não o contratante conhecimento do estado econômico do devedor, seja ou não intenção dêste fraudar credores: II – o pagamento de dívidas vencidas e exigíveis realizado dentro do têrmo legal da falência, por qualquer forma que não seja a prevista pelo contrato."

[3213] TJSP, 18ª Câmara Cível, APC 0122706-93.2011.8.26.0100, Rel. Des. Carlos Alberto Lopes, j. 11/07/2012; TJSP, 1ª Câmara de Direito Privado, APC 0204456-25.2008.8.26.0100, Rel. Des. Paulo Eduardo Razuk, j. 15/02/2011.

[3214] MARTINS-COSTA. *Comentários ao novo Código Civil*, v. V, t. I..., p. 81-82. Sobre o tema, ver, também: SILVA. *Adimplemento e extinção das obrigações...*

[3215] O termo tem origem da palavra latina *pacare* (uma forma de apaziguar o credor), cuja utilização informal denota o sentido de adimplemento de uma prestação em dinheiro (CASTRO FILHO. *Comentários ao Código Civil brasileiro*, v. IV..., p. 6-7). Para CLÓVIS BEVILAQUA, o vocábulo, na terminologia jurídica,

RECUPERAÇÃO DE EMPRESAS E FALÊNCIA

A hipótese ventilada pelo inciso II do art. 129 busca impedir que, durante o termo legal, antecedente à falência e fixado por sentença, o credor receba o seu crédito, ainda que vencido, por meio anormal. Na dicção da LREF, anormal é "qualquer forma que não seja a prevista pelo contrato"[3216].

O meio de pagamento comumente previsto em contratos é o numerário – Reais, moeda corrente, de curso forçado no país, com efeito liberatório. Porém, nada impede que as partes, no exercício da sua autonomia privada, ajustem o pagamento em outro meio; nesse caso, em razão da estipulação contratual, o pagamento será considerado normal, não incidindo na vedação legal[3217].

Há casos, entretanto, que se encontram no limiar entre o normal e o anormal, numa linha tênue e cinzenta entre o lícito e o ilícito. Veja, por exemplo, o caso da dação em pagamento. De um lado, o Código Civil autoriza (art. 356) que o credor consinta em receber prestação diversa da que lhe é devida, acrescentando (art. 357) que uma vez determinado o preço da coisa dada em pagamento, as relações entre as partes regular-se-ão pelas normas do contrato de compra e venda[3218]. De outro, a prática evidencia, com respaldo doutrinário, que a dação em pagamento é o meio mais comum de os credores, às vésperas da falência, obterem, por pressão moral sobre o devedor aflito, o pagamento de dívidas vencidas. Em razão disso, insere-se a dação em pagamento, não prevista no contrato, entre os meios anormais de extinção do crédito e uma das hipóteses mais comuns sobre a qual incide o preceito em exame[3219]-[3220]-[3221].

---

tem maior amplitude, estando relacionado à execução voluntária da obrigação, que pode ocorrer tanto por meio da tradição (na obrigação de dar), da execução (na obrigação de fazer) ou da abstenção (na de não fazer) (BEVILAQUA, Clóvis. *Código Civil dos Estados Unidos do Brasil*, v. IV. Rio de Janeiro: Francisco Alves, 1958, p. 64).

[3216] VALVERDE. *Comentários à Lei de Falências*, v. I..., p. 360.

[3217] REQUIÃO. *Curso de direito falimentar*, v. 1..., p. 196.

[3218] REQUIÃO. *Curso de direito falimentar*, v. 1..., p. 196.

[3219] O que gera discussão é se a adjudicação, como medida expropriatória e não ato do devedor falido, ensejaria a declaração de ineficácia. Ver: STJ, 4ª Turma, REsp 12.106/SP, Rel. Min. Sálvio de Figueiredo Teixeira, j. 14/09/1993; TJMG, 8ª Câmara Cível, APC 1.0261.07.056257-2/002, Rel. Des. Teresa Cristina da Cunha Peixoto, j. 06/05/2010; TJMG, 3ª Câmara Cível, APC 1.0000.00.239547-3.000, Rel. Des. Lucas Sávio de Vasconcellos Gomes, j. 27/03/2003. Ver, também: TOLEDO; PUGLIESI. Capítulo XIX: A falência: ineficácia e a revogação dos atos praticados antes da falência..., p. 452.

[3220] Outra hipótese muito comum é a cessão de crédito, que também se insere nessa hipótese: TJSP, 1ª Câmara Reservada de Direito Empresarial, AI 2070960-59.2014.8.26.0000, Rel. Des. Fortes Barbosa, j. 03/02/2015. Ver, também: TEPEDINO. Comentários aos arts. 105-138..., p. 463. O referido autor entende, no entanto, que a entrega de título com liquidez imediata (*v.g.*, ações de companhia listada na bolsa de valores) não se insere na hipótese do art. 129, II, já que se convertem em dinheiro com uma simples ordem de venda ou resgate. No entanto, salienta que o critério proposto nada tem a ver com a natureza do instrumento representativo do crédito ou do direito cedido, mas sim em saber se o que se deu em pagamento tem cotação à vista no mercado, o que não ocorre com duplicatas e notas promissórias. Salienta, ainda, que pouco importa se a cessão de crédito tem a natureza *pro soluto* ou *pro solvendo*. Sobre

INEFICÁCIA E REVOGAÇÃO DE ATOS

5.9.2.2. Fundamento

A lógica subjacente à vedação do pagamento por forma não prevista, dentro do termo legal, está em não frustrar o tratamento paritário que deve ser dispensado aos credores em geral[3222]. Com efeito, quem paga por forma diversa, está a privilegiar, ao menos presumivelmente, o credor cujo crédito foi satisfeito em detrimento dos demais. *A contrario sensu*, o pagamento pelo devedor de dívida vencida e exigível, mesmo no transcurso do termo legal, não está, em regra, viciado por irregularidade, invalidade ou ineficácia que reclame coibição[3223].

Em síntese, o fundamento para que a conduta do devedor seja coibida está na necessidade de se conferir um tratamento igualitário aos credores, bem como na presunção de que o credor que aceita receber por meio diverso do contratado sabe de que está sendo favorecido em detrimento dos demais credores[3224].

5.9.2.3. Marco temporal

A declaração de ineficácia não abrange o pagamento de dívidas vencidas e exigíveis por forma não prevista pelo contrato se realizado fora do termo legal. Aqui, não incide o art. 129 da LREF, mas sim a ação pauliana civil, na qual é indispensável a comprovação do dano[3225]; igualmente, possível que se utilize a ação revocatória caso se entenda não estar sujeita ao termo legal.

5.9.2.4. Efeito

O pagamento de dívida vencida e exigível realizado dentro do termo legal, por qualquer forma que não seja a prevista pelo contrato, em especial por dação em

---

o tema, remetemos também a: TOLEDO; PUGLIESI. Capítulo XIX: A falência: ineficácia e a revogação dos atos praticados antes da falência..., p. 451-452.

[3221] Para o exame de outras hipóteses de "pagamento anormal", ver: CAHALI. *Fraude contra credores...*, p. 723-734.

[3222] Já no Direito Romano a dação em pagamento tinha um caráter suspeito, sendo revogável se provados os extremos da ação pauliana. Segundo MIRANDA VALVERDE: "Trata-se de um pagamento irregular ou impróprio, porquanto o devedor não oferece em pagamento o objeto devido, não cumpre exatamente a obrigação (...)." (VALVERDE. *Comentários à Lei de Falências*, v. I..., p. 360).

[3223] COELHO. *Comentários à Lei de Falências e de Recuperação de Empresas...*, p. 464.

[3224] Nesse sentido caminha o magistério de SYLVIO MARCONDES: "O devedor que paga dívida vencida, está bem. Mas é que ele pagou por forma não prevista. Se a falência se aproxima e os credores vão ao estabelecimento do devedor cobrar-lhe as dívidas, o devedor não pode pagar. O credor diz ao devedor: B, você não tem dinheiro. Não faz mal. Levo mercadorias. Ora, se o credor recebe mercadorias em vez de dinheiro, supõe-se que o credor conhece o estado econômico do devedor. Neste caso, está procurando escapar da situação da falência, que, segundo ele está informado, se aproxima. Para coibir, portanto, esse ato de terceiros contra o devedor (...) ele entrega mercadorias." (MARCONDES. *Direito comercial...*, p. 257-258).

[3225] Para MIRANDA VALVERDE, fora do termo legal, o ato somente poderá ser declarado ineficaz se provada a fraude entre os dois contratantes (VALVERDE. *Comentários à Lei de Falências*, v. I..., p. 360).

pagamento, sua modalidade mais usual, representa meio anormal de cumprimento da obrigação que enseja a ineficácia do ato[3226], mesmo que a operação tenha sido homologada em juízo, com trânsito em julgado[3227].

5.9.2.5. Pagamento de dívida vencida e exigível em contexto recuperatório

Se o pagamento de dívida vencida e exigível tiver sido previsto e realizado na forma definida no plano de recuperação judicial, não se enquadra no contexto da declaração de ineficácia do art. 129 (LREF, art. 131).

5.9.2.6. Divergência doutrinária

Como já foi referido, parte da doutrina entende que nas situações em que o pagamento acarretar lucro ou benefício não se deve cogitar da sua ineficácia[3228]. A questão é polêmica. Além de examinar as circunstâncias do caso em questão[3229], deve-se atentar para o fundamento da proibição em exame, qual seja: a necessidade de garantir tratamento igualitário aos credores.

[3226] STJ, 4ª Turma, REsp 623.434/SP, Rel. Min. Luis Felipe Salomão, j. 16/11/2010; STJ, 4ª Turma, REsp 604.315/RS, Rel. Min. Luis Felipe Salomão, j. 25/05/2010; STJ, 3ª Turma, REsp 1.009.057/SP, Rel. Vasco Della Giustina, j. 27/04/2010; STJ, 3ª Turma, AgRg no Ag 489.545/RJ, Rel. Vasco Della Giustina, j. 27/10/2009; STJ, 4ª Turma, REsp 418.385/SP, Rel. Min. Aldir Passarinho Junior, j. 19/06/2007; STJ, 4ª Turma, REsp 207.116, Rel. Min. Aldir Passarinho Junior, j. 02/05/2006; STJ, 4ª Turma, REsp 259.265/SP, Rel. Min. Sálvio de Figueiredo Teixeira, j. 10/10/2000; TJSP, 7ª Câmara de Direito Privado, APC 990.10.205365-2, Rel. Des. Luiz Antônio Costa, j. 20/10/2010; TJSP, 1ª Câmara de Direito Privado, APC 462.438-4/3-00, Rel. Des. Guimaraes e Souza, j. 03/06/2008; TJSP, 2ª Câmara de Direito Privado, APC 299.092-4/0-00, Rel. Des. José Roberto Bedran, j. 08/03/2006; TJSP, 1ª Câmara de Direito Privado, APC 385.476-4/5-00, Rel. Des. Erbetta Filho, j. 31/01/2006; TJSP, 10ª Câmara de Direito Privado, APC 003.956-4/9-00. Rel. Des. Qualia Barbosa, j. 18/11/1997.

[3227] TJSP, Câmara Reservada à Falência e Recuperação, APC 9104745-97.2008.8.26.0000, Rel. Des. Pereira Calças, DJ. 22/11/2011; TJSP, 10ª Câmara de Direito Privado, APC 34 5.991-4/2-00, Rel. Des. Testa Marchi, j. 14/11/2006.

[3228] Para ANTÔNIO MARTIN: "Evidentemente, se o pagamento foi feito de modo extintivo da obrigação sem oneração patrimonial, não há que se falar de ineficácia. É o que ocorre, por exemplo, quando o falido, no lapso do termo legal, quita a obrigação, através da prestação de serviço. Se havia mão de obra ociosa por parte do falido, e se considerarmos que os serviços não vão integrar a massa falida, é evidente que houve benefício para a massa e não prejuízo." (MARTIN. Da ineficácia e da revogação de atos praticados antes da falência..., p. 474).

[3229] Para NELSON ABRÃO, a análise depende do caso concreto. Assim se o devedor destinou sua força de trabalho para pagamento de um único credor, desviando-a de outras atividades que poderiam lhe propiciar renda, a ineficácia incide; agora se a empresa já se achava plenamente ociosa, e a prestação de serviço não gerou prejuízo à massa falida, ao contrário, ajudou na redução de seu passivo, não incidiria o art. 129 (ABRÃO. Da ação revocatória..., p. 71). O autor refere expressamente que discordou da posição de RENZO PROVINCIALI, para quem a prestação de serviços pelo falido, se não prevista no contrato como forma de pagamento, deve ser abrangida pela expressão "pagamento anormal".

INEFICÁCIA E REVOGAÇÃO DE ATOS

5.9.3. Constituição de direito real de garantia dentro do termo legal para garantir dívida contraída anteriormente

O art. 129, III, da LREF assim dispõe:

> São ineficazes em relação à massa falida, tenha ou não o contratante conhecimento do estado de crise econômico-financeira do devedor, seja ou não intenção deste fraudar credores: III – *a constituição de direito real de garantia, inclusive a retenção, dentro do termo legal, tratando-se de dívida contraída anteriormente; se os bens dados em hipoteca forem objeto de outras posteriores, a massa falida receberá a parte que devia caber ao credor da hipoteca revogada.*

5.9.3.1. Fundamento

O dispositivo trata da chamada "falsa preferência"[3230] – e reproduz a previsão do art. 52, III, do Decreto-Lei 7.661/1945[3231]. A norma estabelece a ineficácia da constituição de direito real de garantia, inclusive da constituição do direito de retenção, dentro do termo legal, tratando-se de dívida contraída anteriormente (ou seja, anteriormente à constituição da garantia ou do direito de retenção)[3232]. Ademais, o dispositivo em tela estabelece que se os bens dados em hipoteca forem objeto de outras posteriores, a massa falida receberá a parte que devia caber ao credor da hipoteca revogada.

Veja-se cada uma das hipóteses separadamente.

[3230] A expressão é utilizada por FÁBIO ULHOA COELHO, com referência à obra de JORDAN WARREN (1985, p. 447), sem indicação bibliográfica. (COELHO. *Curso de direito comercial*, v. 3..., p. 315).

[3231] Art. 52 do Decreto-Lei 7.661/1945: "Não produzem efeitos relativamente à massa, tenha ou não o contratante conhecimento do estado econômico do devedor, seja ou não intenção dêste fraudar credores: III – a constituição de direito real de garantia, inclusive a retenção, dentro do têrmo legal da falência, tratando-se de dívida contraída antes dêsse têrmo; se os bens dados em hipoteca forem objeto de outras posteriores, a massa receberá a parte que devia caber ao credor da hipoteca revogada."

[3232] Tome-se a lição de SYLVIO MARCONDES como ponto de partida: "O problema está em saber se a garantia é constituída paralelamente com a dívida ou se ela é garantia constituída em favor de credor que já era credor sem garantia. Aí é que está o dano. Suponhamos que o devedor faça a operação e no dia seguinte quebre. E qual foi a operação? Ele tomou dinheiro emprestado e deu em garantia a esse credor hipoteca de prédio. Este credor tem garantia. Mas garantia para receber o que? Aquilo que está no patrimônio do devedor, aquilo que pôs no patrimônio do devedor nas vésperas da falência. Se esse credor vai receber com preferência, ele vai receber exatamente aquele dinheiro que pôs no patrimônio no momento em que recebeu a garantia. Portanto, o patrimônio está na mesma situação. Garantia ineficaz é a garantia constituída em favor de alguém que já era credor sem garantia. Aqui, sim, realmente se causa dano, porque podem haver dez credores quirografários e, na véspera da falência, constitui-se uma hipoteca em favor do credor. Se a hipoteca prevalecer, um credor receberá integralmente a sua dívida e os outros nove receberão menos. Aí sim, houve dano, houve infração do princípio da igualdade." (MARCONDES. *Direito comercial*..., p. 259).

5.9.3.2. Falsa preferência

Quanto à primeira, o objetivo do legislador foi impossibilitar que, por exemplo, débitos de natureza quirografária assumidos no passado pelo devedor migrassem, dentro do período suspeito, para outra categoria, com garantia real, conforme a classificação constante no art. 83 da LREF, em flagrante preterição dos demais credores e em violação do princípio da *par conditio creditorum*[3233].

Na mesma linha da legislação anterior, o legislador incluiu no elenco de hipóteses de ineficácia o instituto jurídico da retenção[3234], mesmo sem ele estar inserido no rol de direitos reais constantes no art. 1.225 do Código Civil[3235].

A LREF manteve o dispositivo com redação restritiva, reduzindo sua aplicação a circunstâncias bastante específicas. Ciente dessa limitação, a doutrina, com base nos ensinamentos de CARVALHO DE MENDONÇA, destaca alguns atos praticados pelo devedor e seus credores os quais, embora envolvam a outorga de garantia durante o termo legal da falência, permanecem hígidas perante a massa falida, dentre as quais se destacam[3236]:

[3233] LEONEL. *Ação revocatória no direito da falência...*, p. 64. Nesse sentido: TJSP, 9ª Câmara de Direito Privado, AP 9115390-26.2004.8.26.0000, Rel. Des. José Luiz Gavião de Almeida, j. 28/04/2006; TJSP, 10ª Câmara de Direito Privado, AP 9221719-33.2002.8.26.0000, Rel. Des. Marcondes Machado, j. 27/09/2004.

[3234] Nesse particular, discorda-se de GLADSTON MAMEDE, para quem o exercício do direito de retenção pelo credor não teria qualquer validade perante a massa, em virtude da previsão do art. 116 da LREF, no sentido de que a decretação da falência suspende o exercício do direito de retenção sobre os bens sujeitos à arrecadação, os quais deverão ser entregues ao administrador judicial (MAMEDE, Gladston. *Direito empresarial brasileiro*: falência e recuperação de empresas, v. 4. São Paulo: Atlas, 2006, p. 548; também criticando a inserção do direito de retenção no art. 129, III, tendo em vista o disposto no art. 116, ver: TOLEDO; PUGLIESI. Capítulo XIX: A falência: ineficácia e a revogação dos atos praticados antes da falência..., p. 453). De fato, o artigo estabelece que a retenção estará sujeita à declaração de ineficácia, mas não com base no fundamento jurídico ventilado pelo autor. Na lógica do art. 129, III, o direito de retenção, se existente, haverá de ter sido exercido dentro do termo legal da falência, fixado pelo juiz, não se podendo falar, pelo menos para caracterizar a hipótese em comento, em retenção exercida por credor em momento posterior à decretação da quebra, mas sim em momento anterior, inserido no período suspeito e, portanto, alcançável pela declaração de ineficácia.

[3235] "Art. 1.225. São direitos reais: I – a propriedade; II – a superfície; III – as servidões; IV – o usufruto; V – o uso; VI – a habitação; VII – o direito do promitente comprador do imóvel; VIII – o penhor; IX – a hipoteca; X – a anticrese. XI – a concessão de uso especial para fins de moradia; XII – a concessão de direito real de uso". Sobre a relevância da inclusão do instituto da retenção na previsão do inciso III (em razão da prática comercial), ver: FERREIRA. *Instituições de direito comercial*, v. 5..., p. 219.

[3236] O inciso em comento foi objeto de amplo e aprofundado debate durante a vigência do Decreto-Lei 7.661/1945, tendo a doutrina se dedicado, com esmero, ao estudo de hipóteses semelhantes à restrição legal, mas que, em razão de distinções pontuais, se mantêm eficazes perante a massa falida, tais como (*i*) as garantias constituídas por terceiros em favor do falido, qualquer que seja a época em que tenham sido dadas, (*ii*) a garantia constituída em razão de processo de novação da dívida, (*iii*) o reforço da garantia do bem, desde que houvesse previsão no contrato e o desgaste tenha decorrido da sua deterioração ou depreciação posterior (sob pena de vencimento antecipado da dívida nos termos do art. 1425, I, do Código Civil), entre outros. Para exame pormenorizado das hipóteses e de outros exemplos interessantes, ver:

INEFICÁCIA E REVOGAÇÃO DE ATOS

a. Hipotecas ou garantias formalizadas simultaneamente à constituição da dívida ("garantias reais gêmeas da dívida"[3237]), sem violação ao princípio da *par conditio creditorum*[3238]. Explica-se: se dentro do termo legal da falência, o devedor contrai um empréstimo e, no mesmo ato, dá em hipoteca ou em anticrese um imóvel, por exemplo, como forma de garantir a dívida assumida, não há qualquer violação à regra do art. 129[3239]. Ambas as obrigações, a dívida e a garantia, formam um todo indivisível, plenamente eficaz perante a massa, pelo menos com relação ao inciso em comento, salvo se for evidenciado defeito do ato jurídico, ou seja reputado fraudulento, seguindo o pacto de garantia a mesma sorte[3240]; e

b. Hipotecas dadas em substituição de outra garantia sem melhora da posição do credor, nem prejuízo à massa. O objetivo da LREF é evitar que um credor melhore de posição em detrimento dos demais. Não é o que ocorre no caso em comento[3241].

CARVALHO DE MENDONÇA. *Tratado de direito comercial brasileiro*, v. VII..., p. 522-531; LEONEL. *Ação revocatória no direito da falência...*, p. 65-73; CAHALI. *Fraude contra credores...*, p. 736-743, com especial destaque para a ótima descrição existente na última obra.

[3237] A expressão é de: CARVALHO DE MENDONÇA. *Tratado de direito comercial brasileiro*, v. VII..., p. 524, retomada, com vigor, por: LEONEL. *Ação revocatória no direito da falência...*, p. 63-64.

[3238] STF, 1ª Turma, RE 22.266/SP, Rel. Min. Luiz Galotti, j. 21/08/1956.

[3239] Nesse sentido, destaca-se excerto do voto do Des. JOSÉ ROBERTO BEDRAN, em caso relacionado à confissão de dívida e novação realizadas durante o termo legal da falência: "Ação revocatória falimentar, fundada no art. 52, III, da L.F., objetivando a ineficácia de garantia hipotecária constituída em prol do banco réu, com consequente desclassificação do correspondente crédito para quirografário (...). Também por envolver hipótese de garantia real constituída em virtude de novação, a ser, mesmo que operada dentro do termo legal da falência, considerada gêmea da dívida, mostra-se expressiva e aplicável à espécie a lição de RUBENS REQUIÃO, muito bem lembrada pelo apelante: 'Compreenda-se, todavia, que a vedação legal não impede a constituição de garantia real de garantia às vésperas da falência, legitimamente constituída para assegurar o cumprimento da obrigação ao mesmo tempo assumida pelo credor. A lei não impede que o devedor lute até o fim, obtendo financiamentos e créditos legítimos, na tentativa de salvar-se dos tentáculos da insolvência. Como esclareceu o acórdão do Tribunal de Justiça de São Paulo, 'duas são as condições para a não-validade da hipoteca, condições que devem coexistir: que a garantia tenha sido dada no termo legal de falência; e que se refira à dívida anterior a esse termo' (Rev. Dos Tribs., 155/610 e 251/409. Daí por que 'se a hipoteca foi validamente constituída ou porque nasceu com a dívida, no próprio período suspeito da falência, ou porque, mesmo garantindo dívida anterior, fora celebrado antes desse período, a inscrição pode ser realizada em qualquer tempo antes da declaração de quebra, ainda no seu termo legal' (Rev. Forense. 165/267)' (Curso de Direito Falimentar, 1º vol., Editora Saraiva, 16a ed., pág. 196)." (TJSP, 2ª Câmara de Direito Privado, APC 9167013-03.2002.8.26.0000, Rel. Des. José Roberto Bedran, j. 25/11/2003).

[3240] CAHALI. *Fraude contra credores...*, p. 736; TEPEDINO. Comentários aos arts. 105-138..., p. 465.

[3241] CARVALHO DE MENDONÇA. *Tratado de direito comercial brasileiro*, v. VII..., p. 524; LEONEL. *Ação revocatória no direito da falência...*, p. 64-65; COELHO. *Comentários à nova Lei de Falências e de Recuperação de Empresas...*, p. 465; MARTIN. Da ineficácia e da revogação de atos praticados antes da falência..., p. 475.

RECUPERAÇÃO DE EMPRESAS E FALÊNCIA

O elemento cronológico é determinante para a compreensão da hipótese em comento: em se tratando de dívida e garantia anteriores ao termo legal da falência não se poderá sustentar a ineficácia do ato com base no inciso III do art. 129[3242]. Para haver ineficácia desse ato, deve-se enquadrá-lo em situação distinta da prevista no art. 129.

Ao longo dos anos, a hipótese prevista no inciso III do art. 129 deu margem a interessantes discussões jurisprudenciais, dentre as quais: (*i*) a indispensabilidade do ajuizamento de ação revocatória para o reconhecimento da ineficácia da constituição de garantia em título de crédito dentro do termo legal da falência[3243]; (*ii*) a ineficácia de contrato de alienação fiduciária de bens do ativo da falida levado a efeito durante o termo legal da falência[3244], da restituição de bens alienados fiduciariamente com base em contrato firmado dentro do termo legal da falência[3245] e de garantia prestada em período suspeito para fins de renegociação de dívida[3246]; (*iii*) a simples promessa de garantir, simultânea ou anteriormente à constituição de débito, não representa a outorga de garantia com relação a esse mesmo débito, persistindo a hipoteca em relação à porção simultânea da garantia[3247]; (*iv*) a ineficácia da caução de créditos[3248] e do penhor de ações[3249] realizado durante o termo legal da falência com o objetivo de garantir dívida anterior.

5.9.3.3. Hipotecas sequenciais

Na segunda parte do inciso III do art. 129 da LREF, relacionada aos casos em que os bens dados em hipoteca tenham sido objeto de outras garantias posteriores, a regra determina que cabe à massa falida receber a parte que deveria caber ao credor da hipoteca revogada[3250]. Assim, pouco há para acrescentar, exceto a pos-

---

[3242] STJ, 3ª Turma, RMS 701/GO, Rel. Min. Waldemar Zveiter, j. 08/10/1991.

[3243] STJ, 3ª Turma, REsp 200.717/SC, Rel. Min. Waldemar Zveiter, j. 13/02/2001.

[3244] STJ, 3ª Turma, REsp 267.684/PR, Rel. Min. Ari Pargendler, j. 12/11/2001.

[3245] TJPR, 1ª Câmara Cível, AP 33.329-9, Rel. Des. Pacheco Rocha, j. 27/06/1995.

[3246] TJSP, Câmara Reservada à Falência e Recuperação, AP 9058537-21.2009.8.26.0000, Rel. Des. Elliot Akel, j. 06/04/2010.

[3247] STF, 1ª Turma, RE 33.553/MG, Rel. Min. Luiz Galotti, j. 01/08/1957. Sobre o tema da subsistência da garantia pelo remanescente do crédito novo, mesmo contraído dentro do termo legal, ver: CAHALI. *Fraude contra credores...*, p. 738.

[3248] TJSP, Câmara Reservada à Falência e Recuperação, APC 0290064-63.2009.8.26.0000, Rel. Des. Elliot Akel, j. 26/07/2011.

[3249] TJSP, 3ª Câmara Cível, APC 120.258, Rel. Des. Maldonado Loureiro, j. 28/02/1963.

[3250] Não é demais retomar a ressalva posta por JAYME LEONEL no sentido de que a expressão utilizada pelo legislador ("a parte que devia caber ao credor") não é clara. Mesmo assim, não há dúvida de que o legislador quis dizer que "a massa receberá parte do produto da venda do imóvel que receberia o primeiro credor hipotecário, sub-rogando-se nos direitos dele". Logo, se, dentro do termo legal da falência, o devedor constitui hipoteca, em garantia de dívida anterior, e, em seguida, dentro do termo, constitui segunda hipoteca, para garantir a dívida contraída no mesmo ato, não produz aquela primeira

INEFICÁCIA E REVOGAÇÃO DE ATOS

sibilidade de que um imóvel seja objeto de mais de uma hipoteca, nos termos do art. 1.496 do Código Civil.

Trata-se de consequência lógica da declaração de ineficácia da primeira hipoteca em relação à massa falida, cuja consequência jurídica é a restituição das partes ao estado anterior e, se isso não for possível, o pagamento de indenização. A massa falida, percebendo a importância que caberia ao credor da hipoteca revogada, resta indenizada e, assim, não altera a posição do credor posterior, cujo direito já estava limitado pela garantia anterior[3251].

5.9.3.4. Marco temporal

A declaração de ineficácia somente ocorrerá se a garantia real (e a retenção) for constituída dentro do termo legal para assegurar débito anterior. A declaração de ineficácia não abrange a constituição de direito real de garantia, inclusive a retenção, mesmo se tratando de dívida contraída anteriormente, se realizada fora do termo legal; nesse caso, não se aplica o remédio do art. 129 da LREF, devendo-se lançar mão da ação pauliana civil, na qual é indispensável a comprovação do dano – ou, respeitados todos os seus pressupostos, da ação revocatória caso se entenda não estar sujeita ao termo legal.

5.9.3.5. Efeito

A constituição de direito real de garantia (incluindo a retenção), realizada dentro do termo legal e relacionada à dívida contraída anteriormente acarreta a ineficácia do ato. Se os bens dados em hipoteca (declarada ineficaz) tiverem sido objeto de outras posteriores, a massa falida receberá a parte que devia caber ao credor da hipoteca revogada.

---

hipoteca efeitos contra a massa, ficando esta, porém, sub-rogada nos direitos hipotecários do primeiro credor (LEONEL. *Ação revocatória no direito da falência...*, p. 70). Na mesma direção, veja-se exemplo de MANOEL DE QUEIROZ PEREIRA CALÇAS: "O empresário Tício contraiu uma dívida de R$ 50.000,00 antes do termo legal da falência e constituiu em primeira hipoteca, em favor de Caio, para a respectiva garantia, posteriormente, dentro do termo legal. Ulteriormente, dentro do termo legal, o empresário Tício contrai uma dívida com Ulpiano, no valor de R$ 30.000,00, garantida por uma segunda hipoteca sobre o mesmo imóvel da primeira. O imóvel é alienado em hasta pública na fase de realização do ativo por R$ 70.000.00. Declarada a ineficácia da primeira hipoteca, a massa recolherá a importância de R$ 50.000,00, que deveriam caber ao primeiro credor hipotecário. O saldo do preço da venda do imóvel de R$ 20.000,00 irá para o segundo credor hipotecário, que ainda terá direito de receber o saldo de seu crédito de R$ 10.000,00, que figurará como crédito quirografário." (CALÇAS, Manoel de Queiroz Pereira. Da ineficácia e da revogação de atos praticados antes da falência. *Revista do Advogado*, a. XXV, n. 83. São Paulo: AASP, set. 2005, p. 92).

[3251] VALVERDE. *Comentários à Lei de Falências*, v. I..., p. 363-364.

5.9.3.6. A constituição de direito real de garantia em contexto recuperatório

Se a constituição de direito real de garantia tiver sido prevista e realizada na forma definida no plano de recuperação judicial, não se enquadra no contexto da declaração de ineficácia do art. 129 (LREF, art. 131).

5.9.4. Prática de atos a título gratuito

A LREF, no art. 129, IV, assim prevê:

> São ineficazes em relação à massa falida, tenha ou não o contratante conhecimento do estado de crise econômico-financeira do devedor, seja ou não intenção deste fraudar credores: IV – *a prática de atos a título gratuito, desde 2 (dois) anos antes da decretação da falência.*

A hipótese se insere na tradição do nosso Direito Falimentar: Decreto. 917, de 1890 (art. 29, "a"); Lei 859, de 1902 (art. 25, "a"); Lei 2.024, de 1908 (art. 55, n. 4); Lei 5.746, de 1929 (art. 44, n. 4); Decreto-Lei 7.661, de 1945 (art. 52, IV[3252]).

5.9.4.1. Fundamento

A justificativa é inequívoca: quem está em situação de insolvência não está apto a praticar atos de liberalidade[3253], arrogando-se na faculdade de livre dispor de seu patrimônio, em detrimento de seus credores, como se estivesse em situação de plena solvência[3254].

Mas não é só. Como destaca SYLVIO MARCONDES, "em virtude das características da liberalidade destes atos é que eles não produzem efeito se forem praticados não apenas nas vésperas da falência, isto é, naquele termo legal fixado na lei. É tal a gravidade desse ato que a lei fixa um prazo de ineficácia muito maior"[3255].

5.9.4.2. Definindo "prática de atos a título gratuito"

Os atos a título gratuito são aqueles por meio dos quais alguém confere a outrem direitos patrimoniais, sem receber a contrapartida correspondente ou sem ter

---

[3252] Art. 52 do Decreto-Lei 7.661/1945: "Não produzem efeitos relativamente à massa, tenha ou não o contratante conhecimento do estado econômico do devedor, seja ou não intenção dêste fraudar credores: IV – a prática de atos a título gratuito, salvo os referentes a objetos de valor inferior a Cr$1.000,00 desde dois anos antes da declaração da falência."

[3253] Como já destacado, em se tratando de matéria comercial, onde impera a busca pelo lucro, qualquer espécie de liberalidade deve ser tida como suspeita e passível de ponderação especial, presumindo-se ser o caso de enriquecimento ilícito do terceiro beneficiado, desde que respeitados os ditames legais. Veja-se, nesse sentido, a previsão do art. 154, §2º, da Lei das S.A., que veda aos administradores a prática de ato de liberalidade à custa da companhia. No mesmo sentido: COELHO. *Comentários à nova Lei de Falências e de Recuperação de Empresas...*, p. 467.

[3254] CAHALI. *Fraude contra credores...*, p. 743.

[3255] MARCONDES. *Direito comercial...*, p. 260.

INEFICÁCIA E REVOGAÇÃO DE ATOS

para tanto obrigação legal[3256]. Assim, a expressão "ato gratuito" compreende todo e qualquer ato dessa natureza praticado pelo devedor, seja ele relativo a bens móveis ou imóveis, direitos ou ações.

O dispositivo legal utiliza o termo "prática" de atos gratuitos que, entretanto, não deve ser interpretado no sentido de uso, hábito, frequência ou repetição, mas sim na direção da realização de atos da mesma natureza[3257]. Para a hipótese em questão é irrelevante o fato de o ato ter se originado de uma doação regular, indireta ou disfarçada, como é comum em transações ou vendas aparentes ou, ainda, no reconhecimento de um débito que não existe efetivamente, entre outras situações possíveis[3258].

Pode ser considerada obrigação a título gratuito o aval prestado pelo falido sem que exista contrapartida econômica[3259]; assim, em nosso sentir, a concessão de aval em benefício de sociedade do mesmo grupo econômico não se enquadra nessa hipótese (sobre o tema, ver item 4.1 do Capítulo 3). Na mesma situação, podem ser inseridas a prestação de fiança, a realização de cessão, a celebração de contrato de comodato, entre outros[3260]. RICARDO TEPEDINO e ANTÔNIO

[3256] BONELLI, Gustavo. *Del fallimento*, v. I. Milano: Casa Editrice Dottor Francesco Vallardi, 1923, p. 727. No mesmo sentido, CARVALHO DE MENDONÇA. *Tratado de direito comercial brasileiro*, v. VII..., p. 532; VALVERDE. *Comentários à Lei de Falências*, v. I..., p. 371-372. Ver, também: TJRS, 5ª Câmara Cível, APC 70054018668, Rel. Des. Jorge Luiz Lopes do Canto, j. 29/05/2013.

[3257] VALVERDE. *Comentários à Lei de Falências*, v. I..., p. 371.

[3258] CARVALHO DE MENDONÇA. *Tratado de direito comercial brasileiro*, v. VII..., p. 532. YUSSEF SAID CAHALI elenca alguns atos específicos configuradores de liberalidade: (*i*) doação lavrada sob a forma de reconhecimento de um débito que não existia de fato, ou, mesmo que existisse, era somente natural ou litigioso; (*ii*) assunção de obrigação sem causa; (*iii*) constituição de bem de família; (*iv*) pagamento de dívidas estranhas ao devedor, quando nenhum interesse tinha no ato praticado, o que se presume se o ato não tem o caráter comercial ou dele nenhuma vantagem resultar para o devedor; (*v*) estipulações em favor de terceiros, como as garantias pessoais ou reais a estes concedidas; (*vi*) constituição gratuita de usufruto, de servidões ou de outros vínculos reais, como dote ou patrimônio familiar; (*vii*) pacto de reserva de domínio estipulado posteriormente à compra a prestações; e (*viii*) cessões de direitos de firma (CAHALI. *Fraude contra credores...*, p. 745).

[3259] RICARDO TEPEDINO faz interessante análise sobre a prestação de garantia a débito de terceiro, se o falido o faz no prazo de 2 anos que segue a sua concessão, indagando se constituiria ou não ato gratuito. Conclui dizendo que a eficácia do ato dependerá de um exame subjetivo da pessoa do beneficiário e do contexto da operação, existindo precedente do TJSP sobre a matéria (TEPEDINO. Comentários aos arts. 105-138..., p. 468. A referência do julgado é: TJSP, Câmara Reservada à Falência e Recuperação, AI 4322594100, Rel. Des. Pereira Calças, j. 17/04/2006).

[3260] Na vigência do Decreto-Lei 7.661/1945, a doutrina divergia quanto à inclusão de atos *"causa mortis"* dentro do rol das hipóteses de atos gratuitos. Por exemplo, PONTES DE MIRANDA e JAYME LEONEL entendiam que estão abarcados na hipótese tanto os atos praticados *"inter vivos"* quanto os *"causa mortis"* (PONTES DE MIRANDA. *Tratado de direito privado*, t. XXVIII..., p. 348; LEONEL. *Ação revocatória no direito da falência...*, p. 74). MIRANDA VALVERDE sustentava que não pode o devedor lesar os seus credores por liberalidades *mortis causa* (VALVERDE. *Comentários à Lei de Falências*, v. I..., p. 372). YUSSEF SAID CAHALI segue a mesma linha (CAHALI. *Fraude contra credores...*, p. 747).

MARTIN defendem a inclusão do usufruto entre tais atos, uma vez que a sua instituição priva a massa da percepção de rendimentos[3261].

Por outro lado, a simples rescisão de compromisso não é suficiente para configurar ato a título gratuito, nos termos do inciso ora examinado, se a falida receber em devolução o que havia pago para a rescisão do compromisso, restituídos os contratantes à situação anterior. Mesmo que se possa considerar desvantajosa, a rescisão não perderia o caráter oneroso[3262].

Por fim, os contratos e relações tidos como aleatórios não podem ser abarcados pela categoria de "atos gratuitos"[3263].

5.9.4.3. Marco temporal

A LREF fez com que a ineficácia dos atos não se limitasse ao termo legal definido na sentença falimentar, mas sim ao biênio anterior à decretação da falência, o qual pode ser mais amplo que o primeiro[3264].

É indispensável, portanto, que a liberalidade tenha sido praticada dentro do prazo de dois anos previsto no inciso IV do art. 129, sob pena de ser necessária prova da intenção de fraudar do devedor e do terceiro envolvido na operação, podendo ser o ato questionado em sede de ação revocatória ou pauliana, de acordo com o momento em que foi praticado[3265].

5.9.4.4. Alcance

CARVALHO DE MENDONÇA limita a aplicação da norma aos atos que tenham trazido desfalque ou diminuição nos bens que deveriam ser arrecadados pela massa. Assim, os atos que não deslocarem do patrimônio do falido para o de outra pessoa uma vantagem que aumente a fortuna desta na proporção em que fez decrescer a do falido não formam o suporte fático da norma, citando como exemplo o caso da gestão gratuita de negócios de outrem por parte do falido, situação em que este apenas exerce um direito inerente à sua pessoa.

[3261] TEPEDINO. Comentários aos arts. 105-138..., p. 466; MARTIN. Da ineficácia e da revogação de atos praticados antes da falência..., p. 476.

[3262] TJSP, 2ª Câmara Cível, j. 01/06/1979. Revista de Jurisprudência do TJSP n. 58/74; CAHALI. *Fraude contra credores...*, p. 746.

[3263] CARVALHO DE MENDONÇA. *Tratado de direito comercial brasileiro*, v. VII..., p. 535-538; CAHALI. *Fraude contra credores...*, p. 747-748.

[3264] ABRÃO. *Da ação revocatória...*, p. 79; CAHALI. *Fraude contra credores...*, p. 744; MANDEL. *Nova Lei de Falências e Recuperação de Empresas anotada...*, p. 231.

[3265] O TJSP já decidiu questão análoga, apontando para a ação revocatória como o remédio adequado para resolver o problema: "Para ser anulada doação 'inter parentes' feita por comerciante mais de dois anos antes de sua falência, é preciso que fique provado o "eventos damni", isto é, que o ato praticado pelo devedor concorreu para diminuir as garantias que o seu patrimônio oferecia aos credores." (TJSP, 2ª Câmara Cível, APC 103.984, Rel. Des. A. de Oliveira Lima, j. 25/11/1960).

INEFICÁCIA E REVOGAÇÃO DE ATOS

Destacam-se, ainda, as doações a instituições de caridade realizadas – pequenas gratificações ou donativos *pietatis causa* prestados pelo devedor –, aparentemente a título gratuito (devendo-se observar que o próprio art. 154, §4º, da Lei 6.404/1976 assim admite). Nesses casos não há como fazer um juízo de valor apriorístico da liberalidade, devendo-se examinar a questão à luz do caso concreto[3266].

Da mesma forma, não se enquadra no rigor da norma – desde que compatíveis com o patrimônio do devedor – os bônus e demais benefícios indiretos corriqueiramente oferecidos pelas companhias a seus administradores (*fringe benefits*), salvo, obviamente, se o exagero indicar fraude, a ser demonstrada em ação revocatória/pauliana. De igual forma, não se incluem nesse inciso patrocínios e apoios a eventos culturais, científicos ou esportivos das empresas[3267], bem como gratificações e brindes[3268].

5.9.4.5. Efeito
A prática de atos a título gratuito pelo devedor no prazo de até 2 (dois) anos antes da decretação da sua falência acarreta a ineficácia do ato.

[3266] Sob a perspectiva da proporcionalidade do ato de disposição benéfica e o eventual desfalque sofrido pelo patrimônio do falido, responsável pela liberalidade, o TJSP já adentrou no exame da razoabilidade e da proporção do ato praticado. Tratava-se de caso da oposição de embargos de terceiro em processo de falência em face da arrecadação de um refrigerador que um dos sócios da firma falida doou à esposa do embargante, como presente de núpcias. Na visão da corte paulista: "Está afeito aos tribunais o exame de razoável proporção entre o valor de presente feito pelo falido, a pessoa de sua amizade, e os recursos". No entanto, no mérito do julgado concluiu que "no caso, além do elevadíssimo giro dos negócios do falido, o que justifica perfeitamente o expressivo presente à sua afilhada de casamento, ocorre que ela é filha de antigo servidor da firma, notando-se que não desatende, de modo algum, a proporção lembrada nas lições anteriores", razão pela qual deu provimento ao recurso (TJSP, 4ª Câmara Cível, Agravo 84.109, Rel. Des. Leme da Silva, j. 10/10/1957). Sobre o tema, ver, também: CAHALI. *Fraude contra credores...*, p. 749 ss.

[3267] TEPEDINO. Comentários aos arts. 105-138..., p. 467.

[3268] CARVALHO DE MENDONÇA elimina da listagem de atos a título gratuito praticados no interesse do exercício do comércio do devedor, como forma ou meio de retribuir viços e obséquios, dentre os quais se incluem: (*i*) as gratificações de natal, ano novo ou outra data festiva, distribuídas aos empregados, por representarem uma justa remuneração pelo serviço prestado, estando no interesse do negociante distribuí-las anualmente por ocasião do balanço geral, servindo de estímulo ao cumprimento de metas e deveres, e fazendo o empregado participante do bom resultado da casa. Atualmente, tais gratificações estão institucionalizadas na legislação trabalhista sob a forma de abonos de natal ou décimo-terceiro salário; (*ii*) os brindes que comerciantes distribuem aos seus fregueses, clientes ou fornecedores que concorrem para o aumento do seu faturamento, que geralmente ocorrem nas festividades de final de ano (CARVALHO DE MENDONÇA. *Tratado de direito comercial brasileiro*, v. VII..., p. 536; CAHALI. *Fraude contra credores...*, p. 749).

5.9.5. Renúncia à herança ou a legado

De acordo com o disposto no art. 129, V, da LREF:

> São ineficazes em relação à massa falida, tenha ou não o contratante conhecimento do estado de crise econômico-financeira do devedor, seja ou não intenção deste fraudar credores: V – *a renúncia à herança ou a legado, até 2 (dois) anos antes da decretação da falência.*

O dispositivo reproduz a previsão do art. 52, V, do Decreto-Lei 7.661/1945[3269].

5.9.5.1. Fundamento, marco temporal e alcance

Por abordar matéria referente à herança ou legado, o inciso aplica-se às pessoas físicas e, em uma perspectiva falimentar, essencialmente ao empresário individual, na medida em que a sociedade empresária não é titular de vocação hereditária e não costuma constar como legatária[3270] (além, é claro, se for o caso, dos sócios de responsabilidade ilimitada).

A doutrina majoritária trata da renúncia como uma espécie de alienação a título gratuito[3271]. E, para que seja abarcado pelo disposto no art. 129, é preciso que tal renúncia à herança ou a legado tenha ocorrido até dois anos antes da decretação da falência. E, aqui, reitera-se o que foi dito no item anterior acerca da provável amplitude temporal dessa hipótese (*i.e.*, até dois anos antes da decretação da falência) quando comparado ao termo legal estabelecido na sentença que decretou a falência.

Porém, se ao tempo da renúncia à herança ou ao legado o sujeito ainda não era empresário, a hipótese fática prevista na norma não se materializa, mesmo que o ato tenha ocorrido dentro do biênio anterior ao decreto de falência[3272].

5.9.5.2. Tratamento dado pelo Código Civil

A renúncia da herança está regulada pelos arts. 1.812 e 1.813 do Código Civil, reproduzindo, com pequenas modificações de linguagem, a previsão do art. 1.586 do Código Civil de 1916. O primeiro dispositivo legal determina que os atos de

---

[3269] Art. 52 do Decreto-Lei 7.661/1945: "Não produzem efeitos relativamente à massa, tenha ou não o contratante conhecimento do estado econômico do devedor, seja ou não intenção dêste fraudar credores: V – a renúncia a herança ou a legado, até dois anos antes da declaração da falência."

[3270] COELHO. *Comentários à nova Lei de Falências e de Recuperação de Empresas...*, p. 466-467; MARTIN. Da ineficácia e da revogação de atos praticados antes da falência..., p. 476.

[3271] LEONEL. *Ação revocatória no direito da falência...*, p. 77; CARVALHO DE MENDONÇA. *Tratado de direito comercial brasileiro*, v. VII..., p. 539; CAHALI. *Fraude contra credores...*, p. 750.

[3272] CARVALHO DE MENDONÇA. *Tratado de direito comercial brasileiro*, v. VII..., p. 539; CAHALI. *Fraude contra credores...*, p. 750.

INEFICÁCIA E REVOGAÇÃO DE ATOS

aceitação ou de renúncia da herança são irrevogáveis, ao passo que o segundo estabelece um mecanismo de tutela dos credores do renunciante[3273].

Ao examinar o art. 52, V, do Decreto-Lei 7.661/1945 (correspondente ao inciso V do art. 129 da LREF) em comparação com a previsão do art. 1.586 do código anterior, PONTES DE MIRANDA conclui que as disposições normativas não dialogam entre si, haja vista que "(...) há ineficácia relativa[3274], se sobrevém a decretação da falência, mesmo se ocorreu aceitação da herança", mesmo que já tenha sido processada a ação de inventário e partilha; segundo o tratatista: "Não importa. Se já se atribuiu ao herdeiro ou ao legatário o bem de que se trata, mesmo com sentença transitada em julgado, a ineficácia relativa é declarável"[3275].

A jurisprudência, quando chamada a examinar a matéria, seguiu na mesma direção[3276].

5.9.5.3. Efeito

A renúncia à herança ou a legado pelo devedor no prazo de até dois anos antes da decretação da sua falência acarreta a ineficácia do ato.

5.9.6. Alienação de estabelecimento empresarial ficando os credores a descoberto

O art. 129, VI, da LREF assim dispõe:

> São ineficazes em relação à massa falida, tenha ou não o contratante conhecimento do estado de crise econômico-financeira do devedor, seja ou não intenção

---

[3273] "Art. 1.813: Quando o herdeiro prejudicar os seus credores, renunciando à herança, poderão eles, com autorização do juiz, aceitá-la em nome do renunciante. §1º A habilitação dos credores se fará no prazo de trinta dias seguintes ao conhecimento do fato. §2º Pagas as dívidas do renunciante, prevalece a renúncia quanto ao remanescente, que será devolvido aos demais herdeiros."

[3274] Lembre-se que, para PONTES DE MIRANDA: "A noção de eficácia relativa permite que se tenha por acontecido tudo o que aconteceu, porém não contra a massa. A massa fica no caminho como se não estivesse fechado. O bem está no patrimônio de terceiro mas a massa pode ir até lá e tirá-lo, porque, para a massa, ele não está lá." (PONTES DE MIRANDA. *Tratado de direito privado*, t. XXVIII..., p. 327).

[3275] E continua: "Não se trata de ataque em *querela nullitatis*, ou em ação rescisória de sentença. O que se passa é que a sentença, válida e, talvez, irrescindível, não tem eficácia contra a massa, contra os credores concursais. Mesmo se já se transcreveu a sentença de partilha ou de adjudicação. Às inconveniências que daí resultam obvia a circunstância de haver o prazo preclusivo para a propositura da ação de ineficácia relativa, prazo findo o qual o ato se torna completamente eficaz." (PONTES DE MIRANDA. *Tratado de direito privado*, t. XXVIII..., p. 349).

[3276] Em caso análogo à hipótese constante no inciso V do art. 129 da LREF, o STJ autorizou a revogação da partilha judicial efetuada em separação consensual, diante da existência de desequilíbrio entre os bens atribuídos a cada cônjuge, sendo um deles sócio-gerente de distribuidora de títulos e valores mobiliários, cuja liquidação extrajudicial e posterior quebra tinham sido decretadas em período anterior à realização e homologação da partilha dos bens do casal (STJ, 4ª Turma, REsp 151.305/SP, Rel. Min. Barros Monteiro, j. 18/10/2005).

deste fraudar credores: VI – *a venda ou transferência de estabelecimento feita sem o consentimento expresso ou o pagamento de todos os credores, a esse tempo existentes, não tendo restado ao devedor bens suficientes para solver o seu passivo, salvo se, no prazo de 30 (trinta) dias, não houver oposição dos credores, após serem devidamente notificados, judicialmente ou pelo oficial do registro de títulos e documentos.*

O art. 52, VI, do Decreto-Lei 7.661/1945 previa outra hipótese de ineficácia, "a restituição antecipada do dote ou a sua entrega antes do prazo estipulado no contrato antenupcial", eliminada na atual redação da LREF. O dispositivo em questão se assemelha à previsão do 52, VIII[3277], do Decreto-Lei 7.661/1945.

Na sistemática da lei vigente, a declaração de ineficácia da venda ou transferência de estabelecimento do devedor deve respeitar as seguintes premissas:

a. ser efetuada sem o consentimento expresso ou o pagamento de todos os credores, ao tempo existentes; e

b. acarretar o esvaziamento do patrimônio do devedor, não restando bens suficientes para solver o seu passivo.

De acordo com a última parte do dispositivo, o ato de alienação do estabelecimento escapa à ineficácia se tiver havido notificação judicial ou extrajudicial dos credores e inexistir oposição de algum deles no prazo de 30 dias.

Diante do exposto, a transferência do estabelecimento será lícita e eficaz, mesmo sem o consentimento dos credores, desde que o devedor (*i*) permaneça com bens suficientes para solver o seu passivo, (*ii*) obtenha o consentimento expresso de todos os credores ao tempo existentes, (*iii*) pague todos os credores ao tempo existentes ou (*iv*) obtenha o consentimento tácito dos credores ao tempo existentes caso eles não se oponham uma vez notificados na forma da Lei[3278].

[3277] Art. 52 do Decreto-Lei 7.661/1945: "Não produzem efeitos relativamente à massa, tenha ou não o contratante conhecimento do estado econômico do devedor, seja ou não intenção dêste fraudar credores: VIII – a venda, ou transferência de estabelecimento comercial ou industrial, feita sem o consentimento expresso ou o pagamento de todos os credores, a êsse tempo existentes, não tendo restado ao falido bens suficientes para solver o seu passivo, salvo se, dentro de trinta dias, nenhuma oposição fizeram os credores à venda ou transferência que lhes foi notificada; essa notificação será feita judicialmente ou pelo oficial do registro de títulos e documentos."

[3278] A jurisprudência aponta que o art. 129, VI diz respeito à transferência privada do estabelecimento. Assim, o dispositivo não abarcaria hipóteses em que tenha ocorrido a venda judicial. Nesse sentido: STJ, 3ª Turma, REsp 1.662.359/SP, Rel. Min. Moura Ribeiro, j. 23/05/2017; STJ, 3ª Turma, REsp 1.447.271/SP, Rel. Min. Nancy Andrighi, j. 22/05/2014; STJ, 3ª Turma, REsp 1.187.706/MG, Rel. Min. Paulo de Tarso Sanseverino, j. 07/05/2013.

INEFICÁCIA E REVOGAÇÃO DE ATOS

5.9.6.1. Sobre o estabelecimento e sua alienação

Nos termos dos arts. 1.142 e 1.143 do Código Civil, estabelecimento empresarial é um complexo de bens organizado, para exercício da empresa, por empresário ou por sociedade empresária, o qual pode ser objeto unitário de direitos e de negócios jurídicos, translativos ou constitutivos, que sejam compatíveis com a sua natureza[3279].

No que se refere à operação de alienação do estabelecimento, juridicamente denominada de trespasse, o art. 1.144 do Código Civil estabelece:

> O contrato que tenha por objeto a alienação, o usufruto ou arrendamento do estabelecimento, só produzirá efeitos quanto a terceiros depois de averbado à margem da inscrição do empresário, ou da sociedade empresária, no Registro Público de Empresas Mercantis, e de publicado na imprensa oficial.

O art. 1.145, por sua vez, determina:

> Se ao alienante não restarem bens suficientes para solver o seu passivo, a eficácia da alienação do estabelecimento depende do pagamento de todos os credores, ou do consentimento destes, de modo expresso ou tácito, em trinta dias a partir de sua notificação.

Ademais, de acordo com o art. 1.146 do Código Civil, o adquirente do estabelecimento responderá pelo pagamento do passivo anterior à transferência do estabelecimento, desde que regularmente contabilizado, continuando o devedor primitivo solidariamente obrigado pelo prazo de um ano, a partir, quanto aos créditos vencidos, da publicação, e, quanto aos outros, da data do vencimento[3280].

Para os fins do exame aqui proposto, interessa compreender duas questões bastante específicas:

    a.   a possibilidade de transferência (trespasse) parcial do estabelecimento; e

    b.   a sistemática em torno do pagamento e/ou consentimento de todos os credores ao tempo da transferência e a situação financeira da alienante

---

[3279] Sobre estabelecimento, a leitura fundamental é: BARRETO FILHO. *Teoria do estabelecimento comercial...* Algumas monografias atualizadas merecem indicação, entre elas: TOKARS. *Estabelecimento empresarial...*; e FÉRES. *Estabelecimento empresarial...* Ver, ainda, o artigo: CAVALLI. Apontamentos sobre a teoria do estabelecimento empresarial no direito brasileiro...

[3280] Pode-se vislumbrar, em boa medida, uma sobreposição de regras. Além de a alienação do estabelecimento poder ser considerada ato falimentar (LREF, art. 94, III, "c"), o art. 129, VI, da LREF, entende que, em contexto falimentar, a alienação do estabelecimento pode ser declarada ineficaz. Por sua vez, o art. 1.145 do Código Civil também estabelece basicamente os mesmos requisitos para reconhecer a ineficácia fora do ambiente da falência, sendo que o art. 1.146 do Código Civil impõe, como regra, que o adquirente do estabelecimento responderá pelas dívidas do alienante.

RECUPERAÇÃO DE EMPRESAS E FALÊNCIA

após a transferência (a existência ou não de bens suficientes para solver o seu passivo).

5.9.6.2. Polêmica envolvendo o "trespasse parcial"

Da forma pela qual foi regulado pelo Código Civil, o negócio de trespasse representa uma operação de alto custo e risco para o adquirente, seja em razão da possível sucessão de todo o passivo vinculado ao estabelecimento (ou ao menos de parte significativa dele), seja em virtude da possibilidade de futura declaração de ineficácia do negócio, em defesa do interesse dos credores.

Ciente dessas dificuldades, é legítimo que o empresário desenhe alternativas para evitar a superveniência de tais efeitos, mediante, por exemplo, uma compra e venda fracionada ou parcial do estabelecimento, adquirindo separadamente seus principais elementos, em vez de optar pela compra integral da universalidade[3281]. Juridicamente, é perfeitamente possível a transferência parcial do estabelecimento empresarial para terceiro, restando avaliar quais são as consequências jurídicas que decorrem de tal ato.

Essa estratégia era combatida por NELSON ABRÃO, para quem a venda de alguns elementos essenciais do estabelecimento autorizava a declaração de ineficácia do negócio no âmbito falimentar, na ausência de alguma das excludentes mencionadas pelo art. 52, VIII, do Decreto-Lei 7.661/1945[3282]. A jurisprudência admitia a declaração de ineficácia da venda parcial de estabelecimento empresarial, com base na previsão do art. 52, VIII, do Decreto-Lei 7.661/1945 (correspondente, na lei vigente, ao inciso VI do art. 129), quando a transferência caracterizasse a desmontagem do negócio do devedor ou envolvesse parte substancial dele, descaracterizando-o como local de comércio ou de indústria[3283].

A natureza do bem e a análise da sua essencialidade para o negócio serão variáveis de acordo com o tipo de atividade econômica explorada pelo empresário

---

[3281] TOKARS. *Estabelecimento empresarial...*, p. 198-199.

[3282] ABRÃO. *Da ação revocatória...*, p. 94.

[3283] STJ, 4ª Turma, REsp 33.762/SP, Rel. Min Ruy Rosado de Aguiar, j. 26/02/1997. Veja-se o excerto do voto do relator, da lavra do Min. RUY ROSADO DE AGUIAR: "A regra do art. 52, VIII, da Lei de Falências inclui, entre os atos ineficazes com relação à massa, a venda ou transferência de estabelecimento comercial ou industrial feita sem o consentimento de todos os credores e caracterizada a insuficiência dos bens restantes. Lida na sua literalidade, a disposição legal apenas apanharia a alienação da totalidade do estabelecimento comercial ou industrial, como sustentam os recorrentes. Não é esse porém, o entendimento que melhor se ajusta à razão da lei, que quer impedir a desmontagem do estabelecimento do falido, em prejuízo dos credores, seja pela alienação do estabelecimento como um todo, seja pela transferência de parte substancial dele, descaracterizando-o como local de comércio ou de indústria, o que pode ocorrer com a transferência de bens integrantes do seu ativo fixo, como a máquina referida nos autos. Na hipótese em exame, o r. acórdão deixou consignado que a arrecadação foi praticamente negativa o que evidencia ter sido a alienação do maquinário fator determinante da insolvência do falido."

INEFICÁCIA E REVOGAÇÃO DE ATOS

ou sociedade empresária, podendo ser representada por um maquinário industrial[3284], direitos de exploração de postos de combustíveis, considerando-o como ponto comercial[3285], veículos[3286], impressoras[3287], bens imóveis (especialmente quando sede do devedor)[3288] ou, até mesmo, linhas telefônicas[3289].

Entretanto, nem toda alienação de mercadoria pode ser definida como venda ou transferência parcial do estabelecimento, para fins da ineficácia prevista no art. 129. Há que se examinar o caso concreto, a essencialidade do ativo transferido, bem como ter cuidado para não estender a regra para além daquilo que previu o legislador[3290]-[3291].

[3284] Como no acórdão acima colacionado: STJ, 4ª Turma, REsp 33.762/SP, Rel. Min Ruy Rosado de Aguiar, j. 26/02/1997.

[3285] STJ, 4ª Turma, REsp 633.179/MT, Rel. Min. Luis Felipe Salomão, j. 02/12/2010.

[3286] TJMG, 4ª Câmara de Direito Privado, APC 1.0024.06.024379-7/002. Rel. Des. Almeida Melo, j. 18/06/2009.

[3287] TJMG, 4ª Câmara de Direito Privado, APC 1.0024.04.262182-1/001. Rel. Des. Geraldo Augusto, j. 18/10/2005.

[3288] STJ, 3ª Turma, REsp 56.985/SP, Rel. Min. Costa Leite, j. 08/05/1995; STJ, 4ª Turma, REsp 23.961/SP. Rel. Min. Sálvio de Figueiredo Teixeira, j. 07/08/1995; STJ, 4ª Turma, REsp 628.860/RS. Rel. Des. Cesar Asfor Rocha, j. 06/04/2004; TJRS, 6ª Câmara Cível, AI 70045980810, Rel. Des. Artur Arnildo Ludwig, j. 08/03/2012; TJRS, 5ª Câmara Cível, APC 70051319374, Rel. Des. Isabel Dias Almeida, j. 31/10/2012; TJRS, 5ª Câmara Cível, APC 70073472227, Rel. Des. Jorge André Pereira Gailhard, j. 30/08/2017.

[3289] STJ, 4ª Turma, REsp 1.896/RJ. Rel. Min. Bueno de Souza, j. 22/06/1992; STJ, 4ª Turma, REsp 9.647/SP, Rel. Min. Sálvio de Figueiredo Teixeira, j. 24/03/1993; STJ, 4ª Turma, REsp 8.975/SP, Rel. Min. Bueno de Souza, j. 30/08/1993; STJ, 3ª Turma, REsp 51.688-9/SP, Rel. Min. Waldemar Zveiter, DJ 27/09/1994; STJ, 4ª Turma, REsp 10.194/SP, Rel. Min. Cesar Asfor Rocha, j. 10/03/1997.

[3290] TJSP, Câmara Especial de Falências e Recuperações Judiciais de Direito Privado, AI 560.668.4/7-00, Rel. Des. Romeu Ricupero, DJ. 17/12/2008. Na fundamentação do seu voto, asseverou o relator: "Para que atue o dispositivo em comento não é necessário que o devedor se desfaça de todos os bens que compõem o seu estabelecimento comercial – basta que a alienação desses bens amesquinhe o restante do patrimônio de tal modo que ele não mais se preste como instrumento da atividade empresarial antes desenvolvida pelo devedor. Assim, se, por exemplo, uma indústria aliene sua marca e seu parque fabril instalada em localidade do interior, mas conserve uma aparatosa sede na capital do Estado, é presa do inciso em foco; já se essa mesma indústria vende essa sua sede, e mais um imóvel que alugava, por mais valiosos que sejam, e também uma unidade de sua indústria, insuscetível de tirá-la do mercado em que atua, o ato poderá ser revogável em caso de fraude, mas jamais por conta da regra do inciso VI, porque aí não terá havido transferência do estabelecimento, mas sim venda de ativos permanentes. Em suma, saber se a venda de certos bens caiu ou não na hipótese em exame é, como já acentuava Pontes de Miranda (obra citada, §3.360, p. 352), uma questão de fato, a ser dirimida diante do caso concreto (...) que exigem a existência de má-fé para revogar a alienação de ativos efetuada dentro do termo legal."

[3291] Nesse sentido: "É importante destacar que a alienação do *estabelecimento* não pode ser confundida com a de seus componentes, individualmente considerados ou em bloco, que lhe sejam elementos integrantes." "De fato, para que fique caracterizada a venda do estabelecimento nos moldes a caracterizar a ineficácia prevista no inc. VI do art. 129 da Lei 129 da Lei 11.101/05 é necessário que a alienação importe desarticulação da atividade empresarial nele desenvolvida, ou seja, que a ausência do conjunto de bens vendidos resulte na impossibilidade de exercício da empresa. A *contrario sensu*, se os ativos (ainda que integrantes do ativo fixo) alienados não importam, no caso concreto, esfacelamento da atividade

RECUPERAÇÃO DE EMPRESAS E FALÊNCIA

A jurisprudência tem se mantido atenta à essa peculiaridade. Há decisões no sentido de que a transferência regular de bens corpóreos utilizados na exploração da atividade econômica do empresário (*e.g.*, mercadorias, estoque) não pode ser abarcada pela previsão do art. 129, VI, da LREF, já que se trata do mero desenvolvimento da atividade econômica da empresa, embora tenha sido realizada numa situação pré-falimentar. Em tais casos, a procedência da ação depende da comprovação da fraude[3292].

De mais a mais, a doutrina e os tribunais destacam a possibilidade de a decretação de ineficácia atingir bens que pertençam ao ativo fixo ou permanente de uma sociedade empresária, mas não de atingir aqueles que pertençam ao seu ativo circulante, postos à disposição do mercado em razão do pleno desenvolvimento de sua atividade econômica[3293].

---

empresarial, não há possibilidade de declaração de ineficácia." (TOLEDO; PUGLIESI. Capítulo XIX: A falência: ineficácia e a revogação dos atos praticados antes da falência..., p. 454-455).

[3292] Por exemplo, o STJ já entendeu que a venda de mercadoria (de um único veículo, realizada por uma empresa que tinha por objeto social justamente a revenda de automóveis) durante o termo legal da quebra não enseja, por si só, a revogação do ato, sendo necessário, para tanto, prova robusta do conluio ou da fraude. Na visão da corte, as mercadorias que formam o estoque constituem um dos elementos materiais do estabelecimento empresarial, bens corpóreos utilizados na exploração da sua atividade econômica, de tal forma que a alienação regular de item dele integrante não constitui venda ou transferência do estabelecimento empresarial, mas sim exercício da atividade econômica da empresa, ainda que realizada numa situação pré-falimentar (STJ, 4ª Turma, REsp 1.079.781/RS. Rel. Min. Nancy Andrighi, j. 14/09/2010). Na fundamentação do seu voto, a Min. Rel. NANCY ANDRIGHI fez pertinentes ponderações sobre o tema: "(...) uma venda regular praticada pela empresa não implica prejuízo aos credores – ao contrário, a operação lhes traz vantagens –, na medida em que, para a mercadoria que baixa do estoque, haverá uma contrapartida em dinheiro, em valor que corresponderá não apenas ao custo dessa mercadoria, mas também ao lucro auferido com o negócio. Aliás, a venda individual de componentes do estabelecimento, sem a desestruturação deste, é providência que a empresa pode adotar legitimamente, mesmo às vésperas da falência, como meio de levantar recursos para a quitação de dívidas, até para tentar evitar a própria quebra. Evidentemente, esse raciocínio não se aplica às alienações realizadas de má-fé, em que há desvio de numerário e/ou a dilapidação do patrimônio da empresa com o fito de prejudicar credores. Todavia, na hipótese dos autos, não se cogita da má-fé da empresa tampouco dos terceiros adquirentes – pelo menos não há nenhuma alegação nesse sentido da recorrida, que se limita a sustentar, desde o início, que 'a ineficácia da alienação do bem dentro do período suspeito da falência, como é o caso em foco, não depende da boa ou má-fé do adquirente' (fl. 304). Dessarte, considerando que: (*i*) a venda de mercadoria enquanto mera consecução do objeto social da empresa não implica transferência parcial do estabelecimento para fins da ineficácia prevista no art. 52, VIII, do DL nº 7.661/45 (atual art. 129, VI, da Lei nº 11.101/2005); e (*ii*) a recorrida não demonstrou, como lhe incumbia, que a alienação do veículo objeto desta ação foi fraudulenta e/ou tinha por escopo lesar credores; a eficácia do negócio entabulado entre as partes há de ser mantida."

[3293] REQUIÃO. *Curso de direito falimentar*, v. 1..., p. 202; TOKARS. *Estabelecimento empresarial...*, p. 199. COELHO. *Curso de direito comercial*, v. III..., p. 316/317. No mesmo sentido: TEPEDINO. Comentários aos arts. 105-138..., p. 470. Em posição aparentemente contrária, CARLOS ROBERTO CLARO e MARCELO ANDRADE FÉRES admitem a transferência parcial e aplicação do respectivo regramento legal, mas destacam a necessidade de se examinar o caso concreto (CLARO. *Revocatória falimentar...*, p. 118; FÉRES.

INEFICÁCIA E REVOGAÇÃO DE ATOS

E aqui acrescente-se: a alienação de bem imóvel, se não for absolutamente essencial ao exercício da atividade, escapa à hipótese do art. 129, VI[3294]. O mesmo ocorre com a alienação de elementos integrantes de uma linha de produção industrial – ou de qualquer outro ramo de negócios – caso a empresa mantenha sua capacidade produtiva ou se proponha a explorar os demais nichos da atividade prevista no seu objeto social.

5.9.6.3. Pagamento e/ou consentimento dos credores

Os credores são terceiros diante do negócio de trespasse, razão pela qual o negócio somente terá eficácia perante eles após o cumprimento das exigências previstas no art. 1.144 do Código Civil, isto é, depois da averbação do contrato na Junta Comercial competente e de sua veiculação pela imprensa oficial.

Segundo o art. 1.145, para a alienação ser juridicamente sólida o patrimônio do alienante, após a transação, deve ser suficiente para satisfazer seu passivo. Satisfeitos esses requisitos, não haverá prejuízo aos credores, já que serão mantidas as condições para realização de seus direitos. Contudo, se após a venda não restarem bens suficientes ao alienante para arcar com suas obrigações, a eficácia do trespasse perante os credores ficará condicionada ao pagamento de todos eles ou ao seu consentimento, de modo expresso ou tácito, no prazo de 30 dias a contar da sua notificação.

Esse é o regime do trespasse no Código Civil que se estende ao contexto falimentar, mas com condicionantes próprias[3295]. A declaração legal de ineficácia do art. 129, VI, independe de má-fé do devedor ou mesmo do adquirente do estabelecimento. Seu fundamento jurídico é objetivo, isto é, uma vez verificadas as condições previstas na lei, o negócio realizado é passível de ineficácia, lem-

---

Estabelecimento empresarial..., p. 54). ANTÔNIO MARTIN menciona o direito de lavra de uma empresa que explora engarrafamento de água mineral como um exemplo de alienação do estabelecimento, já que a transferência do ativo inviabiliza o exercício da atividade empresarial do alienante, sendo, portanto, passível de revogação pelo art. 129, VI, da LREF (MARTIN. *Da ineficácia e da revogação de atos praticados antes da falência...*, p. 477).

[3294] A despeito disso, o tema é complexo e conclusões aprioristicas podem se mostrar equivocadas ao final, diante das circunstâncias fáticas do caso concreto. Em se tratando de incorporação imobiliária, por exemplo, deve-se examinar atentamente as previsões da Lei 4.591/1964, inclusive no que se refere à constituição de patrimônio de afetação e seus efeitos no processo falimentar. O tema tem sido debatido na jurisprudência, principalmente após a falência da incorporadora Encol S.A.

[3295] Veja-se, por exemplo, a previsão do art. 94, III, alínea "c", da LREF, segundo a qual: "Será decretada a falência do devedor que: III – pratica qualquer dos seguintes atos, exceto se fizer parte de plano de recuperação judicial: 'c' transfere estabelecimento a terceiro, credor ou não, sem o consentimento de todos os credores e sem ficar com bens suficientes para solver seu passivo". Resta aqui reproduzida a discussão acerca da transferência parcial do estabelecimento.

RECUPERAÇÃO DE EMPRESAS E FALÊNCIA

brando que esta recairá apenas sobre a massa, permanecendo o negócio válido e com plenos efeitos jurídicos perante terceiros[3296].

Na sistemática da LREF, a ineficácia do negócio jurídico será decretada posteriormente à falência do devedor, a não ser que o falido consiga comprovar (*i*) que todos os credores existentes ao tempo da negociação foram devidamente pagos, (*ii*) que há bens remanescentes no patrimônio do devedor suficientes para realizar esse pagamento, ou, ainda, (*iii*) que os credores existentes, após a notificação, não tenham manifestado oposição à realização do negócio[3297].

Não há outra maneira de afastar a declaração da ineficácia que fuja da comprovação de uma das três excludentes referidas. Essa sistemática desestimula a realização de operações dessa natureza, especialmente diante da dificuldade de mensurar a totalidade do passivo do devedor e, por conseguinte, o risco assumido pelo adquirente e a insegurança jurídica do negócio em si[3298].

5.9.6.4. Marco temporal

Diferentemente das demais hipóteses do art. 129, nas quais há um limite temporal para a declaração de ineficácia, como ocorre nos incisos I, II e III (dentro do

---

[3296] Como destaca MIRANDA VALVERDE: "A ineficácia da venda ou transferência do estabelecimento comercial ou industrial pressupõe, em primeiro lugar, a existência, no momento da abertura da falência, de credores que já o eram ao tempo da alienação e a ela não anuíram expressa ou tacitamente; em segundo lugar, a inexistência de bens suficientes para a solução do passivo existentes por ocasião da alienação. A concordância tácita resulta do silêncio dos credores notificados, com 30 dias de antecedência, para ciência da venda ou transferência, que o devedor pretende fazer do seu estabelecimento comercial ou industrial. Essa notificação pode ser judicial ou por intermédio do oficial do Registro de Títulos e Documentos." (VALVERDE. *Comentários à Lei de Falências*, v. I..., p. 395).

[3297] FABIO TOKARS faz contundente crítica ao regime: "O comprador precavido deveria, ao tempo da realização do trespasse, procurar por documentos que comprovassem uma das três excludentes. Contudo, não há possibilidade de precaução plena neste tipo de negócio, visto que, em qualquer das três hipóteses legais, há a necessidade de o adquirente ter pleno conhecimento sobre a exata composição do passivo do devedor. Passivo este que pode estar ou não contabilizado. Desta forma, a existência de um débito não contabilizado e voluntariamente omitido pelo vendedor praticamente impossibilita ao adquirente o conhecimento exato do estado do passivo do vendedor, de forma que aquele virá a sofrer os efeitos de uma ação revocatória se houver posterior falência do vendedor." (TOKARS. *Estabelecimento empresarial...*, p. 187).

[3298] Pertinentes, nesse particular, são as considerações de FABIO TOKARS acerca da ação revocatória, as quais também se aplicam à declaração de ineficácia: "Ainda que a alienação se tenha dado muitos anos antes da decretação da falência, é possível a incidência dos efeitos da revocatória. Assim, se eventualmente restar um débito de responsabilidade do vendedor em aberto, já existente ao tempo do trespasse, será possível a propositura da ação revocatória, ainda que esta operação se tenha dado muitos anos antes da declaração da falência. Evidente é que, com o passar dos anos, a tendência natural seja de quitação de todas as obrigações existentes ao tempo da alienação, fato que afasta os efeitos da revocatória. Mas, de qualquer forma, ainda com relação a este aspecto, percebe-se que a ação revocatória se constitui em relevante desincentivo à realização de operações de trespasse de estabelecimento, em decorrência da potencialização dos riscos impostos ao adquirente." (TOKARS. *Estabelecimento empresarial...*, p. 189).

INEFICÁCIA E REVOGAÇÃO DE ATOS

termo legal) ou nos incisos IV e V (dois anos antes da decretação da falência), no caso da alienação de estabelecimento a lei não faz referência a prazo.

A doutrina e a jurisprudência se dividem quanto ao alcance da norma. De um lado, sustenta-se que a declaração de ineficácia pode atingir atos praticados em qualquer momento da vida empresarial do devedor, desde que a situação cumpra com as condições acima referidas[3299]. De outro, defende-se que a declaração de ineficácia da transferência será regrada pela LREF somente se tiver ocorrido no termo legal da falência fixado pelo juiz, havendo presunção da fraude e do dano (art. 129); do contrário, poder-se-ia lançar mão da ação revocatória prevista no art. 130 (caso se entenda não estar sujeita ao termo legal) ou, logicamente, da ação pauliana[3300].

Diante do exposto, entendemos que a declaração de ineficácia não abrange a venda ou transferência de estabelecimento, nos termos do art. 129, VI, se realizada fora do termo legal da falência. Nesse particular, não se pode olvidar que se a alienação do estabelecimento ocorrer fora do termo legal da falência, além da possibilidade de ação revocatória e pauliana, aplicar-se-ão as regras previstas nos arts. 1.142 a 1.149 do Código Civil.

5.9.6.5. Efeito

A venda ou transferência de estabelecimento feita sem o consentimento expresso ou o pagamento de todos os credores, a esse tempo existentes, não tendo restado ao devedor bens suficientes para solver o seu passivo, salvo se, no prazo de 30 (trinta) dias, não houver oposição dos credores, após serem devidamente notificados, judicialmente ou pelo oficial do registro de títulos e documentos, acarreta a ineficácia do ato.

5.9.6.6. Alienação de estabelecimento em contexto recuperatório

Se a venda do estabelecimento empresarial estiver inserida no contexto de um plano de recuperação judicial, ela eliminará o risco de declaração de ineficácia (LREF, art. 131), bem como não ocorrerá sucessão das obrigações do devedor caso tenham sido obedecidos os condicionantes previstos no art. 60 da LREF[3301] – sendo que, no âmbito da falência, a intenção do legislador foi incentivar a reali-

---

[3299] Por todos: TEPEDINO. Comentários aos arts. 105-138..., p. 469.

[3300] Nesse sentido: STJ, 4ª Turma, REsp 9.647/SP, Rel. Min. Sálvio de Figueiredo Teixeira, j. 23/03/1993.

[3301] Inclui-se, nessa hipótese, a realização de operações societárias atípicas como é o caso de *drop down*, ou, na expressão utilizada por RICARDO TEPEDINO, "trespasse para subsidiária". Sobre o tema: TEPEDINO. O trespasse para subsidiária (*drop down*)..., p. 57-83. Mesmo no contexto dos arts. 129 e 130, o autor entende que não seria caso de declaração de ineficácia, já que o ato não acarreta prejuízo aos credores, pois a devedora continua senhora dos bens conferidos ao capital da sua subsidiária (TEPEDINO. Comentários aos arts. 105-138..., p. 471).

889

RECUPERAÇÃO DE EMPRESAS E FALÊNCIA

zação do ativo de forma rápida e em bloco, de forma que, nos termos do art. 141, II, a transferência do estabelecimento ocorre sem sucessão.

5.9.7. Registro de direitos reais e de transferência de propriedade depois da quebra

Finalmente, o art. 129, VII, da LREF assim dispõe:

> São ineficazes em relação à massa falida, tenha ou não o contratante conhecimento do estado de crise econômico-financeira do devedor, seja ou não intenção deste fraudar credores: VII – *os registros de direitos reais e de transferência de propriedade entre vivos, por título oneroso ou gratuito, ou a averbação relativa a imóveis realizados após a decretação da falência, salvo se tiver havido prenotação anterior.*

O dispositivo assemelha-se à previsão do art. 52, VII, do Decreto-Lei 7.661/1945[3302]-[3303].

5.9.7.1. Fundamento e alcance

No Direito Civil brasileiro, como regra, a transferência da propriedade imóvel para o adquirente somente se opera pela transcrição no Registro de Imóveis dos títulos que formalizaram a transação. Assim já dispunha o Código Civil de 1916 (art. 533) e permanece sendo a lógica do Código Civil de 2002 (art. 1.245), de modo que enquanto não se registrar o título translativo, o alienante continua a ser o titular do imóvel (CC, art, 1.245, §1º). O art. 1.246, por seu turno, prevê que o registro é eficaz desde o momento em que se apresentar o título ao oficial do registro, e este o prenotar no protocolo[3304].

No âmbito do Direito Falimentar, a previsão legal da LREF é bastante clara: ineficazes são os registros e averbações imobiliárias realizadas após a decreta-

---

[3302] Art. 52 do Decreto-Lei 7.661/1945: "Não produzem efeitos relativamente à massa, tenha ou não o contratante conhecimento do estado econômico do devedor, seja ou não intenção eque fraudar credores: VII – as inscrições de direitos reais, as transcrições de transferência de propriedade entre vivos, por título oneroso ou gratuito, ou a averbação relativa a imóveis, realizadas após a decretação do sequestro ou a declaração da falência, a menos que tenha havido prenotação anterior; a falta de inscrição do ônus real dá ao credor o direito de concorrer à massa como quirografário, e a falta da transcrição dá ao adquirente ação para haver o preço até onde bastar o que se apurar na venda do imóvel."

[3303] A jurisprudência aponta que o dispositivo legal faz referência à transferência privada do bem, não se aplicando nas hipóteses em que tenha ocorrido a venda judicial. Nesse sentido: STJ, 3ª Turma, Resp 1.662.359/SP, Rel. Min. Moura Ribeiro, j. 23/05/2017.

[3304] O art. 535 do Código Civil de 1916 trazia norma interessante que não foi reproduzida pela lei atual, no seguinte sentido: "Sobrevindo falência ou insolvência do alienante entre a prenotação do título e a sua transcrição por atraso do oficial, ou dúvida julgada improcedente, far-se-á, não obstante, a transcrição exigida, que retroage, nesse caso, a data da prenotação. Parágrafo único. Se, porém, ao tempo da transcrição ainda não estiver pago o imóvel, o adquirente, notificado da falência ou insolvência do alienante, depositará em juízo o preço."

INEFICÁCIA E REVOGAÇÃO DE ATOS

ção da quebra, salvo se evidenciado a existência de prenotação anterior. Como referido, no regime do Decreto-Lei 7.661/1945 a hipótese estava prevista no art. 52, VII; no entanto, a Lei dos Registros Públicos (Lei 6.015/1973), em seu art. 215, qualificou como nulos os registros efetuados após sentença de abertura de falência, ou do termo legal nele fixado, salvo se a apresentação tiver sido feita anteriormente.

Muito se discutiu na doutrina e na jurisprudência acerca da viabilidade de coexistirem dois regimes jurídicos distintos tratando do mesmo tema, o da nulidade e o da ineficácia. Aliás, uma parcela da doutrina defendeu a derrogação da primeira parte do art. 52, VII, do Decreto-Lei 7.661/1945 pelo art. 215 da Lei 6.015/1973[3305], em razão da total incompatibilidade entre as sanções cominadas e os prazos referidos. Por outro lado, outros entendiam que as normas comportavam interpretação e convívio harmônico, havendo, também, uma terceira corrente que sustentava que o art. 215 não se referia ao art. 52, mas sim ao art. 40 da mesma lei, com o qual esteve sempre harmônico[3306].

Prevaleceu, ao final, interpretação no sentido de compatibilizar o dispositivo constante da Lei dos Registros Públicos com o sistema de nulidades do Código Civil e de ineficácia de atos da lei falimentar[3307], na linha defendida pela maioria dos autores nacionais, como é caso de MIRANDA VALVERDE[3308].

[3305] Nesse sentido: REQUIÃO. *Curso de direito falimentar*, v. 1..., p. 200. A jurisprudência também chegou a se manifestar nesse sentido: TJSP, 2ª Câmara Cível, APC 12.223-1, Rel. Des. Sydney Sanches, j. 16/06/1981; TJSP, 3ª Câmara Cível, APC 24.544-1, Rel. Des. Yussef Cahali, j. 21/06/1983.

[3306] Em direção contrária, ver excelente artigo de autoria de GEORGE BYKOFF, defendendo a gravíssima imprecisão terminológica da Lei 6.015/1973 e a necessária distinção entre os regimes da nulidade, anulabilidade e ineficácia: BYKOFF, George. O art. 215 da Lei de Registros Públicos se aplica à ação revocatória (art. 52, VII da Lei 7.661/45 – Lei de Falências). *Revista de Processo*, a. X, n. 38, p. 207-211, abr./jun. 1985.

[3307] Nesse sentido, ver acórdão pioneiro do Superior Tribunal de Justiça: STJ, 3ª Turma, REsp 295/SP, Rel. Min. Cláudio Santos, j. 14/11/1989. Ver, também: STJ, 3ª Turma, RMS 701, Rel. Min. Waldemar Zveiter, j. 11/11/1991; STJ, 4ª Turma, REsp 36.121, Rel. Min. Barros Monteiro, j. 09/06/1997; STJ, 4ª Turma, REsp 431.432–SP, Rel. Min. Fernando Gonçalves, j. 14/12/2004. O Tribunal de Justiça do Rio Grande do Sul teve, também, importante participação na consolidação do entendimento preponderante. Nesse sentido, ver: TJRS, 3ª Câmara Cível, APC 584012785, Rel. Des. Antônio Braga, j. 14/06/1984; TJRS, 3ª Câmara Cível, APC 586059735, Rel. Des. Galeno Lacerda, j. 04/09/1987. Para decisão do Tribunal de Justiça de São Paulo no mesmo ano da promulgação da Lei 6.015/1973, ver: TJSP, 5ª Câmara Cível, AP 224.610, Rel. Des. Dantas de Freitas, j. 05/10/1973. Sobre o tema, remetemos a: CAHALI. *Fraude contra credores...*, p. 750-786.

[3308] A lógica por trás do dispositivo é razoável e compatível com a sistemática do processo falimentar: "Acarretando a sentença decretatória do sequestro ou da falência a perda imediata para o falido do direito de administrar seus bens e deles dispor, separa-se o patrimônio sujeito à execução falimentar, cujas transformações não mais dependem da vontade exclusiva das partes interessadas, mas da lei que regula o novo estado jurídico." (VALVERDE. *Comentários à Lei de Falências*, v. I..., p. 377-378).

RECUPERAÇÃO DE EMPRESAS E FALÊNCIA

A discussão já superada ao tempo da promulgação da LREF perdeu valor com a redação do art. 129 e do seu inciso VII. A jurisprudência caminha firme no sentido de declarar ineficazes os registros de direitos reais e de transferência de propriedade entre vivos, por título oneroso ou gratuito, ou averbações em imóveis realizadas após a decretação da falência, sem que haja prenotação anterior[3309]-[3310]. Estão excluídas dessa sistemática as transcrições realizadas durante o termo legal da falência, cuja revogação depende da comprovação de fraude do devedor[3311].

A hipótese em que a venda ocorreu em período anterior à quebra, mas o registro no cartório competente se deu somente após tal evento, recai na regra geral

---

[3309] Aqui, discordamos, em parte, da posição de ANTÔNIO MARTIN quando afirma que: "Agora, o disposto no parágrafo único do art. 129 da Lei 11.101/05, especialmente nos casos de registro, terão de enfrentar a norma do Código Civil que, em seu art. 1.245, §2º, dispõe que: 'Enquanto não se promover, por meio de ação própria, a decretação de invalidade do registro, e o respectivo cancelamento, o adquirente continua a ser havido como dono do imóvel'. A interpretação do conflito entre o Código Civil e a LREF será ajustada pela jurisprudência, especialmente porque tal conflito ensejará, com certeza, medidas judiciais propostas pelos adquirentes dos bens em defesa de seus eventuais direitos". Não há razão para complicar o procedimento. Recorre-se às regras de hermenêutica para resolver eventual dúvida sobre a questão: a LREF é posterior ao Código Civil e, como se não bastasse, trata de matéria falimentar, de natureza específica, devendo-se considerar, para as finalidades de registro, a decisão do juiz, transitada em julgado, que declara a ineficácia do ato. Poder-se-ia cogitar a possibilidade de alterar a propriedade no registro com base em decisão judicial, ainda pendente de recurso, ao qual não foi atribuído efeito suspensivo. A hipótese é polêmica, mas aqui parece possível, desde que siga o mesmo rito da execução provisória, cujas regras constam na legislação processual civil (CPC/1973, art. 475-O; CPC/2015, arts. 520 a 522).

[3310] As situações envolvendo empreendimentos imobiliários, especialmente nos que se aplicam as disposições da Lei 4.591/1964 (a qual rege as incorporações imobiliárias, inclusive no que se refere à constituição de patrimônio de afetação), tem recebido tratamento diferenciado da jurisprudência. Nesse sentido, ver: STJ, 3ª Turma, REsp 686.198/RJ, Rel. Min. Nancy Andrighi, j. 23/10/2007; STJ, 3ª Turma, REsp 879.548/SP, Rel. Min. Sidnei Beneti, j. 17/08/2010; STJ, 3ª Turma, REsp 1.115.605/RJ, Rel. Min. Nancy Andrighi, j. 07/04/2011. A doutrina também manifesta preocupação especial com essa situação e outras análogas. Para tanto, ver: TEPEDINO. Comentários aos arts. 105-138..., p. 436-437; MANDEL. *Nova Lei de Falências e Recuperação de Empresas anotada...*, p. 233.

[3311] STJ, 4ª Turma, REsp 1.197.723/SP, Rel. Min. João Otávio de Noronha, j. 19/10/2010; STJ, 4ª Turma, REsp 806.044/RS, Rel. Min. Luis Felipe Salomão j. 06/04/2010; STJ, 4ª Turma, REsp 946.358/SP, Rel. Min. Fernando Gonçalves, j. 20/11/2008; STJ, 4ª Turma, REsp 302.558/RJ, Rel. Min. Aldir Passarinho Junior, j. 01/03/2007; STJ, 3ª Turma, REsp 681.798/PR, Rel. Min. Carlos Alberto Menezes Direito, j. 12/05/2005; STJ, 3ª Turma, REsp 510.404/SP, Rel. Min. Carlos Alberto Menezes Direito, j. 04/12/2003; STJ, 4ª Turma, REsp 246.667/SP, Rel. Min. Sálvio de Figueiredo Teixeira, j. 20/03/2003; STJ, 4ª Turma, REsp 168.401/RS, Rel. Min. Barros Monteiro, j. 15/10/2002; STJ, 3ª Turma, REsp 139.304/SP, Rel. Min. Ari Pargendler, j. 01/03/2001; STJ, 3ª Turma, REsp 246.689/SP, Rel. Min. Waldemar Zveiter, j. 19/02/2001; STJ, 3ª Turma, REsp 228.197/SP, Rel. Min. Carlos Alberto Menezes Direito, j. 09/11/2000; STJ, 4ª Turma, REsp 90.156/SP, Rel. Min. Cesar Asfor Rocha, j. 17/08/2000; TJSP, 9ª Câmara Cível, AI 289.423.4-4, Rel. Des. Sergio Gomes, j. 14/10/2003; TJSP, 2ª Câmara Cível, APC 111.929, Rel. Des. Humberto da Nova, j. 28/11/1961.

INEFICÁCIA E REVOGAÇÃO DE ATOS

da ineficácia, devendo o adquirente pleitear pela via própria a devolução do preço pago[3312]. Na sistemática anterior, tinha-se como certo, com base no elastério da própria lei, que o adquirente deveria demandar o valor pago por via de simples habilitação de crédito[3313].

5.9.7.2. Marco temporal
A declaração de ineficácia não abrange os registros de direitos reais e de transferência de propriedade entre vivos, por título oneroso ou gratuito, ou a averbação relativa a imóveis realizados antes da decretação da falência ou, ainda, após esse evento, se tiver havido prenotação anterior[3314].

5.9.7.3. Efeito
Os registros de direitos reais e de transferência de propriedade entre vivos, por título oneroso ou gratuito, ou a averbação relativa a imóveis realizados após a decretação da falência, se não houver prenotação anterior, acarretam a ineficácia do ato.

5.9.8. Reembolso do acionista em contexto falimentar
A previsão legal está no art. 45, §8º, da Lei 6.404/1976, que assim dispõe:

> §8º. Se, quando ocorrer a falência, já se houver efetuado, à conta do capital social, o reembolso dos ex-acionistas, estes não tiverem sido substituídos, e a massa não bastar para o pagamento dos créditos mais antigos, caberá ação revocatória para restituição do reembolso pago com redução do capital social, até a concorrência do que remanescer dessa parte do passivo. A restituição será havida, na mesma proporção, de todos os acionistas cujas ações tenham sido reembolsadas.

Apesar de não constar expressamente no rol de hipóteses do art. 129 da LREF e de a Lei 6.404/1976 ter utilizado a expressão "ação revocatória", parece-nos que se trata de uma hipótese de ineficácia. Isso porque, pela própria redação do art. 45, §8º, parece que sua ocorrência prescinde de qualquer elemento subjetivo do agente (podendo-se, ainda, afirmar que tal interpretação caminharia ao encontro do art. 116, II, da LREF, o qual determina que "a decretação da falência suspende: II – o exercício do direito de retirada ou de recebimento do valor de suas quotas ou ações, por parte dos sócios da sociedade falida"), sem prejuízo

---

[3312] TJSP, 5ª Câmara Cível, AP, 224.610, Rel. Des. Dantas de Freitas, j. 05/10/1973.
[3313] CAHALI. *Fraude contra credores...*, p. 750-786.
[3314] De qualquer sorte, em se tratando de transferência a título gratuito até dois anos antes da quebra, não se pode esquecer que pode ser declarada a ineficácia do ato com base no art. 129, IV, da LREF, como já visto.

de que tais elementos venham a ser reconhecidos no caso concreto e ensejem o ajuizamento de ação revocatória.

De qualquer sorte, é importante atentar para o fato de que tal medida (ineficácia) somente ocorre se (*i*) não tiver ocorrido a substituição dos acionistas beneficiados pelo reembolso e (*ii*) a massa falida (objetiva) não for suficiente para o pagamento dos credotes mais antigos (*i.e.*, anteriores ao reembolso). Além disso, segundo a parte final do art. 45, §8º da Lei 6404/76, a restituição do reembolso pago com a redução do capital social se dará somente até a concorrência do que remanescer dessa parte do passivo (e a restituição ocorrerá na mesma proporção de todos os acionistas cujas ações tenham sido reembolsadas).

É inegável, no entanto, que o problema de se enquadrar tal hipótese como uma situação de ineficácia é a inexistência de qualquer marco temporal; por isso, entendemos aplicável o termo legal (da mesma forma como sustentamos no art. 129, VI, como já visto).

6. Ação revocatória

Na dicção do art. 130 da LREF, são revogáveis os atos praticados com a intenção de prejudicar credores, provando-se o conluio fraudulento entre o devedor e o terceiro que com ele contratar e o efetivo prejuízo sofrido pela massa falida[3315] – abarcando não apenas atos negociais no âmbito do Direito Privado, mas também, se for o caso, a própria arrematação efetivada em outro processo se isso se deu com malícia, em prejuízo de credores da massa falida[3316].

6.1. Fundamento

A ação revocatória se refere aos atos que escapam à enumeração taxativa e restritiva prevista no art. 129, além de exigirem a comprovação de um elemento subjetivo (a intenção de prejudicar os credores e a prova de fraude entre o devedor e o terceiro que com ele contratar) e outro objetivo (prova do efetivo prejuízo sofrido pela massa falida)[3317].

A medida tem caráter amplo, tendo sido forjada e modelada a partir das regras do Direito Civil, especialmente aquelas que disciplinam a fraude contra credores[3318], adotando, em certo aspecto, os moldes da ação pauliana fundada na inten-

---

[3315] Para aprofundamento sobre o conceito de fraude e suas implicações no âmbito da revocatória, ver: THEODORO JÚNIOR; FARIA. Arts. 129 a 138..., p. 931-938.

[3316] STJ, 3ª Turma, REsp 1.181.026/RS, Rel. Min. Sidnei Beneti, j. 26/02/2013.

[3317] REQUIÃO. *Curso de direito falimentar*, v. 1..., p. 203. Ver, também: TOLEDO; PUGLIESI. Capítulo XIX: A falência: ineficácia e a revogação dos atos praticados antes da falência..., p. 457-458.

[3318] A propósito, sobre o tema, vale mencionar os estudos de: LIMA, Alvino. *A fraude no direito civil*. São Paulo: Saraiva, 1968; NONATO, Orosimbo. *Fraude contra credores*. São Paulo: Universitária, 1969; CAHALI. *Fraude contra credores*...; THEODORO JÚNIOR, Humberto. *Fraude contra credores*. Belo Horizonte: Del Rey, 2001.

ção de prejudicar (*consilium fraudis*) e acompanhada do prejuízo efetivo (*eventos damni*)[3319], cujo ônus probatório pertence ao autor.

Não se exige que o ato fraudulento tenha sido praticado com o deliberado propósito de prejudicar os credores – denominado *animus nocendi* – cuja prova, como bem se sabe, é de natureza diabólica, já que caberia ao credor comprovar algo que habita apenas a mente humana. Para o terceiro, é suficiente sua consciência de que o ato causará dano ao credor, reduzindo o devedor à insolvência (*sciencia fraudis*)[3320].

Quanto ao prejuízo suportado pela massa, ele deve ser efetivo e decorrer (nexo causal) do ato que se busca revogar[3321].

6.2. Marco temporal

A doutrina discute se o ato passível de ação revocatória deve ter algum tipo de limitação cronológica, a exemplo do que normalmente ocorre com o termo legal estabelecido pelas hipóteses específicas da declaratória de ineficácia previstas no art. 129, ou se o ato impugnado pode ter sido praticado a qualquer tempo, bastando que tenha sido animado com propósito prejudicial aos credores, antecipando o estado falimentar de seu devedor comum.

RUBENS REQUIÃO e RICARDO TEPEDINO advogam a tese de que a ação revocatória do art. 130 não está sujeita à limitação temporal constante no termo legal da falência, bastando a comprovação dos seus elementos objetivos (*eventos damni*) e subjetivos (*consilium fraudis*)[3322]. Já YUSSEF SAID CAHALI, HUMBERTO THEODORO JÚNIOR e JULIANA CORDEIRO DE FARIA defendem que a ação revocatória restringe seus efeitos aos atos praticados pelo devedor durante o termo legal[3323].

Em nosso sentir, a tese da "imprescritibilidade temporal da ação revocatória" encontra sérios obstáculos, haja vista que tende a confundir o âmbito de aplicação desta ação com aquele da ação pauliana, típica do Direito Civil[3324]. De mais a mais, embora o art. 130 da LREF não fale em "termo legal da falência", nem esta-

---

[3319] REQUIÃO. *Curso de direito falimentar*, v. 1..., p. 203; TOLEDO; PUGLIESI. Capítulo XIX: A falência: ineficácia e a revogação dos atos praticados antes da falência..., p. 457-458.

[3320] RICARDO TEPEDINO elenca como exemplos típicos de atos revogáveis as vendas fictícias ou por preço vil, a aquisição de mercadorias com sobrepreço, os mútuos simulados, os arrendamentos de imóveis e de unidades produtivas a preços muito abaixo do mercado e por longo prazo, e tudo mais quanto a imaginação humano conseguir conceber, pois, em matéria de fraude a criatividade costuma surpreender e se sofisticar (TEPEDINO. Comentários aos arts. 105-138..., p. 473-476). Ver, também: TOLEDO; PUGLIESI. Capítulo XIX: A falência: ineficácia e a revogação dos atos praticados antes da falência..., p. 457-458.

[3321] TOLEDO; PUGLIESI. Capítulo XIX: A falência: ineficácia e a revogação dos atos praticados antes da falência..., p. 458.

[3322] REQUIÃO. *Curso de direito falimentar*, v. 1..., p. 194; TEPEDINO. Comentários aos arts. 105-138..., p. 476. O STJ também já trilhou esse caminho: STJ, 3ª Turma, REsp 823.336/SP, Rel. Min. Ari Pargendler, j. 13/03/2007; STJ, 4ª Turma, REsp 302.558/RJ, Rel. Min. Aldir Passarinho Junior, j. 01/03/2007.

[3323] CAHALI. *Fraude contra credores*..., p. 818-819; THEODORO JÚNIOR; FARIA. Arts. 129 a 138..., p. 913.

[3324] CAHALI. *Fraude contra credores*..., p. 818.

RECUPERAÇÃO DE EMPRESAS E FALÊNCIA

beleça critério cronológico da ineficácia (como em regra ocorre com o art. 129), entendemos que se deve interpretar o dispositivo dentro da sistemática da Lei que vinculou o âmbito de abrangência da ação à sentença de decretação da falência, momento jurídico no qual se forma a figura da massa falida no direito falimentar.

Como um dos requisitos formadores da sentença falimentar é justamente a definição do termo legal da falência (art. 99, II), simpatizamos com a ideia de que a extensão dos efeitos da ação revocatória do art. 130 deva ser examinada dentro desse contexto. A esfera de domínio da revocatória estaria, então, restrita ao período suspeito definido pelo juiz ao estabelecer o termo legal, estando a procedência da ação condicionada à comprovação da intenção do devedor de prejudicar os credores (*consilium fraudis*) e do prejuízo efetivo causado à massa (*eventos damni*).

6.3. Aspectos processuais

Os aspectos processuais da ação revocatória, que segue o rito ordinário, de acordo com a legislação processual civil, estão previstos entre o art. 132 e o art. 135 da LREF e serão objeto de análise nos itens abaixo.

6.3.1. Legitimação ativa

Segundo o art. 132 da LREF, a "ação revocatória, de que trata o art. 130 desta Lei, deverá ser proposta pelo administrador judicial, por qualquer credor ou pelo Ministério Público". No regime anterior a sistemática era distinta: o síndico tinha legitimidade privativa para propositura da ação nos primeiros 30 dias seguintes à data da publicação na imprensa do aviso indicando o início da realização do ativo e do pagamento do passivo. Caso não o fizesse, a legitimidade passava a ser concorrente, estendendo-se a qualquer credor, mas não ao Ministério Público, que não tinha legitimidade para tanto[3325].

O legislador inovou no tratamento da matéria, seja no que concerne à eliminação do caráter subsidiário que a ação tinha com relação aos credores, seja no que se refere à ampliação da legitimidade ativa para o ajuizamento. Agora há concorrência entre os legitimados para o ajuizamento direto da revocatória, tanto do administrador judicial quanto de qualquer credor participante do concurso falimentar, ainda que retardatário[3326], ou do Ministério Público, que, no regime anterior, era parte ilegítima para propositura da ação[3327].

[3325] Art. 55 do Decreto-Lei 7.661/1945: "A ação revocatória deve ser proposta pelo síndico, mas se o não fôr dentro dos trinta dias seguintes à data da publicação do aviso a que se refere o art. 114 e seu parágrafo, também poderá ser proposta por qualquer credor."

[3326] STJ, 3ª Turma, REsp 528.090/RJ, Rel. Humberto Gomes de Barros, j. 08/03/2007. Na mesma direção: TEPEDINO. Comentários aos arts. 105-138..., p. 478.

[3327] MILANI. *Lei de recuperação judicial...*, p. 516; CAMPINHO. *Falência e recuperação de empresa...*, p. 371; BEZERRA FILHO. *Lei de Recuperação de Empresas e Falências comentada...*, p. 281.

INEFICÁCIA E REVOGAÇÃO DE ATOS

Descortina-se o que a doutrina chama de "legitimação ativa concorrente"[3328]: uma pluralidade de sujeitos ativos concorrentes para a propositura da ação revocatória, podendo figurar em tal posição tanto o administrador judicial, como qualquer credor do devedor ou o Ministério Público[3329]. A prática evidencia, no entanto, que o administrador judicial é quem geralmente faz uso dessa prerrogativa, devendo fazê-lo em nome da massa falida e não em nome próprio[3330]-[3331].

Se a ação revocatória tiver sido proposta por qualquer um dos legitimados, os demais somente poderão se litisconsorciar ao autor se a relação processual ainda não tiver sido definitivamente formada, com a citação válida; após esse ato processual deverão interferir na condição de assistentes (simples os credores ou o membro do Ministério Público, e litisconsorcial se for a massa falida). Na hipótese de propositura de ação revocatória, cujo objeto em discussão seja idêntico ao de outra ajuizada anteriormente, será caso de extinção do processo, sem resolução do mérito, com base na previsão do art. 485, V, do CPC[3332].

O falido (ou seus sócios, no caso de sociedade empresária) não tem legitimidade para pleitear a revogação ou a ineficácia de ato que ele mesmo praticou[3333], embora a questão ainda não esteja pacificada no Superior Tribunal de Justiça[3334].

[3328] THEODORO JÚNIOR; FARIA. Arts. 129 a 138..., p. 943.

[3329] A despeito da pluralidade de legitimados, é interessante a observação de RICARDO TEPEDINO: "A fim de evitar conluios entre o falido e um credor, ou entre estes, é aconselhável que o juiz, ao despachar a inicial, mande intimar o administrador judicial para que este, querendo, intervenha. A sugestão, que pode desgostar os mais formalistas, reveste-se de cunho prático e salutar, e em nada agride a lei." (TEPEDINO. Comentários aos arts. 105-138..., p. 478-479). No mesmo sentido: MARTIN. Da ineficácia e da revogação de atos praticados antes da falência..., p. 481. E também entendemos devida a intimação do Ministério Público, caso não seja a parte autora da ação.

[3330] Nas hipóteses em que o administrador ingresse com ação ou pedido em nome próprio, o Superior Tribunal de Justiça tem entendido que o fato configura vício formal sanável, devendo o juiz, com base na legislação processual civil (CPC/1973, art. 284; CPC/2015, art. 321), determinar a emenda da inicial para a sua correção e não a extinção do processo (STJ, 4ª Turma, REsp 919.737/RJ, Rel. Min. Antonio Carlos Ferreira, j. 18/10/2011). No mesmo sentido: TEPEDINO. Comentários aos arts. 105-138..., p. 478; PACHECO. Processo de falência e concordata..., p. 352. Em sentido contrário: TJRJ, 4ª Câmara Cível, APC 2006.001.06161, Rel. Des. Reinaldo Pinto Alberto Filho, j. 14/03/2006.

[3331] Já se aventou a possibilidade de responsabilização do administrador judicial no caso de o direito de propor a ação revocatória decair, o que é bastante delicado, inclusive se pensarmos que existe legitimidade ativa concorrente para a propositura da ação (MILANI. Lei de recuperação judicial..., p. 516).

[3332] TEPEDINO. Comentários aos arts. 105-138..., p. 478.

[3333] Nesse sentido: TJRJ, 3ª Câmara Cível, APC 2003.001.21983, Rel. Des. Murilo de Andrade Carvalho j. 06/04/2004.

[3334] Por exemplo, o STJ já reconheceu que os sócios de sociedade falida têm legitimidade para propor ação rescisória em face de acórdão proferido pelo Tribunal de Justiça de São Paulo que não acolheu revocatória ajuizada pela massa falida, sob o argumento de que seu interesse decorreria do fato de que o acréscimo patrimonial que a cassação da decisão acarretaria à massa propiciaria meios para liquidar suas obrigações (STJ, 3ª Turma, REsp 308.891/SP, Rel. Min. Nancy Andrighi, j. 29/11/2005). Para RICARDO TEPEDINO, a tese sustentada no voto vencedor representa interesse econômico e não jurídico, já que falta

6.3.2. Prazo

Segundo o art. 56, §1º, do Decreto-Lei 7.661/1945[3335], a ação revocatória deveria ser proposta no prazo de um ano a contar da data da publicação na imprensa do aviso do síndico indicando o início da realização do ativo e do pagamento do passivo (art. 114), salvo quando houvesse desídia comprovada do síndico em fazê-lo, hipótese em se que se poderia cogitar do ajuizamento da ação antes daquele ato[3336].

Já a parte final do art. 132 da Lei vigente alterou a sistemática da legislação anterior, estabelecendo em três anos o prazo para ajuizamento da ação revocatória, cujo termo inicial passa a ser a decretação da falência do devedor (e não mais a publicação do referido aviso/edital)[3337]. A despeito da clareza do dispositivo, a doutrina não é uníssona quanto à definição do termo inicial da contagem do triênio.

De um lado, há quem defenda que a contagem do prazo inicia (*i*) a partir do dia em que o juiz assinou a sentença[3338], ou, ainda, (*ii*) no momento em que se teve conhecimento da existência de fraude[3339]. Seguimos a interpretação que mais se aproxima da letra da lei, isto é, o termo inicial para contagem do prazo é a publicação da sentença na imprensa oficial, seguindo-se a mesma lógica usada para a interposição de recurso em face da decisão (LREF, art. 100).

---

ao falido legitimação para propor a ação revocatória (e, via de consequência, a rescisória da decisão que a julgou), visto que o pedido veiculado nesta ação não atinge sua esfera jurídica, mas sim o da massa falida. Entre o falido e o réu da revocatória, o ato impugnado permanecerá sempre válido e eficaz (TEPEDINO. *Comentários aos arts. 105-138...*, p. 479).

[3335] Art. 56. §1º, do Decreto-Lei 7.661/1945: "A ação sòmente poderá ser proposta até um ano, a contar da data da publicação do aviso a que se refere o art. 114 e seu parágrafo."

[3336] Nesse sentido, a doutrina de NELSON NERY JUNIOR em parecer que analisou a questão: "Não se pode conceber a condição potestativa de deixar-se ao alvedrio do síndico o prazo, que é de ordem pública, para a propositura da ação revocatória. Não se compatibilizam prazo de ordem pública com condição potestativa." (NERY JUNIOR, Nelson. Decadência da ação revocatória falimentar. Prazo dos arts. 56 e 114 da Lei de falências. *Revista de Processo*, São Paulo, v. 50, 1988, p. 175). O Superior Tribunal de Justiça também já se manifestou nessa direção: STJ, 4ª Turma, AgRg no REsp 1.249.828/SC, Rel. Min. Maria Isabel Gallotti, j. 19/06/2012; STJ, 3ª Turma, AgRg nos EDcl no Ag 834.826/RS, Rel. Min. Paulo de Tarso Sanseverino, j. 14/06/2011; STJ, 4ª Turma, AgRg no Ag 975.561/SP, Rel. Min. Luis Felipe Salomão, j. 05/10/2010.

[3337] Apesar de a Lei ter estendido de um para três anos o prazo de propositura da ação, o período continua sendo objeto de crítica doutrinária em razão da sua exiguidade especialmente diante do seu termo inicial. Nesse sentido caminha o comentário de ANTÔNIO MARTIN: "Nos grandes centros, com cartórios repletos de processos, pode-se dizer que, no prazo de 3 (três) anos, não se alcançará o estágio liquidatório da massa, ficando claro que, em se pensando assim, o dispositivo do art. 132 da LREF vigora em desfavor dos credores. Melhor seria que se houvesse pensado em termo inicial fixado em situação processual mais avançada, ou que o prazo fosse maior (...)." (MARTIN. *Da ineficácia e da revogação de atos praticados antes da falência...*, p. 479-480). No mesmo sentido: BEZERRA FILHO. *Lei de Recuperação e de Falências comentada...*, p. 281

[3338] CAMPINHO. *Falência e recuperação de empresa...*, p. 372.

[3339] BEZERRA FILHO. *Lei de Recuperação e de Falências comentada...*, p. 281.

INEFICÁCIA E REVOGAÇÃO DE ATOS

O prazo para propositura da ação revocatória é decadencial[3340].

6.3.3. Legitimação passiva

Prevê o art. 133 da LREF:

> A ação revocatória pode ser promovida: I – contra todos os que figuraram no ato ou que por efeito dele foram pagos, garantidos ou beneficiados; II – contra os terceiros adquirentes, se tiveram conhecimento, ao se criar o direito, da intenção do devedor de prejudicar os credores; III – contra os herdeiros ou legatários das pessoas indicadas nos incisos I e II do caput deste artigo.

O legislador praticamente repetiu a previsão do parágrafo único do art. 55 do Decreto-Lei 7.661/1945[3341], eliminando, apenas, a alínea "b" da hipótese III que diz respeito ao ajuizamento de ação própria nos casos do art. 129, nos quais não se perquire o conhecimento do terceiro ou a intenção do falido de prejudicar os credores. A razão para a supressão é lógica: no atual sistema essa declaração de ineficácia pode se dar de ofício pelo juiz, ser decorrente de alegação em defesa ou pleiteada mediante ação própria ou, ainda, ocorrer de forma incidental no curso do processo.

Tem legitimidade para compor o polo passivo da ação revocatória todos aqueles que figuraram no ato ou que por efeito dele foram pagos, garantidos ou beneficiados, bem como os terceiros adquirentes caso tenham conhecimento, ao se criar o direito, da intenção do devedor de prejudicar os credores[3342], bem como os herdeiros ou legatários dos referidos sujeitos[3343].

[3340] TEPEDINO. Comentários aos arts. 105-138..., p. 479; MARTIN. Da ineficácia e da revogação de atos praticados antes da falência..., p. 480; BEZERRA FILHO. Lei de Recuperação e de Falências comentada..., p. 280; COELHO. Curso de direito comercial, v. 3..., p. 320. Nos regimes anteriores, a favor da decadência: VALVERDE. Comentários à Lei de Falências, v. I..., p. 406; REQUIÃO. Curso de direito falimentar, v. 1..., p. 207; CARVALHO DE MENDONÇA. Tratado de direito comercial brasileiro, v. VII..., p. 557; LEONEL. Ação revocatória no direito da falência..., p. 114-122. A jurisprudência também era pacífica quanto ao tema: STJ, 3ª Turma, REsp 10.316/PR, Rel. Min. Nilson Naves, j. 11/10/1994. Sobre o tema (e contendo discussão sobre o prazo decadencial da ação pauliana e sua correlação com a revocatória do art. 130), ver: THEODORO JÚNIOR; FARIA. Arts. 129 a 138..., p. 946-947.

[3341] Art. 55, parágrafo único, do Decreto-Lei 7.661/1945: "A ação pode ser proposta: I – contra todos os que figuraram no ato, ou que, por efeito dêle, foram pagos, garantidos ou beneficiados; II – contra os herdeiros ou legatários das pessoas acima indicadas; III – contra os terceiros adquirentes: a) se tiveram conhecimento, ao se criar o direito, da intenção do falido de prejudicar os credores; b) se o direito se originou de ato mencionado no art. 52; IV – contra os herdeiros ou legatários das pessoas indicadas no número anterior."

[3342] Quando inciso II do art. 133 da LREF fala em "terceiros adquirentes" deve-se interpretar como aqueles que participaram com conhecimento da malícia do devedor, na mesma linha posta pelo art. 161 do Código Civil ("A ação, nos casos dos arts. 158 e 159, poderá ser intentada contra o devedor insolvente, a pessoa que com ele celebrou a estipulação considerada fraudulenta, ou terceiros adquirentes que

899

RECUPERAÇÃO DE EMPRESAS E FALÊNCIA

Delinearemos abaixo o conceito jurídico de parte e seus reflexos no âmbito falimentar, especificamente no que tange à ação revocatória.

6.3.3.1. Parte processual

O conceito de parte é de natureza puramente processual, relacionando-se com o tratamento que o direito positivo oferece aos atos a realizar e aos efeitos que incidirão a partir de tal relação. Parte é o sujeito do processo, da relação jurídica processual, sendo, em sentido próprio, indicativo da qualidade daqueles que correm ou são chamados a juízo em busca de tutela judicial. Porém, a noção processual de parte não se confunde com o reconhecimento da legitimidade do sujeito para participar do processo, a qual deve ser examinada à luz das regras de direito material[3344].

O sujeito que figura como parte deve possuir interesse jurídico (não apenas econômico, social, político, afetivo, etc.) capaz de justificar/autorizar sua participação no processo[3345], embora no contexto falimentar a questão apresente uma série de complicadores[3346].

---

hajam procedido de má-fé."). Para RICARDO TEPEDINO, o terceiro de boa-fé não deverá ser alcançado pela eventual procedência da revogação, razão pela qual esta se converterá em um direito da massa à indenização (TEPEDINO. Comentários aos arts. 105-138..., p. 480). Nesse sentido, o STJ, ao interpretar os arts. 53 e 55, parágrafo único, III, do Decreto-Lei 7.661/1945 (atualmente, arts. 130 e 133, II, da LREF), já decidiu: "Ainda que revogada a primeira venda em razão da existência de fraude, este efeito apenas alcança as partes que agiram em conluio contra os credores da massa falida. Dessa forma, para que a segunda venda seja desconstituída é necessária a prova da má-fé, pois devem ser resguardados os interesses dos terceiros de boa-fé." (STJ, 3ª Turma, REsp 1.567.492/RJ, Rel. Min. Moura Ribeiro, j. 25/10/2016). No mesmo sentido, ver: TOLEDO; PUGLIESI. Capítulo XIX: A falência: ineficácia e a revogação dos atos praticados antes da falência..., p. 461.

[3343] THEODORO JÚNIOR; FARIA. Arts. 129 a 138..., p. 948-949.

[3344] MITIDIERO, Daniel. *Comentários ao Código de Processo Civil*, t. I, São Paulo: Memória Jurídica, 2004, p. 135-136; ALVARO DE OLIVEIRA, Carlos Alberto; MITIDIERO, Daniel. *Curso de processo civil*, v. I. São Paulo: Atlas, 2010, p. 160; DINAMARCO, Cândido Rangel. *Litisconsórcio*. 8 ed. São Paulo: Malheiros, 2009, p. 22-24. No mesmo sentido: PONTES DE MIRANDA, Francisco Cavalcanti. *Comentários ao Código de Processo Civil*, t. I. 5 ed. Rio de Janeiro: Forense, 1997, p. 220.

[3345] CARNEIRO, Athos Gusmão. *Intervenção de terceiros*. 17 ed. São Paulo: Saraiva, 2008, p. 179-180. E, quando se trata de terceiros, na visão da doutrina, com amparo na jurisprudência do STJ, há interesse jurídico no caso em que esse terceiro encontra-se sujeito à eficácia reflexa do procedimento prolatado no processo pendente. Vale dizer: há interesse jurídico quando a decisão pode alcançar de maneira negativa a esfera jurídica do terceiro que entretém uma relação jurídica conexa àquela afirmada em juízo. A relação jurídica do terceiro não está em juízo para ser decidida: o que se encontra em juízo é uma relação ligada com a relação do terceiro, cuja decisão indiretamente pode prejudicá-lo (MARINONI; MITIDIERO. *Código de Processo Civil comentado...*, p. 136).

[3346] O exame da jurisprudência evidencia certa divergência sobre o tema. Por exemplo, questão conturbada é se o sócio (com responsabilidade limitada) de sociedade empresária falida pode intervir em processos de interesse da massa (uma vez que, a rigor, não é falido). A jurisprudência se divide. Favoravelmente: TJSP, 21ª Câmara de Direito Privado, APC 0167335-31.2006.8.26.0100, Rel. Des. Virgílio

INEFICÁCIA E REVOGAÇÃO DE ATOS

Por exemplo, questiona-se se a presença do falido no polo passivo de eventual ação revocatória promovida por um dos sujeitos legitimados é obrigatória, isto é, se estamos diante de um caso de (*i*) litisconsórcio necessário (CPC, art. 114), (*ii*) litisconsórcio facultativo (CPC, art. 113), ou ainda, (*iii*) assistência (CPC, art. 119). A doutrina diverge sobre o tema[3347]. Os autores que defendem a desnecessidade de formar litisconsórcio necessário entre o terceiro adquirente e o falido argumentam que a sentença que decretou a falência do devedor acarretou a perda da capacidade jurídica de ser parte do falido (ativa ou passiva) nas demandas processuais de seu exclusivo interesse[3348]. Em razão disso, não se poderia falar em litisconsórcio necessário na ação revocatória falimentar, podendo-se admitir a participação do falido na qualidade de assistente simples[3349] ou, no máximo, como assistente litisconsorcial *sui generis*[3350].

de Oliveira Júnior, j. 23/03/2011 (por entender que o acionista da falida pode ingressar na lide como assistente por ter interesse jurídico na defesa do patrimônio da massa falida, com base no art. 103 da Lei 11.101/05 c.c. o parágrafo único do art. 50 do diploma processual); e TJSP, Câmara Reservada à Falência e Recuperação, AI 560.0668-4/7-00, Rel. Des. Lino Machado, j. 17/12/2008. Contra: TJSP, 7ª Câmara de Direito Privado, ED 994.09.339474-5/50000, Rel. Des. Dimas Carneiro, j. 11/08/2010 (por concluir que não há relação entre o sócio da sociedade falida e a outra parte); e TJSP, 5ª Câmara de Direito Privado, AI 498.073-4/5-00, Rel. Des. Oscarlino Moeller, j. 25/07/2007.

[3347] Favoravelmente à formação de listiconsórcio necessário, encontramos: MARINONI. Ação revocatória falimentar, litisconsórcio necessário e *querela nullitatis insanabilis*..., p. 323-335; PONTES DE MIRANDA. *Tratado de direito privado*, t. IV..., p. 471; CAHALI. *Fraude contra credores*..., p. 864-868; ABRÃO. *Da ação revocatória*..., p. 112. Em sentido contrário, defendendo que o falido deve intervir apenas como assistente simples do adquirente e negando a necessidade de se formar litisconsórcio: LEONEL. *Ação revocatória no direito da falência*..., p. 56-57; CARVALHO DE MENDONÇA. *Tratado de direito comercial brasileiro*, v. VII..., p. 561; TEPEDINO. Comentários aos arts. 105-138..., p. 480.

[3348] LEONEL. *Ação revocatória no direito da falência*..., p. 29; REQUIÃO, Rubens. *Curso de direito falimentar*, v. 1..., p. 205-206.

[3349] LEONEL. *Ação revocatória no direito da falência*..., p. 144-145; CARVALHO DE MENDONÇA. *Tratado de direito comercial brasileiro*, v. VII..., p. 561.

[3350] STJ, 4ª Turma, REsp 1.003.359/RS, Rel. Min. Luis Felipe Salomão, j. 06/09/2012. Para explicitar as nuances que a discussão pode assumir, vale transcrever breve excerto da fundamentação do voto do Ministro Relator: "É bem de ver, assim, que, defendendo o Falido interesse próprio em face de controvérsia instalada em habilitação de crédito incidental à falência, sua posição mais se assemelha à de assistente litisconsorcial, com as devidas conformações às peculiaridades próprias do feito falimentar." "Afigura-se-me tratar de uma espécie de assistência litisconsorcial *sui generis* porque, muito embora a denominada Massa Falida Subjetiva seja a comunhão de interesses dos credores, representada pelo Síndico/Administrador, em não raras vezes os interesses da coletividade testilham com os interesses individuais do Falido, hipóteses em que não se pode falar, verdadeiramente, que este mantém relação de auxílio com a Massa. Por outro lado, a posição do Falido pode também não se harmonizar com os interesses do credor contra a qual a Massa litiga (e isso quase sempre ocorre), assim também a sentença pode nem influir na relação jurídica existente entre o Falido (assistente) e o adversário do assistido, como é o caso dos autos, uma habilitação de crédito em que litigam como partes principais o credor habilitante e a Massa Falida." "Eventualmente, os interesses do Falido, no caso, coincidiram com os interesses da Massa, mas não necessariamente isso sempre ocorre. Com a ressalva dessas particularidades, parece-me

RECUPERAÇÃO DE EMPRESAS E FALÊNCIA

O argumento não convence. A sentença decretatória da falência não determina a perda da capacidade jurídica do falido de ser parte, ativa ou passivamente, nas demandas processuais de seu exclusivo interesse[3351]. Aplica-se, no caso, a previsão do art. 47 do Código de Processo Civil de 1973 ou do art. 114 do Código de Processo Civil de 2015, cuja norma estabelece que o litisconsórcio necessário se forma quando, por disposição de lei ou pela natureza da relação jurídica, o juiz tiver de decidir a lide de modo uniforme para todas as partes, caso em que a eficácia da sentença dependerá da citação de todos os litisconsortes no processo[3352].

Na hipótese da ação revocatória, a relação de direito material que une aqueles que figuraram no negócio e o falido é incindível, estando todos, de maneira incontroversa, diretamente conectados com o direito discutido em juízo, devendo a sentença proferida ao final da ação tratar de forma uniforme a discussão posta em causa. A própria previsão do art. 133, I, da LREF menciona que a ação deve ser proposta "contra todos os que figuraram no ato ou que por efeito dele foram pagos, garantidos ou beneficiados", não havendo razão para excluir, desse rol de sujeitos, o próprio falido.

Em virtude disso, parece-nos ser imperiosa a formação de litisconsórcio necessário[3353] no polo passivo da ação revocatória entre o falido e os demais legitimados pelo art. 133 da LREF, sob pena, inclusive, de nulidade absoluta do processo, caso não haja citação válida de uma dessas partes[3354]-[3355].

---

correto aceitar que o Falido exerce posição de assistente litisconsorcial no processo falimentar, uma assistência *sui generis* é verdade, porque, embora deduza interesse próprio, não necessariamente assume uma postura de auxílio a alguma das partes, podendo, em verdade, conflitar com ambas."

[3351] Concordamos, nesse sentido, com: ALVARO DE OLIVEIRA; MITIDIERO. *Curso de processo civil*, v. I..., p. 164.

[3352] Sobre o tema, leciona DANIEL MITIDIERO: "O fator determinante de aglutinação no mesmo pólo da relação processual é o direito material. Quer isto dizer: não há litisconsórcio por força de regra ou de fenômeno de direito processual, uma vez que o fator de atração e determinação do consórcio, em qualquer das hipóteses possíveis, é dado por regras jurídicas de direito material ou por dados lá recolhidos. O direito processual, nesse ponto, limita-se mesmo a declarar e organizar, a tornar possível, processualmente, a junção das partes; recebe as informações e as processa, dando-lhes colorido próprio, formando, desta banda, o seu campo de atuação (regimes). (...) em sede de litisconsórcio necessário (...) o que impõe o consórcio na relação processual é a lei ou a configuração inconsútil da relação jurídica de direito material afirmada no processo, consoante deixa claro o art. 47, do CPC [de 1973]." (MITIDIERO. *Comentários ao Código de Processo Civil*, t. I..., p. 265-266). Sobre o tema, ver, também: DINAMARCO. *Litisconsórcio...*; ALVARO DE OLIVEIRA; MITIDIERO. *Curso de processo civil*, v. I..., p. 45-80.

[3353] Nesse sentido, já decidiu o Tribunal de Justiça do Rio Grande do Sul: TJRS, 6ª Câmara Cível, APC 70004096764, Rel. Des. Carlos Alberto Alvaro de Oliveira, j. 18/12/2002.

[3354] Corretas são as lições de PONTES DE MIRANDA: "Quanto à revocatória falencial, deixar-se de citar o falido seria infração do art. 55, parágrafo único, do Decreto-Lei n. 7.661 (*verbis* 'todos os que figurarem no ato'). O síndico é legitimado ativo; não pode ser, na espécie, legitimado passivo, tanto mais quanto há, aí, colisão de interesses entre o síndico e o falido. Falido é parte, demandado, *iussu iudicis*; há de ser citado. (...) A opinião que dispensa a citação do devedor é contrária à letra da lei; e ainda que não houvesse, contra os princípios." (PONTES DE MIRANDA. *Tratado de direito privado*, t. IV..., p. 471).

INEFICÁCIA E REVOGAÇÃO DE ATOS

A despeito do art. 133 conter três incisos, com sujeitos passivos distintos, a jurisprudência já se manifestou no sentido de ser desnecessário figurar no polo passivo da revocatória todos os legitimados, devendo compor tal posição somente aqueles diretamente relacionados ao caso concreto, que sejam, realmente, litisconsortes passivos necessários, na linha da legislação processual civil (CPC, art. 114) – que tende a não ser o caso dos garantidores do falido[3356].

6.3.4. Foro competente

O art. 134 da LREF determina que a ação revocatória será ajuizada perante o juízo da falência e obedecerá ao procedimento comum previsto na legislação processual civil. O art. 76 da LREF, por sua vez, prevê que "o juízo da falência é indivisível e competente para conhecer todas as ações sobre bens, interesses e negócios do falido, ressalvadas as causas trabalhistas, fiscais e aquelas não reguladas nesta Lei em que o falido figurar como autor ou litisconsorte ativo"[3357]. No seu parágrafo único, o mesmo art. 76 expressa que "todas as ações, inclusive as excetuadas no *caput*, terão prosseguimento com o administrador judicial, que deverá ser intimado para representar a massa falida, sob pena de nulidade do processo."

[3355] Concordamos com a opinião de LUIZ GUILHERME MARINONI, manifestado em parecer que contou com a participação de DANIEL MITIDIERO, e que tratou especificamente do tema. Na linha argumentativa desenvolvida, o falido não perde a capacidade jurídica de ser parte em juízo, sendo imprescindível salientar que "(...) a capacidade jurídica – plano do direito material – e a capacidade processual – plano do direito processual – são dois conceitos que não se confundem. Existem situações em que há personalidade processual sem que exista inclusive personalidade no plano do direito material. A capacidade processual tem o seu esteio mais fundo no direito fundamental à tutela jurisdicional adequada e efetiva (art. 5º, inciso XXXV, CRFB). O fato da falência não a retira do falido para defesa de seus interesses em situações substanciais em que tenha participado diretamente em momento anterior à falência". Além disso, "constitui evidente *contradictio in terminis* admitir a capacidade processual do falido para participar como assistente simples e negá-la para participar como litisconsorte. Ora, a capacidade processual existe ou não existe – trata-se de noção absoluta. Ou o falido tem capacidade para participar como litisconsorte ou assistente simples, conforme as especificidades do direito material e as necessidades inerentes ao processo justo, ou não tem para participar a qualquer título. *Tertium non datur*" (MARINONI. Ação revocatória falimentar, litisconsórcio necessário e *querela nullitatis insanabilis*..., p. 329).

[3356] STJ, 4ª Turma, REsp 135.740, Rel. Min. Ruy Rosado de Aguiar, j. 29/10/1997. No mesmo sentido: TEPEDINO. Comentários aos arts. 105-138..., p. 480.

[3357] Lembre-se do que foi dito no item 1 no Capítulo 4, quanto ao art. 3º da LREF, que define como competente para homologar o plano de recuperação extrajudicial, deferir a recuperação judicial ou decretar a falência o juízo do local do principal estabelecimento do devedor ou da filial de empresa que tenha sede fora do Brasil, bem como quanto ao caráter de universalidade (*vis attractiva*) e à indivisibilidade da jurisdição falimentar (LREF, art. 6º, §8º). Essas características buscam evitar a dispersão das ações, reclamações e medidas que, em seu conjunto, formam o procedimento falimentar, o qual fica submetido a critério uniforme do juiz que supervisiona a execução coletiva e que preside a solução dos interesses em conflito com ela ou a ela relacionados, evitando-se o risco de favorecimento de alguns credores em detrimento de outros.

RECUPERAÇÃO DE EMPRESAS E FALÊNCIA

Convergem para o juízo falimentar as discussões de todas as causas e ações pertinentes a um patrimônio com universalidade jurídica, inclusive aquelas referentes à ação revocatória (bem como, se for o caso, da ação declaratória de ineficácia)[3358].

6.3.5. Petição inicial e ônus da prova

A petição inicial da ação revocatória deve, como qualquer outra ação judicial, obedecer aos requisitos gerais do art. 319 do CPC/2015[3359] (a saber: indicar o órgão jurisdicional para a qual é dirigida, a qualificação das partes, o fato e os fundamentos do pedido, o pedido com suas especificações, o valor da causa, etc.), sob pena de inépcia[3360], sendo ônus do autor, nos termos da legislação processual civil (CPC, art. 373, I), comprovar o fato constitutivo do seu direito.

No caso específico da ação revocatória, a prova deve evidenciar que o ato questionado foi praticado com a intenção de prejudicar os credores, comprovando-se o conluio fraudulento entre o devedor e o terceiro que com ele contratar, bem como o efetivo prejuízo sofrido pela massa falida.

6.3.6. Sequestro de bens na revocatória

A LREF autoriza no art. 137 que o juiz ordene, a requerimento do autor da ação revocatória, como medida preventiva, na forma da lei processual civil, o sequestro dos bens retirados do patrimônio do devedor que estejam em poder de terceiros[3361_3362_3363].

[3358] Nesse sentido: STJ, 3ª Turma, CC 112.697/SP, Rel. Min. Raul Araújo, j. 22/11/2011; STJ, 2ª Seção, CC 84.752/RN, Rel. Min. Nancy Andrighi j. 27/06/2007; STJ, 4ª Turma, REsp 151.305/SP, Rel. Barros Monteiro, j. 18/10/2005.

[3359] TJSP, 7ª Câmara de Direito Privado, APC 0299592.24.2009.8.26.0000, Rel. Des. Ramon Mateo Junior, j. 24/10/2012.

[3360] STJ, 4ª Turma, AgRg no AREsp 180.688/SP, Rel. Min. Luis Felipe Salomão, j. 19/06/2012.

[3361] A ação cautelar de sequestro, no Código de Processo Civil de 1973, estava regulada pelos arts. 822-825, consistindo, basicamente, "em medida cautelar que visa a proteger temporariamente de um perigo de dano a tutela do direito à coisa. O direito à coisa que pode ser objeto de sequestro poder ter origem real ou obrigacional. Pouco importa para efeitos de proteção cautelar. O sequestro caracteriza-se por recair sobre coisa determinada – não interessa ao demandante a constrição de qualquer bem do patrimônio do demandado, mas tão somente a apreensão da coisa sobre a qual recaia ou pode recair litígio entre as partes. Nada obsta que recaia sobre quotas sociais ou sobre universalidades" (MARINONI; MITIDIERO. *Código de Processo Civil comentado...*, p. 795-796). Sobre o tema, ver, também: ALVARO DE OLIVEIRA, Carlos Alberto; LACERDA, Galeno. *Comentários ao Código de Processo Civil*, v. VIII, t. II. 7 ed. Rio de Janeiro: Forense, 2005.

[3362] A previsão reproduz o disposto no art. 56, §3º, do Decreto-Lei 7.661/1945, a saber: "A ação revocatória correrá perante o juiz da falência e terá curso ordinário. §3º O juiz pode, a requerimento do síndico, ordenar, como medida preventiva, na forma processual civil, o seqüestro dos bens retirados do patrimônio do falido e em poder de terceiros."

[3363] PAULO TOLEDO e ADRIANA PUGLIESI afirmam que, apesar de o art. 137 da LREF restringir o pedido de sequestro ao autor da ação revocatória, nada impediria que os outros legitimados a propor

INEFICÁCIA E REVOGAÇÃO DE ATOS

Se os bens – objeto do pedido – estiverem em poder de terceiros que não foram incluídos como partes na ação revocatória, qualquer tutela cautelar ou de urgência deve ser realizada em procedimento apartado (de modo antecipado ou incidental), respeitado o contraditório, para não tumultuar o feito principal[3364].

A jurisprudência tem adotado postura bastante conservadora quanto à concessão de tais medidas, exigindo requerimento expresso e fundamentado da parte, bem como o respeito ao contraditório regular[3365].

Nada impede que ao longo do processamento da ação revocatória seja deferido pedido de antecipação de tutela formulado pela massa falida, desde que estejam preenchidas as condições da legislação processual civil[3366].

6.3.7. Sentença

Nos termos do art. 135 da LREF, a sentença que julgar procedente a ação revocatória determinará o retorno dos bens em espécie à massa falida, com todos os acessórios, ou seu valor de mercado, acrescidos das perdas e danos.

Embora sua redação não refira isso expressamente, o teor do dispositivo em comento (LREF, art. 135) se aplica à declaração de ineficácia prevista no art. 129, com as devidas adaptações.

6.3.7.1. Restituição in natura

A questão está regulada no art. 135, primeira parte, da LREF. A sentença que julgar procedente a ação revocatória determinará o retorno dos bens à massa falida em espécie, com todos os acessórios. A norma permite a arrecadação do bem pela massa falida e sua alienação para pagamento do passivo, oferecendo, portanto, o retorno dos bens em espécie, com todos os acessórios[3367], o que significa dizer, na definição de MIRANDA VALVERDE, que a coisa alienada será restituída à massa[3368]-[3369].

---

tal ação (art. 132 da LREF) intentassem medida cautelar incidental, uma vez que existiria legitimidade concorrente para tal (TOLEDO; PUGLIESI. Capítulo XIX: A falência: ineficácia e a revogação dos atos praticados antes da falência..., p. 462).

[3364] MARTIN. Da ineficácia e da revogação de atos praticados antes da falência..., p. 483. Em sentido contrário, depreendendo da letra da lei que a medida pode ser requerida e outorgada na própria revocatória, sendo desnecessário o ajuizamento de ação própria: TEPEDINO. Comentários aos arts. 105-138..., p. 485.

[3365] STJ, 3ª Turma, REsp 231.471/PR, Rel. Min. Ari Pargendler, j. 10/12/2002; STJ, 3ª Turma, REsp 230.135/PR, Min. Rel. Ari Pargendler, j. 14/03/2000.

[3366] TEPEDINO. Comentários aos arts. 105-138..., p. 485; TOLEDO; PUGLIESI. Capítulo XIX: A falência: ineficácia e a revogação dos atos praticados antes da falência..., p. 462.

[3367] TEPEDINO. Comentários aos arts. 105-138..., p. 481. O autor ressalta, ainda, que o terceiro de má-fé responderá, na dicção do art. 1.218 do Código Civil, "(...) pela perda, ou deterioração da coisa, ainda que acidentais, salvo se provar que de igual modo se teriam dado" no caso de posse do falido, se antes da quebra, ou do administrador, se depois dela.

[3368] VALVERDE. Comentários à Lei de Falências, v. I..., p. 387.

RECUPERAÇÃO DE EMPRESAS E FALÊNCIA

6.3.7.2. Restituição pelo valor de mercado

Haverá situações em que a restituição do bem será impossível, seja em razão do seu perecimento, seja por ele estar seriamente danificado, seja em virtude de ele ter sido alienado a terceiro de boa-fé – que não é um dos legitimados passivos da ação revocatória, mas sim da declaratória de ineficácia – ou, ainda, por simples escolha do réu. Ao contrário do que estabelecia o Decreto-Lei 7.661/1945, o art. 135 concebeu uma alternativa à restituição do bem *in natura*, permitindo que o réu retorne à massa seu respectivo valor de mercado do bem, acrescido das perdas e danos.

O uso da partícula "ou" entre as duas alternativas denota a faculdade, a possibilidade de o réu escolher como irá proceder, ou seja, se restituirá a coisa, ou efetuará o pagamento de montante correspondente ao seu valor de mercado[3370], considerando-se, nesse cálculo, a desvalorização ou valorização da coisa entre a realização do negócio e a liquidação do dano[3371]-[3372].

O pagamento em espécie do valor do bem pode representar uma alternativa de liquidez interessante para a massa falida acelerar o levantamento de numerário e o pagamento dos credores. Um ponto relevante diz respeito ao momento de apuração do valor do bem (que não será restituído em espécie): se o réu, condenado à restituição em sede de ação revocatória, adquiriu o bem do devedor a preço justo, a despeito de conhecer seu estado de insolvência, poderá liberar-se oferecendo ao administrador o valor de mercado do bem[3373].

[3369] RICARDO TEPEDINO lembra que os efeitos irradiados pela sentença podem acarretar consequências jurídicas diversas, de acordo com as circunstâncias que motivaram o ajuizamento da revocatória: "Nem sempre caberá restituição – afinal, a sentença pode, por exemplo, ter retirado efeito de uma garantia real fradulentamente outorgada ao credor do falido antes do termo legal, ou uma remissão de dívida, casos em que simplesmente esses atos serão ignorados pela massa. Da mesma forma, se o ato revogado tiver sido a locação de um bem a preço vil, a solução será a condenação do locatário beneficiado ao pagamento da diferença entre o aluguel fraudulentamente estipulado e o de mercado, sem prejuízo da ineficácia *ex nunc* do contrato locatício." (TEPEDINO. Comentários aos arts. 105-138..., p. 481).

[3370] TEPEDINO. Comentários aos arts. 105-138..., p. 481.

[3371] Na doutrina italiana, a hipótese foi elucubrada por autores como S. SATTA e R. PROVINCIALI, cujos posicionamentos foram referidos (e defendidos) por NELSON ABRÃO, a partir da natureza pessoal (e não real) da ação revocatória, que outorga ao terceiro a possibilidade de se liberar da obrigação posta pela sentença oferecendo o valor do bem em dinheiro e recompondo financeiramente o patrimônio da massa, sem necessidade de restituir a coisa (ABRÃO. *Da ação revocatória...*, p. 128-129).

[3372] Ainda sobre o tema, o autor faz uma ressalva relevante, pois não se pode olvidar do princípio insculpido no art. 75 da LREF: "Se o bem em questão é indispensável à venda em bloco do estabelecimento do falido ou de alguma de suas unidades (art. 140, I e II, da LREF), o réu, se quiser conservá-lo, deverá ressarcir à massa a falta que ele fará quando da realização dos ativos." (TEPEDINO. Comentários aos arts. 105-138..., p. 481-482).

[3373] Seguindo a linha defendida por SALVATORE SATTA: ABRÃO. *Da ação revocatória...*, p. 129. RICARDO TEPEDINO defende que o cálculo seja pelo valor atual, pois cabe à massa e não ao terceiro o ganho decorrente da eventual valorização (TEPEDINO. Comentários aos arts. 105-138..., p. 481).

INEFICÁCIA E REVOGAÇÃO DE ATOS

A doutrina pátria não adentra nos pormenores acerca do momento adequado para realizar o cálculo do valor a ser restituído à massa em cada uma das hipóteses acima elencadas. Parece correta a visão de RICARDO TEPEDINO no sentido de que o cálculo deve, como regra, considerar o valor atual do bem, pois deve caber à massa e não ao terceiro o ganho decorrente da eventual valorização[3374], embora venha a recair sobre ela – massa – a perda no caso de desvalorização.

Agora, se o pagamento em espécie não decorrer de uma escolha do réu, mas sim de impossibilidade de entrega da coisa adquirida (*e.g.*, perecimento, grave danificação ou fato de terceiro), é razoável entender que o valor a ser restituído deverá ser aquele apurado no momento efetivo da perda[3375].

6.3.7.3. Restituição de acessórios e perdas e danos

A questão está regulada na parte final do art. 135 da LREF, aplicável, em princípio, apenas nas hipóteses da ação revocatória do art. 130, nas quais, por exemplo, um terceiro de má-fé celebrou negócio jurídico com o falido. Seguindo o Código Civil, a restituição dos acessórios deve abranger os frutos colhidos e percebidos e, também, os que deviam ser mas não foram, podendo-se cobrar da massa as despesas da produção e do custeio (CC, art. 1.216), bem como as benfeitorias necessárias, pelo valor atual ou de custo, devendo valer o menor entre eles, que não darão lugar à retenção (CC, art. 1.220); no mesmo sentido, a condenação também abarcará eventuais perdas e danos[3376].

O art. 135 menciona expressamente a procedência da "ação revocatória", o que, por inferência lógica, estabelece uma conexão com o art. 130 da LREF. Não há referência à declaratória de ineficácia. A omissão do legislador está em con-

---

[3374] TEPEDINO. Comentários aos arts. 105-138..., p. 481-482. Por exemplo, para HUMBERTO THEODORO JÚNIOR e JULIANA CORDEIRO FARIA: "A massa, destarte, por força da sentença, passa a ter disponibilidade sobre o próprio bem com todos os acessórios (benfeitorias e acessões), ou, não sendo mais possível alcançá-lo *in natura*, ao seu valor de mercado atual." (THEODORO JÚNIOR; FARIA. Arts. 129 a 138..., p. 954).

[3375] Segundo RAGUSA MAGGIORE: "Nenhum relevo pode ter o fato de que o bem em hasta pública se venda por um preço inferior a seu valor intrínseco, pois que o terceiro é devedor e não garante. Se aceita a tese de que a obrigação de terceiro não surge antes do pronunciamento judicial, deve necessariamente resultar que só no momento da sentença deverá fixar-se o valor do bem, ainda que este se ache no patrimônio de outrem, porque isso constitui ponto de encontro entre o direito do credor e a obrigação do devedor e do terceiro." (MAGGIORE. *Contributo alla teoria unitaria della revocatoria fallimentare...*, p. 180, citado por ABRÃO. *Da ação revocatória...*, p. 128-129).

[3376] Nesse sentido, manifesta-se RICARDO TEPEDINO: "É direito da massa ser ressarcida por perdas e danos, o que contempla também os lucros cessantes. Assim, se, por exemplo, revogou-se a alienação de um imóvel, deverá ser arbitrado um valor locativo pelo período em que permaneceu com o terceiro, pouco importando se ele o manteve fechado – o que acaba entrando, também, no conceito de acessórios, como aliás, constava explicitamente no art. 60 do CC de 1916." (TEPEDINO. Comentários aos arts. 105-138..., p. 482).

sonância com o regime jurídico do art. 129, no qual inexiste presunção da intenção de prejudicar credores, nem necessidade de prova do conluio fraudulento entre o devedor e o terceiro que com ele contratar e do efetivo prejuízo sofrido pela massa falida. Todavia, até pode ocorrer de aquele atingido pela ineficácia prevista no art. 129 da LREF também ter agido de má-fé, o que pode dar ensejo à indenização[3377].

Fato é que é pressuposto da responsabilização civil o seu elemento subjetivo, no caso, a atuação de má-fé do terceiro condenado[3378].

6.3.8. Recurso

A questão é tratada no art. 135, parágrafo único da LREF. Da sentença que julgar procedente a ação caberá recurso de apelação (art. 135, parágrafo único), que será recebida nos efeitos devolutivo e suspensivo nos termos do art. 520 do Código de Processo Civil de 1973 ou do art. 1.012 do Código de Processo Civil de 2015.

A primeira leitura do dispositivo parece indicar que o recurso de apelação poderá ser interposto tanto contra a sentença que julga a ação revocatória prevista no art. 130 quanto em face da decisão da declaração de ineficácia do art. 129.

Contudo, o parágrafo único do art. 129 permite que a declaração de ineficácia decorra de manifestação de ofício do juiz, sem a propositura de ação, ou ainda, incidentalmente no curso do processo. Como nessas hipóteses não há ajuizamento de ação própria, fica a dúvida de como deve reagir a parte que discordar da decisão declaratória de ineficácia.

Sustentamos que o art. 135 da LREF trata de sentença proferida em sede da ação revocatória bem como da sentença proferida em ação própria que busque a declaração de ineficácia, e não da decisão de declaração de ineficácia proferida sem ajuizamento de ação própria ou, ainda, incidentalmente no curso do processo falimentar. Logo, o recurso de apelação previsto no parágrafo único do referido artigo diz respeito somente à ação revocatória ou à ação declaratória de ineficácia e, uma vez interposto, deverá ser recebido no duplo efeito (suspensivo e devolutivo).

A omissão do legislador nesse ponto é gritante e criticável. Isso porque a declaração de ineficácia pode ter natureza de decisão interlocutória, por meio da qual o juiz, no curso do processo de falência, resolve questão incidente. Diante da falta

---

[3377] TOLEDO; PUGLIESI. Capítulo XIX: A falência: ineficácia e a revogação dos atos praticados antes da falência..., p. 4462-463. RICARDO TEPEDINO assim se posiciona: "A despeito da alusão do dispositivo à revocatória, lamentavelmente dispensada para os casos do art. 129, tudo o quanto se disse no parágrafo acima é válido para a hipótese em que o terceiro atingido por um das disposições daquele artigo tenha procedido de má-fé. A diferença é que as indenizações deverão ser delimitadas em processo de conhecimento já que o legislador não chegou ao ponto de permitir uma sentença condenatória sem o contraditório e mesmo *ex officio*." (TEPEDINO. Comentários aos arts. 105-138..., p. 482).

[3378] STJ, 3ª Turma, REsp 1.386.399/RJ, Rel. Min. Paulo de Tarso Sanseverino, j. 21/08/2014.

INEFICÁCIA E REVOGAÇÃO DE ATOS

de previsão específica da LREF, aplica-se o Código de Processo Civil em vigor (LREF, art. 189) – em especial o art. 1.015 do CPC, segundo o qual das decisões interlocutórias caberá agravo de instrumento[3379]-[3380].

7. Efeitos da declaração de ineficácia e da ação revocatória

Os efeitos da procedência da ação revocatória e da declaratória de ineficácia estão regulados no art. 136 da LREF e serão abaixo examinados[3381].

7.1. Retorno das partes ao estado anterior

O art. 136 da LREF determina: uma vez reconhecida a ineficácia de algum ato elencado nas hipóteses previstas no art. 129 ou julgada procedente a ação revocatória, nos termos do art. 130, as partes retornarão ao estado anterior, tendo o contratante de boa-fé o direito à restituição dos bens ou dos valores entregues ao devedor. Em ambos os casos, a decisão judicial tem efeito *ex tunc*; os bens retornam à massa falida em espécie, com todos os acessórios, ou em forma de dinheiro, pelo valor de mercado, acrescidos de perdas e danos (no caso da revocatória), como determina o art. 135 da LREF.

O retorno das partes ao estado anterior (*status quo ante*) é consequência típica da anulação de um negócio jurídico, como atesta a redação do art. 182 do Código Civil[3382]. Porém, não se deve interpretar o dispositivo na sua literalidade; é indispensável ajustar o efeito jurídico ao contexto falimentar, sob pena de desvirtuar o sistema estabelecido pela LREF.

Assim, em termos práticos, será para a massa falida como se o negócio tivesse sido anulado, mas não na sua conotação jurídica, onde tudo acontece no plano da eficácia (dos efeitos). O negócio continuará a produzir suas consequências regulares, salvo quanto à massa (sendo, portanto, inoponível a ela)[3383].

[3379] Sem adentrar no mérito da discussão acerca do cabimento de recurso de apelação ou de agravo de instrumento, o Tribunal de Justiça de São Paulo vinha processando normalmente os agravos de instrumento manejados em face de decisões interlocutórias que decidem sobre a ineficácia de determinado ato praticado pelo falido. Nesse sentido: TJSP, 2ª Câmara Reservada de Direito Empresarial, AI 0304983-86.2011.8.26.0000, Rel. Des. Araldo Telles, j. 07/08/2012; TJSP, Câmara Reservada à Falência e Recuperação do Tribunal, AI 0270793-97.2011.8.26.0000, Rel. Des. Roberto Mac Cracken, j. 02/10/2012.

[3380] No mesmo sentido: CAMPINHO. *Falência e recuperação de empresa...*, p. 372. Em sentido contrário, defendendo a interposição do recurso de apelação: VIGIL NETO. *Teoria falimentar e regimes recuperatórios...*, p. 269.

[3381] Para aprofundamento do tema a partir da perspectiva do direito lusitano, com contribuições para o regime da LREF, ver: MORAIS, Fernando de Gravato. *Resolução em benefício da massa insolvente*. Coimbra: Almedina, 2008.

[3382] "Art. 182: Anulado o negócio jurídico, restituir-se-ão as partes ao estado em que antes dele se achavam, e, não sendo possível restituí-las, serão indenizadas com o equivalente."

[3383] TEPEDINO. Comentários aos arts. 105-138..., p. 483; THEODORO JÚNIOR; FARIA. Arts. 129 a 138..., p. 956.

RECUPERAÇÃO DE EMPRESAS E FALÊNCIA

Como ressaltam Humberto Theodoro Júnior e Juliana C. de Faria, "(...) os bens alienados serão arrecadados, se ainda não o foram. Não voltarão jamais, de forma completa, ao estado anterior à alienação. A revogação se dá apenas em favor do juízo concursal e nunca em prol do devedor alienante. A massa, beneficiando-se da arrecadação, terá de agir, em face do contratante, na forma prevista no art. 136, para evitar enriquecimento sem causa"[3384].

Rubens Requião faz apontamentos relevantes quanto aos efeitos que decorrem da ação revocatória, aplicável, no que compatível, com a declaração de ineficácia:

a. se possível, o bem objeto da ação revocatória deve ser restituído à massa, com todos os seus acessórios, podendo haver arbitramento de indenização;

b. as garantias reais prestadas por terceiro em favor do falido, mesmo dentro do termo legal, não são atingidas pela ação revocatória, haja vista que em nada afetam o patrimônio do devedor;

c. após o pagamento de todos os credores habilitados no processo de falência, incluindo os retardatários, o remanescente do bem ou do seu valor, objeto da ação, pertencerá ao terceiro, na medida em que a ineficácia faz com que permaneçam íntegros e rígidos os efeitos do ato praticado entre este terceiro e o falido[3385].

7.2. Possibilidade de devolução do bem/valores ao terceiro

O encerramento do procedimento falimentar, com o trânsito em julgado da sentença que declarar extintas as obrigações do falido, esvazia a utilidade da ação revocatória ou da declaração de ineficácia, eliminando o interesse de agir dos legitimados a propô-la ou da parte ativa em eventual processo em andamento (em fase de conhecimento ou cumprimento de sentença). O mesmo efeito resulta do pagamento integral dos credores realizado após a arrecadação dos bens e realização do ativo do devedor.

Satisfeitas as obrigações da massa falida e encerrado o processo de falência, não há como se proceder à restituição de bens à massa, eis que esta não mais existe, muito menos ao falido (ou seus sócios/acionistas, no caso de sociedade empresária), já que nem o falido, nem seus sócios/acionistas, têm *legitimatio ad*

[3384] Theodoro Júnior; Faria. Arts. 129 a 138..., p. 916.
[3385] Requião. *Curso de direito falimentar*, v. 1..., p. 205. Os apontamentos são reforçados por Humberto Theodoro Júnior e Juliana Cordeiro de Faria: "O efeito restituitório previsto no art. 136 manifesta-se da seguinte maneira: (*a*) tratando-se de coisas ou valores que saíram do patrimônio do devedor, sua volta dar-se-á para a massa (e não para o alienante); (*b*) em situações de revogação de remissões de dívidas, de garantias reais ou pessoais prestadas irregularmente pelo falido, não cabe falar-se propriamente em restituição. Há, unicamente, o restabelecimento do estado anterior do ato tido como ineficaz em relação à massa falida, e isso é o efeito próprio da restituição." (Theodoro Júnior; Faria. Arts. 129 a 138..., p. 956).

910

INEFICÁCIA E REVOGAÇÃO DE ATOS

causam para fazer valer a decisão da revocatória ou a declaração de ineficácia em seu favor, devendo-se manter incólume a operação posta à prova no processamento da ação revocatória, por exemplo[3386].

Está correta a linha argumentativa de HUMBERTO THEODORO JÚNIOR, JULIANA CORDEIRO DE FARIA e RUBENS REQUIÃO: "Se os efeitos da falência cessarem, sem que os bens revocados para a massa tenham sido expropriados em arrematação ou outra forma de alienação judicial de realização de ativo, a liberação de tais bens dar-se-á para o terceiro adquirente. Respeitar-se-á o negócio alienatório, cuja validade não se chegou a comprometer"[3387].

Conclui-se, portanto, que um dos efeitos da ação revocatória ou da declaração de ineficácia é devolver os bens ou seu valor à massa e não ao falido ou aos seus sócios. Uma vez encerrado o processo de falência e declaradas extintas as obrigações do devedor, o cumprimento de decisão que determinou a restituição dos bens é um "não senso jurídico", visto que a decisão judicial perdeu seu objeto[3388]

7.3. Contratante de boa-fé: restituição e perdas e danos

A combinação do *caput* do art. 136 com seu §2º demonstra a preocupação do legislador com a proteção do contratante de boa-fé, garantindo-lhe a restituição dos bens ou dos valores entregues ao devedor, nos termos do art. 86, III, da LREF[3389], bem como o direito de propor, a qualquer tempo, ação por perdas e

---

[3386] STF, 1ª Turma, RE 68.970, Rel. Min. Amaral Santos, j. 16/03/1971. Há parecer no processo exarado por ANTÔNIO GONÇALVES DE OLIVEIRA, defendendo a tese vencedora, cuja conclusão caminha no seguinte sentido: "A venda feita pelo falido é ineficaz somente em relação à massa. Não é uma ação de nulidade em favor do falido. Pagos os credores da massa, encerrada a falência, a execução fica sem objeto. Aplicação do art. 1.101, n. II do CPC e do art. 52, n. VIII da Lei de Falências. O pagamento aos credores, superveniente à sentença exequenda, é defesa oponível na fase executória." (OLIVEIRA, Antônio Gonçalves. Falência – Ação revocatória proposta pela massa julgada procedente. Pagamento aos credores. Prevalência da venda feita pelo falido com o encerramento da falência. In: *Revista dos Tribunais*, São Paulo, v. 429, p. 45-48, jul. 1971).

[3387] THEODORO JÚNIOR; FARIA. Arts. 129 a 138..., p. 916. Ver, também: REQUIÃO. *Curso de direito falimentar*, v. 1..., p. 194-195.

[3388] É pertinente o comentário de HUMBERTO THEODORO JÚNIOR e JULIANA CORDEIRO DE FARIA: "A possibilidade de recuperação do que se pagou ao falido não decorre diretamente da sentença declaratória de ineficácia, mas do ato de arrecadação, por uma questão de evitar o enriquecimento sem causa pela massa. Se não há arrecadação, por qualquer razão prática ou jurídica, não poderá o adquirente que não perdeu a propriedade, requerer a restituição. Da mesma forma, se arrecada, afinal, o concurso se encerrar sem que seja utilizado o bem do terceiro, este não voltará para o falido. Continuará pertencendo ao adquirente, cujo domínio jamais fora invalidado. Poderá surgir, eventualmente, alguma questão econômica quanto ao que houver devolvido durante a arrecadação. Mas isto terá de ser resolvido sem necessidade de considerar o negócio jurídico como desconstituído pela sentença da revocatória." (THEODORO JÚNIOR; FARIA. Arts. 129 a 138..., p. 956).

[3389] Para RICARDO TEPEDINO: "Terá o contratante direito de retenção, mas somente até que seu direito à restituição tenha sido reconhecido, e não até o pagamento, o qual, inclusive, poderá resultar de rateio,

danos contra o devedor ou seus garantes. A previsão reproduz, em certa medida, o disposto no art. 54, §3º, do Decreto-Lei 7.661/1945[3390].

Aqui, é importante ter em mente que, no pedido de restituição, a previsão indenizatória se aplica apenas aos casos de ineficácia do art. 129, em que a boa-fé do terceiro há de ser presumida até que se prove o contrário[3391-3392].

A indenização deve ser ampla e completa, abrangendo todo o prejuízo – danos emergentes e lucros cessantes – decorrente da perda do bem arrecadado pela massa, já que a restituição pode não ser suficiente para pagar todo o prejuízo[3393].

A medida indenizatória deve conter no polo passivo o devedor pessoalmente (e/ou seus garantes)[3394], e não a massa falida[3395], podendo os efeitos de uma deci-

---

caso a massa não possua recursos para atender a todos os pedidos de restituição acolhidos. Em outras palavras, o terceiro de boa fé deve restituir o que tenha em seu poder, e se tornar credor da massa." (TEPEDINO. Comentários aos arts. 105-138..., p. 483-484)

[3390] Art. 54, §3º, do Decreto-Lei 7.661/1945: "Os bens devem ser restituídos à massa em espécie, com todos os acessórios, e, não sendo possível, dar-se-á a indenização. §3º Fica salva aos terceiros de boa-fé a ação de perdas e danos, a todo tempo contra o falido."

[3391] O contratante de má-fé pode vir a cobrar do falido ou dos seus garantidores a devolução do que lhes tenha entregue. Não tem, no entanto, direito à restituição ou à indenização, que é exclusivo dos terceiros de boa-fé, devendo habilitar seu crédito na classe própria (TEPEDINO. Comentários aos arts. 105-138..., p. 484). No mesmo sentido: THEODORO JÚNIOR; FARIA. Arts. 129 a 138..., p. 958.

[3392] A revogação do art. 130 exige a comprovação da má-fé, o conluio entre o terceiro e o devedor, embora não seja incomum a existência de má-fé nas hipóteses arroladas no art. 129 da LREF, a qual, no entanto, não se presume (TEPEDINO. Comentários aos arts. 105-138..., p. 483). Sobre o tema, vale destacar a ponderação de HUMBERTO THEODORO JÚNIOR e JULIANA DE CORDEIRO FARIA: "Nem se pense que por ter a declaração de ineficácia ou a procedência da ação revocatória encontrado apoio no art. 129 sempre estaria o contratante em situação de exercer o direito de restituição do art. 136. Na ineficácia objetiva, o que ocorre é a indiferença quanto ao elemento subjetivo da fraude, e não a presunção legal da boa-fé. Dessa maneira, estando configurada uma situação arrolada no art. 129, pode o contratante ter agido em conluio com o falido para prejudicar os credores. Não lhe socorrerá, então, o direito à restituição dos bens e valores que tiver entregue ao devedor." "Consiste o favor legal conferido ao contratante de boa-fé – aquele que contratou com o devedor sem o propósito de prejudicar seus credores e sem condições de conhecer o prejuízo acaso por eles sofrido – em poder se utilizar do 'pedido de restituição', previsto nos arts. 85 a 93 da Lei de Falências. Fora do concurso universal, portanto." (THEODORO JÚNIOR; FARIA. Arts. 129 a 138..., p. 957).

[3393] THEODORO JÚNIOR; FARIA. Arts. 129 a 138..., p. 959.

[3394] Explicam HUMBERTO THEODORO JÚNIOR e JULIANA DE CORDEIRO FARIA que: "A lei prevê que essa ação indenizatória, que é estranha ao processo falimentar, pode ser manejada a qualquer tempo. Se se voltar contra garantes não falidos, o ajuizamento pode acontecer antes mesmo do encerramento do processo falencial. Contra o falido, todavia, não há como exigir-lhe a indenização senão depois de encerrado o procedimento concursal, visto que, enquanto este estiver pendente, todo o seu patrimônio exequível estará integrado à massa falida e submetido ao regime legal que exclui ações ou execuções separadas contra o devedor. A ação, portanto, somente se apresentará eficiente após o encerramento da falência e quando o falido tiver refeito seu patrimônio." (THEODORO JÚNIOR; FARIA. Arts. 129 a 138..., p. 959). No mesmo sentido: TEPEDINO. Comentários aos arts. 105-138..., p. 484.

[3395] BEZERRA FILHO. Lei de Recuperação e de Falências comentada..., p. 286.

INEFICÁCIA E REVOGAÇÃO DE ATOS

são de procedência recair sobre bens individuais, que não estão compreendidos no processo falimentar ou, se encerrado este, sobre os que possuir em momento posterior, quando do cumprimento da sentença[3396].

O contratante de boa-fé não responderá "(...) pela perda ou deterioração da coisa a que não der causa (CC, art. 1.217), não precisará restituir os frutos percebidos até a decretação da ineficácia[3397] (CC, art. 1.214) e fará jus à indenização das benfeitorias necessárias e úteis[3398] (CC, art. 1.219) – mas o crédito correspondente será quirografário"[3399].

Em síntese, o regime posto pela LREF é o seguinte: (*i*) aos contratantes de boa-fé, assegura-se o direito à restituição dos bens e valores entregues ao falido, bem como ação por perdas e danos contra o devedor ou seus garantes; (*ii*) aos contratantes de má-fé (*participes fraudis*) resta a condição de credores concursais no que se refere aos valores prestados ao falido[3400].

7.4. Securitização de créditos

O §1º do art. 136 da LREF traz uma exceção à regra geral: "Na hipótese de securitização de créditos do devedor, não será declarada a ineficácia ou revogado o ato de cessão em prejuízo dos direitos dos portadores de valores mobiliários emitidos pelo securitizador"[3401].

[3396] VALVERDE. *Comentários à Lei de Falências*, v. I..., p. 395.

[3397] Na visão de MIRANDA VALVERDE, se a restituição for em dinheiro, em caso que envolva, por exemplo, revogação de pagamento, deve o terceiro restitui-lo com os juros legais, reassumindo a posição anterior, de acordo com a natureza do seu crédito (VALVERDE. *Comentários à Lei de Falências*, v. I..., p. 389). Na mesma linha: CARVALHO DE MENDONÇA. *Tratado de direito comercial brasileiro*, v. VII..., p. 569.

[3398] STJ, 4ª Turma, EDcl no REsp 23.961/SP, Rel. Min. Sálvio de Figueiredo Teixeira, j. 27/02/1996 (nesse caso, a Corte entendeu que o direito à reparação do contratante de boa-fé pode ir além da restituição dos bens e valores entregues ao falido, devendo a massa, indenizar, também as benfeitorias úteis e necessárias, classificando-o como credor privilegiado e com direito a retenção). PONTES DE MIRANDA diverje quanto às acessões, frutos e benfeitorias: "Na ação declaratória de ineficácia relativa, pode ser alegada a boa fé por parte do restituinte, no tocante aos arts. 514 e 515 (perda ou deterioração da coisa restituenda). Todavia, no tocante às acessões e frutos, a restituição é independente da boa fé. O art. 54 do Decreto-Lei 7.661 afasta a invocabilidade da boa fé, para ser aplicado um dos arts. 510 e 511 do Código Civil. Quanto às benfeitorias, também. Tal atitude do legislador leva a terem-se de interpretar o artigo 54 e os seus §§1º, 2º e 3º, independentemente do que se diz no Código Civil, arts. 510-513, 516 e 517." (PONTES DE MIRANDA. *Tratado de direito privado*, t. XXVIII..., p. 381).

[3399] TEPEDINO. Comentários aos arts. 105-138..., p. 483.

[3400] THEODORO JÚNIOR; FARIA. Arts. 129 a 138..., p. 957.

[3401] A operação de securitização ocorre com frequência no âmbito do mercado de capitais e, atualmente, está regulada pela Resolução 2.686/2000, emitida pelo Banco Central do Brasil. Do ponto de vista financeiro, é uma operação por meio da qual se mobilizam ativos – presentes ou futuros – que, de outra maneira, não teriam a possibilidade de se autofinanciar ou de gerar renda presente. A possibilidade de se emitirem títulos ou valores mobiliários a partir de uma operação de cessão ordinária é uma forma de se mobilizarem créditos gerados nas mais diversas operações, ainda que tais créditos só venham

Trata-se de regra excepcional concebida pelo legislador para proteger situações bastante específicas, em que há visível interesse público[3402]. A captação de recursos no mercado por meio de operações de securitização, com a antecipação do recebimento de créditos vincendos – sem que isso afete o nível de endividamento da empresa nos seus demonstrativos contábeis – gera uma situação de conflito de interesse de investidores de mercado com os credores do falido[3403].

A função e a estrutura da operação justificam o tratamento diferenciado dispendido pelo legislador. Não permitir que a operação de securitização de créditos promovida pelo devedor seja declarada ineficaz ou revogada em prejuízo dos direitos dos portadores de valores mobiliários emitidos pelo securitizador foi uma providência acertada do legislador. Pressupõe-se, assim, a boa-fé dos terceiros investidores[3404]-[3405].

---

ser realizados no futuro (CAMINHA, Unie. *Securitização*. 2 ed. São Paulo: Saraiva, 2007, p. 38 ss). Para RICARDO TEPEDINO: "Securitização é um neologismo de vitoriosa difusão no mercado, que decorre da infeliz transplantação para o português do termo inglês *securities*, que significa valores mobiliários. Securitizar créditos (ou recebíveis, que, na mesma linha, é o aportuguesamento de *receivables*) significa convertê-los 'em lastro para emissão posterior de títulos ou valores mobiliários' – ou seja, não são os créditos que se transmutam em títulos, eles apenas servem de suporte à emissão daqueles. Entre o primeiro titular dos créditos cedidos (que não necessariamente será um banco) e os investidores que adquirem esses valores mobiliários existe uma empresa de securitização." (TEPEDINO. Comentários aos arts. 105-138..., p. 484).

[3402] Ressalta MANOEL JUSTINO BEZERRA FILHO – com uma visão pessimista quanto à idoneidade dessa operação no mercado imobiliário – que "este artigo veio à lei após o famoso caso 'Encol', construtora que faliu deixando ao desamparo milhares de compromissários compradores de imóveis em construção. No entanto, o artigo aplica-se a qualquer caso de securitização de créditos para recebimento futuro, negócios que vão se tornando a cada dia mais comuns" (BEZERRA FILHO. *Lei de Recuperação e de Falências comentada*..., p. 285).

[3403] A problemática foi bem capturada por ANTÔNIO MARTIN: "O legislador, ao incorporar o dispositivo do §1º do art. 136, protegeu os portadores de valores mobiliários que adquiriram os recebíveis (...) obtendo, como garantia indireta, a obrigação ativa de que é credora a empresa beneficiada, pela compra dos securities, e, como garantia direta, o patrimônio do securitizador." (MARTIN. Da ineficácia e da revogação de atos praticados antes da falência..., p. 482).

[3404] THEODORO JÚNIOR; FARIA. Arts. 129 a 138..., p. 961.

[3405] Concorda-se com o apontamento de RICARDO TEPEDINO: "A interpretação que me parece acertada é a seguinte: se houve um conluio fraudulento entre o falido e o securitizador, não se poderá retirar a eficácia da cessão dos créditos que lastrearem a emissão dos títulos, sem prejuízo de se exigir reparação desse último. Se, no entanto, da fraude participaram também os investidores, a alienação dos créditos deverá cair sob o golpe da revocatória. Tome-se um exemplo: uma rede de varejos securitiza uma carteira de crédito direto ao consumidor (CDC), emitindo títulos por um preço absurdamente vantajoso, e, sem a participação da securitizadora, faz com que testas-de-ferro subscrevam esses valores mobiliários". Nesse sentido, o referido autor afirma que essa cessão deve ser privada de efeitos, sendo que "pensar o contrário equivale a supor que a lei criou uma hipótese de fraude legalmente permitida, o que agride até mesmo o bom senso." (TEPEDINO. Comentários aos arts. 105-138..., p. 484-485).

INEFICÁCIA E REVOGAÇÃO DE ATOS

7.5. Compensação, ineficácia e revocatória

A declaração judicial de ineficácia e a revogação de atos praticados pelo falido repõem tudo ao estado jurídico anterior, o que, em regra, se dá pela devolução à massa dos bens que foram subtraídos de alguma maneira, fraudulenta ou não, do patrimônio do devedor que veio a falir. A rigor, sustenta-se que à ação revocatória não pode ser oposta a compensação[3406].

A questão é capciosa, pois a compensação entre débito e crédito é permitida no contexto falimentar, desde que resultante de obrigação inteiramente estranha à ação revocatória, efetuando-se no próprio processo de falência, e não nos autos daquela. Ocorre que, quando a massa falida ingressa em juízo para revogar um ato praticado pelo falido, ela o faz na qualidade de terceiro, vindicando direitos que lhe são próprios (a partir da decretação da quebra), razão pela qual a ineficácia é declarada não no interesse do falido, mas dos credores[3407].

Com a sentença de revogação do ato o falido não se torna credor do terceiro; a massa falida, sim. O crédito do terceiro é contra o falido, ao passo que o débito do mesmo terceiro, nascido a partir da decisão judicial, é a favor da massa, protegendo direitos que lhe são próprios, como entidade à parte do falido. Inexiste, portanto, reciprocidade de obrigações do mesmo credor para com o mesmo devedor para permitir a compensação[3408].

7.6. Universo de credores

O resultado da declaração de ineficária e da ação revocatória beneficia todos os credores do devedor, inclusive os posteriores ao ato objeto de questionamento. O fundamento jurídico para tanto é principiológico: (*i*) a sorte dos credores diante da massa falida é a mesma; (*ii*) não é correto desagregar o patrimônio do falido com base em critério cronológico que não está posto explicitamente na letra da Lei. No limite, qualquer interpretação restritiva poderá levar à distinção entre credores da mesma classe, justamente o que a lei deseja evitar[3409].

[3406] CARVALHO DE MENDONÇA. *Tratado de direito comercial brasileiro*, v. VII..., p. 563. Segundo JAYME LEONEL, se admitida, tornaria praticamente impossível a restituição do bem à massa ou a restauração do estado jurídico anterior. Veja-se, por exemplo, o caso da revogação de um pagamento que determina, por ricochete, o restabelecimento do crédito que antes existia. Autorizada a compensação, chegaríamos ao absurdo de que o pagamento que foi revogado tornar-se-ia eficaz por meio dela (LEONEL. *Ação revocatória no direito da falência...*, p. 136).

[3407] LEONEL. *Ação revocatória no direito da falência...*, p. 140.

[3408] LEONEL. *Ação revocatória no direito da falência...*, p. 140.

[3409] PONTES DE MIRANDA. *Tratado de direito privado*, t. XXVIII..., p. 369; REQUIÃO. *Curso de direito falimentar*, v. 1..., p. 204.

8. Combate à colusão e a recuperação judicial como "salvo-conduto"

O art. 138 da LREF prevê que o ato pode ser objeto de declaração de ineficácia ou de ação revocatória, ainda que praticado com base em decisão judicial, sendo que, uma vez revogado o ato ou declarada sua ineficácia, ficará rescindida a sentença que o motivou, como dispõe o parágrafo único do art. 138[3410]. O referido dispositivo seguiu a mesma linha do art. 58 do Decreto-Lei 7.661/1945[3411], buscando evitar transações judiciais (ainda que presumidamente) fraudulentas[3412], conhecidas no meio jurídico pela expressão colusão, combatida, inclusive, no art. 129 do CPC/1973 e no art. 142 do CPC/2015.

De qualquer sorte, como o próprio art. 138 da LREF dispõe, deve-se observar o art. 131 do mesmo diploma legal, o qual determina que nenhum dos atos referidos nos incisos I a III e VI do art. 129 que tenham sido previstos e realizados na forma definida no plano de recuperação judicial será declarado ineficaz ou revogado. Ora, o objetivo da LREF é claro: impedir que atos praticados sob a fiscalização do administrador judicial, acompanhamento do Ministério Público, e de acordo com os interesses dos credores que aprovaram o plano de recuperação judicial venham a ser desconstituídos em razão da decretação da falência do devedor[3413]. Trata-se de providência acertada do legislador que outorga higidez e segurança jurídica ao regime jurídico da recuperação judicial, não se podendo dizer o mesmo com relação à recuperação extrajudicial, já que o dispositivo legal não faz menção expressa aos atos que tenham sido previstos e realizados pelo devedor no âmbito de tal regime[3414].

[3410] Salienta Luiz Inácio Vigil Neto que: "O dispositivo manteve o mesmo erro técnico ao referir que a sentença será rescindida, permitindo a interpretação equivocada de uma espécie de ação rescisória de primeiro grau. Trata-se, conforme a acertada avaliação de Pontes de Miranda, de retirada da vox do ato judicial perante a massa falida." (Vigil Neto. *Teoria falimentar e regimes recuperatórios...*, p. 268). Ver, também: Pontes de Miranda. *Tratado de direito privado*, t. XXVIII..., p. 377-379.

[3411] Art. 58 do Decreto-Lei 7.661/1945: "A revogação do ato pode ser decretada, embora para celebração dêle houvesse precedido sentença executória, ou fôsse conseqüência de transação ou de medida asseguratória para garantia da dívida ou seu pagamento. Revogado o ato, ficará rescindida a sentença que o motivou."

[3412] Sobre a questão, vejam-se os comentários de Ricardo Tepedino: "(...) tem-se que o praceamento de um imóvel hipotecado nas circunstâncias previstas no inciso III do art. 129, uma transação judicialmente homologada em que o débito cobrado é solvido mediante dação de um bem do réu falido, ou mesmo uma sentença condenatória que não se aperceba estar diante de uma dívida simulada entre autor e réu, poderão ser atacados, rescindindo-se a respectiva sentença, independentemente do tempo decorrido do seu trânsito em julgado, porque aí não se estará cuidando de ação rescisória. O único prazo a ser observado é o decadencial fixado para a propositura da ação revocatória." (Tepedino. Comentários aos arts. 105-138..., p. 486).

[3413] Martin. Da ineficácia e da revogação de atos praticados antes da falência..., p. 479. No mesmo sentido, apoiando a previsão da LREF, ver: Tepedino. Comentários aos arts. 105-138..., p. 477.

[3414] Theodoro Júnior; Faria. Arts. 129 a 138..., p. 938-941.

Capítulo 26
Realização do Ativo

A epígrafe da Seção X, inserida dentro do Capítulo V da LREF, que trata da falência, regula o procedimento de realização do ativo do art. 139 ao 148. O tema estava regulado pelos arts. 114-123 do Decreto-Lei 7.661/1945, no Título VIII, na sua Seção Primeira, intitulada Realização do Ativo na Falência.

O processo de falência tem duas fases distintas e sucessivas. A primeira delas se chama fase de informação, cujo objetivo é identificar os credores do falido e definir o patrimônio que seria liquidado, e a segunda denomina-se fase da liquidação propriamente dita, destinada à satisfação dos créditos, segundo a ordem estabelecida na Lei.

Na sistemática do regime anterior, a liquidação se iniciava somente após a publicação do relatório do síndico, nos termos do art. 114, cabendo ao juiz assinalar o prazo dentro do qual a liquidação seria cumprida (art. 115 do Decreto-Lei 7.661/1945)[3415]. Essa ordem não foi reproduzida integralmente na sistemática vigente. O procedimento anterior foi flexibilizado, permitindo aos envolvidos a prática de certos atos sem observar, rigidamente, a sequência anteriormente posta, o que confere mais celeridade[3416]. Não se deve interpretar a flexibilização como sinônimo de desordem ou desorganização; pelo contrário, ainda é perfeitamente possível separar os atos que se inserem nas fases anteriormente referidas, de modo a visualizar a falência como um procedimento logicamente ordenado[3417].

[3415] SZTAJN, Rachel. Comentários aos arts. 139-167. In: TOLEDO, Paulo Fernando Campos Salles de; ABRÃO, Carlos Henrique (coord.). *Comentários à Lei de Recuperação de Empresas e Falência.* 4 ed. rev. e atual. São Paulo: Saraiva, 2010, p. 492.

[3416] BERNARDI, Ricardo. Da realização do ativo. In: SOUZA JUNIOR, Francisco Satiro de; PITOMBO, Antonio Sergio A. de Moraes (coord.). *Comentários à Lei de Recuperação de Empresas e Falências.* 2 ed. São Paulo: Revista dos Tribunais, 2007, p. 485.

[3417] GONÇALVES NETO, Alfredo Assis. Administração da falência, realização do ativo e pagamento dos credores. In: SANTOS, Paulo Penalva (coord.). *A nova Lei de Falências e de Recuperação de Empresas* – Lei nº 11.101/2005. Rio de Janeiro: Forense, 2007, p. 261.

RECUPERAÇÃO DE EMPRESAS E FALÊNCIA

O objeto do presente item é a realização do ativo, assim entendida como a série de atos direcionados à liquidação do cabedal de bens e direitos do devedor para pagamento dos seus credores. Dentro do processo falimentar, a liquidação tem um sentido específico, estritamente relacionado à transformação em dinheiro ("monetização", no jargão do mercado) dos bens e direitos arrecadados pelo administrador judicial.

1. Momento

O art. 139 da LREF estabelece que, logo após a arrecadação dos bens, com a juntada do respectivo auto ao processo de falência, será iniciada a realização do ativo[3418]. A previsão legal é bastante objetiva: depois de arrecadados os bens e juntado o respectivo auto no processo de falência, será iniciada a realização do ativo, cabendo ao administrador judicial encetar o procedimento, independentemente da elaboração do quadro geral de credores, na linha do art. 140, §2º, da LREF.

A realização do ativo terá início independentemente da formação do quadro-geral de credores. O objetivo do legislador foi desvincular o início da liquidação à definição do universo de credores, uma vez que esta não raro se alonga demasiadamente[3419]. A escolha foi acertada e busca garantir a eficiência do procedimento, sobretudo em situações que envolvem, por exemplo, a alienação de ativos deterioráveis e a redução de despesas com a conservação e manutenção de bens, entre outras questões, sem desrespeitar o princípio da *par conditio creditorum*[3420].

Também em contraposição ao regime anterior, o legislador abandonou o sistema de publicidade, tendo se preocupado em fixar apenas o *dies a quo* para o início do procedimento pelo administrador judicial – da juntada do auto de arrecadação do ativo ao processo –, recaindo sobre os credores o ônus de acompanhar o processamento da falência diretamente no cartório ou nos sistemas eletrônicos disponíveis[3421].

[3418] Segundo ALFREDO ASSIS GONÇALVES NETO: "Realizar o ativo significa convertê-lo em moeda capaz de satisfazer a prestação devida aos credores do falido. Isso normalmente ocorre com a alienação (venda) dos bens que compõem o patrimônio do devedor (patrimônio falimentar) (...). Na expressão 'realização do ativo' estão abrangidos, também, o recebimento dos créditos do falido contra terceiros (conversão de seus direitos de crédito em dinheiro) e outras fórmulas que possam ser ajustadas pelos credores em assembleia, como a formação de uma sociedade entre eles, pela convolação dos respectivos créditos em contribuição para a formação de seu capital social e assim por diante." (GONÇALVES NETO. Administração da falência, realização do ativo e pagamento dos credores..., p. 262. No mesmo sentido: SZTAJN. Comentários aos arts. 139-167..., p. 493; VALVERDE. *Comentários à Lei de Falências*, v. I..., p. 230).

[3419] SZTAJN. Comentários aos arts. 139-167..., p. 499.

[3420] Veja-se o comentário de RACHEL SZTAJN: "No plano do direito, não há nenhum problema com a solução adotada, uma vez que a liquidação (venda) dos ativos não segue a imediata solução de parte do passivo. Os recursos obtidos serão depositados em instituições financeiras, preferencialmente em aplicação remunerada cujos proventos, somados ao principal, serão utilizados para pagamento dos credores, concursais e extraconcursais." (SZTAJN. Comentários aos arts. 139-167..., p. 500).

[3421] SZTAJN. Comentários aos arts. 139-167..., p. 493.

A medida representa uma significativa mudança em relação ao regime anterior[3422], cujo objetivo é preservar, na medida e nos limites permitidos, a estrutura, as condições e os meios pelos quais o falido exerce sua atividade econômica (sendo importante salientar que a realização do ativo do falido pode ensejar consequências em outras searas, como no âmbito concorrencial, como já referido, no bojo da recuperação judicial, no Capítulo 12, item 3.3). Agora, a responsabilidade pelo início do processo de realização dos ativos depende da iniciativa, da celeridade e da agilidade do administrador judicial, que deve buscar a eficiência do procedimento de liquidação dos bens do devedor, como forma de maximizar o valor do ativo e garantir o célere pagamento dos credores[3423].

A sistemática do procedimento de realização do ativo desenhado pelo legislador teve como norte a satisfação do maior número possível de credores, por meio da obtenção do máximo valor para os bens e direitos arrecadados, evitando-se a deterioração provocada pela demora excessiva do processo e priorizando a venda da empresa em bloco, para evitar a perda dos intangíveis[3424], como veremos a seguir.

2. Formas de alienação

O art. 140 da LREF estabelece que a alienação dos bens será realizada de acordo com uma das seguintes formas, observada a ordem de preferência abaixo: (*i*) alienação da empresa, com a venda de seus estabelecimentos em bloco; (*ii*) alienação da empresa, com a venda de suas filiais ou unidades produtivas isoladamente;

[3422] Depreende-se do exame dos arts. 114 e 115 do Decreto-Lei 7.661/1945 que, salvo as hipóteses excepcionais de venda antecipada, a publicação do aviso de início da liquidação ocorria somente após o término da fase de informação. Sobre o tema, ver: VALVERDE, Trajano de Miranda. *Comentários à Lei de Falências*, v. II. 3 ed. Rio de Janeiro: Forense, 1962, p. 229-232; PONTES DE MIRANDA. *Tratado de direito privado*, t. XXIX..., p. 289-292. "No sistema da lei anterior, que vigorou por 60 anos, foi possível verificar que a lentidão nesta fase processual leva à conhecida consequência de deterioração dos bens, isto quando não ocorrem desvios ou substituição fraudulenta de bens em perfeito estado por sucatas sem valor. Como havia no sistema anterior a possibilidade, embora distante, de a falência ser revertida e o processo ser transformado em concordata suspensiva, os bens não poderiam ser vendidos até que se esgotasse a fase processual dentro da qual a suspensão ainda era possível, mesmo que apenas em tese. Durante esta longa fase processual na lei anterior, entre a arrecadação e a possibilidade de venda, os bens transformavam-se em sucata e o resultado da falência era nulo." (BEZERRA FILHO. Capítulo XVII: A arrecadação e a custódia dos bens..., p. 396-397).

[3423] É evidente que o falido tem grande interesse no sucesso do procedimento de realização do ativo, já que o levantamento de maior disponibilidade financeira de recursos aumentará as chances de que ele, falido, possa, ao final, requerer a extinção de suas obrigações e, por conseguinte, reabilitar-se para o exercício de uma atividade empresarial. Nessa conjuntura, as probabilidades dos credores receberem seus créditos aumentam ou diminuem em função dos resultados eficientes ou ineficientes da realização do ativo (BERNARDI. Da realização do ativo..., p. 484).

[3424] GONÇALVES NETO. Administração da falência, realização do ativo e pagamento dos credores..., p. 263.

(*iii*) alienação em bloco dos bens que integram cada um dos estabelecimentos do devedor; (*iv*) alienação dos bens individualmente considerados. Ademais, de acordo com o art. 140, §1º, é possível, se convier à realização do ativo ou em razão de oportunidade, a adoção de mais de uma forma de alienação.

Está clara a preocupação do legislador com a venda da empresa em bloco, cujos fins são (*i*) evitar a perda dos intangíveis e (*ii*) valorizar o aproveitamento do aviamento empresarial do negócio. O raciocínio é lógico: a escolha da forma de alienação, ou a combinação entre elas, tem relação direta com a eficiência do procedimento e com a maximização dos bens do devedor, dadas as circunstâncias fáticas e legais estabelecidas[3425].

A ordenação legal do art. 140 segue uma sistemática bem definida: da maneira mais para a menos desejável, em ordem direta, sem reviravoltas, estabelecendo os limites para a decisão do administrador judicial e permitindo o balizamento de suas opções em um quadro pré-determinado. O administrador judicial não pode simplesmente avançar para a opção seguinte se não se verificou a ausência de interessados na hipótese anterior[3426]-[3427].

[3425] Embora a intenção do legislador tenha sido de estimular a manutenção do valor da empresa enquanto atividade organizada pelo empresário para a produção e/ou a circulação de bens ou de serviços, parece-nos que o esforço não foi suficiente. A rigor, a valorização dos ativos em conjunto – o chamado "*going concern value*" – na falência é uma raridade, até mesmo nos ordenamentos precursores dessa regra, como se depreende da análise de DOUGLAS G. BAIRD sobre o Chapter 7 do US Bankruptcy Code: "(...) there is no requirement that the firm be 'liquidated' in the sense that all the assets are broken up piecemeal. To the contrary, the trustee is obliged to sell the assets for as much as possible and, in the appropriate case, this will require the trustee to sell all the assets together as goin concern. As a practical matter, however, we never see 'going concern' liquidations. The managers of a corporation prefer the control and the presumption of continued operation that exists in Chapter 11. They will not file Chapter 7 petition as long as they harbor any hope for the firm. If creditors seek to put the firm into Chapter 7 involuntarily, the managers will ordinarily be able to convert to a Chapter 11 case, as long as they can show that the firm has any chance of surving." (BAIRD. *The elements of bankruptcy*..., p. 14).

[3426] SZTAJN. Comentários aos arts. 139-167..., p. 494-502; BERNARDI. Da realização do ativo..., p. 486.

[3427] Para ALFREDO DE ASSIS GONÇALVES NETO, a decisão é do administrador judicial, ainda que deva ser ouvida e considerada a posição do Comitê de Credores, se existente. Não existiria, no entanto, qualquer espécie de vinculação, pois o administrador atua no interesse da massa falida e não no dos credores ou do falido, que são partes do processo concursal. Entende o autor que a escolha dos critérios de alienação é uma questão de conveniência e oportunidade, de valoração exclusiva do administrador judicial, não sendo a decisão suscetível de qualquer impugnação a não ser por vício formal ou desvio de poder (GONÇALVES NETO. Administração da falência, realização do ativo e pagamento dos credores..., p. 266). Essa perspectiva parece deveras extremista. Embora não haja menção expressa na letra da LREF, defende-se que a escolha do administrador judicial deve ser minimamente fundamentada, considerando o interesse dos credores no resultado da venda e na maximização do preço dos ativos. E mais: nessa conjuntura, a possibilidade de combinar as alternativas pode resultar em alguma vantagem pecuniária para o falido, atendendo às especificidades da cadeia produtiva, com a valorização de certos bens desmembrados do conjunto, ao mesmo tempo em que se preservam determinadas partes do todo (SZTAJN. Comentários aos arts. 139-167..., p. 499).

2.1. Alienação da empresa, com a venda de seus estabelecimentos em bloco

Trata-se da hipótese prevista no art. 140, I, da LREF. O primeiro aspecto que merece referência diz respeito à imprecisão terminológica do legislador[3428]. É o estabelecimento empresarial objeto de direito e não a empresa enquanto atividade a que se refere o legislador, sendo aquele, nos termos do art. 1.142 do Código Civil, o complexo de bens organizado, para exercício da atividade (*i.e.*, da empresa), cujos titulares são um empresário individual ou uma sociedade empresária[3429].

Dito isso, a expressão "alienação da empresa" empregada no inciso I do art. 140 deve ser interpretada como sinônima de alienação da totalidade dos estabelecimentos empresariais do empresário, das diversas dimensões do negócio, tomando-se este, no sentido da LREF, como unidade, um verdadeiro bloco monolítico de bens e direitos organizados pelo devedor para o exercício de sua atividade empresária e que convém, por ora, manter unificado[3430].

A preferência pela venda da totalidade dos estabelecimentos do empresário denota a preocupação do legislador em dar prioridade à preservação destes como unidades produtivas, presumindo-se que existe entre os bens e direitos que compõem a universalidade algum tipo de sinergia operacional, de encadeamento negocial e estrutural que lhe outorga maior eficiência empresarial[3431]. Nesse contexto, é natural que o todo, assim considerado, seja mais bem avaliado economicamente que as partes ou os ativos isolados, de modo que, no momento da alienação o vendedor tenda a receber preço mais elevado, em razão do que se convencionou chamar de *going concern value*[3432].

[3428] O vocábulo "empresa" parece ter sido utilizado de acordo com o perfil objetivo descrito ALBERTO ASQUINI, isto é, enquanto estabelecimento empresarial. Sobre os perfis da empresa (subjetivo, objetivo, funcional e institucional), ver: ASQUINI. Perfis da empresa...

[3429] Não há que se falar em necessidade de anuência expressa ou tácita dos credores nos termos do art. 1.145 do Código Civil, já que a alienação da empresa (*sic*, do estabelecimento), no caso em questão, ocorre no contexto da falência, como forma de realização do ativo, contando, de uma forma ou de outra, com autorização dos credores. Sobre o tema: BERNARDI. Da realização do ativo..., p. 488.

[3430] SZTAJN. Comentários aos arts. 139-167..., p. 495.

[3431] SZTAJN. Comentários aos arts. 139-167..., p. 495; BERNARDI. Da realização do ativo..., p. 487.

[3432] TABB; BRUBAKER. *Bankruptcy law...*, p. 595. O conceito de *going concern value* advém do direito norte-americano. Nesse sentido, veja-se o comentário de THOMAS H. JACKSON: "The common pool example of fish in a lake suggests that one of the advantages to a collective system is a larger aggregate pie. Does that advantage exist in the case of credit? When dealing with business, the answer, at least some of the time, would seem to be 'yes'. The use of individual creditor remedies may lead to a piecemeal dismantling of a debtor's business by the untimely removal of necessary operating assets. To the extent that a non-piecemeal collective process (whether in the form of a liquidation or reorganization) is likely to increase the aggregate value of the pool of assets, its substitution for individual remedies would be advantageous to the creditors as a group. This is derived from a commonplace notion: that a collection of assets is sometimes more valuable together than the same assets would be if spread to the winds. It is often referred to as the surplus of a going concern value over a liquidation value." (JACKSON. *The logic and limits of bankruptcy law...*, p. 14).

RECUPERAÇÃO DE EMPRESAS E FALÊNCIA

Dito de outra forma, os bens e direitos utilizados pelo empresário individual ou pela sociedade empresária na exploração de uma atividade econômica possuem valor agregado, isto é, valem usualmente bem mais quando empregados na exploração de um negócio do que quando vendidos separadamente dele. A sinergia entre bens, direitos e ações externas resulta no atingimento de resultados mais rápidos, sempre que a organização é mantida, atribuindo, ao fim e ao cabo, maior valor ao negócio[3433].

Segundo previsão do §3º do art. 140, a alienação da empresa terá por objeto o conjunto de determinados bens necessários à operação rentável da unidade de produção, que poderá compreender a transferência de contratos específicos (tais como de fornecimento, trabalho e, inclusive, o ponto comercial[3434]).

2.2. Alienação da empresa, com a venda de suas filiais ou unidades produtivas isoladamente

É a hipótese prevista no art. 140, II, da LREF. Há casos em que um ou mais bens e direitos que integram o estabelecimento do falido, considerados individualmente, superam o valor econômico estimado para o complexo de bens organizado. Ou, ainda, situações em que há interessados para partes do todo e não para a unidade, como no caso de uma universalidade empresarial complexa e, por vezes, desestruturada ou obsoleta.

Evidenciada a inviabilidade da venda do todo, seja em virtude de problemas funcionais de organização e sinergia da empresa, em razão da ausência de interessados na aquisição ou em decorrência do elevado valor a ele atribuído, o legislador elencou, como segunda melhor alternativa, o desmembramento das unidades que o compõem e a sua alienação distinta e isoladamente[3435]. Nesse universo, os bens e direitos isolados que formam o estabelecimento podem ser objeto de negócios jurídicos.

[3433] TABB; BRUBAKER. *Bankruptcy law...*, p. 595.

[3434] BERNARDI. Da realização do ativo..., p. 489. Para RACHEL SZTAJN, há exceção à regra da cessão de posição contratual que exige a manifestação do contratante, já que, na alienação da empresa, permanecerá vinculado ao acordo, mesmo com a troca do seu parceiro negocial, valorizando-se, assim, o aumento da segurança jurídica do adquirente e a preservação da atividade em exercício (SZTAJN. Comentários aos arts. 139-167..., p. 495).

[3435] Concorda-se, nesse sentido, com a observação de RACHEL SZTAJN: "Cautelarmente deve ser feita a estimação a respeito do valor de venda dos ativos remanescentes para saber se, somados aos valores obtidos com a venda de bens isolados, o total supera o valor previsto para a venda do todo. É aritmética pura, mas que não pode ser afastada da análise do aplicador da lei. Desmembrar os estabelecimentos quando o todo valer menos do que a soma das partes é solução eficiente que deve presidir a liquidação de ativos." (SZTAJN. Comentários aos arts. 139-167..., p. 496-497). No mesmo sentido, BERNARDI. Da realização do ativo..., p. 489).

REALIZAÇÃO DO ATIVO

Privilegia-se, assim, a venda de conjuntos, filiais ou unidades produtivas que mantenham certa autonomia e capacidade de continuar a exploração de suas operações, atividades e negócios individualmente, ainda que inseridos em outra estrutura empresarial maior[3436]. Aqui também se insere a previsão do §3º do art. 140, anteriormente analisada (*i.e.*, conjunto de bens necessários à operação rentável da unidade de produção, que poderá compreender a transferência de contratos específicos).

2.3. Alienação em bloco dos bens que integram cada um dos estabelecimentos do devedor

Essa é a hipótese prevista no art. 140, III, da LREF. Aqui não se pretende mais preservar a organização funcional dos bens em unidades produtivas porque o mercado provavelmente não as vê como unidades empresariais eficientes ou com potencial de gerar valor futuro. Mesmo assim, a Lei considera que antes de aliená-los individualmente pode ser mais vantajoso a venda de bloco, seja para facilitar consideravelmente o processo de alienação ou para obter um maior valor pelo conjunto.

2.4. Alienação dos bens individualmente considerados

Trata-se da hipótese prevista no art. 140, IV, da LREF. Chega-se à última alternativa estabelecida pela Lei e, não por acaso, provavelmente, a menos eficiente e que gerará menor valor econômico ao devedor para o pagamento de seus credores. A venda individualizada dos bens integrantes do estabelecimento do falido pressupõe a seguinte sistemática: segmenta-se a organização, separa-se individualmente os bens e efetiva-se a alienação, mesmo que se esteja diante de visível perda de funcionalidade[3437].

[3436] Na linha defendida por RACHEL SZTAJN, a possibilidade de preservar e dar continuidade ao funcionamento de tais unidades isoladas não depende da manutenção e permanência do estabelecimento original, como outrora considerado (art. 140, I). A LREF foi razoável nesse ponto: quando for possível, sem perda de eficiência na organização de cada estabelecimento individual, desvincular a parte do todo, vislumbrando-se a chance de agregar a ela outras qualidades empresariais relevantes, o desmembramento é a melhor alternativa, diante da ausência de interesse de terceiros pelo estabelecimento na sua totalidade. Deve-se, nesse contexto, avaliar cada unidade produtiva de acordo com critérios de viabilidade econômico-financeira individualizados, o que permite preservar a eficiência da operação segmentada e maximizar a receita auferida pela venda dos bens e direitos (SZTAJN. Comentários aos arts. 139-167..., p. 497-498).

[3437] Veja-se o comentário de RACHEL SZTAJN: "Difere da venda e compra de bens do estabelecimento como as mercadorias ou serviços que são oferecidos no exercício da atividade. Essa alternativa representa o desmanche da organização, implica em perda de esforços e, por isso, vem como opção residual. Atende à necessidade de obter recursos líquidos quando nenhuma das outras possibilidades acima enumeradas for viável." (SZTAJN. Comentários aos arts. 139-167..., p. 490). Nesse sentido, ver, também: BERNARDI. Da realização do ativo..., p. 490.

3. Efeitos

Conforme o *caput* do art. 141, da alienação conjunta ou separada de ativos, inclusive da empresa ou de suas filiais, promovida sob qualquer das modalidades de que trata o referido dispositivo legal (*sic*, a rigor, sob qualquer das modalidades do art. 142 da LREF), decorrem os seguintes efeitos: (*i*) todos os credores, observada a ordem de preferência definida no art. 83, sub-rogam-se no produto da realização do ativo; (*ii*) o objeto da alienação estará livre de qualquer ônus e não haverá sucessão do arrematante nas obrigações do devedor, inclusive as de natureza tributária, as derivadas da legislação do trabalho e as decorrentes de acidentes de trabalho.

O enfoque do dispositivo é dúplice: (*i*) de um lado assegura que todos os credores serão sub-rogados no produto da realização do ativo, na ordem de preferência estabelecida pelo art. 83 da LREF, e, de outro, garante (*ii*) o rompimento do vínculo que conecta ativos e passivos patrimoniais do falido com o sucessor; há, portanto, previsão expressa que o objeto da alienação estará livre de qualquer ônus e não haverá sucessão do arrematante nas obrigações do devedor, inclusive as de natureza tributária, as derivadas da legislação do trabalho e as decorrentes de acidentes de trabalho, cuja relevância é determinante para o sucesso do procedimento.

A combinação dos incisos I e II do art. 141 acaba por maximizar o valor do ativo do falido, aumentando o montante total auferido ao final do procedimento de realização do ativo. Vejamos as principais consequências de tais efeitos.

3.1. Sub-rogação dos credores

Os credores serão sub-rogados no produto da realização do ativo, respeitada a ordem de preferência estabelecida pelo art. 83. A sub-rogação está umbilicalmente conectada à regra da ausência de sucessão do adquirente nas obrigações do devedor, sobretudo porque a vantagem econômica auferida por essa regra transfere-se para a totalidade dos credores por intermédio daquela[3438].

A regra é um dos alicerces da LREF. Não é à toa que antecede a previsão legal acerca da quebra do elo de responsabilidade entre alienante e adquirente. Sua violação, direta ou indireta, deturpa as bases do sistema recuperatório, levando-o a um colapso irremediável, com efeitos nefastos para todos os envolvidos, especialmente para os adquirentes de bens do devedor.

[3438] Alguns autores destacam que a regra da não sucessão acaba por favorecer apenas os maiores credores, especialmente os credores com garantia real, diante da sua posição imediatamente posterior aos créditos decorrentes da legislação do trabalho, cujo recebimento está limitado a 150 salários mínimos, conforme o art. 83, I da LREF (BERNARDI. Da realização do ativo..., p. 493).

3.2. A regra da não sucessão na falência

A disciplina do tema nos Direitos Civil (art. 1.146 do CC/02), Tributário (art. 133 do Código Tributário Nacional) e Trabalhista (arts. 10 e 448 da Consolidação das Leis do Trabalho), por exemplo, é semelhante: o adquirente dos ativos sucede o alienante nas obrigações anteriores à transferência, havendo, no entanto, regras específicas para cada espécie de débito[3439].

No âmbito da falência, a regra de sucessão é distinta, desde que respeitados certos critérios (inclusive a regra do art. 83, I). Invertem-se as premissas: se fora da falência, a regra geral é a sucessão do adquirente, no processo falimentar a sucessão se torna a exceção – inclusive no que tange a débitos decorrentes da Lei Anticorrupção[3440] –, que se configura somente diante de condições específicas, referidas a seguir.

Mas nem sempre foi assim[3441]. A sistemática anterior foi alterada pela LREF de tal forma que, hoje, no âmbito da falência, não se aplica a regra geral da sucessão, em razão da previsão do art. 141, II, da LREF[3442].

A propósito, o STF, no julgamento da Ação Direta de Inconstitucionalidade (ADI) de n. 3934/DF, de relatoria do Min. RICARDO LEWANSOWSKI, datado de 27 de maio de 2009, já se manifestou sobre a constitucionalidade dos dispositivos da LREF referentes à inexistência de sucessão do adquirente nas dívidas do alienante no contexto da falência e da recuperação de empresas[3443]. E tal regra vem sendo aplicada pela jurisprudência, inclusive no que tange a débitos trabalhistas[3444].

Vejamos, agora, os principais reflexos dessa previsão.

3.2.1. Ausência de sucessão tributária

A promulgação da LREF acarretou alterações na disciplina do tema no CTN. A Lei Complementar 118, também datada de 09 de fevereiro de 2005, modifi-

---

[3439] BERNARDI. Da realização do ativo..., p. 492.

[3440] BORGES FILHO; LEVY. A sucessão das dívidas resultantes da Lei Anticorrupção...

[3441] No Decreto-Lei 7.661/1945, por exemplo, havia sucessão do adquirente nas dívidas do falido. Nesse sentido, lembra RACHEL SZTAJN que: "Uma das maiores dificuldades na venda de ativos, até em leilão público, no sistema da legislação anterior, tinha como fonte a sucessão do adquirente em obrigações do falido. Era como se houvesse um direito reipersecutório exercitável pelos credores que acompanhava o bem pertencente ao falido. Isso dificultava a venda de ativos, sobretudo quando se tratasse de sociedade ou de qualquer estabelecimento como unidade." (SZTAJN. Comentários aos arts. 139-167..., p. 510).

[3442] "Art. 141. Na alienação conjunta ou separada de ativos, inclusive da empresa ou de suas filiais, promovida sob qualquer das modalidades de que trata este artigo: II – o objeto da alienação estará livre de qualquer ônus e não haverá sucessão do arrematante nas obrigações do devedor, inclusive as de natureza tributária, as derivadas da legislação do trabalho e as decorrentes de acidentes de trabalho."

[3443] STF, Tribunal Pleno, ADI 3.934/DF, Rel. Min. Ricardo Lewansowski, j. 27/05/2009.

[3444] V.g.: STJ, 2ª Seção, CC 91.276/RJ, Rel. Min. Fernando Gonçalves, Rel. p/ acórdão Min. Massami Uyeda, j. 09/09/2009.

RECUPERAÇÃO DE EMPRESAS E FALÊNCIA

cou o regramento estabelecido pelo art. 133 do Código Tributário Nacional, na seção que rege a responsabilidade por sucessão, criando exceções para os casos existentes em processos de falência e recuperação judicial[3445].

Segundo a regra tradicional, a pessoa natural ou jurídica de direito privado que adquirir de outra, por qualquer título, fundo de comércio ou estabelecimento comercial, industrial ou profissional, e continuar a respectiva exploração, sob a mesma ou outra razão social ou sob firma ou nome individual, responde pelos tributos, relativos ao fundo ou estabelecimento adquirido, devidos até a data do ato: (*i*) integralmente, se o alienante cessar a exploração do comércio, indústria ou atividade; (*ii*) subsidiariamente com o alienante, se este prosseguir na exploração ou iniciar dentro de seis meses a contar da data da alienação, nova atividade no mesmo ou em outro ramo de comércio, indústria ou profissão (CTN, art. 133, *caput*).

No §1º do mesmo artigo há a expressa previsão de que o *caput* não será aplicado na hipótese de alienação judicial em processo de falência (bem como na hipótese de recuperação judicial). A previsão é extremamente importante para o sucesso da realização do ativo no âmbito do regime falimentar e vem ao encontro dos princípios que inspiraram a elaboração da LREF.

3.2.2. Relações trabalhistas

Especialmente projetado para o contexto de alienação de estabelecimentos empresariais do falido, o §2º do art. 141 estabelece que os empregados do devedor contratados pelo arrematante serão admitidos mediante novos contratos de trabalho e o arrematante não responderá por obrigações decorrentes do contrato anterior. Assim, bem como diante do disposto no art. 141, II, da LREF, não se aplicam, portanto, à realização de ativos da falência as previsões dos arts. 10[3446] e 448[3447] da CLT.

As contratações dos trabalhadores serão refeitas pelo novo empregador, iniciando-se a partir dessa data o prazo para aquisição dos direitos de natureza trabalhista, tais como férias e 13ª proporcional. Note-se, porém, que a LREF não garante (e nem teria como fazer isso) a manutenção do quadro de funcionários, cabendo ao adquirente a decisão acerca de quais trabalhadores serão, de fato, mantidos na exploração da atividade[3448].

[3445] Para aprofundamento sobre o tema, ver: DERZI, Misabel de Abreu M.; FRATTARI, Rafael. Dispositivos do Código Tributário Nacional alterados por ocasião da publicação da Lei 11.101/05. In: CORRÊA-LIMA, Osmar Brina; CORRÊA LIMA, Sérgio Mourão (coord.). *Comentários à nova Lei de Falências e Recuperação de Empresas*. Rio de Janeiro: Forense, 2009, p. 1.323-1.369.

[3446] "Art. 10. Qualquer alteração na estrutura jurídica da empresa não afetará os direitos adquiridos por seus empregados."

[3447] "Art. 448. A mudança na propriedade ou na estrutura jurídica da empresa não afetará os contratos de trabalho dos respectivos empregados."

[3448] SZTAJN. Comentários aos arts. 139-167..., p. 510.

3.2.3. Relações civis e empresariais

O art. 1.146 do Código Civil também prevê a sucessão do passivo em caso de alienação do estabelecimento[3449]. Todavia, tal regra também não incide em contexto falimentar diante do art. 141, II, da LREF.

3.2.4. Hipótese em que há sucessão

Tanto o §1º do art. 141 da LREF quanto o §2º do art. 133 do CTN estabelecem exceções à regra da inexistência de sucessão.

Na dicção do art. 141 da LREF, haverá sucessão sempre que o arrematante for (*i*) sócio da sociedade falida, ou sociedade controlada pelo falido; (*ii*) parente, em linha reta ou colateral até o 4º (quarto) grau, consanguíneo ou afim, do falido ou de sócio da sociedade falida; ou (*iii*) identificado como agente do falido com o objetivo de fraudar a sucessão.

Em redação muito semelhante (que abrange, também, o regime da recuperação judicial), o §2º do art. 133 do CTN determina que haverá sucessão sempre que o adquirente for: (*i*) sócio da sociedade falida ou em recuperação judicial, ou sociedade controlada pelo devedor falido ou em recuperação judicial; (*ii*) parente, em linha reta ou colateral até o 4º (quarto) grau, consanguíneo ou afim, do devedor falido ou em recuperação judicial ou de qualquer de seus sócios; ou (*iii*) identificado como agente do falido ou do devedor em recuperação judicial com o objetivo de fraudar a sucessão tributária[3450].

3.3. Nota sobre os efeitos registrais

Segundo a previsão do §4º do art. 140 da LREF, quando as transmissões de bens dependerem de registro público (como é o caso de imóveis e automóveis), a este

---

[3449] "Art. 1.146. O adquirente do estabelecimento responde pelo pagamento dos débitos anteriores à transferência, desde que regularmente contabilizados, continuando o devedor primitivo solidariamente obrigado pelo prazo de um ano, a partir, quanto aos créditos vencidos, da publicação, e, quanto aos outros, da data do vencimento."

[3450] Sobre tais exceções, vejam-se os comentários de RACHEL SZTAJN: "Na verdade, excluir essas pessoas do benefício resultante da ruptura do vínculo jurídico entre ativo e passivo inibe comportamentos dissimulados, oportunistas. Coibir a possibilidade de que alguém, ligado à crise da empresa, venha a gozar de algum privilégio patrimonial leva à internalização de parte dos prejuízos daí decorrentes. A proibição ao recebimento dos bens sem nenhum vínculo por obrigações anteriores a tais pessoas, cuja enumeração é taxativa, evita que se aproveitem da assimetria de informações e impõe aos sócios controladores, administradores e pessoas a eles ligadas que arquem com os efeitos da falência, naquilo que não seja distribuído entre os credores." (SZTAJN. Comentários aos arts. 139-167..., p. 508). Em sentido contrário, ALFREDO DE ASSIS GONÇALVES NETO critica a previsão por entender que ela limita injustificadamente o âmbito da disputa não considerando (ou melhor, tolhendo de forma abrupta) interesses bastante comuns em situações falimentares, como aquele que envolve sócio com pequena participação no capital social da sociedade falida, totalmente alheio à sua administração, ou, em maior escala, até mesmo acionistas de uma companhia aberta com capital disperso no mercado (GONÇALVES NETO. Administração da falência, realização do ativo e pagamento dos credores..., p. 264).

servirá como título aquisitivo suficiente o mandado judicial respectivo. Trata-se de previsão procedimental importante, especialmente considerando a duplicidade do regime de aquisição de propriedade no Brasil (como regra, tradição para bens móveis e a transcrição no registro competente para imóveis).

Em ambos os casos, o negócio jurídico translativo deve manifestar a intenção de transferir a propriedade do bem de uma parte para a outra, seja de maneira expressa ou tácita. Na falência, há uma circunstância adicional: com a decretação da quebra, o falido perde o poder de disposição sobre seus bens, mas não o direito de propriedade sobre eles. No entanto, como se está diante de processo de execução forçada e coletiva contra o devedor, presume-se que está dispensada a necessidade de manifestação da intenção de transferir a titularidade dos bens que constituem a massa falida objetiva[3451].

Ciente dessa circunstância, o legislador autorizou que o mandado judicial produza os mesmos efeitos jurídicos da declaração negocial, especialmente para os fins registrais, já que, para os bens imóveis, por exemplo, este é pressuposto para a transferência da propriedade do bem da massa falida para o adquirente[3452].

4. Escolha da modalidade de alienação

O art. 142 prevê que o juiz, ouvido o administrador judicial e atendendo à orientação do Comitê de Credores, se houver, ordenará que se proceda à alienação do ativo em uma das seguintes modalidades: (*i*) leilão, por lances orais; (*ii*) propostas fechadas; e (*iii*) pregão.

As duas primeiras modalidades já figuravam no regime do Decreto-Lei 7.661/1945 (arts. 117 e 118), constituindo o pregão a grande novidade posta pelo legislador, cuja inspiração decorreu, em grande medida, da Lei 10.520/2002[3453], que deve ser subsidiariamente aplicada à LREF no que for compatível[3454], embora inexista previsão expressa nesse sentido.

A escolha de uma das modalidades arroladas no art. 142 deve estar embasada em algumas premissas fundamentais, tais como o tipo de venda a ser realizada e o bem envolvido na transação (*e.g.*, estabelecimento, bloco de bens, bens isolados), bem como o interesse que se espera dos adquirentes. Ainda assim, a escolha não estará isenta de críticas.

Há, por exemplo, quem considere a modalidade do leilão oral ineficiente, na medida em que os participantes, conhecidos uns dos outros, tenderão a ofere-

---

[3451] Sztajn. Comentários aos arts. 139-167..., p. 502.
[3452] Sztajn. Comentários aos arts. 139-167..., p. 502; Bernardi. Da realização do ativo..., p. 490.
[3453] Lei que instituiu, no âmbito da União, Estados, Distrito Federal e Municípios, nos termos do art. 37, XXI, da Constituição Federal, a modalidade de licitação denominada pregão, para aquisição de bens e serviços comuns.
[3454] Gonçalves Neto. Administração da falência, realização do ativo e pagamento dos credores..., p. 266.

REALIZAÇÃO DO ATIVO

cer valores baixos nos lances iniciais, numa espécie de simulação da disputa que a Lei pretendeu criar, cujo resultado pode ser desfavorável ao interesse dos credores e à eficiência do procedimento[3455].

Por outro lado, a modalidade das propostas fechadas tenderia a ser mais eficiente, considerando que cada participante mensura previamente o interesse dos demais participantes, cotejando com o seu. Um exemplo bem sucedido da utilização dessa modalidade de alienação de ativos ocorreu no caso da privatização do Banespa adquirido pelo Banco Santander por um montante muito superior ao mínimo anteriormente estabelecido[3456].

A decisão quanto à modalidade de alienação do ativo deverá considerar sempre como fator determinante as circunstâncias do caso concreto.

5. Regras gerais aplicáveis a todas as modalidades
Aqui se cuida das regras comuns aplicáveis a todas as modalidades de alienação dos bens do falido.

5.1. Participação do juiz, do administrador judicial e do Comitê de Credores
Segundo o *caput* do art. 142, o juiz, ouvido o administrador judicial e atendendo à orientação do Comitê de Credores, se houver, ordenará que se proceda à alienação do ativo em uma das modalidades legalmente previstas entre os incisos I e III. Ao mesmo tempo em que a LREF outorgou ao magistrado o poder de decidir sobre a modalidade mais adequada para a alienação dos ativos do devedor, determinou que tanto o administrador judicial quanto o Comitê de Credores, se existente, contribuam com argumentos e opiniões para embasar a decisão.

A doutrina diverge quanto à natureza da decisão do juiz. Para alguns, trata-se de decisão discricionária do magistrado, sem conteúdo decisório por decorrer de um direito de escolha a ele atribuído[3457]-[3458]. Para outros, com os quais concor-

---

[3455] SZTAJN. Comentários aos arts. 139-167..., p. 512.

[3456] SZTAJN. Comentários aos arts. 139-167..., p. 512.

[3457] Por exemplo, ALFREDO DE ASSIS GONÇALVES NETO entende que "(...) se a Assembleia Geral de Credores não definir outra forma de liquidação do ativo (art.145) – no que é soberana – cabe ao magistrado determinar qual das três deverá ser utilizada no caso concreto, ouvindo, para tanto, o administrador judicial e, se houver, o comitê de credores. Essa tarefa do juiz tem caráter administrativo e se insere no seu poder discricionário, não se revestindo de conteúdo decisório, por decorrer de um direito de escolha a ele atribuído. Sendo assim, não se trata de uma decisão suscetível de recurso, mas do exercício do direito de adotar uma dentre as alternativas legalmente admissíveis. Esse ato judicial só é praticado quando a assembleia de credores não delibera a respeito; tem, por isso, a mesma, fazendo as vezes daquele." (GONÇALVES NETO. Administração da falência, realização do ativo e pagamento dos credores..., p. 266).

[3458] O STJ, quando instado a se manifestar sobre o tema, ainda na vigência do Decreto-Lei 7.661/1945, entendeu que a venda de bens arrecadados na falência faz parte dos atos de discricionariedade do juiz, a quem caberia, preponderantemente, verificar o que é melhor ou não para a massa, considerando que a

RECUPERAÇÃO DE EMPRESAS E FALÊNCIA

damos, a decisão judicial admite recurso (no caso, agravo por se tratar de decisão interlocutória, apesar da discussão que pode existir em torno do art. 1.015 do CPC/2015), embora mantenha, até certa medida, sua natureza discricionária[3459].

5.2. Publicação de anúncio

A regra ora examinada está prevista no art. 142, §1º. Em quaisquer das modalidades em questão, a alienação será antecedida pela publicação de anúncio em jornal de ampla circulação, com 15 dias de antecedência para bens móveis, e com 30 dias na alienação da empresa ou de bens imóveis, facultada a divulgação por outros meios que contribuam para o amplo conhecimento da venda, se a massa comportar a despesa.

O objetivo do legislador foi incentivar a disputa entre os interessados, credores e terceiros adquirentes, na aquisição do ativo do devedor, qualquer que seja a modalidade escolhida para liderar a liquidação. Teve o cuidado de estabelecer prazos distintos conforme o tipo de bem a ser alienado, como é praxe no Direito brasileiro[3460].

Diferentemente do critério utilizado por outras leis, a LREF não estabeleceu a necessidade de que a publicação do anúncio ocorra no Diário Oficial, liberando, portanto, o administrador judicial para escolher o meio mais eficiente possível, aquele que alcance o número mais extenso possível de interessados na aquisição dos ativos do falido[3461].

A publicidade deve conter informações substanciais ao procedimento, aptas a informar adequadamente o potencial adquirente, tais como a modalidade adotada, a data, o local e o horário preciso para a realização do ato, bem como a rela-

---

finalidade do processo é o pagamento com garantia de igualdade em suas respectivas preferências (STJ, 3ª Turma, RMS 474/SP, Rel. Min. Gueiros Leite, j. 17/12/1990).

[3459] Para RICARDO BERNARDI: "(...) na medida em que a escolha da modalidade de realização do ativo insere-se entre os atos de administração praticados pelo juiz, existe certa margem de discricionariedade para decisão acerca do modo mais conveniente para que se atinja essa finalidade com eficiência, o que poderia sugerir o não cabimento de recurso contra essa decisão. Todavia, é certo que existe a possibilidade do magistrado extrapolar os limites da discricionariedade que a lei lhe faculta e esbarrar na ilegalidade, o que reclama a interposição de recurso ou qualquer outra medida cabível pelos credores, pelo falido ou pelo Ministério Público". "O magistrado tem liberdade para escolher a modalidade de realização do ativo dentro da lei. Se a modalidade escolhida não for razoável e acarretar evidentes prejuízos em desfavor dos credores, o ato do juiz não estará comportado dentro da lei. Logo, é ilegal e atacável pela via do agravo. Anote-se que o art. 189 da Lei 11.101/05 admite a aplicação do CPC [de 1973] aos procedimentos previstos na lei falimentar, inclusive no que se refere a recursos, o que justifica o cabimento do agravo, por se tratar de decisão interlocutória." (BERNARDI. Da realização do ativo..., p. 497-498).

[3460] SZTAJN. Comentários aos arts. 139-167..., p. 512.

[3461] ALFREDO DE ASSIS GONÇALVES NETO entende que, apesar da LREF não fazer referência expressa à publicação em órgão oficial, a publicação nesse veículo é recomendável, desde que a massa comporte a despesa (GONÇALVES NETO. Administração da falência, realização do ativo e pagamento dos credores..., p. 267).

ção discriminada dos bens que serão liquidados. Se, por acaso, houver alguma exigência adicional, como é o caso da inscrição em órgão próprio, peculiaridades do bem, oferecimento de garantias, entre outros, ela deve estar na publicação para evitar surpresas e reduzir a incerteza do adquirente[3462].

5.3. Regra do maior valor oferecido

Independentemente da modalidade utilizada, a alienação dar-se-á pelo maior valor oferecido, mesmo que inferior ao valor de avaliação (LREF, art. 142, §2º). O critério adotado outorga segurança aos credores no que se refere à liquidação do ativo em questão.

Caso a LREF exigisse que o bem fosse adquirido somente pelo valor da avaliação ou, ainda, por valor superior, correr-se-ia o risco de que a venda jamais fosse efetivada, o que redundaria, por ricochete, na obrigação da massa falida em arcar com despesas adicionais relativas à sua guarda e conservação, eventual deterioração e perda de valor, isso sem computar os custos de publicação de novo anúncio em jornal (ou outro meio escolhido pelo administrador) quanto à data do novo certame[3463].

5.4. Participação do Ministério Público

O §7º do art. 142 estabelece que o Ministério Público deverá ser intimado pessoalmente em qualquer modalidade de alienação, sob pena de nulidade. Trata-se de forma de controle externo sobre o cumprimento das regras e diretrizes estabelecidas pela LREF. A previsão é importante, especialmente porque outorga ao fiscal da lei a possibilidade de aquilatar se os credores estão sendo adequadamente garantidos quanto aos valores levantados ao final do procedimento ou na escolha e na combinação das modalidades de alienação do ativo[3464].

Ao contrário do art. 117, *caput*, do Decreto-Lei 7.661/1945[3465], que exigia a presença obrigatória do representante do Ministério Público no leilão, sob pena de nulidade, a LREF previu sua intimação que, por sua vez, tem relação com a apresentação de impugnação nos termos do art. 143[3466]. Nada impede, no entanto,

---

[3462] SZTAJN. Comentários aos arts. 139-167..., p. 512-513.
[3463] SZTAJN. Comentários aos arts. 139-167..., p. 513.
[3464] SZTAJN. Comentários aos arts. 139-167..., p. 516.
[3465] "Art. 117. Os bens da massa serão vendidos em leilão público, anunciado com dez dias de antecedência, pelo menos, se se tratar de móveis, e com vinte dias, se de imóveis, devendo estar a ele presente, sob pena de nulidade, o representante do Ministério Público."
[3466] "Art. 143. Em qualquer das modalidades de alienação referidas no art. 142 desta Lei, poderão ser apresentadas impugnações por quaisquer credores, pelo devedor ou pelo Ministério Público, no prazo de 48 (quarenta e oito) horas da arrematação, hipótese em que os autos serão conclusos ao juiz, que, no prazo de 5 (cinco) dias, decidirá sobre as impugnações e, julgando-as improcedentes, ordenará a entrega dos bens ao arrematante, respeitadas as condições estabelecidas no edital."

que o represente do *Parquet* se faça presente ao certame, se assim entender necessário[3467].

5.5. Falência superavitária e realização do ativo

Ponto interessante diz respeito à necessidade ou não de realização do ativo quando o procedimento falimentar se mostrar superavitário. O Tribunal de Justiça de Minas Gerais já teve a oportunidade de se manifestar sobre o tema, determinando a continuidade do procedimento diante da ausência de prejuízo ao falido, já que eventual saldo positivo remanescente ser-lhe-á restituído ao final do processo falimentar[3468].

6. Regras específicas para cada uma das modalidades

Aqui serão examinadas regras específicas para cada uma das modalidades previstas no art. 142 (incisos I a III).

6.1. Leilão

Segundo previsão do §3º do art. 142 da LREF, aplicam-se ao leilão por lances orais, no que couberem, as regras do Código de Processo Civil; o referido dispositivo legal faz remissão expressa ao CPC/1973, estando, aqui, o leilão inserido dentro do Título II ("Das Diversas Espécies de Execução"), mais especificamente na Subseção VII ("Da Alienação em Hasta Pública"), da Seção II ("Da Penhora, da Avaliação e da Expropriação de Bens"), do Capítulo IV ("Da Execução por Quantia Certa contra Devedor Solvente"), dos arts. 686-707[3469].

No Código de Processo Civil, que é aplicável ao processo falimentar a partir da sua entrada em vigor, o leilão está regrado do art. 881 ao art. 903 nas suas modalidades de leilão eletrônico e presencial (sendo que entendemos ambas as modalidades aplicáveis à falência, apesar de o art. 142, §3º, da LREF falar expressamente em leilão por lances orais)[3470].

[3467] BERNARDI. Da realização do ativo..., p. 497.

[3468] TJMG, 1ª Câmara Cível, AI 1.0024.99.011020-7/015, Rel. Des. Eduardo Andrade, j. 30/03/2010.

[3469] Na cadeia das reformas pelas quais passou o CPC/1973, a Lei 11.382/2006 perpetrou uma série de modificações no referido Capítulo VI relativo à execução por quantia certa contra devedor solvente. Especificamente quanto às formas de expropriação, foram inseridas expressamente novas modalidades (nem tão novas para dizer a verdade), tais como a adjudicação (arts. 685-A e 685-B) e a alienação por iniciativa particular (art. 685-C). Ao que tudo indica, a alienação por iniciativa particular pode representar alternativa interessante e eficiente para o procedimento de realização do ativo na falência, na medida em que permite que o credor requeira sua alienação por sua própria iniciativa ou por intermédio de corretor credenciado perante a autoridade judiciária. Para tanto, há a abertura dada pelos arts. 144 e 145 da LREF. Quanto à adjudicação, lembramos do art. 111 da LREF.

[3470] O CPC/2015 apresenta interessantes regras sobre o leilão que são plenamente aplicáveis ao processo falimentar, como a que consta no art. 887, §2º, que dispõe sobre a publicação do edital na internet.

REALIZAÇÃO DO ATIVO

É claro que, e isso é importante, a legislação processual civil deve ser aplicada naquilo em que compatível com o processo falimentar. Nesse sentido, os prazos para publicação dos editais previstos na legislação processual civil (CPC, art. 887) não se aplicam ao processo falimentar, tendo em vista a regra específica prevista no art. 142, §1º, da LREF.

Por sua vez, por exemplo, a LREF silenciou sobre o procedimento para indicação do leiloeiro. No regime anterior, essa tarefa era tratada como uma prerrogativa do síndico (Decreto-Lei 7.661/1945, art. 117, §1º). Em regra, dever-se-ia aplicar, de forma imediata, as previsões da legislação processual civil, na linha do art. 142, §3º, da LREF. Entretanto, de acordo com o art. 706 do CPC/1973, caberia ao credor a escolha do leiloeiro, sem estabelecer qualquer critério para a tomada de tal decisão; assim, mesmo quando aplicável o referido diploma processual civil, entendíamos que a sistemática deveria ser distinta na falência: a decisão deveria caber ao administrador judicial, com base na previsão do art. 22, III, inciso "i" da LREF, sem prejuízo de a assembleia de credores deliberar sobre o tema, nos termos do art. 35, II, da LREF[3471].

Com o advento do Código de Processo Civil de 2015, de acordo com o art. 883, a designação do leiloeiro público cabe ao juiz, que poderá ser indicado pelo exequente; aqui, entendemos que se alguém possui a prerrogativa de indicar ao juiz o leiloeiro, esse alguém é o administrador judicial.

Assim, todo o procedimento de alienação de bens por meio de leilão, do início ao fim, seguirá a sistemática da legislação processual civil naquilo em que compatível com a LREF, sempre sob a supervisão e a fiscalização do administrador judicial.

A inserção do leilão entre as modalidades de realização do ativo decorre não apenas da sua antiguidade como forma de alienação judicial, mas também de algumas características que lhe são bastante peculiares, dentre as quais: (*i*) a hasta pública elimina qualquer vício de direito ou evicção em relação ao bem licitado; (*ii*) a facilidade de transformar ativos ilíquidos em moeda corrente, com poder liberatório, com alto potencial de repartição[3472].

A rigor, o lance realizado por qualquer terceiro é uma oferta, sujeita à condição suspensiva: haver ou não lance de maior valor ou que abranja maior número de bens. No leilão de bens, em conjunto ou separadamente, todo e qualquer interessado tem livre acesso para formular propostas para ter o bem que lhe inte-

---

Ademais, o CPC também regula a adjudicação (arts. 876 a 878) e a alienação por iniciativa particular (art. 880), podendo esta última ser adotada diante da abertura dada pelos arts. 144 e 145 da LREF. Quanto à adjudicação, lembramos do art. 111 da LREF.

[3471] BERNARDI. Da realização do ativo..., p. 495.

[3472] SZTAJN. Comentários aos arts. 139-167..., p. 511.

RECUPERAÇÃO DE EMPRESAS E FALÊNCIA

ressa para si. A sistemática incentiva a competição natural e saudável entre os participantes, bem como a disputa pela oferta do lance mais alto, que, ao fim e ao cabo, acaba por favorecer os credores (e o próprio falido) e outorga eficiência ao procedimento[3473].

6.2. Propostas fechadas

Nos termos do §4º do art. 142 da LREF, a alienação por propostas fechadas ocorrerá mediante a entrega, em cartório e sob recibo, de envelopes lacrados, que serão abertos pelo juiz, no dia, hora e local designados no edital, lavrando o escrivão o auto respectivo, assinado pelos presentes, e juntando as propostas aos autos da falência[3474].

Esse sistema era o mais utilizado no regime anterior, pois é de fácil entendimento e manuseio, mais simples e menos custoso que o leilão, embora possa não ser a solução mais apropriada e eficiente para a alienação dos ativos do devedor[3475].

6.3. Pregão

Na linha do §5º do art. 142 da LREF, a venda por pregão constitui modalidade híbrida, uma espécie de combinação das anteriores, comportando duas fases: (*i*) o recebimento das propostas, na forma do §3º do referido artigo (a rigor, §4º); e (*ii*) o leilão por lances orais, de que participarão somente aqueles que apresentarem propostas não inferiores a 90% da maior proposta ofertada, na forma do §2º do referido dispositivo legal (a rigor, §3º).

O §6º do mesmo dispositivo estabelece que a venda por pregão respeitará as seguintes regras:

[3473] Sobre a forma de pagamento do preço de compra e venda (possibilidade ou não de parcelamento pelo adquirente), o TJSP já decidiu no seguinte sentido: "Hasta pública – Impossibilidade de aditamento do lanço após esgotado o momento de oferecimento das propostas – Ocorrência de preclusão consumativa – Possibilidade de proposta com pagamento parcelado que decorre de lei – Desnecessário, portanto, constar a viabilidade de parcelamento no edital – Recurso improvido." (TJSP, 8ª Câmara de Direito Privado, AI 9023819-95.2009.8.26.0000, Rel. Des. Joaquim Garcia, j. 27/10/2010).

[3474] Segundo RACHEL SZTAJN: "A escolha tem na base o entendimento sobre ser desaconselhável a realização de leilão público. Trata-se, tal como leilão oral, de declaração de compra, de oferta efetiva, não de simples promessa, pelo que o lançador ou licitante estará vinculado à sua declaração. Entregues os envelopes, as propostas são vinculativas, não se admitindo retratação ainda que os envelopes não tenham sido abertos. Não parece admissível que as propostas contenham cláusula especial de arrependimento ou retratação. (...). A abertura dos envelopes pelo juiz que presidir o feito, no dia, hora e local indicados no edital, é requisito para garantir que o procedimento não será contaminado por vícios formais. Podem comparecer ao ato de abertura dos envelopes interessados no procedimento de arrematação, aí incluídos os membros do comitê de credores." (SZTAJN. Comentários aos arts. 139-167..., p. 514). No mesmo sentido: BERNARDI. Da realização do ativo..., p. 493; GONÇALVES NETO. Administração da falência, realização do ativo e pagamento dos credores..., p. 267.

[3475] Nesse sentido: BERNARDI. Da realização do ativo..., p. 495.

REALIZAÇÃO DO ATIVO

a. Na primeira fase, depois de recebidas e abertas as propostas, o juiz ordenará a notificação dos ofertantes, cujas ofertas não sejam inferiores a 90% da maior proposta ofertada, para comparecer ao leilão;

b. Na segunda fase, o valor de abertura do leilão será o da proposta recebida do maior ofertante presente, considerando-se esse valor como lance, ao qual ele fica obrigado.

O legislador fez uma combinação entre as modalidades anteriores, a saber: (*i*) o leilão e (*ii*) as propostas fechadas. Na alienação por pregão os lances iniciais são representados pela apresentação de propostas fechadas que constituem, na verdade, uma etapa inicial, verdadeira cláusula de barreira, para a participação dos interessados no leilão oral, com regras bastante peculiares. Somente serão admitidos na etapa posterior, consistente no leilão oral, os interessados cujas propostas tenham sido classificadas entre a de maior valor e aquelas cujo valor seja 90% daquela; aqueles que não estiverem inseridos nessa margem não poderão participar do leilão, sendo autorizada a realização de lances orais somente para os interessados que preencherem tal condição, independentemente do valor de avaliação do bem[3476]. Ademais, o piso para a segunda fase, *i.e.*, o leilão, será o da proposta recebida do maior ofertante presente, considerando-se esse valor como lance, ao qual ele fica obrigado.

Caso o ofertante da maior proposta não compareça ao leilão e não seja dado lance igual ou superior ao valor por ele ofertado, ele fica obrigado a prestar a diferença verificada, constituindo a respectiva certidão do juízo título executivo para a cobrança dos valores pelo administrador judicial (em benefício da massa falida, evidentemente)[3477]. Assim dispõe o art. 142, §6º, III.

[3476] Para ALFREDO DE ASSIS GONÇALVES NETO, na alienação realizada sob a modalidade de pregão, a existência de preço vil impede sua realização, pois inabilita a totalidade dos proponentes à seleção, mesmo aquele da melhor proposta (GONÇALVES NETO. Administração da falência, realização do ativo e pagamento dos credores..., p. 268).

[3477] Para RACHEL SZTAJN: "O critério serve para eliminar potenciais adquirentes que não se disponham a fazer lances próximos ao valor de avaliação. Pensando estrategicamente, o valor a ser ofertado deve estar próximo do de avaliação para garantir presença no leilão oral, mas não tão elevado que possa, na eventualidade de ocorrer algum imprevisto, levar à penalização do proponente que, por qualquer razão, não compareça ao leilão (...)". Seu raciocínio continua ao examinar a previsão do inciso II do §6º do art. 142: "Neste (inciso II), o lance inicial tem como piso o maior valor oferecido, desde que o ofertante esteja no leilão. Como esse lançador está vinculado ao montante proposto, caso deixe de comparecer ao leilão, será punido (inciso III), na hipótese de nenhum, entre os demais interessados convocados, oferecer lance igual ou superior. A pena é pecuniária, representada pela diferença entre o valor ofertado e aquele pelo qual o bem venha a ser alienado. Essa penalidade constitui estímulo para que não sejam feitos lances ao acaso, para que não se ganhe tempo, em conluio com algum interessado, fazendo declarações que não se pretende cumprir. A proposta é uma declaração a pessoa determinada que obriga o declarante. Dá ao ofertado o poder de, em aceitando, exigir seu cumprimento. Reconheça-se que, como estímulo

RECUPERAÇÃO DE EMPRESAS E FALÊNCIA

Não se exige a presença do juiz durante o leilão, nem mesmo no oral, competindo-lhe, todavia, a obrigação de abrir os envelopes, momento no qual será realizada a seleção das propostas conforme estabelecido pelo inciso I do §6º art. 142[3478].

7. A apresentação de impugnações

Nos termos do art. 143 da LREF, nas modalidades de alienação referidas no art. 142, poderão ser apresentadas impugnações por quaisquer credores, pelo devedor[3479] ou pelo Ministério Público, no prazo de 48 horas da arrematação. Nesse caso, os autos serão conclusos ao juiz, que, no prazo de cinco dias, decidirá sobre as impugnações e, julgando-as improcedentes, ordenará a entrega dos bens ao arrematante, respeitadas as condições estabelecidas no edital.

A regra não exige maiores explicações e busca proteger a lisura do procedimento, impedindo eventuais conluios e irregularidades que podem resultar, por exemplo, da previsão do art. 142, §2º, no sentido de que, independentemente da modalidade utilizada, a alienação dar-se-á pelo maior valor oferecido, embora seja inferior ao valor de avaliação.

O objeto da impugnação se limita a eventuais irregularidades existentes no procedimento de venda dos bens. Caso se pretenda questionar a modalidade mediante a qual o ativo foi realizado, a medida mais adequada é a interposição de recurso contra a decisão anterior que autorizou a alienação do ativo[3480].

Procedentes as razões ventiladas na impugnação, a alienação deverá ser refeita; se improcedentes, ordena-se a sua execução, respeitadas as condições estabelecidas.

8. Modalidades alternativas de alienação dos ativos do falido

A LREF prevê, nos arts. 144 e 145, regras sobre modalidades alternativas de alienação dos ativos do falido.

---

para comportamento diligente, não se poderia exigir mais." (SZTAJN. Comentários aos arts. 139-167..., p. 515-516). No entanto, há dissidência na doutrina. Por exemplo, ALFREDO DE ASSIS GONÇALVES NETO critica a redação do dispositivo: "A previsão do artigo 142, §6º, inc. III, na parte em que se refere à diferença verificada é incompreensível, porquanto não há possibilidade de sua ocorrência. Ou bem o proponente está obrigado ao pagamento do preço ou não está; não há pagamento parcial nem obrigação a maior para se falar em diferenças." (GONÇALVES NETO. Administração da falência, realização do ativo e pagamento dos credores..., p. 267).

[3478] SZTAJN. Comentários aos arts. 139-167..., p. 516.

[3479] Embora os acionistas do devedor não constem no rol de legitimados do art. 143 da LREF, a jurisprudência já admitiu sua legitimidade extraordinária para apresentar impugnação à alienação efetivada nos termos do art. 142, considerando que, na hipótese, o devedor encontrava-se sob administração de gestor judicial (TJSP, 2ª Câmara Reservada de Direito Empresarial, AI 2011812-20.2014.8.26.0000, Rel. Des. Araldo Telles, j. 25/07/2014). Em sentido contrário, sustentando a enumeração taxativa e a ilegitimidade *ad causam* dos acionistas do devedor para apresentar impugnação: TOLEDO. Recuperação judicial. Alienação de unidade produtiva isolada..., p. 203-204, 208.

[3480] BERNARDI. Da realização do ativo..., p. 499.

REALIZAÇÃO DO ATIVO

O art. 144 da LREF inova ao estabelecer que havendo motivos justificados, o juiz poderá autorizar, mediante requerimento fundamentado do administrador judicial ou do Comitê de Credores, modalidades de alienação judicial diversas das previstas no art. 142 desta Lei. Além disso, o art. 145 da LREF prevê que "o juiz homologará qualquer outra modalidade de realização do ativo, desde que aprovada pela assembleia geral de credores, inclusive com a constituição de sociedade de credores ou dos empregados do próprio devedor, com a participação, se necessária, dos atuais sócios ou de terceiros".

Embora o Decreto-Lei 7.661/1945 contivesse, no art. 123[3481], regra de natureza semelhante, cuja origem remota é o art. 190 do Decreto 434, de 1891[3482], a postura do legislador ao alterar a redação dos dispositivos e autorizar, de forma mais veemente, a possibilidade de alienação de ativos por meio de modalidades alternativas foi prudente e merece ser aplaudida.

As regras objetivam ampliar o leque de opções e tornar mais eficiente a realização do ativo do falido.

No que tange ao art. 144, de um lado, a necessidade de o administrador judicial ou de o Comitê de Credores apresentar requerimento fundamentado e justificado ao juiz solicitando a alienação judicial por meio de modalidade alternativa parece adequada[3483]. De outro, o tratamento dispensado pelo legislador foi tímido demais, uma vez que poderia ter sistematizado de forma mais completa e harmônica a solução dentro do sistema falimentar, especialmente no que se refere às regras de sucessão (ou não) do adquirente nas obrigações do falido (como será visto no item 8.3. deste Capítulo, *infra*).

Quanto ao art. 145, por sua vez, é inegável que a LREF privilegiou a liberdade das partes para conceber novas modalidades de alienação do ativo, desde

---

[3481] "Art. 123. Qualquer outra forma de liquidação do ativo pode ser autorizada por credores que representem dois terços dos créditos. 1º Podem ditos credores organizar sociedade para continuação do negócio do falido, ou autorizar o síndico a ceder o ativo a terceiro. 2º O ativo somente pode ser alienado, seja qual fôr a forma de liquidação aceita, por preços nunca inferiores aos da avaliação, feita nos têrmos do parágrafo 2º do artigo 70. 3º A deliberação dos credores pode ser tomada em assembléia, que se realizará com observância das disposições do artigo anterior, exceto a do parágrafo 3º; pode ainda ser reduzida a instrumento, público ou particular, caso em que será publicado aviso para ciência dos credores que não assinaram o instrumento, os quais, no prazo de cinco dias, podem impugnar a deliberação da maioria. 4º A deliberação dos credores dependem de homologação do juiz e da decisão cabe agravo de instrumento, aplicando-se ao caso o dispôsto no parágrafo único do artigo 17. 5º Se a forma de liquidação adotada fôr de sociedade organizada pelos credores, os dissidentes serão pagos, pela maioria, em dinheiro, na base do preço da avaliação dos bens, deduzidas as importâncias correspondentes aos encargos e dívidas da massa."

[3482] VALVERDE. *Comentários à Lei de Falências*, v. II..., p. 263.

[3483] Os "motivos justificados", que poderiam embasar esse pedido são de natureza diversa, dentre os quais se destacam interesses mercadológicos, econômicos, ou mesmo relacionados à proteção do falido, dos credores minoritários ou à conservação do bem propriamente dito.

que sejam regidas pelas regras próprias da execução coletiva, não impliquem em inobservância dos princípios da preferência legal ou da *par conditio creditorum* e sejam aprovadas pela maioria qualificada de 2/3 dos créditos presentes na assembleia geral de credores[3484].

O art. 145, *caput*, da LREF, faz referência a outras modalidades de realização do ativo, *inclusive com a constituição de sociedade de credores ou dos empregados do próprio devedor*. Assim, a formação de sociedade por credores ou empregados é exemplificativa, podendo existir outras formas alternativas de realização de ativo (como a dação em pagamento e constituição de condomínio entre credores).

As modalidades alternativas de alienação dos ativos do falido podem representar relevante medida, especialmente diante da desnecessidade de se seguirem as formalidades previstas nas modalidades de alienação do art. 142. Nesse sentido, por exemplo, é comum que durante o curso da falência alguns bens de propriedade do devedor – em regra, gêneros alimentícios, em razão da sua rápida deterioração ou dificuldade de conservação – demandem a tomada de providências rápidas para que se evite sua perda definitiva (não se esquecendo, logicamente, do disposto no art. 113 da LREF, que viabiliza a venda antecipada de bens): especialmente nessas situações, o prazo de 15 dias exigido pela LREF, entre a publicação na imprensa do "convite" ou edital e a efetiva realização da modalidade escolhida, pode representar período de tempo demasiado, maior do que o bem pode suportar[3485]. Isso sem contar várias outras situações, inclusive que envolvam negociação direta mesmo no processo falimentar[3486].

Não se tratam de situações cerebrinas, desconectadas da realidade. Muito antes pelo contrário, são hipóteses relativamente comuns na seara falimentar. Ora, se a proposta for economicamente viável, maximizar o valor do ativo do devedor e respeitar a lógica da publicidade inerente à falência (mediante o oferecimento de oportunidade idêntica aos demais credores e interessados), inexiste razão para apontar, de forma antecipada, qualquer traço de irregularidade na alternativa.

De qualquer sorte, na prática, a alienação de ativos por meio de modalidade alternativa somente se mostrará viável se estiver acompanhada da regra da não sucessão estabelecida no art. 141, II, anteriormente examinada.

[3484] Gonçalves Neto. Administração da falência, realização do ativo e pagamento dos credores..., p. 270.

[3485] Sztajn. Comentários aos arts. 139-167..., p. 516.

[3486] Veja-se a hipótese descrita por Ricardo Bernardi: "Imagine-se que, antes da designação do leilão pelo juiz, o administrador judicial receba de um terceiro uma proposta para aquisição da empresa do falido, por um valor razoável, dificilmente alcançável em um certame. Poderá, nesse caso, requerer ao juiz que autorize a alienação direta a este terceiro." (BERNARDI. Da realização do ativo..., p. 499).

REALIZAÇÃO DO ATIVO

8.1. Requisitos

De acordo com o art. 144, há a necessidade de existência de motivos justifica-dos e requerimento fundamentado do administrador judicial ou do Comitê de Credores (LREF, art. 142) (apesar de não verificarmos obstáculo a que outros interessados realizem tal requerimento, como qualquer credor), sendo que o juiz somente poderá homologar modalidade alternativa de alienação judicial se res-peitadas as regras do processo falimentar e não implicar em inobservância dos princípios da preferência legal ou da *par conditio creditorum*.

Adicionalmente, a previsão do art. 145 determina que o juiz poderá homologar qualquer outra modalidade de realização do ativo, desde que aprovada pela AGC, inclusive com a constituição de sociedade de credores ou dos empregados do pró-prio devedor, com a participação, se necessária, dos atuais sócios ou de terceiros.

O art. 35, II, "c", da LREF estabelece a competência da assembleia geral de credores para, entre outras questões, deliberar acerca da adoção de modalidades alternativas de realização do ativo do falido, na forma do art. 145 da Lei. Comple-mentando essa disposição, ainda no capítulo que disciplina a assembleia geral de credores, o art. 46 prevê que a aprovação de forma alternativa de realização do ativo na falência, prevista no art. 145, dependerá do voto favorável de credores que representem 2/3 (dois terços) dos créditos presentes à assembleia.

A aprovação depende de votos que representem o mínimo de 2/3 dos crédi-tos presentes na assembleia e não do total do passivo, como previa a lei anterior. Mesmo se comparecerem à assembleia um número representativo de parcela reduzida do passivo, a deliberação acerca da utilização de formas alternativas de realização do passivo poderá ser aprovada pelos credores presentes[3487] (para maiores informações, remete-se o leitor para o Capítulo 9 como um todo, e, em especial, ao seu item 11.2.3).

Embora a LREF não trate do tema (ao contrário do §4º do art. 123 do Decreto--Lei 7.661/1945), parte da doutrina entende que os credores que divergirem da deliberação que aprovou a alienação dos ativos por modalidade alternativa e sua consequente homologação judicial podem impugnar ou interpor recurso, de acordo com a legislação processual civil, desde que a insurgência tenha respaldo em alguma irregularidade formal, ou, no caso de irregularidade material, esteja suficientemente fundamentada e, na medida do possível, acompanhada de prova cabal acerca daquilo que se alega[3488].

Não sendo aprovada pela AGC a proposta alternativa para a realização do ativo, caberá ao juiz decidir a forma que será adotada, levando em conta a manifestação do administrador judicial e do Comitê de Credores (art. 145, §3º).

[3487] BERNARDI. Da realização do ativo..., p. 499.
[3488] BERNARDI. Da realização do ativo..., p. 499.

RECUPERAÇÃO DE EMPRESAS E FALÊNCIA

Finalmente, lembramos que o STJ já decidiu não ser necessária a prévia publicação de edital em grande circulação, prevista no §1º do art. 142 da LREF, na hipótese de alienação extraordinária de ativo da falida (LREF, arts. 144 e 145), já que, de fato, tal formalidade, além de não constar da previsão dos arts. 144 e 145, não seria condizente com a criação de uma modalidade alternativa (que não pressupõe a realização de lances ou a aceitação da melhor proposta, nos termos das modalidades ordinárias de alienação previstas no art. 142) nem com a celeridade que se espera de tal procedimento[3489].

8.2. A formação de sociedade por credores ou empregados

A LREF (art. 145, *caput*, e §2º), na linha do já mencionado art. 123 do Decreto-Lei 7.661/1945, manteve a lógica de autorizar que os credores ou empregados se organizem em sociedade para, por exemplo, utilizando seus créditos, constituir sociedade para adquirir ou arrendar o estabelecimento do falido[3490].

Apesar de o legislador ter utilizado a conjunção alternativa "ou" entre os termos "credores" e "empregados", é plenamente possível a constituição de mais de uma sociedade. Afinal, empregados são credores. A dúvida que persiste é a seguinte: coexistindo duas sociedades, uma formada por credores que não possuem créditos de natureza trabalhista e a outra por empregados, qual a proporção de ativos que será incorporada nos respectivos patrimônios? Não há resposta definitiva da doutrina, muito menos julgados dos nossos tribunais[3491].

Seja como for, não se pode ignorar o estímulo que a Lei ofereceu aos empregados para a formação da dita sociedade. O §2º do art. 145 incentiva que os

---

[3489] STJ, 3ª Turma, REsp 1.356.809/GO, Rel. Min. Paulo De Tarso Sanseverino, j. 10/02/2015.

[3490] Uma parcela da doutrina tem uma visão bastante crítica quanto ao dispositivo em questão. Nesse ponto, pondera ALFREDO DE ASSIS GONÇALVES NETO: "(...) o Enunciado da regra, combinado com os de seus parágrafos, parece sugerir a criação de uma sociedade para adquirir o patrimônio falimentar ou para dele usufruir. E nisso reside o problema, pois aí não há uma forma especial de realização do ativo: há uma sociedade, como qualquer outra, adquirindo os bens do falido, segundo uma das modalidades previstas em lei (leilão, propostas ou pregão). A formalização de uma sociedade entre os credores do devedor falido (aí incluídos os empregados) para adquirir-lhe os bens prescinde de norma legal permissiva e não caracteriza, com devido respeito, nenhuma modalidade de realização do ativo diferente daquelas previstas no artigo 142." "Situação diferente é a constituição de uma sociedade, não para adquirir os bens do falido ou os usufruir, mas para ser ela própria um meio (modalidade) de realização do ativo, como contemplada e adequadamente regulada na lei revogada." (GONÇALVES NETO. Administração da falência, realização do ativo e pagamento dos credores..., p. 270).

[3491] Para RACHEL SZTAJN, a solução passa pela "(...) incorporação do acervo pela sociedade de credores que tenha condições de pagar à outra, pela parcela que lhe fosse atribuível, tratando-se de matéria como cessão de ativos. Dessa forma, em termos de alocação eficiente de ativos, a solução se aproxima da lógica de Pareto. Se parte do lanço não se converte em moeda corrente, porque são utilizados créditos, parte deverá ser paga em dinheiro, podendo os interessados ajustar entre si o parcelamento da obrigação" (SZTAJN. Comentários aos arts. 139-167..., p. 518-520).

REALIZAÇÃO DO ATIVO

empregados tornem-se empreendedores, permitindo que eles utilizem os créditos derivados da legislação do trabalho para a aquisição e/ou arrendamento da empresa por meio de sociedade por eles constituída, por exemplo.

Ainda, a parte final do art. 145 admite a participação de sócios atuais e de terceiros, não credores, cuja participação pode ser interessante para capitalizar a sociedade ou para a transferência de *know-how*.

O rito para a formação da nova sociedade parte da mesma sistemática do leilão, anteriormente examinado, com a distinção de que a moeda utilizada não será a de curso forçado, nem será necessário o oferecimento de garantias. O requisito indispensável, como já analisado, é aprovação da operação pela AGC[3492], devendo ser estabelecida, quando da deliberação sobre o tema, a quantidade de créditos direcionados para a sociedade, a aplicação ou não de descontos (deságio) sobre o valor de face dos créditos, etc., tudo em prol da definição clara e objetiva da moeda que será exigida para participar do leilão[3493]. Outros pontos relacionados ao tema dizem respeito (*i*) à necessidade de todos os credores terem ampla possibilidade de realizar lances e ofertas durante o leilão, em regime de plena e livre concorrência com terceiros não credores, cuja contrapartida será, obviamente, moeda corrente (e não crédito), o que pode representar maior benefício para a sociedade, e (*ii*) a especificação da quantidade de bens, quando não representarem a totalidade, que serão objeto do procedimento, para fins de evitar qualquer espécie de favorecimento a alguns dos credores[3494].

[3492] Assim como a LREF não previu recurso para os credores dissidentes da deliberação da assembleia geral que aprovou, com base em 2/3 (dois terços) dos credores presentes, a alienação de ativo por meio alternativo, também não o fez com relação aos credores dissidentes em caso de organização de sociedade para dar continuidade aos negócios do falido. Deixou, no caso, lacuna que precisa ser preenchida pela doutrina, já que ninguém é obrigado a firmar contrato de sociedade e a receber seu crédito por meio de participação societária. Uma parcela da doutrina entende que a decisão da AGC está sujeita a recurso, desde que a inconformidade tenha respaldo em alguma irregularidade formal ou material. ALFREDO DE ASSIS GONÇALVES NETO, por exemplo, caminha em outra direção e propõe que se aplique aos credores dissidentes, ausentes ou abstinentes, a regra posta pelo art. 123, §5º, do Decreto-Lei 7.661/1945, que prevê o pagamento em dinheiro para os credores que não aprovaram a constituição da sociedade, mediante a convolação de seus créditos em capital, com base no preço da avaliação dos bens, deduzidos os montantes correspondentes aos encargos e dívidas da massa, e deduzindo-se, portanto, os valores que devem ser destinados ao pagamento dos créditos que os antecedem na ordem de pagamento (GONÇALVES NETO. Administração da falência, realização do ativo e pagamento dos credores..., p. 272). Ver, também: BERNARDI. Da realização do ativo..., p. 500-501; e TOLEDO, Paulo Fernando Campos Salles; PUGLIESI, Adriana Valéria. Capítulo XX: A falência: realização do ativo. In: CARVALHOSA, Modesto (coord.). *Tratado de direito empresarial*, v. V – recuperação empresarial e falência. São Paulo: Revista dos Tribunais, 2016, p. 480). Para contraponto, ver: SZTAJN. Comentários aos arts. 139-167..., p. 521-522.

[3493] SZTAJN. Comentários aos arts. 139-167..., p. 520.

[3494] SZTAJN. Comentários aos arts. 139-167..., p. 520.

RECUPERAÇÃO DE EMPRESAS E FALÊNCIA

8.3. A questão da sucessão na alienação por modalidade alternativa

O §1º do art. 145 é claro ao estabelecer que à sociedade mencionada no *caput* do referido dispositivo (*i.e.*, constituição de sociedade de credores ou dos empregados do próprio devedor, com a participação, se necessária, dos atuais sócios ou de terceiros) se aplica a regra da não sucessão nas obrigações do falido. Assim, quanto à referida sociedade, parece claro que não há sucessão das obrigações do devedor, nos termos do art. 141 da LREF[3495].

Todavia, a referência é expressa e específica para essa modalidade alternativa de alienação. Assim, a LREF nada fala sobre a inexistência de sucessão relativamente às demais modalidades alternativas, omissão que cria grave ponto de tensão no sistema de alienação dos bens do falido. Como deve se interpretar a omissão do legislador? Favorável ou contrariamente à extensão do favor legal às demais modalidades alternativas de realização do ativo?

Discorda-se da corrente doutrinária que sustenta a sucessão do adquirente nas obrigações do falido, posição fundada no fato de não há norma expressa que afaste a responsabilidade[3496]. A regra da não sucessão deve ser aplicada de forma ampla, inclusive para outras modalidades de alienação, desde que com as devidas cautelas para que não sirva de escudo (ou estímulo) para o conluio ou fraude contra credores[3497].

O traço lacônico do art. 144 e o texto restrito do art. 145 não constituem argumento jurídico suficiente para embasar conclusão a favor da sucessão, pelo menos não a partir de uma perspectiva teleológica da LREF. Não é razoável que a LREF permita, expressamente, a alienação dos ativos do falido por modalidade alternativa, aprovada, inclusive, em AGC por quórum qualificado de 2/3 para, em um segundo momento, gravá-la de pesado ônus que acaba por inviabilizá-la quase que completamente.

Não se trata aqui de sustentar interpretação *contra legem*, mas sim de defender construção harmoniosa com o princípio da preservação da empresa. Se o legislador não verberou a inexistência de sucessão do adquirente para todas as modalidades alternativas – como deveria e dele se esperava –, cabe ao intérprete fazê-lo, sob pena de se admitir a violação do espírito da Lei e, concomitantemente,

---

[3495] Sustentando que a proteção assegurada pelo art. 141, II, e pelo art. 60, parágrafo único, da LREF, também se aplica aos fundos de investimento em participações (FIP) constituídos por credores do devedor, uma vez que seria sociedade, ver: EIZIRIK, Nelson. Interpretação dos arts. 60 e 145 da Lei de Recuperação de Empresas e Falência. In: ADAMEK, Marcelo Vieira Von (coord.). *Temas de direito societário e empresarial contemporâneos – Liber Amicorum Prof. Dr. Erasmo Valladão Azevedo e Novaes França*. São Paulo: Malheiros, 2011, p. 637-644.

[3496] BERNARDI. Da realização do ativo..., p. 501.

[3497] COELHO. *Comentários à Lei de Falências e de Recuperação de Empresas...*, p. 496; TOLEDO; PUGLIESI. Capítulo XX: A falência: realização do ativo..., p. 480.

criar empecilhos à eficiência do regime, contribuindo para o enrijecimento da sua sistemática, com sérios riscos de petrificação e desconexão com a realidade.

Ora, por qual razão não se deve interpretar o silêncio do legislador a favor da modalidade que melhor satisfaz o interesse dos credores e do devedor? Por qual motivo não se deve utilizar o benefício da dúvida como forma de tornar eficiente o procedimento de realização do ativo?

A Lei criou contrapesos para balancear a alienação por meio de modalidade alternativa. O art. 144 denota o cuidado do legislador ao exigir, por exemplo, a apresentação de motivos justificados e a autorização por parte do juiz, sem os quais a alienação não pode ocorrer. Da mesma maneira, o art. 145 exige a aprovação da modalidade alternativa pela AGC, sendo que o seu §3º estabelece que se a proposta alternativa não for aprovada pela assembleia geral de credores, caberá ao juiz decidir a forma que será adotada, levando em conta a manifestação do administrador judicial e do Comitê de Credores.

Essas condições/exigências nos parecem suficientes para conceder a isenção de responsabilidade na alienação por meio de modalidade alternativa. A jurisprudência sobre o tema ainda é incipiente, mas parece enveredar por este caminho[3498].

9. Dispensa de apresentação de certidões negativas

A redação do art. 146 da LREF é curta, lógica e objetiva: em qualquer modalidade de realização do ativo, a massa falida fica dispensada da apresentação de certidões negativas.

10. Gerenciamento dos recursos

O art. 147 da LREF determina que as quantias recebidas a qualquer título deverão ser imediatamente depositadas em conta remunerada de instituição financeira, atendidos os requisitos da lei ou das normas de organização judiciária.

Busca-se garantir alguma remuneração pelos recursos que não serão imediatamente rateados entre os credores. Não se imagina que o resultado da aplicação possa gerar grandes rendimentos ao valor depositado, já que não se trata de investimento com apetite ao risco ou de longo prazo, nos quais as taxas de retorno são mais elevadas. Pelo contrário, a aplicação objetiva evitar a corrosão do valor da moeda (pela inflação, por exemplo) para não prejudicar o pagamento dos credores[3499].

A LREF evoluiu com relação ao regime anterior, cuja regra previa o depósito de tais valores junto ao Banco do Brasil ou à Caixa Econômica Federal, sendo

---

[3498] TJSP, 17ª Câmara de Direito Privado, AI 0240808.83.2011.8.26.0000, Rel. Des. Ricardo Pessoa de Mello Belli, j. 14/12/2011.

[3499] SZTAJN. Comentários aos arts. 139-167..., p. 522.

que, na ausência dessa medida, os valores deveriam ser entregues ao síndico[3500]. A Lei atual se mostra em consonância com o livre mercado e as regras da livre concorrência, devendo o administrador judicial, na medida do possível, buscar a remuneração mais atraente para os valores realizados, garantindo o baixo risco do investimento. De qualquer forma, na prática, a quantia ficará em conta à disposição e vinculada ao juízo.

O §3º do art. 133 do Código Tributário Nacional, ao tratar da ausência sucessão do adquirente nas obrigações tributárias do falido, estabelece que o produto da alienação judicial da empresa, filial ou unidade produtiva isolada permanecerá em conta de depósito à disposição do juízo de falência pelo prazo de um ano, contado da data de alienação, e somente pode ser utilizado para o pagamento de créditos extraconcursais ou de créditos que preferem ao tributário. Portanto, o produto da venda dos bens poderá ser utilizado apenas para efetuar o pagamento, anteriormente aos créditos fiscais, daqueles considerados extraconcursais (LREF, art. 84) – ou, logicamente, daqueles que devem ser satisfeitos, de acordo com a sistemática da LREF, mesmo antes do rol de credores extraconcursais estabelecido pelo art. 84 – e os que preferirem os créditos tributários (respeitada a ordem prevista no art. 83 da LREF).

Sobre a classificação dos créditos, remetemos o leitor ao Capítulo 27. Para análise do pagamento dos credores, vide Capítulo 28.

11. Relatório do administrador judicial

A LREF, em seu art. 148, determina que o administrador judicial fará constar do relatório de que trata a alínea "p" do inciso III do art. 22 os valores eventualmente recebidos no mês vencido, explicitando a forma de distribuição dos recursos entre os credores, observado o disposto no art. 149 da Lei.

Trata-se de uma espécie de prestação de contas mensal (e parcial), que deve ser juntada aos autos da falência, observado o prazo legalmente previsto. Se, por exemplo, determinado montante tiver sido rateado entre os credores, o relatório indicará a ordem de preferência e o valor rateado, conforme estabelecido no art. 149[3501] (examinado a seguir, no Capítulo 28, que trata do pagamento aos credores). Ao fim e ao cabo, o objetivo da norma é singelo, porém importante: dar transparência às movimentações financeiras realizadas ao longo do processo de falência[3502].

[3500] BERNARDI. Da realização do ativo..., p. 502.
[3501] SZTAJN. Comentários aos arts. 139-167..., p. 523.
[3502] BERNARDI. Arts. 139 a 147..., p. 502.

Capítulo 27
Classificação dos créditos

A *par conditio creditorum* é o princípio que garante o tratamento igualitário dos credores na falência, independentemente da natureza do seu crédito, gerando uma relação horizontalizada de direitos e deveres[3503]. Essa igualdade tem caráter absoluto nas fases de arrecadação, avaliação e liquidação dos bens do falido, mas não o tem na fase de pagamento. Nessa fase, verifica-se uma relação vertical dos credores entre si, cujos créditos serão classificados e pagos (igualdade intraclasse) de acordo com o critério legalmente estabelecido no art. 83 da LREF.

O princípio em questão pode ser sumarizado no quadro:

Relação horizontalizada			Relação verticalizada
Arrecadação	Avaliação	Liquidação	Pagamento
Igualdade absoluta			Igualdade intraclasse apenas

O tratamento diferenciado na fase de pagamento diz respeito à classificação dos créditos concursais conforme as prioridades legalmente estabelecidas[3504]. O art. 83 verticaliza a relação existente entre os credores, separando-os por classes, hierarquicamente organizadas segundo critério considerado relevante pelo

---

[3503] VIGIL NETO. *Teoria falimentar e regimes recuperatórios...*, p. 236.

[3504] As prioridades legalmente estabelecidas, também chamadas "privilégios", não são um direito patrimonial, mas, sim, uma "qualificação do crédito em função de sua natureza". Decorrem exclusivamente da lei, diferenciando-se, assim, das preferências – como os direitos reais de garantia –, que consistem em direito patrimonial – direito de preferência sobre os valores arrecadados com a venda do bem dado em garantia –, e cuja constituição se dá por vontade das partes (SOUZA JUNIOR, Francisco Satiro. Seção II: Da classificação dos créditos. In: _____; PITOMBO, Antônio Sérgio A. de Moraes (coord.). *Comentários à Lei de Recuperação de Empresas e Falência*: Lei 11.101/05. 2 ed. rev., atual. e ampl. São Paulo: Revista dos Tribunais, 2007, p. 359).

RECUPERAÇÃO DE EMPRESAS E FALÊNCIA

legislador, de modo que a igualdade de direitos convive com uma ordem legal de pagamentos[3505].

A LREF apresenta a classificação dos credores concursais em classes para a participação no concurso universal, de tal forma que uma classe só começa a receber o produto da alienação dos bens do falido depois que a classe hierarquicamente superior já estiver plenamente satisfeita, de acordo com a ordem que segue[3506]: *(i)* créditos derivados da legislação do trabalho, limitados a 150 (cento e cinquenta) salários mínimos por credor, e os decorrentes de acidentes do trabalho; *(ii)* créditos com direito real de garantia até o limite do valor do bem gravado; *(iii)* créditos tributários, não incluindo as multas; *(iv)* créditos com privilégio especial; *(v)* créditos com privilégio geral; *(vi)* créditos quirografários; *(vii)* multas contratuais e penas pecuniárias por infração das leis penais ou administrativas, incluindo as multas tributárias; *(viii)* créditos subordinados.

Veja-se o quadro resumo:

Classe I	Trabalhistas
Classe II	Garantia real
Classe III	Tributário
Classe IV	Privilégio especial
Classe V	Privilégio geral
Classe VI	Quirografário
Classe VII	Multas contratuais e penas pecuniárias
Classe VIII	Subordinados

No interior de cada classe (intraclasse), o tratamento dispensado entre os credores é de igualdade, salvo se existir regra especial que privilegie algum deles. Assim, como regra, o produto da liquidação dos bens do falido será rateado intraclasse respeitando a proporção de cada credor no total dos créditos da respectiva classe. Por exemplo, suponhamos que a classe "X" é a primeira a receber na ordem legal de pagamentos, sendo formada pelos credores A, B e C, cujos créditos

---

[3505] Segundo FRANCISCO SATIRO, isso ocorre porque "(...) os credores sujeitos aos efeitos da falência e da recuperação não representam um grupo homogêneo. São diversas as peculiaridades de seus interesses, suas carências e seu grau de ingerência na constituição do crédito. Da mesma forma, sua não satisfação pode acarretar consequências proporcional e subjetivamente diversas, com diferentes reflexos, inclusive sociais" (SOUZA JUNIOR. Seção II: Da classificação dos créditos..., p. 359). Ver, também: USTRA. *A classificação dos créditos na falência...*, p. 32 ss.

[3506] Os créditos aqui examinados são os denominados concursais (art. 83), isto é, aqueles gerados pelo empresário falido antes da decretação da quebra. Os créditos extraconcursais (art. 84), pagos antes dos concursais e originados especialmente em decorrência da administração da massa falida, recebem tratamento próprio, sem esquecer que há quem receba valores antes mesmo dos credores extraconcursais. Sobre o pagamento dos credores, ver o Capítulo 28.

CLASSIFICAÇÃO DOS CRÉDITOS

representam, respectivamente, 60%, 30% e 10% do total da classe. Se o montante levantado com a realização do ativo do falido foi de R$ 1.000,00 ele assim seria distribuído: (*i*) R$ 600,00 para A; (*ii*) R$ 300,00 para B; e (*iii*) R$ 100,00 para C[3507].

A classe credora subsequente começará a receber o produto da liquidação dos bens do falido somente após a integral satisfação da classe anterior, o que significa, na prática, o recebimento do principal devido aos credores e a correção monetária do período (principal + correção monetária).

Essa sistemática se reproduz em todas as classes até que os respectivos credores recebam o principal e a correção monetária. Se, ao final da fase de liquidação, for possível pagar os credores subordinados e ainda sobrarem recursos, passa-se ao pagamento dos juros legais ou contratuais vencidos após a decretação da falência (art. 124)[3508], exceto os juros das debêntures e dos créditos com garantia real, que recebem tratamento especial[3509].

Os juros vencidos anteriormente à decretação da falência devem ser incorporados ao valor nominal do débito e habilitados integral e oportunamente no processo falimentar, já que a sentença falimentar "não tem poder revisional automático"[3510]. A propósito, se o administrador judicial entender que os juros cobrados do devedor foram abusivos, deverá propor a competente ação revisional.

1. Classe I: Credores trabalhistas

Os créditos tratados nesse item têm privilégio absoluto no regime falimentar, na medida em que possuem prioridade sobre todos os demais créditos concursais (art. 83, I). A classe dos credores trabalhistas é formada por (*i*) créditos derivados da legislação do trabalho e (*ii*) créditos decorrentes de acidentes de trabalho, conforme retratado no quadro abaixo:

(*a*)	Créditos derivados da legislação do trabalho	Salário, horas-extras, férias, etc.
(*b*)	Créditos decorrentes de acidentes de trabalho	Danos sofridos na atividade laboral

Entre os créditos trabalhistas não há prioridade (como havia no regime do Decreto-Lei 7.661/1945). Todos concorrem em condição de igualdade pelo produto da liquidação dos bens do devedor – ressalvada a hipótese dos créditos salariais "emergenciais", isto é, aqueles de natureza estritamente salarial, vencidos

---

[3507] Nesse sentido, ver: USTRA. *A classificação dos créditos na falência...*, p. 39.

[3508] STJ, 1ª Turma, REsp 852926/RS, Rel. Min. Teori Albino Zavascki, j. 05/06/2007.

[3509] Os juros das debêntures e dos créditos com direito real de garantia que vencerem depois da decretação da falência até poderão ser pagos, mas por eles responde, exclusivamente, o produto dos bens que constituem a garantia (LREF, art. 124, parágrafo único).

[3510] VIGIL NETO. *Teoria falimentar e regimes recuperatórios...*, p. 238.

RECUPERAÇÃO DE EMPRESAS E FALÊNCIA

até três meses antes da quebra e limitados a cinco salários mínimos por trabalhados, que deverão ser pagos tão logo haja disponibilidade em caixa (art. 151)[3511].

1.1. Créditos derivados da legislação do trabalho

Os créditos derivados da legislação do trabalho somente poderão ser alocados nesta classe até o limite de 150 salários mínimos (art. 83, I)[3512]. O excedente deve ser habilitado na classe quirografária (art. 83, VI, "c"), assim como os créditos trabalhistas cedidos a terceiros, que serão "rebaixados" para a mesma classe (art. 83, §4º).

Há pelo menos três explicações para a limitação em 150 salários mínimos:

a. funcionar como dispositivo antifraude, isto é, reduzir o incentivo econômico para o empresário, em conluio com alguns trabalhadores de sua confiança, lançar mão de artifícios capazes de retirar, fraudulentamente, recursos da massa falida[3513];

b. dispensar atenção especial aos trabalhadores com remuneração mais modesta. Se não houvesse teto para a distribuição dos recursos, os credores com remuneração mais expressiva seriam privilegiados em detrimento daqueles com menor vencimento, caso não houvesse dinheiro em caixa para o pagamento de todos os credores trabalhistas[3514];

c. os créditos até 150 salários mínimos, ao menos no contexto falimentar, revestem-se de caráter alimentar[3515-3516].

Os créditos decorrentes da remuneração por eventual trabalho prestado após a decretação da quebra terão tratamento extraconcursal (art. 84, I).

1.2. Créditos decorrentes de acidentes de trabalho

Os créditos resultantes de acidentes de trabalho não sofrem qualquer limitação quantitativa, mas não se confundem com ação acidentária contra o Instituto Nacional de Seguridade Social (INSS)[3517].

[3511] SOUZA JUNIOR. Seção II: Da classificação dos créditos..., p. 360.

[3512] MANOEL JUSTINO BEZERRA FILHO entende que se trata do salário mínimo vigente à época da decretação da quebra (BEZERRA FILHO. Capítulo XII: A classificação dos créditos na falência..., p. 293).

[3513] Na vigência do Decreto-Lei 7.661/1945, não raro o falido não contestava reclamatórias trabalhistas com valores inflados, repartindo, ao final, o valor com o seu apaniguado.

[3514] Essa problemática se intensifica em função da proporcionalidade do rateio: um credor com 60% do total dos créditos trabalhistas simplesmente levaria 60% do total arrecadado.

[3515] SOUZA JUNIOR. Seção II: Da classificação dos créditos..., p. 362.

[3516] Sobre a adequação do limite de 150 salários-mínimos às convenções da Organização Internacional do Trabalho (OIT): SOUZA JUNIOR. Seção II: Da classificação dos créditos..., p. 361.

[3517] VIGIL NETO. *Teoria falimentar e regimes recuperatórios...*, p. 239. Esse ponto é esclarecido por FRANCISCO SATIRO: "É preciso atentar que o acidente de trabalho pode gerar para o acidentado uma dupla via de ressarcimento: uma ligada à Seguridade Social e ao INSS, que o indeniza com os recursos

CLASSIFICAÇÃO DOS CRÉDITOS

1.3. Créditos trabalhistas por equiparação

Alguns créditos são equiparados aos trabalhistas por leis especiais e compõem a primeira classe dos créditos concursais. São eles:

a. os créditos dos representantes comerciais (art. 44 da Lei 4.886/1965)[3518];
b. os créditos decorrentes das contribuições ao FGTS (art. 2º, §3º, da Lei 8.844/1994)[3519];
c. os créditos decorrentes de eventuais indenizações que venham a ter caráter alimentar[3520], e
d. os honorários advocatícios, por expressa disposição do art. 24 do Estatuto da Advocacia e da OAB[3521] (sendo que muito já se discutiu sobre qual a natureza do privilégio)[3522].

Quanto ao último caso, o STJ parece ter pacificado a matéria ao decidir que os honorários advocatícios, sucumbenciais ou contratuais, possuem natureza ali-

das contribuições sociais que administra – trata-se do benefício previsto na Lei 8.213/1991; outra, com fundamento constitucional (art. 7º, XXVIII, da CF), refere-se ao direito do trabalhador de ver ressarcidos os danos sofridos na atividade laboral, desde que decorrentes de fato imputável por dolo ou culpa do empregador, caso em que será este o devedor. As verbas são cumulativas, mas, por óbvio, só pode ser exigida na falência a indenização decorrente da condenação do empregador empresário em ação de reparação de danos movida pelo acidentado ou por seus sucessores." (SOUZA JUNIOR. Seção II: Da classificação dos créditos..., p. 363).

[3518] TJRS, 5ª Câmara Cível, APC 599211018, Rel. Des. Caminha, j. 01/10/1999. No entanto, o TJSP, restritivamente, entende ter natureza alimentar apenas o crédito do representante comercial pessoa física (empresário individual). Para o Tribunal, em se tratando de pessoa jurídica representante comercial (sociedade empresária), a natureza do crédito é quirografária. Assim: TJSP, 1ª Câmara Reservada de Direito Empresarial, AI 211723413.2016.8.26.0000, Rel. Des. Teixeira Leite, j. 21/11/2016; TJSP, 2ª Câmara Reservada de Direito Empresarial, AI 20683029620138260000, Rel. Des. Lígia Araújo Bisogni, j. 19/05/2014; TJSP, Câmara Especial de Falências e Recuperações Judiciais, AI 526.856-4/6-00. Rel. Des. Pereira Calças, j. 27/02/2008.

[3519] TJRS, 6ª Câmara Cível, AI nº 70038517512, Rel. Des. Antônio Corrêa Palmeiro da Fontoura, j. 18/11/2010; TJRS, 5ª Câmara Cível, AI 70060240686, Rel. Des. Isabel Dias Almeida, j. 06/08/2014.

[3520] BEZERRA FILHO. Capítulo XII: A classificação dos créditos na falência..., p. 295.

[3521] Lei 8.906/1994 (Estatuto da Advocacia e da OAB), art. 24: "A decisão judicial que fixar ou arbitrar honorários e o contrato escrito que os estipular são títulos executivos e constituem crédito privilegiado na falência, concordata, concurso de credores, insolvência civil e liquidação extrajudicial."

[3522] Inclusive, diante do teor do art. 24 do Lei 8.906/1994, no passado existia divergência sobre se os honorários advocatícios teriam privilégio geral (*v.g.*: STJ, 4ª Turma, AgRg no REsp 1.101.332/RS, Rel. Min. Maria Isabel Gallotti, j. 19/06/2012; STJ, 4ª Turma, AgRg no REsp 1.077.528/RS, Rel. Min. Luis Felipe Salomão, j. 19/10/2010; STJ, 4ª Turma, REsp 713.836/PR, Rel. Min. Aldir Passarinho Junior, j. 04/02/2010), não preferindo aos créditos de natureza tributária (por exemplo: STJ, 2ª Turma, AgRg no REsp 1.267.980/SC, Rel. Min. Herman Benjamin, j. 03/11/2011; STJ, 2ª Turma, REsp 874.309/PR, Rel. Min. Mauro Campbell Marques, j. 06/05/2010), ou se teriam caráter alimentar equiparado ao crédito trabalhista (*v.g.*: STJ, Corte Especial, REsp repetitivo 1.152.218/RS, Rel. Min. Luis Felipe Salomão, j. 07/05/2014; STJ, 3ª Turma, REsp 988.126/SP, Rel. Min. Nancy Andrighi, j. 20/04/2010; STJ, 3ª Turma, REsp 793.245/MG, Rel. Min. Humberto Gomes de Barros, j. 27/03/2007). Sobre o tema, ver: VIGIL NETO. *Teoria falimentar e regimes recuperatórios...*, p. 241.

RECUPERAÇÃO DE EMPRESAS E FALÊNCIA

mentar e equiparam-se aos créditos trabalhistas para fins de habilitação em falência. O montante a ser habilitado deve respeitar o limite de valor previsto no art. 83, I, da LREF, considerando-se créditos extraconcursais (de natureza alimentar e equiparado aos créditos trabalhistas) os honorários advocatícios decorrentes de trabalhos prestados à massa falida depois do decreto de quebra (conforme o disposto nos arts. 84 e 149 da Lei 11.101/05)[3523]-[3524].

Por sua vez, o STF confirmou a natureza alimentar dos honorários advocatícios com a edição da Súmula Vinculante 47[3525]. E esse entendimento restou positivado no art. 85 do CPC/2015, cujo teor determina que a sentença condenará o vencido a pagar honorários ao advogado do vencedor, dispondo no §14, que "os honorários constituem direito do advogado e têm natureza alimentar, com os mesmos privilégios dos créditos oriundos da legislação do trabalho, sendo vedada a compensação em caso de sucumbência parcial"[3526].

De qualquer sorte, é evidente que se o advogado for empregado do falido seu crédito será, necessariamente, trabalhista[3527], além de se beneficiar do disposto no art. 151 da LREF (sendo que, se for o caso, seu crédito será extraconcursal, nos termos do art. 84, I). Da mesma forma, se o advogado for contratado (como empregado ou não) pelo administrador judicial para prestação de serviço indispensável à administração da falência, poderá receber de acordo com o previsto no art. 150 da LREF[3528] (bem como, se for o caso, incidirá o art. 84, I).

[3523] STJ, 3ª Turma, AgRg no AREsp 309.330/RJ, Rel. Min. Paulo de Tarso Sanseverino, j. 06/08/2015. Ver, também: STJ, Corte Especial, REsp repetitivo 1.152.218/RS, Rel. Min. Luis Felipe Salomão, j. 07/05/2014; STJ, Corte Especial, EREsp 1.351.256/PR, Rel. Min. Mauro Campbell Marques, j. 17/12/2014; STJ, 3ª Turma, EDcl no AgRg no REsp 1.204.096/MG, Rel. Min. João Otávio de Noronha, j. 10/06/2014. Tal entendimento, em boa medida, vem sendo aplicado pelos tribunais estaduais. Nesse sentido, *v.g.*: TJSP, 2ª Câmara Reservada de Direito Empresarial, AI 2022809-62.2014.8.26.0000, Rel. Des. José Reynaldo, j. 16/03/2015. No mesmo caminho, ver o Enunciado 9 da Edição 37 da Jurisprudência em Teses do STJ. Todavia, mesmo após o STJ ter pacificado a matéria, ainda existem precedentes em sentido contrário: TJRS, 5ª Câmara Cível, AI 70064446818, Rel. Des. Isabel Dias Almeida, j. 27/05/2015; TJRS, 5ª Câmara Cível, AI 70063588487, Rel. Des. Isabel Dias Almeida, j. 08/04/2015.

[3524] Para todos os efeitos, entendemos que não se aplica o teor do art. 151 da LREF aos honorários advocatícios – salvo se, logicamente, tratar-se de advogado empregado do falido.

[3525] STF, Súmula Vinculante 47: "Os honorários advocatícios incluídos na condenação ou destacados do montante principal devido ao credor consubstanciam verba de natureza alimentar cuja satisfação ocorrerá com a expedição de precatório ou requisição de pequeno valor, observada ordem especial restrita aos créditos dessa natureza".

[3526] O §15 do mesmo dispositivo assim dispõe: "§15. O advogado pode requerer que o pagamento dos honorários que lhe caibam seja efetuado em favor da sociedade de advogados que integra na qualidade de sócio, aplicando-se à hipótese o disposto no §14."

[3527] VIGIL NETO. *Teoria falimentar e regimes recuperatórios*..., p. 241.

[3528] VIGIL NETO. *Teoria falimentar e regimes recuperatórios*..., p. 241. Nesse sentido: TJMG, 6ª Câmara Cível, APC 1.0024.15.068562-6/001, Rel. Des. Audebert Delage, j. 05/12/2017; TJMG, 6ª Câmara Cível, ED 1.0024.15.167670-7/002, Rel. Des. Corrêa Junior, j. 31/10/2017.

CLASSIFICAÇÃO DOS CRÉDITOS

1.4. Rebaixamento por cessão

Em caso de cessão do crédito trabalhista ocorre a conversão automática dos créditos trabalhistas em quirografários (art. 83, §4º). Trata-se de medida extrema prevista para evitar a criação de um mercado de créditos trabalhistas – cessão especulativa[3529] –, no qual seus titulares, premidos por extrema dificuldade financeira, podem se ver compelidos a transferir seus direitos creditícios por valores irrisórios, em detrimento do seu melhor interesse e o de sua família[3530].

2. Classe II: Credores com garantia real

Em segundo lugar na ordem de pagamentos dos créditos concursais (art. 83, II) estão os créditos com garantia real[3531], os quais detêm uma garantia especial (real) protetiva ao adimplemento da obrigação que os elevam para uma classe hierarquicamente superior nos termos da LREF[3532]-[3533], desde que regularmente constituídos[3534]. Estão entre os créditos dessa classe:

(a)	crédito *hipotecário*	garantido por bens imóveis
(b)	crédito *pignoratício*	garantido por bens móveis
(c)	crédito *caucionado*	garantido por títulos de crédito

[3529] STJ, 3ª Turma, REsp 1.526.092/SP, Rel. Min. Marco Aurélio Bellizze, j. 15/03/2016. No mesmo sentido: CORRÊA LIMA. Seção II: Da classificação dos créditos..., p. 564.

[3530] SOUZA JUNIOR. Seção II: Da classificação dos créditos..., p. 362. À p. 363, FRANCISCO SATIRO apresenta a regra em questão como uma eficiente barreira à transferência do poder de decisão das mãos dos trabalhadores para as mãos do próprio devedor ou de um concorrente inescrupuloso.

[3531] Muito se criticou a LREF por ter elevado o crédito com garantia real para o segundo posto na lista de pagamentos dos créditos sujeitos ao concurso, acusando-se as instituições financeiras de forte *lobby* no Congresso Nacional para a aprovação de uma legislação extremamente favorável aos seus interesses. Por isso, a "Lei de Recuperação de Empresas" teria passado a ser referida, jocosamente, no meio jurídico, como "Lei de Recuperação do Crédito Bancário", ou ainda "Lei FEBRABAN" (BEZERRA FILHO. *Lei de Recuperação de Empresas e Falências comentada...*, p. 43 ss). Embora as críticas sejam realistas, entendemos que a "valorização da garantia real beneficia não só aos bancos, mas aos provedores de crédito em geral", e ao próprio empresário, que pode obter financiamento – de uma instituição financeira ou de um fornecer de matérias-primas para pagamento que lhe concede pagamento a prazo – por um custo mais baixo em decorrência da redução do risco da operação (SOUZA JUNIOR. Seção II: Da classificação dos créditos..., p. 364).

[3532] VIGIL NETO. *Teoria falimentar e regimes recuperatórios...*, p. 239.

[3533] O art. 961 do Código Civil traça a regra geral das preferências: "O crédito real prefere ao pessoal de qualquer espécie; o crédito pessoal privilegiado, ao simples; e o privilégio especial, ao geral".

[3534] "APELACAO CÍVEL. FALENCIA E CONCORDATA. HABILITACAO DE CREDITO. NAO ESTANDO A CEDULA DE CREDITO COMERCIAL INSCRITA NO CARTORIO DE REGISTRO DE IMOVEIS, NEM RELACIONADAS AS DUPLICATAS DADAS EM PENHOR COMO DEVERIAM ESTAR, NAO HA COMO SE ADMITIR SE TRATE DE CREDITO COM GARANTIA DE PENHOR MERCANTIL, MAS DE CREDITO QUIROGRAFARIO. APLICACAO DOS ARTS. 29 E 30 DO DECRETO-LEI Nº 413/69. APELACAO IMPROVIDA." (TJRS, 6ª Câmara Cível, APC 70002238350. Rel. Des. Cacildo de Andrade Xavier, j. 08/08/2001).

Há, entretanto, uma limitação que deve ser observada: podem ser classificados nessa classe os créditos até o limite do valor do bem gravado (art. 83, II), sendo o excedente classificado na classe quirografária (art. 83, VI, "b")[3535]. De acordo com o art. 83, §1º, o valor do bem gravado será considerado, para todos os efeitos:

(i)	A importância efetivamente arrecadada com sua venda	No caso de alienação individual
(ii)	O valor de avaliação do bem individualmente considerado[3536]	No caso de alienação em bloco[3537]

Os juros dos créditos com garantia real, mesmo os vencidos após a decretação da quebra, também podem ser alocados nesta classe, desde que o valor da venda dos bens objeto da garantia baste para o seu pagamento (LREF, art. 124, parágrafo único). Se a garantia cobrir o valor do principal e dos juros vencidos depois da quebra ou, ao menos, parte deles, tais consectários poderão figurar no segundo grau da ordem de pagamentos dos créditos concursais, excepcionando a regra geral de que os juros contados depois da quebra somente são atendidos se o ativo bastar para o pagamento dos credores subordinados (LREF, art. 124, *caput*).

Os credores com direito real de garantia têm preferência sobre os demais da mesma classe quanto ao valor obtido na alienação do bem. Porém, não se trata de direcionar o produto da venda do bem ao credor com garantia real; não há uma real vinculação desse bem ao crédito[3538]. Trata-se, na verdade, de reserva do valor alcançado com a alienação do bem, que servirá de medida para direcionar os recursos disponíveis para o credor com garantia real quando chegar o momento de efetuar o pagamento da sua classe. Essa sistemática explica o recebimento prioritário da classe imediatamente superior, a trabalhista – e, também, os créditos extraconcursais, por exemplo –, inclusive com o produto do bem objeto da garantia, caso esta ainda não tenha sido paga em sua totalidade[3539].

3. Classe III: Credores tributários

A presente classe inclui os créditos tributários[3540], inclusive as contribuições para a Previdência Social devidas pelo empregador[3541] (art. 83, III). Não inclui,

---

[3535] A regra se assemelha à previsão do §506 do US Bankruptcy Code.

[3536] Aumentado ou diminuído proporcionalmente ao ágio ou deságio decorrente da arrematação do bloco, conforme: SOUZA JUNIOR. Seção II: Da classificação dos créditos..., p. 365.

[3537] Sobre a perda ou deterioração da coisa dada em garantia, as peculiaridades da garantia que recai sobre o crédito e da garantia em graus (*v.g.*, sub-hipotecas), ver: SOUZA JUNIOR. Seção II: Da classificação dos créditos..., p. 365.

[3538] SOUZA JUNIOR. Seção II: Da classificação dos créditos..., p. 364.

[3539] SOUZA JUNIOR. Seção II: Da classificação dos créditos..., p. 364-365.

[3540] Créditos fiscais são aqueles de titularidade dos entes públicos. Créditos fiscais podem ser tributários ou não tributários, conforme a sua natureza. Os créditos tributários decorrem dos (*i*) impostos, das (*ii*) taxas e das (*iii*) contribuições de melhoria. Os créditos não tributários são definidos por exclusão: são

CLASSIFICAÇÃO DOS CRÉDITOS

no entanto, as multas tributárias, porque essas integram a Classe VII, classe das multas contratuais e penas pecuniárias. São, portanto, créditos alocados nesta classe os seguintes:[3541]

(i)	Impostos
(ii)	Taxas
(iii)	Contribuições de melhoria

A Fazenda Pública está dispensada do procedimento habilitatório, podendo escolher entre (i) ajuizar a execução fiscal ou (ii) realizar a sua habilitação no processo falimentar, em regra, por simples petição instruída com a certidão de dívida ativa[3542]. Porém, definindo uma das vias, materializa-se renúncia com relação à outra, inclusive no que se refere a eventual pedido de reserva de numerário no âmbito da falência, pois não se admite garantia dúplice para o fisco[3543].

Na prática, o que ocorre é a promoção ou a continuidade da execução fiscal, com a penhora do crédito fazendário no rosto dos autos do processo falimentar, devendo o administrador judicial, devidamente citado, levá-lo em consideração

---

todos aqueles que não decorrem dessas três espécies de tributos. Exemplos de créditos não tributários: multas (excetos as tributárias), foros, laudêmios, taxas de ocupação e aluguéis, preços, indenizações, créditos do Banco Central em razão de empréstimo de liquidez concedido à instituição financeira com dificuldades momentâneas, etc. Os créditos das empresas públicas e das sociedades de economia mista não são de natureza tributária, tampouco fiscal não tributária, pois ambas estão sujeitas ao regime de direito privado. A LREF admite na Classe III apenas os créditos tributários. Por tudo, ver: CORRÊA LIMA, Sérgio Mourão. Seção II: Da classificação dos créditos: arts. 83-84. In: CORRÊA-LIMA, Osmar Brina; CORRÊA LIMA, Sérgio Mourão (coord.). *Comentários à nova Lei de Falência e Recuperação de Empresas*. Rio de Janeiro: Forense, 2009, p. 530-581, p. 543.

[3541] "Em relação aos créditos previdenciários, que têm natureza parafiscal, é necessário um perfeito entendimento sobre a sua natureza e a sua constituição para uma alocação correta no processo falimentar. A contribuição previdenciária do empregado é dividida em duas partes: (a) a parte do empregador; e (b) a parte do empregado." "A primeira é juridicamente considerada dívida do empregador e, se este submeter-se a um regime falimentar, o INSS terá de habilitar este crédito na classe dos credores tributários". "A parte do empregado é apenas retida pelo empregador quando do pagamento do salário, para futuro recolhimento em nome do trabalhador. Porém, por ficção jurídica, considera-se que no momento da retenção, mesmo que ainda não efetivamente recolhido pelo empregador, a propriedade daqueles valores passa à titularidade jurídica do Seguro Social." "O valor retido do salário do empregado torna-se, por ficção jurídica, propriedade do instituto do seguro social. Assim, não terá instituto do seguro social o reconhecimento de um direito creditício habilitável na falência, mas o reconhecimento direito de propriedade sobre o valor da contribuição retida, que reclamará na falência através do pedido de restituição." (VIGIL NETO. *Teoria falimentar e regimes recuperatórios...*, p. 240).

[3542] STJ, 4ª Turma, REsp 1.170.750/SP, Rel. Min. Luis Felipe Salomão, j. 19/11/2013.

[3543] STJ, 3ª Turma, AgRg no Ag 713.217/RS, Rel. Vasco Della Giustina, j. 19/11/2009; STJ, 2ª Turma, REsp 1.103.405/MG, Rel. Min. Castro Meira, j. 02/04/2009; STJ, 2ª Turma, REsp 967.626/RS, Rel. Min. Castro Meira, j. 09/10/2007; STJ, 2ª Turma, REsp 185.838/SP, Rel. Min. Franciulli Netto, j. 11/09/2001.

quando da ordenação do quadro geral de credores e do pagamento dos credores, respeitando a ordem estabelecida no art. 83 da LREF.

Embora a execução fiscal prossiga normalmente, será considerado inválido qualquer ato de constrição – penhora judicial – posteriormente à decretação da quebra. Se a penhora ocorreu antes da decretação da quebra do executado, é possível alienar judicialmente tais bens no juízo executivo, devendo, todavia, o produto de tal alienação ser revertido para o juízo falimentar para o pagamento preferencial dos credores que estão à frente do fisco na classificação dos créditos[3544].

Em regra, não são localizados bens penhoráveis do falido, suspendendo-se a execução fiscal por um ano e dando-se início à contagem do prazo de prescrição quinquenal intercorrente (nos termos da Súmula 314 do STJ)[3545]. Como o processo falimentar normalmente demora longo período, ocorre a prescrição[3546].

Sobre o tratamento do crédito tributário na falência, remete-se o leitor para o que foi dito no Capítulo 16, item 5.1.1 e Capítulo 18, item 4.7.

3.1. Sub-hierarquia interna

Os créditos tributários são hierarquizados verticalmente – *sub-hierarquia interna* – para respeitar a divisão federativa do Estado brasileiro, gerando um concurso de preferência entre as pessoas jurídicas de direito público (CTN, art. 187, parágrafo único). A distribuição dos valores provenientes da liquidação dos bens do falido deverá respeitar a seguinte ordem:

1º lugar	União	_____
2º lugar	Estados, DF e territórios	*Pro rata*
3º lugar	Município	*Pro rata*

Os créditos tributários decorrentes de fatos geradores ocorridos após a decretação da quebra são extraconcursais (art. 84, V).

[3544] Nesse sentido dispunha a Súmula 44 do extinto Tribunal Federal de Recursos. Sobre o tema, ver: STJ, 1ª Turma, AgRg no REsp 914.712/PR, Rel. Min. Luiz Fux, j. 09/11/2010; STJ, 1ª Seção, AgRg no CC 108.465/RJ, Rel. Min. Benedito Gonçalves, j. 26/05/2010; STJ, 1ª Turma, REsp 1.013.252/RS, Rel. Min. Luiz Fux, 19/11/2009; STJ, 2ª Turma, AgRg no REsp 783.318/SP, Rel. Min. Humberto Martins, j. 19/03/2009; STJ, 2ª Turma, REsp 695.167/MS, Rel. Min. Mauro Campbell Marques, j. 07/10/2008.

[3545] Súmula 314 do STJ: "Em execução fiscal, não localizados bens penhoráveis, suspende-se o processo por um ano, findo o qual se inicia o prazo da prescrição qüinqüenal intercorrente."

[3546] Neste sentido, ver: STJ, REsp 1.220.002/RS, 2ª Turma, Rel. Min. Mauro Campbell Marques, j. 16/12/2010.

CLASSIFICAÇÃO DOS CRÉDITOS

4. Classe IV: Credores com privilégio especial

Os créditos com privilégio especial, bem como os créditos com privilégio geral, "não possuem uma natureza própria diferenciadora das demais relações comuns de crédito. São assim considerados por expressa opção legislativa"[3547].

O art. 963 do Código Civil estabelece que "o privilégio especial só compreende os bens sujeitos, por expressa disposição de lei, ao pagamento do crédito que ele favorece; e o geral, todos os bens não sujeitos a crédito real nem a privilégio especial". A rigor, os créditos com privilégio especial decorrem, basicamente, de uma especial relação entre o bem e o crédito[3548], enquanto que os créditos com privilégio geral estão, em grande medida, relacionados com gastos gerados com o falecimento do empresário individual. De qualquer sorte, ambos os casos comportam exceções diante de escolhas feitas pelo legislador.

Tipo de Privilégio	Característica
Privilégio especial	Em regra, conexão "crédito-bem"
Privilégio geral	Basicamente, despesas com a morte do empresário individual

Os créditos com privilégio especial estão, fundamentalmente, atrelados a determinados bens, não gravados com garantia real[3549]. Diante disso, sua inserção na Classe IV poderia estar vinculada ao valor efetivamente arrecadado com a venda do bem que privilegia o crédito, em sistemática semelhante a dos créditos com direito real de garantia, aplicando-se analogicamente o art. 83, §1º, para fins de determinação do exato valor privilegiado[3550]; nesse sentido, o saldo não coberto pela alienação do bem será inscrito como crédito quirografário[3551] – sem embargo, se o produto da liquidação dos bens do falido não bastar para pagar os credores das classes superiores, o credor privilegiado pode vir a não receber nada, à semelhança do que ocorre com o credor com garantia real[3552]. De qualquer sorte, atualmente, a maior dificuldade para tal interpretação encontra-se na inserção de créditos com privilégio especial não necessariamente atrelados a determinados bens, como é o caso dos credores enquadrados como microem-

---

[3547] VIGIL NETO. *Teoria falimentar e regimes recuperatórios...*, p. 240.

[3548] SOUZA JUNIOR. Seção II: Da classificação dos créditos..., p. 367.

[3549] CORRÊA LIMA. Seção II: Da classificação dos créditos..., p. 544.

[3550] SOUZA JUNIOR. Seção II: Da classificação dos créditos..., p. 367.

[3551] "Apesar da omissão do legislador falimentar, o dispositivo do Código Civil restringe a prioridade dos créditos com privilégio especial à quantia apurada com a venda do bem vinculado ao crédito. Caso a dívida seja maior do que o valor obtido com a alienação, a diferença será considerada crédito quirografário (sem preferência), nos termos do art. 83, VI, *b*, da Lei de Falências." (CORRÊA LIMA. Seção II: Da classificação dos créditos..., p. 547).

[3552] CORRÊA LIMA. Seção II: Da classificação dos créditos..., p. 547.

RECUPERAÇÃO DE EMPRESAS E FALÊNCIA

preendedores individuais, microempresas e empresas de pequeno porte ou os créditos das entidades de previdência complementar em caso de liquidação ou falência de patrocinadores; nessas hipóteses, logicamente, o privilégio especial deve abranger a totalidade do crédito, uma vez que estão vinculados a todo o patrimônio do falido e não a determinados bens[3553].

Segundo o art. 83, IV, são créditos com privilégio especial, a saber:

(a)	Os previstos no art. 964 do Código Civil
(b)	Os assim definidos em outras leis civis e comerciais, salvo disposição contrária da LREF
(c)	Aqueles a cujos titulares a lei confira o direito de retenção sobre a coisa dada em garantia
(d)	Aqueles em favor dos microempreendedores individuais e das microempresas e empresas de pequeno porte de que trata a Lei Complementar 123/2006

4.1. Privilégio especial previsto no art. 964 do Código Civil

De acordo com o art. 964 do Código Civil, tem privilégio especial: I – sobre a coisa arrecadada e liquidada, o credor de custas e despesas judiciais feitas com a arrecadação e liquidação *(inaplicável em contexto falimentar)*; II – sobre a coisa salvada, o credor por despesas de salvamento; III – sobre a coisa beneficiada, o credor por benfeitorias necessárias ou úteis; IV – sobre os prédios rústicos ou urbanos, fábricas, oficinas, ou quaisquer outras construções, o credor de materiais, dinheiro, ou serviços para a sua edificação, reconstrução, ou melhoramento; V – sobre os frutos agrícolas, o credor por sementes, instrumentos e serviços à cultura, ou à colheita; VI – sobre as alfaias e utensílios de uso doméstico, nos prédios rústicos ou urbanos, o credor de aluguéis, quanto às prestações do ano corrente e do anterior; VII – sobre os exemplares da obra existente na massa do editor, o autor dela, ou seus legítimos representantes, pelo crédito fundado contra aquele no contrato da edição; VIII – sobre o produto da colheita, para a qual houver concorrido com o seu trabalho, e precipuamente a quaisquer outros créditos, ainda que reais, o trabalhador agrícola, quanto à dívida dos seus salários *(inaplicável em contexto falimentar)*; IX – sobre os produtos do abate, o credor por animais (incluído pela Lei 13.176/2015)[3554].

[3553] Souza Junior. Seção II: Da classificação dos créditos..., p. 367, em nota de rodapé.
[3554] O quadro apresentado em seguida, com algumas adaptações, é aquele exposto por: Corrêa Lima. Seção II: Da classificação dos créditos..., p. 545.

CLASSIFICAÇÃO DOS CRÉDITOS

Previsão	Credor	Bem
Inc. II	Quem salvou o bem	Bem salvo
Inc. III	Quem implementou as benfeitorias	Bem beneficiado
Inc. IV	Quem prestou serviços, forneceu material ou emprestou dinheiro	Bem edificado, reconstruído ou melhorado
Inc. V	Quem prestou serviços ou forneceu insumos	Produtos agrícolas
Inc. VI	Quem alugou o imóvel (locador)	Alfaias e utensílios de uso doméstico constantes do imóvel locado.
Inc. VII	Autor da obra	Exemplares da obra
Inc. IX	Credor por animais	Produto do abate

4.2. Privilégio especial definido em outras leis civis e comerciais

Também possuem privilégio especial os créditos que tenham essa qualidade por expressa disposição de lei civil ou comercial, como é o caso das notas de crédito industrial, comercial e rural[3555], cuja função é facilitar a obtenção de empréstimos em dinheiro para o uso em finalidades específicas, vinculando o ativo (*e.g.*, industrial, agrícola) ou o produto resultante da sua utilização (*e.g.*, safra, linha de produção) à satisfação do crédito[3556].

No mesmo sentido, o art. 57 da Lei Complementar 109/2001 determina que "terão privilégio especial sobre a massa os créditos das entidades de previdência complementar, em caso de liquidação ou falência de patrocinadores".

Da mesma forma, a Lei 13.288/2016, que dispõe sobre os contratos de integração vertical nas atividades agrossilvipastoris, determina, no seu art. 13, que, em caso de falência (ou recuperação judicial) da integradora, poderá o produtor rural integrado requerer a habilitação de seus créditos com privilégio especial sobre os bens desenvolvidos.

[3555] Respectivamente, Decreto-Lei 413/69 (art. 15), Lei 6.840/80 (art. 5º) e Decreto-Lei 167/67 (art. 28). Sobre a diferença entre nota e cédula de crédito neste contexto, ver: CORRÊA LIMA. Seção II: Da classificação dos créditos..., p. 546, nota ao pé da página de número 143.

[3556] Explica SÉRGIO MOURÃO CORRÊA LIMA: "Estes títulos de crédito, disciplinados por legislação própria, corporificam o empréstimo de dinheiro para finalidades específicas, atreladas a bens determinados." "Através das notas de crédito industrial, por exemplo, recursos podem ser disponibilizados para a compra de determinado equipamento industrial que, apesar de não gravado com garantia real, está atrelado à satisfação do crédito. Por esta razão, o bem deve ser utilizado preferencialmente para o pagamento daquele que disponibilizou os recursos para sua compra. Em caso de falência, o credor terá privilégio especial sobre o equipamento industrial adquirido." "O mesmo ocorre com os produtos agrícolas cultivados a partir de recursos emprestados através de notas de crédito rural, por exemplo. Os bens colhidos devem ser utilizados prioritariamente para satisfação daquele que disponibilizou os recursos para o plantio, porque o empréstimo teve esta finalidade específica. Em caso de quebra, o credor terá privilégio especial sobre o produto colhido." (CORRÊA LIMA. Seção II: Da classificação dos créditos..., p. 544-545).

4.3. Privilégio especial decorrente de direito de retenção

Finalmente, os credores com direito de retenção sobre determinado bem também possuem privilégio especial (mas não poderão exercê-lo no contexto falimentar[3557]).

O Código Civil, em vários dispositivos, elenca as hipóteses de direito de retenção. Entre os titulares de tal direito estão o locatário (arts. 571, parágrafo único, e 578), o depositário (art. 644), o mandatário (art. 681), o comissionário (art. 708), o transportador (art. 742), o possuidor de boa-fé (1.219), o credor pignoratício (art. 1.433, II) e o credor anticrético (1.507, §2º). Da mesma forma, a Lei de Locações (Lei 8.245/1991) também prevê o direito de retenção por parte do locatário (art. 31).

Em todos esses casos há uma especial conexão entre o crédito e o bem objeto do privilégio especial.

Credor	Bem	Conteúdo
Locatário	Objeto da locação	Código Civil, art. 571. Havendo prazo estipulado à duração do contrato, antes do vencimento não poderá o locador reaver a coisa alugada, senão ressarcindo ao locatário as perdas e danos resultantes (...). Parágrafo único. O locatário gozará do direito de retenção, enquanto não for ressarcido.
Locatário	Objeto da locação	Código Civil, art. 578. (...) o locatário goza do direito de retenção, no caso de benfeitorias necessárias, ou no de benfeitorias úteis, se estas houverem sido feitas com expresso consentimento do locador.
Locatário	Bem imóvel objeto da locação	Lei 8.245/1991, art. 35. Salvo expressa disposição contratual em contrário, as benfeitorias necessárias introduzidas pelo locatário, ainda que não autorizadas pelo locador, bem como as úteis, desde que autorizadas, serão indenizáveis e permitem o exercício do direito de retenção.
Depositário	Bem depositado	Código Civil, art. 644. O depositário poderá reter o depósito até que se lhe pague a retribuição devida, o líquido valor das despesas, ou dos prejuízos a que se refere o artigo anterior (...)
Mandatário	Bem em cuja posse esteja em virtude do mandato	Código Civil, art. 681. O mandatário tem sobre a coisa de que tenha a posse em virtude do mandato, direito de retenção, até se reembolsar do que no desempenho do encargo despendeu.
Comissionário	Bens ou valores em cuja posse esteja em virtude da comissão	Código Civil, art. 708. Para reembolso das despesas feitas, bem como para recebimento das comissões devidas, tem o comissário direito de retenção sobre os bens e valores em seu poder em virtude da comissão.

[3557] Lembrando que o art. 116, I, da LREF, determina, com a decretação da quebra, a suspensão do exercício do direito de retenção dos bens sujeitos à arrecadação.

CLASSIFICAÇÃO DOS CRÉDITOS

Transportador	Bagagem do passageiro e outros objetos pessoais	Código Civil, art. 742. O transportador, uma vez executado o transporte, tem direito de retenção sobre a bagagem de passageiro e outros objetos pessoais deste, para garantir-se do pagamento do valor da passagem que não tiver sido feito no início ou durante o percurso.
Possuidor de boa-fé	Benfeitorias necessárias e úteis	Código Civil, art. 1.219. O possuidor de boa-fé (...) poderá exercer o direito de retenção pelo valor das benfeitorias necessárias e úteis.
Credor pignoratício	Coisa empenhada	Código Civil, art. 1.433, II. O credor pignoratício tem direito: II – à retenção dela (*coisa empenhada*), até que o indenizem das despesas devidamente justificadas, que tiver feito (...).
Credor anticrético	Imóvel	Código Civil, art. 1.507, §2º. O credor anticrético pode (...), arrendar os bens dados em anticrese a terceiro, mantendo, até ser pago, direito de retenção do imóvel (...).

4.4. Privilégio especial de microempreendedores individuais, ME e EPP

A Lei Complementar 147/2014 inseriu a alínea "d" no art. 83, IV, da LREF, determinando possuir privilégio especial os créditos em favor dos microempreendedores individuais e das microempresas e empresas de pequeno porte de que trata a Lei Complementar 123/2006.

A fim de que determinado credor seja beneficiado por tal privilégio especial, é preciso que a Lei Complementar 147/2014 já esteja em vigor quando da decretação da falência do devedor (*i.e.*, não é possível a sua incidência em falências já decretadas antes da sua entrada em vigor) e que o credor faça prova de que preenchia os requisitos legais para ser reconhecido como microempreendedor individual, microempresa ou empresa de pequeno porte quando da decretação da falência[3558]-[3559].

5. Classe V: Credores com privilegio geral

Os créditos com privilégio geral (art. 83, V) decorrem basicamente de gastos gerados com o falecimento do empresário individual. Todavia, o próprio legisla-

---

[3558] Assim andou o Enunciado nº 80 da 2ª Jornada de Direito Comercial.

[3559] De qualquer sorte, existem ainda uma série de dificuldades impostas pela referida alteração legislativa. Nesse sentido, por exemplo, se o credor enquadrado como microempreendedor individual, microempresa ou empresa de pequeno porte ceder o seu crédito, o cessionário poderá se beneficiar de tal enquadramento? Poder-se-ia aplicar, por analogia, o art. 83, §4º, da LREF? Para uma análise crítica das alterações promovidas pela Lei Complementar 147/2014, ver: CORRÊA JUNIOR; SILVA. Mudanças feitas pela LC 147... Sobre a questão, já manifestamos nossa opinião no Capítulo 10, item 10.4. Adicionalmente, há quem entenda que, mesmo que o credor enquadrado como ME ou EPP tenha garantia real, deva ser, então, enquadrado como sendo credor com privilégio especial; ainda, entende que o cessionário conserva a posição de credor com privilégio especial – sendo que, caso uma ME/EPP adquira um crédito quirografário, será habilitado tal crédito como quirografário (BEZERRA FILHO. Capítulo XII: A classificação dos créditos na falência..., p. 300-301).

959

dor criou prioridades diversas em relação à satisfação dos credores quirografários, também enquadrando como credores com privilégio geral aqueles que que apostaram no devedor em recuperação judicial ou aqueles que assim entendeu por bem definir.

Segundo o art. 83, V, são créditos com privilégio geral:

(a)	Os previstos no art. 965 do Código Civil
(b)	Os previstos no parágrafo único do art. 67 da LREF
(c)	Os assim definidos em outras leis civis e comerciais, salvo disposição contrária da LREF

5.1. Privilégio geral previsto no art. 965 do Código Civil

De acordo com o art. 965 do Código Civil, goza de privilégio geral, na ordem seguinte, sobre os bens do devedor: I – o crédito por despesa de seu funeral, feito segundo a condição do morto e o costume do lugar; II – o crédito por custas judiciais, ou por despesas com a arrecadação e liquidação da massa *(inaplicável em contexto falimentar)*; III – o crédito por despesas com o luto do cônjuge sobrevivo e dos filhos do devedor falecido, se foram moderadas; IV – o crédito por despesas com a doença de que faleceu o devedor, no semestre anterior à sua morte; V – o crédito pelos gastos necessários à mantença do devedor falecido e sua família, no trimestre anterior ao falecimento; VI – o crédito pelos impostos devidos à Fazenda Pública, no ano corrente e no anterior *(inaplicável em contexto falimentar)*; VII – o crédito pelos salários dos empregados do serviço doméstico do devedor, nos seus derradeiros seis meses de vida *(inaplicável em contexto falimentar)*; VIII – os demais créditos de privilégio geral.

Previsão	Crédito	Condição
Inc. I	O crédito por despesa do funeral do devedor	Feito segundo a condição do morto e o costume do lugar
Inc. III	O crédito por despesas com o luto do cônjuge sobrevivo e dos filhos do devedor falecido	Desde que moderadas
Inc. IV	O crédito por despesas com a doença de que faleceu o devedor	Desde que incorridas no semestre anterior à sua morte
Inc. V	O crédito pelos gastos necessários à mantença do devedor falecido e sua família	Desde que realizados no trimestre anterior ao falecimento

5.2. Privilégio geral por elevação na recuperação judicial

Segundo o art. 67, parágrafo único, da LREF, os créditos quirografários sujeitos à recuperação judicial de titularidade de fornecedores de bens ou de serviços que continuarem a provê-los normalmente após o pedido de recuperação judicial terão privilégio geral de recebimento em caso de decretação de falência do

CLASSIFICAÇÃO DOS CRÉDITOS

devedor, no limite do valor dos bens ou serviços fornecidos durante o período da recuperação[3560].

Embora insuficiente para estimular a continuidade do provimento de bens ou de serviços durante a recuperação judicial, o legislador previu a elevação da classificação do crédito quirografário para o grau de privilégio geral, como uma espécie de prêmio para o credor que segue negociando com o devedor no contexto recuperatório.

5.3. Privilégio geral por definição em outras leis civis e comerciais

Finalmente, leis civis ou comerciais podem definir que determinados créditos tenham privilégio geral.

No âmbito do Código Civil, mas fora das hipóteses do art. 965, há o privilégio geral atribuído ao crédito do comissionário pelas despesas que incorreu em benefício do comitente falido (CC, art. 707)[3561].

Ainda, lembramos que este é o caso dos créditos dos debenturistas com garantia flutuante, inclusive os juros vencidos depois da decretação da quebra (Lei das S.A., art. 58, §1º, e LREF, art. 124, parágrafo único). Além disso, uma série de outros diplomas legais podem trazer previsão de privilégio geral; nesse sentido, vide, por exemplo, o §2º do art. 35 do Decreto-Lei 70/1966 e o art. 43 da Lei 4.591/1964.

6. Classe VI: Credores quirografários

Os créditos quirografários (art. 83, VI) são aqueles sem qualquer privilégio, por isso também são chamados de comuns ou ordinários[3562]. A classe pode ser entendida como residual, em função de receber todos os créditos que não se enquadram nas demais (acima ou abaixo dela – art. 83, VI, "a"). Define-se, portanto, como uma classe por exclusão[3563].

A classe quirografária também acolhe os créditos que excederam os limites de classificação estabelecidos para algumas das classes ou foram rebaixados por previsão expressa da LREF, a saber:

[3560] Lembramos que as obrigações resultantes de atos jurídicos válidos praticados durante a recuperação judicial (nos termos do art. 67) – ou após a decretação da falência – e tributos relativos a fatos geradores ocorridos após a decretação da falência, respeitada a ordem estabelecida no art. 83 da LREF, serão considerados extraconcursais, de acordo com o art. 84, V, da LREF. Sobre o tema, vide Capítulo 28.

[3561] O comissionário pode ter seu crédito inscrito também na classe dos credores com privilégio especial, de acordo com o art. 708 do Código Civil, em decorrência de direito de retenção.

[3562] Como salienta FRANCISCO SATIRO: "Não há que se confundir créditos sem privilégio com créditos sem garantia. Nada impede que um crédito com garantia pessoal (aval ou fiança) seja considerado quirografário na falência e na recuperação." (SOUZA JUNIOR. Seção II: Da classificação dos créditos..., p. 368).

[3563] SOUZA JUNIOR. Seção II: Da classificação dos créditos..., p. 368.

RECUPERAÇÃO DE EMPRESAS E FALÊNCIA

	Hipótese	Previsão legal
(a)	A quantia não coberta pelo produto da alienação do bem objeto da garantia real	Art. 83, VI, "b"
(b)	O saldo não coberto pela venda do bem vinculado ao privilégio especial	Art. 83, VI, "b"
(c)	Os créditos decorrentes da legislação do trabalho que excedem o limite de 150 salários mínimos	Art. 83 VI, "c"
(d)	Os créditos trabalhistas objeto de cessão[3564]	Art. 83, §4º

Outras leis também definem créditos como quirografários. É o caso do Código Civil, que, ao regular a sociedade em conta de participação, classificou eventual crédito dos sócios participantes contra o ostensivo falido na classe quirografária (art. 994, §2º).

Independentemente da origem, os credores quirografários estarão sujeitos a rateio em caso de insuficiência de recursos para pagamento da totalidade da classe. Nessa hipótese, o pagamento será proporcional ao montante do crédito no contexto do valor global da classe.

7. Classe VII: Multas contratuais e penas pecuniárias

Estão alocados na Classe VII (art. 83, VII) os créditos decorrentes da aplicação de sanções pelo descumprimento de obrigações: (i) contratuais ou (ii) legais. As primeiras são as tradicionais multas contratuais[3565], com exceção das cláusulas penais dos contratos unilaterais que se vencerem em virtude da falência, as quais não serão atendidas (LREF, art. 83, §3º). As segundas são as penas pecuniárias que decorrem de infração de leis (i) penais (multas por crimes ambientais, por exemplo) ou (ii) administrativas (multas aplicadas pelo CADE, CVM, INMETRO, etc.), inclusive as multas tributárias.

A LREF conferiu novo tratamento à multa fiscal, que, no regime jurídico anterior, conforme entendimento jurisprudencial (e orientação sumulada do STF)[3566], não poderia ser habilitada na falência[3567]. Explica-se: se, de um lado, não é correto penalizar os credores por multas incorridas pelo falido na fase de desagregação econômica prévia à falência[3568]; de outro, também não é razoável eximi-lo (e a seus sócios) dos efeitos das multas contratuais ou penas pecuniárias.

[3564] Podendo-se questionar se o mesmo tratamento deve ser dado na hipótese crédito de titularidade de microempreendedor individual, microempresa ou empresa de pequeno porte ser cedido a terceiros – o que entendemos ser o caso.

[3565] Sobre o tema, quando nos manifestamos que a cláusula penal, ao menos a que não tenha caráter punitivo, não se enquadra no art. 83, VII, da LREF, ver item 3.7.1 do Capítulo 22.

[3566] "Súmula 192. Não se inclui no crédito habilitado em falência a multa fiscal com efeito de pena administrativa" e "Súmula 565. A multa fiscal moratória constitui pena administrativa, não se incluindo no crédito habilitado em falência".

[3567] Ver: VIGIL NETO. *Teoria falimentar e regimes recuperatórios...*, p. 242.

[3568] SÉRGIO MOURÃO CORRÊA LIMA salienta que, usualmente, "a sanção decorre do descumprimento de obrigação do falido, em decorrência das dificuldades financeiras próprias do período pré-falimentar,

CLASSIFICAÇÃO DOS CRÉDITOS

Na tentativa de estabelecer uma solução de compromisso, o legislador alocou os créditos decorrentes das sanções por descumprimento contratual e por ilícitos penais e administrativos, inclusive os tributários, em lista própria (Classe VII), logo acima da classe em que se encontram os créditos dos sócios (Classe VIII, dos credores subordinados: entre outros, os créditos decorrentes de empréstimos dos sócios à sociedade e de *pró-labore* dos sócios-administradores).

A nova sistemática está sujeita a críticas, especialmente porque prejudica algumas classes de credores, como a dos subordinados previstos em lei ou em contrato (*i.e.*, debêntures subordinadas). Estes somente receberão o valor do seu crédito na improvável hipótese de restarem recursos depois de paga toda a Classe VII.

8. Classe VIII: Credores subordinados

Entre os credores concursais, os credores subordinados, contratuais ou legais, são os últimos a receber (isso se, logicamente, remanescer algum saldo de ativo do devedor). Embora não represente uma inovação da LREF, essa categoria não tinha tratamento próprio no regime anterior[3569].

Na dicção do art. 83, VIII, são créditos subordinados:

	Hipótese	Dispositivo	Exemplo
(a)	Aqueles assim previstos em lei ou em contrato	Art. 83, VIII, "a"	Debêntures subordinadas
(b)	Os créditos dos sócios e dos administradores sem vínculo empregatício da sociedade falida	Art. 83, VIII, "b"	Empréstimos dos sócios para a sociedade e pró-labore[3570].

---

no qual vários outros débitos deixaram de ser satisfeitos". Justamente por isso, se sustentava que "o pagamento das multas pela massa falida, juntamente com o valor principal dos débitos: (*a*) consistiria em aplicar, aos credores, penalidade por conduta ilícita do falido; e (*b*) comprometeria os recursos necessários à satisfação dos credores menos privilegiados. Enfim, o falido é que deixou de adimplir obrigações, mas a multa é imputada à coletividade de credores (...)". "Trata-se de aplicar sanção a quem não praticou a conduta ilícita" (CORRÊA LIMA. Seção II: Da classificação dos créditos..., p. 553).

[3569] VIGIL NETO. *Teoria falimentar e regimes recuperatórios*..., p. 242.

[3570] VIGIL NETO. *Teoria falimentar e regimes recuperatórios*..., p. 242. Segundo FRANCISCO SATIRO: "Os créditos dos sócios ou administradores a que se refere a alínea b do inc. VIII do art. 83 serão aqueles decorrentes, por exemplo, de *pro labore* ou mútuo, e serão subordinados desde que não tenham outro privilégio", com a ressalva que tais privilégios devem ser examinados com cuidado pelo administrador judicial e demais interessados, diante da possibilidade de fraude (SOUZA JUNIOR. Seção II: Da classificação dos créditos..., p. 369). A questão também possui relevância quando se trata de grupos de sociedade, hipótese em que é comum uma sociedade possuir créditos para com outra do mesmo grupo. Ademais, surge a questão se se deve interpretar o dispositivo restritivamente ou se, por exemplo, sociedade que possui participação indireta em outra (controladora indireta, por exemplo) e também é credora acaba por ter seu crédito sujeito a esta regra. A jurisprudência já teve a oportunidade de se manifestar no sentido da necessidade de se interpretar restritivamente a regra: TJSP, Câmara Reservada

RECUPERAÇÃO DE EMPRESAS E FALÊNCIA

A opção da LREF, no art. 83, §2º, de fazer que os créditos dos sócios oriundos do direito ao recebimento de sua parcela do capital social na liquidação da sociedade[3571] (*i.e.*, aqueles decorrentes de apuração de haveres por saída voluntária, recesso, exclusão, etc.) não sejam oponíveis à massa, faz com que essa espécie de crédito não possa ser enquadrada na classe subordinada juntamente com as demais, mesmo que decorra de uma relação jurídica societária. Assim, somente receberão se todos os credores forem pagos[3572].

9. Juros após a decretação da falência

Aqui vale a regra do art. 124 da LREF: "Contra a massa falida não são exigíveis juros vencidos após a decretação da falência, previstos em lei ou em contrato, se o ativo apurado não bastar para o pagamento dos credores subordinados. Parágrafo único. Excetuam-se desta disposição os juros das debêntures e dos créditos com garantia real, mas por eles responde, exclusivamente, o produto dos bens que constituem a garantia"[3573].

Sobre o assunto, ver, ainda, o que foi exposto no Capítulo 22, item 5.15.

à Falência e Recuperação, AI 0076760-10.2011.8.26.0000, Rel. Des. Araldo Telles, j. 18/10/2011. Para maiores informações sobre o tema, com análise crítica, ver: COSTA, Patrícia Barbi. *Os mútuos dos sócios e acionistas na falência das sociedades limitadas e anônimas.* Dissertação (Mestrado em Direito). Faculdade de Direito da Universidade de São Paulo, São Paulo, 2009; e COSTA, Patrícia Barbi. Os mútuos dos sócios e acionistas na falência das sociedades limitadas e anônimas. In: ADAMEK, Marcelo Vieira Von (coord.). *Temas de direito societário e empresarial contemporâneos – Liber Amicorum Prof. Dr. Erasmo Valladão Azevedo e Novaes França.* São Paulo: Malheiros, 2011, p. 667-690. Ver, também: DINIZ. *Grupos societários...*, p. 207-208.

[3571] A redação do dispositivo é deficiente. Em primeiro lugar, o sócio não recebe uma parcela do capital da sociedade, mas um percentual sobre o que é apurado em balanço especial. Em segundo lugar, a sociedade não entra em liquidação. O que há é uma apuração de haveres que simula uma dissolução total. A sociedade, em si, não entra em liquidação.

[3572] BEZERRA FILHO. Capítulo XII: A classificação dos créditos na falência..., p. 304.

[3573] Observe-se, aqui, por exemplo, o que dispõe a OJ EX SE – 28 do TRT 9ª Região: "V – *Falência. Juros.* A decretação da falência não suspende o pagamento de juros de mora apurados posteriormente à data da quebra, exceto se, após avaliação pelo juízo da falência, o ativo não bastar para o pagamento do principal, nos termos do artigo 124 da Lei 11.101/05."; "VI – *Falência. Juros de mora. Responsabilidade subsidiária.* Se a execução for dirigida diretamente contra o responsável subsidiário (empresa não falida), incidem juros de mora nos termos do artigo 883 da CLT e 39 da Lei 8.177/91. Os juros são exigíveis do devedor subsidiário ainda que a massa falida satisfaça o principal, parte deste ou parte dos juros."

Capítulo 28
Pagamento dos Credores

A etapa do pagamento é a essência da falência, uma vez que a quebra é decretada como meio para viabilizar, ainda que de modo precário e limitado, a satisfação dos credores do devedor[3574]. A lógica falimentar é simples: os bens são arrecadados pelo administrador judicial e, então, ocorre a realização do ativo com o objetivo de satisfazer os créditos exigíveis[3575].

Todavia, esse pagamento não envolve apenas a satisfação dos credores concursais (que, de qualquer sorte, também poderão satisfazer seus créditos contra os coobrigados, fiadores e obrigados de regresso – bem como caso haja desconsideração da personalidade jurídica ou alguma hipótese de responsabilização de terceiro fora do âmbito do processo falimentar)[3576]-[3577], mas também de todos

---

[3574] VIGIL NETO. *Teoria falimentar e regimes recuperatórios...*, p. 288.

[3575] O Superior Tribunal de Justiça já se manifestou que a massa falida, por meio do administrador judicial, não pode realizar acordo para satisfazer obrigação não mais exigível, tendo em vista se tratar de dívida prescrita, uma vez que isso se daria em prejuízo dos demais credores (STJ, 4ª Turma, REsp 331.266, Rel. Min. Raul Araújo, j. 16/02/2012).

[3576] Em caso de falência do devedor, também é possível executar normalmente os coobrigados, fiadores e obrigados de regresso (avalista, por exemplo, respeitando, é claro, as normas de Direito Cambiário) (*v.g.*: TJSP, 22ª Câmara de Direito Privado, APC 0006932-14.2011.8.26.0068, Rel. Des. Roberto Mac Cracken, j. 27/03/2014).

[3577] Na Justiça do Trabalho, por exemplo, tem-se determinado o prosseguimento da execução contra os demais responsáveis, inclusive sócios e integrantes do mesmo grupo econômico (*v.g.*, TRT10, 3ª Turma, Agravo de Petição 0000382-12.2012.5.10.0020, Rel. Juiz Antônio Umberto de Souza Júnior, j. 16/11/2016). Nesse sentido caminha o Enunciado 20 da Jornada Nacional sobre Execução na Justiça do Trabalho. Igualmente, vide a Orientação Jurisprudencial OJ EX SE – 28 do TRT da 9ª Região: "VII – *Falência. Recuperação Judicial. Sócios responsabilizáveis e responsáveis subsidiários. Execução imediata na Justiça do Trabalho.* Decretada a falência ou iniciado o processo de recuperação judicial, e havendo sócios responsabilizáveis ou responsáveis subsidiários, a execução pode ser imediatamente direcionada a estes, independente do desfecho do processo falimentar. Eventual direito de regresso ou ressarcimento

RECUPERAÇÃO DE EMPRESAS E FALÊNCIA

os encargos e dívidas da massa, bem como a efetivação dos pedidos de restituição e outros pagamentos prioritários estabelecidos pela Lei 11.101/05. A LREF regula o pagamento, basicamente, na sua Seção XI do Capítulo V (arts. 149-153).

1. Ordem de pagamento

O pagamento é feito pelo administrador judicial, o qual deve, inclusive, prestar contas mensalmente dos valores pagos, nos termos dos arts. 22, III, "p", e 148 da LREF.

A LREF estabelece uma ordem (ainda que o efetivo pagamento nem sempre ocorra nessa sequência cronológica ou tal ordem seja indiferente para determinados credores)[3578] – que, entretanto, é vaga e imprecisa, trazendo uma série de incertezas[3579]-[3580] – abaixo referida.

destes responsabilizados deve ser discutido no Juízo Falimentar ou da Recuperação Judicial. (ex-OJ EX SE 187)" – a qual também determina ser de competência da Justiça do Trabalho tal execução: "II – *Falência e Recuperação Judicial. Competência. Responsável subsidiário.* É competente a Justiça do Trabalho para a execução do crédito trabalhista em face do responsável subsidiário, ainda que decretada a falência ou deferido o processamento da recuperação judicial do devedor principal". Ademais, a mesma Orientação Jurisprudencial assim dispõe: "IV – *Falência e Recuperação Judicial. Liberação de depósito recursal.* O depósito recursal pode ser liberado ao exequente, para a quitação de valores incontroversos, ainda que decretada a falência. Na hipótese de recuperação judicial, o depósito recursal pode ser liberado ao exequente, desde que esgotado o prazo de suspensão a que se refere a Lei 11.101/05, artigo 6º, §4º."

[3578] Como destaca Francisco Satiro, para alguns credores, a ordem de pagamento é completamente irrelevante: "Inicialmente, há que se ponderar que o comando do art. 149 dirige-se ao administrador judicial, que é quem procederá, sob os auspícios do juízo falimentar, aos pagamentos, devendo inclusive prestar contas mensalmente dos valores pagos nos termos deste artigo (arts. 148 e 22, III, *p*). Isso explica porque não há qualquer menção à compensação prevista no art. 122 e aos negócios jurídicos celebrados no âmbito das câmaras ou prestadoras de serviço de compensação e liquidação (arts. 193 e 194). A solução dos créditos compensáveis e daqueles no âmbito do SBP (Sistema Brasileiro de Pagamentos) independe de iniciativa do administrador. Nesse sentido, a compensação opera-se automaticamente, a qualquer momento, desde que preenchidos os requisitos do art. 122, e a solução das operações sob o regime de compensação e liquidação do SBP se dá fora do âmbito da falência, por expressa previsão dos arts. 193 e 194. Note-se, ainda, que em ambos os casos nenhum 'pagamento' será realizado pelo administrador judicial, no sentido de que não haverá desembolso de recursos da massa. Daí porque ser possível concluir que, para tais credores, a ordem de pagamentos admitida na falência é absolutamente indiferente. Mesmo porque nesses casos a solução dos créditos estará adstrita às características e limitações dos negócios jurídicos que lhes deram origem. Os negócios celebrados no âmbito do SBP serão lá resolvidos a partir das garantias e condições vinculadas à operação. Se por suas características, os valores envolvidos não forem suficientes para a satisfação dos créditos, o saldo deverá ser habilitado respeitando-se a ordem de classificação do art. 83. O mesmo se dá se a compensação, não obstante diminuindo o crédito do contratante, não for suficiente para extingui-lo por completo." (Souza Junior. Seção XI: Do pagamento aos credores..., p. 503-504).

[3579] Compartilhando desse entendimento, ver: Souza Junior. Seção XI: Do pagamento aos credores..., p. 503.

[3580] Embora preveja a falência dos sócios ilimitadamente responsáveis (art. 81, *caput*), a LREF não regula a ordem e a forma de pagamento dos credores sociais e dos credores particulares de sócio, como fazia o Decreto-Lei 7.661/1945, em seu art. 128 ("Concorrendo na falência credores sociais e credores

PAGAMENTO DOS CREDORES

1.1. Primeira etapa: restituição in natura

Inicialmente, ocorre a satisfação dos pedidos de restituição *in natura*. A rigor, aqui, nem podemos falar em pagamento, uma vez que quem realiza o pedido de restituição não é credor, mas sim o proprietário do bem que se encontra na posse do falido (LREF, art. 85 c/c art. 149). Ademais, cronologicamente é provável que, antes mesmo da efetivação da restituição (que não será imediata, tendo em vista o tempo necessário para o seu processamento), ocorrerá o pagamento dos valores previstos nos arts. 150 (*i.e.*, despesas cujo pagamento antecipado seja indispensável à administração da falência) e 151 (*i.e.*, créditos trabalhistas de natureza estritamente salarial), como será visto a seguir. Ademais, aqui estamos desconsiderando a possibilidade de compensação de créditos (art. 122) e os negócios jurídicos celebrados no âmbito das câmaras ou prestadoras de serviço de compensação e liquidação (arts. 193 e 194).

Para análise do pedido de restituição, vide Capítulo 24.

1.2. Segunda etapa: despesas indispensáveis à administração da falência

Segundo o art. 150 da LREF, as despesas cujo pagamento antecipado (*i.e.*, antes da satisfação dos créditos extraconcursais e concursais) seja indispensável à administração da falência[3581]-[3582]-[3583], inclusive na hipótese de continuação provisória

---

particulares dos sócios solidários, observar-se-á o seguinte: I – os credores da sociedade serão pagos pelo produto dos bens sociais; II – havendo sobra, será rateada pelas diferentes massas particulares dos sócios de responsabilidade solidária, na razão proporcional dos seus respectivos quinhões no capital social, se outra coisa não tiver sido estipulada no contrato da sociedade; III – não chegando o produto dos bens sociais para pagamento dos credores sociais, estes concorrerão, pelos saldos dos seus créditos, em cada uma as massas particulares dos sócios, nas quais entrarão em rateio com os respectivos credores particulares. Parágrafo único. Pelos bens apurados nos têrmos dos artigos 5º, parágrafo único, e 51, serão pagos apenas os créditos anteriores à retirada dos sócios"). Sobre o tema, ver: VALVERDE. *Comentários à Lei de Falências*, v. III..., p. 71-74. Na omissão da LREF, é razoável aplicar a regra então existente no Decreto-Lei 7.661/1945. MANOEL DE QUEIROZ PEREIRA CALÇAS leciona em sentido semelhante: "Em face da omissão do legislador, cumpre observar a regra da responsabilidade subsidiária dos sócios, que institui em favor deles o benefício de ordem, consoante preveem o art. 1.024 do Código Civil e o art. 596 do CPC [de 1973]. Assim, deverão os credores sociais receber seus pagamentos com o produto da alienação judicial dos bens sociais. Não sendo suficientes os bens da sociedade para o pagamento dos credores sociais, estes concorrerão com os particulares em rateio no produto apurado com a venda dos bens de propriedade dos sócios." (CALÇAS. Falência da sociedade..., p. 622-623).

[3581] Embora essas despesas possam ser eventualmente classificadas como créditos extraconcursais, nos termos do art. 84, tais como os gastos com a arrecadação, a remoção, a guarda e a eventual alienação de bens, bem como parcela da remuneração do administrador judicial. No mesmo sentido: CORRÊA LIMA, Sérgio Mourão. Arts. 149 a 153. In: CORRÊA-LIMA, Osmar Brina; CORRÊA LIMA, Sérgio Mourão (coord.). *Comentários à nova Lei de Falências e Recuperação de Empresas*. Rio de Janeiro: Forense, 2009, p. 1.018-1.019.

[3582] Assim se entende, por exemplo, os honorários do advogado contratado pela massa falida para defesa de seus interesses (VIGIL NETO. *Teoria falimentar e regimes recuperatórios*..., p. 241; TJMG, 6ª Câmara

RECUPERAÇÃO DE EMPRESAS E FALÊNCIA

das atividades previstas no inciso XI do *caput* do art. 99 da Lei, devem ser pagas pelo administrador judicial com os recursos disponíveis em caixa, mesmo que sejam provenientes da realização de ativos do falido[3583][3584].

O administrador judicial responderá pelos prejuízos que causar à massa e aos demais credores (nos termos do art. 32 da LREF)[3585] caso reste demonstrado que, à época da realização do pagamento, a despesa era desnecessária ou que havia meios claros de realizá-la sem o desembolso imediato[3586]. Tal regra é tomada em benefício e em conservação da massa falida e a consecução dos objetivos da falência[3587].

Cível, APC 1.0024.15.068562-6/001, Rel. Des. Audebert Delage, j. 05/12/2017; TJMG, 6ª Câmara Cível, ED 1.0024.15.167670-7/002, Rel. Des. Corrêa Junior, j. 31/10/2017). No mesmo sentido, o Tribunal de Justiça de São Paulo já entendeu que o preparo de recurso em ação autônoma proposta por massa falida é hipótese de pagamento antecipado indispensável à administração da falência: TJSP, 19ª Câmara de Direito Privado, APC 9190353-29.2009.8.26.0000, Rel. Des. João Camillo de Almeida Prado Costa, j. 01/12/2009; no mesmo sentido: TJSP, 20ª Câmara de Direito Privado, APC 9086014-53.2008.8.26.0000, Rel. Des. Luis Carlos de Barros Comarca, j. 27/06/2011; TJSP, 19ª Câmara de Direito Privado, AI 0001823-34.2008.8.26.0000, Rel. Des. João Camillo de Almeida Prado Costa Comarca, j. 19/02/2008. Sobre o tema, ver: BEZERRA FILHO. *Lei de Recuperação de Empresas e Falência comentada...*, p. 349-350.

[3583] Em regra, as despesas previstas no art. 150 da LREF não se sujeitam a rateio. Todavia, podem sê-lo caso não reste valor suficiente para o pagamento integral de créditos contratados nessa condição, em razão de fato posterior à contratação, por exemplo. Nessa hipótese, o administrador judicial deverá realizar ao pagamento mediante rateio (SOUZA JUNIOR. Seção XI: Do pagamento aos credores..., p. 504).

[3584] A LREF não condiciona o pagamento à existência de autorização judicial ou manifestação favorável do Comitê de Credores. No entanto, uma parcela da doutrina recomenda a adoção dessas providências. Por exemplo, LUIZ INÁCIO VIGIL NETO entende que tais despesas urgentes serão pagas pelo valor da despesa, desde que comprovada e autorizada pelo juiz, e antecedida de manifestação do Ministério Público e do Comitê de Credores (VIGIL NETO. *Teoria falimentar e regimes recuperatórios...*, p. 290); no mesmo sentido, ver: CORRÊA LIMA. Arts. 149 a 153..., p. 1.015. Também falando em necessidade de autorização do juiz (mas sem necessidade de manifestação do MP), ver: HUSNI, Alexandre. Comentários aos artigos 139 ao 153. In: LUCCA, Newton de; SIMÃO FILHO, Adalberto (coord.). *Comentários à nova Lei de Recuperação de Empresas e Falência*. São Paulo: Quartier Latin, 2005, p. 556. Entendemos adequada, quando possível, a autorização prévia do Poder Judiciário, bem como a manifestação do Ministério Público.

[3585] "Art. 32. O administrador judicial e os membros do Comitê responderão pelos prejuízos causados à massa falida, ao devedor ou aos credores por dolo ou culpa, devendo o dissidente em deliberação do Comitê consignar sua discordância em ata para eximir-se da responsabilidade."

[3586] SOUZA JUNIOR. Seção XI: Do pagamento aos credores..., p. 510.

[3587] SIMÃO FILHO, Adalberto. Fases falencial e pós-falencial – uma visão generalista. In: PAIVA, Luiz Fernando Valente de (coord.). *Direito falimentar e a nova Lei de Falências e Recuperação de Empresas*. São Paulo: Quartier Latin, 2005, p. 540; SOUZA JUNIOR. Seção XI: Do pagamento aos credores..., p. 504 (que assim complementa: "Como se cuida de tratamento excepcional, voltado à preservação da massa objetiva e do interesse da coletividade dos credores, cabe ao administrador judicial utilizá-lo com parcimônia, respondendo por sua conveniência").

PAGAMENTO DOS CREDORES

1.3. Terceira etapa: créditos trabalhistas do art. 151

Antes da restituição *in pecuniae* prevista no art. 86 da LREF (ou seja, as hipóteses de restituição *in natura* previstas no art. 85 da LREF não estão abarcadas), e tão logo haja disponibilidade em caixa, serão pagos os créditos trabalhistas de natureza estritamente salarial vencidos nos três meses anteriores à decretação da falência, até o limite de cinco salários-mínimos por trabalhador (LREF, art. 86, parágrafo único, c/c art. 151)[3588].

Trata-se de verdadeira antecipação de desembolso de crédito trabalhista concursal diante de seu caráter alimentar, buscando, em tese, garantir uma quantia mínima para a subsistência do empregado que estava sem receber salário imediatamente – até três meses – antes da quebra. Mas, logicamente, por ser antecipação de recursos, deve, então, ser deduzida a quantia antecipada quando do pagamento do crédito a que tem direito o empregado.

Há quem entenda, com quem tendemos a concordar, que tais valores somente devem ser pagos caso haja disponibilidade em caixa e caso se tenha certeza de que o montante da massa será suficiente para pagar todos os credores extraconcursais e as restituições em dinheiro[3589]. Isso, inclusive, permitiria o pagamento

---

[3588] Observe-se que devem ser pagos de modo antecipado os créditos de natureza estritamente salarial vencidos nos três meses anteriores à decretação da falência, até o limite de cinco salários-mínimos por trabalhador. Assim, todo e qualquer crédito que não tiver natureza única e exclusivamente salarial não está abarcado por este dispositivo (tal como participação nos lucros e resultados/PLR, etc.).

[3589] Conforme SOUZA JÚNIOR: "A doutrina se divide, havendo quem defenda a primazia absoluta dos pagamentos previstos no art. 151, o que em concreto significaria a criação de uma nova classe de credores 'superprivilegiados' e quem os considere mera antecipação dos créditos concursais, a ocorrer somente em caso de certeza de suficiência de recursos. A divergência é compreensível. Não há no art. 151 nenhuma referência à alteração do *status* dos créditos trabalhistas, que por expressa previsão do art. 83 são concursais. Nem faria sentido imaginar-se que o legislador deixaria na Seção XI do Capítulo V (pagamentos na falência) uma nova e importantíssima hipótese de classificação de créditos, mesmo tendo criado uma seção especial para tanto (Seção II do Capítulo V). De acordo com o art. 149, créditos concursais só serão satisfeitos após pagos os créditos extraconcursais (art. 84) e as restituições, especialmente aquelas em dinheiro (art. 86), e se restar saldo para tanto. Em se mantendo concursal o crédito trabalhista – ainda que parte dele seja pago antecipadamente – só poderia o administrador realizar seu pagamento se tivesse certeza de que haveria recursos suficientes para satisfazer todos os credores extraconcursais e as restituições em dinheiro, sob pena de responder pelos prejuízos causados aos eventuais prejudicados pela pretensa inversão de ordem. Em vista de tudo isso seria de concluir-se facilmente que, por coerência, o art. 151, assim como o art. 150, deve referir-se à antecipação de pagamento a ocorrer só no caso de suficiência de recursos. Não se admitiria, neste caso, qualquer espécie de inversão na ordem de classificação dos créditos, não se cogitando de 'superprivilégio' ou título que o valha." "Ocorre que, como elemento de confusão, há expressa determinação para que as restituições em dinheiro, inclusive de créditos de Adiantamento de Contrato de Câmbio – ACC (art. 86, II), só sejam realizadas após o pagamento dos valores previstos neste art. 151 (art. 86, parágrafo único). A exceção gerou preocupação do Senador Ramez Tebet em limitar os valores pagos aos trabalhadores antes do pagamento dos ACC. E é ela que fundamenta a confusão que tende a levar à defesa da prioridade absoluta dos créditos trabalhistas até 5 salários mínimos, numa espécie de 'superprivilégio'." "Com

RECUPERAÇÃO DE EMPRESAS E FALÊNCIA

parcial, na medida da capacidade da massa, ocorrendo, então, o rateio entre os credores trabalhistas que se enquadrem na situação prevista no art. 151[3590].

Finalmente, existe questão interessante e pouco comentada pela doutrina. Observe-se que os créditos previstos no art. 151 da LREF são pagos antes da realização em dinheiro prevista no art. 86 da Lei. Assim, questiona-se: e se estivermos diante de restituição em dinheiro em caso não previsto no art. 86, mas sim porque o bem a ser restituído é, justamente, dinheiro? Lembra-se que, como foi visto no Capítulo destinado à restituição (Capítulo 24), é pacificada a hipótese da restituição previdenciária (referente aos valores relativos à contribuição previdenciária feita pelo empregado e que é retida na fonte pelo empregador, mas acabam não sendo repassados por este ao INSS), a qual é feita em dinheiro. Observe-se: a restituição previdenciária é feita em dinheiro, mas não se encontra prevista no art. 86 da LREF. Assim: os créditos previstos no art. 151 da LREF preferem à restituição previdenciária, ou deve a restituição previdenciária ser realizada antes do pagamento dos créditos previstos no art. 151? Parece que, neste caso, a restituição previdenciária deve ser paga antes, inclusive, da antecipação prevista no art. 151 da LREF[3591].

---

ela, entretanto, não se pode concordar. O simples fato de determinar-se o pagamento das restituições após a satisfação do quanto previsto no art. 151 não autoriza a conclusão de que teria sido alterada a classificação dos créditos concursais trabalhistas, expressamente consignada no art. 83. Da mesma forma, o art. 149 simplesmente não faz qualquer menção às despesas previstas no art. 151 quando esclarece a ordem dos pagamentos na falência." "A preferência a que se refere o art. 86, parágrafo único, só se dá 'se' e 'quando' houver garantia da sobra de recursos para pagamento dos credores concursais, e na exata medida dessas sobras. E lembre-se que as restituições em dinheiro dão-se em algum momento após a decretação da falência e antes do pagamento dos credores. O art. 151 determina assim que, em havendo certeza da suficiência de recursos para pagamento de todos os credores extraconcursais (indispensáveis à solução da falência) e restituições em dinheiro, deverão ser antecipados os pagamentos dos créditos trabalhistas privilegiados até o montante de 5 salários mínimos por trabalhador a quem sejam devidas verbas estritamente salariais vencidas nos três meses anteriores à decretação da falência. Neste caso, e somente nele, as restituições em dinheiro só poderão ocorrer após antecipados os valores devidos em virtude do previsto no art. 151." (SOUZA JUNIOR. Seção XI: Do pagamento aos credores..., p. 511-512). Caminhando no mesmo sentido: COELHO. *Comentários à Lei de Falências e de Recuperação de Empresas...*, p. 435-436; CORRÊA LIMA. Arts. 149 a 153..., p. 1.016. Em sentido contrário: BEZERRA FILHO. *Lei de Recuperação de Empresas e de Falências...*, p. 351; BEZERRA FILHO. Capítulo XXI: O pagamento dos credores..., p. 486; SIMIONATO, Frederico Augusto Monte. *Tratado de direito falimentar*. Rio de Janeiro: Forense, 2008, p. 642; ALMEIDA, Marcus Elidius Michelli de. Comentários aos artigos 85 ao 93. In: DE LUCCA, Newton; SIMÃO FILHO, Adalberto (coords). *Comentários à nova Lei de Recuperação de Empresas e Falências*. São Paulo: Quartier Latin, 2005, p. 381; HUSNI. Comentários aos artigos 139 ao 153..., p. 551.

[3590] SOUZA JUNIOR. Seção XI: Do pagamento aos credores..., p. 512.

[3591] Caminhando no mesmo sentido, ver: CORRÊA LIMA. Arts. 149 a 153..., p. 1.017-1.018 (que, todavia, vai além – e, em nosso entender, em interpretação *contra legem* –, entendendo que a antecipação prevista no art. 151 da LREF somente ocorre nas hipóteses do art. 86, II e III, e não na hipótese do inciso I do art. 86).

PAGAMENTO DOS CREDORES

1.4. Quarta etapa: restituição em dinheiro

Logo após, são pagos os pedidos de restituição em dinheiro (que não se constituem, a rigor, crédito), nos termos dos art. 86 c/c 149 da LREF[3592]. Os valores são pagos em igualdade de condições, ou seja, ou a restituição ocorre em sua integralidade ou ocorre o rateio proporcional entre os integrantes (art. 91, parágrafo único, da Lei).

Para análise do pedido de restituição, vide Capítulo 24.

1.5. Quinta etapa: créditos extraconcursais

Após as restituições em dinheiro, nos termos dos arts. 84 e 149 da LREF, é realizado o pagamento dos credores extraconcursais[3593], que são aqueles originados

---

[3592] TJSP, 1ª Câmara Reservada de Direito Empresarial, APC 0000834-32.2012.8.26.0309, Rel. Des. Enio Zuliani, j. 02/10/2012; TJRS, 6ª Câmara Cível, AI 70043910512, Rel. Des. Artur Arnildo Ludwig, j. 22/09/2011; TJRS, 6ª Câmara Cível, AI 70027611474, Rel. Des. Luís Augusto Coelho Braga, j. 27/05/2010. O Tribunal de Justiça do Rio Grande do Sul já autorizou, em pedido de restituição com base em contrato de câmbio, a realização de reserva das quantias pleiteadas (mesmo porque o pedido de restituição suspende a disponibilidade da coisa até o trânsito em julgado), excepcionando, todavia, o pagamento do crédito referido no art. 151 da LREF (TJRS, 6ª Câmara Cível, AI 70027611474, Rel. Des. Luís Augusto Coelho Braga, j. 27/05/2010).

[3593] FRANCISCO SATIRO não vislumbra necessidade de precedência do pagamento das restituições em dinheiro em relação ao pagamento dos créditos extraconcursais. Segundo o autor: "(...) no que concerne à eventual ordem de prioridade de pagamento entre os créditos extraconcursais do art. 84 e as restituições em dinheiro do art. 86, a questão, a meu ver, não possui solução a partir de uma interpretação literal. Há quem defenda que a redação do *caput* do art. 149, ao mencionar primeiro as restituições e só depois os créditos do art. 84, determinaria assim a ordem a ser seguida. Não me parece, no entanto, que essa seja a mais apropriada solução hermenêutica. Primeiro, porque se quisesse enfatizar uma ordem a ser necessariamente seguida, o legislador o teria feito de modo expresso, como o fez nos arts. 140 e 39. Além disso, existem outros casos na Lei 11.101/05 em que a ordem de apresentação dos itens não representa necessária prevalência de um sobre o outro, do que é exemplo claro o art. 47 (quanto aos objetivos da recuperação judicial), mas também o art. 21 (sobre aqueles que podem ser nomeados como administrador judicial), art. 24 (critérios para definição da remuneração do administrador judicial), etc. Da mesma forma, não se concebe uma ordem que incida sobre elementos de natureza diversa como pagamentos e fechamento de quadro geral de credores. Nada impede, por exemplo, que na existência de um número reduzido de credores concursais com créditos incontroversos, o quadro geral de credores venha a ser concluído antes da solução – e conseqüente pagamento – das restituições em dinheiro. Pode-se dizer nesse caso que a consolidação do quadro geral de credores antes do pagamento de restituição em dinheiro fere a ordem prevista no art. 149? Não parece ser essa a melhor interpretação." "Portanto, o disposto no art. 149 não é apto a fornecer norma que determine uma prioridade entre os credores por restituição em dinheiro e os extraconcursais do art. 84, demandando-se utilização de outros critérios. Nesse sentido, sob o ponto de vista axiológico, parece incontestável que os créditos referidos no art. 84 protegem o interesse da massa, e por conseqüência, tendem a preservar a unidade produtiva e o valor dos seus ativos em benefício da coletividade de credores, enquanto, por outro lado, a restituição em dinheiro opera somente no benefício pessoal do credor, fato esse que deve ser ponderado no momento de se estabelecer – se necessário – uma ordem de prioridade entre eles, o que fugiria ao escopo deste trabalho." (SOUZA JUNIOR. Seção XI: Do pagamento aos credores..., p. 505). Já FÁBIO ULHOA COELHO

após a decretação da falência (e que, por isso, não precisam ser habilitados)[3594] e não concorrem com os demais créditos concursais, mesmo porque são necessários para o adequado andamento do processo falimentar (e, se for o caso, da recuperação judicial caso, posteriormente, tenha sido decretada a falência do devedor).

A prioridade de pagamento decorre de uma razão objetiva: tais créditos existem justamente em virtude da falência (ou da recuperação judicial). São, a rigor, os credores da massa – que se forma a partir da decretação da quebra (*Massegläubiger*, como diz o §53 do *Insolvenzordnung* alemão), em contraposição aos credores concursais ou falenciais (*Insolvenzgläubiger*), os quais justificaram a instauração do processo falimentar.

O art. 84 da LREF estabelece os seguintes créditos como extraconcursais[3595]:

a. remunerações devidas ao administrador judicial[3596] e seus auxiliares[3597], e créditos derivados da legislação do trabalho ou decorrentes de acidentes de trabalho relativos a serviços prestados após a decretação da falência[3598-3599];

---

afirma que as restituições em dinheiro são créditos extraconcursais e somente deveriam ser pagas após o pagamento dos créditos previstos no art. 84 (COELHO. *Comentários à Lei de Falências e de Recuperação de Empresas...*, p. 276).

[3594] AULETTA, Giuseppe; SALANITRO, Nicolò. *Diritto commerciale*. 30 ed. Milano: Giuffrè, 2001, p. 622.

[3595] FÁBIO ULHOA COELHO entende que o rol de créditos extraconcursais previstos no art. 84 da LREF é meramente exemplificativo, podendo, então, abarcar outras despesas necessárias para a administração da falência ou andamento do processo falimentar (COELHO. *Comentários à Lei de Falências e de Recuperação de Empresas...*, p. 277). Não se pode concordar com tal entendimento: o art. 84 encerra um rol fechado (*numerus clausus*).

[3596] O pagamento da remuneração do administrador judicial somente será completo depois da aprovação de suas contas e do relatório final da falência: lembre-se que 40% do montante devido ao administrador judicial é reservado para pagamento após atendimento do previsto nos arts. 154 e 155 da Lei (LREF, art. 24, §1º).

[3597] O Superior Tribunal de Justiça já se manifestou no sentido de que a decretação da quebra enseja a suspensão da prescrição de ações e execuções em face do devedor (LREF, art. 6º), e não daqueles decorrentes de contratações realizadas pela massa falida (no caso, de advogado que representou a massa falida em ação judicial) (STJ, 4ª Turma, REsp 331.266, Rel. Min. Raul Araújo, j. 16/02/2012).

[3598] A Súmula 219 do STJ assim dispõe: "Os créditos decorrentes de serviços prestados à massa falida, inclusive a remuneração do síndico, gozam dos privilégios próprios dos trabalhistas". No regime do Decreto-Lei 7.661/1945 (arts. 102 e 124, §1º, III), havia o entendimento de que as dívidas e os encargos da massa seriam pagos somente após serem satisfeitos os credores trabalhistas, acidentários e fiscais. Assim, para garantir que, por exemplo, o síndico recebesse prioritariamente sua remuneração, entendeu-se por equipará-lo aos créditos de natureza trabalhista. Com a entrada em vigor da LREF, e a classificação das remunerações devidas ao administrador judicial e seus auxiliares (e créditos derivados da legislação do trabalho ou decorrentes de acidentes de trabalho relativos a serviços prestados após a decretação da falência) como crédito extraconcursal (ou seja, em classificação melhor que os créditos trabalhistas), a referida Súmula não nos parece mais aplicável.

[3599] Está aqui incluída somente a remuneração daqueles que prestarem serviço à massa (ainda que decorram de uma relação trabalhista – *i.e.*, créditos trabalhistas originados após a decretação da quebra

PAGAMENTO DOS CREDORES

b. quantias fornecidas à massa pelos credores[3600] (como é o caso do locador de imóvel que paga as despesas de transporte para a sua desocupação após a decretação da quebra);

c. despesas com arrecadação, administração, realização do ativo e distribuição do seu produto, bem como custas do processo de falência[3601] – as quais, de qualquer sorte, podem ser pagas de acordo com o art. 150 da LREF[3602];

d. custas judiciais relativas às ações e execuções em que a massa falida tenha sido vencida;

e. obrigações resultantes de atos jurídicos válidos praticados durante a recuperação judicial, nos termos do art. 67 da Lei[3603], ou após a decretação da

---

– e, então, não estão limitados aos 150 salários mínimos estabelecidos pelo art. 83, I, da LREF), e não, por exemplo, quem prestar serviços ao administrador judicial (como um advogado por ele contratado para defendê-lo em eventual ação de responsabilidade). Da mesma forma, o leiloeiro não é credor da massa: o seu devedor é o arrematante.

[3600] O dispositivo não abarca as despesas que os credores incorreram para tomar parte na recuperação judicial ou na falência (salvo as custas judiciais decorrentes de litígio com o devedor), as quais não são exigíveis (LREF, art. 5º, II).

[3601] Aqui, interessante é observar que a jurisprudência caminha no sentido de que dívida de condomínio, ainda que anterior à decretação da quebra, é considerada extraconcursal por se tratar de obrigação *protem rem* e, por isso, seria encargo da massa (STJ, REsp 1.534.433/SP, Rel. Min. Paulo de Tarso Sanseverino (decisão monocrática), j. 27/03/2017); quanto à posterior, trata-se de evidente crédito extraconcursal (STJ, 3ª Turma, REsp 1.162.964/RJ, Rel. Min. Nancy Andrighi, j. 27/03/2012). Se, por sua vez, a massa falida é credora de quotas condominiais, fará a cobrança nos termos da lei, não sendo necessário reconhecer o crédito no processo falimentar nem executá-lo junto ao concurso universal (STJ, 3ª Turma, REsp 1.627.457/SP, Rel. Min. Nancy Andrighi, j. 27/09/2016).

[3602] BEZERRA FILHO. Capítulo XII: A classificação dos créditos na falência..., p. 288.

[3603] O STJ já se manifestou no sentido de que, de acordo com os arts. 67, *caput*, e 84, V, da LREF, na hipótese de decretação de falência, serão considerados extraconcursais os créditos decorrentes de obrigações contraídas pelo devedor entre a data do deferimento do processamento da recuperação judicial (nos termos do art. 52 da LREF) e a data da decretação da falência (abarcando aqueles relativos a despesas com fornecedores de bens ou de serviços e contratos de mútuo) (STJ, 3ª Turma, REsp 1.398.092/SC, Rel. Min. Maria Isabel Gallotti, Rel. p/ acórdão Min. Antonio Carlos Ferreira, j. 10/02/2015; STJ, 4ª Turma, REsp 1.399.853/SC, Rel. Min. Maria Isabel Gallotti, Rel. p/ acórdão Min. Antônio Carlos Ferreira, j. 10/02/2015; STJ, 4ª Turma, REsp 1.185.567, Rel. Min. Maria Isabel Gallotti, Rel. p/ acórdão Min. Antonio Carlos Ferreira, j. 05/06/2014). Nesse sentido caminha o Enunciado 10 da Edição 35 da Jurisprudência em Teses do STJ. Em sentido contrário, manifestando-se no sentido de que devem ser enquadrados como extraconcursais os créditos a partir do momento do ajuizamento da recuperação judicial, ver: BEZERRA FILHO. Capítulo XII: A classificação dos créditos na falência..., p. 290-291. Apesar disso, o STJ entendeu que os honorários de advogado contratado para ajuizar e acompanhar a recuperação judicial de empresa que teve decretada a sua falência (convolação da recuperação judicial em falência) devem ser considerados extraconcursais, uma vez que, ainda que firmado (mediante contrato verbal) antes do ajuizamento da recuperação judicial (tendo um instrumento contratual sido firmado posteriormente), trata-se de contrato de execução continuada ou periódica (contrato de duração) essencial ao bom êxito do processo recuperatório (STJ, 4ª Turma, REsp 1.368.550/SP, Rel. Min. Luis Felipe Salomão, j. 04/10/2016).

RECUPERAÇÃO DE EMPRESAS E FALÊNCIA

falência, e tributos relativos a fatos geradores ocorridos após a decretação da falência, respeitada a ordem estabelecida no art. 83 da Lei.

O pagamento dos créditos extraconcursais deve ser feito de acordo com a ordem hierárquica (decrescente) prevista no art. 84 da LREF (c/c art. 149). A igualdade existe única e exclusivamente entre os créditos de igual natureza; no caso de insuficiência de recursos, haverá rateio proporcional entre os credores – e todos participam do rateio com o total de seus créditos, embora não seja possível receber de imediato –, respeitada a hierarquia disposta na Lei.

1.6. Sexta etapa: créditos concursais

Consolidado o quadro-geral de credores (LREF, art. 18), inicia-se o pagamento dos créditos concursais na ordem hierárquica (decrescente) prevista no art. 83 da LREF (conforme art. 149). A igualdade existe única e exclusivamente entre os créditos de igual natureza; no caso de insuficiência de recursos, realiza-se o rateio proporcional entre os credores, respeitada a hierarquia disposta na Lei[3604].

A classificação estabelecida pelo art. 83 é a seguinte:

I. créditos derivados da legislação do trabalho, limitados a 150 salários-mínimos por credor, e os decorrentes de acidentes de trabalho;
II. créditos com garantia real até o limite do valor do bem gravado (lembrando que, de acordo com o art. 83, §1º, será considerado como valor do bem objeto de garantia real a importância efetivamente arrecadada com sua venda, ou, no caso de alienação em bloco, o valor de avaliação do bem individualmente considerado, sendo que o remanescente será considerado crédito quirografário);
III. créditos tributários, independentemente da sua natureza e tempo de constituição, excetuadas as multas tributárias[3605];
IV. créditos com privilégio especial, a saber:
    a. os previstos no art. 964 do Código Civil;
    b. os assim definidos em outras leis civis e comerciais, salvo disposição contrária da LREF;

[3604] Segundo FRANCISCO SATIRO: "O que importa é que os pagamentos dos créditos concursais deverão ser feitos respeitando-se a prioridade das classes previstas no art. 83. Só se pode cogitar do pagamento de uma certa classe se todos os credores habilitados das classes superiores já tiverem sido plenamente satisfeitos. Mesmo o surgimento de um novo credor privilegiado em decorrência, por exemplo, de uma habilitação retardatária, não muda a regra: apesar de não ter participado dos rateios anteriores e sobre eles não ter qualquer direito, após a inclusão de seu crédito no quadro-geral de credores, por retificação judicial, nos termos do art. 10, §6º, o credor deverá ser satisfeito antes dos demais menos privilegiados, mesmo na ausência de reservas." (SOUZA JUNIOR. Seção XI: Do pagamento aos credores..., p. 506).
[3605] Conforme, inclusive, o art. 186 do Código Tributário Nacional

PAGAMENTO DOS CREDORES

    c. aqueles a cujos titulares a lei confira o direito de retenção sobre a coisa dada em garantia;

    d. aqueles em favor dos microempreendedores individuais e das microempresas e empresas de pequeno porte de que trata a Lei Complementar no 123, de 14 de dezembro de 2006[3606];

V. créditos com privilégio geral, a saber:

    a. os previstos no art. 965 do Código Civil;

    b. os previstos no parágrafo único do art. 67 da Lei;

    c. os assim definidos em outras leis civis e comerciais, salvo disposição contrária da LREF;

VI. créditos quirografários, a saber:

    a. aqueles não previstos nos demais incisos do art. 83 da Lei (lembrando que, de acordo com o §4º do art. 83, os créditos trabalhistas cedidos a terceiros são considerados quirografários3607);

    b. os saldos dos créditos não cobertos pelo produto da alienação dos bens vinculados ao seu pagamento;

    c. os saldos dos créditos derivados da legislação do trabalho que excederem o limite estabelecido no inciso I do caput do art. 83;

VII. multas contratuais e as penas pecuniárias por infração das leis penais ou administrativas, inclusive as multas tributárias[3608];

VIII. créditos subordinados, a saber:

    a. os assim previstos em lei ou em contrato;

    b. os créditos dos sócios e dos administradores sem vínculo empregatício.

Para uma análise detalhada da classificação dos créditos concursais, vide Capítulo 27.

1.7. Sétima etapa: juros legais e contratuais pós-quebra

Se existirem recursos para o pagamento de todos os credores, passa-se ao pagamento dos juros legais ou contratuais vencidos após a decretação da falência

---

[3606] Aqui, faz-se referência ao Enunciado 80 da II Jornada de Direito Comercial promovida pelo Conselho da Justiça Federal: "80. Para classificar-se credor, em pedido de habilitação, como privilegiado especial, em razão do art. 83, IV, d da Lei de Falências, exige-se, cumulativamente, que: (*a*) esteja vigente a LC 147/2014 na data em que distribuído o pedido de recuperação judicial ou decretada a falência do devedor; (*b*) o credor faça prova de que, no momento da distribuição do pedido de recuperação judicial ou da decretação da falência, preenchia os requisitos legais para ser reconhecido como microempreendedor individual, microempresa ou empresa de pequeno porte".

[3607] Podendo-se questionar se o mesmo tratamento deve ser dado na hipótese de crédito de titularidade de microempreendedor individual, microempresa ou empresa de pequeno porte ser cedido a terceiros.

[3608] Ver também o art. 186, parágrafo único, III, do Código Tributário Nacional.

RECUPERAÇÃO DE EMPRESAS E FALÊNCIA

(LREF, art. 124, *caput*)[3609], exceto os juros das debêntures e dos créditos com garantia real, que recebem tratamento especial (LREF, art. 124, parágrafo único)[3610]-[3611].

Sobre o tema, vide Capítulo 27, item 9.

1.8. Oitava etapa: saldo

Nos termos do art. 153 da LREF (no mesmo sentido do art. 83, $\S2^{\circ}$), depois de pagos todos os credores, o saldo, se houver, será entregue ao falido[3612]-[3613] (ao empresário individual ou sociedade empresária, e não aos seus sócios, pois a falência não acarreta a extinção da sociedade)[3614]-[3615] – hipótese raríssima, mas

---

[3609] STJ, 1ª Turma, REsp 852.926/RS, Rel. Min. Teori Albino Zavascki, j. 05/06/2007.

[3610] Os juros das debêntures e dos créditos com direito real de garantia que vencerem depois da decretação da falência até poderão ser pagos, mas por eles responde, exclusivamente, o produto dos bens que constituem a garantia (art. 124, parágrafo único).

[3611] Nesse sentido, ver: BEZERRA FILHO. *Lei de Recuperação de Empresas e de Falências...*, p. 352-353 (quem defende que, além dos juros vencidos após a decretação da quebra, o valor também deve ser corrigido monetariamente). Ver, também: BEZERRA FILHO. Capítulo XII: A classificação dos créditos na falência..., p. 286; BEZERRA FILHO. Capítulo XVIII: Os efeitos da decretação da falência sobre as obrigações do devedor..., p. 435; BEZERRA FILHO. Capítulo XXI: O pagamento dos credores..., p. 490.

[3612] O Superior Tribunal de Justiça já aplicou analogicamente o art. 153 da LREF ("Pagos todos os credores, o saldo, se houver, será entregue ao falido") em caso de valores depositados em sede de concordata preventiva, mas não levantado pelos credores. Segundo a Corte: "O art. 153 da Lei 11.101/05 outorga à empresa falida ou em recuperação judicial a possibilidade de levantar o saldo eventualmente existente em seu favor, se for verificado o pagamento de todos os credores e houver transcorrido o prazo concedido pelo Juiz para resgate dos valores não reclamados" (STJ, 3ª Turma, REsp 1.172.387/RS, Rel. Min. Nancy Andrighi, j. 15/02/2011).

[3613] E isso ocorre porque, como examinado no Capítulo 21, com a decretação da quebra, o falido perde a administração e a disposição de seus bens, mas não a sua propriedade. Existindo saldo remanescente, a ele deve ser devolvido.

[3614] No mesmo sentido: ADAMEK. *Responsabilidade civil dos administradores de S/A e as ações correlatas...*, p. 384, em nota de rodapé. Em sentido contrário caminha a maioria da doutrina, dentre os quais se destacam FRANCISCO SATIRO, para quem: "A falência constitui causa de dissolução das sociedades (CC, art. 1.044 e Lei das S.A., 206, II, *c*). Assim, ao final do processo de liquidação, para garantia do direito da participação no acervo da sociedade (Lei das S.A., art. 109), o saldo deve ser partilhado entre os sócios, respeitando-se suas deliberações, bem como as disposições legais e as estatutárias." (SOUZA JUNIOR. Seção XI: Do pagamento aos credores..., p. 514); VALVERDE. *Comentários à Lei de Falências*, v. III..., p. 76; COELHO. *Comentários à Lei de Falências e de Recuperação de Empresas...*, p. 437; PACHECO. *Processo de recuperação judicial, extrajudicial e falência...*, p. 345-346; HUSNI. Comentários aos artigos 139 ao 153..., p. 558; SZTAJN. Comentários aos arts. 139-167..., p. 534. Ver, também: BEZERRA FILHO. Capítulo XXI: O pagamento dos credores..., p. 490. Foi justamente com base nesta interpretação majoritária (por nós não encampada), de que o saldo em processo falimentar de sociedade empresária é entregue aos seus sócios, que o Tribunal de Justiça de São Paulo, em ação de execução promovida contra sócia controladora de sociedade falida, permitiu o arresto sobre as sobras do patrimônio da referida sociedade (TJSP, 35ª Câmara do 8º Grupo, AI 0027842-48.2006.8.26.0000, Rel. Des. Clóvis Castelo, j. 24/07/2006).

[3615] Nesse particular, concordamos com FRANCISCO SATIRO: "Há que se esclarecer ainda que é sempre possível que sócio de responsabilidade ilimitada tenha tido seu patrimônio excutido para satisfação

PAGAMENTO DOS CREDORES

possível, seja porque não ocorreu a real insolvência do devedor, seja porque os credores não habilitaram seus créditos.

Por fim, especificamente no caso das sociedades empresárias, a entrega do saldo à falida (ou a partilha entre seus sócios, como defende parcela da doutrina) não se confunde com o crédito subordinado que, eventualmente, os sócios titularizam (LREF, art. 83, VII, "b"). Este integra o passivo da sociedade falida, enquanto que a entrega do saldo, nos termos do art. 153 da LREF, ocorre somente após o pagamento de todos os credores[3616].

2. Reservas

Ao longo do processo falimentar, credores em potencial (concursais ou extraconcursais)[3617] podem pleitear a reserva de valores junto ao juízo falimentar. A rigor, isso pode ocorrer de duas formas: (*i*) o juiz que julgará a causa do provável credor poderá requer a reserva ao juízo falimentar, mediante o encaminhamento de ofício; (*ii*) o potencial credor poderá postula diretamente ao juízo falimentar a realização da reserva (LREF, arts 6º, §3º; 10, §4º, e 16).

A reserva de valores constitui um importante mecanismo de tutela de pretensos credores que ainda não podem incluir seus créditos para a satisfação no processo falimentar (e da própria *par conditio creditorum*)[3618]. Havendo reserva de

---

dos credores da sociedade falida. Cuida-se, no caso, de concretização da responsabilidade solidária ou subsidiária do sócio, conforme a espécie. Na hipótese, o saldo não pertence à sociedade, mas ao sócio, razão pela qual a ele deve ser entregue." (SOUZA JUNIOR. Seção XI: Do pagamento aos credores..., p. 514). No mesmo sentido: "(...) se a sobra resultou da venda de bens pertencentes a sócio de responsabilidade solidária, é claro que ela deverá ser restituída a este sócio." (VALVERDE. *Comentários à Lei de Falências*, v. III..., p. 76).

[3616] COELHO. *Comentários à Lei de Falências e de Recuperação de Empresas...*, p. 437-438.

[3617] "Não há na Lei 11.101/05 qualquer restrição do uso das reservas somente a credores concursais. Nada impede, portanto, que a reserva venha a beneficiar um credor extraconcursal ou mesmo um credor de restituição em dinheiro, os quais, ainda que não sujeitos à habilitação de seus créditos, poderão ter discutidos, pelos meios cabíveis, aspectos de seus créditos que lhes tirem a imediata exigibilidade." (SOUZA JUNIOR. Seção XI: Do pagamento aos credores..., p. 507)

[3618] Conforme ressalta FRANCISCO SATIRO: "As reservas têm por finalidade preservar, para um credor cujo crédito ainda não pôde ser incluído, o direito de participar dos próximos rateios aplicáveis à classe à qual crê pertencer. Trata-se de garantia da *par conditio creditorum*, segundo a qual é necessário que se assegure que credores da mesma classe tenham iguais direitos sobre os ativos da massa, especialmente no momento do pagamento. Ora, enquanto sobre o crédito pairar alguma incerteza quanto à sua liquidez ou exigibilidade, que demande decisão judicial, o credor não estará relacionado no quadro-geral de credores. Não estando seu crédito arrolado no quadro-geral de credores, ficará o credor – mesmo que privilegiado – impedido de participar dos rateios que ocorrerem e que se aplicarem à sua classe. Como devem os credores, em cada rateio, ser pagos na ordem de classificação representada formalmente no quadro-geral de credores consolidado, a demora na inclusão de seu crédito pode levar um credor a ser preterido em benefício de outros menos privilegiados, mas com crédito já habilitado." "Para evitar o prejuízo decorrente da não participação nos futuros rateios, enquanto seu crédito encontra-se em

RECUPERAÇÃO DE EMPRESAS E FALÊNCIA

importâncias, os valores a ela relativos ficarão depositados até o julgamento definitivo do crédito – ou seja, o administrador judicial não pode realizar qualquer pagamento que venha a comprometer as disponibilidades de tais reservas (LREF, art. 149, §1º). Uma vez resolvida a questão e reconhecido o crédito, o valor das reservas é usado para a realização do pagamento do credor em benefício do qual ela foi constituída, efetivando, se for o caso, o rateio entre os demais credores. No caso de não ser tal crédito finalmente reconhecido, no todo ou em parte, os recursos depositados serão objeto de rateio suplementar entre os credores remanescentes (LREF, art. 149, §1º).

As reservas também devem ser desconstituídas, independentemente do resultado da ação movida pelo suposto credor, na hipótese de restar inequívoco que o resultado da liquidação do ativo da massa, somado ao valor da reserva, não será suficiente para pagar a classe dos credores mais privilegiados que aqueles da classe a que pertence o beneficiário (ou seja: a manutenção da reserva não beneficiaria o interessado, que não receberá de qualquer modo, e prejudicaria os demais credores legitimados a receber. Assim, uma vez desconstituída a reserva, realizar-se-á o rateio do seu valor)[3619].

3. Efetivação do pagamento

O pagamento pode envolver tantos rateios quantos forem necessários. É viável, por exemplo, que sejam colocados à venda individualmente dois ou mais bens da massa falida de grande valor e que o administrador, a cada alienação, realize imediatamente o rateio dos valores arrecadados entre os credores. A LREF não exige, como fazia o Decreto-Lei 7.661/1945 (art. 127), um percentual mínimo a partir do qual o administrador judicial possa iniciar o rateio[3620].

Os valores – objeto do pagamento – são colocados à disposição dos credores. Estes são intimados (de forma conjunta/coletiva) para retirarem o numerário

---

discussão ou seu pagamento suspenso, pode o pretenso credor, a fim de proteger seus interesses, solicitar reserva do valor declarado e que pretende ver habilitado. Uma vez constituída a reserva, garante-se ao pretenso credor que o valor que proporcionalmente lhe caberia no rateio a ser efetuado não deixará a massa enquanto não ocorrer a solução de existência, validade, liquidez ou exigibilidade de seu crédito. Como o fundamento da constituição de reserva é a preservação da *par conditio creditorum* e do interesse legítimo do credor de receber seu crédito juntamente com os demais de sua classe, a reserva só se justifica se houver fundados indícios de que o crédito será habilitado na classe apontada e que os recursos da massa serão suficientes para pagar, no rateio, pelo menos parte dos créditos daquela classe. Assim, alguém que apresente documento claramente inepto a sustentar sua pretensão não deverá ter constituída reserva a seu favor." (SOUZA JUNIOR. Seção XI: Do pagamento aos credores..., p. 506-507).

[3619] "(...) se resta inequívoco que a massa não terá recursos para pagamento da classe na qual o credor pleiteia sua inclusão, também neste caso não se justifica o uso do instituto. Se o objetivo da reserva é preservar o interesse do pretenso credor de participação nos futuros rateios, esse interesse deve ser legítimo, verdadeiro e atual." (SOUZA JUNIOR. Seção XI: Do pagamento aos credores..., p. 507).

[3620] SOUZA JUNIOR. Seção XI: Do pagamento aos credores..., p. 505-506.

PAGAMENTO DOS CREDORES

devido, fixando o magistrado o prazo que entender conveniente para o respectivo levantamento. Os credores que não levantarem os valores que lhes couberam no rateio no prazo fixado pelo juiz serão intimados (intimação individual, que não precisa ser pessoal, já que a Lei assim não prevê)[3621] a fazê-lo no prazo de 60 dias, após o qual os recursos serão objeto de rateio suplementar entre os credores remanescentes (art. 149, §2º, da Lei).

O credor que não levantar os valores a que tem direito dentro desse prazo não perderá seu crédito nem terá seu privilégio extinto, bem como seu direito não decai. No entanto, terá de esperar um novo rateio, *i.e.*: o credor somente perde o direito de participar daquele rateio[3622].

Caso reste evidenciado dolo ou má-fé de algum credor na constituição do crédito ou da sua garantia, eventual quantia recebida será restituída em dobro à massa falida, acrescida dos juros legais, nos termos do art. 152 da LREF[3623], cujo prazo prescricional é de três anos (CC, art. 206, §3º, IV)[3624]. Essa hipótese ocorrerá sem prejuízo de restar configurado o crime previsto de habilitação ilegal de crédito, constante no art. 175 da LREF.

O credor que não se habilitou e, por conseguinte, não recebeu seu crédito poderá, enquanto não estiver prescrito, cobrá-lo do falido caso este tenha recebido eventual saldo, sem prejuízo, se for o caso, de buscar eventual responsabilidade do administrador judicial, de acordo com o art. 32 da LREF.

[3621] COELHO. *Comentários à Lei de Falências e de Recuperação de Empresas...*, p. 434.

[3622] SOUZA JUNIOR. Seção XI: Do pagamento aos credores..., p. 508. Ver, também: SIMÃO FILHO. Fases falencial e pós-falencial – uma visão generalista..., p. 540; HUSNI. Comentários aos artigos 139 ao 153..., p. 556. FÁBIO ULHOA COELHO, por outro lado, afirma que tal credor decai do direito creditório (COELHO. *Comentários à Lei de Falências e de Recuperação de Empresas...*, p. 434).

[3623] O Tribunal de Justiça do Rio Grande do Sul já decidiu que a regra do art. 152 não se aplica, por analogia, à recuperação judicial, ainda que haja descumprimento do plano (TJRS, 5ª Câmara Cível, AI 70019577618, Rel. Des. Paulo Sérgio Scarparo, j. 11/07/2007).

[3624] SOUZA JUNIOR. Seção XI: Do pagamento aos credores..., p. 513.

Capítulo 29
Sentença de Encerramento e Extinção
das Obrigações do Falido

O encerramento da falência – o que não significa que todos os credores tenham restado satisfeitos, mas, sim, que tenha ocorrido a realização do ativo e a divisão do produto entre os credores[3625] – e a extinção das obrigações do falido é a disciplina de fechamento do regime da falência, que restou regulada na LREF por um número reduzido de artigos (sete ao todo, do art. 154 ao art. 160), o que em certa medida contrasta com a real importância da matéria. A sistemática legal não apresenta grandes novidades quando cotejada com o regime do Decreto-Lei 7.661/1945, mesmo com a extinção do instituto da concordata, particularmente a suspensiva[3626].

1. Prestação de contas pelo administrador judicial
Segundo o art. 154 da LREF, uma vez concluída a realização de todo o ativo e finalizada a distribuição do produto entre os credores, o administrador judicial deverá apresentar suas contas em juízo no prazo de 30 dias.

O tema era regulado pelo art. 69 do Decreto-Lei 7.661/1945, dentro dos deveres e atribuições do síndico, e sua sistemática, em certa medida, foi mantida pelo ordenamento vigente. Trata-se de prestação de contas que compreende todo o

---

[3625] TOLEDO, Paulo Fernando Campos Salles; PUGLIESI, Adriana Valéria. Capítulo XXII: A falência: o encerramento e a extinção das obrigações do falido. In: CARVALHOSA, Modesto (coord.). *Tratado de direito empresarial*, v. V – recuperação empresarial e falência. São Paulo: Revista dos Tribunais, 2016, p. 495.

[3626] É digno de registro que o legislador eliminou a expectativa que se tinha na lei antiga do encerramento do processo falimentar ocorrer dentro do prazo de dois anos, cuja repercussão prática era a de limitar a prescrição dos crimes falimentares, sem que isso levasse à efetiva finalização dos processos dentro do referido prazo (AZEVEDO, Luis Augusto Roux. Do encerramento da falência e da extinção das obrigações do falido. In: SOUZA JUNIOR, Francisco Satiro de; PITOMBO, Antonio Sergio A. de Moraes (coord.). *Comentários à Lei de Recuperação de Empresas e Falências*. 2 ed. São Paulo: Revista dos Tribunais, 2007, p. 515).

período em que o administrador judicial desempenhou sua função, prevista no art. 22, III, "r", da LREF (não se esquecendo de todas as obrigações que o administrador judicial tem durante o trâmite do processo de falência, como a apresentação ao juiz para juntada aos autos, até o 10º dia do mês seguinte ao vencido, da conta demonstrativa da administração que especifique com clareza a receita e a despesa, nos termos do art. 22, III, "p").

O art. 23 da LREF estabelece que o administrador judicial que não apresentar, no prazo estabelecido, suas contas ou qualquer dos relatórios previstos na Lei será intimado, pessoalmente, a fazê-lo no prazo de cinco dias, sob pena de desobediência. Se decorrido o prazo e não houver manifestação, o juiz o destituirá da função e nomeará substituto para elaborar relatórios ou organizar as contas, explicitando as responsabilidades de seu antecessor (lembrando que tal destituição acarreta a perda de sua remuneração, nos termos do art. 24, §3º, da LREF, bem como o próprio impedimento de exercício da função pelo prazo de cinco anos, conforme art. 30).

A Lei reconheceu a importância da prestação de contas. Tanto é verdade que, no §1º do art. 154, criou procedimento para avaliação das informações e números prestados. As contas, acompanhadas dos documentos comprobatórios, devem ser prestadas em autos apartados que, ao final, serão apensados aos autos da falência.

Essa prestação de contas pelo administrador judicial deve adotar a forma da escrituração mercantil, de acordo com o art. 917 do CPC/1973 e com o art. 551 do CPC/2015, aplicado à falência de forma supletiva, conforme previsão do art. 189 da LREF. Dessa maneira, devem ser anexados aos autos os documentos comprobatórios das informações prestadas, a especificação das receitas provenientes da realização do ativo e as despesas incorridas no procedimento, entre outras, sem as quais não será possível avaliar a adequação e a correção das medidas e das condutas adotadas no curso da falência[3627].

Caberá ao juiz examinar as contas prestadas pelo administrador e avaliar seu desempenho ao longo do procedimento falimentar. Essa prestação de contas *sui generis* relaciona-se especialmente ao montante obtido com a venda dos ativos, aos pagamentos de créditos sujeitos, ou não, aos efeitos da falência e a destinação de eventuais sobras, constituindo a etapa final do procedimento de liquidação que se iniciou com a decretação da quebra[3628].

O §2º do art. 154 da LREF estipula que o juiz ordenará a publicação de aviso de que as contas do administrador judicial foram efetivamente entregues e se

---

[3627] ALVES, Marcos Lima. Encerramento da falência e extinção das obrigações do falido. In: SANTOS, Paulo Penalva (coord.). *A nova Lei de Falências e de Recuperação de Empresas* – Lei nº 11.101/2005. Rio de Janeiro: Forense, 2007, p. 353; SZTAJN. Comentários aos arts. 139-167..., p. 530.

[3628] SZTAJN. Comentários aos arts. 139-167..., p. 530.

SENTENÇA DE ENCERRAMENTO E EXTINÇÃO DAS OBRIGAÇÕES DO FALIDO

encontram à disposição dos interessados, que poderão impugná-las no prazo de dez dias. Ao empregar o termo "interessados", o legislador fez uso de expressão aberta, genérica, capaz de abranger todos os agentes envolvidos no procedimento – que tenham algum tipo de interesse (público ou particular) no seu deslinde –, incluindo-se na acepção da palavra todos os credores, empregados, o falido em si e seus sócios (no caso de sociedade empresária) – não se podendo descartar também a possibilidade de o Ministério Público apresentar impugnação.

O fato de a LREF estender a tais indivíduos a possibilidade de impugnarem as informações, números, notas, recebimentos e ações adotadas pelo administrador judicial confere legitimidade ao procedimento de prestação e contas. Mais do que isso, estimula o administrador judicial a atuar dentro dos limites da sua função, com o máximo de diligência possível, como verdadeiro agente fiduciário no cumprimento das atribuições que lhe foram confiadas desde sua nomeação para a posição, sob pena de futura responsabilização[3629].

Decorrido o prazo do aviso (dez dias) e realizadas as diligências[3630] necessárias para a apuração dos fatos, o juiz intimará o Ministério Público para se manifestar em cinco dias. Findo esse período, o administrador judicial será ouvido, se houver impugnação ou parecer contrário do *Parquet*. Tudo conforme previsão do art. 154, §3º, da LREF.

A previsão do §4º do art. 154 da LREF segue na mesma direção: tão logo cumpridas as providências previstas nos §§2º e 3º, o juiz estará apto a julgar as contas apresentadas pelo administrador judicial por meio de sentença. E, no quesito decisório, os desdobramentos da prestação de contas são previsíveis: (*i*) se rejeitadas as contas, o administrador restará responsabilizado; (*ii*) se aprovadas, o administrador terá cumprido plenamente com as suas funções.

A sentença que rejeitar as contas do administrador judicial fixará suas responsabilidades[3631], podendo determinar, inclusive, a indisponibilidade ou o sequestro[3632] de bens para atender a eventuais danos causados e servirá como título

---

[3629] SZTAJN. Comentários aos arts. 139-167..., p. 530.

[3630] O termo "diligências" utilizado pelo legislador no §3º do art. 154 deve ser interpretado em sentido amplo, incluindo todo ação ou procedimento necessário para o esclarecimento de ponto duvidoso, ambíguo, confuso, tal como o preenchimento de lacuna ou omissão por parte do administrador judicial, ou, ainda, qualquer esclarecimento adicional que os interessados entendam necessários. No mais, a LREF segue o procedimento padrão para o exercício dos direitos de ampla defesa e contraditório, no caso de apresentação de impugnação pelos interessados ou manifestação contrária pelo Ministério Público.

[3631] Isso sem contar com a destituição do administrador faltoso e a perda de sua remuneração, nos termos do art. 24, §4º, da LREF, bem como o próprio impedimento de exercício da função pelo prazo de cinco anos, conforme o art. 30.

[3632] A LREF foi atécnica nesse particular. O art. 154, §5º, utiliza a expressão "sequestro" quando deveria ter usado o termo "arresto". O sequestro consiste na apreensão de bem determinado, objeto de litígio, com a finalidade de assegurar futura execução para entrega de coisa, preservando tal bem de

executivo para indenização da massa (LREF, art. 154, §5º). Tal regra traz efeitos jurídicos relevantes, especialmente sobre o patrimônio do administrador judicial, cabendo fundamentar os números e embasar os valores apresentados[3633].

A LREF determina que o cabedal de bens e direitos de titularidade do administrador servirá como garantia da indenização a ser fixada pelos danos causados, sendo a sentença judicial, nos termos legais, título executivo em favor da massa. Os beneficiários dessa ação serão justamente os credores do falido que foram prejudicados pelas ações culposas ou dolosas praticadas pelo administrador no exercício de sua função[3634].

Por fim, o §6º do art. 154 da LREF refere que da sentença caberá recurso de apelação, o qual, nos termos da legislação processual civil (CPC/1973, art. 520; CPC/2015, art. 1.012), será recebido no duplo efeito, não estando a hipótese no rol de incisos que autoriza o recebimento do recurso somente no efeito devolutivo[3635]. Há entendimentos na doutrina no sentido de que a indisponibilidade sobre os bens do administrador resultante da rejeição das suas contas deveria ser mantida a despeito da interposição de recurso; objetiva-se, com isso, evitar desvio patrimonial que possa inviabilizar a reparação dos danos causados à massa[3636].

O argumento é válido, embora o silêncio da LREF seja um indicativo para postergar a avaliação acerca da necessidade ou não de manter a indisponibilidade sobre os bens do administrador a partir do exame do caso em concreto e à luz do Direito Processual Civil.

2. Relatório final da falência

Consoante o art. 155 da LREF, depois de julgadas as contas do administrador judicial, ele apresentará o relatório final da falência no prazo de dez dias, indicando o valor do ativo e do produto de sua realização, o valor do passivo e dos pagamentos efetuados aos credores, e especificará, justificadamente, as eventuais responsabilidades do falido.

---

danos, de depreciação ou deterioração (nos termos, por exemplo, do art. 822 e seguintes do CPC/1973). Assim, seria correto o emprego do termo "arresto", que é a medida consistente na apreensão judicial de bens indeterminados do patrimônio do devedor para garantia de futura execução por quantia certa, assegurando a viabilidade da futura penhora ou arrecadação (em caso de insolvência), na qual virá a converter-se ao tempo da efetiva execução (CPC/1973, arts. 813 e seguintes) (THEODORO JÚNIOR. *Processo cautelar...*, p. 213, 271).

[3633] STJ, 2ª Turma, REsp 79.823/RS, Rel. Min. Ari Pargendler, j. 18/11/1997.

[3634] SZTAJN. Comentários aos arts. 139-167..., p. 530; ALVES. Encerramento da falência e extinção das obrigações do falido..., p. 355.

[3635] Sobre o tema da aplicação subsidiária do Código de Processo Civil ao procedimento falimentar, inclusive sobre os efeitos recursais, ver: ADAMEK. Capítulo VIII: Disposições finais e transitórias..., p. 584-595

[3636] SZTAJN. Comentários aos arts. 139-167..., p. 531.

SENTENÇA DE ENCERRAMENTO E EXTINÇÃO DAS OBRIGAÇÕES DO FALIDO

O dispositivo legal é direto e objetivo. Retoma a previsão do art. 131 do Decreto-Lei 7.661/1945, alterando tão somente o prazo para apresentação do relatório, que no regime anterior era de 20 dias e, agora, é de dez. A despeito da simplicidade da norma, a relevância da apreciação das contas do administrador judicial requer cautela, seja na ritualística para a apresentação do relatório (aspecto formal), seja na explicação das condutas adotadas ao longo do processo e na especificação do conteúdo informado (aspecto material)[3637].

O relatório final é resultante da prestação de contas do administrador e deve conter todas as movimentações ativas e passivas da massa falida, a partir do momento da decretação do devedor. Na parte do ativo haverá a discriminação dos bens arrecadados no curso da falência e a descrição do montante levantado com o processo de alienação de ativos, com base em demonstrativos contábeis, conforme a lógica da escrituração mercantil. Da mesma forma, no lado do passivo será formalizado o rol de créditos devidos (e, se for o caso, pagos), as habilitações de crédito procedentes, os rateios realizados, observada a ordem de preferência estabelecida pela LREF, os pagamentos efetuados de forma antecipada e as despesas referentes à administração da falência, honorários e outras verbas despendidas pelo administrador para o bom curso do procedimento, entre outras despesas eventualmente incorridas por ele. Também apontará os créditos que não foram eventualmente satisfeitos, ou seja, as responsabilidades com que continuará o falido[3638].

Há quem entenda que o administrador judicial no referido relatório deve examinar a forma de administração do falido ou dos administradores por ele contratados antes da falência, apontando se caberá ou não ação de responsabilidade a ser ajuizada pelos credores em face dele (falido), dos administradores da sociedade e/ou dos sócios de responsabilidade ilimitada e solidária[3639].

Analogamente ao que ocorre com o dever de prestar contas, também se aplica na apresentação do relatório a previsão do art. 23 da LREF, especialmente quanto à possibilidade de intimação pessoal do administrador, sob pena de desobediência, podendo o juiz, se decorrido o prazo sem manifestação, destituí-lo e nomear substituto para elaborar o relatório, explicitando as responsabilidades de seu antecessor (lembrando que tal destituição acarreta a perda de sua remuneração, nos termos do art. 24, §3º, da LREF, bem como o próprio impedimento de exercício da função pelo prazo de cinco anos, conforme art. 30)[3640].

[3637] Note-se que esse mesmo rigor e zelo na apreciação do tema também ocorre na seara societária (com o procedimento interno de aprovação de contas dos administradores nas sociedades empresárias, especialmente nas limitadas e anônimas).

[3638] SZTAJN. Comentários aos arts. 139-167..., p. 531; AZEVEDO. Do encerramento da falência e da extinção das obrigações do falido..., p. 516.

[3639] SZTAJN. Comentários aos arts. 139-167..., p. 531.

[3640] AZEVEDO. Do encerramento da falência e da extinção das obrigações do falido..., p. 516; ALVES. Encerramento da falência e extinção das obrigações do falido..., p. 354.

RECUPERAÇÃO DE EMPRESAS E FALÊNCIA

A aprovação das contas do administrador e a apresentação do relatório final são pressupostos para o encerramento regular do procedimento falimentar e, também, para o pagamento de parte do valor da remuneração daquele, que fica retida até este momento segundo a previsão do art. 24, §2º, da LREF[3641]. Em razão disso, presume-se que o administrador judicial seja o agente mais interessado em cumprir integralmente sua função, prestar as contas diligentemente para, então, receber o valor retido da sua remuneração.

Nesse particular, o legislador flexibilizou a disciplina posta pelo Decreto-Lei 7.661/1945 que, no seu art. 67, §3º, determinava que a totalidade (e não apenas uma parcela) da remuneração seria paga ao síndico somente depois de julgadas suas contas. O regime anterior partia da seguinte lógica: caso fosse verificada alguma irregularidade na administração da massa falida (que levasse, por exemplo, à destituição), o síndico não só seria responsabilizado diretamente pelo ilícito e/ou pela má-gestão, na linha do art. 68, mas também não receberia sua comissão (art. 68, §4º).

No regime atual a sistemática é distinta (e mais conveniente para o administrador judicial): se as contas não forem aprovadas e for identificada alguma irregularidade cometida pelo administrador (ou se o administrador judicial não prestar contas ou não apresentar o relatório final), a massa, ao invés de não pagar, deverá requerer a devolução do valor pago anteriormente ao julgamento das contas (que consiste em 60% do valor da remuneração)[3642], cuja probabiliade de recebimento tende a ser menor.

Extrai-se da LREF que a entrega do relatório pelo administrador judicial representa um ato liberatório do exercício das suas atribuições na falência. Embora o texto legal não fale na possibilidade de o juiz dar vista aos credores, ao falido e ao Ministério Público, entende-se que autorizar a manifestação de interessados acerca do relatório final entregue contribui com a transparência do procedimento[3643].

[3641] "Art. 24, §2º, da LREF: O juiz fixará o valor e a forma de pagamento da remuneração do administrador judicial, observados a capacidade de pagamento do devedor, o grau de complexidade do trabalho e os valores praticados no mercado para o desempenho de atividades semelhantes. §2º Será reservado 40% (quarenta por cento) do montante devido ao administrador judicial para pagamento após atendimento do previsto nos arts. 154 e 155 desta Lei". Para aprofundamento: ALVES. Encerramento da falência e extinção das obrigações do falido..., p. 353. Ver, também: Capítulo 7, item 8, desta obra.

[3642] ALVES. Encerramento da falência e extinção das obrigações do falido..., p. 353.

[3643] SZTAJN. Comentários aos arts. 139-167..., p. 532. Há precedente do TJMG no sentido de que uma vez obedecidos todos os trâmites e formalidades legais, há de ser declarado o encerramento da falência, sendo desnecessária a intimação pessoal dos representantes legais do credor para declararem se efetivamente receberam o crédito devido, quando há documentos comprobatórios bastante nos autos que atestem o levantamento da quantia a que teria direito (TJMG, 6ª Câmara Cível, APC 1.0000.00.237969-1/000, Rel. Des. Dorival Guimarães Pereira, j. 15/04/2002).

SENTENÇA DE ENCERRAMENTO E EXTINÇÃO DAS OBRIGAÇÕES DO FALIDO

3. Encerramento da falência

O passo seguinte após a prestação das contas e a apresentação do relatório final pelo administrador judicial, respeitados os trâmites legais, é o encerramento da falência por sentença (LREF, art. 156, *caput*)[3644]-[3645]. A sentença será exarada apenas se inexistirem questões pendentes de resolução pelo juízo. Sua natureza é terminativa do processo de falência em si[3646], não significando a extinção das obrigações do falido, como veremos a seguir.

O encerramento da falência ocorre após a venda do ativo e o rateio dos recursos entre os credores (ainda que nem todos os credores tenham sido satisfeitos), podendo também se dar pela sentença que julga extintas as obrigações do falido ou, ainda, se os bens arrecadados tiverem valor irrisório e insuficiente para pagamento das despesas com o processo[3647]-[3648].

O exame da jurisprudência aponta a existência de situações inusitadas, não previstas pela LREF, tais como:

a. o encerramento do processo de falência em razão da falta de interesse das pessoas nomeadas (o credor requerente da falência e, depois, de seu advogado) em assumir o compromisso de administrador judicial[3649];

[3644] TJMG, 3ª Câmara Cível, APC 1.0090.03.000369-4/003, Rel. Des. Silas Vieira, j. 03/10/2011.

[3645] O tema era tratado pelo art. 132 do Decreto-Lei 7.661/1945. Como destacado na introdução deste Capítulo, o legislador suprimiu a previsão do §1º do referido dispositivo, cuja redação dizia: "Salvo caso de força maior, devidamente provado, o processo da falência deverá estar encerrado dois anos depois do dia da declaração". Restou, assim, eliminada a polêmica existente sobre a limitação da prescrição dos crimes falimentares, que ocorria no prazo de dois anos e que começava a correr da data em que transitar em julgado a sentença que encerrar a falência ou que julgar cumprida a concordata, a teor do art. 199 do Decreto-Lei 7.661/1945. Esse tema gerou grande discussão no STF, levando à aprovação da Súmula 147 ("A prescrição de crime falimentar começa a correr da data em que deveria estar encerrada a falência, ou do trânsito em julgado da sentença que a encerrar ou que julgar cumprida a concordata") e, posteriormente, da Súmula 592 ("Nos crimes falimentares, aplicam-se as causas interruptivas da prescrição, previstas no código penal."). Sobre o tema, ver: AzevEdo. Do encerramento da falência e da extinção das obrigações do falido..., p. 517.

[3646] Embora possa permanecer a legitimidade residual do administrador judicial e da massa falida para as obrigações remanescentes da massa e de fatos relevantes que devam ser submetidos ao juízo falimentar (TJMG, AI 1.0024.92.927526-1/002, Rel. Des. Alberto Vilas Boas, j. 13/03/2012).

[3647] Sztajn. Comentários aos arts. 139-167..., p. 532; Toledo; Pugliesi. Capítulo XXII: A falência: o encerramento e a extinção das obrigações do falido..., p. 498.

[3648] O TJSP já manifestou entendimento no sentido de que a juntada superveniente de relatório final de inquérito administrativo da Agência Nacional de Saúde Suplementar – ANS (acostado aos autos após a prolação da sentença), dando conta da existência de expressivo dano atribuível a ex-administradores da falida e de indícios da prática de crime falimentar, pode justificar a continuidade do processo falimentar – o que poderá dar nova perspectiva ao processo concursal, em benefício da massa de credores – ainda que inexistam bens do devedor a arrecadar, nem inconformismo dos credores com relação ao encerramento da falência (TJSP, Câmara Reservada à Falência e Recuperação, APC 9103857-31.2008.8.26.0000, Rel. Des. Elliot Akel, j. 19/11/2008).

[3649] TJSP, Câmara Reservada à Falência e Recuperação, APC 9078461-86.2007.8.26.0000, Rel. Des. Lino Machado, j. 20/09/2011; TJSP, Câmara Reservada à Falência e Recuperação, APC 0111859-

RECUPERAÇÃO DE EMPRESAS E FALÊNCIA

b. a exigência de que o credor requerente da falência adiante valores ou preste caução idônea para garantir as despesas relativas à remuneração do administrador[3650];

c. a ausência de credores habilitados na falência[3651];

d. a necessidade de o administrador judicial elaborar o relatório previsto no art. 22, III, "e"[3652], além do relatório final – já que tal documento poderá ser importante na persecução criminal que se desenvolverá em juízo próprio[3653].

De acordo com o art. 156, parágrafo único, da LREF, a sentença de encerramento será publicada por edital e dela caberá apelação[3654]. O prazo para interposição do referido recurso inicia sua contagem somente após a publicação do edital contendo a sentença de primeira instância e será recebido no duplo efeito[3655].

80.2007.8.26.0000, Rel. Des. Romeu Ricupero, j. 26/09/2007. Em sentido contrário: em decorrência da ausência de previsão legal e da possibilidade de nomeação de administrador judicial dativo (TJRJ, 12ª Câmara Cível, APC 0001068-62.2001.8.19.0028 (2006.001.59764), Rel. Des. Rogério de Oliveira Souza, j. 20/03/2007).

[3650] TJSP, Câmara Reservada à Falência e Recuperação, APC 0325533-73.2009.8.26.0000, Rel. Elliot Akel, j. 14/09/2010.

[3651] A ausência de interesse processual para prosseguir a execução concursal fará com que ela seja encerrada. É admissível, portanto, o encerramento da falência em que não se habilita qualquer credor, nem mesmo quem eventualmente a requereu. Não havendo credor a ser pago em uma execução coletiva, não pode haver falência. Sendo que, de acordo com o regime anterior, a extinção do feito sem a instauração de inquérito judicial não prejudicaria a apuração de eventuais delitos falimentares (TJRJ, 7ª Câmara Cível, APC 0171641-54.2000.8.19.0001 (2005.001.07704), Rel. Des. Walter D'Agostinho, j. 31/05/2005). Ver, também: TJSP, Câmara Reservada à Falência e Recuperação, APC 0023816-07.2006.8.26.0000, Rel. Des. Lino Machado, j. 12/04/2011; TJSP, Câmara Reservada à Falência e Recuperação, APC 9204905-96.2009.8.26.0000, Rel. Des. Romeu Ricupero, j. 06/04/2010. Sobre o tema, ver: CARVALHO DE MENDONÇA, José Xavier. *Tratado de direito comercial brasileiro*, v. VIII. 5 ed. Rio de Janeiro: Freitas Bastos, 1955, p. 440-441; ALVES. Encerramento da falência e extinção das obrigações do falido..., p. 355-356.

[3652] "Art. 22. Ao administrador judicial compete, sob a fiscalização do juiz e do Comitê, além de outros deveres que esta Lei lhe impõe: III – na falência: e) apresentar, no prazo de 40 (quarenta) dias, contado da assinatura do termo de compromisso, prorrogável por igual período, relatório sobre as causas e circunstâncias que conduziram à situação de falência, no qual apontará a responsabilidade civil e penal dos envolvidos, observado o disposto no art. 186 desta Lei."

[3653] TJMG, 8ª Câmara Cível, APC 1.0027.00.010774-1/001, Rel. Des. Elias Camilo, j. 25/11/2009; TJRJ, 12ª Câmara Cível, APC 0001304-64.2002.8.19.0000, Rel. Des. Wellington Jones Paiva, j. 24/06/2003; TJRJ, 18ª Câmara Cível, APC 0133243-38.2000.8.19.0001, Rel. Des. Jose de Samuel Marques, j. 07/03/2002; TJRJ, 1ª Câmara Cível, APC 0090868-56.1999.8.19.0001, Rel. Des. Maria Augusta Vaz, j. 04/12/2001. Sobre o tema, ver: ALVES. Encerramento da falência e extinção das obrigações do falido..., p. 355-356.

[3654] A esse propósito, vale lembrar a Súmula 45 do TJSP: "Quem não se habilitou, ainda que seja o requerente da falência, não tem legitimidade para recorrer da sentença de encerramento do processo".

[3655] TJMG, 3ª Câmara Cível, AI 1.0324.02.007698-4/012, Rel. Des. Kildare Carvalho, j. 08/09/2011.

4. Prescrição das obrigações do falido

O art. 157 da LREF, na mesma linha do art. 134 do Decreto-Lei 7.661/1945[3656], estipula que o prazo prescricional relativo às obrigações do falido recomeça a correr a partir do dia em que transitar em julgado a sentença de encerramento da falência.

A previsão do art. 157 deve ser interpretada à luz da redação do art. 6º da LREF ("A decretação da falência ou o deferimento do processamento da recuperação judicial suspende o curso da prescrição[3657] e de todas as ações e execuções em face do devedor, inclusive aquelas dos credores particulares do sócio solidário")[3658].

Trata-se de suspensão dos prazos prescricionais (e não interrupção). Assim, a partir do dia em que transitar em julgado a sentença de encerramento da falência, os prazos prescricionais relativos às obrigações do falido começam a contar precisamente de onde pararam com a decretação da quebra (ou o deferimento do processamento da recuperação judicial).

O marco inicial para que o prazo prescricional das obrigações do falido volte a correr novamente é o trânsito em julgado da sentença de encerramento da falência e não da sentença de encerramento das obrigações do falido, salvo com relação à hipótese do §3º do art. 159, abaixo examinada. A rigor, a partir desse momento, o prazo individual de prescrição de cada uma das ações retoma o seu curso pelo período remanescente[3659].

Os credores que não tenham sido satisfeitos na falência (*e.g.*, pela venda do ativo arrecadado) podem prosseguir ou instaurar execuções singulares em face do devedor[3660], desde que o valor cobrado tenha sido deduzido do valor pago com

---

[3656] "Art. 134. A prescrição relativa às obrigações do falido recomeça a correr no dia em que passar em julgado a sentença de encerramento da falência."

[3657] O instituto jurídico da prescrição não tem como efeito a extinção da obrigação em si, mas sim o de retirar do credor a prerrogativa, a pretensão de exigi-la da parte inadimplente. Contudo, se, por acaso, o devedor adimplir a obrigação prescrita, não terá direito à restituição do valor; restando claro, assim, que a Lei determinou apenas a suspensão do direito de exigir o cumprimento pelo devedor falido de obrigação que não tenha adimplido por completo (ou inteiramente) na data aprazada (SZTAJN. Comentários aos arts. 139-167..., p. 532). Sobre a prescrição, ver clássico estudo de: CÂMARA LEAL, Antonio Luiz. *Prescrição e decadência*. 4 ed. Rio de Janeiro: Forense, 1982.

[3658] BEZERRA FILHO. *Lei de Recuperação e de Falências comentada...*, p. 310.

[3659] AZEVEDO. Do encerramento da falência e da extinção das obrigações do falido..., p. 517-518.

[3660] Válida é a indagação posta por LUIZ AUGUSTO ROUX AZEVEDO: "Qual o procedimento apropriado para a cobrança de eventual saldo contra o falido ou sócios de responsabilidade solidária, no interregno de tempo entre o encerramento da falência e a declaração da extinção de suas obrigações?" A LREF nada comenta a respeito. O autor lembra que a combinação dos arts. 33 e 133 do Decreto-Lei 7.661/1945 oferecia resposta satisfatória à questão, a saber: a cobrança pelo credor do saldo de seu crédito, lastreada no título original, de forma individual. Na tentativa de construir uma solução, cogita a possibilidade de se estabelecer nova cobrança coletiva (por meio da instauração de um concurso de credores coletivo que evitaria o favorecimento de um em detrimento dos demais), mas conclui, ao final, na linha do regime

RECUPERAÇÃO DE EMPRESAS E FALÊNCIA

o produto da realização dos bens do falido no bojo do processo falimentar, caso isso tenha, de fato, ocorrido[3661]. A regra é idêntica para os credores que, embora sujeitos ao concurso falimentar, não habilitaram seus créditos[3662].

Dúvida que persiste diz respeito aos casos em que o prazo prescricional volta a correr após o encerramento da falência, mas seu término dá-se após os prazos gerais estabelecidos nos incisos III e IV do art. 158[3663]. A matéria não foi modificada pela LREF, razão pela qual permanece válida a lição de MIRANDA VALVERDE, um dos únicos a tratar da hipótese na vigência do art. 135 do Decreto-Lei 7.661/1945: "Os prazos extintivos dos n. II e III absorvem os de prescrição das obrigações, se mais longos estes, é claro"[3664]. Esse entendimento não se estende às obrigações tributárias, que seguem as normas previstas no Código Tributário Nacional.

5. Extinção das obrigações do falido

A sentença de encerramento da falência põe fim ao procedimento falimentar, mas não às obrigações do falido[3665]. Segundo o art. 158, que trata justamente das causas de extinção das obrigações do falido[3666]-[3667], isso ocorre com:

anterior, que a cobrança individual tende a ser o melhor caminho a seguir (AZEVEDO. Do encerramento da falência e da extinção das obrigações do falido..., p. 517-518).

[3661] TJSP, 23ª Câmara de Direito Privado, APC 0056527-31.2007.8.26.0000, Rel. Des. Paulo Roberto de Santana, j. 20/07/2011. De fato, a sistemática assemelha-se à previsão dos arts. 33 ("Se não forem integralmente pagos pelos bens do falido e dos sócios de responsabilidade solidária os credores terão, encerrada a falência, o direito de executar os devedores pelos saldos de seus créditos observado o disposto no art. 133") e 133 ("É título hábil, para execução do saldo (art. 33), certidão de que conste a quantia por que foi admitido o credor e por que causa, quanto pagou a massa em rateio e quanto ficou o falido a dever-lhe na data do encerramento da falência") do Decreto-Lei 7.661/1945.

[3662] ALVES. Encerramento da falência e extinção das obrigações do falido..., p. 361.

[3663] ALVES. Encerramento da falência e extinção das obrigações do falido..., p. 361.

[3664] VALVERDE. Comentários à Lei de Falências, v. II..., p. 223. Para LUIS AUGUSTO ROUX AZEVEDO, a prescrição, nos termos do art. 157, deve ser tida como causa de extinção das obrigações do falido (AZEVEDO. Do encerramento da falência e da extinção das obrigações do falido..., p. 519).

[3665] TJRJ, 17ª Câmara Cível, APC 0110862-41.1997.8.19.0001 (2006.001.03421), Rel. Des. Maria Ines Gaspar, j. 08/03/2006. Ver, também: AZEVEDO. Do encerramento da falência e da extinção das obrigações do falido..., p. 517.

[3666] Comparativamente ao Decreto-Lei 7.661/1945, cuja previsão decorria do art. 135, as diferenças essenciais quanto ao tratamento do tema são: (i) a supressão à permissão da novação dos créditos com garantia real, na modalidade pagamento; (ii) a elevação do percentual de 40% (quarenta por cento) para 50% (cinquenta por cento) dos créditos quirografários, contido no inciso II do art. 158; e (iii) a eliminação da distinção entre os tipos penais cujo regime é a reclusão ou a detenção, nos termos do inciso IV do art. 158 da atual LREF. Sobre o tema, ver: AZEVEDO. Do encerramento da falência e da extinção das obrigações do falido..., p. 518.

[3667] A regra é de fundamental importância para a falência, até porque, na omissão da LREF, poderia cogitar-se do empresário individual e/ou da sociedade empresária falida permanecerem indeterminadamente responsáveis pelo pagamento das suas obrigações, mesmo após a arrecadação de todos os bens afetados

SENTENÇA DE ENCERRAMENTO E EXTINÇÃO DAS OBRIGAÇÕES DO FALIDO

a. o pagamento de todos os créditos;

b. o pagamento, depois de realizado todo o ativo, de mais de 50% dos créditos quirografários, sendo facultado ao falido o depósito da quantia necessária para atingir essa porcentagem se para tanto não bastou a integral liquidação do ativo;

c. o decurso do prazo de cinco anos, contado do encerramento da falência, se o falido não tiver sido condenado por prática de crime previsto na Lei;

d. o decurso do prazo de dez anos, contado do encerramento da falência, se o falido tiver sido condenado por prática de crime previsto na Lei.

A extinção das obrigações do falido sujeita-se às regras vigentes à época da decretação da quebra. Assim, para as falências decretadas na vigência do Decreto-Lei 7.661/1945, a extinção respeitará a disciplina estabelecida no art. 135. Já para as falências ajuizadas na vigência da LREF deverá ser observado o preenchimento da previsão do art. 158[3668]-[3669].

A sentença de extinção das obrigações do falido encerra o período de inabilitação do devedor para o exercício de atividades empresariais, salvo se, como já examinado, tiver sido condenado por crime falimentar, hipótese em que permanecerá inabilitado por período adicional de cinco anos após a extinção da punibilidade (podendo, contudo, cessar antes pela reabilitação penal)[3670]. Após o trânsito em julgado da sentença de extinção das obrigações, e não havendo condenação por crime falimentar, reabilitado estará o falido[3671].

à atividade empresarial (e, se for o caso, aqueles retirados do patrimônio dos sócios de responsabilidade ilimitada), a realização do seu ativo e o pagamento dos credores, conforme a preferência legal. Sobre o tema: Sztajn. Comentários aos arts. 139-167..., p. 533.

[3668] ADAMEK. Capítulo VIII: Disposições finais e transitórias..., p. 609-610.

[3669] No que tange às questões processuais, há precedente em que o TJSP entendeu pela aplicação imediata do art. 159 da LREF (que estudaremos mais adiante), embora a falência tenha sido decretada e encerrada na vigência do Decreto-Lei 7.661/1945: TJSP, 4ª Câmara de Direito Privado, AI 0033171-36.2009.8.26.0000, Rel. Des. Fábio Quadros, j. 05/03/2009.

[3670] Na linha do art. 102 da LREF, o falido fica inabilitado para exercer qualquer atividade empresarial a partir da decretação da falência e até a sentença que extingue suas obrigações, respeitado o disposto no §1º do art. 181 da LREF. Uma vez findo o período de inabilitação, o falido poderá requerer ao juiz da falência que proceda à respectiva anotação em seu registro.

[3671] Vale transcrever as ponderações de Rachel Sztajn sobre o tema: "(...) como imaginar que tais pessoas poderiam voltar a exercer atividade empresária? Quem lhes estenderia crédito? Onde obter fundos para efetuar pagamentos em moeda de contado? Quais as perdas que a comunidade experimentaria se agentes econômicos não pudessem mais, por falta de crédito, atuar em mercado? Assim é que, no confronto entre a perda de alguns credores e os benefícios que o exercício da atividade econômica pode produzir, a legislação prevê hipóteses em que, ainda quando haja credores insatisfeitos, decorre certo lapso temporal, fica facultado o retorno do falido ao mercado." (Sztajn. Comentários aos arts. 139-167..., p. 533).

5.1. Exame das causas de extinção das obrigações do falido

As causas da extinção das obrigações estão taxativamente arroladas no art. 158 da LREF[3672]. À primeira vista, percebe-se que os incisos são excludentes entre si, e, no caso do primeiro e do segundo, estão sistematizados em ordem decrescente de benefício para os credores[3673].

No caso do inciso I, as obrigações estarão extintas mediante o pagamento de todos os credores. O pagamento é a modalidade clássica de extinção das obrigações[3674], não tendo a LREF distinguido forma específica para sua realização, depreendendo-se do silêncio do legislador margem para se interpretar o dispositivo da maneira mais ampla possível[3675]. A hipótese é a que menos se verifica na prática, em razão do passivo do falido representar, na grande maioria das situações, um múltiplo muito superior ao seu ativo, cujo valor, já minguado pela crise econômico-financeira, perdeu ainda mais importância com a arrecadação e posteriores formalidades necessárias para sua realização (a despeito do esforço do legislador em tornar o procedimento célere e eficiente).

No inciso II, o legislador previu a extinção das obrigações com o pagamento de mais de 50%[3676] dos créditos quirografários, sendo facultado ao falido o depósito da quantia necessária para atingir essa porcentagem se, para tanto, não bastou a integral liquidação do ativo, o que parece bastante razoável. A LREF não fala no pagamento de mais da metade de todo o passivo, mas sim de metade do passivo quirografário, permitindo a pressuposição de que as preferências que antecedem essa classe de credores foram integralmente satisfeitas[3677]. Nessa perspectiva, nada impede, por exemplo, que o pagamento remanescente (ou faltante, como se

---

[3672] Para exame detalhado de cada uma das hipóteses, ver: GONÇALVES, Fernando; MOURÃO, Gustavo César. Arts. 157 a 160. In: CORRÊA-LIMA, Osmar Brina; CORRÊA LIMA, Sérgio Mourão (coord.). *Comentários à nova Lei de Falências e Recuperação de Empresas*. Rio de Janeiro: Forense, 2009, p. 1.052-1.089.

[3673] SZTAJN. Comentários aos arts. 139-167..., p. 534.

[3674] O pagamento da totalidade dos credores pode ocorrer por meio de modalidades diversas, como a transferência de bens, a entrega de coisa certa e determinada ou, o que é mais comum, por meio da moeda da falência, pelo produto da venda dos ativos que é o rateio dos valores levantados.

[3675] SOUSA, Marcos Andrey de. Arts. 157 ao 167. In: DE LUCCA, Newton; SIMÃO FILHO, Adalberto (coords). *Comentários à nova Lei de Recuperação de Empresas e Falências*. São Paulo: Quartier Latin, 2005, p. 566-567; AZEVEDO. Do encerramento da falência e da extinção das obrigações do falido..., p. 519.

[3676] RACHEL SZTAJN critica o emprego do advérbio "mais" antes do percentual. Na visão da autora: "Para configurar o mais de 50% basta uma unidade monetária, suficiente uma fração de unidade monetária, ou ao contrário, é preciso que o acréscimo seja substancial? E de qual montante, aos quirografários? (...) Talvez para fins de precisão, conviesse fixar em 50% o montante de créditos quirografários como medida para a extinção das obrigações do falido (...) Ilusório acreditar que, decretada a falência, existia concretamente, a possibilidade de pagar integralmente todas as obrigações do falido com o produto da venda dos ativos." (SZTAJN. Comentários aos arts. 139-167..., p. 534).

[3677] ALVES. Encerramento da falência e extinção das obrigações do falido..., p. 360.

SENTENÇA DE ENCERRAMENTO E EXTINÇÃO DAS OBRIGAÇÕES DO FALIDO

preferir) para alcançar o percentual legal seja realizado por terceiro, por conta e em nome do falido, desde que este tenha livre disposição sobre os seus bens[3678].

Os incisos III e IV da LREF fazem referência ao decurso de prazo a partir do encerramento da falência[3679]. No primeiro caso, fala-se no período de cinco anos, contado do encerramento da falência, se o falido não tiver sido condenado por prática de crime previsto na Lei; já no segundo caso, em prazo de dez anos, contado do encerramento da falência, se o falido tiver sido condenado por prática de crime previsto na LREF. Transcorridos tais prazos, tem-se a extinção das obrigações do falido[3680]. Embora de nítida relevância prática para o devedor[3681], a LREF não estabelece o marco inicial da contagem do prazo. Questiona-se, assim, se seria a prolação e publicação da sentença de encerramento da falência[3682] ou o seu trânsito em julgado. Com base em uma interpretação sistemática da LREF, em especial a partir da previsão do art. 157[3683], a contagem dos prazos definidos nos incisos III e IV do art. 158 deve ocorrer a partir do trânsito em julgado da sentença de encerramento da falência[3684] (e não da sua prolação e publicação).

[3678] SZTAJN. Comentários aos arts. 139-167..., p. 534; AZEVEDO. Do encerramento da falência e da extinção das obrigações do falido..., p. 518.

[3679] A sentença de encerramento da falência é condição *sine qua non* para a extinção das obrigações do falido: sem a sentença de encerramento da falência não fluem os prazos (e a demora no encerramento do processo falencial não afasta a exigência da sentença de extinção da falência). Nesse sentido: TJRS, 5ª Câmara Cível, APC 70030330146, Rel. Des. Romeu Marques Ribeiro Filho, j. 15/09/2010; STJ, 4ª Turma, REsp 217.784/SP, Rel. Min. Barros Monteiro, j. 21/09/2000; STJ, 4ª Turma, REsp 50.702/RJ, Rel. Min. Fontes de Alencar, j. 12/09/1994.

[3680] TJRS, 19ª Câmara Cível, APC 70012237921, Rel. Des. Guinther Spode, j. 06/09/2005.

[3681] Sobre o tema, pertinente é comentário de RACHEL SZTAJN: "(...) enquanto não declaradas extintas as obrigações do falido, a aquisição de ativos, por qualquer forma, permite que os credores exerçam suas pretensões contra o devedor. Daí a relevância de se definir bem o quadro dentro no (*sic*) qual é possível obter a liberação de novos ativos do vínculo jurídico com obrigações incluídas na falência." (SZTAJN. Comentários aos arts. 139-167..., p. 534).

[3682] Para JOSÉ DA SILVA PACHECO, por exemplo, a contagem inicia a partir da publicação da sentença que encerra o procedimento (PACHECO. *Processo de recuperação judicial, extrajudicial e falência...*, p. 582). O Tribunal de Justiça do Rio de Janeiro também já entendeu que a contagem do prazo inicia-se a partir da prolação da sentença de encerramento (TJRJ, 9ª Câmara Cível, APC 0064149-61.2004.8.19.0001 (2005.001.20931), Rel. Des. Renato Simoni, j. 07/03/2006).

[3683] "Art.157. O prazo prescricional relativo às obrigações do falido recomeça a correr a partir do dia em que transitar em julgado a sentença do encerramento da falência."

[3684] AZEVEDO. Do encerramento da falência e da extinção das obrigações do falido..., p. 519. Na vigência do regime anterior, o STJ firmou posicionamento no sentido de que, sem o encerramento da falência por sentença, não flui o prazo extintivo das obrigações do falido, não sendo possível presumir sua prolação pelo magistrado. Apesar de corretas e razoáveis, as decisões não examinaram o problema da contagem do prazo (STJ, 4ª Turma, REsp 217.784/SP, Rel. Min. Barros Monteiro, j. 21/09/2000. No mesmo sentido: STJ, 3ª Turma, REsp 134.536/RS, Rel. Min. Carlos Alberto Menezes Direito, j. 02/05/2000; STJ, 3ª Turma, AgRg Ag 146.139/MG, Rel. Min. Nilson Naves, j. 15/10/1998; STJ, 4ª Turma, REsp 50.702/RJ, Rel. Min. Fontes de Alencar, j. 12/09/1994).

5.2. O art. 158 e a reabilitação da sociedade empresária falida

Muito se discute os efeitos da falência sobre a sociedade empresária, especialmente quanto ao fato de a decretação da quebra redundar na dissolução do ente societário ou na sua extinção propriamente dita (Lei das S.A., art. 206, II, "c"; CC, arts. 1.044, 1.051, I, e 1.087).

O reflexo desse debate incide justamente na previsão do art. 158 da LREF, mais especificamente na possibilidade ou não de reabilitação da sociedade empresária. A rigor, perquire-se se o instituto da reabilitação se aplica apenas ao empresário individual ou se seus efeitos estendem-se às sociedades empresárias (dentre as quais incluímos a EIRELI empresária).

A doutrina e a jurisprudência se dividem[3685]. Em nosso sentir, a falência é causa legal de dissolução e forma de liquidação de uma sociedade empresária,

---

[3685] De um lado, uma parcela da doutrina defende que a regra do art. 158 somente se aplica aos empresários individuais, tendo em vista que, no caso das sociedades empresárias, a falência é causa de dissolução, devendo sua extinção ocorrer após o magistrado dar por encerrado o processo falimentar. Assim, a decretação da falência daria início ao processo involuntário de dissolução da sociedade, que se completaria com a liquidação de seus ativos e o pagamento dos credores. A tese propõe a inabilitação definitiva da pessoa jurídica, com a liquidação do seu patrimônio, cujas eventuais sobras seriam partilhadas entre os sócios Dessa forma, não poderia uma sociedade ser reabilitada. Nesse sentido: VIGIL NETO. *Teoria falimentar e regimes recuperatórios...*, p. 235-236, 249; MILANI. *Lei de recuperação judicial...*, p. 424); SOUZA JUNIOR. Seção XI: Do pagamento aos credores..., p. 514. O Tribunal de Justiça de São Paulo já decidiu nesse sentido: TJSP, 19ª Câmara de Direito Privado, APC 0094093-53.2003.8.26.0000, Rel. Des. Euripedes Gomes Faim Filho, j. 28/11/2008. De outro lado, sustenta-se que a sociedade empresária falida pode ser reabilitada, já que a falência, embora seja causa de dissolução, nem sempre acarreta a extinção da sociedade. Segundo FÁBIO ULHOA COELHO, "Desenvolvendo o paralelo com o instituto do direito societário, lembre-se que a dissolução-procedimento da sociedade empresária abrange a dissolução-ato (ato ou fato jurídico desencadeante do processo de encerramento da pessoa jurídica), a liquidação (solução das pendências obrigacionais mediante a realização do ativo e a satisfação do passivo) e a partilha (distribuição, entre os sócios, do patrimônio líquido remanescente). A dissolução-ato causada pela falência é a decisão do juiz expressa na sentença que instaura a execução concursal. A liquidação ocorre na tramitação do processo falimentar, em que o administrador judicial vende os bens da massa, ultima a cobrança dos devedores e paga os credores. (...). Mesmo depois de encerrado o processo, podem os antigos sócios reabilitar a sociedade empresária falida, revertendo os efeitos dissolutórios da falência, com o objetivo de fazê-la retornar à exploração da atividade. Isso, contudo, é raríssimo, porque desinteressante por todos os ângulos por que se avalia a matéria." (COELHO. *Comentários à Lei de Falências e de Recuperação de Empresas...*, p. 337-338). No mesmo sentido: FÉRES. Seção V: Da inabilitação empresarial..., p. 765-766; CORRÊA-LIMA, Osmar Brina. Arts. 154 a 156. In: _____; CORRÊA LIMA, Sérgio Mourão. (coord.). *Comentários à nova Lei de Falência e Recuperação de Empresas*. Rio de Janeiro: Forense, 2009, p. 1.047. O Tribunal de Justiça de São Paulo também já decidiu nesse sentido: TJSP, Câmara Especial de Falências e Recuperações Judiciais, APC 555.048-4/6-00, Rel. Des. Romeu Ricupero, j. 28/05/2008. No mesmo sentido, MARCELO ADAMEK ao examinar o tema da ação social de responsabilidade ajuizada em face dos administradores de sociedade falida: "(...) em caso de encerramento da falência ou de pagamento de todo o passivo da falida, os resultados da ação social falimentar deverão ser atribuídos à (antiga) sociedade falida (LRF, art. 153), que não se extingue automaticamente pela falência: a falência é apenas causa de sua dissolução (LSA, art. 206, II, "c"; e CC, art. 1.044), mas a sua extinção ocorre somente com o cancelamento de seu

SENTENÇA DE ENCERRAMENTO E EXTINÇÃO DAS OBRIGAÇÕES DO FALIDO

mas não de extinção automática após a finalização do processo falimentar. A personalidade jurídica (se for o caso) da sociedade permanece intacta e sua extinção ocorre apenas com o cancelamento de seu registro perante o órgão do Registro de Empresas, depois de findo o procedimento de liquidação (afinal, assim dispõe o próprio art. 51, §3º, do Código Civil).

Logo, é perfeitamente possível a sociedade retornar à exploração da sua atividade empresária com o mesmo registro na Junta Comercial, já que não existe previsão legal no sentido de que o encerramento da falência extingue a personalidade jurídica (*i.e.*, a sociedade pode ter suas obrigações extintas e voltar a exercer atividade empresarial, mesmo que isso não seja a regra).

Dessa conclusão resulta outra, já exposta no capítulo referente ao pagamento (Capítulo 28, item 1.8), mas que vale aqui reiterar: ao final do processo de falência, pagos todos os credores, o saldo, se houver, seja do produto da venda de bens ou dos próprios bens arrecadados, na linha do art. 153, será entregue ao falido (e não aos seus sócios)[3686]-[3687]. Este pode ser tanto o empresário individual quanto a sociedade empresária.

---

registro perante o órgão do Registro de Empresas, finda a liquidação (LSA, art. 219, I; e CC, art. 51, §3º); até lá, persiste a sua personalidade jurídica (e, portanto, a sua titularidade patrimonial)." (ADAMEK. *Responsabilidade civil dos administradores de S/A e as ações correlatas...*, p. 384, em nota de rodapé). Sobre o tema, também caminhando nesse último sentido, ver: BEZERRA FILHO, Manoel Justino. Dissolução, liquidação e extinção da sociedade empresária à luz das legislações civil e falimentar (a falência como causa (ou não) de extinção da personalidade jurídica da sociedade empresária). In: ADAMEK, Marcelo Vieira Von (coord.). *Temas de direito societário e empresarial contemporâneos – Liber Amicorum* Prof. Dr. Erasmo Valladão Azevedo e Novaes França. São Paulo: Malheiros, 2011, p. 624-636; BEZERRA FILHO. Capítulo XXI: O pagamento dos credores..., p 490-491; TOLEDO; PUGLIESI. Capítulo XXII: A falência: o encerramento e a extinção das obrigações do falido..., p. 501-502.

[3686] Nesse sentido, percuciente é a análise de MARCELO ADAMEK: "É por isso que não se justifica que, ao término da falência, os bens arrecadados e acaso não-alienados, ou o dinheiro resultante da realização do ativo, sejam entregues diretamente aos sócios da falida (...). A lei concursal indica claramente que o saldo deverá ser entregue à falida (LRF, art. 153) e, ainda que assim não o declarasse, a liberação a favor dos sócios não se legitimaria, porquanto, durante a falência, o patrimônio continua sendo da falida e, ao seu término, ela reassume a administração do acervo restante. Logo, cabe ao administrador entregar os bens tão-somente à falida, na pessoa de seu representante legal. Se, pelo contrário, o administrador judicial entregá-los diretamente aos sócios da falida, estará promovendo a dissolução irregular da sociedade e, com isso, sujeitando-se a responder pessoalmente. O art. 83, §2º, da LRF ('não são oponíveis à massa os valores decorrentes de direito de sócio ao recebimento de sua parcela do capital social na liquidação da sociedade') parece reforçar nosso entendimento no sentido de não ser possível a transformação sucessiva da falência em liquidação da companhia, com todas as demais complexas operações necessárias (inclusive o concurso entre os titulares de ações preferenciais com prioridade no reembolso de capital (LSA, art. 17, II), titulares de ações ordinárias, titulares de ações de fruição (LSA, art. 44, §5º) etc." (ADAMEK. *Responsabilidade civil dos administradores de S/A e as ações correlatas...*, p. 384, em nota de rodapé).

[3687] No mesmo sentido, é por isso que a sociedade falida pode promover ação rescisória questionando o decreto de falência (STJ, 3ª Turma, REsp 1.126.521/MT, Rel. Min. Ricardo Villas Bôas Cueva, Rel. p/ Acórdão Min. João Otávio de Noronha, j. 17/03/2015).

RECUPERAÇÃO DE EMPRESAS E FALÊNCIA

5.3. Requerimento para extinção das obrigações do falido

Estabelece o art. 159 da LREF que configuradas quaisquer das hipóteses previstas pelo art. 158, o falido[3688] poderá requerer ao juízo da falência que suas obrigações sejam declaradas extintas por sentença[3689]. O dispositivo é didático quanto ao rito que envolve o pedido, exigindo que o requerimento seja autuado em apartado com os respectivos documentos e publicado por edital no órgão oficial e em jornal de grande circulação (art. 159, §1º).

O §2º do art. 159, por seu turno, estipula o prazo de 30 dias, contado da publicação do edital, para que qualquer credor se oponha ao pedido do falido quanto à extinção das suas obrigações[3690]. Decorrido o prazo, o juiz, em cinco dias, proferirá sentença. Se o requerimento do falido for anterior ao encerramento da falência, as obrigações serão extintas já na sentença de encerramento, prezando, assim, pela celeridade do procedimento (art. 159, §3º)[3691].

Como é de praxe, há uma peculiaridade com relação às obrigações tributárias. O art. 191 do CTN, já com as alterações realizadas pela Lei Complementar 118/2005, requer a apresentação de prova em juízo de que o falido adimpliu (ou quitou) todos os tributos devidos para a prolação de sentença que declare extintas suas obrigações[3692]. O Superior Tribunal de Justiça, todavia, admite a extin-

---

[3688] A doutrina refere que o administrador da sociedade falida tem interesse em deflagrar o requerimento de extinção das obrigações da falida, para que não haja mais fato impeditivo de contratar sociedade como sócio dirigente e para que seu nome não mais conste nas certidões positivas da sociedade como responsável pela falida (ALVES. Encerramento da falência e extinção das obrigações do falido..., p. 363).

[3689] A jurisprudência tem sido bastante rígida quanto à necessidade de o devedor comprovar a causa de extinção das obrigações: TJSP, 9ª Câmara de Direito Privado, AI 0039214-86.2009.8.26.0000, Rel. Des. Piva Rodrigues, j. 26/01/2010.

[3690] Em posicionamento em certa medida isolado, MARCOS LIMA ALVES defende a necessidade de oitiva do Ministério Público, estabelecendo nova lógica para o procedimento previsto no artigo (ALVES. Encerramento da falência e extinção das obrigações do falido..., p. 362). De qualquer forma, não somos totalmente avessos a tal entendimento, uma vez que se trata de matéria de ordem pública.

[3691] A redação do dispositivo é criticável, já que a sentença deverá ser proferida nos autos de procedimento de extinção e, também, no bojo da falência (ALVES. Encerramento da falência e extinção das obrigações do falido..., p. 360).

[3692] O Tribunal de Justiça do Rio Grande do Sul assim já se manifestou: "APELAÇÃO CÍVEL. FALÊNCIA. PEDIDO DE DECLARAÇÃO DE EXTINÇÃO DAS OBRIGAÇÕES DO FALIDO. NECESSIDADE DE COMPROVAÇÃO DO PAGAMENTO DE TRIBUTOS. INVIABILIDADE DE RECONHECIMENTO DE PRESCRIÇÃO DO CRÉDITO TRIBUTÁRIO. Nos termos do art. 191, do CTN, é inviável a declaração de extinção das obrigações da massa falida sem a prévia comprovação do pagamento dos débitos tributários, mediante a apresentação de Certidão Negativa de Débitos Fiscais (art. 205, do CTN). Inviável, ainda, o reconhecimento da prescrição do crédito tributário, ausentes elementos necessários à verificação da inexistência de causa suspensiva ou interruptiva do lapso prescricional. APELAÇÃO NÃO PROVIDA. (Apelação Cível Nº 70022297295, Sexta Câmara Cível, Tribunal de Justiça do RS, Relator: Liege Puricelli Pires, Julgado em 05/06/2008)" (TJRS, 6ª Câmara Cível, APC 70022297295, Rel. Des. Liége Puricelli Pires, j. 05/06/2008). No regime do Decreto-Lei 7.661/1945, a jurisprudência

ção das obrigações de falido sem prova de quitação de tributos – não alcançando, logicamente, a extinção das obrigações do falido as obrigações tributárias, continuando a Fazenda Pública a ter a possibilidade de cobrança de eventual crédito tributário enquanto, por exemplo, não ocorrer a prescrição[3693]-[3694].

O §4º do art. 159 exige que a sentença que declarar a extinção das obrigações seja comunicada a todas as pessoas e entidades anteriormente informadas acerca da decretação da quebra, dentre os quais está o Registro Público de Empresas, que deve, na linha do art. 99, VIII, da LREF, ser sempre informado acerca da quebra[3695].

Contra a sentença, os interessados poderão interpor recurso de apelação (art. 159, §5º), na linha da legislação processual civil (CPC, art. 1.012), o qual será recebido no duplo efeito (suspensivo e devolutivo). Após o trânsito em julgado,

---

se manifestou favoravelmente ao pleito do falido quando demonstrado que o crédito tributário estava prescrito (AZEVEDO. Do encerramento da falência e da extinção das obrigações do falido..., p. 520), o que tenderia, no mínimo, a ser mantido na vigência da LREF (DERZI; FRATTARI. Dispositivos do Código Tributário Nacional..., p. 1.367-1.368); nesse sentido, por exemplo, ver: TJRJ, 11ª Câmara Cível, APC 0118914-45.2005.8.19.0001 (2008.001.36313), Rel. Des. José C. Figueiredo, j. 28/10/2009.

[3693] STJ, 4ª Turma, REsp 834.932/MG, Rel. Min. Raul Araújo, j. 25/08/2015 ("3. Desse modo, o pedido de extinção das obrigações do falido poderá ser deferido: I) em maior abrangência, quando satisfeitos os requisitos da Lei Falimentar e também os do art. 191 do CTN, mediante a 'prova de quitação de todos os tributos'; ou II) em menor extensão, quando atendidos apenas os requisitos da Lei Falimentar, mas sem a prova de quitação de todos os tributos, caso em que as obrigações tributárias não serão alcançadas pelo deferimento do pedido de extinção."). Ver, também: STJ, 3ª Turma, REsp 1.426.422/RJ, Rel. Min. Nancy Andrighi, j. 28/03/2017 ("RECURSO ESPECIAL. FALÊNCIA. DL 7.661/1945. EXTINÇÃO DAS OBRIGAÇÕES DO FALIDO. DECURSO DO PRAZO DE CINCO ANOS. PROVA DA QUITAÇÃO DE TRIBUTOS. DESNECESSIDADE. 1- Extinção das obrigações do falido requerida em 16/8/2012. Recurso especial interposto em 19/8/2016 e atribuído à Relatora em 26/8/2016. 2- Controvérsia que se cinge em definir se a decretação da extinção das obrigações do falido prescinde da apresentação de prova da quitação de tributos. 3- No regime do DL 7.661/1945, os créditos tributários não se sujeitam ao concurso de credores instaurado por ocasião da decretação da quebra do devedor (art. 187), de modo que, por decorrência lógica, não apresentam qualquer relevância na fase final do encerramento da falência, na medida em que as obrigações do falido que serão extintas cingem-se unicamente àquelas submetidas ao juízo falimentar. 4- Recurso especial provido.").

[3694] O TRF da 4ª Região já se manifestou no sentido de que o encerramento da falência da executada, sem a quitação do débito, tendo em vista a insuficiência de bens, leva à extinção da execução fiscal, uma vez que desapareceu a massa falida, o que enseja a própria perda do interesse na continuidade da execução fiscal (isso, todavia, não implica renúncia, desistência ou extinção do crédito, também não impedindo a promoção de nova execução fiscal) (TRF4, 1ª Turma, APC 2005.04.01.009053-6, Rel. Des. Vivian Josete Pantaleão Caminha, j. 05/04/2006). No mesmo sentido, afirmando pela impossibilidade de redirecionamento contra os sócios da sociedade falida (não haveria interesse processual em redirecionar a execução fiscal com base no art. 135 do CTN), uma vez que a extinção do processo falimentar leva à extinção da execução fiscal, ver: STJ, 2ª Turma, REsp 717.719/RS, Rel. Min. Castro Meira, j. 08/03/2005; STJ, 1ª Turma, AgRg no REsp 758.407/RS, Rel. Min. José Delgado, j. 28/03/2006.

[3695] AZEVEDO. Do encerramento da falência e da extinção das obrigações do falido..., p. 521.

a decisão produzirá seus efeitos regulares[3696] e os autos serão apensados aos da falência (§6º do art. 159), dando-se baixa no processo no cartório de origem.

5.4. Extinção das obrigações do sócio de responsabilidade ilimitada
O art. 160 da LREF tratou do sócio de responsabilidade ilimitada, estabelecendo que, uma vez verificada a prescrição ou extintas as obrigações nos termos antes examinados, ele poderá, também, requerer que seja declarada por sentença a extinção de suas obrigações na falência.

O dispositivo soa repetitivo à luz da previsão do art. 190, segundo a qual: "Todas as vezes que esta Lei se referir a devedor ou falido, compreender-se-á que a disposição também se aplica aos sócios ilimitadamente responsáveis"[3697].

6. Reabertura da falência após seu regular encerramento
Durante boa parte da vigência do Decreto-Lei 7.661/1945, o encerramento regular da falência teve caráter definitivo (em razão do trânsito em julgado da sentença), sendo inadmissível sua reabertura, pouco importando a causa ou o fundamento do encerramento[3698]. Porém, nas últimas décadas de vigência do regime anterior, a hipótese passou a ser ventilada, especialmente em razão da inexistência de vedação legal expressa e do surgimento de novos ativos do falido que, após realizados, poderiam satisfazer o pagamento de seus credores[3699].

A LREF não tratou expressamente da matéria. Para uma parte da doutrina, o prazo de dois anos previsto no §1º do art. 82[3700] daria margem para interessados pleitearem a reabertura do procedimento falimentar para pagamento da parcela remanescente dos credores, após a arrecadação e a realização dos novos ativos encontrados[3701].

[3696] Se o falido estiver sendo processado por crime falimentar, deve-se aguardar o encerramento do processo para averiguar se haverá imposição de nova penalidade que o impeça de exercer atividades empresariais, nos termos do art. 181 da LREF. Essa regra evidencia a independência entre as esferas civil e penal na apuração dos ilícitos penais falimentares. Nesse sentido: AZEVEDO. Do encerramento da falência e da extinção das obrigações do falido..., p. 521; ALVES. Encerramento da falência e extinção das obrigações do falido..., p. 355-356.

[3697] ADAMEK. Capítulo VIII: Disposições finais e transitórias..., p. 595-597.

[3698] VALVERDE. *Comentários à Lei de Falências*, v. II..., p. 25. Nesse sentido: TJRJ, 6ª Câmara Cível, AI 70022554851, Rel. Des. Ubirajara Mach de Oliveira, j. 28/12/2007.

[3699] VALLE, Anco Márcio. *O encerramento da falência, causas e consequências*. Rio de Janeiro: Idea Jurídica, 2000, p. 53-56.

[3700] O *caput* do art. 82 refere que: "A responsabilidade pessoal dos sócios de responsabilidade limitada, dos controladores e dos administradores da sociedade falida, estabelecida nas respectivas leis, será apurada no próprio juízo da falência, independentemente da realização do ativo e da prova da sua insuficiência para cobrir o passivo (...)". Já o §1º assim dispõe: "Prescreverá em 2 (dois) anos, contados do trânsito em julgado da sentença de encerramento da falência, a ação de responsabilização prevista no *caput* do artigo".

[3701] ALVES. Encerramento da falência e extinção das obrigações do falido..., p. 356.

PARTE V
DISPOSIÇÕES PENAIS

Um dos princípios informadores da LREF[3702] é o do rigor na punição[3703] dos crimes falimentares e recuperatórios[3704] – buscando-se tornar tal regime mais eficiente em relação ao que era disciplinado no Decreto-Lei 7.661/1945[3705].

A LREF cuida da repressão aos crimes cometidos nos contextos recuperatório e falimentar em razão da necessidade de tutelar o interesse público – sem prejuízo, é claro, da responsabilização e outras sanções civis e, eventualmente, administrativas. O objetivo não é punir o fracasso, mas assegurar a integridade dos procedimentos de recuperação da empresa e de liquidação (*i.e.*, apuração do ativo e pagamento do passivo), bem como desencorajar a prática de atos que venham a acarretar a manipulação dos processos e do patrimônio da empresa

---

[3702] PARECER 534, de 2004, da Comissão de Assuntos Econômicos sobre o PLC 71, de 2003, que regula a recuperação judicial, a extrajudicial e a falência de devedores pessoas físicas e jurídicas que exerçam a atividade econômica regida pelas leis comerciais e dá outras providências, de relatoria do Senador Ramez Tebet.

[3703] Como vimos, a falência (ou a recuperação – judicial ou extrajudicial) não é, em si, um delito, estando superada o axioma de Bardo: *decoctar ergo fraudator* ("a fraude persegue o insolvente", em tradução livre).

[3704] Na vigência do regime anterior, foi consagrada a expressão "crime falimentar", pois não havia a criminalização de condutas praticadas em contexto de concordata. A LREF ampliou o campo e tipificou condutas que podem ser praticadas tanto na falência quanto na recuperação judicial e na extrajudicial. A despeito disso, não se vê maiores problemas em seguir se utilizando a expressão "crime falimentar" como gênero de todos eles, pois se trata de termo de uso corrente e já consagrado na doutrina e na prática do foro (Bezerra Filho. *Lei de Recuperação e de Falências comentada...*, p. 385, 399; Pereira, Alexandre Demetrius. *Crimes falimentares*. São Paulo: Malheiros, 2010, p. 65-66; Calças. Capítulo XXIV: Dos crimes falimentares..., p. 528-529).

[3705] Calças. Capítulo XXIV: Dos crimes falimentares..., p. 539-540.

RECUPERAÇÃO DE EMPRESAS E FALÊNCIA

(ou seja, incentivar a adoção de um comportamento leal e honesto, fazendo com que sejam cumpridas as "regras do jogo")[3706][3707].

A Seção I do Capítulo VII da LREF (art. 168-178) cuida dos crimes em espécie cometidos em contexto recuperatório e falimentar. Já a Seção II trata da delimitação dos sujeitos ativos (aqueles que realizam a conduta proibida), da condição objetiva de punibilidade, dos efeitos da condenação pelos crimes tipificados e, finalmente, da prescrição desses crimes. Por fim, a Seção III do Capítulo VII da LREF regula o procedimento penal[3708].

E é justamente essa a matéria que será o objeto da Parte V do presente livro, a qual está dividida em três capítulos, um para a parte geral (Capítulo 30), um para os crimes em espécie (Capítulo 31) e outro para o procedimento da ação penal (Capítulo 32)[3709].

[3706] KIRSCHBAUM, Deborah. Funções da repressão penal em matéria falimentar. *Revista de Direito Empresarial*, Curitiba, n. 6, jul./dez. 2006, p. 189 ss. Caminhando em sentido semelhante, ver: PEREIRA. *Crimes falimentares...*, p. 29 ss.

[3707] É de longa data o debate acerca do bem jurídico tutelado pelos crimes falimentares: são crimes contra a fé pública, a economia, o comércio, a administração da justiça ou a propriedade? Defendemos que os crimes falimentares são pluriobjetivos, possuindo mais de uma objetividade jurídica (*i.e.*, cada tipo de crime falimentar tutela um bem jurídico específico – ou, eventualmente, mais de um), o que decorre da pluralidade de objetivos da falência e da recuperação de empresas (*e.g.*, tutela do mercado e da economia, preservação da empresa, dos direitos dos credores e do tratamento igualitário entre eles, além da adequada e escorreita condução do processo judicial). Nesse sentido, dentre outros, ver: VALVERDE. *Comentários à Lei de Falências*, v. III..., p. 20; REQUIÃO. *Curso de direito falimentar*, v. 2..., p. 138-140; PEREIRA. *Crimes falimentares...*, p. 60 ss.

[3708] Era unânime na doutrina a necessidade de reforma da parte penal do revogado Decreto-Lei 7.661/1945, muito precário, inclusive, no que dizia respeito à técnica mais adequada de descrever os tipos delitivos, especialmente no tocante à sua estruturação com base no princípio da legalidade. Embora o legislador não tenha cumprido com perfeição a tarefa que lhe incumbia, "parece inegável o esforço de conferir mais qualidade aos dispositivos penais", havendo em vigor "sanções penais aptas a permitir aplicação de penas que respeitem o necessário e o suficiente à justa reprovação" (PITOMBO, Antônio Sérgio A. de Moraes. Seção I: Dos crimes em espécie. In: SOUZA JUNIOR, Francisco Satiro de; PITOMBO, Antonio Sergio A. de Moraes (coord.). *Comentários à Lei de Recuperação de Empresas e Falências*. 2 ed. São Paulo: Revista dos Tribunais, 2007, p. 549).

[3709] O Capítulo prende-se, basicamente, às disposições penais previstas na LREF. Não nos deteremos às específicas regras de Direito Penal e Processual Penal aplicáveis (inclusive por remissão do art. 188 da LREF e do art. 12 do Código Penal).

Capítulo 30
Parte Geral

Neste Capítulo, serão tratados os seguintes temas: (*i*) delimitação dos sujeitos ativos; (*ii*) condição objetiva de punibilidade; (*iii*) efeitos da condenação por crime previsto na LREF; e (*iv*) prescrição dos crimes tipificados na LREF.

1. Delimitação dos sujeitos ativos

Sujeito ativo é o autor da conduta tipificada. No caso de falência, recuperação judicial e extrajudicial de empresários individuais, é o devedor pessoa física[3710].

Como as sociedades (no que se inclui a EIRELI) não podem ser responsabilizadas pelos crimes previstos na LREF, quando os tipos se referem ao devedor, estão, na verdade, nas sociedades empresárias, endereçadas aos seus sócios, diretores, gerentes, administradores e conselheiros, de fato ou de direito[3711], bem como o administrador judicial, equiparando-se tais sujeitos ao devedor ou ao falido para todos os efeitos penais decorrentes da LREF, na medida de sua culpabilidade (art. 179)[3712]-[3713]. Trata-se de equiparação para fins de linguagem que não fere o princípio da legalidade[3714].

[3710] "Caso o menor emancipado venha a exercer atividade empresarial antes dos 18 anos de idade, não poderá ser responsabilizado criminalmente por eventual delito falimentar. Nesse caso poderá ser aplicada a medida sócio-educativa cabível na espécie pelo eventual ato infracional falimentar cometido, nos termos do Estatuto da Criança e do Adolescente (Lei 8.069/1990). Em tal hipótese deve-se excepcionar a competência do juízo falimentar ou criminal, para estabelecer como competente para o processo e julgamento do ato infracional o Juízo da Infância e da Juventude." (PEREIRA. *Crimes falimentares...*, p. 88).

[3711] Ao contrário do que fazia o art. 191 do Decreto-Lei 7.661/1945, o art. 179 não menciona o liquidante de sociedade, embora seja possível que uma sociedade em liquidação venha a falir.

[3712] NOSTRE, Guilherme Alfredo de Moraes. Seção II: Disposições comuns. In: SOUZA JUNIOR, Francisco Satiro de; PITOMBO, Antonio Sergio A. de Moraes (coord.). *Comentários à Lei de Recuperação de Empresas e Falências*. 2 ed. São Paulo: Revista dos Tribunais, 2007, p. 569. Defendendo a responsabilização da pessoa jurídica, ver: KIRSCHBAUM. Funções da repressão penal em matéria falimentar..., p. 206-208.

[3713] Juízes, membros do Ministério Público, credores, administrador judicial, entre outros, também podem ser sujeitos de crimes falimentares, a depender de cada caso (como, por exemplo, estabelece o crime tipificado no art. 177 da LREF).

[3714] NOSTRE. Seção II: Disposições comuns..., p. 569-570.

É possível o concurso de agentes (coautoria e a participação de terceiros) na prática de crimes falimentares (como estabelece expressamente o art. 168, §3º, da LREF), nos termos definidos no Código Penal (arts. 29 a 31). A rigor, a autoria coletiva é especialmente comum no caso de falência e de recuperação (judicial ou extrajudicial) de sociedades, como ocorre no cometimento de crime falimentar por vários administradores e sócios[3715].

Importante é ter em mente, de qualquer forma, que, assim como se busca afastar o sujeito que administra a empresa da própria empresa, com a finalidade de preservá-la (na falência e, muitas vezes, na recuperação judicial), não se pode confundir o condenado pela prática de crime falimentar com a atividade empresária em si. A punição pela prática de crimes falimentares não pode inviabilizar a continuidade do negócio. Esse é o espírito da LREF[3716].

2. Condição objetiva de punibilidade

A sentença que decreta a falência, concede a recuperação judicial[3717] ou homologa plano de recuperação extrajudicial é condição objetiva de punibilidade das infrações penais descritas entre os arts. 168 e 178 (LREF, art. 180). Em outras palavras, os atos tipificados na LREF só são puníveis no contexto falimentar ou recuperatório[3718],

---

[3715] O fato de um sujeito ser sócio de uma sociedade falida, na qual os administradores cometeram crime falimentar, não faz com que ele (sócio) seja automaticamente condenado pela mesma prática. Em qualquer circunstância, é imprescindível a prova da efetiva coautoria ou participação no delito (ainda que a participação seja por conivência). Tudo depende da análise do caso concreto – inclusive, por exemplo, a responsabilidade do sócio que se retirou da sociedade antes da decretação da quebra. Nesse sentido, ver: STJ, 6ª Turma, RHC 8.518/SP, Rel. Min. Fernando Gonçalves, j. 03/08/1999; TJSP, 3ª Câmara Criminal, Apelação Criminal 272.160-3, Rel. Des. Gonçalves Nogueira, j. 13/04/1999; TJSP, 6ª Câmara Criminal, Apelação Criminal 238.679-3, Rel. Des. Fanganiello Maierovitch, j. 18/12/1997; TJSP, 6ª Câmara Criminal, Apelação Criminal 202.415-3, Rel. Des. Augusto César, j. 20/06/1996. Ver, por tudo: PEREIRA. *Crimes falimentares...*, p. 90-91.

[3716] PEREIRA. *Crimes falimentares...*, p. 45-46. O princípio não é seguido integralmente pela LREF. Veja-se, por exemplo, a previsão do art. 48, IV, que condiciona o deferimento do benefício da recuperação judicial e extrajudicial à inexistência de punição do falido ou do administrador ou sócio controlador da sociedade falida por delitos falimentares (em uma evidente confusão entre a pessoa jurídica e a pessoa de seus sócios ou administradores).

[3717] Equivoca-se o legislador na utilização da expressão "sentença" para a hipótese de recuperação judicial. Na verdade, trata-se decisão interlocutória (art. 58), inclusive passível de agravo (art. 59, §2º) – apesar de poder existir discussão a respeito diante do disposto no art. 1.015 do CPC sobre se cabível seria o recurso de agravo de instrumento (BEZERRA FILHO. *Lei de Recuperação e de Falências comentada...*, p. 400).

[3718] Como destaca AMADEU WEINMANN: "Antes disso não se pode caracterizar qualquer conduta como típica de crime falimentar. Poderá haver incidência da legislação comum, excepcionalmente, como as previstas no Código Penal, tais como estelionato, apropriação indébita, fraude contra credor, etc. Mas, em matéria de crime falimentar, a sentença é condição objetiva de punibilidade. A declaração da falência, da concessão ou da homologação, passa a se constituir elemento *essentialia delicti*." (WEINMANN, Amadeu de Almeida. Dos crimes falimentares. *Revista Magister de Direito Empresarial*, a. II, n. 10, ago./set. 2006, p. 35).

PARTE GERAL

de modo que se tal sentença judicial[3719] for reformada, eventual ação penal em questão deve ser extinta[3720].

Os crimes falimentares podem se materializar antes ou depois da decretação da quebra ou da concessão da recuperação judicial ou da homologação do plano de recuperação extrajudicial (como ocorre nos tipos previstos nos arts. 168 e 178). Todavia, sua apuração no contexto da LREF depende da prolação de uma das referidas decisões[3721].

O rigor dessa condição objetiva de punibilidade pode ser um incentivo para que determinado devedor evite ingressar no raio de incidência das regras que regulam os crimes falimentares. Isso pode levar o devedor a buscar soluções de mercado para sua situação de crise, como ocorre com os acordos privados do art. 167, que, em regra, não se inserem no âmbito de abrangência das disposições penais da LREF.

[3719] ALEXANDRE DEMETRIUS PEREIRA ressalta a necessidade de a sentença ter natureza judicial: "Outra questão relevante é saber a repercussão na punibilidade do crime falimentar das decisões administrativas que decretam a intervenção, liquidação extrajudicial (Lei 6.024/1974) ou regime de administração especial temporária (RAET) em instituições financeiras ou assemelhadas." "Nesse caso, por não se tratar de decisão judicial que decreta a falência ou concede recuperação, tais deliberações administrativas não se constituem em condição objetiva de punibildiade para fim de punição de eventual crime falimentar enquanto as situações jurídicas referidas não forem transformadas ou convertidas em quebra por determinação do Poder Judiciário a pedido de eventual liquidante ou interventor." "Haverá a possibilidade, neste último caso, da existência do crime contra o sistema financeiro nacional, nos termos definidos pela Lei 7.492/1986." (PEREIRA. *Crimes falimentares...*, p. 85).

[3720] O que interessa é a existência de sentença (ou decisão interlocutória), pouco importando se, por exemplo, o processo falimentar for encerrado pela inexistência de credores habilitados. A condição objetiva de punibilidade é, por exemplo, a decretação da quebra (não podendo, é claro, a decisão ter sido revertida em grau de recurso, quando, então, não há quebra, como já decidiu o TJSP: 1ª Câmara Criminal, HC 289.005-3, Rel. Des. Andrade Cavalcanti, j. 09/08/1999), pouco importando se o processo falimentar foi ou não encerrado e seus motivos. Nesse sentido: STJ, 5ª Turma, RHC 451/SP, Rel. Min. Cid Flaquer Scartezzini, j. 20/06/1990; TJSP, 1ª Câmara Criminal, HC 292.980-3, Rel. Des. Fortes Barbosa, j. 27/09/1999; em sentido contrário: TJRJ, 1ª Câmara Criminal, Apelação Criminal 2008.050.01405, Rel. Des. Nildson Araújo da Cruz, j. 31/07/2008. Sobre o tema, ver: PEREIRA. *Crimes falimentares...*, p. 80 ss.

[3721] Segundo ALEXANDRE DEMETRIUS PEREIRA: "(...) a existência de crimes pré-falimentares ou pré-recuperação pode causar certa dose de insegurança ao empresário e ao operador do Direito, uma vez que tais crimes, em tese, poderiam abranger toda e qualquer conduta que antecedesse a falência ou a recuperação, retroagindo *ad infinitum* para alcançar atos praticados desde a data de nascimento do empreendimento – o que parece inadmissível." "Por este motivo, preconizam alguns doutrinadores a necessidade de que a conduta criminosa pré-falimentar ou pré-recuperação mantenha ao menos um mínimo de vínculo com a situação de crise empresarial, uma vez que não faria qualquer sentido punir fatos que, em tese, poderiam ser tipificados como crimes quando praticados nos muitos anos ou décadas que antecedem a quebra ou a recuperação, quando o negócio empresarial ainda se apresentava saudável." "Essa limitação, denominada por alguns doutrinadores de 'zona de risco penal', deve ser fixada a cada caso concreto, de modo a estabelecer um nexo mínimo entre o crime pré-falimentar ou pré-recuperação e a crise empresarial, fora da qual referidos delitos seriam impuníveis." (PEREIRA. *Crimes falimentares...*, p. 68-69).

RECUPERAÇÃO DE EMPRESAS E FALÊNCIA

3. Efeitos da condenação por crimes da Lei 11.101/05

De acordo com o art. 181, são efeitos (extrapenais) da condenação por crime previsto na LREF[3722]: (*i*) a inabilitação para o exercício de atividade empresarial (inciso I)[3723]; (*ii*) o impedimento para o exercício de cargo ou de função em conselho de administração, diretoria ou gerência de sociedades (Lei 8.934/1994, art. 35, II; c/c Lei 6.404/1976, art. 147, §1º; CC, art. 1.011, §1º; Lei 5.764/1971, art. 51; e LREF, art. 181, II e III)[3724]; (*iii*) a impossibilidade de gerir empresa por mandato ou por gestão de negócio (inciso III)[3725]-[3726].

[3722] Isso sem considerar que, por exemplo, o Decreto 1.102/1903, no art. 1º, §5º, impede que os condenados por crime falimentar sejam empresários, administradores ou fiéis de armazéns-gerais.

[3723] A previsão de inabilitação do art. 181 não é mera repetição da inabilitação do art. 102 da LREF para o caso de decretação de falência, uma vez que aquela também pode ter origem em recuperação judicial e extrajudicial. O art. 102 é hipótese de inabilitação de origem civil, enquanto a do art. 181 é de origem penal, havendo, inclusive, diferença quanto à extensão dos efeitos no tempo (BEZERRA FILHO. *Lei de Recuperação e de Falências comentada...*, p. 401). De mais a mais, a inabilitação do art. 102, prevista somente para o caso de falência, começa com a decretação da falência e perdura até a sentença que extingue as obrigações do falido. Já a inabilitação do art. 181, se estende para recuperação judicial e extrajudicial (além da falência), inicia com a sentença condenatória criminal e perdura por até cinco anos após a extinção da punibilidade, podendo, contudo, cessar antes pela reabilitação penal. Mesmo que cessem os efeitos da inabilitação civil, se a inabilitação criminal ainda não tiver cessado, o falido permanece inabilitado, como dispõe a parte final do art. 102.

[3724] FÁBIO ULHOA COELHO afirma que não há óbice de o condenado por crime falimentar ser administrador de sociedades não empresárias (simples) ou outras pessoas jurídicas (associações ou fundações) (COELHO. *Comentários à Lei de Falências e de Recuperação de Empresas...*, p. 342). Divergimos parcialmente desse entendimento. O art. 181, II, restringe a impossibilidade às sociedades sujeitas à LREF, ou seja, sociedades empresárias. Embora a LREF apresente tal restrição, a legislação societária não o faz. Por disposição legal, o tipo "sociedade simples" e as cooperativas não são empresárias (ou seja, são simples – Código Civil, art. 981; Lei 5.764/1971, art. 4º). O art. 1.011, §1º, do Código Civil (à semelhança do art. 147, §1º, da Lei 6.404/1976), ao regrar o tipo sociedade simples, estabelece que não pode ser administrador quem é condenado por crime falimentar; e a mesma vedação incide sobre as cooperativas (CC, art. 1.096; Lei 5.764/1971, art. 51) – sendo que, se as cooperativas são registradas na Junta Comercial (Lei 5.764/1971, art. 18; Lei nº 8.934/1994, art. 32, II, "a"), também se aplica a elas o art. 35, II, da Lei 8.934/1994. Essa lógica se aplica caso uma sociedade não empresária assuma forma de sociedade empresária, nos termos do art. 983 do Código Civil, tendo em vista a aplicação subsidiária das normas da sociedade simples (ou, no caso das limitadas, também da Lei das S.A.) (sociedade em comum, Código Civil, art. 986; sociedade em nome coletivo, Código Civil, art. 1.040; sociedade em comandita simples, Código Civil, art. 1.046; sociedade limitada, Código Civil, art. 1.053). Quanto às outras pessoas jurídicas de direito privado (associações e fundações), inexistem regras impeditivas, nem dispositivo referente à aplicação subsidiária de normas de Direito Societário (na verdade, ocorre o contrário: as normas das associações são aplicadas subsidiariamente às sociedades, nos termos do art. 44, §2º, do Código Civil – sendo que se aplicam as normas sobre liquidação de sociedades às demais pessoas jurídicas de direito privado, nos termos doa art. 51, §2º). Dito isso, considerando que inexiste regra restringindo tal direito, entendemos que não cabe aplicação analógica dos dispositivos existentes no Direito Societário (pois se estaria restringindo direito por analogia); logo, mesmo quem é condenado por crime falimentar pode administrar associações ou fundações, salvo se o estatuto social dispuser diferentemente.

[3725] NOSTRE. Seção II: Disposições comuns..., p. 570.

PARTE GERAL

Em regra, os efeitos da condenação por crime falimentar não inviabilizam que o condenado seja sócio de sociedade empresária. Assim – e ressalvadas as consequências da decretação da quebra sobre a pessoa do falido (vide Capítulo 21) – nada impede que, ainda que o sujeito seja condenado por crime falimentar e reste inabilitado nos termos do art. 181 da LREF, torne-se ele sócio de sociedade empresária.

De acordo com o art. 181, §1º, os efeitos elencados não são automáticos, devendo ser motivadamente declarados na sentença[3727]-[3728]-[3729], combinado à extensão da pena imposta ao devedor (dosimetria), perdurando os referidos efeitos até cinco anos após a extinção da punibilidade (que é regrada pelo art. 107 do Código Penal), sem prejuízo de cessar antes pela reabilitação penal (nos termos dos arts. 93 a 95 do CP)[3730]-[3731].

Os efeitos da condenação falimentar não se restringem ao art. 181 da LREF e às restrições impostas pelos arts. 48, IV, 161 c/c 48, IV, e 158, IV, do mesmo diploma legal, podendo também abarcar as previsões dos arts. 91 e 92 do Código Penal[3732].

[3726] O art. 181 da LREF é claro ao estabelecer, na mesma linha do art. 195 do revogado Decreto-Lei 7.661/1945, que a inabilitação é efeito da condenação por crime falimentar. À época da vigência do Decreto-Lei 7.661/1945, interpretando os arts. 195 a 197, temos, a título de exemplo, os seguintes julgados, que reconhecem a inabilitação (interdição) como efeito da sentença condenatória por crime falimentar, e não como pena acessória: STJ, 5ª Turma, REsp 2.632/SP, Rel. Min. Cid Flaquear Scartezzini, j. 17/09/1990; STJ, 6ª Turma, REsp 1.050/SP, Rel. Min. José Candido de Carvalho Filho, j. 06/08/1991; STF, 2ª Turma, RE 111.549-1, Rel. Min. Célio Borja, j. 25/10/1988; TJSP, 4ª Câmara Criminal, Apelação Criminal 210.171-3, Rel. Des. Hélio de Freitas, j. 27/05/1997; TJSP, 4º Câmara Criminal, Apelação Criminal 54.851, Rel. Des. Ary Belfort, j. 28/09/1987.

[3727] No regime anterior, existia entendimento de que os efeitos da condenação criminal eram automáticos: VALVERDE. Comentários à Lei de Falências, v. III..., p. 65; TJSP, 1ª Câmara Criminal, Apelação Criminal 281.655-3, Rel. Des. David Haddad, j. 20/09/1999; TJSP, 4ª Câmara Criminal, Apelação Criminal 267.545-3, Rel. Des. Passos de Freitas, j. 16/03/1999; TJSP, 6ª Câmara Criminal, Apelação Criminal 226.596-3, Rel. Des. Augusto César, j. 25/06/1998; TJSP, 4ª Câmara Criminal, Apelação Criminal 210.171-3, Rel. Des. Hélio de Freitas, j. 27/05/1997.

[3728] Encontramos precedente em que se afirma que a inabilitação é efeito obrigatório da sentença condenatória (TJSP, 3ª Câmara Criminal, Apelação Criminal 0000754-84.2010.8.26.0100, Rel. Des. Cesar Mecchi Morales, j. 30/09/2014).

[3729] No caso da impossibilidade de o condenado por crime falimentar ser administrador de sociedades, a legislação societária possui regras próprias. A rigor, pouco importa se a sentença penal condenatória declara motivadamente os efeitos previstos no art. 181, II, da LREF. Interpretação diversa é possível somente se considerarmos que a Lei 11.101/05 revogou os dispositivos previstos nas legislações societárias anteriores, o que não parece ser o caso.

[3730] Apesar de inexistir previsão legal em tal sentido, MANOEL DE QUEIROZ PEREIRA CALÇAS entende que, para a reabilitação, também seria necessário que fosse apresentada certidão da sentença declaratória de extinção das obrigações do falido (LREF, arts. 157-160), como ocorria no regime anterior (CALÇAS. Capítulo XXIV: Dos crimes falimentares..., p. 573-574).

[3731] Lembre-se que o impedimento previsto no art. 1.011, §1º, do Código Civil (bem como no art. 147, §1º, da Lei 6.404/1976) permanece enquanto perdurarem os efeitos da condenação.

[3732] Um dos efeitos da sentença penal condenatória é a obrigação de indenizar o dano causado (CP, art. 91, I; CPP, art. 93). Ocorre que nem todos os crimes falimentares ensejarão a responsabilização civil

RECUPERAÇÃO DE EMPRESAS E FALÊNCIA

Os efeitos previstos no art. 91 do Código Penal[3733] são automáticos (independentemente de qualquer referência da sentença criminal condenatória), enquanto que os do art. 92[3734] dependem de declaração e motivação expressos na sentença (Código Penal, art. 92, parágrafo único)[3735].

Transitada em julgado a sentença penal condenatória, o Registro Público de Empresas será notificado para que tome as medidas necessárias a fim de impedir novo registro em nome dos inabilitados (art. 181, §2º). Essa regra busca dar efetividade aos efeitos previstos no art. 181 da LREF.

Quem exercer a atividade em desrespeito aos efeitos da sentença penal condenatória comete o crime previsto no art. 176 – isso sem contar que, se tomar posse em cargo sem realizar a devida declaração de impedimento, poderá estar cometendo crime de falsidade ideológica, nos termos do art. 299 do Código Penal.

---

do condenado, caso ninguém tenha suportado algum dano decorrente da prática de crime (o que, no âmbito dos crimes falimentares, não é de todo improvável, uma vez que diversos dos tipos penais são crimes formais e de perigo, como veremos ao estudarmos os crimes em espécie). A ação civil reparatória será praticamente inócua contra o empresário individual falido, uma vez que a execução falimentar compreende todos os bens do devedor (com as exceções já referidas oportunamente) (VALVERDE. *Comentários à Lei de Falências*, v. III..., p. 63). O mesmo não ocorre com o empresário individual condenado por crime falimentar em contexto de recuperação (judicial ou extrajudicial), já que a ação de reparação de danos pode ser exitosa. Caso o falido seja uma sociedade empresária, quem pode ser condenado por crimes falimentares são os sócios, administradores, etc. (LREF, art. 179), sem mencionar os demais sujeitos (juiz, administrador judicial, credor, terceiros partícipes ou coautores, etc.). Com relação a eles, a ação de reparação de danos tende a não cair no vazio, uma vez que não se responsabilizará o falido. O legitimado a promover a ação reparatória é quem sofreu o dano. Como normalmente o dano recai sobre a comunidade de credores ou, melhor dizendo, a massa falida, resta óbvio que quem tende a mover a ação é a própria massa, por meio do administrador judicial.

[3733] "Art. 91 – São efeitos da condenação: I – tornar certa a obrigação de indenizar o dano causado pelo crime; II – a perda em favor da União, ressalvado o direito do lesado ou de terceiro de boa-fé: a) dos instrumentos do crime, desde que consistam em coisas cujo fabrico, alienação, uso, porte ou detenção constitua fato ilícito; b) do produto do crime ou de qualquer bem ou valor que constitua proveito auferido pelo agente com a prática do fato criminoso.§1º Poderá ser decretada a perda de bens ou valores equivalentes ao produto ou proveito do crime quando estes não forem encontrados ou quando se localizarem no exterior. §2º Na hipótese do §1º, as medidas assecuratórias previstas na legislação processual poderão abranger bens ou valores equivalentes do investigado ou acusado para posterior decretação de perda."

[3734] "Art. 92 – São também efeitos da condenação: I – a perda de cargo, função pública ou mandato eletivo: a) quando aplicada pena privativa de liberdade por tempo igual ou superior a um ano, nos crimes praticados com abuso de poder ou violação de dever para com a Administração Pública; b) quando for aplicada pena privativa de liberdade por tempo superior a 4 (quatro) anos nos demais casos. II – a incapacidade para o exercício do pátrio poder, tutela ou curatela, nos crimes dolosos, sujeitos à pena de reclusão, cometidos contra filho, tutelado ou curatelado; III – a inabilitação para dirigir veículo, quando utilizado como meio para a prática de crime doloso. Parágrafo único – Os efeitos de que trata este artigo não são automáticos, devendo ser motivadamente declarados na sentença."

[3735] NOSTRE. Seção II: Disposições comuns..., p. 572.

PARTE GERAL

Ademais, o art. 973 do Código Civil[3736] estabelece que a pessoa legalmente impedida que continua a exercer a atividade própria de empresário responde pelas obrigações contraídas, não se esquecendo que, além da responsabilização civil, pode existir eventual responsabilização administrativa.

4. Prescrição dos crimes da Lei 11.101/05

Segundo o art. 182 da LREF, a prescrição dos crimes falimentares reger-se-á pelas disposições do Código Penal (inclusive no que tange à redução dos prazos de prescrição, a teor do art. 115 do CP), começando a correr do dia (*i*) da decretação da falência; (*ii*) da concessão da recuperação judicial; ou (*iii*) da homologação do plano de recuperação extrajudicial[3737]. O início da contagem de tais prazos prescricionais é particularmente importante para os crimes pré-falimentares (ou pré-recuperação); porém, se o ato for praticado depois dessas balizas temporais (crimes pós-falimentares, ou pós-recuperação), valerá a regra do art. 111, I e II, do Código Penal, segundo a qual o prazo prescricional contar-se-á a partir do fato delituoso[3738].

Sobre o tema da prescrição, vale esclarecer:

a. antes de transitar em julgado a sentença condenatória, a prescrição – da pretensão punitiva (CP, art. 109) – regula-se pelo prazo máximo da pena privativa de liberdade cominada ao crime[3739]. Para os crimes da LREF, tem-se o seguinte quadro prescricional:

[3736] "Art. 973. A pessoa legalmente impedida de exercer atividade própria de empresário, se a exercer, responderá pelas obrigações contraídas."

[3737] Nesse particular, é relevante a observação de ALEXANDRE DEMETRIUS PEREIRA: "Justamente por condicionarem o nascimento do direito de punir do Estado e, por conseguinte, serem necessárias ao início da contagem do prazo prescricional, na eventualidade de as decisões de falência ou recuperação terem seus efeitos suspensos por decisão em grau de recurso (por exemplo, por concessão de efeito suspensivo em agravo de instrumento, nos termos do art. 558 do CPC [de 1973]), o prazo prescricional do delito falimentar não poderá se iniciar ou, se já iniciado, restará suspenso (computando-se o tempo anterior na contagem), nos termos do art. 116, I, do CP, até que se resolva em definitivo a questão em grau recursal." (PEREIRA. *Crimes falimentares...*, p. 224). Nesse sentido: TJSP, 12ª Câmara Criminal, RES 1.019.658-3/9, Rel. Des. João Morenghi, j. 30/05/2007.

[3738] VIGIL NETO. *Teoria falimentar e regimes recuperatórios...*, p. 309; PEREIRA. *Crimes falimentares...*, p. 225.

[3739] Segundo o art. 109 do Código Penal, a prescrição verifica-se: (I) em 20 anos, se o máximo da pena é superior a 12; (II) em 16 anos, se o máximo da pena é superior a 08 anos e não excede a 12; (III) em 12 anos, se o máximo da pena é superior a 04 anos e não excede a 08 anos; (IV) em 08 anos, se o máximo da pena é superior a 02 anos e não excede a 04 anos; (V) em 04 anos, se o máximo da pena é igual a 01 ano ou, sendo superior, não excede a 02; (VI) em 03 anos, se o máximo da pena é inferior a 01 ano. Aplicam-se às penas restritivas de direito os mesmos prazos previstos para as privativas de liberdade (art. 109, parágrafo único).

RECUPERAÇÃO DE EMPRESAS E FALÊNCIA

Crime	Art.	Prescrição (pretensão punitiva)
Fraude a credores	Art. 168	12 anos
Violação de sigilo empresarial	Art. 169	08 anos
Divulgação de informações falsas	Art. 170	08 anos
Indução a erro	Art. 171	08 anos
Favorecimento de credores	Art. 172	12 anos
Desvio, ocultação ou apropriação de bens	Art. 173	08 anos
Aquisição, recebimento ou uso ilegal de bens	Art. 174	08 anos
Habilitação ilegal de crédito	Art. 175	08 anos
Exercício ilegal de atividade	Art. 176	08 anos
Violação de impedimento	Art. 177	08 anos
Omissão dos docs. contábeis obrigatórios	Art. 178	a. nos

b. depois do trânsito em julgado da sentença condenatória, a prescrição – da pretensão executória – criminal regula-se pela pena aplicada, de acordo com os prazos previstos no art. 109 do CP, os quais aumentam de um terço se o condenado é reincidente. Em tais casos, o cálculo do prazo prescricional não é mais feito in abstrato, isto é, a partir da pena máxima prevista para o respectivo tipo penal (como ocorre na letra "a" acima), mas in concreto, considerando a pena efetivamente aplicada (CP, art. 110), valendo-se dos prazos previstos no art. 109 do CP. A data mais remota para o termo inicial da prescrição da pretensão executória é a data da denúncia ou da queixa apresentada em juízo (CP, art. 110, §1º)[3740].

A decretação da falência do devedor interrompe a prescrição cuja contagem tenha iniciado com a concessão da recuperação judicial ou com a homologação do plano de recuperação extrajudicial (LREF, art. 182, parágrafo único). Além das causas de interrupção especialmente previstas na LREF, aplicam-se aos crimes cometidos em contexto recuperatório e falimentar as causas interruptivas previstas no art. 117 do CP, na medida em que sejam com eles compatíveis[3741].

A sistemática da prescrição construída pela LREF aprimorou o regime anterior, afastando as regras de um sistema cujos prazos eram tão exíguos e a prescrição era um fato quase certo[3742].

[3740] TJSP, 5ª Câmara Criminal, Apelação Criminal 481.201-3/8, Rel. Des. Tristão Ribeiro, j. 23/02/2006.

[3741] "Súmula 592 do STF: Nos crimes falimentares, aplicam-se as causas interruptivas da prescrição, previstas no Código Penal".

[3742] BEZERRA FILHO. *Lei de Recuperação e de Falências comentada...*, p. 386.

Capítulo 31
Crimes em Espécie

Além da referência ao crime de desobediência, nos termos do art. 104, parágrafo único, da LREF, a Seção I do Capítulo VII da Lei (arts. 168-178) cuida dos crimes em espécie cometidos em contexto recuperatório e falimentar, os quais serão examinados abaixo, um a um.

A LREF trouxe substantivas alterações quando comparada ao regime jurídico anterior, tendo o objetivo de atualizar os tipos penais e endurecer a punição dos crimes falimentares[3743]. O legislador não previu a punição de delitos a título de culpa, respaldando o entendimento predominante de que os crimes falimentares são, em sua totalidade, dolosos, de acordo com o previsto no art. 18, parágrafo único, do Código Penal[3744-3745].

[3743] Sobre o tema, ver: PARECER 534, de 2004, da Comissão de Assuntos Econômicos sobre o PLC 71, de 2003, que regula a recuperação judicial, a extrajudicial e a falência de devedores pessoas físicas e jurídicas que exerçam a atividade econômica regida pelas leis comerciais e dá outras providências, de relatoria do Senador Ramez Tebet.

[3744] Antes do Decreto-Lei 7.661/1945, existia a classificação das modalidades de falência como culposas ou fraudulentas, havendo clara distinção entre crimes falimentares culposos ou dolosos. Com a entrada em vigor do referido diploma legal, tal classificação foi suprimida, havendo uma forte tendência de se considerar que os crimes falimentares são sempre dolosos (ainda que dolo de perigo ou eventual), embora existissem opiniões contrárias, no sentido de que os crimes falimentares, a depender do tipo, seriam punidos a título de dolo ou culpa, mesmo que o Decreto-Lei 7.661/1945 não referisse nada a respeito (VALVERDE. *Comentários à Lei de Falências*, v. III..., p. 6 ss; e REQUIÃO. *Curso de direito falimentar*, v. 2..., p. 148 ss). Sob a égide da Lei 11.101/05, sustentamos que os crimes falimentares são todos dolosos. Nesse sentido: WEINMANN. Dos crimes falimentares..., p. 36; PEREIRA. *Crimes falimentares*..., p. 95-103; CALÇAS. Capítulo XXIV: Dos crimes falimentares..., p. 535-536.

[3745] É grande a discussão sobre a possibilidade de tentativa nos crimes falimentares, especialmente nos delitos pré-falimentares/pré-recuperação (a doutrina inclina-se pela admissibilidade da tentativa nos crimes pós-falência/pós-recuperação). O Tribunal de Justiça de São Paulo já decidiu que é possível, em crime (pós-)falimentar, a ocorrência de tentativa: TJSP, 12ª Câmara Criminal, HC 985.458.3/4-

Admite-se concurso de crimes, nos termos dos arts. 69 a 71 do Código Penal, pouco importando se a conduta envolve delitos exclusivamente falimentares[3746] ou a combinação de algum crime falimentar com crime comum[3747].

Passemos, então, a estudar os tipos penais previstos na LREF.

1. Fraude a credores

No crime de fraude a credores, a conduta (comissiva) criminalizada é: praticar, antes ou depois da sentença que decretar a falência, conceder a recuperação judicial ou homologar a recuperação extrajudicial, ato fraudulento de que resulte ou possa resultar prejuízo aos credores, com o fim de obter ou assegurar vantagem indevida para si ou para outrem (LREF, art. 168).

O sujeito ativo do delito é o devedor (crime próprio). Entretanto, incidem nas mesmas penas os contadores, técnicos contábeis, auditores e outros profissionais que, de qualquer modo, concorrerem para as condutas criminosas descritas no

---

0000-000, Rel. Des. Sydnei de Oliveira Jr., j. 20/09/2006. Para aprofundamento, ver: PEREIRA. *Crimes falimentares...*, p. 106-107.

[3746] No regime anterior era pacífico que o crime falimentar deveria ser único, *i.e.*, em ocorrendo mais de um crime falimentar, somente se puniria aquele dotado de pena mais grave, restando impuníveis os demais (princípio da unicidade ou unidade). Nesse sentido: STF, 1ª Turma, RHC 49.563/SP, Rel. Min. Oswaldo Trigueiro, j. 08/02/1972; TJSP, 1ª Câmara Criminal, Apelação Criminal 92.488-3, Rel. Des. Luiz Betanho, j. 30/01/1991; STJ, 5ª Turma, RHC 10593/SP, Rel. Min. Jorge Scartezzini, j. 28/08/2001. Para aprofundamento: VALVERDE. *Comentários à Lei de Falências*, v. III..., p. 16. Na vigência da Lei 11.101/05, a definição dos crimes falimentares é completamente diferente daquela empregada na legislação anterior. A LREF não admite expressamente o princípio da unidade ou unicidade, razão pela qual se pode sustentar que a interpretação anterior não prevaleceria no atual regime. Além disso, seriam aplicáveis as normas do Código Penal, e aí estão incluídas as regras do concurso de crimes (CP, arts. 69-71). Nesse sentido, ver: PEREIRA. *Crimes falimentares...*, p. 123-128; CALÇAS. Capítulo XXIV: Dos crimes falimentares..., p. 536-538. Mesmo assim, encontramos precedentes que, na vigência da Lei 11.101/05, aplicaram o princípio da unidade. Por exemplo: TJSP, 11ª Câmara Criminal, Apelação Criminal 993.07.080947-7, Rel. Des. Carlos Eduardo Lora Franco, j. 28/11/2008.

[3747] No caso de concurso entre crime falimentar e crime comum, o Decreto-Lei 7.661/1945 já determinava, no art. 192, a aplicação da regra do concurso formal (antigo art. 51, §1º, do CP, atual art. 70). A Lei 11.101/05 nada falou sobre a espécie de concurso de crimes cabível em cada caso. Assim, considera-se o regramento posto pelo Código Penal (arts. 69 a 71). A jurisprudência é rica em exemplos sobre concursos de crimes: (*i*) concurso de crime falimentar com formação de quadrilha para a prática de delitos em detrimento dos credores (STJ, 5ª Turma, HC 85.148/SP, Rel. Min. Jane Silva, j. 06/09/2007; STJ, 5ª Turma, HC 33.398/SP, Rel. Min. Gilson Dipp, j. 17/08/2004; STJ, 5ª Turma, RHC 16.854, Rel. Min. Gilson Dipp, j. 24/05/2005); (*ii*) concurso de crime falimentar com lavagem de dinheiro (Lei 9.613/98) (STJ, 5ª Turma, RHC 11.918/SP, Rel. Min. Gilson Dipp, j. 13/08/2002), etc. No mesmo sentido: PEREIRA. *Crimes falimentares...*, p. 128-131. Ver, também: CALÇAS. Capítulo XXIV: Dos crimes falimentares..., p. 538-539. Ademais, aqui, o STJ já se manifestou que não há que se falar em aplicação do princípio da unidade dos crimes falimentares na hipótese dos autos quando se trata de concurso de crimes tipificados na legislação falimentar e no Código Penal (STJ, 5ª Turma, HC 56.368/SP, Rel. Min. Gilson Dipp, j. 24/10/2006).

CRIMES EM ESPÉCIE

referido artigo, na medida de sua culpabilidade (§3º do art. 168)[3748]. Trata-se de hipótese de concurso de pessoas (ou seja, não se pode excluir a coautoria ou a participação de terceiros)[3749].

As vítimas do delito (sujeito passivo) são os credores e a administração da justiça. O bem jurídico tutelado é a integridade do patrimônio do devedor, os direitos dos credores e a administração da justiça com a correta e hígida condução do processo[3750].

Trata-se de crime comissivo que consiste em praticar qualquer (*i.e.*, pouco importa o meio empregado) ato fraudulento do qual resulte ou possa resultar prejuízo aos credores, com o fim de obter ou assegurar vantagem indevida (econômica ou não) para si ou para outrem[3751].

Em razão do crime envolver contextos anteriores e/ou posteriores à decretação da quebra (ou à concessão da recuperação judicial ou à homologação da recuperação extrajudicial), não é qualquer ato praticado desde o início da atividade empresarial que pode configurar o delito. Deve haver vinculação mínima do ato praticado com a situação de crise econômico-financeira enfrentada pelo devedor. Esse momento será variável, de acordo com o regime jurídico do devedor: na "(...) recuperação judicial, desde seu requerimento (...); na recuperação

---

[3748] No entanto, somente poderão ser responsabilizados aqueles agentes cuja conduta individualmente analisada "tiver relevância causal para o resultado e estiver informada pelo elemento subjetivo indicado na descrição da conduta proibida". "Se o ato fraudulento é praticado por pessoa jurídica, a responsabilidade criminal será de todos aqueles que, inseridos na estrutura administrativa da empresa, contribuíram de modo eficiente para a realização do ato, sabendo ou devendo saber da situação de crise, do prejuízo aos credores e da vantagem indevida" (Nostre, Guilherme Alfredo de Moraes. Capítulo VII: Disposições Penais. Seção I: Dos crimes em espécie. In: Souza Junior, Francisco Satiro de; Pitombo, Antonio Sergio A. de Moraes (coord.). *Comentários à Lei de Recuperação de Empresas e Falências*. 2 ed. São Paulo: Revista dos Tribunais, 2007, p. 552-556).

[3749] O que não elide a responsabilidade do devedor (TJSP, 1ª Câmara Criminal, Apelação Criminal 176.348-3, Rel. Des. Fortes Barbosa, j. 26/06/1995).

[3750] Ver: Pereira. *Crimes falimentares...*, p. 136. Nesse sentido: "Ressalte-se que, apesar de a figura típica mencionar que do ato fraudulento deve resultar ou este deve ter o potencial de resultar prejuízo 'aos credores' (no plural), a interpretação deve ser extensiva, mercê do que, não há necessidade de se comprovar a presença de mais de um credor para o enquadramento da conduta no tipo legal. Destarte, se a ação fraudulenta do devedor implicar prejuízo a um só credor, de rigor o reconhecimento da caracterização da tipicidade." (Calças. Capítulo XXIV: Dos crimes falimentares..., p. 543).

[3751] Diversos são os exemplos deste tipo penal (inclusive no regime anterior, previsto no art. 187 do Decreto-Lei 7.661/1945). Entre eles estão: (*i*) devedor que se vale de documentos falsos para conseguir aumento de capital (TJSP, Apelação Criminal 93.233-3, Rel. Des. Andrade Cavalcanti, j. 10/06/1991); (*ii*) liquidação de patrimônio da sociedade pouco antes da quebra (TJSP, 4ª Câmara Criminal, Apelação Criminal 210.171-3, Rel. Des. Hélio de Freitas, j. 27/05/1997); (*iii*) sócio que altera o nome social em fraude e detrimento dos credores (TJSP, 6ª Câmara Criminal, Apelação Criminal 221.374-3, Rel. Des. Lustosa Goulart, j. 14/08/1997); (*iv*) emissão de cheques sem fundo e o encerramento irregular da atividade empresarial (TJDFT, 1ª Turma Criminal, Apelação Criminal 191.9698/DF, Rel. Des. Natanael Caetano, j. 15/04/1999), etc. Sobre o tema e os mais diversos exemplos, ver: Pereira. *Crimes falimentares...*, p. 137-138.

extrajudicial, desde o início das tratativas com os credores (...); na falência é mais difícil determinar o momento do início da crise, podendo retroceder ao começo do período de endividamento temerário que acaba por ensejar a falência (...)"[3752].

Não haverá crime se o ato praticado não tiver a possibilidade de causar prejuízo real ou potencial aos credores. É crime formal e de perigo, que não admite tentativa. O prejuízo é meramente potencial; o delito resta consumado com a realização de ato fraudulento hábil a prejudicar credores, pouco importando se existe ou não efetivo dano[3753].

A conduta se materializa apenas na modalidade dolosa (dolo direto), sendo indispensável o elemento subjetivo especial do tipo, que é o objetivo de obter ou assegurar vantagem indevida para si ou para outrem (dolo específico). Logo, "mesmo que praticada a fraude, verificado o prejuízo, se se constatar que a conduta não estava informada pela intenção de obter ou assegurar para si ou para outrem uma vantagem indevida, não haverá crime"[3754].

A pena para o tipo é de reclusão, de três a seis anos, e multa. Segundo o §1º do art. 168, aumenta-se a pena de 1/6 (um sexto) a 1/3 (um terço) se o agente: (*i*) elabora escrituração contábil ou balanço com dados inexatos[3755]; (*ii*) omite, na escrituração contábil ou no balanço, lançamento que deles deveria constar, ou

---

[3752] NOSTRE. Capítulo VII: Das disposições penais. Seção I: Dos crimes em espécie..., p. 551-552. No mesmo sentido, ver: KIRSCHBAUM. Funções da repressão penal em matéria falimentar..., p. 202-204.

[3753] Em sentido diverso, afirmando ser possível a tentativa, após a decretação da quebra, da concessão da recuperação judicial ou da homologação da recuperação extrajudicial, ver, entre outros: CALÇAS. Capítulo XXIV: Dos crimes falimentares..., p. 5446

[3754] NOSTRE. Capítulo VII: Das disposições penais. Seção I: Dos crimes em espécie..., p. 552-553. Ver, também: TJSP, 12ª Câmara Criminal, Apelação Criminal 0115119-02.2006.8.26.0001, Rel. Des. Breno Guimarães, j. 01/02/2012. Deve ficar demonstrado, para a caracterização do tipo, o elemento subjetivo doloso e a finalidade de obter ou assegurar vantagem indevida para si ou para outrem em detrimento dos credores. Nesses termos, por exemplo, a emissão de cheques sem fundos (insuficiência da provisão de fundos) para compra de mercadorias e o fato de não mais se encontrar o devedor no seu estabelecimento empresarial não constitui crime falimentar quando tais fatos se dão em decorrência da situação de insolvência e apreensão de todos os bens por medidas judiciais promovidas por credores – sendo evidente que tal situação seria diferente caso o não pagamento dos cheques tivesse se dado por encerramento da conta bancária ou tivesse o devedor praticado negócios simulados para prejudicar credores e com a finalidade de obter ou assegurar vantagem indevida (TJRS, 4ª Câmara Criminal, Apelação Criminal 70041378027, Rel. Des. Constantino Lisbôa de Azevedo, j. 03/11/2011). Da mesma forma, já se decidiu que não constitui crime falimentar, por exemplo, a venda normal de estoque (sem fraude) (TJSP, 2ª Câmara Criminal, Apelação Criminal 251.143-3, Rel. Egydio de Carvalho, j. 01/06/1998), nem a venda de linhas telefônicas pouco antes da situação falimentar, quando feita às claras e sem indícios de fraude (TJSP, 4ª Câmara Criminal, Apelação Criminal 108.691-3, Rel. Des. Barreto Fonseca, j. 30/03/1992).

[3755] O TJSP já entedeu que cometeu o ilícito de fraude a credores, tendo reconhecido a causa especial de aumento de pena tendo em vista a elaboração de escrituração contábil com dados inexatos, o agente que simulou um crédito fictício, que foi desviado em seu próprio benefício, crédito este que foi criado por meio de fraude contábil consistente em falsificação da escrituração (TJSP, 8ª Câmara de Direito Criminal, Apelação Criminal 9128958-36.2009.8.26.0000, Rel. Des. Louri Barbiero, j. 26/07/2012).

CRIMES EM ESPÉCIE

altera escrituração ou balanço verdadeiros; (*iii*) destrói, apaga ou corrompe dados contábeis ou negociais armazenados em computador ou sistema informatizado; (*iv*) simula a composição do capital social[3756-3757] (pouco importando se a simulação do capital social ocorreu com a finalidade de obtenção de maior crédito, como exigia o art. 188, I, do Decreto-Lei 7.661/1945); (*v*) destrói, oculta ou inutiliza, total ou parcialmente, os documentos de escrituração contábil obrigatórios. Aqui, é importante salientar que as condutas previstas no §1º estão vinculadas ao tipo previsto no *caput* do art. 168[3758].

Configura hipótese de aumento de pena (de 1/3 (um terço) até metade) a prática de contabilidade paralela, isto é, se o devedor manteve ou movimentou recursos ou valores paralelamente à contabilidade exigida pela legislação (art. 168, §2º). Trata-se da prática popularmente conhecida como "caixa dois", para cuja configuração basta a existência de movimentação não contabilizada, não sendo necessária a ocorrência de uma efetiva contabilidade paralela[3759]. Nessa hipótese, a causa de aumento de pena aplica-se independente e cumulativamente em relação às constantes do §1º do art. 168[3760].

Em caso de falência de microempresa ou de empresa de pequeno porte, desde que não se constate prática habitual de condutas fraudulentas por parte do falido, poderá o juiz reduzir a pena de reclusão de 1/3 (um terço) a 2/3 (dois terços) ou substituí-la pelas penas restritivas de direitos, perda de bens e valores ou prestação de serviços à comunidade ou a entidades públicas (LREF, art. 168, §4º)[3761].

Embora seja possível o concurso de crimes, algumas práticas delituosas podem ser absorvidas pelo crime falimentar de fraude a credores. Isso pode ocorrer com o estelionato (CP, art. 171), por exemplo, quando se tenha por finalidade o preju-

---

[3756] "É o que a doutrina jurídica costuma chamar de 'capital aguado'. Muito comum para tanto é a avaliação a maior de bens com os quais se faz a integralização do capital social ou a integralização de capital com créditos incobráveis ou de difícil recebimento futuro." (PEREIRA. *Crimes falimentares...*, p. 150).

[3757] Segundo o TJSP, não incide nesse tipo penal o sujeito que deixou de realizar providências registrárias de imóvel aportado para a formação/aumento do capital social da sociedade, ainda que com intenção de obter crédito: TJSP, 1ª Câmara Criminal, Apelação Criminal 170.641-3, Rel. Des. Marcial Hollanda, j. 06/03/1995.

[3758] CALÇAS. Capítulo XXIV: Dos crimes falimentares..., p. 544.

[3759] NOSTRE. Capítulo VII: Das disposições penais. Seção I: Dos crimes em espécie..., p. 556.

[3760] PEREIRA. *Crimes falimentares...*, p. 155; CALÇAS. Capítulo XXIV: Dos crimes falimentares..., p. 548.

[3761] Na vigência do Decreto-Lei 7.661/1945 (no art. 186, parágrafo único), o magistrado podia deixar de aplicar a pena quando constatasse que o devedor tinha pouca instrução e explorava comércio exíguo. O mesmo não pode ocorrer no império da LREF. O juiz deve mitigar a pena de acordo com os critérios objetivos da Lei: (*1*) enquadramento do falido como microempresa ou empresa de pequeno; e (*2*) não constatação de prática habitual de condutas fraudulentas. Somando-se "1" e "2" (os requisitos são cumulativos), o juiz *deverá* conceder o benefício (ou seja, é um direito do réu) (NOSTRE. Capítulo VII: Das disposições penais. Seção I: Dos crimes em espécie..., p. 556; ver, igualmente: PEREIRA. *Crimes falimentares...*, p. 155-157).

ízo da massa/coletividade de credores[3762]. Se essa finalidade não estiver presente (e demonstrada), o estelionato comum subsistirá autonomamente[3763]. A mesma lógica se aplica, por exemplo, para os crimes (*i*) de emissão de fatura, duplicata ou nota de venda que não corresponda à mercadoria vendida, em quantidade ou qualidade, ou ao serviço prestado (CP, art. 172)[3764]; e (*ii*) de falsidade (material ou ideológica), se este for meio para a fraude a credores, nesta se exaurindo, hipótese em que é absorvido pelo crime previsto no art. 168 da LREF[3765]-[3766].

2. Violação de sigilo empresarial

Neste tipo penal, a conduta é a de: *violar, explorar ou divulgar, sem justa causa, sigilo empresarial ou dados confidenciais sobre operações ou serviços, contribuindo para a condução do devedor a estado de inviabilidade econômica ou financeira* (LREF, art. 169).

Qualquer indivíduo pode ser o autor (sujeito ativo) desse delito, tais como concorrentes, credores, empregados, etc. Trata-se de crime comum ou impróprio. O sujeito passivo é o titular do sigilo (devedor)[3767], além de todos os demais envolvidos no processo. Já o bem jurídico tutelado é a proteção do sigilo e dos dados empresariais contra a sua utilização indevida que provoque a insolvência ou insolvabilidade do devedor, em prejuízo de seus credores e da própria administração da justiça (que passa a ter de conduzir um processo falimentar que poderia ser legitimamente evitado)[3768].

[3762] TJSP, 3ª Câmara Criminal, Apelação Criminal 266.695-3, Rel. Des. Oliveira Ribeiro, j. 28/09/1999.
[3763] STJ, 3ª Seção, CC 31.294/SP, Rel. Min. Felix Fischer, j. 13/11/2002; TJSP, Câmara Especial, CJ 82.103-0/0, Rel. Des. Álvaro Lazzarini, j. 11/10/2011; TJSP, 2ª Câmara Criminal, Apelação Criminal 266.934-3, Rel. Des. Silva Pinto, j. 19/04/1999.
[3764] Para verificar a relação com o crime falimentar, deve-se analisar em cada caso as circunstâncias, a finalidade e modo de emissão da duplicata. De fato, é possível que o crime previsto no art. 172 do CP seja absorvido pelo crime falimentar quando seja meio para a fraude a credores (TJSP, 4ª Câmara Criminal, RSE 116.924-3, Rel. Des. Dante Busana, j. 21/09/1992). Por outro lado, caso a emissão de duplicatas não tenha relação com o crime falimentar, não objetivando, por exemplo, prejudicar os credores, tem-se que o crime do art. 172 do CP subsiste de modo autônomo (TJSP, Câmara Especial, CC 63.882-0, Rel. Des. Hermes Pinotti, j. 03/02/2000; STJ, 5ª Turma, RHC 7.011/SP, Rel. Min. José Dantas, j. 10/02/1998; Tribunal de Alçada Criminal de São Paulo, 14ª Câmara Criminal, Apelação Criminal 1.126.527-9, Rel. Juiz San Juan França, j. 01/12/1998).
[3765] TJRJ, 8ª Câmara Criminal, Apelação Criminal 2007.050.03369, Rel. Des. Suely Lopes Magalhães, j. 05/07/2007.
[3766] Tudo de acordo com: PEREIRA. *Crimes falimentares...*, p. 157-161.
[3767] Segundo ALEXANDRE DEMETRIUS PEREIRA: "Entendemos que não seja mister para a tipificação do delito em tela que o titular do sigilo seja necessariamente o devedor conduzido ao estado de inviabilidade econômico ou financeira. Pode ocorrer, por exemplo, que a divulgação do sigilo de uma das empresas de um grupo econômico ou mesmo de um concorrente venha a ocasionar a inviabilidade de um devedor não titular das informações confidenciais." (PEREIRA. *Crimes falimentares...*, p. 162).
[3768] PEREIRA. *Crimes falimentares...*, p. 162.

CRIMES EM ESPÉCIE

O tipo penal proíbe, por qualquer meio, a violação, a exploração ou a divulgação (é, então, crime comissivo), sem justa causa (ou seja, se há justa causa, não se pode pensar em crime), sigilo empresarial ou dados confidenciais sobre operações ou serviços, contribuindo para a condução do devedor a estado de inviabilidade econômica ou financeira.

Trata-se de delito conspiratório à sobrevivência da empresa[3769], cuja conduta típica se consuma apenas com a condução do devedor, titular das informações, à falência, razão pela qual é considerado pré-falimentar, de dano e material. O agir criminoso deve contribuir para a efetiva quebra do devedor, devendo a relação de causalidade ser objeto de cuidadoso escrutínio por parte do magistrado[3770], razão pela qual se entende que o crime pode assumir a forma tentada[3771].

Por materializar uma conduta dolosa (dolo direto), consistente na vontade livre e consciente de violar o sigilo, o autor está plenamente ciente de que pode contribuir para a inviabilidade financeira ou econômica do devedor. O dolo eventual será caracterizado quando o autor assumir o risco de divulgar sigilo ou dados confidenciais[3772].

A pena prevista para este crime é de reclusão, de dois a quatro anos, e multa (LREF, art. 169).

[3769] VIGIL NETO. *Teoria falimentar e regimes recuperatórios...*, p. 304.

[3770] PITOMBO. Seção I: Dos crimes em espécie..., p. 557; CALÇAS. Capítulo XXIV: Dos crimes falimentares..., p. 551. Há quem entenda que o delito está consumado com a violação, exploração ou divulgação, dando ciência a terceiros do sigilo ou dados confidenciais, pouco importando a efetiva inviabilidade econômica e financeira do devedor ou de prejuízo concreto, exigindo-se a mera potencialidade lesiva (MIGLIARI JÚNIOR, Arthur. *Crimes de recuperação de empresas e de falências*. São Paulo: Quartier Latin, 2006, p. 135; BEZERRA FILHO. *Lei de Recuperação e de Falências comentada...*, p. 390). Existe, ainda, uma terceira corrente defendida por ALEXANDRE DEMETRIUS PEREIRA, segundo a qual o art. 169 exige que a conduta do autor do crime contribua para a inviabilidade do devedor, mas que não necessariamente deve levar à decretação da falência, podendo levar, por exemplo, à recuperação judicial. Nessa visão, o crime estará consumado com o mero fato (econômico-financeiro) da inviabilidade do devedor, prescindindo-se da efetiva declaração da falência para tanto (PEREIRA. *Crimes falimentares...*, p. 164-165).

[3771] Em sentido contrário, ALEXANDRE DEMETRIUS PEREIRA: "Como entendemos que a consumação se dá com o evento econômico-financeiro da inviabilidade do devedor, com a mera sujeição do devedor a processo de recuperação, sem necessidade da decretação da quebra, não admitimos a tentativa. Isso porque ou a recuperação é concedida (se judicial) ou homologada (se extrajudicial), estando o crime consumado, ou não o é, carecendo o fato de tipicidade penal." (PEREIRA. *Crimes falimentares...*, p. 165-166). Igualmente, afirmando não ser possível a forma tentada por ser pressuposto de tal tipo penal a decretação da quebra, a concessão da recuperação judicial ou a homologação do plano de recuperação extrajudicial (art. 180 da LREF), ver: CALÇAS. Capítulo XXIV: Dos crimes falimentares..., p. 551.

[3772] PEREIRA. *Crimes falimentares...*, p. 164; BEZERRA FILHO. *Lei de Recuperação e de Falências comentada...*, p. 390.

3. Divulgação de informações falsas

No tipo penal em questão, a conduta combatida é: divulgar ou propalar, por qualquer meio, informação falsa sobre devedor em recuperação judicial, com o fim de levá-lo à falência ou de obter vantagem (LREF, art. 170). Tem-se, aqui, o outro delito conspiratório à sobrevivência da empresa tipificado na LREF.

A conduta pode ser praticada por qualquer pessoa (crime comum ou impróprio). O sujeito passivo do crime é o devedor em recuperação judicial, os credores e a administração da justiça. O bem jurídico tutelado é a veracidade das informações sobre o devedor em recuperação judicial, a própria empresa e a administração da justiça[3773].

O tipo penal proíbe a divulgação ou a propalação (ou seja, é crime comissivo), por qualquer meio, de informação falsa sobre devedor em recuperação judicial, com o fim de levá-lo à falência ou de obter vantagem (econômica ou não)[3774]. A informação falsa pode ser divulgada ou propalada por palavra verbalizada ou escrita, e por quaisquer meios, inclusive digital (*i.e.*, páginas da internet, aplicativos de celular, redes sociais e e-mail)[3775].

A configuração do crime em questão exige análise da relevância da informação para fins de avaliar a efetiva potencialidade lesiva do comportamento[3776]. O delito restringe-se à situação do devedor em recuperação judicial, não sendo materializada a conduta na hipótese de divulgação de informação falsa quando o devedor estiver em falência ou recuperação extrajudicial.

Trata-se de espécie de crime formal e de perigo, restando consumado mesmo que o devedor não quebre efetivamente ou que o agente não obtenha qualquer vantagem. Entretanto, sua consumação depende da simples ciência de terceiros em relação à informação falsa, obtida com a divulgação ou propalação. A rigor, não se admite a tentativa[3777].

É crime do tipo doloso (dolo direto), cuja configuração exige elemento subjetivo especial do tipo (dolo específico), consubstanciado na intenção de levar o devedor em recuperação judicial à falência ou obter vantagem (econômica ou

---

[3773] Ver: PEREIRA. *Crimes falimentares...*, p. 167.

[3774] PEREIRA. *Crimes falimentares...*, p. 167; BEZERRA FILHO. *Lei de Recuperação e de Falências comentada...*, p. 391.

[3775] BEZERRA FILHO. *Lei de Recuperação e de Falências comentada...*, p. 391.

[3776] PITOMBO. Seção I: Dos crimes em espécie..., p. 558.

[3777] PITOMBO. Seção I: Dos crimes em espécie..., p. 559; BEZERRA FILHO. *Lei de Recuperação e de Falências comentada...*, p. 391; CALÇAS. Capítulo XXIV: Dos crimes falimentares..., p. 552. Para ALEXANDRE DEMETRIUS PEREIRA, o tipo penal em questão admite a tentativa: "Sendo o delito necessariamente cometido em momento posterior à concessão da recuperação judicial ou extrajudicial, entendemos admissível a tentativa quando a divulgação não seja feita oralmente em único ato (por exemplo, na divulgação de informação falsa por escrito cujo documento de divulgação seja interceptado pelo devedor antes de chegar ao conhecimento de terceiros)." (PEREIRA. *Crimes falimentares...*, p. 167-168).

CRIMES EM ESPÉCIE

não) por meio da divulgação ou propalação de informação falsa (e o agente deve ter consciência de que se trata de informação falsa, isto é, que tal dado não corresponde à verdade)[3778].

A pena para este crime é de reclusão, de dois a quatro anos, e multa (LREF, art. 170).

4. Indução a erro

A conduta criminalizada consiste em *sonegar ou omitir informações ou prestar informações falsas no processo de falência, de recuperação judicial ou de recuperação extrajudicial, com o fim de induzir a erro o juiz, o Ministério Público, os credores, a assembléia-geral de credores, o Comitê ou o administrador judicial* (LREF, art. 171).

Qualquer pessoa pode ser sujeito ativo deste crime. É crime comum ou impróprio, cujas vítimas são a administração da justiça e, em particular, o juiz, o membro do Ministério Público, os credores, a Assembleia Geral de Credores, o Comitê de Credores ou o administrador judicial. O bem jurídico tutelado é a veracidade e a correção das informações prestadas nos processos de recuperação (judicial e extrajudicial) ou falência[3779].

O tipo penal em questão veda tanto a sonegação ou a omissão (condutas omissivas) quanto a prestação (conduta comissiva) de informações falsas no processo de falência, de recuperação judicial ou de recuperação extrajudicial, com o objetivo de induzir em erro os sujeitos anteriormente referidos (i.e., o juiz, o Ministério Público, os credores, a Assembleia Geral de Credores, o Comitê de Credores ou o administrador judicial).

O delito se materializa no curso dos processos de recuperação (judicial ou extrajudicial) ou falência, mesmo que antes da decretação da quebra, da concessão da recuperação judicial ou da homologação do plano de recuperação extrajudicial, pouco importando a forma que se deu a atuação do agente. No caso de sonegação ou omissão de informações, o sujeito deve ter o dever de prestá-las para que a conduta possa induzir em erro o destinatário; na hipótese de prestação de informações, elas devem ser falsas para induzir em erro os envolvidos no processo. As informações devem ser, portanto, factíveis e relevantes[3780]-[3781].

[3778] PEREIRA. *Crimes falimentares...*, p. 167.

[3779] PEREIRA. *Crimes falimentares...*, p. 169.

[3780] NOSTRE. Capítulo VII: Das disposições penais. Seção I: Dos crimes em espécie..., p. 560; PEREIRA. *Crimes falimentares...*, p. 169-170.

[3781] Ressalte-se que o descumprimento de algum dever do falido acarreta no crime de desobediência (e não indução a erro), ainda que se trate de omitir informações ao juízo. Por exemplo, o Tribunal de Justiça de São Paulo julgou caso em que o réu fora denunciado pelo crime de indução a erro (art. 171) porque, após a decretação da falência, teria sonegado e omitido informações no processo falimentar, deixando de apresentar a lista nominativa de credores, com o fim de induzir a erro o Juiz, o Promotor,

O tipo penal é da espécie formal e de perigo. A consumação das condutas omissivas (representadas pelos verbos "sonegar" e "omitir") se dá no momento em que o sujeito, obrigado a prestar as informações ao juízo, deixa de prestá-las (total ou parcialmente) com o objetivo de induzir a erro os sujeitos passivos do crime. Já na modalidade comissiva ("prestação de informações falsas"), o delito resta consumado quando o agente presta as informações falsas com o intuito de induzir a erro tais sujeitos.

Para a consumação do delito, não há necessidade de as vítimas serem efetivamente enganadas, sendo suficiente a prática ou a omissão do agente com a intenção de induzir a erro. Da mesma maneira, não se exige a ciência do destinatário para a consumação, mas sim a prestação de informação inverídica ou a omissão em prestá-las nos autos de falência ou recuperação[3782]. Em virtude dessas características, não se admite tentativa[3783].

O crime é doloso (dolo direto). Requer-se, entretanto, o elemento subjetivo específico, que é o objetivo de induzir em erro o juiz, o Ministério Público, os credores, a Assembleia Geral de Credores, o Comitê de Credores ou o administrador judicial (dolo específico)[3784]. Por exemplo, se houve sonegação ou omissão de informação para evitar desmoralização pública ou mesmo para impedir a produção de prova criminal contra si, não se verifica a conduta descrita no art. 171[3785].

A pena para esse crime falimentar é de reclusão, de dois a quatro anos, e multa.

---

os credores e o administrador judicial. Como a conduta referia-se a um dever do falido (art. 104, XI), o Tribunal desclassificou-a para o delito previsto no art. 330 do Código Penal (TJSP, 8ª Câmara de Direito Criminal, Apelação Criminal 9128958-36.2009.8.26.0000, Rel. Des. Louri Barbiero, j. 26/07/2012).

[3782] PEREIRA. *Crimes falimentares...*, p. 170.

[3783] BEZERRA FILHO. *Lei de Recuperação e de Falências comentada...*, p. 392; CALÇAS. Capítulo XXIV: Dos crimes falimentares..., p. 553. ALEXANDRE DEMETRIUS PEREIRA sustenta que a tentativa é impossível na forma omissiva, pois não se cogita de tal instituto nos crimes omissivos próprios. Já na forma comissiva, se for praticado no curso do processo, mas antes da decisão judicial que decreta a falência, concede a recuperação judicial ou homologa o plano de recuperação extrajudicial, seria inviável a tentativa pois, quando das decisões referidas, o crime já estará consumado. Entretanto, se for praticado o crime após as decisões mencionadas, embora seja teoricamente possível a tentativa (como na hipótese de o devedor tentar protocolar petição contendo informação falsa, mas sendo impedido por terceiro), tem-se que a hipótese será de raríssima ocorrência prática (PEREIRA. *Crimes falimentares...*, p. 170-171).

[3784] PEREIRA. *Crimes falimentares...*, p. 170. Que assim complementa: "Se o intuito do devedor, ao prestar as informações falsas, for fraudar credores, estaremos diante do delito do art. 168 da Lei 11.101/05. Se, por outro lado, a falsidade incidir sobre informações, dados ou documentos apresentados em habilitação de crédito, haverá o delito do art. 175 do mesmo diploma, dado o princípio da especialidade. Caso a finalidade seja outra, não incluída em outra tipificação de delitos falimentares, poderá eventualmente haver crime comum de falsidade".

[3785] NOSTRE. Capítulo VII: Das disposições penais. Seção I: Dos crimes em espécie..., p. 560.

CRIMES EM ESPÉCIE

5. Favorecimento de credores

O tipo penal fala em: *praticar, antes ou depois da sentença que decretar a falência, conceder a recuperação judicial ou homologar plano de recuperação extrajudicial, ato de disposição ou oneração patrimonial ou gerador de obrigação, destinado a favorecer um ou mais credores em prejuízo dos demais* (LREF, art. 172).

O sujeito ativo é o devedor (crime próprio). Porém, nas mesmas penas incorre o credor que, em conluio, possa beneficiar-se do ato anteriormente descrito (art. 172, parágrafo único). Os sujeitos passivos do crime são os credores e a administração da justiça. O bem jurídico tutelado é a igualdade entre os credores (*par conditio creditorum*) na falência ou recuperação, bem como a lisura e a correção da condução dos processos[3786].

Trata-se de crime comissivo consistente na prática de ato de disposição ou oneração patrimonial ou gerador de obrigação realizado para favorecer um ou mais credores em prejuízo dos demais[3787] (*v.g.*, venda de máquinas para pagamento de alguns credores, em detrimento de outros)[3788], desde que tenha ocorrido antes ou depois da sentença que decretar a falência, conceder a recuperação judicial ou homologar o plano de recuperação extrajudicial – não precisa ocorrer, por exemplo, dentro do termo legal da falência[3789].

O crime é formal e de perigo, ou seja, consuma-se o delito com a prática dos atos tipificados no intervalo temporal previsto pela LREF. O tipo penal é doloso (dolo direto), exigindo-se elemento subjetivo especial (dolo específico) consubstanciado na finalidade de favorecer credor(es) em prejuízo dos demais[3790]. É irrelevante para sua consumação se algum credor foi, efetivamente, prejudicado[3791]. Não se admite tentativa[3792].

[3786] PEREIRA. *Crimes falimentares...*, p. 172.

[3787] "(...) o núcleo da conduta consiste na prática de quaisquer atos de disposição ou oneração patrimonial ou geradores de obrigações – ato de disposição é, por exemplo, a venda; ato de oneração é, por exemplo, a constituição de ônus real; ato gerador de obrigação é, por exemplo, o contrato fictício ou mesmo aquele que não possa assim ser considerado mas que, de alguma forma, tem, como consequência, privilegiar determinado(s) credor(es) em detrimento dos demais." (BEZERRA FILHO. *Lei de Recuperação e de Falências comentada...*, p. 393).

[3788] TJSP, 3ª Câmara Criminal, Apelação Criminal 6.695-3, Rel. Des. Costa Mendes, j. 17/08/1981.

[3789] PEREIRA. *Crimes falimentares...*, p. 173; BEZERRA FILHO. *Lei de Recuperação e de Falências comentada...*, p. 393.

[3790] GUILHERME ALFREDO DE MORAES NOSTRE entende que, se as condutas forem praticadas com o propósito empresarial, o delito não restará materializado, trazendo o seguinte exemplo: "Se o devedor hipotecar bem em favor de instituição financeira para obter redução da taxa de juros incidente sobre suas dívidas financeiras, ainda que tenha criado ônus que favorece um credor, não se configura o delito." (NOSTRE. Capítulo VII: Das disposições penais. Seção I: Dos crimes em espécie..., p. 561).

[3791] PEREIRA. *Crimes falimentares...*, p. 173; BEZERRA FILHO. *Lei de Recuperação e de Falências comentada...*, p. 393. Este último autor admite a possibilidade de dolo eventual, consistente na aceitação da probabilidade ou possibilidade de favorecimento de determinado(s) credor(es).

[3792] PEREIRA. *Crimes falimentares...*, p. 173; CALÇAS. Capítulo XXIV: Dos crimes falimentares..., p. 555.

O crime falimentar de favorecimento de credores tem como pena prevista a reclusão, de dois a cinco anos, e multa (LREF, art. 172).

6. Desvio, ocultação ou apropriação de bens

O art. 173 da LREF criminaliza a seguinte conduta: *apropriar-se, desviar ou ocultar bens pertencentes ao devedor sob recuperação judicial ou à massa falida, inclusive por meio da aquisição por interposta pessoa.*

Qualquer pessoa pode ser o sujeito ativo de tal crime (é crime comum ou impróprio). Admite-se o concurso de agentes (o dispositivo legal deixa expresso ao referir que o crime pode ser realizado "por interposta pessoa"). As vítimas do delito são os credores e a administração da justiça. O bem jurídico tutelado é a integridade do patrimônio do devedor, os direitos dos credores e a correta condução dos processos[3793].

Proíbe-se a apropriação, o desvio ou a ocultação (ou seja: crime comissivo ou omissivo) de bens pertencentes ao devedor sob recuperação judicial ou à massa falida, inclusive por meio da aquisição por interposta pessoa, pouco importando os meios empregados para tanto. A ação deve atingir bens do devedor em recuperação judicial[3794] ou pertencentes à massa falida; não há crime quando a conduta estiver relacionada com o devedor em recuperação extrajudicial (conduta atípica)[3795], ou quando eventualmente ocorrer antes da recuperação judicial ou da falência[3796].

O crime é do tipo doloso (dolo direto), não sendo necessária a existência de finalidade especial do agente (não se exige dolo específico)[3797]. Embora defenda-se que a consumação ocorre com a mera prática das condutas descritas no tipo penal, independentemente de qualquer resultado (sendo, então, crime formal e

---

[3793] PEREIRA. *Crimes falimentares...*, p. 175.

[3794] Precisa é a observação de ALEXANDRE DEMETRIUS PEREIRA: "Deve-se lembrar, porém, que o devedor em recuperação judicial mantém a disponibilidade de seus bens enquanto durar o processo, tendo apenas restrição na venda de seu ativo permanente (art. 66 da Lei 11.101/05). Assim, não haverá crime na conduta daquele que, nessa situação, realizar venda normal de estoque (espécie de ativo circulante), sem prova de fraude." (PEREIRA. *Crimes falimentares...*, p. 176). Na vigência do Decreto-Lei 7.661/1945, quando não era prevista a recuperação judicial, a jurisprudência já se orientava nesse sentido: "Crime falimentar – Desvio de bens – Venda de mercadoria constante de estoque – Bens que faziam parte do ramo comercial da empresa – Fraude não comprovada – Atipicidade – Absolvição – Recurso provido." (TJSP, 2ª Câmara Criminal, Apelação Criminal 253.143-3, Rel. Des. Egydio de Carvalho, j. 01/06/1998).

[3795] PEREIRA. *Crimes falimentares...*, p. 175.

[3796] TJMG, 3ª Câmara Criminal, Apelação Criminal 1.0145.09.563433-6/001, Rel. Des. Antônio Armando dos Anjos, j. 29/04/2014; CALÇAS. Capítulo XXIV: Dos crimes falimentares..., p. 557.

[3797] PEREIRA. *Crimes falimentares...*, p. 178. Segundo MANOEL JUSTINO BEZERRA FILHO: "Admite-se o dolo eventual, consistente na aceitação da probabilidade ou possibilidade de ocultação, desvio ou apropriação." (BEZERRA FILHO. *Lei de Recuperação e de Falências comentada...*, p. 394).

CRIMES EM ESPÉCIE

de perigo)[3798], a jurisprudência já admitiu a tentativa na modalidade de ocultação, que se consuma com a colocação do bem fora do efetivo alcance dos credores ou da massa falida[3799].

Incidirá na conduta prevista no tipo o devedor que: (*i*) estando em recuperação judicial relaciona determinados bens de sua propriedade, os quais, quando da decretação da falência (convolação da recuperação em falência), não são arrecadados pelo administrador, sem que o devedor apresente justificativa razoável[3800]; (*ii*) oculta ou recusa-se a apresentar bem que deve ser arrecadado pelo administrador judicial[3801]; (*iii*) desmobiliza o patrimônio para inviabilizar a arrecadação[3802]; (*iv*) realiza a venda de bens da massa para promover acertos trabalhistas[3803]; (*v*) dolosa e fraudulentamente se apropria das contribuições previdenciárias em detrimento dos credores trabalhistas privilegiados[3804]; (*vi*) transfere simuladamente a propriedade de bens da empresa devedora para o nome de pessoas que se oferecem para figurar como titulares aparentes de direitos em evidente fraude à lei (os denominados *laranjas*)[3805]; (*vii*) move bens a paradeiro ou comarca diversa, inacessível aos credores, ou que imponha a eles considerável óbice em localizá-los[3806], etc.[3807].

Diante da necessidade de comprovar o intuito fraudulento do devedor de prejudicar seus credores, não se presume o desvio, a apropriação ou a ocultação de bens pelo mero fato de nenhum ativo ter sido arrecadado no processo falimentar. Da mesma maneira, não deve ser considerado crime: (*i*) a mera entrega tardia dos bens pelo devedor ao administrador judicial, desde que sem intenção de fraudar[3808]; (*ii*) a guarda de bens de difícil conservação – que se deterioram com o tempo –

[3798] MIGLIARI JÚNIOR. *Crimes de recuperação de empresas e de falências...*, p. 141; BEZERRA FILHO. *Lei de Recuperação e de Falências comentada...*, p. 394.

[3799] TJSP, 12ª Câmara Criminal, HC 985.458.3/4-0000-000, Rel. Des. Sydnei de Oliveira Jr., j. 20/09/2006. Manifestando-se no sentido de que não seria possível o crime tentado, ver: CALÇAS. Capítulo XXIV: Dos crimes falimentares..., p. 557.

[3800] TJSP, 4ª Câmara Criminal, Apelação Criminal 253.282-3, Rel. Des. Passos de Freitas, j. 11/08/1998. Ver, também: TJSP, 3ª Câmara Criminal Extraordinária, Apelação Criminal 0047108-28.2010.8.26.0405, Rel. Des. Silmar Fernandes, j. 20/03/2014.

[3801] TJSP, 3ª Câmara Criminal, Apelação Criminal 0000754-84.2010.8.26.0100, Rel. Des. Cesar Mecchi Morales, j. 30/09/2014; TJSP, Câmara Reservada à Falência e Recuperação, AI 0074027-71.2011.8.26.0000, Rel. Des. Romeu Ricupero, j. 22/11/2011.

[3802] TJRS, 4ª Câmara Criminal, Apelação Criminal 70021162714, Rel. Des. José Eugênio Tedesco, j. 22/11/2007.

[3803] TJSP, 6ª Câmara Criminal, Apelação Criminal 241.109-3, Rel. Des. Gentil Leite, j. 19/02/1998.

[3804] TJSP, 3ª Câmara Criminal, Apelação Criminal 42.680-3, Rel. Des. Gentil Leite, j. 14/04/1986.

[3805] NOSTRE. Capítulo VII: Das disposições penais. Seção I: Dos crimes em espécie..., p. 562.

[3806] PEREIRA. *Crimes falimentares...*, p. 177.

[3807] Tudo de acordo com: PEREIRA. *Crimes falimentares...*, p. 176-177.

[3808] TJRJ, 4ª Câmara Criminal, Apelação Criminal 992/94, Rel. Des. Bias Gonçalves, j. 13/12/1994. O TJSP já considerou que o crime restou consumado mesmo com a arrecadação tardia do bem (TJSP, 11ª Câmara Criminal, Apelação Criminal 993.07.080947-7, Rel. Des. Carlos Eduardo Lora Franco, j. 28/11/2008).

RECUPERAÇÃO DE EMPRESAS E FALÊNCIA

em residência (*v.g.*, garagem)[3809]; (*iii*) a alienação de bens cujo produto acabou por beneficiar os credores[3810]; (*iv*) a venda de ativos, sem má-fé, como último recurso para evitar a quebra[3811]; (*v*) furto dos bens sem qualquer participação do acusado[3812] (nessa hipótese deve ser acostada prova cabal da subtração por terceiros, sob pena de ser afastada a alegação, pois caberá ao agente o ônus da prova)[3813], etc.[3814]

A pena desse crime é de reclusão, de dois a quatro anos, e multa (LREF, art. 173).

7. Aquisição, recebimento ou uso ilegal de bens

A LREF criminaliza a seguinte conduta: *adquirir, receber, usar, ilicitamente, bem que sabe pertencer à massa falida ou influir para que terceiro, de boa-fé, o adquira, receba ou use* (LREF, art. 174).

Qualquer um pode ser autor (crime comum ou impróprio), inclusive o falido, seus administradores, pessoas vinculadas ao administrador judicial, o próprio administrador judicial, terceiros, etc[3815]. Os sujeitos passivos são os credores e a administração da justiça. O bem jurídico tutelado é a integridade do patrimônio da massa, os direitos dos credores e a correta condução do processo[3816].

Trata-se de crime comissivo que não exige forma especial[3817]. As condutas devem necessariamente recair sobre os bens da massa falida (ou seja: no caso do devedor em recuperação judicial ou extrajudicial, a conduta é atípica – bem como no caso de eventual conduta ocorrer antes da decretação da quebra), pouco importando se são realizadas a título gratuito ou oneroso[3818]. O crime é doloso (dolo direto) e o praticante deve ter a inequívoca ciência de que o bem é pertencente à massa (ciência da origem de forma antecedente ou contemporânea à ação)[3819], razão pela qual não se pode cogitar de dolo eventual[3820].

[3809] TJSP, 4ª Câmara Criminal, Apelação Criminal 210.171-3, Rel. Des. Hélio de Freitas, j. 27/05/1997.

[3810] TJSP, 2ª Câmara Criminal, Apelação Criminal 262.697-3, Rel. Des. Silva Pinto, j. 23/11/1998.

[3811] TJSP, 2ª Câmara Criminal, Apelação Criminal 242.746-3, Rel. Des. Silva Pinto, j. 09/03/1998.

[3812] TJSP, 3ª Câmara Criminal, Apelação Criminal 198.886-3, Rel. Des. Linneu Carvalho, j. 12/03/1996.

[3813] TJSP, 5ª Câmara Criminal, Apelação Criminal 175.285-3, Rel. Des. Dante Busana, j. 06/04/1995.

[3814] Por tudo e com referência aos casos, ver: PEREIRA. *Crimes falimentares...*, p. 177-178.

[3815] Há entendimentos na doutrina no sentido de que responde pelo delito tanto aquele que adquire, recebe ou usa o bem diretamente do devedor falido quanto o adquirente sucessivo, desde que este, de má-fé, adquira, receba ou use bem recebido de terceiro que antes houvera obtido o bem da massa falida (PEREIRA. *Crimes falimentares...*, p. 180).

[3816] PEREIRA. *Crimes falimentares...*, p. 180.

[3817] Veda-se adquirir, receber ou usar, ilicitamente, bem que sabe pertencer à massa falida. Também configura crime influir para que terceiro, de boa-fé, adquira, receba ou use bens da massa falida.

[3818] PEREIRA. *Crimes falimentares...*, p. 181. Ver, também: CALÇAS. Capítulo XXIV: Dos crimes falimentares..., p. 558.

[3819] PITOMBO. Seção I: Dos crimes em espécie..., p. 563. Também nesse sentido: BEZERRA FILHO. *Lei de Recuperação e de Falências comentada...*, p. 395; PEREIRA. *Crimes falimentares...*, p. 181.

[3820] BEZERRA FILHO. *Lei de Recuperação e de Falências comentada...*, p. 395; PEREIRA. *Crimes falimentares...*, p. 181-182. Mas assim complementa ALEXANDRE PEREIRA: "Entendemos que haverá o crime ainda que

CRIMES EM ESPÉCIE

O delito é material quando se consuma com a aquisição, o recebimento ou o uso ilícito de bens que pertencem à massa. Será formal, entretanto, quando consumado com a influência do agente sobre o ânimo de terceiro de boa-fé (que pode não sucumbir à prática, bastando o efetivo exercício através de ato idôneo). É, ainda, crime de perigo, isto é, não se exige dano efetivo do bem jurídico tutelado (embora exista posição no sentido de que se trata de crime de dano)[3821].

Admite-se a tentativa na modalidade material do delito, isto é, quando o agente tenta adquirir, receber ou usar, mas é impedido por circunstâncias alheias à sua vontade. Já na modalidade formal, ou seja, na conduta de influir terceiro de boa-fé, a tentativa é inadmissível, já que de duas uma: ou o ato destinado a influenciar o terceiro é idôneo e haverá crime consumado, ou não é idôneo e, então, inexiste o delito[3822].

A pena prevista é a reclusão, de dois a quatro anos, e multa (LREF, art. 174).

8. Habilitação ilegal de crédito

O art. 175 da LREF considera crime *apresentar, em falência, recuperação judicial ou recuperação extrajudicial, relação de créditos, habilitação de créditos ou reclamação falsas, ou juntar a elas título falso ou simulado*[3823].

O crime em questão pode ser praticado por qualquer pessoa (crime comum ou impróprio) – tanto o credor que se habilita (na falência ou na recuperação) mediante declaração falsa de seu crédito (ou título falso ou simulado) quanto o devedor que apresenta lista de credores com informações falsas (ou título falso ou simulado), bem como o próprio administrador judicial tendo em vista a sistemática de verificação de créditos da LREF. O sujeito passivo é a comunidade de

---

o dolo seja posterior ao início da aquisição (*dolus subsequens*). Veja-se o caso daquele que, inicialmente ignorando a origem ilícita, adquire bem da massa falida, vindo a saber de tal circunstância posteriormente, quando ainda na posse do bem, não restituindo a coisa ao devedor e mantendo sua posse ilícita."

[3821] PEREIRA. *Crimes falimentares...*, p. 181-182.

[3822] PEREIRA. *Crimes falimentares...*, p. 181-182. Em sentido diverso: "A nosso sentir, as condutas de 'adquirir' ou 'receber' admitem a tentativa, pois, no momento da aquisição ou do recebimento, o agente pode ser surpreendido por terceiro, como, por exemplo, pelo administrador judicial, que impede a consumação do delito. Já o uso ilícito de bem da massa falida é conduta que só pode ocorrer quando o agente esteja em plena ação, ou seja, 'usando', mercê do que, nos parecer inadmissível a forma tentada. No que diz respeito à conduta de 'influir para que terceiro' adquira, receba ou use bem da massa falida, a forma tentada pode se caracterizar. Isto porque, o processo de influenciar terceira pessoa, em regra, se desdobra em vários atos. Portanto, a sequência de atos de convencimento de terceiro para praticar o crime pode ser interrompida por circunstâncias alheias à vontade do agente, conforme prevê o art. 14, II, do CP." (CALÇAS. Capítulo XXIV: Dos crimes falimentares..., p. 558).

[3823] A LREF não tipifica a conduta do devedor que reconhece como verdadeiros créditos falsos ou simulados, como tipificava o art. 189, III, do Decreto-Lei 7.661/1945. Essa conduta do devedor ou é fraude a credores (LREF, art. 168), favorecimento de credores (LREF, art. 172), ou, ainda, falsidade ideológica (Código Penal, art. 299) (PEREIRA. *Crimes falimentares...*, p. 183).

RECUPERAÇÃO DE EMPRESAS E FALÊNCIA

credores e a administração da justiça. O objeto jurídico tutelado é o patrimônio do devedor e a correta condução do processo[3824].

O tipo penal proíbe apresentar, em falência, recuperação judicial ou recuperação extrajudicial, relação de créditos, habilitação de créditos ou reclamação falsas (tais como pedido de restituição, pedido de reserva de bens, etc.). Da mesma forma, é vedado juntar título falso ou simulado na relação de créditos, habilitação de créditos ou reclamação em falência, recuperação judicial ou recuperação extrajudicial.

É crime comissivo, doloso (direto), formal, de perigo e não admite a forma tentada. Há dolo eventual quando, *v.g.*, o agente tiver dúvidas quanto à falsidade do título mas, mesmo assim, realiza a sua juntada no processo. Não se exige qualquer elemento subjetivo do tipo (dolo específico – consistente em ânimo especial de agir)[3825].

Não depende de forma especial, restando consumado com a apresentação de habilitação, relação ou reclamação falsas ou a juntada de títulos ou documentos falsificados após a decretação da quebra, da concessão da recuperação judicial ou da homologação do plano de recuperação extrajudicial. A consumação independe do resultado naturalístico ou de dano efetivo.

A falsidade da habilitação, relação, reclamação[3826] ou dos documentos juntados aos autos pode ser tanto material quanto ideológica, podendo se referir à existência do crédito, à natureza (com garantia real, quirografário, trabalhista, etc.) ou ao seu valor[3827].

A pena prevista para o crime de habilitação ilegal de crédito é de reclusão, de dois a quatro anos, e multa (art. 175).

[3824] PEREIRA. *Crimes falimentares...*, p. 183-184.

[3825] PEREIRA. *Crimes falimentares...*, p. 185. Ver, também: CALÇAS. Capítulo XXIV: Dos crimes falimentares..., p. 560.

[3826] Não comete o crime previsto no art. 174 da LREF aquele que ajuíza reclamatória trabalhista para a obtenção de crédito fictício junto à Justiça do Trabalho, sem apresentar qualquer pretensão, posteriormente, na falência (TJSP, 3ª Câmara Criminal, HC 66.637-3, Rel. Des. Gentil Leite, j. 20/06/1988). *A contrario sensu*, a conduta daquele que apresenta a pretensão de receber o referido crédito na falência ou recuperação incide no tipo penal. Ver, também: PEREIRA. *Crimes falimentares...*, p. 184, em nota de rodapé.

[3827] Segundo ALEXANDRE DEMETRIUS PEREIRA: "(...) o crime pode se consumar pela falsidade do conteúdo intrínseco apresentado em petição de habilitação ou reclamação (por exemplo, relação de credores inexistentes, créditos trabalhistas irreais ou superiores ao montante real etc.) ou pelos documentos juntados (duplicatas simuladas, títulos falsos etc.)." Além disso, o delito também se configura quando é juntado título simulado, *i.e.*, aquele título objeto de vício do consentimento consistente em simulação, no qual as partes apresentam negócio aparente, objetivando encobrir outro que realmente atende às suas intenções (como é o caso de um contrato de compra e venda que simula doação de bens disfarçada a pessoa ligada ao credor) (PEREIRA. *Crimes falimentares...*, p. 185).

CRIMES EM ESPÉCIE

9. Exercício ilegal de atividade

O tipo penal consiste em *exercer atividade para a qual foi inabilitado ou incapacitado por decisão judicial, nos termos da LREF* (LREF, art. 176).

Somente pode praticar o delito quem está inabilitado ou incapacitado por decisão judicial para o exercício da atividade de acordo com a LREF (crime próprio)[3828]. Se o sujeito inabilitado ou incapacitado exercer a atividade por interposta pessoa, tendo esta agido com dolo, haverá concurso de agentes[3829]-[3830].

A administração da justiça e os credores afetados são os sujeitos passivos do tipo penal. O bem jurídico tutelado é a efetividade da decisão judicial que determina a inabilitação ou incapacitação do sujeito e os direitos dos credores (e eventuais terceiros), uma vez que a atividade econômica exercida de modo irregular tem a potencialidade de prejudicar ainda mais a situação patrimonial do devedor e causar danos a terceiros[3831].

Trata-se de crime comissivo que pressupõe decisão que inabilite ou incapacite o sujeito. A condenação pode decorrer por decisão do juízo falimentar de natureza civil (LREF, arts. 64, 65 e 102) ou penal (LREF, art. 181)[3832].

O crime é doloso (dolo direto), formal e de perigo, sendo desnecessário o elemento subjetivo especial do tipo, ou seja, não se exige qualquer finalidade especial (dolo específico). Sua consumação ocorre com o exercício da atividade proibida, de forma habitual, após decisão judicial que inabilite ou incapacite o agente (não se exigindo qualquer resultado naturalístico, nem dano efetivo). Não admite a forma tentada[3833].

A pena prevista para o crime de exercício ilegal de atividade é de reclusão, de um a quatro anos, e multa.

10. Violação de impedimento

O tipo penal consiste em *adquirir o juiz, o representante do Ministério Público, o administrador judicial, o gestor judicial, o perito, o avaliador, o escrivão, o oficial de justiça ou o*

[3828] O dispositivo legal fala em exercício de *atividade*, de modo que não basta a realização de um único ato isolado para a consumação do crime. A habitualidade é necessária (PEREIRA. *Crimes falimentares...*, p. 188).

[3829] BEZERRA FILHO. *Lei de Recuperação e de Falências comentada...*, p. 396; PEREIRA. *Crimes falimentares...*, p. 187.

[3830] Não se pode pensar que os colaboradores do devedor – empregados, por exemplo – cometem crime ao atuar sem ter consciência da proibição imposta ao inabilitado. Trata-se de tipo penal em que há dificuldade prática quanto à prova nas hipóteses em que o agente se vale de terceiros para exercer ou continuar exercendo a atividade que lhe é proibida (BEZERRA FILHO. *Lei de Recuperação e de Falências comentada...*, p. 396).

[3831] PEREIRA. *Crimes falimentares...*, p. 186-187.

[3832] PEREIRA. *Crimes falimentares...*, p. 187-188.

[3833] PEREIRA. *Crimes falimentares...*, p. 188. Ver, também: CALÇAS. Capítulo XXIV: Dos crimes falimentares..., p. 562.

RECUPERAÇÃO DE EMPRESAS E FALÊNCIA

leiloeiro, por si ou por interposta pessoa, bens de massa falida ou de devedor em recuperação judicial, ou, em relação a estes, entrar em alguma especulação de lucro, quando tenham atuado nos respectivos processos (LREF, art. 177).

Os sujeitos ativos de tal crime são o juiz, o representante do Ministério Público, o administrador judicial[3834], o gestor judicial, o perito, o avaliador, o escrivão, o oficial de justiça ou o leiloeiro[3835]. Se houver a aquisição de bens ou alguma especulação de lucro por interposta pessoa, o terceiro, havendo dolo, também cometerá o crime, caracterizando concurso de agentes. O sujeito passivo é a administração da justiça. Já o bem jurídico tutelado é a correção e a lisura do procedimento falimentar e recuperacional contra a atuação em conflitos de interesses, o uso de informações privilegiadas e o emprego de prerrogativas especiais na aquisição de bens da massa falida ou do devedor em recuperação[3836].

Trata-se de crime próprio, comissivo que não exige qualquer forma especial para a sua prática[3837], doloso (dolo direto e genérico), formal e de perigo. Não admite a forma tentada[3838] – embora haja quem defenda essa possibilidade (quando, *v.g.*, um leiloeiro tenta adquirir bem da massa em processo de falência no qual tenha atuado, sendo impedido pelo administrador judicial ou pelo magistrado)[3839].

A vedação se restringe aos processos de falência (decretada) e recuperação judicial (concedida) nos quais os agentes arrolados tenham atuado. A *contrario sensu*, não abrange outros processos de falência ou recuperação judicial em que não tenham participado, nem condutas realizadas em contexto de recuperação extrajudicial – o que não significa que não possam incidir as restrições existentes no Código Civil (art. 497) e no Código de Processo Civil (art. 890).

É desnecessário que o agente obtenha a propriedade formal do bem, sendo suficiente que possa exercer sobre a coisa um ou alguns dos poderes inerentes ao domínio. Da mesma forma, a LREF incrimina a mera negociação envolvendo um ou alguns dos sujeitos ativos descritos no tipo penal, não sendo necessária qualquer transferência de propriedade ou resultado financeiro (*i.e.*, lucro)[3840].

[3834] Há quem entenda que, se o administrador judicial for pessoa jurídica, "o agente será o profissional que foi declarado, conforme previsto no art. 33, como o responsável pela condução do processo de falência ou de recuperação judicial." (CALÇAS. Capítulo XXIV: Dos crimes falimentares..., p. 563).

[3835] Se o objetivo era impedir a prática de tal crime pelos envolvidos no processo, o dispositivo legal foi omisso quanto ao depositário e ao advogado que tiver atuado nos autos como patrono do falido, do administrador judicial ou dos demais sujeitos ativos (BEZERRA FILHO. *Lei de Recuperação e de Falências comentada...*, p. 397; MIGLIARI JÚNIOR. *Crimes de recuperação de empresas e de falências...*, p. 151).

[3836] PEREIRA. *Crimes falimentares...*, p. 190-191.

[3837] Na verdade, constitui sanção penal de atos civilmente nulos, nos termos do art. 497, III, do Código Civil (VALVERDE. *Comentários à Lei de Falências*, v. III..., p. 53; PEREIRA. *Crimes falimentares...*, p. 191).

[3838] BEZERRA FILHO. *Lei de Recuperação e de Falências comentada...*, p. 397; CALÇAS. Capítulo XXIV: Dos crimes falimentares..., p. 563.

[3839] PEREIRA. *Crimes falimentares...*, p. 193.

[3840] PEREIRA. *Crimes falimentares...*, p. 191-192.

CRIMES EM ESPÉCIE

O resultado da negociação, o preço pago ou o valor do bem são irrelevantes para materialização da hipótese. O crime resta configurado mesmo se existir benefício à massa ou aos credores. O dispositivo busca afastar os atores que estejam envolvidos no processo da tentação de adquirir, privilegiadamente, os bens da massa ou do devedor em recuperação judicial[3841].

A pena para o crime de violação de impedimento é de reclusão, de dois a quatro anos, e multa.

11. Omissão dos documentos contábeis obrigatórios

A conduta criminalizada é *deixar de elaborar, escriturar ou autenticar, antes ou depois da sentença que decretar a falência, conceder a recuperação judicial ou homologar o plano de recuperação extrajudicial, os documentos de escrituração contábil obrigatórios* (LREF, art. 178).

A rigor, o agente ativo é o próprio devedor (crime próprio), embora seja comum o concurso de agentes com contabilistas, administradores ou outros responsáveis pela escrituração[3842]. A responsabilidade do devedor não é excluída pela mera alegação de que a escrituração estava a cargo de terceiros[3843], sendo imperiosa a realização de prova da falta de conhecimento ou da ausência de participação do devedor em relação à escrituração[3844]. Os sujeitos passivos do crime são a comunidade de credores e a administração da justiça. Já o bem jurídico tutelado é a regular existência de informações contábeis para que seja possível aos credores e ao Poder Judiciário a correta verificação do patrimônio do devedor[3845].

O tipo legal criminaliza a omissão do devedor de elaborar, escriturar ou autenticar, antes ou depois da sentença que decretar a falência, conceder a recuperação

---

[3841] Nas palavras de Luiz Inácio Vigil Neto, são "delitos de prática oportunística por parte de agentes do processo" (Vigil Neto. *Teoria falimentar e regimes recuperatórios...*, p. 305). E, justamente por isso, "o que configura o delito não é o prejuízo aos credores ou o enriquecimento ilícito do agente, mas a simples realização do negócio jurídico com sujeito com qual ele não podia se relacionar." (Nostre. Capítulo VII: Das disposições penais. Seção I: Dos crimes em espécie..., p. 566-567, p. 567. Igualmente: Pereira. *Crimes falimentares...*, p. 192).

[3842] TJSP, 2ª Câmara Criminal, HC, 251.917-3, Rel. Des. Ângelo Gallucci, j. 06/04/1998.

[3843] TJSP, 3ª Câmara Criminal, Apelação Criminal 0000754-84.2010.8.26.0100, Rel. Des. Cesar Mecchi Morales, j. 30/09/2014; TJSP, 2ª Câmara Criminal, Apelação Criminal 242.746-3, Rel. Des. Silva Pinto, j. 09/03/1998; TJSP, 6ª Câmara Criminal, Apelação Criminal 220.882-3, Rel. Des. Augusto César, j. 22/05/1997; TJSP, 5ª Câmara Criminal, Apelação Criminal 178.458-3, Rel. Des. Cardoso Perpétuo, j. 03/08/1995.

[3844] TJSP, 1ª Câmara Criminal, Apelação Criminal 212.620-3, Rel. Des. Andrade Cavalcanti, j. 23/09/1996; TJSP, Apelação Criminal 151.896-3, Rel. Des. Djalma Lofrano, j. 30/06/1994; TJSP, Apelação Criminal 121.556-3, Rel. Des. Luiz Pantaleão, j. 26/04/1993.

[3845] Por tudo, inclusive referência aos precedentes judiciais, ver: Pereira. *Crimes falimentares...*, p. 196-197.

RECUPERAÇÃO DE EMPRESAS E FALÊNCIA

judicial ou homologar o plano de recuperação extrajudicial[3846], os documentos de escrituração contábil obrigatórios[3847-3848] – não valendo como justificativa a mera ausência de recursos para tanto[3849].

Trata-se de crime formal, omissivo próprio que não exige qualquer meio especial para a atuação do agente[3850] e de perigo, não exigindo qualquer resultado naturalístico (dano decorrente da ausência de escrituração, *v.g.*) para sua consumação, bastando a omissão em si e o mero risco à comunidade dos credores ou à administração da justiça. Não se admite o crime na forma tentada[3851].

Não se exige que o delito concorra ou consista em causa da falência ou recuperação, bastando a falta de elaboração, escrituração ou autenticação dos documentos contábeis em tal contexto[3852]. Em caso de extravio, deterioração ou destruição de qualquer dos documentos/instrumentos de escrituração, o devedor deve tomar as providências necessárias para dar publicidade à causa (nos termos do art. 34 da Instrução Normativa 11/2013 do DREI – Departamento de Registro Empre-

---

[3846] O crime pode ser cometido antes da falência ou recuperação. Mas qual o prazo? Enquanto for obrigatória a manutenção dos documentos de escrituração contábil, nos termos do art. 1.194 do Código Civil e respeitados os prazos prescricionais. Nesse sentido: TJSP, 2ª Câmara Criminal, Apelação Criminal 262.697-3, Rel. Des. Silva Pinto, j. 23/11/1998. Tudo de acordo, inclusive precedentes judiciais, com: PEREIRA. *Crimes falimentares...*, p. 201.

[3847] Documentos contábeis obrigatórios são aqueles exigidos pela legislação empresarial ou fiscal, a depender, inclusive, do enquadramento do devedor. Nesse sentido: TJDFT, 2ª Turma Criminal, Apelação Criminal 2000.01.1.012566-5, Rel. Des. Vaz de Mello, j. 23/05/2002; TJSP, 1ª Câmara Criminal, Apelação Criminal 128.333-3, Rel. Des. Ivan Marques, j. 20/09/1993. Tudo de acordo, inclusive precedentes judiciais, com: PEREIRA. *Crimes falimentares...*, p. 198; ver, também: BEZERRA FILHO. *Lei de Recuperação e de Falências comentada...*, p. 398; CALÇAS. Capítulo XXIV: Dos crimes falimentares..., p. 565.

[3848] Discute-se se o tipo penal abrangeria, também, a escrituração lacunosa, defeituosa ou confusa, nos termos previstos pelo Decreto-Lei 7.661/1945 no art. 186, VI. Isso porque tais condutas também seriam uma forma de deixar de realizar a escrituração, a teor do art. 178 da LREF. Manifestando-se no sentido de que a LREF continuaria a tipificar tal conduta, apresentando, todavia, precedentes judiciais nos dois sentidos, ver: PEREIRA. *Crimes falimentares...*, p. 194-196, em nota de rodapé.

[3849] TJSP, 3ª Câmara Criminal Extraordinária, Apelação Criminal 0047108-28.2010.8.26.0405, Rel. Des. Silmar Fernandes, j. 20/03/2014.

[3850] Por exemplo, o TJSP condenou agente que, antes da decretação da falência (em 06 de novembro de 2006), deixou de elaborar a escrituração contábil do livro registro de duplicatas e procedeu ao registro do livro diário na Junta Comercial do Estado de São Paulo no ano de 2007, ou seja, após a decretação da quebra (TJSP, 8ª Câmara de Direito Criminal, Apelação Criminal 9128958-36.2009.8.26.0000, Rel. Des. Louri Barbiero, j. 26/07/2012).

[3851] PEREIRA. *Crimes falimentares...*, p. 203; CALÇAS. Capítulo XXIV: Dos crimes falimentares..., p. 565.

[3852] TJRS, 4ª Câmara Criminal, Apelação Criminal 70049403330, Rel. Des. Marco Antônio Ribeiro de Oliveira, j. 09/08/2012; TJSP, 4ª Câmara Criminal, Apelação Criminal 215.020-3, Rel. Des. Bittencourt Rodrigues, j. 01/07/1997. Sobre o tema, de onde foi extraído o precedente referido, ver: PEREIRA. *Crimes falimentares...*, p. 201.

CRIMES EM ESPÉCIE

sarial e Integração) e comprová-la minimamente. A mera alegação não isentará o agente da sua responsabilidade criminal[3853].

Embora haja histórico entendimento de que o crime seria punível em caso de atuação culposa[3854], a LREF o trata como doloso (dolo direto, consistente na omissão quanto à elaboração, escrituração ou autenticação de documentos de escrituração contábil obrigatória)[3855], admitindo-se o dolo eventual[3856].

A pena para a omissão dos documentos contábeis obrigatórios é de detenção, de um a dois anos, e multa, se o fato não constituir crime mais grave (art. 178).

[3853] TJSP, Apelação Criminal 136.349-3, Rel. Des. Celso Limongi, j. 24/04/1994. Sobre o tema, de onde foi extraído o precedente referido, ver: PEREIRA. *Crimes falimentares...*, p. 202.

[3854] TJSP, 3ª Câmara Criminal, Apelação Criminal 428.341-3/8, Rel. Des. Leme de Campos, j. 28/04/2004; TJSP, 4ª Câmara Criminal, Apelação Criminal 215.020-3, Rel. Des. Bittencourt Rodrigues, j. 01/07/1997; TJSP, 3ª Câmara Criminal, Apelação Criminal 198.886-3, Rel. Des. Linneu Carvalho, j. 12/03/1996. Ver, também: REQUIÃO. *Curso de direito falimentar*, v. 2..., p. 152-153; e VALVERDE. *Comentários à Lei de Falências*, v. III..., p. 29-30.

[3855] BEZERRA FILHO. *Lei de Recuperação e de Falências comentada...*, p. 398; PEREIRA. *Crimes falimentares...*, p. 203. Nesse sentido: TJSP, Apelação Criminal 105.151-2, Rel. Des. Barreto Fonseca, j. 09/12/1991.

[3856] BEZERRA FILHO. *Lei de Recuperação e de Falências comentada...*, p. 398; CALÇAS. Capítulo XXIV: Dos crimes falimentares..., p. 565 ("(...) crime doloso, sendo admitido o dolo eventual, quando o agente não cumpre a obrigação legal de escriturar os documentos obrigatórios e assume o risco de tal conduta").

Capítulo 32
Procedimento Penal

A Seção III do Capítulo VII da LREF cuida do procedimento penal, ao qual se aplicam subsidiariamente as disposições do Código de Processo Penal, no que forem compatíveis (LREF, art. 188) – como, aliás, aos procedimentos de natureza civil da LREF, aplicam-se as disposições do Código de Processo Civil em vigor no que couber (art. 189).

1. Competência

A competência para os processos criminais falimentares é da Justiça Comum Estadual. Compete ao juiz criminal da jurisdição onde tenha sido decretada a falência, concedida a recuperação judicial ou homologado o plano de recuperação extrajudicial, conhecer da ação penal pelos crimes previstos na LREF (art. 183)[3857].

Em uma primeira análise, a LREF parece fazer competente outro juízo que não o da falência ou da recuperação para processar e julgar os crimes falimentares e recuperatórios[3858]. Essa interpretação, entretanto, não se sustenta, sem-

---

[3857] Segundo MANOEL JUSTINO BEZERRA FILHO: "O §2º do art. 109 da lei revogada era explícito ao determinar que a denúncia ou queixa-crime subsidiária seria recebida pelo juiz da falência, após o que os autos seriam enviados ao juízo criminal competente. O art. 183, embora não com a explicitude desejada, manteve tal forma de procedimento, ao estabelecer que o juiz criminal conhecerá da ação penal. Portanto, os autos serão enviados ao juízo criminal após a existência de ação penal, o que apenas se caracteriza depois do recebimento da denúncia ou queixa. Dessa forma, os autos relativos ao inquérito permanecerão sob a direção do juiz do processo de recuperação ou falência e do respectivo promotor, devendo ser enviados ao juízo criminal se e quando for recebida a denúncia." (BEZERRA FILHO. *Lei de Recuperação e de Falências comentada...*, p. 406).

[3858] Tanto é assim que ANTÔNIO SÉRGIO MORAES PITOMBO sustenta a prevalência da competência do juízo criminal sobre o juízo falimentar e recuperatório por razões de imparcialidade. Segundo o autor, seria "absurdo deixar que o acusado de prestar informações falsas no processo de falência, com o fim de induzir a erro o juiz (art. 171 da Lei 11.101/05), viesse a ser julgado pelo mesmo juiz que se

pre se respeitando as distribuições de competência em cada Estado[3859]. O juízo competente para julgar os crimes da LREF é o mesmo que decretou a quebra do devedor, mandou processar a recuperação judicial ou homologou o plano de recuperação extrajudicial[3860], não havendo qualquer contradição entre o art. 183 da LREF e as leis estaduais. O processo penal por crime falimentar tramita junto

---

sentiu enganado" (PITOMBO, Antônio Sérgio A. de Moraes. Seção III: Do procedimento penal. In: SOUZA JUNIOR, Francisco Satiro de; PITOMBO, Antonio Sergio A. de Moraes (coord.). *Comentários à Lei de Recuperação de Empresas e Falências*. 2 ed. São Paulo: Revista dos Tribunais, 2007, p. 574-575). Também nesse sentido: PITOMBO, Antônio Sérgio A. de Moraes. Contribuição ao estudo dos crimes falimentares. In: PAIVA, Luiz Fernando Valente de (coord.). *Direito falimentar e a nova Lei de Falências e Recuperação de Empresas*. São Paulo: Quartier Latin, 2005, p. 605; PODVAL; HAKIM. Aspectos processuais penais da Lei de Falências..., p. 617-619; VARGAS, Beatriz. Seção III – Do procedimento penal. In: CORRÊA-LIMA, Osmar Brina; CORÊA LIMA, Sérgio Mourão (coord.). *Comentários à nova Lei de Falência e Recuperação de Empresas*. Rio de Janeiro: Forense, 2009, p. 1201 ss. Também sustentando que a LREF atribui a competência para julgar os crimes falimentares ao juiz criminal, embora entenda que a melhor técnica seja atribuir a competência para o julgamento dos crimes falimentares ao juiz da falência, tendo em vista que possui maior conhecimento do caso, ver: WEINMANN. Dos crimes falimentares..., p. 34-35.

[3859] À época em que vigia o Decreto-Lei 7.661/1945, o art. 109, §2º, determinava que o juízo criminal seria o competente para julgamento de eventual processo por crime falimentar (tal norma estipulava a competência do juízo criminal, que se iniciava com o recebimento da denúncia pelo juízo falimentar). Mesmo assim, as legislações estaduais (*v.g.*: em São Paulo, Lei Estadual 3.947/83, art. 15; no Distrito Federal, Lei Estadual 8.185/91, art. 33) e as disposições internas dos Tribunais de Justiça dos Estados determinaram que a competência para o processo e julgamento dos crimes falimentares permaneceria com o juiz da falência, o que foi ratificado pela jurisprudência (TJSP, 5ª Câmara Criminal, Apelação Criminal 178.458-3, Rel. Des. Cardoso Perpétuo, j. 03/08/1995; TJDFT, 2ª Turma Criminal, Apelação Criminal 1.233.492/DF, Rel. Des. Lécio Resende, j. 22/04/1993). Tanto é assim que o STF se manifestou pela constitucionalidade da legislação estadual paulista (STF, 1ª Turma, RHC 63.787/SP, Rel. Min. Rafael Mayer, j. 27/08/1986; STF, 2ª Turma, RE 108.422/SP, Rel. Min. Carlos Madeira, j. 05/02/1988). Por tudo, ver: PEREIRA. *Crimes falimentares*..., p. 232-233.

[3860] Segundo MANOEL JUSTINO BEZERRA FILHO: "Se o juiz da falência já conhece todo o processo (às vezes com dezenas e dezenas de volumes), é mesmo mais racional e produtivo que este continue correndo sob o mesmo juiz, com melhores condições para exame e sentença." (BEZERRA FILHO. *Lei de Recuperação e de Falências comentada*..., p. 406). ARTHUR MIGLIARI JÚNIOR lembra que o art. 74 do CPP estabelece que a competência pela natureza da infração se baseia nas regras de organização judiciária do Estado. Assim, corretas as leis estaduais (anteriormente referidas) ao apontarem o juízo da falência e da recuperação como o competente para o processamento das ações por crimes previsto na LREF. Assim, se entendido como *juiz criminal* "aquele a quem as leis de organização judiciária atribuem competência para a matéria, não há óbice, constitucional ou legal, a que a competência criminal cumulativa seja conferida por lei a varas falimentares" (MIGLIARI JÚNIOR, Arthur. Capítulo VII: Disposições penais. In: TOLEDO, Paulo Fernando Campos Salles de; ABRÃO, Carlos Henrique (coord.). *Comentários à Lei de Recuperação de Empresas e Falência*. 4 ed. rev. e atual. São Paulo: Saraiva, 2010, p. 597). Tudo, entretanto, de acordo com a divisão de competência em cada Estado (sendo a competência, então, do juízo falimentar mesmo quando os crimes são enquadrados na Lei 9.099/1995, conforme: TJSP, Câmara Especial, CJur 168.413-0/1-00, Rel. Des. Luiz Antônio Rodrigues da Silva, j. 15/12/2008) – sendo que, em caso de recurso, normalmente as competências são das Câmaras Criminas. Sobre o tema, ver: CALÇAS. Capítulo XXIV: Dos crimes falimentares..., p. 576-579.

PROCEDIMENTO PENAL

ao juiz da falência e da recuperação[3861], sem que isso infrinja as regras de organização judiciária de cada Estado[3862].

Existindo concomitância de delito comum e falimentar reunidos por conexão ou continência, o julgamento do crime comum cabe ao juiz competente para julgar o crime falimentar, o qual tem sua competência ampliada. Nessa sistemática, o juiz competente para julgar o crime falimentar será competente para o recebimento da denúncia abrangendo ambos os delitos, quando reunidos em processo único[3863]-[3864]. Quando houver crimes de competência da Justiça Federal em concurso com o crime falimentar (como delitos contra o sistema financeiro nacional, nos termos da Lei 7.492/1986), o entendimento jurisprudencial é no sentido de que os processos sejam mantidos separados para o julgamento de

---

[3861] Existem diversos precedentes reconhecendo a competência do juízo falimentar para julgar os crimes falimentares, nos termos da legislação estadual, dentre os quais estão: TJSP, Câmara Especial, CJur 0031806-39.2012.8.26.0000, Rel. Des. Camargo Aranha Filho, j. 18/06/2012; TJSP, Câmara Especial, CJur 0040483-58.2012.8.26.0000, Rel. Des. Roberto Solimene, j. 18/06/2012; TJSP, Câmara Especial, CJur 0299024-37.2011.8.26.0000, Rel. Des. Martins Pinto, j. 14/05/2012; TJSP, 8ª Câmara de Direito Criminal, RSE 0040243-41.2004.8.26.0100, Rel. Des. Amado de Faria, j. 10/05/2012; TJSP, Câmara Especial, CJur 0016426-73.2012.8.26.0000, Rel. Des. Antônio Carlos Tristão Ribeiro, j. 09/04/2012; TJSP, Câmara Especial, CJur 180.010-0/0-00, Rel. Des. Eduardo Gouvea, j. 31/08/2009; TJSP, 4ª Câmara Criminal, Apelação Criminal com Revisão 9198152-31.2006.8.26.0000, Rel. Des. Eduardo Braga, j. 28/06/2011; TJSP, 6ª Câmara Criminal, HC 01101954.3/2-0000-000, Rel. Des. Ericson Maranho, j. 23/08/2007; TJSP, Câmara Especial, CJur 134.724-0/7-00, Rel. Des. Sidnei Beneti, j. 15/01/2007; TJSP, Câmara Especial, CJur 133.647-0/8-00, Rel. Des. Eduardo Gouvea, j. 04/06/2006. Em sentido contrário: TJRS, 4ª Câmara Criminal, CJur 70055237853, Rel. Des. Aristides Pedroso de Albuquerque Neto, j. 01/08/2013

[3862] ALEXANDRE DEMETRIUS PEREIRA entende que: "Duas exceções devem ser admitidas à competência do juízo falimentar ou criminal para processo e julgamento dos crimes falimentares: (1) quando o agente tenha foro por prerrogativa de função em virtude de disposições constitucionais (por exemplo, se o crime falimentar for cometido por juízes, deputados, promotores etc.), caso que será de competência originária dos tribunais; (2) quando o agente for menor de 18 anos de idade (por exemplo, ato infracional falimentar cometido por menor emancipado que exerça a atividade empresarial), hipótese em que a competência deverá tocar ao Juízo da Infância e Juventude, nos termos do art. 148, I, da Lei 8.069/1990." (PEREIRA. Crimes falimentares..., p. 235). O autor descreve caso concreto em que um dos sócios da falida ostentava a condição de deputado federal, cujo foro por prerrogativa de função em processos criminais é de competência originária do STF (CF, art. 53, §1º). Em tal hipótese, a Procuradoria-Geral de Justiça de São Paulo entendeu que a convicção caberia unicamente ao Procurador-Geral da República, o qual poderia ingressar com ação penal perante o Pretório Excelso, sendo o caso (PEREIRA. Crimes falimentares..., p. 231-232, em nota de rodapé).

[3863] TJSP, Câmara Especial, CJur 0031806-39.2012.8.26.0000, Rel. Des. Camargo Aranha Filho, j. 18/06/2012. Igualmente: STJ, 5ª Turma, RHC 18.643/MG, Rel. Min. Gilson Dipp, j. 19/04/2007; TJSP, 4ª Câmara Criminal, Apelação Criminal com Revisão 9198152-31.2006.8.26.0000, Rel. Des. Eduardo Braga, j. 28/06/2011; STJ, 5ª Turma, HC 85.147/SP, Rel. Min. Jane Silva, j. 18/10/2007.

[3864] E mais: sendo decretada a extinção da punibilidade do crime falimentar, como pode ocorrer pela superveniência da prescrição, continua competente o juízo falimentar para julgar o crime comum, nos termos do art. 81 do Código de Processo Penal (embora existam decisões judiciais na direção contrária). Nesse sentido: STJ, 5ª Turma, HC 83.837/SP, Rel. Min. Jane Silva, j. 25/10/2007.

RECUPERAÇÃO DE EMPRESAS E FALÊNCIA

cada crime, atuando de modo separado o juízo falimentar e o juízo federal, não havendo reunião dos feitos por conexão ou continência[3865].

2. Natureza e propositura da ação penal

Os crimes previstos na LREF são de ação penal pública incondicionada (LREF, art. 184)[3866] e seu processamento respeitará a lógica descrita nos parágrafos abaixo.

Intimado da sentença que decreta a falência ou concede a recuperação judicial, o Ministério Público, verificando a ocorrência de crime previsto na LREF e a presença de elementos suficientes de autoria e prova da materialidade delitiva[3867], promoverá imediatamente a competente ação penal ou, se entender necessário, requisitará a abertura de inquérito policial (LREF, art. 187, *caput*)[3868]. Alternativamente, o Ministério Público pode optar, estando o réu solto ou afiançado, por aguardar o relatório do administrador judicial previsto no art. 22, III, "e", da LREF, como lhe faculta o §1º do art. 187, sendo-lhe permitido requerer ao juiz o deferimento de providências para o esclarecimento de alguns pontos[3869]-[3870].

[3865] STJ, 5ª Turma, RHC 6.546/MG, Rel. Min. José Arnaldo da Fonseca, j. 04/11/1997; STJ, 3ª Seção, CC 29.658/SP, Rel. Min. Félix Fischer, j. 28/02/2001. Por tudo, ver: PEREIRA. *Crimes falimentares...*, p. 236-238.

[3866] Quando a LREF afirma a natureza da ação penal, o faz desnecessariamente, porque a regra é que as ações penais sejam públicas incondicionadas (CP, art. 100). Nesse sentido, a LREF poderia, simplesmente, ter silenciado quanto ao conteúdo do art. 184 (PITOMBO. Seção III: Do procedimento penal..., p. 576; BEZERRA FILHO. *Lei de Recuperação e de Falências comentada...*, p. 408).

[3867] O Ministério Público, segundo o art. 129, I, da Constituição Federal, tem o poder-dever de denunciar quando há provas da materialidade e indícios de autoria de fato típico (CPP, art. 43).

[3868] A Lei 11.101/05 não mais prevê o chamado inquérito judicial para a apuração de crimes falimentares, como previa o Decreto-Lei 7.661/1945 nos arts. 103 a 113. Ainda assim, há quem entenda que, mesmo na vigência da Lei 11.101/05, seria possível a realização de inquérito judicial (presidido pelo juiz) ou, ainda, a investigação direta pelo Ministério Público, tendo em vista uma suposta maior eficiência da investigação dos delitos falimentares quando promovida pelo Ministério Público em comparação com à polícia: "A inexistência de disposição específica da manutenção do inquérito judicial não será motivo para a sua extirpação total (...). Assim, poderá o órgão do Ministério Público instaurar inquérito civil sob sua presidência (art. 8º, §1º, da Lei 7.347/1985) ou, o que nos parece mais sensato, a manutenção do inquérito judicial." (MIGLIARI JÚNIOR. *Crimes de recuperação de empresas e de falências...*, p. 187-188). No mesmo sentido: BEZERRA FILHO. *Lei de Recuperação e de Falências comentada...*, p. 413-414. ALEXANDRE DEMETRIUS PEREIRA defende que o inquérito judicial, no regime da Lei 11.101/05, não precisaria respeitar qualquer trâmite (uma vez que, inclusive, não é previsto nada nesse sentido), não exige o contraditório (como também não o exigia o inquérito judicial à época do Decreto-Lei 7.661/1945) e não suspende o curso dos processos de recuperação e falência (PEREIRA. *Crimes falimentares...*, p. 243). Por outro lado, ANTÔNIO SÉRGIO DE MORAES PITOMBO entende que não é dado ao Ministério Público realizar procedimento diverso do que a requisição de abertura de inquérito policial, como a realização de um inquérito ministerial de gabinete, de todo anômalo; mas afirma que poderia o Ministério Público requerer diligência para contribuir para a busca da verdade no curso da investigação (art. 129, VIII, da CF c/c arts. 16 e 46 do CPP), além de poder opinar pelo arquivamento do inquérito policial (PITOMBO. Seção III: Do procedimento penal..., p. 580).

[3869] MANOEL JUSTINO BEZERRA FILHO considera bem mais adequado que o Ministério Público aguarde o relatório do administrador judicial do que requisite de início a abertura de inquérito policial,

PROCEDIMENTO PENAL

No relatório previsto no art. 22, III, "e" da LREF, o administrador judicial apresentará ao juiz da falência exposição circunstanciada, considerando as causas da falência, o procedimento do devedor antes e depois da sentença, e outras informações detalhadas a respeito da sua conduta e de outros responsáveis, se houver, por atos que possam constituir crime relacionado com a recuperação judicial ou com a falência, ou outro delito conexo a estes (LREF, art. 186). A exposição circunstanciada será instruída com laudo do contador encarregado do exame da escrituração do devedor (art. 186, parágrafo único).

O prazo para oferecimento da denúncia está regulado no art. 46 do Código de Processo Penal, salvo se o Ministério Público, estando o réu solto ou afiançado, decidir aguardar a apresentação da exposição circunstanciada de que trata o art. 186 (apresentada pelo administrador judicial), devendo, em seguida, oferecer a denúncia em 15 dias (art. 187, §1º)[3871].

Decorrido o prazo a que se refere o art. 187, §1º, sem que o representante do Ministério Público ofereça denúncia, qualquer credor habilitado[3872] ou o adminis-

porque a falta de delegacias especializadas em crimes falimentares com recursos humanos e materiais adequados aos delitos da LREF tende a resultar em um serviço de qualidade duvidosa e muito moroso, agravando a possibilidade de prescrição, o que se deve evitar a todo custo (BEZERRA FILHO. *Lei de Recuperação e de Falências comentada...*, p. 413). No mesmo sentido: PODVAL; HAKIM. Aspectos processuais penais da Lei de Falências..., p. 621.

[3870] Sobre o poder de investigação do Ministério Público na seara dos crimes falimentares, ver: MIGLIARI JÚNIOR. O poder de investigação do Ministério Público nos crimes falenciais e recuperacionais..., p. 41-65.

[3871] Há quem entenda que, no caso de crime de habilitação ilegal de crédito (LREF, art. 175), necessário seria a declaração da falsidade da habilitação em si, ou do título que a acompanha, nos autos de verificação ou habilitação de crédito para que seja possível iniciar a ação penal. Assim, seria necessário, como condição objetiva de punibilidade (ou mesmo como mera questão prejudicial), a decisão judicial definitiva (transitada em julgado) do juiz falimentar que reconhece a falsidade ou simulação da habilitação para que, então, seja possível punir criminalmente o agente (o que, todavia, não significaria a vinculação do juiz criminal ao julgado cível). Nesse sentido, assim defendendo sob a égide do Decreto-Lei 7.661/1945, ver: VALVERDE. *Comentários à Lei de Falências*, v. III..., p. 60-62. ALEXANDRE DEMETRIUS PEREIRA, ao analisar este ponto, lembra que existe decisão judicial do TJSP que já admitiu, diante de certas peculiaridades, o ajuizamento de ação penal antes do pronunciamento definitivo sobre a falsidade na esfera cível (JTJ 120/555: "Ação penal – Justa causa – Declarações e reclamações falsas no processo de falência – Possibilidade de ser intentada a ação antes do pronunciamento definitivo pelo Tribunal sobre a fraude, ante as peculiaridades que revestem o caso – Ordem denegada"); de qualquer forma, assevera que, em se aceitando o posicionamento de se aguardar a decisão definitiva sobre a legitimidade da habilitação, tem-se que o prazo prescricional do crime falimentar não correrá ou ficará suspenso, de acordo com o art. 116, I, do Código Penal (PEREIRA. *Crimes falimentares...*, p. 246-247).

[3872] Para ALEXANDRE DEMETRIUS PEREIRA: "Em relação ao credor habilitado, somente a decisão definitiva a respeito da habilitação do credor, em princípio, o legitimará ao exercício da ação penal subsidiária em juízo. Não importa o valor ou a natureza do crédito para conferir-lhe legitimidade." "Se o crédito for objeto de impugnação e estiver sendo discutido em juízo, duas situações podem ocorrer, e devem ser objeto de ponderação por parte do juiz quanto ao recebimento da ação penal subsidiária ajuizada pelo credor: (*1*) a impugnação versa sobre a totalidade do crédito, podendo, se procedente,

RECUPERAÇÃO DE EMPRESAS E FALÊNCIA

trador judicial poderá oferecer ação penal privada subsidiária da pública ("queixa subsidiária")[3873], observado o prazo decadencial de seis meses (art. 184, parágrafo único)[3874].

Em qualquer fase processual, surgindo indícios da prática dos crimes previstos na LREF, o juiz da falência, da recuperação judicial ou da recuperação extrajudicial deverá cientificar o Ministério Público (art. 187, $\S 2^{\circ}$).

3. Rito

A LREF, em seu art. 200, revogou expressamente o capítulo do Código de Processo Penal que regulava o processo e o julgamento dos crimes de falência (arts. 503-512 do CPP). Agora, segundo o art. 185 da LREF, recebida a denúncia ou a queixa[3875], será observado o rito previsto nos arts. 531 a 540 do Código de Processo Penal (*i.e.*, procedimento sumário)[3876].

---

causar a completa exclusão do suposto credor da falência ou recuperação; (2) a impugnação é parcial, ou tem por objeto apenas características secundárias do crédito cuja habilitação se pretende (por exemplo, valor, natureza, inclusão de juros e correção monetária etc.), não tendo o condão de afetar o crédito como um todo, ainda que procedente." "Na primeira hipótese entendemos que o credor não deva ser admitido como parte legítima para o ajuizamento de ação penal privada subsidiária até decisão definitiva a respeito de seu crédito; na segunda entendemos que o credor é parte legítima, sem que seja necessário aguardar a decisão definitiva quanto à sua habilitação." (PEREIRA. *Crimes falimentares...*, p. 249-250).

[3873] Isso só pode ocorrer na hipótese de total inércia do *Parquet*, pois, se o Ministério Público requerer formalmente o arquivamento por não vislumbrar justa causa para denunciar, não podem os credores ou o administrador judicial promover a ação penal privada (PITOMBO. Seção III: Do procedimento penal..., p. 576; BEZERRA FILHO. *Lei de Recuperação e de Falências comentada...*, p. 409; PEREIRA. *Crimes falimentares...*, p. 249; PODVAL; HAKIM. Aspectos processuais penais da Lei de Falências..., p. 623-624).

[3874] Nada impede que, inclusive durante o prazo para oferecimento da queixa subsidiária, ou mesmo após o transcurso deste prazo decadencial, o Ministério Público ofereça denúncia (PEREIRA. *Crimes falimentares...*, p. 249, em nota de rodapé).

[3875] O Decreto-Lei 7.661/1945, no art. 109, $\S 2^{\circ}$, exigia que, uma vez oferecida a denúncia ou queixa, o juiz, caso não a rejeitasse liminarmente, deveria recebê-la em despacho fundamentado, o que acarretou na expedição da Súmula 564 do STF: "A ausência de fundamentação do despacho de recebimento de denúncia por crime falimentar enseja nulidade processual, salvo se já houver sentença condenatória". Embora o dispositivo da lei anterior não tenha sido reproduzido na LREF, há quem defenda que tal orientação deve continuar sendo seguida, pois a decisão de recebimento de denúncia ou queixa deve seguir o previsto no art. 93, IX, da Constituição Federal (PEREIRA. *Crimes falimentares...*, p. 252; PODVAL; HAKIM. Aspectos processuais penais da Lei de Falências..., p. 624; TJRJ, 9ª Câmara Cível, AI 27.123/05, Rel. Des. Marcus Tullius Alves, j. 29/05/2007). Todavia, há entendimento doutrinário contrário (BEZERRA FILHO. *Lei de Recuperação e de Falências comentada...*, p. 409; 411) e precedentes, já na vigência da Lei 11.101/05, que entenderam pela desnecessidade de fundamentação da referida decisão, uma vez que se deveria seguir o disposto nos arts. 395 e 396 do Código de Processo Penal (TJSP, 1ª Câmara Criminal, HC 0222237-64.2011.8.26.0000, Rel. Des. Figueiredo Gonçalves, j. 28/11/2011; TJSP, 16ª Câmara de Direito Criminal, RSE 990.09.030040-0, Rel. Des. Borges Pereira, j. 26/05/2009, TJRS, 4ª Câmara Criminal, HC 70020979076, Rel. Des. José Eugeio Tedesco, j. 30/08/2007).

[3876] O rito sumário seria (ao menos teoricamente) sempre aplicável para os crimes falimentares, tendo em vista a remissão expressa feita pela LREF, independentemente da pena cominada ao crime. Assim,

PROCEDIMENTO PENAL

Essa opção legislativa é criticada pela doutrina por tentar imprimir agilidade incompatível com a realidade do procedimento falimentar[3877]. Primeiro, porque o legislador fez a opção por um rito que não se adequa à natureza dos crimes previstos na LREF (nos tipos que impõem pena de reclusão o correto seria aplicar o *procedimento ordinário*)[3878]. Segundo, pois o procedimento sumário possui prazos mais exíguos, concentração de atos em audiência e estreitamento do campo probatório, o que está em franco desacordo com a natureza dos crimes em questão, que exige maior investigação da verdade, sem a qual o direito de defesa do acusado pode vir a ser cerceado[3879]. A tendência é nova ordinarização dos procedimentos, o que já ocorria no regime anterior, no qual existia o rito especial

pouco importa a redação do art. 394, §1º, II, do Código de Processo Penal, dada pela Lei 11.719/2008, que ressalta que o procedimento comum será sumário apenas quando tiver por objeto crime cuja sanção máxima cominada seja de pena privativa de liberdade inferior a 04 (quatro) anos. Da mesma forma, não seria aplicável a competência e o rito previsto na Lei 9.099/1995, mesmo nos crimes de menor potencial ofensivo (como é o caso do previsto no art. 178 da LREF, cuja pena máxima é de dois anos), o que não impediria a aplicação de institutos despenalizadores, como a transação penal e a suspensão condicional do processo: a competência é do juízo falimentar e o rito é o sumário. Nesse sentido, ver: PEREIRA. *Crimes falimentares...*, p. 250-251. No que tange à aplicação da Lei 9.099/1995, justamente nesse sentido já decidiu o Tribunal de Justiça de São Paulo: TJSP, 8ª Câmara de Direito Criminal, RSE 0040243-41.2004.8.26.0100, Rel. Des. Amado de Faria, j. 10/05/2012; igualmente, dentre outros: TJSP, 13ª Câmara de Direito Criminal, RSE 993.08.028448-2, Rel. Des. Lopes da Silva, j. 21/10/2010; TJSP, 2ª Câmara de Direito Criminal, RSE 993.08.026987-4, Rel. Des. Teodomiro Méndez, j. 22/02/2010. Por outro lado, afirmando-se aplicável o procedimento comum ordinário para todos os crimes falimentares que tenham pena máxima igual ou superior a quatro anos, de acordo com o art. 394, §1º, I e II, do CPP, uma vez que a Lei 11.719/2008 teria revogado parcialmente o art. 185 da LREF, ver: CALÇAS. Capítulo XXIV: Dos crimes falimentares..., p. 581. Ainda, entendendo aplicável, quando for o caso, o regime da Lei 9.099/1995, em sua integralidade, ver: BEZERRA FILHO. *Lei de Recuperação e de Falências comentada...*, p. 387; TJSP, 7ª Câmara de Direito Criminal, RSE 990.09.115764-3, Rel. Des. Cristiano Kuntz, j. 13/08/2009; TJRS, 4ª Câmara Criminal, CC 70023299266, Rel. Des. Gaspar Marques Batista, j. 10/04/2008; TJRS, 4ª Câmara Criminal, CC 70021372461, Rel. Des. Constantino Lisbôa de Azevedo, j. 29/11/2007. Mas o próprio ALEXANDRE DEMETRIUS PEREIRA admite exceções: "As únicas exceções quanto à aplicação do rito sumário, em nosso entender, seriam a hipótese do art. 177 da Lei 11.101/05 (violação de impedimento) quando esse delito for cometido por quem tenha prerrogativa de foro (por exemplo, os juízes de direito, deputados estaduais e federais, promotores de justiça, etc.), atraindo, então, a incidência do rito definido na Lei 8.038/1990 (aplicável por força do art. 1º da Lei 8.658/1993), que define o rito aplicável aos casos de competência criminal originária dos tribunais; bem como a hipótese de ato infracional falimentar praticado por menor de 18 anos, que atrairia a competência do Juízo da Infância e Juventude e o rito inerente a tais processos." (PEREIRA. *Crimes falimentares...*, p. 251).

[3877] PITOMBO. Seção III: Do procedimento penal..., p. 577; BEZERRA FILHO. *Lei de Recuperação e de Falências comentada...*, p. 409-410; PODVAL; HAKIM. Aspectos processuais penais da Lei de Falências..., p. 627-628.

[3878] BEZERRA FILHO. *Lei de Recuperação e de Falências comentada...*, p. 409-410; PODVAL; HAKIM. Aspectos processuais penais da Lei de Falências..., p. 617, 626-627.

[3879] Nesse particular, vale lembrar que o réu não pode nomear como seu defensor (e nem ser nomeado como defensor dativo) o administrador judicial, ainda que seja advogado, tendo em vista a óbvia incompatibilidade entre a tarefa de defender o acusado e as funções que exerce enquanto administrador

RECUPERAÇÃO DE EMPRESAS E FALÊNCIA

dos arts. 503-512, que era deixado de lado em prol da aplicação generalizada do rito ordinário ao processo penal por crime falimentar[3880]. Em reforço, a jurisprudência é remansosa no sentido de não ser causa de nulidade a ordinarização de qualquer rito, seja para os crimes falimentares ou para quaisquer outros, exatmente porque o rito ordinário é aquele que oferece a mais ampla possibilidade de defesa para o acusado[3881].

No mais, o processo segue seu curso nos termos da legislação processual penal, de acordo com o disposto no art. 188 da LREF[3882].

(TJSP, 6ª Câmara Criminal, Apelação Criminal 153.642-3, Rel. Des. Pereira da Silva, j. 30/03/1995; PEREIRA. *Crimes falimentares...*, p. 253, de onde extraímos o referido precedente).

[3880] BEZERRA FILHO. *Lei de Recuperação e de Falências comentada...*, p. 409; PITOMBO. Seção III: Do procedimento penal..., p. 577.

[3881] BEZERRA FILHO. *Lei de Recuperação e de Falências comentada...*, p. 409-410; STF, 2ª Turma, RHC 67.385, Rel. Min. Célio Borja, j. 31/03/1989; STF, 1ª Turma, HC 60.778, Rel. Min. Néri da Silveira, j. 03/05/1983; STJ, 5ª Turma, REsp 6.463/SP, Rel. Min. José Dantas, j. 18/02/1991; TJSP, 9ª Câmara de Direito Criminal, Apelação Criminal com Revisão 990.08.088190-6, Rel. Des. José Luiz Germano, j. 27.04.2009. Já na vigência da Lei 11.101/05, o Tribunal de Justiça de São Paulo julgou correta a obediência ao rito sumário logo após a apresentação da defesa prévia, "facultado, porém, o processamento pelo rito ordinário, de modo a permitir a oitiva de todas as testemunhas arroladas pela defesa" (TJSP, 13ª Câmara de Direito Criminal, Apelação Criminal com Revisão 990.08.087740-2, Rel. Des. San Juan França, j. 12/02/2009).

[3882] O administrador judicial e o credor habilitado podem ser admitidos como assistentes do Ministério Público. Os credores e o administrador judicial, a princípio, podem ser testemunhas no processo (salvo se existente qualquer outro impedimento ou suspeição, cabendo ao juiz dar o valor devido aos depoimentos que lhe parecem eivados de parcialidade). Sobre o processo penal aplicado ao processo falimentar, com suas mais variadas especificidades e analisando diversos aspectos (como a prisão processual, e as medidas despenalizadoras previstas na Lei 9.099/1995 – inclusive trabalhando a questão da impossibilidade de transação penal ou suspensão condicional do processo condicionadas ao pagamento total ou parcial dos créditos deduzidos na recuperação ou falência –, dentre outros aspectos), ver: PEREIRA. *Crimes falimentares...*, p. 229-275; e PODVAL; HAKIM. Aspectos processuais penais da Lei de Falências..., p. 627 ss.

REFERÊNCIAS

ABRÃO, Carlos Henrique. *Empresa individual*. São Paulo: Atlas, 2012.

_____. *Pedido de restituição na concordata e na falência*. Tese (Doutorado em Direito). Faculdade de Direito da Universidade de São Paulo, São Paulo, 1990.

_____. Seção V: Do plano de recuperação judicial para microempresas e empresas de pequeno porte. In: TOLEDO, Paulo Fernando Campos Salles de; ABRÃO, Carlos Henrique (coord.). *Comentários à Lei de Recuperação de Empresas e Falência*. 4 ed. rev. e atual. 2010, p. 259-277.

_____. Capítulo IV: Da convolação da recuperação judicial em falência. In: TOLEDO, Paulo Fernando Campos Salles de; ABRÃO, Carlos Henrique (coord.). *Comentários à Lei de Recuperação de Empresas e Falência*. 4 ed. rev. e atual. 2010, p. 277-286.

_____. Comentários aos arts. 70 a 104. In: TOLEDO, Paulo Fernando Campos Salles de; ABRÃO, Carlos Henrique (coord.). *Comentários à Lei de Recuperação de Empresas e Falência*. 4 ed. rev. e atual. São Paulo: Saraiva, 2010, p. 259-394.

ABRÃO, Nelson. *A continuação do negócio na falência*. Tese (Livre-Docência em Direito). Faculdade de Direito da Universidade de São Paulo, São Paulo, 1975.

_____. *A continuação provisória do negócio na falência*. 2 ed. São Paulo: LEUD, 1998.

_____. *Administração concursal*. Tese (Titularidade). Faculdade de Direito da Universidade de São Paulo, São Paulo, 1987.

_____. *Da ação revocatória*. 2 ed. rev. e atual. por Carlos Henrique Abrão. São Paulo: LEUD, 1997.

_____. *Direito bancário*. 8 ed. atual. por Carlos Henrique Abrão. São Paulo: Saraiva, 2002.

_____. *Direito bancário*. 13 ed. São Paulo: Saraiva, 2010.

_____. *Curso de direito falimentar*. 5 ed. São Paulo: LEUD, 1997.

_____. *O síndico na administração concursal*. São Paulo: Revista dos Tribunais, 1988.

ACQUAS, Brunello. *L'esclusione del socio nelle società*. Milano: Giuffrè, 2008.

ADAMEK, Marcelo Vieira von. Capítulo VIII: Disposições finais e transitórias. In: SOUZA JUNIOR, Francisco Satiro de; PITOMBO, Antonio Sergio A. de Moraes (coord.). *Comentários à Lei de Recuperação de Empresas e Falências*. 2 ed. São Paulo: Revista dos Tribunais, 2007, p. 583-649.

_____. *Responsabilidade civil dos administradores de S/A e as ações correlatas*. São Paulo: Saraiva, 2009.

RECUPERAÇÃO DE EMPRESAS E FALÊNCIA

_____. *Abuso de minoria em direito societário* (abuso das posições subjetivas minoritárias). Tese (Doutorado em Direito). Faculdade de Direito da Universidade de São Paulo, São Paulo, 2010.

ADAMY, Pedro Augustin. *Renúncia a direito fundamental*. São Paulo: Malheiros, 2011.

ADIZES, Ichak. *Corporate lifecycles*. New Jersey: Prentice Hall, 1988.

AGUIAR JÚNIOR, Ruy Rosado de. A desconsideração da personalidade jurídica e a falência. In: ESTEVEZ, André Fernandes; JOBIM, Marcio Felix (org.). *Estudos de direito empresarial* – Homenagem aos 50 anos de docência do Professor Peter Walter Ashton. São Paulo: Saraiva, 2012, p. 561-574.

AKERLOF, George A. The market for "lemons": quality uncertainty and the market mechanism. *The Quarterly Journal of Economics*, Cambridge, Mass. v. LXXXIV, n. 3, p. 488-500, ago. 1970.

ALEXY, Robert. *Teoria dos direitos fundamentais*. São Paulo: Malheiros, 2008.

ALMEIDA, Carlos Guimarães de. A virtuosidade da sociedade em conta de participação. *Revista de Direito Mercantil, Industrial, Econômico e Financeiro*, São Paulo, a. 11, n. 8, p. 45-63, 1972.

ALMEIDA, José Gabriel Assis de. *A sociedade em conta de participação*. Rio de Janeiro: Forense, 1989.

ALMEIDA, Marcus Elidius Michelli de. Comentários aos artigos 85 ao 93. In: DE LUCCA, Newton; SIMÃO FILHO, Adalberto (coords.). *Comentários à nova Lei de Recuperação de Empresas e Falências*. São Paulo: Quartier Latin, 2005, p. 377-387.

_____. O pedido de restituição e os embargos de terceiro em face da nova Lei de Falências. In: PAIVA, Luiz Fernando Valente de (coord.). *Direito falimentar e a nova Lei de Falências e Recuperação de Empresas*. São Paulo: Quartier Latin, 2005, p. 305-322.

ALVAREZ, Rodolfo Mezzera. *Curso de derecho comercial*: Quiebras, t. V. Montevideo: FCU, 1997.

ALVARO DE OLIVEIRA, Carlos Alberto. *Do formalismo no processo civil*. 4 ed. São Paulo: Saraiva, 2010.

_____. Efetividade e processo de conhecimento. *Revista da Faculdade de Direito da Universidade Federal do Rio Grande do Sul*, Porto Alegre, v. 16, p. 7-19, 1999.

_____; MITIDIERO, Daniel. *Curso de processo civil*, v. I. São Paulo: Atlas, 2010.

_____; LACERDA, Galeno. *Comentários ao Código de Processo Civil*, v. VIII, t. II. 7 ed. Rio de Janeiro: Forense, 2005.

ALVES, Marcos Lima. Encerramento da falência e extinção das obrigações do falido. In: SANTOS, Paulo Penalva (coord.). *A nova Lei de Falências e de Recuperação de Empresas* – Lei nº 11.101/05. Rio de Janeiro: Forense, 2007, p. 351-363.

ALVES, Rafael Francisco; VERONESE, Lígia Espolaor. Arbitragem e empresas em crise: o acesso à Justiça e o cumprimento da convenção de arbitragem em vista da incapacidade financeira de uma das partes. *Revista do Advogado* – *Direito das Empresas em Crise*, a. XXXVI, n. 131, p. 176-187. São Paulo: AASP, out. 2016.

AMARAL, Guilherme Rizzo. *Cumprimento e execução de sentença*. Porto Alegre: Livraria do Advogado, 2008.

_____. *Comentários às alterações do novo CPC*. 2 ed. São Paulo: Revista dos Tribunais, 2016.

AMORIM FILHO, Agnelo. Critério científico para distinguir a prescrição da decadência e para identificar as ações prescritíveis. *Revista dos Tribunais*, São Paulo, v. 300, p. 7-37, out. 1960.

_____. Critério científico para distinguir a prescrição da decadência e para identi-

REFERÊNCIAS

ficar as ações imprescritíveis. *Revista dos Tribunais*, a. LXXXVI, n. 300, p. 725-750, out. 1997.

ANDERSON, Hamish. *The framework of corporate insolvency law*. Oxford: Oxford Universtity Press, 2017.

ANDRIGHI, Fátima Nancy. Arts. 75 a 80. In: CORRÊA-LIMA, Osmar Brina; CORRÊA LIMA, Sérgio Mourão (coord.). *Comentários à nova Lei de Falências e Recuperação de Empresas*. Rio de Janeiro: Forense, 2009, p. 489-519.

ANTONIO, Nilva Maria Leonardo. *As micro e pequenas empresas na nova Lei de Recuperação de Empresas e Falências*. Principais problemas enfrentados e soluções passíveis de adoção. Breve estudo sobre a indústria calçadista. Dissertação (Mestrado em Direito). Faculdade de Direito da Universidade de São Paulo, São Paulo, 2011.

ANTUNES, José Engrácia. Estrutura e responsabilidade da empresa: o moderno paradoxo regulatório. *Revista Direito GV*, v. 1, n. 2, p. 29-68, 2005.

_____. *Os grupos de sociedades*: estrutura e organização jurídica da empresa plurissocietária. Coimbra: Almedina, 1999.

AQUINO, Diva Carvalho. Dos efeitos da decretação da falência em relação aos bens e pessoas do devedor e administradores. In: PAIVA, Luiz Fernando Valente de (coord.). *Direito falimentar e a nova Lei de Falências e Recuperação de Empresas*. São Paulo: Quartier Latin, 2005, p. 381-412.

ARAGÃO, Leandro Santos de. Deveres dos administradores de sociedades empresárias em dificuldades financeiras: a teoria do *deepening insolvency* no Brasil. In: CASTRO, Rodrigo Monteiro de; ARAGÃO, Leandro Sandos de (coord.). *Direito societário*: desafios atuais. São Paulo: Quartier Latin, 2009, p. 178-185.

ARAGÃO, Paulo Cezar; BUMACHAR, Laura. A assembléia geral de credores na Lei de Recuperação e Falências. In: SANTOS, Paulo Penalva (coord.). *A nova Lei de Falências e de Recuperação de Empresas – Lei nº 11.101/05*. Rio de Janeiro: Forense, 2007, p. 109-127.

_____; CRUZ, Gisela Sampaio da. Empresa individual de responsabilidade limitada: o "moderno prometheus" do direito societário. In: ANAN JÚNIOR, Pedro; PEIXOTO, Marcelo Magalhães (coord.). *Empresa individual de responsabilidade limitada – EIRELI*: aspectos econômicos e legais. São Paulo: MP Editora, 2012, p. 215-242.

ARANGIO-RUIZ, Vicenzo. *Historia del derecho romano*. 4 ed. Trad. Francisco de Pelsmaeker e Ivanez. Madrid: Reus, 1980.

_____. *Istituzioni di diritto romano*. 14 ed. Napoli: Dott. Eugenio Jovene, 2006.

_____. *La società in diritto romano*. Napoli: Casa Editrice Dott. Eugenio Jovene, 1950.

ARCANGELI, Argeo. Gli istituti del diritto commerciale nel costituto senese del 1310. *Rivista di Diritto Commerciale, Industriale e Marittimo*, v. IV, parte prima, p. 243-255, 1906.

ARMELIN, Donaldo. A arbitragem, a falência e a liquidação extrajudicial. *Revista de Arbitragem e Mediação*, a. 4, v. 13, p. 16-29, abr./jun. 2007.

ASCARELLI, Tullio. A atividade do empresário. Trad. de Erasmo Valladão Azevedo e Novaes França. *Revista de Direito Mercantil Industrial, Financeiro e Econômico*, São Paulo, v. 42, n. 132, p. 203-215, out./dez. 2003.

_____. Antigona e Porcia. In: _____ *Problemi giuridici*, t. II. Milano: Giuffrè, 1959, p. 9-10.

_____. *Istituzioni di diritto commerciale*. Milano: Giuffrè, 1938.

_____. *Corso di diritto commerciale*. Milano: Giuffrè, 1962.

_____. *Lezioni di diritto commerciale*. 2 ed. Milano: Giuffrè, 1955.

_____. *O empresário*. Trad. de Fábio Konder Comparato. *Revista de Direito Mercantil Industrial, Financeiro e Econômico*, São Paulo, n. 109, p. 183-189, jan./mar. 1998.

_____. *O contrato plurilateral*. In: _____. *Problemas das sociedades anônimas e direito comparado*. São Paulo: Saraiva & Cia., 1945, p. 271-331.

_____. *Panorama do direito comercial*. São Paulo: Saraiva, 1947.

_____. *Problemi giuridici*, t. II. Milano: Giuffrè, 1959.

_____. *Problemas das sociedades anônimas e direito comparado*. São Paulo: Saraiva, 1945.

_____. *Sviluppo storico del diritto commerciale*. In: _____. *Saggi di diritto commerciale*. Milano: Griuffrè, 1955.

ASQUINI, Alberto. Perfis da empresa. Trad. de Fábio Konder Comparato. *Revista de Direito Mercantil, Industrial, Econômico e Financeiro*, São Paulo, n. 104, p. 108-126, out./dez. 1996.

ASSIS, Araken de. Duração razoável do processo e reformas da lei processual civil. *Revista Jurídica*, Porto Alegre, v. 56, n. 372, p. 11-27, out. 2008.

_____. *Contratos nominados*. São Paulo: Revista dos Tribunais, 2005.

AUBRY, Charles; RAU, Charles. *Cours de droit civil français*. 5 ed. Paris, 1917.

AULETTA, Giuseppe; SALANITRO, Nicolò. *Diritto commerciale*. 30 ed. Milano: Giuffrè, 2001.

AUTRAN, Manoel Godofredo de Alencastro. *Das fallencias e seu respectivo processo segundo o Decreto 917 de 24 de outubro de 1890*. 2 ed. Rio de Janeiro: Laemmert, 1895.

ÁVILA, Humberto. *Teoria dos princípios*: da definição à aplicação dos princípios jurídicos. 16 ed. São Paulo: Malheiros, 2015.

AYOUB, Luiz Roberto; CAVALLI, Cássio. *A construção jurisprudencial da recuperação judicial de empresas*. Rio de Janeiro: Forense, 2013.

AZERRAD, Rafael. *Extensión de la quiebra*. Buenos Aires: Astrea, 1979.

AZEVEDO, Álvaro Vilaça. *Comentários ao Novo Código Civil. Das várias espécies de contrato. Da compra e venda* (arts. 481 a 532), v. VII. 2 ed. Rio de Janeiro: Forense, 2012.

AZEVEDO, Antônio Junqueira. *Negócio jurídico*: existência, validade e eficácia. 4 ed. São Paulo: Saraiva, 2010.

AZEVEDO, Luis Augusto Roux. Do encerramento da falência e da extinção das obrigações do falido. In: SOUZA JUNIOR, Francisco Satiro de; PITOMBO, Antonio Sergio A. de Moraes (coord.). *Comentários à Lei de Recuperação de Empresas e Falências*. 2 ed. São Paulo: Revista dos Tribunais, 2007, p. 515-521.

AZEVEDO, Noé. *Das sociedades irregulares e sua prova*. São Paulo: Empreza Graphica da Revista dos Tribunaes, 1930.

BACELO, Joice. Companhia em recuperação judicial pode aderir ao mercado livre de energia. *Valor Econômico*, 04 de outubro de 2016.

BAIRD, Douglas G. *The elements of bankruptcy*. New York: The Foundation Press Inc., 1992.

_____. Loss distribution, forum shopping, and bankruptcy: a reply to Warren. *University of Chicago Law Review*, v. 54, p. 815-834, 1987.

_____; JACKSON, Thomas H. Corporate reorganizations and the treatment of diverse ownership interest: a comment on adequate protection of secured creditors in bankruptcy. *University of Chicago Law Review*, v. 51, p. 97-130, 1984.

_____; RASMUSSEN, Robert K. Antibankruptcy. *Yale Law Journal*, n. 119, p. 648-699, 2010.

REFERÊNCIAS

BARBI FILHO, Celso. *Dissolução parcial de sociedades limitadas*. Belo Horizonte: Mandamentos, 2004.

BARBOSA, Henrique Cunha. *A exclusão do acionista controlador na sociedade anônima*. Rio de Janeiro: Elsevier, 2009.

BARBOSA LESSA, Carlos. *A posição dos sócios solidária e ilimitadamente responsáveis na falência da sociedade*. Tese de Concurso. Porto Alegre: Santo Antônio, 1951.

BARBOSA MAGALHÃES, José Maria Vilhena. *Da natureza jurídica das sociedades comerciais irregulares*. Lisboa: Jornal do Foro, 1953.

BARBOSA MOREIRA, José Carlos. Efetividade do processo: por um processo socialmente efetivo. *Revista Síntese de Direito Civil e Processual Civil*, Porto Alegre, v. 2, n. 11, p. 5-14, 2001.

BARBOUR, Violet. *Capitalism in Amsterdam in the 17th century*. 2 ed. Michigan: Arbor, 1966.

BAROSSI FILHO, Milton. As assembleias e plano de recuperação de empresas: uma visão da teoria dos jogos. *Revista de Direito Mercantil. Industrial, Econômico e Financeiro*, São Paulo, n. 137, p. 233-238, jan./mar. 2005.

BARRETO FILHO, Oscar. A dignidade do direito mercantil. *Revista de Direito Mercantil Industrial, Financeiro e Econômico*, São Paulo, n. 11, p. 11-21, 1973.

_____. Síntese da evolução histórica do direito comercial brasileiro. *Revista de Direito Mercantil, Industrial, Econômico, Financeiro*, a. XV, n. 24, p. 23-27, 1976.

_____. *Teoria do estabelecimento comercial*. São Paulo: Max Limonad, 1969.

_____. *Teoria do estabelecimento comercial*. 2 ed. São Paulo: Max Limonad, 1988.

BATALHA, Wilson de Souza Campos; BATALHA, Silvia Marina Labate. *Falências e concordatas*. 2 ed. atual. São Paulo: LTr, 1996.

BATISTA, Carolina Soares João; CAMPANA FILHO, Paulo Fernando; MIYAZAKI, Renata Yumi; CEREZETTI, Sheila Christina Neder. A prevalência da vontade da assembléia-geral de credores em questão: o *cram down* e a apreciação judicial do plano aprovado por todas as classes. *Revista de Direito Mercantil, Industrial, Econômico e Financeiro*, n. 143, p. 202-242, jul./set. 2006.

BEBECHUK, Lucian Arye. Chapter 11. *The New Palgrave Dictionary of Economics and the Law*, v. 3, p. 219-224, 1998.

BECUE, Sabrina Maria Fadel. *A alienação de estabelecimento, como meio de recuperação judicial, e a inexistência de sucessão empresarial do adquirente* (Art. 60, PRF). Dissertação (Mestrado em Direito). Faculdade de Direito da Universidade de São Paulo, São Paulo, 2013.

BEDAQUE, José Roberto dos Santos. *Direito e processo* – Influência do direito material sobre o processo. 6 ed. São Paulo: Malheiros, 2011.

_____. *Efetividade do processo e técnica processual*. 3 ed. São Paulo: Malheiros, 2010.

_____. *Poderes instrutórios do juiz*. 3 ed. São Paulo: Revista dos Tribunais, 2001.

BENTO DE FARIA, Antônio. *Direito comercial*, v. IV. Rio de Janeiro: A. Coelho Branco, 1947.

BERGER, Dora. *A insolvência no Brasil e na Alemanha*. Porto Alegre: Sérgio Fabris, 2001.

BERLE, Adolf. A. Corporate powers as powers in trust. *Harvard Law Review*, v. 44, p. 1.049-1.079, 1931.

_____; MEANS, Gardiner. *A moderna sociedade anônima e a propriedade privada*. Trad. de Dinah de Abreu Azevedo. São Paulo: Abril Cultural, 1984.

BERNARDI, Ricardo. Da realização do ativo. In: SOUZA JUNIOR, Francisco Satiro de; PITOMBO, Antonio Sergio A.

de Moraes (coord.). *Comentários à Lei de Recuperação de Empresas e Falências*. 2 ed. São Paulo: Revista dos Tribunais, 2007, p. 484-502.

BERNIER, Joice Ruiz. *O administrador judicial na recuperação judicial e na falência*. Dissertação (Mestrado em Direito). Faculdade de Direito da Universidade de São Paulo, São Paulo, 2014.

_____. *Administrador judicial*. São Paulo: Quartier Latin, 2016.

BERTOLDI, Marcelo. Seção VII: Da arrecadação e da custódia dos bens: arts. 108-110. In: CORRÊA-LIMA, Osmar Brina; CORRÊA LIMA, Sérgio Mourão (coord.). *Comentários à nova Lei de Falência e Recuperação de Empresas*. Rio de Janeiro: Forense, 2009, p. 812-823.

BETTI, Emilio. *Teoria generale del negozio giuridico*. Torni: UTET, 1950.

BEVILAQUA, Clovis. *Código Civil dos Estados Unidos do Brasil*, v. IV. Rio de Janeiro: Francisco Alves, 1958.

BEZERRA FILHO, Manoel Justino. *Lei de Recuperação de Empresas e Falências comentada*. 5 ed. São Paulo: Revista dos Tribunais, 2008.

_____. *Lei de Recuperação e de Falências comentada*. 6 ed. São Paulo: Revista dos Tribunais, 2009.

_____. *Lei de Recuperação de Empresas e Falência*. 11 ed. São Paulo: Revista dos Tribunais, 2016.

_____. Dissolução, liquidação e extinção da sociedade empresária à luz das legislações civil e falimentar (a falência como causa (ou não) de extinção da personalidade jurídica da sociedade empresária). In: ADAMEK, Marcelo Vieira Von (coord.). *Temas de direito societário e empresarial contemporâneos – Liber Amicorum* Prof. Dr. Erasmo Valladão Azevedo e Novaes França. São Paulo: Malheiros, 2011, p. 624-636.

_____. Lei de Recuperação de Empresas e Falência – modificações introduzidas pela Lei 13.043, de 13 de novembro de 2014. In: CEREZETTI, Sheila C. Neder; MAFFIOLETTI, Emanuelle Urbano (coord.). *Dez anos da Lei nº 11.101/2005*: estudos sobre a Lei de Recuperação e Falência. São Paulo: Almedina, 2015, p. 415-437.

_____. A responsabilidade do garantidor na recuperação judicial do garantido. *Revista do Advogado – Recuperação Judicial*: temas polêmicos, a. XXIX, n. 105, p. 129-134. São Paulo: AASP, set./2009.

_____. Capítulo IX: Procedimento da recuperação judicial – exame dos dispositivos dos arts. 55 a 69. In: CARVALHOSA, Modesto (coord.). *Tratado de direito empresarial*, v. V – recuperação empresarial e falência. São Paulo: Revista dos Tribunais, 2016, p. 215-239.

_____. Capítulo X: O procedimento simplificado para a pequena empresa – exame dos arts. 70 a 72 da LREF, com as alterações da LC 147, de 07.08.2014. In: CARVALHOSA, Modesto (coord.). *Tratado de direito empresarial*, v. V – recuperação empresarial e falência. São Paulo: Revista dos Tribunais, 2016, p. 241-259.

_____. Capítulo XII: A classificação dos créditos na falência – exame dos arts. 83 e 84 da Lei 11.101/05. In: CARVALHOSA, Modesto (coord.). *Tratado de direito empresarial*, v. V – recuperação empresarial e falência. São Paulo: Revista dos Tribunais, 2016. p. 283-304.

_____. Capítulo XIII: O pedido de restituição – exame dos arts. 85 a 93 da LREF. In: CARVALHOSA, Modesto (coord.). *Tratado de direito empresarial*, v. V – recuperação empresarial e falência. São Paulo: Revista dos Tribunais, 2016, p. 305-326.

_____. Capítulo XIV: O procedimento para a decretação da falência – exame dos arts. 94 a 101 da LREF. In: CARVALHOSA, Modesto (coord.). *Tratado de direito empresarial*, v. V – recuperação empresarial e falência. São Paulo: Revista dos Tribunais, 2016, p. 327-366.

_____. Capítulo XV: A inabilitação empresarial, os deveres e direitos dos falido – exame dos arts. 102 a 104 da Lei 11.101/05. In: CARVALHOSA, Modesto (coord.). *Tratado de direito empresarial*, v. V – recuperação empresarial e falência. São Paulo: Revista dos Tribunais, 2016, p. 367-379.

_____. Capítulo XVI: A autofalência – exame dos arts. 105 a 107 da LREF. In: CARVALHOSA, Modesto (coord.). *Tratado de direito empresarial*, v. V – recuperação empresarial e falência. São Paulo: Revista dos Tribunais, 2016, p. 381-391.

_____. Capítulo XVII: A arrecadação e a custódia dos bens – exame dos arts. 108 a 114 da LREF. In: CARVALHOSA, Modesto (coord.). *Tratado de direito empresarial*, v. V – recuperação empresarial e falência. São Paulo: Revista dos Tribunais, 2016, p. 393-406.

_____. Capítulo XVIII: Os efeitos da decretação da falência sobre as obrigações do devedor – exame dos arts. 119 a 128 da Lei 11.101/05. In: CARVALHOSA, Modesto (coord.). *Tratado de direito empresarial*, v. V – recuperação empresarial e falência. São Paulo: Revista dos Tribunais, 2016, p. 407-441.

_____. Capítulo XXI: O pagamento dos credores – exame dos arts. 149 a 153 da LREF. In: CARVALHOSA, Modesto (coord.). *Tratado de direito empresarial*, v. V – recuperação empresarial e falência. São Paulo: Revista dos Tribunais, 2016, p. 483-491.

_____. Capítulo XXIII: A recuperação extrajudicial – exame dos arts. 161 a 167 da LREF. In: CARVALHOSA, Modesto (coord.). *Tratado de direito empresarial*, v. V – recuperação empresarial e falência. São Paulo: Revista dos Tribunais, 2016, p. 503-519.

BLANCO, Camilo Martínez. *Manual teórico-prático de derecho concursal*. Montevideo: Universidade de Montevideo, 2003.

BLOCH, Marc. *A sociedade feudal*. Trad. Liz Silva. Lisboa: Edições 70, 2009.

_____. *The historian's craft*. Manchester: University Press, 1992.

BOITEUX, Fernando Netto. Contratos bilaterais na recuperação judicial e na falência. In: SANTOS, Paulo Penalva (coord.). *A nova Lei de Falências e de Recuperação de Empresas – Lei nº 11.101/05*. Rio de Janeiro: Forense, 2007, p. 281-332.

BONELLI, Gustavo. *Del fallimento*, v. I. Milano: Casa Editrice Dottor Francesco Vallardi, 1923.

_____. *Del fallimento*, v. I. 3 ed. atual. por Virgilio Andrioli. Milano: Casa Editrice Dottor Francesco Vallardi, 1938.

_____. *Del fallimento*, v. II. 3 ed. atual. por Virgílio Andrioli. Milano: Vallardi, 1938.

_____. *Commentario al codice di commercio* (del fallimento), v. 8. Milano: Casa Editrice Dottor Francesco Vallardi, 1923.

BONFANTE, Pietro. *Storia del commercio*, v. I. Torino: UTET, 1936.

_____. *Storia del commercio*, v. II. Torino: UTET, 1936.

_____. *Storia del diritto romano*, v. I. 4 ed. Milano: Giuffrè, 1958.

_____. *Istituzioni di diritto romano*. 3 ed. Milano: Francesco Villardi, 1902.

BORBA, José Edwaldo Tavares. *Direito societário*. 11 ed., rev. aum. e atual. Rio de Janeiro: Renovar, 2008.

BORGES, João Eunápio. *Curso de direito comercial terrestre*. 5 ed. Rio de Janeiro: Forense, 1976.

_____. *Do aval.* 4 ed. Rio de Janeiro: Forense, 1975.

BORGES FILHO, Daltro de Campos. A eficiência da Lei 11.101 e os Enunciados 44, 45 e 46 da 1ª Jornada de Direito Comercial. In: CEREZETTI, Sheila C. Neder; MAFFIOLETTI, Emanuelle Urbano (coord.). *Dez anos da Lei nº 11.101/2005*: estudos sobre a Lei de Recuperação e Falência. São Paulo: Almedina, 2015, p. 237-263.

_____; LEVY, Daniel de Andrade. A sucessão das dívidas resultantes da Lei Anticorrupção (Lei nº 12.846/2013) na recuperação judicial. *Revista do Advogado – Direito das Empresas em Crise*, a. XXXVI, n. 131, p. 42-54. São Paulo: AASP, out. 2016.

BORTOLINI, Pedro Rebello. *Anotações sobre a assembleia-geral de credores na Lei de Recuperação de Empresas e Falências* (Lei nº 11.101/2005). Dissertação (Mestrado em Direito). Faculdade de Direito da Universidade de São Paulo, São Paulo, 2013.

BOTTEGA, Jéverson Luís. *Incorporação imobiliária e responsabilidade civil do incorporador*. Porto Alegre: Norton Editor, 2006.

BRAGAGNOLO, Giovanni. *Storia romana*. Dalla fondazione di Roma alla caduta dell'Imperio Romano d'Occidente. 2 ed. Torino: Tipografia Vicenzo Bona, 1896.

BRANCO, Gerson Luiz Carlos. Novo CPC tem efeito nos prazos materiais e processuais da recuperação judicial. Disponível em: <www.conjur.com.br/2016-jun-06/direito-civil-atual-cpc-efeito-prazos--recuperacao-judicial>. Acesso em: 04 set. 2016.

BRAUN, Eberhard. *Commentary on the German Insolvency Code*. 2 Aufl. München: Beck, 2018.

BREGOLI, Alberto. *Effetti e natura della revocatoria*. Milano: Giuffrè, 2001.

BRUNETTI, Antonio. *Diritto fallimentare italiano*. Roma: Foro Italiano, 1932.

_____. *Lezioni sul fallimento*. Padova: CEDAM, 1936.

_____. *Tratado de quiebras*. Trad. de J. Rodríguez. Ciudad de México: Porrúa, 1945.

BRUSCHI, Gilberto Gomes; NOLASCO, Rita Dias; AMADEO, Rodolfo da Costa Manso Real. *Fraudes patrimoniais e a desconsideração da personalidade jurídica no Código de Processo Civil de 2015*. São Paulo: Revista dos Tribunais, 2016.

BUENO, Isabelle Ferrarini. *Da extinção do acordo de acionistas por causa superveniente*. Dissertação (Mestrado em Direito). Faculdade de Direito da Universidade Federal do Rio Grande do Sul, Porto Alegre, 2017.

BULGARELLI, Waldirio. *O direito dos grupos e a concentração das empresas*. São Paulo: Livraria e Editora Universitária de Direito, 1975.

_____. *Regime jurídico da proteção às minorias*. Rio de Janeiro: Renovar, 1988.

BURCKHARDT, Jacob. *The civilization of the Renaissance*. Oxford: Phaidon Press, 1944.

BUSCHINELLI, Gabriel Saad Kik. *Abuso do direito de voto na assembleia geral de credores*. São Paulo: Quartier Latin, 2014.

_____. Cessão de crédito na recuperação judicial. In: CEREZETTI, Sheila C. Neder; MAFFIOLETTI, Emanuelle Urbano (coord.). *Dez anos da Lei nº 11.101/2005*: estudos sobre a Lei de Recuperação e Falência. São Paulo: Almedina, 2015, p. 311-347.

BUTERA, Antonio. *Della frode e della simulazione*. Torino: UTET, 1934.

_____. *La rivendicazione*. Milano: Società Editrice Libraria, 1911.

BUZAID, Alfredo. *Do concurso de credores no processo de execução*. São Paulo: Saraiva, 1952.

BYKOFF, George. O art. 215 da Lei de Registros Públicos se aplica à ação revocatória (art. 52, VII da Lei 7.661/45 – Lei de Falências). *Revista de Processo*, a. X, n. 38, p. 207-211, abr./jun. 1985.

CABRAL, Antonio do Passo. *Convenções processuais*. Salvador: Juspodivm, 2016.

CAHALI, Yussef Said. *Fraude contra credores*. 2 ed. São Paulo: Revista dos Tribunais, 1999.

_____. *Fraude contra credores*. 5 ed. São Paulo: Revista dos Tribunais, 2013.

CALASSO, Francesco. *Lezioni di storia del diritto italiano*. Gli ordinamenti giuridici del Rinascimento. Milano: Giuffrè, 1948.

_____. *Medio Evo del diritto*. Milano: Giuffrè, 1954.

CALÇAS, Manoel de Queiroz Pereira. Do pedido de restituição e dos embargos de terceiro. *Revista de Direito Bancário e do Mercado de Capitais*, v. 36, p. 260-278, abr./jun. 2007.

_____. Da ineficácia e da revogação de atos praticados antes da falência. *Revista do Advogado*, a. XXV, n. 83, p. 89-97. São Paulo: AASP, set. 2005.

_____. A controvérsia sobre a natureza jurídica das contribuições devidas ao Fundo de Garantia por Tempo de Serviço por empresa em recuperação judicial. In: CEREZETTI, Sheila C. Neder; MAFFIOLETTI, Emanuelle Urbano (coord.). *Dez anos da Lei nº 11.101/2005*: estudos sobre a Lei de Recuperação e Falência. São Paulo: Almedina, 2015, p. 407-414.

_____. Falência da sociedade: extensão aos sócios de responsabilidade ilimitada. In: ADAMEK, Marcelo Vieira Von (coord.). *Temas de direito societário e empresarial contemporâneos – Liber Amicorum* Prof. Dr. Erasmo Valladão Azevedo e Novaes França. São Paulo: Malheiros, 2011, p. 611-623.

_____. Novação recuperacional. *Revista do Advogado – Recuperação Judicial*: temas polêmicos, a. XXIX, n. 105, p. 115-128. São Paulo: AASP, set. 2009.

_____. Capítulo XXIV: Dos crimes falimentares. In: CARVALHOSA, Modesto (coord.). *Tratado de direito empresarial*, v. V – recuperação empresarial e falência. São Paulo: Revista dos Tribunais, 2016, p. 521-583.

CALDEIRA, Jorge. *Mauá*: empresário do Império. São Paulo: Companhia das Letras, 1995.

CALDERON, Silvio Javier Battello. *Falência internacional no Mercosul*: proposta para uma solução regional. Curitiba: Juruá, 2011.

_____. O processo falimentar internacional à luz da Lei 11.101/05: evolução ou retrocesso. In: _____ (org.). *Principais controvérsias na nova Lei de Falências*. Porto Alegre: Sergio Antonio Fabris, 2008, p. 223-247.

CÂMARA LEAL, Antônio Luis da. *Da prescrição e da decadência*. 4 ed. atual. por José de Aguiar Dias. Rio de Janeiro: Forense, 1982.

CAMINHA, Uinie. *Securitização*. 2 ed. São Paulo: Saraiva, 2007.

CAMPANA FILHO, Paulo Fernando. *A recuperação judicial de grupos societários multinacionais*: contribuições para o desenvolvimento de um sistema jurídico brasileiro a partir do direito comparado. Tese (Doutorado em Direito). Faculdade de Direito da Universidade de São Paulo, São Paulo, 2013.

CAMPINHO, Sérgio. A responsabilidade do sócio da EIRELI na falência. In: TOLEDO, Paulo Fernando Campos Salles de; SATIRO, Francisco (coord.). *Direito das empresas em crise*: problemas e soluções. São Paulo: Quartier Latin, 2012, p. 344-363.

_____. *Falência e recuperação de empresas*: o novo regime da insolvência empresarial. Rio de Janeiro: Renovar, 2006.

_____. *O direito de empresa à luz do novo Código Civil.* 12 ed. rev. e atual. Rio de Janeiro: Renovar, 2011.

_____. O novo regime jurídico do recurso de agravo e os processos disciplinados na Lei nº 11.101/2005. In: CEREZETTI, Sheila C. Neder; MAFFIOLETTI, Emanuelle Urbano (coord.). *Dez anos da Lei nº 11.101/2005:* estudos sobre a Lei de Recuperação e Falência. São Paulo: Almedina, 2015, p. 159-174.

CAMPOBASSO, Gian Franco. *Diritto commerciale,* v. 3. 5 ed. A cura di Mario Campobasso. Padova: UTET, 2015.

CAMPOS, Wilson Cunha. As obrigações a título gratuito e sua exigibilidade contra empresa em processo de recuperação judicial. In: DE LUCCA, Newton; DOMINGUES, Alessandra de Azevedo; ANTONIO, Nilva M. Leonardi (coord.). *Direito recuperacional,* v. 2. São Paulo: Quartier Latin, 2012, p. 341-383.

CANTO, Jorge Luis Lopes do. A convolação da recuperação em falência. In: ABRÃO, Carlos Henrique; ANDRIGHI, Fátima Nancy; BENETI, Sidnei. (coord.). *10 anos de vigência da Lei de Recuperação e Falência* (Lei 11.101/05). São Paulo: Saraiva, 2015, 223-243.

CARAVALE, Mario. *Ordinamenti giuridici dell'Europa medievale.* Bologna: Il Mulino, 1994.

CARDOSO, Paulo Leonardo Vilela. *O empresário de responsabilidade limitada.* São Paulo: Saraiva, 2012.

CARNEIRO, Athos Gusmão. *Jurisdição e competência.* 11 ed. São Paulo: Saraiva, 2001.

_____. *Intervenção de terceiros.* 17 ed. São Paulo: Saraiva, 2008.

CARRIÓ, Genaro. *Notas sobre derecho y lenguaje.* 4 ed. Buenos Aires: Abeledo-Perrot, 1990.

CARVALHO, Paulo de Barros. Curso de direito tributário. 16. ed. São Paulo: Saraiva, 2004.

CARVALHO DE MENDONÇA, José Xavier. A lei federal dos Estados Unidos da América. *S. Paulo Judiciário,* v. II, n. 5, p. 299-324, mai. 1903.

_____. *Das fallencias e dos meios preventivos de sua declaração,* v. I. São Paulo: Gerke & Cia, 1899.

_____. *Das fallencias e dos meios preventivos de sua declaração,* v. II. São Paulo: Gerke & Cia, 1899.

_____. *Tratado de direito commercial brasileiro,* v. IV, parte 2. 2 ed. atual. por Achilles Beviláqua e Roberto Carvalho de Mendonça. Rio de Janeiro: Freitas Bastos, 1934.

_____. *Tratado de direito comercial brasileiro,* v. V, parte 2. 7 ed. Rio de Janeiro: Freitas Bastos, 1963.

_____. *Tratado de direito comercial brasileiro,* v. VII. 6 ed. atual. por Roberto Carvalho de Mendonça. Rio de Janeiro: Freitas Bastos, 1960.

_____. *Tratado de direito comercial brasileiro,* v. VII. 7 ed. atual. por Roberto Carvalho de Mendonça. Rio de Janeiro: Freitas Bastos, 1964.

_____. *Tratado de direito comercial brasileiro,* v. VIII. 5 ed. Rio de Janeiro: Freitas Bastos, 1955.

_____. *Tratado de direito comercial brasileiro,* v. VIII. 7 ed. atual. por Roberto Carvalho de Mendonça. Rio de Janeiro: Freitas Bastos, 1964.

_____. *Das falências e dos meios preventivos de sua declaração:* decr. n. 917, de 24 de outubro de 1890: estudo theórico-prático, v. I. São Paulo: Typographia Brazil de Carlos Gerke & Cia, 1899.

CARVALHOSA, Modesto. Seção IV: Da assembleia-geral de credores. In: CORRÊA-LIMA, Osmar Brina; CORRÊA LIMA, Sérgio Mourão (coord.). *Comentários à nova Lei de Falência e Recuperação de Empresas.* Rio de Janeiro: Forense, 2009, p. 251-284.

CASSANDRO, Giovanni. *Le rappresaglie e il fallimento a Venezia nei secoli XIII-XVI*. Con documenti inediti. Torino: S. Lattes, 1938.

_____. *Lezioni di diritto comune*. Napoli: Edizioni Scientifiche Italiane, 1971.

CASTRO, Eduardo Spinola e. A arbitragem e a nova Lei de Falências. In: CASTRO, Rodrigo R. Monteiro de; ARAGÃO, Leandro Santos de. *Direito societário e a nova Lei de Falências e Recuperação de Empresas*. São Paulo: Quartier Latin, 2006, p. 129-146.

CASTRO, Moema Augusta Soares de. Seção V: Do plano especial de recuperação judicial para microempresas e empresas de pequeno porte. In: CORRÊA-LIMA, Osmar Brina; CORRÊA LIMA, Sérgio Mourão (coord.). *Comentários à nova Lei de Falências e Recuperação de Empresas*. Rio de Janeiro: Forense, 2009, p. 461-479.

CASTRO FILHO, *et al. Comentários ao Código Civil brasileiro*, v. IV. Rio de Janeiro: Forense, 2006.

CAVALLI, Cássio Machado. Apontamentos sobre a teoria do estabelecimento empresarial no direito brasileiro. *Revista dos Tribunais*, São Paulo, v. 858, p. 30-47, 2007.

_____. Teoria da empresa na recuperação judicial. In: CEREZETTI, Sheila C. Neder; MAFFIOLETTI, Emanuelle Urbano (coord.). *Dez anos da Lei nº 11.101/2005*: estudos sobre a Lei de Recuperação e Falência. São Paulo: Almedina, 2015, p. 200-236.

_____. Plano de recuperação. In: COELHO, Fábio Ulhoa. *Tratado de direito comercial*, v. 7. São Paulo: Saraiva, 2015, p. 258-294.

_____. *Uma empresa precisa ser economicamente viável para pedir recuperação judicial*. Disponível em: < http://www.cassiocavalli.com.br/?p=515>. Acesso em: 30 jan. 2016.

_____. Reflexões sobre a recuperação judicial: uma análise da aferição da viabilidade econômica de empresa como pressuposto para o deferimento do processamento da recuperação judicial. In: MENDES, Bernardo Bicalho de Alvarenga (org.). *Aspectos polêmicos e atuais da Lei de Recuperação de Empresas*. Belo Horizonte: D'Plácido, 2016, p. 103-129.

CELIDONIO, Luciana. *Compensação de créditos envolvendo empresas em recuperação judicial*. Newsletter de novembro de 2015 do *Turnaround Managment Association* – Brasil. Disponível em: <http://tmabrasil.org/pt-br/materias/artigos-de-associados/compensacao-de-creditos-envolvendo--empresas-em-recuperacao-judicial>. Acesso em: 30 nov. 2015.

CEREZETTI, Sheila Christina Neder. *A recuperação judicial de sociedade por ações – o princípio da preservação da empresa na Lei de Recuperação e Falência*. São Paulo: Malheiros, 2012.

_____. Grupos de sociedades e recuperação judicial: o indispensável encontro entre direitos societário, processual e concursal. In: YARSHELL, Flávio Luiz; PEREIRA, Guilherme Setoguti J. (coord.). *Processo societário*, v. II. São Paulo: Quartier Latin, 2015, p. 735-789.

_____; MAFFIOLETTI, Emanuelle Urbano. Fotografias de uma década da Lei de Recuperação e Falência. In: _____; _____ (coord.). *Dez anos da Lei nº 11.101/2005*: estudos sobre a Lei de Recuperação e Falência. São Paulo: Almedina, 2015, p. 15-38.

_____; SATIRO, Francisco. A silenciosa "consolidação" da consolidação substancial. *Revista do Advogado – Direito das Empresas em Crise*, a. XXXVI, n. 131, p. 216-223. São Paulo: AASP, out. 2016.

CHALHUB, Melhim Namem. Cessão fiduciária de créditos. Efeitos em relação ao plano de recuperação judicial da sociedade empresária cedente fiduciante. In: _____. *Alienação fiduciária, incorporação imobiliária e mercado de capitais*: estudos e pareceres. Rio de Janeiro: Renovar, 2012, p. 227-238.

_____. *Da incorporação imobiliária*. Rio de Janeiro: Renovar, 2003.

CHAMOUN, Ebert. *Instituições de direito romano*. 3 ed. rev. e aum. Rio de Janeiro: Forense, 1957.

CHAMPAUD, Claude. *Le pouvoir de concentracion de société par action*. Paris: Sirey, 1962.

CHATEAUBRIAND FILHO, Hindemburgo. *Entre autonomia e controle: numerus clausus e numerus apertus* em direito privado. Dissertação (Mestrado em Direito). Faculdade de Direito da Universidade Federal de Minas Gerais, Belo Horizonte, 1993.

CHEDIAK, Julian Fonseca Peña. A posição do Superior Tribunal de Justiça sobre a dissolução parcial das sociedades anônimas à luz do novo código civil. *Revista do Advogado*, v. 4, p. 93-112. Rio de Janeiro: AARJ, 2005.

CHINAGLIA, Olavo Zago; MOTTA, Lucas Griebeler da. O diálogo entre vetores que orientam a preservação da empresa e a ordem econômica como fundamento da teoria da *failing firm*. *Revista do Advogado – Direito das Empresas em Crise*, a. XXXVI, n. 131, p. 153-160. São Paulo: AASP, out. 2016.

CHWARTZMANN, Alexandre Elman; DUTRA, Erika Donin. Cabe recurso da maioria das decisões interlocutórias da Lei de Falências. *Revista Consultor Jurídico*. Disponível em: <http://www.conjur.com.br/2017-abr-17/cabe--recurso-decisoes-interlocutorias-lei--falencias>. Acesso em: 14 fev. 2018.

CINTRA, Antonio Carlos de Araújo; GRINOVER, Ada Pellegrini; DINA-

MARCO, Cândido Rangel. *Teoria geral do processo*. 21 ed. São Paulo: Malheiros, 2005.

CIPOLLA, Carlo M. *História econômica da Europa pré-industrial*. Trad. Joaquim João Coelho da Rosa. Lisboa: Edições 70, 1974.

CLARK, Robert. *Corporate law*. Boston: Little Brown and Company, 1986.

CLARO, Carlos Roberto. *Revocatória falimentar*. 3 ed. Curitiba: Juruá, 2005.

COASE, Ronald H. The problem of social cost. The firm, the market and the law. In: _____. *The problem of social cost*. Chicago: The University of Chicago Press, 1988, p. 95-156.

_____. O problema do custo social. In: SALAMA, Bruno M. (org.) *Direito e economia* – textos escolhidos. São Paulo: Saraiva, 2010.

COELHO, Fábio Ulhoa. Acordo de leniência e a recuperação judicial da corruptora. In: CEREZETTI, Sheila C. Neder; MAFFIOLETTI, Emanuelle Urbano (coord.). *Dez anos da Lei nº 11.101/2005*: estudos sobre a Lei de Recuperação e Falência. São Paulo: Almedina, 2015, p. 291-310.

_____. O credor colaborativo na recuperação judicial. In: TOLEDO, Paulo Fernando Campos Salles de; SATIRO, Francisco (coord.). *Direito das empresas em crise*: problemas e soluções. São Paulo: Quartier Latin, 2012, p. 101-118.

_____. *Comentários à Lei de Falências e de Recuperação de Empresas*. 8 ed. São Paulo: Saraiva, 2011.

_____. *Comentários à Lei de Falências e de Recuperação de Empresas*. 7 ed. rev. São Paulo: Saraiva, 2010.

_____. *Curso de direito comercial*, v. 3. 6 ed. São Paulo: Saraiva, 2006.

_____. *Curso de direito comercial*, v. 3. 12 ed. São Paulo: Saraiva, 2011.

REFERÊNCIAS

COLANGES, Fustel de. *A cidade antiga*. 5 ed. São Paulo: Martins Editora, 2004.

COLLINGWOOD, R. G. *A ideia de História*. Trad. de Alberto Freire. Lisboa: Editorial Presença, 1972.

COMPARATO, Fábio Konder. A reforma da empresa. *Revista de Direito Mercantil, Industrial, Econômico e Financeiro*, a. 22, n. 50, p. 57-74, abr./jun. 1983.

_____. *Aspectos jurídicos da macro-empresa*. São Paulo: Revista dos Tribunais, 1970.

_____. Estado, empresa e função social. *Revista dos Tribunais*, São Paulo, a. 85, v. 732, p. 38-46, out. 1996.

_____. Função social da propriedade dos bens de produção. *Revista de Direito Mercantil, Industrial, Econômico e Financeiro*, a. 25, n. 63, p. 71-79, jul./set. 1986.

_____. *O poder de controle na sociedade anônima*. Rio de Janeiro: Forense, 1983.

_____. Os grupos societários na nova Lei de Sociedade por Ações. In: ____. *Ensaios e pareceres de direito empresarial*. Rio de Janeiro: Forense, 1978, p. 193-219.

_____. Na proto-história das empresas multinacionais — O Banco Médici de Florença. *Revista de Direito Mercantil, Industrial, Econômico e Financeiro*, v. 54, p. 105-111, 1984.

_____. Restrições à circulação de ações em companhia fechada: *nova et vetera*. *Revista de Direito Mercantil, Industrial, Econômico e Financeiro*, São Paulo, a. XXVIII, n. 36, p. 65-76, out./dez. 1979.

_____. *Seguro de crédito*. Estudo jurídico. São Paulo: Revista dos Tribunais, 1968.

_____. Nacionalidade de sociedades privadas e aquisição de imóveis rurais no país. In: ____. *Direito empresarial*. Estudos e pareceres. São Paulo: Saraiva, 1990, p. 57-65.

_____; SALOMÃO FILHO, Calixto. *O poder de controle na sociedade anônima*. 4 ed. Rio de Janeiro: Forense, 2005.

CONRADO, Paulo Cesar. "Efetividade" do processo, segurança jurídica e tutela jurisdicional diferençada. *Revista do Tribunal Regional Federal 3ª Região*, n. 76, p. 47-65, mar./abr. 2006.

CONTINENTINO, Mucio. *Da cláusula penal no direito brasileiro*. São Paulo: Saraiva, 1926.

CORDEIRO, António Menezes. *Manual de direito das sociedades*, v. 1. 2 ed. Coimbra: Almedina, 2007.

CORRÊA JUNIOR, Gilberto Deon. A extensão da quebra. *Revista Ajuris*, v. 62, Porto Alegre, p. 11-73, 1994.

_____. Anotações sobre a consolidação processual e a consolidação substancial no âmbito da recuperação judicial. In: WAISBERG, Ivo; RIBEIRO, José Horácio Halfeld Rezende (org.). *Temas de direito da insolvência* – Estudos em homenagem ao Professor Manoel Justino Bezerra Filho. São Paulo: IASP, 2017, p. 305-333.

_____; SPINELLI, Luis Felipe; TELLECHEA, Rodrigo. Mudanças feitas pela LC 147 no instituto de falência são questionáveis. *Consultor Jurídico*. São Paulo, 22 set. 2014. Disponível em: <http://www.conjur.com.br/2014-set-22/mudancas-feitas-lc-147-instituto-falencia-sao-questionaveis>. Acesso em: 19 dez. 2015.

CORRÊA-LIMA, Osmar Brina. Arts. 154 a 156. In: ____; CORRÊA LIMA, Sérgio Mourão (coord.). *Comentários à nova Lei de Falência e Recuperação de Empresas*. Rio de Janeiro: Forense, 2009, p. 1.034-1.047.

CORRÊA LIMA, Sérgio Mourão. Seção II: Da classificação dos créditos: arts. 83-84. In: CORRÊA-LIMA, Osmar Brina; CORRÊA LIMA, Sérgio Mourão (coord.). *Comentários à nova Lei de Falência e Recuperação de Empresas*. Rio de Janeiro: Forense, 2009, p. 530-581.

_____. Seção III: Do pedido de restituição: arts. 85-86. In: CORRÊA-LIMA, Osmar Brina; CORRÊA LIMA, Sérgio Mourão (coord.). *Comentários à nova Lei de Falência e Recuperação de Empresas*. Rio de Janeiro: Forense, 2009, p. 581-622.

_____. Arts. 149 a 153. In: CORRÊA-LIMA, Osmar Brina; CORRÊA LIMA, Sérgio Mourão (coord.). *Comentários à nova Lei de Falências e Recuperação de Empresas*. Rio de Janeiro: Forense, 2009, p. 1.000-1.033.

COSATTINI, Luigi. *La revoca degli atti fraudolenti*. Padova: CEDAM, 1950.

COSTA, Adroaldo Mesquita da. *A falência*. Porto Alegre: A Nação, 1941.

COSTA, Daniel Carnio. O novo método da gestão democrática de processos de insolvência. In: CEREZETTI, Sheila C. Neder; MAFFIOLETTI, Emanuelle Urbano (coord.). *Dez anos da Lei nº 11.101/2005*: estudos sobre a Lei de Recuperação e Falência. São Paulo: Almedina, 2015, p. 66-81.

COSTA, Luiz Felipe Duarte Martins. *Contribuição ao estudo da responsabilidade civil dos administradores de companhias abertas*. Dissertação (Mestrado em Direito). Faculdade de Direito da Universidade de São Paulo, São Paulo, 2006.

COSTA, Mário Luiz Oliveira da. Recuperação judicial x regularidade fiscal. *Revista do Advogado – Direito das Empresas em Crise*, a. XXXVI, n. 131, p. 140-152. São Paulo: AASP, out. 2016.

COSTA, Patrícia Barbi. *Os mútuos dos sócios e acionistas na falência das sociedades limitadas e anônimas*. Dissertação (Mestrado em Direito). Faculdade de Direito da Universidade de São Paulo, São Paulo, 2009.

_____. Os mútuos dos sócios e acionistas na falência das sociedades limitadas e anônimas. In: ADAMEK, Marcelo Vieira Von (coord.). *Temas de direito societário e*

empresarial contemporâneos – Liber Amicorum Prof. Dr. Erasmo Valladão Azevedo e Novaes França. São Paulo: Malheiros, 2011, p. 667-690.

COSTA, Salustiano Orlando de. *Codigo Commercial do Brazil*. 6 ed. Rio de Janeiro: Laemmert e C, 1896.

COUTO E SILVA, Clóvis Veríssimo do. *A obrigação como processo*. São Paulo: José Bushatsky, 1976.

COVAS, Silvânio. Comentários aos artigos 55 ao 69. DE LUCCA, Newton; SIMÃO FILHO, Adalberto (coord.). *Comentários à nova Lei de Recuperação de Empresas e Falências*. São Paulo: Quartier Latin, 2005, p. 299-327.

COVELLO, Sergio Carlos. *Contratos bancários*. 4 ed. São Paulo: LEUD, 2001.

CRAVO, Daniela Copetti. Aplicação da teoria da *failing company defense* nos atos de concentração decorrentes da recuperação judicial: atribuição do CADE ou competência exclusiva do Juízo falimentar? *Revista Magister de Direito Empresarial, Concorrencial e do Consumidor*, Porto Alegre, v. 8, n. 43, p. 84-106, fev./mar. 2012.

CRISTIANO, Romano. *Empresa é risco*. São Paulo: Malheiros, 2007.

CUNHA, Paulo. *Do patrimônio*. Lisboa: Minerva, 1934.

CUZZERI, Emanuele. Del fallimento. In: BOLAFFIO, Leone, VIVANTE, Cesare (coords.). *Il Codice di Commercio commentado*. 2 ed. Verona: Tedeschi e Figlio, 1901.

D'AVACK, Carlo. *La natura giuridica del fallimento*. Padova: CEDAM, 1940.

DAY, Clive. *Historia del comercio*, t. I. Trad. Teodoro Ortiz. Ciudad de México: Cultura Economica, 1941.

DE COLANGES, Fustel. *A cidade antiga*. 5 ed. São Paulo: Martins Editora, 2004.

DECOMAIN, Pedro Roberto. Arrecadação e pedido de restituição de bens na falência. *Revista Dialética de Direito Processual*, n. 111, p. 114-130, jun. 2012.

DELMANTO, Celso; DELMANTO, Roberto; DELMANTO Junior, Roberto; DELMANTO, Fábio M. de Almeida. *Código Penal comentado*. 5 ed. Rio de Janeiro: Renovar, 2000.

DE LUCCA, Newton. Comentários aos arts. 1º ao 6º. In: ____; SIMÃO FILHO, Adalberto. *Comentários à nova Lei de Recuperação de Empresas e de Falências*. São Paulo: Quartier Latin, 2005, p. 71-125.

_____. Abuso do direito de voto de credores na assembleia geral de credores prevista nos arts. 35 a 46 da Lei 11.101/05. In: ADAMEK, Marcelo Vieira Von (coord.). *Temas de direito societário e empresarial contemporâneos – Liber Amicorum* Prof. Dr. Erasmo Valladão Azevedo e Novaes França. São Paulo: Malheiros, 2011, p. 645-666.

_____. *O regime jurídico da empresa estatal no Brasil*. Tese (Livre-Docência em Direito). Faculdade de Direito da Universidade de São Paulo, São Paulo, 1986.

_____. O aval. *Revista de Direito Mercantil, Industrial, Econômico e Financeiro*, v. 23, n. 53, p. 41-71, jan./mar. 1984.

_____. *Comentários ao novo Código Civil*, v. XII. Rio de Janeiro: Forense, 2003.

_____; DEZEM, Renata Mota Maciel. Dez anos de vigência da Lei 11.101/05. Há motivos para comemorar? In: CEREZETTI, Sheila C. Neder; MAFFIOLETTI, Emanuelle Urbano (coord.). *Dez anos da Lei nº 11.101/2005*: estudos sobre a Lei de Recuperação e Falência. São Paulo: Almedina, 2015, p. 82-102.

DE PAULA, Eurípedes Simões. As origens das corporações de ofício. As corporações em Roma. *Revista de História*, São Paulo, v. XXXII, n. 65, p. 3-68, jan./mar. 1966.

DERZI, Misabel de Abreu M.; FRATTARI, Rafael. Dispositivos do Código Tributário Nacional alterados por ocasião da publicação da Lei 11.101/05. In: CORRÊA-LIMA, Osmar Brina; CORRÊA LIMA, Sérgio Mourão (coord.). *Comentários à nova Lei de Falências e Recuperação de Empresas*. Rio de Janeiro: Forense, 2009, p. 1323-1369.

DE SEMO, Giorgio. *Diritto fallimentare*. Padova: CEDAM, 1968.

DEZEM, Renata Mota Maciel Madeira. *A universalidade do juízo da recuperação judicial*. São Paulo: Quartier Latin, 2017.

DIAS, Gustavo Neto de Carvalho. *As caixas de liquidação no âmbito do sistema de pagamentos brasileiro*. Dissertação (Mestrado em Direito). Faculdade de Direito da Universidade de São Paulo, São Paulo, 2011.

DIAS, Leonardo Adriano Ribeiro. *Financiamento na recuperação judicial e na falência*. São Paulo: Quartier Latin, 2014.

DIDIER JR., Fredie. *Curso de direito processual civil*, v. 1. 17 ed. Salvador: Juspodivm, 2015.

DINAMARCO, Cândido Rangel. *A instrumentalidade do processo*. 14 ed. São Paulo: Malheiros, 2009.

_____. *Instituições de direito processual civil*, v. IV. 3 ed. São Paulo: Malheiros, 2009.

_____. *Litisconsórcio*. 8 ed. São Paulo: Malheiros, 2009.

DINIZ, Almachio. *Da fallencia*. São Paulo: Monteiro Lobato, 1924.

DINIZ, Gustavo Saad. *Subcapitalização societária* – financiamento e responsabilidade. Belo Horizonte: Fórum, 2012.

_____. *Grupos societários*: da formação à falência. Rio de Janeiro: Forense, 2016.

_____. Falência de grupos societários: critérios de extensão de efeitos de falência. In: CEREZETTI, Sheila C. Neder; MAFFIOLETTI, Emanuelle Urbano (coord.). *Dez anos da Lei nº 11.101/2005*: estudos sobre a Lei de Recuperação e Falência. São Paulo: Almedina, 2015, p. 528-547.

DI PORTO, Andre. *Impresa collettiva e schiavo "manager" in Roma antiga*: II sec. a.C. – II sec. d.C. Milano: Giuffrè, 1984.

DOBSON, Juan M. *El abuso de la personalidad jurídica* (en el derecho privado). Buenos Aires: Ediciones Depalma, 1985.

DODD JR., Merrick E. For whom are corporate managers trustees? *Harvard Law Review*, v. 45, p. 1.145-1.163, 1932.

DOLINGER, Jacob. *Direito internacional privado* (parte geral). 8 ed. Rio de Janeiro: Renovar, 2005.

DOMINGUES, Alessandra de Azevedo. Da concordata à recuperação: investigando a recuperação extrajudicial. In: DE LUCCA, Newton; DOMINGUES, Alessandra de Azevedo (coord.). *Direito recuperacional*: aspectos teóricos e práticos. São Paulo: Quartier Latin, 2009, p. 66-121.

DOMINGUES, Paulo de Tarso. *Do capital social*: noção, princípios e funções. 2 ed. Coimbra: Coimbra Editora, 2004.

_____. *Variações sobre o capital social*. Coimbra: Almedina, 2009.

DUBERSTEIN, Conrad B. Out-of-court workouts. *American Bankruptcy Institute Law Review*, n. 347, p. 347-354, 1993.

DYCK, Alexander; ZINGALES, Luigi. Private benefits of control an international comparison. *The Journal of Finance*, v. 59, n. 2, p. 537-600, 2004.

EASTERBROOK, Frank H.; FISCHEL, Daniel R. *The economic structure of corporate law*. Cambridge: Harvard University Press, 1996.

EIZIRIK, Nelson. *A Lei das S/A comentada*, v. IV. 2 ed. rev. e ampl. São Paulo: Quartier Latin, 2015._____. Interpretação dos arts. 60 e 145 da Lei de Recuperação de Empresas e Falência. In: ADAMEK, Marcelo Vieira Von (coord.). *Temas de direito societário e empresarial contemporâneos – Liber Amicorum* Prof. Dr. Erasmo Valladão Azevedo e Novaes França. São Paulo: Malheiros, 2011, p. 637-644.

EPIFÂNIO, Maria do Rosário. *Manual de direito da insolvência*. 6 ed. Coimbra: Almedina, 2014.

EPSTEIN, David G.; NICKLES, Steve; WHITE, James J. *Bankruptcy*. St. Paul: West Publishing Co., 1993.

ESCUTI, Ignacio A.; BAS, Francisco J.. *Derecho concursal*. Buenos Aires: Astrea, 2006.

ESTEVES, André Fernandez. Das origens do direito falimentar à Lei n. 11.101/05. *Revista Jurídica Empresarial*, n. 15, p. 11-50, ago./jul. 2010.

ESTRELLA, Hernani. *Apuração dos haveres de sócio*. 5 ed. atual. por Roberto Papini. Rio de Janeiro: Forense, 2010.

EZQUERRA, Juana Pulgar (dir.); GILSANZ, Andrés Gutiérrez; VARONA, Fco. Javier Arias; LÓPEZ, Javier Megías (coord.). *Manual de derecho concursal*. Madrid: Wolters Kluwer, 2017.

FACIO, Jorge Peyrano. *La cláusula penal*. 2 ed. Bogotá: Themis, 1982.

FALEIRO, Kelly Magalhães. *Procedimento de consulta fiscal*. São Paulo: Noeses, 2005.

FARIA, Alberto de. *Mauá*. Rio de Janeiro: Pongetti e Cia, 1926.

FASSI, Santiago C.; GEBHARDT, Marcelo. *Concursos y quiebras*. 6 ed. Buenos Aires: Astrea, 1999.

FAZZIO JÚNIOR, Waldo. *Nova Lei de Falência e Recuperação de Empresas*. 5 ed. São Paulo: Atlas, 2010.

FELSBERG, Thomas Benes; CAMPANA FILHO, Paulo Fernando. A recuperação judicial de sociedades sediadas no exterior: as lições da experiência estrangeira e os desenvolvimentos no Brasil. In: CEREZETTI, Sheila C. Neder; MAFFIO-

REFERÊNCIAS

LETTI, Emanuelle Urbano (coord.). *Dez anos da Lei nº 11.101/2005*: estudos sobre a Lei de Recuperação e Falência. São Paulo: Almedina, 2015, p. 468-489.

FERBER, Kenneth S. *Corporation law*. New Jersey: Prentice Hall, 2002.

FÉRES, Marcelo Andrade. *Estabelecimento empresarial*: trespasse e efeitos obrigacionais. São Paulo: Saraiva, 2007.

_____. *Sociedade em comum*: disciplina jurídica e institutos afins. São Paulo: Saraiva, 2011.

_____. Seção V: Da inabilitação empresarial, dos direitos e deveres do falido. In: CORRÊA-LIMA, Osmar Brina; CORRÊA LIMA, Sérgio Mourão (coord.). *Comentários à nova Lei de Falências e Recuperação de Empresas*. Rio de Janeiro: Forense, 2009, p. 758-799.

FERNANDES, Jean Carlos. Reflexões sobre a nova Lei Falimentar: os efeitos da homologação do plano de recuperação extrajudicial. *Revista de Direito Mercantil, Industrial, Financeiro e Econômico*, São Paulo, n. 141, p. 169-184, jan./jul. 2006.

_____. Dissolução parcial de sociedade anônima por ruptura da *affectio societatis*. In: BOTREL, Sérgio (coord.). *Direito societário*: análise crítica. São Paulo: Saraiva, 2010, p. 94-116.

FERNANDEZ, Raymundo L. *Tratado teorico-practico de la quiebra*. Buenos Aires: Compañia Impressora Argentina, 1937.

FERRARA, Francesco. *Il fallimento*. Milano: Giuffrè, 1966.

_____. *Il fallimento*. 3 ed. Milano: Giuffrè, 1974.

FERRARA JR., Francesco; BORGIOLI, Alessandro. *Il fallimento*. 5 ed. Milano: Giuffrè, 1995.

FERRAZ, Luiz Augusto de Souza Queiroz. Da arrecadação, avaliação e realização do ativo. *Revista do Advogado*, v. 25, n. 83, p. 66-72, set. 2005.

FERREIRA, Waldemar. *Sociedades commerciaes irregulares*. São Paulo: Editora Limitada, 1927.

_____. *Instituições de direito comercial*, v. 5. 3 ed. São Paulo: Freitas Bastos, 1951.

_____. *Tratado de direito comercial*, v. 14. São Paulo: Saraiva, 1965.

_____. *Tratado de direito comercial*, v. 15. São Paulo: Saraiva, 1966.

_____. *As directrizes do direito mercantil brasileiro*. Lisboa: Anuário Comercial, 1933.

FERRI, Giuseppe. *Le società*. Torino: UTET, 1971.

_____. *Manuale di diritto commerciale*. 30 ed. A cura di Carlos Angelici e Giovanni B. Ferri. Milano: UTET, 2011.

FERRO, Marcelo Roberto. *O prejuízo na fraude contra credores*. Rio de Janeiro: Renovar, 1998.

FLETCHER, Ian F. *The laws of insolvency*. 5 ed. London: Sweet & Maxwell, 2017.

FONSECA, Arnoldo Medeiros da. *Direito de retenção*. Rio de Janeiro: Forense, 1944.

FONSECA, Humberto Lucena Pereira da. Comentários aos arts. 64 a 69. In: CORRÊA-LIMA, Osmar Brina; CORRÊA LIMA, Sérgio Mourão (coord.). *Comentários à nova Lei de Falência e Recuperação de Empresas*. Rio de Janeiro: Forense, 2009, p. 427-461.

_____; KOHLER, Marcos Antônio. A nova Lei de Falências e o instituto da recuperação extrajudicial. *Revista de Direito Mercantil, Industrial, Econômico e Financeiro*, São Paulo, v. 44, n. 138, p. 84-101, abr./jun. 2005.

FORGIONI, Paula. *A evolução do direito comercial brasileiro*: da mercancia ao mercado. São Paulo: Revista dos Tribunais, 2009.

_____. *A evolução do direito comercial brasileiro*: da mercancia ao mercado. 3 ed. São Paulo: Revista dos Tribunais, 2016.

FOSS, Nicolai J.; LANDO, Henrik; THOMSEN, Steen. *The theory of the firm*. Ency-

RECUPERAÇÃO DE EMPRESAS E FALÊNCIA

clopedia of Law and Economics. Disponível em: <http://encyclo.find-law.com/5610book.pdf>. Acesso em: 21 dez. 2006.

FRANÇA, Erasmo Valladão Azevedo e Novaes. Acionista controlador – impedimento ao direito de voto. *Revista de Direito Mercantil, Industrial, Econômico e Financeiro*, São Paulo, n. 125, p. 139-172, jan./mar. 2002.

_____. Atos e operações societárias em fraude à lei, visando à tomada ilícita do controle de companhia aberta – abuso do poder de controle e conflito de interesses caracterizados – invalidade. *Revista de Direito Mercantil, Industrial, Econômico e Financeiro*, São Paulo, n. 143, p. 255-270, jul./set. 2006.

_____. *Conflito de interesses nas assembléias de S.A.* São Paulo: Malheiros, 1993.

_____. *Invalidade das deliberações de assembleia das S/As.* São Paulo: Malheiros, 1999.

_____. Conflito de interesses: formal ou substancial? Nova decisão da CVM sobre a questão. *Revista de Direito Mercantil, Industrial, Econômico e Financeiro*, São Paulo, n. 128, p. 225-262, out./dez. 2002.

_____. Empresa, empresário e estabelecimento. A nova disciplina das sociedades. In: ____. *Temas de direito societário, falimentar e teoria da empresa.* São Paulo: Malheiros, 2009, p. 511-530.

_____. *Sociedade em comum.* São Paulo: Malheiros, 2013.

_____. Parecer: sociedade que tem por objeto a prestação de serviços de natureza intelectual é de natureza simples, qualquer que seja a forma de sua organização. *Revista de Direito Mercantil, Industrial, Econômico e Financeiro*, São Paulo, a. L, n. 157, p. 241-258, jan./mar. 2011.

_____. Seção IV: Da assembléia-geral de credores. In: SOUZA JUNIOR, Francisco Satiro de; PITOMBO, Antonio Sergio A.

de Moraes (coord.). *Comentários à Lei de Recuperação de Empresas e Falências.* 2 ed. rev., atual. e ampl. São Paulo: Revista dos Tribunais, 2007, p. 186-217.

_____. Sociedade em comum e regimes de insolvência. In: CEREZETTI, Sheila C. Neder; MAFFIOLETTI, Emanuelle Urbano (coord.). *Dez anos da Lei nº 11.101/2005*: estudos sobre a Lei de Recuperação e Falência. São Paulo: Almedina, 2015, p. 518-527.

_____; ADAMEK, Marcelo Vieira von. O sócio incapaz (CC, art. 974, §3º). *Revista de Direito Mercantil, Industrial, Econômico e Financeiro*, São Paulo, a. L, n. 159/160, p. 112-126, jul./dez. 2011.

_____; _____. Empresa individual de responsabilidade limitada (Lei nº 12.441/2011): anotações. In: AZEVEDO, Luís André N. de Moura; CASTRO, Rodrigo R. Monteiro de (coord.). *Sociedade limitada contemporânea.* São Paulo: Quartier Latin, 2013, p. 39-77.

FRANCO, Vera Helena de Mello. *Contratos.* 3 ed. São Paulo: Revista dos Tribunais, 2012.

_____. Seção IV: Do procedimento para a decretação da falência. In: SOUZA JUNIOR, Francisco Satiro de; PITOMBO, Antônio Sérgio A. de Moraes (coord.). *Comentários à Lei de Recuperação de Empresas e Falência.* 2 ed. rev. atual. e ampl. São Paulo: Revista dos Tribunais, 2007, p. 397-418.

_____. Seção VII: Da arrecadação e da custódia dos bens. In: SOUZA JUNIOR, Francisco Satiro de; PITOMBO, Antônio Sérgio A. de Moraes (coord.). *Comentários à Lei de Recuperação de Empresas e Falência.* 2 ed. rev., atual. e ampl. São Paulo: Revista dos Tribunais, 2007, p. 429-433.

_____. Comentários aos arts. 94 a 114. In: SOUZA JUNIOR, Francisco Satiro de;

PITOMBO, Antônio Sérgio A. de Moraes (coord.). *Comentários à Lei de Recuperação de Empresas e Falência*. 2 ed. rev., atual. e ampl. São Paulo: Revista dos Tribunais, 2007, p. 397-433.

_____. Dissolução e dissolução parcial. Pedido de dissolução parcial de sociedade anônima como sucedâneo para o recesso. Inadmissibilidade. Interpretação e aplicação do disposto na norma do art. 206, II, "b". *Revista de Direito Mercantil, Industrial, Econômico e Financeiro*, São Paulo, a. L, n. 159/160, p. 317-343, jul./dez. 2011.

_____; SZTAJN, Rachel. *Falência e recuperação da empresa em crise*. Rio de Janeiro: Elsevier, 2008.

FRONTINI, Paulo Salvador. Do estado de falido: sua configuração – inovações da Lei de Recuperação e Falência. *Revista de Direito Mercantil, Industrial, Econômico e Financeiro*, v. 44, n. 138, p. 7-24, abr./jun. 2005.

_____. O caso da falência da Sanderson e as tendências atuais do direito falimentar. *Revista de Direito Mercantil, Industrial, Econômico, Financeiro*, a. XIII, n. 15/16, p. 247-250, 1974.

_____. Seção VIII: Dos efeitos da decretação da falência sobre as obrigações do devedor. In: SOUZA JUNIOR, Francisco Satiro de; PITOMBO, Antonio Sergio A. de Moraes (coord.). *Comentários à Lei de Recuperação de Empresas e Falências*. 2 ed. rev., atual. e ampl. São Paulo: Revista dos Tribunais, 2007, p. 434-468.

GALGANO, Francesco. *Lex mercatoria*. 5 ed. Bologna: Il Mulino, 2010.

_____. *La forza del numero e la legge della ragione*: storia del principio di maggioranza. Bologna: Il Mulino, 2007.

GALIZZI, Gustavo Oliva. *Sociedade em conta de participação*. Belo Horizonte: Mandamentos, 2008.

GALVÃO TELES, Inocêncio. *Do patrimônio*. Lisboa: Minerva, 1940.

_____. *Das universalidades*: estudo de direito privado. Lisboa: Minerva, 1940.

GARCIÁ, Ricardo Oliveira. *Principios y bases de la nueva Ley de Concursos y Reorganización Empresarial*. Montevideo: LCU, 2008.

GARDNER, Edmund G. *The story of Florence*. London: Dent & Co., 1908.

GARRIGUES, Joaquín. *Curso de derecho mercantil*, t. V. 7 ed. Bogotá: Temis, 1987.

GEBHARDT, Marcelo. *Concursos y quiebras*. 6 ed. Buenos Aires: Astrea, 1999.

GELDERBLOM, Oscar. *Cities of commerce*. New Jersey: Princeton, 2013.

GHEZZI, Leandro Leal. *A incorporação imobiliária*. À luz do Código de Defesa do Consumidor e do Código Civil. São Paulo: Revista dos Tribunais, 2007.

GIANSANTE, Gilberto. Recuperação judicial especial: problemas e perspectivas. *Revista do Advogado*, a. XXIX, n. 105, p. 66-74. São Paulo: AASP, set. 2009.

GIERKE, Otto von. *Über die Geschichte des Majoritätsprinzips* – separata do Schmollers Jahrbuch. Berlin: Duncler & Humblot, 1915 (tradução italiana sob o título *Sulla storia del principio di maggioranza*, na Rivista delle Società, p. 1.103-1.120, 1961).

GILISSEN, John. *Introdução histórica ao direito*. 2 ed. Trad. A. M. Hespanha e I. M. Macaísta Malheiros. Lisboa: Fundação Calouste Gulbekian, 1995.

GILLI, Patrick, *Cidades e sociedades urbanas na Itália medieval*. Trad. Marcelo Cândido da Silva e Victor Sobreira. Campinas: Unicamp, 2011.

GIORDANI, Mário Curtis. *História do mundo feudal*. Petrópolis: Vozes, 1974.

GOLDSCHMIDT, Levin. *Storia universale del diritto commerciale*. Torino: Unione Tipografico-Editrice Torinese, 1913.

GOMES, Orlando. *Alienação fiduciária em garantia*. 2 ed. São Paulo: Revista dos Tribunais, 1971.

_____. *Contratos*. 26 ed. Rio de Janeiro: Forense, 2007.

_____. *Direitos reais*. 13 ed. Rio de Janeiro: Forense, 1998.

_____. *Introdução do direito civil*. 20 ed. atual. por Humberto Theodoro Júnior. Rio de Janeiro: Forense, 2010.

_____. *Obrigações*. 13 ed. Rio de Janeiro: Forense, 2003.

GONÇALVES, Fernando; MOURÃO, Gustavo César. Arts. 157 a 160. In: CORRÊA-LIMA, Osmar Brina; CORRÊA LIMA, Sérgio Mourão (coord.). *Comentários à nova Lei de Falências e Recuperação de Empresas*. Rio de Janeiro: Forense, 2009, p. 1.047-1098.

GONÇALVES NETO, Alfredo de Assis. A empresa individual de responsabilidade limitada. *Revista dos Tribunais*, São Paulo, v. 915, p. 153-180, jan. 2012.

_____. *Direito de empresa*: comentários aos artigos 966 a 1.195 do Código Civil. 2 ed. rev., atual. e ampl. São Paulo: Revista dos Tribunais, 2008.

_____. *Direito de empresa*: comentários aos artigos 966 a 1.195 do Código Civil. 3 ed. São Paulo: Revista dos Tribunais: 2010.

_____. Administração da falência, realização do ativo e pagamento dos credores. In: SANTOS, Paulo Penalva (coord.). *A nova Lei de Falências e de Recuperação de Empresas* – Lei nº 11.101/05. Rio de Janeiro: Forense, 2007, p. 241-281.

GONTIJO, Vinícius. Acordo de credores na assembleia geral. *Revista de Direito Mercantil*, v. 159/160, p. 167-172, 2011.

GOODE, Ray. *Principles of corporate insolvency law*. 4 ed. London: Sweet & Maxwell, 2011.

GORGA, Érica, Changing the paradigm of stock ownership from concentrated towards dispersed ownership? Evidence from Brazil and consequences for emerging countries. *Cornell Law Faculty Working Papers, paper 42*, 2008. Disponível em: <ssrn: http//ssrn.com/abstract=1120137>. Acesso em: 20 mar. 2011.

GROSSI, Paolo. *Introduzione al Novecento giuridico*. Bari: Laterza, 2012.

_____. *A ordem jurídica medieval*. Trad. Denise Rossato Agostinetti. São Paulo: Martins Fontes, 2014.

GUARINO, Antonio. *La società in diritto romano*. Napoli: Jovene, 1988.

GUASTI, Cesare. *Studi e bibliografici sopra gli statuti de'comuni italiani*. Toscana: Celini, 1855.

GUERREIRO, José Alexandre Tavares. Seção II: Da verificação e da habilitação de créditos. In: SOUZA JUNIOR, Francisco Satiro de; PITOMBO, Antonio Sergio A. de Moraes (coord.). *Comentários à Lei de Recuperação de Empresas e Falências*. 2 ed. rev., atual. e ampl. São Paulo: Revista dos Tribunais, 2007, p. 144-162.

_____. Conflitos de interesse entre sociedade controladora e controlada e entre coligadas, no exercício do voto em assembléias gerais e reuniões sociais. *Revista de Direito Mercantil, Industrial, Econômico e Financeiro*, São Paulo, n. 51, p. 29-32, jul./set. 1983.

_____. *Regime jurídico do capital autorizado*. São Paulo: Saraiva, 1984.

_____. Sociedade anônima: poder e dominação. *Revista de Direito Mercantil, Industrial, Econômico e Financeiro*, a. 23, n. 53, p. 73-80, jan./mar. 1984.

_____. Sociologia do poder na sociedade anônima. *Revista de Direito Mercantil, Industrial, Econômico e Financeiro*, a. 29, n. 77, p. 50-56, jan./mar. 1990.

GUREVIC, Aron Ja. O mercador. In: LE GOFF, Jacques. *O homem medieval*. Lisboa: Presença, 1989.

HANSMANN, Henry; KRAAKMAN, Reinier. The end of history for corporate law. *Georgetown Law Journal*, Washington, n. 89, p. 439-468, jan. 2001.

HESPANHA, António Manuel. *Cultura jurídica europeia*. Florianópolis: Boiteux, 2005.

HIBBERT, Christopher. *The rise and fall of the house of Medici*. New York: Penguin, 1979.

HIGUCHI, Hiromi; HIGUCHI, Fábio Hiroshi; HIGUCHI, Celso Hiroyuki. *Imposto de renda das empresas*. Interpretação e prática. 33 ed. São Paulo: IR Publicações, 2008.

HILAIRE, Jean. *Le droit, les affaires et l'Histoire*. Paris: Economica, 1995.

HILDEBRAND, Lucas Fajardo Nunes. Patrimônio, patrimônio separado ou especial, patrimônio autônomo. In: FRANÇA, Erasmo Valladão Azevedo e Novaes (coord.). *Direito societário contemporâneo I*. São Paulo: Quartier Latin, 2009, p. 263-279.

HOLMES JR., Oliver Wendell. *The Common Law* (reprint; originally published: Boston: Little, Brown & Co., 1881). New York: Dover Publications, 1991.

HOLZ, Eva; POZIOMEK, Rosa. *Curso de derecho comercial*. 3 ed. Montevideo: Amalio M. Fernandez, 2016.

HOUAISS, Antônio; VILLAR, Mauro de Salles. *Dicionário Houaiss da língua portuguesa*. Rio de Janeiro: Objetiva, 2001.

HOVENKAMP, Herbert. *Federal antitrust policy*: the law of competition and its practice. 3 ed. St. Paul: West Publishing Co., 2005.

HUSNI, Alexandre. Comentários aos artigos 139 ao 153. In: LUCCA, Newton de; SIMÃO FILHO, Adalberto (coord.). *Comentários à nova Lei de Recuperação de Empresas e Falência*. São Paulo: Quartier Latin, 2005, p. 529-562.

HUVELIN, Paul. *L'histoire du droit commercial*. Paris: Leopold Cerf, 1904.

_____. *Études d'histoire du droit commercial romain* (histoire externe – droit maritime). Paris: Librairie du Recueil Sirey, 1929.

IGLESIAS, Juan. *Derecho romano*. 15 ed. Barcelona: Ariel, 2007.

INGLEZ SOUZA. *Prelecções de direito comercial*. Rio de Janeiro: Typographia Leuzinger, 1919.

IRTI, Natalino. *Introduzione allo studio del diritto privato*. Padova: CEDAM, 1990.

JACKSON, Thomas H. *The logic and limits of bankruptcy law*. Washington: Beardbooks, 1986.

_____. *The logic and limits of bankruptcy law*. Washington: Beardbooks, 2001.

JAEGER, Pier Giusto. *L'interesse sociale*. Milano: Giuffrè, 1972.

_____. Interesse sociale rivisitato (quarant' anni dopo). *Giurisprudenza Commerciale*, n. 1, p. 795-812, 2000.

JAPPUR, José. *O falido no moderno direito falimentar brasileiro*. Porto Alegre: Sulina, 1954.

JHERING, Rudolf Von. *O espírito do direito romano*, v. I. Trad. Rafael Benaion. Rio de Janeiro: Alba, 1943.

_____. *O espírito do direito romano*, v. II. Trad. Rafael Benaion. Rio de Janeiro: Alba, 1943.

JORDAN, Robert L.; WARREN, William, D. *Bankruptcy*. New York: Foudation Press, 1993.

JUSTO, A. Santos. *Direito privado romano II*: direito das obrigações. 2 ed. Coimbra: Coimbra, 2006.

KASER, Max. *Direito privado romano*. Trad. de Samuel Rodrigues e Ferdinand Hämmerle. Lisboa: Fundação Calouste Gulbenkian, 1999.

KEEN, Maurice. *The penguin history of medieval Europe*. London: Penguin Books, 1991.

KELLER, Ulrich. *Insolvenzrecht*. 2 Aufl. München: Vahlen, 2018.

KIRSCHBAUM, Deborah. *A recuperação judicial no Brasil*: governança, financiamento extraconcursal e votação do plano. Tese (Doutorado em Direito). Faculdade de Direito da Universidade de São Paulo, São Paulo, 2009.

_____. Cláusula resolutiva expressa por insolvência nos contratos empresariais: uma análise econômico-jurídica. *Revista Direito GV*, v. 2, p. 37-54, jan./jun. 2006.

_____. Funções da repressão penal em matéria falimentar. *Revista de Direito Empresarial*, Curitiba, n. 6, p. 187-210, jul./dez. 2006.

KOHLER, Josef. *Lehrbuch des konkursrechts*. Stuttgart: Ferdinand Enke, 1891.

KRUGMAN, Paul; WELLS, Robin. *Introdução à economia*. Trad. de Helga Hoffmann. Rio de Janeiro: Elsevier, 2007.

KUGELMAS, Alfredo Luiz; PINTO, Gustavo Henrique Sauer de Arruda. Administrador judicial na recuperação judicial: aspectos práticos. In: DE LUCCA, Newton; DOMINGUES, Alessandra de Azevedo (coord.). *Direito recuperacional*: aspectos teóricos e práticos. São Paulo: Quartier Latin, 2009, p. 198-233.

KULISCHER, J. M. *Storia economica del medio evo e dell'epoca moderna*, v. I. Trad. G. Bohm. Firenze: Sansoni, 1955.

LACERDA, Paulo de. *Do contrato de conta corrente*. 2 ed. Rio de Janeiro: Jacinto Ribeiro dos Santos Editor, 1928.

LA LUMIA, Isidoro. *Corso di diritto commerciale*. Milano: Giuffrè, 1950.

LAMY FILHO, Alfredo. Abuso do direito de voto e conflito de interesses – Interpretação do art. 115 e seu §1º – O direito de voto do controlador. In: ___. *Temas de S.A.*: exposições e pareceres. Rio de Janeiro: Renovar, 2007, p. 349-358.

_____. Sociedades associadas – Exercício de voto em assembléias gerais –

Conflito de interesses – A prevalência do interesse social. In: ___. *Temas de S.A.*: exposições e pareceres. Rio de Janeiro: Renovar, 2007, p. 309-312.

_____; PEDREIRA, José Luiz Bulhões. *A Lei das S.A.*: pressupostos, elaboração e modificações, v. 1. 3 ed. Rio de Janeiro: Renovar, 1997.

_____; _____ (coord.). *Direito das companhias*, v. I. Rio de Janeiro: Forense, 2010.

LANE, Fredric. *Venice*. A maritime republic. Maryland: John Hopkins University Press, 1973.

LA PORTA, Rafael; LOPEZ DE SILANES, Florencio; SHLEIFER, Andrei. Corporate ownership around the world. *Harvard Institute of Economic*. Research Paper No. 1840, 1998. Disponível em <http://ddrn.com/abstract=103130>. Acesso em: 20 fev. 2008.

LATTES, Alessandro. *Il diritto commerciale nella legislazione statutaria delle città italiane*. Milano: Ulrico Hoepli, 1884.

_____. *Il fallimento nel diritto comune e nella legislazione bancaria della Repubblica di Venezia*. Venezia: M. Visentini, 1880 (reimprezione).

_____. *Studii di diritto statutario*. Milano: Ulrico Hoepli, 1886.

LAZZARINI, Alexandre Alves. Reflexões sobre a recuperação judicial de empresas. In: DE LUCCA, Newton; DOMINGUES, Alessandra de Azevedo (coord.). *Direito recuperacional*: aspectos teóricos e práticos. São Paulo: Quartier Latin, 2009, p. 66-131.

LEÃES, Luiz Gastão Paes de Barros. *Comentários à Lei das Sociedades Anônimas*, v. 2. São Paulo: Saraiva, 1980.

_____. *Do direito do acionista ao dividendo*. São Paulo: Obelisco, 1969.

_____. Conflito de interesses. O interesse social e o interesse da empresa.

Voto conflitante e vedação do exercício do direito de voto. Abuso do direito de voto e abuso do poder de controle. In: _____. *Estudos e pareceres sobre sociedades anônimas*. São Paulo: Revista dos Tribunais, 1989, p. 9-27.

_____. Desconsideração da personalidade jurídica. In: _____. *Pareceres*, v. I. São Paulo: Singular, 2004, p. 371-383.

LEAL, Hugo Barreto Sodré. *Responsabilidade tributária na aquisição de estabelecimento empresarial*. São Paulo: Quartier Latin, 2007.

LEEMANS, W. F. *Old-babylonian merchant*. His business and social position. Leiden: Brill, 1950.

LEFRANC, Georges. *História breve do comércio*. Lisboa: Editorial Verbo, 1962.

LE GOFF, Jacques. *A bolsa e a vida*: a usura na Idade Média. Brasília: Editora Brasiliense, 1989.

_____. *O homem medieval*. Lisboa: Presença, 1989.

_____. *Mercadores e banqueiros da Idade Média*. Trad. Antônio de Pádua Danesi. São Paulo: Martins Fontes, 1991.

_____. *A Idade Média e o dinheiro*. 2 ed. Trad. Marcos de Castro. Rio de Janeiro: Civilização Brasileira, 2014.

_____. *A civilização do ocidente medieval*. Trad. Monica Stahel. Petrópolis: Vozes, 2017.

LEIST, B. W. *Zur Geschichte der römischen Societas*. Iena: Ed. Gustav Fischer, 1881.

LEITÃO, Luís Manuel Teles de Menezes. *Direito da insolvência*. 3 ed. Coimbra: Almedina, 2011.

LEME, Ernesto. Os mestres do direito comercial da Faculdade de Direito de São Paulo. *Revista de Direito Mercantil, Industrial, Econômico e Financeiro*, São Paulo, n. 39, p. 9-19, jul./set. 1980.

LEONEL, Jayme. *Ação revocatória no direito da falência*. 2 ed. São Paulo: Saraiva, 1951.

LEVINTHAL, Louis E. The early history of bankruptcy law. University of Pennsylvania Law Review, 66 U. PA. L. REV. 223-250 (1918).

LIMA, Adamastor. *Nova Lei de Fallencias*. Rio de Janeiro: Coelho Branco, 1930.

LIMA, Alvino. *A fraude no direito civil*. São Paulo: Saraiva, 1968.

LIMONGI FRANÇA, Rubens (coord.). *Enciclopédia Saraiva de Direito*, v. 20. São Paulo: Saraiva, 1977.

LISBOA, José da Silva. *Princípios de direito mercantil e leis da marinha*, t. I. Rio de Janeiro: Academica, 1874.

_____. *Princípios de direito mercantil e leis da marinha*, t. II. Rio de Janeiro: Academica, 1874.

_____. *Princípios de direito mercantil e leis de marinha*. Rio de Janeiro: Serviço de Documentação do MJNI, 1963.

LISBOA, Marcos de Barros; DAMASO, Otávio Ribeiro; SANTOS, Bruno Carazza dos; COSTA, Ana Carla Abrão. A racionalidade econômica da nova Lei de Falências e de Recuperação de Empresas. In: PAIVA, Luiz Fernando Valente de (coord.). *Direito falimentar e a nova Lei de Falência e Recuperação de Empresas*. São Paulo: Quartier Latin, 2005, p. 29-60.

LISBOA, Roberto Senise. Comentários aos arts. 129-138. In: DE LUCCA, Newton; FILHO, Adalberto Simão (coords.). *Comentários à nova Lei de Recuperação de Empresas e de Falências*. São Paulo: Quartier Latin, 2005, p. 511-528.

LOBO, Jorge. *Direito concursal*. Rio de Janeiro: Forense, 1996.

_____. *Grupo de sociedades*. Rio de Janeiro: Forense, 1978.

_____. O moderno direito concursal. *Revista de Direito Mercantil, Industrial, Econômico, Financeiro*, a. XXXIV, n. 99, p. 87-97, 1995.

_____. Seção IV: Da assembleia geral de credores. In: TOLEDO, Paulo Fernando Campos Salles de; ABRÃO, Carlos Henrique (coord.). *Comentários à Lei de Recuperação de Empresas e Falência*. 4 ed. rev. e atual. São Paulo: Saraiva, 2010, p. 142-171.

_____. Direito da crise econômica da empresa. *Revista de Direito Mercantil, Industrial, Econômico e Financeiro*, n. 100, p. 64-92, jan./mar. 1998.

_____. Seção I: Disposições gerais. In: TOLEDO, Paulo Fernando Campos Salles de; ABRÃO, Carlos Henrique (coord.). *Comentários à Lei de Recuperação de Empresas e Falência*. 4 ed. rev. e atual. São Paulo: Saraiva, 2010, p. 171-201.

_____. Seção IV: Do procedimento de recuperação judicial. In: TOLEDO, Paulo Fernando Campos Salles de; ABRÃO, Carlos Henrique (coord.). *Comentários à Lei de Recuperação de Empresas e Falência*. 4 ed. rev. e atual. São Paulo: Saraiva, 2010. p. 219-258.

_____. Responsabilidade por obrigações e dívidas da sociedade empresária na recuperação extrajudicial, na recuperação judicial e na falência. *Revista de Direito Mercantil, Industrial, Econômico e Financeiro*, São Paulo, a. XLV, n. 144, p. 138-145, out./dez. 2006.

_____. Extensão da falência e o grupo de sociedades. *Revista da EMERJ*, v. 12, n. 45, p. 74-86, 2009.

LOPES, Idevan César Rauen. *Empresa e exclusão do sócio*. 2 ed. rev. e atual. Curitiba: Juruá, 2008.

LOPES, Mauro Brandão. *A sociedade em conta de participação*. São Paulo: Saraiva, 1990.

LOPEZ, Robert. *A revolução comercial da Idade Média – 950-1350*. Lisboa: Editorial Presença, 1976.

LOPUCKI, Lynn M. The nature of the bankrupt firm: a reply to Baird and Rasmussen's 'The end of bankruptcy'. *Stanford Law Review*, v. 56, n. 3, nov. 2003.

LUCAS, François-Xavier. *Manuel de droit de la faillite*. Paris: PUF, 2016.

LUPI, André Lipp Pinto Basto; SCHLÖSSER, Gustavo Miranda. A Empresa Individual de Responsabilidade Limitada: aspectos societários, tributários e econômicos. *Revista Magister de Direito Empresarial, Concorrencial e do Consumidor*, Porto Alegre, n. 43, p. 60-72, fev./mar. 2012.

LUZZATTO, Gino. *Storia del commercio*, v. I. Firenze: G. Barbera Editore, 1914.

MACEDO, Ricardo Ferreira. *Controle não-societário*. Rio de Janeiro: Renovar, 2004.

MACHADO, Antônio Cláudio Costa. *A intervenção do Ministério Público no processo civil brasileiro*. 2 ed. São Paulo: Saraiva, 1998.

MACHADO, Brasilio. *Direito commercial*. São Paulo: Mignon, 1909.

MAFFÍA, Osvaldo J. *Derecho concursal*, t. I. Buenos Aires: Del Palma, 1993.

_____. *Derecho concursal*, t. II. Buenos Aires: Del Palma, 1993.

MAFFIOLETTI, Emanuelle Urbano. *O direito concursal das sociedades cooperativas e a Lei de Recuperação de Empresas e Falência*. Tese (Doutorado em Direito). Faculdade de Direito da Universidade de São Paulo, São Paulo, 2010.

_____. *As sociedades cooperativas e o regime jurídico concursal* – a recuperação de empresas e falências, insolvência civil e liquidação extrajudicial e a empresa cooperativa. São Paulo: Almedina, 2015.

MAGALHÃES, Basílio de. *História do comércio*. Rio de Janeiro: Francisco Alves, 1943.

MAGGIORE, G. Ragusa. *Istituzioni di diritto fallimentare*. 2 ed. Milano: CEDAM, 1994.

_____. *Contributo alla teoria unitaria della revocatoria fallimentare*. Milano: Giuffrè, 1975.

MALAGARRIGA, Carlos C. *Tratado elemental de derecho comercial*, t. IV. 2 ed. Buenos Aires: Tipográfica Argentina, 1958.

MAMEDE, Gladston. *Direito empresarial brasileiro*: falência e recuperação de empresas, v. 4. São Paulo: Atlas, 2006.

_____. *Direito empresarial brasileiro*: falência e recuperação de empresas, v. 4. 7 ed. São Paulo: Atlas, 2015.

MANDEL, Júlio Kahan. *Nova Lei de Falências e Recuperação de Empresas anotada*: Lei 11.101, de 9.2.2005. São Paulo: Saraiva, 2005.

_____. Da convolação da recuperacão judicial em falência. *Revista de Direito Bancário e do Mercado de Capitais*, São Paulo, n. 36, p. 241-259, abr./jun. 2007.

MANGE, Eduardo Foz. Cessão fiduciária de recebíveis na recuperação judicial. *Revista do Advogado – Direito das Empresas em Crise*, a. XXXVI, n. 131, p. 55-61. São Paulo: AASP, out. 2016.

MANGE, Renato. O administrador judicial, o gestor judicial e o comitê de credores na Lei nº 11.101/05. In: SANTOS, Paulo Penalva (coord.). *A nova Lei de Falências e de Recuperação de Empresas – Lei nº 11.101/05*. Rio de Janeiro: Forense, 2007, p. 65-74.

MANN, Bruce H. *Republic of debtors*. Bankruptcy in the age of American Independence. Cambridge: Harvard University Press, 2002.

MARCHI, Eduardo C. Silveira. *Da concordata no concurso de credores*. São Paulo: Quartier Latin, 2010.

MARCONDES, Sylvio. *Direito comercial*: falência (Direito Comercial: 4º ano). São Paulo: Faculdade de Direito da Universidade de São Paulo – Centro Acadêmico XI de Agosto, 1954.

_____. *Questões de direito mercantil*. São Paulo: Max Limonad, 1977.

_____. *Limitação da responsabilidade de comerciante individual*. São Paulo: USP, 1956.

_____. *Problemas de direito mercantil*. São Paulo: Max Limonad, 1970.

MARGONI, Anna Beatriz Alves. *A desconsideração da personalidade jurídica nos grupos de sociedades*. Dissertação (Mestrado em Direito). Faculdade de Direito da Universidade de São Paulo, São Paulo, 2011.

MARIANO, Álvaro A. C. *Abuso de voto na recuperação judicial*. Tese (Doutorado em Direito). Faculdade de Direito da Universidade de São Paulo, São Paulo, 2012.

MARINONI, Luiz Guilherme. *Técnica processual e tutela dos direitos*. São Paulo: Revista dos Tribunais, 2004.

_____. Ação revocatória falimentar, litisconsórcio necessário e *querela nullitatis insanabilis*. In: _____. *Soluções práticas de direito* – pareceres –, v. I. São Paulo: Revista dos Tribunais, 2011, p. 323-335.

_____. Direito fundamental à duração razoável do processo. *Interesse Público*, Belo Horizonte, v. 10, n. 51, p. 42-60, set./out. 2008.

_____; ARENHART, Sérgio Cruz. *Execução*. São Paulo: Revista dos Tribunais, 2007.

_____; _____; MITIDIERO, Daniel. *Novo Código de Processo Civil comentado*. 2 ed. São Paulo: Revista dos Tribunais, 2016.

_____; _____; _____. *Novo curso de processo civil*, v. 1. São Paulo: Revista dos Tribunais, 2015.

_____; MITIDIERO, Daniel. *Código de Processo Civil comentado artigo por artigo*. 3 ed. São Paulo: Revista dos Tribunais, 2011.

_____; _____. Arts. 127 e 128. In: CORRÊA-LIMA, Osmar Brina; CORRÊA LIMA, Sérgio Mourão (coord.). *Comentários à nova Lei de Falências e Recuperação de Empresas*. Rio de Janeiro: Forense, 2009, p. 896-899.

MARINS, Victor A. A. Bomfim. *Comentários ao Código de Processo Civil*, v. 12. São Paulo: Revista dos Tribunais, 2000.

MARION, José Carlos. *Contabilidade empresarial*. 9 ed. São Paulo: Atlas, 2002.

MARKY, Thomas. *Curso elementar de direito romano*. 8 ed. São Paulo: Saraiva, 1995.

MARRONE, Matteo. *Istituzioni di diritto romano*. 3 ed. Palermo: Palumbo, 2006.

MARTIN, Antônio. Da ineficácia e da revogação de atos praticados antes da falência. In: SOUZA JUNIOR, Francisco Satiro de; PITOMBO, Antonio Sergio A. de Moraes (coord.). *Comentários à Lei de Recuperação de Empresas e Falências*. 2 ed. rev. atual. e ampl. São Paulo: Revista dos Tribunais, 2007, p. 469-483.

MARTINS, Alexandre de Soveral. *Um curso de direito da insolvência*. 2 ed. rev. e atual. Coimbra: Almedina, 2016.

MARTINS, Glauco Alves. *A recuperação extrajudicial na Lei nº 11.101/2005 e a experiência do direito comparado em acordos preventivos extrajudiciais*. Dissertação (Mestrado em Direito). Faculdade de Direito da Universidade de São Paulo, São Paulo, 2009.

_____. Efeitos da decretação da falência sobre as obrigações do devedor. In: PAIVA, Luiz Fernando Valente de (coord.) *Direito falimentar e a nova Lei de Falências e Recuperação de Empresas*. São Paulo: Quartier Latin, 2005, p. 441-482.

MARTINS-COSTA, Judith. *A boa-fé no direito privado*: sistema e tópica no processo obrigacional. São Paulo: Revista dos Tribunais, 1999.

_____. *A boa-fé no direito privado*: sistema e tópica no processo obrigacional. São Paulo: Marcial Pons, 2015.

_____. *Comentários ao Novo Código Civil*, v. V, t. I. Rio de Janeiro: Forense, 2003.

MARZAGÃO, Lídia Valério. A recuperação judicial. In: MACHADO, Rubens Approbato (coord.). *Comentários à nova Lei de Falências e Recuperação de Empresas*. São Paulo: Quartier Latin, 2005, p. 73-118.

MAUÁ, Visconde. *Exposição aos credores e ao público*. Rio de Janeiro: Expressão e Cultura, 1996.

MAXIMILIANO, Carlos. *Hermenêutica e aplicação do direito*. 19 ed. Rio de Janeiro: Forense, 2003.

MELARÉ, Márcia Regina Machado. A recuperação extrajudicial. In: MACHADO, Rubens Approbato (coord.). *Comentários à nova Lei de Falências e Recuperação de Empresas*. São Paulo: Quartier Latin, 2005, p. 153-162.

MELLO, Marcos Bernardes de. *Teoria do fato jurídico*: plano da eficácia, parte 1. 8 ed. São Paulo: Saraiva: 2013.

MENDES, Octavio. *Fallencias e concordatas*. São Paulo: Saraiva, 1930.

MIGLIARI JÚNIOR, Arthur. *Crimes de recuperação de empresas e de falências*. São Paulo: Quartier Latin, 2006.

_____. Capítulo VII: Disposições penais. In: TOLEDO, Paulo Fernando Campos Salles de; ABRÃO, Carlos Henrique (coord.). *Comentários à Lei de Recuperação de Empresas e Falência*. 4 ed. rev. e atual. São Paulo: Saraiva, 2010, p. 553-622.

_____. O poder de investigação do Ministério Público nos crimes falenciais e recuperacionais. In: CEREZETTI, Sheila C. Neder; MAFFIOLETTI, Emanuelle Urbano (coord.). *Dez anos da Lei nº 11.101/2005*: estudos sobre a Lei de Recuperação e Falência. São Paulo: Almedina, 2015, p. 41-65.

MILANI, Mário Sergio. *Lei de recuperação judicial, recuperação extrajudicial e falência comentada*. São Paulo: Malheiros, 2011.

MISES, Ludwig von. *Teoria e história*. Trad. Rigoberto Juárez-Paz. Madrid: Unión Editorial, 1975.

MITCHELL, William. *An essay on the early history of law of merchant*. Cambridge: University Press, 1904.

MITIDIERO, Daniel. *Comentários ao Código de Processo Civil*, t. I. São Paulo: Memória Jurídica, 2004.

MONTEIRO, Honório. *Preleções de direito comercial*. São Paulo: USP, 1937.

MONTLUC, L. A. de. *La faillite chez les romains*. Paris: Alcán-Levy, 1870.

MORAIS, Fernando de Gravato. *Resolução em benefício da massa insolvente*. Coimbra: Almedina, 2008.

MOREIRA, Alberto Camiña. Abuso do credor e do devedor na recuperação judicial. In: CEREZETTI, Sheila C. Neder; MAFFIOLETTI, Emanuelle Urbano (coord.). *Dez anos da Lei nº 11.101/2005*: estudos sobre a Lei de Recuperação e Falência. São Paulo: Almedina, 2015, p. 177-199.

MOREIRA ALVES, José Carlos. *Direito romano*. 14 ed. Rio de Janeiro: Forense, 2007.

MOSSA, Lorenzo. *Diritto commerciale*, parte II. Milano: Società Editrice, 1937.

_____. Scienza e metodi del diritto commerciale. *Rivista di Diritto Commerciale*, v. XXXIX, p. 97-128, 1941.

_____. *Historia del derecho mercantil en los siglos XIX y XX*. Trad. Francisco Hernandez Borondo. Madrid: Revista de Derecho Privado, 1948.

MUNARI, Alessandro. *Crisi di impresa e autonomia contrattuale nei piani attestati e negli accordi di ristrutturazione*. Milano: Giuffrè, 2012.

MUNHOZ, Eduardo Secchi. Seção IV: Do procedimento de recuperação judicial. In: SOUZA JUNIOR, Francisco Satiro de; PITOMBO, Antonio Sergio A. de Moraes (coord.). *Comentários à Lei de Recuperação de Empresas e Falências*. 2 ed. rev. atual. e ampl. São Paulo: Revista dos Tribunais, 2007, p. 270-319.

_____. *Empresa contemporânea e direito societário*: poder de controle e grupos de sociedade. São Paulo: Juarez de Oliveira, 2002.

_____. Financiamento e investimento na recuperação judicial. In: CEREZETTI, Sheila C. Neder; MAFFIOLETTI, Emanuelle Urbano (coord.). *Dez anos da Lei nº 11.101/2005*: estudos sobre a Lei de Recuperação e Falência. São Paulo: Almedina, 2015, p. 264-290.

MUTINELLI, Fabio. *Del commercio dei veneziani*. Venezia: Filippi Editore. 1835.

NAJJARIAN, Ilene Patrícia de Noronha. Comentários às informações prestadas por companhias abertas falidas e em recuperação judicial enquanto emissoras de valores mobiliários – Instruções CVM nos 476 e 480 – Aspectos do regime de informação no mercado de capitais. In: DE LUCCA, Newton; DOMINGUES, Alessandra de Azevedo; ANTONIO, Nilva M. Leonardi (coord.). *Direito recuperacional*, v. 2. São Paulo: Quartier Latin, 2012, p. 147-177.

NAVARRINI, Umberto. *Trattato di diritto fallimentare*. Bologna: Nicola Zanichelli, 1939.

_____. *Trattato teorico-pratico di diritto commerciale*, v. VI. Torino: Fratelli Bocca, 1926.

_____. *Manuale di diritto fallimentare*. 2 ed. Milano: Giuffrè, 1951.

NEGRÃO, Ricardo. *Aspectos objetivos da Lei de Recuperação de Empresas e Falência*. São Paulo: Saraiva. 2005.

_____. *Manual de direito comercial e de empresa*, v. 3. 5 ed. São Paulo: Saraiva, 2010.

NENOVA, Tatiana. The value of corporate votes and control benefits: a cross-country analysis, *Journal of Financial Economics*, v. 68, p. 325-351, 2001.

NERY JUNIOR, Nelson. Decadência da ação revocatória falimentar. Prazo dos arts. 56 e 114 da Lei de Falências. *Revista de Processo*, São Paulo, v. 50, p. 171-176, 1988.

NETTO, Felipe Peixoto Braga. Arts. 115 a 118. In: CORRÊA-LIMA, Osmar Brina; CORRÊA LIMA, Sérgio Mourão (coord.). *Comentários à nova Lei de Falência e Recuperação de Empresas*. Rio de Janeiro: Forense, 2009, p. 842-862.

NIGRO, Alessandro. *Il fallimento del socio illimitatamente responsabile*. Milano: Giuffrè, 1974.

NOEL, Francis Regis. *A history of the bankruptcy law*. Washington: Potter & Co., 1919.

NOGUEIRA, Ricardo José Negrão. Ineficácia e revogação de atos praticados antes da falência. In: PAIVA, Luiz Fernando Valente de (coord.). *Direito falimentar e a nova Lei de Falências e Recuperação de Empresas*. São Paulo: Quartier Latin, 2005, p. 483-513.

NONATO, Orosimbo. *Fraude contra credores*. São Paulo: Universitária, 1969.

NORONHA, João Otávio de; LIMA, Sérgio Mourão Corrêa. Arts. 5º e 6º. In: CORRÊA-LIMA, Osmar Brina; LIMA, Sérgio Mourão Corrêa (coord.). *Comentários à nova Lei de Falências e Recuperação de Empresas*. Rio de Janeiro: Forense, 2009, p. 73-117.

NORTHFLEET, Ellen Gracie. Prefácio. In: CORRÊA-LIMA, Osmar Brina; CORRÊA LIMA, Sérgio Mourão (coord.). *Comentários à nova Lei de Falência e Recuperação de Empresas*. Rio de Janeiro: Forense, 2009.

NOSTRE, Guilherme Alfredo de Moraes. Capítulo VII: Disposições penais. Seção I: Dos crimes em espécie. In: SOUZA JUNIOR, Francisco Satiro de; PITOMBO, Antonio Sergio A. de Moraes (coord.). *Comentários à Lei de Recuperação de Empresas e Falências*. 2 ed. São Paulo: Revista dos Tribunais, 2007, p. 546-568.

_____. Seção II: Disposições comuns. In: SOUZA JUNIOR, Francisco Satiro de; PITOMBO, Antonio Sergio A. de Moraes

(coord.). *Comentários à Lei de Recuperação de Empresas e Falências*. 2 ed. São Paulo: Revista dos Tribunais, 2007, p. 569-573.

NOYES, Ella. *The story of Milan*. London: Dent & Co., 1908.

NUSDEO, Fábio. *Curso de economia* – introdução ao direito econômico. 5 ed. São Paulo: Revista dos Tribunais, 2008.

OCHOA, Roberto Ozelame; WEINMANN, Amadeu de Almeida. *Recuperação empresarial*. Porto Alegre: Livraria do Advogado, 2006.

OKEY, Thomas. *The story of Venice*. London: Dent & Co., 1931.

_____. *The story of Paris*. London: Dent & Co., 1925.

OLIVA, Milena Donato. *Patrimônio separado*: herança, massa falida, securitização de créditos imobiliários, incorporação imobiliária, fundos de investimento imobiliário, *trust*. Rio de Janeiro: Renovar, 2009.

OLIVEIRA, Antônio Gonçalves. Falência – Ação revocatória proposta pela massa julgada procedente. Pagamento aos credores. Prevalência da venda feita pelo falido com o encerramento da falência. In *Revista dos Tribunais*, São Paulo, v. 429, p. 45-48, jul. 1971.

OLIVEIRA, Carlos Gomes de. *Sociedades irregulares*. São Paulo: Livraria Acadêmica Saraiva & Cia, 1924.

OLIVEIRA, Celso Marcelo de. *Comentários à nova Lei de Falências*. São Paulo: IOB Thomson, 2005.

OLIVEIRA, José Lamartine Corrêa de. *Conceito da personalidade jurídica*. Tese (Livre-Docência). Faculdade de Direito da Universidade Federal do Paraná, Curitiba, 1962.

_____. *A dupla crise da pessoa jurídica*. São Paulo: Saraiva, 1979.

OLIVEIRA JÚNIOR, Fernando Antônio de Alencar Alves de. *A teoria do failing* firm *e sua aplicação no Brasil*. Salvador: Jus Podivm, 2016.

ORGANISATION FOR ECONOMIC CO-OPERATION AND DEVELOPMENT. *Roundtable on Failing Firm Defence* (DAF/COMP(2009)38). Directorate for Financial and Enterprise Affairs – Competition Committee, 2009. Disponível em: <http://www.oecd.org/competition/mergers/45810821.pdf>. Acesso em: 12 dez. 2012.

ORLEANS E BRAGANÇA, Gabriel José de. *Administrador judicial*: transparência no processo de recuperação judicial. São Paulo: Quartier Latin, 2017.

ORNELAS, Martinho Maurício Gomes. *Avaliação de sociedades*: apuração de haveres em processos judiciais. São Paulo: Atlas, 2001.

PACHECO, José da Silva. *Processo de recuperação judicial, extrajudicial e falência*. 3 ed. Rio de Janeiro: Forense, 2009.

_____. *Processo de recuperação judicial, extrajudicial e falência*. Rio de Janeiro: Forense, 2006.

_____. *Processo de falência e concordata*. 5 ed. Rio de Janeiro: Forense, 1988.

_____. *Processo de falência e concordata*. 9 ed. Rio de Janeiro: Forense, 1999.

_____. *Tratado das locações, ações de despejo e outras*. 11 ed. São Paulo: Revista dos Tribunais, 2000.

PAIVA, Luiz Fernando Valente de. Da recuperação extrajudicial. In: ____ (coord.). *Direito falimentar e a nova Lei de Falências e Recuperação de Empresas*. São Paulo: Quartier Latin, 2005, p. 559-594.

_____. Necessárias alterações no sistema falimentar brasileiro. In: CEREZETTI, Sheila C. Neder; MAFFIOLETTI, Emanuelle Urbano (coord.). *Dez anos da Lei nº 11.101/2005*: estudos sobre a Lei de Recuperação e Falência. São Paulo: Almedina, 2015, p. 136-159.

_____. A eliminação da assembleia de credores e a escolha de foro: duas propostas para alteração da Lei nº 11.101/2005. *Revista do Advogado – Direito das Empresas em Crise*, a. XXXVI, n. 131, p. 123-132. São Paulo: AASP, out. 2016.

_____. Recuperação extrajudicial: o instituto natimorto e uma proposta para sua reformulação. In: TOLEDO, Paulo Fernando Campos Salles de; SOUZA JUNIOR, Francisco Satiro de (coord.). *Direito das empresas em crise*: problemas e soluções. São Paulo: Quartier Latin, 2012, p. 229-263.

_____; COLOMBO, Giuliano. Recuperação judicial e cessão de créditos: a polêmica do direito de voto. *Revista do Advogado*, a. XXIX, n. 105, p. 159-167. São Paulo: AASP, set. 2009.

PAJARDI, Piero; BOCCHIOLA, Manuela. *La revocatoria fallimentare*. 2 ed. Milano: Giuffrè, 1998.

_____. *Manuale di diritto fallimentare*. Milano: Giuffrè, 1969.

PARECER 534, de 2004, da Comissão de Assuntos Econômicos sobre o PLC 71, de 2003, que regula a recuperação judicial, a extrajudicial e a falência de devedores pessoas físicas e jurídicas que exerçam a atividade econômica regida pelas leis comerciais e dá outras providências, de relatoria do Senador Ramez Tebet.

PARENTE, Flávia. *O dever de diligência dos administradores de sociedades anônimas*. Rio de Janeiro: Renovar, 2005.

PARENTONI, Leonardo Netto. *Desconsideração contemporânea da personalidade jurídica*. São Paulo: Quartier Latin, 2014.

_____; GUIMARÃES, Rafael Couto. Arts. 94 a 97. In: CORRÊA-LIMA, Osmar Brina; CORRÊA LIMA, Sérgio Mourão (coord.). *Comentários à nova Lei de Falência e Recuperação de Empresas*. Rio de Janeiro: Forense, 2009, p. 637-717.

_____; GALIZZI, Gustavo Oliva. É o fim da falência? In: CASTRO, Moema A. S. de; CARVALHO, William Eustáquio de (coord.). *Direito falimentar contemporâneo.* Porto Alegre: Sergio Antonio Fabris Editor, 2008, p. 261-314.

PELLETIER, Nicolas. *La responsabilité au sein des groupes de sociétés en cas de procédure collective.* Paris: LGDJ, 2013.

PENALVA SANTOS, J. A. *Obrigações e contratos na falência.* Rio de Janeiro: Renovar, 1997.

PENTEADO, Mauro Rodrigues. Capítulo I: Disposições preliminares. In: SOUZA JUNIOR, Francisco Satiro de; PITOMBO, Antonio Sergio A. de Moraes (coord.). *Comentários à Lei de Recuperação de Empresas e Falências.* 2 ed. rev. atual. e ampl. São Paulo: Revista dos Tribunais, 2007, p. 58-129.

_____. Seção I: Disposições gerais. In: SOUZA JUNIOR, Francisco Satiro de; PITOMBO, Antonio Sergio A. de Moraes (coord.). *Comentários à Lei de Recuperação de Empresas e Falências.* 2 ed. rev. atual. e ampl. São Paulo: Revista dos Tribunais, 2007, p. 131-143.

PERCEROU, Jean. *Des faillites & banqueroutes et des liquidations judiciaires,* t. I. Paris: Rousseau, 1909.

PEREIRA, Alexandre Demetrius. *Crimes falimentares.* São Paulo: Malheiros, 2010.

PEREIRA, Caio Mário da Silva. *Condomínio e incorporações.* 8 ed. Rio de Janeiro: Forense, 1994.

_____. *Instituições de direito civil,* v. 3. 12 ed. Rio de Janeiro: Forense, 2005.

PEREIRA NETO, Edmur. Anotações sobre os grupos de sociedades. *Revista de Direito Mercantil, Industrial, Econômico e Financeiro,* São Paulo, v. 82, p. 30-38, 1991.

PÉROCHON, Françoise. *Entreprises en difficulté.* 10 ed. Paris: LGDJ, 2014.

PERRINO, Michele. *Le tecniche di esclusione del socio dalla società.* Milano: Giuffrè, 1997.

PERTILE, Antonio. *Storia del diritto italiano:* dalla caduta dell'Impero Romano alla codificazione, v. III. Torino: Unione Tipografico Editrice, 1893-1894.

_____. *Storia del diritto italiano dalla caduta dell'Impero Romano alla codificazione,* v. IV. Torino: Unione Tipografico Editrice, 1893-1894.

_____. *Storia del diritto italiano dalla caduta dell'Impero Romano alla codificazione,* v. III. Padova: Fratelli Salmin, 1871.

PETITPIERRE-SAUVAIN, Anne. *Droit des societés et groupes de sociétés:* responsabilité de l'actionnaire dominant, retrait des actionnaires minoritaires. Genève: Georg, 1972.

PINHEIRO, Armando Castelar; SADDI, Jairo. *Direito, economia e mercados.* Rio de Janeiro: Elsevier, 2006.

PINHEIRO, Frederico Garcia. Empresa Individual de Responsabilidade Limitada. *Revista Magister de Direito Empresarial, Concorrencial e do Consumidor,* Porto Alegre, n. 41, p. 59-78, out./nov. 2011.

PINHEIRO, Hélia Márcia Gomes. A recuperação da microempresa e da empresa de pequeno porte. In: SANTOS, Paulo Penalva (coord.). *A nova Lei de Falências e de Recuperação de Empresas* – Lei nº 11.101/05. Rio de Janeiro: Forense, 2007, p. 157-182.

PINTO FURTADO, Jorge Henrique da Cruz. *Deliberações de sociedades comerciais.* Coimbra: Almedina, 2005.

PINTO JUNIOR, Mário Engler. *Empresa estatal:* função econômica e dilemas societários. São Paulo: Atlas, 2010.

PINTO MONTEIRO, Antonio. *Cláusula penal e indenização.* Coimbra: Almedina, 1990.

PIRENNE, Jacques Henri. *História econômica e social da Idade Média.* São Paulo: Jou, 1978.

_____. *Panorama da história universal.* São Paulo: EDUSP, 1973.

_____. *Medieval cities*: their origins and the revival of trade. Princeton: Princeton Universities Press, 1980.

PITOMBO, Antônio Sérgio A. de Moraes. Seção I: Dos crimes em espécie. In: SOUZA JUNIOR, Francisco Satiro de; PITOMBO, Antonio Sergio A. de Moraes (coord.). *Comentários à Lei de Recuperação de Empresas e Falências*. 2 ed. São Paulo: Revista dos Tribunais, 2007, p. 550-568.

_____. Seção III: Do procedimento penal. In: SOUZA JUNIOR, Francisco Satiro de; PITOMBO, Antonio Sergio A. de Moraes (coord.). *Comentários à Lei de Recuperação de Empresas e Falências*. 2 ed. São Paulo: Revista dos Tribunais, 2007, p. 574-581.

_____. Contribuição ao estudo dos crimes falimentares. In: PAIVA, Luiz Fernando Valente de (coord.). *Direito falimentar e a nova Lei de Falências e Recuperação de Empresas*. São Paulo: Quartier Latin, 2005, p. 595-609.

PLÁCIDO E SILVA, O. J. *Vocabulário jurídico*. 25 ed. atual. por Nagib Slaibi Filho e Gláucia Carvalho. Rio de Janeiro: Forense, 2004.

PODVAL, Roberto; HAKIM, Paula Kahan Mandel. Aspectos processuais penais da Lei de Falências. In: PAIVA, Luiz Fernando Valente de (coord.). *Direito falimentar e a nova Lei de Falências e Recuperação de Empresas*. São Paulo: Quartier Latin, 2005, p. 611-640.

PONT, Manuel Broseta; SANZ, Fernando Martinez. *Manual de derecho mercantil*, t. II. 24 ed. Madrid: Tecnos, 2017.

PONTES DE MIRANDA, Francisco Cavalcanti. *Tratado de direito privado*, t. I. 4 ed. São Paulo: Revista dos Tribunais, 1983.

_____. *Tratado de direito privado*, t. IV. 3 ed. Rio de Janeiro: Borsoi, 1970.

_____. *Tratado de direito privado*, t. V. 4 ed. Rio de Janeiro: Revista dos Tribunais, 1983.

_____. *Tratado de direito privado*, t. XXII. 4 ed. São Paulo: Revista dos Tribunais, 1984.

_____. *Tratado de direito privado*, t. XXVIII. 3 ed. Rio de Janeiro: Revista dos Tribunais, 1971.

_____. *Tratado de direito privado*, t. XXIX. 3 ed. São Paulo: Revista dos Tribunais, 1984.

_____. *Tratado de direito privado*, t. XXXIV. Rio de Janeiro: Borsoi, 1961.

_____. *Tratado de direito privado*, t. XXXIV. 3 ed. São Paulo: Revista dos Tribunais, 1984.

_____. *Tratado de direito privado*, t. XXXV. 3 ed. São Paulo: Revista dos Tribunais, 1984.

_____. *Tratado de direito privado*, t. XXXVI. 3 ed. São Paulo: Revista dos Tribunais, 1984.

_____. *Tratado de direito privado*, t. XXXVII. 3 ed. São Paulo: Revista dos Tribunais, 1984.

_____. *Comentários ao Código de Processo Civil*, t. IX. Rio de Janeiro: Forense, 1974.

_____. *Comentários ao Código de Processo Civil*, t. I. 5 ed. Rio de Janeiro: Forense, 1997.

PORTALE, Giuseppe B. Capitale sociale e società per azioni sottocapitalizzata. *Rivista delle Società*, Milano, p. 3-124, 1991.

_____. *Capitale sociale e società per azioni sottocapitalizzata*. Milano: Giuffrè, 1991.

POSNER, Richard. *Economic analysis of law*. 17 ed. New York: Aspen Publishers, 2007.

PRADO, Viviane Muller. *Conflito de interesses nos grupos societários*. São Paulo: Quartier Latin, 2006.

PROENÇA, José Marcelo Martins. Os novos horizontes do direito concursal – uma crítica ao continuísmo prescrito pela Lei 11.101/05. In: DE LUCCA, Newton;

DOMINGUES, Alessandra de Azevedo; ANTONIO, Nilva M. Leonardi (coord.). *Direito recuperacional*, v. 2. São Paulo: Quartier Latin, 2012, p. 179-206.

PROVINCIALI, Renzo. *Trattato di diritto fallimentare*, v. I. Milano: Giuffrè, 1974.

_____. *Trattato di diritto fallimentare*, v. II. Milano: Giuffrè, 1974.

_____. *Manuale di diritto fallimentare*. 2 ed. Milano: Giuffrè, 1951.

_____. *Prolegomeni allo studio del diritto fallimentare*. Pompei: Morano, 1963.

PUGLIESI, Adriana Valéria. *Direito falimentar e preservação da empresa*. São Paulo: Quartier Latin, 2013.

_____. *A evolução do tratamento jurídico da empresa em crise no direito brasileiro*. Dissertação (Mestrado em Direito). Faculdade de Direito da Universidade de São Paulo, São Paulo, 2006.

_____. A responsabilidade patrimonial do falido, a extensão dos efeitos da falência e a desconsideração da personalidade jurídica da sociedade falida. In: CEREZETTI, Sheila C. Neder; MAFFIOLETTI, Emanuelle Urbano (coord.). *Dez anos da Lei nº 11.101/2005*: estudos sobre a Lei de Recuperação e Falência. São Paulo: Almedina, 2015, p. 493-517.

_____. Limites da autonomia privada nos planos de reorganização das empresas. *Revista do Advogado – Direito das Empresas em Crise*, a. XXXVI, n. 131, p. 7-20. São Paulo: AASP, out. 2016.

RAMELLA, Agostino. *Trattato del fallimento*, v. I. Milano: Libraria, 1903.

_____. *Trattato del fallimento*, v. II. Milano: Libraria, 1903.

RAMOS, Tony Luiz. *Plano especial de recuperação das micro e pequenas empresas*: de acordo com a nova Lei de Falências. São Paulo: Iglu, 2006.

RAO, P. K. *The economics of transaction costs*: theory, methods, and applications. Great Britain: Antony Rowe Ltd., 2003.

RATHENAU, Walther. Do sistema acionário – uma análise negocial. Trad. e introd. de Nilson Lautenschleger Jr. Reprodução do texto clássico. *Revista de Direito Mercantil, Industrial, Econômico e Financeiro*, a. 41, n. 128, p. 199-223, out./dez. 2002.

RECHSTEINER, Beat Walter. A insolvência internacional sob a perspectiva do direito brasileiro. In: PAIVA, Luiz Fernando Valente de (coord.). *Direito falimentar e a nova Lei de Falências e Recuperação de Empresas*. São Paulo: Quartier Latin, 2005, p. 669-699.

REGULAMENTO do imposto de renda 2011 anotado e comentado, v. I. São Paulo: Fiscosoft Editora, 2011.

REHME, Paul. *Historia universal del derecho mercantil*. Trad. de E. Gómez Orbaneja. Madrid: Editorial Revista de Derecho Privado, 1941.

REICHELT, Luis Alberto. *A prova no direito processual civil*. Porto Alegre: Livraria do Advogado, 2009.

REQUIÃO, Rubens. Abuso de direito e fraude através da personalidade jurídica (*disregard doctrine*). In: _____. *Aspectos modernos do direito comercial*, v. 1. São Paulo: Saraiva, 1977, p. 67-84.

_____. A crise do direito falimentar brasileiro: reforma da Lei de Falências. *Revista de Direito Mercantil, Industrial, Econômico e Financeiro*, a. XIII, n. 14, p. 23-33, 1974.

_____. Ação revocatória — fraude contra credores. In: _____. *Aspectos modernos de direito comercial*, v. 3. São Paulo: Saraiva, 1977, p. 367-380.

_____. *Curso de direito falimentar*, v. 1. 3 ed. São Paulo: Saraiva, 1978.

_____. *Curso de direito falimentar*, v. 1. 9 ed. São Paulo: Saraiva, 1984.

_____. *Curso de direito falimentar*, v. 1. 14 ed. São Paulo: Saraiva, 1991.

_____. *Curso de direito falimentar*, v. 2. 7 ed. São Paulo: Saraiva, 1985.

_____. *Curso de direito falimentar*, v. 1. 17 ed. São Paulo: Saraiva, 1998.

_____. *A preservação da sociedade comercial pela exclusão do sócio*. Tese (Livre-Docência). Faculdade de Direito da Universidade Federal do Paraná, Curitiba, 1959.

RENOUARD, Augustin-Charles. *Traitè des faillites et banqueroutes*, t. I. Paris: Guillaumin, 1857.

RENOUARD, Yves. *Les hommes d'affaires italiens du Moyen Âge*. Paris: Texto, 1968.

RESTIFFE, Paulo Sérgio. *Dissolução de sociedades*. São Paulo: Saraiva, 2011.

RIBAS, Roberta de Oliveira e Corvo. *Apuração de haveres, critérios para a sociedade empresária do tipo limitada*. Dissertação (Mestrado em Direito). Faculdade de Direito da Pontifícia Universidade2 Católica de São Paulo, São Paulo, 2008.

RIBEIRO, Márcia Carla Pereira. Seção VII: Da arrecadação e da custódia dos bens: arts. 111-114. In: CORRÊA-LIMA, Osmar Brina; CORRÊA LIMA, Sérgio Mourão (coord.). *Comentários à nova Lei de Falências e Recuperação de Empresas*. Rio de Janeiro: Forense, 2009, p. 823-842.

RIBEIRO, Renato Ventura. O regime de insolvência das empresas estatais. In: CASTRO, Rodrigo R. Monteiro de; ARAGÃO, Leandro Santos de (coord.). *Direito societário e a nova Lei de Falências e Recuperação de Empresas*. São Paulo: Quartier Latin, 2006, p. 109-127.

_____. *Exclusão de sócios nas sociedades anônimas*. São Paulo: Quartier Latin, 2005.

RIPERT, Georges. *Tratado elemental de derecho comercial*, v. IV. Trad. Felipe de Solá Canizares. Buenos Aires: Tea, 1954.

RIZZARDO, Arnaldo. *Promessa de compra e venda e parcelamento do solo urbano*. 7 ed. São Paulo: Revista dos Tribunais, 2008.

ROBERTI, Mechiorre. *Lineamenti di storia del diritto dalle origini di Roma ai nostri giorni*, v. I. Milano: Giuffrè, 1933.

_____. *Lineamenti di storia del diritto dalle origini di Roma ai nostri giorni*, v. II. Milano: Giuffrè, 1933.

ROCCO, Alfredo. *Il fallimento*. Napoli: Fratelli Bocca, 1917.

_____. Studi sulla teoria generale del fallimento. *Rivista di Diritto Commerciale e degli Diritto Generale delle Obbligazioni*, v. IV, parte prima, p. 669-697, 1910.

ROCHA, Valdir de Oliveira. *A consulta fiscal*. São Paulo: Dialética, 1996.

RODRÍGUES, Carlos E. Lopez. *Ley de Declaración Judicial del Concurso y Reorganización Empresarial*, t. I. Montevideo: La Ley, 2012.

RODRIGUES, Gabriela Wallau. A (não) sujeição da ação de despejo aos efeitos da recuperação judicial: comentários ao acórdão no Conflito de Competência n. 123.116/SP da 2ª Seção do STJ. *Revista Síntese Direito Empresarial*, v. 7, n. 42, p. 121-129, jan./fev. 2015.

RODRIGUES, Silvio. *Direito civil*, v. II. 30 ed. São Paulo: Saraiva, 2007.

RODRÍGUEZ OLIVEIRA, Nuri E. *Manual de derecho comercial uruguayo*: quiebra, v. 6, t. 1. Montevideo: FCU, 2004.

ROE, Mark J. *Corporate reorganization and bankruptcy legal and financial materials*. New York: Foundation Press, 2000.

ROPPO, Enzo. "Par conditio creditorum". *Rivista del Diritto Commerciale e del Diritto Generale Delle Obbligazioni*, Milano, v. 79, n. 7/12, p. 305-315, jul./dez. 1981.

ROSA, Maria Eduarda Fleck da. Faling firm no Brasil: empresa em crise e concorrência. Tese (Doutorado em Direito). Faculdade de Direito da Universidade de São Paulo, São Paulo, 2016.

ROSA JR., Luiz Emygdio F. da. *Títulos de crédito*. 4 ed. Rio de Janeiro: Renovar, 2006

ROSITO, Francisco. O princípio da duração razoável do processo sob a perspectiva axiológica. *Revista de Processo*, São Paulo, v. 33, n. 161, p. 21-38, jul. 2008.

SAAIED, Sémia. *L'échec du plan de sauvegarde de l'entreprise en difficuté*. Paris: LGDJ, 2015.

SACRAMONE, Marcelo Barbosa. Cláusula de vencimento antecipado na recuperação judicial. *Revista do Advogado – Direito das Empresas em Crise*, a. XXXVI, n. 131, p. 133-139. São Paulo: AASP, out. 2016.

_____. Os direitos do compromissário comprador diante da falência ou da recuperação judicial do incorporador de imóveis. *Revista de Direito Bancário e do Mercado de Capitais*, São Paulo, v. 20, n. 76, p. 173-193, abr./jun. 2017.

_____; SANTOS, Eronides Aparecido Rodrigues dos. Segredo de justiça no incidente de investigação e arrecadação de bens nos processos falimentares. In: CEREZETTI, Sheila C. Neder; MAFFIOLETTI, Emanuelle Urbano (coord.). *Dez anos da Lei nº 11.101/2005*: estudos sobre a Lei de Recuperação e Falência. São Paulo: Almedina, 2015, p. 548-561.

SADDY, André. Possibilidade de extinção de concessão de serviço público justificada na recuperação judicial de sociedade empresária: o caso do setor elétrico brasileiro. *Revista de Informação Legislativa*, v. 50, n. 198, p. 31-55, abr./jun. 2013.

SAINT-ALARY-HOUIN, Corinne. *Droit des entreprises en difficulté*. 10 ed. Paris: LGDJ, 2016.

SALAMA, Bruno Meyerhof. *Recuperação judicial e trava bancária*. Palestra realizada na sede do Instituto Brasileiro de Direito Empresarial (IBRADEMP) em 29/11/2012. São Paulo. Disponível em <http://works.bepress.com/bruno_meyerhof_salama/75>. Acesso em: 15 dez. 2012.

SALANITRO, Niccolò. *Il fallimento dell'imprenditore defunto*. Milano: Giuffrè, 1974.

SALLES, Marcos Paulo de Almeida. Seção III: Do pedido de restituição. In: SOUZA JUNIOR, Francisco Satiro de; PITOMBO, Antonio Sérgio A. de Moraes (coord.). *Comentários à Lei de Recuperação de Empresas e Falência*. 2 ed. São Paulo: Revista dos Tribunais, 2007, p. 377-396.

SALOMÃO, Luis Felipe; SANTOS, Paulo Penalva. *Recuperação judicial, extrajudicial e falência*: teoria e prática. Rio de Janeiro: Forense, 2015.

SALOMÃO FILHO, Calixto. Interesse social: a nova concepção. In: _____. *O novo direito societário*. 4 ed. rev. e ampl. São Paulo: Malheiros, 2011, p. 27-51.

_____. Conflito de interesses: a oportunidade perdida. In: _____. *O novo direito societário*. 4 ed. rev. e ampl. São Paulo: Malheiros, 2011, p. 104-118.

_____. Conflito de interesses: novas esperanças. In: _____. *O novo direito societário*. 4 ed. rev. e ampl. São Paulo: Malheiros, 2011, p. 119-125.

_____. A teoria da desconsideração da personalidade jurídica. In: _____. *O novo Direito Societário*. 4 ed. rev. e ampl. São Paulo: Malheiros, 2011, p. 232-271.

_____. *Teoria crítico-estruturalista do direito comercial*. São Paulo: Marcial Pons, 2015.

_____. Recuperação de empresas e interesse social. In: SOUZA JUNIOR, Francisco Satiro de; PITOMBO, Antonio Sergio A. de Moraes (coord.). *Comentários à Lei de Recuperação de Empresas e Falências*. 2 ed. São Paulo: Revista dos Tribunais, 2007, p. 43-54.

_____. "Societas" com relevância externa e personalidade jurídica. *Revista de Direito Mercantil, Industrial, Econômico e Financeiro*, v. 81, p. 66-78, 1991.

SALOMÃO NETO, Eduardo. *Direito bancário*. São Paulo: Atlas, 2011.

SAMPAIO DE LACERDA, J. C. *Comentários à Lei das Sociedades Anônimas*, v. 3. São Paulo: Saraiva, 1978.

_____. *Manual de direito falimentar.* 2 ed. Rio de Janeiro: Freitas Bastos, 1961.

_____. *Manual de direito falimentar.* 10 ed. Rio de Janeiro: Freitas Bastos, 1978.

SANTARELLI, Umberto. *Per la storia del fallimento nelle legislazioni italiane dell'età intermedia.* Padova: CEDAM, 1964.

_____. *L'esperienza giuridica basso-medievale.* Torino: Giappichelli, 1977.

SANTOS, Gildo dos. *Locação e despejo.* Comentários à Lei 8.245/91. 6 ed. São Paulo: Revista dos Tribunais, 2010.

SANTOS, Moacyr Amaral. *Primeiras linhas de direito processual civil*, v. 1. 5 ed. São Paulo: Saraiva, 1977.

SANTOS, Paulo Penalva. Aspectos polêmicos da recuperação extrajudicial. *Revista do Advogado*, a. XXIX, n. 105, p. 159-167. São Paulo: AASP, set. 2009.

_____. Capítulo VI: Da recuperação extrajudicial. In: CORRÊA-LIMA, Osmar Brina; CORRÊA LIMA, Sérgio Mourão (coord.). *Comentários à nova Lei de Falência e Recuperação de Empresas.* Rio de Janeiro: Forense, 2009, p. 1.099-1.119.

SAPORI, Armando. *Le marchand italien au Moyen Âge.* Paris: A. Colin, 1952.

_____. *Compagnie e mercanti di Firenzi antica.* Firenze: Barbera, 1978.

SATANOWSKY, Marcos. *Tratado de derecho comercial*, t. I. Buenos Aires: Tipográfica Argentina, 1957.

SATTA, Salvatore. *Istituzioni di diritto fallimentare.* 5 ed. Roma: Società Editrice del Foro Italiano, 1957.

_____. *Diritto fallimentare.* Padova: CEDAM, 1974.

_____. *Instituciones del derecho de quiebra.* Trad. Rodolfo O. Fontanarrosa. Buenos Aires: EJEA, 1951.

SCALZILLI, João Pedro. *Confusão patrimonial no direito societário.* São Paulo: Quartier Latin, 2015.

_____; SPINELLI, Luis Felipe. Reflexões sobre a sociedade em conta de participa-

ção no direito brasileiro. *Revista Jurídica Empresarial.* v. 12, p. 7-101, jan./fev. 2010.

_____; SPINELLI, Luis Felipe. *Sociedade em conta de participação.* São Paulo: Quartier Latin, 2014.

SCARANO, Emilio. *Tratado teorico-practico de la quiebra*, t. I. Montevideo: Claudio Garcia & Cia. – Editores, 1939.

SCHAUER, Frederick. *Playing by the rules*: a philosophical examination of rule-based decision-making in law and in life. Oxford: Clarendon, 1991.

SCHIOPPA, Antonio Padoa. *Saggi di storia del diritto commerciale.* Milano: Led, 1992.

SCHMIDT, Francisco Arnaldo. *Incorporação imobiliária.* 2 ed. Porto Alegre: Norton Editor, 2006.

SCHMIDT, Max Georg. *Historia del comercio mundial.* Trad. Manuel Sánchez Sarto. Barcelona: Labor, 1938.

SCHULZ, Fritz. *Derecho romano clásico.* Trad. de José Santa Cruz Teigeiro. Barcelona: Bosch, 1960.

SCHUMPETER, Joseph. *Capitalism, socialism, and democracy.* London: Routledge, 2006.

SCHWARCZ, Steven. Systemic risk. *Duke Law School Legal Studies Paper*, n. 1, 2008; *Georgetown Law Journal*, v. 97, n. 1, 2008.

SCHWARTZ, Alan. Bankruptcy workouts and debt contracts. Journal of Law and Economics, Chicago, v. 36, p. 595-632, apr. 1993.

SCIALOJA, Antonio. Sull' origine delle società commerciali. In: *Saggi di vario diritto*, v. I. Roma: Società Editrice del Foro Italiano, 1927, p. 223-252.

SEBRAE. *Boletim estatístico de micro e pequenas empresas.* Disponível em: <http://www. sebrae.com.br>. Acesso em: 02 fev. 2016.

_____. *Relatório GEM – Empreendedorismo no Brasil – Relatório executivo.* Disponível em: <http://www.sebrae.com. br/Sebrae/Portal%20Sebrae/Estudos%20e%20Pesquisas/gem%202014_

relat%C3%B3rio%20executivo.pdf>. Acesso em: 04 fev. 2016.

SEGRE, Arturo. *Storia del commercio*. Torino: S. Lattes & C. Editori, 1923.

SERICK, Rolf. *Forma e realtà della persona giuridica*. Milano: Giuffrè, 1966.

SHAKESPEARE, William. *O mercador de Veneza*. São Paulo: Martin Claret, 2006.

SICA, Ligia Paula Pires Pinto. *Recuperação extrajudicial de empresas:* desenvolvimento do direito de recuperação de empresas brasileiro. Tese (Doutorado em Direito). Faculdade de Direito da Universidade de São Paulo, São Paulo, 2009.

_____. A disciplina dos grupos empresariais e a Lei de Recuperação de Empresas em crise e Falências: um convite a jurisprudência. In: CEREZETTI, Sheila C. Neder; MAFFIOLETTI, Emanuelle Urbano (coord.). *Dez anos da Lei nº 11.101/2005*: estudos sobre a Lei de Recuperação e Falência. São Paulo: Almedina, 2015, p. 103-135.

SICILIA, Rossana. O equilíbrio entre os estados italianos. In: ECO, Umberto (dir.). *Idade Média*: explorações, comércio e utopias, v. IV. Trad. Carlos Aboim de Brito e Diogo Madre Deus. Lisboa: D. Quixote, 2011, p. 48-53

SILVA, Fernando César Nimer Moreira da. *Incentivos à decisão de recuperação da empresa em crise:* análise à luz da teoria dos jogos. Dissertação (Mestrado em Direito). Faculdade de Direito da Universidade de São Paulo, São Paulo, 2009.

SILVA, Jorge Cesa Ferreira da. *Adimplemento e extinção das obrigações*. São Paulo: Revista dos Tribunais, 2007.

SILVA, Vinicius Spaggiari. *O princípio da preservação da empresa na LRE 11.101/05:* conceito e crítica. Dissertação (Mestrado em Direito). Faculdade de Direito da Universidade de São Paulo, São Paulo, 2013.

SIMÃO FILHO, Adalberto. Fases falencial e pós-falencial – uma visão generalista. In: PAIVA, Luiz Fernando Valente de (coord.). *Direito falimentar e a nova Lei de Falências e Recuperação de Empresas*. São Paulo: Quartier Latin, 2005, p. 515-558.

SIMIONATO, Frederico Augusto Monte. *Tratado de direito falimentar*. Rio de Janeiro: Forense, 2008.

SIMONETTO, Ernesto. Fallimento del socio ed esclusione. *Rivista delle Società*, a. IV, v. 4, p. 198-218, 1959.

SKEEL JR., David A. *Debt's dominion*: a history of bankruptcy law in America. Princeton and Oxford: Princeton University Press, 2001.

_____. The story of Saybrook: defining the limits of debtor-in-possession financing. In: RASMUNSSEN, Robert K (editor). *Bankruptcy law stories*. New York: Foundation Press, 2007, p. 177-201.

SOBRINHO, Elício de Cresci. *Litisconsórcio:* doutrina e jurisprudência. Porto Alegre: Sergio Fabris, 1990.

SORANI, Ugo. *Il fallimento, note e ricordi dell'esercizio della professione e legislazione comparata*. Roma: Società Editrice Dante Alighiere, 1896.

SOUSA, Marcos Andrey de. Comentários aos artigos 48 e 49. In: DE LUCCA, Newton; SIMÃO FILHO, Adalberto (coords.). *Comentários à nova Lei de Recuperação de Empresas e Falências*. São Paulo: Quartier Latin, 2005, p. 211-237.

_____. Da recuperação extrajudicial. In: DE LUCCA, Newton; SIMÃO FILHO, Adalberto (coords.). *Comentários à nova Lei de Recuperação de Empresas e Falências*. São Paulo: Quartier Latin, 2005, p. 577-607.

_____. Arts. 157 ao 167. In: DE LUCCA, Newton; SIMÃO FILHO, Adalberto (coords.). *Comentários à nova Lei de Recu-*

peração de Empresas e Falências. São Paulo: Quartier Latin, 2005, p. 563-607.

SOUZA, Inglez de. Prelecções de direito comercial. Rio de Janeiro: Leuzinger, 1906.

SOUZA, Nadialice Francischini de. Natureza jurídica da EIRELI. Revista de Direito Empresarial, Belo Horizonte, n. 1, p. 155-164, jan./abr. 2012.

SOUZA JUNIOR, Francisco Satiro de. Seção XI: Do pagamento aos credores. In: ____; PITOMBO, Antônio Sérgio A. de Moraes (coord.). Comentários à Lei de Recuperação de Empresas e Falência. 2 ed. rev., atual. e ampl. São Paulo: Revista dos Tribunais, 2007, p. 503-514.

_____. Capítulo VI: Da recuperação extrajudicial. In: ____; PITOMBO, Antonio Sergio A. de Moraes (coord.). Comentários à Lei de Recuperação de Empresas e Falências. 2 ed. São Paulo: Revista dos Tribunais, 2007, p. 523-543.

_____. Seção II: Da classificação dos créditos. In: ____; PITOMBO, Antônio Sérgio A. de Moraes (coord.). Comentários à Lei de Recuperação de Empresas e Falência: Lei 11.101/05. 2 ed. rev. atual. e ampl. São Paulo: Revista dos Tribunais, 2007, p. 357-376.

_____. Sociedade em recuperação judicial – Assembleia geral de credores. Revista de Direito Mercantil, Industrial, Econômico e Financeiro, São Paulo, a. LII, n. 164/165, p. 212-221, 2013.

_____. Autonomia dos credores na aprovação do plano de recuperação judicial. In: CASTRO, Rodrigo R. Monteiro; WARDE JÚNIOR, Walfrido Jorge; TAVARES GUERREIRO, Carolina Dias (coords.). Direito empresarial e outros estudos em homenagem ao Professor José Alexandre Tavares Guerreiro. São Paulo: Quartier Latin, 2013, p. 101-114.

_____. Credor versus fiador na recuperação judicial. Valor Econômico. São Paulo, 03 nov. 2014. Disponível em: <http://www.valor.com.br/legislacao/3762616/credor-versus-fiador-na-recuperacao-judicial>. Acesso em: 13 mar. 2015.

_____; CAMPANA; Paulo Fernando. A insolvência transnacional: para além da regulação estatal e na direção dos acordos de cooperação. In: TOLEDO, Paulo Fernando Campos Salles de; SATIRO, Francisco (coord.). Direito das empresas em crise: problemas e soluções. São Paulo: Quartier Latin, 2012, p. 119-140.

_____; SCALZILLI, João Pedro; SPINELLI, Luis Felipe; TELLECHEA, Rodrigo. Rise and fall of Eike Batista's X Group. A contribution to Brazilian insolvency regulation. INSOL WORLD, London, p. 20-21, 2015.

SPINELLI, Luis Felipe. Conflito de interesses na administração da sociedade anônima. São Paulo: Malheiros: 2012.

_____. Exclusão de sócio por falta grave na sociedade limitada. São Paulo: Quartier Latin, 2015.

_____; SCALZILLI, João Pedro; TELLECHEA, Rodrigo. Regime especial da Lei nº 11.101/2005 para as microempresas e empresas de pequeno porte. Revista Síntese de Direito Empresarial, a. 4, n. 23, p. 94-121, nov./dez. 2011.

_____; TELLECHEA, Rodrigo; SCALZILLI, João Pedro. Recuperação judicial e o regime jurídico do consórcio: os impactos da crise econômico-financeira de uma sociedade consorciada. In: CEREZETTI, Sheila C. Neder; MAFFIOLETTI, Emanuelle Urbano (coord.). Dez anos da Lei nº 11.101/2005: estudos sobre a Lei de Recuperação e Falência. São Paulo: Almedina, 2015, p. 237-263.

STANGHELLINI, Lorenzo. Le crisi di impresa fra diritto ed economia: le procedure di insolvenza. Bologna: Il Mulino, 2007.

STOLFI, Giuseppe. *Teoría del negócio jurídico*. Madrid: Revista de Derecho Privado, 1959.

STRACCA, Benvenuto. *Tractatus de mercatura seu mercatore*. Veneza: Lugduni, 1556.

SUPINO, David. *Istituzioni di diritto commerciale*. 14 ed. Firenze: Barbera, 1919.

SZTAJN, Rachel. *Contrato de sociedade e formas societárias*. São Paulo: Saraiva, 1989.

_____. *Futuros e swaps* – Uma visão jurídica. São Paulo: Cultural Paulista, 1998.

_____. *Direito de recesso*. Tese (Doutorado em Direito). Faculdade de Direito da Universidade de São Paulo, São Paulo, 1982.

_____. Law and economics. *Revista de Direito Mercantil. Industrial, Econômico e Financeiro*, São Paulo, v. 44, n. 137, p. 227-232, jan./mar 2005.

_____. Seção I: Disposições gerais. In: SOUZA JUNIOR, Francisco Satiro de; PITOMBO, Antonio Sergio A. de Moraes (coord.). *Comentários à Lei de Recuperação de Empresas e Falências*. 2 ed. São Paulo: Revista dos Tribunais, 2007, p. 219-247.

_____. Seção II: Do pedido e do processamento da recuperação judicial. In: SOUZA JUNIOR, Francisco Satiro de; PITOMBO, Antonio Sergio A. de Moraes (coord.). *Comentários à Lei de Recuperação de Empresas e Falências*. 2 ed. São Paulo: Revista dos Tribunais, 2007, p. 248-264.

_____. Seção III: Do plano de recuperação judicial. In: SOUZA JUNIOR, Francisco Satiro de; PITOMBO, Antonio Sergio A. de Moraes (coord.). *Comentários à Lei de Recuperação de Empresas e Falências*. 2 ed. São Paulo: Revista dos Tribunais, 2007, p. 265-269.

_____. Capítulo VI: Da recuperação extrajudicial. In: TOLEDO, Paulo Fernando Campos Salles de; ABRÃO, Carlos Henrique (coord.). *Comentários à Lei de Recuperação de Empresas e Falência*. 4 ed. rev. e atual. São Paulo: Saraiva, 2010, p. 536-551.

_____. Comentários aos arts. 139-167. In: TOLEDO, Paulo Fernando Campos Salles de; ABRÃO, Carlos Henrique (coord.). *Comentários à Lei de Recuperação de Empresas e Falência*. 4 ed. rev. e atual. São Paulo: Saraiva, 2010, p. 490-551.

SZTERLING, Fernando. *A função social da empresa no direito societário*. Dissertação (Mestrado em Direito). Faculdade de Direito da Universidade de São Paulo, São Paulo, 2003.

TABB, Charles J.; BRUBAKER, Ralph. *Bankruptcy law*: principles, policies, and practice. Cincinnati: Anderson Publishing Co., 2003.

TANTINI, Giovanni. *Capitale e patrimonio nella società per azioni*. Padova: CEDAM, 1980.

TARREGA, Maria Cristina Vidotte Blanco. Comentários aos artigos 70 ao 82. In DE LUCCA, Newton; SIMÃO FILHO, Adalberto (coord.). *Comentários à nova Lei de Recuperação de Empresas e Falências*. São Paulo: Quartier Latin, 2005, p. 329-348.

_____. Comentários aos artigos 102 a 104. In: LUCCA, Newton de; SIMÃO FILHO, Adalberto (coord.). Comentários à nova Lei de Recuperação de Empresas e de Falências. São Paulo: Quartier Latin, 2005, p. 455-463.

TAVARES, Fernanda Girardi. *Redução da cláusula penal*: uma releitura baseada no perfil funcional. Dissertação (Mestrado em Direito). Faculdade de Direito da Universidade Federal do Rio Grande do Sul, Porto Alegre, 2007.

TEIXEIRA, Egberto Lacerda; GUERREIRO, José Alexandre Tavares. *Das sociedades anônimas no direito brasileiro*. São Paulo: José Bushatsky, 1979.

TEIXEIRA, Fernando dos Santos. *Cessão fiduciária de crédito e o seu tratamento nas*

REFERÊNCIAS

hipóteses de recuperação judicial e falência do devedor-fiduciante. Dissertação (Mestrado em Direito). Faculdade de Direito da Universidade de São Paulo, São Paulo, 2010.

TELLECHEA, Rodrigo; SPINELLI, Luis Felipe; SCALZILLI, João Pedro. Notas críticas ao regime jurídico da recuperação extrajudicial. *Revista de Direito Mercantil Industrial, Econômico e Financeiro,* v. 161/162, p. 47-71, 2012.

TEPEDINO, Ricardo. Seção VI: Da falência requerida pelo próprio devedor. In: TOLEDO, Paulo Fernando Campos Salles de; ABRÃO, Carlos Henrique (coord.). *Comentários à Lei de Recuperação de Empresas e Falência.* 4 ed. rev. e atual. 2010, p. 395-403.

_____. Seção VII: Da arrecadação e da custódia dos bens. In: TOLEDO, Paulo Fernando Campos Salles de; ABRÃO, Carlos Henrique (coord.). *Comentário à Lei de Recuperação de Empresas e Falência.* 4 ed. rev. e atual. São Paulo: Saraiva, 2010, p. 403-416.

_____. Seção VIII: Dos efeitos da decretação da falência sobre as obrigações do devedor. In: TOLEDO, Paulo Fernando Campos Salles de; ABRÃO, Carlos Henrique (coord.). *Comentários à Lei de Recuperação de Empresas e Falência.* 4 ed. rev. e atual. São Paulo: Saraiva, 2010. p. 416-455.

_____. Comentários aos arts. 105-138. In: TOLEDO, Paulo Fernando Campos Salles de; ABRÃO, Carlos Henrique (coord.). *Comentário à Lei de Recuperação de Empresas e Falência.* 4 ed. rev. e atual. São Paulo: Saraiva, 2010, p. 395-489.

_____. O trespasse para subsidiária (*drop down*). In: CASTRO, Rodrigo R. Monteiro de; ARAGÃO, Leandro Santos de (coord.). *Direito societário e a nova Lei de Falências e Recuperação de Empresas.* São Paulo: Quartier Latin, 2006, p. 57-83.

THALLER, Edmond. *Des faillites en droit comparé,* t. I, II, Paris: Arthur Rousseau, 1887.

THEODORO JÚNIOR, Humberto. *Curso de direito processual civil,* v. 1. 51 ed. Rio de Janeiro: Forense, 2010.

_____. Direito fundamental à duração razoável do processo. *Revista Magister de Direito Civil e Processual Civil,* Porto Alegre, v. 5, n. 29, p. 83-98, mar./abr. 2009.

_____. *Processo cautelar.* 21 ed. rev. e atual. São Paulo: Livraria e Editora Universitária de Direito, 2004.

_____. *Fraude contra credores.* Belo Horizonte: Del Rey, 2001.

_____; FARIA, Juliana Cordeiro de. Arts. 129 a 138. In: CORRÊA-LIMA, Osmar Brina; CORRÊA LIMA, Sérgio Mourão (coord.). *Comentários à nova Lei de Falência e Recuperação de Empresas.* Rio de Janeiro: Forense, 2009, p. 899-962.

THE WORLD BANK. *Doing business – 2016.* Disponível em: <http://portugues.doingbusiness.org/data/exploreeconomies/brazil>. Acesso em: 02 fev. 2016.

_____. *Principles for effective insolvency and creditor/debtor regimes.* Disponível em: <http://www.worldbank.org/en/topic/financialsector/brief/the-world-bank--principles-for-effective-insolvency--and-creditor-rights>. Acesso em: 11 fev. 2018.

TOKARS, Fábio. *Estabelecimento empresarial.* São Paulo: LTr, 2006.

_____. *Sociedades limitadas.* São Paulo: LTr, 2007.

TOLEDO, Paulo Fernando Campos Salles de. *A empresa em crise no direito francês e americano.* Dissertação (Mestrado em Direito). Faculdade de Direito da Universidade de São Paulo, São Paulo, 1987.

_____. A preservação da empresa, mesmo na falência. In: DE LUCCA, Newton; DOMINGUES, Alessandra de Azevedo (coord.). *Direito recuperacional:*

aspectos teóricos e práticos. São Paulo: Quartier Latin, 2009, p. 517-534.

_____. Extensão da falência a sócios ou controladores de sociedades falidas. *Revista do Advogado*, a. XXIX, n. 105, p. 153-158. São Paulo: AASP, set. 2009.

_____. Capítulo I: Disposições preliminares. In: ____; ABRÃO, Carlos Henrique (coord.). *Comentários à Lei de Recuperação de Empresas e Falência*. 4 ed. rev. e atual. São Paulo: Saraiva, 2010, p. 49-141.

_____. Capítulo II: Disposições comuns à recuperação judicial e à falência. In: ____; ABRÃO, Carlos Henrique (coord.). *Comentários à Lei de Recuperação de Empresas e Falência*. 4 ed. rev. e atual. São Paulo: Saraiva, 2010, p. 64-141.

_____. Parecer: recuperação judicial – sociedades anônimas – debêntures – assembléia geral de credores – liberdade de associação – boa fé objetiva – abuso de direito – *cram down – par conditio creditorum. Revista de Direito Mercantil, Industrial, Econômico e Financeiro*, São Paulo, a. XLV, n. 142, p. 263-281, abr./jun. 2006.

_____. Lei de Falência – Alienação de estabelecimento da concordatária. *Revista de direito mercantil, industrial, econômico e financeiro*, São Paulo, v. 128, p. 275-286, out./dez. 2002.

_____. O plano de recuperação judicial e o controle judicial da legalidade. *Revista de Direito Bancário e do Mercado de Capitais*, v. 60, p. 307-324, abr. 2013.

_____. Recuperação judicial. Alienação de unidade produtiva isolada. *Revista de Direito Mercantil, Industrial, Econômico e Financeiro*, São Paulo, a. LII, n. 164/165, p. 199-211, 2013.

_____. Arbitragem e insolvência. *Revista de Arbitragem e Mediação*, v. 20, p. 25-52, jan./mar. 2009.

_____. Recuperação judicial de grupos de empresas. In: FRANÇA, Erasmo Valladão Azevedo e Novaes; ADAMEK, Marcelo Vieira von (org.). *Temas de direito empresarial e outros estudos em homenagem ao Professor Luiz Gastão Paes de Barros Leães*. São Paulo: Malheiros, 2014, p. 336-357.

_____. A apresentação de CND e o parcelamento de débitos fiscais. In: CEREZETTI, Sheila C. Neder; MAFFIOLETTI, Emanuele Urbano (coord.). *Dez anos da Lei nº 11.101/2005*: estudos sobre a Lei de Recuperação e Falência. São Paulo: Almedina, 2015, p. 438-450.

_____. A Instrução CVM 480/2009 e as empresas em crise. In: ADAMEK, Marcelo Vieira Von (coord.). *Temas de direito societário e empresarial contemporâneos – Liber Amicorum* Prof. Dr. Erasmo Valladão Azevedo e Novaes França. São Paulo: Malheiros, 2011, p. 691-705.

_____. A necessária reforma da Lei de Recuperação de Empresas. *Revista do Advogado – Direito das Empresas em Crise*, a. XXXVI, n. 131, p. 171-175. São Paulo: AASP, out. 2016.

_____. A disciplina jurídica das empresas em crise no Brasil: sua estrutura institucional. *Revista de Direito Mercantil, Industrial, Econômico e Financeiro*, v. 122, p. 168-172. São Paulo: Malheiros, 2001.

_____; PUGLIESI, Adriana Valéria. Capítulo I: Insolvência e crise das empresas. In: CARVALHOSA, Modesto (coord.). *Tratado de direito empresarial*, v. V – recuperação empresarial e falência. São Paulo: Revista dos Tribunais, 2016, p. 29-42.

_____; _____. Capítulo II: A preservação da empresa e seu saneamento. In: CARVALHOSA, Modesto (coord.). *Tratado de direito empresarial*, v. V – recuperação empresarial e falência. São Paulo: Revista dos Tribunais, 2016, p. 43-88.

_____; _____. Capítulo III: Disposições preliminares e disposições gerais da Lei 11.101/05 (LRE). In: CARVALHOSA, Modesto (coord.). *Tratado de direito empresarial*, v. V – recuperação empresarial e falência. São Paulo: Revista dos Tribunais, 2016, p. 89-106.

_____; _____. Capítulo IV: Disposições comuns à recuperação judicial e à falência: verificação e habilitação de crédito. In: CARVALHOSA, Modesto (coord.). *Tratado de direito empresarial*, v. V – recuperação empresarial e falência. São Paulo: Revista dos Tribunais, 2016, p. 107-127.

_____; _____. Capítulo V: Disposições comuns à recuperação judicial e à falência: o administrador judicial e o comitê de credores. In: CARVALHOSA, Modesto (coord.). *Tratado de direito empresarial*, v. V – recuperação empresarial e falência. São Paulo: Revista dos Tribunais, 2016, p. 129-143.

_____; _____. Capítulo VI: Disposições comuns à recuperação judicial e à falência: a assembleia geral de credores. In: CARVALHOSA, Modesto (coord.). *Tratado de direito empresarial*, v. V – recuperação empresarial e falência. São Paulo: Revista dos Tribunais, 2016, p. 145-168.

_____; _____. Capítulo VII: A recuperação judicial. In: CARVALHOSA, Modesto (coord.). *Tratado de direito empresarial*, v. V – recuperação empresarial e falência. São Paulo: Revista dos Tribunais, 2016, p. 169-195.

_____; _____. Capítulo VIII: O plano de recuperação judicial. In: CARVALHOSA, Modesto (coord.). *Tratado de direito empresarial*, v. V – recuperação empresarial e falência. São Paulo: Revista dos Tribunais, 2016, p. 197-214.

_____; _____. Capítulo XI: A falência: noções gerais. In: CARVALHOSA, Modesto (coord.). *Tratado de direito empresarial*, v. V – recuperação empresarial e falência. São Paulo: Revista dos Tribunais, 2016, p. 261-282.

_____; _____. Capítulo XIX: A falência: ineficácia e a revogação dos atos praticados antes da falência. In: CARVALHOSA, Modesto (coord.). *Tratado de direito empresarial*, v. V – recuperação empresarial e falência. São Paulo: Revista dos Tribunais, 2016, p. 443-463.

_____; _____. Capítulo XX: A falência: realização do ativo. In: CARVALHOSA, Modesto (coord.). *Tratado de direito empresarial*, v. V – recuperação empresarial e falência. São Paulo: Revista dos Tribunais, 2016, p. 465-481.

_____; _____. Capítulo XXII: A falência: o encerramento e a extinção das obrigações do falido. In: CARVALHOSA, Modesto (coord.). *Tratado de direito empresarial*, v. V – recuperação empresarial e falência. São Paulo: Revista dos Tribunais, 2016, p. 493-502.

_____; _____. Capítulo XXV: As liquidações extrajudiciais das instituições financeiras. In: CARVALHOSA, Modesto (coord.). *Tratado de direito empresarial*, v. V – recuperação empresarial e falência. São Paulo: Revista dos Tribunais, 2016, p. 585-603.

_____; POPPA, Bruno. UPI e estabelecimento: uma visão crítica. In: TOLEDO, Paulo Fernando Campos Salles de; SATIRO, Francisco (coord.). *Direito das empresas em crise:* problemas e soluções. São Paulo: Quartier Latin, 2012, p. 267-294.

TOMASETTI JR., Alcides. A parte contratual. In: ADAMEK, Marcelo Vieira von. *Temas de direito societário e empresarial contemporâneos. Liber Amicorum* Prof. Dr. Erasmo Valladão Azevedo e Novaes França. São Paulo: Malheiros, 2011, p. 755-764.

TORRES, Juliana. O direito fundamental à razoável duração do processo na Constituição Federal brasileira. *Cadernos do Programa de Pós-Graduação em Direito*: PPGDir./UFRGS, Porto Alegre, v. 6, n. 7/8, p. 293-339, set. 2007.

TROVO, Beatriz Villas Boas Pimentel. *Captação de recursos por empresas em recuperação judicial e Fundos de Investimentos em Direitos Creditórios (FIDC)*. Dissertação (Mestrado em Direito). Faculdade de Direito da Universidade de São Paulo, São Paulo, 2013.

TUCCI, José Rogério Cruz e. Garantias constitucionais da duração razoável e da economia processual no projeto do Código de Processo Civil. *Revista de Processo*, São Paulo, v. 36, n. 192, p. 193-209, fev. 2011.

TZIRULNIK, Luiz. *Direito falimentar*. São Paulo: Revista dos Tribunais, 1999.

URIA, Rodrigo. *Derecho mercantil*. 12 ed. Madrid: Aguirre, 1982.

U.S. DEPARTMENT OF JUSTICE; FEDERAL TRADE COMMISSION. *Horizontal Merger Guidelines*. Issued in August 19, 2010, p. 35. Disponível em <http://www.justice.gov/atr/public/guidelines/hmg-2010.pdf>. Acesso em: 12 dez. 2012.

USTRA, José Augusto Brilhante. *A classificação dos créditos na falência*: o conceito de igualdade na Lei de Falências. Rio de Janeiro: Eldorado Tijuca, 1976.

VAINBERG, Sigismond. *La faillite d'après le droit romain*. Paris: Nationale, 1874.

VALLADÃO, Haroldo. *História do direito especialmente do direito brasileiro*, parte II. Rio de Janeiro: Freitas Bastos, 1973.

VALLANSAN, Jocelyne; DIN-LANGER, Laurence; CAGNOLI, Pierre. *Difficultés des entreprises*. 6 ed. Paris: Lexis Nexis, 2012.

VALLE, Anco Marcio. *O encerramento da falência*: causas e consequências. Rio de Janeiro: Idea Jurídica, 2000.

VALLE, Christino Almeida do. *Teoria e prática da ação revocatória*. Rio de Janeiro: Aide, 1987.

VALVERDE, Trajano de Miranda. *A fallencia no direito brasileiro*, v. I, parte I. Rio de Janeiro: Freitas Bastos, 1931.

_____. *Comentários à Lei de Falências*, v. I. Rio de Janeiro: Forense, 1948.

_____. *Comentários à Lei de Falências*, v. II. Rio de Janeiro: Forense, 1948.

_____. *Comentários à Lei de Falências*, v. III. Rio de Janeiro: Forense, 1949.

_____. *Comentários à Lei de Falências*, v. I. 2 ed. Rio de Janeiro: Forense, 1955.

_____. *Comentários à Lei de Falências*, v. II. 2 ed. Rio de Janeiro: Forense, 1955.

_____. *Comentários à Lei de Falências*, v. III. 2 ed. Rio de Janeiro: Forense, 1955.

_____. *Comentários à Lei de Falências*, v. I. 3 ed. Rio de Janeiro: Forense, 1962.

_____. *Comentários à Lei de Falências*, v. II. 3 ed. Rio de Janeiro: Forense, 1962.

VAMPRÉ, Spencer. *Tratado elementar de direito comercial*: da fallencia, parte I. Rio de Janeiro: Briguiet e Cia, 1921.

VANZETTI, Michelle. *Compensazione e processo fallimentare*. Milano: Giuffrè, 2012.

VARGAS, Beatriz. Seção III – Do procedimento penal. In: CORRÊA-LIMA, Osmar Brina; CORÊA LIMA, Sérgio Mourão (coord.). *Comentários à nova Lei de Falência e Recuperação de Empresas*. Rio de Janeiro: Forense, 2009, p. 1.201-1.223.

VASCONCELOS, Ronaldo. *Direito processual falimentar*. São Paulo: Quartier Latin, 2008.

_____. A mediação na recuperação judicial: compatibilidade entre as leis nn. 11.101/05, 13.015/15 e 13.140/15. In: CEREZETTI, Sheila C. Neder; MAFFIOLETTI, Emanuelle Urbano (coord.). *Dez anos da Lei nº 11.101/2005*: estudos sobre a Lei de Recuperação e Falência. São Paulo: Almedina, 2015, p. 451-467.

REFERÊNCIAS

VENOSA, Sílvio de Salvo. *Lei do Inquilinato comentada.* São Paulo: Atlas, 2010.

VERÇOSA, Haroldo Malheiros Duclerc. *Curso de direito comercial*, v. 1. São Paulo: Malheiros, 2006.

_____. *Curso de direito comercial*, v. 2. São Paulo: Malheiros, 2006.

_____. Seção III: Do administrador judicial e do comitê de credores. In: SOUZA JUNIOR, Francisco Satiro de; PITOMBO, Antonio Sergio A. de Moraes (coord.). *Comentários à Lei de Recuperação de Empresas e Falências.* 2 ed. São Paulo: Revista dos Tribunais, 2007, p. 163-185.

_____. Das pessoas sujeitas e não sujeitas aos regimes de recuperação de empresas e ao de falência. In: PAIVA, Luiz Fernando Valente de (coord.). *Direito falimentar e a nova Lei de Falências e Recuperação de Empresas.* São Paulo: Quartier Latin, 2005, p. 61-118.

_____. *Responsabilidade civil especial nas instituições financeiras e nos consórcios em liquidação extrajudicial.* São Paulo: Revista dos Tribunais, 1993.

_____. A restituição falimentar do adiantamento sobre contrato de câmbio. *Revista de Direito Mercantil, Industrial, Econômico e Financeiro*, v. 18, n. 36, p. 27-34, out./dez. 1979.

_____; BARROS, Zanon Paula de. A recepção do *drop down* no direito brasileiro. *Revista de Direito Mercantil, Industrial, Econômico e Financeiro*, São Paulo, v. 125, p. 43-47, jan./mar. 2002.

VERRUCOLI, Piero. *Il superamento della personalità giuridica delle società di capitali nella Common Law e nella Civil Law.* Milano: Giuffrè, 1964.

VIANNA, Sá. *Das fallencias.* Rio de Janeiro: L. Figueiredo, 1907.

VIEIRA, José Rodrigo Dorneles. *A sociedade unipessoal como a reforma necessária para preencher a lacuna existente no regime jurídico da atividade econômica no Brasil.* Dissertação (Mestrado em Direito). Faculdade de Direito da Universidade Federal do Rio Grande do Sul, Porto Alegre, 2010.

VIGHI, Alberto. *La personalità giuridica delle società commerciali.* Fratelli: Camerino, 1900.

VIGIL NETO, Luiz Inácio. *Teoria falimentar e regimes recuperatórios.* Porto Alegre: Livraria do Advogado, 2008.

VILLELA, João Baptista. *Da compensabilidade no concurso falencial.* Belo Horizonte: J. B. Villela, 1963.

VIO, Daniel de Ávila. *A exclusão de sócios na sociedade limitada de acordo com o Código Civil de 2002.* Dissertação (Mestrado em Direito). Faculdade de Direito da Universidade de São Paulo, São Paulo, 2008.

_____. *Ensaio sobre os grupos de subordinação, de direito e de fato, no direito societário brasileiro.* Tese (Doutorado em Direito). Faculdade de Direito da Universidade de São Paulo, São Paulo, 2014.

VIVANTE, Cesare. *Trattato di diritto commerciale*, v. I. 2 ed. Torino: Fratelli Bocca Editori, 1902.

_____. *Trattato di diritto commerciale*, v. I. 5 ed. Milano: Francesco Vallardi, 1922.

_____. *Trattato di diritto commerciale*, v. II. 5 ed. Milano: Casa Editrice Francesco Vallardi, 1935.

_____. *Istituzioni di diritto commerciale.* 14 ed. Milano: U. Hoepli, 1915.

_____. *Il fallimento civile.* Torino: Fratello Boca, 1902.

WAISBERG, Ivo. A viabilidade da recuperação judicial do produtor rural. *Revista do Advogado – Direito das Empresas em Crise*, a. XXXVI, n. 131, p. 83-90. São Paulo: AASP, out. 2016.

WALD, Arnoldo; WAISBERG, Ivo. Comentários aos arts. 47 a 49. In: CORRÊA-LIMA, Osmar Brina; CORRÊA LIMA, Sérgio

Mourão (coord.). *Comentários à nova Lei de Falência e Recuperação de Empresas*. Rio de Janeiro: Forense, 2009, p. 313-352.

WARDE JÚNIOR, Walfrido Jorge. *Responsabilidade dos sócios*: a crise da limitação da responsabilidade e a teoria da desconsideração da personalidade jurídica. Belo Horizonte: Del Rey, 2007.

_____. Algumas considerações acerca da capitalização das sociedades anônimas. In: WALD, Arnoldo; GONÇALVES, Fernando; CASTRO, Moema Augusta de (coord.); FREITAS, Bernardo Vianna; CARVALHO, Mário Tavernard Martins de (org.). *Sociedades anônimas e mercado de capitais*: homenagem ao prof. Osmar Brina Corrêa-Lima. São Paulo: Quartier Latin, 2011, p. 681-711.

WARREN, Charles. *Bankruptcy in United States history*. Boston: Harvard University Press, 1935.

WARREN, Elizabeth. Bankruptcy policy. *University of Chicago Law Review*, v. 54. Iss. 3, article 1, p. 775-814, 1987.

_____. Bankruptcy policymaking in an imperfect world. *Michigan Law Review*, v. 92, p. 336-387, 1993.

_____; WESTBROOK, Jay Laurence. Chapter 11: conventional wisdom and reality. *Public Law and Legal Theory Research Paper*, n. 125, set. 2007.

_____; _____. The success of Chapter 11: a challenge to the critics. *Law and Economics Research Paper*, n. 150, mar. 2009. *The Michigan Law Review*, feb. 2009.

_____; _____; PORTER, Katherine; POTTOW, John A. E. *The law of debtors and creditors*. New York: Wolters Kluwer, 2014.

WEBER, Max. *The history of commercial partnerships in the Middle Ages*. Trad. de Lutz Kaelber. Lanham, Boulder, New York, Oxford: Rowman & Littlefield Publishers, Inc., 2003.

_____. *História agrária romana*. Trad. V. A. Gonzálvez. Madrid: Akal, 2004.

WEINMANN, Amadeu de Almeida. Dos crimes falimentares. *Revista Magister de Direito Empresarial*, a. II, n. 10, p. 28-40, ago./set. 2006.

WESTBROOK, Jay *et al*. *A global view of business insolvency systems*. Washington: The World Bank, 2010.

WIEACKER, Franz. *História do direito privado moderno*. 3 ed. Trad. A. M. Botelho Haspanha. Lisboa: Calouste Gulbenkian, 1967.

WIEL, Alethea. *The story of Bologna*. London: Dent & Co., 1923.

WILLIAMSON, Oliver. *The economic institutions of capitalism: firms, markets, relational contracting*. New York: Free Press, 1985.

WINDBICHLER, Christine. *Gesellschaftsrecht*. 22 Aufl. München: C. H. Beck München, 2009.

WONNACOTT, P.; WONNACOTT, R. *Economia*. 2 ed. São Paulo: Makron, 1994.

WORMSER, Maurice. *Disregard of the corporate fiction and allied corporation problems*. New York: Baker, Voorhis and Company, 2000 (reimpressão da edição de 1927).

YARSHELL, Flávio Luiz. Breves reflexões sobre a aplicação subsidiária do CPC/2015 ao processo de recuperação judicial. In: ELIAS, Luis Vasco. *10 anos da Lei de Recuperação de Empresa e Falências*. Reflexões sobre a reestruturação empresarial no Brasil. São Paulo: Quartier Latin, 2015, p. 161-171.

_____. A reforma do judiciário e a promessa de "duração razoável do processo". *Revista do Advogado*, v. 24, n. 75, p. 28-33, abr. 2004.

YAZBEK, Otávio. *Regulação do mercado financeiro e de capitais*. Rio de Janeiro: Elsevier, 2007.

ZANINI, Carlos Klein. Capítulo V: Da falência. In: SOUZA JUNIOR, Francisco

REFERÊNCIAS

Satiro de; PITOMBO, Antônio Sérgio A. de Moraes (coord.). *Comentários à Lei de Recuperação de Empresas e Falência.* 2 ed. rev., atual. e ampl. São Paulo: Revista dos Tribunais, 2007, p. 337-356.

_____. Seção V: Do plano de recuperação judicial para microempresas e empresas de pequeno porte: In: SOUZA JUNIOR, Francisco Satiro de; PITOMBO, Antônio Sérgio A. de Moraes (coord.). *Comentários à Lei de Recuperação de Empresas e Falência.* 2 ed. rev., atual. e ampl. São Paulo: Revista dos Tribunais, 2007, p. 320-329.

_____. Capítulo IV: Da convolação da recuperação judicial em falência. In:

SOUZA JUNIOR, Francisco Satiro de; PITOMBO, Antônio Sérgio A. de Moraes (coord.). *Comentários à Lei de Recuperação de Empresas e Falência.* 2 ed. rev., atual. e ampl. São Paulo: Revista dos Tribunais, 2007, p. 331-335.

_____. Comentários aos arts. 70 a 82. In: SOUZA JNIOR, Francisco Satiro de; PITOMBO, Antônio Sérgio A. de Moraes (coord.). *Comentários à Lei de Recuperação de Empresas e Falência.* 2 ed. rev., atual. e ampl. São Paulo: Revista dos Tribunais, 2007, p. 320-356.

ZAVASCKI, Teori Albino. *Processo de execução*: parte geral. 3 ed. São Paulo: Revista dos Tribunais, 2004.

SOBRE OS AUTORES

João Pedro Scalzilli
Professor da Faculdade de Direito da PUCRS. Doutor em Direito Comercial pela USP. Mestre em Direito Privado e Especialista em Direito Empresarial pela UFRGS. Membro associado ao Instituto Brasileiro de Estudos de Recuperação de Empresas (IBR), ao *International Association of Restructuring, Insolvency & Bankruptcy Professionals* (INSOL) e ao *Turnaround Management Association* (TMA). Autor dos livros "Confusão Patrimonial no Direito Societário" (Quartier Latin, 2015) e "Mercado de Capitais, Ofertas Hostis e Técnicas e Defesa" (Quartier Latin, 2015), e coautor dos livros "Sociedade em conta de participação" (Quartier Latin, 2014) e "Recuperação extrajudicial de empresas" (Quartier Latin, 2013). É autor e coautor de artigos jurídicos publicados em livros e revistas especializadas. Advogado.

Rodrigo Tellechea
Doutor em Direito Comercial pela USP. Especialista em Liderança e Negócios pela *McDonough School of Business, Georgetown University*. Especialista em Direito Empresarial pela UFRGS. Membro associado ao Instituto Brasileiro de Estudos de Recuperação de Empresas (IBR), ao *International Association of Restructuring, Insolvency & Bankruptcy Professionals* (INSOL), ao *Turnaround Management Association* (TMA). Presidente do Instituto de Estudos Empresariais (IEE) – Gestão 2016/2017. Foi Diretor de Formação do Instituto de Estudos Empresariais (IEE) – Gestão 2014/2015 – e Vice Presidente – Gestão 2015/2016. Autor dos livros "Arbitragem nas Sociedades Anônimas: Direitos Individuais e Princípio Majoritário" (Quartier Latin, 2016) e "Autonomia Privada no Direito Societário" (Quartier Latin, 2016), e coautor do livro "Recuperação extrajudicial de empresas" (Quartier Latin, 2013). É autor e coautor de artigos jurídicos publicados em livros e revistas especializadas. Advogado.

Luis Felipe Spinelli

Professor de Direito Empresarial da Faculdade de Direito da UFRGS. Pesquisador bolsista (*Postdoc-Stipendium I*) no *Max-Planck-Institut für ausländisches und internationales Privatrecht*. Doutor em Direito Comercial pela USP. Mestre em Direito Privado e Especialista em Direito Empresarial pela UFRGS. Membro associado ao Instituto Brasileiro de Estudos de Recuperação de Empresas (IBR), ao *International Association of Restructuring, Insolvency & Bankruptcy Professionals* (INSOL), ao *Turnaround Management Association* (TMA), ao Instituto de Direito Privado (IDP) e ao Instituto de Estudos Culturalistas (IEC). Autor dos livros "Exclusão de sócio por falta grave na sociedade limitada" (Quartier Latin, 2015) e "Conflito de interesses na administração da sociedade anônimas" (Malheiros, 2012), e coautor dos livros "Sociedade em conta de participação" (Quartier Latin, 2014) e "Recuperação extrajudicial de empresas" (Quartier Latin, 2013). É autor e coautor de artigos jurídicos publicados em livros e revistas especializadas. Advogado.

ÍNDICE

NOTA À 3ª EDIÇÃO	7
NOTA À 2ª EDIÇÃO	9
SUMÁRIO	11

PARTE I
TEORIA GERAL

CAPÍTULO 1. NOÇÕES INTRODUTÓRIAS	37
CAPÍTULO 2. APRESENTAÇÃO DA LEI 11.101/05	117
CAPÍTULO 3. DESTINATÁRIOS DA LEI 11.101/05	141
CAPÍTULO 4. APLICAÇÃO DA LEI 11.101/05	177

PARTE II
DISPOSIÇÕES COMUNS À RECUPERAÇÃO
JUDICIAL E À FALÊNCIA

CAPÍTULO 5. CURSO DA PRESCRIÇÃO E DAS AÇÕES EM FACE DO DEVEDOR	211
CAPÍTULO 6. VERIFICAÇÃO DE CRÉDITOS	219
CAPÍTULO 7. ADMINISTRADOR JUDICIAL	243
CAPÍTULO 8. COMITÊ DE CREDORES	279
CAPÍTULO 9. ASSEMBLEIA GERAL DE CREDORES	285

RECUPERAÇÃO DE EMPRESAS E FALÊNCIA

PARTE III
REGIMES RECUPERATÓRIOS

CAPÍTULO 10 – RECUPERAÇÃO JUDICIAL. PARTE 1 — 331

CAPÍTULO 11. RECUPERAÇÃO JUDICIAL. PARTE 2 — 387

CAPÍTULO 12. RECUPERAÇÃO JUDICIAL. PARTE 3 — 483

CAPÍTULO 13. RECUPERAÇÃO JUDICIAL PARA ME E EPP — 503

CAPÍTULO 14. CONVOLAÇÃO DA RECUPERAÇÃO JUDICIAL
EM FALÊNCIA — 515

CAPÍTULO 15. RECUPERAÇÃO EXTRAJUDICIAL — 525

PARTE IV
FALÊNCIA

CAPÍTULO 16. NOÇÕES INTRODUTÓRIAS — 561

CAPÍTULO 17. BASE JURÍDICA DA FALÊNCIA — 575

CAPÍTULO 18. LEGITIMIDADE PARA REQUERER A FALÊNCIA — 591

CAPÍTULO 19. PROCEDIMENTO — 603

CAPÍTULO 20. SENTENÇA FALIMENTAR — 625

CAPÍTULO 21. EFEITOS DA QUEBRA SOBRE A PESSOA DO FALIDO
E SEUS BENS — 641

CAPÍTULO 22. EFEITOS DA QUEBRA SOBRE AS OBRIGAÇÕES
DO FALIDO — 701

CAPÍTULO 23. ARRECADAÇÃO, AVALIAÇÃO E GUARDA DOS BENS — 775

CAPÍTULO 24. PEDIDO DE RESTITUIÇÃO — 815

CAPÍTULO 25. INEFICÁCIA E REVOGAÇÃO DE ATOS — 841

ÍNDICE

CAPÍTULO 26. REALIZAÇÃO DO ATIVO 917

CAPÍTULO 27. CLASSIFICAÇÃO DOS CRÉDITOS 945

CAPÍTULO 28. PAGAMENTO DOS CREDORES 965

CAPÍTULO 29. SENTENÇA DE ENCERRAMENTO E EXTINÇÃO
DAS OBRIGAÇÕES DO FALIDO 981

PARTE V
DISPOSIÇÕES PENAIS

CAPÍTULO 30. PARTE GERAL 1001

CAPÍTULO 31. CRIMES EM ESPÉCIE 1009

CAPÍTULO 32. PROCEDIMENTO PENAL 1031

REFERÊNCIAS 1039
SOBRE OS AUTORES 1085